中国信托业年鉴 2012—2013（下卷）

ALMANAC OF CHINA'S TRUSTEE

中国信托业协会　编

中国金融出版社

目　录
CONTENTS

下　卷

2012年度中国信托公司信息披露分析报告

2012 年度中国信托公司信息披露分析报告摘要

第一章　信托公司的基本信息

本章主要介绍了66家信托公司披露的公司基本信息、注册资本以及股东情况等。

第二章　信托公司年度报告的质量评价——关于审计报告

审计报告的类型对公司财务报告的可信性有非常重大的影响，一般在做上市公司排行榜时，会将被出具非标意见审计报告的上市公司剔除。此外，是否执行《企业会计准则》对公司财务信息披露的影响也非常大。本章对信托公司出具的审计报告类型及执行《企业会计准则》的情况进行分析，以此作为后面章节对信托公司进行分析的一个依据。

第三章　信托公司财务综合排名及单项财务指标排行榜

2012年，对2011年的评分标准进行了更新和调整，选取固有资产三项数据和信托资产五项数据作为财务综合排名的评分指标，其中固有资产指标得分占总分的20%，信托资产指标得分占总分的80%。

第四章　固有资产报表的总体分析

本章将66家信托公司披露的2012年固有资产部分的会计报表，包括资产负债表、利润表和所有者权益变动表，分别汇总成代表中国信托行业固有资产整体的汇总报表，以此来分析中国信托公司固有资产整体的财务状况和经营成果。

第五章　信托资产报表的总体分析

本章将66家信托公司披露的2012年信托资产部分的会计报表，包括资产负债表和利润表，分别汇总成代表中国信托行业信托资产整体情况的汇总报表，以此来分析中国信托公司信托资产整体的财务状况和经营成果。

第六章　会计报表附注及其他项目的分析

本章分析了在会计报表附注部分披露的包括或有事项、自营资产风险分类、资产损失准备计提以及关联方关系及其交易等各项情况。同时，本章还就信托公司2012年年报中对经营因素的认可情况作了详细的统计，以便于相关部门决策参考。

第七章　公司治理结构及人员结构

截至2012年末，信托公司内部控制的构建以"一法三规"及相关法规为基本依据，以保证国家法律法规的贯彻执行，保证风险管理体系的有效性为目标，以全面性、审慎性、及时性、有效性、独立性等为基本原则，建立了授权体系、监控反馈等制度，形成了一定的公司治理运行机制和分工合理、职责明确、报告清晰的组织结构，实施了组织结构控制，明确了"三会一层"（股东大会、董事会、监事会、经营管理层）的职能和责任。本章将就信托公司的公司治理情况进行分析。

第八章　信托公司年报信息披露的问题与建议

信托公司的信息披露是根据银监会《信托投资公司信息披露管理暂行办法》和《中国银监会办公厅关于修订信托公司年报披露格式规范信息披露有关问题的通知》（银监办发〔2009〕407号）的要求进行的。本章对2012年66家信托公司年报的信息披露质量进行分析对比，分析这些财务报告的披露是否符合银监会的要求；同时对比上年度年报信息披露中出现的问题，提出意见和建议，以便以后年度各公司年报的信息披露能够更真实、完整地反映信托公司的情况。

编制说明

继2011年对64家信托公司进行信息披露后,2012年新增了新疆长城新盛信托有限责任公司、浙商金汇信托股份有限公司两家公司,合计信息披露的信托公司共66家。

在进行《2012年度中国信托公司信息披露分析报告》的编制过程中,关注到在66家信托公司披露的2012年度审计报告中,共有8家信托公司本年披露的期初净资产与上年披露的年末净资产不一致(本年新增的2家公司视同一致);7家信托公司本年披露的上年净利润与上年披露的当年净利润不一致(本年新增的2家公司视同一致)。在这些产生差异的公司中,有部分信托公司未披露导致比较报表年初数调整的原因。由于年鉴篇幅所限,不可能一一列示其差异产生的原因和数据调整过程,因此在计算本年各项指标排名时以信托公司本年披露的年初数为准,同时列报上年净资产数和上年净利润数,以供信息使用者参考。

在对66家信托公司报表进行汇总统计时,采用各公司的合并报表进行统计分析,同时我们注意到信托公司报表所采用的货币单位不一致,大部分公司使用“万元”为单位,部分公司使用“元”为单位。为便于汇总合并,我们统一以“万元”为单位,对于存量部分以“元”为单位的报表进行折算,由于折算差异可能造成部分表格的明细构成与合计数存在尾差。

2012 年度中国信托公司信息披露分析报告

第一章　信托公司的基本信息

一、信息披露情况总览

2012 年信托公司步入了良性稳步发展的轨道，信托业务规模继续快速增长，固有资产保持稳步增加，信托公司的整体盈利水平显著提高，信托主业进一步得到确立。

继 2011 年对 64 家信托公司进行信息披露后，2012 年新增了新疆长城新盛信托有限责任公司（简称长城新盛信托）、浙商金汇信托股份有限公司（简称浙金信托）两家公司，合计信息披露的信托公司共 66 家。在本章节中，主要介绍 66 家公司的基本情况，包括信托公司的基本信息、注册资本、股东情况等。

在银监会颁发的《信托投资公司信息披露管理暂行办法》的附件《年度报告内容与格式》中要求公司在“重要提示及目录”中刊登声明：“本公司董事会及董事保证本报告所载资料不存在任何虚假记载、误导性陈述或者重大遗漏，并对其内容的真实性、准确性和完整性承担个别及连带责任。”“公司负责人、主管会计工作负责人及会计机构负责人（会计主管人员）应当声明：保证年度报告中财务报告的真实、完整”。2012 年所有 66 家信托公司披露的年度报告都作了这样的声明，因此之后进行的所有分析均是基于这样的假设：“所有披露的信息内容都是真实、准确、完整的。”

2012 年，66 家信托公司披露固有业务都执行了《企业会计准则》（2006 年版），昆仑信托披露同时还执行了 2001 年颁布的《金融企业会计制度》，但是由于信托公司披露的年度报告没有统一的格式，使得部分公司财务报表格式存在较大的差异：有的公司采用了一般企业的财务报表披露格式，有的公司参考采用了银监会的财务报表格式，还有的公司根据自身业务的特点对相关报表格式进行了调整和补充，导致财务报表列示的科目差别较大，很难统一到一个格式中。为了使各公司的指标具有可比性，在统计这些数据时按照统一的口径作了适当的调整。

2012 年信托公司财务报表涉及上年金额和本年金额的披露，部分公司对比报表年初数进行了调整，但在 2012 年年报中未详细披露数据的调整过程。由于年鉴篇幅所限，无法一一列示其差异原因和数据调整过程，因此本报告中对于公司披露的 2011 年年末数与 2012 年年初数不一致的情况，以 2012 年年初数作为统计口径。

本报告所有的统计都是依据信托公司公开披露的 2012 年年报内容进行的。以下是信托公司披露的基本信息汇总分析。

（一）信托公司披露户数及其地区分布情况

表 1－1－1　信托公司 2010 年、2011 年、2012 年披露户数比较

项　目	2010 年	2011 年	2012 年
披露户数	56	64	66

表 1－1－2　披露的信托公司 2010 年、2011 年、2012 年在各省、市、自治区分布情况表

省份		北京	上海	广东	江苏	山东	陕西	安徽	福建	河南	辽宁	内蒙古	天津	浙江	重庆	甘肃	黑龙江
分布户数	2010 年	8	7	4	3	1	3	2	2	2	1	2	2	3	2	1	1
	2011 年	10	7	5	4	2	3	2	2	2	1	2	2	3	2	1	1
	2012 年	10	7	5	4	2	3	2	2	2	1	2	2	4	2	1	1
省份		湖南	吉林	江西	山西	西藏	新疆	云南	河北	湖北	四川	贵州	广西	宁夏	青海	海南	合计
分布户数	2010 年	1	1	2	1	1	1	1	1	1	1	1					56
	2011 年	1	1	2	1	1	1	1	1	2	2	1			1		64
	2012 年	1	1	2	1	1	2	1	1	2	2	1			1		66

信托公司位于北京的有 10 家，上海有 7 家，广东有 5 家，大部分省、自治区、直辖市有 1 ~3 家不等，浙江和新疆本年各增加 1 家，广西、宁夏、海南三个省或自治区均没有信托公司。

（二）信托公司变更公司名称情况的披露

表 1－1－3　披露的信托公司 2012 年变更公司名称的情况表

公司原法定中文名称	原简称	公司新法定中文名称	新简称
江西国际信托股份有限公司	江西信托	中江国际信托股份有限公司	中江信托
本年新增		浙商金汇信托股份有限公司	浙金信托
本年新增		新疆长城新盛信托有限责任公司	长城新盛信托

截至2012年12月31日，共有1家公司进行更名，新增2家信托公司纳入汇总年鉴。

（三）信托公司基本情况的披露

表1-1-4　披露的信托公司2012年基本情况

公司法定中文名称	公司形式	注册资本(万元)	法定代表人	注册地址	所在省份
安徽国元信托有限责任公司	有限公司	120 000.00	过仕刚	安徽省合肥市宿州路20号	安徽
安信信托投资股份有限公司	股份有限公司	45 410.98	王少钦	上海市控江路1553-1555号A座3楼301室	上海
百瑞信托有限责任公司	有限公司	120 000.00	马宝军	河南省郑州市郑东新区商务外环路10号中原广发金融大厦	河南
北方国际信托股份有限公司	股份有限公司	100 099.89	刘惠文	天津经济技术开发区第三大街39号	天津
北京国际信托有限公司	有限公司	140 000.00	刘建华	北京市朝阳区安立路30号院1号、2号楼	北京
渤海国际信托有限公司	有限公司	200 000.00	金平	石家庄市新石中路377号B座22~23层	河北
长安国际信托股份有限公司	有限公司	125 888.00	高成程	西安市高新区科技路33号高新国际商务中心23~24层	陕西
重庆国际信托有限公司	有限公司	243 873.00	未披露	重庆市渝中区民权路107号	重庆
大连华信信托股份有限公司	有限公司	300 000.00	董永成	大连市西岗区大公街34号	辽宁
大业信托有限责任公司	有限责任公司	30 000.00	沈柏年	广州市天河区体育西路191号中石化大厦B塔25层	广东
东莞信托有限公司	有限公司	50 000.00	何锦成	东莞市莞城旗峰路福民购物广场12楼	广东
方正东亚信托有限责任公司	有限责任公司	100 000.00	余丽	武汉市江汉区长江日报路77号投资大厦11~14层	湖北
甘肃省信托有限责任公司	有限公司	101 819.05	马江河	甘肃省兰州市静宁路308号信托大厦	甘肃
广东粤财信托有限公司	有限公司	150 000.00	汪涛	广州市东风中路481号粤财大厦14楼	广东
国联信托股份有限公司	有限公司	123 000.00	吕建一	无锡市滨湖区金融一街8号国联金融大厦	江苏
国民信托有限公司	有限公司	100 000.00	杨小阳	北京市东城区安外西滨河路18号院1号	北京
国投信托有限公司	有限公司	120 480.00	钱蒙	北京市西城区西直门南小街147号7层、8层	北京
杭州工商信托股份有限公司	股份有限公司	50 000.00	虞利明	浙江省杭州市江干区迪凯国际中心41层	浙江
湖南省信托有限责任公司	有限公司	70 000.00	朱德光	湖南省长沙市城南西路1号	湖南
华澳国际信托有限公司	有限公司	60 000.00	余建平	中国上海市浦东新区花园石桥路33号花旗集团大厦1702室	上海
华宝信托有限责任公司	有限公司	200 000.00	郑安国	上海市浦东新区世纪大道100号59层	上海
华宸信托有限责任公司	有限公司	57 200.00	刘晓兵	内蒙古呼和浩特市赛汉区如意西街23号	内蒙古
华能贵诚信托有限公司	有限公司	200 000.00	李进	贵州省贵阳市金阳新区金阳南路6号购物中心商务楼一号楼24层5号、6号、7号	贵州
华融国际信托有限责任公司	有限公司	151 777.00	隋运生	新疆维吾尔自治区乌鲁木齐市中山路333号	新疆
华润深国投信托有限公司	有限公司	263 000.00	蒋伟	深圳市福田区中心四路1—1号嘉里建设广场第三座第10~12层	广东
华鑫国际信托有限公司	有限责任公司	220 000.00	郝彬	北京市西城区宣武门内大街2号华电大厦B座11层	北京
吉林省信托有限责任公司	有限公司	159 659.75	高福波	吉林省长春市人民大街9889号	吉林
建信信托有限责任公司	有限公司	152 727.00	曾见泽	安徽省合肥市九狮桥街45号	安徽
江苏省国际信托有限责任公司	有限公司	248 389.90	黄东峰	江苏省南京市长江路88号	江苏
交银国际信托有限公司	有限公司	200 000.00	赵炯	湖北省武汉市江汉区建设大道847号瑞通广场B座16~17层	湖北
昆仑信托有限责任公司	有限公司	300 000.00	温青山	浙江省宁波市江东北路138号金融大厦19楼	浙江
陆家嘴国际信托有限公司	有限公司	106 834.62	常宏	青岛市崂山区梅岭路29号综合办公楼1号818室	山东
平安信托有限责任公司	有限公司	698 800.00	童恺	广东省深圳市福田中心区福华三路星河发展中心办公12层、13层	广东
山东省国际信托有限公司	有限公司	128 000.00	孟凡利	济南市解放路166号	山东
山西信托有限责任公司	有限公司	100 000.00	郭晋普	山西省太原市府西街69号	山西
陕西省国际信托股份有限公司	股份有限公司	57 841.30	薛季民	西安市高新区科技路50号金桥国际广场C座	陕西
上海爱建信托有限责任公司	有限公司	300 000.00	周伟忠	中国上海市外高桥保税区泰谷路168号综合楼5楼	上海
上海国际信托有限公司	有限公司	250 000.00	潘卫东	中国上海市九江路111号	上海
四川信托有限公司	有限公司	130 000.00	刘沧龙	成都市锦江区人民南路2段18号川信红照壁大厦	四川
苏州信托有限公司	有限公司	120 000.00	朱立教	江苏省苏州市竹辉路383号	江苏
天津信托有限责任公司	有限公司	150 000.00	王海智	天津市河西区围堤道125~127号天信大厦	天津
五矿国际信托有限公司	有限公司	120 000.00	任珠峰	青海省生物科技产业园纬二路18号	青海
西部信托有限公司	有限公司	62 000.00	徐朝晖	陕西省西安市东新街232号	陕西
西藏信托有限公司	有限公司	40 000.00	苏生有	西藏拉萨市经济开发区博达路1号阳光新城别墅区A7栋	西藏
厦门国际信托有限公司	有限公司	100 000.00	洪文瑾	厦门市思明区湖滨北路莲滨里8号	福建
新华信托股份有限公司	股份有限公司	120 000.00	翁先定	重庆市渝中区临江路69号	重庆

续表

公司法定中文名称	公司形式	注册资本(万元)	法定代表人	注册地址	所在省份
新疆长城新盛信托有限责任公司	有限责任公司	30 000.00	周礼耀	乌鲁木齐经济技术开发区卫星路475号紫金矿业研发大厦A座11层	新疆
新时代信托股份有限公司	股份有限公司	80 000.00	赵利民	内蒙古包头市钢铁大街甲5号信托金融大楼	内蒙古
兴业国际信托有限公司	有限公司	257 600.00	杨华辉	福州市鼓楼区五四路137号信和广场25~26层	福建
英大国际信托有限责任公司	有限公司	182 175.45	盖永光	北京市东城区建国门内大街乙18号院1号楼英大国际大厦4层	北京
云南国际信托有限公司	有限公司	40 000.00	刘刚	云南省昆明市南屏街4号云南国托大厦	云南
浙商金汇信托股份有限公司	股份有限公司	50 000.00	徐德良	浙江省杭州市庆春路199号6楼	浙江
中诚信托有限责任公司	有限公司	245 666.67	邓红国	北京市东城区安定门外大街2号	北京
中国对外经济贸易信托有限公司	有限公司	220 000.00	王引平	北京市西城区复兴门内大街28号凯晨世贸中心中座6层	北京
中国金谷国际信托有限责任公司	有限公司	120 000.00	张勇	北京市西城区金融大街33号通泰大厦C座10层	北京
中海信托股份有限公司	股份有限公司	250 000.00	陈浩鸣	上海市中山东二路15号7楼	上海
中航信托股份有限公司	有限公司	150 000.50	朱幼林	江西省南昌市红谷滩新区赣江北大道1号中航广场24~25层	江西
中江国际信托股份有限公司	有限公司	103 658.18	裘强	南昌市北京西路88号江信国际金融大厦	江西
中粮信托有限责任公司	有限责任公司	149 981.25	邬小蕙	北京市朝阳区朝阳门南大街8号中粮福临门大厦11层	北京
中融国际信托有限公司	有限公司	147 500.00	刘洋	黑龙江省哈尔滨市南岗区嵩山路33号	黑龙江
中泰信托有限责任公司	有限公司	51 660.00	刘虹	上海市中华路1600号黄浦中心大厦17楼、18层	上海
中铁信托有限责任公司	有限公司	120 000.00	王俊明	成都市航空路1号国航世纪中心B座	四川
中投信托有限责任公司	有限公司	150 000.00	杨金龙	浙江省杭州市教工路18号世贸丽晶城欧美中心1号楼(A座)18~19层CD区	浙江
中信信托有限责任公司	有限公司	120 000.00	蒲坚	北京市朝阳区新源南路6号京城大厦13层	北京
中原信托有限公司	股份有限公司	150 000.00	黄曰珉	中国河南省郑州市商务外环路24号中国人保大厦	河南
紫金信托有限责任公司	有限责任公司	50 000.00	王海涛	江苏省南京市中山北路2号紫峰大厦30层	江苏

表1-1-5　披露的信托公司2012年基本情况(续)

简称	公司形式	邮编	网址	电子信箱	负责信息披露事务人姓名	年度审计报告出具日期	披露媒体
国元信托	有限公司	230001	www.gyxt.com.cn	xtbgs@gyxt.com.cn	虞焰智	2013年3月28日	《上海证券报》
安信信托	股份有限公司	200092	http://www.anxintrust.com	ax600816@126.com	武国建	2013年3月6日	《中国证券报》、《上海证券报》
百瑞信托	有限公司	450018	WWW.BRXT.NET	BRXT@BRXT.NET	王克槿	2013年2月20日	《上海证券报》
北方信托	股份有限公司	300457	www.nitic.cn	wanghui@nitic.cn	王向群	2013年2月22日	《金融时报》
北京信托	有限公司	100012	www.bjitic.com	webmaster@bjitic.com	江方	2013年3月15日	《上海证券报》
渤海信托	有限公司	050011	www.bohaitrust.com	l_chao@hnair.com	郑宏	2013年2月16日	《证券时报》
长安信托	有限公司	710075	www.caitc.cn	gulinqiang@xitic.cn	谷林强	2013年4月25日	《上海证券报》、《金融时报》
重庆信托	有限公司	400010	http//www.cqitic.com	cqitic@cqitic.com	吕维	2013年3月10日	报告中未披露
华信信托	有限公司	116011	www.huaxintrust.com	huaxin@hxtic.cn	侯宇	2013年3月28日	《金融时报》、《上海证券报》、《中国证券报》、《证券时报》
大业信托	有限责任公司	510620	http://www.dytrustee.com	info@dytrustee.com	陈俊标	2013年4月5日	《金融时报》
东莞信托	有限公司	523008	www.dgxt.com	bgs@dgxt.com	刘绮澜	2013年3月29日	《金融时报》
方正东亚信托	有限责任公司	430015	http://www.fd-trust.com	info@fd-trust.com	曹阳	2013年1月7日	《金融时报》、《上海证券报》
甘肃信托	有限公司	730030	www.gstrust.com.cn	gsxtmail@163.com	石永和	2013年3月5日	《中国证券报》
粤财信托	有限公司	510045	www.gdycxt.com	ycxt@gdyctz.com	陈韵辉	2013年4月26日	《金融时报》
国联信托	有限公司	214131	www.gltic.com.cn	gltic@gltic.com.cn	邹莉	2013年3月28日	《金融时报》
国民信托	有限公司	100011	www.natrust.cn	info@natrust.cn	付然	2013年4月17日	《上海证券报》
国投信托	有限公司	100034	www.sdictrust.com.cn	sdictrust@sdic.com.cn	王彬	2013年4月19日	《上海证券报》
杭州工商信托	股份有限公司	310016	www.hztrust.com	hztrust@hztrust.com	张锐	2013年4月16日	《证券时报》、《金融时报》
湖南信托	有限公司	410015	www.huntic.com	huntic@huntic.com	孙雨新	2013年3月10日	《金融时报》
华澳信托	有限公司	200120	www.huaao-trust.com	enquiry@huaao-trust.com	郭佳永	2013年3月31日	《上海证券报》
华宝信托	有限公司	200120	www.hwabaotrust.com	hbservice@hwabaotrust.com	张晓喆	2013年4月2日	《中国证券报》、《上海金融报》、《证券时报》、《上海证券报》、《金融时报》
华宸信托	有限公司	010011	www.hctrust.cn	hctrust@hctrust.cn	赵澍堂	2013年2月20日	《金融时报》
华能信托	有限公司	550022	www.hngtrust.com	public@hngtrust.com	王卓	2013年3月12日	《金融时报》
华融信托	有限公司	830002	http//www.huarongtrust.com.cn	hrxt@chamc.com.cn	刘杰山	2013年3月7日	《金融时报》

续表

简称	公司形式	邮编	网址	电子信箱	负责信息披露事务人姓名	年度审计报告出具日期	披露媒体
华润信托	有限公司	518048	http://www.crctrust.com	crctrust@crctrust.com	李巍巍	2013年4月15日	《证券时报》、《中国证券报》、《上海证券报》
华鑫信托	有限责任公司	100031	http://www.cfitc.com	hxxt@cfitc.com	杨丹青	2013年1月24日	《金融时报》
吉林信托	有限公司	130022	www.jptic.com.cn	jptic@jptic.cn	张巍	2013年3月28日	《上海证券报》
建信信托	有限公司	230001	www.ccbtrust.com.cn	ccbt@ccbtrust.com.cn	黄建峰	2013年4月18日	《金融时报》
江苏信托	有限公司	210005	www.jsitc.net	jsitc@jsitc.net	陆加芳	2013年3月24日	《金融时报》
交银国际信托	有限公司	430015	www.bocommtrust.com	jygx@bocommtrust.com	赵德刚	2013年3月28日	《金融时报》、《上海证券报》
昆仑信托	有限公司	315040	www.kunluntrust.com	info@cnpc.com.cn	黄志斌	2013年4月12日	《金融时报》
陆家嘴信托	有限公司	266061	http://www.ljzitc.com.cn	ljzxt@ljzitc.com.cn	浦凤丹	2013年3月19日	《上海证券报》
平安信托	有限公司	518048	www.pingan.com	pub_paxt@pingan.com.cn	宋成立	2013年3月19日	《证券时报》、《中国证券报》、《上海证券报》、《证券日报》
山东信托	有限公司	250013	www.sitic.com.cn	zhb@sitic.com.cn	王小林	2013年3月30日	《上海证券报》
山西信托	有限公司	030002	www.sxxt.net	websxxt@sxgt.net	陈强	2013年4月7日	《金融时报》
陕国投	股份有限公司	710075	www.siti.com.cn	sgtdm@siti.com.cn	孙一娟	2013年4月25日	《中国证券报》、《证券时报》
爱建信托	有限公司	200131	http://www.ajxt.com.cn	ajmail-1@ajfc.com.cn	侯勤	2013年3月30日	《上海证券报》
上海信托	有限公司	200002	www.shanghaitrust.com	info@shanghaitrust.com	陈兵	2013年4月10日	《上海证券报》
四川信托	有限公司	610016	http://www.schtrust.com	schtrust@schtrust.com	陈洪亮	2013年1月29日	《上海证券报》
苏州信托	有限公司	215007	www.trustsz.com	sztic@trustsz.com	朱立教	2013年3月29日	《金融时报》
天津信托	有限公司	300074	www.tjtrust.com	office@tjtrust.com	张维	2013年3月31日	《金融时报》
五矿信托	有限公司	810003	http://www.mintrust.com	mintrust-fortune@mintrust.com	何其联	2013年3月18日	《金融时报》
西部信托	有限公司	710004	www.wti-xa.com	wti-xa@wti-xa.com	张荣超	2013年2月17日	《证券时报》
西藏信托	有限公司	850000		wanjingwen@ttco.cn	万景文	2013年3月15日	《上海证券报》
厦门国际信托	有限公司	361012	www.xmitic.com	master@xmitic.com	李自成	2013年4月9日	《金融时报》
新华信托	股份有限公司	400010	www.nct-china.com	nct@nct-china.com	夏　亮	2013年3月19日	《金融时报》、《上海证券报》
长城新盛信托	有限责任公司	830026	www.gwxstrust.com	gwxs@gwxstrust.com	孟庄	报告中未披露	《上海证券报》
新时代信托	股份有限公司	014030	www.xsdxt.com	xsdxt@xsdxt.com	陈永利	2013年3月3日	《证券日报》
兴业信托	有限公司	350003	www.ciit.com.cn	contact@ciit.com.cn	杨刚强	2013年3月5日	《上海证券报》
英大信托	有限公司	100005	www.yditc.sgcc.com.cn	yditc@yditc.sgcc.com.cn	王迎新	2013年1月31日	《金融时报》
云南信托	有限公司	650021	www.yntrust.com	ynxt@yntrust.com	舒广	2013年4月10日	《金融时报》
浙金信托	股份有限公司	310006	http://www.zhejintrust.com/	zjtrust@zjtrust.com	戴俊	报告中未披露	《金融时报》
中诚信托	有限公司	100013	http://www.cctic.com.cn/	contactus@cctic.com.cn	魏青	2013年4	《金融时报》
外贸信托	有限公司	100031	www.fotic.com.cn	fotic@sinochem.com	张一冰	2013年2月28日	《上海证券报》
金谷信托	有限公司	100140	www.jingutrust.com	wangchong@cindamc.com.cn	王崇	2013年4月2日	《金融时报》
中海信托	股份有限公司	200002	www.zhtrust.com	service@zhtrust.com	周炯	2013年2月26日	《中国证券报》、《证券时报》、《上海证券报》
中航信托	有限公司	330038	www.avictc.com	zhxt@avictc.com	罗国华	2013年1月25日	《金融时报》
中江信托	有限公司	330046	http://www.jxi.cn	yqh-jx@163.com	余森清	2013年3月26日	《上海证券报》
中粮信托	有限责任公司	100020	http://www.cofco-trust.com	luofeng@cofco.com	辛伟	2013年3月25日	《金融时报》
中融信托	有限公司	150090	www.zritc.com	Zritc@zritc.com	黄威	2013年2月26日	《金融时报》
中泰信托	有限公司	200020	www.zhongtai-trust.com	zhongtai@zhongtai-trust.com	陈乃道	2013年2月28日	《证券时报》
中铁信托	有限公司	610041	www.crtrust.com	crtc@crtrust.com	陈赤	2013年4月12日	《证券时报》
中投信托	有限公司	310012	http://www.zttrust.com.cn/	zttrust@zttrust.com.cn	刘屹	2013年4月16日	《金融时报》
中原信托	股份有限公司	450016	http://www.zyxt.com.cn	info@zyxt.com.cn	刘飞	2013年3月29日	《证券时报》、《金融时报》
紫金信托	有限责任公司	210008	ttp:www.zjtrust.com.cn	zjtrust@zjtrust.com.cn	高晓俊	2013年2月4日	《金融时报》

（四）信托公司董事会、监事会及高管对年报意见的披露

1. 董事会对年报意见的披露

根据银监会颁发的《信托投资公司信息披露管理暂行办法》的附件《年度报告内容与格式》，要求公司在“重要提示及目录”中刊登声明：“本公司董事会及董事保证本报告所载资料不存在任何虚假记载、误导性陈述或者重大遗漏，并对其内容的真实性、准确性和完整性承担个别及连带责任。”66家董事均按要求作了声明保证。

2. 监事会对年报意见的披露

根据银监会颁发的《信托投资公司信息披露管理暂行办法》的附件《年度报告内容与格式》,要求公司监事会应当对本公司依法运作情况、财务报告是否真实反映公司的财务状况和经营成果等发表独立意见。2012年年报中66家信托公司的监事会均发表了相关意见,认为公司依法运作、财务报告真实反映了公司的财务状况和经营成果。

3. 高管对年报意见的披露

根据银监会颁发的《信托投资公司信息披露管理暂行办法》的附件《年度报告内容与格式》中要求公司在"重要提示及目录"中刊登声明:"公司负责人、主管会计工作负责人及会计机构负责人(会计主管人员)应当声明:保证年度报告中财务报告的真实、完整"。66家公司均按要求完整披露了高管发表的声明。

(五)信托公司重大事项临时公告的披露

表1-1-6 披露的信托公司2012年临时公告情况表

简称	期内临时报告的披露次数	简称	期内临时报告的披露次数
国元信托	3次	山东信托	0次
安信信托	53次	山西信托	0次
百瑞信托	3次	陕国投	1次
北方信托	0次	爱建信托	0次
北京信托	0次	上海信托	0次
渤海信托	1次	四川信托	0次
长安信托	0次	苏州信托	1次
重庆信托	1次	天津信托	0次
华信信托	3次	五矿信托	0次
大业信托	0次	西部信托	2次
东莞信托	0次	西藏信托	0次
方正东亚信托	1次	厦门国际信托	1次
甘肃信托	0次	新华信托	1次
粤财信托	0次	长城新盛信托	0次
国联信托	1次	新时代信托	5次
国民信托	3次	兴业信托	5次
国投信托	2次	英大信托	2次
杭州工商信托	1次	云南信托	2次
湖南信托	0次	浙金信托	2次
华澳信托	0次	中诚信托	0次
华宝信托	3次	外贸信托	0次
华宸信托	0次	金谷信托	0次
华能信托	3次	中海信托	2次
华融信托	0次	中航信托	0次
华润信托	1次	中江信托	1次
华鑫信托	2次	中粮信托	1次
吉林信托	0次	中融信托	1次
建信信托	0次	中泰信托	0次
江苏信托	1次	中铁信托	1次
交银国际信托	1次	中投信托	3次
昆仑信托	2次	中信信托	2次
陆家嘴信托	1次	中原信托	2次
平安信托	0次	紫金信托	0次

根据《信托投资公司信息披露管理暂行办法》第十八条规定:"信托投资公司发生重大事项,应当制作重大事项临时报告并向社会披露。重大事项包括(但不限于)下列情况:(一)公司第一大股东变更及原因;(二)公司董事长、总经理变动及原因;(三)公司董事报告期内累计变更超过50%;(四)信托经理和信托业务人员报告期内累计变更超过30%;(五)公司章程、注册资本、注册地和公司名称的变更;(六)公司合并、分立、解散等事项;(七)公司更换为其审计的会计师事务所;(八)公司更换为其服务的律师事务所;(九)法律法规规定的其他重要事项。"

上述公司安信信托披露了53次公告,新时代信托和兴业信托披露了5次公告,34家公司披露了1~3次不等的临时公告,29家公司期内无临时公告。

二、信托公司 2012 年实收资本及股东情况

(一)信托公司实收资本及股东 2011 年、2012 年的综合变动情况分析

从整体来说,信托公司平均注册资本 2012 年较 2011 年增加了 14 047.07 万元,增幅为 10.41%,平均股东数与上年持平,平均持股 10% 以上的股东略有增加,第一大股东平均持股比例略有减少,第二大股东平均持股比例略有增加,第三大股东平均持股比例略有增加。应当来说,股本增加而股权构成基本稳定,说明股东对信托公司的发展充满信心。

表 1-2-1　信托公司 2011 年、2012 年注册资本及股东综合情况表

项　目	2011 年末	2012 年末	增减变动
平均注册资本(万元)	134 921.30	148 968.37	14 047.07
平均股东家数	5.77	5.77	0.00
平均持股 10% 以上股东家数	1.95	2.05	0.10
第一大股东平均持股比例(%)	65.59	64.56	-1.03
第二大股东平均持股比例(%)	18.99	19.31	0.32
第三大股东平均持股比例(%)	8.71	9.23	0.52

注: 2011 年末披露的信托公司共 64 家。计算平均股东数时不包括安信信托和陕国投两家上市公司,共采用 62 家数据进行平均计算;计算平均持股 10% 以上股东数时各家全部披露,共采用 64 家数据进行平均计算;2011 年末第一大股东平均持股比例计算的基数是 64 家信托公司的平均数据,第二大股东平均持股比例计算的基数是 62 家信托公司的平均数据,第三大股东平均持股比例计算的基数是 50 家信托公司的平均数据。

2012 年末披露的信托公司共 66 家。计算平均股东数时不包括安信信托和陕国投 2 家上市公司,共采用 64 家数据进行平均计算;计算平均持股 10% 以上股东数时各家全部披露,共采用 66 家数据进行平均计算;2012 年末第一大股东平均持股比例计算的基数是 66 家信托公司的平均数据,第二大股东平均持股比例计算的基数是 64 家信托公司的平均数据,第三大股东平均持股比例计算的基数是 52 家信托公司的平均数据。

表 1-2-2　信托公司 2011 年、2012 年股本情况表(按 2012 年末股本数进行排序)

单位:万元

排名	简称	公司上期末股本	股本增加	股本减少	公司本期末股本	排名	简称	公司上期末股本	股本增加	股本减少	公司本期末股本
1	平安信托	698 800.00	—	—	698 800.00	35	苏州信托	59 000.00	61 000.00	—	120 000.00
2	爱建信托	100 000.00	200 000.00	—	300 000.00	36	新华信托	62 112.00	57 888.00	—	120 000.00
3	华信信托	205 700.00	94 300.00	—	300 000.00	37	国元信托	120 000.00	—	—	120 000.00
4	昆仑信托	300 000.00	—	—	300 000.00	38	百瑞信托	120 000.00	—	—	120 000.00
5	华润信托	263 000.00	—	—	263 000.00	39	五矿信托	120 000.00	—	—	120 000.00
6	兴业信托	120 000.00	137 600.00	—	257 600.00	40	金谷信托	120 000.00	—	—	120 000.00
7	上海信托	250 000.00	—	—	250 000.00	41	中铁信托	120 000.00	—	—	120 000.00
8	中海信托	250 000.00	—	—	250 000.00	42	中信信托	120 000.00	—	—	120 000.00
9	江苏信托	248 389.90	—	—	248 389.90	43	陆家嘴信托	31 500.00	75 334.62	—	106 834.62
10	中诚信托	245 666.67	—	—	245 666.67	44	中江信托	103 658.18	—	—	103 658.18
11	重庆信托	243 873.00	—	—	243 873.00	45	甘肃信托	101 819.05	—	—	101 819.05
12	华鑫信托	120 000.00	100 000.00	—	220 000.00	46	北方信托	100 099.89	—	—	100 099.89
13	外贸信托	220 000.00	—	—	220 000.00	47	方正东亚信托	60 000.00	40 000.00	—	100 000.00
14	渤海信托	200 000.00	—	—	200 000.00	48	国民信托	100 000.00	—	—	100 000.00
15	华宝信托	200 000.00	—	—	200 000.00	49	山西信托	100 000.00	—	—	100 000.00
16	华能信托	200 000.00	—	—	200 000.00	50	厦门国际信托	100 000.00	—	—	100 000.00
17	交银国际信托	200 000.00	—	—	200 000.00	51	新时代信托	30 000.00	50 000.00	—	80 000.00
18	英大信托	150 000.00	32 175.45	—	182 175.45	52	湖南信托	70 000.00	—	—	70 000.00
19	吉林信托	159 659.75	—	—	159 659.75	53	西部信托	62 000.00	—	—	62 000.00
20	建信信托	152 727.00	—	—	152 727.00	54	华澳信托	60 000.00	—	—	60 000.00
21	华融信托	151 777.00	—	—	151 777.00	55	陕国投	35 841.30	22 000.00	—	57 841.30
22	中航信托	150 000.50	—	—	150 000.50	56	华宸信托	57 200.00	—	—	57 200.00
23	中原信托	120 200.00	29 800.00	—	150 000.00	57	中泰信托	51 660.00	—	—	51 660.00
24	粤财信托	150 000.00	—	—	150 000.00	58	东莞信托	50 000.00	—	—	50 000.00
25	天津信托	150 000.00	—	—	150 000.00	59	杭州工商信托	50 000.00	—	—	50 000.00
26	中投信托	150 000.00	—	—	150 000.00	60	浙金信托	50 000.00	—	—	50 000.00
27	中粮信托	120 000.00	29 981.25	—	149 981.25	61	紫金信托	50 000.00	—	—	50 000.00
28	中融信托	147 500.00	—	—	147 500.00	62	安信信托	45 410.98	—	—	45 410.98
29	北京信托	140 000.00	—	—	140 000.00	63	西藏信托	30 000.00	10 000.00	—	40 000.00
30	四川信托	130 000.00	—	—	130 000.00	64	云南信托	40 000.00	—	—	40 000.00
31	山东信托	128 000.00	—	—	128 000.00	65	大业信托	30 000.00	—	—	30 000.00
32	长安信托	125 888.00	—	—	125 888.00	66	长城新盛信托	30 000.00	—	—	30 000.00
33	国联信托	123 000.00	—	—	123 000.00		合计数	8 714 963.22	940 079.32	—	9 655 042.54
34	国投信托	120 480.00	—	—	120 480.00		平均数	132 044.90	14 243.63	—	146 288.53

66家信托公司的股本2012年比2011年总体增加了940 079.32万元。其中，增资最大的是爱建信托，增加了200 000.00万元。

2012年末平均股本比2011年末增加了14 243.63万元，达到了146 288.53万元。超过平均股本的公司有28家，占全部66家公司的42.42%，低于平均注册资本的公司也占57.58%，说明部分信托公司的规模还有待提高。

表1-2-3 注册资本发生变动的信托公司变动情况明细表

单位：万元

简称	2011年初（万元）	2012年末（万元）	增减变动（万元）	原因
爱建信托	100 000.00	300 000.00	200 000.00	2012年3月，公司获中国银行业监督管理委员会批准更名为上海爱建信托有限责任公司；6月，公司注册资本金增至30亿元。
华信信托	205 700.00	300 000.00	94 300.00	报告期内，公司注册资本由205 700万元变更为300 000万元。
兴业信托	120 000.00	257 600.00	137 600.00	2012年5月31日，经中国银监会福建监管局以闽银监复〔2012〕174号文批准，本公司以留存利润转增注册资本金方式将注册资本金由12亿元增加至12.88亿元；各股东持股比例保持不变。 2012年10月31日，经中国银监会福建监管局以闽银监复〔2012〕430号批准，本公司以资本公积转增注册资本金方式将注册资本金由12.88亿元增加至25.76亿元，各股东持股比例保持不变。
华鑫信托	120 000.00	220 000.00	100 000.00	2012年3月28日，经中国银行业监督管理委员会银监复〔2012〕147号文件批准，公司注册资本金股东同比例由12亿元增加到22亿元，增资事宜于2012年4月13日完成工商变更登记。
英大信托	150 000.00	182 175.45	32 175.45	2012年11月27日，英大国际信托有限责任公司以通讯方式召开了2012年第四次临时股东会，公司全体股东参加了此次会议。会议审议通过了《关于公司拟实施增资的议案》和《关于修改公司章程的议案》。12月21日中国银监会已正式批准公司增加注册资本并修改章程的申请，公司注册资本由15亿元增加至18.2175446273亿元。
中原信托	120 200.00	150 000.00	29 800.00	报告期内，经中国银行业监督管理委员会河南监管局批准（豫银监复〔2012〕221号文）、我公司股东会2012年第二次会议审议通过：公司注册资本由"12.02亿元"变更为"15亿元"。
中粮信托	120 000.00	149 981.25	29 981.25	公司注册资本由12亿元增加至1 499 812 523元，新增注册资本299 812 523元全部由蒙特利尔银行认购，中粮集团有限公司、中粮财务有限责任公司、中粮粮油有限公司放弃优先认购权，股权交割完成后，蒙特利尔银行出资额占公司注册资本的19.99%，中粮集团有限公司、中粮财务有限责任公司、中粮粮油有限公司出资额分别占公司注册资本的72.01%、4.00%、4.00%。
苏州信托	59 000.00	120 000.00	61 000.00	报告期内，经股东会会议审议通过，并经中国银行业监督管理委员会江苏监管局苏银监复〔2012〕447号文批准同意，公司注册资本金由5.9亿元增加到12亿元，公司股东持股比例保持不变。
新华信托	62 112.00	120 000.00	57 888.00	2012年7月3日，经股东大会审议做出决议，同意将公司部分未分配利润（57 888万元）转增为注册资本，转增后公司注册资本为120 000万元。2012年8月10日，重庆银监局下发《关于新华信托股份有限公司变更注册资本及修改〈公司章程〉等有关事项的批复》（渝银监复〔2012〕70号），同意公司转增注册资本。公司于2012年12月10日完成了工商变更登记事项，注册资本由62 112万元变更为120 000万元。
陆家嘴信托	31 500.00	106 834.62	75 334.62	2012年11月5日，中国银监会青岛监管局下发《关于陆家嘴国际信托有限公司变更注册资本的批复》（青银监复〔2012〕344号），批准公司将注册资本由31 500万元变更为106 834.62万元，股权结构不变。 2012年11月26日，经工商行政管理局核准，公司注册资本金由31 500万元变更为106 834.62万元。
方正东亚信托	60 000.00	100 000.00	40 000.00	本报告期内，经湖北银监局批复核准（鄂银监复〔2012〕631号），公司全体股东以原有出资比例增加公司注册资本金4亿元，公司的注册资本金由6亿元增至10亿元。完成增资后的公司股权结构为：北大方正集团有限公司出资70 010万元，出资比例为70.01%；东亚银行有限公司出资19 990万元，出资比例为19.99%；武汉经济发展投资（集团）有限公司出资10 000万元，出资比例为10.00%。
新时代信托	30 000.00	80 000.00	50 000.00	2012年3月14日，公司各股东按现有持股比例以现金方式认购新时代信托20 000万股新股，新股配售完成后，公司注册资本由原来的30 000万元变更为50 000万元；同时各股东同意根据注册资本变更情况对《公司章程》相应条款进行修改。3月28日公司在证券日报刊登公告。 2012年6月20日，公司以2012年3月31日总股本50 000万股为基数，向全体股东按每10股送6股红股，共送出30 000万股，转出利润30 000万元。送股方案实施后，公司股本增至80 000万股，公司注册资本由原来的50 000万元变更为80 000万元，同时，《公司章程》相对应条款进行修改。6月22日公司在证券日报刊登公告。
陕国投	35 841.30	57 841.30	22 000.00	未披露
西藏信托	30 000.00	未披露	未披露	未披露

信托公司通过增资扩股可以增强资本实力，增加抗风险的能力，同时还能够通过引进战略投资者进一步完善原有的股权结构。

（二）信托公司截至2012年末股东和大股东情况分析

表1-2-4　披露的信托公司2012年末股东数量及持股比例10%以上股东数汇总表

简称	股东家数	其中：持股比例10%以上股东家数	简称	股东家数	其中：持股比例10%以上股东家数
爱建信托	3	1	华宸信托	5	2
兴业信托	4	2	华能信托	11	2
华鑫信托	2	2	华融信托	3	1
华信信托	18	1	华润信托	2	2
陆家嘴信托	2	2	吉林信托	5	1
苏州信托	3	3	建信信托	3	2
新华信托	4	2	江苏信托	4	2
新时代信托	4	3	交银国际信托	2	2
方正东亚信托	3	3	昆仑信托	3	2
英大信托	7	1	平安信托	2	1
中粮信托	4	2	山东信托	5	1
中原信托	3	3	山西信托	3	1
陕国投	上市公司	2	上海信托	13	2
西藏信托	1	1	四川信托	10	3
国元信托	7	2	天津信托	4	2
安信信托	上市公司	1	五矿信托	3	2
百瑞信托	9	4	西部信托	24	1
北方信托	27	2	厦门国际信托	3	3
北京信托	10	3	长城新盛信托	4	4
渤海信托	6	3	云南信托	7	3
长安信托	6	3	浙金信托	3	2
重庆信托	6	2	中诚信托	15	3
大业信托	3	3	外贸信托	2	1
东莞信托	7	2	金谷信托	3	1
甘肃信托	3	1	中海信托	2	1
粤财信托	2	1	中航信托	6	4
国联信托	5	1	中江信托	15	3
国民信托	4	4	中融信托	4	3
国投信托	2	1	中泰信托	6	3
杭州工商信托	10	2	中铁信托	17	1
湖南信托	2	1	中投信托	1	1
华澳信托	3	3	中信信托	2	2
华宝信托	2	1	紫金信托	5	3
			平均数	5.77	2.05

注：计算股东平均数时上市公司未包含在内；根据中国银监会的相关定义，持有一家信托公司10%及以上股权的股东，即被定义为该公司的大股东。截至2012年末，信托公司股东的分散化程度仍较低。

表1-2-5　披露的信托公司2012年年末第一大股东的持股比例排序

排名	简称	第一大股东名称	持股比例（%）	第一大股东性质
1	西藏信托	西藏自治区财政厅	100.00	机关法人
2	中投信托	中国建银投资有限责任公司	100.00	有限公司
3	平安信托	中国平安保险（集团）股份有限公司	99.88	股份有限公司
4	爱建信托	上海爱建股份有限公司	99.33	有限公司
5	粤财信托	广东粤财投资控股有限公司	98.14	有限责任公司
6	华宝信托	宝钢集团有限公司	98.00	有限责任公司
7	华融信托	中国华融资产管理股份有限公司	97.50	股份有限公司
8	吉林信托	吉林省财政厅	97.50	机关法人

续表

排名	简称	第一大股东名称	持股比例( )	第一大股东性质
9	外贸信托	中国中化股份有限公司	96.22	有限公司
10	湖南信托	湖南财信投资控股有限责任公司	96.00	有限责任公司
11	国投信托	国投资本控股有限公司	95.45	有限责任公司
12	中海信托	中国海洋石油总公司	95.00	有限公司
13	甘肃信托	甘肃省国有资产投资集团有限公司	92.58	有限责任公司
14	金谷信托	中国信达	92.29	有限公司
15	山西信托	山西省国信投资(集团)公司	90.70	有限公司
16	山东信托	山东省鲁信投资控股集团有限公司	85.94	有限责任公司
17	交银国际信托	交通银行股份有限公司	85.00	有限公司
18	英大信托	国网英大国际控股集团有限公司	83.94	有限公司
19	昆仑信托	中油资产管理有限公司	82.18	有限责任公司
20	江苏信托	江苏省国信资产管理集团有限公司	80.00	有限责任公司
21	厦门国际信托	厦门市金财投资有限公司	80.00	有限公司
22	中信信托	中国中信股份有限公司	80.00	有限公司
23	中铁信托	中国中铁股份有限公司	78.91	股份有限公司
24	兴业信托	兴业银行股份有限公司	73.00	股份有限公司
25	中粮信托	中粮集团有限公司	72.01	有限公司
26	新华信托	新产业	71.92	有限公司
27	陆家嘴信托	上海陆家嘴金融发展有限公司	71.61	有限公司
28	苏州信托	苏州国际发展集团有限公司	70.01	有限公司
29	方正东亚信托	北大方正集团有限公司	70.01	有限公司
30	建信信托	中国建设银行股份有限公司	67.00	股份有限公司
31	重庆信托	重庆国信投资控股有限公司	66.99	有限公司
32	华能信托	华能资本服务有限公司	66.56	有限公司
33	上海信托	上海国际集团有限公司	66.33	有限公司
34	五矿信托	五矿资本控股有限公司	66.00	有限公司
35	国联信托	无锡市国联发展(集团)有限公司	65.85	有限责任公司
36	渤海信托	海航资本控股有限公司	60.22	有限公司
37	紫金信托	南京紫金投资控股有限责任公司	60.01	有限公司
38	新时代信托	新时代远景(北京)投资有限公司	58.54	有限公司
39	西部信托	陕西省电力建设投资开发公司	57.78	有限公司
40	华信信托	华信汇通集团有限公司	56.00	有限公司
41	浙金信托	浙江省国际贸易集团有限公司	56.00	有限公司
42	杭州工商信托	杭州市投资控股有限公司	52.99	有限责任公司
43	天津信托	天津海泰控股集团有限公司	51.58	有限公司
44	华鑫信托	中国华电集团公司	51.00	有限公司
45	华润信托	华润股份有限公司	51.00	有限公司
46	华宸信托	内蒙古国有资产监督管理委员会	50.20	行政单位
47	华澳信托	北京融达投资有限公司	50.01	有限公司
48	国元信托	安徽国元控股(集团)有限责任公司	49.69	有限责任公司
49	中原信托	河南投资集团有限公司	48.42	有限公司
50	大业信托	中国东方资产管理公司	41.67	有限公司
51	长安信托	西安投资控股有限公司	41.30	有限公司
52	中航信托	中航投资控股有限公司	40.80	有限公司
53	东莞信托	东莞市财信发展有限公司	40.00	有限责任公司
54	中融信托	经纬纺织机械股份有限公司	36.60	有限公司
55	长城新盛信托	中国长城资产管理公司/新疆生产建设兵团国有资产经营公司	35.00	有限公司

续表

排名	简称	第一大股东名称	持股比例(%)	第一大股东性质
56	四川信托	四川宏达(集团)有限公司	34.74	有限公司
57	陕国投	陕西煤业化工集团有限责任公司	34.58	国有法人
58	北京信托	北京市国有资产经营有限责任公司	34.30	有限责任公司
59	安信信托	上海国之杰投资发展有限公司	32.96	有限责任公司
60	中诚信托	中国人民保险集团股份有限公司	32.92	有限公司
61	北方信托	天津泰达投资控股有限公司	32.33	有限责任公司
62	国民信托	丰益实业发展有限公司	31.73	有限责任公司
63	中泰信托	中国华闻投资控股有限公司	31.57	有限公司
64	百瑞信托	中国电力投资集团公司	25.33	有限责任公司
65	云南信托	云南省财政厅	25.00	机关法人
66	中江信托	领锐资产管理股份有限公司	25.00	股份有限公司
		平均数	64.56	

从股权集中度来看，虽然部分信托公司股权较为分散，但仍有47家信托公司的第一大股东持股比例超过了50%，处于绝对控股地位。中投信托、西藏信托大股东控股比例达到100%。第一大股东平均持股比例为64.56%，说明大股东的控制地位非常牢固，同时可以看到在信托公司的实际控制人中，国有资本占据主导地位的仍为绝大多数，实际控制人为民营等其他资本的为少数。

表1-2-6 披露的信托公司2012年末前三大股东名称及持股比例

简称	第一大股东名称	持股比例(%)	第二大股东名称	持股比例(%)	第三大股东名称	持股比例(%)
国元信托	安徽国元控股(集团)有限责任公司	49.69	深圳中海投资管理有限公司	40.38	首都机场集团公司	9.00
安信信托	上海国之杰投资发展有限公司	32.96	中国人寿保险(集团)公司—传统—普通保险产品	1.56	中国银行—大成蓝筹稳健证券投资基金	1.54
百瑞信托	中国电力投资集团公司	25.33	中电投财务有限公司	24.91	摩根大通	19.99
北方信托	天津泰达投资控股有限公司	32.33	津联集团有限公司	11.21	天津市财政局	6.24
北京信托	北京市国有资产经营有限责任公司	34.30	威益投资有限公司(Win Eagle Investments Limited)	19.99	中国石油化工股份有限公司北京石油分公司	14.29
渤海信托	海航资本控股有限公司	60.22	海口美兰国际机场有限责任公司	15.51	海航酒店控股集团有限公司	14.20
长安信托	西安投资控股有限公司	41.30	上海证大投资管理有限公司	39.33	深圳市淳大投资有限公司	11.67
重庆信托	重庆国信投资控股有限公司	66.99	重庆水务集团股份有限公司	23.86	上海淮矿资产管理有限公司	4.10
华信信托	华信汇通集团有限公司	56.00	大连保税区海涵发展有限公司	4.93	北京越达投资有限公司	4.93
大业信托	中国东方资产管理公司	41.67	广州国际控股集团有限公司	38.33	广东京信电力集团有限公司	20.00
东莞信托	东莞市财信发展有限公司	40.00	东莞市财政局	30.00	东莞市经济贸易总公司	6.00
方正东亚信托	北大方正集团有限公司	70.01	东亚银行有限公司	19.99	武汉经济发展投资(集团)有限公司	10.00
甘肃信托	甘肃省国有资产投资集团有限公司	92.58	天水市财政局	4.00	白银市财政局	3.42
粤财信托	广东粤财投资控股有限公司	98.14	广东省科技创业投资公司	1.86	无	
国联信托	无锡市国联发展(集团)有限公司	65.85	无锡国联环保能源集团有限公司	9.76	无锡市地方电力公司	8.13
国民信托	丰益实业发展有限公司	31.73	璟安股权投资有限公司	27.55	上海创信资产管理有限公司	24.16
国投信托	国投资本控股有限公司	95.45	国投高科技投资有限公司	4.55	无	—
杭州工商信托	杭州市投资控股有限公司	52.99	摩根士丹利国际控股公司	19.90	浙江新安化工集团股份有限公司	6.26
湖南信托	湖南财信投资控股有限责任公司	96.00	湖南省国有投资经营有限公司	4.00	无	—
华澳信托	北京融达投资有限公司	50.10	北京三吉利能源股份有限公司	30.00	麦格理资本证券股份有限公司	19.99
华宝信托	宝钢集团有限公司	98.00	浙江省舟山市财政局	2.00	无	—
华宸信托	内蒙古国有资产监督管理委员会	50.20	湖南华菱钢铁集团有限责任公司	48.95	呼和浩特市财政局	0.50
华能信托	华能资本服务有限公司	66.56	贵州产业投资(集团)有限责任公司	27.43	贵州省贵财投资有限责任公司	4.02
华融信托	中国华融资产管理股份有限公司	97.50	新疆凯迪投资有限责任公司	1.48	新疆恒合投资股份有限公司	1.02
华润信托	华润股份有限公司	51.00	深圳市人民政府国有资产监督管理委员会	49.00	无	—
华鑫信托	中国华电集团公司	51.00	中国华电集团财务有限公司	49.00	无	—
吉林信托	吉林省财政厅	97.50	吉林粮食集团有限公司	0.63	吉林化纤集团有限责任公司	0.63

续表

简称	第一大股东名称	持股比例（%）	第二大股东名称	持股比例（%）	第三大股东名称	持股比例（%）
建信信托	中国建设银行股份有限公司	67.00	合肥兴泰控股集团有限公司	27.50	合肥市国有资产控股有限公司	5.50
江苏信托	江苏省国信资产管理集团有限公司	80.00	江苏苏豪控股集团有限公司	10.00	江苏高科技投资集团有限公司	5.00
交银国际信托	交通银行股份有限公司	85.00	湖北省财政厅	15.00	无	—
昆仑信托	中油资产管理有限公司	82.18	天津经济技术开发区国有资产经营公司	12.82	广博投资控股有限公司	5.00
陆家嘴信托	上海陆家嘴金融发展有限公司	71.61	青岛国信发展（集团）有限责任公司	28.39	无	—
平安信托	中国平安保险（集团）股份有限公司	99.88	上海市糖业烟酒（集团）有限公司	0.12	无	—
山东信托	山东省鲁信投资控股集团有限公司	85.94	山东省高新技术投资有限公司	6.25	山东黄金集团有限公司	3.13
山西信托	山西省国信投资（集团）公司	90.70	太原市海信资产管理有限公司	8.30	山西国际电力集团有限公司	1.00
陕国投	陕西煤业化工集团有限责任公司	34.58	陕西省高速公路建设集团公司	27.48	西安投资控股有限公司	3.46
爱建信托	上海爱建股份有限公司	99.33	上海爱建纺织品公司	0.33	上海爱建进出口有限公司	0.33
上海信托	上海国际集团有限公司	66.33	上海久事公司	20.00	申能股份有限公司	5.00
四川信托	四川宏达（集团）有限公司	34.74	中海信托股份有限公司	30.00	四川宏达股份有限公司	19.00
苏州信托	苏州国际发展集团有限公司	70.01	苏格兰皇家银行公众有限公司	19.99	联想控股有限公司	10.00
天津信托	天津海泰控股集团有限公司	51.58	天津市泰达国际控股（集团）有限公司	42.11	天津盈鑫信恒投资咨询有限公司	5.26
五矿信托	五矿资本控股有限公司	66.00	西宁城市投资管理有限公司	33.90	青海华鼎实业股份有限公司	0.10
西部信托	陕西省电力建设投资开发公司	57.78	陕西省产业投资有限公司	8.66	重庆中侨置业有限公司	6.36
西藏信托	西藏自治区财政厅	100.00	无	—	无	—
厦门国际信托	厦门市金财投资有限公司	80.00	厦门建发集团有限公司	10.00	厦门港务控股集团有限公司	10.00
新华信托	新产业	71.92	巴克莱	19.50	中国诚信信用管理有限公司	8.25
长城新盛信托	中国长城资产管理公司/新疆生产建设兵团国有资产经营公司	35.00	深圳市盛金创业投资发展有限公司	17.00	伊犁哈萨克自治州财信融通融资担保有限公司	13.00
新时代信托	新时代远景（北京）投资有限公司	58.54	上海人广实业发展有限公司	24.39	潍坊科微投资有限公司	14.63
兴业信托	兴业银行股份有限公司	73.00	澳大利亚国民银行	16.83	福建华投投资有限公司	9.33
英大信托	国网英大国际控股集团有限公司	83.94	中国电力财务有限公司	5.21	济南市能源投资有限责任公司	4.38
云南信托	云南省财政厅	25.00	涌金实业（集团）有限公司	24.50	上海纳米创业投资有限公司	23.00
浙金信托	浙江省国际贸易集团有限公司	56.00	中国国际金融有限公司	35.00	传化集团有限公司	9.00
中诚信托	中国人民保险集团股份有限公司	32.92	国华能源投资有限公司	20.35	兖矿集团有限公司	10.18
外贸信托	中国中化股份有限公司	96.22	中化集团财务有限责任公司	3.78	无	—
金谷信托	中国信达	92.29	中国妇女活动中心	6.25	中国海外	1.46
中海信托	中国海洋石油总公司	95.00	中国中信集团公司	5.00	无	—
中航信托	中航投资控股有限公司	40.80	中国航空技术深圳有限公司	21.47	华侨银行有限公司	19.99
中江信托	领锐资产管理股份有限公司	25.00	江西省财政厅	22.80	北京供销社投资管理中心	20.00
中粮信托	中粮集团有限公司	72.01	蒙特利尔银行	19.99	中粮财务有限责任公司	4.00
中融信托	经纬纺织机械股份有限公司	36.60	中植企业集团有限公司	32.22	哈尔滨投资集团有限责任公司	23.36
中泰信托	中国华闻投资控股有限公司	31.57	上海新黄浦置业股份有限公司	29.97	广联（南宁）投资股份有限公司	20.00
中铁信托	中国中铁股份有限公司	78.91	中铁二局集团有限公司	7.23	成都工投资产经营有限公司	3.43
中投信托	中国建银投资有限责任公司	100.00	无	—	无	—
中信信托	中国中信股份有限公司	80.00	中信兴业投资集团有限公司	20.00	无	—
中原信托	河南投资集团有限公司	48.42	河南中原高速公路股份有限公司	33.28	河南盛润创业投资管理有限公司	18.30
紫金信托	南京紫金投资控股有限责任公司	60.01	三井住友信托银行股份有限公司	19.99	三胞集团有限公司	10.00
平均数		64.56		19.31		9.23

注：计算平均持股比例时，相关股东情况未披露的信托公司不包含在内。第一大股东平均持股比例为64.56%，第二大股东平均持股比例为19.31%，第三大股东平均持股比例为9.23%。前三大股东平均合计持股比例为93.10%，再次说明信托公司大股东相对比较集中。

(三)2012 年信托公司股东变更情况分析

表 1－2－7　披露的信托公司 2012 年股东变更次数及期内变更详细列示

简称	股东变更次数	期内股东变更详细列示
陆家嘴信托	2	上海陆家嘴金融发展有限公司出资额由 22 555. 92 万元变为 76 500. 00 万元；青岛国信发展(集团)有限责任公司出资额由 8 944. 08 万元变为 30 334. 62 万元。持股比例不变。
中信信托	2	报告期内，因中信集团重组改制，公司原股东中国中信集团有限公司将所持公司 80% 的股权全部移交给中国中信股份有限公司。我公司已办理完成股东变更的行政许可和工商变更登记手续。报告期内，经工商行政管理部门核准，本公司股东中信华东(集团)有限公司更名为中信兴业投资集团有限公司。公司已办理完成股东名称变更的工商变更登记手续。
百瑞信托	1	2012 年 3 月 30 日，公司获得《中国银监会关于百瑞信托有限责任公司股权变更的批复》(银监复〔2012〕151 号)，同意公司郑州市财政局、郑州自来水投资控股有限公司、郑州市金水区财政局、巩义市财政局、登封市财政局、中牟县财政局 6 家股东将分别持有公司 17 064 万元(占比 14. 22%)、2 352 万元(占比 1. 96%)、1 884 万元(占比 1. 57%)、1 416 万元(占比 1. 18%)、804 万元(占比 0. 67%)、468 万元(占比 0. 39%)的股权转让给摩根大通。转让完成后，摩根大通成为公司新股东，合计持有 23 988 万元股权(占比 19. 99%)。调整后前五名股东依次是中国电力投资集团公司、中电投财务有限公司、摩根大通、郑州市财政局和郑州自来水投资控股有限公司。
重庆信托	1	2012 年 2 月 22 日，公司股东安徽省皖投信用担保有限责任公司因安徽省统一规范融资性企业名称变更企业名称为安徽省皖投融资担保有限责任公司。
华信信托	1	报告期内，公司实施增资扩股，注册资本增至 300 000 万元，前五名股东依次是华信汇通集团有限公司、大连保税区海涵发展有限公司、北京越达投资有限公司、大连顺联达集团有限责任公司、沈阳万基实业发展有限公司。
华能信托	1	贵州开发投资有限责任公司更名为贵州产业投资(集团)有限责任公司。
江苏信托	1	按照中国银行业监督管理委员会《关于江苏省国际信托有限责任公司股权结构变更并修改公司章程的批复》(银监复〔2011〕363 号)的要求，公司于 2012 年 3 月 2 日完成了公司股权结构变更及修改公司章程的工商登记手续。公司股东变更为江苏省国信资产管理集团有限公司、江苏省苏豪集团有限公司、江苏省高科技投资集团有限公司和江苏省农垦集团有限公司。
昆仑信托	1	根据昆仑信托有限公司(以下简称公司)2012 年第二次临时股东大会审议通过的《关于股东间股权转让及修改公司章程的议案》，同意公司股东南部新城现代商务服务有限公司(以下简称南部新城)与广博投资控股有限公司(以下简称广博投资)根据双方签订的《股权转让协议》，由南部新城向广博投资转让其所持有的全部昆仑信托有限责任公司 2. 51% 股权。该笔股权转让已获宁波市鄞州区财政局、宁波市鄞州区国有资产管理委员会批复同意。 根据上述股东大会决议，公司签订了股权转让协议，并于 2012 年 11 月 27 日办理完成股权转让的工商变更手续，取得宁波市公商行政管理局换发的企业法人营业执照，注册号为：330200000025880，注册资本 300 000 万元，法定代表人温青山。公司股东变更为：中油资产管理有限公司，出资 2465 307 125. 31 元，出资比例 82. 18%；天津经济技术开发区国有资产经营公司，出资 384 692 874. 69 元，出资比例 12. 82%；广博投资控股有限公司，出资 150 000 000 元，出资比例 5. 00%。
陕国投	1	2012 年 4 月，公司非公开发行新增的 22 000 万股股份完成股份登记和上市，全部为有限售条件的流通股，本公司股本总额增至 578 413 026 股。 经公司 2012 年 3 月 31 日职工大会选举，吴滢女士出任公司第六届监事会职工监事，其任期与第六届监事会一致。截至报告期末，吴滢女士持有公司股份 1. 2 万股，根据中国证监会《上市公司董事、监事和高级管理人员所持本公司股份及其变动管理规则》，其中的 9 000 股自动锁定。 经 2013 年 1 月 10 日公司职工大会选举，王晓烨先生为公司第七届监事会职工监事，其任期与第七届监事会一致。2013 年 1 月 31 日，经公司 2013 年第 2 次临时股东大会采用累积投票制方式选举，产生了公司第七届董事会和监事会。至此，吴滢女士不再担任职工监事。根据中国证监会《上市公司董事、监事和高级管理人员所持本公司股份及其变动管理规则》，其持有的 1. 2 万股公司股份自离任日起六个月内全部锁定，到期后将全部自动解锁。
五矿信托	1	报告期内，公司股东"五矿投资发展有限责任公司"经国家工商行政管理总局核准((国)登记内变字〔2012〕第 104 号)，自 2012 年 2 月 23 日起正式完成更名，工商注册已变更为五矿资本控股有限公司。
厦门国际信托	1	根据厦门市政府有关部门下发的厦府办〔2012〕74 号文和厦国资产〔2012〕281 号文的精神，经中国银监会以《中国银监会关于厦门国际信托有限公司变更股权及调整股权结构的批复》(银监复〔2012〕766 号)一文批准，公司股权及股权结构发生变更。 依据上述文件，厦门建发集团有限公司将持有的公司 41% 股权、厦门港务控股有限公司将持有的公司 39% 股权划转至厦门市金财投资有限公司。股权变更后，公司的股东构成、出资额及出资比例分别为：厦门市金财投资有限公司，出资额 80 000 万元，出资比例 80%；厦门建发集团有限公司，出资额 10 000 万元，出资比例 10%；厦门港务控股有限公司，出资额 10 000 万元，出资比例 10%。因股权变更事项获批，公司相应对公司章程进行修订，厦门银监局以厦银监〔2012〕484 号文《厦门银监局关于同意厦门国际信托有限公司修订章程的批复》一文批准公司的章程修订事项。 公司股权及章程变更事项于 2012 年 12 月 31 日完成工商变更登记备案手续。
新华信托	1	经公司董事会及股东大会审议，全体股东同意将公司部分未分配利润 57 888. 00 万元转增为注册资本。转增后，公司注册资本 120 000. 00 万元，该事项已于 2012 年 8 月 10 日经重庆银监局《关于新华信托股份有限公司变更注册资本及修改〈公司章程〉等有关事项的批复》(渝银监复〔2012〕70 号)核准，公司已完成相关工商登记变更工作。

续表

简称	股东变更次数	期内股东变更详细列示
中海信托	1	经国务院批准，本公司原股东中国中信集团公司进行重组改制，联合下属子公司北京中信企业管理有限公司于2011年12月27日共同发起设立中国中信股份有限公司，中国中信集团公司将所持本公司5%的股权移交给中国中信股份有限公司。上海监管局于2012年12月28日下发《关于核准中海信托股份有限公司变更股权及修改公司章程的批复》（沪银监复〔2012〕1071号），批准本公司上述股权变更等事宜。本公司已于2013年1月办理完毕股东变更工商登记手续，并于1月23日在《中国证券报》、《上证报》及本公司网站就该事项进行了信息披露。
中江信托	1	报告期内，经江西省人民政府批准，本公司股东江西省财政厅通过江西省产交所公开挂牌，将其持有的本公司23%股份转让给大连昱辉科技发展有限公司8%（计8 292.6545万股）、天津瀚晟同创贸易有限公司8%（计8 292.6545万股）、深圳市振辉利科技有限公司7%（计7 256.0727万股）。
中粮信托	1	2012年2月，公司召开第五次股东会会议，审议通过了《中粮信托有限责任公司引入BMO金融集团投资情况汇报》，同意公司注册资本由12亿元增加至1 499 812 523元，新增注册资本299 812 523元全部由蒙特利尔银行认购，中粮集团有限公司、中粮财务有限责任公司、中粮粮油有限公司放弃优先认购权，股权交割完成后，蒙特利尔银行出资额占公司注册资本的19.99%，中粮集团有限公司、中粮财务有限责任公司、中粮粮油有限公司出资额分别占公司注册资本的72.01%、4.00%、4.00%。
华融信托	1	报告期内，公司控股股东中国华融资产管理公司更名为中国华融资产管理股份有限公司，注册资本由1 000 000万元变更为2 583 587万元。其他股东及注册资本无变动。
天津信托	1	2012年7月13日，中国银监会天津监管局以津银监复〔2012〕357号下发了《关于天津信托有限责任公司变更股权的批复》，批准公司原股东天津环球磁卡股份有限公司将持有的7,895,000元股权转让给天津海泰控股集团有限公司。转让后天津海泰控股集团有限公司持有公司51.58%的股权，仍为公司的第一大股东，实际控股人。公司股东由5家变更为4家。股权变更的工商登记手续已于2013年1月9日办理完毕。
平均次数	1.12	—

2012年内有17家信托公司共发生了19次股东变更，平均每家变更数为1.12次，说明股东构成还是相对稳定的。

第二章 信托公司年度报告的质量评价

——关于审计报告

本章对信托公司被出具的审计报告类型及执行《企业会计准则》的情况进行分析，以此作为后面章节对信托公司进行分析的依据之一。

一、信托公司2012年、2011年审计报告类型分类汇总情况

表2-1-1 信托公司2012年、2011年审计报告意见类型汇总比较表

审计意见	2012年		2011年	
	份数	百分比(%)	份数	百分比(%)
标准无保留意见	66	100.00	64	100.00
无保留意见+强调事项段				
保留意见				
无法表示意见				
合计	66	100.00	64	100.00

2012年，会计师事务所对所有66家信托公司年报审计均出具了无保留意见的审计报告，表明财务报告在所有重大方面公允反映了被审计信托公司的财务状况和经营成果。2011年，会计师事务所对所有64家信托公司年报审计均出具了无保留意见的审计报告，从审计意见来看，信托公司财务信息的质量比较稳定。

按照《中国注册会计师审计具体准则第1501号——审计报告》的相关规定：如果会计师认为财务报表已经按照适用的企业会计准则和相关财务会计法规的规定，在所有重大方面公允反映了被审计单位的财务状况、经营成果和现金流量；并且注册会计师已经按照独立审计准则计划和实施了审计工作，在审计过程中未受到限制；此外也不存在应当调整或披露而被审计单位未予调整或披露的重要事项情形时，注册会计师应当出具无保留意见的审计报告。而如果会计师认为整体财务报表是公允的，但存在会计政策的选用、会计估计的做出或财务报表的披露不符合适用的会计准则和相关会计制度的规定，虽影响重大，但不至于出具否定意见的审计报告；以及因审计范围受到限制，不能获取充分、适当的审计证据，虽影响重大，但不至于出具无法表示意见的审计报告时，注册会计师应当出具保留意见的审计报告。

二、信托公司2012年、2011年会计师事务所审计情况

表2-2-1 信托公司2012年会计师事务所资格情况一览表

简称	聘请的会计师事务所	资格情况
国元信托	华普天健会计师事务所(北京)有限公司	证券期货资格
安信信托	立信会计师事务所(特殊普通合伙)	证券期货资格
百瑞信托	天职国际会计师事务所(特殊普通合伙)	证券期货资格
北方信托	华寅五洲会计师事务所	证券期货资格
北京信托	致同会计师事务所(特殊普通合伙)	证券期货资格
渤海信托	中磊会计师事务所有限责任公司	证券期货资格
长安信托	希格玛会计师事务所有限公司	证券期货资格
重庆信托	天健会计师事务所(特殊普通合伙)重庆分所	证券期货资格
华信信托	致同会计师事务所(特殊普通合伙)辽宁分所	证券期货资格
大业信托	天职国际会计师事务所有限公司深圳分所	证券期货资格
东莞信托	中审亚太会计师事务所有限公司	证券期货资格
方正东亚信托	众环海华会计师事务所有限公司	证券期货资格
甘肃信托	北京中天恒会计师事务所有限责任公司兰州分所	证券期货资格
粤财信托	致同会计师事务所(特殊普通合伙)广州分所	证券期货资格

续表

简称	聘请的会计师事务所	资格情况
国联信托	江苏公证天业会计师事务所	证券期货资格
国民信托	安永华明会计师事务所(特殊普通合伙)	证券期货资格
国投信托	立信会计师事务所(特殊普通合伙)	证券期货资格
杭州工商信托	德勤华永会计师事务所(特殊普通合伙)	证券期货资格
湖南信托	天健会计师事务所(特殊普通合伙)湖南分所	证券期货资格
华澳信托	德勤华永会计师事务所(特殊普通合伙)	证券期货资格
华宝信托	中瑞岳华会计师事务所有限公司	证券期货资格
华宸信托	中瑞岳华会计师事务所有限公司	证券期货资格
华能信托	大信会计师事务所有限公司	证券期货资格
华融信托	立信会计师事务所(特殊普通合伙)	证券期货资格
华润信托	中天运会计师事务所有限公司	证券期货资格
华鑫信托	立信会计师事务所(特殊普通合伙)	证券期货资格
吉林信托	中准会计师事务所有限公司	证券期货资格
建信信托	普华永道中天会计师事务所	证券期货资格
江苏信托	中兴华富华会计师事务所有限责任公司	证券期货资格
交银国际信托	德勤华永会计师事务所(特殊普通合伙)	证券期货资格
昆仑信托	立信会计师事务所(特殊普通合伙)	证券期货资格
陆家嘴信托	上海众华沪银会计师事务所有限公司	证券期货资格
平安信托	安永华明会计师事务所(特殊普通合伙)	证券期货资格
山东信托	中准会计师事务所有限公司	证券期货资格
山西信托	普华永道中天会计师事务所有限公司	证券期货资格
陕国投	希格玛会计师事务所	证券期货资格
爱建信托	立信会计师事务所(特殊普通合伙)	证券期货资格
上海信托	上海上会会计师事务所有限公司	证券期货资格
四川信托	致同会计师事务所(特殊普通合伙)	证券期货资格
苏州信托	德勤华永会计师事务所(特殊普通合伙)	证券期货资格
天津信托	华寅五洲会计师事务所	证券期货资格
五矿信托	天健会计师事务所	证券期货资格
西部信托	西安希格玛会计师事务所	证券期货资格
西藏信托	中磊会计师事务所有限责任公司	证券期货资格
厦门国际信托	致同会计师事务所(特殊普通合伙)	证券期货资格
新华信托	毕马威华振会计师事务所(特殊普通合伙)上海分所	证券期货资格
长城新盛信托	中瑞岳华会计师事务所新疆分所	证券期货资格
新时代信托	中瑞岳华会计师事务所有限公司	证券期货资格
兴业信托	德勤华永会计师事务所(特殊普通合伙)	证券期货资格
英大信托	北京中证天通会计师事务所有限公司	证券期货资格
云南信托	中审亚太会计师事务所有限公司	证券期货资格
浙金信托	大华会计师事务所有限公司	证券期货资格
中诚信托	中准会计师事务所有限公司	证券期货资格
外贸信托	天职国际会计师事务所有限公司	证券期货资格
金谷信托	德勤华永会计师事务所(特殊普通合伙)北京分所	证券期货资格
中海信托	信永中和会计师事务所有限公司	证券期货资格
中航信托	致同会计师事务所(特殊普通合伙)	证券期货资格
中江信托	中磊会计师事务所	证券期货资格
中粮信托	天职国际会计师事务所(特殊普通合伙)	证券期货资格
中融信托	天职国际会计师事务所有限公司	证券期货资格
中泰信托	中审亚太会计师事务所有限公司	证券期货资格
中铁信托	德勤华永会计师事务所(特殊普通合伙)北京分所	证券期货资格
中投信托	德勤华永会计师事务所(特殊普通合伙)北京分所	证券期货资格
中信信托	致同会计师事务所(特殊普通合伙)	证券期货资格
中原信托	中兴华富华会计师事务所有限责任公司	证券期货资格
紫金信托	立信会计师事务所(特殊普通合伙)	证券期货资格

经统计分析,2012 年度审计报告的会计师事务所均是由具有证券期货资格的会计师事务所进行审计的,但对信托公司审计的事务所仍比较分散。2012 年度有德勤华永会计师事务所(特殊普通合伙)、立信会计师事务所(特殊普通合伙)、致同会计师事务所(特

殊普通合伙）、天职国际会计师事务所有限公司、中瑞岳华会计师事务所有限公司、中审亚太会计师事务所有限公司、天健会计师事务所、希格玛会计师事务所、中准会计师事务所有限公司等几家事务所，分别为 3 ~8 家信托公司进行了报表审计，其中德勤华永会计师事务所有限公司（特殊普通合伙）及其分公司更是为 8 家信托公司提供了审计，其余信托公司的审计大多由不同的事务所完成审计。

在 66 家信托公司中，有 12 家 2012 年变更了会计师事务所，占 2012 年全部信息披露户数的 18. 18%。提请监管部门对信托公司会计师事务所变更事项作必要的要求和监管，对会计师事务所变更应该要求信托公司和前任会计师事务所作出专项声明，以避免有的公司可能通过更换会计师事务所实现其特殊目的。

表 2 -2 -2　信托公司 2012 年与 2011 年会计师事务所及其变更情况统计

简称	2012 年	2011 年	是否变更
华信信托	致同会计师事务所（特殊普通合伙）辽宁分所	广东正中珠江会计师事务所有限公司	是
大业信托	天职国际会计师事务所有限公司深圳分所	立信会计师事务所（特殊普通合伙）广东分所	是
粤财信托	致同会计师事务所（特殊普通合伙）广州分所	广东正中珠江会计师事务所有限公司	是
国联信托	江苏公证天业会计师事务所	江苏天衡会计师事务所有限公司	是
国投信托	立信会计师事务所（特殊普通合伙）	中证天通会计师事务所有限公司	是
华宸信托	中瑞岳华会计师事务所有限公司	大华会计师事务所有限公司	是
华融信托	立信会计师事务所（特殊普通合伙）	大信会计师事务所有限公司	是
华润信托	中天运会计师事务所有限公司	天职国际会计师事务所有限公司	是
华鑫信托	立信会计师事务所（特殊普通合伙）	大信会计师事务所有限公司	是
陕国投	希格玛会计师事务所	上海东华会计师事务所有限公司	是
新时代信托	中瑞岳华会计师事务所有限公司	利安达会计师事务所	是
兴业信托	德勤华永会计师事务所（特殊普通合伙）	安永华明会计师事务所	是

三、信托公司 2012 年、2011 年执行的会计制度统计

表 2 -3 -1　信托公司 2012 年与 2011 年执行的会计制度比较表

固有业务执行会计制度	2012 年家数	2011 年家数	信托业务执行会计制度	2012 年家数	2011 年家数
《企业会计准则》（2006 年）	65	63	《企业会计准则》（2006 年）	62	56
《企业会计准则》（2006 年） 《金融企业会计制度》（2001 年）	1	1	《信托业务会计核算办法》（2005 年）	2	6
			《企业会计准则》（2006 年） 《金融企业会计制度》（2001 年）	1	1
			《企业会计准则》（2006 年） 《信托业务会计核算办法》（2005 年）	1	1
合计	66	64	合计	66	64

2012 年 66 家信托公司固有业务中，65 家明确披露已执行《企业会计准则》（2006 年），只有 1 家同时执行《企业会计准则》（2006 年）和《金融企业会计制度》（2001 年）。2012 年 62 家信托公司信托业务执行《企业会计准则》（2006 年），有 2 家信托公司信托业务执行《信托业务会计核算办法》（2005 年），1 家信托公司同时执行《企业会计准则》（2006 年）和《金融企业会计制度》（2001 年），1 家公司同时执行《企业会计准则》（2006 年）和《信托业务会计核算办法》（2005 年）。

表 2 -3 -2　2012 年 66 家信托公司披露执行的会计制度统计表

简称	固有业务执行会计制度	信托业务执行会计制度
国元信托	《企业会计准则》（2006 年）	《企业会计准则》（2006 年）
安信信托	《企业会计准则》（2006 年）	《企业会计准则》（2006 年）
百瑞信托	《企业会计准则》（2006 年）	《企业会计准则》（2006 年）
北方信托	《企业会计准则》（2006 年）	《企业会计准则》（2006 年）
北京信托	《企业会计准则》（2006 年）	《企业会计准则》（2006 年）
渤海信托	《企业会计准则》（2006 年）	《企业会计准则》（2006 年）

续表

简称	固有业务执行会计制度	信托业务执行会计制度
长安信托	《企业会计准则》(2006年)	《企业会计准则》(2006年)
重庆信托	《企业会计准则》(2006年)	《企业会计准则》(2006年)
华信信托	《企业会计准则》(2006年)	《企业会计准则》(2006年)
大业信托	《企业会计准则》(2006年)	《企业会计准则》(2006年)
东莞信托	《企业会计准则》(2006年)	《企业会计准则》(2006年)
方正东亚信托	《企业会计准则》(2006年)	《企业会计准则》(2006年)
甘肃信托	《企业会计准则》(2006年)	《企业会计准则》(2006年)
粤财信托	《企业会计准则》(2006年)	《企业会计准则》(2006年)
国联信托	《企业会计准则》(2006年)	《企业会计准则》(2006年)
国民信托	《企业会计准则》(2006年)	《企业会计准则》(2006年)
国投信托	《企业会计准则》(2006年)	《企业会计准则》(2006年)
杭州工商信托	《企业会计准则》(2006年)	《企业会计准则》(2006年)
湖南信托	《企业会计准则》(2006年)	《企业会计准则》(2006年)
华澳信托	《企业会计准则》(2006年)	《企业会计准则》(2006年)
华宝信托	《企业会计准则》(2006年)	《企业会计准则》(2006年)
华宸信托	《企业会计准则》(2006年)	《企业会计准则》(2006年)
华能信托	《企业会计准则》(2006年)	《信托业务会计核算办法》(2005年)
华融信托	《企业会计准则》(2006年)	《企业会计准则》(2006年) 《信托业务会计核算办法》(2005年)
华润信托	《企业会计准则》(2006年)	《企业会计准则》(2006年)
华鑫信托	《企业会计准则》(2006年)	《企业会计准则》(2006年)
吉林信托	《企业会计准则》(2006年)	《企业会计准则》(2006年)
建信信托	《企业会计准则》(2006年)	《企业会计准则》(2006年)
江苏信托	《企业会计准则》(2006年)	《企业会计准则》(2006年)
交银国际信托	《企业会计准则》(2006年)	《企业会计准则》(2006年)
昆仑信托	《企业会计准则》(2006年) 《金融企业会计制度》(2001年)	《企业会计准则》(2006年) 《金融企业会计制度》(2001年)
陆家嘴信托	《企业会计准则》(2006年)	《企业会计准则》(2006年)
平安信托	《企业会计准则》(2006年)	《企业会计准则》(2006年)
山东信托	《企业会计准则》(2006年)	《企业会计准则》(2006年)
山西信托	《企业会计准则》(2006年)	《企业会计准则》(2006年)
陕国投	《企业会计准则》(2006年)	《企业会计准则》(2006年)
爱建信托	《企业会计准则》(2006年)	《企业会计准则》(2006年)
上海信托	《企业会计准则》(2006年)	《企业会计准则》(2006年)
四川信托	《企业会计准则》(2006年)	《企业会计准则》(2006年)
苏州信托	《企业会计准则》(2006年)	《企业会计准则》(2006年)
天津信托	《企业会计准则》(2006年)	《企业会计准则》(2006年)
五矿信托	《企业会计准则》(2006年)	《企业会计准则》(2006年)
西部信托	《企业会计准则》(2006年)	《企业会计准则》(2006年)
西藏信托	《企业会计准则》(2006年)	《企业会计准则》(2006年)
厦门国际信托	《企业会计准则》(2006年)	《企业会计准则》(2006年)
新华信托	《企业会计准则》(2006年)	《企业会计准则》(2006年)
长城新盛信托	《企业会计准则》(2006年)	《企业会计准则》(2006年)
新时代信托	《企业会计准则》(2006年)	《企业会计准则》(2006年)
兴业信托	《企业会计准则》(2006年)	《企业会计准则》(2006年)
英大信托	《企业会计准则》(2006年)	《企业会计准则》(2006年)
云南信托	《企业会计准则》(2006年)	《企业会计准则》(2006年)
浙金信托	《企业会计准则》(2006年)	《企业会计准则》(2006年)
中诚信托	《企业会计准则》(2006年)	《企业会计准则》(2006年)
外贸信托	《企业会计准则》(2006年)	《企业会计准则》(2006年)

续表

简称	固有业务执行会计制度	信托业务执行会计制度
金谷信托	《企业会计准则》(2006 年)	《企业会计准则》(2006 年)
中海信托	《企业会计准则》(2006 年)	《企业会计准则》(2006 年)
中航信托	《企业会计准则》(2006 年)	《企业会计准则》(2006 年)
中江信托	《企业会计准则》(2006 年)	《信托业务会计核算办法》(2005 年)
中粮信托	《企业会计准则》(2006 年)	《企业会计准则》(2006 年)
中融信托	《企业会计准则》(2006 年)	《企业会计准则》(2006 年)
中泰信托	《企业会计准则》(2006 年)	《企业会计准则》(2006 年)
中铁信托	《企业会计准则》(2006 年)	《企业会计准则》(2006 年)
中投信托	《企业会计准则》(2006 年)	《企业会计准则》(2006 年)
中信信托	《企业会计准则》(2006 年)	《企业会计准则》(2006 年)
中原信托	《企业会计准则》(2006 年)	《企业会计准则》(2006 年)
紫金信托	《企业会计准则》(2006 年)	《企业会计准则》(2006 年)

表 2－3－3　2011 年 64 家信托公司披露执行的会计制度统计表

简称	固有业务执行会计制度	信托业务执行会计制度
国元信托	《企业会计准则》(2006 年)	《企业会计准则》(2006 年)
安信信托	《企业会计准则》(2006 年)	《企业会计准则》(2006 年)
百瑞信托	《企业会计准则》(2006 年)	《企业会计准则》(2006 年)
北方信托	《企业会计准则》(2006 年)	《企业会计准则》(2006 年)
北京信托	《企业会计准则》(2006 年)	《企业会计准则》(2006 年)
渤海信托	《企业会计准则》(2006 年)	《企业会计准则》(2006 年)
长安信托	《企业会计准则》(2006 年)	《企业会计准则》(2006 年)
重庆信托	《企业会计准则》(2006 年)	《企业会计准则》(2006 年)
华信信托	《企业会计准则》(2006 年)	《企业会计准则》(2006 年)
大业信托	《企业会计准则》(2006 年)	《企业会计准则》(2006 年)
东莞信托	《企业会计准则》(2006 年)	《企业会计准则》(2006 年)
方正东亚信托	《企业会计准则》(2006 年)	《企业会计准则》(2006 年)
甘肃信托	《企业会计准则》(2006 年)	《信托业务会计核算办法》(2005 年)
粤财信托	《企业会计准则》(2006 年)	《企业会计准则》(2006 年)
国联信托	《企业会计准则》(2006 年)	《企业会计准则》(2006 年)
国民信托	《企业会计准则》(2006 年)	《企业会计准则》(2006 年)
国投信托	《企业会计准则》(2006 年)	《企业会计准则》(2006 年)
杭州工商信托	《企业会计准则》(2006 年)	《企业会计准则》(2006 年)
湖南信托	《企业会计准则》(2006 年)	《企业会计准则》(2006 年)
华澳信托	《企业会计准则》(2006 年)	《企业会计准则》(2006 年)
华宝信托	《企业会计准则》(2006 年)	《企业会计准则》(2006 年)
华宸信托	《企业会计准则》(2006 年)	《企业会计准则》(2006 年)
华能信托	《企业会计准则》(2006 年)	《信托业务会计核算办法》(2005 年)
华融信托	《企业会计准则》(2006 年)	《企业会计准则》(2006 年) 《信托业务会计核算办法》(2005 年)
华润信托	《企业会计准则》(2006 年)	《企业会计准则》(2006 年)
华鑫信托	《企业会计准则》(2006 年)	《企业会计准则》(2006 年)
吉林信托	《企业会计准则》(2006 年)	《企业会计准则》(2006 年)
建信信托	《企业会计准则》(2006 年)	《企业会计准则》(2006 年)
江苏信托	《企业会计准则》(2006 年)	《企业会计准则》(2006 年)
交银国际信托	《企业会计准则》(2006 年)	《企业会计准则》(2006 年)
昆仑信托	《企业会计准则》(2006 年) 《金融企业会计制度》	《企业会计准则》(2006 年) 《金融企业会计制度》
陆家嘴信托	《企业会计准则》(2006 年)	《企业会计准则》(2006 年)
平安信托	《企业会计准则》(2006 年)	《企业会计准则》(2006 年)

续表

简称	固有业务执行会计制度	信托业务执行会计制度
山东信托	《企业会计准则》(2006年)	《企业会计准则》(2006年)
山西信托	《企业会计准则》(2006年)	《企业会计准则》(2006年)
陕国投	《企业会计准则》(2006年)	《企业会计准则》(2006年)
爱建信托	《企业会计准则》(2006年)	《企业会计准则》(2006年)
上海信托	《企业会计准则》(2006年)	《企业会计准则》(2006年)
四川信托	《企业会计准则》(2006年)	《信托业务会计核算办法》(2005年)
苏州信托	《企业会计准则》(2006年)	《信托业务会计核算办法》(2005年)
天津信托	《企业会计准则》(2006年)	《企业会计准则》(2006年)
五矿信托	《企业会计准则》(2006年)	《企业会计准则》(2006年)
西部信托	《企业会计准则》(2006年)	《企业会计准则》(2006年)
西藏信托	《企业会计准则》(2006年)	《企业会计准则》(2006年)
厦门国际信托	《企业会计准则》(2006年)	《企业会计准则》(2006年)
新华信托	《企业会计准则》(2006年)	《企业会计准则》(2006年)
新时代信托	《企业会计准则》(2006年)	《企业会计准则》(2006年)
兴业信托	《企业会计准则》(2006年)	《企业会计准则》(2006年)
英大信托	《企业会计准则》(2006年)	《企业会计准则》(2006年)
云南信托	《企业会计准则》(2006年)	《企业会计准则》(2006年)
中诚信托	《企业会计准则》(2006年)	《企业会计准则》(2006年)
外贸信托	《企业会计准则》(2006年)	《企业会计准则》(2006年)
金谷信托	《企业会计准则》(2006年)	《企业会计准则》(2006年)
中海信托	《企业会计准则》(2006年)	《企业会计准则》(2006年)
中航信托	《企业会计准则》(2006年)	《企业会计准则》(2006年)
中江信托	《企业会计准则》(2006年)	《信托业务会计核算办法》(2005年)
中粮信托	《企业会计准则》(2006年)	《企业会计准则》(2006年)
中融信托	《企业会计准则》(2006年)	《企业会计准则》(2006年)
中泰信托	《企业会计准则》(2006年)	《企业会计准则》(2006年)
中铁信托	《企业会计准则》(2006年)	《企业会计准则》(2006年)
中投信托	《企业会计准则》(2006年)	《企业会计准则》(2006年)
中信信托	《企业会计准则》(2006年)	《企业会计准则》(2006年)
中原信托	《企业会计准则》(2006年)	《信托业务会计核算办法》(2005年)
紫金信托	《企业会计准则》(2006年)	《企业会计准则》(2006年)

第三章　信托公司财务综合排名及单项财务指标排行榜

一、信托公司财务综合排名

2012 年对 2011 年的评分标准进行了更新和调整，选取固有资产三项数据和信托资产五项数据作为财务综合排名的评分指标，其中固有资产指标得分占总分的 20%，信托资产指标得分占总分的 80%。评分方法为对 66 家公司按各项指标进行排名，第一名获得 66 分，第二名获得 65 分，依此类推，第六十六名得 1 分。

表 3－1－1　财务综合排名各项指标的分数分布情况表

项　目	指标	最高得分	权数	最高排名得分	占比(%)
固有资产	资产总额	66	0.4167	27.50	20
	利润总额	66	0.4167	27.50	
	净资产收益率	66	0.4167	27.50	
信托资产	资产总额	66	1	66.00	80
	信托业务收入	66	1	66.00	
	已清算结束信托项目综合实际年化收益率	66	1	66.00	
	信托报酬率	66	1	66.00	
	主动管理型信托资产总额	66	1	66.00	
合计		528		412.51	100

注：2012 年变更指标情况说明：(1)固有资产指标：固有资产营业收入改为利润总额；(2)信托资产指标：信托资产营业收入改为信托业务收入。(3)信托资产净资产收益率改为已清算结束信托项目综合实际年化收益率。

在汇总报表的过程中，发现有部分信托公司本年披露固有资产报表年初金额与其上年披露的年末金额不一致，有 7 家公司净资产与其上年公告的年末净资产不一致，说明这些公司有调整期初损益的项目。根据《金融企业会计制度》和《企业会计准则》的有关规定，凡是有调整年初未分配利润的项目，公司必须在年报中说明调整的内容和原因。但部分信托公司年报中未提供关于年初金额调整的解释，或者有些公司虽然没有调整年初未分配利润，但调整了年初资产与负债。由于无法知道公司调整年初数的原因，因此无法确定该调整的合理性。年初数的调整可能会影响公司本年利润的正确反映或某些指标的正确计算，进而影响到排行榜的准确性，所以本次排行中所用的上年数均以本年各公司披露的上年数为准。

在总体排名时，由于本年无出具非标准意见审计报告的公司，故 66 家公司全部参与排名。排名所有数据均来自审计报告后附的财务报表(经过适当调整后的财务报表)。

表 3－1－2　信托公司财务综合排名前五位公司情况表

排名	简称	合计得分
1	中信信托	343.75
2	中融信托	329.83
3	华润信托	320.08
4	长安信托	320.00
5	新华信托	312.83

表 3-1-3　信托公司财务综合排名情况表

排名	简称	2012 年末固有资产资产总计（万元）	得分	2012 年固有资产利润总额（万元）	得分	2012 年固有资产净资产收益率(%)	得分	2012 年末信托资产资产合计（万元）	得分	2012 年信托业务收入（万元）	得分	2012 年已清算结束信托项目综合实际年化收益率(%)	得分	2012 年信托报酬率(%)	得分	2012 年主动管理型信托资产总额（万元）	得分	合计得分
1	中信信托	1 182 265. 83	26. 67	360 762. 88	27. 08	27. 34	25. 00	59 134 914. 18	66	314 073. 25	65	7. 39	44	0. 64	24	33 419 373. 91	66	343. 75
2	中融信托	622 618. 70	23. 75	203 491. 44	26. 25	31. 47	25. 83	29 948 632. 19	63	353 381. 10	66	5. 50	4	1. 55	56	28 253 341. 14	65	329. 83
3	华润信托	1 194 733. 19	27. 08	162 928. 13	25. 83	13. 25	9. 17	18 651 922. 24	55	116 623. 83	58	8. 13	55	0. 76	31	16 646 123. 18	59	320. 08
4	长安信托	285 349. 14	14. 58	103 416. 99	22. 92	35. 56	27. 50	21 868 194. 55	61	173 180. 96	63	6. 36	21	1. 17	47	19 392 295. 12	63	320. 00
5	新华信托	302 581. 15	16. 67	73 079. 48	17. 92	24. 54	21. 25	9 430 813. 28	34	134 582. 95	61	7. 86	51	1. 67	61	8 716 677. 97	50	312. 83
6	四川信托	636 883. 37	24. 17	118 047. 57	24. 58	32. 01	26. 25	13 678 110. 98	49	125 536. 12	59	8. 04	54	1. 22	49	3 928 227. 37	24	310. 00
7	平安信托	7 389 732. 65	27. 50	379 292. 29	27. 50	9. 31	3. 33	21 202 472. 76	58	272 612. 94	64	5. 75	6	1. 39	53	17 472 847. 97	61	300. 33
8	中诚信托	1 173 954. 16	26. 25	207 826. 78	26. 67	16. 04	14. 58	27 136 746. 55	62	127 594. 73	60	6. 60	25	0. 54	17	17 722 562. 49	62	293. 50
9	中铁信托	424 695. 65	20. 83	108 601. 38	23. 75	27. 75	25. 42	10 564 320. 00	38	99 432. 00	54	6. 65	27	1. 38	52	9 163 934. 00	51	292. 00
10	华能信托	372 807. 46	18. 75	80 858. 24	18. 75	18. 53	16. 67	17 363 029. 67	54	87 466. 23	51	7. 32	43	0. 66	26	17 363 029. 67	60	288. 17
11	五矿信托	212 929. 39	9. 17	62 719. 71	16. 25	32. 70	26. 67	12 001 614. 50	42	67 166. 54	43	8. 70	57	0. 87	37	12 001 614. 50	57	288. 08
12	华融信托	309 303. 82	17. 08	87 418. 41	20. 00	22. 75	20. 83	7 101 772. 58	25	151 250. 95	62	6. 76	33	2. 57	65	6 002 674. 96	41	283. 92
13	北京信托	350 166. 96	17. 50	96 307. 66	20. 83	21. 96	20. 00	12 363 349. 63	44	97 673. 00	52	6. 72	29	0. 90	39	10 672 408. 22	56	278. 33
14	兴业信托	413 198. 32	20. 42	103 182. 81	22. 50	19. 72	18. 33	33 604 933. 68	64	108 950. 00	56	6. 47	22	0. 45	11	22 876 682. 00	64	278. 25
15	中航信托	274 907. 48	12. 50	83 502. 91	19. 17	25. 78	23. 75	13 954 696. 21	50	109 812. 79	57	6. 79	34	1. 01	42	5 305 913. 93	34	272. 42
16	外贸信托	546 768. 70	22. 08	138 321. 39	25. 42	20. 51	19. 17	21 518 617. 76	60	100 633. 33	55	5. 99	13	0. 45	12	15 039 866. 05	58	264. 67
17	方正东亚信托	191 784. 05	8. 33	52 224. 26	13. 33	26. 69	24. 58	7 315 908. 21	27	67 533. 13	44	9. 32	63	1. 19	48	5 481 647. 58	36	264. 25
18	上海信托	753 949. 52	25. 42	132 990. 79	25. 00	15. 83	14. 17	12 028 615. 50	43	76 098. 22	48	6. 02	14	0. 79	32	8 620 963. 16	49	250. 58
19	中江信托	735 076. 58	25. 00	69 888. 25	17. 50	12. 83	8. 75	13 613 251. 96	48	97 870. 12	53	6. 18	16	0. 82	35	7 029 477. 02	45	248. 25
20	华信信托	568 994. 53	22. 92	102 128. 19	22. 08	14. 39	11. 25	5 643 939. 78	21	78 135. 39	49	6. 74	31	1. 60	58	4 221 304. 74	26	241. 25
21	山东信托	301 113. 94	16. 25	94 856. 71	20. 42	26. 36	24. 17	18 970 041. 52	56	70 774. 95	46	6. 88	36	0. 47	13	4 442 526. 00	29	240. 83
22	渤海信托	283 310. 97	13. 75	54 987. 27	14. 58	15. 15	13. 75	10 035 614. 06	35	60 703. 71	40	7. 92	52	0. 59	22	8 343 965. 00	48	239. 08
23	金谷信托	238 619. 56	10. 83	68 557. 31	17. 08	25. 33	22. 50	10 183 453. 45	37	60 201. 56	39	6. 73	30	0. 69	27	6 935 957. 78	44	227. 42
24	昆仑信托	525 601. 10	21. 67	100 373. 06	21. 67	14. 62	12. 08	9 379 750. 21	33	68 510. 51	45	5. 17	3	0. 87	38	9 209 218. 32	52	226. 42
25	建信信托	552 824. 36	22. 50	77 635. 50	18. 33	11. 03	5. 83	35 077 677. 25	65	53 582. 47	34	7. 09	39	0. 21	1	5 920 097. 60	40	225. 67
26	江苏信托	645 770. 70	24. 58	117 552. 46	24. 17	17. 37	16. 25	7 616 229. 95	28	44 186. 98	29	6. 70	28	0. 70	28	7 522 568. 11	46	224. 00
27	百瑞信托	273 765. 57	12. 08	62 352. 46	15. 83	19. 64	17. 92	7 315 577. 77	26	61 182. 48	41	7. 08	38	1. 10	45	4 020 079. 66	25	220. 83
28	厦门国际信托	181 511. 00	7. 92	55 141. 00	15. 00	25. 52	22. 92	11 290 726. 00	39	54 753. 00	35	7. 68	47	0. 59	23	4 837 085. 00	31	220. 83
29	湖南信托	165 280. 00	6. 25	44 610. 00	11. 67	25. 58	23. 33	5 147 230. 00	20	60 105. 00	38	6. 74	32	1. 55	55	5 063 228. 00	33	219. 25
30	北方信托	253 842. 72	11. 67	58 869. 27	15. 42	19. 50	17. 50	16 061 876. 56	52	73 955. 54	47	5. 94	12	0. 65	25	5 524 346. 56	37	217. 58
31	粤财信托	277 646. 95	12. 92	48 941. 28	12. 50	14. 63	12. 50	16 550 157. 39	53	40 758. 15	25	7. 47	45	0. 24	3	9 304 981. 02	53	216. 92
32	华鑫信托	293 233. 71	15. 42	53 180. 16	13. 75	14. 91	12. 92	8 557 284. 10	32	51 795. 77	32	7. 20	40	0. 74	30	5 648 075. 14	39	215. 08
33	华宝信托	588 139. 29	23. 33	85 635. 49	19. 58	15. 04	13. 33	21 253 160. 62	59	62 025. 67	42	2. 89	2	0. 31	6	7 944 446. 08	47	212. 25

续表

排名	简称	2012 年末固有资产资产总计（万元）	得分	2012 年固有资产利润总额（万元）	得分	2012 年固有资产净资产收益率(%)	得分	2012 年末信托资产资产合计（万元）	得分	2012 年信托业务收入（万元）	得分	2012 年已清算结束信托项目综合实际年化收益率(%)	得分	2012 年信托报酬率（%）	得分	2012 年主动管理型信托资产总额（万元）	得分	合计得分
34	国元信托	383 702. 20	19. 17	51 469. 87	12. 92	11. 09	6. 25	11 409 304. 15	40	48 556. 30	30	7. 30	42	0. 54	18	6 461 204. 42	42	210. 33
35	吉林信托	504 114. 32	21. 25	32 486. 16	7. 92	7. 86	1. 67	4 498 578. 75	17	52 531. 86	33	8. 30	56	0. 98	41	4 321 819. 00	27	204. 83
36	苏州信托	219 950. 67	9. 58	36 616. 36	9. 58	14. 04	10. 42	3 119 891. 34	13	43 140. 00	27	7. 81	50	1. 67	62	3 119 891. 34	23	204. 58
37	杭州工商信托	115 320. 00	3. 75	32 337. 00	7. 50	24. 76	21. 67	1 483 694. 00	4	43 185. 00	28	10. 90	66	3. 48	66	1 224 526. 00	7	203. 92
38	新时代信托	175 439. 55	7. 50	27 358. 69	6. 25	11. 81	7. 08	12 653 983. 53	47	40 379. 77	24	8. 91	59	0. 45	10	6 605 073. 11	43	203. 83
39	天津信托	220 361. 99	10. 00	33 702. 35	8. 75	12. 02	7. 92	6 884 009. 16	24	55 185. 08	36	6. 93	37	1. 05	43	4 744 706. 00	30	196. 67
40	大业信托	73 473. 40	2. 08	25 113. 78	5. 83	32. 71	27. 08	2 991 896. 88	10	36 413. 96	21	10. 90	65	1. 60	59	—	1	191. 00
41	交银国际信托	282 969. 82	13. 33	45 434. 05	12. 08	12. 72	8. 33	15 795 038. 32	51	60 041. 13	37	6. 64	26	0. 52	15	4 424 740. 92	28	190. 75
42	英大信托	367 432. 07	18. 33	66 853. 05	16. 67	14. 47	11. 67	20 228 460. 49	57	79 448. 71	50	6. 30	19	0. 40	7	1 464 776. 94	11	190. 67
43	东莞信托	108 530. 51	3. 33	32 679. 33	8. 33	25. 12	22. 08	3 239 928. 05	15	34 598. 22	20	7. 77	49	1. 24	50	2 974 161. 81	20	187. 75
44	中原信托	212 087. 48	8. 75	42 711. 81	10. 83	16. 35	15. 42	8 036 453. 66	31	51 118. 03	31	6. 48	23	0. 79	33	5 055 532. 28	32	185. 00
45	爱建信托	284 916. 50	14. 17	30 690. 77	7. 08	8. 25	2. 50	2 280 204. 41	7	29 640. 05	16	8. 98	60	1. 76	63	1 750 834. 43	14	183. 75
46	中海信托	400 008. 78	20. 00	98 466. 25	21. 25	21. 24	19. 58	12 584 697. 56	46	30 731. 58	19	6. 19	17	0. 22	2	5 329 764. 00	35	179. 83
47	重庆信托	987 209. 16	25. 83	108 384. 78	23. 33	10. 65	5. 00	6 376 362. 19	23	41 756. 82	26	5. 83	8	0. 73	29	5 587 491. 70	38	178. 17
48	安信信托	95 114. 27	2. 92	16 612. 14	2. 08	16. 26	15. 00	4 603 602. 00	18	40 213. 06	23	7. 74	48	1. 14	46	1 743 176. 92	13	168. 00
49	国联信托	243 671. 00	11. 25	30 334. 00	6. 67	10. 02	3. 75	3 091 361. 00	11	27 926. 00	15	10. 68	64	1. 07	44	1 705 001. 00	12	167. 67
50	陕国投	356 088. 66	17. 92	34 805. 18	9. 17	7. 99	2. 08	10 111 598. 96	36	37 737. 81	22	5. 90	10	0. 50	14	9 629 130. 32	54	165. 17
51	华宸信托	117 776. 67	4. 17	20 755. 67	4. 17	19. 85	18. 75	1 650 121. 06	5	21 830. 39	8	9. 11	61	1. 39	54	1 387 888. 62	8	163. 08
52	国投信托	288 690. 32	15. 00	41 663. 32	10. 42	11. 62	6. 67	11 829 947. 01	41	24 053. 84	12	5. 89	9	0. 31	5	10 643 097. 45	55	154. 08
53	中泰信托	398 731. 43	19. 58	53 186. 19	14. 17	12. 00	7. 50	3 162 146. 21	14	12 220. 97	4	7. 27	41	0. 58	20	3 112 053. 71	22	142. 25
54	华澳信托	92 744. 79	2. 50	17 016. 03	2. 92	16. 84	15. 83	1 868 742. 00	6	15 597. 00	5	8. 88	58	0. 91	40	1 428 410. 00	10	140. 25
55	中投信托	300 188. 56	15. 83	38 172. 03	10. 00	10. 66	5. 42	4 387 386. 57	16	30 243. 17	18	6. 27	18	0. 85	36	2 850 112. 11	18	137. 25
56	浙金信托	60 075. 38	0. 83	5 249. 71	0. 83	7. 13	0. 83	1 037 269. 74	3	8 582. 29	3	7. 94	53	1. 63	60	953 269. 70	6	127. 50
57	西藏信托	72 974. 15	1. 67	10 153. 61	1. 25	14. 36	10. 83	5 850 950. 01	22	21 370. 95	7	9. 17	62	0. 56	19	—	1	124. 75
58	紫金信托	72 219. 69	1. 25	16 766. 30	2. 50	18. 78	17. 08	2 298 539. 20	8	22 959. 74	11	6. 02	15	1. 34	51	2 257 539. 20	17	122. 83
59	中粮信托	233 305. 39	10. 42	24 195. 74	5. 42	7. 70	1. 25	12 399 722. 49	45	22 324. 11	9	6. 58	24	0. 28	4	3 094 289. 55	21	120. 08
60	陆家嘴信托	123 540. 53	4. 58	16 337. 47	1. 67	10. 61	4. 17	2 772 770. 43	9	26 473. 00	14	5. 76	7	1. 92	64	1 796 398. 53	15	119. 42
61	国民信托	169 968. 60	7. 08	44 525. 53	11. 25	22. 28	20. 42	607 934. 53	2	7 736. 31	2	5. 93	11	1. 59	57	262 482. 52	4	114. 75
62	西部信托	156 733. 13	5. 83	21 192. 62	5. 00	13. 29	9. 58	3 115 484. 46	12	15 809. 10	6	6. 85	35	0. 58	21	2 880 024. 46	19	113. 42
63	甘肃信托	138 892. 08	5. 42	18 165. 82	3. 33	10. 65	4. 58	7 963 141. 59	30	22 586. 98	10	7. 51	46	0. 43	9	427 473. 05	5	113. 33
64	云南信托	127 592. 14	5. 00	20 813. 79	4. 58	13. 39	10. 00	7 801 550. 52	29	24 352. 75	13	6. 30	20	0. 54	16	1 387 973. 19	9	106. 58
65	山西信托	168 704. 26	6. 67	18 808. 71	3. 75	8. 56	2. 92	4 785 063. 37	19	30 155. 94	17	5. 72	5	0. 81	34	1 967 478. 27	16	104. 33
66	长城新盛信托	32 464. 70	0. 42	1 658. 02	0. 42	3. 96	0. 42	260 294. 77	1	555. 33	1	0. 00	1	0. 43	8	170 841. 02	3	15. 25

二、信托公司单项财务指标排行榜

(一)固有资产资产总额排行榜(参与综合排名)

排名	简称	2012年12月31日(万元)	2011年12月31日(万元)	增长(%)
1	平安信托	7 389 732.65	5 797 229.99	27.47
2	华润信托	1 194 733.19	1 016 426.02	17.54
3	中信信托	1 182 265.83	888 878.07	33.01
4	中诚信托	1 173 954.16	1 028 653.52	14.13
5	重庆信托	987 209.16	872 604.40	13.13
6	上海信托	753 949.52	682 469.98	10.47
7	中江信托	735 076.58	603 973.68	21.71
8	江苏信托	645 770.70	527 175.42	22.50
9	四川信托	636 883.37	446 449.88	42.66
10	中融信托	622 618.70	421 185.62	47.83
11	华宝信托	588 139.29	496 054.64	18.56
12	华信信托	568 994.53	371 696.29	53.08
13	建信信托	552 824.36	496 354.97	11.38
14	外贸信托	546 768.70	425 586.11	28.47
15	昆仑信托	525 601.10	483 063.31	8.81
16	吉林信托	504 114.32	324 690.86	55.26
17	中铁信托	424 695.65	297 675.58	42.67
18	兴业信托	413 198.32	335 726.09	23.08
19	中海信托	400 008.78	452 982.01	-11.69
20	中泰信托	398 731.43	380 660.68	4.75
21	国元信托	383 702.20	340 432.61	12.71
22	华能信托	372 807.46	316 315.52	17.86
23	英大信托	367 432.07	249 816.31	47.08
24	陕国投	356 088.66	121 208.86	193.78
25	北京信托	350 166.96	312 700.20	11.98
26	华融信托	309 303.82	257 979.09	19.89
27	新华信托	302 581.15	226 832.65	33.39
28	山东信托	301 113.94	324 912.48	-7.32
29	中投信托	300 188.56	251 414.79	19.40
30	华鑫信托	293 233.71	137 557.12	113.17
31	国投信托	288 690.32	258 659.16	11.61
32	长安信托	285 349.14	169 517.52	68.33
33	爱建信托	284 916.50	58 441.78	387.52
34	渤海信托	283 310.97	246 317.95	15.02
35	交银国际信托	282 969.82	243 570.43	16.18
36	粤财信托	277 646.95	239 141.83	16.10
37	中航信托	274 907.48	200 026.33	37.44
38	百瑞信托	273 765.57	231 930.27	18.04
39	北方信托	253 842.72	204 186.81	24.32
40	国联信托	243 671.00	223 025.00	9.26
41	金谷信托	238 619.56	176 007.22	35.57
42	中粮信托	233 305.39	141 386.97	65.01
43	天津信托	220 361.99	197 978.94	11.31
44	苏州信托	219 950.67	114 453.18	92.18
45	五矿信托	212 929.39	140 708.85	51.33

续表

排名	简称	2012年12月31日(万元)	2011年12月31日(万元)	增长(%)
46	中原信托	212 087.48	171 032.38	24.00
47	方正东亚信托	191 784.05	80 295.60	138.85
48	厦门国际信托	181 511.00	155 905.00	16.42
49	新时代信托	175 439.55	99 596.20	76.15
50	国民信托	169 968.60	125 410.82	35.53
51	山西信托	168 704.26	150 308.26	12.24
52	湖南信托	165 280.00	121 236.00	36.33
53	西部信托	156 733.13	142 973.62	9.62
54	甘肃信托	138 892.08	123 758.39	12.23
55	云南信托	127 592.14	111 102.14	14.84
56	陆家嘴信托	123 540.53	28 906.96	327.37
57	华宸信托	117 776.67	138 029.03	-14.67
58	杭州工商信托	115 320.00	96 347.00	19.69
59	东莞信托	108 530.51	104 014.53	4.34
60	安信信托	95 114.27	93 202.99	2.05
61	华澳信托	92 744.79	76 027.36	21.99
62	大业信托	73 473.40	46 981.96	56.39
63	西藏信托	72 974.15	42 570.92	71.42
64	紫金信托	72 219.69	55 549.25	30.01
65	浙金信托	60 075.38	51 104.35	17.55
66	长城新盛信托	32 464.70	30 870.00	5.17
合计		30 108 352.71	23 779 281.77	26.62
平均		45 207.74	35 704.63	26.62

在固有资产资产规模排行榜中，平安信托资产总额领先优势相当大，比第二名多出619.50亿元。另外陕国投从2011年的第51名提高至第24名，提高幅度最大，而华宸信托从2011年的第46名下降到第57名，下降了11位。

本年新增的2家信托公司浙金信托和长城新盛信托排在最后2位。

（二）固有资产资产总额增减排行榜

排名	简称	2012年12月31日(万元)	2011年12月31日(万元)	增长(%)	增减额(万元)
1	平安信托	7 389 732.65	5 797 229.99	27.47	1 592 502.66
2	中信信托	1 182 265.83	888 878.07	33.01	293 387.76
3	陕国投	356 088.66	121 208.86	193.78	234 879.80
4	爱建信托	284 916.50	58 441.78	387.52	226 474.72
5	中融信托	622 618.70	421 185.62	47.83	201 433.07
6	华信信托	568 994.53	371 696.29	53.08	197 298.24
7	四川信托	636 883.37	446 449.88	42.66	190 433.48
8	吉林信托	504 114.32	324 690.86	55.26	179 423.46
9	华润信托	1 194 733.19	1 016 426.02	17.54	178 307.17
10	华鑫信托	293 233.71	137 557.12	113.17	155 676.59
11	中诚信托	1 173 954.16	1 028 653.52	14.13	145 300.64
12	中江信托	735 076.58	603 973.68	21.71	131 102.90
13	中铁信托	424 695.65	297 675.58	42.67	127 020.07
14	外贸信托	546 768.70	425 586.11	28.47	121 182.59
15	江苏信托	645 770.70	527 175.42	22.50	118 595.28
16	英大信托	367 432.07	249 816.31	47.08	117 615.76
17	长安信托	285 349.14	169 517.52	68.33	115 831.62
18	重庆信托	987 209.16	872 604.40	13.13	114 604.76
19	方正东亚信托	191 784.05	80 295.60	138.85	111 488.45
20	苏州信托	219 950.67	114 453.18	92.18	105 497.49
21	陆家嘴信托	123 540.53	28 906.96	327.37	94 633.56

续表

排名	简称	2012年12月31日(万元)	2011年12月31日(万元)	增长(%)	增减额(万元)
22	华宝信托	588 139.29	496 054.64	18.56	92 084.65
23	中粮信托	233 305.39	141 386.97	65.01	91 918.42
24	兴业信托	413 198.32	335 726.09	23.08	77 472.23
25	新时代信托	175 439.55	99 596.20	76.15	75 843.35
26	新华信托	302 581.15	226 832.65	33.39	75 748.50
27	中航信托	274 907.48	200 026.33	37.44	74 881.15
28	五矿信托	212 929.39	140 708.85	51.33	72 220.54
29	上海信托	753 949.52	682 469.98	10.47	71 479.54
30	金谷信托	238 619.56	176 007.22	35.57	62 612.34
31	华能信托	372 807.46	316 315.52	17.86	56 491.94
32	建信信托	552 824.36	496 354.97	11.38	56 469.39
33	华融信托	309 303.82	257 979.09	19.89	51 324.73
34	北方信托	253 842.72	204 186.81	24.32	49 655.91
35	中投信托	300 188.56	251 414.79	19.40	48 773.77
36	国民信托	169 968.60	125 410.82	35.53	44 557.78
37	湖南信托	165 280.00	121 236.00	36.33	44 044.00
38	国元信托	383 702.20	340 432.61	12.71	43 269.59
39	昆仑信托	525 601.10	483 063.31	8.81	42 537.79
40	百瑞信托	273 765.57	231 930.27	18.04	41 835.30
41	中原信托	212 087.48	171 032.38	24.00	41 055.10
42	交银国际信托	282 969.82	243 570.43	16.18	39 399.38
43	粤财信托	277 646.95	239 141.83	16.10	38 505.12
44	北京信托	350 166.96	312 700.20	11.98	37 466.76
45	渤海信托	283 310.97	246 317.95	15.02	36 993.02
46	西藏信托	72 974.15	42 570.92	71.42	30 403.23
47	国投信托	288 690.32	258 659.16	11.61	30 031.15
48	大业信托	73 473.40	46 981.96	56.39	26 491.44
49	厦门国际信托	181 511.00	155 905.00	16.42	25 606.00
50	天津信托	220 361.99	197 978.94	11.31	22 383.05
51	国联信托	243 671.00	223 025.00	9.26	20 646.00
52	杭州工商信托	115 320.00	96 347.00	19.69	18 973.00
53	山西信托	168 704.26	150 308.26	12.24	18 396.00
54	中泰信托	398 731.43	380 660.68	4.75	18 070.75
55	华澳信托	92 744.79	76 027.36	21.99	16 717.43
56	紫金信托	72 219.69	55 549.25	30.01	16 670.44
57	云南信托	127 592.14	111 102.14	14.84	16 490.00
58	甘肃信托	138 892.08	123 758.39	12.23	15 133.69
59	西部信托	156 733.13	142 973.62	9.62	13 759.51
60	浙金信托	60 075.38	51 104.35	17.55	8 971.03
61	东莞信托	108 530.51	104 014.53	4.34	4 515.98
62	安信信托	95 114.27	93 202.99	2.05	1 911.28
63	长城新盛信托	32 464.70	30 870.00	5.17	1 594.70
64	华宸信托	117 776.67	138 029.03	-14.67	-20 252.35
65	山东信托	301 113.94	324 912.48	-7.32	-23 798.54
66	中海信托	400 008.78	452 982.01	-11.69	-52 973.23
合计		30 108 352.71	23 779 281.77	26.62	6 329 070.95
平均		456 187.16	360 292.15	26.62	95 895.01

2012 年资产总额增加超过 10 亿元的有 20 家，较上年的 8 家增长了一倍之多，20 家公司资产总额合计增加了 465.81 亿元；占 66 家公司合计增加 632.91 亿元的 73.60%。2012 年平均增长 26.62%，2011 年平均增长 16.75%，整个信托公司的平均资产规模大幅提高。本年有 3 家公司资产总额减少，合计减少 9.7 亿元，相比 2011 年的 4 家减少 22.1 亿元有所改善。

（三）固有资产营业总收入排行榜

排名	简称	2012年度（万元）	2011年度（万元）	较上年增减（%）
1	平安信托	1 318 917.75	803 594.63	64.13
2	中信信托	447 595.83	382 163.62	17.12
3	中融信托	380 893.12	292 621.72	30.17
4	中诚信托	275 588.41	244 333.14	12.79
5	上海信托	218 080.00	175 611.40	24.18
6	华润信托	207 922.84	160 970.78	29.17
7	长安信托	180 182.92	70 002.49	157.40
8	四川信托	178 597.03	94 948.45	88.10
9	华融信托	167 851.33	142 803.86	17.54
10	外贸信托	164 868.83	122 212.80	34.90
11	华宝信托	144 790.11	124 127.37	16.65
12	兴业信托	144 525.23	49 044.07	194.68
13	新华信托	144 082.94	136 134.45	5.84
14	中江信托	136 505.55	85 584.08	59.50
15	中铁信托	133 333.74	99 791.59	33.61
16	重庆信托	133 317.11	120 493.25	10.64
17	北京信托	131 420.22	96 967.78	35.53
18	中航信托	128 839.63	65 982.54	95.26
19	江苏信托	127 117.43	102 466.51	24.06
20	山东信托	121 935.32	53 884.32	126.29
21	昆仑信托	121 258.37	82 878.75	46.31
22	华信信托	117 947.29	72 545.86	62.58
23	华能信托	116 439.13	73 067.72	59.36
24	中泰信托	115 690.76	146 941.16	−21.27
25	中海信托	110 849.16	102 765.60	7.87
26	建信信托	108 755.88	60 068.86	81.05
27	金谷信托	94 536.55	44 040.75	114.66
28	英大信托	92 489.76	72 816.18	27.02
29	北方信托	91 520.35	60 542.78	51.17
30	吉林信托	88 566.07	70 596.96	25.45
31	五矿信托	88 416.51	30 853.34	186.57
32	百瑞信托	81 256.25	62 526.92	29.95
33	国投信托	79 176.83	76 957.28	2.88
34	方正东亚信托	75 360.01	24 094.58	212.77
35	华鑫信托	73 367.61	35 800.46	104.93
36	交银国际信托	71 141.81	37 071.61	91.90
37	渤海信托	70 265.34	52 567.28	33.67
38	厦门国际信托	69 865.00	43 467.00	60.73
39	国元信托	65 644.13	40 060.37	63.86
40	湖南信托	64 078.00	31 835.00	101.28
41	天津信托	64 042.85	44 283.60	44.62
42	中原信托	60 173.78	41 388.19	45.39
43	粤财信托	58 614.92	48 696.45	20.37
44	陕国投	57 630.88	30 442.20	89.31
45	中投信托	53 399.62	43 102.09	23.89
46	国民信托	52 886.79	32 311.95	63.68
47	杭州工商信托	52 175.00	39 839.00	30.96
48	苏州信托	52 099.84	28 663.77	81.76
49	新时代信托	50 538.89	31 140.88	62.29
50	安信信托	49 287.92	48 825.25	0.95

续表

排名	简称	2012 年度(万元)	2011 年度(万元)	较上年增减(%)
51	东莞信托	44 720.57	30 104.74	48.55
52	爱建信托	42 406.17	18 771.82	125.90
53	山西信托	41 361.49	33 023.88	25.25
54	大业信托	40 083.43	18 565.30	115.91
55	华澳信托	37 010.91	16 933.44	118.57
56	中粮信托	35 984.09	22 026.15	63.37
57	国联信托	35 621.00	33 235.00	7.18
58	云南信托	30 856.26	22 970.77	34.33
59	华宸信托	30 673.71	28 403.30	7.99
60	西部信托	30 399.83	13 263.69	129.20
61	陆家嘴信托	27 863.07	1 626.47	1613.10
62	紫金信托	26 389.23	8 293.84	218.18
63	甘肃信托	24 347.67	4 375.82	456.41
64	西藏信托	16 753.48	4 154.61	303.25
65	浙金信托	11 128.54	2 021.26	450.57
66	长城新盛信托	4 160.59	—	—
合计		7 713 600.68	5 291 700.77	45.77
平均		116 872.74	81 410.78	43.56

注:2011 年度长城新盛信托无营业收入,平均数计算时为 65 家平均数。

前 10 名信托公司营业收入合计为 350.05 亿元,占 66 家信托公司合计数的 45.90%,比 2011 年的 49.23% 略有下降。在 66 家公司中,2012 年营业收入除长城新盛信托未超过 1 亿元以外,其余全部超过 1 亿元。超过 10 亿元的有 26 家,较上年增加 12 家。

(四)固有资产营业总收入增长排行榜

排名	简称	2012 年度(万元)	2011 年度(万元)	增长额(万元)	较上年(%)
1	平安信托	1 318 917.75	803 594.63	515 323.12	64.13
2	长安信托	180 182.92	70 002.49	110 180.43	157.40
3	兴业信托	144 525.23	49 044.07	95 481.16	194.68
4	中融信托	380 893.12	292 621.72	88 271.40	30.17
5	四川信托	178 597.03	94 948.45	83 648.58	88.10
6	山东信托	121 935.32	53 884.32	68 051.00	126.29
7	中信信托	447 595.83	382 163.62	65 432.21	17.12
8	中航信托	128 839.63	65 982.54	62 857.09	95.26
9	五矿信托	88 416.51	30 853.34	57 563.17	186.57
10	方正东亚信托	75 360.01	24 094.58	51 265.43	212.77
11	中江信托	136 505.55	85 584.08	50 921.47	59.50
12	金谷信托	94 536.55	44 040.75	50 495.80	114.66
13	建信信托	108 755.88	60 068.86	48 687.02	81.05
14	华润信托	207 922.84	160 970.78	46 952.06	29.17
15	华信信托	117 947.29	72 545.86	45 401.43	62.58
16	华能信托	116 439.13	73 067.72	43 371.41	59.36
17	外贸信托	164 868.83	122 212.80	42 656.03	34.90
18	上海信托	218 080.00	175 611.40	42 468.60	24.18
19	昆仑信托	121 258.37	82 878.75	38 379.62	46.31
20	华鑫信托	73 367.61	35 800.46	37 567.15	104.93
21	北京信托	131 420.22	96 967.78	34 452.44	35.53
22	交银国际信托	71 141.81	37 071.61	34 070.20	91.90
23	中铁信托	133 333.74	99 791.59	33 542.15	33.61
24	湖南信托	64 078.00	31 835.00	32 243.00	101.28
25	中诚信托	275 588.41	244 333.14	31 255.27	12.79

续表

排名	简称	2012 年度（万元）	2011 年度（万元）	增长额（万元）	较上年（%）
26	北方信托	91 520. 35	60 542. 78	30 977. 57	51. 17
27	陕国投	57 630. 88	30 442. 20	27 188. 68	89. 31
28	厦门国际信托	69 865. 00	43 467. 00	26 398. 00	60. 73
29	陆家嘴信托	27 863. 07	1 626. 47	26 236. 61	1613. 10
30	国元信托	65 644. 13	40 060. 37	25 583. 76	63. 86
31	华融信托	167 851. 33	142 803. 86	25 047. 47	17. 54
32	江苏信托	127 117. 43	102 466. 51	24 650. 92	24. 06
33	爱建信托	42 406. 17	18 771. 82	23 634. 35	125. 90
34	苏州信托	52 099. 84	28 663. 77	23 436. 08	81. 76
35	大业信托	40 083. 43	18 565. 30	21 518. 13	115. 91
36	华宝信托	144 790. 11	124 127. 37	20 662. 74	16. 65
37	国民信托	52 886. 79	32 311. 95	20 574. 84	63. 68
38	华澳信托	37 010. 91	16 933. 44	20 077. 47	118. 57
39	甘肃信托	24 347. 67	4 375. 82	19 971. 85	456. 41
40	天津信托	64 042. 85	44 283. 60	19 759. 25	44. 62
41	英大信托	92 489. 76	72 816. 18	19 673. 58	27. 02
42	新时代信托	50 538. 89	31 140. 88	19 398. 00	62. 29
43	中原信托	60 173. 78	41 388. 19	18 785. 59	45. 39
44	百瑞信托	81 256. 25	62 526. 92	18 729. 33	29. 95
45	紫金信托	26 389. 23	8 293. 84	18 095. 40	218. 18
46	吉林信托	88 566. 07	70 596. 96	17 969. 11	25. 45
47	渤海信托	70 265. 34	52 567. 28	17 698. 06	33. 67
48	西部信托	30 399. 83	13 263. 69	17 136. 14	129. 20
49	东莞信托	44 720. 57	30 104. 74	14 615. 83	48. 55
50	中粮信托	35 984. 09	22 026. 15	13 957. 94	63. 37
51	重庆信托	133 317. 11	120 493. 25	12 823. 86	10. 64
52	西藏信托	16 753. 48	4 154. 61	12 598. 87	303. 25
53	杭州工商信托	52 175. 00	39 839. 00	12 336. 00	30. 96
54	中投信托	53 399. 62	43 102. 09	10 297. 53	23. 89
55	粤财信托	58 614. 92	48 696. 45	9 918. 47	20. 37
56	浙金信托	11 128. 54	2 021. 26	9 107. 28	450. 57
57	山西信托	41 361. 49	33 023. 88	8 337. 61	25. 25
58	中海信托	110 849. 16	102 765. 60	8 083. 56	7. 87
59	新华信托	144 082. 94	136 134. 45	7 948. 49	5. 84
60	云南信托	30 856. 26	22 970. 77	7 885. 50	34. 33
61	长城新盛信托	4 160. 59	—	4 160. 59	—
62	国联信托	35 621. 00	33 235. 00	2 386. 00	7. 18
63	华宸信托	30 673. 71	28 403. 30	2 270. 41	7. 99
64	国投信托	79 176. 83	76 957. 28	2 219. 55	2. 88
65	安信信托	49 287. 92	48 825. 25	462. 67	0. 95
66	中泰信托	115 690. 76	146 941. 16	-31 250. 40	-21. 27
合计		7 713 600. 68	5 291 700. 77	2 421 899. 90	45. 77
平均		116 872. 74	81 410. 78	36 695. 45	45. 07

注：2011 年度长城新盛信托无营业收入，平均数计算时为 65 家平均数。

2012 年固有业务营业收入增幅达 45.77%，相比 2011 年的 32.55%，大幅提升。平安信托的收入仍保持大幅增长，占整个信托行业固有资产业务收入的比重也从 2011 年的 15.2%提高到 17.1%，信托行业收入一枝独秀的局面仍没有改变。

（五）固有资产利润总额排行榜（参与综合排名）

排名	简称	2012 年度（万元）	2011 年度（万元）	增长额（万元）	较上年（%）
1	平安信托	379 292.29	303 135.37	76 156.92	25.12
2	中信信托	360 762.88	256 054.94	104 707.94	40.89
3	中诚信托	207 826.78	183 877.86	23 948.92	13.02
4	中融信托	203 491.44	140 583.24	62 908.20	44.75
5	华润信托	162 928.13	128 938.33	33 989.80	26.36
6	外贸信托	138 321.39	101 886.91	36 434.48	35.76
7	上海信托	132 990.79	106 817.26	26 173.53	24.50
8	四川信托	118 047.57	54 033.37	64 014.19	118.47
9	江苏信托	117 552.46	93 799.21	23 753.25	25.32
10	中铁信托	108 601.38	77 714.56	30 886.83	39.74
11	重庆信托	108 384.78	101 265.02	7 119.76	7.03
12	长安信托	103 416.99	36 771.44	66 645.55	181.24
13	兴业信托	103 182.81	27 625.26	75 557.55	273.51
14	华信信托	102 128.19	60 692.93	41 435.26	68.27
15	昆仑信托	100 373.06	70 766.48	29 606.58	41.84
16	中海信托	98 466.25	83 826.63	14 639.62	17.46
17	北京信托	96 307.66	72 158.56	24 149.10	33.47
18	山东信托	94 856.71	31 915.99	62 940.72	197.21
19	华融信托	87 418.41	69 676.20	17 742.21	25.46
20	华宝信托	85 635.49	68 268.94	17 366.55	25.44
21	中航信托	83 502.91	38 246.60	45 256.31	118.33
22	华能信托	80 858.24	50 316.69	30 541.55	60.70
23	建信信托	77 635.50	42 850.77	34 784.73	81.18
24	新华信托	73 079.48	68 175.89	4 903.59	7.19
25	中江信托	69 888.25	39 481.37	30 406.89	77.02
26	金谷信托	68 557.31	31 839.37	36 717.94	115.32
27	英大信托	66 853.05	56 821.27	10 031.78	17.65
28	五矿信托	62 719.71	21 031.28	41 688.43	198.22
29	百瑞信托	62 352.46	48 681.64	13 670.82	28.08
30	北方信托	58 869.27	41 156.04	17 713.23	43.04
31	厦门国际信托	55 141.00	28 935.00	26 206.00	90.57
32	渤海信托	54 987.27	36 355.46	18 631.82	51.25
33	中泰信托	53 186.19	71 096.07	−17 909.88	−25.19
34	华鑫信托	53 180.16	23 844.00	29 336.16	123.03
35	方正东亚信托	52 224.26	12 481.41	39 742.85	318.42
36	国元信托	51 469.87	30 642.60	20 827.27	67.97
37	粤财信托	48 941.28	39 158.69	9 782.59	24.98
38	交银国际信托	45 434.05	21 437.92	23 996.13	111.93
39	湖南信托	44 610.00	17 775.00	26 835.00	150.97
40	国民信托	44 525.53	24 564.47	19 961.06	81.26
41	中原信托	42 711.81	29 896.22	12 815.59	42.87
42	国投信托	41 663.32	38 426.20	3 237.12	8.42
43	中投信托	38 172.03	32 061.48	6 110.55	19.06
44	苏州信托	36 616.36	21 158.06	15 458.30	73.06
45	陕国投	34 805.18	20 287.96	14 517.22	71.56
46	天津信托	33 702.35	28 035.30	5 667.05	20.21
47	东莞信托	32 679.33	21 963.36	10 715.97	48.79
48	吉林信托	32 486.16	47 352.34	−14 866.18	−31.39

续表

排名	简称	2012 年度(万元)	2011 年度(万元)	增长额(万元)	较上年(%)
49	杭州工商信托	32 337.00	24 102.00	8 235.00	34.17
50	爱建信托	30 690.77	13 177.74	17 513.03	132.90
51	国联信托	30 334.00	28 518.00	1 816.00	6.37
52	新时代信托	27 358.69	14 089.78	13 268.92	94.17
53	大业信托	25 113.78	11 727.17	13 386.61	114.15
54	中粮信托	24 195.74	12 292.31	11 903.42	96.84
55	西部信托	21 192.62	7 483.12	13 709.50	183.21
56	云南信托	20 813.79	16 070.55	4 743.24	29.52
57	华宸信托	20 755.67	19 941.40	814.27	4.08
58	山西信托	18 808.71	11 684.70	7 124.01	60.97
59	甘肃信托	18 165.82	840.95	17 324.87	2060.15
60	华澳信托	17 016.03	8 182.31	8 833.72	107.96
61	紫金信托	16 766.30	5 261.19	11 505.11	218.68
62	安信信托	16 612.14	26 675.19	-10 063.05	-37.72
63	陆家嘴信托	16 337.47	16 661.34	-323.87	-1.94
64	西藏信托	10 153.61	2 649.18	7 504.43	283.27
65	浙金信托	5 249.71	249.32	5 000.39	2005.61
66	长城新盛信托	1 658.02	—	1 658.02	—
合计		4 764 397.65	3 273 487.20	1 490 910.45	45.55
平均		72 187.84	50 361.34	22 589.55	44.85

注:2011 年度长城新盛信托无“固有资产利润表”,平均数计算时为 65 家平均数。

(六)固有资产净资产排行榜

单位:万元

排名	名称	2012 年 12 月 31 日	本年列报	上年列报	2011 年末与 2012 年初数差异
			2011 年 12 月 31 日	2011 年 12 月 31 日	
1	平安信托	3 147 213.07	2 185 924.08	2 185 924.08	0.00
2	华润信托	1 017 312.44	880 748.81	880 748.81	0.00
3	中诚信托	1 009 692.91	881 162.78	881 212.72	49.94
4	中信信托	993 836.39	714 142.96	714 142.96	0.00
5	重庆信托	827 328.61	803 848.86	803 848.86	0.00
6	上海信托	679 870.61	618 151.02	618 151.02	0.00
7	江苏信托	619 290.69	511 417.34	511 274.42	-142.92
8	华信信托	547 358.95	360 981.96	360 981.96	0.00
9	建信信托	531 920.53	470 459.37	470 459.37	0.00
10	外贸信托	515 596.13	396 022.52	396 022.52	0.00
11	昆仑信托	506 121.68	460 802.12	460 802.12	0.00
12	中融信托	484 339.17	332 110.26	332 110.26	0.00
13	华宝信托	427 207.75	391 266.45	391 266.45	0.00
14	中江信托	392 821.85	345 069.56	347 636.39	2 566.83
15	兴业信托	391 542.66	321 817.68	321 817.68	0.00
16	中海信托	380 021.89	428 348.64	428 348.64	0.00
17	国元信托	368 839.74	328 695.08	328 695.08	0.00
18	英大信托	339 955.72	238 254.07	238 254.07	0.00
19	吉林信托	337 841.60	253 977.14	260 852.05	6 874.91
20	中泰信托	336 697.61	304 244.65	304 244.65	0.00
21	北京信托	328 006.71	276 783.99	276 757.00	-26.99
22	陕国投	326 282.59	84 956.00	84 956.00	0.00
23	华能信托	325 056.10	293 808.28	293 808.28	0.00

续表

排名	名称	2012 年 12 月 31 日	本年列报	上年列报	2011 年末与 2012 年初数差异
			2011 年 12 月 31 日	2011 年 12 月 31 日	
24	中铁信托	293 295. 14	206 718. 16	206 718. 16	0. 00
25	华融信托	286 476. 99	237 232. 05	237 232. 04	-0. 01
26	爱建信托	278 734. 55	55 805. 07	55 805. 07	0. 00
27	山东信托	277 815. 97	207 432. 17	207 432. 17	0. 00
28	四川信托	274 430. 11	213 413. 72	213 413. 73	0. 01
29	渤海信托	274 155. 27	232 458. 43	232 458. 43	0. 00
30	中投信托	271 955. 44	239 551. 98	239 551. 98	0. 00
31	国投信托	271 505. 12	243 121. 51	243 121. 51	0. 00
32	粤财信托	270 736. 83	232 677. 61	232 677. 61	0. 00
33	交银国际信托	266 014. 16	232 067. 16	232 067. 16	0. 00
34	华鑫信托	259 458. 20	123 105. 97	123 105. 97	0. 00
35	中航信托	244 930. 24	181 777. 64	181 777. 64	0. 00
36	国联信托	239 505. 00	219 735. 00	219 735. 00	0. 00
37	百瑞信托	238 174. 52	199 901. 51	199 901. 51	0. 00
38	中粮信托	225 439. 29	135 066. 28	135 066. 29	0. 01
39	北方信托	221 887. 19	178 613. 09	178 613. 09	0. 00
40	长安信托	220 454. 06	145 830. 12	145 830. 12	0. 00
41	新华信托	207 371. 55	163 151. 51	163 151. 51	0. 00
42	天津信托	206 784. 52	185 275. 41	185 275. 41	0. 00
43	金谷信托	202 357. 69	149 842. 57	149 842. 57	0. 00
44	苏州信托	198 957. 85	110 243. 40	110 243. 40	0. 00
45	中原信托	197 735. 71	164 388. 79	164 388. 79	0. 00
46	五矿信托	193 689. 70	136 334. 22	136 334. 22	0. 00
47	新时代信托	169 757. 11	93 713. 60	94 232. 03	518. 43
48	厦门国际信托	167 413. 00	124 670. 00	124 670. 00	0. 00
49	山西信托	154 889. 28	140 126. 52	140 126. 52	0. 00
50	国民信托	149 636. 02	118 895. 24	118 895. 24	0. 00
51	方正东亚信托	148 434. 84	68 834. 09	68 870. 90	36. 81
52	西部信托	134 684. 10	120 592. 21	120 592. 21	0. 00
53	湖南信托	132 627. 00	101 820. 00	101 820. 00	0. 00
54	甘肃信托	127 194. 96	119 651. 94	119 651. 94	0. 00
55	云南信托	116 098. 59	100 548. 98	100 548. 98	0. 00
56	陆家嘴信托	114 634. 28	27 143. 88	27 143. 88	0. 00
57	杭州工商信托	97 700. 00	84 082. 00	84 082. 00	0. 00
58	东莞信托	96 001. 11	97 580. 82	97 580. 82	0. 00
59	华宸信托	84 007. 59	97 754. 86	97 754. 86	0. 00
60	华澳信托	74 811. 43	67 212. 68	67 212. 68	0. 00
61	紫金信托	65 420. 13	53 131. 77	53 131. 77	0. 00
62	安信信托	63 057. 36	55 992. 97	55 992. 96	-0. 01
63	西藏信托	59 613. 44	41 051. 29	41 051. 29	0. 00
64	大业信托	57 462. 86	38 667. 54	38 563. 12	-104. 42
65	浙金信托	54 453. 82	50 516. 35	本年新增	
66	长城新盛信托	31 236. 64	30 000. 00	本年新增	
合计		22 555 154. 06	17 708 760. 54	17 584 848. 19	9 772. 58
平均		341 744. 76	268 314. 55	275 593. 44	

注：报表披露中绝对值差异小于等于 1 万元的视为尾差，不计入不一致范围。共有 8 家信托公司本年披露的期初净资产与上年披露的年末净资产不一致，本年新增的 2 家公司视同一致。仅江苏信托、吉林信托、中江信托和北京信托披露了变动原因，其他 4 家公司未披露变动原因。本次排名以公司本年披露的年初数为准，同时列报上年净资产。

66家公司平均净资产34.17亿元，净资产超过10亿元的有56家，净资产5亿元以下的仅有1家。2012年资产整体固有业务净资产整体规模大幅上升。

（七）固有资产净资产增减排行榜

排名	名称	2012年12月31日（万元）	本年列报2011年12月31日（万元）	增减额（万元）	较上年（%）
1	平安信托	3 147 213.07	2 185 924.08	961 288.99	43.98
2	中信信托	993 836.39	714 142.96	279 693.43	39.16
3	陕国投	326 282.59	84 956.00	241 326.58	284.06
4	爱建信托	278 734.55	55 805.07	222 929.48	399.48
5	华信信托	547 358.95	360 981.96	186 376.99	51.63
6	中融信托	484 339.17	332 110.26	152 228.91	45.84
7	华润信托	1 017 312.44	880 748.81	136 563.63	15.51
8	华鑫信托	259 458.20	123 105.97	136 352.23	110.76
9	中诚信托	1 009 692.91	881 162.78	128 530.13	14.59
10	外贸信托	515 596.13	396 022.52	119 573.61	30.19
11	江苏信托	619 290.69	511 417.34	107 873.35	21.09
12	英大信托	339 955.72	238 254.07	101 701.65	42.69
13	中粮信托	225 439.29	135 066.28	90 373.00	66.91
14	苏州信托	198 957.85	110 243.40	88 714.44	80.47
15	陆家嘴信托	114 634.28	27 143.88	87 490.40	322.32
16	中铁信托	293 295.14	206 718.16	86 576.98	41.88
17	吉林信托	337 841.60	253 977.14	83 864.46	33.02
18	方正东亚信托	148 434.84	68 834.09	79 600.75	115.64
19	新时代信托	169 757.11	93 713.60	76 043.51	81.14
20	长安信托	220 454.06	145 830.12	74 623.94	51.17
21	山东信托	277 815.97	207 432.17	70 383.80	33.93
22	兴业信托	391 542.66	321 817.68	69 724.98	21.67
23	中航信托	244 930.24	181 777.64	63 152.60	34.74
24	上海信托	679 870.61	618 151.02	61 719.59	9.98
25	建信信托	531 920.53	470 459.37	61 461.16	13.06
26	四川信托	274 430.11	213 413.72	61 016.39	28.59
27	五矿信托	193 689.70	136 334.22	57 355.48	42.07
28	金谷信托	202 357.69	149 842.57	52 515.12	35.05
29	北京信托	328 006.71	276 783.99	51 222.71	18.51
30	华融信托	286 476.99	237 232.05	49 244.94	20.76
31	中江信托	392 821.85	345 069.56	47 752.30	13.84
32	昆仑信托	506 121.68	460 802.12	45 319.56	9.83
33	新华信托	207 371.55	163 151.51	44 220.04	27.10
34	北方信托	221 887.19	178 613.09	43 274.10	24.23
35	厦门国际信托	167 413.00	124 670.00	42 743.00	34.28
36	渤海信托	274 155.27	232 458.43	41 696.84	17.94
37	国元信托	368 839.74	328 695.08	40 144.66	12.21
38	百瑞信托	238 174.52	199 901.51	38 273.01	19.15
39	粤财信托	270 736.83	232 677.61	38 059.22	16.36
40	华宝信托	427 207.75	391 266.45	35 941.30	9.19
41	交银国际信托	266 014.16	232 067.16	33 947.00	14.63
42	中原信托	197 735.71	164 388.79	33 346.92	20.29
43	中泰信托	336 697.61	304 244.65	32 452.96	10.67
44	中投信托	271 955.44	239 551.98	32 403.46	13.53
45	华能信托	325 056.10	293 808.28	31 247.82	10.64
46	湖南信托	132 627.00	101 820.00	30 807.00	30.26
47	国民信托	149 636.02	118 895.24	30 740.78	25.86
48	国投信托	271 505.12	243 121.51	28 383.61	11.67

续表

排名	名称	2012年12月31日(万元)	本年列报2011年12月31日(万元)	增减额(万元)	较上年()
49	重庆信托	827 328.61	803 848.86	23 479.75	2.92
50	天津信托	206 784.52	185 275.41	21 509.11	11.61
51	国联信托	239 505.00	219 735.00	19 770.00	9.00
52	大业信托	57 462.86	38 667.54	18 795.32	48.61
53	西藏信托	59 613.44	41 051.29	18 562.15	45.22
54	云南信托	116 098.59	100 548.98	15 549.61	15.46
55	山西信托	154 889.28	140 126.52	14 762.76	10.54
56	西部信托	134 684.10	120 592.21	14 091.89	11.69
57	杭州工商信托	97 700.00	84 082.00	13 618.00	16.20
58	紫金信托	65 420.13	53 131.77	12 288.36	23.13
59	华澳信托	74 811.43	67 212.68	7 598.74	11.31
60	甘肃信托	127 194.96	119 651.94	7 543.02	6.30
61	安信信托	63 057.36	55 992.97	7 064.39	12.62
62	浙金信托	54 453.82	50 516.35	3 937.47	7.79
63	长城新盛信托	31 236.64	30 000.00	1 236.64	4.12
64	东莞信托	96 001.11	97 580.82	-1 579.71	-1.62
65	华宸信托	84 007.59	97 754.86	-13 747.27	-14.06
66	中海信托	380 021.89	428 348.64	-48 326.75	-11.28
合计		22 555 154.06	17 708 723.73	4 846 430.33	27.37
平均		341 744.76	268 314.00	73 430.76	27.37

注:有7家信托公司本年披露的年初净资产与上年披露的期末净资产不一致。本次排名比较以公司本年披露的年初数为准。

(八)固有资产净利润排行榜

单位:万元

排名	公司简称	2012年	本年列报的2011年数	上年列报的2011年数	两年列报差异
1	平安信托	292 879.94	225 824.61	225 824.61	—
2	中信信托	271 697.44	192 016.78	192 016.78	—
3	中诚信托	161 909.87	144 517.76	144 536.38	18.62
4	中融信托	152 431.19	105 316.39	105 316.39	—
5	华润信托	134 781.42	108 357.52	108 357.52	—
6	上海信托	107 638.23	86 265.81	86 265.81	—
7	江苏信托	107 581.20	86 579.43	86 443.92	-135.51
8	外贸信托	105 733.01	78 481.39	78 481.39	—
9	重庆信托	88 129.62	80 130.43	80 130.43	—
10	四川信托	87 855.68	40 558.92	40 558.92	0.00
11	中铁信托	81 400.49	58 228.93	58 228.93	—
12	中海信托	80 728.05	66 107.03	66 107.03	—
13	华信信托	78 751.58	47 013.61	47 013.61	—
14	长安信托	78 400.58	27 751.63	27 751.63	—
15	兴业信托	77 221.58	20 407.87	20 407.86	-0.01
16	昆仑信托	74 017.51	52 452.60	52 452.60	—
17	山东信托	73 232.62	24 739.97	24 739.97	—
18	北京信托	72 020.76	53 887.51	53 862.00	-25.51
19	华融信托	65 182.09	51 336.37	51 336.37	—
20	华宝信托	64 233.78	50 326.68	50 326.68	—
21	五矿信托	63 344.57	20 934.43	20 934.43	—
22	中航信托	63 152.60	28 520.39	28 520.39	—
23	华能信托	60 218.73	37 435.72	37 435.72	—
24	建信信托	58 681.90	32 947.15	32 947.12	-0.03

续表

排名	公司简称	2012 年	本年列报的 2011 年数	上年列报的 2011 年数	两年列报差异
25	金谷信托	51 259. 18	24 283. 87	24 283. 87	—
26	新华信托	50 884. 10	49 641. 58	49 641. 58	—
27	中江信托	50 379. 63	28 459. 69	28 459. 69	—
28	英大信托	49 199. 28	42 570. 93	42 570. 93	—
29	百瑞信托	46 772. 96	36 662. 09	36 662. 09	—
30	北方信托	43 272. 24	31 376. 64	31 376. 64	—
31	厦门国际信托	42 726. 00	23 292. 00	23 292. 00	—
32	渤海信托	41 540. 44	27 264. 25	27 264. 25	—
33	国元信托	40 890. 16	25 860. 49	25 860. 50	0. 01
34	中泰信托	40 398. 63	54 429. 51	54 429. 51	—
35	方正东亚信托	39 619. 01	8 734. 14	8 770. 95	36. 81
36	粤财信托	39 616. 75	33 530. 61	33 530. 61	—
37	华鑫信托	38 679. 29	19 594. 93	19 594. 93	—
38	湖南信托	33 929. 00	13 242. 00	13 242. 00	—
39	交银国际信托	33 837. 44	15 879. 18	15 879. 18	-0. 00
40	国民信托	33 341. 07	18 392. 30	18 392. 30	—
41	中原信托	32 332. 76	23 478. 91	23 478. 91	—
42	国投信托	31 552. 84	29 476. 32	29 476. 32	—
43	中投信托	29 001. 61	30 343. 96	30 343. 96	—
44	苏州信托	27 924. 59	15 947. 27	15 947. 27	—
45	吉林信托	26 563. 25	33 402. 96	40 277. 86	6 874. 90
46	陕国投	26 063. 00	15 435. 43	15 435. 43	—
47	天津信托	24 860. 16	20 778. 22	20 778. 22	—
48	杭州工商信托	24 192. 00	18 066. 00	18 066. 00	—
49	东莞信托	24 113. 90	16 535. 77	16 535. 77	—
50	国联信托	23 995. 00	22 890. 00	22 890. 00	—
51	爱建信托	22 982. 03	12 069. 63	12 069. 63	—
52	新时代信托	20 043. 51	10 119. 29	10 637. 72	518. 43
53	大业信托	18 795. 32	8 804. 09	8 733. 98	-70. 11
54	西部信托	17 895. 26	6 019. 60	6 019. 60	—
55	中粮信托	17 349. 97	7 899. 19	7 899. 20	0. 01
56	华宸信托	16 671. 38	16 334. 93	16 334. 95	0. 02
57	云南信托	15 549. 61	12 023. 80	12 023. 80	—
58	甘肃信托	13 544. 52	794. 15	794. 15	—
59	山西信托	13 263. 19	8 742. 03	8 742. 03	—
60	华澳信托	12 598. 74	6 096. 77	6 096. 77	—
61	紫金信托	12 288. 36	5 129. 52	5 129. 52	—
62	陆家嘴信托	12 167. 79	17 824. 75	17 824. 75	—
63	安信信托	10 250. 87	19 777. 11	19 777. 12	0. 01
64	西藏信托	8 562. 15	2 008. 54	2 008. 54	—
65	浙金信托	3 882. 34	181. 84	本年新增	
66	长城新盛信托	1 236. 64	—	本年新增	
合计		3 665 250. 41	2 533 533. 22	2 540 569. 03	7 217. 64
平均		55 534. 10	38 386. 87	40 976. 92	

注：报表披露中差异绝对值小于等于 1 万元的视为尾差，不计入不一致范围。共有 7 家信托公司本年披露的上年净利润与上年披露的当年净利润不一致，本年新增的 2 家公司视同一致，本次排名以公司本年披露的上年数为准，同时列示上年披露的净利润数。

2012 年净利润超过 1 亿元的有 63 家，超过 10 亿元的有 8 家，分别为平安信托、中信信托、中诚信托、中融信托、华润信托、上海信托、江苏信托、外贸信托，合计净利润为 133.47 亿元，占 66 家信托公司净利润合计数的 36.41%。

（九）固有资产净利润增减排行榜

单位：万元

排名	公司简称	2012 年	本年列报的 2011 年数	增减额数
1	中信信托	271 697.44	192 016.78	79 680.66
2	平安信托	292 879.94	225 824.61	67 055.33
3	兴业信托	77 221.58	20 407.87	56 813.71
4	长安信托	78 400.58	27 751.63	50 648.96
5	山东信托	73 232.62	24 739.97	48 492.65
6	四川信托	87 855.68	40 558.92	47 296.76
7	中融信托	152 431.19	105 316.39	47 114.79
8	五矿信托	63 344.57	20 934.43	42 410.14
9	中航信托	63 152.60	28 520.39	34 632.21
10	华信信托	78 751.58	47 013.61	31 737.97
11	方正东亚信托	39 619.01	8 734.14	30 884.87
12	外贸信托	105 733.01	78 481.39	27 251.62
13	金谷信托	51 259.18	24 283.87	26 975.31
14	华润信托	134 781.42	108 357.52	26 423.90
15	建信信托	58 681.90	32 947.15	25 734.75
16	中铁信托	81 400.49	58 228.93	23 171.56
17	华能信托	60 218.73	37 435.72	22 783.01
18	中江信托	50 379.63	28 459.69	21 919.94
19	昆仑信托	74 017.51	52 452.60	21 564.91
20	上海信托	107 638.23	86 265.81	21 372.42
21	江苏信托	107 581.20	86 579.43	21 001.77
22	湖南信托	33 929.00	13 242.00	20 687.00
23	厦门国际信托	42 726.00	23 292.00	19 434.00
24	华鑫信托	38 679.29	19 594.93	19 084.36
25	北京信托	72 020.76	53 887.51	18 133.25
26	交银国际信托	33 837.44	15 879.18	17 958.25
27	中诚信托	161 909.87	144 517.76	17 392.11
28	国元信托	40 890.16	25 860.49	15 029.67
29	国民信托	33 341.07	18 392.30	14 948.77
30	中海信托	80 728.05	66 107.03	14 621.02
31	渤海信托	41 540.44	27 264.25	14 276.18
32	华宝信托	64 233.78	50 326.68	13 907.10
33	华融信托	65 182.09	51 336.37	13 845.72
34	甘肃信托	13 544.52	794.15	12 750.37
35	苏州信托	27 924.59	15 947.27	11 977.32
36	北方信托	43 272.24	31 376.64	11 895.60
37	西部信托	17 895.26	6 019.60	11 875.66
38	爱建信托	22 982.03	12 069.63	10 912.40
39	陕国投	26 063.00	15 435.43	10 627.57
40	百瑞信托	46 772.96	36 662.09	10 110.87
41	大业信托	18 795.32	8 804.09	9 991.23
42	新时代信托	20 043.51	10 119.29	9 924.22
43	中粮信托	17 349.97	7 899.19	9 450.78
44	中原信托	32 332.76	23 478.91	8 853.85
45	重庆信托	88 129.62	80 130.43	7 999.19
46	东莞信托	24 113.90	16 535.77	7 578.13
47	紫金信托	12 288.36	5 129.52	7 158.84
48	英大信托	49 199.28	42 570.93	6 628.35

续表

排名	公司简称	2012 年	本年列报的 2011 年数	增减额数
49	西藏信托	8 562. 15	2 008. 54	6 553. 61
50	华澳信托	12 598. 74	6 096. 77	6 501. 97
51	杭州工商信托	24 192. 00	18 066. 00	6 126. 00
52	粤财信托	39 616. 75	33 530. 61	6 086. 14
53	山西信托	13 263. 19	8 742. 03	4 521. 16
54	天津信托	24 860. 16	20 778. 22	4 081. 94
55	浙金信托	3 882. 34	181. 84	3 700. 50
56	云南信托	15 549. 61	12 023. 80	3 525. 80
57	国投信托	31 552. 84	29 476. 32	2 076. 52
58	新华信托	50 884. 10	49 641. 58	1 242. 52
59	长城新盛信托	1 236. 64	0. 00	1 236. 64
60	国联信托	23 995. 00	22 890. 00	1 105. 00
61	华宸信托	16 671. 38	16 334. 93	336. 46
62	中投信托	29 001. 61	30 343. 96	-1 342. 35
63	陆家嘴信托	12 167. 79	17 824. 75	-5 656. 95
64	吉林信托	26 563. 25	33 402. 96	-6 839. 71
65	安信信托	10 250. 87	19 777. 11	-9 526. 24
66	中泰信托	40 398. 63	54 429. 51	-14 030. 88
合计		3 665 250. 41	2 533 533. 22	1 131 717. 18
平均		55 534. 10	38 386. 87	17 147. 23

注：共有 7 家信托公司本年披露的上年净利润与上年披露的当年净利润不一致。本次比较排名以公司本年披露的上年数为准。

（十）固有资产净资产收益率排行榜（参与综合排名）

排名	公司名称	2012 年（%）	2011 年（%）
1	长安信托	35. 56	19. 03
2	大业信托	32. 71	22. 77
3	五矿信托	32. 70	15. 36
4	四川信托	32. 01	19. 00
5	中融信托	31. 47	31. 71
6	中铁信托	27. 75	28. 17
7	中信信托	27. 34	26. 89
8	方正东亚信托	26. 69	12. 68
9	山东信托	26. 36	11. 93
10	中航信托	25. 78	15. 69
11	湖南信托	25. 58	13. 01
12	厦门国际信托	25. 52	18. 68
13	金谷信托	25. 33	16. 21
14	东莞信托	25. 12	16. 95
15	杭州工商信托	24. 76	21. 49
16	新华信托	24. 54	30. 43
17	华融信托	22. 75	21. 64
18	国民信托	22. 28	15. 47
19	北京信托	21. 96	19. 47
20	中海信托	21. 24	15. 43
21	外贸信托	20. 51	19. 82
22	华宸信托	19. 85	16. 71
23	兴业信托	19. 72	6. 34
24	百瑞信托	19. 64	18. 34
25	北方信托	19. 50	17. 57
26	紫金信托	18. 78	9. 65
27	华能信托	18. 53	12. 74

续表

排名	公司名称	2012年(%)	2011年(%)
28	江苏信托	17.37	16.93
29	华澳信托	16.84	9.07
30	中原信托	16.35	14.28
31	安信信托	16.26	35.32
32	中诚信托	16.04	16.40
33	上海信托	15.83	13.96
34	渤海信托	15.15	11.73
35	华宝信托	15.04	12.86
36	华鑫信托	14.91	15.92
37	粤财信托	14.63	14.41
38	昆仑信托	14.62	11.38
39	英大信托	14.47	17.87
40	华信信托	14.39	13.02
41	西藏信托	14.36	4.89
42	苏州信托	14.04	14.47
43	云南信托	13.39	11.96
44	西部信托	13.29	4.99
45	华润信托	13.25	12.30
46	中江信托	12.83	8.25
47	交银国际信托	12.72	6.84
48	天津信托	12.02	11.21
49	中泰信托	12.00	17.89
50	新时代信托	11.81	10.80
51	国投信托	11.62	12.12
52	国元信托	11.09	7.87
53	建信信托	11.03	7.00
54	中投信托	10.66	12.67
55	重庆信托	10.65	9.97
56	甘肃信托	10.65	0.66
57	陆家嘴信托	10.61	65.67
58	国联信托	10.02	10.42
59	平安信托	9.31	10.33
60	山西信托	8.56	6.24
61	爱建信托	8.25	21.63
62	陕国投	7.99	18.17
63	吉林信托	7.86	13.15
64	中粮信托	7.70	5.85
65	浙金信托	7.13	0.36
66	长城新盛信托	3.96	0.00
平均值		16.25	14.31

2012年除长城新盛信托外，其余公司净资产收益率均超过6%。

指标	家数	平均净资产收益率(%)
大于等于6%的	65	16.27
3%~6%(含3%)	1	3.96
0~3%	0	0.66
0以下	—	—

（十一）固有资产总资产收益率排行榜

排名	公司名称	2012 年(%)	2011 年(%)	增减额(%)
1	五矿信托	29. 75	14. 88	14. 87
2	长安信托	27. 48	16. 37	11. 10
3	大业信托	25. 58	18. 74	6. 84
4	中融信托	24. 48	25. 00	-0. 52
5	山东信托	24. 32	7. 61	16. 71
6	厦门国际信托	23. 54	14. 94	8. 60
7	中信信托	22. 98	21. 60	1. 38
8	中航信托	22. 97	14. 26	8. 71
9	东莞信托	22. 22	15. 90	6. 32
10	金谷信托	21. 48	13. 80	7. 68
11	华融信托	21. 07	19. 90	1. 17
12	杭州工商信托	20. 98	18. 75	2. 23
13	方正东亚信托	20. 66	10. 88	9. 78
14	北京信托	20. 57	17. 23	3. 33
15	湖南信托	20. 53	10. 92	9. 61
16	中海信托	20. 18	14. 59	5. 59
17	国民信托	19. 62	14. 67	4. 95
18	外贸信托	19. 34	18. 44	0. 90
19	中铁信托	19. 17	19. 56	-0. 39
20	兴业信托	18. 69	6. 08	12. 61
21	百瑞信托	17. 09	15. 81	1. 28
22	北方信托	17. 05	15. 37	1. 68
23	紫金信托	17. 02	9. 23	7. 78
24	新华信托	16. 82	21. 88	-5. 07
25	江苏信托	16. 66	16. 42	0. 24
26	华能信托	16. 15	11. 83	4. 32
27	中原信托	15. 25	13. 73	1. 52
28	渤海信托	14. 66	11. 07	3. 59
29	上海信托	14. 28	12. 64	1. 64
30	粤财信托	14. 27	14. 02	0. 25
31	华宸信托	14. 16	11. 83	2. 32
32	昆仑信托	14. 08	10. 86	3. 22
33	华信信托	13. 84	12. 65	1. 19
34	四川信托	13. 79	9. 08	4. 71
35	中诚信托	13. 79	14. 05	-0. 26
36	华澳信托	13. 58	8. 02	5. 57
37	英大信托	13. 39	17. 04	-3. 65
38	华鑫信托	13. 19	14. 24	-1. 05
39	苏州信托	12. 70	13. 93	-1. 24
40	云南信托	12. 19	10. 82	1. 36
41	交银国际信托	11. 96	6. 52	5. 44
42	西藏信托	11. 73	4. 72	7. 02
43	新时代信托	11. 42	10. 16	1. 26
44	西部信托	11. 42	4. 21	7. 21
45	天津信托	11. 28	10. 50	0. 79
46	华润信托	11. 28	10. 66	0. 62
47	国投信托	10. 93	11. 40	-0. 47
48	华宝信托	10. 92	10. 15	0. 78
49	安信信托	10. 78	21. 22	-10. 44
50	国元信托	10. 66	7. 60	3. 06

续表

排名	公司名称	2012 年(%)	2011 年(%)	增减额(%)
51	建信信托	10.61	6.64	3.98
52	中泰信托	10.13	14.30	-4.17
53	陆家嘴信托	9.85	61.66	-51.81
54	国联信托	9.85	10.26	-0.42
55	甘肃信托	9.75	0.64	9.11
56	中投信托	9.66	12.07	-2.41
57	重庆信托	8.93	9.18	-0.26
58	爱建信托	8.07	20.65	-12.59
59	山西信托	7.86	5.82	2.05
60	中粮信托	7.44	5.59	1.85
61	陕国投	7.32	12.73	-5.42
62	中江信托	6.85	4.71	2.14
63	浙金信托	6.46	0.36	6.11
64	吉林信托	5.27	10.29	-5.02
65	平安信托	3.96	3.90	0.07
66	长城新盛信托	3.81	0.00	3.81
平均值		12.17	10.65	

注:2011 年的总资产收益率系以 66 家信托公司 2012 年年报的年初数为基础计算得出的,与上年按照 64 家公司汇总计算的数据有差异。

经对 66 家公司的数据分析,高于平均值的有 40 家公司,占总体的 60.61%。在指标值低于平均值的 26 家中,没有低于 1% 的公司。另外,有 17 家公司总资产收益率比上年有所下降。

(十二)固有资产货币资金排行榜

单位:万元

排名	简称	2012 年 12 月 31 日	2011 年 12 月 31 日	增减
1	平安信托	1 686 550.41	1 299 979.19	386 571.22
2	中融信托	493 699.97	307 673.62	186 026.36
3	中信信托	477 420.67	110 928.63	366 492.04
4	中江信托	426 006.85	359 264.30	66 742.55
5	四川信托	284 940.55	311 589.44	-26 648.89
6	中诚信托	214 030.97	281 220.96	-67 189.99
7	上海信托	156 041.54	150 282.78	5 758.76
8	长安信托	154 196.78	92 361.29	61 835.49
9	五矿信托	143 409.61	85 719.80	57 689.81
10	粤财信托	135 360.34	94 081.35	41 278.99
11	渤海信托	130 467.83	77 617.57	52 850.26
12	吉林信托	127 666.19	84 256.87	43 409.32
13	中粮信托	125 996.01	21 883.16	104 112.84
14	华宝信托	124 358.12	126 036.87	-1 678.75
15	北京信托	122 947.17	129 304.78	-6 357.61
16	交银国际信托	122 139.37	117 631.83	4 507.55
17	方正东亚信托	117 964.84	43 620.74	74 344.10
18	英大信托	110 381.18	23 096.48	87 284.70
19	新华信托	108 855.81	136 122.14	-27 266.33
20	华润信托	105 619.18	27 427.19	78 191.99
21	外贸信托	103 637.03	44 182.40	59 454.63
22	中铁信托	101 493.29	77 365.92	24 127.38
23	云南信托	88 760.32	85 870.86	2 889.46
24	陕国投	80 831.24	38 812.64	42 018.60
25	中海信托	77 943.91	219 762.42	-141 818.51
26	金谷信托	75 849.60	70 519.84	5 329.76
27	山西信托	73 747.78	75 705.36	-1 957.58

续表

排名	简称	2012 年 12 月 31 日	2011 年 12 月 31 日	增减
28	山东信托	57 091.35	48 201.04	8 890.31
29	大业信托	48 039.24	17 916.36	30 122.88
30	重庆信托	47 876.33	157 870.26	-109 993.93
31	爱建信托	47 538.19	14 388.60	33 149.59
32	湖南信托	46 892.00	23 645.00	23 247.00
33	安信信托	46 195.00	42 814.02	3 380.98
34	国投信托	45 573.50	26 673.00	18 900.50
35	江苏信托	45 307.50	19 782.46	25 525.04
36	华融信托	40 841.98	33 429.74	7 412.24
37	厦门国际信托	38 559.00	18 832.00	19 727.00
38	北方信托	37 441.18	67 178.82	-29 737.64
39	中航信托	36 891.48	104 517.65	-67 626.17
40	杭州工商信托	36 388.00	22 114.00	14 274.00
41	中投信托	34 545.95	46 618.13	-12 072.18
42	华澳信托	33 895.71	48 719.00	-14 823.29
43	天津信托	33 871.09	29 710.91	4 160.18
44	西藏信托	32 731.92	4 768.15	27 963.77
45	西部信托	29 806.66	12 676.16	17 130.50
46	兴业信托	27 716.92	215 812.75	-188 095.83
47	陆家嘴信托	27 196.64	27 166.08	30.56
48	国元信托	27 162.81	19 095.30	8 067.51
49	建信信托	25 320.92	59 068.09	-33 747.17
50	苏州信托	22 149.91	15 721.68	6 428.23
51	昆仑信托	22 009.69	47 867.39	-25 857.70
52	新时代信托	21 519.68	21 416.83	102.85
53	长城新盛信托	21 109.86	30 387.59	-9 277.73
54	中泰信托	17 284.55	26 914.38	-9 629.83
55	浙金信托	15 813.59	43 379.49	-27 565.90
56	国联信托	15 565.00	6 756.00	8 809.00
57	紫金信托	14 947.95	10 704.57	4 243.38
58	百瑞信托	14 565.21	19 468.37	-4 903.16
59	华能信托	14 263.22	119 364.63	-105 101.41
60	中原信托	11 468.87	20 287.31	-8 818.44
61	华信信托	11 251.93	29 161.54	-17 909.61
62	东莞信托	9 784.49	10 261.88	-477.39
63	国民信托	9 621.03	11 118.58	-1 497.55
64	甘肃信托	6 672.86	4 320.51	2 352.35
65	华宸信托	5 555.19	4 712.49	842.71
66	华鑫信托	874.01	3 230.17	-2 356.16
合计		7 051 656.98	5 978 389.35	1 073 267.64
平均		106 843.29	90 581.66	16 261.63

2012 年货币资金包括货币资金、存放中央银行款项、存放同业款项和其他货币资金及贵金属，与 2011 年口径一致。2012 年平均货币资金比 2011 年大幅提升，增加了 107.33 亿元，增幅为 17.95%，已经连续 2 年增幅超过 15%。

（十三）固有资产每股净资产排行榜

单位：元

排名	简称	2012 年 12 月 31 日	2011 年 12 月 31 日
1	中信信托	8.28	5.95
2	中泰信托	6.52	5.89
3	陕国投	5.64	2.37
4	平安信托	4.50	3.13

续表

排名	简称	2012年12月31日	2011年12月31日
5	中诚信托	4.11	3.59
6	华润信托	3.87	3.35
7	中江信托	3.79	3.33
8	建信信托	3.48	3.08
9	重庆信托	3.39	3.30
10	中融信托	3.28	2.25
11	国元信托	3.07	2.74
12	云南信托	2.90	2.51
13	上海信托	2.72	2.47
14	江苏信托	2.49	2.06
15	外贸信托	2.34	1.80
16	北京信托	2.34	1.98
17	国投信托	2.25	2.02
18	北方信托	2.22	1.78
19	西部信托	2.17	1.95
20	山东信托	2.17	1.62
21	华宝信托	2.14	1.96
22	新时代信托	2.12	3.12
23	吉林信托	2.12	1.59
24	四川信托	2.11	1.64
25	百瑞信托	1.98	1.67
26	杭州工商信托	1.95	1.68
27	国联信托	1.95	1.79
28	东莞信托	1.92	1.95
29	大业信托	1.92	1.29
30	湖南信托	1.89	1.45
31	华融信托	1.89	1.56
32	英大信托	1.87	1.59
33	华信信托	1.82	1.75
34	中投信托	1.81	1.60
35	粤财信托	1.80	1.55
36	长安信托	1.75	1.16
37	新华信托	1.73	2.63
38	昆仑信托	1.69	1.54
39	金谷信托	1.69	1.25
40	厦门国际信托	1.67	1.25
41	苏州信托	1.66	1.87
42	中航信托	1.63	1.21
43	华能信托	1.63	1.47
44	五矿信托	1.61	1.14
45	山西信托	1.55	1.40
46	中海信托	1.52	1.71
47	兴业信托	1.52	2.68
48	中粮信托	1.50	1.13
49	国民信托	1.50	1.19
50	西藏信托	1.49	1.37
51	方正东亚信托	1.48	1.15
52	华宸信托	1.47	1.71
53	中铁信托	1.47	1.72
54	安信信托	1.39	1.23

续表

排名	简称	2012 年 12 月 31 日	2011 年 12 月 31 日
55	天津信托	1.38	1.24
56	渤海信托	1.37	1.16
57	交银国际信托	1.33	1.16
58	中原信托	1.32	1.37
59	紫金信托	1.31	1.06
60	甘肃信托	1.25	1.18
61	华澳信托	1.25	1.12
62	华鑫信托	1.18	1.03
63	浙金信托	1.09	1.01
64	陆家嘴信托	1.07	0.86
65	长城新盛信托	1.04	1.00
66	爱建信托	0.93	0.56
	平均	2.32	2.03

66 家信托公司平均每股净资产 2.32 元，较上年有所上升，增长幅度为 14.02%；除爱建信托外，其他信托公司每股净资产均大于 1 元，其中 49 家信托公司每股净资产超过了 1.50 元。

（十四）信托资产资产总额排行榜（参与综合排名）

单位：万元

排名	简称	2012 年 12 月 31 日	2011 年 12 月 31 日
1	中信信托	59 134 914.18	39 996 931.91
2	建信信托	35 077 677.25	19 072 621.31
3	兴业信托	33 604 933.68	15 077 742.30
4	中融信托	29 948 632.19	17 416 867.09
5	中诚信托	27 136 746.55	20 381 634.68
6	长安信托	21 868 194.55	8 136 810.27
7	外贸信托	21 518 617.76	23 877 516.06
8	华宝信托	21 253 160.62	18 464 254.47
9	平安信托	21 202 472.76	19 621 680.41
10	英大信托	20 228 460.49	19 121 712.54
11	山东信托	18 970 041.52	11 402 348.62
12	华润信托	18 651 922.24	12 640 244.71
13	华能信托	17 363 029.67	9 335 052.35
14	粤财信托	16 550 157.39	17 761 411.14
15	北方信托	16 061 876.56	6 814 986.14
16	交银国际信托	15 795 038.32	7 476 714.63
17	中航信托	13 954 696.21	7 847 394.75
18	四川信托	13 678 110.98	7 060 494.76
19	中江信托	13 613 251.96	10 269 044.49
20	新时代信托	12 653 983.53	5 627 408.61
21	中海信托	12 584 697.56	15 020 875.92
22	中粮信托	12 399 722.49	3 647 790.28
23	北京信托	12 363 349.63	10 882 506.35
24	上海信托	12 028 615.50	7 734 412.85
25	五矿信托	12 001 614.50	3 692 694.40
26	国投信托	11 829 947.01	3 857 548.67
27	国元信托	11 409 304.15	6 535 748.09
28	厦门国际信托	11 290 726.00	7 172 582.00
29	中铁信托	10 564 320.00	4 258 870.00
30	金谷信托	10 183 453.45	7 240 594.97

续表

排名	简称	2012 年 12 月 31 日	2011 年 12 月 31 日
31	陕国投	10 111 598.96	5 048 429.63
32	渤海信托	10 035 614.06	10 695 935.28
33	新华信托	9 430 813.28	6 939 968.44
34	昆仑信托	9 379 750.21	6 450 504.76
35	华鑫信托	8 557 284.10	5 579 013.00
36	中原信托	8 036 453.66	4 992 140.37
37	甘肃信托	7 963 141.59	2 588 228.91
38	云南信托	7 801 550.52	1 447 634.09
39	江苏信托	7 616 229.95	5 179 312.75
40	方正东亚信托	7 315 908.21	4 228 328.49
41	百瑞信托	7 315 577.77	4 030 842.05
42	华融信托	7 101 772.58	4 811 167.33
43	天津信托	6 884 009.16	3 891 462.50
44	重庆信托	6 376 362.19	5 090 035.67
45	西藏信托	5 850 950.01	1 829 449.83
46	华信信托	5 643 939.78	4 285 326.18
47	湖南信托	5 147 230.00	2 725 773.00
48	山西信托	4 785 063.37	2 741 844.13
49	安信信托	4 603 602.00	2 542 782.73
50	吉林信托	4 498 578.75	6 308 676.74
51	中投信托	4 387 386.57	2 745 980.58
52	东莞信托	3 239 928.05	2 430 032.39
53	中泰信托	3 162 146.21	1 084 852.64
54	苏州信托	3 119 891.34	2 169 330.72
55	西部信托	3 115 484.46	2 382 841.38
56	国联信托	3 091 361.00	2 241 827.00
57	大业信托	2 991 896.88	1 620 407.45
58	陆家嘴信托	2 772 770.43	—
59	紫金信托	2 298 539.20	1 181 691.00
60	爱建信托	2 280 204.41	1 081 801.33
61	华澳信托	1 868 742.00	1 602 409.00
62	华宸信托	1 650 121.06	1 539 373.69
63	杭州工商信托	1 483 694.00	1 074 727.00
64	浙金信托	1 037 269.74	33 706.97
65	国民信托	607 934.53	438 215.86
66	长城新盛信托	260 294.77	—
合计		746 744 763.49	480 480 547.66
平均		11 314 314.60	7 507 508.56

注:陆家嘴信托、长城新盛信托报告中未披露 2011 年金额,2011 年采用 64 家信托公司平均数。

信托资产总额超过 1 000 亿元的公司有 32 家,比 2011 年的 16 家大幅增加。32 家信托公司资产总额超过了 58 506.89 亿元。66 家信托公司信托资产总额平均为 1 131.43 亿元。

(十五)年末信托资产规模资本比例排行榜

排名	简称	净资产(万元)	信托资产(万元)	信托规模资本比例(%)
1	国民信托	149 636.02	607 934.53	24.61
2	平安信托	3 147 213.07	21 202 472.76	14.84
3	重庆信托	827 328.61	6 376 362.19	12.97
4	爱建信托	278 734.55	2 280 204.41	12.22
5	长城新盛信托	31 236.64	260 294.77	12.00
6	中泰信托	336 697.61	3 162 146.21	10.65

续表

排名	简称	净资产（万元）	信托资产（万元）	信托规模资本比例（%）
7	华信信托	547 358. 95	5 643 939. 78	9. 70
8	江苏信托	619 290. 69	7 616 229. 95	8. 13
9	国联信托	239 505. 00	3 091 361. 00	7. 75
10	吉林信托	337 841. 60	4 498 578. 75	7. 51
11	杭州工商信托	97 700. 00	1 483 694. 00	6. 58
12	苏州信托	198 957. 85	3 119 891. 34	6. 38
13	中投信托	271 955. 44	4 387 386. 57	6. 20
14	上海信托	679 870. 61	12 028 615. 50	5. 65
15	华润信托	1 017 312. 44	18 651 922. 24	5. 45
16	昆仑信托	506 121. 68	9 379 750. 21	5. 40
17	浙金信托	54 453. 82	1 037 269. 74	5. 25
18	华宸信托	84 007. 59	1 650 121. 06	5. 09
19	西部信托	134 684. 10	3 115 484. 46	4. 32
20	陆家嘴信托	114 634. 28	2 772 770. 43	4. 13
21	华融信托	286 476. 99	7 101 772. 58	4. 03
22	华澳信托	74 811. 43	1 868 742. 00	4. 00
23	中诚信托	1 009 692. 91	27 136 746. 55	3. 72
24	百瑞信托	238 174. 52	7 315 577. 77	3. 26
25	山西信托	154 889. 28	4 785 063. 37	3. 24
26	国元信托	368 839. 74	11 409 304. 15	3. 23
27	陕国投	326 282. 59	10 111 598. 96	3. 23
28	华鑫信托	259 458. 20	8 557 284. 10	3. 03
29	中海信托	380 021. 89	12 584 697. 56	3. 02
30	天津信托	206 784. 52	6 884 009. 16	3. 00
31	东莞信托	96 001. 11	3 239 928. 05	2. 96
32	中江信托	392 821. 85	13 613 251. 96	2. 89
33	紫金信托	65 420. 13	2 298 539. 20	2. 85
34	中铁信托	293 295. 14	10 564 320. 00	2. 78
35	渤海信托	274 155. 27	10 035 614. 06	2. 73
36	北京信托	328 006. 71	12 363 349. 63	2. 65
37	湖南信托	132 627. 00	5 147 230. 00	2. 58
38	中原信托	197 735. 71	8 036 453. 66	2. 46
39	外贸信托	515 596. 13	21 518 617. 76	2. 40
40	国投信托	271 505. 12	11 829 947. 01	2. 30
41	新华信托	207 371. 55	9 430 813. 28	2. 20
42	方正东亚信托	148 434. 84	7 315 908. 21	2. 03
43	华宝信托	427 207. 75	21 253 160. 62	2. 01
44	四川信托	274 430. 11	13 678 110. 98	2. 01
45	金谷信托	202 357. 69	10 183 453. 45	1. 99
46	大业信托	57 462. 86	2 991 896. 88	1. 92
47	华能信托	325 056. 10	17 363 029. 67	1. 87
48	中粮信托	225 439. 29	12 399 722. 49	1. 82
49	中航信托	244 930. 24	13 954 696. 21	1. 76
50	交银国际信托	266 014. 16	15 795 038. 32	1. 68
51	中信信托	993 836. 39	59 134 914. 18	1. 68
52	英大信托	339 955. 72	20 228 460. 49	1. 68
53	粤财信托	270 736. 83	16 550 157. 39	1. 64
54	中融信托	484 339. 17	29 948 632. 19	1. 62
55	五矿信托	193 689. 70	12 001 614. 50	1. 61
56	甘肃信托	127 194. 96	7 963 141. 59	1. 60

续表

排名	简称	净资产(万元)	信托资产(万元)	信托规模资本比例(%)
57	建信信托	531 920.53	35 077 677.25	1.52
58	云南信托	116 098.59	7 801 550.52	1.49
59	厦门国际信托	167 413.00	11 290 726.00	1.48
60	山东信托	277 815.97	18 970 041.52	1.46
61	北方信托	221 887.19	16 061 876.56	1.38
62	安信信托	63 057.36	4 603 602.00	1.37
63	新时代信托	169 757.11	12 653 983.53	1.34
64	兴业信托	391 542.66	33 604 933.68	1.17
65	西藏信托	59 613.44	5 850 950.01	1.02
66	长安信托	220 454.06	21 868 194.55	1.01
合计		22 555 154.06	746 744 763.49	3.02
平均		341 744.76	11 314 314.60	3.02

(十六)信托资产营业收入排行榜

单位:万元

排名	简称	2012年	2011年
1	中信信托	3 081 299.03	1 121 178.70
2	平安信托	2 095 642.18	1 123 726.03
3	中融信托	1 988 542.51	621 273.08
4	兴业信托	1 767 985.00	74 665.76
5	中诚信托	1 742 108.49	1 335 025.42
6	长安信托	1 368 120.11	409 983.53
7	建信信托	1 324 746.25	418 350.14
8	外贸信托	1 318 808.55	583 964.88
9	华能信托	1 296 005.23	431 257.59
10	华润信托	1 290 819.23	48 918.98
11	英大信托	1 236 924.52	886 071.06
12	粤财信托	1 216 488.15	645 008.94
13	华宝信托	1 191 252.75	377 564.43
14	北京信托	1 181 087.75	383 858.65
15	山东信托	1 136 649.28	554 430.17
16	渤海信托	927 630.43	776 767.88
17	北方信托	922 739.99	471 148.24
18	四川信托	917 129.47	537 953.70
19	中航信托	909 513.71	434 662.70
20	中海信托	906 026.70	882 047.94
21	交银国际信托	861 090.87	334 311.81
22	新时代信托	844 396.33	283 225.17
23	金谷信托	805 748.72	141 778.69
24	中江信托	801 460.21	410 650.32
25	新华信托	768 551.26	508 462.18
26	厦门国际信托	745 277.00	203 441.00
27	五矿信托	734 136.19	166 349.87
28	国元信托	708 187.02	390 035.58
29	方正东亚信托	677 516.87	264 779.47
30	上海信托	673 802.42	290 576.19
31	吉林信托	607 443.16	424 820.03
32	中粮信托	596 886.70	264 423.36
33	华鑫信托	583 093.03	113 874.36
34	中铁信托	580 076.00	308 035.00
35	昆仑信托	574 508.62	262 430.01

续表

排名	简称	2012 年	2011 年
36	甘肃信托	573 324. 35	72 431. 70
37	中原信托	550 172. 28	247 986. 23
38	华融信托	548 776. 24	442 191. 61
39	陕国投	493 332. 86	52 238. 54
40	华信信托	479 340. 59	323 241. 17
41	江苏信托	453 307. 79	105 664. 82
42	天津信托	444 399. 04	279 484. 48
43	百瑞信托	424 116. 32	287 679. 27
44	湖南信托	405 171. 00	195 741. 00
45	国投信托	392 220. 55	151 404. 72
46	重庆信托	332 155. 19	182 883. 80
47	山西信托	325 436. 64	136 915. 34
48	西藏信托	318 009. 88	29 119. 98
49	安信信托	295 235. 84	123 536. 41
50	大业信托	253 974. 19	48 317. 61
51	苏州信托	251 586. 56	173 278. 09
52	国联信托	251 555. 00	249 445. 00
53	东莞信托	243 874. 34	144 382. 71
54	西部信托	230 920. 24	95 210. 03
55	中投信托	216 825. 99	144 874. 30
56	云南信托	201 457. 58	−2 837. 35
57	杭州工商信托	200 020. 00	122 264. 00
58	华宸信托	177 468. 89	174 028. 83
59	中泰信托	149 305. 80	120 923. 19
60	华澳信托	138 055. 00	30 627. 00
61	紫金信托	136 040. 76	53 349. 80
62	爱建信托	132 470. 40	42 868. 56
63	陆家嘴信托	98 201. 68	—
64	浙金信托	35 352. 89	2 001. 88
65	国民信托	22 353. 27	−760. 26
66	长城新盛信托	4 680. 49	
合计		47 160 835. 37	20 513 543. 32
平均		714 558. 11	320 524. 11

注：陆家嘴信托和长城新盛信托年初数均为 0。

（十七）信托业务收入占比排行榜

排名	简称	信托收入费收入（万元）	其他业务收入中的信托部分收入（万元）	合计（万元）	收入合计（万元）	信托业务收入占比（%）
1	中江信托	97 870. 12	—	97 870. 12	99 379. 29	98. 48%
2	西藏信托	21 370. 95	—	21 370. 95	22 114. 33	96. 64%
3	长安信托	170 567. 08	2 613. 88	173 180. 96	180 225. 29	96. 09%
4	陆家嘴信托	26 473. 00	—	26 473. 00	27 961. 00	94. 68%
5	湖南信托	60 105. 00	—	60 105. 00	64 133. 00	93. 72%
6	新华信托	134 582. 95	—	134 582. 95	144 114. 11	93. 39%
7	甘肃信托	22 586. 98	—	22 586. 98	24 347. 67	92. 77%
8	中融信托	353 381. 10	—	353 381. 10	382 106. 96	92. 48%
9	大业信托	36 413. 96	—	36 413. 96	40 083. 43	90. 85%
10	华融信托	151 250. 95	—	151 250. 95	167 891. 80	90. 09%
11	方正东亚信托	67 533. 13	—	67 533. 13	75 460. 00	89. 50%
12	紫金信托	22 959. 74	—	22 959. 74	26 403. 09	86. 96%
13	天津信托	55 185. 08	—	55 185. 08	64 053. 80	86. 15%
14	英大信托	79 448. 71	—	79 448. 71	92 952. 50	85. 47%
15	中航信托	109 812. 79	—	109 812. 79	129 163. 47	85. 02%

续表

排名	简称	信托收入费收入(万元)	其他业务收入中的信托部分收入(万元)	合计(万元)	收入合计(万元)	信托业务收入占比(%)
16	中原信托	51 118.03	—	51 118.03	60 185.89	84.93%
17	交银国际信托	41 960.71	18 080.42	60 041.13	71 176.39	84.36%
18	苏州信托	43 140.00	—	43 140.00	52 118.00	82.77%
19	杭州工商信托	33 001.00	10 184.00	43 185.00	52 177.00	82.77%
20	四川信托	125 536.12	—	125 536.12	154 749.39	81.12%
21	中铁信托	99 432.00	—	99 432.00	123 796.00	80.32%
22	北方信托	73 955.54	—	73 955.54	92 877.66	79.63%
23	新时代信托	40 379.77	—	40 379.77	50 907.54	79.32%
24	云南信托	24 352.75	—	24 352.75	30 856.26	78.92%
25	国联信托	27 926.00	—	27 926.00	35 621.00	78.40%
26	厦门国际信托	54 753.00	—	54 753.00	69 866.00	78.37%
27	渤海信托	60 703.71	—	60 703.71	78 511.91	77.32%
28	东莞信托	34 598.22	—	34 598.22	45 256.31	76.45%
29	五矿信托	67 166.54	—	67 166.54	88 416.51	75.97%
30	百瑞信托	61 182.48	—	61 182.48	81 351.28	75.21%
31	兴业信托	108 950.00	—	108 950.00	145 350.00	74.96%
32	华能信托	87 466.23	—	87 466.23	118 160.66	74.02%
33	国元信托	48 556.30	—	48 556.30	66 491.92	73.03%
34	山西信托	30 155.94	—	30 155.94	41 419.87	72.81%
35	安信信托	40 213.06	—	40 213.06	55 548.49	72.39%
36	北京信托	97 673.00	—	97 673.00	136 261.00	71.68%
37	华鑫信托	51 795.77	—	51 795.77	73 498.93	70.47%
38	中信信托	314 073.25	—	314 073.25	447 621.45	70.16%
39	粤财信托	40 758.15	—	40 758.15	58 622.50	69.53%
40	爱建信托	29 640.05	—	29 640.05	42 960.01	68.99%
41	华信信托	78 135.39	—	78 135.39	118 117.29	66.15%
42	陕国投	37 737.81	—	37 737.81	57 630.88	65.48%
43	华宸信托	21 830.39	—	21 830.39	34 071.94	64.07%
44	金谷信托	60 201.56	—	60 201.56	94 560.93	63.66%
45	外贸信托	100 633.33	—	100 633.33	164 895.45	61.03%
46	中粮信托	22 324.11	—	22 324.11	36 768.36	60.72%
47	山东信托	70 774.95	—	70 774.95	122 542.01	57.76%
48	华润信托	116 623.83	—	116 623.83	207 341.99	56.25%
49	中投信托	30 243.17	—	30 243.17	54 133.22	55.87%
50	浙金信托	8 582.29	—	8 582.29	15 526.13	55.28%
51	吉林信托	52 531.86	—	52 531.86	95 058.68	55.26%
52	昆仑信托	68 510.51	—	68 510.51	126 178.37	54.30%
53	西部信托	15 809.10	—	15 809.10	30 406.32	51.99%
54	建信信托	53 582.47	—	53 582.47	108 899.51	49.20%
55	中诚信托	127 594.73	—	127 594.73	280 215.49	45.53%
56	华宝信托	62 025.67	—	62 025.67	149 266.28	41.55%
57	华澳信托	15 597.00	—	15 597.00	41 594.00	37.50%
58	上海信托	76 098.22	—	76 098.22	218 293.05	34.86%
59	江苏信托	44 186.98	—	44 186.98	127 118.54	34.76%
60	重庆信托	41 756.82	—	41 756.82	140 106.12	29.80%
61	国投信托	24 053.84	—	24 053.84	81 912.08	29.37%
62	中海信托	30 731.58	—	30 731.58	116 117.32	26.47%
63	平安信托	272 612.94	—	272 612.94	1 517 021.43	17.97%
64	国民信托	7 736.31	—	7 736.31	52 895.05	14.63%
65	长城新盛信托	555.33	—	555.33	4 160.59	13.35%
66	中泰信托	12 220.97	—	12 220.97	117 275.87	10.42%
合计		4 550 720.32	30 878.30	4 581 598.62	7 926 298.61	57.80%
平均		68 950.31	467.85	69 418.16	120 095.43	57.80%

整个信托行业业务收入占总收入的平均比例为57.73%，其中超过平均数的公司有46家。

（十八）信托资产信托报酬率排行榜（参与综合排名）

排名	公司简称	信托手续费收入（万元）	其他业务信托收入（万元）	合计（万元）	实收信托（万元）		2012年信托报酬率（%）
					2012年	2011年	
1	杭州工商信托	33 001.00	10 184.00	43 185.00	1 432 655.00	1 051 415.00	3.48
2	华融信托	151 250.95	—	151 250.95	7 001 024.96	4 791 811.13	2.57
3	爱建信托	29 640.05	—	29 640.05	2 231 192.16	1 144 912.31	1.76
4	苏州信托	43 140.00	—	43 140.00	3 076 809.67	2 088 399.96	1.67
5	新华信托	134 582.95	—	134 582.95	9 299 292.86	6 822 164.82	1.67
6	浙金信托	8 582.29	—	8 582.29	1 021 963.00	33 430.00	1.63
7	华信信托	78 135.39	—	78 135.39	5 542 122.11	4 247 502.61	1.60
8	大业信托	36 413.96	—	36 413.96	2 942 478.58	1 607 236.47	1.60
9	国民信托	7 736.31	—	7 736.31	561 960.73	412 600.72	1.59
10	中融信托	353 381.10	—	353 381.10	28 096 338.74	17 551 222.54	1.55
11	湖南信托	60 105.00	—	60 105.00	5 066 119.00	2 698 409.00	1.55
12	华宸信托	21 830.39	—	21 830.39	1 624 969.03	1 515 657.74	1.39
13	平安信托	272 612.94	—	272 612.94	20 152 964.11	19 090 850.56	1.39
14	中铁信托	99 432.00	—	99 432.00	10 274 041.00	4 147 158.00	1.38
15	紫金信托	22 959.74	—	22 959.74	2 254 896.45	1 176 710.85	1.34
16	东莞信托	34 598.22	—	34 598.22	3 215 222.53	2 377 877.33	1.24
17	四川信托	125 536.12	—	125 536.12	13 569 520.69	7 033 842.60	1.22
18	方正东亚信托	67 533.13	—	67 533.13	7 148 768.47	4 208 788.24	1.19
19	长安信托	170 567.08	2 613.88	173 180.96	21 650 275.77	8 068 398.15	1.17
20	安信信托	40 213.06	—	40 213.06	4 536 006.88	2 497 168.00	1.14
21	百瑞信托	61 182.48	—	61 182.48	7 204 429.85	3 939 543.45	1.10
22	国联信托	27 926.00	—	27 926.00	3 039 715.00	2 195 598.00	1.07
23	天津信托	55 185.08	—	55 185.08	6 735 814.96	3 796 129.27	1.05
24	中航信托	109 812.79	—	109 812.79	13 852 203.05	7 814 365.27	1.01
25	吉林信托	52 531.86	—	52 531.86	4 435 989.85	6 256 073.47	0.98
26	华澳信托	15 597.00	—	15 597.00	1 860 210.00	1 555 343.00	0.91
27	北京信托	97 673.00	—	97 673.00	11 345 250.29	10 306 019.76	0.90
28	昆仑信托	68 510.51	—	68 510.51	9 311 218.32	6 375 908.69	0.87
29	五矿信托	67 166.54	—	67 166.54	11 855 974.30	3 665 273.47	0.87
30	中投信托	30 243.17	—	30 243.17	4 360 428.48	2 730 557.86	0.85
31	中江信托	97 870.12	—	97 870.12	13 581 362.94	10 289 635.03	0.82
32	山西信托	30 155.94	—	30 155.94	4 743 333.06	2 739 560.03	0.81
33	中原信托	51 118.03	—	51 118.03	7 926 851.70	4 970 454.01	0.79
34	上海信托	76 098.22	—	76 098.22	11 836 668.44	7 527 542.76	0.79
35	华润信托	116 623.83	—	116 623.83	18 315 931.41	12 519 436.11	0.76
36	华鑫信托	51 795.77	—	51 795.77	8 500 103.60	5 562 909.55	0.74
37	重庆信托	41 756.82	—	41 756.82	6 325 885.89	5 082 417.15	0.73
38	江苏信托	44 186.98	—	44 186.98	7 560 291.55	5 117 520.81	0.70
39	金谷信托	60 201.56	—	60 201.56	10 142 335.85	7 237 062.74	0.69
40	华能信托	87 466.23	—	87 466.23	17 202 224.09	9 251 598.96	0.66
41	北方信托	73 955.54	—	73 955.54	15 839 841.96	6 756 534.47	0.65
42	中信信托	314 073.25	—	314 073.25	57 646 824.19	40 194 266.45	0.64
43	厦门国际信托	54 753.00	—	54 753.00	11 262 573.00	7 175 090.00	0.59
44	渤海信托	60 703.71	—	60 703.71	10 004 795.70	10 663 522.54	0.59
45	西部信托	15 809.10	—	15 809.10	3 064 313.45	2 353 580.38	0.58
46	中泰信托	12 220.97	—	12 220.97	3 128 400.01	1 067 475.76	0.58
47	西藏信托	21 370.95	—	21 370.95	5 846 144.50	1 826 015.92	0.56
48	国元信托	48 556.30	—	48 556.30	11 341 814.69	6 523 163.91	0.54

续表

排名	公司简称	信托手续费收入（万元）	其他业务信托收入（万元）	合计（万元）	实收信托（万元）		2012年信托报酬率（%）
					2012年	2011年	
49	中诚信托	127 594. 73	—	127 594. 73	26 784 960. 16	20 258 855. 36	0. 54
50	云南信托	24 352. 75	—	24 352. 75	7 685 330. 88	1 402 746. 09	0. 54
51	交银国际信托	41 960. 71	18 080. 42	60 041. 13	15 640 516. 05	7 408 984. 71	0. 52
52	陕国投	37 737. 81	—	37 737. 81	10 050 485. 65	5 096 067. 29	0. 50
53	山东信托	70 774. 95	—	70 774. 95	18 748 378. 40	11 239 173. 56	0. 47
54	外贸信托	100 633. 33	—	100 633. 33	21 312 730. 80	23 689 860. 30	0. 45
55	兴业信托	108 950. 00	—	108 950. 00	33 514 477. 20	15 260 501. 96	0. 45
56	新时代信托	40 379. 77	—	40 379. 77	12 561 625. 91	5 585 712. 81	0. 45
57	甘肃信托	22 586. 98	—	22 586. 98	7 931 526. 66	2 579 114. 57	0. 43
58	长城新盛信托	555. 33	—	555. 33	259 000. 00	—	0. 43
59	英大信托	79 448. 71	—	79 448. 71	20 223 334. 70	19 102 945. 61	0. 40
60	华宝信托	62 025. 67	—	62 025. 67	20 971 226. 49	18 445 660. 93	0. 31
61	国投信托	24 053. 84	—	24 053. 84	11 814 890. 55	3 862 098. 04	0. 31
62	中粮信托	22 324. 11	—	22 324. 11	12 358 807. 17	3 599 567. 36	0. 28
63	粤财信托	40 758. 15	—	40 758. 15	15 989 715. 02	17 397 257. 47	0. 24
64	中海信托	30 731. 58	—	30 731. 58	12 493 505. 93	15 020 447. 09	0. 22
65	建信信托	53 582. 47	—	53 582. 47	33 285 475. 71	18 960 949. 61	0. 21
66	陆家嘴信托	26 473. 00	—	26 473. 00	2 757 211. 73	未披露	1. 92
合计		4 550 720. 32	30 878. 30	4 581 598. 62	733 352 750. 88	476 968 097. 61	0. 76

注：1. 信托报酬率 = 信托业务收入 ÷ 实收信托平均余额 ×100%。
2. 信托业务收入 = 信托手续费收入 + 其他业务信托收入。
3. 实收信托平均余额 =（期初实收信托余额 + 期末实收信托余额）÷2。

2012 年度有 29 家信托公司的信托报酬率（除未详细披露数据的西藏信托外）小于平均值 0. 75%。

（十九）信托业务收入排行榜（参与综合排名）

单位：万元

排名	公司简称	2012年	2011年	增长额
1	中融信托	353 381. 10	288 201. 40	65 179. 70
2	中信信托	314 073. 25	244 682. 84	69 390. 41
3	平安信托	272 612. 94	180 168. 99	92 443. 95
4	长安信托	173 180. 96	65 076. 14	108 104. 82
5	华融信托	151 250. 95	119 611. 45	31 639. 50
6	新华信托	134 582. 95	132 571. 11	2 011. 84
7	中诚信托	127 594. 73	104 865. 88	22 728. 85
8	四川信托	125 536. 12	56 944. 72	68 591. 40
9	华润信托	116 623. 83	70 030. 95	46 592. 88
10	中航信托	109 812. 79	61 299. 79	48 513. 00
11	兴业信托	108 950. 00	42 334. 00	66 616. 00
12	外贸信托	100 633. 33	71 729. 72	28 903. 61
13	中铁信托	99 432. 00	75 389. 00	24 043. 00
14	中江信托	97 870. 12	50 723. 31	47 146. 81
15	北京信托	97 673. 00	65 213. 00	32 460. 00
16	华能信托	87 466. 23	52 905. 64	34 560. 59
17	英大信托	79 448. 71	64 175. 89	15 272. 82
18	华信信托	78 135. 39	51 521. 20	26 614. 19
19	上海信托	76 098. 22	45 903. 14	30 195. 08
20	北方信托	73 955. 54	50 105. 71	23 849. 83
21	山东信托	70 774. 95	38 225. 71	32 549. 24

续表

排名	公司简称	2012 年	2011 年	增长额
22	昆仑信托	68 510. 51	51 879. 27	16 631. 24
23	方正东亚信托	67 533. 13	24 635. 92	42 897. 21
24	五矿信托	67 166. 54	22 060. 66	45 105. 88
25	华宝信托	62 025. 67	35 918. 62	26 107. 05
26	百瑞信托	61 182. 48	47 095. 74	14 086. 74
27	渤海信托	60 703. 71	47 612. 11	13 091. 60
28	金谷信托	60 201. 56	17 245. 20	42 956. 36
29	湖南信托	60 105. 00	29 973. 00	30 132. 00
30	交银国际信托	60 041. 13	26 903. 59	33 137. 54
31	天津信托	55 185. 08	33 537. 13	21 647. 95
32	厦门国际信托	54 753. 00	30 632. 00	24 121. 00
33	建信信托	53 582. 47	24 868. 88	28 713. 59
34	吉林信托	52 531. 86	53 427. 96	-896. 10
35	华鑫信托	51 795. 77	26 287. 73	25 508. 04
36	中原信托	51 118. 03	29 566. 05	21 551. 98
37	国元信托	48 556. 30	25 499. 21	23 057. 09
38	江苏信托	44 186. 98	32 321. 43	11 865. 55
39	杭州工商信托	43 185. 00	32 181. 00	11 004. 00
40	苏州信托	43 140. 00	24 721. 00	18 419. 00
41	重庆信托	41 756. 82	41 094. 69	662. 13
42	粤财信托	40 758. 15	29 144. 92	11 613. 23
43	新时代信托	40 379. 77	37 454. 15	2 925. 62
44	安信信托	40 213. 06	41 921. 00	-1 707. 94
45	陕国投	37 737. 81	19 784. 88	17 952. 93
46	大业信托	36 413. 96	17 022. 41	19 391. 55
47	东莞信托	34 598. 22	19 181. 93	15 416. 29
48	中投信托	30 243. 17	23 877. 32	6 365. 85
49	山西信托	30 155. 94	21 627. 45	8 528. 49
50	爱建信托	29 640. 05	13 079. 15	16 560. 90
51	中海信托	30 731. 58	26 719. 82	4 011. 76
52	国联信托	27 926. 00	23 917. 00	4 009. 00
53	陆家嘴信托	26 473. 00	0. 00	26 473. 00
54	云南信托	24 352. 75	19 948. 91	4 403. 84
55	国投信托	24 053. 84	14 208. 32	9 845. 52
56	紫金信托	22 959. 74	5 869. 76	17 089. 98
57	甘肃信托	22 586. 98	9 499. 84	13 087. 14
58	中粮信托	22 324. 11	14 158. 28	8 165. 83
59	华宸信托	21 830. 39	22 049. 88	-219. 49
60	西藏信托	21 370. 95	5 037. 85	16 333. 10
61	西部信托	15 809. 10	7 841. 62	7 967. 48
62	华澳信托	15 597. 00	5 536. 00	10 061. 00
63	中泰信托	12 220. 97	12 296. 97	-76. 00
64	浙金信托	8 582. 29	本年新增	8 582. 29
65	国民信托	7 736. 31	3 109. 34	4 626. 97
66	长城新盛信托	555. 33	本年新增	555. 33
合计		4 581 598. 62	2 982 427. 57	1 599 171. 05

注:2012 年新增的浙金信托和长城新盛信托无 2011 年数据。

(二十)信托资产资产总额增减排行榜

排名	公司简称	2012年(万元)	2011年(万元)	增长额(万元)	增长率(%)
1	浙金信托	1 037 269.74	33 706.97	1 003 562.77	2977.32
2	云南信托	7 801 550.52	1 447 634.09	6 353 916.43	438.92
3	中粮信托	12 399 722.49	3 647 790.28	8 751 932.21	239.92
4	五矿信托	12 001 614.50	3 692 694.40	8 308 920.10	225.01
5	西藏信托	5 850 950.01	1 829 449.83	4 021 500.18	219.82
6	甘肃信托	7 963 141.59	2 588 228.91	5 374 912.68	207.67
7	国投信托	11 829 947.01	3 857 548.67	7 972 398.34	206.67
8	中泰信托	3 162 146.21	1 084 852.64	2 077 293.57	191.48
9	长安信托	21 868 194.55	8 136 810.27	13 731 384.28	168.76
10	中铁信托	10 564 320.00	4 258 870.00	6 305 450.00	148.05
11	北方信托	16 061 876.56	6 814 986.14	9 246 890.42	135.68
12	新时代信托	12 653 983.53	5 627 408.61	7 026 574.92	124.86
13	兴业信托	33 604 933.68	15 077 742.30	18 527 191.38	122.88
14	交银国际信托	15 795 038.32	7 476 714.63	8 318 323.69	111.26
15	爱建信托	2 280 204.41	1 081 801.33	1 198 403.08	110.78
16	陕国投	10 111 598.96	5 048 429.63	5 063 169.33	100.29
17	紫金信托	2 298 539.20	1 181 691.00	1 116 848.20	94.51
18	四川信托	13 678 110.98	7 060 494.76	6 617 616.22	93.73
19	湖南信托	5 147 230.00	2 725 773.00	2 421 457.00	88.84
20	华能信托	17 363 029.67	9 335 052.35	8 027 977.32	86.00
21	大业信托	2 991 896.88	1 620 407.45	1 371 489.43	84.64
22	建信信托	35 077 677.25	19 072 621.31	16 005 055.94	83.92
23	百瑞信托	7 315 577.77	4 030 842.05	3 284 735.72	81.49
24	安信信托	4 603 602.00	2 542 782.73	2 060 819.27	81.05
25	中航信托	13 954 696.21	7 847 394.75	6 107 301.46	77.83
26	天津信托	6 884 009.16	3 891 462.50	2 992 546.66	76.90
27	国元信托	11 409 304.15	6 535 748.09	4 873 556.06	74.57
28	山西信托	4 785 063.37	2 741 844.13	2 043 219.24	74.52
29	方正东亚信托	7 315 908.21	4 228 328.49	3 087 579.72	73.02
30	中融信托	29 948 632.19	17 416 867.09	12 531 765.10	71.95
31	山东信托	18 970 041.52	11 402 348.62	7 567 692.90	66.37
32	中原信托	8 036 453.66	4 992 140.37	3 044 313.29	60.98
33	中投信托	4 387 386.57	2 745 980.58	1 641 405.99	59.77
34	厦门国际信托	11 290 726.00	7 172 582.00	4 118 144.00	57.42
35	上海信托	12 028 615.50	7 734 412.85	4 294 202.65	55.52
36	华鑫信托	8 557 284.10	5 579 013.00	2 978 271.10	53.38
37	中信信托	59 134 914.18	39 996 931.91	19 137 982.27	47.85
38	华融信托	7 101 772.58	4 811 167.33	2 290 605.25	47.61
39	华润信托	18 651 922.24	12 640 244.71	6 011 677.53	47.56
40	江苏信托	7 616 229.95	5 179 312.75	2 436 917.20	47.05
41	昆仑信托	9 379 750.21	6 450 504.76	2 929 245.45	45.41
42	苏州信托	3 119 891.34	2 169 330.72	950 560.62	43.82
43	金谷信托	10 183 453.45	7 240 594.97	2 942 858.48	40.64
44	国民信托	607 934.53	438 215.86	169 718.67	38.73
45	杭州工商信托	1 483 694.00	1 074 727.00	408 967.00	38.05
46	国联信托	3 091 361.00	2 241 827.00	849 534.00	37.89
47	新华信托	9 430 813.28	6 939 968.44	2 490 844.84	35.89
48	东莞信托	3 239 928.05	2 430 032.39	809 895.66	33.33
49	中诚信托	27 136 746.55	20 381 634.68	6 755 111.87	33.14

续表

排名	公司简称	2012 年（万元）	2011 年（万元）	增长额（万元）	增长率（%）
50	中江信托	13 613 251. 96	10 269 044. 49	3 344 207. 47	32. 57
51	华信信托	5 643 939. 78	4 285 326. 18	1 358 613. 60	31. 70
52	西部信托	3 115 484. 46	2 382 841. 38	732 643. 08	30. 75
53	重庆信托	6 376 362. 19	5 090 035. 67	1 286 326. 52	25. 27
54	华澳信托	1 868 742. 00	1 602 409. 00	266 333. 00	16. 62
55	华宝信托	21 253 160. 62	18 464 254. 47	2 788 906. 15	15. 10
56	北京信托	12 363 349. 63	10 882 506. 35	1 480 843. 28	13. 61
57	平安信托	21 202 472. 76	19 621 680. 41	1 580 792. 35	8. 06
58	华宸信托	1 650 121. 06	1 539 373. 69	110 747. 37	7. 19
59	英大信托	20 228 460. 49	19 121 712. 54	1 106 747. 95	5. 79
60	渤海信托	10 035 614. 06	10 695 935. 28	-660 321. 22	-6. 17
61	粤财信托	16 550 157. 39	17 761 411. 14	-1 211 253. 75	-6. 82
62	外贸信托	21 518 617. 76	23 877 516. 06	-2 358 898. 30	-9. 88
63	中海信托	12 584 697. 56	15 020 875. 92	-2 436 178. 36	-16. 22
64	吉林信托	4 498 578. 75	6 308 676. 74	-1 810 097. 99	-28. 69
65	陆家嘴信托	2 772 770. 43			
66	长城新盛信托	260 294. 77	本年新增		
合计		746 744 763. 49	480 480 547. 66	263 231 150. 63	54. 78
平均		11 314 314. 60	7 507 508. 56	4 112 986. 73	54. 78

注：1. 陆家嘴信托 2011 年未开展信托业务，因此该公司 2012 年报告未披露年初金额。
2. 长城新盛信托为 2012 年新设立公司。

（二十一）信托资产信托权益（净资产）排行榜

排名	公司简称	2012 年（万元）	2011 年（万元）	增长额（万元）	增长率（%）
1	中信信托	58 669 874. 32	39 873 237. 58	18 796 636. 74	47. 14
2	建信信托	34 714 805. 86	18 962 864. 77	15 751 941. 09	83. 07
3	兴业信托	33 531 105. 57	15 020 465. 46	18 510 640. 11	123. 24
4	中融信托	29 769 732. 52	17 259 160. 15	12 510 572. 37	72. 49
5	中诚信托	26 954 735. 93	20 284 749. 87	6 669 986. 06	32. 88
6	长安信托	21 789 064. 98	8 107 726. 36	13 681 338. 62	168. 74
7	外贸信托	21 406 759. 31	23 781 528. 63	-2 374 769. 32	-9. 99
8	华宝信托	21 211 909. 72	18 433 683. 99	2 778 225. 73	15. 07
9	平安信托	20 643 747. 83	19 489 513. 64	1 154 234. 19	5. 92
10	英大信托	20 228 418. 63	19 108 042. 60	1 120 376. 03	5. 86
11	山东信托	18 952 025. 21	11 381 359. 28	7 570 665. 93	66. 52
12	华润信托	18 543 191. 60	12 570 932. 54	5 972 259. 06	47. 51
13	华能信托	17 317 032. 27	9 304 039. 12	8 012 993. 15	86. 12
14	粤财信托	16 506 283. 95	17 747 950. 47	-1 241 666. 52	-7. 00
15	北方信托	16 025 697. 48	6 803 001. 53	9 222 695. 95	135. 57
16	交银国际信托	15 764 696. 39	7 461 721. 08	8 302 975. 31	111. 27
17	中航信托	13 902 946. 03	7 812 892. 12	6 090 053. 91	77. 95
18	四川信托	13 652 352. 84	7 053 592. 49	6 598 760. 35	93. 55
19	中江信托	13 598 755. 63	10 263 617. 16	3 335 138. 47	32. 49
20	新时代信托	12 652 250. 74	5 619 048. 64	7 033 202. 10	125. 17
21	中海信托	12 539 911. 23	14 949 906. 15	-2 409 994. 92	-16. 12
22	中粮信托	12 393 895. 56	3 642 959. 17	8 750 936. 39	240. 22
23	北京信托	12 314 638. 97	10 862 801. 09	1 451 837. 88	13. 37
24	五矿信托	11 963 597. 79	3 681 599. 33	8 281 998. 46	224. 96
25	上海信托	11 950 398. 99	7 620 659. 66	4 329 739. 33	56. 82
26	国投信托	11 826 484. 06	3 855 305. 36	7 971 178. 70	206. 76

续表

排名	公司简称	2012年(万元)	2011年(万元)	增长额(万元)	增长率(%)
27	国元信托	11 392 614.57	6 535 534.44	4 857 080.13	74.32
28	厦门国际信托	11 250 854.00	7 137 028.00	4 113 826.00	57.64
29	中铁信托	10 450 598.00	4 233 834.00	6 216 764.00	146.84
30	金谷信托	10 170 284.73	7 240 416.67	2 929 868.06	40.47
31	陕国投	10 102 600.10	5 047 991.54	5 054 608.55	100.13
32	渤海信托	10 033 152.97	10 692 385.36	-659 232.39	-6.17
33	昆仑信托	9 364 478.05	6 409 851.95	2 954 626.10	46.10
34	新华信托	9 298 413.10	6 815 337.25	2 483 075.85	36.43
35	华鑫信托	8 524 441.11	5 565 906.42	2 958 534.69	53.15
36	中原信托	7 966 260.33	4 975 181.86	2 991 078.47	60.12
37	甘肃信托	7 944 604.98	2 584 654.99	5 359 949.99	207.38
38	云南信托	7 789 203.15	1 444 388.00	6 344 815.15	439.27
39	江苏信托	7 530 758.61	5 044 243.26	2 486 515.35	49.29
40	百瑞信托	7 244 593.29	3 990 682.89	3 253 910.40	81.54
41	方正东亚信托	7 243 365.17	4 220 536.04	3 022 829.13	71.62
42	华融信托	7 020 283.74	4 795 771.70	2 224 512.04	46.38
43	天津信托	6 878 542.65	3 869 463.29	3 009 079.36	77.76
44	重庆信托	6 281 350.66	5 014 832.30	1 266 518.36	25.26
45	西藏信托	5 849 125.86	1 829 449.83	4 019 676.03	219.72
46	华信信托	5 612 686.91	4 264 659.29	1 348 027.62	31.61
47	湖南信托	5 109 543.00	2 713 749.00	2 395 794.00	88.28
48	山西信托	4 787 561.60	2 740 744.70	2 046 816.90	74.68
49	安信信托	4 574 621.19	2 523 373.93	2 051 247.26	81.29
50	吉林信托	4 451 739.57	6 293 992.63	-1 842 253.06	-29.27
51	中投信托	4 381 161.69	2 736 879.98	1 644 281.71	60.08
52	东莞信托	3 235 168.62	2 417 412.24	817 756.38	33.83
53	中泰信托	3 136 036.34	1 074 378.17	2 061 658.17	191.89
54	西部信托	3 113 688.14	2 380 747.31	732 940.83	30.79
55	苏州信托	3 091 288.05	2 101 948.10	989 339.95	47.07
56	国联信托	3 088 614.00	2 229 794.00	858 820.00	38.52
57	大业信托	2 973 667.51	1 612 264.08	1 361 403.43	84.44
58	紫金信托	2 268 058.89	1 181 506.87	1 086 552.01	91.96
59	爱建信托	2 195 964.38	1 014 257.27	1 181 707.11	116.51
60	华澳信托	1 862 863.00	1 546 447.00	316 416.00	20.46
61	华宸信托	1 648 568.90	1 538 130.76	110 438.14	7.18
62	杭州工商信托	1 470 893.00	1 067 143.00	403 750.00	37.83
63	浙金信托	1 035 250.80	33 684.72	1 001 566.08	2973.35
64	国民信托	602 364.81	437 372.75	164 992.06	37.72
65	陆家嘴信托	2 771 831.65			
66	长城新盛信托	260 244.76	本年新增		
合计		478 274 632.36	302 841 074.97	175 433 557.39	57.93

(二十二)信托资产实收信托排行榜

排名	公司简称	2012年(万元)	2011年(万元)	增减额(万元)	增减率(%)
1	中信信托	57 646 824.19	40 194 266.45	17 452 557.74	43.42
2	兴业信托	33 514 477.20	15 260 501.96	18 253 975.24	119.62
3	建信信托	33 285 475.71	18 960 949.61	14 324 526.10	75.55
4	中融信托	28 096 338.74	17 551 222.54	10 545 116.20	60.08
5	中诚信托	26 784 960.16	20 258 855.36	6 526 104.80	32.21
6	长安信托	21 650 275.77	8 068 398.15	13 581 877.62	168.33

续表

排名	公司简称	2012年	2011年	增减额	增减率
7	外贸信托	21 312 730.80	23 689 860.30	-2 377 129.50	-10.03
8	华宝信托	20 971 226.49	18 445 660.93	2 525 565.56	13.69
9	英大信托	20 223 334.70	19 102 945.61	1 120 389.09	5.87
10	平安信托	20 152 964.11	19 090 850.56	1 062 113.55	5.56
11	山东信托	18 748 378.40	11 239 173.56	7 509 204.84	66.81
12	华润信托	18 315 931.41	12 519 436.11	5 796 495.30	46.30
13	华能信托	17 202 224.09	9 251 598.96	7 950 625.13	85.94
14	粤财信托	15 989 715.02	17 397 257.47	-1 407 542.45	-8.09
15	北方信托	15 839 841.96	6 756 534.47	9 083 307.49	134.44
16	交银国际信托	15 640 516.05	7 408 984.71	8 231 531.34	111.10
17	中航信托	13 852 203.05	7 814 365.27	6 037 837.78	77.27
18	中江信托	13 581 362.94	10 289 635.03	3 291 727.91	31.99
19	四川信托	13 569 520.69	7 033 842.60	6 535 678.09	92.92
20	新时代信托	12 561 625.91	5 585 712.81	6 975 913.10	124.89
21	中海信托	12 493 505.93	15 020 447.09	-2 526 941.16	-16.82
22	中粮信托	12 358 807.17	3 599 567.36	8 759 239.81	243.34
23	五矿信托	11 855 974.30	3 665 273.47	8 190 700.83	223.47
24	上海信托	11 836 668.44	7 527 542.76	4 309 125.68	57.24
25	国投信托	11 814 890.55	3 862 098.04	7 952 792.51	205.92
26	北京信托	11 345 250.29	10 306 019.76	1 039 230.53	10.08
27	国元信托	11 341 814.69	6 523 163.91	4 818 650.78	73.87
28	厦门国际信托	11 262 573.00	7 175 090.00	4 087 483.00	56.97
29	中铁信托	10 274 041.00	4 147 158.00	6 126 883.00	147.74
30	金谷信托	10 142 335.85	7 237 062.74	2 905 273.11	40.14
31	陕国投	10 050 485.65	5 096 067.29	4 954 418.36	97.22
32	渤海信托	10 004 795.70	10 663 522.54	-658 726.84	-6.18
33	昆仑信托	9 311 218.32	6 375 908.69	2 935 309.63	46.04
34	新华信托	9 299 292.86	6 822 164.82	2 477 128.04	36.31
35	华鑫信托	8 500 103.60	5 562 909.55	2 937 194.05	52.80
36	甘肃信托	7 931 526.66	2 579 114.57	5 352 412.09	207.53
37	中原信托	7 926 851.70	4 970 454.01	2 956 397.69	59.48
38	云南信托	7 685 330.88	1 402 746.09	6 282 584.79	447.88
39	江苏信托	7 560 291.55	5 117 520.81	2 442 770.74	47.73
40	百瑞信托	7 204 429.85	3 939 543.45	3 264 886.40	82.87
41	方正东亚信托	7 148 768.47	4 208 788.24	2 939 980.23	69.85
42	华融信托	7 001 024.96	4 791 811.13	2 209 213.83	46.10
43	天津信托	6 735 814.96	3 796 129.27	2 939 685.69	77.44
44	重庆信托	6 325 885.89	5 082 417.15	1 243 468.74	24.47
45	西藏信托	5 846 144.50	1 826 015.92	4 020 128.58	220.16
46	华信信托	5 542 122.11	4 247 502.61	1 294 619.50	30.48
47	湖南信托	5 066 119.00	2 698 409.00	2 367 710.00	87.74
48	山西信托	4 743 333.06	2 739 560.03	2 003 773.03	73.14
49	安信信托	4 536 006.88	2 497 168.00	2 038 838.88	81.65
50	吉林信托	4 435 989.85	6 256 073.47	-1 820 083.62	-29.09
51	中投信托	4 360 428.48	2 730 557.86	1 629 870.62	59.69
52	东莞信托	3 215 222.53	2 377 877.33	837 345.20	35.21
53	中泰信托	3 128 400.01	1 067 475.76	2 060 924.25	193.07
54	苏州信托	3 076 809.67	2 088 399.96	988 409.71	47.33
55	西部信托	3 064 313.45	2 353 580.38	710 733.07	30.20
56	国联信托	3 039 715.00	2 195 598.00	844 117.00	38.45

续表

排名	公司简称	2012年(万元)	2011年(万元)	增减额(万元)	增减率(%)
57	大业信托	2 942 478.58	1 607 236.47	1 335 242.11	83.08
58	陆家嘴信托	2 757 211.73			
59	紫金信托	2 254 896.45	1 176 710.85	1 078 185.60	91.63
60	爱建信托	2 231 192.16	1 144 912.31	1 086 279.85	94.88
61	华澳信托	1 860 210.00	1 555 343.00	304 867.00	19.60
62	华宸信托	1 624 969.03	1 515 657.74	109 311.29	7.21
63	杭州工商信托	1 432 655.00	1 051 415.00	381 240.00	36.26
64	浙金信托	1 021 963.00	33 430.00	988 533.00	2957.02
65	国民信托	561 960.73	412 600.72	149 360.01	36.20
66	长城新盛信托	259 000.00	本年新增		
合计		733 352 750.88	476 968 097.61	253 368 441.54	53.12

(二十三)长期股权投资占比排行榜

排名	公司简称	长期股权投资(万元)	信托资产总额(万元)	长期股权投资占比(%)
1	西部信托	1 509 520.25	3 115 484.46	48.45
2	苏州信托	971 119.40	3 119 891.34	31.13
3	重庆信托	1 882 413.09	6 376 362.19	29.52
4	新华信托	2 525 815.23	9 430 813.28	26.78
5	百瑞信托	1 681 929.80	7 315 577.77	22.99
6	北京信托	2 800 419.49	12 363 349.63	22.65
7	华融信托	1 596 667.25	7 101 772.58	22.48
8	中融信托	6 684 521.64	29 948 632.19	22.32
9	中江信托	2 891 089.64	13 613 251.96	21.24
10	昆仑信托	1 763 890.18	9 379 750.21	18.81
11	国元信托	2 010 422.69	11 409 304.15	17.62
12	吉林信托	772 758.25	4 498 578.75	17.18
13	平安信托	3 542 657.79	21 202 472.76	16.71
14	中航信托	2 298 145.88	13 954 696.21	16.47
15	华宸信托	271 700.00	1 650 121.06	16.47
16	大业信托	455 028.00	2 991 896.88	15.21
17	粤财信托	2 435 857.34	16 550 157.39	14.72
18	东莞信托	473 531.70	3 239 928.05	14.62
19	外贸信托	3 033 879.75	21 518 617.76	14.10
20	西藏信托	803 762.93	5 850 950.01	13.74
21	渤海信托	1 373 954.00	10 035 614.06	13.69
22	中诚信托	3 593 154.55	27 136 746.55	13.24
23	华澳信托	239 200.00	1 868 742.00	12.80
24	天津信托	873 865.45	6 884 009.16	12.69
25	中信信托	6 462 813.09	59 134 914.18	10.93
26	山东信托	1 842 547.50	18 970 041.52	9.71
27	方正东亚信托	653 071.00	7 315 908.21	8.93
28	爱建信托	200 472.47	2 280 204.41	8.79
29	四川信托	1 103 345.90	13 678 110.98	8.07
30	金谷信托	819 400.00	10 183 453.45	8.05
31	中铁信托	828 325.00	10 564 320.00	7.84
32	中海信托	948 465.38	12 584 697.56	7.54
33	长安信托	1 617 370.43	21 868 194.55	7.40
34	中泰信托	225 862.48	3 162 146.21	7.14
35	陕国投	704 797.00	10 111 598.96	6.97
36	华能信托	1 201 820.00	17 363 029.67	6.92

续表

排名	公司简称	长期股权投资(万元)	信托资产总额(万元)	长期股权投资占比(%)
37	国民信托	41 400.00	607 934.53	6.81
38	杭州工商信托	98 840.00	1 483 694.00	6.66
39	国投信托	785 087.39	11 829 947.01	6.64
40	甘肃信托	512 790.74	7 963 141.59	6.44
41	山西信托	299 337.33	4 785 063.37	6.26
42	华鑫信托	533 242.73	8 557 284.10	6.23
43	湖南信托	319 710.00	5 147 230.00	6.21
44	北方信托	928 909.94	16 061 876.56	5.78
45	华润信托	1 073 302.67	18 651 922.24	5.75
46	厦门国际信托	638 672.00	11 290 726.00	5.66
47	中粮信托	579 419.81	12 399 722.49	4.67
48	国联信托	142 478.00	3 091 361.00	4.61
49	紫金信托	100 000.00	2 298 539.20	4.35
50	中原信托	283 167.77	8 036 453.66	3.52
51	陆家嘴信托	95 980.00	2 772 770.43	3.46
52	云南信托	265 115.94	7 801 550.52	3.40
53	安信信托	141 900.00	4 603 602.00	3.08
54	江苏信托	227 705.33	7 616 229.95	2.99
55	中投信托	118 621.85	4 387 386.57	2.70
56	五矿信托	301 034.00	12 001 614.50	2.51
57	交银国际信托	364 376.67	15 795 038.32	2.31
58	华信信托	109 269.50	5 643 939.78	1.94
59	英大信托	341 818.99	20 228 460.49	1.69
60	新时代信托	209 905.00	12 653 983.53	1.66
61	上海信托	158 421.49	12 028 615.50	1.32
62	华宝信托	246 756.12	21 253 160.62	1.16
63	兴业信托	349 200.00	33 604 933.68	1.04
64	建信信托	324 979.09	35 077 677.25	0.93
65	浙金信托	—	1 037 269.74	0.00
66	长城新盛信托	—	260 294.77	0.00
合计		72 685 036.91	746 744 763.49	9.73

2012 年末资产中长期股权投资占比超过平均值 9.73 的有 25 家。

(二十四)交易性金融资产占比排行榜

排名	公司简称	交易性金融资产(万元)	信托资产总额(万元)	交易性金融资产占比(%)
1	中海信托	4 812 024.55	12 584 697.56	38.24
2	中诚信托	9 830 047.34	27 136 746.55	36.22
3	西藏信托	1 461 484.62	5 850 950.01	24.98
4	北京信托	2 967 291.69	12 363 349.63	24.00
5	浙金信托	248 730.18	1 037 269.74	23.98
6	外贸信托	4 970 587.52	21 518 617.76	23.10
7	上海信托	2 606 301.45	12 028 615.50	21.67
8	华润信托	3 964 013.31	18 651 922.24	21.25
9	陕国投	2 094 512.76	10 111 598.96	20.71
10	北方信托	3 204 437.24	16 061 876.56	19.95
11	华宝信托	3 694 358.26	21 253 160.62	17.38
12	交银国际信托	1 934 514.81	15 795 038.32	12.25
13	江苏信托	914 852.53	7 616 229.95	12.01
14	长安信托	2 597 944.90	21 868 194.55	11.88
15	中信信托	6 085 834.73	59 134 914.18	10.29
16	重庆信托	602 903.30	6 376 362.19	9.46

续表

排名	公司简称	交易性金融资产(万元)	信托资产总额(万元)	交易性金融资产占比(%)
17	安信信托	348 043.02	4 603 602.00	7.56
18	东莞信托	242 558.83	3 239 928.05	7.49
19	中融信托	2 116 076.50	29 948 632.19	7.07
20	平安信托	1 431 643.49	21 202 472.76	6.75
21	中江信托	838 702.46	13 613 251.96	6.16
22	云南信托	468 567.02	7 801 550.52	6.01
23	天津信托	388 300.10	6 884 009.16	5.64
24	兴业信托	1 799 434.16	33 604 933.68	5.35
25	山东信托	851 208.50	18 970 041.52	4.49
26	华信信托	238 285.71	5 643 939.78	4.22
27	国元信托	452 603.53	11 409 304.15	3.97
28	新时代信托	459 532.33	12 653 983.53	3.63
29	山西信托	167 735.05	4 785 063.37	3.51
30	厦门国际信托	308 823.00	11 290 726.00	2.74
31	华融信托	170 488.83	7 101 772.58	2.40
32	粤财信托	357 311.01	16 550 157.39	2.16
33	华鑫信托	168 742.57	8 557 284.10	1.97
34	国民信托	11 950.51	607 934.53	1.97
35	中泰信托	58 058.55	3 162 146.21	1.84
36	建信信托	580 812.34	35 077 677.25	1.66
37	昆仑信托	137 927.05	9 379 750.21	1.47
38	新华信托	133 373.80	9 430 813.28	1.41
39	国投信托	152 497.21	11 829 947.01	1.29
40	国联信托	39 049.00	3 091 361.00	1.26
41	五矿信托	148 611.40	12 001 614.50	1.24
42	方正东亚信托	65 081.07	7 315 908.21	0.89
43	西部信托	24 501.73	3 115 484.46	0.79
44	杭州工商信托	5 000.00	1 483 694.00	0.34
45	中原信托	15 302.24	8 036 453.66	0.19
46	甘肃信托	15 145.64	7 963 141.59	0.19
47	湖南信托	7 429.00	5 147 230.00	0.14
48	吉林信托	4 939.37	4 498 578.75	0.11
49	中铁信托	10 381.00	10 564 320.00	0.10
50	四川信托	12 035.25	13 678 110.98	0.09
51	中粮信托	10 148.82	12 399 722.49	0.08
52	苏州信托	1 602.22	3 119 891.34	0.05
53	中投信托	2 232.57	4 387 386.57	0.05
54	华能信托	3 000.89	17 363 029.67	0.02
55	百瑞信托		7 315 577.77	0.00
56	华宸信托		1 650 121.06	0.00
57	英大信托		20 228 460.49	0.00
58	渤海信托		10 035 614.06	0.00
59	爱建信托		2 280 204.41	0.00
60	中航信托		13 954 696.21	0.00
61	华澳信托		1 868 742.00	0.00
62	大业信托		2 991 896.88	0.00
63	金谷信托		10 183 453.45	0.00
64	陆家嘴信托		2 772 770.43	0.00
65	紫金信托		2 298 539.20	0.00
66	长城新盛信托		260 294.77	0.00
合计		64 236 974.96	746 744 763.49	8.60

2012 年末资产中交易性金融资产占比超过平均值 8.60% 的有 16 家，有 12 家公司没有交易性金融资产项目。

三、信托公司一些总体指标排名

(一)信托公司2012年总资产排行榜

总资产 = 固有资产资产总计 + 信托资产资产总计

表3-3-1　信托公司2012年总资产排行榜

单位：万元

排名	简称	2012年末固有资产资产总计	2012年末信托资产资产合计	2012年末总资产合计
1	中信信托	1 182 265.83	59 134 914.18	60 317 180.01
2	建信信托	552 824.36	35 077 677.25	35 630 501.61
3	兴业信托	413 198.32	33 604 933.68	34 018 132.00
4	中融信托	622 618.70	29 948 632.19	30 571 250.89
5	平安信托	7 389 732.65	21 202 472.76	28 592 205.41
6	中诚信托	1 173 954.16	27 136 746.55	28 310 700.71
7	长安信托	285 349.14	21 868 194.55	22 153 543.69
8	外贸信托	546 768.70	21 518 617.76	22 065 386.46
9	华宝信托	588 139.29	21 253 160.62	21 841 299.91
10	英大信托	367 432.07	20 228 460.49	20 595 892.56
11	华润信托	1 194 733.19	18 651 922.24	19 846 655.43
12	山东信托	301 113.94	18 970 041.52	19 271 155.46
13	华能信托	372 807.46	17 363 029.67	17 735 837.13
14	粤财信托	277 646.95	16 550 157.39	16 827 804.34
15	北方信托	253 842.72	16 061 876.56	16 315 719.28
16	交银国际信托	282 969.82	15 795 038.32	16 078 008.14
17	中江信托	735 076.58	13 613 251.96	14 348 328.54
18	四川信托	636 883.37	13 678 110.98	14 314 994.35
19	中航信托	274 907.48	13 954 696.21	14 229 603.69
20	中海信托	400 008.78	12 584 697.56	12 984 706.34
21	新时代信托	175 439.55	12 653 983.53	12 829 423.08
22	上海信托	753 949.52	12 028 615.50	12 782 565.02
23	北京信托	350 166.96	12 363 349.63	12 713 516.59
24	中粮信托	233 305.39	12 399 722.49	12 633 027.88
25	五矿信托	212 929.39	12 001 614.50	12 214 543.89
26	国投信托	288 690.32	11 829 947.01	12 118 637.33
27	国元信托	383 702.20	11 409 304.15	11 793 006.35
28	厦门国际信托	181 511.00	11 290 726.00	11 472 237.00
29	中铁信托	424 695.65	10 564 320.00	10 989 015.65
30	陕国投	356 088.66	10 111 598.96	10 467 687.62
31	金谷信托	238 619.56	10 183 453.45	10 422 073.01
32	渤海信托	283 310.97	10 035 614.06	10 318 925.03
33	昆仑信托	525 601.10	9 379 750.21	9 905 351.31
34	新华信托	302 581.15	9 430 813.28	9 733 394.43
35	华鑫信托	293 233.71	8 557 284.10	8 850 517.81
36	江苏信托	645 770.70	7 616 229.95	8 262 000.65
37	中原信托	212 087.48	8 036 453.66	8 248 541.14
38	甘肃信托	138 892.08	7 963 141.59	8 102 033.67
39	云南信托	127 592.14	7 801 550.52	7 929 142.66
40	百瑞信托	273 765.57	7 315 577.77	7 589 343.34
41	方正东亚信托	191 784.05	7 315 908.21	7 507 692.26
42	华融信托	309 303.82	7 101 772.58	7 411 076.40
43	重庆信托	987 209.16	6 376 362.19	7 363 571.35

续表

排名	简称	2012年末固有资产资产总计	2012年末信托资产资产合计	2012年末总资产合计
44	天津信托	220 361.99	6 884 009.16	7 104 371.15
45	华信信托	568 994.53	5 643 939.78	6 212 934.31
46	西藏信托	72 974.15	5 850 950.01	5 923 924.16
47	湖南信托	165 280.00	5 147 230.00	5 312 510.00
48	吉林信托	504 114.32	4 498 578.75	5 002 693.07
49	山西信托	168 704.26	4 785 063.37	4 953 767.63
50	安信信托	95 114.27	4 603 602.00	4 698 716.27
51	中投信托	300 188.56	4 387 386.57	4 687 575.13
52	中泰信托	398 731.43	3 162 146.21	3 560 877.64
53	东莞信托	108 530.51	3 239 928.05	3 348 458.56
54	苏州信托	219 950.67	3 119 891.34	3 339 842.01
55	国联信托	243 671.00	3 091 361.00	3 335 032.00
56	西部信托	156 733.13	3 115 484.46	3 272 217.59
57	大业信托	73 473.40	2 991 896.88	3 065 370.28
58	陆家嘴信托	123 540.53	2 772 770.43	2 896 310.96
59	爱建信托	284 916.50	2 280 204.41	2 565 120.91
60	紫金信托	72 219.69	2 298 539.20	2 370 758.89
61	华澳信托	92 744.79	1 868 742.00	1 961 486.79
62	华宸信托	117 776.67	1 650 121.06	1 767 897.73
63	杭州工商信托	115 320.00	1 483 694.00	1 599 014.00
64	浙金信托	60 075.38	1 037 269.74	1 097 345.12
65	国民信托	169 968.60	607 934.53	777 903.13
66	长城新盛信托	32 464.70	260 294.77	292 759.47
合计		30 108 352.71	746 744 763.49	776 853 116.21
平均		456 187.16	11 314 314.60	11 770 501.76

(二)信托公司2012年总收入排行榜

总收入=固有资产营业收入+信托资产营业收入

表3-3-2 信托公司2012年总收入排行榜

单位:万元

排名	简称	2012年固有资产营业收入	2012年信托资产营业收入	2012年末总收入合计
1	中信信托	447 595.83	3 081 299.03	3 528 894.86
2	平安信托	1 318 917.75	2 095 642.18	3 414 559.93
3	中融信托	380 893.12	1 988 542.51	2 369 435.63
4	中诚信托	275 588.41	1 742 108.49	2 017 696.90
5	兴业信托	144 525.23	1 767 985.00	1 912 510.23
6	长安信托	180 182.92	1 368 120.11	1 548 303.03
7	华润信托	207 922.84	1 290 819.23	1 498 742.07
8	外贸信托	164 868.83	1 318 808.55	1 483 677.38
9	建信信托	108 755.88	1 324 746.25	1 433 502.13
10	华能信托	116 439.13	1 296 005.23	1 412 444.36
11	华宝信托	144 790.11	1 191 252.75	1 336 042.86
12	英大信托	92 489.76	1 236 924.52	1 329 414.28
13	北京信托	131 420.22	1 181 087.75	1 312 507.97
14	粤财信托	58 614.92	1 216 488.15	1 275 103.07
15	山东信托	121 935.32	1 136 649.28	1 258 584.60
16	四川信托	178 597.03	917 129.47	1 095 726.50
17	中航信托	128 839.63	909 513.71	1 038 353.34
18	中海信托	110 849.16	906 026.70	1 016 875.86

续表

排名	简称	2012 年固有资产营业收入	2012 年信托资产营业收入	2012 年末总收入合计
19	北方信托	91 520.35	922 739.99	1 014 260.34
20	渤海信托	70 265.34	927 630.43	997 895.77
21	中江信托	136 505.55	801 460.21	937 965.76
22	交银国际信托	71 141.81	861 090.87	932 232.68
23	新华信托	144 082.94	768 551.26	912 634.20
24	金谷信托	94 536.55	805 748.72	900 285.27
25	新时代信托	50 538.89	844 396.33	894 935.22
26	上海信托	218 080.00	673 802.42	891 882.42
27	五矿信托	88 416.51	734 136.19	822 552.70
28	厦门国际信托	69 865.00	745 277.00	815 142.00
29	国元信托	65 644.13	708 187.02	773 831.15
30	方正东亚信托	75 360.01	677 516.87	752 876.88
31	华融信托	167 851.33	548 776.24	716 627.57
32	中铁信托	133 333.74	580 076.00	713 409.74
33	吉林信托	88 566.07	607 443.16	696 009.23
34	昆仑信托	121 258.37	574 508.62	695 766.99
35	华鑫信托	73 367.61	583 093.03	656 460.64
36	中粮信托	35 984.09	596 886.70	632 870.79
37	中原信托	60 173.78	550 172.28	610 346.06
38	甘肃信托	24 347.67	573 324.35	597 672.02
39	华信信托	117 947.29	479 340.59	597 287.88
40	江苏信托	127 117.43	453 307.79	580 425.22
41	陕国投	57 630.88	493 332.86	550 963.74
42	天津信托	64 042.85	444 399.04	508 441.89
43	百瑞信托	81 256.25	424 116.32	505 372.57
44	国投信托	79 173.92	392 220.55	471 394.47
45	湖南信托	64 078.00	405 171.00	469 249.00
46	重庆信托	133 317.11	332 155.19	465 472.30
47	山西信托	41 361.49	325 436.64	366 798.13
48	安信信托	49 287.92	295 235.84	344 523.76
49	西藏信托	16 753.48	318 009.88	334 763.36
50	苏州信托	52 099.84	251 586.56	303 686.40
51	大业信托	40 083.43	253 974.19	294 057.62
52	东莞信托	44 720.57	243 874.34	288 594.91
53	国联信托	35 621.00	251 555.00	287 176.00
54	中投信托	53 399.62	216 825.99	270 225.61
55	中泰信托	115 690.76	149 305.80	264 996.56
56	西部信托	30 399.83	230 920.24	261 320.07
57	杭州工商信托	52 175.00	200 020.00	252 195.00
58	云南信托	30 856.26	201 457.58	232 313.84
59	华宸信托	30 673.71	177 468.89	208 142.60
60	华澳信托	37 010.91	138 055.00	175 065.91
61	爱建信托	42 406.17	132 470.40	174 876.57
62	紫金信托	26 389.23	136 040.76	162 429.99
63	陆家嘴信托	27 863.07	98 201.68	126 064.75
64	国民信托	52 886.79	22 353.27	75 240.06
65	浙金信托	11 128.54	35 352.89	46 481.43
66	长城新盛信托	4 160.59	4 680.49	8 841.08
合计		7 713 597.77	47 160 835.37	54 874 433.14
平均		116 872.69	714 558.11	831 430.81

(三)现金比率排行榜

表3-3-3　现金比率排行榜

单位:万元

排名	简称	2012年	2011年	较上年增减
1	五矿信托	31.68	21.51	10.16
2	粤财信托	20.71	15.50	5.20
3	长城新盛信托	17.86	34.93	-17.06
4	中粮信托	16.48	4.00	12.48
5	英大信托	15.50	4.14	11.37
6	渤海信托	14.29	5.61	8.68
7	山西信托	12.82	14.64	-1.82
8	交银国际信托	9.48	14.78	-5.30
9	爱建信托	8.09	6.22	1.87
10	云南信托	7.72	8.14	-0.41
11	国民信托	5.60	9.54	-3.94
12	北京信托	5.55	3.60	1.95
13	外贸信托	5.48	1.97	3.51
14	方正东亚信托	5.26	6.58	-1.32
15	天津信托	4.18	4.20	-0.01
16	中海信托	3.94	9.01	-5.07
17	新时代信托	3.79	3.64	0.15
18	国联信托	3.74	2.05	1.68
19	中融信托	3.64	3.67	-0.03
20	杭州工商信托	3.53	2.03	1.50
21	浙金信托	3.46	93.29	-89.84
22	苏州信托	3.09	4.22	-1.13
23	陕国投	3.07	1.10	1.97
24	陆家嘴信托	3.05	15.41	-12.35
25	吉林信托	3.05	9.98	-6.93
26	厦门国际信托	3.05	0.64	2.41
27	上海信托	3.02	3.84	-0.81
28	大业信托	3.00	2.15	0.85
29	西部信托	2.96	1.21	1.75
30	国投信托	2.68	1.74	0.94
31	中信信托	2.60	0.64	1.96
32	山东信托	2.45	0.41	2.04
33	西藏信托	2.45	3.14	-0.69
34	长安信托	2.39	3.90	-1.51
35	紫金信托	2.24	14.21	-11.97
36	金谷信托	2.20	4.95	-2.75
37	华澳信托	1.89	5.53	-3.64
38	安信信托	1.89	1.15	0.74
39	国元信托	1.85	1.64	0.21
40	华融信托	1.85	1.72	0.12
41	建信信托	1.79	4.27	-2.47
42	江苏信托	1.71	1.26	0.46
43	中江信托	1.47	1.48	-0.01
44	湖南信托	1.44	1.22	0.22
45	兴业信托	1.41	16.16	-14.75
46	中诚信托	1.41	2.08	-0.68
47	中投信托	1.40	5.12	-3.72
48	昆仑信托	1.30	2.45	-1.15

续表

排名	简称	2012 年	2011 年	较上年增减
49	中航信托	1.23	5.74	-4.51
50	北方信托	1.17	2.70	-1.52
51	新华信托	1.14	2.14	-0.99
52	中铁信托	1.00	1.23	-0.23
53	东莞信托	0.89	1.76	-0.87
54	中原信托	0.80	3.06	-2.26
55	四川信托	0.79	1.35	-0.56
56	华宝信托	0.79	1.20	-0.42
57	华信信托	0.75	2.73	-1.97
58	华润信托	0.65	0.23	0.42
59	甘肃信托	0.58	1.05	-0.48
60	平安信托	0.47	0.46	0.02
61	中泰信托	0.47	0.51	-0.04
62	百瑞信托	0.41	0.61	-0.20
63	华能信托	0.38	7.18	-6.80
64	重庆信托	0.37	4.15	-3.78
65	华宸信托	0.17	0.12	0.05
66	华鑫信托	0.15	0.66	-0.51
平均		1.12	1.20	-0.09

注：平均值由 66 家合计数计算得出。

（四）流动比率排行榜

表 3-3-4 流动比率排行榜

单位：万元

排名	简称	2012 年	2001 年	较上年增减
1	国民信托	75.29	73.40	1.89
2	五矿信托	35.23	26.42	8.81
3	粤财信托	20.79	17.99	2.80
4	长城新盛信托	18.00	35.03	-17.03
5	中粮信托	16.85	4.74	12.10
6	英大信托	16.54	7.72	8.82
7	爱建信托	16.07	6.35	9.73
8	山西信托	15.85	17.52	-1.67
9	外贸信托	14.98	7.45	7.53
10	渤海信托	14.86	7.19	7.67
11	交银国际信托	14.34	16.84	-2.50
12	陆家嘴信托	11.42	15.54	-4.13
13	浙金信托	9.79	93.35	-83.56
14	兴业信托	8.20	17.79	-9.59
15	云南信托	7.87	9.23	-1.36
16	方正东亚信托	7.06	9.29	-2.24
17	北京信托	6.79	4.27	2.52
18	山东信托	6.67	0.89	5.79
19	华信信托	6.57	3.99	2.58
20	甘肃信托	6.44	14.50	-8.06
21	上海信托	6.00	5.81	0.19
22	建信信托	5.28	4.70	0.59

续表

排名	简称	2012 年	2001 年	较上年增减
23	新时代信托	5. 25	5. 10	0. 15
24	国联信托	4. 98	4. 25	0. 73
25	天津信托	4. 25	4. 29	-0. 03
26	中海信托	4. 24	9. 01	-4. 78
27	西藏信托	4. 17	23. 24	-19. 07
28	中泰信托	4. 08	1. 48	2. 60
29	中投信托	4. 02	12. 75	-8. 73
30	中诚信托	3. 91	3. 11	0. 80
31	中融信托	3. 88	4. 01	-0. 13
32	苏州信托	3. 73	5. 14	-1. 41
33	杭州工商信托	3. 53	2. 03	1. 50
34	紫金信托	3. 48	17. 27	-13. 79
35	大业信托	3. 35	2. 50	0. 85
36	吉林信托	3. 32	10. 95	-7. 63
37	长安信托	3. 31	4. 47	-1. 15
38	陕国投	3. 18	1. 20	1. 98
39	厦门国际信托	3. 18	0. 68	2. 50
40	安信信托	3. 09	1. 51	1. 58
41	金谷信托	3. 07	7. 06	-3. 99
42	国投信托	2. 99	2. 10	0. 89
43	西部信托	2. 98	1. 39	1. 58
44	中信信托	2. 81	0. 98	1. 83
45	华澳信托	2. 76	6. 13	-3. 37
46	中原信托	2. 69	5. 88	-3. 20
47	湖南信托	2. 26	2. 22	0. 04
48	国元信托	2. 13	1. 74	0. 39
49	新华信托	1. 97	2. 32	-0. 35
50	华融信托	1. 95	1. 84	0. 11
51	中江信托	1. 83	1. 80	0. 02
52	北方信托	1. 81	3. 60	-1. 79
53	江苏信托	1. 73	1. 32	0. 41
54	中航信托	1. 62	6. 19	-4. 57
55	重庆信托	1. 61	8. 02	-6. 41
56	华宝信托	1. 52	2. 24	-0. 72
57	中铁信托	1. 52	1. 94	-0. 42
58	昆仑信托	1. 47	4. 02	-2. 56
59	四川信托	1. 46	1. 54	-0. 08
60	华宸信托	1. 16	0. 25	0. 91
61	华能信托	1. 11	10. 38	-9. 26
62	东莞信托	1. 08	2. 04	-0. 96
63	华润信托	1. 04	0. 60	0. 44
64	平安信托	0. 83	0. 82	0. 01
65	百瑞信托	0. 59	0. 94	-0. 35
66	华鑫信托	0. 15	0. 66	-0. 51
平均		1. 80	1. 76	0. 05

在 66 家公司中，2012 年现金比率大于 1 的有 52 家；低于 0. 5 的有 7 家。

四、信托公司一些其他指标排名

(一)2012 年固有资产资产负债率增减变动情况排行榜

排名	简称	2012 年 12 月 31 日			2011 年 12 月 31 日			资产负债率增减变动(%)
		资产总计(万元)	负债总计(万元)	资产负债率(%)	资产总计(万元)	负债总计(万元)	资产负债率(%)	
1	西藏信托	72 974.15	13 360.71	18.31	42 570.92	1 519.63	3.57	14.74
2	吉林信托	504 114.32	166 272.72	32.98	324 690.86	70 713.72	21.78	11.20
3	长安信托	285 349.14	64 895.08	22.74	169 517.52	23 687.40	13.97	8.77
4	方正东亚信托	191 784.05	43 349.21	22.60	80 295.60	11 461.51	14.27	8.33
5	重庆信托	987 209.16	159 880.55	16.20	872 604.40	68 755.54	7.88	8.32
6	浙金信托	60 075.38	5 621.56	9.36	51 104.35	588.00	1.15	8.21
7	华澳信托	92 744.79	17 933.36	19.34	76 027.36	8 814.67	11.59	7.74
8	国民信托	169 968.60	20 332.58	11.96	125 410.82	6 515.58	5.20	6.77
9	华宝信托	588 139.29	160 931.54	27.36	496 054.64	104 788.19	21.12	6.24
10	五矿信托	212 929.39	19 239.69	9.04	140 708.85	4 374.63	3.11	5.93
11	苏州信托	219 950.67	20 992.82	9.54	114 453.18	4 209.77	3.68	5.87
12	华能信托	372 807.46	47 751.36	12.81	316 315.52	22 507.24	7.12	5.69
13	东莞信托	108 530.51	12 529.40	11.54	104 014.53	6 433.71	6.19	5.36
14	甘肃信托	138 892.08	11 697.12	8.42	123 758.39	4 106.45	3.32	5.10
15	紫金信托	72 219.69	6 799.56	9.42	55 549.25	2 417.48	4.35	5.06
16	四川信托	636 883.37	362 453.25	56.91	446 449.88	233 036.16	52.20	4.71
17	中投信托	300 188.56	28 233.12	9.41	251 414.79	11 862.81	4.72	4.69
18	大业信托	73 473.40	16 010.54	21.79	46 981.96	8 314.42	17.70	4.09
19	湖南信托	165 280.00	32 653.00	19.76	121 236.00	19 416.00	16.02	3.74
20	中江信托	735 076.58	342 254.73	46.56	603 973.68	258 904.12	42.87	3.69
21	新华信托	302 581.15	95 209.60	31.47	226 832.65	63 681.14	28.07	3.39
22	中原信托	212 087.48	14 351.77	6.77	171 032.38	6 643.59	3.88	2.88
23	英大信托	367 432.07	27 476.35	7.48	249 816.31	11 562.24	4.63	2.85
24	杭州工商信托	115 320.00	17 620.00	15.28	96 347.00	12 265.00	12.73	2.55
25	中航信托	274 907.48	29 977.24	10.90	200 026.33	18 248.69	9.12	1.78
26	华润信托	1 194 733.19	177 420.75	14.85	1 016 426.02	135 677.21	13.35	1.50
27	山西信托	168 704.26	13 814.98	8.19	150 308.26	10 181.74	6.77	1.41
28	交银国际信托	282 969.82	16 955.65	5.99	243 570.43	11 503.27	4.72	1.27
29	江苏信托	645 770.70	26 480.02	4.10	527 175.42	15 758.07	2.99	1.11
30	陆家嘴信托	123 540.53	8 906.24	7.21	28 906.96	1 763.09	6.10	1.11
31	兴业信托	413 198.32	21 655.66	5.24	335 726.09	13 908.41	4.14	1.10
32	中融信托	622 618.70	138 279.53	22.21	421 185.62	89 075.37	21.15	1.06
33	华鑫信托	293 233.71	33 775.52	11.52	137 557.12	14 451.14	10.51	1.01
34	长城新盛信托	32 464.70	1 228.06	3.78	30 870.00	870.00	2.82	0.96
35	华信信托	568 994.53	21 635.58	3.80	371 696.29	10 714.33	2.88	0.92
36	国元信托	383 702.20	14 862.48	3.87	340 432.61	11 737.53	3.45	0.43
37	上海信托	753 949.52	74 078.91	9.83	682 469.98	64 318.96	9.42	0.40
38	中铁信托	424 695.65	131 400.51	30.94	297 675.58	90 957.42	30.56	0.38
39	金谷信托	238 619.56	36 261.87	15.20	176 007.22	26 164.65	14.87	0.33
40	国联信托	243 671.00	4 165.00	1.71	223 025.00	3 289.00	1.47	0.23
41	北方信托	253 842.72	31 955.54	12.59	204 186.81	25 573.77	12.52	0.06
42	国投信托	288 690.32	17 185.20	5.95	258 659.16	15 537.66	6.01	−0.05
43	粤财信托	277 646.95	6 910.11	2.49	239 141.83	6 464.22	2.70	−0.21
44	天津信托	220 361.99	13 577.47	6.16	197 978.94	12 703.53	6.42	−0.26
45	中诚信托	1 173 954.16	164 261.25	13.99	1 028 653.52	147 490.74	14.34	−0.35

续表

排名	简称	2012 年 12 月 31 日			2011 年 12 月 31 日			资产负债率增减变动(%)
		资产总计(万元)	负债总计(万元)	资产负债率( )	资产总计(万元)	负债总计(万元)	资产负债率(%)	
46	中海信托	400 008.78	19 986.89	5.00	452 982.01	24 633.37	5.44	-0.44
47	云南信托	127 592.14	11 493.55	9.01	111 102.14	10 553.16	9.50	-0.49
48	华宸信托	117 776.67	33 769.08	28.67	138 029.03	40 274.17	29.18	-0.51
49	华融信托	309 303.82	22 826.83	7.38	257 979.09	20 747.04	8.04	-0.66
50	百瑞信托	273 765.57	35 591.05	13.00	231 930.27	32 028.78	13.81	-0.81
51	昆仑信托	525 601.10	19 479.43	3.71	483 063.31	22 261.19	4.61	-0.90
52	中粮信托	233 305.39	7 866.10	3.37	141 386.97	6 320.69	4.47	-1.10
53	外贸信托	546 768.70	31 172.58	5.70	425 586.11	29 563.59	6.95	-1.25
54	建信信托	552 824.36	20 903.83	3.78	496 354.97	25 895.60	5.22	-1.44
55	西部信托	156 733.13	22 049.03	14.07	142 973.62	22 381.40	15.65	-1.59
56	爱建信托	284 916.50	6 181.95	2.17	58 441.78	2 636.71	4.51	-2.34
57	渤海信托	283 310.97	9 155.70	3.23	246 317.95	13 859.52	5.63	-2.40
58	新时代信托	175 439.55	5 682.44	3.24	99 596.20	5 882.61	5.91	-2.67
59	中信信托	1 182 265.83	188 429.44	15.94	888 878.07	174 735.11	19.66	-3.72
60	中泰信托	398 731.43	62 033.82	15.56	380 660.68	76 416.02	20.07	-4.52
61	平安信托	7 389 732.65	4 242 519.58	57.41	5 797 229.99	3 611 305.91	62.29	-4.88
62	北京信托	350 166.96	22 160.26	6.33	312 700.20	35 916.21	11.49	-5.16
63	安信信托	95 114.27	32 056.91	33.70	93 202.99	37 210.02	39.92	-6.22
64	厦门国际信托	181 511.00	14 098.00	7.77	155 905.00	31 235.00	20.03	-12.27
65	陕国投	356 088.66	29 806.08	8.37	121 208.86	36 252.86	29.91	-21.54
66	山东信托	301 113.94	23 297.97	7.74	324 912.48	117 480.31	36.16	-28.42
合计		30 108 352.71	7 553 197.72	25.09	23 779 281.77	6 070 520.25	25.53	-0.44
平均		456 187.16	114 442.39	25.09	360 292.15	91 977.58	25.53	-0.44

2012 年有 25 家公司资产负债率下降，下降幅度最大的是山东信托，下降了 28.42%。

66 家信托公司资产负债率平均下降了 -0.44%，基本保持不变，上升幅度最大的是西藏信托，上升了 14.74%。

2012 年披露的 66 家公司中，资产负债率最低的仍然是国联信托，资产负债率只有 1.71%，比上年略有上升；最高的仍然是平安信托，达到 57.41%，比上年略有下降。整个信托行业的平均资产负债率是 25.09%，比上年略有下降。

(二)2012 年已清算结束信托项目综合实际年化收益率排行榜(参与综合排名)

排名	名称	实际信托金额(万元)			加权平均实际年化收益率(%)			综合实际年化收益率(%)
		集合类	单一类	财产管理类	集合类	单一类	财产管理类	
1	杭州工商信托	330 250.00	80 982.00	0.00	12.30	5.18	0.00	10.90
2	大业信托	372 795.00	625 042.97	40 769.15	9.50	12.10	5.20	10.90
3	国联信托	196 768.00	845 118.00	0.00	8.21	11.25	0.00	10.68
4	方正东亚信托	316 302.20	1 873 673.04	111 910.00	8.98	9.04	15.02	9.32
5	西藏信托	212 211.14	649 211.44	0.00	8.28	9.46	0.00	9.17
6	华宸信托	179 811.00	531 267.00	0.00	10.16	8.76	0.00	9.11
7	爱建信托	191 000.00	150 377.21	0.00	10.00	7.68	0.00	8.98
8	新时代信托	927 266.50	2 485 345.35	0.00	8.45	9.08	0.00	8.91
9	华澳信托	562 695.00	80 000.00	0.00	8.98	8.16	0.00	8.88
10	五矿信托	968 098.00	1 253 424.87	11 000.00	9.20	8.34	6.37	8.70
11	吉林信托	1 422 369.00	2 094 598.00	15 903.00	8.39	8.25	7.12	8.30
12	华润信托	1 094 551.59	2 464 307.95	0.00	8.91	7.78	0.00	8.13
13	四川信托	1 015 989.67	3 793 860.20	0.00	9.37	7.69	0.00	8.04
14	浙金信托	5 500.00	92 930.00	0.00	8.54	7.90	0.00	7.94
15	渤海信托	552 793.00	6 841 936.10	225 750.00	9.37	7.88	5.74	7.92
16	新华信托	1 943 314.13	1 736 458.00	22 100.00	9.34	6.31	0.00	7.86
17	苏州信托	864 174.52	221 463.20	0.00	7.75	8.05	0.00	7.81
18	东莞信托	453 540.00	402 935.77	0.00	8.78	6.64	0.00	7.77

续表

排名	名称	实际信托金额（万元）			加权平均实际年化收益率（%）			综合实际年化收益率（%）
		集合类	单一类	财产管理类	集合类	单一类	财产管理类	
19	安信信托	398 230.00	872 435.00	198 700.00	8.20	8.85	1.98	7.74
20	厦门国际信托	711 529.00	4 281 308.00	30 000.00	7.55	7.71	6.91	7.68
21	甘肃信托	505 998.00	1 856 602.75	0.00	6.27	7.85	0.00	7.51
22	粤财信托	2 920 808.63	11 017 380.30	60 000.00	6.61	7.74	0.00	7.47
23	中信信托	6 415 718.15	12 246 301.16	1 388 610.10	9.34	6.66	4.86	7.39
24	华能信托	4 095 561.54	5 580 011.65	329 682.50	11.00	4.70	6.00	7.32
25	国元信托	431 316.36	5 371 166.43	94 210.18	7.05	7.32	7.27	7.30
26	中泰信托	247 937.23	383 311.62	28 100.00	7.37	7.74	0.00	7.27
27	华鑫信托	745 040.00	3 084 269.25	0.00	5.81	7.53	0.00	7.20
28	建信信托	597 429.48	1 677 412.87	0.00	8.23	6.68	0.00	7.09
29	百瑞信托	609 086.00	870 000.00	0.00	8.50	6.09	0.00	7.08
30	天津信托	802 548.34	1 072 982.90	59 339.43	7.44	6.93	0.00	6.93
31	山东信托	1 634 430.00	6 491 761.00	69 604.00	8.41	6.49	7.79	6.88
32	西部信托	279 520.00	1 919 960.96	0.00	7.72	6.72	0.00	6.85
33	中航信托	539 199.00	3 799 060.36	487 690.00	7.62	7.00	4.23	6.79
34	华融信托	736 116.77	1 679 114.00	0.00	8.32	6.08	0.00	6.76
35	湖南信托	183 201.00	1 885 849.00	5 174.00	4.79	6.90	18.09	6.74
36	华信信托	702 595.00	1 782 094.50	50 000.00	6.93	6.68	6.01	6.74
37	金谷信托	603 260.85	5 332 467.21	46 400.00	6.40	6.70	14.94	6.73
38	北京信托	1 022 715.91	2 589 949.41	309 859.31	8.91	5.97	5.77	6.72
39	江苏信托	477 700.00	1 336 085.70	0.00	8.42	6.09	0.00	6.70
40	中铁信托	1 253 945.00	1 008 664.00	53 740.00	7.45	6.01	0.00	6.65
41	交银国际信托	768 739.45	3 800 130.78	0.00	8.94	6.18	0.00	6.64
42	中诚信托	3 936 400.00	5 510 279.43	14 985.00	6.36	6.79	0.00	6.60
43	中粮信托	801 480.00	3 307 456.49	230 824.70	7.43	6.83	0.00	6.58
44	中原信托	406 888.00	2 071 040.00	26 700.00	7.90	6.15	10.45	6.48
45	兴业信托	1 730 761.00	8 189 453.00	18 000.00	0.80	7.67	8.00	6.47
46	长安信托	2 782 502.00	6 848 296.00	141 534.00	7.30	5.97	7.03	6.36
47	云南信托	500 144.90	662 719.13	20 000.00	5.64	6.84	4.97	6.30
48	英大信托	55 495.00	2 048 728.60	335 384.90	8.73	6.15	6.78	6.30
49	中投信托	438 360.00	1 546 246.00	46 806.00	9.10	5.66	0.00	6.27
50	中海信托	2 182 639.93	4 009 117.05	0.00	7.93	5.25	0.00	6.19
51	中江信托	634 623.48	4 034 668.73	60 920.00	2.12	6.79	7.84	6.18
52	紫金信托	292 324.00	4 058 118.10	0.00	8.61	5.83	0.00	6.02
53	上海信托	1 352 528.83	2 581 459.99	8 125.00	6.08	6.01	-1.00	6.02
54	外贸信托	15 011 011.15	2 924 072.71	684 325.00	5.95	6.11	6.37	5.99
55	北方信托	478 254.00	2 925 661.00	87 078.00	6.24	6.04	0.77	5.94
56	国民信托	3 918.00	0.00	0.00	5.93	0.00	0.00	5.93
57	陕国投	348 740.06	1 656 731.24	0.00	0.50	7.04	0.00	5.90
58	国投信托	533 946.10	1 833 505.94	0.00	5.73	5.94	0.00	5.89
59	重庆信托	454 607.88	2 541 192.06	269 357.84	2.29	6.25	7.85	5.83
60	陆家嘴信托	0.00	42 931.00	0.00	0.00	5.76	0.00	5.76
61	平安信托	3 127 916.02	8 839 754.80	0.00	5.48	5.85	0.00	5.75
62	山西信托	333 595.31	962 025.01	343 552.38	6.47	7.50	0.01	5.72
63	中融信托	5 244 711.25	2 574 981.50	353 702.81	5.40	5.00	10.67	5.50
64	昆仑信托	1 255 595.00	4 466 571.00	0.00	6.11	4.90	0.00	5.17
65	华宝信托	958 991.46	864 607.14	0.00	1.38	4.57	0.00	2.89
66	长城新盛信托							
平均		1 248 576.74	2 779 397.94	96 612.88	7.25	6.88	2.97	6.90

注：1. 已清算结束信托项目综合实际年化收益率＝（集合类实收信托合计×集合类加权平均实际年化收益率＋单一类实收信托合计×单一类加权平均实际年化收益率＋财产权实收信托合计×财产权类加权平均实际年化收益率）/集合、单一、财产权实收信托合计。

2. 长城新盛信托未披露此类报表（平均数为65家公司平均）。

(三)2012 年信托资产信托报酬率及已清算结束信托项目综合实际年化收益率排名

排名	简称	信托资产信托报酬率(%)	排名	简称	已清算结束信托项目综合实际年化收益率(%)
1	杭州工商信托	3.48	1	杭州工商信托	10.90
2	华融信托	2.57	2	大业信托	10.90
3	陆家嘴信托	1.92	3	国联信托	10.68
4	爱建信托	1.76	4	方正东亚信托	9.32
5	苏州信托	1.67	5	西藏信托	9.17
6	新华信托	1.67	6	华宸信托	9.11
7	浙金信托	1.63	7	爱建信托	8.98
8	大业信托	1.60	8	新时代信托	8.91
9	华信信托	1.60	9	华澳信托	8.88
10	国民信托	1.59	10	五矿信托	8.70
11	中融信托	1.55	11	吉林信托	8.30
12	湖南信托	1.55	12	华润信托	8.13
13	华宸信托	1.39	13	四川信托	8.04
14	平安信托	1.39	14	浙金信托	7.94
15	中铁信托	1.38	15	渤海信托	7.92
16	紫金信托	1.34	16	新华信托	7.86
17	东莞信托	1.24	17	苏州信托	7.81
18	四川信托	1.22	18	东莞信托	7.77
19	方正东亚信托	1.19	19	安信信托	7.74
20	长安信托	1.17	20	厦门国际信托	7.68
21	安信信托	1.14	21	甘肃信托	7.51
22	百瑞信托	1.10	22	粤财信托	7.47
23	国联信托	1.07	23	中信信托	7.39
24	天津信托	1.05	24	华能信托	7.32
25	中航信托	1.01	25	国元信托	7.30
26	吉林信托	0.98	26	中泰信托	7.27
27	华澳信托	0.91	27	华鑫信托	7.20
28	北京信托	0.90	28	建信信托	7.09
29	昆仑信托	0.87	29	百瑞信托	7.08
30	五矿信托	0.87	30	天津信托	6.93
31	中投信托	0.85	31	山东信托	6.88
32	中江信托	0.82	32	西部信托	6.85
33	山西信托	0.81	33	中航信托	6.79
34	中原信托	0.79	34	华融信托	6.76
35	上海信托	0.79	35	湖南信托	6.74
36	华润信托	0.76	36	华信信托	6.74
37	华鑫信托	0.74	37	金谷信托	6.73
38	重庆信托	0.73	38	北京信托	6.72
39	江苏信托	0.70	39	江苏信托	6.70
40	金谷信托	0.69	40	中铁信托	6.65
41	华能信托	0.66	41	交银国际信托	6.64
42	北方信托	0.65	42	中诚信托	6.60
43	中信信托	0.64	43	中粮信托	6.58
44	厦门国际信托	0.59	44	中原信托	6.48
45	渤海信托	0.59	45	兴业信托	6.47
46	西部信托	0.58	46	长安信托	6.36
47	中泰信托	0.58	47	云南信托	6.30
48	西藏信托	0.56	48	英大信托	6.30
49	国元信托	0.54	49	中投信托	6.27
50	中诚信托	0.54	50	中海信托	6.19

续表

排名	简称	信托资产信托报酬率(%)	排名	简称	已清算结束信托项目综合实际年化收益率(%)
51	云南信托	0.54	51	中江信托	6.18
52	交银国际信托	0.52	52	紫金信托	6.02
53	陕国投	0.50	53	上海信托	6.02
54	山东信托	0.47	54	外贸信托	5.99
55	外贸信托	0.45	55	北方信托	5.94
56	兴业信托	0.45	56	国民信托	5.93
57	新时代信托	0.45	57	陕国投	5.90
58	甘肃信托	0.43	58	国投信托	5.89
59	长城新盛信托	0.43	59	重庆信托	5.83
60	英大信托	0.40	60	陆家嘴信托	5.76
61	华宝信托	0.31	61	平安信托	5.75
62	国投信托	0.31	62	山西信托	5.72
63	中粮信托	0.28	63	中融信托	5.50
64	粤财信托	0.24	64	昆仑信托	5.17
65	中海信托	0.22	65	华宝信托	2.89
66	建信信托	0.21	66	长城新盛信托	
平均		0.76	平均		6.90

注：1. 信托资产信托报酬率明细详见表3－2－18。

2. 已清算结束信托项目综合实际年化收益率详见表3－4－2。

（四）2012年固有资产人均净利润排行榜

单位：万元

排名	名称	2011年人数	2012年人数人数	净利润	人均净利润
1	江苏信托	67	71	107 581.20	1 559.15
2	重庆信托	87	83	88 129.62	1 036.82
3	中诚信托	175	178	161 909.87	926.46
4	中铁信托	101	105	81 400.49	771.00
5	中海信托	101	113	80 728.05	733.89
6	中信信托	368	436	271 697.44	675.86
7	外贸信托	183	235	105 733.01	655.55
8	华信信托	123	152	78 751.58	574.83
9	华润信托	204	282	134 781.42	554.66
10	上海信托	173	192	107 638.23	544.66
11	中航信托	135	186	63 152.60	528.50
12	国民信托	74	79	33 341.07	497.63
13	粤财信托	77	84	39 616.75	495.21
14	金谷信托	91	133	51 259.18	457.67
15	国联信托	50	57	23 995.00	448.50
16	渤海信托	90	97	41 540.44	446.67
17	华融信托	123	168	65 182.09	446.45
18	华能信托	130	149	60 218.73	428.99
19	建信信托	127	149	58 681.90	428.34
20	北方信托	98	111	43 272.24	414.09
21	北京信托	146	176	72 020.76	409.00
22	英大信托	118	126	49 199.28	406.61
23	湖南信托	75	93	33 929.00	404.00
24	厦门国际信托	99	115	42 726.00	399.00
25	西藏信托	32	31	8 562.15	389.19
26	苏州信托	66	78	27 924.59	382.52
27	兴业信托	175	235	77 221.58	376.69
28	平安信托	740	838	292 879.94	370.20

续表

排名	名称	2011 年人数	2012 年人数人数	净利润	人均净利润
29	方正东亚信托	81	107	39 619. 01	370. 00
30	华鑫信托	87	118	38 679. 29	368. 37
31	五矿信托	144	208	63 344. 57	355. 87
32	昆仑信托	207	216	74 017. 51	343. 47
33	百瑞信托	128	152	46 772. 96	334. 09
34	国元信托	122	137	40 890. 16	314. 54
35	华宝信托	195	236	64 233. 78	298. 07
36	山东信托	106	142	73 232. 62	297. 69
37	中投信托	95	105	29 001. 61	294. 95
38	长安信托	221	320	78 400. 58	293. 77
39	四川信托	228	333	87 855. 68	289. 15
40	中江信托	165	168	50 379. 63	277. 24
41	大业信托	58	76	18 795. 32	264. 72
42	交银国际信托	107	128	33 837. 44	264. 33
43	东莞信托	82	109	24 113. 90	252. 50
44	中原信托	126	134	32 332. 76	251. 62
45	爱建信托	69	105	22 982. 03	249. 80
46	浙金信托	本年新增	69	3 882. 34	243. 00
47	杭州工商信托	105	121	24 192. 00	214. 08
48	云南信托	77	77	15 549. 61	194. 37
49	中粮信托	65	103	17 349. 97	189. 86
50	天津信托	138	139	24 860. 16	178. 85
51	紫金信托	61	85	12 288. 36	170. 67
52	陕国投	141	173	26 063. 00	166. 01
53	安信信托	59	101	10 250. 87	158. 36
54	华宸信托	103	115	16 671. 38	155. 00
55	西部信托	104	105	17 895. 26	149. 13
56	甘肃信托	65	93	13 544. 52	145. 64
57	新华信托	357	578	50 884. 10	138. 27
58	陆家嘴信托	53	104	12 167. 79	136. 72
59	国投信托	84	103	31 552. 84	135. 42
60	中融信托	1 151	1 151	152 431. 19	127. 93
61	华澳信托	79	126	12 598. 74	123. 00
62	中泰信托	72	99	40 398. 63	110. 68
63	新时代信托	139	204	20 043. 51	98. 25
64	山西信托	174	172	13 263. 19	77. 11
65	吉林信托	124	186	26 563. 25	66. 57
66	长城新盛信托	本年新增	20	1 236. 64	61. 83
合计		9 400	11 470	3 665 250. 41	351. 25

注:部分公司未披露人均净利润数据,用净利润除以平均人数计算得出。

66 家公司中,人均净利润超过 100 万元的有 62 家,平均人均净利润为 351. 25 万元。

第四章　固有资产报表总体分析

本章将2012年66家信托公司固有资产部分的会计报表，包括资产负债表、利润表、所有者权益变动表分别汇总成代表中国信托行业固有资产整体状况的汇总报表，以此来分析中国信托公司固有资产整体的财务状况和经营成果。

一、2012年固有资产财务状况总体分析

表4－1－1　2012年固有资产汇总资产负债表

单位：万元

资产	年末数	年初数	负债和所有者权益（或股东权益）	年末数	年初数
货币资金	4 646 190.60	3 605 035.76	向中央银行借款	4 000.00	4 000.00
现金及存放中央银行款项	426 752.40	454 228.26	同业及其他金融机构存放款项	—	—
存放同业款项	1 978 392.27	1 908 781.85	短期借款	134 792.95	86 321.00
贵金属	11.10	4 328.96	拆入资金	184 550.00	180 550.00
其他货币资金	310.61	6 014.52	交易性金融负债	—	—
拆出资金	13 857.00	27 677.30	衍生金融负债	—	—
交易性金融资产	2 010 799.54	1 325 147.84	卖出回购金融资产款	2 010 988.37	1 375 760.18
衍生金融资产	881.79	—	吸收存款	—	—
买入返售金融资产	638 643.02	208 059.13	应付款项	63 024.13	26 792.79
应收利息	79 847.87	82 950.75	应付手续费及佣金	—	4.64
应收股利	2 351.43	3 106.58	预收款项	609 642.35	395 839.34
分为贷款和应收款类的投资	420 006.23	272 874.31	应付职工薪酬	797 807.38	541 632.45
应收手续费及佣金	18 931.69	16 424.23	应交税费	729 722.58	584 708.06
应收款项	522 388.78	225 732.10	代理买卖证券款	1 335 641.10	1 280 340.20
发放中长期贷款	—	—	代理业务负债	1 611.07	1 639.37
结算备付金	119 856.31	283 437.74	代理兑付证券款	122.41	122.41
存出保证金	48 279.25	41 124.87	应付利息	16 833.02	11 867.27
其他应收款	269 948.30	126 366.74	应付股利	34 631.90	32 778.92
预付款项	17 830.33	63 334.87	其他应付款	362 722.65	431 442.76
存货	111 922.44	11 059.55	一年内到期的非流动负债	—	—
其他流动资产	70 334.22	86 415.67	存入保证金	—	—
流动资产合计	11 397 535.18	8 752 101.02	其他流动负债	36 890.60	26 543.89
发放贷款和垫款	2 901 482.83	2 399 348.39	流动负债合计	6 322 980.51	4 980 343.29
可供出售金融资产	7 207 964.70	5 883 490.01	递延收益	—	—
长期应收款	4 028.12	4 086.12	长期借款	180 800.00	309 137.23
长期股权投资	4 694 187.31	4 091 685.07	长期应付款	4 750.00	5 250.00
投资性房地产	120 015.94	277 515.21	预计负债	7 585.23	2 252.62
持有至到期投资	957 805.88	664 844.10	应付债券	—	—
固定资产	548 529.68	378 862.77	递延所得税负债	277 163.42	119 116.16
固定资产清理	-300.22	0.67	其他负债	759 918.56	654 420.95
在建工程	38 544.92	28 030.86	长期负债合计	1 230 217.21	1 090 176.97
无形资产	554 576.41	108 089.36	负债合计	7 553 197.72	6 070 520.25
开发支出	1 499.40	968.54	所有者权益（或股东权益）：	—	—
长期待摊费用	23 369.58	18 053.87	实收资本（或股本）	9 735 042.55	8 714 963.22
递延所得税资产	261 838.51	223 858.22	资本公积	2 621 643.76	2 022 367.22
抵债资产	1 157.96	1 157.96	减：库存股	—	—
代理业务资产	—	28.00	盈余公积	1 295 546.13	928 585.73
商誉	330 025.54	86 278.35	信托赔偿准备金	390 881.19	284 670.08
信托受益权	28 874.24	5 901.90	一般风险准备	669 733.16	480 160.61
其他非流动资产	1 037 215.80	854 980.39	未分配利润	6 659 699.28	4 714 364.62
非流动资产合计	18 710 816.59	15 027 179.78	外币折算差额	896.02	-409.55
			归属于母公司所有者权益合计	21 373 442.09	17 144 701.94
			少数股东权益	1 181 711.97	564 058.60
			所有者权益（或股东权益）合计	22 555 154.06	17 708 760.54
资产总计	30 108 351.77	23 779 280.80	负债和所有者权益（或股东权益）总计	30 108 351.77	23 779 280.80

注：将统计过程中报表数字尾差放在其他非流动资产中。

资产负债表按大类进行了分析，其增减变动情况见下表：

表 4－1－2　2012 年固有资产汇总简式资产负债表增减变动明细表

资产	年末数(万元)	年初数(万元)	增减额(万元)	增减率(%)	平均每户增减(万元)
流动资产合计	11 397 535.18	8 752 101.02	2 645 434.16	30.23	40 082.34
长期资产及长期投资合计	15 885 484.77	13 320 968.90	2 564 515.87	19.25	38 856.30
固定资产合计	586 774.38	406 894.30	179 880.08	44.21	2 725.46
无形资产及其他资产合计	1 976 718.93	1 075 458.36	901 260.57	83.80	13 655.46
递延税款资产	261 838.51	223 858.22	37 980.29	16.97	575.46
资产总计	30 108 351.77	23 779 280.80	6 329 070.98	26.62	95 895.01
流动负债合计	6 322 980.51	4 980 343.29	1 342 637.22	26.96	20 342.99
长期负债合计	1 230 217.21	1 090 176.97	140 040.24	12.85	2 121.82
负债合计	7 553 197.72	6 070 520.25	1 482 677.46	24.42	22 464.81
归属于母公司所有者权益合计	21 373 442.09	17 144 701.94	4 228 740.15	24.66	64 071.82
少数股东权益	1 181 711.97	564 058.60	617 653.37	109.50	9 358.38
负债及所有者权益合计	22 555 154.06	17 708 760.54	4 846 393.52	27.37	73 430.20

截至 2012 年末，66 家信托公司固有资产总规模为 3 010.84 亿元，较 2011 年固有资产总额 2 377.93 亿元增加了 632.91 亿元，增加了 26.62%。平均资产规模为 45.62 亿元，平均资产增加 9.59 亿元。

2012 年负债总额有所增加，2012 年末负债总额为 755.32 亿元，较 2011 年负债总额 607.05 亿元增加了 148.27 亿元，增加了 24.42%，平均负债规模为 11.44 亿元，平均负债增加 2.25 亿元。

表 4－1－3　2012 年固有资产汇总资产负债增减情况表

项目	2012 年 12 月 31 日	2011 年 12 月 31 日	增减额	增减(%)
资产总计(万元)	30 108 351.77	23 779 280.80	6 329 070.98	26.62
负债合计(万元)	7 553 197.72	6 070 520.25	1 482 677.46	24.42
所有者权益合计(万元)	22 555 154.06	17 708 760.54	4 846 393.52	27.37
资产负债率(%)	25.09	25.53	−0.44	

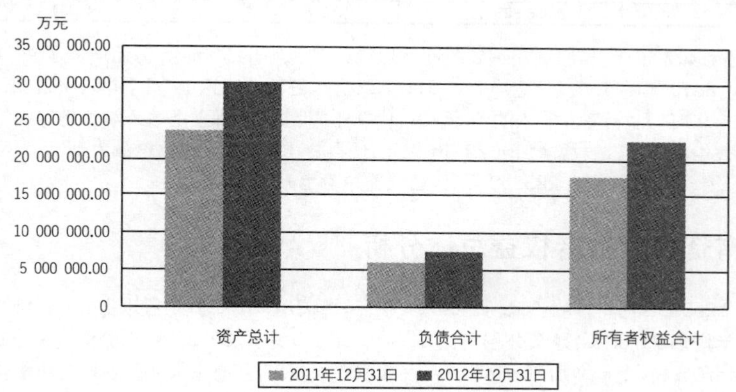

图 4－1－1　固有资产汇总资产负债情况图

从该表可以看出，2012 年与 2011 年相比，资产规模增加幅度与负债规模的增加幅度基本相当，导致 2012 年的资产负债率基本保持不变，仅下降了 −0.44%

二、2012 年固有资产经营成果总体分析

表 4－2－1　2012 年汇总利润表

单位：万元

项目	本年实际数(万元)	上年实际数(万元)	增减数	
			金额(万元)	比例(%)
一、营业总收入	7 713 597.77	5 284 211.35	2 429 386.41	45.97
1. 营业收入	468 764.63	71 856.71	396 907.91	552.36
2. 利息净收入	496 085.43	422 105.05	73 980.38	17.53
利息收入	609 935.46	512 610.91	97 324.54	18.99
利息支出	113 850.03	90 505.86	23 344.16	25.79
3. 金融企业往来净收入	2 583.73	1 656.40	927.32	55.98
金融企业往来收入	2 583.73	1 656.40	927.32	55.98
金融企业往来支出	—	—	—	—
4. 手续费及佣金净收入	5 117 186.51	3 711 741.14	1 405 445.37	37.86
手续费及佣金收入	5 253 407.53	3 823 155.76	1 430 251.77	37.41

续表

项目	本年实际数(万元)	上年实际数(万元)	增减数	
			金额(万元)	比例(%)
手续费及佣金支出	136 221.02	111 414.61	24 806.41	22.26
5. 租赁收入	5 530.94	4 620.13	910.81	19.71
6. 投资收益(损失以"－"号填列)	1 119 262.82	819 345.80	299 917.02	36.60
其中:对联营企业和合营企业的投资收益	177 762.53	149 235.55	28 526.98	19.12
7. 公允价值变动收益(损失以"－"号填列)	109 000.77	-81 976.54	190 977.31	-232.97
8. 汇兑收益(损失以"－"号填列)	-1 667.84	-5 608.27	3 940.44	-70.26
9. 其他业务收入	308 397.53	213 260.47	95 137.07	44.61
10. 证券销售差价收入(亏损以"－"号填列)	-6 285.03	-2 197.96	-4 087.07	185.95
11. 基金管理收入	94 738.27	128 953.47	-34 215.20	-26.53
12. 补贴收入	—	—	—	—
13. 信托业务收入	—	—	—	—
14. 担保业务收入	—	—	—	—
15. 房地产销售收入	—	454.95	-454.95	-100.00
二、营业总支出	2 988 562.50	2 046 910.56	941 651.94	46.00
1. 营业成本	222 821.32	68 556.23	154 265.09	225.02
1. 营业税金及附加	390 111.13	279 219.51	110 891.61	39.71
2. 业务(销售费用)	2 121 283.01	1 489 283.98	631 999.03	42.44
3. 管理费	72 042.35	52 341.86	19 700.50	37.64
4. 财务费用	577.39	1 385.48	-808.09	-58.33
5. 资产减值损失	91 432.41	87 533.04	3 899.36	4.45
6. 其他业务成本	90 294.89	68 235.26	22 059.64	32.33
7. 房地产销售成本	—	355.20	-355.20	-100.00
三、营业利润(亏损以"－"号填列)	4 725 035.27	3 237 300.80	1 487 734.47	45.96
加:营业外收入	52 012.42	48 346.54	3 665.88	7.58
减:营业外支出	12 650.04	12 160.14	489.90	4.03
四、利润总额(亏损总额以"－"号填列)	4 764 397.65	3 273 487.20	1 490 910.45	45.55
减:所得税费用	1 099 147.25	739 953.98	359 193.27	48.54
五、净利润(净亏损以"－"号填列)	3 665 250.41	2 533 533.22	1 131 717.18	44.67
六、其他综合收益	221 634.94	-297 542.13	519 177.07	-174.49
七、综合收益总额	3 886 885.34	2 235 991.09	1 650 894.25	73.83

2012 年信托公司经营业绩依然在上升，净利润达到 366.53 亿元，较上年的 253.35 亿元增加了 44.67%。其中手续费及佣金收入对净利润贡献依然最大，2012 年手续费及佣金净收入 511.72 亿元，占营业收入的 66.34%，不过相比 2011 年占比 70.24% 有所下降；其次是投资收益 111.93 亿元，占营业收入的 14.51%；信托业务收入、担保业务收入和房地产销售收入仍然金额很小。

另外在 2012 年的利润表中其他综合收益增加至 22.16 亿元，使得 2012 年综合收益总额为 388.69 亿元，相比之下，2011 年其他综合收益为 -29.75 亿元，综合收益总额为 223.60 元，综合收益总额上升 73.83%。

三、2012 年固有资产所有者权益总体分析

2012 年所有者权益为 2 255.52 亿元，较上年增加 484.64 亿元，增幅 27.37% 其中股本占比 43.16%，较上年增加 11.70%；资本公积占比 11.62%，较上年增加 29.63%；盈余公积占比 5.74%，较上年增加 39.52%；未分配利润占比 29.53%，较上年增加了 41.26%；风险准备金占比 4.70%，较上年增加 38.67%。从表 4-3-1 看出，所有者权益各项均有所增长。

表 4-3-1　固有资产所有者权益的组成占比一览表

金额单位:万元

项目	2012 年		2011 年		2012 年增减	
	金额(万元)	比率(%)	金额(万元)	比率(%)	金额(万元)	比率(%)
股本	9 735 042.55	43.16	8 714 963.22	49.21	1 020 079.32	11.70
资本公积	2 621 643.76	11.62	2 022 367.22	11.42	599 276.55	29.63
盈余公积	1 295 546.13	5.74	928 585.73	5.24	366 960.40	39.52
未分配利润	6 659 699.28	29.53	4 714 364.62	26.62	1 945 334.66	41.26
风险准备金	1 060 614.35	4.70	764 830.69	4.32	295 783.66	38.67
外币折算差额	896.02	0.00	-409.55	0.00	1 305.57	-318.78
归属于母公司所有者权益合计	21 373 442.09	94.76	17 144 701.94	96.81	4 228 740.15	24.66
少数股东权益	1 181 711.97	5.24	564 058.60	3.19	617 653.37	109.50
所有者权益合计	22 555 154.06	100.00	17 708 760.54	100.00	4 846 393.52	27.37

66 家公司 2012 年股本共增加 102.01 亿元，通过增资扩股，信托公司实力继续得到进一步加强。2012 年股本发生变动的情况分析见第一章。

表 4－3－2　2012 年汇总所有者权益变动表

单位：万元

项目	本年金额											
	归属于母公司所有者权益								少数股东权益	减：资产损失	外币报表折算差额	所有者权益合计
	实收资本（或股本）	资本公积	减：库存股	盈余公积	信托赔偿准备	一般风险准备	未分配利润	其他				
一、上年年末余额	8 714 963. 22	2 022 359. 80	—	929 943. 47	285 007. 06	480 157. 15	4 719 375. 96	—	564 059. 60	—	-410. 55	17 715 455. 71
加：会计政策变更	—	—	—	—	—	—	—	—	—	—	—	—
前期差错更正	—	7. 42	—	-2 621. 22	-329. 15	1. 64	-3 634. 27	—	—	—	—	-6 575. 58
其他	—	—	—	—	—	—	—	—	—	—	—	—
二、本年年初余额	8 714 963. 22	2 022 367. 22	—	927 322. 24	284 677. 91	480 158. 79	4 715 741. 69	—	564 059. 60	—	-410. 55	17 708 880. 13
三、本年增减变动金额（减少以"－"号填列）	1 020 079. 32	599 276. 53	—	368 223. 86	106 203. 28	189 574. 35	1 943 957. 58	—	617 660. 51	—	1 312. 17	4 846 287. 59
（一）净利润	—	—	—	—	—	—	3 602 393. 07	—	62 857. 31	—	-7. 26	3 665 243. 12
（二）其他综合收益	—	326 567. 65	—	—	—	—	116. 98	—	5 670. 77	—	0. 24	332 355. 63
1. 可供出售金融资产公允价值变动净额	—	92 850. 42	—	—	—	—	—	—	-165. 47	—	—	92 684. 95
2. 权益法下被投资单位其他所有者权益变动的影响	—	1 891. 01	—	—	—	—	—	—	—	—	—	1 891. 01
3. 与计入所有都权益项目相关的所得税影响	—	-4 932. 36	—	—	—	—	—	—	41. 37	—	—	-4 890. 99
4. 其他	—	1 544. 69	—	—	—	—	116. 98	—	-0. 02	—	-0. 02	1 661. 62
5. 未披露	—	235 213. 89	—	—	—	—	—	—	5 794. 89	—	0. 26	241 009. 03
净利润及其他综合收益小计	—	326 567. 65	—	—	—	—	3 602 510. 04	—	68 528. 08	—	-7. 02	3 997 598. 75
（三）所有者投入和减少资本	773 591. 32	325 320. 53	—	—	—	—	-31 400. 00	—	594 738. 45	—	—	1 662 250. 30
1. 所有者投入资本	773 591. 32	326 746. 68	—	—	—	—	-31 400. 00	—	9 695. 17	—	—	1 078 633. 17
2. 股份支付计入所有者权益的金额	—	—	—	—	—	—	—	—	50. 00	—	—	50. 00
3. 分立减资（或其他）	—	-1 426. 15	—	—	—	—	—	—	584 993. 28	—	—	583 567. 13
（四）利润分配	—	-1 603. 21	—	368 223. 86	106 203. 28	189 574. 35	-1 430 373. 71	—	-45 606. 03	—	—	-813 581. 46
1. 提取盈余公积	—	—	—	364 501. 31	—	—	-364 501. 31	—	—	—	—	—
2. 提取信托赔偿准备	—	—	—	—	107 854. 52	939. 76	-108 794. 28	—	—	—	—	—
3. 一般风险准备	—	—	—	—	—	305 636. 54	-305 636. 54	—	—	—	—	—
4. 所有者的分配	—	—	—	—	—	—	-738 247. 18	—	-45 567. 90	—	—	-783 815. 08
5. 其他	—	-1 603. 21	—	3 722. 55	-1 651. 24	-117 001. 95	86 805. 60	—	-38. 13	—	—	-29 766. 38
（五）所有者权益内部结转	246 488. 00	-51 008. 44	—	—	—	—	-196 778. 75	—	-7. 14	—	1 312. 60	6. 27
1. 资本公积转增资本	—	—	—	—	—	—	—	—	—	—	—	—
2. 盈余公积转增资本	—	—	—	—	—	—	—	—	—	—	—	—
3. 盈余公积弥补亏损	—	—	—	—	—	—	—	—	—	—	—	—
4. 其他	246 488. 00	-51 008. 44	—	—	—	—	-196 778. 75	—	-7. 14	—	1 312. 60	6. 27
未披露变更原因的调整事项	—	—	—	—	—	—	—	—	—	—	—	—
四、本年年末余额	9 735 042. 55	2 621 643. 74	—	1 295 546. 10	390 881. 18	669 733. 14	6 659 699. 27	—	1 181 712. 97	—	895. 03	22 555 153. 98

项目	上年金额											
	归属于母公司所有者权益								少数股东权益	减:资产损失	外币报表折算差额	所有者权益合计
	实收资本（或股本）	资本公积	减:库存股	盈余公积	信托赔偿准备	一般风险准备	未分配利润	其他				
一、上年年末余额	7 558 190. 22	2 207 858. 27	—	686 834. 12	219 658. 37	264 497. 78	3 274 500. 13	—	537 578. 35	—	-241. 54	14 748 875. 72
加:会计政策变更	—	—	—	116. 44	58. 22	—	989. 75	—	—	—	—	1 164. 41
前期差错更正	—	—	—	-259. 81	-138. 73	-1. 57	-4 177. 12	—	—	—	—	-4 577. 24
其他	—	—	—	333. 69	83. 42	—	1 251. 34	—	—	—	—	1 668. 45
二、本年年初余额	7 558 190. 22	2 207 858. 27	—	687 024. 44	219 661. 28	264 496. 21	3 272 564. 10	—	537 578. 35	—	-241. 54	14 747 131. 34
三、本年增减变动金额(减少以"-"号填列)	1 156 773. 00	-185 498. 46	—	242 919. 04	65 345. 79	215 660. 93	1 446 811. 84	—	26 583. 30	—	-74. 82	2 968 520. 62
(一)净利润	—	—	—	—	—	—	2 467 852. 83	—	72 417. 76	—	—	2 540 270. 59
(二)其他综合收益	—	-409 638. 45	—	—	—	—	-26. 79	—	-9 225. 72	—	-14. 73	-418 905. 69
1. 可供出售金融资产公允价值变动净额	—	-79 535. 73	—	—	—	—	—	—	-6 242. 23	—	—	-85 777. 96
2. 权益法下被投资单位其他所有者权益变动的影响	—	-4 432. 98	—	—	—	—	—	—	—	—	—	-4 432. 98
3. 与计入所有都权益项目相关的所得税影响	—	2 992. 95	—	—	—	—	—	—	-10. 72	—	—	2 982. 23
4. 其他	—	2 194. 52	—	—	—	—	-26. 79	—	-83. 98	—	—	2 083. 75
5. 未披露	—	-330 857. 21	—	—	—	—	—	—	-2 888. 80	—	-14. 73	-333 760. 74
净利润及其他综合收益小计	—	-409 638. 45	—	—	—	—	2 467 826. 04	—	63 192. 04	—	-14. 73	2 121 364. 90
(三)所有者投入和减少资本	988 474. 01	234 562. 07	—	—	—	—	-9. 20	—	9 407. 78	—	-60. 09	1 232 374. 57
1. 所有者投入资本	988 474. 01	234 702. 77	—	—	—	—	—	—	10 084. 23	—	—	1 233 261. 01
2. 股份支付计入所有者权益的金额	—	—	—	—	—	—	—	—	—	—	—	—
3. 分立减资(或其他)	—	-140. 71	—	—	—	—	-9. 20	—	-676. 45	—	-60. 09	-886. 45
(四)利润分配	—	-223. 79	—	246 223. 13	64 393. 11	215 660. 93	-857 524. 12	—	-41 559. 16	—	—	-373 029. 91
1. 提取盈余公积	—	—	—	245 009. 36	—	—	-245 009. 36	—	—	—	—	—
2. 提取信托赔偿准备	—	—	—	—	64 393. 11	436. 71	-64 829. 82	—	—	—	—	—
3. 一般风险准备	—	—	—	—	—	215 224. 24	-215 224. 24	—	—	—	—	—
4. 所有者的分配	—	—	—	—	—	—	-320 905. 23	—	-41 035. 44	—	—	-361 940. 68
5. 其他	—	-223. 79	—	1 213. 77	—	-0. 02	-11 555. 48	—	-523. 72	—	—	-11 089. 23
(五)所有者权益内部结转	168 298. 99	-10 198. 29	—	-3 304. 09	952. 68	—	-163 480. 88	—	-4 457. 36	—	—	-12 188. 94
1. 资本公积转增资本	1 308. 42	-1 308. 42	—	—	—	—	—	—	—	—	—	—
2. 盈余公积转增资本	2 404. 43	—	—	-2 404. 43	—	—	—	—	—	—	—	—
3. 盈余公积弥补亏损	—	—	—	—	—	—	—	—	—	—	—	—
4. 其他	164 586. 14	-8 889. 87	—	-899. 65	952. 68	—	-163 480. 88	—	-4 457. 36	—	—	-12 188. 94
未披露变更原因的调整事项	—	—	—	—	—	—	—	—	-102. 04	—	-94. 19	-196. 23
四、本年年末余额	8 714 963. 22	2 022 359. 81	—	929 943. 48	285 007. 07	480 157. 14	4 719 375. 94	—	564 059. 61	—	-410. 55	17 715 455. 73

注:在编制汇总所有者权益变动表中,存在部分公司与资产负债表数据上的尾差,汇总时未将尾差调整。

四、2012 年固有资产报表结构比率分析

(一)资产结构分析

1. 总体资产结构情况

表 4-4-1　2012 年固有资产汇总报表资产结构分析表

单位:万元

科目	2012 年 12 月 31 日		2011 年 12 月 31 日		增减	
	金额(万元)	占比(%)	金额(万元)	占比(%)	金额(万元)	占比(%)
流动资产	11 397 535.18	37.86	8 752 101.02	36.81	2 645 434.16	30.23
长期投资及长期资产	15 885 484.77	52.76	13 320 968.90	56.02	2 564 515.87	19.25
固定资产	586 774.38	1.95	406 894.30	1.71	179 880.08	44.21
无形资产及其他资产	1 976 718.93	6.57	1 075 458.36	4.52	901 260.57	83.80
递延税款资产	261 838.51	0.87	223 858.22	0.94	37 980.29	16.97
合计	30 108 351.77	100.00	23 779 280.80	100.00	6 329 070.98	26.62

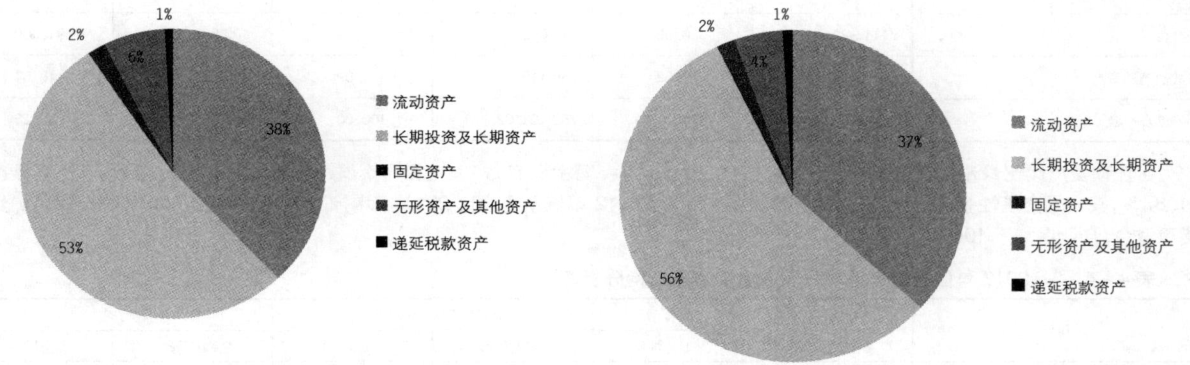

图 4-4-2　2012 年固有资产汇总报表资产结构分析　　图 4-4-3　2011 年固有资产汇总报表资产结构分析

从资产项目结构来看,占资产比例较大的主要为长期投资及长期资产、流动资产。其中,流动资产占比 37.86%,长期投资及长期资产占比 52.76%,两者共占总资产的 90.62%;比上年的 92.82% 下降了 2.2%。2012 年流动资产较上年的 875.21 亿元增加了 30.23%;长期投资及长期资产较上年的 1 332.10 亿元增加了 19.25%。

2. 流动资产结构情况

表 4-4-2　2012 年固有资产汇总报表流动资产结构分析表

科目	2012 年 12 月 31 日		2011 年 12 月 31 日		增减	
	金额(万元)	占比(%)	金额(万元)	占比(%)	金额(万元)	占比(%)
货币资金	4 646 190.60	40.76	3 605 035.76	41.19	1 041 154.84	28.88
现金及存放中央银行款项	426 752.40	3.74	454 228.26	5.19	-27 475.85	-6.05
存放同业款项	1 978 392.27	17.36	1 908 781.85	21.81	69 610.43	3.65
贵金属	11.10	0.00	4 328.96	0.05	-4 317.86	-99.74
其他货币资金	310.61	0.00	6 014.52	0.07	-5 703.91	-94.84
拆出资金	13 857.00	0.12	27 677.30	0.32	-13 820.30	-49.93
交易性金融资产	2 010 799.54	17.64	1 325 147.84	15.14	685 651.70	51.74

续表

科目	2012 年 12 月 31 日		2011 年 12 月 31 日		增减	
	金额（万元）	占比（%）	金额（万元）	占比（%）	金额（万元）	占比（%）
衍生金融资产	881.79	0.01	0.00	0.00	881.79	
买入返售金融资产	638 643.02	5.60	208 059.13	2.38	430 583.88	206.95
应收利息	79 847.87	0.70	82 950.75	0.95	-3 102.88	-3.74
应收股利	2 351.43	0.02	3 106.58	0.04	-755.15	-24.31
分为贷款和应收款类的投资	420 006.23	3.69	272 874.31	3.12	147 131.92	53.92
应收手续费及佣金	18 931.69	0.17	16 424.23	0.19	2 507.46	15.27
应收款项	522 388.78	4.58	225 732.10	2.58	296 656.68	131.42
发放中长期贷款	0.00	0.00	0.00	0.00	0.00	
结算备付金	119 856.31	1.05	283 437.74	3.24	-163 581.43	-57.71
存出保证金	48 279.25	0.42	41 124.87	0.47	7 154.38	17.40
其他应收款	269 948.30	2.37	126 366.74	1.44	143 581.57	113.62
预付款项	17 830.33	0.16	63 334.87	0.72	-45 504.55	-71.85
存货	111 922.44	0.98	11 059.55	0.13	100 862.89	912.00
其他流动资产	70 334.22	0.62	86 415.67	0.99	-16 081.44	-18.61
流动资产合计	11 397 535.18	100.00	8 752 101.02	100.00	2 645 434.16	30.23

占流动资产比例最高的是货币资金项目（包括货币资金、现金及存放中央银行款项、存放同业款项），合计占流动资产的61.87%，其次是交易性金融资产，占流动资产的17.64%。2012 年流动资产比 2011 年增加了 264.54 亿元，本期增长最大仍然是货币资金，合计增加了 104.12 亿元。

表 4－4－3　2012 年固有资产汇总报表非流动资产结构分析表

科目	2012 年 12 月 31 日		2011 年 12 月 31 日		增减	
	金额（万元）	占比（%）	金额（万元）	占比（%）	金额（万元）	占比（%）
发放贷款和垫款	2 901 482.83	15.51	2 399 348.39	15.97	502 134.44	20.93
可供出售金融资产	7 207 964.70	38.52	5 883 490.01	39.15	1 324 474.69	22.51
长期应收款	4 028.12	0.02	4 086.12	0.03	-58.00	-1.42
长期股权投资	4 694 187.31	25.09	4 091 685.07	27.23	602 502.23	14.73
投资性房地产	120 015.94	0.64	277 515.21	1.85	-157 499.27	-56.75
持有至到期投资	957 805.88	5.12	664 844.10	4.42	292 961.78	44.06
固定资产	548 529.68	2.93	378 862.77	2.52	169 666.90	44.78
固定资产清理	-300.22	0.00	0.67	0.00	-300.89	-44 908.96
在建工程	38 544.92	0.21	28 030.86	0.19	10 514.07	37.51
无形资产	554 576.41	2.96	108 089.36	0.72	446 487.05	413.07
开发支出	1 499.40	0.01	968.54	0.01	530.86	54.81
长期待摊费用	23 369.58	0.12	18 053.87	0.12	5 315.71	29.44
递延所得税资产	261 838.51	1.40	223 858.22	1.49	37 980.29	16.97
抵债资产	1 157.96	0.01	1 157.96	0.01	0.00	0.00
代理业务资产	—	0.00	28.00	0.00	-28.00	-100.00
商誉	330 025.54	1.76	86 278.35	0.57	243 747.19	282.51
信托受益权	28 874.24	0.15	5 901.90	0.04	22 972.35	389.24
其他非流动资产	1 037 215.80	5.54	854 980.39	5.69	182 235.41	21.31
非流动资产合计	18 710 816.59	100.00	15 027 179.78	100.00	3 683 636.81	24.51

非流动资产的增加主要是发放贷款和垫款、可供出售的金融资产以及长期股权投资的增加，合计较 2011 增加了 242.91 亿元，占增加总额的65.94%。

(二)负债结构分析

表4-4-4　2012年固有资产汇总报表负债结构分析表

科目	2012年12月31日		2011年12月31日		增减	
	金额(万元)	比例(%)	金额(万元)	比例(%)	金额(万元)	比例(%)
流动负债合计	6 322 980.51	83.71	4 980 343.29	82.04	1 342 637.22	26.96
长期负债合计	1 230 217.21	16.29	1 090 176.97	17.96	140 040.24	12.85
合计	7 553 197.72	100.00	6 070 520.25	100.00	1 482 677.46	24.42

从固有资产汇总报表负债结构分析表来看,2012年流动负债占比83.71%;长期负债占比16.29%,本期流动负债大幅增加,长期负债所占比例与上年相对减少。流动负债本年增加134.26亿元,长期负债本年增加了14.04亿元。

表4-4-5　2012年固有资产汇总报表流动负债结构分析表

科目	2012年12月31日		2011年12月31日		增减	
	金额(万元)	比例(%)	金额(万元)	比例(%)	金额(万元)	比例(%)
向中央银行借款	4 000.00	0.06	4 000.00	0.08	0.00	0.00
短期借款	134 792.95	2.13	86 321.00	1.73	48 471.95	56.15
拆入资金	184 550.00	2.92	180 550.00	3.63	4 000.00	2.22
卖出回购金融资产款	2 010 988.37	31.80	1 375 760.18	27.62	635 228.19	46.17
应付款项	63 024.13	1.00	26 792.79	0.54	36 231.33	135.23
应付手续费及佣金	—	0.00	4.64	0.00	-4.64	-100.00
预收款项	609 642.35	9.64	395 839.34	7.95	213 803.01	54.01
应付职工薪酬	797 807.38	12.62	541 632.45	10.88	256 174.93	47.30
应交税费	729 722.58	11.54	584 708.06	11.74	145 014.52	24.80
代理买卖证券款	1 335 641.10	21.12	1 280 340.20	25.71	55 300.90	4.32
代理业务负债	1 611.07	0.03	1 639.37	0.03	-28.30	-1.73
代理兑付证券款	122.41	0.00	122.41	0.00	0.00	0.00
应付利息	16 833.02	0.27	11 867.27	0.24	4 965.75	41.84
应付股利	34 631.90	0.55	32 778.92	0.66	1 852.99	5.65
其他应付款	362 722.65	5.74	431 442.76	8.66	-68 720.12	-15.93
其他流动负债	36 890.60	0.58	26 543.89	0.53	10 346.72	38.98
流动负债合计	6 322 980.51	100.00	4 980 343.29	100.00	1 342 637.22	26.96

注:各项流动负债的比例是按照其占总流动负债的比例计算。

2012年,流动负债比上年增加了134.26亿元,增加幅度较大,其中增加幅度和金额较大的仍然为卖出回购金融资产款,增加了63.52亿元;其次代理买卖证券款与上期相反,未减少而略有增加。在上市公司年报披露中要求,凡项目增减变动超过30%的项目都要进行文字性说明。所以我们建议各信托公司能参照该规定进行信息披露,以便投资者能够了解更多的信息。

(三)偿债能力分析

1. 资产负债率分析

资产负债率=汇总负债总额/汇总资产总额×100%

表4-4-6　2012年固有资产汇总报表资产负债率分析

项目	2012年	2011年	增减
资产负债率	25.09	25.53	-0.44

2012年信托公司汇总资产负债率为25.09%,已经连续2年都呈现轻微下降,表明业务逐渐趋于稳定,资产安全性增强,整个信托行业正处于健康发展的良性轨道上。

2. 流动比率分析

流动比率＝汇总流动资产/汇总流动负债

表 4－4－7　2012 年固有资产汇总报表流动比率分析

项目	2012 年	2011 年	增减
流动比率（%）	1.80	1.76	0.04

2012 年固有资产流动比例为 1.80，较上年增加了 0.04，表明企业短期偿债能力略有上升。66 家公司中流动比率大于 2 的有 18 家，小于 1 的有 3 家，总体上看比上年略有提高，但仍有 33 家公司流动比率呈上升趋势，上升最大的为中粮信托（详见表 3－3－4）。

3. 现金比率分析

现金偿债比率＝汇总（货币资金＋存放中央银行款项＋存放同业款项＋其他货币资金）/汇总流动负债

表 4－4－8　2012 年固有资产汇总现金偿债比率分析

项目	2012 年	2011 年	增减
现金偿债比率（%）	1.12	1.20	-0.08

现金偿债比率较上年下降 0.09。在 2010 年和 2009 年略微下降后，2011 年上升 0.13，2012 年又有所下降，但总体上变化不大，说明信托公司整体上立即偿还到期债务的能力基本保持不变。

（四）盈利能力分析

1. 营业利润分析

表 4－4－9　2012 年固有资产汇总报表营业利润率

项目	2012 年	2011 年	增减
营业收入（万元）	7 713 597.77	5 284 211.35	2 429 386.41
营业利润（万元）	4 725 035.27	3 237 300.80	1 487 734.47
营业利润率（%）	61.26	61.26	—

营业利润率与上年基本保持持平，说明信托公司经营中的获利能力未发生较大变化。

2. 收入结构分析

表 4－4－10　2012 年固有资产汇总报表营业收入组成明细表

项　目	2012 年		2011 年		增减	
	金额（万元）	比例（%）	金额（万元）	比例（%）	金额（万元）	比例（%）
1. 营业收入	468 764.63	6.08	71 856.71	1.36	396 907.91	552.36
2. 利息净收入	496 085.43	6.43	422 105.05	7.99	73 980.38	17.53
3. 金融企业往来净收入	2 583.73	0.03	1 656.40	0.03	927.32	55.98
4. 手续费及佣金净收入	5 117 186.51	66.34	3 711 741.14	70.24	1 405 445.37	37.86
5. 租赁收入	5 530.94	0.07	4 620.13	0.09	910.81	19.71
6. 投资收益（损失以"－"号填列）	1 119 262.82	14.51	819 345.80	15.51	299 917.02	36.60
7. 公允价值变动收益（损失以"－"号填列）	109 000.77	1.41	-81 976.54	-1.55	190 977.31	-232.97
8. 汇兑收益（损失以"－"号填列）	-1 667.84	-0.02	-5 608.27	-0.11	3 940.44	-70.26
9. 其他业务收入	308 397.53	4.00	213 260.47	4.04	95 137.07	44.61
10. 证券销售差价收入（亏损以"－"号填列）	-6 285.03	-0.08	-2 197.96	-0.04	-4 087.07	185.95
11. 基金管理收入	94 738.27	1.23	128 953.47	2.44	-34 215.20	-26.53
12. 补贴收入	—	0.00	—	0.00	—	100.00
13. 信托业务收入	—	0.00	—	0.00	—	—
14. 担保业务收入	—	0.00	—	0.00	—	—
15. 房地产销售收入	—	0.00	454.95	0.01	-454.95	-100.00
营业总收入合计	7 713 597.77	100.00	5 284 211.35	100.00	2 429 386.41	45.97

注：本期将营业收入单独列示披露。

2012 年营业总收入为 771. 36 亿元,较上年 528. 42 亿元增加了 242. 94 亿元,增长了 45. 97%。其中手续费及佣金净收入较上年增加 140. 54 亿元,增幅为 37. 86%,但增幅有所下降。在 2012 年营业收入构成中,手续费及佣金净收入占比最高,达到 66. 34%,其次是投资收益,占比 14. 51%。

3. 固有业务净利润分析

表 4－4－11　2012 年固有资产汇总报表净利润情况表

项目名称	2012 年(万元)	2011 年(万元)	增减(%)
净利润	3 665 250. 41	2 533 533. 22	44. 67

2012 年度净利润比 2011 年度依然大幅增加,但分布并不均衡。经分析有 61 家公司净利润增长,仅 5 家减少,中泰信托减少最多,为 1. 40 亿元。

4. 净资产收益率分析

净资产收益率＝汇总本年净利润/汇总年末净资产

表 4－4－12　2012 年固有资产汇总报表净资产收益率情况表

项目名称	2012 年	2011 年	增减
净资产收益率(%)	16. 25	14. 31	1. 94%

本年 66 家公司固有资产汇总报表净资产收益率为 16. 25%,较上年提高了 1. 94%。2012 年净资产收益率超过 5% 的公司有 65 家,仅长城新盛信托收益率未达到 5%,但也有 3. 96%,业绩总体良好。

5. 总资产收益率分析

总资产收益率＝汇总本年净利润/汇总年末总资产

表 4－4－13　2012 年固有资产汇总报表总资产收益率情况表

项目名称	2012 年	2011 年	增减
总资产收益率(%)	12. 17	10. 65	1. 52

总体来讲,2012 年信托公司的资产利用水平有所提高,在资产增幅较大的情况下,收益率仍增长 1. 52%。

6. 固有资产人均利润

表 4－4－14　2012 年固有资产汇总报表人均利润最高最低前五位公司排名表

最高五位			最低五位		
序号	公司简称	人均利润(万元)	序号	公司简称	人均利润(万元)
1	江苏信托	1 559. 15	1	中泰信托	110. 68
2	重庆信托	1 036. 82	2	新时代信托	98. 25
3	中诚信托	926. 46	3	山西信托	77. 11
4	中铁信托	771. 00	4	吉林信托	66. 57
5	中海信托	733. 89	5	长城新盛信托	61. 83

7. 利润总额分析

表 4－4－15　汇总利润总额变动情况表

项目	2012 年(万元)	2011 年(万元)	增减额(万元)	增减率(%)
营业利润	4 725 035. 27	3 237 300. 80	1 487 734. 47	45. 96
营业外收入	52 012. 42	48 346. 54	3 665. 88	7. 58
营业外支出	12 650. 04	12 160. 14	489. 90	4. 03
利润总额	4 764 397. 65	3 273 487. 20	1 490 910. 45	45. 55

表 4－4－16　固有资产利润总额的组成占比一览表

金额单位:万元

公司简称	营业利润(万元)	加:营业外收入(万元)	减:营业外支出(万元)	利润总额(万元)	占汇总利润比例(%)
国元信托	51 311. 06	169. 73	10. 92	51 469. 87	1. 08
安信信托	15 251. 53	1 371. 90	11. 29	16 612. 14	0. 35
百瑞信托	62 261. 55	95. 03	4. 12	62 352. 46	1. 31

续表

公司简称	营业利润	加:营业外收入	减:营业外支出	利润总额	占汇总利润比例
北方信托	57 877.92	1 012.53	21.18	58 869.27	1.24
北京信托	94 859.21	1 709.43	260.97	96 307.66	2.02
渤海信托	51 563.56	3 423.72	—	54 987.27	1.15
长安信托	103 374.75	42.36	0.12	103 416.99	2.17
重庆信托	107 324.92	1 079.58	19.72	108 384.78	2.27
华信信托	101 963.33	170.00	5.14	102 128.19	2.14
大业信托	25 113.78	—	—	25 113.78	0.53
东莞信托	32 177.76	535.74	34.17	32 679.33	0.69
方正东亚信托	52 126.10	100.00	1.84	52 224.26	1.10
甘肃信托	18 197.07	—	31.25	18 165.82	0.38
粤财信托	48 956.51	7.58	22.81	48 941.28	1.03
国联信托	30 515.00	—	181.00	30 334.00	0.64
国民信托	44 518.76	8.26	1.49	44 525.53	0.93
国投信托	38 986.54	2 688.24	11.47	41 663.32	0.87
杭州工商信托	32 389.00	3.00	55.00	32 337.00	0.68
湖南信托	44 611.00	55.00	56.00	44 610.00	0.94
华澳信托	16 478.90	548.75	11.62	17 016.03	0.36
华宝信托	82 035.13	3 606.22	5.86	85 635.49	1.80
华宸信托	20 809.88	0.15	54.36	20 755.67	0.44
华能信托	80 720.76	157.48	20.00	80 858.24	1.70
华融信托	87 382.45	35.96	—	87 418.41	1.83
华润信托	162 985.14	132.04	189.05	162 928.13	3.42
华鑫信托	53 048.84	131.32	—	53 180.16	1.12
吉林信托	26 770.67	6 364.82	649.33	32 486.16	0.68
建信信托	77 491.87	152.31	8.68	77 635.50	1.63
江苏信托	117 681.51	—	129.05	117 552.46	2.47
交银国际信托	45 411.32	52.95	30.22	45 434.05	0.95
昆仑信托	95 503.06	4 920.00	50.00	100 373.06	2.11
陆家嘴信托	16 239.55	98.32	0.40	16 337.47	0.34
平安信托	384 703.72	2 928.90	8 340.33	379 292.29	7.96
山东信托	94 267.34	589.67	0.30	94 856.71	1.99
山西信托	18 791.28	28.66	11.23	18 808.71	0.39
陕国投	34 707.07	98.66	0.55	34 805.18	0.73
爱建信托	30 441.96	250.46	1.65	30 690.77	0.64
上海信托	132 905.29	190.49	104.99	132 990.79	2.79
四川信托	118 038.03	40.39	30.86	118 047.57	2.48
苏州信托	36 633.31	17.59	34.54	36 616.36	0.77
天津信托	33 730.94	10.94	39.53	33 702.35	0.71
五矿信托	59 704.95	3 062.33	47.57	62 719.71	1.32
西部信托	21 196.59	1.03	5.00	21 192.62	0.44
西藏信托	10 153.61	—	—	10 153.61	0.21
厦门国际信托	55 284.00	1.00	144.00	55 141.00	1.16
新华信托	73 238.18	31.17	189.87	73 079.48	1.53
长城新盛信托	1 659.20	—	1.19	1 658.02	0.03
新时代信托	27 006.12	368.65	16.08	27 358.69	0.57
兴业信托	103 330.58	41.72	189.49	103 182.81	2.17
英大信托	66 765.39	448.68	361.02	66 853.05	1.40
云南信托	20 802.46	12.12	0.79	20 813.79	0.44
浙金信托	3 049.71	2 200.00	—	5 249.71	0.11
中诚信托	207 841.42	63.03	77.67	207 826.78	4.36

续表

公司简称	营业利润(万元)	加:营业外收入(万元)	减:营业外支出(万元)	利润总额(万元)	占汇总利润比例(%)
外贸信托	138 321.12	25.54	25.27	138 321.39	2.90
金谷信托	68 540.93	24.38	8.00	68 557.31	1.44
中海信托	93 668.82	4 824.83	27.40	98 466.25	2.07
中航信托	83 486.54	266.00	249.63	83 502.91	1.75
中江信托	68 638.06	1 525.85	275.65	69 888.25	1.47
中粮信托	23 421.07	775.01	0.34	24 195.74	0.51
中融信托	202 741.37	1 213.84	463.77	203 491.44	4.27
中泰信托	51 847.48	1 363.74	25.03	53 186.19	1.12
中铁信托	106 459.93	2 155.08	13.63	108 601.38	2.28
中投信托	37 503.44	733.60	65.01	38 172.03	0.80
中信信托	360 738.41	24.57	0.10	360 762.88	7.57
中原信托	42 725.97	8.22	22.38	42 711.81	0.90
紫金信托	16 752.55	13.86	0.10	16 766.30	0.35
合计	4 725 035.27	52 012.42	12 650.04	4 764 397.65	100.00

五、2012 年自营资产分布与运用情况分析

表 4-5-1　信托公司自营资产分布与组合状况汇总表

资产运用	金额(万元)	占比(%)	资产分布	金额(万元)	占比(%)
货币资产	4 666 669.09	20.66	基础产业	701 723.00	3.11
短期投资	44 050.21	0.20	房地产业	1 715 597.25	7.60
交易性金融资产	1 096 571.10	4.86	证券	3 820 088.41	16.91
贷款及应收款	3 658 240.70	16.20	金融机构	8 394 546.36	37.17
其他应收款	118 204.74	0.52	股权投资		
发放贷款和垫款	138 722.27	0.61	实业	1 708 625.15	7.56
其他流动资产	994.81	0.00	其他	6 245 619.46	27.65
可供出售金融资产	5 412 885.48	23.97			
长期股权投资	4 889 343.48	21.65			
持有至到期投资	884 798.31	3.92			
固定资产	44 062.93	0.20			
其他	1 631 656.51	7.22			
资产总计	22 586 199.63	100.00	资产总计	22 586 199.63	100.00

注:尾差0.02轧在其他中。

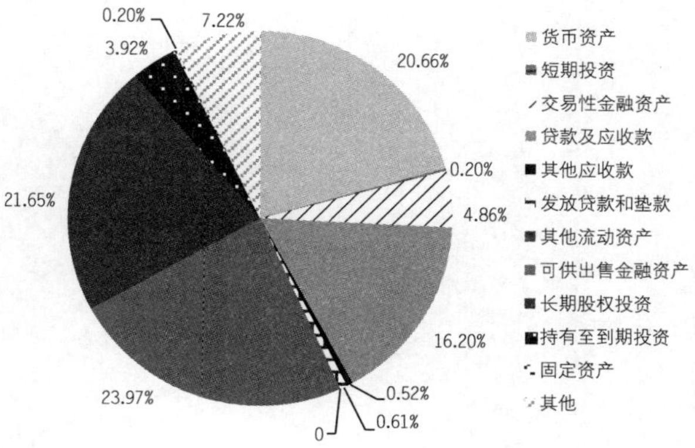

图 4-4-4　自营资产运用分析图

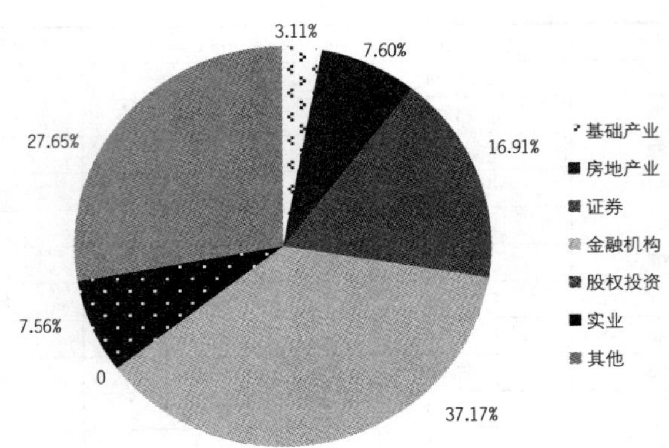

图 4-4-5　自营资产运用分析图

从自营资产的运用组合来看，主要集中在可供出售金融资产和长期投资上，合计占比达 45.61%，说明信托公司目前的经营方式仍以传统业务为主导。

第五章　信托资产报表的总体分析

本章将 2012 年 66 家信托公司披露的信托资产部分的会计报表，包括资产负债表和利润表分别汇总成代表中国信托行业信托资产整体状况的汇总报表，对中国信托公司信托资产的整体财务状况和经营成果进行分析。

一、2012 年信托资产汇总报表分析

（一）2012 年信托业务报表财务状况基本特点

从 2012 年信托公司披露的信托业务报表来看，信托业务整体大幅增长：资产规模增加了 55. 42%，营业收入增加 129. 88%，远远高于自营收入的增长幅度 45. 97%。利息收入和投资收益成仍是信托业务的主要利润来源，营业费用等各项管理费用稳步增长，利润率有所提高。

（二）2012 年信托业务汇总报表

表 5－1－1　2012 年信托资产的汇总资产负债表

信托资产	年末数（万元）	年初数（万元）	增减额（万元）	增减率（%）
信托资产：				
货币资金	70 036 180. 47	61 332 226. 24	8 703 954. 23	14. 19
拆出资金	—	15 000. 00	－15 000. 00	－100. 00
存出保证金	72 640. 08	72 262. 61	377. 47	0. 52
交易性金融资产	64 236 974. 96	28 338 668. 36	35 898 306. 60	126. 68
应收票据	—	3 145 498. 22	－3 145 498. 22	－100. 00
应收利息	144 416. 24	15 271. 49	129 144. 75	845. 66
应收股利	1 944. 47	29 882. 57	－27 938. 10	－93. 49
应收款项	23 943 471. 42	20 641 210. 58	3 302 260. 84	16. 00
发放贷款	293 866 255. 12	163 771 645. 85	130 094 609. 27	79. 44
买入返售资产	24 876 477. 28	14 036 492. 03	10 839 985. 25	77. 23
衍生金融资产	1 664. 15	2 984. 81	－1 320. 66	－44. 25
结算备付金	344 018. 67	433 024. 73	－89 006. 06	－20. 55
其他应收款	1 891 860. 91	1 000 128. 20	891 732. 71	89. 16
其他流动资产	477. 40	—	477. 40	—
可供出售金融资产	58 267 301. 38	37 060 986. 97	21 206 314. 41	57. 22
持有至到期投资	82 201 704. 32	57 366 975. 48	24 834 728. 84	43. 29
长期贷款	—	—	0. 00	—
客户贷款	12 492 980. 48	9 581 567. 68	2 911 412. 80	30. 39
长期债权投资	—	—	0. 00	—
长期股权投资	72 685 036. 91	67 180 805. 99	5 504 230. 92	8. 19
其他长期投资	7 900. 00	—	7 900. 00	—
长期应收款	3 736 368. 26	1 720 527. 71	2 015 840. 55	117. 16
应收融资租赁款				
减：各项资产减值准备				
固定资产	56 757. 97	4 612. 80	52 145. 17	1 130. 45
投资性房地产	258 793. 20	647 017. 50	－388 224. 30	－60. 00
无形资产	207 480. 00	119 900. 00	87 580. 00	73. 04
长期待摊费用	43 368. 29	31 093. 38	12 274. 91	39. 48
其他资产	37 370 691. 46	13 932 762. 75	23 437 928. 71	168. 22
信托资产合计	746 744 763. 44	480 480 545. 95	266 264 217. 49	55. 42

续表

信托负债和信托权益	年末数(万元)	年初数(万元)	增减额(万元)	增减率(%)
信托负债：				
应付受托人报酬	266 281. 50	118 954. 15	147 327. 35	123. 85
应付托管费	36 590. 11	16 293. 14	20 296. 97	124. 57
应付管理人报酬	—	48. 30	-48. 30	-100. 00
应付受益人收益	201 150. 00	124 587. 21	76 562. 79	61. 45
衍生金融负债	52. 72	—	52. 72	—
交易性金融负债	50. 01	—	50. 01	—
应付股利	24 458. 98	1 653. 17	22 805. 81	1379. 52
应付账款	56 105. 89	25 116. 70	30 989. 19	123. 38
预收账款	1 389. 52	1 207. 00	182. 52	15. 12
其他应付款项	2 977 292. 63	1 587 915. 16	1 389 377. 47	87. 50
应交税金	30 859. 91	28 770. 19	2 089. 72	7. 26
卖出回购资产款	190 818. 88	207 728. 72	-16 909. 84	-8. 14
其他负债	106 025. 76	36 334. 48	69 691. 28	191. 80
应付销售服务费	5 245. 84	3 197. 57	2 048. 27	64. 06
长期应付款	16 786. 40	20 406. 32	-3 619. 92	-17. 74
信托负债合计	3 913 108. 15	2 172 212. 11	1 740 896. 04	80. 14
信托权益：				
实收资本	733 352 750. 88	476 968 097. 61	256 384 653. 27	53. 75
资本公积	4 574 389. 92	1 417 025. 82	3 157 364. 10	222. 82
损益平准	—	—	—	—
未分配利润	4 904 514. 49	-76 789. 59	4 981 304. 08	-6486. 95
外币报表折算差额	—	—	—	—
信托权益合计	742 831 655. 29	478 308 333. 84	264 523 321. 45	55. 30
信托负债及信托权益合计	746 744 763. 44	480 480 545. 95	266 264 217. 49	55. 42

注：1. 在统计过程中，由于部分公司报表存在尾差 尾差合计 0. 02，在汇总报表时将其全部记入其他资产科目。
2. 汇总报表中未包含陆家嘴信托期初数，因其未披露此相关报表。

表 5－1－2　2012 年信托资产的汇总简式资产负债表

信托资产	2012 年 12 月 31 日(万元)	2011 年 12 月 31 日(万元)	增减额(万元)	增减率(%)
信托资产合计	746 744 763. 44	480 480 545. 95	266 264 217. 49	55. 42
信托负债合计	3 913 108. 15	2 172 212. 11	1 740 896. 04	80. 14
信托权益合计	742 831 655. 29	478 308 333. 84	264 523 321. 45	55. 30

2012 年信托资产资产总额比 2011 年增加了 26 626. 42 亿元，主要是因为发放贷款增加了 13 009. 46 亿元，交易性金融资产增加了 3 589. 83 亿元以及可供出售金融资产增加了 2 120. 63 亿元。相比资产总额的大额增加，信托负债增加的金额相对较小，仅 174. 09 亿元，主要是因为其他应付款项增加了 138. 94 亿元。信托资产的权益增加较多，合计增加了 26 452. 33 亿元，主要是实收资本增加了 25 638. 47 亿元。

信托资产主要是代客理财，体现在信托资产和信托权益上，信托负债相对较小。2012 年 12 月 31 日的信托负债主要是其他应付款项。

表 5－1－3　2012 年信托资产的汇总利润表

项目	2012 年度(万元)	2011 年度(万元)	增减额(万元)	增减率(%)
一、营业收入	47 160 835. 37	20 515 543. 31	26 645 292. 06	129. 88
利息收入	25 029 827. 17	14 871 979. 58	10 157 847. 59	68. 30
投资收益	17 298 296. 11	6 261 129. 33	11 037 166. 78	176. 28
租赁收入	138 145. 88	105 438. 70	32 707. 18	31. 02
公允价值变动损益	2 185 816. 67	-2 372 043. 90	4 557 860. 57	-192. 15
汇兑损益(损失以"－"号填列)	-1 464. 21	-390. 06	-1 074. 15	275. 38

续表

项目	2012年度(万元)	2011年度(万元)	增减额(万元)	增减率(%)
其他收入	2 510 213.75	1 649 429.66	860 784.09	52.19
二、营业支出	7 525 248.24	4 321 718.85	3 203 529.39	74.13
三、营业税金及附加	114 148.05	90 443.26	23 704.79	26.21
四、营业外收支	-33.40	-6 709.99	6 676.59	-99.50
五、扣除资产损失前的信托利润	39 521 405.68	16 096 671.21	23 424 734.47	145.53
减:资产减值损失	-82 111.27	-64 909.45	-17 201.82	26.50
加:其他综合收益	1 729 519.92	38 917.60	1 690 602.32	4 344.06
六、综合收益	41 333 036.87	16 200 498.26	25 132 538.61	155.13
加:期初未分配信托利润	-76 926.71	3 371 694.91	-3 448 621.62	-102.28
加:申购赎回盈余	—	—	—	—
加:未分配信托利润平准金	19 335.34	-3 149.36	22 484.70	-713.95
加:资本公积补亏	—	—	—	—
加:其他转入	8 930.71	1 041.59	7 889.12	757.41
加:执行企业会计准则影响数	—	—	—	—
减:年初调整事项	—	0.05	-0.05	-100.00
减:其他综合收益	1 729 519.92	38 917.60	1 690 602.32	4 344.06
七、可供分配的信托利润	39 554 856.29	19 531 167.75	20 023 688.54	102.52
减:本期已分配信托利润	35 376 702.15	19 634 604.38	15 742 097.77	80.18
加:损益平准金	655 989.40	6 429.92	649 559.48	10 102.14
加:未注明原因的事项	—	—	—	—
八、期末未分配信托利润	4 834 143.54	-97 006.71	4 931 150.25	-5 083.31

注:1. 汇总报表的上年数中未包含陆家嘴信托,因为其审计报告中未披露上年金额。
2. 对部分未披露上年金额的信托公司,采用2011年报告的数据进行统计。导致期末未分配信托利润与信托资产汇总资产负债表不一致。

2012年信托业务收入4 716.08亿元,比2011年的2 051.55亿元增加了2 664.53亿元,上升了129.88%。2012年扣除资产损失后的信托利润为3 952.14亿元,比2011年增加了2 342.47亿元。本年将可供分配利润的89.44%用于分配,年末未分配信托利润483.41万元,比2011年增加了了493.12亿元。

信托利润的大幅上升主要是由于利息收入和投资收益的增加。

(三)2012年信托资产财务状况结构分析

表5-1-4 2012年信托资产资产负债率分析表

信托资产	2012年12月31日(万元)	2011年12月31日(万元)	增减额(万元)	增减率(%)
信托资产合计	746 744 763.44	480 480 545.95	266 264 217.49	55.42
信托负债合计	3 913 108.15	2 172 212.11	1 740 896.04	80.14
信托权益合计	742 831 655.29	478 308 333.84	264 523 321.45	55.30
资产负债率	0.52	0.45		

表5-1-5 2012年信托资产结构比率分析表

项目名称	2012年12月31日		2011年12月31日		增减	
	金额(万元)	占比(%)	金额(万元)	占比(%)	金额(万元)	比率(%)
货币资金	70 036 180.47	9.38	61 332 226.24	12.76	8 703 954.23	14.19
拆出资金	—	—	15 000.00	—	-15 000.00	-100.00
存出保证金	72 640.08	0.01	72 262.61	0.02	377.47	0.52
交易性金融资产	64 236 974.96	8.60	28 338 668.36	5.90	35 898 306.60	126.68
应收票据	—	—	3 145 498.22	0.65	-3 145 498.22	-100.00
应收利息	144 416.24	0.02	15 271.49	—	129 144.75	845.66
应收股利	1 944.47	—	29 882.57	0.01	-27 938.10	-93.49
应收款项	23 943 471.42	3.21	20 641 210.58	4.30	3 302 260.84	16.00

续表

项目名称	2012 年 12 月 31 日		2011 年 12 月 31 日		增减	
	金额（万元）	占比（%）	金额（万元）	占比（%）	金额（万元）	比率（%）
发放贷款	293 866 255.12	39.35	163 771 645.85	34.08	130 094 609.27	79.44
买入返售资产	24 876 477.28	3.33	14 036 492.03	2.92	10 839 985.25	77.23
买入信贷资产	—	—	—	—	—	—
衍生金融资产	1 664.15	—	2 984.81	—	-1 320.66	-44.25
结算备付金	344 018.67	0.05	433 024.73	0.09	-89 006.06	-20.55
其他应收款	1 891 860.91	0.25	1 000 128.20	0.21	891 732.71	89.16
其他流动资产	477.40	—	—	—	477.40	—
可供出售金融资产	58 267 301.38	7.80	37 060 986.97	7.71	21 206 314.41	57.22
持有至到期投资	82 201 704.32	11.01	57 366 975.48	11.94	24 834 728.84	43.29
客户贷款	12 492 980.48	1.67	9 581 567.68	1.99	2 911 412.80	30.39
长期股权投资	72 685 036.91	9.73	67 180 805.99	13.98	5 504 230.92	8.19
其他长期投资	7 900.00	—	—	—	7 900.00	—
长期应收款	3 736 368.26	0.50	1 720 527.71	0.36	2 015 840.55	117.16
固定资产	56 757.97	0.01	4 612.80	0.00	52 145.17	1 130.45
投资性房地产	258 793.20	0.03	647 017.50	0.13	-388 224.30	-60.00
无形资产	207 480.00	0.03	119 900.00	0.02	87 580.00	73.04
长期待摊费用	43 368.29	0.01	31 093.38	0.01	12 274.91	39.48
其他资产	37 370 691.46	5.00	13 932 762.75	2.90	23 437 928.71	168.22
信托资产运用合计	746 744 763.44	100.00	480 480 545.95	100.00	266 264 217.49	55.42

从资产结构来看，发放贷款总额达 29 386.63 亿元，占总信托资产的 39.35%，其次持有到期投资总额达 8 220.17 亿元，占总资产的 11.01%。资产结构与上年相比，大幅增加，主要增加的为发放贷款和交易性金融资产；本年交易性金融资产、可供出售金融资产以及持有至到期投资总额比上年合计增加 8 193.93 亿元，表明信托公司继续以主业为主，积极开拓新的信托资产运用渠道，进行多元化信托资产运用。

（四）2012 年信托权益结构分析

表 5－1－6　2012 年信托资产汇总报表信托权益结构表

项目名称	2012－12－31		2011－12－31		增减	
	金额（万元）	占比（%）	金额（万元）	占比（%）	金额（万元）	比率（%）
实收信托	733 352 750.88	98.72	476 968 097.61	99.72	256 384 653.27	53.75
资本公积	4 574 389.92	0.62	1 417 025.82	0.30	3 157 364.10	222.82
损益平准						
未分配利润	4 904 514.49	0.66	-76 789.59	-0.02	4 981 304.08	-6 486.95
外币报表折算差						
信托权益合计	742 831 655.29	100.00	478 308 333.84	100.00	264 523 321.45	55.30

注：部分公司报表不平，导致此处未分配利润与表 5－1－3 不一致。

从上表可以看到，实收信托总额达 73 335.28 亿元 较上年增加了 53.75%，占总信托权益的 98.72%，说明信托业务规模继续保持高速增长态势。

（五）2012 年信托资产经营成果结构分析

表 5－1－7　2012 年信托资产汇总报表收入结构分析表

项目名称	2012 年 12 月 31 日		2011 年 12 月 31 日		增减	
	金额（万元）	占比（%）	金额（万元）	占比（%）	金额（万元）	比率（%）
利息收入	25 029 827.17	53.07	14 871 979.58	72.49	10 157 847.59	68.30
投资收益	17 298 296.11	36.68	6 261 129.33	30.52	11 037 166.78	176.28
租赁收入	138 145.88	0.29	105 438.70	0.51	32 707.18	31.02
公允价值变动损益	2 185 816.67	4.63	-2 372 043.90	-11.56	4 557 860.57	-192.15
汇兑损益	-1 464.21	0.00	-390.06	0.00	-1 074.15	275.38
其他收入	2 510 213.75	5.32	1 649 429.66	8.04	860 784.09	52.19
营业收入合计	47 160 835.37	100.00	20 515 543.31	100.00	26 645 292.06	129.88

以上数据表明营业收入较上年有大幅增加，其中利息收入增加 1 015.78 亿元，投资收益增加 1 103.72 亿元，说明在 2012 年度经济形势相对不好的情况下，信托行业投资收益仍保持较快增长，尤其在投资领域取得了不错的业绩。

从公司收入结构分析，利息收入与投资收益是收入的主要来源，这与资产分布情况有差异。发放贷款总计占资产总额的 39.35%，利息收入占收入的比例为 53.07%；金融资产（包括交易性金融资产、可供出售金融资产和持有至到期投资）占资产总额的 27.41%，对外投资（包括短期投资、长期债权投资、长期股权投资及其他长期投资）占资产总额的 9.73%，投资收益占收入总额的比例为 36.68%，说明 2012 年的投资收益率大幅增长，同时利息收益也大幅增长。

表 5-1-8　2012 年信托资产汇总报表利润总额结构表

单位：万元

项目名称	营业收入	营业支出	营业税金及附加	营业外收支	减：资产减值损失	其他综合收益	综合收益
国元信托	708 187.02	87 776.40	89.88	—	—	—	620 320.74
安信信托	295 235.84	57 357.64	—	—	—	—	237 878.20
百瑞信托	424 116.32	64 998.99	—	—	—	—	359 117.33
北方信托	922 739.99	93 392.23	—	—	—	1 669.50	831 017.26
北京信托	1 181 087.75	178 586.49	5 955.04	—	—	—	996 546.22
渤海信托	927 630.43	120 280.82	—	—	—	—	807 349.61
长安信托	1 368 120.11	283 591.66	—	—	—	—	1 084 528.45
重庆信托	332 155.19	35 198.26	135.86	—	—	—	296 821.07
华信信托	479 340.59	101 334.30	—	—	—	—	378 006.29
大业信托	253 974.19	48 260.05	472.16	—	—	—	205 241.98
东莞信托	243 874.34	48 047.92	831.63	—	—	—	194 994.79
方正东亚信托	677 516.87	117 789.53	—	—	—	—	559 727.34
甘肃信托	573 324.35	66 098.32	2.28	—	—	—	507 223.75
粤财信托	1 216 488.15	111 305.07	471.69	—	—	—	1 104 711.39
国联信托	251 555.00	36 278.00	—	—	—	—	215 277.00
国民信托	22 353.27	10 198.64	0.15	—	219.88	—	11 934.60
国投信托	392 220.55	57 445.36	—	—	—	—	334 775.19
杭州工商信托	200 020.00	37 746.00	98.00	—	—	—	162 176.00
湖南信托	405 171.00	62 251.00	—	—	—	—	342 920.00
华澳信托	138 055.00	24 609.00	—	—	—	—	113 446.00
华宝信托	1 191 252.75	75 213.91	—	—	—	36 818.31	1 152 857.15
华宸信托	177 468.89	26 114.95	—	—	—	—	151 353.94
华能信托	1 296 005.23	162 221.17	—	—	—	—	1 133 784.06
华融信托	548 776.24	121 093.73	—	—	—	—	427 682.51
华润信托	1 290 819.23	212 766.87	1 497.66	-10.00	—	—	1 076 544.70
华鑫信托	583 093.03	92 041.31	—	—	—	—	491 051.72
吉林信托	607 443.16	94 753.93	—	—	—	—	512 689.23
建信信托	1 324 746.25	88 987.56	392.00	—	—	—	1 235 366.69
江苏信托	453 307.79	62 522.54	129.73	—	—	—	390 655.52
交银国际信托	861 090.87	113 657.31	—	—	—	—	747 433.56
昆仑信托	574 508.62	92 055.05	—	—	—	—	482 453.57
陆家嘴信托	98 201.68	49 695.23	—	—	—	208.00	48 714.45
平安信托	2 095 642.18	356 364.16	18 864.93	-23.89	—	—	1 720 389.20
山东信托	1 136 649.28	186 598.39	1 579.66	—	—	—	948 471.23
山西信托	325 436.64	55 046.56	—	—	—	—	270 390.08
陕国投	493 332.86	94 619.16	—	—	—	—	398 713.70
爱建信托	132 470.40	40 419.38	—	—	-82 662.37	—	174 713.39
上海信托	673 802.42	109 825.89	69.92	—	—	-100 127.77	463 778.84
四川信托	917 129.47	201 859.66	—	—	—	—	715 269.81
苏州信托	251 586.56	61 210.05	1 262.18	—	—	—	189 114.33
天津信托	444 399.04	74 739.72	—	—	352.00	6 622.00	375 929.32
五矿信托	734 136.19	151 078.14	—	—	—	—	583 058.05
西部信托	230 920.24	36 532.96	—	—	—	—	194 387.28

续表

项目名称	营业收入	营业支出	营业税金及附加	营业外收支	减:资产减值损失	其他综合收益	综合收益
西藏信托	318 009.88	44 241.96	—	—	—	—	273 767.92
厦门国际信托	745 277.00	124 551.00	—	—	—	—	620 726.00
新华信托	768 551.26	174 941.61	—	—	—	3 659.43	597 269.08
长城新盛信托	4 680.49	749.97	—	—	—	—	3 930.52
新时代信托	844 396.33	102 994.11	—	—	—	—	741 402.22
兴业信托	1 767 985.00	303 520.87	—	—	—	—	1 464 464.13
英大信托	1 236 924.52	77 877.62	55 907.71	—	—	—	1 103 139.19
云南信托	201 457.58	49 246.39	—	—	—	—	152 211.19
浙金信托	35 352.89	5 438.67	35.19	—	—	—	29 879.03
中诚信托	1 742 108.49	233 286.70	2 182.01	—	—	—	1 506 639.78
外贸信托	1 318 808.55	290 115.70	5 175.26	0.49	—	—	1 023 518.08
金谷信托	805 748.72	139 345.55	—	—	—	—	666 403.17
中海信托	906 026.70	191 201.55	—	—	—	—	714 825.15
中航信托	909 513.71	157 251.36	—	—	—	—	752 262.35
中江信托	801 460.21	82 507.04	—	—	—	—	718 953.17
中粮信托	596 886.70	57 664.93	445.11	—	—	—	538 776.66
中融信托	1 988 542.51	532 350.84	—	—	—	1 780 670.45	3 236 862.12
中泰信托	149 305.80	31 214.24	18.81	—	—	—	118 072.75
中铁信托	580 076.00	103 093.00	—	—	—	—	476 983.00
中投信托	216 825.99	42 724.07	5 206.38	—	—	—	168 895.54
中信信托	3 081 299.03	478 295.85	13 324.81	—	-20.78	—	2 589 699.15
中原信托	550 172.28	57 755.27	—	—	—	—	492 417.01
紫金信托	136 040.76	42 916.63	—	—	—	—	93 124.13
合计	47 160 835.37	7 525 248.24	114 148.05	-33.40	-82 111.27	1 729 519.92	41 333 036.87

二、2012 年信托资产管理情况分析

(一)2012 年信托资产分布情况分析

表 5-2-1 2012 年信托资产分布及运用情况表

资产运用情况			资产分布情况		
项目	金额(万元)	比例(%)	项目	金额(万元)	比例(%)
货币资产	58 608 380.84	8.93	基础产业	159 955 462.00	24.36
客户贷款	275 609 726.75	41.98	房地产业	61 148 799.60	9.31
交易性金融资产	56 081 094.47	8.54	证券	73 287 510.55	11.16
应收账款	5 137 073.84	0.78	实业	160 694 062.18	24.48
买入返售金融资产	7 243 338.50	1.10	金融	70 195 042.15	10.69
可供出售金融资产	55 342 789.26	8.43	教育	0.00	0.00
持有至到期投资	75 589 762.67	11.51	工商企业	28 241 905.40	4.30
长期股权投资	59 253 713.26	9.03	债券	230 784.34	0.04
长期应收款	1 436 263.47	0.22	其他	102 761 282.20	15.65
投资性房地产	121 420.00	0.02			
其他	62 091 285.36	9.46			
信托资产总额	656 514 848.42	100.00	信托资产总额	656 514 848.42	100.00

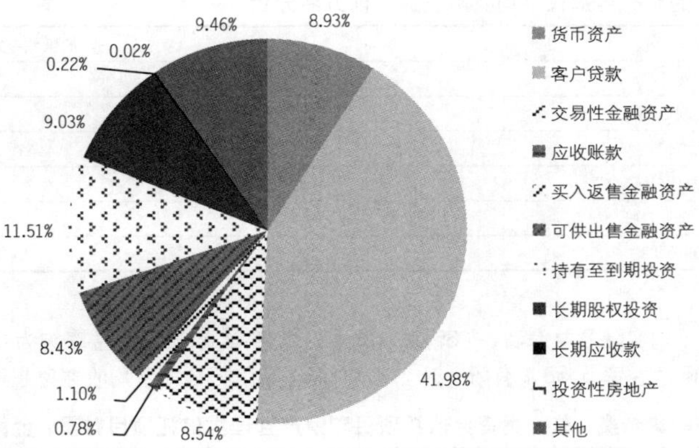

图 5－2－1　信托资产运用分析图

从资产结构情况分析，客户贷款仍是资产的主要组成部分，与 2011 年相比金融资产和长期投资项目的比例有所提高；从资产投向分布分析，主要还是集中在基础产业和实业，所以信托公司总体的收益率比 2011 年有所提高；其他产业占比 15.65%，但部分公司并未披露其他的明细构成。由于宏观经济环境的影响，整个信托行业各项目均有所增长。

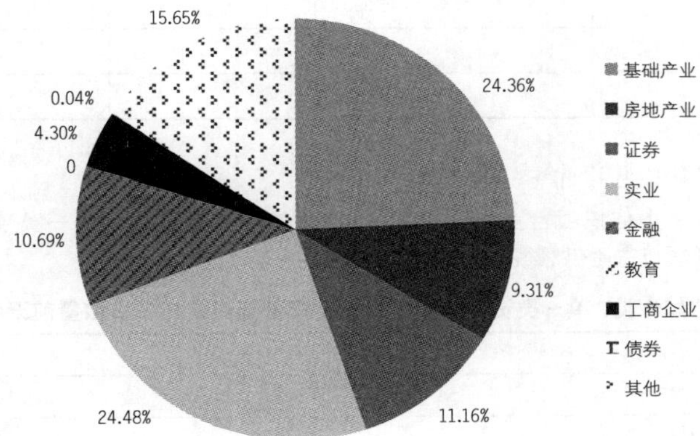

图 5－2－2　信托资产分布分析图

（二）集合类、单一类资金信托项目和财产管理类信托项目 2012 年变动情况

表 5－2－2　2012 年度中止的集合类、单一类资金信托项目和财产管理类信托项目数量、金额汇总分析

类别	份数	合计金额（万元）
集合类	5 376.00	81 157 487.83
单一类	6 409.00	180 660 865.87
财产管理类	202.00	6 279 837.30
合计	11 987.00	268 098 191.00

表 5－2－3　2012 年度中止的集合类加权平均实际收益率前五名分析

公司简称	加权平均实际收益率（%）
杭州工商信托	12.30
华能信托	11.00
华宸信托	10.16
爱建信托	10.00
大业信托	9.50
前五名平均	10.59

注：明细表详见表 3－4－2。

从披露的中止的集合类加权平均实际收益率看，按 65 家简单平均计算，实际加权收益率约为 7.25%，略高于银行贷款利率，略低于上年中止的集合类加权平均实际收益率 8.28%。

表5-2-4　2012年度中止的单一类加权平均实际收益率前五名分析

公司简称	加权平均实际收益率(%)
大业信托	12.10
国联信托	11.25
西藏信托	9.46
新时代信托	9.08
方正东亚信托	9.04
前五名平均	10.19

注：明细表详见表3-4-2。

从披露的中止的单一类加权平均实际收益率看，按65家简单平均计算，实际加权收益率约为6.88%，较集合类项目收益率低，比上年中止的单一类加权平均实际收益率5.53%有所上升。本年有61家信托公司平均收益率超过5%，比上年增加了21家。

表5-2-5　2012年度新增的集合类、单一类资金信托项目和财产管理类信托项目数量、金额汇总分析

类别	份数	合计金额(万元)
集合类	6 327.00	136 272 077.22
单一类	9 088.00	365 737 202.03
财产管理类	975.00	34 789 832.79
新增合计	16 390.00	536 799 112.04
其中：主动管理型	11 702.00	326 304 967.10
被动管理型	4 382.00	205 611 221.18

注：1. 西部信托未披露主动管理型和被动管理型。
2. 部分公司包含的主动管理型与被动管理型合计金额与新增合计金额不一致。

2012年新增的信托项目中，单一类信托项目占主要比例，集合类信托项目金额为单一类项目的37.26%，相比2011年的43.46%略有下降，财产管理类信托项目占比仍然很小，尚需大力发展。

表5-2-6　2012年度新增的集合类、单一类资金信托项目和财产管理类信托项目数量前五名

公司简称	数量
外贸信托	1 238.00
兴业信托	946.00
粤财信托	676.00
长安信托	670.00
山东信托	630.00

表5-2-7　2012年度新增的集合类、单一类资金信托项目和财产管理类信托项目金额前五名

公司简称	金额(万元)
中粮信托	28 884 369.79
兴业信托	28 526 981.00
粤财信托	28 251 143.02
中信信托	23 262 833.04
山东信托	21 134 570.00

表5-2-8　2012年度新增的集合类、单一类资金信托项目和财产管理类信托项目平均金额前五名分析

公司简称	项目平均金额(万元)
中粮信托	152 023.00
华能信托	64 128.15
昆仑信托	60 890.11
中信信托	60 580.29
北京信托	58 781.60

表 5-2-9 2012 年度信托公司主动管理型资产期末合计数排行榜

排名	公司简称	2011 年 12 月 31 日	2012 年 12 月 31 日	增减额(万元)
1	中信信托	24 563 365.21	33 419 373.91	8 856 008.70
2	中融信托	13 871 128.07	28 253 341.14	14 382 213.07
3	兴业信托	12 482 417.00	22 876 682.00	10 394 265.00
4	长安信托	7 395 664.59	19 392 295.12	11 996 630.53
5	中诚信托	16 028 176.51	17 722 562.49	1 694 385.98
6	平安信托	11 718 305.66	17 472 847.97	5 754 542.31
7	华能信托	9 335 052.35	17 363 029.67	8 027 977.32
8	华润信托	10 016 112.29	16 646 123.18	6 630 010.89
9	外贸信托	17 542 539.91	15 039 866.05	-2 502 673.86
10	五矿信托	3 692 694.40	12 001 614.50	8 308 920.10
11	北京信托	8 836 450.56	10 672 408.22	1 835 957.66
12	国投信托	2 538 350.66	10 643 097.45	8 104 746.79
13	陕国投	4 694 307.26	9 629 130.32	4 934 823.06
14	粤财信托	8 133 702.28	9 304 981.02	1 171 278.74
15	昆仑信托	6 055 565.36	9 209 218.32	3 153 652.96
16	中铁信托	3 876 416.00	9 163 934.00	5 287 518.00
17	新华信托	5 498 019.66	8 716 677.97	3 218 658.31
18	上海信托	2 559 243.65	8 620 963.16	6 061 719.51
19	渤海信托	7 396 932.00	8 343 965.00	947 033.00
20	华宝信托	4 320 712.85	7 944 446.08	3 623 733.23
21	江苏信托	5 079 999.59	7 522 568.11	2 442 568.52
22	中江信托	5 912 635.72	7 029 477.02	1 116 841.30
23	金谷信托	3 211 628.26	6 935 957.78	3 724 329.52
24	新时代信托	5 040 913.10	6 605 073.11	1 564 160.01
25	国元信托	2 763 225.25	6 461 204.42	3 697 979.17
26	华融信托	3 936 661.13	6 002 674.96	2 066 013.83
27	建信信托	4 360 638.92	5 920 097.60	1 559 458.68
28	华鑫信托	2 560 755.73	5 648 075.14	3 087 319.41
29	重庆信托	4 173 961.74	5 587 491.70	1 413 529.96
30	北方信托	3 357 054.14	5 524 346.56	2 167 292.42
31	方正东亚信托	2 881 255.89	5 481 647.58	2 600 391.69
32	中海信托	6 624 224.00	5 329 764.00	-1 294 460.00
33	中航信托	2 931 772.43	5 305 913.93	2 374 141.50
34	湖南信托	2 126 703.00	5 063 228.00	2 936 525.00
35	中原信托	4 613 439.48	5 055 532.28	442 092.80
36	厦门国际信托	6 608 521.00	4 837 085.00	-1 771 436.00
37	天津信托	2 732 545.21	4 744 706.00	2 012 160.79
38	山东信托	3 079 180.14	4 442 526.00	1 363 345.86
39	交银国际信托	1 912 773.86	4 424 740.92	2 511 967.06
40	吉林信托	6 063 477.00	4 321 819.00	-1 741 658.00
41	华信信托	2 734 920.79	4 221 304.74	1 486 383.95
42	百瑞信托	2 941 033.93	4 020 079.66	1 079 045.73
43	四川信托	1 302 417.18	3 928 227.37	2 625 810.19
44	苏州信托	2 169 330.73	3 119 891.34	950 560.61
45	中泰信托	1 006 662.07	3 112 053.71	2 105 391.64
46	中粮信托	2 522 572.24	3 094 289.55	571 717.31
47	东莞信托	2 401 860.24	2 974 161.81	572 301.57
48	西部信托	2 382 841.37	2 880 024.46	497 183.09
49	中投信托	1 566 556.38	2 850 112.11	1 283 555.73
50	紫金信托	523 131.00	2 257 539.20	1 734 408.20

续表

排名	公司简称	2011 年 12 月 31 日	2012 年 12 月 31 日	增减额（万元）
51	山西信托	1 538 143. 84	1 967 478. 27	429 334. 43
52	陆家嘴信托	—	1 796 398. 53	1 796 398. 53
53	爱建信托	891 124. 65	1 750 834. 43	859 709. 78
54	安信信托	1 830 589. 41	1 743 176. 92	-87 412. 49
55	国联信托	1 041 531. 00	1 705 001. 00	663 470. 00
56	英大信托	1 198 841. 34	1 464 776. 94	265 935. 60
57	华澳信托	1 350 121. 00	1 428 410. 00	78 289. 00
58	云南信托	1 417 953. 09	1 387 973. 19	-29 979. 90
59	华宸信托	1 117 867. 99	1 387 888. 62	270 020. 63
60	杭州工商信托	949 382. 00	1 224 526. 00	275 144. 00
61	浙金信托	33 706. 97	953 269. 70	919 562. 73
62	甘肃信托	2 529 114. 57	427 473. 05	-2 101 641. 52
63	国民信托	134 998. 53	262 482. 52	127 483. 99
64	长城新盛信托	—	170 841. 02	170 841. 02
65	西藏信托	未披露		
66	大业信托	未披露		
	合计	294 111 222. 18	454 808 700. 82	160 697 478. 64

分别对 2012 年度信托公司主动管理型资产结构变动分析如下：

表 5 -2 -10　2012 年度证券投资类信托资产占比排名（参与综合排名）

排名	公司简称	证券投资类信托资产期末金额（万元）	主动管理型信托资产期末总金额（万元）	证券投资类信托资产占比（%）	证券投资类信托资产期初金额（万元）
1	云南信托	887 604. 46	1 387 973. 19	63. 95	368 773. 74
2	陕国投	5 647 974. 44	9 629 130. 32	58. 66	1 641 590. 15
3	中海信托	3 051 330. 00	5 329 764. 00	57. 25	1 904 102. 00
4	中信信托	18 822 324. 87	33 419 373. 91	56. 32	14 266 370. 65
5	华宝信托	4 390 550. 93	7 944 446. 08	55. 27	2 574 442. 54
6	江苏信托	4 087 797. 67	7 522 568. 11	54. 34	2 281 198. 60
7	外贸信托	6 657 035. 17	15 039 866. 05	44. 26	3 939 422. 38
8	北京信托	4 616 896. 65	10 672 408. 22	43. 26	2 452 215. 31
9	浙金信托	321 896. 20	953 269. 70	33. 77	
10	中诚信托	4 853 175. 20	17 722 562. 49	27. 38	4 914 540. 02
11	吉林信托	1 085 347. 00	4 321 819. 00	25. 11	718 801. 00
12	上海信托	1 869 791. 88	8 620 963. 16	21. 69	619 235. 74
13	山东信托	958 442. 00	4 442 526. 00	21. 57	809 930. 68
14	华润信托	3 389 822. 81	16 646 123. 18	20. 36	2 545 211. 20
15	长安信托	3 638 323. 45	19 392 295. 12	18. 76	948 307. 53
16	山西信托	318 391. 02	1 967 478. 27	16. 18	294 395. 78
17	重庆信托	884 593. 93	5 587 491. 70	15. 83	986 397. 74
18	中江信托	1 013 004. 48	7 029 477. 02	14. 41	565 716. 88
19	华融信托	837 201. 49	6 002 674. 96	13. 95	146 061. 00
20	国民信托	33 309. 38	262 482. 52	12. 69	14 997. 66
21	交银国际信托	454 093. 06	4 424 740. 92	10. 26	23 348. 61
22	厦门国际信托	471 459. 00	4 837 085. 00	9. 75	338 400. 00
23	天津信托	444 153. 49	4 744 706. 00	9. 36	84 013. 18
24	建信信托	532 719. 71	5 920 097. 60	9. 00	100 566. 48
25	中融信托	2 355 083. 37	28 253 341. 14	8. 34	1 940 721. 37
26	粤财信托	736 445. 13	9 304 981. 02	7. 91	648 676. 30
27	华信信托	308 532. 15	4 221 304. 74	7. 31	81 209. 11
28	五矿信托	863 976. 75	12 001 614. 50	7. 20	601 450. 58
29	兴业信托	1 581 463. 00	22 876 682. 00	6. 91	1 997 408. 00

续表

排名	公司简称	证券投资类信托资产期末金额(万元)	主动管理型信托资产期末总金额(万元)	证券投资类信托资产占比(%)	证券投资类信托资产期初金额(万元)
30	陆家嘴信托	107 020.01	1 796 398.53	5.96	—
31	中航信托	302 090.17	5 305 913.93	5.69	214 114.60
32	甘肃信托	20 287.00	427 473.05	4.75	21 089.00
33	新时代信托	260 353.71	6 605 073.11	3.94	11 206.13
34	平安信托	684 808.33	17 472 847.97	3.92	935 908.52
35	华鑫信托	202 951.39	5 648 075.14	3.59	113 394.57
36	苏州信托	106 858.85	3 119 891.34	3.43	25 078.96
37	四川信托	132 551.46	3 928 227.37	3.37	—
38	国元信托	160 802.64	6 461 204.42	2.49	228 206.36
39	新华信托	174 485.28	8 716 677.97	2.00	45 228.37
40	东莞信托	56 297.48	2 974 161.81	1.89	15 622.36
41	昆仑信托	147 007.05	9 209 218.32	1.60	74 648.64
42	国投信托	116 856.57	10 643 097.45	1.10	60 254.09
43	西部信托	29 206.97	2 880 024.46	1.01	54 512.07
44	国联信托	15 321.00	1 705 001.00	0.90	12.00
45	百瑞信托	32 472.95	4 020 079.66	0.81	39 694.09
46	中投信托	14 313.03	2 850 112.11	0.50	15 878.04
47	中铁信托	21 890.00	9 163 934.00	0.24	36 640.00
48	中原信托	9 011.92	5 055 532.28	0.18	9 915.26
49	湖南信托	7 575.00	5 063 228.00	0.15	3 222.00
50	方正东亚信托	5 903.46	5 481 647.58	0.11	29 575.99
51	中泰信托	1 268.76	3 112 053.71	0.04	14 645.93
52	爱建信托	2.19	1 750 834.43	0.00	2.26
53	安信信托	—	1 743 176.92	0.00	—
54	北方信托	—	5 524 346.56	0.00	79 363.00
55	杭州工商信托	—	1 224 526.00	0.00	—
56	华宸信托	—	1 387 888.62	0.00	—
57	英大信托	—	1 464 776.94	0.00	—
58	渤海信托	—	8 343 965.00	0.00	—
59	华能信托	—	17 363 029.67	0.00	—
60	华澳信托	—	1 428 410.00	0.00	—
61	金谷信托	—	6 935 957.78	0.00	—
62	中粮信托	—	3 094 289.55	0.00	59 158.15
63	紫金信托	—	2 257 539.20	0.00	—
64	长城新盛信托	—	170 841.02	0.00	—
65	西藏信托	未披露			
66	大业信托	未披露			
合计		77 722 073.91	454 808 700.82	17.09	49 894 874.62

表5-2-11 2012年度股权投资类信托资产占比排名

排名	公司简称	股权投资类信托资产期末金额(万元)	主动管理型信托资产期末总金额(万元)	股权投资类信托资产占比(%)	股权投资类信托资产期初金额(万元)
1	建信信托	3 996 692.94	5 920 097.60	67.51	1 900 851.21
2	新华信托	5 582 598.76	8 716 677.97	64.05	3 359 857.86
3	中航信托	2 738 594.26	5 305 913.93	51.61	1 027 262.65
4	华鑫信托	2 709 003.28	5 648 075.14	47.96	1 506 209.01
5	重庆信托	2 379 704.42	5 587 491.70	42.59	900 275.90
6	中江信托	2 270 274.62	7 029 477.02	32.30	1 457 421.80
7	杭州工商信托	389 684.00	1 224 526.00	31.82	389 722.00
8	中原信托	1 552 004.62	5 055 532.28	30.70	1 157 461.70
9	金谷信托	1 541 568.91	6 935 957.78	22.23	459 430.90

续表

排名	公司简称	股权投资类信托资产期末金额(万元)	主动管理型信托资产期末总金额(万元)	股权投资类信托资产占比(%)	股权投资类信托资产期初金额(万元)
10	云南信托	306 598.93	1 387 973.19	22.09	37 802.19
11	苏州信托	683 816.66	3 119 891.34	21.92	341 970.58
12	粤财信托	1 960 758.45	9 304 981.02	21.07	2 285 976.53
13	陆家嘴信托	373 679.50	1 796 398.53	20.80	—
14	华宸信托	278 440.12	1 387 888.62	20.06	665 519.38
15	昆仑信托	1 763 890.18	9 209 218.32	19.15	747 015.18
16	百瑞信托	724 850.05	4 020 079.66	18.03	392 552.67
17	华澳信托	244 100.00	1 428 410.00	17.09	501 570.00
18	中融信托	4 671 794.69	28 253 341.14	16.54	4 484 879.77
19	方正东亚信托	892 726.75	5 481 647.58	16.29	482 149.21
20	中粮信托	500 816.11	3 094 289.55	16.19	253 331.67
21	北京信托	1 722 226.78	10 672 408.22	16.14	1 505 798.01
22	东莞信托	454 240.76	2 974 161.81	15.27	268 366.28
23	中信信托	4 890 536.38	33 419 373.91	14.63	6 410 995.52
24	四川信托	568 595.52	3 928 227.37	14.47	490 047.78
25	国元信托	835 107.87	6 461 204.42	12.92	495 002.86
26	平安信托	2 236 539.05	17 472 847.97	12.80	2 215 301.56
27	交银国际信托	550 097.11	4 424 740.92	12.43	115 002.94
28	西部信托	349 202.71	2 880 024.46	12.12	920 997.84
29	山西信托	225 178.54	1 967 478.27	11.45	130 391.79
30	安信信托	171 505.83	1 743 176.92	9.84	280 128.15
31	外贸信托	1 472 701.86	15 039 866.05	9.79	990 369.19
32	吉林信托	403 879.00	4 321 819.00	9.35	894 831.00
33	华润信托	1 420 282.98	16 646 123.18	8.53	777 652.87
34	中诚信托	1 481 192.78	17 722 562.49	8.36	4 303 217.41
35	北方信托	439 363.00	5 524 346.56	7.95	954 293.46
36	山东信托	337 919.00	4 442 526.00	7.61	493 557.51
37	湖南信托	372 955.00	5 063 228.00	7.37	287 296.00
38	国联信托	123 517.00	1 705 001.00	7.24	108 902.00
39	华能信托	1 201 820.00	17 363 029.67	6.92	410 751.62
40	中铁信托	624 625.00	9 163 934.00	6.82	635 863.00
41	中投信托	192 257.06	2 850 112.11	6.75	269 565.46
42	渤海信托	559 854.00	8 343 965.00	6.71	605 970.00
43	兴业信托	1 226 005.00	22 876 682.00	5.36	794 292.00
44	紫金信托	100 000.00	2 257 539.20	4.43	10 000.00
45	长安信托	690 619.37	19 392 295.12	3.56	483 190.37
46	陕国投	337 693.65	9 629 130.32	3.51	34 163.41
47	华融信托	210 300.00	6 002 674.96	3.50	187 300.00
48	英大信托	50 000.00	1 464 776.94	3.41	24 107.00
49	华信信托	141 473.41	4 221 304.74	3.35	137 285.76
50	上海信托	255 135.26	8 620 963.16	2.96	185 441.72
51	甘肃信托	12 307.00	427 473.05	2.88	568 660.24
52	江苏信托	190 464.93	7 522 568.11	2.53	458 219.57
53	五矿信托	301 034.00	12 001 614.50	2.51	377 639.00
54	天津信托	101 175.71	4 744 706.00	2.13	315 781.92
55	华宝信托	144 763.89	7 944 446.08	1.82	21 748.55
56	中泰信托	54 324.76	3 112 053.71	1.75	61 973.11
57	国投信托	159 515.75	10 643 097.45	1.50	—
58	新时代信托	24 905.06	6 605 073.11	0.38	580 597.10
59	中海信托	—	5 329 764.00	0.00	—

续表

排名	公司简称	股权投资类信托资产期末金额(万元)	主动管理型信托资产期末总金额(万元)	股权投资类信托资产占比(%)	股权投资类信托资产期初金额(万元)
60	国民信托	—	262 482.52	0.00	—
61	厦门国际信托	—	4 837 085.00	0.00	—
62	爱建信托	—	1 750 834.43	0.00	—
63	浙金信托	—	953 269.70	0.00	—
64	长城新盛信托	—	170 841.02	0.00	—
65	西藏信托	未披露			
66	大业信托	未披露			
合计		60 516 808.47	454 808 700.82	13.31	50 155 962.21

表5-2-12　2012年度融资类信托资产占比排名

排名	公司简称	融资类信托资产期末金额(万元)	主动管理型信托资产期末总金额(万元)	融资类信托资产占比(%)	融资类信托资产期初金额(万元)
1	长城新盛信托	170 841.02	170 841.02	100.00	—
2	国投信托	9 939 581.10	10 643 097.45	93.39	1 967 025.84
3	渤海信托	7 754 079.00	8 343 965.00	92.93	6 740 962.00
4	甘肃信托	394 678.50	427 473.05	92.33	1 939 164.78
5	华能信托	15 992 655.07	17 363 029.67	92.11	8 906 092.10
6	新时代信托	6 036 762.68	6 605 073.11	91.40	4 399 109.60
7	湖南信托	4 576 827.00	5 063 228.00	90.39	1 717 186.00
8	天津信托	4 199 376.80	4 744 706.00	88.51	2 332 750.11
9	国民信托	229 173.14	262 482.52	87.31	120 000.87
10	西部信托	2 481 250.20	2 880 024.46	86.15	1 386 958.05
11	兴业信托	19 456 814.00	22 876 682.00	85.05	9 690 717.00
12	华融信托	4 955 173.47	6 002 674.96	82.55	3 603 300.13
13	东莞信托	2 413 623.50	2 974 161.81	81.15	2 117 370.98
14	华宸信托	1 109 448.50	1 387 888.62	79.94	452 348.61
15	昆仑信托	7 298 321.09	9 209 218.32	79.25	5 233 901.54
16	北方信托	4 320 525.56	5 524 346.56	78.21	2 323 397.68
17	百瑞信托	3 136 796.09	4 020 079.66	78.03	2 472 346.15
18	华信信托	3 247 206.84	4 221 304.74	76.92	1 880 299.03
19	交银国际信托	3 381 857.46	4 424 740.92	76.43	1 774 422.31
20	爱建信托	1 328 826.55	1 750 834.43	75.90	514 415.72
21	苏州信托	2 302 306.85	3 119 891.34	73.79	1 802 281.19
22	金谷信托	5 116 057.37	6 935 957.78	73.76	2 536 139.27
23	方正东亚信托	4 029 799.83	5 481 647.58	73.51	1 933 383.56
24	中投信托	2 075 044.37	2 850 112.11	72.81	1 204 942.90
25	华澳信托	1 035 760.00	1 428 410.00	72.51	833 471.00
26	厦门国际信托	3 479 937.00	4 837 085.00	71.94	4 662 912.00
27	粤财信托	6 607 777.44	9 304 981.02	71.01	5 199 049.45
28	山东信托	3 146 165.00	4 442 526.00	70.82	1 775 691.95
29	陆家嘴信托	1 255 698.99	1 796 398.53	69.90	—
30	上海信托	5 974 347.64	8 620 963.16	69.30	1 661 030.19
31	山西信托	1 315 955.24	1 967 478.27	66.89	1 048 056.27
32	浙金信托	631 373.50	953 269.70	66.23	33 706.97
33	中原信托	3 346 470.23	5 055 532.28	66.19	3 277 613.30
34	吉林信托	2 817 617.00	4 321 819.00	65.20	4 162 753.00
35	中铁信托	5 901 705.00	9 163 934.00	64.40	3 108 913.00
36	安信信托	1 121 659.17	1 743 176.92	64.35	1 478 572.99
37	国元信托	4 101 431.30	6 461 204.42	63.48	1 841 118.96
38	紫金信托	1 431 855.54	2 257 539.20	63.43	229 630.67
39	华润信托	10 295 446.93	16 646 123.18	61.85	6 010 729.33

续表

排名	公司简称	融资类信托资产期末金额（万元）	主动管理型信托资产期末总金额（万元）	融资类信托资产占比（%）	融资类信托资产期初金额（万元）
40	中泰信托	1 903 799.08	3 112 053.71	61.18	930 043.03
41	中诚信托	10 778 526.80	17 722 562.49	60.82	6 645 267.21
42	四川信托	2 187 100.79	3 928 227.37	55.68	435 971.51
43	中粮信托	1 617 101.19	3 094 289.55	52.26	927 638.62
44	中江信托	3 483 122.14	7 029 477.02	49.55	3 815 996.73
45	长安信托	9 385 156.35	19 392 295.12	48.40	2 312 679.22
46	华鑫信托	2 726 117.12	5 648 075.14	48.27	941 152.15
47	平安信托	8 286 632.12	17 472 847.97	47.43	2 221 415.34
48	外贸信托	6 910 129.02	15 039 866.05	45.95	12 612 748.34
49	江苏信托	3 244 305.51	7 522 568.11	43.13	2 340 070.90
50	中海信托	2 278 434.00	5 329 764.00	42.75	4 720 122.00
51	中航信托	2 231 914.50	5 305 913.93	42.06	1 486 514.77
52	北京信托	4 133 532.19	10 672 408.22	38.73	4 732 806.90
53	陕国投	3 578 541.39	9 629 130.32	37.16	2 868 712.45
54	重庆信托	2 022 498.74	5 587 491.70	36.20	1 846 061.34
55	国联信托	586 172.00	1 705 001.00	34.38	348 716.00
56	英大信托	489 692.54	1 464 776.94	33.43	372 708.60
57	新华信托	2 697 225.46	8 716 677.97	30.94	2 053 491.39
58	中信信托	9 706 512.66	33 419 373.91	29.04	3 885 999.04
59	中融信托	7 627 176.04	28 253 341.14	27.00	5 792 641.62
60	五矿信托	3 172 869.49	12 001 614.50	26.44	2 713 604.82
61	杭州工商信托	320 090.00	1 224 526.00	26.14	350 623.00
62	建信信托	1 382 525.24	5 920 097.60	23.35	2 351 062.12
63	华宝信托	1 702 332.03	7 944 446.08	21.43	1 723 890.11
64	云南信托	—	1 387 973.19	0.00	461 046.88
65	西藏信托	未披露			
66	大业信托	未披露			
合计		260 861 732.37	454 808 700.82	57.36	171 262 748.59

表 5-2-13　2012 年度事务管理类信托资产占比排名

排名	公司简称	事务管理类信托资产期末金额（万元）	主动管理型信托资产期末总金额（万元）	事务管理类信托资产占比（%）	事务管理类信托资产期初金额（万元）
1	中融信托	8 441 806.02	28 253 341.14	29.88	364 469.29
2	中投信托	568 497.65	2 850 112.11	19.95	76 169.98
3	中铁信托	1 746 011.00	9 163 934.00	19.05	—
4	北方信托	764 458.00	5 524 346.56	13.84	—
5	方正东亚信托	553 217.54	5 481 647.58	10.09	436 147.13
6	华信信托	359 878.76	4 221 304.74	8.53	375 261.41
7	重庆信托	300 694.61	5 587 491.70	5.38	441 226.76
8	金谷信托	278 331.50	6 935 957.78	4.01	216 058.09
9	中江信托	263 075.78	7 029 477.02	3.74	73 500.31
10	中诚信托	609 667.71	17 722 562.49	3.44	165 151.87
11	陆家嘴信托	60 000.03	1 796 398.53	3.34	—
12	新华信托	262 368.47	8 716 677.97	3.01	39 442.04
13	中原信托	148 045.51	5 055 532.28	2.93	168 449.22
14	兴业信托	612 400.00	22 876 682.00	2.68	—
15	中粮信托	76 583.31	3 094 289.55	2.47	27 630.00
16	湖南信托	105 871.00	5 063 228.00	2.09	118 999.00
17	国投信托	182 936.05	10 643 097.45	1.72	28 202.80
18	东莞信托	50 000.07	2 974 161.81	1.68	500.62
19	山西信托	31 000.00	1 967 478.27	1.58	65 300.00

续表

排名	公司简称	事务管理类信托资产期末金额(万元)	主动管理型信托资产期末总金额(万元)	事务管理类信托资产占比(%)	事务管理类信托资产期初金额(万元)
20	北京信托	122 648. 63	10 672 408. 22	1. 15	145 630. 34
21	华润信托	168 886. 73	16 646 123. 18	1. 01	318 997. 37
22	华能信托	168 554. 60	17 363 029. 67	0. 97	18 208. 63
23	交银国际信托	38 693. 29	4 424 740. 92	0. 87	—
24	苏州信托	26 908. 98	3 119 891. 34	0. 86	—
25	新时代信托	51 958. 87	6 605 073. 11	0. 79	50 000. 27
26	西部信托	20 364. 58	2 880 024. 46	0. 71	20 373. 41
27	陕国投	64 920. 84	9 629 130. 32	0. 67	149 841. 25
28	百瑞信托	25 481. 31	4 020 079. 66	0. 63	22 897. 26
29	中航信托	33 315. 00	5 305 913. 93	0. 63	203 880. 41
30	安信信托	8 001. 34	1 743 176. 92	0. 46	8 001. 33
31	渤海信托	30 032. 00	8 343 965. 00	0. 36	50 000. 00
32	吉林信托	14 976. 00	4 321 819. 00	0. 35	287 092. 00
33	上海信托	16 165. 00	8 620 963. 16	0. 19	34 588. 60
34	长安信托	35 537. 96	19 392 295. 12	0. 18	28 592. 60
35	华鑫信托	10 003. 35	5 648 075. 14	0. 18	—
36	建信信托	8 159. 71	5 920 097. 60	0. 14	8 159. 11
37	甘肃信托	200. 55	427 473. 05	0. 05	200. 55
38	厦门国际信托	1 148. 00	4 837 085. 00	0. 02	1 147. 00
39	平安信托	3 669. 99	17 472 847. 97	0. 02	—
40	紫金信托	60. 00	2 257 539. 20	0. 00	—
41	云南信托	—	1 387 973. 19	0. 00	500 000. 00
42	中海信托	—	5 329 764. 00	0. 00	—
43	中信信托	—	33 419 373. 91	0. 00	—
44	华宝信托	—	7 944 446. 08	0. 00	—
45	江苏信托	—	7 522 568. 11	0. 00	510. 52
46	外贸信托	—	15 039 866. 05	0. 00	—
47	山东信托	—	4 442 526. 00	0. 00	—
48	华融信托	—	6 002 674. 96	0. 00	—
49	国民信托	—	262 482. 52	0. 00	—
50	天津信托	—	4 744 706. 00	0. 00	—
51	粤财信托	—	9 304 981. 02	0. 00	—
52	五矿信托	—	12 001 614. 50	0. 00	—
53	四川信托	—	3 928 227. 37	0. 00	—
54	国元信托	—	6 461 204. 42	0. 00	—
55	昆仑信托	—	9 209 218. 32	0. 00	—
56	国联信托	—	1 705 001. 00	0. 00	—
57	中泰信托	—	3 112 053. 71	0. 00	—
58	爱建信托	—	1 750 834. 43	0. 00	—
59	杭州工商信托	—	1 224 526. 00	0. 00	—
60	华宸信托	—	1 387 888. 62	0. 00	—
61	英大信托	—	1 464 776. 94	0. 00	—
62	浙金信托	—	953 269. 70	0. 00	—
63	华澳信托	—	1 428 410. 00	0. 00	—
64	长城新盛信托	—	170 841. 02	0. 00	—
65	西藏信托	未披露			
66	大业信托	未披露			
合计		16 264 529. 74	454 808 700. 82	3. 58	4 444 629. 17

表 5－2－14　2012 年度其他类型信托资产占比排名

排名	公司简称	其他类型信托资产期末金额（万元）	主动管理型信托资产期末总金额（万元）	其他类型信托资产占比（%）	其他类型信托资产期初金额（万元）
1	五矿信托	7 663 734.26	12 001 614.50	63.86	—
2	国联信托	979 991.00	1 705 001.00	57.48	583 901.00
3	杭州工商信托	514 752.00	1 224 526.00	42.04	209 037.00
4	中泰信托	1 152 661.11	3 112 053.71	37.04	—
5	平安信托	6 261 198.48	17 472 847.97	35.83	6 345 680.24
6	长安信托	5 642 657.99	19 392 295.12	29.10	3 622 894.87
7	中粮信托	899 788.94	3 094 289.55	29.08	1 254 813.80
8	四川信托	1 039 979.60	3 928 227.37	26.47	376 397.89
9	安信信托	442 010.58	1 743 176.92	25.36	63 886.94
10	爱建信托	422 005.70	1 750 834.43	24.10	376 706.67
11	华宝信托	1 706 799.23	7 944 446.08	21.48	631.65
12	厦门国际信托	884 541.00	4 837 085.00	18.29	1 606 062.00
13	中融信托	5 157 481.02	28 253 341.14	18.25	1 288 416.02
14	云南信托	193 769.80	1 387 973.19	13.96	50 330.28
15	华澳信托	148 550.00	1 428 410.00	10.40	15 080.00
16	中铁信托	869 703.00	9 163 934.00	9.49	95 000.00
17	华润信托	1 371 683.73	16 646 123.18	8.24	363 521.52
18	上海信托	505 523.38	8 620 963.16	5.86	58 947.40
19	山西信托	76 953.47	1 967 478.27	3.91	—
20	华信信托	164 213.58	4 221 304.74	3.89	260 865.48
21	新时代信托	231 092.79	6 605 073.11	3.50	—
22	百瑞信托	100 479.26	4 020 079.66	2.50	13 543.76
23	国投信托	244 207.98	10 643 097.45	2.29	482 867.93
24	北京信托	77 103.97	10 672 408.22	0.72	—
25	长城新盛信托	—	170 841.02	0.00	—
26	渤海信托	—	8 343 965.00	0.00	—
27	甘肃信托	—	427 473.05	0.00	—
28	华能信托	—	17 363 029.67	0.00	—
29	湖南信托	—	5 063 228.00	0.00	—
30	天津信托	—	4 744 706.00	0.00	—
31	国民信托	—	262 482.52	0.00	—
32	西部信托	—	2 880 024.46	0.00	—
33	兴业信托	—	22 876 682.00	0.00	—
34	华融信托	—	6 002 674.96	0.00	—
35	东莞信托	—	2 974 161.81	0.00	—
36	华宸信托	—	1 387 888.62	0.00	—
37	昆仑信托	—	9 209 218.32	0.00	—
38	北方信托	—	5 524 346.56	0.00	—
39	交银国际信托	—	4 424 740.92	0.00	—
40	苏州信托	—	3 119 891.34	0.00	—
41	金谷信托	—	6 935 957.78	0.00	—
42	方正东亚信托	—	5 481 647.58	0.00	—
43	中投信托	—	2 850 112.11	0.00	—
44	粤财信托	—	9 304 981.02	0.00	—
45	山东信托	—	4 442 526.00	0.00	—
46	陆家嘴信托	—	1 796 398.53	0.00	—
47	浙金信托	—	953 269.70	0.00	—
48	中原信托	—	5 055 532.28	0.00	—
49	吉林信托	—	4 321 819.00	0.00	—
50	国元信托	—	6 461 204.42	0.00	—

续表

排名	公司简称	其他类型信托资产期末金额(万元)	主动管理型信托资产期末总金额(万元)	其他类型信托资产占比(%)	其他类型信托资产期初金额(万元)
51	紫金信托	—	2 257 539. 20	0. 00	—
52	中诚信托	—	17 722 562. 49	0. 00	—
53	中江信托	—	7 029 477. 02	0. 00	—
54	华鑫信托	—	5 648 075. 14	0. 00	—
55	外贸信托	—	15 039 866. 05	0. 00	—
56	江苏信托	—	7 522 568. 11	0. 00	—
57	中海信托	—	5 329 764. 00	0. 00	—
58	中航信托	—	5 305 913. 93	0. 00	—
59	陕国投	—	9 629 130. 32	0. 00	—
60	重庆信托	—	5 587 491. 70	0. 00	—
61	英大信托	—	1 464 776. 94	0. 00	—
62	新华信托	—	8 716 677. 97	0. 00	—
63	中信信托	—	33 419 373. 91	0. 00	—
64	建信信托	—	5 920 097. 60	0. 00	—
65	西藏信托	未披露			
66	大业信托	未披露			
合计		36 750 881. 87	454 808 700. 82	8. 08	17 068 584. 45

表 5 -2 -15　2012 年度新增主动类型信托资产规模排名

排名	公司简称	项目个数	项目金额(万元)
1	中融信托	623. 00	20 164 344. 84
2	兴业信托	717. 00	18 686 046. 00
3	长安信托	634. 00	17 976 025. 00
4	华能信托	280. 00	17 955 881. 22
5	外贸信托	1 198. 00	15 220 471. 38
6	平安信托	328. 00	14 422 029. 45
7	华润信托	257. 00	12 665 352. 00
8	粤财信托	198. 00	11 367 076. 87
9	国投信托	322. 00	10 667 777. 29
10	五矿信托	307. 00	10 542 300. 00
11	中诚信托	236. 00	10 298 674. 98
12	中铁信托	315. 00	7 770 232. 00
13	中信信托	124. 00	7 484 127. 23
14	陕国投	147. 00	6 747 424. 30
15	中航信托	100. 00	6 694 115. 88
16	国元信托	344. 00	6 344 377. 56
17	新华信托	170. 00	6 321 534. 61
18	上海信托	242. 00	6 179 049. 12
19	渤海信托	208. 00	5 623 222. 30
20	金谷信托	132. 00	5 568 960. 00
21	昆仑信托	89. 00	5 419 220. 00
22	方正东亚信托	158. 00	5 410 162. 47
23	北京信托	87. 00	5 264 125. 60
24	湖南信托	182. 00	4 441 934. 00
25	新时代信托	383. 00	4 106 476. 74
26	中原信托	250. 00	4 105 355. 00
27	北方信托	185. 00	3 927 968. 51
28	重庆信托	110. 00	3 712 526. 31
29	山东信托	249. 00	3 624 728. 00
30	华信信托	393. 00	3 620 455. 38

续表

排名	公司简称	项目个数	项目金额(万元)
31	华融信托	100.00	3 572 513.56
32	中海信托	84.00	3 466 050.64
33	中江信托	127.00	3 463 205.90
34	交银国际信托	92.00	3 344 133.00
35	中泰信托	59.00	3 290 199.00
36	江苏信托	86.00	3 234 181.62
37	厦门国际信托	118.00	3 158 878.00
38	四川信托	95.00	3 025 791.10
39	中粮信托	116.00	2 859 549.79
40	天津信托	160.00	2 853 110.11
41	百瑞信托	85.00	2 843 261.24
42	西部信托	70.00	2 693 477.00
43	紫金信托	75.00	2 297 334.95
44	中投信托	82.00	2 201 552.97
45	苏州信托	94.00	2 172 291.00
46	东莞信托	104.00	1 941 625.20
47	华宝信托	215.00	1 911 100.71
48	陆家嘴信托	73.00	1 825 161.00
49	建信信托	49.00	1 816 910.47
50	吉林信托	62.00	1 657 360.00
51	云南信托	99.00	1 149 135.37
52	爱建信托	38.00	1 142 546.16
53	浙金信托	32.00	1 065 963.00
54	山西信托	99.00	1 051 524.50
55	国联信托	68.00	1 034 956.00
56	杭州工商信托	25.00	934 087.00
57	华宸信托	67.00	762 228.28
58	安信信托	9.00	719 101.00
59	华澳信托	28.00	709 020.00
60	英大信托	31.00	704 529.75
61	甘肃信托	176.00	655 351.00
62	国民信托	11.00	246 298.00
63	长城新盛信托	3.00	170 000.00
64	华鑫信托	248.00	565.74
65	西藏信托	未披露	
66	大业信托	未披露	
合计		11 848.00	326 304 967.10

表 5－2－16　2012 年度集合类信托资产规模排名

排名	公司简称	2011 年 12 月 31 日(万元)	2012 年 12 月 31 日(万元)
1	中融信托	9 722 067.38	12 470 795.94
2	中信信托	9 972 782.65	11 378 295.39
3	平安信托	8 564 160.45	9 595 458.12
4	外贸信托	12 930 238.85	9 474 670.39
5	华润信托	4 327 726.22	6 110 692.06
6	五矿信托	1 814 349.33	5 577 995.23
7	新华信托	4 520 275.86	5 389 092.52
8	华宝信托	2 145 499.54	5 067 714.29
9	中铁信托	2 493 953.00	5 025 417.00
10	粤财信托	3 296 036.54	5 017 993.18

续表

排名	公司简称	2011年12月31日(万元)	2012年12月31日(万元)
11	北京信托	3 391 106.17	4 822 762.32
12	长安信托	3 285 577.96	4 673 208.46
13	中诚信托	6 521 276.83	4 540 849.46
14	四川信托	1 784 916.89	4 509 339.38
15	山东信托	2 615 545.01	4 329 583.22
16	华融信托	2 381 573.85	4 286 691.00
17	上海信托	2 284 129.05	4 151 955.15
18	中航信托	1 985 544.02	3 859 153.23
19	中海信托	3 397 311.00	3 436 978.00
20	华能信托	3 068 757.17	3 368 471.36
21	建信信托	1 815 277.74	3 313 960.62
22	昆仑信托	1 807 747.00	3 261 427.00
23	天津信托	1 785 351.65	3 158 660.85
24	中江信托	2 104 937.95	3 099 453.81
25	兴业信托	3 343 964.00	2 844 889.00
26	新时代信托	1 101 365.06	2 526 147.52
27	百瑞信托	1 561 228.98	2 499 518.13
28	金谷信托	976 187.65	2 226 873.48
29	苏州信托	1 693 730.43	2 225 038.65
30	重庆信托	1 062 337.48	2 048 420.05
31	华信信托	1 091 161.58	1 940 032.12
32	方正东亚信托	625 302.00	1 860 397.03
33	华鑫信托	1 146 854.38	1 737 934.02
34	东莞信托	858 146.48	1 714 306.20
35	陕国投	1 304 238.82	1 708 617.73
36	中原信托	755 807.35	1 641 427.14
37	安信信托	1 194 154.57	1 613 553.56
38	国元信托	640 620.13	1 604 607.82
39	湖南信托	572 903.00	1 583 376.00
40	大业信托	581 051.78	1 544 444.16
41	中泰信托	456 255.63	1 534 294.63
42	北方信托	785 800.94	1 518 746.70
43	山西信托	757 766.56	1 478 235.36
44	中投信托	699 969.71	1 458 958.17
45	吉林信托	2 296 355.00	1 446 013.00
46	交银国际信托	1 433 578.28	1 422 386.40
47	厦门国际信托	1 578 159.00	1 381 690.00
48	陆家嘴信托	—	1 319 868.48
49	爱建信托	617 329.63	1 266 404.98
50	杭州工商信托	940 331.00	1 224 526.00
51	云南信托	462 156.50	1 214 583.52
52	国联信托	659 486.00	1 180 689.00
53	华澳信托	1 272 297.00	1 159 995.00
54	紫金信托	322 219.34	1 087 997.03
55	中粮信托	883 122.33	1 007 152.00
56	国投信托	843 670.98	990 102.97
57	西藏信托	572 261.40	934 997.51
58	西部信托	573 486.55	872 475.89
59	江苏信托	855 899.19	805 968.33
60	渤海信托	1 072 657.00	779 466.00

续表

排名	公司简称	2011年12月31日(万元)	2012年12月31日(万元)
61	浙金信托	5 585.86	762 869.69
62	华宸信托	530 560.43	596 066.68
63	英大信托	434 866.01	505 372.28
64	甘肃信托	194 928.55	346 889.55
65	国民信托	14 997.66	141 000.80
66	长城新盛信托	—	—
合计		134 788 936.35	187 676 950.56

表5-2-17　2012年度新增集合类信托资产规模排名

排名	公司简称	项目个数	实收信托金额合计(万元)
1	外贸信托	1 096.00	12 096 844.19
2	中融信托	161.00	7 351 610.70
3	平安信托	217.00	6 112 541.36
4	五矿信托	110.00	4 732 600.00
5	华能信托	29.00	4 508 834.82
6	中信信托	83.00	4 410 503.55
7	长安信托	249.00	4 135 141.00
8	粤财信托	175.00	4 130 867.00
9	上海信托	191.00	3 736 304.62
10	中铁信托	220.00	3 690 356.00
11	四川信托	120.00	3 651 834.10
12	山东信托	224.00	3 523 628.00
13	新华信托	90.00	2 957 126.46
14	华融信托	74.00	2 814 885.00
15	北京信托	63.00	2 615 639.30
16	华润信托	71.00	2 546 620.00
17	天津信托	128.00	2 462 547.82
18	昆仑信托	43.00	2 366 576.00
19	中航信托	69.00	2 327 358.28
20	中海信托	47.00	2 222 306.93
21	新时代信托	288.00	2 031 500.45
22	中诚信托	36.00	1 970 926.00
23	华宝信托	213.00	1 926 580.00
24	中泰信托	18.00	1 846 699.00
25	北方信托	54.00	1 763 260.00
26	金谷信托	56.00	1 706 583.00
27	华信信托	135.00	1 548 008.00
28	方正东亚信托	53.00	1 537 734.00
29	百瑞信托	55.00	1 525 579.24
30	国元信托	111.00	1 516 782.06
31	中江信托	128.00	1 474 059.30
32	重庆信托	33.00	1 426 397.60
33	苏州信托	58.00	1 393 691.00
34	兴业信托	124.00	1 392 506.00
35	陆家嘴信托	52.00	1 306 474.00
36	中原信托	89.00	1 303 901.00
37	东莞信托	85.00	1 218 335.00
38	中投信托	41.00	1 199 925.01
39	湖南信托	76.00	1 152 682.00
40	云南信托	92.00	1 015 874.37

续表

排名	公司简称	项目个数	实收信托金额合计(万元)
41	紫金信托	21.00	1 004 372.00
42	山西信托	84.00	961 824.50
43	建信信托	28.00	917 056.00
44	国投信托	49.00	865 478.00
45	交银国际信托	32.00	834 862.77
46	爱建信托	32.00	834 211.00
47	浙金信托	18.00	812 778.00
48	中粮信托	40.00	754 623.09
49	国联信托	37.00	724 287.00
50	杭州工商信托	21.00	716 140.00
51	华澳信托	28.00	709 020.00
52	陕国投	48.00	702 664.00
53	安信信托	8.00	688 191.00
54	甘肃信托	157.00	657 162.00
55	吉林信托	28.00	609 995.00
56	厦门国际信托	40.00	586 904.00
57	西部信托	28.00	576 552.00
58	西藏信托	28.00	574 947.25
59	江苏信托	14.00	470 791.00
60	华宸信托	24.00	282 700.00
61	渤海信托	9.00	236 660.00
62	国民信托	8.00	125 798.00
63	英大信托	9.00	117 319.00
64	华鑫信托	64.00	140.60
65	长城新盛信托	—	—
66	大业信托	未披露	未披露
合计		6 112.00	127 416 098.37

表5-2-18　2012年度已清算集合类项目加权平均实际年化收益率排行榜

排名	公司简称	集合类加权平均年化收益率(%)	已清算结束的集合类实收信托合计金额(万元)
1	杭州工商信托	12.30	330 250.00
2	华能信托	11.00	4 095 561.54
3	华宸信托	10.16	179 811.00
4	爱建信托	10.00	191 000.00
5	大业信托	9.50	372 795.00
6	渤海信托	9.37	552 793.00
7	四川信托	9.37	1 015 989.67
8	新华信托	9.34	1 943 314.13
9	中信信托	9.34	6 415 718.15
10	五矿信托	9.20	968 098.00
11	中投信托	9.10	438 360.00
12	华澳信托	8.98	562 695.00
13	方正东亚信托	8.98	316 302.20
14	交银国际信托	8.94	768 739.45
15	北京信托	8.91	1 022 715.91
16	华润信托	8.91	1 094 551.59
17	东莞信托	8.78	453 540.00
18	英大信托	8.73	55 495.00
19	紫金信托	8.61	292 324.00

续表

排名	公司简称	集合类加权平均年化收益率(%)	已清算结束的集合类实收信托合计金额(万元)
20	浙金信托	8.54	5 500.00
21	百瑞信托	8.50	609 086.00
22	新时代信托	8.45	927 266.50
23	江苏信托	8.42	477 700.00
24	山东信托	8.41	1 634 430.00
25	吉林信托	8.39	1 422 369.00
26	华融信托	8.32	736 116.77
27	建信信托	8.23	597 429.48
28	国联信托	8.21	196 768.00
29	安信信托	8.20	398 230.00
30	中海信托	7.93	2 182 639.93
31	中原信托	7.90	406 888.00
32	苏州信托	7.75	864 174.52
33	西部信托	7.72	279 520.00
34	中航信托	7.62	539 199.00
35	厦门国际信托	7.55	711 529.00
36	中铁信托	7.45	1 253 945.00
37	天津信托	7.44	802 548.34
38	中粮信托	7.43	801 480.00
39	中泰信托	7.37	247 937.23
40	长安信托	7.30	2 782 502.00
41	国元信托	7.05	431 316.36
42	华信信托	6.93	702 595.00
43	粤财信托	6.61	2 920 808.63
44	山西信托	6.47	333 595.31
45	金谷信托	6.40	603 260.85
46	中诚信托	6.36	3 936 400.00
47	甘肃信托	6.27	505 998.00
48	北方信托	6.24	478 254.00
49	昆仑信托	6.11	1 255 595.00
50	上海信托	6.08	1 352 528.83
51	外贸信托	5.95	15 011 011.15
52	国民信托	5.93	3 918.00
53	华鑫信托	5.81	745 040.00
54	国投信托	5.73	533 946.10
55	云南信托	5.64	500 144.90
56	平安信托	5.48	3 127 916.02
57	中融信托	5.40	5 244 711.25
58	湖南信托	4.79	183 201.00
59	重庆信托	2.29	454 607.88
60	中江信托	2.12	634 623.48
61	华宝信托	1.38	958 991.46
62	兴业信托	0.80	1 730 761.00
63	陕国投	0.50	348 740.06
64	陆家嘴信托	—	—
65	长城新盛信托	—	—
66	西藏信托	未披露	212 211.14

表 5－2－19　2012 年度已清算单一类项目加权平均实际年化收益率排行榜

排名	公司简称	单一类加权平均年化收益率(%)	已清算结束的单一类实收信托合计金额(万元)
1	大业信托	12.10	625 042.97
2	国联信托	11.25	845 118.00
3	新时代信托	9.08	2 485 345.35
4	方正东亚信托	9.04	1 873 673.04
5	安信信托	8.85	872 435.00
6	华宸信托	8.76	531 267.00
7	五矿信托	8.34	1 253 424.87
8	吉林信托	8.25	2 094 598.00
9	华澳信托	8.16	80 000.00
10	苏州信托	8.05	221 463.20
11	浙金信托	7.90	92 930.00
12	渤海信托	7.88	6 841 936.10
13	甘肃信托	7.85	1 856 602.75
14	华润信托	7.78	2 464 307.95
15	粤财信托	7.74	11 017 380.30
16	中泰信托	7.74	383 311.62
17	厦门国际信托	7.71	4 281 308.00
18	四川信托	7.69	3 793 860.20
19	爱建信托	7.68	150 377.21
20	兴业信托	7.67	8 189 453.00
21	华鑫信托	7.53	3 084 269.25
22	山西信托	7.50	962 025.01
23	国元信托	7.32	5 371 166.43
24	陕国投	7.04	1 656 731.24
25	中航信托	7.00	3 799 060.36
26	天津信托	6.93	1 072 982.90
27	湖南信托	6.90	1 885 849.00
28	云南信托	6.84	662 719.13
29	中粮信托	6.83	3 307 456.49
30	中江信托	6.79	4 034 668.73
31	中诚信托	6.79	5 510 279.43
32	西部信托	6.72	1 919 960.96
33	金谷信托	6.70	5 332 467.21
34	华信信托	6.68	1 782 094.50
35	建信信托	6.68	1 677 412.87
36	中信信托	6.66	12 246 301.16
37	东莞信托	6.64	402 935.77
38	山东信托	6.49	6 491 761.00
39	新华信托	6.31	1 736 458.00
40	重庆信托	6.25	2 541 192.06
41	交银国际信托	6.18	3 800 130.78
42	英大信托	6.15	2 048 728.60
43	中原信托	6.15	2 071 040.00
44	外贸信托	6.11	2 924 072.71
45	百瑞信托	6.09	870 000.00
46	江苏信托	6.09	1 336 085.70
47	华融信托	6.08	1 679 114.00
48	北方信托	6.04	2 925 661.00
49	中铁信托	6.01	1 008 664.00
50	上海信托	6.01	2 581 459.99

续表

排名	公司简称	单一类加权平均年化收益率(%)	已清算结束的单一类实收信托合计金额(万元)
51	北京信托	5.97	2 589 949.41
52	长安信托	5.97	6 848 296.00
53	国投信托	5.94	1 833 505.94
54	平安信托	5.85	8 839 754.80
55	紫金信托	5.83	4 058 118.10
56	陆家嘴信托	5.76	42 931.00
57	中投信托	5.66	1 546 246.00
58	中海信托	5.25	4 009 117.05
59	杭州工商信托	5.18	80 982.00
60	中融信托	5.00	2 574 981.50
61	昆仑信托	4.90	4 466 571.00
62	华能信托	4.70	5 580 011.65
63	华宝信托	4.57	864 607.14
64	国民信托	—	—
65	长城新盛信托	—	—
66	西藏信托	未披露	649 211.44

表 5－2－20　2012 年度已清算财产管理类项目加权平均实际年化收益率排行榜

排名	公司简称	财产管理类加权平均年化收益率(%)	已清算结束的财产管理类实收信托合计金额(万元)
1	湖南信托	18.09	5 174.00
2	方正东亚信托	15.02	111 910.00
3	金谷信托	14.94	46 400.00
4	中融信托	10.67	353 702.81
5	中原信托	10.45	26 700.00
6	兴业信托	8.00	18 000.00
7	重庆信托	7.85	269 357.84
8	中江信托	7.84	60 920.00
9	山东信托	7.79	69 604.00
10	国元信托	7.27	94 210.18
11	吉林信托	7.12	15 903.00
12	长安信托	7.03	141 534.00
13	厦门国际信托	6.91	30 000.00
14	英大信托	6.78	335 384.90
15	外贸信托	6.37	684 325.00
16	五矿信托	6.37	11 000.00
17	华信信托	6.01	50 000.00
18	华能信托	6.00	329 682.50
19	北京信托	5.77	309 859.31
20	渤海信托	5.74	225 750.00
21	大业信托	5.20	40 769.15
22	云南信托	4.97	20 000.00
23	中信信托	4.86	1 388 610.10
24	中航信托	4.23	487 690.00
25	安信信托	1.98	198 700.00
26	北方信托	0.77	87 078.00
27	山西信托	0.01	343 552.38
28	中粮信托	—	230 824.70
29	粤财信托	—	60 000.00
30	天津信托	—	59 339.43
31	中铁信托	—	53 740.00

续表

排名	公司简称	财产管理类加权平均年化收益率(%)	已清算结束的财产管理类实收信托合计金额(万元)
32	中投信托	—	46 806.00
33	中泰信托	—	28 100.00
34	新华信托	—	22 100.00
35	中诚信托	—	14 985.00
36	杭州工商信托	—	—
37	华宸信托	—	—
38	爱建信托	—	—
39	四川信托	—	—
40	华澳信托	—	—
41	交银国际信托	—	—
42	华润信托	—	—
43	东莞信托	—	—
44	紫金信托	—	—
45	浙金信托	—	—
46	百瑞信托	—	—
47	新时代信托	—	—
48	江苏信托	—	—
49	华融信托	—	—
50	建信信托	—	—
51	国联信托	—	—
52	中海信托	—	—
53	苏州信托	—	—
54	西部信托	—	—
55	甘肃信托	—	—
56	昆仑信托	—	—
57	国民信托	—	—
58	华鑫信托	—	—
59	国投信托	—	—
60	平安信托	—	—
61	华宝信托	—	—
62	陕国投	—	—
63	陆家嘴信托	—	—
64	长城新盛信托	—	—
65	上海信托	-1.00	8 125.00
66	西藏信托	未披露	—

第六章　财务报表附注及其他项目的分析

本章对财务报表附注披露的一些重要事项进行了分析，包括或有事项、自营资产风险分类情况、资产损失准备计提情况以及关联方关系及其交易等各项情况。同时，本章节还对信托公司在2012年年报中对经营因素的认可情况作了详细的统计，以便于相关部门决策参考。

一、或有事项情况

(一)对外担保和或有事项情况

1. 对外担保总额分析

表6-1-1　2012年末信托公司担保事项汇总一览表

币种	2012年末担保金额(万元)	2011年末担保金额(万元)	增减额(万元)	增减(%)
人民币	14 518.00	32 717.00	-18 199.00	-55.63

经过对66家公司的统计，2012年末涉及对外担保的公司共有4家，对外担保金额1.45亿元，比上年减少了1.82亿元。2012年4家公司平均对外担保额为0.36亿元，比2011年5家公司平均对外担保额0.65亿元减少了0.29亿元。2012年末信托公司对外担保的详细情况见表6-1-2。

表6-1-2　2012年信托公司涉及对外担保的详细情况

单位：万元

公司简称	被担保单位	年初担保金额	年末担保金额
吉林信托	东北中小企业信用再担保股份有限公司	5 000.00	5 000.00
中诚信托	未披露	3 000.00	5 000.00
厦门国际信托	为厦门市市政项目担保	4 474.00	4 275.00
华宝信托	舟山市海峡汽车轮渡有限责任公司	243	243
中信信托	吉林信托-北京凤凰联合医院管理股份有限公司	20 000.00	0.00
合计		32 717.00	14 518.00

2. 对外担保与净资产的比较分析

66家信托公司披露的2012年末担保事项合计1.45亿元，占66家公司自有净资产总额2 255.52亿元的0.06%。有担保事项的公司年末担保额均没有超过净资产；担保额占净资产比例的平均值为0.75%，超过平均值的有2家，情况详见表6-1-3。

表6-1-3　2012年末信托公司担保金额占自有净资产比例情况表

公司简称	期末担保金额(万元)	期末净资产(万元)	担保占净资产比(%)
厦门国际信托	4 275.00	167 413.00	2.55
吉林信托	5 000.00	337 841.60	1.48
中诚信托	5 000.00	1 009 692.91	0.50
华宝信托	243.00	427 207.75	0.06
合计	14 518.00	1 942 155.26	0.75

(二)公司本年发生或存在的重大诉讼事项

2012年66家信托公司中有52家披露没有诉讼事项，14家披露有诉讼事项，情况详见表6-1-4。

14家披露有诉讼事项的信托公司合计存在43件诉讼案件，涉及金额为25.70亿元(其中有6个案件未披露涉案金额)，平均每个案件约5 976.51万元。

表6-1-4　披露信托公司诉讼事件表　（单位：万元）

公司简称	件数（被诉）	金额（被诉）	件数（起诉）	金额（起诉）	涉诉金额合计
百瑞信托			2	45 515.00	45 515.00
长安信托			5	12 586.00	12 586.00
重庆信托	1	未披露	2	5 714.62	5 714.62
方正东亚信托	1	2 000.00			2 000.00
甘肃信托			2	3 529.70	3 529.70
国联信托	1	520.00	2	35 000.00	35 520.00
国投信托	1	700.00			700.00
山东信托			5	未披露	
爱建信托	1	53.62	1	5 000.00	5 053.62
西部信托	1	297.00			297.00
新华信托	3	2 720.00	3	10 010.00	12 730.00
中泰信托			8	128 600.00	128 600.00
中铁信托	1	491.02	2	2 880.00	3 371.02
中投信托	1	1 373.00			1 373.00
合计	11	8 154.64	32	248 835.32	256 989.96

注：1. 2012年百瑞信托有两件起诉案件，其中一件案件：百瑞信托诉新鑫联合矿业（河南）有限公司借款纠纷案，系以前年度发生，本报告年度内终结的诉讼事项，涉案借款本金3 000万元，收到执行回款3 775万元。另一案件为本报告期内发生的未决诉讼案件。

2. 2012年重庆信托有一件被诉案件，长江轮船海外旅游总公司诉重庆信托一般股东权纠纷案，未披露明确涉案金额。

3. 2012年山东信托在报告期内，无重大诉讼事项发生。以前年度发生未终结的诉讼事项，该公司诉山东泗水北方大地牧业集团有限公司、山东鲁西黄牛原种场有限公司、泗水北方大地肉牛育肥有限公司、山东九福饲料有限公司及山东九九有限公司、北京赛克赛思科技投资有限公司借款、担保合同纠纷案，目前仍在执行中，均未披露明确涉案金额。

二、自营资产风险分类情况

根据66家信托公司在其2012年年度报告中披露的自营资产及其分类情况统计，2011年末自营资产合计为950.85亿元，正常类自营资产占92.58%、关注类自营资产5.24%，不良类自营资产占2.17%。2012年纳入分类的自营资产为1249.59亿元，比2011年增加298.75亿元，增加比例为31.42%；2012年末正常类自营资产占94.99%，关注类自营资产占3.70%，不良类自营资产占1.31%。可见，正常类自营资产比例有所增加，关注类和不良类比例有所下降，自营资产的质量趋于良好，详见表6-2-1。

但根据数据统计，2012年末中泰信托的资产不良率达到80.29%，不良资产为3.07亿元；西部信托的资产不良率达到20.55%，不良资产为0.47亿元；中信信托的资产不良率达到7.77%，不良资产为7.07亿元，详见表6-2-3。

表6-2-1　2012年末与2011年末信托公司自营资产五级分类汇总比较表

类别	2012年末		2011年末		增减率（%）
	金额（万元）	比例（%）	金额（万元）	比例（%）	
正常	11 870 158.59	94.99	8 803 316.02	92.58	2.41
关注	462 565.36	3.70	498 703.70	5.24	-1.54
次级	64 524.84	0.52	75 680.84	0.80	-0.28
可疑	20 467.83	0.16	21 566.78	0.23	-0.06
损失	78 216.07	0.63	109 204.65	1.15	-0.52
合计	12 495 932.69	100.00	9 508 471.99	100.00	—
不良比例	—	1.31	—	2.17	—

2011年末不良资产率情况详见表6-2-2。

表 6 -2 -2　2011 年末自营资产五级分类不良比例由高到低排序表

公司简称	不良比例(%)	公司简称	不良比例(%)
中泰信托	83.47	国投信托	—
西部信托	26.37	建信信托	—
中信信托	16.30	湖南信托	—
山东信托	5.90	吉林信托	—
华能信托	3.82	兴业信托	—
陕国投	3.23	上海信托	—
华宝信托	2.94	苏州信托	—
山西信托	2.66	西藏信托	—
中铁信托	2.52	厦门国际信托	—
长安信托	1.85	新华信托	—
爱建信托	1.75	华信信托	—
百瑞信托	1.28	云南信托	—
天津信托	1.07	中诚信托	—
英大信托	1.04	外贸信托	—
华润信托	0.90	中海信托	—
杭州工商信托	0.75	中融信托	—
粤财信托	0.59	中原信托	—
江西信托	0.58	重庆信托	—
新时代信托	0.50	交银国际信托	—
甘肃信托	0.45	中投信托	—
平安信托	0.42	中航信托	—
江苏信托	0.35	华澳信托	—
昆仑信托	0.27	大业信托	—
华宸信托	0.23	方正东亚信托	—
国元信托	0.15	华鑫信托	—
华融信托	0.15	金谷信托	—
渤海信托	0.0006	陆家嘴信托	—
安信信托	—	四川信托	—
北方信托	—	五矿信托	—
北京信托	—	中粮信托	—
东莞信托	—	紫金信托	—
国联信托	—	浙金信托	—
国民信托	—	长城新盛信托	—

2012 年末不良资产率情况详见表 6 -2 -3。

表 6 -2 -3　2012 年末自营资产五级分类不良比例由高到低排序表

公司简称	不良比例(%)	公司简称	不良比例(%)
中泰信托	80.29	国投信托	—
西部信托	20.55	建信信托	—
中信信托	7.77	湖南信托	—
华能信托	7.37	吉林信托	—
安信信托	2.96	兴业信托	—
山东信托	2.46	上海信托	—
山西信托	2.37	苏州信托	—
中铁信托	1.83	西藏信托	—
百瑞信托	1.09	厦门国际信托	—
华宝信托	1.06	新华信托	—
陕国投	0.94	华信信托	—
华润信托	0.92	云南信托	—
长安信托	0.87	中诚信托	—

续表

公司简称	不良比例(%)	公司简称	不良比例(%)
英大信托	0.72	外贸信托	—
爱建信托	0.66	中海信托	—
杭州工商信托	0.63	中融信托	—
甘肃信托	0.50	中原信托	—
昆仑信托	0.46	重庆信托	—
中江信托	0.42	渤海信托	—
新时代信托	0.38	交银国际信托	—
天津信托	0.32	中投信托	—
华融信托	0.25	浙金信托	—
华宸信托	0.25	中航信托	—
平安信托	0.21	华澳信托	—
江苏信托	0.20	大业信托	—
国元信托	0.13	方正东亚信托	—
粤财信托	0.07	华鑫信托	—
陆家嘴信托	0.0025	金谷信托	—
北方信托	—	四川信托	—
北京信托	—	五矿信托	—
东莞信托	—	中粮信托	—
国联信托	—	紫金信托	—
国民信托	—	长城新盛信托	—

注:66 家公司中,国元信托、华宸信托、昆仑信托、山西信托、新时代信托5 家公司披露的不良资产率与计算有差异。

三、资产损失准备计提和覆盖情况

(一)资产损失准备的计提

66 家信托公司在2012 年年报中披露:2012 年初资产损失准备余额为47.14 亿元,2012 年计提23.14 亿元,转回9.23 亿元,核销2.42 亿元,其他减少0.55 亿元,2012 年末余额为58.08 亿元。2012 年末资产损失准备余额大于2011 年末余额。在资产损失准备余额的构成中,专项准备和一般准备组成的风险资产准备为主要的计提内容。此外,各信托公司的资产损失准备的计提差异较大。汇总的资产损失准备计提详见表6-3-1。

表6-3-1 信托公司资产损失准备计提情况

单位:万元

类别	2012 年初	2012 年计提	2012 年转回	2012 年核销	2012 年其他减少	2012 年末
贷款损失准备	279 555.96	56 279.20	53 889.72	1 613.60	—	280 343.98
其中:一般准备	14 080.39	8 890.67	3 449.05	—	—	19 522.01
专项准备	265 475.57	47 388.53	50 440.67	1 613.60	—	260 821.97
其他资产减值准备	68 024.66	71 310.26	12 784.68	9 004.18	—	117 546.06
可供出售金融资产减值准备	29 376.90	32 282.60	11 250.90	9 658.11	4 000.00	36 750.49
持有至到期投资减值准备	22 540.43	20 132.73	6 666.51	—	—	36 006.65
长期股权投资减值准备	35 205.03	5 183.23	1 699.81	2 722.00	—	35 966.45
坏账准备	31 882.52	46 216.33	6 009.87	1 173.19	—	70 915.79
投资性房地产减值准备	4 769.61	—	—	1 500.00	3 269.61	
合计	471 355.10	231 404.36	92 301.49	24 171.08	5 500.00	580 799.02

注:1. 其他资产减值准备包含:存货跌价准备、拆出资金减值准备、抵债资产减值准备、固定资产减值准备等。

2. 山西信托、甘肃信托、华澳信托、安信信托、北京信托、大业信托这7 家公司2011 年报告中资产损失准备计提情况的期末数与2012 年报告中资产损失准备计提情况的期初数不相符。其中山西信托、安信信托于2012 年调整了准备金列报口径,因而2012 年期初数有所调整。

对66 家信托公司披露的资产准备余额、风险资产准备余额、非风险资产准备余额进行排序,由高到低的排序结果:

表 6－3－2　信托公司 2012 年末资产准备合计余额情况表

单位：万元

公司简称	准备合计（万元）	公司简称	准备合计（万元）
中信信托	180 854.05	交银国际信托	1 752.16
吉林信托	68 891.06	西藏信托	1 702.31
华融信托	42 548.82	甘肃信托	1 518.57
中泰信托	33 223.09	中投信托	1 395.00
山西信托	28 474.62	北方信托	1 250.00
平安信托	19 722.61	国元信托	1 208.06
新华信托	17 744.02	北京信托	1 133.00
华宝信托	17 011.52	四川信托	983.11
中诚信托	16 633.15	上海信托	979.40
安信信托	15 145.68	五矿信托	954.31
中铁信托	13 677.00	新时代信托	833.75
山东信托	13 271.46	中江信托	758.78
建信信托	10 610.62	外贸信托	757.15
华能信托	10 029.96	杭州工商信托	678.00
爱建信托	8 837.77	陆家嘴信托	486.00
中原信托	6 727.50	华澳信托	484.00
天津信托	6 724.54	中海信托	458.15
长安信托	5 469.41	中融信托	386.00
西部信托	5 128.31	国投信托	337.50
华润信托	3 906.40	华宸信托	300.00
国联信托	3 422.00	江苏信托	248.89
百瑞信托	3 201.57	东莞信托	236.00
陕国投	3 127.83	方正东亚信托	201.58
中粮信托	3 100.00	粤财信托	96.98
渤海信托	3 093.72	长城新盛信托	80.00
华鑫信托	3 052.48	苏州信托	—
国民信托	2 857.25	厦门国际信托	—
湖南信托	2 736.00	华信信托	—
英大信托	2 612.68	云南信托	—
金谷信托	2 347.28	浙金信托	—
重庆信托	2 060.06	大业信托	—
昆仑信托	1 829.56	紫金信托	—
中航信托	1 754.30	合计	580 799.02
兴业信托	1 754.00		

2012 年 66 家披露年报的信托公司中有 7 家没有计提资产损失准备。

表 6－3－3　信托公司 2012 年末风险资产准备合计余额情况表

单位：万元

公司简称	一般准备	专项准备	风险资产准备合计
中信信托	—	168 083.87	168 083.87
中泰信托	—	30 716.06	30 716.06
山西信托	4 510.64	23 963.98	28 474.62
天津信托	765.00	5 350.00	6 115.00
西部信托	—	4 656.18	4 656.18
中诚信托	—	4 394.55	4 394.55
国联信托	3 422.00	—	3 422.00
中粮信托	—	3 100.00	3 100.00
百瑞信托	—	3 068.40	3 068.40
中原信托	—	2 591.40	2 591.40

续表

公司简称	一般准备	专项准备	风险资产准备合计
平安信托	141.75	1 924.60	2 066.35
重庆信托	2 038.00	—	2 038.00
金谷信托	1 971.07	—	1 971.07
英大信托	1 300.68	531.88	1 832.56
陕国投	—	1 580.81	1 580.81
中投信托	465.00	930.00	1 395.00
湖南信托	—	1 346.00	1 346.00
爱建信托	—	1 255.00	1 255.00
华鑫信托	—	1 206.20	1 206.20
建信信托	—	1 180.00	1 180.00
长安信托	—	1 165.98	1 165.98
中铁信托	—	1 063.00	1 063.00
四川信托	983.11	—	983.11
华能信托	500.00	476.84	976.84
交银国际信托	—	940.00	940.00
中江信托	—	758.78	758.78
昆仑信托	750.00	—	750.00
甘肃信托	605.17	104.44	709.61
吉林信托	515.40	—	515.40
北京信托	453.00	—	453.00
国投信托	337.50	—	337.50
中航信托	270.00	—	270.00
东莞信托	—	236.00	236.00
新时代信托	2.00	198.00	200.00
兴业信托	150.00	—	150.00
新华信托	80.00	—	80.00
长城新盛信托	80.00	—	80.00
方正东亚信托	77.80	—	77.80
江苏信托	48.89	—	48.89
国元信托	40.00	—	40.00
国民信托	15.00	—	15.00
安信信托	—	—	—
北方信托	—	—	—
粤财信托	—	—	—
杭州工商信托	—	—	—
华宝信托	—	—	—
华宸信托	—	—	—
山东信托	—	—	—
上海信托	—	—	—
华融信托	—	—	—
苏州信托	—	—	—
西藏信托	—	—	—
厦门国际信托	—	—	—
华润信托	—	—	—
华信信托	—	—	—
云南信托	—	—	—
外贸信托	—	—	—
中海信托	—	—	—
中融信托	—	—	—
渤海信托	—	—	—

续表

公司简称	一般准备	专项准备	风险资产准备合计
浙金信托	—	—	—
华澳信托	—	—	—
大业信托	—	—	—
陆家嘴信托	—	—	—
五矿信托	—	—	—
紫金信托	—	—	—
合计	19 522.01	260 821.97	280 343.98

2012 年 66 家披露年报的信托公司中有 25 家没有计提风险资产准备。

表 6－3－4　信托公司 2012 年末非风险资产准备合计情况表

单位：万元

公司简称	其他资产减值准备	可供出售金融资产减值准备	持有至到期投资减值准备	长期股权投资减值准备	坏账准备	投资性房地产减值准备	合计
吉林信托	34 187.83	—	—	—	34 187.83	—	68 375.66
华融信托	21 274.41	—	20 803.47	347.28	123.66	—	42 548.82
新华信托	8 832.01	—	7 954.67	877.34	—	—	17 664.02
平安信托	2 499.40	5 909.33	—	9 247.53	—	—	17 656.26
华宝信托	8 505.76	—	—	7 066.23	1 439.53	—	17 011.52
安信信托	8 803.48	—	—	3 430.01	2 912.19	—	15 145.68
山东信托	—	5 270.29	5 042.45	2 958.72	—	—	13 271.46
中信信托	6 385.09	5 671.93	—	713.16	—	—	12 770.18
中铁信托	2 746.00	3 395.00	—	—	6 473.00	—	12 614.00
中诚信托	—	4 997.83	—	2 591.60	4 649.17	—	12 238.60
建信信托	4 715.31	4 715.31	—	—	—	—	9 430.62
华能信托	4 244.49	—	—	—	4 808.63	—	9 053.12
爱建信托	4 436.78	—	—	2 418.77	727.22	—	7 582.77
长安信托	358.20	9.24	—	2 919.66	1 016.34	—	4 303.43
中原信托	3 352.50	—	—	—	783.60	—	4 136.10
华润信托	1 099.12				2 397.39	409.89	3 906.40
渤海信托	234.00	—	—	—	—	2 859.72	3 093.72
国民信托	—	2 842.25	—	—	—	—	2 842.25
中泰信托	—	—	—	—	2 507.03	—	2 507.03
华鑫信托	—	1 390.21	444.20	—	11.87	—	1 846.28
西藏信托	—	—	1 702.31	—	—	—	1 702.31
兴业信托	802.00	802.00	—	—	—	—	1 604.00
陕国投	86.42	1 366.10	—	—	94.50	—	1 547.02
中航信托	742.15	—	—	—	742.15	—	1 484.30
湖南信托	—	—	—	—	1 390.00	—	1 390.00
北方信托	625.00	—	—	625.00	—	—	1 250.00
国元信托	651.61	—	—	—	516.45	—	1 168.06
昆仑信托	—	—	—	433.95	645.61	—	1 079.56
上海信托	916.07	—	—	63.33		—	979.40
五矿信托	—	—	—	—	954.31	—	954.31
交银国际信托	406.08	—	—		406.08	—	812.16
甘肃信托	478.01	—	—	59.97	270.98	—	808.96
英大信托	—	—	—	756.20	23.92	—	780.12
外贸信托	—	—	59.55	401.79	295.81	—	757.15
北京信托	340.00	—	—	319.00	21.00	—	680.00
杭州工商信托	95.00	133.00	—	—	450.00	—	678.00
新时代信托	—	—	—	—	633.75	—	633.75

续表

公司简称	其他资产减值准备	可供出售金融资产减值准备	持有至到期投资减值准备	长期股权投资减值准备	坏账准备	投资性房地产减值准备	合计
天津信托	304.77	—	—	—	304.77	—	609.54
陆家嘴信托	243.00	240.00	—	—	3.00	—	486.00
华澳信托	—	—	—	—	484.00	—	484.00
西部信托	—	—	—	322.20	149.93	—	472.13
中海信托	—	—	—	—	458.15	—	458.15
中融信托	—	—	—	339.00	47.00	—	386.00
金谷信托	—	—	—	—	376.21	—	376.21
华宸信托	—	—	—	—	300.00	—	300.00
江苏信托	100.00	—	—	—	100.00	—	200.00
百瑞信托	8.65	8.00		75.71	40.81	—	133.17
方正东亚信托	61.89	—	—	—	61.89	—	123.78
粤财信托	—	—	—	—	96.98	—	96.98
重庆信托	11.03	—	—	—	11.03	—	22.06
东莞信托	—	—	—	—	—	—	—
国联信托	—	—	—	—	—	—	—
国投信托	—	—	—	—	—	—	—
中江信托	—	—	—	—	—	—	—
山西信托	—	—	—	—	—	—	—
苏州信托	—	—	—	—	—	—	—
厦门国际信托	—	—	—	—	—	—	—
华信信托	—	—	—	—	—	—	—
云南信托	—	—	—	—	—	—	—
中投信托	—	—	—	—	—	—	—
浙金信托	—	—	—	—	—	—	—
大业信托	—	—	—	—	—	—	—
四川信托	—	—	—	—	—	—	—
中粮信托	—	—	—	—	—	—	—
紫金信托	—	—	—	—	—	—	—
长城新盛信托	—	—	—	—	—	—	—
合计	117 546.06	36 750.49	36 006.65	35 966.45	70 915.79	3 269.61	300 455.04

2012 年 66 家披露年报的信托公司中有 16 家没有计提非风险资产准备。

（二）资产准备覆盖分析

根据 66 家信托公司在 2012 年年报中的披露汇总分析，2011 年末风险资产余额为 945.74 亿元，2012 年末风险资产余额为 1249.59 亿元；2011 年末资产减值准备余额为 47.13 亿元，2012 年末资产减值准备余额为 58.08 亿元；2011 年末风险资产减值准备余额为 27.96 亿元，2012 年末风险资产减值准备余额为 28.03 亿元。根据上述数据计算 2011 年末资产准备覆盖率为 1.99%，2012 年末资产准备覆盖率为 1.93%；2011 年末风险资产准备覆盖率为 2.96%，2012 年末风险资产准备覆盖率为 2.24%。说明两年信托公司的风险资产安全水平与总体资产的安全水平变化不大。66 家信托公司汇总的资产准备覆盖情况见表 6－3－5。

表 6－3－5　信托公司 2011 年和 2012 年资产损失准备覆盖情况分析

项目	2011 年末	2012 年末
资产总额（万元）	23 699 088.88	30 055 583.39
风险资产总额（万元）	9 457 426.38	12 495 932.69
全部准备总额（万元）	471 355.10	580 799.02
风险资产准备总额（万元）	279 555.96	280 343.98
资产准备覆盖率（%）	1.99	1.93
风险资产准备覆盖率（%）	2.96	2.24

对 66 家信托公司 2012 年末的资产准备覆盖率和风险资产准备覆盖率进行排序，详见表 6－3－6 和表 6－3－7。

表 6-3-6　信托公司 2012 年末资产准备覆盖率

公司简称	准备合计(万元)	自营报表资产总额(万元)	资产准备覆盖率(%)
山西信托	28 474. 62	168 704. 26	16. 88
安信信托	15 145. 68	95 114. 27	15. 92
中信信托	180 854. 05	1 182 265. 83	15. 30
华融信托	42 548. 82	309 303. 82	13. 76
吉林信托	68 891. 06	504 114. 32	13. 67
中泰信托	33 223. 09	398 731. 43	8. 33
新华信托	17 744. 02	302 581. 15	5. 86
山东信托	13 271. 46	301 113. 94	4. 41
西部信托	5 128. 31	156 733. 13	3. 27
中铁信托	13 677. 00	424 695. 65	3. 22
中原信托	6 727. 50	212 087. 48	3. 17
爱建信托	8 837. 77	284 916. 50	3. 10
天津信托	6 724. 54	220 361. 99	3. 05
华宝信托	17 011. 52	588 139. 29	2. 89
华能信托	10 029. 96	372 807. 46	2. 69
西藏信托	1 702. 31	72 974. 15	2. 33
建信信托	10 610. 62	552 824. 36	1. 92
长安信托	5 469. 41	285 349. 14	1. 92
国民信托	2 857. 25	169 968. 60	1. 68
湖南信托	2 736. 00	165 280. 00	1. 66
中诚信托	16 633. 15	1 173 954. 16	1. 42
国联信托	3 422. 00	243 671. 00	1. 40
中粮信托	3 100. 00	233 105. 39	1. 33
百瑞信托	3 201. 57	273 765. 57	1. 17
甘肃信托	1 518. 57	138 892. 08	1. 09
渤海信托	3 093. 72	283 310. 97	1. 09
华鑫信托	3 052. 48	293 233. 71	1. 04
金谷信托	2 347. 28	238 619. 56	0. 98
陕国投	3 127. 83	356 088. 66	0. 88
英大信托	2 612. 68	367 432. 07	0. 71
中航信托	1 754. 30	274 907. 48	0. 64
交银国际信托	1 752. 16	282 969. 82	0. 62
杭州工商信托	678. 00	115 320. 00	0. 59
华澳信托	484. 00	92 744. 79	0. 52
北方信托	1 250. 00	253 842. 72	0. 49
新时代信托	833. 75	175 439. 55	0. 48
中投信托	1 395. 00	300 188. 56	0. 46
五矿信托	954. 31	212 929. 39	0. 45
兴业信托	1 754. 00	413 198. 32	0. 42
陆家嘴信托	486. 00	123 540. 53	0. 39
昆仑信托	1 829. 56	525 601. 10	0. 35
华润信托	3 906. 40	1 194 733. 19	0. 33
北京信托	1 133. 00	350 167. 00	0. 32
国元信托	1 208. 06	383 702. 21	0. 31
平安信托	19 722. 61	7 389 732. 65	0. 27
华宸信托	300. 00	117 776. 67	0. 25
长城新盛信托	80. 00	32 464. 70	0. 25
东莞信托	236. 00	108 530. 51	0. 22
重庆信托	2 060. 06	987 209. 16	0. 21

续表

公司简称	准备合计(万元)	自营报表资产总额(万元)	资产准备覆盖率(%)
四川信托	983. 11	636 883. 37	0. 15
国投信托	337. 50	236 120. 95	0. 14
外贸信托	757. 15	546 768. 71	0. 14
上海信托	979. 40	753 949. 52	0. 13
中海信托	458. 15	400 008. 78	0. 11
方正东亚信托	201. 58	191 784. 05	0. 11
中江信托	758. 78	735 076. 58	0. 10
中融信托	386. 00	622 618. 70	0. 06
江苏信托	248. 89	645 770. 70	0. 04
粤财信托	96. 98	277 646. 94	0. 03
苏州信托	—	219 950. 67	—
厦门国际信托	—	181 511. 00	—
华信信托	—	568 994. 53	—
云南信托	—	127 592. 14	—
浙金信托	—	60 075. 38	—
大业信托	—	73 473. 40	—
紫金信托	—	72 219. 69	—
合计	580 799. 02	30 055 583. 39	1. 93

表 6－3－7　信托公司 2012 年末风险资产准备覆盖率

公司简称	风险资产准备合计(万元)	风险资产总额(万元)	风险资产准备覆盖率(%)
中泰信托	30 716. 06	44 107. 96	69. 64
山西信托	28 474. 62	96 377. 32	29. 54
西部信托	4 656. 18	22 656. 18	20. 55
中信信托	168 083. 87	910 174. 67	18. 47
天津信托	6 115. 00	95 022. 90	6. 44
中原信托	2 591. 40	44 500. 00	5. 82
新时代信托	200. 00	3 991. 36	5. 01
中粮信托	3 100. 00	70 000. 00	4. 43
金谷信托	1 971. 07	131 183. 71	1. 50
国联信托	3 422. 00	243 671. 00	1. 40
湖南信托	1 346. 00	102 480. 00	1. 31
华能信托	976. 84	76 591. 66	1. 28
中诚信托	4 394. 55	367 313. 84	1. 20
百瑞信托	3 068. 40	276 967. 14	1. 11
中投信托	1 395. 00	133 625. 47	1. 04
甘肃信托	709. 61	70 296. 68	1. 01
交银国际信托	940. 00	94 558. 70	0. 99
国投信托	337. 50	37 836. 03	0. 89
陕国投	1 580. 81	185 931. 59	0. 85
长城新盛信托	80. 00	11 154. 76	0. 72
建信信托	1 180. 00	166 974. 62	0. 71
中航信托	270. 00	38 342. 32	0. 70
吉林信托	515. 40	73 212. 78	0. 70
爱建信托	1 255. 00	202 667. 82	0. 62
昆仑信托	750. 00	124 635. 57	0. 60
英大信托	1 832. 56	363 306. 93	0. 50

续表

公司简称	风险资产准备合计(万元)	风险资产总额(万元)	风险资产准备覆盖率(%)
方正东亚信托	77.80	15 559.19	0.50
四川信托	983.11	196 621.02	0.50
东莞信托	236.00	56 170.48	0.42
华鑫信托	1 206.20	292 373.92	0.41
长安信托	1 165.98	290 818.55	0.40
中铁信托	1 063.00	392 046.00	0.27
北京信托	453.00	185 397.00	0.24
中江信托	758.78	350 492.16	0.22
重庆信托	2 038.00	962 647.77	0.21
平安信托	2 066.35	1 186 533.96	0.17
江苏信托	48.89	49 051.27	0.10
兴业信托	150.00	161 263.00	0.09
新华信托	80.00	178 176.77	0.04
国元信托	40.00	95 619.25	0.04
国民信托	15.00	169 968.60	0.01
安信信托	—	92 461.16	—
北方信托	—	191 916.35	—
粤财信托	—	140 332.73	—
杭州工商信托	—	114 963.00	—
华宝信托	—	136 398.75	—
华宸信托	—	74 031.54	—
山东信托	—	289 791.75	—
上海信托	—	40 699.85	—
华融信托	—	48 519.55	—
苏州信托	—	72 495.00	—
西藏信托	—	72 974.15	—
厦门国际信托	—	85 090.00	—
华润信托	—	375 783.49	—
华信信托	—	131 993.41	—
云南信托	—	89 775.77	—
外贸信托	—	546 768.71	—
中海信托	—	400 008.00	—
中融信托	—	498 140.00	—
渤海信托	—	141 586.63	—
浙金信托	—	17 973.36	—
华澳信托	—	56 437.00	—
陆家嘴信托	—	122 369.00	—
五矿信托	—	163 629.14	—
紫金信托	—	21 474.40	—
大业信托	—	—	—
合计	280 343.98	12 495 932.69	2.24

注:2012年末大业信托无风险资产。

四、自营股票投资、基金投资、债券投资、长期股权投资和代理业务的分析

根据66家信托公司2012年年报披露,2011年末自营股票投资、基金投资、债券投资、长期股权投资、代理业务和其他投资的总

额为994.94亿元,2012年末为1444.56亿元,比2011年末增加449.63亿元,主要是长期股权投资和其他投资的增加所致。从构成来看,其他投资业务占45.00%,为主要业务内容。66家公司整体汇总情况见表6-4-1,各信托公司的具体业务情况见表6-4-2。

表6-4-1 信托公司自营股票投资、基金投资、债券投资、长期股权投资和代理业务情况分析

	2012年末(万元)	2012年末比例(%)	2011年末(万元)	2011年末比例(%)	变动比例(%)
自营股票	1 719 144.81	11.90	1 472 889.45	14.80	16.72
基金	669 981.27	4.64	356 454.00	3.58	87.96
债券	519 041.95	3.59	381 884.22	3.84	35.92
长期股权投资	4 655 717.23	32.23	4 291 929.87	43.14	8.48
其他投资	6 500 087.61	45.00	3 071 553.40	30.87	111.62
代理业务	381 656.02	2.64	374 641.42	3.77	1.87
合计	14 445 628.89	100.00	9 949 352.36	100.00	45.19

表6-4-2 信托公司2012年末具体业务情况表

单位:万元

公司简称	自营股票	基金	债券	长期股权投资	其他投资	代理业务	合计
国元信托	5 321.24	869.92	—	276 795.42	—	—	282 986.58
安信信托	—	—	—	—	—	1 452.00	1 452.00
百瑞信托	11 307.21	1 239.15	6 879.54	56 178.39	51 475.91	—	127 080.20
北方信托	1 923.15	1 139.80	11 472.78	38 141.34	5 101.00	—	57 778.07
北京信托	5 965.00	10 146.00	—	31 501.00	114 690.00	2 962.33	165 264.33
渤海信托	308.64	3 314.99	8 699.80	39 905.00	86 000.00	—	138 228.43
长安信托	56 422.86	—	—	6 355.34	—	—	62 778.20
重庆信托	187 543.73	164.40		263 322.13	234 099.39	—	685 129.65
华信信托	270 410.23	777.00	—	159 148.49	—	1 120.45	431 456.17
大业信托	—	—	—	—	—	—	0.00
东莞信托	1 439.46	—	—	16 242.80	25 997.96	—	43 680.22
方正东亚信托	3 676.40	—	5 000.00	—	37 941.00	—	46 617.40
甘肃信托	20 017.02	10 000.00	—	25 217.35	20 304.34	—	75 538.71
粤财信托	3 847.09	917.71	—	115 404.20	11 700.00	1 080.00	132 949.00
国联信托	51 304.00	304.00	—	141 727.00	21 042.00	14 883.00	229 260.00
国民信托	15 261.57	—	6 976.83	—	118 056.19	—	140 294.59
国投信托	—	3 000.00	—	58 460.09	132 662.60	—	194 122.69
杭州工商信托	256.00	—	—	3 250.00	53 187.00	19 416.00	76 109.00
湖南信托	—	—	—	45 271.00	15 892.00	—	61 163.00
华澳信托	—	—	—	—	10 839.00	—	10 839.00
华宝信托	57 734.91	1 906.13	—	71 960.29	213 732.44	—	345 333.77
华宸信托	18 899.93	—	25 948.40	13 257.20	—	—	58 105.53
华能信托	6 657.59	5 779.28	40 807.02	—	—	—	53 243.89
华融信托	45.00	119 441.96	5 000.00	236.96	131 055.19	—	255 779.11
华润信托	—	—	991.00	588 045.40	416 779.50	—	1 005 815.90
华鑫信托	66 921.00	62 517.35	10 000.00	—	153 926.71	—	293 365.06
吉林信托	157 727.32	995.55	6 000.00	91 756.64	—	—	256 479.51
建信信托	24 696.10	32 307.42	—	66 798.99	239 249.36	—	363 051.87
江苏信托	31 893.25	4 275.06	—	475 592.53	62 378.00	—	574 138.84
交银国际信托	—	40 549.43	—	22 000.00	21 600.00	—	84 149.43
昆仑信托	—	—	—	42 960.91	—	—	42 960.91
陆家嘴信托	—	18 528.00	17 752.00	—	58 011.00	—	94 291.00
平安信托	45 530.98	—	—	616 501.90	348 424.48	—	1 010 457.36
山东信托	27 251.46	37 829.38	42 500.00	51 206.00	—	—	158 786.84
山西信托	36 827.08	1 744.35	—	32 437.62	—	—	71 009.05

续表

公司简称	自营股票	基金	债券	长期股权投资	其他投资	代理业务	合计
陕国投	—	—	—	—	—	—	0.00
爱建信托	4.36	334.88	29 996.95	4 837.53	47 652.34	60 189.27	143 015.33
上海信托	33 157.62	64 785.00	48 440.85	242 299.08	140 010.54	172 864.42	701 557.51
四川信托	7 900.82	25 511.05	16 000.00	52 815.43	—	—	102 227.30
苏州信托	2 449.00	0.00	0.00	34 535.00	86 014.00	—	122 998.00
天津信托	23 533.83	1 272.16	33 686.61	11 007.00	30 703.16	—	100 202.76
五矿信托	20 059.35	13 413.88	11 706.34	—	—	—	45 179.57
西部信托	53 256.05	—	—	33 076.05	—	22 383.00	108 715.10
西藏信托	11 097.61	—	—	—	—	—	11 097.61
厦门国际信托	1 546.00	612.00	—	67 327.00	23 999.00	3 308.00	96 792.00
新华信托	24 987.84	—	5 071.73	17 940.57	51 453.85	1 188.79	100 642.78
长城新盛信托	—	—	—	—	—	—	0.00
新时代信托	4 944.83	—	—	43 267.87	—	—	48 212.70
兴业信托	570.00	22 004.00	96 539.00	31 888.00	196 424.00	—	347 425.00
英大信托	215.38	—	18 500.00	35 286.81	61 137.96	—	115 140.15
云南信托	693.67	—	—	—	28 874.24	—	29 567.91
浙金信托	—	—	28 527.95	—	5 724.22	—	34 252.17
中诚信托	19 758.24	59 156.84	1 312.48	246 617.95	254 059.22	—	580 904.73
外贸信托	179 226.62	105 208.50	—	49 510.09	87 782.09	—	421 727.30
金谷信托	—	—	—	5 000.00	91 586.28	—	96 586.28
中海信托	9 776.21	17 486.08	1 443.27	91 515.94	—	—	120 221.50
中航信托	—	—	—	31 042.00	161 993.24	—	193 035.24
中江信托	8 196.52	2 142.76	—	—	2 270 274.62	—	2 280 613.90
中粮信托	2 545.00	—	2 905.80	2 510.00	—	—	7 960.80
中融信托	76 136.00	—	2 961.00	4 936.00	—	—	84 033.00
中泰信托	42 151.04	—	19 500.10	21 306.14	69 274.56	—	152 231.84
中铁信托	962.00	—	—	20 004.00	—	3 901.00	24 867.00
中投信托	26 853.56	—	—	—	130 388.22	4 379.97	161 621.75
中信信托	59 006.68	—	—	179 759.56	144 000.00	72 527.79	455 294.03
中原信托	—	—	7 352.47	78 964.22	—	—	86 316.69
紫金信托	928.36	307.24	7 070.03	597.00	34 591.00	—	43 493.63
合计	1 719 144.81	669 981.27	519 041.95	4 655 717.23	6 500 087.61	381 656.02	14 445 628.89

五、自营贷款分析

2012 年末，66 家信托公司中有中江信托、陕国投、西藏信托和五矿信托 4 家公司没有披露前五名自营贷款的信息，湖南信托、山西信托、西部信托、中信信托只披露了前三名自营贷款的信息，在披露自营贷款信息的 66 家信托公司中有 11 家披露无自营贷款，有 46 家公司披露的前三名自营贷款占自营贷款总额的比例超过 50%。大部分信托公司前三名自营贷款的集中度都非常高，相应的自营贷款资产的风险也就很高。有 26 家信托公司前三名自营贷款占全部自营贷款的比例为 100%，风险非常集中。66 家信托公司前三名自营贷款占自营贷款总额的比例情况详见表 6 -5 -1。

表 6 -5 -1　2012 年信托公司前三名自营贷款占自营贷款总额的比例情况表

公司简称	前三名自营贷款占总自营贷款比例（%）	公司简称	前三名自营贷款占总自营贷款比例（%）
华宝信托	无自营贷款	华能贵诚	100.00
山东信托	无自营贷款	新时代	100.00
上海信托	无自营贷款	中航信托	100.00
华融信托	无自营贷款	金谷信托	100.00
华润信托	无自营贷款	四川信托	100.00
云南信托	无自营贷款	中粮信托	100.00
外贸信托	无自营贷款	紫金信托	100.00

续表

公司简称	前三名自营贷款占总自营贷款比例(%)	公司简称	前三名自营贷款占总自营贷款比例(%)
中融信托	无自营贷款	新疆长城新盛信托	100.00
浙金信托	无自营贷款	北京信托	95.58
大业信托	无自营贷款	中原信托	87.06
陆家嘴信托	无自营贷款	方正东亚	86.76
中江信托	未披露	湖南信托	85.17
陕国投	未披露	华澳信托	83.00
西藏信托	未披露	西部信托	79.45
五矿信托	未披露	中投信托	75.27
安信信托	100.00	华宸信托	73.68
中铁信托	100.00	厦门国际信托	72.68
广东粤财	100.00	甘肃信托	68.40
国联信托	100.00	中泰信托	68.37
国民信托	100.00	中诚信托	64.86
国投信托	100.00	天津信托	61.81
杭州工商信托	100.00	东莞信托	61.46
建信信托	100.00	百瑞信托	58.30
吉林信托	100.00	爱建信托	55.78
中江信托	100.00	华鑫信托	54.33
兴业信托	100.00	苏州信托	53.90
昆仑信托	100.00	英大信托	52.28
长安信托	100.00	国元信托	52.02
新华信托	100.00	中信信托	48.43
华信信托	100.00	重庆信托	45.38
中海信托	100.00	北方信托	39.35
渤海信托	100.00	山西信托	25.02
交银国际信托	100.00	平安信托	2.60

六、关联方关系及其交易的披露

关联交易一直是公司经营的一个瓶颈，在公司业务发展良好和不良两个阶段均会发生大量的关联交易。在业务发展良好时，公司可能会向关联方输送利益；在业务发展不良时，关联方可能会向公司输送利益。即使在公司业务发展一般时，也会由于种种原因与关联方发生关联交易。因此关联交易也就一直成为公众和监管部门关注的重点。

(一)关联方及其交易汇总

经统计，2012 年 66 家信托公司关联方数量为 474 家，关联交易总金额为 5 225.63 亿元。

表 6-6-1 2012 年信托公司关联方交易情况表，关联方交易金额由高到低排序

单位：万元

公司简称	关联交易方数量	关联交易金额	公司简称	关联交易方数量	关联交易金额
英大信托	31	15 847 416.96	天津信托	2	70 000.00
安信信托	2	13 396 417.20	湖南信托	2	69 450.00
兴业信托	1	3 086 408.67	长安信托	15	58 288.73
中信信托	33	3 007 998.86	苏州信托	6	54 790.00
华润信托	15	2 186 551.89	中泰信托	13	54 584.00
中诚信托	31	1 694 021.66	华宝信托	1	48 620.00
中海信托	5	1 576 264.61	中粮信托	5	34 194.58
昆仑信托	16	1 429 347.20	国联信托	3	12 140.00
平安信托	6	1 364 103.38	厦门国际信托	3	12 000.00
上海信托	1	1 117 186.45	爱建信托	4	6 905.36
渤海信托	14	1 096 524.00	吉林信托	4	5 950.00
华能信托	6	753 296.12	国元信托	2	3 711.00

续表

公司简称	关联交易方数量	关联交易金额	公司简称	关联交易方数量	关联交易金额
国投信托	18	616 065. 24	云南信托	1	3 122. 83
北方信托	12	483 351. 32	国民信托	3	2 049. 27
百瑞信托	13	468 512. 00	建信信托	10	1 977. 05
东莞信托	13	419 271. 77	中投信托	10	1 930. 84
中航信托	19	401 080. 34	外贸信托	3	1 572. 05
大业信托	8	376 200. 00	浙金信托	3	1 072. 04
江苏信托	36	255 619. 07	山西信托	7	872. 54
紫金信托	5	244 423. 00	西藏信托	1	500. 00
重庆信托	19	241 845. 01	粤财信托	1	420. 58
中铁信托	5	211 260. 00	方正东亚信托	1	310. 92
西部信托	4	208 733. 97	四川信托	2	284. 25
华融信托	2	199 600. 00	杭州工商信托	2	127. 00
山东信托	8	181 850. 00	华澳信托	1	112. 71
交银国际信托	4	172 324. 00	北京信托	0	—
中原信托	23	161 412. 00	甘肃信托	0	—
五矿信托	6	134 933. 45	华宸信托	0	—
华鑫信托	4	128 520. 00	华信信托	0	—
金谷信托	5	103 538. 78	中融信托	0	—
陕国投	1	100 000. 00	新时代信托	0	—
中江信托	1	75 000. 00	陆家嘴信托	0	—
新华信托	2	72 262. 71	长城新盛信托	0	—
			合计	474	52 256 325. 41

（二）固有资产与关联方关联交易

从下表分析发现，固有资产与关联方的交易主要集中在投资、应收账款和其他三个方面，关于其他的具体内容，信托公司年报中未详细披露。总体看来固有资产与关联方之间的交易比 2011 年有所下降。66 家信托公司 2012 年固有资产与关联方交易的汇总表及明细表分别见表 6 –6 –2 和表 6 –6 –3。

表 6 –6 –2　固有资产与关联方关联交易汇总表

项目	2011 年末余额（万元）	2011 年末比例（%）	2012 年末余额（万元）	2012 年末比例（%）	增减率（%）
贷款	16 152. 49	0. 89	13 393. 23	3. 02	–17. 08
投资	1 361 011. 12	74. 64	150 248. 57	33. 92	–88. 96
租赁	936. 45	0. 05	2 957. 71	0. 67	215. 84
担保	0	0. 00	0	0. 00	0. 00
应收账款	34 098. 25	1. 87	47 278. 33	10. 67	38. 65
其他	411 317. 74	22. 56	229 088. 80	51. 72	–44. 30
合计	1 823 516. 05	100. 00	442 966. 64	100. 00	–75. 71

表 6 –6 –3　2012 年末固有资产与关联方关联交易余额明细表，由高到低排序

单位：万元

公司简称	关联交易余额	公司简称	关联交易余额
华信信托	55 131. 00	百瑞信托	—
交银国际信托	48 000. 00	北京信托	—
吉林信托	45 906. 00	中铁信托	—
中信信托	43 161. 54	东莞信托	—
江苏信托	37 402. 79	甘肃信托	—
安信信托	35 169. 33	粤财信托	—
平安信托	30 448. 21	杭州工商信托	—
兴业信托	27 699. 67	中江信托	—
建信信托	21 522. 15	华宸信托	—

续表

公司简称	关联交易余额	公司简称	关联交易余额
中泰信托	18 674.32	昆仑信托	—
中诚信托	15 900.00	山东信托	—
上海信托	13 959.28	山西信托	—
北方信托	11 196.32	陕国投	—
湖南信托	9 450.00	苏州信托	—
长安信托	5 796.83	天津信托	—
金谷信托	4 028.19	西藏信托	—
国联信托	4 000.00	厦门国际信托	—
华能信托	3 296.12	新华信托	—
爱建信托	3 209.07	英大信托	—
国民信托	2 348.12	云南信托	—
重庆信托	2 000.00	中海信托	—
外贸信托	1572.05	中融信托	—
西部信托	1133.97	中原信托	—
紫金信托	597	渤海信托	—
华润信托	387.07	中投信托	—
五矿信托	369.45	新时代信托	—
四川信托	284.25	中航信托	—
国元信托	232.33	华澳信托	—
浙金信托	50.1	大业信托	—
华融信托	30.41	华鑫信托	—
方正东亚信托	5.94	陆家嘴信托	—
华宝信托	5	中粮信托	—
国投信托	0.13	长城新盛信托	—
		合计	442 966.64

(三)信托资产与关联方关联交易

从下表分析发现,信托资产与关联方的交易主要集中在贷款和其他方面,信托资产与关联方贷款交易约占整个信托资产与关联方交易的36.53%,信托资产与关联方其他交易约占整个信托资产与关联方交易的57.58%。66家信托公司2012年信托资产与关联方交易的汇总表及明细表分别见表6-6-4和表6-6-5。

表6-6-4 信托资产与关联方关联交易汇总分析

单位:万元

项目	2011年末余额(万元)	2011年末比例(%)	2012年末余额(万元)	2012年末比例(%)	增减率(%)
贷款	24 483 780.15	52.21	24 887 469.93	36.53	1.65
投资	1 554 699.24	3.32	2 900 688.80	4.26	86.58
租赁	344 338.74	0.73	347 988.86	0.51	1.06
担保	2 000.00	0.00	0.00	0.00	-100.00
应收账款	616 050.04	1.31	762 298.50	1.12	23.74
其他	19 897 014.37	42.43	39 222 752.43	57.58	97.13
合计	46 897 882.54	100.00	68 121 198.52	100.00	45.25

表6-6-5 2012年末信托资产与关联方关联交易余额明细表,由高到低排序

单位:万元

公司简称	关联交易余额	公司简称	关联交易余额
建信信托	31 282 669.23	湖南信托	60 000.00
英大信托	15 847 416.96	长安信托	52 491.90
兴业信托	3 058 709.00	华宝信托	43 950.00
中信信托	2 631 378.18	中泰信托	35 909.68
中诚信托	2 607 500.00	粤财信托	35 500.00

续表

公司简称	关联交易余额	公司简称	关联交易余额
平安信托	2 564 571.99	苏州信托	15 000.00
昆仑信托	1 429 347.20	厦门国际信托	12 000.00
渤海信托	1 096 524.00	国联信托	8 140.00
华润信托	956 689.00	云南信托	3 122.83
中海信托	803 194.81	中粮信托	2 000.00
华能信托	750 000.00	紫金信托	2 000.00
国投信托	472 812.50	国元信托	—
北方信托	472 155.00	安信信托	—
百瑞信托	424 052.00	北京信托	—
江苏信托	393 018.03	甘肃信托	—
中航信托	390 900.00	国民信托	—
大业信托	390 700.00	杭州工商信托	—
东莞信托	234 277.58	吉林信托	—
中铁信托	211 260.00	华宸信托	—
西部信托	207 600.00	山西信托	—
金谷信托	205 521.07	上海信托	—
华融信托	201 600.00	西藏信托	—
山东信托	181 850.00	新华信托	—
重庆信托	140 050.00	华信信托	—
中原信托	133 922.00	外贸信托	—
五矿信托	126 964.00	中融信托	—
爱建信托	113 905.36	浙金信托	—
陕国投	100 000.00	新时代信托	—
交银国际信托	100 000.00	华澳信托	—
华鑫信托	99 100.00	方正东亚信托	—
中投信托	78 396.20	陆家嘴信托	—
中江信托	75 000.00	四川信托	—
天津信托	70 000.00	长城新盛信托	—
		合计	68 121 198.52

（四）固有财产与信托财产相互交易

表 6－6－6　固有财产与信托财产相互交易汇总分析

单位：万元

项目	2012 年末
余额	3 529 493.22
发生额	1 735 411.18

表 6－6－7　2012 年末固有财产与信托财产关联交易余额情况表

单位：万元

公司简称	2012 年末	公司简称	2012 年末
平安信托	560 918.37	东莞信托	16 729.59
昆仑信托	327 200.00	爱建信托	12 630.00
华润信托	316 502.63	大业信托	12 135.00
中诚信托	227 200.00	国联信托	12 067.00
华宝信托	219 221.00	华澳信托	10 839.00
兴业信托	145 690.00	中泰信托	9 000.00
国投信托	143 252.61	陆家嘴信托	9 000.00
上海信托	140 423.21	浙金信托	5 724.22
重庆信托	122 258.00	北方信托	5 101.00
华融信托	119 858.66	厦门国际信托	—

续表

公司简称	2012 年末	公司简称	2012 年末
中信信托	91 671.93	国元信托	—
中投信托	83 388.00	安信信托	—
新时代信托	71 519.51	甘肃信托	—
北京信托	69 478.00	粤财信托	—
山东信托	64 532.00	国民信托	—
江苏信托	62 378.00	湖南信托	—
建信信托	59 650.00	吉林信托	—
中海信托	57 500.00	中江信托	—
新华信托	55 991.00	华宸信托	—
杭州工商信托	52 275.00	苏州信托	—
百瑞信托	46 200.00	西藏信托	—
金谷信托	43 586.28	华信信托	—
中铁信托	43 500.00	英大信托	—
方正东亚信托	37 941.00	外贸信托	—
长安信托	34 600.00	中融信托	—
紫金信托	34 591.00	渤海信托	—
山西信托	32 812.21	华能信托	—
华鑫信托	29 420.00	中航信托	—
云南信托	28 874.00	四川信托	—
中原信托	27 490.00	五矿信托	—
陕国投	25 489.00	中粮信托	—
交银国际信托	21 600.00	长城新盛信托	—
天津信托	20 000.00	合计	3 529 493.22
西部信托	19 256.00		

(五)信托资产与信托财产相互交易

表 6-6-8　信托资产与信托财产相互交易汇总分析

单位:万元

项目	2012 年末
余额	16 175 147.62
发生额	6 069 507.96

表 6-6-9　2012 年末信托资产与信托财产关联交易余额情况表

单位:万元

公司简称	2012 年末	公司简称	2012 年末
平安信托	7 954 123.44	安信信托	—
华宝信托	1 957 761.00	北方信托	—
华润信托	912 973.19	中铁信托	—
昆仑信托	887 757.00	甘肃信托	—
中泰信托	837 728.00	国民信托	—
粤财信托	763 396.26	国投信托	—
中诚信托	436 435.00	杭州工商信托	—
上海信托	434 181.75	湖南信托	—
建信信托	283 550.00	吉林信托	—
中信信托	241 787.21	江苏信托	—
兴业信托	207 443.00	中江信托	—
东莞信托	183 364.60	华宸信托	—
中海信托	180 147.87	华融信托	—
陕国投	160 847.22	西部信托	—
北京信托	129 704.53	西藏信托	—

续表

公司简称	2012 年末	公司简称	2012 年末
山西信托	116 901.00	华信信托	—
爱建信托	87 543.60	英大信托	—
山东信托	70 247.00	外贸信托	—
中投信托	57 837.37	中融信托	—
紫金信托	47 362.00	中原信托	—
浙金信托	46 210.00	重庆信托	—
新华信托	38 426.58	渤海信托	—
苏州信托	28 090.00	华能信托	—
天津信托	25 000.00	新时代信托	—
云南信托	20 650.00	中航信托	—
国联信托	16 500.00	华澳信托	—
百瑞信托	15 160.00	大业信托	—
交银国际信托	15 000.00	华鑫信托	—
五矿信托	7 600.00	陆家嘴信托	—
长安信托	5 400.00	四川信托	—
金谷信托	3 520.00	中粮信托	—
方正东亚信托	2 500.00	长城新盛信托	—
厦门国际信托	—	合计	16 175 147.62
国元信托	—		

七、子公司及其合并情况

2012 年 66 家信托公司中有 33 家公司不需要编制合并报表，在需要编制合并报表的 33 家中，有 21 家披露了合并子公司数量，共计合并了 103 家子公司；中江信托、中融信托虽编制了合并报表，但未披露合并子公司的情况；另有百瑞信托、粤财信托等 10 家公司未披露是否需要编制合并报表及应纳入合并范围的子公司数量。具体情况详见表 6－7－1。

表 6－7－1　2012 年信托公司对合并范围内的子公司的披露情况

公司简称	是否编制合并报表	合并子公司数量	公司简称	是否编制合并报表	合并子公司数量
平安信托	是	70	陕国投	不适用	—
吉林信托	是	4	华融信托	不适用	—
中诚信托	是	4	长安信托	不适用	—
上海信托	是	3	西部信托	不适用	—
建信信托	是	2	西藏信托	不适用	—
山东信托	是	2	厦门国际信托	不适用	—
苏州信托	是	2	新华信托	不适用	—
英大信托	是	2	华信信托	不适用	—
四川信托	是	2	云南信托	不适用	—
安信信托	是	1	外贸信托	不适用	—
北京信托	是	1	中海信托	不适用	—
中铁信托	是	1	渤海信托	不适用	—
国投信托	是	1	华能信托	不适用	—
杭州工商信托	是	1	爱建信托	不适用	—
华宝信托	是	1	新时代信托	不适用	—
华润信托	是	1	华澳信托	不适用	—
中泰信托	是	1	大业信托	不适用	—
中信信托	是	1	方正东亚信托	不适用	—
重庆信托	是	1	华鑫信托	不适用	—
交银国际信托	是	1	陆家嘴信托	不适用	—
中粮信托	是	1	长城新盛信托	不适用	—
国元信托	不适用	—	中江信托	是	未披露

续表

公司简称	是否编制合并报表	合并子公司数量	公司简称	是否编制合并报表	合并子公司数量
北方信托	不适用	—	中融信托	是	未披露
东莞信托	不适用	—	百瑞信托	未披露	未披露
甘肃信托	不适用	—	粤财信托	未披露	未披露
国联信托	不适用	—	天津信托	未披露	未披露
国民信托	不适用	—	中原信托	未披露	未披露
湖南信托	不适用	—	中投信托	未披露	未披露
江苏信托	不适用	—	浙金信托	未披露	未披露
兴业信托	不适用	—	中航信托	未披露	未披露
华宸信托	不适用	—	金谷信托	未披露	未披露
昆仑信托	不适用	—	五矿信托	未披露	未披露
山西信托	不适用	—	紫金信托	未披露	未披露

八、信托公司2012年年报中对经营因素的认可情况分析

(一)关于经营目标

共有64家公司均对经营目标作出了表述。

从64家披露了经营目标的信托公司年报分析，如表6-8-1所示认同目标前五名依次为：对全国行业排名或地位提出期望，努力成为卓越金融企业；完善内部管理、提高经营绩效和风控水平；回报股东和信托受益人；扩大业务范围，加强信托主业；为客户提供多样化金融产品，并创造价值。

表6-8-1　认同前五名的经营目标

经营目标	认同公司数
对全国行业排名或地位提出期望，努力成为卓越金融企业	33
完善内部管理、提高经营绩效和风控水平	28
回报股东和信托受益人	17
扩大业务范围，加强信托主业	17
为客户提供多样化金融产品，并创造价值	13

(二)关于经营方针

共有64家公司均披露了经营方针。

从64家披露了经营方针的信托公司年报分析，如表6-8-2所示为经营方针认同前五名。

表6-8-2　认同前五名的经营方针

经营方针	认同公司数
强化诚信、稳健、合规的经营思路	37
创新业务模式和盈利模式，扩大信托产品规模，推动信托业务转型	30
加强业务的专业化，有针对性地为客户提供服务	17
完善法人治理结构和内部管理、加强风险控制	14
股东回报或信托受益人收益最大化	13

(三)关于战略规划

共有60家公司均披露了战略规划。

从60家披露了战略规划的信托公司年报分析，表6-8-3为战略规划认同前五名。说明大部分公司将成为卓越的金融企业，在全行业占有一席之地作为战略规划的重点。

表6-8-3　认同前五名的战略规划

战略规划	认同公司数
对全国行业排名或地位提出期望，努力成为卓越金融企业	38
在创新业务领域内实现突破，实现业务转型、培育核心竞争力	29
形成专业的员工队伍，完善激励机制	22
提升风险管理能力	20
结合区域发展规划实现自身发展	19

（四）关于经济形势认识

共有 19 家公司披露了对经济形势的认识，未披露的公司在对经营有利、不利因素的分析中谈及了公司对经济形势的认识。

从 19 家披露了对经济形势认识的信托公司年报分析，如表 6－8－4 所示。

表 6－8－4　认同前三名的经济形势分析

经济形势	认同公司数
国家宏观调控政策的密集出台，为各类金融机构提供了发展机遇。	9
经济增速持续下滑 工业生产增长放缓，企业利润增速回落，出口减少。	6
经济和政策面临一定的困难和波动，对信托公司业务拓展和风险管理造成一定影响。	4

（五）关于金融形势认识

共有 19 家公司披露了对金融形势的认识，未披露的公司在对经营有利、不利因素的分析中谈及了公司对金融形势的认识。

从 19 家披露了对金融形势认识的信托公司年报分析，分析结果如表 6－8－5 所示。

表 6－8－5　认同前二名的金融形势分析

金融形势	认同公司数
国民财富的增长对信托行业来说，将对其稳健发展起到一定的推动作用。	11
国家通过一系列措施，继续深化金融改革，加快金融市场发展，以及宏观政策的出台促进了对信托行业的发展。	8

（六）关于经营有利因素的认识

共有 64 家公司均披露了经营有利因素。

从 64 家披露了经营有利因素的信托公司年报分析，如表 6－8－6 所示，为经营有利因素认同前五名。排名前两位的是对“投资、理财需求”及“信托行业已呈现出良好的发展态势”的认同。

表 6－8－6　认同前五名经营有利因素分析

经营有利因素	认同公司数
投资、理财需求的旺盛	45
信托市场已经初具规模，信托业呈现出了良好的发展趋势，信托行业影响力进一步提升	40
宏观经济政策良好	37
公司自身的转型、管理的完善、雄厚的资金实力、资产质量的改善、品牌形象的树立	32
监管部门的支持、信托新规的完善形成巨大机遇	26

（七）关于经营不利因素的认识

共有 64 家公司均披露了经营不利因素。

从 64 家披露了经营不利因素的信托公司年报分析，表 6－8－7 为经营不利因素认同前五名。

表 6－8－7　认同前五名的经营不利因素分析

经营不利因素	认同公司数
理财产品市场竞争激烈，其他金融行业构成竞争	46
金融危机波及金融行业，内外宏观经济环境不确定因素较多	38
信托新规对信托业短期发展，尤其是现有信托业务的限制，信托法规有待完善	30
信托业务的开发缺乏更为广阔的市场基础，地区欠发达	9
缺乏宏观决策的关注和存在政策支持力度的问题	8

（八）关于内部控制职能部门的认识

共有 66 家公司披露了内部控制职能部门。

从 66 家披露了内部控制职能部门的信托公司年报分析可以看出，对信托公司内部控制认为有效的、应当建立的职能部门前五名的部门为三会及管理层、董事会合规与风险管理委员会、董事会审计委员会、风险及合规管理部、稽核审查部。表 6－8－8 为“认同前五名的对内部控制职能部门认同分析”。

表 6－8－8　认同前五名的对内部控制职能部门认同分析

内部控制职能部门	认同公司数
股东会、董事会、监事会及管理层	62
董事会合规与风险管理委员会	46
董事会及审计委员会	38
风险及合规管理部	22
稽核审查部	19

(九)关于风险管理可能遇到的风险的认识

共有64家公司均披露了可能遇到的风险。

从64家披露了"可能遇到的风险"的信托公司年报分析可以看出,信托公司认为风险管理可能遇到的前四名风险分别为信用风险、市场风险、操作风险、其他风险。详见表6-8-9。

表6-8-9 认同前四名的风险管理可能遇到的风险分析

可能遇到的风险	认同公司数
信用风险	63
市场风险	63
操作风险	63
其他风险	59

(十)关于风险管理基本原则与政策的认识

共有30家公司披露了风险管理的基本原则和政策。

从30家披露了风险管理的基本原则和政策的信托公司年报分析,表6-8-10为"风险管理基本原则与政策认同前五名"。

表6-8-10 认同前五名的风险管理基本原则与政策的分析

风险管理基本原则与政策	认同公司数
全面性原则	26
独立性原则	18
审慎性原则	18
有效性原则	13
及时性原则	13

(十一)关于风险管理组织机构与职责的认识

共有62家公司披露了风险管理的组织机构与职责。

从62家披露了风险管理的组织机构与职责的信托公司年报分析,如表6-8-11所示。

表6-8-11 认同前五名的风险管理组织机构与职责的分析

风险管理组织机构与职责	认同公司数
合规及风险控制委员会:拟定公司的风险管理政策和指导原则,风险的评估、识别、防范和认定	56
董事会:承担风险管理的最终责任 对公司进行全面风险管理,掌握公司面临的各项重大风险及其风险管理状况,作出有效控制风险的决策	55
合规风险部门:发挥日常监督、控制和预警的职能,对公司经营管理和执业行为的监察监督	39
稽核审查部:对各项经营风险控制情况进行全面监督检查和评价	34
公司各职能部门是公司风险控制措施的具体执行部门	31

(十二)关于信用风险状况的认识

共有64家公司认同信用风险,信用风险是指交易过程中由于交易对手方或相关交易方产生的交易不确定性。

64家公司均披露了具体风险点,如表6-8-12所示,信用风险主要存在于贷款和债券等信贷相关业务中。部分公司同时还关注在证券投资、股权投资、同业往来、担保业务中交易相关方所造成的不确定性。

表6-8-12 认同前四名的信用风险状况分析

信用风险	认同公司数
公司贷款业务中贷款对象、债券发行人造成的不确定性	60
担保业务中的相关交易方造成的不确定性	17
证券投资中的券商、股权投资中的被投资人造成的不确定性	7
应收、其他应收款项中的信用风险	5

(十三)关于信用风险管理措施的认识

共有59家公司均披露了信用风险管理措施。

从59家披露了信用风险管理措施的信托公司年报分析,公司基本贯彻了事前、事中、事后风险管理,保持了风险管理的连贯性。针对信贷业务中信用风险较高的情况,大部分信托公司均认真落实了加强对交易对手尽职调查等事前防范(见表6-8-13)。

表 6－8－13　认同前五名的信用风险管理措施的分析

信用风险管理措施	认同公司数
加强对交易对手尽职调查等事前防范	49
项目结束后及时进行审计和评价 事后定期监控财务指标，足额计提准备	41
事中对交易对手进行动态管理	36
认真落实贷款担保、抵押	28
严格按照业务流程开展业务	16

（十四）关于市场风险状况的认识

共有 61 家公司均披露了市场风险状况，认为股价、汇率、利率、其他价格等金融市场变量波动对盈利的影响是主要的市场风险。另有个别公司提到了同业竞争风险、通货膨胀和经济周期风险等。

表 6－8－14　认同前四名的市场风险状况的分析

市场风险	认同公司数
股价波动的影响	45
利率波动的影响	43
汇率波动的影响	38
其他价格波动的影响	37

（十五）关于市场风险管理措施的认识

共有 60 家公司均披露了市场风险管理措施。

如表 6－8－15 所示，大多数公司采取了考验自身投研实力的主动性措施：关注国家宏观政策变化，规避限制类行业和相关项目。

表 6－8－15　认同前五名的市场风险管理措施的分析

市场风险管理措施	认同公司数
加强行业风险研究，规避宏观面和行业周期产生的市场风险	38
关注国家宏观政策变化，规避限制类行业和相关项目	34
进行资产组合管理，设置止损，风险对冲，动态调整资产配置方案	32
加强对经济及金融形势的分析预测	21
合理约定信托资金的还款方式、价格、期限及有效的内控措施，避免市场风险带来的信托财产收益的不确定性	12

（十六）关于操作风险状况的认识

共有 60 家公司均明确披露了操作风险中可能的风险点。

排名前五位的风险点如表 6－8－16 所示。

表 6－8－16　认同前五名的操作风险状况的分析

操作风险	认同公司数
内部管理制度或流程失误	54
操作者个人原因	49
信息系统的不完善	30
外部事件影响	19
内部控制缺失	9

（十七）关于操作风险管理措施的认识

共有 64 家公司均披露了操作风险管理措施。

排名前五位的操作风险管理措施如表 6－8－17 所示。

表 6－8－17　认同前五位的操作风险管理措施的分析

操作风险管理措施	认同公司数
完善业务流程，加强合规管理	59
加强内控，加强岗位之间的制衡	36
员工加强风险教育，制定奖惩制度	31
对内控制度的执行情况和制度完备性进行定期的检查，并督促及时整改	20
完善信息系统	14

(十八)关于其他风险状况的认识

共有58家公司披露了其他风险状况。

表6-8-18为认同前五名的其他风险状况。

表6-8-18　认同前五名的其他风险状况的分析

其他风险状况	认同公司数
声誉风险:由于公司操作失误,违反有关规定,资产质量下降不能到期偿债和管理不善等原因,对其外部市场造成的不良影响	35
政策风险:宏观政策以及监管政策的变动对公司经营环境和发展所造成的风险。	32
道德风险:由于内部人员蓄意违法或与利益主体串通所引起的风险。	30
法律风险:公司在业务经营中由于合同内容等方面在法律上有缺陷或不完善而发生法律纠纷等风险。	30
合规风险:公司因没有遵循法律、规则和准则可能遭受法律制裁、监管处罚、重大财务损失和声誉损失的风险。	20

(十九)关于其他风险管理措施的认识

共有48家公司披露了其他风险管理措施。

表6-8-19为认同前五名的其他风险管理措施。

表6-8-19　认同前五名的其他风险管理措施的分析

其他风险管理措施	认同公司数
加强内控建设和道德教育,控制道德风险	27
加强宏观研究,控制政策风险	24
合规性审查	20
通过尽职管理和充分信息披露以塑造公司的专业和诚信形象,对可能影响公司声誉的业务坚决予以回避	18
设立法务部或聘请律师,加强法律研究	15

第七章　公司治理结构及人员结构

截至2012年末，信托公司构建了以“一法三规”及相关法规为基本依据、以保证国家法律法规的贯彻执行，保证风险管理体系的有效性为目标，以全面性、审慎性、及时性、有效性、独立性等为基本原则，建立了授权体系、监控反馈制度等内部控制制度。实施了组织结构控制，形成了一定的公司治理运行机制和分工合理、职责明确、报告清晰的组织结构，明确了“三会一层”（股东大会、董事会、监事会、经营管理层）的职能和责任。本章将就信托公司的公司治理情况进行分析。

一、2012年公司股东会、董事会和监事会三会情况分析

（一）股东会、董事会和监事会三会会议次数

2012年，有63家信托公司在年报中不同程度地披露了三会会议的情况，其余3家未作披露，详见表7－1－1。

表7－1－1　66家信托公司2012年三会的会议情况表

名称	年度股东会会议次数	年度董事会会议次数	年度监事会会议次数
国元信托	2	4	3
安信信托	4	10	8
百瑞信托	5	13	3
北方信托	2	5	3
北京信托	2	5	1
渤海信托	6	11	3
长安信托	1	32	3
重庆信托	2	10	10
华信信托	7	11	2
大业信托	2	3	2
东莞信托	9	5	1
方正东亚信托	3	4	2
甘肃信托	2	2	2
粤财信托	2	7	2
国联信托	3	4	2
国民信托	6	11	4
国投信托	2	7	2
杭州工商信托	2	2	2
湖南信托	8	31	3
华澳信托	5	5	3
华宝信托	3	4	2
华宸信托	4	5	1
华能信托	2	9	2
华融信托	1	2	2
华润信托	6	9	2
华鑫信托	3	4	1
吉林信托	2	14	2
建信信托	2	4	4
江苏信托	3	7	3

续表

名称	年度股东会会议次数	年度董事会会议次数	年度监事会会议次数
交银国际信托	4	5	2
昆仑信托	3	2	1
陆家嘴信托	1	4	1
平安信托	2	4	2
山东信托	4	7	2
山西信托	4	3	2
陕国投	3	13	4
爱建信托	6	19	2
上海信托	2	6	2
四川信托	4	4	2
苏州信托	7	16	2
天津信托	8	10	5
五矿信托	2	3	2
西部信托	7	11	3
西藏信托	未披露	未披露	未披露
厦门国际信托	3	1	1
新华信托	6	9	2
长城新盛信托	3	3	0
新时代信托	3	6	2
兴业信托	6	15	5
英大信托	5	5	2
云南信托	1	4	4
浙金信托	未披露	未披露	未披露
中诚信托	3	2	2
外贸信托	3	9	3
金谷信托	2	2	2
中海信托	3	5	2
中航信托	2	6	2
中江信托	未披露	未披露	未披露
中粮信托	4	4	2
中融信托	3	5	2
中泰信托	3	6	2
中铁信托	2	13	2
中投信托	6	18	2
中信信托	6	9	2
中原信托	4	4	1
紫金信托	2	7	3
合计	228	480	155
平均	3. 62	7. 62	2. 46

2012 年度有 63 家信托公司披露了三会的会议情况，与 2011 年的 61 家相比，披露的公司数量有所增加。从表 7 －1 －1 可见，63 家信托公司披露的股东会召开次数为 228 次，平均股东会召开次数为 3. 62 次；63 家信托公司披露的董事会召开次数为 480 次，平均董事会召开次数为 7. 62 次；63 家信托公司披露的监事会召开次数为 155 次，平均监事会召开次数为 2. 46 次。2011 年的此三项平均数字分别为 3. 66 次、7. 30 次和 2. 59 次，可见，2012 年度股东会和监事会的平均召开次数与上年同期相比略有减少，而 2012 年度董事会的平均召开次数与上年同期相比略有增加。

（二）董事会及其基本情况分析

1. 董事的变更分析

在66家信托公司中，有36家详细披露了2012年内发生的董事变更次数和变更人员情况；其余30家明确披露了2012年内没有发生董事的变更。具体变更情况详见表7－1－2。

表7－1－2　信托公司2012年董事变更情况表

名称	是否变更	变更次数	期内董事变更详情列示
国元信托	否		
安信信托	是	1	报告期内公司董事会换届，2012年11月26日经公司第三次临时股东大会选举通过王少钦、杨晓波、赵宝英、周勤业、邵明安、高超当选为公司董事，朱荣恩、邵平、余云辉当选为公司独立董事，共同组成公司第七届董事会。
百瑞信托	是	2	1. 2012年3月公司2012年度第一次股东会和第四届董事会第二十二次会议分别审议通过第四届董事会董事蔡宁辞职，提名左足清为第四届董事会董事。2012年7月14日河南银监局向公司下发了《河南银监局关于核准百瑞信托有限责任公司董事和高级管理人员任职资格的批复》（豫银监复〔2012〕330号），核准公司上述人员的任职资格。 2. 2012年5月公司2012年度第四次股东会审议通过了第四届董事会董事调整的议案，公司第四届董事会由原来的7名董事组成调整为10名董事组成。新增方晓军、Joseph Donald Regan（周历仁）为股东董事，姚毅为独立董事。2013年2月4日公司收到河南银监局下发的《河南银监局关于核准百瑞信托有限责任公司董事任职资格的批复》（豫银监复〔2013〕42号），核准公司上述人员的董事任职资格。调整后第四届董事会由10人组成，分别为马宝军、左足清、苏琛、方晓军、樊玉涛、张可欣、刘亚、张明洪、Joseph Donald Regan（周历仁）、姚毅。
北方信托	否		
北京信托	是	1	报告期内经北京银监局核准批复原董事Thomas Adam Shippey正式离任，增补Jun Xu为公司董事。
渤海信托	是	2	1. 2012年5月24日，郎国章不再担任公司副董事长职务。 2. 2012年12月30日，杨健不再担任公司董事职务。
长安信托	否		
重庆信托	否		
华信信托	是	2	1. 报告期内，经股东北京越达投资有限公司申请，股东大会同意，周昱今先生不再担任本公司董事，选举侯霞女士为公司董事。 2. 报告期内，李淑英女士因年龄原因辞去独立董事职务，股东大会选举邢天才先生任第九届董事会独立董事。
大业信托	否		
东莞信托	是	1	东莞信托有限公司2011年度股东会第十四次临时会议审议通过并经广东银监局核准陈平同志担任我公司独立董事职务。陈平同志于2012年3月1日正式履行东莞信托有限公司独立董事职责。
方正东亚信托	是	1	本报告期内，公司独立董事夏冬林先生因个人原因辞去独立董事职务。公司股东会于2012年8月22日选举宋常先生担任公司独立董事，2012年10月16日，宋常先生的任职资格获得湖北银监局批复核准（鄂银监复〔2012〕525号）。
甘肃信托	否		
粤财信托	否		
国联信托	是	1	2012年8月23日，经2012年度第一次临时股东大会审议通过，同意华伟荣、蒋志坚、缪强同志辞去国联信托股份有限公司董事职务，并增补吕建一、杨飞、丁武斌同志为国联信托股份有限公司第二届董事会董事。
国民信托	是	5	1. 公司股东会审议通过，陈世彪先生辞任公司董事长暨法定代表人，卢培德先生辞任公司董事； 2. 公司股东会、董事会审议通过，并报中国银监会核准，杨小阳先生获批为公司董事长暨公司法定代表人； 3. 公司股东会审议通过，并报北京银监局核准，陈永德先生、孙希灏先生获批为公司董事； 4. 公司股东会审议通过，并报北京银监局核准，蔡启川先生获批为公司独立董事； 5. 公司股东会审议通过，改选独立董事叶志衡先生为公司董事。
国投信托	否		
杭州工商信托	否		
湖南信托	是	1	报告期内，因公司第三届董事会任期届满，经2012年度第一次股东会选举，产生公司第四届董事会。董事会成员为朱德光、胡军、蒋民生、李旭、陆小平、王晓芸、李莉芳。其中，朱德光先生为董事长，蒋民生先生为独立董事。
华澳信托	是	1	原董事Kalpana Desai女士于2012年4月5日经股东会批准辞去董事职务，由麦格理公司推荐Alexander Harms Harvey先生担任董事职务。
华宝信托	是	2	1. 因个人原因，占兴华辞去公司董事职务，股东会选举贾璐为董事，监管部门2012年4月已核准。 2. 张建群因退休辞任公司董事职务，股东会选举王成然为董事，监管部门2013年1月已核准。
华宸信托	否		
华能信托	否		

续表

名称	是否变更	变更次数	期内董事变更详情列示
华融信托	是	4	1. 报告期内，因工作需要，经2012年第一次临时股东会审议通过，推选刘士宏同志为公司董事，经2012年第三次临时董事会审议、新疆银监局核准，推选刘士宏同志为公司副董事长。 2. 因工作需要，经2012年一届二次职工代表大会审议通过，经新疆银监局核准，陈鹏君同志出任公司职工董事。 3. 因工作需要，经第二十七次临时董事会审议通过，新疆银监局核准，推选陈鹏君同志为公司副董事长。 4. 因工作需要，经2012年第三次临时股东会审议通过，推选周伙荣同志为公司董事，经2012年第二十一次临时董事会审议通过，推选周伙荣同志为公司董事长，董事、董事长任职资格正待中国银行业监督管理委员会核准。
华润信托	否		
华鑫信托	是	1	2012年10月23日公司召开2012年股东会第三次会议，审议通过了选举孟向洁为华鑫国际信托有限公司独立董事的议案，选举孟向洁为公司独立董事。
吉林信托	否		
建信信托	否		
江苏信托	是	1	2012年2月公司召开股东会，组成了公司第四届董事会。第四届董事会组成人员为黄东峰、黄正威、范健、俞妙根、陆加芳、陆建萍、薛炳海、应文禄、王会清共9人，其中：黄东峰为董事长，黄正威、范健、俞妙根为公司独立董事，王会清为公司职工董事。
交银国际信托	是	1	根据公司第二届董事会第十一次会议决议，赵炯先生任公司第二届董事会董事长，王滨先生不再担任公司董事长。
昆仑信托	否		
陆家嘴信托	否		
平安信托	否		
山东信托	是	1	2012年6月21日 召开2011年度股东会，会议推选产生了公司第四届董事会。公司第四届董事会成员为相开进、王小林、金同水、李国红、张守合、王曰普、黄可华(独立董事)、郝书辰(独立董事)、李相启(独立董事)。2012年6月21日，召开四届一次董事会，会议推选相开进担任公司董事长。
山西信托	否		
陕国投	否		
爱建信托	否		
上海信托	否		
四川信托	是	1	2012年2月，因工作原因，经公司第一届董事会第十六次会议审议通过，免去孔维文董事会秘书职务，聘任陈洪亮担任董事会秘书职务。
苏州信托	是	3	1. 报告期内，公司第三届董事会独立董事刘福春先生因个人原因辞去公司独立董事职务，联想控股有限公司提名贝政新先生担任公司第三届董事会独立董事，2012年股东会第一次临时会议审议通过选举(更换)贝政新先生为公司第三届董事会独立董事。贝政新先生的任职资格已经获得中国银行业监督管理委员会的核准(苏银监复〔2012〕190号批复)。 2. 公司2012年第一次股东大会审议通过选举张立文先生为公司第三届董事会(非职工代表)董事。 3. 公司第三届董事会董事钱裕清先生因The Public Co. Ltd. Of Royal Bank of Scotland(RBS)内部工作调动，辞去公司董事职务，由RBS提名王勇先生担任公司第三届董事会(非职工代表)董事，2012年第二次股东大会审议通过选举(更换)王勇先生为公司第三届董事会(非职工代表)董事。
天津信托	是	10	1. 2012年4月26日，公司召开2012年股东会第2次会议，审议通过了《关于同意于永洲不再担任天津信托有限责任公司董事的决议》。 2. 2012年7月16日，公司召开2012年股东会第4次会议，审议通过了《关于同意王卫东不再担任天津信托有限责任公司董事、副董事长的决议》和《关于同意赵毅担任天津信托有限责任公司董事、副董事长的决议》。 3. 2012年8月23日，公司召开2012年股东会第5次会议，审议通过了《关于同意李延敬不再担任天津信托有限责任公司独立董事的决议》。 4. 2012年10月31日，公司召开2012年股东会第6次会议，审议通过了《关于同意郭田勇担任天津信托有限责任公司独立董事的决议》。 5. 2012年5月23日，天津银监局津银监复〔2012〕226号核准张维天津信托有限责任公司董事的任职资格。 6. 2012年7月16日，天津银监局津银监复〔2012〕353号核准黄书平天津信托有限责任公司董事的任职资格。 7. 2012年8月2日，天津银监局津银监复〔2012〕386号核准马君潞天津信托有限责任公司独立董事的任职资格。 8. 2012年8月2日，天津银监局津银监复〔2012〕387号核准樊振荣天津信托有限责任公司独立董事的任职资格。 9. 2012年11月2日，天津银监局津银监复〔2012〕601号核准赵毅天津信托有限责任公司副董事长的任职资格。 10. 2013年2月7日，天津银监局津银监复〔2013〕87号核准郭田勇天津信托有限责任公司独立董事的任职资格。
五矿信托	否		
西部信托	是	1	经公司2012年第三次临时股东会会议审议，公司第四届董事会成员由王军营、王宗发、徐朝晖、赵辉、范明、郭庆国、余力、王鲁平、羿克、答孝棋组成，第三届董事会成员任期结束。
西藏信托	是	1	2012年选举苏生有、查松、任显成、余志平、唐泽平、多吉罗布、戴扬为董事，王运金为独立董事。
厦门国际信托	否		

续表

名称	是否变更	变更次数	期内董事变更详情列示
新华信托	是	1	鉴于公司第四届董事会任期届满，经股东大会和董事会审议作出决议，第五届董事会成员由翁先定、卢广开、陈雷、许洛圣、郝雅军、赵暖、魏华、李钢（独立董事）、白重恩（独立董事）、戴波（独立董事）组成，欧阳锦绍和秦刚不再担任公司董事；翁先定继续担任董事长，卢广开、陈雷担任副董事长。相关董事的任职资格请示已于2013年2月25日经重庆银监局《关于卢广开等同志任职资格的批复》（渝银监复〔2013〕18号）核准。
长城新盛信托	是	2	1. 本报告期内，因工作需要胡建忠先生不再担任本公司董事及董事长职务。由周礼耀先生担任公司董事及董事长职务。 2. 本报告期内，因工作需要张斌先生不再担任本公司董事、总经理职务。由陈明理先生担任本公司董事、总经理职务。
新时代信托	是	1	报告期内，张平先生因工作原因辞去公司独立董事职务，选举刘剑雄先生为公司独立董事。
兴业信托	是	4	1. 2012年5月23日，本公司2012年第二次临时股东会审议同意赖少英女士辞去本公司第三届董事会董事职务。 2. 2012年6月26日，本公司2012年第四次临时股东会审议同意林静女士担任本公司第三届董事会董事职务。林静女士任职资格已经中国银监会核准。 3. 2012年9月26日，依据本公司章程有关规定，本公司第三届董事会届满到期。原第三届董事会董事陈山平先生、独立董事顾功耘先生任职期满，不再继续担任董事职务。 4. 2012年9月26日，经本公司2012年第五次临时股东会及第四届董事会第一次会议分别审议通过，本公司第四届董事会由以下成员组成：杨华辉、郑新林、林静、林艳、Robert Bettridge、苏文生、许斌、周业樑、张希东；其中，杨华辉先生继续担任董事长职务，苏文生先生系新任董事，许斌先生系新任独立董事。全体董事任职资格均已经中国银监会及其福建监管局核准。
英大信托	是	1	公司八届董事会任职到期，公司于2012年4月25日召开2012年第一次临时股东会会议，完成董事会换届选举，其中盖永光、张彤宇、张守合连任九届董事会董事，马晓燕、曾宪泽新当选为九届董事会董事，马林、梁哲、刘海宇新当选为九届董事会独立董事，陈书堂被推选为九届董事会职工董事。
云南信托	是	3	1. 2012年4月，监管部门核准赵煜先生、刘凤春女士担任本公司董事的资格。 2. 2012年6月1日召开2011年度股东大会，通过《董事会换届选举》的议案，第四届董事会成员为：刘刚先生、谢超先生、赵煜先生、孙国棋先生、邓耘波先生、索克明先生、刘凤春女士、徐迅先生、梁旻松先生、曹红辉先生和杨利华先生。 3. 2013年1月 监管部门核准杨利华先生担任本公司董事的资格。
浙金信托	是	1	2012年2月，因朱勇先生、潘伟先生提出辞去公司董事职务，公司股东大会选举林寿康先生、辛洁先生为公司董事，并报经浙江银监局核准。
中诚信托	是	1	2012年12月28日，经公司股东会审议通过，洪小源先生因个人原因提出辞去公司董事职务，由周语菡女士出任公司董事。
外贸信托	是	1	2012年7月9日，公司通过2012年第一次股东决定书对董事会、监事会进行换届选举。王红军董事、刘剑董事和王军生独立董事离任，新选举於乐民、张宝红、徐卫晖担任董事，新选举孙向东担任独立董事。
金谷信托	否		
中海信托	是	1	2012年10月24日，经公司二届八次董事会审议通过了《关于同意免去徐永昌的中海信托第二届董事会董事的议案》、《关于提名高建华作为中海信托第二届董事会董事候选人的议案》，并于2012年11月9日公司召开的股东大会2012年第二次临时会议审议通过相关议案，徐永昌不再担任公司董事职务，高建华担任公司董事职务。高建华董事任职资格于2013年2月7日由上海银监局《关于核准高建华任职资格的批复》（沪银监复〔2013〕76号）核准。徐永昌董事职责履行至2013年2月6日。
中航信托	否		
中江信托	否		
中粮信托	是	1	2012年8月，公司召开第七次股东会会议，同意公司第二届董事会增加Edgar Normund Legzdins（李凯昇）先生、Albert Yu（余俊明）先生为公司董事的议案，Edgar Normund Legzdins（李凯昇）先生、Albert Yu（余俊明）先生的董事任职资格于2012年10月经中国银监会核准生效。
中融信托	否		
中泰信托	是	2	1. 公司股东会、董事会审议通过，选举吴庆斌先生为公司第五届董事会成员及董事长，其任职资格尚待中国银行业监督管理委员会核准。 2. 公司股东会审议通过，选举李小平、郭强及穆瞳三人为公司第五届董事会成员，其任职资格尚待上海银监局核准。因工作需要，刘虹、周雄、韩铭珊、刘继东四人不再担任公司董事职务。
中铁信托	否		
中投信托	是	1	因工作需要，杨金龙任公司董事、董事长，郭云钊不再担任公司董事、董事长。
中信信托	是	4	1. 2012年4月，马春光因工作需要辞去公司董事职务。 2. 2012年5月，公司股东会选举赵小凡、路京生担任董事职务。 3. 2012年8月，张云亭因工作需要辞去公司董事职务。 4. 2012年10月，公司股东会选举张立担任董事职务。

2. 董事构成分析

在信托公司披露的董事人数设置上，人数最多的北方信托为14人，最少的渤海信托为4人，平均董事人数为8.76人，略多于

2011 年。董事的人数基本合理,但是在66 家信托公司中有13 家董事人数设置为偶数,不符合董事人数应当为奇数的常规。在董事的性别构成中男性占86. 16%,女性占13. 67%。在董事的年龄构成中,董事的平均年龄为50. 66 岁,其中30 -39 岁的占6. 57%,40 岁以上的占93. 25%。可以说,不论从董事的人数设置、性别构成或是年龄构成来看均基本合理。

表7 -1 -3　66 家信托公司2012 年末董事会人员性别构成分析表

名称	董事会成员人数	其中男性人数	男性人数比例(%)	其中女性人数	女性人数比例(%)
国元信托	9	8	88. 89	1	11. 11
安信信托	9	7	77. 78	2	22. 22
百瑞信托	10	7	70. 00	3	30. 00
北方信托	14	11	78. 57	3	21. 43
北京信托	11	10	90. 91	1	9. 09
渤海信托	4	4	100. 00	0	0. 00
长安信托	9	9	100. 00	0	0. 00
重庆信托	12	10	83. 33	2	16. 67
华信信托	9	7	77. 78	2	22. 22
大业信托	9	9	100. 00	0	0. 00
东莞信托	10	10	100. 00	0	0. 00
方正东亚信托	7	6	85. 71	1	14. 29
甘肃信托	9	9	100. 00	0	0. 00
粤财信托	6	5	83. 33	1	16. 67
国联信托	9	9	100. 00	0	0. 00
国民信托	11	9	81. 82	2	18. 18
国投信托	7	7	100. 00	0	0. 00
杭州工商信托	9	9	100. 00	0	0. 00
湖南信托	7	4	57. 14	3	42. 86
华澳信托	7	6	85. 71	1	14. 29
华宝信托	9	8	88. 89	1	11. 11
华宸信托	8	8	100. 00	0	0. 00
华能信托	9	8	88. 89	1	11. 11
华融信托	11	9	81. 82	2	18. 18
华润信托	9	8	88. 89	1	11. 11
华鑫信托	7	4	57. 14	3	42. 86
吉林信托	5	5	100. 00	0	0. 00
建信信托	9	9	100. 00	0	0. 00
江苏信托	9	7	77. 78	2	22. 22
交银国际信托	8	4	50. 00	4	50. 00
昆仑信托	9	8	88. 89	1	11. 11
陆家嘴信托	5	5	100. 00	0	0. 00
平安信托	9	7	77. 78	2	22. 22
山东信托	9	9	100. 00	0	0. 00
山西信托	8	8	100. 00	0	0. 00
陕国投	9	7	77. 78	2	22. 22
爱建信托	5	5	100. 00	0	0. 00
上海信托	11	9	81. 82	2	18. 18
四川信托	7	6	85. 71	1	14. 29
苏州信托	9	6	66. 67	3	33. 33
天津信托	11	9	81. 82	2	18. 18
五矿信托	7	7	100. 00	0	0. 00
西部信托	10	9	90. 00	1	10. 00
西藏信托	8	8	100. 00	0	0. 00
厦门国际信托	9	6	66. 67	3	33. 33
新华信托	10	9	90. 00	1	10. 00

续表

名称	董事会成员人数	其中男性人数	男性人数比例(%)	其中女性人数	女性人数比例(%)
长城新盛信托	11	9	81.82	2	18.18
新时代信托	9	7	77.78	2	22.22
兴业信托	9	7	77.78	2	22.22
英大信托	9	8	88.89	1	11.11
云南信托	11	11	100.00	0	0.00
浙金信托	11	10	90.91	1	9.09
中诚信托	13	11	84.62	2	15.38
外贸信托	8	7	87.50	1	12.50
金谷信托	9	6	66.67	3	33.33
中海信托	7	7	100.00	0	0.00
中航信托	9	9	100.00	0	0.00
中江信托	9	8	88.89	0	0.00
中粮信托	8	7	87.50	1	12.50
中融信托	7	6	85.71	1	14.29
中泰信托	9	7	77.78	2	22.22
中铁信托	9	8	88.89	1	11.11
中投信托	5	5	100.00	0	0.00
中信信托	9	7	77.78	2	22.22
中原信托	11	9	81.82	2	18.18
紫金信托	7	5	71.43	2	28.57
合计	578	498	86.16	79	13.67
平均	8.76	7.55	86.16	1.20	13.67

注：中江信托披露了8名董事的信息，另1名独立董事的情况未披露。

表7-1-4 披露的信托公司2012年末董事会人员年龄构成分析表

名称	董事会成员人数	其中20~29岁人数	20~29岁人数比例(%)	其中30~39岁人数	30~39岁人数比例(%)	其中40岁以上人数	40岁以上人数比例(%)	董事的平均年龄
国元信托	9	0	0.00	1	11.11	8	88.89	48.11
安信信托	9	0	0.00	2	22.22	7	77.78	50.78
百瑞信托	10	0	0.00	2	20.00	8	80.00	46.90
北方信托	14	0	0.00	1	7.14	13	92.86	51.36
北京信托	11	0	0.00	0	0.00	11	100.00	52.09
渤海信托	4	0	0.00	0	0.00	4	100.00	59.25
长安信托	9	0	0.00	0	0.00	9	100.00	47.33
重庆信托	12	0	0.00	0	0.00	12	100.00	54.42
华信信托	9	0	0.00	0	0.00	9	100.00	52.33
大业信托	9	0	0.00	0	0.00	9	100.00	57.44
东莞信托	10	0	0.00	0	0.00	10	100.00	53.60
方正东亚信托	7	0	0.00	0	0.00	7	100.00	49.57
甘肃信托	9	0	0.00	2	22.22	7	77.78	49.89
粤财信托	6	0	0.00	0	0.00	6	100.00	46.50
国联信托	9	0	0.00	0	0.00	9	100.00	47.67
国民信托	11	0	0.00	3	27.27	8	72.73	50.55
国投信托	7	0	0.00	0	0.00	7	100.00	52.43
杭州工商信托	9	0	0.00	0	0.00	9	100.00	52.56
湖南信托	7	0	0.00	0	0.00	7	100.00	52.00
华澳信托	7	0	0.00	0	0.00	7	100.00	50.43
华宝信托	9	0	0.00	0	0.00	9	100.00	50.33
华宸信托	8	0	0.00	0	0.00	8	100.00	50.00

续表

名称	董事会成员人数	其中 20 ~29 岁人数	20 ~29 岁人数比例(%)	其中 30 ~39 岁人数	30 ~39 岁人数比例(%)	其中 40 岁以上人数	40 岁以上人数比例(%)	董事的平均年龄
华能信托	9	0	0. 00	0	0. 00	9	100. 00	50. 56
华融信托	11	0	0. 00	0	0. 00	11	100. 00	54. 18
华润信托	9	0	0. 00	0	0. 00	9	100. 00	51. 89
华鑫信托	7	0	0. 00	2	28. 57	5	71. 43	46. 14
吉林信托	5	0	0. 00	1	20. 00	4	80. 00	46. 20
建信信托	9	0	0. 00	0	0. 00	9	100. 00	54. 44
江苏信托	9	0	0. 00	0	0. 00	9	100. 00	51. 44
交银国际信托	8	0	0. 00	0	0. 00	8	100. 00	49. 50
昆仑信托	9	0	0. 00	1	11. 11	8	88. 89	48. 78
陆家嘴信托	5	0	0. 00	0	0. 00	5	100. 00	49. 60
平安信托	9	0	0. 00	0	0. 00	9	100. 00	57. 89
山东信托	9	0	0. 00	0	0. 00	9	100. 00	51. 89
山西信托	8	0	0. 00	0	0. 00	8	100. 00	50. 75
陕国投	9	0	0. 00	0	0. 00	9	100. 00	51. 11
爱建信托	5	0	0. 00	0	0. 00	5	100. 00	50. 60
上海信托	11	0	0. 00	0	0. 00	11	100. 00	52. 55
四川信托	7	0	0. 00	0	0. 00	7	100. 00	53. 57
苏州信托	9	0	0. 00	1	11. 11	8	88. 89	51. 67
天津信托	11	0	0. 00	2	18. 18	9	81. 82	48. 64
五矿信托	7	0	0. 00	1	14. 29	6	85. 71	51. 57
西部信托	10	0	0. 00	1	10. 00	9	90. 00	49. 40
西藏信托	8	0	0. 00	1	12. 50	7	87. 50	48. 75
厦门国际信托	9	0	0. 00	0	0. 00	9	100. 00	52. 44
新华信托	10	0	0. 00	3	30. 00	7	70. 00	44. 30
长城新盛信托	11	0	0. 00	0	0. 00	11	100. 00	51. 36
新时代信托	9	0	0. 00	3	33. 33	6	66. 67	42. 89
兴业信托	9	0	0. 00	0	0. 00	9	100. 00	53. 56
英大信托	9	0	0. 00	0	0. 00	9	100. 00	49. 89
云南信托	11	0	0. 00	2	18. 18	9	81. 82	47. 27
浙金信托	11	0	0. 00	2	18. 18	9	81. 82	51. 36
中诚信托	13	0	0. 00	0	0. 00	13	100. 00	52. 08
外贸信托	8	0	0. 00	0	0. 00	8	100. 00	49. 38
金谷信托	9	0	0. 00	0	0. 00	9	100. 00	55. 44
中海信托	7	0	0. 00	0	0. 00	7	100. 00	52. 86
中航信托	9	0	0. 00	0	0. 00	9	100. 00	51. 00
中江信托	9	0	0. 00	0	0. 00	8	88. 89	52. 75
中粮信托	8	0	0. 00	0	0. 00	8	100. 00	43. 25
中融信托	7	0	0. 00	1	14. 29	6	85. 71	48. 29
中泰信托	9	0	0. 00	2	22. 22	7	77. 78	48. 00
中铁信托	9	0	0. 00	0	0. 00	9	100. 00	50. 33
中投信托	5	0	0. 00	0	0. 00	5	100. 00	52. 80
中信信托	9	0	0. 00	0	0. 00	9	100. 00	47. 33
中原信托	11	0	0. 00	3	27. 27	8	72. 73	47. 73
紫金信托	7	0	0. 00	1	14. 29	6	85. 71	52. 29
合计	578	0	0. 00	38	6. 57	539	93. 25	
平均	8. 76	0. 00	0. 00	0. 58	6. 57	8. 17	93. 25	50. 66

注:中江信托披露了 8 名董事的信息,另 1 名独立董事的情况未披露。

3. 董事会下设机构情况分析

表7-1-5 66家信托公司2012年末董事会下设机构情况分析表

名称	董事会下是否设置了审计委员会	董事会下是否设置了风险管理委员会	董事会下是否设置了人事薪酬委员会
国元信托	是	是	是
安信信托	是	是	是
百瑞信托	是	是	是
北方信托	是	是	是
北京信托	是	是	是
渤海信托	是	是	否
长安信托	是	是	是
重庆信托	是	是	是
华信信托	是	是	是
大业信托	是	是	是
东莞信托	是	是	是
方正东亚信托	是	是	是
甘肃信托	是	是	是
粤财信托	是	是	否
国联信托	是	是	是
国民信托	是	是	是
国投信托	是	是	否
杭州工商信托	是	是	是
湖南信托	是	是	是
华澳信托	是	是	是
华宝信托	是	是	是
华宸信托	是	是	是
华能信托	是	是	是
华融信托	是	是	是
华润信托	是	是	是
华鑫信托	是	是	是
吉林信托	是	是	是
建信信托	是	是	是
江苏信托	是	是	是
交银国际信托	是	是	否
昆仑信托	是	是	是
陆家嘴信托	是	是	是
平安信托	是	否	是
山东信托	是	是	是
山西信托	是	是	是
陕国投	是	是	是
爱建信托	是	是	是
上海信托	是	是	是
四川信托	是	是	否
苏州信托	是	是	是
天津信托	是	是	是
五矿信托	是	是	是
西部信托	是	是	是
西藏信托	是	是	是
厦门国际信托	是	否	是
新华信托	是	是	是
长城新盛信托	是	是	是
新时代信托	是	是	是

续表

名称	董事会下是否设置了审计委员会	董事会下是否设置了风险管理委员会	董事会下是否设置了人事薪酬委员会
兴业信托	是	是	是
英大信托	是	是	是
云南信托	是	是	是
浙金信托	否	是	是
中诚信托	是	是	是
外贸信托	是	是	否
金谷信托	是	是	是
中海信托	是	是	是
中航信托	是	是	是
中江信托	是	是	是
中粮信托	是	是	是
中融信托	是	是	是
中泰信托	是	是	是
中铁信托	是	是	是
中投信托	是	是	是
中信信托	是	是	是
中原信托	是	是	否
紫金信托	是	是	是

从表7－1－5可见，66家信托公司都不同程度地设立了审计委员会、风险管理委员会和人事薪酬委员会等类似机构以及相对独立的稽核检查部门，这在一定程度上逐步向防止权力过于集中的方向过渡，体现相互制约的基本原则。但也可以看出，66家信托公司中只有56家完整地设置了审计委员会、风险管理委员会和人事薪酬委员会。

按照银监会的信息披露要求，信托公司应当披露董事会下设机构的年度会议情况，但是在66家信托公司中，有33家未作任何披露，仅有33家公司作了相关披露，见表7－1－6。因此，建立和健全这些委员会使其职能常规化是一个应该重视的问题。

表7－1－6　披露的66家信托公司2012年董事会下设委员会开会情况表

名称	年度董事会下审计委员会会议次数	年度董事会下风险管理委员会会议次数	年度董事会下人事薪酬委员会会议次数
国元信托	4	4	4
安信信托	未披露	未披露	未披露
百瑞信托	未披露	未披露	未披露
北方信托	3	3	2
北京信托	未披露	未披露	未披露
渤海信托	未披露	未披露	未披露
长安信托	未披露	未披露	未披露
重庆信托	未披露	未披露	未披露
华信信托	7	197	6
大业信托	1	1	2
东莞信托	0	1	0
方正东亚信托	1	2	1
甘肃信托	未披露	未披露	未披露
粤财信托	1	2	0
国联信托	3	3	3
国民信托	未披露	未披露	未披露
国投信托	2	2	
杭州工商信托	未披露	未披露	未披露
湖南信托	3	3	2
华澳信托	未披露	未披露	未披露
华宝信托	2	2	2

续表

名称	年度董事会下审计委员会会议次数	年度董事会下风险管理委员会会议次数	年度董事会下人事薪酬委员会会议次数
华宸信托	未披露	未披露	未披露
华能信托	1	1	2
华融信托	1	1	1
华润信托	未披露	未披露	未披露
华鑫信托	3	3	3
吉林信托	未披露	未披露	未披露
建信信托	未披露	未披露	未披露
江苏信托	未披露	未披露	未披露
交银国际信托	未披露	未披露	未披露
昆仑信托	1	1	1
陆家嘴信托	未披露	未披露	未披露
平安信托	2	0	2
山东信托	未披露	未披露	未披露
山西信托	2	2	2
陕国投	5	5	2
爱建信托	1	1	0
上海信托	2	2	2
四川信托	未披露	未披露	未披露
苏州信托	3	9	3
天津信托	3	2	1
五矿信托	未披露	未披露	未披露
西部信托	2	2	6
西藏信托	未披露	未披露	未披露
厦门国际信托	未披露	未披露	未披露
新华信托	0	0	3
长城新盛信托	未披露	未披露	未披露
新时代信托	未披露	未披露	未披露
兴业信托	7	7	3
英大信托	未披露	未披露	未披露
云南信托	2	19	2
浙金信托	未披露	未披露	未披露
中诚信托	1	2	1
外贸信托	未披露	未披露	未披露
金谷信托	1	1	0
中海信托	未披露	未披露	未披露
中航信托	未披露	未披露	未披露
中江信托	未披露	未披露	未披露
中粮信托	未披露	未披露	未披露
中融信托	2	2	2
中泰信托	未披露	未披露	未披露
中铁信托	3	3	2
中投信托	1	1	1
中信信托	3	3	3
中原信托	未披露	未披露	未披露
紫金信托	7	7	3

在披露的66家信托公司的年报中,65家信托公司在董事会下设了审计委员会,其中60家信托公司对董事会下设审计委员会的委员人数作了披露,62家信托公司对审计委员会的职能作了披露,详见表7-1-7。通过对60家已经披露的审计委员会委员人数情况分析可见,审计委员会的平均设置人数为3.58人。

表7-1-7　信托公司2012年末董事会下设审计委员会情况分析表

名称	是否设置	审计委员会人数	审计委员会职能
国元信托	是	5	负责根据公司风险承受能力制定公司风险管理政策,确定合理的风险管理水平,并督促高级管理层采取必要的措施识别、计量、监测和控制风险;负责公司内、外部审计的沟通和对公司经营的监督、检查工作。
安信信托	是	5	检查公司经理层遵守法规、公司章程的情况;研究拟定公司风险管理战略和政策;监督公司内部审计等。
百瑞信托	是	3	决定公司外部审计机构的选择和一般关联交易业务;审议公司内审情况报告并督促经营层整改,审议公司内部控制制度的执行情况报告;审核重大关联交易;配合监事会的相关审计活动;监督公司内部审计制度及其实施。
北方信托	是	6	代表董事会对公司经营活动行使审计评价和监督职能,是对公司内、外部审计和内控活动进行监督、核查的机构。
北京信托	是	3	1. 提议聘请或更换外部审计机构; 2. 监督公司的内部审计制度及其实施; 3. 负责内部审计与外部审计之间的沟通; 4. 审核公司的财务信息及其披露; 5. 审查公司内控制度,对重大关联交易进行审计。
渤海信托	是	5	监督公司内部审计制度及其实施;审核公司的财务信息及其披露;决定聘请或更换外部审计机构及有效沟通;审查公司会计处理、内部会计控制、内控制度。
长安信托	是	3	主要职责范围:监督公司重大经营活动的合法、合规性,保证有关法律、法规、监管规章的贯彻执行;提议聘请或更换外部审计机构;负责内部审计与外部审计之间的沟通;检查、监督、评价公司内部审计工作情况和内部审计制度的实施情况;审核公司的财务信息及其披露;审核公司的重大关联交易;董事会授予的其他职责。
重庆信托	是	5	负责审定公司内部审计制度;负责提议聘请或更换外部审计机构;负责审定公司内部审计部门的年度审计工作计划;负责公司内部审计部门负责人的任免;负责研究审定公司内部审计部门报送的审计报告;指导公司内部审计工作,检查、监督公司内部审计实施情况;负责对公司内部审计部门工作成效进行评价;监督公司业务经营活动的真实性、合法性等。
华信信托	是	3	监督管理内部审计工作;对高管人员的经营行为进行检查监督。
大业信托	是	未披露	未披露。
东莞信托	是	3	主要负责董事会要求的审计事项,监督公司的内部审计制度及其实施,审查公司内控制度
方正东亚信托	是	未披露	对公司信息披露的真实、准确、完整和合规性等进行监督;监督公司内部审计制度及其实施;负责内部审计与外部审计之间的沟通;审核公司的财务信息及其披露;检查公司内部控制制度的制定、完善和执行;提议聘请或更换外部审计机构;董事会授予的其他职责。
甘肃信托	是	3	监督管理公司内部审计工作;对公司各项业务及高管人员的经营行为进行检查监督;提请聘请或解聘外部审计。
粤财信托	是	3	监督公司的内部审计制度及其实施;审核、批准公司年度审计计划、审计报告;向董事会推荐并聘请外部审计机构对公司进行审计;负责内部审计与外部审计之间的沟通等。
国联信托	是	3	审查和监督公司风险管理政策、制度,并对其执行情况进行评价。
国民信托	是	3	负责公司重大的会计和审计事项;协助董事会对财务报告提供独立审阅及监察意见,并监察外聘审计师是否独立客观及审计程序是否有效;监察公司业绩表现,包括财务报表,账目及正式公告的完整性、准确性等董事会授予的职责。
国投信托	是	4	1. 审议公司内部审计报告; 2. 审议公司全面风险管理年度报告; 3. 对公司内控机制和风险管理方面存在的问题进行评价、分析; 4. 有权向董事会提交内部控制、审计、风险管理方面的议案; 5. 董事会授予的其他职责。
杭州工商信托	是	3	提议聘用或更换会计师事务所;监督公司的内部审计制度的建立及其实施;审阅经营管理委员会提交的公司年度财务报告、审计报告等,审阅公司的财务信息及披露、内审部门提交的内审报告;审查公司的内控制度;对经营管理委员会编制的预算提出建议等。
湖南信托	是	3	负责拟定公司风险控制管理战略、风险管理政策和内部控制流程,并对其实施情况进行监督和评价;监督公司内部审计制度及其实施,审核公司财务情况,提议聘用、更换或解聘公司审计机构等。

续表

名称	是否设置	审计委员会人数	审计委员会职能
华澳信托	是	3	1. 根据国家金融政策、市场情况和公司发展方向，制定重点业务管理及经营风险的防范与控制措施； 2. 负责督促公司依法履行董事会赋予的职责，对公司执行经董事会批准的年度经营计划的过程及结果进行监督和审计； 3. 对公司合规、合法运营进行审计和监督； 4. 对会计报表、会计账目及相关材料进行审计，审查财务收支的真实性、合法性、效益性； 5. 审议董事会不时要求的其他事项； 6. 评估审计报告中所提出的相关问题以及行动建议； 7. 审批审计工作计划； 8. 评估审计团队的工作表现； 9. 参与评估审计稽核部的工作绩效。
华宝信托	是	3	负责公司风险的控制、管理、监督和评估，公司内、外部审计的沟通、监督和核查工作以及重大关联交易的审核。
华宸信托	是	4	提议聘请或更换外部审计机构；监督公司的制度建设及其执行情况；负责内部审计与外部审计之间的沟通；审核公司的财务信息及其披露；审查公司内控制度，对重大关联交易进行审查；公司董事会授予的其他职权。
华能信托	是	3	拟定公司风险管理政策和重大风险管理解决方案；审议公司风险管理组织机构设置及其职责；定期审查公司风险管理、合规管理、内部审计工作报告，就完善内部控制向董事会提出建议；董事会授予的其他职责。
华融信托	是	3	审查公司内部控制制度以及公司建立的用于监控行为准则遵循情况的规划；提议聘请或更换外部审计机构；监督董事会决议的执行情况；审核公司的财务信息及其披露；在公司重大财务问题的处理上提出独立的意见，负责内部审计与外部审计之间的沟通等。
华润信托	是	3	负责提议聘请或更换外部审计机构，监督公司的内部审计制度及其实施，审核公司的财务信息及其披露，审查公司的内控制度。
华鑫信托	是	3	负责内、外部审计的沟通、监督和核查工作以及重大关联交易的审核。
吉林信托	是	3	负责批准公司内部审计制度、中长期审计规划和年度工作计划，监督公司的内部审计基本制度及其实施及内部审计与外部审计之间的沟通。
建信信托	是	3	1. 向董事会提议聘请或更换外部审计机构；2. 监督公司的内部审计制度的制定及其实施；3. 负责内部审计与外部审计之间的沟通；4. 审核公司的各项相关业务信息及其披露；5. 评价公司的内控制度；6. 监督监管机构及其他外部部门对公司提出意见的整改，并向董事会报告；7. 董事会授予的其他职责。
江苏信托	是	5	审议关于公司财务审计、内部控制的规划、制度、规则、报告等，为董事会决策提供依据和建议；监督公司内部审计制度实施。
交银国际信托	是	3	提议聘请或更换外部审计机构；审议并报请董事会批准内部审计制度并监督实施情况；审议公司经审计的财务信息披露事项；评价公司内部控制和风险管理制度设计的合理性和运行的有效性，并根据需要对重大关联交易、重大投资进行审计等。
昆仑信托	是	3	检查内部审计监督部门职责要求、目标及有关的审计监督政策；监督公司内部审计质量与财务信息披露；检查公司风险及合规状况；负责公司年度审计工作。
陆家嘴信托	是	3	监督公司内部审计制度及其实施；负责内部审计与外部审计之间的沟通；审核公司的财务信息及其披露；提议聘请或更换外部审计机构；董事会授予的其他职责。
平安信托	是	3	提议聘请或更换外部审计机构；审核公司内部审计基本制度；听取并审议外部审计机构报告；监督公司内部审计制度及其实施；监督公司遵守国家法律、法规等合规经营情况；制订公司风险管理策略和原则等。
山东信托	是	3	审查、监督管理层制订的公司的会计政策、财务状况和财务报告程序；提议聘请或更换外部审计机构；监督公司的内部审计制度及其实施；负责内部审计与外部审计之间的沟通；审核公司的财务信息及其披露；审查公司内部控制制度，对重大关联交易进行核查；董事会授权的其他事项。
山西信托	是	4	审定公司内部审计计划，监督公司财务运行，提议聘请或更换外部审计机构。
陕国投	是	3	向董事会提交公司全面风险管理年度报告；确定公司风险管理的总体目标、风险偏好、风险承受度、风险管理策略和重大风险管理解决方案；审议公司风险管理组织机构设置及其职责；对公司信托业务和自营业务的风险控制及管理情况进行监督；对公司自有财产和信托财产的风险状况进行定期评估；对公司关联交易业务风险进行评估，对重大关联交易事项进行审查并提交董事会审议；对公司信息披露的真实、准确、完整和合规性等进行监督；提出完善公司风险管理和内部控制的建议；监督公司内部审计制度及其实施；负责内部审计与外部审计之间的沟通；审核公司的财务信息及其披露；提议聘请或更换外部审计机构；为董事会督导公司风险管理文化建设提供建议；组织、审查年报审计等相关工作。
爱建信托	是	3	确定公司风险管理的总体目标和政策；提议聘请或更换外部审计机构；监督公司的内部审计制度及其实施；审核公司的财务信息及其披露；审查公司的内控制度。
上海信托	是	3	监督公司的内部审计制度实施；负责内部审计与外部审计之间的沟通；审核公司的财务信息及其披露；对重大关联交易进行审计；提议聘请或更换外部审计机构；董事会授权的其他事宜。
四川信托	是	3	提议聘请或更换外部审计机构；监督公司的内部审计制度及其实施；负责内部审计与外部审计之间的沟通；审核公司的财务信息及其披露；审查公司内控制度等。

续表

名称	是否设置	审计委员会人数	审计委员会职能
苏州信托	是	5	审核公司内部审计基本制度；监督公司的内部审计制度实施；审核公司的财务信息；提议聘请或更换外部审计机构；听取并审议外部审计机构报告。
天津信托	是	5	负责对公司内、外部审计和信息披露以及重大关联交易进行监督和审查。
五矿信托	是	未披露	主要负责督促公司各项业务的合规、合法运作，以防范和控制业务风险。
西部信托	是	3	对管理层的经营情况、内控制度的制定和执行情况的监督检查。
西藏信托	是	未披露	未披露。
厦门国际信托	是	3	决定聘请或更换外部审计机构；审批公司年度审计工作计划；每季度听取并审议审计部的工作报告；审批公司年度审计工作报告，并报董事会审议。
新华信托	是	4	按公司规定定期或不定期审计需要审计的公司事项；对公司经营管理的合规情况进行年度或定期评估；定期向董事会报告审计工作情况，对重大违规事项及时向董事会提出警示或处理建议；针对股东单位、上级监管部门等提出的审计工作中存在的重大问题拟定整改方案和措施；督导内审稽核部的工作；审议或拟定公司审计机构的设置和职责；审议或拟定与公司审计相关的主要管理制度；在普华永道、德勤、安永及毕马威四家会计师事务所中拟定一家符合公司要求的事务所对公司进行年度审计或其他特殊目的的审计或稽核，该等选定应由董事会报股东大会批准；检查及督促公司对监管部门、内审稽核部和外部审计机构检查审计意见或建议的执行情况，对监管部门、内审稽核部门和外部审计机构检查意见或建议不执行或执行不力的部门及人员，向公司提出警示或处理意见；配合监事会进行监事检查活动；公司董事会授予的其他职权。
长城新盛信托	是	4	审核公司的财务信息及其披露，并对公司披露的定期财务报告（含季报、中报、年报）形成书面意见；监督公司的内部审计制度及其实施，负责公司内部审计工作，对公司重大关联交易进行审计；至少每半年向公司董事会提交内部审计报告，同时向中国银监会或其派出机构报送该报告的副本；负责内部审计与外部审计之间的沟通、协调以及会计师事务所的选聘工作。审计委员会应与负责公司外部审计的会计师事务所加强沟通，密切关注注册会计师的工作情况，协助注册会计师开展工作；提议聘请或更换外部审计机构，对外部审计机构开展公司有关财务审计、资产评估及相关业务活动工作结果的真实性、合法性进行监督；审查公司内控制度，每年对公司内部控制制度的建立、健全与执行情况至少进行一次检查和评估，并发表专项意见报送公司董事会；负责拟定对董事和高级管理人员进行离任审计的方案；董事会授权的其他事宜；针对上述的工作成果，形成书面意见或解决方案并报请董事会审阅或审批通过，根据公司章程规定应报股东会审议批准的报股东会审批。
新时代信托	是	3	专门负责对公司财务活动及其有关经济活动的真实、合法、合规、准确和效益的监督审计，依法审议、拟定内部监督活动方案，指导稽核部门实施稽核审计，为维护公司合法权益，防范金融风险，促进增收节支，提高经济效益服务。
兴业信托	是	5	主要负责本公司审计与风险的控制、管理、评估和监督，同时负责本公司内、外部审计的沟通、监督和核查工作以及重大关联交易的审核
英大信托	是	3	负责监督公司内、外部审计工作。
云南信托	是	5	监督公司的内部审计制度及其实施。
浙金信托	否		
中诚信托	是	3	对公司内部审计制度进行评价，对内部审计工作进行核查。
外贸信托	是	3	负责内部及外部审计工作，对公司内部控制管理工作进行监督，核查财务信息披露等。
金谷信托	是	3	负责公司的风险控制、管理、监督和评估以及公司内外部审计的沟通、监督和核查等工作。
中海信托	是	3	提议聘请或更换外部审计机构；监督公司的内部审计制度及其实施；负责内部审计与外部审计之间的沟通；审核公司的财务信息及其披露；审查公司内控制度等。
中航信托	是	3	负责监督公司内、外部审计工作。
中江信托	是	未披露	未披露。
中粮信托	是	3	1. 制定、审核、批准公司的风险管理政策、程序并报董事会审议； 2. 对公司信托业务、自营业务及其他业务的风险控制及风险管理政策、程序、执行情况进行监督； 3. 规定用于公司风险管理的战略结构和资源，并使之与公司风险管理政策相兼容； 4. 制定重要风险的界限并报董事会审议； 5. 对公司固有财产和信托财产的风险状况进行定期评估； 6. 提出完善公司风险管理和内部控制的建议； 7. 对公司合规风控部的工作程序和工作效果进行评议； 8. 提议聘请或更换外部审计机构； 9. 监督公司的制度建设及其执行情况； 10. 对审计部的工作进行监督和评议； 11. 监督董事会决议的执行情况； 12. 负责内部审计与外部审计之间的沟通； 13. 审核公司的财务信息及其披露； 14. 审查公司内控制度，对重大关联交易进行审查； 15. 董事会授权的其他事宜。

续表

名称	是否设置	审计委员会人数	审计委员会职能
中融信托	是	3	提议聘请或更换外部审计机构；监督公司内部稽核审计制度实施情况；审核公司重大财务信息及其披露情况；监督公司资金信托业务过程的合法、合规性；公司董事会授权的其他事宜。
中泰信托	是	5	负责公司的风险控制、管理、监督和评估，及公司内外部审计的沟通、监督和核查等工作。
中铁信托	是	3	负责公司风险的控制、管理、监督和评估；公司关联交易的审查；公司内、外部审计的监督和核查工作。
中投信托	是	8	1. 根据公司发展战略，制订、审核公司风险管理工作规划，评价公司战略目标和经营计划所涉及的风险因素，并向董事会提出建议；2. 定期审核、评议公司风险管理政策，促进风险管理政策的合法合规和及时有效；3. 从风险控制角度，监督公司各项规章制度的执行情况，并对公司重大经营决策进行风险监测和评价；4. 审阅公司风险管理工作报告，对风险管理工作提出改善意见和建议；5. 审核、批准公司的风险控制流程与风险计量模型和方法的监测、调整等相关工作；6. 审核、评议公司年度审计工作规划；7. 负责对公司内部审计制度的有效性及其执行情况进行监督；8. 负责内部审计与外部审计之间的沟通与协调；9. 提议聘请或更换外部审计机构；10. 董事会授权的其他事宜。
中信信托	是	3	负责拟定风险管理战略、风险管理政策和内部控制流程，对其实施情况及效果进行监督和评价；审核公司的年度财务信息及其披露；提议聘用、更换或解聘外部审计机构等。
中原信托	是	5	审议公司年度内部审计计划，提议聘请或更换外部审计机构，监督公司内部审计制度的实施，负责内部审计与外部审计之间的沟通，监督和审核公司的财务信息，监督和审核公司的信息披露，审查公司内控制度有效性，审计重大关联交易。
紫金信托	是	3	1. 合法合规性审查； 2. 风险控制审查； 3. 财务及内控审查； 4. 审计工作及审查； 5. 关联交易审查； 6. 公司董事会授权的其他事宜。

在披露的66家信托公司的年报中，64家信托公司在董事会下设了风险管理委员会，其中58家信托公司对董事会下设风险管理委员会的委员人数作了披露，60家信托公司对风险管理委员会的职能作了披露。风险管理委员会的职能详见表7－1－8。通过对58家已经披露的风险管理委员会委员人数情况分析可见，风险管理委员会的平均设置人数为4.03人。

表7－1－8　信托公司2012年末董事会下设风险管理委员会情况分析表

名称	是否设置	风险管理委员会人数	风险管理委员会职能
国元信托	是	5	负责根据公司风险承受能力制定公司风险管理政策，确定合理的风险管理水平，并督促高级管理层采取必要的措施识别、计量、监测和控制风险；负责公司内、外部审计的沟通和对公司经营的监督、检查工作。
安信信托	是	5	检查公司经理层遵守法规、公司章程的情况；研究拟定公司风险管理战略和政策；监督公司内部审计等。
百瑞信托	是	3	检查经营层的遵纪守法情况、公司合规及风险控制制度的完善性和执行情况；监督、控制公司在内部管理方面的合法合规性，对公司存在的重大风险隐患或出现的重大风险事故进行内部调查，发现问题及时向董事会汇报；研究拟订公司的合规及风险管理战略和政策，组织制订公司合规及风险控制制度；审议公司信托业务风险评估报告及合规检查报告；对可能发生的风险事项向公司经营层提出整改意见，并督促其加以改进；审查公司信托项目专项检查报告和信托经理履职检查报告。
北方信托	是	9	代表董事会对公司运作和经营活动中的风险进行监督、控制和管理，是公司风险防范与控制经营风险的机构。
北京信托	是	6	1. 负责制定公司风险管理的目标和政策； 2. 完善和健全公司风险管理的体系建设； 3. 制定公司风险管理的流程管控程序。
渤海信托	是	7	有效识别、度量、监控、防范及化解各类风险；保证公司业务的稳健开展和公司经营目标的实现。
长安信托	是	5	主要职责范围为：审核、修订公司的风险管理制度，对其实施情况及效果进行监督、检查和评价，并向董事会提出建议；对高级管理层在信托、信贷、市场、操作等方面的风险控制进行监督；对公司的风险状况进行定期评估；董事会授予的其他职责。
重庆信托	是	5	评价公司风险概貌、公司总体风险暴露以及各风险类别之间的依存度，批准和定期评审各种风险管理策略；负责公司自有业务、集合资金信托业务和特定的单一信托业务的审批和定价政策的制定；负责对公司信托新产品的风险评判；负责公司风险管理突发事项和紧急事项的应急处理；负责定期评价公司风险管理状况和相关政策的执行状况等。
华信信托	是	3	制订完善公司业务风险管理与控制政策；评估、识别与防范业务风险；审议风险资产分类与不良资产处置方案；审议核准资产五级分类。
东莞信托	是	3	建立风险管理制度，对重大业务风险进行识别、监视和综合管理。

续表

名称	是否设置	风险管理委员会人数	风险管理委员会职能
甘肃信托	是	5	协助董事会建立和完善公司风险控制制度体系并监督实施；对公司重大投资项目或经营业务中面临或存在的经营风险，进行事先评估、事中监控和事后总结；在公司已投资项目和经营业务出现重大风险时，向董事会行使建议终止权，并提交可行性整改方案。
粤财信托	是	5	审议公司内部管理制度、风险控制制度和监控制度；审议、制定各类操作业务操作细则和财务控制制度；监控投资项目、信托项目的风险；评估公司经营风险并提出整改意见。
国联信托	是	3	审查和监督公司风险管理政策、制度，并对其执行情况进行评价。
国民信托	是	3	负责公司内控和风险管理体系、政策的建立和完善；拟定公司关联交易政策，审议重大关联交易；对重要信托项目进行风险评估；就风险管理报告、合规管理报告向董事会提交审议意见等董事会授予的其他职责。
国投信托	是	4	1. 审议公司内部审计报告； 2. 审议公司全面风险管理年度报告； 3. 对公司内控机制和风险管理方面存在的问题进行评价、分析； 4. 有权向董事会提交内部控制、审计、风险管理方面的议案； 5. 董事会授予的其他职责。
杭州工商信托	是	3	审议公司的风险管理构架、风险战略和风险管理基本政策，并提请董事会批准；提出有效执行的实施建议和行业风险管理建议，研究公司风险约束指标体系，对公司管理内控薄弱环节和存在问题提出整改意见；审阅公司有关风险管理报告、合规报告及风险管理计划，完善公司风险管理和内部控制等。
湖南信托	是	3	负责拟定公司风险控制管理战略、风险管理政策和内部控制流程，并对其实施情况进行监督和评价；监督公司内部审计制度及其实施，审核公司财务情况，提议聘用、更换或解聘公司审计机构等。
华澳信托	是	3	1. 审议公司的所有对外投资（包括进行和终止投资）。其中500万元以内（含500万元）的，由投资风险控制委员会评审后直接决策；超过500万元的，经投资风险控制委员会审议同意后报董事会审批（业务年度计划内的除外）； 2. 审议公司信托业务的风险控制及投资； 3. 审议公司基金业务的风险控制及投资； 4. 信托产品和服务的定价； 5. 聘请外部顾问，如律师，评估师等； 6. 年度风险控制评估。
华宝信托	是	3	负责公司风险的控制、管理、监督和评估，公司内、外部审计的沟通、监督和核查工作以及重大关联交易的审核。
华宸信托	是	3	对公司信托业务、自营业务及其他业务的风险控制及风险管理情况进行监督；对公司固有财产和信托财产的风险状况进行定期评估；提出完善公司风险管理和内部控制的建议；对公司内部稽核部门的工作程序和工作效果进行评估；董事会授权的其他事宜。
华能信托	是	3	拟定公司风险管理政策和重大风险管理解决方案；审议公司风险管理组织机构设置及其职责；定期审查公司风险管理、合规管理、内部审计工作报告，就完善内部控制向董事会提出建议；董事会授予的其他职责。
华融信托	是	3	研究拟订公司的风险管理框架，风险战略、风险管理基本政策和内部风险控制制度和流程；检查公司风险管理基本政策、经营决策程序、内部风险控制制度和流程执行情况；审议批准公司的季度、年度风险管理报告，跟踪落实有关执行情况；定期审阅公司风险状况报告 了解公司风险管理的总体情况及有效性，提出完善公司风险管理和内部控制的意见；制订风险奖惩办法、对公司重大风险隐患或出现的重大风险事故进行调查；审核公司资产风险分类标准和风险准备金提取政策，审核呆账核销事项和年度损失准备金提取总额等。
华润信托	是	3	负责对高级管理层在业务、市场、操作等方面的风险控制情况进行监督，对公司的风险状况进行定期评估，对内部稽核部门的工作程序和工作效果进行评价，提出完善风险管理和内部控制的意见。
华鑫信托	是	3	负责公司风险的控制、管理、监督和评估。
吉林信托	是	3	负责制定、审核风险控制制度，监督制度执行。对重大业务事项从风险管理角度向董事会提出意见和建议。
建信信托	是	3	1. 根据公司总体战略，研究拟定公司风险战略和风险管理政策，报董事会审定，并对其实施情况进行监督和评价；2. 监督和评价风险管理部门的设置、组织方式、工作程序，并提出改善意见；3. 指导公司的风险管理工作和内控制度建设；4. 审议公司风险和内控报告，对公司风险和内控状况进行定期评估，提出完善公司风险管理和内部控制的意见；5. 对公司首席风险官的工作进行评价；6. 审批各项业务管理办法中注明需由董事会审议的重大经营项目，具体的审批权限按董事会相关文件执行；7. 董事会授予的其他职责。
江苏信托	是	4	审核公司关于风险风险管理和控制的战略、制度、规则、报告等，为董事会决策提供依据和建议；对公司经营的风险控制及管理情况进行监督。
交银国际信托	是	3	拟定公司风险管理的总体战略和原则；检查和评价公司整体风险和风险管理体系；定期向董事会报告风险管理状况；确定总体风险容忍度及审批总体风险管理相关指标等。
昆仑信托	是	3	组建公司风险管理系统；对公司日常经营管理风险进行整体分析和评估；负责公司的危机处理工作；对公司运作过程中的重大事项进行风险管理和控制。

续表

名称	是否设置	风险管理委员会人数	风险管理委员会职能
陆家嘴信托	是	3	向董事会提交公司全面风险管理年度报告；确定公司风险管理的总体目标、风险偏好、风险承受度、风险管理策略和重大风险管理解决方案；提出完善公司风险管理和内部控制的建议；对公司信托业务和固有业务的风险控制及管理情况进行监督；对公司固有财产和信托财产的风险管理状况进行定期评价；对公司关联交易业务风险进行评估，对重大关联交易事项进行审查并提交董事会审议；董事会授予的其他职责。
山东信托	是	7	分析、评估公司面临各类风险的状况，并对现存或潜在的各种风险是否得到有效的控制和预防发表意见；审查公司风险管理的体制是否健全、政策措施是否有效、风险控制流程是否合理；监督管理层制定、执行识别、评估、监控、缓解公司风险的内部控制体系及相关控制政策，并对上述体系和政策的有效性和合理性发表意见；审查、监督公司遵守、执行法律、法规的情况，及时掌握任何实际发生或潜在的重大违规业务及由此公司应承担的责任或附条件责任并向董事会报告；检查公司风险控制的范围是否全面；检查公司应急计划的充分性和完整性；审查公司固有业务的贷款、融资租赁、投资和担保等业务，并对其风险状况发表意见；审查公司发行信托计划业务，并对其风险状况发表意见；审查公司关联交易并对其风险状况发表意见。
山西信托	是	4	审定公司风险管理的原则和政策，在授权范围内，对公司重大事项的风险进行评审，检查、指导公司日常风险管理工作。
陕国投	是	3	向董事会提交公司全面风险管理年度报告；确定公司风险管理的总体目标、风险偏好、风险承受度、风险管理策略和重大风险管理解决方案；审议公司风险管理组织机构设置及其职责；对公司信托业务和自营业务的风险控制及管理情况进行监督；对公司自有财产和信托财产的风险状况进行定期评估；对公司关联交易业务风险进行评估，对重大关联交易事项进行审查并提交董事会审议；对公司信息披露的真实、准确、完整和合规性等进行监督；提出完善公司风险管理和内部控制的建议；监督公司内部审计制度及其实施；负责内部审计与外部审计之间的沟通；审核公司的财务信息及其披露；提议聘请或更换外部审计机构；为董事会督导公司风险管理文化建设提供建议；组织、审查年报审计等相关工作。
爱建信托	是	3	确定公司风险管理的总体目标和政策；提议聘请或更换外部审计机构；监督公司的内部审计制度及其实施；审核公司的财务信息及其披露；审查公司的内控制度。
上海信托	是	3	对公司高级管理层在信托业务和自营业务方面的风险控制及管理情况进行监督；对公司固有财产和信托财产的风险状况进行定期评估；提出完善公司风险管理和内部控制的建议；董事会授权的其他事宜。
四川信托	是	3	研究公司发生重大、突发性事项的对策；研究制定总体风险管理、关联交易控制政策供董事会审议；研究公司风险管理的战略结构和资源，并使之与公司的内部风险管理政策相兼容；研究重要的风险边界；对相关的风险管理、关联交易控制政策进行监督、审查和向董事会提出建议等。
苏州信托	是	5	审核和拟定公司的风险管理战略、政策和规程以及内部控制制度，并监督上述战略、政策、规程和内部控制制度的执行。
天津信托	是	4	负责审核公司风险管理的政策和程序，审定公司风险管理目标，督促公司管理层建立必要的风险识别、衡量、监测和控制制度，监督和评价公司风险管理的全面性、有效性以及高级管理层在风险管理方面的履职情况。
西部信托	是	5	对公司所面临的风险状况进行评估，并提出相应的意见
新华信托	是	5	组织拟定公司风险管理的发展规划；审议应当由董事会审议涉及风险管理的事项；对公司的风险管理工作情况进行年度或定期评估；针对股东单位、上级监管部门等提出的风险管理工作中存在的重大问题拟定整改方案和措施；审议或拟定公司风险管理机构设置及其职责；审议或拟定与公司风险控制及合规管理相关的主要管理制度（包括警示机制）；审议和评价公司的新产品；为董事会督导公司风险管理文化建设提供建议；董事会授予的其他职责。
长城新盛信托	是	5	对公司开展新的自营业务或项目以及公司重大经营事件或项目进行风险收益评估，研究拟定风险防范方案，并向公司信托业务决策委员会提供报告；对公司经营的信托业务或项目进行事先风险收益评估，研究拟定风险防范方案，并向公司信托业务决策委员会提供报告；对公司信托业务和固有业务的风险控制及管理情况进行监督；对公司自有财产和信托财产的风险状况进行定期评估；对公司关联交易业务风险进行评估，对重大关联交易事项进行审查并提交董事会审议；向董事会提交公司全面风险管理年度报告风险控制委员会工作细则定稿；研究公司经营活动及风险状况，提出风险管理需要关注的核心风险问题，对公司可能出现的风险进行预测与评价；审核风险监控指标体系及风险管理信息分析报告，监督经营管理层对经营风险采取必要的识别、计量、监测和控制措施；对战略规划的实施过程进行监督和评估，督促经营管理层持续改进风险管控能力；研究公司经营管理的风险识别、管理技术、风险控制及补偿机制，审核风险管理系统建设规划；研究、审核公司经营管理中重大风险事件的预警预控、应急预案；根据国家宏观经济金融政策及市场形势的变化，制定公司风险管理体系，审核公司内部风险控制制度及执行情况；根据公司发展战略，研究公司的风险管理体系，提出改进风险管理体系的决策程序及建议；研究公司战略规划的执行步骤及其管理方式，评估风险政策的有效性，提出动态的风险控制建议方案；每季度首月，对公司风险进行全面评估；审核公司风险管理领域的信息披露事项，并对该等事项的真实、准确、完整和合规性等进行监督；组织制订公司风险管理制度；检查公司风险管理制度的完善性；监督、检查及评估公司风险管理制度的执行情况及效果；负责组织对公司存在的重大风险隐患或出现的重大风险事故进行内部调查，并将调查结果和处理意见报告董事会，由董事会决议做出处理。
新时代信托	是	5	负责对公司长期发展战略规划、重大战略性投资进行可行性研究，负责全面监督、指导公司风险管理工作，检查公司管理层贯彻和执行董事会确立的风险取向和管理战略的情况，并根据董事会授权进行业务决策的常设机构，对公司董事会负责。
兴业信托	是	5	主要负责本公司审计与风险的控制、管理、评估和监督，同时负责本公司内、外部审计的沟通、监督和核查工作以及重大关联交易的审核。

续表

名称	是否设置	风险管理委员会人数	风险管理委员会职能
英大信托	是	3	监督、评估公司的风险管理状况，提出完善风险管理意见，监督、评估公司风险管理部门的工作。
云南信托	是	5	研究、考核公司的风险控制制度，并提出建议。
中诚信托	是	3	强化董事会在防范公司经营风险中的作用，对公司长期发展战略、资产结构、投资方向以及重大投资决策进行审议评价并提出建议。
外贸信托	是	4	以全面风险管理为目的，对公司经理层风险管理工作进行指导及监督，为董事会提供决策支持意见和管理改善建议，并在授权范围内进行审批决策。
金谷信托	是	3	负责公司的风险控制、管理、监督和评估以及公司内外部审计的沟通、监督和核查等工作。
中海信托	是	3	研究公司发生重大、突发性事项的对策；研究制定总体风险管理、关联交易控制政策供董事会审议；研究公司风险管理的战略结构和资源，并使之与公司的内部风险管理政策相兼容；研究重要的风险边界；对相关的风险管理、关联交易控制政策进行监督、审查和向董事会提出建议等。
中航信托	是	3	监督、评估公司的风险管理状况，提出完善风险管理意见，监督、评估公司风险管理部门的工作。
中粮信托	是	3	1. 制定、审核、批准公司的风险管理政策、程序并报董事会审议； 2. 对公司信托业务、自营业务及其他业务的风险控制及风险管理政策、程序、执行情况进行监督； 3. 规定用于公司风险管理的战略结构和资源，并使之与公司风险管理政策相兼容； 4. 制定重要风险的界限并报董事会审议； 5. 对公司固有财产和信托财产的风险状况进行定期评估； 6. 提出完善公司风险管理和内部控制的建议； 7. 对公司合规风控部的工作程序和工作效果进行评议； 8. 提议聘请或更换外部审计机构； 9. 监督公司的制度建设及其执行情况； 10. 对审计部的工作进行监督和评议； 11. 监督董事会决议的执行情况； 12. 负责内部审计与外部审计之间的沟通； 13. 审核公司的财务信息及其披露； 14. 审查公司内控制度，对重大关联交易进行审查； 15. 董事会授权的其他事宜。
中融信托	是	3	对公司重大的投资项目、信托资金运用及中介业务进行定期或不定期的风险评估和预测，提出防范风险的措施；对公司重大的投资项目、信托计划运作及中介业务的执行情况进行监控；针对业务过程中的异常情况做出预警并及时报告给董事会等。
中泰信托	是	5	负责公司的风险控制、管理、监督和评估，及公司内外部审计的沟通、监督和核查等工作。
中铁信托	是	3	负责公司风险的控制、管理、监督和评估；公司关联交易的审查；公司内、外部审计的监督和核查工作。
中投信托	是	8	1. 根据公司发展战略，制订、审核公司风险管理工作规划，评价公司战略目标和经营计划所涉及的风险因素，并向董事会提出建议；2. 定期审核、评议公司风险管理政策，促进风险管理政策的合法合规和及时有效；3. 从风险控制角度，监督公司各项规章制度的执行情况，并对公司重大经营决策进行风险监测和评价；4. 审阅公司风险管理工作报告，对风险管理工作提出改善意见和建议；5. 审核、批准公司的风险控制流程与风险计量模型和方法的监测、调整等相关工作；6. 审核、评议公司年度审计工作规划；7. 负责对公司内部审计制度的有效性及其执行情况进行监督；8. 负责内部审计与外部审计之间的沟通与协调；9. 提议聘请或更换外部审计机构；10. 董事会授权的其他事宜。
中信信托	是	3	负责拟定风险管理战略、风险管理政策和内部控制流程，对其实施情况及效果进行监督和评价；审核公司的年度财务信息及其披露；提议聘用、更换或解聘外部审计机构等。
中原信托	是	8	对公司发展战略和运营模式进行风险与合规性评价；对公司制度体系进行风险与合规性评价；对新业务和重大项目的风险与合规性进行事前评估和事后评价；对公司资产风险状况进行评价；处置重大风险；董事会交办的事项；经营班子提交审议的事项。
紫金信托	是	3	1. 合法合规性审查； 2. 风险控制审查； 3. 财务及内控审查； 4. 审计工作及审查； 5. 关联交易审查； 6. 公司董事会授权的其他事宜。

在披露的66家信托公司的年报中，59家信托公司在董事会下设了人事薪酬委员会，54家信托公司对董事会下设人事薪酬委员会的委员人数的设置作了披露，56家信托公司对董事会下设人事薪酬委员会的职能作了披露，详见表7-1-9。通过对54家已经披露的人事薪酬委员会的委员人数情况分析可见，人事薪酬委员会的平均设置人数为3.34人。

表7-1-9　信托公司2012年末董事会下设人事薪酬委员会情况分析表

名称	是否设置	人事薪酬委员会人数	人事薪酬委员会职能
国元信托	是	5	负责审查公司绩效考核、薪酬管理的政策、实施方案及实施状况。
安信信托	是	5	根据董事及高级管理人员的岗位及职责制定薪酬计划和方案、审查董事和高管人员的履行职责进行年度考评。
百瑞信托	是	4	制订董事、监事和高级管理人员的薪酬方案；审批公司年度业绩报酬方案，董事和其他人员的特殊贡献奖励数额，公司薪酬政策的执行情况报告；审查公司其他人员的薪酬方案；对公司薪酬制度执行情况进行监督。
北方信托	是	6	代表董事会对公司激励机制建设、薪酬分配进行管理。
北京信托	是	3	1. 根据经营活动情况、资产规模和股权结构对董事会的规模和构成向董事会提出建议； 2. 研究董事和经营班子的选择标准和程序，并向董事会提出建议； 3. 广泛搜寻合格的董事和经营班子的人选； 4. 对董事候选人和经理人选进行审查并提出建议； 5. 对须提请董事会聘任的其他高级管理人员进行审查并提出建议； 6. 根据董事及高级管理人员管理岗位的主要范围、职责、重要性以及其他相关企业相关岗位的薪酬水平制定薪酬计划或方案； 7. 薪酬计划或方案主要包括但不限于绩效评价标准、程序及主要评价体系，奖励和惩罚的主要方案和制度等； 8. 审查公司董事（非独立董事）及高级管理人员履行职责情况并对其进行年度绩效考评； 9. 负责对公司薪酬制度执行情况进行监督。
渤海信托	否		
长安信托	是	3	主要职责范围：研究董事、经理人员的选择标准和程序并提出建议；广泛搜寻合格的董事和经理人员的人选；对董事候选人和经理人选进行审查并向董事会提出建议；研究董事与经理人员考核的标准，年终进行考核并提出建议；研究和审查董事、监事、高级管理人员的薪酬政策与方案等；董事会授予的其他职责。
重庆信托	是	5	对董事会的规模和构成向董事会提出建议；制订董事及高级管理人员薪酬计划或方案；研究董事、高级管理人员的选择标准和程序，并向董事会提出建议；搜寻合格的独立董事和高级管理人员的人选；对董事、高级管理人员人选进行审查并提出建议；审查公司董事及高级管理人员的履行职责情况；负责对公司薪酬制度执行情况进行监督；董事会授权的其他事宜。
华信信托	是	3	对公司薪酬体系、绩效考核、人力资源进行规划管理。
大业信托	是	未披露	未披露
东莞信托	是	3	研究和审查高级管理人员的薪酬政策与方案。
方正东亚信托	是	未披露	研究董事、监事、总经理和其他高级管理人员的薪酬标准，根据董事、监事、总经理和其他高级管理人员的职责与重要性，参考同业相关岗位的薪酬水平，制定薪酬计划或方案并监督薪酬计划或方案的实施；拟定考核标准，审查董事、总经理和其他高级管理人员履行职责情况并对其进行年度绩效考评，提交考核评价意见；负责对公司薪酬制度执行情况进行监督；研究董事、高级管理层人员的选择标准和程序，并向董事会提出建议；广泛搜寻合格的董事和经理层人员的人选；对董事、高级管理层人员人选进行审查并提出建议；董事会授予的其他职权。
甘肃信托	是	3	拟订董事、独立董事的选任程序和标准，并对其任职资格进行初步审核；对由董事长提名并由董事会任免的高级管理人员及相关部门负责人任职资格进行初步审核；拟订董事、独立董事、监事的考核办法和薪酬方案；拟定员工绩效考核制度以及激励方案。
粤财信托	否		
国联信托	是	3	负责审核人力资源管理政策，研究薪酬策略，决定薪酬标准。
国民信托	是	4	负责检查董事会的架构、人数及组成；审查独立董事的独立性；制定公司高级管理人员的考核标准并进行考核；制定并审查公司的基本薪酬制度、政策与方案并向董事会提出改善建议等董事会授予的职责。
国投信托	否		
杭州工商信托	是	3	研究董事、高级管理人员的选择标准和程序并提出建议；研究董事与高级管理人员绩效考核的标准并提出建议；就公司董事及高级管理人员的薪酬政策及架构，以及制定该等政策的程序等薪酬政策向董事会提出建议；对公司薪酬制度的执行情况进行监督等。
湖南信托	是	4	负责拟定公司高级管理人员选择标准、选择程序，对其任职资格和任职条件进行初步审核等；拟定公司薪酬、福利和其他激励计划，并监督实施。
华澳信托	是	3	研究和审查公司薪酬政策与方案。
华宝信托	是	3	负责制定公司董事及高级管理人员的考核标准并进行考核；制定、审查公司董事及高级管理人员的薪酬政策与方案；制定公司长期激励机制和方案，为公司发展提供人才激励保障；制定公司人力资源发展规划。
华宸信托	是	3	寻找符合要求的董事候选人（候选人也可以由股东、董事或其他人推荐），并根据银监会关于金融机构高级管理人员任职资格的要求对其进行初步审查；寻找符合要求的总裁、副总裁、董事会秘书、财务总监候选人（可以由股东、董事或其他人推荐），并根据银监会关于金融机构高级管理人员任职资格的要求对其进行初步审查；拟订执行董事及高级管理人员的薪酬待遇，并就非执行董事的薪酬向董事会提出建议；董事会授权的其他事项。
华能信托	是	3	拟订公司高级管理人员的薪酬与奖励政策，并提请董事会审批；对公司高级管理人员进行考核，并出具绩效评价报告，报董事会核准；审议公司职工的薪酬福利及绩效考核方案；董事会授予的其他职责。

续表

名称	是否设置	人事薪酬委员会人数	人事薪酬委员会职能
华融信托	是	4	根据董事与经营管理层职责、业务范围，研究拟定绩效方案、薪酬政策和考核标准；组织对董事和经营管理层年度履职和绩效完成情况考核；负责对公司绩效管理办法、薪酬制度执行情况的监督、检查和评价等。
华润信托	是	3	负责拟定董事、监事和高级管理层成员的薪酬方案，向董事会提出薪酬方案的建议，并监督方案的实施。
华鑫信托	是	3	负责制定公司董事及高级人员的考核标准并进行考核；制定、审查公司董事及高级管理人员的薪酬政策与方案；制定公司长期激励机制和方案，为公司发展提供人才激励保障；制定公司人力资源发展规划。
吉林信托	是	3	负责董事会任命人员提名及资格审核 负责薪酬制度及具体方案的评估、审定以及落实情况的跟踪、监督。
建信信托	是	4	1. 组织拟订董事和高级管理人员的选任标准和程序，并对其候选人进行初审，提请董事会决定；2. 审议公司薪酬方案，提请董事会决定，并监督其执行；3. 组织拟订公司董事、监事的业绩考核办法和薪酬方案，提交董事会审议；4. 组织对公司董事、监事及高级管理层的业绩考核，提出对董事、监事及高级管理层薪酬分配的建议，提交董事会审议；5. 检查及批准向执行董事及高级管理人员支付的与丧失或终止职务或委任有关的赔偿，以确保该等赔偿按有关合同条款决定；若未能按有关合约条款决定，有关赔偿亦须合理适当；6. 检查及批准因董事行为失当而解雇或罢免有关董事所涉及的赔偿安排，以确保该等安排按有关合约条款决定；若未能按有关合约条款决定，有关赔偿亦须合理适当；7. 董事会授予的其他职责。
江苏信托	是	5	审议关于公司薪酬考核的规划、制度、规则、报告等，为董事会决策提供依据和建议；监督公司薪酬考核政策实施。
交银国际信托	否		
昆仑信托	是	5	研究拟订公司整体薪酬政策；拟订公司高级管理人员的薪酬制度、考核办法和激励方案；对公司高级管理人员进行绩效考评；对公司整体薪酬制度的执行情况进行指导、监督。
陆家嘴信托	是	3	根据公司经营发展战略、资产规模和业务结构等，对董事会的规模和结构向董事会提出建议；拟定公司董事和高级管理人员的选任程序和标准，对董事和高级管理人员的任职资格和条件进行初步审核，并向董事会提出建议；拟定公司董事和高级管理人员的考核标准，据此进行考核并提出建议；拟定公司董事和高级管理人员的具体薪酬和激励方案，向董事会提出薪酬方案的建议，并监督实施；董事会授权的其他事宜。
平安信托	是	3	审议公司提名与薪酬管理的策略和计划；审核公司人员编制、薪酬总额、薪酬制度、年度薪酬方案、考核方案；审议公司考核与奖惩制度等。
山东信托	是	5	根据高级管理人员管理岗位的主要范围、职责、重要性以及其他相关企业相关岗位的薪酬水平拟定薪酬计划或方案；薪酬计划或方案主要包括绩效评价标准、奖励和惩罚方案等；审查公司高级管理人员履行职责情况并对其进行年度绩效考评；董事会授权的其他事项。
山西信托	是	4	审定公司的薪酬制度，制定公司高级管理人员的绩效评价标准和薪酬标准。
陕国投	是	3	研究董事与高级管理人员考核的标准，进行考核并提出建议；研究和审查董事、高级管理人员的薪酬政策与方案等。
爱建信托	是	3	研究制定高管人员的薪酬计划与考核方案；审查高管人员的职责履行情况并对其进行年度绩效考评；监督公司薪酬制度的制定与执行情况。
上海信托	是	3	研究、拟定和执行公司董事、经理及其他高级管理人员的考核标准和办法，并提出意见或建议；研究、拟定和审查公司董事、经理及其他高级管理人员的薪酬政策和方案，并提出意见或建议；审查公司董事及高级管理人员的履行职责情况并对其进行年度绩效考评；负责对公司薪酬制度执行情况进行监督检查；建议聘请外部中介机构提供专业咨询意见；董事会授权的其他事宜。
四川信托	否		
苏州信托	是	5	审议公司提交的薪酬管理策略和计划；审核公司人力资源计划与安排、薪酬方案和绩效考核的建议方案；跟踪、监督公司薪酬制度的落实情况。
天津信托	是	3	根据董事、高级管理人员和公司员工管理岗位的主要范围、职责、重要性以及其他相关公司相关岗位的薪酬水平制定薪酬计划或方案；薪酬计划或方案主要包括但不限于绩效评价标准、程序及主要评价体系，奖励和惩罚的主要方案和制度等；审查公司董事会及高级管理人员履行职责的情况并对其进行年度绩效考评；负责对公司薪酬制度执行情况进行监督；董事会授权的其他事宜。
五矿信托	是	未披露	主要负责拟定公司的薪酬及绩效考核方案并对公司高级管理人员进行考核和对公司董事和经理人员的人选、选择标准和程序进行选择并提出建议。
西部信托	是	3	负责制定公司董事、高管人员的薪酬标准与方案，审查公司董事、高级管理人员履行职责并对其进行年度考核；负责对公司薪酬制度执行情况进行监督。
西藏信托	是	未披露	
厦门国际信托	是	3	研究并提出公司高管人员的薪酬方案；对高管人员进行年度绩效考评；提出高管人员年度薪酬分配数建议，报公司董事会审定。
新华信托	是	5	审议或拟定公司考核、奖惩及薪酬等涉及公司人事管理的主要制度和政策，并检查督导执行情况；审议或拟定公司董事、监事和公司相关制度约定的应由董事会管辖的人员的考核、奖惩及薪酬待遇方案，并对其履行职责情况和年度绩效进行考评，拟定具体的奖惩方案；组织拟定公司人才储备的中长期规划；检查督导公司人事制度的执行情况；董事会授予的其他权限。

续表

名称	是否设置	人事薪酬委员会人数	人事薪酬委员会职能
长城新盛信托	是	4	研究和审查高级管理人员的薪酬及奖惩方案并向董事会提出建议；拟定业务绩效考核制度方案，按照每年的经营情况，拟定具体的提取金额、分配标准、操作细则以在当年税后利润的一定比例中提取信托经理人激励基金和员工奖励基金，并将该等方案提交公司董事会审议；对总经理拟定的公司职工工资、福利、奖惩制度等方案提出专业意见；根据公司内外部情况变化，适时提出公司薪酬管理制度（规划）、激励计划以及业务绩效考核奖惩制度、业务绩效考核制度的调整意见；了解公司薪酬制度、激励计划和业务绩效考核奖惩制度、业务绩效考核制度的执行情况；董事会授权的其他事宜；针对上述的工作成果，形成书面意见后依照以下情形报送审批：1. 公司董事、监事的薪酬规划和激励计划应由董事会审议后报公司股东会审议批准；2. 公司高级管理人员的薪酬管理制度（规划）、激励计划，公司业务绩效考核奖惩制度，公司业务绩效考核制度、信托经理人激励基金、员薪酬与考核委员会工作细则 定稿工奖励基金的提取金额、分配标准以及操作细则等应报公司董事会审议批准，且董事会应当就公司高级管理人员履行职责的情况、绩效评价情况、薪酬情况向股东会做出专项说明；3. 公司董事、高级管理人员的薪酬规划、激励计划等事项还应报公司独立董事发表独立意见。
新时代信托	是	5	对公司董事和总裁的人选、选择标准和程序进行选择并提出建议，同时对总裁提名的财务负责人、以及总裁提名的其他高级管理人员、董事长提名的董事会秘书人选进行审查并提出建议；负责制定公司董事、高级管理人员以及其他员工的全员考核标准并进行考核，对董事会负责。
兴业信托	是	5	主要负责拟定董事和高级管理人员的薪酬方案、考核标准，监督方案的实施。
英大信托	是	3	负责审核公司的人事与薪酬管理制度，监督公司人力资源管理工作，对人力资源管理及绩效考核等工作提出建议和意见。
云南信托	是	5	研究董事、总裁的选择标准和程序及考核标准，并提出建议。
浙金信托	是	未披露	未披露。
中诚信托	是	3	评价公司的绩效考核办法和薪酬管理制度并提出建议。
外贸信托	否		
金谷信托	是	3	负责制定、审查公司高级管理人员（以下简称高管人员）的薪酬政策与方案，拟定公司高管人员的考核标准并进行考核，接受董事会授权的其他事项。
中海信托	是	3	研究董事与总裁人员考核的标准，进行考核并提出建议；研究和审查董事、高级管理人员的薪酬政策与方案等。
中航信托	是	3	研究董事与高级管理人员考核的标准，进行考核并提出建议；研究与审查董事、高级管理人员的薪酬政策与方案。
中江信托	是	未披露	未披露。
中粮信托	是	3	1. 寻找符合要求的董事候选人（候选人也可以由股东、董事或其他人推荐），并根据银监会关于金融机构高级管理人员任职资格的要求对其进行初步审查； 2. 寻找符合要求的总经理、副总经理、董事会秘书、财务总监候选人（可以由股东、董事或其他人推荐），并根据银监会关于金融机构高级管理人员任职资格的要求对其进行初步审查； 3. 拟订公司董事及高级管理人员的薪酬政策、架构和程序； 4. 拟订执行董事及高级管理人员的特定薪酬待遇，并就非执行董事的薪酬向董事会提出建议。薪酬委员会拟订薪酬待遇时应考虑的因素包括同类公司支付的薪酬、承担的职责、付出的时间、职位的聘用条件以及在公司的表现等； 5. 参照董事会当期通过的公司目标及考核结果，拟订高级管理人员的薪酬； 6. 董事会授权的其他事项； 7. 监管部门规定的其他事项。
中融信托	是	3	制订公司高管人员的考核标准和薪酬标准，对公司高管人员的薪酬及奖励执行情况进行监督、检查，向董事会报告高管人员薪酬及考核情况。
中泰信托	是	5	负责制定董事及高级管理人员的薪酬政策、考核标准并进行考核。
中铁信托	是	3	负责董事及高级管理人员的任职、薪酬与考核管理。
中投信托	是	4	1. 研究、拟订公司高级经营管理人员业绩考核办法和薪酬管理办法并提交董事会；2. 研究并提出公司高级经营管理人员的年度薪酬方案，依据公司高级经营管理人员的业绩，拟订薪酬及奖惩建议方案并提交董事会；3. 监督公司薪酬制度与奖惩制度的执行情况；4. 董事会授权的其他事宜。
中信信托	是	3	负责拟定董事、高级管理人员、员工的薪酬、福利和其他激励计划，并监督方案的实施；拟定高级管理人员的选择标准、选择程序；对高级管理人员人选的任职资格和条件进行初步审核等。
中原信托	否		
紫金信托	是	3	1. 审核公司薪酬政策或方案、评价和激励机制等； 2. 审查公司董事及高级管理人员的履行职责情况并对其进行年度绩效考评； 3. 根据公司实际情况对董事会的规模和构成向董事会提出建议； 4. 研究董事、高级管理人员的选择标准和程序，并向董事会提出建议； 5. 向股东会、董事会提名董事和高级管理人员候选人； 6. 对董事、高级管理人员人选进行审查并提出建议； 7. 董事会授权的其他事宜。

（三）独立董事分析

66家信托公司全部披露了独立董事人数，但中江信托未对独立董事的详细情况进行披露。具体情况请见表7-1-10、表7-1-11、表7-1-12。

设立独立董事是加强公司治理的一个重要手段。上市公司一般要求独立董事人数占全部董事人数的三分之一以上，这对公司治理非常重要，共有35家信托公司符合这一标准。除中江信托的1位独立董事未披露性别年龄情况外，其他独立董事男性人数为151人，占总人数的89.35%，女性人数为17人，占总人数的10.06%；其中30~39岁的人数为2人，占总人数的1.18%，40岁以上的人数为166人，占总人数的98.22%；独立董事的平均年龄为54.08岁，高于董事平均年龄。

表7-1-10　披露的信托公司2012年年末独立董事人数构成分析表

名称	董事会成员人数	独立董事成员人数	独立董事占比（%）
国元信托	9	3	33.33
安信信托	9	3	33.33
百瑞信托	10	3	30.00
北方信托	14	3	21.43
北京信托	11	4	36.36
渤海信托	4	2	50.00
长安信托	9	3	33.33
重庆信托	12	4	33.33
华信信托	9	3	33.33
大业信托	9	3	33.33
东莞信托	10	2	20.00
方正东亚信托	7	2	28.57
甘肃信托	9	3	33.33
粤财信托	6	2	33.33
国联信托	9	3	33.33
国民信托	11	3	27.27
国投信托	7	2	28.57
杭州工商信托	9	3	33.33
湖南信托	7	1	14.29
华澳信托	7	2	28.57
华宝信托	9	3	33.33
华宸信托	8	2	25.00
华能信托	9	3	33.33
华融信托	11	4	36.36
华润信托	9	2	22.22
华鑫信托	7	3	42.86
吉林信托	5	1	20.00
建信信托	9	3	33.33
江苏信托	9	3	33.33
交银国际信托	8	2	25.00
昆仑信托	9	3	33.33
陆家嘴信托	5	2	40.00
平安信托	9	3	33.33
山东信托	9	3	33.33
山西信托	8	1	12.50
陕国投	9	3	33.33
爱建信托	5	2	40.00
上海信托	11	3	27.27
四川信托	7	3	42.86
苏州信托	9	3	33.33
天津信托	11	3	27.27
五矿信托	7	2	28.57

续表

名称	董事会成员人数	独立董事成员人数	独立董事占比（%）
西部信托	10	3	30.00
西藏信托	8	1	12.50
厦门国际信托	9	2	22.22
新华信托	10	3	30.00
长城新盛信托	11	3	27.27
新时代信托	9	3	33.33
兴业信托	9	3	33.33
英大信托	9	3	33.33
云南信托	11	2	18.18
浙金信托	11	3	27.27
中诚信托	13	3	23.08
外贸信托	8	2	25.00
金谷信托	9	2	22.22
中海信托	7	3	42.86
中航信托	9	3	33.33
中江信托	9	1	11.11
中粮信托	8	0	0.00
中融信托	7	2	28.57
中泰信托	9	3	33.33
中铁信托	9	3	33.33
中投信托	5	2	40.00
中信信托	9	3	33.33
中原信托	11	3	27.27
紫金信托	7	2	28.57
合计	578	169	29.24
平均	8.76	2.56	29.24

表7-1-11　披露的信托公司2012年年末独立董事人员性别构成分析表

名称	独立董事人员数	其中男性人数	男性所占比例（%）	其中女性人数	女性所占比例（%）
国元信托	3	3	100.00	0	0.00
安信信托	3	3	100.00	0	0.00
百瑞信托	3	2	66.67	1	33.33
北方信托	3	1	33.33	2	66.67
北京信托	4	3	75.00	1	25.00
渤海信托	2	2	100.00	0	0.00
长安信托	3	3	100.00	0	0.00
重庆信托	4	3	75.00	1	25.00
华信信托	3	2	66.67	1	33.33
大业信托	3	3	100.00	0	0.00
东莞信托	2	2	100.00	0	0.00
方正东亚信托	2	2	100.00	0	0.00
甘肃信托	3	3	100.00	0	0.00
粤财信托	2	2	100.00	0	0.00
国联信托	3	3	100.00	0	0.00
国民信托	3	3	100.00	0	0.00
国投信托	2	2	100.00	0	0.00
杭州工商信托	3	3	100.00	0	0.00
湖南信托	1	1	100.00	0	0.00
华澳信托	2	2	100.00	0	0.00

续表

名称	独立董事人员数	其中男性人数	男性所占比例(%)	其中女性人数	女性所占比例(%)
华宝信托	3	3	100.00	0	0.00
华宸信托	2	2	100.00	0	0.00
华能信托	3	2	66.67	1	33.33
华融信托	4	3	75.00	1	25.00
华润信托	2	2	100.00	0	0.00
华鑫信托	3	1	33.33	2	66.67
吉林信托	1	1	100.00	0	0.00
建信信托	3	3	100.00	0	0.00
江苏信托	3	3	100.00	0	0.00
交银国际信托	2	0	0.00	2	100.00
昆仑信托	3	3	100.00	0	0.00
陆家嘴信托	2	2	100.00	0	0.00
平安信托	3	3	100.00	0	0.00
山东信托	3	3	100.00	0	0.00
山西信托	1	1	100.00	0	0.00
陕国投	3	2	66.67	1	33.33
爱建信托	2	2	100.00	0	0.00
上海信托	3	3	100.00	0	0.00
四川信托	3	2	66.67	1	33.33
苏州信托	3	2	66.67	1	33.33
天津信托	3	3	100.00	0	0.00
五矿信托	2	2	100.00	0	0.00
西部信托	3	3	100.00	0	0.00
西藏信托	1	1	100.00	0	0.00
厦门国际信托	2	2	100.00	0	0.00
新华信托	3	3	100.00	0	0.00
长城新盛信托	3	3	100.00	0	0.00
新时代信托	3	2	66.67	1	33.33
兴业信托	3	3	100.00	0	0.00
英大信托	3	3	100.00	0	0.00
云南信托	2	2	100.00	0	0.00
浙金信托	3	3	100.00	0	0.00
中诚信托	3	3	100.00	0	0.00
外贸信托	2	2	100.00	0	0.00
金谷信托	2	2	100.00		0.00
中海信托	3	3	100.00	0	0.00
中航信托	3	3	100.00	0	0.00
中江信托	1	未披露		未披露	
中粮信托	0	0		0	
中融信托	2	2	100.00	0	0.00
中泰信托	3	3	100.00	0	0.00
中铁信托	3	3	100.00	0	0.00
中投信托	2	2	100.00	0	0.00
中信信托	3	3	100.00	0	0.00
中原信托	3	2	66.67	1	33.33
紫金信托	2	2	100.00	0	0.00
合计	169	151	89.35	17	10.06
平均	2.56	2.29	89.35	0.26	10.06

表 7－1－12 披露的信托公司 2012 年末独立董事人员年龄构成分析表

名称	独立董事人员数	其中 20～29 岁人数	20～29 岁比例（%）	其中 30～39 岁人数	30～39 岁比例（%）	其中 40 岁以上人数	40 岁以上比例（%）	独立董事平均年龄
国元信托	3	0	0.00	0	0.00	3	100.00	46.67
安信信托	3	0	0.00	0	0.00	3	100.00	56.00
百瑞信托	3	0	0.00	0	0.00	3	100.00	51.00
北方信托	3	0	0.00	0	0.00	3	100.00	55.00
北京信托	4	0	0.00	0	0.00	4	100.00	50.25
渤海信托	2	0	0.00	0	0.00	2	100.00	66.50
长安信托	3	0	0.00	0	0.00	3	100.00	51.00
重庆信托	4	0	0.00	0	0.00	4	100.00	58.75
华信信托	3	0	0.00	0	0.00	3	100.00	52.33
大业信托	3	0	0.00	0	0.00	3	100.00	63.33
东莞信托	2	0	0.00	0	0.00	2	100.00	55.50
方正东亚信托	2	0	0.00	0	0.00	2	100.00	50.50
甘肃信托	3	0	0.00	0	0.00	3	100.00	59.33
粤财信托	2	0	0.00	0	0.00	2	100.00	48.00
国联信托	3	0	0.00	0	0.00	3	100.00	47.00
国民信托	3	0	0.00	0	0.00	3	100.00	55.67
国投信托	2	0	0.00	0	0.00	2	100.00	61.50
杭州工商信托	3	0	0.00	0	0.00	3	100.00	59.00
湖南信托	1	0	0.00	0	0.00	1	100.00	64.00
华澳信托	2	0	0.00	0	0.00	2	100.00	57.50
华宝信托	3	0	0.00	0	0.00	3	100.00	54.33
华宸信托	2	0	0.00	0	0.00	2	100.00	49.00
华能信托	3	0	0.00	0	0.00	3	100.00	56.67
华融信托	4	0	0.00	0	0.00	4	100.00	56.50
华润信托	2	0	0.00	0	0.00	2	100.00	58.00
华鑫信托	3	0	0.00	1	33.33	2	66.67	48.00
吉林信托	1	0	0.00	0	0.00	1	100.00	43.00
建信信托	3	0	0.00	0	0.00	3	100.00	60.00
江苏信托	3	0	0.00	0	0.00	3	100.00	57.00
交银国际信托	2	0	0.00	0	0.00	2	100.00	57.00
昆仑信托	3	0	0.00	0	0.00	3	100.00	55.33
陆家嘴信托	2	0	0.00	0	0.00	2	100.00	44.50
平安信托	3	0	0.00	0	0.00	3	100.00	74.00
山东信托	3	0	0.00	0	0.00	3	100.00	60.67
山西信托	1	0	0.00	0	0.00	1	100.00	54.00
陕国投	3	0	0.00	0	0.00	3	100.00	50.00
爱建信托	2	0	0.00	0	0.00	2	100.00	41.50
上海信托	3	0	0.00	0	0.00	3	100.00	53.33
四川信托	3	0	0.00	0	0.00	3	100.00	52.67
苏州信托	3	0	0.00	0	0.00	3	100.00	65.00
天津信托	3	0	0.00	0	0.00	3	100.00	56.00
五矿信托	2	0	0.00	0	0.00	2	100.00	67.00
西部信托	3	0	0.00	0	0.00	3	100.00	53.00
西藏信托	1	0	0.00	0	0.00	1	100.00	64.00
厦门国际信托	2	0	0.00	0	0.00	2	100.00	50.00
新华信托	3	0	0.00	0	0.00	3	100.00	47.33
长城新盛信托	3	0	0.00	0	0.00	3	100.00	55.33
新时代信托	3	0	0.00	1	33.33	2	66.67	42.67
兴业信托	3	0	0.00	0	0.00	3	100.00	64.67

续表

名称	独立董事人员数	其中20~29岁人数	20~29岁比例(%)	其中30~39岁人数	30~39岁比例(%)	其中40岁以上人数	40岁以上比例(%)	独立董事平均年龄
英大信托	3	0	0.00	0	0.00	3	100.00	56.00
云南信托	2	0	0.00	0	0.00	2	100.00	45.00
浙金信托	3	0	0.00	0	0.00	3	100.00	57.33
中诚信托	3	0	0.00	0	0.00	3	100.00	55.00
外贸信托	2	0	0.00	0	0.00	2	100.00	53.50
金谷信托	2	0	0.00	0	0.00	2	100.00	67.00
中海信托	3	0	0.00	0	0.00	3	100.00	55.33
中航信托	3	0	0.00	0	0.00	3	100.00	51.00
中江信托	1	未披露		未披露		未披露		未披露
中粮信托	0	0		0		0		
中融信托	2	0	0.00	0	0.00	2	100.00	52.00
中泰信托	3	0	0.00	0	0.00	3	100.00	55.33
中铁信托	3	0	0.00	0	0.00	3	100.00	47.67
中投信托	2	0	0.00	0	0.00	2	100.00	57.50
中信信托	3	0	0.00	0	0.00	3	100.00	46.33
中原信托	3	0	0.00	0	0.00	3	100.00	52.00
紫金信托	2	0	0.00	0	0.00	2	100.00	65.00
合计	169	0	0.00	2	1.18	166	98.22	
平均	2.56	0	0.00	0.03	1.18	2.52	98.22	54.08

（四）监事会及其基本情况分析

66家信托公司中，有36家披露没有发生变动，30家披露了监事变更次数和变更的详情，详见表7－1－13。30家披露2012年度发生监事变更的公司均发生了1~3次的监事变更。

表7－1－13　披露的信托公司2012年监事变更情况表

名称	是否变更	变更次数	期内监事变更详情列示
国元信托	是	1	2012年3月，经公司2011年度股东会审议和表决通过，选举熊思迅先生担任公司监事。2012年8月，经公司临时股东会审议通过，张彦先生辞去公司监事。
安信信托	是	1	报告期内公司监事会换届，2012年11月26日经公司第三次临时股东大会选举通过马惠莉、李宏为公司监事，与职工监事陈兵共同组成公司第七届监事会。
百瑞信托	是	1	2012年5月公司2012年度第四次股东会审议通过第四届监事会监事张钊睿、王红军、王薇、王建永、张耀民辞职，新增张元浩为股东监事，高志杰、李二东为职工监事。调整后第四届监事会由8人组成，分别为袁先锋、栾帅、王逸馨、赵克明、张元浩、闫继红、高志杰、李二东，其中袁先锋任监事会主席。
北方信托	否		
北京信托	否		
渤海信托	否		
长安信托	是	1	由于原职工监事刘洁由于工作变动辞去公司监事一职，经公司职工代表大会选举，2012年9月20日，公司第一届监事会第四次会议补选白伏波先生为职工监事。
重庆信托	是	1	报告期内，公司股东会选举雷万亚女士为监事，洪虹女士不再担任公司监事。
华信信托	否		
大业信托	否		
东莞信托	否		
方正东亚信托	否		
甘肃信托	否		
粤财信托	否		
国联信托	否		
国民信托	是	3	1. 公司股东会审议通过，同意张江泳先生辞任公司监事，选举陈世彪先生担任公司监事； 2. 公司监事会审议通过，同意罗明耀先生辞任公司监事会主席职务，选举陈世彪先生出任公司监事会主席； 3. 公司职工代表表决通过，同意张立卓女士因离职不再担任职工代表监事职务，选举李静女士为职工代表监事。
国投信托	是	1	2012年3月29日，经公司2011年度股东会审议同意张文雄辞去监事职务，确认汪斌为职工代表监事。

续表

名称	是否变更	变更次数	期内监事变更详情列示
杭州工商信托	否		
湖南信托	是	1	报告期内，因公司第三届监事会任期届满，经2012年度第一次股东会选举，产生公司第四届监事会。监事会成员为刘瑛、杨科宇、刘畅。其中，刘瑛女士为监事会主席。
华澳信托	是	1	原监事陈勤仁于2012年8月31日经股东会批准辞去监事职务，由麦格理公司推荐 Richard Fairbairn Young（杨瑞驰）先生担任监事职务。
华宝信托	否		
华宸信托	是	1	根据内蒙古自治区党委2012年4月24日《关于王连庄同志免职退休的通知》（内党干字〔2012〕140号）王连庄同志不再担任公司党委书记职务 退休；根据内蒙古自治区政府2012年5月8日《关于王连庄同志的免职令》（内政任字〔2012〕57号），免去王连庄同志公司监事会主席职务 退休；根据内蒙古自治区国资委党委2012年5月20日《关于王连庄同志免职的通知》（内国资党发〔2012〕36号），免去王连庄同志公司党委委员职务。
华能信托	否		
华融信托	否		
华润信托	否		
华鑫信托	否		
吉林信托	否		
建信信托	否		
江苏信托	是	1	2012年2月公司召开股东会，组成了公司第四届监事会。第四届监事会组成人员为王惠荣、浦宝英、徐文进、乔如栋、陆振东、魏东，其中：王惠荣为监事长，陆振东、魏东为职工监事。
交银国际信托	否		
昆仑信托	否		
陆家嘴信托	否		
平安信托	否		
山东信托	是	1	2012年6月21日 召开2011年度股东会，会议推选产生了公司第四届监事会组成人员。第四届监事会成员为张峰、杨公民、黄群、丁健、陈宝庆、于晖、田志国、张如明。 2012年6月21日，召开四届一次监事会，会议推选张峰担任公司监事长。
山西信托	是	1	报告期内，经本公司股东会2012年第一次临时会议审议批准郭志宏担任公司监事。
陕国投	是	1	职工监事薛志刚已于2011年底退休，吴滢于2012年3月31日当选职工监事，任期为2012年3月31日－2013年1月31日。
爱建信托	否		
上海信托	否		
四川信托	否		
苏州信托	是	3	1. 报告期内，公司第三届监事会监事魏凯先生因联想控股有限公司内部工作调动，不再担任监事，联想控股有限公司提名朱燕琳女士担任公司第三届监事会（非职工代表）监事，2012年股东会第二次临时会议表决通过选举（更换）朱燕琳女士为公司第三届监事会（非职工代表）监事。 2. 公司第三届监事会监事长冯鹤春先生因正常退休，不再担任监事长，苏州国际发展集团有限公司提名陈磊先生担任公司第三届监事会监事长，2012年第二次股东大会表决通过选举（更换）陈磊先生为公司第三届监事会监事长。 3. 公司第三届监事会监事马力先生因 The Public Co. Ltd. Of Royal Bank of Scotland（RBS）内部工作调动，不再担任监事，由RBS提名江志恒先生担任公司第三届监事会（非职工代表）监事，2012年股东会第五次临时会议表决通过选举（更换）江志恒先生为公司第三届监事会（非职工代表）监事。
天津信托	否		
五矿信托	否		
西部信托	是	1	经公司2012年第三次临时股东会会议审议，公司第四届监事会成员由陈长青、孙飚、沈康组成，第三届监事会成员任期结束。
西藏信托	是	1	2012年选举汪建中、晏辉清、边巴旺堆为监事。
厦门国际信托	否		
新华信托	是	1	鉴于公司第四届监事会任期届满，经股东大会和监事会审议作出决议，第五届监事会成员由秦刚、肖磊、安东组成，秦刚担任监事会主席，黄晓东和毛振华不再担任公司监事。
长城新盛信托	否		
新时代信托	是	1	报告期内，吴振清女士因工作原因辞去公司监事职务，选举申洋女士担任公司监事。

续表

名称	是否变更	变更次数	期内监事变更详情列示
兴业信托	是	3	1. 2012年5月23日,本公司2012年第二次临时股东会及第三届监事会第七次会议分别审议同意柯楷先生辞去本公司第三届监事会监事及监事会召集人职务。 2. 2012年5月23日,本公司2012年第二次临时股东会及第三届监事会第八次会议分别审议同意选举赖少英女士担任本公司第三届监事会监事及监事长职务。 3. 2012年9月26日,依据本公司章程有关规定,本公司第三届监事会届满到期。经本公司2012年第五次临时股东会及第四届监事会第一次会议分别审议通过,本公司第四届监事会由以下成员组成:赖少英、叶美秀、张国生;其中,赖少英女士继续担任监事长职务,张国生先生系新任职工监事。
英大信托	是	1	本年度监事会成员变动情况说明:公司八届监事会任职到期,公司于2012年4月25日召开2012年第一次临时股东会会议,完成监事会换届选举,丁勇、金嘉民当选九届监事会监事,翟红卫被推选为九届监事会职工监事。
云南信托	是	1	2012年6月1日召开2011年股东大会,通过《监事会换届选举》的议案,第四届监事会成员为:曹芹女士、章卫红女士、王润稣先生、李双有先生、苏颖女士、杨永忠先生和孙澄女士。
浙金信托	是	1	2012年9月,公司职工大会选举吴国基先生为公司职工监事。
中诚信托	是	1	2012年4月24日,经公司股东会审议通过,寇显强先生因个人原因提出辞去公司监事职务,由吉祥先生出任公司监事。
外贸信托	是	1	2012年7月9日,公司通过2012年第一次股东决定书对董事会、监事会进行换届选举。石力监事离任,新选举刘剑担任监事。
金谷信托	是	1	报告期内,因谢玉清先生退休,根据2012年4月临时股东会决议,贾放先生担任公司监事,谢玉清先生不再担任公司监事,第六届监事会第一次临时会议选举贾放先生担任公司监事会主席。
中海信托	否		
中航信托	否		
中江信托	否		
中粮信托	是	1	2012年8月,公司召开第七次股东会会议,同意公司第二届监事会增加幸公杰先生为公司监事。
中融信托	否		
中泰信托	是	2	1. 公司股东会审议通过,同意王少钦先生因个人原因辞任公司监事会主席及监事职务,选举刘卓先生为公司第五届监事会成员,并经公司监事会审议通过,选举刘卓先生为公司监事会主席。 2. 公司股东会审议通过,同意陈小平先生因工作调动原因辞任公司监事职务,选举刘忠宁先生为公司第五届监事会成员。
中铁信托	否		
中投信托	是	1	屠佑良任公司监事、监事长,徐坤不再担任公司监事、监事长。
中信信托	是	3	1. 2012年3月,公司职工代表大会选举蔡成维担任职工代表监事职务。 2. 2012年4月,孙志鸿因退休辞去公司监事会主席、监事职务。 3. 2012年5月,公司股东会选举舒扬担任公司监事,公司监事会选举舒扬担任监事会主席。
中原信托	否		
紫金信托	否		

截至2012年末,66家信托公司均设立了监事及监事会,合计监事264人,平均每家设置监事4人。在监事中有男性191人,占72.35%;女性73人,占27.65%。与董事的性别构成比较,监事的女性占比大于董事的女性占比。从监事的年龄结构来看,20~29岁的人有2人,占0.76%;30~39岁的有47人,占17.80%;40岁以上的有215人,占81.44%;而监事的平均年龄为47.71岁,年龄结构比董事要年轻。总体来说,监事人数及其构成基本合理。

表7-1-14 披露的信托公司2012年末监事会人员性别构成分析表

名称	监事会成员人数	其中男性人数	男性比例(%)	其中女性人数	女性比例(%)
国元信托	2	2	100.00	0	0.00
安信信托	3	1	33.33	2	66.67
百瑞信托	8	5	60.00	3	40.00
北方信托	6	4	66.67	2	33.33
北京信托	7	6	85.71	1	14.29
渤海信托	3	1	33.33	2	66.67
长安信托	6	4	60.00	2	40.00
重庆信托	3	1	66.67	2	33.33
华信信托	3	2	80.00	1	20.00
大业信托	5	2	100.00	3	0.00
东莞信托	9	6	100.00	3	0.00
方正东亚信托	5	4	0.00	1	100.00
甘肃信托	3	3	66.67	0	33.33
粤财信托	3	0	66.67	3	33.33

续表

名称	监事会成员人数	其中男性人数	男性比例(%)	其中女性人数	女性比例(%)
国联信托	3	2	100.00	1	0.00
国民信托	3	2	100.00	1	0.00
国投信托	3	3	50.00	0	50.00
杭州工商信托	3	3	66.67	0	33.33
湖南信托	3	1	66.67	2	33.33
华澳信托	3	2	100.00	1	0.00
华宝信托	3	2	100.00	1	0.00
华宸信托	3	3	50.00	0	50.00
华能信托	3	3	66.67	0	33.33
华融信托	8	4	100.00	4	0.00
华润信托	3	2	66.67	1	33.33
华鑫信托	3	2	75.00	1	25.00
吉林信托	4	3	100.00	1	0.00
建信信托	5	5	60.00	0	40.00
江苏信托	6	5	100.00	1	0.00
交银国际信托	3	2	66.67	1	33.33
昆仑信托	5	4	40.00	1	60.00
陆家嘴信托	3	3	80.00	0	20.00
平安信托	3	2	100.00	1	0.00
山东信托	8	8	66.67	0	33.33
山西信托	3	1	100.00	2	0.00
陕国投	3	2	100.00	1	0.00
爱建信托	3	3	33.33	0	66.67
上海信托	3	3	100.00	0	0.00
四川信托	3	2	100.00	1	0.00
苏州信托	5	4	66.67	1	33.33
天津信托	5	4	100.00	1	0.00
五矿信托	3	1	80.00	2	20.00
西部信托	3	3	66.67	0	33.33
西藏信托	3	2	33.33	1	66.67
厦门国际信托	2	2	50.00	0	50.00
新华信托	3	3	100.00	0	0.00
长城新盛信托	5	4	60.00	1	40.00
新时代信托	3	2	100.00	1	0.00
兴业信托	3	1	66.67	2	33.33
英大信托	3	2	66.67	1	33.33
云南信托	7	3	80.00	4	20.00
浙金信托	3	1	66.67	2	33.33
中诚信托	9	8	88.89	1	11.11
外贸信托	3	3	66.67	0	33.33
金谷信托	5	2	80.00	3	20.00
中海信托	3	2	100.00	1	0.00
中航信托	5	4	100.00	1	0.00
中江信托	3	3	66.67	0	33.33
中粮信托	4	4	80.00	0	20.00
中融信托	3	3	66.67	0	33.33
中泰信托	3	2	66.67	1	33.33
中铁信托	5	4	80.00	1	20.00
中投信托	3	2	33.33	1	66.67
中信信托	3	3	66.67	0	33.33
中原信托	5	4	33.33	1	66.67
紫金信托	3	2	66.67	1	33.33
合计	264	191	72.35	73	27.65
平均	4.00	2.89	72.35	1.11	27.65

表7－1－15　披露的信托公司2012年末监事会人员年龄构成分析表

名称	监事会成员人数	其中20～29岁人数	20～29岁比例(%)	其中30～39岁人数	30～39岁比例(%)	其中40岁以上人数	40岁以上比例(%)	监事的平均年龄
国元信托	2	0	0.00	0	0.00	2	100.00	49.00
安信信托	3	0	0.00	1	33.33	2	66.67	42.67
百瑞信托	8	0	0.00	2	40.00	6	60.00	43.25
北方信托	6	0	0.00	0	0.00	6	100.00	53.00
北京信托	7	1	14.29	2	28.57	4	57.14	44.57
渤海信托	3	0	0.00	1	66.67	2	33.33	45.67
长安信托	6	0	0.00	1	40.00	5	60.00	48.50
重庆信托	3	0	0.00	1	22.22	2	77.78	49.33
华信信托	3	0	0.00	0	40.00	3	60.00	56.33
大业信托	5	0	0.00	2	0.00	3	100.00	41.60
东莞信托	9	0	0.00	2	33.33	7	66.67	44.89
方正东亚信托	5	0	0.00	1	0.00	4	100.00	44.20
甘肃信托	3	0	0.00	0	66.67	3	33.33	47.00
粤财信托	3	0	0.00	0	66.67	3	33.33	46.33
国联信托	3	0	0.00	2	33.33	1	66.67	39.67
国民信托	3	0	0.00	1	0.00	2	100.00	44.00
国投信托	3	0	0.00	0	0.00	3	100.00	45.00
杭州工商信托	3	0	0.00	1	66.67	2	33.33	48.00
湖南信托	3	0	0.00	0	33.33	3	66.67	44.33
华澳信托	3	0	0.00	1	0.00	2	100.00	44.33
华宝信托	3	0	0.00	1	0.00	2	100.00	42.67
华宸信托	3	0	0.00	0	25.00	3	75.00	54.33
华能信托	3	0	0.00	0	0.00	3	100.00	50.00
华融信托	8	0	0.00	2	33.33	6	66.67	50.00
华润信托	3	0	0.00	0	0.00	3	100.00	49.67
华鑫信托	3	0	0.00	1	0.00	2	100.00	46.33
吉林信托	4	0	0.00	0	0.00	4	100.00	52.00
建信信托	5	0	0.00	0	0.00	5	100.00	46.00
江苏信托	6	0	0.00	1	0.00	5	100.00	46.50
交银国际信托	3	0	0.00	0	0.00	3	100.00	54.00
昆仑信托	5	0	0.00	0	20.00	5	80.00	48.60
陆家嘴信托	3	0	0.00	1	20.00	2	80.00	52.67
平安信托	3	0	0.00	1	33.33	2	66.67	47.67
山东信托	8	0	0.00	4	33.33	4	66.67	41.13
山西信托	3	0	0.00	0	0.00	3	100.00	45.33
陕国投	3	0	0.00	0	40.00	3	60.00	50.33
爱建信托	3	0	0.00	0	0.00	3	100.00	57.67
上海信托	3	0	0.00	0	0.00	3	100.00	53.67
四川信托	3	0	0.00	1	0.00	2	100.00	52.33
苏州信托	5	0	0.00	3	33.33	2	66.67	40.20
天津信托	5	0	0.00	0	40.00	5	60.00	52.60
五矿信托	3	0	0.00	1	0.00	2	100.00	43.67
西部信托	3	0	0.00	1	0.00	2	100.00	41.00
西藏信托	3	0	0.00	1	33.33	2	66.67	47.67
厦门国际信托	2	0	0.00	0	16.67	2	83.33	52.50
新华信托	3	0	0.00	1	0.00	2	100.00	44.33
长城新盛信托	5	0	0.00	2	80.00	3	20.00	44.20
新时代信托	3	1	0.00	0	0.00	2	100.00	41.00
兴业信托	3	0	0.00	0	33.33	3	66.67	51.00

续表

名称	监事会成员人数	其中20~29岁人数	20~29岁比例（%）	其中30~39岁人数	30~39岁比例（%）	其中40岁以上人数	40岁以上比例（%）	监事的平均年龄
英大信托	3	0	0.00	0	0.00	3	100.00	46.00
云南信托	7	0	0.00	3	20.00	4	80.00	41.86
浙金信托	3	0	0.00	1	33.33	2	66.67	54.33
中诚信托	9	0	0.00	1	11.11	8	88.89	47.67
外贸信托	3	0	0.00	0	0.00	3	100.00	52.00
金谷信托	5	0	0.00	0	0.00	5	100.00	48.40
中海信托	3	0	0.00	0	0.00	3	100.00	53.33
中航信托	5	0	0.00	0	0.00	5	100.00	50.00
中江信托	3	0	0.00	0	0.00	3	100.00	53.00
中粮信托	4	0	0.00	0	20.00	4	80.00	52.50
中融信托	3	0	0.00	0	0.00	3	100.00	44.33
中泰信托	3	0	0.00	0	33.33	3	66.67	50.67
中铁信托	5	0	0.00	1	40.00	4	60.00	45.60
中投信托	3	0	0.00	0	33.33	3	66.67	50.67
中信信托	3	0	0.00	0	0.00	3	100.00	44.67
中原信托	5	0	0.00	2	33.33	3	66.67	43.40
紫金信托	3	0	0.00	0	0.00	3	100.00	50.00
合计	264	2	0.76	47	17.80	215	81.44	
平均	4.00	0.03	0.76	0.71	17.80	3.26	81.44	47.71

（五）信托公司2012年末股东派出董事和监事情况分析

根据66家信托公司所披露的情况，由股东派出的董事为471人，占这些公司董事会总人数578人的81.49%，平均每家公司派出7.14人；由股东派出的监事共174人，占这些公司监事会总人数264人的65.91%。由此可见，目前的信托公司的董事和监事绝大部分是由股东派出的，股东对信托公司日常经营的控制非常明显。

表7-1-16　66家信托公司2012年末股东派出董事和监事情况分析表

名称	董事			监事		
	总人数	其中股东单位派出人数	股东单位派出占比（%）	总人数	其中股东单位派出人数	股东单位派出占比（%）
国元信托	9	9	100.00	2	1	66.67
安信信托	9	6	33.33	3	2	66.67
百瑞信托	10	7	71.43	8	5	90.00
北方信托	14	14	100.00	6	5	83.33
北京信托	11	7	63.64	7	5	71.43
渤海信托	4	2	66.67	3	0	0.00
长安信托	9	9	55.56	6	4	60.00
重庆信托	12	12	80.00	3	2	66.67
华信信托	9	6	100.00	3	2	60.00
大业信托	9	5	88.89	5	3	66.67
东莞信托	10	10	100.00	9	6	66.67
方正东亚信托	7	7	100.00	5	3	66.67
甘肃信托	9	5	100.00	3	2	33.33
粤财信托	6	6	66.67	3	2	66.67
国联信托	9	9	100.00	3	1	100.00
国民信托	11	6	100.00	3	2	66.67
国投信托	7	6	66.67	3	2	50.00
杭州工商信托	9	9	100.00	3	2	66.67
湖南信托	7	5	100.00	3	2	66.67
华澳信托	7	7	75.00	3	2	66.67
华宝信托	9	9	77.78	3	2	66.67

续表

名称	董事			监事		
	总人数	其中股东单位派出人数	股东单位派出占比(%)	总人数	其中股东单位派出人数	股东单位派出占比(%)
华宸信托	8	6	90.91	3	2	50.00
华能信托	9	8	55.56	3	2	66.67
华融信托	11	11	66.67	8	4	66.67
华润信托	9	5	66.67	3	2	66.67
华鑫信托	7	4	60.00	3	2	50.00
吉林信托	5	3	100.00	4	2	60.00
建信信托	9	9	87.50	5	3	60.00
江苏信托	9	8	88.89	6	4	66.67
交银国际信托	8	6	77.78	3	2	66.67
昆仑信托	9	8	77.78	5	3	80.00
陆家嘴信托	5	3	88.89	3	2	60.00
平安信托	9	9	60.00	3	2	66.67
山东信托	9	6	100.00	8	5	66.67
山西信托	8	6	77.78	3	3	100.00
陕国投	9	5	55.56	3	2	100.00
爱建信托	5	5	77.78	3	2	100.00
上海信托	11	7	60.00	3	2	66.67
四川信托	7	7	63.64	3	2	66.67
苏州信托	9	8	100.00	5	4	66.67
天津信托	11	7	87.50	5	4	80.00
五矿信托	7	5	58.33	3	3	80.00
西部信托	10	6	100.00	3	2	66.67
西藏信托	8	8	71.43	3	2	66.67
厦门国际信托	9	7	88.89	2	2	66.67
新华信托	10	10	55.56	3	2	66.67
长城新盛信托	11	11	83.33	5	3	100.00
新时代信托	9	3	87.50	3	2	66.67
兴业信托	9	6	33.33	3	2	66.67
英大信托	9	8	66.67	3	2	66.67
云南信托	11	11	91.67	7	4	60.00
浙金信托	11	11	100.00	3	2	66.67
中诚信托	13	8	61.54	9	7	77.78
外贸信托	8	8	57.14	3	2	66.67
金谷信托	9	7	66.67	5	4	60.00
中海信托	7	4	100.00	3	2	66.67
中航信托	9	6	71.43	5	3	66.67
中江信托	9	8	88.89	3	2	66.67
中粮信托	8	8	100.00	4	3	60.00
中融信托	7	5	100.00	3	2	66.67
中泰信托	9	8	100.00	3	2	100.00
中铁信托	9	9	54.55	5	3	60.00
中投信托	5	5	100.00	3	2	66.67
中信信托	9	9	100.00	3	2	66.67
中原信托	11	6	100.00	5	3	66.67
紫金信托	7	7	100.00	3	2	66.67
合计	578	471	81.49	264	174	65.91
平均	8.76	7.14	81.49	4.00	2.64	65.91

二、公司高管情况分析

(一)公司高管变动情况分析

如表7-2-1反映,66家信托公司中有42家公司披露有高管的变动,与2011年持平。

表7-2-1 66家信托公司2012年高管变更情况表

名称	是否变更	变更次数	期内高管变更详情列示
国元信托	是	2	1. 经公司董事会临时会议审议和表决通过,俞仕新先生因工作变动原因辞去公司总裁,张彦担任公司总裁,2012年11月,经中国银监会审查核准,张彦先生正式任职。 2. 2012年11月,经公司临时董事会审议通过,程碧波女士担任公司总裁助理。
安信信托	是	1	报告期内公司董事长张春景女士因个人原因辞去公司董事长职务。
百瑞信托	是	1	2012年3月公司2012年度第一次股东会和第四届董事会第二十二次会议分别审议通过和聘任罗靖、苏小军担任公司副总裁。2012年7月14日河南银监局向公司下发了《河南银监局关于核准百瑞信托有限责任公司董事和高级管理人员任职资格的批复》(豫银监复〔2012〕330号),核准公司上述人员的任职资格。
北方信托	否		
北京信托	是	1	报告期内中国银行业监督管理委员会北京监管局(以下简称北京银监局)批复(京银监复〔2012〕365号)《关于核准李民吉北京国际信托有限公司副董事长、副总经理任职资格的批复》。经北京监管局核准的公司高管人员由上一报告期12人增至13人。
渤海信托	是	5	1. 2012年3月26日,魏元不再担任财务总监职务。5月8日聘任郭占刚担任公司财务总监职务。 2. 2012年5月24日,聘任王学江担任公司副总裁。 3. 2012年5月24日,聘任马建军担任公司总裁助理职务。 4. 2012年6月5日,中国银行业监督管理委员会核准郑宏总裁任职资格。 5. 2012年7月30日,李熙玉不再担任公司副总裁职务。
长安信托	是	2	1. 2012年3月23日,公司第一届董事会二次议同意聘任陈英先生为公司常务副总经理。 2. 2012年3月23日,公司第一届董事会二次议同意聘任喻福兴先生为总经理助理。
重庆信托	是	2	1. 报告期内,公司董事会批准陈志勇先生辞去公司副总裁职务的申请。 2. 报告期内,经公司董事会研究决定,并经重庆银监局核准,董尚可、吴浩风、吕维等3位同志已被核准其重庆国际信托有限公司副总经理(副总裁)任职资格,并已正式到任履职。
华信信托	是	1	报告期内,根据工作需要,董事会聘任侯宇为公司副总裁。
大业信托	否		
东莞信托	否		
方正东亚信托	是	1	本报告期内,经公司第一届董事会第七次会议审议通过,公司任命谢从斌先生为副总经理,同时免去其总经理助理职务。谢从斌先生的任职资格已经获得湖北银监局批复核准。
甘肃信托	否		
粤财信托	否		
国联信托	是	1	2012年8月23日,经国联信托股份有限公司第二届董事会第四次会议审议,选举吕建一为公司董事长、聘任杨飞为公司总经理。
国民信托	是	1	公司董事会审议通过,并报北京银监局核准,章全明先生出任公司副总经理。
国投信托	是	1	2012年12月10日,公司第四届董事会第十二次会议同意吕益民先生因工作变动辞去公司总经理职务;由公司副总经理傅强代为履行公司总经理职务。
杭州工商信托	否		
湖南信托	是	1	经第四届董事会研究决定,由朱德光暂代行总裁职权,聘任刘格辉、周江军为副总裁,王晓芸为风控总监,朱昌寿为财务总监,杨云为行政总监。
华澳信托	是	1	原首席财务官Richard Fairbairn Young(杨瑞驰)先生于2012年8月31日经董事会批准辞去首席财务官职务。Diana Ling-Fung Jen(郑玲芳)女士于2012年8月31日经董事会批准担任首席财务官职务。
华宝信托	否		
华宸信托	是	1	根据内蒙古自治区国资委党委2012年1月27日《关于张绥风同志免职退休的通知》(内国资党发〔2012〕5号)免去张绥风同志公司党委委员、纪委书记职务 退休。
华能信托	否		
华融信托	是	3	1. 因工作需要,经第六次临时董事会审议通过、新疆银监局核准,聘任郭继平同志为公司副总经理。 2. 因工作需要,经第十一次临时董事会审议通过、中国银行业监督管理委员会核准,聘任陈鹏君同志为公司总经理。 3. 因工作需要,经第二十次临时董事会审议通过,新疆银监局核准,聘任段建生同志为我公司总经理助理。
华润信托	是	2	1. 因公司工作变动原因,第五届董事会第二十次临时会议于2012年10月27日审议通过董事会秘书由肖立荣变更为李巍巍。 2. 报告期内,经公司第五届董事会第二次会议审议通过新聘任王晓薇任华润深国投信托有限公司副总经理。

续表

名称	是否变更	变更次数	期内高管变更详情列示
华鑫信托	否		
吉林信托	否		
建信信托	否		
江苏信托	否		
交银国际信托	是	1	2012年12月，王达轩先生由于年龄原因，不再担任本公司副总裁职务。
昆仑信托	是	1	因公司管理需要，董事会聘任张建慧为财务总监
陆家嘴信托	否		
平安信托	否		
山东信托	是	2	1. 2012年6月21日，召开四届一次董事会，会议聘任王小林为公司总经理，聘任王映黎、孙绍杰、李高峰、周建蕖为公司副总经理。 2. 2012年10月18日以通讯方式召开四届二次董事会，会议同意解聘孙绍杰副总经理职务，聘任柴大秋为公司副总经理。
山西信托	否		
陕国投	是	1	公司于2012年7月27日召开董事会聘任了修军总裁。
爱建信托	是	3	1. 2012年4月26日，公司董事会召开第三届第十三次会议，改聘侯勤同志担任公司副总经理。 2. 2012年4月26日，公司董事会召开第三届第十三次会议，聘任李洋洋同志担任公司总经理助理。 3. 2012年4月26日，公司董事会召开第三届第十三次会议，聘任张保华同志担任公司营销总监。
上海信托	是	1	报告期内，公司第五届董事会于2012年4月27日以通讯表决方式召开会议，同意聘任应华同志为公司副总经理，任期与本届经营班子一致，截至2014年9月14日。2012年6月18日经中国银监会上海监管局任职资格核准后正式任职。
四川信托	是	3	1. 2012年2月，经公司第一届董事会第十六次会议审议通过，聘任陶勤海为公司副总裁，其任职资格经四川银监局核准（川银监复〔2012〕184号）。 2. 2012年4月，聘任于永峰为公司总裁助理，其任职资格经四川银监局核准（川银监复〔2012〕172号）。 3. 2012年6月，经公司第一届董事会第十八次会议审议通过，聘任周可彤为公司副总裁，其任职资格经四川银监局核准（川银监复〔2012〕494号）。
苏州信托	否		
天津信托	是	1	2012年5月18日，天津银监局津银监复〔2012〕228号核准李文涛天津信托有限责任公司总经理助理的任职资格。
五矿信托	是	1	2012年3月29日，公司第一届董事会2012年第一次会议通过决议，聘任孟元先生为公司副总经理，解聘其总经理助理职务。
西部信托	是	1	经公司四届一次董事会会议审议，公司聘任赵辉为公司总经理，聘任张荣超、王珂、武士伟、刘洁为公司副总经理，聘任张荣超为公司董事会秘书。
西藏信托	否		
厦门国际信托	是	1	根据银监复〔2012〕231号《中国银监会关于核准李自成任职资格的批复》及厦国信董字〔2012〕018号决议，聘任李自成担任厦门国际信托有限公司总经理。
新华信托	是	2	1. 经公司董事会和股东大会审议作出决议，同意卢广开辞去总经理职务、聘任郝雅军为总经理，许耀旂为首席运营官，夏亮为首席财务官（欧阳锦绍不再担任首席运营官），张奎为副总经理，彭光萍和郑孝和为总经理助理。 郝雅军的任职资格于2012年9月27日经《中国银监会关于核准郝雅军任职资格的批复》（银监复〔2012〕574号）核准。张奎的任职资格于2012年8月3日经《关于张奎金融机构高级管理人员任职资格的批复》（渝银监复〔2012〕66号）核准。夏亮、彭光萍和郑孝和的任职资格于2012年11月28日经《关于夏亮等同志任职资格的批复》（渝银监复〔2012〕102号）核准。许耀旂任职资格于2013年3月12日经《关于许耀旂志任职资格的批复》（渝银监复〔2013〕22号）核准。 2. 原任副总经理童七华于2013年2月1日离司。
长城新盛信托	是	1	本报告期内，因工作需要张斌先生不再担任本公司董事、总经理职务。由陈明理先生担任本公司董事、总经理职务。
新时代信托	是	2	1. 报告期内，聘任刘鸿雁先生为公司总裁，聘任边涛先生、闫锋先生、陈永明先生为公司总裁助理。 2. 报告期内，公司总裁助理鲁健先生因病去世。
兴业信托	是	3	1. 2012年5月23日，经本公司第三届董事会第十次会议审议同意，黄德良先生担任本公司副总裁职务。黄德良先生任职资格已经中国银监会福建监管局核准。 2. 2012年6月26日，经本公司第三届董事会第十一次会议审议同意，林静女士担任本公司总裁职务。林静女士任职资格已经中国银监会核准。 3. 2012年9月26日，经本公司第四届董事会第一次会议审议同意，续聘林静女士为本公司总裁，续聘司斌先生、黄德良先生为本公司副总裁，续聘林艳女士为本公司财务总监，并聘任江腾飞先生为本公司副总裁。全体高级管理人员任职资格均已经中国银监会及其福建监管局核准。
英大信托	是	1	根据工作需要，经总经理提议免去孙志国的副总经理职务。
云南信托	是	2	1. 2012年11月，原公司副总裁赵凯先生因个人原因辞去公司副总裁职务。 2. 2013年2月，监管部门核准舒广先生担任本公司副总裁职务的资格。

续表

名称	是否变更	变更次数	期内高管变更详情列示
浙金信托	是	3	1. 2012 年 1 月，因程强先生提出辞去公司总经理职务，公司董事会聘任辛洁先生为公司总经理，并报经中国银监会核准。 2. 2012 年 3 月，经总经理提名，公司董事会聘任谢捷先生为公司副总经理，并报经浙江银监局核准。 3. 2012 年 8 月，经总经理提名，公司董事会聘任刘伟先生为公司常务副总经理（运营总监），并报经浙江银监局核准。
中诚信托	否		
外贸信托	否		
金谷信托	是	1	报告期内，因樊京陆先生退休，不再担任公司总稽核职务，第六届董事会第三次会议审议通过了《关于公司总稽核免职退休的议案》。
中海信托	是	3	1. 2012 年 1 月 4 日，经公司二届四次董事会审议通过，同意公司副总裁兼首席风险控制官胡旭鹏辞去公司首席风险控制官职务。 2. 户学爱因达到退休年龄，自 2012 年 12 月 26 日起不再担任公司党委书记、纪委书记职务，开始办理退休手续。 3. 朱恩惠因达到退休年龄，自 2012 年 12 月 30 日起不再担任公司运营总监及信托事务管理总部总经理职务，办理退休手续。
中航信托	否		
中江信托	是	1	报告期内，经董事会审议并报经监管部门核准任职资格，聘任周跃明为本公司副总经理，聘任黄昊为本公司总经理助理。
中粮信托	是	1	2012 年 9 月，公司第一届董事会临时会议决定聘请吴江先生担任公司总经理助理，任期三年。目前，吴江先生的任职资格尚在中国银监会的监管审批中。
中融信托	是	1	由于工作变动，2012 年 2 月 21 日王宝安辞去副总裁一职，第三届董事会第十八次会议已审议通过。
中泰信托	是	1	公司董事会审议通过，批准叶晓军先生因个人原因辞任总裁助理职务，相关手续尚在办理过程中。
中铁信托	否		
中投信托	是	2	1. 瞿纲不再担任公司副总经理；秦程宏任公司副总经理、财务总监。 2. 因个人原因，刘伟辞去公司副总经理职务。
中信信托	否		
中原信托	否		
紫金信托	否		

（二）公司高管处罚情况分析

65 家信托公司高管均明确表示未受到处罚。

中粮信托未明确处罚情况，仅披露“中国银监会对本公司于 2013 年 1 月 10 日下发了《中国银监会办公厅关于中粮信托有限责任公司的监管意见》（银监办发〔2013〕5 号）。”

三、人员结构分析

对年报中所披露的信托公司人员构成来看，各信托公司普遍拥有一定比例的博士研究生、硕士研究生以及本科以上学历的人员，行业从业人员的整体素质较好。就从业经历而言，大多数人员基本具备了相应的业务经验和一定的专业理财能力。岗位分布包括前台一线业务部门、中台二线业务管理部门、后台三线综合管理部门三个层次。其中，前台一线业务部门包括了信托公司自营、信托业务中直接为客户提供服务的部门，如自营资产管理、运作部门；信托业务的产品研发、营销部门等；中台二线业务管理部门包括了直接为公司自营及信托业务运作提供支持、进行管理与监督的部门，如研究、风险控制、财务核算、稽核审计、信息技术、法律等部门；后台三线综合管理部门包括了除一线、二线以外的其他部门，如人力资源部门、行政管理部门、工会、党办、机关党委等。总体来说，信托公司目前的人员构成基本合理。

（一）员工数量分析

66 家信托公司 2012 年均披露了员工人数，员工总人数。

表 7－3－1　2012 年末员工人数前五名信托公司情况表

序号	名称	人数
1	中融信托	1151
2	平安信托	838
3	新华信托	578
4	中信信托	436
5	四川信托	333

表 7－3－2　2012 年末员工人数后五名信托公司情况表

序号	名称	人数
1	长城新盛信托	20
2	西藏信托	31
3	国联信托	57
4	浙金信托	69
5	江苏信托	71

(二)年龄构成分析

1. 全体员工的年龄构成

2012 年 66 家公司披露的员工总人数为 11 470 人,其中有 2 家没有披露具体的人员年龄段构成。通过对其余 64 家公司人员共 11 228 人的年龄构成分析可以看出,20 ~29 岁的人数占 38. 43% ,30 ~39 岁的人数占 38. 73% ,40 岁以上的人数占 22. 84% 。人员年龄汇总分析如下:

表 7－3－3　2012 年末披露的 64 家信托公司人员年龄汇总分析一览表

年龄段	2012 年员工人数	所占比例(%)
20 岁以下人数	0	0. 00
20 ~29 岁人数	4 315	38. 43
30 ~39 岁人数	4 349	38. 73
40 岁以上人数	2 564	22. 84
小计	11 228	100. 00

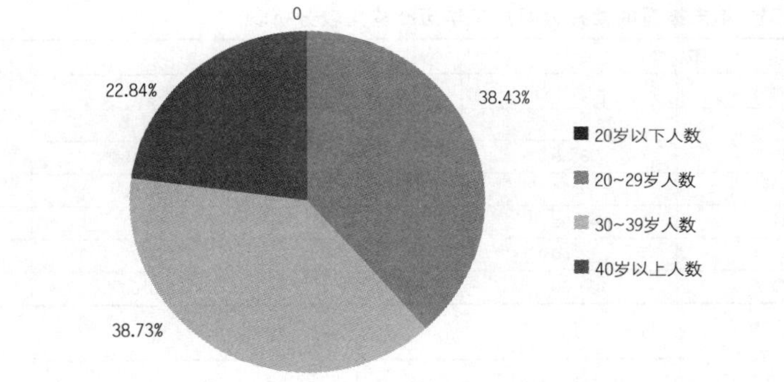

图 7－3－1　2012 年员工年龄汇总分析图

2. 高级管理人员年龄构成分析

2012 年 66 家信托公司的高管总人数为 407 人,平均每家 6. 17 人;2011 年 64 家信托公司的高管总人数为 377 人,平均每家 5. 89 人;2012 年度各信托公司的平均高管人数略大于 2011 的平均高管人数。

通过对 66 家公司高管年龄构成的分析可以看出,主要集中在 40 岁以上的年龄段,占 84. 28% 。汇总分析如下:

表 7－3－4　2012 年末披露的 66 家信托公司高管年龄汇总分析一览表

分类	人数	所占比例(%)
20 岁以下人数	0	0. 00
20 ~29 岁人数	0	0. 00
30 ~39 岁人数	64	15. 72
40 岁以上人数	343	84. 28
小计	407	100. 00

(三)高管性别构成分析

2012 年信托公司 66 家公司,有 1 家没有披露高管的性别,剔除该家公司数据后,在其余 65 家信托公司中,男性从业人员占 82. 21% ,明显高于女性。

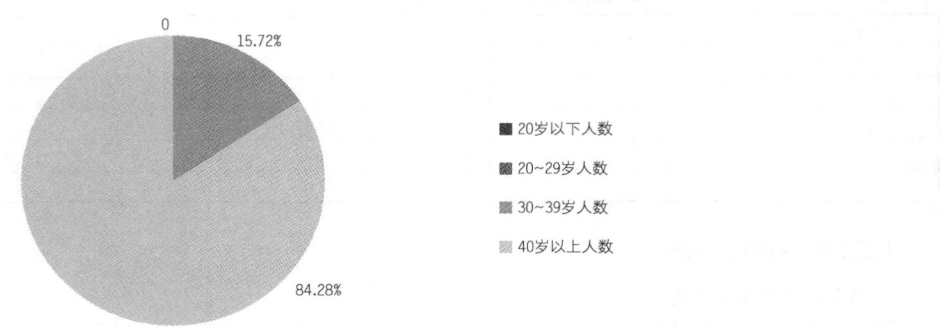

图 7－3－2　2012 年高管年龄汇总分析图

表 7－3－5　2012 年末 65 家信托公司高管人员性别汇总分析表

分类	人数	所占比例(%)
男性(人)	328	82.21
女性(人)	71	17.79
小计	399	100.00

(四)学历构成分析

1. 员工的学历构成

2012 年 66 家公司披露的员工总人数为 11470 人，与 2011 年相比较，2012 年其他类人员学历的比例下降了 0.42%，大专人员的比例下降了 1.71%，本科增加了 0.48%，硕士增加了 1.87%，博士减少了 0.22%，说明员工的整体学历水平有所提高。

表 7－3－6　2012 年末、2011 年末披露的信托公司员工学历结构比较分析表

学历	2012 年		2011 年		2012 年与 2011 年学历结构比较(%)
	人数	比例(%)	人数	比例(%)	
其他	228	1.99	224	2.41	-0.42
大专	962	8.39	940	10.10	-1.71
本科	5 292	46.14	4 251	45.66	0.48
硕士	4 701	40.98	3 641	39.11	1.87
博士	287	2.50	253	2.72	-0.22
总计	11 470	100.00	9 309	100.00	

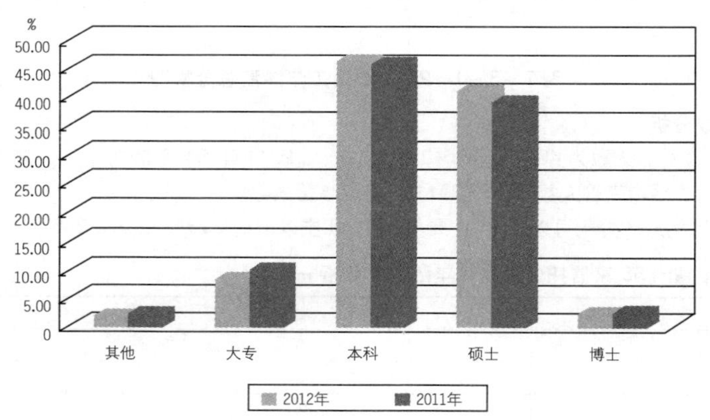

图 7－3－3　员工学历结构比较分析图

2. 高管的学历构成

66 家信托公司中，1 家未在年报中披露高管学历构成。2012 年 65 家信托公司高管的学历构成分析见表 7－3－7。与 2011 年情况相比较，2012 年大专人员的比例下降了 1.02%，本科增加了 0.61%，硕士增加了 0.21%、博士增加了 0.20%，说明高管人员的整体学历水平有所提高。

表 7-3-7　2012 年末高管人员学历结构与上年比较分析表

学历	2012 年		2011 年		2012 年与 2011 年学历结构比较(%)
	人数	比例(%)	人数	比例(%)	
其他	0	0.00	0	0.00	0.00
大专	10	2.48	13	3.50	-1.02
本科	135	33.50	122	32.89	0.61
硕士	217	53.85	199	53.64	0.21
博士	41	10.17	37	9.97	0.20
总计	403	100.00	371	100.00	

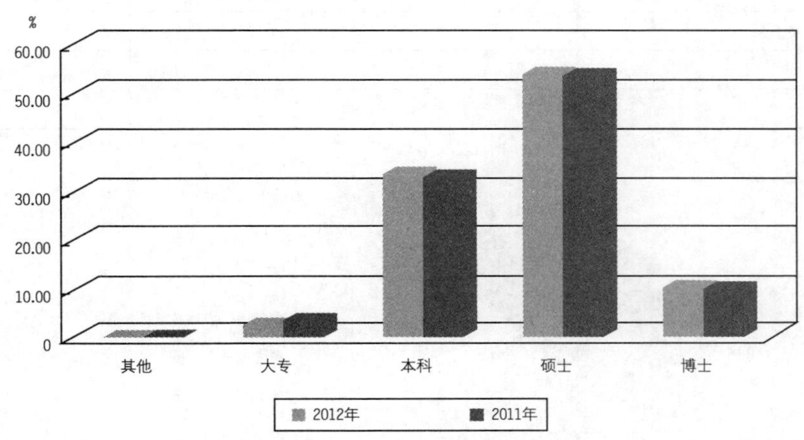

图 7-3-4　高管人员学历结构比较分析图

(五)高管从业年限结构分析

66 家信托公司中,3 家公司未在年报中披露高管从业年限结构,该 3 家高管人数合计为 18 人。在披露的 63 家信托公司中,从业年限 15 年以上的高管人员与上年相比明显增加。

表 7-3-8　2012 年末信托公司高管从业年限与上年比较分析表

学历	2012 年		2011 年		2012 年与 2011 年从业年限比较(%)
	人数	比例(%)	人数	比例(%)	
3 年以下	6	1.54	7	1.92	-0.38
3~4 年	10	2.57	10	2.75	-0.18
5~8 年	28	7.20	27	7.42	-0.22
9~14 年	86	22.11	94	25.82	-3.72
15 年以上	259	66.58	226	62.09	4.49
合计	389	100.00	364	100.00	

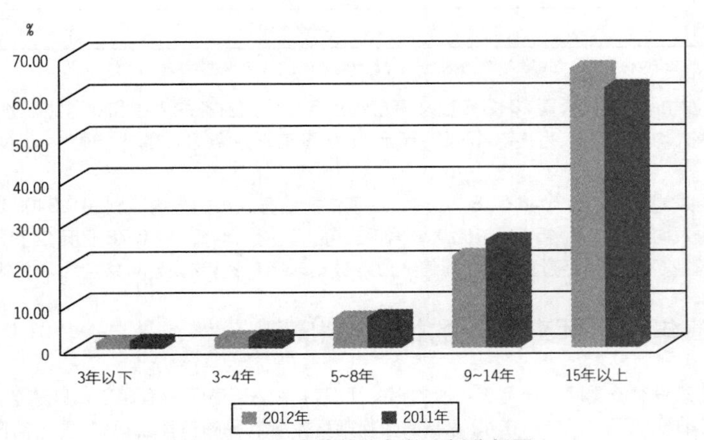

图 7-3-5　高管从业年数比例分析图

（六）员工岗位汇总分析

2012 年 66 家信托公司中，有 2 家没有披露员工的岗位构成，剔除该 2 家数据后，员工岗位结构分析情况如表 7－3－9。2012 年末信托公司自营业务人员与信托业务人员占公司人数的 61.62%，为主要的员工；董事、监事及高管人员占公司人数的 5.50%，其他人员占公司人数的 32.88%。

表 7－3－9　2012 年末 64 家信托公司已披露的员工岗位汇总分析表

分类	人数	结构比例（%）
董事、监事及高管人员	616	5.50
自营业务人员	671	6.00
信托业务人员	6 226	55.62
其他	3 680	32.88
合计	11 193	100.00

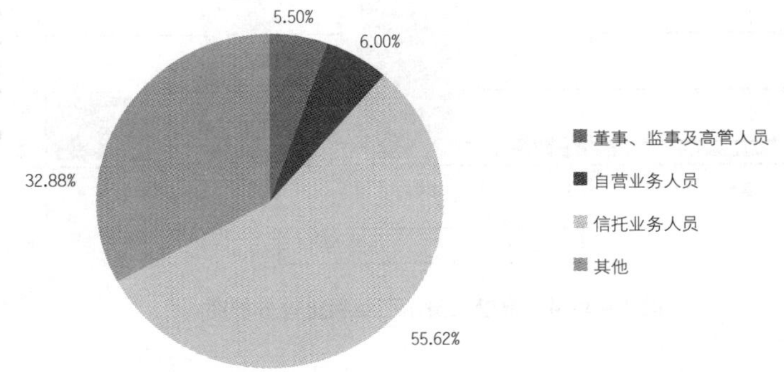

图 7－3－6　员工岗位汇总分析图

表 7－3－10　2012 年末披露的信托公司各岗位与效益分析表　　单位：万元

	自营业务	信托业务
人数	671	6 226
营业收入	7 614 052.72	46 391 346.29
人均营业收入	11 347.32	7 451.23
净利润	3 598 023.50	40 720 099.79
人均净利润	5 362.18	6 540.33
资产总额	29 835 347.94	733 705 879.25
人均资产总额	44 464.01	117 845.47

注：五矿信托和浙金信托未按规定披露员工岗位构成，以上营业收入，净利润以及资产数字均剔除了以上两家的数字。

对 64 家披露了员工岗位构成的信托公司 2012 年度从事自营业务和信托业务的人员和业务经营效益进行分析后可以得出：

1. 从事自营业务人员的人均营业收入为 11 347.32 万元，比从事信托业务人员的人均营业收入 7 451.23 万元多 3 896.09 万元。

2. 从事自营业务人员的人均净利润为 5 362.18 万元，比从事信托业务人员的人均净利润 6 540.33 万元少 1 178.15 万元。

3. 从事自营业务人员的人均资产为 4.45 亿元，比从事信托业务人员的人均资产 11.78 亿元少 7.33 亿元。

这里应当指出的是，自营业务数据是经过审计的，而信托业务数据未经审计，该因素可能会给数据的计算带来差异。

四、信托公司聘请年度律师事务所的情况分析

66 家信托公司中，有 16 家没有披露聘请律师事务所的相关情况，1 家明确表示没有聘任律师事务所，其余 49 家披露了聘请的律师事务所的名称及其地址，详见表 7－4－1。在 49 家披露了律师事务所情况的信托公司中，重庆信托、国联信托、国投信托、浙金信托和紫金信托都聘请了 2 家律师事务所，厦门国际信托聘请了 3 家律师事务所。

表7-4-1　2012年信托公司披露的年度律师事务所聘请情况表

名称	公司中文法定名称	年度律师事务所	律师事务所地址
国元信托	安徽国元信托有限责任公司	中天恒律师事务所	安徽省合肥市濉溪路287号金鼎广场A座八层
安信信托	安信信托投资股份有限公司	北京君泽君律师事务所	北京市西城区金融大街9号金融街中心南楼6层
百瑞信托	百瑞信托有限责任公司	北京市华贸硅谷律师事务所	北京市朝阳区慧忠路5号远大中心C座17层
北方信托	北方国际信托股份有限公司	未披露	未披露
北京信托	北京国际信托有限公司	北京市华贸硅谷律师事务所	北京市朝阳区慧忠路5号远大中心C座17层
渤海信托	渤海国际信托有限公司	未披露	未披露
长安信托	长安国际信托股份有限公司	上海锦天城律师事务所	上海市浦东新区花园石桥路33号花旗大厦14楼
重庆信托	重庆国际信托有限公司	重庆索通律师事务所	重庆市渝中区瑞天路56号企业天地4号楼九层
		中豪律师事务所	重庆市渝中区邹容路68号大都会广场22层
华信信托	大连华信信托股份有限公司	辽宁双护律师事务所	大连市沙河口区西安路90号广荣大厦1601室
大业信托	大业信托有限责任公司	中伦文德律师事务所	中国北京市朝阳区西坝河南路1号金泰大厦19层
东莞信托	东莞信托有限公司	广东赋诚律师事务所	东莞市莞城区旗峰路162号中侨大厦B座23楼
方正东亚信托	方正东亚信托有限责任公司	未披露	未披露
甘肃信托	甘肃省信托有限责任公司	甘肃正天和律师事务所	甘肃省兰州市通渭路1号兰州房地产大厦15F
粤财信托	广东粤财信托有限公司	广东经信律师事务所	广州市农林下路83号广发银行大厦20楼
国联信托	国联信托股份有限公司	江苏无锡徐刚律师事务所	无锡市金融一街8号
		北京天银律师事务所	北京海淀区高梁桥斜街59号
国民信托	国民信托有限公司	北京市观韬律师事务所	北京市西城区金融大街28号盈泰中心2号楼17层
国投信托	国投信托有限公司	北京市共和律师事务所	北京市朝阳区麦子店街37号盛福大厦19层/20层
		北京市天达律师事务所	北京市朝阳区东三环北路8号亮马河大厦2座19层
杭州工商信托	杭州工商信托股份有限公司	浙江天册律师事务所	浙江省杭州市杭大路1号黄龙世纪广场A座11楼
湖南信托	湖南省信托有限责任公司	未披露	未披露
华澳信托	华澳国际信托有限公司	中伦律师事务所(上海办公室)	上海市浦东新区银城中路200号中银大厦11层
华宝信托	华宝信托有限责任公司	上海市锦天城律师事务所	上海市浦东新区花园石桥路33号花旗集团大厦14楼
华宸信托	华宸信托有限责任公司	未披露	未披露
华能信托	华能贵诚信托有限公司	北京中盛律师事务所	北京朝阳区建外大街永安东里甲3号通用国际中心1号楼A座23层
华融信托	华融国际信托有限责任公司	北京市京师律师事务所	北京市海淀区西直门北大街32号枫蓝国际中心写字楼A座1603
华润信托	华润深国投信托有限公司	广东经天律师事务所	深圳市滨河大道5022号联合广场A座25楼
华鑫信托	华鑫国际信托有限公司	北京市兆源律师事务所	北京市西城区宣武门西大街甲129号金玉大厦
吉林信托	吉林省信托有限责任公司	吉林义理律师事务所	长春市皓月大路739号
建信信托	建信信托有限责任公司	未披露	未披露
江苏信托	江苏省国际信托有限责任公司	江苏世纪同仁律师事务所	南京市北京西路26号4~5楼
交银国际信托	交银国际信托有限公司	上海市锦天城律师事务所	上海市浦东新区花园石桥路33号花旗集团大厦14楼
昆仑信托	昆仑信托有限责任公司	上海市锦天城律师事务所	上海市浦东新区花园石桥路33号花旗集团大厦14楼
陆家嘴信托	陆家嘴国际信托有限公司	上海市锦天城律师事务所	上海市花园石桥路33号花旗集团大厦14楼
平安信托	平安信托有限责任公司	未披露	未披露
山东信托	山东省国际信托有限公司	上海市锦天城律师事务所	上海浦东新区花园石桥路33号
山西信托	山西信托有限责任公司	未披露	未披露
陕国投	陕西省国际信托股份有限公司	未披露	未披露
爱建信托	上海爱建信托有限责任公司	未披露	未披露
上海信托	上海国际信托有限公司	上海市锦天城律师事务所	上海市花园石桥路33号花旗集团大厦14楼
四川信托	四川信托有限公司	泰和泰律师事务所	成都市鼓楼南街117号世界贸易中心A座25楼、27楼
苏州信托	苏州信托有限公司	江苏苏州新天伦律师事务所	苏州市学士街361号
天津信托	天津信托有限责任公司	无	
五矿信托	五矿国际信托有限公司	未披露	未披露
西部信托	西部信托有限公司	北京市金诚同达律师事务所西安分所	西安市沣惠南路华晶广场B座15层
西藏信托	西藏信托有限公司	北京市嘉源律师事务所	北京复兴门内大街158号远洋大厦F408
厦门国际信托	厦门国际信托有限公司	福建理海律师事务所	厦门市厦禾路820号帝豪大厦18楼
		福建天衡联合律师事务所	厦门市厦禾路666号海翼大厦A栋16~17层
		福建闽翔律师事务所	厦门市嘉禾路267号惠元大厦12层04座

续表

名称	公司中文法定名称	年度律师事务所	律师事务所地址
新华信托	新华信托股份有限公司	未披露	未披露
长城新盛信托	新疆长城新盛信托有限责任公司	北京市大成律师事务所上海分所	上海市浦东南路500号国家开发银行大厦30层
新时代信托	新时代信托股份有限公司	内蒙古北琛律师事务所	包头市昆区市府东路恩和小区12号底店
兴业信托	兴业国际信托有限公司	未披露	未披露
英大信托	英大国际信托有限责任公司	北京观远律师事务所	北京市朝阳区北苑路168号中安盛业大厦1003室
云南信托	云南国际信托有限公司	云南八谦律师事务所	云南省昆明市十里长街德瀛华福综合楼
浙金信托	浙商金汇信托股份有限公司	通力律师事务所	上海市银城中路68号时代金融中心19楼
		上海锦天城律师事务所	上海市浦东新区花园石桥路33号花旗集团大厦14楼
中诚信托	中诚信托有限责任公司	未披露	未披露
外贸信托	中国对外经济贸易信托有限公司	未披露	未披露
金谷信托	中国金谷国际信托有限责任公司	未披露	未披露
中海信托	中海信托股份有限公司	上海市锦天城律师事务所	上海市浦东新区花园石桥路33号花旗大厦14层
中航信托	中航信托股份有限公司	北京市君泽君律师事务所	北京市西城区金融大街9号金融街中心南楼六层
中江信托	中江国际信托股份有限公司	江西求正沃德律师事务所	江西南昌
中粮信托	中粮信托有限责任公司	北京市君泽君律师事务所	北京市西城区金融大街9号金融街中心南楼6层
中融信托	中融国际信托有限公司	中伦律师事务所上海分所	上海市浦东新区银城中路200号中银大厦11层
中泰信托	中泰信托有限责任公司	上海市金茂律师事务所	上海市愚园路168号18层
中铁信托	中铁信托有限责任公司	泰和泰律师事务所	成都市鼓楼南街117号世界贸易中心A座25楼
中投信托	中投信托有限责任公司	上海锦天城律师事务所杭州分所	浙江省杭州市天目山路238号华鸿大厦A座5楼
中信信托	中信信托有限责任公司	北京市嘉源律师事务所	北京市西城区复兴门内大街158号远洋大厦F407室
中原信托	中原信托有限公司	北京市大成律师事务所郑州分所	郑州市紫荆山路60号金成国贸大厦19层
紫金信托	紫金信托有限责任公司	上海市锦天城律师事务所	上海市浦东新区花园石桥路33号花旗集团大厦14楼
		江苏高的律师事务所	南京市长江路69号保险大厦16层

第八章　信托公司年报信息披露的问题与建议

信托公司的信息披露是根据银监会《信托投资公司信息披露管理暂行办法》和《关于修订信托公司年报披露格式规范信息披露有关问题的通知》的要求进行的。我们对 2012 年 66 家信托公司年报的信息披露质量进行分析对比，分析这些财务报告的披露是否符合银监会的要求，同时对年报信息披露中出现的问题，提出相关意见和建议，以便以后年度各公司年报的信息披露能够更真实、完整地反映信托公司的情况。

一、关于信托公司执行《企业会计准则》

2007 年 9 月 29 日，银监会发布了《银行业金融机构全面执行〈企业会计准则〉的通知》，要求"政策性银行、中国农业银行、非上市的股份制银行、中国邮政储蓄银行、城市商业银行、信托公司、财务公司、金融租赁公司、汽车金融公司、货币经纪公司、外资银行等从 2008 年起按照新会计准则编制财务报告。"

2012 年 66 家信托公司固有业务中，66 家明确披露已执行《企业会计准则》，其中 1 家还同时执行了《金融企业会计制度》。信托行业固有业务采用统一的会计政策将提高会计信息的可比性和有用性，有利于分析和评价风险状况以及财务成果。

为提高信托业务的会计信息质量，完善信托业务风险管理，银监会决定自 2010 年 1 月 1 日起，要求信托公司信托业务的会计核算执行《企业会计准则》。

2012 年 64 家信托公司信托业务执行《企业会计准则》(2006 年)，其中 1 家同时执行了《金融企业会计制度》(2005 年)，1 家同时执行了《信托业务会计核算办法》，其余 2 家信托公司信托业务执行《信托业务会计核算办法》。而 2011 年共有统计 64 家信托公司，有 58 家执行了《企业会计准则》，其中 1 家同时执行《信托业务会计核算办法》，1 家同时执行了《金融企业会计制度》，其余 6 家执行《信托业务会计核算办法》；而 2010 年共有统计 56 家信托公司，有 49 家执行了《企业会计准则》，有 1 家同时执行《信托业务会计核算办法》和《企业会计准则》，其余 6 家执行《信托业务会计核算办法》；2009 年只有 19 家信托公司的信托业务执行了《企业会计准则》。

2012 年信托公司财务报表涉及上年金额和本年金额的披露，部分公司对比较报表年初数进行了调整，本次统计时全部采用本期报告数据进行汇总，这导致了数据统计前后略有差异。

二、建议各信托公司按照统一的格式进行信息披露

在前几年的年报披露信息分析报告中，我们一直提出虽然大部分公司采用的是统一的会计报表格式，但是仍有部分公司披露的会计报表格式和会计科目归类不同。此次在对 2012 年度年报信息进行汇总时，依然存在下述问题：

1. 信托公司披露的年度报告未按照统一的格式披露，少数公司会计报表的格式与大部分公司有较大差异。虽然 2012 年 66 家信托公司固有业务都披露实行了《企业会计准则》，1 家同时执行《信托业务会计核算办法》和《企业会计准则》。但是有的公司采用一般企业的财务报表格式，有的公司采用了商业银行的财务报表格式，还有的公司根据自身业务的特点对相关报表格式进行了调整和补充，导致许多报表科目名称有很大的差异，给归类汇总带来了一定困难。为了使会计指标具有可比性，我们在统计这些数据时按照统一的口径作了适当的调整。

2. 一些公司只披露年度报告的摘要部分，未披露全文部分；有的公司披露的报表不完整，未披露固有资产的所有者权益变动表或未披露所有者权益变动表上年金额；有的公司披露的两年比较报表不平，上年末未分配利润不等于本年年初未分配利润；还有部分公司年报中的表格勾稽关系不准确，导致表格不平。

上述提及的披露报表格式的差异以及对所要求披露的各项财务数据各公司计算口径不统一的情况，将影响各信托公司报表的可比性，并影响最终行业汇总金额的准确性。

根据银监会的要求，信托公司的固有业务和信托业务自 2010 年起均需执行《企业会计准则》，按照"报表需要满足利益相关者"的原则，建议根据新会计科目体系的设置，对信托公司特有报表项目进行创设，制定统一的信息披露要求，统一口径并要求所有信托公司均按照统一标准进行计算和信息披露，以便对整个信托行业的各家信托公司之间可以进行横向比较，在信托行业内统一核算标准，提高披露信息的质量。

三、信托公司应当规范信息披露时间，完善信息披露制度

2012 年除 2 家公司外，其余 64 家信托公司均披露了审计报告出具日，但绝大部分公司都未披露签发日或报告日。由于签发或披露报告日与报告出具日之间的时间段在会计上属于资产负债表日后事项。如果这段期间发生了重大事项，根据有关规定应当在

年度报告中披露。

《信托投资公司信息披露管理暂行办法》对签发或披露报告日未做相关规定,我们认为对此问题应进行明确和规范。年度报告签发日期应接近审计报告日,以避免间隔时间过长,产生未披露的期后事项,进而影响报告使用者的判断。

在上市公司的信息披露要求中规定,“上市公司应在会计师事务所出具审计报告后两个工作日内完成年度报告的编制工作,并且在董事会审议通过年度报告后两个工作日内向证券交易所报送有关材料。”建议各家公司参照上市公司披露年报的要求,限定在两个工作日内披露。

四、关于2012年期初数调整的事项

在汇总2012年各信托公司报表时,发现仍有部分公司的年初数与上年公告的年末数不一致,大部分公司披露了调整年初数的原因,但仍有个别公司未披露。

信托公司应当在年报中将调整年初数的原因进行披露,这样可以方便报告使用者的阅读和判断,同时也可以有效控制部分公司企图通过随意调整年初未分配利润来达到调整当期利润的目的。

此外,认为金额重大的追溯调整事项,公司还应报董事会批准通过。

五、信托公司信息披露质量仍需提高

有些公司仍未完全按照《信托投资公司信息披露暂行管理办法》和《关于修订信托公司年报披露格式规范信息披露有关问题的通知》要求进行相关信息的披露。例如与公司治理相关的信息根据规定要求披露:(1)年度内召开股东大会(股东会)情况;(2)董事会及其下属委员会履行职责的情况;(3)监事会及其下属委员会履行职责的情况;(4)高级管理层履行职责的情况;(5)内部控制情况。我们发现按规定披露股东会、董事会以及监事会三会情况的有63家,披露董事会下设机构年度履行职责的公司数量有33家。未见披露股东会等三会情况的3家公司和董事会下设机构开会情况的33家公司中,有多少是实际存在相应的治理机制和实际履行职责的行为而未进行披露,有多少是不存在相应机构履行职责的不得而知。建议各信托公司严格按照《信托投资公司信息披露暂行管理办法》和《关于修订信托公司年报披露格式　规范信息披露有关问题的通知》要求进行相关信息的披露。

六、关于信托资产报表的审计问题

《信托投资公司信息披露管理暂行办法》要求对自有资产进行审计,而对信托资产没有作要求。

注册会计师为了确认信托公司是否有“违反信托目的、违背管理职责、管理信托事务不当造成信托资产损失”的情况发生和是否需要“以信托赔偿准备金赔偿”的事项存在,因此认为对信托资产的审计是相当重要的。如仅审计固有资产,而不对信托资产审计,则当发生“违反信托目的、违背管理职责、管理信托事务不当造成信托资产损失的”和“以信托赔偿准备金赔偿”的事宜而影响固有资产情况时,注册会计师会因为无法全面了解而无法对固有资产发表审计意见。

信托公司2012年度年报披露中虽然包括了信托资产报表,但只有部分会计师事务所的审计报告对信托公司固有资产和信托资产发表意见,大多数会计师事务所只是对信托公司固有资产发表审计意见,而未对信托资产发表意见。虽然目前《信托投资公司信息披露管理暂行办法》要求对固有资产进行审计,而没有对信托资产作要求,但我们建议在对固有资产审计时,还应当审计信托资产,因为信托业务是信托公司的主业且信托公司管理的信托资产增长幅度明显大于自营业务资产的增长幅度,这些都表明了信托业务的迅速增长对信托公司利润的影响越来越重要。至于是否对信托资产出具审计报告,可由相关部门来决定。

七、信托公司应当改变股权高度集中的现状

2009年54家信托公司的第一大股东的平均持股比例为65.33%,2010年56家信托公司的第一大股东的平均持股比例为65.34%,2011年64家信托公司的第一大股东的平均持股比例为65.59%,2012年66家信托公司的第一大股东的平均持股比例为64.56%,四年基本持平,股权集中度相当高。股权过于集中,不利于完善公司治理结构,同时也不利于控股股东杠杆效应的发挥。目前,公司的第一大股东往往是一些大的集团公司、机关法人,这种状况有利于信托公司利用集团的信誉和实力拓展业务,但如果信托公司治理结构不完善,信托公司将会成为集团公司的融资平台,加大信托公司自身的风险。因此信托公司应注重分散股权的集中情况,改变这种“一股独大”的局面,加强公司的独立性。

八、信托公司应当严格规范关联交易的披露

信托公司的关联交易是一个比较敏感和重要的问题。过多的关联交易有可能演化成大股东侵占信托公司和委托人利益的行为,导致金融风险。而且在许多信托公司中,其盈利指标的提高更多的是依赖大股东或关联企业的支持,所以规范信托公司的关联

交易行为是非常重要的。

在2012年年报中,66家公司披露的关联交易总金额为5 225.63亿元,涉及关联方474个。在2011年年报中,64家公司披露的关联交易总金额为3 390.07亿元,涉及关联方353个。与以前年度相比较,关联交易方数量及交易金额均有所增加。信托公司关联交易普遍的现象说明其市场拓展能力尚待提高。未来信托公司应拿出切实可行的措施来改变目前关联交易金额逐年增长的趋势,使信托公司真正健康的发展起来。

关联交易在经济生活中是一个普遍现象,但是在法制不健全的情况下,关联交易常常成为个别企业转移资产、掩盖风险、挪用信托资金、违规进行投资的工具。因此严格规定关联交易的披露,一定程度上可以揭示问题,防范和减轻风险,对交易事项的内容、时间、性质、定价和交易对象的经济实力等应作出必要的披露,对不按规定进行披露的公司应进行相应的处罚。

九、信托公司应当遵循或有事项准则的要求披露对外担保、未决诉讼等情况

《企业会计准则第13号——或有事项》〔2006〕第十四条、第十五条规定,企业应当在附注中详细披露与或有事项有关的相关信息,如:预计负债的种类、形成原因以及经济利益流出不确定性的说明;各类预计负债的期初、期末余额和本期变动情况;与预计负债有关的预期补偿金额和本期已确认的预期补偿金额。

2012年年报中仍有部分公司未按照会计准则的要求详细披露或有事项,例如未决诉讼事项中有2家信托公司未详细披露涉案金额。

2012年度各公司年度报告

安徽国元信托有限责任公司

1. 重要提示

1.1 本公司董事会及董事保证本报告所载资料不存在任何虚假记载、误导性陈述或者重大遗漏，并对其内容的真实性、准确性和完整性承担个别及连带责任。

1.2 未有董事对年度报告内容的真实性、准确性和完整性无法保证或存在异议的情况。

1.3 本公司独立董事鲍金桥、孙晓、宋炳山声明：保证年度报告内容的真实、准确、完整。

1.4 华普天健会计师事务所（北京）有限公司根据中国注册会计师审计准则对本公司年度财务报告进行审计，出具了标准无保留意见的审计报告。

1.5 本公司董事长过仕刚、总裁张彦、总会计师兼计划财务部总经理朱先平声明：保证本年度报告中财务报告的真实、完整。

2. 公司概况

2.1 公司简介

2.1.1 公司法定中文名称：安徽国元信托有限责任公司
中文名称缩写：国元信托
公司法定英文名称：Anhui Guoyuan Trust Co.,Ltd.
英文名称缩写：GYXT

2.1.2 法定代表人：过仕刚

2.1.3 注册地址：安徽省合肥市庐阳区宿州路20号
邮政编码：230001
公司国际互联网网址：www.gyxt.com.cn
电子信箱：xtbgs@gyxt.com.cn

2.1.4 公司信息披露事务负责人：虞焰智
联系电话：(0551)62631010
传真：(0551)62620261
电子信箱：yuyanzhi@gyxt.com.cn

2.1.5 公司选定的信息披露报纸：《上海证券报》

2.1.6 公司年度报告备置地点：安徽省合肥市庐阳区宿州路20号17层及公司网站

2.1.7 公司聘请的会计师事务所：华普天健会计师事务所（北京）有限公司。
住所：北京市西城区阜成门外大街22号外经贸大厦920~926

2.1.8 公司聘请的律师事务所：中天恒律师事务所
住所：安徽省合肥市濉溪路287号金鼎广场A座八层

2.2 组织结构

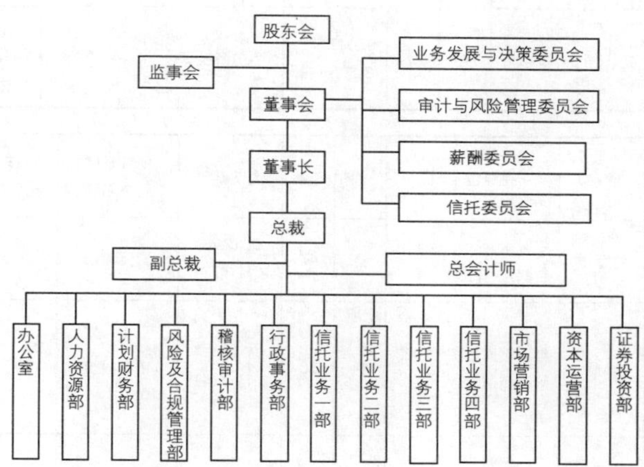

3. 公司治理结构

3.1 股东

报告期末股东总数7个，前3位股东为安徽国元控股（集团）有限责任公司、深圳中海投资管理有限公司、首都机场集团公司，其中安徽国元控股（集团）有限责任公司和首都机场集团公司为国有独资公司。股东基本情况为：

股东名称	持股比例(%)	法人代表	注册资本(万元)	注册地址	主要经营业务及主要财务情况
安徽国元控股（集团）有限责任公司	49.6875	过仕刚	300 000.00	安徽省合肥市寿春路179号	受权管理国有资产，资本运营、收购兼并等。2012年末资产总额3 204 041.59万元，负债1 122 938.14万元，所有者权益2 081 103.45万元，净利润110 354.99万元。
深圳中海投资管理有限公司	40.375	孔庆平	195 000.00	深圳市福田区海滨广场福星、副安阁裙楼三层302A	股权投资、投资管理、受托资产管理；建筑、投资项目咨询、监理；房地产、国内贸易等。2012年末资产总额390 510.88万元，负债总额75 960.16万元，所有者权益314 550.73万元，净利润12 989.48万元。
首都机场集团公司	9	董志毅	500 000.00	北京市顺义区天柱路28号楼	航空地面保障、停车场管理、房屋出租、物业管理等。

3.2 董事

姓名	职务	性别	年龄	选任日期	所推举的股东名称	该股东持股比例(%)	简要履历
过仕刚	董事长	男	56	2012年3月30日	国元集团	49.6875	历任安徽省委办公厅秘书，安徽省国际信托副总经理，国元集团副总经理、党委副书记，国元信托总经理、董事长；现任国元集团总经理、国元信托董事长，第十、第十一届安徽省政协委员。
靳新中	副董事长	男	47	2012年3月30日	中海投资	40.375	历任国家计委投资研究所副研究员、处长，英国SWANSEA博士后，中国海外集团投资部副总经理、总经理；现任深圳中海投资公司总经理。
许　斌	董事	男	49	2012年3月30日	国元集团	49.6875	历任安徽大学教师，安徽省国际信托法律部主任，国元集团法律部主任，国元信托监事长，国元集团总法律顾问；现任国元集团副总经理。
芦　辉	董事	女	51	2012年3月30日	国元集团	49.6875	历任安徽省国际信托计划财务部科长、副经理，国元集团计划财务部经理、副总会计师；现任国元集团总会计师。
于上游	董事	男	53	2012年3月30日	中海投资	40.375	历任中海集团财务公司董事，中海集团财务资金部副总经理，中海集团财务公司总经理，中海金融投资公司副董事长；现任深圳中海投资公司副总经理。
高　升	董事	男	37	2012年3月30日	中海投资	40.375	历任中建总公司财务部、中建会计师事务所助理会计师、项目经理，中海集团财务部、CHINASTATE－LELGHTON联营公司、中海财务公司会计师、会计主任、助理总经理，中海实业公司副财务总监、财务总监；现任深圳中海投资公司财务总监。

姓名	所在单位及职务	性别	年龄	选任日期	所推举的股东名称	该股东持股比例(%)	简要履历
鲍金桥	安徽承义律师事务所合伙人、律师	男	47	2012年3月30日	国元集团	49.6875	现任安徽承义律师事务所合伙人、律师，第十一届安徽省政协委员，安徽省政协社会和法制委员会委员。
孙晓	红塔创新投资股份有限公司总裁	男	50	2012年3月30日	中海投资	40.375	历任山东新华医疗器械厂副厂长，山东淄博市医药局党委委员、副局长，国家化学工业部生产协调司副处长、处长，国家化学工业部办公厅秘书，国家轻工业局党组秘书、办公厅副主任，红塔创新投资公司副总裁；现任红塔创新投资公司总裁。
宋炳山	北京尊嘉资产管理公司首席投资官	男	43	2012年3月30日	国元集团	49.6875	1991年9月至1993年7月济南通用自动化技术研究所助理工程师；1996年3月至1998年6月国家科技部高技术司信息处科员；1998年7月至2003年9月博时基金管理公司历任研究部研究员，裕阳、裕华基金经理、交易部总经理；2003年至2004年富国基金公司投资副总监、投资决策委员会委员；2006年至2008年长盛基金公司副总经理，投资决策委员会主席；2008年至今，北京尊嘉资产管理公司创始合伙人、首席投资官。

3.3 监事

姓名	职务	性别	年龄	选任日期	所推举的股东名称	该股东持股比例(%)	简要履历
熊思迅	监事	男	56	2012年3月30日	中海投资	40.375	历任中国人民解放军北京卫戍区干部，中国建筑工程总公司人事部处长，中建科置业有限公司办公室主任，中建总公司深圳海丰苑企业管理有限公司副总经理，中华建筑报党委书记、中建总公司机关工会副主席，中建鸿达物业管理有限公司副董事长、党委书记，中海物业北京公司总经理、董事，中海集团人力资源部助理总经理、副总经理；现任中海投资发展集团副总经理、深圳中海投资公司副总经理。
陈　康	监事	男	42	2012年3月30日	职工监事		1991年至2001年任职于安徽省国际信托投资公司法律事务部；2001年至2009年3月担任安徽省国元信托有限责任公司法律事务部副主任；2009年3月至今担任国元信托风险及合规管理部总经理。

3.4　高级管理人员

姓　名	职　务	性别	年龄	选任日期	金融从业年限	学历	专业	简　要　履　历
张　彦	总裁	男	53	2012年8月31日	19	研究生	工商管理	历任安徽经济管理干部学院研究室主任，安徽国投证券发行部、投行部副经理、国债部经理、证券总部副总经理兼国债部经理，国元信托副总裁，国元信托党委副书记、监事长；现任国元信托总裁。
黄庆兵	副总裁	男	46	2012年3月30日	16	硕　士	工商管理	历任南京大学工程师、直属机关团总支副书记，华泰证券投资银行部业务经理、高级经理、投资银行业务内核委员，中海财务公司助理总经理，中国海外金融投资公司助理总经理，深圳中海投资助理总经理；现任国元信托副总裁。
徐景明	副总裁	男	49	2012年3月30日	32	研究生	金融	历任肥东县人民银行副股长、股长、副行长、行长，人民银行合肥中心支行合作处副处长，人民银行淮北市中心支行副行长，淮北银监分局局长，安徽银监局政策法规处处长、非银处处长；现任国元信托副总裁。
魏世春	副总裁	男	42	2012年3月30日	20	硕士	政治经济学	历任安徽省信托投资公司综合计划部科员、营业部副主任、办公室副主任、资金计划部副经理、经理，国元信托董事会秘书兼计划财务部总经理、总经济师；现任国元信托副总裁。
许　植	副总裁	男	45	2012年3月30日	14	硕士	法学	历任安徽大学教师，省国际信托、国元信托部门副总经理、总经理；现任国元信托副总裁。
朱先平	总会计师	男	47	2012年3月30日	15	本科	管理	历任巢湖东风矿副科长、科长、副矿长，省国际信托公司部门副经理、国元信托稽核部经理、计划财务部总经理、董事会秘书；现任国元信托总会计师兼计划财务部总经理。
虞焰智	董事会秘书	男	48	2012年3月30日	15	本科	计算机	历任合肥炮兵学院教员，安徽省国际信托电脑中心副主任，国元证券网上经纪业务部副总经理，国元信托信息技术部总经理、办公室主任、人力资源部总经理；现任国元信托董事会秘书。

3.5　公司员工

项　目		2012年		2011年	
		人数	比例(%)	人数	比例(%)
年龄分布	25岁以下	4	2.92	3	2.46
	25～29岁	33	24.09	27	22.13
	30～39岁	24	17.52	17	13.93
	40岁以上	76	55.47	75	61.48
学历分布	博士	1	0.73	1	0.82
	硕士	44	32.12	38	31.15
	本科	66	48.18	56	45.9
	专科	26	18.97	27	22.13
	其他	0	—	0	—
岗位分布	董事、监事及高管人员	10	7.3	10	8.2
	自营业务人员	7	5.1	10	8.2
	信托业务人员	74	54.02	60	49.18
	其他人员	46	33.58	42	34.42

4. 经营管理

4.1　经营目标、方针、经营战略规划

本报告期公司的经营目标是：全年计划实现营业收入50 340.08万元，实现利润总额36 272.40万元。预计年末固有财产总额374 408.47万元，权益总额362 431.81万元；信托资产规模7 000 000万元。

本报告期公司的经营方针是：继续贯彻"依法合规、稳健经营"的经营方针。以加快发展信托业务为主线，严守风险底线，做精做强信托主业；科学规划、提升效率，稳健实现公司固有资产的保值增值。公司紧紧围绕经营目标，抢抓机遇，迎难而上，主动布局，稳中求进。大力发展传统优势和比较优势，积极拓展业务领域、创新信托业务品种，扩大资产管理规模、提高资产管理能力，科学把握业务发展与风险控制的关系，重视加强基础管理工作，推动业务又好又快发展。加强公司制度建设、业务渠道建设、信息系统建设和人才队伍建设，全面保障公司业务发展。

公司的战略规划：中期目标是将公司发展成为在国内具有行业代表性和市场影响力、形象良好、资产优良、资产管理规模大、业务创新能力强、市场占有率大、专业化水平高、服务质量好、管理体制灵活、富有竞争力的现代金融企业，达到完善的公司法人治理结构、规范化的经营管理制度、专业化的公司员工队伍和科学合理的业务定位，进而将公司建设成为植根地方、辐射全国，服务地方、服务广大社会投资者的行业先进的财富管理机构；长期目标是：按照"规模化、专业化、市场化、多元化"的经营方针，使公司跻身国内"一流信誉、一流服务、一流人才、一流管理"的信托机构行列，最终达到"资产管理规模化、经营领域多元化、行业地位领先化"的战略目标。

4.2　所经营业务的主要内容

公司业务主要分为信托业务和固有业务两个大类。信托业务主要从事资金信托、财产信托、股权信托、财务顾问等业务。品种主要有集合资金信托、单一资金信托、财产权信托；按运用方式分为贷款、交易性金融资产、持有至到期投资和长期

股权投资等。固有业务主要包括贷款、股权投资和金融产品投资等业务。

自营资产运用与分布表

资产运用	金额（万元）	占比（%）	资产分布	金额（万元）	占比（%）
货币资产	27 162.81	7.08	基础产业	39 200.00	10.22
贷款及应收款	67 899.99	17.70	房地产业	19 840.00	5.17
交易性金融资产	395.77	0.10	证券市场	6 191.16	1.61
可供出售金融资产	5 795.39	1.51	实业	10 760.00	2.80
持有至到期投资	—	—	金融机构	298 518.23	77.80
长期股权投资	276 795.42	72.14	其他	9 192.82	2.40
其他	5 652.83	1.47			
资产总计	383 702.21	100.00	资产总计	383 702.21	100.00

注：其他资产中主要项目包括固定资产、无形资产、递延所得税资产。

信托资产运用与分布表

资产运用	金额（万元）	占比（%）	资产分布	金额（万元）	占比（%）
货币资产	75 142.63	0.66	基础产业	3 471 513.93	30.43
贷款	6 559 017.10	57.49	房地产业	781 503.00	6.85
交易性金融资产	452 603.53	3.97	证券市场	452 603.53	3.97
可供出售金融资产	—	—	实业	5 907 471.76	51.78
持有至到期投资	1 815 118.00	15.91	金融机构	210 895.00	1.84
长期股权投资	2 010 422.69	17.62	其他	585 316.93	5.13
其他	497 000.20	4.35			
资产总计	11 409 304.15	100.00	资产总计	11 409 304.15	100.00

4.3 市场分析

4.3.1 影响本公司业务发展的有利因素

4.3.1.1 信托行业获得巨大发展

据统计，截至2012年末，我国信托行业管理资产总规模已达7.47万亿元，信托行业已经跃升为我国仅次于银行业的第二大金融行业。行业资产管理总规模、盈利能力、净资产、人均利润率等各项经营指标均创历史最好成绩，为信托机构今后向财富管理机构的跨越发展奠定了坚实基础。

4.3.1.2 信托业务收入持续增加，盈利模式日益强化

截至2010年末全行业信托业务报酬收入首次超过固有业务收入，虽然此后为应对净资本管理要求，信托公司不断增加固有资金，但信托业务收入仍然持续增加，占行业营业收入比例也不断提高，信托主业地位日益强化。

4.3.1.3 融资类信托比例持续下降，投资类信托比例持续上升

这种情况说明信托公司已经自觉地开始拓宽信托功能，在资产管理功能之外，挖掘信托制度本身所具有的丰富的服务功能。

4.3.1.4 “泛资产管理时代”带来的新机遇

本轮资产管理“新政”，一方面，赋予其他资产管理机构以更多与信托公司同质化的资产管理业务，使信托公司面临更多的竞争压力；另一方面，也放开了其他资产管理机构投资信托公司信托产品的限制，而这本身就是一个新的发展机遇。对于信托公司与其他资产管理机构之间而言，不仅只是一种竞争关系，更是一种合作关系。

4.3.1.5 信托行业普遍发展，各家公司各具特色

在行业获得空前发展的大背景下，各家信托公司正积极利用各自的优势资源，探索适合自己发展的特色之路。体现出来的是各信托公司在发展思路、投资领域、风险偏好、产品设计特色等方面出现了多样化特点。

4.3.1.6 信托行业创新能力不断加强，产品创新屡有突破

多家信托公司在土地扭转信托、家族信托、资产证券化信托等业务方面有所突破，展现了良好的创新意识和能力。

4.3.1.7 信托功能正在为更多的企业和社会投资者所认可，未来发展前景广阔

经过多年积淀，越来越多的机构和个人投资者能够正确认识和运用信托工具，信托工具在推动经济社会发展方面正发挥着日益广泛的服务作用。

4.3.1.8 就公司内部而言，国元信托始终坚持“依法合规、稳健经营”的经营理念，形成了自身的比较优势和先发优势。公司建设不断完善，法人治理水平不断提升，风险合规意识牢固树立，合规文化深入人心。严格执行国家政策及监管要求，严守风险底线，巩固已有资源，开辟新的业务渠道，稳健开展各项业务。公司管理的资产总规模、综合实力进入到行业中上水平。经济效益、创利水平不断提高。公司自主经营管理收益成为公司基本盈利方式和主要利润来源，信托主业的利润贡献度进一步提高。公司的自主管理能力得到进一步锻炼和提高，公司员工的业务开拓能力和项目管理能力得到了有效提升。

4.3.2 影响本公司业务发展的不利因素

4.3.2.1 资产管理市场竞争加剧

2012年出台的一系列新政策放宽了期货、保险、券商等金融机构的投资范围，同时，券商和期货公司也获得了资产管理业务方面的新牌照，信托公司受到了多方竞争，渠道建设和转型发展迫在眉睫。

4.3.2.2 制度优势不断削弱，信托行业面临多重压力

一方面，信托公司议价能力在金融机构竞争中不断削弱；另一方面，社会融资成本不断降低，社会投资者获利期待不断提高，信托公司面临多重市场压力。

4.3.2.3 资产管理能力有待进一步提高

虽然信托行业已经取得了较好的经营成绩，但是，信托行业主营业务领域和专属的盈利模式仍未最终确定，客观上导致了公司资产管理等能力的提升速度不尽如人意。同时，公司处于内陆省份，相对于沿海发达地区，地区发展水平及社会投资者对信托工具的认知度仍有差距，客观上影响了公司主营业务的发展。

4.3.2.4 当前，公司具有特色和品牌效应的信托业务领域、盈利模式还在积极构建中；公司员工的知识水平、专业能力和创新能力有待进一步优化和提高。

4.4 内部控制

4.4.1 内部控制环境和内部控制文化

在经营管理中，公司始终坚持“依法合规，稳健经营”的核心理念，强化风险管控，构建了完善的公司治理、内部控制、内

部组织架构，建立了与公司经营范围、组织结构、业务规模相适应的内部控制体系。

公司具有完善的法人治理结构。公司设立了由股东会、董事会、监事会和高级管理层构建的公司治理架构。股东会、董事会、监事会和高级管理层之间既相互独立，又相互制衡和相互协调，形成了权力机构、决策机构、监督机构和经营管理之间的制衡机制，在公司经营和发展中行使各自的职能，发挥着各自的作用。

公司董事会下设业务发展与决策委员会，负责对公司的发展战略和重大投资决策进行研究并提出建议；下设审计与风险管理委员会，负责根据公司的风险承受能力制定公司风险管理政策，确定合理的风险管理水平，并督促高级管理层采取必要的措施识别、计量、监测和控制风险，负责公司内部审计、外部审计和对公司经营管理的监督、检查工作；下设薪酬委员会，负责审查公司的薪酬管理政策、实施方案及绩效考核；下设信托委员会，负责督促公司依法履行受托职责，保证公司为受益人的最大利益服务。各委员会独立开展工作，运作正常；高级管理层对董事会负责，全面主持公司日常经营管理工作。

公司高度重视内控文化的培育，注重内控文化的建设与执行。建立以合规文化为核心的企业文化，通过多年的经营，形成了审慎稳健、勤勉尽责、理性创新、全员参与的内部控制和风险管理文化。公司以风险教育为重点推进合规管理，加强员工对风险管理、内部控制、合规经营重要性的认识，引导员工建立诚信道德观念，牢固树立合规意识和风险意识，提高职业道德水准，熟练掌握与公司经营活动密切相关的法律法规、行政规章和行业准则等，规范职业行为，形成以“全员参与、内控先行”为主旋律的内控文化，使风险防范意识贯穿到了公司各个部门、各个岗位和各个工作环节。2012 年，公司邀请专家及公司高级管理层、中层管理人员和优秀业务经理讲解分析国际、国内和地方经济形势、公司发展、规章制度、业务操作流程等，促进全体员工对法律法规和业务合规知识的学习，掌握必要的有效防范风险的技能，倡导合规经营，培育合规文化。

4.4.2 内部控制措施

按照信托公司内部控制管理要求，公司建立了清晰的内部控制目标、原则和完善的内部控制体系、制度，确保对风险的事前防范、事中控制、事后监督和检查纠正。

公司建立了全面覆盖业务管理、风险管理、财务管理、合规管理、合同管理、内部审计、责任追究、岗位问责等内控制度体系。信托业务部、市场营销部等前台部门进行业务拓展和项目运营、客户开发与维护，计划财务部、风险及合规管理部提供中台服务，进行事前和事中的风险与合规控制，办公室提供信息技术保障支持，稽核审计部进行事后监督检查。

公司建立了中台、后台对前台的监督制约机制，通过风险控制、内部检查与审计等手段对前台业务进行有效监督制约。计划财务部按照国家颁布的会计准则进行会计核算，严格履行会计监督职能，认真执行财务会计制度，会计不相容岗位严格分离、相互制约，对公司自营资产的安全实行有效财务控制，防范和化解财务风险；风险及合规管理部负责包括参与谈判、起草、修改和审核合同等法律文件，提供法律咨询，做好普法及法律法规研究，及时向经营管理层提供与公司业务有关的法律法规和政策变化情况，根据监管机构要求开展合规管理工作，培育良好的内控文化，定期或不定期组织实施公司内部制度执行情况检查，促进公司业务的可持续健康发展；稽核审计部强化内部审计功能，根据法律法规和董事会的要求，开展内部审计工作，并对董事、高级管理层等离职人员实施离任审计。通过上述职能的实现，保障公司业务发展，为实现公司战略目标提供支持。

公司建立了职责明确、分工合理、相互制衡的组织结构和内部制约机制，构建了涵盖公司各项业务和管理活动的内部控制制度体系。公司内部控制建设主要侧重于规范业务流程、完善管理制度和明确部门岗位职责三个方面。在业务开展的过程中，坚持制度、流程先行，每年由风险及合规管理部牵头组成检查小组对各业务部门制度执行情况及项目管理情况进行检查。

报告期内，为全面落实国家四部委关于融资平台贷款风险管理的文件精神，防范地方政府融资平台贷款项目风险，公司制定了《2012 年地方政府融资平台贷款管理实施方案》、《关于进一步规范省内地方政府融资平台授信的通知》；为降低操作风险，提高集合信托业务规范性与标准化水平，公司根据近年来业务类型的特点，制定了贷款类、债权投资类、股权投资类和股权受益权类集合信托业务标准化文本；为加强声誉风险管理，有效建立和维护公司形象，公司制定了《声誉风险管理办法》。

报告期内，公司根据业务发展情况，及时修订、完善信托业务流程及相关配套制度。

4.4.3 信息交流与反馈

4.4.3.1 信息传达机制

公司及时印发各类文件和规章制度，在办公内网上开辟《重要来文》、《信托研究》、《法律园地》、《合规建设》、《公司文件》等栏目，能够将最新的法律法规、监管要求以及本单位的经营和风险状况，及时传递给员工。

4.4.3.2 信息报告机制

通过总裁办公会、经营分析例会、各部门月度工作情况汇报以及定期、不定期会议等形式，各部门及各岗位能将经营过程中存在的重大问题及时向高级管理层报告，重大问题随时报告，高级管理层定期向董事会、监事会、股东和监管部门报告。

4.4.3.3 外部沟通机制

公司注重加强与监管部门的沟通和汇报，定期报送财务报表、统计报表、年度财务报告，充分、及时、完整、准确反映公司经营管理状况，重大事项及时汇报请示，及时就内外部审计情况、风险状况、经营情况向监管部门沟通与报告。此外，公司还积极承办、参加业内举行的各种研讨会、洽谈会，加强业内交流与合作。

公司严格按照法律法规和公司章程的规定，根据银监会的要求，真实、准确、及时、完整地披露了 2011 年度报告及重大事项临时公告。通过公司网站向客户公开披露公司经营状况、信托资产管理状况等信息，并根据文件约定向相关利益人提交书面文件。此外，公司还通过电话、电子邮件、网络平台等形式与投资者进行交流。报告期内，公司内控制度得到有效执行，未发生因违反内控制度对公司财务状况、经营成果产生重大影响的事项。

4.4.4 监督评价与纠正

4.4.4.1 内部审计监督机制

稽核审计部是公司的内部审计监督机构，具有独立性，直接由董事长分管。公司内部审计每年至少一次，内部专项审计在项目结束后进行。内部审计能及时、全面、准确地发现公司内控存在的缺陷与隐患，及时以审计报告、共性问题的专项报告等形式向公司报告，并注重审计后整改的监督、落实，成效明显。

4.4.4.2　外部审计监督机制

公司年报审计会计师事务所为华普天健会计师事务所（北京）有限公司，由董事会选聘，该会计师事务所执业记录良好。公司2012年度审计报告是标准无保留意见。

4.4.4.3　内部控制的评价机制

公司每年对内部控制的建设和执行情况进行检查评价，评价结果能准确反映公司的内控水平。

4.4.4.4　内部控制的纠正机制

公司内部审计、外部审计发现的问题能得到限期整改，公司制定岗位问责和重大事故责任追究制度，并能有效落实。

4.5　风险管理

公司一贯坚持“依法合规、稳健经营”的理念，能够及时识别和度量业务运行中的潜在风险，建立了以董事会、审计与风险管理委员会、高级管理层和风险及合规管理部为主体的风险管理组织体系，形成了防范、控制和处置风险机制。

公司重视风险管理，通过制定健全的内部规章制度，建立职责分工合理的组织机构，设置专业的风险管理机构，将现代风险管理技术与传统风险管理方法相结合，对可能产生的风险及时作出反应，采取积极有效措施进行事前、事中、事后的控制与管理，并根据实际需要及时对风险管理体系进行调整。

根据业务发展需要，公司建立相应的权限管理体系。严格按照规定，分别设立了相互独立的运作部门——负责固有财产的资本运营部和负责信托财产的信托业务部门，并由不同的高级管理人员负责。在财务核算等环节，也做到了固有财产与信托财产的岗位隔离，对每个信托项目设立独立的账套进行核算，并出具独立的财务报告。针对各项业务，制定了业务流程和操作规程，完善了统一规范的业务标准和操作要求。公司建立了有效的业务决策体系，各业务部门负责项目的初审，风险及合规管理部、计划财务部分别负责项目复审前合法、合规审查与财务审查，公司项目复审及终审委员会是公司常设决策机构，对项目进行评审，作出决策。

公司所有合同签署前，必须经过风险及合规管理部审核，重大业务合同还需经外聘法律顾问审核并出具法律意见书。各部门和岗位，职权分明，职能独立，并相互牵制，相互制衡，重要岗位实行双人负责制并有相应的后续监督和整改、纠正措施，能够做到及时完整地堵塞漏洞，切实防范各类风险。

公司前台、中台、后台设置合理，有效分离，操作互相独立。各部门负责执行本部门职能范围内的具体风险管理事务。风险及合规管理部作为风险管理职能部门，在公司层级化、专业化、多维度的风险管理组织架构下统筹公司的风险管理事务，并根据公司要求对各部门业务活动和各风险环节岗位进行合规检查和监督，向高级管理层报告。稽核审计部负责对公司内部控制情况进行监督和检查，对于检查中所发现的问题，可直接向董事会审计与风险管理委员会报告。

4.5.1　风险状况

公司经营活动中面对的主要风险是：信用风险、市场风险、操作风险、合规风险和其他风险。

4.5.1.1　信用风险状况

信用风险主要指交易对手因履约意愿或履约能力发生变化，违约造成不履行义务的可能性，主要表现在：贷款、投资回购、担保、履约承诺等交易过程中，交易对手不履行承诺，不能或不愿履行合同而使固有财产、信托财产遭受潜在损失的可能性。

信托业务方面：截至2012年12月31日，公司管理信托资产总额为1 140.93亿元，其中，集合信托160.46亿元，单一信托980.47亿元。在项目管理中，公司认真履行受托人谨慎尽职义务，有效管理信托项目，2012年度，兑付资金规模达743.47亿元。公司对借款人等交易对手制订定了严格的筛选标准，为防止发生信用风险，公司在项目设计中设置了以财产抵押、权利抵押、企业保证、实际控制人无限连带责任保证等作为增信措施的防范安排，以合同条款约束交易对手。公司交易对手都具有较好的信用记录，公司可能面临信用风险的债权类信托资产均运作正常。

固有业务方面：报告期内公司固有业务无信用风险敞口。公司固有业务资产达38.37亿元，以金融股权投资为主的优质资产，金融股权投资金额为27.14亿元。固有资金贷款均拥有土地房产抵押、上市公司股权抵押、企业保证等多重保障措施，对民营企业，在设置了资产抵质押的同时，要求附加第三方担保、实际控制人无限连带责任保证等担保措施。固有资产业务布局合理、质量优良，盈利能力、财务状况良好。

按照资产五级分类标准分类，报告期末公司固有业务信用风险资产95 619.25万元，其中不良资产506.51万元，较期初510.43万元减少3.92万元，下降0.77%，已足额计提各项准备金，报告期末准备金余额为556.45万元；报告期末公司信托业务信用风险资产均为正常。

4.5.1.2　市场风险状况

市场风险主要指公司开展资产管理业务过程中，投资于有公开市场价值的金融产品或者其他产品时，因股价、市场汇率、利率及其他价格因素变动，金融产品或者其他产品的价格发生波动导致资产遭受损失的可能性。2012年，公司信托业务中，未开展证券市场投资类信托。固有业务中，开展自营股票投资业务控制在一定限额内。2012年，公司科学研判，坚决收缩证券投资战线，寻找具有实力企业合作，提高项目安全性，市场风险较低；原则上不开展市场风险敏感度较高的金融衍生品投资业务及外汇交易业务；固有资金主要用于投资金融股权等中高流动性、低风险的金融产品（含信托产品），具有较高的安全性。

4.5.1.3　操作风险状况

操作风险是指因公司治理、内控机制失效或因有关责任人出现失误、欺诈等问题，公司没有及时充分地做好尽职调查、持续监控、信息披露等工作，未能及时作出应有的反应，或者作出的反应明显有失专业和常理，甚至违约违规；公司没有履行勤勉尽职管理义务，或者无法出具充分有效的证据和记录，证明自己已经履行勤勉尽职管理义务。操作风险表现在信托业务和固有业务的整个管理过程中。公司实行规范化、标准化、制度化管理，管理制度健全，并根据信托新政策及现场检查要求，完善细化了各项业务操作流程，进一步明确了岗位职责和操作规范。报告期内，公司未发生因操作风险所造成的损失。

4.5.1.4 合规风险状况

合规风险指因没有遵循法律、规则和准则可能遭受法律制裁、监管处罚、重大财务损失和声誉损失的风险。报告期内，公司的各项业务依法合规操作，合规风险管理状况良好，没有因合规问题而遭受法律制裁、监管处罚、财物损失或声誉损失。

4.5.1.5 其他风险状况

其他风险包括政策风险、道德风险和声誉风险等。

政策风险是指国家宏观经济政策的调整可能对公司业务经营或成果造成一定影响。报告期内，公司的各项业务严格按照国家相关政策，依法合规操作，未出现违反国家相关政策及违规事件。

道德风险是指公司内部人员蓄意违规、违法给公司带来损失的可能性，报告期内未发生此类风险。

声誉风险是指因公司操作失误、违反有关规定、资产质量下降不能兑付、不能向服务对象提供高质量金融服务或管理不善等原因，对公司外部市场地位和声誉产生的消极和不良影响。报告期内未发生此类风险。

4.5.2 风险管理

公司秉承受益人利益最大化的目标，建立了相互独立、相互制衡的内部控制体系和统一、规范、高效的内部流程，对经营活动实施全面、持续的风险监控，以专业手段有效管理各类风险。2012 年，面对复杂多变的市场环境和严格审慎的监管政策要求，公司加大系统性风险防范工作力度，提高项目的准入门槛和审查标准，加强项目后期管理，完善相应风险管理措施，增强公司抵御风险能力。

4.5.2.1 信用风险管理

公司信用风险管理主要通过对交易对手的尽职调查进行事前控制。以交易结构设计、风险定价、设定担保、持续评估风险等手段防范和监督交易对手信用风险变化。

交易前阶段：通过制定尽职调查工作指引等业务规章，强化对交易对手的尽职调查，科学评估交易对手的履约能力和履约意愿；选择有效的、与交易对手信用风险相匹配的信用增级措施；科学、客观、公正评估担保物，严格控制、实时监测不同担保物价值与融资本息的抵质押率，注重采用多种有效担保措施提高信用风险的保障系数。

审查阶段：集合信托项目建立了三级评审体系，对业务进行集体评审与决策，并提出风险控制方面的具体要求。

管理阶段：公司全面收集融资方、担保方等相关各方财务、生产经营数据、重大经营情况等资料，定期对企业或者项目进行现场检查，判断项目的风险状况及抵（质）押物价值变化情况；建立项目预警指标，根据业务发展中遇到的新情况、新问题，及时采取应对措施，确保项目信用风险的可控、可测、可承受。

4.5.2.2 市场风险管理

市场风险管理是识别、计量、监测和控制市场风险的全过程，将市场风险控制在公司可承受的范围之内，实现风险可控前提下的效益最大化。

2012 年，公司面临的市场风险主要是指因国家产业政策、财政政策、投资政策调整带来的市场变化和因行业发展环境变化所带来的市场风险。具体说来，即由于国内外经济金融形势发展变化和行业、产业监管政策导向变化以及市场波动所带来的风险等。如国家对房地产行业进行调控，对该行业产生了较大影响；国家对平台贷款的规范，对公司该类业务的开展产生较大影响；证券二级市场持续低迷，对公司证券投资业务及以上市股权作为质押项目带来较大影响等。

（1）严密防范房地产信托风险。公司以极为审慎的态度开展房地产业务，要求选择负债率不高、信托期内没有大量到期负债的实力较强的企业进行合作，同时规定必须符合项目“四证”齐全、开发商或其控股股东具备二级资质、项目资本金比例符合国家有关要求。

2012 年，公司及时调整房地产信托业务策略，稳健开展新业务。一是高度重视即将到期的房地产类集合信托产品的安全兑付问题，严格按照公司规定做好项目到期兑付的提前量安排，及时跟踪融资方还款准备情况，加大到期前的汇报、检查力度，并将责任落实到岗位、落实到人，以层层负责的方式对可能发生的风险及时报告、提前化解。二是对存续期项目，严格按照受托人职责进行项目的跟踪管理，及时关注房地产行业发展动态和融资方的经营管理变化，关注所投项目的市场运行情况和还款资金来源保证，确保稳健运行、按期兑付。三是以控制规模、提高质量和档次的原则，谨慎开展房地产类项目。提高合作门槛、选择地方大型房企开展合作，安排充足的抵押措施和第三方责任担保，控制规模，处理好效益和风险的关系。四是积极参与保障房建设。

（2）加强融资平台贷款风险管控。公司严格按照监管部门提出的要求，加强融资平台贷款项目风险的管理工作。一是继续完善相关制度建设，2012 年在原有相关制度基础上，制定了《2012 年地方政府融资平台贷款管理实施方案》、《关于进一步规范省内地方政府融资平台授信的通知》，对地方政府融资平台作了进一步规范；二是加强对融资平台贷款项目的实时监测，每月定期出具省内融资平台贷款统计监测表及说明，此外，于 2012 年 10 月份开始，每月发布《公司投放省内地方融资平台授信额度统计表》，通报公司对省内融资平台的授信额度和已授信额度，防止区域性集中风险；三是严格按照受托人职责继续做好存续项目的对照整改和后期管理工作，建立平台贷款台账，在项目后续跟踪管理中，按照贷款五级分类要求进行管理，认真做好季度分析报告及现场检查等贷后管理工作；四是加强融资平台贷款项目的检查工作，定期或不定期对平台贷款项目进行现场与非现场检查，进一步加强项目管理，促进该项业务规范、健康发展。

（3）加强证券投资业务及以上市股权作为质押项目管理。面对低迷的证券市场，公司审慎开展此类业务，制定《安徽国元信托有限责任公司证券投资管理办法》和《安徽国元信托有限责任公司证券投资操作指引》，加强固有业务的证券投资管理。对于以上市股权作为质押项目，公司密切关注标的股票的市场走势，通过设置预警线、保证金等方式应对股票下跌风险。此外，部分项目还设置了多重担保措施，降低了股价下跌给项目带来的风险。

4.5.2.3 操作风险管理

在操作风险的管理上，公司要求每项业务在尽职调查、受理申请、交易结构设计、审查审批、营销签约、执行终止各阶段全过程合法合规，按照相关规则、制度办理。建立了职责分离、相互监督制约的内控机制，建立和完善有效的投资决策机制，实行严格的复核审核程序，制定严格的信息系统管理制度和档案管理制度，根据监管法规的要求制定了符合公司实际的规章制度，从机制和制度上降低操作风险，实现对公司各项业务操作过程的有效控制。

为提升公司集合信托业务的规范化、标准化水平，提高工作效率，2012 年，公司安排专人拟定并下发了贷款类、债权投资类、股权投资类和股权受益权类集合信托业务文本，上述集合信托业务文本内容几乎涵盖了这四类业务可能涉及的所有业务合同、尽调事项、操作指引等。标准化文本的推行，不仅提高了信托文件的制作效率，而且降低了项目风险。

为规范信托业务操作规程，增强风险防范意识，促进信托业务更加高效、规范开展，结合“内控强化年活动”，2012 年，公司成立以总裁为组长、分管风险及合规管理部副总裁为执行组长的信托业务操作规程完善、修订小组，对信托业务流程进行再梳理、完善。

此外，公司每年聘请独立审计机构对公司业务进行审计，持续进行内部审计监督，不断对规章制度进行全面梳理与修订。目前公司的各项控制制度和操作规程几乎涵盖了所有业务领域和职能工作，实现了对公司各项业务操作过程的有效控制。

4.5.2.4　合规风险管理状况

公司董事会、监事会及高级管理层将合规管理工作视为提升公司内在价值和创造价值的重要手段，始终筑牢并一贯坚持“依法合规、稳健经营”的经营理念。2012 年，公司密切关注国内外金融形势和监管要求的变化，深入开展“内控强化年”活动，进一步完善公司合规管理体系，强化合规风险管理。公司制定了保障合规管理工作正常开展的制度体系和操作流程，合规审核程序覆盖了信托业务和固有业务。积极建立与监管部门的沟通互动机制，明晰对内、对外的合规风险报告路线，建立了合规绩效考核机制和问责奖惩激励机制。

此外，公司适时加强以“合规”为主题的培训，通过公司内网、宣传栏等途径宣传合规文化、强化员工合规意识，积极倡导和培育“合规创造价值”、“全员合规、人人合规”的合规价值理念。

4.5.2.5　其他风险管理

公司及时跟踪和研究国家宏观政策和行业政策的调整与变化，坚持依法合规、稳健经营，保持经营策略与国家政策一致，保证各项业务合法合规。

公司通过完善内控机制，严格岗位管理职责与纪律，加强道德文化教育，提高全员廉洁自律和勤勉尽责的意识，鼓励遵纪守法，培养职业操守，防范道德风险。

公司在强调合规经营和健康发展的基础上，积极主动防范声誉风险和应对声誉事件，制定《安徽国元信托有限责任公司声誉风险管理办法》，对声誉风险管理的组织架构、处理原则、声誉风险包括的内容及处置程序都作出明确规定，并通过充分及时地信息披露等方式实现与投资者的互动沟通。

4.5.2.6　净资本管理

2012 年末，公司净资本风险控制指标为：净资本 323 494.65万元，各项业务风险资本之和为 172 090.45 万元，净资本与各项业务风险资本之比为 187.98%，净资本与净资产之比为 87.71%。2012 年，公司积极调整业务结构，加大创新力度，在大力拓展业务同时，规范操作，公司净资本各项监管指标全部符合监管标准。

5. 报告期末及上一年度末的比较式会计报表

5.1　自营资产

5.1.1　会计师事务所审计意见全文

审 计 报 告

会审字〔2013〕0624 号

安徽国元信托有限责任公司全体股东：

我们审计了后附的安徽国元信托有限责任公司（以下简称国元信托公司）财务报表，包括 2012 年 12 月 31 日的资产负债表，2012 年度的利润表、现金流量表和所有者权益变动表以及财务报表附注。

一、管理层对财务报表的责任

编制和公允列报财务报表是国元信托管理层的责任，这种责任包括：(1) 按照企业会计准则的规定编制财务报表，并使其实现公允反映；(2) 设计、执行和维护必要的内部控制，以使财务报表不存在由于舞弊或错误导致的重大错报。

二、注册会计师的责任

我们的责任是在执行审计工作的基础上对财务报表发表审计意见。我们按照中国注册会计师审计准则的规定执行了审计工作。中国注册会计师审计准则要求我们遵守中国注册会计师职业道德守则，计划和执行审计工作以对财务报表是否不存在重大错报获取合理保证。

审计工作涉及实施审计程序，以获取有关财务报表金额和披露的审计证据。选择的审计程序取决于注册会计师的判断，包括对由于舞弊或错误导致的财务报表重大错报风险的评估。在进行风险评估时，注册会计师考虑与财务报表编制和公允列报相关的内部控制，以设计恰当的审计程序，但目的并非对内部控制的有效性发表意见。审计工作还包括评价管理层选用会计政策的恰当性和作出会计估计的合理性，以及评价财务报表的总体列报。

我们相信，我们获取的审计证据是充分、适当的，为发表审计意见提供了基础。

三、审计意见

我们认为，国元信托财务报表在所有重大方面按照企业会计准则的规定编制，公允反映了国元信托 2012 年 12 月 31 日的财务状况以及 2012 年度的经营成果和现金流量。

华普天健会计师事务所　中国注册会计师　张良文
（北京）有限公司　中国注册会计师　卢　珍
中国·北京　二〇一三年三月二十八日

5.1.2 资产负债表

资产负债表

编制单位：安徽国元信托有限责任公司　　2012 年 12 月 31 日　　单位：万元

项　目	年末余额	年初余额	项　目	年末余额	年初余额
流动资产：			流动负债：		
货币资金	27 162.81	19 095.30	短期借款	—	—
贵金属	—	—	拆入资金	—	—
拆出资金	—	—	交易性金融负债	—	—
交易性金融资产	395.77	657.51	衍生金融负债	—	—
衍生金融资产	—	—	卖出回购金融资产款	—	—
买入返售金融资产	—	—	应付账款	—	—
应收账款	—	—	预收账款	—	—
预付账款	—	—	应付职工薪酬	4 297.99	3 695.06
应收利息	265.98	123.37	应交税费	7 676.34	4 157.67
应收股利	—	—	应付利息	—	—
其他应收款	3 274.01	122.65	应付利润	720.00	1 800.00
存货	—	—	其他应付款	1 977.67	1 953.43
一年内到期的非流动资产	—	—	一年内到期的非流动负债	—	—
其他流动资产	187.52	195.38	其他流动负债	29.48	28.02
流动资产合计	31 286.09	20 194.22	流动负债合计	14 701.48	11 634.18
非流动资产：			非流动负债：		
发放贷款和垫款	64 360.00	33 600.00	长期借款	—	—
可供出售金融资产	5 795.39	6 652.03	应付债券	—	—
持有至到期投资	—	—	长期应付款	—	—
长期应收款	—	—	预计负债	—	—
长期股权投资	276 795.42	274 153.67	递延所得税负债	161.00	103.35
投资性房地产	—	—	其他非流动负债		
固定资产	4 859.76	5 024.21	非流动负债合计	161.00	103.35
在建工程	15.23	53.14	负债合计	14 862.48	11 737.53
无形资产	140.38	55.52	所有者权益：		
递延所得税资产	443.99	699.83	实收资本	120 000.00	120 000.00
其他非流动资产	5.94	—	资本公积	116 760.93	117 506.44
非流动资产合计	352 416.12	320 238.39	减：库存股	—	—
			盈余公积	16 487.53	12 398.51
			一般风险准备	11 697.15	9 278.02
			未分配利润	103 894.13	69 512.11
			所有者权益合计	368 839.73	328 695.08
资产总计	383 702.21	340 432.60	负债和股东权益总计	383 702.21	340 432.60

单位负责人：过仕刚　　财务负责人：朱先平　　会计机构负责人：朱先平

5.1.3 利润表

利润表

编制单位:安徽国元信托有限责任公司　　2012 年度　　单位:万元

项　目	本年金额	上年金额
一、营业收入	65 644.13	40 060.37
利息净收入	7 290.95	3 920.64
利息收入	7 294.91	3 923.61
利息支出	3.96	2.97
手续费及佣金净收入	48 681.44	24 562.70
手续费及佣金收入	49 355.54	26 866.81
手续费及佣金支出	674.10	2 304.11
投资收益(损失以"－"号填列)	9 605.40	11 197.34
其中:对联营企业和合营企业的投资收益	6 379.94	8 827.19
公允价值变动收益(损失以"－"号填列)	-81.66	84.79
租赁收益	—	—
汇兑收益(损失以"－"填列)	-0.08	-2.03
其他业务收入	148.08	296.93
二、营业支出	14 333.07	9 889.33
营业税金及附加	3 237.45	1 696.19
业务及管理费	11 046.74	8 218.56
资产减值损失	48.88	-25.42
其他业务成本	—	—
三、营业利润(亏损以"－"号填列)	51 311.06	30 171.04
加:营业外收入	169.73	492.44
减:营业外支出	10.92	20.88
四、利润总额(亏损以"－"号填列)	51 469.87	30 642.61
减:所得税费用	10 579.71	4 782.11
五、净利润(净亏损以"－"号填列)	40 890.16	25 860.50
六、其他综合收益	-745.51	-4 620.70
七、综合收益	40 144.65	21 239.80

单位负责人:过仕刚　　财务负责人:朱先平　　会计机构负责人:朱先平

5.1.4 所有者权益变动表

所有者权益变动表

2012 年度

编制单位:安徽国元信托有限责任公司　　单位:万元

项目	本年金额						上年金额					
	实收资本	资本公积	盈余公积	一般风险准备	未分配利润	所有者权益合计	实收资本	资本公积	盈余公积	一般风险准备	未分配利润	所有者权益合计
一、上年末余额	120 000.00	117 506.44	12 398.51	9 278.02	69 512.11	328 695.08	120 000.00	122 127.13	9 812.46	4 906.23	50 609.45	307 455.27
加:会计政策变更												
前期差错更正												
其他												
二、本年初余额	120 000.00	117 506.44	12 398.51	9 278.02	69 512.11	328 695.08	120 000.00	122 127.13	9 812.46	4 906.23	50 609.45	307 455.27
三、本年增减变动金额(减少以"-"号填列)	—	-745.51	4 089.02	2 419.13	34 382.01	40 144.65	—	-4 620.70	2 586.05	4 371.79	18 902.66	21 239.80
(一)净利润	—				40 890.16	40 890.16	—				25 860.50	25 860.50
(二)其他综合收益	—	-745.51				-745.51	—	-4 620.70				-4 620.70
1. 可供出售金融资产公允价值变动净额	—	267.63				267.63	—	-2 199.91				-2 199.91
2. 权益法下被投资单位其他所有者权益变动的影响												
3. 权益法下被投资单位其他所有者权益变动的影响	—	-1 013.14				-1 013.14	—	-2 420.79				-2 420.79
4. 与计入所有者权益项目相关的所得税影响												
5. 其他												
净利润及其他综合收益小计	—	-745.51			40 890.16	40 144.65	—	-4 620.70			25 860.50	21 239.80
(三)所有者投入和减少资本												
1. 所有者投入资本												
2. 股份支付计入所有者权益的金额												
3. 分立减资												
(四)利润分配	—		4 089.02	2 419.13	-6 508.15		—		2 586.05	4 371.79	-6 957.84	
1. 提取盈余公积	—		4 089.02		-4 089.02		—		2 586.05		-2 586.05	
其中:法定盈余公积	—		4 089.02		-4 089.02		—		2 586.05		-2 586.05	
任意盈余公积												
2. 提取一般风险准备	—			2 419.13	-2 419.13		—			4 371.79	-4 371.79	
3. 所有者的分配	—						—					
4. 其他												
(五)所有者权益内部结转												
1. 资本公积转增资本												
2. 盈余公积转增资本												
3. 盈余公积弥补亏损												
4. 其他												
四、本年末余额	120 000.00	116 760.93	16 487.53	11 697.15	103 894.13	368 839.73	120 000.00	117 506.44	12 398.51	9 278.02	69 512.11	328 695.08

单位负责人:过仕刚　　财务负责人:朱先平　　会计机构负责人:朱先平

5.2 信托资产

5.2.1 信托项目资产负债汇总表

编制单位：安徽国元信托有限责任公司　　2012年12月31日　　单位：万元

信托资产	期末余额	年初余额	信托负债和信托权益	期末余额	年初余额
信托资产：			信托负债：		
货币资金	75 142.41	14 229.87	交易性金融负债	—	—
拆出资金	—	—	衍生金融负债	—	—
存出保证金	0.23	—	应付受托人报酬	—	—
交易性金融资产	452 603.53	227 984.6	应付托管费	—	—
衍生金融资产	—		应付受益人收益	—	—
买入返售金融资产	13 000.00	14 207.00	应交税费	—	—
其中：买入返售证券	—	—	应付销售服务费	—	—
买入返售信贷资产	—	—	其他应付款项	16 689.58	213.65
应收款项	0.19	—	其他负债	—	—
发放贷款	6 559 017.10	4 829 910.60	信托负债合计	16 689.58	213.65
其中：基础产业	1 483 921.00	1 190 490.50	信托权益：		
房地产	7 815 03.00	432 711.00	实收信托	11 341 814.69	6 523 163.91
其他产业	4 293 593.10	3 206 709.10	其中：资金信托	11 165 167.62	6 478 757.36
可供出售金融资产	—	—	集合	1 597 276.00	633 725.29
持有至到期投资	1 815 118.00	229 444.14	单一	9 567 891.62	5 845 032.07
长期应收款	—	—	财产信托	176 647.07	44 406.55
长期股权投资	2 010 422.69	1 209 471.88	资本公积	—	—
其中：基础产业	739 039.93	706 740.16	未分配利润	50 799.88	12 370.53
房地产	—	116 584.30	信托权益合计	11 392 614.57	6 535 534.44
其他产业	1 271 382.76	386 147.42			
投资性房地产	—	—			
固定资产	—	—			
无形资产	—	—			
长期待摊费用	—	—			
其他资产	484 000.00	10 500.00			
其中：融资租赁资产	—	—			
信托资产总计	11 409 304.15	6 535 748.09	信托负债及信托权益总计	11 409 304.15	6 535 748.09

单位负责人：过仕刚　　财务负责人：朱先平　　会计机构负责人：朱先平

5.2.2 信托项目利润及利润分配汇总表

编制单位：安徽国元信托有限责任公司　　2012年度　　单位：万元

项　目	本年金额	上年金额
1. 营业收入	708 187.03	390 035.58
1.1 利息收入	491 914.54	297 360.05
1.2 投资收益	204 200.84	92 329.80
1.2.1 其中：对联营企业和合营企业投资收益	—	—
1.3 公允价值变动收益	—	—
1.4 租赁收入	—	—
1.5 汇兑收益	—	—
1.6 其他收入	12 071.64	345.73
2. 支出	87 866.27	31 594.49
2.1 营业税金及附加	89.88	—
2.2 受托人报酬	48 563.13	25 416.75

续表

项　目	本年金额	上年金额
2.3 保管费	9 923.98	2 928.47
2.4 投资管理费	8 550.43	144.50
2.5 销售服务费	6 809.57	1 521.54
2.6 交易费用	28.87	1.17
2.7 资产减值损失	—	—
2.8 其他费用	13 900.42	1 582.06
3. 信托净利润	620 320.75	358 441.09
4. 其他综合收益	—	—
5. 综合收益	620 320.75	358 441.09
6. 加：期初未分配信托利润	12 370.52	24 836.91
7. 可供分配的信托利润	632 691.28	383 278.00
8. 减：本期已分配信托利润	581 891.40	370 907.48
9. 期末未分配信托利润	50 799.88	12 370.52

单位负责人：过仕刚　　财务负责人：朱先平　　会计机构负责人：朱先平

6. 会计报表附注

6.1 会计报表编制基准不符合会计核算基本前提的说明

报告期内公司无上述事项。

6.2 或有事项说明

报告期内公司无上述事项。

6.3 重要资产转让及其出售的说明

报告期内公司无上述事项。

6.4 会计报表中重要项目的明细资料

6.4.1 自营资产经营情况

6.4.1.1 按信用风险五级分类结果披露信用风险资产的期初数、期末数

信用风险资产五级分类	正常类（万元）	关注类（万元）	次级类（万元）	可疑类（万元）	损失类（万元）	信用风险资产合计（万元）	不良资产合计（万元）	不良资产率(%)
期初数	52 903.78	34.01	—	230.35	280.08	53 448.22	510.43	0.15
期末数	93 110.59	2002.15	2.61	—	503.90	95 619.25	506.51	0.13

注:不良资产合计=次级类+可疑类+损失类。

6.4.1.2 各项资产减值损失准备的期初、本期计提、本期转回、本期核销、期末数

单位:万元

	期初数	本期计提	本期转回	本期核销	期末数
贷款损失准备	—	40.00	—	—	40.00
一般准备	—	40.00	—	—	40.00
专项准备	—	—	—	—	—
其他资产减值准备	642.73	8.88	—	—	651.61
可供出售金融资产减值准备	—	—	—	—	—
持有至到期投资减值准备	—	—	—	—	—
长期股权投资减值准备	—	—	—	—	—
坏账准备	507.57	8.88	—	—	516.45
投资性房地产减值准备	—	—	—	—	—

6.4.1.3 按照投资品种分类,固有股票投资、基金投资、债券投资、股权投资等投资业务的期初数、期末数

单位:万元

	自营股票	基金	债券	长期股权投资	其他投资	合计
期初数	6 861.79	447.74	—	274 153.67	—	281 463.20
期末数	5 321.24	869.92	—	276 795.42	—	282 986.58

6.4.1.4 按投资入股金额排序,前五名的自营长期股权投资的企业名称、占被投资企业权益的比例、主要经营活动及投资收益情况等

企业名称	占被投资企业权益的比例(%)	主要经营活动	投资损益（万元）
1. 国元证券股份有限公司	15.69	证券经纪、证券买卖	6 379.94
2. 池州九华农村商业银行	19.92	吸收存款、发放贷款、票据承兑、贴现	1 080.00
3. 淮南通商农村合作银行	16.28	吸收存款、发放贷款、票据承兑、贴现	961.08
4. 安徽桐城农村合作银行	14.93	吸收存款、发放贷款、票据承兑、贴现	636.66
5. 芜湖浩研房地产有限公司	27.54	房地产开发、销售	—

6.4.1.5 前五名的自营贷款的企业名称、占贷款总额的比例和还款情况等

企业名称	占贷款总额的比例(%)	还款情况
1. 蚌埠经济开发区投资有限公司	24.22	正常
2. 宁国市国有资产投资运营有限公司	15.53	正常
3. 安徽省安福置业有限公司	12.27	正常
4. 庐江县城市建设投资有限公司	12.11	正常
5. 安徽新华房地产有限公司	10.87	正常

6.4.1.6 表外业务的期初数、期末数;按照代理业务、担保业务报告期内公司无上述事项和其他类型表外业务分别披露表外业务的期初、期末数情况

6.4.1.7 公司当年的收入结构

收入结构	金额(万元)	占比(%)
手续费及佣金收入	49 355.54	74.23
其中:信托手续费收入	48 556.30	73.03
投资银行业务收入	798.17	1.20
利息收入	7 294.91	10.97
其他业务收入	148.00	0.22
其中:计入信托业务收入部分	—	—
投资收益	9 605.40	14.45
其中:股权投资收益	9 464.07	14.23
证券投资收益	141.33	0.21
其他投资收益	—	—
公允价值变动收益	-81.66	-0.12
营业外收入	169.73	0.25
收入合计	66 491.92	100.00

注:1. 手续费及佣金收入、利息收入、其他业务收入、投资收益、营业外收入均应为损益表中的一级科目,其中手续费及佣金收入、利息收入、营业外收入为未抵减掉相应支出的全年累计实现收入数。

2. 其他业务收入中包含汇兑收益、租赁收入等。

6.4.2 **信托财产管理情况**

6.4.2.1 信托资产的期初数、期末数

信托资产	期初数	期末数
集合	640 620.13	1 604 607.82
单一	5 850 707.91	9 628 040.34
财产权	44 420.05	176 655.99
合计	6 535 748.09	11 409 304.15

6.4.2.1.1 主动管理型信托业务的信托资产期初数、期末数

单位：万元

主动管理型信托资产	期初数	期末数
证券投资类	228 206.36	160 802.64
股权投资类	495 002.86	835 107.87
融资类	1 841 118.96	4 101 431.30
事物管理类	—	—
合计	2 763 225.25	6 461 204.42

6.4.2.1.2 被动管理型信托业务的信托资产期初数、期末数

单位：万元

被动管理型信托资产	期初数	期末数
证券投资类	—	312 141.29
股权投资类	671 828.36	1 131 759.40
融资类	3 044 802.87	2 488 852.56
事物管理类	44 420.05	183 853.08
合计	3 772 522.84	4 948 099.73

6.4.2.2 本年度已清算结束信托项目

6.4.2.2.1 本年度已清算结束信托项目

已清算结束信托项目	项目个数	实收信托合计金额（万元）	加权平均实际年化收益率（%）
集合类	51	431 316.36	7.05
单一类	313	5 371 166.43	7.32
财产管理类	9	94 210.18	7.27

注：加权平均实际年化收益率＝（信托项目1的实际年化收益率×信托项目1的实收信托＋…＋信托项目n的实际年化收益率×信托项目n的实收信托）/（信托项目1的实收信托＋…＋信托项目n的实收信托）×100%。

6.4.2.2.2 本年度已清算结束的主动管理型信托项目

已清算结束信托项目	项目个数	实收信托合计金额（万元）	加权平均实际年化信托报酬率（%）	加权平均实际年化收益率（%）
证券投资类	—	—	—	—
股权投资类	10	68 139.00	1.90	7.39
融资类	148	1 668 999.77	0.63	7.91
事务管理类	—	—	—	—

注：加权平均实际年化收益率＝（信托项目1的实际年化收益率×信托项目1的实收信托＋……＋信托项目n的实际年化收益率×信托项目n的实收信托）/（信托项目1的实收信托＋……＋信托项目n的实收信托）×100%。

6.4.2.2.3 本年度已清算结束的被动管理型信托项目

已清算结束信托项目	项目个数	实收信托合计金额（万元）	加权平均实际年化信托报酬率（%）	加权平均实际年化收益率（%）
证券投资类	—	—	—	—
股权投资类	5	176 584.30	0.60	10.04
融资类	172	3 490 077.90	0.49	7.05
事务管理类	9	94 210.18	0.09	4.52

6.4.2.3 本年度新增的信托项目

新增信托项目	项目个数	实收信托合计金额（万元）
集合类	111	1 516 782.06
单一类	371	10 514 529.30
财产管理类	11	222 036.80
新增合计	493	12 253 348.16
其中：主动管理型	344	6 344 377.56
被动管理型	149	5 908 970.60

注：本年新增信托项目指在本报告年度内累计新增的信托项目个数和金额，包含本年度新增并于本年度内结束的项目和本年度新增至报告期末仍在持续管理的信托项目，包含本年度开放式产品金额。

6.4.2.4 信托业务创新成果和特色业务有关情况

2012年，公司加大业务创新力度，将业务创新与社会发展目标融为一体，积极发挥信托工具的功能优势，履行金融企业的社会责任和义务，做好金融创新服务。积极响应国家“城镇化”发展战略，设计发行“城乡一体化”系列信托产品，募集信托资金以有限合伙人身份入股有限合伙企业，以类基金的方式，投资于城乡一体化建设，促进城乡在规划建设、产业发展、市场信息、政策措施、生态环境保护、社会事业等方面发展的一体化建设；设计发行中期票据及短期融资券信托产品，有效提升了债券发行主体的资产价值，为社会投资者实现较为稳定合理的投资收益；创新设计发行“徽商银行智慧理财单一信托计划”，与银行合作，以开放式、基金化运作，累计募集信托资金规模达200亿元，组合投资于债券、贷款类等项目；以股权受益权、特定资产受益权为投资标的，设计发行信托产品；设计开发银信合作TOT信托产品；以城市土地一级开发为资金投向设计信托产品等。

2012年，公司积极响应政策号召，大力开发信托计划支持“中小微”和“三农”企业发展：设计发行“合肥市‘滨湖春晓’系列集合信托计划”，引入财政资金认购，发挥其资金撬动作用，支持合肥高新区、经济开发区多家中小企业发展；发行“‘珠城创新’中小企业贷款（二期、三期）集合信托计划”，募集信托资金1亿元，一揽子支持15家地方中小企业的发展，引入特定委托人认购信托份额，不参与信托收益分配，一方面为信托计划增信，另一方面让利于社会投资者，较好地彰显了政策导向；发行“安徽省凤宝粮油食品（集团）有限公司贷款集合信托计划”，募集信托资金支持农业产业的龙头企业发展。全年，公司共发行支持“中小微”和“三农”企业信托项目90个，共募集资金177.50亿元，较上年同期增加了129.08亿元，增长了266.58%，支持包括汽车服务业、农业食品业、生产制造业、矿产开采、公共设施管理和新能源发展等多个领域在内的企业发展。在地方经济发展遭受金融危机冲击和宏观调控的背景下，为“中小微”和“三农”企业的发展和抵御风险发挥了重要作用。截至2012年末，公司存续投向“中小微”和“三农”企业的信托资金规模为179.04亿元，占比存续信托资金总规模的

15.69%。此外,公司依托近年来安徽区位快速发展优势,设计发行了支持"皖江城市带"、"合芜蚌"、"皖北"等区域建设发展的系列化信托产品,彰显了公司作为地方信托机构的金融服务作用。

2012年2月,公司以固有资金投资设立安徽国元资产管理有限责任公司获得中国银监会批复同意。

6.4.2.5 本公司履行受托人义务情况

公司作为受托人,严格按照《信托法》、《信托公司管理办法》、《信托公司集合资金信托计划管理办法》及信托文件对受托人义务的规定,在管理信托财产时,恪尽职守,履行诚实、信用、谨慎、有效管理的义务,为受益人的最大利益处理信托事务。

公司将信托财产与其固有财产分别管理、分别记账,并将不同委托人的信托财产设立信托专户,单独记账,单独核算。

按照信托文件的约定,及时履行定期信托计划的信息披露及报告事项。每个信托计划设立后5个工作日内,在公司网站发布成立公告。并按照信托合同的约定,定期发布信托项目管理报告。信托合同终止时,根据信托合同的约定,向受益人支付信托财产及收益。同时,在信托终止后10个工作日内作出处理信托事务的清算报告。

妥善保管处理信托事务的完整记录、原始凭证及有关资料,保存期自本信托终止之日起15年。同时对委托人、受益人以及处理信托事务的情况和资料依法保密。

报告期内,公司管理的信托项目运作正常,全年到期清算信托项目金额达743.47亿元,全部安全、按期交付受益人,未出现因本公司自身责任而导致的信托资产损失情况。信托业务稳健发展,无任何信托财产损失。

6.5 关联方关系及其交易的披露

6.5.1 关联交易方的数量、关联交易的总金额及关联交易的定价政策等

	关联交易方数量	关联交易金额(万元)	定价政策
合计	2	3 711.00	市场公允价

6.5.2 关联交易方与本公司的关系性质,关联交易方的名称、法定代表人,注册地址、注册资本及主营业务等

关系性质	关联方名称	法定代表人	注册地址	注册资本(万元)	主营业务
同受母公司控制	安徽国元创投有限责任公司	邵文革	安徽省合肥市经开区翠微路6号海恒大夏8楼	23 000	创业投资及咨询、为创业企业提供管理服务业务、参加设立创业投资企业与创业投资管理业务、股权管理咨询
同受母公司控制	安徽国元科技担保有限公司	徐修德	安徽省合肥市高新区黄山路601号科技创新服务中心601~605室	21 200	为中小企业及个人融资提供担保服务;投资、融资服务;财务顾问;资产管理;企业重组、兼并咨询服务

6.5.3 本公司与关联方的重大交易事项

6.5.3.1 固有与关联方交易情况:贷款、投资、租赁、应收账款、担保、其他方式等期初汇总数、本期发生额汇总数、期末汇总数

单位:万元

	固有与关联方关联交易			
	期初数	借方发生额	贷方发生额	期末数
贷款	—	—	—	—
投资	—	—	—	—
租赁	—	—	—	—
担保	—	—	—	—
应收账款	—	—	—	—
其他	232.33	—	—	232.33
合计	232.33	—	—	232.33

6.5.3.2 信托与关联方交易情况:贷款、投资、租赁、应收账款、担保、其他方式等期初汇总数、本期发生额汇总数、期末汇总数

单位:万元

	信托与关联方关联交易			
	期初数	借方发生额	贷方发生额	期末数
贷款	—	—	—	—
投资	1 711.00	—	1 711.00	—
租赁	—	—	—	—
担保	2 000.00	—	2 000.00	—
应收账款	—	—	—	—
其他	—	—	—	—
合计	3 711.00	—	3 711.00	—

6.5.3.3 信托公司自有资金运用于自己管理的信托项目(固信交易)、信托公司管理的信托项目之间的相互(信信交易)交易金额,包括余额和本报告年度的发生额

6.5.3.3.1 固有与信托财产之间的交易金额期初汇总数、本期发生额汇总数、期末汇总数

报告期内公司无上述事项。

6.5.3.3.2 信托项目之间的交易金额期初汇总数、本期发生额汇总数、期末汇总数

报告期内公司无上述事项。

6.5.4 关联方逾期未偿还本公司资金的详细情况以及本公司为关联方担保发生或即将发生垫款的详细情况

报告期内公司无上述事项。

6.6 会计制度的披露

公司固有业务自2008年1月1日起执行财政部2006年颁布的《企业会计准则》。

公司信托业务自2010年1月1日起执行财政部2006年颁布的《企业会计准则》。

7. 财务情况说明书

7.1 利润实现和分配情况

2012年公司实现净利润40 890.16万元，加年初未分配利润69 512.11万元，可供分配利润为110 402.27万元；提取盈余公积4 089.01万元和提取一般风险准备2 419.13万元后，年末未分配利润为103 894.13万元。

本次向股东分配利润92 000万元，其中：12 000万元分配现金红利，80 000万元不分配现金按1:1比例用于转增公司注册资本。公司按股东出资比例分配现金红利和转增资本。

7.2 主要财务指标

指标名称	指标值
资本利润率（%）	11.93
加权年化信托报酬率（%）	0.57
人均净利润（万元）	314.54

注：1. 资本利润率＝净利润/所有者权益平均余额×100%。

2. 加权年化信托报酬率＝（信托项目1的实际年化信托报酬率×信托项目1的实收信托＋信托项目2的实际年化信托报酬率×信托项目2的实收信托＋…信托项目n的实际年化信托报酬率×信托项目n的实收信托）/（信托项目1的实收信托＋信托项目2的实收信托＋…信托项目n的实收信托）×100%。

3. 人均净利润＝净利润/年平均人数。

4. 平均值采取年初、年末余额简单平均法，公式为：a（平均）＝（年初数＋年末数）/2。

7.3 对本公司财务状况、经营成果有重大影响的其他事项

报告期内公司无上述事项。

8. 特别事项揭示

8.1 前五名股东报告期内变动情况及原因

报告期内，公司前五名股东未发生变动。

8.2 董事、监事及高级管理人员变动情况及原因

2012年3月，经公司2011年度股东会审议和表决通过，选举熊思迅先生担任公司监事。2012年8月，经公司临时股东会审议通过，张彦先生辞去公司监事，经公司董事会临时会议审议和表决通过，俞仕新先生因工作变动原因辞去公司总裁，张彦担任公司总裁。2012年11月，经中国银监会审查核准，张彦先生正式任职。2012年11月，经公司临时董事会审议通过，程碧波女士担任公司总裁助理。

8.3 变更注册资本、变更注册地或公司名称、公司分立合并事项

报告期内，公司注册资本、注册地和公司名称未发生变更，未发生分立合并事项。

8.4 公司的重大诉讼事项

报告期内，公司固有业务、信托业务无重大诉讼事项。

8.5 公司及其董事、监事和高级管理人员受到处罚的情况

报告期内，公司及其董事、监事和高级管理人员未发生受到处罚的情况。

8.6 银监会及其派出机构对公司检查的整改情况

本报告期内，安徽银监局对公司进行了一次现场检查。

2012年9月3日至9月21日，安徽银监局检查组对公司截至2012年6月末存量信托业务的合规性进行了现场检查。对公司的总体评价：“总体上看，国元信托公司能贯彻‘依法合规、稳健经营’的经营方针，围绕既定的工作目标和思路，积极转变发展方式，加强合规建设，提高发展质量，近年来，在经营管理各方面都有明显进步和提高。合规管理机制较为完善，合规文化建设较好，形成了较好的合规文化建设氛围。资产管理能力明显提升，信托资产规模增长较快，自主经营管理能力增强。但检查中也发现，国元信托公司在基础工作管理、业务操作流程、合规风险管理等方面还存在一些问题和薄弱环节。”

公司对监管部门的现场检查高度重视，召开专门会议，通报情况，传达整改要求，研究制定整改措施，提出整改方案。对照《检查意见书》中涉及到的问题，逐项分析成因，明确整改思路，制定了操作性强的整改方案，落实到部门，限期整改。切实做到思想重视、整改及时、强抓细节、落实到位。同时，公司举一反三，自我强化，就公司精细化管理做出全面部署。严格执行受托人职责，突出重点风险防控领域，开展风险自查和公司第三方监督审查，进一步提升夯实项目管理，力促公司精细化管理水平的改善提升，实现公司更好更快发展。

8.7 本年度重大事项临时报告的简要内容、披露时间、所披露的媒体及其版面

2012年4月17日，公司在《上海证券报》B6版刊登了公司下列重大事项临时报告内容：

一是2012年3月30日，公司召开2011年度股东会，过仕刚、靳新中、许斌、芦辉、于上游、高升、孙晓、鲍金桥、宋炳山等9人当选为公司董事（其中孙晓、鲍金桥、宋炳山3人为独立董事），组成公司第四届董事会。张彦、熊思迅当选为公司监事，与公司职工民主选举产生的职工代表陈康组成公司第四届监事会。

二是2012年3月30日，公司第四届董事会第一次会议选举过仕刚为公司董事长，靳新中为公司副董事长。聘任俞仕新担任公司总裁；聘任黄庆兵、徐景明、魏世春、许植担任公司副总裁；聘任朱先平担任公司总会计师，履行公司财务负责人职责；聘任虞焰智担任公司董事会秘书。

三是2012年3月30日，公司第四届监事会第一次会议选举张彦为公司监事长。

2012年11月21日，公司在《上海证券报》A12版刊登下

列重大事项临时报告内容：

经公司第四届董事会2012年第二次临时会议研究决定，并报经中国银监会审查核准，聘任张彦为公司总裁。

8.8 银监会及其省级派出机构认定的其他有必要让客户及相关利益人了解的重要信息

报告期内，公司已按有关规定充分披露相关信息，无银监会及其省级派出机构认定的其他有必要让客户及相关利益人了解的重要信息。

安信信托投资股份有限公司

1. 重要提示

1.1 本公司董事会、监事会及其董事、监事、高级管理人员保证本报告所载资料不存在任何虚假记载、误导性陈述或者重大遗漏,并对其内容的真实性、准确性和完整性承担个别及连带责任。本年度报告摘要摘自年度报告全文,客户及相关利益人欲了解详细内容,应阅读年度报告全文。

1.2 公司全体董事出席董事会会议。

1.3 独立董事朱荣恩、邵平、余云辉认为本报告内容是真实、准确、完整的。

1.4 立信会计师事务所为本公司出具了标准无保留意见的审计报告。

1.5 公司法定代表人王少钦、主管会计工作负责人赵宝英以及会计部门负责人(会计主管人员)赵宝英声明:保证年度报告中财务会计报告的真实、完整。

2. 公司概况

安信信托投资股份有限公司前身系鞍山市信托投资公司,是由鞍山市人民政府决定、经中国人民银行辽宁省分行以辽银金字〔1987〕13号文批准,于1987年设立的地方非银行金融机构;1992年经辽宁省经济体制改革委员会辽体改发〔1992〕18号文件批准改制为股份有限公司,同时更名为鞍山市信托投资股份有限公司(以下简称为鞍山信托)。

鞍山信托经中国人民银行辽宁省分行辽银金字〔1992〕第148号文件批准,于1992年向社会公众公开发行股票;公司股票经中国证监会证监发审字〔1994〕2号文复审通过、上海证券交易所上证上〔1994〕字第2004号文审核批准,于1994年1月28日在上海证券交易所上市交易。

鞍山信托于2003年3月13日收到《中国人民银行关于鞍山市信托投资股份有限公司重新登记的批复》(银复〔2003〕43号),并于2003年3月28日获得中国人民银行沈阳分行颁发的《中华人民共和国信托机构法人许可证》。公司重新登记后可以经营下列本外币业务:受托经营资金信托业务;受托经营动产、不动产及其他财产的信托业务;受托经营法律、行政法规允许从事的投资基金业务,作为投资基金或者基金管理公司的发起人从事投资基金业务;受托经营公益信托;经营企业资产的重组、购并及项目融资、公司理财、财务顾问等中介业务;受托经营国务院有关部门批准的国债、政策性银行债券、企业债券等债券的承销业务;代理财产的管理、运用和处分;代保管业务;信用见证、资信调查及经济咨询业务;以银行存放、同业拆放、贷款、融资租赁或投资方式运用自有资金;以固有财产为他人提供担保;办理金融同业拆借;中国人民银行批准的其他业务(上述经营范围涉及许可的凭许可证经营)。

鞍山信托于2004年8月经中国银监会银监办发〔2004〕124号文批准、上海市人民政府以沪府办函〔2004〕2号文批准迁址上海,注册地址变更为上海市杨浦区控江路1553~1555号A座3楼301室;经国家工商行政管理总局以(国)名称变核内字〔2004〕第277号文核准更名为安信信托投资股份有限公司。

2.1 公司简介

2.1.1 公司法定中文名称:安信信托投资股份有限公司
公司法定中文名称缩写:安信信托
公司英文名称:Anxin Trust & Investment Co.,Ltd.
公司英文名称缩写:AXXT

2.1.2 注册资本:45 411万元

2.1.3 成立日期:1987年

2.1.4 公司法定代表人:王少钦

2.1.5 公司董事会秘书:武国建
电话:021-63410710
传真:021-63410712
E-mail:ax600816@126.com
联系地址:上海市广东路689号29层

2.1.6 公司注册地址:上海市控江路1553~1555号A座3楼301室
公司办公地址:上海市广东路689号29层
邮政编码:200001
公司国际互联网网址:http://www.anxintrust.com
公司电子信箱:ax600816@126.com

2.1.7 公司信息披露报纸名称:《中国证券报》、《上海证券报》
登载公司年度报告的中国证监会指定国际互联网网址:http://www.sse.com.cn
公司年度报告备置地点:上海市广东路689号29层

2.1.8 公司A股上市交易所:上海证券交易所
公司A股简称:安信信托
公司A股代码:600816

2.1.9 其他有关资料
公司法人营业执照注册号:3100001007240
公司税务登记号码:310110765596096
公司组织结构代码:765596096
公司聘请的境内会计师事务所名称:立信会计师事务所(特殊普通合伙)
公司聘请的境内会计师事务所办公地址:上海南京东路61号新黄浦金融大厦4楼
公司聘请的境内律师事务所名称:北京君泽君律师事务所
公司聘请的境内律师事务所办公地址:北京市西城区金融大街9号金融街中心南楼6层

2.2 组织结构

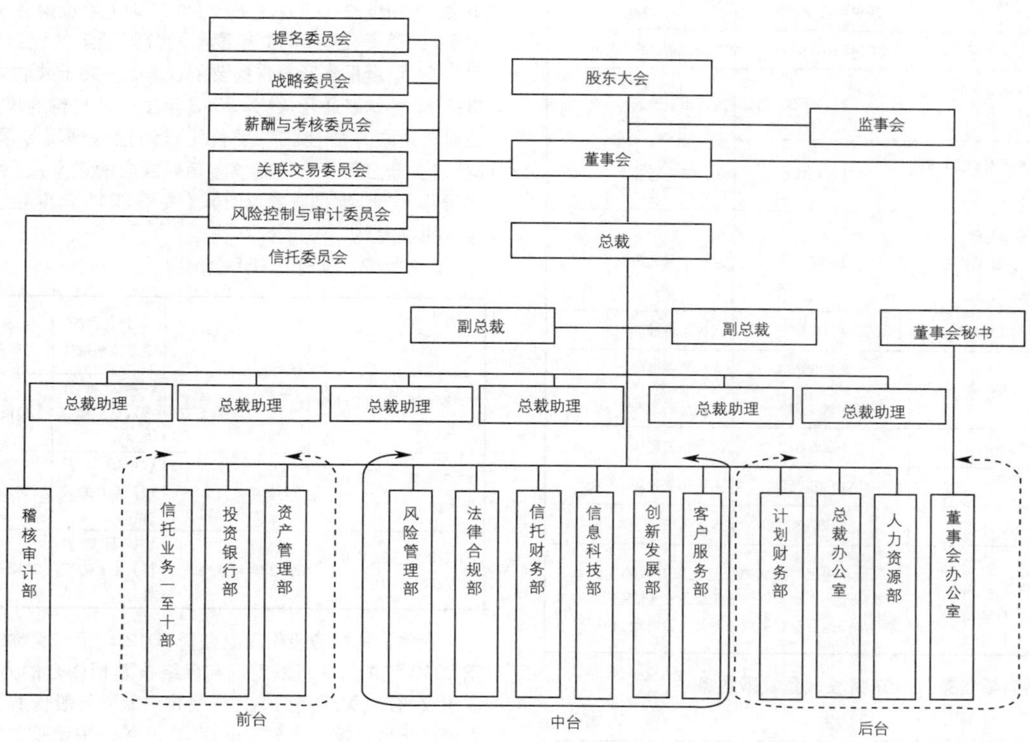

3. 公司治理结构

3.1 股东

截止报告期末股东总数(股)	54 788	年度报告披露日前第5个交易日末股东总数(股)				55 770
前十名股东持股情况						
股东名称	股东性质	持股比例(%)	持股总数(股)	报告期内增减(股)	持有有限售条件股份数量(股)	质押或冻结的股份数量(股)
上海国之杰投资发展有限公司	境内非国有法人	32.96	149 670 672	0		质押 149 670 000
中国人寿保险(集团)公司—传统—普通保险产品	其他	1.56	7 078 550			无
中国银行—大成蓝筹稳健证券投资基金	其他	1.54	7 000 000			无

续表

股东名称	股东性质	持股比例(%)	持股总数(股)	报告期内增减(股)	持有有限售条件股份数量(股)	质押或冻结的股份数量(股)
中国工商银行股份有限公司—富国沪深300增强证券投资基金	其他	1.15	5 217 856			无
蒋水良	境内自然人	0.60	2 700 000			无
蒋仕波	境内自然人	0.49	2 213 833			无
马世叔	境内自然人	0.43	1 960 013			无
丁言堃	境内自然人	0.42	1 905 872			无
朱建福	境内自然人	0.40	1 816 150			无
中海信托股份有限公司	其他	0.37	1 687 390			无

续表

前十名无限售条件股东持股情况		
股东名称	持有无限售条件股份的数量（股）	股份种类及数量
上海国之杰投资发展有限公司	149 670 672	人民币普通股
中国人寿保险（集团）公司—传统—普通保险产品	7 078 550	人民币普通股
中国银行—大成蓝筹稳健证券投资基金	7 000 000	人民币普通股
中国工商银行股份有限公司—富国沪深 300 增强证券投资基金	5 217 856	人民币普通股
蒋水良	2 700 000	人民币普通股
蒋仕波	2 213 833	人民币普通股
马世叔	1 960 013	人民币普通股
丁言堃	1 905 872	人民币普通股
朱建福	1 816 150	人民币普通股
中海信托股份有限公司	1 687 390	人民币普通股
上述股东关联关系或一致行动的说明	公司股东中上海国之杰投资发展有限公司为本公司实际控制人高天国先生控制的企业，其余股东本公司未知是否存在关联关系及一致行动的情况	

第一名有限售条件股东持股数量及限售条件：

单位：股

序号	有限售条件股东名称	持有的有限售条件股份数量	有限售条件股份可上市交易情况		限售条件
			可上市交易时间	新增可上市交易股份数量	
1	鞍山市新大地轮胎工程有限公司	260 000			由国之杰先行代其对价安排，被代对价的非流通股股东在办理其持有的非流通股股份上市流通时，应先征得国之杰的同意，并由本公司向证券交易所提出该等股份的上市流通申请

3.2 公司治理信息

3.2.1 年度内召开股东大会（股东会）情况

3.2.1.1 年度股东大会情况

会议届次	召开日期	决议刊登的信息披露报纸	决议刊登的信息披露日期
2011 年度股东大会	2012 年 5 月 16 日	《中国证券报》、《上海证券报》	2012 年 5 月 17 日

安信信托投资股份有限公司 2011 年度股东大会于 2012 年 5 月 16 日以现场表决的方式召开，会议以审议通过《关于公司 2011 年度董事会工作报告的议案》、《关于公司 2011 年度监事会工作报告的议案》、《关于公司 2011 年度财务决算报告的议案》、《关于公司 2011 年度利润分配预案的议案》、《关于公司 2011 年度报告及报告摘要的议案》、《关于续聘立信会计师事务所（特殊普通合伙）为 2012 年度审计机构的议案》、《关于公司与关联方资金往来及公司对外担保情况专项说明的议案》、《关于公司第六届董事会延期换届的议案》、《关于公司第六届监事会延期换届的议案》、《关于 2011 年度独立董事履职报告的议案》。

3.2.1.2 临时股东大会情况

会议届次	召开日期	决议刊登的信息披露报纸	决议刊登的信息披露日期
2012 年第一次临时股东大会	2012 年 1 月 6 日	《中国证券报》、《上海证券报》	2012 年 1 月 7 日
2012 年第二次临时股东大会	2012 年 9 月 24 日	《中国证券报》、《上海证券报》	2012 年 9 月 25 日
2012 年第三次临时股东大会	2012 年 11 月 26 日	《中国证券报》、《上海证券报》	2012 年 11 月 27 日

安信信托投资股份有限公司 2012 年第一次临时股东大会于 2012 年 1 月 6 日以现场和网络投票相结合的方式召开，会议审议通过《关于安信信托向特定对象发行股份购买资产暨重大资产出售方案有效期延的议案》、《关于提请股东大会授权董事会全权办理本次向特定对象发行股份购买资产的议案》。

安信信托投资股份有限公司 2012 年第二次临时股东大会于 2012 年 9 月 24 日以现场和网络投票结合的方式召开，会议审议通过《关于安信信托投资股份有限公司重大资产出售暨关联交易方案相关事宜的议案》、《关于审议〈重大资产出售暨关联交易报告书（草案）〉及摘要的议案》、《关于审议安信信托投资股份有限公司与上海国之杰投资发展有限公司签署的关于上海凯盟投资发展有限公司的〈股权转让协议〉以及关于银晨网讯科技有限公司的〈股权转让协议〉的议案》、《关于提请股东大会授权董事会办理安信信托投资股份有限公司本次重大资产出售暨关联交易相关事宜的议案》、《关于安信信托投资股份有限公司申请换发新的金融许可证的议案》、《关于安信信托投资股份有限公司变更公司名称的议案》、《关于安信信托投资股份有限公司变更公司经营范围的议案》、《关于安信信托投资股份有限公司修订公司章程总则、经营范围及宗旨的议案》、《关于安信信托投资股份有限公司修订公司章程利润分配的议案》、《关于安信信托投资股份有限公司未来三年股东分红回报规划的议案》。

安信信托投资股份有限公司 2012 年第三次临时股东大会于 2012 年 11 月 26 日以现场方式召开，会议审议通过了《关于董事会换届选举的议案》、《关于监事会换届选举的议案》、《关于修订〈安信信托投资股份有限公司公司章程〉的议案》、《关于修订〈安信信托投资股份有限公司独立董事制度〉的议案》。

3.2.2 董事会及其下属委员会履行职责情况

3.2.2.1 董事会会议情况及决议内容

会议届次	召开日期	决议内容	决议刊登的信息披露报纸	决议刊登的信息披露日期
第六届董事会第十六次会议	2012年2月27日	审议通过1.《关于公司2011年度董事会工作报告》的议案;2.《关于公司2011年度财务决算报告》的议案;3.《关于公司2011年度利润分配预案》的议案;4.《公司2011年年度报告及报告摘要》的议案;5.《安信信托投资股份有限公司2011年度内部控制的自我评价报告》的议案;6.《安信信托投资股份有限公司2011年度社会责任报告》的议案;7.《关于批准董事会薪酬与考核委员会相关决议》的议案;8.《安信信托投资股份有限公司2011年度稽核审计报告》的议案;9.《2011年度经营管理工作总结及2012年度工作要点》的议案;10.《关于续聘立信会计师事务所(特殊普通合伙)为2012年度审计机构》的议案;11.《关于公司与关联方资金往来及公司对外担保情况专项说明》的议案;12.《安信信托投资股份有限公司内部控制制度》的议案;13.《关于继续推进公司重大资产重组》的议案。	《中国证券报》;《上海证券报》	2012年2月28日
第六届董事会第十七次会议	2012年3月28日	审议通过《安信信托投资股份有限公司内控规范实施工作方案》的议案。	《中国证券报》;《上海证券报》	2012年3月29日
第六届董事会第十八次会议	2012年4月23日	审议通过1.《关于安信信托投资股份有限公司2012年第一季度报告》的议案;2.《关于安信信托投资股份有限公司2012年第一季度稽核审计报告》的议案。	《中国证券报》;《上海证券报》	2012年4月24日
第六届董事会第十九次会议	2012年4月25日	审议通过1.《关于公司第六届董事会延期换届》的议案;2.《关于安信信托投资股份有限公司召开2011年度股东大会》的议案。	《中国证券报》;《上海证券报》	2012年4月26日
第六届董事会第二十次会议	2012年8月14日	审议通过关于组织机构优化调整的议案	《中国证券报》;《上海证券报》	2012年8月15日
第六届董事会第二十一次会议	2012年8月29日	审议通过1. 关于《安信信托投资股份有限公司2012年半年度报告全文及摘要》的议案;2. 关于《安信信托投资股份有限公司2012年半年度稽核审计报告》的议案;3. 关于《安信信托投资股份有限公司聘请申银万国证券股份有限公司担任重大资产出售的独立财务顾问》的议案。	《中国证券报》;《上海证券报》	2012年8月30日
第六届董事会第二十二次会议	2012年9月5日	1. 关于《安信信托投资股份有限公司重大资产出售暨关联交易方案相关事宜》的议案;2. 关于《审议〈重大资产出售暨关联交易报告书(草案)〉及摘要》的议案;3. 关于《评估机构的独立性、评估假设前提的合理性、评估方法与评估目的的相关性以及评估定价的公允性》的议案;4. 关于《审议本次重大资产出售暨关联交易有关审计、评估报告》的议案;5. 关于《审议安信信托投资股份有限公司与上海国之杰投资发展有限公司签署的关于上海凯盟投资发展有限公司的〈股权转让协议〉以及关于银晨网讯科技有限公司的〈股权转让协议〉》的议案;6. 关于《提请股东大会授权董事会办理安信信托投资股份有限公司本次重大资产出售暨关联交易相关事宜》的议案;7. 关于《安信信托投资股份有限公司申请换发新的金融许可证》的议案;8. 关于《安信信托投资股份有限公司变更公司名称》的议案;9. 关于《安信信托投资股份有限公司变更公司经营范围》的议案;10. 关于《关于安信信托投资股份有限公司现有业务调整方案》的议案;11. 关于《安信信托投资股份有限公司固有项下实业投资清理方案》的议案;12. 关于《安信信托投资股份有限公司修订公司章程》的议案;13. 关于《公司董事会作为征集人公开征集2012年第二次临时股东大会投票权》的议案;14. 关于《提请召开公司2012年第二次临时股东大会》的议案。	《中国证券报》;《上海证券报》	2012年9月7日
第六届董事会第二十三次会议	2012年10月27日	1. 关于《安信信托投资股份有限公司2012年第三季度报告》的议案;2. 关于《安信信托投资股份有限公司2012年第三季度稽核审计报告》的议案。	《中国证券报》;《上海证券报》	2012年10月30日
第六届董事会第二十四次会议	2012年11月9日	1. 关于董事会换届选举的议案;2. 关于修订《安信信托投资股份有限公司公司章程》的议案;3. 关于修订《安信信托投资股份有限公司独立董事制度》的议案;4. 关于提请召开2012年第三次临时股东大会的议案。	《中国证券报》;《上海证券报》	2012年11月10日
第七届董事会第一次会议	2012年11月26日	1. 关于选举第七届董事会董事长的议案;2. 关于第七届董事会专门委员会人员组成的议案;3. 关于聘任公司总裁的议案;4. 关于聘任公司董事会秘书的议案;5. 关于聘任赵宝英为公司副总裁的议案;6. 关于聘任梁清德为公司副总裁的议案;7. 关于聘任陈劲为公司总裁助理的议案;8. 关于聘任姜晓彤为公司总裁助理的议案;9. 关于聘任栾雅钧为公司总裁助理的议案;10. 关于聘任董玉舸为公司总裁助理的议案;11. 关于聘任魏立明为公司总裁助理的议案;12. 关于聘任付红宁为公司总裁助理的议案;13. 关于公司董事、监事的薪酬标准的议案;14. 关于公司组织机构优化调整的议案。	《中国证券报》;《上海证券报》	2012年11月27日

3.2.2.2 董事会对股东大会决议的执行情况

报告期内，公司严格按照《公司法》、《证券法》和公司章程等有关法律法规的相关要求，董事会认真执行股东大会的各项决议，未有拖延和未执行情况；依法规范运作，认真履行董事会的各项职责，逐步完善公司法人治理结构，保证公司各项任务的顺利进行。

3.2.2.3 董事会下设的审计委员会相关工作制度的建立健全情况、主要内容以及履职情况汇总报告

公司董事会下设风险控制与审计委员会，根据《上市公司治理准则》、公司章程、董事会议事规则和公司董事会审计委员会年报工作规程以及董事会赋予的职权和义务，认真履行职责，不断建立健全治理结构。

报告期内，风险控制与审计委员会对公司内部控制的建设及实施，以及与外部会计师的沟通与督促方面都做了大量的工作，按照相关的制度认真审阅每一份定期报告，充分发挥了风险控制与审计委员会在定期报告的编制和信息披露方面的监督作用；风险控制与审计委员会在年审注册会计师进场前审阅了公司编制的财务会计报表，认为财务会计报表能够反映公司的财务状况和经营成果。年审注册会计师进场后，审计委员会与会计师事务所协商确定了公司本年度财务报告审计工作的时间安排，并保持与年审注册会计师的沟通，通过《审计督促函》等形式敦促审计事务所在审计中能严格按照《中国注册会计师执业准则》的要求开展审计工作，并按照总体审计计划完成审计工作。在审阅年度报告时，风险控制与审计委员会根据相关规定多次会同公司财务与外部会计师事务所进行沟通，听取了重要审计领域及审计策略、审计结果及调整内容等情况的汇报，并对会计师事务所提交的公司财务报告审计意见出具审阅意见。

在年审注册会计师出具初步审计意见后，风险控制与审计委员会再一次审阅了公司财务会计报表，认为公司财务报表真实、准确、完整地反映了公司的整体情况。

3.2.2.4 公司独立董事履职情况报告

报告期内公司独立董事能够严格按照《公司法》、《证券法》等法律、法规以及公司章程的要求，认真履行职责，积极参与公司决策。有足够的时间和精力履行职责。积极参加董事会和董事会专门委员会，其中董事会召开10次会议，董事会专门委员会会议召开8次会议并行使表决。在公司董事会会议召开前，都认真审阅公司的各项议案，为参加会议做好充分的准备工作。报告期内对公司董事会各项议案和其他事项没有提出异议。独立董事依据自己的专业知识，本着勤勉尽责的态度，参加公司召开的董事会和股东大会会议，认真仔细审阅会议及相关材料，积极参与各议题的讨论并提出合理建议，并能够对公司与关联资金往来及对外担保事项、公司的关联交易事项、重大资产出售方案、董事会换届选举、聘任公司高级管理人员、利润分配等重大事项及时发表意见。作出独立判断时，不受公司主要股东、实际控制人和其他与公司存在利害关系的单位、个人的影响，较好地维护了公司和全体股东利益。报告期内独立董事与会计师关于年度报告审计工作召开多次工作见面会，与年审注册会计师对审计年度报告过程中发现的相关问题进行了充分的沟通与交流，并督促审计师结合银监会的相关要求按时、按要求出具报告，以保证报告内容的公允性、真实性以及完整性，提高了公司会计信息质量，公允地反映了本公司的财务状况，没有对投资者，特别是中小投资者的利益造成损害。

3.2.2.5 董事会下设的薪酬委员会的履职情况汇总报告

公司董事会下设的薪酬与考核委员会审查了公司董事、监事以及高级管理人员2012年履行职责的情况，并依照考核标准和薪酬政策对高管人员进行了绩效考核。认为公司董事、监事以及高级管理人员领取的津贴和薪酬情况符合公司股东大会的决定和公司的薪酬管理制度，未有违反股东大会决议和薪酬管理制度的情况发生。

3.2.3 监事会及其下属委员会履行职责情况

3.2.3.1 监事会的工作情况

召开会议的次数	7
监事会会议情况	监事会会议议题
第六届监事会第十三次会议	审议通过1. 审议《公司2011年度监事会工作报告》的议案；2. 审议《公司2011年年度报告及报告摘要》的议案；3. 审议《安信信托投资股份有限公司2011年度公司内部控制的自我评价报告》的议案；4. 审议《安信信托投资股份有限公司2011年度社会责任报告》的议案；5. 审议《监事会对公司2011年度有关事项的独立意见》的议案；6. 审议《关于续聘立信会计师事务所（特殊普通合伙）为2012年度审计机构》的议案；7. 审议《关于公司与关联方资金往来及公司对外担保情况专项说明》的议案；8. 审议《关于继续推进公司重大资产重组事项》的议案。
第六届监事会第十四次会议	审议通过《公司2012年第一季度报告》的议案。
第六届监事会第十五次会议	审议通过《公司第六届监事会延期换届》的议案。
第六届监事会第十六次会议	审议通过《公司2012年半年度报告全文及其摘要》。
第六届监事会第十七次会议	1. 审议通过关于《安信信托投资股份有限公司重大资产出售暨关联交易方案相关事宜》的议案；2. 关于《审议〈重大资产出售暨关联交易报告书（草案）〉及摘要》的议案；3. 关于《审议安信信托投资股份有限公司与上海国之杰投资发展有限公司签署的关于上海凯盟投资发展有限公司的〈股权转让协议〉以及关于银晨网讯科技有限公司的〈股权转让协议〉》的议案；4. 关于《安信信托投资股份有限公司申请换发新的金融许可证》的议案；5. 关于《安信信托投资股份有限公司变更公司名称》的议案；6. 关于《安信信托投资股份有限公司变更公司经营范围》的议案；7. 关于《安信信托投资股份有限公司修订公司章程总则、经营范围及宗旨》的议案；8. 关于《安信信托投资股份有限公司修订公司章程利润分配内容》的议案；9. 关于《安信信托投资股份有限公司未来三年股东分红回报规划》的议案。
第六届监事会第十八次会议	审议通过《公司2012年第三季度报告》的议案。
第六届监事会第十九次会议	审议通过1. 关于监事会换届选举的议案；2. 关于《修订安信信托投资股份有限公司章程》的议案。
召开会议的次数	7

2012年度公司监事会严格按照《公司法》、《证券法》、《股票上市规则》等相关法律、法规和《公司章程》赋予的职责和权力，依法运作，认真履职。公司监事会共召开7次会议，列席历次董事会会议，参加历次股东大会，对公司董事会编制的定期报告提出书面审核意见，对公司高级管理人员的履职情况进行监督，对公司重大事项的决策进行监督，检查公司财务，对公司重大资产出售、收购情况进行监督并听取公司各项重要提案和

决议,了解公司重大事项的决策情况,对决策程序进行监督。

3.2.3.2 监事会对公司依法运作情况的独立意见

报告期内,公司在经营管理运作方面,能够依照《公司法》、《证券法》、公司章程等法律法规的规定依法运作,决策程序合法,运行程序规范,法人治理结构基本健全,并建立了较为完善的公司内部控制制度;在开展专项治理活动中,能够认真搞好自查并针对存在的问题进行整改;公司董事以及高级管理人员能够认真履行职责,勤勉尽职,认真贯彻股东大会的各项决议;信息披露能够及时准确,日常工作依法办事,能够围绕公司的实际发展不断提出改革创新的思路和办法,切实维护了公司及全体股东的合法权益,在履职过程中未发现有违反法律法规、本公司章程以及侵犯股东利益的行为。

3.2.3.3 监事会对检查公司财务情况的独立意见

公司监事会认真检查了公司的财务制度和财务管理的情况,公司监事会认为:公司财务制度比较健全,审批程序规范,未发现有违法违规和违反公司财务制度以及资产被违规占用和资产流失的情况。2012年财务报告经立信会计师事务所有限公司出具了标准无保留报告,审计意见客观、真实、公正地反映了公司2012年度的财务状况、经营成果和现金流量

3.2.3.4 监事会对公司最近一次募集资金实际投入情况的独立意见

报告期内,公司未有募集资金使用情况。

3.2.3.5 监事会对公司收购、出售资产情况的独立意见

公司购买资产的交易符合中国法律法规及中国证券监督管理委员会的监管规则。交易方案合理、切实可行,符合公司长远发展的需要,符合全体股东的利益,没有损害中小股东的利益。出售实业资产的定价合理,定价程序合法合规;拟购买资产的注入有利于提高公司的资产质量,增强公司的竞争力和盈利能力。

3.2.3.6 监事会对公司关联交易情况的独立意见

监事会对2012年度公司发生的关联交易进行了监督和核查,监事会认为公司与关联方发生的关联交易是公司经营发展所需,遵循了公平、公开、公正的原则,经过了相关权力机构的批准,并履行了必要的审议程序。公司董事会、股东大会在审议关联交易时,关联董事、关联股东都履行和回避表决的程序,独立董事对关联交易进行了事前认可并发表了独立意见。关联交易的决策、交易的程序符合有关法律、法规、政策和公司章程的规定,并履行了信息披露义务,公司的关联交易活动依法公平、公正的运行,交易价格按市场公允价格合理确定,未损害公司及非关联股东的利益。

3.2.3.7 监事会对会计师事务所非标意见的独立意见

报告期内,立信会计师事务所(特殊普通合伙)未出具非标准意见。

3.2.3.8 监事会对内部控制自我评价报告的审阅情况

监事会所有监事认真审阅了董事会出具的内部控制自我评估报告,监事会认为:公司内部控制自我评估报告全面、真实、准确的反映了公司内部控制的实际情况。

4. 经营管理

4.1 经营目标、经营方针、战略规划

2012年,国际及国内经济形势依然复杂。世界经济增长放缓,国际贸易增速回落,中国经济在持续回落中逐步趋稳。在政府实施“稳经济、调结构、控通胀”的发展思路指导下,国内经济总体保持稳健增长,但经济发展依然面临众多挑战,存在诸多不确定性。在积极的财政政策、稳健的货币政策以及房地产调控的宏观政策影响下,信托业面临着依然复杂的经营环境和更为严格的监管要求。

公司结合实际,在2012年初制定了“适度放缓、稳中求进”的指导原则,继续坚持“专业化、差异化”的经营策略,落实各项监管要求,明确展业方向,稳健运营,在加强风险识别、防范和管控能力的同时,全面努力提升自主管理能力。

4.2 经营业务的主要内容

报告期内公司稳健经营,努力优化业务结构,加大现有公益性、类基金型及其他私人信托产品的研发力度,巩固公司核心竞争力,稳固公司经营绩效,提升管理能力。公司2012年度共实现主营业务收入40 607万元,归属于母公司的净利润10 768万元,归属于母公司的所有者权益为63 057万元。

4.2.1 固有业务方面

4.2.1.1 截至报告期末,公司总资产9.51亿元,比上年末增加了0.19亿元,增幅为2.05%,负债总额3.2亿元。资产负债率为33.70%,比上年度减少6.22个百分点。

4.2.1.2 为贯彻执行《信托公司管理办法》等相关规定,报告期内公司进行了非金融股权和投资性房地产等实业资产清理工作,启动换发金融许可证的工作,并于2012年11月23日获中国证监会《关于核准安信信托投资股份有限公司重大资产重组方案的批复》。截至2013年1月28日,上海国之杰投资发展有限公司已支付所有股权转让款,此次重大资产重组暨关联交易事项实施完毕。

4.2.1.3 公司执行经董事会批准的固有业务管理制度,固有资金的运用均履行严格的评审程序,所有固有贷款均落实风控措施,并实行持续的贷后跟踪管理。考虑到主营信托业务项下,因流动性风险导致非常态方式管理的信托业务占比上升以及法定信托展期期间公司作为受托人履行法定尽职管理职责可能形成的风险和损失,公司已适时构建全新经营战略、组织架构,并以流动性风险管理为目标进行财务拨备。截至2012年12月31日,固有资产拨备充分,无不良资产。

4.2.2 信托业务方面

4.2.2.1 截至报告期末,存续信托项目103个,受托管理信托资产规模达460.36亿元;已完成清算的信托项目34个,清算信托规模达146.94亿元;新增设立信托项目74个,新增信托规模达341.51亿元。其中,新增集合类信托项目8个,实收信托规模达68.82亿元;新增单一类信托项目66个,实收信托规模为272.69亿元。

4.2.2.2 信托资金投向:公司2012年信托资金主要投向涉及基础产业、房地产、证券投资、实业、金融和其他。与2011年末相比,房地产类下降了32.73%,实业类上升了171.92%。在保持温和发展的态势下,公司继续向非房地产领域进行业务拓展,调整业务结构,加大其他领域的拓展力度。

4.2.2.3 集合资金信托业务:集合资金信托业务占信托资产总规模比例为34.48%,信托规模有一定提升,公司自主发行能力和主动管理能力继续增强。

4.2.2.4　信托业务风险方面：公司执行各项信托业务管理制度，信托业务的开展及后续管理均严格以受益人利益最大化等为宗旨依法操作。

4.3　市场分析

金融业一直是现代经济的核心，是各产业发展的助推器。在新的开放形势下，更好地配置资源，支持实体经济发展，增强国际竞争力，金融业被寄予厚望。从传统金融产品的革新到新金融业态的培育，从对自主研发支持到外部价值链整合，从立足于高端财富管理到基层社区服务，金融业都拥有着广阔的发展空间。

这些年，信托业作为金融的子行业，凭借自身的连通优势，成熟规范的体系运作以及不断创新赋予的新动力，行业呈现飞跃式发展。

十八大报告提出到2020年“实现国内生产总值和城乡居民人均收入比2010年翻一番”的远景目标，意味着城镇化发展将带来更巨额的资金需求；社会财富效应将引导更广阔的财富管理需求，拓宽财富管理市场；经济转型和行业配置的转变对资产管理带来更专业的运营要求。

随着行业发展和竞争环境不断改变，未来几年信托业发展趋势可能呈现以下变化：

一是整体财富管理市场扩容引发的行业竞争。居民财富不断增长拉动着整个财富管理市场，当下中国财富管理市场初步形成了银行、信托、基金、证券以及第三方理财的格局，随着利率市场化的推进，居民追求自身财富保值增值的需求也愈加市场化。信托制度特有的财富管理职能和财富转移功能可以在发展财富管理业务方面取得更长足的发展。

二是不同收益偏好带动财富管理市场的业务细分。随着整体财富市场需求不断膨胀，财富管理市场的业务细分也随之显现，信托公司将拓展不同收益偏好的目标客户群，并借助自身核心竞争力为有不同收益偏好的客户群开发更人性化、更多元化的财富管理产品。

三是竞争将引领信托公司核心竞争力的不断构筑和巩固。伴随资产管理更专业化的运营要求，信托公司面临着前所未有的竞争，这种竞争表现在两个方面：一方面宏观调控影响着信托公司自身发展的路径选择；另一方面“泛资产概念”不断强化，金融“混业化”时代进一步来临，信托公司将面临其他资产管理机构同质化的业务竞争。激烈的市场竞争将分化信托公司现有客户，削弱信托公司拥有的专属经营权，信托公司借助传统信托特点构筑的经营模式将受到挑战，原有模式的“代替效应”和“挤出效应”开始显现并导致信托业的业务调整。

但事物也具有两面性，市场竞争顺应“优胜劣汰”规律同时，信托公司的核心竞争力也将在这过程中不断构筑和巩固。信托公司必须构筑属于自己的差异化投资功能，寻找更稳固的盈利模式、建设更专业的团队才有可能在激烈的市场竞争中生存、发展、壮大。

四是“竞合关系”将推动行业创新能力的提升

在开放的资产管理市场中，信托公司与其他资产管理机构之间不仅仅是竞争关系，也存在着合作关系。这种“竞合关系”一方面制约着信托业独享市场盛宴带来的自我膨胀；另一方面也促成信托业与其他资产管理机构之间新的运营模式。这种“你我相容”的纽带势必会引领新业务模式的开创和建立，为未来行业创新能力的提升带来新气象，并促进整个金融业的发展。

5. 报告期末及上一年度末的比较式会计报表

5.1　自营资产(会计报表已经审计)

5.1.1　会计师事务所审计意见全文

审 计 报 告

信会师报字〔2013〕第110238号

安信信托投资股份有限公司全体股东：

我们审计了后附的安信信托投资股份有限公司(以下简称贵公司)财务报表，包括2012年12月31日的资产负债表和合并资产负债表、2012年度的利润表和合并利润表、2012年度的现金流量表和合并现金流量表、2012年度的所有者权益变动表和合并所有者权益变动表以及财务报表附注。

一、管理层对财务报表的责任

编制和公允列报财务报表是贵公司管理层的责任。这种责任包括：(1)按照企业会计准则的规定编制财务报表，并使其实现公允反映；(2)设计、执行和维护必要的内部控制，以使财务报表不存在由于舞弊或错误导致的重大错报。

二、注册会计师的责任

我们的责任是在执行审计工作的基础上对财务报表发表审计意见。我们按照中国注册会计师审计准则的规定执行了审计工作。中国注册会计师审计准则要求我们遵守中国注册会计师职业道德守则，计划和执行审计工作以对财务报表是否不存在重大错报获取合理保证。

审计工作涉及实施审计程序，以获取有关财务报表金额和披露的审计证据。选择的审计程序取决于注册会计师的判断，包括对由于舞弊或错误导致的财务报表重大错报风险的评估。在进行风险评估时，注册会计师考虑与财务报表编制和公允列报相关的内部控制，以设计恰当的审计程序，但目的并非对内部控制的有效性发表意见。审计工作还包括评价管理层选用会计政策的恰当性和作出会计估计的合理性，以及评价财务报表的总体列报。

我们相信，我们获取的审计证据是充分、适当的，为发表审计意见提供了基础。

三、审计意见

我们认为，贵公司财务报表在所有重大方面按照企业会计准则的规定编制，公允反映了贵公司2012年12月31日的财务状况以及2012年度的经营成果和现金流量。

立信会计师事务所(特殊普通合伙)　中国注册会计师：王一芳

中国注册会计师：徐　萍

中国·上海　二〇一三年三月六日

5.1.2 资产负债表

安信信托投资股份有限公司资产负债表

2012 年 12 月 31 日

单位:万元

资产	附注十二	期末余额	年初余额	负债和所有者权益(或股东权益)	附注十二	期末余额	年初余额
资产:				负债:			
现金及存放中央银行存款		2.23	1.31	向中央银行借款			
存放同业存款		46 192.77	6 110.05	同业及其他金融机构存放款项			
贵金属				拆入资金			
拆出资金				交易性金融负债			
交易性金融资产				衍生金融负债			
衍生金融资产				卖出回购金融资产款			
买入返售金融资产				吸收存款			
应收利息				应付职工薪酬		8 727.49	7 331.57
发放贷款和垫款		14 030.00	15 500.00	应交税费		4 380.17	5 219.63
可供出售金融资产				应付利息			
持有至到期投资				预计负债		7 585.23	
长期股权投资	(二)		26 046.82	应付债券			
投资性房地产			4 964.34	递延所得税负债			
固定资产		4,579.96	240.72	其他负债		11 364.02	17 846.84
无形资产		57.05	48.68				
递延所得税资产							
其他资产	(一)	30 252.26	26 852.46				
				负债合计		32 056.91	30 398.04
				所有者权益(或股东权益):			
				实收资本(或股本)		45 410.98	45 410.98
				资本公积		3 859.85	3 859.85
				减:库存股			
				专项储备			
				盈余公积		1 213.27	
				一般风险准备		2 814.33	1 653.79
				未分配利润		9 758.93	-1 558.28
				所有者权益(或股东权益)合计		63 057.36	49 366.34
资产总计		95 114.27	79 764.38	负债和所有者权益(或股东权益)总计		95 114.27	79 764.38

安信信托投资股份有限公司合并资产负债表

2012 年 12 月 31 日

单位：万元

资产	附注五	期末余额	年初余额
流动资产：			
货币资金	（一）	46 195.00	42 814.02
结算备付金			
拆出资金			
交易性金融资产			
应收票据	（二）		6.82
应收账款	（三）	68.17	5 672.33
预付款项	（五）		322.64
应收保费			
应收分保账款			
应收分保合同准备金			
应收利息			
应收股利			
其他应收款	（四）	29 258.04	6 824.81
买入返售金融资产			
存货	（六）		457.44
一年内到期的非流动资产			
其他流动资产			
流动资产合计		75 521.21	56 098.06
非流动资产：			
发放委托贷款及垫款	（七）	14 030.00	15 500.00
可供出售金融资产			
持有至到期投资			
长期应收款			
长期股权投资	（八）		451.22
投资性房地产	（九）		19 660.85
固定资产	（十）	4 579.96	713.15
在建工程	（十一）	254.71	199.96
工程物资			
固定资产清理			
生产性生物资产			
油气资产			
无形资产	（十二）	57.05	189.43
开发支出	（十三）		350.33
商誉			
长期待摊费用	（十四）	671.34	39.99
递延所得税资产			
其他非流动资产			
非流动资产合计		19 593.06	37 104.93
资产总计		95 114.27	93 202.99

负债和所有者权益（或股东权益）	附注五	期末余额	年初余额
流动负债：			
短期借款	（十六）		3 000.00
向中央银行借款			
吸收存款及同业存放			
拆入资金			
交易性金融负债			
应付票据			
应付账款	（十七）		354.63
预收款项	（十八）	8 130.99	1 045.21
卖出回购金融资产款			
应付手续费及佣金			
应付职工薪酬	（十九）	8 727.49	7 331.57
应交税费	（二十）	4 380.17	5 686.31
应付利息			
应付股利	（二十一）	90.53	1 551.19
其他应付款	（二十二）	3 142.50	18 241.11
应付分保账款			
保险合同准备金			
代理买卖证券款			
代理承销证券款			
一年内到期的非流动负债			
其他流动负债			
流动负债合计		24 471.68	37 210.02
非流动负债：			
长期借款			
应付债券			
长期应付款			
专项应付款			
预计负债	（二十三）	7 585.23	
递延所得税负债			
其他非流动负债			
非流动负债合计		7 585.23	
负债合计		32 056.91	37 210.02
所有者权益（或股东权益）：			
实收资本（或股本）	（二十四）	45 410.98	45 410.98
资本公积	（二十五）	3 859.85	5 463.06
减：库存股			
专项储备			
盈余公积	（二十六）	1 213.27	
一般风险准备	（二十七）	2 814.33	1 653.80
未分配利润	（二十八）	9 758.93	−238.82
外币报表折算差额			
归属于母公司所有者权益合计		63 057.36	52 289.02
少数股东权益			3 703.95
所有者权益（或股东权益）合计		63 057.36	55 992.97
负债和所有者权益（或股东权益）总计		95 114.27	93 202.99

5.1.3 利润表

安信信托投资股份有限公司利润表

2012 年度　　单位:万元

项目	本期金额	上期金额
一、营业收入	48 890.28	40 031.27
其中:利息净收入	3 173.78	581.62
利息收入	3 173.78	581.62
利息支出		
手续费及佣金净收入	37 433.50	42 834.32
手续费及佣金收入	42 322.17	43 171.80
手续费及佣金支出	4 888.67	337.48
投资收益(损失以"-"号填列)	8 237.47	-3 437.25
其中:对联营企业和合营企业的投资收益		
公允价值变动收益(损失以"-"号填列)		
汇兑收益(损失以"-"号填列)		
其他业务收入	45.54	52.58
二、营业支出	30 203.66	17 595.39
其中:营业税金及附加	2 585.26	2 488.92
业务及管理费	24 272.57	14 579.16
资产减值损失	3 329.49	462.41
其他业务成本	16.34	64.90
三、营业利润(亏损以"-"号填列)	18 686.62	22 435.88
加:营业外收入	1 364.98	710.34
减:营业外支出	1.95	2.03
其中:非流动资产处置损失	1.95	2.03
四、利润总额(亏损以"-"号填列)	20 049.65	23 144.19
减:所得税费用	6 358.64	6 822.69
五、净利润(亏损以"-"号填列)	13 691.01	16 321.50
六、每股收益:		
(一)基本每股收益		
(二)稀释每股收益		
七、其他综合收益	13 691.01	16 321.50

安信信托投资股份有限公司合并利润表

2012 年度　　单位:万元

项目	本期金额	上期金额
一、营业总收入	47 530.54	48 500.65
其中:营业收入	2 034.59	4 719.23
利息收入	3 173.78	609.62
已赚保费		
手续费及佣金收入	42 322.17	43 171.80
二、营业总成本		
其中:营业成本	1 891.58	3 243.61
利息支出		
手续费及佣金支出	4 888.67	337.48
退保金		
赔付支出净额		
提取保险合同准备金净额		
保单红利支出		
分保费用		
营业税金及附加	2 702.00	2 716.51
销售费用	24 611.15	15 192.77
管理费用	1 076.36	930.78
财务费用	92.17	-29.22
资产减值损失	3 663.13	685.60
加:公允价值变动收益(损失以"-"号填列)		
投资收益(损失以"-"号填列)	6 646.05	662.08
其中:对联营企业和合营企业的投资收益		
汇兑收益(损失以"-"号填列)		
三、营业利润(亏损以"-"号填列)	54 176.59	49 162.73
加:营业外收入	1 371.90	593.03
减:营业外支出	11.29	3.04
其中:非流动资产处置损失	8.11	2.13
四、利润总额(亏损总额以"-"号填列)	55 537.20	49 752.72
减:所得税费用	6 361.27	6 898.08
五、净利润(净亏损以"-"号填列)	49 175.93	42 854.64
其中:被合并方在合并前实现的净利润		
归属于母公司所有者的净利润	10 768.34	19 509.14
少数股东损益	-517.46	267.98
六、每股收益:		
(一)基本每股收益		
(二)稀释每股收益		
七、其他综合收益		-294.30
八、综合收益总额	49 175.93	42 560.34
归属于母公司所有者的综合收益总额	10 768.34	19 214.85
归属于少数股东的综合收益总额	-517.46	267.98

5.1.4 现金流量表

安信信托投资股份有限公司现金流量表

2012 年度　　单位：万元

项目	本期金额	上期金额
一、经营活动产生的现金流量		
客户存款和同业存放款项净增加额		
向中央银行借款净增加额		
向其他金融机构拆入资金净增加额		
收取利息、手续费及佣金的现金	56 456. 52	43 421. 13
收到其他与经营活动有关的现金	22 670. 56	933. 84
经营活动现金流入小计	79 127. 08	44 354. 97
客户贷款及垫款净增加额	-1 470. 00	15 500. 00
存放中央银行和同业款项净增加额		
支付手续费及佣金的现金	4 888. 67	337. 48
支付给职工以及为职工支付的现金	9 221. 47	6 012. 72
支付的各项税费	9 845. 38	8 103. 63
支付其他与经营活动有关的现金	19 590. 21	8 960. 43
经营活动现金流出小计	42 075. 73	38 914. 26
经营活动产生的现金流量净额	37 051. 35	5 440. 71
二、投资活动产生的现金流量		
收回投资收到的现金	17 916. 54	3. 00
取得投资收益收到的现金		
收到其他与投资活动有关的现金	1 130. 04	
投资活动现金流入小计	19 046. 58	3. 00
投资支付的现金		2 241. 22
购建固定资产、无形资产和其他长期资产支付的现金	1 014. 29	328. 41
支付其他与投资活动有关的现金	15 000. 00	
投资活动现金流出小计	16 014. 29	2 569. 63
投资活动产生的现金流量净额	3 032. 29	-2 566. 63
三、筹资活动产生的现金流量		
吸收投资收到的现金		
取得借款收到的现金		
发行债券收到的现金		
收到其他与筹资活动有关的现金		
筹资活动现金流入小计		
偿还债务支付的现金		
分配股利、利润或偿付利息支付的现金		
支付其他与筹资活动有关的现金		
筹资活动现金流出小计		
筹资活动产生的现金流量净额		
四、汇率变动对现金及现金等价物的影响		
五、现金及现金等价物净增加额	40 083. 64	2 874. 08
加：期初现金及现金等价物余额	6 111. 36	3 237. 28
六、期末现金及现金等价物余额	46 195. 00	6 111. 36

安信信托投资股份有限公司合并现金流量表

2012 年度　　单位：万元

项目	附注五	本期金额	上期金额
一、经营活动产生的现金流量			
销售商品、提供劳务收到的现金		2 175. 17	2 905. 96
客户存款和同业存放款项净增加额			
向中央银行借款净增加额			
向其他金融机构拆入资金净增加额			
收到原保险合同保费取得的现金			
收到再保险业务现金净额			

续表

项目	附注五	本期金额	上期金额
保户储金及投资款净增加额			
处置交易性金融资产净增加额			
收取利息、手续费及佣金的现金		56 456. 52	43 449. 12
拆入资金净增加额			
回购业务资金净增加额			
收到的税费返还			
收到其他与经营活动有关的现金	（四十一）	2 111. 61	1 678. 69
经营活动现金流入小计		60 743. 30	48 033. 77
购买商品、接受劳务支付的现金		1 527. 33	1 675. 26
客户贷款及垫款净增加额		-1 470. 00	5 500. 00
存放中央银行和同业款项净增加额			
支付原保险合同赔付款项的现金			
支付利息、手续费及佣金的现金		4 888. 67	337. 48
支付保单红利的现金			
支付给职工以及为职工支付的现金		10 203. 27	6 954. 90
支付的各项税费		10 140. 56	8 362. 67
支付其他与经营活动有关的现金	（四十一）	20 232. 54	7 837. 05
经营活动现金流出小计		45 522. 37	30 667. 36
经营活动产生的现金流量净额		15 220. 93	17 366. 41
二、投资活动产生的现金流量			
收回投资收到的现金			
取得投资收益所收到的现金		154. 60	252. 49
处置固定资产、无形资产和其他长期资产收回的现金净额		1 134. 04	7. 78
处置子公司及其他营业单位收到的现金净额		2 621. 88	-35. 83
收到其他与投资活动有关的现金	（四十一）	4 000. 00	4 000. 00
投资活动现金流入小计		7 910. 52	4 224. 44
购建固定资产、无形资产和其他长期资产支付的现金		1 097. 43	429. 05
投资支付的现金			
质押贷款净增加额			
取得子公司及其他营业单位支付的现金净额			
支付其他与投资活动有关的现金	（四十一）	19 000. 00	4 000. 00
投资活动现金流出小计		20 097. 43	4 429. 05
投资活动产生的现金流量净额		-12 186. 91	-204. 61
三、筹资活动产生的现金流量			
吸收投资收到的现金			
其中：子公司吸收少数股东投资收到的现金			
取得借款收到的现金		3 600. 00	3 000. 00
发行债券收到的现金			
收到其他与筹资活动有关的现金			
筹资活动现金流入小计		3 600. 00	3 000. 00
偿还债务支付的现金		3 000. 00	3 000. 00
分配股利、利润或偿付利息支付的现金		248. 04	206. 31
其中：子公司支付给少数股东的股利、利润			
支付其他与筹资活动有关的现金			5. 00
筹资活动现金流出小计		3 248. 04	3 211. 31
筹资活动产生的现金流量净额		351. 96	-211. 31
四、汇率变动对现金及现金等价物的影响			
五、现金及现金等价物净增加额		3,385. 98	16,950. 49
加：期初现金及现金等价物余额		42 809. 02	25 858. 53
六、期末现金及现金等价物余额		46 195. 00	42 809. 02

5.1.5 所有者权益变动表

安信信托投资股份有限公司所有者权益变动表

2012 年度

单位:万元

项　　目	本期金额							
	实收资本(或股本)	资本公积	减:库存股	专项储备	盈余公积	一般风险准备	未分配利润	所有者权益合计
一、上年末余额	45 410.98	3 859.85				1 653.80	−1 558.28	49 366.35
加:会计政策变更								
前期差错更正								
其他								
二、本年初余额	45 410.98	3 859.85				1 653.80	−1 558.28	49 366.35
三、本期增减变动金额(减少以"−"号填列)					1 213.27	1 160.53	11 317.21	13 691.01
(一)净利润							13 691.01	13 691.01
(二)其他综合收益								
上述(一)和(二)小计							13 691.01	13 691.01
(三)所有者投入和减少资本								
1. 所有者投入资本								
2. 股份支付计入所有者权益的金额								
3. 其他								
(四)利润分配					1 213.27	1 160.53	−2 373.80	
1. 提取盈余公积					1 213.27		−1 213.27	
2. 提取一般风险准备						1 160.53	−1 160.53	
3. 对所有者(或股东)的分配								
4. 其他								
(五)所有者权益内部结转								
1. 资本公积转增资本(或股本)								
2. 盈余公积转增资本(或股本)								
3. 盈余公积弥补亏损								
4. 其他								
(六)专项储备								
1. 本期提取								
2. 本期使用								
(七)其他								
四、本期期末余额	45 410.98	3 859.85			1 213.27	2 814.33	9 758.93	63 057.36

安信信托投资股份有限公司所有者权益变动表(续)

2012 年度

单位:万元

项　　目	上年同期金额							
	实收资本(或股本)	资本公积	减:库存股	专项储备	盈余公积	一般风险准备	未分配利润	所有者权益合计
一、上年末余额	45 410.98	3 398.04				837.72	−17 063.70	32 583.04
加:会计政策变更								
前期差错更正								
其他								
二、本年初余额	45 410.98	3 398.04				837.72	−17 063.70	32 583.04
三、本期增减变动金额(减少以"−"号填列)		461.81				816.07	15 505.42	16 783.30
(一)净利润							16 321.49	16 321.49
(二)其他综合收益								
上述(一)和(二)小计							16 321.49	16 321.49
(三)所有者投入和减少资本		461.81						461.81
1. 所有者投入资本								
2. 股份支付计入所有者权益的金额								
3. 其他		461.81						461.81
(四)利润分配						816.07	−816.07	
1. 提取盈余公积								
2. 提取一般风险准备						816.07	−816.07	
3. 对所有者(或股东)的分配								

续表

项　　目	上年同期金额							
	实收资本(或股本)	资本公积	减:库存股	专项储备	盈余公积	一般风险准备	未分配利润	所有者权益合计
4. 其他								
(五)所有者权益内部结转								
1. 资本公积转增资本(或股本)								
2. 盈余公积转增资本(或股本)								
3. 盈余公积弥补亏损								
4. 其他								
(六)专项储备								
1. 本期提取								
2. 本期使用								
(七)其他								
四、本期期末余额	45 410. 98	3 859. 85				1 653. 79	−1 558. 28	49 366. 34

安信信托投资股份有限公司合并所有者权益变动表

2012 年度

单位:万元

项　　目	本期金额									
	归属于母公司所有者权益								少数股东权益	所有者权益合计
	实收资本(或股本)	资本公积	减:库存股	专项储备	盈余公积	一般风险准备	未分配利润	其他		
一、上年末余额	45 410. 98	5 463. 06				1 653. 80	−238. 82		3 703. 95	55 992. 97
加:会计政策变更										
前期差错更正										
其他										
二、本年初余额	45 410. 98	5 463. 06				1 653. 80	−238. 82		3 703. 95	55 992. 97
三、本期增减变动金额(减少以"−"号填列)		−1 603. 21			1 213. 27	1 160. 53	9 997. 75		−3 703. 95	7 064. 39
(一)净利润							10 768. 34		−517. 46	10 250. 88
(二)其他综合收益										
上述(一)和(二)小计							10 768. 34		−517. 46	10 250. 88
(三)所有者投入和减少资本									−3 186. 49	−3 186. 49
1. 所有者投入资本										
2. 股份支付计入所有者权益的金额										
3. 其他									−3 186. 49	−3 186. 49
(四)利润分配					1 213. 27	1 160. 53	−2 373. 80			
1. 提取盈余公积					1 213. 27		−1 213. 27			
2. 提取一般风险准备						1 160. 53	−1 160. 53			
3. 对所有者(或股东)的分配										
4. 其他										
(五)所有者权益内部结转		−1 603. 21					1 603. 21			
1. 资本公积转增资本(或股本)										
2. 盈余公积转增资本(或股本)										
3. 盈余公积弥补亏损										
4. 其他		−1 603. 21					1 603. 21			
(六)专项储备										
1. 本期提取										
2. 本期使用										
(七)其他										
四、本期期末余额	45 410. 98	3 859. 85			1 213. 27	2 814. 33	9 758. 93			63 057. 36

安信信托投资股份有限公司合并所有者权益变动表(续)

2012 年度

单位:万元

项　目	上年同期金额									
	归属于母公司所有者权益								少数股东权益	所有者权益合计
	实收资本(或股本)	资本公积	减:库存股	专项储备	盈余公积	一般风险准备	未分配利润	其他		
一、上年末余额	45 410.98	5 295.55				837.73	−18 931.89		3 435.97	36 048.34
加:会计政策变更										
前期差错更正										
其他										
二、本年初余额	45 410.98	5 295.55				837.73	−18 931.89		3 435.97	36 048.34
三、本期增减变动金额(减少以"−"号填列)		167.51				816.07	18 693.07		267.98	19 944.63
(一)净利润							19 509.14		267.98	19 777.12
(二)其他综合收益		−294.30								−294.30
上述(一)和(二)小计		−294.30					19 509.14		267.98	19 482.82
(三)所有者投入和减少资本		461.81								461.81
1. 所有者投入资本										
2. 股份支付计入所有者权益的金额										
3. 其他		461.81								461.81
(四)利润分配						816.07	−816.07			
1. 提取盈余公积										
2. 提取一般风险准备						816.07	−816.07			
3. 对所有者(或股东)的分配										
4. 其他										
(五)所有者权益内部结转										
1. 资本公积转增资本(或股本)										
2. 盈余公积转增资本(或股本)										
3. 盈余公积弥补亏损										
4. 其他										
(六)专项储备										
1. 本期提取										
2. 本期使用										
(七)其他										
四、本期期末余额	45 410.98	5 463.06				1 653.80	−238.82	0.00	3 703.95	55 992.97

5.2 信托资产

5.2.1 信托项目资产负债汇总表(信托业务数据未经审计)

信托项目资产负债汇总表

编制单位:安信信托投资股份有限公司　　2012 年 12 月 31 日　　单位:万元

信托资产	期末数	期初数	信托负债和信托权益	期末数	期初数
信托资产			信托负债		
货币资金	34 246.23	23 789.76	交易性金融负债	—	—
拆出资金	—	—	衍生金融负债	—	—
存出保证金	—	—	应付受托人报酬	297.78	3.16
交易性金融资产	348 043.02	—	应付保管费	—	—
衍生金融资产	—	—	应付受益人收益	549.97	—
买入返售金融资产	—	—	应交税费	—	—
应收款项	1 384 363.82	858 053.97	应付销售服务费	—	—
发放贷款	2 385 352.75	1 399 762.00	其他应付款项	28 133.06	19 405.64
可供出售金融资产	—	7 200.00	其他负债	—	—

续表

信托资产	期末数	期初数	信托负债和信托权益	期末数	期初数
持有至到期投资	309 696.18	53 197.00	信托负债合计	28 980.81	19 408.80
长期应收款	—	—			
长期股权投资	141 900.00	200 780.00			
投资性房地产	—	—	信托权益		
固定资产	—	—	实收信托	4 536 006.88	2 497 168.00
无形资产	—	—	资本公积	—	—
长期待摊费用	—	—	未分配利润	38 614.31	26 205.93
其他资产	—	—	信托权益合计	4 574 621.19	2 523 373.93
信托资产总计	4 603 602.00	2 542 782.73	信托负债和信托权益总计	4 603 602.00	2 542 782.73

注：1. 本期末及期初信托资产减值准备余额均为4 500万元，其中贷款减值准备4 000万元，长期股权投资减值准备500万元。
2. 上表中“发放贷款”及“长期股权投资”栏目余额均以扣减减值准备后的净额反映。

5.2.2 信托项目利润及利润分配汇总表

信托项目利润及利润分配汇总表

编制单位：安信信托投资股份有限公司　　2012年12月31日　　单位：万元

项目	本年累计数	上年累计数
1. 营业收入	295 235.84	123 536.41
1.1 利息收入	187 611.78	77 790.26
1.2 投资收益（损失以“－”号填列）	7 854.96	3 983.49
1.2.1 其中：对联营企业和合营企业的投资收益	—	—
1.3 公允价值变动收益（损失以“－”号填列）	13.50	-770.52
1.4 租赁收入	—	—
1.5 汇兑损益（损失以“－”号填列）	—	—
1.6 其他收入	99 755.60	42 533.18
2. 支出	57 357.64	19 482.07
2.1 营业税金及附加	—	—
2.2 受托人报酬	21 426.19	6 309.50
2.3 保管费	7 069.38	1 397.76
2.4 投资管理费	—	—
2.5 销售服务费	14 094.76	3 340.87
2.6 交易费用	—	8.55
2.7 资产减值损失	—	—
2.8 其他费用	14 767.31	8 425.39
3. 信托净利润（净亏损以“－”号填列）	237 878.20	104 054.34
4. 其他综合收益	—	—
5. 综合收益	237 878.20	104 054.34
6. 加：期初未分配信托利润	26 205.93	8 546.20
7. 可供分配的信托利润	264 084.13	112 600.54
8. 减：本期已分配信托利润	225 469.82	86 394.61
9. 期末未分配信托利润	38 614.31	26 205.93

8. 特别事项揭示

8.1 前五名股东报告期内变动情况及原因

报告期内公司控股股东未发生变化。

8.2 董事、监事及高级管理人员变动情况及原因

姓名	担任的职务	变动情形	变动原因
张春景	董事长	离任	到期离任
宋沈建	董事	离任	到期离任
武国建	董事、董事会秘书	离任	董事到期离任
向颖	独立董事	离任	到期离任
李英	独立董事	离任	到期离任
周丽	监事	离任	到期离任
王少钦	董事长	聘任	2012年11月26日当选新一届董事会董事长
杨晓波	董事、总裁	聘任	2012年11月26日当选新一届董事及聘任总裁
赵宝英	董事、副总裁	聘任	2012年11月26日当选新一届董事及聘任副总裁
邵明安	董事	聘任	2012年11月26日当选新一届董事
周勤业	董事	聘任	2012年11月26日当选新一届董事
高超	董事	聘任	2012年11月26日当选新一届董事
朱荣恩	独立董事	聘任	2012年11月26日当选新一届独立董事
邵平	独立董事	聘任	2012年11月26日当选新一届独立董事
余云辉	独立董事	聘任	2012年11月26日当选新一届独立董事
梁清德	副总裁	聘任	2012年11月26日被聘任为副总裁
栾雅钧	总裁助理	聘任	2012年11月26日被聘任为总裁助理
姜晓彤	总裁助理	聘任	2012年11月26日被聘任为总裁助理
陈劲	总裁助理	聘任	2012年11月26日被聘任为总裁助理
魏立明	总裁助理	聘任	2012年11月26日被聘任为总裁助理
付红宁	总裁助理	聘任	2012年11月26日被聘任为总裁助理
董玉舸	总裁助理	聘任	2012年11月26日被聘任为总裁助理

百瑞信托有限责任公司

1. 重要提示

本公司董事会及董事保证本报告所载资料不存在任何虚假记载、误导性陈述或者重大遗漏,并对其内容的真实性、准确性和完整性承担个别及连带责任。本年度报告摘要摘自年度报告全文,客户及相关利益人欲了解详细内容,应阅读年度报告全文。

公司全体董事出席了董事会。无董事声明异议。

公司独立董事刘亚先生、张明洪先生、姚毅女士声明:保证本年度报告内容的真实性、准确性和完整性。

天职国际会计师事务所(特殊普通合伙)为本公司出具了标准无保留意见的审计报告。

公司总裁马磊先生、董事会秘书兼财务总监王克槿女士和计划财务部总经理刘芳女士声明:保证本年度报告中财务报告的真实、完整。

2. 公司概况

2.1 公司简介

2.1.1 公司历史沿革

公司由郑州信托投资公司改制而来,始建于 1986 年 4 月 15 日,注册资本为 1 000 万元人民币,注册地河南省郑州市;1988 年 7 月,公司开始与郑州市财务开发公司合署办公;1990 年 11 月,郑州市财政局将公司的注册资本补充为 5 006.7 万元人民币;1992 年 10 月,公司与郑州市财务开发公司分设重组,1993 年 2 月 18 日重组开业;2002 年 9 月,经中国人民银行总行批准,公司完成重新登记后更名为百瑞信托投资有限责任公司,注册资本 35 000 万元人民币;2007 年 11 月,经中国银行业监督管理委员会(以下简称中国银监会)批准,公司换领新的金融许可证后更名为百瑞信托有限责任公司;2008 年 3 月,经中国银监会河南监管局批准,公司注册资本增加至60 500万元人民币;2010 年 12 月,经中国银监会批准,公司引入中电投财务有限公司成为新股东,注册资本增加至 120 000 万元人民币;2011 年 10 月与 2012 年 3 月,经中国银监会批准,公司又相继引入中国电力投资集团公司、JPMorgan Chase & Co.(以下简称摩根大通)成为公司新股东。

2.1.2 公司法定中文名称:百瑞信托有限责任公司
中文简称:百瑞信托
公司法定英文名称:Bridge Trust Co. ,Ltd.
英文缩写:BRTC
公司法定代表人:马宝军
公司注册地址:河南省郑州市郑东新区商务外环路 10 号中原广发金融大厦
邮政编码:450018
公司网址:www. brxt. net
公司电子信箱:brxt@ brxt. net

2.1.3 公司负责信息披露事务的高级管理人员:董事会秘书兼财务总监王克槿女士
联系电话:0371 -69177587
电子信箱:wkj@ brxt. net

2.1.4 公司负责信息披露事务的联系人:董事会办公室法律主管康磊先生
联系电话:0371 -69177606
电子信箱:kanglei@ brxt. net
传真:0371 -69177576

2.1.5 公司选定的信息披露报纸:《上海证券报》

2.1.6 公司年度报告备置地点:公司董事会办公室

2.1.7 公司聘请的会计师事务所:天职国际会计师事务所(特殊普通合伙)
住所:北京市海淀区车公庄路乙 19 号 208 ~ 210 室

2.1.8 公司聘请的律师事务所:河南豫都律师事务所
住所:郑州市郑东新区金水东路 49 号绿地原盛国际 3 号楼 A 座 7 楼。

2.2 组织结构

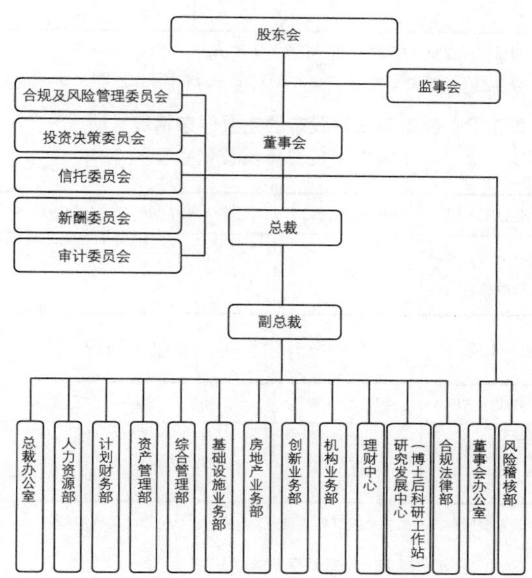

3. 公司治理结构

3.1 股东

3.1.1 截至 2012 年 12 月 31 日,公司共有 9 家股东,最终实际控制人为中国电力投资集团公司。股东单位中电投财务有限公司为中国电力投资集团公司二级子公司。以下是持有本公司出资比例前三位的股东情况

股东名称	持股比例(%)	法定代表人	注册资本(亿元)	注册地址	主要经营业务及2012年末主要财务情况
★ 中国电力投资集团公司	25.328	陆启洲	120	北京市西城区金融大街28号院3号楼	主要经营业务：实业投资管理；电源的开发、投资、建设、经营及管理；组织电力(热力)生产、销售；电能设备的成套、配套、监造、运行及检修；电能及配套的销售；工程建设与监理；招投标代理；电力及相关技术的科技开发；电力及相关业务的咨询服务；培训；物业管理；自营和代理各类商品和技术的进出口(国家限定公司经营或禁止进出口的商品和技术的除外)；承包境外工程和境内国际招标工程；上述境外工程所需的设备和材料出口；对外派遣实施上述境外工程所需的劳务人员。 主要财务情况(合并报表)：资产总额57 349 117万元，负债总额48 516 811万元，所有者权益约8 832 306万元。
中电投财务有限公司	24.912	王祥富	50	北京市西城区西直门外大街18号金贸大厦C1座	主要经营业务：经营集团成员单位的下列人民币金融业务及外汇金融业务：对成员单位办理理财和融资顾问、信用鉴证及相关咨询、代理业务；协助成员单位实现交易款项的收付；经批准的保险代理业务；对成员单位提供担保；办理成员单位之间的委托贷款及委托投资；对成员单位办理票据承兑与贴现；办理成员单位之间的内部转账结算及相应的结算、清算方案设计；吸收成员单位的存款；对成员单位办理贷款及融资租赁；从事同业拆借；经批准发行财务公司债券；承销成员单位的企业债券；对金融机构的股权投资；有价证券投资；成员单位产品的消费信贷、买方信贷及融资租赁。 主要财务情况：资产总额2 849 282万元，负债总额2 101 770万元，所有者权益747 512万元。
摩根大通	19.99	—	—	c/o CT Corporation, 1209 Orange Street, Wilmington, New Castle, Delaware, DE 19801－1120, USA.	主要经营业务：零售及社区银行业务，企业及投资银行业务，商业银行和资产管理业务。 主要财务情况：资产总额235 914 100万美元，负债总额215 507 200万美元，所有者权益20 406 900万美元。

注：1. 最终实际控制人在股东名称一栏中加★表示；

2. 截至2012年12月31日，摩根大通被批准发行的普通股为90亿股，每股1美元，计90亿美元；被批准发行的优先股2亿股，每股1美元，计2亿美元，共计92亿美元。

3.1.2 公司前三位股东的主要股东情况

3.1.2.1 中国电力投资集团公司主要股东情况

主要股东名称	持股比例(%)	法定代表人	注册资本(亿元)	注册地址	主要经营业务及2012年末主要财务情况
国务院国有资产监督管理委员会	100	—	—	北京市宣武门西大街26号	—

3.1.2.2 中电投财务有限公司主要股东情况

主要股东名称	持股比例(%)	法定代表人	注册资本(亿元)	注册地址	主要经营业务及2012年末主要财务情况
中国电力投资集团公司	77	陆启洲	120	北京市西城区金融大街28号院3号楼	同上

注：此处主要股东指持有中电投财务有限公司5%以上(含5%)股权的股东。

3.1.2.3 摩根大通主要股东情况

主要股东名称	持股比例(%)	法定代表人	注册资本	注册地址	主要经营业务及2012年末主要财务情况
The Vanguard Group, Inc.	4.46	—	—	Po Box 2600, Valley Forge, Pennsylvania 19482－2600	投资管理
State Street Global Advisors (US)	4.34	—	—	One Lincoln Street, Boston, Massachusetts 02111－2900	投资管理

注：此处主要股东指截至2012年12月31日持有摩根大通4%以上(含4%)股份的股东，其主要股东"注册地址"及"主要经营业务"通过Google搜索的网站信息而获得。

3.2 公司董事

3.2.1 公司董事会成员

姓 名	职 务	性别	年龄	选任日期	任期	所推举的股东名称	该股东持股比例(%)	简 要 履 历
马宝军	董事长	男	50	2011年3月7日	3年	中电投股东	50.24	2002年6月至2003年7月任公司第一届董事会董事长兼总经理;2003年8月至今,任公司董事长。
左足清	董事	男	39	2012年7月14日	2年	中电投股东	50.24	曾在江苏省连云港市供电局、中电财华东分公司等公司工作;2008年4月起历任中电投财务有限公司风险控制部高级主管、风险管理部部门总经理助理、综合管理部副总经理、综合管理部总经理;2011年2月至今,任中电投财务有限公司运营管理部总经理。
苏琛	董事	女	40	2011年6月21日	3年	中电投股东	50.24	曾在北京压缩机研究所、美国3CX公司北京代表处等公司工作;2005年9月起历任中电投财务有限公司综合管理部职员、劳资管理高级主管、综合管理部人力资源经理、综合管理部总经理助理兼人力资源经理;2009年12月至今,任中电投财务有限公司人力资源部副总经理。
方晓军	董事	男	39	2013年2月1日	1年1个月	中电投股东	50.24	曾在江苏省淮安市涟水县政府、中国人民大学商学院、中国石油天然气集团公司工作;2005年9月起历任中电投财务有限公司投资咨询部负责人、投资管理部副经理,兼任中电投保险经纪有限公司副总经理、投资管理部副总经理、风险管理部副总经理;2011年3月至今,任百瑞信托有限责任公司首席风险官。
樊玉涛	董事	男	47	2011年6月21日	3年	郑州股东	29.77	1988年7月起在郑州市财政局工作;历任预算处处长、国库处处长;2009年7月至今,任总经济师。
张可欣	董事	男	47	2011年6月21日	3年	郑州股东	29.77	曾任郑州市自来水总公司柿园水厂副厂长,郑州市自来水总公司设计院院长、支部书记,郑州市自来水总公司总经理助理、副总经理;2010年12月起至今,任郑州自来水投资控股有限公司党委委员、董事会董事、总经理。
Joseph Donald Regan (周历仁)	董事	男	54	2013年2月1日	1年1个月	摩根大通	19.99	曾在美国普华永道会计师事务所工作;1986年起在摩根大通集团工作,历任亚太地区首席财务官、资产管理部财务总监首席运营官、亚太区副主席、资产管理部首席风险官、中国区副主席;2013年2月至今,任摩根大通亚太区首席风险官。

注:根据公司章程规定,中国电力投资集团公司与中电投财务有限公司合称为"中电投股东",郑州市财政局、郑州自来水投资控股有限公司、郑州市金水区财政局、巩义市财政局、登封市财政局和中牟县财政局合称为"郑州股东"。

3.2.2 公司独立董事

姓名	所在单位及职务	性别	年龄	选任日期	所推举的股东名称	该股东持股比例(%)	简 要 履 历
刘亚	对外经济贸易大学教授	男	54	2011年6月21日	—	—	曾任中国金融学院教授;现任对外经济贸易大学教授。
姚毅	共和(北京)律师事务所合伙人律师	女	47	2013年2月1日	—	—	曾在北京市对外经济律师事务所、澳大利亚铭德律师事务所墨尔本办公室等单位工作;1995年5月至今,在共和(北京)律师事务所任合伙人律师。
张明洪	河南宏光奥林匹克置业有限公司副总经理	男	52	2011年6月21日	—	—	曾在郑州市财政局、河南大桥石化有限公司工作;2011年4月至今,在河南宏光奥林匹克置业有限公司任副总经理。

3.3 公司监事

姓 名	职 务	性别	年龄	选任日期	任期	所推举的股东名称	该股东持股比例(%)	简 要 履 历
袁先锋	监事会主席	男	42	2011年3月7日	3年	郑州股东	29.77	曾任金水区国有资产经营公司经理，金水投资公司经理；2012年至今，任金水区财政局局长。
栾帅	股东监事	女	40	2011年3月7日	3年	中电投股东	50.24	曾在北京财政学校、中瑞华恒信会计师事务所、中国电力投资集团公司工作；2004年11月至今，历任中电投财务有限公司结算管理部主管、资金结算高级主管、副总经理、投资管理部副总经理、计划财务部总经理。
王逸馨	股东监事	女	47	2011年3月7日	3年	中电投股东	50.24	曾在东北电业管理局、中国电力国际有限公司、中国电力国际发展有限公司工作；2009年9月至今，历任中电投财务有限公司结算管理部副总经理、综合管理部总经理、风险管理部副总经理。
张元浩	股东监事	男	44	2012年5月25日	1年10个月	摩根大通	19.99	曾在摩根大通银行东京分行、摩根证券东京分行、新加坡分行工作，摩根大通银行中国区资金交易部总监、摩根大通银行(中国)有限公司副董事长；2013年3月至今，任摩根大通亚洲咨询(北京)有限公司非执行董事。
赵克明	股东监事	男	57	2011年3月7日	3年	郑州股东	29.77	曾在巩义市豫剧团工作；1978年12月起在巩义市财政局工作；现任副局长兼巩义市财务开发公司经理。
闫继红	职工代表监事	女	41	2011年3月7日	3年	—	—	1995年至今，先后任公司国际业务部、投资银行部负责人，信托业务部信托经理，合规风险部风险主管，风险稽核部副总经理。
高志杰	职工代表监事	男	39	2012年5月25日	1年10个月	—	—	曾在中国建设银行河南濮阳分行工作，任会计、客户经理、票据中心主任；2008年10月至今，历任公司研究发展中心研究员、高级研究员(2009年5月至2011年8月在公司博士后科研工作站从事研究工作)。
李二东	职工代表监事	男	36	2012年5月25日	1年10个月	—	—	曾在中国农业发展银行开封市分行、科龙电器股份有限公司、西南财经大学信托研究所工作；2008年2月至今，在公司房地产业务部工作，历任信托助理、信托经理、高级信托经理。

注：公司监事会没有下属委员会。

3.4 高级管理人员

姓 名	职 务	性别	年龄	选任日期	金融从业年限	学历	专业	简 要 履 历
马宝军	董事长	男	50	2002年6月17日	20年	硕士研究生	工商管理	2002年6月至2003年7月任公司第一届董事会董事长兼总经理；2003年8月至今，任公司董事长。
马磊	总裁	男	45	2006年3月8日	24年	硕士研究生	工商管理	曾任公司副总裁；2005年9月至2006年2月，任公司执行总裁；2006年2月起至今，任公司总裁。
石笑东	副总裁	男	41	2005年11月25日	20年	硕士研究生	工商管理	曾任公司董事会秘书兼总裁办公室主任；2005年9月至2010年7月，任公司董事会秘书兼副总裁；2010年7月至今，任公司副总裁。
刘英辉	副总裁	女	45	2010年7月26日	18年	硕士研究生	工商管理	曾任公司信托业务一部总经理、业务总监兼信托业务一部和信托业务三部总经理；2010年7月至今，任公司副总裁。
王克槿	董事会秘书兼财务总监	女	40	2011年6月21日	18年	硕士研究生	经济法	曾任公司总裁办公室副主任、主任。人力资源部总经理。董事会秘书兼人力资源部总经理；2011年3月至今，任公司董事会秘书兼财务总监。

续表

姓 名	职 务	性别	年龄	选任日期	金融从业年限	学历	专业	简 要 履 历
方晓军	董事兼首席风险官	男	39	2011年6月21日	8年	博士研究生	工商管理	曾在江苏省淮安市涟水县政府、中国人民大学商学院、中国石油天然气集团公司工作;2005年9月起历任中电投财务有限公司投资咨询部负责人、投资管理部副经理,兼任中电投保险经纪有限公司副总经理、投资管理部副总经理、风险管理部副总经理;2011年3月至今,任百瑞信托有限责任公司首席风险官。
罗靖	副总裁	男	38	2012年7月14日	5年	博士研究生	金融学	曾任公司研究发展中心高级研究员、研究发展中心主任、业务总监;2012年3月至今,任公司副总裁兼研究发展中心主任。
苏小军	副总裁	男	40	2012年7月14日	17年	硕士研究生	工商管理	曾任公司信托业务二部总经理、业务总监;2012年3月至今,任公司副总裁。

注:“简要履历”栏中任职时间为公司股东会、董事会审议通过时间,“选任日期”栏中的任职时间为监管部门核准资格时间。

3.5 公司员工

项目		报告期年度		上年度	
		人数	比例(%)	人数	比例(%)
年龄分布	20岁以下	0	0	0	0
	20~29岁	59	39	41	32
	30~39岁	67	44	59	46
	40岁以上	26	17	28	22
学历分布	博士	9	6	6	5
	硕士	95	63	70	55
	本科	43	28	47	36
	专科	3	2	3	2
	其他	2	1	2	2
岗位分布	董事、监事及其他高级管理人员	11	7	7	6
	固有业务人员	12	8	15	12
	信托业务人员	78	51	48	37
	其他人员	51	34	58	45

注:“董事、监事及其他高级管理人员”不含未在公司就职的董事和监事。

4. 经营管理

4.1 经营目标、经营方针和战略规划

4.1.1 经营目标和方针

公司一直奉行“追求卓越,与时俱进,做中国信托业的百年老店”的经营目标,同时秉承“客户至上,品誉第一,稳健高效,精诚服务”的经营方针,依托中国资产管理行业的发展,立足信托主业,在保持传统三大品牌业务优势的基础上,根据市场变化积极开拓创新类信托业务,不断提高满足客户多样化理财需求的能力,大力提升客户忠诚度,努力扩展高净值客户群体,在市场中求生存,在竞争中求发展,通过制度化建设,保证各项业务规范运作,保障公司的可持续发展,提高盈利能力。

4.1.2 战略规划

公司2011年制定了《2011—2015年发展战略规划》,并于2012年末根据行业和公司最新发展态势对战略规划进行评价和修订。公司规划5年内通过打造客户中心、产品中心和风控中心,推进公司管理精细化,跻身于一流信托公司行列。在近几年信托行业和公司快速发展的背景下,公司五年规划力求稳健的有质量的发展,努力开拓高净值客户群体,丰富各类信托产品,做好重点业务布局,提升客户服务能力,形成客户和产品良性互动、共同促进的局面,提高公司核心竞争力,形成稳定的盈利模式,实现公司的长期稳健发展。

4.2 所经营业务的主要内容

自营资产运用与分布表

资产运用	金额(万元)	占比(%)	资产分布	金额(万元)	占比(%)
货币资产	14 565.21	5.32	基础产业	85 060.00	31.07
贷款及应收款	121 877.18	44.52	房地产业	37 000.00	13.52
交易性金融资产	3 836.48	1.40	证券市场	19 441.30	7.10
可供出售金融资产	67 057.33	24.50	实业	2 564.00	0.94
持有至到期投资	—	0.00	金融机构	49 518.70	18.09
长期股权投资	56 102.68	20.49	其他	80 181.57	29.29
其他	10 326.69	3.77	—	—	—
资产总计	273 765.57	100.00	资产总计	273 765.57	100.00

信托资产运用与分布表

资产运用	金额(万元)	占比(%)	资产分布	金额(万元)	占比(%)
货币资产	60 118.08	0.82	基础产业	3 299 574.00	45.10
贷款	4 331 259.78	59.21	房地产业	898 413.12	12.28
交易性金融资产	0.00	0.00	证券市场	0.00	0.00
可供出售金融资产	23 430.00	0.32	实业	1 055 916.00	14.44
持有至到期投资	30 000.00	0.41	金融机构	538 323.91	7.36
长期股权投资	1 681 929.80	22.99	其他	1 523 350.74	20.82
其他	1 188 840.11	16.25	—	—	—
信托资产总计	7 315 577.77	100.00	信托资产总计	7 315 577.77	100.00

4.3 市场分析

4.3.1 宏观经济金融形势

2012年全球经济增速持续下滑,2013年全球不确定性的

降低将推动经济增速回升，外部宏观经济形势转好。同时，受外需持续低迷、房地产调控和产能过剩等多方面因素影响，2012 年国内经济增速逐季放缓，经济增速已经触底，2013 年，国内经济开始回升，新型城镇化是拉动投资和消费的关键路径，将成为未来 5 ~10 年内中国经济发展的主线。与此同时，国民财富的持续快速增长，理财需求日益旺盛。新型城镇化建设和国民财富的持续快速增长对于信托公司拓展资产管理业务和财富规划将起到巨大推动作用。

2012 年，在经济下行压力明显的背景下，人民银行的货币政策依然维持着预调微调的基调。政策调整明显不及市场预期，反映出政府减少干预、更希望市场依靠自己的力量来调节经济的倾向。2013 年，货币当局将继续保持稳健的货币政策，货币增速保持稳定，但社会融资总规模将得到适当扩大，贷款将保持适度增加，货币政策调控的针对性和灵活性将继续加强，人民银行货币政策的调控手段将逐渐发生深刻变革。信托将继续依托其灵活性和产品多样性优势，取得较好的经济效益。

4.3.2 影响本公司业务发展的主要因素

4.3.2.1 促进公司业务发展的有利因素

4.3.2.1.1 新型城镇化建设为公司带来广阔的发展空间

城镇化将成为未来一段时期内我国经济发展的主要动力，由发展改革委主导的《促进城镇化健康发展规划(2011—2020 年)》称“城镇化将在未来十年拉动 40 万亿元投资”。公司经过多年的经营，形成了以基础设施、房地产和工商企业三大板块为主的主力业务，新型城镇化建设将为这三大业务提供广阔的发展空间。

4.3.2.1.2 国家区域性战略发展规划为公司带来更多业务机会和创新空间

2011 年，国务院出台《关于支持河南省加快建设中原经济区的指导意见》，分十个部分对中原经济区发展规划作出了全面阐述，其中，八个部分着重从农业、工业、城镇化、基础设施、能源与环保、公共服务体系、文化产业、体制创新与对内外开放多个角度论述了国家对中原经济区社会、经济各个方面的发展规划。中原经济区建设，将有效提升公司总部所在地郑州的区域影响力，将在基础设施信托、商业地产信托等方面带来更多的业务机会。2012 年 7 月 25 日国务院常务会议讨论通过了《关于大力实施中部地区崛起战略的若干意见》，该意见决定支持武汉、郑州、长沙等地区加快金融改革和金融创新，该意见的实施将为公司开展创新类信托业务提供更大的空间。

4.3.2.1.3 研发实力加强，促进可持续发展

公司依托研发中心与 2008 年设立了博士后科研工作站，重点对公司战略和信托行业进行研究。随着研发实力的提升，研发工作重点开始由行业分析向产品研发倾斜，公司的产品创新实力将得到进一步提升，有利于公司业务的拓展。

4.3.2.2 影响公司业务发展的不利因素

2012 年下半年，证监会和保监会发布一系列资管新政，支持和鼓励券商、基金和保险进行金融创新，大举进军资管业务。资管新政下券商、基金和保险资管业务对信托具有较强的替代性，将削弱信托传统的制度优势，分流信托的客户和项目资源，对信托行业形成巨大冲击。与此同时，信托业内部的竞争日趋激烈，信托公司异地展业不断增多，公司间竞争压力增大。

4.4 内部控制

4.4.1 内部控制环境和内部控制文化

为保证公司规范运作，有效防范和化解经营风险，确保公司经营、财务和其他信息真实、准确、完整，最大限度地维护信托当事人、债权人、公司股东及其他利益相关者的合法权益，公司按照《公司法》、《信托公司治理指引》及相关法律法规的要求，建立了包括股东会、董事会、监事会和高级管理层在内的完善的法人治理结构，各自根据公司章程确定的职责范围行使职权，在保持相互独立的基础上，做到了有机协调和相互制衡。

公司通过建立和完善法人治理结构，强化决策机制，充分发挥股东会、董事会和监事会的决策与监督作用。公司采用多种方式将良好、诚信的企业文化在公司内传播，通过责任目标的制定、激励考核机制的导向、晋升通道的完善和开展以企业文化为主题的各类活动等增加员工归属感和忠诚度。同时也将“诚信、创新、务实、高效”的理念和“缔造财富价值、责任重于泰山”的精神贯穿于公司的各项制度和日常经营管理中，并最终落实在履行受托人职责上。公司牢固树立内部控制和风险管理优先的审慎经营理念，积极培养员工的风险防范意识和营造浓厚的内部控制文化氛围。

4.4.2 内部控制措施

4.4.2.1 履行内部控制职能的部门

公司根据业务发展的需要设立了业务部门和职能部门，并按照职责分离的原则设立相应的工作岗位，各个岗位有明确的岗位职责说明和清晰的报告关系。在此基础上，公司努力建立健全内部约束机制，实行前台、中台、后台的岗位职责分离。

4.4.2.2 内部控制的主要政策、制度、程序及执行情况

公司遵循有效性、审慎性、全面性、及时性和独立性原则，确定业务受理及初审、业务决策及风险控制、业务核算及业务监督相分离的部门和岗位，建立了对风险进行事前防范、事中控制、事后监督和纠正的动态机制。

公司内部控制制度由公司法人治理制度、基本管理制度、具体规章和部门内部规章等部分组成。其中，公司法人治理制度包括公司章程、股东会议事规则、董事监事产生办法、董事会议事规则、监事会议事规则等。公司基本管理制度包括内部控制大纲、风险管理制度、关联交易管理制度、财务管理制度、人力资源管理制度、信托业务管理制度、自营业务管理制度、反腐败反贿赂管理制度、内部审计制度和信息披露管理制度等。公司具体规章是指公司基本管理制度的实施细则及具体业务管理办法。部门内部规章指部门内部行政和业务管理所必备的工作流程及业务表单等。

公司章程的制定充分考虑了《公司法》及相关法律法规的要求，股东会、董事会、监事会、高级管理层等相应的议事规则切实可行，董事会下属委员会有明确的委员构成、职权范围、决策程序和议事规则等，公司日常管理和业务经营决策等环节均有章可循。

内部控制执行方面，一是公司各部门负责进行自我评估和分析，对发现内部控制的隐患和缺陷及时报告，并据此对相关规章制度进行调整和补充，使得公司的各项规章制度在实际工作中得到有效执行；二是公司风险稽核部与合规法律部承担独立评价公司业务经营风险、监督落实公司风险管理政策和各项内部控制制度的职责；三是由公司董事会下属的信托委员会和合规及风险管理委员会负责督促公司依法履行受托人职责。通过以上措施，公司以合规及

风险管理为中心的内部控制体系逐步完善，同时经营层的自律和独立于经营层的外部监督，保证了内部控制体系在促进业务稳健经营和持续发展方面能够发挥有效作用。

4.4.3 信息交流与反馈

公司内部信息交流方面：通过建立各项规章制度，明确了公司股东会、董事会、监事会、高级管理层、各部门及员工的职责和报告路径，从而使各级管理者和员工能够及时了解和掌握公司的经营管理情况，有效履行各自的职责。

公司与外部信息交流方面：一是采取书面、媒体发布等形式，向监管部门、受益人报告公司的重大事项和项目管理情况；二是树立良好的外部形象，让客户了解、认知公司，建立并充分运用外部网站，及时更新和发布公司概况、公司动态、产品推介、信息披露、客户服务等内容；三是通过短信及电话通知、设立800免费客服电话和在营业场所提供服务等方式，向客户推介产品信息、解答问题，力求最大限度的履行诚实、信用、谨慎、有效管理的义务，切实维护受益人的利益；四是公司不断努力提升公司内刊《百瑞财富》和《百瑞研究》的编辑出版质量，并通过向重点客户和合作伙伴免费寄送，使其成为客户了解公司的重要宣传载体，有力地促进了公司品牌宣传和形象提升。

4.4.4 监督评价与纠正

公司的内控监督体系包括三个层面，一是对股东会负责的监事会，主要对董事会、董事及高级管理人员履职情况行使监督职能。二是董事会下属的信托委员会、合规及风险管理委员会和审计委员会。其中：信托委员会主要负责对信托业务的发展战略和业务模式进行规划和研究；审议公司提交的风险排查报告和信托业务开展情况报告，对可能发生的风险事项向公司经营层提出整改意见，并督促其加以改进；当公司或股东利益与受益人利益发生冲突时，研究提出维护受益人权益的具体措施。合规及风险管理委员会主要负责监督、检查公司经营层遵守有关法律、法规和公司章程规定的情况，及其在管理制度、经营决策程序、内控体系等方面的合规合法性；对存在的重大风险隐患或出现的重大风险事故进行内部调查并向董事会报告；研究和组织制定公司风险管理规划、政策和相关制度；审议公司的全面风险评估报告及合规检查报告等，对可能发生的风险事项向经营层提出整改意见，并督促其加以改进。审计委员会主要负责决定公司外部审计机构的选择和一般关联交易业务；审议公司内审情况报告和内部控制制度的执行情况报告及重大关联交易；监督公司内部审计制度及其实施。三是对公司董事会负责的风险稽核部和对经营层负责的合规法律部。风险稽核部主要根据董事会的要求，对公司业务和内部管理事项实施内部审计，并对发现的问题进行督促整改，同时对公司整体风险情况进行评估；合规法律部主要根据经营层的要求，对公司开展的业务进行全过程的合规及风险控制。

为了保证稳健经营，防范和化解经营风险，明确风险责任，公司对不履行或不正确履行国家法律法规和公司内部规章制度的人员进行责任追究。

4.5 风险管理

4.5.1 风险管理概况

4.5.1.1 公司经营活动中可能遇到的风险

基于金融行业运营环境和信托业特征，公司在经营活动中可能遇到的主要风险包括合规风险、信用风险、市场风险和操作风险，同时还可能承担流动性风险、法律风险和声誉风险等其他风险。

4.5.1.2 公司风险管理的基本原则和控制政策

为了防范和化解经营风险，保证稳健经营，公司在董事会的领导下，确立了如下风险管理基本原则和政策：

4.5.1.2.1 全面性原则

全员参与风险管理，对所有业务进行全程风险管理，对所有种类的风险进行管理。即将信用风险、市场风险、操作风险以及包含这些风险的各种金融资产与资产组合、承担这些风险的各个业务单位、形成这些风险的交易环节和流程纳入到统一的风险管理体系中，全面覆盖公司的所有部门和岗位，逐步渗透到各项业务过程和每一个操作环节。

4.5.1.2.2 独立性原则

保持风险管理决策、监控的独立性，并与业务决策适当分离。公司风控中心在董事会和合规及风险管理委员会的领导下，客观评价公司经营风险，独立履行风险管理职能。在业务调研和决策环节，保持风险管理决策和业务决策的适度分离，在业务实施前，独立进行风险研判和风险提示。

4.5.1.2.3 客观性原则

正确认识风险客观存在，避免利益冲突或偏见，如实反映公司的风险状况，做到内容真实，数字准确，资料可靠的原则。

4.5.1.2.4 定量和定性相结合原则

通过建立完善的风险管理指标体系，依托定量分析和定性分析手段评价和控制风险。

4.5.1.2.5 风险与收益匹配原则

风险评价参与公司业务决策和产品定价环节，逐步量化风险评价指标，项目收益评价加入风险调整因素，指导业务产品定价，实现产品定价覆盖预期损失，保持公司业务发展与风险控制工作并行不悖。

4.5.1.2.6 制衡性原则

坚持内控优先，全面分析公司经营环节和业务流程，合理设置体现制衡原则的前台、中台、后台岗位职责，明确划分相关部门之间、岗位之间、上下级机构之间的职责，建立职责分离、横向与纵向相互监督制约的机制。

4.5.1.2.7 信托财产单独管理原则

信托业务系统和自营业务系统的部门和人员分离；信托业务和自营业务由不同的高级管理人员分工管理，实现高级管理人员分工分离；信托财务和自营财务的部门、人员、账表、资产分离，对每项信托业务单独开户、单独核算、单独管理，维护信托财产的独立性，形成管理防火墙。

4.5.1.2.8 风险信息充分披露原则

培育信托产品的合格投资人，强化风险意识，规避各种形式的信托产品保底承诺，在信托产品设计和销售中充分识别和揭示风险。

4.5.1.3 公司风险管理的组织结构和职责划分

公司建立了以董事会、合规及风险管理委员会、高级管理层、风控中心和各基层风险单位为主体的风险管理组织体系。

董事会在其下属合规及风险管理委员会的协助下，负责审核批准公司的风险管理规划、政策等，确定公司总体风险偏好，并监督高级管理层贯彻落实风险管理规划和风险管理政策，倡导公司全员风险管理意识和风险管理文化。

董事会下属合规及风险管理委员会，负责公司风险管理规划和风险管理政策、标准的拟订与落实，负责对公司风险状况、风险管理效率进行检查、分析和评估，提出建议，并向董事会汇报。监督高级管理层对风险管理政策和程序的贯彻落实情况，确保风险管理政策与程序在公司内部得到统一遵守，并向董事会提出建议。

高级管理层负责执行公司风险管理政策，定期审查监督风险管理程序以及具体操作规程。及时向董事会或其下属委员会、监事会报告风险管理情况。

风控中心通过对风险进行事前防范、事中控制、事后监督和纠正来管理和控制风险，风控中心各部门在其职责范围内开展风险管理工作。风险稽核部负责拟订风险管理规划、政策；监督公司经营层的风险管理策略执行状况，向董事会提供公司存在的重大风险隐患或重大风险事故的调查报告及公司年度风险评估报告。合规法律部负责建立风险量化模型，以实现对各类风险的有效识别、计量、监测和控制；通过预审核及风险提示加强对项目的事前风险防范；跟踪重点业务进程，独立评价业务风险。综合管理部通过对存续项目进行现场检查、非现场监测等方式加强对存续项目事中风险的管理，并及时将后期管理过程中发现的各种风险信号进行反馈和报告；在项目后期管理过程中，视项目运行情况，对即将清算的项目进行风险情况专项分析并将分析结果向公司有关部门和高级管理层报告。

公司按照组织架构分成若干风险单位，各部门负责人在各自职责范围内承担相应的风险管理职责，负责部门内部基础风险管理工作。将本部门相关风险信息向公司高级管理层和风控中心报告。

4.5.2　风险状况

4.5.2.1　合规风险状况

公司面临的合规风险主要是指公司因没有遵循法律、规则和准则可能遭受法律制裁、监管处罚、重大财务损失和声誉损失的风险。

公司合规管理的目标是通过建立健全合规管理框架，实现对合规风险的有效识别和管理，促进全面合规管理体系建设，确保依法合规经营。同时，公司注意加强合规文化建设，积极倡导和培育优良的合规文化和价值观念，通过合规制度建设、合规培训、合规信息传递等方式，努力营造合规经营、合规决策、合规管理的有效氛围，使合规文化贯穿日常经营的始终，并将合规文化建设融入企业文化建设全过程。2012 年未出现重大违规违法经营行为。

4.5.2.2　信用风险状况

公司面临的信用风险主要来自于交易对手不能或不愿按照合同的约定到期还款付息履行偿债义务而使公司遭受损失的风险。

公司根据河南银监局《转发〈中国银行业监督管理委员会关于非银行金融机构全面推行资产质量五级分类管理的通知〉的通知》（豫银监发〔2004〕93 号）要求，定期对公司资产质量进行五级分类。

公司按照《金融企业呆账准备提取管理办法》（财政部〔2005〕49 号）的规定，对承担风险和损失的资产提取呆账准备金，具体包括贷款（含抵押、质押、保证等）、股权和债权投资、存放同业款项、应收账款、其他应收款、应收利息、应收股利等债权和股权。

准备金分为一般准备金和资产减值准备金。一般准备余额原则上不得低于风险资产期末余额的 1.5%，资产减值准备按照资产风险分类结果计提，其中关注类 3%，次级类 30%，可疑类 60%，损失类 100%。

2012 年公司不良资产期初数为 3 016.53 万元，期末数为 3 010.27 万元，已足额计提资产减值准备。

以动产、不动产、财产权等设定抵押、质押担保的，需提供抵押物、质押物的权属证明及有权部门出具的价值评估报告和证明文件。抵（质）押率是借款本息总额与抵（质）押物净值的比率，公司从业务类型出发制定了相应的抵（质）押率标准，具体设定时结合抵押物评估值、质押物面值、抵（质）押物净值、潜在的价值损失及处置变现的程度从严掌控。

担保人的主体资格调查按照借款人的资格调查方式和要求进行，除此以外，还需符合《担保法》及其司法解释中有关担保人资格禁止性条款的规定。

4.5.2.3　市场风险状况

公司面临的市场风险主要来自于因市场价格（利率、汇率、股票价格等）的不利变动而使公司业务发生损失的风险。市场风险存在于公司的各项交易和非交易业务中，可进一步分为利率风险、汇率风险、证券交易价格波动风险和其他价格风险。

利率风险是指市场利率变动的不确定性给公司造成损失的可能性。公司在开展贷款类业务时，综合对未来利率走势的预测和交易成本等因素，分别采用了挂钩贷款基准利率变化的浮动利率和较高的固定利率两种方式，有效应对可能发生的利率风险。2012 年市场利率的变化对公司经营收益未产生明显影响。

公司 2012 年末外汇业务存量为零，汇率波动未对公司造成影响。

公司密切关注宏观经济政策变化，加强证券投资研究，通过信托产品结构化设计、组合投资策略以提高公司抵御证券价格波动风险的能力。2012 年虽然股票市场全年报收阳线，但前 11 个月份总体上处于弱势震荡中，宏观经济不景气加上投资者情绪负面导致市场持续下行，对公司固有证券投资业务产生了一定影响，但证券价格波动风险对公司整体经营未产生明显影响。

其他价格风险主要是指通货膨胀风险。2012 年该类风险对公司未产生明显影响。

4.5.2.4　操作风险状况

公司面临的操作风险主要是制度和操作流程缺失以及现有制度和流程不能得到有效执行而可能引起的经营风险和损失。前者是指公司制度和流程不能覆盖公司经营的每一个环节，存在制度真空或缺陷；后者是指内部控制失效，在超越授权和缺少制衡的情况下进行经营操作，各种制度和流程的执行效果和效率未达到预期目标。

目前公司的内部控制制度体系已覆盖了各项业务的全部操作环节，建立了完善的授权体系，各项制度和流程的执行效果达到预期目标。报告期内无该类风险发生。

4.5.2.5　其他风险状况

其他风险主要包括流动性风险、法律风险和声誉风险等。

流动性风险主要有两种形式，一是非现金资产的流动性风险，二是资金的流动性风险。前者是指非现金资产不能按现有市场价值及时变现而导致损失的可能性，后者是指现金流不能满足支出的需求而迫使公司提前进行清算，从而使账面潜在损失变为实际损失。报告期内公司非现金资产可正常变现，有稳定的现金流，无该类风险发生。

法律风险是指公司签订合同的内容在法律上有缺陷或不完善而发生法律纠纷甚至无法履约，以及法律的不完善或修订使收益产生的不确定性。报告期内公司无该类风险发生。

声誉风险是指由公司经营、管理及其他行为或外部事件导致利益相关方对公司负面评价的风险。报告期内公司无该类风险发生。

4.5.3 风险管理

4.5.3.1 合规风险管理

公司合规风险管理主要是通过建立健全合规风险管理框架，实现对合规风险的有效识别和管理，促进全面风险管理体系建设，确保依法合规经营。具体措施包括：

一是公司开展固有与信托相关业务时严格遵循相关金融法规，业务创新不能突破政策底线，最大限度的维护公司股东、委托人、受益人及其他利益相关者的利益。

二是持续关注法律法规和规范性文件的最新发展，正确理解相关规定及其精神，准确把握相关规定对信托行业经营的影响。

三是制定并执行风险为本的合规管理计划，包括特定政策和程序的实施与评价、合规风险评估、合规培训与教育等。

四是建立有效的合规问责制度，严格对违规行为的责任认定与追究，并采取有效的纠正措施，及时改进经营管理流程，适时修订相关政策、程序和操作指南。

五是保持与监管机构日常的工作联系，跟踪和评估监管意见和监管要求的落实情况。

六是为巩固合规执行成果，加强公司合规建设水平，2012年公司按照监管部门要求开展了“合规建设提升年”工作，制定了详细的“合规建设提升年”活动方案并狠抓落实，确保“合规建设提升年”系列活动的有序推进。通过“合规建设提升年”活动，公司合规管理工作有效实现了提升思想认识、提升内生动力、提升制度建设、提升执行效果“四个提升”的预期目标。

4.5.3.2 信用风险管理

公司信用风险管理主要通过对交易对手的综合信用分析进行事前控制，以及通过交易结构设计、定价、制定借款人限额、定期风险评估等手段规避和监控交易对手信用风险的变化，明确界定各部门的风险管理责任，强调业务管理的前期调研和过程控制，严格授权审批制度、决策限额和投资比例控制。具体措施包括：

一是根据目前公司的业务构成、规模和经营环境，对信用风险的管理主要采用信用分析和交易监督及控制方法。前者主要是按照监管部门要求，通过业务人员现场调研并填表、中后台人员复核的形式定期对公司资产质量进行五级分类；后者主要是采用定期调查、资金用途控制、抵押担保等方式降低交易对手的信用风险。

二是交易定价方面。公司根据《金融企业呆账准备提取管理办法》（财政部〔2005〕49 号）规定，对承担风险和损失的资产提取呆账准备金。

三是公司认定的抵押财产包括抵押人所有的机器、交通运输工具和其他财产，抵押人依法有处分权的国有土地使用权、房屋和其他地上定着物等。抵（质）押率是借款本息总额与抵（质）押物净值的比率，公司从业务类型出发制定了相应的抵（质）押率标准，具体设定时结合抵押物评估值、质押物面值、抵（质）押物净值、潜在的价值损失及处置变现的程度从严掌控。

四是公司有关保证担保类贷款的管理措施包括严格筛选保证人，调查与审批相分离等。具体实施过程为：双人现场见证法律文件签署，与保证人以书面形式订立保证合同，保证方式的约定采用保证人承担连带责任保证，明确约定承担保证责任的终止时间。担保生效后，公司组织双人定期进行项目检查，对被担保人、反担保人，以及抵（质）押物进行实地检查，定期出具管理报告。

五是 2012 年，公司继续推进房地产业务风险计量模型的完善工作，并尝试性地构建了交易对手信用评级与新增最高综合授信额度测算模型。

六是 2012 年，公司大力完善信用风险预警指标体系，加强资产质量分类管理，实行严格的信用风险报告制度。

4.5.3.3 市场风险管理

市场风险管理是指识别、计量、监测和控制市场风险的全过程，其目标是通过将市场风险控制在公司可以承受的合理范围内，以实现风险调整后的收益率的最大化。

4.5.3.3.1 公司市场风险管理策略

制定了与公司业务性质、规模、复杂程度和风险特征相适应的，与公司总体业务发展战略、管理能力、资本实力和能够承担的总体风险水平相一致的市场风险管理原则和程序；对每项业务和产品中的市场风险因素进行分解和分析，及时、准确的识别所有交易和非交易业务中市场风险的类别和性质；建立了完善的市场风险管理内部控制体系，并将其作为公司整体内部控制体系的有机组成部分。

4.5.3.3.2 市场风险管理措施

关注国家宏观政策变化，规避限制类行业和相关项目；加强行业风险研究，规避宏观面和行业周期产生的市场风险；进行资产组合管理，动态调整资产配置方案；控制总体证券投资规模和股票持仓数量，设定证券投资限制性指标和止损点；控制行业集中度，拓展多元化投资领域和项目；贷款合同及相关文件进行浮动利率变化的事前约定，规避利率风险；建立证券业务的市场风险模型，科学测量证券投资的安全边际。

4.5.3.4 操作风险管理

公司操作风险管理的基本策略是加强内部控制制度建设和落实。

4.5.3.4.1 公司操作风险管理坚持内部控制优先，全面分析公司经营环节和业务流程，合理设置体现制衡原则的前台、中台、后台岗位职责，明确划分相关部门之间、岗位之间的职责，建立职责分离、横向与纵向相互监督制约的机制；优化公司经营决策和管理，密切关注信息系统、风险报告和监控系统可能出现的疏漏，建立和完善授权制度，进行不同岗位制衡安排，防患于未然；按照公司责任追究制度、风险管理制度以及业务管理制度中的罚则部分，对违规人员进行问责。

4.5.3.4.2 操作风险管理措施

完善公司各项规章制度和操作流程，切实加强执行力度；强调业务管理的过程控制，设置事前、事中和事后相互支持和制约的职责关系；进行合理的岗位设置和有效的职责分离，建立严格的复核和审批程序；制定项目尽职调研和尽职管理指引，规范业务操作流程；加强业务创新，提高产品设计质量和强化风险保障措施；对内部控制制度的执行情况和制度完备性进行定期的检查，并督促及时整改；建立房地产业务风险计量模型，为公司房地产业务操作风险管理提供量化工具。

4.5.3.5 其他风险管理

公司流动性风险管理策略包括保持足够的可变现资产、合理安排资产的期限组合、针对信托业务设计信托产品的流通平台等。

公司法律风险管理策略包括充分利用法律手段，优化产品结构和法律文本设计；提高公司全员的法律风险意识，强化公司合规法律部的法律风险监督职能；在合规法律部专设法律事务管理岗位，加强公司业务的法律风险管理工作；在公司业务决策和审批流程中加入法律审查环节，引入外部法律顾问参与交易结构设计和法律文本审核等工作。

公司声誉风险管理策略包括将公司声誉构建与公司发展战略和企业文化进行有机结合，通过尽职管理和充分信息披露以塑造公司的专业和诚信形象，对可能影响公司声誉的业务坚决予以回避等。

5. 2012 年度及上年度比较式会计报表

5.1 自营资产

5.1.1 会计师事务所审计意见全文

审 计 报 告

天职京 SJ[2013]961 号

百瑞信托有限责任公司全体股东：

我们审计了后附的百瑞信托有限责任公司（以下简称百瑞信托）财务报表，包括 2012 年 12 月 31 日的资产负债表，2012 年度的利润表、所有者权益变动表和现金流量表以及财务报表附注。

一、管理层对财务报表的责任

编制和公允列报财务报表是百瑞信托管理层的责任，这种责任包括：（1）按照企业会计准则的规定编制财务报表，并使其实现公允反映；（2）设计、执行和维护必要的内部控制，以使财务报表不存在由于舞弊或错误导致的重大错报。

二、注册会计师的责任

我们的责任是在执行审计工作的基础上对财务报表发表审计意见。我们按照中国注册会计师审计准则的规定执行了审计工作。中国注册会计师审计准则要求我们遵守中国注册会计师职业道德守则，计划和执行审计工作以对财务报表是否不存在重大错报获取合理保证。

审计工作涉及实施审计程序，以获取有关财务报表金额和披露的审计证据。选择的审计程序取决于注册会计师的判断，包括对由于舞弊或错误导致的财务报表重大错报风险的评估。在进行风险评估时，注册会计师考虑与财务报表编制和公允列报相关的内部控制，以设计恰当的审计程序，但目的并非对内部控制的有效性发表意见。审计工作还包括评价管理层选用会计政策的恰当性和作出会计估计的合理性，以及评价财务报表的总体列报。

我们相信，我们获取的审计证据是充分、适当的，为发表审计意见提供了基础。

三、审计意见

我们认为，百瑞信托财务报表在所有重大方面按照企业会计准则的规定编制，公允反映了百瑞信托 2012 年 12 月 31 日的财务状况以及 2012 年度的经营成果和现金流量。

中国注册会计师：

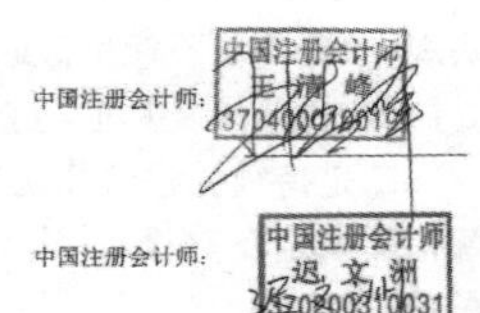

中国注册会计师：

5.1.2 资产负债表

资产负债表

2012 年 12 月 31 日

编制单位：百瑞信托有限责任公司　　单位：万元

项　目	行次	期末数	期初数
资产：	1		
现金及存放同业款项	2	14 565.21	19 468.37
存放中央银行款项	3	—	—
贵金属	4	—	—
拆出资金	5	2 150.00	5 530.00
交易性金融资产	6	3 836.48	4 415.89
衍生金融资产	7	—	—
买入返售金融资产	8	—	—
应收利息	9	304.65	542.88
发放贷款及垫款	10	118 991.60	86 580.00
可供出售金融资产	11	67 057.32	56 504.05
持有至到期投资	12	—	—
长期股权投资	13	56 102.69	49 363.58
投资性房地产	14	—	—
固定资产	15	5 497.78	5 880.06
固定资产清理	16	-301.87	—
无形资产	17	443.46	376.46
递延所得税资产	18	1 247.14	2 804.05
其他资产	19	3 871.11	464.93
资产总计	20	273 765.57	231 930.29

法定代表人：马宝军　　主管会计工作负责人：王克槿　　会计机构负责人：刘　芳

资产负债表(续)

2010年12月31日

编制单位:百瑞信托有限责任公司　　单位:万元

项　目	行次	期末数	期初数
负债:	21		
向中央银行借款	22	—	—
同业及其他金融机构存放款项	23	—	—
拆入资金	24	—	—
交易性金融负债	25	—	—
衍生金融负债	26	—	—
卖出回购金融资产款	27	—	—
吸收存款	28	—	—
应付职工薪酬	29	447.00	283.56
应交税费	30	5 266.33	13 241.25
应付利息	31	—	—
预计负债	32	—	—
应付债券	33	—	—
递延所得税负债	34	—	—
其他负债	35	29 877.72	18 503.97
负 债 合 计	36	35 591.05	32 028.78
所有者权益:	37		
实收资本(股本)	38	120 000.00	120 000.00
资本公积	39	6 339.39	2 739.33
减:库存股	40	—	—
盈余公积	41	12 872.08	8 194.79
一般风险准备	42	10 450.55	6 390.70
未分配利润	43	88 512.50	62 576.69
所有者权益合计	44	238 174.52	199 901.51
负债和所有者权益总计	45	273 765.57	231 930.29

法定代表人:马宝军　　主管会计工作负责人:王克槿　　会计机构负责人:刘　芳

5.1.3　利润和利润分配表

利润表

编制单位:百瑞信托有限责任公司　2012年度　　单位:万元

项　目	行次	本期金额	上期金额
一、营业收入	1	81 256.25	62 526.92
利息净收入	2	14 702.29	10 618.46
利息收入	3	14 742.68	10 643.82
利息支出	4	40.39	25.36
手续费及佣金净收入	5	64 887.93	48 295.74
手续费及佣金收入	6	64 887.93	48 295.74
手续费及佣金支出	7	—	—
投资收益(损失以"-"号填列)	8	377.54	5 460.11
其中:对联营企业和合营企业的投资收益	9	—	—
公允价值变动收益(损失以"-"号填列)	10	1 288.49	-1 850.19
汇兑收益(损失以"-"号填列)	11	—	—
其他业务收入	12	—	2.80
二、营业支出	13	18 994.70	13 713.12
营业税金及附加	14	4 656.58	3 514.94
业务及管理费	15	14 201.12	8 986.38
资产减值损失	16	137.00	1 211.80
其他业务成本	17	—	—
三、营业利润(亏损以"-"号填列)	18	62 261.55	48 813.80
加:营业外收入	19	95.03	196.93
减:营业外支出	20	4.12	329.09
四、利润总额(亏损总额以"-"号填列)	21	62 352.46	48 681.64
减:所得税费用	22	15 579.50	12 019.55
五、净利润(净亏损以"-"号填列)	23	46 772.96	36 662.09

法定代表人:马宝军　　主管会计工作负责人:王克槿　　会计机构负责人:刘　芳

利润分配表

编制单位:百瑞信托有限责任公司　2012年度　　单位:万元

项　目	本年累计数	上年累计数
本年净利润	46 772.96	36 662.09
加:(一)年初未分配利润	62 576.69	32 419.62
(二)盈余公积弥亏	—	—
(三)其他调整因素	—	—
(四)会计政策变更	—	—
可供分配的利润	109 349.65	69 081.71
减:(一)单项留用的利润	—	—
(二)补充流动资本	—	—
(三)提取法定盈余公积	4 677.30	3 666.21
(四)提取法定公益金	—	—
(五)提取信托赔偿准备金	2 338.65	1 833.10
(六)提取一般准备金	1 721.20	1 005.71
(七)提取企业发展基金	—	—
(八)利润归还投资	—	—
(九)其他	—	—
可供投资者分配的利润	100 612.50	62 576.69
减:(一)应付优先股股利	—	—
(二)提取任意盈余公积	—	—
(三)应付普通股股利	12 100.00	—
(四)转作资本(股本)的普通股股利	—	—
(五)其他	—	—
未分配利润	88 512.50	62 576.69

5.1.4 所有者权益变动表

所有者权益变动表

编制单位：百瑞信托有限责任公司　　2012 年度　　单位：万元

项　　目	行次	本年金额								
		实收资本（或股本）	资本公积	减：库存股	专项储备	盈余公积	Δ一般风险准备	未分配利润	其他	所有者权益合计
一、上年末余额	1	120 000.00	2 739.33	—	—	8 194.78	6 390.70	62 576.69	—	199 901.50
加：会计政策变更	2	—	—	—	—	—	—	—	—	—
前期差错更正	3	—	—	—	—	—	—	—	—	—
二、本年初余额	4	120 000.00	2 739.33	—	—	8 194.78	6 390.70	62 576.69	—	199 901.50
三、本年增减变动金额（减少以“－”号填列）	5	—	3 600.05	—	—	4 677.30	4 059.85	25 935.81	—	38 273.01
（一）净利润	6	—	—	—	—	—	—	46 772.96	—	46 772.96
（二）其他综合收益	7	—	3 580.05	—	—	—	—	—	—	3 580.05
综合收益小计	8	—	3 580.05	—	—	—	—	46 772.96	—	50 353.01
（三）所有者投入和减少资本	9	—	—	—	—	—	—	—	—	—
1. 所有者投入资本	10	—	—	—	—	—	—	—	—	—
2. 股份支付计入所有者权益的金额	11	—	—	—	—	—	—	—	—	—
3. 其他	12	—	—	—	—	—	—	—	—	—
（四）专项储备提取和使用	13	—	—	—	—	—	—	—	—	—
1. 提取专项储备	14	—	—	—	—	—	—	—	—	—
2. 使用专项储备	15	—	—	—	—	—	—	—	—	—
（五）利润分配	16	—	—	—	—	4 677.30	4 059.85	-20 837.14	—	-12 100.00
1. 提取盈余公积	17	—	—	—	—	4 677.30	—	-4 677.30	—	—
其中：法定公积金	18	—	—	—	—	4 677.30	—	-4 677.30	—	—
任意公积金	19	—	—	—	—	—	—	—	—	—
#储备基金	20	—	—	—	—	—	—	—	—	—
#企业发展基金	21	—	—	—	—	—	—	—	—	—
#利润归还投资	22	—	—	—	—	—	—	—	—	—
2. 提取一般风险准备	23	—	—	—	—	—	4 059.85	-4 059.85	—	—
3. 对所有者（或股东）的分配	24	—	—	—	—	—	—	-12 100.00	—	-12 100.00
4. 其他	25	—	—	—	—	—	—	—	—	—
（六）所有者权益内部结转	26	—	20.00	—	—	—	—	—	—	20.00
1. 资本公积转增资本（或股本）	27	—	—	—	—	—	—	—	—	—
2. 盈余公积转增资本（或股本）	28	—	—	—	—	—	—	—	—	—
3. 盈余公积弥补亏损	29	—	—	—	—	—	—	—	—	—
4. 其他	30	—	20.00	—	—	—	—	—	—	20.00
四、本年末余额	31	120 000.00	6 339.39	—	—	12 872.08	10 450.55	88 512.50	—	238 174.52

法定代表人：马宝军　　主管会计工作负责人：王克槿　　会计机构负责人：刘　芳

所有者权益变动表（续）

编制单位：百瑞信托有限责任公司　　2012 年度　　单位：万元

项　　目	行次	上年金额								
		实收资本（或股本）	资本公积	减：库存股	专项储备	盈余公积	Δ一般风险准备	未分配利润	其他	所有者权益合计
一、上年末余额	1	60 500.00	16 769.35	—	—	4 528.58	3 551.89	32 419.62	—	117 769.44
加：会计政策变更	2	—	—	—	—	—	—	—	—	—
前期差错更正	3	—	—	—	—	—	—	—	—	—
二、本年初余额	4	60 500.00	16 769.35	—	—	4 528.58	3 551.89	32 419.62	—	117 769.44
三、本年增减变动金额（减少以“－”号填列）	5	59 500.00	-14 030.02	—	—	3 666.21	2 838.81	30 157.07	—	82 132.07
（一）净利润	6	—	—	—	—	—	—	36 662.09	—	36 662.09
（二）其他综合收益	7	—	-8 030.02	—	—	—	—	—	—	-8 030.02
综合收益小计	8	—	-8 030.02	—	—	—	—	36 662.09	—	28 632.07
（三）所有者投入和减少资本	9	59 500.00	—	—	—	—	—	—	—	59 500.00

续表

项　　目	行次	上年金额								
		实收资本（或股本）	资本公积	减：库存股	专项储备	盈余公积	Δ一般风险准备	未分配利润	其他	所有者权益合计
1. 所有者投入资本	10	59 500.00	—	—	—	—	—	—	—	59 500.00
2. 股份支付计入所有者权益的金额	11	—	—	—	—	—	—	—	—	—
3. 其他	12	—	—	—	—	—	—	—	—	—
（四）专项储备提取和使用	13	—	—	—	—	—	—	—	—	—
1. 提取专项储备	14	—	—	—	—	—	—	—	—	—
2. 使用专项储备	15	—	—	—	—	—	—	—	—	—
（五）利润分配	16	—	—	—	—	3 666.21	2 838.81	-6 505.02	—	—
1. 提取盈余公积	17	—	—	—	—	3 666.21	—	-3 666.21	—	—
其中：法定公积金	18	—	—	—	—	3 666.21	—	-3 666.21	—	—
任意公积金	19	—	—	—	—	—	—	—	—	—
#储备基金	20	—	—	—	—	—	—	—	—	—
#企业发展基金	21	—	—	—	—	—	—	—	—	—
#利润归还投资	22	—	—	—	—	—	—	—	—	—
2. 提取一般风险准备	23	—	—	—	—	—	2 838.81	-2 838.81	—	—
3. 对所有者（或股东）的分配	24	—	—	—	—	—	—	—	—	—
4. 其他	25	—	—	—	—	—	—	—	—	—
（六）所有者权益内部结转	26	—	-6 000.00	—	—	—	—	—	—	-6 000.00
1. 资本公积转增资本（或股本）	27	—	—	—	—	—	—	—	—	—
2. 盈余公积转增资本（或股本）	28	—	—	—	—	—	—	—	—	—
3. 盈余公积弥补亏损	29	—	—	—	—	—	—	—	—	—
4. 其他	30	—	-6 000.00	—	—	—	—	—	—	-6 000.00
四、本年末余额	31	120 000.00	2 739.33	—	—	8 194.79	6 390.70	62 576.69	—	199 901.51

法定代表人：马宝军　　　　主管会计工作负责人：王克槿　　　　会计机构负责人：刘　芳

5.2 信托资产

5.2.1 信托项目资产负债汇总表

信托项目资产负债表

编制单位：百瑞信托有限责任公司　　　　2012 年 12 月 31 日　　　　单位：万元

信托资产	期末余额	期初余额	信托负债和信托权益	期末余额	期初余额
信托资产	—	—	信托负债		
货币资金	60 118.08	48 348.55	交易性金融负债	—	—
拆出资金	—	—	衍生金融负债	—	—
存出保证金	—	—	应付受托人报酬	571.52	199.73
交易性金融资产	0.00	4 197.46	应付托管费	—	—
衍生金融资产	—	—	应付受益人收益	1 386.45	83.92
买入返售金融资产	538 170.70	402 700.00	应交税费	—	—
应收款项	46 858.51	15 573.12	应付销售服务费	—	—
发放贷款	4 331 259.78	2 320 643.52	其他应付款项	69 026.50	39 875.51
可供出售金融资产	23 430.00	3 531.15	预计负债	—	—
持有至到期投资	30 000.00	30 000.00	其他负债	—	—
长期应收款	—	—	信托负债合计	70 984.47	40 159.16
长期股权投资	1 681 929.80	1 199 639.80	—	—	—
其他长期投资	7 900.00	—	—	—	—
投资性房地产	—	—	信托权益	—	—
固定资产	—	—	实收信托	7 204 429.85	3 939 543.45
无形资产	—	—	资本公积	0.00	-0.11
长期待摊费用	11 803.65	6 208.45	损益平准金	—	—
其他资产	584 107.25	—	未分配利润	40 163.44	51 139.55
减：各项资产减值准备	—	—	信托权益合计	7 244 593.29	3 990 682.89
信托资产总计	7 315 577.77	4 030 842.05	信托负债和信托权益总计	7 315 577.77	4 030 842.05

法定代表人：马宝军　　　　主管会计工作负责人：王克槿　　　　会计机构负责人：刘　芳

5.2.2　信托项目利润及利润分配汇总表

信托项目利润及利润分配表

编制单位：百瑞信托有限责任公司　　2012 年度　　单位：万元

项　　目	本年数	上年数
1. 营业收入	424 116.32	287 679.27
1.1 利息收入	273 983.88	158 843.95
1.2 投资收益（损失以"－"号填列）	68 932.02	94 250.28
1.2.1 其中：对联营企业和合营企业的投资收益	—	—
1.3 公允价值变动收益（损失以"－"号填列）	505.09	－1 928.69
1.4 租赁收入	—	—
1.5 汇兑损益（损失以"－"号填列）	—	—
1.6 其他收入	80 695.33	36 513.73
2. 支出	64 998.99	37 513.29
2.1 营业税金及附加	—	6.98
2.2 受托人报酬	42 430.26	27 584.14
2.3 保管费	3 720.93	1 132.77
2.4 投资管理费	—	—
2.5 销售服务费	7 079.98	3 616.38
2.6 交易费用	43.82	133.44
2.7 资产减值损失	—	—
2.8 其他费用	11 724.00	5 039.57
3. 信托净利润（净亏损以"－"号填列）	359 117.33	250 165.97
4. 其他综合收益	—	—
5. 综合收益	359 117.33	250 165.97
6. 加：期初未分配信托利润	51 139.55	16 065.70
7. 可供分配的信托利润	410 256.88	266 231.67
8. 减：本期已分配信托利润	370 093.44	215 092.12
9. 期末未分配信托利润	40 163.44	51 139.55

法定代表人：马宝军　　主管会计工作负责人：王克槿　　会计机构负责人：刘　芳

6. 会计报表附注

6.1　报告年度会计报表编制基准、会计政策、会计估计和核算方法发生变化情况

6.1.1　会计报表编制基准不符合会计核算基本前提的说明

报告期内无上述事项。

6.1.2　重要会计政策和会计估计说明

6.1.2.1　计提资产减值准备的范围和方法

6.1.2.1.1　计提资产减值准备的原则

公司根据谨慎性原则，预计各项资产可能发生的损失，对可能发生的各项损失计提一般准备和资产减值准备。

6.1.2.1.2　计提范围和方法

按照《金融企业准备金计提管理办法》（财金〔2012〕20号）规定，对承担风险和损失的资产提取准备金，具体包括：贷款（含抵押、质押、担保等）、股权和债权投资、存放同业款项、应收账款、其他应收款、应收利息、应收股利等债权和股权。同时按照银监会《非银行金融机构资产风险分类指导原则》（试行）的规定，对各项资产进行风险分类。

准备金，又称拨备，是指金融企业对承担风险和损失的金融资产计提的准备金，包括资产减值准备和一般准备。一般准备，是指金融企业运用动态拨备原理，采用内部模型法或标准法计算风险资产的潜在风险估计值后，扣减已计提的资产减值准备，从净利润中计提的、用于部分弥补尚未识别的可能性损失的准备金。标准风险系数暂定为：正常类 1.5%，关注类 3%，次级类 30%，可疑类 60%，损失类 100%；对于其他风险资产可参照信贷资产进行风险分类，采用的标准风险系数不得低于上述信贷资产标准风险系数。

资产减值准备按照资产风险分类结果比例提取，其中关注类 3%，次级类 30%，可疑类 60%，损失类 100%。

6.1.2.2　金融资产四分类的范围和标准

公司按照取得持有金融资产和承担金融负债的目的，将其划分为：以公允价值计量且其变动计入当期损益的金融资产或金融负债，包括交易性金融资产或金融负债（和直接指定为以公允价值计量且其变动计入当期损益的金融资产或金融负债）；持有至到期投资；贷款和应收款项；可供出售金融资产；其他金融负债等。

6.1.2.3　交易性金融资产核算方法

取得时以公允价值（扣除已宣告但尚未发放的现金股利或已到付息期但尚未领取的债券利息）作为初始确认金额，相关的交易费用计入当期损益。

持有期间将取得的利息或现金股利确认为投资收益，期末将公允价值变动计入当期损益。

处置时，其公允价值与初始入账金额之间的差额确认为投资收益，同时调整公允价值变动损益。

6.1.2.4　可供出售金融资产核算方法

取得时按公允价值（扣除已宣告但尚未发放的现金股利或已到付息期但尚未领取的债券利息）和相关交易费用之和作为初始确认金额。

持有期间将取得的利息或现金股利确认为投资收益。期末以公允价值计量且将公允价值变动计入资本公积（其他资本公积）。

处置时，将取得的价款与该金融资产账面价值之间的差额，计入投资收益；同时，将原直接计入所有者权益的公允价值变动累计额对应处置部分的金额转出，计入投资收益。

6.1.2.5　持有至到期投资核算方法

取得时按公允价值（扣除已到付息期但尚未领取的债券利息）和相关交易费用之和作为初始确认金额。

持有期间按照摊余成本和实际利率（如实际利率与票面利率差别较小的，按票面利率）计算确认利息收入，计入投资收益。实际利率在取得时确定，在该预期存续期间或适用的更短期间内保持不变。

处置时，将所取得价款与该投资账面价值之间的差额计入投资收益。

6.1.2.6　长期股权投资核算方法

公司对被投资单位不具有共同控制或重大影响，并且在活跃市场中没有报价、公允价值不能可靠计量的长期股权投资，采用成本法核算；对被投资单位具有共同控制或重大影响的长期股权投资，采用权益法核算。

成本法下的长期股权投资按初始投资成本计价；追加或收回投资时调整长期股权投资的成本；公司确认投资收益，仅限于被投资单位接受投资后产生的累积净利润的分配额，所获得的利润或现金股利超过上述数额的部分作为初始投资成本的收回。

权益法下在公司确认应分担被投资单位发生的亏损时，按照以下顺序进行处理：首先，冲减长期股权投资的账面价值；其次，长期股权投资的账面价值不足以冲减的，以其他实质上构成对被投资单位净投资的长期权益账面价值为限继续确认投资损失，冲减长期应收项目等的账面价值；最后，经过上述处理，按照投资合同或协议约定公司仍承担额外义务的，按预计承担的义务确认预计负债，计入当期投资损失。

6.1.2.7 投资性房地产核算方法

投资性房地产是指为赚取租金或资本增值，或两者兼有而持有的房地产。投资性房地产应当能够单独计量和出售，包括已出租的土地使用权、持有并准备增值后转让的土地使用权和已出租的建筑物。

对于外购投资性房地产按照取得时的成本进行初始计量，成本包括购买价款、相关税费和可直接归属于该资产的其他支出。公司采用成本模式对投资性房地产进行后续计量。

6.1.2.8 固定资产计价和折旧方法

6.1.2.8.1 固定资产确认条件

固定资产指为生产商品、提供劳务、出租或经营管理而持有，并且使用年限超过1年的有形资产。

固定资产在同时满足下列条件时予以确认：与该固定资产有关的经济利益很可能流入企业；该固定资产的成本能够可靠地计量。

6.1.2.8.2 固定资产的分类

固定资产分类为：房屋及建筑物、专用设备、运输设备、电子设备、其他设备等。

6.1.2.8.3 固定资产的初始计量

固定资产取得时按照实际成本进行初始计量。

外购固定资产的成本，以购买价款、相关税费、使固定资产达到预定可使用状态前所发生的可归属于该项资产的运输费、装卸费、安装费和专业人员服务费等确定。

债务重组取得债务人用以抵债的固定资产，以该固定资产的公允价值为基础确定其入账价值，并将重组债务的账面价值与该用以抵债的固定资产公允价值之间的差额，计入当期损益。

6.1.2.8.4 固定资产折旧计提方法

固定资产折旧采用年限平均法分类计提，根据固定资产类别、预计使用寿命和预计净残值率确定折旧率。

各类固定资产预计使用寿命和年折旧率如下：

类　别	年限(年)	年折旧率(%)
房屋建筑物	20~35	2.71~4.75
动力设备	11	8.64
通信设备	5	19.00
电子设备	3~5	19.00~31.67
电器设备	5	19.00
安全保卫设备	5	19.00
办公及文字处理设备	5	19.00
运输设备	4~5	19.00~23.75

6.1.2.8.5 固定资产后续支出的处理

固定资产的后续支出主要包括修理支出、更新改良支出及装修支出等内容，其会计处理方法为：

固定资产日常修理和大修费用发生时直接计入当期费用；

固定资产装修费用，当其包含的经济利益很可能流入公司且成本能够可靠计量时，在“固定资产”内单设明细科目核算，符合资本化条件的，计入固定资产成本；

不符合资本化条件的，计入当期损益。

6.1.2.8.6 固定资产减值准备的确认标准和计提方法

公司于期末按照《企业会计准则第8号——资产减值》的规定，对固定资产进行检查，如发现存在减值迹象，则计算固定资产的可收回金额，以确定资产是否已经发生减值。对于可收回金额低于其账面价值的固定资产，按该资产可收回金额低于其账面价值的差额计提减值准备。计提时按单项资产计提，难以对单项资产的可收回金额进行估计的，按该资产所属的资产组为基础计提。

6.1.2.9 无形资产计价及摊销政策

6.1.2.9.1 无形资产计价

外购无形资产的成本，包括购买价款、相关税费以及直接归属于使该项资产达到预定用途所发生的其他支出。

债务重组取得债务人用以抵债的无形资产，以该无形资产的公允价值为基础确定其入账价值，并将重组债务的账面价值与该用以抵债的无形资产公允价值之间的差额，计入当期损益；在非货币性资产交换具备商业实质和换入资产或换出资产的公允价值能够可靠计量的前提下，非货币性资产交换换入的无形资产以换出资产的公允价值为基础确定其入账价值，除非有确凿证据表明换入资产的公允价值更加可靠；不满足上述前提的非货币性资产交换，以换出资产的账面价值和应支付的相关税费作为换入无形资产的成本，不确认损益。

6.1.2.9.2 无形资产使用寿命及摊销

(1)使用寿命有限的无形资产的使用寿命估计情况

对于使用寿命有限的无形资产，在能够为公司带来经济利益的期限内按直线法摊销；无法合理确定无形资产为公司带来经济利益期限的，视为使用寿命不确定的无形资产，不予摊销，每期末对该项资产进行减值测试，按估计可收回金额低于其账面价值的差额，计提无形资产减值准备。

(2)使用寿命不确定的无形资产的判断依据

按照上述方法仍无法合理确定无形资产为公司带来经济利益期限的，该项无形资产作为寿命不确定的无形资产。期末，对使用寿命不确定的无形资产的使用寿命进行复核。

(3)无形资产的摊销

对于使用寿命有限的无形资产，在为公司带来经济利益的期限内按直线法摊销；无法预见无形资产为公司带来经济利益期限的，视为使用寿命不确定的无形资产，不予摊销，每期末对该项资产进行减值测试，按估计可收回金额低于其账面价值的差额，计提无形资产减值准备。

期末，对使用寿命有限的无形资产的使用寿命及摊销方法进行复核。无形资产的使用寿命及摊销方法与以前估计不同的，应当改变摊销期限和摊销方法。

6.1.2.10 长期应收款的核算方法

长期应收款的核算内容包括融资租赁产生的应收款项和采用递延方式具有融资性质的提供劳务等产生的应收款项。

出租人融资资产产生的应收租赁款初始价值按租赁开始日最低租赁收款额与初始直接费用之和进行入账。

采用递延方式分期收款提供劳务产生的长期应收款，在满足收入确认条件时，初始价值按应收的合同或协议价款入账。

6.1.2.11 长期待摊费用的摊销政策

长期待摊费用核算是指本期已经支出，但摊销期限在1年以上（不含1年）的各项费用。费用项目的受益期限内分期平均摊销。如果长期待摊的费用项目不能使公司在以后会计期间受益的，则将尚未摊销的该项目的摊余价值全部转入当期损益。

6.1.2.12 合并会计报表的编制方法

公司对合并财务报表按照《企业会计准则第33号——合并财务报表》执行。

合并财务报表以母公司和纳入合并范围的子公司的个别财务报表为基础，根据其他有关资料为依据，按照权益法调整对子公司的长期股权投资后，由母公司编制。合并时对内部权益性投资与子公司所有者权益、内部投资收益与子公司利润分配、内部交易事项、内部债权债务进行抵销。

合并成本大于合并中取得的被购买方可辨认净资产公允价值份额的差额，确认为商誉。合并成本小于合并中取得的被购买方可辨认净资产公允价值份额的，其差额计入当期损益。

子公司所采用的会计政策与母公司保持一致。对于子公司所采用的会计政策与母公司不一致的，在编制合并财务报表时，应按母公司会计政策进行必要的调整。

6.1.2.13 收入确认原则和方法

收入确认原则：收入的金额能够可靠地计量；与交易相关的利益很可能流入公司；相关的已发生或将发生的成本能够可靠地计量；按有关合同、协议规定的收费时间和方法，劳务已经提供或者有关合同已经履行。

公司主要收入包括利息收入、金融企业往来收入、手续费收入、其他营业收入等。

6.1.2.13.1 利息收入

利息收入是指公司发放自营贷款，按期计提利息所确认的收入。发放贷款到期（含展期，下同）90天后尚未收回的，其应计利息停止计入当期利息收入，纳入表外核算；已计提的贷款应收利息，在贷款到期90天后仍未收回的，或在应收利息逾期90天后仍未收到的，冲减原已计入损益的利息收入，转作表外核算。已核销贷款收回超过原本金部分，以及在表外核算的应收利息如有收回，计入当期利息收入。

6.1.2.13.2 金融企业往来收入

金融企业往来收入是公司存放同业的款项形成的资金存款利息收入。在收到同业支付的资金存款利息时确认收入的实现。

6.1.2.13.3 投资收益

投资收益包括证券投资业务收入和股权投资业务收入。其中证券投资业务收入是证券出售时，按成交价（扣除实际支付的交易手续费用）与成本价的差额确认收入；股权投资业务收入是在成本法下，按收到股权分红款、收到股权处置款与投资成本的差额确认收入。

6.1.2.13.4 手续费收入

手续费收入是公司进行信托业务取得的信托报酬收入。信托报酬是指公司对信托财产进行管理而收取的管理费或佣金，信托报酬收取的标准一般是与委托人或受益人等有关当事人协商确定的。若信托报酬由信托财产承担，则按照信托合同的约定来计算、提取并确认信托报酬收入；若信托报酬由委托人等有关当事人直接承担，则按协议约定另行向有关当事人收取，并按照信托合同的约定确认信托报酬收入。

6.1.2.13.5 其他收入

以收到款项或取得收取价款的凭证时确认收入。

6.1.2.14 所得税的会计处理方法

公司所得税的会计核算采用资产负债表债务法核算。

公司根据应税暂时性差异计算的未来期间应交的所得税金额确认为递延所得税负债；以很可能取得用来抵扣可抵扣暂时性差异的应纳税所得额为限，确认由可抵扣暂时性差异产生的递延所得税资产。对已确认的递延所得税资产，当预计到未来期间很可能无法获得足够的应纳税所得额用以抵扣递延所得税资产时，应当减记递延所得税资产的账面价值。在很可能获得足够的应纳税所得额时，减记的金额予以转回。

6.1.2.15 信托报酬确认原则和方法

与信托业务相关的利益能够流入公司；收入的金额能够可靠地计量；按照合同、协议约定的收费时间和方法，信托服务已经提供或者有关合同已经履行。

6.2 或有事项说明

报告期内无上述事项。

6.3 重要资产转让及其出售的说明

公司拥有广东省珠海市吉大区共计17套抵债房产，建筑面积473.16平方米，2011年6月公司委托广东鑫光土地房地产与资产评估咨询有限公司对上述房产进行评估，9月28日郑州市人民政府国有资产监督管理委员会下达郑国资〔2011〕212号批复同意公开处置；依据批复与河南东方拍卖有限公司签订委托拍卖合同，2012年11月23日实施拍卖。上述珠海17套房产共拍得420万元，买受人按约定如数将全部房款划至公司指定账户内，房产处置工作基本完成，房产过户工作正在有序进行。

6.4 会计报表中重要项目的明细资料

6.4.1 自营资产经营情况

6.4.1.1 信用风险资产的期初数、期末数

信用风险资产五级分类（万元）	正常类（万元）	关注类（万元）	次级类（万元）	可疑类（万元）	损失类（万元）	信用风险资产合计（万元）	不良资产合计（万元）	不良资产率（%）
期初数	232 020.21	260.88	16.53	—	3 000.00	235 297.62	3 016.53	1.28
期末数	269 094.28	4 862.59	10.27	—	3 000.00	276 967.14	3 010.27	1.09

注：不良资产合计＝次级类＋可疑类＋损失类。

6.4.1.2 各项资产减值损失准备的期初、本期计提、本期转回、本期核销、期末数

单位:万元

	期初金额	本期计提金额	本期转回金额	本期核销金额	期末金额
贷款损失准备	3 000.00	68.40	—	—	3 068.40
一般准备	—	—	—	—	—
专项准备	3 000.00	68.40	—	—	3 068.40
其他资产减值准备	311.41	—	302.76	—	8.65
可供出售金融资产减值准备	8.00	—	—	—	8.00
持有至到期投资减值准备	—	—	—	—	—
长期股权投资减值准备	43.79	31.92	—	—	75.71
坏账准备	4.13	36.68	—	—	40.81
投资性房地产减值准备	—	—	—	—	—

6.4.1.3 自营股票投资、基金投资、债券投资、股权投资等投资业务的期初数、期末数

单位:万元

	自营股票	基金	债券	长期股权投资	其他投资	合计
期初数	17 079.29	298.28	23 246.32	49 407.37	20 304.06	110 335.32
期末数	11 307.21	1 239.15	6 879.54	56 178.39	51 475.91	127 080.20

6.4.1.4 按投资入股金额排序,前三名的自营长期股权投资的企业名称、占被投资企业权益的比例、主要经营活动及投资收益情况

企业名称	占被投资企业权益的比例(%)	主要经营活动	投资损益
百瑞创新资本创业投资有限公司	48	创业投资;代理其他创业投资企业等机构或个人的创业投资业务;创业投资咨询业务;为创业企业提供创业管理服务;参与设立创业投资企业与创业投资管理顾问机构。	未分红
兰考县农村信用合作联社	9.9	吸收公众存款;发放短期、中期和长期贷款办理国内结算;办理票据承兑与贴现;买卖政府债券和金融债券;从事同业拆借;提供保管箱服务;外汇存款;外汇贷款;外币兑换;结汇、售汇;资信调查、咨询、见证业务;经银行业监督管理机构批准的其他业务。	未分红
开封市市区农村信用联社	8	吸收公众存款;发放短期、中期和长期贷款办理国内结算;办理票据承兑与贴现;买卖政府债券和金融债券;从事同业拆借;提供保管箱服务;外汇存款;外汇贷款;外币兑换;结汇、售汇;资信调查、咨询、见证业务;经银行业监督管理机构批准的其他业务。	未分红

6.4.1.5 前三名的自营贷款的企业名称、占贷款总额的比例和还款情况

企业名称	占贷款总额的比例(%)	还款情况
郑州第一纺织有限公司	26.2	正常
河南美景鸿城置业有限公司	16.4	正常
郑州思念食品有限公司	15.7	正常

6.4.1.6 表外业务的期初数、期末数

单位:万元

表外业务	期初数	期末数
担保业务	—	—
代理业务(委托业务)	—	—
其他	—	—
合计	—	—

注:代理业务主要反映因客观原因应规范而尚未完成规范的历史遗留委托业务,包括委托贷款和委托投资。

6.4.1.7 公司当年的收入结构

收入结构	金额(万元)	占比(%)
手续费及佣金收入	64 887.93	79.76
其中:信托手续费收入	61 182.48	75.21
投资银行业务收入	—	—
利息收入	14 702.29	18.07
其他业务收入	—	—
其中:计入信托业务收入部分	—	—
投资收益	1 666.03	2.05
其中:股权投资收益	793.69	0.98
公允价值变动收益	1 288.49	1.58
其他投资收益	-416.15	-0.51
营业外收入	95.03	0.12
收入合计	81 351.28	100

注:1. 手续费及佣金收入、利息收入、其他业务收入、投资收益、营业外收入均应为损益表中的一级科目,其中手续费及佣金收入、营业外收入为未抵减掉相应支出的全年累计实现收入数。

2. 其他业务收入中包含租赁业务收入等收入。

3. 其他投资收益包括证券投资收益 -4348.53 万元和其他投资收益 3 932.38 万元。

6.4.2 信托资产管理情况

6.4.2.1 信托资产的期初数、期末数

单位:万元

信托资产	期初数	期末数
集合	1 561 228.98	2 499 518.13
单一	2 392 897.22	4 727 578.27
财产权	76 715.85	88 481.37
合计	4 030 842.05	7 315 577.77

6.4.2.1.1 主动管理型信托业务的信托资产期初数、期末数,分证券投资类、股权投资类、融资、事务管理类分别披露

单位:万元

主动管理型信托资产	期初数	期末数
证券投资类	39 694.09	32 472.95
股权投资类	392 552.67	724 850.05
融资类	2 472 346.15	3 136 796.09
事务管理类	22 897.26	25 481.31
其他投资	13 543.76	100 479.26
合计	2 941 033.93	4 020 079.66

6.4.2.1.2 被动管理型信托业务的信托资产期初数、期末数，分证券投资类、股权投资类、融资、事务管理类分别披露

单位：万元

被动管理型信托资产	期初数	期末数
证券投资类	—	—
股权投资类	—	360 000.00
融资类	745 909.32	2 063 200.18
事务管理类	343 898.80	362 748.71
其他投资	—	509 549.22
合计	1 089 808.12	3 295 498.11

6.4.2.2 本年度已清算结束的信托项目个数、实收信托合计金额、加权平均实际年化收益率

6.4.2.2.1 本年度已清算结束的集合类、单一类资金信托项目和财产管理类信托项目个数、实收信托金额、加权平均实际年化收益率

已清算结束信托项目	项目个数	实收信托合计金额（万元）	加权平均实际年化收益率（%）
集合类	37	609 086.00	8.50
单一类	21	870 000.00	6.09
财产管理类	0	0.00	0.00

注：收益率是指信托项目清算后，给受益人赚取的实际收益水平。加权平均实际年化收益率 =（信托项目 1 的实际年化收益率 × 信托项目 1 的实收信托 + 信托项目 2 的实际年化收益率 × 信托项目 2 的实收信托 +…信托项目 n 的实际年化收益率 × 信托项目 n 的实收信托）/（信托项目 1 的实收信托 + 信托项目 2 的实收信托 +…信托项目 n 的实收信托）×100%。

6.4.2.2.2 本年度已清算结束的主动管理型信托项目个数、实收信托合计金额、加权平均实际年化收益率，分证券投资类、股权投资类、融资、事务管理类分别披露

已清算结束信托项目	项目个数	实收信托合计金额（万元）	加权平均实际年化信托报酬率（%）	加权平均实际年化收益率（%）
证券投资类	1	8 430.00	0.80	3.82
股权投资类	1	33 000.00	2.72	5.94
融资类	49	811 106.00	2.48	8.29
事务管理类	—	—	—	—
其他投资	1	2 550.00	0.78	7.50

注：加权平均实际年化信托报酬率 =（信托项目 1 的实际年化信托报酬率 × 信托项目 1 的实收信托 + 信托项目 2 的实际年化信托报酬率 × 信托项目 2 的实收信托 +…信托项目 n 的实际年化信托报酬率 × 信托项目 n 的实收信托）/（信托项目 1 的实收信托 + 信托项目 2 的实收信托 +…信托项目 n 的实收信托）×100%。

6.4.2.2.3 本年度已清算结束的被动管理型信托项目个数、实收信托合计金额、加权平均实际年化收益率，分证券投资类、股权投资类、融资、事务管理类分别披露

已清算结束信托项目	项目个数	实收信托合计金额（万元）	加权平均实际年化信托报酬率（%）	加权平均实际年化收益率（%）
证券投资类	—	—	—	—
股权投资类	—	—	—	—
融资类	3	507 000.00	0.13	4.95
事务管理类	3	117 000.00	1.96	8.54

6.4.2.3 本年度新增的集合类、单一类和财产管理类信托项目个数、实收信托合计金额

新增信托项目	项目个数	实收信托合计金额（万元）
集合类	55	1 525 579.24
单一类	62	3 263 752.40
财产管理类	2	60 000.00
新增合计	119	4 849 331.64
其中：主动管理型	85	2 843 261.24
被动管理型	34	2 006 070.40

注：本年新增信托项目指在本报告年度内累计新增的信托项目个数和金额。包含本年度新增并于本年度内结束的项目和本年度新增至报告期末仍在持续管理的信托项目。

6.4.2.4 信托业务创新成果和特色业务有关情况

公司信托业务的快速发展促进了业务创新，在金融创新与产品开发中形成了“在业务中创新，以创新推动业务”模式。2012 年，公司信托业务向中小企业信托、保障房建设、产业集聚区基础设施建设、酒类制造等领域拓展，同时，新业务资格也在紧张筹备之中。

在行业研究方面，公司博士后科研工作站先后编辑出版了 2009 年、2010 年、2011 年和 2012 年四本《信托研究与年报分析》书籍，2012 年参与撰写了巴曙松先生等主编的《2012 年中国资产管理行业发展报告》，独立撰写了《信托财富管理报告》。

6.4.2.5 本公司履行受托人义务情况及因本公司自身责任而导致的信托资产损失情况

6.4.2.5.1 本公司履行受托人义务情况

公司作为受托人，严格按照《信托法》等法律法规以及监管部门的要求，履行以下义务：

公司管理信托财产时恪尽职守，本着诚实、信用、谨慎、有效管理的原则为受益人的最大利益处理信托事务；公司妥善保管处理信托事务的完整记录、原始凭证及有关资料，并且按照信托合同的约定将信托财产的管理运用、处分及收支情况，报告委托人和受益人；公司对委托人、受益人以及处理信托事务的情况和资料依法保密；公司以信托财产为限向受益人支付信托利益；法律法规及信托合同规定的其他义务。

6.4.2.5.2 因本公司自身责任而导致的信托资产损失情况

报告期内无上述事项。

6.5 关联方关系及其交易的披露

6.5.1 关联交易方的数量、关联交易的总金额及关联交易的定价政策等

	关联交易方数量	关联交易金额（万元）	定价政策
合计	13	468 512.00	市场价

注：本年度发生的关联交易，其中 4 笔为信托计划与关联方之间的交易，金额为 424 052.00 万元；4 笔为公司信托项目之间的交易，金额为 15 160.00 万元；5 笔为公司固有业务与信托财产之间的交易，金额为 29 300.00 万元。

6.5.2 关联交易方与本公司的关系性质、关联交易方的名称、法定代表人、注册地址、注册资本及主营业务等

关系性质	关联方名称	法定代表人	注册地址	注册资本（万元）	主营业务
股东关联企业	上海融联租赁股份有限公司	金敏	上海市浦东新区三林路234号1号楼	10 000	融资租赁、二手车销售，电子商务、软件开发咨询、技术服务，实业投资，投资管理及咨询，企业经营管理咨询（以上均除经纪），物业管理，会务服务，室内装潢，金属材料，机械设备，化工产品（除危险化学品）的销售、从事货物及技术进出口业务。
股东关联企业	贵州元龙房地产开发有限公司	陈端	贵州省贵阳市金阳新区金阳北路2号1-24栋金元国际新城一期	30 000	房地产开发，装饰工程，绿化工程，物业管理，批零兼营，建材。
股东关联企业	眉山启明星铝业有限公司	张志军	四川省眉山市东坡区修文镇	23 400	生产销售电解铝锭、合金铝锭及阳极，高新技术产品的开发与应用，经营电解铝及外延产品，经营进出口业务（以上范围不含前置许可项目，涉及后置许可的凭许可证经营）。
股东关联企业	中电投东北电力有限公司	程志光	辽宁省沈阳市浑南产业区世纪路49号	505 938.5817	从事电力的开发、投资、建设、经营和管理，组织电力、热力的生产和销售；从事电力工程建设监理、招投标、电能设备的运行维护检修，物资经销，科技开发，粉煤灰开发与利用，物业管理及中介服务；从事国内投资业务。

6.5.3 本公司与关联方的重大交易事项

6.5.3.1 固有与关联方交易情况

报告期内无上述事项。

6.5.3.2 信托与关联方交易情况

单位：万元

信托与关联方关联交易				
	期初数	借方发生额	贷方发生额	期末数
贷款	0.00	75 000.00	0.00	75 000.00
投资	0.00	300 000.00	0.00	300 000.00
租赁	0.00	0.00	0.00	0.00
担保	0.00	0.00	0.00	0.00
应收账款	0.00	30 000.00	0.00	30 000.00
其他	0.00	19 052.00	0.00	19 052.00
合计	0.00	424 052.00	0.00	424 052.00

注：信托计划与关联方之间的交易共计4笔，金额为424 052.00万元。

6.5.3.3 信托公司固有资金运用于自己管理的信托项目（固信交易），信托公司管理的信托项目之间的相互（信信交易）交易金额

6.5.3.3.1 固有与信托财产之间的交易

单位：万元

固有财产与信托财产相互交易			
	期初数	本期发生额	期末数
合计	16 900.00	29 300.00	46 200.00

注：以固有资金投资公司自己管理的信托项目收益权，或购买自己管理的信托项目的信托资产均应纳入统计披露范围。

6.5.3.3.2 信托项目之间的交易

单位：万元

信托财产与信托财产相互交易			
	期初数	本期发生额	期末数
合计	530.00	14 630.00	15 160.00

注：以公司受托管理的一个信托项目的资金购买自己管理的另一个信托项目的收益权或信托项下资产均应纳入统计披露范围。

6.5.4 关联方逾期未偿还本公司资金的详细情况以及本公司为关联方担保发生或即将发生垫款的详细情况

报告期内无上述事项。

6.6 会计制度的披露

公司固有业务、信托业务均执行财政部2006年2月15日颁布的《企业会计准则——基本准则》（财政部令第33号）及《财政部关于印发〈企业会计准则第1号——存货〉等38项具体准则的通知》（财会〔2006〕3号）。

7. 财务情况说明书

7.1 利润实现和分配情况

2012年公司实现净利润46 772.96万元。根据《金融企业准备金计提管理办法（财金〔2012〕20号）规定，从净利润中足额提取一般准备金1 721.20万元；根据公司章程规定，以净利润的10%足额提取了法定盈余公积金4 677.30万元，以净利润的5%足额提取了信托赔偿准备金2 338.65万元；期末未分配利润累计为88 512.50万元。

7.2 主要财务指标

指标名称	指标值
资本利润率（%）	21.35
加权年化信托报酬率（%）	1.22
人均净利润（万元）	334.09

注：1. 资本利润率=净利润/所有者权益平均余额×100%。

2. 加权年化信托报酬率=（信托项目1的实际年化信托报酬率×信托项目1的实收信托+信托项目2的实际年化信托报酬率×信托项目2的实收信托+……信托项目n的实际年化信托报酬率×信托项目n的实收信托）/（信托项目1的实收信托+信托项目2的实收信托+……信托项目n的实收信托）×100%。

3. 人均净利润=净利润/年平均人数。

4. 平均值采取年初、年末余额简单平均法，公式为：a（平均）=（年初数+年末数）/2。

7.3 对本公司财务状况、经营成果有重大影响的其他事项

报告期内无上述事项。

8. 特别事项揭示

8.1 前五名股东报告期内变动情况及原因

2012年3月30日，公司获得《中国银监会关于百瑞信托有限责任公司股权变更的批复》（银监复〔2012〕151号），同意公司郑州市财政局、郑州自来水投资控股有限公司、郑州市金水区财政局、巩义市财政局、登封市财政局、中牟县财政局六家股东将分别持有公司17 064万元（占比14.22%）、2 352万元（占比1.96%）、1 884万元（占比1.57%）、1 416万元（占比1.18%）、804万元（占比0.67%）、468万元（占比0.39%）的股权转让给摩根大通。转让完成后，摩根大通成为公司新股东，合计持有23 988万元股权（占比19.99%）。调整后前五名股东依次是中国电力投资集团公司、中电投财务有限公司、摩根大通、郑州市财政局和郑州自来水投资控股有限公司。

8.2 董事、监事及高级管理人员变动情况及原因

2012年3月，公司2012年度第一次股东会和第四届董事会第二十二次会议分别审议通过第四届董事会董事蔡宁辞职，提名左足清为第四届董事会董事和聘任罗靖、苏小军担任公司副总裁。2012年7月14日河南银监局向公司下发了《河南银监局关于核准百瑞信托有限责任公司董事和高级管理人员任职资格的批复》（豫银监复〔2012〕330号），核准公司上述人员的任职资格。

2012年5月，公司2012年度第四次股东会审议通过了第四届董事会董事调整的议案，公司第四届董事会由原来的7名董事组成调整为10名董事组成。新增方晓军、Joseph Donald Regan（周历仁）为股东董事，姚毅为独立董事。2013年2月4日公司收到河南银监局下发的《河南银监局关于核准百瑞信托有限责任公司董事任职资格的批复》（豫银监复〔2013〕42号），核准公司上述人员的董事任职资格。调整后第四届董事会由10人组成，分别为马宝军、左足清、苏琛、方晓军、樊玉涛、张可欣、刘亚、张明洪、Joseph Donald Regan（周历仁）、姚毅。

2012年5月，公司2012年度第四次股东会审议通过第四届监事会监事张钊睿、王红军、王薇、王建永、张耀民辞职，新增张元浩为股东监事，高志杰、李二东为职工监事。调整后第四届监事会由8人组成，分别为袁先锋、栾帅、王逸馨、赵克明、张元浩、闫继红、高志杰、李二东，其中袁先锋任监事会主席。

8.3 公司的重大未决诉讼事项

公司诉大连实德集团有限公司（以下简称大连实德）借款纠纷案。因大连实德违约，公司于2012年10月向大连市中级人民法院提起诉讼，要求大连实德偿还借款本金19 090万元及利息、借款本金22 650万元及利息。大连市中级人民法院已立案。

8.4 公司及其董事、监事和高级管理人员受到处罚的情况

报告期内无上述事项。

8.5 对银监会及其派出机构所提监管意见的整改情况

公司一贯理解、支持和配合各级监管部门的监管工作，对监管部门的监管意见高度重视，及时按照有关要求进行整改，得到了监管部门的肯定。

2012年，公司针对监管部门提出的监管意见和建议，及时逐项制定整改措施，并通过加强领导、责任到人等手段，认真落实到位。整改意见及整改落实情况如下：

8.5.1 加快业务创新，实现发展方式转变

公司以研发中心（博士后工作站）为主导，认真研究当前信托市场的变化和发展趋势，加强对战略性新兴产业等方面的研究，着重研发产业基金业务，在信政合作类基础设施业务、房地产业务之外寻求新的业务模式和利润增长点。另外，公司不仅从理论层面引导产品的研发和创新，还从激励机制和业绩考核层面调动产品设计部门的创新积极性。2008年起，公司将产品创新评选纳入激励机制，已评选出一批颇具代表性的创新型项目。2012年起，公司薪酬委员会下达的绩效考核目标对创新业务的数量和结构作出了明确的规定，由公司项目决策委员会对创新项目进行“常规创新类型”或者“新业务类型”的认定，要求“常规创新类型”的项目不少于3个，“新业务类型”的项目类型不少于一类，考核周期以年度计算，有效推动公司业务创新和发展方式转变。

8.5.2 高度关注房地产信托业务风险，审慎开展房地产类信托业务

为确保公司房地产信托业务健康可持续发展，公司经营管理层高度重视政策调控及市场环境的影响，根据监管政策，将房地产信托业务从风险收益并重转变为以风险控制为主、收益为辅，严控新增速度及规模。2012年公司董事会确定了《2012年度房地产信托业务风险管理政策》，提出房地产业务开展的限额指标并严格执行；公司业务部门严格筛选交易对手、推行交易对手名单化管理、严格控制抵押率，优选资质信誉良好、规模较大的企业开展深度合作，坚决规避负债率较高的企业；公司风险控制部门通过建立风险量化模型、开展房地产项目现场检查等工作控制风险，重点对存续房地产项目的财务状况、楼盘销售和资金回笼情况、抵质押物价值变动情况进行分析，对房地产项目进行跟踪监测，发现风险隐患及时预警，督促相关部门及时采取处置措施以控制房地产信托业务风险。

8.5.3 进一步完善内部控制制度，加强精细化管理

公司高度重视内部控制制度体系建设，为进一步完善公司规章制度，加强规章制度执行力，公司于2012年9月27日成立了规章制度建设与执行检查工作小组，经各部门自查，共梳理出需完善相关规章制度流程共39项，其中涉及修订为37项，需新建制度2项。同时，公司制定了常态化制度建设与完善工作机制、规章制度培训与考核机制、规章制度执行情况检查机制和规章制度执行情况监督、评价机制，设立了规章制度管理专岗，建立规章制度建设长效机制。下一步，公司将组织落实各项机制的实施工作。

8.5.4 认真做好信托计划的清算工作，及时报备相关材料

公司高度重视到期信托计划的清算工作。为确保信托计

划的到期正常清算,公司要求项目后期管理人员提前3个月与交易对手沟通,开展现场检查,实地查看项目进展情况、项目抵押物价值变动情况、咨询交易对手对即将到期的信托资金还款安排计划及资金到位情况。并在项目到期前2个月,要求项目管理人员根据与交易对手的沟通结果及项目的实际情况,撰写集合类信托计划即将终止清算报告报送监管部门;项目清算后10个工作日内,撰写集合类信托计划清算报告报送监管部门;同时,为保证该项工作的有序进行,公司后期管理部门制定《向监管部门报送报告流程》,及时报备相关材料。

8.6 本年度重大事项临时报告的简要内容、披露时间、所披露的媒体及版面

序号	披露内容	披露时间	披露媒体及版面
1	公司章程修改后核准公告(中电集团受让后章程核准)	2012年3月28日	《金融时报》07版
2	公司2011年度报告摘要	2012年4月29日	《金融时报》第17、24版
3	公司章程修改后核准公告(摩根大通受让后章程核准)	2012年6月2日	《金融时报》06版

8.7 银监会及其省级派出机构认定的其他有必要让客户及相关利益人了解的重要信息

报告期内无上述事项。

9. 公司监事会意见

报告期内,公司监事会成员认真履行职责,恪尽职守,通过查阅相关文件资料、列席董事会等方式,对公司依法运作情况进行监督。在此基础上,监事会发表如下独立意见。

9.1 公司依法运作情况

2012年公司董事会按照股东会的决议要求,切实履行了各项决议,决策程序符合《中华人民共和国公司法》、《中华人民共和国信托法》和公司章程及监管部门的有关规定。公司建立了完善的内部控制制度,董事和高级管理人员在履行职责及行使职权时,履行诚信和勤勉尽责的义务,遵守国家法律法规和公司章程,以维护公司股东利益为出发点,认真执行股东会决议。公司目标明确、管理科学、决策民主、运作规范。

9.2 检查公司财务情况

公司监事会对本年度财务状况进行了检查,认为公司财务制度健全、内部控制体系完善,无重大遗漏和虚假记载。天职国际会计师事务所(特殊普通合伙)对公司本年度财务报告进行了审计,出具了标准无保留意见的审计报告(天职京SJ〔2013〕961号)。该审计报告真实、客观地反映了公司2012年度的财务状况和经营成果。

北方国际信托股份有限公司

1. 重要提示

1.1　本公司董事会及董事保证本报告所载资料不存在任何虚假记载、误导性陈述或者重大遗漏，并对其内容的真实性、准确性和完整性承担个别及连带责任。本年度报告摘要摘自年度报告全文，客户及相关利益人欲了解详细内容，应阅读年度报告全文。

1.2　公司董事刘建华先生未能出席本次会议，公司其他董事均出席了董事会并对公司2012年度报告发表了同意的意见。

1.3　独立董事王爱俭、孔晓艳、苑德军（拟任）对公司2012年度报告基于独立判断立场，发表意见如下：公司2012年度报告属实，内容真实、准确、完整。

1.4　华寅五洲会计师事务所出具了标准无保留意见的审计报告。

1.5　公司董事长刘惠文、总经理徐立世、主管会计工作负责人王向群、会计部门负责人多艳平声明：保证年度报告中财务会计报告的真实、完整。

2. 公司概况

2.1　公司简介

1	法定名称（及缩写）	北方国际信托股份有限公司（北方信托）
2	英文名称（及缩写）	Northern International Trust Co.，Ltd.（NITIC）
3	法定代表人	刘惠文
4	注册地址	天津经济技术开发区第三大街39号
5	邮政编码	300457
6	办公地址	天津市河西区友谊路5号北方金融大厦
7	邮政编码	300201
8	互联网网址	http：//www. nitic. cn/
9	负责信息披露高级管理人员	王向群
10	联系人	王辉
11	联系电话	022－28370988
12	传真	022－28370088
13	电子信箱	wanghui@ nitic. cn
14	公司信息披露的报纸名称	《金融时报》
15	公司年度报告备置地点	天津市河西区友谊路5号北方金融大厦26层
16	公司聘请的会计师事务所名称及住所	华寅五洲会计师事务所 天津市经济技术开发区广场东路20号滨海金融街E6505

2.2　组织结构

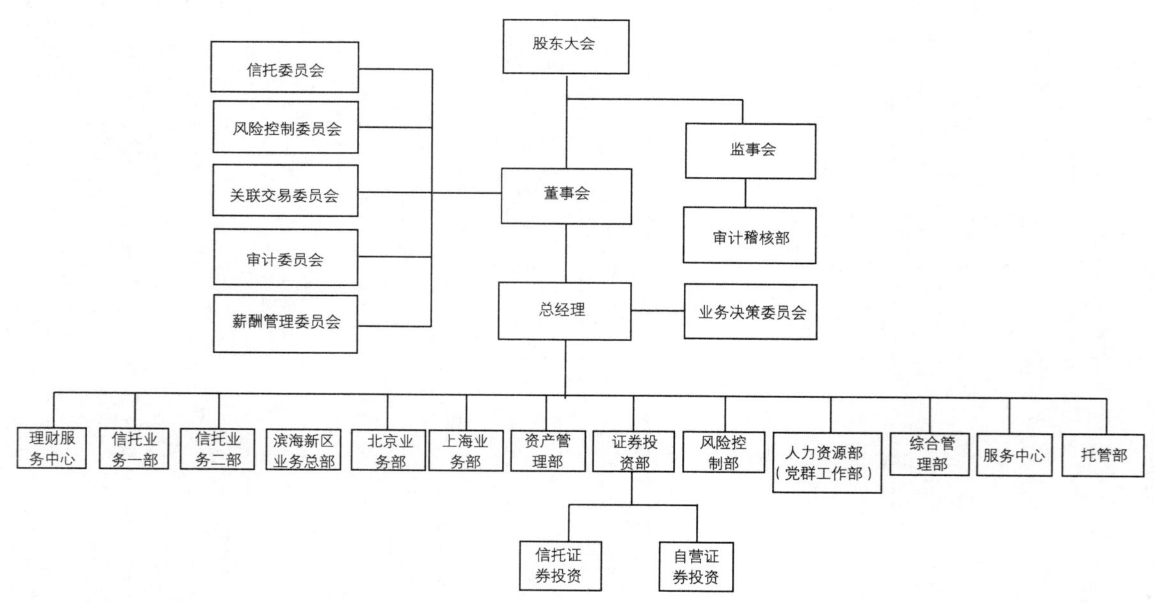

3. 公司治理结构

3.1　股东

报告期末，股东总数27家。公司前三位股东情况：

股东名称	出资比例(%)	法人代表	注册资本	注册地址	主要经营业务及主要财务情况
天津泰达投资控股有限公司	32.33	张秉军	100亿元人民币	天津经济技术开发区盛达街9号	以自有资金对工业、农业基础设施开发建设、金融、保险、证券业、房地产业等的投资。
津联集团有限公司	11.21		200万港元	香港干诺道中168~200号信德中心招商局大厦3607-13室	实业投资;国际贸易;投资咨询服务;各类资产经营服务,国资局授权范围内的国有资产处置等
天津市财政局	6.23				

3.2 董事

董事长、副董事长、董事

姓名	职务	性别	年龄	选任日期	所推举的股东名称	该股东持股比例(%)	简要履历
刘惠文	董事长	男	58	2005年12月14日	天津泰达投资控股有限公司	32.33	曾任天津泰达投资控股有限公司党委书记、董事长,天津市泰达国际控股(集团)有限公司党委书记、董事长;现任天津国际投资有限公司党委书记,2005年12月任公司党委书记、董事长。
邢吉海	董事	男	60	2008年11月3日	天津泰达投资控股有限公司	32.33	曾任天津泰达投资控股有限公司财务中心副主任、主任;现任公司董事。
朱文芳	董事	女	45	2008年11月3日	天津泰达投资控股有限公司	32.33	曾任天津泰达投资控股有限公司证券部副经理、证券部经理;现任天津泰达投资控股有限公司金融事业部经理。
王志勇(拟任)	董事	男	41	2011年9月26日	津联集团有限公司	11.21	曾任津联集团有限公司总经理助理、金融市场部总经理;现任津联集团有限公司副总经理、天津发展控股有限公司副总经理、天津发展控股有限公司执行董事。
刘建华	董事	男	68	2005年7月8日	天津市财政局	6.24	曾任天津市财税管理三处处长,天津市国有资产经营有限责任公司董事长;2001年11月至今,任公司董事。
吴树桐	董事	男	41	2008年11月3日	天津泰达股份有限公司	5.43	曾任天津泰达集团有限公司投资发展部部长,天津泰达股份有限公司总经理。
张军	董事	男	45	2005年7月8日	天津泰达电力公司	4.31	曾任天津泰达集团有限公司总经理;现任天津泰达投资控股有限公司副总经理。
王友诚	董事	男	39	2009年4月9日	天津泰达自来水公司	4.31	曾任天津泰达投资控股有限公司资产管理部副经理;现任天津泰达投资控股有限公司金融事业部副经理。
马贵中	董事	男	57	2006年11月22日	天津市医药集团有限公司	4.27	曾任天津市医药集团有限公司副总会计师兼财务部部长;现任天津市医药集团有限公司总会计师、总法律顾问。
王工布	董事	男	57	2010年8月30日	天津投资集团公司	4.18	曾任天津投资集团公司副总经理、党委委员;现任天津投资集团公司总经理、党委副书记。
徐玉高	董事	男	43	2005年7月8日	中国海洋石油渤海公司	3.89	曾任中海石油基地集团有限责任公司财务总监;现任中海油能源发展股份有限公司董事、副总经理兼首席财务官。

独立董事

姓名	所在单位及职务	性别	年龄	选任日期	所推举的股东名称	该股东持股比例(%)	简要履历
王爱俭	天津财经大学副校长	女	58	2008年12月10日	天津泰达投资控股有限公司	32.33	天津财经大学副校长、博士生导师
孔晓艳	天津滨海柜台交易股份有限公司副总经理	女	45	2008年12月10日	天津泰达投资控股有限公司	32.33	曾任嘉德律师事务所专职律师、创始合伙人、高级合伙人;现任嘉德恒时律师事务所专职律师、创始合伙人、高级合伙人,嘉德恒时律师事务所香港简家聪律师行联营律师事务所律师,天津滨海柜台交易股份有限公司副总经理。
苑德军(拟任)	中国银河证券公司,高级经济学家	男	62	2009年12月25日	天津泰达股份有限公司	5.43	曾任天津财经大学学术委员会、学位委员会委员、天津市哲学社会科学"九·五"规划经济学科组成员;现任中国银河证券股份有限公司高级经济学家,博士生导师。

3.3 监事

监事会成员

姓　名	职　务	性别	年龄	选任日期	所推举的股东名称	该股东持股比例（%）	简　要　履　历
田以林	监事长	男	56	2010 年 12 月 27 日	天津泰达投资控股有限公司	32.33	曾任天津市委办公厅正处级机要秘书，北方信托党总支书记、开发区总公司党委委员；现任北方信托党委副书记、纪检书记、工会主席。
徐建新	监事	女	49	2008 年 11 月 3 日	天津泰达投资控股有限公司	32.33	曾任天津泰达投资控股有限公司总法律顾问、公司律师、办公室副主任；现任天津泰达投资控股有限公司总法律顾问、公司律师、董事会秘书（兼）、法务内审部部长。
朱振山	监事	男	61	2005 年 7 月 8 日	天津市财政局	6.24	曾任天津市国有资产经营有限责任公司董事长兼总经理；现任公司监事。
张同生	监事	男	62	2008 年 11 月 3 日	天津市宁发集团有限公司	4.75	现任天津市宁发集团有限公司董事长兼总经理。
王喆	监事	男	45	2008 年 1 月 14 日	天津天药药业股份有限公司	3.37	曾任天津天药药业股份有限公司董事、财务总监兼董事会秘书。
夏金玲	监事	女	45	2011 年 5 月 13 日	职工代表	—	曾任北方信托计划财务部副经理、托管部经理等；现任北方国际信托股份有限公司审计稽核部副总经理（主持工作）。

3.4 高级管理人员

姓　名	职务	性别	年龄	选任日期	金融从业年限	学历	专业
徐立世	总经理	男	56	2006 年 2 月	32	博士	金融
王向群	副总经理	男	55	2008 年 5 月	30	本科	财政
陆　妍	副总经理	女	44	2008 年 8 月	16	硕士	工商管理
包立杰	总经理助理	男	42	2010 年 12 月	19	本科	国际金融
王燕滨	总经理助理	男	51	2010 年 12 月	22	硕士	工商管理

3.5 公司员工

项　　目		报告期年度	
		人数	比例（%）
年龄分布	25 岁以下	3	3
	25～29 岁	21	19
	30～39 岁	37	33
	40 岁以上	50	45
学历分布	博士	4	4
	硕士	39	35
	本科	60	54
	专科	6	5
	其他	2	2

4. 经营管理

4.1 经营目标、经营方针、战略规划

以科学发展观为指导，以服务客户、成就员工、回报股东、奉献社会为宗旨，将北方信托办成一个管理科学、运转高效、业绩优良、内外和谐、天津一流、全国领先的现代金融企业。

2013 年，公司总的指导思想是坚守公司使命、愿景和核心价值观，坚持既定的经营思想、管理理念，继续围绕提升核心竞争力这一中心，进一步优化业务布局、组织架构与工作流程，抓好制度建设、队伍建设和企业文化建设，加快“转型、升级”步伐，加大防范风险力度，苦练内功、夯实基础、稳中求进、创新发展，为跻身于全国一流的信托公司迈出新的步伐。

4.2 所经营业务的主要内容

自营资产运用与分布表

资产运用	金额（万元）	占比（%）	资产分布	金额（万元）	占比（%）
货币资产	37 441.18	14.75	基础产业		0.00
贷款及应收款	154 018.43	60.67	房地产业	25 000.50	9.85
交易性金融资产	13 328.45	5.25	证券市场	14 535.73	5.73
可供出售金融资产	5 848.28	2.3	实业	122 338.38	48.19
持有至到期投资	0	0.00	金融机构	72 454.26	28.54
长期股权投资	37 516.34	14.78	其他	19 513.85	7.69
其他资产	5 690.04	2.24			0.00
资产合计	253 842.72	100.00	资产总计	253 842.72	100.00

信托资产运用与分布表

资产运用	金额（万元）	占比（%）	资产分布	金额（万元）	占比（%）
货币资产	474 541.36	2.95	基础产业	4 385 282.00	27.30
贷款	7 870 174.64	49.00	房地产	812 074.00	5.06
交易性金融资产	3 204 437.25	21.66	证券	3 186 993.00	19.84
可供出售金融资产	0.00	5.78	实业	1 742 317.00	10.85
持有至到期投资	3 479 423.78		金融机构	462 865.00	2.88
长期股权投资	928 909.94	0.02	其他	5 472 345.56	34.07
其他	104 389.59	0.63			
信托资产总计	16 061 876.56	100.00	信托资产总计	16 061 876.56	100.00

4.3 市场分析

4.3.1 有利因素

中央将继续实施积极的财政政策和稳健的货币政策，中国宏观经济2013年可望继续保持稳定增长；理财市场在未来一段时期的发展仍然潜力巨大、前景广阔；预期新的一年天津仍可保持高速增长势头，金融体系保持稳定状态，公司仍处于一个较好的地域环境。公司自身的资本实力进一步增强，信托资产规模进一步扩大，客户资源进一步拓宽，内部管理水平、办公运行效率进一步提升，员工队伍进一步充实，并经过又一年的历练更加成熟。

4.3.2 不利因素

中国宏观经济增速已步入下行通道，这将导致投融资总体风险上升；利率市场化及“泛资产管理”进程的加快，信托业的制度性红利逐渐消失；信托传统的主体业务，如房地产、银信合作等业务空间被压缩；同时公司内部在业务层面上，自主销售能力较弱，资本实力较弱，后续发展缺乏新的增长点；在人才队伍方面，人员数量、素质与业务的快速增长不相适应，特别是公司缺少高端专业人才和领军人才。

4.4 内部控制概况

公司已经建立起一套较完善的内部控制体系，具备明确的内控目标和原则，覆盖公司各项业务、所有部门和人员。公司坚持倡导合规企业文化，注重引导员工树立合规意识和风险意识，增强使命感，并通过完善全员合规管理责任制、监督考核与奖惩制对员工的行为进行规范、监督。

公司已建立了三个层级的内部控制机构，形成了分工合理、职责明确、运行顺畅、制衡有效的风险管理机制。各级机构均严格履行职责，保证对各种业务风险进行事前、事中、事后的有效监管和控制。

4.5 风险管理概况

公司经营活动中可能遇到的风险包括：信用风险、市场风险、操作风险、其他风险等。

对于信用风险的管理，注重事前对交易对手、项目的尽职调查，业务方案设定保证担保、资产抵押、权利质押等多种信用增级方式，项目实施过程中加强跟踪检查，项目结束后及时进行稽核和评价。对于固有资产，按要求进行了五级分类管理。对除存放同业款项之外的表内信用类资产计提一般准备和专项准备，一般准备按照信用风险类资产余额的一定比例差额提取；专项准备按照单项资产未来预计损失情况确认准备金额。

对于市场风险的管理，公司加强对经济及金融形势的分析预测，注重关注市场变动，并提出相应对策及业务调整方案。对于证券市场风险，侧重于把握整体趋势，通过创新产品和业务模式、建立有效的投资组合，设定预警点或止损点，规避股市风险。对于利率风险，在贷款发放过程中，制定合理的固定利率或者浮动利率方案。

对于操作风险的管理，公司一方面制定管理规定和操作流程，明确操作权限和内容，严格遵循“决策与操作分离”、“业务操作与风险监控分离”等原则；另一方面加强对制度执行的检查、评价，推行责任追究机制，同时加强员工培训，提高员工风险意识。

其他风险主要有合规风险、道德风险。对于其他风险的管理，公司将合规风险管理作为公司风险管理的基础，从完善公司治理、内控制度、加强合规组织机构及配套机制建设、培育良好合规文化等方面，构建有效的合规风险管理机制。通过加强员工思想政治方面教育，强化内控机制，严格业务流程与监督制衡，加大检查监督的频率和力度，防范道德风险的发生。

5. 报告期末及上一年度末的比较式会计报表

5.1 自营资产

5.1.1 会计师事务所审计结论

华寅五洲会计师事务所认为，北方信托公司财务报表在所有重大方面按照财政部2006年2月15日颁布的企业会计准则的规定编制，公允反映了贵公司2012年12月31日的财务状况以及2012年度的经营成果和现金流量。

5.1.2 资产负债表

资产负债表

编制单位：北方国际信托股份有限公司　　2012年12月31日　　单位：万元

资　产	期末数	期初数	负债及股东权益	期末数	期初数
资产：			负债：		
现金	3.26	0.71	拆入资金		
存放同业款项	37 437.92	67 178.11	交易性金融负债		
拆出资金			应付职工薪酬	14 688.91	4 128.81
交易性金融资产	13 328.44	20 582.97	应交税费	8 513.04	2 453.88
买入返售金融资产	460		其他应付款	8 719.65	18 309.62
应收利息	514.13	—	预计负债		
其他应收款	6 165.42	2 011.20	应付利息	23.59	23.59
发放贷款和垫款	147 338.88	66 565.00	递延所得税负债	10.35	8.41
可供出售金融资产	5 848.28	6 603.68	其他负债		649.46
持有至到期投资			负债合计	31 955.54	25 573.76

续表

资　产	期末数	期初数	负债及股东权益	期末数	期初数
长期股权投资	37 516. 34	36 516. 34			
投资性房地产	2188. 68	2 150. 03	股东权益:		
固定资产	2 313. 47	2 112. 98	股本	100 099. 89	100 099. 89
固定资产清理			减:库存股		
无形资产		138. 44	盈余公积	14 225. 16	9 897. 94
长期待摊费用	493. 23	71. 65	资本公积	-87. 24	-89. 12
抵债资产			一般风险准备	12 552. 75	8 851. 53
递延所得税资产	185. 33	185. 96	未分配利润	95 096. 63	59 852. 85
其他资产	49. 34	69. 74	外币报表折算差额		
			股东权益合计	221 887. 19	178 613. 07
资产总计	253 842. 72	204 186. 83	负债和股东权益合计	253 842. 72	204 186. 83

公司负责人:刘惠文　　　　主管会计工作负责人:王向群　　　　会计机构负责人:多艳平

5. 1. 3　利润表

利润表

2012 年度

编制单位:北方国际信托股份有限公司　　　　单位:万元

项　　目	本年	上年
一、营业收入	91 520. 34	60 542. 78
(一)利息净收入	12 212. 15	8 454. 78
利息收入	12 212. 15	8 454. 78
利息支出	—	—
(二)手续费及佣金净收入	76 611. 49	48 002. 07
手续费及佣金收入	76 956. 27	52 375. 13
手续费及佣金支出	344. 78	4 373. 07
(三)投资收益(损失以"-"号填列)	2 135. 85	3 614. 51
其中:对联营企业和合营企业的投资收益	1 764. 70	3 801. 63
(四)公允价值变动收益(损失以"-"号填列)	7. 76	67. 04
(五)汇兑收益(损失以"-"号填列)	-0. 02	-0. 71
(六)其他业务收入	553. 12	405. 10
二、营业支出	33 642. 43	17 642. 10
营业税金及附加	4 522. 92	857. 52
业务及管理费	29 119. 51	16 784. 58
资产减值损失	—	—
其他业务成本	—	—
三、营业利润	57 877. 91	42 900. 68
加:营业外收入	1 012. 53	56. 93
减:营业外支出	21. 18	1 801. 57
四、利润总额	58 869. 26	41 156. 04
减:所得税费用	15 597. 03	9 779. 40
五、净利润	43 272. 23	31 376. 63
六、每股收益		
(一)基本每股收益	0. 43	0. 31
(二)稀释每股收益	0. 43	0. 31

公司负责人:刘惠文　　　　主管会计工作负责人:王向群　　　　会计机构负责人:多艳平

5.1.4 股东权益变动表

股东权益变动表

编制单位:北方国际信托股份有限公司　　2012 年度　　单位:万元

项　目	本期数					
	实收资本	资本公积	盈余公积	一般风险准备	未分配利润	所有者权益合计
一、上年末余额	100 099.89	-89.12	9 897.94	8 851.53	5 9852.85	178 613.07
二、本年初余额	100 099.89	-89.12	9 897.94	8 851.53	59 852.85	178 613.07
三、本年增减变动金额	—	1.89	4 327.22	3 701.22	35 243.79	43 274.11
(一)本年净利润	—	—	—	—	43 272.23	43 272.23
(二)直接计入所有者权益的利得和损失	—	1.89	—	—	—	1.89
1. 可供出售金融资产公允价值变动净额	—	2.51	—	—	—	2.51
2. 与计入所有者权益项目相关的所得税影响	—	-0.63	—	—	—	-0.63
上述(一)和(二)小计	—	1.89	—	—	43 272.23	43 274.11
(三)本年利润分配	—	—	—	—	-8 028.44	—
1. 提取盈余公积	—	—	4 327.22	—	-4 327.22	—
2. 提取一般风险准备	—	—	—	3 701.22	-3 701.22	—
四、本年末余额	100 099.89	-87.24	14 225.16	12 552.75	95 096.63	221 887.19

公司负责人:刘惠文　　主管会计工作负责人:王向群　　会计机构负责人:多艳平

5.2 信托资产

5.2.1 信托项目资产负债汇总表

信托项目资产负债表

编制单位:北方国际信托股份有限公司　　2012 年 12 月 31 日　　单位:万元

信托资产	期末数	期初数	信托负债和信托权益	期末数	期初数
信托资产:			信托负债:		
货币资金	474 541.36	1 186 649.68	交易性金融负债		
拆出资金			衍生金融负债		
存出保证金			卖出回购金融资产款		
交易性金融资产	3 204 437.24	670 928.13	应付受托人报酬	1 028.60	178.35
衍生金融资产			应付托管费	1 246.03	122.15
买入返售资产	22 930.15		应付受益人收益	3 387.91	
应收款项	78 994.76	35.68	应交税费		0.03
发放贷款	7 870 174.64	2 791 272.82	应付销售服务费		
可供出售金融资产			其他应付款项	30 516.54	11 684.08
持有至到期投资	3 479 423.79	766 418.59	预计负债		
长期应收款	2 464.68	246 358.88	其他负债		
长期股权投资	928 909.94	1 153 322.36	信托负债合计	36 179.08	11 984.61
投资性房地产			信托权益:		
固定资产			实收信托	15 839 841.96	6 756 534.47
无形资产			资本公积	5 920.20	0
长期待摊费用			未分配利润	179 935.32	46 467.06
其他资产					
			信托权益合计	16 025 697.48	6 803 001.53
信托资产总计	16 061 876.56	6 814 986.14	信托资产总计	16 061 876.56	6 814 986.14

5.2.2 信托项目利润及利润分配汇总表

信托项目利润及利润分配表

2012 年度

编制单位：北方国际信托股份有限公司　　单位：万元

项目	本年	上年
一、营业收入	922 739.99	471 148.24
利息收入	539 000.77	320 570.94
投资收益（损失以"－"号填列）投资收入	348 899.30	155 341.86
其中：对联营企业和合营企业的投资收益	27 293.82	38 345.02
公允价值变动收益（损失以"－"号填列	34 839.92	－4 767.62
租赁收入	—	—
汇兑损益（损失以"－"号填列）	—	—
其他收入	—	3.06
二、营业支出	93 392.23	29 992.70
营业税金及附加		
业务及管理费	93 392.23	29 992.70
资产减值损失		
三、信托利润（净亏损以"－"号填列）	829 347.76	441 155.54
加：其他综合收益	1 669.50	
四、综合收益	831 017.26	441 155.54
加：期初未分配信托利润	46 467.07	13 591.13
五、可供分配的信托利润	877 484.33	454 746.67
减：本期已分配信托利润	697 549.00	408 279.61
六、期末未分配信托利润	179 935.33	46 467.06

6. 会计报表附注

6.1 简要说明报告年度会计报表编制基准、会计政策、会计估计和核算方法发生的变化

无。

6.1.1 计提资产减值准备的范围和方法

计提资产减值准备的范围包括：贷款、长期股权投资、固定资产、无形资产、应收款项、抵债资产。

计提资产减值准备的方法：本公司在资产负债表日，以单项资产为基础判断资产是否存在可能发生减值的迹象，存在减值迹象的，按单项资产估计其可收回金额；难以对单项资产的可收回金额进行估计的，以该资产所属的资产组为基础确定资产组的可收回金额。

6.1.2 金融资产四分类的范围和标准

金融资产分为四类：交易性金融资产、可供出售金融资产、持有至到期投资、贷款和应收款项。

本公司将为交易而持有的且初始取得或首次执行会计准则日无限售期的金融资产归入交易性金融资产。

本公司将初始取得或首次执行会计准则日有限售期的金融资产归入可供出售金融资产。

本公司将在活跃市场中有报价，到期日固定，回收金额固定或可确定，且公司有明确意图和能力持有至到期的非衍生金融资产归为持有至到期投资。

本公司将在活跃市场中没有报价，回收金额固定或可确定的非衍生金融资产归为贷款和应收款项。

6.1.3 交易性金融资产核算方法

6.1.4 可供出售金融资产核算方法

6.1.5 持有至到期投资核算方法

6.1.6 长期股权投资核算方法

6.1.7 投资性房地产核算方法

6.1.8 固定资产计价和折旧方法

6.1.9 无形资产计价及摊销政策

公司采用直线法摊销无形资产，并将摊销金额计入当期损益。已计提减值准备的无形资产，其摊销额按扣除已计提的无形资产减值准备累计金额后金额计算。

6.1.10 长期应收款的核算方法

6.1.11 长期待摊费用的摊销政策

公司发生的长期待摊费用按相关法律规定的期限摊销，如果该长期待摊费用不再为公司带来经济利益，则将余额一次摊销完毕。

6.1.12 合并会计报表的编制方法

6.1.13 收入确认原则和方法

收入是在与交易相关的经济利益能够流入本公司，且有关收入的金额可以可靠地计量时，具体按以下标准确认：

6.1.13.1 利息收入

对于所有以摊余成本计量的金融工具，及可供出售类投资中计息的金融工具，利息收入以实际利率计量。实际利率和合同利率差别较小时，按合同利率计算利息收入。

6.1.13.2 手续费、佣金及其他收入

信托佣金收入按照信托合同约定，根据合同受益期限进行分摊确认，且相关款项已收到或可以合理估算时确认。

其他手续费收入及其他收入按照合同约定或者在已提供有关服务后，且相关款项已收到或可以合理估算时确认。

6.1.14 所得税的会计处理方法

6.1.15 信托报酬确认原则和方法

信托佣金收入依据信托合同约定按照受益期进行摊销，且相关款项已收到或可以合理估算时确认。

6.1.1 至 6.1.15 核算方法执行《企业会计准则》相关规定。

6.2 或有事项说明

2012 年末公司无或有事项。

2012 年初担保余额为零元，年末担保余额为零元。无逾期担保情况发生。在被担保单位未履行偿债义务的情况下，公司将承担相应债务。

6.3 重要资产转让及其出售的说明

无。

6.4 会计报表中重要项目的明细资料

6.4.1 披露自营资产经营情况

6.4.1.1 按信用风险五级分类结果披露信用风险资产的

期初数、期末数

风险分类	正常类（万元）	关注类（万元）	次级类（万元）	可疑类（万元）	损失类（万元）	信用风险资产合计（万元）	不良资产合计（万元）	不良率（%）
期初数	135 754.31					135 754.31		0
期末数	191 916.35					191 916.35		0

注：不良资产合计＝次级类＋可疑类＋损失类。

6.4.1.2　各项资产减值损失准备的期初、本期计提、本期转回、本期核销、期末数

单位：万元

	期初数	本期计提	本期转回	本期核销	期末数
贷款损失准备	0			0	0
一般准备	0			0	0
专项准备	0			0	0
其他资产减值准备	625.00			0	625.00
可供出售金融资产减值准备	0			0	0
持有至到期投资减值准备	0			0	0
长期股权投资减值准备	625.00			0	625.00
坏账准备	0			0	0
投资性房地产减值准备	0	0	0	0	0

6.4.1.3　按照投资品种分类，分别披露固有业务股票投资、基金投资、债券投资、股权投资等投资业务的期初数、期末数

单位：万元

	自营股票	基金	债券	长期股权投资	其他投资	合计
期初数	157.74	719.94	20 582.97	37 141.34	5 726.00	64 327.99
期末数	1 923.15	1 139.8	11 472.78	38 141.34	5 101.00	57 778.07

6.4.1.4　按投资入股金额排序，前五名的自营长期股权投资的企业名称、占被投资企业权益的比例、主要经营活动及投资收益情况等

企业名称	占被投资企业权益的比例（%）	主要经营活动	投资收益（万元）
天津滨海农村商业银行股份有限公司	3.70	吸收存款、发放贷款、办理结算、同业拆借、办理票据兑现和贴现等。	无
渤海财产保险股份有限公司	8	财产损失险、责任险、信用保险和保证保险、短期健康险和意外伤害险等。	无
长城基金管理有限公司	17.65	基金募集、基金销售、资产管理等高新技术产业投资及管理；投资咨询等。	1 764.70

注：投资损益是指按照企业会计准则规定，核算股权投资确认损益并记入披露年度利润表的金额。

6.4.1.5　前三名自营贷款的企业名称、占贷款总额的比例和还款情况等（从大到小顺序排列）

企业名称	占贷款总额的比例（%）	还款情况
天津松江创展投资发展有限公司	13.57	未到期
天津葛城伟业投资有限公司	13.23	未到期
天津市房信建材科技有限公司	12.55	未到期

6.4.1.6　表外业务的期初数、期末数，按照代理业务、担保业务和其他类型表外业务分别披露

单位：万元

表外业务	期初数	期末数
担保业务	0	0.00
代理业务	0	0.00
其他	0	0.00
合计	0	0.00

注：代理业务主要反映因客观原因应规范而尚未完成规范的历史遗留委托业务，包括委托贷款和委托投资。

6.4.1.7　公司当年的收入结构（母公司口径、并表口径同时披露）

收入结构	金额（万元）	占比（%）
手续费及佣金收入	76 956.27	82.86
其中：信托手续费收入	73 955.54	79.63
投资银行业务收入		
利息收入	12 212.15	13.15
其他业务收入	553.12	0.60
其中：计入信托业务收入部分		
投资收益	2 135.85	2.30
其中：股权投资收益	1 764.70	1.90
证券投资收益	−54.44	−0.06
其他投资收益	425.59	0.46
公允价值变动收益	7.74	0.00
营业外收入	1012.53	1.09
收入合计	92 877.66	100.00

注：其他收入553.12万元是指房租收入。手续费及佣金收入、利息收入、其他业务收入、投资收益、营业外收入均应为损益表中的科目，其中手续费及佣金收入、利息收入、营业外收入为未抵减掉相应支出的全年累计实现收入数。

6.4.2　披露信托财产管理情况

6.4.2.1　信托资产的期初数、期末数

单位：万元

信托资产	期初数	期末数
集合	785 800.94	1 518 746.70
单一	5 861 642.59	13 778 671.91
财产权	167 542.61	764 457.95
合计	6 814 986.14	16 061 876.56

6.4.2.1.1 主动管理型信托业务的信托资产期初数、期末数，分证券投资、股权投资、融资、事务管理类分别披露

单位：万元

主动管理型	期初数	期末数
信托资产	—	—
证券投资类	79 363.00	0.00
股权投资类	954 293.46	439 363.00
融资类	2 323 397.68	4 320 525.56
事务管理类	—	764 458.00
合计	3 357 054.14	5 524 346.56

6.4.2.1.2 被动管理型信托业务的信托资产期初数、期末数，分证券投资、股权投资、融资、事务管理类分别披露

单位：万元

被动管理型信托资产	期初数	期末数
证券投资类	1 746 002.00	3 756 675.00
股权投资类	296 208.00	515 733.00
融资类	1 415 722.00	6 265 122.00
事务管理类	—	—
合计	3 457 932.00	10 537 530.00

6.4.2.2 本年度已清算结束的信托项目个数、实收信托合计金额、加权平均实际年化收益率

6.4.2.2.1 本年度已清算结束的集合类、单一类资金信托项目和财产管理类信托项目个数、实收信托合计金额、加权平均实际年化收益率

已清算结束信托项目	项目个数	实收信托合计金额（万元）	加权平均实际年化收益率（%）
集合类	43	478 254.00	6.2359
单一类	117	2 925 661.00	6.0411
财产管理类	8	87 078.00	0.7695

注：收益率是指信托项目清算后，给受益人赚取的实际收益水平。加权平均实际年化收益率＝（信托项目1的实际年化收益率×信托项目1的实收信托＋信托项目2的实际年化收益率×信托项目2的实收信托＋…信托项目n的实际年化收益率×信托项目n的实收信托）/（信托项目1的实收信托＋信托项目2的实收信托＋…信托项目n的实收信托）×100%。

6.4.2.2.2 本年度已清算结束的主动管理型信托项目个数、实收信托合计金额、加权平均实际年化收益率，分证券投资、股权投资、融资、事务管理类分别计算并披露

已清算结束信托项目	项目个数	实收信托合计金额（万元）	加权平均实际年化信托报酬率（%）	加权平均实际年化收益率（%）
证券投资类	9	74 679.00	0.8488	-3.5106
股权投资类	13	350 696.00	0.5149	8.3114

续表

已清算结束信托项目	项目个数	实收信托合计金额（万元）	加权平均实际年化信托报酬率（%）	加权平均实际年化收益率（%）
融资类	119	1 557 658.00	0.5370	7.5846
事务管理类	7	70 025.00	0.0606	0.0000

注：加权平均实际年化信托报酬率＝（信托项目1的实际年化信托报酬率×信托项目1的实收信托＋信托项目2的实际年化信托报酬率×信托项目2的实收信托＋…信托项目n的实际年化信托报酬率×信托项目n的实收信托）/（信托项目1的实收信托＋信托项目2的实收信托＋…信托项目n的实收信托）×100%。

6.4.2.2.3 本年度已清算结束的被动管理型信托项目个数、实收信托合计金额、加权平均实际年化收益率，分证券投资、股权投资、融资、事务管理类分别计算并披露

已清算结束信托项目	项目个数	实收信托合计金额（万元）	加权平均实际年化信托报酬率（%）	加权平均实际年化收益率（%）
证券投资类	3	1 016 781.00	0.1020	3.2049
股权投资类	1	12 000.00	0.7990	9.5000
融资类	15	392 101.00	0.4102	7.1844
事务管理类	1	17 053.00	0.0707	3.9295

6.4.2.3 本年度新增的集合类、单一类和财产管理类信托项目个数、实收信托合计金额

新增信托项目	项目个数	实收信托合计金额（万元）
集合类	54	1 763 260.00
单一类	263	15 280 497.38
财产管理类	25	702 860.00
新增合计	342	17 746 617.38
其中：主动管理型	185	3 927 968.51
被动管理型	157	13 818 648.87

注：本年新增信托项目指在本报告年度内累计新增的信托项目个数和金额。包含本年度新增并于本年度内结束的项目和本年度新增至报告期末仍在持续管理的信托项目。

6.4.2.4 本公司履行受托人义务情况及因本公司自身责任而导致的信托资产损失情况（合计金额、原因等）

无。

6.5 关联方关系及其交易的披露

6.5.1 关联交易方的数量、关联交易的总金额及关联交易的定价政策等

	关联交易方数量	关联交易金额（万元）	定价政策
合计	12	483 351.32	市场定价

注："关联交易"定义应以《公司法》和《企业会计准则第36号——关联方披露》有关规定为准。

6.5.2 关联交易方与本公司的关系性质、关联交易方的名称、法定代表人、注册地址、注册资本及主营业务等

关系性质	关联方名称	法定代表人	注册地址	注册资本(万元)	主营业务
公司股东	天津泰达投资控股有限公司	张秉军	开发区盛达街9号	1 000 000	以自有资金对各行业投资,企业资产经营管理,产品加工制造,组织所属企业开展进出口贸易。
同一控制人	天津北信投资有限公司	赵彬	天津开发区第一大街29号	8 000	对工业、商业、服务业等各类企业投资;企业管理、投资理财、财务管理、商业信息咨询服务;对房地产企业投资;自有房屋租赁。
同一控制人	渤海财产保险股份有限公司	刘惠文	天津市河西区解放南路256号泰达大厦	137 500	财产损失保险;责任保险;信用保险和保证保险;短期健康保险和意外伤害保险;上述业务的再保险业务。
同一控制人	北京鑫丰物业发展有限公司	许立凡	北京市朝阳区光华路15号院1号楼1901~1903室	64 660.4446	房地产开发;销售自行开发的商品房;物业管理;出租商业用房;家居装饰;房地产信息咨询(中介除外);投资管理。
公司股东的关联企业	津联集团(天津)资产管理有限公司	王志勇	天津经济技术开发区内	16 8127.19港元	投资、资产管理咨询,理财服务,经济信息咨询及有关的管理服务。
同一控制人	天津北信资产管理有限公司	朱建军	天津开发区第一大街29号	20 000	房地产开发、销售、物业管理;室内装潢;国内商业信息服务、技术咨询;对工业商业企业投资、企业管理;房地产代理销售;广告业务;铁合金及相关产品的销售。
公司股东的关联企业	天津第一饭店有限公司	王志勇	天津市和平区解放北路198号	900万美元	客房、中西餐厅、日本餐厅、酒吧、咖啡室、面包房、会客室、游泳池、舞厅、美容室、洗衣房、卖品部、停车场;饭店服务车、汽车修理、销售零配件、汽车修补漆、汽车检测及相关设备租赁等。
公司股东的关联企业	天津泰达集团有限公司	张秉军	天津市开发区第三大街16号	200 000	工业、商业、房地产业的投资、房产开发与销售;经营与管理及科技开发咨询业务;化学纤维及其原料、包装物的制造和销售;自营和代理各类商品及技术的进出口业务(国家限定公司经营或禁止进出口的商品及技术除外);对基础设施开发建设进行投资;自有房屋租赁及管理。
控股子公司	泰达宏利基金管理有限公司	章嘉玉	上海市普陀区武威路789号东大楼107室	10 000	基金管理业务;发起设立基金;中国证监会批准的其他业务。
公司股东的关联企业	天津滨海新都市投资有限公司	赵海鹏	天津开发区第三大街16号22层2205室	30 000	对工业、商业、房地产业、酒店业、建筑业、娱乐及餐饮业的投资;房地产销售;工业厂房和酒店的销售;对基础设施开发建设进行投资;市政工程设计、施工、咨询;自有房屋租赁及管理;房地产开发与经营等。
公司股东的关联企业	天津泰达创业商业地产开发有限公司	赵海鹏	天津开发区黄海路3号六层605~609室	60 000	招标代理、商业信息咨询、工程咨询服务、工程项目管理;房地产开发;商品房销售;自有房屋租赁;物业管理;房地产中介服务;房屋拆迁服务等。
公司股东的关联企业	天津悦海酒店投资有限公司	赵海鹏	天津开发区第三大街16号29层2912室	2 000	对工业、商业、房地产业、酒店业、建筑业、娱乐及餐饮业的投资;商品房、酒店、工业厂房的销售代理;对基础设施开发建设进行投资;市政工程设计、施工、咨询;自有房屋租赁及管理等。
股东的子公司	天津国泰会展有限公司	许立凡	天津市西青经济开发区赛达新兴产业园赛达九纬路8号E1座609室	20 000	会展服务,以自有资金对房地产业投资、广告业务、仓储。

6.5.3 逐笔披露本公司与关联方的重大交易事项

6.5.3.1 固有财产与关联方:贷款、投资、租赁、担保、应收账款、担保、其他方式等期初汇总数、本期借方和贷方发生额汇总数、期末汇总数

单位:万元

固有与关联方关联交易				
	期初数	借方发生额	贷方发生额	期末数
贷款	—	—	—	—
投资	11 000.00	—	—	11 000.00
租赁	—	—	—	—

续表

固有与关联方关联交易				
	期初数	借方发生额	贷方发生额	期末数
担保	—	—	—	—
应收账款	327.41	—	131.09	196.32
其他	—	—	—	—
合计	11 327.41	—	131.09	11 196.32

自营资产与关联方重大关联交易具体情况:

无。

6.5.3.2 信托资产与关联方:贷款、投资、租赁、应收账款、担保、其他方式等期初汇总数、本期发生额汇总数、期末汇总数

单位：万元

信托与关联方关联交易				
	期初数	借方发生额	贷方发生额	期末数
贷款	489 500.00	87 700.00	136 700.00	440 500.00
投资	31 655.00	0.00	0.00	31 655.00
租赁				0.00
担保				0.00
应收账款				0.00
其他				0.00
合计	521 155.00	87 700.00	136 700.00	472 155.00

信托资产与关联方重大关联交易具体情况：

单位：万元

关联方名称	交易类型	期初余额	发生金额	归还金额	期末金额
天津泰达集团有限公司	信托贷款	100 000.00	0.00	0.00	100 000.00
天津泰达投资控股有限公司	信托贷款	52 500.00	0.00	0.00	52 500.00
天津泰达投资控股有限公司	信托贷款	0.00	20 000.00	0.00	20 000.00
天津泰达投资控股有限公司	信托贷款	20 000.00	0.00	20 000.00	0.00
天津泰达投资控股有限公司	信托贷款	15 000.00	0.00	15 000.00	0.00
津联集团（天津）资产管理有限公司	信托贷款	0.00	47 300.00	18 500.00	28 800.00
津联集团（天津）资产管理有限公司	信托贷款	27 500.00	0.00	27 500.00	0.00
津联集团（天津）资产管理有限公司	信托贷款	13 500.00	0.00	13 500.00	0.00
津联集团（天津）资产管理有限公司	信托贷款	15 000.00	0.00	0.00	15 000.00
天津国泰会展有限公司	信托投资	0.00	20 000.00	0.00	20 000.00
天津第一饭店有限公司	信托贷款	5 650.00	400.00	2 600.00	3 450.00
天津泰达热电公司	信托贷款	5 000.00	0.00	5 000.00	0.00
天津梅江国际会展中心有限责任公司	信托贷款	30 000.00	0.00	30 000.00	0.00
上海泰达投资有限公司	信托贷款	4 000.00	0.00	4 000.00	0.00
天津滨海新都市投资有限公司	信托贷款	150 000.00	0.00	0.00	150 000.00
天津泰达创业商业地产开发有限公司	信托贷款	30 000.00	0.00	0.00	30 000.00
天津悦海酒店投资有限公司	信托贷款	20 000.00	0.00	0.00	20 000.00
北京鑫丰物业发展有限公司	信托贷款	600.00	0.00	600.00	0.00
天津北信资产管理有限公司	信托贷款	750.00	0.00	0.00	750.00
泰达宏利基金管理公司	信托投资	20 655.00	0.00	0.00	20 655.00
天津渤海财产保险股份有限公司	信托投资	11 000.00	0.00	0.00	11 000.00

6.5.3.3 信托公司自有资金运用于自己管理的信托项目（固信交易）、信托公司管理的信托项目之间的相互（信信交易）交易金额，包括余额和本报告年度的发生额

6.5.3.3.1 固有与信托财产之间的交易金额期初汇总数、本期发生额汇总数、期末汇总数

单位：万元

固有财产与信托财产相互交易			
	期初数	本期发生额	期末数
合计	5 726	2 863	5 101

固有和信托资产之间重大关联交易具体情况：

无。

6.5.3.3.2 信托资产与信托财产之间的交易金额期初汇总数、本期发生额汇总数、期末汇总数

单位：万元

信托资产与信托财产相互交易			
	期初数	本期发生额	期末数
合计	无	0	无

注：以公司受托管理的一个信托项目的资金购买自己管理的另一个信托项目的受益权或信托项下资产均应纳入统计披露范围。

6.5.4 逐笔披露关联方逾期未偿还本公司资金的详细情况以及本公司为关联方担保发生或即将发生垫款的详细情况无。

6.6 会计制度的披露

固有业务（自营业务）、信托业务执行会计制度的名称及颁布的年份。

本公司自营业务遵循2006年度颁布的新《企业会计准则》、《企业会计准则——应用指南》以及财政部颁布的《企业会计准则实施问题专家工作组意见》及财政部颁布的其他规章制度。信托业务执行2006年度颁布的新《企业会计准则》。

7. 财务情况说明书

7.1 利润实现和分配情况（母公司口径和并表口径同时披露）

7.1.1 母公司口径

2012年公司实现净利润43 272.23万元，按净利润的10%提取盈余公积金4 327.22万元、按7.5%提取信托赔偿准备金3 245.42万元，提取一般风险准备金455.80万元，进行上述分配后，留存净利润为35 243.79万元、加上年初未分配利润59 852.85万元，2012年末可供分配利润为95 096.63万元。

7.2 主要财务指标

7.2.1 母公司口径

指标名称	指标值
资本利润率(%)	21.61
加权年化信托报酬率(%)	0.3896
人均净利润(万元)	414.09

注:1. 资本利润率=净利润/所有者权益平衡×100%。

2. 加权年化信托报酬率=(信托项目1的实际年化信托报酬率×信托项目1的实收信托+信托项目2的实际年化信托报酬率×信托项目2的实收信托+…信托项目n的实际年化信托报酬率×信托项目n的实收信托)/(信托项目1的实收信托+信托项目2的实收信托+…信托项目n的实收信托) ×100%。

3. 人均净利润=净利润/年平均人数。

4. 平均值采取年初、年末余额简单平均法,公式为:a(平均)=(年初数+年末数)/2。

7.3 对本公司财务状况、经营成果有重大影响的其他事项

无。

8. 特别事项揭示

8.1 前五名股东报告期内变动情况及原因

无。

8.2 董事、监事及高级管理人员变动情况及原因

无。

8.3 公司的重大未决诉讼事项

本年度,公司未发生重大诉讼事项。

8.4 对会计师事务所出具的有保留意见、否定意见或无法表示意见的审计报告的,公司董事会应就所涉及事项作出说明

华寅五洲会计师事务所出具了标准无保留意见的审计报告。

8.5 公司及其董事、监事和高级管理人员受到处罚的情况

无。

8.6 银监会及其派出机构对公司检查后提出整改意见的,应简单说明整改情况

报告期内,天津银监局对公司进行了现场检查,提出了现场检查发现的问题。公司领导高度重视,组织相关部门召开专门会议,要求公司上下要对现场检查出的问题,不回避、不推诿,积极落实整改,制定整改措施,对于相关部门和责任人进行了通报批评和经济处罚。

8.7 本年度重大事项临时报告的简要内容、披露时间、所披露的媒体及其版面

无。

8.8 银监会及其省级派出机构认定的其他有必要让客户及相关利益人了解的重要信息

无。

9. 监事会独立意见

监事会认为:公司能够严格按照《公司法》、公司章程及有关法律、法规依法运作,各项经营管理活动依法合规,公司董事、高级管理人员执行公司职务时没有违反法律、法规、公司章程或损害公司、股东及受益人利益的行为,高级管理层认真执行股东会、董事会的各项决议,经营业绩良好,超额完成了报告期年初制订的经营计划。公司财务报告真实、客观反映了公司的财务状况和经营成果。

北京国际信托有限公司

1. 重要提示

1.1 本公司董事会及董事保证本报告所载资料不存在任何虚假记载、误导性陈述或者重大遗漏,并对其内容的真实性、准确性和完整性承担个别及连带责任。本年度报告摘要摘自年度报告全文,客户及相关利益人欲了解详细内容,应阅读年度报告全文。

1.2 无董事对年度报告内容真实性、准确性、完整性无法保证或存在异议进行声明。

1.3 独立董事沈四宝、陈建、齐东平 3 人保证本报告所载资料不存在任何虚假记载、误导性陈述或者重大遗漏,并对其内容的真实性、准确性和完整性承担个别及连带责任。

1.4 致同会计师事务所为本公司出具了无保留意见的审计报告。

1.5 公司负责人董事长刘建华、总经理王晓龙、总会计师吴京林声明:保证年度报告中财务会计报告的真实、完整。

2. 公司概况

2.1 公司简介

北京国际信托有限公司(以下简称公司或本公司)成立于 1984 年 10 月,2000 年 3 月增资改制成为多家企业参股的非银行金融机构。2002 年 3 月,经中国人民银行批准重新登记。2007 年,经中国银行业监督管理委员会批准,公司实施了引进境外战略投资者的股权重组,同时按照信托新规的要求换发了新的金融许可证。公司注册资本金 14 亿元人民币。

公司始终恪守"谨慎、诚信、尽职、创新"的理念,坚持防范风险、合规经营、持续创新、稳健发展的方针。公司在现代企业制度基础上建立了日臻完善的法人治理结构;拥有高素质、专业化的业务管理团队;具备较雄厚的产品研发、创新实力并已形成系列品牌;建立了涵盖各类业务操作流程、内控制度在内的较为完备的风险管理体系。基于健全的内部管理架构和有效的激励机制,并依托于良好和谐的外部环境,公司业务取得了快速发展。截至 2012 年末,公司净资产 32.80 亿元,受托管理的信托财产余额为 1 236.33 亿元,分配信托财产收益 93.61 亿元。公司以自身不断提升的综合实力为投资人创造了安全、稳定的信托财产增值收益,成为广大投资人值得信赖的金融机构。公司为中国信托业协会会员、常务理事单位。

2.1.1 中文名称:北京国际信托有限公司
中文名称缩写:北京信托
英文名称:Beijing International Trust Co., Ltd.
英文名称缩写:BJITIC

2.1.2 法定代表人:刘建华
地址:北京市朝阳区安立路 30 号院 1 号、2 号楼
邮政编码:100012
网址:www.bjitic.com
电子信箱:webmaster@bjitic.com

2.1.3 信息披露事务负责人:江 方
电话:010-59680888
传真:010-59680999
电子信箱:jiangfang@bjitic.com

2.1.4 信息披露报纸:《上海证券报》

2.1.5 年度报告备置地点:北京市朝阳区安立路 30 号院 1 号、2 号楼

2.1.6 公司聘请的会计师事务所:致同会计师事务所
住所:北京市朝阳区建国门外大街 22 号赛特广场 5 层

2.1.7 公司聘请的律师事务所:北京市华贸硅谷律师事务所
住所:北京市朝阳区慧忠路 5 号远大中心 C 座 17 层

2.1.8 财务报表数据口径说明

本公司于 2011 年 5 月投资设立北京国投汇成创业投资管理有限公司,持有其 100% 的股权,自 2012 年起本公司按照《企业会计准则》编制合并报表。根据会计准则规定,本年财务报表同时存在"合并报表"和"公司报表"两个概念。除特殊说明外,本报告中的相关分析均为合并报表数据口径。

2.2 组织结构

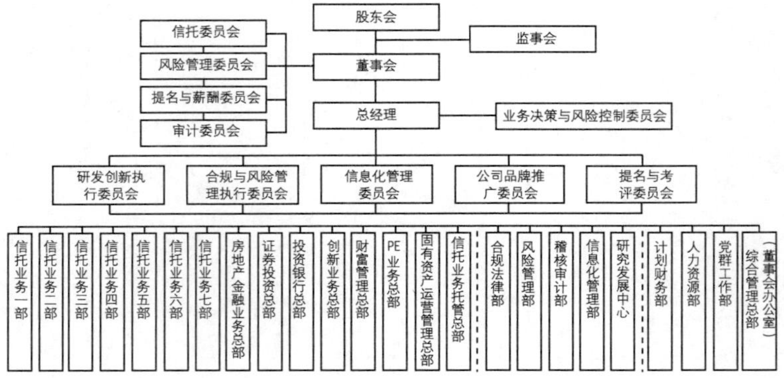

3. 公司治理结构

3.1 股东

公司前三位股东情况

股东名称	出资比例(%)	法人代表	注册资本(万元)	注册地址	主要经营业务及主要财务情况
北京市国有资产经营有限责任公司	34.3	李爱庆	500 000	北京市西城区金融大街19号富凯大厦B座16层	授权范围内的国有资产经营管理,包括国有(股)权管理,融资与投资,产(股)权的收购、兼并与转让,资产托管。 截至2012年末,总资产604.36亿元,总负债336.45亿元,所有者权益合计267.91亿元。
威益投资有限公司(Win Eagle Investments Limited)	19.99	Tim Davis	—	Unit 102, 1st Floor, Righteous Centre, 585 Nathan Road, Mongkok, Kowloom, Hong Kong	持有北京信托股权的特别目的公司。
中国石油化工股份有限公司北京石油分公司	14.29	刘雄华	—	北京市东城区广渠家园6号楼	销售石油化工产品(不含危险化学品及一类易制毒化学品)、汽油、煤油、柴油、润滑油、润滑脂等。 截至2012年末,总资产118.4亿元,总负债72亿元,所有者权益合计46.2亿元。

3.2 董事

董事长、副董事长、董事

姓　名	职　务	性别	年龄	选任日期	所推举的股东名称	该股东持股比例(%)	简　要　履　历
刘建华	董事长	男	58	2000年3月	北京市国有资产经营有限责任公司	34.3	中国政法大学硕士;历任北京市第二商业局局长助理、局党委副书记,北京食品工贸集团公司党委书记,北京市委商贸工委书记,北京国际信托有限公司董事长、党委书记。
王晓龙	副董事长	男	57	2000年3月	北京市国有资产经营有限责任公司	34.3	北京大学博士;历任国家经济体制改革委员会中国经济体制改革研究所部主任,北京市高新技术产业开发区常务副主任,香港京泰实业(集团)有限公司董事、副总经理,京泰财务有限公司董事、总经理,京泰证券有限公司董事、总经理,京泰工业投资有限公司董事长,北京控股有限公司执行董事兼副总裁,北京科技风险投资股份有限公司副董事长兼总裁,北京国际信托有限公司副董事长、总经理、党委副书记。
李民吉	副董事长	男	47	2008年7月	北京市国有资产经营有限责任公司	34.3	中国人民大学硕士;历任中国光大国际信托投资公司资金部高级经理、证券部筹备组负责人、上海证券业务部负责人,华夏证券有限公司交易部副总经理、东四十条营业部总经理兼北京证券登记公司董事,武汉国际信托投资公司副总经理兼证券业务总部总经理,武汉金融学会理事,首创证券有限公司副总经理,北京国际信托投资有限公司总裁助理兼北京科技风险投资股份有限公司执行总裁,北京市国有资产经营有限责任公司副总裁。
Jun Xu	股东董事	男	44	2010年9月	威益投资有限公司	19.99	哥伦比亚大学博士;历任埃克萨斯顾问公司高级研究员,百利银行副总裁,泰信基金管理公司投资总监,信安国际有限公司第二副总裁,建信基金管理公司副总经理,安石摩尔投资咨询(北京)有限公司总经理。
李显章	董事	男	55	2008年7月	中国石油化工股份有限公司北京石油分公司	14.29	中共中央党校研究生;历任北京市石油产品销售总公司财务部经理,北京石油集团有限责任公司财务部经理,中国石油化工股份有限公司北京石油分公司总会计师。
许汉章	董事	男	56	2011年8月	上海爱使股份有限公司	8.29	中共中央党校经济管理学士;任上海爱使股份有限公司总经理。
汤民强	股东董事	男	55	2010年8月	杭州钢铁集团公司	6.14	上海交通大学学士;历任杭钢集团计财部预算成本处处长、财务部部长,杭钢集团公司总会计师兼财务部长、副总经理,杭钢集团公司总经理。
江　芳	职工董事	女	42	2000年3月	—	—	对外经济贸易大学法学博士;历任北京国际信托有限公司研究发展部经理助理、董事会秘书兼总经理办公室副主任,董事会秘书兼董事会办公室主任、综合管理总部总经理、合规法律风险管理部总经理、财富管理总部总经理。

独立董事

姓　名	职　务	性别	年龄	选任日期	所推举的股东名称	该股东持股比例(%)	简　要　履　历
沈四宝	独立董事	男	66	2008年7月	—	—	北京大学硕士;历任北京大学法律系讲师、副教授、对外经济贸易大学法学院院长、教授、博士生导师,上海大学法学院院长、教授、博士生导师。
齐东平	独立董事	男	52	2008年7月	—	—	中国人民大学经济研究所博士;历任吉林省社会科学院经济研究所研究员,中国国家计划委员会公务员,中国人民大学商学院副教授。
陈　建	独立董事	男	41	2008年7月	—	—	首都经济贸易大学学士;历任毕马威华振会计师事务所审计经理,北京中兆信会计师事务所有限公司主任会计师,北京中企华君诚会计师事务所有限公司主任会计师。

3.3 监事

监事会成员

姓名	职务	性别	年龄	选任日期	所推举的股东名称	该股东持股比例(%)	简要履历
李海东	监事会主席	男	49	2008年7月	航天科技财务有限责任公司	7.14	东北财经大学学士;历任航天工业部财务司成本价格处助理员,航天总公司财务司国有资产处处长,国防科工委财务司基建技改财务处处长,国防科工委信息中心副主任,航天科技财务有限责任公司副总经理。
王进才	监事	男	53	2011年11月	天津经济技术开发区投资有限公司	4.29	中国社会科学院博士;历任山西师大政法系助教、讲师,国家民政部社会保险中心基金管理部副部长,北京国际信托投资公司部门经理,北京科技风险投资股份有限公司董事会秘书,天津泰达科技风险投资股份有限公司副总经理,金港信托投资有限责任公司董事长,天津开发区国有资产经营公司副总经理。
孟福增	监事	男	58	2008年7月	鹏丰投资有限公司	2.57	中国社会科学院研究生;历任中国人民银行北京朝阳办事处农村金融管理科科员,中共朝阳区委员会农村工作部副部长,中国农业银行北京分行农业信贷处副处长,中国农业银行朝阳支行党委书记、行长,中国农业银行北京分行副行长。
秦博	监事	男	29	2011年11月	北京宏达信资产经营有限公司	2.14	上海财经大学学士;历任上海虹桥欧森资产管理公司项目助理,上海百融股份有限公司项目经理,北京宏达信资产经营有限公司总裁助理、常务副总裁。
韩新梅	监事	女	47	2000年3月	北京市海淀区欣华农工商公司	0.86	北京广播电视大学财务会计大专;历任北京市海淀区京海农工商公司红艺铝制品厂主管会计,北京市海淀区京海农工商公司会计兼统计,北京市海淀区欣华农工商公司副总经理。
田耀山	职工监事	男	38	2011年1月	—	—	北京大学硕士;历任北京世纪飞虎信息技术有限公司项目经理、高级经理、部门经理助理,北京国际信托有限公司信托经理、高级信托经理、部门副总经理、部门总经理,北京国际信托有限公司创新业务总部总经理。
张倞祎	职工监事	男	38	2011年1月	—	—	首都经济贸易大学硕士;历任北京国际信托有限业务经理,北京国际信托有限公司财富管理总部高级营销经理、副总经理。

3.4 高级管理人员

高级管理人员

姓名	职务	性别	年龄	选任日期	金融从业年限	学历	专业
刘建华	董事长、党委书记	男	58	2000年3月	12	硕士	法学
王晓龙	总经理、副董事长、党委副书记	男	57	1998年9月	18	博士	经济学
李民吉	副董事长、副总经理	男	47	2012年5月	16	博士	工商管理
陆石	副总经理、党委副书记(兼纪委书记)	男	58	2008年12月	24	硕士	工商管理
周瑞明	副总经理	男	49	2001年12月	20	博士	管理学
时宝东	副总经理	男	47	2008年7月	11	博士	工商管理
吴剑	副总经理	女	59	2008年7月	20	学士	工业电气自动化
吴京林	总会计师	男	48	2008年7月	20	硕士	工商管理
幸宇晖	总经理助理	女	48	2008年7月	25	硕士	经济学
吴庆斌	总经理助理	男	39	2008年7月	12	双学士	法学及工学
李铁刚	总经理助理	男	59	2008年7月	10	硕士	经济法
江芳	董事会秘书	女	42	2000年3月	19	博士	法学
黄晓炜	首席风险官	女	42	2011年6月	19	硕士	经济学

3.5 公司员工

报告期内,公司职工人数为176人,平均年龄为35.56岁,职工学历分布比率如下:

项目		报告期年度(2012)		基期(2011)	
		人数	比例(%)	人数	比例(%)
学历分布	博士	11	6.3	11	7.5
	硕士	96	54.5	81	55.6
	学士	52	29.5	44	30.1
	专科	17	9.7	10	6.8
	其他	0	0	0	0

4. 经营管理

4.1 经营目标、经营方针、战略规划

经营目标:以诚信合规、稳健发展为理念,充分发挥信托功能,建成战略清晰、实力雄厚、管理严谨、风控完备、队伍精良、执行得力的卓越信托公司。

经营方针:继续坚持防范风险、合规经营、持续创新、稳健发展的方针。

战略规划:将遵循国家和监管部门法规,遵循信托业的发展规律,安全稳健运作作为公司发展的第一要务,进一步优化公司法人治理结构,在内部组织、决策流程、产品研发和营销、风险控制和管理、信息管理系统、人力资源等方面实施有效管理,进一步加大风险控制的深度管理,强化规范发展,使公司形

成具有自身鲜明特色的业务结构和可持续健康发展盈利模式，形成品种多样、结构合理的新型信托业务结构，扩大信托资产管理规模，确立自身在信托领域的专长优势，为机构投资者和私人投资者提供一流的信托金融服务，并努力使股东获得较好的回报，共享财富稳定增值收益。

4.2 所经营业务的主要内容

4.2.1 自营资产运用与分布表

资产运用	金额（万元）	占比（%）	资产分布	金额（万元）	占比（%）
货币资产	122 947	35.11	基础产业	—	—
贷款及应收款	61 975	17.70	房地产业	—	—
交易性金融资产	10 300	2.94	证券市场	16 111	4.60
可供出售金融资产	51 023	14.57	实业	70 749	20.20
持有至到期投资	69 478	19.84	金融机构	243 237	69.46
长期股权投资	31 501	9.00	其他	20 070	5.74
其他	2 943	0.84			
资产总计	350 167	100.00	资产总计	350 167	100.00

4.2.2 信托资产运用与分布表

资产运用	金额（万元）	占比（%）	资产分布	金额（万元）	占比（%）
货币资产	742 084.95	6.00	基础产业	2 483 466.77	20.09
贷款	875 404.26	7.08	房地产	2 132 667.59	17.25
交易性金融资产	2 967 291.69	24.00	证券市场	3 021 030.87	24.44
可供出售金融资产	1 587 985.01	12.85	实业	2 241 892.62	18.13
持有至到期投资	2 663 020.89	21.54	金融机构	147 219.98	1.19
长期股权投资	2 800 419.49	22.65	其他	2 337 071.79	18.90
其他	727 143.33	5.88			
信托总资产	12 363 349.62	100.00	信托总资产	2 363 349.62	100.00

4.3 市场分析

4.3.1 宏观经济形势分析

报告期内受需求减弱、成本上升、企业盈利下滑、产能过剩和就业问题隐忧初现等因素影响，中国经济下行压力增大。在此背景之下，中央采取稳增长政策，使我国经济在质量有所提升的基础上，完成了全年预定的增长目标。国民经济运行缓中趋稳，GDP 全年增速 7.8%，略高于 7.5% 的调控目标，虽为 13 年来最低，但经济增长速度的适度回落有利于经济结构调整和优化。四季度经济增速的反弹，结束了此前连续 7 个季度的回落态势，释放出我国经济企稳回升的积极信号。从经济运行周期来看，我国经济实现筑底反弹，开始步入了新的经济增长周期。

报告期内我国继续实施积极的财政政策和稳健的货币政策，货币政策的实施力度、调控节奏明显提高，更加注重灵活性、针对性和前瞻性，为全年经济实现"稳中有进"、物价低位温和运行创造了良好的货币环境。居民消费价格涨幅回落，城乡居民收入稳定增长，市场销售稳定增长，农业产量稳步提高，工业生产缓中趋稳，固定资产投资较快增长，房地产较快增长，进出口增速回落，货币供应量平稳增长。工业经运济行缓中企稳，内需拉动作用明显增强，产业结构调整稳步推进，企业经营状况开始好转。东部地区运行态势向好，中西部地区拉动作用增强。全年经济增速虽有所回落，但仍运行在平稳、较快的合理增长区间内。

4.3.2 金融形势分析

报告期内人民银行继续实施稳健的货币政策，着力增强政策的前瞻性、针对性和灵活性，适时适度进行预调微调。两次下调存款准备金率，加大逆回购操作力度，保持流动性合理适度；发挥差别准备金动态调整机制的逆周期调节功能，加强信贷政策与产业政策的协调配合，促进金融机构优化信贷结构；加大对小型微型企业、"三农"和国家重点在建续建项目的信贷支持；两次下调存贷款基准利率，并适当扩大存贷款利率浮动区间，促进金融机构加快完善定价机制建设，进一步降低企业融资成本，提高金融服务实体经济发展的水平；继续稳步推进金融企业改革，增强人民币汇率浮动弹性。货币信贷和社会融资增长较快，贷款结构继续改善。稳健的货币政策既为"稳增长"作出了贡献，也在一定程度上控制了货币信贷过快增长。鉴于经济企稳回升的趋势已经确立，未来货币政策总基调仍将稳健为主。

4.3.3 影响公司业务发展的主要因素

4.3.3.1 有利因素

第一，报告期内信托行业信托资产规模达到 7.47 万亿元同比增幅达 55.27%，超过保险成为第二大金融部门。信托业在理财市场和资产管理领域的地位和作用不断增强，对中国经济社会发展的价值不断凸显，在中国金融体系中的地位和影响力不断提升。信托行业的迅速壮大有利于提升社会影响，在积聚人才、资源以及客户等方面将产生长期积极作用。

第二，我国经济企稳回升，进入复苏通道，经济结构优化调整继续推进，工业化、信息化、城镇化进程不断深入，市场需求潜力巨大，将持续推动信托融资需求。

第三，监管对行业创新持积极态度，在创新业务领域市场准入的提速将引导信托公司提高投研能力和主动管理能力，在激烈的市场竞争中保持优势。

第四，监管部门针对各金融行业密集出台"新政"，基金、保险、证券先后放松政策管制获得类信托业务的牌照。尽管此举会加剧信托公司市场竞争，但受制于管理能力、人才和经验等多方面的限制，券商等机构在主动管理资产业务方面的竞争力有限，短期尚难以形成对信托业的限制；而另一方面，新政有利于信托公司更加主动地参与市场化竞争，充分利用先发优势，提高管理能力和服务意识，使强者更强；此外，风险投资及券商自营资金投资信托产品的放开，能够拓宽信托公司机构投资者的领域，而券商、基金、保险行业与信托公司业务领域的交叉，更为今后各行业之间的合作交流打开了空间。

4.3.3.2 不利因素

第一，信托业拥有的制度红利逐渐削弱带来一系列挑战。信托公司的客户将被分流，经营方式将被模仿，银信理财及融资信托都将受到冲击。此外，《证券投资基金法（修正案）》通过后，信托公司传统的私募基金"阳光化"业务也势必受到冲击。监管的挑战还体现在新政后，信托业要接受比其他同业更严格的监管规定。

第二，随着资产规模的迅速膨胀和产品创新的不断深入，一些兑付风险问题开始逐渐暴露，而且涉险项目规模越来越大。2013年信托行业的兑付压力会更大，信托机构的研发、风控和资产管理能力将受到更加严峻的挑战。这会对信托公司的发展产生一定影响。

第三，宏观经济政策带来的影响。中央提出的继续实施积极的财政政策和稳健的货币政策，“要适当扩大社会融资总规模，保持贷款适度增加”，将是影响信托规模的一个重要因素。

4.4 内部控制概况

4.4.1 内部控制环境和内部控制文化

公司法人治理结构完善，内控制度健全且执行良好。公司强化治理的执行机制，确保董事会及各专业委员会充分发挥职能，根据监管要求，强化了董事的实际履职，进一步明确了股东会、董事会、监事会和经理层的治理架构的权力和职责，形成了较为科学的决策机制、执行机制和监督机制。董事会下设风险管理委员会、审计委员会、提名与薪酬委员会、信托委员会四个专门委员会。各治理主体工作职责明确、权限及议事规则清晰，既相互独立，又相互制衡，保证了公司的正常运营和健康发展。公司按照业务性质将部门分为业务部门、业务支持部门和综合管理部门，优化信托前期业务的组织模式，进一步明确和细化业务支持部门的工作职能，实施了明晰、完善的业务流程和操作指引，保障了各项工作的顺利开展。员工按岗位要求竞聘上岗，实行严格的问责制和绩效考核制度，已形成一套流畅的内部信息反馈系统，保证了经营管理高效、有序、规范、可控的运行。

公司高度重视内部控制文化建设，大力培育合规理念、风险意识。通过公司培训、出版刊物、员工沙龙等形式，提升员工的合规观念、诚信观念和道德水准，提高了风险管理的自觉性，公司内部控制取得了良好的效果。

4.4.2 内部控制措施

4.4.2.1 原则和政策

公司内部控制遵循以下原则：

一是全面性原则。内部控制覆盖公司的所有部门和岗位，渗透各项业务过程和业务环节。二是审慎性原则。内部控制的核心是有效防范各种风险，公司组织体系的构成、内部管理制度的建立以防范风险、审慎经营为出发点。三是独立性原则。公司内部机构的设置权责分明，各业务部门相对独立，部门之间建立防火墙。四是有效性原则。公司内部管理制度具有高度的权威性。五是适时性原则。公司内控制度随着公司经营战略、经营方针、经营理念等内部环境的变化和国家法律法规、政策制度等外部环境的变化进行相应的修改和完善。六是相互制约原则。公司在内部组织结构的设计上形成一种相互制约的机制，建立不同岗位之间的制衡体系。

公司内部控制的主要政策和程序：

一是授权控制。根据业务发展需要，建立相应的权限管理体系，实行法人统一授权和管理。二是岗位分离。明确有关部门分设，有关岗位分离，自营和信托业务人员不相互兼职等。三是资产隔离。对自营资产和信托资产分别管理。四是规范操作。对各项业务制定系统、成文的业务流程和操作指引，实行统一规范的业务标准和操作要求。

4.4.2.2 组织保障

通过规范法人治理结构、建立内控组织、制定业务运作基本政策和工作流程、完善授权制度、充实内部审计系统等内容，形成内控制度，主要包括五个层次：

4.4.2.2.1 董事会

负责建立和完善公司的风险管理体系并保持其有效性，负责督促、检查和评价公司的各项内部控制制度的建立与执行，评价公司经营的主要风险，确定这些风险的可控性和可承受程度，并对其负有最终的责任。

4.4.2.2.2 监事会

履行程序化的监督检查职能，具体负责监督董事会和经营层相关风险管理制度的执行情况，并形成报告提交股东会审议。

4.4.2.2.3 风险管理委员会

董事会层面的董事会风险管理委员会侧重宏观、中观的风险管理，履行公司风险管理的目标和政策，建立健全公司风险管理体系建设和流程管控程序等职责。业务决策与风险控制委员会作为董事会风险管理委员会下设的经营层面的风险管理机构，侧重微观具体工作，在董事会授权范围内审议公司业务方案及具体项目，对公司经营管理及业务开展过程中的风险防范提出指导意见，审议业务经营管理过程中风险监控的措施，对显现的风险制定化解措施。

4.4.2.2.4 经营层

经营层负责执行由股东会、董事会批准的年度业务发展计划，履行风险目标设定和资源分配等职能，确定适当的内控政策、各业务系列风险管理的具体目标。公司经营层设立合规与风控执委会，明确其职责为对公司合规与风险管理工作实施全面的组织管理，向总经理办公会和业务决策与风险控制委员负责。

4.4.2.2.5 各职能部门和业务管理部门

通过建立合理的业务流程和内部控制制度，明确各部门的职责、部门之间的分工和协作关系。具体为：

合规法律风险管理部门负责对业务的合规与风险进行管理，建立合规与风险体系和各类业务流程系统，对全部法律文件的审核和在业务方面提供法律支持；信托业务运营管理部门负责信托存续期的日常管理和监控；信托财会部门负责监督控制信托业务的财务运作；稽核审计部门负责完善内部审计流程，定期进行业务全过程管理的检查；计划财务部门负责监督控制全公司经济效益的落实情况；人力资源部门负责人力资源的配置和管理，考核评价员工的风险管理职责的完成情况；研究部门负责公司发展战略的研究及公司信托业务创新平台的建立；综合管理部门负责公司对外联络、公司形象及宣传、公司内控制度维护，监督公司整个信息系统的安全性和信息流的规范性。

4.4.2.3 制度保证

本着规范管理、防范风险的原则，加强内控制度的建设并不断进行完善，已制定了包括公司治理、业务管理、合规内控、综合管理等在内的类别清晰体系完整的多项制度，以及实施细则和操作流程，形成较完善的制度保障体系。同时通过标准合同文本指引方式，规范法律文件，基本形成标准化、规范化、制度化的业务管理体系。为适应业务发展需要，强化制度管理，报告期内按照公司内控制度修订计划，对原有规章制度进行了全面修订、补充和完善，初步完成了流程再造工作。

4.4.2.4　流程约束

公司注重执行力管理和程序管理，在既有的五道防范业务风险的“防火墙”的基础上，将每一道防火墙继续细化和对接，使业务流程上下环节协调和相互制衡。

一是项目前期尽职调查和内部初审。审慎进行项目前期尽职调查，设立项目组和业务总部的内部初审制筛选项目，切实做好项目的基础调研工作。

二是实行预审会制度，进行严格的法律文件审查。公司设立合规与风险执委会，全面组织和落实公司合规与风险管理工作。同时，由该执委会负责组织项目预审工作，重点把握项目的合规性、资料的完整性、风险揭示的充分性以及中后期管理方案的可行性等内容。实行严格的法律文件审查制度，采取内部法律审查及外部律师相结合的方式，对项目各类法律文本进行严格审查。

三是风险管理委员会决策。实行委员问责制的业务决策与风险控制委员会对董事会负责，对项目进行综合评判、直接审查，是防范业务风险最重要的环节。

四是财务和风险管理部门在资金拨付前的把关控制、信托运营管理部门对信托项目实行标准化的集中管理。进一步细化了资金拨付前权益证明文件的确认制度，及对具体落实情况进行确认和跟踪制度；报告期内通过组建专门的中后台部门进行信托项目的中后期运营管理，最大程度上避免操作风险、道德风险以及由此带来的受托人责任风险。

五是稽核审计部门和风险管理部门的追踪监控和评价预警。严格执行稽核审计制度和风险控制制度，着重对信托项目进行始点管理和过程管理。依据信托项目日常管理及重大事项管理制度、信托财产风险评估制度、信息披露制度及危机处理制度，把控风险控制流程。

4.4.3　信息交流与反馈

公司继续完善综合业务管理系统，从前台信托产品销售，中台项目投资管理到后台财务核算处理的流程控制，实现了数据流、信息流和资金流的共享。公司优化了项目审批及中后期项目管理业务流程系统，系统针对各个业务环节和操作流程建立了一整套较为规范合理的风险防范和监控功能。公司信息传递路径通畅，各项信息上通下达，交流反馈快捷，确保了公司安全运行和持续发展。

4.4.4　监督评价与纠正机制

公司建立自控、互控、监控三结合的内控机制，对内部控制活动进行检查、评价、监督和纠正。

业务部门对各项业务和项目进行跟踪管理，一旦发现存在问题，及时予以自纠。

风险管理部门按照风险管理的事前严格调查和审查、事中、事后跟踪管理和监控不同阶段的管理特征，规范相应的内部审批、操作和风险管理的程序，细化和完善内控制度，通过制度化、流程化监控、管理信托业务流程的具体执行。

稽核审计部门对业务的各项运作和风险管理进行动态审计和检查，对业务的开展进行合规性检查，并进行有效性评价和风险识别，对相关人员的行为规范进行监督和检查。根据审计的结果撰写审计报告，对被审计项目或信托经理作出客观评价，提出意见或建议。并对内审报告作出的结论和处理意见的执行及整改情况进行后期追踪检查，督促整改落实。

4.5　风险管理

4.5.1　风险管理概况

报告期内公司将全年工作定位于“精细化管理年”，从严管控风险，增强整体风险内控能力，全面提高风险管理水平，重点防范受托人责任风险和信托项目到期兑付风险。从组织架构、流程优化等方面进一步整合中后台管理资源、完善公司风险管控体系，强化项目中后期管理，推进公司信息系统升级改造与数据化建设，从各个从面进行严格的风险管理和控制。

4.5.1.1　完善公司风险管理组织架构

报告期内，公司将原有的合规法律风险管理部设为合规法律部与风险管理部两个部门，既使合规法律部门专司其职、强化合规管控与法律审查，又使风险管理部门强化风险管理的覆盖面和业务前中后期风险管理职能。二是将原有的信托业务运营管理总部的项目中后期管理职能与信托财会部合并，成立信托业务托管总部，优化、整合了中后台管理资源，减少了管理上的盲点和重复环节，进一步促进了项目中后期管理在操作上的标准化。在业务风险管理上形成了合规法律部门全过程审核，风险管理部门前期、中期、后期统一管理，托管部门进行统一操作，稽核审计部门随时检查监督的机制。

4.5.1.2　加强项目初审阶段的把关，实现了风险管理职能前置

在信托项目进入公司审批流程之前，风险管理部门即开始对项目尽职调查和可研报告进行初审和会商，并与业务部门进行沟通和完善，初步形成了早介入、早沟通的互动机制。报告期内统一了尽调标准，提高项目尽调质量。对尽职调查结果的复核工作也不断加强。

4.5.1.3　进一步完善了业务内控制度与流程

报告期内公司对业务内控制度进行系统性的修订完善。现已分两批完成了重要业务内控制度的修订工作，并对所有业务审批流程开展了持续优化工作。以确保业务运行顺畅、风险节点可控为原则，对全面业务审批流程进行了两次集中调整，并在日常运行过程中发现问题及时改进，使审批流程更加顺畅、便捷。

4.5.1.4　进一步细化了项目中后期管理，强化事后监督

公司进一步加强了存续项目中后期管理工作。信托业务托管总部成立后，尝试了信托项目中后期运营和财务管理一体化的新模式，细化了项目交接和管理过程中的相关制度与流程，及时向业务部门提示管理注意事项和风险关注点，信托财产集中托管、统一运营的优势正在逐步显现。

报告期内稽核审计部门加大了事后监督审计的范围、频率和监控力度。通过审计和调研，及时发现产品存在的瑕疵，弥补风险点，稽核审计的效果有效转化为管理成果，进一步提高了公司精细化管理的执行力。

4.5.1.5　严守风险底线，防风险，保障项目兑付

报告期内公司采取了定期分析、重点排查、专项解决、提前到期管理、提早释放风险等措施。一是结合外部宏观经济环境和公司信托业务自身的特点，确定了项目风险关注的重点：根据房地产宏观调控政策，重点关注公司房地产信托项目的风险

和到期兑付情况；根据资本市场不断下滑的状况，重点关注阳光私募、股票收益权项目的风险；并且高度关注了矿产类、艺术品信托项目的风险。二是对到期信托项目进行了全面梳理，提前进入到期管理，逐项排查、随时监测。三是对重点项目定期召开风险排查会或专题分析会，对重点项目中出现的风险状况及时研究解决。四是加强风险预警，以风险管理简报等方式将风险事项随时上报。报告期内公司所有项目均正常兑付，向投资人足额分配了信托财产和收益，没有发生兑付风险。

4.5.1.6　信息化建设为精细化管理提供了技术支持

报告期内公司信息化工作围绕业务发展和风险管理进行了重点建设，取得了较大进展。其中数据库建设是公司信息化建设的一个重要内容。如期完成的 EAST 数据库效验、档案管理系统的开发、CRM 系统的完善、信托合同登记系统的启动，对提高管理效率和细化中后期管理起到了重要作用。

4.5.2　风险状况

4.5.2.1　信用风险状况

信用风险主要表现为公司交易对手不能履行合约义务带来的风险，其中包括业务合作伙伴、贷款对象的信用风险，资金往来银行的信用风险，从而导致公司资产价值发生变动遭受损失的风险。报告期末，公司自营信用风险资产合计 185 397 万元；其中正常类信用风险资产为 185 397 万元，无关注类、次级类、可疑类和损失类。不良资产期初数为 0，期末数为 0，已足额计提资产减值准备。报告期末，公司信托资产为 12 363 350 万元，无不良资产。

4.5.2.2　市场风险状况

市场风险主要表现为因市场价格——利率、汇率、股票价格和商品价格等的不利变动而使公司的表内和表外业务发生损失的风险。具体表现为经济运行周期变化风险，金融市场利率波动风险，通货膨胀风险，房地产交易风险，证券市场、货币市场交易风险等。这些风险的存在不但影响信托财产的价值以及信托收益水平，也将影响公司由于资产负债结构不匹配等而导致公司整体的、当前和未来收入的损失。报告期内，公司未发生因市场风险所造成的损失。

4.5.2.3　操作风险状况

操作风险主要是公司内部控制、系统及运营过程中的错误或疏忽或外部事件而可能引起潜在损失的风险，表现在信息系统还不够全面及时，风险评估、风险管理的程序和结构、会计系统还不够完善，以及人员操作不规范和责任心不强等方面。报告期内，公司未发生因操作风险所造成的损失。

4.5.2.4　其他风险状况

其他风险主要是指公司业务开展中的合规风险、政策风险、公司信誉风险、人员道德风险等。报告期内，公司未发生因上述风险所造成的损失。

4.5.3　风险管理

4.5.3.1　信用风险管理

信用风险主要表现为公司交易对手不能履行合约义务带来的风险，其中包括业务合作伙伴、贷款对象的信用风险，资金往来银行的信用风险，从而导致公司资产价值发生变动遭受损失的风险。为有效规避信用风险，公司主要实施以下风险管理手段：

一是公司通过事前评估、事中控制、事后评价的风险控制体系来防范和规避信用风险。密切结合国家宏观调控政策、产业导向政策和地区经济发展战略，加强对融资对象的运营状况和信用分析；完善业务各环节的责任评议，做到责任到岗、责任考评、责任追究三个环节紧密相扣，环环问责。

二是抵（质）押品确认的主要原则：严格对抵（质）押品的尽职调查，经公司认可的法定评估机构的评估结果对抵（质）押品的价值及变现能力进行充分研究，在相关交易文件中载明，抵押率原则上不超过 50%。

三是公司根据财政部《金融企业呆账准备提取管理办法》（财金〔2005〕49 号）的规定，计提呆账准备金，包括一般准备和相关资产减值准备。一般准备按风险资产 1.5% 的比例从税后利润中提取。报告期末，公司按照 2012 年 12 月 31 日的风险资产余额，计提一般准备 50 598 369.69 元。

四是公司根据财政部《金融企业准备金计提管理办法》（财金〔2012〕20 号）的规定，计提准备金，包括资产减值准备和一般准备。一般准备按风险资产 1.5% 的比例从税后利润中提取，且一般准备余额不低于风险资产期末余额的 1.5%。

五是公司按不低于净利润 5% 的比例从税后利润中计提信托赔偿准备。该赔偿准备累计总额达到本公司注册资本的 20% 时，可不再提取信托赔偿准备金。截至报告期末，公司累计提取信托赔偿准备 3.3 亿元，已达到公司注册资本的 23.57%。

报告期内公司未发生因信用风险所造成的损失。

4.5.3.2　市场风险管理

市场风险主要表现为因市场价格——利率、汇率、股票价格和商品价格等的不利变动而使公司的表内和表外业务发生损失的风险。具体表现为经济运行周期变化风险、金融市场利率波动风险、通货膨胀风险、房地产交易风险、证券市场和货币市场交易风险等。这些风险的存在不但影响信托财产的价值以及信托收益水平，也将影响公司由于资产负债结构不匹配等而导致公司整体的、当前和未来收入的损失。

公司通过对宏观经济、货币政策、行业政策和利率走势等的分析，进行持续的专项监控；建立完备可靠的管理信息系统识别和量化各种投资组合所面临的风险；制定可能有重大情况发生的应急处置方案。对于利率风险，公司密切关注宏观经济变化，特别是消费物价指数以及社会通货膨胀系数的变动，增强预见性，防范利率调整带来的风险。对于汇率风险，公司随时关注国际经济动态，观察国家外汇政策的变化并及时采取相应的措施。对于证券投资风险，公司加大市场调研力度，全面了解证券市场及相关金融市场行情，根据市场供求状况及收益与风险情况，及时调整产品策略，避免市场风险。

报告期内公司未发生因市场风险所造成的损失。

4.5.3.3　操作风险管理

操作风险主要是公司内部控制、系统及运营过程中的错误或疏忽或外部事件而可能引起潜在损失的风险，表现在信息系统还不够全面及时，风险评估、风险管理的程序和结构、会计系统还不够完善，以及人员操作不规范和责任心不强等方面。

公司重点加强内控制度和风险管理的落实。风险管理部门严格业务流程的管理，加强对操作风险的防控和管理，优化流程，充实、深化内控合规部门的职能；突出抓好重要岗位和薄弱环节管理，界定业务程序，明确岗位职责。运用内部审计和外部审计，保证公司内控制度执行及风险评估的客观性和独立性；集合检查资源，加强高风险点的监督检查，并通过检查中发现的问题不断完善修订各项内控制度。通过建立健全培训、考核、考试、激励、淘汰机制，不断提高员工的业务技能，通过不断升级和完善计算机管理系统以及业务操作流程，制定了一系列应对紧急情况的防范措施。

报告期内公司未发生因操作风险所造成的损失。

4.5.3.4　其他风险管理

公司强化合法合规经营的制度保障，持续关注法律、法规的最新发展，正确理解和准确把握其内涵，并及时对业务程序和操作指引进行梳理和修订；注重员工培训，提高员工的业务技能和风险管理意识；加强职业道德教育，增强员工的工作责任心，提高公司信誉。

报告期内公司未发生因上述风险所造成的损失。

5. 报告期末及上一年度末的比较式会计报表

5.1　自营资产（经审计）

5.1.1　会计师事务所审计结论

审 计 报 告

致同审字〔2013〕第110AS0001号

北京国际信托有限公司：

我们审计了后附的北京国际信托有限公司（以下简称北京信托公司）财务报表，包括2012年12月31日的合并及公司资产负债表，2012年度的合并及公司利润表、合并及公司现金流量表、合并所有者权益变动表及公司所有者权益变动表、金融企业国有资本保值增值情况表、资产减值准备情况表以及财务报表附注。

一、管理层对财务报表的责任

编制和公允列报财务报表是北京信托公司管理层的责任，这种责任包括：（1）按照企业会计准则的规定编制财务报表，并使其实现公允反映；（2）设计、执行和维护必要的内部控制，以使财务报表不存在由于舞弊或错误导致的重大错报。

二、注册会计师的责任

我们的责任是在执行审计工作的基础上对财务报表发表审计意见。我们按照中国注册会计师审计准则的规定执行了审计工作。中国注册会计师审计准则要求我们遵守中国注册会计师职业道德守则，计划和执行审计工作以对财务报表是否不存在重大错报获取合理保证。

审计工作涉及实施审计程序，以获取有关财务报表金额和披露的审计证据。选择的审计程序取决于注册会计师的判断，包括对由于舞弊或错误导致的财务报表重大错报风险的评估。在进行风险评估时，注册会计师考虑与财务报表编制和公允列报相关的内部控制，以设计恰当的审计程序，但目的并非对内部控制的有效性发表意见。审计工作还包括评价管理层选用会计政策的恰当性和作出会计估计的合理性，以及评价财务报表的总体列报。

我们相信，我们获取的审计证据是充分、适当的，为发表审计意见提供了基础。

三、审计意见

我们认为，北京信托公司财务报表在所有重大方面按照企业会计准则的规定编制，公允反映了北京信托公司2012年12月31日的合并及公司财务状况以及2012年度的合并及公司经营成果和合并及公司现金流量。

致同会计师事务所（特殊普通合伙）　中国注册会计师：党小民

中国注册会计师：李惠琦

中国·北京　二〇一三年三月一十五日

5.1.2　资产负债表

合并及公司资产负债表

编制单位：北京国际信托有限公司　2012年12月31日　单位：元

项　目	期末数		期初数	
	合并	公司	合并	公司
资产：				
现金及银行存款	34 324 382.35	10 110 617.63	31 158 347.73	6 604 410.77
存放中央银行款项				
存放同业款项	1 195 147 278.94	1 195 147 278.94	1 261 889 432.16	1 261 889 432.16
贵金属				
预付账款	141 529 008.48	141 529 008.48	154 273 314.33	154 273 314.33
交易性金融资产	102 997 807.35	102 997 807.35	67 619 792.61	67 619 792.61
衍生金融资产				
买入返售金融资产				
应收账款	19 128 042.48	19 128 042.48	17 797 500.88	17 797 500.88
应收利息	8 600 000.00	8 600 000.00		

续表

项　目	期末数		期初数	
	合并	公司	合并	公司
其他应收款	2 024 453. 59	1 034 453. 59	707 135. 42	152 735. 42
发放贷款和垫款	448 470 000. 00	448 470 000. 00	386 100 000. 00	386 100 000. 00
可供出售金融资产	510 230 037. 79	510 230 037. 79	505 293 576. 01	505 293 576. 01
有至到期投资	694 780 000. 00	694 780 000. 00	364 780 000. 00	364 780 000. 00
长期股权投资	315 010 349. 91	341 054 969. 68	311 255 969. 68	336 104 969. 68
投资性房地产				
固定资产原价	32 611 361. 54	32 611 361. 54	21 360 850. 38	21 360 850. 38
减:累计折旧	13 207 447. 14	13 207 447. 14	11 307 871. 26	11 307 871. 26
固定资产净值	19 403 914. 40	19 403 914. 40	10 052 979. 12	10 052 979. 12
减:固定资产减值准备				
固定资产净额	19 403 914. 40	19 403 914. 40	10 052 979. 12	10 052 979. 12
工程物资				
在建工程				
固定资产清理				
无形资产	3 393 874. 27	3 393 874. 27	1 443 944. 86	1 443 944. 86
长期待摊费用				
递延所得税资产	6 630 482. 10	6 690 732. 10	14 630 052. 03	14 616 402. 03
其他资产				
资产总计	3 501 669 631. 66	3 502 570 736. 71	3 127 002 044. 83	3 126 729 057. 87

企业负责人:刘建华　　主管会计工作负责人:吴京林　　会计机构负责人:魏东华

合并及公司资产负债表(续)

编制单位:北京国际信托有限公司　　2012年12月31日　　单位:元

项　目	期末数		期初数	
	合并	公司	合并	公司
负债:				
向中央银行借款				
同业及其他金融机构存放款项				
拆入资金				
交易性金融负债				
衍生金融负债				
卖出回购金融资产款				
应付账款				
应付职工薪酬	80 292 177. 41	80 292 177. 41	12 062 772. 96	12 062 772. 96
应交税费	134 004 271. 55	133 978 443. 55	115 413 908. 68	115 410 424. 44
应付利息				
应付股利		41 970 000. 00	41 970 000. 00	
预收账款			68 432. 66	68 432. 66
其他应付款	7 306 107. 55	7 306 107. 55	189 646 991. 00	189 646 991. 00
递延所得税负债				
预计负债				
其他负债				
负债合计	221 602 556. 51	221 576 728. 51	359 162 105. 30	359 158 621. 06
所有者权益:				
实收资本	1 400 000 000. 00	1 400 000 000. 00	1 400 000 000. 00	1 400 000 000. 00
国家资本				
集体资本				
法人资本	1 120 200 000. 00	1 120 200 000. 00	1 120 200 000. 00	1 120 200 000. 00
其中:国有法人资本	926 200 000. 00	926 200 000. 00	926 200 000. 00	926 200 000. 00
集体法人资本				

续表

项目	期末数		期初数	
	合并	公司	合并	公司
个人资本				
外商资本	279 800 000. 00	279 800 000. 00	279 800 000. 00	279 800 000. 00
资本公积	−2 679 686. 32	−2 679 686. 32	−4 699 263. 20	−4 699 263. 20
减:库存股				
盈余公积	317 112 496. 80	317 112 496. 80	244 972 097. 35	244 972 097. 35
一般风险准备	50 598 369. 69	50 598 369. 69	19 779 228. 82	19 779 228. 82
信托赔偿准备	330 000 000. 00	330 000 000. 00	330 000 000. 00	330 000 000. 00
未分配利润	1 185 035 894. 98	1 185 962 828. 03	777 787 876. 56	777 518 373. 84
外币报表折算差额				
归属于母公司权益合计	3 280 067 075. 15	3 280 994 008. 20	2 767 839 939. 53	2 767 570 436. 81
少数股东权益				
所有者权益合计	3 280 067 075. 15	3 280 994 008. 20	2 767 839 939. 53	2 767 570 436. 81
负债及所有者权益总计	3 501 669 631. 66	3 502 570 736. 71	3 127 002 044. 83	3 126 729 057. 87

企业负责人:刘建华 主管会计工作负责人:吴京林 会计机构负责人:魏东华

5.1.3 利润表

合并及公司利润表

编制单位:北京国际信托有限公司 2012 年度 单位:元

项目	期末数		期初数	
	合并	公司	合并	公司
一、营业收入	1 314 202 236. 23	1 315 291 854. 00	969 677 789. 85	969 578 912. 89
利息净收入	155 512 787. 58	155 406 399. 58	102 817 696. 57	102 717 718. 71
利息收入	155 581 037. 58	155 474 649. 58	102 817 696. 57	102 717 718. 71
利息支出	68 250. 00	68 250. 00		
手续费及佣金净收入	1 033 915 422. 52	1 033 915 422. 52	841 539 055. 81	841 540 156. 71
手续费及佣金收入	1 065 165 066. 20	1 065 165 066. 20	872 931 833. 07	872 931 833. 07
手续费及佣金支出	31 249 643. 68	31 249 257. 68	31 392 777. 26	31 392 777. 26
投资收益/(损失)	129 622 347. 98	130 817 967. 75	23 705 194. 12	23 705 194. 12
其中:对联营企业和合营企业的投资收益/(损失)				
公允价值变动收益/(损失)	−11 173 678. 27	−11 173 678. 27	−8 626 144. 92	−8 626 144. 92
汇兑收益/(损失)	267. 30	267. 30	−91 310. 33	−91 310. 33
其他业务收入	6 325 089. 12	6 325 089. 12	10 333 298. 60	10 333 298. 60
二、营业支出	365 610 163. 38	365 603 073. 38	250 277 378. 38	250 437 838. 38
营业税金及附加	67 213 873. 95	67 213 873. 95	51 911 937. 77	51 911 937. 77
业务及管理费	291 446 043. 37	291 443 353. 37	154 367 849. 07	154 282 909. 07
资产减值损失	3 550 246. 06	3 545 846. 06	43 997 591. 54	44 242 991. 54
其他业务成本		3 400 000. 00	3 400 000. 00	
三、营业利润	948 592 072. 85	949 688 780. 62	719 400 411. 47	719 141 074. 51
加:营业外收入	17 094 261. 84	17 094 261. 84	3 326 091. 27	3 326 091. 27
减:营业外支出	2 609 712. 85	2 609 712. 85	1 140 882. 45	1 140 882. 45
四、利润总额	963 076 621. 84	964 173 329. 61	721 585 620. 29	721 326 283. 33
减:所得税费用	242 869 063. 10	242 769 335. 10	182 710 512. 84	182 720 678. 60
五、净利润	720 207 558. 74	721 403 994. 51	538 875 107. 45	538 605 604. 73
归属于母公司所有者的净利润	720 207 558. 74	721 403 994. 51	538 875 107. 45	538 605 604. 73
少数股东损益				
六、每股收益				
(一)基本每股收益				
(二)稀释每股收益				
七、其他综合收益	2 019 576. 88	2 019 576. 88	17 568 289. 60	17 568 289. 60
八、综合收益总额	722 227 135. 62	723 423 571. 39	556 443 397. 05	556 173 894. 33
归属于母公司的综合收益总额	722 227 135. 62	723 423 571. 39	556 443 397. 05	556 173 894. 33
归属于少数股东的综合收益总额				

企业负责人:刘建华 主管会计工作负责人:吴京林 会计机构负责人:魏东华

5.1.4 所有者权益变动表

合并所有者权益变动表

编制单位:北京国际信托有限公司　　2012 年度　　单位:元

项目	本期金额									
	归属于母公司所有者权益								少数股东权益	所有者权益合计
	实收资本	资本公积	减:库存股	盈余公积	一般风险准备	信托赔偿准备	未分配利润	外币报表折算差额		
一、上年末余额	1 400 000 000. 00	-4 699 263. 20	—	244 972 097. 35	19 779 228. 82	330 000 000. 00	777 787 876. 56	—	—	2 767 839 939. 53
加:会计政策变更										—
前期差错更正										—
其他										—
二、本年初余额	1 400 000 000. 00	-4 699 263. 20	—	244 972 097. 35	19 779 228. 82	330 000 000. 00	777 787 876. 56	—	—	2 767 839 939. 53
三、本年增减变动金额(减少以"-"号填列)	—	2 019 576. 88	—	72 140 399. 45	30 819 140. 87	—	407 248 018. 42	—	—	512 227 135. 62
(一)净利润							720 207 558. 74			720 207 558. 74
(二)直接计入所有者权益的利得和损失	—	2 019 576. 88	—	—	—	—	—	—	—	2 019 576. 88
1. 可供出售金融资产公允价值变动净额		2 692 769. 17								2 692 769. 17
2. 权益法下被投资单位其他所有者权益变动的影响										—
3. 与计入所有者权益项目相关的所得税影响		-673 192. 29								-673 192. 29
4. 其他										—
净利润及直接计入所有者权益的利得和损失小计	—	2 019 576. 88	—	—	—	—	720 207 558. 74	—	—	722 227 135. 62
(三)所有者投入和减少资本(减少)	—	—	—	—	—	—	—	—	—	
1. 所有者投入资本										—
2. 股份支付计入所有者权益的金额										—
3. 其他										—
(四)利润分配(减少)	—	—	—	72 140 399. 45	30 819 140. 87	—	-312 959 540. 32	—	—	-210 000 000. 00
1. 提取盈余公积				72 140 399. 45			-72 140 399. 45			—
2. 提取一般风险准备					30 819 140. 87		-30 819 140. 87			—
3. 提取信托赔偿准备							—			—
4. 所有者的分配							-210 000 000. 00			-210 000 000. 00
5. 其他										—
(五)所有者权益内部结转(减少)	—	—	—	—	—	—	—	—	—	—
1. 资本公积转增资本										—
2. 盈余公积转增资本										—
3. 盈余公积弥补亏损										—
4. 一般风险准备弥补亏损										—
5. 其他										—
(六)其他										—
四、本年末余额	1 400 000 000. 00	-2 679 686. 32	—	317 112 496. 80	50 598 369. 69	330 000 000. 00	1 185 035 894. 98	—	—	3 280 067 075. 15

企业负责人:刘建华　　主管会计工作负责人:吴京林　　会计机构负责人:魏东华

合并所有者权益变动表(续)

编制单位:北京国际信托有限公司　　2012 年度　　单位:元

项　目	上期金额									
	归属于母公司所有者权益								少数股东权益	所有者权益合计
	实收资本	资本公积	减:库存股	盈余公积	一般风险准备	信托赔偿准备	未分配利润	外币报表折算差额		
一、上年末余额	1 400 000 000. 00	22 267 552. 80		191 111 536. 88	19 779 228. 82	280 000 000. 00	552 773 329. 58			2 421 396 542. 48
加:会计政策变更										—
前期差错更正										—
其他										—
二、本年初余额	1 400 000 000. 00	22 267 552. 80	—	191 111 536. 88	19 779 228. 82	280 000 000. 00	552 773 329. 58	—	—	2 421 396 542. 48
三、本年增减变动金额(减少以"-"号填列)	—	17 568 289. 60	—	53 860 560. 47	—	50 000 000. 00	225 014 546. 98	—	—	346 443 397. 05
(一)净利润							538 875 107. 45			538 875 107. 45
(二)直接计入所有者权益的利得和损失	—	17 568 289. 60	—	—	—	—	—	—	—	17 568 289. 60
1. 可供出售金融资产公允价值变动净额		23 424 386. 13								23 424 386. 13
2. 权益法下被投资单位其他所有者权益变动的影响										—
3. 与计入所有者权益项目相关的所得税影响		-5 856 096. 53								-5 856 096. 53
4. 其他	—									—
净利润及直接计入所有者权益的利得和损失小计		17 568 289. 60	—	—	—	—	538 875 107. 45	—	—	556 443 397. 05
(三)所有者投入和减少资本(减少)	—	—	—	—	—	—	—	—	—	—
1. 所有者投入资本										—
2. 股份支付计入所有者权益的金额										—
3. 其他										—
(四)利润分配(减少)	—	—	—	53 860 560. 47	—	50 000 000. 00	-313 860 560. 47	—	—	-210 000 000. 00
1. 提取盈余公积				53 860 560. 47			-53 860 560. 47			—
2. 提取一般风险准备						—	—			—
3. 提取信托赔偿准备						50 000 000. 00	-50 000 000. 00			—
4. 所有者的分配							-210 000 000. 00			-210 000 000. 00
5. 其他										—
(五)所有者权益内部结转(减少)	—	—		—	—	—	—	—	—	—
1. 资本公积转增资本										—
2. 盈余公积转增资本										—
3. 盈余公积弥补亏损										—
4. 一般风险准备弥补亏损										—
5. 其他										—
(六)其他										—
四、本年末余额	1 400 000 000. 00	-4 699 263. 20	—	244 972 097. 35	19 779 228. 82	330 000 000. 00	777 787 876. 56	—	—	2 767 839 939. 53

企业负责人:刘建华　　主管会计工作负责人:吴京林　　会计机构负责人:魏东华

公司所有者权益变动表

编制单位：北京国际信托有限公司　　　　2012 年度　　　　单位：元

项　目	本期金额								
	实收资本	资本公积	减：库存股	盈余公积	一般风险准备	信托赔偿准备	未分配利润	外币报表折算差额	所有者权益合计
一、上年末余额	1 400 000 000. 00	-4 699 263. 20	—	244 972 097. 35	19 779 228. 82	330 000 000. 00	777 518 373. 84	—	2 767 570 436. 81
加：会计政策变更									—
前期差错更正									—
其他									—
二、本年初余额	1 400 000 000. 00	-4 699 263. 20	—	244 972 097. 35	19 779 228. 82	330 000 000. 00	777 518 373. 84	—	2 767 570 436. 81
三、本年增减变动金额（减少以"－"号填列）	—	2 019 576. 88	—	72 140 399. 45	30 819 140. 87	—	408 444 454. 19	—	513 423 571. 39
（一）净利润							721 403 994. 51		721 403 994. 51
（二）直接计入所有者权益的利得和损失	—	2 019 576. 88	—	—	—	—	—	—	2 019 576. 88
1. 可供出售金融资产公允价值变动净额		2 692 769. 17							2 692 769. 17
2. 权益法下被投资单位其他所有者权益变动的影响									—
3. 与计入所有者权益项目相关的所得税影响		-673 192. 29							-673 192. 29
4. 其他								—	
净利润及直接计入所有者权益的利得和损失小计	—	2 019 576. 88	—	—	—	—	721 403 994. 51	—	723 423 571. 39
（三）所有者投入和减少资本（减少）	—	—	—	—	—	—	—	—	—
1. 所有者投入资本									—
2. 股份支付计入所有者权益的金额									—
3. 其他								—	
（四）利润分配（减少）	—	—	—	72 140 399. 45	30 819 140. 87	—	-312 959 540. 32	—	-210 000 000. 00
1. 提取盈余公积				72 140 399. 45			-72 140 399. 45		—
2. 提取一般风险准备					30 819 140. 87		-30 819 140. 87		—
3. 提取信托赔偿准备							—		—
4. 所有者的分配							-210 000 000. 00		-210 000 000. 00
5. 其他									—
（五）所有者权益内部结转（减少）	—	—	—	—	—	—	—	—	—
1. 资本公积转增资本									—
2. 盈余公积转增资本									—
3. 盈余公积弥补亏损									—
4. 一般风险准备弥补亏损									—
5. 其他									—
（六）其他									—
四、本年末余额	1 400 000 000. 00	-2 679 686. 32	—	317 112 496. 80	50 598 369. 69	330 000 000. 00	1 185 962 828. 03	—	3 280 994 008. 20

企业负责人：刘建华　　　　主管会计工作负责人：吴京林　　　　会计机构负责人：魏东华

公司所有者权益变动表(续)

编制单位:北京国际信托有限公司　　2012 年度　　单位:元

项　　目	上期金额								
	实收资本	资本公积	减:库存股	盈余公积	一般风险准备	信托赔偿准备	未分配利润	外币报表折算差额	所有者权益合计
一、上年末余额	1 400 000 000. 00	−22 267 552. 80		191 111 536. 88	19 779 228. 82	280 000 000. 00	552 773 329. 58		2 421 396 542. 48
加:会计政策变更									—
前期差错更正									—
其他									—
二、本年初余额	1 400 000 000. 00	−22 267 552. 80	—	191 111 536. 88	19 779 228. 82	280 000 000. 00	552 773 329. 58	—	2 421 396 542. 48
三、本年增减变动金额(减少以"−"号填列)	—	17 568 289. 60	—	53 860 560. 47	—	50 000 000. 00	224 745 044. 26	—	346 173 894. 33
(一)净利润							538 605 604. 73		538 605 604. 73
(二)直接计入所有者权益的利得和损失	—	17 568 289. 60	—	—	—	—	—	—	17 568 289. 60
1. 可供出售金融资产公允价值变动净额		23 424 386. 13							23 424 386. 13
2. 权益法下被投资单位其他所有者权益变动的影响									—
3. 与计入所有者权益项目相关的所得税影响		−5 856 096. 53							−5 856 096. 53
4. 其他	—								—
净利润及直接计入所有者权益的利得和损失小计		17 568 289. 60	—	—	—	—	538 605 604. 73	—	556 173 894. 33
(三)所有者投入和减少资本(减少)	—	—	—	—	—	—	—	—	—
1. 所有者投入资本									—
2. 股份支付计入所有者权益的金额									—
3. 其他									—
(四)利润分配(减少)	—	—	—	53 860 560. 47	—	50 000 000. 00	−313 860 560. 47	—	−210 000 000. 00
1. 提取盈余公积				53 860 560. 47			−53 860 560. 47		—
2. 提取一般风险准备						—	—		—
3. 提取信托赔偿准备						50 000 000. 00	−50 000 000. 00		—
4. 所有者的分配							−210 000 000. 00		−210 000 000. 00
5. 其他									—
(五)所有者权益内部结转(减少)	—	—	—	—	—	—	—	—	—
1. 资本公积转增资本									—
2. 盈余公积转增资本									—
3. 盈余公积弥补亏损									—
4. 一般风险准备弥补亏损									—
5. 其他									—
(六)其他									—
四、本年末余额	1 400 000 000. 00	−4 699 263. 20	—	244 972 097. 35	19 779 228. 82	330 000 000. 00	777 518 373. 84	—	2 767 570 436. 81

企业负责人:刘建华　　主管会计工作负责人:吴京林　　会计机构负责人:魏东华

5.2 信托资产

5.2.1 信托项目资产负债汇总表

信托项目资产负债表汇总

编制单位：北京国际信托有限公司　　2012年12月31日　　单位：万元

信托资产	期初数	期末数	信托负债和信托权益	期初数	期末数
信托资产：			信托负债：		
货币资金	610 163.31	671 442.05	交易性金融负债	—	—
拆出资金	—	—	衍生金融负债	—	—
存出保证金	69 843.87	70 642.91	应付受托人报酬	860.52	3 778.19
交易性金融资产	1 245 179.45	2 967 291.69	应付托管费	274.07	672.85
衍生金融资产	—	—	应付受益人收益	16.76	2 991.51
买入返售金融资产	98 606.96	426 007.04	应交税费	89.73	3.92
应收款项	122 669.26	147 651.57	应付销售服务费	215.40	90.89
发放贷款	1 845 071.90	875 404.26	其他应付款项	18 248.76	41 173.28
可供出售金融资产	1 403 114.20	1 587 985.01	预计负债	—	—
持有至到期投资	2 787 031.65	2 663 020.89	其他负债	—	—
长期应收款	10 614.38	110 646.72	信托负债合计	19 705.25	48 710.65
长期股权投资	2 690 211.37	2 800 419.49			
投资性房地产	—	—	信托权益：		
固定资产	—	—	实收信托	10 306 019.76	11 345 250.29
无形资产	—	—	资本公积	376 938.79	729 056.74
长期待摊费用	—	—	损益平准金	—	—
其他资产	—	42 838.00	未分配利润	179 842.54	240 331.94
减：各项资产减值准备	—	—	信托权益合计	10 862 801.10	12 314 638.98
信托资产总计	10 882 506.35	12 363 349.62	信托负债及信托权益总计	8 046 000.00	10 882 506.35

会计机构负责人：黄明芳　　复核：孟广杰　　制表：：马政毅

5.2.2 信托项目利润及利润分配汇总表

信托项目利润及利润分配汇总表

2012年12月

编制单位：北京国际信托有限公司　　单位：万元

项目	本年数	上年数
1. 营业收入	1 181 087.75	383 858.65
1.1 利息收入	287 249.20	182 932.88
1.2 投资收益（损失以"－"号填列）	669 334.35	270 352.19
1.2.1 其中：对联营企业和合营企业的投资收益	0.00	—
1.3 公允价值变动收益（损失以"－"号填列）	153 919.44	-106 164.38
1.4 租赁收入	6 946.43	781.32
1.5 汇兑损益（损失以"－"号填列）	—	—
1.6 其他收入	63 638.33	35 956.64
2. 支出	184 541.53	105 600.14
2.1 营业税金及附加	5 955.04	1 959.66
2.2 受托人报酬	99 529.46	61 783.64
2.3 托管费	13 407.18	8 718.05
2.4 投资管理费	7 799.46	4 043.46
2.5 销售服务费	17 574.83	8 490.12
2.6 交易费用	7 624.38	4 748.42
2.7 资产减值损失	—	—
2.8 其他费用	32 651.18	15 856.79

续表

项目	本年数	上年数
3. 信托净利润（净亏损以"－"号填列）	996 546.22	278 258.51
4. 其他综合收益	—	—
5. 综合收益	996 546.22	278 258.51
6. 加：期初未分配信托利润	179 842.54	371 310.06
7. 可供分配的信托利润	1 176 388.76	649 568.56
8. 减：本期已分配信托利润	936 056.82	469 726.02
9. 期末未分配信托利润	240 331.94	179 842.54

会计机构负责人：黄明芳　　复核：孟广杰　　制表：马政毅

6. 会计报表附注

6.1 简要说明报告年度会计报表编制基准、会计政策、会计估计和核算方法发生的变化

6.1.1 计提资产减值准备的范围和方法

公司根据财政部《金融企业准备金计提管理办法》（财金〔2012〕20号）的规定，计提准备金，包括资产减值准备和一般准备。一般准备按风险资产1.5%的比例从税后利润中提取，且一般准备余额不低于风险资产期末余额的1.5%。

公司按中国银行业监督管理委员会《关于非银行金融机构

全面推行资产质量五级分类管理的通知》(银监发〔2004〕4号)文件规定实行以风险为基础的五级分类,按资产风险特征划分为若干组合,计提资产减值准备,包括贷款损失准备、坏账准备和长期投资减值准备。各项组合计提比例如下:

风险程度	计提比例(%)
正常类	1
关注类	2
次级类	25
可疑类	50
损失类	100

6.1.2 金融资产四分类的范围和标准

公司的金融资产于初始确认时分为以下四类:以公允价值计量且其变动计入当期损益的金融资产、持有至到期投资、贷款和应收款项、可供出售金融资产。金融资产在初始确认时以公允价值计量。对于以公允价值计量且其变动计入当期损益的金融资产,相关交易费用直接计入当期损益,其他类别的金融资产相关交易费用计入其初始确认金额。

6.1.3 交易性金融资产核算方法

以公允价值计量且其变动计入当期损益的金融资产,包括交易性金融资产和初始确认时指定为以公允价值计量且其变动计入当期损益的金融资产。交易性金融资产包括为了在短期内出售而取得的金融资产,以及衍生金融工具。对于此类金融资产,采用公允价值进行后续计量,所有已实现和未实现的损益均计入当期损益。

6.1.4 可供出售金融资产核算方法

可供出售金融资产是指初始确认时即指定为可供出售的非衍生金融资产,以及除上述金融资产类别以外的金融资产。对于此类金融资产,公司采用公允价值进行后续计量。其折溢价采用实际利率法进行摊销并确认为利息收入。除减值损失及外币货币性金融资产的汇兑差额确认为当期损益外,可供出售金融资产的公允价值变动作为资本公积的单独部分予以确认,直到该金融资产终止确认或发生减值时,在此之前在资本公积中确认的累计利得或损失转入当期损益。与可供出售金融资产相关的股利或利息收入,计入当期损益。

对于在活跃市场中没有报价且其公允价值不能可靠计量的权益工具投资,按成本计量。

6.1.5 持有至到期投资核算方法

持有至到期投资是指到期日固定、回收金额固定或可确定,且公司有明确意图和能力持有至到期的非衍生金融资产。对于此类金融资产,公司采用实际利率法,按照摊余成本进行后续计量,其终止确认、发生减值或摊销产生的利得或损失,均计入当期损益。

6.1.6 股权投资核算方法

6.1.6.1 长期股权投资的初始计量

公司长期股权投资在取得时按投资成本计量。投资成本一般为取得该项投资而付出的资产、发生或承担的负债以及发行的权益性证券的公允价值,并包括直接相关费用。但同一控制下的企业合并形成的长期股权投资,其初始投资成本为合并日取得的被合并方所有者权益的账面价值份额。

6.1.6.2 长期股权投资的后续计量

公司能够对被投资单位实施控制的长期股权投资,以及对被投资单位不具有共同控制或重大影响,且在活跃市场中没有报价、公允价值不能可靠计量的长期股权投资采用成本法核算;对被投资单位具有共同控制或重大影响的长期股权投资,采用权益法核算。

采用成本法核算的长期股权投资,除取得投资时实际支付的价款或对价中包含的已宣告但尚未发放的现金股利或利润外,被投资单位宣告分派的现金股利或利润,确认为投资收益计入当期损益。

公司长期股权投资采用权益法核算时,对长期股权投资初始投资成本大于投资时应享有被投资单位可辨认净资产公允价值份额的,不调整长期股权投资的初始投资成本;对长期股权投资初始投资成本小于投资时应享有被投资单位可辨认净资产公允价值份额的,其差额计入当期损益,同时调整长期股权投资的账面价值。

公司在按权益法对长期股权投资进行核算时,先对被投资单位的净利润进行取得投资时被投资单位各项可辨认资产等的公允价值、会计政策和会计期间方面的调整,再按应享有或应分担的被投资单位的净损益份额确认当期投资损益。

公司与联营企业及合营企业之间发生的内部交易损益按照持股比例计算归属于公司的部分,在抵销基础上确认投资损益。

6.1.7 固定资产计价和折旧方法

6.1.7.1 固定资产的确认条件

公司固定资产是指为生产商品、提供劳务、出租或经营管理而持有的,使用寿命超过一个会计年度的有形资产。

与该固定资产有关的经济利益很可能流入企业,并且该固定资产的成本能够可靠地计量时,固定资产才能予以确认。

公司固定资产按照取得时的实际成本进行初始计量。

6.1.7.2 固定资产分类及折旧政策

公司采用年限平均法计提折旧。固定资产自达到预定可使用状态时开始计提折旧,终止确认时或划分为持有待售非流动资产时停止计提折旧。在不考虑减值准备的情况下,按固定资产类别、预计使用寿命和预计残值,公司确定各类固定资产的年折旧率如下:

固定资产类别	使用年限(年)	残值率(%)	年折旧率(%)
房屋及建筑物	30~45	3	2.16~3.23
机器设备	10	3	9.70
运输设备	6	3	16.17
电子及其他设备	3~6	3	16.17~32.33

其中,已计提减值准备的固定资产,按扣除已计提的固定资产减值准备累计金额计算确定折旧率。

6.1.8 无形资产计价及摊销政策

公司无形资产按照成本进行初始计量,并于取得无形资产时分析判断其使用寿命。使用寿命为有限的,自无形资产可供使用时起,采用能反映与该资产有关的经济利益的预期实现方式的摊销方法,在预计使用年限内摊销;无法可靠确定预期实现方式的,采用直线法摊销;使用寿命不确定的无形资产,不作摊销。

公司于每年年度终了，对使用寿命有限的无形资产的使用寿命及摊销方法进行复核，与以前估计不同的，调整原先估计数，并按会计估计变更处理。

公司期末预计某项无形资产已经不能给企业带来未来经济利益的，将该项无形资产的账面价值全部转入当期损益。

6.1.9 收入确认原则和方法

营业收入是公司在开展日常业务活动过程中所取得的各项收入，主要包括：利息净收入、手续费及佣金净收入、投资收益、公允价值变动收益、汇兑收益及其他业务收入。

在相关的经济利益能够流入及收入的金额能够可靠地计量时，公司确认收入。

6.1.9.1 利息净收入

公司利息净收入是利息收入与利息支出的差额。公司利息收入主要为贷款利息收入、金融企业往来存款利息收入及拆借利息收入。

利息收入按照实际利率法确认。实际利率法是指按照金融资产或金融负债的实际利率计算其摊余成本及各期利息收入或利息支出的方法。实际利率，是指将金融资产或金融负债在预期存续期间或适用的更短期间内的未来现金流量，折现为该金融资产或金融负债当前账面价值所使用的利率。在确定实际利率时，公司在考虑金融资产或金融负债所有合同条款的基础上预计未来现金流量，但不考虑未来信用损失。公司支付或收取的、属于实际利率组成部分的各项收费、交易费用及溢价或折价等，在确定实际利率时予以考虑。

贷款利息按期计提并确认。自结息日起，逾期90天（含90天）以内的应收未收利息，计入当期损益；贷款利息逾期90天（不含90天）以上，无论该贷款本金是否逾期，发生的应收未收利息不再计入当期损益，在表外核算，实际收回时再计入损益。对已经纳入损益的应收未收利息，在其贷款本金或应收利息逾期超过90天（不含90天）以后，相应冲减利息收入。

金融企业往来存款利息收入在收到存款银行结息通知单时确认存款利息收入。拆借利息收入按让渡资金使用权的时间和适用利率计算确定。公司利息支出主要为拆借利息支出。拆借利息支出按让渡资金使用权的时间和适用利率计算确定。

6.1.9.2 手续费及佣金净收入

公司手续费及佣金净收入是手续费及佣金收入与手续费及佣金支出的差额。手续费及佣金收入按权责发生制原则在提供相关服务时确认。公司手续费及佣金净收入主要为信托报酬收入、咨询业务收入等。

公司信托报酬收入主要包括佣金净收入和转让手续费收入等。信托报酬收入依据信托文件规定或信托合同约定的计提方法和计提标准计算确认并由信托项目承担，其中：佣金收入按照信托产品集中的信托资金比例计算并在提供相关服务时确认；转让手续费收入在提供转让业务服务时确认。

公司咨询业务收入在提供金融咨询服务的结果能够可靠估计的情况下，按合同或协议约定确认收入。

公司其他服务收入（包括见证业务收入等）在提供服务的结果能够可靠估计的情况下，按合同或协议约定确认收入。

公司手续费及佣金支出主要为银行业务手续费支出、代理业务手续费支出及佣金支出等。公司按权责发生制原则确认和计量手续费及佣金支出。

6.1.9.3 投资收益

公司投资收益分为持有金融工具产生的投资收益和持有长期股权投资产生的投资收益。对于持有金融工具产生的投资收益，公司根据持有金融工具的不同，按对应金融工具的确认和计量标准确认投资收益。对于长期股权投资，在采用成本法核算时，当被投资单位宣告发放现金股利或分派利润时，公司确认投资收益；在采用权益法核算时，根据被投资单位实现的净利润或经调整后的净利润计算应享有的份额，确认投资收益；出售或处置长期股权投资时，按所获得的收入与投资账面价值之间的差额确认投资收益。

6.1.10 所得税的会计处理方法

所得税包括当期所得税和递延所得税。除由于企业合并产生的调整商誉，或与直接计入所有者权益的交易或者事项相关的递延所得税计入所有者权益外，均作为所得税费用计入当期损益。

当期所得税是按照当期应纳税所得额计算的当期应交所得税金额。应纳税所得额系根据有关税法规定对本年度税前会计利润作相应调整后得出。公司根据资产、负债于资产负债表日的账面价值与计税基础之间的暂时性差异，采用资产负债表债务法确认递延所得税。

于资产负债表日，公司对递延所得税资产和递延所得税负债，按照预期收回该资产或清偿该负债期间的适用税率计量，并反映资产负债表日预期收回资产或清偿负债方式的所得税影响。于资产负债表日，公司对递延所得税资产的账面价值进行复核。如果未来期间很可能无法获得足够的应纳税所得额用以抵扣递延所得税资产的利益，减记递延所得税资产的账面价值。在很可能获得足够的应纳税所得额时，减记的金额予以转回。

6.1.11 信托报酬确认原则和方法

信托报酬确认原则和方法同手续费及佣金净收入。

6.2 或有事项说明

公司对外担保及其他或有事项的期初数、期末数及其对公司存在的影响

无。

6.3 重要资产转让及其出售的说明

无。

6.4 会计报表中重要项目的明细资料

6.4.1 披露自营资产经营情况

6.4.1.1 按信用风险五级分类结果披露信用风险资产的期初数、期末数

信用风险资产五级分类	正常类（万元）	关注类（万元）	次级类（万元）	可疑类（万元）	损失类（万元）	信用风险资产合计（万元）	不良资产合计（万元）	不良资产率（%）
期初数	185 601	0	0	0	0	185 601	0	0
期末数	185 397	0	0	0	0	185 397	0	0

注：不良资产合计＝次级类＋可疑类＋损失类。

6.4.1.2 各项资产减值损失准备的期初数、本期计提、本期转回、本期核销、期末数

单位：万元

	期初数	本期计提	本期转回	本期核销	期末数
贷款损失准备	390	63	0	0	453
一般准备	390	63	0	0	453
专项准备	0	0	0	0	0
其他资产减值准备	4 716	291	0	4 667	340
可供出售金融资产减值准备	4 383	284	0	4 667	0
持有至到期投资减值准备	0	0	0	0	0
长期股权投资减值准备	314	5	0	0	319
坏账准备	19	2	0	0	21
投资性房地产减值准备	0	0	0	0	0

6.4.1.3　自营股票投资、基金投资、债券投资、长期股权投资等投资业务的期初数、期末数

单位：万元

	自营股票	基金	债券	长期股权投资	其他投资	合计
期初数	6 866	3 891	0	31 125	83 012	124 894
期末数	5 965	10 146	0	31 501	114 690	162 302

注：其他投资为可供出售金融资产、持有至到期投资。

6.4.1.4　按投资入股金额排序，前三名的自营长期股权投资的企业名称、占被投资企业权益的比例及投资收益情况等（依大小顺序排列）

企业名称	占被投资企业权益的比例（%）	投资收益（万元）
1. 国都证券有限责任公司	9.9	4 415
2. 中合供销（上海）股权投资基金管理有限公司	40	0
3. 长城证券有限责任公司	0.33	663

6.4.1.5　前三名的自营贷款的企业名称、占贷款总额的比例和还款情况等（依大小顺序排列）

企业名称	占贷款总额的比例（%）	还款情况
1. 哈尔滨市润丰石材有限责任公司	44.15	正常
2. 中圣嘉信投资（北京）有限公司	41.94	正常
3. 天津瑞源集团有限公司	9.49	正常

6.4.1.6　表外业务的期初数、期末数

单位：万元

表外业务	期初数	期末数
担保业务	0	0
代理业务（委托业务）	2 952.61	2 962.33
其他	0	0
合计	2 952.61	2 962.33

6.4.1.7　公司当年的收入结构

收入结构	金额（万元）	占比（%）
手续费及佣金收入	106 517	78.17
其中：信托手续费收入	97 673	71.68
投资银行业务收入	8 844	6.49
利息收入	15 558	11.42
其他业务收入	632	0.46
其中：计入信托业务收入部分	0	0
投资收益	12 962	9.52
其中：股权投资收益	6 954	5.10
证券投资收益	−603	−0.44
其他投资收益	6 611	4.85
公允价值变动收益	−1 117	−0.82
营业外收入	1 709	1.25
收入合计	136 261	100.00

注：手续费及佣金收入、利息收入、其他业务收入、投资收益、营业外收入均应为损益表中的一级科目，其中手续费及佣金收入、利息收入、营业外收入为未抵减掉相应支出的全年累计实现收入数。

6.4.2　披露信托财产管理情况

6.4.2.1　信托资产的期初数、期末数

单位：万元

信托资产	期初数	期末数
集合	3 391 106.17	4 822 762.32
单一	5 755 990.13	5 701 090.60
财产权	1 735 410.05	1 839 496.70
合计	10 882 506.35	12 363 349.62

6.4.2.1.1　主动管理型信托业务的信托资产期初数、期末数

单位：万元

主动管理型信托资产	期初数	期末数
证券投资类	2 452 215.31	4 616 896.65
股权投资类	1 505 798.01	1 722 226.78
其他投资	0	77 103.97
融资类	4 732 806.90	4 133 532.19
事务管理类	145 630.34	122 648.63
合计	8 836 450.56	10 672 408.22

6.4.2.1.2　被动管理型信托业务的信托资产期初数、期末数

单位：万元

被动管理型信托资产	期初数	期末数
证券投资类	586 700.89	633 906.49
股权投资类	0	0
融资类	1 027 010.40	487 829.15
事务管理类	432 344.50	569 205.76
合计	2 046 055.79	1 690 941.40

6.4.2.2 本年度已清算结束的信托项目个数、实收信托合计金额、加权平均实际年化收益率

6.4.2.2.1 本年度已清算结束的集合类、单一类资金信托项目和财产管理类信托项目个数、实收信托合计金额、加权平均实际年化收益率

已清算结束信托项目	项目个数	实收信托合计金额（万元）	加权平均实际年化收益率（%）
集合	44	1 022 715.91	8.91
单一	36	2 589 949.41	5.97
财产权	6	309 859.31	5.77

注：实收信托合计金额是信托本金累计给付额。

6.4.2.2.2 本年度已清算结束的主动管理型信托项目个数、实收信托合计金额、加权平均实际年化收益率

已清算结束信托项目	项目个数	实收信托合计金额（万元）	加权平均实际年化报酬率（%）	加权平均实际年化收益率（%）
证券投资类	10	280 440.96	0.89	9.39
股权投资类	6	630 273.00	2.06	8.89
融资类	56	2 074 922.97	0.50	4.95
事务管理类	2	18 000.00	0.14	12.43

注：实收信托合计金额是信托本金累计给付额。

6.4.2.2.3 本年度已清算结束的被动管理型信托项目个数、实收信托合计金额、加权平均实际年化收益率

已清算结束信托项目	项目个数	实收信托合计金额（万元）	加权平均实际年化报酬率（%）	加权平均实际年化收益率（%）
证券投资类	1	188 097.75	0.14	4.37
股权投资类	0	0	0	0
融资类	4	650 000.00	0.10	5.72
事务管理类	7	80 789.95	0.95	38.37

6.4.2.3 本年度新增的集合类、单一类和财产管理类信托项目个数、实收信托合计金额

新增信托项目	项目个数	实收信托合计金额（万元）
集合	63	2 615 639.30
单一	29	2 331 049.85
财产权	1	520 000.00
合计	93	5 466 689.15
其中：主动管理型	87	5 264 125.60
被动管理型	6	202 563.55

注：实收信托合计金额是本年新增信托项目累计新增的实收信托金额。

6.4.2.4 信托业务创新成果和特色业务

报告期内，公司信托业务发展稳中求进，在转型中求发展，明确主攻方向，突出重点业务，围绕转型创新在以下几个领域取得优异成果：一是积极取得创新业务准入资格，为长远发展做好准备；二是服务实体经济，助推新型城镇化建设；三是围绕服务民生、支持“三农”、生态环保领域开展信托业务；四是围绕中小微企业金融服务和科技金融领域开展信托业务；五是着眼于向资产管理、财富管理方向转型；六是房地产信托业务在创新中稳健发展。

6.5 关联方关系及其交易的披露

6.5.1 关联交易方的数量、关联交易的总金额及关联交易的定价政策等

无。

6.5.2 关联交易方与本公司的关系性质、关联交易方的名称、法定代表人、注册地址、注册资本及主营业务等

无。

6.5.3 本公司与关联方的重大交易事项

6.5.3.1 固有与关联方：贷款、投资、租赁、应收账款、担保、其他方式等期初汇总数、本期借方和贷方发生额汇总数、期末汇总数

单位：万元

固有与关联方关联交易				
	期初数	借方发生额	贷方发生额	期末数
贷款	0	0	0	0
投资	0	0	0	0
租赁	0	0	0	0
担保	0	0	0	0
应收账款	0	0	0	0
其他	0	0	0	0
合计	0	0	0	0

6.5.3.2 信托与关联方交易情况：贷款、投资、租赁、应收账款、担保、其他方式等期初汇总数、本期借方和贷方发生额汇总数、期末汇总数

单位：万元

信托与关联方关联交易				
	期初数	借方发生额	贷方发生额	期末数
贷款	0	0	0	0
投资	0	0	0	0
租赁	0	0	0	0
担保	0	0	0	0
应收账款	0	0	0	0
其他	0	0	0	0
合计	0	0	0	0

6.5.3.3 信托公司自有资金运用于自己管理的信托项目（固信交易）、信托公司管理的信托项目之间的相互（信信交易）交易金额，包括余额和本报告年度的发生额

6.5.3.3.1 固有财产与信托财产之间的交易金额期初汇总数、本期发生额汇总数、期末汇总数

单位：万元

固有财产与信托财产相互交易			
	期初数	本期发生额	期末数
合计	36 478.00	33 000.00	69 478.00

6.5.3.3.2 信托项目之间的交易金额期初汇总数、本期发生额汇总数、期末汇总数

单位：万元

信托资产与信托财产相互交易			
	期初数	本期发生额	期末数
合计	120 404.53	9 300.00	129 704.53

6.5.4 逐笔披露关联方逾期未偿还本公司资金的详细情况以及本公司为关联方担保发生或即将发生垫款的详细情况

无。

6.6 会计制度的披露

公司固有业务(自营业务)自2008年1月1日起执行财政部2006年发布的《企业会计准则》,信托业务自2010年1月1日起执行《企业会计准则》。

7. 财务情况说明书

7.1 利润实现和分配情况

单位:万元

项目	金额
利润总额	96 308
减:所得税费用	24 287
净利润	72 021
减:提取法定盈余公积	7 214
提取一般风险准备准备	3 082
加:期初未分配利润	77 779
减:本期利润分配	21 000
期末未分配利润	118 504

7.2 主要财务指标

指标名称	指标值
资本利润率(%)	23.79
人均净利润(万元)	409

注:1. 资本利润率=净利润/所有者权益平均余额×100%。

2. 加权年化信托报酬率=(信托项目1的实际年化信托报酬率x信托项目1的实收信托+信托项目2的实际年化信托报酬率x信托项目2的实收信托+…信托项目n的实际年化信托报酬率x信托项目n的实收信托)/(信托项目1的实收信托+信托项目2的实收信托+…信托项目n的实收信托)×100%。

3. 人均净利润=净利润/年平均人数。

4. 平均值采取年初及各季末余额移动算术平均法,公式为:a(平均)=($a_0/2+a_1+a_2+a_3+a_4/2$)/4。

7.3 对本公司财务状况、经营成果有重大影响的其他事项

无。

7.4 公司净资本情况

信托公司风险控制指标监管报表

2012年12月31日

项目	期末余额	监管标准	备注
净资本(万元)	274 179	≥20 000	达标
固有业务风险资本(万元)	31 208		
信托业务风险资本(万元)	125 721		
其他业务风险资本(万元)	0		
各项业务风险资本之和(万元)	156 929		
净资本/各项业务风险资本之和(%)	174.72	≥100	达标
净资本/净资产(%)	83.57	≥40	达标

注:此表以母公司数据口径编制。

8. 特别事项简要揭示

8.1 前五名股东报告期内变动情况

无。

8.2 董事、监事及高级管理人员变动情况及原因

报告期内中国银行业监督管理委员会北京监管局(以下简称北京银监局)批复(京银监复〔2012〕365号)《关于核准李民吉北京国际信托有限公司副董事长、副总经理任职资格的批复》。经北京监管局核准的公司高管人员由上一报告期12人增至13人。

报告期内经北京银监局核准批复原董事Thomas Adam Shippey正式离任,增补Jun Xu为公司董事。

8.3 公司重大未决诉讼事项

无。

8.4 审计意见

会计师事务所出具了无保留意见的审计报告。

8.5 公司及其董事、监事和高级管理人员受到处罚的情况

无。

8.6 银监会及其派出机构对公司检查后提出的整改意见之整改情况简要说明

报告期内北京银监局对公司银信理财合作信托业务开展情况进行了现场检查,并下发《现场检查意见书》(京银监发〔2012〕116号)。公司针对北京银监局提出的监管意见,制定了一系列整改措施,通过进一步规范收益权信托管理、加强信托业务风险管理及完善权利证书的基础性管理工作等,公司进一步加强了银信理财合作业务的规范管理,提高了公司业务发展和风险防范的能力。

8.7 本年度重大事项临时报告

无。

8.8 银监会及其派出机构认定的其他有必要让客户及其相关利益人了解的重要信息

无。

9. 公司监事会对公司依法运作情况、财务报告情况的独立意见

公司监事会认为:公司董事会各项决议符合《公司法》等法律法规和公司章程的规定,公司经营管理活动合法合规,高级管理层认真执行股东会、董事会的各项决议,经营业绩良好,圆满完成了报告期年初制订的经营计划。公司经营中未出现违规操作行为,未出现损害公司、股东及受益人利益的行为。公司财务报告真实、客观反映了公司的财务状况和经营成果。

渤海国际信托有限公司

1. 重要提示

1.1 本公司董事会及董事保证本报告所载资料不存在任何虚假记载、误导性陈述或者重大遗漏,并对其内容的真实性、准确性和完整性承担个别及连带责任。本年度报告摘要摘自年度报告全文,客户及相关利益人欲了解详细内容,应阅读年度报告全文。

1.2 本公司独立董事陈日进、杜斌国对本报告内容的真实性、准确性和完整性表示认可。

1.3 中磊会计师事务所有限责任公司为本公司出具了标准无保留意见的审计报告。

1.4 公司董事长金平、总裁郑宏、财务总监郭占刚声明:保证年度报告中财务会计报告的真实、完整。

2. 公司概况

2.1 公司简介

渤海国际信托有限公司前身为河北省国际信托投资有限责任公司,成立于1982年10月,2004年1月获准重新登记,注册资本金32 565万元(含1 500万美元),2006年12月完成重组,2007年2月增资扩股后,注册资本金增加到72 565万元(含1 500万美元)。2007年11月,中国银监会批准公司名称变更为渤海国际信托有限公司。2009年3月由原股东再次增资7 000万元,注册资本金增加至79 565万元(含1500万美元)。2011年6月,海航资本控股有限公司增资120 435万元,注册资本金增加至200 000万元(含1 500万美元)。

法定中文名称	渤海国际信托有限公司
法定中文缩写名称	渤海信托
公司法定英文名称	Bohai International Trust Co. ,Ltd.
法定英文缩写名称	BITC
法定代表人	金平
注册地址	石家庄市新石中路377号B座22~23层
公司网址	www. bohaitrust. com
邮政编码	050011
信息披露事务联系人	刘超,电话:010 -57583396;电子信箱:l_chao@hnair. com
选定的信息披露报纸	《证券时报》
信息披露事务负责人	郑宏
公司年报备置地点	石家庄市广安大街10号美东国际12号楼A座第19层
聘请的会计师事务所	中磊会计师事务所有限责任公司
聘请的会计师事务所住所	北京丰台区星火路1号昌宁大厦8层

2.2 组织结构

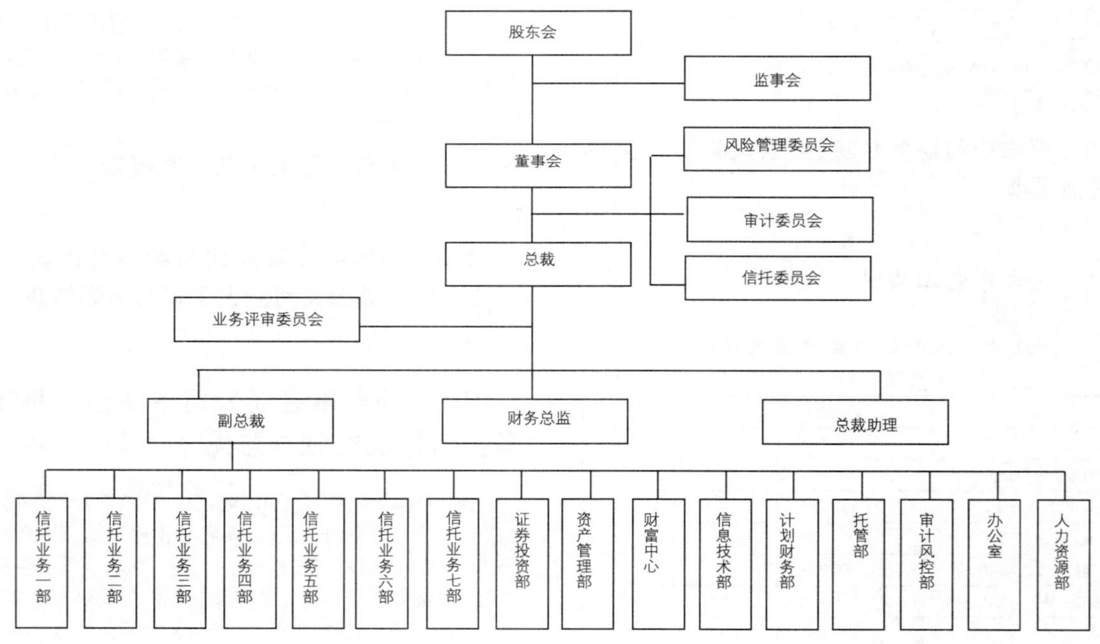

3. 公司治理结构

3.1 股东

截至2012年末，股东总数6家，持有公司10%以上股权的股东有3家。

股东名称	持股比例(%)	法人代表
海航资本控股有限公司	60.22	刘小勇
海口美兰国际机场有限责任公司	15.51	梁军
海航酒店控股集团有限公司	14.2	董鑫
扬子江地产集团有限公司	7.65	王福林
北京燕京饭店有限责任公司	1.65	宋翔
海南海航航空信息系统有限公司	0.77	张岭

公司前三位股东的主要股东

3.1.1 海航资本控股有限公司的主要股东

股东名称	持股比例(%)	法人代表
海航集团有限公司	74.37	陈峰
北方国际信托股份有限公司	25.63	刘惠文

3.1.2 海口美兰国际机场有限责任公司的主要股东

股东名称	持股比例(%)	法人代表
海南省发展控股有限公司	25.49	刘明贵
甘肃省公路航空旅游投资集团有限公司	24.3	杨咏中
海航机场集团有限公司	22.7	董桂国

3.1.3 海航酒店控股集团有限公司的主要股东

股东名称	持股比例(%)	法人代表
海航置业控股集团有限公司	47.77	董鑫
海航集团有限公司	21.32	陈峰

3.2 董事

董事长、董事

姓 名	职 务	性别	年龄	选任日期	所推举股东名称	该股东持股比例(%)	简 要 履 历
金平	董事长	男	58	2009年12月	海航资本控股有限公司	60.22	曾任国家计委发展战略处处长、神华集团研究室主任、神华集团企业策划部总经理。
郑宏	董事	男	46	2012年6月	海口美兰国际机场有限责任公司	15.51	曾任海南航空股份有限公司总经理、财务总监，海航集团有限公司财务总监、海航机场集团有限公司首席运营官兼财务总监、副董事长，海航集团华东总部有限公司财务总监。

独立董事

姓 名	职 务	性别	年龄	选任日期	所推举股东名称	该股东持股比例(%)	简 要 履 历
陈日进	独立董事	男	66	2011年6月	—	—	曾任海南省财政厅厅长。
杜斌国	独立董事	男	67	2011年6月	—	—	曾任海南省政法委副书记。

3.3 监事

监事会成员

姓 名	职 务	性别	年龄	选任日期	所推举股东名称	该股东持股比例(%)	简 要 履 历
郎国章	监事会主席	男	57	2012年6月	—	—	曾任河北省发展改革委投资处处长、河北省国际信托投资有限责任公司总经理。
彭铭巧	监事	女	41	2009年11月	—	—	曾任海航集团有限公司证券业务部研究发展室经理、海航集团财务有限公司投资银行部主管。
唐晓蕾	职工监事	女	39	2009年11月	—	—	曾任河北省国际信托投资有限责任公司法律事务主管。

3.4 公司高级管理人员

姓 名	职 务	性别	年龄	任职日期	金融从业年限	学历	专业	简 要 履 历
郑宏	总裁	男	46	2012年6月	22	本科	财务会计	曾任海南航空股份有限公司总经理、财务总监，海航集团有限公司财务总监、海航机场集团有限公司首席运营官兼财务总监、副董事长，海航集团华东总部有限公司财务总监。
陶钧	副总裁	男	43	2010年9月	19	硕士	EMBA	曾任中信锦绣资本管理有限公司投资总监。
王学江	副总裁	男	49	2012年5月	20	硕士	英美语言文学	曾任河北省国际信托投资有限责任公司信托业务部总经理。
郭占刚	财务总监	男	45	2012年5月	15	本科	工业会计	曾任河北省国际信托投资有限责任公司托管部副总经理，渤海信托审计风控部总经理、计划财务部总经理。
师增轩	总裁助理	男	56	2010年7月	23	本科	现代经济管理	曾任河北省国际信托投资有限责任公司办公室主任。
马建军	总裁助理	男	41	2012年5月	15	硕士	金融学	曾任渤海信托信托业务部副总经理、信托业务二部总经理。

3.5 公司员工

项目		报告期年度		上年度	
		人数	比例(%)	人数	比例(%)
年龄分布	20岁以下	—	—	1	1.1
	20～29岁	45	46.39	40	44.45
	30～39岁	23	23.71	21	23.34
	40岁以上	29	29.9	28	31.11
学历分布	博士	—	—	—	—
	硕士	44	45.36	43	47.77
	本科	46	47.42	39	43.33
	专科	5	5.16	6	6.67
	其他	2	2.06	2	2.23
岗位分布	董事、监事及高管人员	8	8.25	7	7.78
	自营业务人员	10	10.31	10	11.1
	信托业务人员	36	37.11	39	43.34
	其他人员	43	44.33	34	37.78

4. 经营管理

4.1 经营目标、经营方针、战略规划

4.1.1 经营目标

围绕"受人之托，代人理财"的服务宗旨，认真贯彻落实国家宏观经济政策和金融监管要求，通过培育核心产品，拓展创新型业务，优化区域布局，开拓营销渠道，增强资产管理能力，加速品牌建设，致力于成为核心竞争优势明显、可持续发展能力强的信托机构。

4.1.2 经营方针

坚持"诚信、业绩、创新"的企业理念，以诚信树品牌，以创新促发展，以客户为中心，以市场为导向，规范经营，严控风险，通过优异的经营业绩，实现客户、股东、员工和社会价值的共同增长。

4.1.3 战略规划

以优秀的团队、优质的服务、优良的产品，实现社会财富最大化。加快业务区域布局，推行高度市场化运营模式，不断拓展业务领域，优化资金的运用和管理，继续提高投资能力和盈利水平。

通过增资扩股，引进战略投资者，改善股权结构，增强资本实力和风险防御能力，优化公司法人治理。

完善市场化的激励机制，引进成熟业务团队，开拓自有客户资源，提高自主营销能力；加强信息化建设，建立"一个中心、三大平台"体系。

提高风险管理水平，提升市场影响力、产品竞争性和社会责任感，努力为广大投资者提供可信赖、专业化的信托理财服务。

4.2 所经营业务的主要内容

自营资产运用与分布表

资产运用	金额(万元)	占比(%)	资产分布	金额(万元)	占比(%)
货币资产	130 467.83	46.05	基础产业	—	—
贷款及应收款	10 521.64	3.71	房地产业	—	—
交易性金融资产	3 623.63	1.28	证券市场	98 323.42	34.71
可供出售金融资产	94 099.79	33.21	实业	9 500.00	3.35
持有至到期投资	—	—	金融机构	170 372.83	60.14
长期股权投资	39 905.00	14.09	其他	5 114.72	1.80
其他	4 693.08	1.66	—	—	—
资产总计	283 310.97	100.00	资产总计	283 310.97	100.00

信托资产运用与分布表

资产运用	金额(万元)	占比(%)	资产分布	金额(万元)	占比(%)
货币资产	87 869.08	0.87	基础产业	2 027 328.40	20.20
贷款	5 899 862.46	58.79	房地产	974 468.00	9.71
交易性金融资产	—	—	证券市场	20 000.00	0.20
可供出售金融资产	70 000.00	0.70	实业	6 500 517.00	64.77
持有至到期投资	2 603 928.52	25.95	金融机构	319 939.70	3.19
长期股权投资	1 373 954.00	13.69	其他	193 360.96	1.93
其他	—	—	—	—	—
信托资产总计	10 035 614.06	100.00	信托资产总计	10 035 614.06	100.00

4.3 市场分析

4.3.1 有利因素

(1)2012年，国家继续实行稳健的货币政策，银行信贷额度偏紧，不同产业对信托投融资的需求比较旺盛，为信托公司的业务增长带来机遇。

(2)随着居民财富的不断积累，催生了巨大的资产管理需求，客观上形成了信托业快速发展的市场基础。

(3)2012年，信托公司的行业地位明显提高，全行业管理的信托资产规模达7.47万亿元，超过保险业的规模，成为国内第二大金融部门。同时，信托业制度安排的优越性日益显现，进一步提高了市场对信托公司的认知度，信托产品对高端机构大客户、中端个人合格投资者、低端银行理财客户的吸引力大幅增强，投资者越来越倾向于选择通过信托理财实现财富增长。

4.3.2 不利因素

(1)2012年，全球经济增速明显减慢，市场信心不足，我国GDP增速下降到7.8%，经济下行压力加大。

(2)2012年下半年，金融监管机构放开了资产管理市场，允许证券公司、基金管理公司、保险公司等机构开展与信托公司同质化的资产管理业务，分流了信托公司的部分客户，而不同类型机构所依据的监管标准不尽相同，一定程度上削弱了信托公司传统业务的制度优势，信托公司面临的竞争压力日渐

加大。

(3)信托公司经营热点受宏观经济影响较大,信托业务热点轮动,既说明国家宏观调控政策比较频繁,也说明信托行业核心竞争优势和独有业务模式尚不明显,自主资产管理能力亟待提高,差异化的投资管理能力需要增强。

4.4 内部控制

4.4.1 内部控制环境和内部控制文化

公司高度重视内部控制管理体系的建设和完善。公司逐步建立了覆盖全面、针对性强、执行到位、监督有力的法人治理和内部控制体系,公司内部组织架构分工明确、相互制衡、报告关系清晰。公司股东会、监事会、董事会及其下设的风险管理委员会、审计委员会和信托委员会以及经营管理层的议事规则及决策程序不断健全完善,为公司内部控制的运作提供了良好的基础和环境。

公司重视培育优秀的企业精神和内部控制文化,强化风险管理、内部控制和合规意识,持续推进内部控制体系的优化和升级,公司员工了解相关法律法规和监管政策,熟悉公司制度,依法合规经营意识较强。

4.4.2 内部控制措施

公司内部根据监管政策变化和业务发展状况不断总结经验,调整内部控制措施,修订或制定业务管理制度,以增强其科学性、规范性、适用性和可操作性。公司充分发挥董事会下设各委员会的控制和监督作用,建立了有效的激励约束机制,逐步形成规章健全、程序严密、运作高效的内部控制机制;报告期内引进专业审计人员,充实审计岗位,加强对各个部门、岗位和各项业务及内部控制实施全面的监督和评价,有效发挥了审计监督职能,并通过有效的报告和纠正机制,对内部控制存在的不足进行弥补和完善。

4.4.3 信息交流与反馈

公司信息反馈机制完善,内部报告路径明确完整,交流渠道通畅,不断加强信息系统建设,逐步实现信息的共享,确保公司董事会和高管层能够及时全面了解公司的经营和内控情况;公司通过监管报表、专项报告、事前报告和重大事项报告等形式向监管部门及时报送各种数据信息和资料;公司严格执行信息披露的监管要求,根据信托文件约定通过公司网站和书面通知的形式,向当事人全面披露信托财产管理运用的相关信息,按时披露公司年报和经营信息等重大事项。

4.4.4 监督评价与纠正

公司通过不断完善内控机制,已形成了以合规审核、风险管理和内部审计为主,业务授权控制、会计控制以及业务流程环节控制等方面共同作用的内部监督评价与纠正机制,实现了内控缺陷的及时发现和自主纠正。监督评价机制的有效运作,一方面促进了业务操作流程的不断优化和完善,另一方面增强了对操作风险的实时掌控,使内部监督制约机制更加健全有效。同时,公司按照监管要求和公司制度对内部控制机制和业务运作进行监督、检查与跟踪评价,发现问题迅速纠正。公司高级管理层高度重视监管意见和专业机构的审计结果,根据监管政策和业务发展现状,及时梳理公司规章制度和业务审批流程,不断修订完善,确保内部控制体系的科学有效运行。

4.5 风险管理

4.5.1 风险管理概况

公司高度重视风险管理,认为风险管理能力是公司核心竞争力的重要构成,是公司可持续稳健发展的基本保障,持续关注业务经营所面临的信用风险、市场风险、操作风险和声誉风险等各类风险。

公司风险管理委员会充分发挥作用,明确公司风险管理的理念、原则以及风险管理政策、程序,确定风险控制标准,部署风险管理的重点工作。业务评审委员会则通过项目评审,严格审核和评估集合信托项目和固有业务风险。审计风控部负责起草各种风险管理政策,拟定各类风险管理制度;按照业务的风险状况进行业务分类,设置不同的管理标准和风控要求;参与公司各类业务项目的事前风险评估,发表独立的审核意见;在项目管理过程中,审查督促各业务部门落实各项风控措施,协助进行风险排查,制定风险应急预案。

4.5.2 风险状况

4.5.2.1 信用风险状况

信用风险主要指因交易对手违约造成损失的风险。报告期末公司自营业务信用风险资产按资产质量进行五级分类并按规定标准足额提取呆账准备金,公司按规定提取信托赔偿准备金。信托业务信用风险资产按照资产五级分类标准均为"正常",报告期内,信托业务均按期清算,无违约和逾期现象出现。

4.5.2.2 市场风险状况

市场风险是指因股价、利率、汇率和商品价格等因素的变动对公司盈利能力、财务状况造成不利影响的可能性。公司开展的证券投资业务和证券质押业务比重较小,固有业务和信托业务整体受股价波动的影响较轻;公司融资类业务存在利率风险,面临由于利率水平不利变动产生的收益相对减少的利率风险;商品价格的不利变动可能给交易对手带来销售下降或成本上升收益减少,进而给公司财产或者信托财产带来市场风险;报告期内公司未开展外币业务,汇率变动不会对公司的盈利能力和财务状况产生直接影响。

4.5.2.3 操作风险状况

操作风险是因内部程序、人员和业务系统的不完善或者工作失误给公司造成损失的风险。报告期内,公司业务运行正常,未发生操作风险事件。

4.5.2.4 其他风险状况

公司面临的其他风险主要是指合规风险和声誉风险等。报告期内,公司未发生合规风险和声誉风险事件。

4.5.3 风险管理

4.5.3.1 信用风险管理

公司通过不断规范尽调程序和尽调报告内容,对业务人员进行专项培训,不断加强尽职调查工作,审慎选择交易对手,严格控制项目信用风险。公司融资类信托业务普遍采取实物抵押、权利质押、企业保证等风险控制措施。报告期内,公司交易对手均具有良好信用纪录,没有违约事件发生。在项目前期尽调阶段,业务部门切实履行受托责任,确保收集的信息完整真实;在立项审批阶段,业务评审委员会和审计风控部独立评估项目风险及风控措施的充足性有效性,审核合同资料;在项目操作阶段,业务部门严格落实项目风控方案;在项目执行过程中,项目经理实时跟踪评价交易对手的风险状况。审计风控部建立风险管理台账,加强对公司整体信用风险的动态管理,定期向业务部门收集项目履约情况、风险措施落实情况和还款来源落实情况,进行风险监测,并撰写风险管理分析报告提交公司领导。

4.5.3.2 市场风险管理

公司加强对证券交易人员的专业培训,利用外部专业研究机构提供的信息和数据,加强对经济形势、金融市场行情、重点行业状况和行业周期的研究,确定投资范围、设计预警线和止损限额;增设专门实时监控岗位、降低股票质押率和增强信息披露等方式,有效防范股价波动风险;对部分业务通过合同约定实行浮动利率,有效规避利率风险;对于受商品价格影响较大的交易对手,加强对其所处行业的跟踪研究,动态关注其产销情况和盈利能力的变动状况,有效防范商品价格波动带来的风险。报告期内,公司未发生因市场风险造成的损失。

4.5.3.3 操作风险管理

公司高度重视内部控制制度建设,根据监管政策和业务发展需要,不断修订和完善各项业务流程,调整授权体系,形成不同部门和不同岗位之间既协作配合又监督制衡的关系,并不断完善对过失、越权或违规操作人员问责的相关制度,强化执行效力。加强员工业务技能和企业文化培训,提高员工的业务素质、工作品质和职业道德水平;制定完善各类合同文本模板,提升业务规范化程度和操作效率,消除操作风险隐患。

4.5.3.4 其他风险管理

公司组织员工认真学习金融监管政策,深入研究相关法律法规和政策,开展合规培训,加强合规文化建设,增强员工合规理念;强化全面风险管理,在合规经营和稳健发展的基础上,着力提升公司的品牌价值和市场形象。

5. 报告期末及上一年度末的比较式会计报表

5.1 自营资产

5.1.1 会计师事务所审计意见全文

审计报告

〔2013〕中磊(审B)字第0032号

渤海国际信托有限公司全体股东:

我们审计了后附的渤海国际信托有限公司(以下简称贵公司)财务报表,包括2012年12月31日的资产负债表,2012年度的利润表、股东权益变动表和现金流量表以及财务报表附注。

一、管理层对财务报表的责任

编制和公允列报财务报表是渤海国际信托管理层的责任。这种责任包括:(1)按照企业会计准则的规定编制财务报表,并使其实现公允反映;(2)设计、执行和维护必要的内部控制,以使财务报表不存在由于舞弊或错误而导致的重大错报。

二、注册会计师的责任

我们的责任是在执行审计工作的基础上对财务报表发表审计意见。我们按照中国注册会计师审计准则的规定执行了审计工作。中国注册会计师审计准则要求我们遵守中国注册会计师职业道德守则,计划和执行审计工作以对财务报表是否不存在重大错报获取合理保证。

审计工作涉及实施审计程序,以获取有关财务报表金额和披露的审计证据。选择的审计程序取决于注册会计师的判断,包括对由于舞弊或错误导致的财务报表重大错报风险的评估。在进行风险评估时,注册会计师考虑与财务报表编制和公允列报相关的内部控制,以设计恰当的审计程序,但目的并非对内部控制的有效性发表意见。审计工作还包括评价管理层选用会计政策的恰当性和作出会计估计的合理性,以及评价财务报表的总体列报。

我们相信,我们获取的审计证据是充分、适当的,为发表审计意见提供了基础。

三、审计意见

我们认为,贵公司财务报表在所有重大方面按照企业会计准则的规定编制,公允反映了贵公司2012年12月31日的财务状况以及2012年度的经营成果和现金流量。

中磊会计师事务所有限责任公司 中国注册会计师:李 晖

中国·北京 中国注册会计师:李鹏翔

2013年2月16日

5.1.2 资产负债表

资产负债表

单位:元

项 目	2012年12月31日	2011年12月31日
资产:	—	—
现金及存放中央银行款项	28 385.52	14 163.95
存放同业款项	1 304 649 879.47	776 161 497.64
贵金属	—	—
拆出资金	—	—
交易性金融资产	36 236 262.41	9 701 904.50
衍生金融资产	—	—
买入返售金融资产	6 000 060.00	175 108 535.00
应收利息	—	31 011 888.89
其他应收款	10 216 387.48	2 510 813.36
发放贷款和垫款	95 000 000.00	800 000 000.00
可供出售金融资产	940 997 925.15	211 298 285.40
持有至到期投资	—	—
长期股权投资	399 050 000.00	399 050 000.00
投资性房地产	25 203 207.92	25 880 511.20
固定资产	2 907 014.14	4 252 876.93
无形资产	700 822.23	7 354 403.07
递延所得税资产	7 734 312.50	9 835 073.56
其他资产	4 385 461.05	10 999 556.85
资产合计	2 833 109 717.87	2 463 179 510.35

资产负债表(续表)

单位:元

项　目	2012 年 12 月 31 日	2011 年 12 月 31 日
负债:	—	—
向中央银行借款	—	—
同业及其他金融机构存放款项	—	—
拆入资金	—	—
交易性金融负债	—	—
衍生金融负债	—	—
卖出回购金融资产款	—	—
吸收存款	—	—
应付职工薪酬	18 789 045. 36	41 498 138. 03
应交税费	62 840 558. 96	78 143 022. 95
应付利息	—	—
其他应付款	9 669 473. 05	18 651 287. 71
预计负债	—	—
长期借款	—	—
应付债券	—	—
递延所得税负债	10 305. 61	55 173. 80
其他负债	247 604. 74	247 604. 74
负债合计	91 556 987. 72	138 595 227. 23
所有者权益	—	—
实收资本	2 000 000 000. 00	2 000 000 000. 00
资本公积	168 873 839. 08	168 873 839. 08
减:库存股	—	—
盈余公积	56 206 751. 30	27 264 253. 89
一般风险准备	47 104 097. 73	—
信托赔偿准备金	45 091 927. 36	24 243 505. 00
未分配利润	424 276 114. 68	104 202 685. 15
所有者权益合计	2 741 552 730. 15	2 324 584 283. 12
负债和所有者权益总计	2 833 109 717. 87	2 463 179 510. 35

5. 1. 3　利润表

利润表

单位:元

项　目	2012 年度	2011 年度
一、营业收入	702 653 396. 16	525 672 838. 12
利息净收入	67 119 338. 19	38 154 979. 17
利息收入	67 192 729. 30	38 168 312. 50
利息支出	73 391. 11	13 333. 33
手续费及佣金净收入	593 954 545. 08	452 068 269. 20
手续费及佣金收入	642 109 647. 57	510 636 340. 71
手续费及佣金支出	48 155 102. 49	58 568 071. 51
投资收益(损失以"-"号填列)	35 598 233. 82	36 068 477. 80
其中:对联营企业的投资收益	—	—
公允价值变动收益(损失以"-"号填列)	2 975 971. 71	-1 910 670. 58
汇兑收益(损失以"-"号填列)	-119. 64	-2 490. 47
其他业务收入	3 005 427. 00	1 294 273. 00
二、营业支出	187 017 817. 14	160 671 995. 74
营业税金及附加	39 973 844. 18	32 585 115. 24
业务及管理费	147 187 953. 13	101 236 714. 32
资产减值损失	-821 283. 45	25 491 796. 78
其他业务成本	677 303. 28	1 358 369. 40
三、营业利润	515 635 579. 02	365 000 842. 38
加:营业外收入	34 237 169. 18	13 718. 55
减:营业外支出	—	1 460 000. 00
四、利润总额	549 872 748. 20	363 554 560. 93
减:所得税费用	134 468 377. 60	90 912 022. 00
五、净利润(净亏损以"-"号填列)	415 404 370. 60	272 642 538. 93
六、每股收益:	—	—
基本每股收益	—	—
稀释每股收益	—	—
七、其他综合收益	—	-24 342 306. 66
八、综合收益总额	415 404 370. 60	248 300 232. 27

5. 1. 4　所有者权益变动表

所有者权益(股东权益)变动表

单位:元

项　目	本年金额							
	实收资本(股本)	资本公积	库存股	盈余公积	一般风险准备	信托赔偿准备金	未分配利润	所有者权益合计
一、上年末余额	2 000 000 000. 00	168 873 839. 08	—	27 264 253. 89	—	24 243 505. 00	104 202 685. 15	2 324 584 283. 12
加: 1. 会计政策变更	—	—	—	—	—	—	—	—
2. 前期差错更正	—	—	—	-12 597 939. 65	—	78 203. 82	14 083 812. 26	1 564 076. 43
二、本年初余额	2 000 000 000. 00	168 873 839. 08	—	14 666 314. 24	—	24 321 708. 82	118 286 497. 41	2 326 148 359. 55
三、本年增减变动金额(减少以"-"号填列)	—	—	—	41 540 437. 06	47 104 097. 73	20 770 218. 54	305 989 617. 27	415 404 370. 60
(一)本年净利润	—	—	—	—	—	—	415 404 370. 60	415 404 370. 60
(二)其他综合收益	—	—	—	—	—	—	—	—
上述(一)和(二)小计	—	—	—	—	—	—	415 404 370. 60	415 404 370. 60
(三)所有者投入资本	—	—	—	—	—	—	—	—
1. 所有者本期投入资本	—	—	—	—	—	—	—	—
2. 股份支付计入所有者权益的金额	—	—	—	—	—	—	—	—

续表

项　目	本年金额							
	实收资本(股本)	资本公积	库存股	盈余公积	一般风险准备	信托赔偿准备金	未分配利润	所有者权益合计
3. 其他	—	—	—	—	—	—	—	—
(四)本年利润分配	—	—	—	41 540 437.06	47 104 097.73	20 770 218.54	-109 414 753.33	—
1. 提取盈余公积	—	—	—	41 540 437.06	—	—	-41 540 437.06	—
2. 对所有者(或股东)的分配	—	—	—	—	—	—	—	—
3. 提取信托赔偿金	—	—	—	—	—	20 770 218.54	-20 770 218.54	—
4. 提取一般风险准备	—	—	—	—	47 104 097.73	—	-47 104 097.73	—
(五)所有者权益内部结转	—	—	—	—	—	—	—	—
1. 资本公积转增资本(或股本)	—	—	—	—	—	—	—	—
2. 盈余公积转增资本(或股本)	—	—	—	—	—	—	—	—
3. 盈余公积弥补亏损	—	—	—	—	—	—	—	—
4. 其他	—	—	—	—	—	—	—	—
四、本年末余额	2 000 000 000.00	168 873 839.08	—	56 206 751.30	47 104 097.73	45 091 927.36	424 276 114.68	2 741 552 730.15

5.2 信托资产

5.2.1 信托项目资产负债汇总表

信托项目资产负债汇总表

单位:万元

信托资产	2012 年 12 月 31 日	2011 年 12 月 31 日	信托负债和信托权益	2012 年 12 月 31 日	2011 年 12 月 31 日
信托资产:			信托负债:		
货币资金	87 869.08	79 460.49	交易性金融负债	—	—
拆出资金	—	—	衍生金融负债	—	—
存出保证金	—	—	应付账款	—	—
买入返售金融资产	—	—	应付受托人报酬	0.02	0.06
交易性金融资产	—	—	应付托管费	—	—
衍生金融资产	—	—	应付受益人收益	0.20	12.53
持有至到期投资	2 603 928.52	2 400 087.25	其他应付款项	2 460.87	3 537.33
应收账款	—	—	应交税金	—	—
应收利息	—	—	卖出回购金融资产款	—	—
应收股利	—	—	其他负债	—	—
应收票据	—	—	信托负债合计	2 461.09	3 549.92
其他应收款	—	13.67			
长期应收款	—	—			
长期股权投资	1 373 954.00	1 483 345.00			
发放贷款	5 899 862.46	6 029 035.92			
可供出售金融资产	70 000.00	703 992.95	信托权益:		
投资性房地产	—	—	实收信托	10 004 795.70	10 663 522.54
融资租赁资产	—	—	资本公积	—	—
固定资产	—	—	损益平准金	—	—
固定资产清理	—	—	未分配利润	28 357.27	28 862.82
无形资产	—	—	信托权益合计	10 033 152.97	10 692 385.36
长期待摊费用	—	—			
其他资产	—	—			
信托资产总计	10 035 614.06	10 695 935.28	信托负债和信托权益总计	10 035 614.06	10 695 935.28

5.2.2 信托项目利润及利润分配汇总表

信托项目利润及利润分配汇总表

单位:万元

项 目	2012 年度	2011 年度
一、营业收入	927 630.43	776 767.88
利息收入	612 697.46	555 055.17
投资收入	305 568.99	216 080.69
租赁收入	—	—
其他收入	9 363.98	5 632.02
二、营业费用	120 280.82	94 991.30
三、营业税金及附加	—	—
四、扣除资产损失前的信托利润	807 349.61	681 776.58
减:资产减值损失	—	—
五、扣除资产损失后的信托利润	807 349.61	681 776.58
加:期初未分配信托利润	28 862.82	7 407.50
六、可供分配的信托利润	836 212.43	689 184.08
减:本期已分配信托利润	807 855.16	660 321.26
七、期末未分配信托利润	28 357.27	28 862.82

6. 会计报表附注

6.1 会计报表编制基准不符合会计核算基本前提的说明

6.1.1 会计报表不符合会计核算基本前提的事项

会计报表无不符合会计核算基本前提的事项。

6.2 重要会计政策和会计估计说明

6.2.1 计提资产减值准备的范围和方法

根据银监发〔2004〕4 号《中国银行业监督管理委员会关于非银行金融机构全面推行资产质量五级分类管理的通知》及财政部财金〔2005〕49 号《金融企业呆账准备提取管理办法》等相关规定要求,计提相应的资产减值准备。

6.2.2 金融资产四分类的范围和标准

按投资目的和经济实质对金融资产分成以下四类:以公允价值计量且其变动计入当期损益的金融资产,包括交易性金融资产、指定为以公允价值计量且其变动计入当期损益的金融资产;持有至到期投资;贷款和应收款项;可供出售金融资产。

6.2.3 交易性金融资产核算方法

以公允价值计量且其变动计入当期损益的金融资产:按照取得时的公允价值作为初始确认金额,相关的交易费用在发生时计入当期损益。支付的价款中包含已宣告发放的现金股利或债券利息,单独确认为应收项目。持有期间取得的利息或现金股利,确认为投资收益。资产负债表日,将其公允价值变动计入当期损益。

6.2.4 可供出售金融资产核算方法

可供出售金融资产指那些被指定为可供出售的非衍生金融资产,或未划分为贷款和应收款项类投资、持有至到期投资或以公允价值计量且其变动计入当期损益的金融资产这三类的其他金融资产。在后续计量期间,该类金融资产以公允价值计量。可供出售类金融资产的公允价值变动所带来的未实现收益,在该金融资产被终止确认或发生减值之前,列入资本公积(其他资本公积)。在该金融资产被终止确认或发生减值时,以前计入在资本公积中的累计公允价值变动应转入当期损益。

6.2.5 持有至到期投资核算方法

持有至到期投资是指到期日固定、回收金额固定或可确定,且企业有明确意图和能力持有至到期的非衍生金融资产。持有至到期投资在持有期间应当按照摊余成本和实际利率计算确认利息收入,计入投资收益。实际利率应当在取得持有至到期投资时确定,在该持有至到期投资预期存续期间或适用的更短期间内保持不变。实际利率与票面利率差别较小的,也可按票面利率计算利息收入,计入投资收益。

6.2.6 长期股权投资核算方法

6.2.6.1 长期股权投资的初始计量

企业合并形成的长期股权投资,按照下列规定确定其初始投资成本:

一是同一控制下的企业合并,合并方以支付现金、转让非现金资产或承担债务方式作为合并对价的,在合并日按照取得被合并方所有者权益账面价值的份额作为长期股权投资的初始投资成本。合并方以发行权益性证券作为合并对价的,在合并日按照取得被合并方所有者权益账面价值的份额作为长期股权投资的初始投资成本。

二是非同一控制下的企业合并,购买方在购买日按照《企业会计准则第 20 号——企业合并》确定的合并成本作为长期股权投资的初始投资成本。

除企业合并形成的长期股权投资以外,其他方式取得的长期股权投资,按照下列规定确定其初始投资成本:

一是以支付现金取得的长期股权投资,按照实际支付的购买价款作为初始投资成本。初始投资成本包括与取得长期股权投资直接相关的费用、税金及其他必要支出。二是以发行权益性证券取得长期股权投资,按照发行权益性证券的公允价值作为初始投资成本。三是投资者投入的长期股权投资,按照投资合同或协议约定的价值作为初始投资成本。四是通过非货币性资产交换取得的长期股权投资,其初始投资成本按照《企业会计准则第 7 号——非货币性资产交换》确定。五是通过债务重组取得的长期股权投资,其初始投资成本按照《企业会计准则第 12 号——债务重组》确定。

6.2.6.2 长期股权投资的核算

对被投资单位具有共同控制或重大影响的长期股权投资,采用权益法核算;能够对被投资单位实施控制的长期股权投资以及对被投资单位不具有共同控制或重大影响,并且在活跃市场中没有报价、公允价值不能可靠计量的长期股权投资采用成本法核算。

6.2.7 投资性房地产核算方法

6.2.7.1 初始计量

投资性房地产按照成本进行初始计量。外购投资性房地产的成本,包括购买价款、相关税费和可直接归属于该资产的其他支出;自行建造投资性房地产的成本,由建造该项资产达到预定可使用状态前所发生的必要支出构成;以其他方式取得的投资性房地产的成本,按照相关会计准则的规定确定。

6.2.7.2 后续计量

公司期末采用成本模式对投资性房地产进行后续计量。

6.2.7.3 折旧或摊销

采用成本模式计量投资性房地产，采用与固定资产和无形资产相同方法计提折旧或进行摊销。

6.2.7.4 减值的处理

公司期末对采用成本模式计量的投资性房地产逐项进行检查，如果其可收回金额低于账面价值，则按单项投资性房地产可收回金额低于其账面价值的差额，计提减值准备。减值准备一经计提，不予转回。

6.2.8 固定资产计价和折旧方法

6.2.8.1 固定资产的确认标准

固定资产是指同时具有下列特征的有形资产：一是为生产商品、提供劳务、出租或经营管理而持有的。二是使用寿命超过一个会计年度。

6.2.8.2 固定资产按实际成本进行初始计量

一是投资者投入固定资产的成本，按照投资合同或协议约定的价值确定。二是非货币性资产交换、债务重组、企业合并和融资租赁取得的固定资产的成本，分别按照《企业会计准则第7号——非货币性资产交换》、《企业会计准则第12号——债务重组》、《企业会计准则第20号——企业合并》和《企业会计准则第21号——租赁》确定。

6.2.8.3 固定资产的折旧方法

公司固定资产折旧采用平均年限法，并按固定资产原价，估计经济使用年限和估计残值率，分类别确定折旧。

固定资产类别	估计经济折旧年限（年）	预计残值率（%）	年折旧率（%）
房屋及建筑物	20~40	5.00	2.38~4.75
运输设备	5	5.00	19.00
电子设备	5	5.00	19.00
机器设备	5	5.00	19.00
办公家具	5	5.00	19.00

对已计提减值准备的固定资产在计提折旧时，按该项固定资产的账面价值，即固定资产原值减去累计折旧和已计提的减值准备以及尚可使用年限重新计算确定折旧率和折旧额。

6.2.8.4 固定资产减值准备的确认标准和计提方法

年末公司对由于市价持续下跌、技术陈旧、损坏、长期闲置等原因导致固定资产可收回金额低于其账面价值，按单项固定资产可收回金额低于其账面价值的差额，计提固定资产减值准备。

对长期闲置不用，在可预见的未来不会再使用，且已无转让价值的；或由于技术进步原因，已不可使用的固定资产；或虽可使用，但使用后产生大量不合格品的；或已遭毁损，不再具有使用价值和转让价值及其他实质上不能再给企业带来经济利益的固定资产，全额计提减值准备。固定资产减值准备一经计提，不予转回。

6.2.9 无形资产计价及摊销政策

6.2.9.1 无形资产的计价

无形资产按其成本作为入账价值。内部研究开发项目研究阶段支出，于发生时计入当期损益。内部研究开发项目开发阶段的支出，同时满足下列条件的，确认为无形资产：一是完成该无形资产以使其能够使用或出售在技术上具有可行性。二是具有完成该无形资产并使用或出售的意图。三是无形资产产生经济利益的方式，包括能够证明运用该无形资产生产的产品存在市场或无形资产自身存在市场，无形资产将在内部使用的，可证明其有用性。四是有足够的技术、财务资源和其他资源支持，以完成该无形资产的开发并有能力使用或出售该无形资产。五是归属于该无形资产开发阶段的支出能够可靠地计量。

6.2.9.2 无形资产的摊销

使用寿命有限的无形资产采用直线法按预计使用年限、合同规定的受益年限和法律规定的有效年限三者中最短者分期摊销，按其受益对象分别计入相关资产成本和当期损益。使用寿命不确定的无形资产不予摊销，但在每个会计期末进行减值测试。

6.2.9.3 无形资产减值准备的确认标准和计提方法

期末对无形资产逐项进行检查，当存在以下减值迹象时估计其可收回金额，按可收回金额低于账面价值的差额计提无形资产减值准备：一是已被其他新技术等所替代，使其为企业创造经济利益的能力受到重大不利影响。二是某项无形资产的市价在当期大幅下降，在剩余摊销年限内预期不会恢复。三是某项无形资产已超过法律保护期限，但仍然具有部分使用价值。四是其他足以证明某项无形资产实质上已经发生了减值的情形。五是无形资产减值准备一经计提，不予转回。

6.2.10 长期应收款的核算方法

无。

6.2.11 长期待摊费用的摊销政策

本公司长期待摊费用是指已经支出，但受益期限在1年以上（不含1年）的各项费用，包括：公司办公楼的装修费用，其摊销方法为直线法。

6.2.12 合并会计报表的编制方法

合并财务报表的合并范围以控制为基础加以确定。公司直接或通过子公司间接拥有被投资单位半数以上的表决权，表明公司能够控制被投资单位，将该被投资单位认定为子公司，纳入合并财务报表的合并范围。但是有证据表明公司不能控制被投资单位的除外。公司拥有被投资单位半数或以下的表决权，满足以下条件之一的，视为公司能够控制被投资单位，将该被投资单位认定为子公司，纳入合并财务报表的合并范围；但是有证据表明公司不能控制被投资单位的除外：通过与被投资单位其他投资者之间的协议，拥有被投资单位半数以上的表决权；根据公司章程或协议，有权决定被投资单位的财务和经营政策；有权任免被投资单位的董事会或类似机构的多数成员；在被投资单位的董事会或类似机构占多数表决权。

合并财务报表以公司和其子公司的财务报表为基础，根据其他有关资料，对子公司的长期股权投资按照权益法调整后由公司编制。

合并资产负债表以公司和子公司的资产负债表为基础，在抵销公司与子公司、子公司相互之间发生的内部交易对合并资产负债表的影响后由公司合并编制。公司对子公司的长期股权投资与公司在子公司所有者权益中所享有的份额相互抵销，同时抵销相应的长期股权投资减值准备。各子公司之间的长期股权投资以及子公司对公司的长期股权投资，比照此规定将长期股权投资的余额与其对应的子公司或公司所有者权益中所享有的份额相互抵销。公司与子公司、子公司相互之间的债权与债务项目相互抵销,同时抵销应收款项的坏账准备和债券投资的减值准备。公司与子公司、子公司相互之间的债券投资与应付债券相互抵销后,产生的差额计入投资收益项目。公司与子公司、子公司相互之间销售商品(或提供劳务,下同)或其他方式形成的存货、固定资产、工程物资、在建工程、无形资产等所包含的未实现内部销售损益抵销。对存贷、固定资产、工程物资、在建工程和无形资产等计提的跌价准备或减值准备与未实现内部销售损益相关的部分抵销。子公司所有者权益中不属于公司的份额,作为少数股东权益。

合并利润表以公司和子公司的利润表为基础,在抵销公司与子公司、子公司相互之间发生的内部交易对合并利润表的影响后由公司合并编制。公司与子公司、子公司相互之间销售商品所产生的营业收入和营业成本抵销。公司与子公司、子公司相互之间销售商品,期末全部实现对外销售的,将购买方的营业成本与销售方的营业收入相互抵销。公司与子公司、子公司相互之间销售商品,期末未实现对外销售而形成存货、固定资产、工程物资、在建工程、无形资产等资产的,在抵销销售商品的营业成本和营业收入的同时,将各项资产所包含的未实现内部销售损益予以抵销。公司与子公司、子公司相互之间持有对方债券所产生的投资收益,与其相对应的发行方利息费用相互抵销。公司对子公司、子公司相互之间持有对方长期股权投资的投资收益,与对方当期净利润相互抵销。公司与子公司、子公司相互之间发生的其他内部交易对合并利润表的影响抵销。子公司当期净损益中属于少数股东权益的份额,在合并利润表净利润项目下以"少数股东损益"项目列示。

6.2.13 收入确认原则和方法

销售商品收入同时满足下列条件的,才能予以确认:企业已将商品所有权上的主要风险和报酬转移给购货方;企业既没有保留通常与所有权相联系的继续管理权,也没有对已售出的商品实施有效控制;收入的金额能够可靠计量;相关经济利益很可能流入企业;相关的、已发生的或将发生的成本能够可靠计量。

提供劳务收入,企业在资产负债表日提供劳务交易的结果能够可靠估计的,应当按照完工百分比法确认提供劳务收入。完工百分比法,是指按照提供劳务交易的完工进度确认收入与费用的方法。提供劳务交易的结果能够可靠估计,是指同时具备以下条件:收入的金额能够可靠计量;相关的经济利益很可能流入企业;交易的完工进度能够可靠确定;交易中已发生的和将发生的成本能够可靠计量。企业确定提供劳务交易的完工进度,可以选用下列方法:已完工作的计量;已经提供的劳务占应提供的劳务总量的比例;已发生的成本占估计总成本的比例。

让渡资产使用权收入,让渡资产使用权收入包括利息收入、使用费收入和现金股利收入。让渡资产使用权收入同时满足下列条件,才能予以确认:相关经济利益很可能流入企业;收入金额能够可靠计量。企业应当分别下列情况确定让渡资产使用权收入金额:利息收入金额,按照他人使用本企业货币资金时间和实际利率计算确定;使用费收入金额,按照有关合同或协议约定的收费时间和方法计算确定;现金股利收入金额,按照被投资单位宣告的现金股利分配方案和持股比例计算确定。

利息收入金额,按照他人使用本企业货币资金的时间和实际利率计算确定。使用费收入金额,按照有关合同或协议约定的收费时间和方法计算确定。

6.2.14 所得税的会计处理方法

本公司所得税的会计处理采用资产负债表债务法核算。

6.2.15 信托报酬确认原则和方法

在与信托业务相关的经济利益能够流入、收入的金额能够可靠计量的情况下,按有关合同、协议规定的时间和方法确认收入的实现。

6.3 或有事项说明

公司本年无对外担保及其他或有事项。

6.4 重要资产转让及其出售的说明

公司本年无重要资产转让及其出售情况。

6.5 会计报表中重要项目的明细资料

6.5.1 披露自营资产经营情况

6.5.1.1 按信用风险五级分类结果披露信用风险资产的期初数、期末数

信用风险资产五级分类	正常类(万元)	关注类(万元)	次级类(万元)	可疑类(万元)	损失类(万元)	信用风险资产合计(万元)	不良资产合计(万元)	不良资产率(%)
期初数	178 479.27	—	—	—	1.30	178 480.57	1.30	0.0007
期末数	141 586.63	—	—	—	—	141 586.63	—	—

注:不良资产合计=次级类+可疑类+损失类。

6.5.1.2 各项资产减值损失准备的期初数、本期计提、本期转回、本期核销、期末数

单位:万元

	期初数	本期计提	本期转回	本期核销	期末数
贷款损失准备	—	—	—	—	—
一般准备	—	—	—	—	—
专项准备	—	—	—	—	—
其他资产减值准备	757.46	—	—	523.46	234.00
可供出售金融资产减值准备	—	—	—	—	—
持有至到期投资减值准备	—	—	—	—	—
长期股权投资减值准备	—	—	—	—	—
坏账准备	1.30	—	—	1.30	—
投资性房地产减值准备	2 859.72	—	—	—	2 859.72

6.5.1.3 按照投资品种分类,分别披露固有业务股票投资、基金投资、债券投资、股权投资等投资业务的期初数、期末数

单位:万元

项目	自营股票	基金	债券	长期股权投资	银行理财产品	合计
期初数	850.99	119.20	29 640.68	39 905.00	—	70 515.87
期末数	308.64	3 314.99	8 699.80	39 905.00	86 000.00	138 228.43

6.5.1.4　按投资入股金额排序,前两名的自营长期股权投资的企业名称、占被投资企业权益的比例、主要经营活动及投资收益情况等(从大到小顺序排列)

企业名称	占被投资企业权益的比例(%)	主要经营活动	投资损益(万元)
东方基金管理有限责任公司	18.00	发起设立基金,基金管理,法律、法规允许和中国证监会核准的其他业务。	—
国都证券有限责任公司	2.95	代理交易服务(A股、B股、国债和企业债及回购、封闭式基金、开放式基金、权证)、理财规划服务、期货中间介绍业务等。	1 317.50

注:投资损益是指按照企业会计准则规定,核算股权投资确认损益并计入披露年度利润表的金额。

6.5.1.5　前五名的自营贷款的企业名称、占贷款总额的比例和还款情况等(从贷款金额大到小顺序排列)

企业名称	占贷款总额的比例(%)	还款情况
山西贝瑞精密工业股份有限公司	100	尚未到期

6.5.1.6　表外业务的期初数、期末数,按照代理业务、担保业务和其他类型表外业务分别披露

单位:万元

表外业务	期初数	期末数
担保业务	—	—
代理业务(委托业务)	—	—
其他	—	—
合计	—	—

注:代理业务主要反映因客观原因应规范而尚未完成规范的历史遗留委托业务,包括委托贷款和委托投资。

无其他表外业务。

6.5.1.7　公司当年的收入结构(母公司口径、并表口径同时披露)

收入结构	金额(万元)	占比(%)
手续费及佣金收入	64 210.96	81.79
其中:信托手续费收入	60 703.71	77.32
投资银行业务收入	3 507.25	4.47
利息收入	6 719.27	8.56
其他业务收入	300.54	0.38
其中:计入信托业务收入部分	—	—
投资收益	3 559.82	4.53
其中:股权投资收益	1 317.50	1.68
证券投资收益	2 242.32	2.85
其他投资收益	—	—
公允价值变动收益	297.60	0.38
营业外收入	3 423.72	4.36
收入合计	78 511.91	100.00

6.5.2　披露信托财产管理情况

6.5.2.1　信托资产的期初数、期末数

单位:万元

信托资产	期初数	期末数
集合	1 072 657.00	779 466.00
单一	8 972 819.28	8 370 325.00
财产权	650 459.00	885 823.06
合计	10 695 935.28	10 035 614.06

6.5.2.1.1　主动管理型信托业务的信托资产期初数、期末数,分证券投资、股权投资、融资、事务管理类分别披露

单位:万元

主动管理型信托资产	期初数	期末数
证券投资类	—	—
股权投资类	605 970.00	559 854.00
融资类	6 740 962.00	7 754 079.00
事务管理类	50 000.00	30 032.00
合计	7 396 932.00	8 343 965.00

6.5.2.1.2　被动管理型信托业务的信托资产期初数、期末数,分证券投资、股权投资、融资、事务管理类分别披露

单位:万元

被动管理型信托资产	期初数	期末数
证券投资类	583 993.00	20 000.00
股权投资类	877 375.00	814 100.00
融资类	1 225 700.00	291 500.00
事务管理类	611 935.28	566 049.06
合计	3 299 003.28	1 691 649.06

6.5.2.2　本年度已清算结束的信托项目个数、实收信托合计金额、加权平均实际年化收益率

6.5.2.2.1　本年度已清算结束的集合类、单一类资金信托项目和财产管理类信托项目个数、实收信托合计金额、加权平均实际年化收益率

已清算结束信托项目	项目个数	实收信托合计金额(万元)	加权平均实际年化收益率(%)
集合类	18	552 793.00	9.37
单一类	194	6 841 936.10	7.88
财产管理类	9	225 750.00	5.74

注:收益率是指信托项目清算后,给受益人赚取的实际收益水平。加权平均实际年化收益率=(信托项目1的实际年化收益率×信托项目1的实收信托+信托项目2的实际年化收益率×信托项目2的实收信托+…信托项目n的实际年化收益率×信托项目n的实收信托)/(信托项目1的实收信托+信托项目2的实收信托+…信托项目n的实收信托)×100%。

6.5.2.2.2　本年度已清算结束的主动管理型信托项目个数、实收信托合计金额、加权平均实际年化收益率,分证券投资、股权投资、融资、事务管理类分别计算并披露

已清算结束信托项目	项目个数	实收信托合计金额（万元）	加权平均实际年化信托报酬率（%）	加权平均实际年化收益率（%）
证券投资类	—	—	—	—
股权投资类	8	369 353.00	0.88	8.96
融资类	180	4 330 621.70	0.80	8.03
事务管理类	—	—	—	—

注：加权平均实际年化信托报酬率 =（信托项目 1 的实际年化信托报酬率 × 信托项目 1 的实收信托 + 信托项目 2 的实际年化信托报酬率 × 信托项目 2 的实收信托 +…信托项目 n 的实际年化信托报酬率 × 信托项目 n 的实收信托）/（信托项目 1 的实收信托 + 信托项目 2 的实收信托 +…信托项目 n 的实收信托）×100%。

6.5.2.2.3　本年度已清算结束的被动管理型信托项目个数、实收信托合计金额、加权平均实际年化收益率，分证券投资、股权投资、融资、事务管理类分别计算并披露

已清算结束信托项目	项目个数	实收信托合计金额（万元）	加权平均实际年化信托报酬率（%）	加权平均实际年化收益率（%）
证券投资类	4	551 289.00	0.10	4.02
股权投资类	—	63 275.00	0.10	6.32
融资类	21	2 061 982.90	0.30	7.71
事务管理类	8	243 957.50	0.69	4.62

6.5.2.3　本年度新增的集合类、单一类和财产管理类信托项目个数、实收信托合计金额

新增信托项目	项目个数	实收信托合计金额（万元）
集合类	9	236 660.00
单一类	193	6 264 655.30
财产管理类	14	460 437.00
新增合计	216	6 961 752.30
其中：主动管理型	208	5 623 222.30
被动管理型	8	1 338 530.00

续表

注：本年度新增信托项目指在本报告年度内累计新增的信托项目个数和金额。包含本年度新增并于本年度内结束的项目和本年度新增至报告期末仍在持续管理的信托项目。

6.5.2.4　信托业务创新成果和特色业务有关情况

无。

6.5.2.5　本公司履行受托人义务情况及因本公司自身责任而导致的信托资产损失情况（合计金额、原因等）

在本信托年度，公司作为受托人，严格遵守《信托法》、《信托公司管理办法》等法律法规以及公司规章制度，每一信托项目分别开立了信托财产专用账户，对不同的信托资产单独进行管理和核算，公司管理的信托资产与固有资产由不同的部门和人员分别进行管理，信息隔离；同时，公司始终坚持诚实、信用、谨慎、有效管理的原则，牢固树立风险管理的理念，严格按照《信托合同》中约定的管理方式、权限，忠实地为委托人管理、运用及处分信托财产，保证了信托财产的安全完整和受益人的最大利益。

截至目前，公司无信托财产损失情况的发生。

6.6　关联方关系及其交易的披露

6.6.1　关联交易方的数量、关联交易的总金额及关联交易的定价政策等

	关联交易方数量	关联交易金额（万元）	定价政策
合计	14	1 096 524.00	公平的协议价格

注："关联交易"定义应以《公司法》和《企业会计准则第 36 号—关联方披露》有关规定为准。

6.5.2　关联交易方与本公司的关系性质、关联交易方的名称、法定代表人、注册地址、注册资本及主营业务等

关系性质	关联方名称	法定代表人	注册地址	注册资本（万元）	主营业务
实际控制人	海航集团有限公司	陈峰	海口市海秀路 29 号海航发展大厦	627 180	航空运输及机场的投资与管理；酒店及高尔夫球场的投资与管理；信息技术服务；飞机及航材进出口贸易；能源、交通、新技术、新材料的投资开发及股权运作；境内劳务及商务服务中介代理（凡需行政许可的项目凭许可证经营）。
股东	海航资本控股有限公司	刘小勇	海南省海口市海秀路 29 号	780 435	企业资产重组、购并及项目策划，财务顾问中介服务，信息咨询服务，交通能源新技术、新材料的投资开发，航空器材的销售及租赁业务，建筑材料、酒店管理，游艇码头设施投资（凡需行政许可的项目凭许可证经营）。
同一控制	海航旅业控股（集团）有限公司	张岭	海口市海秀路海航发展大厦	410 000	酒店项目开发、管理；旅游项目投资和管理；装饰装修工程；建筑材料；家用电器、电子产品、通讯设备的销售（凡需行政许可的项目凭许可证经营）。
同一控制	北京首都航空有限公司	胡明波	北京市顺义区后沙峪镇吉祥工业区 5-1 号	131 500	许可经营项目：国际、国内商务旅游包机及货运业务；公务机出租飞行、医疗救护飞行（不含诊疗活动）；航空器代管和直升机引航作业业务；保险兼业代理。 一般经营项目：销售工艺美术品；货物进出口。
股东	海航酒店控股集团有限公司	董鑫	上海市浦东新区金湘路 333 号 1011 室	137 730.99	实业投资，酒店经营，酒店管理，酒店用品采购，旅游资源项目开发（企业经营涉及行政许可的，凭许可证件经营）。
同一控制	海航商业控股有限公司	何家福	北京市顺义区南法信镇府前街 12 号 207 室	348 000	项目投资及投资管理；货物进出口、技术进出口、代理进出口；专业承包；技术开发、技术咨询、技术服务、技术转让；设备租赁（汽车除外）；销售服装鞋帽、五金交电、日用杂品、文化体育用品、日用百货、珠宝首饰、针纺织品。
同一控制	海航航空控股有限公司	王英明	海口市海秀路 29 号海航发展大厦	835 000	航空运输相关项目的投资管理；资本运营管理、资产受托管理、候机楼服务和经营管理（凡需行政许可的项目凭许可证经营）。

续表

关系性质	关联方名称	法定代表人	注册地址	注册资本(万元)	主营业务
同一控制	上海大新华航运发展有限公司	陈晓敏	浦东新区洋山保税港区业盛路188号A楼414室	60 000	国内沿海、长江中下游及珠江水系普通货船运输(凭许可证)，船舶运输专业技术领域内的技术咨询(企业经营涉及行政许可的，凭许可证件经营)。
同一控制	海航国际旅游岛开发建设(集团)有限公司	曾标志	海南洋浦保税港区贸易物流大厦302房	544 240	商业、酒店及高尔夫球场的投资与管理；能源、交通、新技术、新材料的投资开发及股权运作；旅游项目开发；农业项目开发；投资咨询服务。
同一控制	海航机场集团有限公司	董桂国	海南省海口市海秀路29号海航发展大厦	853 740	机场投资，机场改造；机场运营管理与国内外航空运输有关的地面服务；机场管理咨询服务；仓储业(非危险品)；国内外航空运输业务的技术合作及咨询服务(凡需行政许可的项目凭许可证经营)。
同一控制	长江租赁有限公司	李铁民	天津空港物流加工区外环北路1号2－B178室	330 000	国内外各种先进或适用的生产设备、通讯设备、医疗设备、科研设备、检验检测设备、工程机械、交通运输工具(包括飞机、汽车、船舶)等机械设备及其附带技术的直接租赁、转租赁、回租赁、杠杆租赁、委托租赁、联合租赁等不同形式的本外币融资性租赁业务；自有公共设施、房屋、桥梁、隧道等不动产及基础设施租赁；根据承租人的选择，从国内外购买租赁业务所需的货物及附带技术；租赁物品残值变卖及处理业务；租赁交易咨询和担保业务；投资管理；财务顾问咨询；信息咨询服务；以自有资金对交通、能源、新技术、新材料及游艇码头设施进行投资；酒店管理；经商务部批准的其他业务(以上项目涉及许可证的凭证经营，国家有专项、专管规定的，按规定执行)。
同一控制	金海重工股份有限公司	李国锋	浙江省岱山县长涂镇金海大道1号	381 000	船舶修造；船用机械、钢结构及零配件制造、销售、修理；起重机制造、安装(上述经营范围不含国家法律法规规定禁止、限制和许可经营的项目)。
同一控制	三亚凤凰国际机场有限责任公司	王俊山	海南省三亚市凤凰路凤凰国际机场	240 926.5777	航空服务；国内航线除香港、澳门、台湾地区航线外航空客、货运销售代理业务(危险品除外)；车辆及设备出租、修理，停车场经营；旅游业(不含旅行社经营)；商业；机场场地、设备的租赁；仓储服务；清洁；广告的设计、制作、发布和代理；航空信息技术和咨询服务；职业培训(凡需行政许可的凭许可证经营)。
同一控制	海航基础产业集团有限公司	李同双	海南省海口市琼山区琼州大道21号琼山商务局大楼三楼310号	500 000	建筑设计，基础设施建设。

6.6.3 逐笔披露本公司与关联方的重大交易事项

6.6.3.1 固有与关联方交易情况：贷款、投资、租赁、应收账款担保、其他方式等期初汇总数、本期借方和贷方发生额汇总数、期末汇总数

单位：万元

	固有与关联方关联交易			
	期初数	借方发生额	贷方发生额	期末数
贷款	—	—	—	—
投资	—	—	—	—
租赁	—	—	—	—
担保	—	—	—	—
应收账款	—	—	—	—
其他	—	—	—	—
合计	—	—	—	—

6.6.3.2 信托与关联方交易情况：贷款、投资、租赁、应收账款、担保、其他方式等期初汇总数、本期借方和贷方发生额汇总数、期末汇总数

单位：万元

	信托与关联方关联交易			
	期初数	借方发生额	贷方发生额	期末数
贷款	1 062 731.00	492 800.00	637 367.00	918 164.00
投资	332 532.00	53 000.00	207 172.00	178 360.00
租赁	—	—	—	—
担保	—	—	—	—
应收账款	—	—	—	—
其他	—	—	—	—
合计	1 395 263.00	545 800.00	844 539.00	1 096 524.00

6.6.3.3 信托公司自有资金运用于自己管理的信托项目(固信交易)、信托公司管理的信托项目之间的相互(信信交易)交易金额，包括余额和本报告年度的发生额

6.6.3.3.1 固有与信托财产之间的交易金额期初汇总数、本期发生额汇总数、期末汇总数

单位：万元

	固有财产与信托财产相互交易		
	期初数	本期发生额	期末数
合计	—	—	—

注：以固有资金投资公司自己管理的信托项目受益权，或购买自己管理的信托项目的信托资产均应纳入统计披露范围。

6.6.3.3.2 信托项目之间的交易金额期初汇总数、本期发生额汇总数、期末汇总数

单位:万元

信托资产与信托财产相互交易			
	期初数	本期发生额	期末数
合计	—	—	—

注:以公司受托管理的一个信托项目的资金购买自己管理的另一个信托项目的受益权或信托项下资产均应纳入统计披露范围。

6.6.4 逐笔披露关联方逾期未偿还本公司资金的详细情况以及本公司为关联方担保发生或即将发生垫款的详细情况

无。

6.7 会计制度的披露

固有业务及信托业务均执行2006年财政部颁布的《企业会计准则》。

7. 财务情况说明书

7.1 利润实现和分配情况(母公司口径和并表口径同时披露)

经中磊会计师事务所有限责任公司审计后,公司2012年实现利润总额54 987.27万元,扣除所得税13 446.84万元,净利润41 540.44万元,根据《信托公司管理办法》及公司章程规定,提取5%信托赔偿准备金2 077.02万元,根据《金融企业准备金计提管理办法》规定计提一般风险准备4 710.41万元,根据《公司法》提取法定盈余公积金4 154.04万元,可供股东分配的利润为42 427.61万元。

7.2 主要财务指标(母公司口径和并表口径同时披露)

指标名称	指标值
资本利润率(%)	16.40
加权年化信托报酬率(%)	0.60
人均净利润(万元)	446.67

注:1. 资本利润率=净利润/所有者权益平均余额×100%。

2. 加权年化信托报酬率=(信托项目1的实际年化信托报酬率×信托项目1的实收信托+信托项目2的实际年化信托报酬率×信托项目2的实收信托+…信托项目n的实际年化信托报酬率×信托项目n的实收信托)/(信托项目1的实收信托+信托项目2的实收信托+…信托项目n的实收信托)×100%。

3. 人均净利润=净利润/平均人数。

4. 平均值采取年初、年末余额简单平均法,公式为:a(平均)=(年初数+年末数)/2。

7.3 对本公司财务状况、经营成果有重大影响的其他事项

无。

8. 特别事项简要揭示

8.1 前五名股东报告期内变动情况及原因

无。

8.2 董事、监事及高级管理人员变动情况及原因

3月26日,魏元不再担任财务总监职务。5月8日聘任郭占刚担任公司财务总监职务。5月24日,郎国章不再担任公司副董事长职务。5月24日,聘任王学江担任公司副总裁、马建军担任公司总裁助理职务。6月5日,中国银行业监督管理委员会核准郑宏总裁任职资格。7月30日,李熙玉不再担任公司副总裁职务。12月30日,杨健不再担任公司董事职务。

8.3 变更注册资本、变更注册地或公司名称、公司分立合并事项

2012年10月,公司注册地由“石家庄市广安大街10号美东国际A座第19层”变更为“石家庄市新石中路377号B座22~23层”。

根据海南航空股份有限公司2012年12月13日发布的关联交易公告三,为提高海南航空股份有限公司(以下简称海南航空公司)的投资收益,进一步优化海南航空公司的收入结构,海南航空公司全资子公司中国新华航空集团有限公司拟以现金276 090.55万元人民币受让海口美兰国际机场有限责任公司、海航酒店控股集团有限公司、扬子江地产集团有限公司、北京燕京饭店有限责任公司和海南海航航空信息系统有限公司合计持有的渤海国际信托有限公司39.78%的股权。此事项需报中国银行业监督管理委员会审批后方可进行。

8.4 公司的重大诉讼事项

无。

8.5 公司及其董事、监事和高级管理人员受到处罚的情况

公司及其董事、监事和高级管理人员年内未受到任何处罚。

8.6 银监会及其派出机构对公司检查后提出整改意见的,应简单说明整改情况

报告期内,中国银监会河北监管局对公司进行多次现场检查和专项业务检查。公司对此高度重视并积极配合,组织相关部门人员,认真学习监管意见,及时制定切实可行的整改措施并予以贯彻落实,切实防范信政合作、中长期贷款和房地产信托业务风险,逐步降低了银信合作业务比例,加强了实体经济。

8.7 本年度重大事项临时报告的简要内容、披露时间、所披露的媒体及其版面

2012年6月5日,中国银行业监督管理委员会核准郑宏渤海国际信托有限公司总裁的任职资格。公司于2012年6月19日在原信息披露媒体《金融时报》发布《渤海国际信托信托关于高级管理人员变动的公告》。

8.8 银监会及其省级派出机构认定的其他有必要让客户及相关利益人了解的重要信息

2012年10月11日,河北银监局以银监冀局复〔2012〕390

号批复，同意渤海国际信托有限公司住所由"石家庄市广安大街10号美东国际A座第19层"变更为"石家庄市新石中路377号B座22～23层"。

9. 公司监事会意见

监事会认为，本报告期内，公司决策程序合法，内部控制制度较为完善，没有发现公司高级管理人员在执行公司职务时有违法违纪和损害公司及股东利益的行为。公司财务报告真实地反映了公司的财务状况和经营成果。

长安国际信托股份有限公司

1. 重要提示

1.1　本公司董事会及董事保证本报告所载资料不存在任何虚假记载、误导性陈述或者重大遗漏，并对其内容的真实性、准确性和完整性承担个别及连带责任。

1.2　公司独立董事强力、李成、周春生声明：保证本年度报告内容真实、准确、完整。

1.3　本公司2012年度财务报告经希格玛会计师事务所有限公司审计，并出具了标准无保留的审计报告。

1.4　公司法定代表人高成程、总经理崔进才及会计机构负责人马华声明：保证年度报告中财务会计报告的真实、完整。

2. 公司概况

2.1　公司简介

长安国际信托股份有限公司前身为西安市信托投资公司，1986年8月经中国人民银行批准成立，系国有独资的非银行金融机构。1999年12月公司增资改制为有限责任公司。2002年4月，经中国人民银行总行批准，在信托业清理整顿中予以单独保留。2003年12月经中国银行业监督管理委员会陕西监管局批准，换发了新的中华人民共和国金融许可证。2008年1月，经中国银行业监督管理委员会批准，公司名称变更为：西安国际信托有限公司，注册资本变更为3.6亿元。2009年12月经中国银行业监督管理委员会陕西监管局批准，公司注册资本变更为5.1亿元。2011年7月，经中国银行业监督管理委员会陕西监管局批准，公司注册资本变更为5.58亿元。2011年11月，经中国银行业监督管理委员会批准，公司整体变更并更名为长安国际信托股份有限公司，注册资本变更为7.5888亿元。2011年12月，经中国银行业监督管理委员会陕西监管局批准，公司注册资本变更为12.5888亿元。

2.1.1　公司法定中文名称：长安国际信托股份有限公司（简称长安信托）

公司法定英文名称：Chang'an International Trust Co.，Ltd.　（缩写：CITC）

2.1.2　公司法定代表人：高成程

2.1.3　公司注册地址：西安市高新区科技路33号高新国际商务中心23～24层

公司邮政编码：710075

公司国际互联网网址：http://www.caitc.cn

2.1.4　负责信息披露事务人：董事会秘书　谷林强

联系电话：029－87990873

传　　真：029－87990856

电子信箱：gulinqiang@xitic.cn

2.1.5　公司选定的信息披露报纸：《上海证券报》、《金融时报》

2.1.6　公司年度报告备置地点：西安市高新区科技路33号高新国际商务中心24层

2.1.7　公司聘请的会计师事务所名称：希格玛会计师事务所有限公司

住所：西安市高新路25号

2.1.8　公司聘请的律师事务所名称：上海锦天城律师事务所

住所：上海市浦东新区花园石桥路33号花旗大厦14楼

2.2　组织结构

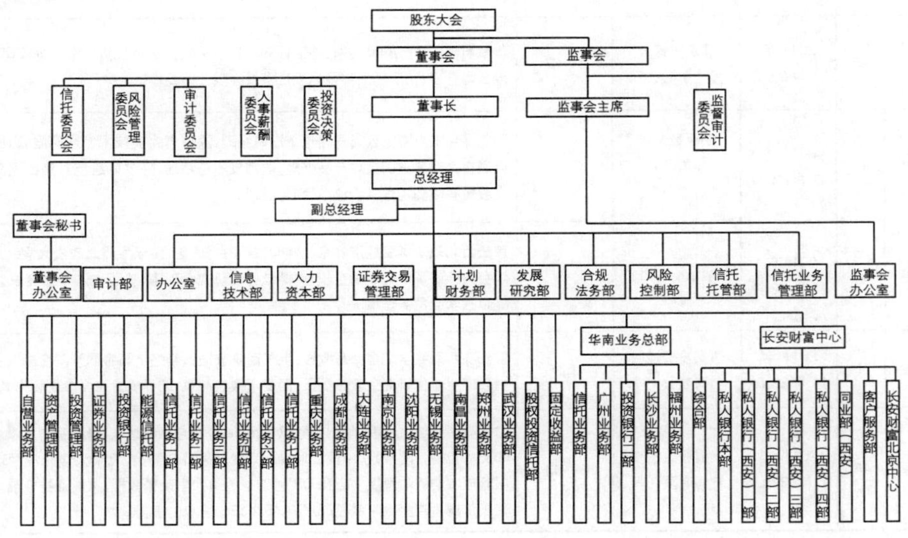

3. 公司治理结构

3.1 股东

报告期末股东总数	6					
持有本公司10%以上（含）股份的股东						
股东名称	年末持股数（万股）	持股比例（%）	法人代表	注册资本（万元）	注册地址	主要经营业务
西安投资控股有限公司	51 988.95	41.30	肖西萍	311 458.49	西安市高新区科技五路8号数字大厦四层	投资业务；项目融资；资产管理；资产重组与购并；财务咨询等。
上海证大投资管理有限公司	49 515.59	39.33	朱南松	30 000.00	上海市浦东新区民生路1199弄1号16层1908室	投资管理，企业资产委托管理，资产重组等。
深圳市淳大投资有限公司	1 4687.29	11.67	唐乾山	12 000.00	广东省深圳市福田区深南大道与金田路交界西南深圳国际交易广场写字楼26层2605Q	投资兴办实业，投资管理咨询等。

3.2 董事

董事长、董事

姓名	职务	性别	年龄	选任日期	所推举的股东名称	该股东持股比例（%）	简要履历
高成程	董事长	男	44	2011年11月22日	西安投资控股有限公司	41.30	曾任西安市国际信托投资公司投资租赁部副主任、主任，西安市生产资金管理分局副局长，西安市经济技术投资担保有限公司副总经理、总经理，西安国际信托有限公司董事长；现任长安国际信托股份有限公司董事长。
师胜友	董　事	男	51	2011年11月22日	西安投资控股有限公司	41.30	曾任陕西省建材机械厂出纳、会计、财务科副科长，西安市财政局工交处综合科副科长、科长、会计处副处长，预算处副处长，企业处处长；现任西安市财政局副局长。
朱南松	董　事	男	46	2011年11月22日	上海证大投资管理有限公司	39.33	1992年开始从事证券投资工作，1994年作为主要创始人参与创建上海证大投资管理有限公司。历任多家上市和非上市公司董事；现任上海证大投资管理有限公司董事长兼总裁。
崔进才	董　事	男	44	2011年11月22日	上海证大投资管理有限公司	39.33	曾任中信银行（原中信实业银行）总行信贷管理部、公司业务管理部、零售银行业务总部总经理助理、副总经理、总经理等职，在中信资产管理有限公司任董事、副总经理、业务审查委员会主任、资产收购处置定价小组长，西安国际信托有限公司董事、总经理；现任长安国际信托股份有限公司董事、总经理。
蒋锦志	董　事	男	45	2011年11月22日	深圳市淳大投资有限公司	11.67	曾就职于深圳证券交易所、国信证券。曾任深圳正达信投资有限公司CEO，粤海证券（香港）有限公司董事长；现任上海景林投资发展有限公司董事长。
蔡元明	董　事	男	43	2011年11月22日	陕西鼓风机（集团）有限公司	6.25	历任深圳安惠实业公司安路电子副总经理，深圳创为实技术发展有限公司董事长、总经理，阿尔斯通电力服务集团全球产品经理，监测集团总经理，阿尔斯通电力集团副总裁；现任西安陕鼓动力股份有限公司董事会秘书、副总经理。
强　力	独立董事	男	51	2011年11月22日	董事会推荐	—	曾任西北政法学院经济法系、法学二系副主任、主任；现为西北政法大学经济法学院院长，中国法学会银行法学研究会副会长，中国证券法研究会理事，陕西省法学会金融法学研究会会长、陕西省金融学会常务理事。
李　成	独立董事	男	56	2011年11月22日	西安投资控股有限公司	41.30	曾任陕西财经学院金融系教授；现任西安交通大学经济与金融学院金融系主任、教授、博导，全国金融专业学位研究生教指委员，西安市政府参事，陕西省金融学会副秘书长。
周春生	独立董事	男	46	2011年11月22日	上海证大投资管理有限公司	39.33	曾任美联储经济学家，加州大学Riverside分校金融学助理教授，香港大学金融学副教授，北京大学光华管理学院教授，中国证监会规划发展委员会委员，北京大学光华管理学院金融系主任、高层管理者培训与发展中心（EDP）主任，香港大学荣誉教授，深圳证券交易所上市委员会委员；现任长江商学院金融学教授、EMBA/ExecEd学术主任。

独立董事

姓名	所在单位及职务	性别	年龄	选任日期	所推举的股东名称	所推举的股东持股比例（%）	简要履历
强　力	西北政法大学、教授	男	51	2011年11月22日	董事会推荐	—	曾任西北政法学院经济法系、法学二系副主任、主任；现为西北政法大学经济法学院院长、教授，中国法学会银行法学研究会副会长，中国证券法研究会理事，陕西省法学会金融法学研究会会长、陕西省金融学会常务理事。
李　成	西安交通大学、教授	男	56	2011年11月22日	西安投资控股有限公司	41.30	曾任陕西财经学院金融系教授；现任西安交通大学经济与金融学院金融系主任、教授、博导，全国金融专业学位研究生教指委员，西安市政府参事，陕西省金融学会副秘书长。
周春生	长江商学院、教授	男	46	2011年11月22日	上海证大投资管理有限公司	39.33	曾任美联储经济学家，加州大学Riverside分校金融学助理教授，香港大学金融学副教授，北京大学光华管理学院教授，中国证监会规划发展委员会委员，北京大学光华管理学院金融系主任、高层管理者培训与发展中心（EDP）主任，香港大学荣誉教授，深圳证券交易所上市委员会委员；现任长江商学院金融学教授、EMBA/ExecEd学术主任。

3.3 监事

监事会成员

姓名	职务	性别	年龄	选任日期	所推举的股东名称	该股东持股比例（%）	简要履历
刘峥嵘	监事会主席	男	54	2011年11月22日	西安投资控股有限公司	41.30	曾任西安国际信托投资有限公司部门副主任、主任，西安国际信托有限公司副总经理、监事长；现为长安国际信托股份有限公司监事会主席。
王　萍	监事	女	39	2011年11月22日	上海证大投资管理有限公司	39.33	曾就职山东省电力公司、上海证大投资管理有限公司研究部研究员，战略投资部项目经理、部门副经理，战略投资部总经理、总裁助理；现任上海证大投资管理有限公司副总裁。
柳志伟	监事	男	46	2011年11月22日	深圳市淳大投资有限公司	11.67	曾任海南汇通国际信托投资有限公司董事长助理，长城证券有限责任公司投资银行部总经理，国信证券有限责任公司收购兼并部总经理，新疆汇通（集团）股份有限公司总经理、董事、董事长、监事长，西安国际信托有限公司董事、监事；现任深圳市淳大投资有限公司董事长。
刘明学	监事	男	52	2011年11月22日	西安高新技术产业开发区科技投资服务中心	1.04	曾就职于陕西省外文书店计划财务科、陕西省机械进出口公司、西安高新区生产力促进中心任会计主管；现任西安高新区管委会会计核算服务中心综合管理部部长。
刘静	职工代表监事	女	44	2011年11月22日	—	—	曾任西安国际信托投资有限公司投资银行部投资经理、投资银行部副总经理、信托二部副总经理；现任长安国际信托股份有限公司审计部总经理。
白伏波	职工代表监事	男	56	2012年9月20日	—	—	曾任西安国际信托有限公司业务部主任、信托部主任、自营部副总经理、办公室副主任；现任长安国际信托股份有限公司监事会秘书、监事会办公室主任、办公室主任。

3.4 高级管理人员

姓　名	职　务	性别	年龄	选任日期	金融从业年限	学历	专业	简要履历
崔进才	总经理	男	44	2011年11月22日	22	硕士	货币银行学	曾任中信银行（原中信实业银行）总行信贷管理部、公司业务管理部、零售银行业务总部总经理助理、副总经理、总经理等职，在中信资产管理有限公司任董事、副总经理、业务审查委员会主任、资产收购处置定价小组长，西安国际信托有限公司董事、总经理；现任长安国际信托股份有限公司董事、总经理。
陈英	常务副总经理	男	44	2011年11月22日	17	本科	金融	曾任中信银行总行信贷管理部处副经理、审查部副总经理，中信银行公司银行总部信贷业务部副总经理、公司产品发展部总经理，中信银行青岛分行行长助理、副行长；现任长安国际信托股份有限公司常务副总经理。
徐　谦	副总经理	男	41	2011年11月22日	11	博士	政治经济学	曾任陕西财经学院金融财政学院和西安交通大学经济与金融学院教师，曾在西部证券股份有限公司从事证券市场研究分析和企业财务顾问工作等，曾任公司投资银行部总经理；现任长安国际信托股份有限公司副总经理。
徐　立	副总经理	男	53	2011年11月22日	32	本科	中文	曾任广东发展银行广州开发区办事处（分行级）主任、国内业务部副总经理，总行营业部负责人、个人业务部总经理，曾在中信银行广州分行担任行长助理兼公司部副总经理；现任长安国际信托股份有限公司副总经理。

续表

姓 名	职 务	性别	年龄	选任日期	金融从业年限	学历	专业	简 要 履 历
瞿文康	副总经理	男	46	2011 年 11 月 22 日	25	硕士	经济管理	曾在西安市财政局、西安市国际信托投资有限公司工作，曾任西安市生产资金管理分局副主任、主任，西安市经济技术投资担保有限公司计财部主任、财务总监、公司副总经理兼财务负责人；现任长安国际信托股份有限公司副总经理。
喻福兴	总经理助理	男	46	2012 年 3 月 23 日	25	大专	金融	曾任建行浙江省信托投资有限公司（后更名为浙江省信托投资有限公司）信贷科科长，金信信托投资有限公司信托业务二部副经理，平安信托投资有限公司浙江营销中心总经理助理，长安国际信托股份有限公司信托六部总经理；现任长安国际信托股份有限公司总经理助理。

3.5 公司员工

表 3.5

项 目		报告期年度		上年度	
		人数	比例（%）	人数	比例（%）
年龄分布	25 岁以下	35	11	9	4
	25～29 岁	109	34	75	34
	30～39 岁	106	33	79	36
	40 岁以上	70	22	58	26
学历分布	博士	9	3	7	3
	硕士	175	55	106	48
	本科	114	35	81	37
	专科	20	6	24	11
	其他	2	1	3	1
岗位分布	董事、监事及高管	8	3	7	3
	自营业务人员	7	2	5	2
	信托业务人员	180	56	151	69
	其他人员	125	39	58	26

4. 经营管理

4.1 经营目标、经营方针、战略规划

4.1.1 经营目标

积极拓展业务新领域、提升业务层次、全面提升综合金融服务能力和企业的核心竞争力，做大做强信托业务，力争使公司成为业务优势明显、规模经济显著的专业资产管理和投资理财机构，为客户提供更优质、更个性化的金融理财服务，为委托人和受益人的财富管理和财富增值作出贡献。

4.1.2 经营方针

坚持诚信、稳健、专业、创新的经营管理原则，以提升自主管理能力为着力点，以增强风险控制能力和专业人才队伍建设为保障，通过持续推进业务和产品创新，不断完善理财产品线和客户服务体系，树立公司信托理财品牌，逐步实现以产品为导向的业务模式向以客户需求为导向业务模式的转变。

4.1.3 战略规划

公司将紧盯国内外经济金融形势的变化，正确把握和利用国家金融业发展政策，按照“立足西部，面向全国，逐步走向国际市场”的发展战略，加快由规模扩张型向内涵增长型、项目融资型向投资管理型、区域性向全国性的转型步伐，在条件成熟和政策允许时拓展国际业务，逐步成为在投资管理领域具有领先优势，国内一流的信托公司。

4.2 所经营业务的主要内容

自营资产运用与分布表

资产运用	金额（万元）	占比（%）	资产分布	金额（万元）	占比（%）
货币资产	154 196.78	54.04	基础产业	1 000.00	0.35
贷款及应收款	3 134.98	1.10	房地产业	7 000.00	2.45
交易性金融资产	56 422.86	19.77	证券市场	74 920.63	26.26
可供出售金融资产	28 984.45	10.16	实业	13 167.98	4.61
持有至到期投资	21 497.16	7.53	金融机构	170 260.96	59.67
长期股权投资	6 355.34	2.23	其他	18 999.57	6.66
其他	14 757.57	5.17			
资产总计	285 349.14	100.00	资产总计	285 349.14	100.00

信托资产运用与分布表

资产运用	金额（万元）	占比（%）	资产分布	金额（万元）	占比（%）
货币资产	249 226.42	1.14	基础产业	2 836 970.51	12.97
贷款	6 388 172.70	29.22	房地产	1 098 347.76	5.03
交易性金融资产	2 597 944.90	11.87	证券市场	3 300 273.84	15.09
买入返售金融资产	3 750 974.65	17.16	实业	8 786 093.18	40.18
持有至到期投资	5 449 466.75	24.92	金融机构	1 150 477.79	5.26
长期股权投资	1 617 370.43	7.40	其他	4 696 031.47	21.47
其他	1 815 038.70	8.29			
信托资产总计	21 868 194.55	100.00	信托资产总计	21 868 194.55	100.00

4.3 市场分析

4.3.1 影响本公司业务发展的有利因素

随着社会财富的持续增长和居民收入水平的提高，机构和个人的财富管理需求日益旺盛，为银行、信托公司等专业理财服务机构提供了快速增长的业务机会；随着 2007 年“新两规”的实施，信托行业逐步回归其本源业务，充分挖掘信托制度本身的优势，通过产品设计的灵活性和资金运用方式的广泛性，

为投资者提供了更加丰富多样的理财产品；随着近几年信托行业管理的资产规模快速增长，信托公司、信托行业和信托功能在金融体系中的作用显著增强，信托行业的市场影响力和信托公司的社会认知度都有了显著提高，为信托业务的开展打下了良好的基础。

4.3.2　影响本公司业务发展的不利因素

宏观经济金融环境复杂性和不确定性依然存在，国内宏观经济调控尤其是针对房地产行业的持续调控使得相关信托业务的开展受到很大影响；我国信托财产登记、信托税收等配套制度的缺失严重制约了信托业务的开展；面对各类金融机构在财富管理和资产管理领域的激烈竞争，行业监管逐步趋严、“泛资产管理/泛信托”趋势下的市场竞争加剧，信托公司还缺乏专属业务和体现核心竞争力的拳头产品。

4.4　内部控制

4.4.1　内部控制环境和内部控制文化

4.4.1.1　公司治理机制的建设和执行情况

在内部控制机制建设方面，公司通过不断完善业务流程，积极建设现代、科学的内控管理机制，鼓励竞争，提倡创新，努力营造有序、高效的内部控制环境，形成和谐、统一的内部控制文化。

公司的股东大会、董事会、监事会和高级管理层各项机制运转正常，各层面按照《公司法》等法律法规的有关规定和“三会分设、三权分开、有效制约、协调发展”的原则，独立决策、执行和监督。董事会制定公司整体经营目标、政策并监督执行，了解和关注公司的主要风险。董事会设置信托委员会、风险管理委员会、审计委员会、人事薪酬委员会、投资决策委员会五个专门委员会，负责对公司各类专门问题进行审议并向公司董事会提出专业意见和建议。监事会履行其监督职责，高级管理层执行董事会的决策并及时反馈执行情况。公司已建立分工合理、职责明确、报告关系清晰的组织结构。

4.4.1.2　内部控制文化的建设

公司内部控制建设的总体目标是遵循法律法规及监管规定，保证公司经营合法合规；有效整合资源，确保经济、高效地实现公司目标；建立健全内部控制制度，做到有规可循；保障各项业务有序进行、信息传递畅通无误；保障公司资产安全及财务报告质量。

在内控文化建设方面，公司强调内控的“约束”与“激励”的双重作用，重视从内控组织文化、制度文化、行为文化和精神文化等多方面加强内控文化建设。着眼于公司作为金融机构的特性，本着为客户高度负责的原则，公司始终牢牢把握风险管理的领导权和主动权，坚持风险教育经常化、制度化，风险内控措施具体化，巩固和发扬历年来在风险管理方面业已形成的成熟经验，进一步强调业务发展要以质量为前提，遵守操作规范，按流程办事的工作准则，形成和谐、统一的内部控制文化。

4.4.2　内部控制措施

为实现整体经营目标，公司在发展业务的同时，致力于内部控制制度的建立和完善。公司从完善法人治理机制、调整组织机构设置和职能定位、建立健全各项内控制度、完善流程、优化人员结构、加强监督检查等方面着手，加强内部控制。

法人治理机制方面，公司建立了规范的授权经营体系，按照“三会分设、三权分立”的原则设置了股东大会、董事会和监事会，并在董事会下设了信托委员会、风险管理委员会、审计委员会、人事薪酬委员会、投资决策委员会等五个专门委员会。完善公司法人治理制度，包括公司章程、股东大会议事规则、董事会议事规则、监事会议事规则、独立董事制度、各专门委员会议事规则等，规范公司的组织和行为，保护公司、股东、受益人和员工的合法权益，保证公司法人治理的高效运转。

建立健全各项内控制度方面，除完善法人治理机制外，公司目前已建立了一系列内部控制制度，涵盖了业务管理、财务管理、人事管理、行政管理等各个方面，以确保公司各部门及各项经营活动均能在公司内部控制制度框架内健康运行，有效保证公司经营效益水平的不断提升和战略目标的实现。

业务流程的不断优化和完善是公司平滑运行的关键因素之一。报告期内，公司进一步梳理和优化工作流程。成立流程优化领导小组和工作小组，对公司现有信托业务流程进行优化，以进一步加强和完善内部管理，有效防范风险，提高信托业务运行效率，更好地满足业务发展需要。

报告期内，公司内部控制体系运行良好。

4.4.3　信息交流与反馈

公司建立了清晰、有效的信息交流机制：一是在公司内部，建立了规范的汇报及反馈机制，并通过各种会议、工作周报、经营月报、工作简讯及公司内刊等形式加强经营层与股东、董事、监事和各部门之间的沟通，并快速解决业务和管理中出现的问题。二是对客户及公众通过报纸、公司网站、短信、电话以及书面报告等形式披露公司管理、业务运作、客户服务等各方面信息。三是对监管机构，根据相关要求及时报备业务方案，汇报公司管理、经营情况及监管政策执行情况。四是对政府相关职能部门按要求及时汇报工作。

信息系统建设方面，公司在基础硬件上完成了对原数据中心机房的扩建，扩建后的机房面积达到230平方米，满足公司未来3~5年的信息化建设基础需求。对网络平台进行了安全优化，对关键系统进行隔离优化，优化了外部合作机构接入的网络安全；对公司业务的支持上，建成了银监会EAST报送系统、针对直销部门的CRM系统，完成了伞形信托系统建设，跨市场ETF系统，股指期货系统以及债券场外交易系统的建设，并着手规划OA系统建设，人力资源系统建设，公司网站改版，公司自营业务系统换代，信托业务系统换代的工作。

4.4.4　监督评价与纠正

4.4.4.1　岗位分离和监督制度

公司信托业务部门独立于公司的固有业务部门，从事信托业务的人员不与公司其他部门的人员相互兼职，业务信息也不与公司的固有业务部门共享。在核算信托财产时，公司将信托财产与固有财产分别管理、分别记账，并将不同信托项目的信托财产分别管理、分别记账，公司的信托业务与固有业务分别核算，并对每个信托项目单独核算。

公司按照职责分离的原则设立相应的工作岗位，保证对公司业务风险能够进行事前防范、事中控制、事后监督和纠正，目前已形成了一套较为完备的内部约束机制和监督机制。

4.4.4.2　绩效监测与考核机制

根据公司制定的《绩效考核试行办法（修订稿）》对公司整体经营状况进行考核，核算公司全年绩效奖金额，并确定了公司高层管理人员绩效奖励的分配方案。

根据公司的《绩效奖励实施办法》，公司经营层对员工进行考核及奖励。业务部门根据工作任务完成情况进行考核；综合管理部门根据部门考核结果、员工岗位系数及考核情况综合评定，合理分配奖金。奖金当年兑现一部分，其余部分在项目结束的后续两年陆续发放完毕。

绩效奖金分配坚持按劳分配、适度竞争的分配原则，总体上以向业务部门倾斜、向重要岗位倾斜、向利润中心倾斜并兼顾成本控制中心为原则。

4.4.4.3　违规操作的处理制度

公司结合金融系统开展的案件治理工作、监管部门现场检查的意见、内控制度检查工作，不断修订和完善公司制度。所增加和修订的制度，重点是围绕防范业务风险来设定的，内容不仅涉及信托项目前期尽职调查、后期跟踪管理，还包括风险问责、信托财务核算管理、员工离岗离任和保守商业机密的管理等方面，使公司逐渐形成全方位风险防范制度体系。

4.5　风险管理

4.5.1　风险管理概况

在风险管理方面，公司坚持“风险控制，人人有责”的全员风险管理理念，推行“事前防范、事中控制、事后监督”的全方位、全过程、不间断的全面风险管理体系。公司董事会及高级管理层高度重视经营过程中出现的各种风险，董事会设立了风险管理委员会作为其专门工作机构，负责公司的风险控制、管理、监督和评估等工作；设立了投资决策委员会按照业务权限，负责公司固有业务重大项目的评审。

报告期内，公司制定了《关于上市公司股票收益权转让业务的补充规定》、《关于信托资金运用监管及自然人融资信托业务的若干规范性要求》等业务指引和规范性文件。目前制定的业务指引已基本覆盖了公司的主要业务类型，从制度上明确了各类项目的准入及风控标准，以便业务部门把好项目筛选第一关。在风险管理的组织架构方面，对风险控制部内部按照项目类别和风险特征进行了专业化分工，强化了专业化审查，并进一步完善了公司业务线、风控线、合规线、监控线、内审线“五线归一”的全面风险管理组织架构。

“事中控制”与“事后监督”同样得到公司的高度重视。公司设立了信托业务管理部，行使监督信托业务部门尽职履行期间管理的职能，建立信托项目动态风险监控体系，制定了《信托项目期间管理办法》、《信托业务信息披露管理办法》等系列期间管理制度。董事会专门下设审计委员会，负责公司的内部、外部审计的沟通、监督和核查等工作。公司审计部为审计委员会日常办事机构，负责对公司的经营活动、财务收支、经济效益等进行内部审计监督，对内部控制制度的建立和执行情况进行检查和评价，并适时对公司开展的业务进行专项审计，及时发现问题，监督纠正。公司拟通过组织架构的进一步调整、职责分工的进一步细化来加强期间管理和监控。

对于公司管理的信托项目，公司各级员工都时刻关注风险，严格遵守操作程序。报告期内应终止清算项目均实现了正常、足额清算，未发生影响受益人和公司利益的风险事件。

4.5.2　风险状况

4.5.2.1　信用风险

信用风险主要表现为公司交易对手不能履行合约义务从而导致公司资产价值发生变动遭受损失带来的风险，其中包括业务合作伙伴、贷款对象的信用风险，资金往来银行的信用风险。

4.5.2.2　市场风险

市场风险主要表现为因市场价格——利率、汇率、股票价格和商品价格等的不利变动而使公司的表内和表外业务发生损失的风险。具体表现为经济运行周期变化风险、金融市场利率波动风险、通货膨胀风险、房地产交易风险、证券市场、货币市场交易风险等。这些风险的存在不但影响信托财产的价值以及信托收益水平，也将影响公司由于资产负债结构不匹配等而导致公司整体的、当前和未来收入的损失。

4.5.2.3　操作风险

操作风险主要是公司内部控制、系统及运营过程中的错误或疏忽，或外部事件而可能引起潜在损失的风险，表现在信息系统还不够全面及时，风险评估、风险管理的程序和结构还不够完善，以及人员操作不规范和责任心不强等方面。

4.5.2.4　其他风险

其他风险主要是指公司业务开展中的合规性风险、政策风险、公司信誉风险、人员道德风险等。

4.5.3　风险管理

4.5.3.1　信用风险管理

公司通过事前评估、事中控制、事后评价的风险控制体系来防范和规避信用风险。密切关注国家宏观调控政策、产业导向政策和地区经济发展战略，对经济发展趋势和行业趋势做到提前预判，争取从未来有潜在风险的行业和公司及时退出；加强对融资对象的运营状况和信用分析；完善业务各环节的责任评议，做到责任到岗、责任考评、责任追究三个环节紧密相扣，环环问责。

4.5.3.2　市场风险管理

公司通过对宏观经济、货币政策、行业政策和利率走势等的深入分析研究，进行持续的专项监控；建立完备可靠的管理信息系统识别；制定可能有重大情况发生时的应急处置方案。

4.5.3.3　操作风险管理

公司重点加强内控制度和风险管理制度的落实，严格业务流程的管理，加强专业部室对操作风险的防控和管理，充实、深化内控合规部门的职能；突出抓好重要岗位和薄弱环节的管理，界定业务权限，明确岗位职责。运用内部审计和外部审计，评估公司内控制度设计、执行的有效性；集中检查资源，加强高风险点的监督检查。加强员工培训，提高员工的业务技能和风险管理意识。

4.5.3.4　其他风险管理

公司强化全员的合法合规经营意识，持续关注有关法律、法规的最新变化，正确理解和准确把握其内涵，并及时对业务程序和操作指引进行梳理和修订；加强职业道德教育，增强员工的工作责任心。

4.5.3.5　净资本管理

2012 年末，公司净资本风险控制指标为：净资本余额为

200 843.71 万元，各项业务风险资本之和为 161 454.73 万元，净资本/各项业务风险资本为 124.40%，净资本/净资产为 91.10%。2012 年，公司积极调整优化资产和业务结构，净资本各项监管指标均达到监管要求。

5. 报告期末及上一年度末的比较式会计报表（披露母公司（即信托公司）报表及其合并报表）

5.1 自营资产

5.1.1 会计师事务所审计意见全文

审计报告

希会审字〔2013〕0342 号

长安国际信托股份有限公司全体股东：

我们审计了后附的长安国际信托股份有限公司（以下简称贵公司）固有财务报表，包括 2012 年 12 月 31 日的资产负债表，2012 年度的利润表、现金流量表和股东权益变动表以及固有财务报表附注。

一、管理层对固有财务报表的责任

编制和公允列报固有财务报表是贵公司管理层的责任，这种责任包括：(1)按照企业会计准则的规定编制固有财务报表，并使其实现公允反映；(2)设计、执行和维护必要的内部控制，以使固有财务报表不存在由于舞弊或错误导致的重大错报。

二、注册会计师的责任

我们的责任是在执行审计工作的基础上对固有财务报表发表审计意见。我们按照中国注册会计师审计准则的规定执行了审计工作。中国注册会计师审计准则要求我们遵守中国注册会计师职业道德守则，计划和执行审计工作以对固有财务报表是否不存在重大错报获取合理保证。

审计工作涉及实施审计程序，以获取有关固有财务报表金额和披露的审计证据。选择的审计程序取决于注册会计师的判断，包括对由于舞弊或错误导致的固有财务报表重大错报风险的评估。在进行风险评估时，注册会计师考虑与固有财务报表编制和公允列报相关的内部控制，以设计恰当的审计程序，但目的并非对内部控制的有效性发表意见。审计工作还包括评价管理层选用会计政策的恰当性和作出会计估计的合理性，以及评价固有财务报表的总体列报。

我们相信，我们获取的审计证据是充分、适当的，为发表审计意见提供了基础。

三、审计意见

我们认为，贵公司固有财务报表在所有重大方面按照企业会计准则的规定编制，公允反映了贵公司固有业务 2012 年 12 月 31 日的财务状况以及 2012 年度的经营成果和现金流量。

希格玛会计师事务所有限公司　　中国注册会计师：袁　蓉

中国注册会计师：赵　琰

中国　　西安市　　二〇一三年四月二十五日

5.1.2 资产负债表

资产负债表

2012 年 12 月 31 日

编制单位：长安国际信托股份有限公司　　单位：元

资　　产	年末数	年初数
资产：		
现金及存放银行款项	1 541 967 770.38	923 612 920.26
存放同业款项		
拆出资金		
交易性金融资产	564 228 609.16	107 795 340.30
应收利息		
应收账款		
预付款项	16 772 082.11	3 200 323.03
其他应收款	14 577 687.48	23 404 084.16
发放贷款及垫款		
可供出售金融资产	289 844 454.83	239 936 856.80
持有至到期投资	214 971 600.00	55 687 200.00
长期应收款		
长期股权投资	63 553 415.64	35 777 427.49
投资性房地产		
固定资产	77 940 780.61	74 937 295.98
在建工程		1 580 168.75
无形资产	3 742 794.54	2 482 865.18
递延所得税资产	65 892 167.03	26 760 679.26
其他流动资产		200 000 000.00
资产总计	2 853 491 361.78	1 695 175 161.21

法定代表人：高成程　　主管会计工作负责人：崔进才　　会计机构负责人：马　华

资产负债表（续）

2012 年 12 月 31 日

编制单位：长安国际信托股份有限公司　　单位：元

负债和所有者权益（或股东权益）	年末数	年初数
负债：		
向中央银行借款		
同业及其他金融机构存放款项		
拆入资金		
交易性金融负债		
应付账款		
预收账款		
卖出回购金融资产款		
吸收存款		
应付职工薪酬	344 045 198.04	121 435 061.31
应交税费	261 962 452.65	107 995 631.71
应付利息		
应付股利	6 281 553.02	6 281 553.02
预计负债		

续表

负债和所有者权益（或股东权益）	年末数	年初数
其他应付款	33 166 944. 78	1 161 745. 95
长期应付款		
递延所得税负债	3 494 626. 11	
其他负债		
负债合计	648 950 774. 60	236 873 991. 99
所有者权益（或股东权益）:		
实收资本（或股本）	1 258 880 000. 00	1 258 880 000. 00
资本公积	256 103. 70	256 103. 70
减:库存股		
盈余公积	106 152 208. 53	27 751 626. 73
一般风险准备	19 562 812. 04	7 715 622. 41
信托赔偿金	62 320 493. 63	23 120 202. 73
未分配利润	757 368 969. 28	140 577 613. 65
外币报表折算差额		
归属于母公司所有者权益合计	2 204 540 587. 18	1 458 301 169. 22
少数股东权益		
所有者权益（或股东权益）合计	2 204 540 587. 18	1 458 301 169. 22
负债和所有者权益（或股东权益）总计	2 853 491 361. 78	1 695 175 161. 21

法定代表人：高成程　　主管会计工作负责人：崔进才　　会计机构负责人：马　华

5. 1. 3　利润表

利润表

2012 年度

编制单位：长安国际信托股份有限公司　　单位：元

项　　目	本年金额	上年金额
一、营业总收入	1 801 829 165. 08	700 024 872. 21
其中：贷款利息净收入	44 704 005. 30	8 913 338. 82
手续费及佣金收入	1 705 670 822. 35	642 085 033. 16
投资收益（损失以"－"号填列）	-17 700 609. 82	82 740 667. 57
其中：对联营企业和合营企业的投资收益		
公允价值变动收益（损失以"－"号填列）	43 016 396. 12	-42 330 782. 93
汇兑收益（损失以"－"号填列）	-248. 87	-59 819. 39
其他业务收入	26 138 800. 00	8 676 434. 98
二、营业支出	768 081 711. 05	334 050 516. 65
营业税金及附加	97 995 417. 35	38 540 196. 41
营业费用	660 909 879. 90	288 571 185. 05
资产减值损失	9 176 413. 80	6 939 135. 19
其他业务成本		
三、营业利润（亏损以"－"号填列）	1 033 747 454. 03	365 974 355. 56

续表

项　　目	本年金额	上年金额
加：营业外收入	423 600. 00	1 800 000. 00
减：营业外支出	1 201. 98	60 000. 00
四、利润总额（亏损总额以"－"号填列）	1 034 169 852. 05	367 714 355. 56
减：所得税费用	250 164 034. 09	90 198 088. 31
五、净利润（净亏损以"－"号填列）	784 005 817. 96	277 516 267. 25
其中：归属于母公司所有者的净利润	784 005 817. 96	277 516 267. 25
少数股东损益		
六、每股收益：		
（一）基本每股收益	0. 62	0. 42
（二）稀释每股收益	0. 62	0. 42
七、其他综合收益		
八、综合收益总额	784 005 817. 96	277 516 267. 25

法定代表人：高成程　　主管会计工作负责人：崔进才　　会计机构负责人：马　华

5. 2　信托资产

5. 2. 1　信托项目资产负债汇总

信托项目资产负债表

编制单位：长安国际信托股份有限公司

2012 年 12 月 31 日　　单位：万元

信托资产	期末数	信托负债和信托权益	期末数
信托资产：		信托负债：	
货币资金	249 226. 42	交易性金融负债	—
拆出资金	—	应付受托人报酬	228. 38
应收款项	107 347. 98	应付托管费	—
买入返售金融资产	3 750 974. 65	应付受益人收益	0. 06
交易性金融资产	2 597 944. 90	其他应付款项	78 901. 13
发放贷款	6 388 172. 70	应交税金	—
可供出售金融资产	—	其他负债	—
持有至到期投资	5 449 466. 75	信托负债合计	79 129. 57
长期股权投资	1 617 370. 43	信托权益：	
固定资产	—	实收信托	21 650 275. 77
无形资产	—	资本公积	—
长期应收款	126 496. 37	未分配利润	138 789. 21
其他资产	1 581 194. 35	信托权益合计	21 789 064. 98
信托资产总计	21 868 194. 55	信托负债及信托权益总计	21 868 194. 55

5. 2. 2　信托项目利润及利润分配汇总表

编制单位：长安国际信托股份有限公司

2012 年 12 月　　单位：万元

项目	本年累计数
一、营业收入	1 368 120. 11
利息收入	840 965. 46

续表

项目	本年累计数
投资收益	494 319. 70
公允价值变动损益	11 070. 27
租赁收入	5 251. 05
其他收入	16 513. 63
二、营业支出	283 591. 66
三、信托净利润	1 084 528. 45
四、其他综合收益	—
五、综合收益	—
加:期初未分配信托利润	39 328. 21
六、可供分配的信托利润	1 123 856. 66
减:本期已分配信托利润	985 067. 45
七、期末未分配信托利润	138 789. 21

6. 会计报表附注

6.1 简要说明报告年度会计报表编制基准、会计政策、会计估计和核算方法发生的变化

本公司根据《企业会计准则》、应用指南及准则解释的规定进行确认和计量,在此基础上编制固有业务财务报表。

本期无会计政策及会计估计变更。

6.2 或有事项说明

无。

6.3 重要资产转让及其出售的说明

无。

6.4 会计报表中重要项目的明细资料

6.4.1 披露自营资产经营情况

6.4.1.1 按信用风险五级分类结果披露信用风险资产的期初数、期末数

信用风险资产五级分类	正常类(万元)	关注类(万元)	次级类(万元)	可疑类(万元)	损失类(万元)	信用风险资产合计(万元)	不良资产合计(万元)	不良资产率(%)
期初数	170 839. 77				3 212. 54	174 052. 31	3 212. 54	1. 85
期末数	279 318. 86	8 959. 17			2 540. 52	290 818. 55	2 540. 52	0. 87

注:不良资产合计 = 次级类 + 可疑类 + 损失类。

逐笔说明不良信用资产的形成时间、债务人名称、收回可能性。

账面金额(万元)	资产种类	形成时间(年月)	债务人名称	收回可能性
900. 00	贷款	2004 年 12 月	陕西东隆投资有限责任公司	逐步回收
265. 98		2006 年 7 月	陕西九州生物科技股份有限公司	清收难度大
792. 56	其他应收款	2006 年 12 月	西安经济技术开发区资产投资有限公司	逐步回收
28. 60		2006 年 12 月	北京国信融诚投资咨询有限公司	形成损失
195. 18		2010 年 6 月	西安市经济技术投资担保有限公司	逐步回收
358. 20	固定资产清理	—	政策性房改房职工交纳款与房款差额	形成损失
2 540. 52(合计)	—			

6.4.1.2 各项资产减值损失准备的期初数、本期计提、本期转回、本期核销、期末数,贷款的一般准备、专项准备和其他资产减值准备应分别披露

单位:元

项 目	期初数	本年计提额	本年减少额		期末数
			转回	转销	
一、拆出资金					
二、坏账准备	14 383 603. 12		4 220 230. 00		10 163 373. 12
三、贷款损失准备	14 159 791. 50		2 669 770. 00	-169 770. 00	11 659 791. 50
四、可供出售金融资产减值准备		92 401. 97			92 401. 97
五、持有至到期投资减值准备					
六、长期股权投资减值准备	13 222 572. 51	15 974 011. 85			29 196 584. 36
七、长期应收款坏账准备					
八、固定资产减值准备	3 581 983. 37				3 581 983. 37
九、其他资产减值准备					
十、在建工程减值准备					
十一、生产性生物资产减值准备					

续表

项 目	期初数	本年计提额	本年减少额		期末数
			转回	转销	
其中:成熟生产性生物资产减值准备					
十二、油气资产减值准备					
十三、无形资产减值准备					
十四、商誉减值准备					
十五、其他					
合计	45 347 950. 50	16 066 413. 82	6 890 000. 00	−169 770. 00	54 694 134. 32

6. 4. 1. 3　自营股票投资、基金投资、债券投资、股权投资等投资业务的期初数、期末数

单位:万元

	自营股票	基金	债券	长期股权投资
期初数	10 779. 53	0	0	3 577. 74
期末数	56 422. 86	0	0	6 355. 34

6. 4. 1. 4　前五名的自营长期股权投资的企业名称、占被投资企业权益的比例、主要经营活动及投资收益情况等(从大到小顺序排列)

企业名称	投资比例(%)	经营活动	投资收益情况
长安基金管理有限公司	40	基金募集、基金销售、资产管理和中国证监会许可的其他业务	按投资比例计提减值准备 2 919. 66 万元
鄂尔多斯市民生股权投资管理有限公司	25. 50	股权投资管理	无

6. 4. 1. 5　前五名的自营贷款的企业名称、占贷款总额的比例和还款情况等(从大到小顺序排列)

企业名称	占贷款总额的比例(%)	还款情况
1. 陕西东隆投资有限责任公司	77. 19	损失类资产,正在逐步回收。
2. 陕西九州生物科技股份有限公司	22. 81	损失类资产,清收难度较大。

6. 4. 1. 6　表外业务的期初数、期末数,按照代理业务、担保业务和其他类型表外业务分别披露

无。

6. 4. 1. 7　公司当年的收入结构

收入结构	金额(万元)	占比(%)
手续费及佣金收入	170 567. 08	94. 64
其中:信托手续费收入	170 567. 08	94. 64
投资银行业务收入	—	—
利息收入	4 470. 40	2. 48
其他业务收入	2 613. 88	1. 45
其中:计入信托收入中	2 613. 88	1. 45
投资收益	−1 770. 06	−0. 98
其中:股票债券基金投资收益	−4 325. 20	−2. 40
信托投资收益	1 741. 28	0. 97
现金分红	813. 84	0. 45
其他	0	0
公允价值变动损益及汇兑损益	4 301. 63	2. 39
营业外收入	42. 36	0. 02
收入合计	180 225. 28	100

注:手续费及佣金收入、利息收入、其他业务收入、投资收益、营业外收入均应为损益表中的一级科目,其中手续费及佣金收入、利息收入、营业外收入为未抵减掉相应支出的全年累计实现收入数。

6. 4. 2　信托资产管理情况

6. 4. 2. 1　信托资产的期初数、期末数

单位:万元

信托资产	期初数	期末数
集合	3 285 577. 96	4 673 208. 46
单一	4 655 934. 54	13 170 650. 51
财产权	195 297. 77	4 024 335. 58
合计	8 136 810. 27	21 868 194. 55

6. 4. 2. 1. 1　主动管理型信托业务的信托资产期初数、期末数

单位:万元

主动管理型信托资产	期初数	期末数
证券投资类	948 307. 53	3 638 323. 45
股权投资类	483 190. 37	690 619. 67
权益投资类	3 622 894. 87	5 642 657. 99
融资类	2 312 679. 22	9 385 156. 35
事务管理类	28 592. 60	35 537. 96
合计	7 395 664. 59	19 392 295. 42

6. 4. 2. 1. 2　被动管理型信托业务的信托资产期初数、期末数

单位:万元

被动管理型信托资产	期初数	期末数
证券投资类	0	0
股权投资类	12 045. 50	224 117. 23
权益投资类	0	1 006 105. 66
融资类	721 200. 15	1 243 305. 98
事务管理类	7 900. 03	2 370. 26
合计	741 145. 68	2 475 899. 13

6. 4. 2. 2　本年度已清算结束的集合类、单一类资金信托项目和财产管理类信托项目数量、实收信托合计金额、加权平均实际年化收益率

6. 4. 2. 2. 1　本年度已清算结束的集合类、单一类资金信托项目和财产管理类信托项目个数、实收信托合计金额、加权平均实际年化收益率

已清算结束信托项目	项目个数	实收信托合计金额(万元)	加权平均实际年化收益率(%)
集合类	270	2 782 502	7. 30
单一类	208	6 848 296	5. 97
财产管理类	4	141 534	7. 03

6.4.2.2.2 本年度已清算结束的主动管理型信托项目个数、实收信托合计金额、加权平均实际年化信托报酬率、加权平均实际年化收益率

已清算结束信托项目	项目个数	实收信托合计金额(万元)	加权平均实际年化信托报酬率(%)	加权平均实际年化收益率(%)
证券投资类	34	253 919	1.07	4.30
股权投资类	5	163 986	1.45	8.96
其他权益投资	281	2 862 927	0.47	7.20
融资类	147	2 505 054	1.28	8.02
事务管理类	11	3 912 180	0.16	4.71

6.4.2.2.3 本年度已清算结束的被动管理型信托项目个数、实收信托合计金额、加权平均实际年化信托报酬率、加权平均实际年化收益率

已清算结束信托项目	项目个数	实收信托合计金额(万元)	加权平均实际年化信托报酬率(%)	加权平均实际年化收益率(%)
证券投资类	—	—	—	—
股权投资类	1	28 000	0.20	8.30
其他权益投资	1	26 000	0.10	11.90
融资类	2	20 267	0.20	8.69
事务管理类	—	—	—	—

6.4.2.3 本年度新增的集合类、单一类资金信托项目和财产管理类信托项目个数、实收信托合计金额

新增信托项目	项目个数	合计金额(万元)
集合类	249	4 135 141
单一类	298	11 550 576
财产管理类	123	4 098 804
新增合计	670	19 784 521
其中:主动管理型	634	17 976 025
被动管理型	36	1 808 496

6.4.2.4 信托业务创新成果和特色业务有关情况

公司鼓励创新,支持创新。2012年在自主管理的融资租赁投资系列信托产品、上市公司股权投资基金业务等领域实现了突破,有效拓展了业务领域,为信托收入的持续快速增长增添了新的动力。

6.4.2.5 本公司履行受托人义务情况及因公司自身责任而导致信托资产的损失情况(合计金额、原因等)

无。

6.5 关联方关系及其交易的披露

6.5.1 关联交易方的数量、关联交易的总金额及关联交易的定价政策等

	关联交易方数量	关联交易金额(万元)	定价政策
合计	15	58 288.73	公允价格

注:关联交易是指信托公司以自有资产、信托资产为关联方提供投融资等服务,或以担保等方式为关联方融资提供便利的业务。关联交易的统计范围应基本与银监会非现场监管信息系统中关于关联交易的范围和口径一致,也可增加为关联方提供咨询等其他非投融资类业务服务的信息。

6.5.2 关联交易方与本公司的关系性质、关联交易方的名称、法定代表人、注册地址、注册资本及主营业务等

关系性质	关联方名称	法定代表人	注册地址	注册资本	主营业务
股东关联方	西安市财政局	罗亚民	西安市南大街	—	—
原控股子公司	西安经济技术开发区资产投资有限公司	邓旭升	西安市未央路132号经发大厦27层	1 500万元	投资咨询、接受委托、管理资产。
股　东	深圳市淳大投资有限公司	唐乾山	广东省深圳市福田区深南大道与金田路交界西南深圳国际交易广场写字楼26层2605Q	12 000万元	实业投资,投资管理咨询等。
股东关联方	博石资产管理有限公司	唐乾山	上海市浦东新区民生路1199弄1号1906室	5 000万元	资产管理、投资管理及咨询、艺术品的销售,文化交流活动策划。
股东关联方	西安陕鼓动力股份有限公司	印建安	陕西省西安市高新区沣惠南路8号	163 877万元	各种透平机械的开发、制造、销售、技术咨询等。
股东关联方	西安市证大商务信息咨询有限公司	戴志康	福田区金田路与福中路交界东南荣超经贸中心	1亿元	为中小企业和个人提供快速便捷、无抵押、无担保小额贷款服务。
股东关联方	深圳市证大速贷小额贷款股份有限公司	戴志康	福田区金田路与福中路交界东南荣超经贸中心	1亿元	小额贷款。
股东关联方	上海证大投资发展有限公司	戴志康	浦东新区陆家嘴东路161号1110室	1.5亿元	股权投资,实业投资,房地产投资,国内贸易(除专项审批),船舶维修。

续表

关系性质	关联方名称	法定代表人	注册地址	注册资本	主营业务
股　东	上海证大投资管理有限公司	朱南松	浦东新区民生路 1199 弄 1 号 16 层 1908 室	3 亿元	投资管理、企业资产委托理财、资产重组、收购兼并等。
股东关联方	上海天物馆文化投资管理有限公司	王尚钧	上海市浦东新区长柳路 100 号 5 楼	1 500 万元	投资管理、资产管理（除金融业务），工艺品的销售，文化活动策划。
股东关联方	西安宝信融资租赁有限公司	巩宝生	西安市高新区科技五路 8 号数字大厦三层	2 亿元	融资租赁（金融租赁除外）；租赁业务；租赁交易咨询；经济咨询及担保等。
股东关联方	西安西投置业有限公司	刘建利	西安市高新区科技五路 8 号数字大厦三层	5 000 万元	房地产综合开发；房地产开发咨询；工程管理；商品房销售、租赁；物业管理等。

6.5.3　逐笔披露本公司与关联方的重大交易事项

6.5.3.1　固有财产与关联方：贷款、投资、租赁、应收账款担保、其他方式等期初汇总数、本期发生额汇总数、期末汇总数

单位：万元

固有财产与关联方关联交易																				
贷款			投资			租赁			担保			应收账款			其他			合计		
期初	发生额	期末	期初	发生额	期末	期初	发生额	期末	期初	发生额	期末	期初	发生额	期末	期初	发生额	期末	期初	发生额	期末
—	—	—	—	—	—	—	—	—	—	—	—	—	—	—	1 203.85	4 592.98	5 796.83	1 203.85	4 592.98	5 796.83

6.5.3.2　信托资产与关联方：贷款、投资、租赁、应收账款、担保、其他方式等期初汇总数、本期发生额汇总数、期末汇总数

单位：万元

信托财产与关联方关联交易																				
贷款			投资			租赁			担保			应收账款			其他			合计		
期初	发生额	期末	期初	发生额	期末	期初	发生额	期末	期初	发生额	期末	期初	发生额	期末	期初	发生额	期末	期初	发生额	期末
36 230	−35 000	1 230	18 820	1 525	20 345	0	13 916.9	13 916.9	0	0	0	0	0	0	30 000	−13 000	17 000	85 050	−32 558.1	52 491.9

6.5.3.3　信托公司自有资金运用于自己管理的信托项目（固信交易）、信托公司管理的信托项目之间的相互（信信交易）交易金额，包括余额和本报告年度的发生额

6.5.3.3.1　固有财产与信托财产之间的交易金额期初汇总数、本期发生额汇总数、期末汇总数

单位：万元

固有财产与信托财产相互交易			
	期初数	本期发生额	期末数
合计	18 842	15 758	34 600

6.5.3.3.2　信托项目之间的交易金额期初汇总数、本期发生额汇总数、期末汇总数

单位：万元

信托资产与信托财产相互交易			
	期初数	本期发生额	期末数
合计	0	5 400	5 400

6.5.4　逐笔披露关联方逾期未偿还本公司资金的详细情况以及本公司为关联方担保发生或即将发生垫款的详细情况

未偿还的关联方款项是西安经济技术开发区资产投资有限公司欠款 792.56 万元，是本公司原控股子公司，注册资本 1 500万元，该欠款主要用于补充其营运资金不足，逾期时间在 5 年以上。

6.5.5　其他需披露的关联交易事项

公司以信托计划募集资金出资与关联方西安经济技术开发区资产投资有限公司出资共同设立有限合伙企业，通过合伙企业进行证券投资。截至 2012 年 12 月 31 日，以此种模式成立运行的信托项目共计 54 个。

公司以信托计划募集资金作为有限合伙人与关联方鄂尔多斯市民生能源股权基金管理有限公司作为普通合伙人，参与发起设立鄂尔多斯市民生能源股权投资基金。截至 2012 年 12 月 31 日，以此模式运作的信托项目 1 笔，规模为 55 000 万元。

6.6　会计制度的披露

固有业务（自营业务）、信托业务执行会计制度的名称及颁布的年份。

本公司固有业务和信托业务财务报表均执行 2006 年 2 月 15 日财政部颁布的《企业会计准则》（财政部令第 33 号）及《企业会计准则应用指南》（财会〔2006〕18 号），根据应用指南及准则解释的规定进行确认和计量。

本公司编制的固有业务财务报表反映了本公司 2012 年 12 月 31 日的财务状况、2012 年度的经营成果和现金流量等信息。

7. 财务情况说明书

7.1 利润实现和分配情况

单位:万元

项目	金额
利润总额(亏损总额以"-"号填列)	103 416.99
减:所得税费用	25 016.40
净利润(净亏损以"-"号填列)	78 400.58
其中:归属于母公司所有者的净利润	78 400.58
少数股东损益	—
每股收益(元):	
(一)基本每股收益	0.62
(二)稀释每股收益	0.62
其他综合收益	—
综合收益总额	78 400.58

按照公司章程的规定,税后利润按以下顺序进行分配:一是弥补公司以前年度亏损;二是按税后利润的10%提取法定盈余公积金7 840.06万元;三是按期末风险资产余额的1.5%补提一般准备1 184.72万元;四是按税后利润的5%提取信托赔偿准备金3 920.03万元;五是向股东分配利润,具体分配方案由董事会提出预案,股东大会决定。

期末未分配利润金额为75 736.90万元。

7.2 主要财务指标

指标名称	指标值
资本利润率(%)	41.96
信托报酬率(%)	1.19
人均净利润(万元)	293.77

注:1. 资本利润率=净利润/所有者权益平均余额×100%。
2. 信托报酬率=信托业务收入/实收信托平均余额×100%。
3. 人均净利润=净利润/年平均人数。
4. 平均值采取年初及各季末余额移动算术平均法,公式为:a(平均)=(a_0/2+a_1+a_2+a_3+a_4/2)/4。

7.3 对本公司财务状况、经营成果有重大影响的其他事项

无。

8. 特别事项揭示

8.1 前五名股东报告期内变动情况及原因

报告期内公司前五名股东无变动情况。

8.2 董事、监事及高级管理人员变动情况及原因

8.2.1 董事变动情况及原因

报告期内公司董事无变动情况。

8.2.2 监事变动情况及原因

由于原职工监事刘洁工作变动辞去公司监事一职,经公司职工代表大会选举,2012年9月20日,公司第一届监事会第四次会议补选白伏波先生为职工监事。

8.2.3 高级管理人员变动情况

2012年3月23日,公司第一届董事会第二次会议同意聘任陈英先生为公司常务副总经理、喻福兴先生为公司总经理助理。

8.3 变更注册资本、变更注册地或公司名称、公司分立合并事项

无。

8.4 公司的重大诉讼事项

报告期内,公司固有业务未发生本报告年度起诉或被诉事项。

现有以前年度已取得生效判决但报告年度尚未执行完结的案件总计4件,涉案标的额3 086万元。其中,自营业务2笔,金额共计1 166万元,信托业务2笔,金额共计1 920万元。以上案件均为主诉案件,无被诉案件。

截至报告期末,公司新增一笔公司为原告的案件,该笔诉讼为单一信托业务类型,诉讼标的金额9 500万元,目前该案件尚在审理阶段。

8.5 公司及其董事、监事和高级管理人员受到处罚的情况

无。

8.6 银监会检查意见的整改情况

中国银行业监督管理委员会陕西监管局于2012年10月15日至23日对公司净资本管理情况进行了专项现场核查,对公司在净资本管理方面存在的主要问题进行了充分的揭示,并提出了整改意见。

在2012年10月中国银行业监督管理委员会陕西监管局净资本现场核查后,公司积极调整优化资产和业务结构,通过优化自营资产的结构,增加净资本的总量;同时,主动调整信托业务结构,提高信托产品收费标准,主动放弃收费低、信托报酬率低于风险系数的业务。公司进一步梳理制度,修改、完善了相关净资本管理规章制度,严格控制新业务的净资本耗用。公司股东、董事高度重视监管意见,于2012年11月28日召开了公司董事会风险管理委员会会议,会议提出要按照净资本状况控制业务发展速度,科学规划和分配净资本,积极调整业务结构,提高净资本的使用效率。

公司将进一步提高认识,规范净资本管理,制定净资本管理长期规划,确保净资本管理各项风险控制指标达到监管要求。

8.7 本年度重大事项临时报告的简要内容、披露时间、所披露的媒体及其版面

无。

8.8 银监会及其省级派出机构认定的其他有必要让客户及相关利益人了解的重要信息

无。

9. 公司监事会意见

监事会认为：公司在经营中，能够遵守国家法律和法规，能够遵守中国银行业监督管理委员会的监管规定。

公司董事会编制的 2012 年度报告及其摘要程序符合法律、法规的规定，报告内容真实、准确、完整地反映了公司的实际情况，不存在虚假记载、误导性陈述或重大遗漏。

重庆国际信托有限公司

1. 重要提示

1.1 本公司董事会及董事保证本报告所载资料不存在任何虚假记载、误导性陈述或者重大遗漏，并对其内容的真实性、准确性和完整性承担个别及连带责任。

1.2 公司独立董事雷世文、史锦杰、王友伟、王淑慧认为本报告内容是真实、准确、完整的。

1.3 天健会计师事务所(特殊普通合伙)重庆分所为本公司出具了标准无保留意见的审计报告。

1.4 公司负责人翁振杰先生、财务负责人李坤唯女士及财务部门负责人刘影女士声明:保证年度报告中财务报告的真实、完整。

2. 公司概况

2.1 公司简介

2.1.1 历史沿革

公司的前身是重庆国际信托投资公司，于1984年10月经中国人民银行批准成立，注册资本金3 500万元，为国有独资的非银行金融机构;2002年1月，公司引入战略投资者，进行增资改制，并经中国人民银行总行《中国人民银行关于重庆国际信托投资有限公司重新登记有关事项的批复》(银复〔2002〕9号)批准，获准重新登记，注册资本金增至10.3373亿元（含美元1 565万元);2004年末，公司进一步增资扩股，注册资本金增加到16.3373亿元，取得了中国银行业监督管理委员会重庆监管局颁发的中华人民共和国金融许可证(编号为K10226530H002)和重庆市工商行政管理局颁发的企业法人营业执照(注册号为5000001800019)。2007年10月19日，经中国银行业监督管理委员会银监复〔2007〕461号文《中国银监会关于重庆国际信托投资有限公司变更公司名称和业务范围的批复》获准变更公司名称、业务范围并已领取新的金融许可证(编号为K0051H250000001)。2010年11月，经中国银行业监督管理委员会银监复〔2010〕552号《关于批准重庆国际信托有限公司增加注册资本及调整股权结构等有关事项的批复》，公司注册资本由16.3373亿元增加至24.3873亿元，公司股权结构由重庆国信投资控股有限公司100%持股，变更为多家机构投资者共同持股，上述事项已于2010年12月22日完成工商变更登记(注册号500000000005609)。

2.1.2 公司的法定中文名称:重庆国际信托有限公司
中文名称缩写:重庆信托
公司法定英文名称:Chongqing International Trust Co.,Ltd.
英文名称缩写:CQITC

2.1.3 公司负责人:翁振杰

2.1.4 注册地址:重庆市渝中区民权路107号

2.1.5 邮政编码:400010

2.1.6 公司国际互联网网址:http//www.cqitic.com

2.1.7 电子信箱:cqitic@cqitic.com

2.1.8 信息披露事务负责人:吕维
联系电话:023-89035888
传真:023-89035998
电子信箱:cqitic@cqitic.com

2.1.9 年度报告备置地点:重庆市渝中区民权路107号

2.1.10 聘请的会计师事务所:天健会计师事务所(特殊普通合伙)重庆分所
住所:重庆市北部新区财富大道13号财富园2号B幢3~6层

2.1.11 聘请的律师事务所:
重庆索通律师事务所
住所:重庆市渝中区瑞天路56号企业天地4号楼九层
中豪律师事务所
住所:重庆市渝中区邹容路68号大都会广场22层

2.2 组织结构

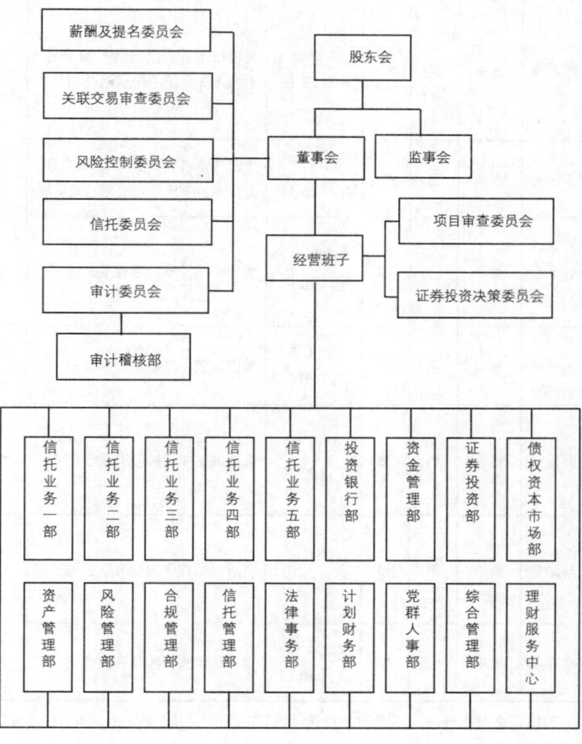

3. 公司治理结构

3.1 前三位股东

股东名称	持股比例(%)	法定代表人或负责人	注册资本(亿元)	注册地址	主要经营业务及主要财务情况
重庆国信投资控股有限公司	66.99	刘勤勤	16.3373	渝中区上清寺路110号	依法进行项目投资与管理、投资咨询业务等。2012年末资产总额8 798 119.99万元；所有者权益1 513 326.71万元；归属于母公司的净利润94 604.33万元。
重庆水务集团股份有限公司	23.86	吴家宏	48	渝中区龙家湾1号	从事城镇给排水项目的投资、经营及建设管理；城镇给排水供应及系统设施的管理，给排水工程设计及技术咨询服务等。2012年末资产总额1 793 656.49万元，归属于上市公司股东的所有者权益1 238 937.89万元。2012年实现上市公司股东的净利润188 859.42万元。
上海淮矿资产管理有限公司	4.10	刘建祥	6	上海市浦东新区浦东南路256号	资产管理，股权投资，股权投资管理，实业投资，企业资产并购与重组策划，投资咨询。2012年末资产总额75 286万元，所有者权益74 222万元。2012年实现母公司净利润3 379万元。

注：公司股东重庆市水务资产经营有限公司为公司第二大股东重庆水务集团股份有限公司控股股东。

3.2 董事

董事长、副董事长、董事

姓名	职务	性别	年龄	选任日期	所推举的股东名称	该股东持股比例(%)	简要履历
翁振杰	董事长（代）	男	50	2011年3月26日	重庆国信投资控股有限公司、重庆水务集团股份有限公司、重庆市水务资产经营有限公司、建银国际（中国）有限公司、安徽省皖投融资担保有限责任公司等	95.90	硕士研究生学历，高级经济师，重庆市第四届人大常委，民建中央财政金融委员会副主任、民建重庆市委副主委；历任重庆三峡银行股份有限公司董事长、西南证券股份有限公司董事长、重庆路桥股份有限公司董事等职；现任重庆国际信托有限公司董事长（代），首席执行官，益民基金管理有限公司董事长，重庆三峡银行股份有限公司董事，重庆渝涪高速公路有限公司董事，西南证券股份有限公司董事。
武秀峰	董事	男	63	2011年3月26日	重庆市水务资产经营有限公司、重庆水务集团股份有限公司	26.04	硕士研究生，高级经济师；曾任重庆市公交公司团委干事、团市委候补委员、重庆市城建局团委副书记、团市委委员、重庆市公用局团委副书记、重庆市市政委副主任（正厅级）等职；现任重庆市水务资产经营有限公司董事长、重庆水务集团股份有限公司董事长、重庆国际信托有限公司董事。
罗明亮	董事	男	47	2011年3月26日	重庆市水务资产经营有限公司、重庆水务集团股份有限公司	26.04	硕士研究生，高级会计师；曾任职重庆市公共电车公司、重庆市第三公交公司等职；现任重庆市水务资产经营有限公司监事长、重庆国际信托有限公司董事。
时平生	董事	男	49	2011年3月26日	重庆国信投资控股有限公司	66.99	硕士研究生，助理研究员；曾任陕西证券常务副总经理、ITG（香港）风险投资公司北京代表处首席代表等职；现任中国新纪元有限公司董事长、重庆国际信托有限公司董事。
王晓岩	董事	男	52	2011年3月26日	重庆国信投资控股有限公司	66.99	硕士研究生，高级经济师；曾任中国科技财务公司总经济师、信贷部总经理等职；现任中国希格玛有限公司董事长、总裁，重庆国际信托有限公司董事。
谢维宪	董事	男	58	2011年3月26日	重庆国信投资控股有限公司	66.99	大学本科学历；历任中共中央政法委员会干部、北京市公安局海淀分局正处级干部、中国防卫技术学校筹备处负责人等职；现任重庆国信投资控股有限公司董事、北京中关村科学城建设股份有限公司总裁、重庆国际信托有限公司董事。
刘勤勤	董事	男	56	2011年3月26日	重庆国信投资控股有限公司	66.99	研究生学历，讲师、编辑；曾任军事经济学院教官、财务理论教研室主任、总后勤部财务结算中心副主任等职；现任重庆国信投资控股有限公司总经理、重庆国际信托有限公司董事。
李寒晨	董事	女	43	2011年3月26日	重庆国信投资控股有限公司	66.99	大学本科学历；曾任职于中国人民银行银行司、中国银监会银行二部；现任重庆国际信托有限公司董事。

注：2013年2月1日，公司董事会审议通过如下决议：同意何玉柏先生不再担任公司董事长职务，由翁振杰先生代行公司董事长职务，主持公司董事会等日常工作。

独立董事

姓　名	所在单位及职务	性别	年龄	选任日期	所推举的单位名称	该股东持股比例	简　要　履　历
雷世文	北京市天驰律师事务所	男	49	2011 年 3 月 26 日	重庆国际信托有限公司	—	硕士研究生；曾任职于安徽省机械工业厅、国家工商行政管理局；现任北京市天驰律师事务所合伙人、律师，重庆国际信托有限公司独立董事。
史锦杰	市劳动保障局退休干部	男	65	2011 年 3 月 26 日	重庆国际信托有限公司	—	大学本科学历，高级经济师；曾任重庆市市中区副区长、巴南区区委书记、重庆市劳动保障局局长、重庆市三届政协常委等职；现任重庆国际信托有限公司独立董事。
王淑慧	北京化工大学经济管理学院财务管理专业负责人	女	52	2011 年 3 月 26 日	重庆国际信托有限公司	—	大学本科学历，教授，注册会计师、税务师、资产评估师；曾任北京化工大学经济管理学院副院长、会计系主任等职；现任北京化工大学经济管理学院财务管理系主任、硕士研究生导师、重庆国际信托有限公司独立董事。
王友伟	市国资委退休干部	男	69	2011 年 3 月 26 日	重庆国际信托有限公司	—	高级经济师；曾任重庆市团委书记、市总工会常务副主席、市旅游局局长、市企业工委、国资委副书记等职；现任重庆国际信托有限公司独立董事。

3.3　监事

监事会成员

姓　名	职　务	性别	年龄	选任日期	所推举股东名称	该股东持股比例(%)	简　要　履　历
雷万亚	监事长	女	58	2012 年 4 月 11 日	重庆国信投资控股有限公司	66.99	法律本科，高级管理人员工商管理硕士，一级高级检察官；曾任重庆市人民检察院副检察长；现任重庆市第四届政协委员，重庆信托党委书记、纪委书记、监事长。
刘建祥	监事	男	51	2011 年 3 月 26 日	上海淮矿资产管理有限公司	4.10	大学本科，高级会计师；现任上海淮矿资产管理有限公司董事长，淮南矿业集团财务公司董事，重庆信托监事。
胡雪莲	职工监事	女	39	2011 年 3 月 21 日	重庆信托职代会	—	硕士研究生学历，注册会计师；现任重庆信托信托业务二部总经理、职工监事。

3.4　高级管理人员

高级管理人员

姓　名	职务	性别	年龄	选任时期	金融从业年限	学历	专业
翁振杰	首席执行官	男	50	2005 年 3 月	11	硕士	通信与电子系统
林德琼	副总裁	男	49	2009 年 6 月	12	硕士	工商管理
董尚可	副总裁	男	43	2009 年 3 月	14	硕士	工商管理
吴浩风	副总裁	男	37	2012 年 9 月	11	硕士	工商管理
吕 维	副总裁	女	40	2012 年 9 月	8	硕士	民商法
杨云	总经理助理	男	44	2008 年 4 月	13	大专	会计
李坤唯	总经理助理	女	56	2008 年 4 月	22	本科	企业管理

3.5　公司员工

公司员工

项　目		报告期年度	
		人数	比例(%)
学历分布	博士	0	0
	硕士	28	33.7
	本科	44	53.0
	专科	11	13.3
	其他	0	0
总人数		83	
平均年龄		36	

4. 经营管理

4.1　经营目标、经营方针、战略规划

公司的经营目标是：突出信托主业地位，以创新为核心推动信托业务拓展，重点为优质客户特别是机构客户提供综合性金融产品和服务；深化与其他金融机构的合作，积极适应金融业混业经营的趋势，不断提高控制、驾驭风险的能力，建立可持续发展的盈利模式和核心竞争力。在信托服务领域奠定全国性的行业领先地位，将公司建设成为全国一流的信托金融机构，充分实现公司价值、股东权益和社会效益的和谐发展。

公司的经营方针是：坚持科学发展观，以诚信树品牌，以创新促发展；严控风险，稳健经营，发展壮大与风险防控并重，坚持依法合规经营。

公司的战略规划是：立足重庆，紧紧抓住城乡统筹综合改革和建设长江上游地区金融中心的契机，调整资产结构和业务重点，以基础设施建设和金融投资为核心，大力发展信托主业，力争公司信托规模、管理水平、盈利能力不断迈向新的高度；同时，积极探索与国内外金融机构的合作，引进优质战略资本及先进管理技术，不断提升公司的资本实力、管理水平和盈利能力。

4.2　所经营业务的主要内容

4.2.1　公司经营业务由自营业务、信托业务等构成

自营业务主要开展贷款、金融机构股权投资、证券投资等业务；信托业务主要开展资金信托、财产或财产权信托、信贷

（票据）资产转让、投资银行等业务。公司信托业务的主要品种是单一资金信托、集合资金信托、股权信托，按运用方式分为投资类信托、贷款类信托、财产（财产权）管理类信托。

4.2.2　资产组合与分布

自营资产运用与分布表

资产运用	金额（万元）	占比（%）	资产分布	金额（万元）	占比（%）
货币资产	30 297.47	3.12	基础产业	0.00	0.00
贷款及应收款	334 973.61	34.50	房地产业	81 000.09	8.34
交易性金融资产	29 214.34	3.01	证券市场	208 108.13	21.44
可供出售金融资产	302 782.18	31.19	实业	112 500.00	11.59
持有至到期投资	0.00	0.00	金融机构	293 619.60	30.24
长期股权投资	263 322.13	27.12	其他	275 650.43	28.39
其他	10 288.52	1.06			
资产总计	970 878.25	100.00	资产总计	970 878.25	100.00

信托资产运用与分布表

资产运用	金额（万元）	占比（%）	资产分布	金额（万元）	占比（%）
货币资产	225 556.14	3.54	基础产业	1 540 895.38	24.17
贷款及应收款	2 041 902.74	32.02	房地产业	845 971.00	13.27
交易性金融资产	602 903.30	9.45	证券市场	779 983.30	12.23
可供出售金融资产	1 622,555.45	25.45	实业	1 951 030.52	30.60
持有至到期投资	0.00	0.00	金融机构	492 433.43	7.72
长期股权投资	1 882 413.09	29.52	其他	766 048.56	12.01
其他	1 031.47	0.02			
信托资产总计	6 376 362.19	100.00	信托资产总计	6 376 362.19	100.00

4.3　市场分析

2012 年中国经济在全球经济复苏乏力的大背景下，出现了出口下滑、基建投资和房地产投资趋缓、部分产业产能过剩等各种不利现象，经济增长呈现出逐季减速的态势。据国家统计局公布的数据显示，2012 年前三季度 GDP 增速持续回落，分别为 8.1%、7.6%、7.4%，第四季度 GDP 增速虽然超过预期达到 7.9%，但全年 GDP 增速仍在 7.8%，创造近 13 年以来中国经济增速的最低值。由此可见，中国经济正在逐步进入潜在增长率下降通道，通缩或已出现端倪。

展望 2013 年，目前市场普遍对中国经济持相对乐观态度。汇丰银行、德意志银行、瑞士银行等在内的多家中外资机构预计，2013 年中国经济增速在 8% ~9%，其中市场预期以 8.5% 左右居多。国务院发展研究中心近日也发布报告称，预计 2013 年中国经济增速将保持在 8% 左右。根据 2013 年中央经济工作会议精神，政府会继续把握稳中求进的工作总基调，在宏观政策方面强调稳定性与连续性。2013 年预计政府将加大积极财政政策的实施力度，适当扩大赤字规模，进一步加大结构性减税的力度，扩大“营改增”的实施地区和实施范围，适当降低增值税的标准税率。此外，还将积极推动技术创新与制度创新，提高全要素生产率和长期增长潜力。

4.3.1　有利因素

4.3.1.1　社会实体经济发展需要创新的金融服务

十八大报告提出，牢牢把握发展实体经济这一坚实基础，实行更加有利于实体经济发展的政策措施。2012 年是我国实体经济发展面临较大困难的一年，年初以来规模以上工业企业利润持续负增长，直到 9 月才因国家稳增长政策显效而转正。因此，当前强调促进实体经济发展具有重要意义。发展实体经济，既是中国加速崛起的基石，又是未来提高经济增长质量和效益的坚实基础。作为现代经济的核心，金融业肩负着重要使命，信托作为金融领域的融资多面手，以其横跨资本市场、货币市场以及实体经济的业务领域优势为促进实体经济的发展带来了有力的支持。当前我国实体经济需要创新的金融服务做支撑，因此，信托行业发展未来发展空间大、潜力多。与信托业较为成熟的国家相比，我国信托深度和信托密度依然偏低。截至 2012 年第三季度，我国信托业的信托资产占 GDP 比例仅为 17.88%，未来信托行业还存在更大的机遇。

4.3.1.2　金融脱媒为信托带来广阔市场机遇

中央经济工作会议明确提出，继续实施积极的财政政策和稳健的货币政策。提出实施稳健的货币政策，要注意把握好度，增强操作的灵活性。要适当扩大社会融资总规模，保持贷款适度增加。一直以来，信托与银行信贷都存在负相关效应，信贷政策松则挤压信托规模的增长，信贷政策紧则为信托规模的增长留出空间。2012 年贷款“适度”增长的“度”是影响 2013 年信托规模的一个重要因素。另外，2012 年全年人民币贷款占同期社会融资规模的 52.1%，同比下降 6.1 个百分点。社会生产对银行信贷依赖度逐渐降低，凸显出金融脱媒在我国已初现端倪。这一变化为信托行业带来了广阔的市场机遇，提高了信托作为金融工具在市场上的主体地位。

4.3.1.3　日益增长的财富管理需求需要信托还富于民

十八大报告指出“提高居民财产性收入”，真正实现藏富于民。银监会也对信托公司提出要求，希望各大信托公司加快调整信托业务结构，从以往的纯融资业务向资产管理和财富管理转型。当下中国财富增量不断提高，富裕人群也逐步增多，这为信托行业提供了持久的增长动力。此外，中国金融市场的不断完善深化和持续创新，也对信托制度不断提出新的需求。实践证明，金融创新和多样化的金融工具都离不开信托制度的配合和参与。信托公司需要履行企业的社会使命，挖掘信托本源，还富于民，通过投资能力帮助老百姓实现财富增值。

4.3.1.4　“新型城镇化”思想为重庆带来新的机遇

推进新型城镇化，是重庆转变经济发展方式、增强内生动力，建成西部地区重要增长极、长江上游地区经济中心的基本依托；是破解城乡二元结构、推动区域协调发展、建设统筹城乡发展直辖市的关键举措；是加快推进“科学发展、富民兴渝”，实现“三个领先”，在西部率先建成全面小康社会的必由之路。近年来，重庆市城镇化已取得一系列进展，正进入集群发展、加速发展、提档升级的重要阶段。在这个推动城镇化发展的关键阶段，基建投资将带来巨额的资金需求，需要信托独有的制度优势、功能优势和多元化融资方式。因此，新型城镇化理念将为公司发展信托主业提供良好的外部环境，公司将迎来新的发展机遇。

4.3.1.5　强大的资本实力为公司扩大业务规模打下基础

在 2012 年信托行业兑付风波频现的背景下，目前许多信托公司为了规避风险，正在逐渐缩小信托规模，谨慎地开展业务。但公司具备强大的资本实力与风险抵御能力，在 2013 年的信托业务发展上拥有更多的主动权，2012 年末公司固有资产总额97.09亿元，所有者权益81.18亿元，资本实力位居同业前列，为公司拓展信托业务奠定了坚实的基础。

4.3.2 不利因素

4.3.2.1 宏观经济环境的不确定为信托业带来新的挑战

宏观经济与政策在为明年信托业提供难得机遇的同时，其中风险也不容小视。一方面，国家为了达到控制房价过快上涨的政策目标而继续加大调控，或即便要保增长也不放松遏制房价，同时通过加大保障性住房建设满足需求，从而给部分房地产项目带来风险。另一方面，出现环比意义上的短期紧缩。即在一定时期内实体经济可能陷入同比通胀、环比通缩，融资企业的生存环境艰难，第一还款来源面临较大压力，甚至存在高杠杆重压下的破产可能。这些给信托行业发展带来很大不确定性。

4.3.2.2 泛资产管理时代使信托业面临严峻挑战

2012年证监会、保监会针对资产管理市场集中相继出台了一系列新政，这些措施的主基调就是监管松绑，泛资产管理时代已然来临。在金融业全面开放、综合经营的背景下，理财市场竞争激烈、监管规则不统一，信托公司受到更严格的限制，信托的制度优势被削弱。同时，泛资产管理时代的来临势必分化信托公司的现有客户，削弱信托公司原先拥有的综合信托业务专营权。信托公司以多样化运用方式和跨市场配置为特点构筑的传统经营方式也必将遭到其他资产管理机构的简单模仿并遭遇直接的正面竞争，信托公司展业面临其他类型金融机构的严峻挑战。

4.3.2.3 监管政策的频繁出台抑制信托发展空间

近年来我国信托业快速发展的主要动力，除了经济增长带来的需求，更重要的是信托业独特的制度红利。2012年，监管部门对信托业实施一系列关于信贷业务、银信合作业务、政府平台业务、房地产业务等监管政策以及不定期的窗口指导，在规范信托业的同时，也对相关业务的发展构成制约。尤其是2012年末由财政部、发展改革委、人民银行、银监会联合发出的《关于制止地方政府违法违规融资行为的通知》（以下简称463号文）突然来袭，对地方融资平台的公益性项目融资作出了规范。与以前文件主要针对信贷类债务相比，463号文尤其针对地方政府与财务公司、信托公司、金融租赁公司等非银行金融机构的合作业务。463号文的出台无疑对公司的政信合作业务造成巨大影响，一定程度上抑制了信托业务的发展空间。

4.3.2.4 信托业的社会认知度尚需大力提升，合格投资者尚需培育。

相对于银行、证券、保险业，社会对信托业的了解程度还不够高，信托知识还不够普及，合格投资者尚需培育。公司地处西部，信息和资源都比较匮乏，老百姓和企业对信托业更缺乏相应的了解，合格投资者数量与东部沿海发达地区相比较少。

4.4 内部控制

4.4.1 内部控制环境和内部控制文化

公司按照《公司法》、《信托公司管理办法》、《信托公司治理指引》和监管部门的要求完善公司治理的相关制度和实施细则，进一步明确了三会一层的权责和制约关系，公司经营班子与下属部门也形成了有效的授权分责关系。

公司坚持“诚信、稳健、创新、求精”的经营理念，坚持以人为本，追求效率与效益，综合运用激励与福利机制，在积极向上的企业文化体系中实现员工与公司共同成长进步。

4.4.2 内部控制措施

公司董事会下设关联交易审查委员会、风险控制委员会、审计委员会、信托委员会、薪酬及提名委员会，各委员会职责清晰、分工明确，协助董事会开展公司各项业务；引入了独立董事制度，并由独立董事出任信托委员会、审计委员会和关联交易审查委员会主任委员，以控制公司重大业务的经营风险，实现公司业务的健康可持续发展；监事会有效履行监督职责。

公司按职责分离的原则设置内部各部门。前台部门（业务部门）对业务进行受理和初审，并负责实施项目的具体操作；中台（信托管理部、风险管理部、合规管理部、法律事务部等）对业务进行决策和事中控制；后台（计划财务部等）对业务进行财务核算和管理。通过内部约束机制达到强化中台、后台对前台的控制反映和监督评价。

为了进一步完善业务经营机制、防范和化解风险，2012年公司修订、制定了《关联交易管理办法》，《关联交易审查委员会议事规则》、《内部审计章程》、《金融类产品投资交易（信托业务）管理办法》、《政府融资平台贷款信贷分类标准》、《办理抵押、质押登记及注销业务流程办法》等一系列制度和办法，健全和完善了内部管理制度体系。

4.4.3 信息交流与反馈

公司内部建立了良好的信息交流与反馈制度，通过公司内网、会议、座谈、报告等方式，公司经营班子和员工之间开展有效的互动和交流，相互传递政策信息；通过公司外部网站及报纸等媒介，根据法律法规规定向公众披露公司资产经营状况，根据信托文件约定向信托委托人（受益人）及时披露信托财产管理运用等相关信息。

4.4.4 监督评价与纠正

公司的内控机制通过内部的自我完善和外部的检查督促来实现监督、评价和纠正，并在实际工作中得到检验。一是自我检验纠错，二是经监管部门的检查提示，在出现遗漏或不足时公司会采取相应措施加以完善。

公司从多方面入手，充分发挥内部审计的监督作用。2012年，内部审计工作得到了加强，审计的范围和深度进一步加强，全年出具各类内审报告178份。对审计过程中发现的问题及时与各部门沟通，要求限期完善或整改，并采取后续审计等方式进行跟踪，对防止风险出现或扩大，促进业务合法、合规、稳健经营发挥了积极作用。

4.5 风险管理

公司坚持“宁可错过，不可做错”的风险管理理念，已形成一套比较完善和行之有效的风控机制、规章制度和操作流程，促进公司各项业务可持续发展。公司经营活动中可能遇到的风险主要有：信用风险、市场风险、操作风险、其他风险（如政策风险、法律风险、道德风险、声誉风险）等。

4.5.1 风险状况

4.5.1.1 信用风险状况

信用风险主要是交易对手违约带来的风险，信用风险主要来自借款、对外担保、投资等业务。报告期内，公司严格按财政部和中国银监会的要求，提足各项准备金。2012 年末公司信用风险资产按照资产五级分类标准分类结果为：一是正常类资产 962 096.43 万元；二是关注类资产 551.34 万元；三是次级类资产无；四是可疑类资产无；五是损失类资产无。公司不良资产期初数为 0、期末数为 0。

4.5.1.2　市场风险状况

公司面临的市场风险主要是因股价、市场汇率、利率及其他价格因素变动而产生和可能产生的风险。对于公司开展的股票质押信托业务，侧重于选择业绩面好的股票，设置较低的质押率；同时引入了保证金追加制度和止损线，以有效防范市场波动风险；公司目前暂未开展外币业务，不受汇率市场变动影响；公司的信托贷款项目大部分为固定利率贷款，市场利率的变动对投资者的收益及公司信托报酬影响较小。

4.5.1.3　操作风险状况

操作风险主要表现在由于公司内部程序、人员、系统的不完善或失误，或外部事件而引发的风险。为实现公司标准化、制度化、规范化管理，报告期内，公司进一步清理、修订、拟订了一系列规章制度和操作流程，以提高预防和控制操作风险的能力；同时公司结合业务发展需要，加强员工培训，提高员工技能，加强流程控制；对于外部事件可能给公司经营带来的风险，公司制定专门应急预案，实行突发事件预案管理。报告期内，公司未发生因操作风险带来的损失。

4.5.1.4　其他风险状况

公司面临的其他风险主要有政策风险、法律风险、道德风险、声誉风险等。报告期内，公司适时关注 2012 年宏观经济政策、行业发展政策和信托业监管政策的变化对公司经营和业务运作带来的影响，顺应政策要求合理设计项目方案；加强公司员工专业技能、职业道德培训，提升依法合规意识和风险管控能力。

截至目前，公司信托产品全部实现了按期兑付，公司信誉度和知名度得到社会进一步认可。

4.5.2　风险管理

4.5.2.1　信用风险管理

公司对信用风险的管理，一是加强事前对交易对手（项目）或债务人的尽职调查，严格按照业务流程开展业务，强化项目风险控制措施的有效性和合法合规性；二是事中对交易对手（项目）进行跟踪检查，对资产分类进行评级及动态管理；三是对重点项目制定应急处置预案，及时化解已发生的风险、降低损失程度；最后，事后对已结束项目进行审计和后续评价，以获取风险管理经验。此外，在产品结构设计时，通过结构化配置和多样化组合投资来分散和降低风险。

在自有业务方面，公司严格控制对外担保，2012 年全年未发生对外担保，截至报告日，对外担保余额为零；公司的短期投资主要投资于质地优良、风险低的金融类产品。公司存续的所有自营贷款均根据具体项目采取了抵（质）押或保证担保的风险控制措施，抵押物、质押物的价值能够确保债务的履行；房地产作为抵押物按《重庆国际信托有限公司房地产抵押估价管理暂行办法》相关规定执行，金融类股权作为质押物按《重庆国际信托有限公司金融类股权质押贷款暂行规定》执行，其他抵押物和质押物主要是根据抵押物、质押物的价值以及实现抵押权、质押权的可行性，处置抵押物、质押物的难易程度确定抵（质）押率。保证贷款主要是根据保证人的信用状况、偿还能力而定，确保担保人的担保能力能覆盖贷款金额。

在信托业务方面，公司依法合规履行受托人职责，所有信托项目均是根据委托人指令或信托文件的约定进行管理、运用、处分。

4.5.2.2　市场风险管理

在加强市场风险管理方面，公司采取以下控制措施：发挥现有研发人员作用，积极吸引人才，加强对国家宏观经济政策、货币信贷政策、财政政策等领域的研究，及时掌握市场变化，为调整投资决策提供依据；对产业市场、资本市场等领域实行分散投资，根据公司整体安排，适时调整各领域的投资规模，合理安排期限结构；建立有效的止损防范措施和市场风险预警机制，强化日常风险监控和报告制度，以便及时处置化解风险。

4.5.2.3　操作风险管理

公司结合国家最新监管规定及公司业务发展需要、部门调整等实际情况，对内部业务及风险管理制度等进行了一系列补充、修订和完善。新制定了《金融类产品投资交易（信托业务）管理办法》等多个管理办法，修订、完善了《关联交易管理办法》等相关管理制度，进一步规范了业务操作流程，明确各部门、各岗位职责和权限。公司坚持信托财产与固有财产之间，不同信托财产之间分别管理、分别记账的原则，在部门设置和人员安排上使前台、中台、后台部门分设和人员分离，业务交易、会计记录和后续管理监督分离；加强对员工的业务技能培训，强化员工的责任意识和道德水准；修改完善公司各类法律文本，以便规范化、标准化运行；制订应急预案，适时启动奖惩机制等措施防范和控制操作风险。

4.5.2.4　其他风险管理

公司通过加强对宏观经济政策和行业政策的跟踪、研究，提高预见性；公司设立法律事务部和合规管理部对交易行为或合同进行内部审查，聘请专门的律师事务所和会计师事务所协助公司开展项目法律审查和咨询，以防范和控制业务风险；加强职业道德和思想教育，开展培训和座谈等措施防范和控制道德风险。公司还将根据业务发展规模的不断扩大和市场变化等情况，对公司风险管理措施进一步修改和完善。

5. 报告期末及上一年度末的比较式会计报表

5.1　自营资产

5.1.1　会计师事务所审计意见

天健会计师事务所（特殊普通合伙）重庆分所审计了公司财务报表，包括 2012 年 12 月 31 日的资产负债表、合并资产负债表，2012 年度的利润表、合并利润表和现金流量表、合并现金流量表、股东权益变动表、合并股东权益变动表以及财务报表附注。会计师事务所认为，公司财务报表在所有重大方面按照企业会计准则的规定编制，公允反映了公司 2012 年 12 月 31 日的财务状况以及 2012 年度的经营成果和现金流量。

5.1.2 资产负债表

5.1.2.1 母公司资产负债表

资产负债表

2012 年 12 月 31 日

单位:万元

资　产	期末数	期初数	负债和所有者权益	期末数	期初数
资产:			负债:		
现金及存放银行款项	30 297.47	138 868.70	向中央银行借款		
存放中央银行款项			同业及其他金融机构存放款项		
贷款及垫款	201 762.00	147 906.00	拆入资金		
拆出资金			交易性金融负债		
交易性金融资产	29 214.34	53 355.11	卖出回购金融资产款		
买入返售金融资产			应付职工薪酬	10 995.68	3 617.00
应收投资类款项	89 811.00	47 000.00	应交税费	19 978.75	21 184.79
应收利息			应付账款		
应收账款			其他应付款	83 668.45	12 461.16
其他应收款	43 360.61	3 925.63	预收账款	15 738.23	
预付账款	40.00	42 500.00	其他负债		
可供出售金融资产	302 782.18	272 586.92	递延所得税负债	28 739.33	28 409.69
持有至到期投资			预计负债		2 252.62
长期股权投资	263 322.13	141 184.25	负债合计	159 120.44	67 925.26
投资性房地产					
固定资产	4 667.06	4 819.24	所有者权益:		
无形资产	95.68	86.29	实收资本	243 873.00	243 873.00
递延所得税资产	5 516.71	4 683.03	资本公积	316 311.54	314 508.08
抵债资产	9.07	9.07	减:库存股		
其他资产			盈余公积	35 980.40	27 245.44
			一般风险准备	9 626.48	8 488.41
			信托赔偿准备	19 476.28	15 108.80
			未分配利润	186 490.11	179 775.25
			所有者权益合计	811 757.81	788 998.98
资产总计	970 878.25	856 924.24	负债和所有者权益总计	970 878.25	856 924.24

5.1.2.2 合并资产负债表

合并资产负债表

2012 年 12 月 31 日

单位:万元

资　产	期末数	期初数	负债和所有者权益	期末数	期初数
资产:			负债:		
现金及存放银行款项	47 876.33	157 870.26	向中央银行借款		
存放中央银行款项			同业及其他金融机构存放款项		
贷款及垫款	201 762.00	147 906.00	拆入资金		
拆出资金			交易性金融负债		
交易性金融资产	29 214.34	53 355.11	卖出回购金融资产款		
买入返售金融资产			应付职工薪酬	11 271.55	3 855.13
应收投资类款项	89 811.00	47 000.00	应交税费	20 129.15	21 441.07
应收利息			应付账款		
应收账款			其他应付款	84 002.29	12 784.89
其他应收款	44 038.22	4 640.37	预收账款	15 738.23	
预付账款	40.00	42 500.00	其他负债		
可供出售金融资产	306 495.38	273 951.20	递延所得税负债	28 739.33	28 421.83
持有至到期投资			预计负债		2 252.62
长期股权投资	257 003.66	134 865.78	负债合计	159 880.55	68 755.54
投资性房地产					

续表

资　　产	期末数	期初数	负债和所有者权益	期末数	期初数
固定资产	4 889. 46	5 113. 36	所有者权益:		
无形资产	169. 91	359. 24	实收资本	243 873. 00	243 873. 00
递延所得税资产	5 899. 79	5 034. 01	资本公积	316 123. 31	314 348. 82
抵债资产	9. 07	9. 07	减:库存股		
其他资产			盈余公积	36 052. 33	27 317. 37
			一般风险准备	9 626. 48	8 488. 41
			信托赔偿准备	19 476. 28	15 108. 80
			未分配利润	191 013. 68	183 916. 60
			归属于母公司的权益	816 165. 08	793 053. 00
			少数股东权益	11 163. 53	10 795. 86
			所有者权益合计	827 328. 61	803 848. 86
资产总计	987 209. 16	872 604. 40	负债和所有者权益总计	987 209. 16	872 604. 40

5. 1. 3　利润表

5. 1. 3. 1 母公司利润表

利润表

2012 年度　　单位:万元

项　　目	本年数	上年数
一、营业收入	126 010. 32	111 852. 89
利息净收入	28 525. 66	39 592. 75
利息收入	28 685. 36	40 556. 22
利息支出	159. 70	963. 47
手续费及佣金净收入	45 408. 67	56 493. 65
手续费及佣金收入	50 958. 40	59 373. 53
手续费及佣金支出	5 549. 73	2 879. 88
投资收益(损失以"－"号填列)	43 068. 22	29 204. 04
其中:对联营企业和合营企业的投资收益	22 108. 83	14 469. 70
公允价值变动收益(损失以"－"号填列)	7 996. 15	－14 452. 49
汇兑收益(损失以"－"号填列)	－0. 24	0. 11
其他业务收入	1 011. 86	1 014. 83
二、营业支出	19 802. 27	13 427. 43
营业税金及附加	4 348. 96	5 150. 59
业务及管理费	14 909. 22	8 187. 45
资产减值损失	544. 09	89. 39
其他业务成本		
三、营业利润(亏损以"－"号填列)	106 208. 05	98 425. 46
加:营业外收入	1 068. 89	4 090. 71
减:营业外支出	19. 72	4 037. 01
四、利润总额(亏损总额以"－"号填列)	107 257. 22	98 479. 16
减:所得税费用	19 907. 65	20 364. 95
五、净利润(净亏损以"－"号填列)	87 349. 57	78 114. 21
六、其他综合收益	1 803. 47	-32 931. 03
七、综合收益总额	89 153. 04	45 183. 18

5. 1. 3. 2　合并利润表

合并利润表

2012 年度　　单位:万元

项　　目	本年数	上年数
一、营业收入	133 317. 11	120 493. 25
利息净收入	28 904. 22	39 957. 96
利息收入	29 063. 92	40 921. 43
利息支出	159. 70	963. 47
手续费及佣金净收入	45 720. 47	56 494. 80
手续费及佣金收入	51 270. 20	59 374. 68
手续费及佣金支出	5 549. 73	2 879. 88
投资收益(损失以"－"号填列)	43 068. 22	29 204. 04
其中:对联营企业和合营企业的投资收益	22 108. 83	14 469. 70
公允价值变动收益(损失以"－"号填列)	7 996. 15	－14 452. 49
基金管理费及销售服务费收入	6 616. 44	8 273. 99
汇兑收益(损失以"－"号填列)	－0. 24	0. 11
其他业务收入	1 011. 85	1 014. 84
二、营业支出	25 992. 19	19 302. 84
营业税金及附加	4 736. 94	5 610. 98
业务及管理费	20 711. 16	13 602. 47
资产减值损失	544. 09	89. 39
其他业务成本		
三、营业利润(亏损以"－"号填列)	107 324. 92	101 190. 41
加:营业外收入	1 079. 58	4 111. 62
减:营业外支出	19. 72	4 037. 01
四、利润总额(亏损总额以"－"号填列)	108 384. 78	101 265. 02
减:所得税费用	20 255. 16	21 134. 59
五、净利润(净亏损以"－"号填列)	88 129. 62	80 130. 43
其中: 被合并方在合并前实现的净利润		
归属于母公司的净利润	87 731. 79	79 102. 16
少数股东损益	397. 83	1 028. 27
六、其他综合收益	1 744. 33	-33 202. 36
七、综合收益总额	89 873. 95	46 928. 07
归属于母公司股东的综合收益总额	89 506. 28	46 038. 17
归属于少数股东的综合收益总额	367. 67	889. 90

5.1.4 所有者权益变动表

5.1.4.1 母公司所有者权益变动表

所有者权益变动表

2012 年度

单位:万元

项目	本年金额							
	实收资本	资本公积	减:库存股	盈余公积	一般风险准备	信托赔偿准备	未分配利润	所有者权益合计
一、上年末余额	243 873.00	314 508.08		27 245.44	8 488.41	15 108.80	179 775.25	788 998.98
加:会计政策变更								
前期差错更正								
其他								
二、本年初余额	243 873.00	314 508.08		27 245.44	8 488.41	15 108.80	179 775.25	788 998.98
三、本年增减变动金额(减少以"－"号填列)		1 803.46		8 734.96	1 138.07	4 367.48	6 714.86	22 758.83
(一)净利润							87 349.57	87 349.57
(二)其他综合收益		1 803.46						1 803.46
上述(一)和(二)小计		1 803.46					87 349.57	89 153.03
(三)所有者投入和减少资本								
1. 所有者投入资本								
2. 股份支付计入所有者权益的金额								
3. 其他								
(四)利润分配				8 734.96	1 138.07	4 367.48	－80 634.71	－66 394.20
1. 提取盈余公积				8 734.96			－8 734.96	
2. 提取一般风险准备					1 138.07		－1 138.07	
3. 对所有者(或股东)的分配							－66 394.20	－66 394.20
4. 其他						4 367.48	－4 367.48	
(五)所有者权益(或股东权益)内部结转								
1. 资本公积转增资本(或股本)								
2. 盈余公积转增资本(或股本)								
3. 盈余公积弥补亏损								
4. 一般风险准备弥补亏损								
5. 其他								
四、本年末余额	243 873.00	316 311.54		35 980.40	9 626.48	19 476.28	186 490.11	811 757.81

所有者权益变动表(续)

2012 年度

单位:万元

项目	上年金额							
	实收资本	资本公积	减:库存股	盈余公积	一般风险准备	信托赔偿准备	未分配利润	所有者权益合计
一、上年末余额	243 873.00	347 439.11		19 434.02	8 485.53	11 203.09	155 455.01	785 889.76
加:会计政策变更								
前期差错更正								
其他								
二、本年初余额	243 873.00	347 439.11		19 434.02	8 485.53	11 203.09	155 455.01	785 889.76
三、本年增减变动金额(减少以"－"号填列)		－32 931.03		7 811.42	2.88	3 905.71	24 320.24	3 109.22
(一)净利润							78 114.21	78 114.21
(二)其他综合收益		－32 931.03						－32 931.03
上述(一)和(二)小计		－32 931.03					78 114.21	45 183.18
(三)所有者投入和减少资本								
1. 所有者投入资本								
2. 股份支付计入所有者权益的金额								

续表

项目	上年金额							
	实收资本	资本公积	减:库存股	盈余公积	一般风险准备	信托赔偿准备	未分配利润	所有者权益合计
3. 其他								
（四）利润分配				7 811. 42	2. 88	3 905. 71	-53 793. 97	-42 073. 96
1. 提取盈余公积				7 811. 42			-7 811. 42	
2. 提取一般风险准备					2. 88		-2. 88	
3. 对所有者（或股东）的分配							-42 073. 96	-42 073. 96
4. 其他						3 905. 71	-3 905. 71	
（五）所有者权益（或股东权益）内部结转								
1. 资本公积转增资本（或股本）								
2. 盈余公积转增资本（或股本）								
3. 盈余公积弥补亏损								
4. 一般风险准备弥补亏损								
5. 其他								
四、本年末余额	243 873. 00	314 508. 08		27 245. 44	8 488. 41	15 108. 80	179 775. 25	788 998. 98

5. 1. 4. 2　合并所有者权益变动表

合并所有者权益变动表

2012 年度

单位:万元

项目	本年金额								
	归属于母公司股东的权益							少数股东权益	所有者权益合计
	实收资本	资本公积	减:库存股	盈余公积	一般风险准备	信托赔偿准备	未分配利润		
一、上年末余额	243 873. 00	314 348. 82		27 317. 37	8 488. 41	15 108. 80	183 916. 60	10 795. 86	803 848. 86
加:会计政策变更									
前期差错更正									
其他									
二、本年初余额	243 873. 00	314 348. 82		27 317. 37	8 488. 41	15 108. 80	183 916. 60	10 795. 86	803 848. 86
三、本年增减变动金额（减少以"-"号填列）		1 774. 49		8 734. 96	1 138. 07	4 367. 48	7 097. 08	367. 67	23 479. 75
（一）净利润							87 731. 79	397. 83	88 129. 62
（二）其他综合收益		1 774. 49						-30. 16	1 744. 33
上述（一）和（二）小计		1 774. 49					87 731. 79	367. 67	89 873. 95
（三）所有者投入和减少资本									
1. 所有者投入资本									
2. 股份支付计入所有者权益的金额									
3. 其他									
（四）利润分配				8 734. 96	1 138. 07	4 367. 48	-80 634. 71		-66 394. 20
1. 提取盈余公积				8 734. 96			-8 734. 96		
2. 提取一般风险准备					1 138. 07		-1 138. 07		
3. 对所有者（或股东）的分配							-66 394. 20		-66 394. 20
4. 其他						4 367. 48	-4 367. 48		
（五）所有者权益内部结转									
1. 资本公积转增资本									
2. 盈余公积转增资本									
3. 盈余公积弥补亏损									
4. 一般风险准备弥补亏损									
5. 其他									
（六）同一控制下合并结转									
四、本年末余额	243 873. 00	316 123. 31		36 052. 33	9 626. 48	19 476. 28	191 013. 68	11 163. 53	827 328. 61

合并所有者权益变动表(续)

2012 年度

单位:万元

项目	上年金额								
	归属于母公司股东的权益							少数股东权益	所有者权益合计
	实收资本	资本公积	减:库存股	盈余公积	一般风险准备	信托赔偿准备	未分配利润		
一、上年末余额	243 873.00	347 412.81		19 505.95	8 485.53	11 203.09	158 608.41	9 905.96	798 994.75
加:会计政策变更									
前期差错更正									
其他									
二、本年初余额	243 873.00	347 412.81		19 505.95	8 485.53	11 203.09	158 608.41	9 905.96	798 994.75
三、本年增减变动金额(减少以"-"号填列)		-33 063.99		7 811.42	2.88	3 905.71	25 308.19	889.90	4 854.11
(一)净利润							79 102.16	1 028.27	80 130.43
(二)其他综合收益		-33 063.99						-138.37	-33 202.36
上述(一)和(二)小计		-33 063.99					79 102.16	889.90	46 928.07
(三)所有者投入和减少资本									
1. 所有者投入资本									
2. 股份支付计入所有者权益的金额									
3. 其他									
(四)利润分配				7 811.42	2.88	3 905.71	-53 793.97		-42 073.96
1. 提取盈余公积				7 811.42			-7 811.42		
2. 提取一般风险准备					2.88		-2.88		
3. 对所有者(或股东)的分配							-42 073.96		-42 073.96
4. 其他						3 905.71	-3 905.71		
(五)所有者权益内部结转									
1. 资本公积转增资本									
2. 盈余公积转增资本									
3. 盈余公积弥补亏损									
4. 一般风险准备弥补亏损									
5. 其他									
(六)同一控制下合并结转									
四、本年末余额	243 873.00	314 348.82		27 317.37	8 488.41	15 108.80	183 916.60	10 795.86	803 848.86

5.2 信托资产

5.2.1 信托项目资产负债汇总表

信托项目资产负债表

2012 年 12 月 31 日

单位:万元

信托资产	期末余额	期初余额	信托负债和信托权益	期末余额	期初余额
信托资产:			信托负债:		
货币资金	225 556.14	155 423.58	交易性金融负债		
拆出资金			衍生金融负债		
存出保证金			应付受托人报酬	1.57	
交易性金融资产	602 903.30	219 668.69	应付托管费	360.92	11.58
衍生金融资产			应付受益人收益		147.32
买入返售金融资产			应交税费	293.04	397.85
应收款项	701 809.42	520 944.95	应付销售服务费		
发放贷款	1 340 093.32	869 243.96	其他应付款项	94 356.00	74 646.62
可供出售金融资产	1 622 555.45	1 467 243.61	预计负债		
持有至到期投资			其他负债		
长期应收款			信托负债合计	95 011.53	75 203.37
长期股权投资	1 882 413.09	1 855 129.24			
投资性房地产					
固定资产			信托权益:		
无形资产			实收信托	6 325 885.89	5 082 417.15

续表

信托资产	期末余额	期初余额	信托负债和信托权益	期末余额	期初余额
长期待摊费用	1 031.47	2 381.64	资本公积		
其他资产			未分配利润	-44 535.23	-67 584.85
减：各项资产减值准备			信托权益合计	6 281 350.66	5 014 832.30
信托资产总计	6 376 362.19	5 090 035.67	信托负债和信托权益总计	6 376 362.19	5 090 035.67

5.2.2 信托项目利润及利润分配汇总表

信托项目利润及利润分配表

2012 年度　　单位：万元

项　目	本年数	上年数
一、营业收入	332 155.19	182 883.80
利息收入	97 347.06	92 639.05
投资收益（损失以"－"号填列）	151 390.23	149 827.40
其中：对联营企业和合营企业的投资收益		
公允价值变动收益（损失以"－"号填列）	81 314.64	-64 416.31
租赁收入		
汇兑损益（损失以"－"号填列）		
其他收入	2 103.26	4 833.66
二、营业支出	35 334.12	29 256.65
营业税金及附加	135.86	363.34
受托人报酬	20 485.79	16 767.67
保管费	4 034.18	2 824.58
投资管理费	746.07	593.84
销售服务费	1 123.51	69.82
交易费用	0.17	1.34
资产减值损失		
其他费用	8 808.54	8 636.06
三、信托净利润（净亏损以"－"号填列）	296 821.07	153 627.15
四、其他综合收益		
五、综合收益	296 821.07	153 627.15
加：期初未分配信托利润	-67 584.85	14 889.36
六、可供分配的信托利润	229 236.22	168 516.51
减：本期已分配信托利润	273 771.45	236 101.36
七、期末未分配信托利润	-44 535.23	-67 584.85

6. 会计报表附注

6.1 会计报表编制基准、会计政策、会计估计和核算方法的变化

报告年度会计报表编制基准、会计政策、会计估计和核算方法未发生变化。

6.2 或有事项说明

6.2.1 对外担保

单位：万元

项目	年末数	年初数
对外担保	0.00	0.00
合计	0.00	0.00

6.2.2 重大承诺事项

本报告期内公司无重大承诺事项。

6.3 重要资产转让及其出售的说明

本报告期内公司无重要资产转让及其出售情况。

6.4 会计报表中重要项目的明细资料

6.4.1 自营资产经营情况

6.4.1.1 资产风险分类结果

信用风险资产五级分类	正常类（万元）	关注类（万元）	次级类（万元）	可疑类（万元）	损失类（万元）	资产合计（万元）	不良资产合计（万元）	不良资产率（%）
期初数	848 293.93	546.62				848 840.55	0.00	0.00
期末数	962 096.43	551.34				962 647.77	0.00	0.00

6.4.1.2 各项资产减值损失准备

单位：万元

项　目	期初数	本期计提	本期转回	本期核销	期末数
贷款损失准备	1 494.00	544.00			2 038.00
一般准备	1 494.00	544.00			2 038.00
专项准备					
其他资产减值准备	10.93	0.10			11.03
可供出售金融资产减值准备					
持有至到期投资减值准备					
长期股权投资减值准备					
坏账准备	10.93	0.10			11.03
投资性房地产减值准备					

6.4.1.3 股票投资、基金投资、债券投资、股权投资等投资业务

单位：万元

项目	自营股票	基金	债券	长期股权投资	其他投资	合计
期初数	260 552.92	164.70		141 184.25	112 224.41	514 126.28
期末数	187 543.73	164.40		263 322.13	234 099.39	685 129.65

6.4.1.4 前三名的自营长期股权投资

企业名称	占被投资企业权益的比例（%）	主要经营活动	投资损益（万元）
1. 重庆三峡银行股份有限公司	34.79	人民币业务；吸收存款；发放贷款；办理国内结算等经中国人民银行批准的业务	14 469.70
2. 合肥科技农村商业银行股份有限公司	24.99	吸收公众存款；发放短期、中期和长期贷款；办理国内结算等经中国银行业监督管理委员会批准的业务	
3. 益民基金管理有限公司	49.00	基金管理业务	

6.4.1.5 前三名的自营贷款

企业名称	占贷款总额的比例(%)	还款情况
个旧市德兴工贸有限责任公司	17.66	尚未到期
上海绿地集团合肥置业有限公司	13.98	尚未到期
江苏凤凰地产有限公司	13.74	尚未到期

6.4.1.6 表外业务

单位:万元

表外业务	期初数	期末数
担保业务	0.00	0.00
代理业务(委托业务)	0.00	0.00
其他	0.00	0.00
合计	0.00	0.00

6.4.1.7 公司当年的收入结构

母公司口径

收入结构	金额(万元)	占比(%)
手续费及佣金收入	50 958.40	38.38
其中:信托手续费收入	41 756.82	31.45
投资银行业务收入	9 201.58	6.93
利息收入	28 685.36	21.60
其他业务收入	1 011.62	0.76
投资收益	43 068.22	32.44
其中:股权投资收益	22 109.80	16.65
证券投资收益	-6 326.91	-4.76
其他投资收益	27 285.33	20.55
公允价值变动收益	7 996.15	6.02
营业外收入	1 068.89	0.80
收入合计	132 788.64	100.00

合并口径

收入结构	金额(万元)	占比(%)
手续费及佣金收入	51 270.20	36.59
其中:信托手续费收入	41 756.82	29.80
投资银行业务收入	9 513.38	6.79
基金管理费及销售服务费收入	6 616.44	4.72
利息收入	29 063.92	20.74
其他业务收入	1 011.61	0.73
投资收益	43 068.22	30.74
其中:股权投资收益	22 109.80	15.78
证券投资收益	-6 326.91	-4.52
其他投资收益	27 285.33	19.48
公允价值变动收益	7 996.15	5.71
营业外收入	1 079.58	0.77
收入合计	140 106.12	100.00

6.4.2 信托财产管理情况

6.4.2.1 信托资产

单位:万元

信托资产	期初数	期末数
集合	1 062 337.48	2 048 420.05
单一	3 246 656.19	3 748 415.05
财产权	781 042.00	579 527.09
合计	5 090 035.67	6 376 362.19

6.4.2.1.1 主动管理型信托业务

单位:万元

主动管理型信托资产	期初数	期末数
证券投资类	986 397.74	884 593.93
股权投资类	900 275.90	2 379 704.42
融资类	1 846 061.34	2 022 498.74
事务管理类	441 226.76	300 694.61
合计	4 173 961.74	5 587 491.70

6.4.2.1.2 被动管理型信托业务

单位:万元

被动管理型信托资产	期初数	期末数
证券投资类	0.00	20 000.00
股权投资类	9 000.20	9 000.00
融资类	856 203.68	709 500.33
事务管理类	50 870.05	50 370.16
合计	916 073.93	788 870.49

6.4.2.2 本年度已清算结束的信托项目

6.4.2.2.1 按信托类型分类

已清算结束信托项目	项目个数	实收信托合计金额(万元)	加权平均实际年化收益率(%)
集合类	18	454 607.88	2.29
单一类	77	2 541 192.06	6.25
财产管理类	14	269 357.84	7.85

6.4.2.2.2 主动管理型

已清算结束信托项目	项目个数	实收信托合计金额(万元)	加权平均实际年化信托报酬率(%)	加权平均实际年化收益率(%)
证券投资类	18	141 539.43	0.86	-1.36
股权投资类	8	316 584.15	1.08	5.42
融资类	64	2 227 784.20	0.46	6.42
事务管理类	15	426 150.00	0.86	4.82

6.4.2.2.3 被动管理型

已清算结束信托项目	项目个数	实收信托合计金额(万元)	加权平均实际年化信托报酬率(%)	加权平均实际年化收益率(%)
证券投资类	0	—	—	—
股权投资类	0	—	—	—
融资类	3	152 600.00	0.19	7.58
事务管理类	1	500.00	0.75	0.00

6.4.2.3 本年度新增的信托项目

新增信托项目	项目个数	实收信托合计金额（万元）
集合	33	1 426 397.60
单一	74	2 248 128.71
财产权	4	58 000.00
新增合计	111	3 732 526.31
其中：主动管理型	110	3 712 526.31
被动管理型	1	20 000.00

6.4.2.4 信托业务创新成果和特色业务有关情况

重庆江北嘴国际金融中心股权投资集合资金信托计划

两江新区是我国继上海浦东新区、天津滨海新区后，由国务院直接批复的第三个国家级开发开放新区，在经济发展中极具战略地位和发展潜力。位于该区的“重庆国际金融中心”项目，是该区的地标性建筑。

为推动两江新区发展，公司积极参与该区优质项目建设，为其提供资金支持。经过对“重庆国际金融中心”项目的考察，公司推出了“重庆江北嘴国际金融中心股权投资集合资金信托计划”，期限2年，共募集资金10.5亿元，通过向重庆华城富丽房地产开发有限公司增资，用于“重庆国际金融中心”项目建设。项目建成后将提升该区域的商业氛围，物业升值空间潜力巨大。

城乡统筹6号——林权投资集合资金信托计划

加快森林资源流转是国家促进经济发展的一项方针政策。为扶持荣昌地区经济发展，将国家提出的加快“三权”流转政策付诸实施，公司推出了“城乡统筹6号——林权投资集合资金信托计划”，期限2年，募集资金1.5亿元，通过与重庆市兴荣国有资产经营管理有限公司共同出资设立项目公司，将信托资金进行林权投资。该信托资金运用符合国家加快城乡统筹的政策方针，有力支持地方经济建设，推进城乡统筹的实现。

重庆市九龙坡区棚户区改造建设项目集合资金信托计划

中梁山煤矿棚户区是重庆市唯一位于主城区的棚户区，为原中央企业中梁山矿务局土地范围内的房屋，其改造经过国家发展改革委核准。为改善城区面貌，提高居民生活质量，尽快推进棚户区改造，建设保障性住房，公司推出了“重庆市九龙坡区棚户区改造建设项目集合资金信托计划”，期限2年，募集资金3.8亿元，通过向土储中心发放信托贷款，用于九龙坡区中梁山煤矿棚户区改造建设，修建华玉家园小区。改造建设完成后，将安置拆迁居民1 690户，安置总人数5 149人。

重庆市武隆县堤防工程建设项目集合资金信托计划

武隆县位于重庆“一圈两翼”的交会点，资源丰富，有3个5A级旅游区及著名的“印象武隆”旅游资源，其沿江环境综合整治工程是重庆政府批准的重点工程，是集防洪、绿化、美化和交通等功能于一体的民生工程，也是提升该区旅游资源的重点项目。

为支持该区发展，公司推出了“重庆市武隆县堤防工程建设项目集合资金信托计划”，期限2年，募集资金14 955万元，通过向武隆县投资有限责任公司发放贷款，用于“武隆县沿江环境综合整治（二期）北岸堤防工程H标段”工程建设。项目建成后，既可满足城市防洪需要、美化沿江环境，又可通过沿江道路建设、环境综合整治，改善城区交通和乌江航运，改善旅游投资环境，促进地方经济发展。

6.4.2.5 本公司履行受托人义务的情况及因本公司自身责任而导致的信托资产损失情况

公司严格按照国家法律、法规和信托合同的约定，作为信托计划的受托人从事信托活动。在信托成立之前，对委托人明示信托投资的风险，不承诺保底收益；在信托计划履行过程中，恪尽诚实、信用、谨慎、有效管理的义务，对所有信托项目均单独开户，单独核算，严格收支管理；从后期管理上，设置专职的信托经理，对信托项目实行及时跟踪管理和书面报告制度，真实记录并全面反映信托项目管理情况和财务状况，并根据法律法规要求及信托文件约定对信托项目的进行情况在公司网站上进行定期的披露。

截至报告期末，所有信托项目均按时分配收益，无拖延拒付情况，也未出现因本公司自身责任而导致信托资产出现损失的情况。

6.5 关联方关系及其交易

6.5.1 关联交易方的数量、关联交易的总金额及关联交易的定价政策

	关联交易方数量	关联交易金额（万元）	定价政策
合计	19	241 845.01	按市价公平定价

6.5.2 关联交易方与本公司的关系性质、关联交易方的名称、法人代表、注册地址、注册资本及主营业务

序号	关联性质	关联方名称	法定代表人或负责人	注册地址	注册资本（万元）	主营业务
1	母公司	重庆国信投资控股有限公司	刘勤勤	重庆	163 373.00	项目投资与管理。
2	同一母公司	重庆路桥股份有限公司	江　津	重庆	90 774.20	城市道路桥梁等基础设施的投资、建设、管理等。
3	同一母公司	重庆饭店有限公司	吴成惠	重庆	500.00 万美元	饮食、食品加工销售、旅游、车队服务、康乐中心、写字楼出租等。
4	同一母公司	重庆未来投资有限公司	卢　俊	重庆	6 000.00	实业、股权及市场开发投资、资产经营管理、国内贸易等。
5	同一母公司	重庆普丰置业发展有限公司	郭锋超	重庆	8 000.00	房地产开发、物业管理、房屋及车库租赁、销售；资产经营管理咨询；企业项目投资咨询等。
6	被投资单位	益民基金管理有限公司	翁振杰	重庆	10 000.00	基金管理业务、发起设立基金。
7	被投资单位	重庆三峡银行股份有限公司	童海洋	重庆	201 179.07	人民币业务。吸收公众存款；发放短期、中期和长期贷款；办理国内结算等经中国人民银行批准的业务。
8	被投资单位	合肥科技农村商业银行股份有限公司	刘万霞	合肥	169 844.00	吸收公众存款；发放短期、中期和长期贷款；办理国内结算等经中国银行业监督管理委员会批准的业务。

6.5.3 **重大关联方交易**

6.5.3.1 固有与关联方交易

单位:万元

固有与关联方关联交易				
	期初数	借方发生额	贷方发生额	期末数
贷款		2 000.00		2 000.00
投资				0.00
租赁		1 006.85	1 006.85	0.00
担保				0.00
应收账款				0.00
其他		1 030.16	1 030.16	0.00
合计	0.00	4 037.01	2 037.01	2 000.00

6.5.3.2 信托与关联方交易

单位:万元

信托与关联方关联交易				
	期初数	借方发生额	贷方发生额	期末数
贷款	25 000.00		1 500.00	23 500.00
投资	0.00			
租赁	0.00			
担保	0.00			
应收账款	0.00			
其他	0.00	116 550.00		116 550.00
合计	25 000.00	116 550.00	1 500.00	140 050.00

6.5.3.3 固信交易与信信交易

6.5.3.3.1 固信交易

单位:万元

固有财产与信托财产相互交易			
	期初数	本期发生额	期末数
合计	62 455.87	121 258.00	122 258.00

固有财产与信托财产相互交易本年增加 121 258.00 万元,本年减少 61 455.87 万元。

6.5.3.3.2 信信交易

单位:万元

信托财产与信托财产相互交易			
	期初数	本期发生额	期末数
合计	0.00	0.00	0.00

6.5.4 报告期末,关联方逾期未偿还本公司资金和为关联方担保发生或即将发生垫款的情况

无。

6.6 会计制度的披露

报告年度,公司自营业务、信托业务均执行《企业会计准则(2006)》。

7. 财务情况说明书

7.1 利润实现和分配情况

7.1.1 利润实现和分配情况(母公司)

本报告期初公司未分配利润 179 775.25 万元,2012 年度实现净利润 87 349.57 万元,提取法定盈余公积 8 734.96 万元,提取信托赔偿准备 4 367.48 万元,提取一般风险准备 1 138.07万元,向股东分配 2011 年现金红利 66 394.20 万元后,剩余可供股东分配的利润为 186 490.11 万元,将用于以后年度分配。

7.1.2 利润实现和分配情况(并表口径)

本报告期初归属于母公司的未分配利润为 183 916.60 万元,2012 年度实现的归属于母公司的净利润 87 731.79 万元,提取法定盈余公积 8 734.96 万元,提取信托赔偿准备 4 367.48万元,提取一般风险准备 1 138.07 万元,向股东分配 2011 年现金红利 66 394.20 万元,剩余可供母公司股东分配的利润为 191 013.68 万元,将用于以后年度分配。

7.2 主要财务指标

7.2.1 主要财务指标(母公司)

指标名称	指标值
资本利润率(%)	10.91
加权年化信托报酬率(%)	0.86
人均净利润(万元)	1 027.64

7.2.2 主要财务指标(并表口径)

指标名称	指标值
资本利润率(%)	10.81
加权年化信托报酬率(%)	0.86
人均净利润(万元)	1 036.82

7.3 对本公司财务状况、经营成果有重大影响的其他事项

无。

8. 特别事项简要揭示

8.1 前五名股东报告期内变动情况及原因

2012 年 2 月 22 日,公司股东安徽省皖投信用担保有限责任公司因安徽省统一规范融资性企业名称变更企业名称为安徽省皖投融资担保有限责任公司。

8.2 董事、监事及高级管理人员变动情况及原因

报告期内,公司股东会选举雷万亚女士为监事,洪虹女士不再担任公司监事。

报告期内,公司董事会批准陈志勇先生辞去公司副总裁职务的申请。

报告期内,经公司董事会研究决定,并经重庆银监局核准,董尚可、吴浩风、吕维等三位同志已被核准其重庆国际信托有限公司副总经理(副总裁)任职资格,并已正式到任履职。

8.3 公司的重大未决诉讼事项

无。

8.4 对会计师事务所出具的有保留意见、否定意见或无法表示意见的审计报告的，公司董事会应就所涉及事项作出说明

无。

8.5 公司及其董事、监事和高级管理人员受到处罚的情况

无。

8.6 银监会及其派出机构对公司检查后提出整改意见的整改情况

报告期内，重庆银监局根据非现场监管和现场走访所掌握的情况，向公司出具了《关于重庆国际信托有限公司2012年上半年经营管理情况的监管意见》，肯定了公司在公司治理、完善内控制度、加强风险管控及盈利能力、监管评级提高等方面所取得的成绩。同时，提出了监管要求：做实全面风险排查工作，严防兑付风险；进一步完善公司治理；做好政府融资平台、房地产等重点领域的风险防范；高度重视声誉风险管理；加强IT建设系统和人才队伍建设；大力支持实体经济发展；在风险可控的前提下加快发展。

公司针对监管部门提出的监管要求改进各方面工作，在公司治理、合规建设、内控管理、业务发展等方面不断优化；加强对业务的风险控制，特别是房地产信托业务、政府平台融资业务的风险管控，确保了到期信托项目的按期清算兑付；公司积极引进人才，加大培训和培养力度，满足了业务开展的需要；IT建设取得实质性进展，业务系统进入试运行阶段。在监管部门的大力支持和有效监督下，公司沿着稳健道路健康发展。

8.7 本年度重大事项临时报告的简要内容、披露时间、所披露的媒体及其版面

2012年7月18日，公司在《上海证券报》A26版上披露章程变更的公告。

8.8 银监会及其省级派出机构认定的其他有必要让客户及相关利益人了解的重要信息

无。

9. 公司监事会意见

监事会对任期内公司的生产经营活动进行了监督检查，监事会认为：

2012年，公司面对政策和市场的巨大变化，冷静分析、大力拓宽信托主业，不断进行金融创新，推动信托规模持续稳步增长。同时，公司加大了在金融行业多元化布局的力度，成功入股合肥科农行，进一步优化了资本结构，为公司今后的金融布局发展迈出了坚实的一步。2012实现利润总额10.84亿元，经营业绩再创新高，超额完成了年初董事会下达的经营任务和经营指标。

本报告期内，公司财务报告符合相关制度和规定的编制要求，真实地反映了公司的财务状况和经营成果。

大连华信信托股份有限公司

1. 重要提示

1.1 公司董事会及董事保证本报告所载资料不存在任何虚假记载、误导性陈述或者重大遗漏，并对其内容的真实性、准确性和完整性承担个别及连带责任。本年度报告摘要摘自年度报告全文，客户及相关利益人欲了解详细内容，应阅读年度报告全文。

1.2 独立董事郑少南、邢天才、张丽认为公司年度报告内容真实、准确、完整。

1.3 公司年度财务报告经致同会计师事务所（特殊普通合伙）辽宁分所审计，并出具了标准无保留意见的审计报告。

1.4 公司董事长董永成、主管会计工作负责人崔相斌及会计机构负责人李月英声明：保证年度报告中财务报告的真实、完整。

2. 公司概况

2.1 公司简介

公司设立于1987年，原名中国工商银行大连市信托投资公司；1988年，改制为股份有限公司，更名为中国工商银行大连信托投资股份有限公司；1997年，更名为大连华信信托投资股份有限公司；2001年，成为全国首批、东北地区首家完成重新登记的信托投资公司；2006年，注册资本金增加到10.01亿元；2007年，注册资本增加到12.1亿元；2007年，更名为大连华信信托股份有限公司；2010年，注册资本增加到20.57亿元；2012年，注册资本增加到30亿元。

2.1.1 公司基本情况

法定中文名称	大连华信信托股份有限公司
中文名称缩写	华信信托
法定英文名称	Dalian Huaxin Trust Co.，Ltd.
英文名称缩写	HUAXIN TRUST
法定代表人	董永成
注册地址	大连市西岗区大公街34号
邮政编码	116011
国际互联网网址	www.huaxintrust.com

续表

电子信箱	huaxin@hxtic.cn
选定的信息披露报纸	《金融时报》、《上海证券报》、《中国证券报》、《证券时报》
年度报告备置地点	华信信托理财中心
聘请的会计师事务所	名称：致同会计师事务所（特殊普通合伙）辽宁分所 注册地址：大连市中山区鲁迅路35号14层H号
聘请的律师事务所	名称：辽宁双护律师事务所 注册地址：大连市沙河口区西安路90号广荣大厦1601室

2.1.2 信息披露事务负责人

姓名	侯宇
职务	副总裁
联系电话	0411－83611895
传真	0411－83638415
电子信箱	huaxin@hxtic.cn

2.2 组织结构

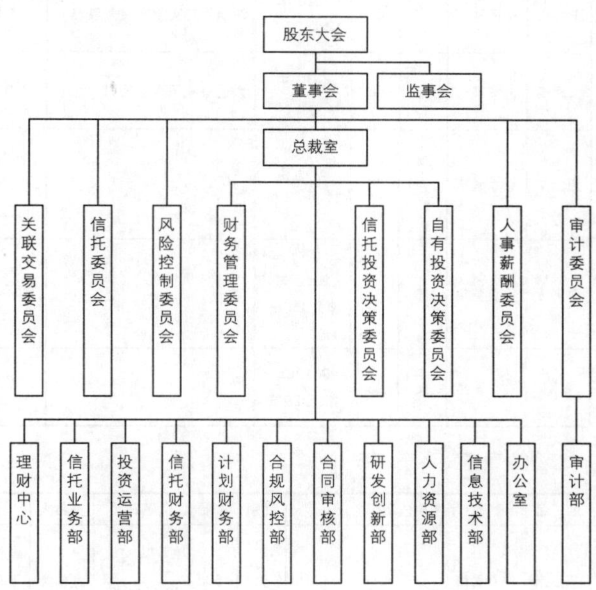

3. 公司治理结构

3.1 公司前三位股东

名称	出资比例（%）	法人代表	注册资本（万元）	注册地址	主要经营业务及财务状况
华信汇通集团有限公司	56	董永成	300 000	北京市西城区金融街28号	投资及资产管理；经济信息咨询；财务咨询等。2012年末，资产总额614 005.76万元，利润总额71 858.71万元（未经审计）。

续表

名称	出资比例(%)	法人代表	注册资本(万元)	注册地址	主要经营业务及财务状况
大连保税区海涵发展有限公司	4.93	刘辉	34 900	大连市保税区市场大厦	项目投资等。2012年末,资产总额52 072.32万元,利润总额4 766.28万元。
北京越达投资有限公司	4.93	张桂芝	21 000	北京市朝阳区东三环南路	项目投资;经济信息咨询等。2012年末,资产总额66 076.23万元,利润总额2 756.69万元。

3.2 董事

董事会成员

姓名	职务	性别	年龄	选任日期	所推举的股东名称	该股东持股比例(%)	简要履历
董永成	董事长	男	56	2010年12月29日	华信汇通集团有限公司	56	曾任中国工商银行大连市分行技改处副处长,中国工商银行大连信托投资股份有限公司总经理;现任大连华信信托股份有限公司董事长。
刘辉	董事	男	41	2010年12月29日	大连保税区海涵发展有限公司	4.93	曾任海口卉烽粮油有限公司董事长;现任大连保税区海涵发展有限公司董事长、大连华信信托股份有限公司董事。
侯霞	董事	女	40	2012年4月6日	北京越达投资有限公司	4.93	曾任大连恒元经贸有限公司总经理,大连丰华恒昌公司副总经理、财务总监,加拿大道明金融集团金融分析师;现任北京越达投资有限公司副总经理、大连华信信托股份有限公司董事。
姜顺杰	董事	男	50	2010年12月29日	大连顺联达集团有限责任公司	4.93	曾任大连纺织厂财务科科长,大连碧海山庄旅游集团财务处长、总经理助理,大连凯撒餐饮有限公司总经理;现任大连保税区顺林石化有限公司董事长、总经理,大连顺联达集团有限责任公司总经理,大连华信信托股份有限公司董事。
王兰山	董事	男	69	2010年12月29日	沈阳万基实业发展有限公司	4.93	曾任大连炼铁厂厂长;现任沈阳万基实业发展有限公司总经理、大连华信信托股份有限公司董事。
张凤阁	董事	男	58	2010年12月29日	大连港集团有限公司	3.4	曾任大连港务局总会计师;现任大连港集团有限公司副总经理、总会计师兼委派财务负责人管理中心主任,大连华信信托股份有限公司董事。
郑少南	独立董事	男	50	2011年11月28日	—	—	曾任大连海运学院研究生部团委书记,大连海事大学校长办公室副主任、主任、人事处处长,大连海事大学党委常委、校长助理、副校长;现任大连海事大学党委副书记兼副校长、大连华信信托股份有限公司独立董事。
邢天才	独立董事	男	51	2012年2月29日	—	—	曾任东北财经大学投资系讲师、副教授,东北财经大学研究生处副处长,东北财经大学高教研究室主任,东北财经大学高等职业技术学院院长;现任东北财经大学金融学院院长、教授、博士生导师,大连华信信托股份有限公司独立董事。
张丽	独立董事	女	56	2010年12月29日	—	—	曾任东北财经大学电子商务学院书记兼副院长,东北财经大学网络教育学院书记,东北财经大学经济学院书记兼副院长;现任大连华信信托股份有限公司独立董事。

独立董事

姓名	所在单位及职务	性别	年龄	选任日期	提名人	简要履历
郑少南	独立董事	男	50	2011年11月28日	董事会	曾任大连海运学院研究生部团委书记,大连海事大学校长办公室副主任、主任、人事处处长,大连海事大学党委常委、校长助理、副校长;现任大连海事大学党委副书记兼副校长、大连华信信托股份有限公司独立董事。
邢天才	独立董事	男	51	2012年2月29日	董事会	曾任东北财经大学投资系讲师、副教授,东北财经大学研究生处副处长,东北财经大学高教研究室主任,东北财经大学高等职业技术学院院长;现任东北财经大学金融学院院长、教授、博士生导师,大连华信信托股份有限公司独立董事。
张丽	独立董事	女	56	2010年12月29日	董事会	曾任东北财经大学电子商务学院书记兼副院长,东北财经大学网络教育学院书记,东北财经大学经济学院书记兼副院长;现任大连华信信托股份有限公司独立董事。

3.3 监事

监事会成员

姓 名	职 务	性别	年龄	选任日期	所推举的股东名称	该股东持股比例(%)	简 要 履 历
于永顺	监事长	男	62	2011年11月28日	华信汇通集团有限公司	56	曾任中国建设银行总行副处长、处长、审计部总经理、首席审计官;现任大连华信信托股份有限公司监事长。
初文博	监事	男	59	2010年12月29日	大连坤达铸铁管有限公司、北京翔瑞思科技创业投资有限公司	5.11	曾任大连炼铁厂厂长;现任大连坤达铸铁管有限公司董事长、总经理,大连华信信托股份有限公司监事。
臧冬青	监事	女	48	2010年12月29日	职工代表	—	曾任铁岭市一中教师、大连甘井子区教师进修学校教师;现任大连华信信托股份有限公司职员、监事。

3.4 高级管理人员

表3.4

姓名	职务	性别	年龄	选任日期	金融从业年限	学历	专业
黄铎	总裁	男	60	2010年12月29日	22	大专	管理
崔相斌	副总裁	男	45	2010年12月29日	21	研究生	管理
王瑾	副总裁	女	46	2010年12月29日	15	本科	统计
付绍波	副总裁	男	36	2010年12月29日	14	本科	建筑工程
侯宇	副总裁	女	34	2012年7月26日	12	本科	法律

3.5 公司员工

报告期内员工人数152人。

项 目		报告期年度	
		人数	比例(%)
年龄分布	25岁以下	9	5.92
	25~29岁	60	39.47
	30~39岁	61	40.13
	40岁以上	22	14.48
学历分布	硕士及以上	89	58.55
	本科	59	38.82
	专科	4	2.63
	其他	0	0
岗位分布	董监事及高管	8	5.26
	自营业务人员	10	6.58
	信托业务人员	97	63.82
	其他人员	37	24.34

4. 经营管理

4.1 经营目标、经营方针、战略规划

经营目标:以提升资产管理能力和盈利能力为核心,以风险控制为前提、团队建设为关键、机制完善为保障,致力于发挥信托功能优势,为客户提供安全稳健的信托产品和高效便捷的信托服务,将公司建设成为业内领先、品牌卓著、核心竞争力突出的上市金融企业。

经营方针:恪守诚信、稳健合规、开拓创新、和谐共赢。

战略规划:充分发挥公司较强的自主管理能力、品牌影响力和协同效应,扩展投资领域、完善投资管理体系,提升资产管理能力和业务规模,带动盈利能力持续提升;提高风险管理能力,建立起科学、高效的风险分析与评价体系,准确识别、控制各类风险;加强企业文化建设、完善人才培养机制和绩效考核机制,建立一支富有创新意识、高素质、高水平的专业团队;丰富理财产品体系、提升客户服务水平,扩大客户群体。

4.2 所经营业务的主要内容

公司业务分为信托业务和固有业务。其中,信托业务主要包括财富管理类信托、融资类信托、投资类信托、特许经营类信托等;固有业务主要包括金融类公司股权投资业务、贷款业务、金融产品投资业务、担保业务等。

4.3 市场分析

4.3.1 公司发展的有利因素

2012年,我国实施稳健的货币政策,企业的信托融资需求旺盛;居民可支配收入不断提高,高净值人群数量的持续快速增长,通货膨胀压力使得信托理财需求日趋旺盛。公司作为具有多年成功经营历史的辽宁省唯一信托公司,在所属区域内有着较好的社会声誉和品牌影响力,高端客户对于公司品牌的认可度不断提升;公司完成增资扩股,净资产和净资本规模显著提升;公司法人治理结构、业务产品结构、风险管理体系日趋完善,拥有较强的自主管理能力。

4.3.2 公司发展的不利因素

信托公司加大异地业务拓展,信托同业竞争加剧。此外,证券、基金、保险等行业出台的新业务政策对信托行业构成一定同质化业务竞争。

4.4 内部控制

公司始终致力于内部控制制度的建设及完善,建立了以股东大会、董事会及其下属专业委员会、监事会、管理层等为主体的公司治理组织架构,制定了完备的议事规则和决策程序。内控制度健全、有效,涵盖全部业务和管理活动全过程,从公司治

理、业务操作、财务管理、风险控制与合规管理、审计监督、人力资源管理和其他事务管理等多方面进行规范。

公司将内控文化作为企业文化建设的重要组成部分，在开展业务时将风险控制放在首位，切实履行受托人职责，倡导合规经营，努力实现受益人利益最大化。

不断完善法人治理，切实发挥监事会、独立董事的监督职能，加强外部监督作用；管理层建立了合理授权、有效问责、内部举报和奖惩制度，鼓励员工举报违法、违规、违反职业操守和诚信原则的行为；不断完善风险控制和合规管理，定期开展合规检查、合规绩效考核、合规培训；建立了完备的内部审计规程，有效促进了内控建设和经营管理水平的提高。建立了固有业务和信托业务相互分离的业务管理体系；各项业务均有健全的决策机构和决策程序；按照"制度先行"原则，在每项业务开展前制定相应的管理办法和操作规定，并不断加以完善。

建立了部门自查、岗位相互制约、员工内部举报、合规检查及内部审计相结合的监督与纠正机制。

4.5　风险管理

公司经营中面临的风险可能有：信用风险、市场风险、操作风险、政策合规风险、关联交易风险、道德风险、声誉风险等。

信用风险是指因交易对手违约或信用等级下降，给公司造成的可能损失。公司严格按照监管规定足额计提一般准备和资产减值准备，按比例提取信托赔偿准备金，以提高公司抵御风险的能力。截至 2012 年末，公司自营项下信用风险资产 131 993.41 万元，信托项下信用风险资产 2 808 704.65 万元，全部为正常类资产。

市场风险主要指由于利率、汇率、股市价格等因素变动而产生的未知潜在损失的风险。公司持有的美元资产、自营贷款业务、信托贷款业务、自营证券投资业务以及证券投资类资金信托业务等均可能面临市场风险。报告期内公司通过资产组合投资等方法分散风险，将市场风险控制在可承受范围内。

操作风险是指由于内部程序、人员、系统不完善或失误，或外部事件造成损失的风险。公司通过完善治理结构、加强内控管理等措施防控操作风险。报告期内未发生因操作风险所造成的损失。

其他风险主要是指公司业务开展中的政策合规风险、关联交易风险、道德风险等。报告期内公司未发生因其他风险所造成的损失。公司加强对国家法律、宏观政策的收集、研究，及时作出前瞻性的预测，适时调整经营策略和业务拓展方向，有效规避因法律、政策变化带来的风险；倡导和培育合规文化，全体员工不断提高合规意识，严格履行合规职责；不断完善关联交易相关制度，坚持关联交易业务逐笔汇报、逐笔审查，并定期检查关联交易业务的执行情况；加强职业道德教育，增强员工的工作责任心，维护公司信誉和品牌。

4.6　净资本管理

公司依据《信托公司净资本管理办法》实施净资本管理，报告期内公司资本充足，流动性良好，能够抵御各项业务带来的不可预期的风险。截至 2012 年末，公司净资本 498 066.96 万元，各项业务风险资本为 123 544.28 万元，净资本/各项业务风险资本为 403.15%，净资本/净资产为 90.99%，均符合《信托公司净资本管理办法》要求，具有较大业务发展空间。

5. 报告期末及上一年度末的比较式会计报表

5.1　自营资产

5.1.1　会计师事务所审计意见全文

审 计 报 告

致同审字〔2013〕第 210FB0057 号

大连华信信托股份有限公司全体股东：

我们审计了后附的大连华信信托股份有限公司（以下简称华信信托公司）财务报表，包括 2012 年 12 月 31 日的资产负债表，2012 年度的利润表、股东权益变动表以及财务报表附注。

一、管理层对财务报表的责任

编制和公允列报财务报表是管理层的责任，这种责任包括：(1) 在所有重大方面按照企业会计准则的规定编制财务报表，并使其实现公允反映；(2) 设计、执行和维护必要的内部控制，以使财务报表不存在由于舞弊或错误导致的重大错报。

二、注册会计师的责任

我们的责任是在执行审计工作的基础上对财务报表发表审计意见。我们按照中国注册会计师审计准则的规定执行了审计工作。中国注册会计师审计准则要求我们遵守中国注册会计师职业道德守则，计划和执行审计工作以对财务报表是否不存在重大错报获取合理保证。

审计工作涉及实施审计程序，以获取有关财务报表金额和披露的审计证据。选择的审计程序取决于注册会计师的判断，包括对由于舞弊或错误导致的财务报表重大错报风险的评估。在进行风险评估时，注册会计师考虑与财务报表编制和公允列报相关的内部控制，以设计恰当的审计程序，但目的并非对内部控制的有效性发表意见。审计工作还包括评价管理层选用会计政策的恰当性和作出会计估计的合理性，以及评价财务报表的总体列报。

我们相信，我们获取的审计证据是充分、适当的，为发表审计意见提供了基础。

三、审计意见

我们认为，华信信托公司财务报表在所有重大方面按照企业会计准则的规定编制，公允反映了华信信托公司 2012 年 12 月 31 日的财务状况以及 2012 年度经营成果。

致同会计师事务所（特殊普通合伙）辽宁分所

中国注册会计师：关　涛

中国注册会计师：张彦军

中国・大连　　　　二〇一三年三月二十八日

5.1.2 资产负债表

资产负债表

编制单位:大连华信信托股份有限公司　　2012年12月31日　　单位:万元

资　　产	期末数	期初数	负债和所有者权益	期末数	期初数
资产:	11 251.93	29 161.54	负债:		
货币资金	74 510.74	100.00	代理业务	1 611.07	1 611.37
买入返售金融资产		7 331.78	拆入资金		
交易性金融资产	30 000.00	125 000.00	交易性金融负债		
贷款	12 270.04	5 850.20	应付职工薪酬	3 162.99	2 360.02
应收账款		182.58	应交税费	7 705.26	4 431.44
应收利息			应付股利	2 451.06	2 291.05
应收股利			递延所得税负债	6 664.97	2.06
持有至到期投资	271 187.23	42 084.02	其他负债	40.23	18.39
可供出售金融资产	159 148.49	150 787.39	负债合计	21 635.58	10 714.33
长期股权投资			所有者权益:		
投资性房地产	5 425.40	5 769.53	股本	300 000.00	205 700.00
固定资产	1 041.22	1 046.80	资本公积	81 705.90	27 240.49
无形资产	198.22	2 435.45	盈余公积	31 513.30	23 638.14
递延所得税资产	3 961.26	1 947.00	信托赔偿准备	14 426.45	10 488.87
其他资产			一般风险准备	8 266.17	3 331.00
			未分配利润	111 447.13	90 583.46
			所有者权益合计	547 358.95	360 981.96
资产总计	568 994.53	371 696.29	负债和所有者权益总计	568 994.53	371 696.29

法定代表人:董永成　　主管会计工作负责人:崔相斌　　会计机构负责人:李月英

5.1.3 利润表

利润表

编制单位:大连华信信托股份有限公司　　2012年度　　单位:万元

项　　目	本年数	上年数
一、营业收入	117 947.29	72 545.86
利息净收入	6 220.66	16 108.62
利息收入	6 220.66	16 108.62
利息支出		
手续费及佣金净收入	79 858.35	56 398.41
手续费及佣金收入	79 858.35	56 398.41
手续费及佣金支出		
投资收益	29 045.69	2 789.30
其中:对联营企业和合营企业的投资收益	8 664.79	5 047.85
公允价值变动收益	2 769.78	-2 415.11
汇兑收益	-56.07	-523.00
其他业务收入	108.88	187.64
二、营业支出	15 983.96	11 692.08
营业税金及附加	5 984.63	4 043.04
业务及管理费	10 019.33	8 605.24
资产减值损失	-20.00	-956.20
其他业务成本		
三、营业利润	101 963.33	60 853.78
营业外收入	170.00	150.88
营业外支出	5.14	311.73
四、利润总额	102 128.19	60 692.93
所得税费用	23 376.61	13 679.32
五、净利润	78 751.58	47 013.61
六、每股收益:		
(一)基本每股收益	0.36	0.23
(二)稀释每股收益	0.36	0.23
七、其他综合收益	26 175.41	-7 415.85
八、综合收益总额	104 926.99	39 597.76

法定代表人:董永成　　主管会计工作负责人:崔相斌　　会计机构负责人:李月英

5.1.4 所有者权益（股东权益）变动表

所有者权益（股东权益）变动表

编制单位：大连华信信托股份有限公司　　2012 年度　　单位：万元

项　目	股本	资本公积	减：库存股	盈余公积	一般风险准备	信托赔偿准备	未分配利润	所有者权益合计
一、上年末余额	205 700.00	27 240.49		23 638.14	3 331.00	10 488.87	90 583.46	360 981.96
1. 会计政策变更								
2. 前期差错更正								
二、本年初余额	205 700.00	27 240.49		23 638.14	3 331.00	10 488.87	90 583.46	360 981.96
三、本年增减变动金额（减少以"－"号填列）	94 300.00	54 465.41		7 875.16	4 935.17	3 937.58	20 863.67	186 376.99
（一）本年净利润							78 751.58	78 751.58
（二）其他综合收益		26 175.41						26 175.41
（一）和（二）项小计		26 175.41					78 751.58	104 926.99
（三）所有者投入资本	94 300.00	28 290.00						122 590.00
1. 所有者投入资本	94 300.00	28 290.00						122 590.00
2. 股份支付计入所有者权益的金额								
3. 其他								
（四）本年利润分配				7 875.16	4 935.17	3 937.58	−57 887.91	−41 140.00
1. 提取盈余公积				7 875.16			−7 875.16	
2. 对所有者（或股东）的分配							−41 140.00	−41 140.00
3. 其他（一般风险准备、信托赔偿准备）					4 935.17	3 937.58	−8 872.75	
（五）所有者权益内部结转								
1. 资本公积转增资本								
2. 盈余公积转增资本								
3. 盈余公积弥补亏损								
4. 其他								
四、本年末余额	300 000.00	81 705.90		31 513.30	8 266.17	14 426.45	111 447.13	547 358.95

法定代表人：董永成　　主管会计工作负责人：崔相斌　　会计机构负责人：李月英

5.2 信托资产

5.2.1 信托项目资产负债汇总表

信托项目资产负债汇总表

编制单位：大连华信信托股份有限公司　　2012 年 12 月 31 日　　单位：万元

信托资产	期末数	期初数	信托负债和信托权益	期末数	期初数
信托资产：			信托负债：		
货币资金	166 019.44	86 341.96	应付受托人报酬	12 270.04	5 850.20
拆出资金			应付托管费	121.37	75.84
应收款项	4 793.72	21.58	应付受益人收益	1 472.73	
买入返售资产	40 570.41	21 310.28	其他应付款项	17 388.73	14 740.85
交易性金融资产	238 285.71	45 729.75	应交税金		
可供出售金融资产			其他负债		
持有至到期投资	2 423 325.00	1 908 473.00	信托负债合计	31 252.87	20 666.89
长期股权投资	109 269.50	140 416.50	信托权益：		
贷款	2 661 676.00	2 082 744.50	实收信托	5 542 122.11	4 247 502.61
应收融资租赁款			资本公积		
固定资产			未分配利润	70 564.80	17 156.68
无形资产					
长期待摊费用		288.61			
其他资产			信托权益合计	5 612 686.91	4 264 659.29
信托资产总计	5 643 939.78	4 285 326.18	信托负债及信托权益总计	5 643 939.78	4 285 326.18

法定代表人：董永成　　主管会计工作负责人：崔相斌　　会计机构负责人：王艳杰

5.2.2　信托项目利润及利润分配汇总表

信托项目利润及利润分配汇总表

2012 年度

编制单位:大连华信信托股份有限公司　　单位:万元

项　目	当年数	上年数
一、营业收入	479 340.59	323 241.17
利息收入	239 551.23	180 265.99
投资收益	211 765.73	134 135.90
公允价值变动收益	18 853.41	-231.72
租赁收入		
汇兑收益	-126.78	
其他收入	9 297.00	9 071.00
二、营业费用	101 334.30	69 238.47
三、营业税金及附加		
四、扣除资产损失前的信托利润	378 006.29	254 002.70
减:资产减值损失		
五、扣除资产损失后的信托利润	378 006.29	254 002.70
加:期初未分配信托利润	17 156.68	27 996.04
其他转入	8 930.71	1 041.59
六、可供分配的信托利润	404 093.68	283 040.33
减:本期已分配信托利润	333 528.88	265 883.65
七、期末未分配信托利润	70 564.80	17 156.68

法定代表人:董永成　　主管会计工作负责人:崔相斌　　会计机构负责人:王艳杰

6. 会计报表附注

6.1　报告年度会计报表编制基准、会计政策、会计估计和核算方法变化情况

报告期内未发生变化。

6.2　或有事项说明

报告期内无需要说明的或有事项。

6.3　重要资产转让及其出售的说明

报告期内无重要资产转让及出售事项。

6.4　会计报表中重要项目的明细资料

6.4.1　披露自营资产经营情况

6.4.1.1　按信用风险五级分类结果披露信用风险资产的期初数、期末数

信用风险资产五级分类	正常类(万元)	关注类(万元)	次级类(万元)	可疑类(万元)	损失类(万元)	信用风险资产合计(万元)	不良资产合计(万元)	不良资产率(%)
期初数	162 240.41	0	0	0	0	162 240.41	0	0
期末数	131 993.41	0	0	0	0	131 993.41	0	0

6.4.1.2　各项资产减值损失准备的期初数、本期计提、本期转回、本期核销、期末数

单位:万元

	期初数	本期计提	本期收回	本期核销	期末数
贷款损失准备	0	-20.00	20.00	0	0
一般准备	0	0	0	0	0
专项准备	0	-20.00	20.00	0	0
其他资产减值准备	0	0	0	0	0
可供出售金融资产减值准备	0	0	0	0	0
持有至到期投资减值准备	0	0	0	0	0
长期股权投资减值准备	0	0	0	0	0
坏账准备	0	0	0	0	0
投资性房地产减值准备	0	0	0	0	0

6.4.1.3　自营股票投资、基金投资、债券投资、股权投资等投资业务的期初数、期末数

单位:万元

	自营股票	基金	债券	长期股权投资
期初数	44 407.56	5 008.24	0	150 787.39
期末数	270 410.23	777.00	0	159 148.49

6.4.1.4　按投资入股金额排序,前三名的自营长期股权投资的企业名称、占被投资企业权益的比例、主要经营活动及投资收益情况等

企业名称	占被投资企业权益的比例(%)	投资损益(万元)
1. 大通证券股份有限公司	28.04	1 660.63
2. 丹东银行股份有限公司	15.69	7 004.16
3. 大连银行股份有限公司	4.88	—

6.4.1.5　前三名的自营贷款的企业名称、占贷款总额的比例和还款情况等

企业名称	占贷款总额的比例(%)	还款情况
大连新财源投资管理有限公司	100	正常付息

6.4.1.6　表外业务的期初数、期末数

单位:万元

表外业务	期初数	期末数
担保业务	0	0
代理业务(委托业务)	1 120.45	1 120.45
合计	1 120.45	1 120.45

6.4.1.7　公司当年的收入结构

收入结构	金额(万元)	占比(%)
手续费及佣金收入	79 858.35	67.61
其中:信托手续费收入	78 135.39	66.15
投资银行业务收入	1 694.51	1.43
利息收入	6 220.66	5.27
其他业务收入	108.88	0.09
其中:计入信托业务收入部分	0	0
投资收益	29 045.69	24.59
其中:股权投资收益	8 664.79	7.34
证券投资收益	20 357.90	17.24
其他投资收益	23.00	0.02
公允价值变动收益	2 769.78	2.34

续表

收入结构	金额(万元)	占比(%)
汇兑收益	-56.07	-0.04
营业外收入	170.00	0.14
收入合计	118 117.29	100

6.4.2 披露信托财产管理情况

6.4.2.1 信托资产的期初数、期末数

单位:万元

信托资产	期初数	期末数
集合	1 091 161.58	1 940 032.12
单一	2 847 061.49	3 407 472.77
财产权	334 233.26	284 182.36
合计	4 272 456.33	5 631 687.25

注:合计数小于信托资产负债表的资产总计,不包含推介期和代保管资产。

6.4.2.1.1 主动管理型信托业务的信托资产期初数、期末数

单位:万元

主动管理型信托资产	期初数	期末数
证券投资类	81 209.11	308 532.15
股权投资类	137 285.76	141 473.41
权益投资类	260 865.48	164 213.58
融资类	1 880 299.03	3 247 206.84
事务管理类	375 261.41	359 878.76
合计	2 734 920.79	4 221 304.74

6.4.2.1.2 被动管理型信托业务的信托资产期初数、期末数

单位:万元

被动管理型信托资产	期初数	期末数
证券投资类	0	0
股权投资类	0	0
权益投资类	0	0
融资类	985 901.02	958 885.94
事务管理类	551 634.52	451 496.57
合计	1 537 535.54	1 410 382.51

注:主动管理型和被动管理型信托业务的资产总和小于信托资产负债表的资产总计,不包含推介期和代保管资产。

6.4.2.2 本年度已清算结束的信托项目个数、实收信托合计金额、加权平均实际年化收益率

6.4.2.2.1 本年度已清算结束的集合类、单一类资金信托项目和财产管理类信托项目个数、实收信托合计金额、加权平均实际年化收益率

已清算结束信托项目	项目个数	实收信托合计金额(万元)	加权平均实际年化收益率(%)
集合类	73	702 595.00	6.93
单一类	140	1 782 094.50	6.68
财产管理类	1	50 000.00	6.01

6.4.2.2.2 本年度已清算结束的主动管理型信托项目个数、实收信托合计金额、加权平均实际年化收益率

已清算结束信托项目	项目个数	实收信托合计金额(万元)	加权平均实际年化信托报酬率(%)	加权平均实际年化收益率(%)
证券投资类	1	61 500.00	1.04	4.84
股权投资类	3	14 095.00	3.76	6.87
权益投资类	16	204 222.00	4.58	8.54
融资类	190	1 583 838.00	2.31	7.45
事务管理类	3	92 000.00	0.27	3.27

6.4.2.2.3 本年度已清算结束的被动管理型信托项目个数、实收信托合计金额、加权平均实际年化收益率

已清算结束信托项目	项目个数	实收信托合计金额(万元)	加权平均实际年化信托报酬率(%)	加权平均实际年化收益率(%)
证券投资类	0	0	0	0
股权投资类	0	0	0	0
权益投资类	0	0	0	0
融资类	0	0	0	0
事务管理类	1	579 034.50	0.10	4.90

6.4.2.3 本年度新增的集合类、单一类和财产管理类信托项目个数、实收信托合计金额

新增信托项目	项目个数	实收信托合计金额(万元)
集合类	135	1 548 008.00
单一类	258	2 072 447.38
财产管理类	0	0
新增合计	393	3 620 455.38
其中:主动管理型	393	3 620 455.38
被动管理型	0	0

6.4.2.4 本公司履行受托人义务情况及因本公司自身责任而导致的信托资产损失情况

在报告期内公司作为受托人严格按照《信托公司管理办法》等法规及信托合同规定严格履行受托责任,为信托资产安全和受益人利益尽职管理,未出现因本公司自身责任或其他原因导致信托资产损失情况。

6.5 关联方关系及其交易的披露

6.5.1 关联交易方的数量、关联交易的总金额及关联交易的定价政策等

报告期内无发生关联交易的关联方。

6.5.2 关联交易方与本公司的关系性质、关联交易方的名称、法定代表人、注册地址、注册资本及主营业务等

报告期内无发生关联交易的关联方。

6.5.3 逐笔披露本公司与关联方的重大交易事项

6.5.3.1 固有与关联方交易情况

单位:万元

固有与关联方关联交易				
	期初数	借方发生额	贷方发生额	期末数
贷款	0	0	0	0
投资	55 131.00	0	0	55 131.00
租赁	0	0	0	0
担保	0	0	0	0
应收账款	0	0	0	0
其他	0	0	0	0
合计	55 131.00	0	0	55 131.00

注:投资方式的关联交易期末数为2007年和2010年分别增资大通证券股份有限公司25 131.00万元及30 000.00万元。

6.5.3.2 信托与关联方交易情况

报告期内无相关情况。

6.5.3.3 信托公司自有资金运用于自己管理的信托项目(固信交易)、信托公司管理的信托项目之间的相互(信信交易)交易金额

6.5.3.3.1 固有与信托财产之间的交易金额期初汇总数、本期发生额汇总数、期末汇总数

报告期内无相关情况。

6.5.3.3.2 信托项目之间的交易金额期初汇总数、本期发生额汇总数、期末汇总数

报告期内无相关情况。

6.5.4 逐笔披露关联方逾期未偿还本公司资金的详细情况以及本公司为关联方担保发生或即将发生垫款的详细情况

报告期内未发生相关情况。

6.6 会计制度的披露

固有业务、信托业务会计制度均执行2006年2月15日颁布的《企业会计准则》。

7. 财务情况说明书

7.1 利润实现和分配情况

利润总额102 128.19万元;所得税23 376.61万元;净利润78 751.58万元;年初未分配利润90 583.46万元;提取法定盈余公积7 875.16万元;提取信托赔偿准备金3 937.58万元;提取一般风险准备4 935.17万元;分配2011年度股东红利41 140.00万元;未分配利润111 447.13万元。

7.2 主要财务指标

指标名称	指标值
资本利润率(%)	20.40
加权年化信托报酬率(%)	1.88
人均净利润(万元)	574.83

7.3 对公司财务状况、经营成果有重大影响的其他事项

报告期内无上述情况。

8. 特别事项揭示

8.1 前五名股东报告期内变动情况及原因

报告期内,公司实施增资扩股,注册资本增至300 000万元,前五名股东依次是华信汇通集团有限公司、大连保税区海涵发展有限公司、北京越达投资有限公司、大连顺联达集团有限责任公司、沈阳万基实业发展有限公司。

8.2 董事及高级管理人员变动情况及原因

报告期内,经股东北京越达投资有限公司申请,股东大会同意,周昱今先生不再担任本公司董事,选举侯霞女士为公司董事。

报告期内,李淑英女士因年龄原因辞去独立董事职务,股东大会选举邢天才先生任第九届董事会独立董事。

报告期内,根据工作需要,董事会聘任侯宇为公司副总裁。

8.3 公司的重大诉讼事项

报告期内无重大诉讼事项。

8.4 公司及其董事、监事和高级管理人员受到处罚的情况

报告期内公司及其董事、监事和高级管理人员未受到处罚。

8.5 银监会及其派出机构对公司检查及整改情况

2012年9月,大连银监局对公司进行了新增信托业务专项检查,检查意见书在肯定公司业务合规稳健发展的同时,对进一步提高经营管理水平提出了宝贵的指导意见。公司积极落实大连银监局检查意见,采取有效措施逐条进行落实完善,进一步健全了内控体系,强化了风险管控能力。

8.6 本年度重大事项临时报告的简要内容、披露时间、所披露的媒体及其版面

2012年4月26日在中国证券报A15版刊发关于聘请会计师事务所的公告。

2012年11月1日在中国证券报A21版刊发关于增资扩股的公告。

2012年12月24日在中国证券报A22版刊发关于修订公司章程的公告。

8.7 银监会及其省级派出机构认定的其他有必要让客户及相关利益人了解的重要信息

报告期内无上述事项。

9. 公司监事会意见

监事会认为,报告期内,公司在经营活动中能够遵守《中华人民共和国公司法》、《中华人民共和国信托法》、《信托公司管理办法》等国家法律、法规和公司章程的相关规定。公司2012年度财务报告真实、客观、准确地反映了公司的财务状况和经营成果。

大业信托有限责任公司

1. 重要提示

本公司董事会及董事保证本报告所载资料不存在任何虚假记载、误导性陈述或者重大遗漏，并对其内容的真实性、准确性和完整性承担个别及连带责任。本年度报告摘要摘自年度报告全文，客户及相关利益人欲了解详细内容，应阅读年度报告全文。

独立董事金立佐先生、王仲兴先生、张衢先生认为本报告内容是真实、准确、完整的。

本公司董事长沈柏年、总经理王毅、财务总监陈国权及会计机构负责人肖正峰声明：保证年度报告中财务报告的真实、完整。

2. 公司概况

2.1 公司简介

2.1.1 公司的法定名称

中文名称：大业信托有限责任公司

中文简称：大业信托

英文名称：Daye Trust Co. ,Ltd.

英文缩写：DAYETRUST

2.1.2 公司法定代表人：沈柏年

2.1.3 公司注册地址：广州市天河区体育西路 191 号中石化大厦 B 塔 25 楼

邮政编码：510620

公司国际互联网网址：http://www.dytrustee.com

电子信箱：info@dytrustee.com

2.1.4 公司负责信息披露事务的高级管理人员：陈俊标

电话：020－28028700

传真：020－28028701

电子邮箱：chenjb@dytrustee.com

2.1.5 公司选定的信息披露报纸：《金融时报》

2.1.6 公司年度报告备置地点：广州市天河区体育西路 191 号中石化大厦 B 塔 25 楼

2.1.7 公司聘请的会计师事务所：天职国际会计师事务所有限公司深圳分所

地址：深圳市福田区深南大道 6009 号绿景广场 B 座 17 楼

2.1.8 公司聘请的律师事务所：中伦文德律师事务所

地址：中国北京市朝阳区西坝河南路 1 号金泰大厦 19 层

2.2 组织结构

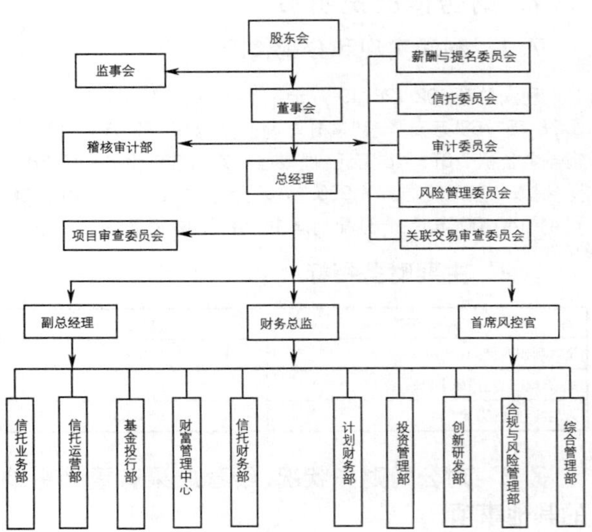

3. 公司治理结构

3.1 股东

截至报告期末公司股东共三家。股东情况如下：

股东名称	持股比例(%)	法人代表	注册资本	注册地址	主要经营业务
广州国际控股集团有限公司	38.33	沈柏年	334 994.00 万元	广州市天河区体育西路 191 号中石化大厦 B 塔 26 楼 2601～2624 号房	运用自有资金进行授权范围内的国有资产经营及管理。
中国东方资产管理公司	41.67	张子艾	100 亿元	北京市东城区建国门内大街 28 号民生金融中心 C 座 6～8 层	收购、管理和处置金融机构不良资产以及提供其他金融服务。
广东京信电力集团有限公司	20	许玉琪	18 638.00 万元	佛山市南海区西樵镇新田南海发电一厂行政楼二楼	国内贸易、电力投资、投资策划、商务信息咨询、电力技术的咨询服务、物业管理。

3.2 董事、董事会及其下属委员会

3.2.1 董事

董事会成员

姓名	职务	性别	年龄	选任日期	所推举的股东名称	该股东持股比例(%)
沈柏年	董事长	男	67	2010年10月18日	广州国际控股集团有限公司	38.33
陈俊标	董事、董事会秘书	男	46	2010年10月18日	广州国际控股集团有限公司	38.33
余关健	董事	男	57	2010年10月18日	中国东方资产管理公司	41.67
雷世俊	董事	男	51	2010年10月18日	中国东方资产管理公司	41.67
江忠友	董事	男	56	2010年10月18日	广东京信电力集团有限公司	20
王毅	职工董事	男	50	2010年10月18日		

3.2.2 董事会下属委员会

董事会下设委员会情况

	风险管理委员会	审计委员会	薪酬与提名委员会	信托委员会	关联交易审查委员会
职责	强化董事会在防范公司经营风险中的作用，并对公司长期发展战略和资产结构、投资方向以及重大投资决策进行审议评价并提出建议。	主要对公司的内部审计制度进行评价，对内部审计工作进行核查。	旨在评价公司的绩效考核办法和薪酬管理制度，并提出建议。	依法督促公司履行受托职责，当公司或股东利益与受益人利益发生冲突时，应保证公司为受益人的最大利益服务。	对须提交董事会或股东会审议的关联交易的必要性和公允性进行审查。

3.3 监事

监事会成员

姓名	职务	性别	年龄	选任日期	所推举的股东名称	该股东持股比例(%)
吉金	监事长	男	43	2010年10月18日	广东京信电力集团有限公司	20.00
宁静	监事	女	37	2010年10月18日	中国东方资产管理公司	41.67
曹新华	监事	女	49	2010年10月18日	广州国际控股集团有限公司	38.33
费琳	职工监事	女	37	2012年4月18		
倪林	职工监事	男	42	2012年4月18		

3.4 独立董事

姓名	性别	年龄	所在单位及职务	选任日期	任期年限
王仲兴	男	68	中山大学法学院	2010年10月18日	3
金立佐	男	56	—	2010年10月18日	3
张衢	男	66	工银瑞信基金管理有限公司	2011年7月29日	3

3.5 高级管理人员

职 务	姓 名	性别	年龄	选任日期	金融从业年限	学历	专业
总经理	王毅	男	50	2010年10月18日	21	硕士研究生	经济学
副总经理	田明	男	39	2011年3月28日	10	硕士研究生	工商管理
副总经理	陈玉鹏	男	50	2010年10月18日	29	硕士研究生	金融
副总经理兼首席风险控制官	张德荣	男	49	2010年10月18日	18	硕士研究生	法学
董事会秘书	陈俊标	男	46	2010年10月18日	10	硕士研究生	工商管理
财务总监	陈国权	男	51	2011年12月9日	2	硕士研究生	EMBA
总经理助理	饶森元	男	43	2010年10月18日	21	本科	国际金融

3.6 公司员工

报告期末，公司共有正编员工 76 名，平均年龄约 34 岁。

项目		2011 年度		2012 年度	
		人数	比例(%)	人数	比例(%)
学历分布	博士	1	2	0	0
	硕士	38	65	49	64
	本科	18	31	26	34
	专科	1	2	1	1
岗位分布	经营管理层	7	12	8	11
	业务人员	21	36	29	38
	中后台人员	30	43	39	51

4. 经营要况

4.1 经营目标、经营方针、战略规划

4.1.1 经营目标

公司致力于建成比较优势明显、核心业务较为突出、盈利能力较强、内部管理先进的专业资产管理机构。

4.1.2 经营方针

恪守信用，合法经营，以市场为导向，以客户为中心，提供优质金融服务，创造良好经济效益，促进国民经济发展。

4.1.3 战略规划

依托广东省的区位经济金融优势，并充分利用股东方的行业优势地位，建立现代企业法人治理结构，以传统业务为起步，稳步有序开展创新业务，争取用 3 ~5 年的时间将公司发展成为以投资能力、研发能力、营销能力为主要内容的核心竞争力，具备专业化、规范化、规模化的综合信托业务平台，实现股东回报最大化。

4.2 所经营业务的主要内容

4.2.1 信托业务

公司坚持发展信托主业，积极顺应监管政策导向，注重内涵式增长，不断培育和增强主动管理能力，大幅增加主动管理规模。

截至 2012 年 12 月 31 日，公司已成立的信托产品规模达 495 亿元，存续信托资产总规模为 294 亿元。

根据信托业务服务内容划分，公司信托业务分为投资类、融资类和事务管理类三大部分。

4.2.1.1 投资类信托

公司将该类业务作为重点发展方向，着力提高产品创新含量、设计水平和管理能力，将自身定位从融资工具转变为个性化产品及基金的设计者和管理者。公司担任受托人和投资管理人，对信托资金的投资运作效果承担责任。截至 2012 年 12 月 31 日，该类业务规模为 41 亿元，约占存续信托资产总规模的 14%。其主要业务包括集合资金信托金融投资、集合资金信托直接投资、集合投资类资产流动化信托、单一授权型信托金融投资和单一授权型信托直接投资。

4.2.1.2 融资类信托

公司在该类业务中担任受托人、贷款人和贷款服务商，主要承担融资项目尽职调查、筛选推荐、交易结构设计、债权及担保管理职责。其主要业务包括集合资金信托贷款、集合资金信托结构性融资、集合融资类资产流动化信托和单一授权型信托贷款。截至 2012 年 12 月 31 日，该类业务规模为 210 亿元，约占存续信托资产总规模的 70%。

4.2.1.3 事务管理类信托

公司在该类业务中主要担任受托人、账户管理人和财务顾问，按照信托文件约定和委托人指令执行或提出建议。这类业务主要是单一指定型信托。

截至 2012 年 12 月 31 日，该类业务规模为 47 亿元，约占存续信托资产总规模的 16%。

4.2.2 固有业务

根据净资本管理办法的要求，结合公司净资本的实际状况以及与信托业务协同发展的需要，公司对固有资金运用制定了高流动性、低风险的投资原则。2012 年公司固有业务整体净收入 3 669 万元。

4.2.3 主要业务的资产组合与分布

4.2.3.1 固有资产运用与分布表

资产分布	金额(万元)	占比(%)	资产分布	金额(万元)	占比(%)
货币资产	48 039	65	房地产业	12 335	17
应收类款项	5 557	8	金融机构	48 039	65
持有至到期投资	17 135	24	其他	13 099	18
其他	2 742	3			

4.2.3.2 信托资产运用与分布表

资产运用	金额(万元)	占比(%)	资产分布	金额(万元)	占比(%)
贷款	106	36	房地产业	86	29
长期股权投资	45	15	工商企业	76	25
可供出售及持有到期投资	75	25	基础产业	54	18
其他	73	24	金融机构	1	1
			其他	82	27

4.3 市场分析

4.3.1 经营形势分析

2012 年以来，银监会相继出台了一系列对信托公司的监管政策，对房地产信托、信政合作等业务予以规范和引导，更通过窗口指导对票据信托业务、同业存款信托业务、资金池信托业务予以叫停。总体而言，传统业务领域普遍受到限制，外部监管环境面临更大的不确定性。

4.3.2 金融形势分析

2012 年，宏观调控政策已由 2011 年的“控通胀、调结构、保增长”开始向“保增长、调结构、防通胀”的方向转变。中央经济工作会议明确，“实施积极的财政政策和稳健的货币政策，保持宏观经济政策的连续性和稳定性，增强调控的针对性、灵活

性、前瞻性”。宏观经济形势的不确定性和复杂性必将在信托公司的经营中有所体现，公司的风险控制能力将受到考验。

4.3.3 影响本公司业务发展的主要因素

4.3.3.1 有利条件

一是国民财富不断累积，居民可支配收入和高净值人群的持续增长，使通过信托这类专业财富管理机构投资理财的需求日趋旺盛。

二是信托业近年发展迅速，信托资产管理总规模已突破7万亿元。信托业在理财市场和资产管理领域的地位和作用及其对中国经济社会发展的价值不断被认识，其在中国金融体系中的地位和影响力不断提升。

三是根据国务院批复的《珠江三角洲地区改革发展规划纲要(2008—2020年)》，把广州市定位为区域金融中心，允许广州市在金融改革与创新方面先行先试，建立金融改革创新综合实验区。公司作为广州市本地唯一正在经营的信托公司，能够得到政策等方面的有力支持。

4.3.3.2 不利条件

一是各类金融机构之间的业务边界趋于模糊，交叉融合度大幅度提升，金融同业机构间的竞合关系和深度已达到历史空前的水平，资产管理市场的竞争趋于白热化。

二是公司资本规模偏小。净资本管理办法出台后，资本实力的高低将成为制约未来信托公司业务发展的关键因素。

三是培育和集聚高端客户资源已成为信托公司的核心资源所在，也是公司能否持续发展的关键因素之一。作为一家新公司，在激烈的市场竞争中要赢得客户的信任，积蓄形成具有一定规模的客户资源面临较大压力。

4.4 风险管理

4.4.1 风险管理概况

公司风险管理的全局性目标是实现长远发展、资本回报和风险暴露之间的平衡，追求运营的高效率和资源的优化配置，追求公司价值最大化。

4.4.2 风险状况

公司经营活动中面临的风险主要有:信用风险、市场风险、操作风险、合规风险及其他风险等。

4.4.2.1 信用风险状况

信用风险主要表现为公司交易对手不能履行合约义务从而导致公司资产价值发生变动遭受损失带来的风险，其中包括业务合作伙伴、贷款对象的信用风险，资金往来银行的信用风险。

4.4.2.2 市场风险状况

市场风险主要表现为因市场价格——利率、汇率、股票价格和商品价格等的不利变动而使公司的表内和表外业务发生损失的风险。具体表现为经济运行周期变化风险、金融市场利率波动风险、通货膨胀风险、房地产交易风险、证券市场和货币市场交易风险等。这些风险的存在不但影响信托财产的价值以及信托收益水平，也将影响公司由于资产负债结构不匹配等而导致公司整体的、当前和未来收入的损失。

4.4.2.3 操作风险状况

操作风险主要是公司内部控制、系统及运营过程中的错误或疏忽或外部事件而可能引起潜在损失的风险，表现在信息系统还不够全面及时，风险评估、风险管理的程序和结构还不够完善，以及人员操作不规范和责任心不强等方面。

4.4.2.4 合规风险状况

合规风险是指公司因没有遵守法律、法规和准则而可能遭受法律制裁、监管处罚，从而给公司发展带来重大损失的风险。

4.4.2.5 其他风险状况

政策风险:指国家宏观经济政策的调整可能对公司业务经营或成果造成一定影响。

道德风险:指由于公司内部人员蓄意违规、违法给公司带来损失的可能性。

声誉风险:指由于公司操作失误、违反有关规定、资产质量下降不能按期兑付、不能向公众提供高质量的综合金融服务和管理不善等原因，对公司外部市场地位和声誉产生的消极和不良影响。

4.4.3 风险管理

4.4.3.1 信用风险管理

公司信用风险管理主要通过对交易对手的尽职调查进行事前控制;通过交易结构设计、风险定价、设定担保措施、持续进行风险评估等手段规避和监控交易对手信用风险变化;明确界定业务部门与风险管理等部门的风险管理职责。公司强调风险管理关口前移，注重业务管理的调研和过程控制，严格授权审批制度、决策限额。公司注重信用风险的分散和补偿，关注交易对手的履约能力，并借鉴商业银行信贷管理经验加强该类风险管理。

4.4.3.2 市场风险管理

市场风险管理是识别、计量、监测和控制市场风险的全过程，其目标是通过将市场风险控制在公司可以承受的合理范围内，实现经风险调整后的收益最大化。

公司关注国家宏观政策变化，避免进入限制类行业和相关项目;控制行业集中度，通过业务创新不断拓展多元化的投资领域;充分考虑拟投资项目筛选、评估、运营、退出中的策略、渠道和措施，注重投资项目的调研和分析工作，建立充足的项目储备池，制定风险处置预案锁定项目退出风险，组建专业化的管理团队，明确项目组织管理结构与投资管理责任，并通过对货币政策、行业政策和利率走势等的深入分析研究，进行持续的专项监控。

4.4.3.3 操作风险管理

一是公司要求每项业务在尽职调查、受理、设计、审批、销售、执行和终止的全过程中都合法合规，按照程序操作。

二是构建内部控制环境，目前公司的各项控制制度和操作规程涵盖了所有业务领域，基本实现了对公司各项业务操作过程的有效控制。

三是操作风险管理要点包括注重尽职调查、加强产品规范化管理、借助外部中介机构进行管控、进行持续风险监测和风险评价、加强合同档案管理、规范信息披露、加强信息化支持等。

4.4.3.4 合规风险管理

公司密切关注国内外金融监管发展趋势，动态理解和自觉适用信托业务相关的监管政策法规。公司高度重视合规管理工作，认为合规管理不再是公司运营的成本，而应成为提升公司内在价值和创造价值的重要手段。公司采用风险管理的方法主动进行合规管理，合规管理从基于规则限制的“是否合规”，发展为基于风险管理的“如何合规”，不让合规成为风险。公司持续完善能确保合规管理工作正常开展的制度体系和操作流程，合规风险管理计划得以有效执行；进一步明晰了对内对外合规风险报告路线，建立了合规绩效考核机制和问责与激励机制。

4.4.3.5 其他风险管理

政策风险管理。公司及时跟踪研究国家宏观政策和行业政策的调整与变化，尽可能准确地分析宏观政策和监管政策的未来趋势；积极研究、分析外部政策法规变化对信托公司发展方向、盈利模式的影响，不断摸索适合公司发展的道路；加强与政策制定部门的沟通，及时调整发展思路和经营理念，保持公司经营策略与国家政策的一致性。

道德风险管理。公司通过制度设计完善内部控制机制，规范操作流程；严格执行管理制度及纪律要求；公司加强道德文化教育，鼓励员工遵纪守法，构筑道德风险“防火墙”，不断提高员工廉洁自律和勤勉尽职的意识；公司以员工为本，强调和谐共赢，不断加强企业的凝聚力和员工的归属感，避免各类短期行为和寻租现象；公司加强制度建设，通过制度建设为防范道德风险提供制度保障。

声誉风险管理。公司将声誉风险管理纳入公司治理和全面风险管理体系，强调在合规经营和健康发展的基础上，主动、有效、灵活地管理声誉风险和应对声誉事件，主要是通过机制和制度建设明晰声誉风险监控、管理和应对流程，通过充分信息披露等方式实现与投资者的良性沟通，通过履行社会责任等积极提升公司的品牌价值和社会形象。

5. 报告期末及上一年度末的比较式会计报表

5.1 自营资产

5.1.1 会计师事务所审计意见全文

天职深 SJ〔2013〕147 号

大业信托有限责任公司：

我们审计了后附的大业信托有限责任公司（以下简称贵公司）财务报表，包括 2012 年 12 月 31 日的资产负债表，2012 年度的利润表、所有者权益变动表和现金流量表以及财务报表附注。

一、管理层对财务报表的责任

编制和公允列报财务报表是贵公司管理层的责任，这种责任包括：(1)按照企业会计准则的规定编制财务报表，并使其实现公允反映；(2)设计、执行和维护必要的内部控制，以使财务报表不存在由于舞弊或错误导致的重大错报。

二、注册会计师的责任

我们的责任是在执行审计工作的基础上对财务报表发表审计意见。我们按照中国注册会计师审计准则的规定执行了审计工作。中国注册会计师审计准则要求我们遵守中国注册会计师职业道德守则，计划和执行审计工作以对财务报表是否不存在重大错报获取合理保证。

审计工作涉及实施审计程序，以获取有关财务报表金额和披露的审计证据。选择的审计程序取决于注册会计师的判断，包括对由于舞弊或错误导致的财务报表重大错报风险的评估。在进行风险评估时，注册会计师考虑与财务报表编制和公允列报相关的内部控制，以设计恰当的审计程序，但目的并非对内部控制的有效性发表意见。审计工作还包括评价管理层选用会计政策的恰当性和作出会计估计的合理性，以及评价财务报表的总体列报。

我们相信，我们获取的审计证据是充分、适当的，为发表审计意见提供了基础。

三、审计意见

我们认为，贵公司财务报表在所有重大方面按照企业会计准则的规定编制，公允反映了贵公司 2012 年 12 月 31 日的财务状况以及 2012 年度的经营成果和现金流量。

中国注册会计师：王冬林

中国注册会计师：黎　明

中国·北京　　　　二〇一三年四月五日

5.1.2 资产负债表

资产负债表

编制单位：大业信托有限责任公司　　2012 年 12 月 31 日　　单位：万元

项　目	期末数	年初数	项　目	期末数	年初数
资产：			负债：		
现金及银行存款	239.24	416.36	向中央银行借款		
存放中央银行款项			联行存放款项		
贵金属			同业存放款项		
存放联行款项			拆入资金		
存放同业款项	47 800.00	17 500.00	交易性金融负债		
拆出资金			衍生金融负债		
交易性金融资产			卖出回购金融资产款		
衍生金融资产			应付及预收账款	1 826.96	1 957.56
买入返售金融资产			应付职工薪酬	7 926.73	2 982.23
应收及预付账款	4 246.93	2 341.38	应交税费	4 878.94	2 596.45
应收利息	620.68	188.20	应付利息		

续表

项　目	期末数	年初数	项　目	期末数	年初数
其他应收款	689.37	358.60	其他应付款	1 377.91	778.18
发放贷款和垫款			预计负债		
可供出售金融资产			应付债券		
持有至到期投资	17 135.00	24 875.00	递延所得税负债		
长期股权投资			其他负债		
投资性房地产			负债合计	16 010.54	8 314.42
固定资产	277.58	207.44	实收资本(或股本)	30 000.00	30 000.00
在建工程			国有资本	24 000.00	24 000.00
固定资产清理			外商资本		
无形资产	138.11	72.20	资本公积		
商誉			减:库存股		
长期待摊费用	147.22	278.24	盈余公积	2 746.29	866.75
抵债资产			一般风险准备	1 373.14	433.38
递延所得税资产	2 179.27	744.54	未分配利润	23 343.43	7 367.41
其他资产			外币报表折算差额		
			归属于母公司少数股东权益		
			所有者权益合计	57 462.86	38 667.54
资产合计	73 473.40	46 981.96	负债和所有者权益总计	73 473.40	46 981.96

法定代表人:沈柏年　　主管会计工作负责人:陈国权　　会计机构负责人:肖正峰

5.1.3　利润表

利润表

编制单位:大业信托有限责任公司　　2012 年度　　单位:万元

项　目	本期金额	上期金额
一、营业收入合计	40 083.43	18 565.30
(一)利息净收入	3 539.42	1 412.84
利息收入	3 539.42	1 424.01
利息支出		11.17
(二)手续费及佣金净收入	36 544.01	17 152.46
手续费及佣金收入	36 853.14	17 940.26
手续费及佣金支出	309.13	787.80
(三)投资收益(损失以"-"号填列)		
(四)公允价值变动收益(损失以"-"号填列)		
(五)汇兑收益(损失以"-"号填列)		
(六)其他业务收入		
二、营业支出	14 969.65	6 832.70
营业税金及附加	2 236.98	1 036.16
业务及管理费	12 732.67	5 796.54
折旧	115.35	70.58
人员费用	9 046.57	4 148.12
业务费用	429.07	249.33
管理费用	3 141.68	1 328.51
资产减值损失		
其他业务成本		
三、营业利润(亏损以"-"号填列)	25 113.78	11 732.60
营业外收入		
营业外支出		5.43
四、利润总额(亏损以"-"号填列)	25 113.78	11 727.16
减:所得税费用	6 318.46	2 923.08
五、净利润(亏损以"-"号填列)	18 795.32	8 804.08

法定代表人:沈柏年　　主管会计工作负责人:陈国权　　会计机构负责人:肖正峰

5.1.4 现金流量表

现金流量表

编制单位：大业信托有限责任公司　　2012 年度　　单位：万元

项　目	本期金额	上期金额
一、经营活动产生的现金流量		
客户存款和同业存放款项净增加额		
向中央银行借款净增加额		
向其他金融机构拆入资金净增加额		
收取利息、手续费及佣金的现金	37 923. 92	18 783. 76
收到其他与经营活动有关的现金	599. 74	150. 77
现金流入小计	38 523. 66	18 934. 53
客户贷款及垫款净增加额		
存放中央银行和同业款项净增加额		
支付利息、手续费及佣金的现金	309. 13	798. 97
支付给职工以及为职工支付的现金	4 093. 04	1 165. 89
支付的各项税费	8 258. 10	2 153. 15
支付其他与经营活动有关的现金	3 190. 70	1 782. 04
现金流出小计	15 850. 97	5 900. 05
经营活动产生的现金流量净额	22 672. 69	13 034. 48
二、投资活动产生的现金流量		
收回投资收到的现金	76 540. 00	
取得投资收益收到的现金		
收到其他与投资活动有关的现金		
现金流入小计	76 540. 00	
购建固定资产、无形资产和其他长期资产支付的现金	289. 81	210. 16
支付其他与投资活动有关的现金	68 800. 00	24 875. 00
现金流出小计	69 089. 81	25 085. 16
投资活动产生的现金流量净额	7 450. 19	-25 085. 16
三、筹资活动产生的现金流量		
吸收投资收到的现金		
取得借款收到的现金		
收到其他与筹资活动有关的现金		
现金流入小计		
偿还债务支付的现金		
分配股利、利润或偿付利息支付的现金		
支付其他与筹资活动有关的现金		
现金流出小计		
筹资活动产生的现金流量净额		
四、汇率变动对现金及现金等价物的影响		
五、现金及现金等价物净增加额	30 122. 88	-12 050. 68
加：期初现金及现金等价物余额	17 916. 36	29 967. 04
六、期末现金及现金等价物余额	48 039. 24	17 916. 36

法定代表人：沈柏年　　主管会计工作负责人：陈国权　　会计机构负责人：肖正峰

5.1.5 所有者权益变动表

所有者权益变动表

编制单位：大业信托有限责任公司　　2012 年度　　单位：万元

项　目	本期金额					
	股本	资本公积	盈余公积	一般风险准备	未分配利润	股东权益合计
一、上年末余额	30 000. 00		866. 75	433. 38	7 367. 41	38 667. 54
加：会计政策变更						
前期差错更正						
二、本年初余额	30 000. 00		866. 75	433. 38	7 367. 41	38 667. 54

续表

项　　目	本期金额					
	股本	资本公积	盈余公积	一般风险准备	未分配利润	股东权益合计
三、本年增减变动金额(减少以"－"号填列)			1 879.54	939.76	15 976.02	18 795.32
(一)净利润					18 795.32	18 795.32
(二)其他综合收益						
上述(一)和(二)小计					18 795.32	18 795.32
(三)所有者投入和减少资本						
1. 所有者投入资本						
2. 股份支付计入股东权益的金额						
3. 其他						
(四)利润分配			1 879.54	939.76	－2 819.30	
1. 提取盈余公积			1 879.54		－1 879.54	
2. 提取一般风险准备				939.76	－939.76	
3. 对股东的分配						
4. 其他						
(五)所有者权益内部结转						
1. 资本公积转增股本						
2. 盈余公积转增股本						
3. 盈余公积弥补亏损						
4. 其他						
(六)专项储备						
1. 本期提取						
2. 本期使用						
四、本年末余额	30 000.00		2 746.29	1 373.14	23 343.43	57 462.86

法定代表人:沈柏年　　主管会计工作负责人:陈国权　　会计机构负责人:肖正峰

所有者权益变动表

编制单位:大业信托有限责任公司　　2011 年度　　单位:万元

项　　目	上期金额					
	资本	资本公积	盈余公积	一般风险准备	未分配利润	股东权益合计
一、上年末余额					－136.53	29 863.47
加:会计政策变更						
前期差错更正						
二、本年初余额					－136.53	29 863.47
三、本年增减变动金额(减少以"－"号填列)	30 000.00		866.75	433.38	7 503.94	8 804.08
(一)净利润					8 804.08	8 804.08
(二)其他综合收益						
上述(一)和(二)小计					8 804.08	8 804.08
(三)所有者投入和减少资本	30 000.00					
1. 所有者投入资本	30 000.00					
2. 股份支付计入股东权益的金额						
3. 其他						
(四)利润分配			866.75	433.38	－1 300.13	
1. 提取盈余公积			866.75		－866.75	
2. 提取一般风险准备				433.38	－433.38	
3. 对股东的分配						
4. 其他						
(五)所有者权益内部结转						
1. 资本公积转增股本						
2. 盈余公积转增股本						
3. 盈余公积弥补亏损						
4. 其他						
(六)专项储备						
1. 本期提取						
2. 本期使用						
四、本年末余额	30 000.00		866.75	433.38	7 367.41	38 667.54

法定代表人:沈柏年　　主管会计工作负责人:陈国权　　会计机构负责人:肖正峰

5.2 信托资产

5.2.1 信托项目资产负债汇总表

信托项目资产负债汇总表

编制单位：大业信托有限责任公司　　2012 年 12 月 31 日　　单位：元

信托资产	年初数	期末数	信托负债和信托权益	年初数	期末数
信托资产：			信托负债：		
货币资金	190 873 402.60	629 488 005.29	交易性金融负债		
拆出资金			衍生金融负债		
存出保证金			应付受托人报酬		
交易性金融资产			应付托管费		
衍生金融资产			应付受益人收益		1 440 999.96
买入返售金融资产			应交税费		
应收款项	554 000 000.00	1 161 734 965.50	应付销售服务费		
贷款	9 165 050 000.00	10 649 280 000.00	其他应付款项	81 433 665.50	180 852 632.16
可供出售金融资产	500 000 000.00		预计负债		
持有至到期投资	1 711 301 070.10	7 478 655 000.00	其他负债		
长期应收款			信托负债合计	81 433 665.50	182 293 632.12
长期股权投资	2 149 350 000.00	4 550 280 000.00			
投资性房地产			信托权益：		
固定资产			实收信托	16 072 364 687.50	29 424 785 788.32
无形资产			资本公积		
长期待摊费用			损益平准金		
其他资产	1 933 500 000.00	5 449 530 788.32	未分配利润	50 276 119.70	311 889 338.67
减：各项资产减值准备			信托权益合计	16 122 640 807.20	29 736 675 126.99
信托资产总计	16 204 074 472.70	29 918 968 759.11	信托负债及信托权益总计	16 204 074 472.70	29 918 968 759.11

5.2.2 信托项目利润及利润分配表

信托项目利润及利润分配表

编制单位：大业信托有限责任公司　2012 年度　单位：元

项　目	上年度数	本年度数
1. 营业收入	483 176 148.72	2 539 741 883.53
1.1 利息收入	403 458 958.65	1 439 190 382.53
1.2 投资收益（损失以"－"号填列）	68 235 800.95	1 020 821 100.25
1.2.1 其中：对联营企业和合营企业的投资收益		
1.3 公允价值变动收益（损失以"－"号填列）		
1.4 租赁收入		
1.5 汇兑损益（损失以"－"号填列）		
1.6 其他收入	11 481 389.12	79 730 400.75
2. 支出	95 312 855.39	487 322 104.94
2.1 营业税金及附加		4 721 578.21
2.2 受托人报酬	45 441 993.80	201 566 966.38
2.3 托管费	3 555 873.11	28 546 910.02
2.4 投资管理费		5 317 032.67
2.5 销售服务费	7 505 743.98	104 396 987.09
2.6 交易费用		
2.7 资产减值损失		
2.8 其他费用	38 809 244.50	142 772 630.57
3. 信托净利润（净亏损以"－"号填列）	387 863 293.33	2 052 419 778.59
4. 其他综合收益		
5. 综合收益	387 863 293.33	2 052 419 778.59

续表

项　目	上年度数	本年度数
6. 加：期初未分配信托利润		50 276 119.70
7. 可供分配的信托利润	387 863 293.33	2 102 695 898.29
8. 减：本期已分配信托利润	337 587 173.63	1 790 806 559.62
9. 期末未分配信托利润	50 276 119.70	311 889 338.67

6. 会计报表附注

6.1 会计报表编制基准不符合会计核算基本前提的说明

公司以持续经营为基础，根据实际发生的交易和事项，按照《企业会计准则——基本准则》和其他各项具体会计准则、应用指南及准则解释的规定进行确认和计量，在此基础上编制财务报表。

公司所编制的会计报表符合企业会计准则的要求，真实、完整地反映了公司的财务状况、经营成果、股东权益变动和现金流量等有关信息。

6.2 重要会计政策和会计估计说明

公司自 2010 年 9 月开始筹建起执行财政部 2006 年 2 月 15 日颁布的《企业会计准则》（财会〔2006〕3 号）及其后续规定。

6.2.1 计提资产减值准备的范围和方法

公司计提资产损失准备的范围包括贷款损失准备、长期股权投资减值准备、固定资产减值准备和无形资产减值准备。主要计提方法是：

一是贷款损失准备。公司按照贷款资产风险分类后的风险程度和回收的可能性，参照以下比例计提专项准备：

贷款风险类别	计提比例(%)
关注类	2
次级类	25
可疑类	50
损失类	100

计提比例可上下浮动20%。

二是长期股权投资减值准备。期末对单项投资由于市价持续下跌或被投资单位经营状况恶化等原因导致其可收回金额低于账面价值的差额分项提取长期投资减值准备。

三是固定资产减值准备。期末对单项资产由于市价持续下跌、技术陈旧、损坏或长期闲置等原因，导致其可收回金额低于账面价值的差额，分项提取固定资产减值准备。

四是无形资产减值准备。期末按单项资产预计可收回金额低于其账面价值的差额，分项提取无形资产减值准备。

6.2.2 短期投资核算方法

6.2.2.1 金融资产四分类的范围和标准

金融资产于初始确认时分为以下四类：以公允价值计量且其变动计入当期损益的金融资产、持有至到期投资、贷款和应收款项、可供出售金融资产。金融资产在初始确认时以公允价值计量。对于以公允价值计量且其变动计入当期损益的金融资产，相关交易费用直接计入当期损益，其他类别的金融资产相关交易费用计入其初始确认金额。

(1)金融资产的公允价值。存在活跃市场的金融资产，采用活跃市场中的报价确定其公允价值。不存在活跃市场的，本公司采用估值技术确定其公允价值，估值技术包括参考熟悉情况并自愿交易的各方最近进行的市场交易中使用的价格、参照实质上相同的其他金融工具的当前公允价值、现金流量折现法和期权定价模型等。

(2)金融资产转移。金融资产转移是指本公司将金融资产让与或交付给该金融资产发行方以外的另一方(转入方)。已将金融资产所有权上几乎所有的风险和报酬转移给转入方的，终止确认该金融资产；保留了金融资产所有权上几乎所有的风险和报酬的，不终止确认该金融资产；既没有转移也没有保留金融资产所有权上几乎所有的风险和报酬的，分别按下列情况处理：放弃了对该金融资产控制的，终止确认该金融资产并确认产生的资产和负债；未放弃对该金融资产控制的，按照其继续涉入所转移金融资产的程度确认有关金融资产，并相应确认有关负债。

6.2.2.2 交易性金融资产核算方法

以公允价值计量且其变动计入当期损益的金融资产，包括交易性金融资产和初始确认时指定为以公允价值计量且其变动计入当期损益的金融资产，采用公允价值进行后续计量，所有已实现和未实现的损益均计入当期损益。

6.2.2.3 可供出售金融资产指初始确认时即指定为可供出售的非衍生金融资产，以及除上述金融资产类别以外的金融资产，此类金融资产采用公允价值进行后续计量。其折溢价采用实际利率法进行摊销并确认为利息收入。除减值损失及外币货币性金融资产的汇兑差额确认为当期损益外，可供出售金融资产的公允价值变动作为资本公积的单独部分予以确认，直到该金融资产终止确认或发生减值时，在此之前在资本公积中确认的累计利得或损失转入当期损益。与可供出售金融资产相关的股利或利息收入，计入当期损益。

6.2.2.4 持有至到期投资核算方法

持有至到期投资是指到期日固定、回收金额固定或可确定，且本公司有明确意图和能力持有至到期的非衍生金融资产，采用实际利率法，按照摊余成本进行后续计量，其终止确认、发生减值或摊销产生的利得或损失，均计入当期损益。

6.2.3 长期投资核算方法

6.2.3.1 长期股权投资的初始计量

长期股权投资在取得时按初始投资成本计量。初始投资成本一般为取得该项投资而付出的资产、发生或承担的负债以及发行的权益性证券的公允价值，并包括直接相关费用。但同一控制下的企业合并形成的长期股权投资，其初始投资成本为合并日取得的被合并方所有者权益的账面价值份额。

6.2.3.2 长期股权投资的后续计量

能够对被投资单位实施控制的长期股权投资，以及对被投资单位不具有共同控制或重大影响，且在活跃市场中没有报价、公允价值不能可靠计量的长期股权投资采用成本法核算；对被投资单位具有共同控制或重大影响的长期股权投资，采用权益法核算。

长期股权投资采用权益法核算时，对长期股权投资初始投资成本大于投资时应享有被投资单位可辨认净资产公允价值份额的，不调整长期股权投资的初始投资成本；对长期股权投资初始投资成本小于投资时应享有被投资单位可辨认净资产公允价值份额的，其差额计入当期损益，同时调整长期股权投资的成本。

按权益法对长期股权投资进行核算时，先对被投资单位的净利润进行取得投资时被投资单位各项可辨认资产等的公允价值、会计政策和会计期间方面的调整，再按应享有或应分担的被投资单位的净损益份额确认当期投资损益。

6.2.4 固定资产计价和折旧方法

固定资产按照取得时的实际成本进行初始计量，采用年限平均法计提折旧。

6.2.5 无形资产计价及摊销政策

无形资产指公司拥有或控制的没有实物形态的可辨认非货币性资产。无形资产按取得时成本进行初始计量，包括购买价款、相关税费以及直接归属于该项资产达到预定用途所发生的其他支出。投资者投入的无形资产，按照合同或协议约定的价值确定入账成本，但合同或协议约定价值不公允的除外。企业出售无形资产，按取得的价款与该无形资产账面价值的差额计入当期损益。无形资产预期不能为企业带来经济利润时，将该无形资产的账面价值予以转销。公司采用直线法摊销无形资产，并将摊销金额计入当期损益。已计提减值准备的无形资产，其摊销额按扣除已计提的无形资产减值准备累计金额后计算。

6.2.6 长期待摊费用的摊销政策

长期待摊费用核算已经支出，但摊销期限在1年以上(不含1年)的各项费用。长期待摊费用在受益期内平均摊销，其中：经营租赁方式租入的固定资产改良支出，按剩余租赁期与租赁资产尚可使用年限两者中较短的期限平均摊销。专项采购的IT应用软件，按照合理的使用期限平均摊销。

6.2.7　**合并会计报表的编制方法**

本公司将所有控股子公司纳入合并会计报表范围。

截至本报告日，本公司尚无控股子公司。

6.2.8　**收入确认原则和方法**

收入是在与交易相关的经济利益能够流入本公司，且有关收入的金额可以可靠地计量时予以确认。具体按以下标准确认：一是利息收入：对于所有以摊余成本计量的金融工具及可供出售类投资中计息的金融工具，利息收入以实际利率计量。实际利率和合同利率差别较小时，按合同利率计算利息收入。二是手续费、佣金及其他收入：在已提供有关服务且收取的金额可以合理地估算时确认。

6.2.9　**所得税的会计处理方法**

公司根据资产与负债在资产负债表日的账面价值与其计税基础之间的暂时性差异，采用资产负债表债务法，按照暂时性差异转回期间适用的税率计算递延所得税，分为递延所得税资产和递延所得税负债。

除《企业会计准则》中明确规定可不确认递延所得税负债的情况以外，公司对于所有的应纳税暂时性差异均确认递延所得税负债。

为谨慎反映资产，一般情况下，公司不确认递延所得税资产，除非公司有明确证据证明可抵扣暂时性差异转回期间能够产生足够的应纳税所得额。

6.2.10　**信托报酬的确认原则和方法**

在收入确认原则基础上，与信托业务相关的经济利益能够流入、收入的金额能够可靠计量的情况下，按有关合同、协议规定的时间和方法确认信托报酬收入的实现。若合同无特别规定，原则上信托报酬在整个信托存续期间平均分摊确认收入。

6.3　或有事项说明

本期公司无对外担保及其他或有事项。

6.4　会计报表中重要项目的明细资料

6.4.1　**自营资产经营情况**

6.4.1.1　信用风险资产五级分类情况

按照银监会《非银行金融机构资产风险分类指导原则（试行）》的分类标准，本年度末公司固有资产质量情况是：

信用风险资产五级分类	正常类（万元）	关注类（万元）	次级类（万元）	可疑类（万元）	损失类（万元）	信用风险资产合计（万元）	不良资产合计（万元）	不良资产率（%）
期初数	0.00	0.00	0.00	0.00	0.00	0.00	0.00	0.00
期末数	0.00	0.00	0.00	0.00	0.00	0.00	0.00	0.00

6.4.1.2　资产损失准备的期初数、本期计提、本期转回、本期核销、期末数

单位：万元

	期初数	本期计提	本期转回	本期核销	期末数
贷款损失准备：	0.00	0.00	0.00	0.00	0.00
一般准备	0.00	0.00	0.00	0.00	0.00
专项准备	0.00	0.00	0.00	0.00	0.00
其他资产减值准备：	0.00	0.00	0.00	0.00	0.00
可供出售金融资产减值准备	0.00	0.00	0.00	0.00	0.00
持有至到期投资减值准备	0.00	0.00	0.00	0.00	0.00
长期股权投资减值准备	0.00	0.00	0.00	0.00	0.00
坏账准备	0.00	0.00	0.00	0.00	0.00
投资性房地产减值准备	0.00	0.00	0.00	0.00	0.00
合计	0.00	0.00	0.00	0.00	0.00

6.4.1.3　自营股票投资、基金投资、债券投资、长期股权投资等投资的期初数、期末数

本期公司尚无此类业务。

6.4.1.4　前三名的自营长期股权投资的企业名称、占被投资企业权益的比例、主要经营活动及投资收益情况等

本期公司尚无此类业务。

6.4.1.5　前三名的自营贷款的企业名称、占贷款总额的比例和还款情况等

本期期末公司贷款余额为零。

6.4.2　**信托资产管理情况**

6.4.2.1　履行受托人义务的情况

2012年度公司共成立信托项目131个，新增信托规模总计309.76亿元。其中单一信托项目63个，信托规模65.62亿元；集合信托项目55个，信托规模197.26亿元；财产信托项目13个，信托规模46.88亿元。2012年度共清算信托项目86个，清算规模176.23亿元。截至2012年12月31日，公司存续信托项目125个，存续规模294.25亿元。

公司勤勉尽职履行受托人义务。2012年全部信托项目共实现信托净利润20.52亿元，年初未分配利润0.50亿元，全年可供分配利润合计21.02亿元，2012年公司累计共向各类受益人分配信托净利润17.90亿元，正常兑付86个已清算项目信托本金176.23亿元，截至2012年末累计未分配信托利润余额为3.12亿元。截至本报告日，存续项目运行平稳。

6.4.2.2　信托资产的期初数、期末数

单位：万元

信托资产	期初数	期末数
集合	581 051.78	1 544 444.16
单一	999 355.65	979 273.46
财产权	40 000.01	468 179.26
合计	1 620 407.45	2 991 896.88

6.4.2.3　本年度信托终止的项目个数、合计金额、加权平均预计收益率、加权平均实际收益率

已清算结束信托项目	项目个数	合计金额（万元）	加权平均实际收益率（%）	加权平均实际信托报酬率（%）
集合类	16	372 795.00	9.5	1.5
单一类	68	625 042.97	12.1	1
财产管理类	2	40 769.15	5.2	0.5

6.4.2.4　信托财产的损失情况

本公司勤勉尽职履行受托人义务，未发生信托财产的损失情况。

6.4.2.5　因本公司自身责任而导致的信托资产损失

本公司勤勉尽职履行受托人义务，未发生因公司自身责任而导致的信托资产损失情况。

6.5　关联方关系及其交易的披露

6.5.1　关联交易方的数量、关联交易的总金额及关联交易的定价政策

截至2012年末，公司与股东发生的关联信托项目存续8个，存续资金规模合计376 200万元。具体结构为：受股东中国东方资产管理公司委托，设立单一信托项目存续规模370 400万元，占比为98%；受股东广州国际控股集团有限公司委托，设立单一信托项目存续规模5 800万元，占比为2%。关联交易的定价政策主要有：

一是指定型信托项目的关联方交易价格按委托人（或受益人）指定的价格确定，但有悖法律规定或明显有损第三方利益的，本公司拒绝执行。

二是固有财产的关联方交易或授权型信托项目的关联方交易的定价主要遵循市场价格的原则，有客观的市场价格作为参照的一律以市场价格为准；如果没有市场价格，按照成本加成定价；如果既没有市场价格，也不适合采用成本加成价的，按照协议价定价。

6.5.2　关联交易方与本公司的关系性质、关联交易方的名称、法定代表人、注册地址、注册资本及主营业务

关系性质	关联方名称	法定代表人	注册地址	注册资本	主营业务
股东	中国东方资产管理公司	张子艾	北京市东城区建国门内大街28号民生金融中心C座6~8层	100亿元	收购、管理和处置金融机构不良资产以及提供其他金融服务。
股东	广州国际控股集团有限公司	沈柏年	广州市天河区体育西路191号中石化大厦B塔26楼2601~2624号房	334 994万元	运用自有资金进行授权范围内的国有资产经营及管理。

6.5.3　公司与关联方的重大交易事项

6.5.3.1　固有资产与关联方

报告期内无固有资产与关联方发生重大交易情况。

6.5.3.2　信托资产与关联方

单位：万元

项目	期初数	期末数
贷款	597 200.00	337 200.00
投资	54 300.00	53 500.00
租赁	0.00	0.00
担保	0.00	0.00
应收账款	0.00	0.00
其他	0.00	0.00
合计	651 500.00	390 700.00

6.5.3.3　固有财产与信托财产之间的交易金额、交易方式等期初数、期末数

报告期内，公司以固有资金购买了公司受托管理的2个集合资金信托项目，合同金额合计7 800万元。上述关联交易严格按照公司内部审批流程进行审批，根据信托项目认购流程进行认购，交易条件及交易价格等同于公司同类信托业务，符合监管要求。

单位：万元

项　目	期初数	期末数
佛奥广场股权投资类集合资金信托计划	4 335.00	7 335.00
汇通宝集合资金信托计划（汇通宝1期）	9 950.00	0.00
汇通宝集合资金信托计划（汇通宝3期）	10 590.00	0.00
宁夏金海永和泰电石项目贷款集合资金信托	0.00	4 800.00
合计	24 875.00	12 135.00

6.5.3.4　信托资产与信托财产之间的交易金额期初汇总数、本期发生额汇总数、期末汇总数

报告期内无信托资产与信托财产之间发生交易情况。

6.5.4　关联方逾期未偿还本公司资金的详细情况以及本公司为关联方担保发生或即将发生垫款的情况

关联方无逾期不偿还本公司资金情况，本公司无为关联方担保发生或即将发生垫款情况。

7. 财务情况说明书

7.1　利润实现和分配情况

2012年度，公司实现净利润18 795.32万元。依据《公司法》、《信托公司管理办法》和公司章程，公司对2012年可供分配利润提取10%法定盈余公积金1 879.53万元，提取5%的信托赔偿准备金939.76万元。

7.2　主要财务指标

指标名称	指标值
资产收益率（%）	31.21
资本收益率（%）	39.10
信托报酬率（%）	1.60
人均利润（万元）	264.72

注：1. 资产收益率＝净利润÷总资产平均余额×100%（平均值采取年初、年末余额简单平均法；公式为：平均值＝（年初数＋年末数）÷2，下同）。

2. 资本收益率＝净利润÷所有者权益平均余额×100%。

3. 信托报酬率＝$\sum_{i=1}^{n}(Ai\times Pi)\div\sum_{i=1}^{n}(Ai)$（$Ai$为信托项目$i$的实收信托规模，$Pi$为信托项目$i$的实际年化信托报酬率）。

4. 人均净利润＝净利润÷年平均人数。

7.3　对本公司财务状况、经营成果有重大影响的其他事项

报告期内无上述事项。

8. 特别事项揭示

8.1 股东报告期内变动情况及原因

股东报告期内无变动。

8.2 高级管理人员变动情况及原因

高级管理人员报告期内无变动。

8.3 变更注册资本、注册地或公司名称、公司分立合并事项

报告期内无上述事项。

8.4 公司的重大诉讼事项

报告期内公司无重大诉讼事项。

8.5 对会计师事务所出具的有解释性说明、保留意见、拒绝表示意见或否定意见的审计报告的，公司董事会就所涉及事项作出的说明

天职国际会计师事务所有限公司深圳分所出具了标准无保留意见的审计报告。

8.6 公司及其高级管理人员受到处罚情况

报告期内无上述处罚情况。

8.7 对银监会及其派出机构提出整改意见的整改情况说明

银监会及其派出机构在本年度未对公司提出整改意见。

8.8 重大事项临时报告情况

报告期内无重大事项临时报告。

8.9 银监会及其省级派出机构认定的其他有必要让客户及相关利益人了解的重要信息

报告期内无其他有必要让客户及相关利益人了解的重要信息。

9. 公司监事会意见

监事会认为本公司决策程序符合法律、法规和公司章程的规定，并建立了较为完善的内部控制制度，公司董事、管理层认真履行职责，未发生执行职务时有违反法律、法规、公司章程或损害公司利益的行为。公司财务报告经天职国际会计师事务所有限公司深圳分所审计，真实反映了公司财务状况和经营成果。

东莞信托有限公司

1. 重要提示

1.1　本公司董事会及董事保证本报告所载资料不存在任何虚假记载、误导性陈述或者重大遗漏，并对其内容的真实性、准确性和完整性承担个别及连带责任。

1.2　本公司董事王标因公务未能参加第三届董事会第十六次会议，委托董事陈锐康代为行使表决权。

1.3　本公司独立董事彭志坚、陈平声明：保证本年度报告真实、准确和完整。

1.4　本公司2012年度财务报告经中审亚太会计师事务所有限公司审计，并出具了标准无保留意见的审计报告。

1.5　本公司董事长何锦成、总经理丁暖容及财务负责人陈建锋声明：保证年度报告中财务会计报告的真实、完整。

2. 公司概况

2.1　公司简介

法定中文名称/缩写	东莞信托有限公司/东莞信托
英文名称/缩写	Dongguan Trust Co. ,Ltd. /DGTC
法定代表人	何锦成
注册地址	东莞松山湖高新技术开发产业园区创新科技园2号楼
邮政编码	523808
网址	http://www. dgxt. com
电子邮箱	bgs@ dgxt. com
信息披露事务负责人	刘绮澜
信息披露事务联系人	姓名：冯杰
	联系电话：(0769)26261010
	传真：(0769)22389630
	电子邮箱：fj@ dgxt. com
公司年报信息披露报纸	《金融时报》
公司年报备置地点	东莞松山湖高新技术开发产业园区创新科技园2号楼

续表

公司聘请的会计师事务所	名称：中审亚太会计师事务所有限公司
	住所：北京市海淀区复兴路47号天行建商务大厦22～23层
	电话：(010)51716789
公司聘请的律师事务所	名称：广东赋诚律师事务所
	住所：东莞市莞城区旗峰路162号中侨大厦B座23楼
	电话：(0769) 22367780

2.2　组织结构

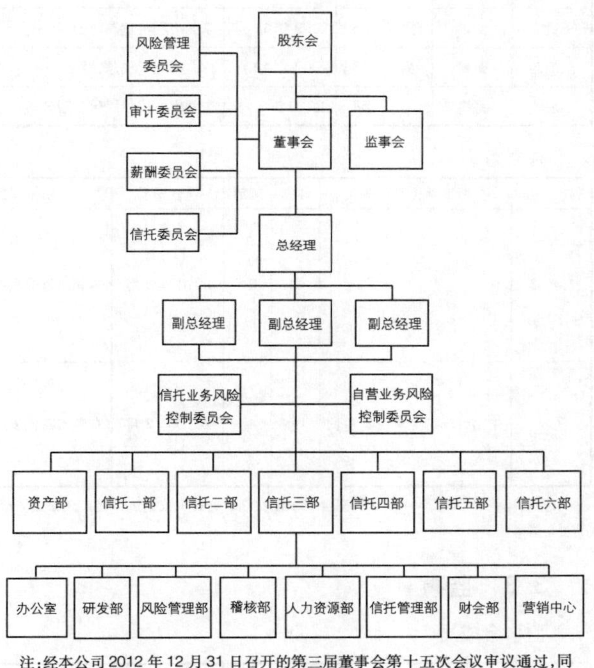

注：经本公司2012年12月31日召开的第三届董事会第十五次会议审议通过，同意公司增设“信托六部、人力资源部”，原“计财部”更名为“财会部”。

3. 公司治理结构

3.1　股东

报告期末，公司股东总数7家，主要股东为东莞市财信发展有限公司和东莞市财政局，合共持有本公司70%的股权，其中东莞市财信发展有限公司持股40%、东莞市财政局持股30%，其余5家股东持股比例均为6%。本公司主要股东情况如下：

股东名称	持股比例(%)	法定代表人	注册资本(万元)	注册地址	主要经营业务	主要财务情况
东莞市财信发展有限公司	40	何锦成	60 000	东莞市莞城旗峰路福民购物广场11楼	物业投资、商业投资等。	总资产264 936万元，总负债141 495万元，所有者权益123 441万元。
东莞市财政局	30	罗军文	—	东莞市鸿福路99号行政办事中心11楼	—	—

本公司第一大股东东莞市财信发展有限公司，是东莞市人民政府国有资产监督管理委员会全资拥有的企业。东莞市财信发展有限公司股东情况如下：

股东名称	持股比例(%)	法定代表人	注册资本	注册地址	主要经营业务及财务情况
东莞市人民政府国有资产监督管理委员会	100	任洪杰	—	东莞市莞城区万寿路76号	—

3.2 董事

董事长、董事

姓名	职务	性别	年龄	选任日期	所推举的股东名称	该股东持股比例(%)	简要履历
何锦成	董事长	男	53	2009年12月	东莞市财信发展有限公司	40	现任东莞市财信发展有限公司董事长、东莞信托有限公司董事长。
丁暖容	董事	男	48	2009年12月	东莞市财信发展有限公司	40	现任东莞信托有限公司董事、总经理。
陈锐康	董事	男	55	2009年12月	东莞市财政局	30	现任东莞市财政局副局长。
王标	董事	男	42	2009年12月	东莞市财政局	30	现任东莞市会计核算中心主任。
陈尧燊	董事	男	69	2009年12月	东莞市东糖集团有限公司	6	现任东莞市东糖集团有限公司董事长。
王镜光	董事	男	58	2009年12月	东莞市经济贸易总公司	6	现任东莞市经济贸易总公司总经理。
朱海毅	董事	男	46	2009年12月	广东福地科技总公司	6	现任广东福地科技总公司总经理。
王启波	董事	男	54	2010年3月	东莞发展控股股份有限公司	6	现任东莞发展控股股份有限公司副董事长。

独立董事

姓名	所在单位及职务	性别	年龄	选任日期	所推举的股东名称	该股东持股比例(%)	简要履历
彭志坚		男	64	2010年3月	东莞市财信发展有限公司	40	曾任人民银行广西分行行长，人民银行广州分行副行长兼深圳特区中心支行行长，人民银行武汉分行行长兼国家外汇管理局湖北省分局局长，中国银行业监督管理委员会广东监管局局长，广东省政协常委。
陈平	中山大学岭南学院副院长	男	47	2012年3月	东莞市财信发展有限公司	40	曾任中山大学岭南学院国际金融教研室主任、国际贸易金融系主任助理、国际贸易金融系主任、经济研究所副所长、所长；现任中山大学岭南学院副院长。

注：东莞信托有限公司2011年度股东会第十四次临时会议审议通过并经广东银监局核准陈平同志担任公司独立董事职务。陈平同志于2012年3月1日正式履行东莞信托有限公司独立董事职责。

3.3 监事

监事会成员

姓名	职务	性别	年龄	选任日期	所推举的股东名称	该股东持股比例(%)	简要履历
王兆鹏	监事长	男	53	2009年12月	东莞市财信发展有限公司	40	现任东莞市财信发展有限公司总经理、东莞信托有限公司监事长。
姚慧怡	监事	女	41	2011年4月	东莞市财政局	30	现任东莞市财政局副局长。
李锦生	监事	男	53	2009年12月	东莞市东糖集团有限公司	6	现任东莞市东糖集团有限公司总经理。
张庆文	监事	男	44	2009年12月	东莞发展控股股份有限公司	6	现任东莞发展控股股份有限公司总经理。
胡德新	监事	男	49	2009年12月	东莞市经济贸易总公司	6	现任东莞市经济贸易总公司副总经理。
周杰峰	监事	男	45	2009年12月	广东福地科技总公司	6	现任广东福地科技总公司副总经理。
谭利玲	监事	女	48	2009年12月	职工监事代表		现任东莞信托有限公司工会副主席。
吴惠仪	监事	女	36	2009年12月	职工监事代表		现任东莞信托有限公司信托一部总经理。
罗炯亮	监事	男	35	2009年12月	职工监事代表		现任东莞信托有限公司资产部总经理。

3.4 高级管理人员

姓名	职务	性别	年龄	选任日期	金融从业年限	学历	专业
丁暖容	总经理	男	48	2009年12月	21	本科	应用数学
刘绮澜	副总经理	女	44	2009年12月	18	本科	经济学
陈贺健	副总经理	男	50	2009年12月	32	本科	金融学
郑建文	副总经理	男	40	2009年12月	15	本科	国际经济法

3.5 公司员工

报告期内职工人数为109人，平均年龄33岁，学历分布：研究生学历占14.68%，本科学历占73.39%，专科学历占11.93%。

4. 经营管理

4.1 经营目标、经营方针、战略规划

4.1.1 经营目标

坚持市场化道路，继续推进经营管理转型，成为值得信赖的专业资产管理金融机构。

4.1.2 经营方针

秉承“怀敬畏之心，立诚信之本，走务实之路，创常青之业”的企业精神，坚持“诚信立业、稳健务实、合规创新、追求效益”的经营理念，以市场为导向，创新业务发展模式、创新盈利模式、创新盈利手段，树立公司品牌，实现公司规范、稳健、可持续发展。

4.1.3 战略规划

以融资业务为主的项目管理驱动与客户财富管理驱动并行，不断强化我们的客户基础，加强研究投资者客户群的需要，培育业务差异化能力，在产品设计中兼顾双方客户的收益和风险偏好，做深、做优、做好项目融资类业务，同时提高资产配置能力，为投资者客户群寻找符合其投资偏好的产品组合。将风险管理、尽责管理视为我们持续发展的核心，深耕东莞，大力拓展珠三角、广东市场，有选择有重点面向全国市场。

4.2 经营业务的主要内容

4.2.1 自营资产运用与分布表

资产运用	金额（万元）	占比（%）	资产分布	金额（万元）	占比（%）
货币资产	9 784.49	9.02	基础产业		
贷款及应收款	46 150.16	42.52	房地产业		
交易性金融资产			证券市场	19 437.42	17.91
可供出售金融资产	27 437.42	25.28	实业	7 705.56	7.10
持有至到期投资			金融机构	8 537.25	7.87
长期股权投资	16 242.80	14.97	其他	72 850.28	67.12
其他	8 915.64	8.21			
资产总计	108 530.51	100.00	资产总计	108 530.51	100.00

4.2.2 信托资产运用与分布表

资产运用	金额（万元）	占比（%）	资产分布	金额（万元）	占比（%）
货币资产	21 542.62	0.66	基础产业	386 492.58	11.93
贷款	1 424 851.18	43.98	房地产	289 115.00	8.92
交易性金融资产	242 558.83	7.49	证券市场	56 136.49	1.73
可供出售金融资产	0.00	0.00	实业	1 436 665.00	44.34
持有至到期投资	0.00	0.00	金融机构	0.00	0.00
长期股权投资	473 531.70	14.62	其他	1 071 518.98	33.08
其他	1 077 443.72	33.25			
信托资产总计	3 239 928.05	100.00	信托资产总计	3 239 928.05	100.00

4.3 市场分析

4.3.1 影响公司业务发展的主要因素

4.3.1.1 有利因素

（1）信托行业的增长动力已经不再来源于粗放式银信合作业务的增长，使信托的发展不容易受政策变数影响，同时信托监管制度不断完善，令信托业逐步走上长期稳定发展的轨道。

（2）在市场化改革和经济持续快速增长的影响下，中国社会持续形成一个庞大的高净值人群并积累了巨额财富，据建设银行私人银行与波士顿咨询公司联合发布的《2012年中国财富报告》预测，截至2012年末中国高净值家庭（可投资资产在600万元人民币及以上）将达到174万户，私人可投资资产总额将超过73万亿元人民币，资产管理服务需求日渐强烈，为信托行业提供了高速发展的良好市场基础。

4.3.1.2 不利因素

（1）从2012年下半年开始，相关监管机构出台了一系列政策，允许证券公司、基金管理公司、期货公司、保险公司等金融机构开展准信托式的资产管理业务，大大削弱了原本只属于信托公司的传统功能优势。泛资产管理时代的到来，加剧了信托公司与其他资产管理机构之间的激烈竞争。

（2）目前信托公司的产品仍以理财产品为主，缺乏主动型服务类产品，难以满足高净值人群客户的高端资产管理需求。另外，2012年个别信托产品案例出现风险事件，虽然并未导致信托公司发生系统性风险，但仍使部分投资者开始对信托产品乃至信托行业产生担忧。不过从另一个角度来看，对整个信托市场来说这是对投资者进行风险教育的好机会。

4.4 内部控制概况

4.4.1 内部控制环境和内部控制文化

自国家五部委下发的《企业内部控制基本规范》自2009年7月1日实施以后，公司已按照上述规范及建立现代企业制度的要求逐步完善了符合公司发展需要的组织结构、内部控制和运行机制，逐步建立科学、合理、有效的内部控制体系，确立了风险管理优先的内控文化。

内部控制环境：公司组织机构包括股东会、董事会、监事会、经营管理层及相关专业委员会。各机构根据《公司法》及公司章程规定行使相关职责，公司制定了《风险管理委员会工作细则》、《审计委员会工作细则》、《薪酬委员会工作细则》、《信托委员会工作细则》，明确了各自的议事方式和表决程序。

公司设立了风险管理委员会，对董事会负责；在经营管理层设有信托业务风险控制委员会、自营业务风险控制委员会、风险管理部及稽核部构成的风险管理组织架构。各主体根据其风险管理的职责对公司各项业务的事前、事中和事后风险开展不同层面的管理。

4.4.2 内部控制措施

公司的内部控制制度由组织架构、业务管理制度、授权制度、资金管理制度、会计系统、计算机应用系统及保密、人事管理、风险管理及稽核内审等方面构成，通过有效建立防火墙，做到事前防范、事中控制、事后监督和纠正，形成操作、决策、稽核与评价相互监督和纠正的内部约束机制。

4.4.3 信息交流与反馈

公司积极配合监管部门的监管，按时报送各类报表、报告，主动地向监管部门反映经营状况。并根据监管政策和监管意见对公司内控制度进行不断的完善，使业务合规、健康地发展。严格按照信托合同的约定，定期向监管部门、委托人和受益人披露信托项目执行报告，按时披露年度报告，主动接受社会各界的监督。

4.4.4 监督评价与纠正

公司建立了以风险管理部和稽核部为核心的内部控制监督、评价机制。

稽核部通过常规性稽核和专项稽核，对公司业务活动、财务收支、资金流转、经济效益及内控执行情况等进行全面的稽核、评价，对存在问题提出整改措施，并结合公司业务发展和监管要求，对公司各项制度提出修订及更新意见；风险管理部不断加强及完善对业务流程的设置、梳理、修改及评价，定期出具风险分析报告，及时修订、更新公司各项业务制度，使内控制度建设不断完善。

4.5 风险管理概况

4.5.1 信用风险状况及其管理策略

4.5.1.1 信用风险状况

主要表现为交易对手违约造成的风险，自营业务的信用风险主要来自于自营贷款、表外担保业务，信托业务的信用风险主要来自于信托贷款、财产租赁和代回购及结构化的股权投资、代回购股权收益权投资等。

截至2012年12月末，公司自营贷款余额为44 350万元，比年初增加3 850万元，上升9.51%；信托贷款余额为1 424 851万元，比年初减少51 771万元，减幅3.51%；信托租赁余额871万元，与年初持平；代回购的融资业务（包括股权投资、收益权投资、应收账款）余额为1 279 445万元，比年初增加730 914万元，增幅133.25%；自营表外担保余额为零，与年初相比没有变化。在报告期内，公司自营资产按资产质量进行五级分类并按照规定标准足额提取呆账准备金，信托业务信用风险资产按五级分类标准并按规定提取信托赔偿准备金。

4.5.1.2 信用风险管理

对信用风险，公司不断完善业务的决策流程及操作流程，并针对不同业务的交易对象进行严格的准入审核，加强对客户的尽职调查，对交易对手进行事前、事中、事后的监测、检查、评价，逐步形成交易对手的信用记录，降低其违约风险。

4.5.2 市场风险状况及其管理策略

4.5.2.1 市场风险状况

主要表现为受国家宏观政策影响及公司自身对因宏观政策变化的应变能力、投资管理能力不足导致的风险，包括证券市场风险、政策风险、同业竞争等方面。自营、信托业务的市场风险主要来自证券投资业务。

2012年，公司充分总结以外证券投资特点，不断完善证券投资决策体系、风险管理机制，完善股票投资选择标准和风险止损、止盈点设置，严格执行证券投资业务有关比例限制，并通过与证券研究机构和券商合作，加强对市场及上市公司研究、分析能力，提高决策水平。

自营证券投资业务：自营证券投资主要是证券一、二级市场股票投资、基金投资及委托基金公司的专户理财。截至2012年12月末，公司自营证券投资成本15 043万元，市值19 437万元，浮盈4 395万元。

信托证券投资业务：至2012年末，存续信托证券投资项目10个，信托资金投资证券余额为56 136万元，投资成本53 611万元，浮盈2 525万元。

4.5.2.2 市场风险管理

证券风险管理：公司在2012年加大了市场研发力度，进一步加强了对证券市场的研发力度和决策水平。公司继续完善证券投资的决策体系、风险管理机制，通过完善股票投资选择标准和风险预警、止损、止盈点设置，严格执行证券投资业务有关比例限制，采用投资组合的方式，在证券类信托计划中采取结构化信用增级方式等手段分散和降低证券投资的市场风险，并通过与证券研究机构和券商合作，加强对市场及上市公司的研究、分析能力，提高决策水平。

利率风险管理：公司加强对国家宏观经济政策的研究分析，及时调整资产配置，按照贷款客户的资信状况，执行差异化的利率定价，提高对固定收益类金融产品的风险定价分析能力，防范债券投资因利率的频繁波动导致的估值风险。

4.5.3 操作风险状况及其管理策略

4.5.3.1 操作风险状况

操作风险是指公司由于内部程序、系统的不完善或操作失误而产生的风险。2012年公司没有因内部程序、系统不完善、人员操作失误而造成损失的情况发生。

4.5.3.2 操作风险管理

公司通过整合部门职能，制定业务流程、开发信息系统等手段规范业务前台、中台、后台操作，减少操作风险。公司根据业务的需要，将原信托业务部门的中台、后台事务整合至信托管理部。公司制定了《信托业务操作细则》，推进了证券投资管理系统、业务管理系统、档案管理系统建设，进一步优化、细化业务流程，加强对各项业务事前、事中的风险监控和预警，构建事前、事中、事后的风险控制体系。

4.5.4 流动性风险状况及其管理策略

截至2012年12月末，公司流动性资产合计为19 942万元，流动性负债为10 977万元，流动性比例高达181.68%，不存在流动性的风险问题。目前公司的其他负债主要是应付税金及应付职工薪酬、股东分红等，不存在对外举债，公司自有资产保持了相当的流动性。

4.5.5 法律风险、声誉风险状况及其管理策略

4.5.5.1 法律风险、声誉风险状况

2012年，公司能够遵守相关法律、法规要求，合规经营，未发生诉讼案件及被监管部门行政处罚情况；公司管理的信托资产规模实现较快增长，公司的市场认同度不断增加；公司没有发生到期无法支付或提前支付所带来的声誉损失。

4.5.5.2 法律风险和声誉风险管理

公司加强与监管部门沟通，了解监管政策动向，及时跟踪法律、法规的最新进展，修订完善各项制度，使公司经营依法合规，忠实履行受托人义务，保障委托人、受益人利益，按信托文件及时向受益人返还信托财产，加强对委托人的风险适应性调查，向合格委托人推介适合的信托产品，防范因受托责任履行而引致的诉讼风险，造成公司的声誉损失。公司聘请广东赋诚律师事务所作为公司的法律顾问，该公司现有执业律师60名，在东莞本地行业排名前列，为公司法律事务上提供了专业到位的意见。

5. 报告期末及上一年度末的比较式会计报表

5.1 自营资产

5.1.1 会计师事务所审计意见全文

审计报告

中审亚太审字〔2013〕010300号

东莞信托有限公司全体股东：

我们审计了后附的东莞信托有限公司（以下简称贵公司）财务报表，包括2012年12月31日的资产负债表，2012年度的利润表、现金流量表、所有者权益变动表以及财务报表附注。

一、管理层对财务报表的责任

编制和公允列报财务报表是贵公司管理层的责任，这种责任包括：(1)按照企业会计准则的规定编制财务报表，并使其实现公允反映；(2)设计、执行和维护必要的内部控制，以使财务报表不存在由于舞弊或错误导致的重大错报。

二、注册会计师的责任

我们的责任是在执行审计工作的基础上对财务报表发表审计意见。我们按照中国注册会计师审计准则的规定执行了审计工作。中国注册会计师审计准则要求我们遵守中国注册会计师职业道德守则，计划和执行审计工作以对财务报表是否不存在重大错报获取合理保证。

审计工作涉及实施审计程序，以获取有关财务报表金额和披露的审计证据。选择的审计程序取决于注册会计师的判断，包括对由于舞弊或错误导致的财务报表重大错报风险的评估。在进行风险评估时，注册会计师考虑与财务报表编制和公允列报相关的内部控制，以设计恰当的审计程序。审计工作还包括评价管理层选用会计政策的恰当性和作出会计估计的合理性，以及评价财务报表的总体列报。

我们相信，我们获取的审计证据是充分、适当的，为发表审计意见提供了基础。

三、审计意见

我们认为，贵公司财务报表在所有重大方面按照企业会计准则的规定编制，公允反映了贵公司2012年12月31日的财务状况以及2011年度的经营成果和现金流量。

中审亚太会计师事务所有限公司

中国注册会计师：龚静伟

中国注册会计师：王　兵

中国·北京市　　　　二〇一三年三月二十九日

5.1.2 资产负债表

资产负债表

编制单位：东莞信托有限公司　　　　2012年12月31日　　　　单位：万元

资　产	期末余额	年初余额	负债及所有者权益	期末余额	年初余额
资产：			负债：		
货币资金	9 784.49	10 261.88	拆入资金	—	—
其中：现金	0.17	0.38	交易性金融负债	—	—
存放同业款项	9 773.22	5 932.54	衍生金融负债		
其他货币资金	11.10	4 328.96	应付账款	—	—
交易性金融资产	—	—	应付职工薪酬	4 554.49	2 909.44
衍生金融资产	—	—	应交税费	4 366.35	2 520.75
买入返售金融资产	—	—	应付股利	1 200.00	—
应收账款	1 487.91	1 215.47	其他应付款	855.92	403.00
应收股利	—	—	预计负债	—	—
应收利息	207.41	188.53	递延所得税负债	1 098.64	496.52
其他应收款	340.84	225.43	其他负债	454.00	104.00
贴现资产	—	—	负债合计	12 529.40	6 433.71
拆出资金	—	—			

续表

资　产	期末余额	年初余额	负债及所有者权益	期末余额	年初余额
发放贷款	44 114.00	40 260.00			
抵债资产		—	—	所有者权益：	
持有至到期投资	—	—	实收资本	50 000.00	50 000.00
可供出售金融资产	27 437.42	29 165.39	资本公积	3 295.93	1 489.54
长期股权投资	16 242.80	16 105.14	盈余公积	12 393.77	9 982.38
固定资产	560.73	548.23	一般风险准备	1 147.20	937.53
在建工程	—	—	信托赔偿准备	5 743.12	4 537.42
无形资产	7.76	149.01	未分配利润	23 421.09	30 633.95
长期待摊费用	8 288.15	5 835.45	所有者权益合计	96 001.11	97 580.82
递延所得税资产	59.00	60.00			
资产总计	108 530.51	104 014.53	负债及所有者权益总计	108 530.51	104 014.53

公司负责人：何锦成　　　　会计机构负责人：陈建锋

5.1.3　利润及利润分配表

利润表

编制单位：东莞信托有限公司　　　　2012 年 12 月 31 日　　　　单位：万元

项　目	本期数	上期数
一、营业收入	44 720.57	30 104.74
利息净收入	7 874.58	6 766.40
利息收入	7 874.58	6 766.40
利息支出	—	—
手续费及佣金净收入	37 950.52	22 191.83
手续费及佣金收入	37 950.52	22 191.83
手续费及佣金支出	—	—
投资收益（损失以"－"号填列）	-1 104.53	1 146.51
其中：对联营企业合营企业的投资收益	489.66	365.84
公允价值变动损益（损失以"－"号填列）	—	—
汇兑损益（损失以"－"填列）	—	—
其他业务收入	—	—
二、营业支出	12 542.81	8 151.03
营业税金及附加	2 780.08	1 685.54
业务及管理费	9 766.73	6 525.49
资产减值损失	-4.00	-80.00
其他业务成本	—	20.00
三、营业利润（亏损以"－"号填列	32 177.76	21 953.71
加：营业外收入	535.74	15.55
减：营业外支出	34.17	5.90
四、利润总额（亏损总额以"－"号填列）	32 679.33	21 963.36
减：所得税费用	8 565.43	5 427.59
五、净利润（净亏损以"－"号填列）	24 113.90	16 535.77
六、其他综合收益	1 806.39	-5 774.40
七、综合收益总额	25 920.29	10 761.37

公司负责人：何锦成　　　　会计机构负责人：陈建锋

5.1.4 所有者权益变动表

所有者权益变动表

编制单位:东莞信托有限公司　　2012 年度　　单位:万元

项　目	本年金额						
	股本	资本公积	盈余公积	赔偿准备	一般风险准备	未分配利润	股东权益合计
一、上年末余额	50 000.00	1 489.55	9 982.38	4 537.42	937.53	30 633.95	97 580.82
加:会计政策变更	—						—
前期差错更正	—						—
二、本年初余额	50 000.00	1 489.55	9 982.38	4 537.42	937.53	30 633.95	97 580.82
三、本期增减变动金额(减少以"-"号填列)		1 806.38	2 411.39	1 205.70	209.67	-7 212.86	-1 579.72
(一)净利润		—				24 113.90	24 113.90
(二)直接计入股东权益的利得和损失		1 806.38					1 806.38
上述(一)和(二)小计		1 806.38	—	—	—	24 113.90	25 920.28
(三)股东投入和减少资本							—
1. 股东投入资本							—
2. 股份支付计入股东权益的金额							—
3. 其他							—
(四)利润分配			2 411.39	1 205.70	209.67	-31 326.76	-27 500.00
1. 提取盈余公积			2 411.39	—	—	-2 411.39	—
2. 提取一般风险准备			—	1 205.70	209.67	-1 415.37	—
3. 对股东的分配			—	—	—	-27 500.00	-27 500.00
4. 其他							—
(五)股东权益内部结转							—
1. 资本公积转增股本							—
2. 盈余公积转增股本							—
3. 盈余公积弥补亏损							—
4. 一般风险准备弥补亏损							—
5. 其他							—
四、期末余额	50 000.00	3 295.93	12 393.77	5 743.12	1 147.20	23 421.09	96 001.11

公司负责人:何锦成　　会计机构负责人:陈建锋

所有者权益变动表

编制单位:东莞信托有限公司　　2012 年度　　单位:万元

项　目	上年金额						
	股本	资本公积	盈余公积	赔偿准备	一般风险准备	未分配利润	股东权益合计
一、上年末余额	50 000.00	7 263.95	8 328.80	3 710.63	965.79	24 050.27	94 319.45
加:会计政策变更	—						—
前期差错更正	—						—
二、本年初余额	50 000.00	7 263.95	8 328.80	3 710.63	965.79	24 050.27	94 319.45
三、本期增减变动金额(减少以"-"号填列)		-5 774.40	1 653.58	826.79	-28.26	6 583.67	3 261.37
(一)净利润		—				16 535.77	16 535.77
(二)直接计入股东权益的利得和损失		-5 774.40					-5 774.40
上述(一)和(二)小计		-5 774.40	—	—	—	16 535.77	10 761.37
(三)股东投入和减少资本							—
1. 股东投入资本							—
2. 股份支付计入股东权益的金额							—
3. 其他							—
(四)利润分配			1 653.58	826.79	-28.26	-9 952.10	-7 500.00
1. 提取盈余公积			1 653.58	—	—	-1 653.58	—
2. 提取一般风险准备			—	826.79	-28.26	-798.52	—
3. 对股东的分配			—	—	—	-7 500.00	-7 500.00
4. 其他							—
(五)股东权益内部结转							—
1. 资本公积转增股本							—
2. 盈余公积转增股本							—
3. 盈余公积弥补亏损							—
4. 一般风险准备弥补亏损							—
5. 其他							—
四、期末余额	50 000.00	1 489.55	9 982.38	4 537.42	937.53	30 633.95	97 580.82

公司负责人:何锦成　　会计机构负责人:陈建锋

5.2 信托资产

5.2.1 信托项目资产负债表

信托项目资产负债表

编制单位：东莞信托有限公司　　2012 年 12 月 31 日　　单位：万元

资　产	期末余额	期初余额	负债及所有者权益	期末余额	期初余额
资产：			负债：		
现金	—	—	拆入资金	—	—
存放同业款项	21 539.70	41 388.60	交易性金融负债	—	—
其他货币资金	2.93	1 615.08	衍生金融负债	—	—
交易性金融资产	242 558.83	104 321.41	应付账款	—	—
衍生金融资产	—	—	预收账款	1 389.52	1 207.00
买入返售金融资产	—	—	应付受益人收益	328.77	109.55
应收账款	11 790.00	—	应付受托人报酬	1 235.14	1 196.95
预付账款	—	—	应付托管费	26.15	11.51
应收手续费及佣金	—	—	应付销售及顾问费	286.45	—
应收股利	—	—	应交税费	—	—
应收利息	1 949.44	481.07	其他应付款	1 493.40	10 095.14
其他应收款	123 865.22	23.08	预计负债	—	—
拆出资金	—	—	递延所得税负债	—	—
发放贷款	1 424 851.18	1 476 621.81	其他负债	—	—
抵债资产	—	—	负债合计	4 759.43	12 620.15
持有至到期投资	—	—			
可供出售金融资产	—	—	所有者权益：		
长期股权投资	473 531.70	285 947.00	实收信托	3 215 222.53	2 377 877.33
投资性房地产	871.20	871.20	资本公积	1 879.85	1 009.85
固定资产	—	—	盈余公积	—	—
无形资产	—	—	外币报表折算差数	—	—
长期待摊费用	17.85	232.14	未分配利润	18 066.24	38 525.06
递延所得税资产	—	—	所有者权益合计	3 235 168.62	2 417 412.24
其他资产	938 950.00	518 531.00			
资产总计	3 239 928.05	2 430 032.39	负债及所有者权益总计	3 239 928.05	2 430 032.39

会计主管：刘　瑜　　复核人：莫汇泉　　制表人：周晓蕾

5.2.2 信托项目利润及利润分配表

信托项目利润及利润分配表

编制单位：东莞信托有限公司　　2012 年度　　单位：万元

项　目	本年数	上年数
一、营业收入	243 874.34	144 382.71
利息收入	129 527.86	95 631.90
租赁收入	196.00	196.00
投资收益（损失以"－"号填列）	107 992.85	46 226.87
其中：对联营企业合营企业的投资收益	—	—
公允价值变动损益（损失以"－"号填列）	4 623.99	－2 549.84
汇兑损益（损失以"－"号填列）	—	—
其他收入	1 533.64	4 877.78
二、营业支出	48 879.55	23 787.62
营业税金及附加	831.63	399.47
管理费用	48 047.92	23 388.15
资产减值损失	—	—
其他费用	—	—
三、信托净利润（亏损以"－"号填列）	194 994.79	120 595.09

续表

项　目	本年数	上年数
四、其他综合收益	—	—
五、综合收益（净亏损以"－"号填列）	194 994.79	120 595.09
六、加：期初未分配信托利润	38 525.06	34 932.77
七、可供分配的信托利润	233 519.85	155 527.86
八、减：本期已分配信托利润	215 453.61	117 002.80
九、期末未分配信托利润	18 066.24	38 525.06

会计主管：刘　瑜　　复核人：莫汇泉　　制表人：周晓蕾

6. 会计报表附注

6.1 简要说明报告年度会计报表编制基准、会计政策、会计估计和核算方法发生的变化

报告期内，本公司会计报表编制基准、会计政策、会计估计和核算方法没有发生变化。

6.2 或有事项说明

报告期内，本公司没有发生或有事项。

6.3 重要资产转让及其出售的说明

报告期内,本公司没有发生重要资产转让及出售。

6.4 会计报表中重要项目的明细资料

6.4.1 披露自营资产经营情况

6.4.1.1 按信用风险五级分类结果披露信用风险资产的期初数、期末数

信用风险资产五级分类	正常类(万元)	关注类(万元)	次级类(万元)	可疑类(万元)	损失类(万元)	信用风险资产合计(万元)	不良资产合计(万元)	不良资产率(%)
期初数	40 390.93	12 000	0	0	0	52 390.93	0	0
期末数	44 370.48	11 800	0	0	0	56 170.48	0	0

6.4.1.2 各项资产减值损失准备的期初数、本期计提、本期转回、本期核销、期末数

单位:万元

	期初数	本期计提	本期转回	本期核销	期末数
贷款损失准备	240	0	4	0	236
一般准备	0	0	0	0	
专项准备	240	0	4	0	236
其他资产减值准备	0	0	0	0	0
可供出售金融资产减值准备	0	0	0	0	0
持有至到期投资减值准备	0	0	0	0	0
长期股权投资减值准备	0	0	0	0	0
坏账准备	0	0	0	0	0
投资性房地产减值准备	0	0	0	0	0

6.4.1.3 按照投资品种分类,分别披露固有业务股票投资、基金投资、债券投资、股权投资等投资业务的期初数、期末数

单位:万元

	自营股票	基金	债券	长期股权投资	其他投资	合计
期初数	11 468.98	0	0	16 105.14	17 696.41	45 270.53
期末数	1 439.46	0	0	16 242.80	25 997.96	43 680.22

6.4.1.4 按投资入股金额排序,前三名的自营长期股权投资的企业名称、占被投资企业权益的比例、主要经营活动及投资收益情况等

表6.4.1.4

企业名称	占被投资企业权益的比例(%)	主要经营活动	投资损益(万元)
1. 华联期货有限公司	44	期货经纪业务、期货信息咨询培训。	489.66
2. 国投创新(北京)投资基金有限公司	4.536	非证券业务的投资管理、咨询;参与设立投资型企业与管理型企业。	0
3. 广发银行股份有限公司	0.0625	吸收公众存款,发放短期、中长期贷款,办理结算,办理票据贴现等及经中国银监会批准的其他业务。	0

6.4.1.5 前三名的自营贷款的企业名称、占贷款总额的比例和还款情况等(从贷款金额由大到小顺序排列)

企业名称	占贷款总额的比例(%)	还款情况
1. 东莞市新世纪英才学校	26.21	未到期
2. 广东鸿高建设集团有限公司	20.40	未到期
3. 广东宏远集团有限公司	14.85	未到期

6.4.1.6 表外业务的期初数、期末数;按照代理业务、担保业务和其他类型表外业务分别披露

单位:万元

表外业务	期初数	期末数
担保业务	0.00	0.00
代理业务(委托业务)	0.00	0.00
其他	0.00	0.00
合计	0.00	0.00

6.4.1.7 公司当年的收入结构

收入结构	金额(万元)	占比(%)
手续费及佣金收入	37 950.52	83.86
其中:信托手续费收入	34 598.22	76.45
投资银行业务收入	0.00	0.00
利息收入	7 874.58	17.40
其他业务收入	0.00	0.00
其中:计入信托业务收入部分	0.00	0.00
投资收益	−1 104.53	−2.44
其中:股权投资收益	699.55	1.55
证券投资收益	−2 280.99	−5.04
其他投资收益	476.91	1.26
公允价值变动收益	0.00	0.00
营业外收入	535.74	1.18
收入合计	45 256.31	100.00

报告年度实现信托业务收入总额34 598.22万元,其中以手续费及佣金确认的信托业务收入金额34 598.22万元。

6.4.2 披露信托财产管理情况

6.4.2.1 信托资产的期初数、期末数

单位:万元

信托资产	期初数	期末数
集合	858 146.48	1 714 306.20
单一	1 570 513.18	1 474 248.98
财产权	1 372.72	51 372.87
合计	2 430 032.38	3 239 928.05

6.4.2.1.1 主动管理型信托业务的信托资产期初数、期末数,分证券投资、股权投资、融资、事务管理类分别披露

单位:万元

主动管理型信托资产	期初数	期末数
证券投资类	15 622.36	56 297.48
股权投资类	268 366.28	454 240.76
融资类	2 117 370.98	2 413 623.50
事务管理类	500.62	50 000.07
合计	2 401 860.24	3 219 455.84

6.4.2.1.2 被动管理型信托业务的信托资产期初数、期

末数，分证券投资、股权投资、融资、事务管理类分别披露

单位：万元

被动管理型信托资产	期初数	期末数
证券投资类	0.00	0.00
股权投资类	0.00	0.00
融资类	27 300.04	19 600.04
事务管理类	872.10	872.17
合计	28 172.14	20 472.21

6.4.2.2 本年度已清算结束的信托项目个数、实收信托合计金额、加权平均实际年化收益率

6.4.2.2.1 本年度已清算结束的集合类、单一类资金信托项目和财产管理类信托项目个数、实收信托合计金额、加权平均实际年化收益率

已清算结束信托项目	项目个数	实收信托合计金额（万元）	加权平均实际年化收益率（%）
集合类	35	453 540.00	8.78
单一类	15	402 935.77	6.64
财产管理类	0	0.00	0.00

6.4.2.2.2 本年度已清算结束的主动管理型信托项目个数、实收信托合计金额、加权平均实际年化收益率，分证券投资、股权投资、融资、事务管理类分别计算并披露

已清算结束信托项目	项目个数	实收信托合计金额（万元）	加权平均实际年化信托报酬率（%）	加权平均实际年化收益率（%）
证券投资类	1	3 150.00	2.08	-22.68
股权投资类	0	0.00	0	0
融资类	43	644 540.00	2.11	8.38
事务管理类	0	0.00	0	0

6.4.2.2.3 本年度已清算结束的被动管理型信托项目个数、实收信托合计金额、加权平均实际年化收益率，分证券投资、股权投资、融资、事务管理类分别计算并披露

已清算结束信托项目	项目个数	实收信托合计金额（万元）	加权平均实际年化信托报酬率（%）	加权平均实际年化收益率（%）
证券投资类	0	0.00	0.00	0.00
股权投资类	0	0.00	0.00	0.00
融资类	0	0.00	0.00	0.00
事务管理类	0	0.00	0.00	0.00

6.4.2.3 本年度新增的集合类、单一类和财产管理类信托项目个数、实收信托合计金额

新增信托项目	项目个数	实收信托合计金额（万元）
集合类	85	1 218 335.00
单一类	18	673 290.20
财产管理类	1	50 000.00
新增合计	104	1 941 625.20
其中：主动管理型	104	1 941 625.20
被动管理型	0	0.00

6.4.2.4 本公司履行受托人义务情况及因本公司自身责任而导致的信托资产损失情况

报告期内，本公司没有发生因履行受托人义务情况及因本公司自身责任而导致的信托资产损失情况。

6.4.2.5 信托赔偿准备金的提取、使用和管理情况

信托赔偿准备金按本公司净利润5%提取，信托赔偿准备金2012年12月31日余额为5 743.12万元，本年度未使用信托赔偿准备金。

6.5 关联方关系及其交易的披露

6.5.1 关联交易方的数量、关联交易的总金额及关联交易的定价政策等

	关联交易方数量	关联交易金额（万元）	定价政策
合计	13	419 271.77	按市场公允价格定价

6.5.2 关联交易方与本公司的关系性质、关联交易方的名称、法定代表人、注册地址、注册资本及主营业务等

关系性质	关联方名称	法定代表人	注册地址	注册资本	主营业务
本公司股东	东莞市财政局	罗军文	东莞市	—	—
本公司股东	东莞市财信发展有限公司	何锦成	东莞市	60 000万元	物业投资、高新技术开发、商业投资等。
本公司股东	东莞市经济贸易总公司	王镜光	东莞市	12 200万元	自营和代理各类商品，技术进出口，仓储业务等。
本公司股东	东莞市糖酒集团有限公司	叶志坚	东莞市	8 000万元	自营和代理商业系统的商品出口，经营连锁企业、配送中心、批发商品等。
本公司股东	东莞市东糖集团有限公司	陈尧燊	东莞市	51 813万元	原糖加工和食糖生产贸易、热电能源、生物等。
本公司股东	广东福地科技总公司	朱海毅	东莞市	39 800万元	视屏，零配件，原材料生产等。
本公司股东	东莞发展控股股份有限公司	尹锦容	东莞市	103 951万元	东莞高速公路的投资、建设经营。
联营企业	华联期货有限公司	甘建明	东莞市	10 000万元	期货经纪。
本公司股东的母公司	东莞市公路桥梁开发建设总公司	尹锦容	东莞市	18 500万元	规划建设公路桥梁等。
股东的子公司	东莞市桥泰实业有限公司	莫锦洪	东莞市	100万元	实业投资开发等。
股东的子公司	东莞市福地电子材料有限公司	王约庚	东莞市	1 000万元	生产和销售电子、电子材料及制品。
董事担任高级管理人员	东莞泽龙线缆有限公司	叶炽德	东莞市	365万美元	生产和销售彩色装配用线缆。
股东的子公司	东莞市三联热电有限公司	李锦生	东莞市	61 800万元	产销热电、电力。

6.5.3 本公司与关联方的重大交易事项

6.5.3.1 固有与关联方交易情况：贷款、投资、租赁、应收账款担保、其他方式等期初汇总数、本期借方和贷方发生额汇总数、期末汇总数

单位：万元

固有与关联方关联交易				
	期初数	借方发生额	贷方发生额	期末数
贷款	0	0	0	0
投资	0	0	0	0
租赁	0	0	0	0
担保	0	0	0	0
应收账款	0	0	0	0
其他	0	0	0	0
合计	0	0	0	0

6.5.3.2 信托与关联方交易情况：贷款、投资、租赁、应收账款、担保、其他方式等期初汇总数、本期借方和贷方发生额汇总数、期末汇总数

单位：万元

信托与关联方关联交易				
	期初数	借方发生额	贷方发生额	期末数
贷款	346 067.10	102 600.00	290 389.52	158 277.58
投资	0	0	0	0
租赁	0	0	0	0
担保	0	0	0	0
应收账款	0	0	0	0
其他	53 000.00	122 000.00	99 000.00	76 000.00
合计	399 067.10	224 600.00	389 389.52	234 277.58

6.5.3.3 信托公司自有资金运用于自己管理的信托项目（固信交易）、信托公司管理的信托项目之间的相互（信信交易）交易金额，包括余额和本报告年度的发生额

6.5.3.3.1 固有与信托财产之间的交易金额期初汇总数、本期发生额汇总数、期末汇总数

单位：万元

固有财产与信托财产相互交易			
	期初数	本期发生额	期末数
合计	9 000	7 729.59	16 729.59

6.5.3.3.2 信托项目之间的交易金额期初汇总数、本期发生额汇总数、期末汇总数

单位：万元

信托资产与信托财产相互交易			
	期初数	本期发生额	期末数
合计	75 520	107 844.60	183 364.60

6.5.4 逐笔披露关联方逾期未偿还本公司资金的详细情况以及本公司为关联方担保发生或即将发生垫款的详细情况

报告期内，本公司没有发生关联方预期未偿还本公司资金以及本公司为关联方担保发生或即将发生垫款的情况。

6.6 会计制度的披露

本公司固有业务及信托业务均执行 2006 年 2 月 15 日颁布的《企业会计准则》和《企业会计准则——应用指南》。

7. 财务情况说明书

7.1 利润实现和分配情况

本年实现利润总额 32 679.33 万元，税后利润 24 113.90 万元，年初未分配利润 30 633.95 万元，本年按 2012 年净利润提取法定盈余公积 2 411.39 万元，信托赔偿准备 1 205.70 万元，一般风险准备 209.67 万元，向股东分红 27 500 万元，分红比率为 55%。年末未分配利润 23 421.09 万元。

7.2 主要财务指标

指标名称	指标值
资本利润率（%）	23.26
加权年化信托报酬率（%）	1.6841
人均净利润（万元）	252.50

7.3 对本公司财务状况、经营成果有重大影响的其他事项

报告期内，公司没有发生对本公司财务状况、经营成果有重大影响的其他事项。

8. 特别事项揭示

8.1 前五名股东报告期内变动情况及原因

报告期内，公司没有发生股东变动情况。

8.2 董事、监事及高级管理人员变动情况及原因

（1）东莞信托有限公司 2011 年度股东会第十四次临时会议审议通过并经广东银监局核准陈平同志担任公司独立董事职务。陈平同志于 2012 年 3 月 1 日正式履行东莞信托有限公司独立董事职责。

（2）经 2013 年 4 月 26 日召开的东莞信托有限公司 2013 年度股东会第二次临时会议审议通过如下事项：同意公司董事会进行换届，选举产生第四届董事会组成人员，董事：何锦成、丁暖容、陈锐康、王启波、陈尧燊，独立董事：彭志坚、陈平。本届董事会从选举产生当日起任期三年，并按银监部门规定办理相关任职手续；同意公司监事会进行换届，选举产生第四届监事会组成人员，监事：王兆鹏、姚慧怡、胡德新、唐普新、周杰峰，职工监事：谭利玲、陈建锋、邓颂尧。

（3）经 2013 年 4 月 26 日召开的第四届董事会第一次会议审议通过如下事项：

同意选举何锦成为第四届董事会董事长。董事长任期与本届董事会任期相同，并按银监部门规定办理相关任职手续。

同意选举第四届董事会各专门委员会成员如下：

风险管理委员会：彭志坚（主任）；委员：何锦成、陈尧燊。

审计委员会：陈锐康（主任）；委员：陈平、王启波。

薪酬委员会：陈尧燊（主任）；委员：丁暖容、陈平。

信托委员会：陈平（主任）；委员：彭志坚、陈锐康。

同意聘任丁暖容为公司总经理，聘任刘绮澜、陈贺健、郑建

文为公司副总经理，任期与本届董事会任期相同，并按有关规定向银监部门办理任职手续。

（4）经2013年4月26日召开的第四届监事会第一次会议审议通过，同意选举王兆鹏为第四届监事会监事长。监事长任期与本届董事会任期相同，并按银监部门规定办理相关任职手续。

8.3 变更注册资本、变更注册地或公司名称、公司分立合并事项

（1）经中国银行业监督管理委员会东莞监管分局批复（东银监复〔2012〕221号）同意，公司自2012年12月2日起由原“广东省东莞市城区旗峰路福民购物广场12楼”搬迁至“广东省东莞松山湖高新技术产业开发区创新科技园2号楼”办公。公司已于2012年11月20日换领金融许可证。

（2）经中国银行业监督管理委员会广东监管局批复（粤银监复〔2013〕216号）同意，公司注册资本从5亿元变更为12亿元。现公司注册资本变更事项正向工商管理部门申请办理中。

8.4 公司的重大诉讼事项

报告期内，公司没有发生重大诉讼事项。

8.4.1 重大未决诉讼事项

信托业务：起诉案件1件，起诉对象为深圳市高露德投资有限公司，金额5 000万元，起诉时间为2013年3月。

8.4.2 以前年度发生，于本报告年度内终结的诉讼事项

无。

8.4.3 本报告年度发生，于本报告年度内终结的诉讼事项

无。

8.5 公司及其董事、监事和高级管理人员受到处罚的情况

报告期内，公司及其董事、监事和高级管理人员没有发生受到处罚的情况。

8.6 本年度重大事项临时报告的简要内容、披露时间、所披露的媒体及其版面

报告期内，公司没有发生需要披露的重大事项临时报告。

8.7 银监会及其省级派出机构认定的其他有必要让客户及相关利益人了解的重要信息

报告期内，公司未披露银监会及其省级派出机构认定的其他有必要让客户及相关利益人了解的重要信息。

9. 公司监事会意见

本报告期内，公司监事会列席了2012年度股东会会议、第三届董事会第十六次会议，监督检查了公司依法运作情况、重大决策和重大经营活动情况及公司的财务状况，并在此基础上发表如下独立意见：

一是公司依法运作情况。公司能够严格按照《公司法》、东莞信托有限公司章程及国家有关法律法规运作，公司决策程序合法，公司内控制度进一步得到完善，没有发现公司董事、高级管理人员在执行公司职务时存在违法违纪、损害公司利益和委托人、受益人利益的行为。

二是检查公司财务情况。本报告期公司财务状况良好。2012年度财务报告经中审亚太会计师事务所有限公司审计并出具无保留审计意见的审计报告，该报告真实、客观地反映了公司的财务状况和经营成果。

三是报告期内，公司发生的关联交易业务均严格遵循市场公允价值，认真执行《信托公司管理办法》有关规定，未发现损害股东权益及公司利益的情况。

方正东亚信托有限责任公司

1. 重要提示

1.1 本公司董事会及董事保证:本报告所载资料不存在任何虚假记载、误导性陈述或者重大遗漏,并对其内容的真实性、准确性和完整性承担个别及连带责任。

1.2 本公司独立董事宋常先生、尹焰强先生对年度报告内容的真实性、准确性、完整性无异议。

1.3 本公司2012年度财务报告已经众环海华会计师事务所有限公司根据中国注册会计师独立审计准则审计,并出具了标准无保留意见的审计报告。

1.4 本公司董事长(法定代表人)余丽女士、总经理周全锋先生、主管会计工作负责人财务总监李宏先生、会计机构负责人计划财务部袁晓丽女士、信托财务部负责人李艳桃女士声明:保证年度报告中财务报告的真实和完整。

1.5 《公司2012年度报告》全文同时在公司网站上公布(网址:http://www.fd-trust.com)。欲了解公司更为详细的情况,谨请登录公司网站阅鉴。

2. 公司概况

2.1 公司简介

法定中文名称	方正东亚信托有限责任公司
法定中文缩写名称	方正东亚信托
法定英文名称	Founder BEA Trust Co.,Ltd.
法定英文缩写名称	Founder BEA
法定代表人	余丽
注册地址	武汉市江汉区长江日报路77号投资大厦11~14层
邮政编码	430015
国际互联网网址	http://www.fd-trust.com
电子信箱	info@fd-trust.com
信息披露事务负责人	曹阳
信息披露事务联系人	吴全洪
联系方式	联系电话:027-85565766;传真:027-85565776
选定的信息披露报纸	《金融时报》、《上海证券报》
公司年报备置地点	武汉市江汉区长江日报路77号投资大厦11层
聘请的会计师事务所	众环海华会计师事务所有限公司
聘请的会计师事务所住所	武汉市武昌区东湖路169号众环大厦2~9层

2.2 组织结构

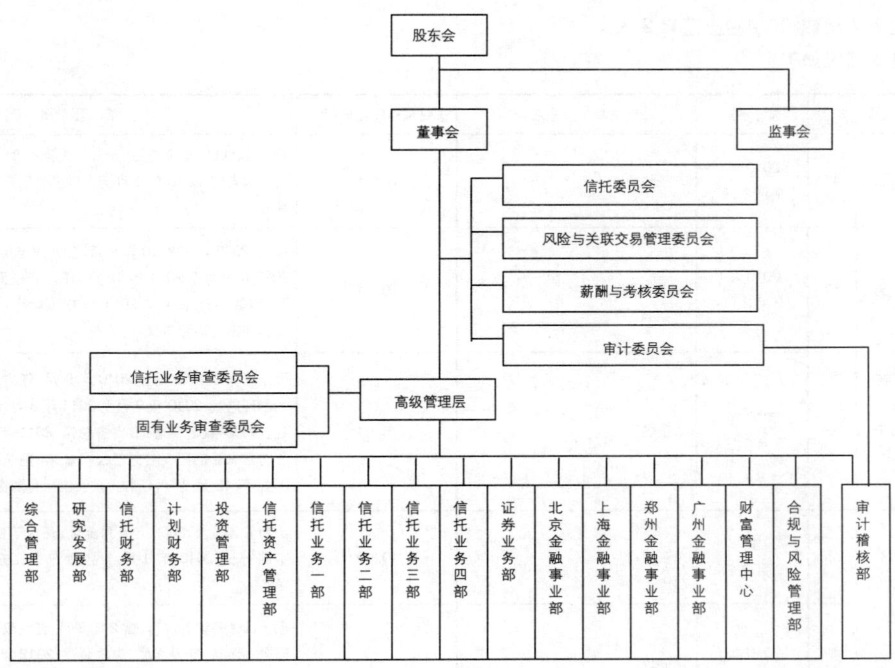

3. 公司治理结构

3.1 股东

报告期末股东总数为 3 名。股东之间不存在关联关系。

股东名称	持股比例(%)	法定代表人	注册资本	注册地址	主要经营业务
北大方正集团有限公司★	70.01	魏新	100 000 万元	北京市海淀区成府路298号	许可经营项目:房地产开发;物业管理。一般经营项目:制造方正电子出版系统、方正－SUPPER 汉卡、计算机软硬件及相关设备、通讯设备、仪器仪表、办公自动化设备;技术开发、技术转让、技术咨询、技术服务、技术推广;投资管理;财务咨询(不得开展审计、验资、查账、评估、会计咨询、代理记账等需经专项审批的业务、不得出具相应的审计报告、验资报告、查账报告、评估报告等文字材料);销售电子产品、自行开发的产品、计算机、软件及辅助设备、仪器仪表、机械设备、非金属矿石、金属矿石、金属材料、建筑材料、化工产品(不含危险化学品及一类易制毒化学品);货物进出口、代理进出口、技术进出口;装卸服务;仓储服务;包装服务(未取得行政许可的项目除外)。
东亚银行有限公司	19.99	李国宝	5 190 万港元(截至2011 年 12 月 31 日)	香港中环德辅道中十号	提供多元化的零售和商业银行服务,设有个人银行、企业银行、财富管理、投资银行、中国业务、国际业务等部门;产品和服务涵盖存款、外币储蓄、零售投资和财富管理、按揭贷款、私人贷款、信用卡、电子网络银行服务、银行保险、强制性公积金服务、贸易融资、银团贷款、汇款、外汇拓展交易等。
武汉经济发展投资(集团)有限公司	10	马小援	400 000 万元	武汉市江汉区长江日报路77号	开展能源、环保、高新技术、城市基础设施、农业、制造业、物流、房地产、商贸、旅游等与产业结构调整关联的投资业务;企业贷款担保,个人消费贷款担保;信息咨询(国家有专项规定的项目经审批后方可经营)。

注:★代表本公司最终实际控制人。

3.2 董事

公司董事会由 7 人组成,其中独立董事 2 人。

董事会成员基本情况如下:

姓名	职务	性别	年龄	选任日期	所推举的股东名称	该股东持股比例(%)	简要履历
余丽	董事长	女	47	2010 年 9 月 2 日	方正集团	70.01	硕士,2003 年至今,任北大方正集团有限公司董事、高级副总裁、首席财务官;2010 年 9 月至今,任方正东亚信托有限责任公司董事长。
李群元	常务副董事长	男	59	2010 年 9 月 2 日	方正集团	70.01	硕士,2005 年至 2010 年 9 月,任武汉国际信托投资公司总经理;2010 年 9 月至 2011 年 12 月,任方正东亚信托有限责任公司董事、副董事长、总经理;2011 年 12 月至今,任方正东亚信托有限责任公司常务副董事长。
周全锋	董事	男	42	2010 年 9 月 2 日	方正集团	70.01	硕士,2009 年 10 月至 2010 年 9 月,任方正科技集团股份有限公司助理总裁;2010 年 9 月至 2011 年 3 月,任方正东亚信托有限责任公司董事、副总经理、财务总监;2011 年 3 月至 2011 年 12 月,任方正东亚信托有限责任公司董事、副总经理(全面主持工作);2011 年 12 月至今,任方正东亚信托有限责任公司董事、总经理。
吴志强	董事	男	45	2010 年 9 月 2 日	东亚银行	19.99	工商管理硕士,2009 年 4 月至今,任东亚银行(中国)有限公司常务副行长;2010 年 9 月至今,兼任方正东亚信托有限责任公司董事。
王法圣	董事	男	53	2010 年 9 月 2 日	经发投	10	硕士;2007 年 7 月至 2012 年 6 月,任武汉经济发展投资(集团)有限公司董事、党委委员、副总经理;2012 年 7 月至今,任武汉工业国有控股集团有限公司董事长;2010 年 9 月至今,兼任方正东亚信托有限责任公司董事。

续表

姓 名	职 务	性别	年龄	选任日期	所推举的股东名称	该股东持股比例(%)	简 要 履 历
尹焰强	独立董事	男	54	2010年9月2日	东亚银行	19.99	工商管理硕士;2009年3月至今,任瑞安房地产发展有限公司董事、总经理兼财务总监;2010年9月至今,担任方正东亚信托有限责任公司独立董事。
宋常	独立董事	男	47	2012.10.16	方正集团	70.01	经济学博士;现任中国人民大学商学院财务与金融系教授,博士生导师;2012年10月至今,担任方正东亚信托有限责任公司独立董事。

3.3 监事

公司监事会由5人组成,监事会成员基本情况如下:

姓 名	职 务	性别	年龄	选任日期	所推举的股东名称	该股东持股比例(%)	简 要 履 历
李国军	监事长	男	38	2010年9月2日	方正集团	70.01	英国兰卡斯特大学毕业;现任北大方正集团副总裁。
王焕萍	监事	女	49	2010年9月2日	东亚银行	19.99	英国伯明翰大学工商管理硕士;现任东亚银行总经理兼中国业务总部主管。
岳建强	监事	男	51	2010年9月2日	经发投	10	在职研究生学历,注册会计师;现任武汉经济发展投资(集团)有限公司计划财务部总经理。
邹小华	职工监事	男	43	2010年9月2日	选举		武汉大学工商管理硕士,会计师;现任公司投资管理部总经理。
吴宏亮	职工监事	男	40	2010年9月2日	选举		武汉大学工商管理硕士;现任公司信托业务四部总经理。

3.4 高级管理人员

姓 名	职 务	性别	年龄	选任日期	学历/学位	专业	简 要 履 历
周全锋	总经理	男	42	2011年12月	硕士	工商管理	2009年10月至2010年9月,任方正科技集团股份有限公司助理总裁;2010年9月至2011年3月,任方正东亚信托有限责任公司董事、副总经理、财务总监;2011年3月至2011年12月,任方正东亚信托有限责任公司董事、副总经理(全面主持工作);2011年12月至今,任方正东亚信托有限责任公司董事、总经理。
万泽源	副总经理	男	59	2010年9月	硕士	金融	2009年3月至2010年9月,任武汉长江世纪投资有限公司副总裁;2010年9月至今,任方正东亚信托有限责任公司副总经理。
谢从斌	副总经理	男	48	2012年7月	硕士	金融学	2004年至2010年2月,任湖北银监局非银处科长、副处长;2010年9月至2012年6月,任方正东亚信托有限责任公司总经理助理;2012年7月至今,任方正东亚信托有限责任公司副总经理。
李宏	财务总监	男	48	2011年5月	本科	财政金融	2009年5月至2011年2月,任方正科技集团股份有限公司区域财务总监;2011年5月至今,任方正东亚信托有限责任公司财务总监。
方灏	首席风险官	男	39	2011年5月	博士	经济学	中国人民大学博士研究生(全日制)毕业,获经济学博士学位;1997年6月至2007年9月,就职于江西国际信托股份有限公司,任风险管理处处长;2009年10月至2010年8月,任国民信托有限责任公司风险管理部总经理;2011年5月至今,任方正东亚信托有限责任公司首席风险官。
白艺丰	总稽核	女	56	2010年9月	硕士	国民经济计划与管理	曾任武汉经济发展投资(集团)有限公司计划财务部部长、总经理助理、总会计师;2010年9月至今,任方正东亚信托有限责任公司总稽核。
曹阳	董事会秘书	男	42	2010年9月	本科	金融学	2004年3月至2010年9月,任武汉国际信托投资公司总经理助理;2010年9月至今,任方正东亚信托有限责任公司董事会秘书。

3.5 公司员工

报告期末,公司职工人数为107人,平均年龄为34岁。其中,高级管理层7人、固有业务人员4人、信托业务56人、其他人员39人。学历分布比率为:博士5.6%;硕士42.05%;本科47.66%;专科2.8%;其他1.8%。

4. 经营管理

4.1 经营目标、经营方针、战略规划

4.1.1 经营目标

2012 年公司以能力提升为根本目标，实现“一个转变，两个突破”：业务拓展实现由简单规模扩张型向净资本节约型的转变，着重发展“高品质、高收益、低风险、低占用”的业务；加大业务创新力度，提升自主管理型产品比重，结构调整、产品转型取得突破；全力开展营销工作，实施“走出去”战略，营销体系、直销渠道建设取得突破。

公司力求做到为客户提供优质金融服务、为股东创造理想投资回报、为员工打造和谐发展平台，成为受人尊敬的信托公司。

4.1.2 经营方针

信托业务提升内涵与质量，走净资本节约型业务发展之路，利用有限的净资本，实现效益的最大化。固有业务的长远性、战略性的投资对公司的长期发展具有重要意义，公司在“稳健经营、不失风控”的前提下积极探索节约型、战略性的投资组合策略。

4.1.3 战略规划

立足武汉城市圈，辐射中部地区，积极拓展全国性业务，使公司成为面向社会高端个人和机构客户，国内一流的资产管理和理财服务的专业化提供商。

4.2 所经营业务的主要内容

经中国银监会和公司登记机关核准，公司经营下列本外币业务：(1)资金信托；(2)动产信托；(3)不动产信托；(4)有价证券信托；(5)其他财产或财产权信托；(6)作为投资基金或者基金管理公司的发起人从事投资基金业务；(7)经营企业资产的重组、购并及项目融资、公司理财、财务顾问等业务；(8)受托经营国务院有关部门批准的证券承销业务；(9)办理居间、咨询、资信调查等业务；(10)代保管及保管箱业务；(11)存放同业、拆放同业、贷款、租赁、投资方式运用固有财产；(12)以固有财产为他人提供担保；(13)从事同业拆借业务；(14)中国银监会批准的其他业务。

4.2.1 信托业务

公司主要信托业务品种有资金信托、动产信托、不动产信托、有价证券信托、财产或财产权信托、事务管理信托。报告期内，公司信托资产运用与分布情况见下表：

信托资产运用与分布表

续表

资产运用	金额（万元）	占比（%）	资产分布	金额（万元）	占比（%）
货币资产	46 982.90	0.64	基础产业	2 284 291.00	31.22
贷款	2 273 745.98	31.08	房地产	1 138 075.65	15.56
应收账款	585 717.95	8.00	证券市场	70 381.07	0.96
交易性金融资产	65 081.07	0.89	实业	1 735 164.33	23.72
可供出售金融资产	639 883.00	8.75	金融机构	230 000.00	3.14
持有至到期投资	2 989 061.30	40.86	其他	1 857 996.16	25.40
长期股权投资	653 071.00	8.93			
其他	62 365.01	0.85			
信托资产总计	7 315 908.21	100.00	信托资产总计	7 315 908.21	100.00

4.2.2 固有业务

固有资产运用与分布表

资产运用	金额（万元）	占比（%）	资产分布	金额（万元）	占比（%）
货币资产	117 964.84	61.51	基础产业	0.00	0.00
贷款及应收款	54 580.26	28.46	房地产业	10 000.00	5.21
交易性金融资产	1 299.20	0.68	证券市场	1 299.20	0.68
可供出售金融资产	4 975.65	2.59	实业	0.00	0.00
持有至到期投资	0.00	0.00	金融机构	117 964.84	61.51
长期股权投资	0.00	0.00	其他	62 520.01	32.60
其他	12 964.10	6.76			
资产总计	191 784.05	100.00	资产总计	191 784.05	100.00

4.3 市场分析

4.3.1 经济形势分析

2012 年我国经济运行呈现缓中趋稳的态势，全年 GDP 增长率达到 7.8%。从 2012 年 PMI、发电量以及固定资产投资等多项宏观数据指标来看，中国经济已出现稳步回升的态势；从中央经济会议精神来看，保持经济稳增长依然是主要政策基调。

2013 年我国经济将继续保持适度增长，仍将处于增长的“长周期”之中，而稳增长依然是主要政策基调。同时，面对复杂的国内外经济环境，经济政策更加强调预调微调以保证经济环境的稳定，促进经济增速回升，实现物价稳定。

4.3.2 金融形势分析

2013 年是继续深化金融改革的关键一年。利率市场化改革将继续推进，促使资金价格成为市场真实的反映，并通过利率杠杆实现资源优化配置。同时，继续加快创建多层次的金融服务体系，放宽市场准入。在货币市场上，由于采取了以“稳”为基调的货币政策，市场上的流动性仍然将受到一定的限制。金融环境整体向好，预计 2013 年交投将进入活跃期，居民投资理财需求旺盛。

4.3.3 影响本公司业务发展的主要因素

4.3.3.1 有利因素

宽松的财政政策和温和的货币政策，将使多元化的融资需求进一步增加，融资类信托在 2013 将仍有较大的空间。

公司业务发展面临的外部有利因素主要有：国民经济的快速发展使得高净值人群不断增多，综合金融服务需求及私人理财需求迅速膨胀；监管机构着力构造监管体系，积极引导促进信托业的发展；信托行业在市场竞争中已经适应了金融创新的客观需要，自身能力不断增强。

内部有利因素主要有：公司经过两年多的发展，在行业中已经完成了从行业新兵到崭露头角的过渡，自身实力得到了很大的加强；业务选择具有很强的主动性，业务结构可根据国家经济与金融政策变化加以调整；股东拥有很强金融资源背景和雄厚

资本实力，通过参与股东的业务协同将会不断推动公司发展；公司高级管理层和业务审查委员会等已经形成了以制度带动流程化的高效决策机制，能够根据市场变化迅速做出反应，更快适应新的发展环境；行业内业务创新多点开花，丰富了选择跟随的机会，使公司的后发优势凸显无疑，调整和转型空间较大。

4.3.3.2 不利因素

随着国内金融行业的快速发展，金融子行业间相互渗透，利率市场化的进程将进一步加快。近年来我国利率的频繁调整也是顺应利率市场化趋势的一种反应，但利率市场化的推进将会导致信托计划的收益率呈下行趋势。

公司业务发展面临的外部不利因素主要有：2013 年货币政策预期仍将以“稳”为基调，并结合监管从严的大背景，信托业要取得新的突破是将面临严峻的挑战；近几年信托行业迅猛发展，不断有新的信托公司加入行业竞争中来，与此同时，随着券商资管、基金公司子公司以及保险资金逐渐参与到主动管理型产品的竞争中来，公司面临行业内外部的激烈竞争；信托在金融业中的地位不显著，信托宣传不够，信托品牌不响，信托文化缺失，历史原因造成的负面影响等，使得社会公众对信托的认知度低，高端客户的开发存在一定的难度。

内部不利因素主要有：公司注册资本规模偏小，一定程度上限制业务开展；公司尚未取得一项创新业务的准入资格，对公司产品结构的优化会产生不利的影响；公司业务模式较单一，核心竞争力有待培养和增强。为此，公司积极向自主管理转型，大力推进业务发展模式的升级，以实现长期可持续发展。

4.4 内部控制

4.4.1 内部控制环境和内部控制文化

公司按照《公司法》和监管机构的要求，不断规范以股东会、董事会、监事会和高级管理层为核心的“三会一层”的公司治理架构，董事会下设信托委员会、薪酬与考核委员会、风险与关联交易管理委员会和审计委员会，各机构按照规定的工作程序、议事规则运作，做到有机协调和分权制衡。公司独立董事按照公司章程的规定对重大事项发表独立意见；公司按年度对董事履职情况进行评价，强化董事的约束和监督机制，推进公司治理制度的有效执行。

公司根据信托业务的特点和内部控制要求设置内部机构，将组织结构划分为决策层、前台业务层、中台管理与支持层、后台管理与监督层，明确界定总办会、信托业务审查委员会、固有业务审查委员会、各部门、岗位之间的职责以及业务职能部门的风险控制分工，形成了职责分离、相互监督制约的机制。

公司奉行“方方正正做人，实实在在做事”的核心价值观，秉承“规范、稳健、创新”的经营理念，坚持“宁失效益，不失风控”的风控原则，认真履行受托人职责。公司将内控管理理念融会在各项管理制度和业务流程中，要求员工遵守职业操守和公司规章制度，从制度层面上促进公司合规理念、合规文化的建设。并通过组织员工参加专项讲座和法规制度考试，开展反商业贿赂、案件风险排查的专项检查，不断向员工传达遵守法律法规和实施内部控制的重要性，引导员工树立合规意识和风险意识，规范员工职业行为，促进公司长期稳健发展。

4.4.2 内部控制措施

公司股东会、董事会、监事会、高级管理层按照公司章程规定的职权，实施监督管理；公司前台、中台、后台职责分离，横向与纵向相互监督制约；审计稽核部负责组织对公司内部控制情况进行监督、检查。公司建立了包括决策系统、业务审批及操作系统、风险控制系统，以及内部规章制度等为主要内容的内部控制机制。

2012 年，公司根据业务开展和风险管理的需要，以及监管部门的要求，不断完善健全各项规章制度，完成了新增制度的拟订和部分制度的修订、废止。公司各项业务建立了有较完善的流程控制，明确业务开展程序，控制风险点，并结合业务运作情况，不断修订、完善业务流程。

公司内部控制制度和业务流程在运行中逐步完善，执行情况良好，各项制度和业务流程覆盖面、可操作性和精细化程度得到加强，有效防范了公司面临的各项风险。

4.4.3 监督评价与纠正

公司建立了多层次的内部控制监督评价机制。在公司治理层面，监事会负责对公司董事及高级管理人员履职情况进行监督；董事会下设的风险与关联交易管理委员会和审计委员会，依据公司章程及议事规则所赋予的职责权限对相关事项进行监督。在公司管理层面，合规与风险管理部对公司业务活动进行全过程监督；审计稽核部对公司全部经营管理活动进行事后监督评价，出具内部审计报告，并督促改进。

4.5 风险管理

4.5.1 风险管理概况

公司坚持“宁失效益，不失风控”的风控原则，通过建立和完善全面风险管理体系，使公司风险管理与战略目标相适应，确保公司风险始终在公司确定的承受水平之内，并在此基础上持续提高风险管理水平，促进各项业务稳健发展，实现客户价值、公司价值最大化。

公司重视制度建设，完善健全各项规章制度。报告期内，公司根据经营发展需要及时修改、增加了一批重要的规章制度，使得内部管理水平得到进一步提高。公司现有规章制度覆盖了经营活动各环节，能够满足公司业务发展与风险管理的需要。公司决策、执行、监督、反馈等各个环节及公司的所有业务均受公司制度约束，各项经营活动均做到有章可循，任何决策和操作均有案可查。

公司根据经营管理和风险控制需要，设置有三级风险管理机构：分别是董事会下设专门委员会——风险与关联交易管理委员会；公司高级管理层常设议事决策机构——信托业务审查委员会及固有业务审查委员会；公司内部职能部门——合规与风险管理部及审计稽核部。风险与关联交易管理委员会负责确定公司风险管理重大事项，向董事会提供风险控制建议。两个业务审查委员会分别对信托业务和固有业务进行审查，就风险管理等内容进行审议，并向公司高级管理层提供审查意见。合规与风险管理部发挥日常监督、控制和预警的职能，对公司经营和业务活动进行全面风险管理。审计稽核部负责对公司业务的各种风险进行稽核监督。

公司以业务流程为主导，形成了风险识别、风险评估、风控措施的落实、风险监控、风险预警五级风险管理体系，风险管理职责覆盖到前台、中台、后台的全部流程，实现了风险内部控制机制的有效运作。

4.5.2　**风险状况**

4.5.2.1　信用风险状况

信用风险不仅包括交易对手和合作方的违约风险，还包括由于交易对手和合作方的信用状况和履约能力上的变化而导致公司各类资产价值发生变动所造成损失的风险。2012年，公司面临的信用风险总体较小。

4.5.2.2　市场风险状况

市场风险是指在对公司各类财产的经营管理中，因市场利率、汇率和股价等市场参数的波动而产生的风险。

报告期内，公司固有业务和信托业务中，证券投资业务继续保持较低比例，公司盈利能力和财务状况受影响较小。

报告期内，市场利率和汇率小幅波动，对公司所管理的资产没有显著影响。

4.5.2.3　操作风险状况

操作风险是指由于不完善或有问题的内部程序、员工、信息科技系统或外部事件所造成损失的风险。报告期内，公司未发生因内部原因或外部事件造成的直接或间接损失，也未发现滥用操作权的情况。

4.5.2.4　合规风险状况

合规风险是指因没有遵循法律法规、监管要求、市场规则、行业准则或内部行为准则，可能遭受法律制裁、监管处罚、重大财务损失和声誉损失的风险。公司未发生从业人员违反法律法规和职业操守的行为，公司本年度未发生合规风险。

4.5.2.5　其他风险状况

其他风险包括政策风险、法律风险、流动性风险、员工道德风险等，在报告期内未对公司的经营管理带来潜在的系统性风险。

4.5.3　**风险管理**

4.5.3.1　信用风险管理

公司通过详尽的尽职调查，有效利用各类的信用评级系统，对项目信用风险进行充分的事前评估，审慎选择交易对手；通过事中控制、事后检查持续关注交易对手的信用状况，以及抵（质）押物价值及保证人担保能力的变化，并根据具体情况采取有效的应对措施；通过实施重点客户、区域倾斜，保持一定程度的客户集中度，在依托各种信用增级手段的基础上，切实降低了信用风险；选聘外部中介机构在尽职调查中对交易结构、交易对手出具专业意见，通过法律条款的设定，借助外部律师的意见，提高抵御信用风险的能力。

2012年公司新制定了《信托业务风险控制指标操作暂行指引》，初步建立起评估信托项目风险量化指标体系，使信托项目的风控审核更加具有客观性，公司计划根据市场变化和监管部门的要求适时调整、完善信托业务的风险量化指标。

报告期内，公司加强对存续项目定期及不定期的风险检查，第一时间进行风险预警，并及时采取应对措施防范风险的发生或扩大。

4.5.3.2　市场风险管理

公司建立了市场风险识别、计量、监测和控制程序，以确保市场风险管理能够与业务性质、规模、复杂程度和风险特征相适应，与能够承担的总体市场风险水平相一致；公司加强对宏观经济和市场的研究，及时跟踪市场价格波动情况，对每项业务和产品中的市场风险因素进行分解和分析，以及时准确识别所有业务中市场风险的类别和性质；通过定期或不定期对房地产和证券投资等业务进行市场风险压力测试，分析业务对外部市场变化的敏感程度和可能的影响，以制定策略应对市场变化；公司对重大市场风险情况事先制订应急处理方案，积极采取对冲、减少风险暴露等措施降低市场风险水平。

4.5.3.3　操作风险管理

公司明确界定各业务部门和管理部门的操作风险管理职责，确保各部门切实履职；公司根据业务特点、管理流程和复杂程度，逐步确定重点操作风险，通过运用操作风险因素清单、关键风险指标、风险与控制自我评估等工具，定期监测并报告操作风险状况和重大损失情况；公司针对潜在损失不断增大的风险，建立了早期的操作风险预警机制，以便及时采取措施控制、降低风险，降低损失事件的发生频率及损失程度；公司还将履约风险作为重大操作风险，实施专项管理，按照信托合同和其他有关法律文件的规定和要求，勤勉尽职履行受托人管理义务，避免因操作不当导致风险事件的发生。

4.5.3.4　合规风险管理

公司董事会、监事会及高级管理层的工作职责包括合规管理职能，并按照相应的权限进行决策、监督、执行和考核；公司设立了满足业务发展需要的合规部门，并配置2名以上关键人员，合规部门具有独立的职责权限，负责对日常经营管理和业务操作进行合规审查，发现和纠正违规现象，保障公司各项业务发展遵循法律法规、监管要求、市场规则、行业准则或内部行为准则执行，避免由此所导致的财产损失和声誉损失；公司保持与监管机构日常的工作联系，跟踪和评估监管意见和监管要求的落实情况；公司建立了有效的合规问责制度，严格对违规行为的责任认定与追究，及时改进经营管理流程，适时修订相关制度、程序；公司要求新产品和新业务的开发必须经过合规性审核的测试，识别和评估新业务的拓展方式、新客户关系的建立以及客户关系的性质发生重大变化等所产生的合规风险。

4.5.3.5　其他风险管理

公司通过加强对国家政策分析和研究，提高对政策的理解能力，加强与监管部门及同业间的沟通，以提高对政策的理解度和执行力，保持资金投向与宏观调控方向的一致性，从而防范政策风险；公司内设法律部门，对于重大项目聘请外部律师提供专业意见或法律咨询，尤其是对创新产品强化法律方面的风险管理；公司运用资产负债管理方法加强对流动性风险进行管理，严格匹配资产和负债的合理比例，并定期或不定期地对流动性进行压力测试；公司主要通过制度规范、业务及职业道德培训、内部审计人员的监督与检查来防范员工道德风险。

5. 报告期末会计报表及上一年度末的比较式会计报表

5.1　会计师事务所审计意见全文

审计报告

众环审字〔2013〕010003号

方正东亚信托有限责任公司全体股东：

我们审计了后附的方正东亚信托有限责任公司（以下简称方正东亚信托公司）财务报表，包括2012年12月31日的资产负债表，2012年度的利润表、所有者权益变动表和现金流量表以及财务报表附注。

一、管理层对财务报表的责任

按照企业会计准则的规定编制财务报表是方正东亚信托公司管理层的责任。这种责任包括:(1)设计、实施和维护与财务报表编制相关的内部控制,以使财务报表不存在由于舞弊或错误而导致的重大错报;(2)选择和运用恰当的会计政策;(3)作出合理的会计估计。

二、注册会计师的责任

我们的责任是在实施审计工作的基础上对财务报表发表审计意见。我们按照中国注册会计师审计准则的规定执行了审计工作。中国注册会计师审计准则要求我们遵守职业道德规范,计划和实施审计工作以对财务报表是否不存在重大错报获取合理保证。

审计工作涉及实施审计程序,以获取有关财务报表金额和披露的审计证据。选择的审计程序取决于注册会计师的判断,包括对由于舞弊或错误导致的财务报表重大错报风险的评估。在进行风险评估时,我们考虑与财务报表编制相关的内部控制,以设计恰当的审计程序,但目的并非对内部控制的有效性发表意见。审计工作还包括评价管理层选用会计政策的恰当性和作出会计估计的合理性,以及评价财务报表的总体列报。

我们相信,我们获取的审计证据是充分、适当的,为发表审计意见提供了基础。

三、审计意见

我们认为,方正东亚信托公司财务报表已经按照企业会计准则的规定编制,在所有重大方面公允反映了方正东亚信托公司2012年12月31日的财务状况以及2012年度的经营成果和现金流量。

众环海华会计师事务所有限公司　　中国注册会计师:李莎

中国注册会计师:朱烨

中国・武汉　　2013年1月7日

5.2 资产负债表

单位:元

资产	年初数	年末数	负债和所有者权益	年初数	年末数
资产:			负债:		
现金及存放中央银行款项	8 074.73	30 032.25	向中央银行借款	0.00	
存放同业款项	436 199 316.32	1 179 618 386.93	同业及其他金融机构存放款项	0.00	
贵金属	0.00		拆入资金	0.00	
拆出资金	0.00		交易性金融负债	0.00	
交易性金融资产	15 624 000.00	12 992 000.00	衍生金融负债	0.00	
衍生金融资产	0.00		卖出回购金融资产款	0.00	
买入返售金融资产	0.00		吸收存款	0.00	
应收利息	759 302.66	11 508 689.54	应付职工薪酬	29 043 669.26	78 934 502.18
发放贷款及垫款	154 803 684.04	154 813 916.62	应交税费	37 658 991.29	145 450 311.49
可供出售金融资产	0.00	49 756 500.00	应付利息	0.00	
持有至到期投资	0.00		预计负债	0.00	
应收款项类投资	163 850 000.00	379 480 000.00	应付债券	0.00	
长期股权投资	0.00		递延所得税负债	0.00	
投资性房地产	0.00		其他负债	47 912 423.74	209 107 248.62
固定资产	5 184 381.86	5 656 746.69	负债合计	114 615 084.29	433 492 062.29
在建工程	0.00		股东权益:		
无形资产	3 510 855.04	3 691 660.02	股本	600 000 000.00	1 000 000 000.00
递延所得税资产	217 752.37	6 353 093.34	资本公积	0.00	−182 625.00
其他资产	22 798 662.04	113 939 477.50	减:库存股	0.00	
			盈余公积	8 834 094.48	48 453 106.56
			一般风险准备	4 417 047.24	24 226 553.28
			未分配利润	75 089 803.05	411 851 405.76
			外币报表折算差额	0.00	
			归属于母公司的股东权益合计	688 340 944.77	1 484 348 440.60
			少数股东权益	0.00	
			股东权益合计	688 340 944.77	1 484 348 440.60
资产总计	802 956 029.06	1 917 840 502.89	负债和股东权益总计	802 956 029.06	1 917 840 502.89

5.3 利润表

单位：元

项　目	上年数	本年数
一、营业收入	240 945 772.25	753 600 076.57
利息净收入	17 812 229.92	52 620 837.17
利息收入	17 826 117.03	52 637 572.29
利息支出	13 887.11	16 735.12
手续费及佣金净收入	246 359 214.17	675 331 310.42
投资收益（损失以"－"号填列）	1 084 310.47	28 496 984.35
公允价值变动净收益（损失以"－"号填列）	−21 140 000.00	−2 632 000.00
汇兑收益（损失以"－"号填列）	−3 169 982.31	−217 055.37
其他业务收入	0.00	
二、营业支出	116 163 065.35	232 339 072.52
营业税金及附加	15 920 631.07	49 109 512.74
业务及管理费	82 345 557.97	182 703 695.90
资产减值损失	−130 523.69	525 863.88
其他业务成本	18 027 400.00	
三、营业利润（亏损以"－"号填列）	124 782 706.90	521 261 004.05
加：营业外收入	31 400.69	1 000 002.87
减：营业外支出	0.00	18 419.24
四、利润总额（亏损总额以"－"号填列）	124 814 107.59	522 242 587.68
减：所得税费用	37 472 669.71	126 052 466.85
五、净利润（净亏损以"－"号填列）	87 341 437.88	396 190 120.83
六、每股收益：		
（一）基本每股收益（元）		
（二）稀释每股收益（元）		
七、其他综合收益		−182 625.00
八、综合收益总额	87 341 437.88	396 007 495.83

5.4 现金流量表

单位：元

项　目	2011 年度	2012 年度
一、经营活动产生的现金流量：		
客户存款和同业存放款项净增加额	0.00	
向中央银行借款净增加额	0.00	
向其他金融机构拆入资金净增加额	0.00	
收取利息、手续费及佣金的现金	267 029 854.18	792 521 834.28
收到其他与经营活动有关的现金	8 171 113.72	19 290 582.35
经营活动现金流入小计	275 200 967.90	811 812 416.63
客户贷款及垫款净增加额	−42 162 784.00	−141 919.20
存放中央银行和同业款项净增加额	0.00	
支付手续费及佣金的现金	21 361 588.50	
支付给职工以及为职工支付的现金	17 600 474.51	51 286 487.63
支付的各项税费	18 935 104.46	74 165 891.80
支付其他与经营活动有关的现金	29 509 056.56	91 018 826.95
经营活动现金流出小计	45 243 440.03	216 329 287.18
经营活动产生的现金流量净额	229 957 527.87	595 483 129.45
二、投资活动产生的现金流量：	0.00	
收回投资收到的现金	273 000 000.00	2 248 712 333.32
取得投资收益收到的现金	1 013 407.70	17 673 567.69
收到其他与投资活动有关的现金	40 000.00	45 000.00
投资活动现金流入小计	274 053 407.70	2 266 430 901.01
投资支付的现金	465 620 000.00	2 518 382 333.32
购建固定资产、无形资产和其他长期资产支付的现金	6 401 180.27	3 761 410.44
支付其他与投资活动有关的现金	0.00	
投资活动现金流出小计	472 021 180.27	2 522 143 743.76
投资活动产生的现金流量净额	−197 967 772.57	−255 712 842.75
三、筹资活动产生的现金流量：	0.00	
吸收投资收到的现金	300 000 000.00	400 000 000.00
发行债券收到的现金	0.00	
收到其他与筹资活动有关的现金	0.00	
筹资活动现金流入小计	300 000 000.00	400 000 000.00
偿还债务支付的现金	0.00	
分配股利、利润或偿付利息支付的现金	0.00	
支付其他与筹资活动有关的现金	0.00	
筹资活动现金流出小计	0.00	
筹资活动产生的现金流量净额	300 000 000.00	400 000 000.00
四、汇率变动对现金等价物的影响	−914 358.31	−369 258.57
五、现金及现金等价物净增加额	331 075 396.99	739 401 028.13
加：期初现金及现金等价物余额	109 171 994.06	440 247 391.05
六、期末现金及现金等价物余额	440 247 391.05	1 179 648 419.18

6. 会计报表附注

略。

7. 财务情况说明书

7.1 利润实现和分配情况

单位：万元

项　目	上年数	本年数
本年净利润	8 734.14	39 619.01
加：年初未分配利润	84.95	7 508.98
其他转入	0.00	0.00
可供分配的利润	8 819.09	47 127.99
减：提取法定盈余公积	873.41	3 961.90
提取法定公益金	0.00	0.00
提取信托赔偿准备金	436.70	1 980.95
提取一般准备金	0.00	0.00
提取职工奖励及福利基金	0.00	0.00
提取储备基金	0.00	0.00
提取企业发展基金	0.00	0.00
利润归还投资	0.00	0.00
可供投资者分配的利润	7 508.98	41 185.14
减：应付优先股股利	0.00	0.00
提取任意盈余公积	0.00	0.00
股利分配	0.00	0.00
转作股本的普通股股利	0.00	0.00
年末未分配利润	7 508.98	41 185.14

7.2 主要财务指标

指标名称	指标值
资本利润率(%)	36.47
加权年化信托报酬率(%)	0.91
人均净利润(万元)	370

注:1. 资本利润率=净利润/所有者权益加权平均余额×100%。
2. 加权年化信托报酬率=(信托项目1的实际年化信托报酬率×信托项目1的实收信托+信托项目2的实际年化信托报酬率×信托项目2的实收信托+…信托项目n的实际年化信托报酬率×信托项目n的实收信托)/(信托项目1的实收信托+信托项目2的实收信托+…信托项目n的实收信托)×100%。
3. 人均净利润=净利润/年末人数。

7.3 对本公司财务状况、经营成果有重大影响的其他事项

报告期内没有发生对本公司财务状况、经营成果有重大影响的其他事项。

8. 特别事项揭示

8.1 前五名股东报告期内变动情况及原因

无。

8.2 董事、监事及高级管理人员变动情况及原因

本报告期内,公司独立董事夏冬林先生因个人原因辞去独立董事职务。公司股东会于2012年8月22日选举宋常先生担任公司独立董事,2012年10月16日,宋常先生的任职资格获得湖北银监局批复核准(鄂银监复〔2012〕525号)。公司其他董事、监事无变动。

本报告期内,经公司第一届董事会第七次会议审议通过,公司任命谢从斌先生为副总经理,同时免去其总经理助理职务。谢从斌先生的任职资格已经获得湖北银监局批复核准。公司其他高级管理人员无变动。

8.3 变更注册资本、变更注册地或公司名称、公司分立合并事项

本报告期内,经湖北银监局批复核准(鄂银监复〔2012〕631号),公司全体股东以原有出资比例增加公司注册资本金4亿元,公司的注册资本金由6亿元增至10亿元。完成增资后的公司股权结构为:北大方正集团有限公司出资70 010万元,出资比例为70.01%;东亚银行有限公司出资19 990万元,出资比例为19.99%;武汉经济发展投资(集团)有限公司出资10 000万元,出资比例为10.00%。

公司注册地址、公司名称无变动,无分立合并事项。

8.4 公司的重大诉讼事项

8.4.1 重大未决诉讼事项

中信银行股份有限公司深圳福田支行(中信银行福田支行)于2012年10月28日向武汉市中级人民法院起诉本公司和北大方正集团有限公司,请求法院判令本案两被告向原告支付同业存款本金2 000万元及相应利息。本案现处于一审审理阶段。

本案源于中信银行福田支行与武汉国际信托投资公司(本公司的前身)于1997年发生的存款合同纠纷,而北大方正集团有限公司在武汉国际信托投资公司重组的过程中,曾于2009年12月1日出具《关于完全承接武汉国际信托投资公司重新登记前未清理的债务的承诺》。基于该承诺,北大方正集团有限公司将妥善处理并确保本案的审理、判决和执行过程,且本案所引发的任何赔偿或其他支付义务不会对本公司造成任何损失。

8.4.2 以前年度发生,于本报告期内终结的诉讼事项

无。

8.5 公司及其董事、监事和高级管理人员受到处罚的情况

无。

8.6 中国银监会及其派出机构对公司的整改意见及公司整改情况

无。

8.7 公司重大事项临时报告的简要内容、披露时间、所披露的媒体及版面

2012年12月26日,公司于《金融时报》第8版刊登了《关于增加注册资本金的公告》,对公司完成增加注册资本金至10亿元并相应修改公司章程的事项进行了披露。

8.8 中国银监会及其派出机构认定的其他有必要让客户及相关利益人了解的重要信息

无。

9. 监事会意见

监事会认为,报告期内,公司的决策程序符合国家法律、法规和公司章程及相关制度,建立健全了比较有效的内控制度,建立了相对完善的独立董事和董事会下属专业委员会,董事会全体成员及高级管理层全体成员认真履行了职责,未发现有违法、违规、违章的行为,也没有损害公司利益、股东利益和委托人利益的行为。报告期内,公司财务报告真实、客观地反映了公司的财务状况和经营成果。

甘肃省信托有限责任公司

1. 重要提示

1.1 本公司董事会及董事保证本报告所载资料不存在任何虚假记载、误导性陈述或者重大遗漏，并对其内容的真实性、准确性和完整性承担个别及连带责任。本年度报告摘要摘自年度报告全文，客户及相关利益人欲了解详细内容，应阅读年度报告全文。

1.2 没有董事声明对年度报告内容的真实性、准确性、完整性无法保证或存在异议。

1.3 独立董事就年度报告内容的真实性、准确性、完整性发表意见，并单独列示。

1.4 北京中天恒会计师事务所有限责任公司兰州分所为本公司出具了标准无保留意见的审计报告。

1.5 公司董事会郑重声明：保证年度报告中财务报告真实、完整。

2. 公司概况

甘肃省信托有限责任公司的前身为甘肃省投资信托公司，于1980年3月经甘肃省人民政府批准成立，1981年6月经中国人民银行批准续办。1991年、1996年两次经中国人民银行批准进行重新登记，1996年更名为“甘肃省信托投资公司”。2002年4月28日经中国人民银行批准由原甘肃省信托投资公司、天水市信托投资公司和白银市信托投资公司合并重组，组建成立“甘肃省信托投资有限责任公司”。2009年2月经中国银行业监督管理委员会核准，公司名称变更为“甘肃省信托有限责任公司”，注册资本金为31 819.05万元。2010年5月经中国银行业监督管理委员会批准，公司注册资本金变更为101 819.05万元。

2.1 公司简介

2.1.1 法定中文名称：甘肃省信托有限责任公司

2.1.2 中文名称缩写：甘肃信托

2.1.3 法定英文名称：Gansu Trust Co.,Ltd.

2.1.4 英文名称缩写：GTC

2.1.5 法定代表人：马江河

2.1.6 注册地址：甘肃省兰州市静宁路308号信托大厦

2.1.7 邮政编码：730030

2.1.8 公司互联网地址：www.gstrust.com.cn

2.1.9 公司电子信箱：gsxtmail@163.com

2.1.10 负责信息披露事务人：石永和
信息披露联系人：宣雨辰
联系电话：(0931)4890016
传　真：(0931)8410739
全国统一客服电话：400－730－6666
电子信箱：273617067@qq.com

2.1.11 公司选定的信息披露报纸名称：《中国证券报》

2.1.12 公司年度报告备置地点：甘肃省兰州市静宁路308号信托大厦

2.1.13 公司聘请的会计师事务所（甘肃省人民政府国有资产监督管理委员会指定）：北京中天恒会计师事务所有限责任公司兰州分所
地址：兰州市天水南路226号（兰州大学萃英大酒店601房间）

2.1.14 公司聘请的律师事务所：甘肃正天和律师事务所
地址：甘肃省兰州市通渭路1号兰州房地产大厦15F

2.2 组织结构

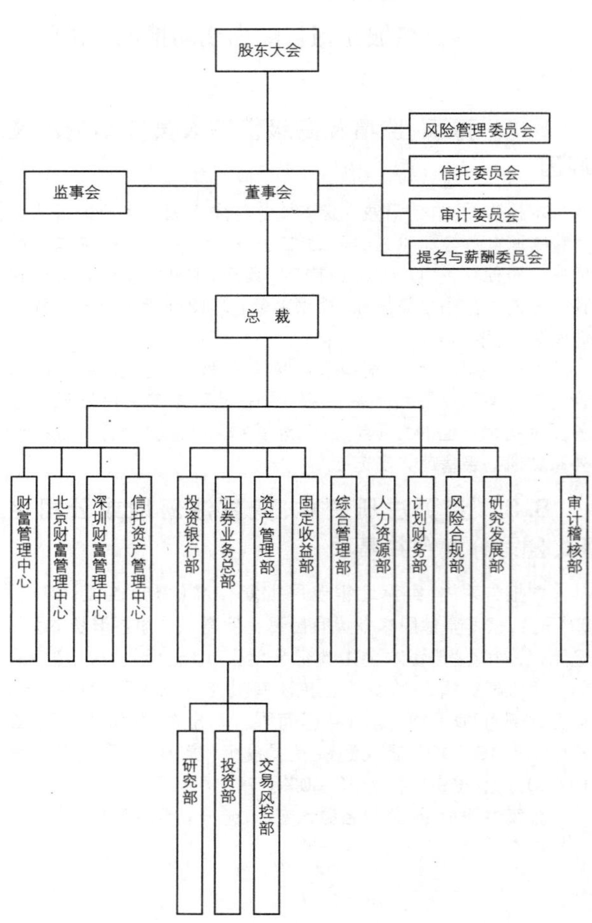

3. 公司治理结构

3.1 股东和股东会

报告期末股东数为 3 名。

表 3.1

股东名称	持股比例(%)	法人代表	注册资本(万元)	注册地址	主要经营业务
甘肃省国有资产投资集团有限公司	92.58	贾子俊	94 265.21	兰州市静宁路308号	承担全省工业发展投融资主体的角色,从事授权范围内的投资、融资业务,并对投融资资金进行管理等。
天水市财政局	4.00	刘永年	4 072.84	天水市合作巷1号	无。
白银市财政局	3.42	马　勤	3 481.00	白银市人民路100号	无。

3.2 董事、董事会及其下属委员会

董事长、副董事长、董事

姓　名	职　务	性别	年龄	选任日期	所代表的股东名称	所代表的股东持股比例(%)	简　要　履　历
马江河	董事长	男	47	2010 年 8 月	甘肃省国有资产投资集团有限公司	92.58	历任中国投资银行黑龙江分行项目部经理、深圳证券交易所法律部副总监、甘肃省政府金融办副主任、甘肃省国有资产投资集团公司总经理;现任公司董事长。
邵禹斌	副董事长	男	38	2009 年 12 月			历任酒泉钢铁(集团)有限责任公司副处长、龙泰集团公司常务副总经理、甘肃省国有资产投资集团有限公司总经理助理;现兼任公司副董事长。
史光磊	董事	男	32	2009 年 12 月			曾在酒泉钢铁(集团)有限责任公司财务部工作;现任甘肃省国有资产投资集团有限公司财务部副部长。
李　炜	董事	男	50	2009 年 12 月			历任甘肃省财政厅基本建设处主任科员、经济建设处主任科员;现任甘肃省财政厅企业处副处长。
刘永年	董事	男	54	2010 年 4 月	天水市财政局	4.00	历任天水市财政局副局长,天水市审计局党组书记、局长;现任天水市财政局局长、党组书记。
杨　文	职工董事	男	50	2009 年 12 月			历任天水市信托投资公司国债服务部主任,天水市建设路证券营业部总经理,天水市信托投资公司总经理助理、副总经理,甘肃省信托投资有限责任公司副总裁;现任公司总裁。

董事会下属委员会

董事会下属委员会名称	职　责	组成人员姓名	职　务
信托委员会	审议公司信托业务发展战略;监督公司依法履行受托职责,切实保障受益人的合法权益;监督公司信托业务与固有业务之间建立有效隔离机制,保障信托财产的独立性。	张文义	独立董事
		邵禹斌	副董事长
		杨　文	总裁
审计委员会	监督管理公司内部审计工作;对公司各项业务及高管人员的经营行为进行检查监督;提请聘请或解聘外部审计机构。	包国宪	独立董事
		俞　静	风险合规部总经理
		刘宝生	投资银行部总经理
风险管理委员会	协助董事会建立和完善公司风险控制制度体系并监督实施;对公司重大投资项目或经营业务中面临或存在的经营风险,进行事先评估、事中监控和事后总结;在公司已投资项目和经营业务出现重大风险时,向董事会行使建议终止权,并提交可行性整改方案。	马江河	董事长
		杨　文	总裁
		陈继辉	计划财务部总经理
		俞　静	风险合规部总经理
		石永和	信托资产管理部副总经理
提名与薪酬委员会	拟订董事、独立董事的选任程序和标准,并对其任职资格进行初步审核;对由董事长提名并由董事会任免的高级管理人员及相关部门负责人任职资格进行初步审核;拟订董事、独立董事、监事的考核办法和薪酬方案;拟订员工绩效考核制度以及激励方案。	苏志希	独立董事
		鲁林岐	综合管理部总经理
		王　莉	人力资源部总经理

3.3 监事、监事会及其下属委员会

监事会成员

姓名	职务	性别	年龄	选任日期	所代表的股东名称	所代表的股东持股比例(%)	简要履历
沈建中	监事会主席	男	50	2009 年 12 月	白银市财政局	3.42	历任白银市信托投资公司办公室主任、证券营业部经理、公司董事；现任白银市中小企业投资担保有限责任总经理。
杨林军	监事	男	43	2009 年 12 月	甘肃省国有资产投资集团有限公司	92.58	历任中国蓝星(集团)总公司处长，甘肃兰星律师事务所、甘肃至行律师事务所律师，甘肃中粮可口可乐饮料有限公司法务经理、工会主席；现任甘肃省国有资产投资集团有限公司董事会秘书、战略规划部副部长。
刘宝生	职工监事	男	48	2009 年 12 月	—	—	曾任公司投资银行部经理、法律事务部经理；现任公司投资银行部总经理。

监事会无下属委员会。

3.4 独立董事

独立董事

姓名	所在单位及职务	性别	年龄	选任日期	简要履历
苏志希	甘肃省人大常委会咨询员	男	67	2009 年 12 月	历任甘肃省电子公司总经理、省计委副主任、省政府副秘书长、省财政厅厅长、省人大常委会副主任、省委委员、中共十六大代表。
张文义	兰州盛祥有限责任公司总经理	男	58	2009 年 12 月	历任甘肃省体改委副处长、省国资委产权处调研员；现任兰州盛祥有限责任公司总经理。
包国宪	兰州大学管理学院院长、博士生导师	男	53	2011 年 9 月	历任兰州大学管理科学团总支书记、副系主任、副教授、硕士生导师、副院长等职务；现任兰州大学管理学院任教授、博士生导师、院长。

3.5 高级管理人员

高级管理人员

姓名	职务	性别	年龄	任职日期	金融从业年限	学历	专业	简要履历
杨 文	总裁	男	50	2011 年 9 月	26	研究生	财政学	历任天水市信托投资公司国债服务部主任，天水市建设路证券营业部总经理，天水市信托投资公司总经理助理、副总经理，甘肃省信托投资有限责任公司副总裁；现任公司总裁。
解冰华	副总裁	男	54	2011 年 6 月	30	研究生	金融	历任中国人民银行兰州中心支行管理处副处级调研员，中国人民银行西安分行兰州监管办农行处处长，甘肃银监局工行监管处处长，国有银行监管三处处长、合作处处长；现任公司副总裁。
王亚峰	副总裁	男	49	2011 年 12 月	17	本 科	政治理论	历任国泰君安兰州总部证券分析师、公司证券业务总部总经理、证券投资总监；现任公司副总裁。

3.6 公司员工

公司 2011 年末员工人数为 65 人，2012 年末员工人数为 93 人。

项目		报告期年度		上年度	
		人数	比例(%)	人数	比例(%)
年龄分布	25 岁以下	8	9	5	8
	25～29 岁	17	18	8	12
	30～39 岁	37	40	25	38
	40 岁以上	31	33	27	42
学历分布	博 士	1	1	1	2
	硕 士	21	23	16	25
	本 科	50	54	27	42

续表

项目		报告期年度		上年度	
		人数	比例(%)	人数	比例(%)
学历分布	专 科	11	12	11	16
	其 他	10	10	10	15
岗位分布	董事、监事及其高管人员	4	5	8	12
	自营业务人员	20	22	20	31
	信托业务人员	48	52	21	32
	其他人员	18	18	16	25

注：自营业务人员是指按照岗位分工，专门或至少从事固有资金使用和固有资产管理有关业务的职工；信托业务人员是指按照岗位分工，专门或至少从事信托资金使用和信托资产管理各项业务的职工；对于人力资源部等类似无法明确区分的综合部门归为其他人员。

4. 经营管理

4.1 经营目标、经营方针、战略规划

公司的价值理念为“言善信，托天下”；企业目标为“创新、专业、全面的金融产品集成商”；企业宗旨为“实现公司价值、股东权益、员工福利和社会效益最大化”；经营理念为“规范经营，诚实守信，大胆创新，跨越发展”；公司的战略规划为“巩固和构建主动管理型信托、金融股权投资和证券投资三大核心盈利业务链，积极参与资产证券化、投资银行、企业年金、拟上市企业股权投资等创新业务。进一步健全风险防控体系，提高全员风险防范能力，全面实施品牌战略和人才战略。将甘肃信托构建为信托业最具区域发展特色的综合性金融服务平台，成为具有全国品牌影响力和核心竞争力的智慧型和创新型的信托公司”。

4.2 所经营业务的主要内容

自营资产运用与分布表

资产运用	金额（万元）	占比（%）	资产分布	金额（万元）	占比（%）
货币资产	6 672.86	4.80	基础产业		
贷款及应收款	44 058.72	31.72	房地产	8 800.00	6.34
交易性金融资产	20 017.02	14.41	证券市场	20 017.02	14.41
可供出售金融资产			实业	33 876.35	24.39
持有至到期投资	30 304.34	21.82	金融机构	60 530.07	43.58
长期股权投资	25 217.35	18.16	其他	15 668.64	11.28
其他	12 621.79	9.09			
资产总计	138 892.08	100	资产总计	138 892.08	100

信托资产运用与分布表

资产运用	金额（万元）	占比（%）	资产分布	金额（万元）	占比（%）
货币资产	66 500.83	0.84	基础产业	3 413 557.00	42.87
贷款	5 443 911.38	68.36	房地产	646 500.00	8.12
交易性金融资产	15 145.64	0.19	证券市场	15 145.64	0.19
可供出售金融资产			实业	2 241 470.00	28.15
持有至到期投资	352 930.00	4.43	金融机构	1 351 271.00	16.97
长期股权投资	512 790.74	6.44	其他	295 197.95	3.7
其 他	1 571 863.00	19.74			
信托资产总计	7 963 141.59	100	信托资产总计	7 963 141.59	100

4.3 市场分析

4.3.1 经济形势分析

当前形势复杂多变，世界经济复苏明显放缓，全球供需失衡的深层次矛盾还没有得到有效解决，各国出台的传统经济刺激政策不能解决长期形成的结构性矛盾，世界经济将较长期处于低速增长期。受此影响，国内经济下行压力明显增大。

2012 年中国出口回落，拉低经济增速。在世界经济大形势下，发达经济体结构调整无力，受主权债务危机拖累，财政刺激空间压缩，而私人部门需求迟迟不能接替公共需求，经济增长失去动力，全球需求减少。同时，由于我国土地成本、劳动力成本、资金成本、物流成本、环保成本大幅上升，人民币不断升值，出口优势逐渐消失。投资能保持较快增速，主要得益于制造业和房地产业投资高增长，这两大行业占固定资产投资的比重达到60%。2012 年出口增速回落 5 个百分点左右，在一定程度上抑制制造业投资扩张。同时，从为抑制房价而采取的调控政策看，房地产开发企业融资难度加大，商品房投资进度放缓。2012 年保障房投资新开工面积有较大下降，公租房和廉租房融资难的问题尚未根本解决，投资增速回落。

4.3.2 金融形势分析

随着经济金融形势的不断变化，金融脱媒和利率市场化步伐加快，网络金融、移动金融等新兴金融业态蓬勃发展，我国银行业金融生态环境发生了前所未有的变化，传统的银行业发展模式面临严峻挑战，经营转型已成为银行业改革发展的“主旋律”。

一是宏观经济增长速度趋缓，信用风险显现导致不良贷款增加的潜在压力加大；二是利率市场化改革加快，银行业利差收窄趋势明显，加上实体经济有效信贷需求相对不足，各行贷款利率也面临较大下行压力；三是金融“脱媒”加剧行业竞争，随着居民投融资选择的多元化，直接融资力度更大；四是金融消费者和社会舆论对银行业外部监督更加强化，社会对银行业服务的要求将更加严格。

4.3.3 影响本公司业务发展的主要因素

4.3.3.1 有利因素

（1）2012 年末信托行业资产管理规模达到 6.98 万亿元，超过了同期保险业 6.92 万亿元的规模，成为第二大金融子行业。面对 2012 年我国弱经济周期下严峻的宏观经济形势，信托业顶住压力，开拓创新，不断探索新形势下业务模式转型和拓展更加广阔的投融资领域，以全新的视角重新审视中国资产管理市场的巨大发展空间和广阔的市场前景，创新同业机构之间的业务合作和战略联盟，实施蓝海战略，进行优势互补、战略多赢，使全行业信托资产规模实现历史性跃升。

（2）2013 年，在推动经济转型的过程中，城镇化已经被政府视为作为扩大内需的长效机制和最大的潜力，推动城镇化发展的基建投资将带来巨额的资金需求，信托仍然有望成为其中重要的资金渠道，这将对我国信托资产的增长提供广阔的空间。

4.3.3.2 不利因素

（1）由于“新政”向一些机构不同程度开放了非标准化债权的运用方式，随着时间的推移，信托公司擅长的非标准化融资模式可以被简单复制。

（2）泛资产管理时代来临，银行、券商、基金、保险公司纷纷进入资产管理市场，群雄争霸导致竞争越发激烈，信托业曾经“一枝独秀”的局面将难以为继。

4.4 风险管理

4.4.1 风险管理概况

公司风险管理的基本原则是全面性、审慎性、及时性、有效性和独立性。风险管理涵盖公司的各项业务、各个部门和各级人员，渗透到决策、执行、监督、反馈各个环节；风险管理是一项长期持续性工作，贯穿于公司经营过程始终；风险管理的核心是有效防范风险。公司通过制定健全的内部控制制度，建立职责分工合理的组织机构，对可能产生的风险及时作出反应，采取有效措施进行事前、事中、事后的有效控制，以促进公司持

续、稳健、规范、健康运行。

公司建立了垂直的三级风险管理体系，对各项经营活动进行持续的风险管理和监督。公司风险管理组织结构由董事会、风险管理委员会和审计委员会组成，公司董事会为最高风险管理、决策机构，其职责为：对风险管理承担实施和监控的最终责任。其常设风险管理机构为风险管理委员会，公司自营、信托资金运用业务，均须通过风险管理委员会的风险审查，其职责为：依照法律、法规和政策的要求制定完善公司的风险管理与控制的制度、操作规程及合规管理办法；对信托委员会提请审批的信托项目和总裁会议提请审批的自营项目进行风险审查；建立公司业务风险管理体系，识别与防范业务风险；审议核准风险资产的五级分类与不良资产处置方案。

审计委员会下设审计稽核部，审计稽核部对公司日常经营以及公司风险管理流程、体系进行审计监督。

公司在经营活动中可能遇到的主要风险有：信用风险、市场风险、操作风险、政策风险、道德风险等。

4.4.2 风险状况

4.4.2.1 信用风险状况

信用风险是指因交易对手违约或信用等级下降，可能给公司造成损失的风险。主要表现在资金使用人不能及时准确披露信息，未经允许擅自改变资金用途，或不能到期还本付息等对资产安全产生的影响。主要风险来自于贷款类业务中贷款对象的信用风险，同业往来中银行等金融机构的信用风险，证券投资中券商的信用风险等。公司一方面严格按规定确定一般准备、专项准备的计提方法和统计方法，另一方面要求交易对手提供抵（质）押或其他有效的担保方式。

4.4.2.2 市场风险状况

市场风险是指公司业务经营中，因市场波动而产生的风险，主要表现在股价、利率、市场汇率及其他价格变动等因素对公司的盈利能力和财务状况可能产生的影响。一是受政策、市场规律等因素影响所形成的波动风险；二是受其他金融机构激烈竞争与挤压，导致公司市场环境与客户资源恶化的风险。

4.4.2.3 操作风险状况

操作风险主要是由于公司内部业务流程、计算机系统、工作人员在操作中的不完善或失误可能给公司造成损失的风险。

4.4.2.4 其他风险状况

其他风险主要有政策风险、经营风险和道德风险。政策风险主要表现为宏观政策以及行业政策的变动对公司经营环境和发展所造成的影响。经营风险是指因业务人员对市场未能及时作出必要判断，使公司经营出现偏差而形成的风险。道德风险是指员工因违法、违规操作给公司带来的风险。

4.4.3 风险管理

4.4.3.1 信用风险管理

公司对信用风险采取如下防范控制措施：首先，在交易发生前，通过对交易对手的缜密调查，作为事前控制的主要手段，公司大力强化尽职调查，培训提升员工的调查能力，开发相应的调查程序，采用A、B角独立报告制度等手段确保对交易对手的充分了解，谨慎选择交易对手。在严格执行公司相关制度的前提下，采取融资企业提供担保、办理抵押或质押等必要的防范手段进行风险控制；建立量化指标对公司资产整体的信用风险程度进行评估。其次，公司严格按规章制度和流程操作业务，每项资金运用需经公司总裁会、信托委员会、风险管理委员会等多个环节审批，每一环节从不同层面和不同控制点对风险进行控制。最后，公司采用“备抵法”计提一般准备，据实计提专项准备，在执行中严格履行抵（质）押物确认的原则，抵（质）押物价值由公司根据其变现能力参照法定评估机构的评估价值，与抵（质）押人共同商定并在合同中载明。对年内到期的信托项目进行风险排查。

4.4.3.2 市场风险管理

公司通过业务模式的创新（如结构化信托）、资金分割等强调业务结构多元化和不同业务之间的风险对冲，提高公司抵御市场风险的整体能力；通过强化实地调研和行业研讨选择价值型品种，并进行优化组合来妥善管理和控制股市波动带来的风险；积极关注国家政策变化以采取相应对策和增强预见性来防范利率风险。报告期内公司加强了对风险的量化分析，通过对有关风险指标的跟踪测算、研究和评价，充分研判市场的变化。

4.4.3.3 操作风险管理

公司各部门职责分工明确，建立了业务监控制度；建立和完善了授权制度和业务操作规程；建立严格的审批程序、提高产品的创新能力、设计质量和风险保障；每项具体业务都由双人管理实行复核制；加强员工培训，提高员工的责任感和道德水准，提高业务合规管理和风险管理质量；通过技术手段对操作权限和内容进行程序设定、制订应急预案等措施控制操作风险。

4.4.3.4 其他风险管理

公司严格按照国家法律法规要求办理业务；根据监管部门的有关要求积极调整公司经营思路和发展方向；加强与政策制定部门的沟通，保持公司经营与国家政策的一致性。通过对宏观政策和行业政策的跟踪、研究，提高预见性，控制政策风险。通过建立完善的公司治理结构、内控制度、业务流程，加强思想教育，控制道德风险。通过法律顾问在项目审批前提供法律审核意见，最后在签署法律文件时进行文本审核，做到事前严格控制法律风险，确保公司经营管理与法律、规则、监管规定和自律性行业准则相一致。

5. 报告期末及上一年度末的比较式会计报表

5.1 自营资产

5.1.1 会计师事务所审计意见全文

甘肃省信托有限责任公司审计报告

中天恒兰审字〔2013〕第008号

甘肃省信托有限责任公司全体股东：

我们审计了后附的甘肃省信托有限责任公司（以下简称省信托公司）财务报表，包括2012年12月31日资产负债表，2012年度利润表、现金流量表、所有者权益变动表以及财务报表附注。

一、管理层对财务报表的责任

编制和公允列报财务报表是省信托公司管理层的责任，这种责任包括：（1）按照企业会计准则的规定编制财务报表，并使其实现公允反映；（2）设计、执行和维护必要的内部控制，以使财务报表不存在由于舞弊或错误导致的重大错报。

二、注册会计师的责任

我们的责任是在执行审计工作的基础上对财务报表发表审计意见。我们按照中国注册会计师审计准则的规定执行了审计工作。中国注册会计师审计准则要求我们遵守中国注册会计师职业道德守则，计划和执行审计工作以对财务报表是否不存在重大错报获取合理保证。

审计工作涉及实施审计程序，以获取有关财务报表金额和披露的审计证据。选择的审计程序取决于注册会计师的判断，包括对由于舞弊或错误导致的财务报表重大错报风险的评估。在进行风险评估时，注册会计师考虑与财务报表编制和公允列报相关的内部控制，以设计恰当的审计程序，但目的并非对内部控制的有效性发表意见。审计工作还包括评价管理层选用会计政策的恰当性和作出会计估计的合理性，以及评价财务报表的总体列报。

我们相信。我们获取的审计证据是充分、适当的，为发表审计意见提供了基础。

三、审计意见

我们认为，省信托公司财务报表在所有重大方面按照企业会计准则的规定编制，公允反映了省信托公司2012年12月31日的财务状况以及2012年度的经营成果和现金流量。

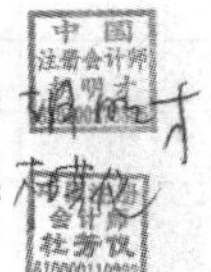

北京中天恒会计师事务所 中国注册会计师：

有限责任公司兰州分所 中国注册会计师：

二○一三年三月五日

5.1.2 资产负债表

2012年12月31日

编制单位：甘肃省信托有限责任公司　　单位：万元

资产	期末数	期初数
流动资产：		
库存现金	0.24	0.34
银行存款	4 119.50	4 249.58
其他货币资金	2 553.12	70.59
应收账款	6 402.68	2 844.51
其他应收款	644.18	538.26
拆出资金		
贷款	37 011.87	27 354.30
交易性金融资产	20 017.02	23 742.66
代理业务银行存款		
应收股利		756.58
买入返售金融资产	4 000.00	
其他流动资产		
流动资产合计	74 748.61	59 556.82
非流动资产：		
可供出售金融资产		
持有至到期投资	30 304.34	29 637.00
投资性房地产		
长期股权投资	25 217.35	25 217.35
固定资产	8 071.64	8 167.33
固定资产清理		
在建工程		
无形资产	111.05	128.17
递延所得税资产	280.38	1 051.72
其他非流动资产	158.71	
非流动资产合计	64 143.47	64 201.57
资产总计	138 892.08	123 758.39
负债及所有者权益	期末数	期初数
流动负债：		
应付账款		
其他应付款	1 589.64	1 686.16
交易性金融负债		
预收账款	6 602.69	36.73
应付职工薪酬	225.64	736.69
应交税费	3 061.94	1 524.46
代理业务负债		
代理兑付证券款	122.41	122.41
代售证券款		
流动负债合计	11 602.32	4 106.45
非流动负债：		
长期借款		
递延所得税负债	94.80	
其他非流动负债		
非流动负债合计	94.80	
负债合计	11 697.12	4 106.45
所有者权益：		
实收资本	101 819.05	101 819.05
资本公积	7 730.00	7 730.00
减：库存股		
盈余公积	2 705.16	1 333.35
未分配利润	13 262.46	7 777.15
信托赔偿准备	1 678.29	992.39
所有者权益合计	127 194.96	119 651.94
负债及所有者权益总计	138 892.08	123 758.39

单位负责人：马江河　会计主管：陈继辉　复核：丁小凡　制表：刘　敏

5.1.3 利润表

2012年12月31日

编制单位：甘肃省信托有限责任公司　　单位：万元

项　目	本年数	上年数
一、营业收入	24 347.67	4 375.82
利息净收入	1 868.66	2 024.37
利息收入	1 868.66	2 030.45
利息支出		6.08
金融企业往来净收入	141.24	326.95
金融企业往来收入	141.24	326.95
金融企业往来支出		

续表

项　目	本年数	上年数
手续费及佣金净收入	22 586. 98	10 090. 95
手续费及佣金收入	22 586. 98	10 090. 95
手续费及佣金支出		
投资收益	−3 868. 32	−3 927. 25
公允价值变动收益	3 355. 93	−4 654. 23
汇兑收益	−0. 04	−0. 05
其他业务收入	263. 22	515. 08
二、营业支出	6 150. 60	3 407. 87
营业税金及附加	1 396. 62	500. 97
业务及管理费	4 250. 37	2 781. 26
资产减值损失	503. 61	125. 64

续表

项　目	本年数	上年数
其他业务成本		
三、营业利润	18 197. 07	967. 95
加：营业外收入		
减：营业外支出	31. 25	127. 00
四、利润总额	18 165. 82	840. 95
减：所得税费用	4 621. 30	46. 80
五、净利润	13 544. 52	794. 15
六、每股收益：		
（一）基本每股收益		
（二）稀释每股收益		

单位负责人：马江河　　会计主管：陈继辉　　复核：丁小凡　　制表：刘　敏

5. 1. 4　所有者权益变动表

编制单位：甘肃省信托有限责任公司　　2012 年 12 月 31 日　　单位：万元

项　目	本年金额						上年金额					
	归属于母公司所有者权益					所有者权益合计	归属于母公司所有者权益					所有者权益合计
	实收资本（或股本）	资本公积	减：库存股	盈余公积	未分配利润		实收资本（或股本）	资本公积	减：库存股	盈余公积	未分配利润	
一、上年末余额	101 819. 05	8 722. 39		1 333. 35	7 777. 15	119 651. 94	101 819. 05	8 682. 68		1 253. 94	10 665. 79	122 421. 46
加：会计政策变更												
前期差错更正												
其他												
二、本年初余额	101 819. 05	8 722. 39		1 333. 35	7 777. 15	119 651. 94	101 819. 05	8 682. 68		1 253. 94	10 665. 79	122 421. 46
三、本年增减变动金额（减少以“−”号填列）		685. 90		1 371. 81	5 485. 31	7 543. 02		39. 71		79. 41	−2 888. 64	−2 769. 52
（一）净利润					13 544. 52	13 544. 52					794. 15	794. 15
（二）直接计入所有者权益的利得和损失					173. 52	173. 52						
△1. 可供出售金融资产公允价值变动净额												
2. 权益法下被投资单位其他所有者权益变动的影响												
△3. 与计入所有者权益项目相关的所得税影响												
4. 其他					173. 52	173. 52						
净利润及直接计入所有者权益的利得和损失小计					13 718. 04	13 718. 04					794. 15	794. 15
（三）所有者投入和减少资本												
1. 所有者投入资本												
2. 股份支付计入所有者权益的金额												
3. 其他												
（四）利润分配		685. 90		1 371. 81	−8 232. 73	−6 175. 02		39. 71		79. 41	−3 682. 79	−3 563. 67
1. 提取盈余公积				1 371. 81	−1 371. 81					79. 41	−79. 41	
其中：法定盈余公积				1 371. 81	−1 371. 81					79. 41	−79. 41	
任意盈余公积												
2. 提取一般风险准备（金融企业填报）												

续表

项　目	本年金额						上年金额					
	归属于母公司所有者权益					所有者权益合计	归属于母公司所有者权益					所有者权益合计
	实收资本（或股本）	资本公积	减：库存股	盈余公积	未分配利润		实收资本（或股本）	资本公积	减：库存股	盈余公积	未分配利润	
3. 对所有者（或股东）的分配					-6.175.02	-6 175.02					-3 563.67	-3 563.67
其中：国有企业应上交的利润（国有股红利、股息、股利）					-6.175.02	-6 175.02					-3 563.67	-3 563.67
普通股股利												
转作股本（资本）的普通股股利												
4. 其他		685.90			-685.90			39.71			-39.71	
（五）所有者权益内部结转												
1. 资本公积转增资本（或股本）												
2. 盈余公积转增资本（或股本）												
3. 盈余公积弥补亏损												
4. 其他												
四、本年末余额	101 819.05	9 408.29		2 705.16	13 262.46	127 194.96	101 819.05	8 722.39		1 333.35	7 777.15	119 651.94

单位负责人：马江河　　会计主管：陈继辉　　复核：丁小凡　　制表：刘　敏

5.2 信托资产

5.2.1 信托项目资产负债汇总表

编制单位：甘肃省信托有限责任公司　　2012 年 12 月 31 日　　单位：万元

信托资产：	期末数	期初数	信托负债和信托权益	期末数	期初数
信托资产			信托负债：		
货币资金	66 500.83	15 843.46	交易性金融负债		
拆出资金			衍生金融负债		
存出保证金			应付受托人报酬	9 079.81	452.33
交易性金融资产	15 145.64	15 738.68	应付托管费		
衍生金融资产			应付受益人收益	5 269.92	1 153.16
买入返售金融资产	784 710.00		应交税费	199.47	56.46
应收款项	679 753.00	160 502.74	应付销售服务费		
发放贷款	5 443 911.38	1 609 283.79	其他应付款项	3 987.41	1 911.97
可供出售金融资产			其他负债		
持有至到期投资	352 930.00	115 700.00	信托负债合计	18 536.61	3 573.92
长期应收款			信托权益：		
长期股权投资	512 790.74	488 160.24	实收信托	7 931 526.66	2 579 114.57
投资性房地产			资本公积		
固定资产			损益平准金		
无形资产			未分配利润	13 078.32	5 540.42
长期待摊费用					
其他资产	107 400.00	183 000.00	信托权益合计	7 944 604.98	2 584 654.99
信托资产总计	7 963 141.59	2 588 228.91	信托负债及权益总计	7 963 141.59	2 588 228.91

单位负责人：马江河　　会计主管：陈继辉　　复核：巩金堂　　制表：郝丽霞、徐模东

5.2.2 信托项目利润及利润分配汇总表

2012 年 12 月 31 日

编制单位:甘肃省信托有限责任公司　　单位:万元

项　目	本年数	上年数
一、营业收入	573 324.35	72 431.70
1. 利息收入	466 692.30	43 643.64
2. 投资收益	105 239.26	26 062.80
3. 公允价值变动损益	1 392.77	-466.30
4. 租赁收入		
5. 汇兑损益		
6. 其他收入	0.02	3 191.56
二、营业费用	66 098.32	14 389.88
三、营业税金及附加	2.28	16.86
四、信托净利润(净亏损以"-"号填列)	507 223.75	58 024.96
五、其他综合收益		
六、综合收益	507 223.75	58 024.96
加:期初未分配信托利润	5 540.42	4 995.48
七、可供分配信托利润	512 764.17	63 020.44
减:本期已分配信托利润	499 685.85	57 480.02
八、期末未分配信托利润	13 078.32	5 540.42

单位负责人:马江河　　会计主管:陈继辉　　复核:巩金堂　　制表:郝丽霞、徐模东

6. 会计报表附注

6.1 会计报表编制基准不符合会计核算基本前提的说明

6.1.1 会计报表不符合会计核算基本前提的事项

无。

6.1.2 合并报表说明

无。

6.2 重要会计政策和会计估计说明

会计年度:公历年度,即每年 1 月 1 日起至 12 月 31 日止。

记账本位币:人民币。

计量属性在本期发生变化的报表项目及其本期采用的计量属性:本公司会计核算以权责发生制为基础进行会计确认、计量和报告;对会计要素进行计量时,一般采用历史成本计量;在保证所确定的会计要素金额能够取得并可靠计量的情况下,采用重置成本、可变现净值、现值或公允价值计量;交易性金融资产和金融负债、可供出售金融资产以公允价值进行计量。

现金等价物确定标准:本公司现金指库存现金以及可以随时用于支付的存款;本公司现金等价物指同时具备期限短(一般为从购买日起三个月内到期)、流动性强、易于转换为已知现金、价值变动风险很小的投资;公司现金等价物包括:现金、银行存款、其他货币资金。

6.2.1 计提资产减值准备的范围和方法

6.2.1.1 应收账款减值准备的范围和方法

本公司应收款项按下列标准确认坏账损失:

(1)债务人被依法宣告破产、撤销,依照法律清偿程序清偿后其剩余财产确实不足清偿的应收款项。

(2)债务人死亡或依法被宣告死亡、失踪,其财产或遗产不足清偿的应收款项。

(3)债务人遭受重大自然灾害或意外事故,损失巨大,以其财产确实无法清偿的应收款项。

(4)债务人逾期未履行偿债义务,经法院裁决,确定无法清偿的应收款项;当债务人无能力履行偿债义务时,经本公司相关会议审核批准,将该等应收款项列为坏账损失。

本公司坏账损失核算采用备抵法。资产负债表日,本公司对应收账款、其他应收款余额按照 1% 计提坏账准备。

6.2.1.2 贷款减值准备的范围和方法

以摊余成本计量的贷款,本公司采用备抵法核算贷款损失准备。贷款损失准备覆盖本公司承担风险和损失的全部贷款。

资产负债表日,本公司对是否存在客观证据表明贷款已经发生减值损失进行检查。其中,对单笔重大贷款进行逐笔检查;对单笔非重大贷款按情况进行逐笔检查或进行组合检查。如果没有客观证据表明进行逐笔检查的贷款存在减值情况,无论该贷款是否重大,本公司将其与其他信贷风险特征相同的贷款一并进行组合减值检查和计量。如有客观证明表明影响该贷款或影响该类贷款组合的未来现金流量的事件已经发生且该等事件的财务影响可以可靠计量,本公司确认该等贷款或贷款组合发生减值损失,并计提贷款损失准备。贷款减值的客观证据包括但不限于借款人逾期支付利息或偿还本金、发生重大财务困难等。

贷款按五级分类结果作为风险特征划分资产组合,正常类贷款按期末余额的 1.5% 计提;关注类贷款按期末余额的 3% 计提;次级类贷款按期末余额的 30% 计提;可疑类贷款按期末余额的 60% 计提;损失类贷款按期末余额的 100% 计提。

6.2.1.3 固定资产减值准备

固定资产按照账面价值与可收回金额孰低计价。资产负债表日,本公司根据是否存在下列情形判断固定资产是否存在可能发生减值的迹象:

(1)资产的市价当期大幅度下跌,其跌幅明显高于因时间的推移或者正常使用而预计的下跌。

(2)本公司经营所处的经济、技术或者法律等环境以及资产所处的市场在当期或者将在近期发生重大变化,从而对企业产生不利影响。

(3)市场利率或者其他市场投资报酬率在当期已经提高,从而影响企业计算资产预计未来现金流量现值的折现率,导致资产可收回金额大幅度降低。

(4)有证据表明资产已经陈旧过时或者其实体已经损坏。

(5)资产已经或者将被闲置、终止使用或者计划提前处置。

(6)企业内部报告的证据表明资产的经济绩效已经低于或者将低于预期,如资产所创造的净现金流量或者实现的营业利润(或者亏损)远远低于(或者高于)预计金额等。

(7)其他表明资产可能已经发生减值的迹象。

存在减值迹象的,本公司估计其可收回金额。可收回金额低于其账面价值的,按差额计提资产减值准备。可收回金额根据固定资产的公允价值减去处置费用后的净额与资产预计未来现金流量的现值两者之间较高者确定。

固定资产的公允价值减去处置费用后的净额,根据公平交

易中销售协议价格减去可直接归属于该资产处置费用的金额确定;不存在销售协议但存在资产活跃市场的,按照该资产的市场价格减去处置费用后的金额确定;在不存在销售协议和资产活跃市场的情况下,以可获取的最佳信息为基础,估计资产的公允价值减去处置费用后的净额,该净额参考同行业类似资产的最近交易价格或者结果进行估计。公司按照上述规定仍然无法可靠估计固定资产的公允价值减去处置费用后的净额的,以该资产预计未来现金流量的现值作为其可收回金额。固定资产预计未来现金流量的现值,按照该等资产在持续使用过程中和最终处置时所产生的预计未来现金流量,以市场利率为折现率对其进行折现后的金额加以确定。

资产减值损失一经确认,在以后会计期间不再转回。

6.2.1.4 无形资产减值准备

资产负债表日,本公司检查无形资产是否存在各种可能发生减值的迹象,如果发现存在减值迹象,则估计可收回金额。本公司对有迹象表明一项资产可能发生减值的,以单项资产为基础估计其可收回金额。如果难以对单项资产的可收回金额进行估计,则按照该资产所属的资产组为基础确定资产组的可收回金额。可收回金额根据资产的公允价值减去处置费用后的净额与资产预计未来现金流量的现值两者之间较高者确定。可收回金额低于账面价值的,按差额计提减值准备。资产减值损失一经确认,在以后会计期间不再转回。

6.2.1.5 资产减值的确认

资产负债表日,若因市价持续下跌或被投资单位经营状况恶化等原因使长期股权投资存在减值迹象时,根据长期股权投资的公允价值减去处置费用后的净额与长期股权投资预计未来现金流量的现值两者之间较高者确定长期股权投资的可回收金额。长期股权投资的可收回金额低于账面价值时,按其差额计提资产减值准备。所计提的长期股权投资减值准备在以后年度不再转回。

6.2.2 交易性金融资产核算方法

以公允价值计量且其变动计入当期损益的金融资产,包括交易性金融资产和直接指定为以公允价值计量且其变动计入当期损益的金融资产。

本公司购入的股票、债券、基金等,确定以公允价值计量且其变动计入当期损益的金融资产,按照取得时的公允价值作为初始确认金额,相关的交易费用在发生时计入当期损益。支付的价款中包含已宣告但尚未发放的现金股利或债券利息,单独确认为应收项目。

本公司在持有该等金融资产期间取得的利息或现金股利,于收到时确认为投资收益。资产负债表日,本公司将该等金融资产的公允价值变动计入当期损益。处置该等金融资产时,该等金融资产公允价值与初始入账金额之间的差额确认为投资收益,同时调整公允价值变动损益。

6.2.3 长期股权投资核算方法

6.2.3.1 确认及初始计量

6.2.3.1.1 对企业合并形成的长期股权投资,区分同一控制下的企业合并和非同一控制下企业合并进行核算

对于同一控制下的企业合并,在以支付现金、转让非现金资产或承担债务方式作为合并对价的,本公司在合并日按照取得被合并方所有者权益账面价值的份额作为长期股权投资的初始投资成本,本公司取得的净资产账面价值与支付的合并对价账面价值(或发行股份面值总额)的差额,调整资本公积;资本公积不足冲减的,调整留存收益。

对于非同一控制下的企业合并,本公司以合并成本作为长期股权投资的初始投资成本:

(1)一次交换交易实现的企业合并,合并成本为本公司在购买日为取得对被购买方的控制权而付出的资产、发生或承担的负债以及发行的权益性证券的公允价值。

(2)通过多次交换交易分步实现的企业合并,合并成本为每一单项交易成本之和。

(3)本公司为进行企业合并发生的各项直接相关费用计入当期损益。

对合并成本大于合并中取得的被购买方可辨认净资产公允价值份额的差额,确认为商誉,对取得的被购买方可辨认净资产公允价值份额大于合并成本的差额,经复核后记入当期损益。

6.2.3.1.2 其他方式取得的长期股权投资初始投资成本的确定

(1)以支付现金取得的长期股权投资,应当按照实际支付的购买价款作为初始投资成本,包括购买过程中支付的手续费等必要支出,但所支付价款中包含的被投资单位已宣告但尚未发放的现金股利或利润应作为应收项目核算,不构成取得长期股权投资的成本。

(2)以发行权益性证券方式取得的长期股权投资,其成本为所发行权益性证券的公允价值,但不包括应自被投资单位收取的已宣告但尚未发放的现金股利或利润。

为发行权益性证券支付给有关证券承销机构等的手续费、佣金等与权益性证券发行直接相关的费用,不构成取得长期股权投资的成本。该部分费用应自权益性证券的溢价发行收入中扣除,权益性证券的溢价收入不足冲减的,应冲减盈余公积和未分配利润。

(3)投资者投入的长期股权投资,应当按照投资合同或协议约定的价值作为初始投资成本。

(4)以债务重组、非货币性资产交换等方式取得的长期股权投资,其初始投资成本应按照债务重组、非货币性资产交换的原则进行确认。

6.2.3.2 后续计量及收益确认方法

本公司对不具有共同控制或重大影响的被投资单位,以及对实施控制的被投资单位的长期股权投资以成本法核算,投资收益于被投资公司宣告分派现金股利时确认;对被投资公司具有共同控制或重大影响的长期股权投资按权益法核算,投资收益以取得股权后被投资公司实现的净损益份额计算确定。公司在确认被投资单位发生的净亏损时,以投资账面价值减记零为限,合同约定负有承担额外损失义务的除外。如果被投资单位以后各年实现净利润,本公司在计算的收益分享额弥补未确认的亏损分担额以后,恢复确认收益分享额。

6.2.4 固定资产计价和折旧方法

6.2.4.1 固定资产确认

固定资产是指为生产商品、提供劳务、出租或经营管理而持有的使用年限超过1年、单项价值2 000元以上的有形资产。于该固定资产有关的经济利益很可能流入企业,以及该固定资

产的成本能够可靠地计量时予以确认。

6.2.4.2 固定资产计价

固定资产在取得时，按取得时的成本入账。与购买或建造固定资产有关的一切直接或间接成本，在所购建资产达到预定可使用状态前所发生的，全部资本化为固定资产的成本。

6.2.4.3 固定资产折旧方法

固定资产折旧采用直线法平均计算，并按固定资产的原值扣除残值和其预计使用年限确定折旧率。

符合资本化条件的固定资产装修费用，在两次装修期间与固定资产尚可使用年限两者中较短的期间内，采用年限平均法单独计提折旧。

主要固定资产类别的折旧年限和年折旧率如下：

类别	预计使用年限（年）	残值率（%）	年折旧率（%）
房屋建筑物	30～50	5	1.90～3.17
运输工具	6～12	5	7.92～15.83
办公设备	5～8	5	11.88～19.00
电子设备	3～5	5	19.00～31.67
机器设备	5～10	5	9.50～19.00

6.2.5 无形资产计价及摊销政策

6.2.5.1 无形资产的确认

本公司将企业拥有或者控制的没有实物形态，并且与该资产相关的预计未来经济利益很可能流入企业、该资产的成本能够可靠计量的可辨认非货币性资产确认为无形资产。

6.2.5.2 初始计量

（1）外购无形资产的成本，包括购买价款、进口关税和其他税费以及直接归属于使该项资产达到预定用途所发生的其他支出。

（2）投资者投入的无形资产，按照投资合同或协议约定的价值作为成本，但合同或协议预定价值不公允的除外。

6.2.5.3 无形资产的摊销

土地使用权按土地使用权证所列的使用年限平均摊销；外购的专业软件在估计的其能够带来经济利益的期限内平均摊销。

资产负债表日本公司将对使用寿命有限的无形资产的使用寿命及摊销方法进行复核。无形资产的使用寿命及摊销方法与以前估计不同的，可改变其摊销期限和摊销方法。

6.2.6 长期待摊费用的摊销政策

无。

6.2.7 合并会计报表的编制方法

无。

6.2.8 收入确认原则和方法

销售商品。已将商品所有权上的主要风险和报酬转移给买方，公司既没有保留通常与所有权相联系的继续管理权，也没有对已售出的商品实施有效控制，与交易相关的经济利益很可能流入本公司，并且相关的收入金额和已发生或将发生的成本能够可靠地计量时，确认商品销售收入的实现。

提供劳务。在同一年度内开始并完成的，在完成劳务时确认收入。如果劳务的开始和完成分属不同的会计年度内，在提供劳务交易的结果能可靠估计的情况下，在资产负债表日按完工百分比法确认相关的劳务收入。公司按已提供劳务占应提供劳务总量的比例或已发生成本占估计总成本的比例确定提供劳务交易的完工进度。在提供劳务交易的结果不能可靠估计的情况下，在资产负债表日对以下情况分别进行处理：如果已经发生的劳务成本预计能够得到补偿的，则按已经发生的劳务成本金额确认提供收入，并按相同金额结转成本；如果已经发生的劳务成本预计不能够得到补偿的，则将已经发生的成本计入当期损益，不确认提供收入。

公司按照从接受劳务方已收或应收的合同或协议价款确定提供劳务收入总额。

利息收入。按他人使用公司货币资金的时间和实际利率计算确定；使用费或手续费收入按有关合同或协议规定的收费时间和方法计算确定。

6.2.9 所得税的会计处理方法

本公司的所得税采用资产负债表债务法核算。当本公司的可抵扣暂时性差异在可预见的未来很可能转回且未来很可能获得用来抵扣可抵扣暂时性差异的应纳税所得额时，确认递延所得税资产；当本公司存在应纳税暂时性差异时，确认为递延所得税负债。

在资产负债表日，对于当期和以前期间形成的当期所得税负债（或资产），按照税法规定计算的预期应交纳（或返还）的所得税金额计量；对于递延所得税资产和递延所得税负债，根据税法规定，按照预期收回该资产或清偿该负债期间的适用税率计量。

资产负债表日，本公司对递延所得税资产的账面价值进行复核。除企业合并、直接在所有者权益中确认的交易或者事项产生的所得税外，本公司当期所得税和递延所得税作为所得税费用或收益计入当期损益。

6.2.10 信托报酬确认原则和方法

在收入确认原则的基础上，信托业务手续费收入按照信托合同约定执行。

6.2.11 投资性房地产核算方法

投资性房地产包括已出租的土地使用权、持有并准备增值后转让的土地使用权以及已出租的建筑物。当公司能够取得与投资性房地产相关的租金收入或增值收益以及投资性房地产的成本能够可靠计量时，本公司按购置或建造的实际支出对其进行确认。

公司对投资性房地产的后续支出采用成本模式进行后续计量。对投资性房地产按照公司固定资产或无形资产的会计政策，计提折旧或进行摊销。

当公司改变投资性房地产用途，如用于自用时，将相关投资性房地产转入其他资产。

6.2.12 长期应收款的核算方法

无。

6.2.13 其他资产的核算方法

6.2.13.1 其他资产分类

本公司其他资产分为抵债资产、长期应收款等。

6.2.13.2 抵债资产的计量

抵债资产按取得时的公允价值入账，同时冲销被抵部分的资产账面价值，包括贷款本金、已确认的表内利息以及其他应收款项，与贷款或应收款项对应的贷款损失准备、坏账准备等。抵债资产处置时，如果取得的处置收入大于抵债资产账面价值,其差额计入营业外收入;如果取得的处置收入小于抵债资产账面价值,其差额计入营业外支出。

6.2.13.3 抵债资产的减值

资产负债表日,本公司对抵债资产逐项进行检查,根据抵债资产的性质比照类似资产计提跌价准备。

6.2.14 利润分配

根据《中华人民共和国公司法》和本公司章程规定,税后利润按下列顺序进行分配:弥补以前年度亏损;按税后利润的10%提取法定盈余公积金;按税后利润的5%提取信托赔偿准备金;提取任意公积金;分配股利。

具体分配方案由董事会提出预案,股东会决定。

6.3 或有事项说明

无。

6.4 会计报表中重要项目的明细资料

无。

6.4.1 自营资产经营情况

6.4.1.1 按资产风险五级分类结果披露资产的期初数、期末数

信用风险资产五级分类	正常类(万元)	关注类(万元)	次级类(万元)	可疑类(万元)	损失类(万元)	信用风险资产合计(万元)	不良资产合计(万元)	不良资产率(%)
期初数	53 294.27	3 004.54		192.56		56 491.37	192.56	0.45
期末数	67 175.21	2 772.41		111.56	237.50	70 296.68	349.06	0.50

注:不良资产合计=次级类+可疑类+损失类。

6.4.1.2 披露资产损失准备的期初数、本期计提、本期转回、本期核销、期末数

单位:万元

	期初数	本期计提	本期转回	本期核销	期末数
贷款损失准备	442.81	375.77	108.97		709.61
一般准备	308.02	338.27	41.12		605.17
专项准备	134.79	37.50	67.85		104.44
其他资产减值准备	167.67	263.17	26.36		404.48
可供出售金融资产减值准备					
持有至到期投资减值准备					
固定资产减值准备	73.53				73.53
长期股权投资减值准备	59.97				59.97
坏账准备	34.17	263.17	26.36		270.98
投资性房地产减值准备					
合计	610.48	638.94	135.33		1 114.09

6.4.1.3 披露自营股票投资、基金投资、债券投资、长期股权投资等投资的期初数、期末数

单位:万元

	自营股票	基金	债券	长期股权投资	其他投资	合计
期初数	23 742.66			25 217.35	29 637.00	78 597.01
期末数	20 017.02	10 000.00		25 217.35	20 304.34	75 538.71

6.4.1.4 按投资入股金额排序,披露前三名的自营长期股权投资的企业名称、占被投资企业权益的比例、主要经营活动及投资收益情况等

企业名称	占被投资企业权益的比例(%)	主要经营活动	投资损益(万元)
兰州银行股份有限公司	2.70	存、贷款等	
金川集团财务有限责任公司	5.00	成员单位间投融资服务等	
甘肃宏良皮业股份有限公司	15.38	皮革深加工等	200.00

注:投资收益是指按照企业会计准则的有关规定,核算股权投资确认损益并计入披露年度利润表的金额。

6.4.1.5 披露前三名的自营贷款的企业名称、占贷款总额的比例和还款情况等

企业名称	占贷款总额的比例(%)	还款情况
甘肃盛达集团股份有限公司	26.51	正常
兰州市元森房地产开发有限公司	23.33	正常
兰州神骏物流有限公司	18.56	正常

6.4.1.6 表外业务的期初数、期末数;按照代理业务、担保业务和其他类型表外业务分别披露

无。

6.4.1.7 公司当年的收入结构

收入结构	金额(万元)	占比(%)
手续费及佣金收入	22 586.98	92.77
其中:信托手续费收入	22 586.98	92.77
投资银行业务收入		
利息收入	1 868.66	7.67
金融企业往来收入	141.24	0.58
其他业务收入	263.22	1.08
其中:计入信托业务收入部分		
汇兑收益	-0.04	0.01
投资收益	-3 868.32	-15.89
其中:股权投资收益	200.00	0.82
证券投资收益	-4 657.43	-19.13
其他投资收益	589.11	2.42
公允价值变动收益	3 355.93	13.78
营业外收入		
收入合计	24 347.67	100

6.4.1.8 公司净资本、风险资本以及风险控制指标

根据公司审计报告、《信托公司净资本管理办法》(中国银监会令2010年第5号)和《中国银监会关于印发信托公司净资本计算标准有关事项的通知》(银监发〔2011〕11号)的规定计算:截至2012年12月31日:公司净资产127 194.96万元;固有业务风险资本13 367.81万元;信托业务风险资本62 183.99万元;其他业务风险资本0;各项业务风险资本之和75 551.80万元;公司净资本为99 279.25万元,符合≥2亿元的监管标准;净资本/各项业务风险资本为131.41%,符合≥100%的监管标准;净资本/净资产为78.05%,符合≥40%的监管标准。

6.4.2 信托资产管理情况

6.4.2.1 披露履行受托人义务的情况

公司作为受托人，严格按照《中华人民共和国信托法》、《信托公司管理办法》、《信托公司资金信托管理暂行办法》等法律法规的规定及信托合同等文件的约定，恪尽职守，诚信、谨慎、高效地管理信托财产，严格履行受托人的义务，为委托人的最大利益处理信托事务，公司管理的所有信托产品均达到或超过了预期收益。

6.4.2.2　披露信托资产的期初数、期末数

单位：万元

信托资产	期初数	期末数
集合	194 928.55	346 889.55
单一	2 193 625.07	7 394 076.16
财产权	190 560.95	190 560.95
合　计	2 579 114.57	7 931 526.66

6.4.2.2.1　主动管理型信托业务的信托资产期初数、期末数

单位：万元

主动管理型信托资产	期初数	期末数
证券投资类	21 089.00	20 287.0
股权投资类	568 660.24	12 307.00
融资类	1 939 164.78	394 678.50
事务管理类	200.55	200.55
合计	2 529 114.57	427 473.05

6.4.2.2.2　被动管理型信托业务的信托资产期初数、期末数

单位：万元

被动管理型信托资产	期初数	期末数
证券投资类	—	—
股权投资类	35 000.00	1 190 195.74
融资类	15 000.00	6 313 857.87
事务管理类	—	—
合计	50 000.00	7 504 053.61

6.4.2.3　本年度已清算结束的信托项目个数、实收信托合计金额、加权平均实际年化收益率

6.4.2.3.1　本年度已清算结束的集合类、单一类资金信托项目和财产管理类信托项目个数、实收信托合计金额、加权平均实际年化收益率

已清算结束信托项目	项目个数	实收信托合计金额（万元）	加权平均实际年化收益率（%）
集合类	156	505 998.00	6.27
单一类	111	1 856 602.75	7.85
财产管理类	—	—	—

6.4.2.3.2　本年度已清算结束的主动管理型信托项目个数、实收信托合计金额、加权平均实际年化收益率

已清算结束信托项目	项目个数	实收信托合计金额（万元）	加权平均实际年化信托报酬率（%）	加权平均实际年化收益率（%）
证券投资类	1	802.00	2.95	6.72
股权投资类	148	580 260.48	0.40	6.25
融资类	6	25 469.00	1.09	7.45
事务管理类	—	—	—	—
合计	155	606 531.48	—	—

6.4.2.3.3　本年度已清算结束的被动管理型信托项目个数、实收信托合计金额、加权平均实际年化收益率

已清算结束信托项目	项目个数	实收信托合计金额（万元）	加权平均实际年化信托报酬率（%）	加权平均实际年化收益率（%）
证券投资类	—	—	—	—
股权投资类	23	191 095.00	0.39	8.77
融资类	87	1 562 771.27	0.73	7.65
事务管理类	2	2 203.00	0.38	1.32
合计	112	1 756 069.27	—	—

6.4.2.4　本年度新增的集合类、单一类和财产管理类信托项目数量、实收信托合计金额

新增信托项目	项目个数	合计金额（万元）
集合类	157	657 162.00
单一类	278	7 029 991.44
资产管理类	—	—
新增合计	435	7 687 153.44
其中：主动管理型	176	655 351.00
被动管理型	259	7 031 802.44

6.4.2.5　披露信托财产的损失情况（笔数、合计金额、原因等）

无。

6.4.2.6　披露因本公司自身责任而导致的信托资产损失情况

公司未发生因自身责任而导致的信托资产损失情况。

6.5　关联方关系及其交易的披露

6.5.1　关联交易方的数量、关联交易的总金额及关联交易的定价政策等

无。

6.5.2　关联交易方与本公司的关系性质、关联交易方的名称、法定代表人、注册地址、注册资本及主营业务等

无。

6.5.3　逐笔披露本公司与关联方的重大交易事项

无。

6.5.3.1　固有财产与关联方交易情况

无。

6.5.3.2　信托资产与关联方交易情况

无。

6.5.3.3　信托公司自有资金运用于自己管理的信托项目（固信交易）、信托公司管理的信托项目之间的相互（信信交

易)交易金额

6.5.3.3.1 固有财产与信托财产之间的交易金额、交易方式等期初汇总数、本期发生汇总数、期末汇总数

无。

6.5.3.3.2 信托资产与信托财产之间的交易金额、交易方式等期初汇总数、本期发生汇总数、期末汇总数

无。

6.5.4 逐笔披露关联方逾期未偿还本公司资金的详细情况以及本公司为关联方担保发生或即将发生垫款的详细情况

无。

6.6 会计制度的披露

固有业务(自营业务)和信托业务执行《企业会计准则》(财会〔2006〕3号)。

7. 财务情况说明书

7.1 利润实现和分配情况

2012年9月7日,经2012年第一次临时股东大会审议批准,将公司以前年度形成的未分配利润5 500万元进行了分配,占未分配利润7 102.12万元的77.44%。

经北京中天恒会计师事务所有限责任公司兰州分所审计,2012年度公司实现净利润13 544.52万元,提取法定盈余公积1 354.45万元,信托赔偿准备677.23万元,本期可供投资者分配的利润为11 512.84万元。

7.2 主要财务指标

指标名称	指标值
资本利润率(%)	10.97
加权年化信托报酬率(%)	0.60
人均净利润(万元)	145.64

7.3 对本公司财务状况、经营成果有重大影响的其他事项

无。

8. 特别事项揭示

8.1 前五名股东报告期内变动情况及原因

无。

8.2 董事、监事及高级管理人员变动情况及原因

无。

8.3 变更注册资本、变更注册地或公司名称、公司分立合并事项

无。

8.4 公司的重大诉讼事项

8.4.1 重大未决诉讼事项

甘肃省飞天工贸总公司、飞天大酒店欠公司本息19 143 572.69元的诉讼案件,最高人民法院(2006)民二终字第115号《民事判决书》判决公司胜诉。2007年12月,法院依法查封飞天大酒店中餐厅2 562.48平方米的房产及银行存款账户。

飞天大酒店欠公司本息16 153 443.96元的诉讼案件,甘肃省高级人民法院(2007)甘民二初字第7号《民事判决书》判决公司胜诉。2012年度收回本息1 961 327.31元。

8.4.2 以前年度发生,于本报告年度内终结的诉讼事项

无。

8.4.3 本报告年度发生,于本报告年度内终结的诉讼事项

无。

8.5 对会计师事务所出具的有解释性说明、保留意见、拒绝表示意见或否定意见的审计报告的,公司董事会应就所涉及事项作出说明

无。

8.6 公司及其董事、监事和高级管理人员受到处罚的情况

无。

8.7 银监会及其派出机构对公司检查后提出整改意见的,应简单说明整改情况

为加强对信托公司的风险监管,提高监管的有效性,促进信托公司合规、合法经营,根据银监会非银部现场检查要求和甘肃银监局2012年工作安排,甘肃银监局检查组于2012年9月10日至11月30日对公司的法人治理、内部控制、业务经营情况及2011年现场检查发现问题的整改情况进行了专项现场检查。对检查出的内控及业务经营方面存在的问题,公司高度重视,多次召开会议进行研究,并制定了整改方案,落实责任、时限和目标,各相关部门积极落实整改措施且已全部整改。

8.8 本年度重大事项临时报告的简要内容、披露时间、所披露的媒体及其版面

无。

8.9 银监会及其省级派出机构认定的其他有必要让客户及相关利益人了解的重要信息

无。

9. 公司监事会意见

报告期内,公司监事会严格遵守《公司法》、公司章程的有

关规定，按照监事会议事规则依法独立履行职责，列席了各次股东会会议及董事会会议，行使了对董事会成员和高管人员的监督职能，监督检查了公司依法经营、重大经营决策、内控制度的执行情况和公司的财务状况，维护了公司和股东的合法权益，促进了公司的规范运作。在此基础上发表以下独立意见：

公司依法运作情况。公司能够严格按照《公司法》、公司章程及国家的有关法律法规运作，决策程序合法，内控制度得到进一步完善。董事、高管人员在履行公司职务时，能遵纪守法，尽职守则，勤勉敬业，诚实守信，未发现违反国家法律、法规、公司章程以及损害股东、公司利益的行为。

公司财务情况。报告期内公司财务状况良好。2012 年度财务报告经北京中天恒会计师事务所有限责任公司兰州分所审计，出具了标准无保留意见的审计报告，该报告真实、客观、准确地反映了公司财务状况和经营成果。

报告期内无关联交易，无损害股东、公司利益情况。

广东粤财信托有限公司

1. 重要提示

1.1 本公司董事会及董事保证本报告所载资料不存在任何虚假记载、误导性陈述或者重大遗漏,并对其内容的真实性、准确性和完整性承担个别及连带责任。

1.2 公司独立董事保证本报告内容的真实性、准确性、完整性。

1.3 致同会计师事务所(特殊普通合伙)广州分所对本公司年度财务报告进行审计,出具了标准无保留意见的审计报告。

1.4 公司负责人、主管会计工作负责人及会计部门负责人保证年度报告中财务报告的真实、完整。

2. 公司概况

2.1 公司简介

广东粤财信托有限公司,成立于1984年12月,是广东省人民政府批准成立,经中国人民银行和国家外汇管理局核准的经营金融业务的国有非银行金融机构。目前是广东省唯一保留的省级信托公司。公司注册资本15亿元,其中:广东粤财投资控股有限公司出资147 209.59万元,出资比例为98.14%;广东省科技创业投资公司出资2 790.41万元,出资比例为1.86%。

公司始终奉行"诚信为本、稳健经营、专业进取、开拓创新"的方针,充分发挥专家理财优势,不断开拓创新,通过有效运用信托、信贷、租赁、投资等金融工具,研发并推出各类信托产品,构建专业化的、综合性的金融服务平台,为客户提供全方位的金融需求解决方案。公司将立足广东、面向全国,打造粤财信托理财品牌,致力于以诚信专业的经营理念赢得广大投资者的信任,以创新的业务拓展成为具有核心竞争力的现代信托公司。

2.1.1 公司法定中文名称:广东粤财信托有限公司
英文名称:Guangdong Finance Trust Co. Ltd.

2.1.2 法定代表人:汪涛

2.1.3 注册地址:广州市东风中路481号粤财大厦14楼

2.1.4 邮政编码:510045

2.1.5 公司国际互联网网址:http://www.gdycxt.com

2.1.6 公司电子信箱:ycxt@gdyctz.com

2.1.7 公司信息披露事务联系人:陈韶辉
联系电话:020-83063141
传真:020-83063082
电子信箱:ycxt@gdyctz.com

2.1.8 公司本次信息披露报纸名称:《金融时报》

2.1.9 公司年度报告备置地点:广州市东风中路481号粤财大厦14楼

2.1.10 公司聘请的会计师事务所:致同会计师事务所(特殊普通合伙)广州分所
办公地点:广东省广州市天河区珠江新城珠江东路32号利通广场10楼

2.1.11 公司常年法律顾问:广东君信律师事务所
办公地点:广州市农林下路83号广发银行大厦20楼

2.2 组织结构

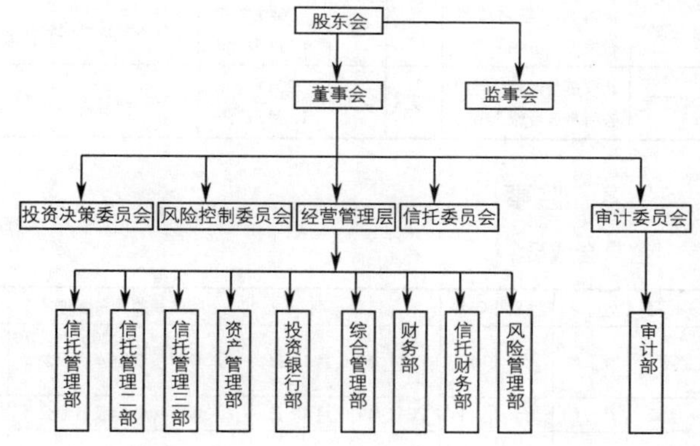

3. 公司治理结构

3.1 股东

股东名称	★广东粤财投资控股有限公司	广东省科技创业投资公司
出资额(万元)	147 209.59	2 790.41
出资比例(%)	98.14	1.86
法人代表	梁棠	黎柏其
注册资本(亿元)	69.48	5
注册地址	广州市东风中路481号粤财大厦15楼	广州市越秀区先烈中路100号高中心大楼14楼
主要经营业务及主要财务情况	主要经营业务:资本运营管理、资产受托管理、投资项目的管理;科技风险投资、实业投资;企业重组、并购咨询服务。主要财务情况(未合并报表):资产总额:2 167 185万元;净资产:940 133万元;当年净利润:48 885万元。	主要经营业务:创业投资业务;创业投资咨询业务;为创业企业提供创业管理服务业务;参与设立创业投资企业与创业投资管理顾问机构。主要财务情况:资产总额:100 321万元;净资产:76 746万元;当年净利润:-903万元。

注:★表示公司实际控制人。

3.2 董事

董事长、董事

职务	姓名	性别	年龄	选任日期	所推举的股东名称	该股东持股比例(%)	简要履历
董事长	汪涛	男	50	2011年12月12日	广东粤财投资控股有限公司	98.14	1995—2005年，任公司副总经理；2005年至今，任公司董事长兼粤财控股公司总经理。
董事	黎全辉	男	51	2011年12月12日	广东省科技创业投资公司	1.86	2006年6月至今，任广东省粤科风险投资集团公司董事、党委委员。
董事	邓斌	男	42	2011年12月12日	广东粤财投资控股有限公司	98.14	2005年10月起任公司副总经理；2009年8月至今，任公司总经理；2010年2月至今，兼任粤财控股公司副总经理。
董事	盛新华	女	40	2011年12月12日	广东粤财投资控股有限公司	98.14	2011年3月至今，任粤财控股公司部门总经理

独立董事

姓名	所在单位及职务	性别	年龄	选任日期	所推举的股东名称	该股东持股比例(%)	简要履历
王聪	暨南大学经济学院教授	男	54	2011年12月12日	广东粤财投资控股有限公司	98.14	现任暨南大学经济学院金融系教授、主任，国际学院副院长。
张天民	北京市君泽君律师事务所高级合伙人	男	42	2011年12月12日	广东粤财投资控股有限公司	98.14	2004年至今，任职北京市君泽君律师事务所。

3.3 监事

监事会成员

职务	姓名	性别	年龄	选任日期	所推举的股东名称	该股东持股比例(%)	简要履历
监事长	吴佩华	女	49	2011年10月12日	广东粤财投资控股有限公司	98.14	2005年11月至2011年10月，任广东粤财信托有限公司综合管理部总经理；2011年10月起任公司监事长。
监事	林绮	女	41	2011年10月12日	广东粤财投资控股有限公司	98.14	2007年8月至今，任广东粤财投资控股有限公司计财部副总经理。
监事	李湛	女	49	2011年10月12日	职工代表监事		2007年1月至2012年2月在信托公司证券投资部工作；2012年2月至今，在信托公司信托管理三部工作，任高级经理。

3.4 高级管理人员

职务	姓名	性别	年龄	任职日期	金融从业年限	学历	专业	简要履历
总经理	邓斌	男	42	2009年8月18日	18	硕士研究生	数量经济学	2005年10月起任公司副总经理；2009年8月至今，任公司总经理；2010年2月至今，兼任粤财控股公司副总经理。
副总经理	陈彦卿	女	48	2009年2月16日	25	本科	财政	2008年6月起任广东润达资产经营有限公司副总经理；2009年2月至今，任公司副总经理。
副总经理	杨中一	男	36	2009年6月1日	15	本科	国际金融	2008年4月任公司总经理助理；2009年6月至今，任公司副总经理。
副总经理	王波	男	36	2009年6月1日	14	本科	国际会计	2007年8月任部门总经理；2009年6月至今，任公司总经理助理；2012年6月至今，任公司副总经理。

3.5 公司员工

项目		报告期年度		上年度	
		人数	比例(%)	人数	比例(%)
年龄分布	30岁以下	28	33	30	39
	30~40岁	36	43	26	34
	40~50岁	18	22	21	27
	50岁以上	2	2	0	0
学历分布	博士	3	4	3	4
	硕士	37	44	36	47
	本科	39	46	33	43
	专科	5	6	5	6
	其他	0	0	0	0

续表

项目		报告期年度		上年度	
		人数	比例(%)	人数	比例(%)
岗位分布	董事、监事及其高管人员	7	8	7	9
	自营业务人员	8	10	11	14
	信托业务人员	54	64	45	59
	其他人员	15	18	14	18

4. 经营管理

4.1 经营目标、经营方针、战略规划

4.1.1 公司的经营目标

在科学发展观的指引下，公司坚持可持续发展，以效益为

中心，以市场为导向，立足广东、面向全国，打造粤财信托专业理财品牌，构筑核心竞争能力，力争进入国内信托公司领先行列。

4.1.2 公司的经营方针

公司的经营方针是“诚信为本、稳健经营、专业进取、开拓创新”。

4.1.3 战略规划

公司在未来五年里，将在完善风险控制系统基础上，以创新为手段，坚持扩大信托资产规模与提升管理能力两条发展主线，不断提高和优化金融服务水平，创造性地满足不同类型投资者的金融理财需求，构建专业化的资产管理和财富管理平台。

4.2 所经营业务的主要内容

中国银监会核准公司承办以下人民币和外币金融业务：资金信托；动产信托；不动产信托；有价证券信托；其他财产或财产权信托；作为投资基金或者基金管理公司的发起人从事投资基金业务；经营企业资产的重组、购并及项目融资、公司理财、财务顾问等业务；受托经营国务院有关部门批准的证券承销业务；办理居间、咨询、资信调查等业务；代保管及保管箱业务；以存放同业、拆放同业、贷款、租赁、投资方式运用固有财产；以固有财产为他人提供担保；从事同业拆借；法律法规规定或中国银行业监督管理委员会批准的其他业务。

本年度，公司自营资产运用与分布和信托财产运用与分布情况请见下表：

自营资产运用与分布表

资产运用	金额（万元）	占比（%）	资产分布	金额（万元）	占比（%）
货币资产	135 360.34	48.75	基础产业	—	—
贷款及应收款	4 878.52	1.76	房地产业	—	—
交易性金融资产	—	—	证券市场	3 847.09	1.39
可供出售金融资产	16 464.80	5.93	工商企业	4 300.00	1.55
持有至到期投资	—	—	金融机构	263 697.57	94.97
长期股权投资	115 404.2	41.56	其他	5 802.28	2.09
其他	5 539.08	2.00			
资产总计	277 646.94	100.00	资产总计	277 646.94	100.00

信托资产运用与分布表

资产运用	金额（万元）	占比（%）	资产分布	金额（万元）	占比（%）
货币资产	2 359 761.99	14.26	基础产业	2 925 019.00	17.67
贷款	5 031 859.47	30.40	房地产	824 862.34	4.98
交易性金融资产	357 311.01	2.16	证券市场	753 073.93	4.55
可供出售金融资产	452 187.74	2.73	工商企业	4 365 454.15	32.03
持有至到期投资	1 529 904.54	9.24	金融机构	5 300 396.61	26.38
长期股权投资	2 435 857.34	14.72	其他	2 381 351.36	14.39
其他	4 383 275.31	26.38			
信托资产总计	16 550 157.40	100.00	信托资产总计	16 550 157.40	100.00

注：资产分布里的其他类（总金额 2 381 351.36 万元，占比为 14.39%）包括：（1）财产信托：785 717.26 万元，占比为 32.99%；（2）其他：697 215.60 万元，占比为 29.28%；（3）有限合伙：414 950.00 万元，占比为 17.42%；（4）贷款：251 128.63 万元，占比为 10.55%；（5）信贷资产：232 339.87 万元，占比为 9.76%。

4.3 市场分析

4.3.1 影响本公司业务发展的有利因素

一是中国保持积极的财政政策和稳健的货币政策，制造业企稳回升，结构转型初见成效，提振国内经济，成功避免经济“硬着陆”。二是公司作为具有多年成功经营历史的广东省属唯一一家省级信托公司，在所属区域内有着较好的社会声誉和品牌影响力，高端客户对于信托理财的认可度不断提升。三是经过增资扩股，公司净资本规模较大，净资本对风险资本的覆盖率较高，各项业务开展具有广阔的空间。

4.3.2 影响本公司业务发展的不利因素

一是各国陆续出台货币宽松政策，全球流动性泛滥与消费不振并存，经济“滞胀”隐忧持续。二是证券、基金、保险、期货业等诸多经营监管政策陆续放开，券商资产管理业务、资产证券化业务等相继试水，信托行业竞争加剧。三是利率市场化、汇率市场化及人民币国际化步伐加快，资本市场和货币市场都处于剧烈变革时期，信托业面临的经营环境和竞争环境不确定性增加。

4.4 内部控制

公司通过完善的组织架构、内部规章实现内部控制，形成了研究、决策、操作、检查、反馈的 PDCA 管理循环，构建了前台调查、中台审查、后台审计评价相互制衡的内部控制机制。

4.4.1 内部控制环境和内部控制文化

公司按照合法、高效、精简、制衡原则设置组织机构，设股东会、董事会和监事会，实行董事会领导下的总经理负责制。公司董事会及其下设投资决策委员会和风险控制委员会为公司决策系统，在董事会领导下的经营管理层及相关业务部门为公司执行系统，监事会以及董事会下设的审计委员会、信托委员会、公司审计部为公司监督及信息反馈系统，三个系统既相互独立又相互联系。公司大力推进合规文化建设，通过开展内控制度培训、内部合规测试与检查、建立风险问责制度等，促进全体员工牢固树立合规经营、按程序办事的意识。

4.4.2 内部控制措施

公司建立多层次内部控制组织架构，根据《公司法》、《信托公司管理办法》等法律法规，建立《股东会议事规则》、《董事会议事规则》、《监事会议事规则》等规章制度。在实际工作中严格按章办事，确保董事、监事、经营管理层成员的权力有效约束、义务有效履行。

除董事会下属风险控制委员会、信托委员会、审计委员会外，专设审计部、风险管理部为内部控制职能部门。审计部具体职责为：根据有关监管条例和公司章程制定公司内部审计稽核制度，对公司各部门及有关业务活动进行审计监督，每半年向董事会提交全面审计报告，完成董事会安排的其他专项审计任务；衔接、配合上级审计部门对公司的检查、审计稽核工作，定期将公司内部审计报告副本上报监管部门。审计部由董事会领导，对董事会负责，制定了健全的内部审计制度，审计对象覆盖全部业务活动，包括信托业务、资产管理、证券投资、股权投资以及公司内部管理、财务收支等。审计运用经常化、制度化、公开化的稽核方法，对公司经营管理活动进行稽核监督，确保公司经营合法、资产安全有效。

风险管理部作为向经营管理层负责的内部控制部门，主要承担以下职能：拟订公司风险管理制度框架以及风险管理制度体系；制定风险管理办法及其实施细则、合规管理办法、组织修订业务管理制度及流程；对各业务项目进行事中审查和事后监督检查；衔接、配合行业监管部门对公司的检查工作。

公司内部控制职责明确，建立了前台、中台、后台分离、集中审批的业务管理架构，确保各业务环节岗位职能分离，相互监督，有效制衡。

4.4.3 信息交流与反馈

公司建立了完善的内部、外部信息交流与反馈机制。通过建立详细的工作报告及审核流程，各项工作信息得以规范地在公司内部快速有序传递；内部控制部门通过办公自动化系统实时传递外部监管意见及内部管理信息，业务部门与风险管理部门保持全流程业务信息共享，有效避免因信息交流不足导致的业务差错、信息递减或效率损耗。公司与监管部门建立了良好的沟通机制，各类业务按规定及时报告或报备，有效落实监管部门意见，为公司合规经营提供了有力支持。

4.4.4 监督评价与纠正

公司定期对内部控制执行情况实施审计，并于本年度进一步加强内部控制监督工作，细化完善相关制度，分别由风险管理部、审计部各自独立地对公司内部控制情况进行监督检查。年度审计稽核及内部合规检查情况显示公司内控执行情况良好，监管部门外部检查及内控检查发现的问题均已得到及时纠正。

4.5 风险管理

4.5.1 风险管理概况

公司构建以董事会为核心，以风险控制委员会、投资决策委员会、信托委员会、审计委员会为支点的风险管理体系，由内部规章、组织架构、授权制度、技术手段，以及稽核与事后评价等部分组成。从项目运作上建立事前预防、事中控制、事后监督检查的三阶段风险控制流程，在项目审核上经由业务部门、风险管理部门、投资决策委员会等多道环节进行综合风险控制，尤其强调过程控制，使公司在风险出现苗头时能快速反应，及时有效化解。

4.5.2 风险状况

本年度，公司经营状况良好，未发生任何风险事件。

4.5.2.1 信用风险状况

信用风险是公司面临的主要风险之一。为此，公司严格履行受托人职责，事前对于借款人的主体资格、专业资质、资本金到位情况等进行认真、全面的尽职调查，严把准入关；事中对于企业资金用途真实性、企业财务状况、经营管理情况、未来现金流覆盖、抵（质）押担保措施等进行分析识别，房地产抵押率原则上控制在50%以下；放款后定期对借款人的经营及财务状况、抵（质）押物状况及市场价值变动情况进行检查分析，通过账户监管协议对项目资金进行严格审核监控，及早沟通信托计划到期兑付问题，做好紧急预案，以保障信托计划顺利清算。截至2012年末，存量信托项目均正常运作，未发生信用风险事件。

4.5.2.2 市场风险状况

受宏观调控以及房地产政策影响，公司对于房地产信托业务保持高度警觉，本着审慎原则主动提高房地产信托业务门槛，控制房地产信托业务开展节奏，审慎选择一、二线城市具有地段优势、成本优势和市场前景较好的项目适度参与。目前公司存续房地产信托项目运作正常，担保措施充足，信托资金监管到位，整体风险较低。

受国内外经济形势以及资本市场整体情况影响，2012年证券投资风险较大，公司一方面保持对该类业务风险的高度关注，严格履行信托法律法规以及相关信托法律文件规定义务和责任，审慎对投资者进行风险偏好、风险承受能力进行分析、识别；另一方面加强对该类项目的信息披露，将有关风险情况、净值变化等及时知会投资者，目前未发生客户投诉等情况。

4.5.2.3 操作风险状况

2012年公司信托业务规模依然较大，信托项目笔数多、资金流量大、交易流程节点多，公司通过严格执行授权制度，统一业务操作流程、工作模板等，明确信托开户、保管、资金划付等岗位责任等，最大限度地降低操作风险。2012年未发生操作风险事故。

4.5.2.4 其他风险状况

本年度未发生其他风险事件。

4.5.3 风险管理

4.5.3.1 信用风险

公司通过事前业务部门尽职调查，风险管理部门风险审查、公司投资决策委员会审核决策，压力测试、抵（质）押担保、项目资金监控等予以防范；通过项目实施过程中的跟踪检查以及稽核与评价进行事中、事后控制。在合作机构信用风险防范方面，通过选择实力雄厚、信誉卓著、业绩优良的金融机构作为合作伙伴加以控制。

4.5.3.2 市场风险

公司坚持"诚信为本、稳健经营"的经营理念，避免介入不熟悉的领域或熟悉但风险较大且不易控制的项目，审慎介入风险可控项目，综合运用敏感性分析、情景分析等方法充分评估潜在市场风险，并通过业务部门—风险管理部—投资决策委员会的多层次审核，结合严格的授权、岗位双签、止损制度进行控制。

4.5.3.3 操作风险

公司通过严格的授权制度和业务操作流程，明确岗位职责，建立内部相互制约、相互督促的工作机制；严格依法建账，实行资产隔离，将信托财产与固有财产分开管理、分别记账，对信托业务与非信托业务分开核算，并对每项信托业务单独核算；对各项业务经营活动过程及资金运作建立严格的复核和监控程序；通过计算机系统权限设置对证券投资操作权限和内容进行严格划分和分工，通过在业务和资金流转过程中设立双岗核定确认等制度进行约束，堵截可能出现的漏洞。风险管理部及审计部分别根据自身职责独立进行定期、不定期的检查，及时发现问题并督促纠正。

4.5.3.4 其他风险

4.5.3.4.1 政策风险

公司严格依法经营，建立健全内部控制制度以规范与控制公司经营行为。公司设立风险控制委员会和投资决策委员会，并由风险管理部负责法律合规事务，对公司的法律合规风险进行识别、评估、监控，向相关部门提出合规风险提示和修改建议；及时梳理、整合、改进公司规章制度和操作流程；组织员工进行合规培训和反洗钱教育；保持与监管部门的密切沟通，及时掌握政策动向，把握公司业务方向以控制风险。

4.5.3.4.2 经营风险

公司通过健全法人治理结构，明确董事会和监事会职责，严格执行内部经营管理授权，对经营管理层进行严格约束，保证稳健经营；通过不断吸收学历高、从业经验丰富的专业人士加盟团队，以提高团队整体素质和企业经营管理水平，降低经营风险；通过构建健康的企业文化和科学的经营理念及切合自身实际的激励约束机制，逐步提升核心竞争力；通过事中、事后稽核与评价，及时矫正与问责等，控制经营风险。

4.5.3.4.3 声誉风险

公司坚持"诚实守信"的原则，依法合规，稳健经营，以客户资产保值增值为已任，勤勉尽责，最大努力维护客户利益，做好日常信息披露，及时准确地向公众发布信息，主动接受舆论监督；明确舆情管理职责，实时关注舆情信息，加强舆情信息研判；维护良好客户关系，从履行告知义务、解决客户问题、确保客户合法权益、提升客户满意度等方面实施监督和评估；加强声誉风险分析，对可能发生的各类声誉事件进行情景分析，制订应急预案；培育公司声誉风险管理文化，强化声誉风险防范意识，防范声誉风险。

4.5.3.4.4 客户风险

公司聘请信誉良好、行业经验丰富的律师事务所为顾问，依法合规对信托合同等各类法律文件进行规范，对重大信托项目出具专项法律意见；严格各项操作程序，对客户资信、资金实力、风险偏好及风险承受能力进行调查、评估，向客户真实、客观、全面提示风险，管理好客户风险。

5. 报告期末及上一年度末的比较式会计报表

5.1 自营资产

5.1.1 会计师事务所审计结论（标准无保留审计意见）

粤财信托财务报表在所有重大方面按照企业会计准则的规定编制，公允反映了粤财信托 2012 年 12 月 31 日的财务状况以及 2012 年度的经营成果和现金流量。

5.1.2 资产负债表

2012 年 12 月 31 日　　单位：万元

资　　产	年末数	年初数	负债及所有者权益	年末数	年初数
资产：			负债：		
现金及存放中央银行款项	3.10	6.68	向中央银行借款	—	—
存放同业款项	135 357.24	94 074.67	同业及其他金融机构存放款项	—	—
贵金属	—	—	拆入资金	—	—
拆出资金	—	—	交易性金融负债	—	—
交易性金融资产	—	2 630.18	衍生金融负债	—	—
衍生金融资产	—	—	卖出回购金融资产款	—	—
买入返售金融资产	—	—	应付账款	—	—
应收账款	—	—	预收账款	—	—
应收利息	318.42	—	应付职工薪酬	4 289.89	2 944.99
应收股利	—	—	应付股利	—	—
其他应收款	260.10	12 459.12	应交税费	2 216.53	3 085.12
预付账款	—	—	其他应付款	31.01	37.75
发放贷款及垫款	4 300.00	3 800.00	应付利息	—	—
可供出售金融资产	16 464.80	26 059.50	预计负债	—	—
持有至到期投资	—	—	应付债券	—	—
长期股权投资	115 404.20	94 484.28	长期应付款	—	—
固定资产原值	5 574.27	5 901.52	递延所得税负债	372.68	396.36
减：累计折旧	1 197.01	1 357.65	其他负债	—	—
固定资产净值	4 377.27	4 543.87	负债合计	6 910.11	6 464.22
减：固定资产减值准备	—	—			
固定资产净额	4 377.27	4 543.87	所有者权益：		
在建工程	—	—	实收资本	150 000.00	150 000.00
固定资产清理	—	—	资本公积	2 090.41	-32.87

续表

资　产	年末数	年初数	负债及所有者权益	年末数	年初数
无形资产	108.78	179.90	盈余公积	18 376.87	14 415.20
商誉	—	—	一般风险准备	10 705.90	8 069.49
长期待摊费用	—	—	未分配利润	88 244.46	60 225.79
递延所得税资产	1 053.04	903.63	外币报表折算差额	1 319.19	—
其他资产	—	—	所有者权益合计	270 736.83	232 677.61
资产总计	277 646.94	239 141.83	负债及所有者权益合计	277 646.94	239 141.83

法定代表人：汪　涛　　　　自营业务财务负责人：徐茹斌

5.1.3　利润表

2012 年度　　　　单位：万元

项　目	本年累计数	上年同期数
一、营业收入	58 614.92	48 696.45
利息净收入	5 555.06	2 314.92
其中：利息收入	5 555.06	2 314.92
利息支出	—	—
手续费及佣金净收入	40 758.15	29 144.92
其中：手续费及佣金收入	40 758.15	29 144.92
手续费及佣金支出	—	—
投资收益（亏损以"－"号填列）	11 632.91	17 745.92
其中：交易性金融资产投资收益	-642.99	-591.80
对联营企业和合营企业的投资收益	11 406.44	16 225.06
公允价值变动收益（损失以"－"号填列）	669.55	-492.59
汇兑收益（亏损以"－"号填列）	-0.75	-16.72
其他业务收入	—	—
二、营业支出	9 658.41	9 513.12
营业税金及附加	2 384.79	1 802.73
业务及管理费用	7 273.62	7 710.39
资产减值损失	—	—
其他业务成本	—	—
三、营业利润（亏损以"－"号填列）	48 956.51	39 183.33
加：营业外收入	7.58	6.64
减：营业外支出	22.81	31.28
四、利润总额（亏损总额以"－"号填列）	48 941.28	39 158.69
减：所得税费用	9 324.53	5 628.08
五、净利润（净亏损以"－"号填列）	39 616.76	33 530.61
六、其他综合收益	3 442.47	-8 093.91
七、综合收益总额	43 059.22	25 436.70

法定代表人：汪　涛　　　　自营业务财务负责人：徐茹斌

5.1.4 所有者权益变动表

单位:万元

项目	2012年							2011年						
	实收资本	资本公积	盈余公积	一般风险准备金	未分配利润	外币报表折算差额	所有者权益合计	实收资本	资本公积	盈余公积	一般风险准备金	未分配利润	外币报表折算差额	所有者权益合计
一、上期末余额	150 000.00	-32.87	14 415.20	8 069.49	60 225.79	0.00	232 677.61	56 550.00	8 061.04	11 062.14	6 153.49	85 414.24	—	167 240.91
加:会计政策变更	—	—	—	—	—	—	—	—	—	—	—	—	—	—
前期差错更正	—	—	—	—	—	—	—	—	—	—	—	—	—	—
其他	—	—	—	—	—	—	—	—	—	—	—	—	—	—
二、本期初余额	150 000.00	-32.87	14 415.20	8 069.49	60 225.79	—	232 677.61	56 550.00	8 061.04	11 062.14	6 153.49	85 414.24	—	167 240.91
三、本年增减变动金额	—	2 123.28	3 961.68	2 636.41	28 018.67	1 319.19	38 059.22	93 450.00	-8 093.91	3 353.06	1 916.00	-25 188.45	—	65 436.70
(一)净利润	—	—	—	—	39 616.76	—	39 616.76	—	—	—	—	33 530.61	—	33 530.61
(二)其他综合收益	—	3 442.47	—	—	—	—	3 442.47	—	-8 093.91	—	—	—	—	-8 093.91
上述(一)和(二)小计	—	3 442.47	—	—	39 616.76	—	43 059.22	—	-8 093.91	—	—	33 530.61	—	25 436.70
(三)所有者投入和减少资本	—	—	—	—	—	—	—	40 000.00	—	—	—	—	—	40 000.00
1. 所有者投入资本	—	—	—	—	—	—	—	40 000.00	—	—	—	—	—	40 000.00
2. 股份支付计入所有者权益的金额	—	—	—	—	—	—	—	—	—	—	—	—	—	—
3. 其他	—	—	—	—	—	—	—	—	—	—	—	—	—	—
(四)利润分配	—	—	3 961.68	2 636.41	-11 598.09	—	-5 000.00	—	—	3 353.06	1 916.00	-5 269.06	—	—
1. 提取盈余公积	—	—	3 961.68	—	-3 961.68	—	—	—	—	3 353.06	—	-3 353.06	—	—
2. 提取一般风险准备	—	—	—	2 636.41	-2 636.41	—	—	—	—	—	1 916.00	-1 916.00	—	—
3. 对所有者(或股东)的分配	—	—	—	—	-5 000.00	—	-5 000.00	—	—	—	—	—	—	—
4. 其他	—	—	—	—	—	—	—	—	—	—	—	—	—	—
(五)所有者权益内部结转	—	-1 319.19	—	—	—	1 319.19	—	53 450.00	—	—	—	-53 450.00	—	—
1. 资本公积转增资本(或股本)	—	—	—	—	—	—	—	—	—	—	—	—	—	—
2. 盈余公积转增资本(或股本)	—	—	—	—	—	—	—	—	—	—	—	—	—	—
3. 盈余公积弥补亏损	—	—	—	—	—	—	—	—	—	—	—	—	—	—
4. 其他	—	—	—	—	—	—	—	53 450.00	—	—	—	-53 450.00	—	—
(六)其他因素调整	—	-1 319.19	—	—	—	1 319.19	—	—	—	—	—	—	—	—
四、本期末余额	150 000.00	2 090.41	18 376.87	10 705.90	88 244.46	1 319.19	270 736.83	150 000.00	-32.87	14 415.20	8 069.49	60 225.79	—	232 677.61

法定代表人:汪 涛　　　　自营业务财务负责人:徐茹斌

5.2 信托资产

5.2.1 信托项目资产负债汇总表

2012 年 12 月 31 日

单位：万元

信托资产	年末数	年初数	信托负债和信托权益	年末数	年初数
信托资产：			信托负债：		
货币资金	2 359 761.99	1 986 151.76	交易性金融负债	—	—
拆出资金	—	—	衍生金融负债	—	—
存出保证金	—	—	应付受托人报酬	5 720.73	844.67
交易性金融资产	357 311.01	76 545.06	应付托管费	11.42	31.81
衍生金融资产	—	—	应付受益人收益	—	—
买入返售金融资产	17 841.17	10 560.21	应交税费	—	—
应收款项	33 861.60	10 820.63	应付销售服务费	—	—
发放贷款	5 031 859.47	2 377 029.96	其他应付款项	38 141.29	12 584.19
可供出售金融资产	452 187.74	314 341.76	预计负债	—	—
持有至到期投资	1 529 904.54	9 277 921.42	其他负债	—	—
长期应收款	—	—	信托负债合计	43 873.44	13 460.67
长期股权投资	2 435 857.34	2 493 346.26		—	—
投资性房地产	2 479.72	2 634.17	信托权益：	—	—
固定资产	—	—	实收信托	15 989 715.02	17 397 257.47
无形资产	—	—	资本公积	417 281.37	279 435.39
长期待摊费用	—	—	损益平准金	—	—
其他资产	4 329 092.81	1 212 059.91	未分配利润	99 287.56	71 257.61
减：各项资产减值准备	—	—	信托权益合计	16 506 283.96	17 747 950.47
信托资产总计	16 550 157.40	17 761 411.14	信托负债及信托权益总计	16 550 157.40	17 761 411.14

法定代表人：汪　涛　　　　信托业务财务负责人：陈　能

5.2.2 信托项目利润及利润分配汇总表

2012 年度　　　　单位：万元

项　　目	本年累计数	上年同期数
一、营业收入	1 216 488.16	645 008.94
利息收入	293 192.66	243 151.84
投资收益（损失以"－"号填列）	905 447.84	419 341.41
其中：对联营企业和合营企业的投资收益	—	—
公允价值变动收益（损失以"－"号填列）	16 915.32	－18 021.18
租赁收入	466.67	458.62
汇兑损益（损失以"－"号填列）	—	—
其他收入	465.66	78.25
二、支出	111 776.76	71 105.02
营业税金及附加	471.69	230.39
受托人报酬	44 348.61	2 7912.28
托管费	9 664.03	5 638.69
投资管理费	9 144.05	625.66
销售服务费	—	—
交易费用	2 495.80	1 416.94
资产减值损失	—	—
其他费用	45 652.58	35 281.06

续表

项　　目	本年累计数	上年同期数
三、信托净利润（净亏损以"－"号填列）	1 104 711.39	573 903.92
其他综合收益	—	—
四、综合收益	1 104 711.39	573 903.92
加：期初未分配信托利润	71 257.61	69 620.48
五、可供分配的信托利润	1 175 969.00	643 524.40
减：本期已分配信托利润	1 076 681.44	572 266.79
六、期末未分配信托利润	99 287.56	71 257.61

法定代表人：汪　涛　　　　信托业务财务负责人：陈　能

6. 会计报表附注

6.1 报告年度会计报表编制基准、会计政策、会计估计和核算方法发生的变化

2012 年度会计报表编制基准、会计政策、会计估计和核算方法未发生变化。

6.2 或有事项说明

公司存于原民安证券东湖路营业部的证券账户资金受原民安证券被托管的影响，2006 年始处于可操作交易但限制提

取资金状态。广东省广州市中级人民法院于2007年11月30日受理民安证券有限公司破产清算一案，并宣告破产。公司2007年已就被冻结的账户资金26 276 652.50元向法院申报取回权。2008年，公司收回原民安证券保证金户冻结款本金25 306 827.34元及利息396 816.71元，至今尚有未收回本金969 825.16元，该款项已被确认为普通债权，参与破产财产分配。截至审计日，民安证券仍在清算中，公司尚未收到剩余的款项。公司已对该款项全额提取坏账准备。

6.3 重要资产转让及其出售的说明

本报告期内，公司未发生重要资产转让和出售等事项。

6.4 会计报表中重要项目的明细资料

6.4.1 自营资产经营情况

6.4.1.1 信用风险资产五级分类

信用风险资产五级分类	正常类（万元）	关注类（万元）	次级类（万元）	可疑类（万元）	损失类（万元）	信用风险资产合计（万元）	不良资产合计（万元）	不良资产率（%）
期初数	110 333.78				96.98	110 430.76	96.98	0.09
期末数	140 235.75				96.98	140 332.73	96.98	0.07

注：1. 不良资产合计＝次级类＋可疑类＋损失类。

2. 本公司"信用风险资产"为存放同业款项、贷款、应收利息和其他应收款。

6.4.1.2 各项资产减值损失准备列示

单位：万元

	期初数	本期计提	本期转回	本期核销	其他减少	期末数
贷款损失准备：						
一般准备	—	—	—	—	—	—
专项准备	—	—	—	—	—	—
其他资产减值准备：						
可供出售金融资产减值准备	—	—	—	—	—	—
持有至到期投资减值准备	—	—	—	—	—	—
长期股权投资减值准备	—	—	—	—	—	—
坏账准备	96.98	—	—	—	—	96.98
投资性房地产减值准备	—	—	—	—	—	—
合计	96.98	—	—	—	—	96.98

6.4.1.3 投资品种分类

单位：万元

	自营股票	基金	债券	长期股权投资	其他投资	合计
期初数	6 586.85	902.84	—	94 484.28	21 200.00	123 173.96
期末数	3 847.09	917.71		115 404.20	11 700.00	131 869.00

6.4.1.4 前三名的自营长期股权投资

企业名称	占被投资企业权益的比例（%）	主要经营活动	投资损益（万元）
易方达基金管理有限公司	25.00	基金管理和发起设立基金	14 182.29
珠江人寿保险股份有限公司	20.00	人寿保险等各类人身保险业务及再保险业务	−1 614.16
众诚汽车保险股份有限公司	20.00	各种机动车辆保险业务及再保险业务	−1 161.70

6.4.1.5 前三名的自营贷款

企业名称	占贷款总额比例（%）	还款情况
广州华艺国际拍卖有限公司	65.12	报告期末未还款
南海渔村有限公司	34.88	报告期末未还款
合计	100.00	

6.4.1.6 表外业务分类

单位：万元

表外业务	期初数	期末数
担保业务	—	—
代理业务（委托贷款）	1 080.00	1 080.00
其他	—	—
合计	1 080.00	1 080.00

6.4.1.7 公司当年的收入结构

收入结构	金额（万元）	占比（%）
手续费及佣金收入	40 758.15	69.53
其中：信托手续费收入	40 758.15	69.53
投资银行业务收入	—	—
利息收入	5 555.06	9.48
其他业务收入	—	—
其中：计入信托业务收入部分	—	—
投资收益	11 632.91	19.84
其中：股权投资收益	11 406.44	19.46
证券投资收益	−642.99	−1.10
其他投资收益	869.46	1.48
公允价值变动收益	669.55	1.14
汇兑收益	−0.75	0.00
营业外收入	7.58	0.01
收入合计	58 622.50	100.00

6.4.2 信托财产管理情况

6.4.2.1 信托资产分类

单位：万元

信托资产	期初数	期末数
集合	3 296 036.54	5 017 993.18
单一	13 872 186.26	10 746 446.96
财产权	593 188.34	785 717.26
合计	17 761 411.14	16 550 157.40

6.4.2.1.1 主动管理型信托业务的信托资产分类

单位：万元

主动管理型信托资产	期初数	期末数
证券投资类	648 676.30	736 445.13
股权投资类	2 285 976.53	1 960 758.45
融资类	5 199 049.45	6 607 777.44
事务管理类	—	—
合计	8 133 702.28	9 304 981.02

6.4.2.1.2　被动管理型信托业务的信托资产分类

单位：万元

被动管理型信托资产	期初数	期末数
证券投资类	—	50 927.39
股权投资类	323 239.65	3 187 163.04
融资类	8 972 568.32	3 417 809.35
事务管理类	331 900.89	589 276.60
合计	9 627 708.86	7 245 176.38

6.4.2.2　本年度已清算结束的信托项目分类

6.4.2.2.1　本年度已清算结束的信托项目个数为1 054个，合计金额13 998 188.93万元，加权平均实际年化收益率7.46%

已清算结束信托项目	项目个数	实收信托合计金额（万元）	加权平均实际年化收益率（%）
集合类	234	2 920 808.63	6.61
单一类	818	11 017 380.30	7.74
财产管理类	2	60 000.00	0.00

注：收益率是指信托项目清算后，给受益人赚取的实际收益水平。

6.4.2.2.2　本年度已清算结束的主动管理型信托项目240个、实收信托合计3 017 328.63万元、加权平均实际年化收益率6.63%

已清算结束信托项目	项目个数	实收信托合计金额（万元）	加权平均实际年化收益率（%）
证券投资类	4	11 874.48	10.55
股权投资类	37	311 906.64	4.48
融资类	199	2 693 547.51	7.07
事务管理类	—	—	—

6.4.2.2.3　本年度已清算结束的被动管理型信托项目814个、实收信托合计10 980 860.30万元、加权平均实际年化收益率7.71%

已清算结束信托项目	项目个数	实收信托合计金额（万元）	加权平均实际年化收益率（%）
证券投资类	—	—	—
股权投资类	39	724 336.01	5.54
融资类	773	10 196 524.29	7.97
事务管理类	2	60 000.00	0.00

6.4.2.3　本年度新增的信托项目分类

新增信托项目	项目个数	实收信托合计金额（万元）
集合类	175	4 130 867.00
单一类	489	23 996 434.02
财产管理类	12	123 842.00
新增合计	676	28 251 143.02
其中：主动管理型	198	11 367 076.87
被动管理型	478	16 884 066.15

6.4.2.4　信托业务创新成果和特色业务有关情况

成功申请特定目的的信托受托机构资格。从2011年开始，公司启动特定目的的信托受托机构资格申报工作，公司对申报工作高度重视，认真准备申报材料，于2012年4月通过了银监会组织的现场答辩，成功获批特定目的的信托受托机构资格，标志着公司可开展资产证券化业务，负责管理特定目的的信托财产，发行资产支持证券，成为国内部分获得该资格的信托机构之一。

首次开展了伞形证券投资信托业务。2012年，公司首次开展了伞形证券投资信托业务，成立项目4个，信托规模15.77亿元。信托资金主要用于证券二级市场投资。该项目创造性地为公司在证券投资市场树立了良好的品牌。

公司伞形证券投资信托业务的创新点在于：一是有效突破了中证登公司信托产品开设证券账户的限制，实现了公司证券信托业务的拓展。二是采用TOT＋主信托形式，既照顾了证券投资者的个性化需求，又满足了银行理财资金投资安全性、收益性和统一操作性的要求；该产品可同时满足结构化证券投资需求、管理型证券投资需求以及大宗交易过户融资需求和证券市值管理的需求，实现了单只产品多种功能的效果。为信托公司累积私募客户提供了重要的渠道。三是该类产品是信托公司、证券公司、商业银行多种金融机构资源整合的平台，是证券公司融资融券和约定式购回业务有效的补充，为商业银行提供了一个良好的投资渠道，有力地提升了信托公司主动管理能力。四是该产品使用的资产管理系统信托为公司与系统开发商合作开发，较好地实现了证券投资单元分拆、独立核算和独立风控的各种要求，实现了自动预警、自动平仓和信息披露等各种功能，较好地体现了信托公司的核心竞争力。

6.4.2.5　本公司履行受托人义务情况及因本公司自身责任而导致的信托资产损失情况（合计金额、原因等）

公司已成立信托委员会，并按照信托合同条款的规定，履行诚实、信用、谨慎、有效管理的义务，以受益人利益的最大化原则来处理信托事务，除按规定取得信托报酬外，没有利用信托资产为自己谋取利益。

公司对信托资产与固有资产分别设置独立运作的业务、财务部门，分开管理，并为每个信托项目开设专户，分别记账，分别核算。

公司信托业务部门妥善保存处理信托事务的完整记录，定期将信托财产的管理运用、处分及收支情况报告委托人、受益人，对委托人和受益人的信托资料保密。信托项目结束后，公司以信托财产为限向受益人兑付信托财产及收益，无延期兑付和无法兑付情况发生。

本年度没有发生因公司自身责任而导致的信托资产损失。

6.5　关联方关系及其交易的披露

6.5.1　关联交易方的数量、关联交易的总金额及关联交易的定价政策等

	关联交易方数量	关联交易金额（万元）	定价政策
合计	1	420.58	市场价格

6.5.2　关联交易方与本公司的关系性质、关联交易方的名称、法定代表人、注册地址、注册资本及主营业务等

关系性质	关联方名称	法定代表人	注册地址	注册资本（万元）	主营业务
同一控制方	广州粤财房地产开发有限公司	罗潮明	广州市越秀区东风中路481号粤财大厦5楼	16 800.00	在东风中路与德政路交接处西北角地段开发、建设、销售、出租和管理自建的商品楼宇及配套设施。

6.5.3 本公司与关联方的重大交易事项

6.5.3.1 固有与关联方交易情况

单位:万元

固有与关联方关联交易				
	期初数	借方发生额	贷方发生额	期末数
贷款	—	—	—	—
投资	—	—	—	—
租赁	—	337.12	337.12	—
担保	—	—	—	—
应收账款	—	—	—	—
其他	—	83.46	83.46	—
合计	—	420.58	420.58	—

6.5.3.2 信托与关联方交易情况

单位:万元

信托与关联方关联交易				
	期初数	借方发生额	贷方发生额	期末数
贷款	17 500.00	18 000.00	—	35 500.00
投资	—	—	—	—
租赁	—	—	—	—
担保	—	—	—	—
应收账款	—	—	—	—
其他	—	—	—	—
合计	17 500.00	18 000.00	—	35 500.00

6.5.3.3 公司自有资金运用于自己管理的信托项目(固信交易)、公司管理的信托项目之间的相互(信信交易)交易情况

6.5.3.3.1 固有与信托财产之间的交易情况

单位:万元

固有财产与信托财产相互交易			
	期初数	本期发生额	期末数
合计	—	—	—

6.5.3.3.2 信托项目之间的交易情况

单位:万元

信托财产与信托财产相互交易			
	期初数	本期发生额	期末数
合计	152 296.81	611 099.45	763 396.26

6.5.4 关联方逾期未偿还本公司资金的详细情况以及本公司为关联方担保发生或即将发生垫款的详细情况

本年度公司无上述情况。

6.6 会计制度的披露

本年度公司自营业务、信托业务均执行财政部2006年2月15日颁布的《企业会计准则》(财会〔2006〕3号)及其后续规定。

7. 财务情况说明书

7.1 利润实现和分配情况

本年度公司经审计后实现税后净利润39 616.76万元,年初未分配利润为60 225.79万元,2012年末可供分配的利润为99 842.55万元。经公司董事会批准,按《信托法》规定提取5%的信托赔偿准备金1 980.84万元,根据财政部《金融企业准备金计提管理办法》规定按承担损失和风险的资产额的1.5%提取其他风险准备金655.57万元,按新准则规定提取法定盈余公积3 961.68万元,2012年中期分配股利5 000.00万元,年末未分配利润为88 244.46万元。

7.2 主要财务指标

指标名称	指标值
资本利润率(%)	15.74
人均净利润(万元)	495.21

注:1. 资本利润率=净利润/所有者权益平均余额×100%。

2. 人均净利润=净利润/年平均人数。

3. 平均值采取年初、年末余额简单平均法,公式为:a(平均)=(年初数+年末数)/2。

7.3 对本公司财务状况、经营成果有重大影响的其他事项产

公司无其他须披露的重大影响事项。

8. 特别事项提示

8.1 报告期内公司股东变动情况

无。

8.2 本报告期内董事、监事、高级管理人员变动情况

董事未发生变更;监事会成员未发生变更。报告期内高级管理人员无变动情况。2013年2月杨中一先生因个人原因辞去公司副总经理职务,该变动事项未对公司正常业务发展造成重大影响。

8.3 本报告期内公司注册地变更情况

无。

8.4 公司重大诉讼事项

无。

8.5 本报告期内公司及其高管人员处罚情况

无。

8.6 银监会及其派出机构对公司检查后提出整改意见的，应简单说明整改情况

本年度广东银监局未对公司进行现场检查。

8.7 本年度重大事项临时报告情况

无。

8.8 本报告期内银监会及其省级派出机构认定的有必要让客户及相关利益人了解的重要信息

无。

9. 公司监事会意见

报告期内公司以《净资本管理办法》为核心，强化风险控制，逐步构建新的信托业务管理体系，公司各项规章制度和业务操作规程进一步完善，没有发现公司董事及高级管理人员在执行公司职务时有违法违纪和损害公司利益及股东利益的行为。报告期内公司财务报告真实反映了公司财务状况和经营成果，致同会计师事务所广州分所出具了标准无保留意见的审计报告，审计报告真实、客观、准确地反映了公司财务状况。

国联信托股份有限公司

1. 重要提示

1.1　本公司董事会及董事保证本报告所载资料不存在任何虚假记载、误导性陈述或者重大遗漏，并对其内容的真实性、准确性和完整性承担个别及连带责任。

1.2　公司独立董事胡滨、王则斌、朱增进对公司 2012 年年度报告基于独立判断立场，发表意见如下：公司 2012 年度报告属实，其内容真实、准确、完整。

1.3　公司董事长、主管会计工作负责人吕建一，总经理杨飞，会计机构负责人（会计主管人员）邹莉声明：保证年度报告中财务报告的真实、完整。

2. 公司概况

2.1　公司简介

国联信托股份有限公司（以下简称国联信托）前身为无锡市信托投资公司，初创于 1987 年 1 月。2003 年 1 月，经中国人民银行批准，公司获准重新登记，更名为国联信托投资有限责任公司。2007 年 6 月，经中国银行业监督管理委员会批准，公司获准换领新金融许可证，并更名为国联信托有限责任公司。2007 年 9 月，经增资扩股，公司注册资本由 6.15 亿元增至 12.3 亿元。2008 年 7 月，经中国银行业监督管理委员会批准，公司整体变更为股份公司，并更名为国联信托股份有限公司。公司控股股东为无锡市国联发展（集团）有限公司（以下简称国联集团）。国联集团是无锡市人民政府出资设立并授予国有资产投资主体资格的国有独资企业集团。

法定名称	国联信托股份有限公司
英文名称（及缩写）	Guolan Trust Co.,Ltd.（GLTRUST）
法定代表人	吕建一
注册地址	无锡市滨湖区太湖新城金融一街 8 号国联金融大厦
邮政编码	214131
公司国际互联网网址	http://www.gltic.com.cn

续表

公司电子信箱	gltic@gltic.com.cn
公司负责信息披露事务高级管理人员	杨飞
公司负责信息披露事务人	邹莉
联系电话	0510－82833729
传真电话	0510－82833803
电子信箱	lvjy@gltic.com.cn
公司信息披露的报纸名称	《金融时报》
公司年度报告备置地点	无锡市滨湖区太湖新城金融一街 8 号国联金融大厦 11 楼
公司聘请的会计师事务所名称及住所	江苏公证天业会计师事务所有限责任公司 江苏省无锡市梁溪路 28 号
公司聘请的律师事务所名称及住所	江苏无锡徐刚律师事务所　无锡市金融一街 8 号 北京天银律师事务所　北京海淀区高梁桥斜街 59 号

2.2　组织结构

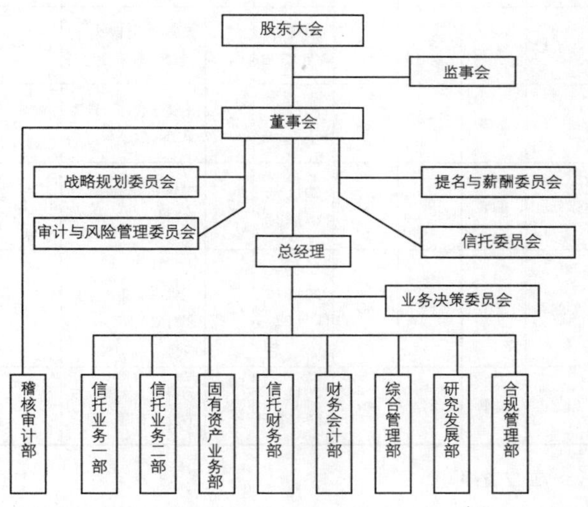

3. 公司治理结构

3.1　股东

2010 年末，公司股东总数 5 名。

股东名称	持股比例（%）	法人代表	注册资本（万元）	注册地址
★无锡市国联发展（集团）有限公司	65.85	王锡林	800 000	无锡市金融一街 8 号
无锡国联环保能源集团有限公司	9.76	蒋志坚	16 633	无锡市金融一街 8 号
无锡市地方电力公司	8.13	毛伟坤	31 950	无锡市金融一街 8 号
无锡市交通产业集团有限公司	8.13	薛军	553 771	无锡市人民西路 109 号
无锡商业大厦大东方股份有限公司	8.13	潘霄燕	32 607	无锡市中山路 343 号

注：表示公司实际控制人。

股东名称	主要经营业务	2012年主要财务情况（亿元）		
		总资产	净资产	利润总额
★无锡市国联发展（集团）有限公司	从事资本、资产经营；代理投资、投资咨询及投资服务。	415.31	160.12	14.54
无锡国联环保能源集团有限公司	环保行业、能源行业、城市共用基础设施及相关产业的投资等。	26.49	11.85	3.75
无锡市地方电力公司	规划全市电力建设和电力销售。	5.80	4.14	0.37
无锡市交通产业集团有限公司	受托经营、管理市级交通国有资产，进行国有资产的收益管理和经营；从事交通运输及相关产业投资。	262.11	114.91	10.01
无锡商业大厦大东方股份有限公司	国内贸易；金饰品修理改制；二类摩托车维修；家用电器的安装维修；服装、眼镜的加工服务；商品包装；综合货运站普通货运；自有场地出租等。	47.16	12.29	2.04

注：1. ★表示公司实际控制人。

2. 关联关系说明：无锡市地方电力公司为无锡市国联发展（集团）有限公司全资子公司；无锡国联环保能源集团有限公司由无锡市国联发展（集团）有限公司出资95%和无锡市地方电力公司出资5%投资组建；其余无关联。

3.2 董事

董事会由9名董事组成，由股东无锡市国联发展（集团）有限公司推荐2名，股东无锡国联环保能源集团有限公司推荐1名，股东无锡市地方电力公司推荐1名，股东无锡市交通产业集团有限公司推荐1名，股东无锡商业大厦大东方股份有限公司推荐1名，独立董事3名。

董事会成员

姓名	职务	性别	年龄	选任日期	任期年限	所推举的股东名称	持股比例（%）	简要履历
吕建一	董事长	男	57	2012年8月23日	3	无锡市国联发展（集团）有限公司	65.85	高级会计师，曾任无锡探矿机械厂财务科长，无锡国家高新技术产业开发区管委会总会计师，新区财政税务局副局长，新区管委会投资开发部经理，无锡联合高新技术产业发展公司总经理，新电通信有限公司副总经理，无锡市投资开发公司总经理、法人代表，国联信托副总经理、总经理；现任国联信托董事长。
丁武斌	董事	男	47	2012年8月23日	3	无锡市国联发展（集团）有限公司	65.85	注册会计师，国际内审师，曾任无锡梁溪律师事务所律师，国联集团法律顾问，国联信托信托业务部经理、综合管理部经理；现任无锡市国联发展（集团）有限公司金融资产管理部副总经理。
杨飞	董事	男	45	2011年8月23日	3	无锡国联环保能源集团有限公司	9.76	曾任天同证券有限责任公司投资银行总部总经理助理、战略并购部总经理、国际业务部负责人，国联证券并购融资部副总经理、国联信托副总经理；现任国联信托董事、总经理。
张伟民	董事	男	42	2011年11月28日	3	无锡市地方电力公司	8.13	曾任职于无锡太湖国家旅游度假区发展总公司物资贸易部，国联证券无锡湖滨路营业部，国联证券投资银行部，无锡市国联发展（集团）有限公司电力投资部；现任无锡国联环保能源有限公司投资管理部经理。
刘建春	董事	男	48	2011年11月28日	3	无锡市交通产业集团有限公司	8.13	曾任无锡市交通局财务处科员、副处长，无锡市交通资产经营有限公司副总会计师、财务资产部经理，无锡市交通产业集团有限公司财务负责人、副总会计师、财务审计部经理、融资管理部经理；现任无锡市交通产业集团有限公司党委委员、总会计师兼财务负责人、融资管理部经理。
席国良	董事	男	49	2011年11月28日	3	无锡商业大厦大东方股份有限公司	8.13	曾任无锡市糖业烟酒公司财务科会计，无锡市商业局财务科会计，无锡市交电采购批发站副总经理；现任江苏无锡商业大厦集团有限公司副总经理、无锡商业大厦大东方股份有限公司总经理。

独立董事

姓名	所在单位及职务	性别	年龄	选任日期	任期年限	所推举的股东名称	持股比例（%）	简要履历
胡滨	中国社科院金融研究所所长助理	男	41	2011年11月28日	3	无锡市国联发展（集团）有限公司	65.85	曾任华安证券高级经理，中信证券高级经理，中国社科院金融所博士后研究人员；现任中国社科院金融所所长助理、法与金融研究室主任、社科院金融法律与金融监管研究基地主任。
王则斌	苏州大学商学院院长	男	52	2012年11月28日	3	无锡市国联发展（集团）有限公司	65.85	曾任苏州市大型国有企业的财务顾问和财务总监，现为中国会计学会中青年财务成本研究会理事、江苏省会计学会理事、江苏省总会计师协会理事、江苏省注册会计教授联合会常务理事，苏州大学商学院院长。
朱增进	江苏世纪同仁律师事务所	男	48	2011年11月28日	3	无锡市国联发展（集团）有限公司	65.85	曾获“江苏省知名律师”称号，曾任中华全国律师协会公司法委员会委员、创业板发审委委员，现为江苏世纪同仁律师事务所律师、高级合伙人。

3.3 监事

监事会由3名监事组成，其中股东无锡市国联发展(集团)有限公司推荐1名，职工监事2名。

姓 名	职 务	性别	年龄	选任日期	所推举的股东名称	持股比例(%)	简 要 履 历
李建康	监事会主席	男	48	2011年12月14日	无锡市国联发展(集团)有限公司	65.85	曾任无锡市扬名电器厂财务科长，无锡渔港供销社财务科长，无锡汇丰房地产开发有限公司财务科长，无锡鸿意地产发展有限公司财务科长，无锡东华会计师事务所有限公司项目经理，无锡小天鹅股份有限公司审计部长，无锡市国联发展(集团)有限公司审计部项目经理，无锡国联金融投资集团有限公司审计部经理；现任无锡市国联发展(集团)有限公司审计监察部副经理。
季羚	监 事	女	33	2011年11月28日	职工代表	—	曾任职于无锡市数码通宽带网络有限责任公司、深圳美商化工有限公司、国联信托股份有限公司综合管理部经理助理；现任国联信托股份有限公司综合管理部副经理。
殷宏伟	监 事	男	38	2011年11月28日	职工代表	—	曾任国联信托信托业务部信托经理、经理助理；现任国联信托信托业务二部经理。

3.4 高级管理人员

姓 名	职 务	性别	年龄	选任日期	金融从业年限	学历	专业	简 要 履 历
杨 飞	总经理	男	45	2012年8月23日	12	博士	跨国金融	曾任天同证券有限责任公司投资银行总部总经理助理、战略并购部总经理、国际业务部负责人，国联证券并购融资部副总经理；现任国联信托总经理。
朱文革	副总经理	男	45	2012年12月27日	14	本科	食品工程系	曾任无锡幸福食品厂生产调度、车间主任、副厂长，国联证券有限责任公司营业部总经理、投资银行部总经理、研发部总经理，国联基金管理有限责任公司副总经理，国联信托有限责任公副总经理，国联创投公司总经理；现拟任国联信托副总经理。
李正全	副总经理	男	36	2012年12月27日	1	博士	政治经济学	曾任甘肃省仕安商贸有限公司总经理助理、无锡市国联发展(集团)有限公司任副总裁(挂职)、无锡市委研究室主任助理、国联证券股份有限公司总裁助理；现拟任国联信托副总经理。

注：副总经理朱文革、李正全的任职资格程序尚未完成。

3.5 公司员工表

项 目		报告期年度		上年度	
		人数	比例(%)	人数	比例(%)
年龄分布	25岁以下	4	7.02	1	2
	25~29岁	18	31.58	14	28
	30~39岁	21	36.84	20	40
	40岁以上	14	24.56	15	30
学历分布	博士	3	5.26	2	4
	硕士	22	38.60	16	32
	本科	22	38.60	22	44
	专科	8	14.04	8	16
	其他	2	3.51	2	4
岗位分布	董事、监事及高管人员	6	10.53	5	10
	自营业务人员	7	12.28	5	10
	信托业务人员	28	49.12	24	48
	其他人员	18	31.58	18	36

注：公司两名职工监事分别为信托业务人员和其他人员，故岗位分布百分比大于100%。

4. 经营管理

4.1 经营目标、经营方针和战略规划

4.1.1 经营目标

立足江苏、面向长三角、适当辐射发达地区，致力于将国联信托打造成一家以信托为基础，以银行、证券等金融机构为一体，能综合运用金融市场资源，提供综合金融服务，运作规范，在行业内具有影响力的专业化金融公司。

4.1.2 经营方针

秉承“诚信、稳健、规范、创新”的经营理念，严控风险，审慎经营，以多元化的资产管理手段和金融工具，实现金融、资本和实业的融合，在可容忍风险下，谋求信托受益人的利益最大化。

4.1.3 战略规划

立足地方，以无锡周边地区为基础，建立区域性竞争优势。调整传统业务，发展创新业务，逐步提高和培养产品设计能力和账户管理能力，形成以信托管理费、手续费、财务顾问费、收益分成及资产管理收益为主要利润来源的盈利模式。

4.2 所经营业务的主要内容

4.2.1 自营资产运用与分布表

资产运用	金额(万元)	占比(%)	资产分布	金额(万元)	占比(%)
货币资产	15 565	6.39	基础产业		
贷款及应收款	12 451	5.11	房地产业	2 000	0.82
交易性金融资产投资	304	0.12	证券市场	51 608	21.18
可供出售金融资产投资	60 279	24.74	实业	5 600	2.3
持有至到期投资	12 067	4.95	金融机构	141 527	58.08
长期股权投资	141 727	58.16	其他	42 936	17.62
其他	1 278	0.53			
资产总计	243 671	100.00	资产总计	243 671	100.00

4.2.2 信托资产运用与分布

资产运用	金额（万元）	占比（%）	资产分布	金额（万元）	占比（%）
货币资产	26 657	0.86	基础产业	908 389	29.39
贷款	1 760 977	56.97	房地产	412 177	13.33
交易性金融资产	39 049	1.26	证券市场	39 049	1.26
可供出售金融资产	454 507	14.7	工商企业	1 226 026	39.66
持有至到期投资	652 511	21.11	金融机构	12 000	0.39
长期股权投资	142 478	4.61	其他	493 720	15.97
其他	15 182	0.49			
信托资产总计	3 091 361	100.00	信托资产总计	3 091 361	100.00

4.3 市场分析

4.3.1 有利因素

4.3.1.1 宏观经济稳步增长

2012 年我国宏观经济政策延续了“积极财政、稳健货币”的政策基调，与 2011 年相比，年内两次小幅降息，货币市场相对宽松。全年经济重心着眼于扩大内需、结构调整和深化改革等领域，国内生产总值实现了 7.8% 的稳步增长，这为信托行业的持续快速发展提供了扎实基础。

4.3.1.2 金融监管体系持续完善

2012 年经济金融改革进一步深化，鼓励金融创新政策陆续出台，金融机构业务快速拓展。对信托行业而言，开放证券账户开户等一系列积极政策为信托业的稳步发展提供了良好的金融监管环境。

4.3.1.3 信托市场规模不断壮大

近几年来信托融资在金融市场上快速崛起，信托行业在全社会的影响力逐步上升，信托管理资产规模首次超过保险业跃居第二大金融产业。从细分领域看，房地产行业仍然是信托投资的重要方向之一，商业地产、城市综合体和保障房等项目表现良好；信托公司进一步深化政信合作和银信合作，投资于地方基础建设和证券市场的信托规模稳步增长。

4.3.1.4 财富管理市场不断成熟

随着近年来居民收入的不断增加、通胀预期日益强烈，理财观念深入民心，居民对财富管理的需求日益迫切。由于信托产品预期收益较高、项目期限灵活等产品优势，2012 年信托产品在理财市场上持续受到高收入人群的青睐。

4.3.2 不利因素

4.3.2.1 宏观经济政策的不确定性

2012 年国内外经济形势依然十分严峻，经济复苏进程缓慢，宏观调控政策频繁出台。一方面工商企业面临着出口低迷、内需不足和结构调整等经营困难；另一方面政府对于房地产行业的调控政策仍在继续，存在较多的政策不确定性。

4.3.2.2 监管力度加强、竞争加剧

监管机构对于房地产业务的监管延续了前几年的严格标准，呈现长期化，这使得房地产领域的信托投资规模增速放缓；四部委联合发布的《关于制止地方政府违法违规融资行为的通知》，对地方政府融资提出了严格的限制，使得基建领域的信托项目标准不断提高。全国性信托公司基本完成重要城市的布局，挤占了地方性信托公司的固有市场。

4.3.2.3 面临证券等金融行业严峻挑战

随着证券创新业务的放开以及债券市场的扩容，证券公司对信托传统业务领域产生了巨大的冲击，不同监管机构政策标准的不统一使得信托业务的开展受到一定限制。除此之外，银信合作、政信合作业务也面临着其他金融行业的严峻挑战，信托行业制度优势正被不断削弱。

4.3.2.4 行业内部分信托产品出现兑付风险

2012 年，部分信托产品出现了延期兑付和到期资产清算的情况，这极大地影响了信托行业在财富管理市场的声誉，信托产品“刚性兑付”的潜规则受到了前所未有的挑战。银行代销渠道和第三方理财机构不规范的营销模式也给信托行业本身的健康发展带来不利影响。

4.4 内部控制概况

4.4.1 内部控制环境和内部控制文化

按照“三会分设、三权分开、有效制约、协调发展”的要求，公司设立了由股东会、董事会、监事会和高级管理层构建的公司治理架构。股东会、董事会、监事会和高级管理层之间既相互独立，又相互制衡和相互协调，形成了权力机构、决策机构、监督机构和管理层之间的制衡机制，在公司经营和发展中持续发挥着各自的职能与作用。董事会引入独立董事制度并下设各专门委员会，能够较好地运行，为公司内部控制制度制定与运行提供了一个良好的内部环境。

公司树立内部控制和风险管理优先的理念，培养全体员工的风险防范意识，营造浓厚的内控文化氛围，加强全体员工道德规范和自身素质建设，使风险防范意识贯穿到公司各部门、各岗位和各环节。

4.4.2 内部控制措施

公司在完善内部控制机制中，贯彻健全、合理、制衡、独立的原则，建立起内控授权制度、内控报告制度、内控责任制度、内控审计检查制度及考核评价制度。公司内部控制覆盖了包括环境控制、业务控制、资金管理控制、会计系统控制、电子信息系统控制、内部稽核控制等各个环节和公司的各项业务、各个部门和各级人员，并贯穿于决策、执行、监督、反馈整个流程。各部门和岗位，职权分明，职能独立，并相互牵制，相互制衡，重要岗位实行双人负责制；对担任单岗处理的业务，有相应的后续监督。

报告期内，公司严格执行各项内控制度，操作规范，措施有效。

4.4.3 信息交流与反馈

公司加强信息建设，为内控的设计、执行、反馈提供信息保障。一是建立起管理层与内控管理专职部门信息联结和定期联系机制，及时、真实、完整地传导监管意图、交流信息、沟通问题。制定并执行内控报告制度和突发事件应急管理办法。二是严格执行信息披露制度，主动及时向社会公众准确披露有关信息，发挥社会公众对公司内控建设的监督作用。

4.4.4 监督评价与纠正

公司推行事前、事中与事后“三位一体”的风险管理和监督评价体系，对业务环节和经营管理进行持续性的全方位、全过程的监督、评价、后评价与纠正。

2012年，公司充分发挥内、外部审计的监督作用，审计的范围和深度进一步加强，对审计过程中发现的问题及时与各部门沟通，要求限期完善或整改，并采取后续审计等方式进行跟踪，对防止风险出现或扩大，对促进业务合法、合规、稳健经营发挥了积极作用。

4.5 风险管理概况

4.5.1 风险管理概况

公司经营活动中可能遇到的主要风险：信用风险、市场风险、操作风险及政策风险、法律风险及声誉风险等。

公司风险管理贯彻合法合规性原则、健全性原则、全过程与全方位相结合原则、审慎性原则以及适时性原则。风险控制贯穿于业务活动的各个方面和运行过程的每一环节，对风险着重进行事前防范、实时监控和事后稽查三方面的工作。财务核算方面严格执行信托财产与公司固有财产分别管理、分别记账，不同信托财产分别管理、分别记账。

公司风险管理的基本策略：(1)预防：侧重于内控和损失准备。适用于市场风险、信用风险和操作风险。(2)多样化分散：指投资或交易对手分散。适用于非系统性风险。(3)转嫁：要求企业进行担保、抵押等。适用于信用和市场风险。

公司风险控制体系包括董事会及专门委员会、监事会、经营层、业务决策委员会、各职能部门，形成了上下联动、多层次的、完整的风险控制结构体系。(1)公司董事会对风险控制负最终责任。(2)审计与风险管理委员会为董事会下设的专门委员会，负责对公司业务风险控制进行决策和协调，并对公司内部稽核审计工作结果进行审查和监督。(3)公司设立独立的稽核审计部，职责为识别和评估业务风险，并对公司风险控制系统实施持续的检查与监督。(4)公司各职能部门是公司风险控制措施的具体执行部门，部门与岗位的设置充分体现了制约制衡机制，各部门各岗位均对风险控制负有责任。在公司各项管理制度的基础上，各部门根据具体情况制定本部门的业务管理规定、操作流程及风险控制规定，加强对部门风险的控制，将风险控制在最小范围内。

4.5.2 风险状况

4.5.2.1 信用风险状况

信用风险主要是交易对手违约带来的风险，信用风险主要来自借款、投资等业务。公司严格按照监管规定足额计提一般准备和资产减值准备，按比例提取信托赔偿准备金，以提高公司抵御风险的能力。报告期内公司不良资产期初数、期末数都为零。

4.5.2.2 市场风险状况

市场风险是指公司在业务经营中所不可避免的因市场参数的波动而产生的风险。公司面临的市场风险主要是股价波动风险、利率风险及同业竞争形成的风险和购买力风险。这些风险的存在不但影响信托财产的价值以及信托收益水平，也将影响公司由于资产负债结构不匹配等而导致公司整体的、当前和未来收入的损失。

4.5.2.3 操作风险状况

操作风险主要表现在相关业务办理过程中，因尽职管理不到位、内部控制缺失或系统的不完善等带来的损失。报告期内公司未发生因操作风险所造成的损失。

4.5.2.4 其他风险状况

公司还面临着诸如政策风险、法律风险和声誉风险等其他风险。政策风险主要指由于宏观政策以及监管政策的变动对公司经营环境和发展所造成的风险。法律风险主要指业务合同的内容在法律上有缺陷或不完善而发生法律纠纷等的风险。声誉风险指由公司在经营、管理及其他行为或外部事件导致利益相关方对公司负面评价的风险。

4.5.3 风险管理

4.5.3.1 信用风险管理

对于信用风险的防范，公司加强事前对交易对手(项目)或债务人的尽职调查，严格按照业务流程开展业务，强化项目的风险控制措施的有效性和合法合规性。信托合同中抵押、担保条款的科学设计来进行风险事前防范；通过项目实施过程中的跟踪管理以及资产分类评级来进行风险事中控制；通过对项目的稽查与评价进行事后控制。

公司选择实力雄厚、信誉卓著、业绩优良的金融机构为合作伙伴，作为托管银行，以防范来自金融同业的信用风险。

公司按规定对贷款实行五级分类，并足额计提相应资产损失准备。

公司的担保措施为保证方应为实力雄厚、信誉良好的大型企业(集团)或上市公司；抵押品价值确认主要通过中介机构评估确认，抵押品主要为房屋、土地。

4.5.3.2 市场风险管理

对于市场风险的防范，加强对经济及金融形势的分析预测，并据此提出资产配置及业务结构的调整方案；定期不定期地对项目进展情况进行检查评估，以灵活多样的方式确保资金按期回笼。

4.5.3.3 操作风险管理

公司对于操作风险的防范措施：对各部门、各岗位制定明确的职责和权限，坚持相互分离、相互监督、相互制约的原则，通过授权制度与过程监控对执行人进行约束，并进行事后评估和总结，制定相应的制度来堵截可能的漏洞。

4.5.3.4 其他风险管理

对于政策风险的防范，加强对国家宏观政策和监管规定的调查研究，加强与监管部门和行业间的沟通、联系，以尽可能准确地判断分析宏观政策和监管政策的未来趋势，来管理政策风险。

对于法律风险的防范，公司通过设立法务岗位和聘请外部律师事务所的形式，对项目方案、项目操作、各类法律文本等合法、合规性进行审查，提出法律审查意见。加强新产品的法律风险，确保创新业务符合政策、市场和运营要求，还进一步加大合同管理力度，有步骤地建立业务合同标准化体系。

对于声誉风险的防范，公司制定严格、规范的信息披露制度。规定信息披露须由专门的人员统一负责，严格按照法律法规、相关合同和公司规定的披露程序，进行披露，通过充分信息披露以塑造公司的专业和诚信形象。加强员工职业道德教育和公司文化教育，增强员工的工作责任心和团队意识，维护公司信誉，防范声誉风险。

5. 报告期末及上一年度末的比较式会计报表

5.1 自营资产（经审计）

5.1.1 会计师事务所审计结论

审计报告

苏公 W〔2013〕A162 号

国联信托股份有限公司全体股东：

我们审计了后附的国联信托股份有限公司（以下简称国联信托）财务报表，包括 2012 年 12 月 31 日的资产负债表，2012 年度利润表、现金流量表、所有者权益变动表，以及财务报表附注。

一、管理层对财务报表的责任

编制和公允列报财务报表是国联信托管理层的责任，这种责任包括：（1）按照企业会计准则的规定编制财务报表，并使其实现公允反映；（2）设计、执行和维护必要的内部控制，以使财务报表不存在由于舞弊或错误而导致的重大错报。

二、注册会计师的责任

我们的责任是在执行审计工作的基础上对财务报表发表审计意见。我们按照中国注册会计师审计准则的规定执行了审计工作。中国注册会计师审计准则要求我们遵守中国注册会计师职业道德守则，计划和执行审计工作以对财务报表是否不存在重大错报获取合理保证。

审计工作涉及实施审计程序，以获取有关财务报表金额和披露的审计证据。选择的审计程序取决于注册会计师的判断，包括对由于舞弊或错误导致的财务报表重大错报风险的评估。在进行风险评估时，注册会计师考虑与财务报表编制和公允列报相关的内部控制，以设计恰当的审计程序，但目的并非对内部控制的有效性发表意见。审计工作还包括评价管理层选用会计政策的恰当性和作出会计估计的合理性，以及评价财务报表的总体列报。

我们相信，我们获取的审计证据是充分、适当的，为发表审计意见提供了基础。

三、审计意见

我们认为，国联信托财务报表在所有重大方面按照企业会计准则的规定编制，公允反映了国联信托 2012 年 12 月 31 日的财务状况以及 2012 年度的经营成果和现金流量。

江苏公证天业会计师事务所　　中国注册会计师：赵　明

中国注册会计师：夏正曙

中国・无锡　　2013 年 3 月 28 日

5.1.2 资产负债表

资产负债表

编制单位：国联信托股份有限公司　　2012 年 12 月 31 日　　单位：万元

资产	期末余额	年初余额	负债及股东权益	期末余额	年初余额
资产：			负债：		
货币资金	15 565	6 756	短期借款		
交易性金融资产	304	6 704	交易性金融负债		
应收票据			卖出回购金融资产款		
应收账款			应付票据		
预付账款			预收账款		
应收利息			应付职工薪酬	802	498
应收股利			应交税费	2 895	2 326
其他应收款	4 851	521	应付利息		
发放贷款和垫款	7 600	6 000	应付股利		
可供出售金融资产	60 279	51 333	其他应付款	467	465
持有至到期投资	12 067	7 100	长期借款		
长期应收款			应付债券		
长期股权投资	141 727	140 197	长期应付款		
投资性房产			专项应付款		
固定资产	109	138	预计负债		
在建工程			递延所得税负债	1	
工程物资			其他负债		
固定资产清理			负债合计	4 166	3 289
生产性生物资产					
油气资产			所有者权益（或股东权益）：		

续表

资产	期末余额	年初余额	负债及股东权益	期末余额	年初余额
无形资产			实收资本	123 000	123 000
开发支出			资本公积	39 091	30 266
商誉			减:库存股		
长期待摊费用			盈余公积	13 500	11 101
递延所得税资产	1 169	4 276	信托赔偿准备	10 292	9 092
其他资产			一般风险准备	3 422	2 163
			未分配利润	50 200	44 113
			所有者权益(或股东权益)合计	239 505	219 735
资产总计	243 671	223 025	负债和所有者权益(或股东权益)合计	243 671	223 025

法定负责人:吕建一　　主管会计工作负责人:吕建一　　会计机构负责人:邹　莉　　制表:李　倩

5.1.3　利润表

利润表

2012 年度

单位:国联信托股份有限公司　　单位:万元

项　目	本期金额	上期金额
一、营业收入	35 621	33 235
利息净收入	821	1 017
利息收入	822	1 026
利息支出	1	9
手续费及佣金净收入	27 926	23 917
手续费及佣金收入	27 926	23 917
手续费及佣金支出		
投资收益(损失以"－"号填列)	6 057	8 663
其中:对联营企业和合营企业的投资收益		
公允价值变动收益(损失以"－"号填列)	816	-371
汇兑收益(损失以"－"号填列)		
其他业务收入	1	9
二、营业支出	5 106	4 687

续表

项　目	本期金额	上期金额
营业税金及附加	1 658	1 530
业务及管理费	3 448	3 157
资产减值损失		
其他业务成本		
三、营业利润(亏损以"－"号填列)	30 515	28 547
加:营业外收入		5
减:营业外支出	181	35
四、利润总额(亏损总额以"－"号填列)	30 334	28 518
减:所得税费用	6 339	5 628
五、净利润(净亏损以"－"号填列)	23 995	22 890
六、每股收益:		
(一)基本每股收益	0.2	0.19
(二)稀释每股收益	0.2	0.19

后附会计报表附注为本会计报表的组成部分

法定代表人:吕建一　　主管会计工作负责人:吕建一　　会计机构负责人:邹　莉　　复核:邹　莉

5.1.4　所有者权益变动表

股东权益变动表

2012 年度

编制单位:国联信托股份有限公司　　单位:万元

项　目	2012 年度								2011 年度							
	股本	资本公积	减:库存股	盈余公积	信托赔偿准备	一般风险准备	未分配利润	所有者权益合计	股本	资本公积	减:库存股	盈余公积	信托赔偿准备	一般风险准备	未分配利润	所有者权益合计
一、上年末余额	123 000	30 266		11 101	9 092	2 163	44 113	219 735	123 000	44 627		8 812	7 948	2 115	27 646	214 148
1. 会计政策变更																
2. 前期差错更正																
二、本年初余额	123 000	30 266		11 101	9 092	2 163	44 113	219 735	123 000	44 627		8 812	7 948	2 115	27 646	214 148
三、本年增减变动金额(减少以"－"号填列)	—	8 825		2 399	1 200	1 259	6 087	19 770	—	-14 361		2 289	1 144	48	16 468	5 588
(一)净利润							23 995	23 995							22 890	22 890
(二)直接计入所有者权益的利得和损失	—	8 825						8 825	—	-14 361						-14 361
1. 可供出售金融资产公允价值变动净额		8 606						8 606		-14 195						-14 196

续表

项　目	2012年度								2011年度							
	股本	资本公积	减:库存股	盈余公积	信托赔偿准备	一般风险准备	未分配利润	所有者权益合计	股本	资本公积	减:库存股	盈余公积	信托赔偿准备	一般风险准备	未分配利润	所有者权益合计
2. 权益法下被投资单位其他所有者权益变动的影响		219						219		-166						-166
3. 与计入所有者权益项目相关的所得税影响																
4. 其他																
上述(一)和(二)小计	—	8 825					23 995	32 819	—	-14 361					22 890	8 528
(三) 所有者投入资本	—								—							
1. 所有者本期投入资本																
2. 股份支付计入所有者权益的金额																
3. 其他																
(四) 利润分配	—			2 399	1 200	1 259	-17 908	-13 050	—			2 289	1 144	48	-6 421	-2 940
1. 提取盈余公积				2 399	1 200	1 259	-4 858					2 289	1 144	48	-3 482	
2. 对股东的分配							-13 050	-13 050							-2 940	-2 940
3. 其他																
(五) 所有者权益内部结转	—								—							
1. 资本公积转增资本(或股本)																
2. 盈余公积转增资本(或股本)																
3. 盈余公积弥补亏损																
4. 其他																
四、本年年末余额	123 000	39 091		13 500	10 292	3 422	50 200	239 505	123 000	30 266		11 101	9 092	2 163	44 113	219 735

法定代表人:吕建一　　主管会计工作负责人:吕建一　　复核:邹　莉　　制表人:姜淑英

5.2 信托资产

5.2.1 信托资产项目资产负债汇总表

信托项目资产负债汇总表

编制单位:国联信托股份有限公司　　2012年12月31日　　单位:万元

信托资产	年末数	年初数	信托负债和信托权益	年末数	年初数
信托资产:			信托负债:		
货币资金	26 657	33 664	交易性金融负债		
拆出资金			衍生金融负债		
存出保证金			应付受托人报酬		
交易性金融资产	39 049	22 729	应付托管费		
衍生金融资产			应付受益人收益		
买入返售金融资产			应交税费		
应收款项	15 182	9 173	应付销售服务费		
发放贷款	1 760 977	1 394 994	其他应付款项	2 747	12 033
可供出售金融资产	454 507	353 370	预计负债		
持有至到期投资	652 511	283 042	其他负债		
长期应收款			信托负债合计	2 747	12 033
长期股权投资	142 478	144 855	信托权益:		
投资性房地产			实收信托	3 039 715	2195 598
固定资产			资本公积		
无形资产			损益平准金		
长期待摊费用			未分配利润	48 899	34 196
其他资产			信托权益合计	3 088 614	2 229 794
减:各项资产减值准备					
信托资产总计	3 091 361	2 241 827	信托负债及信托权益总计	3 091 361	2 241 827

法定代表人:吕建一　　主管会计工作负责人:吕建一　　复核:邹　莉　　制表人:姜淑英

5.2.2 信托项目利润及利润分配汇总表

信托项目利润及利润分配汇总表

2012 年度

编制单位:国联信托股份有限公司　　单位:万元

项　目	本年数	上年数
一、营业收入	251 555	249 445
利息收入	173 705	161 853
投资收益	78 899	87 848
其中:对联营企业和合营企业的投资收益		
公允价值变动收益(损失以"-"号填列)	-1 049	-256
租赁收入		
汇兑损益(损失以"-"号填列)		
其他收入		
二、支出	36 278	24 647
营业税金及附加		
受托人报酬	25 632	20 463
托管费	2 640	987
投资管理费		
销售服务费	3 366	1 167
交易费用	10	
资产减值损失		
其他费用	4 629	2 020
三、信托净利润	215 277	224 798
四、其他综合收益		
五、综合收益	215 277	224 798
加:期初未分配利润	34 196	18 376
六、可供分配的信托利润	249 473	243 174
减:本期已分配信托利润	200 574	208 978
七、期末未分配信托利润	48 899	34 196

法定代表人:华伟荣　主管会计工作负责人:吕建一　复核:邹　莉　制表人:姜淑英

6. 会计报表附注

6.1 简要说明报告年度会计报表编制基础、会计政策、会计估计和核算方法发生的变化

本公司报告期内的财务报告是按照财政部2006年新修订颁布的《企业会计准则》及其应用指南进行编制。

会计期间以公历年月划分,会计年度自公历2012年1月1日起至12月31日止。以权责发生制为基础进行会计确认、计量和报告。在对会计要素进行计量时一般采用历史成本,在保证所确认的会计要素金额能够取得并可靠计量时,采用重置成本、可变现净值、现值、公允价值计量。

根据根据财政部《关于呆账准备提取有关问题的通知》、《金融企业呆账准备提取及呆账核销管理办法》、《非银行金融机构资产风险分类指导原则(试行)》的规定,在净利润中按风险资产最低提取比例1%减值准备即一般风险准备。计提资产减值一般风险准备的范围:交易性金融资产、应收款项、发放贷款和垫款、长期应收款、可供出售金融资产、持有至到期投资、长期股权投资、固定资产、在建工程、无形资产、其他长期资产。

根据《信托公司管理办法》及董事会决议,按净利润的5%计提信托赔偿准备金,该赔偿准备金累计总额达到公司注册资本的20%时,可不再提取。

6.2 或有事项

无。

6.3 重要资产转让及其出售

无。

6.4 会计报表中重要项目的明细资料

6.4.1 披露自营资产经营情况

6.4.1.1 按资产风险分类的结果披露资产的期初数、期末数

信用风险资产五级分类	正常类(万元)	关注类(万元)	次级类(万元)	可疑类(万元)	损失类(万元)	信用风险资产合计(万元)	不良资产合计(万元)	不良资产率(%)
期初数	223 025	—	—	—	—	223 025	—	—
期末数	243 671	—	—	—	—	243 671	—	—

注:不良资产合计=次级类+可疑类+损失类。

6.4.1.2 各项资产减值损失准备的期初数、本期计提、本期转回、本期核销、期末数,贷款的一般准备和专项准备和其他资产减值准备

单位:万元

	期初数	本期计提	本期转回	本期核销	期末数
贷款损失准备					
一般准备	2 163	1 259			3 422
专项准备					
其他资产减值准备					
可供出售金融资产减值准备					
持有至到期投资减值准备					
长期股权投资准备					
坏账准备					
投资性房地产减值准备					

6.4.1.3 自营股票投资、基金投资、债券投资、长期股权投资等投资的期初数、期末数

单位:万元

	自营股票	基金	债券	长期股权投资	其他投资	合计
期初数	52 049		5 013	140 197	8 075	205 334
期末数	51 304	304		141 727	21 042	214 377

6.4.1.4 前三名的自营长期股权投资的企业名称、占被投资企业权益的比例、主要经营活动及投资收益情况

企业名称	占被投资企业权益的比例(%)	投资收益(万元)
1. 国联证券股份有限公司	26.801	2 517
2. 无锡农村商业银行股份有限公司	10	1 567
3. 国联财务有限责任公司	20	600

6.4.1.5 前三名的自营贷款的企业名称、占贷款总额的比例和还款情况

企业名称	占贷款总额的比例(%)	还款情况
1. 精诚天润投资有限公司	50.00	贷款未到期、无欠息
2. 无锡民申房地产开发有限公司	26.32	贷款未到期、无欠息
3. 宜兴市纵横实业有限公司	23.68	贷款未到期、无欠息

6.4.1.6 表外业务的期初数、期末数,按照代理业务、担

保业务和其他类型表外业务分别披露

单位:万元

表外业务	期初数	期末数
担保业务		
代理业务(委托业务)	15 439	14 883
其他		
合计	15 439	14 883

注:代理业务主要反映因客观原因应规范而尚未完成规范的历史遗留委托业务,包括委托贷款和委托投资。

6.4.1.7 公司当年的收入结构

收入结构	金额(万元)	占总收入比例(%)
手续费及佣金收入	27 926	78.40
其中:信托手续费收入	27 926	78.40
投资银行业务收入		
利息收入	821	2.30
其他业务收入	1	0.01
其中:计入信托业务收入部分		
投资收益	6 057	17.00
其中:股权投资收益	5 553	15.59
证券投资收益	-304	-0.85
其他投资收益	808	2.27
公允价值变动收益	816	2.29
收入合计	35 621	100.00

注:手续费及佣金收入、利息收入、其他业务收入、投资收益、营业外收入均应为损益表中的一级科目,其中手续费及佣金收入、利息收入、营业外收入为未抵减掉相应支出的全年累计实现收入数。

6.4.2 披露信托资产管理情况

6.4.2.1 信托资产的期初数、期末数

单位:万元

信托资产	期初数	期末数
集合	659 486	1 180 689
单一	1 577 724	1 906 055
财产权	4 617	4 617
合计	2 241 827	3 091 361

6.4.2.1.1 主动管理型信托业务期初数、期末数,分证券投资、股权投资、融资、事务管理类分别披露

单位:万元

主动管理型信托资产	期初数	期末数
证券投资类	12	15 321
股权投资类	108 902	123 517
融资类	348 716	586 172
事务管理类	—	—
其他投资类	583 901	979 991
合计	1 041 531	1 705 001

6.4.2.1.2 被动管理型信托业务期初数、期末数,分证券投资、股权投资、融资、事务管理类分别披露

单位:万元

被动管理型信托资产	期初数	期末数
证券投资类	24 175	29 826
股权投资类	12 000	12 000
融资类	1 073 534	1 219 905
事务管理类	4 617	4 617
其他投资类	85 970	120 012
合计	1 200 296	1 386 360

6.4.2.2 本年度已清算结束的信托项目个数、实收信托合计金额、加权平均实际年化收益率。

本年度已清算结束的信托项目个数为83个、合计金额为1 041 886万元、加权平均实际年化收益率为10.68%。

6.4.2.2.1 本年度已清算结束的集合类、单一类资金信托项目和财产管理类信托项目个数、金额、加权平均实际年化收益率

已清算结束信托项目	项目个数	合计金额(万元)	加权平均实际年化收益率(%)
集合类	19	196 768	8.21
单一类	64	845 118	11.25
财产管理类			

注:1. 收益率是指信托项目清算后,给受益人赚取的实际收益水平。

2. 加权平均实际年化收益率 =(信托项目1的实际年化收益率×信托项目1的资产总计+信托项目2的实际年化收益率×信托项目2的资产总计+…信托项目n的实际年化收益率×信托项目n的资产总计)/(信托项目1的资产总计+信托项目2的资产总计+…信托项目n的资产总计)×100%。

6.4.2.2.2 本年度已清算结束的主动管理型信托项目个数、合计金额、加权平均实际年化收益率,分证券投资、股权投资、融资、事务管理类分别披露

本年度已清算结束的主动管理型信托项目个数为53个、合计金额为406 118万元、加权平均实际年化收益率为6.78%、加权平均实际年化信托报酬率为2.20%。

已清算结束信托项目	项目个数	合计金额(万元)	加权平均实际信托报酬率(%)	加权平均实际年化收益率(%)
证券投资类	—	—	—	—
股权投资类	9	35 025	1.23	9.27
融资类	19	125 040	3.60	7.36
事务管理类	—	—	—	—
其他投资类	25	246 053	1.64	6.14

6.4.2.2.3 本年度已清算结束的被动管理型信托项目个数、合计金额、加权平均实际年化收益率,分证券投资、股权投资、融资、事务管理类分别披露

本年度已清算结束的被动管理型信托项目个数为30个、合计金额为635 768万元、加权平均实际年化收益率为13.16%、加权平均实际年化信托报酬率为0.22%。

已清算结束信托项目	项目个数	合计金额（万元）	加权平均实际信托报酬率（%）	加权平均实际年化收益率（%）
证券投资类	2	23 754	0.40	5.08
股权投资类	—	—	—	—
融资类	27	492 014	0.19	15.29
事务管理类	—	—	—	—
其他投资类	1	120 000	0.30	6.06

6.4.2.3　本年度新增的集合类、单一类和财产管理类信托项目个数、实收信托合计金额

新增信托项目	项目个数	实收信托合计金额（万元）
集合类	37	724 287
单一类	72	1 541 204
财产管理类	—	—
新增合计	109	2 265 491
其中：主动管理型	68	1 034 956
被动管理型	41	1 230 535

注：本年新增信托项目指在本报告年度内累计新增的信托项目个数和金额。包含本年度新增并于本年度内结束的项目和本年度新增至报告期末仍在持续管理的信托项目。

6.4.2.4　信托业务创新成果和特色业务有关情况

此部分为可选项，即公司可自主决定是否披露、部分披露或全部披露

6.4.2.5　本公司履行受托人义务情况及因本公司自身责任而导致的信托资产损失情况

截至2012年12月31日，本公司未出现因自身责任导致信托资产损失的情况。

6.5　关联方关系及其交易的披露

6.5.1　关联交易方的数量、关联交易的总金额及关联交易的定价政策等

	关联交易方数量	关联交易金额（万元）	定价政策
合计	3	12 140	详见注

注：关联交易的定价政策：（1）本公司对关联方交易价格根据市场价或协议价确定，与对非关联方的交易价格基本一致，无重大高于或低于正常交易价格的情况。（2）固有财产、信托资产与关联方贷款按人民银行规定的利率执行，投资按市场公允价确定。（3）信托财产与信托财产之间的关联交易按交易双方协商价格执行。

6.5.2　关联交易方与本公司的关系性质、关联交易方的名称、法人代表、注册地址、注册资本及主营业务等

关系性质	关联方名称	法定代表人	注册地址	注册资本（万元）	主营业务
股东	无锡市国联发展（集团）有限公司	王锡林	无锡市金融一街8号	800 000	从事资本、资产经营；代理投资、投资咨询及投资服务。
股东的关联方	江苏无锡商业大厦集团有限公司	王均金	无锡市中山路343号	11 322.53	自有资产经营与管理，国内商业及日用工业品的修理等。

续表

关系性质	关联方名称	法定代表人	注册地址	注册资本（万元）	主营业务
股东的关联方	无锡联泰创业投资有限公司	万冠清	无锡滨湖区滨湖街道山水东路28号	10 410	对外投资、受托资产管理等。

6.5.3　逐笔披露本公司与关联方的重大交易事项

6.5.3.1　固有财产与关联方：贷款、投资、租赁、应收账款担保、其他方式等期初汇总数、本期发生额汇总数、期末汇总数

单位：万元

项目名称	类别	年初数	增加额	减少额	期末数
无锡市国联发展（集团）有限公司	应收账款	—	4 000	—	4 000

6.5.3.2　信托资产与关联方：贷款、投资、租赁、应收账款、担保、其他方式等期初汇总数、本期借方和贷方发生额汇总数、期末汇总数

单位：万元

信托与关联方关联交易				
	期初数	借方发生额	贷方发生额	期末数
贷款	92 787	—	86 787	6 000
投资	2 140	—	—	2 140
租赁	—	—	—	—
担保	—	—	—	—
其他	—	—	—	—
合计	94 927	—	86 787	8 140

6.5.3.3　信托公司自有资金运用于自己管理的信托项目（固信交易）、信托公司管理的信托项目之间的相互（信信交易）交易金额，包括余额和本报告年度的发生额

6.5.3.3.1　固有财产与信托财产之间的交易金额期初汇总数、本期发生额汇总数、期末汇总数

单位：万元

固有财产与信托财产相互交易			
	期初数	本期发生额	期末数
合计	7 100	4 967	12 067

注：以固有资金投资公司自己管理的信托项目受益权，或购买自己管理的信托项目的信托资产均应纳入统计披露范围。

6.5.3.3.2　信托资产与信托财产之间的交易金额期初汇总数、本期发生额汇总数、期末汇总数

单位：万元

信托资产与信托财产相互交易			
	期初数	本期发生额	期末数
合计	30 043	−13 543	16 500

注：以公司受托管理的一个信托项目的资金购买自己管理的另一个信托项目的受益权或信托项下资产均应纳入统计披露范围。

6.5.4　逐笔披露关联方逾期未偿还本公司资金的详细情况以及本公司为关联方担保发生或即将发生垫款的详细情况

截至2012年12月31日，本公司未发生关联方逾期未偿

还本公司资金的情况，也无本公司为关联方担保发生或即将发生垫款的情况。

6.6 会计制度的披露

本公司固有业务、信托业务执行的会计制度为财政部2006年新修订颁布的《企业会计准则》及其应用指南。

7. 财务情况说明书

7.1 利润实现和分配情况

经江苏公证天业会计师事务所审计，2012年度公司实现利润30 334万元，企业所得税6 339万元，实现净利润23 995万元。

报告期内，根据2011年度股东大会审议通过的2011年度利润分配方案向控股股东派发2011年度现金红利5 670万元。根据2012年度第二次临时股东大会审议通过的2012年度中期利润预分配方案，向全体股东派发现金红利7 380万元。

根据公司章程及财务制度的相关规定：（1）按净利润的10%计提法定盈余公积金2 399万元。（2）根据中国银监会令2007年第2号《信托公司管理办法》的规定，按净利润的5%计提信托赔偿准备金1 200万元。（3）根据财政部《金融企业准备金计提管理办法》的规定，按风险资产1.5%计提一般风险准备1 259万元。（4）上述各项计提后结余利润19 137万元，加上2012年初未分配利润44 113万元，减去派发2011年度控股股东现金红利5 670万元，减去2012年中期预分配现金红利7 380万元，2012年末可供股东分配利润为50 200万元。

7.2 主要财务指标

指标名称	指标值
资本利润率（%）	10.45
加权年化信托报酬率（%）	0.99
人均净利润（万元）	448.50

注：1. 资本利润率＝净利润/所有者权益平均余额×100%。

2. 加权年化信托报酬率＝（信托项目1的实际年化信托报酬率×信托项目1的实收信托＋信托项目2的实际年化信托报酬率×信托项目2的实收信托＋…信托项目n的实际年化信托报酬率×信托项目n的实收信托）/（信托项目1的实收信托＋信托项目2的实收信托＋…信托项目n的实收信托）×100%。该指标是反映公司实际的信托报酬水平，计算在报告年度真正清算结束了的项目。

3. 人均净利润＝净利润/年平均人数。

4. 平均值采取年初、年末余额简单平均法，公式为：a（平均）＝（年初数＋年末数）/2。

7.3 对本公司财务状况、经营成果有重大影响的其他事项

无。

7.4 公司净资本监管指标

指标名称	指标值	监管标准
净资本（万元）	213 328	≥2亿元
各项业务风险资本之和（万元）	62 166	
净资本/各项业务风险资本之和（%）	343.16	≥100%
净资本/净资产（%）	89.07	≥40%

8. 特别事项简要揭示

8.1 前五名股东报告期内变动情况及原因

无。

8.2 董事、监事及高级管理人员变动情况及原因

2012年8月23日，经2012年度第一次临时股东大会审议通过，同意华伟荣、蒋志坚、缪强同志辞去国联信托股份有限公司董事职务，并增补吕建一、杨飞、丁武斌同志为国联信托股份有限公司第二届董事会董事。

2012年8月23日，经国联信托股份有限公司第二届董事会第四次会议审议，选举吕建一为公司董事长、聘任杨飞为公司总经理。

8.3 公司的重大未决诉讼事项

报告期内，公司单一信托业务涉及诉讼事项起诉个数为2个；金额分别为2.5亿元、1亿元（不含利息）；诉讼对象分别为：（1）深圳市中技实业（集团）有限公司，成清波；（2）上海中望投资发展有限公司，上海高远控股有限公司，上海高远置业（集团）有限公司，邹蕴玉。

被诉个数为1个，起诉主体为佛山市南海区林海燃料有限公司，金额为520万（不含利息）。

注：上述涉诉项目，均为单一信托计划，该类项目公司按照相关法律、法规和信托文件的规定，履行受托义务，及时揭示风险，并按照委托人的指令进行项目操作，项目风险均由单一委托人自担，上述案件的所有权利义务均由单一委托人享有与承担。

8.4 对会计师事务所出具的有保留意见、否定意见或无法表示意见的审计报告的，公司董事会应就所涉及事项作出说明

无。

8.5 公司及其董事、监事和高级管理人员受到处罚的情况

无。

8.6 银监会及其派出机构对公司检查后提出整改意见的，应简要说明整改情况

无。

8.7 本年度重大事项临时报告的简要内容、披露时间、所披露的媒体及其版面

2012年11月16日，公司在《金融时报》第3版刊登了《国联信托股份有限公司董事长、总经理变更的公告》。

8.8 银监会及其省级派出机构认定的其他有必要让客户及相关利益人了解的重要信息

无。

9. 公司监事会意见

9.1 公司依法运作情况

经检查，监事会认为：报告期内，依据国家有关法律、法规和公司章程的规定，公司建立了较完善的内部控制制度，决策程序符合相关规定。公司董事及其他高级管理人员在履行职责时，未发现违反法律、法规、规章以及公司章程等的规定或损害公司及股东利益的行为。

9.2 检查公司财务情况

2012 年度，监事会对公司的财务制度、内控制度和财务状况等进行了认真细致的检查，认为公司目前财务会计内控制度健全，会计无重大遗漏和虚假记载，公司财务状况、经营成果及现金流量情况良好。

9.3 公司关联交易情况

对于公司 2012 年度日常经营相关的关联交易。监事会认为，交易定价公允，符合市场原则，交易公平、公开，无内幕交易行为，也无损害股东利益，特别是中小非关联股东利益的行为。

9.4 公司对外担保及股权、资产置换情况

2012 年度公司无对外担保，无债务重组、非货币性交易事项、资产置换，也无其他损害公司股东利益或造成公司资产流失的情况。

9.5 内部控制自我评价报告

公司已建立了适合公司运行的内部控制制度体系并能得到有效的执行。公司内部控制的自我评价报告真实、客观地反映了公司内部控制制度的建设及运行情况。本届监事会将继续严格按照《公司法》、公司章程和国家有关法规政策的规定，忠实履行自己的职责，进一步促进公司的规范运作。

国民信托有限公司

1. 重要提示

1.1 公司董事会及董事保证本报告所载资料不存在任何虚假记载、误导性陈述或者重大遗漏,并对其内容的真实性、准确性和完整性承担个别及连带责任。本年度报告摘要摘自年度报告全文,客户及相关利益人欲了解详细内容,应阅读年度报告全文。

1.2 独立董事张利华先生、石聿新先生因个人原因未出席公司董事会2012年度会议。

1.3 董事吴祝花女士因个人原因未出席公司董事会2012年年度会议,书面委托董事叶志衡先生代为行使表决权。

1.4 公司独立董事蔡启川先生申明:本报告所载资料真实、准确、完整。

1.5 公司2012年度财务会计报告经安永华明会计师事务所审计,并出具了标准无保留意见的审计报告。

1.6 公司法定代表人杨小阳先生、总经理石俊志先生及会计部门负责人黄茂燕女士申明:保证本年度报告中财务会计报告的真实、完整。

2. 公司概况

2.1 公司简介

2.1.1 法定中文名称:国民信托有限公司

法定英文名称:The National Trust Co. ,Ltd.

法定英文名称缩写:NATRUST

2.1.2 法定代表人:杨小阳

注册地址:北京市东城区安外西滨河路18号院1号

邮政编码:100011

互联网网址:www. natrust. cn

电子信箱:info@ natrust. cn

2.1.3 信息披露报纸:《上海证券报》

2.1.4 信息披露事务负责人:付然

电话:010 -84268088

传真:010 -84268000

电子信箱:florafu@ natrust. cn

2.1.5 公司年度报告备置点地:北京市东城区安外西滨河路18号院1号

2.1.6 聘请的会计师事务所:安永华明会计师事务所

住所:北京市东城区东长安街1号

东方广场安永大楼16层

2.1.7 聘请的律师事务所:北京市观韬律师事务所

住所:北京市西城区金融大街28号

盈泰中心2号楼17层

2.2 组织结构

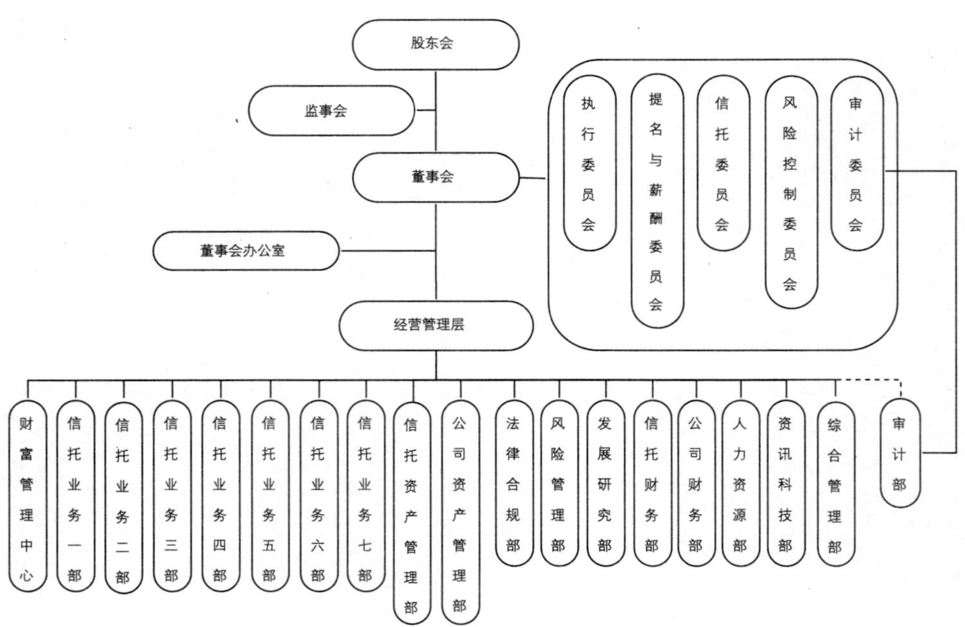

3. 公司治理结构

3.1 股东

公司前三位股东的情况如下：

股东名称	持股金额(元)	持股比例(%)	法定代表人	注册资本(万元)	注册地址	主营业务及财务情况
上海丰益股权投资基金有限公司	317 272 727.28	31.73	张江泳	55 000	上海市浦东新区莲林路15号403室	主营股权投资，财务状况良好。
璟安股权投资有限公司	275 472 727.27	27.55	刘盈	23 000	上海市浦东新区绿科路90号1幢301室H座	主营股权投资，财务状况良好。
上海创信资产管理有限公司	241 654 545.45	24.16	俞建伟	28 000	浦东南路1952号238室	主营项目投资，财务状况良好。

注：公司股东璟安实业有限公司、丰益实业发展有限公司已分别于2011年末及2012年初更名为璟安股权投资有限公司、丰益股权投资有限公司，公司章程已于2012年5月31日经监管机构批准相应变更；公司股东丰益股权投资有限公司后又更名为上海丰益股权投资基金有限公司，公司章程变更等相关工作正在办理中。

3.2 董事及独立董事

董事

姓 名	职 务	性别	年龄	选任日期	所推举的股东名称	代表股东持股比例(%)	简 要 履 历
杨小阳	董事及董事长	男	65	2012年8月7日	上海丰益股权投资基金有限公司	31.73	毕业于中南工业大学管理工程专业，获硕士学位；曾在中国农村发展信托投资公司、中国建设银行、中国建银投资有限责任公司、中国建银投资证券有限责任公司、中国光大实业(集团)有限责任公司及中国光大投资管理公司任高级管理职务，具备二十多年金融从业及管理经验。
叶志衡	董事及副董事长(拟任)	男	37	2012年5月30日	上海丰益股权投资基金有限公司	31.73	毕业于加州大学获经济学最高荣誉学士学位，后修读于美国哈弗大学获经济学硕士、博士学位；曾任香港交易所集团副营运总裁、汇丰环球投资管理助理董事、美国麦肯锡公司顾问等职务；现任上海丰益股权投资基金有限公司董事、香港公益金董事及多个香港政府委员会委员，具有十多年的经济管理工作经验。
曾进	董事	男	53	2007年3月30日	—	—	留学德国和奥地利，并毕业于奥地利格拉茨大学经济学院，金融博士；曾在中国工商银行股份有限公司深圳市分行离岸金融业务部、风险资产处置中心、国际业务部等多个部门担任高级管理职务，具备十余年之金融从业经验。
付然	董事	女	33	2011年1月12日	璟安股权投资有限公司	27.55	毕业于中国政法大学法律专业，获学士学位，后修读于英国纽卡斯尔诺森比亚大学国际商法专业，获硕士学位，拥有中华人民共和国律师资格；曾在北京天驰律师事务所、新世界(中国)科技传媒有限公司担任律师助理、法律顾问等职务，具备十年之经济、法律从业经验。
吴祝花	董事	女	33	2011年1月12日	上海丰益股权投资基金有限公司	31.73	毕业于香港中文大学工商管理会计专业，学士学位，香港注册会计师；曾服务于香港罗兵咸永道会计师事务所，从事审计及企业并购服务等工作，担任经理职务，具备十年之财务及经济管理从业经验。
陈永德	董事	男	63	2012年6月12日	上海创信资产管理有限公司	24.16	毕业于加拿大温莎大学商学院，获得学士学位，后取得加拿大安大略省特许会计师资格；长期从事财务、投资及资产管理相关工作，先后任职于Numac Energy Inc.石油公司、新世界中国康居发展有限公司及新世界基建有限公司，担任董事及高级管理职务，具有四十余年的经济工作及管理经验。
孙希灏	董事	男	46	2012年6月12日	上海丰益股权投资基金有限公司	31.73	毕业于美国南加州大学建筑学专业，获得学士学位，后毕业于美国哈弗大学设计研究专业，获得硕士学位；长期从事房地产及其相关金融产品投资、管理与研究工作，实践经验深厚，先后任职于香港东方惠嘉证券、摩根大通证券及摩根大通资产管理部等国际知名金融机构，担任重要职务，具有二十年的经济、金融工作及管理经验。
石俊志	董事	男	59	2013年3月27日			毕业于中国人民银行总行金融研究所金融学专业，获博士学位，高级经济师；曾在中国银行总行国际业务部、中国银行伦敦分行、招商银行总行、东方资产管理公司、渤海银行总行任高级管理职务，具备二十多年的金融从业和管理经验。

独立董事：

姓 名	所在单位及职务	性别	年龄	选任日期	所推举的股东名称	代表股东持股比例(%)	简 要 履 历
张利华	武汉武新实业有限公司副总经理	男	66	2007 年 12 月 19 日	—	—	毕业于加拿大麦玛斯特大学，荣获工商管理学士学位，加拿大特许会计师；曾服务于加拿大雅特杨会计师事务所、香港安达信会计师事务所、香港大福财务有限公司、香港亚洲电视广播有限公司、香港创百利有限公司、生命人寿保险股份有限公司等单位，并担任多项高级职务，具有四十多年之经济管理和金融管理经验。
石聿新	武汉大鹏实业有限公司总经理	男	58	2007 年 12 月 19 日	—	—	毕业于武汉大学国际经济法专业，硕士学位，高级经济师；曾就任武汉建设投资公司、武汉大鹏实业有限公司等高级管理职务，具有二十多年的经济管理工作经验。
蔡启川	中新天津生态城投资开发有限公司副总裁（业务与战略策划）	男	43	2012 年 5 月 30 日	—	—	毕业于伦敦经济与政治学院会计与金融系，获荣誉学士学位；曾在新加坡国际企业发展局任中国司司长之职，并曾在美国赛门铁克公司等大型跨国公司中担任高级管理职务，具有近二十年的经济工作及管理经验。

注：公司董事曾进先生、独立董事张利华先生、独立董事石聿新先生已于 2011 年 2 月 1 日经股东会决定，连选连任；2013 年 3 月 28 日董事会选举叶志衡先生为副董事长，其任职资格正在审批中。

3.3 监事会

姓名	职务	性别	年龄	选任日期	所推举的股东名称	代表股东持股比例(%)	简 要 履 历
陈世彪	监事及监事会主席	男	55	2012 年 9 月 26 日	上海丰益股权投资基金有限公司	31.73	毕业于英国伦敦大学政治经济学院经济系，学士学位；曾在英国毕马威会计师事务所、香港明报社长查良镛先生办公室任职，后在美国大通银行私人财富管理部、香港会德丰及九龙仓集团、美国摩根大通银行市场推广部、标准普尔国际信贷评级机构、Strategy Partners 企业财经顾问事务所出任多项亚太区域级高级管理职务，具备三十余年之经济管理工作经验。
罗明耀	监事	男	41	2011 年 1 月 21 日	恒丰裕实业发展有限公司	16.56	毕业于香港大学工商管理专业，学士学位，后修读于武汉大学及香港大学法律专业，并取得毕业证书；曾在交通银行（香港）信贷发展部、澳纽银行（香港分行）信贷部、香港贸易发展局、钟沛林律师行、恒丰裕实业发展有限公司任信贷管理、律师、法律顾问等高级管理职务，具备十多年之经济、法律从业经验。
李静	职工监事	女	36	2012 年 3 月 8 日	—	—	毕业于大连大学会计专业获管理学学士学位，后修读于东北财经大学金融专业，获经济学学位；曾服务于安永华明会计师事务所和普华永道会计师事务所，从事金融行业审计及内控咨询服务等工作，具备 14 年外审及内审工作经验。

注：原任监事会主席罗明耀先生因个人原因申请辞去监事会主席职务，并经监事会审议通过。经股东会审议通过，新任监事陈世彪先生于 2012 年 9 月 26 日正式到任，并于 2012 年 10 月 8 日被选举为监事会主席；因员工离职，公司于 2012 年 3 月 8 日选举了一名新的职工监事。

3.4 高级管理人员

姓名	职务	性别	年龄	选任日期	金融从业年限	学历	专业
石俊志	董事、总经理	男	59	2013 年 1 月 28 日	25	博士研究生	金融学
章全明	副总经理	男	45	2012 年 9 月 11 日	12	硕士研究生	货币银行学
刘晶	副总经理	女	39	2013 年 1 月 10 日	12	博士研究生	金融学
何远	副总经理	男	43	2011 年 10 月 11 日	18	本科	金融学

注：经董事会审议并经中国银监会任职资格审核，公司新任总经理石俊志先生已于 2013 年 1 月 28 日正式就任；经董事会审议并经北京银监局任职资格审核，公司副总经理刘晶女士已于 2013 年 1 月 10 日正式就任；原任总经理李政怀先生向董事会申请辞任，并经董事会审议通过，已于 2013 年 1 月 28 日正式离任。

3.5 公司员工

公司报告期内员工人数、年龄分布、学历分布列示如下：

项 目		报告期年度	
		人数	比例(%)
年龄分布	25 岁以下	5	6.33
	26～29 岁	20	25.32
	30～39 岁	38	48.10
	40 岁以上	16	20.25
学历分布	博士	5	6.33
	硕士	26	32.91
	本科	39	49.37
	专科	5	6.33
	其他	4	5.06

4. 经营概况

4.1 经营目标、经营方针、战略规划

4.1.1 经营目标

公司的战略目标是打造中国一流的信托金融服务机构。以完善的内部控制和风险管理为保障，以差异化的研发能力和高端资产管理服务来建立核心竞争力，通过向高端客户提供高附加值的金融产品服务在市场竞争中赢得生存和发展，逐步创建国民信托品牌，致力于客户利益、股东价值和员工满足感的最大化，成为市场领先、客户信赖的综合金融服务商。

4.1.2 经营方针

以敬业的员工、可靠的产品、优质的服务和先进的平台为客户提供最佳的金融理财服务。

4.1.3 战略规划

发展方向：从传统信托业务向以主动资产管理为核心的现代金融业务发展。

业务类型：从以项目为导向的投融资业务转向以客户为中心的私人财富管理和机构资产管理为主业的信托金融服务。

费率结构：继续提高信托报酬，并逐步转为以主动管理类业务的稳定、持续信托报酬率收入为主要利润来源。

短期策略：巩固业务基础和客户群，优化资讯科技平台，完善营运系统、制度和流程，建立高效问责的管理和营销团队。信托业务开展以“冲规模、稳收益、控风险”为原则，以项目融资等传统业务为主导，以逐步缩小公司信托规模、信托业务收入等多项主要指标与行业平均值差距为目标。

中短期策略：扩大市场和产品的深度和广度，加速产品和服务创新，不断优化投资解决方案和服务流程，强化开放式财富管理平台，建立全国性销售网络和服务团队，改善品牌效应和销售网络，积极发掘潜在客户和业务并持续深化高净值客户关系。

长期策略：成长为具有重要市场地位的国际性综合金融服务集团。在股权投资和信托服务上取得市场领先地位，逐步发展网上银行及证券等与现有业务具协同效应的配套金融业务，保持优秀的投资业绩、明确的发展策略以及稳健的财务状况。以优越的体制、机制和管理文化来吸引并挽留人才以取得可持续发展，提升客户利益和股东价值。

4.2 经营业务的主要内容

4.2.1 固有业务

固有资产运用与分布表

2012 年 12 月 31 日

资产运用	金额（万元）	占比（%）	资产分布	金额（万元）	占比（%）
货币资产	9 621.03	5.66%	基础产业	—	—
贷款及应收款	7 036.82	4.14	房地产	—	—
以公允价值计量且其变动计入当期损益的金融资产	114 105.43	67.13	证券市场	22 238.40	13.08
			实业	—	—
			金融机构	114 105.43	67.13
可供出售金融资产	26 189.16	15.41	其他（注）	33 624.77	19.79
其他	13 016.16	7.66			
资产合计	169 968.60	100.00	资产合计	169 968.60	100.00

注：资产分布中，对“其他”事项的说明：

单位：万元

资产分布中“其他”事项明细		
货币资产	9 621.03	5.66
信托产品	3 950.76	2.32%
贷款、应收账款及其他	20 052.98	11.81%
其他合计	33 624.77	19.79%

4.2.2 信托业务

信托资产运用与分布表

2012 年 12 月 31 日

资产运用	金额（万元）	占比（%）	资产分布	金额（万元）	占比（%）
货币资产	7 162.40	1.18	基础产业	120 750.00	19.86
贷款	53 099.82	8.73	房地产	130 630.00	21.49
交易性金融资产	11 950.51	1.97	证券市场	86 411.66	14.21
可供出售金融资产	73 331.14	12.06	实业	—	—
长期股权投资	41 400.00	6.81	金融机构	12 900.00	2.12
其他（注）	420 990.66	69.25	其他（注）	257 242.87	42.32
信托资产合计	607 934.53	100.00	信托资产合计	607 934.53	100.00

注：资产运用和资产分布中，对“其他”事项的说明：

单位：万元

资产运用中“其他”事项明细			资产分布中“其他”事项明细		
应收账款	254 880.65	41.92%	应收账款	202 880.65	33.37%
无形资产	164 980.00	27.14%	租金收益权	35 300.00	5.81%
买入返售金融资产	1 130.01	0.19%	银行存款	7 162.40	1.18%
			其他	11 899.82	1.96%
其他合计	420 990.66	69.25%	其他合计	257 242.87	42.32%

4.3 市场分析

4.3.1 影响公司业务发展的有利因素

（1）财富总量稳步增长，资产保值增值需求上升。根据 BCG 报告，2012 年我国个人可投资资产总额将超过 73 万亿元，同比增长 14%，高净值家庭数量达 174 万户，同比增 17%。而在全球各国央行开动印钞机的背景下，纸币购买力将持续下降，财富的保值增值需求未来将持续上升。

（2）融资多元化趋势将为信托公司融资类业务的发展提供广阔空间。随着经济温和复苏，企业资金需求上升与央行中性略有偏紧货币政策之间的矛盾将逐步显现，这必将加快金融产品的创新，尤其是各种非信贷类的创新融资产品潜在需求巨大。

（3）资本项目开放的稳步推进将带来新的发展机遇。资本市场开放的稳健推进，一方面将加快海外资金布局国内资本市场，同时也将使国内居民对全球资产的配置需求上升，QFII、

RQFII、QDII 的加快扩容以及 QDII2 的推出，都将推动资产管理业务规模的不断扩大。

4.3.2 国内国际的金融形势也给信托公司带来了许多挑战

（1）2012 年信托资产规模过快增长可能使行业潜在的信用风险和流动性风险上升。一旦未来部分信托项目出现兑付问题，整个信托行业的发展都可能会受到一定冲击。

（2）财富管理行业竞争将更加激烈。2012 随着银行、基金、券商、第三方理财机构等纷纷加大力度进入财富管理领域，财富管理行业的竞争日趋白热化。信托公司如何正确定位，如何增强产品设计研发能力，都将对信托公司的长期发展带来不小的挑战。

4.4 内部控制

4.4.1 内部控制环境和文化

按照《信托公司治理指引》和现代企业制度的要求，公司建立了股东会、董事会、监事会和高级管理层为核心的法人治理结构，明确了公司的议事规则和决策程序。股东会为公司最高权力机构；董事会为公司决策机构；经营管理层为公司执行机构，负责执行董事会批准的各项决策和制度；监事会为公司监督机构，主要对公司财务经营状况及董事、高级管理人员履行职务的行为进行监督。公司董事会下设立了信托委员会、执行委员会、提名与薪酬委员会、风险控制委员会以及审计委员会，明确了各自的工作职责和议事规则。公司确立了分工明确、权责相互制衡的公司治理和内部控制机制，实现了董事会对经营管理层经营活动的合理授权和有效监督。

公司在董事会及经营管理层的领导下，通过实施完善的内部控制制度体系，形成了诚实守信、稳健经营、恪尽职守的内部控制文化。对维护公司自身、委托人以及受益人的正当、合法权益发挥了重要作用。

4.4.2 内部控制措施

公司强化内控机构设置和制度建设；强调董事会和经营管理层的责任，将风险内控管理作为公司内部管理的核心，营造风险管理的环境。建立健全了董事会下风险控制委员会、经营管理层、风险内控管理职能部门和业务部门等四个层级的全面风险管理架构，贯彻全面风险管理要求和全方位管理、全过程和全员风控管理的原则。实现法律合规部、风险管理部、审计部与业务部门保持相对独立，其中审计部直接向董事会审计委员会负责，保证内部控制机构的独立性和权威性；有效保障风险管理程序的执行力，使公司业务运作和决策更为可扩和可控，也使经营管理层能全面及时地掌握公司的日常经营、财务和风险状况并保证有效执行。

在公司制定的全面风险管理体系架构（ERM）下，内部控制是对业务的全过程，即风险目标和政策制定、风险管理的具体实施（包括风险识别、评估和应对）和风险信息披露进行全方位的管理和控制。内部控制的主要工作由法律合规部、风险管理部和审计部具体执行，其中，法律合规部负责法律事务方面的风险管理，风险管理部负责对公司除法律及合规风险之外的所有相关风险管理工作，审计部则对公司业务和经营管理工作开展独立的审计和监督。

公司修订了若干业务操作及内部控制制度，包括《公司财务支出管理制度》、《信托财务管理制度及操作流程》、《现金、支票及银行存款管理制度》、《信用风险管理办法》、《信托业务内部审计实施细则》等，涵盖自营业务操作流程、信托业务管理制度，涉及股权质押、房地产信托、证券投资等业务领域。针对业务审批流程，公司修订了相关业务审批管理办法，优化了自营业务、信托业务审批流程。通过对业务操作流程和审批流程的完善，公司业务开展进一步标准化、规范化、系统化。

为防范信托业务操作风险，公司修订并试行了《信托业务操作细则》，完善业务审批流程，规定了信托项目受理、立项、尽职调查和项目实施、推介发行、后期管理及档案管理的操作流程和规范要求，较好的揭示、控制和防范了业务开展中的操作风险。

4.4.3 监督评价与纠正

公司十分重视内部控制问题的后续追踪整改，对于持续监控、内审稽核、监管检查以及重大事件所反映的内控问题组织持续追踪整改。针对常规内审高风险项目、重大行政监管意见、潜在损失案件中反映的制度和流程缺陷，公司通过合规部门关注重大合规风险识别、评估、整改要求，对重大违规事项整改情况进行跟踪，持续优化制度和流程，从源头控制内控漏洞，以防范、杜绝类似问题重复发生。公司内部审计人员对业务部门落实整改执行情况进行逐项跟踪，对未按时整改的情况及时予以分析追踪和报告。

2012 年，公司未出现经营风险，亦未发生违法违规事件，各项业务稳健运行。

4.5 风险管理

4.5.1 风险状况

4.5.1.1 信用风险状况

信用风险不仅包括违约风险，还包括由于交易对手和合作方的信用状况和履约能力上的变化而导致公司资产价值发生变动造成损失的风险。公司在各项业务中加强了对交易对手、合作方以及业务本身的尽职调查，并根据不同的业务类别形成了标准化的调查、复核和监督机制，有力地保障了公司对信用风险的管控效果。

公司自营业务和信托业务按照资产五级分类标准进行分类，2012 年末均分类为正常类，资产不良率为零。

4.5.1.2 市场风险状况

市场风险是指公司在对信托财产和固有财产的合法经营中，因市场利率、汇率、股指和商品价格等市场参数的波动而产生的风险，包括利率风险、汇率风险、股市风险和通货膨胀风险等。

2012 年面临的市场风险主要是证券市场价格波动，全年呈下滑态势，公司自营业务和信托业务证券投资的净值随之波动，市场获利难度增大，出现了一定的账面浮亏。但整体来说，根据公司的投资策略和决策，相关的风险程度尚在公司的预期和承受范围之内，没有因市场波动风险而出现不可控的状况。

2012 年，公司未发生流动性风险事件。所有到期终止的信托均正常清算分配。

4.5.1.3 操作风险状况

操作风险是指由于内部控制程序和系统的不完善、人员操作失误或外部突发事件等可能导致公司遭受到损失的风险。

公司实行规范化、标准化、制度化管理，各项业务的开展都严格执行内部控制程序及业务操作流程。此外，公司还根据市场环境、监管规则及业务发展变化，不断调整和完善业务操作流程。

2012 年，公司未发生操作风险事件给公司带来现实和潜在的损失。

4.5.1.4　其他风险状况

除以上三类风险外，公司还面临合规风险、流动性风险、声誉、员工道德风险，以及国家法律法规和政策的不确定性变化对公司经营产生影响的政策风险等风险。2012 年，公司没有出现因其他风险对公司造成损失和影响经营活动的情况。

4.5.2　风险管理

4.5.2.1　信用风险管理

公司严格执行信用风险的事前防范、事中控制和事后检查制度。在业务发生前，主要由业务部门对交易对手进行详尽地尽职调查，重点落实业务的商业风险可控性、公司收益与风险承担的合理性；法律合规部根据业务部门的尽职调查情况对项目交易结构和合同条款的合规性进行审查，风险管理部对风险识别情况及其控制措施进行充分的评估和审核，“两级评审会”对项目进行审核和评定，从而尽可能地降低了信用风险发生的概率。

一是严格按照业务流程开展信托和自营业务，确保经营管理层能充分了解项目涉及的信用风险。定期进行存续期项目尽职管理的基本作业流程操作。二是加强事前对交易对手（项目）的尽职调查，并在项目正式提交业务评审委员会之前，对项目相关资料进行原件核实，确保资料的真实性。三是认真落实融资业务担保措施，除常规抵押、保证等担保措施外，通过多种交易条件设置获得缓释风险的实质性效果，主要选择信用等级高的机构作为交易对手；聘请外部独立机构客观、公正地评估抵押品，严格控制贷款本金与不同抵押品价值之比，一般控制在 50% 以下。四是事中对交易对手（项目）进行动态管理，在信托成立后，业务部门定期进行后期检查，形成项目检查报告，并由风险管理部每月汇总分析后形成风险管理报告，向经营管理层报告。五是对风险资产提足准备金。根据风险资产分类情况，按关注类资产 2%、次级类资产 25%、可疑类资产 50%、损失类资产 100% 的比例计提准备金。同时，公司按照有关规定，按时足额计提各类风险准备。一般风险准备按照风险资产的 1% 计提，信托赔偿准备按照税后利润的 5% 计提。报告期末，公司自营业务和信托业务按照资产五级分类标准全部分为正常类，资产不良率为零。

2012 年，公司所有到期信托项目都已顺利兑付，均能按信托合同约定的信托终止事项进行清算；所有存续的信托项目均运行良好，没有不可控风险，公司对信用风险的管理措施有效。

4.5.2.2　市场风险管理

控制市场风险的主要方法是加强对经济及金融形势的分析预测，加强相关行业研究，必要情况下在具体项目尽职调查时聘请专业的机构参与调查，在业务决策时，参考聘请的外部行业专家对项目进行的行业与市场分析。公司根据业务性质、规模、复杂程度和风险特征，结合总体业务发展战略、管理能力、资本实力，确定总体风险承担水平，并尽量采取分散投资、分散风险的办法。加强对宏观经济和证券市场的研究，坚持价值投资理念，采取稳健的投资策略，建立止损机制，有效防范资本市场风险。定期或不定期对房地产和证券投资等业务进行市场风险压力测试，分析业务对外部市场变化的敏感程度和可能的影响，以制定策略应对市场变化。

2012 年，公司对市场风险的分析判断准确，采取了合理的风险控制措施和谨慎的投资策略，有效防范市场风险。

4.5.2.3　操作风险管理

公司建立起一整套内部控制制度，部门间实行明确的职责划分，各部门内部又细分各岗位职责和权限，开展不相容岗位梳理，保证岗位的有效分离与制衡，形成了相互配合、相互监督、相互制约的风险控制机制。

公司注重信息系统建设，且定期对内部的信息管理系统及其设备进行维护和保养，加强信息系统的管理，保证其正常运行；通过建立主要信息系统的应急处置体系并保证其安全运行，确保业务持续性管理。

2012 年公司网站内容管理系统和财富管理系统成功上线，并加强了盈丰信托业务系统对业务开展跟踪情况的信息化管理；此外，2012 年，公司还将邮件系统从 Exchange2003 版本升级至 2010 年，并使用 EV 归档邮件，使用 RMS 加密邮件传输，部署 Ironport 双机，从整体上提升了邮件系统的通信安全和数据安全。IPS 入侵检测防护系统的部署防止了黑客入侵。

公司通过各系统把公司业务整体联系起来，形成了全网信息化平台。信托业务平台已建立并在不断改进，证券交易系统已和信托业务管理系统连通了数据通信，同时信托业务管理系统又与财务核算系统开通了数据接口，财务核算系统能够接收来自所需信托业务数据。目前公司已达到了从前台到后台一体化的核算应用。

2012 年，公司的内部控制程序和系统完善且运行有效，操作风险的管理效果明显。

4.5.2.4　其他风险管理

公司加强对国家政策的分析和研究，提高对政策的理解能力，并与监管部门及时沟通，根据要求进行业务调整和制度完善；此外，还不定期与同行进行业务交流，探讨业务经营管理中发现的问题，以提高对政策的理解度和执行力，从而有效地防范政策风险。

公司高度重视法律风险的防范，法律合规部专职负责法律风险的监控和管理，对于重大项目聘请外部律师事务所等专业服务机构提供专业意见，以强化法律方面的风险管理。

在流动性风险控制方面，公司坚持审慎性原则，充分识别、有效计量、持续监测和适当控制公司整体及在各产品、各业务条线、各业务环节的流动性风险，确保公司无论在正常经营环境中还是在压力状态下，都有充足的资金应对资产的增长和到期债务的支付以及履约进行信托财产的清算分配。

公司在开展具体项目时，首先采取降低抵押率（一般控制在 50% 以下）、优先劣后结构、现金流指标监测、分期还款结构设置等措施来控制流动性风险；其次是加强信托项目的到期兑付工作。在兑付前，公司提前落实资金情况和清算方案，由信托经理逐日向公司报告进展，在公司自身流动性方面，对自营业务，注重资产配置的合理性，保留一定的高流动性资产和货币类资产以增加公司资产流动性和抵御风险的能力，并定期对流动性进行压力测试。

公司积极组织员工参加监管部门开展的与信托业务有关

的法律法规学习和考试；鼓励员工参加内部和外部培训交流，进一步提高员工的业务能力和专业知识，增强风险意识和预判能力，将风险控制理念融入到业务和管理工作的各方面、各环节。

4.6 净资本风险控制指标

指标名称	期末数	监管标准
净资本（万元）	132 386.33	≥2 亿元
固有业务风险资本（万元）	16 080.99	
信托业务风险资本（万元）	5 817.35	
其他业务风险资本（万元）	—	
各项业务风险资本（万元）	21 898.34	
净资本/各项业务风险资本之和（%）	604.55	≥100
净资本/净资产（%）	88.47	≥40

5. 公司财务报表

5.1 会计师事务所审计意见结论

安永华明会计师事务所对公司 2012 年度财务报表出具了标准无保留意见，认为公司财务报表在所有重大方面已经按照企业会计准则的规定编制，公允地反映了国民信托有限公司 2012 年 12 月 31 日的财务状况以及 2012 年度的经营成果和现金流量。

5.2 自营资产

5.2.1 资产负债表

单位：万元

	2012 年 12 月 31 日	2011 年 12 月 31 日
资产：		
货币资金	9 621.03	11 118.58
以公允价值计量且其变动计入当期损益的金融资产	114 105.43	73 559.03
应收账款	5 551.82	839.18
发放贷款	1 485.00	1 485.00
可供出售金融资产	26 189.16	33 626.97
固定资产	676.31	779.33
无形资产	154.81	177.77
其他资产	12 185.04	3 824.96
资产合计	169 968.60	125 410.82
负债及所有者权益		
负债：		
应付职工薪酬	1 138.22	365.68
应交税费	578.84	799.46
递延所得税负债	16 506.05	4 588.04
其他负债	2 109.47	762.40
负债合计	20 332.58	6 515.58
所有者权益：		
实收资本	100 000.00	100 000.00
资本公积	(288.52)	(4 688.23)
盈余公积	8 837.81	5 503.70
一般风险准备	368.34	368.34
信托赔偿准备	3 745.03	2 077.98
未分配利润	36 973.36	15 633.45
所有者权益合计	149 636.02	118 895.24
负债及所有者权益合计	169 968.60	125 410.82

5.2.2 利润表

单位：万元

	2012 年	2011 年
营业收入		
手续费及佣金收入	7 736.31	3 109.34
投资（损失）/收益	(400.51)	1 546.56
公允价值变动收益	40 546.40	23 234.43
利息净收入	781.33	809.66
其他业务收入	4 223.26	3 611.96
营业收入合计	52 886.79	32 311.95
营业支出		
营业税金及附加	678.29	412.55
业务及管理费	5 188.50	3 211.69
资产减值损失	2 501.24	4 116.59
营业支出合计	8 368.03	7 740.83
营业利润	44 518.76	24 571.12
加：营业外收入	8.26	0.01
减：营业外支出	1.49	6.66
利润总额	44 525.53	24 564.47
减：所得税费用	11 184.46	6 172.17
净利润	33 341.07	18 392.30
其他综合收益	4 399.71	(2 051.83)
综合收益总额	37 740.78	16 340.47

5.2.3 所有者权益变动表

所有者权益变动表

2012 年度

单位：万元

	实收资本	资本公积	盈余公积	一般准备	信托赔偿准备	未分配利润	所有者权益合计
本年初余额	100 000.00	(4 688.23)	5 503.70	368.34	2 077.98	15 633.45	118 895.24
本年增减变动金额							
净利润	—	—	—	—	—	33 341.07	33 341.07

续表

	实收资本	资本公积	盈余公积	一般准备	信托赔偿准备	未分配利润	所有者权益合计
其他综合收益	—	4 399. 71	—	—	—	—	4 399. 71
综合收益总额	—	4 399. 71	—	—	—	33 341. 07	37 740. 78
利润分配							
提取盈余公积	—	—	3 334. 11	—	—	(3 334. 11)	—
提取信托赔偿准备	—	—	—	—	1 667. 05	(1 667. 05)	—
对所有者的分配	—	—	—	—	—	(7 000. 00)	(7 000. 00)
本年末余额	100 000. 00	(288. 52)	8 837. 81	368. 34	3 745. 03	36 973. 36	149 636. 02

所有者权益变动表(续)

单位:万元

2011 年度

	实收资本	资本公积	盈余公积	一般准备	信托赔偿准备	未分配利润	所有者权益合计
本年初余额	100 000. 00	(2 636. 40)	3 664. 47	368. 34	1 158. 36	11 576. 16	114 130. 93
本年增减变动金额							
净利润	—	—	—	—	—	18 392. 30	18 392. 30
其他综合收益	—	(2 051. 83)	—	—	—	—	(2 051. 83)
综合收益总额	—	(2 051. 83)	—	—	—	18 392. 30	16 340. 47
利润分配							
提取盈余公积	—	—	1 839. 23	—	—	(1 839. 23)	—
提取信托赔偿准备	—	—	—	—	919. 62	(919. 62)	—
对所有者的分配	—	—	—	—	—	(11 576. 16)	(11 576. 16)
本年末余额	100 000. 00	(4 688. 23)	5 503. 70	368. 34	2 077. 98	15 633. 45	118 895. 24

5. 3 信托资产

5. 3. 1 信托项目资产负债汇总表

单位:万元

	2012 年 12 月 31 日	2011 年 12 月 31 日
信托资产		
货币资金	7 162. 40	12 199. 51
交易性金融资产	11 950. 51	2 122. 56
买入返售金融资产	1 130. 01	920. 01
应收款项	254 880. 65	309 155. 58
发放贷款	53 099. 82	109. 20
可供出售金融资产	73 331. 14	41 909. 00
长期股权投资	41 400. 00	41 400. 00
无形资产	164 980. 00	30 400. 00
信托资产总计	607 934. 53	438 215. 86
信托负债和信托权益		
信托负债		
应付受托人报酬	5 551. 82	739. 18
应付托管费	0. 89	1. 13
其他应付款项	17. 01	102. 80
信托负债合计	5 569. 72	843. 11
信托权益		
实收信托	561 960. 73	412 600. 72
资本公积	10 493. 80	(2 728. 35)
未分配利润	29 910. 28	27 500. 38
信托权益合计	602 364. 81	437 372. 75
信托负债和信托权益总计	607 934. 53	438 215. 86

5. 3. 2 信托项目利润及利润分配汇总表

单位:万元

	2012 年度	2011 年度
营业收入		
利息收入	10 466. 75	79. 16
投资收益	10 636. 70	177. 08
公允价值变动损失	1 249. 82	(1 016. 50)
营业收入合计	22 353. 27	(760. 26)
营业支出		
营业税金及附加	0. 15	0. 16
受托人报酬	6 806. 59	1 353. 25
托管费	215. 47	17. 23
销售服务费	3 158. 48	—
交易费用	18. 10	27. 40
其他费用	219. 88	12. 73
营业支出合计	10 418. 67	1 410. 77
信托净(亏损)/利润	11 934. 60	(2 171. 03)
其他综合收益	—	—
综合(亏损)/收益	11 934. 60	(2 171. 03)
加:期初未分配信托利润	27 500. 38	29 860. 89
可供分配的信托利润	39 434. 98	27 689. 86
减:本期已分配信托利润	9 524. 70	189. 48
期末未分配信托收益	29 910. 28	27 500. 38

6. 公司财务报表附注

6.1 报告期内，公司财务报表编制基准、会计政策、会计估计和核算方法变化情况

2012 年度公司财务报表编制基准、会计政策、会计估计和核算方法与上年度相比，没有发生重大变化。

6.2 财务报表主要项目的明细

6.2.1 自营资产经营情况

6.2.1.1 资产风险分类情况

风险分类	正常类（万元）	关注类（万元）	次级类（万元）	可疑类（万元）	损失类（万元）	资产合计（万元）	不良资产合计（万元）	不良资产率（%）
期初数	125 410. 82	—	—	—	—	125 410. 82	—	—
期末数	169 968. 60	—	—	—	—	169 968. 60	—	—

注：不良资产合计 = 次级类 + 可疑类 + 损失类。

6.2.1.2 各项资产减值损失准备的期初数、本期计提、本期转回、本期核销、期末数

单位：万元

	期初数	本期计提	本期转回	本期核销	期末数
贷款损失准备	—	—	—	—	—
一般准备	15. 00	—	—	—	15. 00
专项准备	—	—	—	—	—
其他资产减值准备	—	—	—	—	—
可供出售金融资产减值准备	4 101. 59	2 501. 24	—	3 760. 58	2 842. 25
持有至到期投资减值准备	—	—	—	—	—
长期股权投资减值准备	—	—	—	—	—
坏账准备	—	—	—	—	—
投资性房地产减值准备	—	—	—	—	—

6.2.1.3 固有业务股票投资、基金投资、债券投资、股权投资等投资业务的期初数、期末数

单位：万元

	自营股票	基金	债券	长期股权投资	其他投资	合计
期初数	23 894. 78	—	5 970. 39	—	77 320. 83	107 186. 00
期末数	15 261. 57	—	6 976. 83	—	118 056. 19	140 294. 59

6.2.1.4 前三名自营贷款的企业名称、占贷款总额的比例和还款情况等

企业名称	占贷款总额的比例（%）	还款情况
深圳市满庭芳资产管理有限公司	100	正常偿还本息

6.2.1.5 前三名自营长期股权投资（包括以公允价值计量且其变动计入当期损益的金融资产）的企业名称、占被投资企业权益的比例、主要经营活动及投资收益情况等

企业名称	占被投资企业权益的比例（%）	投资收益（万元）
汇丰人寿保险有限公司	50	—
北京新域保险经纪有限公司	35	—

6.2.1.6 表外业务的期初数、期末数，按照代理业务、担保业务和其他类型表外业务分别披露

本年度无表外业务。

6.2.1.7 收入结构

收入结构	金额（万元）	占比（%）
手续费及佣金收入	7 736. 31	14. 63
其中：信托手续费收入	7 736. 31	14. 63
利息收入	781. 33	1. 48
其他业务收入（注）	4 223. 26	7. 98
投资（损失）/收益	（400. 51）	-0. 76
其中：证券投资收益	（400. 51）	-0. 76
其他投资收益	—	0. 00
公允价值变动收益	40 546. 40	76. 65
营业外收入	8. 26	0. 02
收入合计	52 895. 05	100. 00

注：其他业务收入为合营企业的有关收益。

6.2.1.8 关联方关系及其交易

6.2.1.8.1 关联交易方的数量、关联交易的总金额及关联交易的定价政策

	关联交易方数量	关联交易金额（万元）	定价政策
合计	3	2 049. 27	按市场价格或公允原则交易

6.2.1.8.2 关联交易方与公司的关系性质、关联交易方的名称、法定代表人、注册地址、注册资本及主营业务

关系性质	关联方名称	法定代表人	注册地址	注册资本	主营业务
股东	璟安股权投资有限公司	刘盈	上海市浦东新区绿科路 90 号 1 幢 301 室 H 座	23 000 万元	主营股权投资
股东	上海丰益股权投资基金有限公司	张江泳	上海市浦东新区莲林路 15 号 403 室	55 000 万元	主营股权投资
股东间接持有的子公司	上海银信网络科技发展有限公司	黄湘如	上海市浦东新区浦东南路 1950 号 106 室	8 000 港元	软件开发、销售及技术咨询等

6.2.1.8.3 公司与关联方的重大交易事项

单位:万元

固有资产与关联方关联交易				
	期初数	借方发生额	贷方发生额	期末数
贷款	—	—	—	—
投资	—	—	—	—
租赁	—	—	—	—
担保	—	—	—	—
应收账款	633.33	1 827.29	112.50	2 348.12
其他	—	—	—	—
合计	633.33	1 827.29	112.50	2 348.12

6.2.1.8.4　关联方逾期未偿还公司资金以及公司为关联方担保发生或即将发生垫款情况

公司未出现关联方逾期未偿还公司资金以及公司为关联方担保发生或即将发生垫款情况。

6.2.1.9　或有事项说明

截至2012年12月31日,本公司无披露的或有事项。

6.2.1.10　重要资产转让及其出售的说明

截至2012年12月31日,本公司无披露的重要资产转让及其出售。

6.2.1.11　会计制度

公司固有业务执行财政部2006年2月颁布的《企业会计准则——基本准则》和38项具体会计准则,其后颁布的应用指南、解释以及其他相关规定(统称企业会计准则)。

6.2.2　信托资产管理情况

6.2.2.1　信托资产的期初数、期末数

单位:万元

信托资产	期初数	期末数
集合	14 997.66	141 000.80
单一	423 218.20	466 933.73
财产权	—	—
合计	438 215.86	607 934.53

6.2.2.2　主动管理型信托业务的信托资产期初数、期末数

单位:万元

主动管理型	期初数	期末数
证券投资类	14 997.66	33 309.38
股权投资类	—	—
融资类	120 000.87	229 173.14
事务管理类	—	—
其他	—	—
合计	134 998.53	262 482.52

6.2.2.3　被动管理型信托业务的信托资产期初数、期末数

单位:万元

被动管理型	期初数	期末数
证券投资类	—	—
股权投资类	41 539.02	40 401.64
融资类	112.18	6 156.10
事务管理类	189 015.04	261 790.95
其他	72 551.09	37 103.32
合计	303 217.33	345 452.01

6.2.2.4　本年度已清算结束的信托项目情况

本年度已清算结束的信托项目为2个,实收信托合计3 918万元,加权平均年化收益率为5.93%,加权平均年化报酬率为0.47%。

6.2.2.5　本年度已清算结束的集合类、单一类资金信托项目和财产管理类信托项目个数、实收信托合计金额、加权平均实际年化收益率

已清算结束信托项目	项目个数	实收信托合计金额(万元)	加权平均实际年化收益率(%)
集合类	2	3 918.00	5.93
单一类	—	—	—
财产管理类	—	—	—

6.2.2.6　本年度已清算结束的主动管理型信托项目情况

主动管理型已清算信托项目	项目个数	实收信托合计金额(万元)	加权平均实际年化信托收益率(%)	加权平均实际年化报酬率(%)
证券投资类	2	3 918.00	5.93	0.47
股权投资类	—	—	—	—
融资类	—	—	—	—
事务管理类	—	—	—	—

6.2.2.7　本年度已清算结束的被动管理型信托项目情况

被动管理型已清算信托项目	项目个数	实收信托合计金额(万元)	加权平均实际年化信托收益率(%)	加权平均实际年化报酬率(%)
证券投资类	—	—	—	—
股权投资类	—	—	—	—
融资类	—	—	—	—
事务管理类	—	—	—	—

6.2.2.8　本年度新增的集合类、单一类和财产管理类信托项目个数、实收信托合计金额

新增信托项目	项目个数	实收信托合计金额(万元)
集合类	8	125 798.00
单一类	4	126 500.00
财产管理类	—	—
新增合计	12	252 298.00
其中:主动管理类	11	246 298.00
被动管理类	1	6 000.00

6.2.3　关联方关系及其交易

6.2.3.1　信托资产与关联方交易情况

单位:万元

信托与关联方关联交易				
	期初数	借方发生额	贷方发生额	期末数
贷款	—	3 000.00	—	3 000.00
投资	22 200.00	—	—	22 200.00
租赁	—	—	—	—
担保	—	—	—	—
应收账款	189 015.04	12 933.80	—	201 948.84

续表

信托与关联方关联交易				
	期初数	借方发生额	贷方发生额	期末数
其他	—	—	—	—
合计	211 215.04	15 933.80	—	227 148.84

6.2.3.2　固有财产与信托财产之间的交易情况

单位：万元

固有财产与信托财产相互交易			
	期初数	本期发生额	期末数
证券投资集合资金信托	4 100.00	—	4 100.00

6.2.3.3　信托财产与信托财产之间的交易情况

本年度无信托财产与信托财产之间的交易情况。

6.2.4　会计制度

信托业务于2010年1月1日起全面执行财政部2006年2月颁布的《企业会计准则——基本准则》和38项具体会计准则，其后颁布的应用指南、解释以及其他相关规定（统称企业会计准则）。

7. 财务情况说明

7.1　利润实现和分配情况

公司2012年总收入为52 895.05万元，总支出为8 369.52万元，实现净利润33 341.07万元。2012年公司向股东分配利润7 000.00万元。

7.2　主要财务指标

指标名称	指标值
资本利润率（%）	24.83
加权年化信托报酬率（%）	0.47
人均净利润（万元）	497.63

注：加权年化信托报酬率指标仅包括本报告年度内已清算结束了的信托项目。

7.3　报告期内，公司对公司财务状况、经营成果有重大影响的其他事项

无。

8. 特别事项揭示

8.1　前五名股东报告期内变动情况及原因

公司股东璟安实业有限公司、丰益实业发展有限公司已分别于2011年末及2012年初更名为璟安股权投资有限公司、丰益股权投资有限公司；公司股东丰益股权投资有限公司后又更名为上海丰益股权投资基金有限公司，公司章程变更等相关工作正在办理中。

8.2　董事、监事及高级管理人员变动情况及原因

公司股东会审议通过，陈世彪先生辞任公司董事长暨法定代表人，卢培德先生辞任公司董事；公司股东会、董事会审议通过，并报中国银监会核准，杨小阳先生获批为公司董事长暨公司法定代表人；公司股东会审议通过，并报北京银监局核准，陈永德先生、孙希灏先生获批为公司董事；公司股东会审议通过，并报北京银监局核准，蔡启川先生获批为公司独立董事；公司股东会审议通过，改选独立董事叶志衡先生为公司董事；公司董事会审议通过，并报北京银监局核准，章全明先生出任公司副总经理；公司股东会审议通过，同意张江泳先生辞任公司监事，选举陈世彪先生担任公司监事；公司监事会审议通过，同意罗明耀先生辞任公司监事会主席职务，选举陈世彪先生出任公司监事会主席；公司职工代表表决通过，同意张立卓女士因离职不再担任职工代表监事职务，选举李静女士为职工代表监事。

8.3　报告期内变更注册资本、变更注册地或公司名称、公司分立合并事项

无。

8.4　报告期内公司重大诉讼事项

无。

8.5　公司及其董事、监事和高级管理人员在报告期内受到处罚的情况

无。

8.6　中国银监会及其派出机构对公司检查后提出整改意见及整改情况

2012年，北京银监局向公司出具了《2011年度监管意见书》和《关于推进国民信托有限公司公司治理建设的监管意见书》，对公司治理及内部运行管理情况等方面存在的不足之处提出了加强和改进的意见。公司已组织相关部门和人员，对监管意见加以落实，现已基本完善。

8.7　本年度重大事项临时报告的简要内容、披露时间、所披露的媒体及其版面

序号	刊登内容	刊登时间	报纸名称	所属版面
1	国民信托有限公司2011年度报告摘要	2012年4月26日	《上海证券报》《金融时报》	B16版 15版
2	国民信托有限公司关于修改公司章程的公告	2012年6月7日	《上海证券报》《金融时报》	B14版 8版
3	国民信托有限公司关于董事会成员及董事长变更的公告	2012年8月14日	《金融时报》	7版

8.8　其他重大需披露信息

报告期内，公司未发生中国银监会及其省级派出机构认定

的其他有必要让客户及相关利益人了解的重要信息。

9. 公司监事会意见

监事会认为，公司董事会和管理层能够严格遵守法规及政策，稳健经营，业务风险可控，公司业务不存在违法违规情形；本年度财务报告经安永华明会计师事务所审计并出具无保留审计意见的审计报告，该财务报告真实、客观地反映了公司的财务状况和经营成果；致同会计师事务所就公司本年度内部控制情况进行了审核，并出具无保留意见的内部控制鉴证报告，该报告也真实和客观反映了公司合规经营和内控状况。

国投信托有限公司

1. 重要提示

1.1 本公司董事会及董事保证本报告所载资料不存在任何虚假记载、误导性陈述或者重大遗漏，并对其内容的真实性、准确性和完整性承担个别及连带责任。本年度报告摘要摘自年度报告全文，客户及相关利益人欲了解详细内容，应阅读年度报告全文。

1.2 本报告经公司第四届董事会第十五次会议审议通过。本公司独立董事曹三明先生、阎维杰先生，认为本报告内容是真实、准确、完整的。

1.3 立信会计师事务所为本公司出具了标准无保留意见的审计报告。

1.4 公司法定代表人董事长钱蒙先生、副总经理傅强先生(代行总经理职责)、主管会计工作负责人王彬女士及会计部门负责人计划财务部经理李涛先生声明：保证年度报告中财务报告的真实、完整。

2. 公司概况

2.1 公司简介

2.1.1 公司法定中文名称：国投信托有限公司

2.1.2 公司法定英文名称：Sdic Trust Co. , Ltd.

2.1.3 法定代表人：钱蒙

2.1.4 公司注册地址：北京市西城区西直门南小街147号7层、8层
邮政编码：100034

2.1.5 国际互联网网址：www. sdictrust. com. cn

2.1.6 电子信箱：sdictrust@ sdic. com. cn

2.1.7 信息披露事务负责人：王彬
联系电话：010 -88006600
传真：010 -88006622
电子信箱：sdictrust@ sdic. com. cn

2.1.8 报告期内公司信息披露报纸名称：《上海证券报》

2.1.9 公司年度报告备置地点：北京市西城区西直门南小街147号7层

2.1.10 公司聘请的会计师事务所：立信会计师事务所(特殊普通合伙)
地址：北京市西城区北三环中路29号院茅台大厦28层

2.1.11 公司聘请的常年律师事务所：
北京市共和律师事务所
地址：北京市朝阳区麦子店街37号盛福大厦19层/20层
北京市天达律师事务所
地址：北京市朝阳区东三环北路8号亮马河大厦2座19层

2.2 组织结构

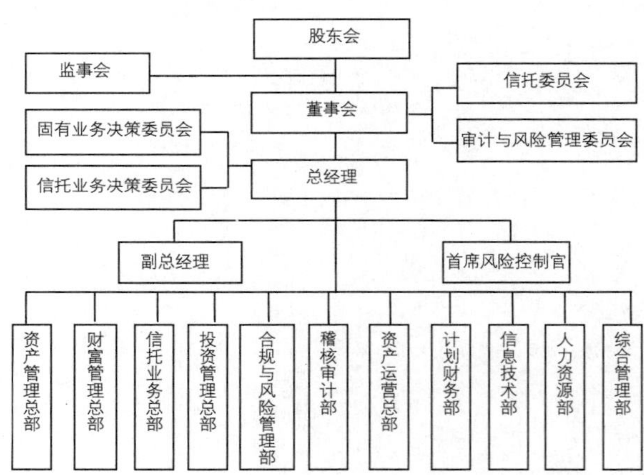

3. 公司治理结构

3.1 股东

股东名称	持股比例(%)	法人代表	注册资本(亿元)	注册地址	主要经营业务及主要财务情况
国投资本控股有限公司	95.45	钱蒙	25亿元	北京市西城区阜成门北大街6 -6号国际投资大厦A座	从事对外投资、资产管理、接受委托对企业进行管理、投资策划及咨询服务。截至2012年末，公司合并资产总额75亿元；2012年实现合并经营收入8.8亿元，合并利润总额6.7亿元。
国投高科技投资有限公司	4.55	郝建	6.4亿元	北京市西城区阜成门北大街6 -6号国际投资大厦	从事高科技项目产业化阶段投资业务，主要涉及电子、医药、汽车零部件、新材料等行业。截至2012年末，公司合并资产总额74亿元；2012年实现合并经营收入34.5亿元，合并利润总额11.1亿元。

注：国投资本控股有限公司、国投高科技投资有限公司均为国家开发投资公司全资子公司。

3.2 董事

董事长、副董事长、董事

姓名	职务	性别	年龄	选任日期	所推举的股东名称	该股东持股比例(%)	简要履历
钱蒙	董事长	男	52	2011年4月	国投资本控股有限公司	95.45	大学本科学历,高级工程师,现任国家开发投资公司党组成员、副总经理兼国投信托有限公司董事长;曾在国家计委、国家机电轻纺投资公司任职,曾任国家开发投资公司国投机轻有限公司副总经理,国家开发投资公司经营部副主任、主任、金融投资部总经理,国投资产管理公司总经理,安徽省六安市市委副书记(挂职)。
祝要斌	董事	男	50	2011年4月	国投资本控股有限公司	95.45	研究生学历,高级工程师,现任国投资本控股有限公司副总经理;曾在青海西宁特钢公司、国家原材料投资公司、国原实业开发公司、国家开发投资公司国融资产管理有限公司任职,曾任国投信托有限公司党支部书记、国家开发投资公司资本运营部副总经理。
王文俊	董事	男	45	2011年4月	国投资本控股有限公司	95.45	大学本科学历,会计师、经济师,现任国家开发投资公司经营管理部副主任;曾在北京华飞化工总公司、国家原材料投资公司任职。
李俊喜	董事	男	47	2011年5月	国投高科技投资有限公司	4.55	大学本科学历,高级会计师,现任国投高科技投资有限公司副总经理;曾在交通部、国家交通投资公司任职,曾任国通天港实业开发公司财务部副经理、国投交通实业公司计财部副经理、国投洋浦港副总经理、国投交通公司计财部经理、国投物业有限责任公司副总经理。
吕益民	职工董事	男	50	2011年4月			博士生学历,高级工程师,现在国投资本控股有限公司任职;曾在联想集团有限公司、北京京华信托投资公司任职,曾任国家开发投资公司国融资产管理有限公司总经理、金融资产管理部主任、金融投资部副总经理、战略发展部副主任兼研究中心主任、国投信托有限公司总经理。

独立董事

姓名	所在单位及职务	性别	年龄	选任日期	所推举的股东名称	该股东持股比例(%)	简要履历
阎维杰	中国银监会北京监管局,退休	男	57	2011年4月	国投资本控股有限公司	95.45	博士研究生学历,博士,退休前任中国银监会北京监管局处长;曾任北京广播电视大学教师、教务处处长,中国人民银行营业管理部处长。
曹三明	国家法官学院教授	男	66	2011年4月	国投资本控股有限公司	95.45	研究生学历,教授,律师,现任国家法官学院教授;曾任北京大学法律系副教授、国家新闻出版署副司长、国务院法制办司长、最高人民法院行政审判庭负责人、中国应用法学研究所所长、国家法官学院副院长。

3.3 监事

姓名	职务	性别	年龄	选任日期	所推举的股东名称	该股东持股比例(%)	简要履历
李文新	监事	男	48	2011年4月	国投资本控股有限公司	95.45	大学本科学历,高级会计师,中国注册会计师、税务师,现任国家开发投资公司审计部副主任;曾在交通部、国家交通投资公司、国通天港实业开发公司、国家开发投资公司国投创业投资有限公司任职,曾任国投高科技投资有限公司副总经理。
姚肇欣	监事	男	40	2011年4月	国投资本控股有限公司	95.45	研究生学历,高级经济师,现任国投资本控股有限公司股权管理部经理;曾在燕京集团、北京达人达投资顾问公司、振海集团、世纪兴业公司任职,曾任国家开发投资公司战略部、总裁办业务主管,国务院国资委改革局副处长,国家开发投资公司资本运营部副处长。
汪斌	职工监事	男	47	2012年3月			大学学历,高级审计师,现任国投信托有限公司稽核审计部总经理;曾在鞍山市审计局、鞍山市信托投资股份有限公司任职,曾任国投信托有限公司稽核审计部副经理。

3.4 高级管理人员

姓名	职务	性别	年龄	选任日期	金融从业年限	学历	专业
傅强	副总经理（代行总经理职责）	男	43	2011年4月	17	研究生	工商管理
陆俊	副总经理	男	42	2011年4月	16	研究生	工商管理
王彬	副总经理兼董事会秘书	女	46	2011年6月	8	研究生	工商管理
张仲和	首席风险控制官（总法律顾问）	男	41	2011年8月	1	大学	法学

3.5 公司员工

项目		报告期年度	
		人数	比例(%)
年龄分布	25岁以下	2	2
	25~29岁	31	30
	30~39岁	49	48
	40岁以上	21	20
学历分布	博士	3	3
	硕士	52	50
	本科	47	46
	专科	1	1
	其他	0	0
岗位分布	董事、监事及其高管人员	13	13
	自营业务人员	4	4
	信托业务人员	59	57
	其他人员	27	26

4. 经营管理

4.1 经营目标、经营方针、战略规划

以"诚实守信，稳健运营，立足市场，创新发展"为经营方针，积极打造"资产管理与财富管理两大业务板块协同互动、固有业务稳健增值"的业务格局，通过"以主动管理创收益，以另类及创新产品打品牌，以财富管理保客户"的发展模式，分阶段分步骤做大规模、做强产品、做精客户，形成基于高附加值主动管理能力与财富管理能力的盈利模式，致力于实现"值得托付的理财顾问"这一发展愿景。

4.2 所经营业务的主要内容

自营资产运用与分布表

资产运用	金额（万元）	占比（%）	资产分布	金额（万元）	占比（%）
货币资产	11 203.67	4.74	基础产业	0	0
应收款项	4 469.85	1.89	房地产业	0	0
交易性金融资产	0	0	证券市场	3 000.00	1.27
发放贷款	22 162.50	9.39	实业	22 162.50	9.39
可供出售金融资产	135 662.60	57.46	金融机构	58 460.09	24.76
持有至到期投资	0	0	其他	152 498.36	64.58
长期股权投资	58 460.09	24.76			
其他	4 162.24	1.76			
资产总计	236 120.95	100	资产总计	236 120.95	100

注：在资产分布中，其他资产包括货币资金11 203.67万元，应收款项4 469.85万元，公司投资的理财产品和信托产品132 662.60万元，其他固定资产投资、在建工程、无形资产和递延所得税资产等4 162.24万元。

信托资产运用与分布表

资产运用	金额（万元）	占比（%）	资产分布	金额（万元）	占比（%）
货币资产	41 585.00	0.35	基础产业	3 707 951.50	31.34
贷款	7 808 844.22	66.01	房地产	1 057 955.00	8.94
交易性金融资产	152 497.21	1.29	证券市场	242 997.21	2.06
可供出售金融资产	1 245 973.77	10.53	实业	4 038 630.10	34.14
持有至到期投资	95 500.00	0.81	金融机构	412 467.00	3.49
长期股权投资	785 087.39	6.64	其他	2 369 946.20	20.03
其他	1 700 459.42	14.37			
信托资产总计	11 829 947.01	100.00	信托资产总计	11 829 947.01	100.00

4.3 影响公司业务发展的主要因素

4.3.1 有利因素

2012年，中国信托业取得了迅猛发展，管理资产规模超过7万亿元。信托在支持实体经济建设、满足客户多样化理财需求方面持续发挥作用，信托理念日益深入人心，成就了行业大发展的有利条件。预计2013年中国经济将保持平稳回升态势，社会日益庞大的资产管理需求，将为信托行业提供更多的业务空间。

产品方面，2012年债券市场快速扩容，新债发行突破8万亿元，存量规模超过25亿元，与股票市场旗鼓相当，为发行债券型信托投资产品提供了契机；信托公司开立证券账户在暂停三年之久后重启，将促进阳光私募类证券投资信托的发展；房地产领域，2013年以"新国五条"为代表的调控政策再度收紧，短期内将刺激房地产信托发行，同时有助于降低存量信托产品的兑付风险。

4.3.2 不利因素

2012年，国内经济增速持续放缓，对信托行业的影响主要表现在：实体企业融资需求下降，优质资产和项目相对较少，融资类信托业务难度增加；股市持续低迷，证券投资业务萎缩；随着利率市场化的推进，市场流动性趋于宽松，金融产品收益率下降趋势明显。与此同时，行业监管力度持续加大，相继叫停票据类信托、同业存款类业务等，对房地产信托和政信合作提出更加严格的条件要求，在防范风险、促进行业规范运行的同时，一定程度上限制了信托快速扩张的脚步。

2012年下半年以来出台的一系列新政，宣告了泛资产管理时代的到来，信托行业面临基金、券商、保险等金融机构开展同质资产管理业务的激烈竞争，信托制度红利逐步消退。基金等金融机构不仅拥有渠道、客户方面的优势，更拥有相对宽松的监管环境，对信托公司资产管理业务的挤出效应将在2013年逐步显现。信托公司亟需深挖制度潜力，加大业务转型，锻造核心竞争力。

4.4 内部控制

4.4.1 内部控制环境和内部控制文化

4.4.1.1 治理机制建设和执行情况

股东会是公司的最高权力机构。

公司设立董事会，负责公司的重大决策，并向股东会负责。公司董事会设有信托委员会、审计与风险管理委员会两个专项委员会，专项委员会向董事会负责。董事长为公司的法定代表人。

公司设立监事会。监事会是公司的监督机构，对股东会负责。

公司董事会聘任经营层，依法行使经营权。为严格固有财产与信托业务的分类管理及科学决策，公司设立固有业务决策委员会和信托业务决策委员会，这两个委员会分别对固有业务、信托业务进行决策。

公司设置专职总法律顾问，明确规定总法律顾问参与管理决策、业务决策的职责和权限，赋予其对经营管理事项、业务管理事项的参与、审核、发表独立意见等权利。

公司设立信托业务总部、投资管理总部、财富管理总部、资产管理总部等业务部门和综合管理部、人力资源部、信息技术部、计划财务部、资产运营总部、合规与风险管理部、稽核审计部等职能部门。各业务部门和职能部门按照公司确定的部门职责开展工作。业务部门在业务上独立于公司的其他部门，其人员不与公司其他部门人员相互兼职。公司主要从业人员均符合中国银行业监督管理委员会及公司规定的职业操守和职业技能。

公司不断完善内部控制制度，通过建立风险防范的“三道防线”，构筑完整的内控管理架构。“三道防线”的内控管理架构的构成如下：

“第一道防线”为各部门对本部门的业务流程和操作流程进行日常维护和管理，对本部门所面临的主要风险点进行识别、自我检查和实施关键控制程序。

“第二道防线”为风险管理部门对各部门的主要风险点进行独立的日常监控与管理。

“第三道防线”为稽核审计部门对各部门的业务运行过程和结果进行独立的稽核与检查。

公司治理机制健全，执行情况良好。

4.4.1.2 内控文化建设和执行情况

公司的经营宗旨是以市场为导向，以效益为中心，依法规范经营，科学管理，维护股东、债权人、信托当事人和公司自身的合法权益。

公司依照诚实、信用、谨慎、有效的原则，遵循监管机构的各项法规政策，为受益人的最大合法利益处理信托事务，努力为社会提供优良的信托服务，并使公司股东获得满意的经济效益。

公司倡导“有道而正、信则人任”的企业文化精神。

公司的内控管理理念反映了公司的核心价值，影响企业文化，并指导业务操作。它融会在公司的管理制度和业务流程中，通过员工的日常操作与管理活动体现出来。

公司加强内控文化建设，组织员工参加公司内部和集团的培训，培育每个员工的内控文化理念，通过建立以风险管理为核心的公司内控文化和内控环境，影响并提高公司所有员工的风险意识。公司要求每个员工都承担内控管理的责任，在各自岗位职责和权限范围内主动识别、管理和防范风险，从而提高公司的整体内控管理能力，促进公司战略的实现。

公司在开展各项工作过程中树立科学的发展观，坚持内部控制优先，稳健审慎经营的理念，正确处理好局部与全局、竞争与规范、效益与风险、传统业务与创新业务、短期效益与长期效益的关系，摒弃片面追求效益、忽视所面临风险的倾向，以获得长期发展的持久动力。

4.4.2 内部控制措施

公司根据监管要求，结合经营管理需求，及时对业务制度、业务流程进行修订、完善，从信托业务、固有业务、合规与风险、稽核审计、信息技术、财务管理、人力资源管理等多维度不断健全内控体系，以适应监管政策、业务发展、公司管理等各方面的要求。

公司不断完善内控制度体系，由合规与风险管理部组织、协调各部门参与内控制度的制定和完善。发起部门根据日常管理和业务管理需要，制定制度草案，在充分征集其他部门意见和建议的基础上，修改、完善形成制度方案，上报公司经营管理层或董事会批准施行。2012年，公司制定了《固有资产风险分类管理办法》等15项制度，修订了《信托业务决策委员会议事规则》等17项制度，通过办公系统和公司内网发布，要求全体员工遵照执行，做到公司经营管理和业务开展有据可依。

在健全和完善各项内控制度的基础上，公司采取流程化控制的模式，通过流程管理明确业务开展程序，控制风险点，并将风险管理责任落实到部门和人员，促使公司业务的风险控制和管理更为科学合理。2012年公司根据业务运作和信息系统运行情况，协调相关部门更新业务流程并进行系统设置。除严格执行业务流程外，及时根据业务运作的实际情况，不断修订和完善业务流程，加强业务风险管理，促进公司健康快速发展。

公司内控制度和业务流程在运行中逐步完善，执行情况良好。通过内控制度和业务流程的执行，有效控制了公司所面临的各项风险。

4.4.3 监督评价与纠正

4.4.3.1 内部控制的评价和后评价

公司通过对法律、法规、规范性文件和公司各项制度的执行情况、执行效果，对内部控制进行评价和后评价。

公司努力探索对内部控制评价的方法，定性与定量相结合，对内部控制进行科学评价和后评价。

4.4.3.2 内部控制的监督机制

风险管理部门监督检查各部门内控执行情况，并就全公司风险控制总体情况向总经理作汇报。稽核审计部门对公司内部控制情况进行稽核审计。

4.4.3.3 内部控制的纠正机制

通过各部门自查和风险管理部门监督检查各部门的内控执行情况，以及稽核审计部门审查各部门的执行结果，对于业务操作过程中发现的内部控制存在的不足提出弥补意见，按照管辖权限层层上报，经有权管辖的相应层次决定后调整。公司各个管理层次在自己的管理权限内对内部控制存在的问题进行纠正。

公司结合监管政策的变化及对现有业务的影响，及时更新内控制度以适应监管的要求；针对新业务出现的新增风险点，及时补充、更新现有内控制度，达到覆盖新增风险点的目的。

4.5 风险管理

4.5.1 风险状况

4.5.1.1 信用风险状况

（1）2012年末应收账款账面价值322万元，为应收未收的受托人报酬。

（2）2012年末固有财产新增发放贷款，本金为22 500万元。国投信托母公司于2012年末向霸州市滨海东方科技有限公司发放12个月短期贷款（股权质押贷款）18 000万元；向北京唯度恒易科技发展有限公司发放18个月中长期贷款（保证贷款）4 500万元，并根据贷款准备金计提政策计提贷款一般准备金337万元。2012年末贷款账面价值22 163万元。

（3）公司2012年运用信托资金发放的贷款业务，均按照委托人指定的借款人、期限、利率发放。对信托贷款可能存在的风险，公司在信托合同、风险申明书等信托文件中向委托人进行了揭示。目前，这些信托贷款没有发生信用风险，属于正常类贷款。

（4）为公司信托项目提供托管、经纪服务的机构，2012年均持续经营，运作良好，未出现被吊销营业执照、宣告破产、公司解散等对信托项目产生不利影响的情况。

（5）公司按照财政部的规定，对承担风险和损失的固有资产进行了减值测试。

（6）2012年公司没有发生因信用风险带来的损失。

（7）有关信用风险控制策略在信用风险管理章节中详细披露。

4.5.1.2 市场风险状况

截至2012年末，公司直接投资基金余额为3 000万元，占公司固有财产的1.27%。这类投资受市场价格的影响，因此具有市场价格波动引起的收益波动风险。

4.5.1.3 操作风险状况

2012年，公司没有发生因操作风险带来的损失。公司根据外部环境变化和内部经营管理需要，不断完善内控制度和业务操作流程，加强关键节点监控，有效防范操作风险。

4.5.1.4 其他风险状况

2012年，公司没有发生因其他风险带来的损失。

4.5.2 风险管理政策及策略

4.5.2.1 信用风险管理

（1）公司通过事前评估、事中控制、事后评价的风险控制体系防范和规避信用风险。

（2）公司根据对资金安全性的要求和融资方的实际情况设置担保措施。对于抵押担保，公司按照产权清晰、流动性强、管理方便、价值变动较小的原则评审确定，综合考虑未来变现价值等因素后具体确定。对于保证担保，公司综合评审保证人的经济实力、信誉后确定。

（3）公司通过监管资金账户、监管项目公司印章等多种控制手段有效防范信用风险。

（4）公司为信托项目选择经营稳健的托管银行、经纪商和投资管理人并与上述机构签订相关服务协议，规定了由其导致信托财产损失的赔偿责任。

4.5.2.2 市场风险管理

（1）公司根据宏观经济形势、市场情况及时调整投资结构，严控个股投资的比例限制、仓位控制以及行业配置，有效降低投资组合的市场风险。

（2）对于证券和黄金市场的投资，通过压力测试进行定量判断，重点关注有止损点、预警点设置的信托产品，以采取有力措施，应对市场的变化。

（3）公司对抵（质）押物价值进行动态跟踪，实时根据市场状况对抵押/质押物进行合理估值，并根据情况要求合作方增加抵（质）押物或提供其他增信措施，通过上述办法，有效管理融资类项目的市场风险。

4.5.2.3 操作风险管理

（1）公司通过建立和严格执行相关制度和流程来防范操作风险。

（2）对于公司主动管理的信托项目，严格规范操作程序，投资人员和交易人员严格按照信托文件约定以及公司信托业务流程的规定操作，履行受托人职责，防范操作风险。

（3）对于设有投资管理人的信托项目，公司作为受托人，审慎筛选投资管理人，严格按照信托文件规定审查投资建议，履行受托人职责，防范操作风险。

（4）对由于托管银行和经纪商因操作风险导致信托财产损失，公司将根据与其签订的协议向其主张损害赔偿责任。

（5）公司加强人员培训，开展经常性的风险教育，不断强化员工的风险意识。

4.5.2.4 其他风险管理

（1）公司密切关注监管政策变化，认真研究对策，以化解由此而来的政策风险。

（2）公司运作与既定战略方向一致，组织架构合理，管理职责分工明晰，人力资源培训能满足公司发展需要，能有效控制管理风险。

（3）公司聘请专业法律机构作为顾问，协助控制法律风险。

（4）合规与风险管理部对主要风险进行监控。

（5）稽核审计部对主要业务过程的各种风险进行监督。

5. 报告期末及上一年度末的比较式会计报表

5.1 自营资产

5.1.1 会计师事务所审计结论

立信会计师事务所（特殊普通合伙）审计结论：贵公司财务报表在所有重大方面按照企业会计准则的规定编制，公允反映了贵公司2012年12月31日的财务状况以及2012年度的经营成果和现金流量。

5.1.2 资产负债表(母公司)

编制单位:国投信托有限公司　　　　单位:元

项　目	期末余额	年初余额
流动资产:		
货币资金	112 036 744.48	20 506 875.77
结算备付金	—	—
拆出资金	—	—
交易性金融资产	—	—
应收票据	—	—
应收账款	3 215 732.97	—
预付款项	—	—
应收利息	0.40	977.32
应收股利	—	—
其他应收款	1 482 810.70	1 561 474.76
买入返售金融资产	—	—
代发行证券		
代兑付债券		
一年内到期的非流动资产		—
其他流动资产	—	—
流动资产合计	116 735 288.55	22 069 327.85
非流动资产:		
发放贷款及垫款	221 625 000.00	—
可供出售金融资产	1 356 625 971.90	1 366 489 603.51
持有至到期投资	—	—
长期应收款	40 000 000.00	40 000 000.00
长期股权投资	584 600 895.21	584 600 895.21
投资性房地产	—	—
固定资产净额	2 331 532.12	2 745 588.83
在建工程	1 666 277.00	288 000.00
固定资产清理	—	—
无形资产	2 462 470.85	2 068 601.40
商誉	—	—
长期待摊费用	—	—
递延所得税资产	35 162 097.58	35 401 127.04
其他非流动资产	—	—
非流动资产合计	2 244 474 244.66	2 031 593 815.99
资产合计	2 361 209 533.21	2 053 663 143.84
流动负债:		
短期借款	—	—
拆入资金	—	—
交易性金融负债	—	—
应付票据	—	—
应付账款	—	—
预收款项	—	—
卖出回购金融资产款	—	—
应付手续费及佣金	—	—
应付职工薪酬	36 777 725.18	26 301 456.31
其中:应付工资	25 649 692.42	16 400 116.55
应付福利费	—	—
#其中:职工奖励及福利基金	—	—
应交税费	47 455 660.50	11 957 484.06
其中:应交税金	41 285 496.27	11 880 864.35

续表

项　目	期末余额	年初余额
应付利息	—	—
应付股利	—	—
其他应付款	1 181 430.30	4 444 789.08
代理买卖证券款	—	—
代理承销证券款	—	—
一年内到期的非流动负债	—	—
其他流动负债	—	—
流动负债合计	85 414 815.98	42 703 729.45
非流动负债:		
长期借款	—	—
应付债券	—	—
预计负债	—	—
递延所得税负债	—	—
其他非流动负债	2 108 206.68	2 108 206.68
其中:特准储备基金	—	—
非流动负债合计	2 108 206.68	2 108 206.68
负债合计	87 523 022.66	44 811 936.13
所有者权益:		
实收资本	1 204 800 000.00	1 204 800 000.00
国有资本	1 204 800 000.00	—
其中:国有法人资本	1 204 800 000.00	1 204 800 000.00
集体资本	—	—
私营资本	—	—
其中:个人资本	—	—
外商资本	—	—
#减:已归还投资	—	—
实收资本(或股本)净额	1 204 800 000.00	1 204 800 000.00
资本公积	182 624 798.44	173 392 087.26
减:库存股	—	—
专项储备	—	—
盈余公积	147 320 626.64	121 760 367.47
其中:法定公积金	146 364 755.27	120 835 659.52
任意公积金	924 707.95	924 707.95
#储备基金	—	—
#企业发展基金	—	—
#利润归还投资	—	—
一般风险准备	107 170 117.78	80 676 674.41
未分配利润	631 770 967.69	428 222 078.57
外币报表折算差额	—	—
归属于母公司所有者权益合计	2 273 686 510.55	2 008 851 207.71
※少数股东权益	—	—
所有者权益合计	2 273 686 510.55	2 008 851 207.71
负债和所有者权益总计	2 361 209 533.21	2 053 663 143.84

5.1.3 资产负债表(母子公司合并)

编制单位:国投信托有限公司　　　　单位:元

项　目	期末余额	年初余额
流动资产:		
货币资金	455 735 033.67	266 730 027.09
△结算备付金	—	—

续表

项　目	期末余额	年初余额
△拆出资金	—	—
交易性金融资产	—	—
应收票据	—	—
应收账款	37 348 503. 77	39 462 046. 59
预付款项	—	—
应收利息	5 292 682. 86	3 341 579. 00
应收股利	—	—
其他应收款	9 544 041. 26	12 422 759. 72
△买入返售金融资产	—	—
一年内到期的非流动资产		—
其他流动资产	—	—
流动资产合计	507 920 261. 56	321 956 412. 40
非流动资产：		
△发放贷款及垫款	221 625 000. 00	—
可供出售金融资产	1 486 436 289. 96	1 455 286 459. 87
持有至到期投资	—	133 541 605. 76
长期应收款	40 000 000. 00	40 000 000. 00
长期股权投资	473 600 895. 21	473 600 895. 21
投资性房地产	—	—
固定资产原价	39 094 672. 72	34 403 479. 06
减：累计折旧	27 119 644. 19	23 357 601. 67
固定资产净值	11 975 028. 53	11 045 877. 39
减：固定资产减值准备	—	—
固定资产净额	11 975 028. 53	11 045 877. 39
在建工程	4 800 634. 76	1 490 300. 00
工程物资	—	—
固定资产清理	—	—
生产性生物资产	—	—
油气资产	—	—
无形资产	10 132 352. 20	12 626 298. 50
开发支出	—	—
商誉	68 578 612. 63	68 578 612. 63
长期待摊费用	6 677 971. 98	10 536 101. 53
递延所得税资产	52 052 341. 02	54 866 982. 68
其他非流动资产	3 103 800. 26	3 062 100. 20
其中：特准储备物资	—	—
非流动资产合计	2 378 982 926. 55	2 264 635 233. 77
资产合计	2 886 903 188. 11	2 586 591 646. 17
流动负债：		
短期借款	—	—
△向中央银行借款	—	—
△吸收存款及同业存放	—	—
△拆入资金	—	—
交易性金融负债	—	—
应付票据	—	—
应付账款	622 666. 09	905 180. 92
预收款项	—	—

续表

项　目	期末余额	年初余额
△卖出回购金融资产款	—	—
△应付手续费及佣金	—	—
应付职工薪酬	74 892 458. 81	71 407 277. 09
其中：应付工资	61 605 201. 48	60 001 061. 29
应付福利费		—
#其中：职工奖励及福利基金	—	—
应交税费	65 827 229. 72	46 866 163. 53
其中：应交税金	65 372 705. 20	45 856 389. 19
应付利息	—	—
应付股利	—	—
其他应付款	2 626 193. 13	9 427 149. 08
一年内到期的非流动负债	—	—
其他流动负债	25 775 211. 84	24 662 592. 99
流动负债合计	169 743 759. 59	153 268 363. 61
非流动负债：		
长期借款	—	—
应付债券	—	—
长期应付款	—	—
专项应付款	—	—
预计负债	—	—
递延所得税负债	—	—
其他非流动负债	2 108 206. 68	2 108 206. 68
其中：特准储备基金	—	—
非流动负债合计	2 108 206. 68	2 108 206. 68
负债合计	171 851 966. 27	155 376 570. 29
所有者权益：		
实收资本	1 204 800 000. 00	1 204 800 000. 00
国有资本	1 204 800 000. 00	1 155 800 000. 00
其中：国有法人资本	1 204 800 000. 00	1 255 800 000. 00
集体资本	—	—
私营资本	—	—
其中：个人资本	—	—
外商资本	—	49 000 000. 00
#减：已归还投资	—	—
实收资本（或股本）净额	1 204 800 000. 00	1 204 800 000. 00
资本公积	182 883 710. 78	169 439 486. 85
减：库存股	—	—
专项储备	—	—
盈余公积	147 320 626. 64	121 760 367. 47
其中：法定公积金	146 395 918. 69	120 835 659. 52
任意公积金	924 707. 95	924 707. 95
一般风险准备	235 530 061. 19	186 454 257. 17
未分配利润	707 507 343. 86	521 055 860. 50
外币报表折算差额	-45 708. 97	-39 671. 32
归属于母公司所有者权益合计	2 477 996 033. 50	2 203 470 300. 67
※少数股东权益	237 055 188. 34	227 744 775. 21
所有者权益合计	2 715 051 221. 84	2 431 215 075. 88
负债和所有者权益总计	2 886 903 188. 11	2 586 591 646. 17

5.1.4 利润表(母公司)

利润表(母公司)

编制单位:国投信托有限公司 单位:元

项 目	本期金额	上期金额
一、营业收入	409 678 684.84	295 803 383.26
利息净收入	186 090.64	1 586 599.57
利息收入	656 219.59	1 586 599.57
利息支出	470 128.95	—
手续费及佣金净收入	240 538 375.87	141 577 836.02
手续费及佣金收入	240 538 375.87	142 083 216.02
手续费及佣金支出	—	505 380.00
投资收益(损失以"-"号填列)	166 906 816.82	151 866 593.47
其中:对联营企业和合营企业的投资收益	—	—
公允价值变动收益(损失以"-"号填列)	—	—
汇兑收益(损失以"-"号填列)		
其他业务收入	2 047 401.51	772 354.20
二、营业支出	95 460 268.12	62 055 415.00
营业税金及附加	18 988 231.68	7 857 056.37
业务及管理费	73 097 036.44	54 400 744.07
资产减值损失	3 375 000.00	-202 385.44
其他业务成本	—	—
三、营业利润(亏损以"-"号填列)	314 218 416.72	233 747 968.26
加:营业外收入	2 998 800.00	—
减:营业外支出	4 198.50	121.36
四、利润总额(亏损总额以"-"号填列)	317 213 018.22	233 747 846.90
减:所得税费用	61 610 426.56	39 641 843.16
五、净利润(净亏损以"-"号填列)	255 602 591.66	194 106 003.74
六、每股收益:		
(一)基本每股收益		
(二)稀释每股收益		
七、其他综合收益	9 232 711.18	-152 565 714.51
八、综合收益总额	264 835 302.84	41 540 289.23

5.1.5 利润表(母子公司合并)

编制单位:国投信托有限公司 单位:元

项 目	本年金额	上年金额
一、营业收入	791 739 219.06	769 474 607.97
利息净收入	16 902 795.68	12 067 533.83
利息收入	17 372 924.63	12 067 533.83
利息支出	470 128.95	
手续费及佣金净收入	637 001 945.47	612 912 638.11
手续费及佣金收入	637 001 945.47	613 418 018.11
手续费及佣金支出		505 380.00
投资收益(损失以"-"号填列)	115 840 251.98	113 560 069.63
其中:对联营企业和合营企业的投资收益		
公允价值变动收益(损失以"-"号填列)		
汇兑收益(损失以"-"号填列)	-29 091.77	-98 221.38
其他业务收入	22 023 317.70	31 032 587.78
二、营业支出	401 873 816.55	384 896 691.40
营业税金及附加	42 204 563.54	35 862 195.05
业务及管理费	356 294 253.01	349 233 487.95
资产减值损失	3 375 000.00	-198 991.60
其他业务成本		
三、营业利润(亏损以"-"号填列)	389 865 402.51	384 577 916.57
加:营业外收入	26 882 411.17	35 596.60
减:营业外支出	114 660.03	351 536.99
四、利润总额(亏损总额以"-"号填列)	416 633 153.65	384 261 976.18
减:所得税费用	101 104 768.20	89 498 822.89
五、净利润(净亏损以"-"号填列)	315 528 385.45	294 763 153.29
归属于母公司所有者的净利润	261 087 546.55	223 620 316.63
※少数股东损益	54 440 838.90	71 142 836.66
六、每股收益:		
(一)基本每股收益		
(二)稀释每股收益		
七、其他综合收益	17 478 740.80	-165 400 125.55
八、综合收益总额	333 007 126.25	129 363 027.74
其中:归属于母公司所有者的综合收益总额	274 525 732.83	64 509 052.50
※归属于少数股东的综合收益总额	58 481 393.42	64 853 975.24

5.1.6 所有者权益变动表(母公司)

编制单位:国投信托有限公司 2012 年度 单位:元

项 目	归属于母公司所有者权益					所有者权益合计
	实收资本	资本公积	盈余公积	一般风险准备	未分配利润	
一、上年末余额	1 204 800 000.00	173 392 087.26	121 760 367.47	80 676 674.41	428 222 078.57	2 008 851 207.71
加:会计政策变更						—
前期差错更正						—
二、本年初余额	1 204 800 000.00	173 392 087.26	121 760 367.47	80 676 674.41	428 222 078.57	2 008 851 207.71
三、本期增减变动金额(减少以"-"号填列)	—	9 232 711.18	25 560 259.17	26 493 443.37	203 548 889.12	264 835 302.84
(一)净利润					255 602 591.66	255 602 591.66
(二)直接计入所有者权益的利得和损失		9 232 711.18				9 232 711.18
综合收益小计	—	9 232 711.18	—	—	255 602 591.66	264 835 302.84
(三)所有者投入和减少资本	—	—	—	—	—	—

续表

项　目	归属于母公司所有者权益					所有者权益合计
	实收资本	资本公积	盈余公积	一般风险准备	未分配利润	
1. 所有者投入资本						—
2. 股份支付计入所有者权益的金额						—
3. 其他						—
(四)专项储备提取和使用	—	—	—	—	—	
1. 提取专项储备						
2. 使用专项储备						
(五)利润分配	—	—	25 560 259.17	26 493 443.37	-52 053 702.54	—
1. 提取盈余公积	—	—	25 560 259.17	—	-25 560 259.17	—
其中:法定公积金			25 560 259.17		-25 560 259.17	
任意公积金			—		—	
#储备基金						
#企业发展基金						
#利润归还投资						
2. 提取一般风险准备				26 493 443.37	-26 493 443.37	—
3. 对所有者的分配					—	—
4. 其他						—
(六)所有者权益内部结转	—	—	—	—	—	
1. 资本公积转增资本						—
2. 盈余公积转增资本						—
3. 盈余公积弥补亏损						—
4. 其他						—
四、本年末余额	1 204 800 000.00	182 624 798.44	147 320 626.64	107 170 117.78	631 770 967.69	2 273 686 510.55

所有者权益变动表(母公司)(续)

编制单位:国投信托有限公司　　2011 年度　　单位:元

项　目	归属于母公司所有者权益					所有者权益合计
	实收资本	资本公积	盈余公积	一般风险准备	未分配利润	
一、上年末余额	1 204 800 000.00	325 957 801.77	102 349 767.10	70 971 374.22	263 231 975.39	1 967 310 918.48
加:会计政策变更						—
前期差错更正						—
二、本年初余额	1 204 800 000.00	325 957 801.77	102 349 767.10	70 971 374.22	263 231 975.39	1 967 310 918.48
三、本期增减变动金额(减少以"-"号填列)	—	-152 565 714.51	19 410 600.37	9 705 300.19	164 990 103.18	41 540 289.23
(一)净利润					194 106 003.74	194 106 003.74
(二)直接计入所有者权益的利得和损失		-152 565 714.51				-152 565 714.51
综合收益小计	—	-152 565 714.51	—	—	194 106 003.74	41 540 289.23
(三)所有者投入和减少资本	—	—	—	—	—	—
1. 所有者投入资本						—
2. 股份支付计入所有者权益的金额						—
3. 其他						—
(四)专项储备提取和使用	—	—	—	—	—	
1. 提取专项储备						
2. 使用专项储备						
(五)利润分配	—	—	19 410 600.37	9 705 300.19	-29 115 900.56	—
1. 提取盈余公积	—	—	19 410 600.37		-19 410 600.37	—
其中:法定公积金			19 410 600.37		-19 410 600.37	
任意公积金			—		—	
#储备基金						
#企业发展基金						
#利润归还投资						
2. 提取一般风险准备				9 705 300.19	-9 705 300.19	—
3. 对所有者的分配					—	—
4. 其他						—
(六)所有者权益内部结转	—	—	—	—	—	
1. 资本公积转增资本						—
2. 盈余公积转增资本						—
3. 盈余公积弥补亏损						—
4. 其他						—
四、本年末余额	1 204 800 000.00	173 392 087.26	121 760 367.47	80 676 674.41	428 222 078.57	2 008 851 207.71

5.1.7 所有者权益变动表(母子公司合并)

编制单位:国投信托有限公司　　2012 年度　　单位:元

项　目	归属于母公司所有者权益							少数股东权益	所有者权益合计
	实收资本	资本公积	盈余公积	一般风险准备	未分配利润	其他	小计		
一、上年末余额	1 204 800 000.00	169 439 486.85	121 760 367.47	186 454 257.17	521 055 860.50	-39 671.32	2 203 470 300.67	227 744 775.21	2 431 215 075.88
加:会计政策变更							—		—
前期差错更正							—		—
二、本年初余额	1 204 800 000.00	169 439 486.85	121 760 367.47	186 454 257.17	521 055 860.50	-39 671.32	2 203 470 300.67	227 744 775.21	2 431 215 075.88
三、本期增减变动金额(减少以"-"号填列)	—	13 444 223.93	25 560 259.17	49 075 804.02	186 451 483.36	-6 037.65	274 525 732.83	9 310 413.13	283 836 145.96
(一)净利润					261 087 546.55		261 087 546.55	54 440 838.90	315 528 385.45
(二)直接计入所有者权益的利得和损失		13 444 223.93				-6 037.65	13 438 186.28	4 040 554.52	17 478 740.80
综合收益小计	—	13 444 223.93	—	—	261 087 546.55	-6 037.65	274 525 732.83	58 481 393.42	333 007 126.25
(三)所有者投入和减少资本	—	—	—	—	—	—	—	—	—
1. 所有者投入资本							—		—
2. 股份支付计入所有者权益的金额							—		—
3. 其他							—		—
(四)专项储备提取和使用	—	—	—	—	—	—	—	—	
1. 提取专项储备							—		
2. 使用专项储备							—		
(五)利润分配	—	—	25 560 259.17	49 075 804.02	-74 636 063.19	—	—	-49 170 980.29	-49 170 980.29
1. 提取盈余公积	—	—	25 560 259.17	—	-25 560 259.17	—	—		—
其中:法定公积金			25 560 259.17		-25 560 259.17		—		
任意公积金			—		—		—		
#储备基金							—		
#企业发展基金							—		
#利润归还投资							—		
2. 提取一般风险准备				49 075 804.02	-49 075 804.02		—		—
3. 对所有者的分配							—	-49 170 980.29	-49 170 980.29
4. 其他					—		—		—
(六)所有者权益内部结转	—	—	—	—	—	—	—	—	—
1. 资本公积转增资本							—		—
2. 盈余公积转增资本							—		—
3. 盈余公积弥补亏损							—		—
4. 其他							—		—
四、本年末余额	1 204 800 000.00	182 883 710.78	147 320 626.64	235 530 061.19	707 507 343.86	-45 708.97	2 477 996 033.50	237 055 188.34	2 715 051 221.84

所有者权益变动表（母子公司合并）（续）

编制单位：国投信托有限公司　　2011 年度　　单位：元

项　目	归属于母公司所有者权益							少数股东权益	所有者权益合计
	实收资本	资本公积	盈余公积	一般风险准备	未分配利润	其他	小计		
一、上年末余额	1 204 800 000. 00	328 511 079. 66	102 349 767. 10	153 017 475. 00	350 283 089. 87		2 138 961 411. 63	205 676 904. 81	2 344 638 316. 44
加：会计政策变更							—		—
前期差错更正							—		—
二、本年初余额	1 204 800 000. 00	328 511 079. 66	102 349 767. 10	153 017 475. 00	350 283 089. 87	—	2 138 961 411. 63	205 676 904. 81	2 344 638 316. 44
三、本期增减变动金额（减少以"-"号填列）	—	-159 071 592. 81	19 410 600. 37	33 436 782. 17	170 772 770. 63	-39 671. 32	64 508 889. 04	22 067 870. 40	86 576 759. 44
（一）净利润					223 620 316. 63		223 620 316. 63	71 142 836. 66	294 763 153. 29
（二）直接计入所有者权益的利得和损失		-159 071 592. 81				-39 671. 32	-159 111 264. 13	-6 288 861. 42	-165 400 125. 55
综合收益小计	—	-159 071 592. 81	—	—	223 620 316. 63	-39 671. 32	64 509 052. 50	64 853 975. 24	129 363 027. 74
（三）所有者投入和减少资本	—	—	—	—	—	—	—	—	—
1. 所有者投入资本							—		—
2. 股份支付计入所有者权益的金额							—		—
3. 其他							—		—
（四）专项储备提取和使用	—	—	—	—	—	—	—	—	
1. 提取专项储备							—		
2. 使用专项储备							—		
（五）利润分配	—	—	19 410 600. 37	33 436 782. 17	-52 847 546. 00	—	-163. 46	-42 786 104. 84	-42 786 268. 30
1. 提取盈余公积	—	—	19 410 600. 37	—	-19 410 600. 37	—	—		—
其中：法定公积金			19 410 600. 37		-19 410 600. 37		—		
任意公积金			—		—		—		
#储备基金							—		
#企业发展基金							—		
#利润归还投资							—		
2. 提取一般风险准备				33 436 945. 63	-33 436 945. 63		—		—
3. 对所有者的分配							—	-42 785 947. 80	-42 785 947. 80
4. 其他				-163. 46			-163. 46	-157. 04	-320. 50
（六）所有者权益内部结转	—	—	—	—	—	—	—	—	—
1. 资本公积转增资本							—		—
2. 盈余公积转增资本							—		—
3. 盈余公积弥补亏损							—		—
4. 其他							—		—
四、本年末余额	1 204 800 000. 00	169 439 486. 85	121 760 367. 47	186 454 257. 17	521 055 860. 50	-39 671. 32	2 203 470 300. 67	227 744 775. 21	2 431 215 075. 88

5.2 信托资产

5.2.1 信托项目资产负债汇总表

2012 年 12 月 31 日

编制单位:国投信托有限公司　　单位:万元

信托资产	期末数	期初数	信托负债和信托权益	期末数	期初数
信托资产:			信托负债:		
货币资金	41 585.00	601 250.01	交易性金融负债		
拆出资金			衍生金融负债		
存出保证金	1.02	2.00	应付受托人报酬	340.63	308.77
交易性金融资产	152 497.21	119 495.86	应付托管费	410.11	55.87
衍生金融资产			应付受益人收益	1 715.73	353.03
买入返售金融资产	62 230.05	2 000.06	应交税费		
应收款项	1 432 903.51	77 804.73	应付销售服务费		
发放贷款	7 808 844.22	1 725 210.46	其他应付款项	996.48	1 525.64
可供出售金融资产	1 245 973.77	484 998.00	预计负债		
持有至到期投资	955 00.00	67 001.94	其他负债		
长期应收款			信托负债合计	3 462.95	2 243.31
长期股权投资	785 087.39	725 889.00			
投资性房地产			信托权益:		
固定资产			实收信托	11 814 890.55	3 862 098.04
无形资产			资本公积	333.77	3 020.00
长期待摊费用			损益平准金		
其他资产	205 324.84	53 896.61	未分配利润	11 259.74	−9 812.68
减:各项资产减值准备			信托权益合计	11 826 484.06	3 855 305.36
信托资产总计	11 829 947.01	3 857 548.67	信托负债及信托权益总计	11 829 947.01	3 857 548.67

5.2.2 信托项目利润及利润分配汇总表

编制单位:国投信托有限公司　　2012 年 12 月　　单位:万元

项　目	本年累计数	上年累计数
1. 营业收入	392 220.55	151 404.72
1.1 利息收入	257 316.77	102 555.67
1.2 投资收益(损失以"－"号填列)	112 681.70	68 721.84
1.2.1 其中:对联营企业和合营企业的投资收益		
1.3 公允价值变动收益(损失以"－"号填列)	18 913.98	−20 224.82
1.4 租赁收入		
1.5 汇兑损益(损失以"－"号填列)		
1.6 其他收入	3 308.10	352.03
2. 支出	57 445.36	27 347.76
2.1 营业税金及附加		
2.2 受托人报酬	22 577.26	11 760.65
2.3 托管费	12 526.94	5 124.52
2.4 投资管理费	632.91	436.13
2.5 销售服务费	827.06	5 024.53
2.6 交易费用	1 204.64	876.68
2.7 资产减值损失		
2.8 其他费用	19 676.55	4 125.25
3. 信托净利润(净亏损以"－"号填列)	334 775.19	124 056.96

续表

项　目	本年累计数	上年累计数
4. 其他综合收益		0.00
5. 综合收益	334 775.19	124 056.96
6. 加:期初未分配信托利润	−9 812.68	17 122.93
7. 可供分配的信托利润	324 962.50	141 179.89
8. 减:本期已分配信托利润	313 702.76	150 992.57
9. 期末未分配信托利润	11 259.74	−9 812.68

6. 会计报表附注

6.1 简要说明报告年度会计报表编制基准、会计政策、会计估计和核算方法发生的变化

2012 年度,公司固有业务、信托业务均按照财政部颁布的《企业会计准则》、相应的企业会计准则应用指南、企业会计准则解释以及其他相关规定编制财务报表。报告期内主要会计政策、核算办法没有发生变化。

报告期公司主要会计估计发生变更:公司根据 2012 年 3 月 30 日财政部发布的关于印发《金融企业准备金计提管理办法》的通知,对一般风险准备按风险资产期末余额的 1.5% 计提。

6.2 或有事项说明

6.2.1 对外担保

截至报告日，公司无对外担保。

6.2.2 或有事项

6.2.2.1 未决法律纠纷

国投信托公司前身沈阳弘泰信托公司参股的沈阳经济技术联合开发股份公司（以下简称联合开发公司），沈阳弘泰信托公司于2005年已将持有的联合开发公司股权（占联合开发公司全部股权比例不足5%）转让给沈阳弘泰投资有限公司（以下简称为沈阳弘泰）。联合开发公司于1992年向农行贷款700万元，后一直未还款，农行将该债权转卖，现沈阳万鹏投资有限责任公司（以下简称万鹏公司）持有该债权。万鹏公司收购了该700万元的债权后，以联合开发公司未清算被吊销营业执照为由，在沈阳市沈河区法院起诉了联合开发公司的7家股东中的6家，要求这6家股东承担赔偿责任。被诉的6家股东以本公司为联合开发公司股东之一为由，向法院申请追加本公司为第三人。法院已同意追加，并通知本公司出庭应诉。公司于2012年10月收到通知。公司已提出管辖权异议和退出申请。沈河区法院已驳回其他被告提出的管辖权异议申请，被告之一建行已上诉。目前本案正在等待沈阳市中院对管辖权异议上诉的审理。

6.2.2.2 截至2012年12月31日，公司其他重大或有事项无。

6.3 重要资产转让及其出售的说明

截至报告日，公司无需披露的重要资产转让及其出售事项。

6.4 会计报表中重要项目的明细资料

6.4.1 自营资产经营情况

6.4.1.1 信用风险资产分类

信用风险资产五级分类	正常类（万元）	关注类（万元）	次级类（万元）	可疑类（万元）	损失类（万元）	信用风险资产合计（万元）	不良资产合计（万元）	不良资产率（%）
期初数	6 206.54	—	—	—	—	—	—	—
期末数	37 836.03	—	—	—	—	—	—	—

注：不良资产合计＝次级类＋可疑类＋损失类。

6.4.1.2 各项资产减值损失准备

单位：万元

	期初数	本期计提	卖出资产	本期转回	本期核销	期末数
贷款损失准备	—	337.50	—	—	—	337.50
一般准备	—	337.50	—	—	—	337.50
专项准备	—	—	—	—	—	—
其他资产减值准备	—	—	—	—	—	—
可供出售金融资产减值准备	—	4 000.00	4 000.00	—	—	—
持有至到期投资减值准备	—	—	—	—	—	—
长期股权投资减值准备	—	—	—	—	—	—
坏账准备	—	—	—	—	—	—
投资性房地产减值准备	—	—	—	—	—	—

6.4.1.3 固有业务投资品种明细

单位：万元

	自营股票	基金	债券	长期股权投资	其他投资	合计
期初数	—	11 634.28	—	58 460.09	125 014.68	195 109.05
期末数	—	3 000.00	—	58 460.09	132 662.60	194 122.69

6.4.1.4 前三名的自营长期股权投资情况

企业名称	占被投资企业权益的比例（%）	主要经营活动	投资损益（万元）
1. 红塔证券股份有限公司	18.75	证券经纪	—
2. 国投财务有限公司	16.67	结算贷款	1 967.72
3. 国投瑞银基金管理有限公司	51.00	基金管理	5 117.80

6.4.1.5 前三名的自营贷款的企业情况

企业名称	占贷款总额的比例（%）	还款情况
1. 霸州市滨海东方科技有限公司	80	未逾期
2. 北京唯度恒易科技发展有限公司	20	未逾期

注：发放给霸州市滨海东方科技有限公司180 000 000.00元，贷款期限2012年12月26日至2013年12月26日，固定年利率11%，取得股权质押权作为滨海东方履行偿还贷款本息义务的担保。本贷款增信方国投高新为国家开发投资公司全资控股企业，与公司为同一控制人。

发放给北京唯度恒易科技发展有限公司45 000 000.00元，2012年12月31日至2014年6月30日，固定利率固定年利率12%，该债务取得连带责任保证和补充连带责任保证。

6.4.1.6 表外业务情况

单位：万元

表外业务	期初数	期末数
担保业务	0	0
代理业务（委托业务）	0	0
其他	0	0
合计	0	0

6.4.1.7 公司当年的收入结构

收入结构	母公司		母子合并	
	金额（万元）	占比（%）	金额（万元）	占比（%）
手续费及佣金收入	24 053.84	58.22	63 700.19	77.77
其中：信托手续费收入	24 053.84	58.22	24 053.84	29.37
投资银行业务收入	—	—	—	—
利息收入	65.62	0.16	1 737.29	2.12
其他业务收入	204.74	0.50	2 202.33	2.69
其中：计入信托业务收入部分	—	—	—	—
投资收益	16 690.68	40.40	11 584.03	14.14
其中：股权投资收益	7 085.52	17.15	1 967.72	2.40
证券投资收益	—	—	—	—
其他投资收益	9 605.16	23.25	9 616.31	11.74
公允价值变动收益	—	—	—	—
营业外收入	299.88	0.73	2 688.24	3.28
收入合计	41 314.76	100.00	81 912.08	100.00

注：报告年度实现信托业务收入24 053.84万元，为以手续费及佣金确认的信托业务收入。

6.4.2 信托财产管理情况

6.4.2.1 信托资产的期初数、期末数

单位:万元

信托资产	期初数	期末数
集合	843 670.98	990 102.97
单一	2 985 674.89	10 656 908.00
财产权	28 202.80	182 936.04
合计	3 857 548.67	11 829 947.01

6.4.2.1.1 主动管理型信托业务的信托资产

单位:万元

主动管理型信托资产	期初数	期末数
证券投资类	60 254.09	116 856.57
股权投资类	—	159 515.75
融资类	1 967 025.84	9 939 581.10
事务管理类	28 202.80	182936.05
其他	482 867.93	244 207.98
合计	2 538 350.66	10 643 097.45

6.4.2.1.2 被动管理型信托业务的信托资产

单位:万元

被动管理型信托资产	期初数	期末数
证券投资类	129 059.74	165 770.97
股权投资类	650 233.47	600 001.75
融资类	439 272.72	386 859.59
事务管理类	—	—
其他	100 632.08	34 217.25
合计	1 319 198.01	1 186 849.56

6.4.2.2 本年度已清算结束的信托项目

6.4.2.2.1 本年度已清算结束的集合类、单一类资金信托项目和财产管理类信托项目

已清算结束信托项目	项目个数	实收信托合计金额(万元)	加权平均实际年化收益率(%)
集合类	26	533 946.10	5.73
单一类	50	1 833 505.94	5.94
财产管理类	—	—	—

6.4.2.2.2 本年度已清算结束的主动管理型信托项目

已清算结束信托项目	项目个数	实收信托合计金额(万元)	加权平均实际年化信托报酬率(%)	加权平均实际年化收益率(%)
证券投资类	—	—	—	—
股权投资类	—	—	—	—
融资类	43	1 917 111.00	0.38	6.25
事务管理类	—	—	—	—
其他	2	16 650.00	0.28	5.8

6.4.2.2.3 本年度已清算结束的被动管理型信托项目

已清算结束信托项目	项目个数	实收信托合计金额(万元)	加权平均实际年化信托报酬率(%)	加权平均实际年化收益率(%)
证券投资类	5	98 302.10	0.40	0.47
股权投资类	1	50 000.00	0.09	4.44
融资类	22	244 388.94	0.21	5.64
事务管理类	—	—	—	—
其他	3	41 000.00	1.73	8.27

6.4.2.3 本年度新增集合类、单一类和财产管理类信托项目

新增信托项目	项目个数	实收信托合计金额(万元)
集合类	49	865 478.00
单一类	290	9 826 748.79
财产管理类	4	154 893.50
新增合计	343	10 847 120.29
其中:主动管理型	322	10 667 777.29
被动管理型	21	179 343.00

6.4.2.4 信托业务创新成果和特色业务有关情况

2012年7月,"国投信托·绿色农业基金·御品香大米财产信托"设立。这是公司继"新疆乡都红酒财产信托"之后发起设立的又一只绿色农业基金产品。该基金设立的目的,是借助金融的力量和品牌,扶持国内有潜力的农业生产企业,树立优质的品牌形象,建立权威的市场公信力。

2012年9月,"国投飞龙艺术品基金·王健当代艺术信托"成立。这是公司首次涉足当代艺术领域,也是首只以艺术家名字命名的信托产品。该产品为开放式财产信托,信托财产为王健的各类艺术作品。公司作为受托人将通过与专业机构合作举办王健画作展览、在国内知名艺术院校举行讲座和演讲、与银行等金融机构合作举办作品鉴赏会等活动对艺术品进行推广运作,实现信托财产的稳定增值。

6.4.2.5 本公司履行受托人义务情况及因本公司自身责任而导致的信托资产损失情况(合计金额、原因等)

公司严格按照《中华人民共和国信托法》、《信托公司管理办法》、《信托公司集合资金信托计划管理办法》等法律法规的规定及信托合同等文件的约定,诚实、信用、谨慎、有效地管理信托财产,严格履行受托人的义务。报告期内公司没有发生因自身责任而导致的信托资产损失情况。

6.4.3 公司净资本及风险资本情况

截至2012年末,公司净资本为198 232.00万元,公司开展固有业务、信托业务等占用的风险资本为151 329.63万元,公司净资本高于各项风险资本之和,高于公司净资产的40%,符合《信托公司净资本管理办法》的风险控制指标。

6.5 关联方关系及其交易的披露

6.5.1 关联交易概况

	关联交易方数量	关联交易金额(万元)	定价政策
合计	18	616 065.24	本公司向关联方提供贷款、管理咨询服务等的交易价格由双方协商确定，与非关联方的交易价格并无重大差异；收取的信托项目手续费按照信托合同的约定确定。

6.5.2 关联交易方情况

关系性质	关联方名称	法定代表人	注册地址	注册资本(亿元)	主营业务
最终控制方	国家开发投资公司	王会生	北京市西城区阜成门北大街6－6号国际投资大厦A座	194.7	能源、交通、农业、科技、金融服务等行业投资及管理。
母公司	国投资本控股有限公司	钱蒙	北京市西城区阜成门北大街6－6号国际投资大厦A座	25	对外投资，资产管理。
子公司	国投瑞银基金管理有限公司	钱蒙	深圳市福田区金田路4028号荣超经贸中心46层	1	发起设立基金，基金管理业务。
受同一最终控制方控制的其他企业	北京亚华房地产开发有限责任公司	余建平	北京市西城区北大街6号－6国际投资大厦A栋309室	7	房地产开发、销售。
受同一最终控制方控制的其他企业	国投物业有限责任公司	马居利	北京市西城区北大街6号－6国际投资大厦A栋315室	1	物业管理、房屋租赁、餐饮服务。
受同一最终控制方控制的其他企业	国投高科技投资有限公司	郝建	北京市西城区阜成门北大街6－6号国际投资大厦	6.4	高新技术创业投资及咨询。
受同一最终控制方控制的其他企业	国投电力有限公司	胡刚	北京市西城区西直门南小街147号11层	30	电力生产投资、建设、经营管理。
受同一最终控制方控制的其他企业	国投电力控股股份有限公司	胡刚	北京市西城区西直门南小街147号5号楼12层	10.4	投资建设、经营管理以电力生产为主的能源项目。
受同一最终控制方控制的其他企业	国投财务有限公司	张华	北京市西城区西直门南小街147号9层	12	集团资金管理。
受同一最终控制方控制的其他企业	国投交通公司	潘勇	北京市西城区西直门南小街147号17层	20	交通基础设施项目经营。

续表

关系性质	关联方名称	法定代表人	注册地址	注册资本(亿元)	主营业务
受同一最终控制方控制的其他企业	国投资产管理公司	刘良	北京市西城区西直门南小街147号16层	6.5	资产管理。
受同一最终控制方控制的其他企业	中投咨询有限公司	邓华	宣武区广安门外南滨河路1号高新大厦12层	0.1	投资咨询、工程咨询、企业管理咨询、工程项目监理、招标代理及技术服务。
受同一最终控制方控制的其他企业	天津国投津能发电有限公司	金锋	汉沽区新开路政府招待所	18.2	火电开发和经营管理。
受同一最终控制方控制的其他企业	国投亚华(上海)有限公司	韩松	上海市虹口区飞虹路360弄9号3630室	6	投资管理、房地产开发、物业管理、会展服务。
受同一最终控制方控制的其他企业	二滩水电开发有限责任公司	王会生	四川省成都市成华区双林路288号	46	电力生产销售。
受同一最终控制方控制的其他企业	国投盘江发电有限公司	王维东	贵州省六盘水市盘县红果镇干沟桥建行四楼	1.8	电力生产销售、开发经营电力设备和燃料。
受同一最终控制方控制的其他企业	国投昔阳能源有限责任公司	张斗群	山西省昔阳县乐平镇安坪村	11.06	煤炭投资、煤炭开采；能源、电力生产加工销售。
受同一最终控制方控制的其他企业	镇江港务集团有限公司	吴宏平	江苏省镇江市长江路19号	7.88	港口业务。

6.5.3 本公司与关联方的重大交易事项

6.5.3.1 固有与关联方交易情况

单位：万元

固有与关联方关联交易				
	期初数	借方发生额	贷方发生额	期末数
贷款	—	—	—	—
投资	—	—	—	—
租赁	—	—	—	—
担保	—	—	—	—
应收账款	—	—	—	—
其他	0.02	0.11	—	0.13
合计	0.02	0.11	—	0.13

6.5.3.2　信托与关联方交易情况

单位:万元

信托与关联方关联交易				
	期初数	借方发生额	贷方发生额	期末数
贷款	367 852.25	239 400.00	134439.75	472 812.50
投资	50 000.00	—	50 000.00	—
租赁	—	—	—	—
担保	—	—	—	—
应收账款	—	—	—	—
其他	—	—	—	—
合计	417 852.25	239 400.00	184 439.75	472 812.50

6.5.3.3　信托公司自有资金运用于自己管理的信托项目(固信交易)、信托公司管理的信托项目之间的相互(信信交易)交易金额

6.5.3.3.1　固有与信托财产之间的交易

单位:万元

固有财产与信托财产相互交易			
	期初数	本期发生额	期末数
合计	136 570.00	6 682.61	143 252.61

6.5.3.3.2　信托项目之间的交易

单位:万元

信托资产与信托财产相互交易			
	期初数	本期发生额	期末数
合计	0	0	0

6.5.4　报告期关联方逾期未偿还本公司资金,为关联方担保发生或即将发生垫款的情况

无。

6.6　会计制度的披露

报告期内,公司固有及信托业务均执行财政部颁布的《企业会计准则——基本准则》和38项具体会计准则,及其后颁布的企业会计准则应用指南、企业会计准则解释等规定。

7. 财务情况说明书

7.1 利润实现和分配情况

母公司口径:公司累计实现利润总额31 721.30万元,较上年同期增加了8 346.52万元,增幅为35.71%。实现净利润25 560.26万元,较上年同期增加了6 149.66万元,增幅为31.68%。按相关法规及公司章程提取盈余公积2 556.03万元,提取一般准备金2 649.34万元,本年度拟不向股东分配利润。

合并口径:公司累计实现利润总额41 663.32万元,较上年同期增加了3 237.12万元,增幅为8.42%。实现净利润31 552.84万元,较去年同期增加了2 076.52万元,增幅为7.04%。按相关法规及公司章程提取盈余公积2 556.03万元,提取一般准备金4 907.58万元,本年度拟不向股东分配利润。

7.2　主要财务指标

指标名称	指标值(母公司)	指标值(母子公司合并)
资本利润率(%)	11.94	12.26
加权年化信托报酬率(%)	0.31	0.31
人均净利润(元)	2 937 960.82	1 354 199.08

7.3　对本公司财务状况、经营成果有重大影响的其他事项

报告期内无对本公司财务状况、经营成果有重大影响的其他事项。

8. 特别事项揭示

8.1 前五名股东报告期内变动情况及原因

报告期内,公司股东未发生变动。

8.2　董事、监事及高级管理人员变动情况及原因

2012年3月29日,经公司2011年度股东会审议同意张文雄辞去监事职务,确认汪斌为职工代表监事。

2012年12月10日,公司第四届董事会第十二次会议同意吕益民先生因工作变动辞去公司总经理职务;由公司副总经理傅强代为履行公司总经理职务。

8.3　公司的重大未决诉讼事项

2012年,公司被诉案件1件,涉案金额700万元,起诉人为沈阳万鹏投资有限责任公司。

万鹏投资有限责任公司收购了对沈阳市经济技术协作开发总公司(以下简称经济总公司)的本金为700万元的债权后,以经济总公司未清算被吊销营业执照为由,在沈阳市沈河区法院起诉了经济总公司的7家股东中的6家,要求这6家股东承担赔偿责任。被诉的6家股东以公司为经济总公司股东之一为由,向法院申请追加公司为第三人。法院已同意追加,并通知公司出庭应诉。公司已提出管辖权异议和退出申请。由于公司于2005年已将持有的经济总公司股权转让给沈阳弘泰投资,且该股权所占经济总公司全部股权比例不足5%,所以公司实际承担赔偿责任的可能性较小。目前案件正在诉讼过程中。

8.4　对会计师事务所出具的有保留意见、否定意见或无法表示意见的审计报告的,公司董事会应就所涉及事项作出说明

会计师事务所出具了无保留意见审计报告。

8.5 公司及其董事、监事和高级管理人员受到处罚的情况

报告期内，公司未发现公司及其董事、监事和高级管理人员受到处罚的信息。

8.6 银监会及其派出机构对公司检查后提出整改意见的，应简单说明整改情况

2012 年 4 月 11 日至 24 日，中国银行业监督管理委员会北京监管局对公司银信理财合作信托业务的开展情况进行了现场检查，对信托业务自主管理、信贷资产转让、证券投资业务管理、内部控制等方面提出了整改建议。公司高度重视整改工作，制订了整改计划，逐一落实，并及时向监管机构汇报整改结果。

8.7 本年度重大事项临时报告的简要内容、披露时间、所披露的媒体及其版面

《国投信托有限公司关于更换会计师事务所的公告》于 2012 年 11 月 30 日在《上海证券报》A11 版披露，主要内容为：公司聘用的会计师事务所变更为立信会计师事务所。

《国投信托有限公司关于公司高管人员变更的公告》于 2012 年 12 月 12 日在《上海证券报》A54 版披露，主要内容为：吕益民先生因工作变动辞去公司总经理职务，由公司副总经理傅强代为履行公司总经理职务。

8.8 银监会及其省级派出机构认定的其他有必要让客户及相关利益人了解的重要信息

无。

9. 公司监事会意见

监事会认为，公司 2012 年度的经营和运作，符合法律规范和监管部门的要求，公司各位董事、高级管理人员在执行公司职务时能够恪尽职守，围绕股东会确定的年度目标审慎经营、规范运作，各项决策程序合法有效；公司年度总体工作成绩显著；公司财务报告客观真实地反映了公司财务状况及经营成果；未发现公司存在违法、违规、违章和损害股东、投资者利益的行为，也未发现公司因违法、违规、违章给公司和客户财产造成损失的问题。

杭州工商信托股份有限公司

1. 重要提示

1.1 本报告根据中国银行业监督管理委员会的有关规定编制。本公司董事会及董事保证本报告所载资料不存在任何虚假记载、误导性陈述或者重大遗漏,并对其内容的真实性、准确性和完整性承担个别及连带责任。本年度报告摘要摘自年度报告全文,客户及相关利益人欲了解详细内容,应阅读年度报告全文。

1.2 独立董事 Andrew Gordon Williamson 先生、秦永忠先生、张家仁先生认为本年度报告内容是真实、准确、完整的。

1.3 公司总裁丁建萍先生、主管会计工作负责人张建芳女士及会计主管人员康波女士声明:保证年度报告中财务报告真实、完整。

2. 公司概况

2.1 公司简介

2.1.1 公司法定中文名称:杭州工商信托股份有限公司
公司法定英文名称:Hangzhou Industrial & Commercial Trust Co. ,Ltd.

2.1.2 注册地址:浙江省杭州市江干区迪凯国际中心41层

2.1.3 邮政编码:310016

2.1.4 公司国际互联网网址:www. hztrust. com

2.1.5 电子信箱:hztrust@ hztrust. com

2.1.6 信息披露事务负责人:张锐
联系电话/传真:0571-87213936
电子信箱:zhangrui@ hztrust. com

2.1.7 公司选定的信息披露报纸名称:《金融时报》、《证券时报》

2.1.8 公司年度报告备置地点:浙江省杭州市江干区迪凯国际中心41层

2.1.9 公司聘请的会计师事务所名称:德勤华永会计师事务所有限公司
住所:上海市延安东路222号外滩中心30楼

2.1.10 公司聘请的律师事务所名称:浙江天册律师事务所
住所:浙江省杭州市杭大路1号黄龙世纪广场A座11楼

2.2 组织结构

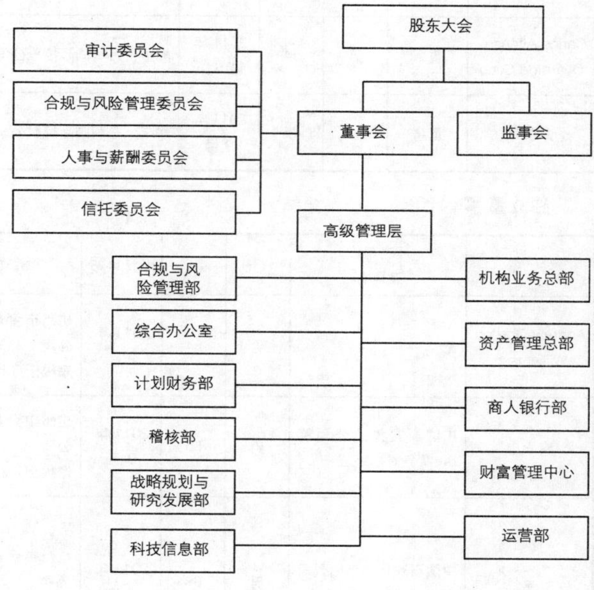

3. 公司治理结构

3.1 股东

公司前三位股东情况:

股东名称	出资比例(%)	法人代表	注册资本	注册地址	主要经营业务及主要财务情况
杭州市金融投资集团有限公司	52.992	张锦铭	50亿元	杭州市上城区庆春路155号中财发展大厦12楼	市政府授权范围内的国有资产经营,市政府及有关部门委托经营的资产。2012年末净资产40.78亿元,净利润3.23亿元(本级未审计)。
摩根士丹利国际控股公司	19.9	Harvey B. Mogenson	授权资本:普通股A已授权1 000股,每股面额0.01美元,共10美元;普通股B已授权11 000股,每股面额0.01美元,共110美元;特别股,已授权15 000股,每股面额0.01美元,共150美元;A类累积可赎回特别股已授权10 000股,每股面额0.01美元,共100美元	c/o The Corporation Trust Company Corporation Trust Center 1209 Orange Street Wilmington, DE 19801U. S. A.	摩根士丹利国际控股公司为控股公司,是摩根士丹利美国境外子公司之主要股东;摩根士丹利是摩根士丹利国际控股公司的母公司。摩根士丹利是一家国际性金融服务公司,业务范围涵盖投资银行、证券、投资管理以及财富管理。 摩根士丹利国际控股公司财务信息:2012年12月31日,总资产377亿美元;总负债70.6亿美元;净利润8.5亿美元。
浙江新安化工集团股份有限公司	6.2625	王伟	679 184 633元	浙江省建德市新安江镇	化工原料及产品、化工机械、农药、化肥、包装物的制造和经营。2012年末净资产44亿元,净利润1.45亿元。

3.2 董事

董事长、董事

姓　名	职　务	性别	年龄	选任日期	所推举的股东名称	该股东持股比例(%)	简　要　履　历
虞利明	董事长	男	46	2011年9月	杭州市金融投资集团有限公司	52.992	曾任交通银行杭州分行党委委员、副行长，杭州市投资控股有限公司董事长、总经理；现任杭州市金融投资集团有限公司副董事长、总经理。
徐云鹤	董事	男	49	2011年9月	杭州市金融投资集团有限公司	52.992	曾任杭州市投资控股有限公司投资发展部经理，董事、副总经理；现任杭州市金融投资集团有限公司副总经理。
丁建萍	董事	男	47	2011年9月	杭州市金融投资集团有限公司	52.992	曾任海南万通集团有限公司咨询事业部总经理、新加坡大洋企业有限公司副总经理、杭州市投资控股有限公司投资发展部经理、杭州工商信托股份有限公司执行总经理；现任杭州工商信托股份有限公司总裁、杭州市金融投资集团有限公司副总经理。
李明扬	董事	男	55	2011年9月	杭州市财开投资集团公司	5.0	曾任建德市财政局、地税局、国资局局长、党委书记，杭州钱江经济开发区财政局局长、杭州市财政局调研员；现任杭州市财开投资集团公司总经理。
Carlos Alfonso，Oyarbide Seco	董事	男	54	2011年9月	摩根士丹利国际控股公司	19.9	曾任摩根士丹利(伦敦)董事总经理，摩根士丹利集团子公司首席执行官、首席运营官；现任摩根士丹利董事总经理/中国区首席运营官。
许东辉	董事	男	45	2011年9月	摩根士丹利国际控股公司	19.9	曾在荷兰银行上海分行、星展银行上海分行任职，之后进入花旗银行，先后担任花旗银行上海分行、花旗银行杭州分行副总裁；现任公司首席执行官。

独立董事

姓　名	所在单位及职务	性别	年龄	选任日期	所推举的股东名称	该股东持股比例(%)	简　要　履　历
Andrew Gordon Williamson	无	男	54	2011年9月	杭州市金融投资集团有限公司 摩根士丹利国际控股公司	52.992 19.9	曾任Coopers & Lybrand(伦敦)审计主管，汇丰银行集团总部会计师、亚太地区首席会计师、香港会计和银行业的自聘顾问。
秦永忠	中信国安集团公司董事、常务副总经理	男	55	2011年9月	杭州市金融投资集团有限公司 摩根士丹利国际控股公司	52.992 19.9	曾任中信国安总公司财务部经理，中信国安信息产业股份公司副总经理、董事总经理；现任中信国安集团公司董事、常务副总经理。
张家仁	中国石油化工集团公司原党组成员、副总经理	男	68	2011年9月	杭州市金融投资集团有限公司 摩根士丹利国际控股公司	52.992 19.9	曾任镇海石油化工总厂厂长，镇海炼油化工股份有限公司董事长，中国石油化工集团公司党组成员、副总经理，中国石油化工股份有限公司董事、高级副总裁兼财务总监，中国石化财务有限责任公司董事长，中国石油化工集团公司高级顾问。

3.3 监事

监事会成员

姓　名	职　务	性别	年龄	选任日期	所推举的股东名称	该股东持股比例(%)	简　要　履　历
王　伟	监事会主席	男	62	2011年9月	浙江新安化工集团股份有限公司	6.2625	曾任建德化工厂厂长、建德市经委副主任、建德市工业局局长；现任新安化工集团股份有限公司董事长。
刘　翌	监事	男	39	2011年9月	杭州市金融投资集团有限公司	52.992	曾任杭州市投资控股有限公司投资银行部经理、总经理助理；现任杭州市产业发展投资有限公司总经理。
马晓涛	监事	男	43	2011年9月	职工监事	—	曾任华宝信托投资有限公司证券营业部副总经理、富成证券有限责任公司证券营业部副总经理；现任杭州工商信托股份有限公司合规与风险管理部负责人。

3.4 高级管理人员

姓名	职务	性别	年龄	选任日期	金融从业年限	学历	专业
许东辉	首席执行官	男	45	2011年9月	16	硕士	工商管理
丁建萍	总裁	男	47	2011年9月	20	硕士	国际政治
陈 涛	市场及发展总监	男	37	2011年9月	15	本科	国际贸易
张建芳	财务总监	女	53	2011年9月	34	本科	经济管理
张 锐	行政总监	男	51	2011年9月	32	本科	经济管理
汪 勇	投资运营总监	男	40	2011年9月	17	本科	会计学

3.5 公司员工

报告期内,职工人数:121人;平均年龄:33.7岁。

学历	人数	学历分布比例(%)
博士	2	1.7
硕士	42	34.7
本科	70	57.9
专科	6	5.0
其他	1	0.8

4. 经营管理

4.1 经营目标、经营方针、战略规划

4.1.1 经营目标

充分发挥和利用信托的制度与功能优势,打造优秀的资产管理团队,为客户提供持续的个性化的信托产品和金融服务,打造国内领先的、具有鲜明专业特色的信托资产管理机构。

4.1.2 经营方针

坚持逐步实施以组合投资为主的信托基金的业务模式转型,发展中长期产品,从“项目主导”过渡到“产品主导”,培养具持续性的客户基础,以强大的业务创新能力和内控机制为依托,打造以投资和投资管理为主的资产管理业务体系,拓展“基金化、中长期化、投资化”的产品体系,构建核心竞争力,为客户提供综合、灵活、创新的金融服务。

4.1.3 战略规划

建立以账户管理为核心的内部管理体系,构建健全的内控体系与资产管理框架,提高公司核心竞争力和风险管理能力,提升公司整体价值,合规经营,稳健发展。

4.2 所经营业务的主要内容

4.2.1 经营业务、品种

4.2.1.1 公司业务主要分为信托业务和固有财产管理两大类

(1)以组合投资管理为主要特征的资产管理业务,包括房地产投资信托等私募投资管理业务。

(2)以项目或企业融资为主的信托投行业务。

(3)事务管理类信托业务。

4.2.1.2 公司目前信托业务品种

信托业务品种主要有单一资金信托、集合资金信托。按运用方式分有投资类信托、融资类信托、组合投资管理类信托。

4.2.2 资产组合与分布

自营资产运用与分布表

资产运用	金额(万元)	占比(%)	资产分布	金额(万元)	占比(%)
货币资产	35 993	31.31	基础产业	0	0
贷款及应收款	35 095	30.53	房地产业	5 000	4.35
交易性金融资产投资	0	0	证券市场	256	0.22
可供出售金融资产投资	27 848	24.22	实业	4 750	4.13
持有至到期投资	0	0	金融机构	35 993	31.31
长期股权投资	3 250	2.83	其他	68 964	59.99
其他	12 777	11.11			
资产总计	114 963	100.00	资产总计	114 963	100.00

信托资产运用与分布表

资产运用	金额(万元)	占比(%)	资产分布	金额(万元)	占比(%)
货币资产	48 373	3.26	基础产业	235 647	15.88
贷款	452 146	30.47	房地产	1 052 248	70.92
交易性金融资产投资	5 000	0.34	证券市场	0	0
可供出售金融资产投资	0	0	实业	76 688	5.17
持有至到期投资	0	0	金融机构	0	0
长期股权投资	98 840	6.66	其他	119 111	8.03
其他	879 335	59.27			
信托资产总计	1 483 694	100.00	信托资产总计	1 483 694	100.00

4.3 市场分析

4.3.1 有利因素

2012年,随着金融改革的不断深化,大资产管理时代已然来临,为信托公司扩大投资范围、深化金融同业合作、开展业务创新提供更大空间,有利于信托公司更加注重主动管理能力,优化业务结构,加速实施向资产管理机构的转型;国内经济运行态势总体良好,为信托业的发展奠定基础;信托投资进一步被公众所认识与接受;民众财富增长,资产管理和信托投资的市场需求巨大。

公司治理结构较为完善,内控机制健全,业务战略规划清晰,具有经验丰富、专业敬业、合规意识强烈的经营管理团队。2012年,公司坚持战略方向推进业务转型与精细化管理,风险管理与合规管理稳健有效、管理信托资产规模稳健增长且在行业内具有独特的资产管理特点、私募股权投资基金管理业务有序推进。公司历年来稳健经营、开拓创新,市场形象良好。

4.3.2 不利因素

信托公司成为真正的资产管理机构的业务转型、客户结构优化和专业团队建设尚未完成,自主管理能力与金融服务水平仍有待提升;随着资产管理政策的放开与更多其他金融机构的加入,资产管理市场竞争日趋激烈,信托公司在此领域的既有优势或将面临严

峻挑战；信托的制度环境有待进一步完善，信托业发展必需的部分配套的相关法规（如“信托财产登记制度”等）尚未出台。

4.4 内部控制概况

公司建立了清晰的内部控制目标和原则，高级管理层牢固树立了内控优先的风险管理理念，公司前台、中台、后台操作独立、运行顺畅。公司根据一法两规和相关法律法规的要求，建立了一整套顺应公司业务发展、符合监管政策的内部控制制度体系，并能组织落实公司的合规风险评估，整个控制活动措施到位，内部控制制度涵盖了业务和管理的各个层面，全体员工熟悉公司的业务和管理的内控制度与操作流程，能认真履行岗位职责，正确行使职权。公司制定和实施了有利于企业可持续发展的人力资源政策。公司建立了上传下达、下情上达的充分、合理的信息沟通制度。公司内部监督分为日常监督和专项监督，合规与风险管理部和稽核部职能分离、职责分明、协同合作，成为公司合规风险的前后道防线，帮助公司降低和规避各类风险，通过后续纠正和改进达到合规和降低风险的目的。

4.5 风险管理概况

公司在经营活动中所面临的风险主要包括信用风险、市场风险、操作风险及其他各类风险。针对不同类型的风险，公司进一步提高对交易对手和项目的选择标准，加强项目管理和风险预警以防范信用风险；加强对宏观经济形势和行业特征的研究，适时调整策略以防范市场风险；严格执行并不断补充和完善各项经营管理制度、问责制度，以防范操作风险；认真研究国家政策，聘请专业法律顾问机构，以防范政策风险、法律风险以及其他风险。

报告期内，公司严格执行国家政策、法规，并不断完善公司风险管理框架，加强合规风险管理体系建设，加强项目后期管理，落实各项风险控制措施。目前公司经营正常，报告期内所有信托计划（项目）均正常存续，到期项目均按时完成信托财产的清算（分配）工作。

5. 报告期末及上一年度末的比较式会计报表

5.1 自营资产

5.1.1 会计师事务所审计结论

德勤华永会计师事务所有限公司出具了标准无保留审计意见。

5.1.2 资产负债表（母公司）

资产负债表（母公司）

编制单位：杭州工商信托股份有限公司　　2012年12月31日　　单位：万元

资　　产	期末余额	年初余额	负债和所有者权益（或股东权益）	期末余额	年初余额
资产：			负债：		
现金及存放中央银行款项	1	4	向中央银行借款	0	0
存放同业款项	35 992	21 927	同业及其他金融机构存放款项	0	0
贵金属	0	0	拆入资产	0	0
拆出资金	0	0	交易性金融负债	0	0
交易性金融资产	0	0	衍生金融负债	0	0
衍生金融资产	0	0	卖出回购金融资产款	0	0
买入返售金融资产	0	0	吸收存款	0	0
应收利息	22	34	应付职工薪酬	2 267	1 804
发放贷款和垫款	35 094	29 581	应交税费	7 959	9 060
可供出售金融资产	27 848	29 525	应付利息	0	0
持有至到期投资	0	0	预计负债	0	0
长期股权投资	3 250	3 250	应付债券	0	0
投资性房地产	1 787	1 886	递延所得税负债	0	0
固定资产	828	727	其他负债	7 244	1 356
无形资产	213	172	负债合计	17 470	12 220
递延所得税资产	863	458	股东权益：	0	0
其他资产	9 065	8 735	股本	50 000	50 000
			资本公积	904	796
			减：库存股	0	0
			盈余公积	10 491	8 091
			一般风险准备	6 158	4 548
			未分配利润	29 940	20 644
			股东权益合计	97 493	84 079
资产总计	114 963	96 299	负债和股东权益总计	114 963	96 299

企业负责人：虞利明　　财务负责人：张建芳　　制表：吴庆元

资产负债表

编制单位:杭州工商信托股份有限公司　　2012 年 12 月 31 日　　单位:万元

资　产	期末余额	年初余额	负债和所有者权益(或股东权益)	期末余额	年初余额
资产:			负债:		
现金及存放中央银行款项	1	4	向中央银行借款	0	0
存放同业款项	36 387	22 110	同业及其他金融机构存放款项	0	0
贵金属	0	0	拆入资产	0	0
拆出资金	0	0	交易性金融负债	0	0
交易性金融资产	0	0	衍生金融负债	0	0
衍生金融资产	0	0	卖出回购金融资产款	0	0
买入返售金融资产	0	0	吸收存款	0	0
应收利息	22	34	应付职工薪酬	2 267	1 804
发放贷款和垫款	35 094	29 581	应交税费	8 043	9 086
可供出售金融资产	29 396	31 050	应付利息	0	0
持有至到期投资	0	0	预计负债	0	0
长期股权投资	1 250	1 250	应付债券	0	0
投资性房地产	1 787	1 886	递延所得税负债	12	6
固定资产	831	731	其他负债	7 298	1 369
无形资产	217	172	负债合计	17 620	12 265
递延所得税资产	863	458	股东权益:	0	0
其他资产	9 472	9 071	或股本	50 000	50 000
			资本公积	940	814
			减:库存股	0	0
			盈余公积	10 510	8 091
			一般风险准备	6 158	4 548
			未分配利润	30 092	20 629
			股东权益合计	97 700	84 082
资产总计	115 320	96 347	负债和股东权益总计	115 320	96 347

企业负责人:虞利明　　财务负责人:张建芳　　制表:吴庆元

5.1.3　利润表(母公司)

利润表(母公司)

编制单位:杭州工商信托股份有限公司　　2012 年度　　单位:万元

项　目	本期累计金额	上期累计金额
一、营业收入	51 679	39 572
利息净收入	1 618	1 558
利息收入	1 618	1 558
利息支出	0	0
手续费及佣金净收入	33 858	22 436
手续费及佣金收入	33 858	22 436
手续费及佣金支出	0	0
投资收益(损失以"-"号填列)	5 264	5 141
其中:对联营企业和合营企业的投资收益	0	0
公允价值变动收益(损失以"-"号填列)	0	0
汇兑收益(损失以"-"号填列)	0	0
其他业务收入	10 939	10 437
二、营业支出	19 540	15 393
营业税金及附加	3 002	2 071
业务及管理费	14 748	11 773
资产减值损失	0	0
其他业务成本	1 790	1 549
三、营业利润(亏损以"-"号填列)	32 139	24 179

续表

项　目	本期累计金额	上期累计金额
加：营业外收入	3	13
减：营业外支出	55	76
四、利润总额（亏损总额以"－"号填列）	32 087	24 116
减：所得税费用	8 081	6 035
五、净利润（净亏损以"－"填列）	24 006	18 081
六、每股收益：		
（一）基本每股收益	0.48	0.36
（二）稀释每股收益	0.48	0.36

企业负责人：虞利明　　财务负责人：张建芳　　制表：吴庆元

利润表（合并报表）

编制单位：杭州工商信托股份有限公司　　2012 年度　　单位：万元

项　目	本期累计金额	上期累计金额
一、营业收入	52 175	39 839
利息净收入	1 618	1 558
利息收入	1 618	1 558
利息支出	0	0
手续费及佣金净收入	34 207	22 703
手续费及佣金收入	34 207	22 703
手续费及佣金支出	0	0
投资收益（损失以"－"号填列）	5 411	5 141
其中：对联营企业和合营企业的投资收益	0	0
公允价值变动收益（损失以"－"号填列）	0	0
汇兑收益（损失以"－"号填列）	0	0
其他业务收入	10 939	10 437
二、营业支出	19 786	15 674
营业税金及附加	3 030	2 086
业务及管理费	14 966	12 039
资产减值损失	0	0
其他业务成本	1 790	1 549
三、营业利润（亏损以"－"号填列）	32 389	24 165
加：营业外收入	3	13
减：营业外支出	55	76
四、利润总额（亏损总额以"－"号填列）	32 337	24 102
减：所得税费用	8 145	6 036
五、净利润（净亏损以"－"号填列）	24 192	18 066
六、每股收益：		
（一）基本每股收益	0.48	0.36
（二）稀释每股收益	0.48	0.36

企业负责人：虞利明　　财务负责人：张建芳　　制表：吴庆元

5.1.4　股东权益变动表（母公司）

所有者权益变动表（母公司）

2012 年 12 月 31 日　　单位：万元

	股本	资本公积	盈余公积	一般风险准备	信托赔偿准备	未分配利润	股东权益
一、2011 年 12 月 31 日	50 000	796	8 091	693	3 855	20 644	84 079
二、2012 年 1 月 1 日余额	50 000	796	8 091	693	3 855	20 644	84 079
三、本年增减变动金额	0	108	2 400	410	1200	9 296	13 414
（一）净利润						24 006	24 006

续表

	股本	资本公积	盈余公积	一般风险准备	信托赔偿准备	未分配利润	股东权益
(二)其他综合收益		108					108
1. 可供出售金融资产公允价值变动净额		108					108
(一)和(二)小计		108				24 006	24 114
(三)股东投入和减少资本							
(四)利润分配							
1. 提取盈余公积			2 400			(2 400)	
2. 提取一般风险准备				410		(410)	
3. 提取信托赔偿准备					1 200	(1 200)	
4. 对股东的分配						(10 700)	(10 700)
(五)股东权益内部结转							
四、2012 年 12 月 31 日余额	50 000	904	10 491	1 103	5 055	29 940	97 493

股东权益变动表(母公司)(续)

2011 年 12 月 31 日

单位:万元

	股本	资本公积	盈余公积	一般风险准备	信托赔偿准备	未分配利润	股东权益
一、2010 年 12 月 31 日	50 000	1 460	6 283	509	2 951	15 559	76 762
二、2011 年 1 月 1 日余额	50 000	1 460	6 283	509	2 951	15 559	76 762
三、本年增减变动金额	0	(664)	1 808	184	904	5 085	7 317
(一)净利润						18 081	18 081
(二)其他综合收益		(664)					(664)
1. 可供出售金融资产公允价值变动净额		(664)					(664)
(一)和(二)小计		(664)				18 081	17 417
(三)股东投入和减少资本							
(四)利润分配							
1. 提取盈余公积			1 808			(1 808)	
2. 提取一般风险准备				184		(184)	
3. 提取信托赔偿准备					904	(904)	
4. 对股东的分配						(10 100)	(10 100)
(五)股东权益内部结转							
四、2011 年 12 月 31 日余额	50 000	796	8 091	693	3 855	20 644	84 079

企业负责人:虞利明　　财务负责人:张建芳　　制表:吴庆元

股东权益变动表(合并报表)

2012 年 12 月 31 日

单位:万元

	归属于母公司股东权益						少数股东权益	所有者权益合计
	股本	资本公积	盈余公积	一般风险准备	信托赔偿准备	未分配利润		
一、2011 年 12 月 31 日	50 000	814	8 091	693	3 855	20 629		84 082
二、2012 年 1 月 1 日余额	50 000	814	8 091	693	3 855	20 629		84 082
三、本年增减变动金额	0	126	2 419	410	1 200	9 463		13 618
(一)净利润						24 192		24 192
(二)其他综合收益		126						126
1. 可供出售金融资产公允价值变动净额		126						126
(一)和(二)小计		126				24 192		24 318
(三)股东投入和减少资本								

续表

	归属于母公司股东权益						少数股东权益	所有者权益合计
	股本	资本公积	盈余公积	一般风险准备	信托赔偿准备	未分配利润		
（四）利润分配								
1. 提取盈余公积			2 419			（2 419）		
2. 提取一般风险准备				410		（410）		
3. 提取信托赔偿准备					1 200	（1 200）		
4. 对股东的分配						（10 700）		（10 700）
（五）股东权益内部结转								
四、2012 年 12 月 31 日余额	50 000	940	10 510	1 103	5,055	30 092		97 700

股东权益变动表合并报表（续）

2011 年 12 月 31 日

单位：万元

	归属于母公司股东权益						少数股东权益	所有者权益合计
	股本	资本公积	盈余公积	一般风险准备	信托赔偿准备	未分配利润		
一、2010 年 12 月 31 日	50 000	1 460	6 283	509	2 951	15 559		76 762
二、2011 年 1 月 1 日余额	50 000	1 460	6 283	509	2 951	15 559		76 762
三、本年增减变动金额	0	（664）	1 808	184	904	5 070		7 320
（一）净利润						18 066		18 066
（二）其他综合收益		（646）						（646）
1. 可供出售金融资产公允价值变动净额		（646）						（646）
（一）和（二）小计		（646）				18 066		17 420
（三）股东投入和减少资本								
（四）利润分配								
1. 提取盈余公积			1 808			（1 808）		
2. 提取一般风险准备				184		（184）		
3. 提取信托赔偿准备					904	（904）		
4. 对股东的分配						（10 100）		（10 100）
（五）股东权益内部结转								
四、2011 年 12 月 31 日余额	50 000	814	8 091	693	3 855	20 629		84 082

企业负责人：虞利明　　财务负责人：张建芳　　制表：吴庆元

5.2 信托资产

5.2.1 信托项目资产负债汇总表

信托项目资产负债表（汇总表）

编制单位：杭州工商信托股份有限公司　　单位：万元

信托资产	年初数	期末数	信托负债和信托权益	年初数	期末数
信托资产：			信托负债：		
货币资金	24 761	48 373	交易性金融负债	0	0
拆出资金	0	0	衍生金融负债	0	0
存出保证金	0	0	应付受托人报酬	4 523	9 807
交易性金融资产	0	5 000	应付托管费	0	0
衍生金融资产	0	0	应付受益人收益	0	2 814

续表

信托资产	年初数	期末数	信托负债和信托权益	年初数	期末数
买入返售金融资产	0	0	应交税费	0	0
应收款项	0	0	应付销售服务费	0	0
发放贷款	262 212	452 146	其他应付款项	736	180
可供出售金融资产	0	0	其他负债	2 325	0
持有至到期投资	0	0	信托负债合计	7 584	12 801
长期应收款	0	0			
长期股权投资	189 990	98 840	信托权益：		
投资性房地产	0	0	实收信托	1 051 415	1 432 655
固定资产	0	0	资本公积	0	0
无形资产	0	0	外币报表折算差额	0	0
长期待摊费用	0	0	未分配利润	15 728	38 238
其他资产	597 764	879 335	信托权益合计	1 067 143	1 470 893
信托资产总计	1 074 727	1 483 694	信托负债和信托权益总计	1 074 727	1 483 694

企业负责人：虞利明　　财务负责人：张建芳　　制表：陈俏敏

5.2.2 信托项目利润及利润分配汇总表

信托项目利润及利润分配表（汇总表）

编制单位：杭州工商信托股份有限公司　　单位：万元

项　目	本年累计数	上年累计数
一、营业收入	200 020	122 264
利息收入	45 956	25 521
投资收益	61 325	17 319
公允价值变动收益	0	0
财务顾问收入	1 478	2 324
租赁收入	0	0
汇兑损益	0	0
其他收入	91 261	77 100
二、支出	37 844	26 640
营业税金及附加	98	4 611
受托人报酬	36 708	21 062
保管费	0	0
投资管理费	0	0
销售服务费	(44)	174
交易费用	0	0
资产减值损失	0	0
其他费用	1 082	793
三、信托净利润	162 176	95 624
四、其他综合收益	0	5 250
五、综合收益	162 176	100 874
加：期初未分配信托利润	15 728	10 013
六、可供分配的信托利润	177 904	110 887
减：本期已分配信托利润	139 666	95 159
七、期末未分配信托利润	38 238	15 728

企业负责人：虞利明　　财务负责人：张建芳　　制表：陈俏敏

6. 会计报表附注

6.1 简要说明报告年度会计报表编制基准、会计政策、会计估计和核算方法发生的变化

无。

6.2 或有事项说明

截至报告日，本公司不存在需要披露的重大或有事项。

6.3 重要资产转让及其出售的说明

无。

6.4 会计报表中重要项目的明细资料

6.4.1 披露自营资产经营情况

6.4.1.1 按信用风险五级分类结果披露信用风险资产的期初数、期末数

信用风险资产五级分类	正常类（万元）	关注类（万元）	次级类（万元）	可疑类（万元）	损失类（万元）	信用风险资产合计（万元）	不良资产合计（万元）	不良资产率（%）
期初数	95 575	0	0	274	450	96 299	724	0.75
期末数	114 239	0	0	274	450	114 963	724	0.63

注：不良资产合计＝次级类＋可疑类＋损失类。

6.4.1.2 各项资产减值损失准备的期初数、本期计提、本期转回、本期核销、期末数，贷款的一般准备、专项准备和其他资产减值准备应分别披露

单位：万元

	期初数	本期计提	本期转回	本期核销	期末数
贷款损失准备	0	0	0	0	0
一般准备	0	0	0	0	0
专项准备	0	0	0	0	0
其他资产减值准备	678	0	0	0	678
可供出售金融资产减值准备	133	0	0	0	133
持有至到期投资减值准备	0	0	0	0	0
长期股权投资减值准备	0	0	0	0	0
坏账准备	450	0	0	0	450
投资性房地产减值准备	0	0	0	0	0
其他资产减值准备	95	0	0	0	95

6.4.1.3 自营股票投资、基金投资、债券投资、股权投资等投资业务的期初数、期末数

单位：万元

	自营股票	基金	债券	长期股权投资	其他投资	合计
期初数	240	0	0	3 250	53 415	56 905
期末数	256	0	0	3 250	53 187	56 693

6.4.1.4 按投资入股金额排序，前五名的自营长期股权投资的企业名称、占被投资企业权益的比例、主要经营活动及投资收益情况等（从大到小顺序排列）

企业名称	占被投资企业权益的比例（%）	主要经营活动	投资损益（万元）
1. 浙江蓝桂资产管理有限公司	100	资产管理，投资管理，企业管理，商务咨询，实业投资。	0
2. 杭州迪佛通信股份有限公司	4.48	通信设备及配件、电子和通信测量仪器、报警器的制造、销售，电话信息服务，交换机设计安装，数据通信服务等。	0

注：投资损益是指按照企业会计准则规定，核算股权投资确认损益并记入披露年报利润表的金额。

6.4.1.5 前五名的自营贷款的企业名称、占贷款总额的比例和还款情况等（从大到小顺序排列）

企业名称	贷款金额（万元）	占贷款总额的比例（%）	还款情况
1. 重庆旭鹏房地产开发有限公司	5 000	52.63	正常收息，未到期
2. 宁波恒威车轮有限公司	4 500	47.37	正常收息，未到期
合计	9 500	100	

6.4.1.6 表外业务的期初数、期末数，按照代理业务、担保业务和其他类型表外业务分别披露

单位：万元

表外业务	期初数	期末数
担保业务	0	0
代理业务（委托业务）	27 202	19 416
其他	0	0
合计	27 202	19 416

注：代理业务主要反映因客观原因应规范而尚未完成规范的历史遗留委托业务，包括委托贷款和委托投资。

6.4.1.7 公司当年的收入结构（母公司口径、并表口径同时披露）

收入结构	母公司口径		合并口径	
	金额（万元）	占比（%）	金额（万元）	占比（%）
手续费及佣金收入	33 858	65.51	34 206	65.56
其中：信托手续费收入	33 001	63.85	33 001	63.25
投资银行业务收入	0	0	0	0
利息收入	1 618	3.13	1 618	3.10
其他业务收入	10 939	21.17	10 939	20.97
其中：计入信托业务收入部分	10 184	19.71	10 184	19.52
投资收益	5 264	10.18	5 411	10.37
其中：股权投资收益	0	0	0	0
证券投资收益	7	0.01	7	0.01
其他投资收益	5 257	10.17	5 404	10.36
公允价值变动收益	0	0	0	0
营业外收入	3	0.01	3	0.01
收入合计	51 682	100	52 177	100

续表

注：手续费及佣金收入、利息收入、其他业务收入、投资收益、营业外收入均应为损益表中的一级科目，其中手续费及佣金收入、利息收入、营业外收入为未抵减掉相应支出的全年累计实现收入数。

其他业务收入和营业外收入如超过总收入的5%，应具体说明来自什么业务。

其他业务收入主要来自财务顾问业务、房屋出租等。

6.4.2 披露信托资产管理情况

6.4.2.1 信托资产的期初数、期末数

单位：万元

信托资产	期初数	期末数
集合	940 331	1 224 526
单一	134 396	259 168
财产权	0	0
合计	1 074 727	1 483 694

6.4.2.1.1 主动管理型信托业务的信托资产期初数、期末数，分证券投资、股权投资、融资、事务管理类分别披露

单位：万元

主动管理型信托资产	期初数	期末数
证券投资类	0	0
股权投资类	389 722	389 684
组合投资类	209 037	510 802
融资类	350 623	320 090
事务管理类	0	0
其他投资	0	3 950
合计	949 382	1 224 526

6.4.2.1.2 被动管理型信托业务的信托资产期初数、期末数，分证券投资、股权投资、融资、事务管理类分别披露

单位：万元

被动管理型信托资产	期初数	期末数
证券投资类	0	0
股权投资类	0	0
融资类	0	0
事务管理类	125 345	259 168
合计	125 345	259 168

6.4.2.2 本年度已清算结束的信托项目个数、实收信托合计金额、加权平均实际年化收益率

6.4.2.2.1 本年度已清算结束的集合类、单一类资金信托项目和财产管理类信托项目个数、实收信托合计金额、加权平均实际年化收益率

已清算结束信托项目	项目个数	实收信托合计金额(万元)	加权平均实际年化收益率(%)
集合类	13	330 250	12.2992
单一类	4	80 982	5.1755
财产管理类	0	0	0

注:1. 收益率是指信托项目清算后,给受益人赚取的实际收益水平。

2. 加权平均实际年化收益率 =(信托项目 1 的实际年化收益率 × 信托项目 1 的实收信托 + 信托项目 2 的实际年化收益率 × 信托项目 2 的实收信托 +…信托项目 n 的实际年化收益率 × 信托项目 n 的实收信托)/(信托项目 1 的实收信托 + 信托项目 2 的实收信托 +…信托项目 n 的实收信托)×100%。

6.4.2.2.2 本年度已清算结束的主动管理型信托项目个数、实收信托合计金额、加权平均实际年化收益率,分证券投资、股权投资、融资、事务管理类分别披露

已清算结束信托项目	项目个数	实收信托合计金额(万元)	加权平均实际年化信托报酬率(%)	加权平均实际年化收益率(%)
证券投资类	0	0	0	0
股权投资类	8	234 500	3.8235	14.0372
组合投资类	1	15 750	1.4314	5.2660
融资类	4	80 000	2.1194	9.3471
事务管理类	0	0	0	0

6.4.2.2.3 本年度已清算结束的被动管理型信托项目个数、实收信托合计金额、加权平均实际年化收益率,分证券投资、股权投资、融资、事务管理类分别披露

已清算结束信托项目	项目个数	合计金额实收信托(万元)	加权平均实际年化信托报酬率(%)	加权平均实际年化收益率(%)
证券投资类	0	0	0	0
股权投资类	0	0	0	0
融资类	0	0	0	0
事务管理类	4	80 982	0.5505	5.1755

6.4.2.3 本年度新增的集合类、单一类和财产管理类信托项目个数、实收信托合计金额

新增信托项目	项目个数	合计金额(万元)
集合类	21	716 140
单一类	4	217 947
财产管理类	0	0
新增合计	25	934 087
其中:主动管理型	25	934 087
被动管理型	0	0

6.4.2.4 信托业务创新成果和特色业务有关情况(此部分为可选项,即公司可自主决定是否披露、部分披露或全部披露)

报告期内,公司坚定不移地实施"基金化、中长期化、投资化、产品化"的业务策略,注重主动管理能力的提升,主营业务突出,信托业务向基金化及投资方向转型明显,基金化业务比重显著上升。截至 2012 年 12 月末,存续集合信托业务中,基金化信托产品规模占比 40%;存续信托业务中,主动管理类信托业务规模占比约 82.5%;信托业务收入占比 83%。2012 年,公司发行了丰利一号、二号、飞鹰八号、十号、鸿利 7 号、沃能 5 号等基金化信托产品及杭信·恒利 7 号——余政储出(2011)69 号地块商业地产项目股权投资集合资金信托计划、徐州邦润旧城改造城市综合体股权投资集合资金信托计划等投资类信托产品,分别在系列信托基金、商业地产投资、股权投资等方面进行有效探索与实践。

2012 年 12 月,在由金融时报社联合中国社会科学院金融研究所共同举办的"2012 中国金融机构金牌榜·金龙奖"评选活动中,公司因积极拓展以集合资产管理为主要形式的私人财富管理业务,被评为"年度最佳财富管理信托公司",这是继公司于2010 年摘得"年度最佳主动管理信托公司"奖项后在该项评选活动中再度获得的又一殊荣。2012 年 8 月,在由证券时报社、新财富杂志联合主办的第五届中国优秀信托公司评选活动中,公司荣膺第五届"中国优秀信托公司奖"。

私募股权投资基金管理业务有序推进。(1)截至 2012 年 12 月末,公司全资子公司浙江蓝桂资产管理有限公司所管理的两只公司制创投基金——浙江信德丰创业投资有限公司、浙江华石红枫创业投资有限公司已分别投资 5 家、3 家公司。(2)合资 PE 基金管理公司完成首笔投资。截至 2012 年 12 月末,公司与外资股东摩根士丹利共同成立的人民币私募股权基金管理合资公司——摩根士丹利(中国)股权投资管理有限公司已发起首只人民币私募股权基金。

6.4.2.5 本公司履行受托人义务情况及因本公司自身责任而导致的信托资产损失情况(合计金额、原因等)

无。

6.5 关联方关系及其交易的披露

6.5.1 关联交易方的数量、关联交易的总金额及关联交易的定价政策等

	关联交易方数量	关联交易金额(万元)	定价政策
合计	2	127	市场公允价格

注:关联交易定义应以《公司法》和《企业会计准则第 36 号——关联方披露》有关规定为准。

6.5.2 关联交易方与本公司的关系性质、关联交易方的名称、法定代表人、注册地址、注册资本及主营业务等

关系性质	关联方名称	法定代表人	注册地址	注册资本(万元)	主营业务
同一母公司	杭州市民卡有限公司	虞利明	杭州	11 500	市民卡的制作、发行、结算及相关设备的租赁;市民卡系统的开发、投资;设计、制作、代理、发布国内广告;批发、零售;百货;服务:承办会展,经济信息咨询(除证券、期货、商品中介),代订车、船票;其他无须报经审批的一切合法项目。
同一母公司	杭州国际机场大厦开发有限公司	徐晓	杭州	16 000	杭州国际机场大厦开发。

6.5.3 本公司与关联方的重大交易事项

6.5.3.1 固有与关联方交易情况：贷款、投资、租赁、应收账款担保、其他方式等期初汇总数、本期借方和贷方发生额汇总数、期末汇总数

单位：万元

固有与关联方关联交易				
	期初数	借方发生额	贷方发生额	期末数
贷款	0	0	0	0
投资	0	0	0	0
租赁	0	0	0	0
担保	0	0	0	0
应收账款	0	0	0	0
其他（收取或支付房租、咨询费）	0	0	127	0
合计	0	0	127	0

6.5.3.2 信托资产与关联方：贷款、投资、租赁、应收账款、担保、其他方式等期初汇总数、本期发生额汇总数、期末汇总数

单位：万元

信托与关联方关联交易				
	期初数	借方发生额	贷方发生额	期末数
贷款	0	0	0	0
投资	0	0	0	0
租赁	0	0	0	0
担保	0	0	0	0
应收账款	0	0	0	0
其他	0	0	0	0
合计	0	0	0	0

6.5.3.3 信托公司自有资金运用于自己管理的信托项目（固信交易）、信托公司管理的信托项目之间的相互（信信交易）交易金额，包括余额和本报告年度的发生额

6.5.3.3.1 固有财产与信托财产之间的交易金额期初汇总数、本期发生额汇总数、期末汇总数

单位：万元

固有财产与信托财产相互交易			
	期初数	本期发生额	期末数
合计	52 633	-358	52 275

注：以固有资金投资公司自己管理的信托项目受益权，或购买自己管理的信托项目的信托资产均应纳入统计披露范围。

6.5.3.3.2 信托项目之间的交易金额期初汇总数、本期发生额汇总数、期末汇总数

单位：万元

信托资产与信托财产相互交易			
	期初数	本期发生额	期末数
合计	0	0	0

注：以公司受托管理的一个信托项目的资金购买自己管理的另一个信托项目的受益权或信托项下资产均应纳入统计披露范围。

6.5.4 逐笔披露关联方逾期未偿还本公司资金的详细情况以及本公司为关联方担保发生或即将发生垫款的详细情况

无。

6.6 会计制度的披露

固有业务（自营业务）、信托业务：本公司执行财政部于2006年2月15日颁布的企业会计准则。

7. 财务情况说明书

7.1 利润实现和分配情况（母公司口径和并表口径同时披露）

（1）母公司口径：本年度实现利润总额32 087万元，所得税费用8 081万元（其中当期所得税8 522万元、递延所得税-441万元），净利润24 006万元，年初未分配利润20 644万元，年末未分配利润29 940万元。

并表口径：本年度实现利润总额32 337万元，所得税费用8 145万元（其中当期所得税8 586万元、递延所得税-441万元），净利润24 192万元，年初未分配利润20 629万元，年末未分配利润30 092万元。

（2）母公司口径：按10%提取法定盈余公积2 400万元。

并表口径：按10%提取法定盈余公积2 419万元。

（3）母公司口径：按5%提取信托赔偿准备金1 200万元。

并表口径：按5%提取信托赔偿准备金1 200万元。

（4）母公司口径：按风险资产余额的1.5%计提一般风险准备金410万元。

并表口径：按风险资产余额的1.5%计提一般风险准备金410万元。

（5）母公司口径：年末可供分配的利润为29 940万元。

并表口径：年末可供分配的利润为30 092万元。

7.2 主要财务指标（母公司口径和并表口径同时披露）

指标名称	指标值	
	母公司口径	合并口径
资本利润率（%）	26.44	26.62
加权年化信托报酬率（%）	2.65	2.65
人均净利润（万元）	212.44	214.08

注：1. 资本利润率=净利润/股东权益平均余额×100%。

2. 加权年化信托报酬率=（信托项目1的实际年化信托报酬率×信托项目1的实收信托+信托项目2的实际年化信托报酬率×信托项目2的实收信托+…信托项目n的实际年化信托报酬率×信托项目n的实收信托）/（信托项目1的实收信托+信托项目2的实收信托+…信托项目n的实收信托）×100%。

3. 人均净利润=净利润/年平均人数。

4. 平均值采取年初、年末余额简单平均法，公式为：a（平均）=（年初数+年末数）/2。

7.3 对本公司财务状况、经营成果有重大影响的其他事项

2006年5月，本公司向浙江华辰投资发展有限公司（以下简称华辰公司）以330万元的价格转让所持浙江英特集团股份有限公司2 062 500股的法人股股权（占股本总额1.79%），但华辰公司未能根据相关股权转让协议的规定办妥前述股权的变更登记手续。

经本公司2012年第一次临时股东大会审议通过，并且于

2012年12月28日经中国银行业监督管理委员会浙江监管局(浙银监复〔2012〕968号)批准,杭州市财开投资集团公司以其持有的本公司全部股权划转至杭州市金融投资集团有限公司。股权变更后杭州市金融投资集团有限公司持有本公司57.99%股权。浙江大学以持有的全部股权对浙江大学圆正控股集团有限公司进行增资。浙江大学圆正控股集团有限公司持有本公司4.43%股权。上述股权变更已于2013年1月完成工商行政管理变更手续。

8. 特别事项简要揭示

8.1 前五名股东报告期内变动情况及原因

报告期内前五名股东变动情况:

(1)股东"杭州市投资控股有限公司"名称变更为"杭州市金融投资集团有限公司"。

(2)个别股东因其自身发展需要,对其持有的公司股权进行变更。浙江大学以其持有的本公司全部股权对浙江大学圆正控股集团有限公司进行增资,杭州市财开投资集团公司以其持有的本公司全部股权划转至杭州市金融投资集团有限公司。股权变更后浙江大学圆正控股集团有限公司持有本公司4.434375%股权,杭州市金融投资集团有限公司持有本公司57.992%股权。截至2012年12月31日,上述股权变更已经监管机构批准同意,待工商变更登记完成后实施。

8.2 董事、监事及高级管理人员变动情况及原因

报告期内公司董事、监事及高级管理人员无变动情况发生。

8.3 公司的重大诉讼事项

无。

8.4 对会计师事务所出具的有保留意见、否定意见或无法表示意见的审计报告的,公司董事会应就所涉及事项作出说明

无。

8.5 公司及其董事、监事和高级管理人员受到处罚的情况

无。

8.6 银监会及其派出机构对公司检查后提出整改意见的,应简单说明整改情况

2012年,浙江银监局下发了《关于杭州工商信托2011年度监管的意见》(浙银监发〔2012〕30号),评价公司在2011年度进一步突出主动管理,加强风险管控,主动调整业务结构,尝试多元化业务,受托管理资产规模稳步增长,总体平稳有序。同时,监管机构针对公司存在的主要问题,提出了"科学审视发展目标"、"进一步加强基础建设"、"切实防范交付风险"、"优化业务结构"等四条监管意见。

2012年,公司及时提交《关于2011年度监管意见落实情况的报告》,并通过"修订并完善公司中长期发展战略,审慎把握业务节奏和业务方向,坚持'有所为,有所不为'的业务策略与'基金化、投资化、中长期化、产品化'的业务战略方向"、"制定及修订《合规风险管理办法》、《突发事件应急预案》等制度,进一步完善公司内控制度体系"、"加强内部管理,强调精细化管理,为实现可持续发展奠定基础"、"修订《房地产信托业务指引》、对存续房地产信托业务按季开展压力测试、按月进行风险排查,进一步加强信托业务的风险管控"、"坚持战略方向推进业务转型与精细化管理,实施以组合投资为核心的基金化策略拓展信托业务,积极优化业务结构"等工作安排,认真落实监管意见。

8.7 本年度重大事项临时报告的简要内容、披露时间、所披露的媒体及其版面

公司"关于股东名称变更及修改章程的公告"已刊登在《金融时报》2012年7月3日第8版。

8.8 本年度净资本管理情况

净资本管理风险控制指标表

项　目	期末余额	监管标准
净资本(万元)	80 289	≥20 000
净资本/各项业务风险资本之和(%)	245.03	≥100
净资本/净资产(%)	82.35	≥40

8.9 银监会及其省级派出机构认定的其他有必要让客户及相关利益人了解的重要信息

无。

9. 公司监事会意见

监事会认为,本报告期内,公司决策程序合法,内部控制制度较为完善,没有发现公司董事、总裁和其他高级管理人员在执行公司职务时有违法违纪或有损公司及股东利益的行为。公司财务报告真实地反映了公司的财务状况和经营成果。

湖南省信托有限责任公司

1. 重要提示

1.1 本公司董事会及其董事保证本报告所载资料不存在任何虚假记载、误导性陈述或者重大遗漏，并对其内容的真实性、准确性和完整性承担个别及连带责任。本年度报告摘要摘自年度报告全文，客户及相关利益人欲了解详细内容，应阅读年度报告全文。

1.2 未有公司董事声明对本年度报告内容的真实性、准确性、完整性存在异议。

1.3 公司独立董事蒋民生声明：保证本年度报告内容真实、准确、完整。

1.4 公司董事长朱德光、财务总监朱昌寿声明：保证本年度报告中财务报告真实、完整。

2. 公司概况

2.1 公司简介

法定名称	湖南省信托有限责任公司
中文缩写	湖南信托
英文名称(及缩写)	Hunan Trust Co.,Ltd.(HUNAN TRUST)
法定代表人	朱德光
注册地址	湖南省长沙市城南西路1号
邮政编码	410015
公司国际互联网网址	http://www.huntic.com
公司电子信箱	huntic@huntic.com
公司负责信息披露事务人	孙雨新

续表

联系电话	0731-85196922
传真电话	0731-85196933
电子信箱	sunyx@huntic.com
公司信息披露报纸名称	《金融时报》
公司年度报告备置地点	湖南省长沙市城南西路1号财信大厦9楼919室
公司聘请的会计师事务所名称及住所	天健会计师事务所(特殊普通合伙)湖南分所 湖南省长沙市芙蓉中路二段198号新世纪城大厦19~20层

2.2 组织结构

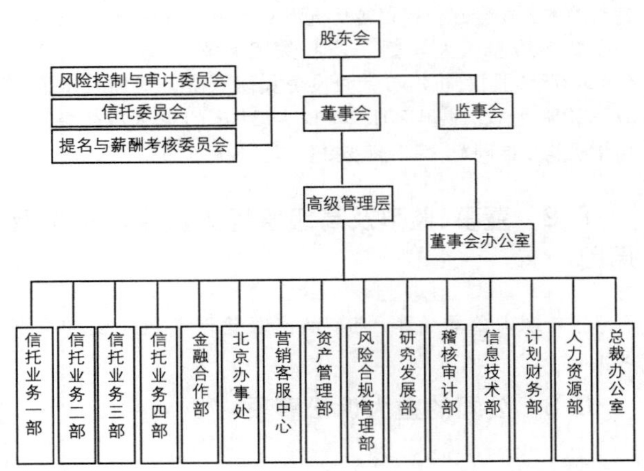

3. 公司治理结构

3.1 股东

公司2名股东全部为国有独资公司，其中湖南省国有投资经营有限公司系湖南财信投资控股有限责任公司的全资子公司。

股东名称	出资比例(%)	法人代表	注册资本(万元)	注册地址	主要经营业务及主要财务情况
湖南财信投资控股有限责任公司	96	胡 军	354 418.89	长沙市天心区城南西路1号	主要经营业务：省政府授权的国有资产投资、经营及管理；投资策划咨询、财务顾问、担保；酒店经营与管理(具体业务由分支机构凭许可证书经营)、房屋出租。 主要财务情况：截至2012年12月31日，公司资产总额3 263 431.97万元，负债总额2 446 820.02万元，少数股东权益171 643.11万元，所有者权益644 968.84万元，利润总额41 024.38万元。
湖南省国有投资经营有限公司	4	陆小平	33 282.06	长沙市天心区城南西路1号	主要经营业务：授权范围内的国有资产投资、经营、管理与处置，企业资产重组、债务重组，企业托管、并购、委托投资，投资咨询、财务顾问；旅游资源投资、开发、经营(限分支机构凭许可证书经营)；经营商品和技术的进出口业务(以上国家法律法规禁止、限制的除外)。 主要财务情况：截至2012年12月31日，资产总额110 814万元，负债总额57 911万元，少数股东权益0，所有者权益52 903万元，利润总额1175万元。

3.2 董事

董事长、董事

姓名	职务	性别	年龄	选任日期	任期年限	所推举的股东名称	该股东持股比例(%)	简要履历
朱德光	董事长	男	56	2012年4月	3	湖南财信投资控股有限责任公司	96	曾任湖南省财政厅国有资产管理处副处长,湖南省国有资产管理局副局长,湖南省财政厅外经处处长(兼任湖南省利用国外贷款管理办公室主任);现任湖南财信投资控股有限责任公司党委书记,湖南省信托有限责任公司董事长。
胡军	董事	男	49	2012年4月	3	湖南财信投资控股有限责任公司	96	曾任湖南省信托投资有限责任公司董事长;现任湖南财信投资控股有限责任公司董事长,财富证券有限责任公司董事长。
李旭	董事	女	52	2012年4月	3	湖南财信投资控股有限责任公司	96	曾任湖南省信托投资公司人力资源部主任,湖南财信投资控股有限责任公司总裁助理、人力资源部总经理;现任湖南财信投资控股有限责任公司副总裁,湖南财信国际商务酒店负责人。
陆小平	董事	男	49	2012年4月	3	湖南省国有投资经营有限公司	4	曾任湖南省信托投资公司办公室主任,湖南省信托投资有限责任公司总稽核,湖南省信托有限责任公司副总裁;现任湖南省国有投资经营有限公司董事长。
王晓芸	董事	女	51	2012年4月	3	职工董事	—	曾任泰阳证券财务总监,广州万联证券财务总监、稽核总监,湖南省信托投资有限责任公司信托管理总部总经理、市场营销部总经理、信托业务三部总经理,湖南省信托有限责任公司财务总监;现任湖南省信托有限责任公司风控总监。
李莉芳	董事	女	43	2012年4月	3	职工董事	—	曾任职于湖南省信托投资公司证券营业部、办公室、计划财务部、投资管理总部,湖南省信托有限责任公司总裁办副主任;现任湖南省信托有限责任公司金融合作部总经理。

独立董事

姓名	所在单位及职务	性别	年龄	选任日期	任期年限	所推举的股东名称	该股东持股比例(%)	简要履历
蒋民生	原中国银监会湖南监管局局长	男	64	2012年4月	3	湖南财信投资控股有限责任公司	96	曾任人民银行湖南省分行副行长、党组成员、党组副书记,国家外汇管理局湖南省分局副局长,人民银行长沙监管办党组书记、特派员,武汉分行党委委员,中国银监会湖南监管局党委书记、局长。

3.3 监事

监事会成员

姓名	职务	性别	年龄	选任日期	所推举的股东名称	该股东持股比例(%)	简要履历
刘瑛	监事会主席	女	50	2012年4月	湖南财信投资控股有限责任公司	96	曾任湖南省信托投资有限责任公司人力资源部总经理,湖南省信托有限责任公司行政总监;现任湖南财信投资控股有限责任公司人力资源部总经理。
杨科宇	监事	男	42	2012年4月	湖南省国有投资经营有限公司	4	曾任长沙电表厂设备动能科科员,湖南省信托投资公司证券总部系统维护员、证券分析师,湖南省国有资产投资经营总公司投资发展部经理、总经理助理;现任湖南省国有投资经营有限公司风控总监兼工会主席。
刘 畅	监事	女	41	2012年4月	职工监事	—	曾任湖南省信托投资公司计划财务部会计,湖南省信托投资有限责任公司稽核审计部稽核专员;现任湖南省信托有限责任公司稽核审计部总经理。

3.4 高级管理人员

姓名	职务	性别	年龄	选任日期	金融从业年限	学历	专业
刘格辉	副总裁	男	42	2012年4月	20	研究生	会计学
周江军	副总裁	男	34	2012年4月	9	本科	法 学

续表

姓名	职务	性别	年龄	选任日期	金融从业年限	学历	专业
王晓芸	风控总监	女	51	2012年4月	19	研究生	经济管理
朱昌寿	财务总监	男	42	2012年4月	14	本科	会计学
杨 云	行政总监	男	32	2012年4月	4	本科	经济法

3.5 公司员工

报告期内公司职工人数为93人，平均年龄35岁。

项目		报告期年度		上年度	
		人数	比例(%)	人数	比例(%)
年龄分布	20岁以下	—	—	—	—
	20~29岁	27	29.03	18	24.00
	30~39岁	36	38.71	33	44.00
	40岁以上	30	32.26	24	32.00
学历分布	博士	2	2.15	2	2.67
	硕士	24	25.81	14	18.67
	本科	51	54.84	46	61.33
	专科	9	9.68	7	9.33
	其他	7	7.52	6	8.00

4. 经营管理

4.1 经营目标、经营方针、战略规划

4.1.1 经营目标

坚持以科学发展观统领公司发展全局，继续秉承“风控优先、合规经营、专业专注、创新发展”的经营理念，切实加强基础管理体系、人力资源管理体系和企业文化管理体系建设，大力发展信托主业，积极防范风险，夯实公司生存、改革和发展的基础，大胆探索创新业务模式，积极稳妥推进增资扩股，增强公司实力和市场竞争力，努力把公司打造成专业的理财机构，实现公司可持续和谐发展。

4.1.2 经营方针

审慎经营，专业专注，创新发展，构建和谐。

4.1.3 战略规划

立足湖南、面向全国、放眼世界，发挥信托的功能优势，创新发展业务，为经济建设服务，为客户创造财富，为股东创造价值，切实加强全面风险管理能力，不断提高核心竞争力，将湖南信托打造成为资本充足、信誉良好、经营稳健、勇于创新的专业理财机构。

4.2 所经营业务的主要内容

公司业务主要分为信托业务和固有业务两大类。

信托业务：(1)事务管理类信托：主要是受托管理业务，公司在该类业务中担任受托人和账户管理人，按照信托文件约定和委托人指令执行和履行事务管理职责。(2)融资类信托：通过信托贷款、债权融资、股权投资加回购或者以资产池现金流为支持的方式，协助优秀企业获取融资，推动项目顺利开展。(3)资产管理类信托：公司通过自身的产品创新、产品设计和管理能力，成为客户个性化产品的设计者和管理者。该类业务是公司今后重点发展方向。

固有业务：公司目前主要从事贷款、金融类股权投资、其他金融产品投资等业务。

报告期内，公司自营资产运用与分布和信托资产运用与分布情况见下表：

自营资产运用与分布表

资产运用	金额（万元）	占比（%）	资产分布	金额（万元）	占比（%）
货币资产	46 893	28.37	基础产业	14 316	8.66
贷款及应收款	52 853	31.98	房地产业	8 698	5.26
交易性金融资产投资	—	—	证券市场	—	—
可供出售金融资产投资	—	—	实业	20 725	12.54
持有至到期投资	15 892	9.62	金融机构	33 000	19.97
长期股权投资	45 271	27.39	其他	88 541	53.57
其他	4 371	2.64	—	—	—
资产总计	165 280	100.00	资产总计	165 280	100.00

注："资产分布"中"其他"项主要明细说明：主要是货币资产46 893万元、贷款及其他应收款23 007万元、投资14 270万元等。

信托资产运用与分布

资产运用	金额（万元）	占比（%）	资产分布	金额（万元）	占比（%）
货币资产	48 859	0.95	基础产业	2 203 115	42.80
贷款	3 965 761	77.05	房地产	239 556	4.65
交易性金融资产投资	7 429	0.14	证券市场	7 428	0.14
可供出售金融资产投资	—	—	实业	2 217 557	43.09
持有至到期投资	715 301	13.90	金融机构	42 498	0.83
长期股权投资	319 710	6.21	其他	437 076	8.49
其他	90 170	1.75	—	—	—
信托资产总计	5 147 230	100	信托资产总计	5 147 230	100

注：资产运用类中的"其他"内容为应收款项90 170万元；资产分布类中的"其他"包括应收款项90 170万元，其他行业运用346 906万元。

4.3 市场分析

有利因素：随着我国国民经济的持续快速发展，居民财富的不断积累，理财需求将进一步扩大，行业将会迎来更好的发展机遇；区域经济的快速发展，给公司业务的开展创造了良好条件；“一法三规”的颁布确定了中国信托业的基本制度体系，各种监管政策的出台规范了信托业的经营活动，促进了信托产品的不断创新，行业的健康发展有了保障。

不利因素：理财市场竞争加剧，银行、证券、保险、基金理财业务对信托业务带来较大的冲击；公司资本金规模偏小，没有形成可持续的业务发展模式，面临业务调整和转型的压力；营销成为公司业务发展的短板；自有资金投资能力不足；市场化的激励约束机制仍需完善。

4.4 内部控制概况

4.4.1 内部控制环境和内部控制文化

根据国家有关法律法规和公司章程，公司构建了较为完善的法人治理结构，逐步建立起权责分明、制衡合理、报告关系清晰的组织结构与决策程序，公司不断优化内部控制体系，董事会下设风险控制与审计委员会，负责公司风险控制、管理、监督和评估，以确保公司对风险的识别、防范和反馈纠正等管理活动能够有效的开展。

公司积极培育"自立、感恩、和谐"的公司文化，通过各种形式的讲座、交流和培训活动，将有关内部控制的最新制度和要求及时传达给员工，逐步形成了以"风控优先、合规经营"为核心的风险管理文化，引导员工树立合规意识和风险意识，不断提高员工职业道德水准，规范员工职业行为。

4.4.2 内部控制措施

公司通过构建全面风险管理体系，制定风险管理策略，针对管理风险、声誉风险、信用风险、操作风险、合规风险和市场风险等制定具体的内部控制制度，对公司的各项业务以及管理行为实行连续性监督。公司已经形成以风险控制为核心的管理理念，并根据程序制约和内部牵制的原则，将各职能部门业务划分到具体的工作岗位，并以岗位说明书的形式对各岗位职责进行详细描述，以明确责任和权限。公司各部门和各级人员遵守法律、法规和银监会的各种相关规定并遵循公司内部控制的要求，在各项业务执行和信息传递中起到相互牵制、相互制衡的作用。

4.4.3 监督评价与纠正

公司通过定期或不定期地对内部控制制度的审计，对公司内部控制制度的健全性和有效性进行测试和评价；对公司内部控制制度存在的偏差以及缺陷和薄弱的部分进行纠正，确保内部控制制度的健全和有效。

4.5 风险管理概况

4.5.1 风险状况

4.5.1.1 信用风险状况

信用风险主要是指公司交易对手违约造成损失的风险，主要表现为客户交易违约或借款人信用等级下降等风险。报告期末，公司无不良信用资产。

4.5.1.2 市场风险状况

市场风险主要是指由于利率、汇率或金融市场价格的变动造成损失的风险或按权益法核算的被投资单位因股市下跌对公司的盈利能力和财务状况有不利影响。公司密切关注国家宏观经济政策，对市场风险进行有效的监控，防范利率调整带来的风险。

4.5.1.3 操作风险状况

操作风险主要是指在业务经办过程中由于员工操作不当或由于系统故障而带来损失的风险。公司项目执行尽职调查和报告管理，并对项目的尽职管理进行有效的监控以规避各种操作风险的产生和扩大。报告期内公司尚未发现因公司内部业务流程、计算机系统、工作人员在操作中的不完善造成损失的风险，也尚未发现公司因外部因素如通信系统故障等给公司造成损失或影响公司的正常运行。

4.5.1.4 其他风险状况

其他风险主要是指公司在开展业务中存在的合规性风险、声誉风险、政策风险等。报告期内尚未发现该类风险给公司造成损失或影响公司的正常运行。

4.5.2 风险管理的基本政策、策略

公司经营理念是以防范风险为核心，风险管理遵循全面性、审慎性、及时性、有效性、独立性等原则，覆盖公司各项业务、各个部门和各级人员，并渗透到决策、执行、监督、反馈等各个环节，对风险进行事前防范、事中控制、事后监督，促进公司持续、稳健、规范、健康运行。

公司风险管理的基本策略为通过增强自身风险评估能力，并针对不同风险类别，明确制定风险偏好和风险承受度方法与工具，并且通过强化、执行依法合规经营的各项规章制度来进行保障。

5. 报告期末及上一年度末的比较式会计报表

5.1 自营资产(经审计)

5.1.1 会计师事务所审计结论

审 计 报 告

天健湘审〔2013〕83 号

湖南省信托有限责任公司董事会：

我们审计了后附的湖南省信托有限责任公司(以下简称湖南信托公司)财务报表，包括 2012 年 12 月 31 日的资产负债表，2012 年度的利润表及现金流量表、所有者权益变动表以及财务报表附注。

一、管理层对财务报表的责任

编制和公允列报财务报表是管理层的责任，这种责任包括：(1)按照企业会计准则的规定编制财务报表，并使其实现公允反映；(2)设计、执行和维护必要的内部控制，以使财务报表不存在由于舞弊或错误导致的重大错报。

二、注册会计师的责任

我们的责任是在执行审计工作的基础上对财务报表发表审计意见。我们按照中国注册会计师审计准则的规定执行了审计工作。中国注册会计师审计准则要求我们遵守中国注册会计师职业道德守则，计划和执行审计工作以对财务报表是否不存在重大错报获取合理保证。

审计工作涉及实施审计程序，以获取有关财务报表金额和披露的审计证据。选择的审计程序取决于注册会计师的判断，包括对由于舞弊或错误导致的财务报表重大错报风险的评估。在进行风险评估时，注册会计师考虑与财务报表编制和公允列报相关的内部控制，以设计恰当的审计程序，但目的并非对内部控制的有效性发表意见。审计工作还包括评价管理层选用会计政策的恰当性和作出会计估计的合理性，以及评价财务报表的总体列报。

我们相信，我们获取的审计证据是充分、适当的，为发表审计意见提供了基础。

三、审计意见

我们认为，信托公司财务报表在所有重大方面按照企业会计准则的规定编制，公允反映了信托公司 2012 年 12 月 31 日的财务状况以及 2012 年的经营成果和现金流量。

天健会计师事务所(特殊普通合伙)湖南分所

中国注册会计师：李第扩

中国注册会计师：赵　娇

中国·长沙　　　　二〇一三年三月十日

5.1.2 资产负债表

资产负债表

2012年12月31日

编制单位：湖南省信托有限责任公司　　单位：万元

资　产	期末余额	年初余额	负债和所有者权益	期末余额	年初余额
资产：			负债：		
现金及银行款项	46 888	23 641	向中央银行借款	4 000	4 000
存放同业款项	4	4	拆入资金		
贵金属			交易性金融负债		
拆出资金			衍生金融负债		
交易性金融资产			卖出回购金融资产款		
衍生金融资产			其他应付款	12 150	6 255
买入返售金融资			应付职工薪酬	6 758	4 191
其他应收款	26 963	19 478	应交税费	9 729	4 954
应收利息			应付利息		
发放贷款和垫款	25 891	18 130	预计负债		
可供出售金融资			应付债券		
持有至到期投资	15 892	7 312	递延所得税负债		
长期股权投资	45 271	50 509	其他负债	16	16
投资性房地产			负债合计	32 653	19 416
固定资产	1 096	1 060			
无形资产	92	8	所有者权益：		
递延所得税资产	3 164	1 082	实收资本（或股本）	70 000	70 000
其他资产	19	12	资本公积	9 839	10 271
			减：库存股		
			盈余公积	6 573	3 180
			一般风险准备	1 080	1 080
			信托赔偿准备	15 100	14 600
			未分配利润	30 036	2 690
			外币折算差额	−1	−1
			所有者权益合计	132 627	101 820
资产总计	165 280	121 236	负债和所有者权益计	165 280	121 236

法定代表人：朱德光　　主管会计工作负责人：朱昌寿　　会计机构负责人：胡爱明

5.1.3 利润和利润分配表

利润表

2012年度

编制单位：湖南省信托有限责任公司　　单位：万元

项　目	本期金额	上期金额
一、营业收入	64 078	31 835
利息净收入	2 251	1 209
利息收入	2 341	1 299
其中：金融企业往来利息收入	488	81
利息支出	90	90
手续费及佣金净收入	60 270	30 245
手续费及佣金收入	60 270	30 245
其中：信托报酬收入	60 105	29 973
手续费及佣金支出		
投资收益（损失以"－"号填列）	1 557	443
其中：对联营企业和合营企业的投资收益		
公允价值变动收益（损失以"－"号填列）		−62

续表

项　目	本期金额	上期金额
汇兑收益（损失以"－"号填列）		
其他业务收入		
二、营业支出	19 467	13 681
营业税金及附加	3 678	1 761
业务及管理费	12 044	8 284
资产减值损失	2 059	3 000
其他业务成本	1 686	636
三、营业利润（亏损以"－"号填列）	44 611	18 154
加：营业外收入	55	37
减：营业外支出	56	416
四、利润总额（亏损总额以"－"号填列）	44 610	17 775
减：所得税费用	10 681	4 533
五、净利润（净亏损以"－"号填列）	33 929	13 242

法定代表人：朱德光　　主管会计工作负责人：朱昌寿　　会计机构负责人：胡爱明

5.1.4 所有者权益变动表

所有者权益变动表

2012 年度

编制单位：湖南省信托有限责任公司　　单位：万元

项目	本年金额								上年金额							
	股本	资本公积	盈余公积	信托赔偿准备	一般风险准备	未分配利润	外币折算差额	所有者权益合计	股本	资本公积	盈余公积	信托赔偿准备	一般风险准备	未分配利润	外币折算差额	所有者权益合计
一、上年末余额	70 000	10 271	3 180	14 600	1 080	2 690	−1	101 820	50 000	1 485	1 856	1 012	1 080	4 360	−1	59 792
加：会计政策变更																
前期差错更正																
其他																
二、本年初余额	70 000	10 271	3 180	14 600	1 080	2 690	−1	101 820	50 000	1 485	1 856	1 012	1 080	4 360	−1	59 792
三、本期增减变动金额（减少以"−"号填列）		−432	3 393	500		27 346		30 807	20 000	8 786	1 324	13 588		−1 670		42 028
（一）净利润						33 929		33 929						13 242		13 242
（二）直接计入所有者权益的利得和损失		−432						−432		8 786						8 786
（三）所有者投入和减少资本									20 000							20 000
1. 所有者投入资本									20 000							20 000
2. 股份支付计入所有者权益的金额																
3. 其他																
（四）利润分配			3 393	500		−6 583		−2 690			1 324	13 588		−14 912		
1. 提取盈余公积			3 393			−3 393					1 324			−1 324		
2. 提取一般风险准备																
3. 对所有者（或股东）的分配						−2 690		−2 690								
4. 提取信托赔偿准备				500		−500						13 588		−13 588		
（五）所有者权益内部结转																
1. 资本公积转增资本（或股本）																
四、本年末余额	70 000	9 839	6 573	15 100	1 080	30 036	−1	132 627	70 000	10 271	3 180	14 600	1 080	2 690	−1	101 820

法定代表人：朱德光　　主管会计工作负责人：朱昌寿　　会计机构负责人：胡爱明

5.2 信托资产

5.2.1 信托项目资产负债汇总表

编制单位：湖南省信托有限责任公司　　2012年12月31日　　单位：万元

信托资产	期末数	年初数	信托负债和信托权益	期末数	年初数
信托资产			信托负债：		
货币资金	48 859	43 545	交易性金融负债	—	—
拆出资金	—	—	衍生金融负债	—	—
存出保证金	—	—	应付受托人报酬	13 290	1 796
交易性金融资产	7 429	2 867	应付托管费	1	2
衍生金融资产	—	—	应付受益人收益	310	2 071
买入返售金融资产	—	—	应交税费	—	—
应收款项	90 170	105 206	应付销售服务费	—	—
发放贷款	3 965 761	1 948 327	其他应付款项	24 086	8 153
可供出售金融资产	—	—	其他负债	—	—
持有至到期投资	715 301	365 258	信托负债合计		
长期应收款	—	—		37 687	12 022
长期股权投资	319 710	260 570			
投资性房地产	—	—	信托权益：		
固定资产	—	—	实收信托	5 066 119	2 698 409
无形资产	—	—	资本公积	—	—
长期待摊费用	0	0	外币报表折算差额	0	0
其他资产	0	0	未分配利润	43 424	15 340
减：各项资产减值准备	0	0	信托权益合计	5 109 543	2 713 749
信托资产总计	5 147 230	2 725 771	信托负债和信托权益总计	5 147 230	2 725 771

公司负责人：朱德光　　财务负责人：朱昌寿　　会计人员：林　莉

5.2.2 信托项目利润及利润分配汇总表

信托项目利润及利润分配汇总表

编制单位：湖南省信托有限责任公司　2012年度　　单位：万元

项　目	本年数	上年数
1. 营业收入	405 171	195 741
1.1 利息收入	273 058	113 908
1.2 投资收益（损失以"－"号填列）	115 072	81 833
1.2.1 其中：对联营企业和合营企业的投资收益	—	—
1.3 公允价值变动收益（损失以"－"号填列）	—	—
1.4 租赁收入	—	—
1.5 汇兑损益（损失以"－"号填列）	—	—
1.6 其他收入	17 041	—
2. 支出	62 251	37 226
2.1 营业税金及附加	—	—
2.2 受托人报酬	39 139	19 836
2.3 托管费	2 098	1 146
2.4 投资管理费	11 527	15 400
2.5 销售服务费	9 204	685
2.6 交易费用	—	—
2.7 资产减值损失	—	—
2.8 其他费用	283	159
3. 信托净利润（净亏损以"－"号填列）	342 920	158 515
4. 其他综合收益	—	—
5. 综合收益	342 920	158 515
6. 加：期初未分配信托利润	15 340	881
7. 可供分配的信托利润	358 260	159 396
8. 减：本期已分配信托利润	314 836	144 056
9. 期末未分配信托利润	43 424	15 340

公司负责人：朱德光　　财务负责人：朱昌寿　　会计人员：林　莉

6. 会计报表附注

6.1 简要说明报告年度会计报表编制基准、会计政策、会计估算和核算方法的变化

无.

6.2 或有事项说明

无.

6.3 重要资产转让及其出售的说明

2012年12月本公司与湖南财信投资控股有限责任公司签署债权转让协议，将本公司向湖南省德胜房地产开发有限责任公司发放的13 500万元贷款以原值转让给湖南财信投资控股有限责任公司。

2012年9月本公司与湖南财信投资控股有限责任公司签署股权转让协议，湖南财信投资控股有限责任公司以现金方式收购本公司持有的湖南省中小信用担保有限责任公司投资账面余额为4 867万元的股权。

6.4 会计报表中重要项目的明细资料

6.4.1 披露自营资产经营情况

6.4.1.1 按信用风险五级分类的结果披露信用风险资产的期初数、期末数

信用风险资产五级分类	正常类（万元）	关注类（万元）	次级类（万元）	可疑类（万元）	损失类（万元）	信用风险资产合计（万元）	不良资产合计（万元）	不良资产率（%）
期初数	29 017	33 527	0	0	0	62 544	0	0
期末数	84 266	18 214	0	0	0	102 480	0	0

注：不良资产合计＝次级类＋可疑类＋损失类。

6.4.1.2 各项资产减值损失准备的期初数、本期计提、本期转回、本期核销（不良资产处置）、期末数

单位：万元

	期初数	本期计提	本期转回	本期核销	期末数
贷款损失准备	1 007	339	—	—	1 346
一般准备	—	—	—	—	—
专项准备	1 007	339	—	—	1 346
其他资产减值准备	—	—	—	—	—
可供出售金融资产减值准备	—	—	—	—	—
持有至到期投资减值准备	—	—	—	—	—
长期股权投资减值准备	—	—	—	—	—
坏账准备	288	1 720	—	618	1 390
投资性房地产减值准备	—	—	—	—	—

6.4.1.3 自营股票投资、基金投资、债券投资、股权投资等投资业务的期初数、期末数

单位：万元

	自营股票	基金	债券	长期股权投资	其他投资	合计
期初数	—	—	—	50 509	7 312	57 821
期末数	—	—	—	45 271	15 892	61 163

6.4.1.4 按投资入股金额排序，前三名的自营长期股权投资的企业名称、占被投资企业权益的比例及投资收益情况等

企业名称	占被投资企业权益的比例（%）	投资收益（万元）
1. 华融湘江银行	3.04	810
2. 湖南高速财务集团财务有限公司	15	—
3. 湖南财信创业投资有限责任公司	40	71

6.4.1.5 前三名的自营贷款的企业名称、占贷款总额的比例和还款情况等

企业名称	占贷款总额的比例（%）	还款情况
郴州高科控股有限公司	36.71	还款 197 万元
湖南金霞现代物流园投资有限公司	36.71	新增贷款
湖南湘渝电力投资有限责任公司	11.75	还款 500 万元

6.4.1.6 表外业务的期初数、期末数，按照代理业务、担保业务和其他类型表外业务分别披露

单位：万元

表外业务	期初数	期末数
担保业务	—	—
代理业务（委托业务）	—	—
其他	—	—
合计	—	—

6.4.1.7 公司当年的收入结构

收入结构	金额（万元）	占比（%）
手续费及佣金收入	60 270	93.98
其中：信托手续费收入	60 105	93.72
投资银行业务收入	—	—
利息收入	2 251	3.51
其他业务收入	—	—
其中：计入信托业务收入部分	—	—
投资收益	1 557	2.43
其中：股权投资收益	1 193	1.86
证券投资收益	—	—
其他投资收益	364	0.57
公允价值变动收益	—	—
营业外收入	55	0.08
收入合计	64 133	100

6.4.2 披露信托资产管理情况

6.4.2.1 信托资产的期初数、期末数

单位：万元

信托资产	期初数	期末数
集合	572 903	1 583 376
单一	2 125 882	3 543 333
财产权	26 986	20 521
合计	2 725 771	5 147 230

6.4.2.1.1 主动管理型信托业务期初数、期末数，分证券投资、股权投资、融资、事务管理类分别披露

单位：万元

主动管理型信托资产	期初数	期末数
证券投资类	3 222	7 575
股权投资类	287 296	372 955
融资类	1 717 186	4 576 827
事务管理类	118 999	105 871
合计	2 126 703	5 063 228

6.4.2.1.2 被动管理型信托业务的信托资产期初数、期末数，分证券投资、股权投资、融资、事务管理类分别披露

单位：万元

被动管理型信托资产	期初数	期末数
证券投资类	—	—
股权投资类	—	—
融资类	599 068	84 002
事务管理类	—	—
合计	599 068	84 002

6.4.2.2 本年度已清算结束的信托项目个数、实收信托

合计金额、加权平均实际年化收益率

6.4.2.2.1 本年度已清算结束的集合类、单一类资金信托项目和财产管理类信托项目个数、金额、加权平均实际年化收益率

已清算结束信托项目	项目个数	实收信托合计金额（万元）	加权平均实际年化收益率（%）
集合类	45	183 201	4.79
单一类	38	1 885 849	6.90
财产管理类	4	5 174	18.09

6.4.2.2.2 本年度已清算结束的主动管理型信托项目个数、合计金额、加权平均实际年化收益率，分证券投资、股权投资、融资、事务管理类分别披露

已清算结束信托项目	项目个数	实收信托合计金额（万元）	加权平均实际年化信托报酬率（%）	加权平均实际年化收益率（%）
证券投资类	2	1 160	1.84	-4.47
股权投资类	25	334 869	1.75	4.09
融资类	43	1 207 071	0.60	7.84
事务管理类	7	16 124	0.34	5.81

6.4.2.2.3 本年度已清算结束的被动管理型信托项目个数、合计金额、加权平均实际年化收益率，分证券投资、股权投资、融资、事务管理类分别披露

已清算结束信托项目	项目个数	实收信托合计金额（万元）	加权平均实际年化信托报酬率（%）	加权平均实际年化收益率（%）
证券投资类	—	—	—	—
股权投资类	—	—	—	—
融资类	10	515 000	0.37	6.03
事务管理类	—	—	—	—

6.4.2.3 本年度新增的集合类、单一类、资金信托项目和财产管理类信托项目数量、合计金额

新增信托项目	项目个数	实收信托合计金额（万元）
集合类	76	1 152 682
单一类	106	3 289 252
财产管理类	—	—
新增合计	182	4 441 934
其中：主动管理型	182	4 441 934
被动管理型	—	—

6.4.2.4 本公司履行受托人义务情况及因公司自身责任而导致的信托资产损失情况（合计金额、原因等）

公司在管理信托财产的过程中，恪尽职守，履行诚实、信用、谨慎、有效管理的义务，公司没有发生损害受益人利益的情况。

报告期内公司没有发生因公司自身责任而导致的信托资产损失情况。

6.5 关联方关系及其交易的披露

6.5.1 关联交易方的数量、关联交易的总金额及关联交易的定价政策等

	关联交易方数量	关联交易金额（万元）	定价政策
合计	2	69 450	公允价格

6.5.2 关联交易方与本公司的关系性质、关联交易方的名称、法人代表、注册地址、注册资本及主营业务等

关系性质	关联方名称	法定代表人	注册地址	注册资本	主营业务
母公司	湖南财信投资控股有限责任公司	胡军	长沙市天心区城南西路一号	35.44亿元	省政府授权的国有资产投资、经营及管理；投资策划咨询、财务顾问、担保；酒店经营与管理（具体业务由分支机构凭许可证书经营）、房屋出租。
受同一母公司控制	湖南财信文化产业投资有限公司	成新航	长沙市开福区芙蓉中路一段191号	3 000万元	文化产业投资，房地产项目投资及其他法律、行政法规允许的产业投资，高校资产管理及其他资产管理，企业收购、兼并、重组、企业资产管理咨询、企业策划咨询。

6.5.3 本公司与关联方的重大交易事项

6.5.3.1 固有财产与关联方：贷款、投资、应收账款、担保、其他方式等期初数汇总数、本期发生额汇总数、期末汇总数

单位：万元

固有与关联方关联交易				
	期初数	借方发生额	贷方发生额	期末数
贷款	—	—	—	—
投资	—	—	—	—
租赁	—	—	—	—
担保	—	—	—	—
应收款项	—	9 450	—	9 450
其他	—	—	—	—
合计	—	9 450	—	9 450

6.5.3.2 信托资产与关联方交易情况：贷款、投资、租赁、应收账款、担保、其他方式等期初汇总数、本期发生汇总额、期末汇总数

单位：万元

与关联方交易方式	期初数	本期发生数	期末数
贷款	—	60 000	60 000
投资	—	—	—

6.5.3.3 信托公司自有资金运用于自己管理的信托项目（固信交易）、信托公司管理的信托项目之间的相互（信信交易）交易金额，包括余额和本报告年度的发生额

6.5.3.3.1 固有与信托财产之间的交易金额期初汇总数、本期发生额汇总数、期末汇总数

无。

6.5.3.3.2 信托项目之间的交易金额期初汇总数、本期发生额汇总数、期末汇总数

无。

6.5.4 逐笔披露关联方逾期偿还本公司资金的详细情况以及本公司为关联方担保发生或即将发生垫款的详细情况

无。

6.6 会计制度的披露

(1)本公司固有业务(自营业务)已于2008年1月1日起执行新的《企业会计准则》,同时所有与会计有关的内容均作出相应修改。

(2)信托业务于2010年1月1日起执行新的《企业会计准则》,同时所有与会计有关的内容均作出相应修改。

7. 财务情况说明书

7.1 利润实现和分配情况

经天健会计师事务所(特殊普通合伙)湖南分所审计,本公司2012年度实现利润总额44 610万元,企业所得税10 681万元,净利润33 929万元。公司提取法定盈余公积3 393万元,提取信托赔偿准备500万元,可供投资者分配利润30 036万元。

7.2 主要财务指标

指标名称	指标值
资本利润率(%)	29.34
信托报酬率(%)	1.54
人均净利润(万元)	404

注:1. 资本利润率=净利润/所有者权益平均余额×100%。
2. 信托报酬率=信托业务收入/实收信托平均余额×100%。
3. 人均净利润=净利润/年平均人数。
1. 平均值采取年初及各季末余额移动算术平均法,公式为:a(平均)=(a0/2+a1+a2+a3+a4/2)/4。

7.3 对本公司财务情况、经营成果有重大影响的其他事项

无。

8. 特别事项揭示

8.1 前五名股东报告期内变动情况及原因

无。

8.2 董事、监事及高级管理人员变动情况及原因

报告期内,因公司第三届董事会、监事会任期届满,经2012年度第一次股东会选举,产生公司第四届董事会和监事会。董事会成员为朱德光、胡军、蒋民生、李旭、陆小平、王晓芸、李莉芳。其中,朱德光先生为董事长,蒋民生先生为独立董事。监事会成员为刘瑛、杨科宇、刘畅。其中,刘瑛女士为监事会主席。

经第四届董事会研究决定,由朱德光暂代行总裁职权,聘任刘格辉、周江军为副总裁,王晓芸为风控总监,朱昌寿为财务总监,杨云为行政总监。

上述董事、高级管理人员的任职资格均已经监管机构核准。

8.3 公司的重大未决诉讼事项

无。

8.4 对会计师事务所出具的有保留意见、否定意见或无法表示意见的审计报告的,公司董事会应就所涉及事项作出说明

天健会计师事务所(特殊普通合伙)湖南分所对公司出具无保留审计意见。

8.5 公司及其董事、监事和高级管理人员受到处罚的情况

报告期内未发生公司及其董事、监事和高级管理人员受到处罚的情况。

8.6 银监会及其派出机构对公司的检查意见及其整改情况说明

湖南银监局对公司出具了2012年度监管意见,公司高度重视,积极组织相关部门落实整改。整改情况如下:

调整思路,积极推进增资扩股进程;顺应形势,抢抓机遇,迅速提升信托业务规模和盈利能力;加大营销宣传力度,逐步树立品牌形象;大力推进"夯实基础、规范管理"专项活动,进一步规范内部管理。

8.7 本年度重大事项临时报告的简要内容、披露时间、所披露的媒体及其版面

无。

8.8 银监会及其省级派出机构认定的其他有必要让客户及相关利益人了解的重要信息

无。

9. 公司监事会意见

监事会对报告期内有关事项的意见:

(1)报告期内,公司能够认真贯彻国家法律、法规和公司章程等的规定,依法合规运作,不断完善内控制度,强化风险管控。未发现公司董事和高级管理人员履行职务时有违反法律、法规、公司章程或损害公司利益的行为。

(2)天健会计师事务所(特殊普通合伙)湖南分所对公司2012年度财务报告出具的审计报告所涉及事项是真实、客观、公正的;公司2012年度财务报告能够真实地反映公司的财务状况和经营成果。

(3)报告期内未发现公司有损害受益人、股东权益或造成公司资产流失的行为。

华澳国际信托有限公司

1. 重要提示

1.1 本公司董事会及董事保证本报告所载资料不存在任何虚假记载、误导性陈述或者重大遗漏，并对其内容的真实性、准确性和完整性承担个别及连带责任。

1.2 本公司全体董事出席董事会会议。

1.3 本公司设独立董事制度，独立董事沈斌、Lam Lee G（林家礼）在此发表独立声明，确认对本报告所载资料及内容的真实性、准确性和完整性并无异议。

1.4 本公司已聘请德勤华永会计师事务所根据中国注册会计师审计准则对本公司年度财务报告进行审计，该审计机构已为本公司出具了标准无保留意见的审计报告和审计结论。

1.5 公司法定代表人及董事长余建平、主管会计工作负责人及会计部门负责人（会计主管人员）Diana Ling - Fung Jen（郑玲芳）在此声明：保证本年度报告所载财务资料和内容的真实性、准确性和完整性。

2. 公司概况

2.1 公司简介

2.1.1 历史沿革

公司原名昆明国际信托投资公司（以下简称昆国投），成立于1992年。1999年2月7日国务院办公厅作出《国务院办公厅转发中国人民银行整顿信托投资公司方案的通知》后，昆国投进入整顿阶段。2003年1月14日经中国人民银行银函〔2003〕14号文件批准，昆国投得以保留并于2003年3月刊登了公司重新登记公告。2005年11月17日，昆明市财政局和北京三吉利能源股份有限公司签订了《昆明国际信托投资公司重组合作协议》，昆国投进入重组阶段。2008年10月24日，银监会《中国银监会关于昆明国际信托投资公司重组等有关问题的批复》批复了昆国投重组整体方案并同意迁往上海，公司按照批复文件精神进行了重组后续事项的变更工作。2009年8月21日，根据中国银监会上海银监局批复，公司完成了新牌照的换证工作，领取了新金融许可证。2009年8月31日，上海市工商行政管理局向公司正式颁发了新企业法人营业执照，进行了公司住所变更，公司名称由昆明国际信托投资公司更为华澳国际信托有限公司。2009年9月1日，公司正式开业。

2.1.2 基本信息

2.1.2.1 公司法定中文名称：华澳国际信托有限公司
公司法定中文名称缩写：华澳信托
公司法定英文名称：Sino - Australian International Trust Co., Ltd.
公司英文名称缩写：SATC

2.1.2.2 公司法定代表人：余建平

2.1.2.3 注册地址：中国上海市浦东新区花园石桥路33号花旗集团大厦1702室
邮政编码：200120
公司国际互联网网址：www.huaao - trust.com
公司电子信箱：enquiry@huaao - trust.com

2.1.2.4 公司信息披露事务负责人姓名：郭佳永
联系电话：+86 21 68883098
传真：+86 21 68885995
电子信箱：hadb@huaao - trust.com

2.1.2.5 公司信息披露报纸名称：《上海证券报》

2.1.2.6 公司年度报告备置地点：上海市浦东新区花园石桥路33号花旗集团大厦1702室

2.1.2.7 公司聘请的境内会计师事务所名称：德勤华永会计师事务所有限公司
办公地址：中国上海市延安东路222号外滩中心30楼
联系电话：+86 21 61411830

2.1.2.8 公司聘请的境内律师事务所名称：中伦律师事务所（上海办公室）
办公地址：上海市浦东新区银城中路200号中银大厦11层
联系电话：+86 21 50372668 转 219

2.2 组织结构

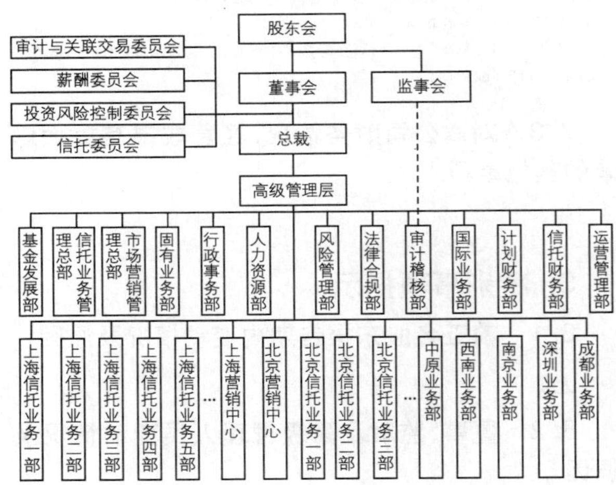

3. 公司治理

3.1 公司治理结构

报告期末股东总数3家。

公司全部股东均持有公司10%以上（含10%）出资比例，股东名称及持股情况如下：

股东名称	出资比例(%)	法人代表	注册资本	注册地址	主要经营业务及主要财务情况
北京融达投资有限公司★	50.01	申献斌	30 000万元	北京市海淀区首体南路国兴家园4号楼D1三层	主营投资管理、资产管理、销售机械设备等。
北京三吉利能源股份有限公司	30.00	余建平	96 000万元	北京市丰台区科学城航丰路8号231室	建设、经营电厂(站),电力及能源配套设备制造、加工、销售。

续表

股东名称	出资比例(%)	法人代表	注册资本	注册地址	主要经营业务及主要财务情况
麦格理资本证券股份有限公司	19.99	—	20亿港元	香港中环添美道1号中信大厦19层	证券承销、证券经纪、证券研究、证券配售以及全球存托凭证、美国存托凭证交易等。

注:1. ★为公司最终实际控制人。

2. 股东北京融达投资有限公司、北京三吉利能源股份有限公司之间存在关联关系。

3.2 董事

董事长、副董事长、董事

姓 名	职 务	性别	年龄	选任日期	所推举的股东名称	该股东持股比例(%)	简 要 履 历
余建平	董事长	男	56	2009年8月21日	北京三吉利能源股份有限公司	30.00	北京国利能源投资有限公司董事长、总经理、党委书记;先后在北京国利能源投资有限公司、北京三吉利能源公司及北京三吉利能源股份公司担任总经理、董事长等职务;现任华澳国际信托有限公司董事长。
Alexander Harms Harvey	董事	男	41	2012年4月5日	麦格理资本证券股份有限公司	19.99	1999年从Bankers Trust加入麦格理,在金融服务行业拥有逾15年经验,领导过澳大利亚、亚洲、欧洲和美国的股权、债务和顾问交易;曾在麦格理资本担任电信、媒体、娱乐和科技部(TMET)的全球主管,同时还是麦格理资本运营委员会成员,担任TMET集团全球主管之前,是麦格理媒体集团董事总经理,领导了该集团的创建及其首次公开发行;现任麦格理亚洲区业务的首席执行官,是麦格理资本直投委员会成员。
翟 隽	董事	男	43	2009年8月21日	麦格理资本证券股份有限公司	19.99	麦格理集团中国区总裁,早年曾于德勤会计师行、施罗德国际商人银行以及高盛、雷曼等投行机构任职;2001年至2006年,担任德意志银行董事总经理兼中国区主管。
田 英	董事	女	47	2009年8月21日	北京三吉利能源股份有限公司	30.00	历任北京三吉利能源股份有限公司总会计师;现任北京三吉利能源股份有限公司副总经理。
刘汉平	董事	男	51	2009年8月21日	北京融达投资有限公司	50.01	先后在北京三吉利能源股份有限公司担任审计室主任、经营计划部经理等职务;曾任北京国利能源投资有限公司总经理助理兼监察审计部经理;现任北京国利能源投资有限公司总经理助理。

独立董事

姓 名	所在单位及职务	性别	年龄	选任日期	所推举的股东名称	该股东持股比例(%)	简 要 履 历
沈 斌	退休	男	62	2009年8月21日	北京三吉利能源股份有限公司	30	曾任人民银行上海分行金融行政管理处副处长、处长,银行管理处处长,银行监管二处处长,分行办公室主任,国有银行监管处处长等职;曾担任深圳发展银行上海分行副行长。
Lam Lee G(林家礼)	麦格理集团	男	53	2009年8月21日	麦格理资本证券股份有限公司	19.99	曾任正大企业国际有限公司行政总裁兼副董事长,中银国际控股董事总经理兼投资银行部副董事长,中银国际亚洲董事总经理,新加坡科技电信媒体业务执行董事,美国海德思哲国际咨询公司全球华人业务首席合伙人,欧洲MIC移动电话公司亚太区行政总裁,美国科尔尼国际管理顾问公司大中华地区首席合伙人,大东电报局/香港电讯有限公司总经理;现任Lee G. Lam Associates Inc. 国际投资管理公司董事长。

3.3 监事

监事会成员

姓 名	职 务	性别	年龄	选任日期	所推荐的股东名称	该股东持股比例(%)	简 要 履 历
张 宏	监事长	男	52	2010 年 1 月 26 日	北京三吉利能源股份有限公司	30	曾任北京国利能源投资有限公司副总经理，华澳国际信托有限公司总裁，拥有在财务、金融投资、资产重组及海外业务等方面丰富的管理经验；现任华澳国际信托有限公司专职监事长。
Richard Fairbairn Young (杨瑞驰)	监事	男	43	2012 年 8 月 31 日	麦格理资本证券股份有限公司	19.99	澳大利亚注册会计师，在电讯、媒体、科技行业的企业融资方面拥有超过 12 年从业经验，曾就职于普华永道、荷兰银行等著名机构，担任麦格理集团董事总经理，任华澳国际信托有限公司首席运营官、首席财务官。
高 杰	监事	女	38	2011 年 5 月 6 日			曾任平安资产管理公司审计负责人、中泰信托投资公司稽核审计部总经理、汇尔顿资产管理有限公司总经理助理，拥有丰富的财务、金融及管理方面的背景和从业经验；现任华澳国际信托有限公司审计稽核部总经理兼法律合规部总经理。

3.4 高级管理人员

姓名	职务	性别	年龄	选任日期	金融从业年限	学历	专业	简 要 履 历
赵文杰	总裁	男	47	2011 年 2 月 11 日	25	博士	金融工程	曾任深圳发展银行首席内控执行官和深圳发展银行北京分行行长等职务，拥有在内控、金融投资、人力资源等方面丰富的管理经验；现任华澳国际信托有限公司总裁。
李长忠	副总裁	男	50	2009 年 5 月 1 日	13	硕士	会计、人力资源	曾任北京能源房地产开发有限责任公司副总，北京三吉利稀土公司董事长，北京新协房地产开发公司总经理，国家开发投资公司财务部处长，北京三吉利能源公司总会计师，煤炭部中国地方煤矿总公司财务处副处长等职务；现任华澳国际信托有限公司副总裁。
Diana Ling - Fung Jen (郑玲芳)	首席财务官	女	50	2012 年 8 月 31 日	8	硕士	税法学	曾任职于普华永道会计师事务所在芝加哥、北京、上海和广州的分公司，香港创业板上市的长达科技控股有限公司以及在亚太区享有盛誉的里昂证券有限公司，精通境内和国外的会计和税务法规，对重组规划、融资渠道和方式、财务管理及控制等有很好的国际财务管理工作的先进经验。
翟振明	总裁助理	男	42	2011 年 2 月 22 日	24	硕士	管理科学与工程	曾任深圳发展银行北京分行公司业务部副总经理、东直门支行行长，多年从事金融工作，在市场开拓、风险控制方面有所擅长并严格按照“合规”的理念进行经营管理。

3.5 公司员工

报告期公司在岗员工 126 人。

项目		报告期年度		2011 年末	
		人数	比例(%)	人数	比例(%)
年龄分布	25 岁以下	5	4	1	1
	25 ~29 岁	40	32	31	39
	30 ~39 岁	63	50	38	48
	40 岁以上	18	14	9	12
学历分布	博士	1	1	1	1
	硕士	49	39	29	37
	本科	73	58	45	57
	专科	3	2	4	5
	其他				
岗位分布	董事、监事及高管人员	5	4	5	6
	自营业务人员	2	2	3	4
	信托业务人员	47	37	26	33
	其他人员	72	57	45	57

4. 经营管理

4.1 经营目标、经营方针、战略规划

4.1.1 经营目标

引领金融服务和金融创新，并借助其为信托产品的投资者及股东创造较高价值与丰厚的回报。

4.1.2 经营方针

全面发展、重点突破、讲求效益、形成品牌。

4.1.3 战略规划

依托中方股东的本土优势及外方股东多年在国际金融市场的成功管理经验，将华澳信托打造成为以发展产业基金及私募股权投资管理为主，以提供多种金融创新服务为辅的有鲜明管理特色的国际化综合金融机构。

为此，公司将致力于努力工作并确保：优异的理财管理能力和业绩表现，内部风险控制及资产管理实力不断提升、市场营销、客户群体的开拓及公司知名度的持续上升、团队及企业文化建设不断进步。

4.2 所经营业务的主要内容

4.2.1 公司主营业务

公司目前主要以信托为主营业务，在确保风险可控基础上适当开展自营金融业务。

信托业务方面，公司贯彻落实监管部门指导精神，注重培养和提升主动管理能力，积极发展与各优质客户之间紧密持久的战略合作关系，确保信托产品的高起点、精品化。在确保传统信托产品为业务本原的基础上，稳健开展投资类信托、准资产证券化（财产权信托）等信托业务，并逐步加大信托产品创新力度，积极拓展信托业务领域，丰富信托业务品种，在供应链金融、中小企业发展基金、资本市场、基础设施、能源矿产（电力、燃气、新能源、矿业、环保等）、房地产、新兴农业、高科技、传媒、并购等领域不断提升和拓展，在顺应国家产业政策导向的前提下，着力打造公司独具特色的信托产品，以满足高端客户的投资需求。

今后，配合公司增资及依托外方股东国际金融方面的优势背景逐步申请开展企业年金、QDII、PE 等以资产管理为内在核心竞争力驱动的主动管理型信托业务，实现业务战略转型。

固有业务方面主要包括：（1）贷款类业务。贷款类业务是提高固有资金运营效率的重要手段，公司通过对贷款结构、期限、规模的动态调整和优化，积极把握各类行业领域孕育的投资机会，从客户资源、渠道资源、项目资源等方面为信托主业提供有力支持，同时获得风险可控的较高收益。（2）金融产品投资类业务。金融产品投资类业务较为灵活，可根据公司当期资金情况，提高资金使用效率。当配比不同种类的金融产品时，可降低投资组合风险。同时在风险相对较低的情况下可获得可观收益。目前，金融产品投资类业务主要包括购买信托产品和信贷资产转让。（3）固定收益业务。固定收益业务对公司在优化固有资产投资结构、提升固有资产运营效率等方面发挥着重要作用。公司以确保资金的安全性和资产的流动性为原则，通过对固定收益市场和相关投资品种的深入研究，根据市场环境的变化动态调整和优化资产配置结构，构成稳健的投资组合，获取固定收益。

4.2.2 资产组合与分布

自营资产运用与分布表

资产运用	金额（万元）	占比（%）	资产分布	金额（万元）	占比（%）
货币资产	33 896	36.55	基础产业	—	—
贷款及应收款	30 000	32.35	房地产业	—	—
交易性金融资产	—		证券市场	—	—
可供出售金融资产	10 839	11.69	实业	30 000	32
持有至到期投资	—		金融机构	44 735	48
长期股权投资	—		其他	18 010	19
其他	18 010	19.42			
资产总计	92 745	100.00	资产总计	92 745	100

信托资产运用与分布表

资产运用	金额（万元）	占比（%）	资产分布	金额（万元）	占比（%）
货币资金	58 923	3.15	房地产	237 673	12.72
贷款	888 695	47.56	工商企业	919 971	49.23
应收款项	59 709	3.20	基础产业	353 216	18.90
买入返售金融资产	163 680	8.76	金融机构	21 462	1.15
可供出售金融资产	406 010	21.73	其他	336 421	18.00
长期股权投资	239 200	12.80			
其他资产	52 525	2.81			
合计	1 868 742	100.00	合计	1 868 742	100.00

4.3 市场分析

中国银监会授权发布的最新数据显示，截至 2012 年 12 月末，我国信托资产规模已超过 7 万亿元。从受托资金的运用方式来看，在 2012 年新发的信托产品中，权益类、贷款类和其他类投资信托为主要信托资金运用方式，发行规模分别为 1 406.67亿元、1 540.87 亿元和 1 104.72 亿元，三者共占 2012 年全年新发信托产品总数的 62.66%。其中，权益类信托规模同比下降 9.82%，占比由 2011 年的 26.37% 降至 21.75%；贷款类信托规模同比增加 14.35%，占比由 22.31% 同比上升至 23.83%；其他类信托规模同比增长 80.10%，占比由 10.37% 同比增至 17.08%。从受托资金的投资方向来看，2012 年，基础产业的信托产品数量占信托产品发行总数的 22.43%，金融市场信托产品占 21.77%，房地产信托产品占 15.91%，工商企业信托产品占 17.08%，其他信托产品占 22.81%；相较 2011 年，基础产业产品占比从 8.31% 上升 14 个百分点，在 2012 年这一年中增长迅猛，在发行数量和发行规模上均超过了房地产信托产品。

2012 年，欧债危机反复恶化，全球经济增长明显放缓；国内主动调控房地产市场和化解投融资平台风险，经济增长面临较大下行压力。国家坚持稳中求进的总基调，把稳增长放在更加重要的地位，经济运行逐步企稳，全年经济增长略高于 7.5%。同时，2012 年被称为中国资产管理市场群雄并起的一年，券商创新、基金松绑、保险开放、期货突破、私募修法，中国理财市场主体多元化的结构进一步得到了监管部门的确定和相关法规的呵护，今后在中国理财市场中，包括信托在内的各家金融机构之间在业务竞争和往来中体现出你中有我，我中有你，相互交叉相互融合的格局已经成为不争的现实。

2013 年，国际环境充满复杂性和不确定性，国内经济运行处在寻求新平衡的过程中。在继续实施积极财政政策和稳健货币政策的同时，注重需求政策与供给政策结合，短期政策与中长期政策结合，增强政策弹性和有效性，着力破解企业生产经营中的困难，加快结构调整步伐，培育新竞争优势，推动增长动力转换和发展方式的实质性转变，促进国民经济平稳运行。中央经济工作会议对 2013 年宏观调控的总体布局是“加强和改善宏观调控，促进经济持续健康发展”，要求为“推动经济持续健康发展，尊重经济规律、有质量、有效益、可持续的速度，要求的是在不断转变经济发展方式、不断优化经济结构中实现增长”，相比以前的“平稳较快发展”有较大变动，可以预见，有扶有控的调整思路仍然将继续——这会给信托带来结构性机会。

4.4 内部控制

4.4.1 内部控制环境和内部控制文化

公司高级管理层始终坚持内控优先的风险管理理念，并强调公司各部门和岗位对内控和风险管理的重视。

为进一步提高内部控制水平，防范经营风险，保障公司体系安全稳健运行，2012年，公司持续推进内控建设工作，为公司经营夯实基础。公司根据《关于进一步加强公司内部控制的指导意见》，继续推进内部控制自我提升项目，明确内部控制目标和原则，并细化内部控制具体实施方案。

同时，公司通过开展合规培训、合规月等活动，加强员工风险防范意识。总体来说，公司十分重视内控建设，并通过对现行内控体制的定期评估和修改，不断完善内控体系。

4.4.2 内部控制措施

公司从组织架构调整、制度梳理和完善、自我风险评估体系建立、IT系统优化等方面加强内部控制管理，本报告期内采取的具体内部控制措施主要包括：

进一步调整和优化组织架构体系，梳理、调整岗位职责。本报告期内，公司已调整和优化组织架构，增设信托业务管理总部和市场营销管理总部，进一步加强信托业务和营销管理职能。同时，公司聘请专业人力资源顾问，重新梳理了各部门、各岗位的职责，理顺了存在交叉和重叠的职责归属。

持续梳理、完善制度。在梳理各项生效制度或办法基础上，结合公司经营管理情况，在2012年制度完善计划的基础上，本报告期内新增、修订、下发业务类和管理类制度共计60余项，废除旧制度6项。

完善自我风险评估体系，增强自我识别、自我控制风险的能力。本报告期内，各业务条线已识别主要风险事项和关键风险指标（KRI），并在年中和年末两次开展自我风险评估工作，基本形成自我风险评估体系。

梳理业务流程和管理流程，编制流程图。通过梳理各条线业务和管理流程，结合主要风险事项和关键风险指标（KRI），编制工作流程图，以利于进一步控制操作风险、提高沟通和工作效率。

不断加强IT系统建设。本报告期内，公司本年上线多个信息系统。包括OA信息系统、E－HR、E－Learning和反洗钱报送系统等，将过去人工控制的工作流程转移入信息系统中，强化了内部控制的准确性和可追索性。同时，新的业务一体化信息系统已经完成了需求调研和招标工作，本系统将推进业务流程中的规范化。

强化内部监督制约机制、完善责任追究制度体系。通过加强合规宣导、加大审计监督和处罚力度，制定有关责任追究制度，构筑牢固的内部监督防范体系。

完善内部控制报告制度。公司定期评估内部控制效果，并形成年度内部控制报告。

4.4.3 信息交流与反馈

公司建立了较为完善的信息交流与反馈制度。

在信息传达方面，公司建立了定期的信息更新和普及机制，确保将最新的法律法规、监管要求、信托行业及本单位的经营和风险状况通过OA系统或专题会议形式及时传递给各级员工。

在信息报告方面，公司建立了明确的信息报告机制，确保各部门及岗位将经营过程中存在的重大问题及时向高级管理层、董事会、监事会和相关监管部门报告。

在外部沟通方面，公司严格遵循监管要求，与银监会、人民银行等监管部门建立了完备的沟通和报告制度，及时就公司的经营情况、风险状况、内外部审计情况等向监管部门报告。

在部门间工作协调方面，公司相关部门间已经形成定期协商会制度，如运营管理部与信托业务管理总部间已经形成了定期会议制度，协商项目后续期管理有关问题等。

4.4.4 监督评价与纠正

公司设置了审计稽核部，对公司各职能部门的业务活动、财务收支及经营管理活动的真实性、合法性、效益性和资产安全性、完整性、保值增值性等方面进行监督、检查和评价，并直接向审计和关联交易委员会报告，具有充分的独立性。

审计稽核部根据需要进行常规审计、专项审计和项目稽核。常规审计每半年至少进行一次，专项审计根据公司经营管理情况不定期进行，项目稽核针对各业务项目，在存续期至少进行一次，清算后按监管要求实施终止审计。内部审计以管理建议书的形式汇总审计发现的问题、提出改进意见、追踪意见落实情况，以及时、全面、准确地发现和更正公司内控体系中可能存在的问题和隐患。项目稽核以稽核报告的形式对项目的合规风险、操作风险、市场风险等提出独立意见和建议，对项目从实施到清算各个阶段的风险进行防范和监督。

4.5 风险管理

4.5.1 风险管理概况

公司风险管理的基本原则：（1）合规性原则，严格按照法律、法规和公司各项规章制度开展管理和业务活动，该原则是风险管理的基础性内容。（2）全面性原则，风险管理全面涵盖公司不同类别的业务、流程以及公司经营管理的各个环节和岗位。（3）有效性原则，公司根据行业、自身的特点和具体情况，采取切实可行的风险管理措施，建立有效的风险管理体系，以促进公司的发展。公司依照国家法律法规、行业变化及公司不断发展的要求，及时完善、调整风险管理的措施和办法。

公司风险管理的控制政策：严格按照国家法律法规和公司各项规章制度的要求开展经营管理活动；根据行业、公司特点，不断完善包括内控制度和风险管理制度在内的公司规章制度体系；在对公司各项业务的盈利模式和流程深入把握的基础上，对业务流程的风险点进行全面全程的监控、分析、评估、预警，作出决策并采取相应措施，以实现对风险的有效控制和管理。

公司风险管理的组织结构：董事会管理并监督公司的风险偏好程度，对风险管理负完全和最终责任。投资风险控制委员会负责公司风险控制制度的建设，审查重大业务风险，监督、评估、控制并管理公司的风险；投资风险控制委员会主任拥有“一票否决权”，即在业务决策过程中，若投资风险控制委员会主任认为存在风险，可以实行最终否决。项目评审委员会负责公司项目的评审，审查项目合规风险、法律风险、信用风险、流动性风险、市场风险等，风险管理部根据各评审委员的意见出具评审会意见书。审计稽核部负责风险管理制度和流程执行的监督、审计，进行独立的风险评估，对所发现的重大事项可直接向审计委员会及投资风险控制委员会汇报。风险管理部作为公司全面风险管理部门，负责制定公司及业务风险管理制度流程，协调组织公司项目的评审和审批并跟踪意见落实情况，对存续项目进行全过程风险管控，提出风险管理改进建议，牵头处理风险事件并参与制定风险应急预案，确保公司业务在稳定持续发展的同时不损害公司整体利益。法律合规部负责业务活动监督及评估程序的设计和实施，确保公司各项活动符合相关的法律法规。公司各部门以风险管理为首要责任；公司严格按照监管部门的要求，遵循业务部门是项目尽职调查及业务风险第一责任人的原则；部门经理对本部门的风险负责，通过开展具体工作，确保各项活动符合运营风险指标及风险管理程序。

资本管理：2010年中国银行业监督管理委员会颁布了《信托公司净资本管理办法》(2010年第5号令)。公司根据此管理办法的规定，建立风险资本与净资本的对应关系，促使公司将有限的资本在不同风险状况的业务之间进行合理配置。公司还根据自身净资本水平、风险偏好和发展战略等进行差异化选择，通过建立并完善内部风险预警和控制机制，以及对净资本等风险控制指标的动态监控、定期敏感性分析和压力测试等手段，实现对总体风险的有效控制。

4.5.2 风险状况

4.5.2.1 信用风险状况

信用风险是指交易对手违约造成损失的风险，主要表现为公司贷款业务中借款人、担保人的信用风险，资金往来银行的信用风险；在信托财产的管理、运用和处分过程中，借款人、担保人、托管人等交易对手不履行承诺等。报告期末，公司固有业务和信托业务均无不良信用资产。

2012年末公司已按照净利润的5%计提了信托项目赔偿准备金，年末余额991万元，较2011年增加了630万元；已按风险资产的1.5%计提了一般风险准备，年末余额678万元，较2011年增加了422万元。

4.5.2.2 市场风险状况

市场风险是指持有的金融工具的公允价值或未来现金流量因市场价格变动而发生波动的可能性，包括市场利率风险、汇率风险和其他价格风险等。报告期内，公司未发生因市场风险所造成的损失。

利率风险主要源于市场利率变动对利率敏感金融工具的公允价值或未来现金流量的影响。根据公司资金运作的实际情况，公司计息资产主要为短期同业存放及一年内到期的短期贷款，受市场利率变动的影响可控。

汇率风险指因汇率变动产生损失的风险。公司承受汇率风险主要与美元有关，除了公司资本金户外方股东麦格理资本证券股份有限公司美元出资款中尚有502万美元未进行结汇外，公司的其他主要业务活动以人民币计价结算。截至2012年12月末，公司认为外汇风险对公司的影响有限。公司将密切关注汇率变动对公司美元出资款外汇风险的影响，选择适当的时机逐步结汇，规避外汇风险的影响。

其他价格风险是指金融工具的公允价值受市场利率和外汇汇率以外的市场价格因素变动发生波动的风险。报告期内，公司不存在重大的其他价格风险。

4.5.2.3 操作风险状况

操作风险是指由于不完善的内控机制、人员、系统或外部事件导致损失的可能性。公司所有从业人员均保持良好的道德意识和职业操守，未出现违法、违规、违约现象，未出现较大差错和失误，未发生责任事故。公司严格规范操作流程，严控操作风险。

4.5.2.4 其他风险状况

其他风险主要指公司业务开展中的流动性风险、政策风险、道德风险和声誉风险等。流动性风险是指没有足够资金以满足到期债务支付的风险。根据公司资金运作的实际情况及对流动性的预测，公司的资本金充足，基本能应付日常的业务与投资需求，尚不需要通过外部融资应对流动性风险，因此流动性风险不重大。报告期内，公司未发生因其他风险所造成的损失。

4.5.3 风险管理

4.5.3.1 信用风险管理

公司通过下述措施管理防范信用风险：(1)已建立信托项目全过程风险管理体系，风控措施覆盖项目立项、尽职调查、评审审批、发行、存续管理、清算等全过程；(2)已建立风险管理月度报告机制，对产品、行业、地域、期限、交易对手等实行风险集中度管理；(3)公司注重全方位、全过程地考察和跟踪交易对手的情况，通过制定和实施各种信托业务规章制度，包括但不限于《房地产信托融资业务风险管理指引》、《信托融资业务尽职调查工作指引》、《上市公司全流通股权收益权投资业务管理办法》、《地方政府融资平台信托业务风险管理指引》、《信托业务担保管理办法》、《中小企业发展基金业务风险管理指引》、《采矿权信托业务风险管理指引》、《存续项目风险管理办法》、《集团客户风险管理指引》等，严密监控交易对手的履约能力；(4)公司要求认真落实项目相关的担保措施，选择信誉卓著的大企业提供连带责任保证担保，切实做到客观、公正地评估担保物，严格控制贷款本金与不同担保物的价值之比，注重采用多种有效担保措施提高信用风险保障系数；(5)在业务进行过程中，公司还要求严格对资金的使用情况持续进行跟踪管理；(6)公司还建立了风险管理信息系统，从客户基础信息管理、项目申报、风险评审、放款到项目后续管理进行全流程监控；(7)已建立起项目立项、尽职调查、风险评审、放款、存续项目管理等一整套、全流程的信用风险管理的相关制度和办法；(8)公司对目标客户尽职调查要求、信用风险评审要求、放款要求、项目管理检查要求均有较明确的规定，且要求对现金需求量大的企业进行必要的现金流压力测试；(9)公司加强对第三方独立中介服务机构的质量管理，拟定了有关财务尽调、法律尽调、资产评估质量控制管理办法；(10)公司已建立起交易对手信用评级机制；(11)已建立存续项目风险管理机制，定期对存续项目进行现场检查和非现场监测，切实做到管理和防范项目信用风险。

4.5.3.2 市场风险管理

公司面临的市场风险主要是房地产行业的市场风险，公司通过下述措施管理市场风险：公司配备了与该业务规模和风险管理需求相适应的专业团队，相应业务人员主要来自相关行业或其他金融机构的相关业务部门，业务人员的投资经验较为丰富、对市场风险的认识较为充分，从结果上看投资行为较为审慎。公司在项目评估及项目运作中，建立了与被监管机构投资业务规模和复杂程度相适应的风险计量工具和方法。目前该类风险敞口的规模和变化趋势由人工及信息系统共同监控和反映。公司在设计产品前进行尽职调查时涵盖了市场适应性调查，对敏感性行业和国家宏观调控重点行业的投资采取了包括现场派驻高级监管员、控制所有交易对手重要印章和证照以及设置资金监管账户等的多重风险防范措施，并在业务事前尽职调查、抵质押率等风险控制措施设计时充分考虑价格风险因素。

4.5.3.3 操作风险管理

公司所有从业人员均具备良好的道德意识和职业操守，未出现违法、违规、违约现象，未出现较大差错和失误，未发生责任事故。公司严格规范操作流程，严控操作风险。

公司采取一系列措施规范操作流程，降低操作风险：(1)建立严格的部门职责和员工岗位职责，梳理各项业务流程和操作规程；(2)建立职责分离、相互监督制约的机制，建立严格的审核、复核程序；(3)建立规范的信息系统管理流程并配置灾备系统；(4)公司不断完善各项规章制度，比如制定操作风险突发事件应急预案和项目存续运营管理办法等，使之更加完整严密。公司通过合理的部门和岗位设置，业务操作流程优化，规章制度建设，加强员工培训提高员工素质和技能，推进系统化建设，将流程有效地嵌入到系统中，减少人工干预，制订应急预案等措施有效控制操作风险。公司在出台《操作风险突发事件应急预案》、《员工职业操守和行为准则》等制度的基础上，2012 年已决定将加强对操作风险的管理作为 2013 年推进全面风险管理的重要工作之一。

4.5.3.4 其他风险管理

公司充分重视流动性风险的管理和控制，固有资产流动性充沛，信托业务在方案设计及后期管理中把流动性风险管理作为重要风险要素之一。董事会和高管层对流动性风险管理非常重视，具有较高的识别、监测和调控头寸的能力。随着业务项目的增加，公司将逐步完善流动性风险管理体系的建设。财务部人员及运营管理部人员对流动性缺口进行测算；风险管理部对存续项目按照信托季进行现场检查和非现场监测，通过发布月度风险管理报告，及时跟踪并向公司管理层汇报存续项目可能存在的流动性风险；审计稽核部通过对日常经营管理定期审计，对业务项目常规的阶段性稽核及 1 个月内到期项目的专项稽核等对流动性管理情况进行监督检查；基本具备缓解和释放信托赔偿责任风险转嫁给固有业务的流动性压力的手段和措施。公司通过对宏观政策和行业政策的跟踪、研究，提高预见性，控制政策风险；通过建立完善的公司治理结构、内控制度、业务流程，加强思想教育，防范道德风险。公司高度重视对声誉风险的管理，建立声誉风险的监控制度，定期收集公开信息对公司的相关评价报道，设有专人负责声誉风险控制，建立应对危机的应急预案和处理机制，能够妥善处理日常经营当中可能出现的声誉风险事件。

5. 报告期末及上一年度末的比较式会计报表

5.1 自营资产(会计报表已经审计)

5.1.1 会计师事务所审计意见全文

审计报告

德师报(审)字〔2013〕第 P0614 号

华澳国际信托有限公司全体股东：

我们审计了后附的华澳国际信托有限公司(以下简称贵公司)财务报表，包括 2012 年 12 月 31 日的资产负债表，2012 年度的利润表、所有者权益变动表和现金流量表以及财务报表附注。

一、管理层对财务报表的责任

编制和公允列报财务报表是贵公司管理层的责任，这种责任包括：(1)按照企业会计准则的规定编制财务报表，并使其实现公允反映；(2)设计、执行和维护必要的内部控制，以使财务报表不存在由于舞弊或错误而导致的重大错报。

二、注册会计师的责任

我们的责任是在执行审计工作的基础上对财务报表发表审计意见。我们按照中国注册会计师审计准则的规定执行了审计工作。中国注册会计师审计准则要求我们遵守中国注册会计师职业道德守则，计划和执行审计工作以对财务报表是否不存在重大错报获取合理保证。

审计工作涉及实施审计程序，以获取有关财务报表金额和披露的审计证据。选择的审计程序取决于注册会计师的判断，包括对由于舞弊或错误导致的财务报表重大错报风险的评估。在进行风险评估时，注册会计师考虑与财务报表编制和公允列报相关的内部控制，以设计恰当的审计程序，但目的并非对内部控制的有效性发表意见。审计工作还包括评价管理层选用会计政策的恰当性和作出会计估计的合理性，以及评价财务报表的总体列报。

我们相信，我们获取的审计证据是充分、适当的，为发表审计意见提供了基础。

三、审计意见

我们认为，贵公司财务报表在所有重大方面按照企业会计准则的规定编制，公允反映了贵公司 2012 年 12 月 31 日的财务状况以及 2012 年度的经营成果和现金流量。

德勤华永会计师事务所(特殊普通合伙)

中国注册会计师：陶 坚 王鲁宁

中国注册会计师：王鲁宁

中国·上海 2013 年 3 月 31 日

5.1.2 资产负债表

资产负债表

编制单位:华澳国际信托有限公司　　2012 年 12 月 31 日　　单位:元

资　产	期末余额	年初余额	负债和所有者权益	期末余额	年初余额
资产:			负债:		
货币资金	487 190 022.69	338 957 093.57	拆入资金		
贵金属			交易性金融负债		
拆出资金			衍生金融负债		
交易性金融资产			应付账款		
衍生金融资产			应付职工薪酬	24 574 470.57	75 863 240.00
买入返售金融资产			应交税费	30 934 955.47	68 950 202.11
应收账款			应付利息		
应收利息	10 208 515.07	1 772 659.18	应付股利		
其他应收款	43 168 706.90	154 209 774.45	其他应付款	32 637 311.92	34 520 160.21
发放贷款和垫款	140 000 000.00	300 000 000.00	预计负债		
可供出售金融资产	68 640 000.00	108 390 000.00	递延所得税负债		
持有至到期投资			其他负债		
长期股权投资			负债合计	88 146 737.96	179 333 602.32
投资性房地产			所有者权益:		
固定资产	5 883 440.16	7 807 575.16	实收资本	600 000 000.00	600 000 000.00
累计折旧	1 988 220.14	3 579 786.50	资本公积		
固定资产净值	3 895 220.02	4 227 788.66	减:库存股		
无形资产	1 027 500.00	924 750.00	盈余公积	7 212 684.44	19 811 427.36
商誉			一般风险准备	2 555 541.99	6 777 471.81
长期待摊费用			信托赔偿准备	3 606 342.22	9 905 713.68
递延所得税资产	6 143 617.64	18 965 810.00	未分配利润	58 752 275.71	111 619 660.69
其他资产			所有者权益合计	672 126 844.36	748 114 273.54
资产总计	760 273 582.32	927 447 875.86	负债及所有者权益总计	760 273 582.32	927 447 875.86

企业负责人:赵文杰　　主管会计工作负责人:Diana Ling－Fung Jen(郑玲芳)　　会计机构负责人:Diana Ling－Fung Jen(郑玲芳)

5.1.3 利润表

编制单位:华澳国际信托有限公司　　2012 年度　　单位:元

项　目	上年金额	本年金额
一、营业收入	169 334 369.42	370 109 080.43
利息净收入	17 475 863.07	37 479 074.55
利息收入	17 475 863.07	37 479 074.55
利息支出	0	0
手续费及佣金净收入	148 518 504.47	324 975 771.81
手续费及佣金收入	162 277 170.24	364 990 540.44
手续费及佣金支出	13 758 665.77	40 014 768.63
投资收益	5 303 185.78	7 987 516.35
其中:对联营企业和合营企业的投资收益	0	0
公允价值变动收益	0	0
汇兑收益	－1 963 183.90	−333 282.28
其他业务收入	0	0

续表

项　目	上年金额	本年金额
二、营业支出	90 002 741.82	205 320 052.78
营业税金及附加	9 934 034.05	22 160 293.80
业务及管理费	80 068 707.77	178 316 932.08
资产减值损失	0	4 842 826.90
其他业务成本	0	0
三、营业利润	79 331 627.60	164 789 027.65
加:营业外收入	2 491 461.91	5 487 516.01
减:营业外支出	0	116 210.46
四、利润总额	81 823 089.51	170 160 333.20
减:所得税费用	20 855 405.93	44 172 904.02
五、净利润	60 967 683.58	125 987 429.18

企业负责人:赵文杰　主管会计工作负责人:Diana Ling－Fung Jen(郑玲芳)

会计机构负责人:Diana Ling－Fung Jen(郑玲芳)

5.1.4 所有者权益变动表

编制单位：华澳国际信托有限公司　　2012 年度　　单位：元

项目	本年金额						上年金额					
	实收资本	盈余公积	信托赔偿准备	一般风险准备	未分配利润	所有者权益	实收资本	盈余公积	信托赔偿准备	一般风险准备	未分配利润	所有者权益
一、上年末余额	600 000 000.00	7 212 684.44	3 606 342.22	2 555 541.99	58 752 275.71	672 126 844.36	300 000 000.00	1 115 916.08	557 958.04	1 125 448.16	8 359 838.50	311 159 160.78
二、本年初余额	600 000 000.00	7 212 684.44	3 606 342.22	2 555 541.99	58 752 275.71	672 126 844.36	300 000 000.00	1 115 916.08	557 958.04	1 125 448.16	8 359 838.50	311 159 160.78
三、本年增减变动金额												
（一）净利润					125 987 429.18	125 987 429.18	—	—	—	—	60 967 683.58	60 967 683.58
（二）其他综合收益							—	—	—	—	—	—
（一）和（二）小计					125 987 429.18	125 987 429.18	—	—	—	—	60 967 683.58	60 967 683.58
（三）所有者投入和减少资本												
1. 所有者投入资本							300 000 000.00	—	—	—	—	300 000 000.00
（四）利润分配							—	—	—	—	—	—
1. 提取盈余公积		12 598 742.92			-12 598 742.92	0.00	—	6 096 768.36	—	—	-6 096 768.36	—
2. 提取信托赔偿准备			6 299 371.46		-6 299 371.46	0.00	—	—	3 048 384.18	—	-3 048 384.18	—
3. 提取一般风险准备				4 221 929.82	-4 221 929.82	0.00	—	—	—	1 430 093.83	-1 430 093.83	—
					-50 000 000.00	-50 000 000.00						
（五）所有者权益内部结转							—	—	—	—	—	—
四、本年末余额	600 000 000.00	19 811 427.36	9 905 713.68	6 777 471.81	111 619 660.69	748 114 273.54	600 000 000.00	7 212 684.44	3 606 342.22	2 555 541.99	58 752 275.71	672 126 844.36

企业负责人：赵文杰　　主管会计工作负责人：Diana Ling - Fung Jen（郑玲芳）　　会计机构负责人：Diana Ling - Fung Jen（郑玲芳）

5.2 信托资产

5.2.1 信托项目资产负债汇总表

编报单位：华澳国际信托有限公司　　2012年12月31日　　单位：万元

信托资产	期末数	年初数	信托负债和信托权益	期末数	年初数
信托资产	—	—	信托负债	—	—
货币资金	17 598	58 923	应付受托人报酬	1 800	900
拆出资金			应付托管费	152	273
应收款项	257 276	59 709	应付销售服务费	201	201
买入返售资产	53 300	163 680	其他应付款项	53 809	4 505
可供出售金融资产	295 441	406 010	应交税金		
持有至到期投资	15 080		卖出回购资产款		
长期股权投资	508 920	239 200	内部往来		
客户贷款	362 616	888 695	其他负债		
应收融资租赁款			信托负债合计	55 962	5 880
固定资产			信托权益		
无形资产			实收信托	1 555 343	1 860 210
长期待摊费用			资金公积		65
其他资产	92 178	52 525	未分配利润	-8 896	2 588
内部往来			信托权益合计	1 546 447	1 862 863
信托资产总计	1 602 409	1 868 742	信托负债和信托权益总计	1 602 409	1 868 742

企业负责人：赵文杰　　复核：Diana Ling - Fung Jen(郑玲芳)　　制表：秦　伟

5.2.2 信托项目利润及利润分配汇总表

编报单位：华澳国际信托有限公司　　2012年度　　单位：万元

项　目	本年数	上年数
一、营业收入	138 055	30 627
1. 利息收入	79 156	19 961
2. 投资收益	50 360	7 170
3. 租赁收入		
4. 其他收入	8 539	3 496
二、营业费用	24 609	14 976
三、营业税金及附加		
四、扣除资产减值准备前的信托利润	113 446	15 651
减：资产减值准备		
五、扣除资产减值准备后的信托利润	113 446	15 651
加：期初未分配信托利润	-8 896	3 003
六、可供分配的信托利润	104 550	18 654
减：本期已分配信托利润	101 962	27 550
加：损益平准金		
七、期末未分配信托利润	2 588	-8 896

企业负责人：赵文杰　　复核：Diana Ling - Fung Jen(郑玲芳)　　制表：秦　伟

6. 会计报表附注

6.1 简要说明报告年度会计报表编制基准、会计政策、会计估计和核算方法发生的变化

报告期内未发生变化。

6.2 或有事项说明

报告期内，本公司未发生对外担保及其他或有事项。

6.3 重要资产转让及其出售的说明

报告期内，本公司未发生重要资产转让及出售情况。

6.4 会计报表中重要项目的明细资料

6.4.1 自营资产经营情况

6.4.1.1 信用风险资产五级分类情况

信用风险资产五级分类	正常类（万元）	关注类（万元）	次级类（万元）	可疑类（万元）	损失类（万元）	信用风险资产合计（万元）	不良资产合计（万元）	不良资产率（%）
期初数	26 202	—	—	—	—	26 202	—	—
期末数	56 437	—	—	—	—	56 437	—	—

注：不良资产合计＝次级类＋可疑类＋损失类。

6.4.1.2 各项资产减值损失准备情况表

单位：万元

	期初数	本期计提	本期转回	本期核销	期末数
贷款损失准备	—	—	—	—	—
一般准备	—	—	—	—	—
专项准备	—	—	—	—	—
其他资产减值准备	—	—	—	—	—
可供出售金融资产减值准备	—	—	—	—	—
持有至到期投资减值准备	—	—	—	—	—
长期股权投资减值准备	—	—	—	—	—
坏账准备	—	484	—	—	484
投资性房地产减值准备	—	—	—	—	—

6.4.1.3 按照投资品种分类，固有业务股票投资、基金投资、债券投资、股权投资等投资业务的期初数、期末数

单位：万元

	自营股票	基金	债券	长期股权投资	其他投资	合计
期初数	—	—	—	—	6 864	6 864
期末数	—	—	—	—	10 839	10 839

6.4.1.4　按投资入股金额排序，前五名的自营长期股权投资的企业名称、占被投资企业权益的比例、主要经营活动及投资收益情况等

报告期末，本公司无长期股权投资。

6.4.1.5　前五名的自营贷款的企业名称、占贷款总额的比例和还款情况等

企业名称	占贷款总额的比例（%）	还款情况（万元）
河南省济源市建设投资公司	33	10 000
中国融资租赁有限公司	27	8 000
上海珠光投资发展有限公司	23	7 000
洛阳杜康控股有限公司	17	5 000

6.4.1.6　表外业务的期初数、期末数；按照代理业务、担保业务和其他类型表外业务分别披露

单位：万元

表外业务	期初数	期末数
担保业务	—	—
代理业务（委托业务）	—	—
其他	—	—
合计	—	—

6.4.1.7　公司当年的收入结构

收入结构	金额（万元）	占比（%）
手续费及佣金收入	36 499	88
其中：信托手续费收入	15 597	37
投资银行业务收入		
利息收入	3 748	9
其他业务收入		
其中：计入信托业务收入部分		
投资收益	798	2
其中：股权投资收益		
证券投资收益		
其他投资收益	798	2
公允价值变动收益		
营业外收入	549	1
收入合计	41 594	100

6.4.2　信托财产管理情况

6.4.2.1　信托资产的期初数、期末数

单位：万元

信托资产	期初数	期末数
集合	1 272 297	1 159 995
单一	330 112	708 747
财产权		
合计	1 602 409	1 868 742

6.4.2.1.1　主动管理型信托业务的信托资产期初数、期末数

单位：万元

主动管理型信托资产	期初数	期末数
其他投资类	15 080	148 550
证券投资类		
股权投资类	501 570	244 100
融资类	833 471	1 035 760
事务管理类		
合计	1 350 121	1 428 410

6.4.2.1.2　被动管理型信托业务的信托资产期初数、期末数

单位：万元

被动管理型信托资产	期初数	期末数
证券投资类	—	—
股权投资类	200 003	
融资类	52 284	431 800
事务管理类		
合计	252 287	431 800

6.4.2.2　本年度已清算结束的信托项目个数、实收信托合计金额、加权平均实际年化收益率

6.4.2.2.1　本年度已清算结束的信托项目个数、实收信托合计金额、加权平均实际年化收益率

已清算结束信托项目	项目个数	实收信托合计金额（万元）	加权平均实际年化收益率（%）
集合类	12	562 695	8.98
单一类	3	80 000	8.16
财产管理类			

注：加权平均实际年化收益率＝（信托项目1的实际年化收益率×信托项目1的实收信托＋…信托项目n的实际年化收益率×信托项目n的实收信托）/（信托项目1的实收信托＋…信托项目n的实收信托）×100%。

6.4.2.2.2　本年度已清算结束的主动管理型信托项目个数、实收信托合计金额、加权平均实际年化收益率

已清算结束信托项目	项目个数	实收信托合计金额（万元）	加权平均实际年化信托报酬率（%）	加权平均实际年化收益率（%）
证券投资类	1	21 334	0.3	6.56
股权投资类	3	297 740	0.37	7.99
融资类	10	273 621	1.15	8.93
事务管理类	—	—	—	—

注：加权平均实际年化收益率＝（信托项目1的实际年化收益率×信托项目1的实收信托＋…信托项目n的实际年化收益率×信托项目n的实收信托）/（信托项目1的实收信托＋…信托项目n的实收信托）×100%。

6.4.2.2.3　本年度已清算结束的被动管理型信托项目

已清算结束信托项目	项目个数	实收信托合计金额（万元）	加权平均实际年化信托报酬率（%）	加权平均实际年化收益率（%）
证券投资类	—	—	—	—
股权投资类	—	—	—	—
融资类	1	50 000	0.4	8.30
事务管理类	—	—	—	—

注：加权平均实际年化收益率＝（信托项目1的实际年化收益率×信托项目1的实收信托＋…信托项目n的实际年化收益率×信托项目n的实收信托）/（信托项目1的实收信托＋…信托项目n的实收信托）×100%。

6.4.2.3　本年度新增信托项目个数、实收信托合计金额

新增信托项目	项目个数	实收信托合计金额(万元)
集合类	28	709 020
单一类	21	439 500
财产管理类		
新增合计	49	1 148 520
其中:主动管理型	28	709 020
被动管理型	21	439 500

6.4.2.4　信托业务创新成果和特色业务有关情况

公司各类业务创新成果和特色业务有关情况将于公司网站不时披露。

6.4.2.5　本公司履行受托人义务情况及因本公司自身责任而导致的信托资产损失情况

本公司没有发生任何因受托人自身责任或处理信托事务不当而导致所管理信托财产发生损失并致信托受益人利益受损的情况。

6.5　关联方关系及其交易的披露

6.5.1　关联交易方的数量、关联交易的总金额及关联交易的定价政策等

	关联交易方数量	关联交易金额(万元)	定价政策
合计	1	112.71	按市场价格交易;若无市场价格,则按公允原则,以不优于对非关联方同类交易的条件定价交易。

6.5.2　关联交易方与本公司的关系性质、关联交易方的名称、法定代表人、注册地址、注册资本及主营业务等

关系性质	关联方名称	法定代表人	注册地址	注册资本	主营业务
受同一公司的重大影响	麦格理租赁(中国)有限公司	Niall Morrissey	北京市东城区东长安街1号东方广场东二办公楼1701	2 000万美元	融资租赁业务;租赁业务;向国内外购买租赁资产;租赁财产的残值处理及维修;租赁交易咨询和担保。

6.5.3　逐笔披露本公司与关联方的重大交易事项

6.5.3.1　固有与关联方交易情况:贷款、投资、租赁、应收账款、担保、其他方式等期初汇总数、本期借方和贷方发生额汇总数、期末汇总数

单位:万元

固有与关联方关联交易				
	期初数	借方发生额	贷方发生额	期末数
贷款	—	—	—	—
投资	—	—	—	—
租赁	—	—	—	—
担保	—	—	—	—
应收账款	28.71	28.71	—	—
其他	—	—	—	—
合计	28.71	28.71	—	—

6.5.3.2　信托与关联方交易情况:贷款、投资、租赁、应收账款、担保、其他方式等期初汇总数、本期借方和贷方发生额汇总数、期末汇总数

单位:万元

信托与关联方关联交易				
	期初数	借方发生额	贷方发生额	期末数
贷款	—	—	—	—
投资	—	—	—	—
租赁	—	—	—	—
担保	—	—	—	—
应收账款	—	—	—	—
其他	—	—	—	—
合计	—	—	—	—

6.5.3.3　信托公司自有资金运用于自己管理的信托项目(固信交易)、信托公司管理的信托项目之间的相互(信信交易)交易金额,包括余额和本报告年度的发生额

6.5.3.3.1　信托公司自有资金运用于自己管理的信托项目期初汇总数、本期发生额汇总数、期末汇总数

单位:万元

自有资金运用于自己管理的信托项目			
	期初数	本期发生额	期末数
合计	6 864	3.975	10 839

6.5.3.3.2　信托公司管理的信托项目之间关联交易

报告期内,本公司管理的信托项目之间未发生关联交易。

6.5.4　逐笔披露关联方逾期未偿还本公司资金的详细情况以及本公司为关联方担保发生或即将发生垫款的详细情况

本公司无关联方逾期未偿还本公司资金的情况及为关联方担保发生或即将发生垫款的情况。

6.6　会计制度的披露

公司执行财政部2006年2月15日颁布的《企业会计准则》。

7. 财务情况说明书

7.1　利润实现和分配情况

报告期内本公司实现利润总额17 016万元,企业所得税费用4 417万元,实现净利润12 599万元。

按有关法律、法规规定,对净利润作了如下处理:

(1)按当年度实现的净利润提取10%的法定盈余公积金1 260万元。

(2)按当年度实现的净利润提取5%的信托赔偿准备630万元。

(3)按风险资产余额提取1.5%的一般风险准备422万元。

上述各项提取之后,剩余部分10 287万元。

(4)年初未分配利润5 875万元,2012年度按股东会决议,向全体股东分配了2011年度利润总额50 000 000.00元,其中北京三吉利能源股份有限公司分配比例60%,分配额30 000 000.00元;北京融达投资有限公司分配比例20.01%,

分配额 10 005 000. 00 元;麦格理资本证券股份有限公司分配比例 19. 99%,分配额 9 995 000. 00 元。

2012 年末可供分配利润 11 162 万元。

7.2 主要财务指标

指标名称	指标值
资本利润率(%)	18
加权年化信托报酬率(%)	1.06
人均净利润(万元)	123

注:1. 资本利润率 = 净利润/所有者权益平均余额 ×100%。

2. 加权年化信托报酬率 =(信托项目 1 的实际年化信托报酬率 × 信托项目 1 的实收信托 + 信托项目 2 的实际年化信托报酬率 × 信托项目 2 的实收信托 +…信托项目 n 的实际年化信托报酬率 × 信托项目 n 的实收信托)/(信托项目 1 的实收信托 + 信托项目 2 的实收信托 +…信托项目 n 的实收信托)×100%。

3. 人均净利润 = 净利润/年平均人数。

4. 平均值采取年初、年末余额简单平均法,公式为:a(平均)=(年初数 + 年末数)/2。

7.3 对本公司财务状况、经营成果有重大影响的其他事项

报告期内,本公司没有发生对财务状况、经营成果有重大影响的其他事项。

8. 特别事项揭示

8.1 前五名股东报告期内变动情况及原因

报告期内,公司股东未发生变化。

8.2 董事、监事及高级管理人员变动情况及原因

董事变动情况:原董事 Kalpana Desai 女士于2012 年4 月5 日经股东会批准辞去董事职务,由麦格理公司推荐 Alexander Harms Harvey 先生担任董事职务。

监事变动情况:原监事陈勤仁于 2012 年 8 月 31 日经股东会批准辞去监事职务,由麦格理公司推荐 Richard Fairbairn Young(杨瑞驰)先生担任监事职务。

高级管理人员变动情况:原首席财务官 Richard Fairbairn Young(杨瑞驰)先生于 2012 年 8 月 31 日经董事会批准辞去首席财务官职务。Diana Ling – Fung Jen(郑玲芳)女士于 2012 年 8 月 31 日经董事会批准担任首席财务官职务。

8.3 公司的重大诉讼事项

报告期内,公司无重大未决诉讼事项。

8.4 会计师事务所出具无保留意见审计报告

8.5 公司及其董事、监事和高级管理人员受到处罚的情况

报告期内公司及其董事、监事、高级管理人员、公司股东、实际控制人均未受稽查、行政处罚、通报批评及或公开谴责。

8.6 银监会及其派出机构对公司检查后提出整改意见的,应简单说明整改情况

上海银监局现场检查组于 2012 年 4 月至 6 月,对公司开业 3 年来的经营管理情况进行全面的现场检查,并下发了现场检查意见。此次现场检查对公司总体经营情况予以了充分肯定,在公司内部控制、绩效考核、项目管理等方面提出了更高要求,也给出了多项建设性意见。公司对监管意见高度重视并立即着手改进,在现场检查结束前,已基本完成整改,少数未能立刻整改落实的,均已制定具体的整改计划和措施、明确了整改完成时间和整改责任人。

本报告期内,公司已按整改计划,贯彻执行"制度优先"的管理原则,补充或修订了 62 项业务及管理制度,基本覆盖各项经营管理活动;同时,加快了信息系统建设步伐,已按照系统功能规划以及三年建设蓝图完成了办公自动化系统、E – HR 人力资源管理系统以及在线学习平台的上线,正在加紧推进项目综合管理系统建设;此外,切实提升了受托管理水平,一是加强了委托人资格尽职调查,强化投资者权益保护;二是优化了尽职调查与产品结构设计;促进有效监控第一还款来源真实性和稳定性;三是加强了对信托资金的使用监控,强化项目事中管理;四是固化了对交易对手和所涉项目定期跟踪走访机制,切实履行受托人职责。

公司审计稽核部已督促整改方案的具体执行和落实,并将按季对整改工作的有效性进行客观评价。

8.7 本年度重大事项临时报告的简要内容、披露时间、所披露的媒体及其版面

本年度公司无重大事项临时报告等披露事项。

8.8 银监会及其省级派出机构认定的其他有必要让客户及相关利益人了解的重要信息

本报告期内,不存在上海银监局认定的有必要让客户及相关利益人了解的公司未进行披露的重要信息。

9. 公司监事会意见

公司监事会认为,报告年度内,公司开展的各项业务均履行了合规审查流程,未出现重大违法违规问题。公司董事会和经营管理层严格按照《信托法》、《公司法》、《信托公司治理指引》等法律法规和内部控制规范依法经营,履行内部审批流程,未发生违法违规、损害股东利益、公司利益、信托受益人利益的经营行为。2012 年公司聘请的德勤华永会计师事务所依法对公司财务状况进行审计并出具了标准无保留报告,真实地反映了公司的财务状况和经营成果。

华宝信托有限责任公司

1. 重要提示

1.1 本公司董事会及董事保证本报告所载资料不存在任何虚假记载、误导性陈述或者重大遗漏，并对其内容的真实性、准确性和完整性承担个别及连带责任。

1.2 独立董事王连洲、赵欣舸、廖海认为本报告内容是真实、准确、完整的。

1.3 公司负责人董事长郑安国，主管会计工作负责人副总经理张晓喆及会计部门负责人计划财务部总经理蒋勋声明：保证年度报告中财务报告的真实、准确、完整。

2. 公司概况

2.1 公司简介

2.1.1 公司历史沿革

华宝信托有限责任公司是于1998年6月5日经中国人民银行总行以《关于舟山市信托投资公司股权转让等事项的批复》(银复〔1998〕158号文)批准，由宝钢集团有限公司(原上海宝钢集团公司)在购并原舟山市信托投资公司的基础上经过更名、迁址、增资扩股设立的非银行金融机构。2007年3月2日，根据《中华人民共和国银行业监督管理办法》、《信托公司管理办法》、《信托公司集合资金信托计划管理办法》的法律法规规定，华宝信托有限责任公司首家向中国银行业监督管理委员会申请变更公司名称、业务范围并换发新的金融许可证。公司于2007年4月3日经中国银行业监督管理委员会以《中国银监会关于华宝信托投资有限责任公司变更公司名称和业务范围的批复》(银监复〔2007〕144号文)首家获准变更公司名称、业务范围并领取新的金融许可证。2011年1月14日，公司完成增资工作，注册资本由10亿元(含1 500万美元)增加到20亿元(含1 500万美元)，并完成相关变更登记。

2.1.2 公司的法定中文名称：华宝信托有限责任公司
中文名称缩写：华宝信托
公司的法定英文名称：Hwabao Trust Co., Ltd.
英文名称缩写：HWABAO TRUST

2.1.3 法定代表人：郑安国

2.1.4 注册地址：上海市浦东新区世纪大道100号59层

2.1.5 邮政编码：200120

2.1.6 国际互联网网址：www.hwabaotrust.com

2.1.7 电子信箱：hbservice@hwabaotrust.com

2.1.8 负责信息披露的高管人员：张晓喆
联系人：高汭舒
联系电话：021－38506666
传真：021－68403999
电子信箱：gao_ruishu@hwabaotrust.com

2.1.9 信息披露报纸：《中国证券报》、《上海金融报》、《证券时报》、《上海证券报》、《金融时报》

2.1.10 年度报告备置地点：上海市浦东新区世纪大道100号59层

2.1.11 聘请的会计师事务所：中瑞岳华会计师事务所
住所：北京市西城区金融大街35号国际企业大厦A座8层

2.1.12 聘请的律师事务所：上海市锦天城律师事务所
住所：上海市浦东新区花园石桥路33号花旗集团大厦14楼

2.2 组织结构

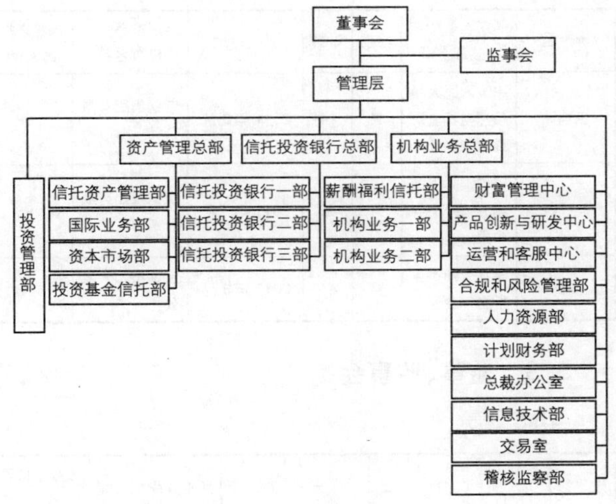

3. 公司治理结构

3.1 股东

股东总数：2人。

股东名称	持股比例(%)	法人代表	注册资本(万元)	注册地址	主要经营业务及主要财务情况
宝钢集团有限公司★	98	徐乐江	5 108 262.10	上海市浦东新区浦电路370号宝钢大厦	经营国务院授权范围内的国有资产，并开展有关投资业务；钢铁冶炼、冶金矿产、化工(除危险品)、电力、码头、仓储、运输与钢铁相关的业务以及技术开发、技术转让、技术服务和技术管理咨询业务，外经贸部批准进出口业务，国内贸易(除专项规定)，商品及技术的进出口服务。
浙江省舟山市财政局	2	姜建明	—	—	政府机关。

注：★表示最终实际控制人。

3.2 董事、董事会及其下属委员会

董事长、董事

姓 名	职 务	性别	年龄	选任日期	所推举的股东名称	该股东持股比例(%)	简 要 履 历
郑安国	董事长	男	49	2011年3月	宝钢集团有限公司	98	曾任南方证券上海分公司副总经理，南方证券公司研究所总经理及副所长，华宝信托投资有限责任公司副总经理、总经理；现任华宝兴业基金管理有限公司董事长，华宝信托有限责任公司董事长，华宝投资有限公司总经理。
孔祥清	董事	男	45	2011年3月	宝钢集团有限公司	98	曾任宝钢计财部资金处外汇管理员，宝钢计财部资金处资金业务主办、主管，宝钢计财部资金处副处长，宝钢集团财务有限责任公司总经理等职；现任华宝信托有限责任公司董事，华宝投资有限公司副总经理，法兴华宝汽车租赁(上海)有限公司董事长，华宝证券董事长。
钱骏	董事	男	50	2011年3月	宝钢集团有限公司	98	曾任职美国债券软件公司(Bond－Tech)，美国银行房地产债券部主任，德意志银行(美国)国际资产债券部主任，美国银行(美国)国际资产债券部，摩根士丹利固定收益部执行董事，杭州工商信托经营管理委员会主席、董事总经理兼市场及发展总监；现任华宝信托有限责任公司董事、总经理。
王成然	董事	男	54	2012年9月	宝钢集团有限公司	98	曾任职宝钢集团计划财务部投资处综合主管、财务处副处长、资产经营处副处长(主持工作)、资产经营处处长、资产经营部副部长、资产经营部部长，宝钢集团业务总监，宝钢集团总经理助理兼华宝投资董事长，宝钢集团总经理助理兼审计部部长；现任金融系统党委书记，华宝投资资本运营部总经理 。
贾璐	董事	女	42	2012年3月	宝钢集团有限公司	98	曾任职宝钢自动化部冶炼室，宝钢自动化部组，国贸人事部人才开发室主办、主管、副主任、主任，宝钢国际人力资源部高级主管，宝钢国际人力资源部、党委组织部部长，宝钢资源有限公司总经理助理，宝钢资源(国际)有限公司总经理助理；现任华宝投资有限公司副总经理，宝钢集团金融系统党委副书记、纪委书记、工会主席。
夏小军	董事	男	50	2011年3月	浙江省舟山市财政局	2	曾任舟山定海财税局科长、财政部驻浙江省财政监察专员办事处舟山组副组长，浙江金鹰股份上市公司财务负责人，舟山市财政局企业处处长；现任舟山海洋综合开发投资有限公司副总经理、华宝信托有限责任公司董事。

独立董事

姓 名	所在单位及职务	性别	年龄	选任日期	所推举的股东名称	该股东持股比例(%)	简 要 履 历
王连洲	中国人民大学信托与基金研究所理事长	男	74	2011年3月	宝钢集团有限公司	98	曾在中国人民银行总部印制管理局、全国人大财经委员会工作，曾担任证券法、信托法、证券投资基金法起草工作组组长、华夏基金管理公司独立董事；现任中国人民大学信托与基金研究所理事长、华宝信托有限责任公司独立董事。
赵欣舸	中欧国际工商学院会计学教授	男	42	2011年3月	宝钢集团有限公司	98	曾任哈尔滨市对外科技交流中心职员，美国威廉与玛丽学院商学院金融学助理教授，中欧国际工商学院金融学与会计学副教授；现任中欧国际工商学院会计学教授、华宝信托有限责任公司独立董事。
廖海	源泰律师事务所主任合伙人	男	47	2011年3月	宝钢集团有限公司	98	曾任北京市中伦金通律师事务所上海分所合伙人；现任源泰律师事务所主任合伙人、华宝信托有限责任公司独立董事。

3.3 监事、监事会

监事会成员

姓 名	职 务	性别	年龄	选任日期	所推荐股东名称	该股东持股比例(%)	简 要 履 历
朱可炳	监事长	男	38	2008年11月	宝钢集团有限公司	98	曾任宝钢集团公司财务部分项技术协理(统计管理)、宝钢集团公司财务部分项技术协理(会计管理)、宝钢集团公司资产经营部高级管理师(会计分析)、宝钢集团公司资产经营部高级管理师(房地产)、宝钢集团公司资产经营部企业投资业务负责人、宝钢股份公司财务部副部长、宝钢集团有限公司财务部副部长、宝钢集团经营财务部总经理兼资产管理总监；现任宝山钢铁股份有限公司财务总监兼董事会秘书。
甘龙华	监事	男	48	2008年3月	宝钢集团有限公司	98	曾在宝钢热轧厂精整分厂、质检站工作，宝钢集团战略研究室、规划发展部战略研究处、战略发展部工作；现任职于华宝投资有限公司综合财务部。
高卫星	职工监事	女	42	2008年11月	—	—	曾任职于海南富达磁电有限公司国际销售部、海南省国际信托投资公司法律事务部、海南金元投资控股有限公司法律事务部；现任华宝信托有限责任公司合规和风险管理部总经理。

3.4 高级管理人员

姓 名	职 务	性别	年龄	选任日期	金融从业年限	学历	专业
钱骏	总经理	男	50	2010年11月	18	博士	工程科学
张晓喆	副总经理	女	42	2009年7月	4	硕士	工商管理
王波	副总经理兼投资总监	男	41	2010年11月	17	硕士	金融学
王锦凌	总经理助理	女	42	2010年11月	14	硕士	金融学

3.5 公司员工

项 目		报告期年度		上年度	
		人数	比例(%)	人数	比例(%)
年龄分布	25岁以下	31	13	22	11
	25~29岁	76	32	78	40
	30~39岁	98	42	66	34
	40岁以上	31	13	29	15
学历分布	博士	6	2	4	2
	硕士	103	44	90	46
	本科	117	50	90	46
	专科	4	2	5	3
	其他	6	2	6	3
岗位分布	董事、监事及其高管人员	4	2	5	3
	固有业务人员	3	1	18	9
	信托业务人员	113	48	78	40
	其他人员	116	49	94	48

4. 经营管理

4.1 经营目标、经营方针、战略规划

公司以打造中国领先的综合金融服务商为战略目标，以高端客户需求为核心，专注于证券、投融资、产融结合等专业领域，提供另类财富管理和综合金融解决方案，实现客户的资产管理目的。

2012年，华宝信托在保持核心竞争力的同时，对旗下信托产品进行横向拓广、纵向加深，在证券投资、股指期货、产融结合、投融资领域推出多个创新产品，设计的信托产品利用多种结构和工具，覆盖了资本市场、货币市场、实体经济。在合法合规的基础上，华宝信托充分考虑投资者需求，采取多种风险控制手段，充分发挥主动管理能力和创新能力，全面推进信托产品向更广更深的层次发展。

从我们面临的市场及监管情况来看，年内国内经济增速放缓，证券市场前低后高，信托行业监管政策保持松紧有度，资管行业初现竞争态势。这些对公司证券市场的权益型投资产品和融资类信托产品都有一定影响。在此情况下，公司始终坚持稳健、规范经营，及时调整资产配置结构，加大创新产品开发力度，并增强风险控制能力。

4.2 所经营业务的主要内容

4.2.1 资本充足率、资产质量和盈利状况

按照合并报表口径，期末公司固有资产58.81亿元，固有负债16.09亿元，少数股东权益4.33亿元，所有者权益(扣除少数股东权益)38.39亿元。公司资本充足，所有者权益(扣除少数股东权益)比率为65.28%。

公司对不良资产计提资产损失准备充足，整体资产质量较好。

按照合并口径，报告期内公司实现收入合计149 009.24万元，利润总额85 635.49万元，净利润64 233.78万元。公司2012年总资产利润率(税前利润/年均总资产)为15.80%，资本利润率(净利润/年均所有者权益)为15.70%，主营业务收益率(净利润/营业总收入)为44.18%。

4.2.2 经营的主要业务、品种

业务主要分为资产管理和信托服务两个大类：

资产管理：目前主要从事面向资本市场的股票、基金、债券及组合投资以及项目融资等业务。

信托服务：目前主要开展私募基金、年金及福利计划及平台等业务。

4.2.3 资产组合与分布

母公司固有资产中，货币资产占总资产比例为12.94%，贷款及应收款占0.60%，交易性金融资产占2.01%，可供出售金融资产占54.19%，长期股权投资占14.79%，其他资产占15.47%。

固有资产运用与分布表(母公司)

资产运用	金额(万元)	占比(%)	资产分布	金额(万元)	占比(%)
货币资产	62 956.98	12.94	基础产业	—	—
贷款及应收款	2 892.36	0.60	房地产业	91.10	0.02
交易性金融资产	9 779.58	2.01	证券市场	273 373.49	56.20
可供出售金融资产	263 593.91	54.19	实业	26 900.00	5.53
持有至到期投资	—	—	金融机构	134 917.26	27.74
长期股权投资	71 960.29	14.79	其他	51 123.55	10.51
其他	75 222.28	15.47			
资产总计	486 405.40	100.00	资产总计	486 405.40	100.00

注：资产运用中"其他"包含买入返售金融资产6.91亿元。

信托资产运用与分布表

资产运用	金额(万元)	占比(%)	资产分布	金额(万元)	占比(%)
货币资产	10 859 114.66	51.09	基础产业	2 729 948.00	12.84
贷款及应收款	3 193 268.72	15.02	房地产业	360 226.42	1.69
交易性金融资产	3 694 358.26	17.38	证券市场	3 726 020.50	17.53
可供出售金融资产	2 664 604.51	12.54	实业	672 701.97	3.17
持有至到期投资	—	—	金融机构	10 611 032.63	49.93
长期股权投资	246 756.12	1.16	其他	3 153 231.10	14.84
其他	595 058.35	2.81			
资产总计	21 253 160.62	100.00	资产总计	21 253 160.62	100.00

注：资产分布"其他"中286 016.05万元为财产信托，2 867 215.05万元为其他。

4.3　市场分析

宏观经济:2012 年宏观经济面临长期、中期和短期多重调整压力叠加影响。从长期来看,国际经济进入长波经济周期低迷期,世界需求整体下滑。中期来看,中国企业普遍面临去产能化和去杠杆化压力。短期来看,2011 第四季度开始的去库存化持续到 2012 年第三季度。因而 2012 年前三季度经济基本以调整下滑为主,第三个季度 GDP 分别为 8.1%、7.6% 和 7.4%。不过伴随着政府对基建大力投资,并通过信托、债券等途径释放流动性,9 月末宏观经济开始出现明显触底回升的信号。第四季度 GDP 回升至 7.9%,结束了连续 7 个季度回落趋势。展望 2013 年,去库存化结束、房地产相关投资和消费的回升、基建投资继续上升、外需改善等都为经济带来拉动力,经济继续复苏向上。

证券市场:2012 年宏观经济以调整为主,证券市场也以宽幅波动为主,上证指数全年仅上涨 3.17%。第一季度市场对经济刺激抱有较大的期望,上证指数从年初的 2 031 点反弹至 3 月中的 2 476 点。期间以白酒等代表消费类股票和中小板科技类股票表现较佳。5 月末伴随着房地产持续回暖,房地产价格走高,货币政策适度收紧;加之宏观经济加速赶底,上市公司业绩急剧恶化。市场经历了近 5 个月单边下跌,上证指数从 2 450点一线直接回落至 2 000 点以下。至 9 月末实体经济出现明显触底回升信号,证券市场开始筑底。并从 12 月初 1 950 点附近大幅反弹至年末 2 269 点。期间以房地产、金融股等代表的周期类股表现抢眼。

理财产品:2012 年理财产品市场仍然高速发展。益普财富发布的最新报告显示,2012 年,我国针对个人发行的银行理财产品数量达 28 239 款,较 2011 年增长 25.84%,而发行规模更是达到 24.71 万亿元,较 2011 年增长 45.44%。发行数量和发行规模已经达到了历史新高。从收益率角度来看,2012 年银行理财产品的预期收益率走了一个"V"形曲线。2012 年初,银行理财产品的预期收益率还能达到 5.2%,在经历六七月份两次连续的降息之后,下半年收益率逐步下跌,11 月达到 4.3%。而这个跌势一直持续到 12 月才开始小幅回暖,主要原因是年底银行揽储压力增大。数据显示,在 2012 年的最后一周,银行理财市场呈井喷之势,产品的平均预期收益率为 4.64%,回升至 2012 年第一次降息前水平。

与此同时,信托业继续飞跃式发展。数据显示,截至 2012 年 11 月末,信托业资产规模达到 6.98 万亿元,同时超过了同期保险业 6.92 万亿元的规模。信托业成为第二大金融子行业已经由预期变为现实。根据中国信托业协会上年第三季末公布数据显示,截至 2012 年第三季末,信托业利润总额已达 288 亿元,直逼 2011 年 298 亿元的全年数据,同比增幅约 57%。

法律法规:(1)信托担保叫停。2012 年 1 月中旬银监会向四家资产管理公司下发《关于金融资产管理公司开展信托增信及其远期收购等业务风险提示的通知》。要求各资产公司未经监管部门批准,不得开展信托产品担保及不良资产远期收购等业务。并要求已签约的此类项目要尽快予以清理,做好风险排查和风险防控。(2)放宽期货、保险、券商、基金等投资范围。2012 年出台的一系列新政放宽了对期货、保险、券商、基金等金融机构投资范围,尤其是允许基金公司、证券公司和保险资产管理公司设立子公司开展专项资产管理业务,这一松绑使得这些机构拥有了信托公司曾经独占的特权,信托业竞争加剧。(3)监管层放开信托开立证券账户。2012 年 8 月 31 日,中证登公司发布《关于信托产品开户与结算有关问题的通知》(以下简称《通知》),明确信托公司可自行开立证券账户参与证券交易。(4)规范政信项目。2012 年 12 月 31 日,财政部联合发展改革委、人民银行和银监会出台《关于制止地方政府违法违规融资行为的通知》,该文不仅禁止地方政府通过财务公司、信托公司、金融租赁公司等违规举借政府性债务,还规定地方政府严禁直接或间接吸收公众资金违规集资,并明确指出不得对个人进行摊派集资或组织购买理财、信托产品。

4.3.1　有利条件

2012 年 11 月份的十八大和 2013 年 2 月初国务院发布的《关于深化收入分配制度改革的若干意见》均提出到 2020 年较 2010 年居民收入翻番计划。未来十年,我国个人收入仍处在高增长阶段。2012 年中国人均 GDP 约 6 100 美元,中国理财市场的环境,与 40 年前的美国非常接近,都在一个起步的阶段。投资者开始对他们手中的财富如何保值增值有浓厚的兴趣。据波士顿咨询与建行私人银行发布的《2012 年中国财富报告》显示,2012 年中国私人可投资资产总额将超过 73 万亿元。信托计划投资者一般为高端客户,信托产品作为唯一连接货币市场、资本市场和实业市场的理财产品,随着理财市场的发展,信托的综合优势将得以充分发挥,为受托理财提供更大的空间:一方面,经济稳定增长意味着融资客户或投资项目的收入增长有保障,信托项目第一还款来源风险较小;另一方面,巨额货币存量和通胀高企意味着市场上存在大量寻找银行储蓄之外投资机会的资金,信托公司在建立完善客户资金池的基础性工作方面,仍大有可为。

在利率管制的环境下,信托业具有的制度优势和平台优势,通过产品创新不断拓展利率市场化的空间。在如今利率非市场化的情况下,无论贷款者资质是好是坏,银行只能给出 6% 左右的基准利率。这就使得银行一方面暗地里增加隐性资金成本,另一方面"嫌贫爱富",只把资金贷给国企、政府项目和绩优的大型民企。信托公司可以说在一定程度上缓解了在利率管制下中小企业的资金困境,同时自身也获利颇丰。

优良的资产、规范诚信的经营、良好的品牌形象与商誉、专业化的人才队伍,以及控股股东宝钢集团有限公司的大力支持,为公司业务拓展和健康成长奠定了基础。

4.3.2　制约因素

监管加码。2012 年监管层频频加码对信托业的管理。继 2012 年 1 月中旬叫停票据类信托之后,又通过窗口指导方式叫停同业存款类业务。此后,监管层又展开对房地产信托和政信合作的"窗口指导",并在 2012 年 10 月叫停资金池信托业务。

竞争加剧。2012 年下半年,包括证券公司、基金公司、保险公司和期货公司在内的主流金融机构资产管理业务放开,对信托公司的集合信托业务有一定的分流效应。以券商资管为例,随着证监会 2011 年 10 月公布《证券公司客户资产管理业务管理办法》以来,券商旋即将资产管理作为重要转型方向。2011 年末券商资管规模仅为 2 819 亿元,而至 2012 年 12 月初,券商资管规模已达到 1.2 万亿元。泛资产管理时代已经来临，信托业面临的竞争也不断加剧。

刚性兑付风险。从2007年至2011年，还未出现信托业刚性兑付的例子。然而，2012年，由于房地产宏观调控以及经济整体下行等因素的影响，加之信托公司前几年发行的项目陆续进入兑付阶段，部分信托公司的房地产信托及矿产信托等陆续出现资金流紧张进而导致不能及时偿还信托借款的问题。截至目前，信托业尚未出现一例集合信托不能按时足额兑付的案例。信托公司出于监管隐性要求及自身声誉的考虑，往往会通过一系列措施提前堵住窟窿，即所谓"刚性兑付"。"刚性兑付"模糊了信托公司与投资者之间的权责界限，以至于信托公司的自有资金成为了这场接盘游戏中的重要一员，不利于信托业长久发展。

4.4 内部控制

4.4.1 内部控制环境和内部控制文化

公司根据国家有关法律法规和公司章程，构建了完备的法人治理结构。设立了股东会、董事会和监事会，"三会"分工明确并相互制衡、各司其职、规范运作，分别行使决策权、执行权和监督权。

股东会是公司的权力机构；董事会是公司的常设决策机构，向股东会负责；监事会是公司的监督机构，负责对公司董事、高级管理人员及公司财务进行监督。董事会下设信托委员会、人事薪酬委员会、风险管理和审计委员会三个专门委员会，加强对公司长期发展战略、高管任职与考核、重大投资风险控制、重大关联交易的审议、信息披露等方面的管理和监督，以进一步完善治理结构、促进董事会科学高效决策。其中风险管理和审计委员会负责审查企业内部控制，监督内部控制的有效实施和内部控制自我评价情况，协调内部控制审计及其他相关事宜。

公司根据自身业务特点和内部控制要求设立了科学、规范的机构及岗位。合规和风险管理部负责组织协调内部控制的建立实施及日常工作。稽核监察部作为内部审计机构对内部控制的有效性进行监督检查。内部审计机构对监督检查中发现的内部控制缺陷，按照企业内部审计工作程序进行报告；对监督检查中发现的内部控制重大缺陷，有权直接向董事会及其审计委员会、监事会报告。

公司明确界定各部门、各岗位的目标、职责和权限，建立相应的授权、检查和逐级问责制度，确保不相容岗位的相互分离及其在授权范围内履行职能；公司控制架构完善，并制定各层级之间的控制程序，保证董事会及高级管理人员下达的指令能够被有效执行。

公司提倡"合规人人有责"和业务部门是内部控制及风险管理的第一道防线的内控文化。

4.4.2 内部控制措施

公司管理层下设投资决策委员会，在董事会的授权范围内以明晰的分级授权制度、健全的投资控制体系、及时完整的过程控制和事后评价，使研究、决策、操作、审核、评价体系既相互配合，又相互制衡。

在日常业务中，公司对固有资产和信托资产设立了相互独立的运作部门，分别是负责固有财产运作的投资管理部和负责信托财产运作的信托资产管理部。同时在财务核算等环节，通过核算岗位隔离与财务信息隔离，进一步保证了公司固有财产与信托财产的独立管理。

在信托资产运营环节，分别设立了研究部门、决策部门、交易部门和运营部门，实现了研究和决策分离、投资和交易分离、财产运营和监控保管分离。部门间有效配合且相互制衡，确保投资风险可控。

在证券交易过程中，公司通过完善资产管理系统，实现了所有证券交易的系统化，使所有证券交易行为均处于系统的有效控制之下。在资产管理系统中，通过股票池、投资比例指标和人员授权等方面的管理，保证了证券投向、投资比例和不同岗位的投资权限均处于公司的有效控制之下。

在业务流程上，公司通过事前、事中、事后控制三者结合进行综合风险防范，其中尤其强调即时的过程控制，各部门发生异常情况后即时汇报，在风险出现苗头后能立即作出反应，采取相应措施，确保公司内部控制的有效性。

除上述控制措施外，公司还建立了重大风险预警机制和突发事件应急处理机制，明确风险预警标准，对可能发生的重大风险或突发事件，制定应急预案，明确责任人员，规范处理程序，确保突发事件得到及时妥善处理。

4.4.3 监督评价与纠正

公司的稽核监察部门负责对公司内部控制的监督评价与纠正。

公司具有较为完善的内部控制机制，公司稽核监察部是公司独立的监督部门，直接向董事会汇报，是对公司经营活动全过程进行的一种内在经济监督，以防范风险、纠正违规、加强内控为工作目标，对公司内控制度、业务经营、财务活动等实施稽核监督。公司合规和风险管理部负责对公司规章制度和操作流程的健全性、有效性进行不断梳理整合，使公司的内部控制更加有效、趋于完善。

4.5 风险管理概况

4.5.1 风险状况

4.5.1.1 信用风险状况

信用风险主要是指交易对手违约造成损失的风险，主要表现为公司在开展固有业务和信托业务时，可能会因交易对手违约而给公司或信托财产带来风险。报告期内，公司发生的各类业务均履行了严格的内部评审程序，合法合规，担保措施充足，交易对手信用等级较高，信用风险可控。按母公司口径，不良信用风险资产期初数为 1 439.53 万元，期末数为 1 439.53 万元。

4.5.1.2 市场风险状况

市场风险是指公司在运营过程中可能因股价、市场汇率、利率及其他价格因素等变动而产生的风险。具体表现为经济运作周期变化、金融市场利率波动、通货膨胀、房地产交易、证券市场变化等造成的风险，这些风险可能影响信托财产的价值及信托收益水平，也可能影响公司固有资产价值或导致损失。

2012年公司密切关注各类市场风险，及时调整产品战略，勤勉、尽职履行受托人职责。2012年受股票行情影响，公司本着审慎的原则，合理配置投资资金，在股票价格指数波动较大的行情下，当年公司固有业务未发生亏损情况。传统的投资顾问型证券信托产品发行量减少，结构化产品的劣后受益人更趋谨慎。公司凭借在股指期货方面的先发优势，率先开发和发行了量化对冲产品。

4.5.1.3　操作风险状况

操作风险是指公司内部业务流程、计算机系统、员工在操作中的不完善或失误，可能给公司直接或者间接造成损失的风险。

报告期内，公司未发生重大操作风险。

4.5.1.4　其他风险状况

其他风险主要包括法律风险、声誉风险、员工道德风险等。法律风险指公司在业务经营过程中由于不当的法律文书、违约行为或怠于行使自身法律权利等所造成的风险。声誉风险指由于公司内部管理或服务出现问题而引起自身外部社会名声、信誉和公众信任度下降，从而对公司外部市场地位产生消极和不良影响的风险。员工道德风险是指公司员工在执行业务过程中，由于法律意识淡漠、自律性差、责任心不强等因素的影响，可能存在的违法违规、操作失误等行为给公司造成损失损害的风险。报告期内公司未发生重大其他风险。

4.5.2　风险管理

4.5.2.1　信用风险管理

公司通过事前评估、事中控制、事后监督的风险管理体系来防范和规避信用风险，具体措施包括：(1)严格按照业务流程、制度规定和相应程序开展各项业务，确保决策者充分了解业务涉及的信用风险。(2)对交易对手进行全面、深入的信用调查与分析，形成客观、翔实的尽职调查报告。(3)完善投决会议事规则，坚持横向、纵向相结合和集体决策的评审制度，多方面介入排查风险。(4)严格落实贷款担保等措施，注意对抵押物权属有效性、合法性进行审查，客观、公正评估抵押物。(5)强调事中管理和监控，通过项目实施过程中的业务跟踪及定期的资产五级分类进行风险事中控制。(6)要求定期与不定期进行后期检查。对重点项目，业务部门会同风险管理部门定期进行现场实地走访，对项目运作、企业财务状况及当地市场环境做进一步调研和分析，形成现场检查报告。对部分股权投资类项目，风险管理部门向项目公司派驻现场监管人员，介入项目公司的资金监管。业务人员和风险管理部门若发现问题，及时上报并采取措施，有效防范和化解各类信用风险。(7)严格按财政部《金融企业准备金计提管理办法》等相关要求，足额计提一般准备；每年从税后利润中按10%(2009年及以前年度为5%)的比例提取信托赔偿准备金，本年度本公司根据《中国银监会关于进一步规范银信理财合作业务的通知》(银监发〔2011〕7号)规定，从净利润中补提信托赔偿准备金至银信合作信托贷款余额的2.5%，以提高公司抵御风险的能力。

4.5.2.2　市场风险管理

2012年通过对公司各类业务的分析总结，结合项目的实际运作情况，对每项业务和产品中的市场风险因素进行分解和分析，准确识别业务中市场风险的种类和性质，推出了多套风控流程要求、风险控制方法及风控阈值指标，进一步提高了市场风险管理的效率和有效性。具体措施包括：(1)对宏观经济走势、政策变化、投资策略演变及其他影响市场变化的因素进行持续分析研究，为投资决策提供参考；(2)关注国家宏观政策变化，规避限制类行业和相关项目；(3)进行资产组合管理，并动态调整资产配置方案，以规避或降低市场风险；(4)控制行业集中度和交易对手集中度，分散风险，控制总体证券投资规模、设定证券投资限制指标和止损点；(5)加强对投资品种的研究和科学论证，按严格的流程进行控制；(6)密切监控已开展业务的运行情况，根据市场风险情况及时作出投资调整等风险管理措施，避免或降低市场风险引起的损失。同时公司通过业务模式的创新强调业务结构多元化和不同业务之间风险的对冲度，提高公司抵御市场风险的整体能力。

4.5.2.3　操作风险管理

公司以"内控优先、制度先行"为原则，根据业务重点，并借助信息系统建设契机，持续总结整理各项业务规范、梳理操作流程、开展流程优化。

公司定期对规章制度进行全面的梳理更新，根据部门机构调整、系统建设、管理提升等情况及时修改更新了相关规章制度，并持续关注新业务的流程管控。除投融资业务重点强化管理外，在股指期货业务上加强了操作流程和监控流程的优化。在QDII业务上加强了职责分工和业务规则的细化。

2012年在已有的岗位规程基础上持续梳理，结合业务发展和管理提升，对流程进行适当优化，有效地提高了岗位操作的可靠性和岗位知识的传承，在防范操作风险上起到了积极作用。

公司通过事前建立详细的业务标准和规范流程、事中即时过程监控、事后检查评价有效结合的方式，建立了横向扩展、纵向延伸的管理优化机制，内部控制更加有效和完善，员工行为规范得到强化，管理水平得到有效提升。

4.5.2.4　其他风险管理

公司通过对宏观政策和行业政策的跟踪、研究，提高预见性，控制政策风险。对于法律风险，公司严格按照相关监管规章，对所有拟开展业务进行合规性审查，确保公司业务开展符合国家相关法律法规规定，并不断优化产品结构和法律文本设计，严格按公司法律文件审批程序进行审批后办理业务；对于声誉风险，公司把声誉构建与公司发展战略和企业文化进行有机结合，对可能影响公司声誉的业务坚决予以回避，尽职管理受托资产，并充分披露，塑造公司专业和诚信的社会形象；对于员工道德风险，公司通过建立完善的公司治理结构、内控制度、业务流程，从制度、教育、监督、纪律处罚等多方面着手，不断优化激励约束机制，对员工及其行为进行约束和规范，控制道德风险。

5. 报告期末及上一年度末的比较式会计报表

5.1　自营资产

5.1.1　会计师事务所审计意见全文

审 计 报 告

中瑞岳华审字〔2013〕第3090号

华宝信托有限责任公司：

我们审计了后附的华宝信托有限责任公司(以下简称贵公司)及其子公司(统称"贵集团")财务报表，包括2012年12月31日的合并及公司的资产负债表，2012年度的合并及公司的利润表、合并及公司的现金流量表和合并及公司的所有者权益变动表以及财务报表附注。

一、管理层对财务报表的责任

编制和公允列报财务报表是贵公司管理层的责任。这种责任包括:(1)按照企业会计准则的规定编制财务报表,并使其实现公允反映;(2)设计、执行和维护必要的内部控制,以使财务报表不存在由于舞弊或错误导致的重大错报。

二、注册会计师的责任

我们的责任是在执行审计工作的基础上对财务报表发表审计意见。我们按照中国注册会计师审计准则的规定执行了审计工作。中国注册会计师审计准则要求我们遵守中国注册会计师职业道德守则,计划和执行审计工作以对财务报表是否不存在重大错报获取合理保证。

审计工作涉及实施审计程序,以获取有关财务报表金额和披露的审计证据。选择的审计程序取决于注册会计师的判断,包括对由于舞弊或错误导致的财务报表重大错报风险的评估。在进行风险评估时,注册会计师考虑与财务报表编制和公允列报相关的内部控制,以设计恰当的审计程序,但目的并非对内部控制的有效性发表意见。审计工作还包括评价管理层选用会计政策的恰当性和作出会计估计的合理性,以及评价财务报表的总体列报。

我们相信,我们获取的审计证据是充分、适当的,为发表审计意见提供了基础。

三、审计意见

我们认为,上述财务报表在所有重大方面按照企业会计准则的规定编制,公允反映了华宝信托有限责任公司及其子公司2012年12月31日的合并财务状况以及2012年度的合并经营成果和合并现金流量,以及华宝信托有限责任公司2012年12月31日的财务状况以及2012年度的经营成果和现金流量。

5.1.2 资产负债表

合并资产负债表

编制单位:华宝信托有限责任公司　　2012年12月31日　　单位:万元

项　目	年末余额	年初余额	项　目	年末余额	年初余额
流动资产:			流动负债:		
货币资金	124 358. 12	126 036. 87	短期借款	—	—
结算备付金	—	—	向中央银行借款	—	—
拆出资金	—	—	吸收存款及同业存放	—	—
交易性金融资产	39 972. 17	49 087. 62	拆入资金	49 000. 00	—
应收票据	—	—	交易性金融负债	—	—
应收账款	3 839. 58	4 574. 01	应付票据	—	—
预付款项	—	—	应付账款	—	—
应收保费	—	—	预收款项	—	—
应收分保账款	—	—	卖出回购金融资产款	—	—
应收分保合同准备金	—	—	应付手续费及佣金	—	—
应收利息	1 626. 06	1 356. 75	应付职工薪酬	14 496. 54	10 833. 18
应收股利	—	—	应交税费	17 795. 82	10 822. 20
其他应收款	2 239. 31	1 323. 15	应付利息	—	—
买入返售金融资产	69 136. 15	51 814. 51	应付股利	1 303. 57	628. 73
存货	—	—	其他应付款	75 799. 01	82 339. 71
一年内到期的非流动资产	—	—	应付分保账款	—	—
其他流动资产	177. 48	348. 24	保险合同准备金	—	—
流动资产合计	241 348. 87	234 541. 15	代理买卖证券款	—	—
非流动资产:			代理承销证券款	—	—
发放贷款及垫款	—	27 720. 00	一年内到期的非流动负债	—	—
可供出售金融资产	263 593. 91	155 161. 45	其他流动负债	—	—
持有至到期投资	—	—	流动负债合计	158 394. 94	104 623. 82
长期应收款	—	—	非流动负债:	—	—
长期股权投资	72 138. 52	67 997. 43	长期借款	—	—
投资性房地产	91. 10	—	应付债券	—	—
固定资产	1 498. 42	1 210. 75	长期应付款	—	—
在建工程	—	292. 17	专项应付款	—	—
工程物资	—	—	预计负债	—	—
固定资产清理	—	—	递延所得税负债	2 536. 60	164. 37
生产性生物资产	—	—	其他非流动负债	—	—
油气资产	—	—	非流动负债合计	2 536. 60	164. 37

续表

项　目	年末余额	年初余额	项　目	年末余额	年初余额
无形资产	680. 94	691. 32	负债合计	160 931. 54	104 788. 19
开发支出	1 499. 40	618. 21	所有者权益:	—	
商誉	—	—	实收资本	200 000. 00	200 000. 00
长期待摊费用	4 687. 04	4 548. 99	资本公积	11 257. 16	1 444. 99
递延所得税资产	2 601. 09	3 273. 17	减:库存股	—	—
其他非流动资产	—	—	专项储备	—	—
非流动资产合计	346 790. 42	261 513. 49	盈余公积	39 144. 26	33 626. 12
			一般风险准备	34 736. 45	22 468. 14
			未分配利润	98 746. 00	92 693. 93
			外币报表折算差额	−7. 26	—
			归属于母公司所有者权益合计	383 876. 61	350 233. 18
			少数股东权益	43 331. 14	41 033. 27
			所有者权益合计	427 207. 75	391 266. 45
资产总计	588 139. 29	496 054. 64	负债和所有者权益总计	588 139. 29	496 054. 64

法定代表人:郑安国　　主管会计工作负责人:张晓喆　　会计机构负责人:蒋　勋

母公司资产负债表

编制单位:华宝信托有限责任公司　　2012 年 12 月 31 日　　单位:万元

资　产	年末数	年初数	负债和所有者权益	年末数	年初数
资产:			负债:		
货币资金	62 956. 98	70 859. 82	向中央银行借款	—	—
贵金属	—	—	同业及其他金融机构存放款项	—	—
拆出资金	—	—	拆入资金	49 000. 00	—
交易性金融资产	9 779. 58	20 956. 86	交易性金融负债	—	—
衍生金融资产	—	—	卖出回购金融资产款	—	—
买入返售金融资产	69 136. 15	51 814. 51	吸收存款	—	—
应收账款	—	458. 83	应付账款	—	—
应收股利	—	—	其他应付款	72 145. 29	78 447. 59
应收利息	1 126. 83	920. 77	应付职工薪酬	6 664. 31	4 121. 18
其他应收款	1 765. 53	926. 84	应交税费	15 927. 47	10 256. 90
发放贷款及垫款	—	27 720. 00	应付股利	1 303. 57	628. 73
可供出售金融资产	263 593. 91	155 161. 45	应付利息	—	—
持有至到期投资	—	—	预计负债	—	—
长期股权投资	71 960. 29	67 819. 20	应付债券	—	—
投资性房地产	91. 10	—	递延所得税负债	2 536. 60	164. 37
固定资产净额	878. 50	701. 08	其他负债	—	—
在建工程	—	—	负债合计	147 577. 24	93 618. 77
固定资产清理	—	—	所有者权益:		
无形资产净额	357. 97	353. 82	实收资本	200 000. 00	200 000. 00
长期待摊费用	590. 35	35. 15	资本公积	17 126. 28	7 314. 10
递延所得税资产	2 668. 83	2 848. 63	减:库存股	—	—
其他资产	1 499. 38	618. 19	盈余公积	39 871. 19	34 353. 05
			一般风险准备	35 099. 91	22 831. 61
			未分配利润	46 730. 78	43 077. 62
			所有者权益合计	338 828. 16	307 576. 38
资产总计	486 405. 40	401 195. 15	负债和所有者权益总计	486 405. 40	401 195. 15

法定代表人:郑安国　　主管会计工作负责人:张晓喆　　会计机构负责人:蒋勋

5.1.3 利润表

合并利润表

编制单位:华宝信托有限责任公司　2012 年度　单位:万元

项　目	本年金额	上年金额
一、营业总收入	131 285.24	119 548.51
其中:营业收入	10.00	—
利息收入	10 914.75	9 717.32
已赚保费	—	—
手续费及佣金收入	120 360.49	109 831.19
二、营业总成本	63 367.88	56 515.56
其中:营业成本	2.12	—
利息支出	51.06	—
手续费及佣金支出	561.84	524.96
退保金	—	—
赔付支出净额	—	—
提取保险合同准备金净额	—	—
保单红利支出	—	—
分保费用	—	—
营业税金及附加	7 747.10	7 022.98
业务及管理费	55 285.76	48 687.62
管理费用		—
财务费用		—
资产减值损失	-280.00	280.00
加:公允价值变动收益(损失以"-"号填列)	2 223.95	-1 781.51
投资收益(损失以"-"号填列)	12 150.87	7 230.95
其中:对联营企业和合营企业的投资收益	1 084.15	-3 842.23
汇兑收益(损失以"-"号填列)	-257.05	-345.62
三、营业利润(亏损以"-"号填列)	82 035.13	68 136.77
加:营业外收入	3 606.22	156.43
减:营业外支出	5.86	24.26
四、利润总额(亏损总额以"-"号填列)	85 635.49	68 268.94
减:所得税费用	21 401.71	17 942.26
五、净利润(净亏损以"-"号填列)	64 233.78	50 326.68
归属于母公司所有者的净利润	57 580.38	41 452.43
少数股东损益	6 653.40	8 874.25
六、每股收益:	—	—
(一)基本每股收益	—	—
(二)稀释每股收益	—	—

续表

项　目	本年金额	上年金额
七、其他综合收益	9 797.94	-9 256.16
八、综合收益总额	74 031.72	41 070.52
归属于母公司所有者的综合收益总额	67 385.29	32 196.27
归属于少数股东的综合收益总额	6 646.43	8 874.25

法定代表人:郑安国　主管会计工作负责人:张晓喆　会计机构负责人:蒋　勋

母公司利润表

编制单位:华宝信托有限责任公司　2012 年度　单位:万元

项　目	本年数	上年数
一、营业收入	98 191.33	73 144.08
利息净收入	7 891.90	6 624.49
利息收入	7 942.96	6 624.49
利息支出	51.06	—
手续费及佣金净收入	73 370.00	53 874.79
手续费及佣金收入	73 931.83	54 399.74
手续费及佣金支出	561.83	524.95
投资收益(损失以"-"填列)	15 975.91	13 511.85
其中:对联营企业和合营企业的投资收益	1 084.15	-3 842.23
公允价值变动损益(损失以"-"填列)	1 201.13	-524.19
汇兑收益(损失以"-"填列)	-257.61	-342.86
其他业务收入	10.00	—
二、营业支出	29 521.92	21 797.88
营业税金及附加	5 098.97	3 886.86
业务及管理费	24 700.83	17 631.02
资产减值损失	-280.00	280.00
其他业务成本	2.12	—
三、营业利润(亏损以"-"填列)	68 669.41	51 346.20
加:营业外收入	3 079.81	42.15
减:营业外支出	—	15.00
四、利润总额(亏损总额以"-"填列)	71 749.22	51 373.35
减:所得税费用	16 567.75	12 024.35
五、净利润(净亏损以"-"号填列)	55 181.47	39 349.00
六、每股收益:	—	—
(一)基本每股收益	—	—
(二)稀释每股收益	—	—
七、其他综合收益	9 812.17	-9 256.16
八、综合收益总额	64 993.64	30 092.84

法定代表人:郑安国　主管会计工作负责人:张晓喆　会计机构负责人:蒋　勋

5.1.4 所有者权益变动表

合并所有者权益变动表

编制单位:华宝信托有限责任公司　2012 年度　单位:万元

项　目	本年金额									
	归属于母公司所有者权益								少数股东权益	所有者权益合计
	实收资本	资本公积	减:库存股	专项储备	盈余公积	一般风险准备	未分配利润	其他		
一、上年末余额	200 000.00	1 444.99	—	—	33 626.12	22 468.14	92 693.93	—	41 033.27	391 266.45
加:会计政策变更	—	—	—	—	—	—	—	—	—	—
前期差错更正	—	—	—	—	—	—	—	—	—	—
其他	—	—	—	—	—	—	—	—	—	—
二、本年初余额	200 000.00	1 444.99	—	—	33 626.12	22 468.14	92 693.93	—	41 033.27	391 266.45

续表

项　目	本年金额									
	归属于母公司所有者权益								少数股东权益	所有者权益合计
	实收资本	资本公积	减:库存股	专项储备	盈余公积	一般风险准备	未分配利润	其他		
三、本年增减变动金额(减少以"－"号填列)	—	9 812. 17	—	—	5 518. 15	12 268. 30	6 052. 07	-7. 26	2 297. 86	35 941. 30
(一)净利润	—	—	—	—	—	—	57 580. 38	—	6 653. 40	64 233. 78
(二)其他综合收益	—	9 812. 17	—	—	—	—	—	-7. 26	-6. 97	9 797. 94
上述(一)和(二)小计	—	9 812. 17	—	—	—	—	57 580. 38	-7. 26	6 646. 43	74 031. 72
(三)所有者投入和减少资本	—	—	—	—	—	—	—	—	—	—
1. 所有者投入资本	—	—	—	—	—	—	—	—	—	—
2. 股份支付计入所有者权益的金额	—	—	—	—	—	—	—	—	—	—
3. 其他	—	—	—	—	—	—	—	—	—	—
(四)利润分配	—	—	—	—	5 518. 15	12 268. 30	-51 528. 31	—	-4 348. 56	-38 090. 42
1. 提取盈余公积	—	—	—	—	5 518. 15	—	-5 518. 15	—	—	—
2. 提取一般风险准备	—	—	—	—	—	12 268. 30	-12 268. 30	—	—	—
3. 对所有者的分配	—	—	—	—	—	—	-33 741. 86	—	-4 348. 56	-38 090. 42
4. 其他	—	—	—	—	—	—	—	—	—	—
(五)所有者权益内部结转	—	—	—	—	—	—	—	—	—	—
1. 资本公积转增资本	—	—	—	—	—	—	—	—	—	—
2. 盈余公积转增资本	—	—	—	—	—	—	—	—	—	—
3. 盈余公积弥补亏损	—	—	—	—	—	—	—	—	—	—
4. 其他	—	—	—	—	—	—	—	—	—	—
(六)专项储备	—	—	—	—	—	—	—	—	—	—
1. 本年提取	—	—	—	—	—	—	—	—	—	—
2. 本年使用	—	—	—	—	—	—	—	—	—	—
四、本年末余额	200 000. 00	11 257. 16	—	—	39 144. 26	34 736. 45	98 746. 00	-7. 26	43 331. 14	427 207. 75

法定代表人:郑安国　　主管会计工作负责人:张晓喆　　会计机构负责人:蒋　勋

合并所有者权益变动表(续)

编制单位:华宝信托有限责任公司　　2012 年度　　单位:万元

项　目	上年金额									
	归属于母公司所有者权益								少数股东权益	所有者权益合计
	实收资本	资本公积	减:库存股	专项储备	盈余公积	一般风险准备	未分配利润	其他		
一、上年末余额	100 000. 00	10 701. 15	—	—	29 691. 22	17 722. 12	129 320. 11	—	39 012. 33	326 446. 93
加:会计政策变更	—	—	—	—	—	—	—	—	—	—
前期差错更正	—	—	—	—	—	—	—	—	—	—
其他	—	—	—	—	—	—	—	—	—	—
二、本年初余额	100 000. 00	10 701. 15	—	—	29 691. 22	17 722. 12	129 320. 11	—	39 012. 33	326 446. 92
三、本年增减变动金额(减少以"－"号填列)	100 000. 00	-9 256. 16	—	—	3 934. 90	4 746. 03	-36 626. 19	—	2 020. 95	64 819. 53
(一)净利润	—	—	—	—	—	—	41 452. 43	—	8 874. 25	50 326. 68
(二)其他综合收益	—	-9 256. 16	—	—	—	—	—	—	—	-9 256. 16
上述(一)和(二)小计	—	-9 256. 16	—	—	—	—	41 452. 43	—	8 874. 25	41 070. 52
(三)所有者投入和减少资本	62 039. 01	—	—	—	—	—	—	—	—	62 039. 01
1. 所有者投入资本	62 039. 01	—	—	—	—	—	—	—	—	62 039. 01
2. 股份支付计入所有者权益的金额	—	—	—	—	—	—	—	—	—	—
3. 其他	—	—	—	—	—	—	—	—	—	—
(四)利润分配	—	—	—	—	3 934. 90	4 746. 03	-40 117. 63	—	-6 853. 30	-38 290. 00
1. 提取盈余公积	—	—	—	—	3 934. 90	—	-3 934. 90	—	—	—
2. 提取一般风险准备	—	—	—	—	—	4 746. 03	-4 746. 03	—	—	—
3. 对所有者的分配	—	—	—	—	—	—	-31 436. 70	—	-6 853. 30	-38 290. 00
4. 其他	—	—	—	—	—	—	—	—	—	—
(五)所有者权益内部结转	37 960. 99	—	—	—	—	—	-37 960. 99	—	—	—
1. 资本公积转增资本	—	—	—	—	—	—	—	—	—	—
2. 盈余公积转增资本	—	—	—	—	—	—	—	—	—	—

续表

项目	上年金额									
	归属于母公司所有者权益								少数股东权益	所有者权益合计
	实收资本	资本公积	减:库存股	专项储备	盈余公积	一般风险准备	未分配利润	其他		
3. 盈余公积弥补亏损	—	—	—	—	—	—	—	—	—	—
4. 其他	37 960.99	—	—	—	—	—	-37 960.99	—	—	—
(六)专项储备	—	—	—	—	—	—	—	—	—	—
1. 本年提取	—	—	—	—	—	—	—	—	—	—
2. 本年使用	—	—	—	—	—	—	—	—	—	—
四、本年末余额	200 000.00	1 444.99	—	—	33 626.12	22 468.14	92 693.93	—	41 033.27	391 266.45

法定代表人:郑安国　　主管会计工作负责人:张晓喆　　会计机构负责人:蒋　勋

母公司所有者权益变动表

编制单位:华宝信托有限责任公司　　2012 年度　　单位:万元

项目	本年金额							
	实收资本	资本公积	减:库存股	专项储备	盈余公积	一般风险准备	未分配利润	所有者权益合计
一、上年末余额	200 000.00	7 314.10	—	—	34 353.05	22 831.61	43 077.62	307 576.38
加:会计政策变更	—	—	—	—	—	—	—	—
前期差错更正	—	—	—	—	—	—	—	—
其他	—	—	—	—	—	—	—	—
二、本年初余额	200 000.00	7 314.10	—	—	34 353.05	22 831.61	43 077.62	307 576.38
三、本年增减变动金额(减少以"-"号填列)	—	9 812.17	—	—	5 518.15	12 268.30	3 653.16	31 251.78
(一)净利润	—	—	—	—	—	—	55 181.46	55 181.46
(二)其他综合收益	—	9 812.17	—	—	—	—	—	9 812.17
上述(一)和(二)小计	—	9 812.17	—	—	—	—	55 181.46	64 993.64
(三)所有者投入和减少资本	—	—	—	—	—	—	—	—
1. 所有者投入资本	—	—	—	—	—	—	—	—
2. 股份支付计入所有者权益的金额	—	—	—	—	—	—	—	—
3. 其他	—	—	—	—	—	—	—	—
(四)利润分配	—	—	—	—	5 518.15	12 268.30	-51 528.31	-33 741.86
1. 提取盈余公积	—	—	—	—	5 518.15	—	-5 518.15	—
2. 提取一般风险准备	—	—	—	—	—	12 268.30	-12 268.30	—
3. 对所有者的分配	—	—	—	—	—	—	-33 741.86	-33 741.86
4. 其他	—	—	—	—	—	—	—	—
(五)所有者权益内部结转	—	—	—	—	—	—	—	—
1. 资本公积转增资本	—	—	—	—	—	—	—	—
2. 盈余公积转增资本	—	—	—	—	—	—	—	—
3. 盈余公积弥补亏损	—	—	—	—	—	—	—	—
4. 其他	—	—	—	—	—	—	—	—
(六)专项储备	—	—	—	—	—	—	—	—
1. 本年提取	—	—	—	—	—	—	—	—
2. 本年使用	—	—	—	—	—	—	—	—
四、本年末余额	200 000.00	17 126.28	—	—	39 871.19	35 099.91	46 730.78	338 828.16

法定代表人:郑安国　　主管会计工作负责人:张晓喆　　会计机构负责人:蒋　勋

母公司所有者权益变动表(续)

编制单位:华宝信托有限责任公司　　2012 年度　　单位:万元

项目	上年金额							
	实收资本	资本公积	减:库存股	专项储备	盈余公积	一般风险准备	未分配利润	所有者权益合计
一、上年末余额	100 000.00	16 570.26	—	—	30 418.15	18 085.58	81 807.25	246 881.24
加:会计政策变更	—	—	—	—	—	—	—	—
前期差错更正	—	—	—	—	—	—	—	—
其他	—	—	—	—	—	—	—	—

续表

项　目	上年金额							
	实收资本	资本公积	减:库存股	专项储备	盈余公积	一般风险准备	未分配利润	所有者权益合计
二、本年初余额	100 000. 00	16 570. 26	—	—	30 418. 15	18 085. 58	81 807. 25	246 881. 24
三、本年增减变动金额(减少以"-"号填列)	100 000. 00	-9 256. 16	—	—	3 934. 90	4 746. 03	-38 729. 62	60 695. 15
(一)净利润	—	—	—	—	—	—	39 349. 00	39 349. 00
(二)其他综合收益	—	-9 256. 16	—	—	—	—	—	-9 256. 16
上述(一)和(二)小计	—	-9 256. 16	—	—	—	—	39 349. 00	30 092. 84
(三)所有者投入和减少资本	62 039. 01	—	—	—	—	—		62 039. 01
1. 所有者投入资本	62 039. 01	—	—	—	—	—	—	62 039. 01
2. 股份支付计入所有者权益的金额	—	—	—	—	—	—	—	—
3. 其他	—	—	—	—	—	—	—	—
(四)利润分配	—	—	—	—	3 934. 90	4 746. 03	-40 117. 63	-31 436. 70
1. 提取盈余公积	—	—	—	—	3 934. 90	—	-3 934. 90	—
2. 提取一般风险准备	—	—	—	—	—	4 746. 03	-4 746. 03	—
3. 对所有者的分配	—	—	—	—	—	—	-31 436. 70	-31 436. 70
4. 其他	—	—	—	—	—	—	—	—
(五)所有者权益内部结转	37 960. 99	—	—	—	—	—	-37 960. 99	—
1. 资本公积转增资本	—	—	—	—	—	—	—	—
2. 盈余公积转增资本	—	—	—	—	—	—	—	—
3. 盈余公积弥补亏损	—	—	—	—	—	—	—	—
4. 其他	37 960. 99	—	—	—	—	—	-37 960. 99	—
(六)专项储备	—	—	—	—	—	—	—	—
1. 本年提取	—	—	—	—	—	—	—	—
2. 本年使用	—	—	—	—	—	—	—	—
四、本年末余额	200 000. 00	7 314. 10	—	—	34 353. 05	22 831. 61	43 077. 62	307 576. 38

法定代表人:郑安国　　　　主管会计工作负责人:张晓喆　　　　会计机构负责人:蒋　勋

5. 2　信托资产

5. 2. 1 信托项目资产负债汇总表

信托项目资产负债汇总表

编制单位:华宝信托有限责任公司　　　　2012 年 12 月 31 日　　　　单位:万元

资　产	期末数	期初数	负债和信托权益	期末数	期初数
资产:			负债:		
现金及存放中央银行款项	10 747 711. 66	11 907 733. 05	向中央银行借款	—	—
其中:现金及银行存款	10 747 711. 66	11 907 733. 05	同业及其他金融机构存放款项	—	—
其他货币资金	111 403. 00	170 363. 63	拆入资金	—	—
拆出资金	—	—	交易性金融负债	—	—
交易性金融资产	3 694 358. 26	1 837 373. 47	衍生金融负债	—	—
衍生金融资产	—	—	应付受托人报酬	—	0. 02
买入返售金融资产	595 058. 35	532 987. 88	应付保管费	—	—
应收账款	—	—	应付受益人收益	—	—
应收股利	1 087. 59	—	应付销售服务费	—	—
应收利息	—	—	应交税费	—	—
其他应收款	189 124. 50	70 249. 70	其他应付款	41 250. 90	30 570. 46
发放贷款和垫款	3 003 056. 63	2 434 890. 00	其他负债		
可供出售金融资产	2 664 604. 51	1 270 383. 31	负债合计	41 250. 90	30 570. 48
持有至到期投资	—	—			
长期股权投资	246 756. 12	240 273. 43	信托权益:		
投资性房地产	—	—	实收信托	20 971 226. 49	18 445 660. 93
固定资产	—	—	资本公积	75 523. 79	55 944. 44
无形资产	—	—	未分配利润	165 159. 44	-67 921. 38
其他资产	—	—	信托权益合计	21 211 909. 72	18 433 683. 99
资产总计	21 253 160. 62	18 464 254. 47	负债和信托权益总计	21 253 160. 62	18 464 254. 47

法定代表人:郑安国　　　　主管会计工作负责人:张晓喆　　　　会计机构负责人:蒋　勋

5.2.2 信托项目利润及利润分配汇总表

信托项目利润及利润分配汇总表

编制单位:华宝信托有限责任公司　2012年度　单位:万元

项　目	本年累计数	上年累计数
一、信托营业收入	1 191 252.75	377 564.43
利息收入	892 248.88	441 842.28
投资收益(损失以"-"号填列)	183 054.09	-23 150.67
其中:对联营企业和合营企业的投资收益	—	—
公允价值变动收益(损失以"-"号填列)	111 301.86	-42 071.68
租赁收入	—	—
汇兑收益(损失以"-"号填列)	275.95	—
其他业务收入	4 371.97	944.50
二、信托营业支出	75 213.91	59 716.94
营业税金及附加	—	18.67
业务及管理费	75 213.91	59 698.27
资产减值损失	—	—
其他业务成本	—	—
三、利润总额(亏损总额以"-"填列)	1 116 038.84	317 847.49
加:期初未分配信托利润	-67 921.38	78 477.71
损益平准金等其他影响额	59 528.38	9 075.92
四、可供分配的信托利润	1 107 645.84	405 401.12
减:本期已分配信托利润	942 486.40	473 322.50
五、期末未分配信托利润	165 159.44	-67 921.38
六、其他综合收益	36 818.31	-1 269.50
七、综合收益总额	1 212 385.53	325 653.91

法定代表人:郑安国　主管会计工作负责人:张晓喆　会计机构负责人:蒋　勋

6. 会计报表附注

6.1　年度会计报表编制基准、会计政策、会计估计和核算方法发生的变化

报告年度会计报表编制基准、会计政策、会计估计和核算方法未发生变化。

6.2　或有事项说明

截至2012年12月31日,公司为舟山市海运公司提供243万元借款担保(舟山市海峡汽车轮渡有限责任公司为此事向本公司提供了反担保,注:该担保系宝钢集团有限公司1998年并购舟山信托前的历史遗留问题)。

6.3　重要资产转让及其出售的说明

本公司2012年未发生重要资产的转让。

6.4　会计报表中重要项目的明细资料(以下为母公司口径)

6.4.1　固有资产经营情况

6.4.1.1　按信用风险五级分类结果披露信用风险资产的期初数、期末数

信用风险资产五级分类	正常类(万元)	关注类(万元)	次级类(万元)	可疑类(万元)	损失类(万元)	信用风险资产合计(万元)	不良信用风险资产合计(万元)	不良信用风险资产率(%)
期末数	134 959.22	—	—	—	1 439.53	136 398.75	1 439.53	1.06
期初数	152 977.30	—	—	—	1 439.53	154 416.83	1 439.53	0.93

注:不良资产合计=次级类+可疑类+损失类。

6.4.1.2　各项资产减值损失准备的期初数、本期计提、本期转回、本期核销、期末数

单位:万元

	期初数	本期计提	本期转回	本期核销	期末数
贷款损失准备	280.00	—	280.00	—	—
一般准备	280.00	—	280.00	—	—
专项准备	—	—	—	—	—
其他资产减值准备	8 505.76	—	—	—	8 505.76
可供出售金融资产减值准备	—	—	—	—	—
持有至到期投资减值准备	—	—	—	—	—
长期股权投资减值准备	7 066.23	—	—	—	7 066.23
坏账准备	1 439.53	—	—	—	1 439.53
投资性房地产减值准备	—	—	—	—	—

6.4.1.3　固有业务股票投资、基金投资、债券投资、股权投资等投资业务的期初数、期末数

单位:万元

	股票	基金	债券	长期股权投资	其他投资	合计
期初数	102 633.74	27 179.97	—	67 819.20	46 304.60	243 937.51
期末数	57 734.91	1 906.13	—	71 960.29	213 732.44	345 333.77

6.4.1.4　固有长期股权投资的企业名称、占被投资企业权益比例、主要经营活动及投资收益情况等

企业名称	占被投资企业权益的比例(%)	主要经营活动	投资收益(万元)
1. 华宝兴业基金管理有限公司	51	基金管理、发起设立基金以及中国证监会批准的其他业务。	4 526.06
2. 华宝证券有限责任公司	40.5592	证券经纪、证券投资咨询、证券自营。	1 084.15

注:投资收益的口径为影响2012年损益的长期股权投资收益金额。

6.4.1.5　固有贷款的企业名称、占贷款总额的比例和还款情况等

无。

6.4.1.6　表外业务的期初数、期末数。按照代理业务、担保业务和其他类型表外业务分别披露

单位:万元

表外业务	期初数	期末数
担保业务	243.00	243.00
代理业务(委托业务)	—	—
其他	—	—
合计	243.00	243.00

注:表中担保业务为1998年公司并购重组前为舟山市海运公司提供的243万元借款担保,舟山市海峡汽车轮渡有限责任公司为此事向本公司提供了反担保。

6.4.1.7　公司当年的收入结构

收入结构	合并口径		母公司口径	
	金额(万元)	占比(%)	金额(万元)	占比(%)
手续费及佣金收入	120 360.49	80.63	73,931.83	72.38
其中:信托手续费收入	62 025.67	41.55	62 025.67	60.73
投资银行业务收入	10 872.81	7.28	10 872.81	10.64

续表

收入结构	合并口径		母公司口径	
	金额（万元）	占比（%）	金额（万元）	占比（%）
利息收入	10 914.75	7.31	7 942.96	7.78
其他业务收入	10.00	0.01	10.00	0.01
其中：计入信托业务收入部分	—	—	—	—
投资收益	14 374.82	9.63	17 177.04	16.82
其中：股权投资收益	1 084.15	0.73	5 610.21	5.49
公允价值变动收益	2 223.95	1.49	1 201.13	1.18
其他投资收益	11 066.72	7.41	10 365.70	10.15
营业外收入	3 606.22	2.42	3 079.81	3.01
收入合计	149 266.28	100.00	102 141.64	100.00

注：1. 投资银行业务收入为公司信托业务收取的财务顾问费。
2. 以上收入结构表为规定格式，故此处收入合计未含汇兑损益。

本年度公司（母公司口径）实现信托业务收入总额72 898.48万元，其中以手续费及佣金确认的信托业务收入金额71 646.10万元，以业绩报酬形式确认的信托业务收入（浮动报酬）金额1 252.38万元，无以其他形式确认的信托业务收入。

6.4.2 披露信托资产管理情况

6.4.2.1 信托资产的期初数、期末数

单位：万元

信托资产	期初数	期末数
集合	2 145 499.54	5 067 714.29
单一	16 283 780.34	15 899 430.28
财产权	34 974.59	286 016.05
合计	18 464 254.47	21 253 160.62

6.4.2.1.1 主动管理型信托业务的信托资产期初数、期末数

单位：万元

主动管理型信托资产	期初数	期末数
证券投资类	2 574 442.54	4 390 550.93
股权投资类	21 748.55	144 763.89
组合投资类	631.65	1 706 799.23
融资类	1 723 890.11	1 702 332.03
事务管理类	—	—
合计	4 320 712.85	7 944 446.08

6.4.2.1.2 被动管理型信托业务的信托资产期初数、期末数

单位：万元

被动管理型信托资产	期初数	期末数
证券投资类	1 002.73	153 035.30
股权投资类	—	45 015.47
融资类	1 788 196.81	2 246 211.33
事务管理类	12 354 342.08	10 864 452.44
合计	14 143 541.62	13 308 714.54

6.4.2.2 本年度已清算结束的信托项目个数、实收信托合计金额、加权平均实际年化收益率

本公司本年度终止的信托项目个数为60个，本金合计为1 823 598.60万元，加权平均实际年化收益率为2.89%。

6.4.2.2.1 本年度已清算结束的集合类、单一类资金信托项目和财产管理类信托项目个数、实收信托合计金额、加权平均实际年化收益率

已清算结束信托项目	项目个数	实收信托合计金额（万元）	加权平均实际年化收益率（%）
集合类	49	958 991.46	1.38
单一类	11	864 607.14	4.57
财产管理类	—	—	—

6.4.2.2.2 本年度已清算结束的主动管理型信托项目个数、实收信托合计金额、加权平均实际年化收益率

已清算结束信托项目	项目个数	实收信托合计金额（万元）	加权平均实际年化收益率（%）
证券投资类	23	250 679.24	-16.25
股权投资类	—	—	—
融资类	18	594 515.00	7.85
事务管理类	—	—	—

6.4.2.2.3 本年度已清算结束的被动管理型信托项目个数、实收信托合计金额、加权平均实际年化收益率

已清算结束信托项目	项目个数	实收信托合计金额（万元）	加权平均实际年化收益率（%）
证券投资类	3	28 050.00	3.19
股权投资类	—	—	—
融资类	13	875 447.22	4.76
事务管理类	3	74 907.14	5.68

6.4.2.3 本年度新增的集合类、单一类和财产管理类信托项目个数、实收信托合计金额

新增信托项目	项目个数	实收信托合计金额（万元）
集合类	213	1 926 580.00
单一类	30	1 048 963.51
财产管理类	10	281 400.00
新增合计	253	3 256 943.51
其中：主动管理型	215	1 911 100.71
被动管理型	38	1 345 842.80

6.4.2.4 信托业务创新成果和特色业务有关情况

2012年，华宝信托在证券投资、股指期货、产融结合、投融资领域推出多个创新产品，设计的信托产品利用多种结构和工具，覆盖了资本市场、货币市场、实体经济。在合法合规的基础上，华宝信托充分考虑投资者需求，采取多种风险控制手段，充分发挥主动管理能力和创新能力，全面推进信托产品向更广更深的层次发展。

在股指期货领域，继2011年在信托行业首家获得股指期货交易资格后，公司在2012年成功取得信托计划首个套保交易编码和套利交易编码，并成功发行多只股指期货类信托产品；为满足市场需求，丰富公司产品线，公司注重提升资产管理能力，以基金化的组合投资为导向，推出了现金管理类的信托产品。

此外，公司在2012年发行了第一只房地产投资基金；获得

受托境外理财业务资格，获得国家外汇管理局批准的境外理财业务额度5亿美元并成立了两只QDII产品；公司对公益信托业务的研究与探索也得到银监会、信托业协会和民政部门的肯定与支持。

6.4.2.5　本公司履行受托人义务情况及因本公司自身责任而导致的信托资产损失情况

本公司遵守信托法和信托文件对受托人义务的规定，为受益人的最大利益处理信托事务，管理信托财产时，恪尽职守，履行诚实、信用、谨慎、有效管理的义务，没有损害受益人利益的情况。本公司无因自身责任而导致的信托资产损失情况。

6.5　关联方关系及其交易的披露

6.5.1　关联交易方的数量、关联交易的总金额及关联交易的定价政策等

	关联交易方数量	关联交易金额(万元)	定价政策
合计	1	48 620	按市场公允价格定价

注：关联交易定义应以《公司法》和《企业会计准则第36号——关联方披露》有关规定为准。

6.5.2　关联交易方与本公司的关系性质、关联交易方的名称、法定代表人、注册地址、注册资本及主营业务等

关系性质	关联方名称	法定代表人	注册地址	注册资本(万元)	主营业务
子公司	华宝兴业基金管理有限公司	郑安国	上海市	15 000.00	基金管理、发起设立基金等。

6.5.3　逐笔披露本公司与关联方的重大交易事项

6.5.3.1　固有与关联方交易情况：贷款、投资、租赁、应收账款、担保、其他方式等期初汇总数、本期借方和贷方发生额汇总数、期末汇总数

单位：万元

固有与关联方关联交易				
	期初数	借方发生额	贷方发生额	期末数
贷款				
投资	19 999	5	19 999	5
租赁				
担保				
应收账款				
其他				
合计	19 999	5	19 999	5

6.5.3.2　信托与关联方交易情况：贷款、投资、租赁、应收账款、担保、其他方式等期初汇总数、本期借方和贷方发生额汇总数、期末汇总数

单位：万元

续表

信托与关联方关联交易				
	期初数	借方发生额	贷方发生额	期末数
贷款	300 000	—	300 000	—
投资	—	48 615	4 665	43 950
租赁				
担保				
应收账款				
其他				
合计	300 000	48 615	304 665	43 950

6.5.3.3　信托公司自有资金运用于自己管理的信托项目(固信交易)、信托公司管理的信托项目之间的相互(信信交易)交易金额，包括余额和本报告年度的发生额

6.5.3.3.1　固有与信托财产之间的交易金额期初汇总数、本期发生额汇总数、期末汇总数

单位：万元

固有财产与信托财产相互交易			
	期初数	本期发生额	期末数
合计	332 210	357 652	219 221

注：以固有资金投资公司自己管理的信托项目受益权，或购买自己管理的信托项目的信托资产均应纳入统计披露范围。

6.5.3.3.2　信托项目之间的交易金额期初汇总数、本期发生额汇总数、期末汇总数

单位：万元

信托资产与信托财产相互交易			
	期初数	本期发生额	期末数
合计	396 267	2 186 762	1 957 761

注：以公司受托管理的一个信托项目的资金购买自己管理的另一个信托项目的受益权或信托项下资产均应纳入统计披露范围。

6.5.4　逐笔披露关联方逾期未偿还本公司资金的详细情况以及本公司为关联方担保发生或即将发生垫款的详细情况

本报告期公司无上述情况。

6.6　会计制度的披露

本报告期公司固有业务(自营业务)及信托业务均执行2006年版《企业会计准则》。

7. 财务情况说明书

7.1　利润实现和分配情况

根据公司2012年度的经营实绩，对2012年度利润进行如下分配：

(1)当年利润总额：71 749.22万元。

(2)所得税费用：16 567.75万元(已考虑纳税调整和递延税款)。

(3)净利润：55 181.47万元。

(4)提取法定盈余公积金：5 518.15万元。

(5)按照《信托公司管理办法》规定，按照税后利润10%提取信托赔偿准备金5 518.15万元。

(6)根据《中国银监会关于进一步规范银信理财合作业务的通知》规定，信托公司信托赔偿准备金低于银信合作信托贷

款余额2.5%的，信托公司不得分红，补提1 977.77万元至该标准。

（7）按照《非银行金融机构外汇业务管理规定》规定，按照税后外汇利润的50%提取外汇资本准备金7.40万元。

（8）按照《金融企业准备金计提管理办法》、《银行信贷损失计提指引》规定，按照金融企业承担风险和损失的资产期末余额的1.5%扣除年初一般风险准备余额，提取一般风险准备4 764.99万元。

（9）2012年公司可分配利润37 395.01万元；

（10）2010年因华宝投资对华宝证券增资，公司对华宝证券持股比例由99.922%降至40.5592%，相应核算办法也由成本法转为权益法，并进行追溯调整。该事项导致未分配利润增加10 203.09万元（2012年之前影响金额9 335.77万元，当年867.32万元，其中当年数已包含在上述第9条中）。

（11）2012年末公司累计可分配利润46 730.78万元，其中因对华宝证券核算方法转变形成的未分配利润10 203.09万元，并未实际得到分配，考虑到公司如对此部分进行利润分配的话需要实际垫付现金，将直接影响经营活动和净资本总额。故对华宝证券权益法核算影响的利润部分暂不作分配。

（12）综上，2012年可分配利润36 527.69万元，考虑到公司发展规划及业务拓展的需求，2012年利润暂不分配，视2013年经营情况一并考虑。

7.2 主要财务指标

指标名称	母公司	合并
资本利润率（%）	17.07	15.70
人均净利润（万元）	256.06	298.07

注：1. 资本利润率＝净利润/所有者权益平均余额×100%。

2. 人均净利润＝净利润/年平均人数。

3. 平均值采取年初、年末余额简单平均法，公式为：a（平均）＝（年初数＋年末数）/2。

7.3 对本公司财务状况、经营成果有重大影响的其他事项

无。

8. 特别事项揭示

8.1 本报告期内公司股东变动情况

无。

8.2 董事、监事及高级管理人员变动情况及原因

因个人原因，占兴华辞去公司董事职务，股东会选举贾璐为董事，监管部门2012年4月已核准。

张建群因退休辞任公司董事职务，股东会选举王成然为董事，监管部门2013年1月已核准。

8.3 公司的重大诉讼事项

本报告期内公司无重大诉讼事项。

8.4 对会计师事务所出具的有保留意见、否定意见或无法表示意见的审计报告的，公司董事会应就所涉及事项作出说明

会计师事务所对公司出具了标准无保留意见的审计报告。

8.5 本报告期内公司及其董事、监事和高级管理人员受到处罚的情况

无。

8.6 银监会及其派出机构对公司检查后提出整改意见的，应简单说明整改情况

检查时间	审计（检查）原由及内容	审计（检查）结论及处理意见
2012年8月10日至9月21日	截至2012年7月31日的房地产业务和银信理财合作业务	现场检查意见：公司开展的房地产业务和银信理财合作业务符合国家法律法规及政策规定的要求，能够按照公司制定的内部控制和业务流程进行操作，能够把握并采取有效措施积极防范房地产和银信业务的主要风险点。但也存在贷后管理重视程度不够；收取财务顾问费；银信合作业务中对投资人尽职调查及业务后续管理存在一定漏洞；新增同业存款业务等问题。

8.7 本年度重大事项临时报告的简要内容、披露时间、所披露的媒体及其版面

（1）中国银行业监督管理委员会上海监管局换发华宝信托中华人民共和国金融许可证的公告。该公告于2012年6月5日，在《上海金融报》B10版予以发布。

（2）华宝信托有限责任公司迁址公告。经中国银行业监督管理委员会上海监管局批复（沪银监复〔2012〕381号）同意，华宝信托有限责任公司自2012年6月8日起由原“上海市浦东新区浦电路370号宝钢大厦7楼”搬迁至“上海市浦东新区世纪大道100号环球金融中心59层”办公。该公告于2012年6月11日，在《中国证券报》A19版、《上海证券报》28版面予以发布。

（3）华宝信托有限责任公司公司章程及住所变更公告。经中国银行业监督管理委员会上海监管局批复（沪银监复〔2012〕467号）同意，华宝信托有限责任公司章程第四条中本公司住所变更为：上海市浦东新区世纪大道100号59层。上述情况已经工商变更登记完毕。该公告于2012年8月1日在《上海证券报》A16版面予以发布。

8.8 本报告期内银监会及其省级派出机构认定的其他有必要让客户及相关利益人了解的重要信息

无。

8.9 其他重大事项说明

无。

9. 公司监事会意见

监事会认为，本报告期内，公司决策程序合法，内部控制制度较为完善，没有发现公司董事、经理和其他高级管理人员在执行公司职务时有违法违纪和有损公司及股东利益的行为。公司财务报告真实地反映了公司的财务状况和经营成果。

华宸信托有限责任公司

1. 重要提示

1.1 本公司董事会及董事保证本报告所载资料不存在任何虚假记载、误导性陈述或者重大遗漏，并对其内容的真实性、准确性和完整性承担个别及连带责任。

1.2 本公司独立董事邢成、袁爱平对年度报告内容的真实性、准确性和完整性无异议。

1.3 公司董事长刘晓兵、常务副总裁杨新良声明：保证年度报告中财务报告的真实、完整。

2. 公司概况

2.1 公司简介

2.1.1 基本情况简介

公司名称(中文)	华宸信托有限责任公司(简称：华宸信托)
公司名称(英文)	Huachen Trust Co. ,Ltd.(缩写：HCTRUST)
法定代表人	刘晓兵
注册地址	内蒙古呼和浩特市赛汉区如意西街23号
邮政编码	010011
公司国际互联网网址	http://www.hctrust.cn
电子信箱	hctrust@hctrust.cn
公司信息披露的报纸	《金融时报》

2.1.2 联系人和联系方式

	董事会秘书	公司信息披露联系人
姓名	赵澍堂	陈睿
联系地址	内蒙古呼和浩特市赛汉区如意西街23号	内蒙古呼和浩特市赛汉区如意西街23号
电话	0471-4193878	0471-4193901
传真	0471-4193908	0471-4193908
电子信箱	zst@hctrust.cn	chenrui@hctrust.cn

2.1.3 公司聘请的会计师事务所：中瑞岳华会计师事务所

地址：北京市西城区金融大街35号国际企业大厦A座8层、9层

2.2 组织结构

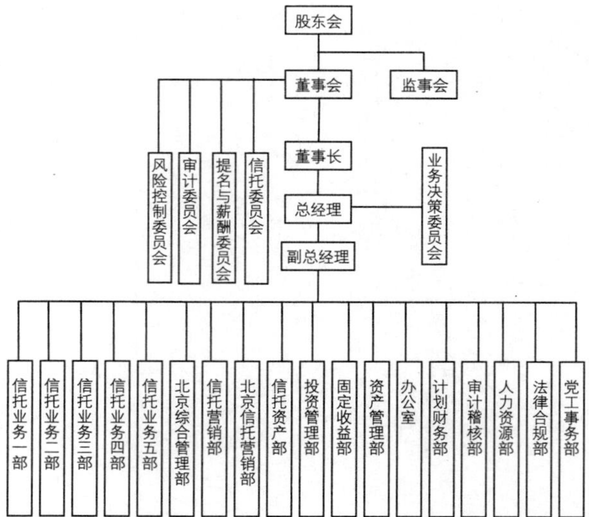

3. 公司治理结构

3.1 股东

股东名称	持股比例(%)	法人代表	注册地址	主要经营业务及主要财务情况
内蒙古国有资产监督管理委员会	50.2	苏和	呼和浩特市新华大街63号政府大院5号楼	行政单位
湖南华菱钢铁集团有限责任公司	48.95	曹慧泉	长沙市湘府西路222号	钢铁；经营正常
呼和浩特市财政局	0.5	银效	呼和浩特市大学东街18号	行政单位
巴彦淖尔市国有资金资产监督管理局	0.175	靳成	内蒙古巴彦淖尔市临河区新华东街	事业单位
天津众兴煤炭集团有限责任公司	0.175	林来嵘	天津空港经济区国际商务园A地块D6号单体	煤炭；经营正常

3.2 董事

董事会成员

姓名	职务	性别	年龄	选任日期	所推举的股东名称	该股东持股比例(%)	简要履历
刘晓兵	董事长	男	52	2009年1月16日	湖南华菱钢铁集团有限责任公司	48.95	财经学院法律系讲师，湘财证券有限责任公司副总经理、常务副总裁，上海仪电控股(集团)公司董事长助理，华鑫证券有限公司代理总经理，东方信能(集团)公司执行总裁，华菱钢铁集团有限责任公司总经理助理。

续表

姓名	职务	性别	年龄	选任日期	所推举的股东名称	该股东持股比例(%)	简要履历
汪俊	董事	男	42	2009年1月16日	湖南华菱钢铁集团有限责任公司	48.95	历任湖南衡阳钢管厂改制办副主任,湖南华菱钢铁集团有限责任公司证券部副主任,湖南华菱管线股份有限公司董事会秘书、证券部主任,湖南华菱钢铁集团有限责任公司党组成员,湖南华菱管线股份有限公司副总经理兼董事会秘书。
杨新良	董事	男	49	2009年1月16日	湖南华菱钢铁集团有限责任公司	48.95	历任湖南韶峰水泥集团有限公司财务处会计、副科长、科长、副处长、处长、副总会计师,湖南华菱钢铁集团有限责任公司财务部副主任(主任级);现任江苏无锡钢铁集团有限公司副总经理、财务总监。
王温	董事	男	59	2009年1月16日	内蒙古国有资产监督管理委员会	50.2	历任呼和浩特环保局科长,内蒙古经贸委副处长、处长,内蒙古自治区国资委监事会工作处处长。
甄学军	董事	男	48	2009年1月16日	内蒙古国有资产监督管理委员会	50.2	历任内蒙古农业大学农经系教师、团总支书记,华宸信托有限责任公司业务二部副经理、信贷管理部副经理、经理、公司副总裁、总裁、董事。
赵俊生	董事	男	52	2009年1月16日	呼和浩特市财政局	0.5	历任呼和浩特市热力公司科长、副总经理,建设局科长、副局长,呼和浩特市城发投资有限责任公司总经理。

独立董事

姓名	所在单位	性别	年龄	选任日期	所推举的股东名称	简要履历
邢成	中国人民大学信托与基金研究所执行所长	男	50	2009年1月16日	公司董事会	历任天津市财政局干部,天津财经大学教授、硕士生导师,天津华泰置业发展公司总经理,北方信托投资股份有限公司业务发展部总经理、综合管理总部副总经理、战略发展研究所所长,中国人民大学信托与基金研究所执行所长。
袁爱平	湖南启元律师事务所	男	48	2009年1月16日	公司董事会	曾在湖南财经学院和中国人民银行湖南省分行工作;现任湖南启元律师事务所主任,首席合伙人。

董事会下属委员会

董事会下属委员会名称	职责	组成人员姓名	职务
风险控制委员会	对公司信托业务、自营业务及其他业务的风险控制及风险管理情况进行监督;对公司固有财产和信托财产的风险状况进行定期评估;提出完善公司风险管理和内部控制的建议;对公司内部稽核部门的工作程序和工作效果进行评估;董事会授权的其他事宜。	王温	主任委员
		刘晓兵	委员
		邢成	委员
审计委员会	提议聘请或更换外部审计机构;监督公司的制度建设及其执行情况;负责内部审计与外部审计之间的沟通;审核公司的财务信息及其披露;审查公司内控制度,对重大关联交易进行审查;公司董事会授予的其他职权。	邢成	主任委员
		王温	委员
		赵俊生	委员
		杨新良	委员
提名与薪酬委员会	寻找符合要求的董事候选人(候选人也可以由股东、董事或其他人推荐),并根据银监会关于金融机构高级管理人员任职资格的要求对其进行初步审查;寻找符合要求的总裁、副总裁、董事会秘书、财务总监候选人(可以由股东、董事或其他人推荐),并根据银监会关于金融机构高级管理人员任职资格的要求对其进行初步审查;拟订执行董事及高级管理人员的薪酬待遇,并就非执行董事的薪酬向董事会提出建议;董事会授权的其他事项。	袁爱平	主任委员
		赵俊生	委员
		邢成	委员
信托委员会	制定并适时调整信托资产规模及结构目标,使资产管理符合公司的总体发展战略、经营方针。 对于信托重大、创新业务进行可行性及风险论证;对公司信托资产各项指标是否符合法律法规及执行监管部门的政策规定情况进行检查。 对公司信托业务的运行情况、信托资产的风险状况进行及时调查研究,定期评估风险程度,提出防范和化解的措施,并对执行和落实情况予以监督;对信托经理执行信托文件、履行受托职责,保证受益人最大利益情况进行监督;对公司信托业务信息披露内容的真实性、准确性、完备性和及时性进行监督和审查;当公司或股东利益与受益人利益发生冲突时,研究提出维护受益人权益的具体措施;听取公司信托部门的工作报告;公司董事会交办的其他事宜。	邢成	主任委员
		袁爱平	委员
		甄学军	委员

3.3 监事

监事会成员

姓名	职务	性别	年龄	选任日期	所推举的股东名称	该股东持股比例(%)	简要履历
王连庄	监事会主席	男	60	2009年1月16日	内蒙古国有资产监督管理委员会	50.2	历任中国人民银行呼和浩特分行副科长、副行长，中国人民银行内蒙古分行营业部副主任，内蒙古证券有限责任公司总经理、党总支书记、监事长，华宸信托有限责任公司党委副书记、总裁、董事长。
罗桂情	监事	男	46	2009年1月16日	湖南华菱钢铁集团有限责任公司	48.95	历任涟源钢铁集团有限公司涟钢中学教师、涟钢干部处科员、劳动人事处科员、人事劳资部科长、人力资源部科长、副部长，企业管理部部长；现任湖南华菱钢铁集团有限责任公司投资管理部主任。
姬文昌	监事	男	57	2012年3月22日	公司职工代表大会	50.2	历任内蒙古信托投资公司信息咨询部、业务三部、资金信托部、信贷管理部职员，内蒙古信托投资有限责任公司（后更名为华宸信托有限责任公司）计划财务部副经理、审计稽核部核主管、审计稽核部副经理；现任华宸信托有限责任公司审计稽核部经理。

公司监事会暂未设下属委员会。

3.4 高级管理人员

姓名	职务	性别	年龄	选任日期	金融从业年限	学历	专业
甄学军	总经理、董事	男	48	2009年1月16日	22	本科学历、双学士	农经管理、政教
杨新良	常务副总经理、财务总监、董事	男	49	2009年1月16日	11	本科学历	工业财务会计
李建国	副总经理	男	60	2009年1月16日	24	本科学历	经济管理
汪文明	副总经理	男	41	2009年1月16日	12	研究生学历、硕士学位	政治经济学

3.5 公司员工

截至2012年末公司共有在职员工115人，平均年龄为39.8岁。博士:3人，占在岗员工总数的2.6%；硕士研究生:34人，占在岗员工总数的29.56%；大学本科:47人，占在岗员工总数的40.86%；大学专科:17人，占在岗员工总数的14.78%；中专及以下14人，占在岗职工人数的12.2%。

4. 经营管理

4.1 经营目标、经营方针、战略规划

4.1.1 经营目标

以创造价值为目标，充分发挥信托功能，搭建联结资本市场、货币市场和产业市场的多元化金融理财平台，为股东和社会创造满意的回报。

4.1.2 经营方针

坚持专业化道路，不求"大"，不求"全"，但求"强"、求"实"、求"特色"。

4.1.3 战略规划

充分依托内蒙古地区经济快速增长的宏观背景，以研发为先导，以自有资金为种子基金，以信托计划为产品形式，以产业投资基金原理为运作模式，以PE为核心，围绕基础设施、区域性房地产、矿业和钢铁四大产业进行产业投资与产业整合，努力将公司建设成为国内一流的信托机构。

4.2 所经营业务的主要内容

自营资产运用与分布表

资产运用	金额（万元）	占比（%）	资产分布	金额（万元）	占比（%）
货币资产	5 555	4.72	基础产业		0.00
买入返售金融资产	27 700	23.52	房地产业	0	0.00
贷款及应收款	14 528	12.34	证券市场	44 848	38.08
可供出售金融资产	51 568	43.78	实业	13 500	8.07
交易性金融资产	0	0.00	金融机构	53 232	45.20
持有至到期投资	0	0.00	其他	6 197	8.66
长期股权投资	13 257	11.26			0.00
其他资产	5 169	4.39			0.00
资产总计	117 777	100.00	资产总计	117 777	100.00

信托资产运用与分布表

资产运用	金额（万元）	占比（%）	资产分布	金额（万元）	占比（%）
货币资产	49 777	3.02	基础产业	246 600	14.94
贷款	834 615	50.58	房地产	315 311	19.11
买入返售金融资产	448 905	4.73	证券市场	18 000	1.09
可供出售金融资产	0	0.00	实业	730 382	44.26
持有至到期投资	0	0.00	金融机构	154 305	9.35
长期股权投资	271 700	16.47	其他	185 523	11.24
其他	45 124	25.21			0.00
资产总计	1 650 121	100.00	资产总计	1 650 121	100.00

注:资产分布其他185 523万元包括商务服务业80 082万元，占信托资产总额4.85%，工程33 522万元，占信托资产总额2.03%。

4.3 市场分析

4.3.1 有利因素与不利因素

信任业发展迅速，盈利能力和市场影响力不断提高；公司

发展得到内蒙古自治区人民政府的高度重视和大力支持;公司法人治理完善,内控体系健全;具有可持续发展的巨大潜力。

4.3.2 不利因素

世界经济复苏放缓,国内经济增长中存在隐忧;信托公司竞争态势持续加剧;信托业政策法律法规有待完善,信托公司内部管理有待加强。

4.4 内部控制

4.4.1 内部控制环境和内部控制文化

公司法人治理是现代企业制度的核心,是一个公司良性发展的基石。良好的公司治理结构是内部控制有效实施的保证。完善公司的治理结构,建立合理的公司股权结构,为引入市场化激励机制和建立科学高效专业的决策机制奠定基础,是公司建设风控体系的一个重要发展方向。根据《公司法》、《信托法》、《信托公司管理办法》、《信托公司治理指引》等法律法规的要求,公司设立了以股东会、董事会、监事会和高级管理层为载体的权力、决策、监督和执行的现代企业法人治理构架。股东会是公司的最高权力机构;董事会负责公司的重大决策,下设风险控制委员会、审计委员会、信托业务委员会及提名与薪酬委员会,向股东会负责;监事会是公司的监督机构,对股东会负责;执行层设立业务决策委员会。股东会、董事会、监事会、经理层在各自的权力职责范围内,严格按照自身的议事规则和议事程序规范运作,既互相配合,又彼此制约,形成了分工明确、相互制衡、权责对应的良性运营模式,从而保证了公司得以在一个较高的治理水准上正常运转,有效地规避和降低了公司的各项经营风险。

公司重视在企业和员工内形成良好的内控文化。秉承"专业、务实、开放、创新"的宗旨,公司形成以"诚信文化"为核心,以"全程、全员、立体式"为主旋律的全方位的内控文化。公司内控文化建设,有效的防止了内控缺位、内控漏洞,树立了全体员工的风险意识、合规意识、道德观念,提高了全体员工防范化解风险和合规经营的能力,为企业健康稳健发展奠定了基础。

4.4.2 内部控制措施

公司高度重视内部控制的改进和完善,大力围绕控制环境、风险评估、控制流程、信息沟通和监督等内控要素进行内部控制系统和内部控制制度的建设,已经形成了岗位分离、前中后台并重管理、合规约束、风险评估与内部审计五方面的全方位立体内控措施体系。

(1)岗位分离。根据公司战略和业务需要,科学合理地设置公司内部组织机构,明确划分各部门的权力职责,信托业务部门与自营业务部门相互独立,业务人员不相互兼职,并由不同的高管人员分工管理。在此基础上认真制定各部门的业务流程和管理制度,公司所有的业务和管理活动都必须严格按制度和流程执行。

(2)前台、中台、后台并重管理。公司以业务流程为主线,建立健全前台、中台、后台并重的内控体系。董事会下设业务决策委员会,对董事会授权范围内的所有信托业务及自有资金运用业务项目进行集体决策,通过构建完善的决策机制、前台业务管理、中后台工作管理制度体系,将风险管理落实到业务开展的各个部门、岗位环节,实现业务操作和内部管理的规范化、科学化。

(3)合规约束。公司通过设立专门的机构法律合规部,保证公司及其内部组成机构和人员对所有"有效规则"的遵守,这个"有效规则"既包括国家颁布的各项法律法规,也包括政府部门尤其是监管部门的部门规章和行政命令,还包括公司内部制定的各项业务和管理制度;强调"合规从高层做起",大力进行合规文化建设,明确董事会、高级管理层直至每一位员工的合规职责,构建起层层负责、人人合规的合规风险管理体系,以降低法律及合规性风险。

(4)风险评估。对与公司经营相关的各种风险进行定期或不定期的评估,并通过风险评估确定内部控制的关键控制点,有针对性地采取各种风险防范与风险控制措施。对与公司经营活动有关的各种信息进行认真的识别、搜索、处理、存储以及向决策层及时传递,以便公司能对影响公司经营活动的各种因素作出迅速而准确的反应。

(5)内部审计。公司审计稽核部在董事会审计委员会的具体指导下,对公司的各项业务经营情况和管理工作定期开展专项检查和独立的稽核与审计工作,强化内部监督,以确保公司内部控制的合理性、完整性和有效性。

综上,公司以合规性管理为基础,不断完善规章制度,优化流程管理,构建起包括:业务部门→法律合规部、审计稽核部→经理层→业务决策委员会→董事会风险控制委员会→董事会等层层推进、层层把关的梯次式、立体型内部控制管理体系,进一步完善公司全面风险管理机制,以最大限度地控制和降低公司经营风险。

4.4.3 信息交流与反馈

公司根据银监会有关信息披露的相关规定,结合公司实际情况,制定了《信息披露管理办法》,对公司信息披露的基本原则、主要内容、披露程序及披露方式等作了细致而明确的规定,以规范公司的信息披露行为,提高公司的信息披露质量。同时,公司严格执行信息披露制度,及时进行公司年度经营情况及重大事项的公开披露。

公司重视信息系统建设,采用了与业务规模、发展速度、复杂性相适应的业务管理信息系统,业务管理信息系统之间能够实现信息共享、信息交流与信息反馈机制,能及时向公司监管机构、决策层提供有效的管理信息。如公司建立了信托业务信息系统,信托业务会计核算系统、自有资金会计核算系统、非现场监管数据报送系统等信息系统,严格按照授权通过上述各系统在公司各部门之间,公司与监管机构之间实现信息的传递与交流。

公司充分利用公司网站作为信息交流与反馈的重要平台,通过发布新产品信息,信托计划成立公告、信托计划本金兑付与收益分配公告、信托计划资金管理报告、信托计划清算报告,公司年报等信息,加强与投资者的信息沟通与交流。

此外,对于集合资金信托计划,公司均将《信托计划说明书》等信托文件、《法律意见书》等文件置备于公司信托资产部,以方便委托人随时查阅。

公司对作为受托人管理、运用和处分信托财产时所需承担的信息披露义务和信息披露行为不断予以规范,以切实保障信托业务当事人的合法权益。

4.4.4 监督评价与纠正

(1)强化内审职能。公司设立了独立于业务经营活动之外的审计稽核部，其职责是依据相关法律、法规对公司各项业务及工作流程进行稽核审计。通过对公司各项业务经营情况和管理工作定期开展专项检查和独立的稽核与审计，确保公司内控方面存在的问题得以及时发现并纠正，起到规范管理和风险预警的作用。同时将审计结果及时报告监管部门和公司董事会，增加了项目运作的透明度。

（2）建立法律监督辅助体系。公司设立的法律合规部通过对各项业务的交易结构、合同文本等事前的规范、审查及法律风险分析，有效地规避各种法律和政策风险、确保公司合规性经营。

（3）积极与监管部门沟通与协调，增强主动接受监督的自觉性，对于监管中提出的问题，逐一落实，保证业务合法、规范运行。

4.5　风险管理概况

公司在经营活动中的主要风险有：信用风险、市场风险、操作风险和其他风险等。在进行风险管理时，公司遵循全面、审慎、及时、有效和独立性原则，根据业务类别制定相应的风险控制措施，形成了以董事会风险控制委员会、审计委员会和经营管理层业务决策委员会为主线的风险管理组织体系。法律合规部门部门负责起草公司的风险管理制度，参与各类业务尤其是创新业务的风险评估和风险管理，指导和督促各部门落实风险管理方案，实施风险处置应急预案；并对业务的合法合规性进行审核负责管理公司的法律合规风险。

业务结构决定风险管理的结构。公司根据业务风险不同表现形态，本着差异化管理的原则，把现有业务分成三大类进行风险管理：

（1）融资类业务。具体业务体现在贷款类和结构性融资类集合资金信托计划、融资类资产流动化信托和固有贷款业务。公司积累了丰富的贷款业务经验，在管理结构上实行前中后台职责分离，在管理流程上实行“尽职调查、制订方案、专业审核、严格审批、过程监控”，主要管理信用风险。

（2）投资类业务。主要包括两类：第一类是金融品投资业务，以证券投资、信托产品投资为主；第二类是权益类投资业务，主要包括股权投资和资产收益权等权益类投资业务。

对金融品投资，公司主要以自有资金借鉴证券投资基金管理公司的管理经验进行证券投资，在管理流程上实行“专业研究、制订方案、有效决策、交易授权、风险监控、绩效评价”，主要管理市场风险和操作风险。

权益类投资业务，公司着重落实信托项目投资的“尽职调查、筛选与评估、投资决策、经营管理、变现退出”等环节的管理规程，主要管理信用风险、操作风险和市场风险。

（3）事务管理类业务。具体业务体现在单纯受托管理业务（主要是单一类信托）和财务顾问业务。尽职调查和尽职管理是这类业务的管理重点，公司要审核确认信托目的、信托资金、信托当事人、信托运用项目、信托交易结构的合法合规性和信息准确性，忠实履行信托文件规定的职责，及时准确完成运营管理、账户管理、信息披露和终止清算，主要管理操作风险和合规风险。

2012年度决策实施的业务项目未发生风险。

5. 报告期末及上一年度末的比较式会计报表

5.1　自营资产

5.1.1　会计师事务所审计意见全文

审 计 报 告

中瑞岳华审字〔2013〕第0245号

华宸信托有限责任公司：

我们审计了后附的华宸信托有限责任公司（以下简称贵公司）财务报表，包括2012年12月31日公司的资产负债表，2012年度公司的利润表、公司的现金流量表和公司的所有者权益变动表以及财务报表附注。

一、管理层对财务报表的责任

编制和公允列报财务报表是贵公司管理层的责任。这种责任包括：（1）按照企业会计准则的规定编制财务报表，并使其实现公允反映；（2）设计、执行和维护必要的内部控制，以使财务报表不存在由于舞弊或错误导致的重大错报。

二、注册会计师的责任

我们的责任是在执行审计工作的基础上对财务报表发表审计意见。我们按照中国注册会计师审计准则的规定执行了审计工作。中国注册会计师审计准则要求我们遵守中国注册会计师职业道德守则，计划和执行审计工作以对财务报表是否不存在重大错报获取合理保证。

审计工作涉及实施审计程序，以获取有关财务报表金额和披露的审计证据。选择的审计程序取决于注册会计师的判断，包括对由于舞弊或错误导致的财务报表重大错报风险的评估。在进行风险评估时，注册会计师考虑与财务报表编制和公允列报相关的内部控制，以设计恰当的审计程序，但目的并非对内部控制的有效性发表意见。审计工作还包括评价管理层选用会计政策的恰当性和作出会计估计的合理性，以及评价财务报表的总体列报。

我们相信，我们获取的审计证据是充分、适当的，为发表审计意见提供了基础。

三、审计意见

我们认为，上述财务报表在所有重大方面按照企业会计准则的规定编制，公允反映了华宸信托有限责任公司2012年12月31日的财务状况以及2012年度的经营成果和现金流量。

5.1.2 资产负债表

资产负债表

编制单位:华宸信托有限责任公司　2012 年 12 月 31 日　单位:元

项　目	年末余额	年初余额
资产:		
货币资金	55 551 945.06	47 124 884.89
存放同业款项		
贵金属		
拆出资金		
交易性金融资产		
衍生金融资产		
买入返售金融资产	277 000 000.00	
应收账款	46 387 631.78	5 479 976.05
其他应收款	3 893 428.92	46 734 480.35
发放贷款及垫款	95 000 000.00	45 000 000.00
可供出售金融资产	515 683 315.54	1 114 953 020.64
持有至到期投资		
长期股权投资	132 572 037.13	62 007 325.22
投资性房地产		
固定资产原值	45 096 162.21	43 839 214.21
减:累计折旧	17 625 559.98	5 678 630.88
固定资产净值	27 470 602.23	28 160 583.33
在建工程		
无形资产	540 503.33	230 650.00
递延所得税资产	23 338 922.63	19 331 067.75
其他资产	328 358.23	11 268 301.06
资产总计	1 177 766 744.85	1 380 290 289.29

资产负债表(续)

编制单位:华宸信托有限责任公司　2012 年 12 月 31 日　单位:元

项　目	年末余额	年初余额
负债:		
向中央银行借款		
同业及其他金融机构存放款		
拆入资金		
交易性金融负债		
衍生金融负债		
卖出回购金融资产款		310 000 000.00
吸收存款		
应付职工薪酬	31 932 037.97	28 500 000.00
应交税费	46 917 234.98	33 991 080.60
应付利息		1 737 232.88
应付股利	220 000 000.00	
其他应付款	30 413 230.33	20 085 037.54
预计负债		
应付债券		
递延所得税负债		
其他负债	8 428 304.55	8 428 304.55
负债合计	337 690 807.83	402 741 655.57
所有者权益(或股东权益):		

续表

项　目	年末余额	年初余额
实收资本(股本)	572 000 000.00	572 000 000.00
资本公积	−56 146 337.35	−51 959 821.17
减:库存股		
盈余公积	79 300 292.46	62 628 910.51
一般风险准备	43 596 097.79	35 260 406.82
未分配利润	201 325 884.12	359 619 137.56
所有者权益合计	840 075 937.02	977 548 633.72
负债和股东权益总计	1 177 766 744.85	1 380 290 289.29

单位负责人:刘晓兵　主管会计工作负责人:杨新良　会计机构负责人:王爱钧

5.1.3 利润表

利润表

编制单位:华宸信托有限责任公司　2012 年度

负债及所有者权益:

单位:元

项　目	本年金额	上年金额
一、营业收入	306 737 071.09	284 033 009.10
利息净收入	−6 099 447.85	−6 491 099.65
其中:利息收入	13 938 935.63	8 642 325.87
利息支出	20 038 383.48	15 133 425.52
手续费及佣金净收入	204 361 379.19	226 285 005.02
其中:手续费及佣金收入	218 303 869.56	226 703 753.09
手续费及佣金支出	13 942 490.37	418 748.07
投资收益(亏损以"-"号填列)	106 866 566.75	62 718 350.73
其中:对联营企业和合营企业的投资收益	−9 435 288.09	
公允价值变动收益(亏损以"-"号填列)		
汇兑收益(亏损以"-"号填列)		
其他业务收入	1 608 573.00	1 520 753.00
二、营业支出	98 638 254.82	85 250 616.86
营业税金及附加	19 715 268.18	16 675 991.57
业务及管理费	78 585 286.68	68 183 447.90
资产减值损失		60 677.43
其他业务成本	337 699.96	330 499.96
三、营业利润(亏损以"-"号填列)	208 098 816.27	198 782 392.24
加:营业外收入	1 457.69	684 573.70
减:营业外支出	543 590.58	53 000.00
四、利润总额(亏损总额以"-"号填列)	207 556 683.38	199 413 965.94
减:所得税费用	40 842 863.90	36 064 713.31
五、净利润(净亏损以"-"号填列)	166 713 819.48	163 349 252.63
六、每股收益:		
(一)基本每股收益		
(二)稀释每股收益		

单位负责人:刘晓兵　主管会计工作负责人:杨新良　会计机构负责人:王爱钧

5.1.4 所有者权益变动表

编制单位:华宸信托有限责任公司　　2012 年度　　单位:元

项目	本年金额									
	实收资本（或股本）	资本公积	减:库存股	专项储备	盈余公积	一般风险准备	未分配利润	其他	小计	少数股东权益	所有者权益合计
一、上年末余额	572 000 000.00	-51 959 821.17			62 628 910.51	35 260 406.82	359 619 137.56		977 548 633.72		977 548 633.72
加:会计政策变更											
前期差错更正											
二、本年初余额	572 000 000.00	-51 959 821.17			62 628 910.51	35 260 406.82	359 619 137.56		977 548 633.72		977 548 633.72
三、本年增减变动金额（减少以"-"号填列）		-4 186 516.18			16 671 381.95	8 335 690.97	-158 293 253.44		-137 472 696.70		-137 472 696.70
（一）净利润							166 713 819.48		166 713 819.48		166 713 819.48
（二）其他综合收益		-4 186 516.18							-4 186 516.18		-4 186 516.18
综合收益小计		-4 186 516.18					166 713 819.48		162 527 303.30		162 527 303.30
（三）所有者投入和减少资本											
1. 所有者投入资本											
2. 股份支付计入所有者权益的金额											
3. 其他											
（四）专项储备提取和使用											
1. 提取专项储备											
2. 使用专项储备											
（五）利润分配					16 671 381.95	8 335 690.97	-325 007 072.92		-300 000 000.00		-300 000 000.00
1. 提取盈余公积					16 671 381.95		-16 671 381.95				
其中:法定盈余公积					16 671 381.95		-16 671 381.95				
任意盈余公积											
储备基金											
企业发展基金											
利润归还投资											
2. 提取一般风险准备						8 335 690.97	-8 335 690.97				
3. 所有者（或股东）的分配							-300 000 000.00		-300 000 000.00		-300 000 000.00
4. 其他											
（六）所有者权益内部结转											
1. 资本公积转增资本（或股本）											
2. 盈余公积转增资本（或股本）											
3. 盈余公积弥补亏损											
4. 其他											
四、本年末余额	572 000 000.00	-56 146 337.35			79 300 292.46	43 596 097.79	201 325 884.12		840 075 937.02		840 075 937.02

项　目	上年金额									
	实收资本（或股本）	资本公积	减：库存股	专项储备	盈余公积	一般风险准备	未分配利润	其他	小计	少数股东权益	所有者权益合计
一、上年末余额	572 000 000.00	52 797 346.90			46 293 985.25	27 092 944.19	224 927 444.41		923 111 720.75		923 111 720.75
加：会计政策变更											
前期差错更正											
二、本年初余额	572 000 000.00	52 797 346.90			46 293 985.25	27 092 944.19	224 927 444.41		923 111 720.75		923 111 720.75
三、本年增减变动金额（减少以"－"号填列）		−104 757 168.07			16 334 925.26	8 167 462.63	134 691 693.15		54 436 912.97		54 436 912.97
（一）净利润							163 349 252.63		163 349 252.63		163 349 252.63
（二）其他综合收益		−104 757 168.07							−104 757 168.07		−104 757 168.07
综合收益小计		−104 757 168.07					163 349 252.63		58 592 084.56		58 592 084.56
（三）所有者投入和减少资本											
1. 所有者投入资本											
2. 股份支付计入所有者权益的金额											
3. 其他											
（四）专项储备提取和使用											
1. 提取专项储备											
2. 使用专项储备											
（五）利润分配					16 334 925.26	8 167 462.63	−28 657,559.48		−4 155 171.59		−4 155 171.59
1. 提取盈余公积					16 334 925.26		−16 334 925.26				
其中：法定盈余公积					16 334 925.26		−16 334 925.26				
任意盈余公积											
储备基金											
企业发展基金											
利润归还投资											
2. 提取一般风险准备						8 167 462.63	−8 167 462.63				
3. 所有者（或股东）的分配											
4. 其他							−4 155 171.59		−4 155 171.59		−4 155 171.59
（六）所有者权益内部结转											
1. 资本公积转增资本（或股本）											
2. 盈余公积转增资本（或股本）											
3. 盈余公积弥补亏损											
4. 其他											
四、本年末余额	572 000 000.00	−51 959 821.17			62 628 910.51	35 260 406.82	359 619 137.56		977 548 633.72		977 548 633.72

单位负责人：刘晓兵　　主管会计工作负责人：杨新良　　会计机构负责人：王爱钧

5.2 信托资产

5.2.1 信托项目资产负债汇总表

编制单位：华宸信托有限责任公司 单位：万元

信托资产	期末余额	期初余额	信托负债和信托权益	期末余额	期初余额
信托资产：			信托负债：		
货币资金	49 777.30	16 826.07	应付受托人报酬	615.47	547.35
应收款项	45 123.76	31 786.42	应付托管费	89.62	0.00
交易性金融资产	0	0.00	应付受益人收益	506.3	574.41
买入返售金融资产	448 905.00	251 818.00	其他应付款	340.73	121.17
长期股权投资	271 700.00	657 720.00	其他负债	0.04	
客户贷款	834 615.00	581 216.00	信托负债合计	1 552.16	1 242.93
长期应收款	0	0.00	信托权益：		
无形资产	0		实收信托	1 624 969.03	1 515 657.74
长期待摊费用	0	7.2	未分配利润	23 599.87	22 473.02
			信托权益合计	1 648 568.90	1 538 130.76
信托资产总计	1 650 121.06	1 539 373.69	信托负债及信托权益总计	1 650 121.06	1 539 373.69

公司负责人：刘晓兵 会计机构负责人：杨新良 主管会计：高智慧

5.2.2 信托项目利润及利润分配汇总表

编制单位：华宸信托有限责任公司 单位：万元

项 目	本年金额	上年金额
一、营业收入	177 468.89	174 028.83
利息收入	111 926.62	82 418.72
投资收入	65 542.27	90 268.26
租赁收入		138.7
其他收入		1 203.15
二、营业费用	26 114.95	36 173.73
三、营业税金及附加		
四、扣除资产减值准备前的信托利润	151 353.94	137 855.1
减：资产减值损失		2 616.38
五、扣除资产减值准备后的信托利润	151 353.94	135 238.72
加：期初未分配信托利润	22 473.03	14 152.02
六、可供分配的信托利润	173 826.97	149 390.74
减：本期已分配信托利润	150 227.10	126 917.72
七、期末未分配信托利润	23 599.87	22 473.02

公司负责人：刘晓兵 会计机构负责人：杨新良 主管会计：高智慧

6. 会计报表附注

6.1 会计报表的编制基准不符合会计核算基本前提的说明

6.1.1 会计报表不符合会计核算基本前提的事项

本公司会计报表的编制基准无不符合会计核算基本前提的情况。

6.2 重要会计政策和会计估计说明

6.2.1 金融资产和金融负债的确认和计量

6.2.1.1 金融资产和金融负债的分类

金融资产包括交易性金融资产、指定为以公允价值计量且其变动计入当期损益的金融资产、持有至到期投资、贷款、应收款项以及可供出售金融资产等。金融负债包括交易性金融负债、指定以公允价值计量且变动计入当期的金融负债。

6.2.1.2 金融工具确认依据

金融资产和金融负债的确认依据为本公司已经成为金融工具合同的一方。

6.2.1.3 金融工具的计量

(1)以公允价值计量且其变动计入当期损益的金融资产，包括交易性金融资产和直接指定为以公允价值计量且其变动计入当期损益的金融资产。本公司将以公允价值计量且其变动计入当期损益的金融资产，按照取得时的公允价值作为初始确认金额，相关的交易费用在发生时计入当期损益。支付的价款中包含已宣告但尚未发放的现金股利或债券利息，单独确认为应收项目。本公司在持有该等金融资产期间取得的利息或现金股利，于收到时确认为投资收益。资产负债表日，本公司将该等金融资产的公允价值变动计入当期损益。处置该等金融资产时，该等金融资产公允价值与初始入账金额之间的差额确认为投资收益，同时调整公允价值变动损益。

(2)持有至到期投资。持有至到期投资，是指到期日固定、回收金额固定或可确定，且本公司有明确意图和能力持有至到期的非衍生金融资产。本公司购入的固定利率国债、浮动利率公司债券等持有至到期投资，按取得时的公允价值和相关交易费用之和作为初始确认金额。支付的价款中包含已宣告发放债券利息的，单独确认为应收项目。持有至到期投资在持有期间按照摊余成本和实际利率确认利息收入，计入投资收益。实际利率在取得持有至到期投资时确定，在随后期间保持不变。实际利率与票面利率差别很小的，也可按票面利率计算利息收入，计入投资收益。处置持有至到期投资时，将所取得价款与该投资账面价值之间的差额确认为投资收益。如本公司因持有意图或能力发生改变，使某项投资不再适合作为持有至到期投资，则将其重分类为可供出售金融资产，并以公允价值进行后续计量。重分类日，该投资的账面价值与公允价值之间的差额计入所有者权益，在该可供出售金融资产发生减值或终止确认时转出，计入当期损益。

(3)贷款和应收款项。贷款和应收款项是指具有固定或可确定回收金额,缺乏活跃市场的非衍生金融资产,且公司没有意图立即或在短期内出售该等资产。贷款和应收款项的价值以按实际利率法计算的摊余成本减去减值准备计量。当贷款和应收款项被终止确认、出现减值或在摊销时所产生的利得或损失,均计入当期损益。

(4)可供出售金融资产。可供出售金融资产是指初始确认时即被指定为可供出售的非衍生金融资产,以及除下列各类资产以外的金融资产:一是以公允价值计量且其变动计入当期损益的金融资产;二是持有至到期投资;三是贷款和应收款项的金融资产。本公司可供出售金融资产按取得时的公允价值和相关交易费用之和作为初始确认金额。支付的价款中包含已到付息期但尚未领取的债券利息或已宣告但尚未发放的现金股利,单独确认为应收项目。本公司可供出售金融资产持有期间取得的利息或现金股利,于收到时确认为投资收益。资产负债表日,可供出售金融资产按公允价值计量,其公允价值变动计入资本公积——其他资本公积。处置可供出售金融资产时,将取得的价款和该金融资产的账面价值之间的差额,计入投资收益,同时,将原直接计入所有者权益的公允价值变动累计额对应处置部分的金额转出,计入投资损益。

(5)以公允价值计量且其变动计入当期损益的金融负债,包括交易性金融负债和直接指定为以公允价值计量且其变动计入当期损益的金融负债。本公司持有该类金融负债按公允价值计价,并不扣除将来结清金融负债时可能发生的交易费用。如不适合按公允价值计量时,本公司将该类金融负债改按摊余成本计量。

(6)其他金融负债。本公司拥有的其他不属于以公允价值计量且其变动计入当期损益的金融负债的财务担保合同等,按其公允价值和相关交易费用之和作为初始确认金额。在初始计量后按《企业会计准则——或有事项》确定的金额,和按《企业会计准则——收入》的原则确定的累计摊销额后的余额两者中的较高者进行后续计量。

6.2.1.4　金融资产、金融负债的公允价值的确定

存在活跃市场的金融资产或金融负债,以活跃市场的报价确定其公允价值,活跃市场的报价包括易于定期从交易所、经纪商、行业协会、定价服务机构等获得的价格,且代表了在公平交易中实际发生的市场交易额的价格;不存在活跃市场的金融资产或金融负债,采用估值技术确定其公允价值。估值技术包括参考熟悉情况并自愿交易的各方最近进行的市场交易中使用的价格、参照实质上相同的其他金融资产或金融负债的当前公允价值、现金流量折现法和期权定价模型等。

6.2.1.5　金融资产的减值准备

本公司在资产负债表日对交易性金融资产以外的金融资产的账面价值进行检查,以判断是否有证据表明金融资产已由于一项或多项事件的发生而出现减值。减值事项是指在该等资产初始确认后发生的、对预期未来现金流量有影响的,且公司能对该影响作出可靠计量的事项。

(1)以摊余成本计量的金融资产。如果有客观证据表明以摊余成本计量的金融资产(包括贷款和应收款项、持有至到期投资)发生减值,则应当将该金融资产的账面价值减记至可收回金额,减记的金额确认为资产减值损失,计入当期损益。可收回金额应当通过对该金融资产的未来现金流量(不包括尚未发生的信用损失)按原实际利率折现确定,并考虑相关担保物的价值(扣除预计处置费用等)。原实际利率是初始确认该金融资产时计算确定的实际利率。企业的贷款、应收款项、持有至到期投资属浮动利率金融资产的,在计算可收回金额时可采用合同规定的当期实际利率作为折现率。

本公司对单项金额重大的金融资产进行单项评价,以确定其是否存在减值的客观证据,并对其他单项金额不重大的资产,以单项或组合评价的方式进行检查,以确定是否存在减值的客观证据。已进行单独评价,但没有客观证据表明已出现减值的单项金融资产,无论重大与否,该资产仍会与其他具有类似信用风险特征的金融资产构成一个组合再进行组合减值评价。已经进行单独评价并确认或继续确认减值损失的金融资产将不被列入组合评价的范围内。

应收款项和贷款按五级分类结果作为风险特征划分资产组合,正常类贷款不计提;关注类贷款按期末余额的2%计提;次级类贷款按期末余额的25%计提;可疑类贷款按期末余额的50%计提;损失类贷款按期末余额的100%计提。

如果有客观证明表明贷款已经发生减值损失,则其损失将以贷款的账面金额与使用此贷款的原始实际利率贴现的预计未来现金流量(不包括还未发生的未来信用损失)的现值之间的差额进行计量,并计入当期损益。如果贷款合约利率为浮动利率,用于确定贷款减值损失的贴现率则按合同约定的当前实际利率。抵押贷款按照执行抵押物值减去获得和出售抵押物成本的金额估计和计算未来现金流量的现值。

如果在以后的财务报表期间,减值损失的金额减少且该等减少减值与发生的某些事件有客观关联(如债务人信用等级提高),本公司通过调整准备金金额在先前确认的减值损失金额内予以转回,转回的金额计入当期损益。发生的贷款损失在完成必须的程序作核销时冲减已计提的贷款损失准备。已核销的贷款损失,以后又收回的应计入当期损益中以冲减当期计提的贷款准备。

(2)可供出售金融资产。期末如果可供出售金融资产的公允价值发生较大幅度下降,或在综合考虑各种相关因素后,预期这种下降趋势属于非暂时性的,即该可供出售金融资产的公允价值连续2年以上低于本公司的初始取得成本并且低于初始取得成本的40%以上的,本公司就认定其已发生减值,即使该金融资产没有终止确认,原直接计入资本公积的因公允价值下降形成的累计损失,应当予以转出,计入当期损益。该转出的累计损失,为该资产的初始取得成本(扣除已收回本金和已摊销金额)与当前公允价值之间的差额,减去所有原已计入损益的减值损失。

6.2.2　长期投资核算方法

6.2.2.1　确认及初始计量

6.2.2.1.1　对企业合并形成的长期股权投资,区分同一控制下的企业合并和非同一控制下企业合并进行核算

对于同一控制下的企业合并,在以支付现金、转让非现金资产或承担债务方式作为合并对价的,本公司在合并日按照取得被合并方所有者权益账面价值的份额作为长期股权投资的初始投资成本,本公司取得的净资产账面价值与支付的合并对价账面价值(或发行股份面值总额)的差额,调整资本公积;资

本公积不足冲减的，调整留存收益。

对于非同一控制下的企业合并，本公司以合并成本取得时具体形式，作为长期股权投资的初始投资成本：

（1）一次交换交易实现的企业合并，合并成本为本公司在购买日为取得对被购买方的控制权而付出的资产、发生或承担的负债以及发行的权益性证券的公允价值。

（2）通过多次交换交易分步实现的企业合并，合并成本为每一单项交易成本之和。

（3）本公司为进行企业合并发生的各项直接相关费用计入合并成本。

对合并成本大于合并中取得的被购买方可辨认净资产公允价值份额的差额，确认为商誉，对取得的被购买方可辨认净资产公允价值份额大于合并成本的差额，经复核后记入当期损益。

6.2.2.1.2 其他方式取得的长期股权投资初始投资成本的确定

（1）以支付现金取得的长期股权投资，应当按照实际支付的购买价款作为初始投资成本，包括购买过程中支付的手续费等必要支出，但所支付价款中包含的被投资单位已宣告但尚未发放的现金股利或利润应作为应收项目核算，不构成取得长期股权投资的成本。

（2）以发行权益性证券方式取得的长期股权投资，其成本为所发行权益性证券的公允价值，但不包括应自被投资单位收取的已宣告但尚未发放的现金股利或利润。

为发行权益性证券支付给有关证券承销机构等的手续费、佣金等与权益性证券发行直接相关的费用，不构成取得长期股权投资的成本。该部分费用应自权益性证券的溢价发行收入中扣除，权益性证券的溢价收入不足冲减的，应冲减盈余公积和未分配利润。

（3）投资者投入的长期股权投资，应当按照投资合同或协议约定的价值作为初始投资成本。

（4）以债务重组、非货币性资产交换等方式取得的长期股权投资，其初始投资成本应按照债务重组、非货币性资产交换的原则进行确认。

6.2.2.2 后续计量及收益确认方法

本公司对不具有共同控制或重大影响的被投资单位，以及对实施控制的被投资单位的长期股权投资以成本法核算，投资收益于被投资公司宣告分派现金股利时确认，现金股利超出投资日以后累积净利润的分配额，冲减投资成本；对被投资公司具有共同控制或重大影响的长期股权投资按权益法核算，投资收益以取得股权后被投资公司实现的净损益份额计算确定。本公司在确认被投资单位发生的净亏损时，以投资账面价值减记零为限，合同约定负有承担额外损失义务的除外。如果被投资单位以后各年实现净利润，本公司在计算的收益分享额弥补未确认的亏损分担额以后，恢复确认收益分享额。

6.2.2.3 资产减值的确认

资产负债表日，若因市价持续下跌或被投资单位经营状况恶化等原因使长期股权投资存在减值迹象时，根据长期股权投资的公允价值减去处置费用后的净额与长期股权投资预计未来现金流量的现值两者之间较高者确定长期股权投资的可回收金额。长期股权投资的可收回金额低于账面价值时，按其差额计提资产减值准备。所计提的长期股权投资减值准备在以后年度不再转回。

6.2.2.4 确认对被投资单位具有共同控制、重大影响的依据

共同控制，按合同约定对某项经济活动所共有的控制，仅在与该项经济活动相关的重要财务和经营决策需要分享控制权的投资方一致同意时存在。

重大影响，对一个企业的财务和经营政策有参与决策的权力，但并不能够控制或者与其他方一起共同控制这些政策的制定。

6.2.3 投资性房地产核算方法

6.2.3.1 确认及初始计量

投资性房地产包括已出租的土地使用权、持有并准备增值后转让的土地使用权以及已出租的建筑物。当本公司能够取得与投资性房地产相关的租金收入或增值收益以及投资性房地产的成本能够可靠计量时，本公司按购置或建造的实际支出对其进行确认。

6.2.3.2 后续计量

本公司对投资性房地产的后续支出采用成本模式进行后续计量。对投资性房地产按照本公司固定资产或无形资产的会计政策，计提折旧或进行摊销。

当本公司改变投资性房地产用途，如用于自用时，将相关投资性房地产转入其他资产。

6.2.4 固定资产计价和折旧方法

6.2.4.1 固定资产确认

固定资产的确认条件：固定资产是指为生产商品、提供劳务、出租或经营管理而持有，并且使用年限超过 1 年的有形资产。固定资产在同时满足下列条件予以确认：（1）与该固定资产有关的经济利益很可能流入企业；（2）该固定资产的成本能够可靠地计量。

6.2.4.2 固定资产初始计量

固定资产的计价：按取得时的实际成本入账。

6.2.4.3 固定资产分类及折旧方法

（1）固定资产分类：房屋建筑物、机器设备、运输设备、电子设备、其他。

（2）固定资产采用平均年限法计提折旧，并按固定资产类别、原价、预计使用年限确定折旧率，净残值率为零。各类固定资产的折旧年限及折旧率如下表：

固定资产类别	预计净残值率（%）	预计使用年限（年）	年折旧率（%）
房屋、建筑物	0	30	3.33
机器设备	0	5	20
运输设备	0	6	16.67
电子设备及其他	0	2～5	20～50

6.2.4.4 固定资产减值准备

固定资产按照账面价值与可收回金额孰低计价。资产负债表日，本公司检查固定资产是否存在可能发生减值的迹象。

资产负债表日，本公司根据是否存在下列情形判断固定资产是否存在可能发生减值的迹象：

（1）资产的市价当期大幅度下跌，其跌幅明显高于因时间的推移或者正常使用而预计的下跌。

（2）本公司经营所处的经济、技术或者法律等环境以及资产所处的市场在当期或者将在近期发生重大变化，从而对企业

产生不利影响。

(3)市场利率或者其他市场投资报酬率在当期已经提高,从而影响企业计算资产预计未来现金流量现值的折现率,导致资产可收回金额大幅度降低。

(4)有证据表明资产已经陈旧过时或者其实体已经损坏。

(5)资产已经或者将被闲置、终止使用或者计划提前处置。

(6)企业内部报告的证据表明资产的经济绩效已经低于或者将低于预期,如资产所创造的净现金流量或者实现的营业利润(或者亏损)远远低于(或者高于)预计金额等。

(7)其他表明资产可能已经发生减值的迹象。

存在减值迹象的,本公司估计其可收回金额。可收回金额低于其账面价值的,按差额计提资产减值准备。可收回金额根据固定资产的公允价值减去处置费用后的净额与资产预计未来现金流量的现值两者之间较高者确定。

固定资产的公允价值减去处置费用后的净额,根据公平交易中销售协议价格减去可直接归属于该资产处置费用的金额确定;不存在销售协议但存在资产活跃市场的,按照该资产的市场价格减去处置费用后的金额确定;在不存在销售协议和资产活跃市场的情况下,以可获取的最佳信息为基础,估计资产的公允价值减去处置费用后的净额,该净额参考同行业类似资产的最近交易价格或者结果进行估计。公司按照上述规定仍然无法可靠估计固定资产的公允价值减去处置费用后的净额的,以该资产预计未来现金流量的现值作为其可收回金额。固定资产预计未来现金流量的现值,按照该等资产在持续使用过程中和最终处置时所产生的预计未来现金流量,以市场利率为折现率对其进行折现后的金额加以确定。资产减值损失一经确认,在以后会计期间不再转回。

6.2.5 无形资产计量和摊销方法

6.2.5.1 无形资产的确认

本公司将企业拥有或者控制的没有实物形态,并且与该资产相关的预计未来经济利益很可能流入企业、该资产的成本能够可靠计量的可辨认非货币性资产确认为无形资产。

6.2.5.2 初始计量

(1)外购无形资产的成本,包括购买价款、相关税费以及直接归属于使该项资产达到预定用途所发生的其他支出。

(2)投资者投入的无形资产,按照投资合同或协议约定的价值作为成本,但合同或协议预定价值不公允的除外。

6.2.5.3 无形资产的摊销

土地使用权按土地使用权证所列的使用年限平均摊销;外购的专业软件在估计的其能够带来经济利益的期限内平均摊销。

资产负债表日本公司将对使用寿命有限的无形资产的使用寿命及摊销方法进行复核。无形资产的使用寿命及摊销方法与以前估计不同的,可改变其摊销期限和摊销方法。

6.2.5.4 无形资产的减值

资产负债表日,本公司检查无形资产是否存在各种可能发生减值的迹象,如果发现存在减值迹象,则估计可收回金额。本公司对有迹象表明一项资产可能发生减值的,以单项资产为基础估计其可收回金额。如果难以对单项资产的可收回金额进行估计,则按照该资产所属的资产组为基础确定资产组的可收回金额。可收回金额根据资产的公允价值减去处置费用后的净额与资产预计未来现金流量的现值两者之间较高者确定。可收回金额低于账面价值的,按差额计提减值准备。资产减值损失一经确认,在以后会计期间不再转回。

6.2.6 其他资产的核算方法

6.2.6.1 其他资产分类

本公司其他资产分为抵债资产、长期应收款等。

6.2.6.2 抵债资产的计量

以抵债资产按取得时的公允价值入账,同时冲销被抵部分的资产账面价值,包括贷款本金、已确认的表内利息以及其他应收款项,与贷款或应收款项对应的贷款损失准备、坏账准备等。抵债资产处置时,如果取得的处置收入大于抵债资产账面价值,其差额计入营业外收入;如果取得的处置收入小于抵债资产账面价值,其差额计入营业外支出。

6.2.6.3 抵债资产的减值

资产负债表日,本公司对抵债资产逐项进行检查,根据抵债资产的性质比照类似资产计提减值准备。

6.2.7 合并会计报表的编制方法

公司无拥有实际控制权的长期股权投资,故无须合并其财务报表。

6.2.8 收入确认原则

公司根据收入的性质和收入确认的条件,合理地确认和计量各项收入。

6.2.8.1 利息收入

按他人使用公司货币资金的时间和实际利率计算确定;使用费或手续费收入按有关合同或协议规定的收费时间和方法计算确定。

6.2.8.2 信托报酬确认的原则和方法

信托报酬收入包括信托财务顾问费收入及信托财产管理手续费收入,信托财务顾问费收入在收到时一次性确认收入,信托财产管理手续费收入是根据信托合同约定的计提方法、计提标准确认应由信托项目承担的受托人报酬。

6.2.9 所得税的会计处理方法

本公司的所得税采用资产负债表债务法核算。当本公司的可抵扣暂时性差异在可预见的未来很可能转回且未来很可能获得用来抵扣可抵扣暂时性差异的应纳税所得额时,确认递延所得税资产;当本公司存在应纳税暂时性差异时,确认为递延所得税负债。

在资产负债表日,对于当期和以前期间形成的当期所得税负债(或资产),按照税法规定计算的预期应交纳(或返还)的所得税金额计量;对于递延所得税资产和递延所得税负债,根据税法规定,按照预期收回该资产或清偿该负债期间的适用税率计量。

资产负债表日,本公司对递延所得税资产的账面价值进行复核。除企业合并、直接在所有者权益中确认的交易或者事项产生的所得税外,本公司当期所得税和递延所得税作为所得税费用或收益计入当期损益。

6.2.10 信托报酬确认原则和方法

信托报酬确认原则和方法见6.2.9.2。

6.2.11 会计政策、会计估计变更及重大会计差错更正的说明

6.2.11.1 本期会计估计变更情况

无。

6.2.11.2　本期其他会计政策及重大会计差错更正

无。

6.3　或有事项说明

2012年本公司没有或有事项业务发生。

6.4　重要资产转让及出售的说明

2012年公司无重要资产转让、出售业务发生。

6.5　会计报表中重要事项的明细资料

6.5.1　披露自营资产经营情况

6.5.1.1　按资产风险分类的结果披露资产的期初数、期末数

信用风险资产五级分类	正常类（万元）	关注类（万元）	次级类（万元）	可疑类（万元）	损失类（万元）	资产合计（万元）	不良资产合计（万元）	不良资产率（%）
期初数	96 572.78	0.00	0.00	24.28	300.00	96 897.06	324.28	0.23
期末数	73 731.54	0.00	0.00	0.00	300.00	74 031.54	300.00	0.25

注：不良资产合计=次级类+可疑类+损失类。

6.5.1.2　资产减值准备情况

单位：万元

	期初数	本期计提	本期转回	本期核销	期末数
贷款损失准备	—	—	—	—	—
一般准备	—	—	—	—	—
专项准备	—	—	—	—	—
可供出售金融资产减值准备	—	—	—	—	—
持有至到期投资减值准备	—	—	—	—	—
长期股权投资减值准备	—	—	—	—	—
坏账准备	300.00	—	—	—	300.00
投资性房地产减值准备	—	—	—	—	—

6.5.1.3　自营股票投资、基金投资、债券投资、长期股权投资等投资的期初数、期末数

单位：万元

项目	自营股票	基金	债券	长期股权投资
期初数	21 643.97	3 000.00	86 851.33	6 200.73
期末数	18 899.93	0	25 948.40	13 257.20

6.5.1.4　前五名的自营长期股权投资的企业名称、占被投资企业权益的比例、主要经营活动及投资收益情况等（按公司拥有权益比例从大到小顺序排列）

企业名称	占被投资企业权益的比例（%）	主要经营活动	投资收益（万元）
1. 恒泰证券有限责任 公司	4.47	证券业务	196.40
2. 内蒙古银行	0.035	金融服务	—
3. 华宸未来基金管理有限公司	40.00	证券业务	-943.53

注：华宸未来基金管理有限公司注册资本为20 000万元，系本公司用自有资金与咸阳步长医药科技发展有限公司和未来资产基金管理公司共同出资设立，公司出资8 000万元，占比40%，不能对该公司实施控制，按权益法核算，公司于2012年6月20日成立并取得营业执照。

6.5.1.5　前五名的自营贷款的企业名称、占贷款总额的比例和还款情况等（从大到小顺序排列）

企业名称	贷款金额（万元）	占总额比例（%）	还款情况
1. 包头市国际会展有限责任公司	30 000 000	31.58	本年新发放贷款，属于正常类贷款。
2. 内蒙古亨利食品工业有限责任公司	20 000 000	21.05	本年新发放贷款，属于正常类贷款。
3. 商都县民宇水泥有限责任公司	20 000 000	21.05	本年新发放贷款，属于正常类贷款。
4. 内蒙古萌业粮油农副产品有限责任公司	17 000 000	17.89	本年新发放贷款，属于正常类贷款。
5. 中网福通信息股份有限公司	8 000 000	8.42	2011年向中网福通信息股份有限公司发放中长期贷款1 000万元。本年到期收回200万元，属于正常类贷款。
合计	95 000 000	100	

6.5.1.6　公司当年的收入结构

收入结构	金额（万元）	占比（%）
手续费及佣金收入	21 830.39	64.07
其中：信托手续费收入	21830.39	64.07
利息收入	1393.89	4.09
其他业务收入	160.86	0.47
其中：计入信托业务收入部分	—	—
投资收益	10 686.66	31.36
其中：股票投资收益	1 569.65	4.61
股权投资收益	-747.12	-2.19
债券投资收益	5 864.13	17.21
其他投资收益	4 000	11.74
公允价值变动收益	—	—
营业外收入	0.14	—
收入合计	34 071.94	100.00

6.5.2　披露信托资产管理情况

6.5.2.1 信托资产的期初数、期末数

单位：万元

信托资产	期初数	期末数
集合	530 560.43	596 066.68
单一	1 008 813.26	1 054 054.37
财产权	—	—
合计	1 539 373.69	1 650 121.05

6.5.2.1.1　主动管理型信托业务期初数、期末数，分证券投资、股权投资、融资、事务管理类分别披露

单位：万元

主动管理型信托资产	期初数	期末数
证券投资类	—	—
股权投资类	665 519.38	278 440.12
融资类	452 348.61	1 109 448.50
事务管理类	—	—
合计	1 117 867.99	1 387 888.62

6.5.2.1.2　被动管理型信托业务期初数、期末数，分证券投资、股权投资、融资、事务管理类分别披露

单位：万元

被动管理型信托资产	期初数	期末数
证券投资类	—	—
股权投资类	—	—
融资类	421 505 70	262 232.43
事务管理类	—	—
合计	421 505 70	262 232.43

6.5.2.2　本年度已清算结束的信托项目51个、实收信托合计金额711 078万元、加权平均实际年化收益率9.11%

6.5.2.2.1　本年度已清算结束的集合类、单一类资金信托项目和财产管理类信托项目个数、金额、加权平均实际年化收益率

已清算结束信托项目	项目个数	合计金额（万元）	加权平均实际年化收益率（%）
集合类	19	179 811.00	10.16
单一类	32	531 267.00	8.76
财产管理类	—	—	—

6.5.2.2.2　本年度已清算结束的主动管理型信托项目个数、合计金额、加权平均实际年化收益率，分证券投资、股权投资、融资、事务管理类分别披露

已清算结束信托项目	项目个数	合计金额（万元）	信托报酬率（%）	加权平均实际年化收益率（%）
证券投资类	—	—	—	—
股权投资类	10	353 715	1.06	8.47
融资类	33	187 591	2.28	10.92
事务管理类	—	—	—	—

6.5.2.2.3　本年度已清算结束的被动管理型信托项目个数、合计金额、加权平均实际年化收益率，分证券投资、股权投资、融资、事务管理类分别披露

已清算结束信托项目	项目个数	合计金额（万元）	信托报酬率（%）	加权平均实际年化收益率（%）
证券投资类	—	—	—	—
股权投资类	—	—	—	—
融资类	8	169 772.00	0.34	8.36
事务管理类	—	—	—	—

6.5.2.3　本年度新增的集合类、单一类、财产管理类信托项目个数、合计金额

新增信托项目	项目个数	合计金额（万元）
集合类	24	282 700.00
单一类	68	557 943.28
财产管理类	—	—
新增合计	92	840 643.28
其中：主动管理型	67	762 228.28
被动管理型	25	78 415.00

6.5.2.4　本公司履行受托人义务情况及因本公司自身责任而导致的信托资产损失情况（合计金额、原因等）

本公司以诚实、信用、谨慎、有效管理为原则，在有效防范和着力控制风险的前提下，以受益人的利益最大化为宗旨，恪尽职守地处理各项信托事务，管理信托财产。加强信托项目的后期跟踪管理工作，及时向委托人、受益人披露有关信息，到期信托本金均如期或提前兑付，应分配的信托收益均如期支付受益人。截至2012年末，公司未发生因本公司自身责任而导致信托财产损失的情况。

6.5.2.5　信托赔偿准备金的提取、使用和管理情况

2012年末，公司根据《信托公司管理办法》及公司章程的有关规定，按税后利润5%计提信托赔偿金。本年计提信托赔偿金833.57万元，累计提取信托赔偿准备金3 965.02万元，占注册资本6.93%。

6.6　关联方关系及其交易披露

6.6.1　关联交易方的数量、关联交易的总金额及关联交易的定价政策等

本年无关联方交易。

6.7　会计制度的披露

本公司固有业务和信托业务分别于2008年和2010年开始执行财政部2006年2月15日颁布的《企业会计准则》。

7. 财务情况说明书

7.1　利润实现情况和分配情况

公司实现净利润16 671.38万元。根据华宸信托有限责任公司章程依次进行利润分配，按当年税后利润的10%提取法定盈余公积1 667.14万元；按当年税后利润的5%提取信托赔偿准备833.57万元。

7.2　主要财务指标

指标名称	指标值
资本利润率（%）	18.34
加权年化信托报酬率（%）	1.32
人均净利润（万元）	155

注：1. 资本利润率＝净利润/所有者权益平均余额×100%。

2. 加权年化信托报酬率＝（信托项目1的实际年化信托报率×信托项目1的实收信托＋信托项目2的实际年化信托报率×信托项目2的实收信托……信托项目n的实际年化信托报率×信托项目n的实收信托）/（信托项目1的实收信托＋信托项目2的实收信托……n的实收信托实收信托）×100%。

3. 人均净利润＝净利润/平均人数。

4. 平均值采取年初、年末余额简单平均法，公式为：a（平均）＝（年初数＋年末数）/2。

7.3　对本公司财务状况、经营成果有重大影响的其他事项

本公司无其他对财务状况、经营成果有重大影响的其他事项。

8. 特别事项揭示

8.1　前五名股东报告期内变动情况及原因

无。

8.2 董事、监事及高级管理人员变动情况及原因

根据内蒙古自治区党委2012年4月24日《关于王连庄同志免职退休的通知》(内党干字〔2012〕140号)，王连庄同志不再担任公司党委书记职务，退休；根据内蒙古自治区政府2012年5月8日《关于王连庄同志的免职令》(内政任字〔2012〕57号)，免去王连庄同志公司监事会主席职务，退休；根据内蒙古自治区国资委党委2012年5月20日《关于王连庄同志免职的通知》(内国资党发〔2012〕36号)，免去王连庄同志公司党委委员职务。

根据内蒙古自治区国资委党委2012年1月27日《关于张绥风同志免职退休的通知》(内国资党发〔2012〕5号)，免去张绥风同志公司党委委员、纪委书记职务，退休。

8.3 公司的重大诉讼事项

无。

8.4 对会计师事务所出具的有保留意见、否定意见或无法表示意见的审计报告

8.5 公司及其董事、监事和高级管理人员受到处罚的情况

无。

8.6 整改情况

报告期内，监管机构对公司银信合作业务、中长期贷款还款方式以及地方政府融资平台贷款进行了现场检查，分别出具了现场检查监管意见和检查事实与评价书。对此，公司领导高度重视，主要领导多次组织相关部门进行学习和讨论，对自身存在的问题进行了深层次的剖析，从中发现隐患，寻找差距，提出了五条整改措施，逐条落实，并保证今后各项工作避免出现类似问题(详见华信办字〔2012〕43号文件)，有效地防范了风险，保证了信托财产的安全。

8.7 本年度重大事项临时报告的简要内容、披露时间、所披露的媒体及其版面

无。

8.8 银监会及其省级派出机构认定的其他有必要让客户及相关利益人了解的重要信息

无。

华能贵诚信托有限公司

1. 重要提示

1.1 公司董事会及董事保证本报告所载资料不存在任何虚假记载、误导性陈述或者重大遗漏，并对其内容的真实性、准确性和完整性承担个别及连带责任。

1.2 公司独立董事对年度报告内容的真实性、准确性、完整性无异议。

1.3 公司总经理田军先生、主管信托会计负责人王卓副总经理、主管会计工作负责人鲍吉胜副总经理声明：保证年度报告中财务报告的真实、完整。

2. 公司概况

2.1 公司简介

华能贵诚信托有限公司成立于2002年，2008年12月29日由华能资本服务有限公司（以下简称华能资本）增资扩股重组而成。2009年2月，经中国银监会批准，公司换发新的金融许可证。目前公司注册资本金为20亿元。

2.1.1 中文名称：华能贵诚信托有限公司

中文名称缩写：华能信托

英文名称：Huaneng Guicheng Trust Corporation Limited

英文名称缩写：HNGCTC

2.1.2 法定代表人：李进

注册地址：贵州省贵阳市金阳新区金阳南路6号购物中心商务楼一号楼24层5~7号

邮政编码：550022

网址：www.hngtrust.com

电子邮箱：public@hngtrust.com

2.1.3 信息披露事务负责人：王卓

联系人：万灵

电话：0851-6825982，0851-6825625

传真：0851-6826139

电子信箱：wangz@hngtrust.com，wanl@hngtrust.com

信息披露报纸：《金融时报》

2.1.4 年度报告备置地点：（公司办公地点）贵州省贵阳市云岩区北京路27号鑫都财富大厦14层

2.1.5 公司聘请的会计师事务所：大信会计师事务所

办公地点：北京市海淀区知春路1号学院国际大厦15层1504号

2.1.6 公司聘请的律师事务所：北京中盛律师事务所

办公地点：北京朝阳区建外大街永安东里甲3号通用国际中心1号楼A座23层

2.2 组织结构

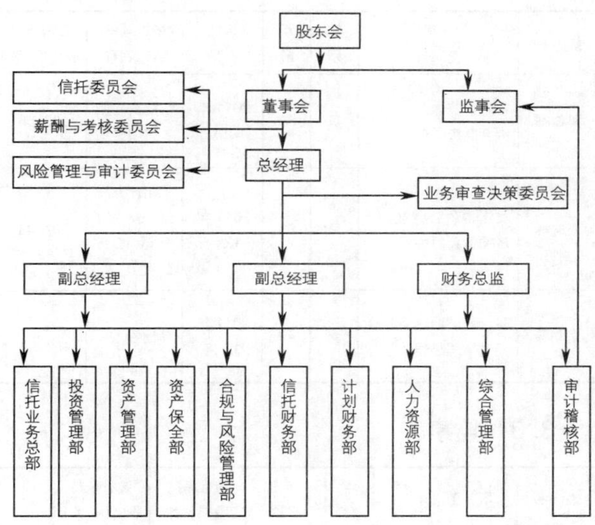

3. 公司治理结构

3.1 股东

3.1.1 报告期末公司股东总数：11（占公司15%以上（含15%）出资比例的股东：2个）

股东名称	持股比例（%）	法人代表
华能资本服务有限公司	66.56	郭珺明
贵州产业投资（集团）有限责任公司	27.43	刘维敏

3.1.2 公司第一大股东

股东名称	出资比例（%）	法人代表
华能资本服务有限公司	66.56	郭珺明

3.2 董事

董事会成员

姓 名	职 务	性别	年龄	选任日期	所推举的股东名称	该股东持股比例（%）	简 要 履 历
李 进	董事长	男	46	2011年12	华能资本服务有限公司	66.56	中国人民银行研究生部硕士，历任华能财务公司计划部经理、副总经理、总经理、党组成员，永诚保险公司总经理，华能资本服务公司党组成员、副总经理。

续表

姓 名	职 务	性别	年龄	选任日期	所推举的股东名称	该股东持股比例(%)	简 要 履 历
李仪华	副董事长	男	55	2011 年 12 月	贵州产业投资(集团)有限责任公司	27.43	中南财经大学硕士研究生学历，历任建行贵阳市分行主任，建行省分行国际业务部经理、计财处副处长、毕节地区分行副行长及行长、省分行业务部总经理、办公室主任，黔隆信托公司副总经理，华能贵诚信托公司副董事长。
杨思东	董事	男	42	2011 年 12 月	华能资本服务有限公司	66.56	中国社科院研究生院研究生学历，先后在北京电加工研究所、河南信托投资公司、中国华能财务公司、招商基金公司、景顺长城基金公司工作;2004 年 2 月起在华能资本服务有限公司公司投资管理部工作，历任副处长、副经理、经理。
李 明	董事	男	40	2011 年 12 月	华能资本服务有限公司	66.56	中国人民大学区域经济研究所硕士研究生学历，先后在中国华能集团公司、华能资本服务有限公司工作，历任副处长、处长、副经理、经理。
张景刚	董事	男	53	2011 年 12 月	贵州产业投资(集团)有限责任公司	27.43	本科学历，历任人民银行贵州省分行副处长、处长，登记公司总经理，黔隆信托公司副总经理，贵州省开发投资公司副总经理、贵州产业投资(集团)有限责任公司副总经理。
田 军	职工董事	男	49	2011 年 12 月			中国社科院研究生部，货币银行专业硕士研究生学历，经济师职称，历任人民银行山西大同分行办公室副主任、主任，大同证券公司副总经理，长城证券公司综合部副主任、董事会秘书兼董事会办公室主任、总裁办公会成员、党委委员、副总裁，华能贵诚信托公司党委书记、总经理。

独立董事

姓 名	所在单位及职务	性别	年龄	选任日期	所推举的股东名称	该股东持股比例(%)	简 要 履 历
吴稼祥	中国经济体制改革研究会高级研究员	男	58	2011 年 12 月	华能资本服务有限公司	66.56	北京大学经济学学士，任职于中共中央书记办公室、中央办公厅调研室，历任北京中和经济技术公司总经理、北京瑞德投资顾问公司总经理、中国经济体制改革研究会高级研究员。
邓瑞林	贵州省政协常委、经济委员会副主任	男	63	2011 年 12 月	贵州产业投资(集团)有限责任公司	27.43	中国社科院研究生院研究生学历，贵州省政协常委、经济委员会副主任。
娇丽燕	基点商品期货交易公司董事总经理	女	49	2011 年 12 月	其他股东		毕业于北京第二外国语学院外语专业，历任英国施罗德银行(美国纽约)公司业务副总裁、第一劝业银行公司业务副总裁、新加坡大华银行(北京)业务总监、加拿大皇家银行(北京)资本市场副总裁、基点商品期货交易公司(北京)董事总经理。

3.3 监事

姓 名	职 务	性别	年龄	选任日期	所推举的股东名称	该股东持股比例(%)	简 要 履 历
周英序	监事会主席	男	54	2011 年 12 月	贵州省贵财投资公司	4.02	贵州师范大学本科学历，历任贵州省机械厅直属机关党委副书记，贵州省机电产品质量监测总站党委书记，贵州省旅游投资公司办公室主任，贵州省开发公司人力资源部经理，黔隆信托董事、党委副书记、纪委书记，华能贵诚信托有限公司监事会主席。
郭朝晖	监事	男	43	2011 年 12 月	贵州产业投资(集团)有限责任公司	27.43	贵州省委党校研究生学历。先后在贵州省长顺县营盘学校、民族中学、贵州省长顺县人事劳动局、贵州省社会科学院东南亚经济研究所工作，历任黔隆国际信托投资有限责任公司党组秘书、董事会秘书、团工委书记、办公室副主任(兼)，贵州省国际会议中心有限责任公司党政办公室主任，贵州省开发投资有限责任公司党政办公室主任，贵州产业投资(集团)有限责任公司处长。
于新仁	职工监事	男	53	2011 年 12 月			贵州省委党校在职研究生学历，历任贵阳耐火材料厂副处长、总会计师兼财务处长，贵州省国际信托投资公司计财部、审计部副经理，黔隆信托公司审计部经理，华能贵诚信托公司审计部经理。

3.4 高级管理人员

姓名	职务	性别	年龄	任职日期	金融从业年限	学历	专业
田 军	总经理	男	49	2011 年 12 月	28	硕士研究生	货币银行
涂继国	副总经理	男	48	2011 年 12 月	21	学士	经济学
王 卓	副总经理兼董事会秘书	男	41	2011 年 12 月	6	硕士研究生	货币银行

续表

姓名	职务	性别	年龄	任职日期	金融从业年限	学历	专业
鲍吉胜	副总经理兼财务总监	男	48	2011 年 12 月	24	研究生	财贸经济金融
金志培	副总经理	男	42	2011 年 12 月	18	硕士研究生	货币银行
孙 磊	首席合规官兼合规与风险管理部经理	男	39	2011 年 12 月	8	硕士研究生 MBA	金融

3.5 公司员工

报告期内，员工人数149人，平均年龄36岁，博士生占比2%，硕士生占比42%，本科生占比52%，专科生占比4%。

4. 经营管理

4.1 经营目标、经营方针、战略规划

经营目标：围绕提高公司核心资产管理能力和理财能力，以发展自主管理类信托业务为重点，打造专属产品，逐步培育和形成公司核心竞争力，推动公司发展方式从外延式增长向内涵式增长转变；加强公司各项基础管理，重点提升公司合规与风控能力。通过努力，确保完成董事会下达的各项经营指标，力争信托业务规模和实现利润迈上新台阶。

经营方针：诚信、专业、创新、和谐。

战略规划：依托股东的管理与资源优势，打造核心竞争力，重点发展面向能源、基础设施行业的产业投资基金业务和企业资产证券化业务（ABS），把公司建设成为在信托规模、盈利能力和管理水平上具有领先地位的、国内一流的电力、能源行业的信托公司。

4.2 所经营业务的主要内容

自营资产运用与分布表

资产运用	金额（万元）	占比（%）	资产运用	金额（万元）	占比（%）
货币资产	14 263.22	3.83	基础产业		
贷款及应收款	56 542.95	15.17	房地产业		
交易性金融资产投资	27 970.54	7.50	证券市场	22 799.51	6.12
可供出售金融资产投资	260 388.05	69.85	实业		
持有至到期投资			金融机构	279 822.30	75.05
长期股权投资			其他	70 185.65	18.83
其他	13 642.70	3.65			
资产合计	372 807.46	100.00	资产合计	372 807.46	100.00

信托资产运用与分布表

资产运用	金额（万元）	占比（%）	资产运用	金额（万元）	占比（%）
货币资产	200 653.50	1.16	基础产业	5 920 913.00	34.10
贷款及应收款	7 543 989.39	43.45	房地产业	1 336 353.97	7.70
交易性金融资产投资	3 000.89	0.02	证券市场	—	—
可供出售金融资产投资	362 004.68	2.08	实业	3 348 468.40	19.29
持有至到期投资	368 400.00	2.12	金融机构	260 690.00	1.50
长期股权投资	1 201 820.00	6.92	其他	6 496 604.30	37.41
其他	7 683 161.21	44.25			
资产合计	17 363 029.67	100.00	资产合计	17 363 029.67	100

4.3 市场分析

4.3.1 有利因素

（1）公司主要股东华能资本服务公司和贵州产业投资公司的持续支持有利于公司平稳发展。（2）中国高净值人士高复合增长，投资理财需求日益蓬勃，有利于信托业的持续壮大。（3）信托业监管模式及风险防范不断规范，积极引导信托公司实现内涵式增长，推动信托业的健康发展。

4.3.2 不利因素

（1）在监管层不断加强引导的背景下，金融脱媒和利率市场化的深化驱动大批金融机构进入财富管理行业，信托业竞争加剧。（2）目前全球经济复苏依然并不稳定，中国经济走势并不明朗，监管部门顺应政策环境变化调整监管要求，短期内对信托公司业务开展产生一定影响。

4.4 内部控制概况

公司建立了以股东大会、董事会、监事会、管理层等为主体的法人治理结构，各个管理层面制度健全、运作规范、分权制衡。董事会下设信托、风险管理与审计、薪酬与考核三个专业委员会，制定了董事会各专业委员会议事规则以及独立董事工作规则。董事会信托委员会、风险管理与审计委员会和监事会充分发挥监督职能。在经营层面，公司建立了权责明确、合理制衡、报告关系清晰的组织架构，建立了业务审查决策委员会集体决策机制，建立了合规与风险管理部和审计稽核部定期向董事会提交风险管理、内部审计的报告机制。公司已经形成了“分级管理、灵活高效、有效监督”的内部运行机制，并进行持续改善。

董事会、管理层大力倡导和培育“诚信为本、规范运作、稳健经营”的企业文化，在开展业务时始终将风险控制放在首位，切实履行受托人职责，致力于在合规的前提下维护受益人利益最大化。公司高度重视内控文化建设，通过各种形式的讲座、交流和研讨活动，通过进行持续教育，及时将有关内控的最新制度、要求和内控经验传递给广大员工，不断提高广大员工的风险意识、合规理念和责任意识，积极营造“管理讲秩序，发展讲风险”经营氛围。

本着规范管理、防范风险的原则，公司建立和完善了员工行为准则、职业道德规范和诚信记录体系，建立了合理授权、有效问责、内部举报和奖惩制度；

公司内部控制的主要政策和程序是：（1）授权控制：根据业务发展需要，建立相应的权限管理体系，实行法人统一授权和管理；（2）资产隔离：对固有资产和信托资产分别管理、分别核算；（3）岗位分离：固有业务和信托业务部门分设，人员不相互兼职；（4）规范操作：按业务流程和操作指引，实行统一规范化操作。

公司不断强化内部管理，保证内部控制的有效执行。公司建立了固有业务和信托业务相互分离的业务管理体系；各项业务均有健全的决策机构和决策程序，前台、中台、后台相对独立；各项业务均有相应的管理办法和操作规定。

公司建立了自控、互控、监控三结合的内控机制，及时对内部控制活动进行检查、评价、监督和纠正。公司建立了业务部门（岗位）自查、业务部门（岗位）互相制约、员工内部举报、合规部门检查、内审部门审计相结合的机制。业务部门（岗位）定期开展自查自纠活动，一旦发现内部控制问题，迅速纠正；办理业务时，相关部门、岗位之间互相监督、制衡；全体员工主动参与公司管理，及时监督和举报公司内部运营缺陷或违规行为；

公司合规与风险管理部审核评价内控制度和操作流程的合规性；按照风险管理"事前严格调查和审查"、"事中、事后跟踪管理"的要求，相应规范内部审批、操作和风险管理程序，细化和完善内部控制制度。审计稽核部对业务的各项运作和风险管理进行动态审计和检查，并直接向董事会、管理层报告，管理层根据内部控制的检查情况和审计评价结果，提出整改意见和纠正措施，并督促各部门严格落实。

4.5 风险管理概况

公司风险管理的基本原则是全面性原则、有效性原则、制衡性原则、独立性原则、主动管理原则。

公司建立的包括董事会风险管理与审计委员会、经营层业务审查决策委员会、合规与风险管理部、各业务部门及管理支持部门内部风险管理岗的四级风险管理体系，形成自上而下垂直型风险管理组织机构，负责对公司整体风险和各项业务风险实施统一管理。四级风险管理体系严格落实风险管理责任制，保证风险控制措施的有效实施。既强化全员全过程的风险管理，又保证风险管理部门的独立性。

4.5.1 风险状况

公司主要面临的风险包括信用风险、市场风险、操作风险、合规风险。

4.5.1.1 信用风险状况

信用风险主要是指公司在运营过程中可能面临的交易对手不愿或不能履行其义务而使信托财产和固有财产遭受潜在损失的可能性的风险。

报告期内，公司设立的信托项目均履行了严格的内部评审程序，合法合规，符合国家产业政策和宏观调控的要求。交易对手信用等级较高，信用风险可控。公司管理的信托财产全部按期收回，并全部按期向受益人兑付信托收益。

4.5.1.2 市场风险状况

市场风险主要是外部市场的不利变动使公司遭受损失的风险。报告期内，公司信托项下存续的信托项目没有投向证券市场的，而作为项目质押的股票质押率均较低，安全边际较高。贷款类项目全部按照利率对应原则与委托人及借款人签订协议，公司作为受托人本身不承担利率风险。固有项下，公司年末持有的投资类资产，按五级分类口径均为正常类投资，年末无不良投资。

4.5.1.3 操作风险状况

操作风险是指公司由于内部治理机制、内控控制机制失效，信息系统缺陷以及人为过失而导致出现的风险。操作风险体现在信托业务和固有业务的整个管理过程中。报告期内公司没有因操作风险而导致的损失。

4.5.1.4 合规风险状况

合规风险是指公司因没有遵循法律、部门规章和行业准则可能遭受法律制裁、监管处罚、重大财务损失和声誉损失的风险。报告期内公司没有因合规问题而遭受法律制裁、重大财务损失或声誉损失。

4.5.1.5 其他风险状况

其他风险包括流动性风险、法律风险、道德风险和声誉风险等。报告期内公司没有因为其他各种风险而出现声誉或财务损失。

4.5.2 风险管理

公司实行Pvar（程序＋风险限额）的风险管理基本策略，针对业务的不同阶段、不同风险特点，保证业务高效、安全、规范运营。针对信用风险、市场风险等可量化风险，严格实施风险指标管理和风险限额控制；对合规风险、操作风险等非量化风险，明确岗位职责，制定精细化的业务操作规程、风险控制流程，加强员工风险意识，实施岗位和流程控制。前瞻性的制定各类新业务的操作指引，细化管控要求和准入标准。动态修订已有规章制度、业务流程，完善决策机制，强化制度执行力。

4.5.2.1 信用风险管理

公司信用风险的管理措施主要包括：建立信用风险监测预警机制，对经营状况、管理状况、财务状况进行动态监测和预警；建立信用风险防范机制，严格执行贷前调查、贷时审查和贷后检查制度；建立信用风险转移机制，通过控制信贷集中度降低信用风险，通过信贷资产卖断转移信用风险；建立信用风险补偿机制，充分提取呆账准备金，加强不良资产管理和处置。信用风险控制手段主要包括担保（保证、抵押、质押）、联合管理、资金提存、优先劣后、增信、审计（专项审计和常规审计）、权益转让、建立中介机构为主的外部智库机制等手段综合运用。外部智库直接对合规与风险管理部负责。公司成立专门负责协助实施项目中后期管理的中后期管理部门。建立信托项目风险监测工作，定期对客户风险进行监测，收集客户资料，分析客户履约能力，及时防范、化解和处置风险。公司信用风险的控制手段是立体的、组合的、多方位的，公司的风险防范的实施以到期清偿为核心，附加过程管理，既维护受益人的利益，也促进信托资金使用方的良性发展。

4.5.2.2 市场风险管理

公司对市场风险实施限额管理，根据业务性质、资本规模和风险承受能力制定对各类业务和各级限额的内部审批程序和操作规程。合规与风险管理部对业务部门交易账户头寸风险进行动态监控。投资风险较大的交易账户逐日重估价值。合规与风险管理部应根据业务授权对风险限额的遵守情况进行动态监控，经营层根据限额实际控制情况对限额进行动态管理。公司合理设立盈利目标，避免过分追求盈利而承受较大风险。针对金融市场或环境的剧烈变化，评估在极端不利情况下的风险承受能力，以此为依据制定相应的应急处理预案。

4.5.2.3 操作风险管理

公司建立规范的内部授权体系，任何个人不得超出授权作出业务决定和风险决策。建立信托业务系统、固有业务系统、客户管理、办公自动化等较为完备的信息系统，固化权限范围。不相容岗位需适当分离，避免利益冲突。各项业务应按照"职责界定清晰、流程设计合理、信息传导通畅、运营操作规范"的原则，建立相应制度，合规与风险管理部参与重要业务制度的审核。各级领导对制度遵守情况逐级进行监督。合规与风险管理部、审计稽核部对公司制度执行情况进行监督，保证各项制度得到有效执行。建立操作风险事故监测、报告机制，保证及时发现操作风险事故。建立重要岗位轮岗机制。对关键岗位不定期进行审计和检查。开办新业务，事先进行风险评估，并提出相应的风险控制措施，在风险可测、可控、可承受的前提下促进创新业务发展。高度关注信息系统风险，确保信息系统稳定、安全、高效运行。

4.5.2.4 合规风险管理

公司通过完善合规培训、合规审查、合规监控机制，有效防范合规风险。合规与风险管理部持续关注法律、法规和准则的最新发展，及时分析对企业的影响，向管理层提出合规建议。定期组织开展合规培训和教育。合规与风险管理部持续检查、评估业务的合规性，保证各项业务严格遵守国家各项法律法规。合同协议的制定、涉诉案件的应对均征求公司法律顾问的意见。保持与监管部门的有效沟通，严格执行监管政策，认真听取主管部门的意见要求，始终把监管机构的政策作为我们的业务边界和风险底线，把监管部门的要求及时传达到业务一线，举一反三，健全以风险防控为核心的基础管理制度。

5. 报告期末及上一年度末的比较式会计报表

5.1 自营资产

5.1.1 会计师事务所审计意见全文

审 计 报 告

大信审字〔2013〕第 11－00083 号

华能贵诚信托有限公司：

我们审计了后附的华能贵诚信托有限公司（以下简称贵公司）财务报表，包括 2012 年 12 月 31 日的资产负债表，2012 年度的利润表、现金流量表、所有者权益变动表以及财务报表附注。

一、管理层对财务报表的责任

编制和公允列报财务报表是贵公司管理层的责任，这种责任包括：(1) 按照企业会计准则的规定编制财务报表，并使其实现公允反映；(2) 设计、执行和维护必要的内部控制，以使财务报表不存在由于舞弊或错误导致的重大错报。

二、注册会计师的责任

我们的责任是在执行审计工作的基础上对财务报表发表审计意见。我们按照中国注册会计师审计准则的规定执行了审计工作。中国注册会计师审计准则要求我们遵守中国注册会计师职业道德守则，计划和执行审计工作以对财务报表是否不存在重大错报获取合理保证。

审计工作涉及实施审计程序，以获取有关财务报表金额和披露的审计证据。选择的审计程序取决于注册会计师的判断，包括对由于舞弊或错误导致的财务报表重大错报风险的评估。在进行风险评估时，注册会计师考虑与财务报表编制和公允列报相关的内部控制，以设计恰当的审计程序，但目的并非对内部控制的有效性发表意见。审计工作还包括评价管理层选用会计政策的恰当性和作出会计估计的合理性，以及评价财务报表的总体列报。

我们相信，我们获取的审计证据是充分、适当的，为发表审计意见提供了基础。

三、审计意见

我们认为，贵公司财务报表在所有重大方面按照企业会计准则的规定编制，公允反映了贵公司 2012 年 12 月 31 日的财务状况以及 2012 年度的经营成果和现金流量。

大信会计师事务所（特殊普通合伙）

中国·北京

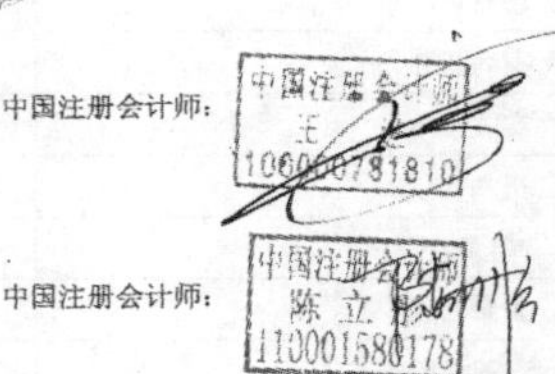

中国注册会计师：王

中国注册会计师：陈立

二〇一三年三月十二日

5.1.2 资产负债表

资产负债表

编制单位：华能贵诚信托有限公司　　单位：万元

项　目	2011 年 12 月 31 日	2012 年 12 月 31 日
资产：		
现金及存放中央银行款项	0.05	0.02
存放同业款项	119 364.58	14 263.20
贵金属		
拆出资金		
交易性金融资产	53 243.89	27 970.54
衍生金融资产		
买入返售金融资产		
应收利息	0.01	
发放贷款和垫款	16 335.00	49 500.00
可供出售金融资产	110 363.80	260 388.05
持有至到期投资		
长期股权投资		
投资性房地产		
固定资产	1 738.99	2 000.93
无形资产	279.46	265.73
递延所得税资产	5 155.43	7 849.51
其他资产	9 834.31	10 569.48
资产总计	316 315.52	372 807.46

资产负债表（续）

编制单位：华能贵诚信托有限公司　　单位：万元

项　目	2011 年 12 月 31 日	2012 年 12 月 31 日
负债：		
向中央银行借款		
同业及其他金融机构存放款项		
拆入资金		
交易性金融负债		
衍生金融负债		
卖出回购金融资产款		
吸收存款		
应付职工薪酬	11 418.07	22 264.61
应交税费	5 215.20	15 698.56
应付股利		
预计负债		
应付债券		
递延所得税负债	160.57	178.63

续表

项　目	2011年12月31日	2012年12月31日
其他负债	5 713. 40	9 609. 56
负债合计	22 507. 24	47 751. 36
所有者权益:		
实收资本	200 000. 00	200 000. 00
资本公积	47 058. 21	47 087. 29
减:库存股		
盈余公积	5 088. 38	11 110. 26
一般风险准备	2 991. 15	11 549. 58
未分配利润	38 670. 54	55 308. 97
所有者权益合计	293 808. 28	325 056. 10
负债和所有者权益总计	316 315. 52	372 807. 46

5. 1. 3　利润和利润分配表

利润和利润分配表

编制单位:华能贵诚信托有限公司　　单位:万元

项　目	2012年度	2011年度
一、营业收入	116 439. 13	73 067. 71
利息净收入	4 364. 73	5 900. 55
利息收入	4 484. 05	5 927. 90
利息支出	119. 32	27. 35
手续费及佣金净收入	86 977. 98	52 727. 05
手续费及佣金收入	88 422. 66	55 185. 62
手续费及佣金支出	1 444. 68	2 458. 57
投资收益(损失以"－"号填列)	24 796. 77	15 359. 34

续表

项　目	2012年度	2011年度
其中:对联营企业和合营企业的投资收益		
公允价值变动收益(损失以"－"号填列)	72. 24	－1 104. 82
汇兑收益(损失以"－"号填列)	－0. 04	－0. 90
其他业务收入	227. 45	186. 50
二、营业支出	35 718. 37	22 749. 20
营业税金及附加	6 680. 48	4 313. 65
业务及管理费	28 702. 89	18 875. 16
资产减值损失	335. 00	－439. 61
其他业务成本		
三、营业利润(亏损以"－"号填列)	80 720. 76	50 318. 52
加:营业外收入	157. 48	1. 17
减:营业外支出	20. 00	3. 00
四、利润总额(亏损以"－"号填列)	80 858. 24	50 316. 69
减:所得税费用	20 639. 51	12 880. 97
五、净利润(净亏损以"－"号填列)	60 218. 73	37 435. 72
加:年初未分配利润	38 670. 54	8 249. 00
六、可供分配的利润	98 889. 27	45 684. 72
减:提取法定盈余公积	6 021. 87	3 743. 57
提取信托赔偿准备	3 010. 94	1 871. 79
提取一般风险准备	5 547. 49	
其他减少	—	—
七、可供股东分配的利润	84 308. 97	40 069. 36
减:分配股东股利	29 000. 00	1 398. 82
八、未分配利润	55 308. 97	38 670. 54

5. 2　信托资产

5. 2. 1　信托项目资产负债汇总表

信托项目资产负债汇总表

编制单位:华能贵诚信托有限公司　　2012年12月31日　　单位:万元

信托资产	期末余额	年初余额	信托负债和信托权益	期末余额	年初余额
信托资产:	0. 00	0. 00	信托负债:	0	0. 00
货币资金	200 653. 50	85 932. 66	交易性金融负债	0	0. 00
拆出资金	0. 00	0. 00	衍生金融负债	0. 00	0. 00
存出保证金	0. 00	0. 00	应付受托人报酬	9 632. 16	11 178. 51
交易性金融资产	3 000. 89	2 770. 00	应付托管费	75. 82	51. 16
衍生金融资产	0. 00	0. 00	应付受益人收益	1 982. 50	553. 01
买入返售金融资产	0. 00	25 000	应交税费	0. 00	0. 00
应收款项	10 629. 39	45 402. 51	应付销售服务费	14. 12	921. 85
发放贷款	7 533 360. 00	4 428 120. 38	其他应付款项	34 292. 79	18 308. 72
可供出售金融资产	362 004. 68	206 186. 32	预计负债	0. 00	0. 00
持有至到期投资	368 400. 00	1 987 795. 54	其他负债	0. 00	0. 00
长期应收款	30 000. 00	0. 00	信托负债合计	45 997. 39	31 013. 24
长期股权投资	1 201 820. 00	404 420. 00		0. 00	0. 00
投资性房地产	0. 00	0. 00	信托权益:	0. 00	
固定资产	0. 00	0. 00	实收信托	17 202 224. 09	9 251 598. 96
无形资产	0. 00	0. 00	资本公积	0. 00	0. 00
长期待摊费用	0. 00	0. 00	损益平准金	0. 00	0. 00
其他资产	7 653 161. 21	2 149 424. 94	未分配利润	114 808. 18	52 440. 16
减:各项资产减值准备	0. 00	0. 00	信托权益合计	17 317 032. 28	9 304 039. 11
信托资产总计	17 363 029. 67	9 335 052. 35	信托负债及信托权益合计	17 363 029. 67	9 335 052. 35

5.2.2 信托项目利润及利润分配汇总表

编制单位:华能贵诚信托有限公司 单位:万元

项 目	2012年度	2011年度
1. 营业收入	1 296 005.24	431 257.59
1.1 利息收入	535 498.89	238 154.26
1.2 投资收益(损失以"-"号填列)	669 083.02	189 710.69
1.2.1 其中:对联营企业和合营企业的投资收益	—	0.00
1.3 公允价值变动收益(损失以"-"号填列)	—	
1.4 租赁收入	1 066.77	
1.5 汇兑损益(损失以"-"号填列)	—	
1.6 其他收入	90 356.55	3 392.64
2. 支出	162 221.17	77 367.83
2.1 营业税金及附加	—	
2.2 受托人报酬	64 957.49	48 230.81
2.3 托管费	13 598.52	4 270.64
2.4 投资管理费	—	0.00
2.5 销售服务费	29 876.52	9 087.85
2.6 交易费用	—	9.19
2.7 资产减值损失	—	0.00
2.8 其他费用	53 788.64	15 769.35
3. 信托净利润(净亏损以"-"号填列)	1 133 784.07	353 889.76
4. 其他综合收益	—	0.00
5. 综合收益	1 133 784.07	353 889.76
6. 加:期初未分配信托利润	52 440.16	24 566.61
7. 可供分配的信托利润	1 186 224.22	378 456.37
8. 减:本期已分配信托利润	1 071 416.04	326 016.21
9. 期末未分配信托利润	114 808.18	52 440.16

6. 会计报表附注

6.1 会计报表编制基准、会计政策和会计估计变更、核算方法的说明

编制基础:本公司财务报表以持续经营假设为基础,根据实际发生的交易和事项,按照财政部2006年2月15日颁布的《企业会计准则》及其应用指南的有关规定,并基于以下所述重要会计政策、会计估计进行编制。

会计政策、核算方法在报告期均无变化。

报告期会计估计变更:公司本年根据中国华能集团的统一要求,变更了固定资产的使用年限和残值率,对本年利润表的影响是增加利润总额240万元。

信托报酬确认原则和方法:信托报酬的确认主要以权责发生制为原则。对于信托文件明确规定有收取标准的,以信托文件规定计提信托报酬;对于信托文件没有明确规定的,待信托项目运作结束时一次性计算收取。

6.2 或有事项说明

无。

6.3 重要资产(不含股权转让)转让及其出售的说明

无。

6.4 会计报表中重要项目的明细资料

6.4.1 披露自营资产经营情况

6.4.1.1 信用风险资产

信用风险资产五级分类	正常类(万元)	关注类(万元)	次级类(万元)	可疑类(万元)	损失类(万元)	信用风险资产合计(万元)	不良资产合计(万元)	不良资产率(%)
期初数	142 260.76	0	145.00	5 018.08	484.09	147 907.93	5 647.17	3.82
期末数	70 944.49	0	145.00	5 018.08	484.09	76 591.66	5 647.17	7.37

注:不良资产合计=次级类+可疑类+损失类。

(1)海南贵州大厦应收款项145万元,为2008年公司履行担保责任代海南贵州大厦支付执行款。该公司产权未理顺,经营不善,收回难度大。公司将此款项划分为次级类。

(2)2003年,公司委托汉唐证券理财,2004年9月3日汉唐证券被行政托管并于2007年宣告破产清算,目前破产清算尚未结束,应收汉唐证券公司的余额为3 101.38万元。公司将此款项划分为可疑类。

(3)2003年,公司信托资金委托华夏证券理财。华夏证券于2008年7月31日经法院裁定受理破产,现已进入清算程序,应收华夏证券股份有限公司的余额为1 135.38万元。公司将此款项划分为可疑类。

(4)盛安房地产开发有限公司款项为781.32万元,其中应付盛安房地产开发有限公司关于台湾大厦9层相关款项201.68万元,应收盛安房地产开发有限公司983万元为代垫台湾大厦后续建设资金。公司将此款项划分为可疑类。

(5)贵州银天贸易公司逾期贷款余额247.44万元,为本公司1993年4月发放人民币贷款。所质押的海南发展银行的535.22万元定期存单由于海南发展银行被人民银行关闭清算,该笔定期存单成为清算债权。经清算组确认领取了"海南发展银行债务确认书",截止目前海南发展银行尚未清算完毕。本公司将此款项划分为损失类,全额计提损失准备。

(6)锦屏竹木公司逾期贷款余额229.4万元,为本公司1995年11月至1996年2月间发放贷款,公司以其自有林场充当贷款抵押物。经核实,该贷款抵押物存在瑕疵,难以处置变现,本公司将此款项划分为损失类,全额计提损失准备。

(7)李伟煤款应收款项7.25万元,为2007年子公司信达贸易公司注销转入,法院已判决,但无可执行财产。本公司将此款项划分为损失类,全额计提损失准备。

6.4.1.2 各项资产减值损失准备

单位:万元

	期初数	本期计提	本期转回	本期核销	期末数
贷款损失准备贷款损失准备	641.84				976.84
一般准备	165	335			500

续表

	期初数	本期计提	本期转回	本期核销	期末数
专项准备	476.84				476.84
其他资产减值准备	4 244.49				4 244.49
可供出售金融资产减值准备	0				0
持有至到期投资减值准备	0				0
长期股权投资减值准备	0				0
坏账准备	4 808.63				4 808.63
投资性房地产减值准备	0				0

6.4.1.3　自营股票投资、基金投资、债券投资、股权投资等投资业务

单位：万元

	自营股票	基金	债券	长期股权投资
期初数	15 799.47	3 000	9 171.07	0
期末数	6 657.59	5 779.28	40 807.02	0

6.4.1.4　前三名的自营长期股权投资的企业名称、占被投资企业权益的比例、主要经营活动及投资收益情况等

无。

6.4.1.5　前三名的自营贷款的企业名称、占贷款总额的比例和还款情况等

企业名称	占贷款总额的比例（%）	还款情况
1. 北京科技园建设（集团）股份有限公司	99.06	尚未到期，正常收息
2. 贵州银天贸易公司	0.49	公司重组前逾期贷款未还
3. 锦屏竹木公司	0.45	公司重组前逾期贷款未还

6.4.1.6　表外业务

无。

6.4.1.7　收入结构

收入结构	金额（万元）	占比（%）
手续费及佣金收入	88 422.67	74.84
其中：信托手续费收入	87 466.23	74.02
投资银行业务收入		—
利息收入	4 484.05	3.79
其他业务收入	227.45	0.19
其中：计入信托业务收入部分		—
投资收益	24 869.01	21.05
其中：股权投资收益		—
公允价值变动收益	72.24	0.06
其他投资收益	24 796.77	20.99
营业外收入	157.48	0.13
收入合计	118 160.65	100.00

6.4.2　披露信托资产管理情况

6.4.2.1　信托资产

单位：万元

信托资产	期初数	期末数
集合	3 068 757.17	3 368 471.36
单一	5 625 125.94	10 725 570.67
财产权	641 169.24	3 268 987.64
合计	9 335 052.35	17 363 029.67

6.4.2.1.1　主动管理型信托业务

单位：万元

主动管理型信托资产	期初数	期末数
证券投资类	—	—
股权投资类	410 751.62	1 201 820.00
融资类	8 906 092.10	15 992 655.07
事务管理类	18 208.63	168 554.60
合计	9 335 052.35	17 363 029.67

6.4.2.1.2　被动管理型信托业务

无。

6.4.2.2　本年度有228个项目清算，实收信托合计1 000.53亿元，加权平均实际年化收益率7.4%

6.4.2.2.1　本年度已清算结束的集合类、单一类资金信托项目和财产管理类信托项目

已清算结束信托项目	项目个数	合计金额（万元）	加权平均实际年化收益率（%）
集合类	74	4 095 561.54	11.00
单一类	134	5 580 011.65	4.70
财产管理类	20	329 682.50	6.00

6.4.2.2.2　本年度已清算结束的主动管理型信托项目

已清算结束信托项目	项目个数	合计金额（万元）	信托报酬率（%）	加权平均实际年化收益率（%）
证券投资类	—	—	—	—
股权投资类	9	324 000.00	2.5	10.90
融资类	219	9 681 255.69	0.75	7.30
事务管理类	—	—	—	—

6.4.2.2.3　本年度已清算结束的被动管理型信托项目

无。

6.4.2.3　本年度新增的集合类、单一类和财产管理类信托项目

新增信托项目	项目个数	合计金额（万元）
集合类	29	4 508 834.82
单一类	165	10 325 768.70
财产管理类	86	3 121 277.70
新增合计	280	17 955 881.22
其中：主动管理型	280	17 955 881.22
被动管理型	—	—

6.4.2.4　信托业务创新成果和特色业务有关情况

（1）与国有大型银行、股份制商业银行推出的以财产权信托为重点的准资产证券化业务，已摸索总结可证券化的资产多达九大类。

（2）重点选取国家或省级在城镇化建设、经济结构调整、节

能环保、新能源、重大民生工程中的大项目，率先以基金化的方式运作，形成了“惠民”、“汇民”两大民生领域系列特色产品。

(3)广泛开展与行业龙头企业、国有大型企业集团、其他优质机构等深度合作，以“稳健投资系列”为代表，通过组合投资方式，积极推动从融资服务型向投资管理型的转变。

6.4.2.5　本公司履行受托人义务情况及因本公司自身责任而导致的信托资产损失情况

本公司严格遵照行业监管法规和信托合同规定，在信息披露、受托资产管理、信托财务核算、项目到期清算及信托财产分配等方面都能自觉履行受托人义务。2012 年全年不存在任何信托项目因公司自身责任导致信托资产发生损失，与信托当事人之间未发生任何形式的法律纠纷，亦未受到行业监管当局的任何惩戒、警示。

6.5　关联方关系及其交易披露

6.5.1　关联交易方的数量、关联交易的总金额及关联交易的定价政策等

	关联交易方数量	关联交易金额(万元)	定价政策
合计	6	753 296.12	以市场交易价格为定价依据

6.5.2　关联交易方与本公司的关系性质、关联交易方的名称、法定代表人、注册地址、注册资本及主营业务等

关系性质	关联方名称	法定代表人	注册地址	注册资本(万元)	主营业务
同属一母公司	中国华能财务有限公司	杨美茹	北京市西城区金融街乙 26 号华实大厦	200 000	对成员单位办理财务和融资顾问、信用鉴证及相关的咨询、代理业务。
同属一母公司	长城证券有限责任公司	黄耀华	深圳市深南大道 6008 号特区报业大厦 16、17 层	206 700	发行和代理各种有价证券，自营和代理买卖各种有价证券。
同属一母公司	华能碳资产经营有限公司	黄　坚	北京市西城区复兴门南大街2号4幢9层。	5 000	电源开发、投资、建设、经营和管理等。
同受最终控股母公司控制	北方联合电力有限责任公司	吕　慧	内蒙古呼和浩特市锡林南路 15 号	1 000 000	开发、投资、建设、经营电力、热力、煤炭资源等。
本公司最终控股母公司	中国华能集团公司	曹培玺	北京市西城区复兴门内甲 6 号	2 000 000	主要从事电源的开发、投资、建设、经营和管理等。
同受最终控股母公司控制	华能山东发电有限公司	王文宗	济南市玉函路 36 号	254 018	主要从事电力、热力、煤炭等相关产业的开发、投资、建设、经营和管理。

6.5.3　本公司与关联方的重大交易事项

6.5.3.1　固有财产与关联方

单位:万元

固有财产与关联方关联交易											
贷款			投资			其他			合计		
期初	发生额	期末	期初	发生额	期末	期初	发生额	期末	期初	发生额	期末
						7 254.88	3 958.76	3 296.12	7 254.88	3 958.76	3 296.12

6.5.3.2　信托资产与关联方

单位:万元

信托资产与关联方关联交易											
贷款			投资			其他			合计		
期初	发生额	期末	期初	发生额	期末	期初	发生额	期末	期初	发生额	期末
1 436 000	−686 000	750 000							1 436 000	−686 000	750 000

6.5.3.3　固有财产与信托财产之间的交易

单位:万元

固有财产与信托财产相互交易			
	期初数	本期发生额	期末数
合计	25 000	0	0

6.5.3.4　信托资产与信托财产之间的交易

单位:万元

信托资产与信托财产相互交易			
	期初数	本期发生额	期末数
合计	0	0	0

6.5.4　关联方逾期未偿还本公司资金的详细情况以及本公司为关联方担保发生或即将发生垫款的详细情况

无。

6.6　会计制度的披露

固有业务:执行财政部 2006 年 2 月颁布的《企业会计准则——基本准则》和 38 项具体会计准则，其后颁布的应用指南、解释以及其他相关规定(统称“企业会计准则”)。

信托业务:执行财政部于 2005 年 1 月 5 日正式颁布的《信托业务会计核算办法》。

7. 财务情况说明书

7.1　利润实现和分配情况

2012 年，公司实现净利润 60 218.73 万元，按净利润 5% 比例提取信托赔偿准备 3 010.94 万元，按净利润 10% 比例提取盈余公积 6 021.87 万元，根据财政部《金融企业准备金计提管理办法》计提一般准备 5 547.49 万元，当年分配股利 29 000 万元，年末未分配利润 55 308.97 万元。

7.2 主要财务指标

指标名称	指标值
资本利润率(%)	19.21
信托报酬率(%)	0.75
人均净利润(万元)	428.99

7.3 对本公司财务状况、经营成果有重大影响的其他事项

无。

7.4 净资本情况

指标名称	指标值
净资本(万元)	244 779.79
风险资本(万元)	236 815.72
净资本/各项业务风险资本之和(%)	103.36
净资本/净资产(%)	75.30

8. 特别事项提示

8.1 前五名股东报告期内变动情况

贵州开发投资有限责任公司更名为贵州产业投资(集团)有限责任公司。

8.2 董事、监事及高级管理人员变动情况及原因

无。

8.3 变更注册资本,变更公司名称、地址

无。

8.4 公司重大诉讼事项

无。

8.5 公司及其董事、监事和高级管理人员受到处罚的情况

无。

8.6 银监会及其派出机构对公司检查后的整改情况

无。

8.7 本年度重大事项临时报告的简要内容、披露时间、所披露的媒体及其版面

(1)公司于2012年3月19日在《金融时报》08版进行了变更公司会计报表审计机构的公告披露。

(2)公司于2012年5月11日在《金融时报》07版进行了2011年度报告摘要的公开信息披露。

(3)公司于2012年6月12日在《金融时报》07版进行了变更法定代表人等事项的公告披露。

8.8 银监会及其省级派出机构认定的其他有必要让客户及相关利益人了解的重要信息

无。

9. 公司监事会意见

公司董事会决策程序严格遵循《公司法》、《信托法》等法律法规和公司章程的规定,建立了较为完善的内部控制制度。公司董事、高级管理人员在执行公司职务时不存在违反法律、法规、公司章程或有损于公司和股东利益的行为。公司财务制度及内控机制健全、财务运作规范、财务状况良好。2012年度财务报告真实客观反映了公司的财务状况和经营成果。报告期内公司重大关联交易行为能按《信托公司信息披露管理暂行办法》的规定进行及时披露,不存在损害公司和所有股东利益的行为。

华融国际信托有限责任公司

1. 重要提示

1.1 本公司董事会及董事保证本报告所载资料不存在任何虚假记载、误导性陈述或者重大遗漏，并对其内容的真实性、准确性和完整性承担个别及连带责任。

1.2 公司独立董事王晓林、罗群芳、邢成、何维达声明：保证年度报告内容的真实性、准确性、完整性。

1.3 拟任董事长周伙荣（任职资格正待中国银行业监督管理委员会核准，下同）、总经理陈鹏君、会计部门负责人杨艳声明：保证本年度财务会计报告的真实、完整。

2. 公司概况

2.1 公司简介

2.1.1 公司法定中文名称：华融国际信托有限责任公司
公司英文名称：Huarong International Ttudt Co., Ltd.
公司英文名称缩写：HUARONG TRUST

2.1.2 公司法定代表人：隋运生

2.1.3 公司注册地址：新疆维吾尔自治区乌鲁木齐市中山路333号
邮政编码：830002
公司国际互联网网址：http//www. huarongtrust. com. cn
公司电子信箱：hrxt@ chamc. com. cn

2.1.4 公司负责信息披露事务人员：
联系人：刘杰山
联系电话：010－58315981
传真：010－58315981
电子信箱：liujieshan@ chamc. com. cn

2.1.5 公司信息披露报纸名称：《金融时报》
公司年度报告备置地点：新疆维吾尔自治区乌鲁木齐市中山路333号
登载年度报告的互联网网址：http//www. huarongtrust. com. cn

2.1.6 公司聘请的会计师事务所名称：立信会计师事务所（特殊普通合伙）
公司聘请的会计师事务所住所：北京市西城区北三环中路29号院3号楼茅台大厦28层
公司聘请的律师事务所名称：北京市京师律师事务所
公司聘请的律师事务所住所：北京市海淀区西直门北大街32号枫蓝国际中心写字楼A座1603

2.2 组织结构

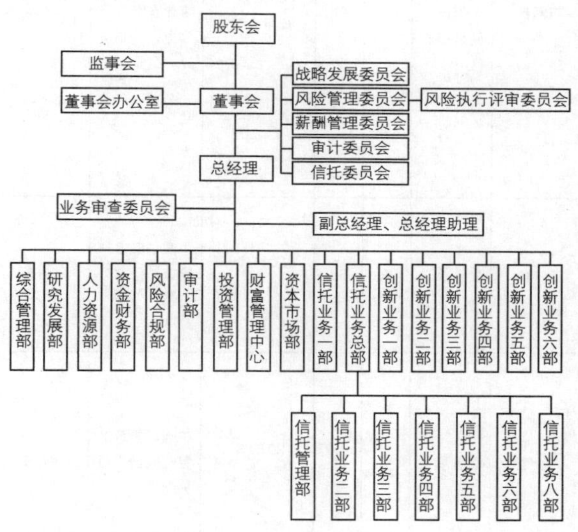

3. 公司治理结构

3.1 股东

报告期末股东总数为3名。股东持股情况如下：

股东名称	持股比例（%）	法人代表	注册资本（万元）	注册地址	主要经营业务及主要财务情况
★中国华融资产管理股份有限公司	97.5	赖小民	2 583 587	北京市西城区金融大街8号	收购、受托经营金融机构不良资产，对不良资产进行管理、投资和处置；债权转股权，对股权资产进行管理、投资和处置；破产管理；对外投资；买卖有价证券；发行金融债权、同业拆借和向其他金融机构进行商业融资；经批准的资产证券化业务、金融机构托管和关闭清算业务；财务、投资、法律及风险管理咨询和顾问业务；资产及项目评估。财务状况良好。
新疆凯迪投资有限责任公司	1.48	徐国华	42 000	新疆乌鲁木齐市金银路53号	资产管理、证券业投资、房屋、车辆、设备的租赁、项目投资及相关咨询服务。财务状况良好。
新疆恒合投资股份有限公司	1.02	盛占银	11 000	新疆乌鲁木齐市黄河路1号	高新技术产业；新兴产业的风险投资；经营及管理；优势传统产业、资本市场的投资管理；对中小企业的融资担保；投资及融资信息咨询。汽车、房屋及机械设备的租赁。财务状况良好。

注：最终实际控制人在股东名称一栏中加★表示。

3.2 董事

董事长、副董事长、董事

姓　名	职　务	性别	年龄	选任日期	所推举的股东名称	该股东持股比例(%)	简　要　履　历
周伙荣	拟任董事长	男	56	2012 年 9 月 27 日	中国华融资产管理股份有限公司	97.5	武汉大学硕士，历任四会市计委生产办副主任、副科长，四会市人民政府财办副主任；广发银行深圳市君利投资有限公司总经理，广发银行深圳市广控投资有限公司总经理，平安银行（原深圳市商业银行）总行特殊资产清收部副总经理（主持工作）、总经理，平安银行（原深圳市商业银行）总行信贷资产管理部总经理，平安银行总行政府业务总监兼总行特殊资产管理部总经理，中国华融资产管理公司广州办事处党委委员，中国华融资产管理公司广州办事处党委副书记、副总经理，中国华融资产管理公司广州办事处党委副书记、副总经理（主持工作），中国华融资产管理公司广州办事处党委书记、总经理。现任华融国际信托有限责任公司党委书记，拟任董事、董事长。
陈鹏君	职工董事、拟任副董事长	男	41	2012 年 6 月 6 日	中国华融资产管理股份有限公司	97.5	清华大学硕士，历任中国水利投资公司筹备组办公室副主任，中国水利投资公司资本运营部副主任，中国华融资产管理公司债权管理部经理、高级副经理，中国华融资产管理公司资产管理一部高级副经理，中国华融资产管理公司北京办事处高级经理（交流），中国华融资产管理公司第一重组办公室高级经理，中国华融资产管理公司乌鲁木齐办事处总经理助理、党委委员，中国华融资产管理公司第一重组办公室主任助理兼任乌鲁木齐办事处总经理助理、党委委员，中国华融资产管理公司业务发展部副总经理，中国华融资产管理公司国际业务部副总经理，华融国际信托有限责任公司副总经理（总经理级）、党委委员，华融国际信托有限责任公司副总经理（总经理级，主持经营全面工作）、职工董事、党委委员，华融国际信托有限责任公司拟任副董事长、职工董事、总经理、党委副书记（中国银行业监督管理委员会新疆监管局于 2013 年 1 月 22 日核准陈鹏君华融国际信托有限责任公司副董事长任职资格）。
王　勇	副董事长	男	56	2011 年 9 月 10 日	中国华融资产管理股份有限公司	97.5	本科学历，历任中国工商银行黑龙江省分行流动资金信贷处处长，中国工商银行黑龙江省齐齐哈尔市分行行长、党委书记，中国华融资产管理公司长春办事处党委委员、副总经理，中国华融资产管理公司哈尔滨办事处党委书记、总经理；现任华融国际信托有限责任公司专职副董事长。
刘士宏	副董事长	男	56	2012 年 6 月 12 日	中国华融资产管理股份有限公司	97.5	本科学历，历任中央纪委监察部监察综合室主任科员、副处长，中国华融资产管理公司监察室纪检监察员（高级副经理级），中国华融资产管理公司监察室纪检监察员（高级经理级），中国华融资产管理公司北京办事处党委委员、纪委书记（副总经理级），中国华融资产管理公司北京办事处党委委员、纪委书记、副总经理，中国华融资产管理公司太原办事处党委副书记、副总经理，中国华融资产管理公司太原办事处党委副书记、副总经理（主持工作），中国华融资产管理公司太原办事处党委书记、总经理；现任华融国际信托有限责任公司专职副董事长。
卢江天	董事	男	58	2010 年 4 月 28 日	中国华融资产管理股份有限公司	97.5	大专学历，历任中国工商银行深圳分行营业部主任，中国工商银行深圳市分行副行长、党组成员，中国华融资产管理公司广州办事处党委书记、总经理兼深圳办事处党委书记；现任华融国际信托有限责任公司董事、总经理级巡视员。
杨　佩	董事	女	49	2008 年 5 月 9 日	中国华融资产管理股份有限公司	97.5	武汉大学硕士，历任中国工商银行总行法律事务部法律咨询处副处长、处长，中国工商银行总行法律事务部副总经理，中国华融资产管理公司法律事务部副总经理（主持工作）、总经理。
王小选	董事	男	54	2010 年 3 月 12	新疆凯迪投资有限责任公司	1.48	大专学历，历任新疆生产建设兵团农业银行计划处副处长，新疆华融房地产公司总经理，陕西省建设银行房地产公司副总经理（主持工作）、西安德恒证券营业部总经理，新疆凯迪房地产开发有限公司总经理，新疆蓝天阳光投资有限责任公司总经理，新疆凯迪投资有限责任公司副总经理兼新疆凯迪创业投资有限责任公司执行董事、总经理。

独立董事

姓　名	所在单位及职务	性别	年龄	选任日期	所推举的股东名称	该股东持股比例(%)	简　要　履　历
王晓林	退休干部	男	65	2009年3月5日	中国华融资产管理股份有限公司	97.5	资源经济学博士，历任车间党支部书记、技术副科长、副厂长、厂长，太原市政府副秘书长、市长助理兼太原高新技术产业开发区管委会主任、党组书记，山西省科委副主任兼太原高新区管委会主任，太原市副市长兼太原高新技术开发区管委会主任，山西省人民政府副秘书长兼山西引黄工程副总指挥、黄河水源太原城市给水工程总指挥，山西省交通厅党组书记、厅长，山西省交通战备办公室主任，2001年当选中共山西省第八届委员会委员，2003年当选十届全国人大代表，省人大常委、省人大城市建设环境保护委员会主任。
罗群芳	退休干部	女	59	2009年3月5日	中国华融资产管理股份有限公司	97.5	高级会计师，历任新疆银监局非银行监管处处长，长期在新疆人民银行任职。
邢　成	中国人民大学信托与基金研究所执行所长	男	50	2009年3月5	中国华融资产管理股份有限公司	97.5	南开大学博士，现任中国人民大学信托与基金研究所执行所长、教授。
何维达	北京科技大学经管学院教授、企业与产业发展研究所所长	男	52	2010年2月26日	中国华融资产管理股份有限公司	97.5	中南财经政法大学博士，现任北京科技大学经济管理学院教授、企业与产业发展研究所长。

3.3　监事

监事会成员

姓　名	职　务	性别	年龄	选任日期	所推举的股东名称	该股东持股比例(%)	简　要　履　历
王　晖	监事会主席	男	57	2010年8月8日	中国华融资产管理股份有限公司	97.5	北京经济学院分院本科，历任中国工商银行北京市分行工交信贷处副处长，中国工商银行北京市分行短期信贷处处长，中国工商银行北京市东城支行行长，中国华融资产管理公司北京办事处副总经理、党委委员，中国华融资产管理公司济南办事处副总经理、党委副书记，中国华融资产管理公司济南办事处副总经理、党委副书记(主持工作)、总经理、党委书记，中国华融资产管理公司股权管理部总经理，华融国际信托有限责任公司监事会主席。
张春如	监事	女	58	2008年3月19日	中国华融资产管理股份有限公司	97.5	中央党校本科，历任中国工商银行北京市分行营业部副总经理，中国工商银行北京市分行人事处处长，中国工商银行北京市分行计划处处长，中国工商银行总行资金营运部副总经理，中国华融资产管理公司资金财务部副总经理、总经理，中国华融资产管理公司审计部总经理，中国华融资产管理股份有限公司总经理级巡视员。
范胜利	监事	男	54	2011年8月15日	—	—	大专学历，历任新疆自治区人民政府财政厅财务资产处处长助理、副处长，新疆自治区人民政府自治区财政厅统计评价处副处长，新疆自治区国资委统计评价处副处长，新疆自治区国资委第六监事会办事处副主任、主任。
张　展	监事	男	42	2010年12月31日	新疆凯迪投资有限责任公司	1.48	大学本科，历任德恒证券有限责任公司上海总部投资部首席交易员，上海博银投资咨询有限公司证券分析师，新疆凯迪投资有限责任公司资产管理部副经理、经理。
盛占银	监事	男	57	2008年3月19日	新疆恒合投资股份有限公司	1.02	研究生，历任新疆福海县计划委员会副主任、主任，福海县人民政府县长助理、重点项目建设办公室主任，新疆自治区投资公司阿舍勒铜矿筹建组任自治区方代表，新疆自治区投资公司项目部业务主管，新疆哈密新天怡石材有限公司董事、副总经理，新疆自治区投资公司企管部副主任，国电新疆吉林台水电开发有限公司副董事长，天风发电股份有限公司副董事长，新疆投资公司项目开发部主任、第一党支部书记，天彩阿克苏良种公司副董事长，新疆恒合投资股份有限公司董事长。
李小莉	职工监事	女	55	2008年3月19日	职工代表大会	—	自治区党校专科，原任华融国际信托有限责任公司审计部副总经理。
付　巍	职工监事	女	39	2008年3月19日	职工代表大会	—	硕士，历任中国华融资产管理公司投资银行部副经理、经理，中国华融资产管理公司人力资源部经理、高级副经理，华融国际信托有限责任公司综合管理部总经理，华融国际信托有限责任公司人力资源部总经理。
孟　娜	职工监事	女	38	2009年3月11日	职工代表大会	—	硕士，历任中国华融资产管理公司股权管理部副经理、经理，中国华融资产管理公司资产管理三部经理，中国华融资产管理公司第一重组办公室经理，华融国际信托有限责任公司信托管理部副总经理，华融国际信托有限责任公司信托管理部总经理、信托市场部总经理，华融国际信托有限责任公司财富管理中心总经理。

3.4 高级管理人员

姓名	职务	性别	年龄	选任日期	金融从业年限	学历	专业
陈鹏君	总经理、党委委员	男	41	2012年9月25日	18	硕士	工商管理
刘绍华	副总经理、党委委员	男	48	2011年6月28日	24	研究生	工商管理MBA
杨晓丽	副总经理、党委委员	女	50	2011年6月28日	32	研究生	工商管理
郭继平	副总经理、党委委员	男	41	2012年6月8日	12	硕士	政治经济学
段建生	总经理助理、党委委员	男	41	2012年12月19日	18	硕士	法学

3.5 公司员工

项目		报告期年度		上年度	
		人数	比例(%)	人数	比例(%)
年龄分布	25岁以下	34	20.24	8	6.50
	25~29岁	40	23.81	28	22.76
	30~39岁	63	37.50	53	43.09
	40岁以上	31	18.45	34	27.65
学历分布	博士	4	2.38	6	4.88
	硕士	95	56.55	69	56.10
	本科	58	34.52	36	29.27
	专科及其他	11	6.55	12	9.75
岗位分布	高管人员	5	2.98	7	5.69
	自营业务人员	15	8.93	5	4.07
	信托业务人员	85	50.60	60	48.78
	其他	63	37.49	51	41.46

4. 经营管理

4.1 经营目标、经营方针、战略规划

4.1.1 经营目标

牢牢把握“稳中求进，紧中求新”的主基调，认真做好“抓发展、防风险、强管理、带队伍、促转型”五项中心任务，创新发展方式，提升发展质量，将公司建设成为“治理优良、经营规范、创新突出、特色明显，风险管控能力强，主要经营业绩达到信托行业前列”的国内一流信托公司。

4.1.2 经营方针

转变方式，创新模式，坚持投资与投行、资管与财管四轮驱动，以内涵型深耕式发展为指导思想，以主动管理为基本原则，以净资本管理风险指标为发展导向，以投融资等多种手段组合为竞争优势，实现基金化、高附加值、智力密集信托产品线为支撑的全新业务模式。

4.1.3 战略规划

围绕服务实体经济这一本质要求，以传统信托业务为支撑，大力发展金融机构合作业务，快速推进创新业务发展，持续优化资金成本，扩大投资人群，做大做强信托主业，稳健发展固有业务，打造专业化、规范化、规模化的综合信托业务平台，构建风险收益相匹配的可持续增长的信托主业盈利模式。

4.2 所经营业务主要内容

公司业务主要分为信托业务、固有业务两大类，信托业务品种主要有单一资金信托、集合资金信托、财产权信托，固有业务主要包括金融企业股权投资、金融产品投资、贷款、财务顾问等业务。

自营资产运用与分布表

资产运用	金额（万元）	占比（%）	资产分布	金额（万元）	占比（%）
货币资产	40 841.98	13.20	基础产业	—	—
贷款及应收款	2 312.76	0.75	房地产业	—	—
交易性金融资产	—	0.00	证券市场	124 486.96	40.25
可供出售金融资产	124 486.96	40.25	实业	—	0.00
持有至到期投资	131 055.19	42.37	金融机构	171 980.66	55.60
长期股权投资	236.96	0.08	其他	12 836.20	4.15
其他	10 369.97	3.35	—	—	—
资产总计	309 303.82	100.00	资产总计	309 303.82	100.00

信托资产运用与分布表

资产运用	金额（万元）	占比（%）	资产分布	金额（万元）	占比（%）
货币资产	147 106.49	2.07	基础产业	1 690 454.00	23.80
贷款	2 024 741.00	28.52	房地产	676 248.12	9.52
交易性金融资产	170 488.83	2.40	证券市场	837 201.49	11.79
可供出售金融资产	268 200.00	3.78	实业	3 058 571.36	43.07
持有至到期投资	453 363.90	6.38	金融机构	396 185.03	5.58
长期股权投资	1 596 667.25	22.48	其他	443 112.58	6.24
其他	2 441 205.11	34.37	—	—	—
信托资产总计	7 101 772.58	100.00	信托资产总计	7 101 772.58	100.00

4.3 市场分析

4.3.1 有利因素

（1）党的十八大胜利闭幕，新一届领导集体坚强有力、专业务实，宏观经济政策措施得当，中国经济保持平稳有序发展，工业化、信息化、城镇化、农业现代化进程不断深入，市场金融需求潜力巨大，将继续推动信托投融资需求增长。

（2）国民财富不断积累，社会资金充裕，居民理财意识增强，利率市场化需求旺盛，通过信托公司投资理财的市场需求仍将不断加大。

（3）信托业财富管理和资产管理能力不断增强，2012年信托资产管理规模高达7.47万亿元，已超越保险业居于四大金融子行业第二位，成为中国金融体系中不容忽视的重要成员，中国信托业对经济社会发展的价值不断凸显。

（4）经过多年的快速发展，中国从政府、企业到家庭等各部门杠杆化程度不断提高，杠杆化之后的发展必然是证券化和结构化，这将开辟信托公司受托管理服务的广阔空间。

(5)控股股东中国华融资产管理股份有限公司成功改制，市场影响力和品牌优势不断增强，为公司发展提供了诸多得天独厚的优势条件。

4.3.2 不利因素

(1)中国经济过去10年GDP两位数快速增长的好景不再，将进入7.5%左右增速的新常态，粗放型增长的融资人将面临较大经营困难，这对信托公司找好、选好、做好项目提出了更高的要求。

(2)证券、基金、保险、银行理财纷纷放松管制，鼓励创新，开展类信托业务，信托业不断拓展与其他金融子行业合作的同时，也面临不断加大的跨金融行业竞争。

(3)监管部门不断加大对基础设施、房地产、煤炭矿业、通道业务的监管力度，信托公司必须加大对一般工商企业的金融服务，这对项目开拓和行业研究，提出了更高的要求。

(4)随着个别信托产品风险案例的暴露，信托业内经营情况将不断分化，投资者对信托产品的误解可能出现，公司加大品牌宣传、进行投资者教育的迫切性不断增强。

(5)公司还需要进一步增强资本实力，积极增资扩股，引进战略投资者，提高公司整体发展水平。

4.4 内部控制

4.4.1 内部控制环境和内部控制文化

华融信托按照现代金融企业制度要求，建立科学的公司法人治理结构，成立股东会、董事会、监事会并制定相应议事规则，根据有关法律法规及公司章程分别行使职责；董事会层面设立战略发展委员会、风险管理委员会、薪酬管理委员会、审计委员会及信托委员会，对涉及公司战略发展、薪酬考核、风险控制等重大事项进行民主决策、集体审议，并制定了各委员会议事规则，使公司在科学决策和风险管控方面增强了独立性、专业性和科学性；风险管理委员会下常设风险审查执行机构，强化对重点项目风险审查与风险控制。公司设立的独立董事工作制度进一步完善了公司的法人治理结构，加强了公司董事会决策的科学性，强化了对内部董事及经营管理层的约束和监督机制；董事会组建经营管理层，由总经理组织公司日常经营管理工作并对董事会负责；总经理层面设立总经理办公会、业务审查委员会、风险管理和内部控制委员会及资金财务审查委员会，分别负责对公司重大决策事项、重大风险管理解决方案、重大资金运用与支出和各项业务方案等事项进行审查，根据银监会监管要求及实际需要，公司设立综合管理部、研究发展部、人力资源部、风险合规部、资金财务部、纪检监察室、投资管理部、信托业务总部等系列职能部室，从而形成一个结构合理、管理科学、内部控制有效的治理结构和机制。

4.4.2 内部控制措施

公司建立了完善的各层级授权制度，明确董事会、监事会、经营管理层的权限及职责。

董事会作为公司决策机构，负责决定公司内部管理机构的设置，制定公司的基本管理制度，决定公司对外重大投资、重大资产处置事项，决定公司资本金运用、资产抵押、对外担保、关联交易等事项。为防范风险，董事会对重大资本金项目、重大信托项目负责审查审批。董事会严格按照董事会议事规则召开会议。

公司设立监事会。监事会为公司的监督机构。监事会按照《公司法》和公司章程赋予的职责和权利，依法运作，认真履职。

经营管理层通过董事会的授权在权限范围内履行职责，建立健全内控控制体系，保证内部控制的各项职责得到有效履行，负责对内部控制的充分性与有效性进行监测评估；并负责执行董事会批准的各项规划、决策和制度。

公司坚持制度先行、规范经营的理念。2012年，公司根据新实施的监管政策和法规，以及公司业务开展和风险管理的实际需要，对内部控制制度进行了全面优化，对各项制度重新进行了全面的梳理、完善和补充，进一步优化业务流程，有效控制各种风险。

4.4.3 信息交流与反馈

公司建立了《信息披露工作制度》及信息交流、汇报与反馈程序，通过工作简报、办公会议纪要、专题报告、内部要情通报、每周周报、每月月报、稽核报告等多种形式进行信息交流、汇报和反馈，使董事会和高级管理层能够及时了解业务信息、管理信息以及其他重要风险信息；所有员工能充分了解相关信息、遵守涉及其责任和义务的政策、程序；及时、真实、完整地向监管机构和外界报告、披露相关信息；及时把与企业既定经营目标有关的信息提供给各级管理层等。

4.4.4 监督评价与纠正

公司自觉接受监事会的监督。公司监事会列席董事会，随时对公司特别是董事和高管人员的合规运作及勤勉尽责情况进行监督。严格按照有关信托法规，进一步完善内部控制制度。做到公司自营业务和信托业务分离，维护委托人和受益人的合法权益。加强内部稽核部门职能，坚持按季对公司业务进行稽核，并报告董事会、监事会和监管部门。

4.5 风险管理

4.5.1 风险管理概况

公司始终坚持“集中管理，分层负责，分类实施”的风险管理原则和全面风险管理理念，始终将“防风险”作为稳健发展的重要保障，牢固树立审慎经营理念，不断提高全员风险管理意识，逐步完善风险预警机制，明确和落实各级风险管理职责，积极适应业务发展和业务创新的需要，切实把风险管理工作做深、做实、做细。公司以防范和控制风险为核心，对风险进行事前防范、事中控制、事后监督。在开展业务时，在风险问题上绝不讨价还价。看得准的项目做，看不准的项目不做；风险可管控的项目做，风险不可管控的项目不做；合法合规的做，违法违规的不做。在工作中始终坚持独立制衡、全面控制、风险收益平衡、持续改进和责任追究原则，在自重组成立以来的较短时间内迅速完善法人治理机制、健全内部控制制度，实现内部控制的完整性、合理性、有效性。

为加强风险管理，公司在董事会下设风险管理委员会、审计委员会，董事会风险管理委员会下设风险执行评审委员会，负责向风险管理委员会报告公司的风险合规与内部控制等情况，同时负责对提交董事会审议的重大业务项目向董事会提出审查意见，在经营管理层层面设立风险管理和内部控制委员会，并下设风险合规部，负责公司的风险控制、合规审核工作。

4.5.2 风险状况

4.5.2.1 信用风险状况

公司可能面临的信用风险主要是交易对手无法履约的风

险。对于信用风险的控制，一是注重交易对手的选择，通过项目前期尽职调查、交易结构设计、抵（质）押担保条件的设置、项目投后尽职管理、现金流的监测、资金监管等措施，从项目的全过程加强对信用风险的防范和控制。二是采用资产五级分类、信贷资产评级等信用度量指标进行信用风险评级，并不断改进信用分析方法和技术。三是公司始终坚持抵押品确认原则，抵押品必须足值、足额、合法、有效、容易变现。四是严格按照规定对信用风险资产合理计提一般准备和专项准备。

公司按照有关规定足额计提各类风险准备。一般准备金的计提比例由公司综合考虑其所面临的风险状况等因素确定，原则上一般准备金余额不低于贷款期末余额的1%。信托赔偿准备金按照税后净利润的5%计提，累计总额达到公司注册资本的20%时不再提取。

公司严格按照监管制度和公司制度定期对公司资产质量进行五级分类。截至 2012 年 12 月 31 日，公司资产总额为 309 303.82万元，不良资产金额为 123.66 万元，较期初不良资产未发生变化，不良资产均系重组设立时遗留所致。

为防范抵押物、质押物贬值风险，公司确定的抵（质）押率一般不超过50%，其他担保方式担保方也应具备相应的担保能力。

4.5.2.2 市场风险状况

市场风险指公司因股价、市场汇率、利率及其他价格因素变动给公司盈利能力和财务状况带来的风险。目前涉及公司业务的市场风险主要有利率风险、股票价格风险。

4.5.2.3 操作风险状况

操作风险主要表现在由于公司内部人员在相关业务办理过程中因操作失误而出现的风险；由于内部控制制度不完善引发的缺乏监控监督风险。2012 年公司未出现操作风险事件。

4.5.2.4 其他风险状况

主要是合规风险和政策风险，2012 年，公司的各项业务严格按照国家相关政策，依法合规操作，未出现违反国家相关政策及违规事件。各项指标均大幅优于监管规定要求。

4.5.3 风险管理

4.5.3.1 信用风险管理

公司在信用风险管理上，一是采用前述资产五级分类、信贷资产评级等信用度量指标进行信用风险评级，并不断改进信用分析方法和技术；二是持续关注抵（质）押物价值变动，确保抵（质）押率保持合理水平，抵（质）押物的担保价值足值；三是严格按照规定对信用风险资产合理计提一般准备和专项准备；四是密切关注宏观经济形式及国家产业政策、信贷政策及其他调控政策的变化，及时研究对策和措施，防控政策风险引起的企业信用风险；五是对交易对手进行事中动态管理，定期了解交易对手经营情况和财务情况，并及时向管理层和董事会报告。

4.5.3.2 市场风险管理

开展各项业务时，全面客观的分析经济形势，谨慎选择项目，对风险难以把握的项目，不轻易进入；在项目开展前，对金融市场有可能产生的市场风险的各个因素进行分析研究，提早做好防范措施；尽量采取分散投资，分散风险的办法；公司加强内部控制，加强对项目的审查、决策；对涉及资本市场的项目或质押物设立相关股票的警戒线、止损位及对相关股票价格变动进行动态监测。

4.5.3.3 合规风险管理

为管理合规风险，公司设立了专门的风险合规部和法律事务部，自觉参照执行《商业银行合规风险管理指引》，引入具有丰富金融从业经验和法律工作经验的人才，对所承做业务的交易模式、法律要点、合同主要条款的合法问题进行专门把握，确保每项业务重点法律问题的合法、有效和严密。根据《信托公司净资本管理办法》（中国银监会令 2010 年第 5 号）规定的披露要求，截至 2012 年 12 月 31 日，公司净资本为 25.63 亿元，达到净资本不得低于 2 亿元的规定；净资本/各项业务风险资本之和为 202%，达到净资本不得低于各项风险资本之和的100%的规定；净资本/净资产为 89%，达到净资本不得低于净资产 40%的规定。

4.5.3.4 操作风险管理

公司指定部门定期对业务规章制度、操作流程等进行修订完善，多种方式举办培训班加强对员工制度、业务培训；多层次设置防火墙，采取事前、事中、事后多角度控制操作风险：一是项目经理作为第一责任人全面负责项目风险；二是风险合规部门定期检查项目执行情况，分析项目风险并向公司提交风险报告；三是审计部门同步跟进；四是公司经营管理层定期向董事会提交公司经营风险报告；五是设计和逐步完善风险控制信息系统，做好系统数据的备份，借助信息技术控制操作风险。

5. 报告期末及上一年度末的比较式会计报表

5.1 自营资产

5.1.1 会计师事务所审计结论（信会师报字〔2013〕第720500 号）

我们认为，贵公司财务报表在所有重大方面按照企业会计准则的规定编制，公允反映了贵公司 2012 年 12 月 31 日的财务状况以及 2012 年度的经营成果和现金流量。

5.1.2 资产负债表

资产负债表

编制单位：华融国际信托有限责任公司　　2012 年 12 月 31 日　　单位：万元

项　目	年末余额	年初余额	项　目	年末余额	年初余额
资产：			负债：		
现金及银行存款	40 841.98	33 429.74	向中央银行借款	—	—
存放中央银行款项	—	—	联行存放款项	—	—
存放联行款项	—	—	拆入资金	—	—
存放同业款项	—	—	交易性金融负债	—	—

续表

项　目	年末余额	年初余额	项　目	年末余额	年初余额
拆出资金	—	—	衍生金融负债	—	—
交易性金融资产	—	—	卖出回购金融资产款	—	—
衍生金融资产	—	—	吸收存款	—	—
买入返售金融资产	—	—	应付职工薪酬	11 245.71	7 354.22
应收款项类金融资产	—	—	应交税费	10 112.03	11 537.27
应收利息	83.49	131.77	应付利息	—	—
其他应收款	2 312.76	2 182.57	其他应付款	776.33	516.25
发放贷款和垫款	—	40 040.00	预计负债	—	—
可供出售金融资产	124 486.96	110 144.84	应付债券	—	—
持有至到期投资	131 055.19	62 432.54	递延所得税负债	153.38	32.94
长期股权投资	236.96	236.96	其他负债	539.38	1 306.36
投资性房地产	2 448.12	2 540.36	负债合计	22 826.83	20 747.04
固定资产	2 046.40	2 194.16	所有者权益:		
在建工程	—	—	实收资本	151 777.00	151 777.00
固定资产清理	1.65	—	其中:国家资本	—	—
无形资产	248.61	237.42	集体资本	—	—
商誉	—	—	法人资本	151 777.00	151 777.00
长期待摊费用	65.44	44.19	其中:国有法人资本	151 777.00	151 777.00
抵债资产	—	—	个人资本	—	—
递延所得税资产	5 318.60	4 329.63	外商资本	—	—
其他资产	157.66	34.91	资本公积	397.96	-74.29
	—	—	减:库存股	—	—
	—	—	盈余公积	16 860.78	10 342.57
	—	—	一般风险准备	16 777.84	13 518.74
	—	—	未分配利润	100 663.41	61 668.03
	—	—	所有者权益合计	286 476.99	237 232.05
资产总计	309 303.82	257 979.09	负债和所有者权益总计	309 303.82	257 979.09

5.1.3　利润表

编制单位:华融国际信托有限责任公司　　2012年度　　单位:万元

项　目	本年金额	上年金额
一、营业收入	167 851.33	142 803.86
(一)利息净收入	2 337.49	8 190.85
利息收入	2 342.00	8 194.80
利息支出	4.51	3.95
(二)手续费及佣金净收入	151 250.95	125 536.45
手续费及佣金收入	151 250.95	125 536.45
手续费及佣金支出	—	—
(三)投资收益(损失以"-"号填列)	13 975.53	8 836.69
其中:对联营企业和合营企业的投资收益	—	—
(四)公允价值变动收益(损失以"-"号填列)	—	—
(五)其他收入	287.36	239.87
汇兑收益(损失以"-"号填列)	—	—
其他业务收入	287.36	239.87
二、营业支出	80 468.88	73 076.45
(一)营业税金及附加	8 615.49	7 515.18
(二)业务及管理费	65 389.55	56 225.85
(三)资产减值损失或呆账损失(转回金额以"-"号填列)	6 347.55	9 215.92
(四)其他业务成本	116.29	119.50
三、营业利润(亏损以"-"号填列)	87 382.45	69 727.41

续表

项　目	本年金额	上年金额
加:营业外收入	35.96	—
减:营业外支出	—	51.21
四、利润总额(亏损以"-"号填列)	87 418.41	69 676.20
减:所得税费用	22 236.32	18 339.83
五、净利润(亏损以"-"号填列)	65 182.09	51 336.37
归属于母公司所有者的净利润	65 182.09	51 336.37
少数股东损益	—	—
六、每股收益:	—	—
(一)基本每股收益(元)	—	—
(二)稀释每股收益(元)	—	—
七、其他综合收益	472.25	-33.95
八、综合收益总额	65 654.34	51 302.42
(一)归属于母公司所有者的综合收益总额	65 654.34	51 302.42
(二)归属于少数股东的综合收益总额		

5.1.4 所有者权益变动表

所有者(股东)权益变动表

编制单位:华融国际信托有限责任公司　　2012年度　　单位:万元

项　目	本年金额							
	实收资本(或股本)	资本公积	减:库存股	专项储备	盈余公积	一般风险准备	未分配利润	所有者(股东)权益合计
一、上年末余额	151 777.00	-74.29	—	—	10 342.57	13 518.74	61 668.03	237 232.05
加:会计政策变更	—	—	—	—	—	—	—	—
前期差错更正	—	—	—	—	—	—	—	—
其他	—	—	—	—	—	—	—	—
二、本年初余额	151 777.00	-74.29	—	—	10 342.57	13 518.74	61 668.03	237 232.05
三、本年增减变动金额(减少以"-"号填列)	—	472.25	—	—	6 518.21	3 259.10	38 995.38	49 244.94
(一)净利润	—				—	—	65 182.09	65 182.09
(二)其他综合收益	—	472.25	—	—	—	—	—	472.25
1. 可供出售金融资产产生的利得(损失)	—	472.25	—	—	—	—	—	472.25
2. 按照权益法核算的在被投资单位其他综合收益中所享有的份额	—	—	—	—	—	—	—	—
3. 现金流量套期工具产生的利得(或损失)	—	—	—	—	—	—	—	—
4. 外币财务报表折算差额	—	—	—	—	—	—	—	—
5. 其他	—	—	—	—	—	—	—	—
上述(一)和(二)小计	—	472.25	—	—	—	—	65 182.09	65 654.34
(三)所有者投入和减少资本	—	—	—	—	—	—	—	—
1. 所有者投入资本	—	—	—	—	—	—	—	—
2. 股份支付计入所有者权益的金额	—	—	—	—	—	—	—	—
3. 其他	—	—	—	—	—	—	—	—
(四)利润分配	—	—	—	—	6 518.21	3 259.10	-26 186.71	-16 409.40
1. 提取盈余公积	—	—	—	—	6 518.21	—	-6 518.21	—
2. 提取一般风险准备	—	—	—	—	—	3 259.10	-3 259.10	—
3. 对所有者(或股东)的分配	—	—	—	—	—	—	-16 409.40	-16 409.40
4. 其他	—	—	—	—	—	—	—	—
(五)所有者权益内部结转	—	—	—	—	—	—	—	—
1. 资本公积转增资本(或股本)	—	—	—	—	—	—	—	—
2. 盈余公积转增资本(或股本)	—	—	—	—	—	—	—	—
3. 盈余公积弥补亏损	—	—	—	—	—	—	—	—
4. 其他	—	—	—	—	—	—	—	—
四、本年末余额	151 777.00	397.96	—	—	16 860.78	16 777.84	100 663.41	286 476.99

所有者(股东)权益变动表(续)

编制单位:华融国际信托有限责任公司　　2012 年度　　单位:万元

项　目	上年金额							
	实收资本(或股本)	资本公积	减:库存股	专项储备	盈余公积	一般风险准备	未分配利润	所有者(股东)权益合计
一、上年末余额	151 777.00	-40.34	—	—	5 208.93	3 224.46	25 759.58	185 929.63
加:会计政策变更	—	—	—	—	—	—	—	—
前期差错更正	—	—	—	—	—	—	—	—
其他	—	—	—	—	—	—	—	—
二、本年初余额	151 777.00	-40.34	—	—	5 208.93	3 224.46	25 759.58	185 929.63
三、本年增减变动金额(减少以"-"号填列)	—	-33.95	—	—	5 133.64	10 294.28	39 908.45	51 302.42
(一)净利润	—						51 336.37	51 336.37
(二)其他综合收益	—	-33.95	—	—	—	—	—	-33.95
1. 可供出售金融资产产生的利得(损失)	—	-33.95	—	—	—	—	—	-33.95
2. 按照权益法核算的在被投资单位其他综合收益中所享有的份额	—	—	—	—	—	—	—	—
3. 现金流量套期工具产生的利得(或损失)	—	—	—	—	—	—	—	—
4. 外币财务报表折算差额	—	—	—	—	—	—	—	—
5. 其他	—	—	—	—	—	—	—	—
上述(一)和(二)小计	—	-33.95	—	—	—	—	51 336.37	51 302.42
(三)所有者投入和减少资本	—	—	—	—	—	—	—	—
1. 所有者投入资本	—	—	—	—	—	—	—	—
2. 股份支付计入所有者权益的金额	—	—	—	—	—	—	—	—
3. 其他	—	—	—	—	—	—	—	—
(四)利润分配	—	—	—	—	5 133.64	10 294.28	-15 427.91	—
1. 提取盈余公积	—	—	—	—	5 133.64	—	-5 133.64	—
2. 提取一般风险准备	—	—	—	—	—	10 294.28	-10 294.28	—
3. 对所有者(或股东)的分配	—	—	—	—	—	—	—	—
4. 其他	—	—	—	—	—	—	—	—
(五)所有者权益内部结转	—	—	—	—	—	—	—	—
1. 资本公积转增资本(或股本)	—	—	—	—	—	—	—	—
2. 盈余公积转增资本(或股本)	—	—	—	—	—	—	—	—
3. 盈余公积弥补亏损	—	—	—	—	—	—	—	—
4. 其他	—	—	—	—	—	—	—	—
四、本年末余额	151 777.00	-74.29	—	—	10 342.57	13 518.74	61 668.03	237 232.05

5.2 信托资产

5.2.1 信托项目资产负债汇总表

2012 年 12 月 31 日　　单位:万元

项　目	期末余额	年初余额
信托资产:		
1. 货币资金	147 106.49	35 115.57
2. 拆出资金	0.00	0.00
3. 存出保证金	0.00	0.00
4. 交易性金融资产	170 488.83	0.00
5. 衍生金融资产	0.00	0.00
6. 买入返售金融资产	2 025 924.00	1 185 556.92
6.1 买入返售证券	0.00	0.00
6.2 买入返售信贷资产	0.00	0.00
7. 应收款项	415 281.11	314 793.01
8. 发放贷款	2 024 741.00	1 481 496.44
8.1 基础产业	809 678.00	249 580.00
8.2 房地产	84 490.00	210 228.57
9. 可供出售金融资产	268 200.00	199 750.00
10. 持有至到期投资	453 363.90	723 664.54
11. 长期应收款	0.00	0.00
12. 长期股权投资	1 596 667.25	870 790.85
12.1 基础产业	338 900.00	338 900.00
12.2 房地产	115 000.00	189 000.00
13. 投资性房地产	0.00	0.00
14. 固定资产	0.00	0.00
15. 无形资产	0.00	0.00
16. 长期待摊费用	0.00	0.00
17. 其他资产	0.00	0.00
18. 信托资产总计	7 101 772.58	4 811 167.33

续表

项　目	期末余额	年初余额
19. 各项资产减值准备	0.00	0.00
信托负债:		
20. 交易性金融负债	0.00	0.00
21. 衍生金融负债	0.00	0.00
22. 应付受托人报酬	655.70	1 335.12
23. 应付托管费	313.61	90.34
24. 应付受益人收益	905.66	387.15
25. 应交税费	0.00	0.00
26. 应付销售服务费	0.39	0.00
27. 其他应付款项	53 615.11	8 583.02
28. 其他负债	25 998.37	5 000.00
29. 信托负债合计	81 488.84	15 395.63
信托权益:		
30. 实收信托	7 001 024.96	4 791 811.13
30.1 资金信托	6 196 051.15	4 172 098.75
30.1.1 集合	4 286 691.00	2 381 573.85
30.1.2 单一	1 909 360.15	1 790 524.90
30.2 财产信托	804 973.81	619 712.38
30.2.1 信贷资产证券化	0.00	0.00
30.2.2 其他资产(准)证券化	0.00	0.00
31. 资本公积	0.00	0.00
32. 损益平准金	0.00	0.00
33. 未分配利润	19 258.78	3 960.57
34. 信托权益合计	7 020 283.74	4 795 771.70
35. 信托负债和信托权益总计	7 101 772.58	4 811 167.33

5.2.2 信托项目利润及利润分配汇总表

2012 年度　　单位:万元

项　目	本年数	上年数
1. 营业收入	548 776.24	442 191.61
1.1 利息收入	389 246.28	291 741.08
1.2 投资收益	146 900.72	149 713.86
1.3 公允价值变动收益(损失以"-"号填列)	11 807.70	—
1.4 租赁收入	—	—
1.5 其他收入	821.54	736.67
2. 营业费用	121 093.73	99 846.08
3. 营业税金及附加	—	—
4. 扣除资产损失前的信托利润	427 682.51	342 345.53
5. 减:资产减值损失	—	—
6. 扣除资产损失后的信托利润	427 682.51	342 345.53
7. 加:期初未分配信托利润	3 960.57	9 769.17
8. 可供分配的信托利润	431 643.08	352 114.70
9. 减:本期已分配信托利润	412 384.30	348 154.13
10. 期末未分配信托利润	19 258.78	3 960.57

6. 会计报表附注

6.1 会计报表编制基准不符合会计核算基本前提的说明

6.1.1 报告期内会计报表不符合会计核算基本前提的事项

无。

6.1.2 报告期公司编制个别会计报表,应纳入合并范围的子公司

无。

6.2 重要会计政策和会计估计说明

公司执行新企业会计准则,本期未发生会计政策及会计估计变更。公司以人民币为记账本位币,会计年度自公历1月1日至12月31日。

6.2.1 计提资产减值准备的范围和方法

根据财政部《金融企业准备金计提管理办法》和银监会《中国银行业监督管理委员会关于非银行金融机构全面推行资产质量五级分类管理的通知》,公司对计提坏账准备的资产进行风险分类,并根据风险分类结果确定一般风险准备和专项准备的计提比例。

6.2.2 金融资产四分类的范围和标准

6.2.2.1 金融资产四分类的范围

金融资产包括金融工具和衍生工具,是指形成一个企业的金融资产,并形成其他单位的金融负债或权益工具的合同,具体包括(1)以公允价值计量且其变动计入当期损益的金融资产,包括交易性金融资产和指定为以公允价值计量且其变动计入当期损益的金融资产;(2)持有至到期投资;(3)贷款和应收款项;(4)可供出售金融资产。

6.2.2.2 金融资产四分类的标准

以公允价值计量且其变动计入当期损益的金融资产:(1)交易性金融资产,主要是指企业为了近期内出售而持有的金融资产,包括不作为有效套期工具的衍生工具。(2)直接指定为以公允价值计量且其变动计入当期损益的金融资产。

可供出售金融资产:反映填报机构初始确认时即被指定为可供出售的非衍生金融资产以及除以公允价值计量且其变动计入当期损益的金融资产、持有至到期投资、贷款和应收款项以外的金融资产。例如,在活跃市场上有报价的股票投资、债券投资等。

持有至到期投资:本项目反映填报机构持有的到期日固定、回收金额固定或可确定,且企业有明确意图和能力持有至到期的非衍生金融资产。企业从二级市场上购入的固定利率国债、浮动利率公司债券等,符合持有至到期投资条件的,可以划分为持有至到期投资。购入的股权投资因其没有固定的到期日,不符合持有至到期投资的条件,不能划分为持有至到期投资。持有至到期投资通常具有长期性质,但期限较短(1年以内)的债券投资,符合持有至到期投资条件的,也可将其划分为持有至到期投资。

贷款和应收款项:持有的缺乏活跃市场报价的,但具备固定或可确定偿付金额的非衍生金融资产,包括贷款以及应收款项类投资等,例如填报机构发放的贷款、凭证式国债、中央银行定向票据等。填报机构所持证券投资基金或类似基金，不应当划分为贷款和应收款项。

6.2.3　**交易性金融资产核算方法**

本公司购入的股票、债券、基金等，确定以公允价值计量且其变动计入当期损益的金融资产，按照取得时的公允价值作为初始确认金额，相关的交易费用在发生时计入当期损益。

支付的价款中包含已宣告但尚未发放的现金股利或债券利息，单独确认为应收项目。

本公司在持有该等金融资产期间取得的利息或现金股利，于收到时确认为投资收益。

资产负债表日，本公司将该等金融资产的公允价值变动计入当期损益。

处置该等金融资产时，该等金融资产公允价值与初始入账金额之间的差额确认为投资收益，同时调整公允价值变动损益。

6.2.4　**可供出售金融资产核算方法**

本公司可供出售金融资产按取得时的公允价值和相关交易费用之和作为初始确认金额。支付的价款中包含已到付息期但尚未领取的债券利息或已宣告但尚未发放的现金股利，单独确认为应收项目。

本公司可供出售金融资产持有期间取得的利息或现金股利，于收到时确认为投资收益。资产负债表日，可供出售金融资产按公允价值计量，其公允价值变动计入资本公积——其他资本公积。

处置可供出售金融资产时，将取得的价款和该金融资产的账面价值之间的差额，计入投资收益，同时，将原直接计入所有者权益的公允价值变动累计额对应处置部分的金额转出，计入投资损益。

6.2.5　**持有至到期投资核算方法**

本公司购入的固定利率国债、浮动利率公司债券等持有至到期投资，按取得时的公允价值和相关交易费用之和作为初始确认金额。

支付的价款中包含已宣告发放债券利息的，单独确认为应收项目。持有至到期投资在持有期间按照摊余成本和实际利率确认利息收入，计入投资收益。

实际利率在取得持有至到期投资时确定，在随后期间保持不变。实际利率与票面利率差别很小的，也可按票面利率计算利息收入，计入投资收益。

处置持有至到期投资时，将所取得价款与该投资账面价值之间的差额确认为投资收益。

如本公司因持有意图或能力发生改变，使某项投资不再适合作为持有至到期投资，则将其重分类为可供出售金融资产，并以公允价值进行后续计量。重分类日，该投资的账面价值与公允价值之间的差额计入所有者权益，在该可供出售金融资产发生减值或终止确认时转出，计入当期损益。

6.2.6　**长期股权投资核算方法**

6.2.6.1　长期股权投资的初始计量

(1)公司合并形成的长期股权投资，按照下列规定确定其初始投资成本：同一控制下的企业合并，以支付现金、转让非现金资产或承担债务方式作为合并对价的，在合并日按照取得被合并方所有者权益账面价值的份额作为长期股权投资的初始投资成本。本公司非同一控制下的企业合并，在购买日按照在购买日为取得对被购买方的控制权而付出的资产、发生或承担的负债以及发行的权益性证券的公允价值确认合并成本。

(2)以支付现金取得的长期股权投资，按照实际支付的购买价款作为初始投资成本。通过非货币性资产交换取得的长期股权投资，其初始投资成本按照《企业会计准则第7号——非货币性资产交换》确定。通过债务重组取得的长期股权投资，其初始投资成本按照《企业会计准则第12号——债务重组》确定。

6.2.6.2　长期股权投资的后续计量及投资收益确认方法

(1)采用成本法核算的长期股权投资按照初始投资成本计价。公司确认投资收益，仅限于被投资单位接受投资后产生的累积净利润的分配额，所获得的利润或现金股利超过上述数额的部分作为初始投资成本的收回。

(2)采用权益法核算的长期股权投资，按照应享有的被投资单位实现的净损益的份额，确认投资损益并调整长期股权投资的账面价值。

公司确认被投资单位发生的净亏损，以长期股权投资的账面价值以及其他实质上构成对被投资单位净投资的长期权益减记至零为限。

6.2.6.3　长期股权投资减值准备的计提方法

公司在资产负债表日判断长期股权投资是否发生减值。公司一般以单项长期股权投资为基础估计其可收回金额，可收回金额根据长期股权投资的公允价值减去处置费用后的净额与长期股权投资预计未来现金流量的现值两者之间较高者确定，并计提减值准备。难以对单项长期股权投资的可收回金额进行估计的，以该长期股权投资所属的资产组为基础确定资产组的可收回金额，并按照《企业会计准则第8号——资产减值》有关规定计提长期股权投资减值准备。减值损失一经确认，在以后会计期间不能转回。

6.2.7　**固定资产计价和折旧方法**

6.2.7.1　固定资产的计价

固定资产按其成本作为入账价值，其中，外购的固定资产的成本包括购买价款、相关税费、使固定资产达到预定可使用状态前所发生的可直接归属于该资产的其他支出；投资者投入的固定资产的成本按照投资合同或协议约定的价值确定。

6.2.7.2　固定资产的分类

公司固定资产分为房屋及建筑物、运输工具、电子设备、其他设备等。

6.2.7.3　固定资产折旧方法

公司固定资产折旧采用年限平均法计提折旧。按固定资产的类别、使用寿命和预计净残值率确定的年折旧率如下：

固定资产类别	预计使用年限(年)	预计净残值率(%)	年折旧率(%)
房屋、建筑物	30~40	5	2.37~3.17
电子设备	3	5	31.67
运输工具	4	5	23.75
其他	5	5	19.00

6.2.8　**公司编制个别会计报表，应纳入合并范围的子公司**

无。

6.2.9 **收入确认原则和方法**

6.2.9.1 金融企业往来收入

按让渡资金使用权的时间和适用利率计算确定。

6.2.9.2 证券销售差价收入

在与证券交易清算时按成交价扣除买入成本、相关税费后的净额确认。

6.2.9.3 手续费收入

在向客户提供相关服务时确认收入。

6.2.9.4 贷款利息收入

按期计提利息并确认收入。

6.2.10 **信托报酬确认原则和方法**

信托业务手续费收入依照信托合同中关于信托报酬的约定确认收入。

6.3 或有事项说明

报告期内公司不存在对外担保及其他或有事项。

6.4 重要资产转让及其出售的说明

报告期内公司无重大资产转让及出售事项。

6.5 会计报表中重要项目的明细资料

6.5.1 自营资产经营情况

6.5.1.1 信用风险五级分类结果

信用风险资产五级分类	正常类（万元）	关注类（万元）	次级类（万元）	可疑类（万元）	损失类（万元）	信用风险资产合计（万元）	不良资产合计（万元）	不良资产率（%）
期初数	55 779.00	28 000.00	—	—	123.66	83 902.66	123.66	0.15
期末数	48 395.89	—	—	—	123.66	48 519.55	123.66	0.25

注：不良资产合计 = 次级类 + 可疑类 + 损失类。

6.5.1.2 各项资产减值损失准备情况

单位：万元

	期初数	本期计提	本期转回	本期核销	期末数
贷款损失准备	2 960.00	5 500.00	8 460.00	—	—
一般准备	300.00		300.00	—	—
专项准备	2 660.00	5 500.00	8 160.00		—
其他资产减值准备	14 688.86	10 031.55	724.00	2 722.00	21 274.41
可供出售金融资产减值准备	—	—	—	—	—
持有至到期投资减值准备	11 495.92	10 031.55	724.00	—	20 803.47
长期股权投资减值准备	3 069.28	—	—	2 722.00	347.28
坏账准备	123.66	—	—	—	123.66
投资性房地产减值准备	—	—	—	—	—

6.5.1.3 按照投资品种分类的自有资金投资情况

单位：万元

	自营股票	基金	债券	长期股权投资	其他投资	合计
期初数	42.02	105 634.60	5 000.00	236.96	62 432.54	173 346.12
期末数	45.00	119 441.96	5 000.00	236.96	131 055.19	255 779.11

6.5.1.4 按投资入股金额排序，前五名的自营长期股权投资的企业名称、占被投资企业权益的比例、主要经营活动及投资收益情况等（从大到小顺序排列）

企业名称	占被投资企业权益比例（%）	主要经营活动	投资收益（万元）
1. 新疆金新信托投资股份有限公司	0.90	信托投资业务（已停业）	无收益
2. 国泰君安证券股份有限公司	0.04	证券经纪业务、证券承销业务	195.02
3. 国泰君安管理股份有限公司	—	资产管理、企业投资、企业咨询	无收益

6.5.1.5 前五名的自营贷款的企业名称、占贷款总额的比例和还款情况等（近贷款金额从大到小顺序排列）

报告期末自营贷款余额为零。

6.5.1.6 表外业务的期初数、期末数，按照代理业务、担保业务和其他类型表外业务分别披露

单位：万元

表外业务	期初数	期末数
担保业务	—	—
代理业务（委托业务）	—	—
其他	—	—
合计	—	—

6.5.1.7 公司当年的收入结构

收入结构	金额（万元）	占比（%）
手续费及佣金收入	151 250.95	90.09
其中：信托手续费收入	151 250.95	90.09
投资银行业务收入		0.00
利息收入	2 342.00	1.39
其他业务收入	287.36	0.17
其中：计入信托业务收入部分		0.00
投资收益	13 975.53	8.33
其中：股权投资收益	195.02	0.12
证券投资收益	4 394.47	2.62
其他投资收益	9 386.04	5.59
公允价值变动收益		0.00
营业外收入	35.96	0.02
收入合计	167 891.80	100.00

报告期公司实现的信托业务收入全部是以手续费及佣金确认的信托业务收入。

6.5.2 披露信托财产管理情况

6.5.2.1 信托资产的期初数、期末数

单位：万元

信托资产	期初数	期末数
集合	2 381 573.85	4 286 691.00
单一	1 790 524.90	1 909 360.15
财产权	619 712.38	804 973.81
合计	4 791 811.13	7 001 024.96

6.5.2.1.1 主动管理型信托业务的信托资产期初数、期末数，分证券投资、股权投资、融资、事务管理类分别披露

单位：万元

主动管理型信托资产	期初数	期末数
证券投资类	146 061.00	837 201.49
股权投资类	187 300.00	210 300.00
融资类	3 603 300.13	4 955 173.47
事务管理类	—	—
合计	3 936 661.13	6 002 674.96

6.5.2.1.2　被动管理型信托业务的信托资产期初数、期末数，分证券投资、股权投资、融资、事务管理类分别披露

单位：万元

被动管理型信托资产	期初数	期末数
证券投资类	—	—
股权投资类	29 700.00	29 700.00
融资类	820 500.00	963 700.00
事务管理类	4 950.00	4 950.00
合计	855 150.00	998 350.00

6.5.2.2　本年度已清算结束的信托项目个数、实收信托合计金额、加权平均实际年化收益率

2012 年 1 月至 12 月累计到期清算结束信托项目 80 个，均按期向受益人进行了信托利益兑付，累计分配信托本金 2 415 230.77万元（含跨年分配本金），累计分配信托收益 193 610.70万元，加权平均实际年化收益率 6.73%，无违约情况发生。

6.5.2.2.1　本年度已清算结束的集合类、单一类资金信托项目和财产管理类信托项目个数、实收信托合计金额、加权平均实际年化收益率

已清算结束信托项目	项目个数	实收信托合计金额（万元）	加权平均实际年化收益率（%）
集合类	28	736 116.77	8.32
单一类	52	1 679 114.00	6.08

注：收益率是指信托项目清算后，给受益人赚取的实际收益水平。加权平均实际年化收益率＝（信托项目 1 的实际年化收益率×信托项目 1 的实收信托＋信托项目 2 的实际年化收益率×信托项目 2 的实收信托＋…信托项目 n 的实际年化收益率×信托项目 n 的实收信托）/（信托项目 1 的实收信托＋信托项目 2 的实收信托＋…信托项目 n 的实收信托）×100%。

6.5.2.2.2　本年度已清算结束的主动管理型信托项目个数、实收信托合计金额、加权平均实际年化收益率，分证券投资、股权投资、融资、事务管理类分别计算并披露

已清算结束信托项目	项目个数	实收信托合计金额（万元）	加权平均实际年化信托报酬率（%）	加权平均实际年化收益率（%）
证券投资类	—	—	—	—
股权投资类	1	5 000.00	1.00	6.52
融资类	68	1 216 730.77	1.86	8.31
事务管理类	—	—	—	—

注：加权平均实际年化信托报酬率＝（信托项目 1 的实际年化信托报酬率×信托项目 1 的实收信托＋信托项目 2 的实际年化信托报酬率×信托项目 2 的实收信托＋…信托项目 n 的实际年化信托报酬率×信托项目 n 的实收信托）/（信托项目 1 的实收信托＋信托项目 2 的实收信托＋…信托项目 n 的实收信托）×100%。

6.5.2.2.3　本年度已清算结束的被动管理型信托项目个数、实收信托合计金额、加权平均实际年化收益率，分证券投资、股权投资、融资、事务管理类分别计算并披露

已清算结束信托项目	项目个数	实收信托合计金额（万元）	加权平均实际年化信托报酬率（%）	加权平均实际年化收益率（%）
证券投资类	—	—	—	—
股权投资类	—	—	—	—
融资类	11	1 193 500.00	0.64	5.19
事务管理类	—	—	—	—

6.5.2.3　本年度新增的集合类、单一类、财产管理类信托项目个数、实收信托合计金额

新增信托项目	项目个数	实收信托合计金额（万元）
集合类	74	2 814 885.00
单一类	31	1 258 516.20
财产管理类	4	230 112.36
新增合计	109	4 303 513.56
其中：主动管理型	100	3 572 513.56
被动管理型	9	731 000.00

注：本年新增信托项目指在本报告年度内累计新增的信托项目个数和金额。包含本年度新增并于本年度内结束的项目和本年度新增至报告期末仍在持续管理的信托项目。

6.5.2.4　报告期内本公司严格履行受托人义务，不存在因本公司自身责任而导致的信托资产损失情况

6.5.2.5　信托赔偿准备金的提取、使用和管理情况

报告期公司提取信托赔偿准备金 3 259.10 万元，期末余额 16 777.84 万元。报告期内正常管理信托赔偿准备金，未使用该准备金。

6.6　关联方关系及其交易的披露

6.6.1　关联交易整体情况

	关联交易方数量	关联交易金额（万元）	定价政策
合计	2	199 600.00	市场交易价格

6.6.2　关联交易方的情况及与本公司的关系如下

关系性质	关联方名称	法定代表人	注册地址	注册资本（万元）	主营业务
母公司	中国华融资产管理股份有限公司	赖小民	北京市金融街8号	2 583 587	资产管理
与本公司同受一母公司控制	华融致远投资管理有限责任公司	章琳	北京市金融街8号	5 000	投资和资产管理、物业管理

6.6.3　逐笔披露本公司与关联方的重大交易事项

6.6.3.1　固有与关联方交易情况：贷款、投资、租赁、应收账款担保、其他方式等期初汇总数、本期借方和贷方发生额汇总数、期末汇总数

单位:万元

固有与关联方关联交易				
	期初数	借方发生额	贷方发生额	期末数
贷款	—	—	—	—
投资	—	—	—	—
租赁	—	273.68	243.27	30.41
担保	—	—	—	—
应收账款	—	—	—	—
其他	—	—	—	—
合计	—	273.68	243.27	30.41

6.6.3.2 信托与关联方交易情况:贷款、投资、租赁、应收账款、担保、其他方式等期初汇总数、本期借方和贷方发生额汇总数、期末汇总数

单位:万元

信托与关联方关联交易				
	期初数	借方发生额	贷方发生额	期末数
贷款	133 800.00	—	—	133 800.00
投资	55 000.00	—	—	55 000.00
租赁	—	—	—	—
担保	—	—	—	—
应收账款	—	—	—	—
其他	12 800.00	—	—	12 800.00
合计	201 600.00	—	—	201 600.00

6.6.3.3 信托公司自有资金运用于自己管理的信托项目(固信交易)、信托公司管理的信托项目之间的相互(信信交易)交易金额,包括余额和本报告年度的发生额

6.6.3.3.1 固有与信托财产之间的交易金额期初汇总数、本期发生额汇总数、期末汇总数

单位:万元

固有财产与信托财产相互交易			
	期初数	本期发生额	期末数
合计	73 928.46	45 930.20	119 858.66

注:以固有资金投资公司自己管理的信托项目受益权,或购买自己管理的信托项目的信托资产均应纳入统计披露范围。

6.6.3.3.2 信托项目之间的交易金额期初汇总数、本期发生额汇总数、期末汇总数

单位:万元

信托资产与信托财产相互交易			
	期初数	本期发生额	期末数
合计	—	—	—

注:以公司受托管理的一个信托项目的资金购买自己管理的另一个信托项目的受益权或信托项下资产均应纳入统计披露范围。

6.6.4 报告期内不存在关联方逾期未偿还本公司资金情况以及本公司为关联方担保发生或即将发生垫款情况

6.7 会计制度的披露

公司执行中华人民共和国财政部(以下简称财政部)于2006年2月份颁布的《企业会计准则——基本准则》和38项具体会计准则,其后颁布的应用指南、解释以及其他相关规定,以及财政部于2005年1月份颁布的《信托业务会计核算办法》。

7. 财务情况说明书

7.1 利润实现和分配情况

2012年度公司实现利润总额为87 418.41万元,当年所得税费用为22 236.32万元,实现净利润65 182.09万元。本年提取信托赔偿准备金3 259.10万元,提取法定公积金6 518.21万元,向股东分配上年度利润16 409.40万元。

7.2 主要财务指标

指标名称	指标值
资本利润率(%)	24.89
加权年化信托报酬率(%)	—
人均净利润(万元)	446.45

注:1. 资本利润率=净利润/所有者权益平均余额×100%。
2. 加权年化信托报酬率=(信托项目1的实际年化信托报酬率×信托项目1的实收信托+信托项目2的实际年化信托报酬率×信托项目2的实收信托+…信托项目n的实际年化信托报酬率×信托项目n的实收信托)/(信托项目1的实收信托+信托项目2的实收信托+…信托项目n的实收信托)×100%。
3. 人均净利润=净利润/年平均人数。
4. 平均值采取年初、年末余额简单平均法,公式为:a(平均)=(年初数+年末数)/2。

7.3 对本公司财务状况、经营成果有重大影响的其他事项

本报告期内未发生对本公司财务状况、经营成果有重大影响的其他事项。

8. 特别事项揭示

8.1 报告期内,华融信托股东构成、名称变更及出资变动情况

报告期内,公司控股股东中国华融资产管理公司更名为中国华融资产管理股份有限公司,注册资本由1 000 000万元变更为2 583 587万元。其他股东及注册资本无变动。

8.2 董事、监事有为高级管理人员变动情况及原因

报告期内,因工作需要,经2012年第一次临时股东会审议通过,推选刘士宏同志为公司董事,经2012年第三次临时董事会审议、新疆银监局核准,推选刘士宏同志为公司副董事长;因工作需要,经第六次临时董事会审议通过、新疆银监局核准,聘任郭继平同志为公司副总经理;因工作需要,经2012年一届二次职工代表大会审议通过,经新疆银监局核准,陈鹏君同志出任公司职工董事;因工作需要,经第十一次临时董事会审议通过、中国银行业监督管理委员会核准,聘任陈鹏君同志为公司总经理;因工作需要,经第二十次临时董事会审议通过,新疆银监局核准,聘任段建生同志为公司总经理助理;因工作需要,经第二十七次临时董事会审议通过,新疆银监局核准,推选陈鹏君同志为公司副董事长;因工作需要,经2012年第三次临时股东会审议通过,推选周伙荣同志为公司董事,经2012年第二十一次临时董事会审议通过,推选周伙荣同志为公司董事长,董

事、董事长任职资格正待中国银行业监督管理委员会核准。

8.3 报告期内,公司分立合并事项

无。

8.4 报告期内公司重大诉讼事项

无。

8.5 报告期内会计师事务所出具有保留意见、否定意见或无法表示意见的审计报告

8.6 报告期内公司及其董事、监事和高级管理人员受到处罚的情况

无。

8.7 银监会及其派出机构对公司的检查意见及其整改情况说明

2012年3月12日至6月30日,新疆银监局对公司房地产项目及煤炭资源类信托项目进行了现场检查。新疆银监局对公司给予了充分肯定,认为公司总体运行状态平稳,业务规模呈现较快增长趋势。经营效果明显,总体风险可控。公司对房地产项目及煤炭资源类项目风险管理意识较强,能够按监管要求严格控制新增房地产项目,风险缓释措施基本到位。对煤炭类项目,能够把握主要风险点,风险缓释措施框架较为明晰,并结合当前经济形势,对该行业的投入实行了严格控制措施。华融信托高度重视本次现场检查提出的整改意见及监管建议,逐项研究制定了整改措施,认真执行整改,并以此次检查及整改为契机,系统性采取措施,建立长效机制,全面提升风险合规管控能力及经营管理水平。

8.8 报告期内重大事项临时报告。

无。

9. 公司监事会意见

监事会认为,报告期内,公司2012年能够认真贯彻国家法律、法规和公司章程、制度的要求,依法合规促发展,不断完善内控制度、持续强化风险管控。董事及高级管理人员能够遵守国家有关金融法律法规和《公司法》的有关规定,认真履职,未发现有违法、违规及违章行为,也没有损害公司利益、股东利益和委托人利益的行为。公司2012年度财务报告客观真实地反映了公司的实际财务状况和经营成果。本年度报告的内容和格式符合中国银监会的规定。

华润深国投信托有限公司

1. 重要提示

1.1 本公司董事会及董事保证本报告所载资料不存在任何虚假记载、误导性陈述或者重大遗漏，并对其内容的真实性、准确性和完整性承担个别及连带责任。

1.2 公司独立董事梁伯韬、靳海涛保证本报告内容真实、准确、完整。

1.3 中天运会计师事务所有限公司对本公司年度财务报告进行审计，出具了标准无保留意见的审计报告。

1.4 公司法人代表、董事长蒋伟，总经理孟扬，财务总监肖立荣声明：保证本年度报告中财务报告真实、完整。

2. 公司概况

2.1 公司简介

公司于1982年8月24日成立，原名为深圳市信托投资公司，注册资本为5 813万元。1984年经中国人民银行批准更名为深圳国际信托投资总公司，注册资本1亿元，正式成为非银行金融机构，并同时取得经营外汇金融业务的资格。1991年经中国人民银行批准更名为深圳国际信托投资公司，注册资本2.8亿元，其中外汇资本金1 200万美元。2002年2月经中国人民银行批准重新登记，领取了信托机构法人许可证，注册资本20亿元，其中外汇资本金5 000万美元。公司同时更名为深圳国际信托投资有限责任公司。2005年3月14日，深圳市人民政府国有资产管理委员会变更登记为公司的控股股东。2006年10月17日，华润股份有限公司与深圳市国资委等签订了《股权转让及增资协议》，股权变更登记后，华润股份有限公司持有公司51%股权，深圳市人民政府国有资产监督管理委员会持有公司49%股权，公司注册资本增加到26.3亿元。2008年10月，经中国银行业监督管理委员会批准，公司变更名称及业务范围，换领新的金融许可证，公司更名为华润深国投信托有限公司，简称"华润信托"。

公司的法定中文名称	华润深国投信托有限公司
中文名称缩写	华润信托
公司的法定英文名称	China Resources Szitic Trust Co.,Ltd.
英文名称缩写	CR TRUST
法定代表人	蒋伟
注册地址	深圳市福田区中心四路1－1号嘉里建设广场第三座第10～12层
邮政编码	518048
公司国际互联网网址	http://www.crctrust.com
电子信箱	crctrust@crctrust.com
信息披露事务负责人	李巍巍
信息披露事务联系人	贾国福
联系电话	0755－33031626
传真	0755－33380599

续表

电子信箱	jiagf@crctrust.com
年度报告备置地点	深圳市福田区中心四路1－1号嘉里建设广场第三座第10～12层
信息披露报纸名称	《证券时报》、《中国证券报》、《上海证券报》
聘请的会计师事务所	中天运会计师事务所有限公司
住所	北京市西城区车公庄大街9号五栋大楼7～8层
聘请的律师事务所	广东经天律师事务所
住所	深圳市滨河大道5022号联合广场A座25楼

2.2 组织结构

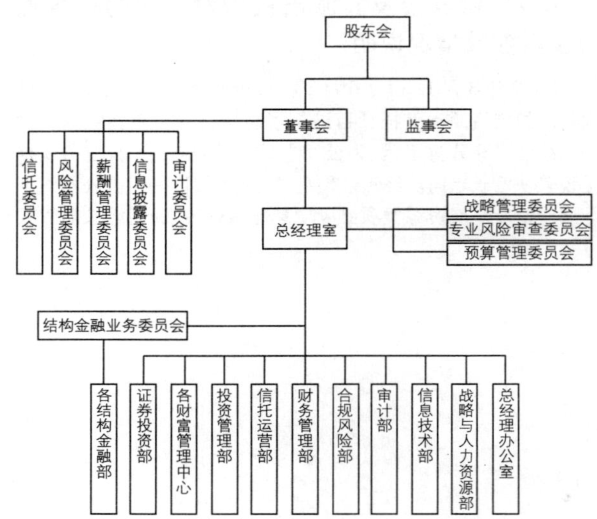

3. 公司治理结构

3.1 股东

报告期末，股东总数为2家。

股东

股东名称	持股比例(%)	法人代表	注册资本(亿元)	注册地址	主要经营业务
★华润股份有限公司	51	宋林	164.67	深圳市罗湖区深南东路5001号华润大厦28楼2801、05、06单元	对金融、保险、能源、交通、电力、通信、仓储运输、食品饮料生产企业的投资；对商业零售企业（含连锁超市）、民用建筑工程施工的投资与管理；石油化工、轻纺织品、建筑材料产品的生产等。
深圳市人民政府国有资产监督管理委员会	49	张晓莉		深圳市福田区深南大道4009号投资大厦17楼	代表国家履行出资人职责，依法对企业国有资产进行监管。

注：★表示实际控制人。

公司第一大股东华润股份有限公司的主要股东为中国华润总公司，持股比例为 99.996053%，注册资本 116.93 亿元，注册地址为北京市东城区建国门北大街 8 号华润大厦 2701～2705，法人代表为宋林，业务范围为经国家批准的二类计划商品、三类计划商品、其他三类商品及橡胶制品的出口，经国家批准的一类、二类、三类商品的进口等。

3.2 董事

董事会成员

姓　名	职　务	性别	年龄	选任日期	任期年限	所代表的股东名称	股东持股比例（%）
蒋　伟	董事长	男	49	2010 年 5 月	3	华润股份有限公司	51
履　历	曾任中国华润总公司开发部职员，华润（集团）有限公司财务部资金组主任、副经理、经理，华润（集团）有限公司财务部助理总经理、副总经理，华润（集团）有限公司财务部总经理，华润（集团）有限公司 CFO；现任华润（集团）有限公司董事、副总经理兼华润金融控股有限公司董事长，华润信托董事长。						
魏　斌	董事	男	43	2010 年 5 月	3	华润股份有限公司	51
履　历	曾任外经贸部审计局公务员，南光（集团）有限公司审计部经理、财务部综合主管，中国华润总公司管理委员兼财务总监，华润（集团）有限公司财务部副总经理，中国华源集团有限公司副总裁兼财务总监；现任华润（集团）有限公司总会计师。						
宋　群	董事	男	47	2010 年 5 月	3	华润股份有限公司	51
履　历	曾任日本东工物产株式会社北京办事处经理，澳大利亚和新西兰银行任驻华代表处助理首席代表，澳大利亚和新西兰银行总行企业金融财务部经理，摩根大通银行信托部香港业务主管及亚太地区市场开发业务主管，汇丰银行信托服务部全球业务总经理；现任珠海华润银行股份有限公司行长。						
伍　斌	董事	男	57	2010 年 5 月	3	深圳市人民政府国有资产监督管理委员会	49
履　历	曾任江西财经大学财政税务系副主任、校学术委员会委员、硕士研究生导师，投资管理公司产权部干部，体改办企业体制处处长，深圳市人民政府国有资产监督管理委员会企业改革处处长；现任深圳市人民政府国有资产监督管理委员会副主任、党委委员。						
桂自强	董事	男	47	2010 年 5 月	3	深圳市人民政府国有资产监督管理委员会	49
履　历	曾任职于深圳华达电脑公司，深圳市投资管理公司；现任深圳市人民政府国有资产监督管理委员会企业一处处长。						
梁伯韬	独立董事	男	58	2010 年 5 月	3		
履　历	曾任百富勤投资集团有限公司董事总经理，法国巴黎百富勤有限公司行政总裁、集团副董事长，花旗环球金融亚洲有限公司亚洲区主席；现任 CVC Asia Pacific Limited 的大中华区主席及董事合伙人。						
靳海涛	独立董事	男	58	2010 年 5 月	3		
履　历	曾任中国电子工业总公司系统工程局综合处处长、计划处处长，中国电子工业深圳总公司总经理助理，深圳市赛格集团有限公司副总经理、党委副书记、纪委书记，深圳市赛格集团有限公司常务副总经理兼深圳市赛格股份有限公司副董事长、总经理、党委书记，全球策略投资基金驻中国特别代表；现任深圳市创新投资集团有限公司董事长、党委书记。						
李南峰	董事	男	59	2010 年 5 月	3		
履　历	曾任中国人民银行深圳分行办公室主任，深圳国际信托投资有限责任公司副总经理、党委书记、董事长、总经理；现任华润深国投投资有限公司董事、总经理。						
孟　扬	董事	女	49	2010 年 5 月	3		
履　历	曾任深圳国际信托投资有限责任公司租赁部副经理、资产管理部经理、总经理助理兼资产管理部经理、总经理助理兼信托业务部经理、公司副总经理；现任华润深国投信托有限公司总经理。						

独立董事

姓名	性别	年龄年限	选任日期	任期年限	职务
梁伯韬	男	58	2010 年 5 月	3	CVC Asia Pacific Limited 的大中华区主席及董事合伙人
履历	曾任百富勤投资集团有限公司董事总经理，法国巴黎百富勤有限公司行政总裁、集团副董事长，花旗环球金融亚洲有限公司亚洲区主席；现任 CVC Asia Pacific Limited 的大中华区主席及董事合伙人。				
靳海涛	男	58	2010 年 5 月	3	深圳市创新投资集团有限公司董事长、党委书记
履历	曾任中国电子工业总公司系统工程局综合处处长、计划处处长，中国电子工业深圳总公司总经理助理，深圳市赛格集团有限公司副总经理、党委副书记、纪委书记，深圳市赛格集团有限公司常务副总经理兼深圳市赛格股份有限公司副董事长、总经理、党委书记，全球策略投资基金驻中国特别代表；现任深圳市创新投资集团有限公司董事长、党委书记。				

3.3 监事

监事会成员

姓名	职务	性别	年龄	选任日期	任期年限	所代表的股东名称	股东持股比例（%）
周日昌	监事会主席	男	59	2010 年 5 月	3	深圳市人民政府国有资产监督管理委员会	49
履　历	曾任深圳市商业局干部，深圳松岗区福永公社党委委员、纪委委员，深圳市上步区纪委副书记，深圳市纪委一处副处级纪检主任科员，深圳市人民政府驻香港办事处纪检组副组长，深圳国际信托投资有限责任公司董事、党委副书记、纪委书记兼工会主席；现任华润深国投信托有限公司监事会主席。						

续表

姓名	职务	性别	年龄	选任日期	任期年限	所代表的股东名称	股东持股比例(%)
俞　建	监事	男	41	2010 年 5 月	3	华润股份有限公司	51
履　历	曾任职于中信——中国租赁有限公司北京办事处项目经理，中信——中国租赁(香港)有限公司助理总经理，BP 石化战略分析员，BP 亚洲有限公司财务经理，全球资金管理经理，BP 集团伦敦办事处集团融资及资本市场部集团融资主任，BP 亚洲有限公司香港办事处亚太地区财资经理；现任华润(集团)有限公司财务部资金总监。						
刘娇琳	职工监事	女	49	2010 年 5 月	3		
履　历	曾任湖南财经学院助教，西南财经大学讲师，深圳国际信托投资有限责任公司资金财务部副科长、信托业务部财务科副科长、科长经理、投资部副总经理、总经理，信托一部副总经理、总经理，华润深国投信托有限公司行政管理部总经理、财务管理部总经理；现任华润深国投信托有限公司工会主席、结构金融一部总经理。						

本公司监事会未设立下属委员会。

3.4 高级管理人员

姓　名	职务	性别	年龄	任职日期	金融从业年限	学历	专业
孟　扬	总经理	女	49	2008 年 12 月	23	硕士研究生	当代西方经济理论
履　历	曾任深圳国际信托投资有限责任公司租赁部副经理、资产管理部经理、总经理助理兼资产管理部经理、总经理助理兼信托业务部经理、公司副总经理；现任华润深国投信托有限公司总经理。						
路　强	副总经理	男	42	2007 年 10 月	12	学士	世界经济学
履　历	曾任大连保税区宝利行华润国贸有限公司副总经理，华润投资开发有限公司人事行政部总经理、战略研究部总经理、公司助理总经理、董事、副总经理；现任华润深国投信托有限公司副总经理。						
田　洁	副总经理	男	40	2010 年 1 月	12	硕士研究生	货币银行学
履　历	曾任华润(集团)有限公司财务部高级经理、助理总经理、副总经理，华润保险经纪有限公司总经理，华润投资及资产管理公司董事；现任华润深国投信托有限公司副总经理。						
李巍巍	副总经理	男	45	2010 年 7 月	14	博士研究生	系统工程
履　历	曾任广州浪奇实业股份有限公司董事会秘书处主管、主任，国信证券有限责任公司总裁室主任秘书、人力资源部副总经理、人力资源总监，华西证券有限责任公司人力资源总监、副总裁；现任华润深国投信托有限公司副总经理。						
王晓薇	副总经理	女	44	2012 年 8 月	21	硕士研究生	MBA
履　历	曾任华宝宝钢美洲公司财务总监，华宝信托有限责任公司副总经理；现任华润深国投信托有限公司副总经理。						
肖立荣	财务总监	女	50	2007 年 4 月	19	硕士研究生	会计学
履　历	曾任江西财经学院财会系教师，深圳国际信托投资有限责任公司资金财务部总经理助理、副总经理、总经理、公司财务总监；现任华润深国投信托有限公司财务总监。						

3.5 公司员工

项　目		报告期年度		上年度	
		人数	比例(%)	人数	比例(%)
年龄分布	20 岁以下	0	0.0	0	0.0
	21～30 岁	123	43.6	115	56.4
	31～40 岁	106	37.6	59	28.9
	41 岁以上	53	18.8	30	14.7
学历分布	博士	8	2.8	8	3.9
	硕士	153	54.3	102	50.0
	本科	95	33.7	69	33.8
	专科	20	7.1	20	9.8
	其他	6	2.1	5	2.5
岗位分布	董事、监事及高管人员	7	2.5	6	2.9
	自营业务人员	8	2.8	8	3.9
	信托业务人员	177	62.8	116	56.9
	其他人员	90	31.9	74	36.3

4. 经营管理

4.1 经营目标、经营方针、战略规划

以客户为导向，通过持续创新，建立专业专长，为客户持续提供定制化、差异化的综合解决方案，成为领先的金融服务公司。

4.2 经营业务的主要内容

公司主要经营业务为信托业务和固有业务。

4.2.1 信托业务

4.2.1.1 证券投资信托

证券投资信托是一种专家理财产品，信托资金的主要投向为公开挂牌交易的股票、债券、基金、股指期货及其他可交易的证券品种(如未来出现期权等金融衍生产品)。

4.2.1.2 基础建设信托

基建能源类信托主要投资于能源电力、交通运输和水务环保等基础设施行业。提供的服务包括债权融资、股权融资、夹层融资、结构融资、基金管理、资产管理等。

4.2.1.3 房地产信托

房地产信托的资金主要用于向各类具有相关资质的房地产企业，以股权、债权、股债结合等方式为房地产企业提供运作资金，具有较高的安全性和收益性。

4.2.1.4 现金管理信托

现金管理类产品具有安全性高和收益性稳定的类存款特性，具有一定程度上替代存款的作用。目标客户群为拥有大量闲置资金的高净值客户或机构客户。

4.2.1.5 股权投资信托

股权投资信托是指以股权投资方式将信托资金用于投资非上市企业股权，并通过企业上市、并购或原股东/管理层回购等方式出售持股而获得投资回报的资金信托。

4.2.2 固有业务

公司于2012年4月5日发布了《固有资金运用管理指引》，并以此为操作指引，认真贯彻固有资金的运用原则，严格执行固有资金的运用流程，积极完善后期管理和退出的工作，确保最终实现固有资金全年的收益目标。

（除另有注明外，本报告中所有披露内容均为母公司口径）

自营资产运用与分布表

资产运用	金额（万元）	占比（%）	资产分布	金额（万元）	占比（%）
货币资产	105 584.05	8.85	基础产业	—	—
贷款及应收款	63 085.07	5.29	房地产业	—	—
交易性金融资产	—	—	证券市场	61 627.38	5.17
可供出售金融资产	416 779.50	34.94	实业	—	—
持有至到期投资	991.00	0.08	金融机构	693 626.82	58.14
长期股权投资	588 045.40	49.29	其他	437 700.21	36.69
其他	18 469.39	1.55			
资产总计	1 192 954.41	100.00	资产总计	1 192 954.41	100.00

信托资产运用与分布表

资产运用	金额（万元）	占比（%）	资产分布	金额（万元）	占比（%）
货币资产	1 234 040.65	6.62	基础产业	3 389 411.81	18.17
贷款及应收款	10 111 458.80	54.21	房地产业	3 469 641.85	18.60
交易性金融资产	3 964 013.31	21.25	证券市场	3 677 771.54	19.72
买入返售金融资产	904 900.00	4.85	实业	2 922 971.58	15.67
可供出售金融资产	1 364 206.81	7.31	金融机构	1 749 292.02	9.38
持有至到期投资	—	—	其他	3 442 833.44	18.46
长期股权投资	1 073 302.67	5.76			
信托资产总计	18 651 922.24	100.00	信托资产总计	18 651 922.24	100.00

4.3 市场分析

4.3.1 影响业务发展的有利因素

从宏观经济形势来看，随着我国经济的快速发展，国民财富规模迅速增长，投资者理财需求扩大，资本市场快速发展。十多年来，我国资本市场发展迅速，取得了举世瞩目的成就。从上市公司的数量、融资金额和投资者数量等方面，我国资本市场已经具备了相当的规模，在产品、法规制度以及多层次资本市场体系建设方面，市场的基本要素和基本框架已经形成，技术系统建设方面成果显著。经过不断的探索和努力，我国资本市场功能和作用日益显现，规范化程度不断提高，为信托行业的发展提供了广阔的空间。

从信托行业来看，国家政策和社会各界对信托行业认可度逐渐提升，行业步入快速发展轨道；信托具有独特的制度优势，较银行、保险、证券等金融机构具有更灵活的资金运用能力和更广泛的投资领域，信托产品作为唯一连接货币市场、资本市场和实业市场的理财产品，随着理财市场的发展，信托的综合优势正在得以充分发挥；持续的银行信贷规模管控环境下，信托公司满足了企业的融资需求；大量高素质人才加盟信托业；信托新政框架下监管科学化、规范化，对信托公司定位清晰，为信托业的发展创造了良好的制度环境。

从华润信托自身优势来看，主要有以下几点：

品牌优势：华润信托历史悠久，经过三十多年的发展，在社会上形成了良好的市场形象，较高的品牌知名度和认知度。此外，公司具有产品设计创新的传统，各类创新产品发行成果显著。另外，雄厚的股东背景为公司提供了强大的品牌效应。公司大股东为华润股份有限公司，隶属华润集团。目前，华润集团下设7大战略业务单元、21家一级利润中心，实体企业2 300多家，在职员工40万人。华润在香港拥有5家上市公司。其中，华润创业、华润电力、华润置地位列香港恒生指数成分股，成为华润旗下“蓝筹三杰”。华润集团是全球500强企业之一，2012年《财富》公布的全球500强排名中华润列第233位。公司的第二大股东为深圳市人民政府国有资产监督管理委员会，旗下拥有大量具有投融资需求的优质企业。雄厚的股东背景为公司提供了坚实的资金支持、优质的项目来源和成熟的项目运作经验。

净资本优势：公司净资本、净资本/各项业务风险资本之和、净资本/净资产远高于《净资本管理办法》规定的2亿元、100%和40%，可以支撑信托业务大规模拓展。超过85亿的净资本，为公司业务拓展提供有力支持。

人才优势：公司具有年轻、高素质的员工队伍和融洽、进取的企业文化氛围。作为人力资本密集型企业，公司高度重视人才队伍，从内部培养、外部引进两方面同时加强团队建设。

组织优势：首先，公司具有战略型组织优势：公司坚持战略一致性，根据市场变化实时优化战略，以战略引领业务发展和管理提升。其次，公司具有精益型组织优势：公司注重优化组织、流程，不断提升运营效率、降低运营风险。最后，公司具有学习型组织优势：公司不断营造学习氛围，以员工能力的提升作为企业发展的最大原动力。这样的组织优势为公司在市场竞争中提供了强大和持续的增长动力。

良好的外部经济环境、行业前景以及公司特有的竞争优势，为公司的业务拓展和健康成长奠定了基础。

尽管2012年的监管政策变化对信托行业将造成一定冲击，但信托行业充满生命力，公司相信信托行业仍能够凭借灵活的机制、对市场的快速反应在泛资产管理行业赢得一席之地。而无论是和其他信托公司相比，还是和公司过去相比，无论是自身已经具备的优势，还是公司所选业务的广阔商机，都说明公司完全有能力持续快速健康发展；而战略规划、品牌规划、人才机制等一些列配套体制也将引导、促进公司实现持续快速健康发展目标。

4.3.2 影响业务发展的不利因素

2012年，无论从宏观经济来看，抑或从行业趋势来看，都意味着在未来信托业将面对更大的挑战。在宏观经济开始进入结构性调整，增速或许将长期保持在中等水平，意味着过去粗放式增长将一去不复返；金融改革"十二五"规划出台，信托始料未及地被排除在外，预示着未来中期内信托行业政策环境将少有利多变化；2012年，基于信托行业风险特征，银监会重要监管政策主要包括房地产业务、银信合作业务及融资平台业务等方面；证监会频频出台为券商以及基金公司"松绑"的政策，此举必将对信托业在客户市场和人才市场上造成挤压效应。

就上述变化来看，信托业的前景看似迷雾重重，但是公司认为如此环境恰恰为信托业指明了清晰的发展方向。一方面宏观经济的放缓，表明一味依赖于融资类业务谋求规模快速增长的道路已风光不在；另一方面，随着中国高净值人群规模的扩张以及其投资需求的不断增加并且趋于多元化，信托公司将成为高净值人群绝佳的投资理财平台，因此信托公司必须注重资产管理和私人银行业务的拓展，这证明公司"投资银行＋资产管理＋私人银行＋全面合作"的商业模式的正确性与前瞻性。而金融改革"十二五"规划中着重传递的信息，便是鼓励各金融机构大力提升资产管理能力，开拓资产管理业务。从这一政策导向来看，信托业的缺位，或许正是由于目前信托公司过于浓重的"影子银行"色彩，而淡化了其资产管理的本源功能。而在这种情况下，券商、基金公司大举进入资产管理市场，更加凸显了信托业培育核心竞争力的迫切程度。因此，信托业谋求未来发展的当务之急已然明了，便是大力提升资产管理能力，以客户为导向，提供创新型的产品，做到能够跨市场、跨资产地灵活配置客户资产。

短期内，公司认为信托行业仍然不必太过恐慌。首先，信托的制度优势依然存在，其他金融机构资产管理业务无论如何扩张，其形式上仍然不属于信托业务，受托资产难以具有信托财产的法律地位；其次，信托本身在设立目的方面的灵活性将不可能被取代，这有利于信托应用的创新；最后，信托公司在资产管理领域已经有了自己较为成熟的业务模式以及管理模式，并拥有优秀的专业人才队伍和客户群。

4.4 内部控制

4.4.1 内部控制环境和内部控制文化

公司具有完善的法人治理结构，股东会、董事会（及其专业委员会）、监事会等机构合法运作和科学决策，为公司内部控制制度的制定与运行提供了良好的组织保障。

公司股东会及董事会严格依照公司章程的有关规定，依法履行职责。董事会下设风险管理委员会负责对高级管理层在业务、市场、操作等方面的风险控制情况进行监督，对公司的风险状况进行定期评估，对内部审计部门的工作程序和工作效果进行评价，提出完善风险管理和内部控制的意见；审计委员会负责提议聘请或更换外部审计机构，监督公司的内部审计制度及其实施，审核公司的财务信息及其披露，审查公司的内控制度；薪酬管理委员会负责拟定董事、监事和高级管理层成员的薪酬方案，向董事会提出薪酬方案的建议，并监督方案的实施；信托委员会负责督促公司依法履行受托职责，保证公司为受益人的最大利益服务；信息披露委员会负责公司的信息披露工作，包括年度报告以及重大事件临时报告的披露。各委员会独立开展工作，运作正常；高级管理层对董事会负责，全面主持公司日常经营管理工作。

公司注重内控文化的建设与执行。通过多年的经营，形成了审慎稳健、勤勉尽责、理性创新、全员参与的内部控制和风险管理文化，引导员工建立诚信道德观念，树立合规意识和风险意识，提高员工职业道德水准，规范员工职业行为，使风险防范意识贯穿到了公司各个部门、各个岗位和工作的各个环节。

4.4.2 内部控制措施

按照信托公司内部控制的要求，公司建立了清晰的内部控制目标和原则，完善的内部控制体系和制度，确保公司对风险的事前防范、事中控制、事后监督和反馈纠正。公司建立了职责明确、分工合理、相互制衡的组织结构和内部牵制机制，构筑了基本涵盖公司各项业务和管理活动的内部控制制度体系。

公司负责内部控制的主要职能部门为合规风险部、财务管理部门、信托运营部门和审计部门。合规风险部制定公司风险策略，进行风险信息收集、风险分析、风险定价，对各类风险实行组合性管理，培育良好的风控文化，促进公司业务可持续发展，保障公司战略目标的实施。信托运营部门是公司信托业务中后端集中运营服务的管理综合平台，主要承担对信托资产存续期的运营处理、核算估值、运营分析和监督控制的职责，通过对各类信托资产进行财务核算、资产估值、资金清算和划转；对受托资产执行运营管理，对运营情况进行分析反馈，从而实现对信托业务的有效监督和控制，保障公司信托业务有序发展。财务管理部门按国家颁布的会计准则进行会计核算，严格履行会计监督职能，会计不相容岗位严格分离，相互制约；认真执行财务会计制度，对公司自营资产的安全实行有效财务控制；有效防范、化解财务风险。审计部门强化内部审计功能，根据法律法规、董事会和高级管理层的要求，定期或不定期组织实施公司内部制度执行情况审计，并根据要求对董事、高管等离职人员实施离任审计。

公司建立了明确的授权制度，制定了审批程序和审批权限并严格执行。公司建立了全面覆盖业务管理、风险管理、财务管理、合规管理、合同管理、内部审计、员工违规追究等方面的完善的内部控制制度体系。

4.4.3 信息交流与反馈

公司董事会及下设的信息披露委员会按照银监会的要求，按时、规范、全面、准确地披露了2012年度报告及重大事项临时公告；通过公司网站向客户公开披露公司经营状况、信托资产管理状况等信息，并根据文件约定向相关利益人提交书面文件披露相关信息。

4.4.4 监督评价与纠正

公司每年组织各部门对规章制度进行系统、全面的修订，不断完善加强内控的基本管理制度。公司各业务部门对各项业务的经营状况和例外情况进行经常性检查，及时发现内部控制存在的问题，并迅速予以纠正。相关部门、相关岗位之间相互制衡、监督。公司具有独立并有效运作的内审部门行使后台监督职能，按照内控要求对公司经营情况定期或不定期进行内部审计稽核，并向董事会和高管层报告，公司董事会和高管层在收到这些记录后能够及时采取措施解决内控制度存在的问题。

报告期内，公司内控制度得到有效的执行，未发生因违反内控制度对公司财务状况、经营成果产生重大影响的事项。

4.5 风险管理

4.5.1 风险管理概况

公司经营活动中可能遇到信用风险、市场风险、操作风险等。公司重视风险管理，通过制定健全的内部规章制度，建立职责分工合理的组织机构，设置专业的风险管理机构，将现代风险管理技术与传统风险管理方法相结合，对可能产生的风险及时作出反应，采取有效措施进行事前、事中、事后的有效控制与管理，并根据实际需要随时对风险管理体系进行调整。

公司风险管理组织架构按照功能的不同划分为决策层、执行层和监督层。通过分离决策层、执行层、监督层，各层级各自履行不同专业化的职能，起到相互独立、相互制衡的作用。决策层由董事会、高级管理层构成，同时还包括行使辅助职能的风险控制委员会等专业评审机构等。公司董事会下设风险管理委员会负责对高级管理层在业务、市场、操作等方面的风险控制情况进行监督，对公司的风险状况进行定期评估，提出完善风险管理和内部控制的意见。总经理室下设专业风险审查委员会（以下简称风控会），负责对业务项目可行性、资产处置等事项提出风险评审意见，为总经理决策提供参考。执行层由各业务部门、合规风险部和其他职能部门组成，负责执行决策层的决定。公司建立职责明确、分工合理、相互制衡的组织结构和内部牵制机制。前台、中台、后台设置合理、有效分离、操作互相独立。各部门负责执行本部门职能范围内的具体风险管理事务。合规风险部作为专业的职能风险管理部门，在公司层级化、专业化、多维度的风险管理组织架构下整体统筹公司的风险管理事务。监督层由合规风险部和审计部门组成。合规风险部有权对各部门的业务活动以及各个风险环节的岗位进行合规检查和监督，向高级管理层报告。审计部门负责对公司内部控制情况进行监督和检查，对于检查中所发现的问题，可直接向董事会下设的审计委员会报告。

2012 年，公司从国内知名银行、基金公司、评级机构、会计师事务所、律师事务所等引入多名具备丰富风控经验的专业人才，为风险管理工作的开展配置了相应的组织和人力保障。2012 年，公司风控前移进一步深化，风险经理前期介入项目，通过资料审查、现场核查，提升尽职调查质量，加强内部监督；此外，通过制定业务及项目准入指引，明确客户准入标准及针对特定行业（如地产、煤炭）的行业标准，有利于公司有针对性的筛选客户，提高了项目的风险识别和筛选效率。在项目后期管理方面，2012 年公司制定了信托项目风险监测制度，进一步加强项目后期管理。合规风险部定期收集并审核业务部门提交的后期风险管理资料，实现对项目的非现场监控。编制风险报告，根据不同业务类型及各自风险特征确定监控风险点并持续跟踪，实现风险的"早预警、早发现、早处理"。在风险量化方面，2012 年公司建立了信托项目风险评级制度，加强项目风险量化评估。内部评级既是贷前风险评估的量化，也是其他信用风险管理流程的基础。从客户和债项两个维度整体衡量信托项目信用状况，监控信用风险的总体水平及其构成变化情况，与客户准入、项目审查、贷后管理等相关模块共同组成公司整体风险管理体系。

4.5.2 风险状况

4.5.2.1 信用风险状况

信用风险主要指交易对手因履约意愿或履约能力发生变化的违约而导致的交易资产价值损失。

（1）信托业务。公司认真履行受托人谨慎尽职义务，有效管理信托项目，所有信托计划均能按期兑付。公司对借款人等交易对手制定了严格的筛选标准，并履行严格的事前调查、事中审查和事后管理程序。截至目前，公司交易对手都具有较好的信用记录，公司可能面临信用风险的债权类信托资产均运作正常。

（2）固有业务。报告期内公司无信用风险敞口。不良信用风险资产年初余额3 572.88 万元，年末余额3 473.03 万元，已实际提取信用风险资产减值准备 2 397.39 万元。

4.5.2.2 市场风险状况

市场风险指公司因股价、市场汇率、利率及其他价格因素变动而产生和可能产生的风险。公司原则上不开展自营股票投资业务、金融衍生品投资业务及外汇交易业务，固有资金主要用于投资中高流动性、低风险的金融产品（含信托产品），具有较高的安全性。

4.5.2.3 操作风险状况

操作风险是指因业务人员在办理业务过程中，由于内部程序、人员和业务系统的不完善或工作失误，或者外部事件给公司造成的风险。操作风险包括合规风险，合规风险是指因没有遵循法律、规则和准则可能遭受法律制裁、监管处罚、重大财务损失和声誉损失的风险。

报告期内公司未发生上述操作风险。

4.5.3 风险管理

公司秉承受益人利益最大化的目标，建立了相互独立、相互制衡的内部控制体系和统一、规范、高效的内部流程，对经营活动实施全面、持续的风险监控，以专业手段有效管理各类风险。

4.5.3.1 信用风险管理

公司高度关注交易对手的履约能力。在事前调查阶段，通过制定尽职调查工作指引等业务规章，强化对交易对手的尽职调查，科学评估交易对手的履约能力和履约意愿；选择有效的、与交易对手信用风险相匹配的信用增级措施；科学、客观、公正评估担保物，严格控制、实时监测不同担保物价值与融资本息的抵质押率，注重采用多种有效担保措施提高信用风险的保障系数。

在事中审查阶段，建立了以公司风控会为核心的专业风险评估审查机构，对业务进行集体评审与决策，并提出风险控制方面的具体要求，设定业务承做的前提条件。在提交风控会审议前，由合规风险部对项目的信用风险、法律合规风险进行全面审查并出具审查意见，为风控会决策提供重要依据。

在事后管理阶段，公司全面收集融资方、担保方等相关各方财务、生产经营数据、重大经营情况等资料，定期对企业或者项目进行现场检查，判断项目的风险状况及抵/质押物价值变化情况；建立项目预警指标，根据业务发展遇到的新情况、新问题，及时采取应对措施，确保项目信用风险的可控、可测、可承受。

4.5.3.2 市场风险管理

公司为规避证券市场、汇率波动带来的风险，原则上不开展自营股票业务、金融衍生品投资业务及外汇交易业务。其次，加强对货币信贷政策、财政政策、行业政策等领域的研究，根据市场变化及时调整投资策略和投资组合，坚持低风险多元化配置，并密切关注经济运行状况，严控因宏观政策调整带来不利影响的风险。

在证券投资信托业务方面，公司按照法律法规规定按期进行信息披露，向投资者充分揭示市场风险；指定专职人员负责逐日盯市，进行风险监控，严格执行信托文件约定的投资限制条件。

4.5.3.3 操作风险管理

在操作风险的管理上，公司建立了职责分离、相互监督制约的组织架构；建立和完善了有效的决策机制，明确各项业务的操作流程；实行严格的复核、审核程序；制定严格的信息系统管理制度；加强对员工的经常性教育，包括职业技术培训、职业道德教育等；每年聘请独立审计机构对公司业务进行审计，持续进行内部审计监督；2012 年，公司持续对规章制度进行梳理与完善，目前公司的各项控制制度和操作规程涵盖了所有业务领域和职能工作，实现了对公司各项业务操作过程的有效控制。

5. 报告期末及上一年度末的比较式会计报表

5.1 自营资产

5.1.1 会计师事务所审计意见全文

审 计 报 告

中天运〔2013〕审字第 01202 号

华润深国投信托有限公司：

我们审计了后附的华润深国投信托有限公司（以下简称华润信托）财务报表，包括 2012 年 12 月 31 日的资产负债表及合并资产负债表，2012 年度的利润表及合并利润表、现金流量表及合并现金流量表和所有者权益变动表及合并所有者权益变动表以及财务报表附注。

一、管理层对财务报表的责任

编制和公允列报财务报表是华润信托管理层的责任，这种责任包括：（1）按照企业会计准则的规定编制财务报表，并使其实现公允反映；（2）设计、执行和维护必要的内部控制，以使财务报表不存在由于舞弊或错误导致的重大错报。

二、注册会计师的责任

我们的责任是在执行审计工作的基础上对财务报表发表审计意见。我们按照中国注册会计师审计准则的规定执行了审计工作。中国注册会计师审计准则要求我们遵守职业道德守则，计划和执行审计工作以对财务报表是否不存在重大错报获取合理保证。

审计工作涉及实施审计程序，以获取有关财务报表金额和披露的审计证据。选择的审计程序取决于注册会计师的判断，包括对由于舞弊或错误导致的财务报表重大错报风险的评估。在进行风险评估时，注册会计师考虑与财务报表编制和公允列报相关的内部控制，以设计恰当的审计程序，但目的并非对内部控制的有效性发表意见。审计工作还包括评价管理层选用会计政策的恰当性和作出会计估计的合理性，以及评价财务报表的总体列报。

我们相信，我们获取的审计证据是充分、适当的，为发表审计意见提供了基础。

三、审计意见

我们认为，华润信托财务报表在所有重大方面按照企业会计准则的规定编制，公允反映了华润信托 2012 年 12 月 31 日的财务状况及合并财务状况以及 2012 年度的经营成果和现金流量及合并经营成果和合并现金流量。

中天运会计师事务所有限公司　　中国注册会计师：黄　斌

中国注册会计师：赵志刚

中国・北京　　二〇一三年四月十五日

5.1.2 资产负债表

资产负债表

编制单位：华润深国投信托有限公司　　2012 年 12 月 31 日　　单位：万元

项　目	合并		母公司	
	期末数	期初数	期末数	期初数
资产：				
货币资金	105 619.18	27 427.19	105 584.05	26 448.43
交易性金融资产	—	—	—	—
买入返售金融资产	—	—	—	—
应收股利	—	—	—	—
应收利息	1 973.37	5 577.68	1 966.87	5 577.68
预付账款	111.96	295.33	111.96	295.33
应收账款	41 855.39	28 611.19	41 855.39	28 611.19
其他应收款	19 150.85	9 669.28	19 150.85	9 669.28
长期应收款	—	—	—	—
贷款及垫付款项	—	0.57	—	0.57
可供出售金融资产	424 339.50	393 032.49	416 779.50	393 032.49
持有至到期投资	991.00	991.00	991.00	991.00

续表

项目	合并		母公司	
	期末数	期初数	期末数	期初数
长期股权投资	582 222.56	535 931.93	588 045.41	536 122.58
投资性房地产原值	4 437.50	4 437.50	4 437.50	4 437.50
减:投资性房地产累计折旧	1 700.96	1 628.84	1 700.96	1 628.84
投资性房地产净值	2 736.54	2 808.66	2 736.54	2 808.66
减:投资性房地产减值准备	409.89	409.89	409.89	409.89
投资性房地产净额	2 326.65	2 398.77	2 326.65	2 398.77
固定资产原值	20 754.74	18 944.12	20 754.74	18 944.12
减:累计折旧	8 188.51	7 777.64	8 188.51	7 777.64
固定资产净值	12 566.23	11 166.48	12 566.23	11 166.48
减:固定资产减值准备	1 099.12	1 099.12	1 099.12	1 099.12
固定资产净额	11 467.11	10 067.36	11 467.11	10 067.36
在建工程	—	—	—	—
无形资产	1 495.48	727.50	1 495.48	727.50
递延所得税资产	1 302.95	952.04	1 302.95	952.04
长期待摊费用	1 877.19	743.69	1 877.19	743.69
资产总计	1 194 733.19	1 016 426.02	1 192 954.41	1 015 637.91

资产负债表(续)

编制单位:华润深国投信托有限公司　　2012 年 12 月 31 日　　单位:万元

项目	合并		母公司	
	期末数	期初数	期末数	期初数
负债:				
同业存放款项	—	—	—	—
拆入资金	81 000.00	80 000.00	81 000.00	80 000.00
交易性金融负债	—	—	—	—
卖出回购金融资产款	—	—	—	—
短期借款	—	—	—	—
预收账款	3 317.28	2 107.65	3 317.28	2 107.65
应付职工薪酬	30 419.90	22 938.64	30 419.90	22 938.64
应交税费	9 975.16	11 721.58	9 964.49	11 720.64
应付利息	—	—	—	—
应付股利	—	—	—	—
其他应付款	37 350.68	2 650.76	37 349.16	2 650.76
预计负债	—	—	—	—
长期借款	—	—	—	—
长期应付款	—	—	—	—
递延所得税负债	15 357.73	16 258.58	15 357.73	16 258.58
其他负债	—	—	—	—
负债合计	177 420.75	135 677.21	177 408.56	135 676.27
所有者权益:				
实收资本	263 000.00	263 000.00	263 000.00	263 000.00
资本公积	82 225.45	79 050.10	82 225.45	79 050.10
盈余公积	87 455.09	74 074.89	87 455.09	74 074.89
信托赔偿准备金	52 600.00	41 164.69	52 600.00	41 164.69
一般风险准备金	17 653.20	—	17 653.20	—

续表

项　目	合并		母公司	
	期末数	期初数	期末数	期初数
外币报表折算差额	—	—	—	—
未分配利润	514 378.70	423 459.13	512 612.11	422 671.96
归属于母公司所有者权益合计	1 017 312.44	880 748.81	—	—
所有者权益合计	1 017 312.44	880 748.81	1 015 545.85	879 961.64
负债及所有者权益合计	1 194 733.19	1 016 426.02	1 192 954.41	1 015 637.91

5.1.3　利润表

利润表

编制单位：华润深国投信托有限公司　　2012 年度　　单位：万元

项　目	合并		母公司	
	本年数	上年数	本年数	上年数
一、营业收入	208 211.42	161 592.77	207 209.95	160 803.05
利息收入	19 253.68	11 111.08	19 243.12	11 108.97
信托业务收入	116 623.83	70 030.95	116 623.83	70 030.95
担保业务收入	—	—	—	—
投资收益	71 120.96	79 352.22	70 130.05	78 564.61
汇兑收益	-0.06	-1.31	-0.06	-1.31
公允价值变动收益	—	—	—	—
其他业务收入	1 213.01	1 099.83	1 213.01	1 099.83
二、营业支出	45 226.28	32 742.45	45 215.13	32 740.85
利息支出	288.58	621.99	288.58	621.99
营业税金及附加	7 227.13	4 621.37	7 225.02	4 621.37
业务及管理费	37 131.19	26 984.89	37 122.15	26 983.29
资产减值损失	—	-52.92	—	-52.92
其他业务成本	579.38	567.12	579.38	567.12
三、营业利润（亏损以“-”号填列）	162 985.14	128 850.32	161 994.82	128 062.20
加：营业外收入	132.04	111.92	132.04	111.92
减：营业外支出	189.05	23.91	189.05	23.91
四、利润总额（亏损总额以“-”号填列）	162 928.13	128 938.33	161 937.81	128 150.21
减：所得税费用	28 146.71	20 580.81	28 135.80	20 579.86
五、净利润（净亏损以“-”号填列）	134 781.42	108 357.52	133 802.01	107 570.35
减：少数股东损益	—	—	—	—
六、归属于母公司所有者的净利润	134 781.42	108 357.52	133 802.01	107 570.35
七、每股收益	—	—	—	—
（一）基本每股收益	—	—	—	—
（二）稀释每股收益	—	—	—	—
八、其他综合收益	3 175.35	-50 030.09	3 175.35	-50 030.09
九、综合收益总额	137 956.77	58 327.43	136 977.36	57 540.26
归属于母公司所有者的综合收益总额	137 956.77	58 327.43	—	—
归属于少数股东的综合收益总额	—	—	—	—

5.1.4 所有者权益变动表

所有者权益变动表

编制单位：华润深国投信托有限公司(合并)　　2012年度　　单位：万元

项目	本年金额								上年金额							
	归属于母公司所有者权益							所有者权益合计	归属于母公司所有者权益							所有者权益合计
	实收资本(或股本)	资本公积	盈余公积	信托赔偿准备金	△一般风险准备	未分配利润	小计		实收资本(或股本)	资本公积	盈余公积	信托赔偿准备金	△一般风险准备	未分配利润	小计	
一、上年末余额	263 000.00	79 050.10	74 074.89	41 164.69	—	423 459.13	880 748.81	880 748.81	263 000.00	129 080.19	63 317.86	35 786.17	—	338 897.04	830 081.26	830 081.26
二、本年初余额	263 000.00	79 050.10	74 074.89	41 164.69	—	423 459.13	880 748.81	880 748.81	263 000.00	129 080.19	63 317.86	35 786.17	—	338 897.04	830 081.26	830 081.26
三、本年增减变动金额(减少以"-"号填列)	—	3 175.35	13 380.20	11 435.31	17 653.20	90 919.57	136,563.63	136 563.63	—	-50 030.09	10 757.03	5 378.52	—	84 562.09	50 667.55	50 667.55
(一)净利润	—	—	—	—	—	134 781.42	134 781.42	134 781.42	—	—	—	—	—	108 357.52	108 357.52	108 357.52
(二)其他综合收益	—	3 175.35	—	—	—	—	3 175.35	3 175.35	—	-50 030.09	—	—	—	—	-50 030.09	-50 030.09
综合收益小计	—	3 175.35	—	—	—	134 781.42	137 956.77	137 956.77	—	-50 030.09	—	—	—	108 357.52	58 327.43	58 327.43
(三)所有者投入和减少资本	—	—	—	—	—	—	—	—	—	—	—	—	—	—	—	—
1. 所有者投入资本	—	—	—	—	—	—	—	—	—	—	—	—	—	—	—	—
2. 股份支付计入所有者权益的金额	—	—	—	—	—	—	—	—	—	—	—	—	—	—	—	—
3. 其他	—	—	—	—	—	—	—	—	—	—	—	—	—	—	—	—
(四)利润分配	—	—	13 380.20	11 435.31	17 653.20	-43 861.86	-1 393.15	-1 393.15	—	—	10 757.03	5 378.52	—	-23 795.43	-7 659.88	-7 659.88
1. 提取盈余公积	—	—	13 380.20	—	—	-13 380.20	—	—	—	—	10 757.03	—	—	-10 757.03	—	—
其中:法定公积金	—	—	13 380.20	—	—	-13 380.20	—	—	—	—	10 757.03	—	—	-10 757.03	—	—
任意公积金	—	—	—	—	—	—	—	—	—	—	—	—	—	—	—	—
2. 提取信托赔偿准备金	—	—	—	11 435.31	—	-11 435.31	—	—	—	—	—	5 378.52	—	-5 378.52	—	—
3. 提取一般风险准备金	—	—	—	—	17 653.20	-17 653.20	—	—	—	—	—	—	—	—	—	—
4. 对所有者(或股东)的分配	—	—	—	—	—	—	—	—	—	—	—	—	—	—	—	—
5. 其他	—	—	—	—	—	-1 393.15	-1 393.15	-1 393.15	—	—	—	—	—	-7 659.88	-7 659.88	-7 659.88
(五)所有者权益内部结转	—	—	—	—	—	—	—	—	—	—	—	—	—	—	—	—
1. 资本公积转增资本(或股本)	—	—	—	—	—	—	—	—	—	—	—	—	—	—	—	—
2. 盈余公积转增资本(或股本)	—	—	—	—	—	—	—	—	—	—	—	—	—	—	—	—
3. 盈余公积弥补亏损	—	—	—	—	—	—	—	—	—	—	—	—	—	—	—	—
4. 其他	—	—	—	—	—	—	—	—	—	—	—	—	—	—	—	—
四、本年末余额	263 000.00	82 225.45	87 455.09	52 600.00	17 653.20	514 378.70	1 017 312.44	1 017 312.44	263 000.00	79 050.10	74 074.89	41 164.69	—	423 459.13	880 748.81	880 748.81

所有者权益变动表（母公司）

2012 年度

编制单位：华润深国投信托有限公司　　单位：万元

项目	本年金额								上年金额							
	归属于母公司所有者权益							所有者权益合计	归属于母公司所有者权益							所有者权益合计
	实收资本（或股本）	资本公积	盈余公积	信托赔偿准备金	Δ一般风险准备	未分配利润	小计		实收资本（或股本）	资本公积	盈余公积	信托赔偿准备金	Δ一般风险准备	未分配利润	小计	
一、上年末余额	263 000.00	79 050.10	74 074.89	41 164.69	—	422 671.96	879 961.64	879 961.64	263 000.00	129 080.19	63 317.86	35 786.17	—	338 897.04	830 081.26	830 081.26
二、本年初余额	263 000.00	79 050.10	74 074.89	41 164.69	—	422 671.96	879 961.64	879 961.64	263 000.00	129 080.19	63 317.86	35 786.17	—	338 897.04	830 081.26	830 081.26
三、本年增减变动金额（减少以"－"号填列）	—	3 175.35	13 380.20	11 435.31	17 653.20	89 940.15	135 584.21	135 584.21	—	-50 030.09	10 757.03	5 378.52	—	83 774.92	49 880.38	49 880.38
（一）净利润	—	—	—	—	—	133 802.01	133 802.01	133 802.01	—	—	—	—	—	107 570.35	107 570.35	107 570.35
（二）其他综合收益	—	3 175.35	—	—	—	—	3 175.35	3 175.35	—	-50 030.09	—	—	—	—	-50 030.09	-50 030.09
综合收益小计	—	3 175.35	—	—	—	133 802.01	136 977.36	136 977.36	—	-50 030.09	—	—	—	107 570.35	57 540.26	57 540.26
（三）所有者投入和减少资本	—	—	—	—	—	—	—	—	—	—	—	—	—	—	—	—
1. 所有者投入资本	—	—	—	—	—	—	—	—	—	—	—	—	—	—	—	—
2. 股份支付计入所有者权益的金额	—	—	—	—	—	—	—	—	—	—	—	—	—	—	—	—
3. 其他	—	—	—	—	—	—	—	—	—	—	—	—	—	—	—	—
（四）利润分配	—	—	13 380.20	11 435.31	17 653.20	-43 861.86	-1 393.15	-1 393.15	—	—	10 757.03	5 378.52	—	-23 795.43	-7 659.88	-7 659.88
1. 提取盈余公积	—	—	13 380.20	—	—	-13 380.20	—	—	—	—	10 757.03	—	—	-10 757.03	—	—
其中：法定公积金	—	—	13 380.20	—	—	-13 380.20	—	—	—	—	10 757.03	—	—	-10 757.03	—	—
任意公积金	—	—	—	—	—	—	—	—	—	—	—	—	—	—	—	—
2. 提取信托赔偿准备金	—	—	—	11 435.31	—	-11 435.31	—	—	—	—	—	5 378.52	—	-5 378.52	—	—
3. 提取一般风险准备金	—	—	—	—	17 653.20	-17 653.20	—	—	—	—	—	—	—	—	—	—
4. 对所有者（或股东）的分配	—	—	—	—	—	—	—	—	—	—	—	—	—	—	—	—
5. 其他	—	—	—	—	—	-1 393.15	-1 393.15	-1 393.15	—	—	—	—	—	-7 659.88	-7 659.88	-7 659.88
（五）所有者权益内部结转	—	—	—	—	—	—	—	—	—	—	—	—	—	—	—	—
1. 资本公积转增资本（或股本）	—	—	—	—	—	—	—	—	—	—	—	—	—	—	—	—
2. 盈余公积转增资本（或股本）	—	—	—	—	—	—	—	—	—	—	—	—	—	—	—	—
3. 盈余公积弥补亏损	—	—	—	—	—	—	—	—	—	—	—	—	—	—	—	—
4. 其他	—	—	—	—	—	—	—	—	—	—	—	—	—	—	—	—
四、本年末余额	263 000.00	82 225.45	87 455.09	52 600.00	17 653.20	512 612.11	1 015 545.85	1 015 545.85	263 000.00	79 050.10	74 074.89	41 164.69	—	422 671.96	879 961.64	879 961.64

5.2 信托财产

5.2.1 信托项目资产负债汇总表

信托项目资产负债汇总表

编制单位:华润深国投信托有限公司　　2012年12月31日　　单位:万元

信托资产	期末数	期初数	信托负债和信托权益	期末数	期初数
信托资产:			信托负债:		
货币资金	1 234 040.65	2 749 723.95	应付受托人报酬	38 123.81	21 215.39
拆出资金	—	—	应付托管费	4 553.52	1 833.23
应收款项	232 472.89	280 216.26	应付受益人收益	11 136.47	0.23
买入返售金融资产	904 900.00	260 290.00	其他应付款项	31 897.99	37 713.66
交易性金融资产	3 964 013.31	2 107 347.13	应交税费	—	—
可供出售金融资产	1 364 206.81	1 072 433.47	卖出回购资产款	23 018.85	8 549.66
持有至到期投资	—	—	交易性金融负债	—	—
长期股权投资	1 073 302.67	1 041 948.52	其他负债	—	—
贷款	9 878 985.91	5 128 285.38	信托负债合计	108 730.64	69 312.17
应收融资租赁款	—	—			
固定资产	—	—	信托权益:	—	—
无形资产	—	—	实收信托	18 315 931.41	12 519 436.11
长期待摊费用	—	—	资本公积	61 287.68	85 271.15
其他资产	—	—	未分配利润	165 972.51	-33 774.72
			信托权益合计	18 543 191.60	12 570 932.54
信托资产总计	18 651 922.24	12 640 244.71	信托负债及权益总计	18 651 922.24	12 640 244.71

5.2.2 信托项目利润及利润分配汇总表

编制单位:华润深国投资信托有限公司　　2012年度　　单位:万元

项　目	本年数	上年数
一、营业收入	1 290 819.23	48 918.98
利息收入	968 802.13	365 778.77
投资收益	7 523.01	2 407.07
公允价值变动损益	314 483.52	-319 423.84
汇兑收益	—	—
其他业务收入	10.57	156.98
二、营业支出	214 264.53	120 835.17
利息支出	—	—
营业税金及附加	1 497.66	450.30
业务及管理费	212 766.87	120 384.87
资产减值损失	—	—
其他业务成本	—	—
三、信托营业利润	1 076 554.70	-71 916.19
加:营业外收入	—	—
减:营业外支出	10.00	—
四、信托利润	1 076 544.70	-71 916.19
加:期初未分配信托利润	-33 774.72	437 774.61
五、可供分配的信托利润	1 042 769.98	365 858.42
减:本期已分配信托利润	876 797.47	399 633.14
六、期末未分配信托利润	165 972.51	-33 774.72

6. 会计报表附注

6.1 年度会计报表编制基础及合并报表的并表范围说明

6.1.1 本公司编制会计报表所采用的主要会计政策,是根据财政部2006年2月15日颁布的《企业会计准则》及其补充规定制定的

6.1.2 本年纳入合并报表范围的子企业基本情况

企业名称	注册地	业务性质	注册资本（万元）	持股比例（%）	享有的表决权(%)	是否合并
深圳红树林创业投资有限公司	深圳	创业投资	10 000	100.00	100.00	是

6.2 或有事项说明

如果本公司须就已发生的事件承担现时义务,且该义务的履行很可能会导致经济利益流出企业,以及有关金额能够可靠地估计,本公司便会对该义务计提预计负债。如果上述义务的履行导致经济利益流出企业的可能性较低,或是无法对有关金额作出可靠地估计,该义务将被披露为或有负债。

报告期末,公司无对外担保及其他或有事项。

6.3 重要资产转让及其出售的说明

报告期内,公司无重要资产转让及其出售。

6.4 会计报表中重要项目的明细资料

6.4.1 披露自营资产经营情况

6.4.1.1 按信用风险五级分类的结果披露信用风险资产的期初数、期末数

信用风险资产五级分类	正常类（万元）	关注类(万元)	次级类(万元)	可疑类（万元）	损失类（万元）	信用风险资产合计（万元）	不良资产合计（万元）	不良资产率（%）
期初数	392 882.52	—	—	1 833.70	1 739.18	396 455.40	3 572.88	0.90
期末数	372 310.46	—	—	1 733.85	1 739.18	375 783.49	3 473.03	0.92

注:不良资产合计=次级类+可疑类+损失类。

6.4.1.2 各项资产减值损失准备的期初数、本期计提、本

期转回、本期核销、期末数

单位：万元

	期初数	本期计提	本期转回	本期核销	期末数
贷款损失准备	—	—	—	—	—
一般准备	—	—	—	—	—
专项准备	—	—	—	—	—
其他资产减值准备	1 099. 12	—	—	—	1 099. 12
持有至到期投资减值准备	—	—	—	—	—
长期股权投资减值准备	—	—	—	—	—
坏账准备	2 397. 39	—	—	—	2 397. 39
投资性房地产减值准备	409. 89	—	—	—	409. 89

6.4.1.3　按投资品种分类，分别披露固有业务股票投资、基金投资、债权投资、股权投资等投资业务的期初数、期末数

单位：万元

	自营股票	基金	债券	长期股权投资	其他投资	合计
期初数	—	—	991. 00	536 122. 58	393 032. 49	930 146. 07
期末数	—	—	991. 00	588 045. 40	416 779. 50	1 005 815. 90

6.4.1.4　前五名的自营长期股权投资的企业名称、占被投资企业权益的比例、主要经营活动及投资收益情况

企业名称	占被投资企业权益的比例(%)	主要经营活动	投资损益（万元）
国信证券股份有限公司	30	证券的代理、承销、咨询及自营买卖业务	55 449. 62
深圳红树林创业投资有限公司	100	创业投资	—

6.4.1.5　前五名的自营贷款的企业名称、占贷款总额的比例和还款情况等

无。

6.4.1.6　表外业务的期初数、期末数

无。

6.4.1.7　公司当年的收入结构

收入结构	金额(万元)	占比(%)
手续费及佣金收入	116 623. 83	56. 25
其中：信托手续费收入	116 623. 83	56. 25
投资银行业务收入	—	—
利息收入	19 243. 12	9. 28
其他业务收入	1 212. 95	0. 58
其中：计入信托业务收入部分	—	—
投资收益	70 130. 05	33. 82
其中：股权投资收益	55 449. 62	26. 74
证券投资收益	—	—
其他投资收益	14 680. 43	7. 08
公允价值变动收益	—	—
营业外收入	132. 04	0. 07
收入合计	207 341. 99	100. 00

6.4.2　**披露信托资产管理情况**

6.4.2.1　信托资产的期初数、期末数

单位：万元

信托资产	期初数	期末数
集合类	4 327 726. 22	6 110 692. 06
单一类	8 200 794. 09	12 430 240. 24
财产管理类	111 724. 40	110 989. 94
合计	12 640 244. 71	18 651 922. 24

期初数、期末数均按报告年度信托资产总额填列，非信托规模总额，以下均同。

6.4.2.1.1　主动管理型信托业务的信托资产期初数、期末数，分证券投资、股权投资、融资、事务管理类等分别披露

单位：万元

主动管理型信托资产	期初数	期末数
证券投资类	2 545 211. 20	3 389 822. 81
股权投资类	777 652. 87	1 420 282. 98
融资类	6 010 729. 33	10 295 446. 93
事务管理类	318 997. 37	168 886. 73
其他类	363 521. 52	1 371 683. 73
合计	10 016 112. 29	16 646 123. 18

6.4.2.1.2　被动管理型信托业务的信托资产期初数、期末数，分证券投资、股权投资、融资、事务管理类等分别披露

单位：万元

被动管理型信托资产	期初数	期末数
证券投资类	—	—
股权投资类	—	—
融资类	438 321. 55	263 325. 22
事务管理类	—	—
其他类	2 185 810. 87	1 742 473. 84
合计	2 624 132. 42	2 005 799. 06

6.4.2.2　本年度已清算结束的信托项目个数、实收信托合计金额、加权平均实际年化收益率

6.4.2.2.1　本年度已清算结束的集合类、单一类资金信托项目和财产管理类信托项目个数、实收信托合计金额、加权平均实际年化收益率

已清算结束信托项目	项目个数	实收信托合计金额(万元)	加权平均实际年化收益率(%)
集合类	54	1 094 551. 59	8. 91
单一类	69	2 464 307. 95	7. 78
财产管理类	—	—	—

注：1. 收益率是指信托项目清算后，给受益人赚取的实际收益水平。

2. 加权平均实际年化收益率 =（信托项目 1 的实际年化收益率 × 信托项目 1 的实收信托 + 信托项目 2 的实际年化收益率 × 信托项目 2 的实收信托 +……信托项目 n 的实际年化收益率 × 信托项目 n 的实收信托）/（信托项目 1 的实收信托 + 信托项目 2 的实收信托 +……信托项目 n 的实收信托）×100%。

6.4.2.2.2　本年度已清算结束的主动管理型信托项目个数、实收信托合计金额、加权平均实际年化收益率，分证券投资、股权投资、融资、事务管理类等分别计算并披露

已清算结束信托项目	项目个数	实收信托合计金额(万元)	加权平均实际年化收益率(%)
证券投资类	20	416 887.28	7.18
股权投资类	3	117 042.32	8.84
融资类	98	2 983 679.69	8.28
事务管理类	—	—	—
其他类	1	6 750.25	9.37
合计	122	3 524 359.54	8.17

6.4.2.2.3　本年度已清算结束的被动管理型信托项目个数、实收信托合计金额、加权平均实际年化收益率，分证券投资、股权投资、融资、事务管理类等分别计算并披露

已清算结束信托项目	项目个数	实收信托合计金额(万元)	加权平均实际年化收益率(%)
证券投资类	—	—	—
股权投资类	—	—	—
融资类	1	34 500.00	3.72
事务管理类	—	—	—
其他类	—	—	—
合计	1	34 500.00	3.72

6.4.2.3　本年度新增的集合类、单一类和财产管理类信托项目个数、实收信托合计金额

新增信托项目	项目个数	实收信托合计金额(万元)
集合类	71	2 546 620.00
单一类	187	11 630 441.00
财产管理类	—	—
新增合计	258	14 177 061.00
其中:主动管理型	257	12 665 352.00
被动管理型	1	1 511 709.00

注:本年新增信托项目指在本报告年度内累计新增的信托项目个数和金额，包含本年度新增并于本年度内结束的项目和本年度新增至报告期末仍在持续管理的信托项目。

6.4.2.4　信托业务创新成果和特色业务有关情况

(1)发行国内首只由信托公司自主管理的量化对冲基金。“华润信托·睿利1号集合资金信托计划”成立于2012年7月13日，是国内首只由信托公司主动管理型的量化对冲型证券投资基金，以证券二级市场、金融衍生品市场(股指期货)及其他投资品种为投资标的，适用于长期追求低风险、中高收益率的高净值客户。该产品结合了华润信托在证券投资管理方面的团队优势、资源优势和研究优势，研发了量化选股系统，通过数量化工具构建投资组合，从估值、盈利预期、市值、市场情绪、盈利能力和成长性等多维度择股择时，进一步贴近未来市场对冲型基金的主流。通过量化对冲策略实现择股择时和对冲风险，有助于持续培育证券投资信托领域的自主管理能力，为投资者提供新的产品选择，促进市场的多元竞争和产品创新。

(2)建立国内首个为期货管理人提供具有公信力的业绩鉴证服务的孵化平台。“春雷计划”是在目前国内期货管理人缺乏从事证券公募基金或发行证券信托产品经历、缺乏公开产品业绩证明的背景下提出的期货管理人业绩鉴证服务平台，为国内首个为期货管理人提供具有公信力的业绩鉴证服务平台。依托华润信托多年阳光私募产品管理运营的经验和资源，“春雷计划”已与国内十六家排名在前的期货公司合作，通过网站定期以代号形式公布经核算估值后的基本交易业绩数据，并对其真实性出具独立意见，有助于推动期货资产管理行业向着规范化、专业化、长期化、机构化的方向发展。

(3)华润信托·云上城项目单一资金信托。2011年以来，房地产市场持续低迷，部分房地产商举步维艰。特别是以昆明为代表的旧改项目，当地开发商大多不具备房地产专业管理能力，期望凭借自身优势获取低价地块，通过售楼获取高额利润的商业模式已难以为继。而另一方面，以万科为代表的国内房地产龙头企业，凭借其品牌、成本、管理等优势，销售势头非常强劲，但却不易拿到便宜且地理位置较好的地块。信托的介入可以将两者优势进行嫁接，在风险可控的背景下，创新一种商业模式:华润信托通过股权方式介入地价较低、地理位置好的项目，并聘请昆明万科作为品牌输出方，对项目实施全程管理、运作。昆明万科根据销售收入提取管理费，华润信托通过项目本身的现金流支持实现顺利退出。

此方案中，信托作为项目发起者、交易结构设计者和资金提供者，充分整合了当地开发商的土地资源、知名地产商的品牌和管理资源以及华润信托的金融资源。对于当地开发商而言，可以充分发挥在土地获取上的优势，项目开发及融资安排则交由专业机构解决，与自己开发相比，可以在省心省力的同时获得更高的收益;对于万科而言，在投入很少的情况下通过华润信托获得了项目公司的控制权，并从品牌使用和管理费中获得了高额收益，从而为从传统的房地产开发商向品牌和管理输出者、从重资产向轻资产的转型作出了有益尝试;对于投资者而言，通过知名地产商的品牌和管理输出以及受托人的尽职管理可以有效控制项目风险，使得投资者在保证资金相对安全的同时获得了丰厚的收益。

(4)华润信托·唐山博志平改基金项目集合信托计划。2012年11月，华润信托成功发行华润信托·唐山博志平改基金集合信托计划(以下简称信托计划)。信托计划一期总规模57.4亿元，优先级信托单位规模25亿元，次级信托规模32.4亿元。信托计划以股债结合方式通过唐山市博志房地产开发有限公司(以下简称博志地产)投资于三个唐山市平改项目，项目承担了45万平米回迁安置房建设，为唐山市政府的重点保障项目。在城市旧城改造、保障房建设过程中，各地土地收储、拍卖的收支两条线政策，使参与一级开发企业在保障房、旧城改造建设中都面临着前期大规模资金占用问题。

该信托计划通过结构化的金融安排、信托计划的期限分层、匹配项目的风险与收益要素，以项目土地成本优势为最终收益保障，以合作方的前期投入为投资防守安全垫。通过信托的深度投资参与，盘活企业项目资源，实现各方的投资目标。

后期管控上，该项目由公司派驻资产管理团队主动参与管理，并聘请了汉威方德(北京)管理咨询有限公司进行监督管理，包括但不限于项目的开发运营、财务管控、印章管控，充分体现了华润信托不断创新的专业能力，使公司在实业投资基金领域建立起良好品牌形象。

6.4.2.5　本公司履行受托人义务情况及因本公司自身责任而导致的信托资产损失情况

(1)履行受托人义务情况。公司按照《中华人民共和国信托法》、《信托投资公司管理办法》和《信托投资公司资金信托

管理暂行办法》等法律法规的规定严格履行受托人的义务：

严格遵守信托文件的规定，恪尽职守，履行诚实、信用、谨慎、有效管理的义务，为受益人的利益处理信托事务。

每个信托计划设立后，按照信托合同的规定，定期将信托资金运用及收益情况告知信托文件规定的人。

将信托财产与公司固有财产分别管理、分别记账；并对不同的信托财产分别管理；根据不同的信托资金分别开设独立的银行账户。

信托合同到期、集合信托计划终止时，根据信托合同的规定，以信托财产为限向受益人支付信托利益。同时，在信托终止后及时作出处理信托事务的清算报告，按合同约定方式报告。

妥善保管处理信托事务的完整记录、原始凭证及资料，保存期自信托计划终止之日起十五年。同时对委托人、受益人以及处理信托事务的情况和资料依法保密。

根据信托合同及信托计划约定履行其他管理义务。

(2)2012 年未发生因公司自身责任导致的信托资产损失；集合信托资产管理没有发生重大涉诉及赔付等情况。

6.5 关联方关系及其交易的披露

6.5.1 关联交易方的数量、关联交易的总金额及关联交易的定价政策等

	关联交易方数量	关联交易金额(万元)	定价政策
合计	15	2 186 551.89	详见注

注：关联交易的定价政策：本公司董事会认为上述交易根据正常的商业交易条件进行，并以一般交易价格为定价基础。

6.5.2 关联交易方与本公司的关系性质、关联交易方的名称、法定代表人、注册地址、注册资本及主营业务等

关系性质	关联方名称	法定代表人	注册地址	注册资本	主营业务
股东	深圳市人民政府国有资产监督管理委员会	张晓莉	深圳市福田区深南大道 4009 号投资大厦 17 楼		代表国家履行出资人职责，依法对企业国有资产进行监管。
同一母公司控制公司	华润(集团)有限公司	宋林	香港湾仔港湾道 26 号华润大厦 49 楼	900 001 万港元	涉及电力、地产、消费品、医药、金融、水泥和燃气等多个领域。
同一最终控制母公司	北京华润大厦有限公司	陈鹰	北京市东城区建国门北大街 8 号	1 200 万美元	在规划范围内进行房屋及附属配套设施开发、建设及物业管理，包括写字楼的出售、商业设施的租售。
同一最终控制母公司	北京优高雅装饰工程有限公司	吴秉琪	北京市东城区东总布胡同 5 号 9 层	200 万美元	为承接国内外各项工程的装饰装修并提供相关服务。
联营公司	国信证券股份有限公司	何如	深圳市罗湖区红岭中路 1012 号国信证券大厦十六层至二十六层	700 000 万元	证券经纪；证券投资咨询；与证券交易、证券投资活动有关的财务顾问；证券承销与保荐；证券自营；证券资产管理；融资融券；证券投资基金代销；为期货公司提供中间介绍业务。
同一母公司控制公司	华润深国投投资有限公司	蒋　伟	深圳市福田区农林路 69 号深国投广场二号楼 12 层 1217 室	50 000 万元	投资兴办实业，投资管理和咨询。
同一最终控制母公司	珠海励致洋行办公家私有限公司	俞敏	珠海市香洲区金鼎镇金洲路金鼎工业区	9 200 万港元	销售自产的各类家具，上述产品同类商品的销售及进出口业务。
同一最终控制母公司	华润深圳湾发展有限公司	孔小凯	深圳市南山区滨海大道 3001 号深圳湾体育中心体育场三楼	38 000 万港元	从事深圳湾体育中心的开发、建设、经营。
母公司重大影响的其他企业	万科企业股份有限公司	王　石	深圳市盐田区大梅沙环梅路 33 号万科中心	1 099 521 万元	房地产开发。
同一最终控制母公司	华润医药商业集团有限公司	陈济生	北京市东城区安定门内大街 257 号	60 346.34 万元	西药制剂、化学原料药、中成药、中药饮片、医疗器械、医用耗材、生物制品、营养保健品等。
同一最终控制母公司	华润医药投资有限公司	李福祚	深圳市罗湖区深南东路新兴大厦 523 室	50 000 万元	企业投资管理与企业投资咨询；投资兴办实业；企业营销策划；企业形象策划；投资管理及咨询；经济信息咨询；企业管理策划；从事进出口业务和国内贸易。
同一最终控制母公司	华润水泥投资有限公司	周龙山	深圳市罗湖区深南东路 5001 号华润大厦 1701、1702 单元	48 220 万美元	(1)在国家允许外商投资的领域依法进行投资；(2)受其所投资企业的书面委托，向其所投资企业提供采购、销售、外汇平衡、技术支持、寻求贷款、提供担保等工作；(3)在中国境内设立科研开发中心或部门，从事新产品及高新技术的研究开发，转让研发成果等服务；(4)为其投资者及关联公司提供咨询服务；(5)承接母公司和关联公司的服务外包业务。

续表

关系性质	关联方名称	法定代表人	注册地址	注册资本	主营业务
同一最终控制母公司	华润水泥采购有限公司	潘永红	东莞市沙田镇福禄沙村	7 000 万港元	从事水泥、石膏、粉煤灰、包装袋、耐火材料、耐磨材料、建筑材料的批发和进出口业务。从事煤炭的批发及进口业务;润滑油、润滑脂的批发业务。
同一最终控制母公司	华润电力投资有限公司	王帅廷	深圳市罗湖区深南东路 5001 号华润大厦 22 楼 2205 室	30 000 万美元	(1)在国家允许外商投资的领域依法进行投资;(2)受其所投资企业的书面委托,向其所投资企业提供采购、销售、外汇平衡、技术支持、寻求贷款、提供担保等工作;(3)在中国境内设立科研开发中心或部门,从事新产品及高新技术的研究开发,转让研发成果等服务;(4)为其投资者及关联公司提供咨询服务;(5)承接母公司和关联公司的服务外包业务。
同一最终控制母公司	华润置地(泰州)有限公司	迟　峰	泰州市医药高新技术产业开发区凤凰街道工业园区 88 号	9 300 万美元	房地产开发和经营。

6.5.3　本公司与关联方的重大交易事项

6.5.3.1　固有与关联方:贷款、投资、租赁、应收账款、担保、其他方式等期初汇总数、本期借方和贷方发生额汇总数、期末汇总数

单位:万元

固有与关联方关联交易				
	期初数	借方发生额	贷方发生额	期末数
贷款	—	—	—	—
投资	—	—	—	—
租赁	—	—	—	—
担保	—	—	—	—
应收账款	—	—	—	—
其他应收款项	190.57	38.43	0.59	228.41
其他应付款项	102.78	8.29	64.17	158.66
合计	293.35	46.72	64.76	387.07

6.5.3.2　信托与关联方交易情况:贷款、投资、租赁、应收账款、担保、其他方式等期初汇总数、本期借方和贷方发生额汇总数、期末汇总数

单位:万元

信托与关联方关联交易				
	期初数	借方发生数	贷方发生数	期末数
贷款	200 000.00	693 900.00	52 000.00	841 900.00
投资	—	—	—	—
租赁	—	—	—	—
担保	—	—	—	—
应收账款	—	—	—	—
其他	—	114 789.00	—	114 789.00
合计	200 000.00	808 689.00	52 000.00	956 689.00

6.5.3.3　信托公司自有资金运用于自己管理的信托项目(固信交易),信托公司管理的信托项目之间的相互(信信交易)交易金额,包括余额和本报告年度的发生额

6.5.3.3.1　固有财产与信托财产之间的交易金额期初汇总数、本期发生额汇总数、期末汇总数

单位:万元

固有财产与信托财产相互交易			
	期初数	本期发生数	期末数
合计	318 588.11	−2 085.48	316 502.63

6.5.3.3.2　信托项目之间的交易金额期初汇总数、本期发生额汇总数、期末汇总数

单位:万元

信托资产与信托财产相互交易			
	期初数	本期发生数	期末数
合计	545 805.65	367 167.54	912 973.19

6.5.4　逐笔披露关联方逾期未偿还本公司资金的详细情况以及本公司为关联方担保发生或即将发生垫款的详细情况

无。

6.6　会计制度的披露

本公司固有业务及信托业务均执行财政部2006年2月15日颁布的《企业会计准则》及其补充规定。

7. 财务情况说明书

7.1　利润实现和分配情况

7.1.1　母公司利润实现和分配情况

经中天运会计师事务所有限公司审计,2012年度母公司利润总额161 937.81万元,扣除所得税费用28 135.80万元,实现净利润133 802.01万元。根据公司章程及财务制度的相关规定,按以下利润分配方案分配2012年度利润:

(1)根据银监会《信托公司管理办法》的规定,本年提取信托赔偿准备金11 435.31万元,累计提取总额已达注册资本的20%;

(2)根据公司章程,按净利润的10%提取法定盈余公积13 380.2万元;

(3)根据财政部财金〔2012〕20号财政部《关于印发金融企业准备金计提管理办法》的通知,本年按风险资产期末余额的1.5%计提一般风险准备金17 653.20万元。

7.1.2 合并利润实现和分配情况

经中天运会计师事务所有限公司审计，2012 年度公司合并利润总额 162 928.13 万元，扣除所得税费用 28 146.71 万元，实现净利润 134 781.42 万元。根据公司章程及财务制度的相关规定，按以下利润分配方案分配 2012 年度利润：

（1）根据银监会《信托公司管理办法》的规定，本年提取信托赔偿准备金 11 435.31 万元，累计提取总额已达注册资本的 20%；

（2）根据公司章程，按母公司净利润的 10% 提取法定盈余公积 13 380.2 万元；

（3）根据财政部财金〔2012〕20 号财政部《关于印发金融企业准备金计提管理办法》的通知，本年按母公司风险资产期末余额的 1.5% 计提一般风险准备金 17 653.20 万元。

7.2 主要财务指标

指标名称	指标值合并	指标值母公司
资本利润率（%）	14.20	14.12
加权年化信托报酬率（%）	0.89	0.89
人均净利润（万元）	554.66	550.63

注：1. 资本利润率 = 净利润/所有者权益平均余额 ×100%。

2. 加权年化信托报酬率 =（信托项目 1 的实际年化信托报酬率 × 信托项目 1 的实收信托 + 信托项目 2 的实际年化信托报酬率 × 信托项目 2 的实收信托 +……信托项目 n 的实际年化信托报酬率 × 信托项目 n 的实收信托）/（信托项目 1 的实收信托 + 信托项目 2 的实收信托 +……信托项目 n 的实收信托）×100%。

按监管要求，加权年化信托报酬率指标反映的是报告年度清算结束项目的信托报酬率，并不代表我司报告年度全部项目的实际加权年化信托报酬率。

3. 人均净利润 = 净利润/年平均人数。

4. 平均值采取期初、期末余额简单平均法，公式为：平均值 =（期初数 + 期末数）/2。

7.3 对本公司财务状况、经营成果有重大影响的其他事项

无。

8. 特别事项揭示

8.1 前五名股东报告期内变动情况及原因

无。

8.2 董事、监事及高级管理人员变动情况及原因

报告期内，经公司第五届董事会第二次会议审议通过新聘任王晓薇任华润深国投信托有限公司副总经理。该事项于 2012 年 8 月 27 日经中国银行业监督管理委员会深圳监管局核准通过王晓薇华润深国投信托有限公司副总经理的任职资格（批准文件：深银监复〔2012〕047 号）。

因公司工作变动原因，第五届董事会第二十次临时会议于 2012 年 10 月 27 日审议通过董事会秘书由肖立荣变更为李巍巍。

8.3 变更注册资本、变更注册地或公司名称、公司分立合并事项

报告期内，公司注册地址发生变更。经公司 2012 年度第三次股东会议审议通过，并报经中国银行业监督管理委员会深圳监管局批准（批准文件：深银监复〔2012〕306 号），公司住所由“深圳市福田区农林路 69 号深国投广场 2 号楼 11 ~12 层”变更为“深圳市福田区中心四路 1 –1 号嘉里建设广场第三座第 10 ~12 层”。

8.4 公司的重大诉讼事项

无。

8.5 公司及其董事、监事和高级管理人员受到处罚的情况

无。

8.6 银监会及其派出机构对公司检查意见

无。

8.7 本年度重大事项临时报告的简要内容、披露时间、所披露的媒体及其版面

经华润深国投信托有限公司 2012 年度第三次股东会审议通过，并报经中国银行业监督管理委员会深圳监管局批准（批准文件：深银监复〔2012〕306 号），公司住所由“深圳市福田区农林路 69 号深国投广场 2 号楼 11 ~12 层”变更为“深圳市福田区中心四路 1 –1 号嘉里建设广场第三座第 10 ~12 层”。邮政编码由 518040 变更为 518048。此信息披露于 2012 年 9 月 10 日在《中国证券报》、《上海证券报》和《深圳证券时报》信息披露版披露。

8.8 银监会及其省级派出机构认定的其他有必要让客户及相关利益人了解的重要信息

无。

9. 公司监事会意见

监事会认为在报告期内，公司的决策程序符合国家法律、法规和公司的章程及相关制度，建立健全了比较有效的内控制度，董事会全体成员及高级管理人员认真履行了职责，未发现有违法、违规、违章的行为，也没有损害公司利益、股东利益和委托人利益的行为。公司财务报告真实反映了公司财务状况和经营成果。

华鑫国际信托有限公司

1. 重要提示

1.1 本公司董事会及董事保证本报告所载资料不存在任何虚假记载、误导性陈述或者重大遗漏，并对其内容的真实性、准确性和完整性承担个别及连带责任。

1.2 独立董事吴晓球、王昊、孟向洁认为本报告内容是真实、准确、完整的。

1.3 立信会计师事务所(特殊普通合伙)根据中国注册会计师审计准则对本公司年度财务报告进行审计，出具了标准无保留意见的审计报告。

1.4 公司董事长郝彬，总经理朱勇，主管会计工作负责人首席财务官杨丹青及会计部门负责人隋仁凤声明：保证年度报告中财务报告的真实、完整。

2. 公司概况

2.1 公司简介

华鑫国际信托有限公司(以下简称公司)是经中国银行业监督管理委员会依法批准设立的非银行金融机构，前身为佛山国际信托投资有限公司，于2008年12月24日重新登记并更名为华鑫国际信托有限公司，2009年9月完成验资工作，注册资本金3.2亿元，其中中国华电集团公司占比为51%、中国华电集团财务有限公司占比49%；2010年2月9日，取得中国银监会颁发的金融许可证，2010年3月15日，经营地址迁至北京市西城区，并于2010年3月18日正式挂牌开业；2010年12月23日，经股东方同意并报中国银监会批准，股东同比例增资至12亿元；2012年4月9日，经股东方同意并报中国银监会批准，股东同比例增资至22亿元。

公司经营短短不到三年的时间，先后获得《金融理财》杂志举办的金融理财TOP10总评榜“金貔貅奖”、“年度金牌成长潜力信托公司”、“年度金牌风控力信托公司”等称号，连续获得中国华电集团公司“文明单位”、“先进集体”荣誉称号。

2.1.1 公司法定中文名称：华鑫国际信托有限公司
中文名称缩写：华鑫信托
公司英文名称：China Fortune International Trust Co., Ltd.
公司英文名称缩写：CHINA FORTUNE TRUST

2.1.2 公司法定代表人：郝彬

2.1.3 公司注册地址：北京市西城区宣武门内大街2号华电大厦B座11层
邮政编码：100031
公司国际互联网网址：http://www.cfitc.com
公司电子信箱：hxxt@cfitc.com

2.1.4 公司负责信息披露事务的高级管理人员：杨丹青
公司信息披露联系人：李扬建
联系电话：400-680-1616/010-83568201转
传真：010-83568281
电子信箱：servic@cfitc.com

2.1.5 公司信息披露报纸名称：《金融时报》
备置地点：北京市西城区宣武门内大街2号华电大厦B座11层

2.1.6 公司聘请的会计师事务所名称：立信会计师事务所(特殊普通合伙)
住所：上海市黄浦区南京东路61号四楼

2.1.7 公司聘请的律师事务所名称：北京市兆源律师事务所
住所：北京市西城区宣武门西大街甲129号金玉大厦

2.2 组织结构

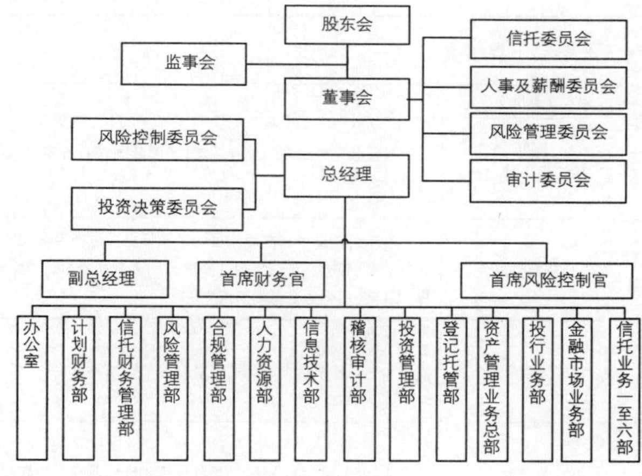

3. 公司治理结构

3.1 治理结构

3.1.1 股东

股东总数：2个。

股东名称	持股比例(%)	法人代表	注册地址	主营业务
中国华电集团公司★	51	云公民	北京市西城区宣武门内大街2号A座	许可经营项目：对外派遣境外工程所需的劳务人员。一般经营项目：实业投资及经营管理；电源的开发、投资、建设、经营和管理等。

续表

股东名称	持股比例（%）	法人代表	注册地址	主营业务
中国华电集团财务有限公司	49	陈宇	北京市西城区宣武门内大街2号B座10层	对成员单位办理财务和融资、担保、结算等；从事同业拆借；对金融机构的股权投资；中国银行业监督管理委员会批准的其他业务等。

注：★表示实际控制人。

3.1.2 董事会成员

董事长、董事

姓名	职务	性别	出生年月	出任时间	简要履历
郝彬	董事长	男	1962	2010年10月28日	曾任华信保险公司总经理，中国华电集团资本控股公司党组成员、副总；现任华鑫信托董事长、党组书记。
刘蒴	董事	男	1971	2011年11月8日	曾任山西煤炭进出口集团业务副经理，北京瑞诚创投公司总经理，山西能源产业集团副总，山西国际能源集团副总；现任中国华电财务公司党组成员、副总经理。
胡忠良	董事	男	1973	2010年10月28日	曾任神华集团办公厅业务经理，神华集团公司领导秘书、业务经理，中国华电集团正处长级秘书；现任中国华电集团财务公司副总、党组成员。
陈宇	董事	女	1963	2009年11月2日	曾任建设银行总行信贷管理部副处长，建设银行总行大客户办公室处长，建设银行总行公司业务处长，中国华电财务公司党组成员、副总；现任中国华电集团金融产业部主任。

独立董事

姓名	职务	性别	年龄	选任日期	简要履历
吴晓球	独立董事	男	1959	2009年11月2日	曾任中国人大财政金融学院副院长、教授、博士生导师、校学术委员会委员、财政金融学院教授、博士生导师、研究生院副院长；现任中国人大校长助理、研究生院常务副院长、校学位委员会委员、秘书长、校学术委员会委员、财政金融学院教授、博士生导师、教育部长江学院特聘教授。
孟向洁	独立董事	女	1958	2012年10月23日	曾任财政部办公厅副司级调研员，农业部计划司副司长，中国农村发展信托投资公司副总经理，中农信香港公司董事长，中国诚信证券评估有限公司党委书记、副总经理，北京中兴正元资产管理咨询有限公司董事长；现任北京中资北方投资顾问有限公司董事长。
王昊	独立董事	女	1975	2009年11月2日	曾任北京市瑞银律师事务所律师合伙人，英国LAMB CHAMBERS实习，黎明网络公司法律事务部经理；现任德国百达律师事务所北京办事处中国法律顾问。

董事会下属委员会

董事会下属委员会名称	职责	组成人员姓名	职务
信托委员会	负责督促公司依法履行受托职责，了解公司信托业务的发展情况，维护受益人的最大利益。	吴晓球	主任委员
		孟向洁	委员
		刘蒴	委员
人事及薪酬委员会	负责制定公司董事及高级人员的考核标准并进行考核；制订、审查公司董事及高级管理人员的薪酬政策与方案；制订公司长期激励机制和方案，为公司发展提供人才激励保障；制订公司人力资源发展规划。	郝彬	主任委员
		陈宇	委员
		吴晓球	委员
风险管理委员会	负责公司风险的控制、管理、监督和评估。	陈宇	主任委员
		胡忠良	委员
		王昊	委员
审计委员会	负责内、外部审计的沟通、监督和核查工作以及重大关联交易的审核。	刘蒴	主任委员
		陈宇	委员
		王昊	委员

3.1.3 监事、监事会

监事会成员

姓名	职务	性别	出生年月	选任日期	简要履历
李长旭	监事会主席	男	1962	2010年10月28日	曾任审计署驻电力部审计局一处主任科员，审计署驻电力部审计局三处副处长，国家电力公司审计局生产审计处副处长，电力公司审计部审计二处副处长，国家电力公司审计部正处级职员，国家电力公司审计部综合处处长，中国华电集团公司监察审计部副主任，中国华电集团公司审计部副主任（主持工作）；现任中国华电集团审计部主任。

续表

姓 名	职 务	性别	出生年月	选任日期	简 要 履 历
张学云	监事	女	1962	2009 年 11 月 2 日	曾任省武汉供电局财会，华中电管局（电力部中南审计分局，华中电力集团，国电华中公司）审计部主审、主持一处工作；现任中国华电集团财务有限公司监察审计部经理。
王晓波	监事	男	1973	2010 年 10 月 28 日	曾任黑龙江龙电置业有限公司财务部主管会计，华电能源股份有限公司审计部审计员，华电能源股份有限公司审计部副经理，华电能源股份有限公司监察审计部副主任，华电能源股份有限公司监察审计部主任；现任华鑫国际信托有限公司信托财务管理部经理。

3.1.4 高级管理人员

姓 名	职 务	性别	年龄	选任日期	简 要 履 历
朱 勇	总经理	男	1968	2010 年 11 月 2 日	曾任中国农业发展银行总行信贷一部主任科员、经济师，中信证券股份有限公司资产管理部研究主管，中信信托有限责任公司资金运用部副总经理（主持工作），中信信托有限责任公司资产管理部副总经理（主持工作），中信信托有限责任公司资产管理部总经理，中信信托有限责任公司资本市场业务总监兼资产管理部总经理；现任华鑫国际信托有限公司公司党组成员、总经理。
兰 强	副总经理	男	1972	2010 年 10 月 28 日	曾任中国有色海南金海机电设备公司总经理助理兼证券期货投资部经理，上海紫江企业集团股份有限公司投资部总经理，上海联合产权交易所产权处处长，中交投资有限公司资产管理部总经理；现任华鑫国际信托有限公司党组成员、副总经理。
杨丹青	首席财务官	女	1967	2009 年 11 月 2 日	曾任中国电力企业联合会财务部干部，电力部经济调节司价格处主任科员，国家电力公司财务产权部价格处副处长，中国华电集团公司财务部处长、主任师；现任华鑫国际信托有限公司党组成员、首席财务官。
蔡概还	首席风险控制官	男	1971	2010 年 10 月 28 日	曾任全国人大财经委经济法室干部；中国银行业监督管理委员会非银部市场准入处主任科员、业务综合处副处长、法规部立法二处处长，曾担任《中华人民共和国信托法》起草组成员，并曾在中国对外经济贸易信托有限公司挂职，任总经理助理；现任华鑫国际信托有限公司党组成员、首席风险控制官。

3.1.5 公司员工

项 目		报告期年度		上年度	
		人数	比例（%）	人数	比例（%）
年龄分布	25 岁以下	6	5	5	5.7
	25～29 岁	29	24.8	25	28.7
	30～39 岁	67	56.7	47	54
	40 岁以上	16	13.5	10	11.4
学历分布	博士	3	2.5	3	3.4
	硕士	69	58.7	53	60.9
	本科	42	35.5	27	31
	专科	4	3.3	4	4.5
	其他				

续表

项 目		报告期年度		上年度	
		人数	比例（%）	人数	比例（%）
岗位分布	董事、监事及其高管人员	6	5	6	6.8
	固有业务人员	5	4.2	4	4.5
	信托业务人员	51	43.4	46	52.8
	其他人员	56	47.4	31	35.6

3.2 公司治理信息

本公司按照《公司法》、《信托法》、《信托公司管理办法》及《信托公司治理指引》等有关法律法规的规定和中国银监会的监管要求，建立了股东会、董事会、监事会和经营管理层相互分离、相互制衡的公司治理结构，强化职责、完善流程、规范运作。2012 年度公司“三会一层”按照国家法律法规和公司章程的有关规定，诚信履职，尽职尽责，无违法、违纪和损害公司利益、股东权益、委托人和受益人利益的行为。

3.2.1 年度内召开股东大会情况

会议名称	会议时间	议事主要内容	决议
2012 年度股东会第一次会议	2012 年 2 月 20 日	审议并通过了《关于公司增加资本金的议案》、《关于公司章程的议案》。	同意议案
2012 年度股东会第二次会议	2012 年 2 月 29 日	审议并通过了《关于第一届董事会 2011 年度工作报告的议案》、《关于第一届监事会 2011 年度工作报告的议案》、《关于公司 2011 年度财务决算和 2012 年度财务预算方案的议案》、《关于公司 2011 年度利润分配方案的议案》。	同意议案
2012 年度股东会第三次会议	2012 年 10 月 23 日	审议并通过了《关于修改公司章程的议案》、《关于修改公司董事会议事规则的议案》、《关于选举孟向洁为华鑫国际信托有限公司独立董事的议案》。	同意议案

3.2.2 董事会及其下属委员会履行职责情况

3.2.2.1 董事会履职情况

2012 年度董事会共召开四次会议的情况如下：

会议名称	会议时间	议事主要内容	决议
第一届董事会第六次会议	2012 年 2 月 20 日	审议并通过了《关于公司增加资本金的议案》、《关于公司章程的议案》。	同意议案
第一届董事会第七次会议	2012 年 2 月 29 日	审议并通过了《关于第一届董事会 2011 年度工作报告的议案》、《关于总经理工作报告的议案》、《关于公司 2011 年度财务决算和 2012 年度财务预算方案的议案》、《关于公司 2011 年度利润分配方案的议案》、《关于公司 2011 年度风险管理报告的议案》、《关于公司人才队伍建设十二五规划的议案》、《关于公司固有业务投资思路及 2012 年投资计划的议案》、《关于调整和增设公司机构的议案》、《关于对公司基本管理制度进行界定的议案》、《关于对公司绩效考核管理办法和信托业务人员管理及业务提成办法修订的议案》、《关于提请审议投资决策委员会工作规程的议案》。	同意议案
第一届董事会第八次会议	2012 年 6 月 8 日	听取了《关于公司业务发展情况的报告》、《关于公司风险管理的报告》。审议并通过了《关于公司资产风险分类管理办法的议案》、《关于对公司关联交易管理制度修订的议案》。	同意议案
第一届董事会第九次会议	2012 年 10 月 23 日	审议并通过了《关于修改公司章程的议案》、《关于修改公司董事会议事规则的议案》、《关于调整公司信托委员会委员的议案》、《关于调整和增设公司机构的议案》、《关于公司固有业务投资管理办法的议案》。	同意议案

3.2.2.2 董事会下属委员会履职情况

2012 年度董事会下属委员会共召开三次会议情况如下：

会议名称	会议时间	议事主要内容	决议
各专业委员会 2012 年第一次会议	2012 年 2 月 29 日	审议通过了《关于总经理工作报告的议案》等议案。	同意议案
各专业委员会 2012 年第二次会议	2012 年 6 月 8 日	审议并通过了《关于公司资产风险分类管理办法的议案》、《关于对公司关联交易管理制度修订的议案》等议案。	同意议案
各专业委员会 2012 年第三次会议	2012 年 10 月 23 日	审议并通过了《关于修改公司章程的议案》、《关于修改公司董事会议事规则的议案》等议案。	同意议案

3.2.2.3 独立董事履职情况

报告期内，各位独立董事能够严格按照《信托公司治理指引》、公司章程、董事会议事规则和董事会专业委员会议事规则的规定，自觉履行职责，积极关注公司治理水平，同时利用自身专业知识和经验对公司的经营管理和投资决策提出意见、建议，并对公司的重大事项发表独立意见，充分发挥了独立董事的作用，促进董事会和公司规范运作、科学决策，维护了公司及股东的利益。

(1)报告期内，独立董事出席董事会会议情况。报告期内，公司共召开四次董事会会议和三次专业委员会会议。独立董事全部出席或以通讯方式出席董事会及对应的董事会专业委员会会议。独立董事对需要其签字表决的会议决议均进行了有效表决和签字确认。

(2)独立董事对公司有关事项提出异议的情况。报告期内，公司独立董事未对董事会议案及其他议案提出异议。

(3)公司独立董事相关工作制度的建立健全情况及独立董事履职情况。为完善公司的治理结构，促进规范运作，维护公司整体利益，保障全体股东合法权益，维护客户利益，公司章程中明确规定了独立董事的任职条件，独立董事的提名、选举和更换，独立董事的特别职权，独立董事的独立意见，为独立董事提供必要的条件。

公司独立董事在本报告期间，能够遵守法律、法规及公司章程的有关规定，具备履行职责的条件；作出独立判断时，不受公司主要股东和其他与公司存在利害关系的单位、个人的影响，尽力维护公司及股东的利益。

公司董事会下属 4 个专业委员会成员中，分别按规定配置了独立董事，4 个委员会均由一位独立董事担任主任委员及召集人，召集人能够按照相关议事规则召集会议。

2012 年独立董事对续聘会计师事务所、公司风险管理自我评价报告、2012 年度利润分配预案、公司管理会计的推进以及重大关联交易等事项发表了独立意见。

3.2.3 监事会履职情况

会议名称	会议时间	议事主要内容	决议
第一届监事会第五次会议	2012 年 2 月 29 日	审议并通过了《关于第一届监事会 2011 年度工作报告的议案》	同意议案

监事会认为，本报告期内，公司决策程序合法，内部控制制度得到进一步完善，没有发现公司董事、经理和其他高级管理人员在执行公司职务时有违法违纪和有损公司及股东利益的行为，2012 年公司财务报告真实地反映了公司的财务状况和经营成果。

3.2.4 高级管理人员履职情况

报告期内公司高管领导，积极适应国内外复杂多变的经济形势和监管政策，坚持稳健经营，创新发展，加快转型，以专业化和差异化发展为基本战略指导思想，重点以资产管理与信托服务作为公司全力发展的两项主业，强化能力建设、品牌建设和渠道建设，在资产管理、结构化证券投资和私募基金托管、银信合作、项目投融资等方面取得了较好发展。同时，在推进公司全面风险管理、内部控制体系的不断完善、合规管理日趋规范等方面做了大量工作，在超额完成公司年度经营目标的同时，推动公司持续、稳定、健康的发展。

报告期内，公司高级管理人员能够严格按照《公司法》、《信托法》、《信托公司管理办法》、《信托公司治理指引》和公司章程以及国家有关法律法规履行职责，积极落实公司股东会、董事会决议，在董事会授权范围内勤勉履职，全面完成了董事会下达的绩效目标。公司业务和管理均在合规的前提下开展，未出现重大风险事件。

4. 经营管理

4.1 经营目标、经营方针、战略规划

4.1.1 经营目标

本报告期公司的经营目标是坚持以科学发展观为指导，紧紧围绕公司"践行价值思维理念，对标同业一流努力实现管理和效益水平双翻番"的中心工作，以战略目标为引领，以创收创效为重点，以队伍建设为手段，以业务创新为主线，以风险管控为保障，更新观念，加快发展，大力拓展市场，为建设一流信托公司努力奋斗，力争实现新的跨越式发展。全年争取实现受托管理资产规模800亿元，实现利润总额5亿元。

4.1.2 经营方针

本报告期公司经营方针是：诚信、开拓、稳健、持续。

4.1.3 战略规划

公司的战略规划是：公司将充分依托各股东方的支持开展业务，与有关各方建立良好的合作关系，坚持高起点定位、高标准发展，致力于建设同业领先的专业化一流信托公司。认真遵守国家法律法规、金融政策和监管要求，坚持"稳健经营，价值至上"的经营理念，严细规范、精益求精，以优秀的团队、创新的产品、一流的管理，为客户创造更大的价值，为股东创造合理的回报，为经济社会发展发挥更大的作用，力争成为科学发展、管理先进、业绩优良、质形俱佳、值得信赖，具有核心竞争力的一流信托公司，为发展中国信托事业作出我们应有的贡献。

4.2 所经营业务的主要内容

4.2.1 经营的主要业务及品种

公司经营的主要业务为信托业务和固有业务。

4.2.1.1 信托业务

信托业务主要品种包括公司以能源和基础产业信托业务为核心，坚持多领域经营；以提供多元化、专业化、特色化金融服务为手段，坚持业务创新；以全面风险管理为保障，坚持稳健经营，规范运作。主要经营的信托业务包括资金信托；动产信托；不动产信托；有价证券信托；其他财产或财产权信托。

4.2.1.2 固有业务

固有业务作为投资基金或者基金管理公司的发起人从事投资基金业务；经营企业资产的重组、购并及项目融资、公司理财、财务顾问等业务；受托经营国务院有关部门批准的证券承销业务；办理居间、咨询、资信调查等业务；代保管及保管箱业务等。主要固有业务包括存放同业；贷款业务；租赁业务；投资业务；以固有财产为他人提供担保等。

4.2.2 资产组合与分布

4.2.2.1 固有资产运用与分布表

自营资产运用与分布表

资产运用	期末余额（万元）	占比（%）	资产分布	期末余额（万元）	占比（%）
货币资产	874.02	0.30	房地产	15 006.71	5.12
发放贷款和垫款	108 300.51	36.93	基础产业	60 000.00	20.46
可供出售金融资产	138 048.14	47.08	工商企业	35 000.00	11.94
持有至到期投资	43 975.80	15.00	证券市场	137 932.98	47.03
其他资产	2 035.24	0.69	金融机构	45 294.02	15.45
合计	293 233.71	100.0	合计	293 233.71	100.0

4.2.2.2 信托资产运用与分布表

资产运用	金额（万元）	占比（%）	资产分布	金额（万元）	占比（%）
货币资产	418 045.86	4.89	房地产	674 960.65	7.89
发放贷款和垫款	3 663 570.70	42.81	基础产业	1 136 377.03	13.28
交易性金融资产投资	168 742.57	1.97	工商企业	3 890 729.72	45.47
可供出售金融资产投资	156 180.00	1.83	证券市场	384 984.67	4.50
持有至到期投资	2 721 461.20	31.80	金融机构	836 637.37	9.78
长期股权投资	533 242.73	6.23	其他	1 633 594.66	19.08
其他	896 041.04	10.47			
信托资产总计	8 557 284.10	100.00	信托资产总计	8 557 284.10	100.00

4.3 市场分析

4.3.1 宏观经济形势分析

自2012年以来，欧洲债务危机从希腊向西班牙等大国蔓延，发达经济体增长乏力，世界经济下行风险加大，新兴经济体经济增速回落，世界经济复苏进程缓慢。复杂多变的内外部环境使得我国经济下行风险加大，特别是4月以来主要宏观经济指标呈全面趋弱态势，但就业形势表现尚可，物价上涨压力减缓，国际收支逐渐趋向平衡。下半年，在"稳增长"预调微调政策效应显现、房地产市场企稳等因素影响下，三大需求总体均呈现回升态势。国家继续实施积极的财政政策和稳健的货币政策，结合税制改革完善结构性减税政策，严格控制一般性支出，适当扩大社会融资总规模，保持贷款适度增加，保持人民币汇率基本稳定，切实降低实体经济发展的融资成本。我国经济出现了企稳回升的好势头，GDP实现了7.8%的增长。

4.3.2 行业形势分析

改革开放使国民财富迅速积累，居民对投资理财的需求迅速增长，由信贷驱动投资拉动的经济增长，促成我国实体经济对资金的巨额需求，国家持续的经济刺激计划及央行从紧的货币政策和银行业的信贷紧缩，为我国信托业的发展提供了坚实的基础，带动信托行业高速发展。2012年行业管理信托资产规模超过7万亿元，5年时间规模增长超过了10倍，信托行业整体实力显著增强，成长为四大金融支柱行业之一。

但是，单纯追求资产规模高速增长的信托时代或将过去，自2012年以来，为降低实体经济发展的融资成本，以增强"市场化"为目的的金融改革步伐明显加速，以券商、基金及保险为代表的金融同业机构，被监管层赋予以类似信托公司经营方式开展同质化资产管理业务的权利，泛资产管理进一步削弱信托业制度红利。同时信托监管逐步加强，信贷类银信合作、票据业务、同业代付等先后受到银监会严查或叫停，信托受益权转

让、地方融资平台信托、银行代销问题等信托业务被监管机构所关注。虽然信托业在金融行业扮演着越来越重要的角色，但是整个信托行业尚没有形成一个成熟的商业模式，没有形成具有信托特色的核心竞争力，而且信托法律法规制度远远落后于行业快速发展。今后信托如何转变角色，明确发展思路，培育核心竞争力是整个行业面临的重大战略挑战。

公司成立时间晚，经营期限较短，资产规模、业务种类、资产管理能力、渠道建设及营销能力、利润规模、盈利能力与其他公司仍有一定差距，需要面对行业内和行业外的双重竞争，公司上下立足现实，坚持科学发展，稳健经营，实施全过程风险管控，全面预算管理，科学有效配置资产，力争树立华鑫特色的品牌，以最大的收益回报社会、客户和股东。

4.4 内部控制

4.4.1 内部控制环境和内部控制文化

公司坚持“全面风险管理”和“内控优先”的风险管理理念，并在制度的设计、决策的进行、业务的开展各个层面加以深入贯彻，形成了科学、清晰、合理的组织架构，前台、中台、后台形成有效的制衡机制，为公司营造了健康的内部控制环境。公司建立完善了公司治理结构和议事规则，设立了股东会、董事会、监事会，公司董事会下设信托委员会、人事及薪酬委员会、风险管理委员会和审计委员会四个专门委员会，各个治理主体能够按照职责规定和规范程序履行相应职责，实现了分工明确、相互制衡。公司高度重视内部控制文化建设，大力培育合规理念、风险意识。通过公司内部培训、出版刊物等方式提升员工的合规观念、诚信观念和道德水准，提高了风险管理的自觉性，公司内部控制取得了良好的效果。

4.4.2 内部控制措施

公司管理层下设投资决策委员会和风险控制委员会，在董事会的授权范围内以明晰的分级授权制度、健全的投资控制体系、及时完整的过程控制和事后评价，使研究、决策、操作、审核、评价体系既相互配合，又相互制衡。

公司内部控制目标原则清晰，并在各项规章制度中予以充分体现。公司以《内部控制指引》为指导，制定了《开展信托业务操作手册》、《上市公司股票质押业务操作指引》、《关于规范房地产信托业务的指导意见》、《地方基础设施信托业务指引》等规范业务开展；制定了《立项评审管理办法》、《风险控制委员会议事规则》、《投资决策委员会议事规则》、《项目流程工作日管理办法》规范业务审查审批；制订了《重大风险事件应急预案》及各专项预案规范风险事件的处理。风险管理部、法律合规部和稽核审计部作为公司内控管理的主要职能部门，拟定和修订内控制度，监督检查和评价内控的科学性、规范性和可操作性。

4.4.3 信息交流与反馈

公司建立了信息与沟通制度，明确内部控制相关信息的收集、处理和传递程序，确保信息及时沟通，促进内部控制有效运行。

公司业务部、财务部、合规部、风险管理部及行政管理部等部门负责收集各自职责范围内各种内部信息和外部信息，通过财务资料、经营管理资料、调研报告、专项信息、内部刊物、办公网络等渠道，获取内部信息；通过行业协会组织、社会中介机构、业务往来单位、市场调查、来信来访、网络媒体以及有关监管部门等渠道，获取外部信息，并对收集的信息进行合理筛选、核对、整合，提高信息的可利用性。

公司重要信息通过专门的联络人员及时传递给董事会、监事会。

公司利用信息技术促进信息的集成与共享，充分发挥信息技术在信息与沟通中的作用。公司加强对信息系统开发与维护、访问与变更、数据输入与输出、文件储存与保管、网络安全等方面的控制，保证信息系统安全稳定运行。

公司建立了反舞弊机制，坚持惩防并举、重在预防的原则，明确反舞弊工作的重点领域、关键环节和有关机构在反舞弊工作中的职责权限，规范舞弊案件的举报、调查、处理、报告和补救程序。

4.4.4 监督评价与纠正

公司稽核审计部负责对公司内部控制的监督评价与纠正。

公司具有较为完善的内部控制机制，公司稽核审计部是公司独立的监督部门，直接向董事会汇报，是对公司经营活动全过程进行的一种内在经济监督，以防范风险、纠正违规、加强内控为工作目标，对公司内控制度、业务经营、财务活动等实施稽核监督。公司合规管理部和风险管理部负责优化公司规章制度和操作流程，使公司的内部控制更加有效、趋于完善。

4.5 风险管理

4.5.1 风险管理概况

公司重视风险管理，通过制定健全的内部规章制度，建立职责分工合理的组织机构，设置专业的风险管理部门，将现代风险管理技术与传统风险管理方法相结合，对可能产生的风险及时作出反应，采取有效措施进行事前、事中、事后的有效控制与管理，并根据实际需要随时对风险管理体系进行调整。

公司风险管理遵循全面性原则、相互制衡原则、一致性原则、时效性原则、定性与定量相结合原则。

4.5.1.1 公司经营活动中可能遇到的风险

主要有：信用风险、市场风险、操作风险、政策风险、道德风险等。

4.5.1.2 公司风险管理的基本原则与政策

风险管理贯彻全面性、审慎性、及时性、有效性、独立性等原则，覆盖到公司各项业务、各个部门和各级人员，并渗透到研究、决策、执行、监督、评价等各个环节；通过事前防范、事中控制、事后监督对风险进行全面综合管理，促进公司持续、稳健、规范、健康运行。

4.5.1.3 公司风险管理组织结构与职责划分

公司按照现代公司治理和全面风险管理的基本要求，相继制定了股东会、董事会、监事会、四个专业委员会的议事规则及总经理工作规程等，逐步构建了以董事会为核心的覆盖公司整体的风险管理体系。该体系中，公司董事会是风险管理的核心，就全面风险管理工作的有效性向股东会负责，公司高级管理人员负责组织实施董事会批准的风险管理战略，独立的风险管理部门牵头公司日常的风险管理工作，各职能部门和业务部门对相关领域的风险管理承担直接责任。

4.5.2 风险状况

4.5.2.1 信用风险状况

信用风险主要是指交易对手违约造成损失的风险，主要表现为公司在开展业务时，可能会因交易对手违约而给公司或信托财产带来风险。报告期内，公司发生的各类业务均严格履行了内部评审程序，合法合规、担保措施充足、交易对手信用等级较高，信用风险可控。

4.5.2.2 市场风险状况

市场风险是指由于未来市场价格（利率、汇率、证券价格和交易所商品价格等）的变动导致公司承担现实或潜在损失的风险。对于本公司，市场风险主要体现在证券投资领域，证券市场价格的波动将导致公司资产或公司管理的信托资产的直接损失，进而影响公司的声誉。2012 年公司密切关注各类市场风险，及时调整产品战略，勤勉、尽职履行受托人职责。

4.5.2.3 操作风险状况

操作风险是指公司内部业务流程、计算机系统、员工在操作中的不完善或失误，可能给公司造成损失的风险；公司外部因素例如通信系统故障等可能给公司造成损失或影响公司正常运行的风险。

报告期内，公司未发生此类给公司及受益人造成损失的风险。

4.5.2.4 其他风险状况

其他风险主要包括法律风险、声誉风险、员工道德风险等。

法律风险指公司在业务经营过程中由于不当的法律文书、违约行为或怠于行使自身法律权利等所造成的风险。

声誉风险指由于公司内部管理或服务出现问题而引起自身外部社会名声、信誉和公众信任度下降，从而对公司外部市场地位产生消极和不良影响的风险。

员工道德风险是指公司员工在执行业务过程中，由于法律意识淡漠、自律性差、责任心不强等因素的影响，可能存在的违法违规、操作失误等行为给公司造成损失损害的风险。

报告期内公司未发生此类风险。

4.5.3 风险管理

4.5.3.1 信用风险管理

公司通过事前评估、事中控制、事后监督的风险管理体系来防范和规避信用风险，具体措施包括：（1）制定包括决策机制和业务操作程序等在内的相关风险管理制度；（2）加强信用风险过程管理，规范履行尽职调查、公司审查、决策、资金投放、后续管理等程序和职能；（3）通过对历史业绩、资产规模、信用状况等多方面评选，择优选择证券经纪商和银行的合作伙伴；（4）建立信托项目运营管理相关规定，根据项目风险情况对资金的使用过程进行监测，形成跟踪、风险反馈、风险预警、风险化解的系统防范体系。后续管理的信用风险管理由相关业务部门负责，信托财务部负责监督非现场后续管理中的信用风险管理情况；（5）采用担保、资金托管等方式控制信用风险，关注抵押物价值下降风险，资金挪用风险等；（6）要求业务部门定期进行后期检查，形成项目检查报告，若发现问题及时采取措施有效防范和化解各类信用风险；（7）严格按财政部《金融企业呆账准备提取管理办法》、《公司资产风险分类管理办法》等相关要求，足额计提相关拨备；每年从税后利润中按 5% 的比例提取信托赔偿准备金，以提高公司抵御风险的能力。

4.5.3.2 市场风险管理

公司制定并不断完善与总体业务发展战略、管理能力、资本实力和能够承担的总体风险水平相一致的市场风险管理原则和程序，对相关业务和产品中的市场风险因素进行分解和分析，及时准确识别业务中市场风险的类别和性质，通过多种途径进行市场风险的管理。具体措施包括：（1）建立与业务性质相适应的市场风险管理办法，明确投资行业、品种和交易范围，对行业和领域进行筛选，主动压缩和退出那些风险较高、收益较差的领域；（2）建立健全市场风险的止盈止损机制，对市场风险进行控制或规避；（3）建立市场风险的监测程序，对银行账户资产进行定期估值，对证券交易账户资产进行逐日评估；（4）关注公司整体资金投向某行业、领域、区域、客户的比例和集中度，防止风险的过度集中等。

4.5.3.3 操作风险管理

公司通过合理的组织架构和岗位设置，优化业务操作流程，加强规章制度建设，通过专业知识培训，不断提高员工素质和专业知识水平，积极推进系统化建设，将流程嵌入到操作系统中，最大限度地减少人工干预，制订应急预案等措施有效地控制操作风险，主动防范并大大降低操作风险。

2012 年公司开展了以“加强基础管理、强化制度执行、巩固创新发展”为主线的“基础管理年”活动，努力优化制度流程，完善管理机制，着力解决管理领域的基础性、机制性和瓶颈性问题。公司通过定期召开基础管理推进会，对经过调查研究提出的 41 项直接关系公司基础管理能力的待整改问题进行分解督办，认真落实，通过细化实施方案、自查自纠、全方位多层次梳理存在问题，使得公司基础管理水平得到了大幅度提升，有效提高了操作效率，在防范操作风险上起到了积极作用，报告期内无操作风险发生。

4.5.3.4 其他风险管理

公司通过对宏观政策和行业政策的跟踪、研究，提高预见性，有效防范政策风险。对于法律风险，公司对要开展业务按照相关监管规章，严格进行合规性审查，确保公司业务开展符合国家相关法律法规规定，对于声誉风险，建立声誉风险管理制度，对声誉事件实行分类分级管理，明确管理权限、职责和报告路径等。报告期内无上述风险发生。

5. 报告期末及上一年度末的比较式会计报表

5.1 自营资产

5.1.1 会计师事务所审计意见全文

审 计 报 告

信会师报字〔2013〕第 730001 号

华鑫国际信托有限公司全体股东：

我们审计了后附的华鑫国际信托有限公司（以下简称贵公司）的财务报表，包括 2012 年 12 月 31 日的资产负债表，2012 年度的利润表、现金流量表、所有者权益变动表以及财务报表附注。

一、管理层对财务报表的责任

编制和公允列报财务报表是贵公司管理层的责任。这种责任包括：（1）按照企业会计准则的规定编制财务报表，并使其实现公允反映；（2）设计、执行和维护必要的内部控制，以使财务报表不存在由于舞弊或错误导致的重大错报。

二、注册会计师的责任

我们的责任是在执行审计工作的基础上对财务报表发表审计意见。我们按照中国注册会计师审计准则的规定执行了审计工作。中国注册会计师审计准则要求我们遵守中国注册会计师职业道德守则，计划和执行审计工作以对财务报表是否不存在重大错报获取合理保证。

审计工作涉及实施审计程序。以获取有关财务报表金额和披露的审计证据。选择的审计程序取决于注册会计师的判断，包括对由于舞弊或错误导致的财务报表重大错报风险的评估。在进行风险评估时，注册会计师考虑与财务报表编制和公允列报相关的内部控制，以设计恰当的审计程序，但目的并非对内部控制的有效性发表意见。审计工作还包括评价管理层选用会计政策的恰当性和作出会计估计的合理性，以及评价财务报表的总体列报。

我们相信，我们获取的审计证据是充分、适当的，为发表审计意见提供了基础。

三、审计意见

我们认为，贵公司财务报表在所有重大方面按照企业会计准则的规定编制，公允反映了贵公司2012年12月31日的财务状况以及2012年度的经营成果和现金流量。

立信会计师事务所（特殊普通合伙） 中国注册会计师：

中国·上海 中国注册会计师：

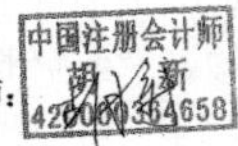

二〇一三年一月二十四日

5.1.2 资产负债表

资产负债表

2012年12月31日

单位：万元

资　产	期末余额	期初余额	负债及所有者权益	期末余额	期初余额
资产：			负债：		
现金	0.14	0.79	向中央银行借款		
存放同业款项	873.87	3 229.38	同业及其他金融机构存放款项		
贵金属			拆入资金		
拆出资金			交易性金融负债		
交易性金融资产			衍生金融负债		
衍生金融资产			卖出回购金融资产款		
买入返售金融资产			吸收存款		
应收利息			应付职工薪酬	97.11	3.22
发放贷款和垫款	108 300.51	90 257.50	应交税费	5 780.63	4 895.91
可供出售金融资产	138 048.14	26 847.42	应付利息		
持有至到期投资	43 975.80	16 386.48	预计负债		
长期股权投资			应付债券		
投资性房地产			递延所得税负债	104.34	
固定资产原值	829.27	698.24	其他负债	27 793.44	9 552.01
累计折旧	302.29	156.91	负债合计	33 775.51	14 451.14
固定资产净值	526.98	541.32	所有者权益（或股东权益）：		
无形资产	332.67	217.95	实收资本（或股本）	220 000.00	120 000.00
递延所得税资产			资本公积	313.01	
其他资产	1 175.60	76.28	减：库存股		
长期待摊费用			盈余公积	4 178.53	310.60
			一般风险准备	6 469.43	155.30
			未分配利润	28 497.23	2 640.07
			所有者权益合计	259 458.20	123 105.97
资产总计	293 233.71	137 557.11	负债和所有者权益总计	293 233.71	137 557.11

5.1.3 利润表

2012 年度　　单位:万元

项　目	本年数	上年数
一、营业收入	73 367.61	35 448.42
利息净收入	13 993.83	8 007.97
利息收入	13 993.83	8 007.97
利息支出		
手续费及佣金净收入	52 424.20	26 270.59
手续费及佣金收入	52 428.34	26 287.73
手续费及佣金支出	4.14	17.14
投资收益(损失以"－"填列)	6 949.58	1 521.90

续表

项　目	本年数	上年数
二、营业支出	20 318.77	13 199.80
营业税金及附加	4 091.36	1 911.74
业务及管理费	14 604.13	9 858.85
资产减值损失	1 623.28	1 429.21
三、营业利润(亏损以"－"号填列)	53 048.84	22 600.65
加:营业外收入	131.32	1 243.34
减:营业外支出		
四、利润总额(亏损总额以"－"号填列)	53 180.16	23 843.99
减:所得税费用	14 500.87	4 249.07
五、净利润(净亏损以"－"号填列)	38 679.29	19 594.92

5.1.4 所有者权益变动表

5.1.4.1 所有者权益变动表

所有者权益变动表

2012 年度　　单位:万元

项　目	本年金额						
	归属于母公司所有者权益						所有者权益合计
	实收资本	资本公积	盈余公积	一般风险准备	未分配利润	小计	
一、上年末余额	120 000.00		310.60	155.30	2 640.07	123 105.97	123 105.97
加:会计政策变更							
前期差错更正							
其他							
二、本年初余额	120 000.00		310.60	155.30	2 640.07	123 105.97	123 105.97
三、本年增减变动金额(减少以"－"号填列)	100 000.00	313.01	3 867.93	6 314.13	25 857.16	136 352.23	136 352.23
(一)净利润					38 679.29	38 679.29	38 679.29
(二)其他综合收益		313.01				313.01	313.01
综合收益小计		313.01			38 679.29	38 992.30	38 992.30
(三)所有者投入和减少资本	100 000.00					100 000.00	100 000.00
1. 所有者投入资本	100 000.00					100 000.00	100 000.00
2. 股份支付计入所有者权益的金额							
3. 其他							
(四)专项储备提取和使用							
1. 提取专项储备							
2. 使用专项储备							
(五)利润分配			3 867.93	6 314.13	－12 822.13	－2 640.07	－2 640.07
1. 提取盈余公积			3 867.93		－3 867.93		
其中:法定盈余公积			3 867.93		－3 867.93		
任意盈余公积							
2. 提取一般风险准备				6 314.13	－6 314.13		
3. 对所有者(或股东)的分配					－2 640.07	－2 640.07	－2 640.07
4. 其他							
(六)所有者权益内部结转							
1. 资本公积转增资本(或股本)							
2. 盈余公积转增资本(或股本)							
3. 盈余公积弥补亏损							
4. 其他							
四、本年末余额	220 000.00	313.01	4 178.53	6 469.43	28 497.23	259 458.20	259 458.20

所有者权益变动表（续）

2012 年度 单位：万元

项目	上年金额						
	归属于母公司所有者权益						所有者权益合计
	实收资本	资本公积	盈余公积	一般风险准备	未分配利润	小计	
栏次	8	9	10	11	12	13	14
一、上年末余额	120 000.00	38.34			-16 488.95	103 549.39	103 549.39
加：会计政策变更							
前期差错更正							
其他							
二、本年初余额	120 000.00	38.34			-16 488.95	103 549.39	103 549.39
三、本年增减变动金额（减少以"-"号填列）		-38.34	310.60	155.30	19 129.02	19 556.58	19 556.58
（一）净利润					19 594.92	19 594.92	19 594.92
（二）其他综合收益							
综合收益小计					19 594.92	19 594.92	19 594.92
（三）所有者投入和减少资本		-38.34				-38.34	-38.34
1. 所有者投入资本							
2. 股份支付计入所有者权益的金额							
3. 其他		-38.34				-38.34	-38.34
（四）专项储备提取和使用							
1. 提取专项储备							
2. 使用专项储备							
（五）利润分配			310.60	155.30	-465.90		
1. 提取盈余公积			310.60		-310.60		
其中：法定盈余公积			310.60		-310.60		
任意盈余公积							
2. 提取一般风险准备				155.30	-155.30		
3. 对所有者（或股东）的分配							
4. 其他							
（六）所有者权益内部结转							
1. 资本公积转增资本（或股本）							
2. 盈余公积转增资本（或股本）							
3. 盈余公积弥补亏损							
4. 其他							
四、本年末余额	120 000.00		310.60	155.30	2 640.07	123 105.97	123 105.97

5.2 信托资产

5.2.1 信托项目资产负债汇总表

2012 年 12 月 31 日 单位：万元

信托资产	期末余额	年初余额	信托负债和信托权益	期末余额	年初余额
信托资产：			信托负债：		
货币资金	418 045.86	701 065.01	交易性金融负债		
拆出资金			衍生金融负债		
存出保证金			应付受托人报酬	8 307.75	264.59
交易性金融资产	168 742.57	123 933.27	应付托管费	116.64	79.34
衍生金融资产			应付受益人收益	52.87	5.44
买入返售金融资产	841 482.00	720 592.00	应交税费		
应收款项	54 559.03	2 919.37	应付销售服务费		
发放贷款	3 663 570.70	467 289.75	其他应付款项	24 365.73	12 702.15
可供出售金融资产	156 180.00	156 180.00	预计负债		

续表

信托资产	期末余额	年初余额	信托负债和信托权益	期末余额	年初余额
持有至到期投资	2 721 461.20	2 917 281.48	其他负债		55.06
长期应收款			信托负债合计	32 842.99	13 106.58
长期股权投资	533 242.73	489 752.12			
投资性房地产			信托权益：		
固定资产			实收信托	8 500 103.60	5 562 909.55
无形资产			资本公积	6 106.30	4 500.00
长期待摊费用			损益平准金		
其他资产			未分配利润	18 231.21	-1 503.13
减：各项资产减值准备			信托权益合计	8 524 441.11	5 565 906.42
信托资产总计	8 557 284.10	5 579 013.00	信托负债和信托权益总计	8 557 284.10	5 579 013.00

5.2.2 信托项目利润及利润分配汇总表

2012 年度　　单位：万元

项　目	本年金额	上年金额
1. 营业收入	583 093.03	113 874.36
1.1 利息收入	274 514.13	102 851.11
1.2 投资收益（损失以"－"号填列）	307 409.37	11 022.99
1.2.1 其中：对联营企业和合营企业的投资收益		
1.3 公允价值变动收益（损失以"－"号填列）	365.65	
1.4 其他收入	803.88	0.26
2. 支出	92 041.31	27 192.00
2.1 营业税金及附加		
2.2 受托人报酬	55 322.42	20 348.41
2.3 托管费	8 873.70	1 743.96
2.4 投资管理费	785.27	252.92
2.5 销售服务费	2 420.68	1 696.93
2.6 交易费用	6.96	1.54
2.7 资产减值损失		
2.8 其他费用	24 632.28	3 148.24
3. 信托净利润（净亏损以"－"号填列）	491 051.72	86 682.36
4. 其他综合收益	0	15.27
5. 综合收益	491 051.72	86 697.63
6. 加：期初未分配信托利润	-1 503.13	-20.86
7. 可供分配的信托利润	489 548.59	86 676.77
8. 减：本期已分配信托利润	471 317.39	88 179.90
9. 期末未分配信托利润	18 231.20	-1 503.13

6. 会计报表附注

6.1 会计报表编制基础不符合会计核算基本前提的说明

6.1.1 会计报表不符合会计核算基本前提的事项

本报告期会计报表编制基础无变化，不存在不符合会计核算基本前提的事项。

6.1.2 报告期公司编制个别会计报表，应纳入合并范围的子公司

本报告期无此项发生。

6.2 重要会计政策和会计估计的说明

6.2.1 计提资产减值准备的范围和方法

资产负债表日，公司对发放贷款和应收款项、持有至到期投资、可供出售金融资产等金融资产和其他资产，根据财政部《金融企业准备金计提管理办法》（财金〔2012〕20 号）、银监会《中国银行业监督管理委员会关于非银行金融机构全面推行资产质量五级分类管理的通知》，结合公司规定的《资产风险分类管理办法》，本年公司对年末信用风险资产按照关注类 2%、次级类 25%、可疑类 50%、损失类 100% 的计提比例，计提了贷款损失准备、持有至到期投资准备、可供出售金融资产准备、坏账准备。

对公司固定资产和无形资产等资产，年末判断相关资产可能存在的减值迹象和使用寿命都进行了减值测试。

公司提取的相关资产减值准备计入当期损益，已计提资产减值准备的资产质量提高时，应在已计提减值准备的范围内转回，增加当期损益。对符合条件的资产损失经批准核销后，冲减已提取的相关资产减值准备。对经批准核销的表内应收利息，已经纳入损益核算的，无论其本金或利息是否已逾期，均作冲减利息收入处理。

已核销的资产损失，以后又收回的，其核销的相关资产减值准备予以转回。已核销的资产收回金额超过本金的部分，计入利息收入等。转回的资产减值准备作增加当期损益处理。

6.2.2 金融资产四分类的范围和标准

金融资产四分类的范围。本公司的金融资产于初始确认时分为四类，金融资产的具体范围包括股票、债券、票据、基金、银行理财产品、信托计划等，划分的主要标准是持有金融资产的目的和金融资产的特点具体包括：（1）主要目的是为了近期内出售，且以公允价值计量且其变动计入当期损益的划分为交易性金融资产；（2）到期日固定、回收金额固定或可确定，且公司有明确意图和能力持有至到期的非衍生金融资产划分为持有至到期投资；（3）在活跃市场没有报价、回收金额固定或可确定的非衍生金融资产划分为贷款和应收款项；（4）除上述各类及初始确认时即被指定为可供出售的非衍生金融资产划分为可供出售金融资产。

6.2.3 交易性金融资产核算方法

取得时以公允价值（扣除已宣告但尚未发放的现金股利或

已分配尚未到账的债券利息）作为初始确认金额，相关的交易费用计入当期损益。

持有期间将取得的利息或现金股利确认为投资收益，期末将公允价值变动计入当期损益。

处置时，其公允价值与初始入账金额之间的差额确认为投资收益，同时调整公允价值变动损益。

6.2.4 可供出售金融资产核算方法

取得时按公允价值（扣除已宣告但尚未发放的现金股利或已分配尚未到账的债券利息）和相关交易费用之和作为初始确认金额。

持有期间将取得的利息或现金股利确认为投资收益。期末以公允价值计量且将公允价值变动计入资本公积（其他资本公积）。

处置时，将取得的价款与该金融资产账面价值之间的差额，计入投资收益；同时，将原直接计入所有者权益的公允价值变动累计额对应处置部分的金额转出，计入投资收益。

6.2.5 持有至到期投资核算方法

取得时按公允价值（扣除已到期但尚未领取的债券利息）和相关交易费用之和作为初始确认金额。

持有期间按照摊余成本和实际利率（如实际利率与票面利率差别较小的，按票面利率）计算确认利息收入，计入投资收益。实际利率在取得时确定，在该预期存续期间或适用的更短期间内保持不变。

处置时，将所取得价款与该投资账面价值之间的差额计入投资收益。

6.2.6 股权投资核算方法

长期股权投资的分类、确认和计量。本公司的长期股权投资包括对子公司的投资，对合营企业、联营企业的投资和其他长期股权投资。

对子公司的投资。本公司对子公司的投资按照初始投资成本计价。追加或收回投资调整长期股权投资的成本。

后续计量采用成本法核算，编制合并财务报表时按照权益法进行调整。被投资单位宣告分派的现金股利或利润，确认为当期投资收益。本公司确认的投资收益，仅限于被投资单位接受投资后产生的累积净利润的分配额，所获得的利润或现金股利超过上述数额的部分作为初始投资成本的收回。

对合营企业、联营企业的投资。本公司对被投资单位具有共同控制或重大影响的长期股权投资，采用权益法核算。共同控制，是指按照合同约定对某项经济活动所共有的控制，仅在与该项经济活动相关的重要财务和经营决策需要分享控制权的投资方一致同意时存在。投资企业与其他方对被投资单位实施共同控制的，被投资单位为其合营企业；重大影响，是指对一个企业的财务和经营政策有参与决策的权力，但并不能够控制或者与其他方一起共同控制这些政策的制定。投资企业能够对被投资单位施加重大影响的，被投资单位为其联营企业。

初始投资成本大于投资时应享有被投资单位可辨认净资产公允价值份额的，不调整长期股权投资的初始投资成本；长期股权投资的初始投资成本小于投资时应享有被投资单位可辨认净资产公允价值份额的，其差额应当计入当期损益，同时调整长期股权投资的成本。

取得长期股权投资后，按照应享有或应分担的被投资单位实现的净损益的份额，确认投资损益并调整长期股权投资的账面价值。本公司按照被投资单位宣告分派的利润或现金股利计算应分得的部分，相应减少长期股权投资的账面价值。

其他长期股权投资。本公司对被投资单位不具有共同控制或重大影响，并且在活跃市场中没有报价、公允价值不能可靠计量的长期股权投资，按照初始投资成本计价，后续计量采用成本法核算。

6.2.7 投资性房地产核算方法

投资性房地产是指为赚取租金或资本增值，或者两者兼有而持有的房地产。本公司的投资性房地产主要是已出租的建筑物。

本公司采用公允价值模式对投资性房地产进行计量和列示，不对其计提折旧或进行摊销，并以期末投资性房地产的公允价值为基础调整其账面价值，公允价值与原账面价值之间的差额计入当期损益。

自用房地产转换为投资性房地产时，该项投资性房地产按照转换日的公允价值计量。转换日的公允价值小于原账面价值的，其差额计入当期损益；转换日的公允价值大于原账面价值的，其差额作为资本公积，计入所有者权益。处置该项投资性房地产时，原计入所有者权益的部分转入处置当期损益。

投资性房地产转换为自用房地产时，以其转换当日的公允价值作为自用房地产的账面价值，公允价值与原账面价值的差额计入当期损益。

6.2.8 固定资产计价和折旧方法

本公司固定资产按成本进行初始计量。其中，外购的固定资产的成本包括购买价款、相关税费，以及为使固定资产达到预定可使用状态前所发生的可直接归属于该资产的其他支出。自行建造固定资产的成本，由建造该项资产达到预定可使用状态前所发生的必要支出构成。购买固定资产的价款超过正常信用条件延期支付，实质上具有融资性质的，固定资产的成本以购买价款的现值为基础确定。实际支付的价款与购买价款的现值之间的差额，除应予资本化的以外，在信用期间内计入当期损益。

固定资产折旧采用年限平均法分类计提，根据固定资产类别、预计使用寿命和预计净残值率确定折旧率。公司除已提足折旧仍继续使用的固定资产和单独计价入账的土地之外，对所有固定资产计提折旧。年度终了，对固定资产的使用寿命、预计净残值和折旧方法进行复核，如与原先估计数存在差异的，进行相应的调整。

本公司的固定资产类别、预计使用寿命、预计净残值率和年折旧率如下：

资产类别	预计使用寿命（年）	预计净残值率（%）	年折旧率（%）
运输设备	5	5	19
电子设备	5	5	19
其他设备	5	5	19

资产负债表日，固定资产按照账面价值与可收回金额孰低计价。若固定资产的可收回金额低于账面价值，将资产的账面价值减记至可收回金额，减记的金额确认为资产减值损失，计入当期损益，同时计提相应的资产减值准备。固定资产减值损

失一经确认,在以后会计期间不再转回。

当固定资产被处置,或者预期通过使用或处置不能产生经济利益时,终止确认该固定资产。固定资产出售、转让、报废或毁损的处置收入扣除其账面价值和相关税费后的金额计入当期损益。

6.2.9 无形资产计价及摊销政策

无形资产是指本公司拥有或者控制的没有实物形态的可辨认非货币性资产,包括土地使用权、软件系统等。

无形资产按照成本进行初始计量。购入的无形资产,按实际支付的价款和相关支出作为实际成本。投资者投入的无形资产,按投资合同或协议约定的价值确定实际成本,但合同或协议约定价值不公允的,按公允价值确定实际成本。

本公司在取得无形资产时分析判断其使用寿命,划分为使用寿命有限和使用寿命不确定的无形资产。

使用寿命有限的无形资产,在使用寿命内采用直线法摊销,并在年度终了,对无形资产的使用寿命和摊销方法进行复核,如与原先估计数存在差异的,进行相应的调整。

使用寿命不确定的无形资产不予摊销。本公司在每个会计期间对使用寿命不确定的无形资产的使用寿命进行复核,当有确凿证据表明其使用寿命是有限的,则估计其使用寿命,按直线法进行摊销。

资产负债表日,本公司对无形资产按照其账面价值与可收回金额孰低计量,按可收回金额低于账面价值的差额计提无形资产减值准备,相应的资产减值损失计入当期损益。无形资产减值损失一经确认,在以后会计期间不再转回。

6.2.10 长期应收款的核算方法

长期应收款的核算内容包括融资租赁产生的应收款项和采用递延方式具有融资性质的提供劳务等产生的应收款项。

出租人融资产生的应收租赁款初始价值按租赁开始日最低租赁收款额与初始直接费用之和进行入账。

采用递延方式分期收款提供劳务产生的长期应收款,在满足收入确认条件时,初始价值按应收的合同或协议价款入账。

6.2.11 长期待摊费用的摊销政策

长期待摊费用核算是指本期已经支出,但摊销期限在1年以上(不含1年)的各项费用。费用项目的受益期限内分期平均摊销。如果长期待摊费用项目不能使公司在以后会计期间受益的,则将尚未摊销的该项目的摊余价值全部转入当期损益。

6.2.12 合并会计报表的编制方法

公司对合并财务报表按照《企业会计准则第33号——合并财务报表》执行。

6.2.13 收入确认原则和方法

6.2.13.1 利息收入

利息收入是指公司以固有资产提供金融产品服务所取得的收入,包括信贷业务利息收入、存款利息收入等。

信贷业务利息收入,按金融工具的以实际利率计量。实际利率是指按金融产品预计存续期间或更短期间将其预计未来现金流入或流出折现至其金融资产或金融负债账面净值的利率。利息收入的计算需要考虑金融工具的合同条款并且包括所有归属于实际利率组成部分的费用和所有交易成本,但不包括未来贷款损失。如果本公司对未来收入估计发生改变,金融资产或负债的账面价值亦可能随之调整。由于调整后的账面价值是按照原实际利率计算而得,变动也记入利息收入。

6.2.13.2 手续费及佣金收入

手续费及佣金收入在已提供有关服务后且收取的金额按照合同或协议约定且可以合理地估计时确认。

6.2.13.3 投资收益

投资收益是指公司交易性金融资产、可供出售金融资产、持有至到期投资等金融资产的投资收益和长期股权投资收益。本年度主要包括:金融资产持有期取得的现金股利及处置时取得的损益。

6.2.13.4 汇兑收益

在与交易相关的经济利益能够流入本公司且有关收入的金额可以可靠地计量时确认汇兑收益。

6.2.14 所得税的会计处理方法

公司所得税采用资产负债表债务法。适用税率25%。

6.2.15 信托报酬确认原则和方法

信托报酬是指公司受托管理信托资产而收取的管理费和报酬。确认的原则:收取标准和时间遵照合同、协议约定;信托服务已经提供或者有关合同已经履行,与信托业务相关的利益能够流入公司;收入的金额能够可靠地计量。

6.3 或有事项说明

报告期内,公司无对外担保和其他或有事项。

6.4 重要资产转让及其出售的说明

报告期内,公司无重要资产转让及出售。

6.5 会计报表中重要项目的明细资料

6.5.1 披露固有资产经营情况

6.5.1.1 按信用风险五级分类结果披露信用风险资产的期初数、期末数

信用风险资产五级分类	正常类（万元）	关注类（万元）	次级类（万元）	可疑类（万元）	损失类（万元）	信用风险资产合计（万元）	不良资产合计（万元）	不良资产率（%）
期初数	126 920.60	8 000.00	—	—	—	134 920.60	—	—
期末数	284 435.82	7 938.10	—	—	—	292 373.92	—	—

注:不良资产合计=次级类+可疑类+损失类。

6.5.1.2 各项资产减值损失准备的期初数、本期计提、本期转回、本期核销、期末数

单位:万元

	期初数	本期计提	本期转回	本期核销	期末数
贷款损失准备	992.50	799.25	585.55	—	1 206.20
一般准备	—	—	—	—	—
专项准备	—	—	—	—	—
其他资产减值准备	—	—	—	—	—
可供出售金融资产减值准备	271.19	1 710.06	591.04	—	1 390.21
持有至到期投资减值准备	165.52	444.20	165.52	—	444.20
坏账准备	—	11.87	—	—	11.87

6.5.1.3 按照投资品种分类,披露固有业务股票投资、基金投资、债券投资、股权投资等投资业务

单位：万元

	股票	基金	债券	长期股权投资	其他投资	合计
期初数	10 615.00		16 503.60		107 802.00	134 920.60
期末数	66 921.00	62 517.35	10 000.00		153 926.71	293 365.06

6.5.1.4　按照投资入股金额排序，披露前五名的固有长期股权投资情况

本报告期公司无长期股权投资业务。

6.5.1.5　前五名的固有贷款的企业名称、占贷款总额的比例和还款情况

企业名称	占贷款总额的比例（%）	还款情况
1. 德宏州龙江水电开发有限公司	18.26	正常
2. 万千百货股份有限公司	18.26	正常
3. 苏州高新区城市建设投资发展有限公司	17.81	正常
4. 河南中瑞集团有限公司	13.70	正常
5. 温州市国资投资集团有限公司	9.13	正常

6.5.1.6　表外业务的期初数、期末数，按照代理业务、担保业务和其他类型分别披露表外业务

本报告期公司无表外业务。

6.5.1.7　公司当年的收入结构

收入结构	金额（万元）	占比（%）
手续费及佣金收入	52 424.20	71.33
其中：信托手续费收入	51 795.77	70.47
利息收入	13 993.83	19.04
其他业务收入	—	—
其中：计入信托业务收入部分	—	—
投资收益	6 949.58	9.45
其中：股权投资收益	—	—
证券投资收益	3 281.11	4.46
其他投资收益	3 668.47	4.99
公允价值变动收益	—	—
营业外收入	131.32	0.18
收入合计	73 498.93	100

6.5.2　披露信托财产管理情况

6.5.2.1　信托资产的期初数、期末数

单位：万元

信托资产	期初数	期末数
集合	1 146 854.38	1 737 934.02
单一	4 432 158.62	5 809 350.05
财产权	—	1 010 000.02
合计	5 579 013.00	8 557 284.09

6.5.2.1.1　主动管理型信托业务期初数、期末数，分投资、融资、事务类分别披露

单位：万元

主动管理型信托资产	期初数	期末数
证券投资类	113 394.57	202 951.39
股权投资类	1 506 209.01	2 709 003.28
融资类	941 152.15	2 726 117.12
事务管理类	—	10 003.35
合计	2 560 755.73	5 648 075.14

6.5.2.1.2　被动管理型信托业务期初数、期末数，分投资、融资、事务类分别披露

单位：万元

被动管理型信托资产	期初数	期末数
证券投资类	270 282.61	182 033.29
股权投资类	373 242.40	658 149.81
融资类	1 975 954.14	741 366.98
事务管理类	398 778.12	1 327 658.87
合计	3 018 257.27	2 909 208.95

6.5.2.2　本年度已清算结束的信托项目个数、金额、加权平均实际年化收益率

6.5.2.2.1　本年度已清算结束的集合类、单一类资金信托项目和财产管理类信托项目个数、金额、加权平均实际年化收益率

已清算结束信托项目	项目个数	实收信托合计金额（万元）	加权平均实际年化收益率（%）
集合类	33	745 040.00	5.81
单一类	51	3 084 269.25	7.53
财产管理类	—	—	—

注：加权平均实际年化收益率＝（信托项目1的实际年化收益率×信托项目1的实收信托＋信托项目2的实际年化收益率×信托项目2的实收信托＋…信托项目n的实际年化收益率×信托项目n的实收信托）/（信托项目1的实收信托＋信托项目2的实收信托＋…信托项目n的实收信托）×100%。

6.5.2.2.2　本年度已清算结束的主动管理型信托项目个数、合计金额、加权平均实际年化收益率，分投资、融资、事务类分别披露

已清算结束信托项目	项目个数	实收信托合计金额（万元）	加权平均实际年化信托报酬率（%）	加权平均年化收益率（%）
证券投资类	5	60 000.00	-28.74	0.99
股权投资类	38	1 104 563.00	9.52	0.86
融资类	20	522 350.00	9.38	1.79
事务管理类	—	—	—	—

6.5.2.2.3　本年度已清算结束的被动管理型信托项目个数、合计金额、加权平均实际年化收益率，分投资、融资、事务类分别披露

已清算结束信托项目	项目个数	实收信托合计金额（万元）	加权平均实际年化信托报酬率（%）	加权平均年化收益率（%）
证券投资类	—	—	—	—
股权投资类	—	—	—	—
融资类	21	2 142 396.25	6.47	0.35
事务管理类	—	—	—	—

6.5.2.3　本年度新增的集合类、单一类、财产管理类信托项目个数、合计金额

新增信托项目	项目个数	实收信托合计金额(万元)
集合类	64	140.60
单一类	206	1 170.28
财产管理类	2	101.00
新增合计	272	1 411.88
其中:主动管理型	248	565.74
被动管理型	24	846.14

6.5.2.4　信托业务创新成果和特色业务有关情况

无。

6.5.2.5　本公司履行受托人义务情况及因本公司自身责任而导致的信托资产损失情况

报告期内,公司管理的信托项目运作正常,未出现因本公司自身责任而导致的信托资产损失情况。

6.5.2.6　信托赔偿准备金的提取、使用和管理情况

根据本公司《资产风险分类管理办法》第三十七条规定:公司“每年年度终了在利润分配时提取净利润的5%作为信托赔偿准备金,但该赔偿准备金累计总额达到公司注册资本的20%时,可不再提取”。

本报告期公司信托项目运行良好,未发生对信托产品赔偿事项。本年计提信托赔偿金 1 933.96 万元,累计总额为 2 089.26万元,累计总额未超过公司注册资本20%。

6.6　关联方关系及其交易的披露

6.6.1　关联交易方的数量、关联交易的总金额及关联交易的定价政策

	关联交易方数量	关联交易金额(万元)	定价政策
合计	4	128 520.00	以市场交易价格为依据

6.6.2　关联交易方与本公司的关系性质、关联交易方的名称、法定代表人、注册地址、注册资本及主营业务等

关系性质	关联方名称	法定代表人	注册地址	注册资本(万元)	主营业务
公司股东	中国华电集团财务有限公司	陈宇	北京市西城区宣武门内大街2号B座10层	50	对成员单位办理财务和融资、担保、结算等;从事同业拆借;对金融机构的股权投资;中国银行业监督管理委员会批准的其他业务等。

6.6.3　本公司与关联方的重大交易事项

6.6.3.1　固有与关联方交易情况

无。

6.6.3.2　信托资产与关联方:贷款、投资、租赁、应收账款、担保、其他方式等期初汇总数、本期发生额汇总额、期末汇总数

单位:万元

信托与关联方关联交易				
	期初数	借方发生额	贷方发生额	期末数
贷款	120 000.00	—	20 900.00	99 100.00
合计	120 000.00	—	20 900.00	99 100.00

6.6.3.3　信托公司自有资金运用于自己管理的信托项目(固信交易)、信托公司管理的信托项目之间的相互(信信交易)交易金额,包括余额和本报告年度的发生额

6.6.3.3.1　固有与信托财产之间的交易金额期初汇总数、本期发生额汇总数、期末汇总数

单位:万元

固有财产与信托财产相互交易			
	期初数	本期发生额	期末数
合计	16 552.00	12 868.00	29 420.00

6.6.3.3.2　信托资产与信托财产之间的交易金额期初汇总数、本期发生额汇总数、期末汇总数

单位:万元

信托资产与信托财产相互交易			
	期初数	本期发生额	期末数
合计	0	0	0

6.6.4　逐笔披露关联方逾期未偿还本公司资金的详细情况以及本公司为关联方担保发生或即将发生垫款的详细情况

本报告期,公司无上述事项发生。

6.7　会计制度的披露

本公司固有业务和信托业务均执行财政部2006年颁布的《企业会计准则》。

7. 财务情况说明书

7.1　利润实现和利润分配情况

本报告期,公司实现利润总额53 180.16 万元,所得税费用14 500.87 万元,实现净利润38 679.29 万元。

报告期内,根据2012 年度股东会第二次会议审议通过的2011 年度利润分配方案,对2011 年度可供分配利润进行了分配,向股东派发现金股利2 640.07 万元。

根据《公司法》、《信托公司管理办法》及《金融企业呆账准备提取管理办法》的规定,2012 年度利润分配如下:提取10%的法定盈余公积金3 867.93 万元;提取5%信托赔偿准备金1 933.96万元;提取一般风险准备4 380.16 万元。

上述各项提取后,剩余可供股东分配利润 28 497.23 万元。

7.2 主要财务指标

指标名称	指标值
资本利润率(%)	20.22
加权平均实际年化信托报酬率(%)	0.61
人均净利润(万元)	368.37

注:1. 资本利润率=净利润/所有者权益平均金额×100%。
2. 加权平均实际年化信托报酬率=(信托项目1的实际年化收益率×信托项目1的实收信托+信托项目2的实际年化收益率×信托项目2的实收信托+…信托项目n的实际年化信托报酬率×信托项目n的实收信托)/(信托项目1的实收信托+信托项目2的实收信托+…信托项目n的实收信托)×100%。
3. 人均净利润=净利润/年平均人数。
4. 平均值采取年初、年末余额简单平均法,即平均值=(年初数+年末数)/2。

7.3 净资本和风险资本情况

项　目	期初数	期末数
净资本(万元)	101 263.64	223 383.95
风险资本(万元)	69 553.67	110 868.44
净资本/风险资本(%)	145.59	201.49
净资本/净资产(%)	82.26	86.06

7.4 对本公司财务状况、经营成果有重大影响的其他事项

报告期内,公司未发生对财务状况、经营成果有重大影响的其他事项。

8. 特别事项揭示

8.1 前五名股东报告期内变动情况及原因

报告期内,前五名股东未发生变动情况。

8.2 董事、监事及高级管理人员变动情况及原因

2012年10月23日公司召开2012年股东会第三次会议,审议通过了选举孟向洁为华鑫国际信托有限公司独立董事的议案,选举孟向洁为公司独立董事。

8.3 变更注册资本、注册地或公司名称及公司分立合并事项

2012年3月28日,经中国银行业监督管理委员会银监复〔2012〕147号文件批准,公司注册资本金股东同比例由12亿元增加到22亿元,增资事宜于2012年4月13日完成工商变更登记。

8.4 公司的重大诉讼事项

报告期内无上述事项。

8.5 公司及其董事、监事和高级管理人员受到处罚的情况

报告期内无上述事项。

8.6 对银监会及其派出机构所提监管意见的整改情况

报告期内无上述事项。

8.7 本年度重大事项临时报告的简要内容、披露时间、所披露的媒体及其版面

序号	披露内容	披露时间	披露媒体及版面
1	公司变更注册资本金由12亿元变为22亿元	2012年4月21日	《中国证券报》A02版
2	公司披露公司2011年度报告	2012年4月27日	《金融时报》26版

8.8 银监会及其省级派出机构认定的其他有必要让客户及相关利益人了解的重要信息

报告期内无上述事项。

吉林省信托有限责任公司

1. 重要提示

1.1 公司董事会及董事保证本报告所载资料不存在任何虚假记载、误导性陈述或者重大遗漏，并对其内容的真实性、准确性和完整性承担个别及连带责任。

1.2 公司独立董事声明本年度报告内容真实、准确和完整。

1.3 公司董事长高福波、主管会计工作负责人邱荣生、会计机构负责人马东生声明：保证年度报告中财务会计报告的真实、完整。

2. 公司概况

2.1 公司简介

2.1.1 公司概况

公司前身为吉林省经济开发公司，成立于1985年，2002年3月1日经中国人民银行总行（银复〔2002〕47号）《关于吉林省信托投资公司重新登记有关事项的批复》批准获得重新登记，更名为吉林省信托投资有限责任公司。2009年2月18日，经中国银监会银（监复〔2009〕53号）《关于吉林省信托投资有限责任公司变更公司名称和业务范围的批复》，更名为吉林省信托有限责任公司。金融许可证注册号K0016H222010001，企业法人营业执照注册号营业执照220000000098284，组织机构代码证编号12391664－1。截至报告期末，公司注册资本金15.96亿元（含外汇1815万美元），吉林省财政厅代表吉林省政府持股97.496%，其余四名股东吉林省能源交通总公司、吉林炭素集团有限责任公司、吉林粮食集团有限公司、吉林化纤集团有限责任公司各持股0.626%。

2.1.2 公司法定名称

公司法定中文名称：吉林省信托有限责任公司

中文名称缩写：吉林信托

公司法定英文名称：Jilin Province Trust Co.，Ltd

英文名称缩写：JPTC

2.1.3 法定代表人：高福波

2.1.4 注册地址：吉林省长春市人民大街9889号

2.1.5 邮政编码：130022

2.1.6 国际互联网网址：www.jptic.com.cn

2.1.7 电子信箱：jptic@jptic.com.cn

2.1.8 负责信息披露事务人：张巍

联系电话：0431－88993572

传真：0431－88993567

电子信箱：zhangwei@jptic.com.cn

2.1.9 信息披露报纸：《上海证券报》

2.1.10 年度报告备置地点：吉林省长春市人民大街9889号

2.1.11 聘请的会计师事务所：中准会计师事务所有限公司

住所：北京市海淀区首体南路22号国兴大厦4层

2.1.12 聘请的律师事务所：吉林义理律师事务所

住所：长春市皓月大路739号

2.2 组织结构

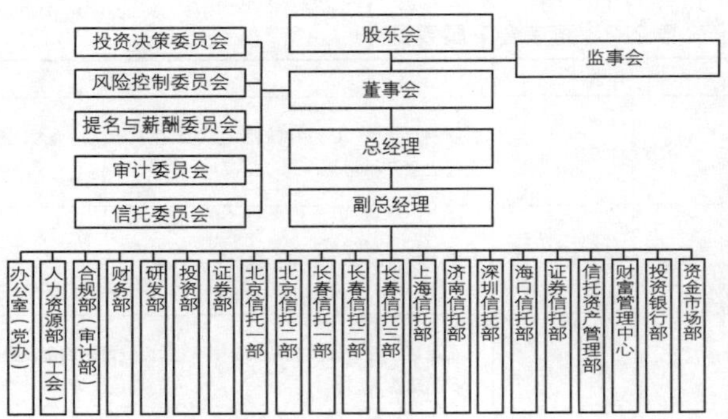

3. 公司治理结构

3.1 股东

3.1.1 报告期末共有股东五位，最终控制人为吉林省财政厅，情况如下

股东总数：5。

股东名称	持股比例(%)	法人代表
吉林省财政厅	97.496	邹继宏

3.1.2 公司前三位股东情况

股东名称	持股比例(%)	法人代表	注册资本(亿元)	注册地址	主要经营业务及主要财务情况
吉林省财政厅	97.496	邹继宏			
吉林粮食集团有限公司	0.626	孟祥久	6.6	长春市春城大街1515号	粮食、油脂、油料、食品及农副产品收购、加工、销售，粮油机械制造、经济信息咨询服务、商业、物资供销业，批发、零售、代销、代购、自营和代理粮油食品、纺织丝绸、工艺品、轻工业品、化工产品及技术进出口业务。
吉林化纤集团有限责任公司	0.626	王进军	8.1	吉林省吉林市九站街516－1号	国有资产经营：承包境外化纤行业工程及境内国际招标工程；上述境外工程所需的设备、材料出口；对外派遣实施上述境外工程所需的劳务人员。

3.2 董事、董事会及其下属委员会

3.2.1 董事会成员

职 务	姓 名	性别	年龄	选任日期	代表股东	该股东持股比例(%)	简 要 履 历
董事长	高福波	男	48	2007 年 6 月 28 日	吉林省财政厅	97.496	曾任白山市人民银行科技科科长、办公室主任、副行级助理稽察，白山市农村信用联社理事长、党委书记，吉林省农村信用社联合社资金信贷处处长，吉林省农村信用社联合社副主任；现任吉林省信托有限责任公司董事长、党委书记。
董事	邱荣生	男	58	2001 年 7 月 20 日	吉林省财政厅	97.496	曾任香港振兴投资公司副总经理，吉林省财政厅规划办公室副主任，吉林省信托投资公司办公室主任、技改处处长、财政委托部经理、机关党委副书记、总经理助理、董事、副总经理、党委副书记；现任吉林省信托有限责任公司董事、总经理兼党委副书记。
董事	王劲松	男	48	2007 年 12 月 27 日	吉林省财政厅	97.496	曾任吉林省社会科学院软科学所副所长、副研究员，吉林省政府办公厅综合处助理调研员，吉林省委组织部经济干部处助理调研员，吉林省企业工委组织部副部长、调研员，吉林省国资委企业领导人员管理处副处长、调研员，吉林森林工业集团公司董事，通化钢铁集团公司国有股股东代表，吉林省国资委董事会监事会工作处处长，吉林省监事会工作办公室主任；现任吉林省信托有限责任公司董事、党委副书记、纪委书记、工会主席。
董事	蔡立东	男	43	2010 年 3 月 19 日	独立董事		曾任吉林省交通厅体改法规处任科员、副主任科员、主任科员，吉林大学法学院工作，历任讲师、副教授、教授、博士生导师、法学院副院长。
董事	张巍	男	34	2010 年 3 月 19 日	职工董事		曾任天富期货经纪有限公司办公室主任、海口营业部负责人，吉林省信托有限责任公司总经理秘书、办公室副主任；现任吉林省信托有限责任公司董事、董事会秘书、办公室主任。

3.2.2 董事会人员变动

报告期内，董事会无重大人员变动情况。

3.2.3 董事会下属委员会

名称	职责	组成人员姓名	职务
风险控制委员会	负责制定、审核风险控制制度，监督制度执行。对重大业务事项从风险管理角度向董事会提出意见和建议。	高福波	主任委员
		蔡立东	委员
		张 巍	委员
投资决策委员会	对重大投资决策向董事会提出意见和建议。	邱荣生	主任委员
		王劲松	委员
		蔡立东	委员
提名与薪酬委员会	负责董事会任命人员提名及资格审核，负责薪酬制度及具体方案的评估、审定以及落实情况的跟踪、监督	邱荣生	主任委员
		王劲松	副主任委员
		张 巍	副主任委员
信托委员会	对信托计划设立、发行、信托计划运营、信托财产管理运用或处分、信托计划变更、终止与清算提出意见或建议；了解信托业务开展情况，督促公司依法履行受托职责；对信托利益计算和支付等提出意见或建议，保证公司为受益人的最大利益服务。	蔡立东	主任委员
		邱荣生	委员
		王劲松	委员
审计委员会	负责批准公司内部审计制度、中长期审计规划和年度工作计划，监督公司的内部审计基本制度和其实施及内部审计与外部审计之间的沟通。	蔡立东	主任委员
		高福波	委员
		张巍	委员

3.3 监事、监事会及其下属委员会

3.3.1 监事会成员

职 务	姓 名	性别	年龄	选任日期	代表股东	该股东持股比例(%)	简 要 履 历
监事长	钟湘华	男	55	2007 年 1 月 22 日	吉林省国资委委派		曾任吉林省审计局商贸审计处科员、副主任科员、主任科员，吉林省审计局商贸处、金融审计处副处长，吉林省审计局(厅)金融审计处处长，吉林省政府办公厅财务处处长，吉林省政府驻上海办事处副主任、党组成员，吉林省省属国有企业监事会主席(副厅长级)；现任吉林省信托有限责任公司监事会主席。
监事	林有君	男	55	2007 年 1 月 22 日	省国资委委派		曾任吉林省财政厅会计处副主任科员、涉外部副主任、主任，吉林省财政厅会计师事务所副所长、所长，吉林建元会计师事务有限公司主任会计师，吉林中信会计师事务有限公司副所长，省政府派驻省直属国家投资企业监事会专职监事，省属国有企业外派监事会专职监事(正处长级)；现任吉林省信托有限责任公司监事。

续表

职务	姓名	性别	年龄	选任日期	代表股东	该股东持股比例(%)	简要履历
监事	项前	男	49	2003年3月12日	职工监事		曾任吉林省信托投资有限责任公司审计稽核研发部副经理、自营基金部经理助理、合规监控部副经理;现任吉林省信托有限责任公司监事、法律事务部副总经理(总经理级、主持工作)。
监事	郭燕	女	49	2005年11月8日	职工监事		曾任吉林省信托投资公司党委人事部副经理,吉林省信托投资有限责任公司人力资源部经理、信托业务部经理;现任吉林省信托有限责任公司监事、投资总监、投资部总经理。

3.3.2 监事会未设立下属委员会

3.4 主要高级管理人员

姓名	职务	性别	年龄	选任日期	金融从业年限	学历	专业	简要履历
邱荣生	总经理	男	58	2005年11月7日	20	大学	财政	曾任香港振兴投资公司副总经理,吉林省财政厅规划办公室副主任,吉林省信托投资公司办公室主任、技改处处长、财政委托部经理、机关党委副书记、总经理助理、董事、副总经理、党委副书记;现任吉林省信托有限责任公司董事、总经理兼党委副书记。
崔学斌	副总经理	男	43	2008年3月	18	硕士	会计	曾任吉林省国际信托投资公司财务处会计,吉林省国际经济贸易开发公司财务处会计、科长、副处长,吉林省兴业国际有限公司财务部经理,东北证券有限责任公司计划财务部总经理、稽核审计部总经理,吉林省信托投资有限责任公司计划财务部经理;现任吉林省信托投资有限责任公司副总经理。
吕文龙	副总经理	男	48	2008年8月	24	硕士	金融	曾任吉林省人民银行金融管理处办事员、科员、副处长,吉林省人民银行银行处副处长,吉林省人民银行外汇管理处副处长,吉林省人民银行非银行处副处长,中国证监会长春特派办机构处处长、稽查处处长,中国证监会吉林监管局期货处处长,吉林省信托投资有限责任公司总经理助理;现任吉林省信托有限责任公司副总经理。
张如石	副总经理	男	54	2008年8月	16	大学	财政金融	曾任省财政厅研究所副主任、主任、助研、副研究员,省中青年财会研究会秘书长,吉林省财务会计咨询公司常务副总经理,省创业投资基金管理公司研究中心主任,吉林省信托投资有限责任公司研究员(注册会计师)、市场创新研发部经理、审计总监;现任吉林省信托有限责任公司副总经理。

3.5 公司员工

项目		2011年		2012年	
		人数	比例(%)	人数	比例(%)
年龄分布	20岁以下	0	0	0	0
	20~29岁	73	44.51	81	43.5
	30~39岁	37	22.56	51	27.4
	40岁以上	54	32.93	54	29.1
学历分布	博士	13	7.93	16	8.6
	硕士	30	18.29	39	21
	本科	100	60.98	110	59.1
	专科	14	8.54	14	7.5
	其他	7	4.26	7	3.8
岗位分布	董事、监事及高管人员	12	7.19	12	6.35
	自营业务人员	9	5.38	14	7.41
	信托业务人员	79	47.31	61	32.28
	其他人员	67	40.12	102	53.97

4. 经营概况

4.1 经营目标、经营方针、战略规划

4.1.1 经营目标

一如既往地支持地方经济建设,以"一流的信誉、一流的水平、一流的技术、一流的管理",珍视所托,专业服务,铸就诚信,努力将自身打造成为极具核心竞争力的金融信托机构。通过各种金融创新,力求在政府层面理财、企业资产管理、个人财富保值增值等各方面达到业内最优,为社会和公众提供值得信赖的高质量的信托理财和财富管理服务。

4.1.2 经营方针

遵循"面向市场、规模适度、资本充足、风险最小、效益最大、回报最高"的宗旨和"恪尽职守、诚信为本、客户至尊"的理念,始终以风险防范为主线,不断加强业务创新和产品研发的力度,根据客户对风险和收益的不同偏好,在资本市场、货币市场、实业投资领域为客户提供金融信托、基金管理、证券投资、投资银行、风险投资、融资租赁、期货经纪等多样化、个性化、专业化的金融服务,最大限度地满足客户的需求。

4.1.3 战略规划

通过引进战略投资人增资扩股,壮大公司资本实力,提高管理水平,吸引更多优秀人才;明确公司发展的战略目标,在把

信托主营业务做精、做细、做专、做好的基础上，构建集信托、基金、期货、证券、商行、保险于一体的在境内（外）上市的现代金融控股集团，打造前卫的市场化运营机制，打造稳定的盈利模式，打造一流的高端财富管理机构。

4.2 所经营业务的主要内容

4.2.1 经营的业务和品种

按照中国银行业监督管理委员会规定的业务范围，公司开展的业务主要分为信托业务和固有资产管理业务两类。信托业务主要包括资金信托、财产信托等业务。资金信托包括单一资金信托和集合资金信托。按资金运用方式划分，包括投资类信托、融资类信托等。固有业务主要为金融企业股权投资、贷款、证券投资、资金市场业务、担保等。

4.3 市场分析

4.3.1 影响本公司业务发展的有利因素

（1）信托理财的市场环境改善，监管政策引导信托业改革创新、健康发展。我国经济多年的快速发展和金融改革不断深化为信托业带来了广阔的发展空间。随着社会财富逐步积累和居民个人金融资产快速增长，客观上急需一个能在货币市场、资本市场和产业市场之间使资金顺畅通行的桥梁和纽带，而具有高度灵活和实用性功能的信托市场正是可以选择的良好载体。“一法三规”及一系列细化的监管政策明确传达了“抑制被动管理型信托业务，鼓励主动管理型信托业的发展”的监管意图，引导信托公司尽快实现从“广种薄收”、“以量取胜”片面追求规模的粗放式经营模式，向“精耕细作”、提升业务科技含量和产品附加值内涵发展的经营模式升级转型。这些政策的利好对信托公司主营业务的突出、盈利模式的多样化和核心竞争力的形成有着重大的积极影响。

（2）信托业发展势头良好。从行业发展的角度来看，一系列信托新政实施后，信托业已经基本实现了行业转型，并开始显现出强劲的上升势头。2007 年新两规的出台，促使信托真正的回归本源业务，信托管理资产规模开始跨越式增长：从 2007 年的 9 400 亿元发展到 2008 年的 1.2 万亿元，2009 年的 2 万亿元，2010 年的 3 万亿元，2011 年的 4.8 万亿元，到 2012 年末，65 家信托公司管理资产规模已经达到 7.47 万亿元。6 年实现近 7 倍的增长。

（3）信托优势逐步凸显。信托制度具有所有权与收益权相分离、信托财产独立性、受托人有限责任、受益人保护、信托管理连续性等有别于其他法律关系的显著特征，《信托法》赋予信托公司经营范围的广泛性、金融功能的综合性以及产品开发的灵活性。随着理财需求的不断旺盛，信托公司通过发挥信托功能优势，设计推出了类型丰富的信托品种，为合格投资者提供了灵活多样的信托理财服务，社会大众对信托理财的认知不断深化。

（4）国家的区域发展战略为公司发展提供历史机遇。公司是吉林省内唯一一家信托公司，在支持经济发展、提供投融资服务等方面发挥了重要作用。多年来，公司同地方政府、大型企业、上市公司、域内外金融机构等保持了紧密的联系，建立了良好的合作关系，从而使公司在金融领域的激烈竞争中占有一定优势。随着东北老工业基地建设的深入、长吉图开发列为国家级战略以及地方经济发展步伐进一步加快，经济结构调整不断深化，各个领域中的融资需求和投资需求会进一步增加，将给公司带来更好的发展机会。

（5）公司近年来发展势头良好。公司积极推进业务转型、完善风险管控体系、深化战略合作、构筑自主销售渠道、实施品牌战略。管理信托资产规模从 2007 年的 6.97 亿元到 2012 年的 450 亿元，具备良好的发展势头。公司不断完善风险管控体系，推动管理升级，提升自主理财能力。在 2010 年和 2011 年“诚信托奖”评选中，公司连续两年荣膺“成长优势奖”，在 2011 年北京国际金融博览会荣膺最佳财富管理机构奖和最具影响力品牌奖。

4.3.2 影响本公司业务发展的不利因素

（1）传统信托业务受证券、基金、保险“资管新政”冲击较大。长期以来，与信托公司业务形成“竞争”关系的是传统信贷等多种银行业务模式之下的金融工具。2012 年，随着各监管部门对机构创新的鼓励力度逐渐加大，尤其是 2012 年下半年以来，针对证券、保险、基金等纷纷出台的资产管理新政，极大地拓展了上述行业的业务范围，其金融工具与信托产品之间产生了一定的替代性，对现有的信托传统业务模式产生较大的影响。虽然从目前看，券商资产管理业务对信托业有效竞争仅限于通道类业务，但随着这些金融机构资产管理业务的成熟，不排除其与信托业形成分庭抗礼之势。

（2）政信合作业务受政策影响较大。自 2008 年末国务院出台 4 万亿元经济刺激计划以来，各地方政府相继出台投资计划，信托公司纷纷与地方政府合作，利用信托平台为地方基础设施项目及重点投资领域投融资。截至 2012 年末，基础设施类信托计划占集合资金信托计划规模的近 25%。

为了制止地方政府及其融资平台违法违规融资，遏制地方政府性债务，防范财政金融风险，2012 年 12 月 24 日，四部委联合下发的《关于制止地方政府违法违规融资行为的通知》（以下简称 463 号文），严禁直接或间接吸收公众资金违规集资，切实规范地方政府以回购方式举借政府性债务行为，加强对融资平台公司注资行为管理，进一步规范融资平台公司融资行为，坚决制止地方政府违规担保承诺行为。463 号文被视为政信合作业务的点刹。

（3）资本市场类业务进展缓慢。自 2012 年以来，受股市低迷影响，定向增发、阳光私募、股票投资基金等类型产品规模大幅下降，存续的产品近 70% 净值跌破 8 折，鲜有新产品出现。股票质押类业务折扣率有上升趋势，存续的项目补仓情况屡见不鲜，虽未触及风险底线，但持票人的资金链紧张也已引起各家信托公司的高度关注。债券类产品收益率较为稳定，风险相对可控，但受到银行、券商、基金挤压，业务拓展速度缓慢。

（4）房地产信托遭遇严冬，短暂的逆势反弹隐含较大风险。2010 年 4 月，国务院发布了《国务院关于坚决遏制部分城市房价过快上涨的通知》，自此之后商业银行的房地产贷款量开始逐渐回落，但房地产信托贷款并没有大幅减少。监管部门针对房地产信托单项业务进行压力测试，又在 2010 年 12 月发布《关于信托公司房地产信托业务风险提示的通知》，明确了“二级、四证、资本金比例”等房地产业务开展要求，但房地产市场量跌价滞的局面导致房地产企业通过信托融资的需求日渐强烈,房地产信托在发行数量和规模上呈上升趋势,在交易结构设计和风控措施方面也有显著变化,信托期限短期化,预期收益率不断攀高,股权投资一枝独秀,土地及房产抵押和非上市公司股权质押成为风控措施的主流,隐含的风险也在逐渐增加。

(5)公司自身存在的问题,仍然制约公司快速发展。公司是国有独资公司,多元化股权结构没有建立起来,体制、机制不够灵活,在一定程度上制约了公司发展活力的完全释放。产品创新能力还在培育,自主理财能力有待增强,业务转型所需要的相关人才有待培养和引进。

4.4 内部控制

4.4.1 内部控制环境和内部控制文化

(1)企业内控环境是有效实施内部控制的一项基本保障。2012年公司继续加大风险控制力度,公司不断优化内部控制环境,完善法人治理结构,形成权力机构、决策机构、监督机构和管理层之间的相互制衡机制。通过建立权责明确、关系清晰的组织结构和科学的决策系统,制定科学的激励与约束机制,完善制度体系建设,公司治理机制运行合理、执行有效,切实保障了委托人、受益人和出资人合法利益的顺利实现。

(2)培育良好的内部控制文化,在全体员工中树立合规经营的和风险控制第一的经营理念,并将其作为公司一贯遵循的原则。针对公司业务规模的不断扩大和创新业务的开展,及时梳理和完善相关规章制度,理顺操作流程,保证规章制度能覆盖关键风险点,促进公司内控管理的规范化、流程化和标准化。

通过制定并实施员工行为规范,加强员工法律、法规培训,组织案例分析、实行全员考试等多种形式的内控文化建设,保证全体员工熟练掌握公司各项规章制度,及时了解国家法律法规和监管部门的各项规定,使各项风险防范措施嵌入到各个操作岗位之中。良好的内部控制文化提高了公司员工防范风险和合规经营的意识,促进了公司各项业务的健康发展。

4.4.2 内部控制措施

公司具有完善的法人治理结构,股东会、董事会、监事会与管理层按照法律法规、公司章程等内部制度独立履行职责。公司设立内部审计部门,履行对内部控制的监督检查职能,根据监督检查结果提出内部控制缺陷及改进建议提交董事会、管理层,并监督检查有关部门和岗位对改进建议的落实情况。公司股东会、董事会、监事会、管理层按照《审计法》等法律法规的要求,积极支持内部审计部门开展内部控制的检查监督和评价工作。

公司草拟《突发风险事件应对制度》、《固定资产项目融资管理暂行办法》等25项新的制度办法,其中,突发事件应对类1项、投资决策及风控类4项、信托资产管理类8项、研发类6项、财务类4项、办公制度类2项;同时拟对《风险控制领导小组议事规则》等43项制度办法进行修订完善;拟对《银信理财合作业务信息披露指引》等10项已不再适用的制度办法予以废止。公司内控制度进一步完善。

4.4.3 信息交流与反馈

公司已基本实现管理信息化,建立了有效的信息共享、信息交流和信息反馈机制,不断完善信息识别、收集、处理、交流、沟通、反馈、披露的渠道和方式,确保董事会、监事会和高级管理层及时了解本公司的经营和风险状况,确保每一项信息均能传递给相关的员工,各部门和员工的有关信息均能够顺畅反馈。信息交流和反馈机制运行有效。

4.4.4 监督评价与纠正

公司已建立起一个立体的、全方位的监督制约体系:纵向监督体现为董事会、监事会对管理层的监督制约,管理层对业务部门的监督制约;横向监督主要体现为五个管理委员会(风险控制委员会、投资决策委员会、提名与薪酬委员会、审计委员会和信托委员会)对管理层的监督制约,部门之间、岗位之间的相互监督制约。同时,审计部门对整个公司的风险、内部控制进行独立监督和评价,定期进行检查,并要求相关部门对发现的问题限期整改。

4.5 风险管理

4.5.1 风险管理概况

4.5.1.1 公司经营活动中可能遇到的风险

主要有信用风险、市场风险、操作风险、政策风险、其他风险。

4.5.1.2 公司风险管理的基本原则与政策

风险管理贯彻全面性、及时性、有效性、制约性、审慎性、独立性等原则,覆盖公司各项业务、所有部门和岗位,渗透到决策、执行、监督、反馈各个环节,成为业务流程、管理架构和公司整体体系及员工责任的有机组成部分,对风险进行事前防范、事中控制、事后监督,促进公司规范经营、持续发展。

4.5.1.3 公司风险管理组织结构与职责划分

(1)公司董事会:对风险管理负最终责任。

(2)董事会风险控制委员会:负责制定风险控制制度,监督制度执行。对重大业务事项从风险管理角度向董事会提出意见和建议。

(3)董事会审计委员会:监督公司审计稽核制度的实施。

(4)管理层面的投资决策委员会:负责对业务事项进行整体评价,是业务审批的综合评议机构。

(5)管理层面的风险控制委员会:负责对拟开展项目进行风险分析和风险揭示。

(6)合规部:在公司分管副总的领导下协助管理层和风险控制委员会对公司拟开展项目事前合规审查及风险初步揭示。

(7)审计部:在公司分管副总的领导下协助管理层负责公司内部审计工作。

(8)资产管理部:负责对风控、投决会议意见的落实情况进行监督;与业务部门共同对公司资产进行后期跟踪、监督管理。

(9)各部门、各岗位均对风险识别、风险监控和管理负有责任,各部门均指定专人负责风险控制工作。

(10)对人为导致的业务风险实行风险责任追究,触犯刑律的移交司法机关处理。

4.5.2 风险状况

4.5.2.1 信用风险状况

公司面临的信用风险主要是在业务开展中交易对手或贷款类资产其贷款对象违约的风险,以及因其他信托公司的信用危机而引发的信托行业的信用风险。公司根据按中国银行业监督管理委员会《关于非银行金融机构全面推行资产质量五级分类管理的通知》文件规定实行以风险为基础的五级分类,计提资产减值准备。报告期公司不良资产期初数为零,期末数为零。

4.5.2.2 市场风险状况

市场风险主要指股价、汇率、利率变动所产生的风险。公司通过不断关注国家汇率政策变化并采取相应对策化解汇率风险;通过加强信息研发,关注金融运行状况,增强预见性,防范利率风险,使公司主营业务收入稳步增长。

4.5.2.3 操作风险状况

操作风险主要是由于内部业务流程、系统不完善或工作人员操作失误可能给公司造成损失的风险;公司外部因素如网络安全问题、通信系统故障等原因也可能给公司造成损失或影响公司正常运营。

4.5.2.4 其他风险状况

其他风险主要政策风险和道德风险。政策风险表现为政策变动可能对公司经营和发展产生的影响;道德风险主要由于公司内部人员主观原因不能诚信、合法、合规经营给公司带来的影响和损失。

4.5.3 风险管理

4.5.3.1 信用风险管理

信用风险管理主要通过事前对交易对手信用状况详尽调查、设定担保、事前审查、资产风险分类、计提风险准备、聘请外部律师等措施防范信用风险。对贷款项目均要求设定担保,以抵押登记手续完备和可变现为抵押品确认原则,根据抵押品价值可能变动情况及可变现值分别确定抵押品与贷款本金的比例;对保证类贷款在《融资担保管理暂行办法》中不仅规定了借款人、担保人的条件、范围而且详细规定了对此类业务的审查标准;按中国银行业监督管理委员会要求实行资产五级分类管理,按照财政部要求计提各项准备,风险准备金余额原则上不低于风险资产期末余额的1%。

4.5.3.2 市场风险管理

2012年度公司密切关注经济发展的变化趋势,通过全面客观分析经济形势,科学选择、组合投资、分散投资,跟踪分析汇率、利率变动走势等方式把股价和利率变动造成的影响控制在合理范围之内,确保资产安全。

4.5.3.3 操作风险管理

公司建立信息化操作管理系统,减少手工操作可能导致的损失,同时采用明确岗位职责、完善业务流程、加大技术手段投入、强化业务过程监控、提高业务技能等一系列措施控制操作风险。

4.5.3.4 其他风险管理

通过对宏观政策和行业政策的及时跟踪研究,把握和调整经营方向,规避政策风险。通过完善公司治理结构、内控制度、激励和约束机制、员工行为规范,加强思想教育,控制道德风险。

5. 报告期末及上一年度末的比较式会计报表

5.1 自营资产

5.1.1 会计师事务所审计意见全文

审计报告

中准审字〔2012〕1037号

吉林省信托有限责任公司:

我们审计了后附的吉林省信托有限责任公司(以下简称吉林信托)母公司财务报表,包括2012年12月31日的资产负债表,2012年度的利润表、所有者权益变动表和现金流量表以及财务报表附注。

一、管理层对财务报表的责任

编制和公允列报财务报表是贵公司管理层的责任。这种责任包括:(1)按照企业会计准则的规定编制财务报表,并使其实现公允反映;(2)设计、执行和维护必要的内部控制,以使财务报表不存在由于舞弊或错误导致的重大错报。

二、注册会计师的责任

我们的责任是在执行审计工作的基础上对财务报表发表审计意见。我们按照中国注册会计师审计准则的规定执行了审计工作。中国注册会计师审计准则要求我们遵守中国注册会计师职业道德守则,计划和执行审计工作以对财务报表是否不存在重大错报获取合理保证。

审计工作涉及实施审计程序,以获取有关财务报表金额和披露的审计证据。选择的审计程序取决于注册会计师的判断,包括对由于舞弊或错误导致的财务报表重大错报风险的评估。在进行风险评估时,注册会计师考虑与财务报表编制和公允列报相关的内部控制,以设计恰当的审计程序,但目的并非对内部控制的有效性发表意见。审计工作还包括评价管理层选用会计政策的恰当性和作出会计估计的合理性,以及评价财务报表的总体列报。

我们相信,我们获取的审计证据是充分、适当的,为发表审计意见提供了基础。

三、审计意见

我们认为,吉林信托财务报表在所有重大方面按照企业会计准则的规定编制,公允反映了吉林信托2012年12月31日的合并财务状况以及2012年度的合并经营成果和合并现金流量。

中准会计师事务所有限公司 中国注册会计师:

中国注册会计师:

二〇一三年三月二十八日

5.1.2 资产负债表

合并资产负债表

编制单位:吉林省信托有限责任公司　　2012年12月31日　　单位:万元

资　产	期末余额	年初余额	负债和所有者权益	期末余额	年初余额
资产:			负债:		
现金及存放中央银行款项	2.79	1.51	向中央银行借款		
存放同业及其他金融机构款项	127 663.40	84 255.36	同业及其他金融机构存放款项		
贵金属			拆入资金	34 000.00	
拆出资金			交易性金融负债		
交易性金融资产	11 146.36	8 136.83	衍生金融负债		
衍生金融资产			卖出回购金融资产款		
买入返售金融资产			吸收存款		
应收利息	182.92	5.13	应付职工薪酬	3 325.47	4 439.37
发放贷款及垫款	33 850.60	37 443.00	应交税费	4 535.94	3 999.27
可供出售金融资产	157 149.27	1 184.00	应付利息		
持有至到期投资		5 000.00	预计负债		
长期股权投资	74 039.64	108 573.74	应付债券		
投资性房地产			递延所得税负债	19 227.57	
固定资产	21 954.50	23 365.80	其他负债	105 183.74	62 275.08
在建工程			负债合计	166 272.72	70 713.72
无形资产	438.53	408.75	所有者权益:		
递延所得税资产	8 626.76	210.51	实收资本	159 659.75	159 659.75
其他资产	69 059.55	56 106.23	资本公积	62 315.24	4 859.16
			减:库存股		
			盈余公积	27 877.37	22 539.01
			一般风险准备	5 002.82	2 204.27
			信托赔偿准备	10 712.70	5 374.34
			未分配利润	60 124.78	49 948.30
			外币报表折算差额		
			归属于母公司的所有者权益合计	325 692.66	244 584.83
			少数股东权益	12 148.94	9 392.31
			所有者权益合计	337 841.60	253 977.14
资产总计	504 114.32	324 690.86	负债和所有者权益总计	504 114.32	324 690.86

法定代表人:高福波　　主管会计工作负责人:邱荣生　　会计机构负责人:马东生

母公司资产负债表

编制单位:吉林省信托有限责任公司　　2012年12月31日　　单位:万元

资　产	期末余额	年初余额	负债和所有者权益	期末余额	年初余额
资产:			负债:		
现金及存放中央银行款项	1.03	1.02	向中央银行借款		
存放同业及其他金融机构款项	104 439.19	63 017.27	同业及其他金融机构存放款项		
贵金属			拆入资金	34 000.00	
拆出资金			交易性金融负债		
交易性金融资产	7 573.60	5 490.02	衍生金融负债		
衍生金融资产			卖出回购金融资产款		
买入返售金融资产			吸收存款		
应收利息			应付职工薪酬	3 320.86	4 439.37
发放贷款及垫款	33 844.60	36 680.00	应交税费	4 426.34	3 897.53
可供出售金融资产	157 149.27	1 184.00	应付利息		
持有至到期投资		5 000.00	预计负债		
长期股权投资	91 756.64	122 685.74	应付债券		
投资性房地产			递延所得税负债	19 227.57	

续表

资　产	期末余额	年初余额	负债和所有者权益	期末余额	年初余额
固定资产	19 655. 27	20 955. 37	其他负债	75 132. 42	18 901. 79
在建工程			负债合计	136 107. 19	27 238. 69
无形资产	117. 10	198. 17	所有者权益:		
递延所得税资产	8 626. 76	210. 51	实收资本	159 659. 75	159 659. 75
其他资产	43 257. 15	20 794. 49	资本公积	59 498. 26	1 854. 56
			减:库存股		
			盈余公积	27 877. 37	22 539. 01
			一般风险准备	5 002. 82	2 204. 27
			信托赔偿准备	10 712. 70	5 374. 34
			未分配利润	67 562. 52	57 345. 97
			所有者权益合计	330 313. 42	248 977. 90
资产总计	466 420. 61	276 216. 59	负债和所有者权益总计	466 420. 61	276 216. 59

法定代表人: 高福波　　主管会计工作负责人:邱荣生　　会计机构负责人:马东生

5. 1. 3　利润表

合并利润表

编制单位:吉林省信托有限责任公司　　2012 年 12 月 31 日　　单位:万元

项　目	本期金额	上期金额
一、营业收入	88 566. 07	70 596. 96
利息净收入	16 469. 15	9 698. 83
利息收入	16 596. 95	9 848. 00
利息支出	127. 80	149. 17
手续费及佣金净收入	59 982. 87	56 965. 18
手续费及佣金收入	59 982. 87	57 327. 40
手续费及佣金支出		362. 22
投资收益(损失以"－"号填列)	11 449. 31	5 087. 57
其中:对联营企业和合营企业的投资收益		
公允价值变动收益(损失以"－"号填列)	538. 36	－1 220. 08
汇兑收益(损失以"－"号填列)	－4. 53	－92. 52
其他业务收入	130. 91	157. 98
二、营业支出	61 795. 40	27 286. 41
营业税金及附加	4 267. 03	3 959. 03
业务及管理费	23 517. 26	22 579. 39
资产减值损失	33 975. 73	659. 56
其他业务成本	35. 38	88. 43
三、营业利润(亏损以"－"号填列)	26 770. 67	43 310. 55
加:营业外收入	6 364. 82	4 548. 34
减:营业外支出	649. 33	506. 55
四、利润总额(亏损总额以"－"号填列)	32 486. 16	47 352. 34
减:所得税费用	5 922. 91	13 949. 38
五、净利润(净亏损以"－"号填列)	26 563. 25	33 402. 96
归属于母公司所有者的净利润	26 651. 75	34 615. 89
少数股东损益	－88. 52	－1 212. 94
六、每股收益:		
(一)基本每股收益		
(二)稀释每股收益		

法定代表人: 高福波　　主管会计工作负责人:邱荣生　　会计机构负责人:马东生

母公司利润表

编制单位:吉林省信托有限责任公司　　2012 年 12 月 31 日　　单位:万元

项　目	本期金额	上期金额
一、营业收入	79 789. 89	66 639. 31
利息净收入	15 344. 63	8 890. 29
利息收入	15 472. 43	9 039. 46
利息支出	127. 80	149. 17
手续费及佣金净收入	52 569. 36	50 114. 25
手续费及佣金收入	52 569. 36	50 473. 26
手续费及佣金支出		359. 01
投资收益(损失以"－"号填列)	11 468. 02	7 935. 53
其中:对联营企业和合营企业的投资收益		
公允价值变动收益(损失以"－"号填列)	362. 41	－355. 30
汇兑收益(损失以"－"号填列)	－4. 53	－92. 52
其他业务收入	50. 00	147. 06
二、营业支出	52 356. 28	18 377. 40
营业税金及附加	3 843. 10	3 570. 74
业务及管理费	14 457. 27	14 058. 68
资产减值损失	33 975. 73	659. 56
其他业务成本	80. 18	88. 42
三、营业利润(亏损以"－"号填列)	27 433. 61	48 261. 91
加:营业外收入	5 812. 51	4 537. 91
减:营业外支出	648. 43	503. 03
四、利润总额(亏损总额以"－"号填列)	32 597. 69	52 296. 79
减:所得税费用	5 905. 87	13 927. 52
五、净利润(净亏损以"－"号填列)	26 691. 82	38 369. 27
六、每股收益:		
(一)基本每股收益		
(二)稀释每股收益		

法定代表人: 高福波　　主管会计工作负责人:邱荣生　　会计机构负责人:马东生

5.1.4 所有者权益变动表

合并所有者权益变动表

编制单位：吉林省信托有限责任公司　　2012年12月31日　　单位：万元

项　目	本期金额							
	归属于母公司所有者权益						少数股东权益	所有者权益合计
	实收资本	资本公积	盈余公积	一般风险准备	信托赔偿准备	未分配利润		
一、上年末余额	159 659.75	4 859.16	23 913.99	2 204.27	5 718.08	55 104.50	9 392.31	260 852.06
加：会计政策变更								
前期差错更正			−1 374.98		−343.74	−5 156.20		−6 874.92
其他								
二、本年初余额	159 659.75	4 859.16	22 539.01	2 204.27	5 374.34	49 948.30	9 392.31	253 977.14
三、本年增减变动金额(减少以"－"号填列)		57 456.08	5 338.36	2 798.55	5 338.36	10 176.48	2 756.63	83 864.46
(一)净利润						26 651.75	−88.52	26 563.23
(二)直接计入所有者权益的利得和损失		57 643.70						57 643.70
1. 可供出售金融资产公允价值变动净额		57 643.70						57 643.70
(1)计入所有者权益金额		57 643.70						57 643.70
(2)转入当期损益的金额								
2. 现金流量套期工具公允价值变动净额								
(1)计入所有者权益金额								
(2)转入当期损益的金额								
(3)计入被套期项目初始确认金额中的金额								
3. 权益法下被投资单位其他所有者权益变动的影响								
4. 与计入所有者权益项目相关的所得税影响								
5. 其他								
上述(一)和(二)小计		57 643.70				26 651.75	−88.52	84 206.93
(三)所有者投入和减少资本		−187.62					2 887.15	2 699.53
1. 所有者投入资本		−187.62					2 400.00	2 212.38
2. 股份支付计入所有者权益的金额								
3. 其他							487.15	487.15
(四)利润分配			5 338.36	2 798.55	5 338.36	−16 475.27	−42.00	−3 042.00
1. 提取盈余公积			5 338.36			−5 338.36		
2. 提取一般风险准备				2 798.55		−2 798.55		
3. 提取信托赔偿准备					5 338.36	−5 338.36		
4. 对所有者的分配						−3 000.00	−42.00	−3 042.00
5. 其他								
(五)所有者权益内部结转								
1. 资本公积转增资本								
2. 盈余公积转增资本								
3. 盈余公积弥补亏损								
4. 一般风险准备弥补亏损								
5. 其他								
四、本年末余额	159 659.75	62 315.24	27 877.37	5 002.82	10 712.70	60 124.78	12 148.94	337 841.60

合并所有者权益变动表(续)

编制单位:吉林省信托有限责任公司　　2012年12月31日　　单位:万元

项目	上期金额							
	归属于母公司所有者权益						少数股东权益	所有者权益合计
	实收资本	资本公积	盈余公积	一般风险准备	信托赔偿准备	未分配利润		
一、上年末余额	159 659.75	-2 721.86	14 531.47	2 204.27	3 372.45	26 536.73	4 609.86	208 192.67
加:会计政策变更								
前期差错更正								
其他			333.69		83.42	1 251.34		1 668.45
二、本年初余额	159 659.75	-2 721.86	14 865.16	2 204.27	3 455.87	27 788.07	4 609.86	209 861.12
三、本年增减变动金额(减少以"-"号填列)		7 581.02	9 048.83		2 262.21	27 316.43	4 782.45	50 990.94
(一)净利润						41 490.80	-1 212.94	40 277.86
(二)直接计入所有者权益的利得和损失		4 576.41						4 576.41
1. 可供出售金融资产公允价值变动净额		2 709.87						2 709.87
(1)计入所有者权益金额		2 709.87						2 709.87
(2)转入当期损益的金额								
2. 现金流量套期工具公允价值变动净额								
(1)计入所有者权益金额								
(2)转入当期损益的金额								
(3)计入被套期项目初始确认金额中的金额								
3. 权益法下被投资单位其他所有者权益变动的影响								
4. 与计入所有者权益项目相关的所得税影响								
5. 其他		1 866.54						1 866.54
上述(一)和(二)小计		4 576.41				41 490.80	-1 212.94	44 854.27
(三)所有者投入和减少资本		3 004.61					5 995.39	9 000.00
1. 所有者投入资本		3 004.61					6 750.00	9 754.61
2. 股份支付计入所有者权益的金额								
3. 其他							-754.61	-754.61
(四)利润分配			9 048.83		2 262.21	-14 174.37		-2 863.33
1. 提取盈余公积			9 048.83			-9 048.83		
2. 提取一般风险准备								
3. 提取信托赔偿准备					2 262.21	-2 262.21		
4. 对所有者的分配						-2 863.33		-2 863.33
5. 其他								
(五)所有者权益内部结转								
1. 资本公积转增资本								
2. 盈余公积转增资本								
3. 盈余公积弥补亏损								
4. 一般风险准备弥补亏损								
5. 其他								
四、本年末余额	159 659.75	4 859.16	23 913.99	2 204.27	5 718.08	55 104.50	9 392.31	260 852.06

法定代表人:高福波　　主管会计工作负责人:邱荣生　　会计机构负责人:马东生

母公司所有者权益变动表

编制单位:吉林省信托有限责任公司　　2012 年 12 月 31 日　　单位:万元

项目	本期金额						
	实收资本	资本公积	盈余公积	一般风险准备	信托赔偿准备	未分配利润	所有者权益合计
一、上年末余额	159 659.75	1 854.56	23 913.99	2 204.27	5 718.08	62 502.17	255 852.82
加:会计政策变更							
前期差错更正			-1 374.98		-343.74	-5 156.20	-6 874.92
其他							
二、本年初余额	159 659.75	1 854.56	22 539.01	2 204.27	5 374.34	57 345.97	248 977.90
三、本年增减变动金额(减少以"-"号填列)		57 643.70	5 338.36	2 798.55	5 338.36	10 216.55	81 335.52
(一)净利润						26 691.82	26 691.82
(二)直接计入所有者权益的利得和损失		57 643.70					57 643.70
1. 可供出售金融资产公允价值变动净额		57 643.70					57 643.70
(1)计入所有者权益金额		57 643.70					57 643.70
(2)转入当期损益的金额							
2. 现金流量套期工具公允价值变动净额							
(1)计入所有者权益金额							
(2)转入当期损益的金额							
(3)计入被套期项目初始确认金额中的金额							
3. 权益法下被投资单位其他所有者权益变动的影响							
4. 与计入所有者权益项目相关的所得税影响							
5. 其他							
上述(一)和(二)小计		57 643.70				26 691.82	84 335.52
(三)所有者投入和减少资本							—
1. 所有者投入资本							—
2. 股份支付计入所有者权益的金额							—
3. 其他							—
(四)利润分配			5 338.36		5 338.36	-16 475.27	-5 798.55
1. 提取盈余公积			5 338.36			-5 338.36	—
2. 提取一般风险准备				2 798.55		-2 798.55	—
3. 提取信托赔偿准备					5 338.36	-5 338.36	—
4. 对所有者的分配						-3 000.00	
5. 其他							
(五)所有者权益内部结转							
1. 资本公积转增资本							
2. 盈余公积转增资本							
3. 盈余公积弥补亏损							
4. 一般风险准备弥补亏损							
5. 其他							
四、本年末余额	159 659.75	59 498.26	27 877.37	5 002.82	10 712.70	67 562.52	330 313.42

法定代表人:高福波　　主管会计工作负责人:邱荣生　　会计机构负责人:马东生

母公司所有者权益变动表(续)

编制单位:吉林省信托有限责任公司　　2012 年 12 月 31 日　　单位:万元

项目	上期金额						
	实收资本	资本公积	盈余公积	一般风险准备	信托赔偿准备	未分配利润	所有者权益合计
一、上年末余额	159 659.75	-2 721.86	14 531.47	2 204.27	3 372.45	30 181.03	207 227.11
加:会计政策变更							
前期差错更正							
其他			333.69	0.00	83.42	1 251.34	1 668.45
二、本年初余额	159 659.75	-2 721.86	14 865.16	2 204.27	3 455.87	31 432.37	208 895.56
三、本年增减变动金额(减少以"-"号填列)		4 576.42	9 048.83		2 262.21	31 069.80	46 957.26
(一)净利润						45 244.17	45 244.17
(二)直接计入所有者权益的利得和损失		4 576.42	0.00	0.00	0.00	0.00	-1 801.54
1. 可供出售金融资产公允价值变动净额		2 709.86	0.00	0.00	0.00	0.00	-3 668.10
(1)计入所有者权益金额		2 709.86					-3 668.10
(2)转入当期损益的金额							
2. 现金流量套期工具公允价值变动净额							
(1)计入所有者权益金额							
(2)转入当期损益的金额							
(3)计入被套期项目初始确认金额中的金额							
3. 权益法下被投资单位其他所有者权益变动的影响							
4. 与计入所有者权益项目相关的所得税影响							
5. 其他		1 866.56					1 866.56
上述(一)和(二)小计		4 576.42				45 244.17	49 820.59
(三)所有者投入和减少资本							—
1. 所有者投入资本							—
2. 股份支付计入所有者权益的金额							—
3. 其他							—
(四)利润分配			9 048.83		2 262.21	-14 174.37	-2 863.33
1. 提取盈余公积			9 048.83			-9 048.83	—
2. 提取一般风险准备							—
3. 提取信托赔偿准备					2 262.21	-2 262.21	—
4. 对所有者的分配						-2 863.33	
5. 其他							
(五)所有者权益内部结转							
1. 资本公积转增资本							
2. 盈余公积转增资本							
3. 盈余公积弥补亏损							
4. 一般风险准备弥补亏损							
5. 其他							
四、本年末余额	159 659.75	1 854.56	23 913.99	2 204.27	5 718.08	62 502.17	255 852.82

法定代表人:高福波　　主管会计工作负责人:邱荣生　　会计机构负责人:马东生

5.2 信托资产

5.2.1 信托项目资产负债汇总表

信托项目资产负债表

编制单位：吉林省信托有限责任公司　　2012 年 12 月 31 日　　单位：万元

信托资产	期末数	年初数	信托负债和信托收益	期末数	年初数
信托资产：			信托负债：		
货币资金	25 243.64	58 536.48	应付受托人报酬	6 043.23	0
拆出资金	0	0	应付托管费	122.38	0
应收款项	32 805.89	352 366.45	应付受益人收益	1 430.69	0
买入返售资产	55 410.00	74 010.00	其他应付款项	39 242.88	14 684.11
交易性金融资产	4 939.37	11 944.73	应交税金	0	0
持有至到期投资	2 380 745.00	1 079 156.08	卖出回购资产款	0	0
长期股权投资	772 758.25	3 294 805.00	其他负债	0	0
客户贷款	853 211.60	1 437 858.00	信托负债合计	46 839.18	14 684.11
应收融资租赁款	0	0	信托权益：		
固定资产	0	0	实收信托	4 435 989.85	6 256 073.47
无形资产	0	0	资本公积	0	0
长期待摊费用	0	0	未分配利润	15 749.72	37 919.16
其他资产	373 465.00	0	信托权益合计	4 451 739.57	6 293 992.63
信托资产总计	4 498 578.75	6 308 676.74	信托负债及信托权益总计	4 498 578.75	6 308 676.74

公司负责人：高福波　　主管会计工作负责人：邱荣生　　会计机构负责人：高　岩

5.2.2 信托项目利润及利润分配汇总表

信托项目利润及利润分配汇总表

编制单位：吉林省信托有限责任公司　　2012 年 12 月 31 日　　单位：万元

项 目	本年累计数	上年累计数
一、营业收入	607 443.16	424 820.03
利息收入	110 041.89	179 506.91
投资收益	497 334.20	245 154.48
租赁收入	0	
其他收入	67.07	158.64
二、营业费用	94 753.93	88 579.53
三、营业税金及附加	0	
四、扣除资产损失前的信托利润	512 689.23	336 240.50
减：资产减值损失	0	
五、扣除资产损失后的信托利润	512 689.23	336 240.50
加：期初未分配信托利润	37 919.16	32 651.79
减：调整期初未分配利润	0	2.15
六、可供分配的信托利润	550 608.39	368 890.14
减：本期已分配信托利润	534 858.67	330 970.98
七、期末未分配信托利润	15 749.72	37 919.16

公司负责人：高福波　　主管会计工作负责人：邱荣生　　会计机构负责人：高　岩

6. 会计报表附注

6.1 会计报表编制基准不符合会计核算基本前提的说明

6.1.1 本公司无上述情况

6.1.2 纳入合并范围的子公司

序号	子公司名称	业务性质	注册地	注册资本（万元）	实际投资额（万元）	持股比例（%）	合并期间
1	天治基金管理有限公司（二级子公司）	基金业	上海市延平路83号501～503室	16 000.00	9 600	48.75	2012年1月1日至2012年12月31日
2	天富期货有限公司（二级子公司）	期货业	长春市长春大街500号	15 000.00	8 250	55.00	2012年1月1日至2012年12月31日
3	吉林省汇富投资咨询有限公司（三级子公司）	咨询业	长春市南关区亚泰大街西南湖大路南万盛小区2号楼805室	2 600.00	2 300	88.46	2012年7月1日至2012年12月31日
4	吉林省汇通典当有限责任公司（三级子公司）	典当业	长春市长春大街500号	1 000.00	650	65.00	2012年1月1日至2012年12月31日

6.2 或有事项说明

公司对外提供担保期初余额为 5 000 万元，期末余额5 000 万元，未到期，暂无风险。

6.3 重要资产转让及其出售的说明

公司本期出售了原办公楼。

6.4 会计报表中重要项目的明细资料

6.4.1 自营资产经营情况

6.4.1.1 公司信用风险资产五级分类

风险分类	正常类（万元）	关注类（万元）	次级类（万元）	可疑类（万元）	损失类（万元）	信用风险资产合计（万元）	不良资产合计（万元）	不良资产率（%）
期初数	28 424.32	30 380.00	—	—	—	58 804.32	—	—
期末数	73 212.78	0	—	—	—	73 212.78	—	—

6.4.1.2 资产损失准备的期初数、本期计提、本期转回、本期核销、期末数

单位：万元

	期初数	本期计提	本期转回	本期核销	期末数
贷款损失准备	620.00	515.40	620.00	—	515.40
一般准备	—	515.40	—	—	—
专项准备	620.00	—	620.00	—	—
其他资产减值准备	107.50	34 080.33	—	—	34 187.83
可供出售金融资产减值准备	—	—	—	—	—
持有至到期投资减值准备	—	—	—	—	—
长期股权投资减值准备	—	—	—	—	—
坏账准备	107.50	34 080.33	—	—	34 187.83
投资性房地产减值准备	—	—	—	—	—

6.4.1.3 自营股票投资、基金投资、债券投资、长期股权投资等投资的期初数、期末数

单位：万元

	自营股票	基金	债券	长期股权投资	其他投资	合计
期初数	136.40	5 353.62	5 000.00	122 685.74	—	133 175.76
期末数	157 727.32	995.55	6 000.00	91 756.64	—	256 479.51

6.4.1.4 公司前五名的自营长期股权投资的企业名称、占被投资企业权益的比例、主要经营活动及投资收益情况

企业名称	占被投资企业权益的比例（%）	主要经营活动	投资收益
九台农村商业银行	15.59	人民币存款、贷款、票据贴现、国内结算业务；人民币个人储蓄业务；代理其他银行的金融业务；代理收、付款项及受托代办保险业务；买卖政府债券、代理发行、代理兑付、承销政府债券；保管箱业务；按规定从事同业拆借；经中国银行业监督管理委员会批准的其他业务。	本年度分红575万元
吉林银行股份有限公司	1.42	吸收公众存款；发放短期、中期和长期贷款；办理国内结算；办理票据承兑与贴现；发行金融债券；代理发行、代理承兑、承销政府债券；买卖政府债券、金融债券；从事同业拆借；从事银行卡业务；提供担保；代理收付款项及代理保险业务；提供保管箱服务；办理地方财政信息周转使用资金的委托存款业务，经中国银行业监督管理委员会批准的其他业务。	本年度分红600万元
中融人寿保险股份有限公司	20	意外伤害保险；健康保险；传统人寿保险；人寿保险新型产品；传统年金保险；年金新型产品；其他人身保险业务；上述保险业务的再保险业务；国家法律、法规允许的保险资金运用业务；经中国保监会批准的其他人身保险业务。	本年度未分红

续表

企业名称	占被投资企业权益的比例（%）	主要经营活动	投资收益
天治基金管理公司	48.75	发起设立基金、基金管理业务，中国证监会批准的其他业务。	本年度未分红
天富期货有限公司	55	商品期货经纪，金融期货经纪；期货投资咨询。	本年度未分红

6.4.1.5 公司前五名的自营贷款的企业名称、占贷款总额的比例和还款情况

企业名称	占贷款总额的比例（%）	还款情况
吉林省天汇房地产有限责任公司	84.4	贷款尚未到期
抚松县鑫鼎林产工业有限责任公司	13.68	贷款尚未到期
抚松县松江河鑫鼎贸易有限责任公司	1.92	贷款尚未到期

6.4.1.6 表外业务的期初数、期末数

单位：万元

表外业务	期初数	期末数
担保业务	5 000.00	5 000.00
代理业务（委托业务）	—	—
其他	—	—
合计	5 000.00	5 000.00

本公司对外提供担保形成的或有负债情况如下：

担保对象	担保方式	担保金额		贷款到期日	备注
		万元	美元		
东北中小企业信用再担保股份有限公司	保证	5 000.00		2016年6月23日	保证反担保
合　计		5 000.00			

6.4.1.7 公司当年的收入结构

收入结构	合并		母公司	
	金额（万元）	占比（%）	金额（万元）	占比（%）
手续费及佣金收入	59 982.87	63.10	52 569.36	61.32
其中：信托业务手续费收入	52 531.86	55.26	52 531.86	61.28
担保业务手续费收入	37.50	0.04	37.5	0.04
基金管理手续费收入	4 587.07	4.83	—	—
期货业务手续费收入	1 816.83	1.91	—	—
典当业务手续费收入	231.68	0.24	—	—
其他手续费收入	777.93	0.82	—	—
利息类收入	16 596.94	17.46	15 472.43	18.05
其他业务收入	130.91	0.14	50.00	0.06
其中：计入信托业务收入部分	—	—	—	—
投资收益	11 449.31	12.04	11 468.02	13.38
其中：股权投资收益	10 913.41	11.48	10 913.41	12.73
证券投资收益	287.98	0.30	306.69	0.36
其他投资收益	247.92	0.26	247.92	0.29
公允价值变动收益	538.36	0.57	362.41	0.42
汇兑损益	−4.53	0.00	−4.53	−0.01
营业外收入	6 364.82	6.70	5 812.51	6.78
收入合计	95 058.68	100.00	85 730.20	100.00

营业外收入主要为公司处置旧办公楼清理收入。

6.4.2 信托资产管理情况

6.4.2.1 信托资产的期初数、期末数

单位:万元

信托资产	期初数	期末数
集合	2 296 355.00	1 446 013.00
单一	3 660 998.00	2 679 095.00
财产权	351 324.00	373 471.00
合计	6 308 677.00	4 498 579.00

6.4.2.1.1 主动管理型信托业务的信托资产期初数、期末数,分证券投资、股权投资、融资、事务管理类分别披露

单位:万元

主动管理型信托资产	期初数	期末数
证券投资类	718 801.00	1 085 347.00
股权投资类	894 831.00	403 879.00
融资类	4 162 753.00	2 817 617.00
事务管理类	287 092.00	14 976.00
合计	6 063 477.00	4 321 819.00

6.4.2.1.2 被动管理型信托业务的信托资产期初数、期末数,分证券投资、股权投资、融资、事务管理类分别披露

单位:万元

被动管理型信托资产	期初数	期末数
证券投资类	—	—
股权投资类	55 000.00	—
融资类	190 200.00	176 760.00
事务管理类	—	—
合计	245 200.00	176 760.00

6.4.2.2 本年度已清算结束的信托项目个数、实收信托合计金额、加权平均实际年化收益率

6.4.2.2.1 本年度已清算结束的集合类、单一类资金信托项目和财产管理类信托项目个数、实收信托合计金额、加权平均实际年化收益率

已清算结束信托项目	项目个数	实收信托合计金额(万元)	加权平均实际年化收益率(%)
集合类	93	1 422 369.00	8.39
单一类	68	2 094 598.00	8.25
财产管理类	3	15 903.00	7.12

6.4.2.2.2 本年度已清算结束的主动管理型信托项目个数、实收信托合计金额、加权平均实际年化收益率

已清算结束信托项目	项目个数	实收信托合计金额(万元)	加权平均实际年化信托报酬率(%)	加权平均实际年化收益率(%)
证券投资类	24	242 315		7.07
股权投资类	24	607 430		7.44
融资类	115	2 633 125		8.69
事务管理类	0	0		0

6.4.2.2.3 本年度已清算结束的被动管理型信托项目个数、实收信托合计金额、加权平均实际年化收益率

已清算结束信托项目	项目个数	实收信托合计金额(万元)	加权平均实际年化信托报酬率(%)	加权平均实际年化收益率(%)
证券投资类	—	—	—	—
股权投资类	—	—	—	—
融资类	1	50 000	—	4.45
事务管理类	—	—	—	—

6.4.2.3 本年度新增的集合类、单一类资金信托项目和财产管理类信托项目数量、合计金额

新增信托项目	项目个数	实收信托合计金额(万元)
集合类	28	609 995
单一类	38	1 137 885
财产管理类	1	79 000
新增合计	67	1 826 880
其中:主动管理型	62	1 657 360
被动管理型	5	169 520

6.4.2.4 信托业务创新成果和特色业务有关情况

公司把推进业务转型、提升自主理财能力提到了公司发展的战略高度。经过经营战略调整,研发团队建设初见雏形,创新业务拓展及创新模式研究成果显著,公司信托产品的含金量和附加值大幅提升。同时,以理财顾问团为核心的专家理财队伍,为公司走上专业化理财机构的发展道路奠定坚实的基础。

6.4.2.4.1 创新业务

(1)事务类员工持股信托。委托人将其持有的公司股权委托给公司,成立股权委托信托关系,信托计划以受托人名义代为行使股东权利,依据其专业的理财及管理能力,逐一履行委托人所托事务。

(2)中小企业贷款扶持信托:中小企业在发展过程中经常出现资金周转不足的困难,且缺乏可抵押的核心资产。公司联合吉林银行共同推出了中小企业贷款扶持信托,为经营稳健、前景良好的中小企业提供资金支持与金融服务。

(3)信证合作类业务。为拓展业务领域,强化金融机构之间的强强合作,开发了与证券公司合作的几款创新业务模式。比较典型的阿尔法套利项目,充分发挥了证券公司在对冲套利项目上的运作优势以及信托计划设计的灵活化优势,结构化设计不仅满足了优先级委托人的资金安全需求,同时也为劣后级委托人获得超额收益提供了较大空间。

(4)上市公司股票质押类业务的创新思路。鉴于传统股票质押类业务出险时司法诉讼周期长、股票变现困难等问题,研发了大宗交易、约定购回、市值管理、协议转让等几种创新模式,为上市公司股票质押类项目的运作提供了更多选择。

6.4.2.4.2 特色业务

(1)上市公司股权受益权类信托。公司面向上市公司股东推出系列融资类和投资类信托产品,为股票质押融资、增持上市公司股票、盘活持仓股票资产、定向增发等提供专业化服务,

满足其多样化的金融服务需求。

（2）类 PE 信托。股权投资是公司对信托资金运用的主要方式之一，经过多年的经验积累，逐步由被动式管理向主动式管理转变。

（3）财产权投资信托。公司积极利用信托制度优势，探索资产衍生出的相关权益类信托产品，如股权受益权、项目收益权、物业收益权、信托受益权、矿产资源收益权、特许经营收费权、应收账款以及其他特定资产未来收益权等业务，灵活运用投资、投资附带回购、投资优先分配收益、投资附带转让、融资租赁等多种资金运用方式，为委托人和企业提供量身定做信托理财产品。

（4）农牧业信托。东北是中国农业主产区，吉林信托在多年服务地方农业发展的基础上形成了较为丰富的农牧业投融资经验。近年来，公司发行大成生物、吉林正方、李岳新农村、白城牧业园区股权投资等项目，顺应国家产业政策导向，通过灵活多样的资金运用方式为现代化农业发展与升级提供金融支持。

6.4.2.4.3　研究成果

2012 年，针对国家宏观经济形式、新的监管政策和行业产品的前沿动向，公司结合自身情况，对大势、行业和公司发展进行分析、研判，提出创新业务运作模式，将原有的投研报告体系进行了适当调整，推出了《信托市场周报》、《利率定价月报》、《行业分析月报》、《集合信托产品月报》、《创新业务研究报告》五大投研报告。

在专题研究方面，完成了股票协议转让方案、金融票据投资、滚动发行式期限结构、矿产私募股权投资基金、信托公司风险控制与缓释机制的创新思路、行业经营分析等研发报告的编制。

在具体业务研究方面，完成了《中小企业贷款扶持信托》、《事务类员工持股信托》、《信托理财基金设计方案》、《上市公司股票质押类业务的创新思路》、《信证合作的阿尔法套利项目》、《信用证信托操作实务》、《大宗交易市场股票投资方案》等业务研究文章的撰写。

参与协会课题《信托公司风险控制体系建设与化解缓冲机制建立问题研究》，撰写第三章"信托公司典型业务的风险特征"，对信政合作业务、房地产信托业务、银信合作业务、矿产信托业务、艺术品信托业务的风险特征及风险控制措施进行系统梳理。

6.4.2.5　本公司履行受托人义务的情况及因本公司自身责任而导致的信托资产损失情况

本公司遵守信托法和信托文件对受托人义务的规定，为受益人的最大利益管理信托事务，管理信托财产时，恪尽职守，履行诚实、信用、谨慎、有效管理的义务，没有损害受益人利益的情况。本公司无因自身责任而导致信托财产损失的情况。

6.4.2.6　信托赔偿准备金的提取、使用和管理情况

本公司根据《信托公司管理办法》及吉林省国资委《关于吉林省信托有限责任公司提高信托赔偿准备金提取比率的批复》（吉国资发预算〔2012〕171 号），按净利润的 20% 提取信托赔偿准备金，截至报告期末，尚未发生信托业务损失，信托赔偿准备金尚未使用。信托赔偿准备金期末余额为 10 712.70 万元。

6.5　关联方关系及其交易

6.5.1　关联交易方的数量、关联交易的总金额及关联交易的定价政策

	关联交易数量	关联交易金额（万元）	定价政策
合计	4	5 950	双方协议确定

6.5.2　关联交易方与本公司的关系性质、关联交易方的名称、法人代表、注册地址、注册资本及主营业务

关系性质	关联方名称	法定代表人	注册地址	注册资本（万元）	主营业务
二级子公司	天富期货有限公司	李野	长春市	15 000	国内商品期货代理、咨询、培训。
二级子公司	天治基金管理有限公司	赵玉彪	上海市	16 000	发起设立基金、基金管理。
三级子公司	吉林省汇通典当有限责任公司	高松岩	长春市	1 000	动产、财产权利质押典当业务；房地产抵押典当业务等。
三级子公司	吉林省汇富投资咨询有限公司	薛镇	长春市	2 600	利用自有资金对外进行项目投资及投资管理；受投资人委托对投资人资金进行经营、管理；投资理财（需专项审批除外）；投资咨询；经济信息咨询；企业管理咨询；企业理财顾问；商务信息咨询；企业形象策划；承办会展；企业营销策划、市场经济调研；金属、化工产品（化学危险品除外）、农产品销售。
被投资企业	吉林九台农村商业银行	高兵	九台市	138 398	办理存款、贷款、国内结算、票据承兑与贴现；代理发行、兑付、承销政府债券；买卖政府债券、金融债券、参与货币市场；同业拆借；代理收付及代理保险业务；提供保管箱服务；代理买卖基金、信托产品及其他理财产品；银行卡业务；外汇业务等。

6.5.3　逐笔披露本公司与关联方的重大交易事项

6.5.3.1　固有财产与关联方交易事项

单位：万元

固有与关联方关联交易				
	期初数	借方发生额	贷方发生额	期末数
贷款	—	—	—	—
投资	40 006.00	5 900.00	—	45 906.00
租赁	—	50	50	—
担保	—	—	—	—
应收账款	—	—	—	—
其他	—	—	—	—
合计	40 006.00	5 950.00	50.00	45 906.00

6.5.3.2　信托资产与关联方

单位:万元

信托与关联方关联交易				
	期初数	借方发生额	贷方发生额	期末数
贷款	—	—	—	—
投资	—	—	—	—
租赁	—	—	—	—
担保	—	—	—	—
应收账款	—	—	—	—
其他	—	—	—	—
合计	—	—	—	—

6.5.3.3　信托公司自有资金运用于自己管理的信托项目(固信交易)、信托公司管理的信托项目之间的相互(信信交易)交易金额

6.5.3.3.1　固有财产与信托财产

单位:万元

固有财产与信托财产相互交易			
	期初数	本期发生额	期末数
合计	—	—	—

6.5.3.3.2　信托资产与信托财产

单位:万元

信托资产与信托财产相互交易			
	期初数	本期发生额	期末数
合计	—	—	—

6.5.4　逐笔披露关联方逾期未偿还本公司资金详细情况以及公司为关联方担保发生或即将发生垫款的详细情况

报告期公司无上述情况。

6.6　会计制度

本公司固有业务、信托业务均执行《企业会计准则》(2006)及《企业会计准则——应用指南》等相关规定。

7. 财务情况说明书

7.1　利润实现和分配情况(母公司口径与并表口径)

单位:万元

指标名称	合并口径	母公司
利润总额	32 486.14	32 597.69
所得税费用	5 922.91	5 905.87
少数股东损益	−88.52	—
归属于母公司所有者的净利润	26 651.75	26 691.82
提取盈余公积	5 338.36	5 338.36
提取信托赔偿准备金	5 338.36	5 338.36
提取一般准备	2 798.55	2 798.55
上缴国有资本收益	3 000.00	3 000.00

7.2　主要财务指标(母公司口径与并表口径)

指标名称	合并指标值	母公司指标值
资本利润率(%)	8.98	9.22
加权年化信托报酬率(%)	—	—
人均净利润(万元)	66.57	152.52

7.3　公司净资本情况

2012年末,公司净资本余额为234 951万元;各项业务风险资本之和为98 934万元,净资本/各项业务风险资本之和为237.48%;净资本/净资产为82.15%,以上指标符合《信托公司净资本管理办法》(中国银监会令〔2010〕第5号)各项监管指标。

7.4　对公司财务状况、经营成果有重大影响的其他事项

公司无上述事项。

8. 特别事项揭示

8.1　前五名股东报告期内变动情况及原因

公司股东无变化。

8.2　董事、监事及高级管理人员变动情况及原因

无。

8.3　变更注册资本、变更注册地或公司名称、公司分立合并事项

无。

8.4　公司的重大诉讼事项

8.4.1　重大未决诉讼事项

无。

8.4.2　以前年度发生,于本报告年度内终结的诉讼事项

无。

8.4.3　本报告年度发生,于本报告年度内终结的诉讼事项

无。

8.5　公司及其董事、监事和高级管理人员受到处罚的情况

公司无上述情况。

8.6　银监会派出机构对公司检查结论和公司整改情况

2012年6月至8月,吉林银监局对公司截至2012年5月末所开展的集合资金信托业务和房地产信托业务情况进行了现场检查,并于检查后下发了现场检查意见书。检查认为,公司部分信托业务在合规性操作、内部管理和信托事务规范化等方面有薄弱环节。

按照检查意见书的要求,公司组织相关业务部室针对检查

中存在的问题进行梳理和分析，制定了切实可行的整改方案，认真落实各项监管意见，以使公司信托业务依法合规、稳健开展。今后公司继续把握“稳中求进”的总体工作思路，完善全面风险防控体系，坚持合规稳健发展；提高自主管理能力，强化业务创新模式，实现公司持续稳健发展。具体做法：

一是审慎经营、合规展业、强化风险防范。公司适时调整战略部署，继续强化审慎经营、合规展业的经营理念，进一步夯实各项业务基础管理工作，规范信托业务合规操作流程，加大风险管控力度，牢固树立全员风险防范意识。

二是完善风险控制体系，保持平稳健康发展。在信托业务的风险管理上，进一步强化、规范事前审核流程，严把风险第一关。搭建多层次的中后期管理体系实施全流程化的中后期管理，增强回访检查力度，发现问题及时处置，有效规避终点风险。

三是加大培训力度，提升业务技能。公司从人员专业化培训入手，在面向社会公开招聘专业化管理人员的同时，加大内部培训力度，全面提升从业人员综合素质，完善基础工作。

8.7　本年度重大事项临时报告的简要内容、披露时间、所披露的媒体及其版面

无。

9. 公司监事会意见

本报告期内公司依法运作，决策程序合法，内部控制制度较为完善。2012 年度财务报告客观、真实地反映了公司 2012 年 12 月 31 日的合并财务状况和 2012 年度的合并经营成果及合并现金流量。

建信信托有限责任公司

1. 重要提示

1.1 本公司董事会保证本报告所载资料不存在任何虚假记载、误导性陈述或者重大遗漏,并对其内容的真实性、准确性和完整性承担个别及连带责任。

1.2 公司独立董事康立国、王巍、范成法保证本报告内容真实、准确、完整。

1.3 普华永道中天会计师事务所对本公司年度财务报告进行审计,出具了审计报告。

1.4 公司法定代表人、董事长曾见泽,总裁程双起,副总裁许晔,财务部门负责人江涛声明:保证本年度报告中财务报告真实、完整。

2. 公司概况

2.1 公司简介

建信信托有限责任公司(以下简称建信信托)是经中国银监会批准,由中国建设银行股份有限公司投资控股,在原合肥兴泰信托有限责任公司(以下简称兴泰信托)增资扩股的基础上,重组设立的非银行金融机构。原兴泰信托前身为合肥市信托投资公司,成立于1986年11月,2003年12月经《中国银行业监督管理委员会关于合肥兴泰信托投资有限责任公司重新登记有关事项的批复》(银监复〔2003〕122号)批准,分立重组为独立法人信托机构;2007年6月经中国银监会批准,变更名称为合肥兴泰信托有限责任公司,同时相应变更业务范围;根据《中国银监会关于批准合肥兴泰信托有限责任公司变更注册资本、调整股权结构及变更名称的批复》(银监复〔2009〕57号),2009年7月末,公司名称变更为建信信托有限责任公司,注册资本增加至152 727万元,股权结构调整为中国建设银行、合肥兴泰控股集团有限公司、合肥市国有资产控股有限公司分别持有67.00%、27.50%、5.50%的股权。

2.1.1 公司法定中文名称:建信信托有限责任公司
中文名称缩写:建信信托
公司法定英文名称:CCB Trust Co. ,Ltd.
英文名称缩写:CCBT

2.1.2 法定代表人:曾见泽

2.1.3 注册地址:安徽省合肥市九狮桥街45号
邮政编码:230001
网址:www. ccbtrust. com. cn

2.1.4 信息披露分管领导:黄建峰
信息披露联系人:高朝晖
联系电话:(010)67596155 15605603198
传真:(0551)62679542
电子邮箱:ccbt@ ccbtrust. com. cn

2.1.5 信息披露报纸名称:《金融时报》

2.1.6 年度报告备置地点:公司网站和公司办公楼地点

2.1.7 会计师事务所:普华永道中天会计师事务所
住所:上海市浦东新区陆家嘴环路1318号星展银行大厦6楼

2.2 组织结构

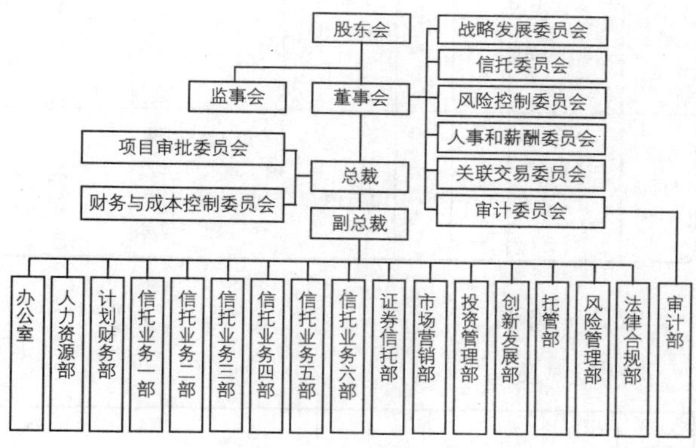

3. 公司治理结构

3.1 股东

报告期末,公司股东总数3名,最终实际控制人为中国建设银行股份有限公司。

股东名称	出资比例(%)	法人代表	注册资本(亿元)	注册地址	主要经营业务及主要财务情况
★中国建设银行股份有限公司	67.00	王洪章	2 336.89	北京市西城区金融大街25号	公司银行业务、个人银行业务、资金业务、投资银行业务及海外业务。截至2012年末,公司总资产139 728.28亿元,总负债130 232.19亿元,净利润1 936.02亿元。
合肥兴泰控股集团有限公司	27.50	孙立强	8.72	合肥市九狮桥街45号	对授权范围内的国有资产进行经营以及从事企业策划、管理咨询、财务顾问、公司理财、产业投资以及经批准的其他经营活动。截至2012年末,集团合并报表总资产53.35亿元,总负债17.54亿元,净利润总额1.40亿元。
合肥市国有资产控股有限公司	5.50	高同国	6.92	合肥市花园街安徽科技大厦	授权范围内的国有资本运营;权益型投资、债务型投资;信用担保服务;资产管理,理财顾问,企业策划,企业管理咨询;企业重组、兼并、收购。截至2012年末,集团母公司报表总资产178.03亿元,总负债109.93亿元,净利润5.20亿元。

注:加★号表示最终实际控制人。

3.2 董事

董事会成员（董事长、非独立董事）

姓名	职务	性别	年龄	选任日期	所推举的股东名称	该股东持股比例（%）	简要履历
曾见泽	董事长	男	58	2009 年 7 月 16 日	中国建设银行	67.00	曾任中国建设银行北京市分行副行长、纪委书记、党委副书记，天津市分行行长、党委书记；现任建信信托董事长。
程双起	董事	男	55	2009 年 7 月 16 日			曾任中国建设银行张家口分行行长、党组书记，河北省分行副行长、党委副书记；现任建信信托董事、总裁。
张明合	董事	男	42	2009 年 7 月 16 日			曾任中国建设银行计划财务部总经理助理、投资银行部总经理助理；现任中国建设银行投资银行部业务总监，建信信托董事。
谢瑞平	董事	男	48	2009 年 7 月 16 日			曾任中国建设银行资产负债管理委员会办公室总经理助理、副总经理；现任中国建设银行战略规划与股权投资部副总经理，建信信托董事。
孙立强	董事	男	51	2009 年 7 月 16 日	合肥兴泰控股集团有限公司	27.50	曾任合肥市财政局副局长、国资局局长、国资办主任，合肥兴泰信托有限责任公司董事长；现任兴泰控股集团有限公司董事长，建信信托董事。
俞能宏	董事	男	56	2009 年 7 月 16 日	合肥市国有资产控股有限公司	5.50	曾任肥西县副县长、县委常委、常务副县长，中共肥西县委副书记、县政府代县长，合肥市国有资产控股有限公司董事长；现任正奇安徽金融控股有限公司董事长，建信信托董事。

独立董事

姓名	所在单位及职务	性别	年龄	选任日期	所推举股东名称	该股东持股比例（%）	简要履历
康立国	无	男	64	2009 年 7 月 16 日	中国建设银行	67.00	曾任中国人民银行南京分行合肥金融监管办事处党组委员、助理特派员，安徽银监局局长助理、党委委员、副巡视员；现任建信信托独立董事。
王　巍	万盟并购集团有限公司董事长，兼全国工商联并购公会会长	男	54	2010 年 12 月 20 日			曾任职于中国建设银行、中国银行，曾担任美国化学银行分析师、美国世界银行顾问、中国南方证券有限公司副总裁、万盟投资管理有限公司董事长，以及中化国际、上海医药、方正证券独立董事；现任万盟并购集团有限公司董事长，同时兼全国工商联并购公会会长，以及中体产业、光大银行、嘉实基金独立董事，建信信托独立董事。
范成法	安徽省担保协会副会长	男	62	2011 年 3 月 21 日	合肥兴泰控股集团有限公司、合肥市国有资产控股有限责任公司	33	曾任安徽省财政厅预算外资金管理办公室主任、综合处处长、金融处处长，兼任安徽省推进皖江城市带承接产业转移示范建设领导小组办公室融资组组长；现任安徽省担保协会副会长、建信信托独立董事。

3.3 监事

监事会成员

姓名	职务	性别	年龄	选任日期	所代表股东	股东持股比例（%）	简要履历
王金生	监事长	男	48	2010 年 4 月 9 日	合肥兴泰控股集团有限公司 合肥市国有资产控股有限公司	27.50 5.50	曾任合肥市大米公司经理（法人代表），合肥天谷粮食集团董事长，合肥市产权交易管理办公室副主任，合肥市国有资产管理局局长助理、综合处长，合肥市国有资产控股公司副总经理，丰乐种业股份有限公司外部董事，合肥市国有资产监督管理委员会副主任、党委委员；现任建信信托有限责任公司监事长
田国林	监事	男	50	2009 年 7 月 16 日	中国建设银行	67.00	曾任中国建设银行信贷风险管理部分行监管二处处长、综合处经理；现任中国建设银行风险管理部副总经理，建信信托监事。
吴胜春	监事	男	42	2009 年 7 月 16 日			曾任中国建设银行法律事务部非诉讼事务处高级经理、法律事务部总经理助理；现任中国建设银行法律事务部副总经理，建信信托监事。
王彦青	职工监事	男	49	2010 年 9 月 20 日	—	—	曾任建行河北省分行资产保全部副总经理，建行河北省总审计室现场一处高级副经理（主持工作）；现任建信信托有限责任公司审计部总经理。
周志襄	职工监事	男	41	2010 年 9 月 20 日	—	—	曾任建行北京长安支行国际业务部经理；建行北京分行个人银行业务部副总经理，建行北京分行城建、建国支行风险主管，现任建信信托有限责任公司风险管理部总经理。

3.4 高级管理人员

姓 名	职 务	性别	年龄	选任日期	金融从业年限	学历	专业
程双起	总裁	男	55	2009 年 7 月 16 日	30	本科	基建财务与信用
李凤霞	副总裁	女	60	2009 年 7 月 16 日	35	本科	国际金融
王宝魁	副总裁	男	49	2009 年 12 月 30 日	26	本科	基本建设经济
钟四清	副总裁	男	47	2009 年 12 月 30 日	26	研究生	系统工程
黄建峰	副总裁	男	50	2009 年 7 月 16 日	13	硕士研究生	工商管理
许晔	副总裁	男	37	2011 年 3 月 28 日	16	硕士研究生	法律

3.5 公司员工

报告期职工总数为 149 人，平均年龄 37 岁，学历分布比率为博士学历 6 人，占比 4.0%；硕士学历 53 人，占比 35.6% 本科学历 77 人，占比 51.7%；专科学历 13 人，占比 8.7%。

4. 经营管理

4.1 经营目标、经营方针、战略规划

经营目标：成为机制完善、服务卓越、内控严密、业绩优异、人力高效的国内一流信托公司，实现综合性、多元化经营发展，树立让股东、员工和客户"深感满意和信赖"的企业形象，打造具有市场影响力的财富管理品牌。

经营方针：以科学发展观为指引，全面贯彻建设银行综合性、多功能、集约化经营的战略定位，积极落实与建设银行集团的全面战略协同，以转型创新为驱动，以提升市场份额、行业位次为重点，持续增强核心竞争力、风险控制力和价值创造力，为客户提供优质服务，为股东创造更大价值。

战略规划：依托建设银行丰富的资源，加强产品研发和业务创新，做大资产规模，扩大市场份额，确立行业的领先地位。同时，根据建设银行整体发展战略，利用信托的制度和功能优势，提升"建设银行"品牌效应和整体竞争力，为建设银行的综合化经营、丰富产品线、满足客户多样化的需求作出应有的贡献。

4.2 所经营业务的主要内容

公司目前经营的业务品种主要包括信托业务、投资银行业务和固有业务。

信托业务品种主要包括单一资金信托、集合资金信托、财产信托和股权信托等。信托财产的运用方式主要有贷款和投资。

投资银行业务主要包括财务顾问、股权信托、债券承销等。

固有业务主要是自有资金的贷款、股权投资、证券投资等。

固有资产运用与分布表

资产运用	金额（万元）	占比（%）	资产分布	金额（万元）	占比（%）
货币资产	23 287.20	4.24	基础产业		
贷款及应收款	142 509.81	25.97	房地产业		
交易性金融资产	45 265.27	8.25	证券市场	57 003.52	10.39
可供出售金融资产	250 987.61	45.73	实业		
持有至到期投资	0	0	金融机构	265 417.75	48.36
长期股权投资	66 798.99	12.17	其他	226 431.26	41.25
其他	20 003.65	3.64			
资产总计	548 852.54	100	资产总计	548 852.54	100

注：资产分布中的其他主要是贷款净值 116 820 万元，固定资产 13 787.55 万元，PE 基金投资 57 421.40 万元，应收款 25 689.81 万元。

信托资产运用与分布表

资产运用	金额（万元）	占比（%）	资产分布	金额（万元）	占比（%）
货币资产	14 815 864.43	42.24	基础产业	564 534.00	1.61
贷款	1 894 847.91	5.40	房地产	1 390 320.00	3.96
交易性金融资产	580 812.34	1.66	证券市场	14 754 405.76	42.06
可供出售金融资产	250 304.32	0.71	实业	454 273.08	1.30
持有至到期投资	15 213 891.88	43.37	金融机构	16 289 536.07	46.44
长期股权投资	324 979.09	0.93	其他	1 624 608.34	4.63
其他	1 996 977.28	5.69			
信托资产总计	35 077 677.25	100.00	信托资产总计	35 077 677.25	100.00

4.3 市场分析

4.3.1 影响业务发展的有利因素

2012 年，我国经济运行总体平稳，经济增长呈缓中趋稳态势并继续出现积极变化。国家加快重大基建投资项目审批进度，开展新一轮依靠投资拉动的刺激经济计划；国民经济的稳步发展驱动居民可支配收入及高净值人群的增长及对专业服务理财的需求，据波士顿咨询公司报告，2012 年中国私人可投资资产总额超过 73 万亿元人民币，较上年增长 14%，国内理财市场迎来新一轮高速增长期；同时，随着资产管理行业监管限制的放开，各项金融创新的步伐日益加快。具备综合金融服务优势的信托行业正是契合了社会融资、居民投资理财和金融机构间合作创新这三大需求，行业资产管理总规模快速增长，已突破 7 万亿元，成为中国第二大金融子行业。

4.3.2 影响业务发展的不利因素

2012 年，国际金融危机的深层次影响还在继续显现，欧美经济复苏依然缺乏内生动力。国内经济运行总体平稳，但经济趋稳的基础还不稳固，经济发展中不平衡、不协调、不可持续的矛盾和问题仍然突出，经济增长下行压力和产能相对过剩的矛盾尚未消除。企业生产经营成本上升和创新能力不足的问题并存，金融领域存在潜在风险。在经过连续几年高速发展后，信托业积聚的深层次问题也开始暴露，行业风险逐步显现；面临的监管措施更趋严格，拓展新的业务领域存在较大困难；随着券商、基金、保险等机构逐步开展与信托公司同质化的资产管理业务，信托公司独有的信托制度红利日益弱化，行业经营

压力不断增大。

4.4 内部控制概况

公司建立了权责明确、制衡合理的治理结构和前后台分离、报告关系清晰的组织架构。董事会对公司内部控制有效性承担最终责任，经营管理层对内部控制制度的有效执行承担责任，监事会、独立董事对内部控制负有监督职责。

公司内部设置了17个职能部门，实现了高管分离、部门人员分离、财务分离和前台、中台、后台分离的"四个分离"。明确界定了各部门的职责和权限，确保其在授权范围内行使职能。

公司按照全面性、重要性、制衡性、适应性和遵循性的原则逐步健全各项内部控制制度，完善内部控制机制，使内部控制渗透到公司决策、执行、监督、反馈等各个环节，覆盖公司的所有业务、部门和岗位。

公司建立了内部控制检查、报告和纠正机制，确保内控制度的执行落实和对发现问题的及时整改。

报告期，公司开展了内部控制规范工作。编制了《内部控制手册》，确定了内部控制的原则、工作思路、缺陷认定标准和自我评价办法，内部控制体系不断完善。

4.5 风险管理概况

公司依托"三会一层"和内设部门，逐步构建起涵盖全面、层次清晰、职责明确的风险管理架构，形成了"四个层级、三道防线"的风险控制体系。

公司坚持依法合规的经营理念，不断健全科学的风险管理体系，培育健康的风险管理文化，防范和化解经营过程中面临的各种风险，促进公司持续健康发展。

4.5.1 信用风险状况及其管理

信用风险主要是指公司在经营过程中因交易对手不能或不愿按期履行义务而使受益人或公司遭受损失的可能性。2012年末，公司信托业务资产总额为3 507.77亿元，存续项目资产质量较好，到期信托项目均按期清算兑付；公司固有业务资产总额为54.89亿元（母公司口径），不良资产余额为零，各项资产减值准备余额为5895.31万元。

公司强调风险管理关口前移，注重业务调研和过程控制。通过对交易对手的尽职调查进行事前控制；通过交易结构设计、风险定价、设定担保措施、持续进行风险评估等手段规避和监控交易对手信用风险变化。

公司根据国家宏观政策、地区和行业发展变化情况，遵循集团整体风险偏好，制定了《公司信托产品风控要点》，加强对项目前期风险评估工作，提高项目甄别和筛选能力，重视对交易对手经营状况、资信状况的尽职调查，审慎选择交易对手。严格审查项目资金监管，持续关注交易对手的履约能力，强化对项目运行管理的监督力度。按风险等级分类对项目进行后期管理，加大对重点项目监督检查力度，并建立风险预警制度，有效防范信用风险。

4.5.2 市场风险状况及其管理

市场风险主要指公司在经营过程中因股价、汇率、利率及其他价格因素变动而造成财产损失的风险以及对公司盈利能力、财务状况的影响。

2012年，公司增设了证券信托部，充实了专业人员，修订了相关制度办法，优化了业务流程，对证券投资信托业务实施专业化管理。

公司及时关注国家政策和市场环境的变化，加强对经济及金融形势的分析预测，提出相应对策及业务调整方案。

公司通过建立有效的投资组合，设置投资比例和投资限制，聘请丰富经验的投资顾问，规避证券市场风险。在产品设计时，结合经济、金融形势充分考虑利率变化对受益人或公司收益的影响，采取升息保护、浮动利率机制等合理措施规避利率风险。

加强对证券投资产品单位净值、抵（质）押物价格变化的日常监控，安排专人进行盯市，按期进行估值，及时披露信托单位净值，严格执行信托文件中对警戒线及平仓线的具体约定，防范市场价格波动带来的风险。持续跟踪关注抵质押品市场价格波动情况，及时发现并预防市场风险。

4.5.3 操作风险状况及其管理

操作风险主要是指公司在运营过程中由于内部程序、人员、系统的不完善或外部事件等原因所带来的风险。报告期内，公司未发生因操作风险所造成的损失。

公司逐步健全法人治理结构，规范各项业务的操作流程，明确操作权限和内容，不断完善前台、中台、后台的内部控制体系。公司在业务尽职调查、产品规范化管理、风险监控、合同档案管理、信息披露等方面不断细化管理要求和规范操作流程，提升业务操作的规范化和标准化水平，消除操作风险隐患，有效管理各类操作风险。

4.5.4 其他风险状况及其管理

公司面临的其他风险主要包括政策风险、法律风险、道德风险、关联交易风险和声誉风险等。

政策风险主要指因宏观经济政策、行业发展政策、行业监管政策的变动对公司经营环境和业务发展所造成的影响。

法律风险主要是指公司在业务开展过程中对相关法律法规的理解或执行出现偏差导致对公司经营造成影响，公司签订合同在法律上有缺陷或不完善而发生法律纠纷甚至无法履约。

道德风险主要指公司内部人员蓄意违法违规或与公司的利益主体串通给信托受益人或公司自身带来损失而产生的风险。

关联交易风险主要指公司在开展业务过程中涉及关联交易时，由于制度缺失、关联方控制、价格不公允等原因产生的风险。

声誉风险主要指由于公司操作失误、违反有关规定、信托资产质量下降不能到期兑付、不能向公众提供高质量的金融服务和管理不善等原因，对外部市场地位产生的消极和不良影响。

报告期内，公司未发生因其他风险所造成的损失。

公司深入分析国家宏观经济政策、行业发展政策、监管政策以及国家法律法规，加强与政策制定部门的沟通，提高预见性和应变能力，及时调整发展战略和经营策略。

公司制定相关办法，加强法律合同制定、使用、审查和归档等管理。对交易行为或合同进行法律审查，重大事项征询律师意见。

公司不断加强员工职业道德和思想教育；制定了科学、清晰的业务流程，强化内部控制机制。制定了相关办法，明确了责任追究的相关程序和惩罚措施。

公司从保护股东、信托各方当事人的利益，尤其是委托人、受益人的利益角度出发，不断加强关联交易风险管理，确保关联交易的识别、统计、报告工作及时准确。不断完善关联交易相关制度和操作流程，加强关联交易业务的审查。涉及关联交易的业务，按照要求及时向监管部门事前报告，及时、完整地披露关联交易。

公司把声誉构建与公司发展战略和企业文化进行有机结合，将声誉风险管理纳入公司治理和全面风险管理体系，强调在依法合规经营、持续稳健发展的基础上，主动、有效、灵活地管理声誉风险和应对风险事件。公司制定了相关制度，明确规定了对声誉风险的监控、管理和应对流程。公司加强对信息披露工作的管理，规范公司的信息披露行为，保护受益人、股东及其他利益相关人的合法权益。在日常经营管理过程中，根据监管要求公司及时披露年度报告，增强对公众、客户的透明度，塑造专业和诚信形象。根据相关法律法规和信托文件的约定，公司向受益人及时披露信托计划的运行情况。

5. 报告期末及上一年度末的比较式会计报表

5.1 固有资产

5.1.1 会计师事务所审计意见全文

审 计 报 告

普华永道中天审字〔2013〕第21255号

建信信托有限责任公司董事会：

我们审计了后附的建信信托有限责任公司（以下简称建信信托公司）的财务报表，包括2012年12月31日的合并及公司资产负债表，2012年度的合并及公司利润表、合并及公司所有者权益变动表和合并及公司现金流量表以及财务报表附注。

一、管理层对财务报表的责任

编制和公允列报财务报表是建信信托公司管理层的责任。这种责任包括：

（1）按照企业会计准则的规定编制财务报表，并使其实现公允反映；

（2）设计、执行和维护必要的内部控制，以使财务报表不存在由于舞弊或错误导致的重大错报。

二、注册会计师的责任

我们的责任是在执行审计工作的基础上对财务报表发表审计意见。我们按照中国注册会计师审计准则的规定执行了审计工作。中国注册会计师审计准则要求我们遵守中国注册会计师职业道德守则，计划和执行审计工作以对财务报表是否不存在重大错报获取合理保证。

审计工作涉及实施审计程序，以获取有关财务报表金额和披露的审计证据。选择的审计程序取决于注册会计师的判断，包括对由于舞弊或错误导致的财务报表重大错报风险的评估。在进行风险评估时，注册会计师考虑与财务报表编制和公允列报相关的内部控制，以设计恰当的审计程序，但目的并非对内部控制的有效性发表意见。审计工作还包括评价管理层选用会计政策的。恰当性和作出会计估计的合理性，以及评价财务报表的总体列报。

我们相信，我们获取的审计证据是充分、适当的，为发表审计意见提供了基础。

三、审计意见

我们认为，上述建信信托公司的财务报表在所有重大方面按照企业会计准则的规定编制，公允反映了建信信托公司2012年12月31日的合并及公司财务状况以及2012年度的合并及公司经营成果和现金流量。

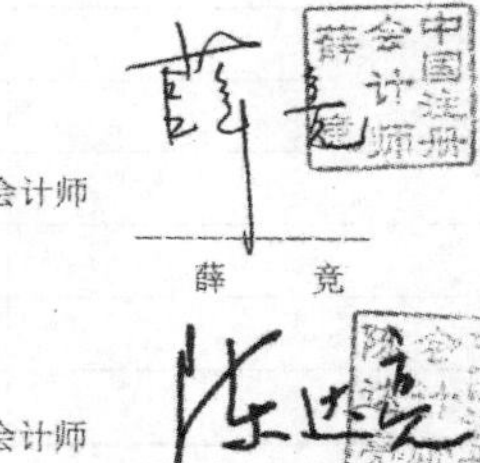

普华永道中天
会计师事务所有限公司

注册会计师 薛竟

中国·上海市
2013年4月18日

注册会计师 陈达亮

5.1.2 资产负债表

资产负债表

编制单位：建信信托（母公司） 2012年12月31日 单位：万元

资 产	期末余额	年初余额	负债和所有者权益	期末余额	年初余额
资产：			负债：		
现金及存放同业款项	23 287.20	58 253.18	递延收益		
交易性金融资产	45 265.27	2 700.56	应付职工薪酬	9 664.01	6 693.58
应收利息	243.84	123.17	应交税费	4 113.66	7 095.46
贷款	116 820.00	49 500.00	递延所得税负债		
可供出售金融资产	250 987.61	310 329.92	其他负债	6 033.91	11 695.35
投资性房地产	1 342.10	1 493.35	负债合计	19 811.58	25 484.39
长期股权投资	66 798.99	46 165.60	所有者权益：		
固定资产	13 787.55	14 884.34	实收资本	152 727.00	152 727.00
在建工程	8.85	135.51	资本公积	248 660.64	245 874.04

续表

资　产	期末余额	年初余额	负债和所有者权益	期末余额	年初余额
无形资产	162.39	101.94	盈余公积	14 003.94	8 350.86
递延所得税资产	4 062.09	2 528.75	一般风险准备	7 333.18	4 743.09
其他资产	26 086.65	8 991.69	信托赔偿准备	6 592.12	3 765.58
			未分配利润	99 724.08	54 263.05
			所有者权益合计	529 040.96	469 723.62
资产总计	548 852.54	495 208.01	负债和所有者权益总计	548 852.54	495 208.01

资产负债表

编制单位：建信信托（合并）　　2012 年 12 月 31 日　　单位：万元

资　产	期末余额	年初余额	负债和所有者权益	期末余额	年初余额
资产：			负债：		
现金及存放同业款项	25 320.92	59 068.09	递延收益		
交易性金融资产	49 040.72	5 850.07	应付职工薪酬	9 664.01	6 693.58
应收利息	244.01	124.14	应交税费	4 455.01	7 153.98
贷款	116 820.00	49 500.00	递延所得税负债	0.06	0.02
可供出售金融资产	250 987.61	312 339.71	其他负债	6 784.75	12048.02
投资性房地产	1 342.10	1 493.35	负债合计	20 903.83	25 895.60
长期股权投资	63 932.91	41 253.05	所有者权益：		
固定资产	13 788.78	14 884.76	实收资本	152 727.00	152 727.00
在建工程	8.85	135.51	资本公积	248 660.64	245 879.91
无形资产	162.39	101.94	盈余公积	14 003.94	8 350.86
递延所得税资产	4 066.91	2 529.45	一般风险准备	7 333.18	4 743.09
其他资产	27 109.16	9 074.90	信托赔偿准备	6 592.12	3 765.58
			未分配利润	101 969.04	54 384.49
			少数股东权益	634.61	608.44
			所有者权益合计	531 920.53	470 459.37
资产总计	552 824.36	496 354.97	负债和所有者权益总计	552 824.36	496 354.97

5.1.3　利润表

利润表

编制单位：建信信托（母公司）　　2012 年　　单位：万元

项　　目	本年数	上年数
一、营业收入	105 422.63	59 678.21
利息净收入	6 076.73	6 180.24
利息收入	6 095.03	6 180.24
利息支出	18.30	
手续费及佣金净收入	72 230.25	37 951.99
手续费及佣金收入	72 338.89	38 280.15
手续费及佣金支出	108.64	328.16
投资收益	25 141.33	15 547.96
公允价值变动损益	1 274.44	-622.11
其他业务收入	699.88	620.13
二、营业支出	30 800.68	17 025.76

续表

项　　目	本年数	上年数
营业税金及附加	5 268.73	3 620.33
业务及管理费	20 030.28	14 217.02
资产减值损失	5 395.31	-924.00
其他业务成本	106.36	112.41
三、营业利润	74 621.95	42 652.45
加：营业外收入	152.31	27.05
减：营业外支出	8.68	1.50
四、利润总额	74 765.58	42 678.00
减：所得税费用	18 234.85	9 859.28
五、净利润	56 530.73	32 818.72
六、其他综合收益	2 786.60	-1 485.04
七、综合收益总额	59 317.33	31 333.68

利润表

编制单位：建信信托（合并）　2012 年　单位：万元

项　目	本年数	上年数
一、营业收入	108 755.88	60 068.86
利息收入	6 080.49	6 194.95
利息收入	6 098.79	6 194.95
利息支出	18.30	
手续费及佣金净收入	75 178.38	38 147.59
手续费及佣金收入	76 588.99	38 476.18
手续费及佣金支出	1 410.61	328.59
投资收益	25 371.18	15 612.90
公允价值变动损益	1 274.44	-622.11
其他业务收入	851.39	735.53
二、营业支出	31 264.01	17 243.64
营业税金及附加	5 524.90	3 641.72
业务及管理费	20 066.27	14 300.20
资产减值损失	5 395.31	-924.00
其他业务成本	277.53	225.72
三、营业利润	77 491.87	42 825.22
加：营业外收入	152.31	27.05
减：营业外支出	8.68	1.50
四、利润总额	77 635.50	42 850.77
减：所得税费用	18 953.60	9 903.62
五、净利润	58 681.90	32 947.15
归属于母公司股东的净利润	58 654.27	32 940.15
少数股东收益	27.63	6.97
六、其他综合收益	2 779.26	-1 477.70
七、综合收益总额	61 461.16	31 469.45
归属于母公司股东的综合收益总额	61 434.99	31 460.98
归属于少数股东的综合收益总额	26.17	8.44

5.1.4　所有者权益变动表

所有者权益变动表

编制单位：建信信托（母公司）　单位：万元

项目	实收资本	资本公积	盈余公积	风险准备	未分配利润	所有者权益合计
一、2011 年 1 月 1 日余额	152 727.00	247 359.08	5 068.99	6 570.00	26 664.87	438 389.94
二、2011 年度增减变动						
1. 净利润					32 818.72	32 818.72
2. 其他综合收益		-1 485.04				-1 485.04
3. 利润分配						
提取盈余公积			3 281.87		-3 281.87	
提取一般准备				297.74	-297.74	
提取信托赔偿准备				1 640.94	-1 640.94	
4. 其他						
三、2011 年 12 月 31 日余额	152 727.00	245 874.04	8 350.86	8 508.67	54 263.05	469 723.62
一、2012 年 1 月 1 日余额	152 727.00	245 874.04	8 350.86	8 508.67	54 263.05	469 723.62
二、2012 年度增减变动						
1. 净利润					56 530.73	56 530.73
2. 其他综合收益		2 786.60				2 786.60
3. 利润分配						
提取盈余公积			5 653.07		-5 653.07	
提取一般准备				2 590.09	-2 590.09	
提取信托赔偿准备				2 826.54	-2 826.54	
4. 其他						
三、2012 年 12 月 31 日余额	152 727.00	248 660.65	14 003.93	13 925.30	99 724.08	529 040.96

所有者权益变动表

编制单位：建信信托（合并） 单位：万元

项目	归属于母公司所有者权益					少数股东权益	股东权益合计
	股本	资本公积	盈余公积	风险准备	未分配利润		
一、2011年1月1日余额	152 727.00	247 359.08	5 068.99	6 570.00	26 664.87		438 389.94
二、2011年度增减变动							
1. 净利润					32 940.15	6.97	32 947.12
2. 其他综合收益		-1 479.17				1.47	-1 477.70
3. 利润分配							
提取盈余公积			3 281.87		-3 281.87		
提取一般风险准备				297.74	-297.74		
提取信托赔偿准备				1 640.94	-1 640.94		
4. 股东投入或减少资本							
吸收少数股东投资						600.00	600.00
5. 其他							
三、2011年12月31日余额	152 727.00	245 879.91	8 350.86	8 508.67	54 384.48	608.44	470 459.37
一、2012年1月1日余额	152 727.00	245 879.91	8 350.86	8 508.67	54 384.48	608.44	470 459.37
二、2012年度增减变动							
1. 净利润					58 654.26	27.63	58 681.90
2. 其他综合收益		2 780.73				-1.47	2 779.26
3. 利润分配							
提取盈余公积			5 653.07		-5 653.07		
提取一般风险准备				2 590.09	-2 590.09		
提取信托赔偿准备				2 826.54	-2 826.54		
4. 股东投入或减少资本							
吸收少数股东投资							
5. 其他							
三、2012年12月31日余额	152 727.00	248 660.65	14 003.93	13 925.30	101 969.04	634.61	531 920.53

5.2 信托资产

5.2.1 信托项目资产负债汇总表

编制单位：建信信托有限责任公司 2012年12月31日 单位：万元

信托资产	期末数	期初数	信托负债和信托权益	期末数	期初数
信托资产：			信托负债：		
货币资金	14 815 864.43	6 365 176.67	交易性金融负债	0.00	0.00
拆出资金	0.00	0.00	衍生金融负债	0.00	0.00
存出保证金	0.00	0.00	应付受托人报酬	7 736.23	4 745.92
交易性金融资产	580 812.34	0.00	应付保管费	6 964.42	1 641.42
衍生金融资产	0.00	0.00	应付受益人收益	12 516.91	44 747.67
买入返售金融资产	1 193 736.24	1 153 687.66	应交税费	48.33	1 046.97
应收款项	728 771.04	361 965.60	应付销售服务费	0.00	0.00
贷款	1 894 847.91	2 047 466.11	其他应付款项	335 605.50	57 574.56
可供出售金融资产	250 304.32	85 172.93	预计负债	0.00	0.00
持有至到期投资	15 213 891.88	8 158 029.66	其他负债	0.00	0.00
长期应收款	0.00	0.00	信托负债合计	362 871.39	109 756.54
长期股权投资	324 979.09	357 640.46			

续表

信托资产	期末数	期初数	信托负债和信托权益	期末数	期初数
投资性房地产	0.00	0.00	信托权益:		
固定资产	0.00	0.00	实收信托	33 285 475.71	18 960 949.61
无形资产	0.00	0.00	资本公积	-17 501.00	-10 184.25
长期待摊费用	0.00	0.00	损益平准金	0.00	0.00
其他资产	74 470.00	543 482.22	未分配利润	1 446 831.15	12 099.41
减:各项资产减值准备	0.00	0.00	信托权益合计	34 714 805.86	18 962 864.77
信托资产总计	35 077 677.25	19 072 621.31	信托负债和信托权益总计	35 077 677.25	19 072 621.31

5.2.2 信托项目利润及利润分配汇总表

编制单位:建信信托有限责任公司　2012 年 12 月 31 日　单位:万元

项　目	当年数	上年数
1. 营业收入	1 324 746.25	418 350.14
1.1 利息收入	751 214.56	324 458.64
1.2 投资收益(损失以"-"号填列)	567 250.84	89 446.46
1.2.1 其中:对联营企业和合营企业的投资收益	0.00	0.00
1.3 公允价值变动收益(损失以"-"号填列)	0.00	0.00
1.4 租赁收入	0.00	0.00
1.5 汇兑损益(损失以"-"号填列)	0.00	0.00
1.6 其他收入	6 280.85	4 445.04
2. 支出	89 379.56	46 925.49
2.1 营业税金及附加	392.00	498.63
2.2 受托人报酬	52 516.52	25 559.91
2.3 托管费	14 604.18	6 909.87
2.4 投资管理费	0.00	0.00
2.5 销售服务费	0.00	0.00
2.6 交易费用	0.00	177.97
2.7 资产减值损失	0.00	0.00
2.8 其他费用	21 866.86	13 779.11
3. 信托净利润(净亏损以"-"号填列)	1 235 366.69	371 424.65
4. 其他综合收益	0.00	0.00
5. 综合收益	1 235 366.69	371 424.65
加:期初未分配信托利润	12 099.41	14 377.23
加:损益平准金	603 246.02	0.00
6. 可供分配的信托利润	1 850 712.12	385 801.88
减:本期已分配信托利润	403 880.97	373 702.47
7. 期末未分配信托利润	1 446 831.15	12 099.41

6. 会计报表附注

6.1 会计报表编制基准不符合会计核算基本前提的说明

公司会计报表编制基准不存在不符合会计核算基本前提的情况。

公司执行财政部 2006 年 2 月 15 日颁布的《企业会计准则》(财会〔2006〕3 号)及其后续规定。公司以持续经营为基础,根据实际发生的交易和事项,按照《企业会计准则——基本准则》和其他各项具体会计准则、应用指南及准则解释的规定进行确认和计量,在此基础上编制财务报表。

6.2 或有事项说明

报告期内本公司无对外担保及其他或有事项。

6.3 重要资产转让及出售的说明

报告期内公司无重要资产转让及出售事项。

6.4 会计报表中重要项目的明细资料

6.4.1 固有资产经营情况

6.4.1.1 信用风险五级分类情况

信用风险资产五级分类	正常类(万元)	关注类(万元)	次级类(万元)	可疑类(万元)	损失类(万元)	信用风险资产合计(万元)	不良资产合计(万元)	不良资产率(%)
期初数	117 275.37	0.00	0.00	0.00	0.00	117 275.37	0.00	0
期末数	166 974.62	0.00	0.00	0.00	0.00	166 974.62	0.00	0

6.4.1.2 各项资产减值损失准备情况

单位:万元

	期初数	本期计提	本期转回	本期核销	期末数
贷款损失准备	500.00	680.00	0.00	0.00	1 180.00
一般准备	0.00	0.00	0.00	0.00	0.00
专项准备	500.00	680.00	0.00	0.00	1 180.00
其他资产减值准备	0.00	4 715.31	0.00	0.00	4 715.31
可供出售金融资产减值准备	0.00	4 715.31	0.00	0.00	4 715.31
持有至到期投资减值准备	0.00	0.00	0.00	0.00	0.00
长期股权投资减值准备	0.00	0.00	0.00	0.00	0.00
坏账准备	0.00	0.00	0.00	0.00	0.00
投资性房地产减值准备	0.00	0.00	0.00	0.00	0.00

6.4.1.3 股票投资、基金投资、债券投资、股权投资等投资业务情况

单位:万元

	自营股票	基金	债券	长期股权投资	其他投资	合计
期初数	8 483.51	575.55	0.00	46 165.60	303 971.42	359 196.08
期末数	24 696.10	32 307.42	0.00	66 798.99	239 249.36	363 051.87

6.4.1.4　长期股权投资情况

企业名称	占被投资企业权益的比例（%）	主要经营活动	投资损益（万元）
1. 徽商银行股份有限公司	2.76	吸收公众存款，发放短期、中期、长期贷款；办理国内结算，票据贴现；发行金融债券，代理收付款项，代理保险业务，外汇存贷款；外汇兑换、结汇、售汇、国际结算等业务。	2 255.48
2. 北京建信股权投资基金（有限合伙）	45.25	非证券业务的投资管理和咨询	-983.38
3. 北京建信财富股权投资基金（有限合伙）	31.17	非证券业务的投资管理和咨询	-106.95
4. 北京金石农业投资基金管理中心	33.00	非证券业务的投资；代理其他投资企业或个人的投资。	3.45
5. 建信（北京）投资基金管理公司	100.00	非证券业务的投资管理和咨询	0.00
6. 建信财富（北京）股权投资基金管理公司	80.00	非证券业务的投资管理和咨询	0.00

6.4.1.5　固有贷款情况

企业名称	占贷款总额的比例（%）	还款情况
1. 中国化工农化总公司	57.63	正常
2. 淮北矿业（集团）有限责任公司	42.37	正常

6.4.1.6　表外业务情况

单位：万元

表外业务	期初数	期末数
担保业务	0.00	0.00
代理业务（委托业务）	0.00	0.00
其他	0.00	0.00
合计	0.00	0.00

6.4.1.7　公司当年的收入结构

6.4.1.7.1　母公司收入结构

收入结构	金额（万元）	占比（%）
手续费及佣金收入	72 230.25	68.42
其中：信托手续费收入	53 582.47	50.76
投资银行业务收入	18 721.76	17.73
利息收入	6 076.73	5.76
其他业务收入	699.88	0.66
其中：计入信托业务收入部分		
投资收益	25 141.33	23.82
其中：股权投资收益	1 173.86	1.11
证券投资收益	-786.38	-0.74
其他投资收益	24753.85	23.45
公允价值变动收益	1 274.44	1.21
营业外收入	143.63	0.14
收入合计	105 566.26	100.00

6.4.1.7.2　合并收入结构

收入结构	金额（万元）	占比（%）
手续费及佣金收入	75 178.38	69.03
其中：信托手续费收入	53 582.47	49.20
投资银行业务收入	18 721.76	17.19
利息收入	6 080.49	5.58
其他业务收入	851.39	0.78
其中：计入信托业务收入部分		
投资收益	25 371.18	23.30
其中：股权投资收益	1167.34	1.07
证券投资收益	-597.34	-0.55
其他投资收益	24 801.18	22.77
公允价值变动收益	1 274.44	1.17
营业外收入	143.63	0.13
收入合计	108 899.51	100.00

6.4.2　披露信托财产管理情况

6.4.2.1　信托资产

单位：万元

信托资产	期初数	期末数
集合	1 815 277.74	3 313 960.62
单一	17 242 796.72	31 749 169.32
财产权	14 546.85	14 547.31
合计	19 072 621.31	35 077 677.25

6.4.2.1.1　主动管理型信托业务的信托资产

单位：万元

主动管理型信托资产	期初数	期末数
证券投资类	100 566.48	532 719.71
股权投资类	1 900 851.21	3 996 692.94
融资类	2 351 062.12	1 382 525.24
事务管理类	8 159.11	8 159.71
合计	4 360 638.92	5 920 097.60

6.4.2.1.2　被动管理型信托业务的信托资产

单位：万元

被动管理型信托资产	期初数	期末数
证券投资类	8 722 988.22	16 719 513.17
股权投资类	5 929 651.22	12 383 810.18
融资类	59 342.95	39 072.39
事务管理类	0.00	15 183.91
合计	14 711 982.39	29 157 579.65

6.4.2.2　本年度已清算结束的信托项目情况

本年度已清算结束的信托项目65个、实收信托合计金额2 274 842.35万元、加权平均实际年化收益率为7.0866%。

6.4.2.2.1　本年度已清算结束的信托项目

已清算结束信托项目	项目个数	实收信托合计金额（万元）	加权平均实际年化收益率（%）
集合类	15	597 429.48	8.2288
单一类	50	1 677 412.87	6.6798
财产管理类	0	0.00	0.0000

6.4.2.2.2　本年度已清算结束的主动管理型信托项目

本年度已清算结束的主动管理型信托项目60个、实收信托合计金额2 216 762.38万元、加权平均实际年化收益率为7.1296%。

已清算结束信托项目	项目个数	实收信托合计金额(万元)	加权平均实际年化信托报酬率(%)	加权平均实际年化收益率(%)
证券投资类	0	0.00	0.0000	0.0000
股权投资类	11	621 429.48	1.6493	7.8103
融资类	49	1 595 332.90	0.6527	6.8645
事务管理类	0	0.00	0.0000	0.0000

6.4.2.2.3　本年度已清算结束的被动管理型信托项目

本年度已清算结束的被动管理型信托项目5个、实收信托合计58 079.97万元、加权平均实际年化收益率为5.4445%。

已清算结束信托项目	项目个数	实收信托合计金额(万元)	加权平均实际年化信托报酬率(%)	加权平均实际年化收益率(%)
证券投资类	0	0.00	0.0000	0.0000
股权投资类	4	48 302.00	0.0826	5.4697
融资类	1	9 777.97	0.0971	5.3199
事务管理类	0	0.00	0.0000	0.0000

6.4.2.3　本年度新增信托项目

本年度新增的集合类、单一类和财产管理类信托项目个数52个、实收信托合计2 124 013.09万元。

单位:万元

新增信托项目	项目个数	实收信托合计金额(万元)
集合类	28	917 056.00
单一类	24	1 206 957.09
财产管理类	0	0.00
新增合计	52	2 124 013.09
其中:主动管理型	49	1 816 910.47
被动管理型	3	307 102.62

6.4.2.4　信托业务创新成果和特色业务有关情况

2012年,公司信托业务创新体现在以下方面:一是积极探索基金类产品创新。与中国供销集团、中国中铁、信达资产管理公司等大型中央企业合作设立产业基金业务,取得积极进展。二是尝试财富管理类信托产品研发与运用,开发了多只高净值客户单一信托产品。三是与建行集团合作开展养老金融、资产证券化等业务,取得了突破性进展。多个领域的创新研究和实践,为可持续发展开拓了新的增长点。

6.4.2.5　本公司履行受托人义务情况及本公司自身责任而导致的信托资产损失情况

公司在信托财产的管理运用和处分过程中,严格按信托合同等信托文件的约定对信托财产进行管理,切实履行了受托人的诚实、信用、谨慎、有效管理的义务,维护受益人的最大利益。本年度没有发生因公司自身责任而导致的信托资产损失情况。

6.5　关联方关系及其交易的披露

6.5.1　关联交易方的数量、关联交易的总金额及关联交易的定价政策等

	关联交易方数量	关联交易金额(万元)	定价政策
合计	10	1 977.05	市场公允价格

6.5.2　关联交易方情况

关系性质	关联方名称	法定代表人	注册地址	注册资本	主营业务
股东	中国建设银行股份有限公司	王洪章	北京市西城区金融大街25号	2 336.89亿元	公司银行业务、个人银行业务、资金业务、投资银行业务及海外业务。
股东	合肥兴泰控股集团有限公司	孙立强	合肥市九狮桥街45号兴泰大厦	8.7亿元	授权范围内的国有资本运营;权益型投资、债务型投资;信用担保服务;资产管理,理财顾问,企业策划,企业管理咨询;企业重组、兼并、收购。
股东	合肥市国有资产控股有限公司	高同国	合肥市花园街安徽科技大厦	6.92亿元	授权范围内的国有资本运营;权益型投资、债务型投资;信用担保服务;资产管理,理财顾问,企业策划,企业管理咨询;企业重组、兼并、收购。
一级子公司	建信财富(北京)股权投资基金管理有限公司	许晔	北京市丰台区西站南路168号1幢1114室	3 000万元	一般经营类项目:非证券业务的投资管理、咨询。
一级子公司	建信(北京)投资基金管理有限公司	王宝魁	北京市丰台区西站南路168号1009室	3 000万元	一般经营类项目:非证券业务的投资管理、咨询。
被投资单位	北京建信财富股权投资基金(有限合伙)	许晔	北京市丰台区西站南路168号1008室	6亿元(实缴资本5.1亿元)	一般经营类项目:非证券业务的投资、投资管理、咨询。
被投资单位	北京建信股权投资基金(有限合伙)	王宝魁	北京市丰台区西站南路168号1幢1201室	11.05亿元(实缴资本3.55亿元)	一般经营类项目:非证券业务的投资、投资管理、咨询。
被投资单位	北京金石农业投资基金管理中心(有限合伙)	建业丰德(委派崔建国为代表)	北京市朝阳区吉庆里14号佳汇国际中心A座1603	3 000万元	非证券业务的投资管理、咨询。
被投资单位	北京农业产业投资基金(有限合伙)	金石农投管理中心(委派崔建国为代表)	北京市朝阳区吉庆里14号佳汇国际中心A座1602	6.2亿元	非证券业务的投资。

6.5.3 本公司与关联方的重大交易事项

6.5.3.1 固有与关联方交易情况

单位:万元

固有与关联方关联交易				
	期初数	借方发生额	贷方发生额	期末数
贷款	0	0	0	0
投资	0	0	0	0
租赁	0	0	0	0
担保	0	0	0	0
应收账款	3 612.84	0	0	3 612.84
其他	53 524.03	1 977.05	37 591.77	17 909.31
合计	57 136.87	1 977.05	37 591.77	21 522.15

6.5.3.2 信托与关联方交易情况

单位:万元

信托与关联方关联交易				
	期初数	借方发生额	贷方发生额	期末数
贷款	0.00	0.00	0.00	0.00
投资	0.00	0.00	0.00	0.00
租赁	0.00	0.00	0.00	0.00
担保	0.00	0.00	0.00	0.00
应收账款	0.00	0.00	0.00	0.00
其他	16 806 531.37	22 815 319.33	8 339 181.47	31 282 669.23
合计	16 806 531.37	22 815 319.33	8 339 181.47	31 282 669.23

注:本表其他项数据主要为公司与控股股东中国建设银行开展的银信合作业务。

6.5.3.3 固信交易、信信交易情况

6.5.3.3.1 固有财产与信托财产之间的交易

单位:万元

固有财产与信托财产相互交易			
	期初数	本期发生额	期末数.
合计	62 462.97	−2 812.97	59 650.00

6.5.3.3.2 信托项目之间的交易

单位:万元

信托资产与信托财产相互交易			
	期初数	本期发生额	期末数
合计	56 920.00	226 630.00	283 550.00

6.5.4 关联方逾期未偿还本公司资金的详细情况以及本公司为关联方担保发生或即将发生垫款的详细情况

报告年度,公司无上述情况。

6.6 会计制度的披露

公司执行财政部于2006年2月15日颁布的《企业会计准则——基本准则》和38项具体会计准则、其后颁布的企业会计准则应用指南、企业会计准则解释以及其他相关规定。

7. 财务情况说明书

7.1 利润实现和分配情况

7.1.1 母公司情况

2012年公司实现净利润56 530.73万元,提取法定盈余公积5 653.08万元,提取信托赔偿准备2 826.54万元,提取一般风险准备2 590.09万元。2012年末可供股东分配利润99 724.08万元,不分配不转增。

7.1.2 合并口径情况

2012年实现的归属本公司净利润58 654.26万元,提取法定盈余公积5 653.08万元,提取信托赔偿准备2 826.54万元,提取一般风险准备2 590.09万元。

7.2 主要财务指标

指标名称	母公司指标值	合并指标值
资本利润率(%)	11.32	11.71
加权年化信托报酬率(%)	0.22	0.22
人均净利润(万元)	412.63	428.34

7.3 对本公司财务状况、经营成果有重大影响的其他事项

报告年度,本公司未发生对财务状况、经营成果有重大影响的其他事项。

8. 特别事项揭示

8.1 前五名股东变动情况及原因

报告年度,公司股东无变动。

8.2 董事、监事、高级管理人员变动情况及原因

8.2.1 董事变动情况及原因

报告年度,公司董事无变动。

8.2.2 监事变动情况及原因

报告年度,公司监事无变动。

8.2.3 高级管理人员变动情况及原因

报告年度,公司董事无变动。

8.3 公司的重大未决诉讼事项

报告年度,公司无重大未决诉讼事项。

8.4 对会计师事务所出具的有保留意见、否定意见或无法表示意见的审计报告的,公司董事会应就所涉及事项作出说明

无。

8.5 公司及其董事、监事和高级管理人员受到处罚的情况

报告年度,公司无上述处罚情况。

8.6 银监会及其派出机构对公司检查后提出整改意见及整改情况

报告期内,中国银监会于2012年8月至12月对建设银行进行影子银行关联业务及部分表外业务的现场检查,就公司提出"银信理财合作业务自主管理能力有待进一步提高,存量业务中《项目后期检查报告》较为简单且部分内容雷同"的监管

意见。

公司对监管意见高度重视,并积极组织落实整改。针对存量业务中"《项目后期检查报告》较为简单且部分内容雷同"的问题,公司组织信托经理联系项目合作分行和融资企业,进一步细化了解项目后期运行情况、融资企业资金使用等情况,完善后期管理动作。并再次对单一银信合作信托项目运行期间的管理动作进行明确规定,通过员工培训、风险合规教育等方式,进一步提高全员风险、合规意识,提升其规范操作、切实执行操作标准的自觉性。

8.7 本年度重大事项报告

无。

8.8 银监会及其省级派出机构认定的其他有必要让客户及相关利益人了解的重要信息

无。

8.9 净资本、风险资本以及风险控制指标等情况

截至2012年12月31日,本公司净资产529 040.96万元,净资本407 923.92万元,各项业务风险资本之和210 279.99万元,净资本与净资产比例77.11%,净资本与各项业务风险资本比例193.99%。

9. 公司监事会意见

报告期内,公司依法经营,规范运作,取得了良好业绩。

公司董事会、高管层能够严格执行宏观调控和监管政策,认真落实股东要求,依法合规、稳健经营,勤勉尽责、忠于职守、廉洁自律,切实维护股东、员工和受益人的利益。公司董事会积极发挥战略管理和统筹引领作用,有效把握公司正确发展方向,重点支持和推动人力资源、内部控制、风险管理、企业文化建设等工作,取得明显成效;公司高管层积极应对市场竞争和形势变化,推动公司各项业务加快发展,取得了良好的经营成果。

公司进一步健全了与业务发展相适应的内部控制和风险管理体系。通过全面重检工作流程和运行机制,完善规章制度,内控体系的完备性有效提高;主动压缩高风险类业务占比,持续优化行业投向和客户结构,不断优化项目审批工作机制,采取差别化措施,着力加强项目后期管理,公司各项业务整体运营稳健,风险可控。

公司严格执行财务管理制度和股东会批准的财务预算,完善了以业绩为中心的绩效考核管理办法,持续优化信托业务会计核算的工作流程,公司财务制度的健全性、合理性、遵循性进一步提升。年度财务报告数据真实、信息齐全,真实地反映了公司财务状况和经营成果。

江苏省国际信托有限责任公司

1. 重要提示

1.1 江苏省国际信托有限责任公司(以下简称公司)董事会及董事保证本报告所载资料不存在任何虚假记载、误导性陈述或者重大遗漏,并对其内容的真实性、准确性和完整性承担个别及连带责任。本年度报告摘要摘自年度报告全文,客户及相关利益人欲了解详细内容,应阅读年度报告全文。

1.2 公司独立董事对本报告内容真实性、完整性和准确性无异议。

1.3 公司编制的2012年度财务报告已经中兴华富华会计师事务所审计,并出具了标准无保留意见的审计报告。

1.4 公司法定代表人黄东峰、主管会计部门负责人陆加芳和会计部门负责人王会清声明并保证年度报告中财务报告的真实和完整。

2. 公司概况

2.1 公司简介

2.1.1 公司历史沿革

公司前身为江苏省国际信托投资公司,于1981年10月经国家外资管理委员会和江苏省人民政府批准正式成立;1984年8月经中国人民银行总行批准成为国有非银行金融机构。1994年7月,江苏省投资公司并入江苏省国际信托投资公司,江苏省国际信托投资公司注册资本金变更为66 000万元;1997年2月,经中国人民银行批复,江苏省国际信托投资公司注册资本金由66 000万元增加至248 389.9万元(其中含外汇6 000万美元)。2001年8月,江苏省人民政府决定对江苏省国际信托投资公司和江苏省投资管理有限责任公司进行集团化重组改制,组建江苏省国信资产管理集团有限公司。2002年8月,经中国人民银行批准,江苏省国际信托投资公司予以重新登记,并更名为"江苏省国际信托投资有限责任公司"。2007年6月,根据《信托公司管理办法》规定,经中国银监会批准,江苏省国际信托投资有限责任公司更名为"江苏省国际信托有限责任公司",同时变更业务范围。

公司坚持"发展、创新、高效、稳健"的经营理念,积极按照新两规要求,发挥"受人之托、代人理财"的特点,立足信托本业,探索业务创新,加强人才开发,完善治理结构,改善经营机制,经济效益稳步增长,切实维护了受益人的最大利益。目前,公司已经发展成为我国信托业中资产质量优良、管理规范、经营合规、信息透明、风控能力较强的信托公司。

2.1.2 公司的法定名称

公司法定中文名称:江苏省国际信托有限责任公司

中文缩写:江苏信托

公司法定英文名称:Jiangsu International Trust Corpration Limited

英文缩写:JSITC

2.1.3 公司法定代表人:黄东峰

2.1.4 公司注册地址:江苏省南京市长江路88号

邮编:210005

公司国际互联网网址:http://www.jsitc.net

公司电子邮箱:jsitc@jsitc.net

2.1.5 公司负责信息披露事务的高级管理人员:陆加芳

公司信息披露事务联系人:贾宇

联系电话:025-84784639

传真:025-84784610

电子信箱:jiayu@jsitc.net

2.1.6 公司选定的信息披露报纸:《金融时报》

2.1.7 年报备置地点:江苏省南京市长江路88号国信大厦24楼

2.1.8 公司聘请的会计师事务所:中兴华富华会计师事务所有限公司

办公地址:北京市西城区阜外大街1号四川大厦15层

2.1.9 公司聘请的律师事务所:江苏世纪同仁律师事务所

办公地址:南京市北京西路26号4~5楼

2.2 组织结构

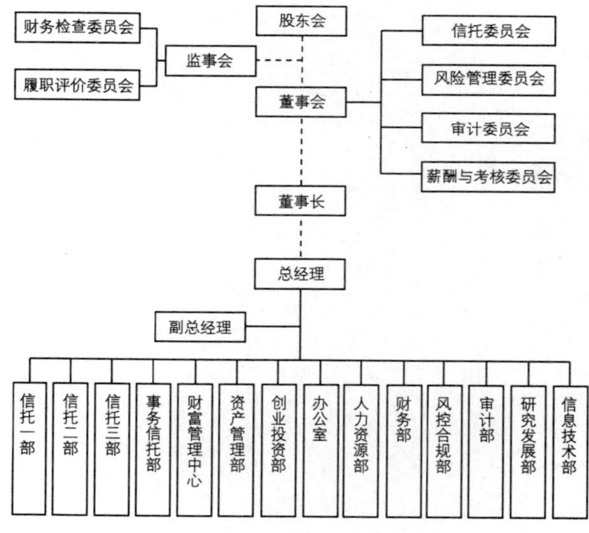

3. 公司治理结构

3.1 股东

报告期末公司股东总数为4家,持有本公司股份的股东及持股情况如下:

股东名称	持股比例(%)	法人代表	注册资本(亿元)	注册地址	主要经营业务及主要财务情况
江苏省国信资产管理集团有限公司(以下简称国信集团)★	80	董启彬	200	江苏省南京市长江路88号	主要经营范围:江苏省政府授权范围内的国有资产经营管理、转让、投资、企业托管、资产重组以及经批准的其他业务。2012年末,集团总资产1 215亿元,净资产536亿元,营业收入456亿元、利润总额50.5亿元。
江苏苏豪控股集团有限公司(以下简称苏豪控股)	10	沙卫平	20	江苏省南京市软件大道48号	主要经营范围:金融、实业投资,授权范围内国有资产的经营、管理;国贸毛衣;房屋租赁;茧丝绸、纺织服装的生产、研发和销售。2012年末,集团总资产229.47亿元,净资产84.42亿元,营业收入200.71亿元,利润总额5.69亿元。
江苏高科技投资集团有限公司(以下简称江苏高投)	5	徐锦荣	15	江苏省南京市山西路128号	主要经营范围:发起和设立创业投资公司,遴选创业投资管理公司,投资和投资管理,投资咨询,资产托管经营,实物租赁,国内贸易。2012年末,集团总资产110.88亿元,净资产72.72亿元,营业收入9.25亿元,利润总额5.66亿元。
江苏省农垦集团有限公司(以下简称江苏农垦)	5	李春江	8.8476	江苏省南京市珠江路4号	主要经营范围:农林牧渔及食品加工、医药制造、贸易物流及相关服务、投资及房地产、通用设备制造等。2012年,集团公司实现营业收入156.26亿元。

3.2 董事

董事会成员

姓名	职务	性别	年龄	选任日期	所推举的股东名称	该股东持股比例(%)	简要履历
黄东峰	董事长	男	53	2012年3月	国信集团	80	大学文化,国信集团党委委员、副总经理。
陆加芳	董事	女	54	2012年3月	国信集团	80	中共党员,大学文化,会计师,江苏信托总经理。
陆建萍	董事	女	54	2012年3月	国信集团	80	党校研究生,高级会计师,国信集团财务部副总经理。
薛炳海	董事	男	42	2012年3月	苏豪控股	10	公共管理硕士学位,高级会计师,苏豪集团总裁助理。
应文禄	董事	男	47	2012年3月	江苏高投	5	南京大学商学院EMBA毕业,高级工商管理硕士,高级会计师,注册会计师,江苏高投副总经理。
王会清	职工董事	男	42	2012年3月	职工大会		苏州大学会计专业本科毕业,江苏信托财务部总经理。

注:本届董事会任期三年,自2012年3月至2015年3月。

独立董事

姓名	所在单位及职务	性别	年龄	选任日期	所推举的股东名称	该股东持股比例(%)	简要履历
黄正威		男	66	2012年3月	国信集团	80	大学文化,原中国人民银行南京分行副行长。
范健	南京大学法学院教授、博士生导师	男	55	2012年3月	国信集团	80	硕士研究生,南京大学法学院教授、博士生导师。
俞妙根	富越汇通金融服务(上海)有限公司首席执行官、副董事长	男	50	2012年3月	国信集团	80	大学学历,高级经济师,中欧国际工商学院工商管理硕士;历任上海国投副总经理,华安基金总经理、董事长。

3.3 监事

监事会成员

姓名	职务	性别	年龄	选任日期	所推举的股东名称	该股东持股比例(%)	简要履历
王惠荣	监事长	男	61	2012年3月	国信集团	80	党校研究生文化,正高级经济师,原国信集团党委副书记、总经理。
浦宝英	监事	女	49	2012年3月	国信集团	80	硕士研究生,国信集团审计与法律事务部总经理。
徐文进	监事	男	35	2012年3月	国信集团	80	硕士研究生,高级经济师,国信集团人力资源部副总经理。
乔如栋	监事	男	49	2012年3月	江苏农垦	5	中共中央党校函授学院经济管理专业毕业,高级经济师,农垦集团财务部部长。
陆振东	职工代表监事	男	41	2012年3月	职工大会		对外经济贸易大学国际经济法专业学士学位,江苏信托信托三部总经理。
魏东	职工代表监事	男	44	2012年3月	职工大会		大学本科,江苏信托财富管理中心高级经理。

3.4 高级管理人员

姓名	职务	性别	年龄	任职日期	金融从业年限	学历	专业	简要履历
黄东峰	董事长	男	53	2002 年 7 月	18	本科	机械制造	国信集团党委委员、副总经理，江苏信托董事长。
陆加芳	总经理	女	54	2009 年 11 月	30	本科	经济管理	江苏信托总经理。
唐宁	副总经理	男	49	2004 年 3 月	20	硕士研究生	财政金融	江苏信托副总经理。
胡军	副总经理	男	44	2007 年 12 月	17	硕士研究生	金融	江苏信托副总经理。

3.5 公司员工

项目		报告期年度	
		人数	比例(%)
年龄分布	25 岁以下	3	4
	25～29 岁	13	18
	30～39 岁	24	34
	40 岁以上	31	44
平均年龄	38		
学历分布	博士	2	3
	硕士	22	31
	本科	40	56
	专科	6	9
	其他	1	1
岗位分布	董事、监事及高管人员	8	11
	自营业务人员	8	11
	信托业务人员	33	47
	其他人员	22	31
总人数		71	

4. 经营管理

4.1 经营目标、经营方针、战略规划

4.1.1 公司的战略规划目标

以成为一流的金融企业、财富管理机构和信托服务机构为方向谋求转型和发展，进一步提升行业地位，力争跨入行业第一方阵；积极支持江苏的社会经济发展，服务国家经济发展战略、产业政策和区域规划；力争成为在国内和行业内都具有重要影响力的非银行金融机构，为江苏建设金融强省作出应有的贡献。

4.4.2 公司的经营目标

以科学发展观为指导，顺应不断变化的内外部环境，抢抓国内发展方式转变和区域经济发展的战略机遇，锐意进取，改革创新；以业务发展为主线，以内部治理为基础，以风险控制为保障，加快推进业务流程再造，着力打造信托融资、受托服务、基金投资和固有业务四大业务平台，全面提升服务品质，深入加强品牌建设，大力推进人才战略，持续增强核心竞争力，积极培育先进的企业文化，促进企业又好又快发展。

4.1.3 公司的经营方针

高效、稳健、务实、创新。

4.2 经营业务的主要内容

4.2.1 公司经营业务和品种

公司经营业务主要分为自有业务、信托业务和中间业务。

自有业务主要是积极做好自有资产管理运用，提高资产收益水平。报告期内公司以金融股权和资本市场为主线，通过加强主动管理，用好用活自有资金，有效提升了固有业务效益。公司所投资的各家商业银行均经营良好，资产呈现不同程度增长，公司投资的金融股权增值也较明显。公司积极推进创投业务的主动管理，全面提升了对创投基金的管理水平，落实项目投资收入回收和项目储备工作。

2012 年，公司在信托主营业务方面注重发展质量和发展效益的双提升，着力转变业务发展布局，深入转变信托业务结构，积极转变金融服务层次，切实转变客户服务理念。全年发行集合信托计划 14 个，累计募集资金 51.42 亿元（其中包括存续集合信托项目分期募集资金 4.34 亿元），信托资金使用以房地产投资、证券投资为主，范围涉及房地产股权投资、证券一级市场投资、股票收益权投资、受让资产收益权等；全年开展单一信托业务 74 个，受托资金达 2 424.67 亿元（其中包括存续单一信托项目新增受托资金 2 145.37 亿元）。全年按时对 21 个集合信托计划进行了到期清算和中期分配，所有清算和分配工作做到了零差错。

4.2.2 公司资产组合和分布

自有资产的组合与分布

自有资产组合

自营资产运用与分布表

资产运用	金额（万元）	占比（%）	资产分布	金额（万元）	占比（%）
货币资产	45 307.50	7.02	基础产业	3 259.26	0.50
贷款	3 259.26	0.50	房地产业	0	0.00
可供出售金融资产	36 168.31	5.60	金融机构	483 932.40	74.94
持有至到期投资	62 378.00	9.66	实业		0.00
长期股权投资	475 592.53	73.65	证券	98 546.31	15.26
其他	23 065.10	3.57	其他	60 032.73	9.30
资产总计	645 770.70	100.00	资产总计	645 770.70	100.00

信托资产组合

信托资产运用与分布表

资产运用	金额（万元）	占比（%）	资产分布	金额（万元）	占比（%）
货币资产	3 017 532.21	39.62	基础产业	903 096.39	11.86
贷款	2 215 251.60	29.09	房地产业	1 497 626.97	19.66
交易性金融资产	914 852.53	12.01	金融机构	2 949 749.75	38.73
持有至到期投资	1180959.44	15.51	证券	959 861.93	12.60
长期股权投资	227 705.33	2.99	实业	990 582.77	13.01
其他	59 928.84	0.79	其他	315 312.14	4.14
资产总计	7 616 229.95	100.00	资产总计	7 616 229.95	100.00

4.3 市场分析

4.3.1 影响公司发展的有利因素

(1)良好的区域经济环境。公司地处经济发达的长三角地区,区域经济活跃度高,融资需求旺盛,民间资本富裕,特别是江苏经济的快速发展以及江苏沿海开发战略的实施为公司业务发展提供了良好机遇。

(2)良好的资产质量和股东背景。公司拥有较高的净资本,资产质量好,可开展业务空间宽裕。公司股东都是江苏省属国有企业集团,实力雄厚,经营各具特色,为公司业务拓展提供了有力支持。

(3)良好的品牌信誉。公司经过三十年的发展,在社会上形成了良好的市场形象,具有较高的品牌知名度和认知度。

(4)日趋完善的公司治理。公司内部机构设置完备,责权清晰,管理规范,制度完善,有良好的企业文化,塑造和培养了一支高素质的员工队伍,是公司业务开拓的坚实基础。

4.3.2 影响公司发展的不利因素

(1)经济总体形势极为复杂。宏观经济增长仍面临诸多不确定因素,经济发展中不平衡、不协调、不可持续的矛盾和问题仍然突出。

(2)市场竞争日趋激烈。资产管理市场进一步放开,券商、基金等机构已与信托公司展开全面业务竞争,公司经营压力不断增大。

(3)市场化机制有待加强。建立现代化、市场化的经营管理体制既是公司治理结构完善的要求,也是公司保持持续稳定发展的基础。公司在此方面需要进一步完善和加强。

4.4 内部控制

公司建立了"三会一层"各司其职、各负其责、相互制约的治理机制,并且营造合规经营的内部控制文化;从组织结构、业务流程、关联交易和会计管理四个方面采取不同的措施,公司的内部控制得到了进一步的加强,风险也得到了有效的防范和控制;公司建立有效的信息交流和反馈机制,确保监管部门、社会公众、公司股东、董监事及时了解本行业、本公司的经营和风险状况,确保信息能够传递给相关的人员;公司根据检查结果和内审部门提出的改进意见,明确提出整改意见,并督促相关部门落实。

4.5 风险管理

公司针对经营活动中可能会遇到的信用风险、市场风险、操作风险、道德风险、政策风险、法律风险等,建立了以"事前预防为主、事中控制及事后补救为辅"的风险控制基本原则,切实开展各项工作,及时防范、化解风险,保障公司业务工作的正常开展。

公司制定了信用风险管理制度,持续关注交易对手的资信状况、履约能力及其变化,并及时采取相应措施。公司对风险资产同时计提一般准备和专项准备。公司防范和控制市场风险主要做到:开展各项业务时,全面、客观的分析经济形势,谨慎的选择项目,对于不熟悉的领域或风险难以把握的项目,不轻易进入;在项目开展前,对金融市场有可能产生市场风险的各个因素进行分析研究,提早做好防范措施;尽量采取分散投资,分散风险的办法;公司加强内部控制和各部门的运作力度,采取研究、决策、操作、评价相互制衡的机制。

公司不断完善内部控制制度,对部门、岗位制定了明确的职责和权限,职责的制定体现岗位相互分离的原则,能够实现中台、后台对前台的监督;对公司的各项业务制定了具体的业务操作流程,消除人为因素而造成的风险,保障风险控制体系的有序规范运行。

5. 报告期末及上一年末的比较式会计报表

5.1 自营资产(经审计)

5.1.1 会计师事务所审计意见全文

审 计 报 告

中兴华鉴字〔2013〕3221244 号

江苏省国际信托有限责任公司:

我们审计了后附的江苏省国际信托有限责任公司(以下简称江苏信托公司)财务报表,包括 2012 年 12 月 31 日的资产负债表,2012 年度利润表、现金流量表和所有者权益变动表以及财务报表附注。

一、管理层对财务报表的责任

编制和公允列报财务报表是江苏信托公司管理层的责任,这种责任包括:(1)按照企业会计准则的规定编制财务报表,并使其实现公允反映;(2)设计、执行和维护必要的内部控制,以使财务报表不存在由于舞弊或错误导致的重大错报。

二、注册会计师的责任

我们的责任是在执行审计工作的基础上对财务报表发表审计意见。我们按照中国注册会计师审计准则的规定执行了审计工作。中国注册会计师审计准则要求我们遵守中国注册会计师职业道德守则,计划和执行审计工作以对财务报表是否不存在重大错报获取合理保证。

审计工作涉及实施审计程序,以获取有关财务报表金额和披露的审计证据。选择的审计程序取决于注册会计师的判断,包括对由于舞弊或错误导致的财务报表重大错报风险的评估。在进行风险评估时,注册会计师考虑与财务报表编制和公允列报相关的内部控制,以设计恰当的审计程序,但目的并非对内部控制的有效性发表意见。审计工作还包括评价管理层选用会计政策的适当性和作出会计估计的合理性,以及评价财务报表的总体列报。

我们相信,我们获取的审计证据是充分、适当的,为发表审计意见提供了基础。

三、审计意见

我们认为,江苏信托公司的财务报表在所有重大方面按照企业会计准则的规定编制,公允反映了江苏信托公司 2012 年 12 月 31 日的财务状况以及 2012 年度的经营成果和现金流量。

中兴华富华会计师事务所有限责任公司

中国注册会计师：姜亦民

中国注册会计师：郦云斌

中国·南京　　二〇一三年三月二十四日

5.1.2 资产负债表

资产负债表

2012年12月31日

编制单位：江苏省国际信托有限责任公司　　单位：万元

资　　产	附注	期末余额	期初余额
资产：			
现金	附注5.1	0.08	2.26
银行存款	附注5.1	43 470.27	19 770.49
其他货币资金	附注5.1	1 837.15	9.71
拆出资金		—	
交易性金融资产		—	
衍生金融资产		—	
买入返售金融资产		—	
应收账款		—	
应收利息		—	
发放贷款	附注5.2	3 259.26	7 818.52
其他应收款	附注5.3	484.59	1 025.29
可供出售金融资产	附注5.4	36 168.31	30 360.82
持有至到期投资	附注5.5	62 378.00	37 509.16
长期股权投资	附注5.6	475 592.53	402 974.49
投资性房地产		—	
固定资产	附注5.7	360.29	469.23
在建工程	附注5.8	22 076.95	21 613.59
无形资产	附注5.9	67.14	85.09
递延所得税资产	附注5.10	25.00	1 685.64
其他资产	附注5.11	51.13	3 851.13
		—	
资产总计		645 770.70	527 175.42

公司法定代表人：黄东峰　　主管会计工作负责人：陆加芳　　会计机构负责人：王会清

资产负债表（续）

2012年12月31日

编制单位：江苏省国际信托有限责任公司　　单位：万元

负债和所有者权益（或股东权益）	附注	期末余额	期初余额
负债：			
拆入资金			
交易性金融负债			
衍生金融负债			
卖出回购金融资产款			
应付职工薪酬	附注5.12	534.33	520.51
应交税费	附注5.13	6 902.55	4 698.85
应付利息		—	—
其他应付款	附注5.14	15 431.56	10 538.71
预计负债		—	—
应付股利	附注5.15	3 578.53	—
递延所得税负债	附注5.16	33.05	—
其他负债		—	—

续表

负债和所有者权益（或股东权益）	附注	期末余额	期初余额
负债合计		26 480.02	15 758.07
		—	
		—	
所有者权益（或股东权益）：		—	
实收资本（或股本）	附注5.17	248 389.90	248 389.90
资本公积	附注5.18	126 976.15	44 014.73
盈余公积	附注5.19	76 368.24	61 287.92
一般风险准备	附注5.20	8 670.51	4 836.39
信托风险准备	附注5.21	50 152.68	27 484.83
未分配利润	附注5.22	108 733.21	125 403.57
所有者权益（或股东权益）合计		619 290.68	511 417.35
负债和所有者权益（或股东权益）总计		645 770.70	527 175.42

公司法定代表人：黄东峰　　主管会计工作负责人：陆加芳　　会计机构负责人：王会清

5.1.3 利润表

利润表

2010年度

编制单位：江苏省国际信托有限责任公司　　单位：万元

项　　目	附注	本期金额	上期金额
一、营业收入	附注5.23	127 117.43	102 466.51
利息净收入	附注5.23	737.22	1 012.12
利息收入	附注5.23	737.22	1 059.72
利息支出	附注5.23	—	47.60
手续费及佣金净收入	附注5.23	44 268.75	32 428.94
手续费及佣金收入	附注5.23	44 268.75	32 428.94
手续费及佣金支出	附注5.23	—	—
投资收益（损失以"－"号填列）	附注5.23	82 112.57	69 466.83
其中：对联营企业和合营企业的投资收益	附注5.23	76 562.70	64 867.68
公允价值变动收益（损失以"－"号填列）		—	—
汇兑收益（损失以"－"号填列）		-1.11	-441.38
其他业务收入		—	—
二、营业支出		9 435.92	8 626.02
营业税金及附加	附注5.24	2 777.69	2 085.39
业务及管理费	附注5.25	6 658.23	6 540.63
资产减值损失		—	—
其他业务支出		—	—
三、营业利润（损失以"－"号填列）		117 681.51	93 840.49
加：营业外收入	附注5.26	—	8.38
减：营业外支出	附注5.27	129.05	49.66
四、利润总额（损失以"－"号填列）		117 552.46	93 799.22
减：所得税费用	附注5.28	9 971.26	7 219.78
五、净利润（损失以"－"号填列）		107 581.20	86 579.44
六、每股收益		—	—
（一）基本每股收益（元/股）		—	—
（二）稀释每股收益（元/股）		—	—
七、其他综合收益		3 870.66	-6 705.52
八、综合收益总额		111 451.86	79 873.92

公司法定代表人：黄东峰　　主管会计工作负责人：陆加芳　　会计机构负责人：王会清

5.1.4 所有者权益变动表

所有者权益变动表

编制单位:江苏省国际信托有限责任公司　　2012 年度　　单位:万元

项　目	实收资本	资本公积	盈余公积	信托赔偿准备	一般风险准备	未分配利润	所有者权益合计
一、上年末余额	248 389.90	44 007.31	61 274.37	27 478.06	4 834.76	125 290.02	511 274.42
加:会计政策变更		—	—	—	—	—	—
前期差错更正		7.42	13.55	6.77	1.64	113.55	142.93
二、本年初余额	248 389.90	44 014.73	61 287.92	27 484.83	4 836.40	125 403.57	511 417.35
三、本年增减变动		82 961.42	15 080.32	22 667.85	3 834.11	-16 670.36	107 873.33
(一)净利润		—	—	—	—	107 581.20	107 581.20
(二)直接计入所有者权益的利得和损失		3 870.67	—	—	—	—	3 870.67
1. 可供出售金融资产公允价值变动净额		5 081.06	—	—	—	—	5 081.06
(1)计入所有者权益的金额		5 081.06	—	—	—	—	5 081.06
(2)计入当期损益的金额		—	—	—	—	—	—
2. 现金流量套期工具公允价值变动净额		—	—	—	—	—	—
(1)计入所有者权益的金额		—	—	—	—	—	—
(2)计入当期损益的金额		—	—	—	—	—	—
(3)计入被套期项目初始确认金额中的金额		—	—	—	—	—	—
3. 权益法下被投资单位其他所有者权益变动的影响		-1 210.39	—	—	—	—	-1 210.39
4. 与计入所有者权益项目相关的所得税影响		—	—	—	—	—	—
5. 其他		—	—	—	—	—	—
上述(一)和(二)小计		3 870.66	—	—	—	107 581.20	111 451.86
(三)所有者投入和减少资本		—	—	—	—	—	—
1. 所有者投入资本		—	—	—	—	—	—
2. 股份支付计入所有者权益的金额		—	—	—	—	—	—
3. 其他		—	—	—	—	—	—
(四)利润分配		—	15 080.32	22 667.85	3 834.11	-45 160.81	-3 578.53
1. 提取盈余公积		—	10 758.12	—	—	-10 758.12	—
2. 提取信托赔偿准备		—	—	22 667.85	—	-22 667.85	—
3. 提取一般风险准备		—	—	—	3 834.11	-3 834.11	—
4. 对所有者(或股东)的分配		—	—	—	—	-3 578.53	-3 578.53
5. 提取任意盈余公积		—	4 322.20	—	—	-4 322.20	—
6. 其他		—	—	—	—	—	—
(五)所有者权益内部的结转		79 090.75	—	—	—	-79 090.75	—
1. 资本公积转增资本(或股本)		—	—	—	—	—	—
2. 盈余公积转增资本(或股本)		—	—	—	—	—	—
3. 盈余公积弥补亏损		—	—	—	—	—	—
4. 一般风险准备弥补亏损		—	—	—	—	—	—
5. 其他		79 090.75	—	—	—	-79 090.75	—
四、本年末余额	248 389.90	126 976.15	76 368.24	50 152.68	8 670.51	108 733.21	619 290.68

公司法定代表人:黄东峰　　主管会计工作负责人:陆加芳　　会计机构负责人:王会清

5.2 信托资产

5.2.1 信托项目资产负债汇总表

信托项目资产负债表

编制单位：江苏省国际信托有限责任公司　　2012 年 12 月 31 日　　单位：万元

资　产	行次	期末数	年初数
资产：	1		
现金及存放中央银行款项	2	1 851 499.91	1 747 420.65
存放同业款项	3	1 166 032.30	—
拆出资金	4	—	—
交易性金融资产	5	914 852.53	508 561.43
衍生金融资产	6	—	—
买入返售金融资产	7	9 750.07	9 490.22
应收账款	8	—	—
应收利息	9	—	—
应收股利	10	—	—
其他应收款	11	—	—
贷款	12	2 215 251.60	2 162 636.38
可供出售金融资产	13	—	—
持有至到期投资	14	1 180 959.44	151 361.97
长期应收款	15	35 106.36	43 908.27
未实现融资收益	16	-4 806.36	-7 908.27
长期股权投资	17	227 705.33	495 365.33
投资性房地产	18	—	—
固定资产	19	—	—
无形资产	20	—	—
长期待摊费用	21	—	—
其他资产	22	19 878.77	68 476.77
	23	—	—
资产合计	24	7 616 229.95	5 179 312.76

公司法定代表人：黄东峰　　主管会计工作负责人：陆加芳　　会计机构负责人：王会清

信托项目资产负债表（续）

编制单位：江苏省国际信托有限责任公司　　2012 年 12 月 31 日　　单位：万元

负债及所有者权益	行次	期末余额	期初余额
负债：	25		
拆入资金	26		
交易性金融负债	27		
衍生金融负债	28		
卖出回购金融资产款	29	83 560.00	131 635.00
应付受托人报酬	30	131.50	221.32
应付托管费	31	32.23	28.79
应付受益人收益	32	—	—
应交税费	33	40.22	116.96
应付利息	34	—	—
其他应付款	35	1 707.39	3 067.42
预计负债	36	—	—
其他负债	37	—	—
	38	—	—
负债合计	39	85 471.34	135 069.49
所有者权益	40	—	—
实收信托	41	7 560 291.55	5 117 520.81
资本公积	42	5.84	4.15
盈余公积	43	—	—
一般风险准备	44	—	—
信托赔偿准备	45	—	—
未分配利润	46	-29 538.78	-73 281.70
所有者权益合计	47	7 530 758.61	5 044 243.27
负债及所有者权益总计	48	7 616 229.95	5 179 312.76

公司法定代表人：黄东峰　　主管会计工作负责人：陆加芳　　会计机构负责人：王会清

5.2.2 信托项目利润及利润分配汇总表

信托项目利润及利润分配表

2012 年

编制单位：江苏省国际信托有限责任公司　　单位：万元

项　目	序号	本期金额	上期金额
一、营业收入	1	453 307.79	105 664.82
利息收入	2	267 233.69	127 809.61
手续费及佣金收入	3	14 746.55	18 058.83
投资收益	4	93 664.59	32 409.14
公允价值变动损益	5	71 122.68	-75 563.53
其他收入	6	6 540.28	2 950.77
二、支出	7	62 652.27	53 436.94
营业税金及附加	8	129.73	356.59
业务及管理费	9	62 522.54	53 080.34
资产减值损失	10	—	0
其他费用	11	—	0
其他业务成本	12	—	0
三、营业利润	13	390 655.52	52 227.88
加：营业外收入	14	—	—
减：营业外支出	15	—	—
四、利润总额	16	390 655.52	52 227.88
加：期初未分配信托利润	17	-73 281.70	10 944.94
五、可供分配的信托利润	18	317 373.82	63 172.82
减：本期已分配信托利润	19	346 912.59	136 454.52
六、期末未分配信托利润	20	-29 538.77	-73 281.70

公司法定代表人：黄东峰　　主管会计工作负责人：陆加芳　　会计机构负责人：王会清

6. 会计报表附注

6.1 简要说明报告年度会计报表编制基准、会计政策、会计估计和核算方法的变化

6.1.1 报告年度会计报表编制基准、会计政策、会计估计和核算方法发生变化情况

无。

6.1.2 期末公司纳入合并会计报表范围的控股子公司

无。

6.2　或有事项说明

6.2.1　报告期内对外担保事项

截至2012年12月31日，公司对外担保余额为零。

6.2.2　(二)报告期内诉讼事项

公司在报告期内未发生诉讼事项。

6.3　重要资产转让及其出售的说明

报告期内，公司未发生重要资产转让及出售行为。

6.4　会计报表中重要项目的明细资料

6.4.1　自营资产经营情况

6.4.1.1　信用风险资产分类

信用风险资产五级分类	正常类（万元）	关注类（万元）	次级类（万元）	可疑类（万元）	损失类（万元）	信用风险资产合计（万元）	不良资产合计（万元）	不良资产率（%）
期初数	28 524.01	—	—	—	100	28 624.01	100	0.35%
期末数	48 951.27	—	—	—	100	49 051.27	100	0.20%

6.4.1.2　各项资产减值准备的计提及转回

单位：万元

	期初数	本期计提	本期转回	本期核销	期末数
贷款损失准备	78.19		29.30	0	48.89
一般准备	78.19		29.30		48.89
专项准备	0			0	0
其他资产减值准备	100.00		0		100.00
可供出售金融资产减值准备	—				—
持有至到期投资减值准备	—				—
长期股权投资减值准备	—			—	—
坏账准备	100.00		0		100.00
投资性房地产减值准备					

6.4.1.3　固有投资业务按投资品种分类

单位：万元

	自营股票	基金	债券	长期股权投资	其他投资	合计
期初数	26 825.77	3 535.05		402 974.49	37 509.16	470 844.47
期末数	31 893.25	4 275.06		475 592.53	62 378.00	574 138.84

6.4.1.4　前五名的自营长期股权投资企业情况

企业名称	占被投资单位权益的比例(%)	主要经营活动	投资收益（万元）
江苏银行股份有限公司	10.00	存贷款等银行业务	70 357.51
江苏省国信集团财务有限公司	20.00	成员单位资金业务	2 150.95
江苏国投衡盈创业投资中心(有限合伙)	20.00	创业投资业务	462.16
利安人寿保险股份有限公司	12.00	人身保险业务	—
江苏民丰农村商业银行股份有限公司	6.00	存贷款等银行业务	450.00

6.4.1.5　公司前三名的自营贷款情况

公司名称	金额(万元)	占贷款总额比例(%)	还款情况
江苏新海发电有限公司	3 259.26	100	按时还本付息
合　计	3 259.26	100	

6.4.1.6　表外业务

报告期内，公司自营资产无表外业务。

6.4.1.7　公司本年的收入结构情况

收入结构	金额(万元)	占比(%)
手续费及佣金收入	44 268.75	34.82
其中：信托业务收入	44 186.98	34.76
投资银行业务收入	66.86	0.05
利息收入	737.22	0.58
其他业务收入	—	—
其中：计入信托业务收入部分	—	
投资收益	82 112.57	64.60
其中：股权投资收益	77 132.70	60.68
证券投资收益	1 348.40	1.06
其他投资收益	3 631.47	2.86
公允价值变动损益	—	
营业外收入	—	—
收入合计	127 118.54	100.00

6.4.2　信托资产管理情况

6.4.2.1 信托资产的期初数、期末数

单位：万元

信托资产	期初数	期末数
集合	855 899.19	805 968.33
单一	4 303 518.20	6 790 366.12
财产权	19 895.37	19 895.50
合计	5 179 312.76	7 616 229.95

6.4.2.1.1　主动管理型信托资产

单位：万元

主动管理型信托资产	期初数	期末数
证券投资类	2 281 198.60	4 087 797.67
股权投资类	458 219.57	190 464.93
融资类	2 340 070.90	3 244 305.51
事务管理类	510.52	0.00
合计	5 079 999.59	7 522 568.11

6.4.2.1.2　被动管理型信托资产

单位：万元

被动管理型信托资产	期初数	期末数
证券投资类	—	—
股权投资类	37 705.64	37 705.63
融资类	61 607.53	55 956.21
事务管理类		
合计	99 313.17	93 661.84

6.4.2.2　信托项目清算情况

6.4.2.2.1 本年度已清算信托项目

已清算结束信托项目	项目个数	实收信托合计金额(万元)	加权平均实际年化收益率(%)
集合	17	477 700.00	8.42
单一	130	1 336 085.70	6.09
财产权	0	—	—

6.4.2.2.2 已清算主动管理型信托项目

已清算结束信托项目	项目个数	实收信托合计金额(万元)	加权平均实际年化信托报酬率(%)	加权平均实际年化收益率(%)
证券投资类	5	63 617.00	0.69	5.77
股权投资类	6	280 000.00	2.84	8.27
融资类	91	1 436 860.70	0.78	6.6
事务管理类	1	508.00	0.56	0.8

6.4.2.2.3 已清算结束的被动管理型信托项目

已清算结束信托项目	项目个数	实收信托合计金额(万元)	加权平均实际年化信托报酬率(%)	加权平均实际年化收益率(%)
证券投资类				
股权投资类			0	0
融资类	44	32 800.00	0.16	0.00849
事务管理类				

6.4.2.3 新增信托项目情况

新增信托项目	项目个数	实收信托合计金额(万元)
集合	14	470 791.00
单一	74	2 792 990.62
财产权	0	0.00
新增合计	88	3 263 781.62
其中:主动管理型	86	3 234 181.62
被动管理型	2	29 600.00

注:本年新增信托项目在年度内中期分配金额4.53亿元,其中集合信托项目分配金额1.68亿元、单一信托项目分配金额2.85亿元。

6.4.2.4 信托业务创新成果和特色业务有关情况

6.4.2.5 本公司履行受托人义务情况及因本公司自身责任而导致的信托资产损失情况

公司严格按照《信托法》、《信托投资公司管理办法》、《信托投资公司资金信托管理暂行办法》开展各项信托业务。公司作为受托人,严格遵守信托文件的规定,为受益人的最大利益处理信托事务,管理信托财产,恪尽职守,履行诚实、信用、谨慎、有效管理的义务。在信托业务的设立、运用、内控、终止等环节和全过程做到合法、合规。

公司信托财产没有因公司自身责任而导致信托资产损失的情况。

6.4.2.6 信托赔偿准备金的提取、使用和管理情况

单位:万元

年初数	本年计提	年末数
27 484.83	22 667.85	50 152.68

报告期内未发生信托财产损失的情况,信托赔偿准备金未使用。

6.5 关联方关系及其交易事项

6.5.1 关联交易方的数量、关联交易的总金额及关联交易的定价政策等

	关联交易方数量	2012年关联交易总金额(万元)		定价政策
		增加额	减少额	
合计	36	2 128.57	253 490.50	另见注

注:关联交易的定价政策:(1)本公司对关联方交易价格根据市场价或协议价确定,与对非关联方的交易价格基本一致,无重大高于或低于正常交易价格的情况。(2)固有财产、信托资产与关联方贷款按人民银行规定的利率执行,投资按市场公允价确定。

6.5.2 关联交易方与本公司的关系性质、关联交易方的名称、法人代表、注册地址、注册资本及主营业务等

关系性质	关联方名称	法定代表人	注册地址	注册资本(万元)	主营业务
母公司	江苏省国信资产管理集团有限公司	董启彬	江苏省南京市	2 000 000.00	国有资产经营、管理、转让、投资、企业托管、资产重组等业务。
同一母公司	江苏省投资管理有限责任公司	徐祖坚	江苏省南京市	100 000.00	实业投资、投资咨询、国内贸易。
同一母公司	江苏省房地产投资有限责任公司	蒋旭升	江苏省南京市	190 000.00	房地产开发、销售。
同一母公司	江苏国信象山地产有限公司	梅泽铭	江苏省南京市	6 000.00	房地产开发、销售。
同一母公司	新沂市国信置业有限公司	梅泽铭	江苏省徐州市	10 000.00	房地产开发、销售。
同一母公司	江苏淮阴发电有限责任公司	李宪强	江苏省淮安市	52 539.80	火力电力供应。
同一母公司	江苏射阳港发电有限责任公司	刘晓龙	江苏省盐城市	83 302.00	电力、热力生产。
同一母公司	江苏沙河抽水蓄能发电有限公司	李贵桃	江苏省溧阳市	15 100.00	抽水蓄能发电。
同一母公司	江苏国信靖江发电有限公司	胡美成	江苏省泰州市	60 000.00	电力生产、销售。
同一母公司	扬州第二发电有限责任公司	陈 滨	江苏省扬州市	169 200.00	电力生产、销售。
同一母公司	江苏国信扬州发电有限公司	陈滨	江苏省扬州市	100 000.00	电力生产、销售
同一母公司	盐城发电有限公司	胡美成	江苏省盐城市	50 458.55	电力生产、粉煤灰销售。
同一母公司	江苏国信瀛洲发电有限公司	王惠荣	江苏省盐城市	50 000.00	对电力热力生产供应业的投资。
同一母公司	江苏新海发电有限公司	崔少银	江苏省连云港	23 900.00	电力生产、销售。
同一母公司	江苏省国信信用担保有限公司	陈 亮	江苏省南京市	80 000.00	融资性担保
同一母公司	江苏省软件产业股份有限公司	张向荣	江苏省南京市	19 800.00	软件服务。
同一母公司	江苏省医药公司	管斌	江苏省南京市	10 000.00	中、西药品批发零售等。

续表

关系性质	关联方名称	法定代表人	注册地址	注册资本（万元）	主营业务
同一母公司	江苏省新能源开发有限公司	徐祖坚	江苏省南京市	29 000.00	新能源开发投资。
同一母公司	江苏国信盐城生物质发电有限公司	顾祥和	江苏省盐城市	9 000.00	生物质发电、秸秆收购、灰渣销售。
同一母公司	江苏国信尚德太阳能发电有限公司	张金宝	江苏省淮安市	2 000.00	太阳能发电。
同一母公司	江苏国信盛禾生物质有限公司	郭磊	江苏省南京市	1 000.00	生物质能的开发利用等。
同一母公司	江苏国信如东生物质发电有限公司	柏杨	江苏省南通市	9 609.00	秸秆发电,新能源项目技术开发。
同一母公司	江苏国信淮安生物质发电有限公司	张金宝	江苏省淮安市	12 000.00	发电供热。
同一母公司	江苏国信泗阳生物质发电有限公司	梁兵	江苏省宿迁市	12 000.00	生物质发电、秸秆收购、灰渣销售。
同一母公司	江苏东凌风力发电有限公司	王东向	江苏省南通市	36 000.00	风力发电。
同一母公司	江苏省外事旅游汽车公司	解玉洪	江苏省南京市	12 000.00	外事旅游接待、服务,汽车租赁。
同一母公司	连云港云台宾馆有限责任公司	蒋旭升	江苏省连云港	12 000.00	客房、餐厅、娱乐。
同一母公司	南京丁山花园酒店有限公司	陈玉松	江苏省南京市	美元 2 560	客房、餐饮、美容、食品生产。
同一母公司	南京状元楼酒店有限责任公司	王晓航	江苏省南京市	21 340.28	客房、餐厅、娱乐。
同一母公司	雅都大酒店	陈玉松	江苏省苏州市	25 318.77	客房、餐饮、酒吧、商场等。
同一母公司	淮安国信大酒店	李晓军	江苏省淮安市	10 000.00	大型餐馆 宾馆服务等。
同一母公司	南京国信大酒店有限公司	孙家银	江苏省南京市	2 000.00	客房、餐厅、酒吧。
同一母公司	江苏舜天足球俱乐部有限公司	刘军	江苏省南京市	3 000.00	组织体育竞赛、承办体育广告等。
同一母公司	江苏舜天股份有限公司	黄旭芒	江苏省南京市	43 679.00	危险化学品批发、进出口贸易等。
同一母公司	连云港神州宾馆	王小晓	江苏省连云港	6 920.17	住宿、餐饮。
联营企业	江苏银行股份有限公司	黄志伟	江苏省南京市	910 000.00	存贷款等银行业务。

6.5.3 本公司与关联方的重大交易事项

6.5.3.1 固有财产与关联方交易

固有财产与关联方关联交易

单位:万元

	期初数	借方发生额	贷方发生额	期末数
贷款	6 518.52	—	3 259.26	3 259.26
投资	22 500.00	1 500.00	—	24 000.00
租赁	—	—	—	—
担保	—	—	—	—
应收账款	4 427.28	628.57	4 912.32	143.53
其他	10 000.00			10 000.00
合计	43 445.80	2 128.57	8 171.58	37 402.79

6.5.3.2 信托资产与关联方交易

信托与关联方关联交易

单位:万元

	期初数	借方发生额	贷方发生额	期末数
贷款	617 418.50		253 490.50	363 928.00
投资	29 090.03			29 090.03
租赁	0	0	0	—
担保	0	0	0	—
应收账款	0	0	0	—
其他	0	0	0	—
合计	646 508.53	0.00	253 490.50	393 018.03

6.5.3.3 信托公司自有资金运用于自己管理的信托项目及信托公司管理的信托项目之间的相互交易

6.5.3.3.1 固有与信托财产之间的交易情况

单位:万元

项目名称	期初数	本期发生数	期末数
舜天置业股权投资项目	19 042.00	-19 042.00	—
吴江中南世纪城股权投资集合资金信托计划	685.00	-137.00	548.00
南京白下高新技术产业园区建设项目集合资金信托计划	1 156.00	-241.00	915.00
江苏万成置业股权投资集合信托计划	1 067.00	2 000.00	3 067.00
江苏沿海开发(连云港一期)投融资项目集合信托计划	8 997.00	-8 997.00	—
南通弘阳股权投资集合信托计划	376.16	9 434.84	9 811.00
南京万科金域蓝湾2~4期资产收益权集合资金信托计划	349.00	-349.00	—
江苏信托-新城房地产投资基金(1期)	5 000.00	10 000.00	15 000.00
丰盛集团安家利置业股权投资集合信托计划	837.00	-837.00	—
海门中南世纪锦城房地产贷款集合资金信托计划		4 919.00	4 919.00
南京恒盛江旭三汊河特定资产收益权集合资金信托计划		3 100.00	3 100.00
江苏信托泰州美好易居城项目集合资金信托计划		6 000.00	6 000.00
江苏中小企业投融资集合资金信托计划十一期		3 000.00	3 000.00
江苏县域发展二期(东台)集合资金信托计划		1 000.00	1 000.00
开放式(理财型)集合信托计划		3 000.00	3 000.00
江苏中小企业投融资集合资金信托计划(十期)		4 180.00	4 180.00
溧水万辰置业股权投资集合资金信托		5 176.00	5 176.00
江苏信托—县域发展一期(射阳)集合资金信托计划		1 500.00	1 500.00
上海世纪海景园销售收入收益权集合资金信托		1 162.00	1 162.00
合 计	37 509.16	24 868.84	62 378.00

6.5.3.3.2 信托项目之间的交易情况

报告期内公司无信托资产与信托财产之间的交易事项。

6.5.4 逐笔披露关联方逾期未偿还本公司资金的详细情况以及本公司为关联方担保发生或即将发生垫款的详细情况

报告期内，公司未发生以上所述情况。

6.6 会计制度

固有业务和信托业务均执行《企业会计准则》（2006 年颁布）。

7. 财务情况说明书

7.1 利润实现和分配情况

经中兴华富华会计师事务所有限责任公司审计，2012 年度公司实现利润总额 117 552.46 万元，扣除所得税费用 9 971.26万元，实现净利润 107 581.2 万元。

加上调整后年初未分配利润 125 403.57 万元，可供股东分配的利润为 232 984.77 万元。根据法律法规要求和公司股东会决议，计提法定盈余公积 10 758.12 万元、任意盈余公积 4 322.2 万元、计提信托赔偿准备 22 667.85 万元、计提一般风险准备 3 834.11 万元、转增资本公积 79 090.75 万元、分配现金红利 3578.53 万元，年末未分配利润 108 733.21 万元。

7.2 主要财务指标

指标名称	指标值
资本利润率（%）	19.03
信托报酬率（%）	0.70
人均净利润（万元）	1 559.15

注：1. 资本利润率＝净利润/所有者权益平均余额×100%＝107 581.2/565 354.02＝19.03%。

2. 信托报酬率＝信托业务收入/实收信托平均余额×100%＝44 186.98/6 338 906.18＝0.70%。

3. 人均净利润＝净利润/年平均人数＝107 581.2/[（67＋71）/2]＝1 559.15 万元。

4. 平均值采取年初及年末余额简单平均法，公式为 a（平均）＝（年初数＋年末数）/2。

7.3 报告期内对公司财务状况、经营成果产生重大影响的其他事项

无。

8. 特别事项简要提示

8.1 股东报告期内变动情况及原因

按照中国银监会《关于江苏省国际信托有限责任公司股权结构变更并修改公司章程的批复》（银监复〔2011〕363 号），公司股东变更为江苏省国信资产管理集团有限公司、江苏省苏豪集团有限公司、江苏省高科技投资集团有限公司和江苏省农垦集团有限公司，并已办理工商变更登记手续。

8.2 董事、监事及高级管理人员变动情况及原因

2012 年 2 月公司召开股东会，组成了公司第四届董事会和第四届监事会。第四届董事会组成人员为黄东峰、黄正威、范健、俞妙根、陆加芳、陆建萍、薛炳海、应文禄、王会清共 9 人，其中，黄东峰为董事长，黄正威、范健、俞妙根为公司独立董事，王会清为公司职工董事。第四届监事会组成人员为王惠荣、浦宝英、徐文进、乔如栋、陆振东、魏东，其中，王惠荣为监事长，陆振东、魏东为职工监事。

8.3 公司的重大未决诉讼事项

无。

8.4 执行本年度审计的会计师事务所出具意见情况

中兴华富华会计师事务所对本公司 2012 年度财务报告出具了标准无保留意见的审计报告。

8.5 公司及其董事、监事和高级管理人员受到处罚情况

无。

8.6 银监会现场检查情况及整改措施

无。

8.7 公司重大事项临时报告

公司在 2012 年 10 月 24 日《金融时报》第 8 版披露《关于俞妙根等六人任江苏省国际信托有限责任公司董事的公告》，根据江苏银监局文件批复，核准俞妙根公司独立董事，陆加芳、陆建萍、薛炳海、应文禄、王会清董事任职资格。

8.8 其他有必要让客户及相关利益人了解的重要信息

根据《信托公司净资本管理办法》规定，公司净资本监管风险控制指标执行情况如下：

净资本／各项业务风险资本之和

＝520 419.58 万元／190 452.33 万元×100%

＝273.25%≥100%（监管标准）

净资本／净资产

＝520 419.58 万元/619 290.68 万元×100%

＝84.03%≥40%（监管标准）

9. 公司监事会意见

报告期内公司决策程序合法有效，内控制度进一步完善，公司董事及高级管理人员能够按照国家有关法律、法规和公司章程的规定履行职责，未发现有违法违纪和损害公司利益及股东利益的行为。公司财务报告内容完整、真实地反映公司的财务状况和经营成果。

交银国际信托有限公司

1. 重要提示

1.1 本公司董事会及董事保证本年度报告所载资料不存在任何虚假记载、误导性陈述或者重大遗漏，并对其内容的真实性、准确性和完整性承担个别及连带责任。本年度报告摘要摘自年度报告全文，客户及相关利益人欲了解详细内容，应阅读年度报告全文。

1.2 本公司独立董事李惠珍女士、张纯女士声明：保证本年度报告内容的真实、准确和完整。

1.3 德勤华永会计师事务所有限公司根据中国注册会计师审计准则对本公司2012年度财务报告进行审计，出具了标准无保留意见的审计报告。

1.4 公司法人代表、董事长赵炯，分管财务副总裁李依贫，财务总监孟宪宇，预算财务部总经理李原声明：保证本年度报告中财务报告的真实、完整。

2. 公司概况

2.1 公司简介

法定中文名称	交银国际信托有限公司
法定中文缩写名称	交银国际信托
公司法定英文名称	Bank Of Communications International Trust Co., Ltd.
法定英文缩写名称	BOCOMMTRUST
法定代表人	赵炯
注册地址	湖北省武汉市江汉区建设大道847号瑞通广场B座16~17层
邮政编码	430015
国际互联网网址	www.bocommtrust.com
电子信箱	jygx@bocommtrust.com
信息披露事务联系人	赵德刚
信息披露事务联系人联系方式	电话：021-32169666；传真：021-62706820
选定的信息披露报纸	《金融时报》、《上海证券报》
公司年报备置地点	湖北省武汉市江汉区建设大道847号瑞通广场B座16层
聘请的会计师事务所	德勤华永会计师事务所有限公司
聘请的会计师事务所住所	上海市延安东路222号外滩中心30楼
聘请的律师事务所	上海市锦天城律师事务所
聘请的律师事务所住所	上海市浦东新区花园石桥路33号花旗集团大厦14楼

2.2 组织结构

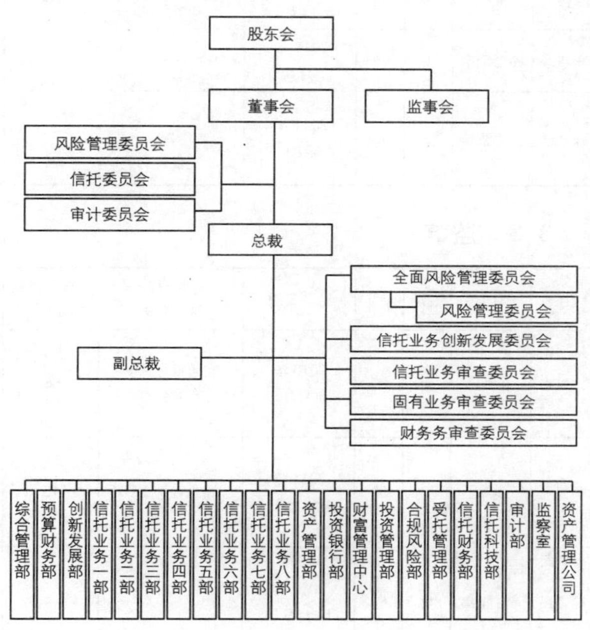

3. 公司治理结构

3.1 股东

报告期内，公司股东总数2家，出资比例及股东情况如下：

股东

序号	股东名称	持股比例(%)	法定代表人(负责人)	注册资本(亿元)	注册地址	主要经营业务	主要财务状况
1	★交通银行股份有限公司	85%	胡怀邦	742.63	上海市浦东新区银城中路188号	银行业务	2012年末，资产总额人民币52 733.79亿元，负债总额人民币48 919.32亿元，每股净资产人民币5.12元，全年实现净利润人民币583.73亿元。
2	湖北省财政厅	15	王文童	—	武汉市武昌区中北路8号	行政机关	—

注：★表示实际控制人。湖北省财政厅为国家行政机关。

3.2 董事

姓名	职务	性别	年龄	选任日期	所推举的股东名称	该股东持股比例(%)	简要履历
赵炯	董事长	男	51	2012年6月4日	交通银行股份有限公司	85	硕士，高级经济师，曾任交通银行乌鲁木齐分行人事教育处处长，纪委书记兼营业部总经理，行长、党委书记；现任交银国际信托有限公司董事长、总裁、党组书记。
黄建宏	董事	男	52	2010年11月5日	湖北省财政厅	15	硕士，高级政工师、经济师，曾任共青团荆州地委副书记、书记，共青团荆州(沙)市委书记、党组书记，公安县县委书记，荆州市政府副市长，荆州市委常委、常务副市长、市政府党组副书记；现任湖北省国资委副主任、党委委员。
林至红	董事	女	43	2010年11月5日	交通银行股份有限公司	85	硕士，会计师，曾任交通银行财务会计部副处长、处长，预算财务部预算管理高级经理(处长)；现任预算财务部副总经理(部门正职级)。
王卫东	董事	男	42	2010年11月5日	交通银行股份有限公司	85	博士，工程师，曾任交通银行深圳分行电脑部副总经理(主持工作)、办公室主任、党委委员、副行长、交通银行个人金融业务部总经理；现任交通银行海南省分行行长。
阮红	董事	女	48	2010年11月5日	交通银行股份有限公司	85	博士，高级经济师，曾任交通银行办公室综合处处长，海外机构管理部副总经理、总经理，上海分行副行长，交通银行资产托管部总经理；现任交通银行投资管理部总经理。
李杨勇	董事	男	46	2010年11年5日	交通银行股份有限公司	85	硕士，高级经济师，曾任交通银行武汉分行营业部总经理、副行长，南昌分行行长；现任交通银行湖北省分行行长。
李惠珍	独立董事	女	65	2010年11月5日	—	—	大专，高级经济师，曾任中国工商银行上海分行组织处副处长，交通银行上海分行副行长，海通证券董事长、总经理，上海国际集团副总经理，上海国际信托投资公司总经理。
张纯	独立董事	女	49	2011年7月28日	—	—	博士，教授、博士研究生导师、研究员，曾任上海财经大学讲师、副教授、硕士研究生导师、研究员、教授、博士研究生导师；现任上海财经大学会计学院教授、博士研究生导师、会计与财务研究院专职研究员。

3.3 监事

姓名	职务	性别	年龄	选任日期	所推举的股东名称	该股东持股比例(%)	简要履历
方建华	监事长	女	59	2010年11月5日	交通银行股份有限公司	85	研究生，高级经济师，曾任交通银行上海分行综合计划处副处长、信贷处处长、风险资产管理处处长、副行长，交通银行授信管理部总经理、公司业务部总经理，兼任北京管理部集团客户部总经理，交银国际信托有限公司监事长。
郭德湘	监事	男	53	2011年4月15日	湖北省财政厅	15	研究生，经济师，曾任湖北省经贸委经济运行处副处长，湖北省委企业工委副处长、办公室主任(正处级)，湖北省国资委业绩考核处处长；现任湖北省国有企业第二监事会主席。
韩泽民	职工监事	男	50	2010年11月5日	—	—	本科，经济师，曾任湖北省国际信托投资公司金融部、国际金融部经理，湖北国信集团公司纪检监察党务办公室副主任，湖北省国际信托投资有限公司办公室副主任；现任交银国际信托有限公司综合管理部副总经理。

3.4 高级管理人员

姓名	职务	性别	年龄	任职日期	金融从业年限	学历	专业
赵炯	总裁	男	51	2008年9月1日	19	硕士	工商管理
李依贫	副总裁	男	48	2007年9月29日	16	硕士	财务金融
王达轩	副总裁	男	60	2007年9月29日	11	硕士	法学

3.5 公司员工

报告期末，员工总数为128人，平均年龄33岁，学历分布比率为博士0.78%；硕士51.56%；本科43.75%；专科2.35%；其他1.56%。

4. 经营管理

4.1 经营目标、经营方针、战略规划

深入推进公司“跟跑—竞跑—领跑”三步走发展战略，坚持以创新为引领，坚持多元化、低风险、轻资本发展策略，逐步将公司打造成具有自主资产管理能力，以投资银行和资产管理业务为核心，业务综合化发展，具有银行系特色的全国大型一流信托金融机构。

4.2 所经营业务的主要内容

信托业务：(1)信托融资业务：信托贷款(流动资金贷款、项

目融资)、资产流动化(应收账款、应收租金、项目收益权、股权受益权等)、供应链信托、融资租赁、房地产信托业务及综合性信托融资等。(2)信托投资类业务:现金管理、固定收益投资、资产证券化、私募证券投资、私募股权投资、另类投资等。(3)事务管理类业务:为委托人(受益人)提供信托事务处理、会计核算、估值、收益分配等服务。(4)财富管理类业务:运用债权、夹层权益、股权和财产权等权益工具,对客户的资产、负债、流动性和风险进行配置和管理,满足客户多元化财富管理需求。

自营业务:按照"轻资本、低风险、多元化"的配置原则管理运用自有资金,配置品种包括自营贷款、理财产品、股票、基金、股权投资等类别,兼顾权益类和固定收益类,充分考虑资产流动性、期限和收益之间的合理平衡。

信托资产运用与分布表

资产运用	金额(万元)	占比(%)	资产分布	金额(万元)	占比(%)
货币资产	1 608 021.07	10.18	基础产业	3 580 391.04	22.67
贷款	7 806 980.00	49.43	房地产	1 206 300.00	7.64
交易性金融资产	1 934 514.82	12.25	证券市场	1 929 514.81	12.22
可供出售金融资产	832 684.00	5.27	实业	3 252 399.00	20.59
持有至到期投资	—	0.00	金融机构	318 496.67	2.02
长期股权投资	364 376.67	2.31	其他	5 507 936.80	34.86
其他	3 248 461.76	20.56			
信托资产总计	15 795 038.32	100.00	信托资产总计	15 795 038.32	100.00

自营资产运用与分布表

资产运用	金额(万元)	占比(%)	资产分布	金额(万元)	占比(%)
货币资产	112 121.01	39.62	基础产业	—	—
贷款及应收款	71 600.00	25.30	房地产业	50 000.00	17.67
交易性金融资产	40 549.43	14.335	证券市场	48 449.21	17.12
可供出售金融资产	8 003.15	2.83	实业	—	—
持有到期投资	—	—	金融机构	32 000.00	11.31
长期股权投资	32 000.00	11.31	其他	152 508.65	53.90
其他	18 684.27	6.60	—	—	—
资产总计	282 957.86	100.00	资产总计	282 957.86	100.00

4.3 市场分析

4.3.1 有利因素

(1)金融同业协作空间增大,竞合模式诞生需求。券商、基金、保险等金融同业竞争日趋激烈,但金融同业的相互协作也带来了信托业务需求,如放开保险资金投资信托产品等。

(2)联动机制日趋成熟,股东资源共享逐步显现。公司与母行在公司板块、零售板块、金融市场板块等各业务条线联动效应不断提升,协同联动的广度和深度呈现持续强化态势。

(3)城镇化进程仍需投融资支持,资本市场接近安全边际。固定资产投资领域仍显示出很强的增长韧性,证券投资类产品也拥有较好的成长空间。

(4)居民收入持续增长,财富管理需求旺盛。居民财产性收入的持续增加将成为大势所趋,对于财富保值增值、财富管理的市场需求也将日益增加。

4.3.2 不利因素

(1)全球经济低速增长,国内投资增速下滑。国际形势依然错综复杂、充满变数,国内消费增长点仍然有待培育,经济增长面临下行压力。

(2)资金环境影响扩张,利率市场化继续加深。"存款理财化、贷款债券化"的趋势日益突出,信托业不仅面临资金筹集和投资运作上的挑战,而且会面临利率敏感性提高和利率频繁变动下的新风险。

(3)"泛资产管理时代"来临,制度红利效应减弱。监管放宽证券、基金、保险等机构的业务范围,与信托业务具有同质化、近似化特点,对信托业务产生了很强的替代性,信托公司的竞争压力增大。

4.4 内部控制

4.4.1 内部控制环境和内部控制文化

公司着力营造氛围和谐、运转高效的内部控制环境。(1)持续改进公司治理,不断完善公司治理架构。(2)强化内部审计监督作用,促进内部控制稳健运行。(3)强化制度建设与执行,确保业务运行的各环节均有章可循。(4)按照权责分明、相互制约的原则设置部门和岗位。

公司积极弘扬全员合规与内控优先的内部控制文化。(1)"三会一层"均牢固树立合法合规经营的理念,营造合规经营的文化环境。(2)加强监管政策学习,开展合规管理和专题业务培训。(3)建立公司员工行为准则、职业道德规范和诚信记录,坚持内控优先,狠抓制度执行。

4.4.2 内部控制措施

公司坚持"内控优先、规范运行"的管理理念,持续加强内控制度体系建设和完善细化工作,制定出台多项业务管理和基础管理制度。公司建立健全防火墙制度,实现四个分离:即信托业务与自营业务相分离;不同的信托财产之间相分离;同一信托财产运用与保管相分离;业务操作与风险监控相分离。

对于信托业务,在设立环节,公司严格按照制度开展信托项目审批,制定规范的信托文件和项目尽职调查标准;在资金运用环节,公司依法运用信托财产,实现审批、运用和保管分离;在管理环节,公司不断完善风险识别、评估、监控、报告体系,前台、中台、后台紧密配合,形成动态跟踪、及时分析的管理机制;在清算终止环节,公司严格依据法律法规、信托文件制作清算报告,并向受益人进行披露,同时规范信托业务档案管理制度。截至2012年末,公司信托赔付率为零。

对于固有业务,公司建立健全固有业务决策机制,制定年度自有资金配置计划与风险容忍度,严格按照相关程序进行审批,实现固有业务协调发展;通过动态的监控机制、严密的账户管理、严格的资金审批调度、规范的交易操作、以及完善的业务档案管理,公司严格控制固有资金的运作风险,重要投资均有详细的风险分析支持。截至2012年末,公司不良资产率为零。

4.4.3 监督评价与纠正

2012年度公司监督评价与纠正机制进一步完善。一是内审部门按照计划实施了年度内控审计项目;监管机构进行了专项检查;通过年度财务审计开展外部监督。二是内部审计机构职能更加明晰，履职重点逐步转向全面内控审计，制订实施了审计信息监管报送办法、内部审信息管理办法、内部审计工作手册等制度。三是实行了内审发现问题及整改结果与绩效考核挂钩的制度，促进了审计发现问题整改效率的提升。

4.5 风险管理

4.5.1 风险管理概况

公司经营活动中面临的风险主要有信用风险、市场风险、操作风险及其他风险等。在进行风险管理时，遵循全面、审慎、及时、有效和独立性原则，根据业务类别制定相应的风险控制措施，形成了“事前防范、事中控制、事后评价”的风险管理机制，建立了以董事会及其下设的风险管理委员会和经营管理层及其下设的风险管理委员会以及合规风险部等机构为主线的风险管理体系。

4.5.1.1 信用风险状况

（1）信托业务信用风险状况。截至2012年12月31日，公司存续信托项目329个，存续受托规模15 640 516.05万元，信托业务信用风险资产均为正常类，不良资产的期初数与期末数均为零，按照相关部门要求计提一般准备与专项准备。2012年，交易对手履约情况正常，公司信托业务信用风险处于较低水平。

（2）固有业务信用风险状况。截至2012年12月31日，公司自有资金贷款余额为50 000万元，固有业务信用风险资产均为正常类，不良资产的期初数与期末数均为零，按照相关部门要求计提一般准备与专项准备。2012年，交易对手履约情况正常，公司固有业务信用风险处于较低水平。

4.5.1.2 市场风险状况

截至2012年12月31日，信托资产投资、固有资产投资市场风险情况正常；自有资金证券投资未突破公司确定风险容忍度限额。

4.5.1.3 操作风险状况

公司建立完善的操作风险控制体系，并持续推进综合业务系统建设，严控各类操作风险。截至2012年12月31日，公司未发生因操作风险所造成的损失。

4.5.1.4 其他风险状况

其他风险主要有合规风险、政策风险等。截至2012年12月31日，公司未发生因上述风险造成的损失。

4.5.2 风险管理

4.5.2.1 信用风险管理

公司强化尽职调查，科学评估交易对手的履约能力，筛选有现金流并且有牢固第二还款来源保障的项目，审慎评估保证人的履约能力等，注重采用多种有效担保措施提高信用风险的保障系数。在项目运行过程中，公司全方位关注交易对手履约能力的变化情况，持续跟踪担保品价值对融资本息的保障系数、全面了解有关还款来源的变化情况，持续开展项目后续管理，确保项目信用风险的可控、可测、可承受。

4.5.2.2 市场风险管理

（1）详细评估项目的市场风险，密切关注有关风险因子、情景的变化情况，采取有针对性的举措。（2）配备专业团队，对市场风险的认识较为充分、投资行为较为审慎。（3）加强形势分析预测，制订年度自有资金配置计划与风险容忍度。（4）公司高度重视市场价格风险因素的管理，不断强化对自有资金投资项目的科学决策与管理，密切关注经济运行状况，严控因宏观政策调整带来不利影响的风险。

4.5.2.3 操作风险管理

（1）公司建立了严格的部门职责、员工岗位职责、业务流程和操作规程，形成了职责分明、相互监督制约的机制，和严格的审核、复核程序；（2）公司持续推进综合业务系统开发上线，并建立了全面的、规范的、现代化的信息系统管理流程；（3）公司不断完善各项规章制度，使之更加完整、严密，同时不断加强制度执行力度。截至2012年12月31日，公司未出现重大差错和失误，未发生重大责任事故。

4.5.2.4 其他风险管理

公司严格按照国家法律法规和监管部门的有关要求开展业务；公司不断完善突发事件应急处理机制，以应对可能发生的突发事件。

4.5.3 净资本管理

2012年末，公司净资本风险控制指标为：净资本249 131.95万元，各项业务风险资本179 253.86万元，净资本与各项业务风险资本之比为139%，大于监管要求的100%标准；净资本与净资产之比为93.7%，大于监管要求的40%标准。2012年末净资本监管各项指标全面达标。

5. 报告期末及上一年末的比较式会计报表

5.1 自营资产

5.1.1 会计师事务所审计意见全文

审 计 报 告

德师报（审）字（2013）第P0426号

交银国际信托有限公司董事会：

我们审计了后附的交银国际信托有限公司（以下简称贵公司）的财务报表，包括2012年12月31日的资产负债表，2012年度的利润表、所有者权益变动表和现金流量表以及财务报表附注。

一、管理层对财务报表的责任

编制和公允列报财务报表是贵公司管理层的责任，这种责任包括：（1）按照企业会计准则的规定编制财务报表，并使其实现公允反映；（2）设计、执行和维护必要的内部控制，以使财务报表不存在由于舞弊或错误而导致的重大错报。

二、注册会计师的责任

我们的责任是在执行审计工作的基础上对财务报表发表审计意见。我们按照中国注册会计师审计准则的规定执行了审计工作。中国注册会计师审计准则要求我们遵守中国注册会计师职业道德守则，计划和执行审计工作以对财务报表是否不存在重大错报获取合理保证。

审计工作涉及实施审计程序，以获取有关财务报表金额和披露的审计证据。选择的审计程序取决于注册会计师的判断，包括对由于舞弊或错误导致的财务报表重大错报风险的评估。在进行风险评估时，注册会计师考虑与财务报表编制和公允列报相关的内部控制，以设计恰当的审计程序，但目的并非对内部控制的有效性发表意见。审计工作还包括评价管理层选用会计政策的恰当性和作出会计估计的合理性，以及评价财务报表的总体列报。

我们相信，我们获取的审计证据是充分、适当的，为发表审计意见提供了基础。

三、审计意见

我们认为，贵公司财务报表在所有重大方面按照企业会计准则的规定编制，公允反映了贵公司2012年12月31日的财务状况以及2012年度的经营成果和现金流量。

德勤华永会计师事务所有限公司

中国注册会计师 陶 坚 王鲁宁

2013年3月28日

5.1.2 公司及合并资产负债表

2012年12月31日

单位：元

资 产	附注八	合并		公司	
		期末余额	期初余额	期末余额	期初余额
货币资金	1	1 221 393 735.49	1 176 318 261.49	1 121 210 062.00	1 176 318 261.49
交易性金融资产	2	405 494 266.29	—	405 494 266.29	—
可供出售金融资产	3	80 031 450.83	178 570 553.61	80 031 450.83	178 570 553.61
应收款项类投资	4	219 901 830.10	163 692 252.03	219 901 830.10	163 692 252.03
发放贷款和垫款	5	490 600 000.00	690 000 000.00	490 600 000.00	690 000 000.00
长期股权投资	6	220 000 000.00	120 000 000.00	320 000 000.00	120 000 000.00
固定资产	7	26 601 236.76	29 142 770.48	26 601 236.76	29 142 770.48
无形资产	8	6 000 454.60	6 934 565.44	6 000 454.60	6 934 565.44
递延所得税资产	9	4 621 242.73	2 529 821.64	4 621 242.73	2 529 821.64
其他资产	10	155 053 940.58	68 516 096.91	155 118 087.58	68 516 096.91
资产总计		2 829 698 157.38	2 435 704 321.60	2 829 578 630.89	2 435 704 321.60
负债					
应付职工薪酬	11	83 975 768.37	41 751 391.24	83 975 768.37	41 751 391.24
应交税费	12	44 848 165.18	37 833 760.97	44 788 283.56	37 833 760.97
其他负债	13	40 732 609.12	35 447 584.59	40 702 609.12	35 447 584.59
负债合计		169 556 542.67	115 032 736.80	169 466 661.05	115 032 736.80
所有者权益					
实收资本	14	2 000 000 000.00	2 000 000 000.00	2 000 000 000.00	2 000 000 000.00
资本公积	15	23 588.12	(1 072 084.79)	23 588.12	(1 072 084.79)
盈余公积	16	66 011 802.67	32 174 366.97	66 008 838.18	32 174 366.97
信托赔偿准备	17	104 460 739.63	16 087 183.47	104 460 739.63	16 087 183.47
一般风险准备	18	17 729 834.36	10 410 817.29	17 729 834.36	10 410 817.29
未分配利润	19	471 915 649.93	263 071 301.86	471 888 969.55	263 071 301.86
归属于母公司所有者权益合计		2 660 141 614.71	2 320 671 584.80	2 660 111 969.84	2 320 671 584.80
少数股东权益		—	—	—	—
所有者权益合计		2 660 141 614.71	2 320 671 584.80	2 660 111 969.84	2 320 671 584.80
负债和所有者权益总计		2 829 698 157.38	2 435 704 321.60	2 829 578 630.89	2 435 704 321.60

附注为财务报表的组成部分

公司负责人：赵 炯　　主管会计工作负责人：李依贫　　会计机构负责人：李 原

5.1.3 公司及合并利润表

2012年12月31日

单位：元

资 产	附注八	合并		公司	
		本期余额	上期余额	本期余额	上期余额
一、营业收入		711 418 097.89	370 716 111.76	711 234 424.40	370 716 111.76
利息净收入	20	78 489 586.78	38 291 732.20	78 305 913.29	38 291 732.20
其中：利息收入		78 489 586.78	38 291 732.20	78 305 913.29	38 291 732.20
利息支出		—	—	—	—
手续费及佣金收入	21	419 607 124.75	171 576 528.82	419 607 124.75	171 576 528.82
投资收益	22	32 517 208.91	28 407 498.41	32 517 208.91	28 407 498.41
公允价值变动损益		—	—	—	—

续表

资　产	附注八	合并		公司	
		本期余额	上期余额	本期余额	上期余额
汇兑损益		—	—	—	—
其他业务收入	23	180 804 177. 45	132 440 352. 33	180 804 177. 45	132 440 352. 33
二、营业支出		257 304 866. 31	156 266 389. 69	257 160 719. 31	156 266 389. 69
营业税金及附加	24	38 874 387. 62	21 053 523. 81	38 874 387. 62	21 053 523. 81
业务及管理费	25	204 969 678. 69	133 212 865. 88	204 825 531. 69	133 212 865. 88
资产减值损失		13 460 800. 00	—	13 460 800. 00	—
其他业务成本	26	—	2 000 000. 00	—	2 000 000. 00
三、营业利润		454 113 231. 58	214 449 722. 07	454 073 705. 09	214 449 722. 07
加：营业外收入	27	529 493. 58	—	529 493. 58	—
减：营业外支出	28	302 247. 93	70 534. 98	302 247. 93	70 534. 98
四、利润总额		454 340 477. 23	214 379 187. 09	454 300 950. 74	214 379 187. 09
减：所得税费用	29	115 966 120. 23	55 587 363. 65	115 956 238. 61	55 587 363. 65
五、净利润		338 374 357. 00	158 791 823. 44	338 344 712. 13	158 791 823. 44
其中：					
归属于母公司股东的净利润		338 374 357. 00	158 791 823. 44	338 344 712. 13	158 791 823. 44
少数股东损益		—	—		—
六、其他综合收益	30	1 095 672. 91	(8 667 533. 48)	1 095 672. 91	(8 667 533. 48)
七、综合收益总额		339 470 029. 91	150 124 289. 96	339 440 385. 04	150 124 289. 96
归属于母公司股东综合收益总额		339 470 029. 91	150 124 289. 96	339 440 385. 04	150 124 289. 96
归属于少数股东的综合收益总额		—	—	—	—

附注为财务报表的组成部分

公司负责人：赵　炯　　　　主管会计工作负责人：李依贫　　　　会计机构负责人：李　原

5. 1. 4　合并所有者权益变动表

公司所有者权益变动表

2012 年 12 月 31 日

单位：元

	本期数						
	实收资本	资本公积	盈余公积	一般风险准备	信托赔偿准备	未分配利润	所有者权益合计
一、2011 年 12 月 31 日余额	2 000 000 000. 00	(1 072 084. 79)	32 174 366. 97	10 410 817. 29	16 087 183. 47	263 071 301. 86	2 320 671 584. 80
二、2012 年 1 月 1 日余额		(1 072 084. 79)	32 174 366. 97	10 410 817. 29	16 087 183. 47	263 071 301. 86	2 320 671 584. 80
三、本期增减变动金额	—	1 095 672. 91	33 834 471. 21	7 319 017. 07	88 373 556. 16	208 817 667. 69	339 440 385. 04
（一）净利润	—	—	—	—	—	338 344 712. 13	338 344 712. 13
（二）其他综合收益	—	1 095 672. 91	—	—	—	—	1 095 672. 91
1. 可供出售金融资产公允							
价值变动净额	—	1 460 897. 22	—	—	—	—	
2. 与计入所有者权益项目							
相关的所得税影响		365 224. 31					
（一）和（二）小计	—	1 095 672. 91	—	—	—	338 344 712. 13	339 440 385. 04
（三）所有者投入和减少资本							
1. 所有者投入和减少资本	—	—	—	—	—	—	—
2. 其他	—	—	—	—	—	—	—
（四）利润分配							
1. 提取盈余公积	—	—	33 834 471. 21	—	—	(33 834 471. 21)	—
2. 提取一般风险准备	—	—	—	7 319 017. 07	—	(7 319 017. 07)	—
3. 提取信托风险准备	—	—	—	—	88 373 556. 16	(88 373 556. 16)	—
4. 对所有者的分配	—	—	—	—	—	—	—
（五）所有者权益内部结转	—	—	—	—	—	—	—
四、2012 年 12 月 31 日余额	2 000 000 000. 00	23 588. 12	66 008 838. 18	17 729 834. 36	104 460 739. 63	471 888 969. 55	2 660 111 969. 84

公司所有者权益变动表（续）

2012年12月31日

单位:元

	上期数						
	实收资本	资本公积	盈余公积	一般风险准备	信托赔偿准备	未分配利润	所有者权益合计
一、2010年12月31日	1 200 000 000. 00	7 595 448. 69	16 295 184. 62	8 012 610. 19	8 147 592. 30	130 496 459. 04	1 370 547 294. 84
二、2011年1月1日余额	1 200 000 000. 00	7 595 448. 69	16 295 184. 62	8 012 610. 19	8 147 592. 30	130 496 459. 04	1 370 547 294. 84
三、本年增减变动金额	800 000 000. 00	(8 667 533. 48)	15 879 182. 35	2 398 207. 10	7 939 591. 17	132 574 842. 82	950 124 289. 96
(一)净利润	—	—	—	—	—	158 791 823. 44	158 791 823. 44
(二)其他综合收益							
1. 可供出售金融资产公允							
价值变动净额	—	(11 556 711. 31)	—	—	—	—	(11 556 711. 31)
2. 与计入所有者权益项目							
相关的所得税影响	—	2 889 177. 83	—	—	—	—	2 889 177. 83
(一)和(二)小计	—	(8 667 533. 48)	—	—	—	158 791 823. 44	150 124 289. 96
(三)所有者投入和减少资本	800 000 000. 00	—	—	—	—	—	800 000 000. 00
1. 所有者投入和减少资本	800 000 000. 00	—	—	—	—	—	800 000 000. 00
2. 其他	—	—	—	—	—	—	—
(四)利润分配							
1. 提取盈余公积	—	—	15 879 182. 35			(15 879 182. 35)	—
2. 提取一般风险准备	—	—	—	2 398 207. 10		(2 398 207. 10)	—
3. 提取信托赔偿准备	—	—	—	—	7 939 591. 17	(7 939 591. 17)	—
4. 对所有者的分配	—	—	—	—	—	—	—
(五)所有者权益内部结转	—	—	—	—	—	—	—
四、2011年12月31日余额	2 000 000 000. 00	(1 072 084. 79)	32 174 366. 97	10 410 817. 29	16 087 183. 47	263 071 301. 86	2 320 671 584. 80

附注为财务报表的组成部分

公司负责人:赵　炯　　主管会计工作负责人:李依贫　　会计机构负责人:李　原

5.2 信托资产

5.2.1 信托项目资产负债汇总表

信托项目资产负债汇总表（未经审计）

2012年12月31日

编制单位:建信信托有限责任公司　　单位:万元

项　目	期末余额	年初余额
信托资产:		
1. 货币资金	1 609 330. 60	3 054 155. 73
2. 拆出资金	—	—
3. 存出保证金	—	—
4. 交易性金融资产	1 934 514. 81	65 681. 93
5. 衍生金融资产	—	—
6. 买入返售金融资产	2 591 118. 12	—
7. 应收款项	33 118. 08	63 126. 05
8. 发放贷款	7 806 980. 00	2 765 507. 66
9. 可供出售金融资产	—	—
10. 持有至到期投资	832 684. 00	224 900
11. 长期应收款	478 916. 04	—
12. 长期股权投资	364 376. 67	152 160. 67

续表

项　目	期末余额	年初余额
13. 投资性房地产	—	—
14. 固定资产	—	—
15. 无形资产	—	47 000. 00
16. 长期待摊费用	—	—
17. 其他资产	144 000. 00	1 104 182. 59
18. 信托资产总计	15 795 038. 32	7 476 714. 63
19. 各项资产减值准备	—	—
信托负债:		
20. 交易性金融负债	—	—
21. 衍生金融负债	—	—
22. 应付受托人报酬	2 243. 27	258. 99
23. 应付托管费	2 718. 07	1 117. 66
24. 应付受益人收益	1 340. 44	125. 71
25. 应交税费	185. 80	73. 93
26. 应付销售服务费	—	—
27. 其他应付款项	23 854. 35	13 417. 26
28. 其他负债	—	—
29. 信托负债合计	30 341. 93	14 993. 55

续表

项　目	期末余额	年初余额
信托权益：		
30. 实收信托	15 640 516.05	7 408 984.71
31. 资本公积	—	—
32. 外币报表折算差额	—	—
33. 未分配利润	124 180.34	52 736.37
34. 信托权益合计	15 764 696.39	7 461 721.08
35. 信托负债和信托权益总计	15 795 038.32	7 476 714.63

公司负责人：赵　炯　主管信托会计工作负责人：李依贫　信托会计机构负责人：张悦迎

5.2.2 信托项目利润及利润分配汇总表

信托项目利润及利润分配汇总表

2012 年 12 月 31 日

编制单位：建信信托有限责任公司　　单位：万元

项　目	本期数	上期数
1. 营业收入	861 090.87	334 311.81
1.1 利息收入	613 489.80	287 203.56
1.2 投资收益（损失以“-”号填列）	109 857.72	9 673.23
1.2.1 其中：对联营企业和合营企业的投资收益	—	—
1.3 公允价值变动收益（损失以“-”号填列）	1 411.72	-2 080.03
1.4 租赁收入	—	—
1.5 汇兑损益（损失以“-”号填列）	—	—
1.6 其他收入	136 331.63	39 515.05
2. 支出	113 657.31	37 087.50
2.1 营业税金及附加	—	—
2.2 受托人报酬	35 384.45	13 924.67
2.3 托管费	8 704.96	2 250.50
2.4 投资管理费	289.58	277.97
2.5 销售服务费	7 185.55	3671.12
2.6 交易费用	444.99	471.43
2.7 资产减值损失	—	—
2.8 其他费用	61 647.78	16 491.81
3. 信托净利润（净亏损以“-”号填列）	747 433.56	297 224.31
4. 其他综合收益	—	—
5. 综合收益	747 433.56	297 224.31
6. 加：期初未分配信托利润	52 736.37	53 093.92
7. 可供分配的信托利润	800 169.93	350 318.23
8. 减：本期已分配信托利润	675 989.59	297 581.86
9. 期末未分配信托利润	124 180.34	52 736.37

公司负责人：赵　炯　主管信托会计工作负责人：李依贫　信托会计机构负责人：张悦迎

6. 会计报表附注

6.1 会计报表编制基准不符合会计核算基本前提的说明

本公司执行财政部于 2006 年 2 月 15 日颁布的《企业会计准则》，会计报表编制无不符合会计核算基本前提事项。

6.2 或有事项说明

报告期内，公司未发生对外担保及其他或有事项。

6.3 重要资产转让及其出售的说明

报告期内，无重要资产转让或出售。

6.4 会计报表中重要项目的明细资料

6.4.1 披露自营资产经营情况

6.4.1.1 按信用风险五级分类结果披露信用风险资产的期初数、期末数

信用风险资产五级分类	正常类（万元）	关注类（万元）	次级类（万元）	可疑类（万元）	损失类（万元）	信用风险资产合计（万元）	不良资产合计（万元）	不良资产率（%）
期初数	110 077.90	0.00	0.00	0.00	0.00	101 313.60	0.00	0.00
期末数	94 558.70	0.00	0.00	0.00	0.00	94 558.70	0.00	0.00

6.4.1.2 各项资产减值损失准备的期初、本期计提、本期转回、本期核销、期末数

单位：万元

项　目	期初数	本期计提	本期转回	本期核销	期末数
贷款损失准备	0.00	940.00	0.00	0.00	940.00
一般准备	0.00	0.00	0.00	0.00	0.00
专项准备	0.00	940.00	0.00	0.00	940.00
其他资产减值准备	0.00	406.08	0.00	0.00	406.08
可供出售金融资产减值准备	0.00	0.00	0.00	0.00	0.00
持有至到期投资减值准备	0.00	0.00	0.00	0.00	0.00
长期股权投资减值准备	0.00	0.00	0.00	0.00	0.00
坏账准备	0.00	406.08	0.00	0.00	406.08
投资性房地产减值准备	0.00	0.00	0.00	0.00	0.00

6.4.1.3 自营股票投资、基金投资、债券投资、长期股权投资等投资的期初数、期末数

单位：万元

项目	自营股票	基金	债券	长期股权投资	其他投资
期初数	0.00	0.00	0.00	12 000.00	21 600.00
期末数	0.00	40 549.43	0.00	22 000.00	21 600.00

6.4.1.4 按照投资入股金额排序，前五名的自营长期股权投资的企业名称、占被投资企业权益的比例、主要经营活动及投资收益情况等

企业名称	投资总额（万元）	投资占例（%）
中国航油集团财务有限公司	12 000.00	10.00
陕西煤业化工集团财务有限公司	10 000.00	10.00

6.4.1.5 前五名的自营贷款的企业名称、占贷款总额的比例和还款情况

企业名称	占贷款总额的比例（%）	还款情况
上海御泰房地产发展有限公司	40	正常
上海绿地（集团）有限公司	60	正常
—	—	—

6.4.1.6 表外业务的期初数、期末数；按照代理业务、担保业务和其他类型表外业务分别披露

报告期内，本公司无代理业务、担保业务和其他类型表外业务。

6.4.1.7 公司当年的收入结构

收入结构	金额(万元)	占比(%)
手续费及佣金收入	41 960.71	58.95
其中:信托手续费收入	41 960.71	
投资银行业务收入		
利息收入	7 830.59	11.00
其他业务收入	18 080.42	25.40
其中:计入信托业务收入部分	18 080.42	
投资收益	3 251.72	4.57
其中:股权投资收益	0.00	
证券投资收益	778.68	
其他投资收益	2 473.04	
公允价值变动收益		
营业外收入	52.95	0.07
收入合计	71 176.39	100.00

其他业务收入主要指公司为融资企业提供财务顾问、咨询及融资方案设计等服务,获得的财务顾问费收入。

本报告年度共实现信托业务收入总额为60 041.13万元,其中手续费及佣金收入41 960.71万元、财务顾问费收入18 080.42万元。

6.4.2 披露信托财产管理情况

6.4.2.1 信托资产的期初数、期末数

单位:万元

信托资产	期初数	期末数
集合	1 433 578.28	1 422 386.40
单一	6 007 984.09	14 247 804.05
财产权	35 152.26	124 847.87
合计	7 476 714.63	15 795 038.32

6.4.2.1.1 主动管理型信托业务的信托资产期初数、期末数,分证券投资、股权投资、融资、事务管理类分别披露

单位:万元

主动管理型信托资产	期初数	期末数
证券投资类	23 348.61	454 093.06
股权投资类	115 002.94	550 097.11
融资类	1 774 422.31	3 381 857.46
事务管理类	0.00	38 693.29
合计	1 912 773.86	4 424 740.92

6.4.2.1.2 被动管理型信托业务的信托资产期初数、期末数,分证券投资、股权投资、融资、事务管理类分别披露

单位:万元

被动管理型信托资产	期初数	期末数
证券投资类	1 286 583.68	3 801 116.75
股权投资类	0.00	0.00
融资类	2 378 720.90	7 569 180.65
事务管理类	1 898 636.19	0.00
合计	5 563 940.77	11 370 297.40

6.4.2.2 本年度已清算结束的信托项目个数、实收信托合计金额、加权平均实际年化收益率

6.4.2.2.1 本年度已清算结束的集合类,单一类资金信托项目和财产管理类信托项目个数、实收信托金额、加权平均实际年化收益率

已清算结束信托项目	项目个数	实收信托合计金额(万元)	加权平均实际年化收益率(%)
集合类	29	768 739.45	8.94
单一类	138	3 800 130.78	6.18
财产管理类	0	0	0

6.4.2.2.2 本年度已清算结束的主动管理型信托项目个数、实收信托合计金额、加权平均实际年化收益率,分证券投资、股权投资、融资、事务管理类分别计算并披露

已清算结束信托项目	项目个数	实收信托合计金额(万元)	加权平均实际年化信托报酬率(%)	加权平均实际年化收益率(%)
证券投资类	1	723.78	0.40	7.92
股权投资类	2	37 988.40	1.09	6.22
融资类	54	1 533 024.05	0.88	7.57
事务管理类	0	0	0	0

6.4.2.2.3 本年度已清算结束的被动管理型信托项目个数、实收信托合计金额、加权平均实际年化收益率,分证券投资、股权投资、融资、事务管理类分别计算并披露

已清算结束信托项目	项目个数	实收信托合计金额(万元)	加权平均实际年化信托报酬率(%)	加权平均实际年化收益率(%)
证券投资类	3	135 000.00	0.29	8.65
股权投资类	0	0	0	0
融资类	103	2 522 128.00	0.23	6.08
事务管理类	4	340 006.00	0.05	5.95

6.4.2.3 本年度新增的集合类、单一类和财产管理类信托项目个数、实收信托合计金额

单位:万元

新增信托项目	项目个数	实收信托合计金额(万元)
集合类	32	834 862.77
单一类	317	11 257 504.04
财产管理类	1	100 000.00
新增合计	350	12 192 366.81
其中:主动管理型	92	3 344 133.00
被动管理型	258	8 848 233.81

6.4.2.4 信托业务创新成果和特色业务有关情况

2012年,公司进一步推进业务创新的专业化、集中化,开发了国内贸易应收账款信托、银证信合作信托、针对汽车金融的开放式TOT信托、并购基金信托以及投资于定向资产管理计划的信托等,同时,资产证券化创新业务资格也成功获批。主要推出如下创新产品。

(1)并购基金创新信托产品。2012年12月,公司与全国黄金行业的"龙头"企业合作,发起设立"交银国信·并购基金系列单一信托Ⅰ号",信托一期成立规模30亿元,期限3年,信托资金用于与某黄金生产企业共同出资设立有限责任公司,以并购与黄金、有色金属矿业相关的资产、股权、项目等。信托期

间，交银国信通过出资设立公司股权的分红、预分红、转让等收益作为信托利益来源，为投资者提供分享并购投资所可能带来的较高回报。

（2）供应链融资信托业务。2012 年 3 月，公司成立了“交银国信 · 供应链信托受益权投资集合资金信托”，规模为 23 230万元，期限不超过 36 个月，通过每月回款明细表核算预期信托规模并对外募集资金，每 3 个月开放一次。该产品针对工程机械行业供应链的特点，将单个企业的不可控风险转变为供应链企业整体的可控风险，促进企业与财务公司、下游经销商和终端用户的战略协同关系，是交银国信支持实体经济发展、打造供应链金融服务方案的重要尝试。

（3）定向增发创新信托产品。2012 年 2 月，公司成立了首款创新定增信托产品“交银国信 · 汇盈 1 号集合资金信托计划”，规模 20 793 万元，期限 18 个月，资金用于受让有限合伙认购的某上市公司定向增发股票的股权收益权，为高端投资者提供了固定收益 + 浮动收益的优质财富管理产品，使其能够分享资本市场非公开增发的成长收益。

6. 4. 2. 5 本公司履行受托人义务情况及因本公司自身责任而导致的信托资产损失情况

报告期内，本公司无因本公司自身责任而导致的信托资产损失情况。

6. 5 关联方关系及其交易的披露

6. 5. 1 关联交易方的情况

	关联交易方数量	关联交易金额	定价政策
合计	4	172 324	按市场价格交易；若无市场价格，则按公允原则，以不优于对非关联方同类交易的条件定价交易。

6. 5. 2 关联交易方的情况

关系性质	关联方名称	法定代表人	注册地址	注册资本（亿元）	主营业务
控股股东	交通银行股份有限公司	胡怀邦	上海市浦东新区银城中路 188 号	742. 63 亿元	银行业务
受同一母公司控制	交银施罗德基金管理有限公司	钱文挥	上海市浦东新区银城中路 188 号	20 000 万元	基金募集、基金销售、资产管理和中国证监会许可的其他业务。
受同一母公司控制	上海交银企业管理服务有限公司	周笑雷	上海市长宁区仙霞路 18 号	300 万元	企业管理，提供信息，中介服务，大楼物业管理，住宿，计算机租赁、修理，大楼清洗等。
全资子公司	交银国信资产管理有限公司	赵炯	上海市虹口区欧阳路 218 弄 1 号楼 3 楼 313 室	10 000 万元	资产管理，股权投资，股权管理，实业投资，投资管理，投资顾问。

6. 5. 3 公司与关联方的重大交易事项

6. 5. 3. 1 固有财产与关联方交易情况

单位：万元

固有财产与关联方关联交易				
	期初数	借方发生额	贷方发生额	期末数
贷款				
投资				
租赁				
担保				
应收账款				
其他	18 000. 00	48 000. 00	18 000. 00	48 000. 00
合计	18 000. 00	48 000. 00	18 000. 00	48 000. 00

6. 5. 3. 2 信托与关联方交易情况：贷款、投资、租赁、应收账款、担保、其他方式等期初汇总数、本期借方和贷方发生额汇总数、期末汇总数

单位：万元

信托与关联方关联交易				
	期初数	借方发生额	贷方发生额	期末数
贷款	0	0	0	0
投资	0	0	0	0
租赁	0	0	0	0
担保	0	0	0	0
应收账款	0	0	0	0
其他	200 000. 00	0	100 000. 00	100 000. 00
合计	200 000. 00	0	100 000. 00	100 000. 00

6. 5. 3. 3 信托公司自有资金运用于自己管理的信托项目（固信交易）、信托公司管理的信托项目之间的相互（信信交易）金额，包括余额和本报告年度的发生额

6. 5. 3. 3. 1 固有财产与信托财产之间的交易

单位：万元

固有财产与信托财产相互交易				
	年初数	本年借方发生额	本年贷方发生额	年末数
合计	16 010. 00	129 900. 00	124 310. 00	21 600. 00

6. 5. 3. 3. 2 信托项目之间的交易金额期初汇总数、本期发生额汇总数、期末汇总数

单位：万元

信托资产与信托财产相互交易			
	期初数	本期发生额	期末数
合计	55 000. 00	−40 000. 00	15 000. 00

6. 5. 4 关联方逾期未偿还公司资金的情况

无。

6. 6 会计制度的披露

公司固有业务和信托业务的会计核算执行中华人民共和国财政部 2006 年颁布的《企业会计准则》及其相关规定。

7. 财务情况说明书

7. 1 利润实现和分配情况

公司 2012 年度母公司实现净利润 33 834. 47 万元，利润分配情况如下：

(1)根据《公司法》、公司章程规定,按照净利润的10%计提法定公积金3 383.45万元。

(2)根据《信托公司管理办法》及相关监管规定,并经股东会审议同意,按照母公司净利润的50%计提信托赔偿准备16 917.24万元。

(3)根据财政部《金融企业准备金计提管理办法》(财政部财金〔2012〕20号)的规定,按照年末风险资产账面余额的1.5%差额提取一般风险准备731.90万元。

(4)扣除上述1~3项利润分配项目后,公司2012年度剩余净利润12 801.88万元,加上期初未分配利润19 161.5万元,累计未分配利润为31 963.38万元,经公司股东会审议,同意不予分配。

7.2 主要财务指标

指标名称	指标值
资本利润率(%)	13.58
加权年化信托报酬率(%)	0.44
人均净利润(万元)	264.33

7.3 对公司财务状况、经营成果有重大影响的其他事项

无。

8. 特别事项揭示

8.1 前五名股东报告期内变动情况及原因

报告期内,股东无变动情况。

8.2 董事、监事及高级管理人员变动情况及原因

报告期内,本公司董事、监事及高级管理人员变动情况如下:

根据公司第二届董事会第十一次会议决议,赵炯先生任公司第二届董事会董事长,王滨先生不再担任公司董事长。

2012年12月,王达轩先生由于年龄原因,不再担任本公司副总裁职务。

8.3 公司的重大未决诉讼事项

无。

8.4 公司及其高级管理人员受到处罚的情况

报告期内,无公司及其董事、监事和高级管理人员受处罚情况。

8.5 银监会及其派出机构对公司检查后提出的整改意见

无。

8.6 本年度重大事项临时报告的简要内容、披露时间、所披露的媒体及其版面

2012年8月3日公司在《金融时报》第6版刊登了公司关于董事长任职及法定代表人变更的公告,公司董事长、法定代表人变更为赵炯。

8.7 银监会及其省级派出机构认定的其他有必要让客户及相关利益人了解的重要信息

无。

9. 监事会意见

监事会认为,报告期内,公司的决策程序符合国家法律、法规和公司章程及相关制度,建立健全了比较有效的内控制度,建立了相对完善的独立董事和董事会下属专业委员会,董事会全体成员及高级管理层认真履行职责,未发现有违法、违规、违章行为,也没有损害公司利益、股东利益和委托人利益的行为。

报告期内,公司财务报告真实、客观地反映了公司的财务状况和经营成果。

昆仑信托有限责任公司

1. 重要提示

1.1　本公司董事会及董事保证本报告所载资料不存在任何虚假记载、误导性陈述或者重大遗漏，并对其内容的真实性、准确性和完整性承担个别及连带责任。

1.2　独立董事尹中立先生、王毓信先生、王利平先生认为本报告内容真实、准确、完整。

1.3　本公司法定代表人董事长温青山先生及公司财务总监张建慧女士声明：保证年度报告中财务报告的真实、完整。

2. 公司概况

2.1　公司简介

昆仑信托有限责任公司前身是中国工商银行宁波市信托投资公司，成立于1986年11月，1994年改组为有限责任公司。1997年6月，公司与工商银行脱钩，更名为宁波市金港信托投资有限责任公司。2002年5月，公司增资扩股，获准重新登记。2005年5月，天津经济技术开发区国有资产经营公司收购部分原股东股权后成为控股股东。2008年10月，公司换发金融许可证，变更经营范围，公司名称变更为金港信托有限责任公司。2009年5月，公司增资扩股，中油资产管理有限公司成为控股股东，公司名称变更为昆仑信托有限责任公司，注册资本为30亿元。

公司法定中文名称	昆仑信托有限责任公司
中文缩写	昆仑信托
公司法定英文名称	Kunlun Trust Co., Ltd.
英文缩写	KUNLUN TRUST
法定代表人	温青山
注册地址	浙江省宁波市江东北路138号金融大厦19楼
邮政编码	315040

续表

国际互联网网址	www. kunluntrust. com
电子信箱	info@ cnpc. com. cn
信息披露负责人员	黄志斌
信息披露联系人员	卫荣华　霍天翔
联系电话	0574－87031701
传真	0574－87031700
电子信箱	weironghua @ cnpc. com. cn　huotianxiang @ cnpc. com. cn
公司信息披露的报纸名称	《金融时报》
公司年度报告备置地	公司本部
公司聘请的会计师事务所及其住所	立信会计师事务所有限公司 上海市南京东路61号4楼
公司聘请的律师事务所及其住所	上海市锦天城律师事务所 上海市浦东新区花园石桥路33号花旗集团大厦14楼

2.2　组织结构

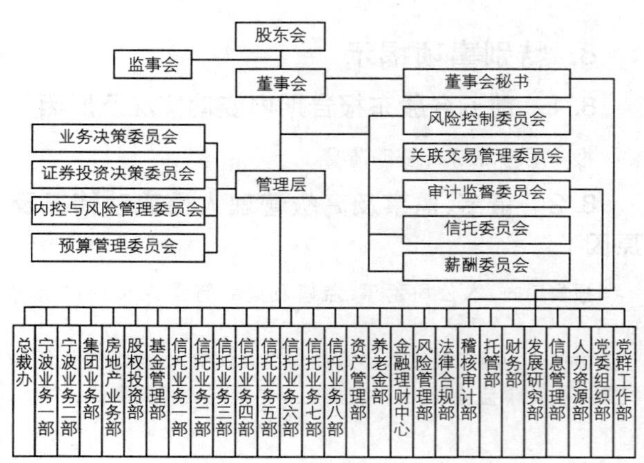

3. 公司治理

3.1　股东

本报告期末，公司共有3家法人股东，其中持有本公司10%以上出资比例的股东2家。

股东名称	持股比例（%）	法人代表	注册资本（万元）	注册地址	主要经营业务及主要财务情况
★中油资产管理有限公司	82.18	王亮	502 000	北京市东城区东直门北大街9号	资产经营管理、投资、资本运营策划与咨询。截至2012年末，中油资产管理有限公司资产总额897 819万元，负债总额111 811万元，所有者权益786 007万元。公司实现利润114 509万元；实现净利润85 164万元。
天津经济技术开发区国有资产经营公司	12.82	叶　旺	950 000	天津经济技术开发区宏达路19号	投资、参股及国有资产的股权管理；国有资产评估、验资；房地产开发、服务及咨询。
广博投资控股有限公司	5.00	胡志明	48 000	宁波市鄞州区石矸镇街道雅渡村	项目投资。

注：★表示控股股东。股东之间无关联关系。

3.2 董事

3.2.1 董事会成员

姓　名	职务	性别	年龄	选任日期	所推举的股东名称	该股东持股比例(%)
温青山	董事长	男	54	2010年3月22日	中油资产管理有限公司	82.18
简要履历	教授级高级会计师，曾任中国石油天然气集团公司财务资产部副总会计师、副主任、主任；现任中国石油天然气集团公司副总会计师兼财务资产部主任。					
王　亮	董事	男	50	2010年4月21日	中油资产管理有限公司	82.18
简要履历	高级会计师，曾任中国石油天然气集团公司财务资产部副总会计师、辽宁省财政厅副厅长、中意财产保险有限公司董事长、中国石油天然气集团公司川庆钻探工程有限公司总会计师；现任昆仑信托有限责任公司总裁。					
杨冬艳	董事	女	48	2009年7月21日	中油资产管理有限公司	82.18
简要履历	高级会计师，曾任中国石油天然气集团公司抚顺石化分公司财务处副总会计师、总会计师，中国石油天然气股份有限公司财务部副总经理；现任中国石油天然气集团公司炼油与化工分公司总会计师。					
周远鸿	董事	男	44	2010年11月15日	中油资产管理有限公司	82.18
简要履历	高级会计师，曾任中国石油天然气股份有限公司天然气与管道分公司财务处副处长，中国石油天然气集团公司资本运营部股权处置处处长；现任中国石油天然气集团公司所投资公司监事，中石油山东天然气管道有限公司监事会主席。					
叶　旺	董事	男	47	2009年6月11日	天津经济技术开发区国有资产经营公司	12.82
简要履历	曾任天津开发区管委会政策研究室办公室主任、天津开发区财政局副局长；现任天津经济技术开发区国有资产经营公司总经理。					
李效熙	董事	男	30	2009年6月9日	职工推选	
简要履历	曾任北京国际信托投资有限公司投资银行部经理，金港信托有限责任公司信托一部副总经理、总裁助理、战略发展及执行委员会副主席、主席、副董事长；现任昆仑信托有限责任公司副总裁。					

3.2.2 独立董事

姓名	职务	性别	年龄	选任日期	所推举的股东名称	该股东持股比例(%)
王毓信	独立董事	男	69	2009年7月21日	中油资产管理有限公司	82.18
简要履历	教授级高级会计师，曾任河南省濮阳市财政金融贸易委员会任党组书记、主任，中原石油勘探局财务处长，中国石油天然气总公司财务局副总会计师、总会计师、副局长，中国石油天然气集团公司中油财务公司总裁、副董事长。					
尹中立	独立董事	男	45	2009年7月21日	中油资产管理有限公司	82.18
简要履历	副研究员，曾任招商证券公司研究发展中心高级分析师；现任中国社会科学院金融研究所金融市场研究室副主任、房地产金融研究中心常务副主任。					
王利平	独立董事	男	52	2009年7月21日	广博投资控股有限公司	5
简要履历	高级经济师，曾任鄞县电子门窗厂经营厂长，鄞县彩印包装用品公司总经理，宁波东方印业有限公司总经理，浙江广博集团股份有限公司董事长；现任宁波广博纳米新材料股份有限公司董事长，广博集团股份有限公司董事。					

3.3 监事

姓名	职务	性别	年龄	选任日期	所推举的股东名称	该股东持股比例(%)
孙金瑜	监事会主席	男	58	2011年3月3日	中油资产管理有限公司	82.18
简要履历	教授级高级经济师，曾任石油工业部劳动工资司劳动组织处经济师，中国石油天然气总公司劳动工资局劳动组织处经济师，塔里木石油会战指挥部人事处副处长，中国石油天然气总公司劳动工资局劳动力处处长，中国石油天然气集团公司人事劳资部劳动组织处处长，中国石油天然气股份有限公司人事部副总经济师兼劳动组织处处长，中国石油天然气集团公司人事部副主任，中国石油天然气股份有限公司人事部副总经理；现任中国石油天然气集团公司、股份公司内控与风险管理部主任（总经理）。					
盖文国	监事	男	46	2009年6月11日	中油资产管理有限公司	82.18
简要履历	高级会计师，曾任中国石油天然气集团公司锦州石油化工公司股改办公室副主任，锦州石化股份有限公司董事会秘书、证券部主任，中国石油天然气集团公司资本运营部股权管理与综合处副处、股权投资处负责人；现任中国石油天然气集团公司监事。					
胡志明	监事	男	49	2009年6月11日	广博投资控股有限公司	5
简要履历	会计师，曾任宁波市第二建筑工程公司财务科长，宁波建设集团股份有限公司财务处副处长；现任广博集团股份有限公司董事，广博投资控股有限公司董事长。					
马荣伟	职工监事	男	40	2009年12月30日	职工推选	
简要履历	高级经济师，曾任中国石油天然气集团公司、股份公司法律事务部高级主管；现任昆仑信托有限责任公司法律合规部经理。					
周　琳	职工监事	女	50	2011年3月3日	职工推选	
简要履历	高级会计师，曾任吉林省石油总公司长春分公司会计，吉林省石油总公司会计，厦门福吉工贸发展有限公司副总经理，吉林省石油开发股份有限公司财务证券部副经理，北京中油华电石油销售有限公司财务总监；现任昆仑信托有限责任公司总裁办公室主任。					

3.4 高级管理人员

姓名	职务	性别	年龄	选任日期	金融从业年限	学历	专业
王　亮	总裁	男	50	2010年3月22日	4	学士	经济管理
简要履历							
姚　飞	副总裁	男	45	2010年4月20日	7	硕士	技术经济
简要履历	高级经济师，曾任中国石油天然气集团公司大庆石油管理局资本运营部副经理、财务资产部副经理、内控办主任，中油资产管理有限公司综合部经理兼财务部负责人、副总经理，大庆市商业银行独立董事。						
李效熙	副总裁	男	30	2010年4月20日	8	硕士	经济学
简要履历							
朱佳平	副总裁	男	49	2009年6月11日	31	硕士	工商管理
简要履历	高级经济师，曾任中国工商银行宁波市信托投资公司上海证券交易营业部经理、公司副总经理，金港信托有限责任公司总经理、总裁、副董事长、副总裁、代总裁。						
刘　刚	副总裁	男	41	2010年8月10日	3	硕士	工商管理
简要履历	会计师，曾任中国石油天然气股份有限公司华东销售分公司财务处高级主管，中国石油天然气股份有限公司江西销售分公司总会计师兼财务资产处处长。						
黄志斌	副总裁	男	46	2010年12月24日	30	硕士	工商管理
	董事会秘书			2012年2月10日			
简要履历	经济师，曾国中国工商银行宁波市信托投资公司信托业务部经理、总经理助理、副总经理，宁波市信托投资公司信托业务部经理、总经理助理、副总经理，金港信托有限责任公司副总经理、副总裁、常务副总裁。						
吴怀镛	副总裁	男	48	2011年3月3日	12	硕士	管理学
简要履历	高级会计师，曾任大港油田财务处成本价格科副科长、科长，财务结算中心副主任，大港油田集团财务资产部副主任，大港油田矿区服务事业部计划财务部主任，中国石油集团渤海钻探工程有限公司财务资产处副处长兼财务结算中心主任。						
张建慧	财务总监	女	39	2012年3月16日	4	硕士	管理学
简要履历	高级会计师，曾任中国华油集团公司财务资产处高级主管，中国石油天然气集团公司财务资产部会计处高级主管、财务稽查处副处长、综合授信处负责人，中油财务有限责任公司综合授信处负责人，昆仑信托有限责任公司财务部总经理。						
贾南征	总裁助理	男	34	2010年5月31日	10	学士	经济学
简要履历	先后任职于加拿大PROVEST管理公司、瑞泰人寿，曾任金港信托有限责任公司信托业务部副总经理、总裁助理。						
姚少杰	总裁助理	男	39	2011年3月3日	12	学士	机械
简要履历	先后供职于北京建工集团三建公司任工程师，在中国中化集团人力资源部从事管理工作，2002年起任外经贸信托金融产品部总经理。						

3.5 公司员工

项目		报告期年度		上一年度	
		人数	比例(%)	人数	比例(%)
年龄分布	20岁以下	0	0	0	0
	20~29岁	83	38	95	46
	30~39岁	88	41	69	33
	40岁以上	45	21	43	21
学历分布	博士	7	3	5	2
	硕士	112	52	101	49
	本科	89	41	91	44
	专科	8	4	10	5
	其他	0	0	0	0
岗位分布	董事、监事及高管人员	11	5	11	5
	自营业务人员	7	3	8	4
	信托业务人员	140	65	115	56
	其他人员	58	27	73	35

4. 经营管理

4.1 经营目标、经营方针、战略规划

4.1.1 经营目标

公司致力于成为在能源领域具有核心竞争力的一流信托公司，业务规模和盈利水平达到信托行业领先，在管理机制、内控机制、激励机制、人才机制等方面达到国内金融机构的一流水平，昆仑信托成为金融业一流品牌。

4.1.2 经营方针

依托股东优势资源，立足京津冀、长三角和主要油气等能源产业区，在大规模开展常态业务、规模业务和成熟业务的同时，利用基金化等创新模式，最终成为在油气等能源资源、节能环保以及高端制造等领域为社会高端客户和机构客户提供一流财富管理服务的专业化提供商。

4.1.3 战略规划

当前，公司发展的目标与定位是，到2015年公司整体实现“32111”的总体发展目标，即公司综合实力位居行业前三名；行

业监管评级二级；实现净利润10亿元人民币；信托资产规模1 000亿元人民币以上；高端客户10 000名。

在中国石油集团公司建设综合性国际能源公司的战略指引下，本着“高起点、快发展、可持续”的发展原则，依托集团公司的优势资源，坚持内控优先、合规经营的管理理念，走自主化、专业化、特色化、国际化的经营发展道路，打造国内一流的产融结合平台、财富管理平台和战略共赢平台。

昆仑信托发展的战略定位是：依托大股东的优势资源，坚持内控优先、合规经营的管理理念，走自主化、专业化、特色化、国际化的经营发展道路，打造国内一流的财富管理平台、产融结合平台和战略共赢平台。

4.2 所经营业务的主要内容

公司业务分为信托业务和自营业务两个大类。信托业务主要品种包括单一资金信托、集合资金信托、财产信托等，自营业务主要开展金融股权投资、金融产品投资及贷款等业务。

4.2.1 自营资产运用与分布表

资产运用	金额（万元）	占比（%）	资产分布	金额（万元）	占比（%）
货币资产	22 009.68	4.19	基础产业	128 900	24.52
贷款及应收款	79 845.10	15.19	房地产业	208 900	39.75
交易性金融资产投资	0	—	证券市场	0	—
可供出售金融资产投资	365 770.00	69.59	实业	101 042	19.22
持有至到期投资	0	—	金融机构	247.50	0.05
长期股权投资	42 960.91	8.17	其他	86 511.6	16.46
其他	15 015.41	2.86			
资产总计	525 601.10	100.00	资产总计	525 601.10	100.00

4.2.2 信托资产运用与分布表

资产运用	金额（万元）	占比（%）	资产分布	金额（万元）	占比（%）
货币资产	138 216.88	1.47	基础产业	1 766 778.00	18.84
贷款	2 755 272	29.37	房地产	1 880 642.00	20.05
交易性金融资产投资	147 007.05	1.57	证券市场	137 927.06	1.47
可供出售金融资产投资	0	—	实业	2 680 567.44	28.58
持有至到期投资	4 575 364.1	48.78	金融机构	689 200.95	7.35
长期股权投资	1 763 890.18	18.81	其他	2 224 634.76	23.71
其他	0	—			
信托资产总计	9 379 750.21	100.00	信托资产总计	9 379 750.21	100.00

4.3 市场分析

4.3.1 有利因素

4.3.1.1 信托业发展迅速，盈利能力不断提高

一是信托资产规模增长迅速。信托业近年经历了高速增长，信托行业整体保持盈利，收入和利润水平连续增长，股东回报率和人均创利水平在金融同业中处于较高水平。截至2012年末，信托资产总规模已超过7万亿元，超过保险公司资产规模，成为中国金融市场上仅次于银行的第二大金融结构。信托未来增长仍将持续。特别是新型工业化、城镇化、信息化、农业现代化的发展，将促进我国经济年均保持7%以上的增速，实现2020年GDP比2010年翻一番，为行业发展提供了巨大空间。

二是信托产品优势更为明显，资金运用更为多样化。随着理财需求的不断旺盛，信托公司通过发挥信托功能优势，设计推出了类型丰富的信托品种，为合格投资者提供了灵活多样的信托理财服务。与基金、银行、保险、证券等其他金融机构提供的理财产品相比，信托产品的收益率明显高于银行、保险的理财产品，优势十分明显。

三是信托公司纷纷加速业务转型。《信托公司净资本管理办法》促使信托公司加快信托业务转型并加强主动管理能力，包括探索自主管理型的新银信合作模式，彰显信托公司资产管理能力和投资决策能力；尝试合伙型信托PE模式，开展信托股权投资业务；采用基础设施信托基金模式，开展基础设施信托业务；同时还开展了QDII、资产证券化、公益信托等业务创新。

4.3.1.2 昆仑信托的自身优势

（1）公司的区位优势。长三角金融生态环境较为成熟，信用基础好。公司注册地为宁波市，金融环境位居中国前列，各类金融机构齐全，金融生态非常成熟，企业和居民的投资理财理念十分超前，信用基础很好。以宁波为注册地，业务辐射长三角地区，能够享受长三角地区经济快速增长带来的业务机会，充分利用该地区的金融资源，撬动高净值客户的理财需求，实现公司业务的持续快速发展。

公司实际运营总部设在北京。这种布局既不放弃注册地经济发达、民间经济富庶的优势，又充分享受公司股东所在地政治、文化、经济以及与股东资源方便对接的区位优势。

（2）公司的股东优势。一是品牌优势。昆仑信托属于央企控股型信托公司，其母公司中国石油天然气集团公司是国有重要骨干企业。在理财产品市场上，昆仑信托发行的产品无形中带有中石油集团的品牌，更容易被投资者所接受。在项目开拓方面，融资方往往也倾向于选择大型央企控股的信托公司作为交易对手，减少交易中存在的信用风险。通过借助集团公司的品牌，可以在开展项目时具有一定优势，融资方认可度较高。二是资金与信用支持优势。借助集团公司和中油资产较为充沛的闲置资金，股东可以为昆仑信托提供一定额度的流动性支持，以满足项目推进的需要，增强公司对外业务谈判能力。同时，便于公司设计灵活多样的信托产品，鼓励公司进行业务创新。三是具有专业的人才资源、项目资源、销售资源、技术资源等油气能源资源领域的潜在优势，为设计开发能源特色类信托产品提供有利条件。

4.3.2 不利因素

4.3.2.1 世界经济复苏放缓，国内经济增长中存在隐忧

当前，公司发展的内外部环境复杂多变，挑战中涵着机遇。从国际来看，全球经济形势依然错综复杂、充满变数，世界经济低速增长态势仍将延续，各种形式的保护主义明显抬头，潜在通胀和资产泡沫的压力加大，世界经济已由危机前的快速发展期进入深度转型调整期。

从国内来看，中央继续推行稳中求进的工作总基调，经济社会发展基本面长期趋好，但仍面临不少风险和挑战，经济增长下行压力和产能相对过剩的矛盾有所加剧，企业生产经营成本上升和创新能力不足的问题并存，金融领域存在潜

在风险，经济发展和资源环境的矛盾仍然突出。中央适度调低经济增长速度，财政政策将会继续适度宽松，货币政策将维持稳健。

4.3.2.2　行业发展能力仍有不足

当前，全行业目前仍依赖信托牌照的制度优势，专业理财能力依然不足。一是增长方式较为粗放，信托资产质量不高，后劲乏力。二是人才基础和研发投入比较薄弱，行业发展处于以融资业务为主的初级阶段。三是个别公司暴露出来的风险事件，引起了社会的高度关注。

4.3.2.3　信托行业的政策法规有待完善

国内信托行业的政策环境虽有改善，但还不够成熟，信托法律法规和相关配套法规尚未完全建立，给信托业务拓展和创新带来了法律上的障碍和不确定性。同时，在金融业全面开放、综合经营的背景下，理财市场竞争激烈、监管规则不统一，造成信托公司受到更严格的限制，信托的制度优势被削弱，面临其他类型金融机构的严峻挑战。

4.4　内部控制

4.4.1　内部控制环境和内部控制文化

报告期内，公司内部控制环境持续优化，股东会、董事会、监事会和高级管理层之间既相互独立，又相互制衡、相互协调，形成了权力机构、决策机构、监督机构和经营管理层之间的制衡机制，在公司经营和发展中发挥各自的职能与作用，组成了公司内部控制的有机整体，确保各类风险的事前防范、事中控制、事后监督有效执行。

以“信”为核心的企业文化初步形成，“信誉无价、托付有道”的企业形象正在树立，“诚信稳健、分享共赢，服务社会、造福民生”的企业品格逐步形成；“低风险偏好、零风险容忍”的内控理念已深入每个员工的思想。

4.4.2　内部控制措施

公司董事会、经营层始终高度重视公司的内部控制工作，通过制定和实施一系列制度、程序和管理办法，内部控制体系较健全，基本适应公司风险控制的需要，同时充分满足监管机构的要求；根据内部控制制度和流程在执行过程中的效力和效果，公司不断补充修订完善内控体系，使其有效性得到充分体现。公司内控与风险管理委员会和首席风控官根据业务的发展和政策的调整，指导风险管理部不断完善内部控制体系的建设、执行，及时修订和调整相关制度，进一步提升了公司经营管理水平。

公司主要职能部门之间建立了必要的防火墙制度，实行岗位分离，保证了自营、信托业务各成体系、独立运行；严格信托业务前台、中台、后台的工作职责，形成有监督、有制衡的业务运作体系。

4.4.3　监督评价与纠正

公司建立了内部控制评价、监督、纠正机制。公司稽核审计部受审计监督委员会和公司管理层双重领导，承担公司内部控制的监督、评价工作，有效发挥内控第三道防线的作用。评价工作督促了各管理部门完善制度、优化流程。坚持“为管理提供增值服务”的理念，及时将内控评价结果、管理建议向公司经营层反馈，有效促进了公司内控管理水平的提高。

4.5　风险管理

4.5.1　风险状况

4.5.1.1　公司经营活动中可能遇到的风险

遇到的风险主要有信用风险、市场风险、操作风险、合规风险、政策风险、集中度风险。

4.5.1.2　公司风险管理的基本原则与政策

遵循合规性、全面性、审慎性、适时性原则，坚持以制度为基础、以流程为依托，充分识别和评估各类风险，将风险管理覆盖到公司经营管理的各个环节和岗位中。依据风险管理决策流程，根据业务分类实施相应控制措施，形成“事前防范、事中控制、事后评价”的风险管理机制。

公司坚持低风险的总体偏好，秉承合规、稳健的经营思路，追求风险可控的经济效益。

公司针对各业务类型，分别确定相应的风险容忍度，并确保总体的风险敞口在公司的风险容忍度的范围内。

公司针对不同业务领域的风险性质、风险类型和风险评估结果，恰当选择风险承担、风险规避、风险转移、风险转换、风险对冲、风险补偿、风险控制等风险对策。

4.5.1.3　公司风险管理组织结构与职责划分

风险控制委员会：负责审核、批准公司的风险管理和控制政策及制度，对风险进行整体分析和评估，以及对公司运作过程中的重大事项进行风险管理和控制。

关联交易管理委员会：负责公司关联交易的管理及监督，防范不正当关联交易导致的风险。

审计监督委员会：负责审核公司内控制度，监督内部审计制度的实施状况及效果。

业务决策委员会：负责公司业务的控制、管理、监督和评估，在授权范围内对各项业务进行最终的风险审核。

证券投资决策委员会：负责公司自营、信托证券投资控制、监督和评估，在授权范围内进行运营风险决策。

风险管理部：负责公司自营、信托业务风险管理，不断完善公司经营风险管理体系和内部风险控制制度。

法律合规部：负责法律事务管理，合规管理，确保依法经营；制定并执行合规管理职责和计划，实施合规风险管理流程。

托管部：核算和监督信托财产运用部门按照信托文件约定运用信托财产。

财务部：核算和监督自营业务运用部门按照合同文件约定运用管理。通过会计核算和财务管理对公司财务状况及经营情况进行分析管理和监督。

稽核审计部：对公司日常经营以及公司风险管理流程的执行进行审计监督。

公司各部门负责人是非业务操作风险、道德风险、商誉风险等风险的第一责任人。

公司自营业务与信托业务分离，在资金、账户、部门、人员、信息以及财务核算等方面严格分开；信托财产运用部门独立于其他部门，并分别设立15个信托业务部门。

4.5.2　风险管理政策、策略

4.5.2.1　信用风险状况

信用风险指由于金融企业各项金融业务的交易对手不能履行合同义务，或者信用状况的不利变动而造成损失的风险。

公司充分利用行业和企业信息,进行信用风险评估,审批项目,监测风险资产,进行风险预警和风险处置,形成信用风险分析报告。

2012年公司自有资产保持较好的资产质量,不良资产期初1 328万元,期末为2 430万元,不良资产率期初为0.27%,期末为0.46%。风险资产分类:截至2012年12月31日,公司风险资产合计124 635.57万元,其中,正常类资产122 205.57万元、关注类资产0万元、次级类资产2 430万元、可疑类资产0万元、损失类资产0万元。

2012年公司一般准备按风险资产五级分类的比例计提;专项准备——信托赔偿金按税后利润5%计提。

2012年公司信托财产运营基本正常,集合类信托资金均按期兑付。

截至2012年12月31日,公司信托信用风险资产共计9 036 526.29万元,其中,正常类财产9 036 526.29万元、关注类财产0万元、次级类财产0万元、损失类财产0万元、不良资产率0%。

4.5.2.2 市场风险状况

市场风险包括经济周期风险、通货膨胀风险、利率风险、汇率风险、商品风险和金融市场风险等,是市场的波动导致信托业务的资产遭到损失的可能性。这些市场波动主要包括利率、证券价格、商品价格、汇率、其他金融产品价格的波动;市场发展方向、供求关系的变动;市场流动性的变动等。

市场风险主要体现在投资于证券市场、货币市场的自营业务和信托产品。截至2012年12月31日,公司自有资金涉及证券投资领域0万元,主要是公司持有股票已清仓。证券投资信托业务共8个,金额合计166 690万元,主要用于二级市场证券投资。

4.5.2.3 操作风险状况

公司内部业务流程、计算机系统、工作人员在操作中的不完善或失误,可能给公司造成损失的风险。公司外部因素例如通信系统故障等可能给公司造成损失或影响公司正常运行的风险。

4.5.2.4 合规风险状况

合规风险是指金融企业因没有遵循法律、规则和准则或者员工因不合规的经营管理行为可能遭受法律制裁、监管处罚、重大财务损失和声誉损失的风险。合规风险包括反洗钱以及资本(充足率)管理的风险。

4.5.2.5 其他风险状况

其他风险主要指政策风险和集中度风险。政策风险集中表现为国家宏观政策、法律法规以及行业政策的变动对公司经营环境和未来发展所造成的影响。集中度风险是指交易集中于某一交易对手,或交易对手如果集中于某一行业或地区或共同具备某些经济特性,其风险通常会相应提高。

5. 报告期末及上一年度末的比较式会计报表

5.1 自营资产

5.1.1 会计师事务所审计意见全文

审 计 报 告

信会师报字(2013)第　　号

昆仑信托有限责任公司:

我们审计了后附的昆仑信托有限责任公司(以下简称贵公司)财务报表,包括2012年12月31日的资产负债表、2012年度的利润表、现金流量表、所有者权益变动表以及财务报表附注。

一、管理层对财务报表的责任

编制和公允列报财务报表是贵公司管理层的责任。这种责任包括:(1)按照企业会计准则的规定编制财务报表,并使其实现公允反映;(2)设计、执行和维护必要的内部控制,以使财务报表不存在由于舞弊或错误导致的重大错报。

二、注册会计师的责任

我们的责任是在执行审计工作的基础上对财务报表发表审计意见。我们按照中国注册会计师审计准则的规定执行了审计工作。中国注册会计师审计准则要求我们遵守中国注册会计师职业道德守则,计划和执行审计工作以对财务报表是否不存在重大错报获取合理保证。

审计工作涉及实施审计程序,以获取有关财务报表金额和披露的审计证据。选择的审计程序取决于注册会计师的判断,包括对由于舞弊或错误导致的财务报表重大错报风险的评估。在进行风险评估时,注册会计师考虑与财务报表编制和公允列报相关的内部控制,以设计恰当的审计程序,但目的并非对内部控制的有效性发表意见。审计工作还包括评价管理层选用会计政策的恰当性和作出会计估计的合理性,以及评价财务报表的总体列报。

我们相信,我们获取的审计证据是充分、适当的,为发表审计意见提供了基础

三、审计意见

我们认为,贵公司财务报表在所有重大方面按照企业会计准则的规定编制,公允反映了贵公司2012年12月31日的财务状况以及2012年度的经营成果和现金流量。

立信会计师事务所(特殊普通合伙)

中国注册会计师:江　强

中国注册会计师:陈　珩

中国·上海　　二〇一三年四月十二日

5.1.2 资产负债表

单位:万元

资　产	年末余额	年初余额	负债和所有者权益	年末余额	年初余额
资产:	—	—	负债:	—	—
现金及存放中央银行存款			向中央银行借款		
存放同业存款	22 009.69	47 867.39	同业及其他金融机构存放款项		

续表

资　产	年末余额	年初余额	负债和所有者权益	年末余额	年初余额
贵金属			拆入资金		
拆出资金			交易性金融负债		
交易性金融资产		28 177.64	衍生金融负债		
衍生金融资产			卖出回购金融资产款		
买入返售金融资产			吸收存款		
应收利息	2 820.22	2 425.55	应付职工薪酬	200.18	156.40
发放贷款和垫款	74 250.00	34 650.00	应交税费	16 704.48	19 343.26
可供出售金融资产	365 770.00	317 035.77	应付利息		
持有至到期投资			预计负债		
长期股权投资	42 960.91	41 399.33	应付债券		
投资性房地产			递延所得税负债		
固定资产	1 982.70	1 120.12	其他负债	2 574.77	2 761.53
在建工程	11 222.62	5 390.24			
无形资产	1 278.44	161.92			
递延所得税资产	277.36	2 065.38	负债合计	19 479.42	22 261.19
其他资产	3 029.16	2 769.97			
			所有者权益：		
			实收资本	300 000.00	300 000.00
			资本公积	62 663.74	60 152.40
			减：库存股		
			盈余公积	22 835.13	15 433.38
			一般风险准备	11 192.75	7 491.87
			未分配利润	109 430.06	77 724.47
			所有者权益合计	506 121.68	460 802.12
资产总计	525 601.10	483 063.31	负债及所有者权益总计	525 601.10	483 063.31

法定代表人：温青山　　　财务总监：张建慧　　　财务部负责人：康剑桥　　　填表人：张淑华

5.1.3　利润表

单位：万元

项　目	本年金额	上年金额
一、营业收入	121 258.37	82 878.75
（一）利息净收入	8 232.31	6 820.52
利息收入	8 232.31	6 820.52
利息支出		
（二）手续费及佣金净收入	69 931.32	55 566.10
手续费及佣金收入	69 931.32	55 566.10
手续费及佣金支出		
（三）投资收益	39 196.14	28 435.41
其中：对联营企业和合营企业的投资收益		
（四）公允价值变动收益	3 729.40	-8 100.79
（五）其他收入	169.20	157.51
汇兑收益		
其他业务收入	169.20	157.51
二、营业支出	25 755.31	18 003.83
（一）营业税金及附加	6 142.68	4 513.72
（二）业务及管理费	18 895.78	13 136.12
（三）资产减值损失或呆账损失	687.57	336.41
（四）其他业务成本	29.28	17.58
三、营业利润	95 503.06	64 874.92
加：营业外收入	4 920.00	6 003.04

续表

项　目	本年金额	上年金额
减:营业外支出	50.00	111.48
四、利润总额	100 373.06	70 766.48
减:所得税费用	26 355.55	18 313.88
五、净利润	74 017.51	52 452.60
归属于母公司所有者的净利润		
少数股东损益		
六、其他综合收益	2 511.34	-3 058.54
七、综合收益总额	76 528.85	49 394.06

法定代表人:温青山　　财务总监:张建慧　　财务部负责人:康剑桥　　填表人:张淑华

5.1.4　所有者权益变动表

单位:万元

项　目	本年金额						
	实收资本(或股本)	资本公积	盈余公积	一般风险准备	未分配利润	其他	所有者权益合计
一、上年末余额	300 000.00	60 152.40	15 433.38	7 491.87	77 724.47		460 802.12
加:会计政策变更	—						
前期差错更正	—						
二、本年初余额	300 000.00	60 152.40	15 433.38	7 491.87	77 724.47		460 802.12
三、本年增减变动金额(减少以"-"号填列)		2 511.34	7 401.75	3 700.88	31 705.59		45 319.56
(一)净利润	—				74 017.51		74 017.51
(二)其他综合收益		2 511.34					2 511.34
综合收益小计		2 511.34			74 017.51		76 528.85
(三)所有者投入和减少资本							
1. 所有者投入资本							
2. 股份支付计入所有者权益的金额							
3. 其他							
(四)专项储备提取和使用							
1. 提取专项储备	—						
2. 使用专项储备	—						
(五)利润分配			7 401.75	3 700.88	-42 311.92		-31 209.29
1. 提取盈余公积			7 401.75		-7 401.75		
其中:法定盈余公积	—		7 401.75		-7 401.75		
任意盈余公积	—						
储备基金	—						
企业发展基金	—						
利润归还投资	—						
2. 提取一般风险准备	—			3 700.88	-3 700.88		
3. 所有者(或股东)的分配	—				-31 209.29		-31 209.29
4. 其他							
(六)所有者权益内部结转							
1. 资本公积转增资本(或股本)							
2. 盈余公积转增资本(或股本)							
3. 盈余公积弥补亏损	—						
4. 其他							
四、本年末余额	300 000.00	62 663.74	22 835.13	11 192.75	109 430.06		506 121.68

法定代表人:温青山　　财务总监:张建慧　　财务部负责人:康剑桥　　填表人:张淑华

5.2 信托资产

5.2.1 信托项目资产负债汇总表

单位：万元

项目	期末余额	期初余额
信托资产：		
1. 货币资金	138 216.88	116 939.03
2. 拆出资金	0	0
3. 存出保证金	0	0
4. 交易性金融资产	137 927.05	57 648.65
5. 衍生金融资产	0	0
6. 买入返售金融资产	9 080.00	17 000.00
其中：6.1 买入返售证券	9 080.00	17 000.00
6.2 买入返售信贷资产	0	0
7. 应收款项	0	0.36
8. 发放贷款	2 755 272.00	1 692 061.00
其中：8.1 基础产业	558 450.00	230 000.00
8.2 房地产	431 216.00	374 216.00
9. 可供出售金融资产	0	0
10. 持有至到期投资	4 575 364.10	3 819 840.54
11. 长期应收款	0	0
12. 长期股权投资	1 763 890.18	747 015.18
其中：12.1 基础产业	330 000.00	145 000.00
12.2 房地产	55 000.00	97 300.00
13. 投资性房地产	0	0
14. 固定资产	0	0
15. 无形资产	0	0
16. 长期待摊费用	0	0
17. 其他资产	0	0
18. 信托资产总计	9 379 750.21	6 450 504.76
19. 各项资产减值准备	0	0
信托资产：		
20. 交易性金融负债	0	0
21. 衍生金融负债	0	0
22. 应付受托人报酬	0.60	0.70
23. 应付托管费	5.27	0
24. 应付受益人收益	10.79	0.84
25. 应交税费	33.30	31.86
26. 应付销售服务费	0	0
27. 其他应付款项	15 222.20	40 619.41
28. 其他负债	0	0
29. 信托负债合计	15 272.16	40 652.81
信托权益：		
30. 实收信托	9 311 218.32	6 375 908.69
30.1 资金信托	9 311 218.32	6 375 908.69
30.1.1 集合	3 261 427.00	1 807 747.00
30.1.2 单一	6 049 791.32	4 568 161.69
30.2 财产信托	0	0
30.2.1 信贷资产证券化	0	0
30.2.2 其他资产（准）证券化	0	0
31. 资本公积	14 236.14	5 700.00
32. 外币报表折算差额	0	0
33. 未分配利润	39 023.59	28 243.26
34. 信托权益合计	9 364 478.05	6 409 851.95
35. 信托负债和信托权益总计	9 379 750.21	6 450 504.76

法定代表人：温青山　财务总监：张建慧　托管部负责人：武义双　填表人：邵国忠

5.2.2 信托项目利润及利润分配汇总表

单位：万元

	本年度累计	上年度累计
一、营业收入	574 508.62	262 430.01
利息收入	157 583.04	111 188.91
投资收入	415 425.58	149 740.85
租赁收入		
其他收入	1 500.00	1 500.25
二、营业费用	92 055.05	61 967.42
三、营业税金及附加		
四、扣除资产减值准备前的信托利润		
减：资产减值损失		
五、扣除资产减值准备后的信托利润	482 453.57	200 462.59
加：期初未分配信托利润	28 243.26	44 416.39
六、可供分配的信托利润	510 696.83	244 878.98
减：本期已分配信托利润	471 673.24	216 635.72
其中：损益平准金		
七、期末未分配信托利润	39 023.59	28 243.26

法定代表人：温青山　财务总监：张建慧　托管部负责人：武义双　填表人：邵国忠

6. 会计报表附注

6.1 会计报表编制基准不符合会计核算基本前提的说明

6.1.1 会计报表编制基准不符合会计核算基本前提的说明

无。

6.1.2 重要会计政策和会计估计说明

6.1.2.1 计提资产减值准备的范围和方法

6.1.2.1.1 金融资产减值

除以公允价值计量且其变动计入当期损益的金融资产外，本公司于期末对其他金融资产的账面价值进行检查，如果有客观证据表明某项金融资产发生减值的，计提减值准备。

以摊余成本计量的金融资产发生减值时，按预计未来现金流量现值低于账面价值的差额，计提减值准备。如果有客观证据表明该金融资产价值已恢复，且客观上与确认该损失后发生的事项有关，原确认的减值损失予以转回，计入当期损益。

当可供出售金融资产的公允价值发生较大幅度或非暂时性下降，原直接计入股东权益的因公允价值下降形成的累计损失予以转出并计入减值损失。对已确认减值损失的可供出售债务工具投资，在期后公允价值上升且客观上与确认原减值损失确认后发生的事项有关的，原确认的减值损失予以转回，计入当期损益。对已确认减值损失的可供出售权益工具投资，在期后公允价值上升且客观上与确认原减值损失确认后发生的事项有关的，原确认的减值损失予以转回，直接计入股东权益。

6.1.2.1.2 部分固有信用风险类资产的各种准备金

本公司根据《金融企业准备金计提管理办法》（财金〔2012〕20号）和《信托公司管理办法》计提准备金。准备金是指本公司对承担风险和损失的金融资产计提的准备金，包括一般准备和相关资产减值准备。

资产减值准备是指本公司对债权、股权等金融资产预计其未来现金流量现值低于账面价值的部分提取的用于弥补资产损失的准备金。本公司对应收利息、发放贷款和垫款、长期股权投资、其他应收款和长期应收款风险资产按照风险资产五级分类制度进行管理。2012 年，本公司对分类为正常类的风险资产按照 1 % 的比例计提资产减值准备；次级类风险资产按照 25% 的比例计提资产减值准备。

一般准备，是指本公司从净利润中提取、用于弥补尚未识别的可能性损失的准备金。2012 年度，本公司按净利润的 5% 计提一般准备。

6. 1. 2. 1. 3　固定资产减值准备的确认标准和计提方法

本公司于期末对固定资产进行检查，如发现存在下列情况，则评价固定资产的可收回金额，以确定资产是否已经发生减值。对于可收回金额低于其账面价值的固定资产，分别按该单项固定资产可收回金额低于其账面价值的差额计提减值准备。

(1) 资产的市价当期大幅度下跌，其跌幅明显高于因时间推移或者正常使用而预计的下跌。

(2) 本公司经营所处的经济、技术或法律环境以及资产所处的市场在当期或将在近期发生重大变化，从而对本公司产生不利影响。

(3) 市场利率或其他市场投资回报率当期已经提高，从而影响本公司计算资产预计未来现金流量现值的折现率，导致资产可收回金额大幅度降低。

(4) 有证据表明该资产已经陈旧过时或其实体已经损坏。

(5) 该资产已经或将被闲置、终止使用或者计划提前处置。

(6) 内部报告的证据表明该资产的经济绩效已经低于或者将低于预期，资产所创造的净现金流量或者实现的营业利润 (或者亏损) 远远低于 (或者高于) 预计金额。

(7) 其他表明该资产可能已经发生减值的迹象。

6. 1. 2. 1. 4　无形资产减值准备的确认标准和计提方法

本公司期末对使用寿命不确定的无形资产及使用寿命确定存在下列一项或若干项情况的无形资产，按其预计可收回金额低于账面价值的差额计提无形资产减值准备。

(1) 已被其他新技术所代替，使其为本公司创造经济利益的能力受到重大不利影响。

(2) 市价在当期大幅下跌，在剩余摊销年限内预期不会恢复。

(3) 某项无形资产已超过法律保护期限，但仍然具有部分使用价值。

(4) 其他足以证明实质上已经发生减值的情形。

6. 1. 2. 2　金融资产四分类的范围和标准

本公司按投资目的和经济实质对拥有的金融资产分为以公允价值计量且其变动计入当期损益的金融资产、持有至到期投资、贷款和应收款项和可供出售金融资产四大类。

以公允价值计量且其变动计入当期损益的金融资产是指持有的主要目的是短期内出售的并以公允价值计量且其变动计入当期损益的金融资产，在资产负债表中以交易性金融资产列示。

持有至到期投资是指到期日固定、回收金额固定或可确定，且管理层有明确意图和能力持有至到期的非衍生金融资产。

贷款和应收款项是指在活跃市场中没有报价，回收金额固定或可确定的非衍生金融资产，包括应收票据、应收账款、应收利息及其他应收款等。

可供出售金融资产包括初始确认时即被指定为可供出售的非衍生金融资产及未被划分为其他类的金融资产。

6. 1. 2. 3　交易性金融资产核算方法

交易性金融资产以公允价值进行初始确认，取得时发生的相关交易费用直接计入当期损益。当某项金融资产收取现金流量的合同权利已终止或与该金融资产所有权上几乎所有的风险和报酬已转移至转入方的，终止确认该金融资产。

以公允价值计量且其变动计入当期损益的金融资产按照公允价值进行后续计量，公允价值变动计入公允价值变动损益；在资产持有期间所取得的利息或现金股利，确认为投资收益；处置时，其公允价值与初始入账金额之间的差额确认为投资损益，同时调整公允价值变动损益。

6. 1. 2. 4　可供出售金融资产核算方法

可供出售金融资产以公允价值进行初始确认。取得时发生的相关交易费用计入初始确认金额。当某项金融资产收取现金流量的合同权利已终止或与该金融资产所有权上几乎所有的风险和报酬已转移至转入方的，终止确认该金融资产。

可供出售金融资产按照公允价值进行后续计量；但在活跃市场中没有报价且其公允价值不能可靠计量的权益工具投资，按照成本计量。可供出售金融资产的公允价值变动计入所有者权益；持有期间按实际利率法计算的利息，计入投资收益；可供出售权益工具投资的现金股利，于被投资单位宣告发放股利时计入投资收益；处置时，取得的价款与账面价值扣除原直接计入所有者权益的公允价值变动累计额之后的差额，计入投资损益。

6. 1. 2. 5　持有至到期投资核算方法

持有至到期投资以公允价值进行初始确认。取得时发生的相关交易费用计入初始确认金额。当某项金融资产收取现金流量的合同权利已终止或与该金融资产所有权上几乎所有的风险和报酬已转移至转入方的，终止确认该金融资产。

持有至到期投资采用实际利率法，以摊余成本列示。持有期间应当按照实际利率法确认利息收入，计入投资收益。实际利率应当在取得持有至到期投资时确定，在随后期间保持不变。处置时，应将所取得价款与该投资账面价值之间的差额确认为投资收益。

6. 1. 2. 6　长期股权投资核算方法

6. 1. 2. 6. 1　长期股权投资的初始计量

通过同一控制下的企业合并取得的长期股权投资，在合并日按照取得被合并方所有者权益账面价值的份额作为长期股权投资的初始投资成本。通过非同一控制下的企业合并取得的长期股权投资，以在合并 (购买) 日为取得对被合并 (购买) 方的控制权而付出的资产、发生或承担的负债以及发行的权益性证券的公允价值作为合并成本。在合并 (购买) 日按照合并成本作为长期股权投资的初始投资成本。

除上述通过企业合并取得的长期股权投资外，长期股权投资通过支付的现金、付出的非货币性资产或发行的权益性证券的方式取得的，以其公允价值作为长期股权投资的初始投资成本；长期股权投资通过债务重组方式取得的，以债权转为股权所享有股份的公允价值确认为对债务人的初始投资成本；长期股权投资是投资者投入的，以投资合同或协议约定的价值作为初始投资成本，但合同或协议约定价值不公允时，则以投入股权的公允价值作为初始投资成本。

6.1.2.6.2 长期股权投资的后续计量

本公司对子公司的投资，是指本公司对其拥有实际控制权的股权投资。本公司对子公司投资采用成本法核算，编制合并财务报表时按权益法进行调整。

本公司对合营公司的投资，是指按照合同约定对某项经济活动所共有的控制，仅在与该项经济活动相关的重要财务和生产经营决策需要分享控制权的投资方一致同意时存在的股权投资。对合营投资本公司采用权益法核算。

本公司对联营公司的投资，是指本公司对其具有重大影响的股权投资。对联营投资本公司采用权益法核算。

本公司对不具重大影响，并且在活跃市场中没有报价、公允价值不能可靠计量的长期股权投资，采用成本法核算。本公司对不具重大影响，但在活跃市场中有报价或公允价值能够可靠计量的长期股权投资，在可供出售金融资产项目列报，采用公允价值计量，其公允价值变动计入所有者权益。

采用成本法核算的长期股权投资，按被投资单位宣告分派的现金股利或利润，确认为当期投资收益。

采用权益法核算的长期股权投资，本公司按应享有或应分担的被投资单位的净损益份额确认当期投资损益。确认被投资单位发生的净亏损，以长期股权投资的账面价值以及其他实质上构成对被投资单位净投资的长期权益减记至零为限，但本公司负有承担额外损失义务且符合或有事项准则所规定的预计负债确认条件的，继续确认投资损失和预计负债。被投资单位除净损益以外股东权益的其他变动，在持股比例不变的情况下，本公司按照持股比例计算应享有或承担的部分直接计入资本公积。被投资单位分派的利润或现金股利于宣告分派时按照本公司应分得的部分，相应减少长期股权投资的账面价值。

6.1.2.6.3 长期股权投资核算方法的转换

(1)权益法改按成本法。本公司因减少投资等原因对被投资单位不再具有共同控制或重大影响的，并且在活跃市场中没有报价、公允价值不能可靠计量的长期股权投资，应当改按成本法核算。本公司因追加投资等原因能够对被投资单位实施控制的，应当改按成本法核算。

(2)成本法改按权益法。本公司因追加投资等原因能够对被投资单位实施共同控制或重大影响但不构成控制的，或因处置投资等原因对被投资单位不再具有控制但能够对被投资单位实施共同控制或重大影响的，应当改按权益法核算。

6.1.2.6.4 长期股权投资的处置

处置长期股权投资，其账面价值与实际取得价款的差额，应当计入当期投资收益。采用权益法核算的长期股权投资，因被投资单位除净损益以外所有者权益的其他变动而计入所有者权益的，处置该项投资时应当将原计入所有者权益的部分按相应比例转入当期投资收益。

处置长期股权投资时，应同时结转已计提的减值准备。部分处置某项长期股权投资时，应按相应比例结转已计提的减值准备。

6.1.2.7 投资性房地产核算方法

报告期内，本公司无投资性房地产。

6.1.2.8 固定资产计价和折旧方法

固定资产是指为生产商品、提供劳务、出租或经营管理而持有的，使用寿命超过一个会计年度的有形资产。

6.1.2.8.1 固定资产的计价方法

固定资产按其成本作为入账价值。其中，外购的固定资产的成本包括买价、增值税（可抵扣的增值税进项税额除外）、进口关税等相关税费，以及为使固定资产达到预定可使用状态前所发生的可直接归属于该资产的其他支出；自行建造固定资产的成本，由建造该项资产达到预定可使用状态前所发生的必要支出构成；投资者投入的固定资产，按投资合同或协议约定的价值作为入账价值，但合同或协议约定价值不公允的按公允价值入账；融资租赁租入的固定资产，按租赁开始日租赁资产公允价值与最低租赁付款额现值两者中较低者，作为入账价值。

除已提足折旧仍继续使用的固定资产，及按照规定单独估价作为固定资产入账的土地等情况外，本公司对所有固定资产计提折旧。折旧方法为平均年限法，固定资产预计残值为资产原值的0~5%。固定资产分类、折旧年限和折旧率如下：

资产类别	折旧年限（年）	年折旧率（%）
运输设备	7~15	6.33~14.29
工具及仪器	4~14	6.79%~25
房屋	8~40	2.38%~12.5

6.1.2.9 在建工程的计价

6.1.2.9.1 在建工程的计价

本公司按实际发生的支出确定在建工程的工程成本，包括建筑费用、其他为使在建工程达到预定可使用状态所发生的必要支出以及在资产达到预定可使用状态之前所发生的符合资本化条件的借款费用。

6.1.2.9.2 在建工程结转固定资产的标准

本公司建造的固定资产在达到预定可使用状态之日起，根据工程预算、造价或工程实际成本等，按估计的价值结转固定资产并于次月起开始计提折旧。待办理了竣工决算手续后，再按照实际决算金额调整原来固定资产暂估价值，但不调整原已计提的折旧。

6.1.2.10 无形资产计价及摊销政策

无形资产是指本公司拥有或控制的没有实物形态的可辨认非货币性资产，包括专利权、非专利技术、商标权、著作权、土地使用权、特许权等。本公司的主要无形资产是电脑软件等。

6.1.2.10.1 无形资产的计价方法

无形资产在取得时，按实际成本计量。购入的无形资产，按实际支付的价款和相关的其他支出作为实际成本；投资者投入的无形资产，按投资合同或协议约定的价值确定实际成本，但合同或协议约定价值不公允的，按公允价值确定实际成本。

6.1.2.10.2 无形资产摊销方法和期限

使用寿命有限的无形资产，应当自无形资产可供使用时起，至不再作为无形资产确认时止，在使用寿命期采用直线法摊销,使用寿命不确定的无形资产不应摊销。本公司于每年年度终了,对使用寿命有限的无形资产的预计使用寿命及摊销方法进行复核。并于每个会计期间,对使用寿命不确定的无形资产的预计使用寿命进行复核,对于有证据表明无形资产的使用寿命是有限的,则估计其使用寿命并在预计使用寿命内摊销。

6.1.2.11 长期应收款的核算方法

长期应收款是指期限超过1年的应收款项,按照合同或协议价款作为初始入账金额。

6.1.2.12 长期待摊费用的摊销政策

本公司长期待摊费用是指已经支出,但摊销期限在1年以上的各项费用。长期待摊费用在受益期内平均摊销。

6.1.2.13 合并会计报表的编制方法

本公司无纳入合并范围的子公司。

6.1.2.14 收入确认原则和方法

本公司的营业收入主要包括利息收入、手续费及佣金收入和让渡资产使用权收入等,其收入确认原则如下:

(1)利息收入,按让渡资金使用权的时间和适用利率计算确定。

(2)手续费及佣金收入可分为信托报酬和中间业务收入(如财务顾问费等),信托报酬按照信托合同约定的计提方法、时间和比例确认,合理的中间业务收入在收到时一次性确认收入。

(3)让渡资产使用权收入,在与交易相关的经济利益能够流入,收入的金额能够可靠计量的情况下,按有关合同、协议规定的时间和方法确认收入的实现。

6.1.2.15 所得税的会计处理方法

本公司所得税采用资产负债表债务法核算。

递延所得税资产和递延所得税负债根据资产和负债的计税基础与其账面价值的差额(暂时性差异)计算确认。对于按照税法规定能够于以后年度抵减应纳税所得额的可抵扣亏损和税款抵减,视同暂时性差异确认相应的递延所得税资产。于资产负债表日,递延所得税资产和递延所得税负债,按照预期收回该资产或清偿该负债期间的适用税率计量。

递延所得税资产的确认以本公司很可能取得用来抵扣可抵扣暂时性差异、可抵扣亏损和税款抵减的应纳税所得额为限。对已确认的递延所得税资产,当预计到未来期间很可能无法获得足够的应纳税所得额用以抵扣递延所得税资产时,应当减记递延所得税资产的账面价值。在很可能获得足够的应纳税所得额时,减记的金额予以转回。

6.1.2.16 信托报酬确认原则和方法

本公司按照信托合同约定的计提方法、时间和比例确认受托人报酬。

6.2 或有事项说明

无。

6.3 重要资产转让及其出售的说明

报告期内,本公司无重要资产转让及出售。

6.4 会计报表中重要项目的明细资料

6.4.1 自营资产经营情况

6.4.1.1 信用风险资产的期初数、期末数

信用风险资产五级分类	正常类(万元)	关注类(万元)	次级类(万元)	可疑类(万元)	损失类(万元)	信用风险资产合计(万元)	不良资产合计(万元)	不良资产率(%)
期初数	80 998.36	0	1 328	0	0	82 326.36	1 328	0.27
期末数	122 205.57	0	2 430	0	0	124 635.57	2 430	0.46

注:不良资产合计=次级类+可疑类+损失类。

6.4.1.2 各项资产减值损失准备的期初、本期计提、本期转回、本期核销、期末数

单位:万元

	期初数	本期计提	本期转回	本期核销	期末数
贷款损失准备	350.00	400.00			750.00
一般准备	350.00	400.00			750.00
专项准备					
其他资产减值准备					
可供出售金融资产减值准备					
持有至到期投资减值准备					
长期股权投资减值准备	418.18	15.77			433.95
坏账准备	373.81	271.80			645.61
投资性房地产减值准备					

6.4.1.3 自营股票投资、基金投资、债券投资、股权投资等投资业务的期初数、期末数

单位:万元

	自营股票	基金	债券	长期股权投资
期初数	35 153.66	119.20	0	41 399.33
期末数	0	0	0	42 960.91

6.4.1.4 前五名的自营长期股权投资的企业名称、占被投资企业权益的比例及投资收益情况

企业名称	占被投资企业权益的比例(%)	投资收益(万元)
1. 华电福新能源有限公司	3.49	913.22
2. 融源广达(天津)股权投资管理合伙企业(有限合伙)	47.50	—
3. 国联产业投资基金管理公司	49.00	-2.14
4. 北京昆仑创元投资管理有限公司	51.00	—
5. 上海大众保险股份有限公司	0.20	—

6.4.1.5 前五名的自营贷款的企业名称、占贷款总额的比例和还款情况

企业名称	占贷款总额的比例(%)	还款情况
1. 天津中冠网球中心投资有限公司	46.67	未到还款期
2. 鄞州区土地储备中心	38.66	未到还款期
3. 中国新纪元有限公司	14.67	未到还款期

6.4.1.6 表外业务的期初数、期末数

无表外业务。

6.4.1.7 公司当年收入结构

收入结构	金额(万元)	占比(%)
手续费及佣金收入	69 931.32	55.42
其中:信托手续费收入	68 510.51	54.30
投资银行业务收入		
利息收入	8 232.31	6.53
其他业务收入	169.2	0.13
其中:计入信托业务收入部分		
投资收益	39 196.14	31.06
其中:股权投资收益	911.09	0.72
其他投资收益	38 285.05	30.34
公允价值变动收益	3 729.40	2.96
营业外收入	4 920.00	3.90
收入合计	126 178.37	100.00

注:手续费及佣金收入、利息收入、其他业务收入、投资收益、营业外收入均应为损益表中的一级科目,其中手续费及佣金收入、利息收入、营业外收入为未抵减掉相应支出的全年累计实现收入数。

6.4.2 信托资产管理情况

6.4.2.1 信托资产的期初数、期末数

单位:万元

信托资产	期初数	期末数
集合	1 807 747.00	3 261 427.00
单一	4 568 161.69	6 049 791.32
财产权	0	0
合计	6 375 908.69	9 311 218.32

6.4.2.1.1 主动管理型信托业务期初数、期末数

单位:万元

主动管理型信托资产	期初数	期末数
证券投资类	74 648.64	147 007.05
股权投资类	747 015.18	1 763 890.18
融资类	5 233 901.54	7 298 321.09
事务管理类	0	0
合计	6 055 565.36	9 209 218.32

6.4.2.1.2 被动管理型信托业务期初数、期末数

单位:万元

被动管理型信托资产	期初数	期末数
证券投资类	0	0
股权投资类	0	0
融资类	278 000.00	102 000.00
事务管理类	0	0
合计	278 000.00	102 000.00

6.4.2.2 本年度已清算结束的信托项目个数、实收信托合计金额、加权平均实际年化收益率

6.4.2.2.1 本年度已清算结束的集合类、单一类资金信托项目和财产管理类信托项目个数、实收信托金额、加权平均实际年化收益率

已清算结束信托项目	项目个数	合计金额(万元)	加权平均实际年化收益率(%)
集合类	32	1 255 595.00	6.11
单一类	34	4 466 571.00	4.9
财产管理类	0	0	—

注:1. 收益率是指信托项目清算后,给受益人赚取的实际收益水平。

2. 加权平均实际年化收益率=(信托项目1的实际年化收益率×信托项目1的实收信托+信托项目2的实际年化收益率×信托项目2的实收信托+…信托项目n的实际年化收益率×信托项目n的实收信托)/(信托项目1的实收信托+信托项目2的实收信托+…信托项目n的实收信托)×100%。

6.4.2.2.2 本年度已清算结束的主动管理型信托项目个数、实收信托合计金额、加权平均实际年化收益率、加权平均实际年化收益率

已清算结束信托项目	项目个数	合计金额(万元)	信托报酬率(%)	加权平均实际年化收益率(%)
证券投资类	4	82 000.00	0.29	1.26
股权投资类	5	281 060.00	1.23	5.18
融资类	56	5 219 106.00	1.13	5.44
事务管理类	0	0	—	—

注:加权平均实际年化信托报酬率=(信托项目1的实际年化信托报酬率×信托项目1的实收信托+信托项目2的实际年化信托报酬率×信托项目2的实收信托+…信托项目n的实际年化信托报酬率×信托项目n的实收信托)/(信托项目1的实收信托+信托项目2的实收信托+…信托项目n的实收信托)×100%。

6.4.2.2.3 本年度已清算结束的被动管理型信托项目个数、实收信托合计金额、加权平均实际年化收益率

已清算结束信托项目	项目个数	合计金额(万元)	信托报酬率(%)	加权平均实际年化收益率(%)
证券投资类	0	0	—	—
股权投资类	0	0	—	—
融资类	1	100 000.00	0.1	4.60
事务管理类	0	0	—	—

6.4.2.3 本年度新增的集合类、单一类和财产管理类信托项目个数、实收信托合计金额

新增信托项目	项目个数	合计金额(万元)
集合类	43	2 366 576.00
单一类	46	3 052 644.00
财产管理类	0	0
新增合计	89	5 419 220.00
其中:主动管理型	89	5 419 220.00
被动管理型	0	0

6.4.2.4 本公司履行受托人义务情况及因公司自身责任而导致的信托资产损失情况

本公司根据《信托法》、《信托投资公司管理办法》等相关法律法规的规定,在管理或处分信托财产时,履行了恪尽职守,诚实、信用、谨慎、有效管理的义务。具体为:

(1)遵守信托文件的规定,为受益人的最大利益处理信托事务。

(2)将受托人的固有财产与信托财产进行分别管理、分别记账,并将不同委托人的信托财产分别管理、分别记账。

截至2012年12月31日,本公司未发生因自身责任导致信托资产损失的情况。

6.5 关联方关系及其交易的披露

6.5.1 关联交易方的数量、关联交易的总金额及关联交易的定价政策

	关联交易数量	关联交易金额(万元)	定价政策
合计	16	1 429 347.20	坚持价格公允原则,由当事人依据市场价格通过合同约定

注:关联交易以《公司法》和《企业会计准则第36号——关联方披露》有关规定为准。

6.5.2 关联交易方与本公司的关系性质、关联交易方基本信息

关系性质	关联方名称	法定代表人	注册地址	注册资本（万元）	主营业务
受控于同一实际控制人人	辽阳市宏伟区龙泽房地产开发有限公司	王 路	辽宁省辽阳市荣华大街东段2号	1 100	房地产开发
	大庆久隆房地产开发股份有限公司	孙洪海	黑龙江省大庆市龙凤区龙凤大街北1号楼	5 000	房地产开发与经营
	海南中油深南石油技术开发有限公司	石彦民	海南省澄迈县华侨农场盐丁作业区仁荣村	10 200	天然气技术开发及应用
	中国石油集团济柴动力总厂	姜小兴	山东济南市经十西路11966号	60 895	机械、加工
	宝鸡石油机械有限责任公司	张永泽	宝鸡市金台区东风路2号	251 214	机械、加工
	北京华油房地产开发有限公司	孙成龙	北京市平谷区平谷镇新平西路金谷园	10 000	房地产开发与经营
	四川家益石油房产地开发有限公司	陈灵	四川成都市青羊区狮子巷55号华油楼4-5号楼	4 700	房地产开发
	廊坊中油管理房地产开发有限公司	姜永强	廊坊市广阳区金光道46号	4 000	房地产经营；房屋租赁
	大庆恒新房地产开发有限公司	陈志华	黑龙江省大庆开发区	2 000	房地产开发
	葫芦岛宏程房屋开发有限公司	胡晓明	葫芦岛市连山区新华大街42号	800	房地产开发与经营
	中国石油天然气集团公司商业储备油分公司	肖燕明	北京市西城区六铺炕街6号1号楼523房间	500 000	石油和天然气开采辅助活动
	大庆油田房屋建设开发有限责任公司	袁 宇	黑龙江省大庆市让胡路区西柳街13号	8 327	房地产开发
	锦州天元房地产开发有限公司	王家彦	锦州市古塔区重庆路一段8-88号	800	房地产开发经营
	抚顺石化房地产综合开发股份有限公司	卜 凡	抚顺市顺城区河堤北路7号	826	房地产开发等
	兰州高阳房地产开发公司	孙成龙	兰州市安宁区银滩路247号	47 300	房地产开发

6.5.3 本公司与关联方的重大交易事项

6.5.3.1 固有财产与关联方交易情况

单位：万元

	期初数	借方发生额	贷方发生额	期末数
贷款	—	—	—	—
投资	—	2 047.57	—	—
租赁	—	215.02	—	—
其他	—	674.46	1 837.55	—
合计	—	2 937.05	1 837.55	—

6.5.3.2 信托与关联方交易情况

单位：万元

	期初数	借方发生额	贷方发生额	期末数
贷款	1 500.00	662 000.00	0	663 500.00
投资	1 264 407.00	0	498 559.80	765 847.20
租赁	0	0	0	0
担保	0	0	0	0
应收账款	0	0	0	0
合计	1 265 907.00	662 000.00	498 559.80	1 429 347.20

6.5.3.3 固信交易与信信交易情况

6.5.3.3.1 固信交易情况

单位：万元

固有财产与信托财产相互交易			
	期初数	本期发生额	期末数
合计	224 875	102 325	327 200

6.5.3.3.2 信信交易情况

单位：万元

信托资产与信托财产相互交易			
	期初数	本期发生额	期末数
合计	675 594	212 163	887 757

6.5.4 关联方逾期未偿还本公司资金情况及本公司为关联方担保垫款情况

报告期内，无逾期未偿还情况发生。

6.6 会计制度的披露

固有业务（自营业务）：本公司执行2006年版《企业会计准则》和《金融企业会计制度》及相关规定。

信托业务：本公司执行2006年版《企业会计准则》和《金融企业会计制度》及相关规定。

7. 财务情况说明书

7.1 利润实现和分配情况

2012年利润总额100 373万元，同比增加29 607万元，增长41.84%。净利润74 018万元，同比增加21 565万元，增长41.11%。

报告期未分配利润变动情况如下：

单位：万元

项 目	金额
本年初余额	77 724.47
本年增加额	74 017.51
其中：本年净利润转入	74 017.51
其他调整因素	
本年减少额	11 102.63
其中：本年提取盈余公积	7 401.75
本年提取一般风险准备	3 700.88
本年分配现金股利数	31 209.29
转增资本	
其他减少	
本年末余额	109 430.06

7.2 主要财务指标

指标名称	指标值
资本利润率(%)	15.31
加权年化信托报酬率(%)	0.79
人均净利润(万元)	343.47

注:1. 资本利润率=净利润/所有者权益平均余额×100%。
2. 加权年化信托报酬率=(信托项目1的实际年化信托报酬率×信托项目1的实收信托+信托项目2的实际年化信托报酬率×信托项目2的实收信托+…信托项目n的实际年化信托报酬率×信托项目n的实收信托)/(信托项目1的实收信托+信托项目2的实收信托+…信托项目n的实收信托)×100%。
3. 人均净利润=净利润/年平均人数。
4. 平均值采取年初、年末余额简单平均法,公式为:a(平均)=(年初数+年末数)/2。

7.3 对本公司财务状况、经营成果有重大影响的其他事项

无。

8. 特别事项揭示

8.1 前五名股东报告期内变动情况及原因

根据昆仑信托有限公司(以下简称公司)2012年第二次临时股东大会审议通过的《关于股东间股权转让及修改公司章程的议案》,同意公司股东南部新城现代商务服务有限公司(以下简称南部新城)与广博投资控股有限公司(以下简称广博投资)根据双方签订的《股权转让协议》,由南部新城向广博投资转让其所持有的全部昆仑信托有限责任公司2.51%股权。该笔股权转让已获宁波市鄞州区财政局、宁波市鄞州区国有资产管理委员会批复同意。

根据上述股东大会决议,公司签订了股权转让协议,并于2012年11月27日办理完成股权转让的工商变更手续,取得宁波市公商行政管理局换发的企业法人营业执照,注册号为:330200000025880,注册资本人民币300 000万元,法定代表人温青山。公司股东变更为:中油资产管理有限公司,出资金额为2 465 307 125.31元,出资比例为82.18%;天津经济技术开发区国有资产经营公司,出资金额为384 692 874.69元,出资比例为12.82%;广博投资控股有限公司,出资比150 000 000.00元,出资比例为5.00%。

8.2 董事、监事及高级管理人员变动情况及原因

职务	前任	现任	变动原因
董事	温青山、王亮、杨冬艳、周远鸿、叶旺、李效熙、王毓信、尹中立、王利平	温青山、王亮、杨冬艳、周远鸿、叶旺、李效熙、王毓信、尹中立、王利平	无变动。
监事	孙金瑜、盖文国、胡志明、马荣伟、周琳	孙金瑜、盖文国、胡志明、马荣伟、周琳	无变动。
高级管理人员	总裁:王亮 副总裁:姚飞、李效熙、朱佳平、刘刚、黄志斌、吴怀镛	总裁:王亮 副总裁:姚飞、李效熙、朱佳平、刘刚、黄志斌、吴怀镛财务总监:张建慧	因公司经营管理需要,董事会聘任张建慧女士为财务总监。

8.3 公司的重大诉讼事项

8.3.1 未决诉讼事项

无。

8.3.2 以前年度发生,本报告年度内终结诉讼事项

无。

8.3.3 本报告年度发生并终结诉讼事项

无。

8.4 公司及其董事、监事和高级管理人员受到处罚情况

无。

8.5 本年度重大事项临时报告情况

《昆仑信托有限责任公司2011年度报告摘要》,披露于2012年2月23日《金融时报》04版。

《昆仑信托有限责任公司关于完成股权转让工商变更的公告》,披露于2012年12月20日《金融时报》07版。

8.6 其他重要信息

无。

9. 公司监事会独立意见

9.1 关于公司依法运作情况的意见

2012年,公司坚持依法合规经营,不断完善内部控制制度,决策程序符合法律、法规及公司章程的有关规定。董事会、高级管理层成员认真履行职责,未发现有违反法律、法规或损害公司利益的行为。

9.2 关于公司财务报告的意见

公司2012年度财务报告按照中国企业会计准则编制。经立信会计师事务所审计过的公司财务报表,真实、公允地反映了公司的财务状况和经营成果,会计师事务所出具的无保留意见书是客观公正的。

9.3 关于关联交易的意见

公司2012年关联交易业务,符合商业原则和银监会监管要求,未发现有损害股东利益、公司利益和信托受益人利益的情形。

陆家嘴国际信托有限公司

1. 重要提示

1.1 本公司董事会及董事保证本报告所载资料不存在任何虚假记载、误导性陈述或者重大遗漏，并对其内容的真实性、准确性和完整性承担个别及连带责任。本年度报告摘要摘自年度报告全文，客户及相关利益人欲了解详细内容，应阅读年度报告全文。

1.2 本报告经公司第二届董事会第七次会议审议通过，独立董事殷剑峰因另有公务，未能出席会议，但已认真审议报告内容并发表独立声明。

1.3 本公司独立董事杨德红、殷剑峰声明：保证年度报告内容的真实、准确、完整。

1.4 上海众华沪银会计师事务所有限公司根据中国注册会计师审计准则对本公司年度财务报告进行审计，出具了标准无保留意见的审计报告。

1.5 本公司董事长常宏、总经理陈文、副总经理舒榕怀、财务总监浦凤丹声明：保证年度报告中财务报告的真实、完整。

2. 公司概况

2.1 公司简介

2.1.1 公司历史沿革

陆家嘴国际信托有限公司（以下简称陆家嘴信托或公司）是上海陆家嘴金融发展有限公司（以下简称陆金发）控股的信托机构，注册资本为10.68亿元。公司注册地为青岛，在部分城市设立业务团队。公司前身为2003年10月15日经中国银监会批准成立的青岛海协信托投资有限公司（以下简称海协信托）。公司经过重组，2011年1月26日，中国银监会批复同意新疆威仕达实业（集团）股份有限公司、新疆棉花产业（集团）有限责任公司、中铁十八局集团有限公司、安徽丰原集团有限公司四家股东合计持有的海协信托71.606%的股权转让给陆金发；2011年5月5日，经工商变更登记，陆金发成为海协信托股东。2011年9月16日，中国银监会批复同意山东海川集团控股公司和青岛联宇时装有限公司两家股东合计持有海协信托28.394%的股权转让给青岛国信发展（集团）有限责任公司（以下简称青岛国信）；2011年10月27日，经工商变更登记，青岛国信成为海协信托股东。2012年2月27日，中国银监会批复同意公司名称变更为陆家嘴信托，同意公司根据《信托公司管理办法》的有关规定开展中国银监会批准的业务。至此，海协信托重组工作取得重大突破，为公司稳健成长揭开崭新的一页。2012年11月5日，中国银监会青岛监管局批复同意公司注册资本金由31 500万元变更为106 834.62万元，股权结构不变，有效地增强了资金实力、主业协同和风险缓冲能力。

2.1.2 基本信息

2.1.2.1 公司法定中文名称：陆家嘴国际信托有限公司

中文名称缩写：陆家嘴信托

公司法定英文名称：Lujiazui International Trust Co., Led.

英文缩写：LUJIAZUIi TRUST

2.1.2.2 法定代表人：常宏

2.1.2.3 注册地址：青岛市崂山区梅岭路29号综合办公楼1号818室

邮政编码：266061

公司国际互联网网址：http://www.ljzitc.com.cn

电子信箱：ljzxt@ljzitc.com.cn

2.1.2.4 公司负责信息露事务的高级管理人员：浦凤丹

公司信息披露联系人：张拂宇

联系电话：021-50587808转

传真：021-50588225

电子信箱：ljzxt@ljzitc.com.cn

2.1.2.5 公司选定的信息披露报纸：《上海证券报》

公司年度报告备置地点：青岛市市南区香港中路26号远雄国际广场14楼

上海市浦东新区世纪大道1600号30楼/28楼

2.1.2.6 公司聘请的会计师事务所：上海众华沪银会计师事务所有限公司

住所：上海市延安东路550号海洋大厦12楼

2.1.2.7 公司聘请的律师事务所：上海市锦天城律师事务所

住所：上海市花园石桥路33号花旗集团大厦14楼

2.2 组织结构

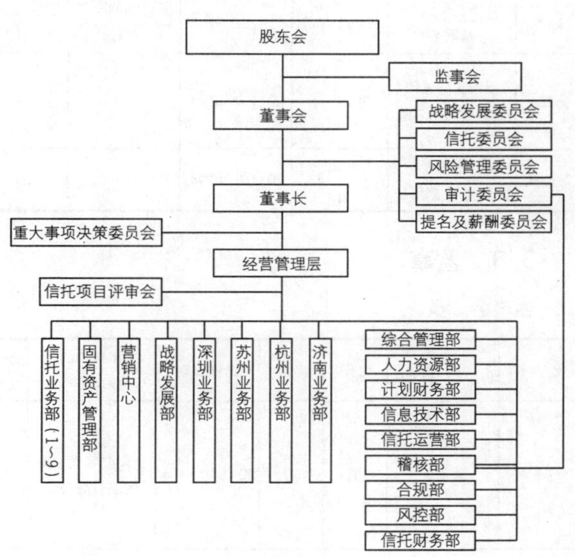

3. 公司治理结构

3.1 股东

报告期末股东总数2家。

股东名称	持股比例(%)	法人代表	注册资本(万元)	注册地址	主要经营业务及主要财务情况
上海陆家嘴金融发展有限公司★	71.606	杨小明	341 500	上海市浦东新区世纪大道1600号2506室	金融产业、工业、商业、城市基础设施等项目的投资、管理，投资咨询，企业收购、兼并（企业经营涉及行政许可的，凭许可证件经营）。截至2012年末，公司资产总额为62.15亿元。
青岛国信发展（集团）有限责任公司	28.394	崔锡柱	300 000	青岛市市南区东海西路15号	一般经营项目：城乡重大基础设施项目投资建设与运营；政府重大公益项目的投资建设与运营；经营房产、旅游、土地开发等服务业及经批准的非银行金融服务业；经政府批准的国家法律、法规禁止以外的其他资产投资与运营（以上范围需经许可经营的，须凭许可证经营）。截至2012年末，公司资产总额为367亿元（未经审计）。

注：股东名称一栏中★为公司最终实际控制人。

3.2 董事

董事长、副董事长、董事

姓　名	职　务	性别	年龄	选任日期	所推举的股东名称	该股东持股比例(%)	简　要　履　历
常　宏	董事长	男	49	2011年10月	上海陆家嘴金融发展有限公司	71.606	曾任上海浦东新区管理委员会副处长、领导秘书，美国大都会人寿公司投资顾问，Sino－century Capital& Development Co. Ltd. 创始合伙人，汉世纪投资管理有限公司董事长，张江汉世纪创业投资有限公司总经理，上海市第十三届人民代表大会人大代表；现任陆家嘴国际信托有限公司董事长，上海陆家嘴金融发展有限公司总经理，中银消费金融有限公司董事。
舒榕怀	董事	男	60	2011年10月	上海陆家嘴金融发展有限公司	71.606	曾任浙江省湖州市教师进修学院副院长，上海陆家嘴城市建设开发投资有限公司副总经理、上海陆家嘴金融发展有限公司总经理助理、青岛海协信托投资有限公司重组小组成员；现任陆家嘴国际信托有限公司副总经理。
徐国君	董事	男	50	2011年11月	青岛国信发展（集团）有限责任公司	28.394	曾任北京林业部干部学院助教，青岛大学系副主任、教授，中国海洋大学教授、系主任、院长、校长助理；现任青岛国信发展（集团）有限责任公司副总经理、总会计师，中国海洋大学教授、博士生导师。

独立董事

姓名	所在单位及职务	性别	年龄	选任日期	所推举的股东名称	该股东持股比例(%)	简　要　履　历
杨德红	上海国际集团有限公司副总裁	男	46	2011年12月	—	—	曾任上海国际信托投资公司投资银行总部总经理，上海国际集团资产经营有限公司总经理，上海国际集团有限公司总经理助理；现任上海国际集团有限公司党委委员、副总裁，兼任爱建股份有限公司党委副书记、总经理。
殷剑峰	中国社会科学院金融研究所 副所长	男	43	2011年10月	—	—	曾任香港TTM有限公司安徽办事处高级经理，中国社科院金融所研究室主任，所长助理；现任中国社科院金融所副所长、中国社科院陆家嘴研究基地秘书长。

3.3 监事

监事会成员

姓　名	职　务	性别	年龄	选任日期	所推举的股东名称	股东持股比例(%)	简　要　履　历
杨小明	监事长	男	59	2011年10月	上海陆家嘴金融发展有限公司	71.606	曾任浦东新区党委组织部副部长，劳动人事局兼新区机关党委副书记，上海市外高桥保税区新发展有限公司党委书记、总经理，上海市金桥出口加工区开发公司党委书记、总经理，上海市金桥（集团）有限公司总经理、党委副书记等职务；现任浦东新区区委委员，上海陆家嘴（集团）有限公司党委书记、总经理，陆家嘴功能区域党工委副书记、管委会副主任。

续表

姓 名	职 务	性别	年龄	选任日期	所推举的股东名称	股东持股比例(%)	简 要 履 历
万曾炜	监事	男	63	2011年10月	上海陆家嘴金融发展有限公司	71.606	曾任上海市人民政府经济研究中心处长,浦东新区综合规划土地局局长,浦东发展集团法人代表,浦东投资建设有限公司法人代表,浦发集团财务公司董事长,上海市公积金管理中心主任等职务;现任上海浦东改革与发展研究院院长。
汪 晖	监事	男	36	2011年9月	职工代表	—	曾任中国银行上海市分行风险管理处金融分析师,华鑫证券财务部总会计师,加拿大安省交通部财务部高级金融分析师等职务;现任陆家嘴国际信托有限公司信托财务部总经理。

3.4 高级管理人员

姓名	职务	性别	年龄	选任日期	金融从业年限	学历	专业
陈 文	总经理	男	48	2011年11月	26	研究生	经济法
舒榕怀	副总经理	男	60	2011年11月	3	研究生	城市经济
崔 斌	副总经理	男	39	2011年12月	9	本科	经济学
浦凤丹	财务总监	女	37	2011年12月	15	本科	经济学

3.5 公司员工

截至本报告期末,职工人数为104人,平均年龄36.3岁。

学历分布	人数	比例(%)
博士	2	1.92
硕士	46	44.23
本科	43	41.35
专科	9	8.65
其他	4	3.85

4. 经营管理

4.1 经营目标、经营方针、战略规划

4.1.1 经营目标

公司秉持"心所善,可信托"的价值文化,不断追求卓越,赢得市场信赖;倡导"高起点,可持续"的经营理念,发挥后发优势,实现跨越发展,力争在3~5年内成为稳健经营、规范管理、业绩卓著、持续发展的信托公司,并最终将自身打造成为国内一流的致力于资产管理与财富管理的专业金融机构。

4.1.2 经营方针

立足现状、发挥优势;积极展业,均衡发展;注重业务标准质量,强化内控。

4.1.3 战略规划

在起步阶段,一要夯实基础、赶超同行。既要考虑起步阶段自身的不足,又要紧跟行业发展步伐;二要在内控管理上规范经营、稳健发展,既要符合监管要求和期待,又要在加强管控的前提下积极进取。公司将2012年作为起步之年、生存之年,积极审慎地应对宏观政策、行业态势和公司现实,平稳起步,从常规业务切入,同步培育和储备创新业务,在迅速打开局面的同时,为公司可持续发展奠定基础。

4.2 所经营业务的主要内容

公司主要业务分为信托业务和自营业务。

4.2.1 信托业务

信托业务:从委托人数量看,包括单一信托和集合信托;从委托人交付信托财产的性质看,主要包括资金信托、不动产信托、财产权信托等;从信托财产运用方式看,包括贷款类信托、投资类信托等。

相关信托业务:包括与基本信托业务相关的项目融资、财务顾问等信托业务品种。

信托资产运用与分布表

资产运用	金额(万元)	占比(%)	资产分布	金额(万元)	占比(%)
货币资产	18 077.31	0.65	基础产业	1 921 905.20	69.31
贷款	1 128 179.20	40.69	房地产	235 364.00	8.49
交易性金融资产	—	—	证券市场	101 838.61	3.67
可供出售金融资产	995 155.14	35.89	实业	423 886.54	15.29
持有至到期投资	—	—	金融机构	—	—
长期股权投资	95 980.00	3.46	其他	89 776.08	3.24
其他	535 378.78	19.31			
信托资产总计	2 772 770.43	100	信托资产总计	2 772 770.43	100

注:其他资产中主要包括买入返售金融资产及应收款项。

4.2.2 固有业务

本报告期内公司固有业务主要包括投资类业务:投资类业务主要包括金融产品投资。

自营资产运用与分布表

资产运用	金额(万元)	占比(%)	资产分布	金额(万元)	占比(%)
货币资产	66 208	53.59	基础产业		
贷款及应收款	878	0.71	房地产业		
交易性金融资产	34 584	27.99	证券市场	94 399	76.41
可供出售金融资产	16 456	13.32	实业		
持有至到期投资	4 000	3.24	金融机构	27 196	22.01
长期股权投资			其他	1 946	1.58
其他	1 415	1.15			
资产总计	123 541	100.00	资产总计	123 541	100.00

4.3 市场分析

4.3.1 市场环境影响公司经营的有利条件

一是宏观经济平稳运行。2012 年虽然面临国内外严峻复杂的宏观经济形势，我国的经济平稳运行，主要经济指标先抑后扬、稳中有升，没有发生较严重的通货膨胀。二是中央实施稳健的货币政策，全年总体是缓慢放松，实体经济的融资需求保持平稳。三是居民的理财需求持续高涨，并且对于信托产品的认同度空前提高、购买需求旺盛。四是信托全行业资产规模大幅增长，至年底存量已达 7.47 万亿元，已超越保险业成为规模第二的金融子行业，信托业在国民经济中的地位和社会影响显著提高。

4.3.2 市场环境影响公司经营的不利条件

一是外围经济尚未完全走出停滞状态，我国的出口仍未走出低谷，加上内需增长乏力，宏观经济环境仍不乐观。二是中央继续实行房地产调控措施，部分三、四线城市出现区域性房地产风险。三是证券、基金行业和保险行业的资产管理新政的实施，使得信托业传统业务领域出现了新的竞争对手，对于信托行业的发展带来了新的挑战。四是社会舆论对信托行业的关注度日益提高，关于信托公司和信托产品的负面舆情时有出现。

4.4 内部控制

4.4.1 内部控制环境和内部控制文化

公司构建由股东会、董事会、监事会和高级管理层构建的现代公司治理机制，三会分设，形成有效制约、协调发展。公司各治理主体职责明确，严格按照法律法规、公司章程及相关制度的规定，相对独立地开展工作，充分发挥有效地制衡作用。

公司以建立良好的公司治理为目标，以树立合法合规经营的理念和风险控制优先的意识为前提，形成业务不断发展和风险有效控制的运行机制。公司高度重视内部控制文化建设，大力培育全面风险管理理念，通过各类培训、内刊刊载、研讨活动等形式，提升员工的法治观念、诚信观念和道德水准，提高风险管理的自觉性。

4.4.2 内部控制措施

公司按照现代企业制度的要求，遵循全面性、重要性、制衡性、适应性、审慎性、独立性、成本效益、防火墙的原则和决策、执行、交流、监督、反馈的内控制度程序，采取六个方面的措施来加强公司的内控制度建设：

4.4.2.1 组织结构内部控制

公司依据业务系统、决策系统、执行系统、监督系统相互制衡的原则，建立科学的、相互制约的前台、中台、后台组织机构设置。公司各职能部门按照职责分工履行各自的管理职责并实现经营目标。公司采取自营业务和信托业务相分离的机构安排，构建权责清晰、目标明确、相互制衡、协调统一的组织机构设置。主要包括：

决策层面：股东会审议批准董事会制定的各项政策与经营计划。董事会负责审批公司的整体经营战略和重大政策；批准公司基本管理制度；任命高级管理层；董事会对管理层、审计机构、监管机构的内部控制评估报告进行审查，并监督管理层落实整改措施。

经营层面：高管层负责实施经董事会批准的内部控制的总体政策及策略，并通过制定相应的内部管理制度和业务管理制度来具体执行；采取固有财产与信托财产隔离、前中后台职责分离的管理理念，分设前台（固有资产管理部、信托业务部、营销中心）、中台（合规部、风控部、战略发展部、信托运营部、信托财务部等支持部门）和后台（计划财务部、稽核部、人力资源部、综合管理部、信息技术部等管理部门），其中，营销中心、战略发展部及信托运营部为公司完善机构运营于 2012 年新增部门。通过部门设置的不断完善，公司形成了相互制衡的控制体系，有效降低公司的经营风险。

监督层面：监事会负责检查公司整体运营情况和风险管理情况。董事会下设信托委员会、风险管理委员会、审计委员会、提名和薪酬委员会和战略发展委员会，分别履行职能：信托委员会负责监督公司依法履行的受托职责；风险管理委员会负责公司的风险控制、管理、监督和评估，以及重大关联交易的审核；审计委员会负责公司内、外部审计的沟通、监督和核查工作的审核；提名及薪酬委员会负责提名公司高管，拟定董事及高管的考核标准并进行考核，审查董事和高管的薪酬政策和方案；战略发展委员会根据金融市场的发展及政策变化，研究金融行业在各个时段的特征，对公司业务发展方向提出指导性的意见。稽核部门负责对各部门、各岗位、各项业务的开展情况实施全面的监督检查和评价。

4.4.2.2 授权内部控制

公司建立统一、完善的授权体系，形成层级分明、权限清晰的授权理念。同时，公司建立以基本授权和特别授权为内容的授权管理制度，明确各部门、各岗位的管理及业务操作、审批权限，并将权限管理与业务系统、审批程序相结合，保证各级管理人员和操作人员在各自授权范围内行使职权并承担责任。公司各项投资决策按规定程序办理，并保留相应记录，严控各种违反授权行为的发生。

4.4.2.3 业务内部控制

公司在业务管理上，除了制定较为完善的业务管理制度、业务操作流程、岗位操作手册外，还注重资产的合理配置，以防范资产过度集中于高风险领域，保障资产安全性。同时，公司做好固有和信托业务的内部防火墙工作，具体包括公司的自营业务和信托业务相互分离，分别由不同的部门管理；公司固有财产和信托财产分开管理、分别核算，并由不同的会计人员负责；自营业务和信托业务做到信息隔离，各业务信息相互独立，业务人员做到对工作中知悉的未公开的业务信息保密。

4.4.2.4 关联交易内部控制

公司为加强关联交易决策和监督的控制，防范关联交易所导致的风险，制定关联交易管理制度，包括但不限于关联交易的范围、关联方的范围、公允价格的确定、董事会或者经营决策机构对关联交易的监督管理、重大关联交易识别等。公司做好日常对关联方的信息收集与管理工作、回避制度、内部审计监督、信息披露等内容。关联交易按照国家法律法规的规定和银监会的要求，做到比例控制，逐笔报告，充分信息披露。

4.4.2.5 突发事件处理机制

公司为了及时、有序地应对和处理突发事件，已制定《项目异常处理办法》、《突发事件应急预案管理办法》，规范异常项目和突发事件定义，并明确相关部门职责和处理流程。目前，公司虽尚未发生突发事件和异常项目，但已制定《项目异常处理预案》，以利于相关部门和相关岗位了解异常处理流程和各自的职责。

4.4.2.6　内部控制制度

公司本着规范管理、防范风险的原则，不断加强内控制度的建设和完善。公司通过制定基本管理制度、具体规章制度、部门规章制度，建立层次分明、权责清晰、管控合理的规章制度体系。随着公司的发展，公司将不断建立、健全各级规章制度，以加强内部控制，降低各类风险事件的发生；内部规章制度所涉及的范围包括但不限于：业务管理、财务会计、风险管理、内部控制、行政人事等。

4.4.3　监督评价与纠正

公司建立有效的报告和纠正机制，业务部门和其他部门员工发现内部控制问题时，及时向合规部报告，合规部负责整改和监督落实情况。

公司设立稽核部门，负责内部控制的监督评价，发现内部控制的隐患和缺陷时，及时报告与纠正；对内部控制的制度建设和执行情况定期进行检查评价，并根据检查结果提出内部控制缺陷及改进建议。

公司设立监事会，负责监督公司整体运营情况和风险管理情况，并进行评价。

公司根据监管机构检查结果和所提的改进意见，明确整改措施，并督促相关部门落实。

4.5　风险管理

4.5.1　风险状况

公司经营活动中可能遇到的主要风险有信用风险、市场风险、操作风险等。

4.5.1.1　信用风险状况

信用风险主要是指交易对手不能或不愿按期偿还债务而使委托人或公司遭受损失的可能性。报告期内，公司发生的各类业务均经过严格的内部评审程序，合法合规，符合公司准入要求，交易对手信用度较好，保障措施充分，交易对手违约风险及项目按期兑付风险可控。公司还根据银监会和财政部有关规定建立了相关制度，严格按照制度计提风险资产的资产减值准备、信托赔偿准备金和一般准备。报告期末，公司无不良资产，亦无违约事件发生。

4.5.1.2　市场风险状况

市场风险主要是指由于金融市场的波动或行情的变化给公司或其他信托当事人带来损失的可能性，主要表现为因经济运作周期变化、金融市场利率波动、通货膨胀、房地产交易、证券市场变化等造成的风险，这些风险可能影响信托财产的价值及信托收益水平，也可能影响公司固有资产价值或导致损失。2012年公司密切关注各类市场风险，勤勉、尽职履行职责。报告期内，公司未发生因该类风险所造成的损失。

4.5.1.3　操作风险状况

操作风险主要指由于内部程序、人员、系统的不完善或失误，或外部事情造成直接或间接损失的风险，即由公司内部操作流程、人为因素、体制及外部事情引起的风险。报告期内，公司未发生此类风险致使公司及受益人造成损失。

4.5.1.4　其他风险状况

其他风险主要包括法律风险、政策风险、声誉风险等。法律风险指公司在业务经营过程中由于不当的法律文书、违约行为或怠于行使自身法律权利等所造成的风险。政策风险是因国家宏观政策或监管政策发生变化，而导致经营风险、项目风险上升。声誉风险指由于公司内部管理或服务出现问题而引起自身外部社会名声、信誉和公众信任度下降，从而对公司外部市场地位产生消极和不良影响的风险。报告期内，公司未发生其他风险造成的损失。

4.5.2　风险管理

4.5.2.1　信用风险管理

公司通过事前评估、事中控制、事后监督的风险管理体系来防范和规避信用风险，具体措施包括：(1)严格按照业务流程、制度规定和相应程序开展各项业务，确保决策者充分了解业务涉及的信用风险；(2)对交易对手进行全面、深入的信用调查与分析，形成客观、详实的尽职调查报告；(3)严格按照公司各项业务指引落实交易对手分类准入，并根据交易对手情况设置相应风控措施；(4)遵照评审规则和流程，坚持集体决策的评审制度，全方面排查风险；(5)严格落实项目的保障措施，注意对抵押物权属有效性、合法性进行审查，客观、公正评估抵押物，同时，公司相关业务指引中规定了抵质押率比例，《担保品管理办法》中规定了担保品的管理要求；(6)业务部门、风控部进行项目期间管理，跟踪交易对手情况、监控担保品价值及项目进度，若发现问题及时采取措施有效防范和化解各类风险；(7)严格按要求进行五级分类，足额计提相关资产减值准备，并按规定比例提取信托赔偿准备金，以提高公司抵御风险的能力。2012年公司计提资产减值准备240万元；在弥补过往年度亏损后，已按银监会要求(计提标准：每年税后净利5%，计提金额在达到注册资本金20%后可不再计提)计提信托赔偿准备金391万元；计提一般准备1 317万元。报告期末，各项准备金余额合计1 951万元

4.5.2.2　市场风险管理

公司制定并不断完善市场风险管理原则和程序，对每项业务和产品中的市场风险因素进行分解和分析，及时准确识别业务中市场风险的类别和性质，具体措施包括：(1)对宏观经济走势、政策变化、投资策略演变及其他影响市场变化的因素进行持续分析，为投资决策提供参考；(2)关注国家宏观政策变化，规避限制类行业和相关项目；(3)进行资产组合管理，并动态调整资产配置方案，以规避或降低市场风险；(4)控制行业集中度，控制总体证券投资规模、设定证券投资限制指标和止损点；(5)加强对投资品种的研究和科学论证，按严格的流程进行控制；(6)密切监控已开展业务的运行情况，根据市场风险情况及时做出投资调整，避免或降低市场风险引起的损失。同时，公司通过做好实时监控、风险敞口限额控制、止损设置、压力测试等措施，最大限度降低风险。

4.5.2.3　操作风险管理

公司通过不断完善规章制度，对部门、岗位制定了明确的职责和权限，职责的制定体现岗位相互分离的原则，能够实现中台、后台对前台的监督；对公司的各项业务制定了具体的业务操作流程，消除人为因素而造成的风险，保障风险控制体系的有序规范运行，并通过事后评价和总结，防止相类似的风险发生。公司2012年投入大量人力、物力，定制恒生系统，规范

了业务审批、期间管理及清算等流程，使得系统化、流程化替代了原先的手工流程操作，最大限度的降低了操作风险。另外，公司还定期或不定期对员工进行培训，并对渎职、越权或违背操作规定的人员进行问责；公司定期对内部的计算机信息系统进行维护和保养，加强技术系统的管理，保证其正常运行，消除风险隐患。

4.5.2.4　其他风险管理

对于法律风险，公司设置合规部，配备法律专业人员，同时聘请外部法律顾问，处理公司的各项法律、合规事务，帮助公司把好守法合规经营关；同时，公司通过员工教育和培训，强化合法合规意识，培育内部法律合规环境。

对于政策风险，公司严格依法合规经营，与监管部门保持紧密联系，最快地获得和了解政策动向；公司定期或不定期组织员工学习相关政策文件，加强对宏观形势的分析研究。

良好的声誉是一家金融机构健康发展的重要资源。对于声誉风险，公司对可能影响公司声誉的业务坚决予以回避，尽职管理受托资产，履行承诺事项，并充分披露，塑造公司专业和诚信的社会形象。

5. 报告期末及上一年度末的比较式会计报表

5.1 自营资产（经审计）

5.1.1 会计师事务所审计意见全文

审 计 报 告

沪众会字〔2013〕第0072号

陆家嘴国际信托有限公司全体股东：

我们审计了后附的陆家嘴国际信托有限公司（以下简称陆家嘴信托公司）财务报表，包括2012年12月31日的资产负债表，2012年度的利润表、现金流量表、所有者权益变动表以及财务报表附注。

一、管理层对公司财务报表的责任

编制和公允列报财务报表是陆家嘴信托公司管理层的责任，这种责任包括：（1）按照企业会计准则的规定编制财务报表，并使其实现公允反映；（2）设计、执行和维护必要的内部控制，以使财务报表不存在由于舞弊或错误导致的重大错报。

二、注册会计师的责任

我们的责任是在执行审计工作的基础上对财务报表发表审计意见。我们按照中国注册会计师审计准则的规定执行了审计工作。中国注册会计师审计准则要求我们遵守中国注册会计师职业道德守则，计划和执行审计工作以对财务报表是否不存在重大错报获取合理保证。审计工作涉及实施审计程序，以获取有关财务报表金额和披露的审计证据。选择的审计程序取决于注册会计师的判断，包括对由于舞弊或错误导致的财务报表重大错报风险的评估。在进行风险评估时；注册会计师考虑与财务报表编制和公允列报相关的内部控制，以设计恰当的审计程序，但目的并非对内部控制的有效性发表意见。审计工作还包括评价管理层选用会计政策的恰当性和作出会计估计的合理性，以及评价财务报表的总体列报。

我们相信，我们获取的审计证据是充分、适当的，为发表审计意见提供了基础。

三、审计意见

我们认为，陆家嘴信托公司财务报表在所有重大方面按照企业会计准则的规定编制，公允反映了陆家嘴信托公司2012年12月31日的财务状况以及2012年度经营成果和现金流量。

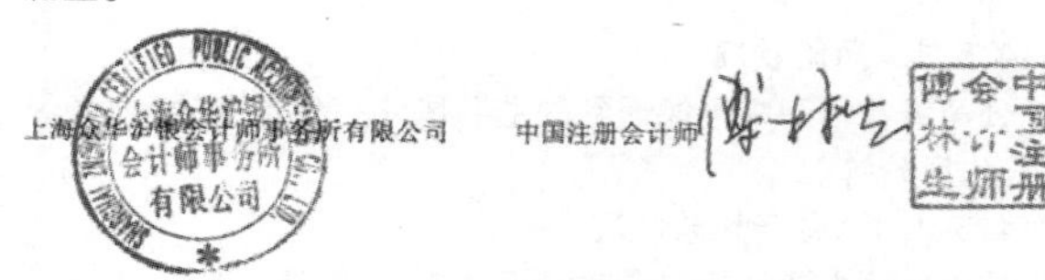

中国·上海　　　　二〇一三年三月一十九日

5.1.2 资产负债表

编制单位：陆家嘴国际信托有限公司　　　　2012年12月31日　　　　单位：元

项　目	行次	年初数	年末数	项　目	行次	年初数	年末数
资产：				负债：			
现金	1	10 431.90	3 051.94	向中央银行借款	28		
存放同业款项	2	271 650 388.76	271 963 393.49	联行存放款项	29		
贵金属	3			同业及其他金融机构存放款项	30		
存放联行款项	4			拆入资金	31		
存放央行款项	5			交易性金融负债	32		
拆出资金	6			衍生金融负债	33		
交易性金融资产	7		345 841 806.43	卖出回购金融资产款	34		
衍生金融资产	8			吸收存款	35		
买入返售金融资产	9		390 112 090.30	应付职工薪酬	36	4 194 493.85	48 949 578.83
应收款项类金融资产	10			应交税费	37	150 459.08	34 238 881.75
应收利息	11		3 473 519.43	应付利息	38		
其他应收款	12	2 339 292.77	5 307 187.01	其他应付款	39	13 285 907.80	5 873 987.79
发放贷款和垫款	13			预计负债	40		

续表

项　目	行次	年初数	年末数	项　目	行次	年初数	年末数
可供出售金融资产	14		164 555,500. 32	应付债券	41		
持有至到期投资	15		40 000 000. 00	递延所得税负债	42		
长期股权投资	16			其他负债	43		
投资性房地产	17			负债合计	44	17 630 860. 73	89 062 448. 37
固定资产	18	2 066 359. 96	4 586 846. 53	所有者权益(或股东权益):			
在建工程	19			实收资本(或股本)	45	315 000 000. 00	1 068 346 200. 00
固定资产清理	20			国家资本	46		
无形资产	21	263 456. 11	2 626 586. 48	集体资本	47		
商誉	22			法人资本	48	315 000 000. 00	1 068 346 200. 00
长期待摊费用	23	1 105 626. 38	2 570 025. 41	其中:国有法人资本	49	315 000 000. 00	1 068 346 200. 00
抵债资产	24			个人资本	50		
递延所得税资产	25	11 634 088. 22	3 528 036. 99	外商资本	51		
其他资产	26		837 235. 60	资本公积	52		-120 081. 43
				减:库存股	53		
				盈余公积	54		7 811 671. 30
				一般风险准备	55		13 167 682. 05
				信托赔偿准备金	56		3 905 835. 65
				未分配利润	57	-43 561 216. 63	53 231 523. 99
				外币报表折算差额	58		
				归属于母公司所有者权益合计	59		
				少数股东权益	60		
				所有者权益(或股东权益)合计	61	271 438 783. 37	1 146 342 831. 56
资产总计	27	289 069 644. 10	1 235 405 279. 93	负债和所有者权益(或股东权益)总计	62	289 069 644. 10	1 235 405 279. 93

总经理:陈　文　　财务总监:浦凤丹　　会计机构负责人:浦凤丹　　制表:陈　燕

5.1.3　利润表

编制单位:陆家嘴国际信托有限公司　　2012 年度　　单位:元

项　目	行次	上年数	本年数	项　目	行次	上年数	本年数
一、营业收入	1	16 264 687. 22	278 630 748. 89	(四)其他业务成本	18		
(一)利息净收入	2	16 262 646. 08	5 907 887. 37	三、营业利润(亏损以"-"号填列)	19	166 402 705. 40	162 395 459. 23
利息收入	3	16 262 646. 08	5 907 887. 37	加:营业外收入	20	2 296. 64	983 210. 76
利息支出	4			减:营业外支出	21	-208 373. 50	4 004. 84
(二)手续费及佣金净收入	5		264 759 999. 82	四、利润总额(亏损以"-"号填列)	22	166 613 375. 54	163 374 665. 15
手续费及佣金收入	6		264 759 999. 82	减:所得税费用	23	-11 634 088. 22	41 696 735. 53
手续费及佣金支出	7			五、净利润(亏损以"-"号填列)	24	178 247 463. 76	121 677 929. 62
(三)投资收益(损失以"-"号填列)	8		6 687 632. 26	归属于母公司所有者的净利润	25		
其中:对联营企业和合营企业的投资收益	9			少数股东损益	26		
(四)公允价值变动收益(损失以"-"号填列)	10		1 275 229. 44	六、每股收益:	27		
(五)其他收入	11	2 041. 14		(一)基本每股收益(元)	28		
汇兑收益(损失以"-"号填列)	12			(二)稀释每股收益(元)	29		
其他业务收入	13	2 041. 14		七、其他综合收益	30		-120 081. 43
二、营业支出	14	-150 138 018. 18	116 235 289. 66	八、综合收益总额	31	178 247 463. 76	121 557 848. 19
(一)营业税金及附加	15	851 314. 80	14 862 796. 32	(一)归属于母公司所有者的综合收益总额	32		
(二)业务及管理费	16	27 557 483. 83	98 968 713. 66	(二)归属于少数股东的综合收益总额	33		
(三)资产减值损失或呆账损失(转回金额以"-"号填列)	17	-178 546 816. 81	2 403 779. 68				

总经理:陈　文　　财务总监:浦凤丹　　会计机构负责人:浦凤丹　　制表:陈　燕

5.1.4 所有者权益变动表

编制单位：陆家嘴国际信托有限公司　　2012 年度　　单位：元

项目	行次	本年金额										上年金额						
		归属于母公司所有者权益								少数股东权益	所有者权益合计	归属于母公司所有者权益						
		实收资本（或股本）	资本公积	减：库存股	盈余公积	信托赔偿准备金	一般风险准备	未分配利润	其他			实收资本（或股本）	资本公积	减：库存股	盈余公积	信托赔偿准备金	一般风险准备	未分配利润
一、上年末余额	1	315 000 000.00						-43 561 216.63			271 438 783.37	315 000 000.00						-221 808 680.39
加：会计政策变更	2																	
前期差错更正	3																	
二、本年初余额	4	315 000 000.00						-43 561 216.63			271 438 783.37	315 000 000.00						-221 808 680.39
三、本年增减变动金额（减少以"-"号填列）	5	753 346 200.00	-120 081.43		7 811 671.30	3 905 835.65	13 167 682.05	96 792 740.62			874 904 048.19							178 247 463.76
（一）净利润	6							121 677 929.62			121 677 929.62							178 247 463.76
（二）其他综合收益	7		-120 081.43								-120 081.43							
1. 可供出售金融资产产生的利得（损失）	8		-120 081.43								-120 081.43							
2. 按照权益法核算的在被投资单位其他综合收益中所享有的份额	9																	
3. 现金流量套期工具产生的利得（或损失）	10																	
4. 外币财务报表折算差额	11																	
5. 其他	12																	
上述（一）和（二）小计	13		-120 081.43					121 677 929.62			121 557 848.19							178 247 463.76
（三）所有者投入和减少资本	14	753 346 200.00									753 346 200.00							
1. 所有者投入资本	15	753 346 200.00									753 346 200.00							
2. 股份支付计入所有者权益的金额	16																	
3. 其他	17																	
（四）利润分配	18				7 811 671.30	3 905 835.65	13 167 682.05	-24 885 189.00										
1. 提取盈余公积	19				7 811 671.30			-7 811 671.30										
2. 提取一般风险准备	20						13 167 682.05	-13 167 682.05										
3. 提取信托赔偿准备金						3 905 835.65		-3 905 835.65										
4. 对所有者（或股东）的分配	21																	
5. 其他	22																	
（五）所有者权益内部结转	23																	
1. 资本公积转增资本（或股本）	24																	
2. 盈余公积转增资本（或股本）	25																	
3. 盈余公积弥补亏损	26																	
4. 一般风险准备弥补亏损	27																	
5. 其他	28																	
四、本年末余额	29	1 068 346 200.00	-120 081.43		7 811 671.30	3 905 835.65	13 167 682.05	53 231 523.99			1 146 342 831.56	315 000 000.00						-43 561 216.63

总经理：陈　文　　财务总监：浦凤丹　　会计机构负责人：浦凤丹　　制表：陈　燕

5.2 信托资产

5.2.1 信托项目资产负债汇总表

信托项目资产负债汇总表

编制单位：陆家嘴国际信托有限公司　　2012 年 12 月 31 日　　单位：万元

信托资产：	期末数	期初数	信托负债：	期末数	期初数
信托资产：			信托负债：		
货币资金	18 077.31	—	交易性金融负债	—	—
拆出资金	—	—	衍生金融负债	—	—
存出保证金	—	—	应付受托人报酬	—	—
交易性金融资产	—	—	应付托管费	—	—
衍生金融资产	—	—	应付受益人收益	—	—
买入返售金融资产	532 980.00	—	应交税费	—	—
应收款项	2 398.78	—	应付销售服务费	—	—
发放贷款	1 128 179.20	—	其他应付款项	938.78	—
可供出售金融资产	995 155.14	—	预计负债	—	—
持有至到期投资	—	—	其他负债	—	—
长期应收款	—	—	信托负债合计	938.78	—
长期股权投资	95 980.00	—	信托权益：		
投资性房地产	—	—	实收信托	2 757 211.73	—
固定资产	—	—	资本公积	208.00	—
无形资产	—	—	外币报表折算差额	—	—
长期待摊费用	—	—	未分配利润	14 411.92	—
其他资产	—	—	信托权益合计	2 771 831.65	—
信托资产总计	2 772 770.43	—	信托负债及信托权益总计	2 772 770.43	—

公司负责人：陈文　　复　核：汪　晖　　制表：陈　雨

5.2.2 信托项目利润及利润分配汇总表

信托项目利润及利润分配汇总表

编制单位：陆家嘴国际信托有限公司　　2012 年度　　单位：万元

项目	本年金额	上年金额
1. 营业收入	98 201.68	—
1.1 利息收入	57 097.71	—
1.2 投资收益	41 103.75	—
1.2.1 对联营企业和合营企业的投资收益	—	—
1.3 公允价值变动损益	—	—
1.4 租赁收入	—	—
1.5 汇兑损益	—	—
1.6 其他收入	0.22	—
2. 支出	49 695.23	—
2.1 营业税金及附加	—	—
2.2 受托人报酬	22 070.72	—
2.3 托管费	869.60	—
2.4 投资管理费	—	—
2.5 销售服务费	7 478.60	—
2.6 交易费用	0.73	—
2.7 资产减值损失	—	—
2.8 其他费用	19 275.58	—
3. 信托净利润	48 506.44	—
4. 其他综合收益	208.00	—
5. 综合收益	48 714.44	—

续表

项目	本年金额	上年金额
6. 加：期初未分配信托利润	—	—
7. 可供分配的信托利润	48 547.34	—
8. 减：本期已分配信托利润	34 135.42	—
9. 期末未分配信托利润	14 411.92	—

公司负责人：陈　文　　复　核：汪晖　　制　表：陈雨

6. 会计报表附注

6.1 会计报表编制基准不符合会计核算基本前提的说明

本公司会计报表按照财政部 2006 年 2 月 15 日颁布的《企业会计准则——基本准则》和 38 项具体会计准则、其后颁布的企业会计准则应用指南、企业会计准则解释以及其他相关规定编制，无不符合会计核算基本前提的事项。

6.2 或有事项说明

本报告期内，本公司未发生影响本财务报表阅读和理解的重大或有事项。

6.3 重要资产转让及其出售的说明

本报告期内，无重要资产转让或出售。

6.4　会计报表中重要项目的明细资料

6.4.1　披露自营资产经营情况

6.4.1.1　按信用风险五级分类结果披露信用风险资产的期初数、期末数

信用风险资产五级分类	正常类（万元）	关注类（万元）	次级类（万元）	可疑类（万元）	损失类（万元）	信用风险资产合计（万元）	不良资产合计（万元）	不良资产率（%）
期初数	0	0	0	0	0	0	0	0
期末数	110 347	12 019	—	—	3	122 369	3	0

注：不良资产合计＝次级类＋可疑类＋损失类。

6.4.1.2　各项资产减值损失准备的期初、本期计提、本期转回、本期核销、期末数

单位：万元

	期初数	本期计提	本期转回	本期核销	期末数
贷款损失准备	0	0	0	0	0
一般准备	0	0	0	0	0
专项准备	0	0	0	0	0
其他资产减值准备	556	240	0	553	243
可供出售金融资产减值准备	0	240	0	0	240
持有至到期投资减值准备	0	0	0	0	0
长期股权投资减值准备	0	0	0	0	0
坏账准备	556	0	0	553	3
投资性房地产减值准备	0	0	0	0	0

6.4.1.3　按照投资品种分类，分别披露固有业务股票投资、基金投资、债券投资、股权投资等投资业务的期初数、期末数

单位：万元

	自营股票	基金	债券	长期股权投资	其他投资	合计
期初数	0	0	0	0	0	0
期末数	0	18 528	17 752		58 011	94 291

6.4.1.4　按投资入股金额排序，前三名的自营长期股权投资的企业名称、占被投资企业权益的比例、主要经营活动及投资收益情况等

本报告期内，本公司无长期股权投资。

6.4.1.5　前三名的自营贷款的企业名称、占贷款总额的比例和还款情况等

本报告期内，本公司无自营贷款。

6.4.1.6　表外业务的期初数、期末数；按照代理业务、担保业务和其他类型表外业务分别披露

本报告期内，本公司无表外业务。

6.4.1.7　公司当年的收入结构

收入结构	金额（万元）	占比（%）
手续费及佣金收入	26 476	94.69
其中：信托手续费收入	26 473	94.68
投资银行业务收入		
利息收入	591	2.11
其他业务收入		
其中：计入信托业务收入部分		
投资收益	669	2.39
其中：股权投资收益		
证券投资收益	669	2.39
其他投资收益		
公允价值变动收益	127	0.46
营业外收入	98	0.35
收入合计	27 961	100

注：手续费及佣金收入、利息收入、其他业务收入、投资收益、营业外收入均应为损益表中的科目，其中手续费及佣金收入、利息收入、营业外收入为未抵减掉相应支出的全年累计实现收入数。

6.4.2　披露信托财产管理情况

6.4.2.1 信托资产的期初数、期末数

单位：万元

信托资产	期初数	期末数
集合	—	1 319 868.48
单一	—	1 452 901.95
财产权	—	—
合计	—	2 772 770.43

6.4.2.1.1 主动管理型信托业务的信托资产期初数、期末数

单位：万元

主动管理型信托资产	期初数	期末数
证券投资类	—	107 020.01
股权及其他投资类	—	373 679.50
融资类	—	1 255 698.99
事务管理类	—	60 000.03
合计	—	1 796 398.53

6.4.2.1.2　被动管理型信托业务的信托资产期初数、期末数

单位：万元

被动管理型信托资产	期初数	期末数
证券投资类	—	—
股权及其他投资类	—	120 311.68
融资类	—	856 060.22
事务管理类	—	—
合计	—	976 371.90

6.4.2.2　本年度已清算结束的信托项目情况

6.4.2.2.1　本年度已清算结束的信托项目

已清算结束信托项目	项目个数	实收信托合计金额（万元）	加权平均实际年化收益率（%）
集合类	—	—	—
单一类	6	42 931.00	5.76
财产管理类	—	—	—

注：1. 收益率是指信托项目清算后，给受益人赚取的实际收益水平。

2. 加权平均实际年化收益率＝（信托项目 1 的实际年化收益率×信托项目 1 的实收信托＋信托项目 2 的实际年化收益率×信托项目 2 的实收信托＋…信托项目 n 的实际年化收益率×信托项目 n 的实收信托）/（信托项目 1 的实收信托＋信托项目 2 的实收信托＋…信托项目 n 的实收信托）×100%。

6.4.2.2.2 本年度已清算结束的主动管理型信托项目

已清算结束信托项目	项目个数	实收信托合计金额(万元)	加权平均实际年化信托报酬率(%)	加权平均实际年化收益率(%)
证券投资类	3	37 931.00	0.36	5.46
股权及其他投资类	3	5 000.00	1.03	8.00
融资类	—	—	—	—
事务管理类	—	—	—	—

注:加权平均实际年化信托报酬率 =(信托项目 1 的实际年化信托报酬率 × 信托项目 1 的实收信托 + 信托项目 2 的实际年化信托报酬率 × 信托项目 2 的实收信托 +…信托项目 n 的实际年化信托报酬率 × 信托项目 n 的实收信托)/(信托项目 1 的实收信托 + 信托项目 2 的实收信托 +…信托项目 n 的实收信托) ×100%。

6.4.2.2.3 本年度已清算结束的被动管理型信托项目

报告期内,公司未发生已清算结束的被动管理型信托项目

6.4.2.3 本年度新增的信托项目

新增信托项目	项目个数	实收信托合计金额(万元)
集合类	52	1 306 474.00
单一类	41	1 493 668.73
财产管理类	—	—
新增合计	93	2 800 142.73
其中:主动管理型	73	1 825 161.00
被动管理型	20	974 981.73

注:本年新增信托项目指在本报告年度内累计新增的信托项目个数和金额。包含本年度新增并于本年度内结束的项目和本年度新增至报告期末仍在持续管理的信托项目。

6.4.2.4 信托业务创新成果和特色业务有关情况

报告期内,公司是开业首年,在没有存续项目,没有客户资源的情况下,从零开始,稳扎稳打,各项信托业务有序推进。公司始终坚持有所为,有所不为,主动回避了出现市场警讯的光伏、钢贸行业、一般县级政信合作等行业和项目。公司夯实传统业务基础,同时积极布局长线业务,推出"丰收·信福系列"单一信托,作为主动管理类组合投资创新产品,组合投资于风险较低、流动性较好的债券和固定收益类等金融产品,为委托人特别是金融机构投资者提供了符合其风险偏好的投资产品,市场反映良好。

6.4.2.5 本公司履行受托人义务情况及因本公司自身责任而导致的信托资产损失情况

本公司遵守信托法和信托文件对受托人义务的规定,为受益人的最大利益处理信托事务,管理信托财产时,恪守职守,履行诚实、信用、谨慎、有效管理的义务,没有损害受益人利益的情况。本公司无因自身责任而导致的信托资产损失情况。

6.5 关联方关系及其交易的披露

6.5.1 关联交易方的数量、关联交易的总金额及关联交易的定价政策等

本报告期,公司未发生与关联方的关联交易。

6.5.2 关联交易方与本公司的关系性质、关联交易方的名称、法定代表人、注册地址、注册资本及主营业务等

本报告期,公司未发生与关联方的关联交易。

6.5.3 逐笔披露本公司与关联方的重大交易事项

6.5.3.1 固有与关联方交易情况:贷款、投资、租赁、应收账款担保、其他方式等期初汇总数、本期借方和贷方发生额汇总数、期末汇总数

本报告期,公司固有业务未发生与关联方的关联交易。

6.5.3.2 信托与关联方交易情况:贷款、投资、租赁、应收账款、担保、其他方式等期初汇总数、本期借方和贷方发生额汇总数、期末汇总数

本报告期,公司信托业务未发生与关联方的关联交易。

6.5.3.3 信托公司自有资金运用于自己管理的信托项目(固信交易)、信托公司管理的信托项目之间的相互(信信交易)交易金额,包括余额和本报告年度的发生额

6.5.3.3.1 有与信托财产之间的交易金额期初汇总数、本期发生额汇总数、期末汇总数

单位:万元

固有财产与信托财产相互交易			
	期初数	本期发生额	期末数
合计	0	9 000	9 000

注:以固有资金投资公司自己管理的信托项目受益权,或购买自己管理的信托项目的信托资产均纳入统计披露范围。

6.5.3.3.2 信托项目之间的交易金额期初汇总数、本期发生额汇总数、期末汇总数

本报告期内,公司信托项目之间未发生相互交易。

6.5.4 逐笔披露关联方逾期未偿还本公司资金的详细情况以及本公司为关联方担保发生或即将发生垫款的详细情况

本报告期内,公司未发生关联交易,不存在关联方逾期未偿还本公司资金以及本公司为关联方担保发生或即将发生垫款的情况。

6.6 会计制度的披露

公司固有业务和信托业务,同时执行财政部 2006 年 2 月 15 日颁布的《企业会计准则——基本准则》和 38 项具体会计准则、其后颁布的企业会计准则应用指南、企业会计准则解释以及其他相关规定。

7. 财务情况说明书

7.1 利润实现和分配情况

2012 年度公司实现净利润 12 168 万元,弥补历年亏损 4 356万元后可供分配利润 7 812 万元。公司在提取 10% 法定公积金 781 万元、提取 5% 信托赔偿准备金 391 万元、提取一般风险准备 1 317 万元后,拟向股东分配 5 323 万元。

7.2 主要财务指标

指标名称	指标值
资本利润率(%)	30.87
加权年化信托报酬率(%)	0.43
人均净利润(万元)	136.72

注:1. 资本利润率 = 净利润/所有者权益平均余额 ×100%。

2. 所有者权益平均余额 =(年初所有者权益/2 + 第一季度末所有者权益 + 第二季度末所有者权益 + 第三季度末所有者权益 + 第四季度末所有者权益/2)/4。

3. 加权年化信托报酬率 =(信托项目 1 的实际年化信托报酬率 × 信托项目 1 的实收信托 + 信托项目 2 的实际年化信托报酬率 × 信托项目 2 的实收信托 +…信托项目 n 的实际年化信托报酬率 × 信托项目 n 的实收信托)/(信托项目 1 的实收信托 + 信托项目 2 的实收信托 +…信托项目 n 的实收信托) ×100%。

加权年化信托报酬率指标反映的是报告年度清算结束项目的信托报酬率。

4. 人均净利润 = 净利润/年平均人数，年平均人数 = ∑每月末人数/12。

7.3 对本公司财务状况、经营成果有重大影响的其他事项

本报告期内，未发生对本公司财务状况、经营成果有重大影响的其他事项。

8. 特别事项揭示

报告期内，因公司增加注册资本金，两名股东对公司的出资金额发生变动。

股　东	增资前		增资后	
	出资额（万元）	持股比例（%）	出资额（万元）	持股比例（%）
上海陆家嘴金融发展有限公司	22 555.92	71.606	76 500.00	71.606
青岛国信发展（集团）有限责任公司	8 944.08	28.394	30 334.62	28.394
合计	31 500.00	100	106 834.62	100

8.1 董事、监事及高级管理人员变动情况及原因

本报告期内，公司董事、监事及高级管理人员未发生变动，独立董事及部分高级管理人员的任职资格获得核准。

8.1.1 董事变动情况

2011 年 10 月 28 日，公司召开 2011 年第五次股东会，审议通过了《关于第二届董事会人数及成员构成的议案》、《关于选举第二届董事会成员的议案》，选举殷剑峰、王纪全任公司第二届董事会独立董事。

2011 年 12 月 29 日，公司召开 2011 年第七次股东会，审议通过了《关于变更公司独立董事的议案》，同意杨德红当选为公司第二届董事会独立董事，王纪全不再担任公司第二届董事会独立董事。

2012 年 2 月 8 日，中国银监会青岛监管局核准殷剑峰、杨德红任公司独立董事的任职资格。

8.1.2 高级管理人员变动情况

2011 年 11 月 10 日，公司召开第二届董事会第一次会议，审议通过了《关于聘任公司总经理的议案》，聘任陈文担任公司总经理；2012 年 3 月 16 日，中国银监会核准陈文任公司总经理的任职资格。审议通过了《关于聘任公司副总经理、财务负责人的议案》，聘任舒榕怀担任公司副总经理；2012 年 11 月 28 日，中国银监会青岛监管局核准舒榕怀任公司副总经理的任职资格。

2011 年 12 月 29 日，公司召开第二届董事会第二次会议，审议通过了《关于聘任公司副总经理与财务负责人的议案》，聘任崔斌担任公司副总经理、浦凤丹担任公司财务负责人；2012 年 2 月 8 日，中国银监会青岛监管局核准崔斌任公司副总经理的任职资格、核准浦凤丹任公司财务总监的任职资格。

8.2 公司的重大未决诉讼事项

本报告期内，公司未发生诉讼案件。

8.3 对会计师事务所出具的有保留意见、否定意见或无法表示意见的审计报告的，公司董事会应就所涉及事项作出说明

会计师事务所对公司出具了标准无保留意见的审计报告。

8.4 公司及其董事、监事和高级管理人员受到处罚的情况

本报告期内，公司及其董事、监事和高级管理人员未发生受到处罚的情况。

8.5 银监会检查意见的整改情况

本报告期内，公司未收到监管机构的整改意见。

8.6 本年度公司重大事项临时事项披露内容

2012 年 10 月 16 日，公司召开第二届股东会第一次会议，审议通过了《关于变更公司住所的议案》，公司住所由“青岛市崂山区梅岭路 29 号 8 层”迁至“青岛市市南区香港中路 26 号远雄国际广场 1406 室”。公司向中国银监会青岛监管局申请换发金融许可证，并于 2012 年 12 月 30 日在指定报刊《青岛日报》第 2 版刊登公告。

8.7 银监会及其省级派出机构认定的其他有必要让客户及相关利益人了解的重要信息

本报告期内，公司未发生银监会及其派出机构认定的其他有必要让客户及相关利益人了解的重大信息。

9. 公司监事会意见

公司第二届监事会根据《监事会议事规则》及相关法律法规，监督检查了公司重大决策、重大经营活动情况及财务状况，认为公司能够规范运作，公司董事、高级管理人员在履行职责时未发生违反法律、法规、公司章程或损害公司利益的行为，公司年度报告的编制和审议程序符合国家法律、法规和公司章程，年度报告真实反映了公司的财务状况和经营成果。

平安信托有限责任公司

1. 重要提示

1.1 本公司董事会及董事保证本报告所载资料不存在任何虚假记载、误导性陈述或者重大遗漏，并对其内容的真实性、准确性和完整性承担个别及连带责任。

1.2 独立董事夏立平、鲍友德、李罗力认为，本报告真实、准确、完整地披露了公司2012年度的经营管理情况。

1.3 安永华明会计师事务所（特殊普通合伙）为本公司出具了标准无保留意见的年度审计报告。

1.4 公司董事长童恺、主管会计工作负责人封群、财务部负责人李佩锋保证年度报告中财务报告的真实、完整。

2. 公司概况

2.1 公司简介

2.1.1 公司法定中文名称：平安信托有限责任公司

公司法定英文名称：Ping An Trust Co.，Ltd.（缩写为 PATC）

2.1.2 公司法定代表人：童恺

2.1.3 公司注册地址：广东省深圳市福田中心区福华三路星河发展中心办公12层、13层

邮政编码：518048

公司国际互联网网址：http://www.pingan.com

电子邮箱：Pub_PATMB@pingan.com.cn

2.1.4 信息披露事务负责人：宋成立

信息披露事务联系人：肖波

电话：4008819888

传真：（0755）82415828

电子邮箱：Pub_PATMB@pingan.com.cn

2.1.5 公司选定的信息披露报纸：《证券时报》、《中国证券报》、《上海证券报》、《证券日报》

公司年度报告备置地点：公司董事会秘书处

2.1.6 公司聘请的会计师事务所名称：安永华明会计师事务所（特殊普通合伙）

会计师事务所办公地址：中国北京市东城区东长安街1号东方经贸城安永大楼16层

2.2 组织结构

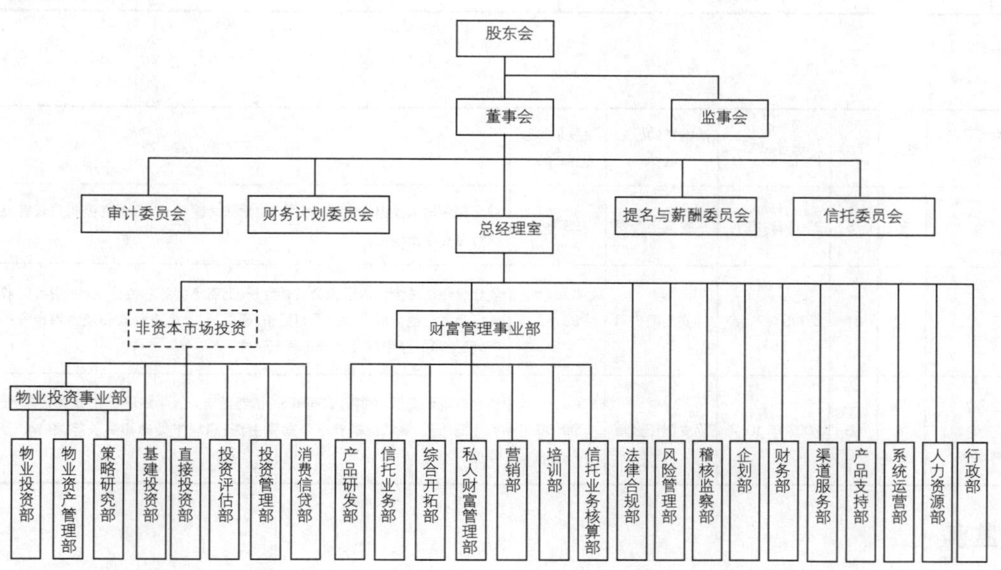

3. 公司治理结构

3.1 股东

报告期末公司股东总数为2个，相关情况如下：

股东名称	持股比例（%）	法定代表人	注册资本（亿元）	注册地址	主要经营业务及主要财务情况
★中国平安保险（集团）股份有限公司（以下简称"平安集团公司"）	99.88	马明哲	79.16	深圳市	投资保险企业，监督管理控股投资企业的各种国内、国际业务，开展资金运用业务；2012年末其资产总额28 443亿元。

续表

股东名称	持股比例（%）	法定代表人	注册资本（亿元）	注册地址	主要经营业务及主要财务情况
上海市糖业烟酒（集团）有限公司	0.12	葛俊杰	3.21	上海市	食品贸易，产业投资与管理，现代服务业等；2012 年末其资产总额 299 亿元

注：★为公司最终实际控制人。

3.2 董事

董事长、副董事长、董事

姓名	职务	性别	年龄	选任日期	所推举的股东名称	该股东持股比例（%）	简要履历
童恺	董事长	男	42	2004 年 9 月	平安集团公司	99.88	2004 年 7 月加入平安信托公司；现任平安信托有限责任公司董事长兼 CEO；曾任高盛（亚洲）有限责任公司执行董事、亚太区保险投行业务主管（除日本外），获牛津大学 ORIEL 学院工程学硕士学位和欧洲商学院（INSEAD）工商管理硕士学位。
王佳芬	副董事长	女	62	2012 年 1 月	平安集团公司	99.88	2012 年 1 月加入平安信托公司；现任平安信托有限责任公司副董事长；曾任光明乳业股份有限公司董事长、总裁一职，获得上海电视大学工业管理系学士学位、中欧国际工商管理学院 EMBA 硕士学位。
任汇川	董事	男	43	2011 年 4 月	平安集团公司	99.88	1992 年 10 月加入平安集团公司；现任中国平安保险（集团）股份有限公司总经理，获北京大学工商管理硕士学位。
王利平	董事	女	56	2007 年 10 月	平安集团公司	99.88	1989 年 6 月加入平安集团公司；现任中国平安保险（集团）股份有限公司副总经理，获南开大学货币银行学硕士学位。
姚波	董事	男	42	2007 年 10 月	平安集团公司	99.88	2001 年 5 月加入平安集团公司；现任中国平安保险（集团）股份有限公司副总经理；曾任职德勤会计师事务所精算咨询高级经理，获美国纽约大学工商管理硕士学位。
葛俊杰	董事	男	54	2004 年 9 月	上海市糖业烟酒（集团）有限公司	0.12	上海市糖业烟酒（集团）有限公司董事长兼总裁、光明食品集团副总裁，获上海财经大学商业经济硕士学位。

独立董事

姓名	所在单位及职务	性别	年龄	选任日期	所推举的股东名称	该股东持股比例（%）	简要履历
夏立平	退休	男	75	2007 年 10 月	平安集团公司	99.88	曾历任中国人民银行金管司副司长、稽核司副司长、货币金银司司长等，获安徽财贸学院银行专业学士学位。
鲍友德	退休	男	81	2008 年 8 月	平安集团公司	99.88	现任上海市总会计师研究会名誉会长、上海市会计学会顾问、上海市财政税务学会顾问；曾任上海市税务局第二分局副局长、副处长，上海市财政局及上海市税务局局长、党委书记，获上海财经学院会计专业学士学位。
李罗力	综合开发研究院（深圳）副理事长	男	66	2007 年 10 月	平安集团公司	99.88	综合开发研究院（深圳）副理事长；曾历任南开大学经济研究所副所长、国家物价局物价研究所副所长、深圳市政府办公室副主任、深圳市委副秘书长等，获南开大学经济学硕士学位。

3.3 监事

监事会成员

姓名	职务	性别	年龄	选任日期	所推举的股东名称	股东持股比例（%）	简要履历
叶素兰	监事会主席	女	56	2006 年 3 月	平安集团公司	99.88	现任中国平安保险（集团）股份有限公司副总经理兼首席稽核执行官。
肖建荣	监事	男	52	2004 年 9 月	平安集团公司	99.88	现任中国平安保险（集团）股份有限公司党群工作部总经理。
方渭清	监事	男	35	2010 年 12 月	职工代表	—	现任平安信托有限责任公司稽核监察部副总经理。

3.4　高级管理人员

姓　名	职　务	性　别	年　龄	选任日期	金融从业年限(年)	学　历	专　业	简　要　履　历
宋成立	总经理	男	52	2003年7月	22	硕士	管理学	2003年7月加入平安信托公司,原任中国平安财产保险股份有限公司副总经理。
张礼庆	副总经理	男	47	2006年8月	21	博士	金融	2003年1月加入平安信托公司,历任平安信托有限责任公司总经理助理、副总经理。
何勇	副总经理	男	43	2008年8月	19	本科	物理学	2005年6月加入平安信托公司,历任平安信托有限责任公司总经理助理、副总经理。
封群	副总经理	男	43	2010年8月	19	硕士	工商管理	2010年8月加入平安信托公司,原任深圳平安财富通咨询有限公司总经理。
韩晓	总经理助理	男	42	2011年4月	18	本科	历史学	2011年4月加入平安信托公司,原任中国平安人寿保险股份有限公司宁波分公司总经理。
庄汉平	总经理助理	男	45	2012年1月	15	博士后	环境工程	2012年1月加入平安信托公司,原任平安资产管理有限责任公司总经理助理。

3.5　公司员工

报告期末,公司职工人数为838人,平均年龄32岁,其中博士学历占2%、硕士学历占42%、本科学历占48%、其他学历占8%。

4. 经营管理

4.1　经营目标、经营方针、战略规划

公司的经营目标是:铸就中国私人财富管理第一品牌,打造非资本市场投资竞争优势,通过双轮驱动,实现公司资产规模和盈利快速增长。财富管理,实现高净值客户最多、规模最大;非资本市场投资,建立卓越的投资能力、投资体系和拥有最好的投资人才。

公司的经营方针是:品质优先,利润导向;遵纪守法,挑战新高。

公司的战略规划是:切入最具成长性的中国高净值人士理财市场,重点发展私人财富管理业务,兼顾发展传统信托业务,打造领先运营管理能力及最优客户服务体验;建立一流的投资队伍,最有效的投融资平台,最丰富的产品组合,形成亚洲最具影响力的非资本市场投资能力;合理配置资源,高效运用资金,力争ROE水平位居行业前列,保持中国一流的、最具创新力的信托公司的行业领先地位。

4.2　经营业务的主要内容

本公司(本报告中所称的本公司或公司,均指母公司;本报告中所称的本集团或集团,则为本公司及其子公司)的主要经营业务。

自营资产运用与分布表

资产运用	金额(万元)	占比(%)	资产分布	金额(万元)	占比(%)
货币资产	212 477.96	13.22	基础产业	—	—
贷款及应收款	7 525.26	0.47	房地产业	161 958.00	10.08
交易性金融资产	—	—	证券市场	50 745.00	3.16
买入返售金融资产	—	—	实业	472 454.41	29.40
可供出售金融资产	393 955.47	24.51	金融机构	781 817.86	48.63
长期股权投资	616 501.90	38.36	其他	140 260.74	8.73
其他	376 775.42	23.44			
资产总计	1 607 236.01	100.00	资产总计	1 607 236.01	100.00

注:1. 除特别说明外,本报告中数据均以人民币计量。

2. 资产运用中"其他"项主要包括固定资产、无形资产、其他应收款、递延所得税资产、持有待售资产等。

信托资产运用与分布表

资产运用	金额(万元)	占比(%)	资产分布	金额(万元)	占比(%)
货币资产	1 251 240.88	5.90	基础产业	4 764 212.88	22.47
贷款	10 625 787.36	50.12	房地产	5 360 873.90	25.28
交易性金融资产	1 431 643.49	6.75	证券市场	1 604 589.39	7.57
可供出售金融资产	1 704 130.91	8.04	实业	5 772 622.83	27.23
长期股权投资	3 542 657.79	16.71	金融机构	2 503 863.53	11.81
买入返售资产	1 127 506.45	5.32	其他	1 196 310.23	5.64
其他	1 519 505.88	7.16			
资产总计	21 202 472.76	100.00	资产总计	21 202 472.76	100.00

4.3　市场分析

4.3.1　影响公司业务发展的有利因素

(1)宏观经济平稳发展。2012年,宏观调控政策向"保增长、调结构、防通胀"方向转变,虽然国内外经济形势日趋复杂化、外需减弱、市场利率化加剧,但国民经济整体仍朝着调控预期方向发展,经济呈现平稳增长、价格水平趋稳。2012年整体通胀压力减轻,经济未出现大幅波动,为信托行业发展提供了较为稳定的宏观经济环境。

(2)监管政策环境及制度红利支持。以风险可控、合法合规为前提,监管当局积极鼓励信托公司业务创新。监管窗口指导"票据信托"业务、持续加强房地产信托业务监管力度等举措,有效净化信托行业经营环境、促进行业竞争力提升。同时,监管积极引导信托公司销售渠道建设、引导渠道合法合规发展,放开信托产品开立和使用证券账户限制,积极鼓励包括QDII产品在内的业务创新,为信托公司发展营造了较为宽松的发展环境,有效促进信托公司主动管理能力的提升。

(3)居民理财需求持续高涨。2012年城乡居民收入保持增长态势,投资增长虽有所减弱但依然是拉动GDP增长的主要动力。民间财富持续快速积累,居民理财意识日益高涨,社会理财产品需求持续攀升;与此同时,大量社会财富脱媒寻求更多稳定、高回报的投资途径以实现保值、增值,均为信托行业带来难得的发展机遇。

(4)信托行业的迅猛发展。2012年,信托行业资产管理规模突破7万亿元,首超保险业,为金融业所瞩目。良好的发展态势为信托业在金融业中的地位提升、在财富管理市场中的口碑积累起到了重要作用,也为信托公司业务模式转型,实现业

务持续、健康、稳健发展创造了良好的外部环境。

4.3.2 影响公司业务发展的不利因素

(1)经济增长乏力。2012 年，我国宏观经济虽保持了总量的稳健增长，但受困于国际市场需求不足，国内出口增长乏力，实体经济持续疲弱，非资本市场投资难度加大，对阳光私募类、PE 类等信托业务产生较大影响。

(3)局部业务监管力度收紧。2012 年，监管频频加码对信托业监管，行业在经历高速增长后扩张步伐逐渐放缓。继叫停票据类信托业务后，监管通过窗口指导对同业存款类业务、资金池信托业务、政信信托业务等加强管理力度。而针对房地产信托业务的监管力度，监管当局始终未放松。随着更趋严格的监管环境，信托公司业务发展瓶颈日益凸显，迫使信托业重新思考业务的持续发展及业务模式创新，以寻求新的业务增长点。

(3)资产管理业务市场竞争加剧。2012 年，证监会出台政策放宽期货、保险、券商等金融机构的投资范围，拓宽证券、基金行业业务领域，券商与期货公司获得资管业务牌照，市场资产管理业务同质化严重、竞争加剧。政策红利逐步弱化，信托公司在纷纷提出向财富管理业务转型之时，外部竞争对手对资产管理业务的夹击使得信托公司经营面对巨大发展压力与挑战。

4.4 内部控制

4.4.1 内部控制环境和内部控制文化

公司一向致力于构建全面完善的内部控制管理体系。公司内部控制旨在实现合理保证企业经营管理合法合规、保证企业资产安全、确保财务报告及相关信息真实完整、提高经营效率和效果、促进企业实现发展战略等目标，建立了覆盖全面、针对性强、执行到位、监督有力的内部控制体系。公司率先采用国际会计师审计、聘请独立的国际咨询公司，并在同行中率先引入海外高级管理人才和国际先进的管理体系，为公司持续稳健发展提供了保障。

公司根据《中华人民共和国公司法》、《中华人民共和国信托法》、《信托公司管理办法》、《信托公司治理指引》及《企业内部控制基本规范》等国家相关法律法规和公司章程的要求，建立了由股东大会、董事会、监事会和高级管理层组成的法人治理结构，形成了权力机构、决策机构、监督机构和管理层之间分工配合、相互协调、相互制衡的运行机制。公司的股东大会、董事会、监事会均按照相关法律、法规、规范性文件及公司章程的规定，规范有效地运作。公司完善的法人治理结构为公司内部控制目标的实现提供了合理保证。

公司积极营造合规文化，为合规管理工作的开展和内部控制建设创造出优越的内部环境。多年来，公司制定并不断完善员工行为准则，对违纪类型、违纪处理流程等作出明确规定，倡导员工诚信守法、廉洁自律，遵守公司内部规章制度，维护公司形象和荣誉，维护社会公共秩序和良好风俗；同时公司贯彻“品质优先，利润导向；遵纪守法，挑战新高”的方针，用遵纪守法、诚实经营要求各级干部和员工，用《“红、黄、蓝”牌处罚制度》来惩戒公司经营管理中存在的不合规行为，营造了一个良好的内控环境。

4.4.2 内部控制措施

公司董事会负责内部控制的建立健全和有效实施，董事会下设审计委员会负责审查企业内部控制，监督内部控制的有效实施和内部控制自我评价情况。2012 年，公司继续深入完善内控架构体系，法律合规部、风险管理部和稽核监察部专职从事内部控制工作，形成了事前、事中、事后“三位一体”的风险管理和监督检查体系，搭建信息共享、工作衔接的统一系统平台，实现内部控制“促管理、促发展、促效益”的目标。

2012 年，公司进一步完善并实施了覆盖业务管理、风险管理、信息管理、后台管理等一系列内部控制制度和流程，业务运作基本实现了前台、中台、后台严格分离及各部门之间高效衔接、密切合作。公司主要业务部门之间建立了健全的隔离墙制度，确保不同业务部门、不同性质的资产相对独立，包括部门与人员设置分离，资产账户管理分离、会计核算分离、业务决策分离等。公司制定了各项制度严格资金监控，对资金实行集中统一管理和收支两条线管理，明确规定了各类资金转入转出的流程和各种资金支付的审批权限；公司严厉禁止挪用客户委托资产的行为、不同账户资产混合经营的行为以及将不同委托人的信托财产进行相互交易的行为，确保客户资产的安全、完整与增值。

2012 年，公司开展《企业内部控制基本规范》遵循项目，成立了领导小组，并由专项工作小组积极落实。目前，公司已如期完成公司层面控制、信托管理、财务报告与信息披露、物业投资等流程的检视梳理和整改，满足《企业内部控制基本规范》要求。通过内控项目的实施，公司内控管理和风险防范水平得到进一步提升。

4.4.3 信息交流与反馈

公司不断建立完善信息交流与反馈制度，包括内部信息交流及报告与披露。

公司建立了顺畅、双向的内部信息交流制度。公司开通各种信息交流渠道，通过公司公文、公告、制度库等传递和获取信息；充分利用信息技术，通过网络、视频会议、电话会议、邮件等方式在公司内部传递信息，确保能够将决策层的战略、政策、制度及相关规定等信息及时传达给员工；加强对信息系统开发与维护、访问与变更、数据输入与输出、文件储存与保管、网络安全等方面的控制，保证信息系统安全稳定运行；通过重大事项报告制度，以及内部信息反馈机制让员工将业务经营、内部控制、风险管理中存在的问题及时向各级管理层报告；促进部门间、部门内部协调高效运作。同时，公司强调信息沟通在反舞弊工作中的作用，通过教育预防、制度保障、检查监督的方法预防、发现、惩戒舞弊行为。

报告与披露侧重于公司与外部的信息交流与反馈，公司先后制定了《关联交易管理制度》、《危机管理办法》、《信息管理制度》、《新闻管理制度》等信息披露和报告管理制度。公司设置专门部门负责对内对外的信息整合与发布、媒体关系管理及危机管理，确保了及时、真实、完整地向监管部门和外界披露相关信息，确保公司与外部投资者、客户、中介机构等有关方面之间进行有效交流，也确保了信息交流过程中发现的问题及时得到解决。

4.4.4 监督评价与纠正

公司目前正着力推行事前、事中与事后“三位一体”的风险管理和监督评价体系，对业务环节和经营管理进行持续性的全方位、全过程的监督、评价与纠正。2012 年全面完成了内部控制检查评价计划，符合《企业内部控制基本规范》等监管规定和公司完善治理结构、强化内部控制体系建设的总体要求。

事前监督主要从制度建设、制度与流程检视与完善，风险信息收集、识别与监测整合等方面展开，对公司的内部控制进行事前管理；事中监控包括法律合规部的业务评审、风险管理部的业务监控、业务部门的持续监控及审计平台的过程监督；事后监督通过常规稽核、专项稽核、离任稽核、远程/日常稽核等模式发现、评价、后评价公司经营中存在的制度和流程缺陷，并建立规范的后续整改跟踪程序确保合理建议得到落实和改进，有效提升公司的内控水平。

4.5 风险管理

4.5.1 风险管理概况

公司认为有效的风险管理是公司得以生存、发展的关键。因此，公司建立了一套完整的风险管理体系来识别、计量、监控以及管理公司的各类风险，包括信用风险、市场风险、操作风险等。

公司的风险管理架构由信托决策层、风险管理部及投资评估部组成，各层级协同管理公司风险。信托决策层负责公司所有投资项目及重大事项的决策，从公司整体层面考虑项目投资是否符合公司利益；风险管理部负责制定公司整体以及各产品风控政策，负责识别、量化、监控公司整体及各产品的各项风险指标，向管理层汇报，并提供风险缓释建议；投资评估部负责公司财富、PE、物业、基建各个业务条线业务的审批，分析业务的风险及收益，并根据分析向公司决策层提供是否开展业务的建议。

公司建立了一套基于新资本协议精神的风险管理体系，公司的风险管理体系以风险加权资产（Risk Weighted Asset，RWA）计量风险、以核心资本限制公司风险承受能力、以资本充足率控制公司总体风险偏好，确保公司所承担的风险在公司的承受能力与意愿范围之内。资产风险权重越大，需要的风险费用就越多。不同的产品线代表其资产的不同风险及收益属性，按产品线做风险预算，公司能有更清晰的公司风险、收益图谱；公司能够有计划的去执行公司的投资。同时，按照业务线分配风险资本并对使用情况进行监控，鼓励各业务线在创造利润同时，注重总体风险控制，考虑风险调整后的每项投资的回报。

4.5.2 风险状况

4.5.2.1 信用风险状况

信用风险是指交易对手未能履行合同所带来的经济损失风险。公司的信用风险主要表现为：在信托贷款、资产回购、后续资金安排、担保、履约承诺等交易过程中，借款人、担保人、保管人（托管人）等交易对手不履行承诺，不能或不愿履行合约承诺而使信托资产或自有资产遭受潜在损失的可能性。

4.5.2.2 市场风险状况

市场风险是指由于市场价格或利率波动而导致的对金融工具的资产价值产生负面波动的风险，可以区分为系统性风险和非系统性风险两大类。公司所面临的市场风险主要是指由于市场价格，如利率、股票价格、债券价格等波动而造成的信托资产、自有资产损失的风险。

4.5.2.3 操作风险状况

操作风险是指由于不完善或有问题的内部操作过程、人员、系统或外部事件而导致的直接或间接损失的风险，但不包含策略性风险和声誉风险。

4.5.2.4 其他风险状况

公司面临的其他风险有流动性风险、政策风险和道德风险等。

信托公司面临的流动性风险，是指信托公司短期内资金周转困难无力偿付到期负债而造成损失或破产的风险。司对流动性风险高度重视，从监控流程、制度、识别分析、压力测试等多角度进行管理，确保公司稳健经营。

政策风险是指因与公司相关的宏观政策和监管政策变化给公司经营带来的风险。

道德风险主要是指由于公司内部人员蓄意违规、违法或与公司的利益主体串通而给信托受益人或公司自身带来损失的可能性。

4.5.3 风险管理

4.5.3.1 信用风险管理

公司信用风险管理主要通过对交易对手的信用评级和尽职调查进行事前控制；通过设定抵质押担保措施、引入风险转移措施、风险定价等手段规避或减少信用风险；通过贷后交易对手持续跟踪信用评价进行事后控制。公司强调风险管理关口前移，注重业务管理的调研和过程控制，通过设置信用级别底限、单一信用风险限额等措施控制公司信用风险敞口。公司资产分类和准备金计提严格执行中国银行业监督管理委员会制订的贷款质量五级分类管理的规定。

2012 年公司将信用评级作为控制信用风险的重要措施之一，对信用类业务均要求评估或提供交易对手的信用级别。在已发生的信托业务后续运营期间，为做好事后信用风险管理，对交易对手的信用状况做持续跟踪评价，根据交易对手公布的财务数据和经营状况，评价信用变化状况，并向管理层报送相关报告。

为尽量减少由于资料失真对信用风险评估所带来的重大负面影响，公司注重对于信托项目或交易对手的尽职调查工作。一方面由投资评估团队开展现场尽职调查，另一方面聘请外部专业机构开展交易对手财务尽职调查和法律尽职调查，评估项目是否存在信用风险。

为提升内部信用评级的能力，购买了外部的行业信用评级模型，同时内部团队建立了十个行业信用评级模型，初步搭建平安信托的内部信用评级标准，保证信用评级标准的公平、稳定和适当公开。

为减少信用风险可能带来的损失，公司在固有业务和信托业务中均大力推进抵质押担保措施，缓冲交易对手违约可能带来的损失风险，在违约风险（PD）不变的情况下，降低违约损失率（LGD）。

4.5.3.2 市场风险管理

公司通过使用对各种有市场风险敞口的资产进行组合化管理，设置各种资产的头寸限额和指标，来达到控制市场风险的目的。例如，公司设置单一交易资产限额，防止某一单一交易资产的市场风险过大。又如，公司通过对每个资产组合的单日风险价值（Value at Risk，VaR）进行限额管控，以达到对组合的市场风险敞口进行限制。公司严格履行受托人的尽职管理职责，严格按照信托文件进行操作和处理信托事务，均符合相关规定。公司投资涉足各个行业和领域，使得整个公司较好地将风险分散在不同的层面。

根据公司目前所面临的市场风险，主要采用的市场风险监控指标是风险价值（Value At Risk，VaR）。VaR是一种应用广泛的市场定量工具，是用来评价包括利率风险在内的各种市场风险的概念。其具体度量值定义为在足够长的一个计划期内，在一种可能的市场条件变化之下市场价值变动的最大可能性。它是在市场正常波动情形下对资产组合可能损失的一种统计测度。VaR分析方法的优点是在于其分析方法可以测量不同市场、不同金融工具构成的复杂的证券组合和不同业务部门的总体市场风险。而且VaR提供了统一的方法来测量风险，因此公司管理层可以比较不同业务部门或者产品之间的风险大小，进行绩效评估，设定风险限额。

4.5.3.3 操作风险管理

公司继续监控操作风险的关键风险指标（KRI），并汇总建立了风险事件数据库。同时，公司对已有流程进行剖析分析，整合和优化投资审批流程，提高投资效率。

公司通过设计分层级关键风险指标（KRI）监测公司操作风险，对比KRI的运行趋势和实际发生的操作风险，验证KRI，并对其不断完善。同时定期执行KRI的运行趋势报告，对监控期间公司发生的操作风险向管理层报告。在风险数据库的基础上，公司根据新资本协议的模型验证方法，选择合适的评估模型。

在以上定量分析操作风险的同时，公司也加强内部流程的操作风险管理，规范各部门的操作风险管理责任，降低公司操作风险。

信托的本质是代客理财，公司通过各种措施降低客户投资风险，保障客户利益以及公司的长远发展。2012年公司加大了销售过程中的操作风险的管理，首先，规范、全面的披露信托产品风险，对特定信托产品出具信托风险揭示书，交由客户经理与投资者共同签署，并在系统上设置相应的控制措施，同时根据渠道服务部客户服务室提供的回访问题瑕疵件统计，对揭示书签署执行情况进行抽检，使投资者购买信托产品时就对投资风险有较为全面的认识，促使投资者购买符合自身承受能力的信托产品。其次，对客户适当性管理进行了大量深入研究，公司在募资过程中，对投资者风险承受能力进行评估，明确具有一定资本实力、对投资风险有一定认识，并可以接受相应损失的投资者才能认购信托产品，确保客户认购产品在其风险承受能力范围以内。

4.5.3.4 其他风险管理

信托公司流动性风险识别，坚持定性定量分析相结合的原则，根据公司的资产负债结构，分析当月公司的投资情况，未来数月的资金计划情况，计量公司的资金流入、流出金额，确定资金流动性缺口大小，识别判断公司的流动性风险；信托公司通过测算流动性风险监控指标，对公司、产品的运行做到持续监控。信托公司为了更好地了解公司、产品流动性风险，提高公司、产品的抗风险能力，采取多种方式检测流动性风险，通过历史情景分析公司的流动性状况，通过压力测试检测公司、产品的承压能力，并定期对模型进行调整和更新。2012年公司通过加强对宏观政策和监管规定的调查研究，加强与监管部门和行业间的沟通、联系，以尽可能准确地判断分析宏观政策和监管政策的未来趋势，来管理政策风险。

坚持"遵纪守法"、"守法+1"的经营方针和经营宗旨，保证公司的各项业务在完全合法合规的前提下开展。公司主要通过制度规范和加强员工职业道德培训来防范道德风险。严格履行受托人的监管义务，妥善管理信托投资项目，把道德风险控制在最低限度。

2012年随着房地产行业系统性风险加大，信托加大了对交易对手信用风险的关注，对项目设定了严格的风控措施，投后持续跟踪，公司的房地产信托均成功实现了兑付，信用风险稳定可控；对资金池类信托，通过各类流动性指标严格控制产品流动性风险，2012年资金池业务开展正常，产品流动性良好。

5. 会计报表

5.1 自营资产

5.1.1 会计师事务所审计结论

审 计 报 告

安永华明（2013）审字第60799520_B01号

平安信托有限责任公司董事会：

我们审计了后附的平安信托有限责任公司的财务报表，包括2012年12月31日的合并及公司的资产负债表，2012年度的合并及公司的利润表、所有者权益变动表和现金流量表以及财务报表附注。

一、管理层对财务报表的责任

编制和公允列报财务报表是平安信托有限责任公司管理层的责任。这种责任包括：（1）按照企业会计准则的规定编制财务报表，并使其实现公允反映；（2）设计、执行和维护必要的内部控制，以使财务报表不存在由于舞弊或错误而导致的重大错报。

二、注册会计师的责任

我们的责任是在执行审计工作的基础上对财务报表发表审计意见。我们按照中国注册会计师审计准则的规定执行了审计工作。中国注册会计师审计准则要求我们遵守中国注册会计师职业道德守则，计划和执行审计工作以对财务报表是否不存在重大错报获取合理保证。

审计工作涉及实施审计程序，以获取有关财务报表金额和披露的审计证据。选择的审计程序取决于注册会计师的判断，包括对由于舞弊或错误导致的财务报表重大错报风险的评估。在进行风险评估时，注册会计师考虑与财务报表编制和公允列报相关的内部控制，以设计恰当的审计程序，但目的并非对内部控制的有效性发表意见。审计工作还包括评价管理层选用会计政策的恰当性和作出会计估计的合理性，以及评价财务报表的总体列报。

我们相信，我们获取的审计证据是充分、适当的，为发表审计意见提供了基础。

三、审计意见

我们认为，上述财务报表在所有重大方面按照企业会计准则的规定编制，公允地反映了平安信托有限责任公司2012年12月31日的合并及公司的财务状况以及2012年度的合并及公司的经营成果和现金流量。

安永华明会计师事务所（特殊普通合伙）中国注册会计师

中国注册会计师 吴翠蓉

中国·北京　　中国注册会计师 熊姝英

2013年3月19日

5.1.2 资产负债表

单位:万元

资产	本集团		本公司	
	期末数	期初数	期末数	期初数
货币资金	1 686 550.41	1 299 979.19	212 477.96	175 390.47
结算备付金	71 079.51	243 759.62	—	—
以公允价值计量且其变动计入当期损益的金融资产	687 380.23	581 664.88	—	8 823.03
买入返售金融资产	252 514.00	109 576.77	—	0.00
衍生金融资产	382.14	—	—	—
应收利息	53 094.32	57 733.65	111.84	5 091.66
应收账款	61 442.61	13 766.91	—	—
发放贷款及垫款	117 563.68	85 568.70	7 525.26	60 454.71
存出保证金	37 990.25	27 406.91	—	—
存货	111 859.68	10 557.02	—	—
可供出售金融资产	1 886 375.55	1 904 716.61	393 955.47	460 599.47
长期股权投资	707 001.98	550 207.42	616 501.90	700 580.71
商誉	279 245.90	35 520.73	—	—
投资性房地产	67 891.66	204 448.38	—	—
固定资产	156 776.44	30 172.66	4 024.44	5 790.50
无形资产	449 769.53	13 924.51	1 044.75	5 146.03
递延所得税资产	21 013.96	20 992.48	9 138.63	5572.53
其他资产	741 800.80	607 233.55	362 455.76	111 275.56
资产总计	7 389 732.65	5 797 229.99	1 607 236.01	1 538 724.67

单位:万元

负债及所有者权益	本集团		本公司	
	期末数	期初数	期末数	期初数
短期借款	134 792.95	83 321.00	—	—
拆入资金	20 000.00	100 000.00	—	100 000.00
卖出回购金融资产款	1 885 658.44	1 344 760.18	—	—
代理买卖证券款	872 173.87	860 760.63	—	—
代理承销证券款	—	0.00	—	—
应付账款	53 128.08	7 794.59	—	—
预收账款	430 705.58	320 951.86	—	—
应付职工工资薪酬	86 884.64	82 524.35	21 769.65	18 134.38
应交税费	56 375.87	44 548.52	28 726.52	26 869.47
应付利息	14 037.49	9 057.93	0.00	64.33
长期借款	180 800.00	309 137.23	—	—
递延所得税负债	115 065.03	23 911.17	—	—
其他负债	392 897.63	424 538.45	42 073.39	28 666.69
负债合计	4 242 519.58	3 611 305.91	92 569.56	173 734.87
实收资本	698 800.00	698 800.00	698 800.00	698 800.00
资本公积	321 228.15	230 327.67	225 267.77	228 547.08
盈余公积	63 139.27	47 843.67	63 139.27	47 843.67
一般风险准备	49 357.46	35 426.01	49 357.46	35 426.01
未分配利润	1 198 180.71	957 808.31	478 101.95	354 373.04
外币报表折算差额	−209.66	−213.62	—	—
归属于母公司所有者权益合计	2 330 495.93	1 969 992.04	1 514 666.45	1 364 989.80
少数股东权益	816 717.14	215 932.04	—	—
所有者权益合计	3 147 213.07	2 185 924.08	1 514 666.45	1 364 989.80
负债和所有者权益总计	7 389 732.65	5 797 229.99	1 607 236.01	1 538 724.67

5.1.3 利润表

单位：万元

项　　目	本集团		本公司	
	本期数	上期数	本期数	上期数
一、营业总收入	1 514 092.53	956 214.30	372 805.73	282 013.01
利息收入	57 156.47	56 056.03	8 330.81	20 600.70
手续费及佣金收入	482 496.36	498 943.52	296 113.49	200 951.02
营业收入	458 260.78	64 827.39	—	—
投资收益	278 494.30	212 356.15	67 991.56	60 596.70
公允价值变动损失	10 551.95	-6 316.46	247.13	-327.97
汇兑损益	5.28	-1 191.07	-3.96	-83.9
其他业务收入	227 127.39	131 538.74	126.70	276.46
二、营业总支出	-1 129 388.81	-656 103.15	-181 171.82	-141 091.86
利息支出	-106 062.94	-81 614.53	-40.03	-314.91
手续费及佣金支出	-89 111.84	-71 005.14	-69 054.14	-41 932.92
营业成本	-218 690.64	-64 276.46	—	—
营业税金及附加	-54 134.11	-42 574.58	-16 870.37	-12 804.92
业务及管理费	-580 214.93	-344 675.61	-95 250.94	-89 286.72
资产减值损失	-6 400.88	3 169.83	225.34	3 247.91
其他业务成本	-74 773.47	-55 126.66	-181.68	-0.3
三、营业利润	384 703.72	300 111.15	191 633.91	140 921.15
加：营业外收入	2 928.90	3 368.41	183.27	832.84
减：营业外支出	-8 340.33	-344.19	-6 869.71	-26.66
四、利润总额	379 292.29	303 135.37	184 947.47	141 727.33
减：所得税费用	-86 412.35	-77 310.76	-31 991.51	-35 410.10
五、净利润	292 879.94	225 824.61	152 955.96	106 317.23
归属于母公司所有者的净利润	269 599.45	212 975.59	—	—
少数股东损益	23 280.49	12 849.02	—	—
六、其他综合收益/亏损	97 009.78	-83 774.73	-3 279.31	-75 709.04
七、综合收益/亏损总额	389 889.72	142 049.88	149 676.65	30 608.19
归属母公司所有者的综合收益/亏损总额	362 421.79	130 082.30	—	—
归属少数股东的综合收益/亏损总额	27 467.93	11 967.58	—	—

5.1.4 所有者权益变动表

2012 年度

单位:万元

项目	本集团 归属于母公司所有者权益 实收资本	资本公积	盈余公积	一般风险准备	未分配利润	外币报表折算差额	少数股东权益	所有者权益合计	本公司 实收资本	资本公积	盈余公积	一般风险准备	未分配利润	所有者权益合计
一、年初余额	698 800.00	230 327.67	47 843.67	35 426.01	957 808.31	-213.62	215 932.04	2 185 924.08	698 800.00	228 547.08	47 843.67	35 426.01	354 373.04	1 364 989.80
二、本年增减变动金额														
(一)净利润	—	—	—	—	269 599.45		23 280.49	292 879.94	—	—	—	—	152 955.96	152 955.96
(二)其他综合收益	—	92 818.38	—	—	—	3.96	4 187.44	97 009.78	—	-3 279.31	—	—	—	-3 279.31
综合收益总额	—	92 818.38	—	—	269 599.45	3.96	27 467.93	389 889.72	—	-3 279.31	—	—	152 955.96	149 676.65
(三)利润分配														
1. 提取盈余公积	—	—	15 295.60	—	-15 295.60	—	—	—	—	—	15 295.60		-15 295.60	—
2. 提取一般风险准备	—	—	—	13 931.45	-13 931.45	—	—	—	—	—		13 931.45	-13 931.45	—
3. 向少数股东分红	—	—	—	—	—	—	-14 306.49	-14 306.49	—	—	—	—	—	—
(四)收购子公司	—	—	—	—	—	—	422 231.15	422 231.15	—	—	—	—	—	—
(五)处置子公司	—	—	—	—	—	—	-100 584.05	-100 584.05	—	—	—	—	—	—
(六)与少数股东的权益性交易	—	-13 714.52	—	—	—	—	213 164.46	199 449.94	—	—	—	—	—	—
(七)其他	—	11 796.62	—	—	—	—	52 812.10	64 608.72	—	—	—	—	—	—
三、年末余额	698 800.00	321 228.15	63 139.27	49 357.46	1 198 180.71	-209.66	816 717.14	3 147 213.07	698 800.00	225 267.77	63 139.27	49 357.46	478 101.95	1 514 666.45

2011 年度

单位:万元

项目	本集团 归属于母公司所有者权益 实收资本	资本公积	盈余公积	一般风险准备	未分配利润	外币报表折算差额	少数股东权益	所有者权益合计	本公司 实收资本	资本公积	盈余公积	一般风险准备	未分配利润	所有者权益合计
一、年初余额	698 800.00	315 183.73	37 211.95	30 110.15	760 780.32	-213.59	208 421.80	2 050 294.36	698 800.00	304 256.12	37 211.95	30 110.15	264 003.39	1 334 381.61
二、本年增减变动金额														
(一)净利润	—	—	—	—	212 975.57		12 849.04	225 824.61	—	—	—	—	106 317.23	106 317.23
(二)其他综合收益	—	-82 893.26	—	—	—	-0.03	-881.44	-83 774.73	—	-75 709.04	—	—	—	-75 709.04
综合收益总额	—	-82 893.26	—	—	212 975.57	-0.03	11 967.60	142 049.88	—	-75 709.04	—	—	106 317.23	30 608.19
(三)利润分配														
1. 提取盈余公积	—	—	10 631.72	—	-10 631.72	—	—	—	—	—	10 631.72	—	-10 631.72	—
2. 提取一般风险准备	—	—	—	5 315.86	-5 315.86	—	—	—	—	—	—	5 315.86	-5 315.86	—
3. 对股东的分配	—	—	—	—	—	—	—	—	—	—	—	—	—	—
(四)其他	—	-1 962.80	—	—	—	—	-4 457.36	-6 420.16	—	—	—	—	—	—
三、年末余额	698 800.00	230 327.67	47 843.67	35 426.01	957 808.31	-213.62	215 932.04	2 185 924.08	698 800.00	228 547.08	47 843.67	35 426.01	354 373.04	1 364 989.80

5.2 信托资产

5.2.1. 信托项目资产负债汇总表

单位：万元

信托资产:	期末数	期初数	信托负债:	期末数	期初数
货币资金	1 257 607.25	2 015 049.21	应付受托人报酬	66 357.17	25 318.46
拆出资金	—	—	应付托管费	4 340.50	1 906.04
存出保证金	—	—	应付受益人收益	17 365.94	15.44
交易性金融资产	1 431 643.49	1 040 229.64	应交税费	24 930.85	9 513.84
买入返售金融资产	1 127 506.45	838 466.06	应付销售服务费	—	—
应收款项	959 558.07	501 505.84	其他应付款项	445 730.47	95 412.99
发放贷款	10 625 787.36	9 834 294.16	其他负债	—	—
可供出售金融资产	1 704 130.91	1 377 171.80	信托负债合计	558 724.93	132 166.77
持有至到期投资	—	—	信托权益:		
长期股权投资	3 542 657.79	3 749 083.11	实收信托	20 152 964.11	19 090 850.56
投资性房地产	134 022.28	265 880.59	资本公积	55 206.43	-1 855.20
固定资产	2 145.17	—	未分配利润	435 577.29	400 518.28
其他资产	417 413.99	—	信托权益合计	20 643 747.83	19 489 513.64
资产总计	21 202 472.76	19 621 680.41	负债和权益总计	21 202 472.76	19 621 680.41

5.2.2 信托项目利润及利润分配汇总表

单位：万元

项　目	2012 年	2011 年
一、营业收入	2 095 642.18	1 123 726.03
利息收入	1 056 385.26	643 943.87
投资收入	928 537.99	490 766.76
租赁收入	25 244.40	24 906.74
公允价值变动损益	53 836.78	-65 756.77
汇兑损益	90.64	—
其他收入	31 547.11	29 865.43
二、营业费用	356 364.16	164 921.25
三、营业税金及附加	18 864.93	10 366.04
加:营业外收入	0.03	14.02
减:营业外支出	23.92	0.01
四、扣除资产减值损失前的信托利润	1 720 389.20	948 452.75
减:资产减值损失	—	—
五、净利润	1 720 389.20	948 452.75
加:期初未分配信托利润	400 518.28	306 831.48
六、可供分配的信托利润	2 120 907.48	1 255 284.23
减:本期已分配信托利润	1 685 330.19	854 765.95
七、期末未分配信托利润	435 577.29	400 518.28

6. 会计报表附注

6.1 会计报表编制基准不符合会计核算基本前提的说明

6.1.1 公司会计报表编制基准不符合会计核算基本前提的情况

无。

6.1.2 公司财务报表是根据财政部于2006年颁布的《企业会计准则——基本准则》和38项具体会计准则、其后颁布的应用指南、解释以及其他相关规定(统称企业会计准则)编制

6.1.3 计提资产减值准备的范围和方法

金融资产。本集团于资产负债表日对金融资产的账面价值进行检查，有客观证据表明该金融资产发生减值的，计提减值准备。

递延所得税资产。本集团于资产负债表日对递延所得税资产的账面价值进行复核，如果未来期间很可能无法获得足够的应纳税所得额用以抵扣递延所得税资产的利益，减记递延所得税资产的账面价值。

存货。于资产负债表日，存货按照成本与可变现净值孰低计量，对成本高于可变现净值的，计提存货跌价准备，计入当期损益。

其他资产。本集团于资产负债表日判断资产是否存在可能发生减值的迹象，存在减值迹象的，本集团将估计其可收回金额，进行减值测试。

6.1.4 金融资产四分类的范围和标准

本集团的金融资产于初始确认时分类为以公允价值计量且其变动计入当期损益的金融资产、贷款和应收款项、可供出售金融资产。本集团在初始确认时确定金融资产的分类。金融资产在初始确认时以公允价值计量。对于以公允价值计量且其变动计入当期损益的金融资产，相关交易费用直接计入当期损益，其他类别的金融资产相关交易费用计入其初始确认金额。

6.1.5 交易性金融资产核算方法

以公允价值计量且其变动计入当期损益的金融资产，包括交易性金融资产和初始确认时指定为以公允价值计量且其变动计入当期损益的金融资产。交易性金融资产，是指满足下列条件之一的金融资产:(1)取得该金融资产的目的是为了在短期内出售;(2)属于进行集中管理的可辨认金融工具组合的一部分,且有客观证据表明企业近期采用短期获利方式对该组合进行管理;(3)属于衍生工具,但是,被指定且为有效套期工具的衍生工具、属于财务担保合同的衍生工具、与在活跃市场中没有报价且其公允价值不能可靠计量的权益工具投资挂钩并须通过交付该权益工具结算的衍生工具除外。对于此类金融资产,采用公允价值进行后续计量,所有已实现和未实现的损益均计入当期损益。与以公允价值计量且其变动计入当期损益的金融资产相关的股利或利息收入,计入当期损益。

6.1.6 可供出售金融资产核算方法

可供出售金融资产,是指初始确认时即指定为可供出售的非衍生金融资产,以及除上述金融资产类别以外的金融资产。对于此类金融资产,采用公允价值进行后续计量。其折价或溢价采用实际利率法进行摊销并确认为利息收入或费用。除减值损失及外币货币性金融资产的汇兑差额确认为当期损益外;可供出售金融资产的公允价值变动作为其他综合收益于资本公积中确认,直到该金融资产终止确认或发生减值时的累计利得或损失转入当期损益。与可供出售金融资产相关的股利或利息收入,计入当期损益。

对于在活跃市场中没有报价且其公允价值不能可靠计量的权益工具投资,按成本计量。

6.1.7 长期股权投资核算方法

本集团对被投资单位不具有共同控制或重大影响,且在活跃市场中没有报价、公允价值不能可靠计量的长期股权投资,采用成本法核算;本集团对被投资单位具有共同控制或重大影响的,长期股权投资采用权益法核算;本公司能够对被投资单位实施控制的长期股权投资,在本公司个别财务报表中采用成本法核算。

6.1.8 投资性房地产核算方法

投资性房地产按照成本进行初始计量。与投资性房地产有关的后续支出,如果与该资产有关的经济利益很可能流入且其成本能够可靠地计量,则计入投资性房地产成本。否则,于发生时计入当期损益。

6.1.9 固定资产计价和折旧方法

固定资产仅在与其有关的经济利益很可能流入本集团,且其成本能够可靠地计量时才予以确认。与固定资产有关的后续支出,符合该确认条件的,计入固定资产成本,并终止确认被替换部分的账面价值;否则,在发生时计入当期损益。

固定资产按照成本进行初始计量,并考虑预计弃置费用因素的影响。购置固定资产的成本包括购买价款,相关税费,以及为使固定资产达到预定可使用状态前所发生的可直接归属于该资产的其他支出。

固定资产的折旧采用年限平均法计提,各类固定资产的预计使用寿命、预计净残值率及年折旧率如下:

项目	预计使用寿命(年)	预计净残值率(%)	年折旧率(%)
房屋及建筑物	20~40	1~10	2.25~4.8
办公及通讯设备	3~15	0~10	6~33.3
运输设备	5~10	1~10	9~19.8

本集团至少于每年年度终了,对固定资产的使用寿命、预计净残值和折旧方法进行复核,必要时进行调整。

6.1.9 无形资产计价及摊销政策

无形资产仅在与其有关的经济利益很可能流入本集团,且其成本能够可靠地计量时才予以确认,并以成本进行初始计量。但企业合并中取得的无形资产,其公允价值能够可靠地计量的,即单独确认为无形资产并按照公允价值计量。

无形资产按照其能为本集团带来经济利益的期限确定使用寿命,无法预见其为本集团带来经济利益期限的作为使用寿命不确定的无形资产。

各项无形资产的预计使用寿命如下:

项目	预计使用寿命(年)
土地使用权	30~50
计算机软件系统	3~5
商标权	20~40、无确定年限
专利权及其他专利技术	8~14
合同权益	2~28
客户关系	14

本集团取得的土地使用权,通常作为无形资产核算。

6.1.10 长期待摊费用的摊销政策

公司长期待摊费用按实际发生额核算,在项目的受益期限内分期平均摊销。

6.1.11 合并会计报表的编制方法

合并财务报表的合并范围以控制为基础确定,包括本公司及全部子公司2011年度的财务报表。子公司,是指被本公司控制的企业或主体。编制合并财务报表时,子公司采用与本公司一致的会计年度和会计政策。本集团内部各公司之间的所有交易产生的余额、交易和未实现损益及股利于合并时全额抵销。

6.1.12 收入确认原则和方法

本集团各项业务的收入在经济利益很可能流入本集团、且金额能够可靠计量,并分别同时满足下列条件时予以确认。

(1)手续费收入。手续费收入包括:信托管理费,该收入是根据信托合同规定的计提方法、计提标准确认应由信托项目承担的受托人报酬。证券、期货代理买卖佣金收入,于所提供的服务完成时予以确认。证券承销收入,于证券承销完成时确认收入。

(2)利息净收入。利息收入和利息支出都按存出资金或让渡资金的使用权的时间及实际利率计算确定。

(3)销售商品收入。本集团已将商品所有权上的主要风险和报酬转移给购货方,并不再对该商品保留通常与所有权相联系的继续管理权和实施有效控制,且相关的已发生或将发生的成本能够可靠地计量,确认为收入的实现。

(4)提供劳务收入。于资产负债表日,在提供劳务交易的结果能够可靠估计的情况下,按完工百分比法确认提供劳务收入;否则按已经发生并预计能够得到补偿的劳务成本金额确认收入。

提供劳务收入包括积分管理收入、物业管理费收入以及基金管理费收入等。

6.1.13 所得税的会计处理方法

所得税包括当期所得税和递延所得税。除由于企业合并产生的调整商誉，或与直接计入所有者权益的交易或者事项相关的计入所有者权益外，均作为所得税费用或收益计入当期损益。

6.1.14 信托报酬确认原则和方法

根据信托合同规定的计提方法、计提标准确认应由信托项目承担的受托人报酬。

6.2 或有事项说明

报告期末，公司无对外担保及其他或有事项。

6.3 重要资产转让及其出售的说明

报告期内，公司无须披露的重要资产转让及其出售。

6.4 会计报表中重要项目的明细资料

6.4.1 自营资产经营情况

6.4.1.1 信用资产风险分类情况

本公司报告期的信用风险资产分类情况如下：

信用风险资产五级分类	正常类（万元）	关注类（万元）	次级类（万元）	可疑类（万元）	损失类（万元）	信用风险资产合计（万元）	不良资产合计（万元）	不良资产率（%）
期初数	854 222.01	16 077.37	584.23	322.36	2 799.58	874 005.55	3 706.17	0.42%
期末数	1 181 606.70	2 398.52	1 423.60	160.63	944.51	1 186 533.96	2 528.74	0.21%

注：以上资产数据未包括货币资金等非风险资产。

6.4.1.2 资产损失准备情况

本公司报告期的资产减值损失准备情况

单位：万元

项目	期初数	本期计提	本期转回	本期核销	期末数
贷款损失准备	5 342.96	0.00	−1 671.41	−1 605.20	2 066.35
一般准备	1 587.82	—	−1 446.07	—	141.75
专项准备	3 755.14	—	−225.34	−1 605.20	1 924.60
其他资产减值准备	2 873.86	—	−374.46	—	2 499.40
可供出售金融资产减值准备	—	5 909.33	—	—	5 909.33
长期股权投资减值准备	7 052.68	2 194.85	—	—	9 247.53

6.4.1.3 投资情况

本公司报告期自营股票投资、基金投资、债券投资、长期股权投资等投资的期初数、期末数如下：

单位：万元

项目	自营股票	基金	债券	长期股权投资	其他投资	合计
期初数	55 022.31	—	—	700 580.71	414 400.19	1 170 003.21
期末数	45 530.98	—	—	616 501.90	348 424.48	1 010 457.36

6.4.1.4 前五名自营长期股权投资情况

本公司报告期的前五名长期股权投资实体情况如下：

名称	占被投资企业权益的比例（%）	主要经营活动	2012年投资损益（万元）
深圳市平安创新资本投资有限公司	100.00	投资控股	40 000.00
平安证券有限责任公司	86.77	证券投资与经纪	—
台州市商业银行股份有限公司	5.33	商业银行	—
平安大华基金管理有限公司	60.70	基金管理	—
同鑫1号房地产投资集合资金信托	40.55	信托计划	−452.92

6.4.1.5 前五名自营贷款情况

本公司报告期的前五名自营贷款情况如下：

企业名称	占贷款总额比例（%）	还款情况
深圳市嘉捷科技发展有限公司	0.91	正常还款未逾期
深圳市极美若璟实业有限公司	0.89	正常还款未逾期
深圳市微闪科技有限公司	0.80	正常还款未逾期
深圳市旺达旺五金塑胶机械有限公司	0.74	正常还款未逾期
深圳市共好企业管理咨询有限公司	0.72	正常还款未逾期

6.4.1.6 表外业务情况

本公司报告期的表外业务情况如下：

表外业务	期初数	期末数
担保业务	—	—
代理业务（委托业务）	—	—
其他	—	—
合计	—	—

6.4.1.7 公司当年的收入结构

收入结构	本集团		本公司	
	金额（万元）	占比（%）	金额（万元）	占比（%）
手续费及佣金收入	482 496.36	31.81	296 113.49	79.39
其中：信托手续费收入	272 612.94	17.97	275 543.71	73.87
投资银行业务收入	110 839.86	7.31	—	—
利息收入	57 156.47	3.77	8 330.81	2.23
营业收入	458 260.78	30.21	—	—
租赁收入	34 503.77	2.27	—	—
物业管理费收入	12 176.41	0.80	—	—
其他业务收入	180 447.21	11.89	126.69	0.03
其中：计入信托业务收入部分	—	0.00	—	—
投资收益	278 494.30	18.36	67 991.56	18.23
其中：股权投资收益	95 562.66	6.29	51 542.08	13.82
证券投资收益	146 596.00	9.66	16 449.48	4.41
其他投资收益	36 335.64	2.40	—	—
公允价值变动收益	10 551.95	0.70	247.13	0.07
汇兑损益	5.28	0.00	−3.96	0.00
营业外收入	2 928.90	0.19	183.27	0.05
收入合计	1 517 021.43	100.00	372 988.99	100.00

6.4.2 信托财产管理情况

6.4.2.1 信托资产的期初数、期末数

单位：万元

信托资产	期初数(万元)	期末数(万元)
集合	8 564 160.45	9 595 458.12
单一	11 027 994.68	11 578 324.02
财产权	29 525.28	28 690.62
合计	19 621 680.41	21 202 472.76

6.4.2.1.1 主动管理型信托业务的信托资产期初数、期末数

单位：万元

主动管理型信托资产	期初数	期末数
证券投资类	935 908.52	684 808.33
股权投资类	2 215 301.56	2 236 539.05
融资类	2 221 415.34	8 286 632.12
事务管理类	—	3 669.99
其他	6 345 680.24	6 261 198.48
合计	11 718 305.66	17 472 847.97

6.4.2.1.2 被动管理型信托业务的信托资产期初数、期末数

单位：万元

被动管理型信托资产	期初数	期末数
证券投资类	138 154.34	—
股权投资类	1 111.26	—
融资类	6 887 621.25	3 554 993.68
事务管理类	59 432.32	58 646.02
其他	817 055.58	115 985.09
合计	7 903 374.75	3 729 624.79

6.4.2.2 本年度信托项目清算情况

6.4.2.2.1 本年度已清算结束的信托项目

已清算结束信托项目	项目个数	实收信托合计金额(万元)	加权平均实际年化收益率(%)
集合类	80	3 127 916.02	5.48
单一类	97	8 839 754.80	5.85

6.4.2.2.2 本年度已清算结束的主动管理型信托项目

已清算结束信托项目	项目个数	实收信托合计金额(万元)	加权平均实际年化收益率(%)
证券投资类	12	124 808.06	3.76
股权投资类	11	243 918.80	-17.46
融资类	85	4 733 780.00	7.12
事务管理类	1	15 000.00	0.51
其他	21	1 461 625.70	8.37

6.4.2.2.3 本年度已清算结束的被动管理型信托项目

已清算结束信托项目	项目个数	实收信托合计金额(万元)	加权平均实际年化收益率(%)
证券投资类			
股权投资类			
融资类	43	4 554 859.26	4.89
事务管理类			
其他	4	833 679.00	3.91

6.4.2.3 本年度新增信托项目情况

单位：万元

新增信托项目	项目个数	实收信托合计金额(万元)
集合类	217	6 112 541.36
单一类	111	8 309 488.09
新增合计	328	14 422 029.45
其中：主动管理型	328	14 422 029.45
被动管理型	—	—

6.4.2.4 信托业务创新成果和特色业务情况

平安信托继续秉承财富管理的核心理念，持续搭建开放式产品平台建设，持续保持创新产品能力和进一步提升投资管理能力。公司凭借在私人财富管理方面的领先优势立足资本市场和非资本市场，为客户提供专业、全方位、一站式的理财服务。

2012年，公司于资本市场推出海外结构化挂钩型产品、提升型结构化证券投资产品等产品；并相继于非资本市场推出了净值型债券和结构化债券等多样化债券投资产品，地产业务率先于同业推出商业地产信托模式等创新业务，进一步丰富公司的产品线，更好地满足不同种类的投资客户的多样化需求。

6.4.2.5 履行受托人义务情况

本公司作为信托项目的受托人，严格按照《中华人民共和国信托法》、《信托公司管理办法》、《信托公司集合资金信托计划管理办法》等法律法规的规定及信托合同等文件的约定，恪尽职守，诚实、信用、谨慎、有效地管理信托财产，严格履行受托人的义务，为受益人的最大利益处理信托事务，公平、公正地处置信托财产。本年度无因本公司自身责任而导致的信托财产损失情况。

6.5 关联方关系及其交易

6.5.1 关联方交易

本公司报告期关联交易方的数量、关联交易的总金额及关联交易的定价政策等如下：

	关联交易方的数量	关联交易总金额(万元)	定价政策
合计	6	1 364 103.38	本公司2012年度发生的关联方交易均根据一般正常的交易条件进行，并以市场价格作为定价依据。

6.5.2 关联交易方

报告期涉及关联交易的关联方情况如下：

关系性质	关联方名称	法定代表人	注册地址	注册资本(万元)	主营业务
母公司控制的公司	中国平安人寿保险股份有限公司	丁新民	深圳	3 380 000	人身保险
母公司控制的公司	平安科技(深圳)有限公司	陈心颖	深圳	3 000 万美元	IT 服务
合并子公司	深圳市平安创新资本投资有限公司	童 恺	深圳	400 000	投资控股

续表

关系性质	关联方名称	法定代表人	注册地址	注册资本（万元）	主营业务
合并子公司	深圳市平安置业投资有限公司	宋成立	深圳	180 000	房地产投资
合并子公司	深圳平安渠道发展咨询服务有限公司	廖　刚	深圳	2 500	咨询服务
合并子公司	深圳市平安德成投资有限公司	封　群	深圳	30 000	投资咨询

6.5.3　本公司与关联方的重大交易事项

6.5.3.1　固有与关联方交易情况

单位：万元

固有与关联方关联交易				
	期初	借方发生额	贷方发生额	期末数
贷款	—	—	—	—
投资	—	—	—	—
租赁	—	—	—	—
担保	—	—	—	—
应收账款	—	—	—	—
其他	23 667.56	10 553.99	3 773.34	30 448.21
合计	23 667.56	10 553.99	3 773.34	30 448.21

6.5.3.2　信托与关联方交易情况

单位：万元

信托与关联方关联交易				
	期初数	借方发生额	贷方发生额	期末数
贷款	21 500.00	—	2 000.00	19 500.00
投资	—	—	—	—
租赁	—	—	—	—
担保	—	—	—	—
应收账款	—	—	—	—
其他	1 588 880.82	1 353 549.39	397 358.22	2 545 071.99
合计	1 610 380.82	1 353 549.39	399 358.22	2 564 571.99

6.5.3.3　固有与信托财产之间交易情况

单位：万元

固有财产与信托财产相互交易			
	期初数	本期发生额	期末数
合计	500 589.33	60 329.04	560 918.37

6.5.3.4　信托项目之间交易情况

单位：万元

信托财产与信托财产相互交易			
	期初数	本期发生额	期末数
合计	7 284 281.41	669 842.03	7 954 123.44

6.5.4　报告期，无关联方逾期未偿还本公司资金的事项以及本公司为关联方担保发生或即将发生垫款的事项

无。

6.6　会计制度的披露

公司固有业务自2007年起执行新《企业会计准则》（财政部2006年颁布）。公司信托业务自2009年起执行新《企业会计准则》（财政部2006年颁布）。

7. 财务情况说明书

7.1　利润实现和分配情况

报告期本公司实现净利润152 955.96万元，期初未分配利润为354 373.04万元，提取盈余公积15 295.60万元，提取一般风险准备13 931.45万元，期末累计未分配利润为478 101.95万元。为了更好地支持业务发展，公司决定2012年不对股东派发股利。

报告期本集团实现净利润292 879.94万元，期末累计未分配利润为1 198 180.71万元。

7.2　主要财务指标

本公司报告期的主要财务指标如下：

指标名称	指标值		计算公式
	本公司	本集团	
资本利润率（%）	10.62	10.98	净利润/所有者权益平均余额×100%
人均净利润（万元）	193.86	370.20	净利润/年平均人数

7.3　对本公司财务状况、经营成果有重大影响的其他事项

报告期内，没有对本公司财务状况、经营成果有重大影响的其他事项。

8. 特别事项揭示

8.1　前五名股东报告期内变动情况及原因

报告期内，本公司股东没有发生变动。

8.2　董事、监事及高级管理人员变动情况及原因

报告期内，公司董事、高级管理人员没有变动。

8.3　变更注册资本、变更注册地或公司名称、公司分立合并事项

报告期内，注册资本、注册地或公司名称变更、公司分立合并事项均未发生。

8.4　公司的重大诉讼事项

报告期内，公司没有重大诉讼事项发生。

8.5　公司及其董事、监事和高级管理人员受到处罚的情况

报告期内，公司及其董事、监事和高级管理人员依法经营，

没有违法、违规及受到监管部门处罚的事项发生。

8.6 银监会及其派出机构对公司检查的情况

自2012年9月至11月，深圳银监局对公司的内部控制管理进行了现场检查，并于12月出具了《检查事实与评价》，对公司法人治理结构、风险管理体系、固有业务和信托业务制度等给予充分肯定，也对日常经营中存在的问题提出评价意见。公司在收到《检查事实与评价》后，积极组织相关部门召开专题会议，认真分析银监局提出的评价，同时要求各部门深入自我检查，有效识别风险并进一步完善内控制度流程，有效防范合规风险，并按时反馈银监局的检查评价。截至2012年12月31日，公司尚未接到银监局正式的检查报告。

8.7 本年度重大事项临时报告的简要内容、披露时间、所披露的媒体及其版面

报告期内，公司无重要事项临时报告。

8.8 银监会及其省级派出机构认定的其他有必要让客户及相关利益人了解的重要信息

报告期内，没有发生银监会及其省级派出机构认定的其他有必要让客户及相关利益人了解的重要事项。

9. 公司监事会意见

监事会认为，报告期内公司能够按照合法决策程序对重大事项进行决策，所开展的业务经营活动符合《公司法》、《信托法》、《信托公司管理办法》及《信托公司治理指引》等有关法律法规的规定。监事会认为，安永华明会计师事务所（特殊普通合伙）出具的2012年度无保留意见的审计报告，真实、客观地反映了公司的财务状况和经营结果。

山东省国际信托有限公司

1. 重要提示

1.1 本公司董事会及董事保证本报告所载资料不存在任何虚假记载、误导性陈述或者重大遗漏,并对其内容的真实性、准确性和完整性承担个别及连带责任。

1.2 公司独立董事黄可华、郝书辰、李相启声明:保证本年度报告内容的真实性、准确性、完整性。

1.3 公司拟任董事长相开进,主管会计工作负责人副总经理柴大秋及会计部门负责人岳增光声明:保证年度报告中财务会计报告的真实、完整。

2. 公司概况

2.1 公司简介

2.1.1 公司基本情况

山东省国际信托有限公司(以下简称山东信托)初创于1987年3月,是经中国人民银行和山东省人民政府批准设立的非银行金融机构。2002年8月,完成了增资改制和重新登记工作,由国有独资公司转变为有限责任公司。2007年6月,获得中国银监会批复同意换发新的金融许可证,名称变更为目前的山东省国际信托有限公司。目前,山东信托注册资本为12.8亿元(其中美元1 500万美元)。山东信托自成立以来,充分发挥信托职能,在诸多业务领域进行了卓有成效的探索,目前主要业务为山东省基本建设基金管理、资金信托、财产信托、投资银行、融资租赁、资产管理和证券投资基金等。

2.1.2 公司的法定中文名称:山东省国际信托有限公司
中文名称缩写:山东信托
公司的法定英文名称:Shandong International Trust Corporation
英文名称缩写:SITC

2.1.3 法定代表人:孟凡利

2.1.4 注册地址:济南市解放路166号

2.1.5 邮政编码:250013

2.1.6 国际互联网网址:www.sitic.com.cn

2.1.7 电子信箱:zhb@sitic.com.cn

2.1.8 负责信息披露事务的高级管理人员:王小林
信息披露事务联系人:王超
联系电话:0531-86566563
传真:0531-86968708
电子信箱:zonghe@sitic.com.cn

2.1.9 公司选定的信息披露报纸:《上海证券报》

2.1.10 年度报告备置地点:济南市解放路166号鲁信大厦10F

2.1.11 聘请的会计师事务所:中准会计师事务所有限公司
住所:北京市海淀区首体南路22号国兴大厦4层

2.1.12 聘请的律师事务所:上海市锦天城律师事务所
住所:上海浦东新区花园石桥路33号

2.2 组织结构

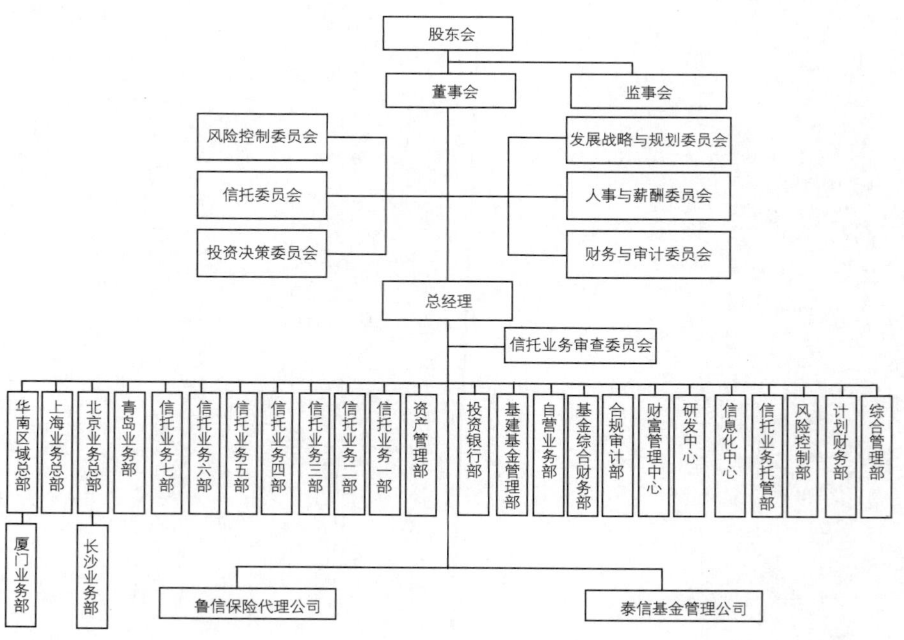

3. 公司治理

3.1 股东

公司前三位股东的主要股东的名称、出资比例、法定代表人、注册资本、注册地址、主要经营业务和主要财务情况(本年度)等。若股东之间存在关联关系,应予以说明。

股东名称	持股比例(%)	法人代表	注册资本(万元)	注册地址	主要经营业务及主要财务情况
山东省鲁信投资控股集团有限公司	85.94	孟凡利	300 000	济南市解放路166号	对外投资(不含法律法规限制行业)及管理、投资咨询(不含证券、期货的咨询)、资产管理、资本运营等。总资产130.45亿元,净资产87.72亿元,实现营业总收入33.15亿元,利润总额13.34亿元。
山东省高新技术创业投资有限公司	6.25	李世杰	116 572	济南市解放路166号	创业投资及资本运营(不含金融业务)等(上市公司未披露年报,相关经营指标暂不刊登)。
山东黄金集团有限公司	3.13	王建华	127 261.80	济南市舜华路2000号舜泰广场3号楼	黄金地质探矿、开采、选冶,贵金属、有色金属制品、黄金珠宝饰品提纯、加工、生产、销售等业务。合并资产总额521.64亿元,净资产140.41亿元,销售收入572.27亿元,利润总额28.21亿元,净利润18.66亿元。

公司第一大股东山东省鲁信投资控股集团有限公司系公司第二大股东山东省高新技术创业投资有限公司的实际控制人。

3.2 董事

董事会成员姓名、职务、性别、年龄、选任日期、任期、所推举的股东名称及该股东持股比例、简要履历等;独立董事还应披露其所在单位及职务。

董事

姓名	职务	性别	年龄	选任日期	任期	所推举的股东名称	该股东持股比例(%)	简要履历
相开进	董事长(拟任)	男	48	—	3年	山东省鲁信投资控股集团有限公司	85.94	山东大学毕业,南开大学EMBA;历任山东省计委培训中心教师,山东省计委主任科员,山东省国际信托投资公司部经理助理、副经理、经理,山东省国际信托有限公司副总经理、总经理。
王小林	董事	男	49	2012年8月	3年	职工代表大会推选		复旦大学企业管理专业毕业;历任山东省国际信托投资公司办公室秘书,山东省国际信托投资公司证券管理总部副总经理,山东省高新技术投资公司总经理助理(期间任山东省国际信托有限公司监事),山东省鲁信投资控股集团有限公司办公室主任,山东省国际信托有限公司党委书记。
金同水	董事	男	47	2012年8月	3年	山东省鲁信投资控股集团有限公司	85.94	北京工商大学会计学毕业;历任山东省国际信托投资公司计划财务部会计、副科长,鲁信(香港)投资有限公司财务经理,山东省国际信托投资有限公司计划财务部高级业务经理,山东省国际信托有限公司计划财务部经理,富国基金管理有限公司监事长,山东省国际信托有限公司风险管理部经理,山东省鲁信投资控股集团有限公司产权管理部副部长。
李国红	董事	男	42	2012年8月	3年	山东黄金集团有限公司	3.13	中国科技大学工商管理专业毕业;历任安徽英路工业集团副科长,上海凯贝投资有限公司总经理,安徽安泰蚌烟物流公司财务负责人,兼任蚌埠市中小企业信用担保有限公司董事,蚌埠市企业上市指导办公室副主任,安徽中烟工业公司财务部国有资产管理组组长、审计部审计组组长,安徽中烟工业公司合肥卷烟厂财务总监,山东黄金集团有限公司副总经理。
张守合	董事	男	49	2012年6月	3年	济南市能源投资有限责任公司	2.34	山东省委党校大学本科毕业;历任济南市郊区物资局燃料公司财务负责人,团支部书记,济南齐鲁经济贸易开发总公司助理会计师,济南市政府驻外机构服务站助理会计师,深圳济南实业有限公司主管会计、助理会计师,济南市经济发展总公司财务部主任、副总会计师、总经理助理,济南市能源投资有限责任公司计财部副经理、经理、高级会计师、党支部委员,济南市能源投资有限责任公司副总经理。
王曰普	董事	男	50	2012年8月	3年	潍坊市投资公司	2.34	南开大学EMBA;历任昌乐县计划委员会科员,潍坊市计划委员会科员、副科长、科长,潍坊市电力办公室副主任,潍坊市投资公司副总经理,潍坊市投资公司党委委员、副总经理、总经理。

独立董事

姓名	所在单位及职务	性别	年龄	选任日期	任期	所推举的股东名称	该股东持股比例(%)	简要履历
黄可华		男	69	2012年6月	3年			解放军通信兵学院第四系学员，中国科技大学获工学硕士学位，济南市财税局党委副书记、副局长，省财政厅厅长、党组书记，省社科联副主席、省政府党组成员；省政府副省长、省政府党组成员；省人大常委会副主任、党组成员，省人大财政经济委员会主任委员。
郝书辰	山东财经大学党委书记	男	48	2012年6月	3年			中央财经大学教师；先后任山东财政学院教师、财政系副主任、教务处长，山东经济学院副院长、院长，山东财经大学党委书记。
李相启		男	65	2012年8月	3年			兰州大学毕业；历任陕西省委政策研究室财贸处处长、室务委员、副主任等职，陕西省经济体制改革委员会党组成员、副书记、副主任、党组书记，并兼任陕西省证券委员会副主任、省证券监管委员会主席、省住房制度改革委员会副主任等职，期间任南京市市长助理，中国证监会济南证管办党委书记、主任，济南稽查局局长，山东证监局局长，上海证券交易所理事会理事、产品委员会主任。

3.3 监事

监事会成员职务、姓名、性别、年龄、选任日期、任期、所推举的股东名称、该股东持股比例、简要履历等。

员监事会成员

姓名	职务	性别	年龄	选任日期	任期	所推举的股东名称	该股东持股比例(%)	简要履历
张峰	监事长	男	38	2012年6月	3年	山东黄金集团有限公司	3.13	中央广播电视大学毕业；历任山东黄金集团财务部科员、计划财务部副部长、财务部副经理、资本运营部经理。
杨公民	监事	男	55	2012年6月	3年	山东省鲁信投资控股集团有限公司	85.94	山东大学毕业；历任山东轻工业学院马列主义教研室助教，山东省计委综合处主任科员、副处长，山东省国际信托投资公司研究发展部经理，山东省鲁信投资控股集团有限公司投资管理部经理、所属公司监事会主席。
黄群	监事	男	37	2012年6月	3年	山东省高新技术创业投资有限公司	6.25	山东财政学院毕业；历任山东省国际信托投资公司项目经理，泰信基金管理有限公司北京办事处总监、监察稽核部经理，山东鲁信投资集团股份有限公司综合部经理，山东省鲁信投资控股集团有限公司风险管理部高级业务经理。
丁健	监事	男	38	2012年6月	3年	济南市能源投资有限责任公司	2.34	济南市能源投资有限责任公司出纳、会计、计划财务部副经理（主持工作）。
陈宝庆	监事	男	47	2012年6月	3年	潍坊市投资公司	2.34	中国海洋大学毕业；工程师，现任潍坊市投资公司总会计师；历任原潍坊第三制药厂技术员，潍坊市投资公司办公室科员、副主任、主任、总经理助理兼办公室主任、总经理助理。
于晖	监事	男	33	2011年12月	3年	职工代表大会推选		山东师范大学汉语言文学专业毕业；历任山东省鲁信投资控股集团有限公司办公室秘书，山东省国际信托有限公司综合管理部副主任。
田志国	监事	男	40	2011年12月	3年	职工代表大会推选		山东大学法学专业毕业；历任山东省电子经济贸易中心员工，山东省国际信托有限公司风险管理部项目经理业务五部项目经理、业务五部副经理。
张如明	监事	男	41	2011年12月	3年	职工代表大会推选		山东大学法律硕士；历任山东省国际信托投资有限公司风险管理部业务经理、副经理。

3.4 高级管理人员

职务、姓名、性别、年龄、任职日期、金融从业年限、学历、专业。

姓名	职务	性别	年龄	选任日期	金融从业年限	学历	专业
王小林	总经理(拟任)	男	49	—	7	硕士	企业管理
王映黎	副总经理	女	51	2012年6月	19	硕士	工商管理
李高峰	副总经理	男	38	2011年10月	15	硕士	法学
周建藻	副总经理	女	40	2011年10月	17	硕士	工商管理
柴大秋	副总经理	男	37	2012年11月	14	本科	会计学

3.5 公司员工

报告期内职工人数、平均年龄、学历分布比率

2012年,公司职工142人,平均年龄35.69岁,学历分布比例如下:

学历	人员分布比例(%)
博士	3.52
硕士	50.70
本科	36.62
专科及以下	9.16

4. 经营管理

4.1 经营目标、经营方针、战略规划

围绕"差异化金融服务的提供商和专业化的财富管理者"的定位,以提供差异化金融服务为着力点,以客户需求为导向,加快产品结构调整和业务创新步伐,拓宽业务领域,加强渠道建设,创新营销模式,进一步增强投资能力、产品设计能力、自主营销能力,努力为客户提供财富管理和投融资服务,推动信托规模和收入实现稳步增长;不断提升内部管理水平,加强制度体系建设,建立健全符合信托公司实际和适应行业长远发展需要的风险管控和合规管理体系,加大研发和品牌宣传力度,加快推进信息化建设,进一步深化激励约束机制改革,加强人才队伍建设,积极开展富有信托公司特色的企业党的建设、廉洁从业建设和企业文化建设,推动公司实现健康快速可持续发展。

4.2 所经营业务的主要内容

自营资产运用与分布表

资产运用	金额(万元)	占比(%)	资产分布	金额(万元)	占比(%)
货币资产	46 391.50	16.78	基础产业	0	
贷款及应收款	8 545.04	3.09	房地产业	0	
交易性金融资产投资	90 043.09	32.56	证券市场	116 392.20	42.09
可供出售金融资产投资	26 349.11	9.53	实业		
持有至到期投资	50 268.39	18.18	金融机构	101 474.39	36.70
长期股权投资	51 206.00	18.52	其他	58 653.71	21.21
其他	3 717.17	1.34			
资产总计	276 520.30	100	资产总计	276 520.30	100

信托资产运用与分布表

资产运用	金额(万元)	占比(%)	资产分布	金额(万元)	占比(%)
货币资产	2 183 979.64	11.51	基础产业	4 686 851.00	24.71
贷款	10 290 808.88	54.25	房地产	470 414.00	2.48
交易性金融资产投资	851 208.50	4.49	证券市场	910 360.00	4.80
可供出售金融资产投资	0	0	实业	9 776 811.00	51.54
持有至到期投资	2 962 289.29	15.62	金融机构	100 304.00	0.53
长期股权投资	1 842 547.50	9.71	其他	3 025 301.52	15.94
其他	839 207.71	4.42			
信托资产总计	18 970 041.52	100	信托资产总计	18 970 041.52	100

4.3 市场分析

影响本公司业务发展的主要因素:

4.3.1 有利因素

在市场层面,经济转型和财富管理需求迅速增长给行业带来新的机遇。中央经济工作会议将深入推动经济结构调整、促使经济转型作为未来经济工作的主要任务,2013年国内投资需求仍十分旺盛,信托仍然有望成为其中重要的资金渠道。同时,随着民间财富的积聚,民众的理财需求空前强烈,尤其是资产过千万元的高净值客户日渐增多,将为信托公司发展财富管理业务提供庞大的市场基础。

在行业层面,随着我国信托业整体规模的迅速扩大和信托产品的不断推出,信托所独有的制度优势、业务优势、经营优势日益显现,逐渐被社会公众和企业机构所认同。"新两规"及《信托公司治理指引》推出以来,银监会又针对信托公司合规发展出台了一系列监管规章和文件,有利于信托公司业务模式和业务结构的优化改革,提高公司保护信托当事人合法权益、防范风险的能力,促进公司更加规范、科学地发展。

在公司层面,经过多年稳健发展,山东信托在多样化运用信托财产和跨市场配置信托资产方面已经积累了丰富的经验,锻造了一支专业功底深厚、从业经验丰富、具有强烈责任感和使命感的优秀的从业队伍,已成为年发行信托产品千亿元以上,投资领域涉及证券、产业、城市基础设施、房地产、服务业等,投资方式包括贷款、股权投资、资产证券化、收益权证券化、融资租赁等多种形式的综合性金融服务机构。

4.3.2 不利因素

泛资产管理时代的到来重构起多元竞争的市场格局。随着新一轮"新政",管制放松时代的到来,证券、基金、保险、私募等各类金融业态纷纷进入资产管理市场,形成了一个多元竞争的资产管理格局,有专家称为"泛资产管理"格局。尤其是券

商、基金凭借自身渠道优势、成本优势，对信托通道类业务形成"替代"效应和"挤出"效应。除此之外，私募债以及其他新型金融工具也将会对信托公司的业务构成竞争，信托公司长期依赖的制度红利逐渐被侵蚀。

4.4 内部控制

4.4.1 内部控制环境和内部控制文化

公司始终致力于高标准的公司治理体系建设，通过规范股东会、董事会、监事会和经营层的权责，形成权力机构、决策机构、监督机构和经营者之间有效的制衡机制，保证公司各项决策和业务活动科学、规范、有效。董事会下设投资决策委员会、风险控制委员会、战略与发展规划委员会、信托委员会、财务与审计委员会和人事与薪酬管理委员会。各主体均有明确的工作职责、权限及议事规则，各司其职，各负其责，既相对独立地开展工作又能够充分发挥制衡作用，有效地保证了公司的健康发展。公司按照业务性质设置部门并明确了部门、岗位职责，制定了明晰、完善的业务流程和操作规范，保障了各项工作的顺利开展。

同时，公司建立健全了一系列与公司企业文化、经营目标、经营战略和控制环境相一致的薪酬制度、奖惩措施、风控及内审办法等，充分发挥了各项制度的作用，进一步丰富和完善了法人治理机制。

4.4.2 内部控制措施

加强公司治理基本制度建设，健全"三会一层"与各专业委员会的定期沟通和决策制衡机制，公司董事会下设的各委员会在授权范围内按照明晰的分级授权制度进行决策，通过体系建设和及时完整的过程控制，使决策、研发、操作、审核及监督评价程序化、体系化。

公司设立合规审计部，承担合规、审计、纪检监察等职责，设立风险控制部负责项目的全流程风险管理和法律事务工作。通过对公司风险控制与合规管理职能的重新梳理，进一步完善了公司风险控制和合规管理体系。合规审计与风险控制部门作为公司履行内部控制的职能部门，对业务风险进行客观评估，对公司业务实施内部审计，独立发表意见，保证公司依法、合规经营。

在业务运作方面，按照固有业务和信托业务分离原则设置机构和流程，明确前台、中台、后台业务的工作职责，规范程序，形成有监督、有制衡的业务运作体系，制定明晰、完善的业务流程和操作规范，保障了各项工作的顺利开展。公司加强事前总体风险控制、事中过程控制和事后风险评估与处置，保证了公司的正常运营和健康发展。

在人力资源管理方面，公司对内部职能部门和人员进行内控管理、协调和考核，部门及人员职责清晰、目标明确，保证了公司经营活动高效、有序进行，达到内部控制的目的。

公司还建立了重大风险预警机制和突发事件应急处理机制，明确风险预警标准，对可能发生的重大风险或突发事件，制订应急预案，明确责任人员、规范处理程序，确保突发事件得到及时妥善处理。

4.4.3 监督评价与纠正

公司定期对内部控制的建设和执行情况进行检查评价，并按照规定及时报告相关部门，公司还根据监管部门的监管评价对有关问题进行针对性地整改。风险控制及合规审计部门作为对公司内控体系的健全性、合理性和有效性进行检查和评价的专门机构，负责事前评估和事中检查监督，揭示风险，制定风险防范和控制措施；公司相关部门之间相互制衡、相互监督，发现问题，及时纠正；公司合规审计部门在已获得公司经营信息和管理信息的基础上，对公司各项业务实施全面监督、评价，并将检查、评价结果直接向董事会和高管层报告，公司董事会和高管层在收到这些报告后及时采取措施解决内控中存在的问题；公司每年组织有关部门对规章制度进行系统、全面的修订；公司已制定了《风险控制制度》、《合规风险管理办法》、《全员奖惩办法》、《公司业务风险问责办法》等办法和制度，并能有效落实。

4.5 风险管理概况

公司高度重视风险管理，建立了以董事会、风险控制委员会、高级管理层、风险控制部和合规审计部为主体的风险管理组织体系。注重风险管理与日常经营管理有机结合，进一步完善全面风险管理体系建设，风险管理工作持续深入开展，使风险防范意识贯穿到公司各部门、各岗位和工作的各个环节，业务决策审慎，审签程序严格。公司通过将现代风险管理工具与传统风险管理方法有效结合，建立了定量和定性相结合的风险评估机制，形成了"事前防范、事中控制、事后监督"的风险管理规程。在坚持前台、中台、后台严格分离的前提下，着力完善各项风险管理和内控制度，梳理业务管理办法，优化业务操作流程，深化信息化与经营管理的融合，进一步完善全面风险管理系统，重点开展信托业务综合管理信息系统建设，不断提升业务管理与风险控制水平。公司以业务创新、防范风险、审慎经营为原则，逐步建立起一套较为科学、严密的风险管理制度体系，2012 年制定了《抵押担保管理办法》等制度规范，为公司风险管理提供了系统性、基础性的指导文件，提高了公司全体员工的风险控制意识。

公司经营活动中面临的主要风险是信用风险、市场风险、操作风险和其他风险。

公司制定了信用风险管理制度，持续关注交易对手的资信状况、履约能力及其变化，并及时采取相应措施，对信用风险进行有效的监控。公司通过投资决策委员会、高管层、董事会等多重决策机制，强化了决策期间对交易对手信用风险的评估与控制。要求项目经理对项目作深入详细的可行性研究，聘请律师事务所、会计师事务所和资产评估事务所等中介机构对项目和交易对手作专业性评估。对交易对手保证人（物）实行严格的资格审查，确保保证人的履约能力及抵（质）押品的充足性。深入推进项目后期管理风险检查和风险排查工作，做好信托计划到期兑付提示、预警和完善保证措施工作。风险管理部门定期对项目信用风险进行压力测试，从而使管理层及时了解公司信用风险的整体状况，适时调整风险政策并对信用风险采取有效的处置应对措施。

公司在运营过程中可能面临的市场风险为市场汇率、利率及其他价格对公司盈利能力的影响。公司通过建立完备可靠的管理信息系统和风险管理系统，实现风险信息在线收集、风险状态多维展示，在充分汇集和评估风险的基础上，及时发现由于市场环境等变化带来的项目风险，动态监控、评估相关风险，根据需要及时改进风险管理策略及措施，切实做好风险防控工作，确保实现风险管理目标。对于利率风险，公司密切关注宏观经济特别是物价指数的变动，增强预判性分析，防范利率变动带来的风险。对于汇率风险，公司深入研究国际金融发展趋势，加强对汇率风险的全面性、趋势性研判，及时调整业务发展方向。对证券市场投资风险，公司加大对行业和公司调研力度，细致掌握证券市场和相关金融市场行情，及时调整产品力度，避免市场风险。

操作风险表现在信托业务和固有业务的整个管理过程中。对于操作风险，公司管理层明确业务授权制度，建立业务复核制度，严格执行部门风险控制制度和操作流程。强化风险管理部门对业务涉及法律文本的审查以及在新产品开发中涉及法律合规事项的审查。公司坚持前中后台分离和部门、岗位之间相互制衡原则，明确工作职责，严格执行操作规程和权限设置，定期对业务规章和操作流程进行修订和完善，建立健全培训、考核、激励、淘汰机制，不断增强员工的业务技能，不断升级和完善计算机管理系统以及业务操作流程，制定一系列应对紧急情况的防范措施，完备相应管理记录，防范操作风险。

公司通过对国家宏观经济政策和行业政策的分析、研究，提高预见性和应变能力，控制政策风险。通过建立健全法人治理结构、内部控制制度、业务操作流程，保证工作程序的完整、科学。不断加强员工思想教育，树立恪尽职守的观念和先进的风险管理理念，避免道德风险。通过加强法制意识教育，深入开展全体员工廉洁从业教育活动。设置专门的法律岗位，聘请常年法律顾问等，有效控制法律风险。

5. 报告期末及上一年度末的比较式会计报表［披露母公司（即信托公司）报表及合并报表］

5.1 自营资产（须经审计）

5.1.1 会计师事务所审计意见全文

审 计 报 告

中准审字〔2013〕1230 号

山东省国际信托有限公司：

我们审计了后附的山东省国际信托有限公司财务报表，包括2012年12月31日的资产负债表，2012年度的利润表、所有者权益变动表和现金流量表以及财务报表附注。

一、管理层对财务报表的责任

按照企业会计准则的规定编制财务报表是山东省国际信托有限公司管理层的责任。这种责任包括：(1)按照企业会计准则的规定编制合并财务报表，并使其实现公允反映；(2)设计、执行和维护必要的内部控制，以使合并财务报表不存在由于舞弊或错误导致的重大错报。

二、注册会计师的责任

我们的责任是在执行审计工作的基础上对合并财务报表发表审计意见。我们按照中国注册会计师审计准则的规定执行了审计工作。中国注册会计师审计准则要求我们遵守中国注册会计师职业道德守则，计划和执行审计工作以对合并财务报表是否不存在重大错报获取合理保证。

审计工作涉及实施审计程序，以获取有关合并财务报表金额和披露的审计证据。选择的审计程序取决于注册会计师的判断，包括对由于舞弊或错误导致的合并财务报表重大错报风险的评估。在进行风险评估时，注册会计师考虑与合并财务报表编制和公允列报相关的内部控制，以设计恰当的审计程序，但目的并非对内部控制的有效性发表意见。审计工作还包括评价管理层选用会计政策的恰当性和作出会计估计的合理性，以及评价财务报表的总体列报。

我们相信，我们获取的审计证据是充分、适当的，为发表审计意见提供了基础。

三、审计意见

我们认为，山东省国际信托有限公司合并财务报表在所有重大方面按照企业会计准则的规定编制，公允反映了山东省国际信托有限公司2012年12月31日的财务状况以及2012年度的经营成果和合并现金流量。

中准会计师事务所有限公司　　中国注册会计师　韩玉顺

中国注册会计师　赵　刚

中国·北京　　报告日期：2012年3月30日

5.1.2 资产负债表

资产负债表

编制单位：山东省国际信托有限公司（母公司）　　2012年12月31日　　单位：万元

项　目	年初余额	年末余额	项目	年初余额	年末余额
流动资产：					
现金及银行存款	38 844.83	46 391.50	向中央银行借款	—	—
存放中央银行款项	—	—	联行存放款项	—	—
贵金属	—	—	同业及其他金融机构存放款项	—	—
拆出资金	—	—	拆入资金	—	—
交易性金融资产	44 454.28	90 043.09	交易性金融负债	—	—
衍生金融资产	—	—	衍生金融负债	—	—
买入返售金融资产	—	—	卖出回购金融资产款	—	—

续表

项　目	年初余额	年末余额	项目	年初余额	年末余额
应收款项类金融资产	—	—	应付职工薪酬	1 204.72	1 267.71
应收利息	—	—	应交税费	8 514.38	16 030.87
其他应收款	11 334.31	8 545.04	应付利息		
发放短期贷款和垫款	—	—	其他应付款	103 447.85	1 169.64
信托资产	—	—	信托负债	—	—
其他流动资产	—	—	其他流动负债	—	—
流动资产合计	94 633.41	144 979.63	流动负债合计	113 166.95	18 468.22
非流动资产：	—	—	非流动负债：	—	—
发放中长期贷款	—	—	应付债券	—	—
可供出售金融资产	35 342.10	26 349.11	预计负债	—	—
持有至到期投资	46 488.39	50 268.39	递延所得税负债	—	—
长期股权投资	118 289.42	51 206.00	其他非流动负债	30.00	30.00
投资性房地产	—	—	非流动负债合计	30.00	30.00
固定资产	2 752.90	2 790.19	负债合计	113 196.95	18 498.22
在建工程	—	—	所有者权益：	—	—
固定资产清理	—	—	实收资本	128 000.00	128 000.00
无形资产	34.28	136.92	资本公积	−5 704.22	2 116.38
商誉	—	—	盈余公积	18 370.71	29 538.36
长期待摊费用	—	—	一般风险准备	2 800.35	3 607.10
抵债资产	—	—	未分配利润	45 083.67	94 760.24
递延所得税资产	4 206.95	790.06	外币报表折算差额	—	—
其他非流动资产	—	—	归属于母公司所有者权益合计	188 550.50	258 022.08
非流动资产合计	207 114.04	131 540.67	少数股东权益	—	—
	—	—	所有者权益合计	188 550.50	258 022.08
资产总计	301 747.45	276 520.30	负债和所有者权益总计	301 747.45	276 520.30

资产负债表

编制单位：山东省国际信托有限公司（合并）　　2012 年 12 月 31 日　　单位：万元

项目	年初余额	年末余额	项　目	年初余额	年末余额
流动资产：					
现金及银行存款	48 201.04	57 091.35	向中央银行借款	—	—
存放中央银行款项	—	—	联行存放款项	—	—
贵金属	—	—	同业及其他金融机构存放款项	—	—
拆出资金	—	—	拆入资金	—	—
交易性金融资产	44 454.28	90 043.09	交易性金融负债	—	—
衍生金融资产	—	—	衍生金融负债	—	—
买入返售金融资产	—	—	卖出回购金融资产款	—	—
应收款项类金融资产	958.26	1 038.68	应付职工薪酬	3 355.62	3 374.24
应收利息	—	—	应交税费	8 630.08	16 424.11
其他应收款	10 351.43	7 139.41	应付利息	—	—
发放短期贷款和垫款	—	—	其他应付款	105 464.61	3 469.62
信托资产	—	—	信托负债	—	—
其他流动资产	—	—	其他流动负债	—	—
流动资产合计	103 965.01	155 312.53	流动负债合计	117 450.31	23 267.97
非流动资产：	—	—	非流动负债：	—	—
发放中长期贷款	—	—	应付债券	—	—

续表

项目	年初余额	年末余额	项　目	年初余额	年末余额
可供出售金融资产	43 050.06	34 747.26	预计负债	—	—
持有至到期投资	46 488.39	50 268.39	递延所得税负债		
长期股权投资	109 289.42	42 206.00	其他非流动负债	30.00	30.00
投资性房地产	—	—	非流动负债合计	30.00	30.00
固定资产	16 323.66	16 013.40	负债合计	117 480.31	23 297.97
在建工程	—	—	所有者权益:	—	—
固定资产清理	—	—	实收资本	128 000.00	128 000.00
无形资产	448.26	808.12	资本公积	−6 559.00	2 269.86
商誉	—	—	盈余公积	18 370.71	29 538.36
长期待摊费用	—	—	一般风险准备	2 800.35	3 607.10
抵债资产	—	—	未分配利润	49 502.22	98 581.06
递延所得税资产	5 347.68	1 758.24	外币报表折算差额	—	—
其他非流动资产	—	—	归属于母公司所有者权益合计	192 114.28	261 996.38
非流动资产合计	220 947.47	145 801.41	少数股东权益	15 317.89	15 819.59
	—	—	所有者权益合计	207 432.17	277 815.97
资产总计	324 912.48	301 113.94	负债和所有者权益总计	324 912.48	301 113.94

5.1.3 利润表

利润表

2012 年度

编制单位:山东省国际信托有限公司(母公司)　　单位:万元

项　目	本年累计数	上年同期数
一、营业收入	111 132.39	41 642.68
(一)利息净收入		24.00
利息收入		24.00
利息支出	—	—
(二)手续费及佣金净收入	70 758.01	38 217.81
手续费及佣金收入	70 774.95	38 225.71
手续费及佣金支出	16.94	7.89
(三)投资收益(损失以"－"号填列)	39 017.83	5 509.44
其中:对联营企业和合营企业的投资收益	—	—
(四)公允价值变动收益(损失以"－"号填列)	3 240.07	−5 293.75
(五)其他收入	−1 883.52	3 185.18
金融机构往来收入	851.25	303.79
证券销售差价收入	−6 285.03	−2 197.96
汇兑收益(损失以"－"号填列)	−2.96	43.29
其他业务收入	3 553.22	5 036.05
二、营业支出	15 082.46	10 989.31
(一)营业税金及附加	4 199.54	2 437.91
(二)业务及管理费	8 343.08	6 629.81
(三)资产减值损失或呆账损失(转回金额以"－"号填列)	−439.00	−203.63
(四)其他业务成本	2 978.84	2 125.21
三、营业利润(亏损以"－"号填列)	96 049.93	30 653.37
加:营业外收入	75.84	6.33
减:营业外支出	0.16	4.46
四、利润总额(亏损以"－"号填列)	96 125.61	30 655.24
减:所得税费用	21 674.64	6 379.89
五、净利润(亏损以"－"号填列)	744 50.97	24 275.35
归属于母公司所有者的净利润	74 450.97	24 275.35
少数股东损益	—	—
六、每股收益:	—	—
(一)基本每股收益(元)	—	—
(二)稀释每股收益(元)	—	—

利润表

2012 年度

编制单位:山东省国际信托有限公司(合并)　　单位:万元

项　目	本年累计数	上年同期数
一、营业收入	121 935.32	53 884.31
(一)利息净收入		24.00
利息收入		24.00
利息支出	—	—
(二)手续费及佣金净收入	80 567.85	51 115.49
手续费及佣金收入	80 584.87	51 123.46
手续费及佣金支出	17.02	7.97
(三)投资收益(损失以"－"号填列)	38 927.83	4 080.07
其中:对联营企业和合营企业的投资收益	—	—
(四)公允价值变动收益(损失以"－"号填列)	3 240.07	−5 293.75
(五)其他收入	−800.43	3 958.51
金融机构往来收入	1 218.10	535.80
证券销售差价收入	−6 285.03	−2 197.96
汇兑收益(损失以"－"号填列)	−2.96	43.29
其他业务收入	4 269.46	5 577.38
二、营业支出	27 667.98	22 164.29
(一)营业税金及附加	4 794.28	3 205.70
(二)业务及管理费	18 001.50	17 187.01
(三)资产减值损失或呆账损失(转回金额以"－"号填列)	1 858.26	−203.63
(四)其他业务成本	3 013.94	1 975.21
三、营业利润(亏损以"－"号填列)	94 267.34	31 720.02
加:营业外收入	589.67	209.31
减:营业外支出	0.30	13.35
四、利润总额(亏损以"－"号填列)	94 856.71	31 915.99
减:所得税费用	21 624.09	7 176.02
五、净利润(亏损以"－"号填列)	73 232.62	24 739.97
归属于母公司所有者的净利润	73 853.24	23 741.99
少数股东损益	−620.62	997.98
六、每股收益:	—	—
(一)基本每股收益(元)	—	—
(二)稀释每股收益(元)	—	—

5.1.4 所有者权益变动表

所有者权益变动表

编制单位：山东省国际信托有限公司（母公司）　　2011 年度　　单位：万元

项目	归属于母公司所有者权益										
	实收资本（或股本）	资本公积	减：库存股	专项储备	盈余公积	一般风险准备	未分配利润	其他	小计	少数股东权益	所有者权益合计
一、上年末余额	128 000.00	-5 704.22	—	—	18 370.71	2 800.35	45 083.67	—	188 550.50	—	188 550.50
加：会计政策变更	—	—	—	—	—	—		—		—	
前期差错更正	—	—	—	—	—	—		—		—	
二、本年初余额	128 000.00	-5 704.22	—	—	18 370.71	2 800.35	45 083.67	—	188 550.50	—	188 550.50
三、本年增减变动金额（减少以“－”号填列）	0	7 820.60	—	—	11 167.65	806.75	49 676.57	—	69 471.57	—	69 471.57
（一）净利润	—	—	—	—	—	—	74 450.97	—	74 450.97	—	74 450.97
（二）其他综合收益	0	7 820.60	—	—	—	—	—	—	7 820.60	—	7 820.60
（三）所有者投入和减少资本	0										
1. 所有者投入资本	0	0	—	—	—	—		—	0	0	0
2. 股份支付计入所有者权益的金额	0	0	—	—	—	—		—	0	0	0
3. 其他	0	0	0	0	0	0	0	0	0	0	0
（四）专项储备提取和使用	0	0	0	0	0	0	0	0	0	0	0
1. 提取专项储备	—	—	—	0	—	—		—	0	0	0
2. 使用专项储备	—	—	—	0	—	—		—	0	0	0
（五）利润分配	0	0	0	0	11 167.65	806.75	-24 774.40	0	-128 00.00	0	-128 00.00
1. 提取盈余公积	0	0	0	0	7 445.10	—	-7 445.10	0	0	0	0
其中：法定公积金	—	—	—	—	7 445.10	—	-7 445.10	—	0	—	0
任意公积金	—	—	—	—		—		—	0	—	0
#储备基金	—	—	—	—		—		—	0	—	0
#企业发展基金	—	—	—	—		—		—	0	—	0
#利润归还投资	—	—	—	—		—		—	0	—	0
2. 提取一般风险准备	—	—	—	—	—	806.75	-806.75	—	0	—	0
3. 对所有者（或股东）的分配	—	—	—	—	—	—	-12 800	—	0	0	0
4. 其他	0	0	0	0	3 722.55		-3 722.55	0	0	0	0
（六）所有者权益内部结转	0	0	0	0	0	0	0	0	0	0	0
1. 资本公积转增资本（或股本）	0	0	—	—	—	—		—	0	—	0
2. 盈余公积转增资本（或股本）	0	—	—	—	0	—		—	0	—	0
3. 盈余公积弥补亏损	—	—	—	—	0	—	0	—	0	—	0
4. 其他	0	0	0	0	0	0	0	0	0	0	0
四、本年末余额	128 000.00	2 116.38	—	—	29 538.36	3 607.10	94 760.24	—	258 022.08	—	258 022.08

所有者权益变动表

编制单位：山东省国际信托有限公司（合并）　　2011 年度　　单位：万元

项目	归属于母公司所有者权益										
	实收资本（或股本）	资本公积	减：库存股	专项储备	盈余公积	一般风险准备	未分配利润	其他	小计	少数股东权益	所有者权益合计
一、上年末余额	128 000.00	-6 559.00	—	—	18 370.71	2 800.35	49 502.22	—	192 114.28	15 317.89	207 432.17
加：会计政策变更	—	—	—	—	—	—		—		—	
前期差错更正	—	—	—	—	—	—		—		—	
二、本年初余额	128 000.00	-6 559.00	—	—	18 370.71	2 800.35	49 502.22	—	192 114.28	15 317.89	207 432.17
三、本年增减变动金额（减少以“－”号填列）	0	8 828.86	—	—	11 167.65	806.75	49 078.84	—	69 882.10	501.70	70 383.80
（一）净利润	—	—	—	—	—	—	73 853.24	—	73 853.24	-620.62	73 232.62
（二）其他综合收益	0	8 828.86	—	—	—	—	—	—	8 828.86	1 232.32	10 061.18
（三）所有者投入和减少资本	0	0	—	—	—	—	0	—	0	—	0
1. 所有者投入资本	0	0	—	—	—	—		—	0	0	0
2. 股份支付计入所有者权益的金额	0	0	—	—	—	—		—	0	0	0
3. 其他	0	0	0	0	0	0	0	0	0	0	0
（四）专项储备提取和使用	0	0	0	0	0	0	0	0	0	0	0
1. 提取专项储备	—	—	—	0	—	—		—	0	0	0
2. 使用专项储备	—	—	—	0	—	—		—	0	0	0

续表

项　目	归属于母公司所有者权益									少数股东权益	所有者权益合计
	实收资本（或股本）	资本公积	减:库存股	专项储备	盈余公积	一般风险准备	未分配利润	其他	小计		
（五）利润分配	0	0	0	0	11 167.65	806.75	−24 774.40	0	−12 800	−110	−12 910
1. 提取盈余公积	0	0	0	0	7 445.10	—	−7 445.10	0	0	0	0
其中:法定公积金	—	—	—	—	7 445.10	—	−7 445.10	—	0	—	0
任意公积金	—	—	—	—		—		—	0	—	0
#储备基金	—	—	—	—		—		—	0	—	0
#企业发展基金		—	—	—		—		—	0	—	0
#利润归还投资	—	—	—	—		—		—	0	—	0
2. 提取一般风险准备	—	—	—	—	—	806.75	−806.75	—	0	—	0
3. 对所有者（或股东）的分配	—	—	—	—	—	—	−12 800	—	−12 800	−110	−12 910
4. 其他	0	0	0	0	3 722.55		−3 722.55	0	0	0	0
（六）所有者权益内部结转	0	0	0	0	0	0	0	0	0	0	0
1. 资本公积转增资本（或股本）	0	0	—	—	—	—		—	0	—	0
2. 盈余公积转增资本（或股本）	0	—	—	—	0	—		—	0	—	0
3. 盈余公积弥补亏损	—	—	—	—	0	—	0	—	0	—	0
4. 其他	0	0	0	0	0	0	0	0	0	0	0
四、本年末余额	128 000.00	2 269.86	—	—	29 538.36	3 607.10	98 581.06	—	261 996.38	15 819.59	177 815.97

5.2 信托资产

5.2.1 信托项目资产负债汇总表

信托项目资产负债汇总表

编制单位:山东省国际信托有限公司　　2012 年 12 月 31 日　　单位:万元

资产	年初余额	期末余额	负债和权益	年初余额	期末余额
资产:			负债:		
货币资金	129 874.86	1 861 760.79	交易性金融负债		
拆出资金			衍生金融负债		
结算备付金	320 771.09	322 218.85	应付账款		
交易性金融资产	425 878.69	851 208.50	应付受托人报酬	956.19	1 049.45
衍生金融资产			应付受益人收益	1 801.87	2 556.39
买入返售金融资产	61 710.00	244 880.01	应付托管费	578.27	624.77
应收账款	126 200.00	353 000.00	应付销售服务费		
应收利息	29.32	6 257.85	应交税费	361.58	591.51
应收股利			应付利息		
应收申购款		477.40	其他应付款	17 291.71	13 194.19
应收票据	421 507.84		其他负债		
其他应收款	4 999.82	11 939.23			
存出保证金					
发放贷款	6 919 383.39	10 290 808.88	负债合计	20 989.34	18 016.31
长期应收款	141 000.00	222 653.22			
可供出售金融资产	706.00				
持有至到期投资	1 514 156.19	2 962 289.29			
长期股权投资	1 336 131.42	1 842 547.50	权益:		
投资性房地产			实收信托	11 239 173.56	18 748 378.40
融资租赁资产			资本公积	55 599.07	33 099.38
固定资产			损益平准		
固定资产清理			未分配利润	86 586.65	170 547.43
无形资产			权益合计	11 381 359.28	18 952 025.21
长期待摊费用					
其他资产					
信托资产总计	11 402 348.62	18 970 041.52			
减:各项资产减值准备					
资产总计	11 402 348.62	18 970 041.52	负债和权益总计	11 402 348.62	18 970 041.52

5.2.2 信托项目利润及利润分配汇总表

信托业务利润及利润分配汇总表

编制单位：山东省国际信托有限公司 2012 年度 单位：万元

项目	本年累计数	上年累计数
一、收入	1 136 649.28	554 430.17
利息收入	721 167.55	434 490.24
投资收益（损失以"－"号填列）	330 111.12	160 611.95
其中：对联营企业和合营企业的投资收益		—
公允价值变动收益（损失以"－"号填列）	11 333.93	－51 954.83
租赁收入	14 178.62	—
汇兑损益（损失以"－"号填列）	－5.17	－112.19
其他收入	59 863.23	11 395.00
二、支出	188 178.05	98 634.18
营业税金及附加	1 579.66	1 296.77
受托人报酬	64 109.88	34 600.78
托管费	20 504.88	6 486.62
销售服务费	5 431.97	3 744.39
交易费用	3 038.39	12 199.22
利息支出		—
资产减值损失		—
其他费用	93 513.27	40 306.40
三、净利润（净亏损以"－"号填列）	948 471.23	455 796.00
四、其他综合收益		

续表

项目	本年累计数	上年累计数
五、综合收益	948 471.23	455 796.00
六、期初未分配利润	86 586.65	182 053.14
六、本期已分配信托利润	864 510.45	551 262.49
七、期末未分配利润	170 547.43	86 586.65

6. 会计报表附注

6.1 简要说明报告年度会计报表编制基准、会计政策、会计估计和核算方法发生的变化

无变化。

6.2 或有事项说明

公司对外担保的年初数为 0 万元，期末数为 0 万元。

6.3 重要资产转让及其出售的说明

本年度未发生重要资产转让及其出售事项。

6.4 会计报表中重要项目的明细资料

6.4.1 披露自营资产经营情况

6.4.1.1 按信用风险五级分类结果披露信用风险资产的期初数、期末数

信用风险资产五级分类	正常类（万元）	关注类（万元）	次级类（万元）	可疑类（万元）	损失类（万元）	信用风险资产合计（万元）	不良资产合计（万元）	不良资产率（%）
期初数	303 995.22				17 671.38	321 666.60	17 671.38	5.49
期末数	282 669.30				7 122.45	289 791.75	7 122.45	2.46

注：不良资产合计＝次级类＋可疑类＋损失类。

6.4.1.2 各项资产减值损失准备的期初、本期计提、本期转回、本期核销、期末数

单位：万元

项目	期初数	本期计提	本期转回	本期核销	期末数
贷款损失准备	0				0
一般准备					
专项准备	0				0
其他资产减值准备					
可供出售金融资产减值准备		5 270.29			5 270.29
持有至到期投资减值准备	10 751.74		5 709.29		5 042.45
长期股权投资减值准备	4 327.77		1 369.05		2 958.72
坏账准备	4 839.64		4 839.64		0
投资性房地产减值准备	0				0
合计	19 919.15	5 270.29	11 917.98		13 271.46

6.4.1.3 固有业务股票投资、基金投资、债券投资、股权投资等投资业务的期初数、期末数

单位：万元

项目	自营股票	基金	债券	长期股权投资
期初数	45 651.92	32 730.25		118 289.42
期末数	27 251.46	37 829.38	42 500	51 206.00

6.4.1.4 前五名的自营长期股权投资的企业名称、占被投资企业权益的比例、主要经营活动及投资收益情况等（从大到小顺序排列）

被投资企业名称	占被投资企业权益的比例（%）	主要经营活动	投资收益（万元）
1. 泰山财产保险有限公司	9.85	财产保险等	2012 年无分红
2. 泰信基金管理公司	45.00	基金管理等	2012 年分红 90 万元
3. 德州市商业银行	5	存款及放款等	2012 年无分红
4. 民生证券有限公司	2.903	证券投资等	2012 年无分红
5. 富国基金管理公司	16.68	基金管理等	2012 年分红 3152 万元

6.4.1.5 前五名的自营贷款的企业名称、占贷款总额的比例和还款情况等（从大到小顺序排列）

截至 2012 年末，本公司无自营贷款。

6.4.1.6 表外业务的期初数、期末数；按照代理业务、担保业务和其他类型表外业务分别披露

单位：万元

表外业务	期初数	期末数
担保业务	0	0
代理业务（委托业务）		
其他		
合计	0	0

注：代理业务主要反映因客观原因应规范而尚未完成规范的历史遗留委托业务，包括委托贷款和委托投资。

6.4.1.7 公司当年的收入结构

母公司

收入结构	金额(万元)	占比(%)
手续费及佣金收入	70 774.95	63.63
其中:信托手续费收入	70 774.95	
投资银行业务收入		
利息收入		
其他业务收入	−1 883.52	−1.69
其中:计入信托业务收入部分		
投资收益	42 257.90	37.99
其中:股权投资收益	39 017.83	
公允价值变动收益	3 240.07	
其他投资收益		
营业外收入	75.84	0.07
收入合计	111 225.17	100.00

2012 年实现信托业务收入 70,774.95 元,占全部收入的 60%以上,主营业务突出。

合并

收入结构	金额(万元)	占比(%)
手续费及佣金收入	80 584.87	65.76
其中:信托手续费收入	70 774.95	
投资银行业务收入		
利息收入		
其他业务收入	−800.43	−0.65
其中:计入信托业务收入部分	0	
投资收益	42 167.90	34.41
其中:股权投资收益	38 927.83	
公允价值变动收益	3 240.07	
其他投资收益		
营业外收入	589.67	0.48
收入合计	122 542.01	100.00

手续费及佣金收入中基金管理费收入实现 9,809.92 万元,占收入合计的 8.01%。

6.4.2 披露信托资产管理情况

6.4.2.1 信托资产的期初数、期末数

单位:万元

信托资产	期初数	期末数
集合	2 615 545.01	4 329 583.22
单一	7 266 345.59	13 017 837.93
财产权	1 520 458.02	1 622 620.37
合计	11 402 348.62	18 970 041.52

6.4.2.1.1 主动管理型信托业务期初数、期末数,分证券投资、股权投资、融资、事务管理类分别披露

单位:万元

主动管理型信托资产	期初数	期末数
证券投资类	809 930.68	958 442.00
股权投资类	493 557.51	337 919.00
融资类	1 775 691.95	3 146 165.00
事务管理类		
合计	3 079 180.14	4 442 526.00

6.4.2.1.2 被动管理型信托业务期初数、期末数,分证券投资、股权投资、融资、事务管理类分别披露

单位:万元

被动管理型信托资产	期初数	期末数
证券投资类		290 598.00
股权投资类	1 018 313.89	370 106.00
融资类	5 437 397.07	10 433 528.00
事务管理类	1 867 457.52	3 433 283.52
合计	8 323 168.48	14 527 515.52

6.4.2.2 本年度已清算结束的信托项目个数、实收信托合计金额、加权平均实际年化收益率

6.4.2.2.1 本年度已清算结束的集合类、单一类资金信托项目和财产管理类信托项目个数、金额、加权平均实际年化收益率

已清算结束信托项目	项目个数	实收信托合计金额(万元)	加权平均实际年化收益率(%)
集合类	139	1 634 430	8.41
单一类	272	6 491 761	6.49
财产管理类	6	69 604	7.79

注:加权平均实际年化收益率 =(信托项目 1 的实际年化收益率 × 信托项目 1 的资产总计 + 信托项目 2 的实际年化收益率 × 信托项目 2 的资产总计 + … 信托项目 n 的实际年化收益率 × 信托项目 n 的资产总计)/(信托项目 1 的资产总计 + 信托项目 2 的资产总计 + … 信托项目 n 的资产总计)×100%。

6.4.2.2.2 本年度已清算结束的主动管理型信托项目个数、实收信托合计金额、加权平均实际年化收益率,分证券投资、股权投资、融资、事务管理类分别披露

已清算结束信托项目	项目个数	合计金额(万元)	加权平均实际年化信托报酬率(%)	加权平均实际年化收益率(%)
证券投资类	22	227 323	0.81	9.96
股权投资类	5	65 598	0.45	11.50
融资类	112	1 341 509	1.3	8
事务管理类				

6.4.2.2.3 本年度已清算结束的被动管理型信托项目个数、合计金额、加权平均实际年化收益率,分证券投资、股权投资、融资、事务管理类分别披露

已清算结束信托项目	项目个数	合计金额(万元)	加权平均实际年化信托报酬率(%)	加权平均实际年化收益率(%)
证券投资类	2	200	2.7	7.8
股权投资类	2	36 455	0.4	14.7
融资类	262	5 390 049	0.5	7.11
事务管理类	12	1 134 661	0.11	3.32

6.4.2.3 本年度新增的集合类、单一类和财产管理类信托项目个数、实收信托合计金额

新增信托项目	项目个数	实收信托合计金额(万元)
集合类	224	3 523 628
单一类	395	17 383 130
财产管理类	11	227 812
新增合计	630	21 134 570
其中:主动管理型	249	3 624 728
被动管理型	387	17 509 842

6.4.2.4　信托业务创新成果和特色业务有关情况

2012年，公司进一步加快信托产品结构转变进程，以证券信托、产业信托、上市公司股权质押信托为重点，积极拓展了私募股权投资（PE）信托、绿色投资系列信托、保障房信托、酒类信托等创新型信托产品，实现业务内生式增长和外延式扩张的有机结合。

证券投资信托。山东信托形成了以阳光私募证券信托为主，以有限合伙制证券信托、债券信托、结构型多对多证券信托为辅的业务模式，进一步提升了证券信托业务的规模和收益水平。

产业投资信托。山东信托以提高自主管理能力和建立品牌优势为重点，以业务创新为抓手，推出了首只服务于柜台交易市场的产品——尊岳进取1号（PE）集合资金信托计划，为中小企业融资开辟了一条新渠道；陆续形成恒富、恒丰、远投、弘毅、船舶航运和绿色投资等多个系列品牌，分别投向重点支柱产业、新兴产业、节能环保企业以及优质上市公司等领域，契合国家“十二五”规划，为支持黄河三角洲高效生态经济区、山东半岛蓝色经济区建设，为国民经济“转方式调结构”提供金融服务。

上市公司股权质押融资信托，山东信托制定了《上市公司股权质押融资项目考察标准实施暂行办法》，规范了相关业务的考察标准与操作流程，创立并发展壮大了恒鑫系列、尊享系列两大品牌，迅速形成了规范运作、品牌营销和创新发展的良好局面。

房地产信托。山东信托在强化风险防范的前提下，积极履行社会责任，拓展包括廉租房、经济适用房在内的保障性房地产信托业务。

创新类信托。在做好传统业务的基础上，山东信托紧跟市场形势，不断创新。发行了淄博园艺不良资产信托，探讨了基于书画和钻石等艺术品的弘毅1号艺术品投资信托、美钻之缘1号钻石投资基金，研发了投资于白酒类的信托产品，积极拓展了票据信托、融资租赁信托，普遍收到投资者的欢迎。

6.4.2.5　本公司履行受托人义务情况及因本公司自身责任而导致的信托资产损失情况（合计金额、原因等）

本公司本年无上述情况。

6.4.2.6　信托赔偿准备金的提取、使用和管理情况

公司每年按照本期净利润的5%计提信托赔偿准备金，截至2012年末，信托赔偿准备金9 255.47万元，迄今为止信托赔偿准备金未曾使用。

6.5　关联方关系及其交易的披露

6.5.1　关联交易方的数量、关联交易的总金额及关联交易的定价政策等

单位：万元

项目	关联交易数量	关联交易金额	定价政策
合计	8	181 850	按市场公允价格定价。

注：关联交易是指信托公司以自有资产、信托资产为关联方提供投融资等服务，或以担保等方式为关联方融资提供便利的业务。关联交易的统计范围应基本与银监会非现场监管信息系统中关于关联交易的范围和口径一致，也可增加为关联方提供咨询等其他非投融资类业务服务的信息。

6.5.2　关联交易方与本公司的关系性质、关联交易方的名称、法人代表、注册地址、注册资本及主营业务等

关系性质	关联方名称	法定代表人	注册地址	注册资本（万元）	主营业务
母公司	山东省鲁信投资控股集团有限公司	孟凡利	济南市解放路166号	300 000.00	对外投资及管理，资本运营。
同一母公司	临沂鲁信置业有限公司	单保成	临沂市经济开发区	3 000.00	房地产开发。
同一母公司	山东鲁信房地产投资开发有限公司	李世杰	济南市解放路166号	5 000.00	房地产开发及销售，建筑材料销售。
同一母公司	山东鲁信天地置业有限公司	单保成	烟台市莱山区观海路滨海办事处办公楼	5 000.00	房地产开发、物业管理、建筑材料、装饰材料、普通机械销售。
同一母公司	山东鲁信恒基有限公司	孟凡利	济南市解放路166号	6 000.00	对外投资及管理，资本运营。
同一母公司	济南市历下区鲁信小额贷款股份有限公司	苏文强	济南市解放路166号	20 000.00	小额贷款业务。
同一母公司	山东鲁信文化旅游产业有限公司	魏立强	青岛市四方区永丰路8号2079室	30 000.00	旅游产业投资与旅游管理，海洋科研科普技术培训，园区内旅游服务，水生物养殖、展示及销售，动漫设计与展示。
同一母公司	鲁信投资集团股份有限公司	李鹰	济南市解放路166号	31 000.00	产业投资开发，科技开发，房屋出租，信息咨询、服务（国家专项审批的除外）。

6.5.3　逐笔披露本公司与关联方的重大交易事项

6.5.3.1　固有财产与关联方：贷款、投资、租赁、应收账款担保、其他方式等期初汇总数、本期发生额汇总数、期末汇总数

单位：万元

固有与关联方关联交易																				
贷款			投资			租赁			担保			应收账款			其他			合计		
期初	发生额	期末	期初	发生额	期末	期初	发生额	期末	期初	发生额	期末	期初	发生额	期末	期初	发生额	期末	期初	发生额	期末
0	0	0	0	0	0	0	0	0	0	0	0	0	0	0	0	0	0	0	0	0

6.5.3.2　信托资产与关联方：贷款、投资、租赁、应收账款、担保、其他方式等期初汇总数、本期发生额汇总数、期末汇总数

单位：万元

信托与关联方关联交易				
	期初数	借方发生额	贷方发生额	期末数
贷款	99 950	129 300	77 550	151 700
投资	30 000	150		
租赁				
担保				
应收账款				
其他				
合计	129 950	129 450	77 550	181 850

6.5.3.3 信托公司自有资金运用于自己管理的信托项目(固信交易)、信托公司管理的信托项目之间的相互交易(信信交易)交易金额，包括余额和本报告年度的发生额

6.5.3.3.1 固有财产与信托财产之间的交易金额期初汇总数、本期发生额汇总数、期末汇总数

单位：万元

固有财产与信托财产相互交易			
项目	期初数	本期发生额	期末数
合计	48 486	16 046	64 532

6.5.3.3.2 信托项目之间的交易金额期初汇总数、本期发生额汇总数、期末汇总数

单位：万元

信托资产与信托财产相互交易			
项目	期初数	本期发生额	期末数
合计	64 525	5 722	70 247

6.5.4 逐笔披露关联方逾期未偿还本公司资金的详细情况以及本公司为关联方担保发生或即将发生垫款的详细情况

本公司本年不存在上述情况。

6.6 会计制度的披露

固有业务(自营业务)自2008年1月1日开始执行新《企业会计准则》、信托业务自2009年7月1日起执行新《企业会计准则》。

7. 财务情况说明书

7.1 利润实现和分配情况(母公司和并表口径同时披露)

7.1.1 母公司利润实现和分配情况

(1)利润总额:96 125.61万元。

(2)所得税费用:21 674.64万元。

(3)净利润:74 450.97万元。

(4)加年初未分配利润余额(调整后净额):45 083.67万元。

(5)可供分配利润:119 534.64万元。

(6)提取法定公积金(净利润的10%):7 445.10万元。

(7)依据公司章程，按照本年实现净利润的5%提取信托赔偿准备金3 722.55万元。

(8)提取一般准备806.75万元。

(9)向公司股东分配股利12 800万元。

(10)期末未分配利润94 760.24万元。

7.1.2 合并利润实现和分配情况

(1)利润总额:94 856.71万元。

(2)所得税费用:21 624.09万元。

(3)归属于母公司的净利润:73 853.24万元。

(4)加年初未分配利润余额(调整后净额):49 502.22万元。

(5)可供分配利润:123 355.46万元。

(6)提取法定公积金(净利润的10%):7 445.10万元。

(7)依据公司章程，按照本年实现净利润的5%提取信托赔偿准备金3 722.55万元。

(8)提取一般准备806.75万元。

(9)向公司股东分配股利12 800万元。

(10)期末未分配利润98 581.06万元。

7.2 主要财务指标(母公司和并表口径同时披露)

母公司

指标名称	指标值
资本利润率(%)	32.67
加权年化信托报酬率(%)	0.48
人均净利润(万元)	605.29

合并

指标名称	指标值
资本利润率	29.63
加权年化信托报酬率	0.48
人均净利润(万元)	297.69

注:1. 资本利润率=净利润/所有者权益平均余额×100%。

2. 信托报酬率=信托业务收入/实收信托平均余额×100%。

3. 人均净利润=净利润/年平均人数。

4. 平均值采取年初及各季末余额移动算术平均法，公式为：$a(平均)=(a_0/2+a_1+a_2+a_3+a_4/2)/4$。

7.3 对本公司财务状况、经营成果有重大影响的其他事项

无。

8. 特别事项简要揭示

8.1 前五名股东报告期内变动情况及原因

无。

8.2 董事、监事及高级管理人员变动情况及原因

2012年6月21日，召开2011年度股东会，会议推选产生了公司第四届董事会、监事会组成人员。公司第四届董事会成员为相开进、王小林、金同水、李国红、张守合、王曰普、黄可华(独立董事)、郝书辰(独立董事)、李相启(独立董事)；第四届监事会成员为张峰、杨公民、黄群、丁健、陈宝庆、于晖、田志国、张如明。

2012年6月21日，召开四届一次董事会，会议推选相开进

担任公司董事长，聘任王小林为公司总经理，聘任王映黎、孙绍杰、李高峰、周建蕖为公司副总经理。

2012 年 6 月 21 日，召开四届一次监事会，会议推选张峰担任公司监事长。

2012 年 10 月 18 日以通信方式召开四届二次董事会，会议同意解聘孙绍杰副总经理职务，聘任柴大秋为公司副总经理。

8.3 公司的重大诉讼事项（包括重大未决诉讼事项、以前年度发生并于报告年度内终结的诉讼事项和报告年度发生并于报告年度内终结的诉讼事项）

报告期内，公司没有重大诉讼事项发生。

以前年度发生未终结的诉讼事项，本公司诉山东泗水北方大地牧业集团有限公司、山东鲁西黄牛原种场有限公司、泗水北方大地肉牛育肥有限公司、山东九福饲料有限公司及山东九九有限公司、北京赛克赛思科技投资有限公司借款、担保合同纠纷案，目前仍在执行中。

8.4 对会计师事务所出具的有保留意见、否定意见或无法表示意见的审计报告的，公司董事会应就所涉及事项作出说明

无。

8.5 公司及其董事、监事和高级管理人员受到处罚的情况

无。

8.6 银监会及其派出机构对公司检查后提出整改意见的，应简单说明整改情况

报告期内，山东银监局对公司内部控制状况进行了现场检查，并出具了现场检查意见书，意见书就公司在公司治理及组织架构、控制系统及业务流程、自我监督及纠偏机制等方面存在的问题和薄弱环节提出了整改意见。公司对此高度重视，组织相关部门召开专题会议，对本次检查发现的问题认真查找原因，逐一安排落实，积极整改，制定整改措施，并形成有关落实情况的汇报材料上报了监管部门。

公司能够及时发现经营管理中存在的问题并采取有效措施解决。在下一步的工作中，公司将切实贯彻落实山东银监局的监管意见，强化风险意识，加强内部管理，积极创新业务，不断提升核心竞争力，努力实现公司的持续、快速和健康发展。

8.7 本年度重大事项临时报告的简要内容、披露时间、所披露的媒体及其版面

无。

8.8 银监会及其省级派出机构认定的其他有必要让客户及相关利益人了解的重要信息

无。

9. 公司监事会意见

监事会认为，本报告期内，公司决策程序符合国家相关法律、法规和公司章程的规定，内部控制制度较为完善，没有发现公司董事和高级管理人员在履行公司职务时有违反法律法规、公司章程和侵害股东利益的行为。公司财务报告真实反映了公司的财务状况和经营成果。

山西信托有限责任公司

1. 重要提示

1.1 本公司董事会及董事保证本报告所载资料不存在任何虚假记载、误导性陈述或者重大遗漏,并对其内容的真实性、准确性和完整性承担个别及连带责任。本年度报告摘要摘自年度报告全文,报告全文刊载于本公司网站(http://www.sxxt.net),客户及相关利益人欲了解详细内容,应阅读年度报告全文。

1.2 未有公司董事声明对本年度报告内容的真实性、准确性、完整性存在异议。

1.3 公司独立董事杨有振保证本年度报告内容真实、准确、完整。

1.4 普华永道中天会计师事务所有限公司对本公司年度财务报告进行审计,出具了标准无保留意见的审计报告。

1.5 公司董事长郭晋普、主管会计工作负责人总裁刘叔肄、财务总监雷淑俊、计划财务部总经理刘拓旺声明:保证年度报告中财务会计报告的真实、完整。

2. 公司概况

2.1 公司简介

1	法定中文名称	山西信托有限责任公司(中文缩写:山西信托)
2	法定英文名称	Shanxi Trust Corporation Ltd.(英文缩写:STC)
3	法定代表人	郭晋普
4	注册地址	山西省太原市府西街69号
5	邮政编码	030002
6	国际互联网网址	http://www.sxxt.net
7	公司电子信箱	websxxt@sxgt.net
8	信息披露事务负责人	陈 强
9	信息披露事务联系人	吴 晶

续表

10	联系电话	0351-8686777
11	传 真	0351-8686111
12	电子信箱	websxxt@sxgt.net
13	本次信息披露报纸	《金融时报》
14	年度报告备置地点	山西省太原市府西街69号山西国际贸易中心A座37层
15	公司聘请的会计师事务所及其住所	普华永道中天会计师事务所有限公司 地址:上海湖滨路202号普华永道中心

2.2 组织结构

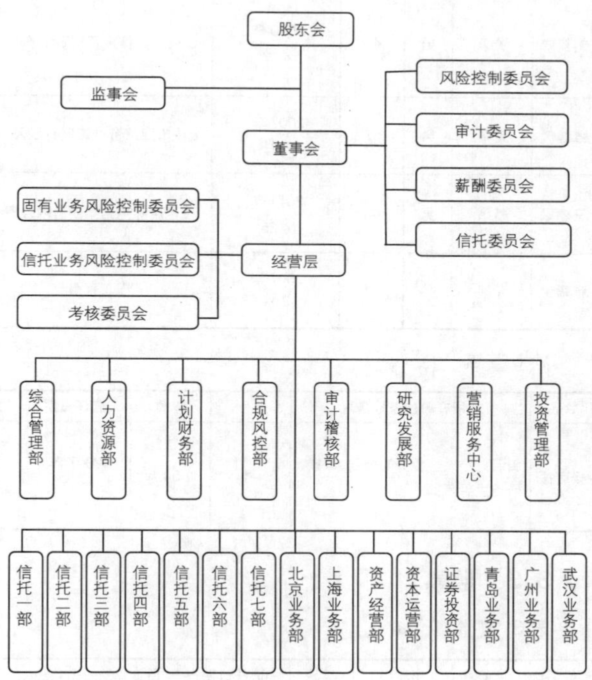

3. 公司治理结构

3.1 股东

股东名称	出资比例(%)	法人代表	注册资本(亿元)	注册地址	主要经营业务及主要财务情况
山西省国信投资(集团)公司★	90.7	张广慧	32.719	太原市府西街69号	投资业务,资产委托管理,资产重组并购,公司理财,财务顾问及咨询,房地产投资,代理财产管理等。
太原市海信资产管理有限公司	8.3	张健健	1.0073	太原市府西街141号	投资及资产委托管理,投资咨询及企业财务法律咨询。
山西国际电力集团有限公司	1	刘建中	60	太原市劲松北路27号	电、热的生产和销售,发电、输变电工程的技术咨询,电力调度、生产管理及电力营销服务等。

注:1. 本公司三个股东之间不存在关联关系。
2. 股东财务状况数字截至2012年12月31日。
3. ★号表示公司最终实际控制人。

3.2 董事

董事

姓名	职务	性别	年龄	选任日期	所推举的股东名称	该股东持股比例(%)	简要履历
郭晋普	董事长	男	56	2012 年 12 月	山西省国信投资(集团)公司	90.7	曾任长治锻压机床厂生产副厂长，山西省信托投资公司房地产开发部、投资实业总部副总经理，山西国际贸易中心有限公司董事、总经理，山西信托有限责任公司副董事长；现任山西省国信投资(集团)公司副总经理，山西信托有限责任公司党委书记、董事长。
杨小勇	副董事长	男	49	2007 年 2 月	山西省国信投资(集团)公司	90.7	曾任山西省委组织部处长，山西省信托投资公司副总经理，山西省国信投资(集团)公司副总经理，山西信托投资有限责任公司副董事长；现任山西省国信投资(集团)公司党委书记，山西信托有限责任公司副董事长。
曹　煜	副董事长	男	49	2011 年 3 月	山西省国信投资(集团)公司	90.7	曾任共青团太原市委青农部副部长，共青团山西省委青农部部长助理、副部长，共青团山西省委常委、宣传部部长，中共祁县县委副书记、县长，中共榆社县委书记；现任山西省国信投资(集团)公司副总经理，山西信托有限责任公司副董事长。
刘叔肄	董事	男	47	2010 年 2 月	山西省国信投资(集团)公司	90.7	曾任山西省信托投资公司运城证券营业部经理、运城办事处副主任，山西信托投资有限责任公司地市信托部经理、太原资产管理公司经理，汇丰晋信基金公司副督察长；现任山西信托有限责任公司总裁。
张健健	董事	男	57	2007 年 2 月	太原市海信资产管理有限公司	8.3	曾任山西机器厂工程师、车间主任，太原市信托投资公司证券业务部副主任、实业公司经理、办公室主任、副总经理，太原市海信资产管理有限公司总经理；现任太原市海信资产管理有限公司董事长。
王建军	董事	男	40	2011 年 2 月	山西国际电力集团有限公司	1	曾任山西国际电力集团工程管理公司工程部经理，山西国际电力集团公司产业部经理，通宝能源有限公司党委书记、总经理；现任山西国际电力集团有限公司产业管理部经理。
张福生	董事	男	54	2007 年 2 月	职工董事		曾任山西省统计局副处长，山西省信托投资公司技改处处长、办公室主任、党总支专职副书记，山西信托有限责任公司党委工作部主任；现任山西信托有限责任公司纪委书记。

独立董事

姓名	所在单位及职务	性别	年龄	选任日期	所推举的股东名称	该股东持股比例(%)	简要履历
杨有振	山西财经大学教务处处长、教授、博士生导师	男	54	2007 年 2 月	独立董事		曾任山西财经大学财政金融系金融教研室主任、系主任，山西财经大学财政金融学院院长。现任山西财经大学教务处处长、教授、博士生导师。

3.3 监事

表 3.3(监事会成员)

姓名	职务	性别	年龄	选任日期	所推举的股东名称	该股东持股比例(%)	简要履历
郭志宏	监事长	男	46	2012 年 5 月	山西省国信投资(集团)公司	90.7	曾任中国人民银行长子县支行副行长，长治市信用社总经理，长治市商业银行副行长(主持工作)、行长；现任山西信托有限责任公司监事长。
牛海芳	监事	女	42	2007 年 2 月	太原市海信资产管理有限公司	8.3	曾任太原市交家电公司干部，太原市信托投资公司会计；现任太原市海信资产管理有限公司财务科科长。
宋晓伟	监事	女	48	2011 年 2 月	山西国际电力集团有限公司	1	曾任山西中元、北京京都会计师事务所副主任会计师、主任会计师助理，太原理工天成科技股份有限公司副总经理，通宝能源有限公司总会计师；现任山西国际电力集团有限公司法律审计部经理。

3.4 高级管理人员

姓名	职务	性别	年龄	选任日期	金融从业年限	学历	专业
刘叔肄	总裁	男	47	2010 年 2 月	20	硕士研究生	经济
焦　杨	常务副总裁	男	46	2010 年 2 月	16	硕士研究生	金融
史庆瑞	副总裁	男	56	2007 年 2 月	24	本科	农业

续表

姓名	职务	性别	年龄	选任日期	金融从业年限	学历	专业
乔彦林	党委委员	男	49	2010 年 2 月	27	本科	经济
张福生	纪委书记	男	54	2010 年 2 月	20	研究生	金融
雷淑俊	财务总监	女	43	2010 年 2 月	20	本科	金融
陈　强	董事会秘书	男	44	2010 年 2 月	19	研究生	经济

3.5 公司员工

职工人数(人)		172
平均年龄(岁)		41
学历分布比例(%)	硕士	22.67
	本科	56.98
	专科	9.3
	其他	11.05

4. 经营管理

4.1 经营目标、经营方针、战略规划

经营目标:服务客户、成就员工、奉献社会、回报股东。

经营方针:信守承诺、珍视托付、稳健创新、超越期待。

战略规划:以市场为导向,以服务地方经济发展为宗旨,以转型跨越发展为主线,以创新为动力,以科学发展观统领各项工作,通过不断完善法人治理结构,健全风险防控机制,努力改善经营环境,创造业务保障机制等措施,全方位支持业务的发展,积极加快业务结构调整步伐,构建科学、合理、稳定的盈利模式,努力提高核心竞争力,促进公司全面、协调、可持续发展,力争成为客户不可或缺的卓越理财顾问和专业资产管理机构,尽快推动公司成为具有核心竞争力和创新精神的、国内有影响力的金融服务商。

4.2 所经营业务的主要内容

公司业务分为信托业务和固有业务两大部分。其中,信托业务主要包括投资类信托、融资类信托和事务管理类信托;固有业务主要包括融资服务、证券市场投资、其他金融产品投资、金融性股权投资、保管箱租赁业务以及金银币业务等。资产运用方式与行业分布情况如下。

自营资产运用与分布表

单位:万元

资产运用	金额(万元)	占比(%)	资产分布	金额(万元)	占比(%)
货币资产	73 747.78	43.71	基础产业		
贷款及应收款	15 599.14	9.25	房地产业		
交易性金融资产投资	1 744.35	1.03	证券市场	33 571.44	19.90
可供出售金融资产投资	36 827.08	21.83	实业		
持有至到期投资			金融机构	45 660.03	27.07
长期股权投资	32 437.62	19.23	其他*	89 472.79	53.03
其他	8 348.29	4.95			
资产总计	168 704.26	100.00	资产总计	168 704.26	100.00

注:资产分布中,"其他类"资产主要包括货币资金、固定资产、无形资产等。

信托资产运用与分布表

单位:万元

资产运用	金额(万元)	占比(%)	资产分布	金额(万元)	占比(%)
货币资产	113 200.03	2.37	基础产业	1 263 854.92	26.41
贷款	2 500 285.50	52.25	房地产	575 289.52	12.02
交易性金融资产投资	167 735.05	3.51	证券市场	337 327.70	7.05
买入返售金融资产	19 630.00	0.41	实业	2 291 997.96	47.90
可供出售金融资产投资	113 665.85	2.38	金融机构	4 900.02	0.10
持有至到期投资	1 571 197.50	32.83	其他	311 693.25	6.52
长期股权投资	299 337.33	6.25			
其他	12.11	0.00			
信托资产总计	4 785 063.37	100.00	信托资产总计	4 785 063.37	100.00

注:资产分布中,"其他类"资产主要包括货币资金、收益权类资产等。

4.3 市场分析

4.3.1 影响本公司业务发展的有利因素

(1)国内资产管理市场快速增长,催生了巨大的资产管理需求,信托行业逐步转向培育和集聚高端客户资源,以高端私募客户需求为导向的发展模式,走上稳定的发展轨道。

(2)信托行业受托管理资产规模逐步增长,截至2012年末,信托全行业管理的信托资产规模达7.47万亿元,居于全国第二大金融机构的位置,行业社会知晓度、美誉度有所提高,信托行业在金融同业中的竞争力、影响力有所增强。

(3)"泛资产管理"时代的到来,监管部门不仅放开了证券公司集合资产管理计划与信托产品的对接,也放开了保险资金与信托产品的对接,促进了信托公司与其他资产管理机构之间合作关系。

(4)公司入股商业银行,打造公司品牌,提升公司在省域和全国市场影响力的一系列举措,进一步拓宽了公司项目来源和产品销售渠道,业务覆盖范围更加广泛,业务结构更加合理,盈利能力进一步提高。

4.3.2 影响本公司业务发展的不利因素

(1)全球金融危机后呈现出美国经济复苏乏力、欧债危机持续发酵的状况,我国GDP增速下降到7.8%,经济发展开始步入弱周期阶段,信托产品基础资产存在一定的贬值风险。

(2)金融界对信托公司与影子银行的关系问题产生热议与争论,有关信托公司属于"影子银行体系"的观点给信托业带来一定的负面影响和困扰,信托公司开展业务受到更多的关注和更严格的监管。

(3)其他金融机构开始进入资产管理市场,逐步分化信托公司的现有客户,削弱了信托公司原先拥有的综合信托业务专营权,信托业传统信托业务所具有的制度红利和先发优势受到挤压。

(4)公司产品以理财产品为主,直接开发设计和服务于客户需求的能力较弱;以固定收益产品为主,而以各类权益投资为驱动的浮动收益产品则较少;以融资信托为主,真正的投资信托较少,公司投资管理能力须进一步加强。

4.4 内部控制概况

公司按照现代企业制度的要求,建立了产权明晰、责任明确、管理科学的企业制度;根据法人治理机制的需要,建立了权责分明、有效制衡、协调运作的治理结构;依照金融企业运行的要求,加快内控文化的建设,制定了相对完善的内控制度;牢固树立内控优先的风险理念,不断增强全体员工的内控与依法经

营意识；建立了责任追究制度，真正把内控文化的建设和执行落到实处，营造良好的内控环境。

4.5 风险管理概况

风险管理是公司的一项基础性工作，公司始终遵循"事前预防、事中控制、事后监督"的原则，建立了多层次、全覆盖的风险控制体系，对公司开展的各项经营活动，进行全面的风险管理，确保将各种风险控制在合理水平，保障公司业务稳健运行。

4.5.1 信用风险

公司严格依据相关规定，对资产进行风险分类评级，并计提呆账准备；严格限制保证贷款，对于抵质押贷款按照抵质押品登记手续合法完备、易变现等原则确认，并根据抵质押品价值可能波动情况及可变现值确定抵质押率。

4.5.2 市场风险

公司关注国家宏观政策，加强行业风险研究，规避行业周期产生的市场风险；遵循组合投资、分散风险的原则，制定投资比例和投资策略，确立风险止损点；根据市场变化积极调整证券投资规模，优化证券投资结构，防范证券跌价风险；控制投资于同一行业的项目规模和数量，避免风险过于集中，积极拓展多元化投资领域和项目。

4.5.3 操作风险

公司坚持前台、中台、后台分离和部门、岗位之间相互制衡原则；明确工作职责，严格执行操作规程和权限设置，定期对业务规章和操作流程进行修订和完善；加大信息化建设硬件投入，加强对员工技能培训，完备相应管理记录，防范操作风险。

4.5.4 其他风险

公司根据国家法律、宏观政策和行业政策的导向，积极调整经营策略和业务拓展方向，确保公司经营与国家政策的一致性；公司通过加强员工的风险管理教育，强化内控机制建设，完善业务制度和流程，加大检查监督的力度等措施，防范道德风险的发生；公司将发展战略和企业文化与声誉构建进行有机结合，通过尽职管理和充分信息披露塑造公司的专业和诚信形象，加强业务的评审和风险管理，有效规避声誉风险。

5. 报告期末及上一年度末的比较式会计报表

5.1 自营资产

5.1.1 会计师事务所审计结论

普华永道中天会计师事务所有限公司对本公司年度财务报告进行审计，并出具了标准无保留意见的审计报告。

5.1.2 资产负债表

资产负债表

编报单位：山西信托有限责任公司　　单位：万元

资产：	2011.12.31	2010.12.31	负债：	2011.12.31	2010.12.31
存放同业款项	73 747.78	75 705.36	应付职工薪酬	2 073.11	1 815.48
交易性金融资产	1 744.35	1 676.70	递延所得税负债		
应收利息	80.26	249.33	应交/（预缴）税费	3 678.82	3 354.68
贷款和应收款项	15 599.14	12 930.90	其他负债	8 063.05	5 011.58
可供出售金融资产	36 827.08	40 559.19	负债合计	13 814.98	10 181.74
投资性房地产	532.8	881.82	所有者权益：		
长期股权投资	32 437.62	11 641.28	实收资本	100 000.00	100 000.00
固定资产	4 413.95	4 579.88	资本公积	9 035.70	7 536.12
在建工程	218.00		盈余公积	6 581.44	5 255.12
无形资产	74.18	118.20	风险准备	13 835.31	11 845.83
递延所得税资产	253.31	129.62	未分配利润	25 436.83	15 489.45
其他资产	2 775.79	1 835.98	所有者权益合计	154 889.28	140 126.52
资产总计	168 704.26	150 308.26	负债和所有者权益总计	168 704.26	150 308.26

董事长：袁东生　　总经理：刘叔肆　　计划财务部经理：刘拓旺　　制表：刘强

5.1.3 利润表

利润表

编报单位：山西信托有限责任公司　　单位：万元

项　目	2011年度	2010年度
一、营业收入	41 361.49	33 023.88
利息净收入	3 703.67	3 314.51
利息收入	3 703.67	3 314.51
利息支出		
手续费及佣金净收入	30 305.64	22 221.27
手续费及佣金收入	30 335.36	22 275.65
手续费及佣金支出	29.72	54.38
投资收益（损失以"－"号填列）	6 695.95	7 838.30
公允价值变动损益（损失以"－"号填列）	67.65	－405.31
汇兑收益（损失以"－"号填列）	－13.1	－252.97
其他业务收入	601.68	308.08

续表

项　目	2011年度	2010年度
二、营业支出	22 570.21	21 632.74
营业税金及附加	2 223.64	1 716.88
业务及管理费	16 911.23	12 678.14
资产减值损失（转回以"－"号填列）	3 085.64	7 137.19
其他业务支出	349.7	100.53
三、营业利润（损失以"－"号填列）	18 791.28	11 391.14
加：营业外收入	28.66	293.56
减：营业外支出	11.23	
四、利润总额（损失以"－"号填列）	18 808.71	11 684.70
减：所得税费用	5 545.52	2 942.67
五、净利润（损失以"－"号填列）	13 263.19	8 742.03
其他综合收益	1 499.57	－6 533.97
综合收益总额	14 762.76	2 208.06

董事长：袁东生　　总经理：刘叔肆　　计划财务部经理：刘拓旺　　制表：刘　强

5.1.4 所有者权益变动表

所有者权益变动表

编报单位：山西信托有限责任公司　　　　单位：万元

项目	2012年						2011年					
	实收资本（股本）	资本公积	盈余公积	一般风险准备	未分配利润	所有者权益合计	实收资本（股本）	资本公积	盈余公积	一般风险准备	未分配利润	所有者权益合计
1. 上年末余额	100 000.00	7 536.13	5 255.11	11 845.83	15 489.44	140 126.51	100 000.00	14 070.10	4 380.91	10 534.53	8 932.91	137 918.45
2. 会计政策变更及差错更正						—						—
3. 本年初余额	100 000.00	7 536.13	5 255.11	11 845.83	15 489.44	140 126.51	100 000.00	14 070.10	4 380.91	10 534.53	8 932.91	137 918.45
4. 本年增减变动金额合计（减少以"－"号填列）	—	1 499.57	1 326.32	1 989.48	9 947.39	14 762.76	—	-6 533.97	874.20	1 311.30	6 556.53	2 208.06
4.1 净利润					13 263.19	13 263.19					8 742.03	8 742.03
4.2 直接计入所有者权益的利得和损失	—	1 499.57	—	—	—	1 499.57	—	-6 533.97	—	—	—	-6 533.97
4.2.1 可供出售金融资产公允价值变动净额						—						—
4.2.2 权益法下被投资单位其他所有者权益变动的影响						—						—
4.2.3 与计入所有者权益项目相关的所得税影响						—						—
4.2.4 其他						—						—
4.3 所有者投入和减少资本	—	—	—	—	—	—	—	—	—	—	—	—
4.3.1 所有者投入资本						—						—
4.3.2 股份支付计入所有者权益的金额						—						—
4.3.3 其他						—						—
4.4 利润分配	—	—	1 326.32	1 989.48	-3 315.8	—	—	—	874.20	1 311.30	-2 185.50	—
4.4.1 提取盈余公积			1 326.32		-1 326.32	—			874.20		-874.20	—
4.4.2 提取一般风险准备				1 989.48	-1 989.48	—				1 311.30	-1 311.30	—
4.4.3 对股东的分配						—						—
4.4.4 其他						—						—
4.5 所有者权益内部结转	—	—	—	—	—	—	—	—	—	—	—	—
4.5.1 资本公积转增资本（或股本）						—						—
4.5.2 盈余公积转增资本（或股本）						—						—
4.5.3 盈余公积弥补亏损						—						—
4.5.4 一般风险准备弥补亏损						—						—
4.5.5 其他						—						—
4.6 外币报表折算差额						—						—
5. 本年末余额	100 000.00	9 035.70	6 581.43	13 835.31	25 436.83	154 889.28	100 000.00	7 536.13	5 255.11	11 845.83	15 489.44	140 126.51

董事长：郭晋普　　总裁：刘叔肄　　计划财务部经理：刘拓旺　　制表：刘　强

5.2 信托资产

5.2.1 信托项目资产负债汇总表

信托项目资产负债汇总表

编报单位：山西信托有限责任公司　　单位：万元

资产：	2012.12.31	2011.12.31	负债：	2012.12.31	2011.12.31
银行存款	95 945.78	71 970.09	交易性金融负债		
结算备付金	17 251.96	82 306.49	衍生金融负债		
证券清算款	2.29		应付受托人报酬	-3 777.25	285.66
拆出资金			应付受益人款项	570.00	517.67
交易性金融资产	167 735.05	71 266.38	应付管理人报酬		
衍生金融资产			应付托管费	17.66	41.19
买入返售金融资产	19 630.00	25 100.00	应付利息		
贷款	2 500 285.50	1 235 403.50	应交税金		
可供出售金融资产	113 665.85	114 835.62	其他应付款	683.40	254.91
持有至到期投资	1 571 197.50	880 142.81	递延所得税负债		
长期股权投资	299 337.33	260 756.31	其他负债	7.96	
投资性房地产			负债合计	-2 498.23	1 099.43
固定资产			所有者权益：		
应收账款			实收信托	4 743 333.06	2 739 560.03
减：坏账准备			资本公积	-13 296.15	607.62
应收股利	6.19		盈余公积		
应收利息	4.33	61.34	未分配利润	57 524.69	577.05
其他应收款	1.59	1.59			
无形资产					
递延所得税资产					
其他资产			所有者权益合计	4 787 561.60	2 740 744.70
资产总计	4 785 063.37	2 741 844.13	负债和所有者权益总计	4 785 063.37	2 741 844.13

董事长：郭晋普　　总裁：刘叔肄　　计划财务部经理：刘拓旺　　制表：贺小兵

5.2.2 信托项目利润及利润分配汇总表

信托项目利润及利润分配汇总表

编报单位：山西信托有限责任公司　　单位：万元

项　目	2011 年度	2010 年度
一、营业收入	325 436.64	136 915.34
利息收入	133 092.05	99 591.48
投资收益（损失以"－"号填列）	177 849.00	42 207.35
租赁收入		
公允价值变动收益（损失以"－"号填列）	14 409.53	-4 883.90
汇兑收益（损失以"－"号填列）		
其他业务收入	86.06	0.41
二、营业支出	55 046.56	23 555.97
业务及管理费	55 046.56	23 555.97
营业税金及附加		
资产减值损失		
其他业务支出		
三、营业利润（亏损以"－"号填列）	270 390.08	113 359.37

续表

项　目	2011 年度	2010 年度
加：营业外收入		
减：营业外支出		
四、本期利润总额（亏损总额以"－"号填列）	270 390.08	113 359.37
加：期初未分配利润	577.06	19 904.56
减：本期已分配利润	213 442.45	132 686.87
五、期末未分配信托利润	57 524.69	577.06

董事长：郭晋普　　总裁：刘叔肄
计划财务部经理：刘拓旺　　制表：贺小兵

6. 会计报表附注

6.1 与上一期年度报告相比，会计政策、会计估计和核算方法发生变化的情况说明

6.1.1 重要会计政策变更内容

2012 年度与上年相比，无重要会计政策的变更。

6.1.2 重要会计核算方法变更内容

2012 年度与上年相比，无重要会计核算方法的变更。

6.2 或有事项说明

本公司报告期内无重要或有事项说明。

6.3 重要资产转让及其出售的说明

本公司报告期没有发生重要资产转让及其出售的情况。

6.4 会计报表中重要项目的明细资料

6.4.1 披露自营资产经营情况

6.4.1.1 按信用风险五级分类结果披露的信用风险资产

信用风险资产五级分类	正常类(万元)	关注类(万元)	次级类(万元)	可疑类(万元)	损失类(万元)	信用风险资产合计(万元)	不良资产合计(万元)	不良资产率(%)
期初数	89 594.62	—	—	—	3 998.93	93 593.55	3 998.93	2.66
期末数	82 664.55	9 713.84	—	—	3 998.93	96 377.32	3 998.93	2.37

注:不良资产合计=次级类+可疑类+损失类。

6.4.1.2 各项资产减值损失准备情况

单位:万元

	期初数	本期计提	本期转回	本期核销	期末数
一般准备	3 184.32	1 326.32			4 510.64
专项准备	20 015.19	3 948.8			23 963.98

6.4.1.3 自营股票投资、基金投资、债券投资、股权投资等投资业务的情况

单位:万元

	自营股票	基金	债券	长期股权投资	其他投资	合计
期初数	40 559.18	1 676.70		11 641.28		53 877.16
期末数	36 827.08	1 744.35		32 437.62		71 009.05

6.4.1.4 前五名的自营长期股权投资的企业名称、占被投资企业权益的比例、主要经营活动及投资收益情况(从大到小顺序排列)

企业名称	占被投资企业权益的比例(%)	主要经营活动	投资收益(万元)
1. 长治市商业银行股份有限公司	9.97	商业银行业务	
2. 汇丰晋信基金管理有限公司	51	证券投资基金管理	

6.4.1.5 前三名的自营贷款的企业名称、占贷款总额的比例和还款情况(从大到小顺序排列)

企业名称	贷款余额(万元)	占贷款总额的比例(%)	还款情况
1. 稷山县纸业有限公司	400.00	10	逾期
2. 山西省静乐县发电厂	300.00	7.56	逾期
3. 曲沃县恒通铸造有限公司	296.00	7.46	逾期

6.4.1.6 表外业务的情况

本公司报告期无表外业务需说明情况。

6.4.1.7 公司当年的收入结构

收入结构	金额(万元)	占比(%)
手续费及佣金收入	30 335.36	73.24
其中:信托手续费收入	30 155.94	72.81
投资银行业务收入		
利息收入	3 703.67	8.94
其他业务收入	601.68	1.45
其中:计入信托业务收入部分		
投资收益	6 695.95	16.17

续表

收入结构	金额(万元)	占比(%)
其中:股权投资收益	-58.11	-0.14
证券投资收益	6 754.06	16.31
汇兑损益	-13.1	-0.03
公允价值变动收益	67.65	0.16
营业外收入	28.66	0.07
收入合计	41 419.87	100

注:手续费及佣金收入、利息收入、其他业务收入、投资收益、营业外收入均应为损益表中的一级科目,其中手续费及佣金收入、利息收入、营业外收入为未抵减掉相应支出的全年累计实现收入数。

6.4.2 信托资产管理情况

6.4.2.1 信托资产的情况

单位:万元

信托资产	期初数	期末数
集合	757 766.56	1 478 235.36
单一	1 574 364.19	3 143 857.79
财产权	409 713.38	162 970.22
合计	2 741 844.13	4 785 063.37

注:截至2012年末,本公司代保管资产余额为81 379.74万元。

6.4.2.1.1 主动管理型信托业务的情况

单位:万元

主动管理型信托资产	期初数	期末数
证券投资类	294 395.78	318 391.02
股权投资类	130 391.79	225 178.54
融资类	1 048 056.27	1 315 955.24
事务管理类	65 300.00	31 000.00
其他类		76 953.47
合计	1 538 143.84	1 967 478.27

6.4.2.1.2 被动管理型信托业务的情况

单位:万元

被动管理型信托资产	期初数	期末数
证券投资类	18 300.59	18 936.68
股权投资类	76 559.54	300.07
融资类	424 355.43	2 552 253.56
事务管理类	430 130.94	246 094.79
其他类	254 353.79	0.00
合计	1 203 700.29	2 817 585.10

6.4.2.2 本年度已清算结束的信托项目的情况

6.4.2.2.1　本年度已清算结束的集合类、单一类资金信托项目和财产管理类信托项目的情况

已清算结束信托项目	项目个数	实收信托合计金额（万元）	加权平均实际年化收益率（%）
集合类	47	333 595.31	6.47
单一类	58	962 025.01	7.50
财产管理类	1	343 552.38	0.01

注：收益率是指信托项目清算后，给受益人赚取的实际收益水平。加权平均实际年化收益率＝（信托项目1的实际年化收益率×信托项目1的实收信托＋信托项目2的实际年化收益率×信托项目2的实收信托＋…信托项目n的实际年化收益率×信托项目n的实收信托）/（信托项目1的实收信托＋信托项目2的实收信托＋…信托项目n的实收信托）×100%。

6.4.2.2.2　本年度已清算结束的主动管理型信托项目的情况

已清算结束信托项目	项目个数	实收信托合计金额（万元）	加权平均实际年化收益率（%）
证券投资类	10	125 578.41	5.21
股权投资类	2	82 300.00	6.75
融资类	42	173 570.00	7.52
事务管理类			
其他类	1	7 646.90	7.45

注：加权平均实际年化信托报酬率＝（信托项目1的实际年化信托报酬率×信托项目1的实收信托＋信托项目2的实际年化信托报酬率×信托项目2的实收信托＋…信托项目n的实际年化信托报酬率×信托项目n的实收信托）/（信托项目1的实收信托＋信托项目2的实收信托＋…信托项目n的实收信托）×100%。

6.4.2.2.3　本年度已清算结束的被动管理型信托项目的情况

已清算结束信托项目	项目个数	实收信托合计金额（万元）	加权平均实际年化收益率（%）
证券投资类			
股权投资类			
融资类	28	633 094.30	7.35
事务管理类	1	343 552.38	0.01
其他类	22	273 430.71	7.85

6.4.2.3　本年度新增的集合类、单一类和财产管理类信托项目的情况

单位：万元

新增信托项目	项目个数	合计金额
集合类	84	961 824.50
单一类	78	2 630 084.00
财产管理类	3	157 930.00
新增合计	165	3 749 838.50
其中：主动管理型	99	1 051 524.50
被动管理型	66	2 698 314.00

注：本年新增信托项目指在本报告年度累计新增的信托项目个数和金额。包含本年度新增并于本年度内结束的项目和本年度新增至报告期末仍在持续管理的信托项目。

6.4.2.4　信托业务创新成果和特色业务有关情况

报告期内，公司积极响应国家和地方政府倡导的“低碳环保、绿色出行”活动，积极参与太原市市政项目建设，设立单一资金信托项目为太原市公共自行车项目建设解决融资需求，设立集合资金信托项目参与太原市晋阳湖区环境治理和改造工程，为省内环境治理和环保事业提供金融服务。

6.4.2.5　本公司履行受托人义务情况及因本公司自身责任而导致的信托资产损失情况

本公司作为受托人，已经建立了完整的信托事务管理制度，严格遵守相关法律、行政法规以及信托合同的约定，恪尽职守，履行诚实、信用、谨慎、有效管理的义务。本着忠实于委托人、争取受益人最大利益的原则处理信托事务。

截至本报告期末，本公司未发生信托财产损失情况。

6.5　关联方关系及其交易的披露

6.5.1　关联交易方的数量、关联交易的总金额及关联交易的定价政策

单位：万元

	关联交易方数量	关联交易金额	定价政策
合计	7	872.54	本公司在正常业务过程中发生的关联交易遵守一般商业条款，关联交易的价格主要参考市场价格经双方协商后确定。

6.5.2　关联交易方与本公司的关系性质、关联交易方的名称、法定代表人、注册地址、注册资本及主营业务

关系性质	关联方名称	法定代表人	注册地址	注册资本（万元）	主营业务
母公司	山西省国信投资（集团）有限公司	张广慧	山西省太原市府西街69号	327 190	投资管理等。
受同一母公司控制	山西证券有限责任公司	侯巍	山西省太原市府西街69号	239 980	证券自营，证券代理，投资咨询等。
受同一母公司控制	山西国际贸易中心有限公司	郭晋普	山西省太原市府西街69号	45 000	酒店经营管理等。
受同一母公司控制	山西国贸物业管理有限公司	郭晋普	山西省太原市府西街69号	100	物业管理等。
受同一母公司控制	上海万方投资管理有限公司	王泽	上海市浦东新区莲林路15号406室	5 000	投资及资产管理等。
受同一母公司控制	山西省产权交易中心有限公司	赵润廷	太原市迎泽大街388号国际大厦14层	1 270	资产转让交易。
受同一母公司控制	山西光信实业有限公司	曹煜	太原市迎泽大街388号国际大厦14层	102 000	房地产等。

6.5.3 本公司与关联方的重大交易事项

6.5.3.1 固有财产与关联方关联交易情况

报告期内固有财产与关联方无重大关联交易发生。

6.5.3.2 信托资产与关联方关联交易情况

报告期信托资产与关联方无重大关联交易发生。

6.5.3.3 信托公司自有资金运用于自己管理的信托项目(固信交易)、信托公司管理的信托项目之间的相互(信信交易)交易情况

6.5.3.3.1 固有财产与信托财产之间的交易情况

单位:万元

	期初数	本期发生额	本期清算	期末数
合计	14 298.29	44 056.83	22 533.91	32 812.21

6.5.3.3.2 信托资产与信托财产之间的交易情况

单位:万元

	期初数	本期新增	本期清算	期末数
合计	10 600.00	107 301.00	1 000.00	116 901.00

6.5.4 关联方逾期未偿还本公司资金的详细情况以及本公司为关联方担保发生或即将发生垫款的详细情况

报告期本公司无上述情况发生。

6.6 会计制度的披露

公司固有业务和信托业务,同时执行财政部2006年2月15日颁布的《企业会计准则——基本准则》和38项具体会计准则、其后颁布的企业会计准则应用指南、企业会计准则解释以及其他相关规定。

7. 财务情况说明书

7.1 利润实现和分配情况

2012年,公司实现净利润13 263.19万元。提取法定盈余公积1 326.32万元,提取一般风险准备1 326.32万元,提取信托赔偿准备663.16万元。年末可供分配的利润25 436.83万元。

7.2 主要财务指标

单位:万元

指标名称	指标值
资本利润率(%)	8.99
加权年化信托报酬率(%)	0.85
人均净利润(万元)	77.11

注:1. 资本利润率=净利润/所有者权益平均余额×100%。

2. 加权平均实际年化信托报酬率=(信托项目1的实际年化信托报酬率×信托项目1的实收信托+信托项目2的实际年化信托报酬率×信托项目2的实收信托+…信托项目n的实际年化信托报酬率×信托项目n的实收信托)/(信托项目1的实收信托+信托项目2的实收信托+…信托项目n的实收信托)×100%。

3. 人均净利润=净利润/年平均人数。

4. 平均值采取年初、年末余额简单平均法,公式为:a(平均)=(年初数+年末数)/2。

7.3 公司净资本监管指标

指标名称	指标值	监管标准
净资本(万元)	14.18	≥2
净资本/各项业务风险资本之和(%)	168.75	≥100
净资本/净资产(%)	90.72	≥40

本公司无对财务状况、经营成果有重大影响的其他事项。

8. 特别事项揭示

8.1 报告期内无股东变动情况

8.2 董事、监事及高级管理人员变动情况及原因

报告期内,经本公司股东会2012年第一次临时会议审议批准郭志宏担任公司监事。

8.3 报告期内,公司变更注册资本、变更注册地或公司名称、公司分立合并事项

8.4 报告期内公司重大诉讼事项

8.5 报告期内公司及其董事、监事和高级管理人员受到处罚的情况

8.6 银监会及其派出机构对公司的检查意见及整改情况说明

2012年11月16日至2012年12月20日,山西银监局对公司2012年以来新发生的房地产信托业务情况进行了现场检查,并出具了《现场检查事实与评价》,认为公司法人治理结构较为完善,制定了相关房地产信托业务内控制度,资产质量较高,业务发展保持了百分之百的履约率和兑付率,但在检查中也提出需进一步完善内控制度建设等问题。针对检查意见,公司高度重视,认真落实,进行了积极整改。

8.7 报告期内公司重大事项临时报告

8.7.1 公司董事长任职资格核准情况

2012年5月25日,郭晋普董事长任职资格已经中国银行业监督管理委员会核准(银监复〔2012〕237号),相关工商登记变更手续已完成,并已在《金融时报》2012年6月6日第8版进行了相关信息的披露。

8.8 报告期内无银监会及其省级派出机构认定的其他有必要让客户及相关利益人了解的重要信息

9. 公司监事会意见

9.1 监事会对公司依法运作情况的独立意见

监事会认为:公司董事会、经营层能够按照国家有关法律、

法规和公司章程的规定履行职责，决策程序合规有效；本报告期内未发现董事、高级管理人员履行职务时有违法违规、违反公司章程或损害公司及投资人利益的行为。

9.2 监事会对公司财务状况的独立意见

监事会认为：公司能够认真贯彻执行国家有关政策和法律法规，公司财务报告内容完整，客观真实地反映了公司的财务状况和经营成果。

陕西省国际信托股份有限公司

1. 重要提示

1.1 本公司董事会、监事会及董事、监事、高级管理人员保证本报告所载资料不存在任何虚假记载、误导性陈述或者重大遗漏，并对其内容的真实性、准确性和完整性承担个别及连带责任。

1.2 所有董事均已出席了审议本报告的董事会会议，公司第七届董事会第二次会议审议通过了本报告。

公司负责人薛季民、主管会计工作负责人李永周及会计机构负责人(会计主管人员)李掌安声明：保证年度报告中财务报告的真实、准确、完整。

独立董事冯宗宪、王晓芳、张晓明声明：保证本年度报告真实、准确、完整。

1.3 希格玛会计师事务所为本公司出具了标准无保留意见的审计报告。

1.4 公司经本次董事会审议通过的利润分配预案为：以2012年12月31日的公司总股本为基数，向全体股东每10股派发现金红利0.35元(含税)；每10股送红股1股；以公积金转增股本，每10股转增10股。

该预案尚需提交2012年度股东大会审议。

1.5 本年度报告涉及未来计划等前瞻性陈述，不构成公司对投资者的实质承诺，请投资者注意投资风险。

1.6 本公司不存在被第一大股东及其关联方非经营性占用资金情况。

1.7 公司没有对外担保。

2. 公司概况

2.1 公司简介

2.1.1 公司信息

股票简称	陕国投A	股票代码	000563
股票上市证券交易所	深圳证券交易所		
公司的中文名称	陕西省国际信托股份有限公司		
公司的中文简称	陕国投		
公司的外文名称(如有)	Shaanxi International Trust Co. ,Ltd.		
公司的外文名称缩写(如有)	SITI		
公司的法定代表人	薛季民		
注册地址	西安市高新区科技路50号金桥国际广场C座		
注册地址的邮政编码	710075		
办公地址	西安市高新区科技路50号金桥国际广场C座		
办公地址的邮政编码	710075		
公司网址	http://www.siti.com.cn		
电子信箱	sgtdm@siti.com.cn		

2.1.2 联系人和联系方式

	董事会秘书	证券事务代表
姓　名	姚卫东	孙一娟
联系地址	西安市高新区科技路50号金桥国际广场C座	西安市高新区科技路50号金桥国际广场C座
电　话	(029)81870262/81870266/88851988	(029)81870262/81870266/88851988
传　真	(029)88851989	(029)88851989
电子信箱	sgtdm@siti.com.cn	sgtdm@siti.com.cn

2.1.3 信息披露及备置地点

公司选定的信息披露报纸的名称	《中国证券报》、《证券时报》
登载年度报告的中国证监会指定网站的网址	http://www.cninfo.com.cn
公司年度报告备置地点	公司综合办公室

2.1.4 其他有关资料

2.1.4.1 公司聘请的会计师事务所

会计师事务所名称	希格玛会计师事务所有限公司
会计师事务所办公地址	西安市高新路25号希格玛大厦3层
签字会计师姓名	安小民　赵琰

2.1.4.2 公司聘请的报告期内履行持续督导职责的保荐机构

✓适用　□不适用

保荐机构名称	保荐机构办公地址	保荐代表人姓名	持续督导期间
中信证券股份有限公司	深圳市福田区中心三路8号卓越时代广场(二期)北座	姜颖 邱志千	2012年4月24日至2013年12月31日

2.2 组织结构

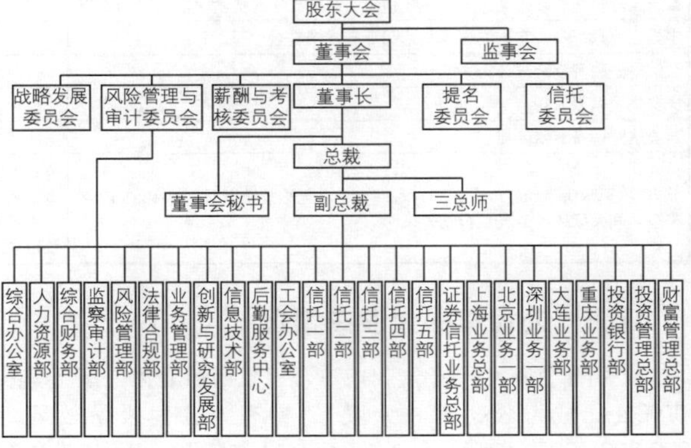

3. 公司治理结构

3.1 公司股东数量及持股情况

单位:股

报告期股东总数			46 162		年度报告披露日前第5个交易日末股东总数		41 850	
持股5%以上的股东持股情况								
股东名称	股东性质	持股比例(%)	报告期末持股数量	报告期内增减变动情况	持有有限售条件的股份数量	持有无限售条件的股份数量	质押或冻结情况	
							股份状态	数量
陕西煤业化工集团有限责任公司	国有法人	34.58	200 000 000	200 000 000	200 000 000	0		0
陕西省高速公路建设集团公司	国家	27.48	158 935 937	0	0	158 935 937		0
西安投资控股有限公司	国有法人	3.46	20 000 000	20 000 000	20 000 000	0		0
中信信托有限责任公司	国有法人	1.23	7 141 020		0	7 141 020		0
人保投资控股有限公司	国有法人	0.93	5 400 000		0	5 400 000		0
国信证券股份有限公司客户信用交易担保证券账户	境内非国有法人	0.39	2 228 585		0	2 228 585		0
中国平安人寿保险股份有限公司	其他	0.36	2 099 874		0	2 099 874		0
重庆国际信托有限公司——新泉结构化证券投资集合资金信托计划	其他	0.31	1 772 249		0	1 772 249		0
中国工商银行——富国沪深300增强证券投资基金	其他	0.21	1 213 460		0	1 213 460		0
江门市汇融贸易有限公司	境内非国有法人	0.2	1 140 000		0	1 140 000		0
战略投资者或一般法人因配售新股成为前10名股东的情况(如有)	2012年3月9日,经中国证券监督管理委员会《关于核准陕西省国际信托股份有限公司非公开发行股票的批复》(证监许可(2012)316号)文核准,本公司非公开发行不超过22 000万股份。其中,陕西煤业化工集团有限责任公司认购200 000 000股,持股比例34.58%;西安投资控股有限公司认购20 000 000股,持股比例3.46%。 公司非公开发行新增股份已于2012年4月16日在中国结算深圳分公司办理完毕登记托管手续。新增股份220 000 000股于2012年4月25日在深圳证券交易所上市,全部为有限售条件的流通股。本次发行对象认购的股票锁定期为新增股份上市之日起36个月,可上市流通时间为2015年4月25日。							
上述股东关联关系或一致行动的说明	1. 公司非公开发行股份工作完成后,陕西煤业化工集团有限责任公司成为公司第一大股东,陕西省高速公路建设集团公司成为公司第二大股东。前两大股东均为省属国有独资企业,本公司实际控制人仍为陕西省国资委。2. 公司控股股东陕西煤业化工集团有限责任公司与除陕西省高速公路建设集团公司外其他前10名股东之间不存在关联关系,也不属于《上市公司股东持股变动信息披露管理办法》中规定的一致行动人;未知前10名其他股东之间是否存在关联关系和是否属于《上市公司股东持股变动信息披露管理办法》中规定的一致行动人。							

前10名无限售条件股东持股情况			
股东名称	年末持有无限售条件股份数量	股份种类	
		股份种类	数量
陕西省高速公路建设集团公司	158 935 937	人民币普通股	158 935 937
中信信托有限责任公司	7 141 020	人民币普通股	7 141 020
人保投资控股有限公司	5 400 000	人民币普通股	5 400 000
国信证券股份有限公司客户信用交易担保证券账户	2 228 585	人民币普通股	2 228 585
中国平安人寿保险股份有限公司	2 099 874	人民币普通股	2 099 874
重庆国际信托有限公司——新泉结构化证券投资集合资金信托计划	1 772 249	人民币普通股	1 772 249
中国工商银行——富国沪深300增强证券投资基金	1 213 460	人民币普通股	1 213 460
江门市汇融贸易有限公司	1 140 000	人民币普通股	1 140 000
庆安集团有限公司	1 080 000	人民币普通股	1 080 000
西安航空装备有限公司	1 080 000	人民币普通股	1 080 000
前10名无限售流通股股东之间,以及前10名无限售流通股股东和前10名股东之间关联关系或一致行动的说明	公司第二大股东陕西省高速公路建设集团公司与其他前10名无限售条件股东之间不存在关联关系,也不属于《上市公司股东持股变动信息披露管理办法》中规定的一致行动人;未知其他前10名无限售条件股东之间是否存在关联关系和是否属于《上市公司股东持股变动信息披露管理办法》中规定的一致行动人。		

3.2 公司第一大股东情况

公司非公开发行股份工作完成后,陕西煤业化工集团有限责任公司成为公司第一大股东,持有本公司股份数量为200 000 000股,持股比例为34.58%。陕煤化集团系国有独资企业,其经营范围包括煤炭开采、销售、加工和综合利用;煤化工产品、化学肥料和精细化工产品的研发、生产及销售;电力生产与供应;煤炭铁路运输(限自营铁路);机械加工;煤矿专用设备、仪器及配件制造与修理;煤炭、化工、煤机的科研设计;煤田地质勘探;咨询服务;煤及伴生矿物深加工;矿山工程及工业和民用建筑;机电设备安装;矿井(建筑)工程设计;工程监理;建材销售;气体产品的制造和销售;火工、公路运输;物资仓储;高科技产业;农林业;自营代理各类商品及技术的进出口,但国家限定公司经营或禁止进出口的商品及技术除外(其中,煤炭开采、电力生产与供应、煤田地质勘探、气体产品制造、公路运输项目由集团公司所属企业凭许可证在有效期内经营)(上述经营范围中,国家法律、行政法规或国务院规定必须报经批准的,凭许可证并在有效期内经营)。

3.3 公司实际控制人情况

实际控制人名称	法定代表人/单位负责人	成立日期	组织机构代码	注册资本	主要经营业务
陕西省人民政府国有资产监督管理委员会	刘阳	2004年6月	71978336-8	无	无

3.3.1 报告期实际控制人变更

□ 适用 ✓ 不适用

3.3.2 公司与实际控制人之间的产权及控制关系的方框图

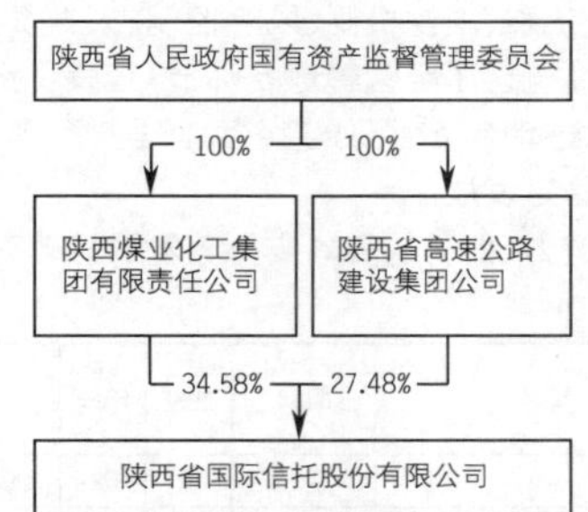

3.3.3 实际控制人通过信托或其他资产管理方式控制公司

□ 适用 ✓ 不适用

3.4 其他持股在10%以上的法人股东

法人股东名称	法定代表人/单位负责人	成立日期	组织机构代码	注册资本(亿元)	主要经营业务或管理活动
陕西煤业化工集团有限责任公司	华炜	2004年2月19日	762568778	100	煤炭开采、销售、加工和综合利用;煤化工产品、化学肥料和精细化工产品的研发、生产及销售;电力生产与供应;煤炭铁路运输(限自营铁路);机械加工;煤矿专用设备、仪器及配件制造与修理;煤炭、化工、煤机的科研设计;煤田地质勘探;咨询服务;煤及伴生矿物深加工;矿山工程及工业和民用建筑;机电设备安装;矿井(建筑)工程设计;工程监理;建材销售;气体产品的制造和销售;火工、公路运输;物资仓储;高科技产业;农林业;自营代理各类商品及技术的进出口,但国家限定公司经营或禁止进出口的商品及技术除外(其中煤炭开采、电力生产与供应、煤田地质勘探、气体产品制造、公路运输项目由集团公司所属企业凭许可证在有效期内经营)(上述经营范围中,国家法律、行政法规或国务院规定必须报经批准的,凭许可证并在有效期内经营)。
陕西省高速公路建设集团公司	靳宏利	2001年6月16日	62311022-2	20	高速公路项目的建设、养护管理、收费、资本运营和配套开发服务,公路工程项目投资咨询与评估,公路工程勘测设计、施工、技术咨询、监理、检验检测、公路养护机械设备租赁,公路服务区经营;中介服务和广告业务,房地产开发;物业管理。

3.5 管理层讨论与分析

本报告期,公司充分利用增资扩股后业务空间拓宽带来的发展机遇,积极应对经济下行、政策调整等诸多方面的挑战,积极拓展业务,取得良好经营成效。全年实现营业收入5.8亿元,比上年增长近90%;实现利润总额3.48亿元,比上年增长70%以上;实现净利润2.6亿元,比上年增长近70%;新增信托规模690.7亿元,是上年的1.66倍。本报告期的主要工作可以概括为以下几方面:

(1)全面完成增资扩股,公司的资本实力和抗风险能力得到大幅提升。公司自2011年6月启动面向陕煤化集团和西投控股的非公开发行后,经过近10个月的紧张工作,于2012年4月25日全面完成了增资扩股,一次性募集资金21.23亿元,公司的自有资金和净资本大幅增加,业务空间随之拓宽,发展基础进一步夯实。

(2)积极进行战略谋划,指引公司科学发展。为了适应增资扩股后的新形势、新任务,公司聘请了专业咨询机构在"十二五"规划基础上,编制3年发展战略,以进一步明确战略目标、思路和措施,为公司持续健康发展提供更好的行动指南。

(3)信托主业发展较快,市场竞争力进一步增强。本报告期,公司新增信托项目149个,新增信托规模690.7亿元,年末存续信托规模1 005亿元,相比年初增加近500亿元,增长率近100%;全年实现信托手续费收入近4亿元,比上年增长近100%。为了促进信托主业发展,公司采取系列化措施支持省内外业务部门发展,重点围绕实体经济开发多元化信托产品,在着力服务省内经济建设的同时,积极拓展全国市场,取得明显成效。此外,公司继续发挥证券信托业务的已有优势,进一步创新思路和产品,从而保持了快速发展态势。

(4)积极运作自有资金,不断提升自有资产收益水平。增资扩股后公司自有资金超过30亿元,为了提高资金使用效率和效益,公司紧紧围绕省内重点项目提供贷款,并通过配置信托计划、受让信贷资产等方式运作资金,报告期内实现固有业务收入 2 亿元。

(5) 以实施内控基本规范等为契机，积极加强内部管理。公司结合上市公司内控基本规范建设要求，把精细化管理作为推进改革、强化管理的重要举措，组织力量对行业发展情况进行对标，从业务流程、内控机制、风险控制、人力资源管理、企业文化建设等方面梳理了经营管理各环节，查找了经营管理的薄弱之处，有针对性地制定了改善经营管理的系列化举措，以求促进公司持续稳定发展。

经过不懈努力，公司的资本实力等发展基础有效夯实，战略发展思路进一步明确，未来发展前景可期。面对新的发展形势，公司认识到经营管理仍有一些急需强化之处，比如，组织机构设置需要调整优化，自主管理能力需要不断提升，信托报酬水平有待提高，项目管理需要不断加强，高端专业人才仍显短缺等。对此，公司已经并将继续采取一系列措施予以强化和解决，以促使公司持续健康发展。

3.6 董事、监事和高级管理人员持股变动

公司于 2013 年 1 月完成了董事会、监事会和经营层换届，现任和离任董事、监事和高级管理人员持股情况如下：

姓名	职务	任职状态	性别	年龄	任期起始日期	任期终止日期	期初持股数（股）	本期增持股份数量（股）	本期减持股份数量（股）	期末持股数（股）
薛季民	董事长	现任	男	52	2013 年 1 月 31 日	2016 年 1 月 31 日	0	0	0	0
修　军	董事、总裁	现任	男	49	2013 年 1 月 31 日	2016 年 1 月 31 日	0	0	0	0
桂泉海	董事	现任	男	50	2013 年 1 月 31 日	2016 年 1 月 31 日	0	0	0	0
李　骋	董事	现任	男	57	2013 年 1 月 31 日	2016 年 1 月 31 日	0	0	0	0
冯宗宪	独立董事	现任	男	59	2013 年 1 月 31 日	2016 年 1 月 31 日	0	0	0	0
王晓芳	独立董事	现任	女	55	2013 年 1 月 31 日	2016 年 1 月 31 日	0	0	0	0
张晓明	独立董事	现任	女	58	2013 年 1 月 31 日	2016 年 1 月 31 日	0	0	0	0
段小昌	监事会主席	现任	男	54	2013 年 1 月 31 日	2016 年 1 月 31 日	0	0	0	0
王晓烨	职工监事	现任	男	46	2013 年 1 月 31 日	2016 年 1 月 31 日	0	0	0	0
赵广莉	监事	现任	女	40	2013 年 1 月 31 日	2016 年 1 月 31 日	0	0	0	0
杜　磊	常务副总裁	现任	男	56	2013 年 1 月 31 日	2016 年 1 月 31 日	0	0	0	0
姚卫东	董事会秘书、副总裁	现任	男	42	2013 年 1 月 31 日	2016 年 1 月 31 日	0	0	0	0
何熙平	副总裁	现任	女	49	2013 年 1 月 31 日	2016 年 1 月 31 日	0	0	0	0
赵　东	副总裁	现任	男	58	2013 年 1 月 31 日	2016 年 1 月 31 日	0	0	0	0
李　玲	总经济师	现任	女	47	2013 年 1 月 31 日	2016 年 1 月 31 日	0	0	0	0
李永周	总会计师	现任	男	41	2013 年 1 月 31 日	2016 年 1 月 31 日	0	0	0	0
杜　磊	董事	离任	男	56	2009 年 7 月 27 日	2013 年 1 月 31 日	0	0	0	0
何熙平	董事	离任	女	49	2009 年 7 月 27 日	2013 年 1 月 31 日	0	0	0	0
侯文忠	董事	离任	男	60	2009 年 7 月 27 日	2013 年 1 月 31 日	0	0	0	0
李云亮	董事	离任	男	47	2011 年 7 月 28 日	2013 年 1 月 31 日	0	0	0	0
王晓雁	职工董事	离任	男	46	2009 年 7 月 27 日	2013 年 1 月 31 日	0	0	0	0
陈　宇	独立董事	离任	男	50	2009 年 7 月 27 日	2013 年 1 月 31 日	0	0	0	0
杨丽荣	独立董事	离任	女	50	2009 年 7 月 27 日	2013 年 1 月 31 日	0	0	0	0
赵守国	独立董事	离任	男	50	2009 年 7 月 27 日	2013 年 1 月 31 日	0	0	0	0
杨　彬	监事	离任	男	45	2009 年 7 月 27 日	2013 年 1 月 31 日	0	0	0	0
吴　滢	职工监事	离任	女	52	2012 年 3 月 31 日	2013 年 1 月 31 日	12 000	0	0	12 000
胡梦琪	总经济师	离任	女	60	2009 年 7 月 27 日	2013 年 1 月 31 日	0	0	0	0
李　玲	总会计师	离任	女	47	2009 年 7 月 27 日	2013 年 1 月 31 日	0	0	0	0
合　计							12 000	0	0	12 000

3.7 任职情况

3.7.1 公司现任董事、监事、高级管理人员最近 5 年的主要工作经历

薛季民，男，汉族，1961 年 10 月生，中共党员，工商管理硕士，高级会计师、高级审计师，陕西省政协委员；历任陕西省审计厅副处长、处长，陕西省高速公路建设集团公司党委委员、副总经理兼总会计师，陕国投党委书记、总经理、董事长；现任陕国投党委书记、第七届董事会董事长。

修军，男，汉族，1964 年 1 月生，中共党员，博士研究生，高级工程师；历任重庆信息港宽带网络有限公司董事长，重庆网通信息港宽带网络有限公司党委书记、总经理，重庆西永微电子产业园区建设管理委员会副主任及开发有限公司常务副总、党委委员，重庆进出口担保公司党委书记、董事长；现任陕国投党委副书记、总裁、第七届董事会董事。

桂泉海，男，汉族，1963 年 12 月生，中共党员，硕士研究生，高级经济师；历任韩城矿务局总医院办公室秘书、主任，韩城矿务局企管处副处长、处长，陕西煤业化工集团副总经济师；现任陕西煤业股份有限公司总经济师、西安开源国际投资有限公司总经理、陕国投第七届董事会董事。

李骋，男，汉族，1956 年 12 月生，中共党员，高级会计师；历任陕西省交通学校财务科副科长，陕西省交通厅收费公路管理中心副主任、主任；现任陕西省高速公路建设集团公司党委委员、董事、总会计师兼财务部部长，陕国投第七届董事会

董事。

冯宗宪，男，汉族，1954 年 10 月生，中共党员，博士研究生学历，管理学博士，西安交通大学教授、博士生导师；1986 年至今，历任西安交大管理学院讲师、副教授、教授、博士生导师，西安交大经济与金融学院教授，博士生导师；曾任国际贸易与金融系主任、西安交大应用经济学博士后流动站主任、西安交大金禾经济研究中心主任；现任西安交大经济与金融学院教授、博士生导师；兼任中国世界经济学会常务理事、西安交大发展与投资研究中心主任、陕国投第七届董事会独立董事。

王晓芳，女，蒙古族，1958 年 10 月生，中共党员，博士研究生，教授、博士生导师；历任西安市人民银行干部，陕西财经学院金融系讲师、副教授、教授，金融发展研究所副所长、金融系副主任，金融财政学院副院长，西安交通大学经济与金融学院副院长，西安交通大学教学委员会委员，西安交通大学基础课建设指导委员会委员；现任西安交通大学经济与金融学院金融系教授、博士生导师，西安交通大学金融发展研究所所长；兼任中国金融学会常务理事，陕西金融学会常务理事，中国金融学年会理事，陕西金融会计学会副会长，陕国投第七届董事会独立董事。

张晓明，女，汉族，1955 年 4 月出生，中共党员，硕士研究生，教授、博士生导师；1982 年8 月至今，在西北大学工作，任西北大学经济管理学院教授，博士生导师，会计学系主任；兼任中国注册会计师，中国会计学会理事，陕西会计学会常务理事，西安总会计师协会常务理事，红旗民爆股份公司独立董事，西北大学经营性资产管理公司董事，西北大学财务委员会委员，陕国投第七届董事会独立董事等职。

段小昌，男，汉族，1959 年 6 月生，中共党员，研究生学历；历任陕西省委办公厅正处级秘书、陕西省政府稽察特派员陕西省国有企业监事会主席、陕国投监事会主席；现任陕西省国有企业监事会主席、陕国投第七届监事会主席。

王晓烨，男，满族，1967 年 10 月生，中共党员，本科学历；历任陕西省计划发展委员会工业经济发展处副处长，陕西省人民政府办公厅副处级秘书、正处级秘书，陕西省公路局党委委员、党委副书记；现任陕国投党委委员、纪委书记、工会主席、第七届监事会职工监事。

赵广莉，女，汉族，1973 年 12 月生，硕士研究生；历任陕西省国际信托股份有限公司高级项目经理、信托一部副总经理、信托一部总经理；现任西安投资控股有限公司股权管理部部门经理、金融发展管理部负责人，陕国投第七届监事会监事。

杜磊，男，汉族，1957 年 4 月生，中共党员，大学学历，经济专业，经济师，金融从业 30 年；历任陕西省计划委员会副处长，陕西省投资公司副处长、处长、副总经理，陕西省西北信托投资有限公司总经理，陕西省西北信托投资有限公司和陕西信托投资有限公司筹委会副主任、总经理，陕西省产业投资管理有限公司总经理，陕国投党委委员、董事、常务副总裁；现任陕国投党委委员、常务副总裁。

姚卫东，男，汉族，1971 年 7 月生，中共党员，硕士，高级经济师，中国高级注册职业经理人，金融从业 15 年；历任陕国投公司办公室副主任、党委工作部部长、人力资源部总经理、党委委员、董事会秘书、副总裁；现任陕国投党委副书记、董事会秘书、副总裁。

何熙平，女，满族，1964 年 2 月生，中共党员，工商管理硕士，高级经济师，金融从业 21 年。历任陕国投信托部经理、投资银行部（研究发展部）经理，陕西省高速公路建设集团公司投资发展处处长，陕国投党委委员、董事、副总裁；现任陕国投党委委员、副总裁。

赵东，男，汉族，1955 年 8 月生，中共党员，工商管理硕士，高级经济师，金融从业 21 年。历任陕西省政府办公厅副处长，陕西省鸿业房地产公司总经理，陕国投副总经理，陕西国投实业投资有限公司董事长兼总经理；现任陕国投党委委员、副总裁。

李玲，女，汉族，1966 年 4 月生，中共党员，工商管理硕士，高级审计师，金融从业 7 年。历任铜川市财政局科长，陕西高速集团审计处副处长，陕国投总会计师；现任陕国投党委委员、总经济师。

李永周，男，汉族，1972 年 12 月生，中共党员，大学学历，高级会计师。历任桑树坪煤矿财务科成本组长，韩城局教育中心财务科科长，韩城局财务处成本科科长，西安煤矿安全仪器厂财务科长，桑树坪煤矿财务科长，陕煤集团神木张家峁矿业公司任财务部长、综合办主任、人力资源部长、销售部长等职务，陕煤集团重组上市办公室财务主管，陕西煤业股份有限公司财务部资金处长，陕西煤业化工集团有限责任公司副总会计师；现任陕国投总会计师。

报告期，公司及董事、监事、高级管理人员未受到过监管部门及有权机关的处罚。

3.7.2 在股东单位任职情况

✓ 适用 □ 不适用

任职人员姓名	股东单位名称	在股东单位担任的职务	任期起始日期	任期终止日期	在股东单位是否领取报酬津贴
李　骋	陕西省高速公路建设集团公司	党委委员、董事、总会计师兼财务部部长	2009 年 6 月		是
段小昌	陕西省人民政府国有资产监督管理委员会	陕西省国有企业监事会主席	2006 年 3 月		是
赵广莉	西安投资控股有限公司	股权管理部部门经理、金融发展管理部负责人	2010 年 3 月		是

3.7.3 在其他单位任职情况

✓ 适用 □ 不适用

任职人员姓名	股东单位名称	在股东单位担任的职务	任期起始日期	任期终止日期	在股东单位是否领取报酬津贴
桂泉海	陕西煤业股份有限公司	总经济师	2011 年 3 月		是
桂泉海	西安开源国际投资有限公司	总经理	2011 年 11 月		否

续表

任职人员姓名	股东单位名称	在股东单位担任的职务	任期起始日期	任期终止日期	在股东单位是否领取报酬津贴
冯宗宪	西安交通大学	经济与金融学院教授、博士生导师	2000 年 10 月		是
王晓芳	西安交通大学	经济与金融学院金融系教授、博士生导师、金融发展研究所所长	2000 年 9 月		是
张晓明	西北大学	经济管理学院教授、博士生导师	1982 年 8 月		是
在其他单位任职情况的说明	桂泉海先生为公司第一大股东陕西煤业化工集团有限责任公司推荐的董事				

3.8 公司员工情况

3.8.1 总体情况

截至 2012 年 12 月 31 日，公司在职员工总数为 173 人，平均年龄 38.3 岁，需要公司承担费用的离退休、内退人员共 53 人。

专业构成	人数
管理人员	34
研发人员	3
财务人员	12
内审人员	5
信托业务人员	101
固有业务部门	11
后勤服务人员	7
合计	173
教育程度	人数
博士	9
硕士	64
本科及以下	100

3.8.1.1 在职员工专业构成

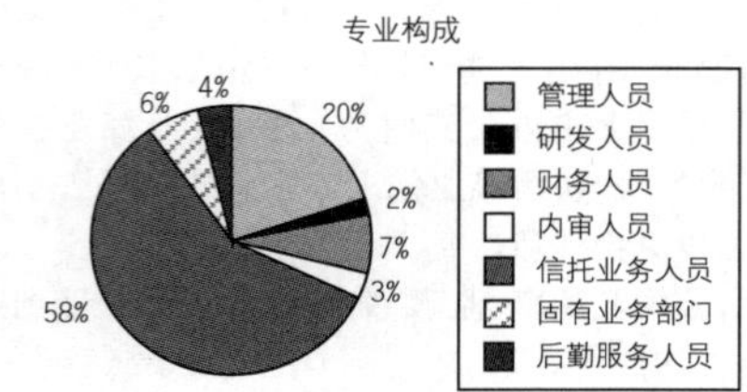

3.8.1.2 在职员工教育程度构成

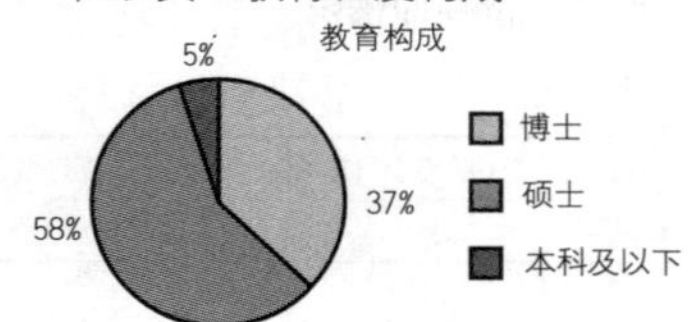

4. 经营管理

4.1 经营目标、经营方针

4.1.1 经营目标

以打造国内一流信托公司为目标，继续坚持稳健运营理念，积极调整业务结构，合理配置固有资产，推动固有业务和信托业务协同发展。进一步强化基础管理，优化管理机制，建立与公司业务规模相适应的管理体制和机制，全面提升公司发展质量，夯实可持续发展的基础。

4.1.2 经营方针

在公司“十二五”规划的指导下，坚持“根植陕西，辐射全国”经营方针，以服务实体经济为核心，与银行等金融机构和机构客户建立战略合作联盟，通过提升产品创新能力、集成服务能力和战略投资能力，以提升公司的资产管理能力，打造核心竞争力和可持续发展能力。

4.2 市场形势等的分析

4.2.1 有利因素

（1）2013 年，经济企稳回升的积极因素增多，“稳中求进”的主基调使积极财政政策和稳健货币政策在短期内不会有大的调整，稳增长、转方式、调结构的经济工作主线将给融资类业务带来更多的结构性机会。

（2）从长期来看，陕西仍处于上升通道，长期积累的正能量将持续发挥作用。发展新型化工和新能源产业，加快建设先进制造业基地和航空产业基地，积极培育战略新兴产业，持续推动文化产业将会带来更多的业务机会。

（3）公司资本实力较强，净资本充裕，可以有效支撑业务进一步发展。

（4）公司已经和正在大力推进内部改革，将有效强化管理基础，确保公司稳健发展。

4.2.2 不利因素

（1）经济增速逐步放缓，受国际经济下行周期的影响，经济运行的不确定性增强。

（2）证券、基金、保险等金融子行业资产管理业务的拓宽对信托公司产生了很强的替代性，资产管理市场的竞争进一步加剧。

（3）在经济增速下行的大环境中，部分行业的企业资金链普遍紧张，经营风险加大，对信托公司的风险管理提出了更高的要求。

4.3 内部控制

4.3.1 内部控制环境和内部控制文化

报告期，公司健全了经营班子。2013 年 1 月完成了董事会、监事会和经营班子换届，法人治理结构进一步完善、优化，股东大会、董事会、监事会，相关机构分工明确并相互制衡、各司其职、规范运作，分别行使决策权、执行权和监督权，在保持相互独立的基础上，做到了有机协调和相互制衡。董事会下设战略发展委员会、薪酬与考核委员会、风险管理与审计委员会、信托委员会等 4 个专门委员会，加强对公司长期发展战略、高管任职与考核、重大投资风险控制、信息披露等方面的管理和监督，有效促进了董事会管理决策的科学高效。

公司以规范的业务管理、风险管理、财务管理、合规管理、合同管理、内部审计、员工违规追究等内部控制制度体系为载体，建立起了全面风险管控体系。通过签订目标责任书、开展企业文化主题活动等多种方式，引导员工树立“诚信、创新、务实、高效”的企业文化和“内部控制优先、风险管理优先”审慎经营理念，在公司内部营造了较浓厚的内控文化氛围，员工的风险防范意识不断增强。

4.3.2 内部控制措施

报告期内，公司根据《公司法》、《证券法》、《信托法》、《企业内部控制基本规范》及其配套指引、《深圳证券交易所上市公司内部控制指引》等法律法规及中国证监会陕西监管局《关于做好陕西辖区主板上市公司内部控制实施工作的通知》要求，公司于2012年3月31日公告了《陕西省国际信托股份有限公司内部控制规范实施工作方案》并组织实施，公司的内控管理效能得到有效提升。

(1)健全组织，强化职能。公司董事会设立有风险管理与审计委员会，在其指导下，公司合规与风险管理部、法律事务部、监察审计部积极开展对公司内部控制的日常管理和监督检查工作，通过定期或不定期检查和监督内部控制制度的运行情况，确保公司内部控制制度的有效实施，确保公司的规范运作和健康发展。

报告期内，根据上市公司内控规范建设要求，公司聘请中介咨询机构协助公司进行内控规范建设，梳理、补充、完善、规范了内控管理制度，结合深化改革，调整了部门设置，规范部门职能，明确界定了各部门、各岗位的目标、职责和权限，建立了相应的授权、检查和逐级问责制度，确保其在授权范围内履行职能，严格执行董事会及管理层下达的指令。

(2)调整优化，健全制度。在中介咨询机构的指导下，全面梳理了公司内控制度。修订了《陕西省国际信托股份有限公司公司章程》、《陕西省国际信托股份有限公司信托项目评审决策管理办法》、《陕西省国际信托股份有限公司固有业务评审决策管理办法》、《陕西省国际信托股份有限公司反洗钱内控制度》，制定了《陕西省国际信托股份有限公司股东大会网络投票管理制度》、《陕西省国际信托股份有限公司客户投诉处理管理办法(试行)》等，制定了《内部控制手册》。

(3)合规运作，强化执行。坚持独立、制衡、效率原则，实现了固有业务和信托业务机构设置和流程的完全分离，业务的前、中、后台分离，加强事前总体风险控制、事中过程控制和事后风险评估与处置。主要政策和程序:①根据业务特点，设置相应的权限管理体系;②按照内控规范要求，分设相关部门和岗位;③对各项业务制定系统的业务流程和操作指引，实行统一的业务标准和操作要求。

按照上市公司内控规范建设要求，从组织机构设施、业务流程、事权管理、授权管理、责任追究等方面进一步优化了公司内控管理体系，有效地保证了公司经营管理水平的不断提升和战略规划的实施。董事会风险管理与审计委员会、监事会、经营层、职能部门分别按照各自职责开展内控工作，形成了有效且相互制衡的决策、执行和监督机制，取得了良好的效果。公司内设的监察审计部加强了效能监察，强化了对公司决策执行情况的检查、督导，执行效率得到有效提升。详细情况见公司《2012年内部控制自我评价报告》。

4.3.3 信息交流与反馈

公司不断完善信息交流与反馈机制。结合内控制度建设，进一步明确了股东大会、董事会、监事会、高级管理层、各部门及员工的职责和报告路径，做到了内部信息传输顺畅、有效;根据监管要求，采取书面、媒体等多种形式，向监管部门、受益人报告公司重大事项和项目管理情况，并充分运用公司网站，及时发布和更新相关信息，树立公司良好、诚信的管理人形象。报告期内，公司信息传递路径通畅，各项信息上通下达，交流反馈快捷，确保了公司安全运行，持续发展。

4.3.4 监督评价与纠正

公司建立了以合规与风险管理部、监察审计部为核心的内部控制监督评价与纠正机制。合规与风险管理部按照各项业务不同阶段的管理特征规范相应的内部审批、操作和风险管理程序，通过制度化、流程化来监控和管理各项业务，并按照风险管理原则对拟开展业务进行严格的事前审查，对已开展业务进行事中持续跟踪管理和监控;公司监察审计部对内部控制制度的健全性、有效性进行动态检查评价，对各项业务开展进行合规性检查及风险识别，对相关人员的行为规范进行监督和检查，对被审计项目或信托经理做出客观评价，提出意见或建议，并对审计结论和处理意见的执行及整改情况进行后期追踪检查，督促整改落实。

4.4 风险管理

4.4.1 风险管理概况

公司在经营活动中可能遇到的风险主要包括信用风险、市场风险、操作风险、法律风险、声誉风险、员工道德风险等。报告期内，公司根据宏观经济增速下滑的发展大环境，进一步强调了稳健经营的重要性，严格了项目评审决策程序，对于煤炭、钢铁、某些新兴产业等领域的项目，采取了更为审慎的评审决策方法。制定了《信托项目风险应急预案》，对《证券投资信托业务风险管理制度》、《自有资金证券投资业务管理办法》等制度进行了修订。根据净资本监管政策、信托行业变化情况及公司完成增资扩股和业务发展的新形势，适时调整、优化公司的净资本管理措施。同时，加强了对存续项目的风险排查，强化了事中管理措施。

4.4.2 风险状况

4.4.2.1 信用风险状况

信用风险主要是指交易对手违约造成损失的风险，主要表现为公司在开展自有资金运作和信托投融资理财等业务时，可能会因交易对手违约而给我公司或信托财产带来风险。报告期内，面对经济下行压力，公司提高了对交易对手的信用等级要求，对发生的各类业务均履行了严格的内部评审程序，担保措施充足，整体信用风险可控。

4.4.2.2 市场风险状况

市场风险是指公司在运营过程中可能因股价、市场汇率、利率及其他商品价格因素等变动而产生的风险。具体表现为经济运作周期变化、金融市场利率波动、通货膨胀、房地产交易、证券市场变化等造成的风险，这些风险可能影响信托财产的价值及信托收益水平，也可能影响公司固有资产价值或导致损失。2012年公司密切关注经济增速放缓带来的不利影响，加强了对煤炭、钢铁、房地产、太阳能光电等领域的风险防范，对此等领域的项目采取了更为审慎的态度。加强了存续项目的事中管理，定期不定期派专人到现场检查财务执行情况、项目工程进度和销售情况等，持续监控信托资金使用和项目销售，对公司的所有项目进行了全面风险排查。报告期内公司未发生因该类风险所造成的损失。

4.4.2.3 操作风险

公司面临的操作风险主要是制度和操作流程以及现有制度和流程不能得到有效执行而可能引起的经营风险。2012 年公司深入贯彻全面风险管控理念，加强了员工风险防范意识和风险防范责任教育，强化了风险识别技巧培训，员工的操作风险防范意和技巧得到提升。

4.4.2.4 其他风险

其他风险主要包括法律风险、声誉风险、员工道德风险等。随着信托行业竞争的进一步加剧，声誉风险已成为需要防范的重点风险之一，报告期内，公司从理财产品销售、兑付等环节入手，进一步强化了声誉风险管理。报告期内公司未发生此类风险。

4.4.3 风险管理

4.4.3.1 信用风险管理

报告期，公司从提升尽职调查水平入手，从项目论证、评审、贷后管理等方面防范和规避信用风险，具体措施包括：(1)坚持风险防控端口前移的作法，对交易复杂的项目，风控部门配合业务部门深入现场落实相关问题，实地评估项目。(2)强化业务评审规范建设，拟订了《融资类集合资金信托业务指导意见》，从项目准入规范上提升效率。(3)加强了事后信用风险管理，对交易对手的财务数据、经营状况和信用状况进行持续跟踪评价。(4)加强了对存续项目事中管理，定期到现场进行财务、项目工程进度和销售情况的检查，督导资金使用。(5)严格按财政部《金融企业呆账准备提取管理办法》等相关要求，足额计提相关资产减值准备，提升公司的风险抵御能力。

4.4.3.2 市场风险管理

紧跟宏观经济形势的变化，密切关注和防范市场风险，具体措施包括：(1)根据宏观经济形势的变化，加强了对煤炭、钢铁等经济下行趋势下影响较大行业的研究，对公司业务发展提出了分行业指导意见。(2)以控制规模、提高质量为原则，选择负债率不高、信托期内没有大量到期负债的实力较强的企业为交易对手，谨慎开展房地产信托业务，同时，高度重视即将到期的房地产信托产品的安全兑付问题。(3)严格按照监管部门提出的"降旧控新"目标开展平台贷款的整改工作，继续做好存续项目的对照整改和后期管理工作。(4)继续严格执行以以风险预警和止损为核心的风险管控制度，严控证券投资信托业务风险。(5)为规避股权投资项目的市场风险，在项目审查中充分考虑风险处置预案和退出安排，明确投资管理责任。

4.4.3.3 操作风险管理

在操作风险的防范上，公司要求每项业务在尽职调查、受理申请、交易结构设计、审查审批、营销签约、执行终止各阶段全过程合法合规。建立了职责分离、相互监督制约的内控机制，建立和完善有效的投资决策机制，实行严格的复核审核程序，制定严格的信息系统管理制度和档案管理制度，根据监管法规的要求制定了符合公司实际的规章制度，从机制和制度上降低操作风险，实现对公司各项业务操作过程的有效控制。结合内控规范建设，进一步加强了强化了监事会、监察审计等的合力监督职能。

4.4.3.4 其他风险管理

及时跟踪和研究国家宏观政策和行业政策的调整与变化，坚持依法合规、稳健经营。通过完善内控机制，严格岗位管理职责与纪律，加强道德文化教育，提高全员廉洁自律和勤勉尽责的意识，防范道德风险。加强对理财产品销售、兑付的管理，及时披露信息，主动防范声誉风险。

4.5 高级管理人员履职情况

报告期内，公司经营班子严格按照《公司法》、《信托法》、公司章程以及国家有关法律法规和监管政策履行职责，积极落实公司股东大会、董事会决议，在董事会指导、监事会监督下，主动适应信托行业发展形势，坚持"积极稳健"经营方针，积极应对经济下行压力，主动调整信托业务重点和业务结构，积极使用募集资金，使公司取得了历史最好经营业绩。

5. 主要会计数据和财务指标

公司是否因会计政策变更及会计差错更正等追溯调整或重述以前年度会计数据

□是 ✓否

	2012 年	2011 年	本年比上年增减(%)	2010 年
营业收入(元)	576 308 789.42	304 422 023.04	89.31%	220 169 096.67
归属于上市公司股东的净利润(元)	260 629 986.53	154 354 276.23	68.85%	81 517 003.66
归属于上市公司股东的扣除非经常性损益的净利润(元)	257 971 524.01	102 864 096.25	150.79%	43 355 197.99
经营活动产生的现金流量净额(元)	−580 955 335.10	−18 688 457.09	−3 008.63%	159 796 891.84
基本每股收益(元/股)	0.516	0.4307	19.8%	0.2274
稀释每股收益(元/股)	0.516	0.4307	19.8%	0.2274
净资产收益率(%)	10.83%	19.39%	减少 8.56 个百分点	12.18%
	2012 年末	2011 年末	本年末比上年末增减(%)	2010 年末
总资产(元)	3 560 886 609.43	1 212 088 634.92	193.78%	1 204 033 432.99
归属于上市公司股东的净资产(归属于上市公司股东的所有者权益)(元)	3 262 825 853.10	849 560 011.71	284.06%	742 851 757.06

6. 会计报表附注

6.1 信用资产五级分类表

信用风险资产五级分类	正常类（万元）	关注类（万元）	次级类（万元）	可疑类（万元）	损失类（万元）	信用风险资产合计（万元）	不良资产合计（万元）	不良资产率（%）
期初数	50 403.61	618.27	1.71	5.84	1 696.38	52 725.81	1 703.93	3.23
期末数	183 140.60	1 045.74	43.94	1.32	1 699.99	185 931.59	1 745.25	0.94

6.2 信托公司风险控制指标监管报表

项　目（信托公司）	期末余额	监管标准
净资本（万元）	236 392.31	≥2 亿元
固有业务风险资本（万元）	31 874.64	
信托业务风险资本（万元）	59 053.77	
其他业务风险资本（万元）	0.00	
各项业务风险资本之和（万元）	90 928.41	
净资本/各项业务风险资本之和（%）	259.98	≥100
净资本/净资产（%）	72.45	≥40

6.3 信托财务报告

6.3.1 信托项目资产负债汇总表

信托项目资产负债表

编报单位：陕西省国际信托股份有限责任公司　　2012 年 12 月 31 日　　单位：元

信托资产	期末余额	年初余额	信托负债和信托权益	期末余额	年初余额
信托资产：			信托负债：		
货币资金	4 107 647 070.35	2 306 608 756.81	交易性金融负债	—	—
拆出资金	—	—	衍生金融负债	—	—
交易性金融资产	20 945 127 578.78	8 305 608 672.49	卖出回购金融资产款	—	—
衍生金融资产	—	—	应付利息	—	—
买入返售金融资产	738 690 576.38	1 916 661 905.00	应付受托人报酬	—	—
应收票据	—	—	应付受益人收益	—	—
应收账款	—	—	应付保管费	963 204.12	390 740.40
应收利息	22 860 000.00	—	其他应付款	89 025 435.46	3 990 153.20
应收股利	—	—	应交税费	—	—
其他应收款	74 886 575.00	17 793 618.33	其他负债	—	—
贷款	24 112 173 000.00	13 927 730 000.00			
可供出售金融资产	4 118 962 284.73	9 098 638 428.88			
持有至到期投资	37 768 090 000.00	7 600 504 926.67			
长期股权投资	7 047 970 000.00	4 577 880 000.00	信托负债合计	89 988 639.58	4 380 893.60
长期应收款	—	—	信托权益：		
投资性房地产	—	—	实收信托	100 504 856 494.12	50 960 672 935.14
固定资产	—	—	资本公积	745 755 700.38	418 243 338.62
无形资产	—	—	未分配利润	−224 611 237.57	−899 000 847.91
长期待摊费用	—	237 500.00			
其他资产	2 179 582 511.27	2 732 632 511.27	信托权益合计	101 026 000 956.93	50 479 915 425.85
信托资产总计	101 115 989 596.51	50 484 296 319.45	信托负债和权益总计	101 115 989 596.51	50 484 296 319.45

公司负责人：薛季民　　主管会计工作的公司负责人：李永周　　会计机构负责人：李掌安

6.3.2 信托项目利润及利润分配汇总表

信托项目利润及利润分配表

编报单位：陕西省国际信托股份有限公司　　2012 年度　　单位：元

项　　目	本年数	上年数
一、营业收入	4 933 328 605.82	522 385 362.56
利息收入	2 147 474 734.99	813 833 178.48
投资收益（损失以“－”另填列）	2 069 556 572.38	−255 418 042.24
公允价值变动收益（损失以“－”另填列）	499 714 295.90	−421 654 795.47
汇兑收益（损失以“－”另填列）	—	—
其他业务收入	216 583 002.55	385 625 021.79
二、营业支出	946 191 621.61	365 007 450.35
利息支出	—	—
手续费及佣金支出	15 731 273.88	17 095 123.62

续表

项　　目	本年数	上年数
营业税金及附加	—	—
业务及管理费	930 460 347.73	340 785 247.73
资产减值损失	—	—
其他业务成本	—	7 127 079.00
三、信托营业利润（损失以“－”另填列）	3 987 136 984.21	157 377 912.21
加：营业外收入	—	—
减：营业外支出	—	—
四、信托利润（损失以“－”另填列）	3 987 136 984.21	157 377 912.21
加：期初未分配信托利润	−899 000 847.91	63 149 795.01
五、可供分配的信托利润	3 088 136 136.30	220 527 707.22
减：本期已分配信托利润	3 312 747 373.87	1 119 528 555.13
六、期末未分配信托利润	−224 611 237.57	−899 000 847.91

公司负责人：薛季民　主管会计工作的公司负责人：李永周　会计机构负责人：李掌安

6.3.3 信托报酬确认原则和方法

本公司信托报酬按照信托文件的规定，以权责发生制原则为基础进行确认和计量。

6.3.4 信托资产运用与分布表

资产运用	金额（万元）	占比（%）	资产分布	金额（万元）	占比（%）
货币资金	410 764.71	4.06	基础产业	1 890 908.19	18.70
交易性金融资产	2 094 512.75	20.71	房地产业	373 236.00	3.69
买入返售金融资产	73 869.06	0.73	证券市场	2 418 631.13	23.92
贷　款	2 411 217.30	23.85	实　业	1 674 529.00	16.56
可供出售金融资产	411 896.23	4.07	金融机构	3 458 491.69	34.20
持有至到期投资	3 776 809.00	37.35	其　他	295 802.95	2.93
长期股权投资	704 797.00	6.97			
其他资产	217 958.25	2.16			
应收款项	9 774.66	0.10			
合　计	10 111 598.96	100	合　计	10 111 598.96	100

6.3.5 信托资产的期初数、期末数

类　别	年初数（万元）	期末数（万元）
集　合	1 304 238.82	1 708 617.73
单　一	3 709 161.72	8 310 543.15
财产权	35 029.09	92 438.08
合　计	5 048 429.63	10 111 598.96

6.3.5.1 主动管理型信托业务的信托资产

类　别	年初数（万元）	期末数（万元）
证券投资类	1 641 590.15	5 647 974.44
股权投资类	34 163.41	337 693.65
融　资　类	2 868 712.45	3 578 541.39
事务管理类	149 841.25	64 920.84
合　计	4 694 307.26	9 629 130.32

6.3.5.2 被动管理型信托业务的信托资产

类　别	年初数（万元）	期末数（万元）
证券投资类	31 664.48	—
股权投资类	308 869.34	308 869.25
融　资　类	—	160 010.84
事务管理类	13 588.55	13 588.55
合　计	354 122.37	482 468.64

6.4 本期已清算结束的信托项目的有关情况

6.4.1 本期已清算结束的集合类、单一类资金信托项目和财产管理类信托项目

类　别	项目个数	实收信托合计金额（万元）	加权平均实际收益率（%）
集　合　类	37	348 740.06	0.50
单　一　类	62	1 656 731.24	7.04
资产管理类	—	—	—
合　计	99	2 005 471.30	6.03

6.4.2 本期已清算结束的主动管理型信托项目

类　别	项目个数	实收信托合计（万元）	加权平均实际年化信托报酬率（%）	加权平均实际收益率（%）
证券投资类	13	197 310.04	0.55	-6.86
股权投资类	1	21 000.00	1.84	4.37
融　资　类	80	1 670 267.01	0.67	7.75
事务管理类	2	84 950.00	0.13	5.38

6.4.3 本期已清算结束的被动管理型信托项目

类　别	项目个数	实收信托合计（万元）	加权平均实际年化信托报酬率（%）	加权平均实际收益率（%）
证券投资类	3	31 944.25	0.13	3.19
股权投资类	—	—	—	—
融　资　类	—	—	—	—
事务管理类	—	—	—	—

6.5 本期新增的集合类、单一类和财产管理类信托项目的有关情况

类　别	项目个数	实收信托合计金额（万元）
集合类	48	702 664.00
单一类	101	6 204 760.30
财产管理类	—	—
合　计	149	6 907 424.30
其中：主动管理型	147	6 747 424.30
被动管理型	2	160 000.00

6.6 本公司履行受托人义务情况及因自身责任而导致的信托资产损失情况

本公司根据《信托法》及《信托公司管理办法》等相关法律法规和信托文件的规定，在管理和处分信托财产时，履行了恪尽职守、诚实、信用、谨慎、有效管理的义务。没有发生过任何损害受益人利益的情况，也无因自身责任而导致信托资产损失的情况。

6.7 信托与关联方交易情况

单位：万元

项目	年初数	本期增加额	本期减少额	期末数
贷款	100 000.00	200 000.00	200 00.00	100 000.00
投资	—	—	—	—
租赁	—	—	—	—
担保	—	—	—	—
应收账款	—	—	—	—
其他	—	—	—	—
合计	100 000.00	200 000.00	200 000.00	100 000.00

6.8 固有资产投资信托计划

单位：万元

期初数	本期发生额	期末数
28 662.00	-3 173.00	25 489.00

6.9 信托项目投资信托项目(TOT)

单位：万元

期初数	本期发生额	期末数
195 160.47	-34 313.25	160 847.22

6.10 会计制度的披露

信托业务执行财政部于2006年2月15日颁布的《企业会计准则——基本准则》、《企业会计准则第1号——存货》等38项具体准则和《企业会计准则——应用指南》及各项企业会计准则解释。

7. 财务情况说明书

7.1 主要财务指标

指标名称	指标值
加权年化信托报酬率(%)	0.55

7.2 涉及财务报告的相关事项

7.2.1 与上年度财务报告相比，会计政策、会计估计和核算方法发生变化的情况说明

与上年度财务报告相比，会计政策、会计估计和核算方法未发生变化。

7.2.2 报告期内发生重大会计差错更正需追溯重述的情况说明

无。

7.2.3 与上年度财务报告相比，合并报表范围发生变化的情况说明

截至2011年12月31日，公司已按监管政策要求全面完成了陕西省鸿业房地产开发公司和陕西鸿信物业管理公司的股权投资转让工作。2011年公司根据《企业会计准则》规定合并了陕西省鸿业房地产开发公司2011年1—3月的利润表、现金流量表以及陕西鸿信物业管理公司2011年1—6月的利润表、现金流量表。上年度同口径数据即上年度母公司报表。

7.2.4 董事会、监事会对会计师事务所本报告期“非标准审计报告”的说明

不适用。

8. 特别事项揭示

8.1 公司董事、监事、高级管理人员离职和解聘情况

□适用 ✓不适用

8.2 报告期核心技术团队或关键技术人员变动情况(非董事、监事、高级管理人员)

报告期，公司没有核心业务团队或关键业务人员变动的情况。

8.3 2012年度信息披露情况

2012年度，公司共披露公告79份，具体情况如下：

序号	公告名称	披露日期	披露报刊	披露媒体
1	关于分红情况的说明	2012年1月11日	《中国证券报》、《证券时报》	巨潮资讯网 www.cninfo.com.cn
2	关于非公开发行股票申请获得中国证监会发审委有条件审核通过的公告	2012年1月12日		
3	2011年度业绩预告	2012年1月17日		
4	第六届董事会第二十五次会议决议公告	2012年3月15日		
5	关于非公开发行股票申请获得中国证券监督管理委员会核准的公告	2012年3月16日		
6	关于陕西煤业化工集团有限责任公司获得中国证监会豁免要约收购义务批复的公告	2012年3月20日		
7	陕西省国际信托股份有限公司收购报告书 中银国际证券有限责任公司关于陕西煤业化工集团有限责任公司收购陕西省国际信托股份有限公司之财务顾问核查意见 中银国际证券有限责任公司关于陕西煤业化工集团有限责任公司收购陕西省国际信托股份有限公司之财务顾问补充核查意见 北京市融商律师事务所关于陕西煤业化工集团有限责任公司申请豁免要约收购义务的法律意见书 北京市融商律师事务所关于陕西煤业化工集团有限责任公司申请豁免要约收购义务的补充法律意见书	2012年3月21日		
8	第六届董事会第二十六次会议决议公告 内部控制规范实施工作方案	2012年3月31日		
9	关于职工监事变动的公告	2012年4月6日		
10	非公开发行股票发行情况报告暨上市公告书 非公开发行股票发行情况报告暨上市公告书摘要 中信证券股份有限公司关于陕西省国际信托股份有限公司非公开发行股票之上市保荐书 中信证券股份有限公司关于陕西省国际信托股份有限公司非公开发行股票发行过程和认购对象合规性的报告 非公开发行股票相关承诺公告 北京市嘉源律师事务所关于陕西省国际信托股份有限公司非公开发行股票发行过程及认购对象合规性的见证意见	2012年4月24日		

续表

序号	公告名称	披露日期	披露报刊	披露媒体
11	关于签署募集资金三方监管协议的公告	2012 年 4 月 25 日		
12	第六届董事会第二十七次会议决议公告 第六届监事会第十七次会议决议公告 关于召开 2011 年度股东大会的通知 2011 年度股东大会的议案 2011 年度审计报告 独立董事关于相关事项的独立意见 2011 年度独立董事工作报告 中信证券股份有限公司关于陕西省国际信托股份有限公司《2011 年度内部控制自我评价报告》的核查意见 关于 2012 年度证券投资计划的公告 2011 年度报告正文 2011 年度报告摘要 2012 年第一季度报告全文 2012 年第一季度报告正文 关于陕西省国际信托股份有限公司控股股东及其他关联方资金占用情况的专项说明 董事会关于公司证券投资情况的专项说明 2011 年社会责任报告 2011 年度内部控制自我评价报告 股东大会网络投票管理制度	2012 年 4 月 27 日		
13	关于与中贸世纪企业集团有限公司签署协议的公告 2012 年度投资者关系管理工作计划	2012 年 5 月 4 日		
14	关于召开 2011 年度股东大会的催告通知	2012 年 5 月 15 日		
15	2011 年度股东大会决议公告 2011 年度股东大会的法律意见书	2012 年 5 月 19 日		
16	关于选聘总裁进展情况的公告	2012 年 5 月 26 日		
17	第六届董事会第二十八次会议决议公告	2012 年 6 月 7 日		
18	第六届董事会第二十九次会议决议公告 关于召开 2012 年第 1 次临时股东大会的通知	2012 年 6 月 9 日		
19	2011 年度权益分派实施公告	2012 年 6 月 19 日		
20	2012 年第 1 次临时股东大会决议公告 2012 年第 1 次临时股东大会的法律意见书	2012 年 6 月 26 日		
21	内部控制规范阶段性工作进展情况报告	2012 年 7 月 10 日		
22	2012 年半年度业绩快报	2012 年 7 月 12 日		
23	关于征求投资者对公司现金分红政策修订工作意见的公告	2012 年 7 月 21 日		
24	第六届董事会第三十次会议决议公告 关于修改公司章程的议案 关于修改公司章程中利润分配政策的独立董事意见 关于聘任公司总裁的独立董事意见 关于召开 2012 年第 2 次临时股东大会的通知 第六届监事会第十八次会议决议公告	2012 年 7 月 28 日		
25	关于召开 2012 年第 2 次临时股东大会的提示性公告	2012 年 8 月 8 日		
26	2012 年第 2 次临时股东大会决议公告 公司章程 2012 年第 2 次临时股东大会的法律意见书	2012 年 8 月 14 日		
27	2012 年半年度报告全文 2012 年半年度报告摘要 2012 年半年度财务报告 第六届监事会第十九次会议决议公告 独立董事对公司关联方资金占用和对外担保情况的专项说明和独立意见	2012 年 8 月 28 日		
28	澄清公告	2012 年 9 月 14 日		
29	2012 年前三季度业绩预告	2012 年 10 月 10 日		
30	2012 年第三季度报告全文 2012 年第三季度报告摘要	2012 年 10 月 29 日		
31	关于公司股东、关联方及公司尚未履行完毕的承诺履行情况公告	2012 年 10 月 30 日		
32	第六届董事会第三十五次会议决议公告	2012 年 11 月 13 日		
33	第六届董事会第三十六次会议决议公告 独立董事对公司变更年报审计机构的独立意见	2012 年 12 月 8 日		
34	第六届董事会第三十七次会议决议公告 关于召开 2013 年第 1 次临时股东大会的通知	2012 年 12 月 22 日		

9. 公司监事会意见

9.1 监事会就有关事项发表的独立意见

(1)依法经营情况。报告期内,公司的业务经营活动符合《公司法》、《信托法》和公司章程等的规定,决策程序合法有效;能继续坚持依法经营,在经营管理方面能够依法合规运作;报告期内未发现公司董事及高级管理层在执行职务、行使职权时有违反法律、法规、公司章程及损害公司和股东利益的行为。

(2)财务报告的真实性情况。希格玛会计师事务所有限公司对公司按照《企业会计准则》编制的2012年度财务报告进行了审计,并出具了标准无保留意见的审计报告。财务报告真实、客观地反映了公司的财务状况、经营成果和现金流量。

(3)募集资金使用情况。2012年非公开发行股票募集资金21.23亿元,扣除发行费用后实际募集资金21.05亿元,全部用于充实公司资本金。募集资金及其滋生利息共21.4亿元全部用于公司自有资金投融资项目。本次募集资金无对外转让或置换的情况,实际投资总额与承诺不存在差异。

(4)公司收购、出售资产情况。报告期内,公司无收购、出售资产行为。

(5)关联交易情况。关于报告期内发生的关联交易行为,监事会没有发现违背公允性原则和损害公司及所有股东利益的行为。

(6)对外担保及股权、资产置换情况。报告期内,公司未发生对外担保、债务重组、非货币性交易事项及资产置换,也未发生其他损害公司股东利益或造成公司资产流失的情况。

(7)内部控制情况。监事会已审议了《陕西省国际信托股份有限公司2012年内部控制评价报告》,对该报告内容无异议。报告期内,公司注重并强化内部控制,建立和实施了较为完整、合理的内部控制制度。

(8)公司内幕信息知情人管理制度的情况。报告期内,监事会对公司有关内幕信息知情人管理制度建设及执行情况进行了监督检查。监事会认为,公司重视有关内幕信息知情人管理制度建设,重视内幕信息管理,严格按照有关制度控制内幕信息知情人员范围,及时登记知悉公司内幕信息的人员名单及其个人信息,组织自查内部信息知情人买卖公司股票的情况,未发生内幕交易。

(9)股东大会决议执行情况。监事会对公司2012年内董事会提交股东大会审议的各项报告和议案没有异议。对股东大会决议的执行情况进行了监督,认为董事会认真执行了股东大会的有关决议。

(10)监事会审议了公司《2012年度报告正文及摘要》,认为年报的编制和审议程序符合法律、法规、公司章程及公司内控制度的有关规定,年报内容真实、准确、完整。

上海爱建信托有限责任公司

1. 重要提示

1.1　本公司董事会及董事保证本报告所载资料不存在任何虚假记载、误导性陈述或重大遗漏，并对其内容的真实性、准确性和完整性承担个别及连带责任。本年度报告摘要摘自年度报告全文，客户及相关利益人欲了解详细内容，应阅读年度报告全文。

1.2　独立董事何海涛、许敬东认为：公司年报所记载的资料没有存在任何的虚假记载，也没有任何误导性陈述和重大遗漏，本报告的内容真实、准确、完整。

1.3　公司董事长周伟忠、总经理周磊、分管自营财务负责人侯勤、信托财务负责人李洋洋及自营财务部门负责人黄晓、信托财务部门负责人陈幸华声明：保证年度报告中财务报告的真实、完整。

2. 公司概况

2.1　公司简介

公司法定中文名称：上海爱建信托有限责任公司　缩写“爱建信托”

公司法定英文名称：Shanghai Aj Trust Co.，Ltd.　缩写“AJT”

法定代表人：周伟忠

注册地址：中国上海市外高桥保税区泰谷路 168 号综合楼 5 楼

邮政编码：200131

办公地址：上海市零陵路 599 号

邮政编码：200030

国际互联网网址：http://www.ajxt.com.cn

电子信箱：ajmail－1@ajfc.com.cn

信息披露事务负责人：侯勤

联系电话：021－64397377　传真：021－64395082　电子信箱：hq@ajfc.com.cn

信息披露报纸名称：《上海证券报》

年度报告备置地点：上海市零陵路 599 号一楼营业大厅

聘请的会计师事务所：立信会计师事务所（特殊普通合伙）

住所：上海市南京东路 61 号 4 楼

2.2　组织结构

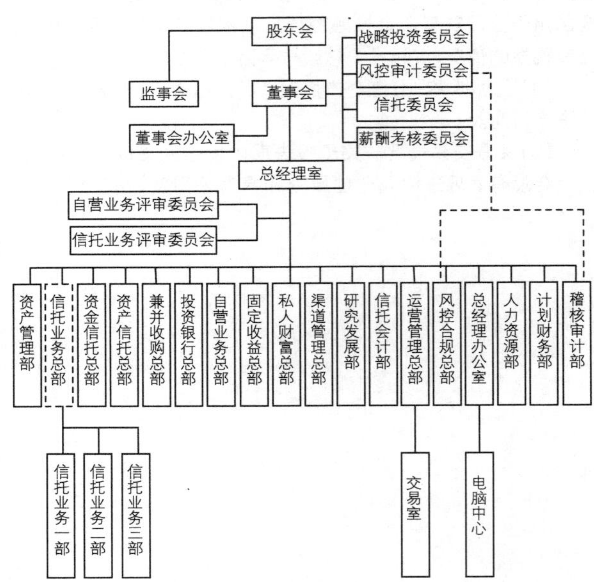

3. 公司治理结构

3.1　股东

股东名称	出资比例（%）	法定代表人	注册资本	注册地址	主要经营业务及主要财务情况
★上海爱建股份有限公司	99.33	范永进	1 105 492 188 元	上海浦东新区泰谷路 168 号	实业投资，投资管理，外经贸部批准的进出口业务（按批文），商务咨询（涉及行政许可的凭许可证经营） 2012 年营业收入 65 340.15 万元，净利润 32 120.98 万元。
上海爱建纺织品公司	0.33	姚福利	1 400 万元	上海香港路 59 号	纺织品、服装、日用百货、日用化学品、自行车、附设分支。 2012 年营业收入 389.37 万元，净利润 1.22 万元。
上海爱建进出口有限公司	0.33	王勇	3 000 万元	上海浦东新区乳山路 227 号 3 楼 D－46 室	经营和代理除国家组织统一经营的进出口商品外的商品及技术的进出口业务、经营进料加工和“三来一补”业务、经营对销贸易和转口贸易业务、从事对外贸易咨询服务、从事出口基地实业投资业务、预包装食品（不含熟食卤味、冷冻冷藏凭许可证经营）的销售。 2012 年营业收入 8 811.23 万元，净利润 27.87 万元。

注：★说明股东之间存在关联关系，上海爱建股份有限公司为上海爱建纺织品公司和上海爱建进出口有限公司的唯一股东。

3.2 董事

董事长、副董事长、董事

姓名	职务	性别	年龄	选任日期	所推举的股东名称	该股东持股比例(%)	简要履历
周伟忠	董事长	男	49	2011年12月30日	爱建股份	99.33	曾任人民银行舟山中心支行行长助理、副行长、行长,人民银行上海分行金融稳定部处长、副主任,爱建信托副总经理、总经理。
马　金	副董事长	男	42	2010年8月26日	爱建股份	99.33	曾任上海国际集团投资管理有限公司总经理、上海国际集团投资管理总部负责人;现任上海爱建股份有限公司党委委员、经营班子成员。
汪宗熙	董事	男	79	2008年6月20日	爱建股份	99.33	曾任上海市审计局副局长、上海市政府财贸办副主任、上海市审计局局长、上海爱建信托公司副总经理;现任爱建股份有限公司董事、上海工商界爱国建设特种基金会副理事长。

独立董事

姓名	所在单位及职务	性别	年龄	选任日期	所推举的股东名称	该股东持股比例(%)	简要履历
何海涛	上海银行风险管理部、资产保全部总经理	男	43	2008年6月20日	爱建股份	99.33	曾任上海浦东发展银行授信审批部、中小企业风险管理部总经理,2007年至今任上海银行风险管理部、资产保全部总经理。
许敬东	上海汇衡律师事务所合伙人、律师	男	40	2008年6月20日	爱建股份	99.33	上海汇衡律师事务所合伙人、律师。

3.3 监事

监事会成员

姓名	职务	性别	年龄	选任日期	所推举的股东名称	该股东持股比例(%)	简要履历
陈柳青	监事会主席	男	54	2010年8月26日	爱建股份	99.33	曾任上海爱建股份有限公司研发部副经理,上海爱建信托投资有限责任公司总助、副总经理兼董秘。
吴树楠	监事	男	59	2008年6月20日	爱建股份	99.33	曾任上海爱建股份有限公司计划财务部副经理,上海爱建股份有限公司监事;现任上海爱建股份有限公司审计部经理。
蔡传升	监事	男	60	2008年6月20日	职工代表	—	曾任上海爱建信托投资有限责任公司办公室副主任、主任、总经理行政助理、工会主席;现已退休。

3.4 高级管理人员

姓　名	职　务	性别	年龄	选任日期	金融从业年限	学历/学位	专业
周　磊	总经理	男	34	2011年12月30日	12	硕士	EMBA
姚福利	副总经理	男	38	2008年6月20日	8.5	研究生	工商管理
沈富荣	副总经理	男	47	2010年8月26日	13	研究生	工商管理
侯　勤	副总经理兼董事会秘书	女	55	2010年8月26日(董事会秘书)2012年4月26日(副总经理)	12	硕士	MSBA

续表

姓　名	职　务	性别	年龄	选任日期	金融从业年限	学历/学位	专业
李洋洋	总经理助理	男	44	2012年4月26日	12	博士	经济及金融
张保华	营销总监	男	42	2012年4月26日	16	硕士	EMBA

3.5 公司员工

报告期内在编、在岗职工人数105人,平均年龄34.79岁,学历分布比率为:博士3.81%,硕士40.95%,本科47.62%,专科2.86%,其他4.76%。

4. 经营管理

4.1 经营目标、经营方针、战略规划

公司以“爱国建设”为宗旨,坚持“诚信务实、安全高效、便

利周到、稳建发展”的质量方针，发扬“稳健、诚信、创新、发展”的企业精神，培育公司的核心竞争力，为股东创造价值，同时承担相应的社会责任。

4.2 所经营业务的主要内容

自营资产运用与分布表

资产运用	金额（万元）	占比（%）	资产分布	金额（万元）	占比（%）
货币资产	47 538.19	16.36	基础产业	0.00	0.00
交易性金融资产	21 089.70	7.26	房地产业	109 932.47	37.83
贷款及应收款	155 140.56	53.39	证券市场	40 358.53	13.89
可供出售金融资产	17 268.83	5.94	实业	40 922.97	14.08
持有至到期投资	27 000.00	9.29	金融机构	97 538.19	33.56
长期股权投资	4 837.53	1.66	其他	1 856.12	0.64
其他	17 733.47	6.10			
资产总计	290 608.28	100.00	资产总计	290 608.28	100.00

注：该表与资产负债表资产总额的差额（5 691.78 万元）系计提的资产减值准备。

信托资产运用与分布表

资产运用	金额（万元）	占比（%）	资产分布	金额（万元）	占比（%）
货币资产	31 455.77	1.35	基础产业	830 490.76	35.79
贷款	522 822.20	22.53	房地产	808 181.71	34.82
交易性金融资产	—		证券市场	833.25	0.04
可供出售金融资产	—		工商企业	641 472.42	27.64
持有至到期投资	—		金融机构	31 455.77	1.35
长期股权投资	200 472.47	8.64	其他	8 282.70	0.36
长期应收款	1 436 263.47	61.89			0
投资性房地产	121 420.00	5.23			0
应收账款	8 282.70	0.36			0
信托资产总计	2 320 716.61	100.00	信托资产总计	2 320 716.61	100.00

注：该表与资产负债表资产总额的差额（40 512.20 万元）系计提的资产减值准备。

4.3 市场分析

随着个人财富的不断积累，财富管理需求日益增长，2012年，信托行业继续保持了高速发展的态势。根据信托业协会公布的数据，截至2012年末，中国信托业资产规模达到74 705.55亿元，全行业利润总额达到441.4亿元，均创历史新高，两项数据与2011年末相比，增速分别为55.30%和47.84%，这也是信托资产规模自2009年以来，连续4年实现超过50%的增长。7.47万亿元的信托资产规模首次超过保险业7.35万亿元的规模，成为仅次于银行的第二大金融部门。同时，公司大股东以金融产业为核心的战略也为公司经营发展创造了良好的环境，公司业绩在2012年取得了较快的增长。

但我们也需要看到，随着国际市场的调整，国内经济也进入了增速放缓、结构调整的时期。2012年，国内生产总值（GDP）年率上升7.8%，比2011年9.2%的增速下降了1.4%，实体经济增速的放缓导致企业投融资需求下降，对信托行业的发展也造成了很大影响。进入2012年下半年以来，融资类信托息差迅速收窄，压缩了信托行业的盈利空间。预计该因素在2013年也将会持续影响信托行业的发展。

随着券商和基金公司资管业务的进一步放开，金融同业、行业内部竞争日益加剧，而从公司的自身情况来看，由于前几年业务受到限制，目前在证券投资、私人股权投资、银信合作及渠道建设等诸多领域和其他信托公司还有差距，在竞争中处于不利的地位。

4.4 内部控制概况

4.4.1 内部控制环境和内部控制文化

公司按照现代企业制度的要求，建立了以股东会、董事会、监事会以及经营管理层为核心的内部法人治理结构，不断完善和深化管理体制，规范股东会、董事会、监事会和经营管理班子的权责关系，明确了四者的议事、决策程序和规则，设置权责明确、分工合理的决策系统、执行系统和监督系统，建立了以岗位职责、授权体系、风险管理、监督检查和监督评价为基础的内控体系。

强化风险管理意识，完善风险管控体系，不断提高风险控制能力。公司始终将提高风险防范与管控能力作为工作重点，并贯穿于全年。一是公司经营管理层大力倡导合规经营风险控制为先的经营理念。二是为公司稳健发展建立制衡机制的不断推进，2012年在双重审批机制的业务决策模式上，关注业务评审中所揭示的风险控制薄弱环节预防措施的制定和落实及信息反馈，强化风控与托管事中的检查监督职责，以期达到风险可防可控及剩余风险在公司可接受的范围中。三是加强制度建设，完善制度体系，构建覆盖全过程、全岗位的风险管理与控制体系。年内，公司按照“五部委”颁布的《企业内部控制基本规范》开展建立、实施和评价内部控制相关工作。首先，由业务及管理领域相关部门开展全面的风险排查与识别，多次的风险点确认及梳理、风险点的描述，列示风险清单；继而跟进相应控制措施、描述制作风险控制流程图；在此基础上，对现行各项制度再次梳理甄别，对其有效性和适当性进行系统评估；进行制度的增修订，使相关制度的有效性进一步得到提高。开展全员制度应知应会方面的培训，以便得到切实有效执行。2012年，公司制定了《不动产信托业务2012年风险政策及操作指引》、《股票收益权集合信托计划风险政策》、《固有资产减值测试实施细则》、《自有资金贷款业务管理实施细则（暂行）》、《固定收益管理实施细则》（暂行）、《2012年度固定收益总部投资授权方案》、《自有资金使用实施细则（暂行）》、《政信合作业务指引》、《政信合作项目尽职调查和信托方案可行性报告（模版）》等，按照《企业内部控制基本规范》要求，另增订制度12个，修订制度35个，废止制度4个。通过不断完善风险管理与控制制度，有效减少了经营活动全过程的风险控制薄弱环节。四是树立全员风险意识，把提高员工的职业操守和诚信意识作为公司的一项长期工作，营造全体员工充分了解并履行职责的文化氛围。通过建立有效的激励约束机制，不断强化风险防范和合规经营理念，培育良好的内部控制文化，提高了全员参与风险控制的意识，使风险管控贯穿于经营活动的全过程，营造了风险控制为先的企业文化。

4.4.2 内部控制措施

自营业务部门和信托业务部门相互独立，明确界定各部门的目标、职责和权限，确保自营业务和信托业务各部门及员工在授权范围内行使相应的职责。

设置专门的资产会计部进行信托财产的记录与核算，并与固有资产分离，对每项信托业务设立独立的信托财产账户，分别进行会计核算和会计控制。强化信托资产管理功能，完善信托项目管理流程是公司2012年重要工作事项之一。通过运营管理总部的合同管理，严格对信托项目成立、存续及清算过程中各环节可能存在的操作风险进行控制和监督，以保障项目运行中相关合同条款能够切实有效地执行。

公司以业务流程为主线，致力于建立健全前台、中台、后台并重的内控体系，在业务流程的每个环节，不断完善相应的风险管理制度和控制措施。

报告期间，通过明确的风控、合规、运营、稽核审计在风险管理工作中的职能定位，使其各司其职地开展经营活动各领域的风险识别、评估、管理和控制，并对其管理控制效果进行监督和评价，合理保证公司对风险能够进行事前识别和防范、事中控制和化解、事后检查和纠正，形成有效的风险控制和反馈机制。强化业务决策机制，自营、信托业务评审委员会按照《项目评审工作规则》进行业务评审，给决策层提供决策依据，为业务拓展树立起坚实的防范风险的屏障。通过ISO9001:2008质量管理体系，实现全员、全过程、全方位实施对业务操作流程进行控制，提升公司各领域的工作质量，保障公司质量目标的实现。报告期间，公司不断推进ISO质量体系文件的完善与修订，不但对以往质量管理工作中的不足和薄弱环节进行了改进，还将2012年新出台制度的相关流程纳入了体系文件，使ISO体系文件与公司制度紧密衔接，顺利通过了香港品质保证局的年度审核。

在内部控制的执行中，按照程序制约和内部牵制原则，公司业务条线清楚，员工岗位职责分明，且固有资产和信托资产分别建账，分别核算；对每项信托业务分别设专用账户，独立核算，公司严格执行了信托财产单独管理的规定。业务决策实行双重审批，使风险管控从业务流程的准入开始。强化项目的事中、事后管理，风险控制渗透于业务开展各环节，风险评估与检查、业务运作、资产管理、会计监督控制和稽核审计再监督评价相互独立，构建了全过程风险管理控制体系。保障项目安全稳健运行。公司内部控制效果明显得以提升。

4.4.3 监督评价与纠正

公司建立了自控、互控与监控三结合的监督机制，对内部控制活动进行检查、监督和纠正，通过对业务项目的尽职调查、风控合规事前评估和事中检查以及监督，实现对业务活动事前事中管理和控制的检测，揭示风险，制定风险防范和控制措施；通过ISO9001:2008质量控制程序来保证业务质量，并对业务操作流程进行控制，出现问题，迅速予以纠正。相关部门之间相互制衡、监督，发现问题，要求限时纠正。稽核审计的再监督，在获得公司经营信息和管理信息的基础上，对公司各项业务实施全面监督、评价，直接向董事会和总经理报告，并督促审计建议的落实。

报告期内，提出稽核审计意见和建议20条，揭示了经营活动与项目运行管理中存在的控制薄弱环节、公司现行制度有待改进和完善、执行力有待进一步提高等。针对稽核审计中发现的问题，督促及时改进并跟踪检查。在所提的20条稽核审计意见和建议中，17条已得到落实和改进，3条正在实施改进和推进。通过对稽核审计揭示问题的整改落实，促进了公司经营活动中风险管理与控制能力的不断提高，各项制度不断完善，制度执行力度不断加强。

4.5 风险管理概况

4.5.1 风险状况

4.5.1.1 信用风险状况

公司增资后，固有资产规模和信托资产规模增长迅速。公司自营及信托的不良贷款率与2011年相比大幅下降，历史遗留不良贷款已足额提取坏账准备。公司业务产品线更为丰富，除了房地产客户，公司交易对手还包括地方政府平台公司、中小企业等。相比以往年度，公司的交易对手类别更多，情况更复杂，公司信用风险保持中等水平。

4.5.1.1.1 内在风险水平描述

(1)自营信贷组合

不良信用资产余额1 329.93万元，比上年末869.27万元上升460.66万元，升幅52.99%，不良资产率为0.66%；比上年末1.75%下降1.09个百分点，降幅62.29%。不良贷款余额0万元。

正常类及关注类贷款中逾期91天以上占0%；次级类贷款中271天以上逾期占0%，逾期90天以上贷款余额0.00万元；不良贷款比例为0%。

公司严格按照中国银监会的要求进行资产五级分类，并按照相关规定计提了减值准备，截至2012年末，公司计提各项资产减值准备5 691.78万元。

产品类型有抵押贷款、质押贷款及保证贷款。

信贷余额和增长：新增抵押贷款6笔，金额66 000.00万元。新增质押贷款3笔，金额34 500.00万元。新增保证贷款4笔，金额30 000.00万元。

信贷评级分布：贷款余额125 500.00万元均为正常类贷款。

产品和行业多样性：其中房地产业86 000.00万元，占贷款总额的68.53 %；建筑业4 500.00万元，占贷款总额3.59%；批发和零售业35 000.00万元，占贷款总额27.88%。

借款人组成：企业占贷款总额的100%。

贷款期限分布：其中21 000.00万元为1年以内到期贷款，占贷款总额的16.73%，104 500.00万元为2年内到期贷款，占贷款总额的83.27%。

不良贷款的水平和发展趋势：公司2012年新增贷款130 500.00万元，都为正常贷款，公司已连续两年年末无不良贷款。

拨备充足率为100%。

(2)信托业务

公司2012年末信托贷款的规模为522 822.20万元，占信托业务总规模的比重为22.53%。

贷款期限分布：一年内到期贷款221 130.00万元，占贷款总额的42.30%；二年内到期贷款257 180.00万元，占贷款总额的比重为49.18%；三年内到期贷款4 000.00万元，占贷款总额的比重为0.77%。逾期贷款40 512.20万元，占贷款总额的比重为7.75%，已足额计提减值准备。

贷款行业分布：房地产贷款98 860.00万元，占贷款总额的比重为 18.91%；其他行业贷款 423 962.20 万元，占贷款总额的比重为 81.09%。

信贷评级分布：其中 482 310.00 万元为正常类贷款，占贷款总额的比重为 92.25%，其余均为损失类贷款，占贷款总额的比重为 7.75%，已足额计提减值准备。

2012 年末，计提减值准备 40 512.20 万元，较上年减少 599.01 万元。

非贷款融资类信托业务资产 1 134 263.87 万元。

（3）委托业务

公司 2012 年末委托贷款余额 60 189.27 万元，比上期同期减少 71.67 万元。公司无尚未放贷的委托存款。公司在贷款业务方面主要是做好清理工作，因目前现存的委托贷款的资产质量较差，基本上都为逾期贷款，且逾期时间较长，清理工作有一定的难度。

4.5.1.1.2　信用风险管理政策

公司规定，新型业务开展前应制定该类型业务风控指引，作为新业务的承接标准；就交易对手实施融资限额管理；重视对交易对手的尽职调查，评估交易对手的信用，关注现金流的覆盖率；由运营管理总部会同业务部门办理抵押品的抵押登记，并负责抵押权证保管。

4.5.1.2　市场风险状况

公司的市场风险主要表现为利率波动、汇率波动、证券市场价格波动、房地产市场价格波动的风险。当前国内国际宏观经济形势复杂多变，利率市场化进程加快，房地产市场仍然受到政策调控，前景不明朗。虽然公司存量证券信托业务较少，但股票收益权等证券信托业务是公司 2013 年的重点推进业务类型之一。公司主要面对利率、房地产价格波动和证券市场价格波动的风险。公司市场风险处于中等水平。

4.5.1.2.1　自营业务分析

（1）投资余额 82 826.06 万元，其中：股权投资余额 4 837.53万元，占投资总额 82 826.06 万元的 5.84%、占总资产（未减：各项减值准备）290 608.28 万元的 1.66%、占资本净额 273 897.02 万元的 1.77%；股票投资余额 4.36 万元，占投资总额的 0.01%、占总资产的 0.01%、占资本净额的 0.01%；基金投资余额的 334.87 万元，占投资总额的 0.40%、占总资产的 0.12%、占资本净额的 0.12%；信托产品投资余额的 12 630.00万元，占投资总额的 15.25%、占总资产的 4.35%、占资本净额的 4.61%；企业债券投资的 29 996.96 万元，占投资总额的 36.22%、占总资产的 10.32%、占资本净额的 10.95%；理财产品投资余额的 25 000.00 万元，占投资总额的 30.18%、占总资产的 8.60%、占资本净额的 9.13%；货币基金投资余额的 10 022.34 万元，占投资总额的 12.10%、占总资产的 3.45%、占资本净额的 3.66%。

货币基金及理财产品为本年度公司的新增投资业务。

（2）公司交易性账户余额为 28 336.19 万元、银行账户投资余额为 54 489.87 万元。其中，交易性账户余额主要反映债券，基金及股票投资；银行账户投资余额主要反映长期股权投资、信托产品投资、理财产品投资及货币基金投资。

（3）公司长期股权投资中全部为可疑类，共计 4 837.53 万元。其中，金融企业股权投资 1 家（天安保险股份有限公司）计 1 628.46 万元，待清理实业投资 1 家（上海正浩资产管理有限公司）计 3 209.07 万元。针对长期股权投资质量情况已足额计提减值准备，其中正常类股权投资因会计政策对原计提的减值准备不予冲回，故公司计提的长期股权投资准备非常充分。

4.5.1.2.2　信托业务分析

信托业务中长期股权投资 200 472.47 万元，其中融资性股权投资 103 170.00 万元，主动管理类股权投资 44 879.00 万元，事务类代持股 51 590.22 万元，事务类证券投资 833.25 万元。

4.5.1.3　操作风险状况

公司以业务流程为核心，建立了较完整的管理制度，操作风险低。公司的主要操作风险在于现有信息系统已不能满足业务快速发展的需要。2011 年 8 月，公司对现行信息系统进行了升级改造，改造范围涵盖公司业务操作、会计核算、业务统计和流程管理。改造工程分为三期进行，目前已顺利完成第一期改造工作，以恒生信托业务管理平台系统为基础，升级开发了新一代综合业务管理系统，可实现信托计划全生命周期风险监控。通过该系统，因人员误操作等因素导致的操作风险得以保持于低水平。

2012 年，公司业务和会计操作遵循公司的各项规章制度，审批程序清晰，未出现特例情况，也没有发生内部和外部的欺诈情况。

4.5.2　风险管理

4.5.2.1　信用风险管理

公司建立了比较完善的信用风险管理和业务审批制度，严格的内部控制和监控措施。通过业务决策委员会、经营管理层、董事会的多重决策机制，强化了决策期间对交易对手信用风险的评估与控制。针对业务比重较高的基础设施建设、房地产业务，公司专门颁布了业务风控指引、尽职调查工作指引，通过尽调模板、收集资料清单等文件对尽调过程进行控制和规范，提升业务的事前、事中信用风险的监控、预警和处置能力。

公司充分重视尽职调查，把交易对手的信用风险放在首位，从制度上明确了调查的要求、步骤，提供了调查报告的参考模板，要求内容包括但不限于基本情况（股东构成、注册资本、管理团队等）、财务状况、经营状况、内控制度、风险管理状况等方面。公司对信贷、融资以及担保业务实行严格审查，通过加强交易对手信息采集、现金流分析，通过贷款资金的使用监控，定期贷后现场检查和风险预警；通过采取抵（质）押物和担保的风险缓释措施，严格实行抵（质）押品评估制度，落实抵（质）押品的价值，逐级降低、化解信用风险。公司对固定收益总部的投资业务根据不同的业务品种设置不同的资信要求和交易方式，在投资环节上采取了增设风控部门审签的方式把控投资风险。

根据 2008 年 7 月颁布的《合规风险评估、监控和检查操作规程》、《风险评估、监控和检查操作规程》的相关规定，公司业务部门在项目前期对每个客户进行了身份识别以及信息采集和核查，并留存身份证明复印件。项目存续期间，公司在积极响应监管部门的房地产抵押物风险压力测试、地方政府融资平台统计等工作要求时，同时主动进行存续期业务的风险排查和压力测试。经过对测试统计结果进行进一步的分析，识别重大风险点，为公司风险政策和业务风控指引修正提供有价值的参考信息。

4.5.2.2　市场风险管理

公司通过使用对各种有市场风险敞口的资产进行组合化管理，设置各种资产的头寸限额和指标，来达到控制市场风险的目的。例如，公司设置单一交易资产限额，防止某一单一交易资产的市场风险过大。公司在政信业务中针对同一区域、同一交易对手均在风控指引中设有额度控制，自营业务实行了分散化投资，对投资品种总量和单一规模均有限额，并由风控部门事中控制，及时预警。股票质押融资业务，公司交易室安排专人对质押标的券逐日盯市，跟踪评估，严格实行补仓平仓制度。通过涉足多种业务类型和分散客户所处行业领域，公司能较好地将风险分散在不同的层面。

在具体的业务操作中，公司不断规范管理，颁布实施了一系列实施细则或操作规程文件，引进了资产管理系统，为公司开展证券业务提供系统支持，并作为管理市场风险的有效技术保证。

除了在前期的产品策划阶段考虑市场风险因素之外，在产品营销环节，公司历来十分重视向客户充分揭示信托产品可能面临的市场风险，请客户在充分了解包含市场风险在内的各种风险的基础上，确认自己具备承受风险的能力，当面签署风险申明书等相关文件。

4.5.2.3　操作风险管理

公司通过制度规范业务流程，定期对已有流程进行分析、整合和优化。流程上实行环节责任到岗，前一环节对后一环节负责，后一环节对前一环节有核查义务，不定期进行信托业务和企业文化的培训，提高员工的专业能力和工作责任心，有效降低操作风险。在业务成立和事中管理阶段，财务、信托会计部和风控合规部门分工协作，加强资金、抵押品、放款、信托利益兑付和收息收贷的管理工作。

在信息技术方面，公司响应监管部门提出信托行业要充分利用 IT 系统提升核心能力的要求，积极推进业务信息化。公司在 2012 年将原有的“金蝶”会计核算系统、信托合同管理系统和“恒生”资产管理系统逐步升级整合到统一的业务综合管理平台系统中，能够在以下几个方面有效提升公司风险管理能力：形成业务全资产、全流程、全风控的集成管理，实现了公司业务核算的自动化作业，建立了企业级的数据中心，实现全公司范围的数据信息共享，为进一步数据挖掘提供了基础条件，风险管理未来可通过模块化的系统拓展来实现，通过系统控制降低了人员误操作几率，大大降低了公司操作风险。

在营销过程中，特别注意合规性监管法规的要求，信托业务推介前营销部门先制作营销方案，报风控部门审核后严格按照营销方案进行推介。推介中理财经理不得承诺“保本保息”或最低收益，不通过报刊、电视、广播和其他公共媒体进行营销宣传。公司发行的集合信托计划不存在自然人超过 50 人（单笔委托金额在人民币 300 万元以上的自然人投资者除外）或单笔委托金额低于人民币 100 万元的情况，不存在未取得异地集合资金信托业务资格而开办异地业务的情况。

在信托财产运用和管理环节，公司不存在通过信托项目为自己和他人谋取不当利益的行为，切实履行了受托管理的责任，持续跟踪了解资金使用和项目进展情况，坚持信托财产之间、信托财产与固有财产之间分别管理、分别记账的原则，对信托财产管理过程中的各项事务、数据和其他有关情况保留记录；在信托终止清算环节，不存在新信托项目的财产置换或用固有财产垫付到期信托项目的行为，及时出具信托项目清算报告。

5. 报告期末及上一年度末的比较式会计报表

5.1　自营资产

5.1.1　立信会计师事务所（特殊普通合伙）审计意见

上海爱建信托有限责任公司财务报表在所有重大方面按照企业会计准则的规定编制，公允反映了贵公司 2012 年 12 月 31 日的财务状况以及 2012 年度的经营成果和现金流量。

5.1.2　资产负债表

2012 年 12 月 31 日　　单位：万元

资产类	期末余额	年初余额	负债及所有者权益类	期末余额	年初余额
资产：			负债：		
现金及存放中央银行款项	10.93	10.90	向中央银行借款	—	—
存放同业款项	47 527.26	14 377.70	同业及其他金融机构存放款项	—	—
贵金属	—	—	拆入资金	—	—
拆出资金	—	—	交易性金融负债	—	—
交易性金融资产	21 089.70	—	衍生金融负债	—	—
衍生金融资产	—	—	卖出回购金融资产款	—	—
买入返售金融资产	25 000.00	—	吸收存款	—	—
应收利息	831.53	298.51	应付职工薪酬	1 442.10	584.97
发放贷款和垫款	124 245.00	30 598.43	应交税费	4 434.66	1 728.63
可供出售金融资产	17 268.83	303.76	应付利息	—	—
持有至到期投资	27 000.00	3 000.00	预计负债	—	—
长期股权投资	2 418.76	2 418.76	应付债券	—	—
投资性房地产	—	—	递延所得税负债	—	—
固定资产	102.66	99.36	其他负债	305.19	323.11
无形资产	359.02	173.24			
递延所得税资产	562.92	—	负债合计	6 181.95	2 636.71
其他资产	18 499.89	7 161.12			

续表

资产类	期末余额	年初余额	负债及所有者权益类	期末余额	年初余额
			所有者权益:		
			实收资本	300 000.00	100 000.00
			资本公积	9 161.03	9 213.58
			减:库存股	—	—
			盈余公积	6 864.19	6 864.19
			一般风险准备	842.04	842.04
			未分配利润	-38 132.71	-61 114.74
			所有者权益合计	278 734.55	55 805.07
资产总计:	284 916.50	58 441.78	负债及所有者权益总计:	284 916.50	58 441.78

总经理:周磊　　会计主管:侯　勤　　复核:黄　晓　　制表:汪　燕

5.1.3 利润表

2012 年度　　单位:万元

项　目	行号	本期金额	上期金额
一、营业收入	1	42 406.17	18 771.82
利息净收入	2	11 698.76	2 946.93
利息收入	3	11 698.76	2 946.93
利息支出	4	—	—
手续费及佣金净收入	5	29 407.58	12 818.60
手续费及佣金收入	6	29 701.15	13 094.59
手续费及佣金支出	7	293.57	275.99
投资收益(损失以"-"号填列)	8	1 401.89	3 180.19
其中:对联营企业和合营企业的投资收益	9	—	—
公允价值变动收益(损失以"-"号填列)	10	-98.40	—
汇兑收益(损失以"-"号填列)	11	-9.81	-180.05

续表

项　目	行号	本期金额	上期金额
其他业务收入	12	6.15	6.15
二、营业支出	13	11 964.21	6 077.95
营业税金及附加	14	2 325.88	941.80
业务及管理费	15	8 272.03	4 965.61
资产减值损失	16	1 366.30	170.46
其他业务成本	17	—	0.08
三、营业利润(亏损以"-"号填列)	18	30 441.96	12 693.87
加:营业外收入	19	250.46	483.87
减:营业外支出	20	1.65	—
四、利润总额	21	30 690.77	13 177.74
减:所得税费用	22	7 708.74	1 108.11
五、净利润(净亏损以"-"号填列)	23	22 982.03	12 069.63
六、每股收益:	24	—	—
(一)基本每股收益	25	—	—
(二)稀释每股收益	26	—	—

总经理:周磊　　会计主管:侯　勤　　复核:黄　晓　　制表:汪　燕

5.1.4 所有者权益变动表

2012 年 12 月 31 日　　单位:万元

项　目	上年金额						
	实收资本	资本公积	减:库存股	盈余公积	一般风险准备	未分配利润	所有者权益合计
一、上年末余额	100 000.00	9 307.75		6 864.19	842.04	-73 184.37	43 829.61
加:会计政策变更	—	—		—	—	—	—
前期差错更正	—	—		—	—	—	—
二、本年初余额	100 000.00	9 307.75		6 864.19	842.04	-73 184.37	43 829.61
三、本年增减变动金额		-94.17				12 069.63	11 975.16
(一)净利润						12 069.63	12 069.63
(二)直接计入所有者权益的利得和损失		-94.17					-94.17
1. 可供出售金融资产公允价值变动净额		-94.17					-94.17
(1)计入所有者权益的金额		-94.17					-94.17
(2)转入当期损益的金额							
2. 现金流量套期工具公允价值变动净额							
(1)计入所有者权益的金额							
(2)转入当期损益的金额							
(3)计入被套期项目初始确认金额中的金额							
3. 权益法下被投资单位其他所有者权益变动的影响							
4. 与计入所有者权益项目相关的所得税影响							
5. 其他							

续表

项　目	上年金额						
	实收资本	资本公积	减:库存股	盈余公积	一般风险准备	未分配利润	所有者权益合计
上述(一)和(二)小计	—	-94.17		—	—	12 069.63	11 975.16
(三)所有者投入和减少资本							
1. 所有者投入资本	—	—					—
2. 股份支付计入所有者权益的金额							
3. 其他							
(四)利润分配				—	—	—	—
1. 提取盈余公积				—		—	—
2. 提取一般风险准备					—	—	—
3. 对所有者(或股东)的分配						—	—
4. 其他							
(五)所有者权益内部结转	—	—		—	—	—	—
1. 资本公积转增资本(或股本)	—	—					—
2. 盈余公积转增资本(或股本)	—			—			—
3. 盈余公积弥补亏损				—		—	—
4. 一般风险准备弥补亏损					—	—	—
5. 其他							
四、本年末余额	100 000.00	9 213.58		6 864.19	842.04	-61 114.74	55 805.07
一、上年末余额	100 000.00	9 213.58		6 864.19	842.04	-61 114.74	55 805.07
加:会计政策变更	—	—		—	—	—	—
前期差错更正	—	—		—	—	—	—
二、本年初余额	100 000.00	9 213.58		6 864.19	842.04	-61 114.74	55 805.07
三、本年增减变动金额(减少以"-"号填列)	200 000.00	-52.55				22 982.03	222 929.48
(一)净利润						22 982.03	22 982.03
(二)直接计入所有者权益的利得和损失		-52.55					-52.55
1. 可供出售金融资产公允价值变动净额		-52.55					-52.55
(1)计入所有者权益的金额		-52.55					-52.55
(2)转入当期损益的金额							
2. 现金流量套期工具公允价值变动净额							
(1)计入所有者权益的金额							
(2)转入当期损益的金额							
(3)计入被套期项目初始确认金额中的金额							
3. 权益法下被投资单位其他所有者权益变动的影响							
4. 与计入所有者权益项目相关的所得税影响							
5. 其他							
上述(一)和(二)小计	—	-52.55		—	—	22 982.03	22 929.48
(三)所有者投入和减少资本	200 000.00						200 000.00
1. 所有者投入资本	200 000.00	—					200 000.00
2. 股份支付计入所有者权益的金额							
3. 其他							
(四)利润分配				—	—	—	—
1. 提取盈余公积				—		—	—
2. 提取一般风险准备					—	—	—
3. 对所有者(或股东)的分配						—	—
4. 其他							
(五)所有者权益内部结转	—	—		—	—	—	—
1. 资本公积转增资本(或股本)	—	—					—
2. 盈余公积转增资本(或股本)	—			—			—
3. 盈余公积弥补亏损				—		—	—
4. 一般风险准备弥补亏损					—	—	—
5. 其他							
四、本年末余额	300 000.00	9 161.03		6 864.19	842.04	-38 132.71	278 734.55

总经理:周磊　　会计主管:侯　勤　　复核:黄　晓　　制表:汪　燕

5.2 信托资产

5.2.1 信托项目资产负债汇总表

2012 年 12 月 31 日

单位:万元

资产类	期末余额	年初余额	负债及所有者权益类	期末余额	年初余额
资产:			负债:		
现金及存放中央银行款项			向中央银行借款		
存放同业款项	31 455.77	5 141.65	同业及其他金融机构存放款项		
贵金属			拆入资金		
拆出资金			交易性金融负债		
交易性金融资产			衍生金融负债		
衍生金融资产			卖出回购金融资产款		
买入返售金融资产			吸收存款		
应收利息			应付职工薪酬		
发放贷款和垫款	482 310.00	266 176.00	应交税费		
可供出售金融资产			应付利息		
持有至到期投资			预计负债		
长期股权投资	200 472.47	128 748.47	应付债券		
投资性房地产	121 420.00	377 631.54	递延所得税负债		
固定资产			其他负债	84 240.03	67 544.06
无形资产					
递延所得税资产			负债合计	84 240.03	67 544.06
其他资产	1 444 546.17	304 103.67			
			所有者权益:		
			实收信托	2 231 192.16	1 144 912.31
			资本公积		
			减:库存股		
			盈余公积		
			一般风险准备		
			未分配利润	-35 227.78	-130 655.04
			所有者权益合计	2 195 964.38	1 014 257.27
资产总计:	2 280 204.41	1 081 801.33	负债及所有者权益总计:	2 280 204.41	1 081 801.33

注:其他资产反映的是信托资金投资运用于各类受益权业务所产生的应收款项。

总经理:周磊　　会计主管:周　磊　　复核:陈幸华　　制表:孔一鸣

5.2.2 信托项目利润及利润分配汇总表

2012 年度

单位:万元

项　目	行号	本年累计数	上年同期数
一、营业收入	1	132 470.40	42 868.56
利息净收入	2	45 456.08	18 450.79
利息收入	3	45 456.08	18 450.79
利息支出	4	—	—
手续费及佣金净收入	5	—	—
手续费及佣金收入	6	—	—
手续费及佣金支出	7	—	—
投资收益(损失以"-"号填列)	8	86 961.87	23 955.77
其中:对联营企业和合营企业的投资收益	9	—	—
公允价值变动收益(损失以"-"号填列)	10	—	—
汇兑收益(损失以"-"号填列)	11	—	—
其他业务收入	12	52.45	462.00
二、营业支出	13	-42 242.99	9 261.53
营业税金及附加	14	—	—
信托管理费用	15	40 419.38	13 269.53

续表

项　目	行号	本年累计数	上年同期数
资产减值损失	16	-82 662.37	-4 008.00
其他业务成本	17	—	—
三、营业利润(亏损以"-"号填列)	18	174 713.39	33 607.03
加:营业外收入	19	—	—
减:营业外支出	20		6 724.00
四、利润总额	21	174 713.39	26 883.03
减:所得税费用	22	—	—
五、净利润(净亏损以"-"号填列)	23	174 713.39	26 883.03
六、每股收益:	24		
(一)基本每股收益	25		
(二)稀释每股收益	26		
七、期初未分配信托利润	27	-130 655.04	-123 279.10
八、本期已分配信托利润	28	79 286.13	34 258.97
九、期末未分配信托利润	29	-35 227.78	-130 655.04

注:2012 年末,哈尔滨爱达投资置业公司财产权信托终止,相应冲回原已计提的减值准备 78 759.41 万元。

总经理:周磊　　会计主管:李洋洋　　复核:陈幸华　　制表:孔一鸣

6. 会计报表附注

6.1 报告年度会计报表编制基准、会计政策、会计估计和核算方法发生的变化

6.1.1 会计报表编制基准

公司以持续经营为基础，根据实际发生的交易和事项，按照《企业会计准则——基本准则》和其他各项会计准则的规定进行确认和计量，在此基础上编制财务报表。

6.1.2 会计政策和会计估计

6.1.2.1 公司按照谨慎性原则，定期对各项资产进行减值测试，对可能发生损失的资产计提减值准备

6.1.2.2 计提方法，每季度末进行减值测试

6.1.2.2.1 信用资产（除应收账款类资产）、长期股权投资、抵债资产按照《中国银行业监督管理委员会关于非银行金融机构全面推进资产质量五级分类管理的通知》（银监发〔2004〕4 号）有关规定进行五级（正常、关注、次级、可疑、损失）分类，并计提各项减值准备

正常：能够按账面价值随时变现；有足够理由证明现值大于或等于账面价值（以成本与市价孰低原则衡量）；交易对手能够履行合同或协议，没有足够理由怀疑债务本金和收益不能按时足额偿还。计提损失准备 1%。

关注：有足够理由证明资产价值的减值程度控制在 2% 以内；尽管交易对手目前有能力偿还，但存在一些可能对偿还产生不利影响的因素的债权类资产；交易对手的现金偿还能力出现明显问题，但交易对手抵押或质押的可变现资产大于等于其债务的本金及收益。计提损失准备 2%。

次级：有足够理由证明资产价值的减值程度可以控制在 2% ~25%；交易对手的偿还能力出现明显问题，完全依靠其正常经营收入无法足额偿还债务本金及收益，即使执行担保，也可能会造成一定损失。计提损失准备 25%。

可疑：有足够能力证明资产价值的减值程度可以控制在 25% ~50%；交易对手无法足额偿还债务本金及收益，即使执行担保，也肯定要造成较大损失。计提损失准备 50%。

损失：有足够理由证明资产价值的减值程度在 50% 以上；在采取所有可能的措施或一切必要的法律程序后，资产及收益仍然无法收回，或只能收回极少部分；由于技术更新的原因造成固定资产、无形资产的贬值损失。计提损失准备 100%。

6.1.2.2.2 应收款项质量以账龄作为主要参考因素，分为四档，其主要分类的标准和计提损失准备的比例为

第一档：账龄为 1 ~180 天，计提损失准备 6%。

第二档：账龄为 181 ~360 天，计提损失准备 25%。

第三档：账龄为 361 ~720 天，计提损失准备 50%。

第四档：账龄为 720 天以上，计提损失准备 100%。

6.1.2.2.3 金融资产，除以公允价值计量且其变动计入当期损益的金融资产外，本公司于每期末对金融资产的账面价值进行检查，如果有客观证据表明某项金融资产发生减值的，计提减值准备

可供出售金融资产的减值准备：

期末如果可供出售金融资产的公允价值发生较大幅度下降，或在综合考虑各种相关因素后，预期这种下降趋势属于非暂时性的，就认定其已发生减值，将原直接计入所有者权益的公允价值下降形成的累计损失一并转出，确认减值损失。

对于已确认减值损失的可供出售债务工具，在随后的会计期间公允价值已上升且客观上与确认原减值损失确认后发生的事项有关的，原确认的减值损失予以转回，计入当期损益。

可供出售权益工具投资发生的减值损失，不得通过损益转回。

6.1.2.2.4 固定资产的减值测试方法、减值准备计提方法

公司于每期末判断固定资产是否存在可能发生减值的迹象。

固定资产存在减值迹象的，估计其可收回金额。可收回金额根据固定资产的公允价值减去处置费用后的净额与固定资产预计未来现金流量的现值两者之间较高者确定。

当固定资产的可收回金额低于其账面价值的，将固定资产的账面价值减记至可收回金额，减记的金额确认为固定资产减值损失，计入当期损益，同时计提相应的固定资产减值准备。

固定资产减值损失确认后，减值固定资产的折旧在未来期间作相应调整，以使该固定资产在剩余使用寿命内，系统地分摊调整后的固定资产账面价值（扣除预计净残值）。

固定资产的减值损失一经确认，在以后会计期间不再转回。

有迹象表明一项固定资产可能发生减值的，企业以单项固定资产为基础估计其可收回金额。企业难以对单项固定资产的可收回金额进行估计的，以该固定资产所属的资产组为基础确定资产组的可收回金额。

（1）金融资产四分类的范围和标准

本公司按照《企业会计准则第 22 号——金融工具确认和计量》规定范围和标准，将其划分为以公允价值计量且其变动计入当期损益的金融资产（交易性金融资产）、持有至到期投资、可供出售金融资产、贷款及应收款。

（2）交易性金融资产核算方法

取得时以公允价值作为初始确认金额，相关的交易费用计入当期损益。

持有期间将取得的利息或现金股利确认为投资收益，期末将公允价值变动计入当期损益。

处置时，其公允价值与初始入账金额之间的差额确认为投资收益，同时调整公允价值变动损益。

（3）可供出售金融资产核算方法

取得时按公允价值（扣除已宣告但尚未发放的现金股利或已到付息期但尚未领取的债券利息）和相关交易费用之和作为初始确认金额。

持有期间将取得的利息或现金股利确认为投资收益。期末以公允价值计量且将公允价值变动计入资本公积（其他资本公积）。

处置时，将取得的价款与该金融资产账面价值之间的差额，计入投资损益；同时，将原直接计入所有者权益的公允价值变动累计额对应处置部分的金额转出，计入投资损益。

（4）持有至到期投资核算方法

取得时按公允价值（扣除已到付息期但尚未领取的债券利息）和相关交易费用之和作为初始确认金额。

持有期间按照摊余成本和实际利率（如实际利率与票面利

率差别较小的，按票面利率）计算确认利息收入，计入投资收益。实际利率在取得时确定，在该预期存续期间或适用的更短期间内保持不变。

处置时，将所取得价款与该投资账面价值之间的差额计入投资收益。

（5）长期股权投资核算方法

①初始计量

一是企业合并形成的长期股权投资。同一控制下的企业合并：公司以支付现金、转让非现金资产或承担债务方式以及以发行权益性证券作为合并对价的，在合并日按照取得被合并方所有者权益账面价值的份额作为长期股权投资的初始投资成本。长期股权投资初始投资成本与支付合并对价之间的差额，调整资本公积；资本公积不足冲减的，调整留存收益。合并发生的各项直接相关费用，包括为进行合并而支付的审计费用、评估费用、法律服务费用等，于发生时计入当期损益。

非同一控制下的企业合并：公司在购买日按照《企业会计准则第20号——企业合并》确定的合并成本作为长期股权投资的初始投资成本。

二是其他方式取得的长期股权投资。以支付现金方式取得的长期股权投资，按照实际支付的购买价款作为初始投资成本。

以发行权益性证券取得的长期股权投资，按照发行权益性证券的公允价值作为初始投资成本。

投资者投入的长期股权投资，按照投资合同或协议约定的价值（扣除已宣告但尚未发放的现金股利或利润）作为初始投资成本，但合同或协议约定价值不公允的除外。

在非货币性资产交换具备商业实质和换入资产或换出资产的公允价值能够可靠计量的前提下，非货币性资产交换换入的长期股权投资以换出资产的公允价值为基础确定其初始投资成本，除非有确凿证据表明换入资产的公允价值更加可靠；不满足上述前提的非货币性资产交换，以换出资产的账面价值和应支付的相关税费作为换入长期股权投资的初始投资成本。

通过债务重组取得的长期股权投资，其初始投资成本按照公允价值为基础确定。

②被投资单位具有共同控制、重大影响的依据

按照合同约定对某项经济活动所共有的控制，仅在与该项经济活动相关的重要财务和经营决策需要分享控制权的投资方一致同意时存在，则视为与其他方对被投资单位实施共同控制；对一个企业的财务和经营决策有参与决策的权力，但并不能够控制或者与其他方一起共同控制这些政策的制定，则视为投资企业能够对被投资单位施加重大影响。

③后续计量及收益确认

公司能够对被投资单位施加重大影响或共同控制的，初始投资成本大于投资时应享有被投资单位可辨认净资产公允价值份额的差额，不调整长期股权投资的初始投资成本；初始投资成本小于投资时应享有被投资单位可辨认净资产公允价值份额的差额，计入当期损益。

公司对子公司的长期股权投资，采用成本法核算，编制合并财务报表时按照权益法进行调整。

对被投资单位不具有共同控制或重大影响，并且在活跃市场中没有报价、公允价值不能可靠计量的长期股权投资，采用成本法核算。

对被投资单位具有共同控制或重大影响的长期股权投资，采用权益法核算。

成本法下公司确认投资收益，仅限于被投资单位接受投资后产生的累积净利润的分配额，所获得的利润或现金股利超过上述数额的部分作为初始投资成本的收回。

权益法下在公司确认应分担被投资单位发生的亏损时，按照以下顺序进行处理：首先，冲减长期股权投资的账面价值。其次，长期股权投资的账面价值不足以冲减的，以其他实质上构成对被投资单位净投资的长期权益账面价值为限继续确认投资损失，冲减长期应收项目等的账面价值。最后，经过上述处理，按照投资合同或协议约定企业仍承担额外义务的，按预计承担的义务确认预计负债，计入当期投资损失。

被投资单位以后期间实现盈利的，公司在扣除未确认的亏损分担额后，按与上述相反的顺序处理，减记已确认预计负债的账面余额、恢复其他实质上构成对被投资单位净投资的长期权益及长期股权投资的账面价值，同时确认投资收益。

被投资单位除净损益以外所有者权益其他变动的处理：对于被投资单位除净损益以外所有者权益的其他变动，在持股比例不变的情况下，公司按照持股比例计算应享有或承担的部分，调整长期股权投资的账面价值，同时增加或减少资本公积（其他资本公积）。

（6）固定资产计价和折旧方法

公司将使用期限在1年以上的电子设备、运输工具、机具设备、业务设备、家具设备和其他与经营有关的设备、器具、工具等以及虽不属于主要经营设备的物品，但单位价值在2 000元以上，并且使用期限超过2年的，都作为固定资产。各类固定资产预计使用寿命和年折旧率如下。

类　别	折旧年限（年）	净残值率（%）	年折旧率（%）
电子设备	3～5	5	19～31.67
运输工具	4～5	5	19～23.75
机具设备	5	5	19
业务设备	5	5	19
家具设备	5	5	19
其　他	5	5	19

折旧方法：年限平均法。

（7）无形资产计价及摊销政策

本公司无形资产按照成本法进行初始计量，摊销政策原则上按受益期摊销，其中计算机软件按5年摊销。

（8）收入确认原则和方法

①利息收入

一是发放贷款及垫款利息收入。按照客户使用本企业货币资金的时间和实际利率计算确定。实际利率与合同约定利率差别较小的，按合同约定利率确认为当期收入。

二是买入返售证券收入。按返售价格与买入成本价格的差额，确认为当期收入。实际利率与合同约定利率差别较小的，按合同约定利率确认为当期收入。

三是存放同业利息收入。在相关的收入金额能够可靠地计量，相关的经济利益可以收到时，按资金使用时间和实际利率确认利息收入。

②手续费及佣金收入

一是信托管理费收入。于信托合同到期，与委托人结算时，按信托合同规定的比例计算应由公司享有的管理费收益，确认为当期收益；或合同中规定公司按约定比例收取管理费和业绩报酬，则在合同期内分期确认管理费和业绩报酬收益。

二是顾问及咨询费收入。按照有关合同或协议约定，在向客户提供相关服务并收到款项时确认收入。

(9)递延所得税资产和递延所得税负债

对于可抵扣暂时性差异确认递延所得税资产，以未来期间很可能取得的用来抵扣可抵扣暂时性差异的应纳税所得额为限。

对于应纳税暂时性差异，除特殊情况外，确认递延所得税负债。

不确认递延所得税资产或递延所得税负债的特殊情况包括：商誉的初始确认；除企业合并以外的发生时既不影响会计利润也不影响应纳税所得额（或可抵扣亏损）的其他交易或事项。

当拥有以净额结算的法定权利，且意图以净额结算或取得资产、清偿负债同时进行时，当期所得税资产及当期所得税负债以抵销后的净额列报。

当拥有以净额结算当期所得税资产及当期所得税负债的法定权利，且递延所得税资产及递延所得税负债是与同一税收征管部门对同一纳税主体征收的所得税相关或者是对不同的纳税主体相关，但在未来每一具有重要性的递延所得税资产及负债转回的期间内，涉及的纳税主体意图以净额结算当期所得税资产和负债或是同时取得资产、清偿负债时，递延所得税资产及递延所得税负债以抵销后的净额列报。

6.2 或有事项说明

本公司无上述情况。

6.3 重要资产转让及出售说明

本公司无上述情况。

6.4 会计报表中重要项目的明细资料

6.4.1 自营资产经营情况

6.4.1.1 信用风险资产情况

信用风险资产五级分类	正常类（万元）	关注类（万元）	次级类（万元）	可疑类（万元）	损失类（万元）	信用风险资产合计（万元）	不良资产合计（万元）	不良资产率（%）
期初数	48 889.30	5.03	640.88	189.83	38.56	49 763.60	869.27	1.75
期末数	200 863.50	474.39	730.31	407.44	192.18	202 667.82	1 329.93	0.66

注：不良资产合计＝次级类＋可疑类＋损失类。

6.4.1.2 各项资产减值损失准备情况

单位：万元

	期初数	本期计提	本期转回	本期核销	期末数
贷款损失准备	309.08	1 305.00	359.08	—	1 255.00
一般准备	—	—	—	—	—

续表

	期初数	本期计提	本期转回	本期核销	期末数
专项准备	309.08	1 305.00	359.08	—	1 255.00
其他资产减值准备	4 016.40	629.32	208.94		4 436.78
可供出售金融资产减值准备	—	—	—	—	—
持有至到期投资减值准备	—	—	—	—	—
长期股权投资减值准备	2 418.77	—	—	—	2 418.77
坏账准备	296.84	629.32	198.94	—	727.22

6.4.1.3 固有业务股票投资、基金投资、债券投资、股权投资等投资业务情况

单位：万元

	自营股票	基金	债券	长期股权投资	其他投资	合计
期初数	4.13	299.63	3 000.00	4 837.53	3 500	11 641.29
期末数	4.36	334.88	29 996.95	4 837.53	47 652.34	82 826.06

6.4.1.4 前三名的自营长期股权投资情况

企业名称	占被投资企业权益的比例（%）	主要经营活动	投资损益（万元）
1. 上海正浩资产管理有限公司	12.75	资产经营管理	—
2. 天安保险股份有限公司	0.33	保险	—
3. 无			—

注：投资损益是指按照企业会计准则规定，核算股权投资确认损益并计入披露年度利润表的金额。

6.4.1.5 前三名的自营贷款情况

企业名称	占贷款总额的比例（%）	还款情况
1. 保利（重庆）投资实业有限公司	23.90	贷款尚未到期
2. 上海荣联房地产有限公司	15.94	贷款尚未到期
3. 上海保集（集团）有限公司	15.94	贷款尚未到期

6.4.1.6 表外业务情况

单位：万元

表外业务	期初数	期末数
担保业务	—	—
代理业务（委托业务）	60 260.94	60 189.27
其他	—	6 600.00
合计	60 260.94	66 789.27

注：1. 代理业务主要反映因客观原因应规范而尚未完成规范的历史遗留委托业务。

2. 其他主要反映信托代保管项目。

6.4.1.7 公司当年的收入结构

收入结构	金额（万元）	占比（%）
手续费及佣金收入	29 701.15	69.14
其中：信托手续费收入	29 640.05	68.99
投资银行业务收入	—	—
利息收入	11 698.76	27.23
其他业务收入	6.15	0.01
其中：计入信托业务收入部分	—	—
投资收益	1 401.89	3.26
其中：股权投资收益	—	—

续表

收入结构	金额（万元）	占比（%）
证券投资收益	1 310. 13	3. 05
其他投资收益	91. 76	0. 21
公允价值变动收益	-98. 40	-0. 22
营业外收入	250. 46	0. 58
收入合计	42 960. 01	100. 00

注：手续费及佣金收入、利息收入、其他业务收入、投资收益、营业外收入均应为损益表中的科目，其中手续费及佣金收入、利息收入、营业外收入为未抵减掉相应支出的全年累计实现收入数。

6. 4. 2 信托财产管理情况

6. 4. 2. 1 信托资产情况

单位：万元

信托资产	期初数	期末数
集合	617 329. 63	1 266 404. 98
单一	500 820. 78	684 436. 25
财产权	86 825. 50	369 875. 38
合计	1 204 975. 90	2 320 716. 61

注：本表以信托资产总规模为统计口径。

6. 4. 2. 1. 1 主动管理型信托业务的信托资产情况

单位：万元

主动管理型信托资产	期初数	期末数
证券投资类	2. 26	2. 19
股权投资类	—	—
融资类	514 415. 72	1 328 826. 55
其他类	376 706. 67	422 005. 70
合计	891 124. 65	1 750 834. 43

注：本表以信托资产总规模为统计口径，并按信托项目对信托资产进行分类。

6. 4. 2. 1. 2 被动管理型信托业务的信托资产情况

单位：万元

被动管理型信托资产	期初数	期末数
证券投资类	—	—
股权投资类	—	—
融资类	175 910. 89	427 856. 99
事务管理类	137 940. 36	142 025. 19
合计	313 851. 25	569 882. 18

注：本表以信托资产总规模为统计口径，并按信托项目对信托资产进行分类。

6. 4. 2. 2 本年度已清算的信托项目情况

6. 4. 2. 2. 1 本年度已清算的信托项目情况

已清算结束信托项目	项目个数	实收信托合计金额（万元）	加权平均实际年化收益率（%）
集合类	6	191 000. 00	10. 00
单一类	11	150 377. 21	7. 68
财产管理类	0	0. 00	—

6. 4. 2. 2. 2 本年度已清算结束的主动管理型信托项目情况

已清算结束信托项目	项目个数	实收信托合计金额（万元）	加权平均实际年化信托报酬率（%）	加权平均实际年化收益率（%）
证券投资类				
股权投资类				
其他投资类	1	5 000. 00	0. 00	0. 00
融资类	10	293 016. 00	2. 53	8. 68
事务管理类				

6. 4. 2. 2. 3 本年度已清算结束的被动管理型信托项目情况

已清算结束信托项目	项目个数	实收信托合计金额（万元）	加权平均实际年化信托报酬率（%）	加权平均实际年化收益率（%）
证券投资类				
股权投资类				
其他投资类				
融资类	4	37 321. 21	0. 68	13. 40
事务管理类	2	6 040. 00	0. 06	3. 46

6. 4. 2. 3 本年度新增的信托项目情况

新增信托项目	项目个数	实收信托合计金额（万元）
集合类	32	834 211. 00
单一类	25	344 450. 00
财产管理类	5	360 878. 76
新增合计	62	1 539 539. 76
其中：主动管理型	38	1 142 546. 16
被动管理型	24	396 993. 60

6. 4. 2. 4 信托业务创新成果和特色业务有关情况

无。

6. 4. 2. 5 公司履行受托人义务情况及因本公司自身责任而导致的信托资产损失情况

无。

6. 5 关联方关系及其交易

6. 5. 1 关联交易

	关联交易数量	关联交易金额（万元）	定价政策
自营业务	0	0	按协议价
信托业务	4	6 905. 36	
合计	4	6 905. 36	

6. 5. 2 关联方关系

关系性质	关联方名称	法定代表人	注册地址	注册资本（万元）	主营业务
母公司	上海爱建股份有限公司	范永进	上海市浦东外高桥保税区泰谷路168号	110 549. 22万元	实业投资，投资管理，外经贸部批准的进出口业务（按批文），商务咨询，（涉及行政许可的凭许可证经营）
持股12. 75%	上海正浩资产管理公司	屠旋旋	青浦	25 500万元	资产经营管理

6. 5. 3 本公司与关联方的重大交易事项

6. 5. 3. 1 固有与关联方之间交易情况

单位:万元

	期初数	借方发生额	贷方发生额	期末数
贷款	—	—	—	—
投资	3 209.07	—	—	3 209.07
租赁	—	—	—	—
担保	—	—	—	—
应收账款	—	—	—	—
其他	38.56	—	38.56	—
合计	3 247.63	—	38.56	3 209.07

6.5.3.2 信托与关联方交易情况

单位:万元

	期初数	借方发生额	贷方发生额	期末数
贷款	14 000.00	—	—	14 000.00
投资	93 750.00	6 905.36	750.00	99 905.36
租赁	—	—	—	—
担保	—	—	—	—
应收账款	—	—	—	—
其他	—	—	—	—
合计	107 750.00	6 905.36	750.00	113 905.36

6.5.3.3 信托公司自有资金运用于自己管理的信托项目(固信交易)、信托公司管理的信托项目之间的相互(信信交易)交易情况

6.5.3.3.1 固有与信托财产之间的交易情况

单位:万元

	期初数	本期发生额	期末数
合计	3 500.00	9 130.00	12 630.00

6.5.3.3.2 信托项目之间的交易情况

单位:万元

	期初数	本期发生额	期末数
合计	0.00	87 543.60	87 543.60

6.5.4 关联方逾期未偿还本公司资金的详细情况以及本公司为关联方担保发生或即将发生垫款的详细情况。

无。

6.6 会计制度的披露

6.6.1 本公司固有业务自2007年起执行财政部2006年颁布的《企业会计准则》进行会计核算;并根据《企业会计准则第30号——财务报表列表》有关规定及应用指南中商业银行会计报表格式进行编制

6.6.2 本公司信托业务自2010年起执行财政部2006年颁布的《企业会计准则》进行会计核算;并参照《企业会计准则第30号——财务报表列表》有关规定及应用指南中商业银行会计报表格式进行编制

7. 财务情况说明书

7.1 利润实现和分配情况

2012年,公司实现净利润22 982.03万元,因公司未分配利润为负值(-38 132.71万元),根据金融企业财务规则第四十四条"金融企业本年实现净利润(减弥补亏损),应当按照提取法定盈余公积金、提取一般(风险)准备金、向投资者分配利润的顺序进行分配。法律、行政法规另有规定的从其规定"的规定,不进行利润分配。

7.2 主要财务指标

指标名称	指标值
资本利润率(%)	13.74
加权年化信托报酬率(%)	2.24
人均净利润(万元)	249.80

注:1. 资本利润率=净利润/所有者权益平均余额×100%。

2. 加权年化信托报酬率=(已清算信托项目1的实际年化信托报酬率×已清算信托项目1的实收信托+已清算信托项目2的实际年化信托报酬率×已清算信托项目2的实收信托+…已清算信托项目n的实际年化信托报酬率×已清算信托项目n的实收信托)/(已清算信托项目1的实收信托+已清算信托项目2的实收信托+…已清算信托项目n的实收信托)×100%。

3. 人均净利润=净利润/年平均人数

4. 平均值采取年初、年末余额简单平均法,公式为:a(平均)=(年初数+年末数)/2。

7.3 对本公司财务状况、经营成果有重大影响的其他事项

无。

8. 特别事项揭示

8.1 前五名股东报告期内变动情况及原因

无。

8.2 董事、监事及高级管理人员变动情况及原因

2012年4月26日,公司董事会召开第三届第十三次会议,改聘侯勤同志担任公司副总经理、聘任李洋洋同志担任公司总经理助理、聘任张保华同志担任公司营销总监。

8.3 公司的重大未决诉讼事项

有关福建闽东电力股份有限公司诉上海爱建信托投资有限责任公司、爱建证券有限责任公司上海复兴东路证券营业部、爱建证券有限责任公司返还客户交易结算资金一案于2012年2月22日在上海市第二中级人民法院作出一审判决(《上海市第二中级人民法院民事判决书》(2004)沪二中民三(商)初字第344号)如下:"驳回原告福建闽东电力股份有限公司的诉讼请求。本案案件受理费人民币518 150元、鉴定费人民币18 000元由原告福建闽东电力股份有限公司承担"。福建闽东电力股份有限公司于2012年3月6日向上海市高级人民法院提起上诉,上海市高级人民法院于2013年3月20日作出终审判决(《上海市高级人民法院民事判决书》(2012)沪高民五(商)终字第15号)如下:"驳回上诉,维持原判。本案一审案件受理费和财产保全费,按一审判决负担;二审案件上诉费人民币518 150元,其他诉讼费用人民币560元,均由上诉人福建

闽东电力股份有限公司负担”。

公司于2012年9月依法向上海市第一中级人民法院起诉上海银河投资有限公司、施爱飞、航天证券经纪有限责任公司北京万柳中路证券营业部、航天证券经纪有限责任公司、华宝证券经纪有限责任公司上海西藏中路证券营业部和华宝证券经纪有限责任公司借款纠纷一案。本案诉讼标的人民币5000万元，案件受理费542 077元，截至年末案件尚在审理过程中。

8.4 对会计师事务所出具的有保留意见、否定意见或无法表示意见的审计报告的说明

无。

8.5 公司及其董事、监事和高级管理人员受到处罚的情况

无。

8.6 监管意见及整改情况

无。

8.7 本年度重大事项临时报告

无。

8.8 银监会及其省级派出机构认定的其他有必要让客户及相关利益人了解的重要信息

无。

9. 公司监事会意见

9.1 监事会对《上海爱建信托有限责任公司2012年年度报告》的独立意见

本监事会对《上海爱建信托有限责任公司2012年年度报告》进行了审议，并提出如下独立意见：

公司2012年年度报告的编制和审议程序符合法律、法规、公司章程和公司内部制度的各项规定。

公司2012年年度报告的内容与格式符合监管部门的要求和规定，所包含的信息能从各方面真实的反映出公司2012年的经营管理和财务状况等事项。

在提出本意见前，没有发现参与年度报告编制和审议的人员有违反保密规定的行为。

立信会计师事务所有限公司对本公司出具的《上海爱建信托有限责任公司审计报告及财务报表（2012年1月1日至2012年12月31日止）》是独立、公正的。

9.2 监事会对公司关联交易的独立意见

本监事会对公司关联交易进行了审议，并提出如下独立意见：

报告期内，公司关联交易的程序合法，未发现损害公司、股东、委托人利益的行为。

上海国际信托有限公司

1. 重要提示

1.1 本公司董事会及董事保证本报告所载资料不存在任何虚假记载、误导性陈述或者重大遗漏,并对其内容的真实性、准确性和完整性承担个别及连带责任。本年度报告摘要摘自年度报告全文,客户及相关利益人欲了解详细内容,应阅读年度报告全文。

1.2 本公司11名董事出席董事会会议。3名监事列席了本次会议。

1.3 本公司独立董事万晓枫、陈世敏、李宪明声明:保证年度报告内容的真实、准确、完整。

1.4 上海上会会计师事务所有限公司根据中国注册会计师审计准则对本公司年度财务报告进行审计,出具了标准无保留意见的审计报告。

1.5 本公司董事长潘卫东、总经理傅帆、主管会计工作副总经理陈兵、会计部门负责人朱红声明:保证年度报告中财务报告的真实、完整。

2. 公司概况

2.1 公司简介

上海国际信托有限公司(以下简称公司)成立于1981年,注册资本金人民币25亿元。公司成立以来,始终坚持稳健经营、规范管理,不断推进自主创新、转型发展,在市场上树立了品牌形象,赢得了良好信誉,综合实力居全国信托公司前列。公司曾被国务院指定为全国对外融资十大窗口之一;获地方金融机构最高信用评级(穆迪Baa2、标普BBB-);被指定为非银行业金融机构首家合规试点单位;被推举为中国会计学会信托分会会长单位;发起设立中国第一家信托登记机构——上海信托登记中心,并被推选为理事长单位;被一致推选为第三届信托业协会常务理事和副会长单位。近年来,公司先后荣获《上海证券报》、《证券时报》、《21世纪经济报道》等权威媒体评选的多项行业大奖;公司"红宝石"安心进取伞形配置信托计划荣获上海市政府首次颁发的"2010年上海金融创新奖二等奖";公司自主开发的新一代信托业务管理系统荣获"上海市金融创新奖"三等奖;公司财富中心荣获上海金融系统五星级"优质服务网点"称号,获得行业内外的广泛好评。

公司长期致力于推进产品创新,较早获得资产证券化业务、代客境外理财(QDII)、企业年金业务受托人资格,并在全国率先推出"优先劣后"受益权的结构性信托产品,在证券投资、不动产和股权投资等领域逐渐形成产品特色,打造了"蓝宝石"、"红宝石"、"紫晶石"、"铂金"、"现金丰利"等系列品牌,为不同风险偏好和理财需求的投资者提供产品选择和服务。近年来,公司相继推出业内首只QDII产品、首只伞形配置自主管理信托产品、首只自主管理的PIPE基金以及"香花石"艺术品投资信托等另类投资信托产品。2012年,公司加大创新力度,推出上信新虹桥健康产业股权投资信托、个人汽车抵押贷款支持证券的资产证券化业务,并成功发行业内首单海外投资集合资金信托计划,首创信用增信的风险管理模式,信托主业和创新业务得到快速健康发展。

2.1.1 基本信息

2.1.1.1 公司法定中文名称:上海国际信托有限公司
中文名称缩写:上海信托
公司法定英文名称:Shanghai International Trust Corp., Ltd.
英文缩写:Shanghai Trust

2.1.1.2 法定代表人:潘卫东

2.1.1.3 注册地址:中国上海市九江路111号
邮政编码:200002
公司国际互联网网址:www.shanghaitrust.com
电子信箱:info@shanghaitrust.com

2.1.1.4 公司信息披露联系人:吴海波
联系电话:021-23131111转
传真:021-63235348
电子信箱:info@shanghaitrust.com

2.1.1.5 公司选定的信息披露报纸:《上海证券报》
公司年度报告备置地点:上海市天津路155号名人商业大厦21楼

2.1.1.6 公司聘请的会计师事务所:上海上会会计师事务所有限公司
住所:上海市威海路755号文新报业大厦20楼
联系电话:021-52920000

2.1.1.7 公司聘请的律师事务所:上海市锦天城律师事务所
住所:上海市花园石桥路33号花旗集团大厦14楼
联系电话:021-61059000

2.2 组织结构

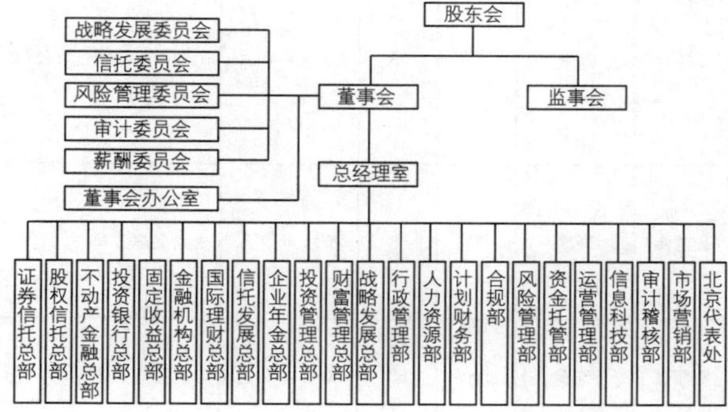

3. 公司治理

3.1 股东

公司前三位股东的主要情况

股东名称	出资比例(%)	法人代表	注册资本(万元)	注册地址	主要经营业务	主要财务情况(万元)	
上海国际集团有限公司★	66.33	吉晓辉	1 055 884	上海市威海路511号	开展以金融为主、非金融为辅的投资、资本运作与资产管理业务,金融研究,社会经济咨询(上述经营范围涉及许可经营的凭许可证经营)。	资产总额	7 940 736
						负债总额	3 987 157
						利润总额	353 303
						净利润	299 919
						所有者权益	3 953 579
上海久事公司	20.00	张惠民	2 527 000	上海市中山南路28号	投资及综合开发经营。	资产总额	34 863 894.60
						负债总额	22 538 331.79
						利润总额	-569 266.65
						净利润	76 768.65
						所有者权益	12 325 562.82
申能股份有限公司	5.00	吴建雄	472 877.406	上海市虹井路159号5楼	电力建设、能源、节能、资源综合利用及相关项目;与能源建设相关的原材料、高新技术和出口创汇项目的开发,投资和经营。	资产总额	3 761 546.18
						负债总额	1 209 703.11
						利润总额	248 108.25
						净利润	155 646.32
						所有者权益	2 551 843.07

注:股东名称一栏中★为公司最终实际控制人。

3.2 董事

董事长、副董事长、董事

姓 名	职 务	性别	年龄	选任日期	所推举的股东名称	该股东持股比例(%)	简 要 履 历
潘卫东	董事长	男	46	2011年9月	上海国际集团有限公司	66.33	经济学硕士研究生,中共党员,高级经济师,在中国人民银行杭州市分行计划资金处参加工作;曾任上海浦东发展银行宁波分行副行长,上海浦东发展银行昆明分行行长、党组书记,上海市金融服务办公室机构处处长(挂职),上海国际集团有限公司总经理助理;现任上海国际集团有限公司副总裁,上海国际信托有限公司党委书记、董事长、法人代表。
傅帆	副董事长	男	48	2011年9月	上海国际集团有限公司	66.33	工学硕士研究生,中共党员,经济师,在上投实业公司参加工作;曾任上海联合财务有限公司高级经理,上投实业公司项目一部经理、总经理助理、副总经理,上海国际集团有限公司董事会办公室主任,上海国际信托有限公司副总经理兼投资银行总部总经理,上投摩根基金管理有限公司副总经理;现任上海国际信托有限公司党委副书记、副董事长、总经理。
陆敏	董事	男	59	2011年9月	上海国际集团有限公司	66.33	工业会计专业大专毕业,会计师;曾任上海手套一厂财务科会计,上海国际信托投资公司计划财务部会计、科长、副经理等职,上海国际集团有限公司计划财务总部副总经理(主持工作);现任上海盛龙投资管理有限公司执行董事,大众保险股份有限公司监事长,上海国际信托有限公司董事。
张建伟	董事	男	58	2011年9月	上海久事公司	20.00	工商管理硕士,中共党员,高级经济师;曾任上海新沪玻璃厂副厂长,上海光通信器材公司副总经理,上海久事公司实业管理总部总经理、发展策划部经理、公司总经理助理等职;现任上海久事公司副总经理,上海国际信托有限公司董事。
周燕飞	董事	女	50	2011年9月	申能股份有限公司	5.00	中文专业本科毕业,中共党员,高级经济师;曾任上海市农委党校讲师,申能股份有限公司策划部副经理、经理;现任申能股份有限公司董事会秘书兼证券部经理,上海国际信托有限公司董事。

续表

姓名	职务	性别	年龄	选任日期	所推举的股东名称	该股东持股比例(%)	简要履历
张广生	董事	男	60	2011年9月	上海汽车工业有限公司	2.00	经济学硕士,中共党员,研究员;曾任上海市体改办处长、市体改研究所副所长、市政府研究室主任、市委研究室主任,市委副秘书长,上海汽车工业(集团)总公司副董事长等职;现任十一届市政协经济委员会副主任(常务)、上海国际信托有限公司董事。
周卫中	董事	男	42	2011年9月	上海金山实业投资发展有限公司	1.33	经济学专业本科毕业,中共党员,经济师;曾任上海石化财贸办宣传干部、团委副书记,上海石化烟草糖酒公司副经理,上海石化地区商业贸易公司办公室副主任、总经理助理、百货公司经理、副总经理,上海金山实业投资发展有限公司副总经理,上海石化城市建设综合开发公司董事总经理;现任金山开发建设股份有限公司董事长、党委书记,上海国际信托有限公司董事。
庄维苏	职工董事	女	55	2011年9月	—	—	行政管理专业本科毕业,中共党员,高级经济师;曾任上海国际信托有限公司人事处副科长,上海国际集团有限公司干部人事处副科长、科长,上海国际信托有限公司人力资源部总经理助理、副总经理;现任上海国际信托有限公司工会常务副主席、党委办公室主任、人力资源部总经理、职工董事。

独立董事

姓名	所在单位及职务	性别	年龄	选任日期	所推举的股东名称	该股东持股比例(%)	简要履历
万晓枫	上海银行党委副书记兼纪委书记(已退休)	男	63	2011年9月	—	—	哲学硕士,中共党员;曾任上海市委办公厅干部、副处长、处长,上海市委办公厅副主任,浦发银行党委副书记、监事,上海银行党委副书记兼纪委书记;现任上海国际信托有限公司董事。
陈世敏	中欧国际工商学院 会计学教授	男	54	2011年9月	—	—	会计学博士研究生,教授,美国注册管理会计师;曾任 Clarion University of Pennsylvania 会计学副教授、教授,The University of Louisiana at Lafayette 会计学副教授,香港岭南大学会计学副教授,香港理工大学会计学副教授;现任中欧国际工商学院会计学教授,上海国际信托有限公司独立董事。
李宪明	上海市锦天城律师事务所合伙人	男	43	2011年9月	—	—	法学博士研究生,中共党员,执业律师;曾在吉林大学法学院工作;现任上海市锦天城律师事务所合伙人,上海国际信托有限公司独立董事。

3.3 监事

监事会成员

姓名	职务	性别	年龄	选任日期	所推举的股东名称	该股东持股比例(%)	简要履历
祝幼一	监事长	男	59	2011年9月	上海国际集团有限公司	66.33	企业管理硕士研究生,中共党员,高级经济师;曾任卢湾区劳动服务公司党总支副书记、副经理,卢湾区劳动局副局长,卢湾区计经委副主任、主任、党组书记,卢湾区副区长,上海城市合作银行党委副书记、纪委书记、副行长,国泰君安证券股份有限公司党委书记、董事长,上海国际集团有限公司副总裁、党委委员;现任上海国际集团有限公司党委委员、副董事长,上海国际信托有限公司监事长。
马名驹	监事	男	51	2011年9月	锦江国际(集团)有限公司	1.34	工商管理硕士研究生,中共党员,高级会计师;曾任凤凰股份有限公司副董事长、总经理,上海东方上市企业博览中心副总经理;现任锦江国际(集团)有限公司副总裁兼计划财务部经理及金融事业部总经理,上海锦江国际投资管理有限公司董事长兼总经理,锦江麦德龙现购自运有限公司副董事长,华安基金管理有限公司董事,长江养老保险股份有限公司董事,大众保险股份有限公司董事,上海国际信托有限公司监事。
张汉	职工监事	男	51	2011年9月	职工代表	—	经济管理专业本科毕业,中共党员,会计师;曾任上海警备区司务长,武警上海总队财务处副处长、二支队处长,上海国际信托投资有限公司风险管理部科长、人力资源部科长、审计稽核部科长等职;现任上海国际信托有限公司监事,审计稽核部副总经理。

本报告期公司监事会未设下属委员会。

3.4　高级管理人员

姓　名	职　务	性别	年龄	选任日期	金融从业年限	学历（位）	专　业
傅帆	总经理	男	48	2011 年 9 月	12	研究生 工学硕士	工业工程管理
林彬	副总经理	男	57	2011 年 9 月	20	大专 EMBA	工　商 管理
刘响东	副总经理	男	42	2011 年 9 月	13	研究生 经济学硕士	国　际 金融
陈兵	副总经理 董事会秘书	男	44	2011 年 9 月	17	研究生 管理学博士	企　业 管理
应华	副总经理	男	37	2012 年 4 月	14	本科 工学硕士	软　件 工程

3.5　公司员工

本报告期公司在岗员工 192 人，上年度公司在岗员工 173 人。

项　目		报告期年度		上年度	
		人数	比例（%）	人数	比例（%）
年龄分布	25 岁以下	22	11.46	11	6.36
	25～29 岁	58	30.21	42	24.28
	30～39 岁	63	32.81	62	35.84
	40 岁以上	49	25.52	58	33.53
学历（位）分布	博士	8	4.17	8	4.62
	硕士	100	52.08	82	47.40
	本科	66	34.38	60	34.68
	专科	13	6.77	16	9.25
	其他	5	2.60	7	4.05

4. 经营管理

4.1　经营目标、经营方针、战略规划

4.1.1　经营目标

本报告期公司的经营目标是坚持科学发展观，以改革促创新，提高信托业务收入，巩固信托行业地位；以改革为契机，坚持创新，深化公司业务转型，全力发展信托主业；以稳健为主线，不断完善内控管理，加强风险控制、优化运营流程，不断适应监管导向。努力推进业务转型的先发优势，打造专业团队，全力推进上海信托持续跨越式发展。公司全年争取实现受托资产规模 800 亿元，实现利润总额 8.2 亿元，实现信托业务收入 5.5 亿元。

4.1.2　经营方针

本报告期公司的经营方针是：诚信、专业、稳健、创新。

4.1.3　战略规划

公司的战略规划是切实转变经营理念，探索信托发展有效路径；以自主创新为动力，勇于开拓市场，做大做强信托业务；以优化配置为核心，提高运作效率，增强自有资金效益；以深化理财理念为重点，大力发展直销业务，积极拓展客户，全力为合格投资者服务；以加强内控为保障，审慎规范运营流程，全面提升经营管理水平；以监管指引为导向，完善法人治理结构，理顺经营机制，突破发展瓶颈制约，努力把公司打造成为业内一流的资产管理和财富管理金融机构。

4.2　所经营业务的主要内容

4.2.1　经营的主要业务及品种

公司经营的主要业务为信托业务和自营业务。

4.2.1.1　信托业务

信托业务主要品种包括：（1）金融产品配置组合类信托。以高端客户的财富管理需求为出发点，凭借强大的投资管理能力和专业的资产配置能力，将投资者的资金在多种金融工具间进行组合投资，为投资者获取稳定安全的投资收益。（2）不动产金融类信托。选择房地产行业的优秀企业和优质项目，采用灵活多样的业务手段设计“风险适度、期限灵活、回报丰厚”的信托产品，让投资者分享房地产行业的成长收益。（3）证券投资类信托。汇聚全新产品设计理念和技术，投资于股票、基金及债券等金融产品，综合采用结构化设计、聘请投资顾问、应用 CPPI 投资策略与数量投资工具等多种方式，开创投资者在风险市场上获取稳定收益的业务新模式。（4）股权信托及并购信托。对于优质的成长性企业，通过股权受益权融资、股权投资、并购融资、受托股权管理、财务顾问等形式提供全面金融服务。（5）国际理财类信托。以大类资产配置为基础理念，与境外金融机构开展深度合作，捕捉海外市场投资机遇，采用结构性票据、指数投资、各类现货和期货投资、外币贷款等灵活运用方式，实现投资者财富增值。（6）固定收益类信托。发挥类货币市场基金的投资功能，将信托资金投资于各种定息型、低风险、高流动性的短期金融产品，并采用封闭式、开放式分期和 T +0 申购赎回等多种业务模式。（7）公司及项目金融类信托。通过信托贷款、债权融资、股权投资或者以资产池现金流为支持的方式，协助优秀企业获取融资，推动基础设施类项目顺利开展。（8）另类投资信托。运用结构化设计，有效结合金融资本与实业经济，将公司专业化投资优势和外部投资顾问专业能力相结合，投资于包括酒类、艺术品、茶类、古董以及贵金属在内的非传统投资领域，满足高净值财富群体的投资期望和艺术文化消费。（9）养老保障、福利计划等信托服务。利用公司在信托服务领域积累的宝贵经验，根据企业员工在养老保障、福利提升、激励促进等方面的具体要求，为企业员工量身定制持续优质的资产管理服务，实现企业改革发展及员工福利改善的有机结合。（10）资产证券化信托服务。充分利用信托公司资源配置、破产隔离的制度优势，充当各类资产证券化项目的资产受托机构，搭建协同平台，探索国内资产证券化的新路径和模式，为各类优质资产提供流动性。

4.2.1.2　自营业务

自营业务主要包括：（1）固定收益业务。以确保资金的安全性和资产的流动性为原则，通过对固定收益市场和相关投资品种的深入研究，根据市场环境的变化动态调整和优化资产配置结构，构建稳健的投资组合，获取固定收益。目前，固定收益业务主要包括货币市场投资和债券市场投资。（2）股权投资业务。通过对股权投资结构、期限、规模的动态调整和优化，把握

各类行业领域孕育的投资机会，开展具有战略意义的金融股权投资或与信托主业联动的直接股权投资，从客户资源、渠道资源、项目资源等方面为信托主业提供有力支持，同时获得长期稳定的投资收益。(3)证券投资业务。追求适度风险条件下的绝对收益最大化，坚持稳健投资的原则，注重对宏观经济动向、重点行业发展趋势和相关个股的深入分析。公司已建立了专业化的证券投资管理团队，锤炼了与公司经营风格相适应的投资理念，形成了科学严谨的投资决策体系，提升了证券投资的主动管理能力和投资收益水平。

4.2.2 资产组合与分布

4.2.2.1 自营资产运用与分布表

资产运用	金额（万元）	占比（%）	资产分布	金额（万元）	占比（%）
货币资产	35 505.04	5.63	基础产业	—	—
贷款及应收款			房地产业	—	—
交易性金融资产	125 988.07	19.95	证券市场	166 200.31	26.32
可供出售金融资产	160 405.94	25.40	实业	—	—
持有至到期投资			金融机构	421 912.12	66.81
长期股权投资	242 299.08	38.37	其他	43 382.92	6.87
其他	67 297.22	10.65			
资产总计	631 495.35	100	资产总计	631 495.35	100

注：资产运用中其他项目主要包括买入返售金融资产、固定资产、无形资产、递延所得税资产和抵债资产。

4.2.2.2 信托资产运用与分布表

资产运用	金额（万元）	占比（%）	资产分布	金额（万元）	占比（%）
货币资金	636 522.72	5.29	基础产业	3 748 931.50	31.17
贷款	5 134 774.50	42.69	房地产业	592 666.25	4.93
交易性金融资产	2 606 301.45	21.67	证券	2 380 844.50	19.79
长期股权投资	158 421.49	1.32	工商企业	1 499 208.50	12.46
可供出售金融资产	3 059 122.20	25.43	金融机构	266 350.00	2.21
持有至到期投资	80 000.00	0.66	其他	3 540 614.75	29.44
买入返售金融资产	100 660.25	0.84			
其他	252 812.89	2.10			
合计	12 028 615.50	100.00	合计	12 028 615.50	100.00

4.3 市场分析

在宏观经济方面，2012 年世界经济放缓至金融危机爆发以来的最低水平，全球经济复苏的不稳定性和不确定性上升。国内经济受人口红利衰减、产能过剩、房地产资产泡沫、环境污染等各方面的限制，长期增长潜力明显下移，从原来的年均10%左右回调到7%~8%，经济增速过快下行使得政府的政策基调转变为稳增长。在此背景下，央行下调基准利率刺激需求增长，增强政策操作的灵活性，适时扩大社会融资总规模，保持贷款适度增加以缓解经济下行的压力。同时，在“稳增长”的政策基调下，政府投资增速加快，平台基建类项目竞相上马，地方政府通过债券市场和信托融资渠道获得资金，带动基建类信托规模大幅增长。房地产市场方面，刚性需求的有序释放使得成交量显著回升，而在国家严厉的宏观调控下，房地产投资增速连续下滑导致市场结构性供给减少，大中城市的房价环比连续上升，房地产企业去库存化速度加快，资金压力大大缓解。资本市场方面，中小企业板和创业板市场上市公司规模和融资规模迅速扩大，股票市场资金流出严重，市场呈现单边下跌态势，债券市场由于地方政府大量发债融资规模迅速扩大。

在理财市场环境方面，由于全球性经济增速放缓，投资收益率明显下降，房地产市场严调厉控、资本市场单边下跌，投资者更加青睐固定收益型的信托产品，巨大的市场需求使信托产品出现供不应求的局面，信托业受托资产管理规模大幅增长，成为中国第二大金融业态。与此同时，监管机构持续制度创新，券商、保险、基金资产管理业务“松绑”，“泛资产管理时代”正在到来，信托的制度优势逐渐消失，资产管理市场的竞争日益激烈。

在信托行业政策方面，监管机构坚持采取审慎监管的原则，坚守风险底线，严防行业出现系统性风险，出台一系列规范性的监管政策。一是叫停票据类信托产品和信托同业存款，从严信贷管控；二是先后对房地产信托业务和政信合作业务进行窗口指导，强调业务开展的合规性；三是起草《金融资产管理公司收购信托公司不良资产业务指引》，对信托公司不良资产的边界、收购范围、资产公司的风险控制、操作合规性等作出详尽规定，引导信托公司建立合理的风险缓释和化解机制；四是进一步收紧信托公司的资金池业务，暂停信托发行新的资产池产品，对于存量的资金池信托业务，着手制定相关文件进行规范。

4.4 内部控制

4.4.1 内部控制环境和内部控制文化

董事会和高级管理层重视公司内部控制机制和内控文化建设，公司建立了分工合理、职责明确、报告关系清晰的组织机构。董事会下设由独立董事负责的风险管理委员会，负责审核公司内控机制的建设规划，公司管理层组织各部门认真落实全年内控建设措施。报告期内，随着公司新一代业务管理系统投入运行，公司不断梳理和完善业务组织结构和流程，重建公司业务授权体系，构建了分工合理、职责明确、报告关系清晰的业务组织架构和流程。同时，公司紧密围绕建设一流资产管理和财富管理金融机构的战略目标，不断加强内部控制文化建设，努力构建诚信、稳健、创新的企业文化。公司一方面，根据部门岗位设置和人员编制安排，通过科学的薪酬测算，不断完善奖惩激励机制；另一方面，采取措施培养人才、用好人才。公司通过合规培训、合规刊物、合规园地等多种渠道，培养员工合规意识，合规理念逐渐深入人心，员工的法治观念、诚信观念和道德水准得到了进一步的提升，职业行为得到进一步规范。

4.4.2 内部控制措施

公司内部控制职能部门为合规部、风险管理部和审计稽核部。

公司内部控制遵循全面、审慎、有效、独立的原则。公司内部控制活动包括不相容职务分离控制、授权审批控制、业务流程控制、会计系统控制、财产保护控制、运营分析控制、信息系统控制和绩效考评控制，并实行业务预警、应急机制和净资本管理等。

公司业务流程严格按照前台、中台、后台划分：前台负责业务受理、初审及具体操作，完成项目审批前的尽职调查、信托方案设计和提交以及项目审批后的合同签署、产品发售、投资交易、运作管理和客户服务等工作；中台贯穿业务决策程序和管理环节，负责信托项目的合法合规性审核、风险评估、议事决策、业务综合管理和过程控制，和前台部门共同完成事前防范和事中控制，对系统性风险提出指导意见和改进措施，对个别性风险发出预警信号；后台负责对业务的财务管理及会计核算、信息化支持、行政保障、人力资源管理和审计监督。

公司建立危机事件预警机制和突发事件应急处理机制，明确风险预警标准，对可能发生的危机事件或突发事件，制订应急预案、明确责任人员、规范处置程序，确保突发事件得到及时妥善处理。

公司根据银监会发布的《信托公司净资本管理办法》，对各项业务实行净资本管理，使公司业务协调、高效、有重点地运行，并符合公司战略发展要求。

公司进一步加强制度体系建设，对照国家新颁布的相关法律法规，根据外部政策、市场变化和公司业务发展的需要，不断研究、探讨各项业务风险管理措施，报告期内及时制定和修订13项内控制度，保证了业务开展的合规性和可操作性。

报告期内，随着新一代业务系统正式运行，实现了公司业务操作和管理的电子化，加快了业务数据的集中处理和整合，同时建立健全了信息系统相关规章制度、技术规范、操作规程和授权机制，进一步梳理和完善了业务操作流程和操作规范。

4.4.3 监督评价与纠正

公司通过建立自控、互控、监控三位一体的机制，对内部控制活动进行检查、评价、监督和纠正。公司制定内部控制监督制度、内部控制缺陷认定标准，并定期自我评价，出具内部控制自我评价报告；业务部门对各项业务跟踪管理，经常检查其经营状况，一旦发现存在问题，迅速予以自纠；财务管理部门和风险管理部门分别行使后台监督职能和风险管理职能，相关部门、岗位之间互相制衡、监督，一旦发现问题，均要求限时纠正；审计稽核部门对公司内部控制进行再监督，可获得公司所有的经营信息和管理信息，对公司业务通过常规和专项审计，实施最后的监督和评价，督促内部审计建议的落实，并可直接向董事会和高级管理层报告。

4.5 风险管理

4.5.1 信用风险状况及其管理

信用风险主要指交易对手不履行义务的可能性，主要表现为在贷款、资产回购、后续资金安排、担保、履约承诺、资金往来、证券投资等交易过程中，借款人、担保人、保管人（托管人）、证券投资开户券商、银行等交易对手不履行承诺，不能或不愿履行合约承诺而使信托财产或固有财产遭受潜在损失的可能性。本公司信用风险资产按五级分为正常类、关注类、次级类、可疑类和损失类。2012年度期初及期末本公司不良资产余额都为零；对信用风险资产本公司根据《中国银监会办公厅关于修订信托公司年报披露格式规范信息披露有关问题的通知》（银监办发〔2009〕407号文）规定，参照中国人民银行《银行贷款损失计提指引》（银发〔2002〕98号文）规定，对年末信用风险资产按照关注类资产2%、次级类资产25%、可疑类资产50%、损失类资产100%的比例计提贷款损失准备、坏账准备。

在信用风险管理上，一是严格实行"贷前调查、贷中审查、贷后检查"。在贷前调查（项目立项）阶段，规范项目尽职调查的程序、重点和方法；在贷中审查（项目审批）阶段，合规部、风险管理部进行预审，项目评审委员会对业务进行项目可行性风险评估；在贷后检查（项目运营）阶段，要求业务部门持续监控交易对手的履约能力。二是在产品交易结构设计上，综合运用规避、预防、分散、转移、补偿等手段管理风险，尽力降低信用风险敞口。公司通过引入金融机构信用、财产抵押、权利质押等担保方式，分散、转移融资主体的信用风险；对拟抵（质）押资产设置抵（质）押率上限，作为价值变化的缓冲；通过账户管理归集和监控项目本身的现金流，作为履约的主要资金来源；在可能的情况下监管交易对手账户，监督资金使用，防止挪用；通过信托受益权的优先劣后安排，将具有不同风险偏好和风险承受能力的客户分开；加大交易对手违约成本，使交易对手不敢轻易违约；通过现场过程监控和非现场信息监控，及时了解项目进展、交易对手经营和资金使用状况；安排信托受益权的流通转让，分散信用风险。三是按照银监会要求，定期对公司资产进行风险分类。四是严格按财政部和中国银监会的要求，提足包括呆账准备金、信托赔偿准备金在内的各项准备金。

4.5.2 市场风险状况及其管理

市场风险主要指在金融市场等投资业务过程中，投资于有公开市场价值的金融产品或者其他产品时，金融产品或者其他产品的价格发生波动导致公司信托财产或固有财产遭受损失的可能性。同时，市场风险还具有很强的传导效应，某些信用风险的根源可能也来自于交易对手的市场风险。报告期内，公司密切关注各类市场风险，及时调整投资策略，市场风险可控。

在市场风险管理上，一是打造有竞争力的研究团队，加大对资本市场和股权投资市场的研究和分析，以战略眼光审视投资价值，宏观层面做好主要经济指标的分析和预测，微观层面加强对股票池内股票的调研分析和业绩评估，提高对国家政策出台的预判能力，个股选择以业绩成长性和合理估值为基础，行业配置上关注热点产业和新兴产业的比重，努力提高投资绩效。二是坚持稳健原则，在投资组合中配置足够的固定收益类等低风险投资品种；对证券投资组合的净值、仓位和投资集中度等指标事先设定预警点或止损点；通过投资分散化（组合对冲）降低非系统性风险。三是在业务决策和管理过程中，分别通过压力测试进行分析和评估，进行动态跟踪管理。四是积极贯彻落实监管部门有关文件精神，及时对公司信托业务中的房地产业务、信政合作业务和银信合作业务等提出"风险提示"，密切专注市场变化，加强防范业务风险的措施。

4.5.3 操作风险状况及其管理

操作风险表现为由于公司治理机制、内部控制失效或者有关责任人出现失误、欺诈等问题，公司没有充分及时地做好尽职调查、持续监控、信息披露等工作，未能及时作出应有的反应，或作出的反应明显有失专业和常理，甚至违规违约；公司没有履行勤勉尽职管理的义务，或者无法出具充分有效的证据和记录，证明自己已履行勤勉尽职管理的义务。报告期内，公司及时发现操作风险点，制定纠正措施，避免发生因操作风险造成的损失。

在操作风险管理上，一是在立项审批环节，设立非常设机构项目评审委员会，负责对公司业务事前的可行性进行评估，提出应对风险的建议和措施，并作出相应决策；设立非常设机构信托投资决策委员会和自营证券投资决策小组，负责信托业务和自营证券投资事中的投资运作决策；制定相关委员会议事规则，明确委员会的议事流程和议事方法。二是在推介环节，制定《客户服务规范》和《合格投资者认定管理暂行办法》，严格按照“新两规”规范推介程序，认定合格投资者，禁止承诺“保本保息”或最低收益，禁止通过公开媒体进行营销宣传，禁止委托非金融机构推介信托计划。三是在信托财产运用和管理环节，制定员工手册，严禁通过信托项目为自己或他人谋取不当利益；制定《信托贷款贷后运营管理操作指引（试行）》和《主动管理型金融产品投资类信托业务暂行管理办法》，认真履行受托人职责，持续跟踪了解资金使用和项目进展情况，坚持做到信托财产之间、信托财产与固有财产之间分别管理、分别记账；制定《资金信托业务档案管理办法（试行）》、《信托业务会计档案管理办法》，对信托财产管理中的各项事务、数据和其他有关情况保留真实、完整记录；健全存续产品运营管理，通过止损操作流程、运营人员优化配置、量化绩效考核机制等具体措施，全面保障信托产品的正常运作和动态风险监控；加强对结构化证券信托、上市公司股权受益权集合信托等项目进行自查及检查，考量风险控制条件及日常运作流程，检查抵质押凭证及业务操作规范，系统整理项目管理台账；重点建设并投入使用新一代业务管理系统，从运营与托管之间的串联式管理转变为按职能划分的并联式流程管理，理顺并健全信托产品运营管理体系，提升操作风险管理能力。四是在信托终止清算环节，信托产品到期前一个月，信托执行经理就产品能否按合同约定向信托受益人交付提出书面报告；公司对信托产品的收益、费用、效益和信托财产的净值进行核算并出具到期清算报告；审计稽核部对集合管理信托计划的到期分配进行审计并出具审计报告，最后向信托受益人实施分配清算。

4.5.4 其他风险状况及其管理

其他风险主要是指公司业务开展中的流动性风险、政策风险、信誉风险、道德风险等。报告期内，公司未发生因其他风险所造成的损失。

在其他风险管理上，一是加强员工合规培训，要求员工认真学习并执行有关的法律法规，增强合规意识和风险管理意识，提高风险管理能力。二是加强对运作项目的现金流量管理，同时做好公司现金流量的预测和安排。三是加强职业道德教育，规范职业行为，把职业道德、职业操守作为员工教育的一个重要内容，不断增强员工的工作责任心，严格控制道德风险。

5. 报告期末及上一年度末的比较式会计报表

5.1 自营资产

5.1.1 会计师事务所审计意见

上海上会会计师事务所有限公司对公司所作的审计结论如下：

上海国际信托有限公司财务报表已经按照《企业会计准则》的规定编制，在所有重大方面公允反映了上海国际信托有限公司 2012 年 12 月 31 日的合并及母公司财务状况以及 2012 年度的合并及母公司经营成果和合并及母公司现金流量。

5.1.2 资产负债表

资产负债表

编制单位：上海国际信托有限公司　　2012 年 12 月 31 日　　单位：万元

资产	期末数		期初数		负债及所有者权益	期末数		期初数	
	合并	母公司	合并	母公司		合并	母公司	合并	母公司
资产：					负债：				
现金及存放中央银行款项	6.21	0.04	5.01		向中央银行借款				
存放同业款项	156 035.33	35 505.00	150 277.77	27 905.78	同业及其他金融机构存放款项				
贵金属					拆入资金				
拆出资金					交易性金融负债				
交易性金融资产	131 708.55	125 988.07	76 059.10	76 059.10	衍生金融负债				
衍生金融资产					卖出回购金融资产款				
买入返售金融资产	19 000.28	19 000.28			吸收存款				
应收利息	2 655.12	816.56	1 057.87	3.16	应付职工薪酬	24 361.71	12 003.88	20 438.42	8 039.72
发放贷款和垫款					应交税费	27 240.83	22 870.97	18 727.18	12 255.88
可供出售金融资产	162 836.58	160 405.94	188 843.41	179 843.41	应付利息				
持有至到期投资					预计负债				
长期股权投资	219 622.68	242 299.08	216 908.09	242 284.49	应付债券				
投资性房地产					递延所得税负债	946.40	913.72		
固定资产	9 778.12	8 476.31	9 964.05	8 356.82	其他负债	21 529.97	13 234.07	25 153.36	18 334.45
无形资产	1 461.64	642.26	1 212.16	638.86	负债合计	74 078.91	49 022.64	64 318.96	38 630.05
递延所得税资产	14 377.19	11 336.23	3 973.70	878.72					
其他资产	36 467.82	27 025.58	34 168.82	25 568.49	所有者权益：				
商誉					实收资本	250 000.00	250 000.00	250 000.00	250 000.00

续表

资产	期末数		期初数		负债及所有者权益	期末数		期初数	
	合并	母公司	合并	母公司		合并	母公司	合并	母公司
					资本公积	9 372.34	9 274.29	8 312.40	8 312.39
					减:库存股	0.00	0.00		
					盈余公积	98 608.17	98 608.18	74 736.64	74 736.64
					一般风险准备	34 904.41	7 262.20	26 191.92	2 783.70
					信托赔偿准备	50 000.00	50 000.00	50 000.00	50 000.00
					未分配利润	183 100.15	167 328.04	155 768.30	137 076.05
					外币折算差额	-10.75	0.00	-10.73	
					归属于母公司所有者权益合计	625 974.32	582 472.71	564 998.53	522 908.78
					少数股东权益	53 896.29	0.00	53 152.49	
					所有者权益合计	679 870.61	582 472.71	618 151.02	522 908.78
资产总计	753 949.52	631 495.35	682 469.98	561 538.83	负债及所有者权益总计:	753 949.52	631 495.35	682 469.98	561 538.83

法定代表人:潘卫东　　主管会计工作负责人:陈　兵　　会计机构负责人:朱　红

5.1.3 利润表

利润表

编制单位:上海国际信托有限公司　　2012 年度　　单位:万元

项　目	本年累计数		上年累计数	
	合并	母公司	合并	母公司
一、营业收入	218 080.00	141 001.26	175 611.40	93 150.41
利息净收入	6 611.24	641.00	8 514.36	2 860.12
利息收入	6 611.54	641.30	8 514.36	2 860.12
利息支出	0.30	0.30		
手续费及佣金净收入	155 220.09	76 146.57	133 468.63	45 952.49
手续费及佣金收入	155 240.42	76 150.75	133 474.06	45 957.92
手续费及佣金支出	20.33	4.18	5.43	5.43
投资收益(损失以"-"号填列)	47 867.96	57 819.33	23 563.12	36 186.52
其中:对联营企业和合营企业的投资收益				
公允价值变动收益(损失以"-"号填列)	5 887.21	5 887.21	-2 427.52	-2 427.52
汇兑收益(损失以"-"号填列)	-1.93	-9.42	-230.40	-227.40
其他业务收入	2 495.43	516.57	12 723.21	10 806.20
二、营业支出	85 174.71	27 138.80	77 592.73	19 251.44
营业税金及附加	9 372.83	4 779.97	7 925.30	2 877.96
业务及管理费	75 444.29	22 001.24	69 526.23	16 232.28
资产减值损失	8.38	8.38	-5.45	-5.45
其他业务成本	349.21	349.21	146.65	146.65
三、营业利润(亏损以"-"号填列)	132 905.29	113 862.46	98 018.67	73 898.97
加:营业外收入	190.49	6.83	8 807.68	8 343.78
减:营业外支出	104.99	103.50	9.09	—
四、利润总额	132 990.79	113 765.79	106 817.26	82 242.75
减:所得税费用	25 352.56	17 663.76	20 551.45	10 936.09
五、净利润(净亏损以"-"号填列)	107 638.23	96 102.03	86 265.81	71 306.66
少数股东损益	10 144.95		13 150.18	
六、归属于母公司所有者的净利润	97 493.28	96 102.03	73 115.63	71 306.66
七、每股收益:				
基本每股收益				
稀释每股收益				

法定代表人:潘卫东　　主管会计工作负责人:陈　兵　　会计机构负责人:朱　红

5.1.4 所有者权益变动表

所有者权益变动表

编制单位:上海国际信托有限公司(合并)　　2012 年度　　单位:万元

项目	本期金额										上期金额									
	归属于母公司所有者权益								少数股东权益	所有者权益合计	归属于母公司所有者权益								少数股东权益	所有者权益合计
	实收资本	资本公积	盈余公积	一般风险准备金	信托赔偿准备金	未分配利润	外币报表折算差额	小计			实收资本	资本公积	盈余公积	一般风险准备金	信托赔偿准备金	未分配利润	外币报表折算差额	小计		
一、上年末余额	250 000.00	8 312.40	74 736.64	26 191.92	50 000.00	155 768.30	-10.73	564 998.53	53 152.49	618 151.02	250 000.00	10 297.71	52 229.26	21 754.75	50 000.00	147 313.40	60.09	531 655.21	52 400.20	584 055.41
加:会计政策变更																				
前期差错更正																				
二、本年初余额	250 000.00	8 312.40	74 736.64	26 191.92	50 000.00	155 768.30	-10.73	564 998.53	53 152.49	618 151.02	250 000.00	10 297.71	52 229.26	21 754.75	50 000.00	147 313.40	60.09	531 655.21	52 400.20	584 055.41
三、本年增减变动金额(减少以"-"号填列)		1 059.94	23 871.53	8 712.49		27 331.85	-0.02	60 975.79	743.80	61 719.59		-1 985.31	22 507.38	4 437.17		8 454.90	-70.82	33 343.32	752.29	34 095.61
(一)净利润						97 493.28		97 493.28	10 144.95	107 638.23						73 115.63		73 115.63	13 150.18	86 265.81
(二)直接计入所有者权益的利得和损失		1 059.94					-0.02	1 059.92	-0.02	1 059.90		-1 761.52					-10.73	-1 772.25	-10.31	-1 782.56
1. 可供出售金融资产公允价值变动净额		1 413.25						1 413.25		1 413.25		-2 348.70						-2 348.70		-2 348.70
2. 权益法下被投资单位其他所有者权益变动的影响																				
3. 与计入所有者权益项目相关的所得税影响		-353.31						-353.31		-353.31		587.18						587.18		587.18
4. 其他							-0.02	-0.02	-0.02	-0.04							-10.73	-10.73	-10.31	-21.04
上述(一)和(二)小计		1 059.94				97 493.28	-0.02	98 553.20	10 144.93	108 698.13		-1 761.52				73 115.63	-10.73	71 343.38	13 139.87	84 483.25
(三)所有者投入和减少资本									50.00	50.00							-60.09	-60.09		-60.09
1. 所有者投入资本																				
2. 股份支付计入所有者权益的金额									50.00	50.00										
3. 其他																	-60.09	-60.09		-60.09
(四)利润分配			23 871.53	8 712.49		-70 161.43		-37 577.41	-9 451.13	-47 028.54		-223.79	22 507.38	4 437.17		-64 660.73		-37 939.97	-12 387.58	-50 327.55
1. 提取盈余公积/交易风险准备/一般风险准备			23 871.53	8 712.49		-32 584.02							22 507.38	4 437.17		-26 944.55				
2. 对所有者(或股东)的分配						-37 500.00		-37 500.00	-9 413.00	-46 913.00						-37 500.00		-37 500.00	-11 996.60	-49 496.60
3. 其他						-77.41		-77.41	-38.13	-115.54		-223.79				-216.18		-439.97	-390.98	-830.95
(五)所有者权益内部结转																				
1. 资本公积转增资本(或股本)																				
2. 盈余公积转增资本(或股本)																				
3. 盈余公积弥补亏损																				
4. 其他																				
四、本年末余额	250 000.00	9 372.34	98 608.17	34 904.41	50 000.00	183 100.15	-10.75	625 974.32	53 896.29	679 870.61	250 000.00	8 312.40	74 736.64	26 191.92	50 000.00	155 768.30	-10.73	564 998.53	53 152.49	618 151.02

法定代表人:潘卫东　　主管会计工作负责人:陈　兵　　会计机构负责人:朱　红

所有者权益变动表

编制单位：上海国际信托有限公司（母公司）　　2012 年度　　单位：万元

项目	本年金额								上年金额							
	实收资本	资本公积	盈余公积	一般风险准备金	信托赔偿准备金	未分配利润	外币报表折算差额	所有者权益合计	实收资本	资本公积	盈余公积	一般风险准备金	信托赔偿准备金	未分配利润	外币报表折算差额	所有者权益合计
一、上年末余额	250 000.00	8 312.39	74 736.64	2 783.70	50 000.00	137 076.05		522 908.78	250 000.00	10 073.92	52 229.26	2 783.70	50 000.00	125 776.76		490 863.64
加：会计政策变更																
前期差错更正																
二、本年初余额	250 000.00	8 312.39	74 736.64	2 783.70	50 000.00	137 076.05		522 908.78	250 000.00	10 073.92	52 229.26	2 783.70	50 000.00	125 776.76		490 863.64
三、本年增减变动金额（减少以“－”号填列）		961.90	23 871.54	4 478.50		30 251.99		59 563.93		－1 761.53	22 507.38			11 299.28		32 045.14
（一）净利润						96 102.03		96 102.03						71 306.66		71 306.66
（二）直接计入所有者权益的利得和损失		961.90						961.90		－1 761.53						－1 761.53
1. 可供出售金融资产公允价值变动净额		1 282.53						1 282.53		－2 348.70						－2 348.70
2. 权益法下被投资单位其他所有者权益变动的影响																
3. 与计入所有者权益项目相关的所得税影响		－320.63						－320.63		587.17						587.17
4. 其他																
上述（一）和（二）小计		961.90				96 102.03		97 063.93		－1 761.53				71 306.66		69 545.14
（三）所有者投入和减少资本																
1. 所有者投入资本																
2. 股份支付计入所有者权益的金额																
3. 其他																
（四）利润分配			23 871.54	4 478.50		－65 850.04		－37 500.00			22 507.38			－60 007.38		－37 500.00
1. 提取盈余公积/交易风险准备/一般风险准备			23 871.54	4 478.50		－28 350.04					22 507.38			－22 507.38		
2. 对所有者（或股东）的分配						－37 500.00		－37 500.00						－37 500.00		－37 500.00
3. 其他																
（五）所有者权益内部结转																
1. 资本公积转增资本（或股本）																
2. 盈余公积转增资本（或股本）																
3. 盈余公积弥补亏损																
4. 其他																
四、本年末余额	250 000.00	9 274.29	98 608.18	7 262.20	50 000.00	167 328.04		582 472.71	250 000.00	8 312.39	74 736.64	2 783.70	50 000.00	137 076.05		522 908.78

法定代表人：潘卫东　　主管会计工作负责人：陈　兵　　会计机构负责人：朱　红

5.2 信托资产

5.2.1 信托项目资产负债汇总表

信托项目资产负债汇总表

编制单位:上海国际信托有限公司　　2012 年 12 月 31 日　　单位:万元

信托资产	期末余额	年初余额	信托负债和信托权益	期末余额	年初余额
信托资产:			信托负债:		
货币资金	634 526.80	977 016.46	交易性金融负债	0.00	0.00
拆出资金	0.00	0.00	衍生金融负债	0.00	0.00
存出保证金	1 995.92	2 416.74	应付受托人报酬	4 277.37	1 341.82
交易性金融资产	2 606 301.45	2 140 670.90	应付托管费	1 496.75	1 399.93
衍生金融资产	1 661.02	2 984.81	应付受益人收益	7 177.73	24 387.97
买入返售金融资产	100 660.25	170 562.91	应交税费	0.00	0.00
应收款项	64 161.16	192 141.70	应付销售服务费	253.57	0.00
发放贷款	5 134 774.50	2 329 244.33	其他应付款	65 010.24	86 622.54
可供出售金融资产	3 059 122.20	1 503 245.52	预计负债	0.00	0.00
持有至到期投资	80 000.00	97 000.00	其他负债	0.85	0.93
长期应收款	0.00	0.00	信托负债合计	78 216.51	113 753.19
长期股权投资	158 421.49	316 085.75	信托权益:		
投资性房地产	0.00	0.00	实收信托	11 836 668.44	7 527 542.76
固定资产	0.00	0.00	资本公积	17 898.02	128 897.79
无形资产	0.00	0.00	未分配利润	95 832.53	-35 780.89
长期待摊费用	118.16	0.00	外币报表折算差额	0.00	0.00
其他资产	186 872.55	3 043.73	信托权益合计	11 950 398.99	7 620 659.66
信托资产总计	12 028 615.50	7 734 412.85	信托负债及信托权益总计	12 028 615.50	7 734 412.85

企业负责人:潘卫东　　复核:朱红　　制表:陈敬娴

5.2.2 信托项目利润和利润分配汇总表

信托项目利润和利润分配汇总表

2012 年度

编制单位:上海国际信托有限公司　　单位:万元

项　目	本年金额	上年金额
1. 营业收入	673 802.42	290 576.19
1.1 利息收入	415 105.55	271 391.97
1.2 投资收益	219 656.46	90 984.35
1.2.1 其中:对联营企业和合营企业的投资收益	0.00	0.00
1.3 公允价值变动收益	37 549.35	-70 679.82
1.4 租赁收入	0.00	0.00
1.5 汇兑损益	60.87	-232.32
1.6 其他收入	1 430.19	-887.99
2. 支出	109 895.81	77 916.29
2.1 营业税金及附加	69.92	0.00
2.2 受托人报酬	70 050.63	43 292.33
2.3 托管费	12 896.04	8 288.86
2.4 投资管理费	1 535.53	7 978.86
2.5 销售服务费	3 526.17	2 434.98
2.6 交易费用	2 705.39	4 849.11
2.7 资产减值损失	0.00	0.00
2.8 其他费用	19 112.13	11 072.15
3. 信托净利润	563 906.61	212 659.90
4. 其他综合收益	-100 127.77	-12 515.94
5. 综合收益	463 778.84	200 143.96
6. 加:期初未分配信托利润	-35 780.89	34 469.38
7. 可供分配的信托利润	593 125.89	263 963.27
8. 减:本期已分配信托利润	497 293.36	299 744.16
9. 期末未分配信托利润	95 832.53	-35 780.89

企业负责人:潘卫东　　复核:朱红　　制表:陈敬娴

6. 会计报表附注

6.1 报告年度会计报表编制基准、会计政策、会计估计和核算方法发生的变化

本公司2012年度会计报表编制基准、会计政策、会计估计和核算方法与上年度保持一致,未发生变化。

6.2 或有事项说明

报告期内,本公司未发生对外担保及其他或有事项。

6.3 重要资产转让及其出售的说明

报告期内根据相关股权置换协议,本公司将持有的183 934 678股申银万国证券股份有限公司股权置换为78 804 558股国泰君安证券股份有限公司股份。

6.4 会计报表中重要项目的明细资料

6.4.1 披露自营资产经营情况

6.4.1.1 按信用风险五级分类结果披露信用风险资产的期初数、期末数

信用风险资产五级分类	正常类（万元）	关注类（万元）	次级类（万元）	可疑类（万元）	损失类（万元）	信用风险资产合计（万元）	不良资产合计（万元）	不良资产率（%）
期初数	31 244.05	67.57	—	—	—	31 311.62	—	—
期末数	40 699.85	—	—	—	—	40 699.85	—	—

注：不良资产合计＝次级类＋可疑类＋损失类。

6.4.1.2 各项资产减值损失准备的期初、本期计提、本期转回、本期核销、期末数

单位：万元

	期初数	本期计提	本期转回	本期核销	期末数
贷款损失准备	—	—	—	—	—
一般准备	—	—	—	—	—
专项准备	—	—	—	—	—
其他资产减值准备	481.32	9.73	1.35	—	489.70
可供出售金融资产减值准备				—	
持有至到期投资减值准备				—	
长期股权投资减值准备	53.60	9.73		—	63.33
坏账准备	1.35		1.35	—	
投资性房地产减值准备				—	
抵债资产减值准备	426.37			—	426.37

6.4.1.3 按照投资品种分类，分别披露固有业务股票投资、基金投资、债券投资、股权投资等投资业务的期初数、期末数

单位：万元

	自营股票	基金	债券	长期股权投资	其他投资	合计
期初数	37 297.99	47 843.80	22 737.50	242 284.49	148 023.22	498 187.00
期末数	33 157.62	64 785.00	48 440.85	242 299.08	140 010.54	528 693.09

6.4.1.4 按投资入股金额排序，前三名的自营长期股权投资的企业名称、占被投资企业权益的比例、主要经营活动及投资收益情况等

企业名称	占被投资企业权益的比例（%）	主要经营活动	投资损益（万元）
1. 上海证券有限责任公司	33.33	证券经纪、证券投资咨询、证券自营等	—
2. 上海浦东发展银行股份有限公司	5.23	吸收公众存款、发放贷款、办理结算等	29 277.71
3. 香港申联投资发展有限公司	16.50	投资管理等	2 542.17

6.4.1.5 前三名的自营贷款的企业名称、占贷款总额的比例和还款情况等

报告期末，本公司无自营贷款。

6.4.1.6 表外业务的期初数、期末数；按照代理业务、担保业务和其他类型表外业务分别披露

单位：万元

表外业务	期初数	期末数
担保业务	—	—
代理业务（委托业务）	158 864.42	172 864.42
其他	1 330.00	1 330.00
合计	160 194.42	174 194.42

6.4.1.7 公司当年的收入结构

合并口径

收入结构	金额（万元）	占比（%）
手续费及佣金收入	155 240.42	71.12
其中：信托手续费收入	76 098.22	34.86
投资银行业务收入	—	
利息收入	6 611.54	3.03
其他业务收入	2 495.43	1.14
其中：计入信托业务收入部分	—	
投资收益	47 867.96	21.93
其中：股权投资收益	39 871.94	18.27
证券投资收益	7 996.02	3.66
其他投资收益	—	
公允价值变动收益	5 887.21	2.70
营业外收入	190.49	0.09
收入合计	218 293.05	100.00

母公司口径

收入结构	金额（万元）	占比（%）
手续费及佣金收入	76 150.75	54.00
其中：信托手续费收入	76 098.22	53.96
投资银行业务收入	—	
利息收入	641.30	0.45
其他业务收入	516.57	0.37
其中：计入信托业务收入部分	—	
投资收益	57 819.33	41.00
其中：股权投资收益	50 158.94	35.57
证券投资收益	7 660.38	5.43
其他投资收益	—	
公允价值变动收益	5 887.21	4.17
营业外收入	6.83	0.00
收入合计	141 021.99	100.00

2012年以手续费及佣金确认的信托业务收入金额为68 056.45万元，以业绩报酬形式确认的信托业务收入金额为1 942.93万元，以其他形式确认的信托业务收入金额为6 098.84万元。

6.4.2 **披露信托财产管理情况**

6.4.2.1 信托资产的期初数、期末数

单位：万元

信托资产	期初数	期末数
集合	2 284 129.05	4 151 955.15
单一	5 429 050.80	7 682 719.54
财产权	21 233.00	193 940.81
合计	7 734 412.85	12 028 615.50

6.4.2.1.1 主动管理型信托业务的信托资产期初数、期末数

单位：万元

主动管理型信托资产	期初数	期末数
证券投资类	619 235.74	1 869 791.88
股权投资类	185 441.72	255 135.26
融资类	1 661 030.19	5 974 347.64
事务管理类	34 588.60	16 165.00
合计	2 559 243.65	8 620 963.16

6.4.2.1.2 被动管理型信托业务的信托资产期初数、期末数

单位：万元

被动管理型信托资产	期初数	期末数
证券投资类	3 356 885.72	2 615 311.08
股权投资类	0.00	31 108.50
融资类	1 798 720.86	333 251.22
事务管理类	759.17	152 848.43
合计	5 175 169.20	3 407 652.34

6.4.2.2 本年度已清算结束的信托项目表

6.4.2.2.1 本年度已清算结束的信托项目

已清算结束信托项目	项目个数	实收信托合计金额（万元）	加权平均实际年化收益率（%）
集合资金类	91	1 352 528.83	6.08
单一资金类	80	2 581 459.99	6.01
财产管理类	1	8 125.00	-1.00

注：加权平均实际年化收益率＝（信托项目1的实际年化收益率×信托项目1的实收信托＋…＋信托项目n的实际年化收益率×信托项目n的实收信托）/（信托项目1的实收信托＋…＋信托项目n的实收信托）×100%。

6.4.2.2.2 本年度已清算结束的主动管理型信托项目

已清算结束信托项目	项目个数	实收信托合计金额（万元）	加权平均实际年化信托报酬率（%）	加权平均实际年化收益率（%）
证券投资类	28	316 508.55	1.04	0.69
股权投资类	6	119 072.97	1.29	2.45
融资类	71	1 183 484.00	2.48	8.46
事务管理类	5	9 582.31	2.04	28.64

注：加权平均实际年化收益率＝（信托项目1的实际年化收益率×信托项目1的实收信托＋…＋信托项目n的实际年化收益率×信托项目n的实收信托）/（信托项目1的实收信托＋…＋信托项目n的实收信托）×100%。

6.4.2.2.3 本年度已清算结束的被动管理型信托项目

已清算结束信托项目	项目个数	实收信托合计金额（万元）	加权平均实际年化信托报酬率（%）	加权平均实际年化收益率（%）
证券投资类	11	323 130.24	0.18	4.88
股权投资类	0	0.00	—	—
融资类	47	1 808 935.75	0.22	7.66
事务管理类	0	0.00	—	—

注：加权平均实际年化收益率＝（信托项目1的实际年化收益率×信托项目1的实收信托＋…＋信托项目n的实际年化收益率×信托项目n的实收信托）/（信托项目1的实收信托＋…＋信托项目n的实收信托）×100%。

6.4.2.3 本年度新增的信托项目

新增信托项目	项目个数	实收信托合计金额（万元）
集合类	191	3 736 304.62
单一类	139	5 784 441.18
财产管理类	4	195 008.93
新增合计	334	9 715 754.73
其中：主动管理型	242	6 179 049.12
被动管理型	92	3 536 705.61

注：本年新增信托项目指在本报告年度内累计新增的信托项目个数和金额，包含本年度新增并于本年度内结束的项目和本年度新增至报告期末仍在持续管理的信托项目。

6.4.2.4 信托业务创新成果和特色业务有关情况

报告期内，公司继续探索符合监管标准和运营要求的产品创新方向和业务创新模式，为客户提供更加多样的信托产品。在证券业务方面，启用由融资方、信托公司、质押股票托管券商和第三方存管银行“四方合作监管”的风控模式，最大程度地保证资金安全；在资产证券化方面，与其他机构合作通过银行间市场公开发行“2012上元一期个人汽车抵押贷款支持证券”，成功募集资金10亿元，实现信托公司资金募集方式的重大创新和突破；在QDII业务方面，继续发挥行业领先优势，推出信托行业首单受托境外理财集合资金信托计划，募集规模10亿元人民币，刷新行业QDII业务规模、形式、结构等多项纪录；在另类投资方面，发行中国字画艺术品投资集合资金信托计划，首次以信托计划受托人的身份参与艺术品拍卖，并通过举办“藏品展”等活动增加艺术品投资的增值服务，提高了委托人的投资生活质量；在股权投资领域，积极探索健康医疗产业投资，成立了上信新虹桥健康产业股权投资集合信托计划，试水产业基金和权益性投资。

6.4.2.5 本公司履行受托人义务情况

公司严格按照《信托法》、《信托公司管理办法》、《信托公司集合资金信托计划管理办法》及信托文件等规定，履行诚实、信用、谨慎、有效管理的义务，为受益人的最大利益处理信托事务。

根据银监会的要求，每个信托产品发行前均有一整套的产品相关信息备忘录等资料置于受托人营业场所，以备委托人（受益人）查阅。

委托人在认购信托计划前，提示投资者认真阅读信托计划说明书和其他信托文件。同时，严格审核委托人为合格投资者，并以自己合法所有的资金认购信托单位。

公司将信托财产与其固有财产分别管理、分别记账。同时，对不同的信托资金建立单独的会计账户分别核算，并在银行分别开设单独的银行账户，在证券交易机构分别开设独立的

证券账户与资金账户。

根据信托文件的规定，及时履行定期信托计划的信息披露义务。每个信托计划设立后5个工作日内，就信托合同数与信托资金总额向委托人（受益人）进行披露。并按照信托合同的规定，定期将信托资金运用及收益情况以书面信函告知信托文件规定的人。

信托合同终止时，根据信托合同的规定，以信托财产为限向受益人支付信托利益。同时，公司严格根据银监会的要求，在信托终止后十个工作日内作出处理信托事务的清算报告，并依照信托文件的约定及时向受益人披露。

根据《信托法》要求，妥善保管处理信托事务的完整记录、原始凭证及资料，保存期自信托计划终止之日起十五年。同时，对委托人、受益人以及处理信托事务的情况和资料依法保密。

报告期内，公司管理的信托项目运作正常，到期信托产品合同金额人民币394.21亿元，全部安全交付受益人，未出现因本公司自身责任而导致的信托资产损失情况。

6.5 关联方关系及其交易的披露

6.5.1 关联交易方的数量、关联交易的总金额及关联交易的定价政策等

单位：万元

	关联交易方数量	关联交易金额	定价政策
合计	1	1 117 186.45	按市场价格交易；若无市场价格，则按公允原则，以不优于对非关联方同类交易的条件定价交易。

注：关联交易方数量仅包括表6.5.3.1及表6.5.3.2；关联交易金额为6.5.3下所有表格本期借贷方发生额的合计数。

6.5.2 关联交易方与本公司的关系性质、关联交易方的名称、法定代表人、注册地址、注册资本及主营业务等

关系性质	关联方名称	法定代表人	注册地址	注册资本（万元）	主营业务
母公司	上海国际集团有限公司	吉晓辉	威海路511号	1 055 884.00	开展以金融为主、非金融为辅的投资、资本运作与资产管理业务，金融研究，社会经济咨询（上述经营范围涉及许可经营的凭许可证经营）。

6.5.3 逐笔披露本公司与关联方的重大交易事项

6.5.3.1 固有与关联方交易情况：贷款、投资、租赁、应收账款担保、其他方式等期初汇总数、本期借方和贷方发生额汇总数、期末汇总数

单位：万元

固有与关联方关联交易				
	期初数	借方发生额	贷方发生额	期末数
贷款	—	—	—	—
投资	1 436.05	22 000.50	13 036.05	10 400.50
租赁	—	—	—	—
担保	—	—	—	—
应收账款	—	—	—	—
其他	3 558.78	—	—	3 558.78
合计	4 994.83	22 000.50	13 036.05	13 959.28

6.5.3.2 信托与关联方交易情况：贷款、投资、租赁、应收账款、担保、其他方式等期初汇总数、本期借方和贷方发生额汇总数、期末汇总数

单位：万元

信托与关联方关联交易				
	期初数	借方发生额	贷方发生额	期末数
贷款	10 000.00		10 000.00	
投资	—	—	—	—
租赁	—	—	—	—
担保	—	—	—	—
应收账款	—	—	—	—
其他	—	—	—	—
合计	10 000.00		10 000.00	

6.5.3.3 本公司自有资金运用于自己管理的信托项目（固信交易）、本公司管理的信托项目之间的相互（信信交易）交易金额，包括余额和本报告年度的发生额

6.5.3.3.1 固有与信托财产之间的交易金额期初汇总数、本期发生额汇总数、期末汇总数

单位：万元

固有财产与信托财产相互交易			
	期初数	本期发生额	期末数
合计	145 034.41	408 043.90	140 423.21

6.5.3.3.2 信托项目之间的交易金额期初汇总数、本期发生额汇总数、期末汇总数

单位：万元

信托资产与信托财产相互交易			
	期初数	本期发生额	期末数
合计	120 554.14	664 106.00	434 181.75

6.5.3.4 信托计划持有的重要股权及相关交易

单位：万元

信托计划持有的重要股权的相互交易			
	期初数	本期发生额	期末数
合计	5 000.00	5 000.00	0.00

6.5.4 逐笔披露关联方逾期未偿还本公司资金的详细情况以及本公司为关联方担保发生或即将发生垫款的详细情况

本公司无关联方逾期未偿还本公司资金的情况以及为关联方担保发生或即将发生垫款的情况。

6.6 会计制度的披露

公司固有业务2008年1月1日起执行财政部2006年颁布的《企业会计准则》。

信托业务2010年1月1日起执行财政部2006年颁布的《企业会计准则》。

7. 财务情况说明书

7.1 利润实现和分配情况

7.1.1 母公司利润实现和分配情况

本报告期母公司实现利润总额113 765.79万元，企业所得税费用17 663.76万元，其中，当期所得税27 528.19万元，递延所得税-9 864.43万元，实现净利润96 102.03万元。

报告期内，根据2012年第一次股东会审议通过的2011年利润分配方案，对2011年可供分配利润进行了分配，向股东派发现金股利37 500万元。

依据《公司法》、《信托公司管理办法》和《金融企业准备金计提管理办法》（财金〔2012〕20号）的规定，2012年度利润分配如下：

（1）提取10%的法定盈余公积金9,610.20万元；

（2）提取20%的任意盈余公积金19,220.41万元；

（3）按照财金〔2012〕20号的规定，以标准法计算以及年末一般准备余额不低于风险资产期末余额的1.5%的原则，提取一般风险准备4 478.50万元；

上述各项提取之后，剩余部分62 792.92万元，加年初未分配利润85 314.71万元，可供分配的利润148 107.63万元。

根据公司第五届董事会第六次会议审议通过的2012度利润分配预案，拟向全体股东派发现金股利45 000万元，未分配利润103 107.63万元留存以后年度进行分配。

7.1.2 合并报表利润实现和分配情况

本报告期合并报表实现利润总额132 990.79万元，企业所得税费用25 352.56万元，实现净利润107 638.23万元，其中归属于母公司所有者的净利润97 493.28万元，少数股东损益10 144.95万元。

依据《公司法》、《信托公司管理办法》和《金融企业准备金计提管理办法》的规定，母公司、上投摩根基金管理有限公司、上海国利货币经纪有限公司及上信资产管理有限公司的2012年度合并报表利润分配如下：

（1）根据母公司净利润提取10%的法定盈余公积9 610.20万元。

（2）根据母公司净利润提取20%的任意盈余公积19 220.41万元。

（3）根据母公司提取一般风险准备、上投摩根基金管理有限公司证券投资基金管理费收入提取10%的一般风险准备以及上海国利货币经纪有限公司提取一般风险准备按母公司投资比例确认的一般风险准备合计8 712.49万元。

上述各项提取之后，剩余部分59 950.18万元，加年初未分配利润103 929.56万元，可供分配的利润163 879.74万元。

7.2 主要财务指标

合并口径

指标名称	指标值
资本利润率（%）	16.37
加权年化信托报酬率（%）	0.9027
人均净利润（万元）	544.66

母公司口径

指标名称	指标值
资本利润率（%）	17.39
加权年化信托报酬率（%）	0.9027
人均净利润	536.88

注：1. 资本利润率=净利润/所有者权益平均余额×100%。

2. 加权年化信托报酬率=（信托项目1的实际年化信托报酬率×信托项目1的实收信托+信托项目2的实际年化信托报酬率×信托项目2的实收信托+…信托项目n的实际年化信托报酬率×信托项目n的实收信托）/（信托项目1的实收信托+信托项目2的实收信托+…信托项目n的实收信托）×100%。

3. 人均净利润=净利润/年平均人数。

4. 平均值采取年初、年末余额简单平均法，公式为：a（平均）=（年初数+年末数）/2。

7.3 对本公司财务状况、经营成果有重大影响的其他事项

报告期内，本公司没有发生对财务状况、经营成果有重大影响的其他事项。

8. 特别事项揭示

8.1 前五名股东报告期内变动情况及原因

报告期内，公司前五名股东未发生变动。

8.2 董事、监事及高级管理人员变动情况及原因

报告期内，公司第五届董事会于2012年4月27日以通信表决方式召开会议，同意聘任应华同志为公司副总经理，任期与本届经营班子一致，至2014年9月14日止。2012年6月18日经中国银监会上海监管局任职资格核准后正式任职。

8.3 变更注册资本、变更注册地或公司名称、公司分立合并事项

报告期内，公司注册资本、注册地和公司名称未发生变更，未发生分立合并事项。

8.4 公司重大诉讼事项

无。

8.5 公司及其董事、监事和高级管理人员受到处罚的情况

报告期内，公司及其董事、监事和高级管理人员未发生受到处罚的情况。

8.6 银监会检查意见的整改情况

报告期内，公司及其董事、监事和高级管理人员未发生受到处罚的情况。

8.7 本年度公司无重大事项临时事项披露内容

9. 公司监事会意见

关于公司依法运作情况的意见。报告期内，公司的决策程序符合国家法律、法规和公司的章程及相关制度，建立健全了比较有效的内控制度，董事会全体成员及董事会聘任的高级管理人员认真履行了职责，未发现有违法、违规、违章的行为，也没有损害公司利益、股东利益和委托人利益的行为。

关于公司财务报告真实性的意见。报告期内，公司财务报告真实反映了公司财务状况和经营成果。

本年度报告的编制和审议程序符合国家法律、法规和公司章程，报告的内容和格式符合中国银监会的规定。

四川信托有限公司

1. 重要提示

1.1　本公司董事会及董事保证本报告所载资料不存在任何虚假记载、误导性陈述或者重大遗漏，并对其内容的真实性、准确性和完整性承担个别及连带责任。

1.2　公司独立董事夏斌、伍小泉、熊敬英声明：保证本报告的内容真实、准确、完整。

1.3　致同会计师事务所对本公司出具了标准无保留意见的审计报告。

1.4　公司董事长刘沧龙先生、总裁陈军先生、财务总监吕明昭女士、会计机构负责人徐萍女士声明：保证本年度财务报告的真实、完整。

2. 公司概况

2.1　公司简介

四川信托有限公司（以下简称四川信托）经中国银监会批准、四川省工商行政管理局登记注册，于2010年11月28日正式成立，注册资本13亿元人民币，现有员工300余人，以成都总部为大本营，分别在西部、华北、华东、华南设立片区中心，开辟周边省份、城市的信托业务。

开业以来，四川信托通过全面实施管理体系改革，实现了受益人、股东、合作伙伴、员工、企业共同进步、和谐发展，荣获"诚信托·行业新秀奖"、"年度最佳理财服务品牌"、"年度最佳信托公司"、"四川百强企业"、"四川省纳税大户"等殊荣。

2.1.1　公司法定中文名称：四川信托有限公司

公司法定英文名称：Sichuan Trust Co.，Ltd.（缩写为SCTC）

2.1.2　公司法定代表人：刘沧龙

2.1.3　公司注册地址：成都市锦江区人民南路2段18号川信红照壁大厦

邮政编码：610016

公司国际互联网址：http://www.schtrust.com

电子信箱：schtrust@schtrust.com

2.1.4　信息披露事务负责人：陈洪亮

信息披露事务联系人：胡杨帆

电话：028－86200639

传真：028－86200678

电子邮箱：huyangfan@schtrust.com

2.1.5　公司选定的信息披露报纸：《金融时报》、《上海证券报》

公司年度报告将备置在公司营业场所及网站供查询。

2.1.6　公司聘请的会计师事务所名称：致同会计师事务所

联系地址：四川省成都市青羊工业集中发展区（东区）

公司常年法律顾问：泰和泰律师事务所

联系地址：成都市鼓楼南街117号世界贸易中心A座25楼、27楼

2.2　组织结构

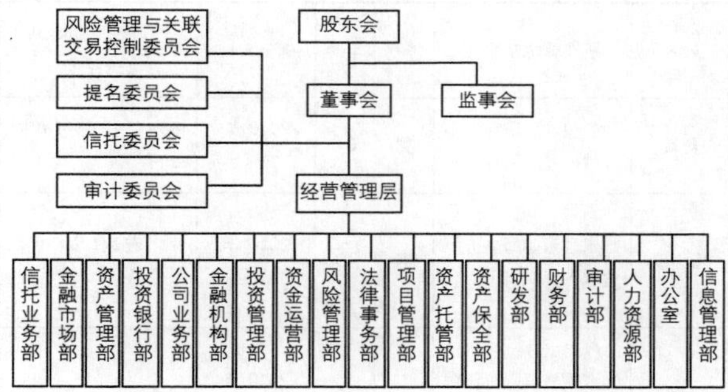

3. 公司治理结构

3.1　股东

报告期末公司股东总数为10个，持有本公司10%以上（含10%）股份（或出资比例）的股东分别为：四川宏达（集团）有限公司、中海信托股份有限公司、四川宏达股份有限公司。

股东名称	持股比例（%）	法人代表	注册资本（万元）	注册地址	主要经营业务及主要财务情况
四川宏达（集团）有限公司	34.7425	刘沧龙	10	四川省什邡市师古镇成林村	化工机械制造及设备检测、安装；化工产品及原销售及进出口业务；对旅游业、房地产业、采矿业、化工行业、贸易业、餐饮娱乐业、仓储业投资；房地产开发及物业管理；旅游产品开发。2012年末公司资产总额731 699.36万元、净资产291 372.93万元、2012年度净利润6 509.19万元，上述为四川宏达（集团）有限公司即母公司的数据，尚未经审计数据。

续表

股东名称	持股比例(%)	法人代表	注册资本(万元)	注册地址	主要经营业务及主要财务情况
中海信托股份有限公司	30	陈浩鸣	25	上海市中山东二路15号7楼	信托投行业务、资产管理业务及事务性信托业务。截至2012年末，公司总资产39.99亿元，净资产38亿元。公司管理信托资产规模达到1 258亿元，实现营业收入11.85亿元，利润总额9.85亿元，净利润8.07亿元。(未经审计)
四川宏达股份有限公司	19	杨赛	10.32	四川省什邡市师古镇慈山村	化肥、锌锭、饮食娱乐、生产本企业和本成员企业自产产品及相关技术的出口业务。

股东间关联关系情况：四川宏达(集团)有限公司与四川宏达股份有限公司的实际控制人同为刘沧龙先生。

3.2 董事、董事会及其下属委员会

3.2.1 董事长、副董事长、董事

姓名	职务	性别	年龄	选任日期	所推举的股东名称	该股东持股比例(%)	简要履历
刘沧龙	董事长	男	58	2010年11月	四川宏达(集团)有限公司	34.7425	曾任四川省宏达联合化工总厂厂长，四川宏达化工股份有限公司董事长兼总经理，第十届、十一届全国人大代表，第十届中华全国工商业联合会副主席；现任中国民间商会副会长，中华红丝带基金理事会副会长，四川宏达(集团)有限公司董事局主席兼党委书记。
陈浩鸣	副董事长	男	47	2011年11月	中海信托股份有限公司	30	曾任中海石油投资控股有限公司总经理，中海信托股份有限公司副总裁，中海基金公司总经理；现任中海信托股份有限公司总裁。
向前友	副董事长	男	54	2011年11月	四川宏达股份有限公司	19	曾任中国银行自贡分行行长、党委书记；中国银行四川省分行公司业务处处长，中国银行德阳分行行长、党委书记。
朱开友	董事	男	58	2010年11月	汇源集团有限公司	3.8436	曾任成都市金牛区医药管理局及物资局局长，成都汇源光缆厂厂长；现任汇源集团有限公司董事长，西部汇源矿业有限公司董事长，四川电器集团股份有限公司董事长，成都新汇源医药有限公司董事长，四川省政协委员等职务。

3.2.2 独立董事

姓名	所在单位及职务	性别	年龄	选任日期	所推举的股东名称	该股东持股比例(%)	简要履历
夏斌	国务院发展研究中心金融研究所所长	男	61	2010年11月	中海信托股份有限公司	30	曾任中国人民银行总行处长、副所长，中国证监会部主任，深圳证券交易所总经理，中国人民银行总行司长。
伍小泉	重庆学苑律师事务所合伙人	男	49	2010年11月	四川宏达(集团)有限公司	34.7425	曾任四川中业律师事务所合伙人，四川汇高律师事务所律师，四川中辰律师事务所证券律师，四川康维律师事务所证券律师，四川科信律师事务所证券律师，重庆学苑律师事务所证券律师。
熊敬英	达成铁路有限责任公司副总经理	女	48	2010年11月	成都铁路局	3.5691	曾任成都铁路局成都车务段助理经济师，成都铁路局财务处会计师、高级会计师、副科长、科长，成都铁路局国资办任副主任、主任，成都铁路局财务处副处长。

3.2.3 董事会下属委员会

董事会下属委员会名称	职责	组成人员名单	职务
风险管理与关联交易控制委员会	研究公司发生重大、突发性事项的对策；研究制定总体风险管理、关联交易控制政策供董事会审议；研究公司风险管理的战略结构和资源，并使之与公司的内部风险管理政策相兼容；研究重要的风险边界；对相关的风险管理、关联交易控制政策进行监督、审查和向董事会提出建议等。	向前友	副董事长
		伍小泉	独立董事
		熊敬英	独立董事
提名委员会	研究董事和总裁的选择标准和程序并提出建议；广泛搜寻合格的董事和总裁人选；对董事候选人和总裁人选进行审查并提出建议等。	刘沧龙	董事长
		陈浩鸣	副董事长
		向前友	副董事长

续表

董事会下属委员会名称	职责	组成人员名单	职务
信托委员会	调查研究信托行业的发展变化，对公司信托业务的发展方向和战略规划进行研究和提出建议；初审须由董事会审议的信托项目；针对中国银行业监督管理委员会及其派出机构检查公司信托业务后要求董事会组织整改的问题，研究提出具体措施；当公司或股东利益与受益人利益发生冲突时，研究提出维护受益人权益的具体措施等。	夏斌	独立董事
		陈浩鸣	副董事长
		朱开友	董事
审计委员会	提议聘请或更换外部审计机构；监督公司的内部审计制度及其实施；负责内部审计与外部审计之间的沟通；审核公司的财务信息及其披露；审查公司内控制度等。	熊敬英	独立董事
		陈浩鸣	副董事长
		向前友	副董事长

3.3 监事、监事会及其下属委员会

姓 名	职 务	性别	年龄	选任日期	所推举的股东名称	该股东持股比例(%)	简 要 履 历
严俊波	监事会主席	男	55	2010 年 11月	四川濠吉食品(集团)有限责任公司	5	四川濠吉集团创始人，全国人大代表；现任四川濠吉食品(集团)有限责任公司董事长兼总经理，集团党委书记。
刘好	监事	女	37	2010 年 11月	四川省投资集团有限责任公司	2.1421	曾任四川省投资集团有限责任公司财务部副经理；现任四川川投能源股份有限公司总会计师。
戴明丁	监事	男	65	2010 年 11月	公司职工	—	曾任部队处长，四川省财政厅科研所副所长，四川省信托投资公司发展部经理、总经办主任，公司办公室主任。

3.4 高级管理人员

报告期末，公司在职高级管理人员情况如下。

姓 名	职 务	性别	年龄	选任日期	金融从业年限	学历	专业	简 要 履 历
陈军	总裁	男	43	2010 年 11 月	11	硕士	投资经济学	曾任中海信托有限责任公司信托业务总部总经理、中海信托股份有限公司营销总监、副总裁。
陈洪亮	常务副总裁	男	52	2011 年 10 月	21	本科	法律	曾任中国银行遂宁分行行长，四川宏达集团有限公司副总裁，四川信托有限公司副董事长。
叶伟清	副总裁	男	52	2010 年 11 月	23	本科	工商管理	曾任工商银行广东省肇庆市分行行长、党委书记，工商银行广东省分行投资银行部总经理，渤海银行总行机构发展部总经理。
刘景峰	副总裁	男	46	2011 年 4 月	20	硕士	政治经济学	曾任中融国际信托投资有限公司投资银行部副总经理、中融国际信托投资有限公司北京业务部总经理、中融国际信托投资有限公司副总裁、中植集团有限公司总裁。
严整	副总裁	男	43	2011 年 10 月	12	博士	会计学	曾任四川证监局上市监管处副处长、法制工作处处长。
周可彤	副总裁	男	45	2012 年 8 月	25	本科	金融学	曾任四川银监局现场检查六处处长、非银行金融机构监管处处长。
陶勤海	副总裁	男	50	2012 年 5 月	30	硕士	经济学	曾任宁波市金港信托投资有限公司副总裁，上海金诚投资管理有限公司董事长。
孔维文	首席风控官	男	49	2010 年 11 月	30	本科	历史	曾任四川银监局办公室主任，达州银监分局局长。
吕明昭	财务总监	女	48	2011 年 11 月	5	硕士	工商管理	曾供职于新华保险公司、中务会计师事务所、四川宏达集团副总会计师。
于永峰	总裁助理	男	32	2012 年 5 月	7	硕士	法学	曾任中海信托股份有限公司风险管理部副总经理；现任四川信托有限公司风险管理部总经理。

3.5 公司员工

报告期末，公司职工人数为333人。

项　目		报告期年度	
		人数	比例(%)
年龄分布	25岁以下	25	7.49
	25～29岁	109	32.63
	30～39岁	125	37.43
	40～49岁	56	16.77
	50岁以上	18	5.39
学历分布	博士	4	1.20
	硕士	128	38.32
	本科	153	45.81
	专科	39	11.68
	其他	9	2.69
岗位分布	董事及高管人员	12	3.59
	自营业务人员	2	0.60
	总部中后台人员	107	32.04
	片区信托业务人员	156	46.71
	片区中后台人员	41	12.28
	片区营销中心人员	14	4.19
	其他	1	0.30

4. 经营管理

4.1 指导思想、经营方针、战略目标

指导思想：以科学发展观为指导，实现川信又好又快地发展。

经营方针：秉承"风险第一、效益第二"的经营理念，坚持"立足四川、面向全国"的基本定位，在风险可控前提下审慎合规开展业务。

战略目标：在五年内（2012—2016年）综合实力进入全国信托行业前列。在公司治理机制、业务经营、资产管理、队伍建设、风险控制、开拓创新、市场品牌等方面，成为业内领先的信托公司，精心打造富有川信特色的信托模式，走出一条市场化经营金融企业的成功之路。

4.2 经营业务的主要内容

公司经营的业务，主要包括资金信托、动产信托、不动产信托、其他财产或财产权信托；投资方式运用固有财产、从事同业拆借等。

自营资产运用与分布表

资产运用	金额（万元）	占比（%）	资产分布	金额（万元）	占比（%）
货币资产	75 103.34	31.03	基础产业		
应收款	15 290.38	6.32	房地产业	42 048.49	17.37
交易性金融资产	33 411.87	13.80	证券市场	33 411.87	13.81
固定资产	44 062.93	18.21	实业	4 512.20	1.86
长期股权投资	52 815.43	21.82	金融机构	68 303.23	28.22
其他	21 345.43	8.82	其他	93 753.59	38.74
资产总计	242 029.38	100.00	资产总计	242 029.38	100.00

注：除特别说明外，本报告中数据均以人民币计量，资产分布"其他"项主要包括存放银行款项等。

信托资产运用与分布表

资产运用	金额（万元）	占比（%）	资产分布	金额（万元）	占比（%）
货币资产	176 399.10	1.29	基础产业	2 156 142.55	15.76
贷款	5 129 043.00	37.50	房地产业	1 441 763.67	10.54
交易性金融资产	12 035.25	0.09	证券市场	265 337.15	1.94
可供出售金融资产	6 731 538.83	49.21	实业	8 502 302.67	62.17
长期股权投资	1 103 345.90	8.07	金融机构	189 382.36	1.38
其他	525 748.88	3.84	其他	1 123 182.57	8.21
信托资产总计	13 678 110.98	100.00	信托资产总计	3 678 110.98	100.00

4.3 市场分析

4.3.1 有利因素

（1）信托行业发展迅速，行业整体实力得到提高。

（2）信托规模稳步扩大，信托产品成为市场重要的理财品种。

（3）监管水平的提高和信托业协会的工作将有效地控制信托业的风险。

（4）创新能力不断增强，自主管理能力不断提高。

（5）公司在省政府、四川银监局的正确引导和大力支持下，紧紧抓住西部金融中心打造和四川产业升级、经济转型、工业化进程良好的契机，实现了快速发展。

4.3.2 不利因素

国家信托法律规章有待健全完善，社会信托文化有待培育，公司信托产品有待拓展。

4.4 内部控制

4.4.1 内部控制环境和内部控制文化

公司建立了由股东会、董事会、监事会和高级管理层组成的治理结构，形成了权力机构、决策机构、监督机构和经营层之间分工配合、相互协调、相互制衡的运行机制。

4.4.2 内部控制措施

公司建立了动态的制度管理体系，根据业务发展的需要，新制订了《房地产信托业务指引》、《银信理财合作业务指引》等多项制度，进一步健全了公司内部控制体系。

公司建立了董事会领导下的内审制度，审计部对公司内部各部门开展了常规审计，形成了独立的审计报告并及时督促部门进行整改，通过事后的检查和监督进一步强化内部控制的力度。

公司注重信息化系统的建设。目前，软通动力业务管理系统、办公OA系统、资管和估值系统、银监局专网等已经上线使用。

4.4.3 信息交流与反馈

公司制定了《信息披露管理办法》、《重大信息内部报告制度》、《向董事会报告制度》等信息披露和报告管理制度，并有专门部门负责对外的信息收集、发布及媒体关系管理，确保信息交流过程中及时发现问题、解决问题。

4.4.4 监督评价与纠正

审计部为公司审计监督检查和评价的执行部门，负责监督各项内部控制制度的执行情况，收集与评价内部控制的反馈意见，对发现的内部控制缺陷，按照规定程序有针对性地建议公司或要求相关部门或责任人予以纠正，并定期向董事会报告工作。

4.5 风险管理

4.5.1 风险管理概况

公司将2012年定义为"风险管理年"，为贯彻落实"风险管

理年"要求，公司颁布实施了《四川信托有限公司风险管理体系改革试行方案》。在新的风险管理体系下，业务规范操作及风险控制得到进一步加强。

4.5.2 风险状况

4.5.2.1 信用风险状况

信用风险是指交易对手未能履行合同所带来的经济损失风险，或者是其信用等级下降时给公司权益造成的不确定性。报告期末，公司信托业务信用风险资产正常。

4.5.2.2 市场风险状况

市场风险是指公司在业务经营中，不可避免地因市场价格的波动而产生的风险。报告期内，未发生因市场风险所造成的损失。

4.5.2.3 操作风险状况

操作风险是指由于不完善或有问题的内部操作过程、人员、系统或外部事件而造成的直接或间接损失的风险。报告期内，公司未发生因操作风险造成的损失。

4.5.2.4 其他风险状况

其他风险主要为政策风险及法律风险。报告期内，公司未发生因其他风险所造成的损失。

4.5.3 风险管理

4.5.3.1 信用风险管理

公司针对信用风险，在项目的前期运作中，组织专人进行项目尽职调查。针对创新类信托项目，公司聘请律师事务所拟订或审核合同，并在合同中设立了违约金制度及担保制度。同时，对项目进行跟踪管理，发现问题及时采取措施补救。

4.5.3.2 市场风险管理

通过加强市场调查、市场研究、市场分析，尽量对股价、利率、汇率等市场要素有较全面、较准确的了解；而对于较复杂的特定市场且本公司不能有效了解和把握其风险的，一般采取谨慎原则、保守操作；同时，在业务拓展或产品推介时，除有关文件明示风险因素外，业务人员必须向投资者明确说明市场因素变化带来的可能影响。

4.5.3.3 操作风险管理

在财务管理、内部稽核、资金运作、账户管控、客户档案管理等方面，严格按信托法规及信托文件设定相应的管理岗位，坚持固有和信托业务的分离，设置专人专岗，明确管理职责及审批权限，并通过内部邮件系统、审批流程等标准化、系统化的管理方式，最大限度地控制内部管理方面的风险。

4.5.3.4 其他风险管理

公司十分关注宏观政策及监管政策的动向，对于对公司影响重大的政策变动都积极响应，及时调整内部制度和业务方向，力争与宏观政策和监管政策保持一致的步调。

4.6 净资本风险控制指标

本公司报告期末的净资本风险控制指标情况如下：

指标名称	期末数	监管标准
净资本(亿元)	19.18	≥2
固有业务风险资本(亿元)	2.09	—
信托业务风险资本(亿元)	10.26	—
其他业务风险资本(亿元)	—	—
各项业务风险资本之和(亿元)	12.35	—
净资本/各项业务风险资本之和(%)	155	≥100
净资本/净资产(%)	88	≥40

5. 会计报表

5.1 自营资产

5.1.1 会计师事务所审计结论

审 计 报 告

致同审字(2013)第510ZB0322号

四川信托有限公司全体股东：

我们审计了后附的四川信托有限公司(以下简称四川信托公司)财务报表，包括2012年12月31日的合并及公司资产负债表，2012年度的合并及公司利润表、合并及公司现金流量表、合并及公司所有者权益变动表以及财务报表附注。

一、管理层对财务报表的责任

编制和公允列报财务报表是四川信托公司管理层的责任，这种责任包括：(1)按照企业会计准则的规定编制财务报表，并使其实现公允反映；(2)设计、执行和维护必要的内部控制，以使财务报表不存在由于舞弊或错误导致的重大错报。

二、注册会计师的责任

我们的责任是在执行审计工作的基础上对财务报表发表审计意见。我们按照中国注册会计师审计准则的规定执行了审计工作。中国注册会计师审计准则要求我们遵守中国注册会计师职业道德守则，计划和执行审计工作以对财务报表是否不存在重大错报获取合理保证。

审计工作涉及实施审计程序，以获取有关财务报表金额和披露的审计证据。选择的审计程序取决于注册会计师的判断，包括对由于舞弊或错误导致的财务报表重大错报风险的评估。在进行风险评估时，注册会计师考虑与财务报表编制和公允列报相关的内部控制，以设计恰当的审计程序，但目的并非对内部控制的有效性发表意见。审计工作还包括评价管理层选用会计政策的恰当性和作出会计估计的合理性，以及评价财务报表的总体列报。

我们相信，我们获取的审计证据是充分、适当的，为发表审计意见提供了基础。

三、审计意见

我们认为，四川信托公司财务报表在所有重大方面按照企业会计准则的规定编制，公允反映了四川信托公司2012年12月31日的合并及公司财务状况以及2012年度的合并及公司经营成果和合并及公司现金流量。

致同会计师事务所（特殊普通合伙）

中国·北京

中国注册会计师

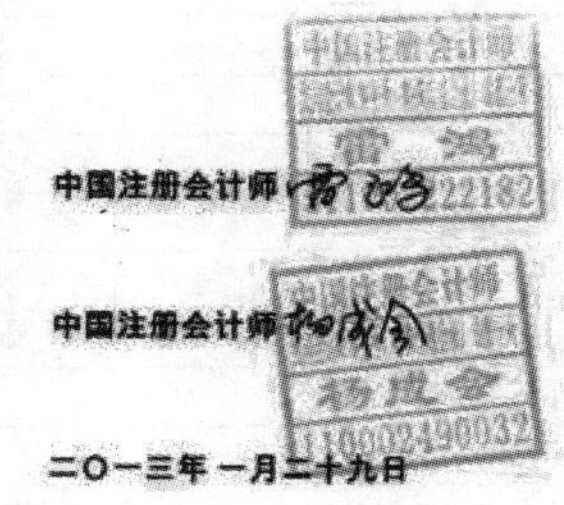

中国注册会计师

二〇一三年一月二十九日

5.1.2 资产负债表

单位：元

项目	期末余额		期初余额	
	合并	母公司	合并	母公司
资产：			资产：	
现金及存放中央银行款项	7 351.59	64.50	140 882.06	129 050.50
存放同业款项	2 849 398 147.36	751 033 358.35	3 115 753 473.16	779 966 692.91
贵金属				
结算备付金	315 480 026.96		203 342 189.74	
拆出资金				
交易性金融资产	1 730 484 237.27	334 118 656.34	100 218 276.80	100 218 276.80
衍生金融资产				
买入返售金融资产				
应收账款	125 820 325.77	125 598 950.99	64 110 792.99	62 542 444.56
预付款项	5 579 148.75	4 954 901.75	5 288 739.06	4 688 739.06
应收利息	37 230 255.06	982 880.31	3 394 976.74	381 966.02
应收股利	14 293.60			
其他应收款	175 981 542.16	21 367 086.10	10 361 327.55	9 321 935.64
存出保证金	25 851 617.55		53 012 747.07	
发放贷款和垫款	40 000 000.00	40 000 000.00		
可供出售金融资产	160 000 000.00	160 000 000.00		
持有至到期投资				
长期应收款				
长期股权投资	34 376 100.00	528 154 323.09	34 376 100.00	528 154 323.09
投资性房地产	23 349 360.08		19 685 407.68	
固定资产	652 725 900.81	440 629 336.29	668 738 052.13	447 698 057.09
其中：在建工程	9 291 306.45	2 805 815.55	4 707 090.85	2 930 516.45
无形资产	36 060 825.02	2 688 611.08	34 266 429.53	2 235 638.63
商誉	121 381 700.00		121 381 700.00	
递延所得税资产	17 073 465.26	1 530 210.97	13 166 695.92	
其他资产	18 019 364.65	9 235 396.31	17 261 028.86	6 826 848.22
资产总计	6 368 833 661.89	2 420 293 776.08	4 464 498 819.29	1 942 163 972.52

资产负债表（续表）

项目	期末余额		期初余额	
	合并	母公司	合并	母公司
负债：				
向中央银行借款				
同业及其他金融机构存放款项				
拆入资金				
交易性金融负债				
衍生金融负债				
卖出回购金融资产款	1 052 699 275.46			
代理买卖证券款	2 257 384 681.22		1 933 991 257.21	
信用交易代理买卖证券款				
代理承销证券款				
应付账款	128 181.50	8 239.50	6 703 745.54	6 583 247.44
预收款项	5 171 167.49	2 422 393.54	175 429 776.29	174 533 887.64
应付职工薪酬	78 093 178.97	47 402 052.00	83 661 825.20	61 342 524.59
应交税费	187 838 535.88	174 599 987.25	75 566 942.26	69 127 881.78
应付利息	976 353.42			
应付股利				
其他应付款	16 264 438.66	10 564 214.52	27 383 812.58	7 983 817.91
应付债券				
预计负债				

续表

项　目	期末余额		期初余额	
	合并	母公司	合并	母公司
递延所得税负债	25 968 254. 52		27 608 316. 00	58 246. 65
其他负债	8 455. 45		15 906. 36	
负债合计	3 624 532 522. 57	234 996 886. 81	2 330 361 581. 44	319 629 606. 01
所有者权益:				
实收资本	1 300 000 000. 00	1 300 000 000. 00	1 300 000 000. 00	1 300 000 000. 00
资本公积	1 835 024. 84		917 512. 42	
减:库存股				
盈余公积	115 529 688. 92	115 529 688. 92	32 253 436. 65	32 253 436. 65
一般风险准备	67 595 895. 25	67 595 895. 25	16 126 718. 32	16 126 718. 32
未分配利润	862 271 106. 38	702 171 305. 10	407 834 064. 20	274 154 211. 54
归属于母公司所有者权益合计	2 347 231 715. 39	2 185 296 889. 27	1 757 131 731. 59	1 622 534 366. 51
少数股东权益	397 069 423. 93		377 005 506. 26	
所有者权益合计	2 744 301 139. 32	2 185 296 889. 27	2 134 137 237. 85	1 622 534 366. 51
负债和所有者权益总计	6 368 833 661. 89	2 420 293 776. 08	4 464 498 819. 29	1 942 163 972. 52

5. 1. 3　利润表

单位:元

项　目	本期金额		上期金额	
	合并	母公司	合并	母公司
一、营业收入	1 785 970 260. 33	1 508 978 287. 70	949 484 501. 62	622 721 808. 14
利息净收入	65 498 191. 46	18 805 116. 48	66 129 589. 22	15 573 353. 22
利息收入	79 218 063. 24	18 805 116. 48	78 627 215. 69	15 573 353. 22
利息支出	13 719 871. 78		12 497 626. 47	
手续费及佣金净收入	1 599 075 216. 46	1 421 477 640. 54	811 305 923. 43	544 066 104. 91
手续费及佣金收入	1 661 609 314. 35	1 459 849 702. 66	873 921 452. 36	569 447 183. 07
手续费及佣金支出	62 534 097. 89	38 372 062. 12	62 615 528. 93	25 381 078. 16
投资收益(损失以"-"号填列)	75 513 190. 48	35 292 256. 89	33 379 490. 13	33 379 490. 13
其中:对联营企业和合营企业的投资收益				
公允价值变动收益(损失以"-"号填列)	-3 239 545. 78	-6 353 830. 48	232 986. 59	232 986. 59
汇兑收益(损失以"-"号填列)				
其他业务收入	49 123 207. 71	39 757 104. 27	38 436 512. 25	29 469 873. 29
二、营业支出	605 589 946. 10	392 394 662. 23	406 856 455. 44	192 660 761. 97
营业税金及附加	106 097 381. 37	92 461 248. 71	56 303 287. 64	39 920 733. 61
业务及管理费	489 403 549. 68	296 787 487. 22	341 758 464. 67	149 539 549. 73
资产减值损失	18 183. 21		10 600. 00	
其他业务成本	10 070 831. 84	3 145 926. 30	8 784 103. 13	3 200 478. 63
三、营业利润(亏损以"-"号填列)	1 180 380 314. 23	1 116 583 625. 47	542 628 046. 18	430 061 046. 17
加:营业外收入	403 903. 39	143 484. 00	483 229. 71	227 775. 68
减:营业外支出	308 565. 94	119 823. 31	2 777 526. 82	1 300 559. 54
四、利润总额(亏损以"-"号填列)	1 180 475 651. 68	1 116 607 286. 16	540 333 749. 07	428 988 262. 31
减:所得税费用	301 918 883. 54	283 844 763. 40	134 744 556. 76	108 598 704. 79
五、净利润(净亏损以"-"号填列)	878 556 768. 14	832 762 522. 76	405 589 192. 31	320 389 557. 52
归属于母公司所有者的净利润	859 182 471. 38	832 762 522. 76	369 035 495. 30	320 389 557. 52
少数股东损益	19 374 296. 76		36 553 697. 01	
六、其他综合收益				
七、综合收益总额	878 556 768. 14	832 762 522. 76	405 589 192. 31	320 389 557. 52
归属于母公司所有者的综合收益总额	859 182 471. 38	832 762 522. 76	369 035 495. 30	320 389 557. 52
归属于少数股东的综合收益总额	19 374 296. 76		36 553 697. 01	

5.1.4 所有者权益变动表

单位:元

项目	本期金额								上期金额							
	归属于母公司所有者权益						少数股东权益	所有者权益合计	归属于母公司所有者权益						少数股东权益	所有者权益合计
	实收资本	资本公积	减:库存股	盈余公积	一般风险准备	未分配利润			实收资本	资本公积	减:库存股	盈余公积	一般风险准备	未分配利润		
一、上年末余额	1 300 000 000.00	917 512.42	—	32 253 436.65	16 126 718.32	407 834 064.20	377 005 506.26	2 134 137 237.85	1 300 000 000.00			214 480.90	107 240.45	107 358 330.61	355 161 401.65	1 762 841 453.61
加:会计政策变更																
前期差错更正																
其他																
二、本年初余额	1 300 000 000.00	917 512.42	—	32 253 436.65	16 126 718.32	407 834 064.20	377 005 506.26	2 134 137 237.85	1 300 000 000.00			214 480.90	107 240.45	107 358 330.61	355 161 401.65	1 762 841 453.61
三、本年增减变动金额(减少以"-"号填列)		917 512.42		83 276 252.27	51 469 176.93	454 437 042.18	20 063 917.67	610 163 901.47	—	917 512.42	—	32 038 955.75	16 019 477.87	300 475 733.59	21 844 104.61	371 295 784.24
(一)净利润						859 182 471.38	19 374 296.76	878 556 768.14						369 035 495.30	36 553 697.01	405 589 192.31
(二)其他综合收益								—								
上述(一)和(二)小计						859 182 471.38	19 374 296.76	878 556 768.14	—	—				369 035 495.30	36 553 697.01	405 589 192.31
(三)所有者投入和减少资本		917 512.42					689 620.91	1 607 133.33	—	917 512.42	—	—	—	—	699 620.91	1 617 133.33
1. 所有者投入资本								—							10 000.00	10 000.00
2. 股份支付计入所有者权益的金额								—								—
3. 其他		917 512.42					689 620.91	1 607 133.33		917 512.42					699 620.91	1 617 133.33
(四)利润分配				83 276 252.27	51 469 176.93	-404 745 429.20	—	-270 000 000.00	—	-		32 038 955.75	16 019 477.87	-68 559 761.71	-15 409 213.31	-35 910 541.40
1. 提取盈余公积				83 276 252.27		-83 276 252.27		—				32 038 955.75		-32 038 955.75		—
2. 提取一般风险准备					51 469 176.93	-51 469 176.93		—					16 019 477.84	-16 019 477.84		—
3. 对所有者的分配								—							-14 081 990.39	-14 081 990.39
4. 其他						-270 000 000.00		-270 000 000.00						-20 501 328.09	-1 327 222.92	-21 828 551.01
(五)所有者权益内部结转								—	—	—						
1. 资本公积转增资本(或股本)								—								
2. 盈余公积转增资本(或股本)								—								
3. 盈余公积弥补亏损								—								
4. 一般风险准备弥补亏损								—								
5. 交易风险准备弥补亏损								—								
6. 其他								—								
(六)其他								—								—
四、本年末余额	1 300 000 000.00	1 835 024.84		115 529 688.92	67 595 895.25	862 271 106.38	397 069 423.93	2 744 301 139.32	1 300 000 000.00	917 512.42	—	32 253 436.65	16 126 718.32	407 834 064.20	377 005 506.26	2 134 137 237.85

5.2 信托资产

5.2.1 信托项目资产负债汇总表

单位:万元

信托资产	期末余额	年初余额	信托负债和信托权益	期末余额	年初余额
货币资金	176 399.10	51 753.45	应付受托人报酬		
拆出资金			应付托管费	0.14	
交易性金融资产	12 035.25		应付受益人收益	778.77	299.74
买入返售金融资产	141 500.00	301 427.00	应交税费		
应收款项	707.79	637.07	其他应付款项	24 979.22	6 602.53
贷款	5 129 043.00	3 119 475.90	其他负债		
可供出售金融资产	6 731 538.83	3 010 607.48	信托负债合计	25 758.13	6 902.27
持有至到期投资	39 688.56	65 008.30	信托权益:		
长期股权投资	1 103 345.90	511 585.56	实收信托	13 569 520.69	7 033 842.60
投资性房地产			资本公积		
固定资产			未分配利润	82 832.15	19 749.89
无形资产			信托权益合计	13 652 352.84	7 053 592.49
其他资产	343 852.53				
资产合计	13 678 110.98	7 060 494.76	负债和权益合计	13 678 110.98	7 060 494.76

5.2.2 信托项目利润及利润分配汇总表

单位:万元

项 目	本年金额	上年金额
一、营业收入	917 129.47	537 953.70
利息收入	323 407.19	403 451.04
投资收入	591 781.87	134 437.16
租赁收入	1 940.30	
公允价值变动损益	—	
其他收入	0.11	65.50
二、营业费用	201 859.66	89 689.47
三、营业税金及附加	—	
加:营业外收入	—	
减:营业外支出	—	
四、扣除资产减值损失前的信托利润	—	
减:资产减值损失	—	
五、净利润	715 269.81	448 264.23
加:期初未分配信托利润	19 749.89	-19.70
六、可供分配的信托利润	735 019.70	448 244.54
减:本期已分配信托利润	652 187.54	428 494.65
七、期末未分配信托利润	82 832.15	19 749.89

6. 会计报表附注

6.1 简要说明报告年度会计报表编制基准、会计政策、会计估计和核算方法发生的变化

本公司固有业务(自营业务)、信托业务执行的会计制度均为2006年颁布的《企业会计准则》。本报告期与上一期年度报告相比,会计政策、会计估计和核算方法均未发生变化。

6.2 或有事项说明

公司报告期内无对外担保及其他或有事项。

6.3 重要资产转让及其出售的说明

本公司本年度无须披露的重要资产转让及其出售。

6.4 会计报表中重要项目的明细资料(以下为母公司口径)

以下明细表格除特别注明外,金额单位为"万元",期初指2012年1月1日,期末指2012年12月31日。

6.4.1 披露自营资产经营情况

6.4.1.1 按信用风险五级分类结果披露信用风险资产的期初数、期末数

风险分类	正常类(万元)	关注类(万元)	次级类(万元)	可疑类(万元)	损失类(万元)	信用风险资产合计(万元)	不良资产合计(万元)	不良资产率(%)
期初数	194 216.40	—	—	—	—	—	0	0
期末数	196 621.02	—	—	—	—	196 621.02	0	0

注:不良资产合计=次级类+可疑类+损失类。

6.4.1.2 各项资产减值损失准备的期初、本期计提、本期转回、本期核销、期末数

单位:万元

	期初数	本期计提	本期转回	本期核销	期末数
贷款损失准备	—	—	—	—	—
一般准备	—	983.11	—	—	983.11
专项准备	—	—	—	—	—
其他资产减值准备	—	—	—	—	—
可供出售金融资产减值准备	—	—	—	—	—
持有至到期投资减值准备	—	—	—	—	—
长期股权投资减值准备	—	—	—	—	—
坏账准备					
投资性房地产减值准	—	—	—	—	—

6.4.1.3 自营股票投资、基金投资、可供出售金融资产、债券投资、股权投资等投资业务的期初数、期末数

单位：万元

	自营股票	基金	债券	长期股权投资	其他投资	合计
期初数	17.64	10 004.19	0.00	0.00		52 815.43
期末数	7 900.82	25 511.05	16 000.00	0.00		52 815.43

6.4.1.4 前五名的自营长期股权投资的企业名称、占被投资企业权益的比例、主要经营活动及投资收益情况等

企业名称	占被投资企业权益的比例（%）	投资损益（万元）
1. 宏信证券有限责任公司	57.09	—
2. 华西证券有限责任公司	0.81	162.18
3. 四川川信物业管理有限责任公司	95	—

6.4.1.5 前五名的自营贷款的企业名称、占贷款总额的比例和还款情况等

企业名称	占贷款总额比例（%）	还款情况
成都棠湖投资控股（集团）有限公司	100	尚未到期

6.4.1.6 表外业务的期初数、期末数；按照代理业务、担保业务和其他类型表外业务分别披露

本期末，无表外业务。

6.4.1.7 公司当年的收入结构

收入结构	金额（万元）	占比（%）
手续费及佣金收入	145 984.97	94.336
其中：信托报酬收入	125 536.12	85.99
财务顾问费收入	14 725.21	10.09
其他手续费及佣金收入	5 723.64	3.92
利息收入	1 880.51	1.215
其他业务收入	3 975.71	2.569
投资收益	3 529.23	2.281
其中：股权投资收益	162.18	4.60
交易性金融资产收益	901.84	25.55
可供出售金融资产投资收益	2 465.21	69.85
公允价值变动收益	-635.38	-0.41
营业外收入	14.35	0.009
收入合计	154 749.38	100.00

注：手续费及佣金收入、利息收入、其他业务收入、投资收益、营业外收入均应为损益表中的一级科目，其中手续费及佣金收入、利息收入、营业外收入为未抵减掉相应支出的全年累计实现收入数。

6.4.2 披露信托财产经营情况

6.4.2.1 信托资产的期初数、期末数

单位：万元

信托资产	期初数	期末数
集合	1 784 916.89	4 509 339.38
单一	5 275 577.87	8 824 919.07
财产权	—	343 852.53
合计	7 060 494.76	13 678 110.98

6.4.2.1.1 主动管理型信托资产

单位：万元

主动管理型信托资产	期初数	期末数
证券投资类	—	132 551.46
股权投资类	490 047.78	568 595.52
其他投资	376 397.89	1 039 979.60
融资类	435 971.51	2 187 100.79
事务管理类	—	—
合计	1 302 417.18	3 928 227.38

6.4.2.1.2 被动管理型信托资产

单位：万元

被动管理型信托资产	期初数	期末数
证券投资类	—	86 224.03
股权投资类	180 002.50	263 215.24
其他投资	3 629 507.19	2 586 249.27
融资类	1 948 567.89	541 042.01
事务管理类	—	6 273 153.04
合计	5 758 077.58	9 749 883.59

6.4.2.2 本年度已清算结束的信托项目情况

6.4.2.2.1 本年度已清算结束的集合类、单一类资金信托项目和财产管理类信托项目情况

已清算结束信托项目	项目个数	实收信托合计金额（万元）	加权平均实际年化收益率（%）
集合类	38	1 015 989.67	9.37
单一类	119	3 793 860.20	7.69
财产管理类	—	—	—

6.4.2.2.2 本年度已清算结束的主动管理型信托项目情况

已清算结束信托项目	项目个数	实收信托合计金额（万元）	加权平均实际年化信托报酬率（%）	加权平均实际年化收益率（%）
证券投资类	—	—	—	—
股权投资类	9	257 000.00	0.8	11.9
其他投资类	7	115 330.00	1.02	8.00
融资类	11	297 170.00	2.79	9.65
事务管理类	—	—	—	—

6.4.2.2.3 本年度已清算结束的被动管理型信托项目情况

已清算结束信托项目	项目个数	实收信托合计金额（万元）	加权平均实际年化信托报酬率（%）	加权平均实际年化收益率（%）
证券投资类	15	324 489.67	0.71	10.42
股权投资类	—	—	—	—
其他投资	17	880 748.00	0.48	8.45
融资类	76	2 160 512.90	0.77	6.62
事务管理类	22	774 599.30	0.75	6.98

6.4.2.3 本年度新增信托项目情况

单位:万元

新增信托项目	项目个数	实收信托合计金额
集合类	120	3 651 834. 10
单一类	212	7 451 268. 50
财产管理类	7	343 852. 53
新增合计	339	11 446 955. 13
其中:主动管理型	95	3 025 791. 10
被动管理型	244	8 421 164. 03

6. 5 关联方关系及其交易的披露

6. 5. 1 关联交易方的数量、关联交易的总金额及关联交易的定价政策等

	关联交易方数量	关联交易金额(万元)	定价政策
合计	2 个	284. 25	本公司的关联交易以公平的市场价格定价。

注:关联交易定义应以《公司法》和《企业会计准则第36号——关联方披露》有关规定为准。上述关联交易金额系本年度固有、信托与关联方的发生额。

6. 5. 2 关联交易方与本公司的关系性质、关联交易方的名称、法定代表人、注册地址、注册资本及主营业务等

关系性质	关联方名称	法定代表人	注册地址	注册资本(万元)	主营业务
子公司	宏信证券有限责任公司	刘晓亚	四川成都	50000	证券经纪业务
子公司	四川川信物业管理有限责任公司	刘君谟	四川成都	500	物业管理、零售、仓储、清洁服务

6. 5. 3 逐笔披露本公司与关联方的重大交易事项

6. 5. 3. 1 固有与关联方交易情况

单位:万元

固有与关联方关联交易				
关联方	关联交易内容	关联交易定价方式及决策程序	本期发生额	上期发生额
四川川信物业管理有限责任公司	物业服务	川信大厦统一定价	134. 94	66. 99
宏信证券有限责任公司	房租收入	市场价	149. 31	133. 77
合计			284. 25	200. 76

6. 5. 3. 2 信托资产与关联方未发生交易

6. 6 信托业务创新成果和特色业务有关情况

公司在风险管理部下设专门的产品研发部,从事市场调研、业务动态、同业分析及新产品研发推广。根据政策及监管导向,研究在净资本和风险双重约束下如何实现经济效益最大化,重点研究新型银信合作、新型房地产业务、信证合作、与资产管理公司合作等业务模式,积极探索矿业信托、PE 基金、艺术品投资、酒类投资等新型业务,不断丰富公司信托产品种类,带动公司资产管理能力和信托收入的双重提高。

6. 7 公司履行受托人义务情况及因公司自身责任而导致的信托资产损失情况

公司严格按照信托相关法律法规及公司制度的要求管理、运用及处分信托财产,履行诚实、信用、谨慎、有效管理的义务,维护受益人的最大利益。

无因自身责任而导致信托资产损失的情况。

7. 财务情况说明书

7. 1 利润实现和分配情况

报告期本公司实现利润总额 111 660. 73 万元,税后净利润 83 276. 25 万元。根据《公司章程》的规定,分别按当年实现净利润的 10%、5% 提取法定公积金 8 327. 63 万元、信托赔偿准备金 4 163. 81 万元;根据《金融企业准备金计提管理办法》的规定,按当年年末风险资产的 0. 5% 计提一般准备 983. 11 万元,期末累计未分配利润为 70 217. 13 万元。

7. 2 主要财务指标

本公司报告期的主要财务指标如下。

指标名称	指标值	计算公式
信托资产规模(亿元)	1367. 81	—
人均信托资产规模(亿元)	4. 75	—
信托业务收入占营业收入比重(%)	94. 20	手续费及佣金净收入/营业收入 ×100%
资本利润率(%)	43. 74	净利润/所有者权益平均余额 ×100%
人均净利润(万元)	289. 15	净利润/年平均人数

7. 3 对本公司财务状况、经营成果有重大影响的其他事项

报告期内,没有对本公司财务状况、经营成果有重大影响的其他事项。

8. 特别事项揭示

8. 1 前五名股东报告期内变动情况及原因

本报告期内,本公司无股东变动情况。

8. 2 董事、监事及高级管理人员变动情况及原因

2012 年 2 月,因工作原因,经公司第一届董事会第十六次会议审议通过,免去孔维文董事会秘书职务,聘任陈洪亮担任董事会秘书职务。

2012 年 2 月,经公司第一届董事会第十六次会议审议通过,聘任陶勤海为公司副总裁,其任职资格经四川银监局核准(川银监复〔2012〕184 号)。

2012 年 4 月,聘任于永峰为公司总裁助理,其任职资格经四川银监局核准(川银监复〔2012〕172 号)。

2012 年 6 月,经公司第一届董事会第十八次会议审议通

过，聘任周可彤为公司副总裁，其任职资格经四川银监局核准（川银监复〔2012〕494 号）。

8.3 变更注册资本、变更注册地或公司名称、公司分立合并事项

报告期内，公司没有变更注册资本、变更注册地或公司名称、公司分立合并事项。

8.4 公司的重大诉讼事项

报告期内，公司没有重大诉讼事项发生。

8.5 公司及其董事、监事和高级管理人员受到处罚的情况

报告期内，公司及其董事、监事和高级管理人员依法经营，没有违法、违规及受到监管部门处罚的事项发生。

8.6 银监会及其派出机构对公司检查的情况

四川银监局于 2012 年 3 月 7 日至 4 月 19 日对公司截至 2012 年 1 月 31 日法人治理与内控制度的建立与运行、自营与信托业务的合规性与风险性以及数据的真实性等情况实施了全面检查，并出具了《中国银行业监督管理委员会四川监管局现场检查意见书》（川银监检〔2012〕22 号）。根据现场检查意见书的要求，公司经过认真研究，提出了具体的整改措施，形成整改报告上报四川银监局，并在实际工作中认真落实。

8.7 本年度重大事项临时报告的简要内容、披露时间、所披露的媒体及版面

报告期内，公司无重大事项临时报告。

8.8 银监会及其省级派出机构认定的其他有必要让客户及相关利益人了解的重要信息

2012 年 6 月 20 日，在《上海证券报》举办的第六届“诚信托”颁奖典礼上，四川信托荣获“2011 年度诚信托—行业新秀奖”。

2012 年 9 月 27 日，在《成都商报》举办的 2012 中国（成都）金融总评榜上，四川信托荣获“年度最佳理财服务品牌”及“年度最佳信托公司”两项大奖。

9. 公司监事会意见

监事会认为本公司决策程序符合法律、法规和公司章程的规定，并建立了较为完善的内部控制制度，公司董事、管理层认真履行职责，未发生执行职务时有违反法律、法规、公司章程或损害公司利益的行为。公司财务报告经致同会计师事务所审计，真实反映了公司财务状况和经营成果。

苏州信托有限公司

1. 重要提示

1.1 本公司董事会及董事保证本报告所载资料不存在任何虚假记载、误导性陈述或者重大遗漏,并对本报告所载资料内容的真实性、准确性和完整性承担个别及连带责任。本年度报告摘要摘自年度报告全文,客户及相关利益人欲了解详细内容,应阅读年度报告全文。

1.2 公司独立董事陈伟恕先生、姚海星女士、贝政新先生声明:本年度报告内容真实、准确、完整。

1.3 公司董事长朱立教女士、主管会计工作的负责人周也勤先生、会计机构负责人陶娟女士声明:本报告中财务会计报告内容真实、完整。

2. 公司概况

2.1 公司简介

苏州信托有限公司(以下简称苏州信托)原名苏州信托投资有限公司,于1991年3月18日经中国人民银行批准设立;2002年9月18日获准重新工商登记;2007年7月12日经银监会银监复〔2007〕282号文批准同意,公司变更为现名称,并调整业务范围,同年9月4日换领新的金融许可证。2008年5月20日,公司获中国银行业监督管理委员会(银监复〔2008〕182号)文件的批复,同意引进新股东,实行增资扩股,注册资本增至5.9亿元人民币。2012年9月,公司获江苏监管局(苏银监复〔2012〕447号)文批准同意,完成二次增资,注册资本金增至12亿元人民币,公司股东持股比例保持不变。公司股权结构为:苏州国际发展集团有限公司占股比例70.01%,苏格兰皇家银行公众有限公司占股比例19.99%,联想控股有限公司占股比例10%。

公司中文名称	苏州信托有限公司
中文简称	苏州信托
公司英文名称	Suzhou Trust Co., Ltd.
英文缩写	Suzhou Trust
法定代表人	朱立教

续表

注册地址	江苏省苏州市竹辉路383号
邮政编码	215007
国际互联网网址	www.trustsz.com
电子信箱	sztic@trustsz.com
公司负责信息披露事务的高级管理人员	朱立教
公司负责信息披露事务的联系人	联系人:张言
	联系电话:0512-65290390
	传真:0512-65290390
	电子信箱:zhangy@trustsz.com.
公司选定信息披露的报纸	《金融时报》
登载公司年度报告的国际互联网网址	www.trustsz.com
公司年度报告备置地点	苏州市工业园区苏雅路308号信投大厦
公司聘请的会计师事务所	德勤华永会计师事务所有限公司
会计师事务所办公住所	上海市延安东路222号外滩中心30楼
公司聘请的律师事务所	江苏苏州新天伦律师事务所
律师事务所办公场所	苏州市学士街361号

2.2 组织结构

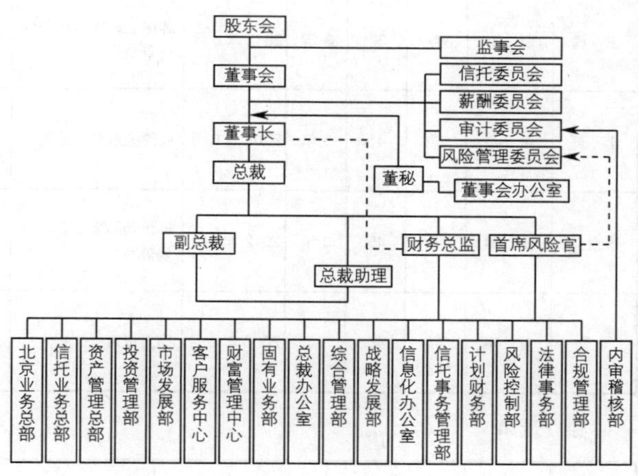

3. 公司治理

3.1 公司股东

截至报告期末公司股东有三名,相关情况如下:

股东名称	持股比例(%)	法定代表人	注册资本(亿元)	注册地址	主要经营业务及主要财务情况
苏州国际发展集团有限公司	70.01	黄建林	10	苏州市东大街101号	授权范围内的国有资产经营管理,国内商业、物资供销业(国家规定的专营、专项审批商品除外),及各类咨询服务。2012年末公司总资产241.5亿元,净资产109.7亿元,净利润5.9亿元(以上数据未经审计)。

续表

股东名称	持股比例(%)	法定代表人	注册资本(亿元)	注册地址	主要经营业务及主要财务情况
苏格兰皇家银行公众有限公司	19.99	Stephen Hester	66.09 亿英镑	36 St Andrew Square Edinburgh EH22YB UK	公司和金融市场业务：贷款、资金清算与结算、债务管理、债券融资、零售业务；资产管理业务：货币市场基金、债券投资、票据投资、委托贷款等业务。2012 年 6 月末总资产为 13586 亿英镑，净资产为 621 亿英镑，归属普通股与 B 股股东的净利润（1—6 月）为 -7.60 亿英镑。
联想控股有限公司	10	柳传志	6.61	北京市海淀区科学院南路 2 号融科资讯中心 A 座 10 层	业务涉及：IT、风险投资、房地产开发、并购投资等非相关多元化领域。2011 年末公司总资产 1504.89 亿元，净资产（不包含少数股东权益）：153.32 亿元，净利润 17.75 亿元。

3.2　公司第一大股东的主要股东情况

股东名称	出资比例(%)	负责人
苏州市国有资产监督管理委员会	100	卢国柱（主任）

3.3　董事、董事会及其下属委员会

董事会成员

姓　名	职　务	性别	年龄	任期	选任日期	所推举的股东名称	该股东持股比例(%)	简　要　履　历
朱立教	董事长	女	52	3 年	2008 年 6 月	苏州国际发展集团有限公司	70.01	曾先后任职于苏州市资产评估中心，苏州市财政局，苏州市国资局副科长，苏州市投资公司副总经理，苏州信托有限公司总经理，苏州国发集团财务经理、总会计师、副总经理等职；现任苏州国发集团副董事长，苏州信托有限公司董事长。
袁维静	董　事	女	50	3 年	2008 年 6 月	苏州国际发展集团有限公司	70.01	曾先后任职于市财政局，江苏省高新技术风险投资公司苏州分公司副总经理，市工业发展有限公司副总经理，市营财发展集团公司党支部书记；现任国发集团公司总会计师。
王　勇	董　事	男	37	3 年	2012 年 8 月	苏格兰皇家银行公众有限公司	19.99	曾任职于国家开发银行，后担任国际自然保护金融公司投资经理，麦格理租赁（中国）有限公司融资总监；现任苏皇租赁（中国）有限公司（原荷银租赁（中国）有限公司总经理及法定代表人。
李　蓬	董　事	男	41	3 年	2008 年 6 月	联想控股有限公司	10	曾先后任职于中国对外贸易运输公司、Solectria Corporation、Teradyne Connection Systems，后担任联想控股有限公司投资管理部总经理、企划办副主任、财务资产部总经理；现担任联想控股副总裁兼战略投资部总经理。
张立文	董　事	男	45	3 年	2012 年 3 月	苏州国际发展集团有限公司	70.01	曾任重庆市证券监督管理办公室主任助理，大鹏证券有限公司资产管理部任首席评估师，重庆国际信托有限公司副总裁，苏州信托有限公司常务副总裁等职；现任公司总裁。
戈　海	董　事	男	45	3 年	2008 年 2 月	职工董事	—	曾任职于苏州物资信息研究中心，后担任苏州新区电力建设发展公司财务经理，苏高新风险投资股份公司副总经理，苏州信托有限公司信托部经理、总经理助理，苏州信托有限公司常务副总经理等职；现任公司副总裁。

独立董事

姓名	职务	性别	年龄	任期	选任日期	所推举的股东名称	该股东持股比例(%)	简　要　履　历
姚海星	独立董事	女	67	3 年	2008 年 6 月	苏州国际发展集团有限公司	70.01	曾任中信兴业信托投资公司金融处长，兼任公司证券营业部总经理，中信兴业信托投资公司副总经理，中信信托公司总经理，中信信托公司副董事长；现已退休。
陈伟恕	独立董事	男	67	3 年	2008 年 6 月	苏格兰皇家银行公众有限公司	19.99	曾任职于中共人民银行新疆自治区分行奎屯市支行、金融研究所，后担任复旦大学经济学院世界经济系副主任、国际金融系系主任，上海浦东发展银行总行副行长，上海实业集团公司党委书记；现兼任上海国际港务集团独立董事，荷兰银行中国有限公司独立董事。
贝政新	独立董事	男	61	3 年	2012 年 5 月	联想控股有限公司	10	曾任苏州大学东吴商学院讲师、副教授、管理系支部书记、金融系主任，苏福马股份有限公司独立董事；现任苏州大学东吴商学院金融系教授、博士生导师，东吴基金管理有限公司独立董事，苏州工业园区设计研究院股份有限公司独立董事。

董事会下属委员会

董事会下属委员会名称	职责	组成人员姓名	职务
审计委员会	审核公司内部审计基本制度;监督公司的内部审计制度实施;审核公司的财务信息;提议聘请或更换外部审计机构;听取并审议外部审计机构报告。	陈伟恕	独立董事
		李　蓬	董事
		张　统	监事
		支昀晔	苏格兰皇家银行代表
		陈　磊	监事长
薪酬委员会	审议公司提交的薪酬管理策略和计划;审核公司人力资源计划与安排、薪酬方案和绩效考核的建议方案;跟踪、监督公司薪酬制度的落实情况。	贝政新	独立董事
		姚海星	独立董事
		李　蓬	董事
		王　勇	董事
		袁维静	董事
风险管理委员会	审核和拟订公司的风险管理战略、政策和规程以及内部控制制度,并监督上述战略、政策、规程和内部控制制度的执行。	朱立教	董事长
		陈伟恕	独立董事
		朱燕琳	监事
		江志恒	监事
		华彪	首席风控官
信托委员会	审议公司信托业务战略发展方向;监督公司依法履行受托职责,保证公司受益人的最大利益;监督公司信托业务与固有业务之间建立有效隔离机制,保障信托财产的独立性。	姚海星	独立董事
		贝政新	独立董事
		袁维静	董事
		王勇	董事
		朱燕琳	监事

3.4　公司监事、监事会及其下属委员会

公司监事的基本情况如下。

姓　名	职　务	性别	年龄	任期	选任日期	所推举的股东名称	该股东持股比例(%)	简　要　履　历
陈　磊	监事长	男	49	3年	2012年5月	苏州国际发展集团有限公司	70.01	曾任省国资局副主任科员、主任科员,江苏省产权交易所副所长,资产评估中心副主任,江苏省财政厅工贸发展处调研员兼产权交易所所长、股权登记中心主任;现任苏州信托有限公司监事长。
江志恒	监事	男	38	3年	2012年11月	苏格兰皇家银行公众有限公司	19.99	曾任苏格兰皇家银行(中国)有限公司代理企业风险官;现任苏格兰皇家银行(中国)有限公司董事长办事处行政处长。
朱燕琳	监事	女	34	3年	2012年5月	联想控股有限公司	10	曾先后任职于上海文广新闻传媒集团广告经营中心,上海锐界数码科技有限公司;现任联想控股有限公司战略投资部投资经理。
张统	监事	男	42	3年	2008年6月	苏州国际发展集团有限公司	70.01	曾在苏州丝绸印花厂工作,后任江苏公证会计师事务所部门副经理;现任苏州国际发展集团有限公司部门经理。
蒋一雷	监事	男	38	3年	2008年6月	职工监事		曾先后任职于苏州信托投资有限公司证券营业部、计划财务部、信托业务部、理财服务中心,后担任苏州信托投资有限公司项目管理部副经理、合规管理部经理、法律事务部经理;现任苏州信托有限公司资产管理总部总经理、助理总裁。

公司监事会未设立下属委员会。

3.5　高级管理人员

姓　名	职　务	性别	年龄	任期	选任日期	金融从业年限	学历	专业	简　要　履　历
张立文	总裁	男	45	1年	2011年1月	15年	博士	经济学	曾任重庆市证券监督管理办公室主任助理,大鹏证券有限公司资产管理部任首席评估师,重庆国际信托有限公司副总裁,苏州信托有限公司常务副总裁等职;现任公司总裁。
戈　海	副总裁	男	45	1年	2011年1月	12年	本科	法律	曾任职于苏州物资信息研究中心,后担任苏州新区电力建设发展公司财务经理,苏高新风险投资股份公司副总经理,苏州信托有限公司信托部经理、总经理助理,苏州信托有限公司常务副总经理等职;现任公司副总裁。

续表

姓 名	职 务	性别	年龄	任期	选任日期	金融从业年限	学历	专业	简 要 履 历
沈光俊	副总裁	男	43	1年	2011年1月	9年	本科	财政	曾任苏州资产评估事务所评估部项目经理、工程造价审计部经理,苏州仁合资产评估有限公司董事及南京分公司总经理,苏州信托有限公司理财服务中心副主任、主任;现任本公司副总裁。
周也勤	副总裁 财务总监	男	50	1年	2011年1月	23年	中专	会计	曾任职于苏州前进化工厂财务科,后担任苏州信托有限公司财务部经理、总经理助理;现任公司副总裁兼财务总监。
华 彪	首席风控官	女	46	1年	2011年1月	19年	硕士	商务管理	曾任职于英国毕马威会计事务所伦敦分所、美林证券欧洲部、中国毕马威会计师事务所,后担任德勤会计师事务所企业风险管理部上海地区总监;现任苏州信托有限公司首席风险官。
汪 瑜	总裁助理	女	34	1年	2011年1月	12年	硕士	行政管理	曾任职于恒远证券苏州干将路营业部,后担任苏州信托有限公司综合管理部副经理、经理等职;现任苏州信托有限公司总裁助理。
姚文德	总裁助理	男	45	1年	2011年1月	9年	本科	财政	曾任职苏州市财政局国有资产评估中心,苏州资产评估事务所评估部副经理,江苏仁合资产评估有限公司资产评估部经理,苏州信托有限公司业务一部经理;现任公司总裁助理兼战略研究部经理。

3.6 公司员工

人 数		78	
平均年龄		36	
		人数	比例(%)
年龄分布	30岁以下	28	35.90
	31~40岁	27	34.63
	41~50岁	19	24.36
	51岁以上	4	5.13
	小计	78	100.00
学历分布	博士	1	1.28
	硕士	30	38.46
	本科	39	50.00
	专科	4	5.13
	其他	4	5.13
	小计	78	100.00
岗位分布	高级管理人员	10	12.82
	自营业务人员	2	2.56
	信托业务人员	36	46.16
	中台人员	12	15.38
	后台人员	18	23.08
	小计	78	100.00

4. 经营管理

4.1 经营目标、经营方针、战略

公司经营目标:继续理顺治理机制;完善以规划为导向、以人才为基础、以制度为标准的科学发展模式;积极探索利用股东资源和开发战略联盟资源进行合作的方式,拓宽和加深核心业务的开发培育;逐步建立更加有效的绩效考核和激励机制,吸引更多更优秀的人才为公司发展服务;进一步提升市场营销与项目拓展能力,加大客户开发、产品供给的力度,为客户提供更丰富的产品和更优质的服务;努力实现由地方性中小机构向全国性信托公司转变,最终成为独具特色的信托理财专业机构。

公司经营方针:坚持依法合规和稳健经营,坚持以健康可持续发展为导向,以"诚信、创新、协作、敬业、自律"核心理念的发展路径,通过规范的公司治理和不断完善的经营管理机制,以及依靠外部引进的高层次人才,推进信托主业的转型和全面发展。

公司战略规划:以"独具特色的财富受托人"为愿景,打造特色化的信托产品、综合的理财服务,以及全国性的影响力。

4.2 公司所经营业务的主要内容

自营资产运用与分布表

资产运用	金额(万元)	占比(%)	资产分布	金额(万元)	占比(%)
货币资产	22 150	10.07	基础产业		
贷款及应收款	48 419	22.01	房地产业	20 650	9.39
交易性金融资产	2 449	1.11	证券市场	62 363	28.35
可供出售金融资产	86 014	39.11	实业	28 550	12.98
持有至到期投资	0	0.00	金融机构	79 935	36.34
长期股权投资	34 535	15.70	其他	28 453	12.94
其他	26 384	12.00			
资产总计	219 951	100.00	资产总计	219 951	

信托资产运用与分布表

资产运用	金额(万元)	占比(%)	资产分布	金额(万元)	占比(%)
货币资金	37 000	1	基础产业	1 603 189	51
贷款	781 549	25	房地产	428 929	14
交易性金融资产	1 602	0	证券	1 602	0
持有至到期投资	1 320 344	42	金融机构	57 900	2
长期股权投资	971 119	31	工商企业	420 318	13
长期应收款	0	0	其他	607 953	19
买入返售金融资产	0	0			
应收款项	8 277	0			
信托资产总计	3 119 891	100	信托资产总计	3 119 891	100

4.3 市场分析

4.3.1 宏观经济分析

2012年，在欧美债务危机一定程度上得到控制的背景下，我国的宏观经济总体保持了较为平稳的发展，通胀压力得到一定缓解，但是结构化矛盾依旧突出。我国政府继续推行积极的财政政策和稳健的货币政策，财政政策的扩张力度有所减弱，财政赤字率略有下降。刺激性政策逐步退出以及严厉的房地产调控政策使得经济增速进一步放缓，地方财政风险和土地市场交易趋冷，对地方投融资能力形成制约，资源、劳动力成本上升抬高了经济增长的成本，出口放缓对工业生产形成一定压力。

4.3.2 影响本公司业务发展的主要因素

报告期内，本公司业务发展的有利因素主要有中国经济持续高速增长，财富快速积累，对理财产品的需求进一步扩大；市场融资环境紧缩，银行信贷资金收紧，为公司业务的开展提供了良机；保障性住房、民生工程等政策刺激给基础设施建设领域信托业务带来了机会；专业化的投资队伍，高效的公司治理为业务开展提供了有力的保障；三方股东支持，为公司健康发展奠定了基础。

报告期内，本公司业务面临的不利影响有国家对房地产行业的宏观调控一定程度上制约了房地产领域信托业务的开展；监管层对信托业务监管日益严格，针对银信合作、房地产信托项目的监管政策频出，在加强风险控制的同时，限制了信托公司的快速发展；2012年证券市场持续低迷，不利于证券类信托业务的开展；业内竞争进一步加剧，借助银行渠道营销费用显著上升，信托公司信托报酬率呈不断下降趋势。

4.4 公司内部控制概况

4.4.1 内部控制环境和内部控制文化

公司始终致力于构建全面完善的内部控制管理体系，公司已经按照法律规定和《公司章程》的要求，建立了股东大会、董事会、监事会以及高级管理层组成的法人治理结构，董事会下设信托委员会、审计委员会、薪酬委员会、风险管理委员会，各委员会分工明确，协助董事会做好和开展公司的各项工作。监事会对公司的各项经营活动进行监督。公司完善的法人治理结构为公司内部控制目标的实现提供了合理保证。

公司不断优化内部控制体系，通过合理、有效的合规制度来实现积极主动的内部控制。2012年，公司组织开展了对《内部控制制度——信托业务》等一系列业务制度的修订工作，并颁布实施。

公司积极营造合规文化，为合规管理工作的开展和内部控制建设创造出优越的内部环境，把诚信经营、合规经营作为内控文化的主旋律，并通过制度建设、员工培训、激励安排等方式将其融入日常工作和企业行为中，引导公司员工自觉主动合规工作，将合规管理贯穿于日常经营的每个环节。

4.4.2 内部控制措施

公司根据业务发展、外部环境变化以及监管要求定期进行制度和流程修订工作，建立了相对完备的内部控制制度体系。公司各项业务严格按照公司内控制度及流程要求，履行了相应的审批程序。

公司董事会是公司执行机构，领导公司内部控制的建设、完善和有效实施。董事会下属的风险管理委员会、审计委员会根据董事会的决策，负责内部控制的具体操作实施和监督。公司内部控制制度由内部控制大纲、基本管理制度和部门业务规章等组成。根据内部控制制度，对不同业务与管理事项制定不同的控制措施，保证了业务管理活动的正常运行。

2012年，公司进一步完善内部控制制度和业务流程，业务运作实现了前台、中台、后台严格分离及各部门之间高效衔接、密切合作。公司通过事前、事中、事后的监督，达到全面内部控制。公司建立了明确的授权制度，执行严格的审批程序与审批权限。根据业务需要，建立了有效的业务决策系统：各业务部门对项目进行初步筛选，风险控制部、合规管理部与法律事务部对项目进行风险审查，客观出具审查报告。公司针对信托业务和固有业务的业务特性，分别成立了信托业务决策委员会和固有业务决策委员会进行项目评审，由公司领导，前台、中台、后台部门负责人及业务骨干担任评审委员，对公司各项业务进行集体审议，科学决策。

公司设立了信托业务部、固有业务部以及信托事务管理部和计划财务部等部门，信托业务与固有业务相互独立运作，将信托财产与固有财产分别管理、分别记账，并在各部门实行有效的岗位分工制度，起到不相容岗位相分离、相互牵制的作用，进一步保证公司内部控制制度的有效执行。

在业务存续期内，由风险控制部组织季度事中风险检查工作，按季度对存续的信托项目、固有业务的项目进行全面检查与重点抽查，并根据检查结果出具风险管理报告，提交风险管理委员会审议。同时，向业务部门出具风险检查反馈意见，督促业务部门根据检查出的问题及时进行整改。

针对公司业务开展和管理制度的执行情况，公司内审稽核部进行内部审计。内审稽核部根据公司业务开展的情况制定内部审计稽核工作计划，有针对性地对相关项目进行内部审计。此外，公司还聘请资质优良的会计师事务所对公司的财务状况等进行外部审计。

4.4.3 信息交流与反馈

公司不断建立完善信息交流与反馈制度，包括内部信息交流及报告与披露。

2012年，公司新的综合业务管理系统开始运行，新系统将业务处理与办公自动化合二为一，完全采用工作流的机制，将被动系统转变为主动推送系统，从而加快了业务流转，提高了工作的协同性。公司网站及时进行了相关信息的披露。

公司建立了顺畅、双向的内部信息交流制度。公司开通各种信息交流渠道，通过公司公文、公告等传递和获取信息；充分利用信息技术，通过网络、电话会议、邮件、业务系统等方式在公司内部传递信息，确保能够将决策层的战略、政策、制度及相关规定等信息及时传达给员工，公司员工也可及时了解业务运作的有关情况并将操作中的有关信息反馈给管理层。同时，公司依法将资产经营状况等信息通过公司网站及其他媒介向社会公开披露，并根据合同约定向相关利益人定期披露约定信息。

4.4.4 监督评价与纠正

公司对内控制度的执行情况进行持续的监督和评价，保证了内控的实际效果。

公司严格按照《公司法》、《信托公司管理办法》等相关法律法规的规定开展各项经营活动，公司各项内部控制制度执行有效。2012 年，针对内审稽核部内部检查及监管部门提出的监管意见，公司均组织相关部门制定整改方案，并要求相关部门落实整改，并在今后工作中加以防范，整改落实情况良好。此外，由于公司在内部控制方面各项工作做得比较扎实，因而在近几年的经营活动中无发生任何违规经营情况。同时，公司在项目的开发过程中也严格执行银监会等部门的规定和公司的各项内部管理制度，风险控制意识较强，公司存续项目运行正常。

4.5 公司风险管理

4.5.1 风险管理概况

公司风险管理的主要目的是通过积极、主动的风险管理活动，提升风险管理能力，实现风险和收益的平衡，构建覆盖全部业务、产品和活动的风险管理体系，保证各项业务可持续发展。公司始终认为积极、高效的风险管理工作是公司内部控制环节中重要的组成部分，是公司持续经营、业务稳健发展的基础之一。因此，公司建立了有效的风险管理体系，以识别、防范和管理各类风险。

公司在风险管理和内部控制方面已建立起符合监管要求的框架体系。公司董事会下设风险管理委员会，负责审核风险管理政策和内部控制制度，并对其实施情况及效果进行监督和评价，同时对公司的整体风险状况进行定期评估。风险控制部作为公司风险管理的职能部门，按照公司风险管理政策和制度的要求开展工作，有效识别和管理风险，做到事前防范、事中监督和控制、事后总结和分析。

4.5.2 风险状况

4.5.2.1 信用风险状况

信用风险是由于交易对手不履行与公司的合约而给公司带来损失的风险，信用风险的主要表现为融资主体在偿付期内，不能按约及时足额支付款项，或担保人在融资主体违约时不能按约履行担保义务等情形，进而给信托公司项目的正常分配、清算造成压力，并有可能损害到信托公司的声誉。

公司信用风险主要存在于融资类项目。按照贷款五级分类标准，公司目前存续信托资金项目及固有资金项目运行正常，贷款项目均在贷前落实各项抵(质)押、担保等保障措施，风险可控。

4.5.2.2 市场风险状况

市场风险主要指市场利率、汇率或金融产品价格变动等造成损失的风险。主要表现为贷款、债券、短期票据、存款等资产损失的风险；长期投资和短期投资损失的风险；外汇资产损失的风险等。

目前，证券市场风险、房地产市场风险和利率风险是公司面临的主要市场风险。在报告期内，上述风险可控。

4.5.2.3 操作风险状况

操作风险是指由于员工的个人因素导致操作不当所引发的风险，因制度不完善引发的风险，或者是由于信息系统出现故障等导致业务无法正常运行而引发的风险。

在报告期内，公司各项业务都严格执行内部控制程序及业务操作流程，公司未发生因操作风险所造成的损失。

4.5.2.4 其他风险状况

公司所面临的政策风险、流动性风险及道德风险等其他风险。报告期内，经多次风险排查，存续项目运行情况基本正常，风险可控。

4.5.3 风险管理

4.5.3.1 信用风险管理

对于信用风险的防范，首先从交易对手的选择上进行甄别，通过征信报告和银监会信息披露系统，对融资对象进行信用调查，尽量选择财务状况良好，具有一定行业优势以及信用状况较好的企业作为交易对手，通过尽职调查对企业的情况进行深入了解和分析，对于个别特殊项目，由风险控制部召集论证会，对项目的可行性和风险的可控性进行论证。其次，由风险控制部、合规管理部和法律事务部进行风险审查和评估，独立出具相关报告供决策委员会参考。此外，公司还从项目的保障措施方面着手，尽量选取资质较好的企业作为担保人，或选取易于评估和变现的、具有良好价值的核心资产作为抵(质)押物，并控制抵(质)押率，为项目提供进一步的保障。公司在业务开展过程中，根据业务需要，借鉴外部信用评级机构的信用评估信息，结合业务人员的专业判断，对交易对手的信用状况进行考察和分析。

公司在项目实施过程中，通过对项目运行的有效管理，跟踪交易对手的信用情况、对风险管理情况进行定期检查及资产分类评级等工作，对信用风险进行动态监控。公司通过对项目结束后的内部稽核和评价进行业务的事后控制和综合评价。

公司除了对交易对手的履约能力和信用状况进行全过程的跟踪和监控外，还在信托产品交易结构设计上，注重信用风险的分散与补偿。通过组合和多样化的投资，避免集中度风险，通过增加担保、保证等形式来转移和减少风险。

4.5.3.2 市场风险管理

公司通过客观地分析经济形势，审慎判断市场走向，谨慎选择项目，并在项目推进前进行充分的尽职调查，对市场风险可能对项目产生的影响进行分析。公司不仅关注市场风险的控制，更注重通过策略来合理规避市场风险。

公司对于证券收益权投资业务，严格按照公司相关业务管理制度的规定执行，加强对经济及金融形势的分析、判断，并据此提出合理的质押率、补仓线和处置预案；对证券投资业务，依据投资组合的净值、仓位和投资集中度等指标事先设定预警点或止损点，并严格操作；另外密切跟踪市场变化，及时调整投资策略和投资组合。

公司在开展房地产业务时，要求取得土地及在建工程等核心资产抵押，控制抵押率。2012 年，公司对存续的房地产项目进行多次压力测试，以监测和分析交易对手现金流状况。

在报告期内，各项业务未出现任何风险损失，市场风险管理状况良好。

4.5.3.3 操作风险管理

公司在以风险防范为主的环境下制定了一系列政策及程序以识别、报告、管理和控制风险。公司通过对各部门、各岗位制定明确的职责和权限，坚持信托财产之间、信托财产与固有财产之间分别管理、分别记账等相互分离、相互监督、相互制约的原则，并通过严格的授权制度与过程监控来实施，其中采用了大量的技术手段，如在电脑系统对操作权限和内容进行程序设定，以及在业务和资金流转过程中实施双岗核定确认等。

在证券投资过程中，通过成立证券投资小组，指定专人负责投资决策、交易执行、风险控制、会计核算等环节，做到相对独立，相互制衡，权限明确。公司内控部门对上述业务进行事中监控、事后评估和总结，并制定相应的制度来堵截可能出现的漏洞，对业务执行人定期进行考评，通过奖惩激励对其行为进行约束。

公司加强对存续项目的管理，2012 年重点检查了所有存续的集合、单一信托项目及固有业务项下的相关项目，以及业务运作各环节的操作风险管理情况。目前内部程序系统运行有效，各项业务均严格按照公司各项制度的规定进行操作。2012 年未出现因操作失误而产生的风险，公司操作风险可控。

4.5.3.4　其他风险管理

公司积极推进业务创新，促进公司信托业务的多元化，从而避免政策的调控对公司信托业务产生重大的冲击。此外，提高业务开展的前瞻性，在项目结构设计时，考虑到未来可能的政策变动，从而避免政策的调整对项目产生消极影响。

公司通过建立完善的治理结构、内控制度、业务流程等，加强对道德风险与流动性风险等其他风险的管理和控制，且专门聘请律师事务所、会计师事务所等专业机构，协助公司对所有业务进行合规审查和法律咨询。

5. 报告期末及上一年度末的比较式会计报表

5.1　自营资产

5.1.1　会计师事务所审计结论

审 计 报 告

德师报(审)字(13)第 P0508 号

苏州信托有限公司董事会：

我们审计了后附的苏州信托有限公司(以下简称贵公司)的财务报表，包括 2012 年 12 月 31 日的公司及合并资产负债表，2012 年度的公司及合并利润表、公司及合并所有权益变动表和公司及合并现金流量表以及财务报表附注。

一、管理层对财务报表的责任

编制和公允列报财务报表是贵公司管理层的责任，这种责任包括：(1)按照企业会计准则的规定编制财务报表，并使其实现公允反映；(2)设计、执行和维护必要的内部控制，以使财务报表不存在由于舞弊或错误而导致的重大错报。

二、注册会计师的责任

我们的责任是在执行审计工作的基础上对财务报表发表审计意见。我们按照中国注册会计师审计准则的规定执行了审计工作。中国注册会计审计准则要求我们遵守中国注册会计师职业道德守则，计划和执行审计工作以对财务报表是否不存在重大错报获取合理保证。

审计工作涉及实施审计程序，以获取有关财务报表金额和披露的审计证据。选择的审计程序取决于注册会计的判断，包括对由于舞弊或错误导致的财务报表重大错报风险的评估。在进行风险评估时，注册会计师考虑与财务报表编制相关的内部控制，以设计恰当的审计程序，但目的并非对内部控制的有效性发表意见。审计工作还包括评估管理层选用会计政策的恰当性和作出会计估计的合理性，以及评价财务报表的总体列报。

我们相信，我们获取的审计证据是充分、适当的，为发表审计意见提供了基础。

三、审计意见

我们认为，贵公司财务了表在所有重大方面按照企业会计准则的规定编制，公允反映了贵公司 2012 年 12 月 31 日的公司及合并财务状况以及 2012 年度的公司及合并经营成果和公司及合并现金流量。

德勤华永会计师事务所(特殊普通合伙)

中国·上海

中国注册会计师

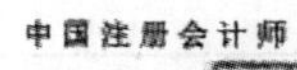

2013 年 3 月 29 日

5.1.2　资产负债表

公司及合并资产负债表

2012 年 12 月 31 日

单位：元

	合并		公司	
	年末余额	年初余额	年末余额	年初余额
资产				
货币资金	221 499 098.21	157 216 790.52	218 156 360.07	142 230 020.61
交易性金融资产	24 494 044.61	32 754 325.20	24 494 044.61	32 754 325.20
买入返售金融资产	20 001 000.00	—	20 001 000.00	—
应收利息	1 884 819.43	1 835 222.23	1 884 819.43	1 835 222.23
发放贷款和垫款	454 500 000.00	418 000 000.00	454 500 000.00	418 000 000.00
可供出售金融资产	860 141 254.48	146 140 768.00	849 145 175.00	146 140 768.00

续表

	合并		公司	
	年末余额	年初余额	年末余额	年初余额
长期股权投资	345 346 714. 02	338 273 750. 00	357 845 626. 68	353 273 750. 00
投资性房地产	—	1 339 671. 75	—	1 339 671. 75
固定资产	243 519 526. 87	8 840 105. 35	243 519 526. 87	8 840 105. 35
无形资产	322 166. 73	432 809. 53	322 166. 73	432 809. 53
递延所得税资产	980. 13	1 450 279. 20	—	1 450 279. 20
其他资产	27 797 105. 45	38 248 045. 09	27 789 105. 45	38 248 045. 09
资产总计	2 199 506 709. 93	1 144 531 766. 87	2 197 657 824. 84	1 144 544 996. 96
负债				
应付职工薪酬	56 669 187. 70	16 123 515. 86	56 669 187. 70	16 123 515. 86
应交税费	15 094 524. 66	21 161 137. 41	15 104 917. 63	21 161 137. 41
递延所得税负债	121 914 359. 32	—	121 914 359. 32	—
其他负债	16 250 174. 83	4 813 076. 88	16 249 674. 83	4 813 076. 88
负债合计	209 928 246. 51	42 097 730. 15	209 938 139. 48	42 097 730. 15
所有者权益				
实收资本	1 200 000 000. 00	590 000 000. 00	1 200 000 000. 00	590 000 000. 00
资本公积	382 267 228. 36	70 368 676. 00	382 270 168. 75	70 368 676. 00
盈余公积	112 384 037. 78	84 460 368. 39	112 197 460. 96	84 460 368. 39
信托赔偿准备	50 925 063. 09	37 056 516. 80	50 925 063. 09	37 056 516. 80
一般风险准备	16 369 449. 70	5 070 668. 00	16 369 449. 70	5 070 668. 00
未分配利润	227 632 684. 49	315 477 807. 53	225 957 542. 86	315 491 037. 62
归属于母公司所有者权益合计	1 989 578 463. 42	1 102 434 036. 72	1 987 719 685. 36	1 102 447 266. 81
少数股东权益	—	—	—	—
所有者权益合计	1 989 578 463. 42	1 102 434 036. 72	1 987 719 685. 36	1 102 447 266. 81
负债和所有者权益总计	2 199 506 709. 93	1 144 531 766. 87	2 197 657 824. 84	1 144 544 996. 96

法定代表人　朱立教　　　　主管会计工作负责　周也勤　　　　会计机构负责人　陶娟

5. 1. 3　利润表

公司及合并利润表

2012 年 12 月 31 日　　　　单位:元

	合并		公司	
	本年余额	上年余额	本年余额	上年余额
一、营业收入	520 998 442. 60	286 637 660. 89	518 398 480. 26	
利息净收入	61 669 144. 98	43 104 657. 39	61 669 144. 98	43 082 164. 48
手续费及佣金净收入	431 401 204. 69	247 213 062. 06	431 401 204. 69	247 213 062. 06
投资收益	24 882 884. 04	7 284 452. 39	22 282 921. 70	7 284 452. 39
公允价值变动损益	3 231 204. 73	−11 211 800. 95	3 231 204. 73	−11 211 800. 95
其他业务收入	136 545. 00	247 290. 00	136 545. 00	247 290. 00
汇兑损益	(322 540. 84)	—	(322 540. 84)	
二、营业支出	154 665 298. 96	74 679 197. 58	154 583 873. 33	74 643 474. 58
营业税金及附加	27 536 990. 40	16 270 016. 37	27 536 990. 40	16 270 016. 37
业务及管理费	127 105 340. 56	58 366 305. 62	127 023 914. 93	58 330 582. 62
其他业务成本	22 968. 00	42 875. 59	22 968. 00	42 875. 59
三、营业利润	366 333 143. 64	211 958 463. 31	363 814 606. 93	211 971 693. 40
加:营业外收入	175 918. 07	426 541. 93	175 918. 07	426 541. 93
减:营业外支出	345 433. 17	804 360. 66	345 433. 17	804 360. 66
四、利润总额	366 163 628. 54	211 580 644. 58	363 645 091. 83	211 593 874. 67
减:所得税费用	86 917 754. 20	52 107 976. 12	86 274 166. 03	52 107 976. 12

续表

	合并		公司	
	本年余额	上年余额	本年余额	上年余额
五、净利润	279 245 874. 34	159 472 668. 46	277 370 925. 80	159 485 898. 55
其中:				
归属于母公司股东的净利润	279 245 874. 34	159 472 668. 46	277 370 925. 80	159 485 898. 55
少数股东损益	—	—	—	
六、其他综合收益	377 898 552. 36	4 119 576. 00	377 901 492. 75	4 119 576. 00
八、综合收益总额	657 144 426. 70	163 592 244. 46	655 272 418. 55	163 605 474. 55
归属于母公司股东综合收益总额	657 144 426. 70	163 592 244. 46	655 272 418. 55	163 605 474. 55
归属于少数股东的综合收益总额	—	—	—	

公司及合并现金流量表

2012 年 12 月 31 日

单位:元

	合并		公司	
	本年余额	上年余额	本年余额	上年余额
一、经营活动产生的现金流量:				
收取利息、手续费及佣金的现金	505 788 194. 02	298 437 089. 90	505 711 945. 19	298 414 596. 99
收到其他与经营活动有关的现金	312 963. 07	673 764. 83	312 463. 07	673 764. 83
客户贷款及垫款净减少额	—	—	—	—
经营活动现金流入小计	506 101 157. 09	299 110 854. 73	506 024 408. 26	299 088 361. 82
客户贷款及垫款净增加额	36 500 000. 00	100 000 000. 00	36 500 000. 00	100 000 000. 00
支付给职工以及为职工支付的现金	49 440 907. 79	33 629 766. 15	49 313 209. 01	33 629 766. 15
支付的各项税费	123 869 466. 77	75 265 562. 00	123 202 903. 71	75 250 562. 00
支付其他与经营活动有关的现金	23 730 426. 29	20 067 762. 21	23 705 032. 53	20 047 039. 21
经营活动现金流出小计	233 540 800. 85	228 963 090. 36	232 721 145. 25	228 927 367. 36
经营活动产生的现金流量净额	272 560 356. 24	70 147 764. 37	273 303 263. 01	70 160 994. 46
二、投资活动产生的现金流量:				
收回投资收到的现金	253 204 695. 65	114 443 946. 54	253 204 695. 65	114 443 946. 54
取得投资收益收到的现金	24 889 444. 02	7 284 452. 39	22 287 295. 02	7 284 452. 39
处置固定资产、无形资产和其他长期资产收回的现金净额	9 465. 11	200	9 465. 11	200
投资活动现金流入小计	278 103 604. 78	121 728 598. 93	275 501 455. 78	121 728 598. 93
投资支付的现金	478 929 484. 33	147 180 046. 95	465 426 210. 33	132 180 046. 95
取得子公司支付的现金	—	—	—	30 000 000. 00
购建固定资产、无形资产和其他长期资产支付的现金	237 452 169. 00	162 050. 00	237 452 169. 00	162 050. 00
投资活动现金流出小计	716 381 653. 33	147 342 096. 95	702 878 379. 33	162 342 096. 95
投资活动产生的现金流量净额	−438 278 048. 55	−25 613 498. 02	−427 376 923. 55	−40 613 498. 02
三、筹资活动产生的现金流量:				
吸收投资收到的现金	230 000 000. 00	—	230 000 000. 00	—
筹资活动现金流入小计	230 000 000. 00	—	230 000 000. 00	—
筹资活动产生的现金流量净额	230 000 000. 00	—	230 000 000. 00	—
四、汇率变动对现金及现金等价物的影响	—	—	—	—
五、现金及现金等价物净增加额	64 282 307. 69	44 534 266. 35	75 926 339. 46	29 547 496. 44
加:年初现金及现金等价物余额	157 216 790. 52	112 682 524. 17	142 230 020. 61	112 682 524. 17
六、年末现金及现金等价物余额	34	157 216 790. 52	218 156 360. 07	142 230 020. 61

合并所有者权益变动表

2012 年 12 月 31 日

单位：元

	本年金额							
	归属于母公司所有者权益						少数股东权益	所有者权益合计
	实收资本	资本公积	盈余公积	信托赔偿准备	一般风险准备	未分配利润		
一、2012 年 1 月 1 日余额	590 000 000. 00	70 368 676. 00	84 460 368. 39	37 056 516. 80	5 070 668. 00	315 477 807. 53	—	1 102 434 036. 72
二、本年增减变动余额	610 000 000. 00	311 898 522. 36	27 923 669. 39	13 868 546. 29	11 298 781. 70	(87 845 123. 04)	—	887 144 426. 70
（一）净利润	—	—	—	—	—	279 245 874. 34	—	279 245 574. 34
（二）其他综合收益	—	377 898 552. 36	—	—	—	—	—	37 898 522. 36
（一）和（二）小计	—	377 898 552. 36	—	—	—	279 245 874. 34	—	657 144 426. 70
（三）所有者投入和减少资本								
1. 所有者投入和减少资本	610 000 000. 00	(66 000 000. 00)	—	—	—	(314 000 000. 00)	—	230 000 000. 00
2. 其他	—	—	—	—	—	—	—	—
（四）利润分配	—	—	—	—	—	—	—	—
1. 提取盈余积	—	—	27 923 669. 39	—	—	(27 923 669. 39)	—	—
2. 提取一般风险准备	—	—	—	—	11 298 781. 70	(11 298 781. 70)	—	—
3. 提取信托赔偿准备	—	—	—	13 868 546. 29	—	(13 868 546. 29)	—	—
4. 对所有者的分配	—	—	—	—	—	—	—	—
三、2012 年 12 月 31 日余额	1 200 000 000. 00	382 267 228. 36	112 384 037. 78	50 925 063. 09	16 369 449. 70	227 632 684. 49	—	1 989 578 463. 42

	上年金额							
	归属于母公司所有者权益						少数股东权益	所有者权益合计
	实收资本	资本公积	盈余公积	信托赔偿准备	一般风险准备	未分配利润		
一、2011 年 1 月 1 日余额	590 000 000. 00	66 249 100. 00	68 511 778. 53	29 082 221. 87	4 226 142. 00	180 772 549. 86	—	938 841 792. 26
二、本年增减变动余额	—	4 119 576. 00	15 948 589. 86	7 974 294. 93	844 526. 00	134 705 257. 67	—	163 592 244. 46
（一）净利润	—	—	—	—	—	159 472 668. 46	—	159 472 668. 46
（二）其他综合收益	—	4 119 576. 00	—	—	—	—	—	4 119 576. 00
（一）和（二）小计	—	4 119 576. 00	—	—	—	159 472 668. 46	—	163 592 244. 46
（三）所有者投入和减少资本								
1. 所有者投入和减少资本	—	—	—	—	—	—	—	—
2. 其他	—	—	—	—	—	—	—	—
（四）利润分配								
1. 提取盈余积	—	—	15 948 589. 86	—	—	(15 948 589. 86)	—	—
2. 提取一般风险准备	—	—	—	—	844 526. 00	(844 526. 00)	—	—
3. 提取信托赔偿准备	—	—	—	7 974 294. 93	—	(7 974 294. 93)	—	—
4. 对所有者的分配	—	—	—	—	—	—	—	—
三、2011 年 12 月 31 日余额	590 000 000. 00	70 38 676. 00	84 460 368. 39	37 056 516. 80	5 070 668. 00	315 477 807. 53	—	1 102 434 036. 72

合并所有者权益变动表

2012 年 12 月 31 日

单位：元

	本年金额						
	实收资本	资本公积	盈余公积	信托陪偿准备	一般风险准备	未分配利润	所有者权益合计
一、2012 年 1 月 1 日余额	590 000 000. 00	70 368 676. 00	84 450 368. 39	37 056 516. 80	5 070 668. 00	315 491 037. 62	1 102 447 266. 81
二、本年增减变动金额	610 000 000. 00	311 901 492. 75	27 737 092. 57	13 868 546. 29	11 298 781. 70	(89 533 494. 76)	885 272 418. 55
（一）净利润	—	—	—	—	—	277 370 925. 80	277 370 925. 80
（二）其他综合收益	—	377 901 492. 75	—	—	—	277 370 925. 80	277 370 925. 80
（一）和（二）小计	—	377 901 492. 75	—	—	—	277 370 925. 80	655 272 418. 55
（三）所有者投入和减少资本							
1. 所有者投入和减少资本	610 000 000. 00	(66 000 000. 00)	—	—	—	(314 000 000. 00)	230 000 000. 00
2. 其他	—	—	—	—	—	—	—
（四）利润分配	—	—	—	—	—	—	—
1. 提取盈余积	—	—	27 737 092. 57	—	—	(27 737 092. 57)	—

续表

	本年金额						
	实收资本	资本公积	盈余公积	信托陪偿准备	一般风险准备	未分配利润	所有者权益合计
2. 提取一般风险准备	—	—	—	—	11 298 781.70	(11 298 781.70)	—
3. 提取信托赔偿准备	—	—	—	13 868 546.29	—	(13 868 546.29)	—
4. 对所有者的分配	—	—	—	—	—	—	—
三、2012 年 12 月 31 日余额	1 200 000 000.00	382 270 168.75	112 197 460.96	50 925 063.09	16 369 449.70	255 957 542.86	1 987 719 685.36

	本年金额						
	实收资本	资本公积	盈余公积	信托陪偿准备	一般风险准备	未分配利润	所有者权益合计
一、2011 年 1 月 1 日余额	590 000 000.00	66 249 100.00	68 511 778.53	29 082 221.87	4 226 142.00	180 772 549.86	938 841 792.26
二、本年增减变动金额	—	4 119 576.00	15 948 589.86	7 974 294.93	844 526.00	134 705 257.67	163 605 474.55
(一)净利润	—	—	—	—	—	159 485 898.55	159 485 898.55
(二)其他综合收益	—	4 119 576.00	—	—	—	—	4 119 576.00
(一)和(二)小计	—	4 119 576.00	—	—	—	159 485 898.55	163 605 474.55
(三)所有者投入和减少资本							
1. 所有者投入和减少资本	—	—	—	—	—	—	—
2. 其他	—	—	—	—	—	—	—
(四)利润分配							
1. 提取盈余积	—	—	15 948 589.86	—	—	(15 948 589.86)	—
2. 提取一般风险准备	—	—	—	—	844 526.00	(844 526.00)	—
3. 提取信托赔偿准备	—	—	—	7 974 294.93	—	(7 974 294.93)	—
4. 对所有者的分配	—	—	—	—	—	—	—
三、2012 年 12 月 31 日余额	590 000 000.00	70 368 676.00	84 460 368.39	37 056 516.80	5 070 668.00	315 491 037.62	1 102 477 266.81

5.2 信托资产(未经审计)

5.2.1 信托项目资产负债汇总表

信托项目资产负债汇总表

编报单位:苏州信托有限公司　　2012 年 12 月 31 日　　单位:万元

信托资产	期末余额	年初余额	信托负债和信托权益	期末余额	年初余额
信托资产			信托负债		
货币资金	36 999.90	35 416.44	交易性金融负债	—	—
拆出资金	—	—	衍生金融负债		
存出保证金	—	—	应付受托人报酬	2 173.37	3 429.98
交易性金融资产	1 602.22	25 293.85	应付托管费	57.35	9.21
衍生金融资产	—	—	应付受益人收益	6 400.02	6 415.42
买入返售金融资产	—	20 610.51	应交税费	—	1 114.55
应收款项	8 276.98	7 922.83	应付销售服务费	—	—
发放贷款	781 548.46	514 067.84	其他应付款项	19 972.54	56 413.46
可供出售金融资产	—	—	预计负债	—	—
持有至到期投资	1 320 344.38	667 701.85	其他负债	—	—
长期应收款	—	22 850.00	信托负债合计	28 603.28	67 382.62
长期股权投资	971 119.40	875 467.40	信托权益		
投资性房地产	—	—	实收信托	3 076 809.67	2 088 399.96
固定资产	—	—	资本公积	—	—
无形资产	—	—	损益平准金	—	—
长期待摊费用	—	—	未分配利润	14 478.38	13 548.14
其他资产	—	—	信托权益合计	3 091 288.06	2 101 948.11
信托资产总计	3 119 891.34	2 169 330.73	信托负债和信托权益总计	3 119 891.34	2 169 330.73

公司负责人:朱立教　　主管会计工作的公司负责人:周也勤　　信托会计机构负责人:刘瑞英

5.2.2 信托项目利润及利润分配汇总表

信托项目利润及利润分配汇总表

编报单位:苏州信托有限公司　　2012 年度　　单位:万元

项　目	本年金额	上年金额
1. 营业收入	251 586.55	173 278.09
1.1 利息收入	76 416.65	34 206.24
1.2 投资收益(损失以"－"号填列)	171 642.90	133 962.45
1.2.1 其中:对联营企业和合营企业的投资收益	—	—
1.3 公允价值变动收益(损失以"－"号填列)	324.17	—223.20
1.4 租赁收入	1 434.60	4 040.80
1.5 汇兑损益(损失以"－"号填列)	—	—
1.6 其他收入	1 768.24	1 291.80
2. 支出	62 472.23	40 072.24
2.1 营业税金及附加	1 262.18	2 623.35
2.2 受托人报酬	42 215.32	24 294.76
2.3 托管费	8 531.35	4 605.61
2.4 投资管理费	—	—
2.5 销售服务费	—	—
2.6 交易费用	137.49	76.97
2.7 资产减值损失	—	—
2.8 其他费用	10 325.89	8 471.54
3. 信托净利润(净亏损以"－"号填列)	189 114.32	133 205.86
4. 其他综合收益	—	—
5. 综合收益	189 114.32	133 205.86
6. 加:期初未分配信托利润	13 548.14	1 751.69
7. 可供分配的信托利润	202 662.46	134 957.55
8. 减:本期已分配信托利润	188 184.08	121 409.41
9. 期末未分配信托利润	14 478.38	13 548.14

公司负责人:朱立教　主管会计工作的公司负责人:周也勤　　信托会计机构负责人:刘瑞英

6. 会计报表附注

6.1 会计报表不符合会计核算基本前提的说明

无。

6.1.1 会计报表不符合会计核算基本前提的事项

无。

6.1.2 对编制合并会计报表的公司应说明纳入合并范围的子公司情况、母公司所持有的权益性资本的比例及合并期间

根据苏州市人民政府国有资产监督管理委员会文件《关于同意苏州信托设立苏州市苏信创业投资有限公司的核准意见》(苏国资改〔2011〕72 号),本公司于 2011 年 11 月投资人民币 3 000万元成立全资子公司苏州市苏信创业投资有限公司(以下简称苏信创投),并 2011 年 11 月办理工商登记获取企业法人营业执照。

根据2012 年 11 月 19 日苏信创投董事会决议,苏信创投于 2012 年 11 月 23 日投资人民币 100 万元成立全资子公司苏州苏信宜和投资管理有限公司(以下简称苏信宜和),并于 2012 年 11 月 28 日办理工商登记获取企业法人营业执照。。

本公司及下属子公司(以下简称本集团)对合并财务报表的合并范围以控制为基础予以确定。控制是指本集团能够决定另一个企业的财务和经营政策,并能据以从该企业的经营活动中获取利益的权力。2012 年度集团合并报表包括对上述子公司的并表处理。

6.2 重要会计政策和会计估计说明

6.2.1 计提资产减值准备的范围和方法

除了以公允价值计量且其变动计入当期损益的金融资产外,本集团在每个资产负债表日对其他金融资产的账面价值进行检查,有客观证据表明金融资产发生减值的,计提减值准备。表明金融资产发生减值的客观证据是指金融资产初始确认后实际发生的、对该金融资产的预计未来现金流量有影响,且企业能够对该影响进行可靠计量的事项。

6.2.1.1　金融资产发生减值的客观证据

(1)发行方或债务人发生严重财务困难。

(2)债务人违反了合同条款,如偿付利息或本金发生违约或逾期等。

(3)本集团出于经济或法律等方面因素的考虑,对发生财务困难的债务人作出让步。

(4)债务人很可能倒闭或者进行其他财务重组。

(5)因发行方发生重大财务困难,导致金融资产无法在活跃市场继续交易。

(6)无法辨认一组金融资产中的某项资产的现金流量是否已经减少,但根据公开的数据对其进行总体评价后发现,该组金融资产自初始确认以来的预计未来现金流量确已减少且可计量,包括:该组金融资产的债务人支付能力逐步恶化;债务人所在国家或地区经济出现了可能导致该组金融资产无法支付的状况。

(7)债务人经营所处的技术、市场、经济或法律环境等发生重大不利变化,使权益工具投资人可能无法收回投资成本。

(8)权益工具投资的公允价值发生严重或非暂时性下跌。

(9)其他表明金融资产发生减值的客观证据。

6.2.1.2　以摊余成本计量的金融资产减值

以摊余成本计量的金融资产发生减值时,将其账面价值减记至按照该金融资产的原实际利率折现确定的预计未来现金流量(不包括尚未发生的未来信用损失)现值,减记金额确认为减值损失,计入当期损益。金融资产确认减值损失后,如有客观证据表明该金融资产价值已恢复,且客观上与确认该损失后发生的事项有关,原确认的减值损失予以转回,但金融资产转回减值损失后的账面价值不超过假定不计提减值准备情况下该金融资产在转回日的摊余成本。

本集团对单项金额重大的金融资产单独进行减值测试;对单项金额不重大的金融资产,单独进行减值测试或包括在具有类似信用风险特征的金融资产组合中进行减值测试。单独测试未发生减值的金融资产(包括单项金额重大和不重大的金融资产),包括在具有类似信用风险特征的金融资产组合中再进行减值测试。已单项确认减值损失的金融资产,不再包括在具有类似信用风险特征的金融资产组合中进行减值测试。

6.2.1.3　可供出售金融资产减值

可供出售金融资产发生减值时,将原直接计入资本公积的因公允价值下降形成的累计损失予以转出并计入当期损益,该转出的累计损失为该资产初始取得成本扣除已收回本金和已摊销金额、当前公允价值和原已计入损益的减值损失后的余额。

在确认减值损失后,期后如有客观证据表明该金融资产价

值已恢复，且客观上与确认该损失后发生的事项有关，原确认的减值损失予以转回，可供出售权益工具投资的减值损失转回确认为其他综合收益并计入资本公积，可供出售债务工具的减值损失转回计入当期损益。

6.2.2　金融资产四分类的范围和标准

金融资产在初始确认时划分为以公允价值计量且其变动计入当期损益的金融资产、持有至到期投资、贷款和应收款项以及可供出售金融资产。以常规方式买卖金融资产，按交易日会计进行确认和终止确认。

6.2.2.1　以公允价值计量且其变动计入当期损益的金融资产

以公允价值计量且其变动计入当期损益的金融资产包括交易性金融资产和指定为以公允价值计量且其变动计入当期损益的金融资产。本集团以公允价值计量且其变动计入当期损益的金融资产均为交易性金融资产。

交易性金融资产是指满足下列条件之一的金融资产：(1)取得该金融资产的目的，主要是为了近期内出售；(2)初始确认时属于进行集中管理的可辨认金融工具组合的一部分，且有客观证据表明本集团近期采用短期获利方式对该组合进行管理；(3)属于衍生工具，但是被指定且为有效套期工具的衍生工具、属于财务担保合同的衍生工具、与在活跃市场中没有报价且其公允价值不能可靠计量的权益工具投资挂钩并须通过交付该权益工具结算的衍生工具除外。

6.2.2.2　持有至到期投资

持有至到期投资是指到期日固定、回收金额固定或可确定，且本集团有明确意图和能力持有至到期的非衍生金融资产。

6.2.2.3　贷款和应收款项

贷款和应收款项是指在活跃市场中没有报价、回收金额固定或可确定的非衍生金融资产。本集团划分为贷款和应收款的金融资产包括发放贷款和垫款、应收利息及买入返售金融资产等。

6.2.2.4　可供出售金融资产

可供出售金融资产包括初始确认时即被指定为可供出售的非衍生金融资产，以及除了以公允价值计量且其变动计入当期损益的金融资产、贷款和应收款项、持有至到期投资以外的金融资产。初始确认时即被指定为可供出售的非衍生金融资产包括但不限于出于流动性管理目的或根据市场环境变化而可能提前出售的金融资产。

固有资金投资形成的长期股权投资，参照证监会计字〔2007〕34号《关于证券公司执行《企业会计准则》有关核算问题的通知》的规定，在被投资公司股票上市后，如对被投资公司不具有控制、共同控制或重大影响，应当于被投资公司股票上市之日将该项投资转作可供出售金融资产。

6.2.3　交易性金融资产核算方法

交易性金融资产采用公允价值进行后续计量，公允价值变动形成的利得或损失以及与该金融资产相关的股利和利息收入计入当期损益。

6.2.4　可供出售金融资产核算方法

可供出售金融资产采用公允价值进行后续计量，公允价值变动形成的利得或损失，除减值损失和外币货币性金融资产与摊余成本相关的汇兑差额计入当期损益外，确认为其他综合收益并计入资本公积，在该金融资产终止确认时转出，计入当期损益。

可供出售金融资产持有期间取得的利息及被投资单位宣告发放的现金股利，计入投资收益。

在活跃市场中没有报价且其公允价值不能可靠计量的权益工具投资，以及与该权益工具挂钩并须通过交付该权益工具结算的衍生金融资产，按照成本计量。

6.2.5　持有至到期投资核算方法

持有至到期投资采用实际利率法，按摊余成本进行后续计量，在终止确认、发生减值或摊销时产生的利得或损失，计入当期损益。

6.2.6　长期股权投资

对于企业合并形成的长期股权投资，如为同一控制下的企业合并取得的长期股权投资，在合并日按照取得被合并方股东权益账面价值的份额作为投资成本；通过非同一控制下的企业合并取得的长期股权投资，按照合并成本作为长期股权投资的投资成本。对于多次交易实现非同一控制下的企业合并，长期股权投资成本为购买日之前所持被购买方的股权投资的账面价值与购买日新增投资成本之和。除企业合并形成的长期股权投资外的其他股权投资，按成本进行初始计量。

本集团对被投资单位不具有共同控制或重大影响并且在活跃市场中没有报价、公允价值不能可靠计量的长期股权投资，采用成本法核算；此外，本公司财务报表采用成本法核算对子公司的长期股权投资。子公司是指本集团能够对其实施控制的被投资单位。

采用成本法核算时，长期股权投资按初始投资成本计价，除取得投资时实际支付的价款或者对价中包含的已宣告但尚未发放的现金股利或者利润外，当期投资收益按照享有被投资单位宣告发放的现金股利或利润确认。

本集团对联营企业和合营企业的投资采用权益法核算。联营企业是指本集团能够对其施加重大影响的被投资单位，合营企业是指本集团与其他投资方对其实施共同控制的被投资单位。

采用权益法核算时，长期股权投资的初始投资成本大于投资时应享有被投资单位可辨认净资产公允价值份额的，不调整长期股权投资的初始投资成本；初始投资成本小于投资时应享有被投资单位可辨认净资产公允价值份额的，其差额计入当期损益，同时调整长期股权投资的成本。

采用权益法核算时，当期投资损益为应享有或应分担的被投资单位当年实现的净损益的份额。在确认应享有被投资单位净损益的份额时，以取得投资时被投资单位各项可辨认资产等的公允价值为基础，并按照本集团的会计政策及会计期间，对被投资单位的净利润进行调整后确认。对于本集团与联营企业及合营之间发生的未实现内部交易损益按照持股比例计算属于本集团的部分予以抵销，在此基础上确认投资损益。但本集团与被投资单位发生的未实现内部交易损失，属于所转让资产减值损失的，不予以抵销。对被投资单位除净损益以外的其他所有者权益变动，相应调整长期股权投资的账面价值确认为其他综合收益并计入资本公积。

在确认应分担被投资单位发生的净亏损时，以长期股权投资的账面价值和其他实质上构成对被投资单位净投资的长期权益减记至零为限。此外，如本集团对被投资单位负有承担额外损失的义务，则按预计承担的义务确认预计负债，计入当期投资损失。被投资单位以后期间实现净利润的，本集团在收益分享额弥补未确认的亏损分担额后，恢复确认收益分享额。处置长期股权投资时，其账面价值与实际取得价款的差额，计入当期损益。采用权益法核算的长期股权投资，在处置时将原计入所有者权益的部分按相应的比例转入当期损益。

参照《关于证券公司执行〈企业会计准则〉有关核算问题的通知》（证监会计字〔2007〕34 号），固有资金投资的被投资公司股票上市后，如对被投资公司存在控制、共同控制或重大影响，应当继续作为长期股权投资，并视对被投资公司的影响程度分别采用成本法或权益法核算；如对被投资公司不具有控制、共同控制或重大影响，应当于被投资公司股票上市之日将该项投资转作可供出售金融资产进行初始及后续计量。

控制是指有权决定一个企业的财务和经营政策，并能据以从该企业的经营活动中获取利益。共同控制是指按照合同约定对某项经济活动所共有的控制，仅在与该项经济活动相关的重要财务和经营决策需要分享控制权的投资方一致同意时存在。重大影响是指对一个企业的财务和经营政策有参与决策的权力，但并不能够控制或者与其他方一起共同控制这些政策的制定。在确定能否对被投资单位实施控制或施加重大影响时，已考虑投资企业和其他方持有的被投资单位当期可转换公司债券、当期可执行认股权证等潜在表决权因素

本集团在每一个资产负债表日检查长期股权投资是否存在可能发生减值的迹象。如果该资产存在减值迹象，则估计其可收回金额。如果资产的可收回金额低于其账面价值，按其差额计提资产减值准备，并计入当期损益。

长期股权投资的减值损失一经确认，在以后会计期间不予转回。

6.2.7　投资性房地产核算办法

投资性房地产是指为赚取租金或资本增值，或两者兼有而持有的房地产。包括已出租的建筑物等。

投资性房地产按成本进行初始计量。与投资性房地产有关的后续支出，如果与该资产有关的经济利益很可能流入且其成本能可靠计量，则计入投资性房地产成本。其他后续支出，在发生时计入当期损益。

本集团采用成本模式对投资性房地产进行后续计量，并按照与房屋建筑物一致的政策进行折旧或摊销。

本集团在每一个资产负债表日检查投资性房地产是否存在可能发生减值的迹象。如果该资产存在减值迹象，则估计其可收回金额。估计资产的可收回金额以单项资产为基础，如果难以对单项资产的可收回金额进行估计的，则以该资产所属的资产组为基础确定资产组的可收回金额。如果资产或资产组的可收回金额低于其账面价值，按其差额计提资产减值准备，并计入当期损益。

投资性房地产的减值损失一经确认，在以后会计期间不予转回。

投资性房地产出售、转让、报废或毁损的处置收入扣除其账面价值和相关税费后的差额计入当期损益。

6.2.8　固定资产计价和折旧办法

固定资产是指为提供劳务、出租或经营管理而持有的，使用寿命超过一个会计年度的有形资产。固定资产仅在与其有关的经济利益很可能流入本集团，且其成本能够可靠地计量时才予以确认。固定资产按成本并考虑预计弃置费用因素的影响进行初始计量。

与固定资产有关的后续支出，如果与该固定资产有关的经济利益很可能流入且其成本能可靠地计量，则计入固定资产成本，并终止确认被替换部分的账面价值。除此以外的其他后续支出，在发生时计入当期损益。

固定资产从达到预定可使用状态的次月起，采用年限平均法在使用寿命内计提折旧。各类固定资产的使用寿命、预计净残值和年折旧率如下：

类别	使用寿命（年）	预计净残值率（%）	年折旧率（%）
房屋及建筑物	30～35	5	2.71～3.17
运输设备	5	5	19.00
电子及机器设备	3～10	5	9.50～31.67
其他	5	5	19.00

预计净残值是指假定固定资产预计使用寿命已满并处于使用寿命终了时的预期状态，本集团目前从该项资产处置中获得的扣除预计处置费用后的金额。

本集团在每一个资产负债表日检查固定资产是否存在可能发生减值的迹象。如果该资产存在减值迹象，则估计其可收回金额。估计资产的可收回金额以单项资产为基础，如果难以对单项资产的可收回金额进行估计的，则以该资产所属的资产组为基础确定资产组的可收回金额。如果资产或资产组的可收回金额低于其账面价值，按其差额计提资产减值准备，并计入当期损益。

固定资产减值损失一经确认，在以后会计期间不予转回。

6.2.9　无形资产计价及摊销政策

无形资产是指本集团拥有或者控制的没有实物形态的可辨认非货币性资产。

无形资产按成本进行初始计量。使用寿命有限的无形资产自可供使用时起，对其原值减去预计净残值和已计提的减值准备累计金额在其预计使用寿命内采用直线法分期平均摊销。使用寿命不确定的无形资产不予摊销。

年末，对使用寿命有限的无形资产的使用寿命和摊销方法进行复核，必要时进行调整。

本集团在每一个资产负债表日检查使用寿命确定的无形资产是否存在可能发生减值的迹象。如果该等资产存在减值迹象，则估计其可收回金额。估计资产的可收回金额以单项资产为基础，如果难以对单项资产的可收回金额进行估计的，则以该资产所属的资产组为基础确定资产组的可收回金额。如果资产或资产组的可收回金额低于其账面价值，按其差额计提资产减值准备，并计入当期损益。

使用寿命不确定的无形资产和尚未达到可使用状态的无形资产，无论是否存在减值迹象，每年均进行减值测试。

无形资产减值损失一经确认，在以后会计期间不予转回。

6.2.10　贷款和应收款项的核算方法

贷款和应收款项是指在活跃市场中没有报价、回收金额固定或可确定的非衍生金融资产。本集团划分为贷款和应收款的金融资产包括发放贷款和垫款、应收利息及买入返售金融资

产等。

贷款和应收款项采用实际利率法，按摊余成本进行后续计量，在终止确认、发生减值或摊销时产生的利得或损失，计入当期损益。

6.2.11 长期待摊费用的摊销政策

本集团已发生但应由本期和以后各期负担的分摊期限在1年以上的各项费用，按受益期限内平均摊销。

6.2.12 合并会计报表的编制方法

合并财务报表的合并范围以控制为基础予以确定。控制是指本集团能够决定另一个企业的财务和经营政策，并能据以从该企业的经营活动中获取利益的权力。

子公司采用的主要会计政策和会计期间按照本公司统一规定的会计政策和会计期间厘定。

本公司与子公司及子公司相互之间的所有重大账目及交易于合并时抵销。

子公司所有者权益中不属于母公司的份额作为少数股东权益，在合并资产负债表中股东权益项目下以"少数股东权益"项目列示。子公司当期净损益中属于少数股东权益的份额，在合并利润表中净利润项目下以"少数股东损益"项目列示。

少数股东分担的子公司的亏损超过了少数股东在该子公司期初所有者权益中所享有的份额，其余额仍冲减少数股东权益。

对于购买子公司少数股权或因处置部分股权投资但没有丧失对该子公司控制权的交易，作为权益性交易核算，调整归属于母公司所有者权益和少数股东权益的账面价值以反映其在子公司中相关权益的变化。少数股东权益的调整额与支付/收到对价的公允价值之间的差额调整资本公积，资本公积不足冲减的，调整留存收益。

因处置部分股权投资或其他原因丧失了对原有子公司控制权的，剩余股权按照其在丧失控制权日的公允价值进行重新计量。处置股权取得的对价与剩余股权公允价值之和，减去按原持股比例计算应享有原子公司自购买日开始持续计算的净资产的份额之间的差额，计入丧失控制权当期的投资收益。与原有子公司股权投资相关的其他综合收益，在丧失控制权时转为当期投资收益。

6.2.13 收入确定原则和方法

6.2.13.1 利息收入

利息收入按照相关金融资产的摊余成本采用实际利率法确认。

6.2.13.2 手续费及佣金收入

信托报酬收入于服务已经提供且收取的金额能够可靠地计量时，按权责发生制确认收入。

6.2.13.3 其他业务收入

财务顾问费收入于服务已经提供且收取的金额能够可靠地计量时，按权责发生制确认收入。房租收入于合同已经履行且收取的金额能够可靠地计量时，按权责发生制确认收入。

6.2.14 所得税的会计处理方法

所得税费用包括当期所得税和递延所得税。

资产负债表日，对于当期和以前期间形成的当期所得税负债(或资产)，按照税法规定计算的预期应交纳(或返还)的所得税金额计量。

对于某些资产、负债项目的账面价值与其计税基础之间的差额，以及未作为资产和负债确认但按照税法规定可以确定其计税基础的项目的账面价值与计税基础之间的差额产生的暂时性差异，采用资产负债表债务法确认递延所得税资产及递延所得税负债。

一般情况下所有暂时性差异均确认相关的递延所得税。但对于可抵扣暂时性差异，本公司以很可能取得用来抵扣可抵扣暂时性差异的应纳税所得额为限，确认相关的递延所得税资产。

对于能够结转以后年度的可抵扣亏损和税款抵减，以很可能获得用来抵扣可抵扣亏损和税款抵减的未来应纳税所得额为限，确认相应的递延所得税资产。

资产负债表日，对于递延所得税资产和递延所得税负债，根据税法规定，按照预期收回相关资产或清偿相关负债期间的适用税率计量。

除与直接计入其他综合收益或所有者权益的交易和事项相关的当期所得税和递延所得税计入其他综合收益或所有者权益，以及企业合并产生的递延所得税调整商誉的账面价值外，其余当期所得税和递延所得税费用或收益计入当期损益。

资产负债表日，对递延所得税资产的账面价值进行复核，如果未来很可能无法获得足够的应纳税所得额用以抵扣递延所得税资产的利益，则减记递延所得税资产的账面价值。在很可能获得足够的应纳税所得额时，减记的金额予以转回。

当拥有以净额结算的法定权利，且意图以净额结算或取得资产、清偿负债同时进行时，本集团当期所得税资产及当期所得税负债以抵销后的净额列报。

当拥有以净额结算当期所得税资产及当期所得税负债的法定权利，且递延所得税资产及递延所得税负债是与同一税收征管部门对同一纳税主体征收的所得税相关或者是对不同的纳税主体相关，但在未来每一具有重要性的递延所得税资产及负债转回的期间内，涉及的纳税主体意图以净额结算当期所得税资产和负债或是同时取得资产、清偿负债时，本集团递延所得税资产及递延所得税负债以抵销后的净额列报。

6.2.15 信托报酬确认原则和方法

信托报酬收入于服务已经提供且收取的金额能够可靠地计量时，按权责发生制确认收入。

6.3 或有事项说明

公司对外提供借款担保的期初、期末无余额。

6.4 重要资产转让及其出售的说明

本集团于2010年12月向北京拉卡拉网络技术有限公司进行投资，持有175.88万股股份。本集团已于2011年12月以面值人民币15 000 000.00元将该项投资从苏州信托有限公司转让予苏信创投。苏信创投于2012年3月将其持有的北京拉卡拉网络技术有限公司部分股权予以转让。

6.5 会计报表中重要项目的明细资料

6.5.1 披露自营资产经营情况

6.5.1.1 按信用风险五级分类结果披露信用风险资产的期初、期末数

风险分类	正常类（万元）	关注类（万元）	次级类（万元）	可疑类（万元）	损失类（万元）	信用风险资产合计（万元）	不良资产合计（万元）	不良资产率（%）
期初数	61 528	0	0	0	0	61 528	0	0
期末数	72 495	0	0	0	0	72 495	0	0

注：不良资产合计＝次级类＋可疑类＋损失类。

6.5.1.2　资产减值损失准备的期初、本期计提、本期转回、本期核销、期末数

单位：万元

	期初数	本期计提	本期转回	本期核销	期末数
贷款损失	—	—	—	—	—
一般准备	—	—	—	—	—
专项准备	—	—	—	—	—
其他资产减值准备	—	—	—	—	—
可供出售金融资产减值准备	—	—	—	—	—
持有至到期投资减值准备	—	—	—	—	—
长期股权投资减值准备	—	—	—	—	—
坏账准备	—	—	—	—	—
投资性房地产减值准备	—	—	—	—	—

6.5.1.3　按照投资品种分类，分别披露固有业务股票投资、基金投资、债券投资、股权投资等投资业务的期初数、期末数

单位：万元

	自营股票	基金	债券	长期股权投资	其他投资	合计
期初数	3 275	0	0	33 827	14 614	51 716
期末数	2 449	0	0	34 535	86 014	122 998

6.5.1.4　按投资入股金额排序，前五名的自营长期股权投资的企业名称、占被投资企业权益的比例、主要经营活动及投资收益情况等（从大到小顺序排列）

企业名称	占被投资企业权益的比例（%）	主要经营活动	投资损益（万元）
1. 江苏射阳农村商业银行股份有限公司	10.00	银行业务	750
2. 江苏泰州农村商业银行股份有限公司	8.33	银行业务	520
3. 江苏姜堰农村商业银行股份有限公司	4.80	银行业务	312
4. 江苏银行股份有限公司	0.50	银行业务	361
5. 苏州苏信元和股权投资有限公司	42.86	投资业务	

6.5.1.5　前五名的自营贷款的企业名称、占贷款总额的比例和还款情况等（从贷款金额大到小顺序排列）

企业名称	占贷款总额比例（%）	还款情况
1. 苏州高新区经济发展集团总公司	22.00	正常
2. 江苏恒神纤维材料有限公司	16.50	正常
3. 苏州新湖置业有限公司	15.40	正常
4. 江苏佳和置业有限公司	15.40	正常
5. 苏州太湖缘置地有限公司	14.63	正常

6.5.1.6　表外业务的期初数、期末数；按照代理业务、担保业务和其他类型表外业务分别披露

表外业务	期初数	期末数
担保业务	—	—
代理业务（委托业务）	—	—
其他	—	—
合计	—	—

注：报告期内，公司未发生代理业务（委托业务）。

6.5.1.7　公司当年的收入结构

收入结构	金额（万元）	占比（%）
手续费及佣金收入	43 140	82.77
其中：信托手续费收入	43 140	82.77
投资银行业务收入		0.00
利息收入	6 167	11.83
其他业务收入	14	0.03
其中：计入信托业务收入部分		
投资收益	2 488	4.77
其中：股权投资收益	2 742	5.26
证券投资收益	-402	-0.77
其他投资收益	148	0.28
公允价值变动收益	323	0.62
汇兑损益	-32	-0.06
营业外收入	18	0.03
全年收入合计	52 118	100.00

注：报告年度实现信托业务收入总额为 42 477 万元，全部以手续费及佣金收入形式确定。

6.5.2　披露信托财产管理情况

6.5.2.1　信托资产的期初数、期末数

单位：万元

信托资产	期初数	期末数
集合	1 693 730.43	2 225 038.65
单一	436 970.85	856 293.86
财产权	38 629.45	38 558.83
合计	2 169 330.73	3 119 891.34

6.5.2.1.1　主动管理型信托业务的信托资产期初数、期末数，分证券投资、股权投资、融资、事务管理类分别披露

单位：万元

主动管理型信托资产	期初数	期末数
证券投资类	25 078.96	106 858.85
股权投资类	341 970.58	683 816.66
融资类	1 802 281.19	2 302 306.85
事务管理类	—	26 908.98
合计	2 169 330.73	3 119 891.34

6.5.2.1.2　被动管理型信托业务的信托资产期初数、期末数，分证券投资、股权投资、融资、事务管理类分别披露。

单位：万元

被动管理型信托资产	期初数	期末数
证券投资类	0	0
股权投资类	0	0
融资类	0	0
事务管理类	0	0
合计	0	0

6.5.2.2　本年度已清算结束的信托项目 73 个、实收信托合计金额 108.56 亿元、加权平均实际年化收益率 7.81%

6.5.2.2.1 本年度已清算结束的集合类、单一类资金信托项目和财产管理类信托项目个数、实收信托金额、加权平均实际年化收益率

已清算结束信托项目	项目个数	实收信托合计金额（万元）	加权平均实际年化收益率（%）
集合类	58	864 174.52	7.75%
单一类	15	221 463.20	8.05%
财产管理类	0	0	0.00%

注：收益率是指信托项目清算后，给受益人赚取的实际收益水平．加权平均实际年化收益率＝（信托项目1的实际年化收益率×信托项目1的实收信托＋信托项目2的实际年化收益率×信托项目2的实收信托＋…信托项目n的实际年化收益率×信托项目n的实收信托）/（信托项目1的实收信托＋信托项目2的实收信托＋…信托项目n的实收信托）×100%。

6.5.2.2.2 本年度已清算结束的主动管理型信托项目个数、实收信托合计金额、加权平均实际年华收益率，分证券投资、股权投资、融资、事务管理类分别计算并披露

已清算结束信托项目	项目个数	实收信托合计金额（万元）	加权平均实际年化信托报酬率（%）	加权平均实际年化收益率（%）
证券投资类	1	15 000	1.07	-7.96
股权投资类	8	69 402.57	1.70	7.35
融资类	64	1 001 235.15	1.76	8.08
事务管理类	0	0	0	0

注：加权平均实际年化信托报酬率＝（信托项目1的实际年化信托报酬率×信托项目1的实收信托＋信托项目2的实际年化信托报酬率×信托项目2的实收信托＋…信托项目n的实际年化信托报酬率×信托项目n的实收信托）/（信托项目1的实收信托＋信托项目2的实收信托＋…信托项目n的实收信托）×100%。

6.5.2.2.3 本年度已清算结束的被动管理型信托项目个数、实收信托合计金额、加权平均实际化收益率，分证券投资、股权投资、融资、事务管理类分别计算并披露

已清算结束信托项目	项目个数	实收信托合计金额（万元）	加权平均实际年化信托报酬率（%）	加权平均实际年化收益率（%）
证券投资类	0	0	0	0
股权投资类	0	0	0	0
融资类	0	0	0	0
事务管理类	0	0	0	0

6.5.2.3 本年度新增的集合类、单一类和财产管理类信托项目个数、实收信托合计金额

单位：万元

新增信托项目	项目个数	实收信托合计金额
集合类	58	1 393 691.00
单一类	36	778 600.00
财产管理类	0	0
新增合计	94	2 172 291.00
其中：主动管理型	94	2 172 291.00
被动管理型	0	0

注：本年新增信托项目指在本报告年度内累计新增的信托项目个数和金额，包括含本年度新增并于本年度内结束的项目和本年度新增至报告期末仍在持续管理的信托项目。

6.5.2.4 信托业务创新成果和特色业务有关情况

6.5.2.4.1 创新业务资格

公司是一个地方性的信托机构，客观上存在资本金规模等方面的限制，截至目前，取得了自有资金投资PE创新业务资格、目前正在申报QDII及资产证券化的业务资格。

6.5.2.4.2 创新业务品种

公司增资扩股后，制定了业务发展战略和实施方案，充分发挥自身创新意识，具有业务基础良好、资产质量优良、市场化程度高、区域经济快速发展等多方面的优势，形成了以基础设施、公用事业和基础产业为方向，以融资代建、BT等投融资方式为主的业务模式。

6.5.2.4.3 创新业务规模

根据董事会年初制定的战略转型和信托业务创新目标，公司加大创新力度，分别在政府基础设施、城市发展基金、房地产投资、资金池业务和伞形基金等领域取得了实质性的突破。

（1）推动城市发展基金、房地产投资基金信托产品等创新业务的发展，年度内设立城市发展基金、房地产投资基金信托产品合计3个，规模13.45亿元。

（2）以设立创投公司为契机，借鉴同行和固有业务开展PE的相关经验，推动PE业务。截至12月末，苏信创投设立2家PE公司——苏信元和和苏信元丰，总共募集资金1.7亿元，完成股权投资1.3亿元。

（3）积极探索和推动财富管理业务的发展，目前已经建立起追求长期主动管理的华实系列，开放式TOT的华荣系列，专户理财服务的华丰系列等财富管理产品体系，存续管理的三大系列财富管理类信托计划总计18个，管理规模共计18.34亿元。

创新业务规模合计33.49亿元，占到新增总规模的10.88%。通过业务创新，优化交易对手，提高合作层次，提高了信托报酬，探索了业务模式。

6.5.2.5 本公司履行受托人义务情况及因本公司自身责任而导致的信托资产损失情况（合计金额、原因等）

无。

6.5.2.6 信托赔偿准备金的提取、使用及管理情况

集团按净利润的5%计提信托赔偿准备金，本报告期内计提信托赔偿准备金1 386万元，截至2012年12月31日累计已计提信托赔偿准备金5 092万元，报告期内未使用信托赔偿准备金。

6.6 关联方关系及其交易的披露

6.6.1 关联交易方的数量、关联交易的总金额及关联交易的定价政策等

单位：元

	关联交易方数量	关联交易金额	定价政策
合计	6	547 900 000.00	市场定价原则

注：关联交易定义应以《公司法》和《企业会计准则36号——关联方披露》有关规定为准。

6.6.2 关联交易方与本公司的关系性质、关联交易方的名称、法定代表人、注册地址、注册资本及主营业务等

关系性质	关联方名称	法定代表人	注册地址	注册资本	主营业务
本公司第三大股东的控股企业	北京神州汽车租赁有限公司	陆正耀	北京市朝阳区望京中环南路甲2号A座2801室	21 528.8417万元	汽车租赁，机动车公共停车服务，融资租赁
本公司第一大股东	苏州国际发展集团有限公司	黄建林	苏州市东大街101号	10亿元	授权范围内的国有资产经营管理，国内商业、物资供销业（国家规定的专营、专项审批商品除外），及各类咨询服务。
本公司信托产品	苏信理财·恒信1201集合资金信托计划	无	无	实收信托规模：28 090万元	无
本公司信托产品	苏信理财．扩内需、保增长1号资金信托——绕城高速项目	无	无	实收信托规模：30 000万元	无

续表

关系性质	关联方名称	法定代表人	注册地址	注册资本	主营业务
本公司信托产品	苏信理财．扩内需、保增长1号资金信托——绕城高速项目2期	无	无	实收信托规模：34 000万元	无
本公司信托产品	苏信理财．扩内需、保增长1号资金信托4号	无	无	实收信托规模：36 000万元	无

6.6.3　本公司与关联方的重大交易事项

6.6.3.1　固有与关联方交易情况：贷款、投资、租赁、应收账款、担保、其他方式等期初汇总数、本期借方和贷方发生额汇总数、期末汇总数

本期固有与关联方无交易情况发生。

6.6.3.2 信托与关联方交易情况：贷款、投资、租赁、应收账款、担保、其他方式等期初汇总数、本期借方和贷方发生额汇总数、期末汇总数

单位：万元

信托资产与关联方关联交易																				
贷款			投资			租赁			担保			应收账款			其他			合计		
期初	发生额	期末	期初	发生额	期末	期初	发生额	期末	期初	发生额	期末	期初	发生额	期末	期初	发生额	期末	期初	发生额	期末
117 000 000.00	−117 000 000.00	0.00																117 000 000.00	−117 000 000.00	0.00
0.00	150 000 000.00	150 000 000.00																0.00	150 000 000.00	150 000 000.00

6.6.3.3　信托公司自有资金运用于自己管理的信托项目（固信交易）、信托公司管理的信托项目之间的相互（信信交易）交易金额，包括余额和本报告年度的发生额

6.6.3.3.1　固有与信托财产之间的交易金额期初汇总数、本期发生额汇总数、期末汇总数

固有与信托财产之间无交易发生。

6.6.3.3.2　信托财产与信托财产之间的交易情况

信托财产与信托财产之间无交易发生

单位：万元

信托资产与关联方关联交易																				
贷款			投资			租赁			担保			应收账款			其他			合计		
期初	发生额	期末	期初	发生额	期末	期初	发生额	期末	期初	发生额	期末	期初	发生额	期末	期初	发生额	期末	期初	发生额	期末
															0.00	280 900 000.00	280 900 000.00	0.00	280 900 000.00	280 900 000.00

6.6.4　关联方逾期未偿还本公司资金的详细情况及本公司为关联方担保发生或即将发生垫款的详细情况

截至2012年12月31日，本公司未发生关联方逾期未偿还本公司资金情况；本公司无为关联方担保发生或即将发生垫款情况

6.7　会计制度的披露

6.7.1　固有业务（自营业务）执行会计制度的名称、颁布年份

本公司及下属子公司（以下简称本集团）执行财政部于2006年2月15日颁布的《企业会计准则》（以下称新会计

准则)。

6.7.2　信托业务执行会计制度的名称、颁布年份

信托业务执行财政部于2006年2月15日正式颁发的《企业会计准则》。

7. 财务情况说明书

7.1　利润实现和分配情况

2012年集团实现利润总额36 616万元比上年增长73.06%;实现净利润27 924万元比上年增长75.11%。

2012年集团期初未分配利润31 548万元,2012年9月利润转增资本31 400万元,2012年实现净利润27 924万元,报告期内提取法定盈余公积金2 792万元、信托赔偿准备金1 386万元、一般风险准备1 130万元,2012年末未分配利润余额22 764万元。

7.2　主要财务指标

指标名称	指标值
资本利润率(%)	16.78①
加权年化信托报酬率(%)	1.75
人均净利润(万元)	382.52万元②

注:1. 资本利润率=净利润/所有者权益平均余额×100%。

2. 加权年化信托报酬率=(信托项目1的实际年化信托报酬率×信托项目1的实收信托+信托项目2的实际年化信托报酬率×信托项目2的实收信托+…信托项目n的实际年化信托报酬率×信托项目n的实收信托)/(信托项目1的实收信托+信托项目2的实收信托+…信托项目n的实收信托)×100%。

3. 人均净利润=净利润/年平均人数。

4. 平均值采取年初、年末余额简单平均法=(年初数+年末数)/2。

7.3　对公司财务状况、经营成果有重大影响的其他事项

2012年9月苏州信托有限公司经股东会及银监会批准完成了二期增资,由人民币注册资本5.9亿元增至12亿元,具体增资方案为:(1)转增截至2011年12月31日公司账面资本公积6 600万元;(2)转增截至2011年12月31日公司账面未分配利润31 400万元;(3)三方股东按股权比例现金出资共计23 000万元。增资后公司的股东构成、出资金额及出资比例为:苏州国际发展集团有限公司,出资金额84 012万元人民币,出资比例70.01%;苏格兰皇家银行公众有限公司,出资金额23 988万元人民币,出资比例19.99%;联想控股有限公司,出资金额12 000万元人民币,出资比例10%。

8. 特别事项简要揭示

8.1　前五名股东报告期内变动情况及原因

报告期内公司股东及持股比例无变动。

8.2　公司董事、监事及高级管理人员变动情况及原因

报告期内,公司第三届董事会独立董事刘福春先生因个人原因辞去公司独立董事职务,联想控股有限公司提名贝政新先生担任公司第三届董事会独立董事,2012年股东会第一次临时会议审议通过选举(更换)贝政新先生为公司第三届董事会独立董事。贝政新先生的任职资格已经获得中国银行业监督管理委员会的核准(苏银监复〔2012〕190号批复)。公司2012年第一次股东大会审议通过选举张立文先生为公司第三届董事会(非职工代表)董事。公司第三届董事会董事钱裕清先生因RBS内部工作调动,辞去公司董事职务,由RBS提名王勇先生担任公司第三届董事会(非职工代表)董事,2012年第二次股东大会审议通过选举(更换)王勇先生为公司第三届董事会(非职工代表)董事。

报告期内,公司第三届监事会监事魏凯先生因联想控股有限公司内部工作调动,不再担任监事,联想控股有限公司提名朱燕琳女士担任公司第三届监事会(非职工代表)监事,2012年股东会第二次临时会议表决通过选举(更换)朱燕琳女士为公司第三届监事会(非职工代表)监事;公司第三届监事会监事长冯鹤春先生因正常退休,不再担任监事长,苏州国际发展集团有限公司提名陈磊先生担任公司第三届监事会监事长,2012年第二次股东大会表决通过选举(更换)陈磊先生为公司第三届监事会监事长;公司第三届监事会监事马力先生因RBS内部工作调动,不再担任监事,由RBS提名江志恒先生担任公司第三届监事会(非职工代表)监事,2012年股东会第五次临时会议表决通过选举(更换)江志恒先生为公司第三届监事会(非职工代表)监事。

报告期内,公司高级管理人员无变动。

8.3　变更注册资本、变更注册地或公司名称、公司分立合并事项

报告期内,经股东会会议审议通过,并经中国银行业监督管理委员会江苏监管局苏银监复〔2012〕447号文批准同意,公司注册资本金由人民币5.9亿元增加到人民币12亿元,公司股东持股比例保持不变。

报告期内未发生变更注册地或公司名称、公司分立合并事项。

8.4　公司的重大诉讼事项

报告期内本公司无重大诉讼事项。

8.5　公司及其董事、监事和高级管理人员受到处罚情况

报告期内公司董事、监事和高级管理人员未受到任何处罚。

8.6　对银监会及其派出机构提出的检查整改意见处理情况

报告期内银监会及其派出机构未对本公司提出检查整改意见。

8.7　本年度重大事项临时报告的简要内容、披露时间、所披露的媒体及其版面

简要内容:苏州信托有限公司增加注册资本金的公告

① 此利润率与监管评级时提供一致,平均所有者权益$=(A_0/2+a_1+a_2+a_3+a_4/2)/4$。

② 此人均与监管评级时提供一致,职工平均数$=(A_0+A_4)/2$。

披露时间:2012 年 9 月 22 日

披露媒体:《金融时报》金融市场·热点 07 版

8.8 银监会及省级派出机构认定的其他有必要让客户及相关利益人了解的重要信息

无。

9. 公司监事会意见

9.1 关于内部控制

监事会认为,公司高度重视合规风险,在经营管理运作方面能够依照相关法律法规和公司内控制度的规定依法运作。公司现行制度基本适应目前公司的管理与发展需要,能够为各项业务的正常运行和经营风险的控制提供有效保障。公司未发生由于业务行为不合规而被监管部门查处或出现法律纠纷事件。

公司在项目开发设计和后续管理过程中,严格把握和执行监管机构的规定以及公司业务管理制度,风险控制意识较强。公司固有业务及信托业务整体运转正常,均能按照相关文件约定执行。

公司内审部门在内部审计工作开展过程中,依据有关法律法规和内部工作规范,按照客观、公正的原则进行审查监督,认真履行了内审职责,较好地起到了规范经营行为、加强风险防范的作用。

9.2 关于财务报告

监事会认为,2012 年面对全年宏观经济出现的复杂形势,在董事会的正确领导下,公司高管带领全体员工发奋努力、开拓创新,公司业务步入良性发展轨道、盈利能力和综合竞争实力显著提升。公司 2012 年度的财务报告的编制和审核程序符合法律、行政法规和监管规定,公司资产、财务收支、资金运作情况真实、公允地反映了财务状况和现金流量,报告内容真实反映了报告期内公司的财务状况和经营成果。监事会同意公司 2012 年度财务会计报告。

9.3 关于高管履职

监事会认为,报告期内公司高管人员在行使各自职权时遵纪守法,履行诚信、勤勉之义务,自觉维护公司利益和股东权益,能按董事会的决议认真执行,未发现上述人员违反法律法规、公司章程或损害公司利益的行为。

10. 自财务审计报告签发之日至本报告披露之日,公司未发生重大会计日后事项

天津信托有限责任公司

1. 重要提示

1.1 本公司董事会及董事保证本报告所载资料不存在任何虚假记载、误导性陈述或者重大遗漏,并对其内容的真实性、准确性和完整性承担个别及连带责任。本年度报告摘要摘自年度报告全文,客户及相关利益人欲了解详细内容,应阅读年度报告全文。

1.2 公司股东董事李林、黄书平,独立董事马君潞因公务未能出席董事会,股东董事李林委托股东董事董建新、股东董事黄书平委托职工董事张维、独立董事马君潞委托独立董事樊振荣出席董事会并行使表决权。

1.3 公司独立董事对本年度报告所披露的内容进行了认真审查,认为本年度报告的内容是真实、准确、完整的。

1.4 华寅五洲会计师事务所为本公司出具了标准无保留意见的审计报告。

1.5 公司总经理张维、总会计师尹梅、财会部负责人李瑞聪声明:保证本年度报告中财务报告真实、完整。

2. 公司概况

2.1 公司简介

2.1.1 公司的法定中文名称:天津信托有限责任公司

2.1.2 公司的法定英文名称:Tianjin Trust Co. ,Ltd.

2.1.3 法定代表人:王海智

2.1.4 注册地址:天津市河西区围堤道125~127号天信大厦,邮政编码:300074

2.1.5 国际互联网网址:www. tjtrust. com,电子信箱:office@ tjtrust. com

2.1.6 信息披露事务负责人:张维
信息披露事务联系人:冉启文
联系电话:022-28408259,传真:022-28408279
电子信箱:office@ tjtrust. com

2.1.7 公司指定信息披露报纸:《金融时报》

2.1.8 公司年度报告备置地点:天津信托有限责任公司董事会(天信大厦)

2.1.9 公司聘请的会计师事务所:华寅五洲会计师事务所
地址:天津开发区广场东路20号滨海金融街—E7106室

2.1.10 公司聘请的律师事务所:无

2.2 组织结构

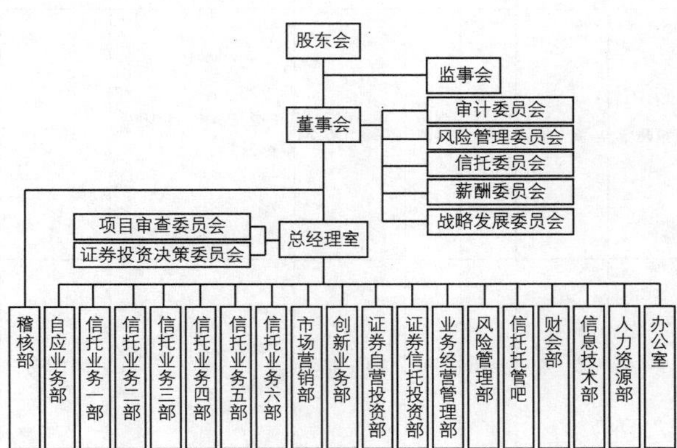

3. 公司治理结构

3.1 股东

截至2012年末,公司股东4家,前3位股东如下:

股东名称	持股比例(%)	法定代表人	注册资本(亿元)	注册地址	主要经营业务及主要财务情况
天津海泰控股集团有限公司	51.58	刘津元	25.6	天津华苑产业区梅苑路6号海泰大厦11~12层	主营业务为:天津滨海高新技术产业开发区基础设施建设、土地开发与转让、高科技投资和配套服务业。2012年末总资产为313.7亿元,总负债为228亿元,所有者权益为85.7亿元。
天津市泰达国际控股(集团)有限公司	42.11	刘惠文	106.1	天津经济技术开发区盛达街9号泰达金融广场11层	主营业务为:承担天津市市属国有金融资产出资人的职责,对控股金融机构的经营情况和绩效水平进行考核管理,对授权范围内的国有金融资产依法实施监督,负责国有金融资产的保值增值。2012年末总资产为132.3亿元,总负债为23.49亿元,所有者权益为108.81亿元。
天津盈鑫信恒投资咨询有限公司	5.26	李绍忠	3.14	天津西青经济技术开发区七支路8号西青经济开发投资服务中心7楼A区714室、715室	主营业务为:企业投资管理咨询、企业营销策划设计、商品信息咨询、建筑材料、装饰装修材料、机械、电子设备、工艺美术品、化工产品(危险化学品及易制毒品除外)、家具装饰品、服装、纺织品销售。2012年末总资产为30 778万元,总负债为4 621万元,所有者权益为26 157万元。

本公司股东之间不存在关联关系。

3.2 董事

截至2012年末，公司董事会人员构成如下：

姓　名	职　务	性别	年龄	选任日期	所推举的股东名称	该股东持股比例(%)	简　要　履　历
王海智	董事长	男	58	2007年6月	天津海泰控股集团有限公司	51.58	1974年至1988年，历任河北省围场县公社、镇区秘书、劳动人事局干事、副局长；1988年至2000年，历任中国银行河北省分行围场支行、中国银行承德市分行、中国银行秦皇岛市分行副行长、代行长、行长、党委书记；2000年至2005年底，历任中国东方资产管理公司石家庄办事处副总经理、总经理、党委副书记、党委书记，天津办事处党委书记、总经理；2007年6月至2009年6月，任天津信托投资有限责任公司党委书记、董事长；2009年7月至今，任天津信托有限责任公司党委书记、董事长。
赵　毅	副董事长	男	39	2012年7月	天津海泰控股集团有限公司	51.58	1996年7月至1998年12月，中国投资银行天津分行国际业务部工作；1998年12月至2005年10月，国家开发银行天津分行信贷处工作，任正科级行员（其间1999年9月至2002年7月，南开大学工商管理专业学习，并获得硕士学位；2002年9月至2005年7月，南开大学金融学专业学习，并获得博士学位）；2005年10月至2007年1月，天津松江集团财务总监；2007年1月至2008年3月，天津海泰控股集团有限公司财务管理部部长；2008年3月至2009年9月，天津新技术产业园区管委会财政局（物价局）局长兼财务管理中心主任；2009年9月至2011年5月，天津滨海高新技术产业开发区管委会财政局（物价局）局长兼财务管理中心主任；2011年5月至今天津海泰控股集团有限公司副总经理。
董建新	董　事	男	45	2009年8月	天津海泰控股集团有限公司	51.58	1989年7月至1991年1月，在天津市科委科干处工作；1991年1月至1995年7月，在天津技术物理所任团总支书记、工程师；1995年7月至1999年4月，天津新技术产业园区开发总公司任项目经理；1999年4月至2001年4月，天津新技术产业园区管理咨询有限公司任副总经理；2001年4月至2001年12月，天津新技术产业园区海泰科技投资管理有限公司任总经理助理；2001年12月至2006年6月，任天津海泰科技发展股份有限公司资产运营部、企划部部长；2006年6月至2010年5月，任天津海泰控股集团有限公司金融部副部长。2010年5月至今任天津海泰控股集团有限公司企业运营部副部长。
李　林	董　事	男	49	2009年8	天津海泰控股集团有限公司	51.58	1985年7月至1994年3月，在天津师范大学教育系任教师；1994年3月至1996年6月，在天津新技术产业园区开发总公司工作；1996年6月至1997年5月，任园区总公司工业投资分公司助理经理；1997年5月至1997年12月，任园区报关行副经理；1997年12月至2003年5月，任园区报关行经理；2003年5月至2006年6月，任天津海泰控股集团有限公司资产部部长；2006年6月至2006年12月，任天津海泰控股集团有限公司投资发展部副部长；2006年12月至今，任天津海泰控股集团有限公司企业运营部副部长、部长。
钟玲玲	董　事	女	48	2010年4月	天津市泰达国际控股（集团）有限公司	42.11	1986年7月至1991年8月，在天津市照相机公司；1991年8月至2009年1月，天津市经济委员会引进处、投资与技术改造处调研员；2008年8月至2010年12月，任天津市泰达国际控股（集团）有限公司融资与风险管理部部长。2011年1月至今，任天津市泰达国际控股（集团）有限公司审计与合规部部长。
弓劲梅	董　事	女	40	2010年4月	天津市泰达国际控股（集团）有限公司	42.11	2002年1月至2006年10月，天弘基金管理有限公司筹备组成员、高级研究员、职工监事；2006年11月至2008年7月，天津泰达投资控股有限公司资产管理部高级项目经理；2008年8月至2009年4月，天津市泰达国际控股（集团）有限公司融资与风险管理部部长助理；2009年5月至2009年12月，天津市泰达国际控股（集团）有限公司融资与风险管理部副部长；2010年1月至今，天津市泰达国际控股（集团）有限公司资产管理部副部长、部长。
黄书平	董　事	男	31	2010年4月	天津盈鑫信恒投资咨询有限公司	5.26	2004年11月至2005年4月 首创证券有限公司资产管理部项目经理；2005年4月至2007年2月，顺驰中国控股有限公司总裁助理；2007年2月至2007年12月，融创集团资本管理部总监；2007年12月至2009年2月，融创集团资本运作中心总经理；2009年2月至今，融创集团董事会秘书、财务总监、副总裁。
张　维	董　事	男	57	2006年4月	管理层及职工代表		1972年至1999年，在天津市综合计划局生产组、天津市物资局工作，历任财务处干部、副处长、处长、总会计师；1999年至2006年4月，在天津市审计局工作，任总审计师、副局长、党组成员；2006年4月至2009年6月，任天津信托投资有限责任公司董事、总经理；2009年7月至今，任天津信托有限责任公司董事、总经理。

续表

姓名	职务	性别	年龄	选任日期	所推举的股东名称	该股东持股比例(%)	简要履历
樊振荣	独立董事	男	65	2008年4月		51.58	1967年8月至1982年6月,在人民银行天津分行塘沽支行工作,任会计员、信贷员;1982年6月至1993年8月,在天津工商银行红桥支行工作,任信贷员、信贷科长、办公室主任、副行长等。1993年8月至2007年11月,在天津信托投资有限责任公司工作,任副总经理、常务副总经理;2007年11月,退休。
马君潞	独立董事	男	58	2010年10月		51.58	现任南开大学经济学院院长;1993年晋升教授职称;1994年始享受国务院特殊津贴;1996年取得博士研究生指导教师资格;1998年被评为天津市教育系统优秀回国人员,入选国家教育部首批"跨世纪人才",并担任高等学校经济学学科教学指导委员会委员;1999年9月至2000年8月,作为富布赖特高级访问学者在美国哥伦比亚大学进行学术交流、研究和讲学,讲授微观经济学、宏观经济学、货币银行学、国际金融学等课程,从事金融学领域的科学研究。
郭田勇	独立董事	男	45	2012年11月		42.11	1990年于山东大学获理学学士学位,之后曾在中国人民银行烟台分行工作;1996年、1999年分别于中国人民大学财政金融学院、中国人民银行研究生部获金融学硕士、博士学位;1999年至今,中央财经大学金融学院教授,博士生导师,中国银行业研究中心主任。

注:以上董事任期期限为三年,即2010年4月至2013年4月。

截至2012年末,公司独立董事如下:

姓名	所在单位及职务	性别	年龄	选任日期	所推举的股东名称	该股东持股比例(%)	简要履历
樊振荣	天津信托有限责任公司常务副总经理	男	65	2008年4月	天津海泰控股集团有限公司	51.58	1967年8月至1982年6月,在人民银行天津分行塘沽支行工作,任会计员、信贷员;1982年6月至1993年8月,在天津工商银行红桥支行工作,任信贷员、信贷科长、办公室主任、副行长等;1993年8月至2007年11月,在天津信托投资有限责任公司工作,任副总经理、常务副总经理;2007年11月,退休。
马君潞	南开大学经济学院院长	男	58	2010年10月	天津海泰控股集团有限公司	51.58	现任南开大学经济学院院长;1993年晋升教授职称;1994年始享受国务院特殊津贴;1996年取得博士研究生指导教师资格;1998年被评为天津市教育系统优秀回国人员,入选国家教育部首批"跨世纪人才",并担任高等学校经济学学科教学指导委员会委员;1999年9月至2000年8月,作为富布赖特高级访问学者在美国哥伦比亚大学进行学术交流、研究和讲学。讲授微观经济学、宏观经济学、货币银行学、国际金融学等课程,从事金融学领域的科学研究。
郭田勇	独立董事	男	45	2012年11月	天津市泰达国际控股(集团)有限公司	42.11	1990年于山东大学获理学学士学位,之后曾在中国人民银行烟台分行工作;1996年、1999年分别于中国人民大学财政金融学院、中国人民银行研究生部获金融学硕士、博士学位;1999年至今,中央财经大学金融学院教授,博士生导师,中国银行业研究中心主任。

3.3 监事会

截至2012年末,公司监事会人员构成如下:

姓名	职务	性别	年龄	任职日期	所推举的股东名称	该股东持股比例(%)	简要履历
朱振山	监事长	男	60	2010年4月	天津市泰达国际控股(集团)有限公司	42.11	1972年12月至1987年10月,解放军兰州军区司令部管理局财务处助理员;1987年10月至1999年5月,天津市财政局财税管理一处科员、副科长、科长、副处长、调研员;1999年5月至今,任天津市财政投资管理中心副主任(正处级)、主任;2001年11月至2004年11月,任天津市国有资产经营有限责任公司总经理;2004年11月至2012年4月,任天津市国有资产经营有限责任公司董事长、总经理。2012年5月,退休。
冯金有	监事	男	58	2007年1月	天津海泰控股集团有限公司	51.58	1970年至2001年,先后在天津大沽化工厂、天津市砂轮厂、天津新技术产业园区开发总公司工作;2001年至2007年,在天津海泰控股集团有限公司工作,先后任财务部长、副总会计师、总会计师;2007年至今,先后任天津市海泰担保有限公司董事长兼总经理、天津海泰控股集团有限公司副总会计师。

续表

姓　名	职　务	性别	年龄	任职日期	所推举的股东名称	该股东持股比例(%)	简　要　履　历
王丽	监　事	女	50	2010年4月	天津海泰控股集团有限公司	51.58	1983年9月至1986年7月，天津市广播电视大学学生；1986年7月至1993年3月，天津市异型刃具厂财务部会计；1993年3月至1993年10月，天津市新技术产业园区开发总公司财务部会计；1993年10月至2000年8月，天津新技术产业园区进出口有限公司干部、助理经理、副经理2000年8月至2006年12月，天津海泰控股集团有限公司财务管理部副部长；2006年12月至至今，天津海泰控股集团有限公司财务管理部副部长（享受正职待遇）、部长。
康　悦	监　事	男	54	2004年2月	天津市大港区财政局	1.05	1980年至2003年，在天津市大港区财政局工作，先后任会计、副科长、科长；2003年至今，任大港区财政局副局长。
丁粤军	监事	男	41	2010年4月	职工监事		1988年9月至1990年6月，西安交通大学审计专业专科学生；1990年12月至2000年12月，天津市审计局直属分局干部；2000年12月至2004年3月，天津市审计局主任科员；2004年3月至2009年6月，天津信托投资有限责任公司稽核部干部；2009年7月至2010年2月，天津信托有限责任公司稽核部干部；2010年2月至今，天津信托有限责任公司稽核部副经理、经理

注：以上监事任期期限为三年，即2010年4月至2013年4月

本公司监事会未设立下属委员会。

3.4　高级管理人员

截至2012年末，公司高级管理人员构成如下：

姓　名	职　务	性别	年龄	选任日期	金融从业年限	学历	专业	简　要　履　历
王海智	董事长	男	58	2007年6月	25年	研究生	经济管理	1974年至1988年，历任河北省围场县公社、镇区秘书、劳动人事局干事、副局长；1988年至2000年，历任中国银行河北省分行围场支行、中国银行承德市分行、中国银行秦皇岛市分行副行长、代行长、行长、党委书记；2000年至2005年末，历任中国东方资产管理公司石家庄办事处副总经理、总经理、党委副书记、党委书记，天津办事处党委书记、总经理；2007年6月至2009年6月，任天津信托投资有限责任公司党委书记、董事长；2009年7月至今，任天津信托有限责任公司党委书记、董事长。
张　维	总经理	男	57	2006年4月	7年	大学本科	工业财务会计	1972年至1999年，在天津市综合计划局生产组、天津市物资局工作，历任财务处干部、副处长、处长、总会计师；1999年至2006年4月，在天津市审计局工作，任总审计师、副局长、党组成员；2006年4月至2009年6月，任天津信托投资有限责任公司董事、总经理；2009年7月至今，任天津信托有限责任公司董事、总经理。
韩立新	副总经理	男	44	2004年9月	23年	研究生	经济学	1990年至2009年6月，历任天津信托投资有限责任公司干部、部门经理、副总经理；2009年7月至今，任天津信托有限责任公司副总经理。
李　琦	副总经理	男	50	2004年9月	18年	研究生	法学	1984年至1995年，在天津市民政局、天津市政府法制办公室、天津市外经贸委办公室工作；1995年至2009年6月，历任天津信托投资有限责任公司部门经理、副总经理；2009年7月至今，任天津信托有限责任公司副总经理。
杨　湧	副总经理	男	44	2007年11月	18年	研究生	管理	1991年至1994年，在天津油墨股份公司工作，任秘书；1994年至2009年6月，历任天津信托投资公司证券业务部干部，投资银行二部副总经理，证券投资部副经理、经理，总经理助理兼证券投资部经理、副总经理；2009年7月至今，任天津信托有限责任公司副总经理。
尹　梅	财务负责人	女	49	2007年11月	8年	研究生	会计	1985年至2005年，在天津化工局、天津津泰股份有限公司、天津市经委、天津华泽集团工作。2005年至2009年6月，先后任天津信托投资有限责任公司副总会计师兼财会部经理、总会计师（财务负责人）；2009年7月至今，任天津信托有限责任公司总会计师。

续表

姓 名	职 务	性别	年龄	选任日期	金融从业年限	学历	专业	简 要 履 历
王辉	总经理助理兼业务经营管理部总经理	女	41	2010年12月	17年	研究生	工商管理	1994年7月至2002年12月，天津信托有限责任公司国际业务部、业务三部干部；2002年12月至2004年5月，天津信托有限责任公司业务三部 副经理（2003年9月至2005年12月，南开大学工商管理专业学习）。2004年5月至2008年9月，天津信托有限责任公司自营业务部、计划管理部 副经理。2008年9月至2010年12月，天津信托有限责任公司计划管理部副经理（主持工作）、经理；2010年12月至今，天津信托有限责任公司总经理助理 兼业务经营管理部总经理。
李文涛	总经理助理兼信托业务二部总经理	男	42	2012年5月	21年	研究生	工商管理	1992年9月至2002年2月，天津信托有限责任公司信托业务二部 干部。2002年2月至2008月5，天津信托有限责任公司信托业务二部 副经理。2008年5月至2009年2月，天津信托有限责任公司信托业务二部 副经理（主持工作）。2009年2月至2012年5月，天津信托有限责任公司信托业务二部 总经理。2012年5月至今，天津信托有限责任公司 总经理助理兼信托业务二部总经理。

3.5 公司员工

截至2012年末，公司人员基本情况如下：

项 目		报告期年度		上年度	
		人数	比例（%）	人数	比例（%）
年龄分布	25岁以下	2	2	4	3
	25～29岁	17	12	16	12
	30～39岁	46	33	53	38
	40岁以上	74	53	65	47
学历分布	博士	3	2	3	2
	硕士	55	40	52	38
	本科	56	40	58	42
	专科	24	17	24	17
	其他	1	1	1	1
岗位分布	董事、监事及其他高管人员	9	7	8	5
	自营业务人员	21	15	23	17
	信托业务人员	70	50	70	50
	其他人员	39	28	37	28

4. 经营管理

4.1 经营目标、经营方针、战略规划

公司经营目标是本着“诚信、稳健、高效”的经营理念，坚持“对社会负责，对客户负责，对股东负责，对员工负责”的服务宗旨，立足金融信托本业，抓住2010—2012年的战略机遇期，加快业务转型和盈利模式创新的步伐，做优做强信托业务，做好做精固有业务，相得益彰，共同发展，形成公司可具持续发展的盈利模式和核心竞争力，提高公司的知名度和美誉度，将公司塑造成为中国信托业的优秀品牌。

公司经营方针是以遵循国家和监管部门法规为依托，以诚信合规、稳健发展高效运营为理念，进一步健全和强化法人治理、内控严密、管理合规的内部控制体系；以业务开拓创新为动力，以风险防控为前提，进一步提升和增强公司的核心竞争力；以受益人利益最大化和股东稳定回报为原则，努力创建公司、股东、客户共赢平台。注重加强人才队伍、企业文化和长效机制建设，不断提高公司的盈利能力、风险控制能力、创新能力、营销能力，正确把握宏观经济形势和政策环境，推进公司又好又快地发展。

公司2010—2012年三年总体战略规划是：认真贯彻落实科学发展观，积极应对复杂的经济形势，充分发挥信托功能，从持续性、盈利性和增长性等方面使公司不断提升，为股东和受益人提供较高回报。坚持稳健经营理念，增强风险管控能力，大力培育主营业务模式，促进业务科学转型，继续推进业务创新，提高理财服务能力，把公司打造成核心竞争力强、综合理财水平高、信誉度高的信托理财机构。

4.2 所经营业务的主要内容

4.2.1 经营范围

经中国银监会批准，公司的经营范围为：（1）资金信托；（2）动产信托；（3）不动产信托；（4）有价证券信托；（5）其他财产或财产权信托；（6）作为投资基金或者基金管理公司的发起人从事投资基金业务；（7）经营企业资产的重组、购并及项目融资、公司理财、财务顾问等业务；（8）受托经营国务院有关部门批准的证券承销业务；（9）办理居间、咨询、资信调查等业务；（10）代保管及保管箱业务；（11）以存放同业、拆放同业、贷款、租赁、投资方式运用固有财产；（12）以固有财产为他人提供担保；（13）从事同业拆借；法律法规规定或中国银行业监督管理委员会批准的其他业务（以上业务范围包括本外币业务）。

4.2.2 公司经营的业务品种

4.2.2.1 固有资产业务

公司运用固有资产经营的主要业务品种包括自营贷款、融资租赁、自营证券投资、自营金融股权投资、财务顾问业务等。

4.2.2.2 信托业务

公司信托业务主要品种包括集合资金信托、单一资金信托、财产权信托等。

4.2.3 资产分布

2012年末，公司管理的资产总规模为710.44亿元，其中固有资产22.04亿元，占资产总规模的3.1%；信托资产688.4亿元，占管理资产总规模的96.9%。

自营资产运用与分布表

资产运用	金额（万元）	占比（%）	资产分布	金额（万元）	占比（%）
货币资产	33 871	15.37	基础产业	10 000	4.54
贷款及应收款	60 950	27.66	房地产业	0	0.00
交易性金融资产	37	0.02	证券市场	60 574	27.49
可供应出售金融资产	60 537	27.47	实业	48 342	21.94
持有至到期投资	28 623	12.99	金融机构	44 878	20.37
长期股权投资	11 007	4.99	其他 注2	56 568	25.67
其他注1	25 337	11.50			
资产总计	220 362	100.00	资产总计	220 362	100.00

注：1. 资产运用中其他包括投资房地产及固定资产 19 515 万元、无形资产 3 226 万元、抵债资产 1 404 万元、长期待摊费用 67 万元、预付账款 201 万元、递延所得税资产 7 345 万元、各项资产减值准备 6 420 万元。

2. 资产分布中其他包括持有至到期投资 28 623 万元（机构理财）、投资房地产及固定资产 19 515 万元、无形资产 3 244 万元、抵债资产 1 404 万元、长期待摊费用 67 万元、预付账款 201 万元、应收利息 534 万元、其他应收款 2 074 万元、递延所得税资产 7 345 万元、各项资产减值准备 6 420 万元。

信托资产运用与分布表

资产运用	金额（万元）	占比（%）	资产分布	金额（万元）	占比（%）
货币资产	181 049	2.63	基础产业	1 877 736	27.28
贷款	2 353 433	34.19	房地产业	528 899	7.68
交易性金融资产	388 300	5.64	证券市场	388 300	5.64
可供应出售金融资产	0	0.00	实业	3 015 694	43.81
持有至到期投资	351 450	5.11	金融机构	520 992	7.57
长期股权投资	873 865	12.69	其他注2	552 388	8.02
其他注1	2 735 912	39.74			
信托资产总计	6 884 009	100.00	信托资产总计	6 884 009	100.00

注：1. 资产运用中其他包括买入返售资产 1 584 190 万元，应收账款 1 095 022 万元，长期应收款 56 700 万元。

2. 资产分布中其他项主要包括信托资金投向其他行业 354 726 万元（其中主要投向商务服务业 160 806 万元、房屋建筑业 100 454 万元、科技推广和应用服务业 30 000万元、企业管理服务 19 396 万元、社会工作 17 000 万元、体育 13 000 万元、公共设施管理业 10 420 万元、计算机服务业 3 000 万元、教育 650 万元），证券市场除了股票、基金、债券以外证券市场产品投资 3 970 万元，以及未运用、发行募集中及已清算代保管等其他信托资金 193 692 万元。

4.3 市场分析

4.3.1 影响业务发展的有利因素

影响业务发展的有利因素：一是党的十八大为国内经济的发展明确了发展是硬道理的战略思想绝不动摇。天津市经济增长幅度大大超过全国平均水平，为公司发展提供良好的外部环境。二是物价水平保持在低位运行，总体资金紧张的形势会延续。全国 M_2 资金总额预期接近 100 亿元。天津市存款总额已经超过 2 万亿元，居民存款增值需求旺盛。正值房地产开发严格调控和股市震荡不定、低位运行，因此，对固定收益理财产品，特别是信托产品的需求还会增加。三是全国信托行业实现了大步发展，信托监管更加有效，行业自律更加规范。为公司实现转型发展创造了更好的外部条件。四是公司 2012 年获得特定目的信托受托机构资格以及以固有资产进行股权投资业务资格，为公司开展特定目的信托业务和固有资产从事股权投资业务打开准入的大门。五是公司在体制、机制、创新能力、风险控制等方面形成了较为明显的比较优势，资产管理能力显著提高。

4.3.2 影响业务发展的不利因素

影响业务发展的不利因素：一是与上年相比 GDP 增幅下降较多。企业和产品结构调整任重道远，工业企业发展从速度和结构上不确定性较多，部分企业流动性和偿债能力下降。对信托项目的管理和准入提出新的挑战。二是继续严格控制房地产开发和政府融资平台政策，导致这些领域变现和融资更加困难，对信托公司防控风险提出新的挑战。三是政策放开银行、证券、保险、基金等金融机构进行资产管理的限制，资管市场竞争更加充分。对我们体制、机制、人才和产品创新能力、市场营销能力和风险管控能力提出了新的挑战。

4.4 内部控制

4.4.1 内部控制环境和内部控制文化

为防范风险，保障公司稳健运行，公司多年来一直秉承“诚信、稳健、高效”的经营理念，把对委托人负责作为内控文化建设的重要内容，全体员工均树立了内控优先的风险防范理念；公司形成了较为完善的内部控制组织架构和岗位职责，部门设置科学、分工合理、职责明确；公司已经打造出了由业务经营管理部、风险管理部、稽核部组成的内控管理体系，形成事前出台制度—事中风险排查—事后稽核—业务整改—后续稽核—修订制度这一封闭环路，充分发挥了各环节的管理控制作用。同时公司还通过后续教育培训，不断提高内控人员的职业操守和专业能力。

4.4.2 内部控制措施

公司董事会下设战略发展委员会、风险管理委员会、薪酬委员会、信托委员会、审计委员会，主要负责审定公司中长期发展战略规划，审核和监督公司风险管理的政策、目标和程序，制订和考评公司薪酬计划或方案，监督公司依法合规管理信托财产，对公司内外部审计进行监督和审查。

公司设立项目审查委员会、证券投资决策委员会，负责审议公司的投融资项目、证券投资等业务，严格控制业务经营决策风险。

公司业务经营管理部负责公司业务制度、程序的拟定、审视和调整，按照公司整体战略发展要求，围绕监管动态，传达监管意图，促进管理工作的主动性和及时性，支持公司业务发展，促进业务管理、监督业务风险，提升精细化管理水平；公司风险管理部执行公司制度、办法、流程，实行专业化的合规管理、负责拟订和完善公司风险管理制度，通过对内外部风险的识别、评估、分析，提出应对措施和化解建议，防范公司经营活动中可能出现的风险。

公司始终坚持稳健经营的理念，坚持以信托评级指标为指导加强内控管理及合规管理工作，从完善业务管理制度、加强项目审查、强化合规管理、提升信息系统、推进人力资源改革等各个方面强化内控管理工作。

公司调整了分级授权审批体系，明确各部门和岗位的工作职责，实施了业务前台、中台、后台操作的隔离制度，对项目实施事前准入、事中检查、事后评价的全程管理。

公司在新业务开发上采取制度先行的管理策略，通过发挥一系列监督管理职能保证内部运营体系的健康有效，建立应急机制以应对突发事件造成的经营风险。2012 年，公司出台资产证券化业务系列制度并申请了受托资格，出台了 REITs 系列制度并申请了相关业务资格，出台股权投资管理制度并取得了股权投资资格。

2012 年，公司进一步实施机构变革，通过新设立信托业务部门拓展业务渠道；通过市场营销部提升公司市场营销能力；通过信托托管部实现信托项目的全流程托管；通过风险管理部和项目预审岗实施专业化项目合规审查和风险审查；通过不断优化人员结构，提升内控执行力。

2012 年，公司加强了信息化建设，充分利用 OA 办公系统、信托综合业务信息系统、项目管理系统、证券信托下单、估值系统、人力资源管理系统、市场营销 TA 系统、EAST 系统、1104 系统进行业务统计和管理，实现了业务操作规范化、流程化、标准化。

4.4.3 信息交流与反馈

公司多项措施保障了与监管部门、董事会、高管层和员工之间的信息传递和交流。

公司定期和不定期召开股东会、董事会，通报公司经营成果、存在的风险问题、拟采取的管理手段等，股东会、董事会成员评议并通过各项内控政策和重大事项决策。

公司高管层在各层级会议上传达公司经营政策和风险管理理念，通过内部网络及时向员工发布各项监管政策、内控制度和行业信息，并将政策、制度每年装订成册后下发给各部门。公司员工可以通过直接交流、书面报告或通过内部网及总经理信箱反馈经营过程中发现的问题，使高管层、董事会能够及时了解内部控制环节中的隐患和缺陷。

公司与监管部门做到充分沟通，就新业务拓展、老业务规范等工作进行经常性交流，按监管部门要求及时对集合信托、账户开立、关联交易等事项进行备案。监管部门参加公司董事会，能充分了解公司合规情况和经营风险状况。

4.4.4 监督评价与纠正

公司设立稽核部，稽核工作向董事会负责，接受董事会审计委员会的指导和监督。完成年度稽核工作计划，独立地履行了监督、评价职能。公司内部控制适当、有效。经营活动规范，能够执行相关法律法规、监管制度和公司内部制度规定。年内实施了现场专项稽核、经济责任审计、反洗钱稽核检查、清算信托项目的后评价和非现场稽核等。按制度规定进行了两次后续稽核。对稽核发现问题及时整改，稽核结果定期向公司主要领导、审计委员会、董事会和监管机关报告。

2012 年，稽核部新增项目后评价管理职能，在信托项目结束以后，通过对项目尽职调查至项目清算各环节的复盘，挖掘项目管理中的好方法进行推广，发现存在的问题并研究风险规避措施，充分利用已有案例为今后业务开展提供指导素材。

2012 年，公司建立制度定期审视机制，按照审视要求，对制度进行认真梳理，及时发现公司现行制度中存在的问题，取消多余、合并重叠，以最大限度地提高公司的办事效率和办事效能为原则，增强制度体系对公司工作流程变化的敏感性及灵活性，使公司管理水平、风险防控和化解能力得到持续提升，保证公司管理的及时性、有效性、随着国家宏观经济形势变化及监管要求不断充实、完善业务管理制度，坚持制度先行的管理理念，从改进工作流程、加强合规管理等各个方面完善内控制度，以提高公司风险控制能力，促进公司可持续发展。

4.5 风险管理

4.5.1 风险管理概况

公司在经营活动中可能面临诸多风险。其中主要包括信用风险、市场风险、操作风险和其他风险。为加强风险管理，提高竞争能力，公司把风险识别、风险测量和评估、风险处理和控制、风险管理评估和调整，以及风险准备等方面作为风险管理的核心内容，通过制定健全的内部规章制度，建立职责分工合理的组织机构，对可能产生的风险及时作出反映，采取有效措施进行事前、事中、事后的有效控制，根据实际需要，保持对风险管理体系运行情况的持续调整。

公司风险管理坚持全面性、持续性、审慎性、独立性和有效性的原则。风险管理涵盖公司的各项业务、各个部门和各级人员，渗透到决策、执行、监督、反馈各环节；风险管理是一项长期持续性的工作，贯穿于公司经营过程始终；风险管理的核心是有效防范风险；公司各专业管理委员会、风险管理部门具有相对独立性，对各部门业务风险评估、风险检查不受非正常因素干扰；公司风险管理制度是按照国家有关法律、法规要求，结合公司实际制定的，具有权威性、有效性，是所有员工严格遵守的行动指南，执行风险控制制度不存在例外情况，任何人不得拥有超越制度或违反规章的权力。

公司以各相关部门及风险管理岗、合规管理岗为第一道防线，风险管理部和合规管理团队为第二道防线，稽核部为第三道防线的风险管理三道防线体系，风险逐级报告制度运行通畅，为提升公司风险管理水平提供了机制和制度的保证。

2012 年，围绕公司“顺势而为，科学发展”的指导原则，风险管理体系有效运行。报告期内，公司着重强化业务风险的识别与控制，不断优化业务风险管理流程，逐步推进风险管理信息系统的建设和应用，持续提升全员的合规经营理念和风险管理意识，公司整体风险管控能力进一步增强。

项目审查委员会实行项目审批集体决策机制，负责公司全部投融资项目的审查；证券投资决策委员会是证券投资的集体决策机构，负责对证券投资规模、投资时机、投资方向等重大事项作出决策。

风险管理部负责对公司经营管理活动中存在的风险进行及时的识别、分析、预警、报告、跟踪，出具相应的风险管理报告，为管理层决策提供参考依据。针对公司主要业务，风险管控贯穿于业务全程的关键节点，前期主要负责项目初审，负责各类业务法律合规性审查，负责业务资金划拨前的出账审查；中期主要负责对业务资产风险进行全面、动态、持续监测，采取现场和非现场等多种方式对存续融资项目进行风险检查；后期主要负责业务相关诉讼、资产保全工作，以及不良资产的清收处置。

业务经营管理部负责对现有业务制度规定加强修订和完善，充分利用监管部门的非现场监管报表体系，对公司业务数据进行全面深入地分析为经营决策提供有效的决策依据。

通过董事会风险管理委员会、审计委员会和公司风险管理的三道防线等风险控制环节，构成了公司全面风险管理体系。

2012 年，公司在坚持全面风险管理的基础上，加强对业务各环节中的风险点进行识别和控制，提高抵质押折扣率，加强抵质押权证的管理，建立相关台账并密切跟踪监督；重新梳理了各类业务操作流程，以避免操作风险和法律风险；对项目后期管理实行纵向管理，责任到人，明确托管工作程序和要求；完善风险管理系统在信息查询和统计、项目监控等方面的功能，增进风险管理的系统化、标准化工作；进行全面的风险评估，分析梳理公司的风险点并每年调整；做好资产的风险压力测试，并选取重点项目进行现场检查和排查风险。

4.5.2 风险状况及风险管理

4.5.2.1 信用风险状况及信用风险管理

信用风险是公司的交易对手不履行义务给公司带来的风险。包括借款人不能按期归还贷款，其他交易对手不按期交付资产或资金等。

公司对信用风险采取如下防范控制措施：交易发生前，通过缜密调查，谨慎选择交易对手，在严格执行公司相关制度的前提下，采取借款企业提供担保、办理抵押或质押等必要的防范手段进行风险控制；建立量化指标，对公司资产整体的信用风险程度进行评估，按期向公司决策层通报。

目前，公司采取如下方法对信用风险进行管理。一是采用资产风险分类、信贷资产评级等信用度量指标进行信用风险评级并不断改进信用分析方法和技术；二是严格按照规定对固有财产进行减值测试，并按测试结果计提专项准备和一般准备（期初数、期末数见6.5.1.1）；三是对所有信托资产和自营资产进行全面压力测试，对发现的问题要制定风险处置预案；四是始终坚持抵押品确认原则，公司对外发放贷款，必须采取抵押担保或质押担保等方式，对不同性质的抵押品采取不同的抵押物折扣率，财产抵押物折扣率最高不超过70%；五是坚持保证贷款的管理原则，贷款发放过程中，经审查企业资信良好，确有能力归还贷款本息的可采取保证担保形式；六是严格控制集团客户的融资规模，借款单位除满足贷款审查的一般条件外，担保单位为集团内企业，具有资金独立使用权，不得与借款人相互担保；七是密切关注融资企业的信贷征信系统变化情况，对有风险迹象的客户及时采取控制措施。

4.5.2.2 市场风险状况及市场风险管理

市场风险指公司因股价、市场汇率、利率及其他价格因素变动而产生和可能产生的风险。公司主要业务领域包括证券市场、货币市场等，在股价、汇率、利率等因素发生变动时，造成这些市场价格产生较大波动，可能给公司经营和财务状况带来重大影响。

在加强市场风险管理方面，公司采取以下控制措施。建立与公司的业务性质、规模和复杂程度相适应的、完善的、可靠的市场风险管理体系。加强对国家宏观经济政策、货币信贷政策、财政政策的研究，及时掌握市场变化，为调整投资决策提供依据；积极引进人才，开展市场调研，购置权威部门的研究成果，作为决策参考；提高资产配置的有效性，根据公司整体安排，适时调整各领域的投资规模，合理安排期限结构；建立有效的市场风险预警机制等。

公司在融资业务开展方面，坚持以国家政策为导向，顺应经济发展趋势，2012年针对钢铁、光伏等风险暴露行业，公司采取更为审慎的准入标准，并对存续敏感行业的项目进行压力测试、现场检查、提前预警等管控动作，持续监控项目运行状况，风险管控效果较好。

证券投资业务方面，受宏观经济、流动性等因素的影响，2012年债券市场先扬后抑，市场投资热点从利率产品、高等级信用债转移到低评级高收益债，公司根据市场情况及时调整持仓结构，锁定投资收益。另一方面，证券市场持续低迷态势，系统性盈利机会较少，公司把握年初、年末两波短期行情，调整了持仓结构，消化了投资风险。公司坚持奉行价值投资理念，以低风险的投资策略，做好大类资产的配置及再平衡，坚持定期召开投研会议，不断拓展新的业务模式，风险处于可控范围内。

4.5.2.3 操作风险状况及操作风险管理

操作风险是指由于内部系统失控、人为因素或外部事件而造成的直接或间接损失。

目前公司的各项控制制度和操作规程涵盖了所有业务领域，基本实现了对公司各项业务操作过程的有效控制。

公司在操作风险管理方面，采取一系列措施加以控制。主要包括：

制度保证：建立了适当的职责分工和监控制度；建立和完善了授权制度和业务操作规程；坚持实行岗位轮换制度和强制休假制度。

制度层面：建立了适当的职责分工和监控制度；建立和完善了授权制度和业务操作规程；坚持实行重要岗位轮换和强制休假制度。

控制层面：加强风险管理三道防线的作用，采取对各类资产的风险评估、对内控制度执行情况和经办人员尽职情况检查等方法，约束从业人员的职业行为。

4.5.2.4 其他风险状况及其管理

其他风险主要是政策风险、合规风险、流动性风险、经营风险、声誉风险和道德风险。

政策风险状况及其管理。由于国家宏观经济政策的调整，可能对公司业务经营造成一定影响。政策风险管理：严格按照国家法律法规要求办理业务；根据监管部门的有关要求积极调整公司经营思路和发展方向；加强与政策制定部门的沟通，保持公司经营与国家政策的一致性。

合规风险状况及其管理。合规风险是指金融机构因没有遵循法律、法规和准则可能遭受法律制裁、监管处罚、重大财务损失和声誉损失的风险。合规风险管理：遵照公司《合规管理办法》，对合规风险的管理进行了制度和组织上的保证，确保公司经营管理与法律、规则、监管规定和自律性行业准则相一致，公司内部形成了由业务经营管理部、风险管理部、稽核部三位一体的合规风险管理架构，并通过多种形式的宣传形成了全员合规的良好氛围；根据外部相关法律、法规的变化，适时调整内控制度和业务模式，以确保公司各项经营活动合法合规。

遵照净资本监管有关规定，公司出台了《净资本动态监控管理实施办法》，报告期内正式实施。面对有限的净资本，公司大力提升内部"造血"机能，通过不同业务部门、不同业务类别间合理调剂，达到对净资本占用的科学分配、高效利用；不断强化净资本和风险资本约束，鼓励拓展主动管理类信托业务，促进公司业务结构科学转型，以适应日益复杂的经营环境和更为规范的行业监管。

流动性风险状况及其风险管理。流动性风险是指公司虽有清偿或兑付能力，但无法及时获得充足资金或无法以合理成本及时获得充足资金以支付到期债务，或无法兑付到期信托计划的风险。流动性风险管理：遵循分散性的资产负债管理原则；以公司风险承受能力为基础设定现金流期限错配限额，并设专岗逐日监测现金流量及资产配置；不断加强资产的流动性和融资来源的稳定性，以提升公司应对市场波动的能力；建立健全信托项目流动化和应急机制，采取信托项目弹性期限设置、非现金资产分配以及信托资产转让处置等手段缓释风险。

经营风险状况及其风险管理。经营风险是指因业务人员对市场未能及时作出必要判断，使公司经营出现偏差而形成的风险。经营风险管理：努力提高从业人员业务素质；严格执行各项决策制度；引进专业分析手段，提高决策的科学性；加强同业间的沟通与交流。

声誉风险状况及其风险管理。声誉风险是指在商业活动中或者在业务进行时，公司未能达到利益相关者需要或期望的行为标准或业绩标准而产生的风险。声誉风险管理：公司不进行任何能够实质性地影响公司声誉的交易；对于经营活动中不可避免的声誉风险及时进行识别、评估，主动、有效、灵活地应对可能出现的声誉事件；通过充分信息披露等方式实现与投资者的良性沟通；通过履行社会责任等方式不断提升公司品牌价值和社会形象。

道德风险状况及其风险管理。道德风险是指员工因违法、违规操作给公司带来的风险。道德风险管理：加强对员工经常性教育和培训；建立相互制衡的操作体系；加强内部稽核；每年聘请审计机构对公司业务进行审计等。

5. 报告期末及上一年度末的比较式会计报表

5.1 自营资产

5.1.1 会计师事务所审计意见全文

审计报告

华寅五洲津审字〔2013〕0869号

天津信托有限责任公司全体股东：

我们审计了后附的天津信托有限责任公司（以下简称贵公司）自营业务母公司单独财务报表，包括202年12月31日的资产负债表，2012年度的利润表、所有者权益变动表和现金流量表以及财务报表附注。

一、管理层对财务报表的责任

编制和公允列报财务报表是贵公司管理层的责任，这种责任包括：(1)按照企业会计准则的规定编制财务报表，并使其实现公允反映；(2)设计、执行和维护必要的内部控制，以使财务报表不存在由于舞弊或错误导致的重大错报。

二、注册会计师的责任

我们的责任是在执行审计工作的基础上对财务报表发表审计意见。我们按照中国注册会计师审计准则的规定执行了审计工作。中国注册会计师审计准则要求我们遵守中国注册会计师职业道德守则，计划和执行审计工作以对财务报表是否不存在重大错报获取合理保证。

审计工作涉及实施审计程序，以获取有关财务报表金额和披露的审计证据。选择的审计程序取决于注册会计师的判断，包括对由于舞弊或错误导致的财务报表重大错报风险的评估。在进行风险评估时，注册会计师考虑与财务报表编制和公允列报相关的内部控制，以设计恰当的审计程序，但目的并非对内部控制的有效性发表意见。审计工作还包括评价管理层选用会计政策的恰当性和作出会计估计的合理性，以及评价财务报表的总体列报。

我们相信，我们获取的审计证据是充分、适当的，为发表审计意见提供了基础。

三、审计意见

我们认为，贵公司自营业务母公司单独财务报表在所有重大方面按照企业会计准则的规定编制，公允反映了贵公司2012年12月31日的财务状况以及2012年度的经营成果和现金流量。

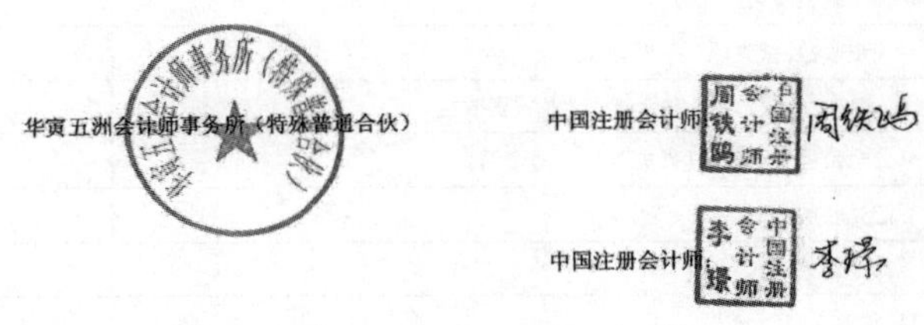

5.1.2 资产负债表

2012年12月31日　　单位：万元

资 产	期末数	期初数	负债和股东权益	期末数	期初数
资产：			负债：		
现金及存放中央银行款项			向中央银行借款		
存放同业款项	33 871.09	29 710.91	同业及其他金融机构存放款项		
贵金属	—	—	拆入资金		
拆出资金	—	—	交易性金融负债		
交易性金融资产	36.50	—	衍生金融负债		
衍生金融资产	—	—	卖出回购金融资产款		
买入返售金融资产	—	—	吸收存款		
应收利息	534.37	648.79	应付职工薪酬	5 189.19	3 805.14
发放贷款和垫款	48 885.00	46 870.00	应交税费	2 907.21	3 276.70
可供出售金融资产	60 536.50	63 539.97	应付利息	—	—

续表

资 产	期末数	期初数	负债和股东权益	期末数	期初数
持有至到期投资	28 622. 76	5 912. 76	预计负债	—	—
长期股权投资	11 006. 99	6 289. 58	应付债券	—	—
投资性房地产	14 533. 90	14 966. 18	递延所得税负债	939. 52	968. 21
固定资产	4 981. 10	5 110. 35	其他负债	4 541. 55	4 653. 48
无形资产	3 225. 77	3 243. 75	负债合计	13 577. 47	12 703. 53
递延所得税资产	7 345. 05	6 811. 38	所有者权益：	—	-
其他资产	6 782. 96	14 875. 27	实收资本（或股本）	150 000. 00	150 000. 00
			资本公积	3 049. 59	-5 575. 63
			减：库存股	—	-
			盈余公积	11 762. 06	9 273. 67
			一般风险准备	2 100. 00	2 100. 00
			信托赔偿准备	9 783. 10	8 538. 91
			未分配利润	30 089. 77	20 938. 46
			所有者权益合计	206 784. 52	185 275. 41
资产总计	220 361. 99	197 978. 94	负债及所有者权益总计	220 361. 99	197 978. 94

企业法定代表人：王海智　　主管会计工作负责人：尹　梅　　会计部门负责人：李瑞聪

5. 1. 3　利润表

2012 年度

单位：万元

项　　目	本期数	上期数
一、营业收入	64 042. 85	44 283. 60
利息净收入	7 230. 03	6 814. 69
利息收入	7 230. 03	6 814. 69
利息支出	—	—
手续费及佣金净收入	55 185. 07	33 980. 21
手续费及佣金收入	55 185. 07	33 980. 21
手续费及佣金支出	—	—
投资收益（损失以“-”号填列）	-1 016. 00	952. 50
其中：对联营企业和合营企业的投资收益	-1 158. 13	-1 398. 04
公允价值变动收益（损失以“-”号填列）	-1. 88	43. 16
汇兑收益（损失以“-”号填列）	-0. 13	-2. 66
其他业务收入	2 645. 76	2 495. 70
二、营业支出	30 311. 91	17 060. 58
营业税金及附加	3 672. 65	3 329. 02
业务及管理费	14 361. 58	12 615. 21
资产减值损失	11 715. 58	-280. 56
其他业务成本	562. 10	1 396. 91
三、营业利润（亏损以“-”号填列）	33 730. 94	27 223. 02
加：营业外收入	10. 94	874. 74
减：营业外支出	39. 53	62. 46
四、利润总额（亏损总额以“-”号填列）	33 702. 35	28 035. 30
减：所得税费用	8 842. 19	7 257. 08
其中：当期所得税	12 280. 19	7 895. 89
递延所得税	-3 438. 00	-638. 81
五、净利润（净亏损以“-”号填列）	24 860. 16	20 778. 22

企业法定代表人：王海智　　主管会计工作负责人：尹　梅　　会计部门负责人：李瑞聪

5.1.4 所有者权益变动表

股东权益变动表

2012 年度

单位：万元

项目	本期数						
	实收资本	资本公积	盈余公积	一般风险准备	信托赔偿准备	未分配利润	所有者权益合计
一、上期期末数	150 000.00	-5 575.63	9 273.67	2 100	8 538.91	20 938.46	185 275.41
加:会计政策变更							
前期差错更正							
二、本期期初数	150 000.00	-5 575.63	9 273.67	2 100	8 538.91	20 938.46	185 275.41
三、本期增减变动金额(减少以"-"号填列)		8 625.22	2 488.39		1 244.19	9 151.31	21 509.11
(一)净利润						24 860.16	24 860.16
(二)直接计入所有者权益的利得和损失		8 625.22					8 625.22
1. 可供出售金融资产公允价值变动净额		11 101.44					11 101.44
(1)计入所有者权益的金额		2 632.65					2 632.65
(2)转入当期损益的金额		8 468.79					8 468.79
2. 权益法下被投资单位其他所有者权益变动的影响		866.86					866.86
3. 与计入所有者权益项目相关的所得税影响		-3 343.08					-3 343.08
4. 其他							
上述(一)和(二)小计		8 625.22				24 860.16	33 485.38
(三)所有者投入资本							
1. 所有者投入资本							
2. 股份支付计入所有者权益的金额							
3. 其他							
(四)利润分配			2 488.39		1 244.19	-15 708.85	-11 976.27
1. 提取盈余公积			2 488.39			-2 488.39	
2. 提取一般风险准备							
3. 提取信托赔偿准备					1 244.19	-1 244.19	
4. 对所有者(股东)的分配						-12 000.00	-12 000.00
5. 其他						23.73	23.73
(五)所有者权益内部结转							
1. 资本公积转增资本(或股本)							
2. 盈余公积转增资本(或股本)							
3. 盈余公积弥补亏损							
4. 其他							
四、本期期末数	150 000.00	3 049.59	11 762.06	2 100	9 783.10	30 089.77	206 784.52

企业法定代表人:王海智　　主管会计工作负责人:尹　梅　　会计部门负责人:李瑞聪

2012 年度

单位：万元

项目	上期数						
	实收资本	资本公积	盈余公积	一般风险准备	信托赔偿准备	未分配利润	所有者权益合计
一、上期期末数	150 000.00	6 547.03	7 195.85	1 800.00	4 365.24	21 711.73	191 619.85
加:会计政策变更							
前期差错更正							
二、本期期初数	150 000.00	6 547.03	7 195.85	1 800.00	4 365.24	21 711.73	191 619.85
三、本期增减变动金额(减少以"-"号填列)		-12 122.66	2 077.82	300.00	4 173.67	-773.27	-6.344.44
(一)净利润						20 778.22	20 778.22
(二)直接计入所有者权益的利得和损失		-12 122.66					-12 122.66
1. 可供出售金融资产公允价值变动净额		-16 166.08					-16 166.08
(1)计入所有者权益的金额		-14 350.05					-14 350.05

续表

项　目	上期数						
	实收资本	资本公积	盈余公积	一般风险准备	信托赔偿准备	未分配利润	所有者权益合计
(2)转入当期损益的金额		-1 816. 03					-1 816. 03
2. 权益法下被投资单位其他所有者权益变动的影响		404. 13					404. 13
3. 与计入所有者权益项目相关的所得税影响		3 639. 29					3 639. 29
4. 其他							
上述(一)和(二)小计		-12 122. 66				20 778. 22	8 655. 56
(三)所有者投入资本							
1. 所有者投入资本							
2. 股份支付计入所有者权益的金额							
3. 其他							
(四)利润分配			2 077. 82	300. 00	4 173. 67	-21 551. 49	-15 000. 00
1. 提取盈余公积			2 077. 82			-2 077. 82	
2. 提取一般风险准备				300. 00		-300. 00	
3. 提取信托赔偿准备					4 173. 67	-4 173. 67	
4. 对所有者(股东)的分配						-15 000. 00	-15 000. 00
5. 其他							
(五)所有者权益内部结转							
1. 资本公积转增资本(或股本)							
2. 盈余公积转增资本(或股本)							
3. 盈余公积弥补亏损							
4. 其他							
四、本期期末数	150 000. 00	-5 575. 63	9 273. 67	2 100. 00	8 538. 91	20 938. 46	185 275. 41

企业法定代表人:王海智　　主管会计工作负责人:尹　梅　　会计部门负责人:李瑞聪

5. 2　信托资产

5. 2. 1　信托项目资产负债汇总表

信托项目资产负债表

2012 年 12 月 31 日　　单位：万元

信托资产	期末余额	年初余额	信托负债和信托权益	期末余额	年初余额
信托资产:			信托负债:		
货币资金	181 047. 86	162 411. 75	交易性金融负债		—
拆出资金		—	衍生金融负债		—
存出保证金		—	应付受托人报酬	1 074. 05	639. 20
交易性金融资产	388 300. 10	37 379. 62	应付托管费	57. 10	19. 74
衍生金融资产		—	应付受益人收益	1 480. 78	289. 83
买入返售金融资产	1 584 190. 00	531 429. 91	应付销售服务费		—
应收款项	1 095 022. 97	100 585. 13	应付投资管理费	162. 48	—
发放贷款	2 353 432. 78	2 204 356. 64	应交税费	0. 95	—
可供出售金融资产		—	其他应付款项	2 691. 15	21 050. 44
持有至到期投资	351 450. 00	27 000. 00	其他负债		—
长期应收款	56 700. 00	26 700. 00	信托负债合计	5 466. 51	21 999. 21
长期股权投资	873 865. 45	801 599. 45	信托权益:		
投资性房地产		—	实收信托	6 735 814. 96	3 796 129. 27
固定资产		—	资本公积	6 824. 27	5 103. 03
无形资产		—	外币报表折算差额		—
长期待摊费用		—	未分配利润	135 903. 42	68 230. 99
其他资产		—	信托权益合计	6 878 542. 65	3 869 463. 29
信托资产总计	6 884 009. 16	3 891 462. 50	信托负债和信托权益总	6 884 009. 16	3 891 462. 50

企业法定代表人:王海智　　主管会计工作负责人:尹　梅　　会计部门负责人:李瑞聪

5.2.2 信托项目利润及利润分配汇总表

信托项目利润及利润分配表

2012 年度 单位:万元

项 目	本期累计金额	上期累计金额
一、营业收入	444 399.04	279 484.48
利息收入	325 142.51	202 792.88
投资收益(损失以"-"号填列)	108 924.90	74 957.89
其中:对联营企业和合营企业的投资收益		—
公允价值变动收益(损失以"-"号填列)	6 961.63	-1 147.75
租赁收入	3 260.00	2 881.46
汇兑损益(损失以"-"号填列)		—
其他收入	110.00	—
二、营业支出	75 091.72	38 262.24
营业税金及附加		—
受托人报酬	54 383.54	30 623.79
托管费	1 494.62	1 278.84
投资管理费	2 921.91	458.00
销售服务费	9 070.05	2 378.35
交易费用	1 775.97	587.41
资产减值损失	352.00	—
其他费用	5 093.63	2 935.85
三、信托净利润(净亏损以"-"号填列)	369 307.32	241 222.24
四、其他综合收益	6 622.00	2 244.50
五、综合收益	375 929.32	243 466.74
加:期初未分配信托利润	68 230.99	48 178.37
六、可供分配的信托利润	437 538.31	289 400.61
减:本期已分配信托利润	301 634.89	221 169.62
七、期末未分配信托利润	135 903.42	68 230.99

企业法定代表人:王海智 主管会计工作负责人:尹 梅 会计部门负责人:李瑞聪

6. 会计报表附注

6.1 会计报表编制基准的说明

公司以持续经营为基础,根据实际发生的交易和事项,按照财政部颁布的《企业会计准则——基本准则》和其他各项会计准则的规定进行确认和计量,在此基础上编制财务报表。

6.2 重要会计政策和会计估计说明

6.2.1 计提资产减值准备的主要范围和方法

6.2.1.1 贷款减值准备核算方法

本公司于资产负债表日对单项金额重大的贷款单独进行减值测试。如有客观证据表明其发生了减值的,按其未来现金流量现值低于其账面价值的差额,计提减值准备。

6.2.1.2 坏账准备核算方法

资产负债表日,本公司对应收款项单独进行减值测试,经测试发生了减值的,按其未来现金流量现值低于其账面价值的差额确定减值损失,计提坏账准备。

6.2.1.3 长期股权投资减值准备核算方法

本公司于半年和年末对长期股权投资估计其可收回金额,可收回金额低于账面价值的,确认减值损失。减值损失计入当期损益,同时计提长期股权投资减值准备。长期股权投资减值准备一经确认,不再转回。

6.2.1.4 抵债资产减值准备核算方法

本公司于半年和年末对抵债资产估计其可收回金额,可收回金额低于账面价值的,确认减值损失。减值损失计入当期损益,同时计提抵债资产减值准备。抵债资产减值准备一经确认,不再转回。

6.2.2 金融资产四分类的范围和标准

6.2.2.1 以公允价值计量且其变动计入当期损益的金融资产:指本公司为了近期内出售而持有的股票、债券、基金,包括交易性金融资产和指定以公允价值计量且其变动计入当期损益的金融资产。

6.2.2.2 持有至到期投资:指本公司购入的到期日固定、回收金额固定或可确定且本公司明确意图和能力持有至到期的固定利率国债、浮动利率公司债券、理财产品等。

6.2.2.3 应收款项和贷款:应收款项(本公司指应收利息、其他应收款和长期应收款)按合同或协议价款作为初始入账金额。贷款的后续计量以摊余成本计量。

6.2.2.4 可供出售金融资产:指本公司没有划分为以公允价值计量且其变动计入当期损益的金融资产、持有至到期投资、贷款和应收款项的其他金融资产。

6.2.3 交易性金融资产核算方法

取得时以公允价值(扣除已宣告但尚未发放的现金股利或已到付息期但尚未领取的债券利息)作为初始确认金额。

持有期间将取得的利息或现金股利确认为投资收益,资产负债表日将公允价值变动计入当期损益。

处置时,公允价值与初始入账金额之间的差额确认为投资收益,同时调整公允价值变动损益。

6.2.4 可供出售金融资产核算方法

取得时按公允价值(扣除已宣告但尚未发放的现金股利或已到付息期但尚未领取的债券利息)和相关交易费用之和作为初始确认金额。

持有期间将取得的利息或现金股利确认为投资收益。资产负债表日将公允价值变动计入资本公积(其他资本公积)。

处置时,将取得的价款与该金融资产账面价值之间的差额,计入投资损益;同时,将原直接计入所有者权益的公允价值变动累计额对应处置部分的金额转出,计入投资损益。

6.2.5 持有至到期投资核算方法

取得时按公允价值(扣除已到付息期但尚未领取的债券利息)和相关交易费用之和作为初始确认金额。

持有期间按照摊余成本和实际利率(如实际利率与票面利率差别较小的,按票面利率)计算确认利息收入,计入投资收益。实际利率在取得时确定,在该预期存续期间或适用的更短期间内保持不变。

处置时,将所取得价款与该投资账面价值之间的差额计入投资收益。

6.2.6 长期股权投资核算方法

6.2.6.1 权益法

公司对被投资单位具有共同控制或重大影响的长期股权投资,采用权益法核算。

6.2.6.2 成本法

(1)公司能够对被投资企业实施控制,即有权决定一个企业的财务和经营政策,并能从被投资企业的经营活动中获取利益;(2)对被投资企业不具有共同控制或重大影响,且没有活跃市场报价及无法取得可靠的公允价值,应采用成本法核算。

6.2.7 投资性房地产核算方法

投资性房地产是指为赚取租金或资本增值,或两者兼有而持有的房地产。本公司的投资性房地产为公司办公大楼出租部分的房产。

本公司的投资性房产采用成本模式计量。对按照成本模式计量的投资性房地产采用与本公司固定资产、无形资产相同的折旧或摊销政策。在资产负债表日按投资性房产的成本与可收回金额孰低计价，可收回金额低于成本的，按两者的差额计提减值准备。

6.2.8 固定资产计价和折旧方法

6.2.8.1 固定资产的标准

同时具备以下三个条件的 确认为固定资产：

（1）本公司实际拥有所有权的实物资产；

（2）预计使用期限在一年以上（不含一年）；

（3）单项实物资产的购置或建造价值在2 000 元以上。

6.2.8.2 固定资产发生的修理费用，符合规定的固定资产确认条件的计入固定资产成本；不符合规定的固定资产确认条件的在发生时直接计入当期成本、费用。

6.2.8.3 固定资产折旧计提方法

固定资产从其投入使用的次月起采用直线法计提折旧，预计净残值为原价的3%，估计经济使用年限和年折旧率如下：

资产类别	预计使用年限（年）	年折旧率（%）
房屋建筑物	30 ~43	3.23 ~2.26
机器设备	5 ~10	19.40 ~9.70
运输设备	6	16.17
电子设备	3 ~5	32.33 ~19.40
其他	5	19.40

6.2.9 无形资产计价及摊销政策

6.2.9.1 无形资产的计价

无形资产在取得时，按实际成本计价。取得时的实际成本按以下方法确定：

（1）购入的无形资产，按实际支付的价款作为实际成本。

（2）自行开发并按法律程序申请取得的无形资产按依法取得时发生的注册费、聘请律师费等入账，开发过程中发生的费用直接计入当期损益。

6.2.9.2 无形资产的摊销

无形资产自取得当月起在预计使用年限内分期平均摊销，预计使用年限按受益年限和法律规定的有效年限两者孰短的原则确定，对无受益年限和法律规定的有效年限的则按不超过10 年的摊销年限内分期平均摊销，计入当期损益。

6.2.10 长期应收款的核算方法

本公司长期应收款核算应收融资租赁本金和应收融资租赁收益，融资租赁资产出租时，将该项融资租赁资产的初始账面价值由记入“长期应收款——应收融资租赁本金”，将应向承租人收取的各期租金与终止转让价款之和，扣除购入租赁物时实际支付价款及相关税费后的差额，记入“长期应收款——应收融资租赁收益”。

收到融资租赁租金时，根据该项融资租赁业务的租金表或未确认融资收益分配表，按实际收到金额中的本金部分，冲减“长期应收款——应收融资租赁本金”；按实际收到金额中的收益部分，冲减“长期应收款——应收融资租赁收益”。同时，按实际收到金额中的收益部分，计入“未实现融资收益”和“租赁收入”。

6.2.11 长期待摊费用的摊销政策

本公司长期待摊费用在费用项目的受益期限内分期平均摊销。

6.2.12 合并会计报表的编制方法

对本公司拥有实际控制权的被投资企业合并财务报表，公司能够控制的特殊目的主体（如非法人单位的合作项目）也列入合并报表范围。按照《企业会计准则》（2006）第33 号“合并财务报表”准则的相关规定，编制合并财务报表。

6.2.13 收入确认原则和方法

6.2.13.1 利息收入

本公司的利息收入，是指本公司存放于银行和其他金融机构的款项、对外放款、拆出资金、买入返售金融资产等业务所形成的利息收入。

（1）贷款利息收入

按季度在贷款结息日，按照贷款合同（借据）金额和合同利率计算确定的应收未收利息，计入“应收利息”科目；按贷款的摊余成本和实际利率计算确定的利息收入。

（2）拆出资金和买入返售金融资产的利息收入比照贷款利息收入的规定确认。

（3）存放银行和其他金融机构款项的利息收入：按结息日实际收到的金额计入利息收入。

6.2.13.2 融资租赁收益

本公司采用实际利率法计算当期应确认的融资租赁收入，并将未实现融资租赁收益在租赁期内的各个期间进行分配

6.2.13.3 手续费及佣金净收入

本公司的手续费收入是指本公司自营业务的手续费收入以及从本公司所管理的信托业务中按信托合同规定从信托收益中提取或向委托人及第三方收取的受托人报酬。自营业务手续费收入：按合同收取时确认收入；信托业务手续费参见“6.2.15 信托报酬确认原则和方法”。

6.2.13.4 其他营业收入

本公司以合同已签订并执行，款项已收到或取得收取款项凭据时确认为收入实现。

6.2.14 所得税的会计处理方法

本公司所得税费用采用资产负债表债务法核算。资产、负债的账面价值与其计税基础存在差异的，按照规定确认所产生的递延所得税资产或递延所得税负债。

本公司在计算确定当期所得税（当期应交所得税）以及递延税项（递延所得税费用或收益）的基础上，将两者之和确认为利润表中的所得税费用（或收益），但不包括直接计入所有者权益的交易或事项的所得税影响。

资产负债表日，本公司按照暂时性差异与适用所得税税率计算的结果，确认递延所得税负债、递延所得税资产以及相应的递延所得税费用（或收益）。一般情况下，所有应税暂时性差异产生的递延所得税负债均予确认，而递延所得税资产则只能在未来应纳税利润足以用作抵销暂时性差异的限度内，才予以确认。

6.2.15 信托报酬确认原则和方法

信托业务手续费收入（受托人报酬）：依据信托合同的约定，按季度、合同中期分配、合同到期分配收取时，计算及确认收入。

6.3 或有事项说明

无。

6.4 重要资产转让及其出售的说明

无。

6.5 会计报表中重要项目的明细资料

6.5.1 自营资产经营情况

6.5.1.1 信用风险资产的期初数、期末数(按信用风险五级分类)

信用风险资产五级分类	正常类(万元)	关注类(万元)	次级类(万元)	可疑类(万元)	损失类(万元)	信用风险资产合计(万元)	不良资产合计(万元)	不良资产率(%)
期初数	74 487.10	20 010.00	0.00	1 014.83	11.52	95 523.45	1 026.35	1.07
期末数	70 708.33	24 010.00	0.00	300.00	4.57	95 022.90	304.57	0.32

注:根据中国银监会印发的2011年非现场监管报表G11资产质量五级分类情况表的填报说明,信托风险资产范围应包括存放同业款项、各项贷款(含"长期应收款——应收融资租赁本金")、应收利息、其他应收款(含"预付账款")、拆放同业和买入返售资产、银行账户债券投资、不可撤销的承诺及或有负债。

6.5.1.2 各项资产减值损失准备的期初、本期计提、本期转回、本期核销、期末数

单位:万元

	期初数	本期计提	本期转回	本期核销	期末数
贷款损失准备	4 130.00	5 350.00	3 365.00	0.00	6 115.00
其中:一般准备	1 530.00		765.00	0.00	765.00
专项准备	2 600.00	5 350.00	2 600.00		5 350.00
其他资产减值准备	791.72		486.95	0.00	304.77
其中:可供出售金融资产减值准备	0.00	0.00	0.00	0.00	0.00
持有至到期投资减值准备	0.00	0.00	0.00	0.00	0.00
长期股权投资减值准备	0.00	0.00	0.00	0.00	0.00
坏账准备	791.72		486.95	0.00	304.77
投资性房地产减值准备	0.00	0.00	0.00	0.00	0.00
抵债资产减值准备	0.00	0.00	50.85	0.00	0.00

6.5.1.3 固有业务股票投资、基金投资、债券投资、股权投资等投资业务的期初数、期末数(按照投资品种分类)

单位:万元

	自营股票	基金	债券	长期股权投资	其他投资	合计
期初数	33 269.77	1 534.01	28 736.20	6 289.58	5 912.76	75 742.32
期末数	23 533.83	1 272.16	33 686.61	11 007.00	30 703.16	100 202.76

6.5.1.4 按投资入股金额排序,前五名的自营长期股权投资的企业名称、占被投资企业权益的比例、主要经营活动及投资收益情况等

企业名称	占被投资企业权益的比例(%)	主要经营活动	投资收益(万元)
天弘基金管理有限公司	48.00	基金募集、基金销售、资产管理和中国证监会许可的其他业务	-1 158.13
渤海证券公司	1.104	证券代理买卖、证券自营买卖、证券承销、证券投资咨询	
天津信唐货币经纪有限责任公司	19.00	境内外外汇市场交易、境内外货币市场交易、境内外债券市场交易、境内外衍生产品交易	
中国重型汽车财务有限公司	0.4623	在集团内部开展商业票据贴现、银行承兑汇票贴现、内部资金结算、汽车产品消费信贷,以及企业债券、股票上市等投资银行业务和信贷业务等	62.73

6.5.1.5 前五名的自营贷款的企业名称、占贷款总额的比例和还款情况等

企业名称	占贷款总额的比例(%)	还款情况
天津市万豪大厦有限公司	25.45	合同未到期
河南路桥建设股份有限公司	18.18	合同未到期
融仁(天津)投资发展有限公司	18.18	合同未到期
津联集团(天津)资产管理有限公司	18.18	合同未到期
天津正天利进出口贸易发展有限公司	14.55	合同未到期

6.5.1.6 担保业务、代理业务(委托业务)

表外业务	期初数	期末数
担保业务	0	0
代理业务(委托业务)	0	0
其他	0	0
合计	0	0

6.5.1.7 公司当年的收入结构

收入结构	金额(万元)	占比(%)
手续费及佣金收入	55 185.08	86.15%
其中:信托手续费收入	55 185.08	86.15%
投资银行业务收入	0	0.00%
利息收入	7 230.03	11.29%
其他业务收入	2 645.63	4.13%
其中:计入信托业务收入部分		
投资收益	-1 016.00	-1.59%
其中:股权投资收益	-1 095.40	-1.71%
证券投资收益	-160.60	-0.25%
其他投资收益	240.00	0.37%
公允价值变动收益	-1.88	
营业外收入	10.94	0.02%
收入合计	64 053.80	100.00%

其中,2012年,公司其他业务收入2 645.63万元,主要来源是融资租赁业务收入、办公大楼出租部分的房租收入及财务咨询费收入;信托业务收入总额为55 185.08万元,全部为手续费收入。

6.5.2 披露信托财产管理情况

6.5.2.1 信托资产的期初数、期末数

单位：万元

信托财产	期初数	期末数
集合	1 785 351. 65	3 158 660. 85
单一	2 027 375. 72	2 572 716. 42
财产权	78 735. 13	1 152 631. 89
合计	3 891 462. 50	6 884 009. 16

6. 5. 2. 1. 1 主动管理型信托业务的信托资产期初数、期末数，分证券投资、股权投资、融资、事务管理类分别披露

主动管理型信托资产	期初数	期末数
证券投资类	84 013. 18	444 153. 49
股权投资类	315 781. 92	101 175. 71
融资类	2 332 750. 11	4 199376. 80
事务管理类		
合计	2 732 545. 21	4 744 706. 00

6. 5. 2. 1. 2 被动管理型信托业务的信托资产期初数、期末数，分证券投资、股权投资、融资、事务管理类分别披露

单位：万元

被动管理型信托资产	期初数	期末数
证券投资类	5 118. 45	
股权投资类	22. 82	
融资类	995 839. 99	432. 26
事务管理类	157 936. 03	2 138 870. 90
合计	1 158 917. 29	2 139 303. 16

6. 5. 2. 2 本年度已清算结束的信托项目个数、实收信托合计金额、加权平均实际年化收益率

6. 5. 2. 2. 1 本年度已清算结束的集合类、单一类资金信托项目和财产管理类信托项目个数、实收信托合计金额、加权平均实际年化收益率

单位：万元

已清算结束信托项目	项目个数	实收信托合计金额（万元）	加权平均实际年化收益率（%）
集合类	72	802 548. 34	7. 44%
单一类	85	1 072 982. 90	6. 93%
财产管理类	1	59 339. 43	0%

注：收益率是指信托项目清算后，给受益人赚取的实际收益水平。加权平均实际年化收益率 =（信托项目 1 的实际年化收益率 × 信托项目 1 的实收信托 + 信托项目 2 的实际年化收益率 × 信托项目 2 的实收信托 +…信托项目 n 的实际年化收益率 × 信托项目 n 的实收信托）/（信托项目 1 的实收信托 + 信托项目 2 的实收信托 +…信托项目 n 的实收信托）×100%。

6. 5. 2. 2. 2 本年度已清算结束的主动管理型信托项目个数、实收信托合计金额、加权平均实际年化收益率，分证券投资、股权投资、融资、事务管理类分别计算并披露

已清算结束信托项目	项目个数	实收信托合计金额（万元）	加权平均实际年化信托报酬率（%）	加权平均实际年化收益率（%）
证券投资类	30	89 523. 34	1. 09%	−2. 20%
股权投资类	9	162 123. 20	0. 38%	4. 98%
融资类	114	1 548 884. 70	1. 48%	7. 83%
事务管理类				

注：加权平均实际年化信托报酬率 =（信托项目 1 的实际年化信托报酬率 × 信托项目 1 的实收信托 + 信托项目 2 的实际年化信托报酬率 × 信托项目 2 的实收信托 +…信托项目 n 的实际年化信托报酬率 × 信托项目 n 的实收信托）/（信托项目 1 的实收信托 + 信托项目 2 的实收信托 +…信托项目 n 的实收信托）×100%。

6. 5. 2. 2. 3 本年度已清算结束的被动管理型信托项目个数、实收信托合计金额、加权平均实际年化收益率，分证券投资、股权投资、融资、事务管理类分别计算并披露

已清算结束信托项目	项目个数	实收信托合计金额（万元）	加权平均实际年化信托报酬率（%）	加权平均实际年化收益率（%）
证券投资类				
股权投资类				
融资类				
事务管理类	5	134 339. 43	0. 53%	4. 97%

6. 5. 2. 3 本年度新增的集合类、单一类和财产管理类信托项目个数、实收信托合计金额

单位：万元

新增信托项目	项目个数	实收信托合计金额（万元）
集合类	128	2 462 547. 82
单一类	107	1 393 033. 33
财产管理类	12	1 111 226. 53
新增合计	247	4 966 807. 68
其中：主动管理型	160	2 853 110. 11
被动管理型	87	2 113 697. 57

注：本年新增信托项目指在本报告年度内累计新增的信托项目个数和金额。包含本年度新增并于本年度内结束的项目和本年度新增至报告期末仍在持续管理的信托项目。

6. 5. 2. 4 信托业务创新成果和特色业务有关情况

2012 年，公司在推进业务创新方面，主要取得以下成果：

一是获批特定目的的信托受托机构资格。特定目的的信托受托机构资格的获批，为公司开展资产证券化业务打开了准入的大门。

二是设计推出“天津信托 · 结构化组合投资集合资金信托计划”。2012 年公司借助光大控股集团的资源优势和管理经验，结合信托制度优势，与光大控股合作推出夹层基金项目，目前信托 LP 前两期各 3 000 万元已经完成募集并加入基金，运转良好。该项目可有效提高公司的业务创新和主动管理能力，对今后投资类业务的逐步开展具有重要现实意义和示范意义。

三是推出“天津信托 · 聚富 I 号集合资金信托计划”。该信托计划设有开放期，投资人可根据自身实际，灵活安排认购、赎回等事项。该产品进一步丰富了公司产品线，可为客户提供灵活高效的流动性管理服务。

6. 5. 2. 5 本公司履行受托人义务情况

本公司作为受托人，严格遵守信托法规的规定和信托协议（合同）的约定，尽职尽责履行受托人职责和义务，为委托人管理好各项信托财产，精心组织信托财产的运作；依照信托法规和信托协议（合同）约定，定期出具信托财产的管理报告；信托协议（合同）终止时，及时办理信托事务清算事宜；按信托协议（合同）的约定，按期及时向受益人支付信托受益并在信托协议（合同）终止时及时按约定向委托人（受益人）支付信托财产（本金）；按信托法规和信托协议（合同）的约定收取受托人报酬（手续费），本年度没有发生违反受托人职责和义务的情况，没有出现信托协议（合同）到期由于受托人的责任不支付信托财产和受益人收益的情况。受托人按信托法规和信托协议（合同）管理、运用信托财产，管理和分配信托收益以及收取手续费（受托人报酬）时，没有出现侵占委托人和受益人合法权益的情况。

6.5.2.6　信托赔偿准备金的提取、使用和管理情况

信托赔偿准备金的提取情况表

单位:万元

按税后利润5%计提	期初数	本年增加	本年减少	期末数
信托赔偿准备金	8 538.91	1 244.19	0	9 783.10

注:2012年公司未使用信托赔偿准备金,该信托赔偿准备金存放于经营稳健、具有一定实力的国内商业银行,或者用于购买低风险高流动性证券。

6.6　关联方关系及其交易的披露

6.6.1　关联交易方的数量、关联交易的总金额及管理交易的定价政策等

	关联交易数量	关联交易金额(万元)	定价政策
合计	2	70 000	按市场公允价格。

6.6.2　关联方交易与本公司的关系性质、关联交易方名称、法定代表人、注册地址、注册资本及主营业务等

关系性质	关联方名称	法定代表人	注册地址	注册资本(万元)	主营业务
与该企业受同一公司控制及重大影响	扬州泰达发展建设有限公司	陈俊	扬州市广陵产业园内	10 000	市政基础设施建设。
与该企业受同一公司控制及重大影响	天津建金成贸易有限公司	赵英	天津滨海旅游区一号楼一层143室	5 000	钢材、铁矿石等。

6.6.3　逐笔披露本公司与关联方的重大交易事项

6.6.3.1　固有财产与关联方:贷款、投资、租赁、应收账款、担保、其他方式等期初汇总数、本期发生额汇总数、期末汇总数

单位:万元

固有与关联方关联交易				
	期初数	借方发生额	贷方发生额	期末数
贷款	0	0	0	0
投资	0	0	0	0
租赁	0	0	0	0
担保	0	0	0	0
应收账款	0	0	0	0
其他	0	0	0	0
合计	0	0	0	0

6.6.3.2　信托资产与关联方:贷款、投资、租赁、应收账款、担保、其他方式等期初汇总数、本期发生额汇总数、期末汇总数

信托与关联方关联交易				
	期初数	借方发生额	贷方发生额	期末数
贷款	23 000	45 000	23 000	45 000
投资	0	0	0	0
租赁	0	0	0	0
担保	0	0	0	0
应收账款	0	0	0	0
其他	0	25 000	0	25 000
合计	23 000	70 000	23 000	70 000

注:上述交易事项是按市场公允价格进行计量。

6.6.3.3　信托公司自有资金运用于自己管理的信托项目(固信交易)、信托公司管理的信托项目之间的相互(信信交易)交易金额,包括余额和本报告年度的发生额

6.6.3.3.1　固有与信托财产之间的交易金额期初汇总数、本期发生额汇总数、期末汇总数

单位:万元

固有财产与信托财产相互交易			
	期初数	本期发生额	期末数
合计	0	20 000	20 000

注:上述交易事项是按市场公允价格进行计量。

6.6.3.3.2　信托项目之间的交易金额期初汇总数、本期发生额汇总数、期末汇总数

单位:万元

信托财产与信托财产相互交易			
	期初数	本期发生额	期末数
信托受益权	25 000	0	25 000
合计	25 000	0	25 000

注:上述交易事项是按市场公允价格进行计量。

6.6.4　逐笔披露关联方逾期未偿还本公司资金的详细情况以及本公司为关联方担保发生或即将发生垫款的详细情况

公司本年度未出现关联方逾期未偿还本公司资金的情况,未出现本公司为关联方担保的情况。

6.7　会计制度的披露

本公司固有业务从2008年1月1日起、信托业务从2010年1月1日起按照财政部2006年颁布的《企业会计准则——基本准则》和其他各项会计准则的规定对固有业务及信托业务进行确认和计量,在此基础上编制财务报表。

6.8　净资本管理情况

根据《信托公司净资本管理办法》和2011年2月下发的净资本具体计算标准,2012年末公司的净资产20.68亿元,净资本为16.14亿元(监管标准≥2亿元,各项风险资本之和为7.79亿元,净资本/各项业务风险资本为207.19%(监管标准≥100%),净资本/净资产为78.05%(监管标准为≥40%),净资本各项指标达到规定标准。

7. 财务情况说明书

7.1　利润实现和分配情况

2012年,公司实现税前利润33 702.35万元,比上年增加5 667.05万元,增幅20.21%;净利润24 860.16万元,比上年增加4 081.93万元,增幅19.65%。按照相关法规、公司章程,本年净提取法定盈余公积金2 488.39万元和信托赔偿准备金1 244.19万元。

7.2 主要财务指标

2012 年主要财务指标情况表

指标名称	指标值
资本利润率(%)	12.68%
加权年化信托报酬率(%)	
人均净利润(万元)	178.85

注:全年在岗职工平均人数 139 人。

7.3 对本公司财务状况、经营成果有重大影响的其他事项

无。

8. 特别事项揭示

8.1 公司股东股权变动情况

2012 年 7 月 13 日,中国银监会天津监管局以津银监复〔2012〕357 号下发了《关于天津信托有限责任公司变更股权的批复》,批准公司原股东天津环球磁卡股份有限公司将持有的 7 895 000 元股权转让给天津海泰控股集团有限公司。转让后天津海泰控股集团有限公司持有公司 51.58% 的股权,仍为公司的第一大股东,实际控股人。公司股东由 5 家变更为 4 家。股权变更的工商登记手续已于 2013 年 1 月 9 日办理完毕。

8.2 董事、监事及高级管理人员变动情况及原因

2012 年 4 月 26 日,公司召开 2012 年股东会第 2 次会议,审议通过了《关于同意于永洲不再担任天津信托有限责任公司董事的决议》。

2012 年 7 月 16 日,公司召开 2012 年股东会第 4 次会议,审议通过了《关于同意王卫东不再担任天津信托有限责任公司董事、副董事长的决议》和《关于同意赵毅担任天津信托有限责任公司董事、副董事长的决议》。

2012 年 8 月 23 日,公司召开 2012 年股东会第 5 次会议,审议通过了《关于同意李延敬不再担任天津信托有限责任公司独立董事的决议》。

2012 年 10 月 31 日,公司召开 2012 年股东会第 6 次会议,审议通过了《关于同意郭田勇担任天津信托有限责任公司独立董事的决议》。

2012 年 5 月 23 日,天津银监局津银监复(2012)226 号核准张维天津信托有限责任公司董事的任职资格。

2012 年 7 月 16 日,天津银监局津银监复(2012)353 号核准黄书平天津信托有限责任公司董事的任职资格。

2012 年 8 月 2 日,天津银监局津银监复(2012)386 号核准马君潞天津信托有限责任公司独立董事的任职资格。

2012 年 8 月 2 日,天津银监局津银监复(2012)387 号核准樊振荣天津信托有限责任公司独立董事的任职资格。

2012 年 11 月 2 日,天津银监局津银监复(2012)601 号核准赵毅天津信托有限责任公司副董事长的任职资格。

2012 年 5 月 18 日,天津银监局津银监复(2012)228 号核准李文涛天津信托有限责任公司总经理助理的任职资格。

2013 年 2 月 7 日,天津银监局津银监复(2013)87 号核准郭田勇天津信托有限责任公司独立董事的任职资格。

除此之外,公司董事、监事及高级管理人员未有变动。

8.3 本年度,公司注册资本、注册地、公司名称、公司分立合并事项

公司注册资本、注册地、公司分立合并事项无变更。

8.4 公司的重大诉讼事项

无。

8.5 本年度,公司及高级管理人员无受到处罚情况

8.6 银监会派出机构风险检查情况

2012 年监管部门加强了对信托公司的监管:天津银监局到我司进行了 2 次检查,检查内容涉及房地产信托业务、政府融资平台业务情况。

在对我司相关工作充分肯定的基础上,提出了进一步深化管理,有效防范风险的监管部门指导意见,公司积极贯彻执行相关监管政策和要求,采取多项措施加强了业务合规及风险管理工作。

8.7 重大事项临时报告

无。

9. 公司监事会意见

9.1 公司依法运作情况

通过检查监督,监事会认为,公司建立了较为完善的公司法人治理结构,进一步加强了内部控制制度建设和风险管理,强化了内部管理和审计制度。公司决策事项程序合法,公司董事、经理和其他高级管理人员,能够按照《公司法》、“信托一法三规”、公司章程等有关法律、法规及监管部门的要求,认真履行相关职责,勤勉工作,积极维护股东利益、公司利益和客户利益。

9.2 关于公司财务报告

依据华寅五洲会计师事务所出具的审计报告和公司的财务报表,监事会认真检查和审核了公司财务状况和经营成果,认为公司本年度财务报告是客观、公允的。

五矿国际信托有限公司

1. 重要提示

1.1　本公司董事会及董事保证本报告所载资料不存在任何虚假记载、误导性陈述或者重大遗漏，并对其内容的真实性、准确性和完整性承担个别及连带责任。

1.2　本公司独立董事对年度报告内容的真实性、准确性、完整性无异议。

1.3　本公司董事长任珠峰先生、总经理徐兵先生、主管会计工作的财务总监刘雁女士声明：保证本年度报告中财务报告的真实、完整。

2. 公司概况

2.1　公司简介

2.1.1　公司历史沿革

五矿国际信托有限公司于2010年10月8日，经中国银行业监督管理委员会批准，在原庆泰信托投资有限责任公司完成司法重整的基础上变更设立。注册资本金为12亿元人民币，注册地在青海省西宁市。

2.1.2　公司的法定名称

中文：五矿国际信托有限公司（缩写：五矿信托）

英文：Minmetals International Trust Co.，Ltd.

2.1.3　公司法定代表人：任珠峰

2.1.4　公司注册地址：青海省生物科技产业园纬二路18号

邮政编码：810003

公司互联网网址：http://www.mintrust.com

公司电子信箱：mintrust－fortune@mintrust.com

2.1.5　公司负责信息披露事务的高级管理人员：何其联

公司信息披露事务联系人：唐骥，张毅

办公电话：8610－59837988

办公传真：8610－59837987

电子信箱：tangj@mintrust.com，zhangy@mintrust.com

2.1.6　公司选定的信息披露报纸：《金融时报》

2.1.7　年报备置地点：青海省生物科技产业园纬二路18号

2.1.8　公司聘请的会计师事务所：天健会计师事务所

住所：北京市中关村南大街甲18号北京国际·大厦B座17层

2.2　公司组织结构图

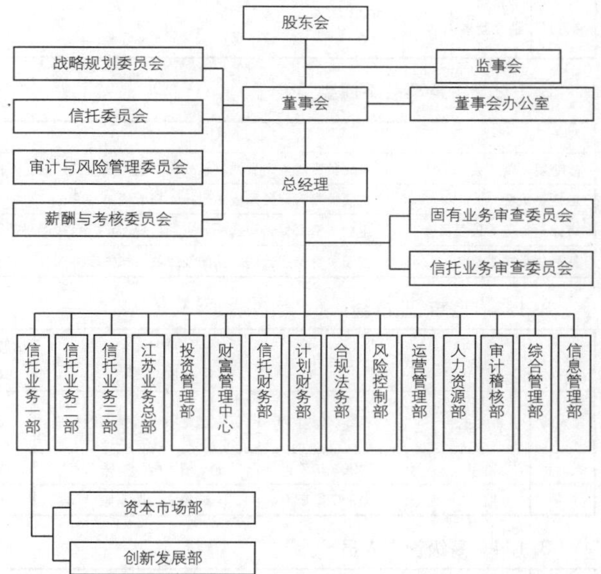

3. 公司治理

3.1　公司治理结构

3.1.1　股东总数：3

股东名称	持股比例（%）	法定代表人	注册资本（万元）	注册地址	主要经营业务及主要财务情况
五矿资本控股有限公司	66.0	周中枢	521 800	北京市海淀区三里河路5号	实业、高新技术产业、房地产项目的投资；资产受托管理；高新技术开发；投资策划；企业经营管理咨询；投资及投资管理；投资咨询、顾问服务。2012年末，净资产为49.54亿元。
西宁城市投资管理有限公司	33.9	林博	100 000	青海省西宁市	授权资产经营管理；项目经营开发管理与投融资；提供担保；开发高新技术项目；土地储备及综合开发；房地产开发经营；租赁；经批准的其他业务；2012年末，净资产为147亿元。
青海华鼎实业股份有限公司	0.1	于世光	23 685	青海省西宁市	高科技机械产品开发、制造、数控机床、加工中心专用机械设备等制造、销售；经批准的其他业务；2012年末，净资产为7.26亿元。

3.1.2 董事、董事会及其下属委员会

3.1.2.1 董事会成员

姓名	职务	性别	出生年月	所推举的股东名称	该股东持股比例(%)	简要履历
任珠峰	董事长	男	1970年9月	五矿资本控股有限公司	66	中央财经大学博士研究生学历，五矿资本控股有限公司总经理。
徐兵	董事，总经理	男	1973年8月	五矿资本控股有限公司	66	中南大学博士研究生学历，五矿资本控股有限公司副总经理，本公司总经理。
王晓东	董事	男	1962年12月	五矿资本控股有限公司	66	中国人民大学硕士研究生学历，五矿资本控股有限公司副总经理。
闫自军	董事	男	1964年11月	西宁城市投资管理有限公司	33.9	中央广播电视大学本科学历，西宁城市投资管理有限公司财务总监。
唐伟明	董事	男	1963年3月	西宁城市投资管理有限公司	33.9	中央广播电视大学大专学历，青海省国有资产管理有限公司财务部部长、党支部书记。
马忠智	独立董事	男	1944年1月	—	—	辽宁大学大专学历；曾任国家证券委员会办公室副主任、主任兼中国证券监督管理委员会党委委员、秘书长，国务院稽察特派员总署特派员，国务院国有重点大型企业监事会主席等职。
陈方正	独立董事	男	1946年10月	—	—	合肥工业大学本科学历，同济大学商学院常务副院长。

3.1.2.2 董事会下属委员会

名称	职责
战略规划委员会	主要负责对公司长期发展战略和重大投资决策进行研究并提出建议
信托委员会	主要负责督促公司依法履行受托职责
审计与风险管理委员会	主要负责督促公司各项业务的合规、合法运作，以防范和控制业务风险
薪酬与考核委员会	主要负责拟定公司的薪酬及绩效考核方案并对公司高级管理人员进行考核和对公司董事和经理人员的人选、选择标准和程序进行选择并提出建议

3.1.3 监事、监事会

姓名	职务	性别	出生年月	所推举的股东名称	该股东持股比例(%)	简要履历
曹大岭	监事会主席	男	1964年11月	西宁城市投资管理有限公司	33.9	华北电力大学硕士研究生学历，青海省国有资产投资管理有限公司副总经理、党委委员。
张幼凤	监事	女	1961年7月	五矿资本控股有限公司	66.0	厦门大学本科学历，五矿资本控股有限公司财务部总经理。
周敏	监事	女	1980年3月	五矿资本控股有限公司	66.0	安徽财经大学硕士研究生学历，本公司风险控制部副总经理。

3.1.4 高级管理人员

姓名	职务	性别	出生年月	选任日期	金融从业年限	学历	专业	简要履历
徐兵	总经理	男	1973年8月	2010年10月	7	博士	管理科学与工程	中南大学博士研究生学历，五矿资本控股有限公司副总经理，本公司总经理。
何其联	副总经理	男	1971年10月	2010年10月	18	本科	金融	曾任海航集团财务有限公司总经理。
刘雁	财务总监	女	1973年7月	2010年10月	10	本科	会计学	曾任五矿资本控股有限公司会计部经理。
张岚	副总经理	女	1971年3月	2010年10月	18	本科	财政学	曾任五矿证券经纪有限责任公司投资银行部总经理。
杨巍	副总经理	女	1978年12月	2010年10月	5	大专	工艺美术装潢设计	曾任职于北京国影基金管理有限公司。
孟元	副总经理	男	1978年12月	2010年10月	10	硕士	经济学	曾任中信信托有限责任公司部门负责人。

3.1.5　公司员工

项　目		报告期年度	
		人数	比例(%)
年龄分布	25岁以下	9	4
	25~29岁	94	45
	30~39岁	88	42
	40岁以上	17	8
学历分布	博士	4	2
	硕士	83	40
	本科	110	53
	专科	11	5
	其他	0	0
岗位分布	董事、监事及其高管人员	7	3
	信托业务人员	147	71
	其他人员	54	26

3.2　公司治理信息

3.2.1　年度内召开股东大会(股东会)情况

2012年3月29日，五矿信托股东会2012年第一次会议召开。会议审议并批准《公司2011年度工作报告》、《公司2011年度财务决算方案》等议案。

2012年8月23日，五矿信托股东会2012年第二次会议召开。会议审议并批准《公司2012年度上半年工作报告》等议案。

3.2.2　董事会及其下属委员会履行职责情况

3.2.2.1　董事会及其下属委员会履行职责情况

公司董事会及其下属委员会在报告期内认真履行《公司法》和《公司章程》所赋予的各项职权，全面落实股东会的各项决议，制定了公司年度经营目标、经营计划和经营举措，严格执行决策程序，充分发挥各专门委员会的作用，提高了董事会的决策效率，促进了公司在内部控制、风险管理、合规管理和人力资本等方面的建设。公司董事会及其下属委员会成员能够诚信勤勉、尽职尽责，遵守国家法律、法规和《公司章程》的规定，积极维护股东利益、公司利益和客户利益。

3.2.2.2　董事会召开会议情况

2012年3月29日，五矿信托第一届董事会2012年第一次会议召开。会议审议并批准《公司2011年度工作报告》、《公司2011年度财务决算方案》等议案。

2012年8月23日，五矿信托第一届董事会2012年第二次会议召开。会议审议并批准公司2012年度上半年工作报告》等议案。

2012年12月20日，五矿信托第一届董事会2012年第三次会议于召开。会议审议并批准《公司股指期货交易业务管理制度》等议案。

3.2.3　监事会履行职责情况

3.2.3.1　监事会履行职责情况

报告期内，监事会认真履行职责，列席了公司当年召开的股东会2012年第一次、第二次会议，对董事会执行股东会会议决议情况、董事、高级管理人员执行公司职务行为以及公司经营管理工作进行监督，认为公司能够合规运作，公司董事、总经理等在履行公司职务时未有违反法律、法规、公司章程或损害公司利益的行为，公司年度报告真实反映了公司的财务状况和经营成果。

3.2.3.2　监事会召开会议情况

2012年3月29日，五矿国际信托有限公司第一届监事会2012年第一次会议召开。会议审议并批准《公司2011年度财务决算方案》、《公司2012年度财务预算方案》、《公司2011年度利润分配方案》。

2012年8月23日，五矿信托第一届监事会2012年第二次会议召开。会议审议并批准《公司2012年度中期财务报告及预算调整方案》。

3.2.4　高级管理人员履职情况

公司高级管理人员在公司章程和董事会授权的范围内，积极贯彻落实各项战略举措，抢抓发展契机，坚持求真务实，迎难而上，开拓进取，经营管理素质不断提升，各项业务持续快速发展，超额完成了年初制定的各项任务指标，开创了业绩优良、事业进步、氛围和谐的崭新局面，获得了监管部门、公司股东、客户、员工等的一致肯定。

4. 经营管理

4.1　经营目标、经营方针、战略规划

4.1.1　经营目标

公司遵循合规经营、严控风险的稳健发展思路，以培育自主资产管理能力为根基，以差异化、个性化、人性化服务为内蕴，在未来三年到五年内，致力于成为富有持续创新能力、全方位价值整合能力、综合金融服务能力的特色产融结合最佳实践平台和客户最信赖的领先信托机构。

4.1.2　经营方针

公司秉承中国五矿“珍惜有限、创造无限、服务为本、自强不息”的核心理念，以富有前瞻性、敏锐感、想象力的思维应对市场变化，把握发展节奏，注重适度规模，实现资产管理、渠道建设、内部管控的均衡协调发展。

4.1.3　战略规划

立足五矿集团，面向市场竞争，长期坚持构建风险管理能力、资产管理能力和客户服务能力三大企业核心竞争力，以前瞻性的战略管理体系，高效性的组织管理体系、激励性的人力资源管理体系、稳健性的风险管理体系为保障，做大做强现有信托业务和自营业务，积极协同集团资源，加快发展产业投资基金，加大资源投入，培育做实财富管理业务和创新型信托业务，保持市场敏锐度，择机进行战略性投资，兼顾发展其他相关新业务。通过发挥自身优势、特点，积极实施战略步骤，稳步推进战略目标的实现。

4.2　所经营业务的主要内容

2012年是公司成立以来第二个完整的财务年度，公司充分利用信托制度优势，发挥专业的金融策划、资产管理、产品营销及风险管理能力，坚持“至诚至信、稳健规范、专业服务、合作共赢”的经营方针，以专业化、差异化和精细化为战略取向，打造规范、高效的业务运营体系。

4.2.1　信托业务

2012年，公司按照拓市场、调结构、强管理、控风险的经营

方针，信托业务规模迅速提升、产品种类更趋丰富，资产配置结构更趋合理，年内到期信托项目全部实现安全兑付本金收益。截至2012年12月末，公司管理信托资产规模1 200.16亿元，较上年末增长225%。

4.2.2 **固有业务**

固有业务主要包括存放同业、贷款、信托产品投资、证券投资等业务。2012年，公司继续秉承谨慎稳健运用的原则，在提高资金运用效率的同时，进一步强化业务风险防范与风险监控，确保公司资产的稳健增值。

4.2.3 **主要业务的资产组合与分布**

4.2.3.1 固有资产运用与分布表

资产运用	金额（万元）	占比（%）	资产分布	金额（万元）	占比（%）
货币资产	143 409.61	67.35	基础产业	20 000.00	9.39
贷款及应收款	20 971.31	9.85	房地产	234.00	0.11
交易性金融资产	16 074.11	7.55	证券市场	45 179.57	21.22
可供出售金融资产	29 105.46	13.67	实业	0.00	0.00
持有至到期投资	0.00	0.00	金融机构	143 409.61	67.35
其他	3 368.90	1.58	其他	4 106.21	1.93
资产总计	212 929.39	100.00	资产总计	212 929.39	100.00

4.2.3.2 信托资产运用与分布表

资产运用	金额（万元）	占比（%）	资产分布	金额（万元）	占比（%）
货币资金	210 295.80	1.75	基础产业	3 761 277.40	31.34
贷款	3 301 552.40	27.51	房地产	1 096 119.00	9.13
交易性金融资产投资	148 611.40	1.24	证券市场	836 115.91	6.97
可供出售金融资产投资	7 929 044.10	66.07	工商企业	5 451 512.93	45.42
持有至到期投资	0.00	0.00	金融机构	143 159.55	1.19
长期股权投资	301 034.00	2.51	其他	713 429.70	5.94
其他	111 076.80	0.93			
信托资产总计	12 001 614.50	100.00	信托资产总计	12 001 614.50	100.00

4.3 市场分析

4.3.1 **有利条件**

影响公司经营发展的有利条件有：

国家“十二五”规划及党的十八大提出的“五位一体”的发展战略，将加快转变经济发展方式，推动经济结构战略性调整，为具备综合金融服务优势的信托业开辟了广阔的市场空间。

国民财富不断累积，居民可支配收入和高净值人群的持续增长，使通过信托公司投资理财的需求日趋旺盛。

信托业监管战略与时俱进，风险防范与创新发展并举，积极引导信托公司增强主动管理能力和实现内涵式增长，推动信托业的持续健康发展。

4.3.2 **不利条件**

影响公司经营发展的不利条件有：

2012年国际金融危机深层次影响仍在发酵，世界经济复苏的不稳定性、不确定性上升。我国在控通货膨胀、保增长就业的政策目标下，坚决采取了调整经济结构、调控房地产开发、紧缩货币供应等重大举措，从而给宏观经济和金融市场运行带来了深刻影响。监管部门顺应政策环境和市场环境的变化，及时调整监管要求，短期内对信托公司业务开展产生一定影响。

自2012年以来，我国多层次资本市场建设明显加快，各类金融机构争相加入资产管理业务的竞争，信托公司的制度红利加速削减。

4.4 内部控制

4.4.1 **内部控制环境和内部控制文化**

公司致力于建设完善的内控管理体系，树立内控优先的风险管理理念，内控目标和原则明晰，并在各项规章制度中予以充分体现，通过培训及奖惩机制安排，强化员工诚信意识，同时，公司内部审计能够独立有效运作，行使内部监督权。

4.4.2 **内部控制措施**

公司设立了由股东会、董事会、监事会和高管层构建的公司治理机制，分别建立了议事规则和议事程序，做到三权分开、有效制约、协调发展。

公司董事会下设战略规划委员会、审计与风险管理委员会、薪酬管理委员会、信托委员会，分别负责公司中长期发展战略规划、评估公司经营风险状况、完善公司薪酬方案及督促公司依法履行受托职责。

公司各部门权责分明，前台、中台、后台设置合理，相互制约，相互监督。内部控制的主要职能部门为合规与风险管理部、财务部和审计稽核部。公司合规与风险管理部负责拟定和修订公司内控制度，定期评价内部控制的有效性，对内控制度的执行情况进行持续的检查和监督。审计稽核部开展内部稽核审计工作，评价内部控制制度的完整性、合理性以及内部控制制度执行的有效性。财务部按国家颁布的会计准则进行会计核算，严格履行会计监督职能，有效防范、化解财务风险。

公司制定了全面的内控管理制度，公司风险识别和评估体系覆盖各条业务线和主要风险要素，各项业务严格按照公司内控制度及流程要求，履行相应的审批程序，公司分级授权体系完备且执行有效。

4.4.3 **信息交流与反馈**

公司内部各层级、各部门之间授权关系和报告关系明确，确保信息沟通的高效、有序；根据监管要求和规章制度规定进行业务报告，并严格执行信息披露制度；建立反舞弊机制，由审计部负责记录、调查员工举报的舞弊或违规行为；此外公司通过网站建立投资者交流平台、设立400服务电话、向客户宣传信托理念，促进品牌宣传。

4.4.4 **监督评价与纠正**

公司具有多层内控监督体系：在股东层面，由监事会履行对董事会和公司经营管理等情况的监督职能；在董事会层面，董事会对公司重大经营管理事项进行审议；在公司管理层面，合规与风险管理部负责对公司的合规与风险管理工作进行监督和检查，同时，审计稽核部门对公司的内部控制进行监督和评价，并根据审计结果提出整改建议。

4.5 风险管理

4.5.1 **风险管理概况**

公司实施全面风险管理战略，建立多层级的风险管理体系，风险管理活动遵循全面、审慎、及时、有效和独立性原则，形成了“事前防范、事中控制、事后评价”的风险管理机制，培育形成风险管理创造价值的企业文化。

4.5.2 风险状况及风险管理

公司经营活动中面临的风险主要有信用风险、市场风险、操作风险、合规风险、声誉风险及其他风险。

4.5.2.1 信用风险管理

公司根据国家产业政策、地区和行业发展情况，以及交易对手的经营状况、资信状况，在充分尽职调查的基础上进行信用评估，作为实施项目的依据。通过交易结构设计、设定担保措施、持续进行风险评估等手段规避和监控对手的信用风险，同时建立风险预警制度，及时化解风险事项。

4.5.2.2 市场风险管理

公司坚持稳健运营的策略，密切关注宏观政策导向，充分深入调研，对有价证券投资管理状况进行实时监测，建立各类分析模型测算资产风险控制指标的变化，控制总体证券投资规模和比例，设置限制性指标和止损限额，通过投资组合分散投资风险，在组合中配置合理数额的低风险投资品种，实现经风险调整的收益率的最大化。

4.5.2.3 操作风险管理

公司不断对各项操作规程进行测评和完善，以业务流程为主线，不断完善前台、中台、后台的内部控制体系，设置明确的岗位职责权限、建立有效的信息传达和防火墙体系，确保各项业务开展严格按照流程进行，各部门在规定的职权范围内独立运行，相互制约，防止不正当交易行为产生，将操作风险的管理贯穿于整个风险管理过程中。

4.5.2.4 声誉风险管理

公司将声誉风险管理纳入公司治理及全面风险管理体系，建立和制定声誉风险管理机制，主动、有效地防范声誉风险和应对声誉事件，最大程度地减少对社会公众造成的损失和负面影响。

4.6 企业社会责任

4.6.1 以坚持合规自律为出发点，提升行业声誉形象

公司坚持以为国家、社会和客户创造价值为己任，始终严格遵守国家法律法规、监管部门规章、规范性文件以及公司章程，认真贯彻和落实监管要求，并根据监管精神动态不断修订公司规章制度。同时，公司自觉遵守信托业协会的自律要求，积极维护信托业市场竞争秩序，不断提升行业的社会认知度、美誉度和影响力。

4.6.2 以服务实体经济为落脚点，积极落实国家政策

公司坚持以国家政策导向确定公司各项业务发展方向，积极探索服务工商企业、基础设施建设等领域的信托模式，以债权、股权、权益等单一或组合方式运用于优质企业，不断促进实体经济发展，积极贯彻落实国家关于金融服务实体经济的政策要求。

4.6.3 以支持青海经济发展为立足点，创新金融服务模式

公司始终坚持立足青海，以支持服务青海经济发展为己任，全年上缴各项税费共4 449万元。同时，公司不断加大与青海地区企业、银行及相关金融机构的合作力度，创新当地金融服务模式，积极与省内大中型企业展开深入合作，成为青海省金融行业重要的推动力量。截至2012年末，公司在青海已完成信托项目8个，落实金额27亿元。

4.6.4 以保护股东权益为着力点，实现国有资产保值增值

公司依托中国五矿的品牌、管理、产业优势，努力发挥信托特有的制度优势，提升投资的效率和效益，实现真正资产管理者角色的回归，确保国有资产的保值增值，为股东提供稳定的投资回报。

4.6.5 以受益人利益最大化为聚焦点，诚信履行受托义务

公司积极开发符合社会和市场需求的信托业务及信托理财产品，认真履行诚实、信用、专业和有效管理信托财产的受托人义务，到期信托计划全部按期兑付，投资者获得的实际收益率均达到或者超过预期收益率。

4.6.6 以企业文化建设为切入点，关爱促进员工成长

公司坚持以人为本，通过积极推动企业文化建设，不断强化五矿品牌的感召力、向心力和凝聚力。公司定期组织员工培训，为员工购买读书卡，组织编辑出版内刊《思诚》，支持内部各职工协会开展各类文体活动，在促进员工成长进步的同时，营造了和谐进取的企业文化氛围。

5. 报告期末及上一年度末的比较式会计报表

5.1 固有资产

5.1.1 会计师事务所审计意见全文

审 计 报 告

天健审〔2013〕1－28号

五矿国际信托有限公司全体股东：

我国审计了后附的五矿国际信托有限公司（以不简称五矿信托）财务报表，包括2012年12月31日的资产负债表，2012年度的利润表、现金流量表、所有者权益变动表、资产减值准备情况表，以及财务报表附注。

一、管理层对财务报表的责任

编制和公允列报务报表是管理层的责任，这种责任包括：（1）按照企业会计准则的规定编制财务报表，并使其实现公允反映；（2）设计、执行和维护必要的内部控制，以使财务报表不存在于舞弊或错误导致的重大错报。

二、注册会计师的责任

我们的责任是在实施审计工作的基础上对财务报表发表审计意见。我们按照中国注册会计师审计准则的规定执行了审计工作。中国注册会计师审计准则要求我们遵守中国注册会计师职业道德规范，计划和实施审计工作以对财务报表是否不存在重大错报合理保证。

审计工作涉及实施审计程序，以获取有关财务报表金额和披露的审计证据。选择的审计程序取决于注册会计师的判断，包括对由于舞弊或错误导致的财务报告重大错报风险的评估。在进行风险评估时，注册会计师考虑与财务报表编制和公允列报相关的内部控制，以设计恰当的审计程序，但目的并非对内部控制的有效性发表意见。审计工作还包括评价管理层选用会计政策的恰当性和作出会计估计的合理性，以及评价财务报表的总体列报。

我们相信，我们获取的审计证据是充分、适当的，为发表审计意见提供了基础。

三、审计意见

我们认为，五矿信托财务报表在所有重大方面按照企业会计准则的规定编制，公允反映了五矿信托 2012 年 12 月 31 日的财务状况以及 2012 年度的经营成果和现金流量。

天健会计师事务所（特殊普通合伙）

中国注册会计师：
中国注册会计师：

二〇一三年三月十八日

5.1.2 资产负债表

单位：万元

项 目	2012 年 12 月 31 日	2011 年 12 月 31 日
资产：		
现金及存放中央银行款项	14.47	11.96
存放同业款项	143 395.14	85 707.84
贵金属	0.00	0.00
拆出资金	0.00	0.00
交易性金融资产	16 074.11	19 476.88
衍生金融资产	0.00	0.00
买入返售金融资产	0.00	0.00
应收利息	0.00	74.11
发放贷款和垫款	20 234.00	5 000.00
可供出售金融资产	29 105.46	24 254.41
持有至到期投资	0.00	4 470.00
长期股权投资	0.00	0.00
投资性房地产	0.00	0.00
固定资产	756.22	636.99
无形资产	558.20	357.27
递延所得税资产	1 276.30	0.00
其他资产	1 515.49	719.39
资产总计	212 929.39	140 708.85
负债：		
向中央银行借款	0.00	0.00
同业及其他金融机构存放款项	0.00	0.00
拆入资金	0.00	0.00
交易性金融负债	0.00	0.00
衍生金融负债	0.00	0.00
卖出回购金融资产款	0.00	0.00
吸收存款	0.00	0.00
应付职工薪酬	2 026.89	2 098.77
应交税费	2 500.57	1 885.91
应付利息	0.00	0.00

续表

项 目	2012 年 12 月 31 日	2011 年 12 月 31 日
预计负债	0.00	0.00
应付债券	0.00	0.00
递延所得税负债	0.00	0.00
其他负债	14 712.23	389.95
负债合计	19 239.69	4 374.63
所有者权益：		
实收资本	120 000.00	120 000.00
资本公积	−4 560.10	−4 851.34
减：库存股	0.00	0.00
盈余公积	8 453.02	2 118.56
一般风险准备	6 680.94	1 591.29
未分配利润	63 115.84	17 475.71
所有者权益合计	193 689.70	136 334.22
负债和所有者权益合计	212 929.39	140 708.85

法定代表人：任珠峰　　主管会计工作负责人：刘雁　　会计机构负责人：冯鹏

5.1.3 利润表

单位：万元

项 目	2012 年度	2011 年度
一、营业收入	88 416.51	30 853.34
利息净收入	4 215.10	4 103.84
利息收入	4 215.10	4 103.84
利息支出	0.00	0.00
手续费及佣金净收入	76 374.46	28 433.73
手续费及佣金收入	76 374.46	28 433.73
手续费及佣金支出	0.00	0.00
投资收益（损失以“－”号填列）	5 772.88	1 645.12
其中：对联营企业和合营企业的投资收益	0.00	0.00
公允价值变动收益（损失以“－”号填列）	2 054.07	−3 329.35
汇兑损益（损失以“－”号填列）	0.00	0.00
其他业务收入	0.00	0.00
二、营业支出	28 711.56	11 233.87
营业税金及附加	4 737.96	1 617.72
业务及管理费	23 009.21	9 604.77
资产减值损失	954.31	0.00
其他业务成本	10.08	11.38
三、营业利润（损失以“－”号填列）	59 704.95	19 619.47
加：营业外收入	3 062.33	1 411.81
减：营业外支出	47.57	0.00
四、利润总额（损失以“－”号填列）	62 719.71	21 031.28
减：所得税费用	−624.86	96.85
五、净利润（损失以“－”号填列）	63 344.57	20 934.43
六、其他综合收益	291.24	−4 839.06
七、综合收益总额	63 635.81	16 095.37

法定代表人：任珠峰　　主管会计工作负责人：刘雁　　会计机构负责人：冯鹏

5.1.4 所有者权益变动表

单位:万元

项 目	2012 年度					
	实收资本	资本公积	盈余公积	一般风险准备	未分配利润	所有者权益合计
一、2012 年 1 月 1 日余额	120 000.00	-4 851.34	2 118.56	1 591.29	17 475.71	136 334.22
二、本年增减变动金额(减少以"-"号填列)		291.24	6 334.46	5 089.65	45 640.13	57 355.48
(一)净利润					63 344.57	63 344.57
(二)直接计入所有者权益的利得和损失		291.24				291.24
1. 可供出售金融资产公允价值变动净额		291.24				291.24
(1)计入所有者权益的金额		291.24				291.24
(2)转入当期损益的金额						
2. 现金流量套期工具公允价值变动净额						
(1)计入所有者权益的金额						
(2)转入当期损益的金额						
(3)计入被套期项目初始确认金额中的金额						
3. 权益法下被投资单位其他所有者权益变动的影响						
4. 与计入所有者权益项目相关的所得税影响						
5. 其他						
上述(一)和(二)小计		291.24			63 344.57	63 635.81
(三)所有者投入和减少资本						
1. 所有者投入和减少资本						
2. 股份支付计入所有者权益的金额						
3. 其他						
(四)利润分配			6 334.46	5 089.65	-17 704.44	-6 280.33
1. 提取盈余公积			6 334.46		-6 334.46	
2. 提取一般风险准备				5 089.65	-5 089.65	
3. 对所有者(或股东)的分配					-6 280.33	-6 280.33
4. 其他						
(五)所有者权益内部结转						
1. 资本公积转增资本(或股本)						
2. 盈余公积转增资本(或股本)						
3. 盈余公积弥补亏损						
4. 一般风险准备弥补亏损						
5. 其他						
三、2012 年 12 月 31 日余额	120 000.00	-4 560.10	8 453.02	6 680.94	63 115.84	193 689.70

法定代表人:任珠峰　　　　主管会计工作负责人:刘雁　　　　会计机构负责人:冯鹏

所有者权益变动表(续)

单位:万元

项 目	2012 年度					
	实收资本	资本公积	盈余公积	一般风险准备	未分配利润	所有者权益合计
一、2011 年 1 月 1 日余额	120 000.00	-12.29	25.11	226.02		120 238.84
二、本年增减变动金额(减少以"-"号填列)		-4 839.05	2 093.45	1 365.27	17 475.71	16 095.38
(一)净利润					20 934.43	20 934.43
(二)直接计入所有者权益的利得和损失		-4 839.05				-4 839.05
1. 可供出售金融资产公允价值变动净额		-4 839.05				-4 839.05
(1)计入所有者权益的金额		-4 839.05				-4 839.05
(2)转入当期损益的金额						
2. 现金流量套期工具公允价值变动净额						
(1)计入所有者权益的金额						
(2)转入当期损益的金额						
(3)计入被套期项目初始确认金额中的金额						

续表

项　　目	2012 年度					
	实收资本	资本公积	盈余公积	一般风险准备	未分配利润	所有者权益合计
3. 权益法下被投资单位其他所有者权益变动的影响						
4. 与计入所有者权益项目相关的所得税影响						
5. 其他						
上述(一)和(二)小计		-4 839. 05			20 934. 43	16 095. 38
(三)所有者投入和减少资本						
1. 所有者投入和减少资本						
2. 股份支付计入所有者权益的金额						
3. 其他						
(四)利润分配			2 093. 45	1 365. 27	-3 458. 72	
1. 提取盈余公积			2 093. 45		-2 093. 45	
2. 提取一般风险准备				1 365. 27	1 365. 27	
3. 对所有者(或股东)的分配						
4. 其他						
(五)所有者权益内部结转						
1. 资本公积转增资本(或股本)						
2. 盈余公积转增资本(或股本)						
3. 盈余公积弥补亏损						
4. 一般风险准备弥补亏损						
5. 其他						
三、2011 年 12 月 31 日余额	120 000. 00	-4 851. 34	2 118. 56	1 591. 29	17 475. 71	136 334. 22

法定代表人：任珠峰　　　　主管会计工作负责人：刘雁　　　　会计机构负责人：冯鹏

5.2 信托资产

5.2.1 信托项目资产负债汇总表

2012 年 12 月 31 日　　　　单位：万元

信托资产	金额
信托资产	
货币资金	210 295. 80
存放同业款项	
交易性金融资产	148 611. 40
买入返售金融资产	
应收票据	
应收账款	
应收利息	5 120. 37
其他应收款	76 482. 74
贷款	3 301 552. 40
可供出售金融资产	7 929 044. 10
长期应收款	23 714. 20
长期股权投资	301 034. 00
应收股利	320. 43
其他资产	5 439. 06
信托资产总计	12 001 614. 50
信托负债和信托权益	2012. 12. 31
信托负债	
应交税费	
其他应付款	28 671. 70
应付账款	1 193. 88
长期应付款	8 151. 13
其他负债	
信托负债合计	38 016. 70
信托权益：	
实收信托	11 855 974. 30

续表

信托资产	金额
资本公积	23 071. 85
未分配利润	84 551. 64
信托权益合计	11 963 597. 79
信托负债及权益总计	12 001 614. 50

5.2.2 信托项目利润及利润分配汇总表

2012 年度　　　　单位：万元

项　　目	金额
一、营业收入	734 136. 19
利息收入	246 637. 19
投资收益	485 532. 88
租赁收入	933. 48
公允价值变动损益	964. 74
汇兑损益	—
其他收入	67. 90
二、营业费用	151 078. 14
三、营业税金及附加	—
四、扣除资产损失前的信托利润	583 058. 05
减：资产减值损失	—
五、扣除资产损失后的信托利润	583 058. 05
加：期初未分配信托利润	13 856. 38
六、可供分配的信托利润	596 914. 43
减：本期已分配信托利润	512 362. 79
七、期末未分配信托利润	84 551. 64

6. 会计报表附注

6.1 会计报表编制基准不符合会计核算基本前提的说明

本公司无上述情况。

6.2 重要会计政策和会计估计说明

6.2.1 计提资产减值准备的范围和方法

公司计提资产减值准备的范围包括贷款损失准备、长期股权投资减值准备、固定资产减值准备和无形资产减值准备。

(1)贷款损失准备:公司参照《关于非银行金融机构全面推行资产质量五级分类管理的通知》对风险资产进行风险分类,并根据风险分类结果参照以下比例进行坏账准备的计提:

贷款风险类别	计提比例(%)
关注类	2
次级类	25
可疑类	75
损失类	100

(2)长期股权投资减值准备:期末对单项投资由于市价持续下跌或被投资单位经营状况恶化等原因导致其可收回金额低于账面价值的差额分项提取长期投资减值准备。

(3)固定资产减值准备:资产负债表日,有迹象表明固定资产发生减值的,按照账面价值与可回收金额的差额计提相应的减值准备。

(4)无形资产减值准备:资产负债表日,有迹象表明发生减值的,按照账面价值与可回收金额的差额计提相应的减值准备。

6.2.2 金融资产四分类的范围和标准

金融资产于初始确认时分为以下四类:以公允价值计量且其变动计入当期损益的金融资产、持有至到期投资、贷款和应收款项、可供出售金融资产。金融资产在初始确认时以公允价值计量。对于以公允价值计量且其变动计入当期损益的金融资产,相关交易费用直接计入当期损益,其他类别的金融资产相关交易费用计入其初始确认金额。

6.2.3 交易性金融资产核算方法

以公允价值计量且其变动计入当期损益的金融资产,包括交易性金融资产和初始确认时指定为以公允价值计量且其变动计入当期损益的金融资产,采用公允价值进行后续计量,所有已实现和未实现的损益均计入当期损益。

6.2.4 可供出售金融资产核算方法

可供出售金融资产指初始确认时即指定为可供出售的非衍生金融资产,以及除上述金融资产类别以外的金融资产,此类金融资产采取公允价值进行后续计量。其折溢价采用实际利率法进行摊销并确认为利息收入。除减值损失及外币货币性金融资产的汇兑差额确认为当期损益外,可供出售金融资产的公允价值变动作为资本公积的单独部分予以确认,直到该金融资产终止确认或发生减值时,在此之前在资本公积中确认的累计利得或损失转入当期损益。与可供出售金融资产相关的股利或利息收入,计入当期损益。

6.2.5 持有至到期投资核算方法

持有至到期投资是指到期日固定、回收金额固定或可确定,且本公司有明确意图和能力持有至到期的非衍生金融资产,采用实际利率法,按照摊余成本进行后续计量,其终止确认、发生减值或摊销产生的利得或损失,均计入当期损益。

6.2.6 长期投资核算方法

6.2.6.1 长期股权投资的初始计量

长期股权投资在取得时按初始投资成本计量。初始投资成本一般为取得该项投资而付出的资产、发生或承担的负债以及发行的权益性证券的公允价值,并包括直接相关费用。但同一控制下的企业合并形成的长期股权投资,其初始投资成本为合并日取得的被合并方所有者权益的账面价值份额。

6.2.6.2 长期股权投资的后续计量

能够对被投资单位实施控制的长期股权投资,以及对被投资单位不具有共同控制或重大影响,且在活跃市场中没有报价、公允价值不能可靠计量的长期股权投资采用成本法核算;对被投资单位具有共同控制或重大影响的长期股权投资,采用权益法核算。长期股权投资采用权益法核算时,对长期股权投资初始投资成本大于投资时应享有被投资单位可辨认净资产公允价值份额的,不调整长期股权投资的初始投资成本;对长期股权投资初始投资成本小于投资时应享有被投资单位可辨认净资产公允价值份额的,其差额计入当期损益,同时调整长期股权投资的成本。按权益法对长期股权投资进行核算时,先对被投资单位的净利润进行取得投资时被投资单位各项可辨认资产等的公允价值、会计政策和会计期间方面的调整,再按应享有或应分担的被投资单位的净损益份额确认当期投资损益。

6.2.7 固定资产计价和折旧方法

固定资产按照取得时的实际成本进行初始计量,采用年限平均法计提折旧。

6.2.8 无形资产计价及摊销政策

无形资产按照成本进行初始计量,采用直线法摊销。

6.2.9 长期待摊费用

长期待摊费用按实际发生额入账,在受益期或规定的期限内分期平均摊销。如果长期待摊的费用项目不能使以后会计期间受益则将尚未摊销的该项目的摊余价值全部转入当期损益。

6.2.10 收入确认原则和方法

在与交易相关的经济利益很可能流入公司且收入的金额能够可靠地计量时,确认提供与金融业务相关服务收入的实现。

6.2.11 所得税的会计处理方法

采用资产负债表债务法计提递延所得税,所得税税率为12.5%。

6.2.12 信托报酬的确认原则和方法

在收入确认原则基础上,信托业务手续费收入按照信托合同约定的结算方法,一般以收益分配结算报告确认。

6.3 或有事项说明

无。

6.4 重要资产转让及其出售的说明

无。

6.5 会计报表中重要项目的明细资料

6.5.1 自营资产经营情况

6.5.1.1 信用风险资产五级分类情况

按照银监会《非银行金融机构资产风险分类指导原则》的分类标准，本年度末公司固有资产质量情况是：

信用风险资产五级分类	正常类（万元）	关注类（万元）	次级类（万元）	可疑类（万元）	损失类（万元）	信用风险资产合计（万元）	不良资产合计（万元）	不良资产率（%）
期初数	95 177.84	0.00	0.00	0.00	0.00	95 177.84	0.00	0.00
期末数	163 629.14	0.00	0.00	0.00	0.00	163 629.14	0.00	0.00

6.5.1.2 资产减值准备情况

单位：万元

	期初数	本期计提	本期转回	本期核销	期末数
贷款损失准备					
一般准备					
专项准备					
其他资产减值准备					
可供出售金融资产减值准备					
持有至到期投资减值准备					
长期股权投资减值准备					
坏账准备		954.31			954.31
投资性房地产减值准备					

6.5.1.3 固有股票投资、基金投资、债券投资、长期股权投资等投资情况

单位：万元

	自营股票	基金	债券	合计
期初数	24 579.53	9 032.43	10 119.34	43 731.30
期末数	20 059.35	13 413.88	11 706.34	45 179.57

6.5.1.4 固有长期股权投资前五名

无。

6.5.1.5 固有贷款明细

企业名称	贷款金额（万元）	占贷款总额的比例（%）	还款情况
北京中北通达房地产开发有限公司	234	1.16	未到还款付息日
黑龙江省建工集团有限责任公司	20 000	98.84	未到还款付息日
合 计	20 234	100.00	

6.5.1.6 表外业务的期初数、期末数

无。

6.5.1.7 公司当年收入结构

收入结构	金额（万元）	占比（%）
利息收入	4 215.10	4.77
其中：存放同业	3 884.55	4.39
发放贷款及垫款	330.55	0.37
手续费及佣金收入	76 374.46	86.38

续表

收入结构	金额（万元）	占比（%）
其中：信托手续费收入	67 166.54	75.97
顾问及咨询收入	9 204.98	10.41
其他	2.94	0.00
投资收益	5 772.88	6.53
其中：证券投资收益	3 267.19	3.70
公允价值变动收益	2 054.07	2.32%
收入合计	88 416.51	100.00

6.5.2 披露信托资产管理情况

6.5.2.1 信托资产的期初数、期末数

单位：万元

信托资产	期初数	期末数
集合	1 814 349.33	5 577 995.23
单一	1 680 973.75	5 694 759.42
财产权	197 371.32	728 859.85
合计	3 692 694.40	12 001 614.50

6.5.2.1.1 主动管理型信托业务期初数、期末数，分金融投资、股权投资、融资、事务管理类分别披露

单位：万元

主动管理型信托资产	期初数	期末数
金融投资类	601 450.58	863 976.75
股权投资类	377 639.00	301 034.00
其他投资类	0.00	7 663 734.26
融资类	2 713 604.82	3 172 869.49
事务管理类	—	—
合计	3 692 694.40	12 001 614.50

6.5.2.2 本年度已清算结束的信托项目个数、实收信托合计金额、加权平均实际年化收益率

6.5.2.2.1 本年度已清算结束的集合类、单一类资金信托项目和财产管理类信托项目个数、金额、加权平均实际年化收益率

已清算结束信托项目	项目个数	合计金额（万元）	加权平均实际年化收益率（%）
集合类	61	968 098.00	9.20%
单一类	54	1 253 424.87	8.34%
财产管理类	2	11 000.00	6.37%

6.5.2.2.2 本年度已清算结束的主动管理型信托项目个数、合计金额、加权平均实际年化收益率，分证券投资、股权投资、融资、事务管理类分别披露

已清算结束信托项目	项目个数	合计金额（万元）	信托报酬率（%）	加权平均实际年化收益率（%）
证券投资类	3	50 000.00	0.28	17.46
股权投资类	4	144 990.00	2.38	10.02
其他投资类	64	1 040 669.87	1.56	8.06
融资类	46	996 863.00	0.79	8.01
事务管理类	—	—	—	—

6.5.2.2.3　本年度新增的集合类、单一类和财产管理类信托项目个数、合计金额

单位：万元

新增信托项目	项目个数	合计金额
集合类	110	4 732 600.00
单一类	181	5 187 700.00
财产管理类	16	622 000.00
新增合计	307	10 542 300.00
其中：主动管理型	307	10 542 300.00
被动管理型	—	—

6.6　关联方关系及其交易的披露

6.6.1　关联交易方的数量、关联交易的总金额及关联交易的定价原则等

	关联交易方数量	关联交易金额（万元）	定价政策
合计	6	134 933.45	本公司2012年发生的关联方交易均根据一般正常的交易条件进行，并以市场价格作为定价依据

6.6.2　关联交易方与本公司的关系性质、关联交易方的名称、法定代表人、注册地址、注册资本及主营业务等

关系性质	关联方名称	法定代表人	注册地址	注册资本（万元）	主营业务
母公司	五矿资本控股有限公司	周中枢	北京市海淀区三里河路5号	52.18	投资、资产管理等。
本公司母公司的合营企业	中国外贸金融租赁有限公司	丁建平	北京市海淀区三里河路1号院	15.08	融资租赁、经营性租赁。
受同一最终控制方控制	北京第五广场置业有限公司	江冲	北京市东城区朝阳门北大街7号三层305.306单元	4.9	开发、经营、建设、出租用地范围内的房屋等。
受同一最终控制方控制	五矿集团财务有限责任公司	俞波	北京市海淀区三里河5号	35	对成员单位办理财务融资等。
同一母公司	五矿证券有限公司	宋玉芳	深圳市福田区金田路4028号荣超经贸中心办公楼47层01单元	8.8	代理证券买卖业务。
同一母公司	五矿恒信投资管理（北京）有限公司	徐兵	北京市海淀区三里河路5号院1栋四层A463	0.2	投资管理、资产管理、投资咨询。

6.6.3　公司与关联方的重大交易事项

6.6.3.1　固有与关联方交易情况

单位：万元

	期初数	借方发生额	贷方发生额	期末数
贷款	—	—	—	—
投资	—	—	—	—
租赁	84.82	28.48	10.08	66.42
应收账款	—	—	—	—
担保	—	—	—	—
其他	944.93	58 631.76	59 273.66	303.03
合计	1 029.75	58 660.24	59 283.74	369.45

6.6.3.2　信托与关联方交易情况

单位：万元

	期初数	借方发生额	贷方发生额	期末数
贷款	—	—	—	—
投资	—	—	—	—
租赁	—	—	—	—
应收账款	—	—	—	—
担保	—	—	—	—
其他	—	126 964.00	126 964.00	—
合计	—	126 964.00	126 964.00	—

6.6.3.3　固有与信托间的交易情况

单位：万元

	期初数	借方发生额	贷方发生额	期末数
合计	4 470.00	50 070.00	54 540.00	—

6.6.3.4　信托项目间的交易情况

单位：万元

	期初数	本期发生额	期末数
合计	—	7 600.00	7 600.00

6.6.4　报告期无关联方逾期未偿还本公司资金及本公司为关联方担保发生或即将发生垫款的情况

6.7　会计制度的披露

固有业务执行《企业会计准则》(2006年)，信托业务执行《企业会计准则》(2006年)。

7. 财务情况说明书

7.1　利润实现和分配情况

2012年公司实现净利润63 344.57万元。依据《公司法》、《信托公司管理办法》和公司章程，公司对2012年可供分配利润63 344.57万元进行分配，其中，提取10%法定盈余公积金6 334.46万元，提取5%信托赔偿准备3 167.23万元，提取一般风险准备1 922.42万元。

7.2　主要财务指标

指标名称	指标值
净资产收益率(%)	38.39%
信托报酬率(%)	1.03%
人均利润(万元)	355.87

7.3 公司获得的奖励及享受的优惠政策

根据2011年公司与西宁经济技术开发区生物科技产业园区管理委员会签订的合作协议书第一条:“2011年度起两年内园区财政按年度五矿国际信托有限公司实际缴纳营业税的100%作为园区财政扶持基金返还给企业,用于扶持企业发展”及第二条:“对公司缴纳企业所得税,按照青政(2001)34号第四条规定执行,自入园区内,前两年免征企业所得税,第3~5年减半征收企业所得税。”等规定,公司2012年度享受营业税返还共计3 058万元,且2012年度免征企业所得税。

7.4 对本公司财务状况、经营成果有重大影响的其他事项

无。

8. 特别事项揭示

8.1 股东报告期内变动情况及原因

报告期内,公司股东“五矿投资发展有限责任公司”经国家工商行政管理总局核准[(国)登记内变字〔2012〕第104号],自2012年2月23日起正式完成更名,工商注册已变更为“五矿资本控股有限公司”。

8.2 董事、监事及高级管理人员变动情况及原因

报告期内,公司董事、监事及高级管理人员发生如下变动:

2012年3月29日,公司第一届董事会2012年第一次会议通过决议,聘任孟元先生为公司副总经理,解聘其总经理助理职务。

8.3 变更注册资本、注册地或公司名称、公司分立合并事项

报告期内无上述事项。

8.4 公司的重大诉讼事项

报告期内无重大诉讼事项。

8.5 公司及其董事、监事和高级管理人员受到处罚情况

报告期内无上述处罚情况。

8.6 对银监会提出的整改意见简要说明整改情况

2012年,青海银监局对公司治理情况、票据信托业务、房地产信托业务开展情况进行了现场专项检查,充分肯定了在完善公司治理、强化制度管理、控制项目风险方面取得的成效,同时也指出目前存在的问题和不足,提出了整改意见和监管要求。

根据青海银监局的整改意见和监管要求,公司经认真研究,有针对性地制订了整改方案,整改措施包括:加强公司内部治理,对档案管理、会议文件等进一步严格规范;加强制度建设,完善业务流程细则;做好业务风险监控,强化项目中后期管理等。通过整改方案的落实,公司在规范经营管理、提升合规与风险管理能力方面取得了较大改善。

8.7 重大事项临时报告情况

报告期内无重大事项临时报告情况。

8.8 其他有必要让客户及相关利益人了解的重要信息

报告期内,公司获得如下荣誉:

2012年4月,公司财富管理中心被国务院国资委中央企业团工委授予“2011年度中央企业青年文明号”荣誉称号。

9. 备查文件

9.1 载有公司印章的年度报告正本

9.2 载有董事会决议的报告正本

9.3 载有监事会独立意见的报告正本

9.4 载有会计师事务所盖章的审计报告正本

以上文件均完整地备置于本公司所在地。

西部信托有限公司

1. 重要提示

1.1 本公司董事会及董事保证本报告所载资料不存在任何虚假记载、误导性陈述或重大遗漏，并对其内容的真实性、准确性和完整性承担个别及连带责任。

1.2 公司独立董事声明本年度报告内容真实、准确和完整。

1.3 西安希格玛会计师事务所为本公司出具了无保留意见的年度审计报告。

1.4 公司董事长徐朝晖、主管会计工作的副总经理刘洁及计划财务部经理崔莉声明：保证本年度报告中财务报告的真实、完整。

2. 公司概况

2.1 公司简介

2.1.1 中文名称：西部信托有限公司

2.1.2 中文名称简写：西部信托

2.1.3 英文名称：Western Trust Co. ,Ltd.

2.1.4 英文名称缩写：WT

2.1.5 法定代表人：徐朝晖

2.1.6 注册地址：陕西省西安市东新街 232 号

2.1.7 邮政编码：710004

2.1.8 公司国际互联网网址：www. wti－xa. com

2.1.9 电子信箱：wti－xa@ wti－xa. com

2.1.10 公司信息披露负责人：张荣超
联系电话：029—87396509
传真电话：029—87406300
电子信箱：wti－xa@ wti－xa. com

2.1.11 选定的信息披露报纸：《证券时报》

2.1.12 年度报告备置地点：陕西省西安市东新街 232 号信托大厦 15 楼

2.1.13 聘请的会计师事务所：西安希格玛有限责任会计师事务所
地址：西安市高新路 25 号希格玛大厦 3 ~4 层

2.1.14 聘请的律师事务所：北京市金诚同达律师事务所西安分所
地址：西安市沣惠南路华晶广场 B 座 15 层

2.2 组织结构

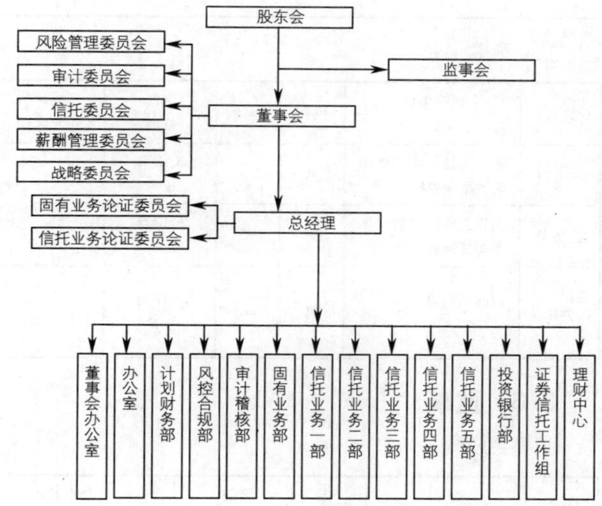

3. 公司治理结构

3.1 公司股东

截至 2012 年末，公司股东总数 24 个。

股东名称	持股比例(%)	法人代表	注册资本	注册地址	主要经营业务及主要财务情况
陕西省电力建设投资开发公司	57.78	梁　平	20 亿元	西安市东新街 232 号	省电力建设资金的筹集、省电力建设项目的开发和管理。
陕西省产业投资有限公司	8.66	郭庆国	8 亿元	西安市莲湖区青年路 92 号	装备制造、能源交通、电子信息、房地产等产业项目的投资建设和运营。2012 年末总资产为 28.4 亿元。
重庆中侨置业有限公司	6.36	孙　飚	1 000 万元	重庆市渝北区加州花园	五金、交电、装饰材料、建筑材料，化工产品及原料。2012 年末总资产为 4.25 亿元。

3.2 董事

董事长、董事

姓名	职务	性别	年龄	选任日期	所推荐的股东名称	该股东持股比例(%)	简要履历
徐朝晖	董事长	女	40	2012年8月	陕西省电力建设投资开发公司	57.78	1994年9月参加工作，香港理工大学工商管理硕士，中共党员，西部信托有限公司董事长。
王军营	董事	男	45	2012年8月	陕西省电力建设投资开发公司	57.78	1991年7月参加工作，中共党员，大学文化程度，研究生学历，国家注册质量体系审核师，国家注册安全工程师，现任陕西能源集团副总经理。
王宗发	董事	男	59	2012年8月	陕西省电力建设投资开发公司	57.78	1975年10月参加工作，大学文化程度，高级会计师，中共党员，现任陕西能源集团总会计师。
赵 辉	董事	男	54	2012年8月	陕西省电力建设投资开发公司	57.78	1979年3月参加工作，大学文化程度，高级经济师；曾任陕西国际信托股份有限公司副总经济师、副总经理、副总裁；现任西部信托有限公司总经理。
范 明	董事	男	38	2012年8月	陕西省电力建设投资开发公司	57.78	1997年7月参加工作，大学本科文化程度，经济师职称，具有证券从业资格和保险经纪、公估、代理从业资格；现任陕西能源集团金融证券部主任。
郭庆国	董事	男	57	2012年8月	陕西省产业投资有限公司	8.66	大学本科学历，高级经济师，1973年1月参加工作，曾任陕西省计划委员会处长，陕西省投资公司总经理；现任陕西省产业投资公司董事长。
答孝棋	职工董事	男	42	2012年8月	西部信托有限公司	—	研究生学历，经济师；1992年7月参加工作，曾任新天期货经纪有限公司结算部副部长，西部信托有限公司信托业务部副经理、经理；现任公司信托业务一部经理，职工董事。

独立董事

姓名	所在单位及职务	性别	年龄	选任日期	所推举的股东名称	该股东持股比例(%)	简要履历
余 力	西安交通大学经济学院金融学教授	男	65	2012年8月	—	—	1980年7月至2000年3月，在陕西财经学院金融系任教；2000年3月至今在西安交通大学经济学院金融系任教。
王鲁平	西安交通大学管理学院会计学副教授	男	50	2012年8月	—	—	1992年6月至2004年9月，西安交通大学管理学院会计系任教；2004年9月至今，在西安交通大学管理学院会计及财务系任教。
羿克	陕西融德律师事务所	男	44	2012年8月	—	—	西安交通大学经济法学硕士，中国社会科学院民商专业法学博士研究生；2005年至今，西安交通大学法学院客座教授；2008年至今，陕西融德律师事务所主任。

3.3 监事

监事会成员

姓名	职务	性别	年龄	选任日期	所推荐的股东名称	该股东持股比例(%)	简要履历
陈长青	监事会主席	男	40	2012年8月	彩虹显示器件股份有限公司	5.01	1997年参加工作，历任彩管二厂、一厂、集团公司资产财务部会计，彩虹结算中心主任，资本运营部副部长，彩虹总厂财务部部长；现任彩虹股份财务总监。
孙 飚	监事	男	45	2012年8月	重庆中侨置业有限公司	6.36	2000年至今，担任重庆康信置业有限公司董事长、重庆中侨置业有限公司董事长、重庆金岛房地产有限公司董事长。
沈 康	职工监事	男	38	2012年8月	西部信托有限公司	—	1997年参加工作，曾任西部信托有限公司证券投资部项目经理、投资银行部副经理；现任公司投资银行部经理，职工监事。

本公司监事会未设立下属委员会。

3.4 高级管理人员

姓名	职务	性别	年龄	任职日期	金融从业年限	学历	专业	简要履历
赵 辉	总经理	男	54	2012年8月	21	本科	金融	1979年3月参加工作，大学文化程度；高级经济师。曾任陕西国际信托股份有限公司副总经济师、副总经理、副总裁；现任公司总经理。
张荣超	副总经理	男	55	2012年8月	15	本科	棉纺工程	曾任西部信托有限公司自有资产部经理、行政事务部主任、总经理助理；现任公司副总经理、董事会秘书。

续表

姓名	职务	性别	年龄	任职日期	金融从业年限	学历	专业	简要履历
王珂	副总经理	男	53	2012年8月	31	本科	经济管理	曾任工商银行总行信贷管理部授信处处长，工商银行陕西省分行管理部副总经理；现任公司副总经理。
武士伟	副总经理	男	38	2012年8月	12	博士研究生	产业经济学	曾任中国工商银行投资银行部综合管理处副处长，中国工商银行投资银行部市场资信业务处任副处长，工银印尼有限公司副总经理；现任公司副总经理。
刘洁	副总经理	女	44	2012年8月	12	研究生	工商管理	曾任西部证券股份有限公司投资银行部高级经理，长安国际信托股份有限公司审计部总经理、风险控制部总经理、合规风险副总监、公司监事；现任公司副总经理。
高彩玲	营销总监	女	53	2012年8月	32	本科	经济管理	曾任西部信托有限公司信托二部经理、总经理助理兼房地产信托部经理；现任公司营销总监兼理财中心经理。
蔡长生	稽核总监	男	53	2012年8月	15	研究生	经济管理	曾在国有大中型企业担任财务处长、副总会计师，西部信托有限公司任财务部经理、总经理助理兼审计法规部经理、董事会秘书；现任稽核总监。
贾旭	总经理助理	男	44	2012年8月	20	研究生	工商管理	中共党员，经济师，硕士；曾任西部信托有限公司市场营销部经理、信托二部经理；现任公司总经理助理。
齐冰	总经理助理	男	41	2012年8月	16	研究生	工商管理	曾任西部证券股份有限公司银证券通营销中心副总经理，西安吉祥路证券营业部副总经理、客户资产管理总部副总经理、总经理，上海第二分公司总经理；现任公司总经理助理。

3.5 公司员工

项目		报告期年度		上年度	
		人数（105人）	比例（%）	人数（104人）	比例（%）
年龄分布	25岁以下	4	3.8	7	6.7
	25～29岁	16	15.3	17	16.4
	30～39岁	27	25.7	28	26.9
	40岁以上	58	55.2	52	50
学历分布	博士	1	0.9	0	0
	硕士	28	26.7	28	26.9
	本科	47	44.8	45	43.3
	专科	24	22.8	26	25
	其他	5	4.8	5	4.8
岗位分布	董事、监事及其高管人员	14	13.3	10	9.6
	自营业务人员	7	6.6	7	6.7
	信托业务人员	51	48.6	50	48.1
	其他人员	34	32.4	37	35.6

4. 经营管理

4.1 经营目标、经营方针、战略规划

4.1.1 经营目标

综合运用各类市场资源，在公司内部逐步建立健全现代企业制度，建造科学合理的经营管理体制、激励机制和风险内控系统，为客户提供专业化的综合金融服务，为信托受益人谋求利益最大化，为股东创造价值最大化，为员工提供良好的成长机会，使公司成为具有高度诚信、主营突出、持续高效发展、知识密集型的专业理财金融机构。

4.1.2 经营方针

以人为本，科学发展，打造信托行业的一流企业。以市场为导向，坚持诚信、稳健、合规经营。以信托业务为核心，以电力、天然气、能源重化工、基础设施和金融产品投资为重点，最大限度地满足市场需求。不断加强业务创新力度，努力提升自有业务和信托业务的管理水平，严格控制风险，构建具备持续发展能力的盈利模式，创造理想的经济效益和社会效益。

4.1.3 战略规划

坚持“受人之托，代人理财”的服务宗旨，以深入推进西部大开发和促进区域金融中心建设为依托，以立足陕西、逐步拓展全国性业务为路径，全面发展各类信托业务，大力提升资产管理水平，在基础设施、能源、装备制造业、证券、房地产等领域，通过若干年的努力，在西部地区形成具有自身特色和较强影响力的专业化金融资产管理公司。

4.2 所经营业务的主要内容

公司所经营业务包括固有资产管理业务和信托业务。信托业务主要是资金信托、股权信托和财务顾问等业务，固有资产管理业务主要是股权投资、贷款和证券投资。

4.2.1 自营资产运用与分布表

资产运用	金额（万元）	占比（%）	资产分布	金额（万元）	占比（%）
货币资产	29 814	19.02	基础产业		
贷款及应收款	18 185	11.60	房地产业	13 000	8.29
交易性金融资产			证券市场	53 256	33.98
可供出售金融资产	53 256	33.98	实业	24 256	15.48
持有至到期投资	19 256	12.29	金融机构	32 754	20.90
长期股权投资	32 754	20.90	其他	33 467	21.35
其他	3 468	2.21			
资产总计	156 733	100.00	资产总计	156 733	100.00

4.2.2　信托资产运用与分布表

资产运用	金额（万元）	占比（%）	资产分布	金额（万元）	占比（%）
货币资产	75 756	2.43	基础产业	649 374	20.84
贷款	1 441 377	46.26	房地产	460 411	14.78
交易性金融资产	24 502	0.79	证券市场	24 502	0.79
可供出售金融资产	0	0	实业	1 828 975	58.71
持有至到期投资	63 206	2.03	金融机构	18 881	0.61
长期股权投资	1 509 520	48.45	其他	133 341	4.28
其他	1 123	0.04			
信托资产总计	3 115 484	100	信托资产总计	3 115 484	100

4.3　市场分析

2012 年，国民经济正处于由回升向好向稳定增长转变的关键时期。按照中央经济工作会议的总体部署，在党的"十八大"方针指引下，坚持以科学发展为主题，以加快转变经济发展方式为主线，实施积极的财政政策和稳健的货币政策，增强宏观调控的针对性、灵活性、有效性，加快推进经济结构调整，大力加强自主创新，切实抓好节能减排，不断深化改革开放，着力保障和改善民生，巩固和扩大应对国际金融危机冲击成果，保持经济平稳较快发展，促进社会和谐稳定。

2012 年，全国 67 家信托公司在完成重新登记、换发新的金融许可证后，开始在一法三规的指导下开展信托理财业务。与此同时，信托公司分类监管的实施和净资本管理规定的颁布，标志着监管机构的监管更加科学化，也使整个信托业面临着业务调整和战略转型，步入规范运营的轨道，同时加剧了信托公司业务发展的分化，理财业务竞争将更加激烈，市场和客户细分将使信托业发展机遇与挑战共存。

4.3.1　有利因素

(1) 信托公司遵照一法三规，真正回归主业，开始步入规范经营的轨道，专注于做合规经营的财产管理者和机构投资者，有助于降低经营性风险，促进信托行业的健康规范发展。监管部门已经或即将出台政策支持信托公司发展，制度环境在逐步改善。

(2) 国家与地方扩大内需保增长的战略措施将促使国民经济保持平稳较快增长，陕西经济继续保持良好的发展态势，省委省政府提出国民经济增长目标和发展"三大支柱产业"和"四大基地"的宏伟规划，大批基础设施重点项目建设保证了投资需求的稳步增长，资金需求量很大，为公司开展信托业务提供了良好的外部机遇。

(3) 经济较快增长带动了居民财富的增加，城镇和农村居民人均纯收入稳步增长，流动性充裕，理财观念逐渐转变，投资意识不断增强，居民对稳健理财的需求会更加旺盛，为公司培育市场奠定了一定基础。

(4) 金融业综合经营成为市场共识和发展趋势，信托业特有的制度与工具优势被不断发掘，在融合过程中信托公司的价值正在被重新认识，社会逐步在了解信托理财的优势，有助于公司建立可持续的市场竞争能力。

(5) 公司外部形象良好，在连续多年的发展过程中，已得到了省内投资者的认可与支持。

(6) 公司固自资产质量较好，长期投资收益稳定，已成为公司利润的有力支撑点。

4.3.2　不利因素

(1) 受监管政策因素影响，公司银信合作业务、信政合作业务、房地产集合资金信托等业务预计将受到较大影响。

(2) 信托公司仍处在正本清源过程中，相对于其他类型的金融机构，得到的政策扶植力度相对较弱，业务空间狭窄，限制了公司向更深层次的发展。

(3) 理财市场不公平竞争加剧，信托公司缺乏专属性的业务领域，市场门槛过高，难以与银行、证券基金等理财机构展开正面竞争。

(4) 配套政策有待完善，产品创新受到制度制约。

(5) 西部地区经济发展相对落后，社会整体收入水平较低，合格投资者的培育尚待时日，在转型初期公司的信托业务将面临较大萎缩，公司的盈利模式构建尚处在探索过程中。

(6) 信托产品难以真正满足多层次的市场需要，信托功能尚有待发掘。

(7) 公司资本金偏小，创新业务资格受到限制，业务空间仍显狭窄。

4.4　内部控制概况

4.4.1　内部控制环境和内部控制文化

公司重视内控建设，公司股东会、董事会、监事会、经营管理层各自的职能分工明确，建立了决策层、执行层、监督层构成的内部控制架构，在公司的经营发展中发挥着各自的职能与作用，形成了各层既相互独立，又相互制衡、相互协调的内部控制机制。

公司一直秉承"稳健经营、持续发展"的经营理念，始终把风险控制放在经营管理的首要位置，多层次、全方位推动积极有效的内控文化建设。通过培训学习、印发制度汇编等多种途径使全体员工熟悉公司的各项规章制度及业务操作流程；通过经常性的审计检查，不断强化员工的风险控制意识，公司一个"全员参与、内控先行"、"风险控制、人人有责"企业文化正逐步形成。

4.4.2　内部控制措施

公司董事会下设风险管理委员会、信托委员会、薪酬管理委员会、战略委员会、审计委员会。各委员会职责清晰、分工明确，协助董事会开展公司各项工作。公司引入独立董事制度，并由独立董事出任信托委员会、薪酬管理委员会和审计委员会主任委员，以控制公司重大业务的经营风险，实现公司的稳健持续发展。

公司层面设置了信托业务论证委员会和固有业务论证委员会，建立了有效的业务咨询系统。业务部门在开办业务时首先要经过详细的可行性分析，经公司风险合规部进行合规和法律审核，再提交专业论证委员会进行审议表决。公司审计稽核部负责内审工作，遵循内部审计准则和稽核工作规范，独立、客观地履行职能。公司《授权管理办法》对经营班子业务权限作出了明确规定，超过其范围的须经董事会审议通过后方可实施。

公司设立了业务风险控制委员会，人员由公司总经理、主管风控合规的副总经理、稽核总监等组成，通过定期对业务项目风险跟踪、分析，对项目运行过程中的风险情况进行认真评估，排查业务项目风险隐患，建立了风险预警机制。

公司固有财产和信托财产设立独立的部门分别管理，各部门和岗位，职权分明，职能独立。公司不断地完善制度体系，将内部综合管理、业务管理、财务管理三大类制度正进行梳理与汇总，力求公司管理活动都做到了照章办事，有据可依。

4.4.3　信息交流与反馈

公司建立了良好的信息交流与沟通制度，通过公司内网、每周例会、每月工作会与各方达到了顺畅的信息互动。

公司依照规定的程序，及时、完整、准确地向监管部门报备有关材料，向社会公众披露相关信息，并积极整合反馈信息，将其有效的运用于公司的经营管理中。公司还邀请监管机构代表列席董事会、股东会会议，就有关问题进行交流、探讨。公司能够严格执行向委托人（受益人）披露信托事务处理信息的有关制度，依据有关文件约定能及时召开委托人（受益人）会议，确保相关当事人的知情权。对于监管机构和委托人（受益人）提出的问题或建议，公司均能给予及时、详细的信息反馈。

4.4.4 监督评价与纠正

公司建立了内部控制评价、监督、纠正机制。公司审计稽核部作为公司独立的专职监督部门，以防范风险、纠正违规、加强内控为工作目标，对公司的内部控制、操作风险及合规管理进行独立监督和评价，及时发现内部控制缺陷或项目操作风险，提出改进建议并敦促改进，促进公司的稳健发展。风控合规部负责对公司的法律工作进行统一的规划、指导、监督、检查及评价，确保业务合法合规。

本报告期内，公司审计稽核部按照《企业内部控制基本规范》的有关规定，对公司目前的内部控制制度及其执行情况进行了全面深入的自我评价，对公司治理、内部控制、项目管理、风险控制与合规管理等多个方面开展了审计工作，并出具了有关审计管理建议。报告期内审计稽核部四次对审计工作中发现的问题进行整改检查，使有关问题及时得到解决。

4.5 风险管理

4.5.1 风险管理概况

4.5.1.1 公司经营活动中可能遇到的风险

风险主要有信用风险、市场风险、操作风险、政策风险、道德风险、合规风险、流动性风险。

4.5.1.2 公司风险管理的基本原则

风险管理贯彻全面性、审慎性、及时性、有效性、独立性的原则，覆盖公司各项业务、各个部门和各级人员，并渗透到决策、执行、监督、反馈等各个环节，对风险进行事前防范、事中控制、事后监督，促进公司持续、稳健、规范、健康运行。

4.5.1.3 公司风险管理组织结构与职责划分

风险管理委员会：公司董事会下设专门的风险管理委员会，负责对公司风险控制、管理的监督和评估。

业务风险控制委员会：向公司董事会风险管理委员会负责，承担公司日常经营过程中业务风险的排查、监测、预警以及应急处置方案等工作。

总经理办公会：公司总经理办公会为日常经营决策机构，负责对贷款、投资、担保等业务进行审查和决策。总经理办公会下设信托业务和固有业务两个专业委员会。专业委员会是非常设的分析论证咨询机构，按照职责分别审议各自业务事项，向公司提供决策意见和建议。

风控合规部：负责公司风险管理制度体系的建立和日常经营业务的风险审查及风险状况动态监测，以及对公司日常经营活动的风险控制和合规审查，同时负责法律事务管理。

审计稽核部：负责对公司的内控制度和各项业务活动进行审计、监督和评价。

计划财务部：负责会计核算和财务管理，对公司财务状况及经营情况进行分析。

公司固有业务与信托业务分离，在资金、账户、人员以及财务核算等方面严格分开，由公司不同的高管人员分管。部门与岗位设置相互独立、职责明确，建立横向与纵向相互监督的制约机制。固有业务部门与信托业务部门分别设置，投资决策机构与投资操作部门分离。信托业务中，各个信托项目的信托财产分别管理、分别记账，针对信托发行、资金划拨、信托财产管理、监督检查等各项工作设置不同的部门。

4.5.2 风险状况

4.5.2.1 信用风险状况

信用风险，又称违约风险，是指交易对手不能履行合约义务而带来的风险。对公司而言，它指的是信托当事人各自承担的对他方的责任全部或部分不能按时履行的风险。信用风险是公司面临的主要风险，主要表现为公司融资业务中融资方、担保方的信用风险；资金往来银行的信用风险；证券投资开户券商的信用风险等。

公司制定了具体的业务管理制度和流程，所有业务均严格按照事前、事中、事后的风险管理原则进行管理。公司抵质押品确认的主要原则是：抵质押品价值由公司根据其变现能力参照评估机构的评估价值，与抵押人共同商定并在合同中载明；在抵质押期间，如果抵质押品发生损毁、灭失的，抵质押人应及时告知公司并提供其他形式的足额担保。原则上抵质押品与贷款本金之比不高于50%。

公司采用“备抵法”计提一般准备，据实计提专项准备。公司贷款资产减值准备计提标准为：正常类，计提比例0%；关注类，计提比例2%；次级类，计提比例25%；可疑类，计提比例50%；损失类，计提比例100%。报告期内，公司不良资产期初数为5 128万元，期末数为5 128万元，已足额计提资产减值准备。

4.5.2.2 市场风险状况

市场风险是指公司在业务经营中所不可避免的因市场参数的波动而产生的风险。公司面临的市场风险主要是市场供求风险、股价波动风险、利率风险、汇率风险及同业竞争形成的风险和购买力风险。具体在信托业务中，如果股价波动、市场利率发生了与预期方向相反的变化，就会给相关业务带来不利影响，从而使公司净收益减少，降低投资效益。报告期内，公司密切关注各类市场风险，加强行业分析及研究，未发生因市场风险造成的损失。

4.5.2.3 操作风险状况

操作风险是指公司内部业务流程、计算机系统、工作人员在操作中未按合同约定执行而产生的失误，可能给公司造成损失的风险，也指公司外部因素例如通讯系统故障等可能给公司造成损失或影响公司正常运行的风险。报告期内，公司未发生因操作风险造成的损失。

4.5.2.4 其他风险状况

其他风险主要是指公司业务开展中的政策风险、合规风险、流动性风险、道德风险、声誉风险等。政策风险主要表现为宏观政策以及行业政策的变动对公司经营环境和发展所造成的影响。合规风险是指公司因没有遵循法律、法规和规章可能遭受法律制裁、监管处罚、重大财务损失和声誉损失的风险。流动性风险是指信托业务在运行中，企业因种种原因造成了现金流量不足，从而有可能影响项目正常兑付的风险。道德风险指公司内部人员不诚信经营、不恪尽职守的风险。报告期内，公司未发生因其他风险所造成的损失。

4.5.3　风险管理

4.5.3.1　信用风险管理

为有效防控信用风险，公司一是严格按照业务流程、制度规定和相应程序开展各项业务，确保决策者充分了解业务涉及的信用风险；二是通过对交易对手进行全面、深入的信用调查与分析，形成客观、翔实的尽职调查报告，向决策机构充分揭示业务涉及的信用风险；三是严格落实担保等措施，客观、公正地评估抵押物；四是通过项目实施过程中的业务跟踪及定期的资产五级分类进行风险事中控制；五是强化业务部门的后期尽职管理职能，形成翔实的项目后期尽职管理情况报告，定期向公司经营管理层等报告，并积极推进项目期间风险管理体系的完善，形成到期前六个月兑付风险的排查和管理制度；六是公司通过提取信托赔偿准备金和计提一般准备、据实计提专项准备来提高抵御风险的能力。

4.5.3.2　市场风险管理

公司针对不同的业务品种如基础设施类资金信托、房地产资金信托、证券投资信托等的市场风险状况和特点，采取了积极的应对措施。一是注重研究和防范系统性风险，形成了定期行业分析和研究制度，加强对国内外经济金融形势的分析和把握，注意跟踪宏观经济变化，特别是消费物价指数的变动，预测相关行业发展趋势，加强对市场风险的分析、识别，增强预见性，并防范利率风险；二是通过业务种类、产品结构的多元化提高公司抵御市场风险的整体能力，自主的或会同交易对手共同把握和规避市场风险；三是通过时机选择、个股选择来寻找投资机会，妥善管理和控制股市波动带来的风险；四是控制行业集中度，关注政策导向研究，回避限制行业；五是定期不定期地对项目进展情况进行检查评估，以灵活多样的方式确保资金按期回笼；六是聘请一些专业的机构参与项目的调查与评估，吸收专家意见防控风险。

4.5.3.3　操作风险管理

为防止操作风险的发生，公司一是设定合理的决策权限、审批流程，建立严格的决策信息采集、传递程序，使决策人能够充分掌握基础决策信息；二是完善各项业务流程和操作规程，实行统一的业务标准和操作要求；三是不断完善公司的内控制度，建立职责分离、横向与纵向相互监督制约的机制；四是更新和完善信息化系统；五是加强员工培训，提高员工技能，通过技术手段对操作权限和内容进行程序设定、实行操作失误处罚、制订应急预案等措施减少人为操作失误。

4.5.3.4　其他风险管理

为防范其他风险，公司一是通过对宏观政策和行业政策的跟踪、研究，提高预见性和前瞻性，控制政策风险；二是通过建立完善的公司治理结构、内控制度、业务流程，加强思想教育，调查交易对手的诚信记录，控制道德风险；三是加强项目风险排查，及时发现风险隐患，并予以及时纠正，突出项目现金流量管理，加强对流动性风险的防范；四是加强合规风险管理制度和体系的建设，制定合规政策，重视合规文化建设，提倡全员合规、合规从高层做起的管理理念树立“风险管理是公司经营的立足之本”这一风险管理的核心价值观念。

5. 报告期末及上一年度末的比较式会计报表

5.1　自营资产

5.1.1　会计师事务所审计结论

审 计 报 告

希会审字〔2013〕0247 号

西部信托有限公司：

我们审计了后附的西部信托有限公司（以下简称贵公司）财务报表，包括 2012 年 12 月 31 日的资产负债表，2012 年度的利润表、现金流量表和所有者权益变动表以及财务报表附注。

一、管理层对财务报表的责任

编制和公允列报财务报表是贵公司管理层的责任，这种责任包括：(1)按照企业会计准则的规定编制财务报表，并使其实现公允反映；(2)设计、执行和维护必要的内部控制，以使财务报表不存在由于舞弊或错误导致的重大错报。

二、注册会计师的责任

我们的责任是在执行审计工作的基础上对财务报表发表审计意见。我们按照中国注册会计师审计准则的规定执行了审计工作。中国注册会计师审计准则要求我们遵守中国住册会计师职业道德守则，计划和执行审计工作以对财务报表是否不存在重大错报获取合理保证。

审计工作涉及实施审计程序，以获取有关财务报表金额和披露的审计证据。选择的审计程序取决于注册会计师的判断，包括对由于舞弊或错误导致的财务报表重大错报风险的评估。在进行风险评估时，注册会计师考虑与财务报表编制和公允列报相关的内部控制，以设计恰当的审计程序，但目的并非对内部控制的有效性发表意见。审计工作还包括评价管理层选用会计政策的恰当性和作出会计估计的合理性，以及评价财务报表的总体列报。

我们相信，我们获取的审计证据是充分、适当的，为发表审计意见提供了基础。

三、审计意见

我们认为，贵公司财务报表在所有重大方面按照企业会计准则的规定编制，公允反映了贵公司 2012 年 12 月 31 日的财务状况以及 2012 年度的经营成果和现金流量。

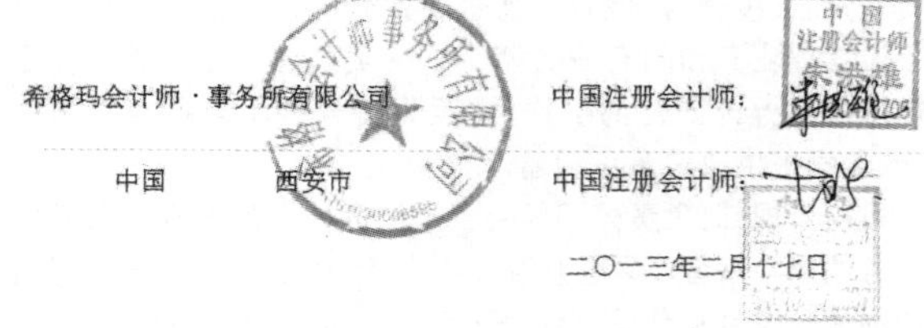

5.1.2 资产负债表

资产负债表(自有业务)

编制单位:西部信托有限公司　　2012年12月31日　　单位:万元

资　产	期末余额	年初余额	负债和所有者权益	期末余额	年初余额
资产:			负债:		
现金	5.95	12.33	短期借款		
银行存款	29 800.71	12 663.83	拆入资金		
结算备付金	7.42	1 771.43	交易性金融负债		
拆出资金			衍生金融负债		
交易性金融资产			卖出回购金融资产款		
衍生金融资产			应付职工薪酬	4 403.77	2 239.49
买入返售金融资产			应交税费	1 882.88	756.52
应收利息			应付利息		
应收款项	185.04	135.13	应付账款	174.19	174.19
发放贷款和垫款	18 000.00	12 823.44	其他应付款	2 417.98	6 388.40
其他流动资产			应付股利	1 190.84	899.03
流动资产合计	47 999.12	27 406.16	其他流动负债	12.63	12.63
可供出售金融资产	53 256.06	52 385.72	流动负债合计	10 082.29	10 470.27
持有至到期投资	19 256.00	27 160.00	长期借款		
长期股权投资	32 753.85	32 423.09	应付债券		
投资性房地产			预计负债		
固定资产	2 752.83	2 796.69	递延所得税负债	11 966.74	11 911.14
无形资产	40.14		其他非流动负债		
商誉	0.00		非流动负债合计	11 966.74	11 911.14
递延所得税资产	675.13	801.96	负债合计:	22 049.03	22 381.41
长期待摊费用			所有者权益:		
其他非流动资产			实收资本	62 000.00	62 000.00
非流动资产合计	108 734.02	115 567.46	资本公积	35 900.23	35 733.42
			盈余公积	7 569.07	5 779.54
			信托赔偿准备	3 784.53	2 889.77
			一般准备	2 298.89	
			未分配利润	23 131.38	14 189.48
			所有者权益合计:	134 684.10	120 592.21
资产总计:	156 733.13	142 973.62	负债及所有者权益总计	156 733.13	142 973.62

公司负责人:徐朝晖　　主管财务总经理:刘　洁　　财务经理:崔　莉　　制表:余继高

5.1.3 利润表

利润表(自有业务)

编制单位:西部信托有限公司　　2012年　　单位:万元

项目	本年累计数	上年累计数
一、营业收入	30 405.30	13 267.58
利息收入	2 842.61	2 011.27
其中:贷款利息收入	1 956.26	1 292.90
同业存放利息收入	838.00	718.37
手续费及佣金收入	15 809.10	7 841.62
投资收益	11 330.02	2 926.14
其中:股权投资收入	8 727.79	1 768.56
证券销售差价收入	−294.32	355.66
公允价值变动收益		
汇兑收益		
其他业务收入	423.56	488.56
二、营业支出	9 208.70	5 960.43
利息支出	1.55	
手续费及佣金支出	3.91	3.90
营业税金及附加	1 177.79	592.94
业务及管理费	8 025.45	5 182.35
资产减值损失		181.24
其他业务成本		
三、营业利润	21 196.59	7 307.15
加:营业外收入	1.03	177.33
减:营业外支出	5.00	1.37
四、利润总额	21 192.62	7 483.11
减:所得税费用	3 297.36	1 463.52
五、净利润	17 895.26	6 019.59
六、每股收益		
(一)基本每股收益	0.29	0.10
(二)稀释每股收益		
七、其他综合收益	166.80	31 414.22
八、综合收益总额	18 062.06	37 433.81

公司负责人:徐朝晖　　主管财务总经理:刘　洁　　财务经理:崔　莉　　制表:余继高

5.1.4 所有者权益变动表

所有者权益变动表

编制单位:西部信托有限公司　　2012 年度　　单位:万元

项　目	行次	上年金额										
		归属于母公司所有者权益									少数股东权益	所有者权益合计
		实收资本	资本公积	减:库存股	专项储备	盈余公积	一般风险准备	未分配利润	其他	小计		
栏次	—	12	13	14	15	16	17	18	19	20	21	22
一、上年末余额	1	62 000.00	4 319.20			5 177.58	2 588.79	18 372.82		92 458.39		92 458.39
加:会计政策变更	2									—		—
前期差错更正	3									—		—
二、本年初余额	4	62 000.00	4 319.20	—	—	5 177.58	2 588.79	18 372.82	—	92 458.39	—	92 458.39
三、本年增减变动金额(减少以"－"号填)	5	—	31 414.22	—	—	601.96	300.98	-4 183.35	—	28 133.82	—	28 133.82
(一)净利润	6	—	—	—	—	—	—	6 019.59	—	6 019.59	—	6 019.59
(二)其他综合收益	38		31 414.22							31 414.22		31 414.22
综合收益小计	39	0.00	31 414.22	0.00	0.00	0.00	0.00	6 019.59	0.00	37 433.82	0.00	37 433.82
(三)所有者投入和减少资本	13	—	—	—	—	—	—	—	—	—	—	—
1. 所有者投入资本	14	—	—	—	—	—	—	—	—	—	—	—
2. 股份支付计入所有者权益的金额	15	—	—	—	—	—	—	—	—	—	—	—
3. 其他	16	—	—	—	—	—	—	—	—	—	—	—
(四)专项储备提取和使用	17	—	—	—	—	—	—	—	—	—	—	—
1. 提取专项储备	18	—	—	—	—	—	—	—	—	—	—	—
2. 使用专项储备	19	—	—	—	—	—	—	—	—	—	—	—
(五)利润分配	20	—	—	—	—	601.96	300.98	-10 202.94	—	-9 300.00	—	-9 300.00
1. 提取盈余公积	21	—	—	—	—	601.96		-601.96		—		—
其中:法定公积金	22	—	—	—	—	601.967	—	-601.96	—	—	—	—
任意公积金	23	—	—	—	—	—	—	—	—	—	—	—
#储备基金	24	—	—	—	—	—	—	—	—	—	—	—
#企业发展基金	25	—	—	—	—	—	—	—	—	—	—	—
#利润归还投资	26	—	—	—	—	—	—	—	—	—	—	—
2. 提取一般风险准备	27	—	—	—	—	—	300.98	-300.98	—	—	—	—
3. 对所有者(或股东)的分配	28	—	—	—	—	—	—	-9 300.00	—	-9 300.00		-9 300.00
4. 其他	29	—	—	—	—	—	—	—	—	—	—	—
(六)所有者权益内部结转	30	—	—	—	—	—	—	—	—	—	—	—
1. 资本公积转增资本(或股本)	31	—	—	—	—	—	—	—	—	—	—	—
2. 盈余公积转增资本(或股本)	32	—	—	—	—	—	—	—	—	—	—	—
3. 盈余公积弥补亏损	33	—	—	—	—	—	—	—	—	—	—	—
4. 其他	34	—	—	—	—	—	—	—	—	—	—	—
四、本年末余额	35	62 000.00	35 733.42	—	—	5 779.54	2 889.77	14 189.48	—	120 592.21	—	120 592.21

单位负责人:馀朝晖　　主管财务总经理:刘　洁　　财务经理:崔　莉　　制表:余继高

5.2 信托资产

5.2.1 信托项目资产负债汇总表

信托项目资产负债表

编制单位:西部信托有限公司　　2012 年 12 月 31 日　　单位:万元

资产	期末余额	期初余额	负债和权益	期末余额	期初余额
资产:			负债:		
货币资金	71 208.29	41 351.23	交易性金融负债		
拆出资金			衍生金融负债		
结算备付金	4 547.86	29 947.15	应付账款	1 728.51	1 984.54
交易性金融资产	24 501.73	24 353.56	卖出回购金融资产		
衍生金融资产			应付赎回款		
买入返售金融资产			应付受托人报酬		
应收账款	0.50	0.50	应付受益人收益	67.81	109.52
应收利息			应付托管费		
应收股利			应付销售服务费		
应收票据			应交税费		
应收申购款			应付利息		
其他应收款			其他应付款		
存出保证金			其他负债		
发放贷款	1 441 376.60	1 363 759.90	负债合计	1 796.32	2 094.06
长期应收款					
可供出售金融资产					
持有至到期投资	63 206.23	680 782.54			
长期股权投资	1 509 520.25	241 523.50	权益:		
投资性房地产			实收信托	3 064 313.45	2 353 580.38
融资租赁资产			资本公积		
固定资产			未分配利润	49 374.69	27 166.93
固定资产清理			权益合计	3 113 688.14	2 380 747.31
无形资产					
长期待摊费用					
其他资产	1 123.00	1 123.00			
资产总计	3 115 484.46	2 382 841.37	负债和权益总计	3 115 484.46	2 382 841.37

5.2.2 信托项目利润及利润分配汇总表

信托项目利润表

编制单位:西部信托有限公司　　2011 年　　单位:万元

项　目	本年累计数	上年累计数
一、收入	230 920.24	95 210.03
利息收入	104 318.01	70 901.46
投资收益(损失以"-"号填列)	127 442.90	32 920.51
其中:对联营企业和合营企业的投资收益		
公允价值变动收益(损失以"-"号填列)	-1 554.81	-9 294.34
租赁收入		
汇兑损益(损失以"-"号填列)		
其他收入	714.14	682.40
二、支出	36 532.96	13 208.79
营业税金及附加		
受托人报酬	15 809.10	8 410.80
托管费	3 390.31	1 570.34
投资管理费	7 699.11	789.13
销售服务费	4 224.14	1 659.89
交易费用	17.07	92.50
利息支出		
资产减值损失		
其他费用	5 393.23	686.13
三、信托净利润(净亏损以"-"号填列)	194 387.28	82 001.24
四、其他综合收益		
五、综合收益	194 387.28	82 001.24
加:期初未分配信托利润	27 166.93	20 498.49
六、可供分配的信托利润	221 554.21	102 499.73
减:本期已分配信托利润	172 179.52	75 332.80
七、期末未分配信托利润	49 374.69	27 166.93

6. 会计报表附注

6.1 简要说明报告年度会计报表编制基准、会计政策、会计估计和核算方法发生的变化

根据财政部《金融企业准备金计提管理办法》(财金〔2012〕20 号)和《西部信托有限公司准备金计提管理办法》等

相关规定执行，本年对提取资产准备政策有所调整，提取的资产准备金包括资产减值准备和一般准备。

公司在资产负债表日对各项资产进行检查，分析判断资产是否发生减值，并按照中国银监会关于资产五级分类管理的相关规定进行资产分类，并计提资产减值准备。资产减值准备在税前列示，作为资产的备减项。

公司应当于每年年度终了对承担风险和损失的资产计提一般准备。公司选用标准法对风险资产所面临的风险状况定量分析，确定潜在的风险估计值，当潜在风险估计值高于资产减值准备，差额部分计提一般准备；当潜在风险估计值低于资产减值准备，不计提一般准备。一般准备原则上不得低于风险资产期末余额的 1.5%。提取一般准备是利润分配的一部分，在所有者权益列示。

除以上因法规要求变更外，2012 年度本公司会计报表编制基准、会计政策、会计估计和核算方法与上年一致，无变化。

6.2 或有事项说明

本公司无对外担保事项。截至 2012 年 12 月 31 日，未发生其他影响本年度会计报表阅读和理解的重大或有事项。

6.3 重要资产转让及其出售的说明

无。

6.4 会计报表中重要项目的明细资料

6.4.1 披露自营资产经营情况

6.4.1.1 按信用风险五级分类结果披露信用风险资产的期初数、期末数

信用风险资产五级分类	正常类（万元）	关注类（万元）	次级类（万元）	可疑类（万元）	损失类（万元）	信用风险资产合计（万元）	不良资产合计（万元）	不良资产率（%）
期初数	13 000.00	—	—	—	4 656.18	17 656.18	4 656.18	26.37
期末数	18 000.000.00	—	—	—	4 656.18	22 656.18	4 656.18	20.55

注：不良资产合计＝次级类＋可疑类＋损失类。

6.4.1.2 各项资产减值损失准备的期初、本期计提、本期转回、本期核销、期末数

单位：万元

	期初数	本期计提	本期转回	本期核销	期末数
贷款损失准备	4 832.74				4 656.18
一般准备	176.56		176.56		
专项准备	4 656.18				4 656.18
其他资产减值准备					
可供出售金融资产减值准备					
持有至到期投资减值准备					
长期股权投资减值准备	652.96		330.76		322.20
坏账准备	149.93				149.93
投资性房地产减值准					

6.4.1.3 自营股票投资、基金投资、债券投资、股权投资等投资业务的期初数、期末数

单位：万元

	自营股票	基金	债券	长期股权投资	其他投资	合计
期初数	52 385.72			33 076.05		85 461.77
期末数	53 256.05			33 076.05		86 332.10

6.4.1.4 按投资入股金额排序，前三名的自营长期股权投资的企业名称、占被投资企业权益的比例及投资收益情况等（依大小顺序排列）

企业名称	占被投资企业权益的比例（%）	投资收益（万元）
1. 西部证券股份有限公司	12.5	6 750.00
2. 长安银行股份有限公司	4.38	1 052.08
3 陕西精密合金股份公司	0.69	0

注：投资损益是指按照企业会计准则有关规定，核算股权投资确认损益并计入披露年度利润表的金额。

6.4.1.5 前三名的自营贷款的企业名称、占贷款总额的比例和还款情况等（依大小顺序排列）

企业名称	占贷款总额的比例（%）	还款情况
1. 陕西民扬投资集团有限公司	35.31	正常
2. 西安兴正元实业投资集团有限公司	22.07	正常
3. 宝鸡市陈仓房地产开发有限公司	22.07	正常

6.4.1.6 表外业务的期初数、期末数；按照代理业务、担保业务和其他类型表外业务分别披露

表外业务	期初数	期末数
担保业务	0	0
代理业务（委托业务）	22 383.00	22 383.00
其他	0	0
合计	22 383.00	22 383.00

注：代理业务主要反映因客观原因应规范而尚未完成规范的历史遗留委托业务，包括委托贷款和委托投资。

6.4.1.7 公司当年的收入结构（母公司口径和并表口径同时披露）

收入结构	金额（万元）	占比（%）
手续费及佣金收入	15 809.10	51.99
其中：信托手续费收入	15 809.10	51.99
投资银行业务收入		
利息收入	2 842.61	9.35
其他业务收入	423.56	1.39
其中：计入信托业务收入部分		
投资收益	11 330.02	37.26
其中：股权投资收益	8 727.79	28.70
证券投资收益	−294.32	−0.97
其他投资收益	2 896.55	9.53
公允价值变动收益		
营业外收入	1.03	0.01
收入合计	30 406.32	100

注：手续费及佣金收入、利息收入、其他业务收入、投资收益、营业外收入均应为损益表中的科目，其中手续费及佣金收入、利息收入、营业外收入为未抵减掉相应支出的全年累计实现收入数。

6.4.2 披露信托财产管理情况

6.4.2.1 信托资产的期初数、期末数

信托资产	期初数	期末数
集合	573 486. 55	872 475. 89
单　一	1 808 228. 82	2 241 882. 53
财产权	1 126. 00	1 126. 04
合　计	2 382 841. 37	3 115 484. 46

6. 4. 2. 1. 1　主动管理型信托业务的信托资产期初数、期末数,分证券投资、股权投资、融资、事务管理类分别披露

单位:万元

主动管理型信托资产	期初数	期末数
证券投资类	54 512. 07	29 206. 97
股权投资类	920 997. 84	349 202. 71
融资类	1 386 958. 05	2 481 250. 20
事务管理类	20 373. 41	20 364. 58
合计	2 382 841. 37	2 880 024. 46

6. 4. 2. 1. 2　被动管理型信托业务的信托资产期初数、期末数,分证券投资、股权投资、融资、事务管理类分别披露

单位:万元

被动管理型信托资产	期初数	期末数
证券投资类	0	0
股权投资类	0	0
融资类	0	235 460. 00
事务管理类	0	0
合计	0	235 460. 00

6. 4. 2. 2　本年度已清算结束的信托项目个数、实收信托合计金额、加权平均实际年化收益率

6. 4. 2. 2. 1　本年度已清算结束的集合类、单一类资金信托项目和财产管理类信托项目个数、实收信托金额、加权平均实际年化收益率

已清算结束信托项目	项目个数	实收信托合计金额(万元)	加权平均实际年化收益率(%)
集合类	16	279 520. 00	7. 72
单一类	49	1 919 960. 96	6. 72
财产管理类	0	0	0

注:收益率是指信托项目清算后,给受益人赚取的实际收益水平。加权平均实际年化收益率 =(信托项目 1 的实际年化收益率 ×信托项目 1 的实收信托 +信托项目 2 的实际年化收益率 ×信托项目 2 的实收信托 +…信托项目 n 的实际年化收益率 × 信托项目 n 的实收信托)/(信托项目 1 的实收信托 +信托项目 2 的实收信托 +…信托项目 n 的实收信托) ×100%。

6. 4. 2. 2. 2　本年度已清算结束的主动管理型信托项目个数、实收信托合计金额、加权平均实际年化收益率,分证券投资、股权投资、融资、事务管理类分别计算并披露

已清算结束信托项目	项目个数	实收信托合计金额(万元)	加权平均实际年化信托报酬率(%)	加权平均实际年化收益率(%)
证券投资类	1	1 000. 00	0. 30	12. 65
股权投资类	28	1 042 658. 66	1. 07	6. 69
融资类	36	1 155 822. 30	0. 48	6. 98
事务管理类	0	0. 00	0. 00	0. 00

注:加权平均实际年化信托报酬率 =(信托项目 1 的实际年化信托报酬率 ×信托项目 1 的实收信托 +信托项目 2 的实际年化信托报酬率 ×信托项目 2 的实收信托 +…信托项目 n 的实际年化信托报酬率 ×信托项目 n 的实收信托)/(信托项目 1 的实收信托 +信托项目 2 的实收信托 +…信托项目 n 的实收信托) ×100%。

6. 4. 2. 2. 3　本年度已清算结束的被动管理型信托项目个数、实收信托合计金额、加权平均实际年化收益率,分证券投资、股权投资、融资、事务管理类分别计算并披露

已清算结束信托项目	项目个数	实收信托合计金额(万元)	加权平均实际年化信托报酬率(%)	加权平均实际年化收益率(%)
证券投资类	0	0. 00	0. 00	0. 00
股权投资类	0	0. 00	0. 00	0. 00
融资类	0	0. 00	0. 00	0. 00
事务管理类	0	0. 00	0. 00	0. 00

6. 4. 2. 3　本年度新增集合类、单一类、财产管理类信托项目个数、实收信托合计金额

新增信托项目	项目个数	实收信托合计金额
集合类	28	576 552. 00
单一类	45	2 352 385. 00
财产管理类	0	0. 00
新增合计	73	2 928 937. 00
其中:主动管理型	70	2 693 477. 00
被动管理型	3	235 460. 00

注:本年新增信托项目指在本报告年度内累计新增的信托项目个数和金额,包含本年度新增并于本年度内结束的项目和本年度新增至报告期末仍在持续管理的信托项目。

6. 4. 2. 4　信托业务创新成果和特色业务有关情况

无。

6. 4. 2. 5　本公司履行受托人义务情况及因公司自身责任而导致的信托资产损失情况(合计金额、原因等)

本年度,公司尽职履行受托人职责,没有发生因公司自身责任而导致的信托资产损失的情况。

6. 5　关联方关系及其交易的披露

6. 5. 1　关联交易方的数量、关联交易的总金额及关联交易的定价政策等

	关联交易方数量	关联交易金额(万元)	定价政策
合计	4	208 733. 97	按市场公允价格定价

注:关联交易定义应以《公司法》和《企业会计准则第 36 号——关联方披露》有关规定为准。

6. 5. 2　关联交易方与本公司的关系性质、关联交易方的名称、法人代表、注册地址、注册资本及主营业务等

关系性质	关联方名称	法定代表人	注册地址	注册资本(万元)	主营业务
同一母公司	陕西汇森煤业有限公司	王建利	西安市高新区唐延路 45 号	55 444	煤炭矿业投资、煤炭销售。
同一母公司	陕西金泰恒业房地产有限公司	马亚鹏	高新区电子二路 8 号	60 000	土地开发,房地产开发、销售、租赁,物业管理等。
股东	重庆中侨置业有限公司	孙　飚	重庆渝北区加州花园	1 000	金属材料、矿产品、汽车配件、仪器仪表的销销。
股 东	陕西延长石油集团有限责任公司	沈 浩	西安市科技二路 75 号	1 000 000	石油、天然气勘探、开采、加工、运输、销售。

6.5.3　本公司与关联方的重大交易事项

6.5.3.1　固有与关联方交易情况：贷款、投资、租赁、应收账款担保、其他方式等期初汇总数、本期借方和贷方发生额汇总数、期末汇总数

单位：万元

固有与关联方关联交易				
	期初数	借方发生额	贷方发生额	期末数
贷款	1 133.97	0	0	1 133.97
投资	0	0	0	0
租赁	0	0	0	0
担保	0	0	0	0
应收账款	0	0	0	0
其他	0	0	0	0
合计	1 133.97	0	0	1 133.97

6.5.3.2　信托与关联方交易情况：贷款、投资、租赁、应收账款、担保、其他方式等期初汇总数、本期借方和贷方发生额汇总数、期末汇总数

单位：万元

信托与关联方关联交易				
	期初数	借方发生额	贷方发生额	期末数
贷款	80 600.00	200 000.00	73 000.00	207 600.00
投资	6 000.00	0	6 000.00	0.00
租赁	0	0	0	0
担保	0	0	0	0
应收账款	0	0	0	0
其他	0	0	0	0
合计	86 600.00	200 000.00	79 000.00	207 600.00

6.5.3.3　信托公司自有资金运用于自己管理的信托项目（固信交易）、信托公司管理的信托项目之间的相互（信信交易）交易金额，包括余额和本报告年度的发生额

6.5.3.3.1　固有与信托财产之间的交易金额期初汇总数、本期发生额汇总数、期末汇总数

单位：万元

固有财产与信托财产相互交易			
	期初数	本期发生额	期末数
合计	27 160.00	−14 941.00	19 256.00

注：以固有资金投资公司自己管理的信托项目受益权，或购买自己管理的信托项目的信托资产均应纳入统计披露范围。

6.5.3.3.2　信托项目之间的交易金额期初汇总数、本期发生额汇总数、期末汇总数

单位：万元

信托资产与信托财产相互交易			
	期初数	本期发生额	期末数
合计	0	0	0

注：以公司受托管理的一个信托项目的资金购买自己管理的另一个信托项目的受益权或信托项下资产均应纳入统计披露范围。

6.5.4　逐笔披露关联方逾期未偿还本公司资金的详细情况以及本公司为关联方担保发生或即将发生垫款的详细情况

无。

6.6　会计制度的披露

6.6.1　固有业务自2008年1月1日起执行财政部2006年2月15日颁布的《企业会计准则》及其后续规定

6.6.2　信托业务2009年执行财政部（〔2005〕1号）《信托业务会计核算办法》及相关规定；自2010年1月1日起执行《企业会计准则》及其后续规定

7. 财务情况说明书

7.1　利润实现和分配情况

7.1.1　分配利润

本年净利润在提取法定公积金和信托赔偿准备金后，留存金额为13 281.91万元。公司以前年度留存的未分配利润9 849.48万元。

2012年度可供分配利润包括以上两部分，合计23 131.39万元。

7.1.2　分配方案

本年拟按每股0.20元分配，分配现金红利12 400万元。本次分配后剩余可供分配利润10 731.39万元元结转以后年度分配。

7.2　主要财务指标

指标名称	指标值
资本利润率（%）	14.02
加权年化信托报酬率（%）	1.12
人均净利润（万元）	149.13

注：1. 资本利润率 = 净利润/所有者权益平均余额 ×100%。

2. 加权年化信托报酬率 =（信托项目1的实际年化信托报酬率 × 信托项目1的实收信托 + 信托项目2的实际年化信托报酬率 × 信托项目2的实收信托 +…信托项目n的实际年化信托报酬率 × 信托项目n的实收信托）/（信托项目1的实收信托 + 信托项目2的实收信托 +…信托项目n的实收信托）×100%。

3. 人均净利润 = 净利润/平均人数。

4. 平均值采取年初、年末余额简单平均法，公式为a（平均）=（年初数 + 年末数）/2。

7.3　对本公司财务状况、经营成果有重大影响的其他事项

无。

8. 特别事项揭示

8.1　前五名股东报告期内变动情况及原因

无。

8.2　董事、监事及高级管理人员变动情况及原因

经公司2012年第三次临时股东会会议审议，公司第四届董事会成员由王军营、王宗发、徐朝晖、赵辉、范明、郭庆国、余力、王鲁平、羿克、答孝棋组成，第三届董事会成员任期结束。

经公司2012年第三次临时股东会会议审议，公司第四届监事会成员由陈长青、孙飚、沈康组成，第三届监事会成员任期

结束。

经公司四届一次董事会会议审议，公司聘任赵辉为公司总经理，聘任张荣超、王珂、武士伟、刘洁为公司副总经理，聘任张荣超为公司董事会秘书。

8.3 变更注册资本、变更注册地或公司名称、公司分立合并事项

无。

8.4 公司的重大诉讼事项

8.4.1 重大未决诉讼事项

信托：被诉案件1件，陕西五羊集团诉陕西智圣科技贸易有限公司、刘治安、刘治军、陕西瑞德实业发展有限公司、西部信托有限公司、陕西康华有限责任会计师事务所房屋租赁纠纷，金额297余万元，起诉时间为2008年9月。

8.4.2 以前年度发生，于本报告年度内终结的诉讼事项

无。

8.4.3 本报告年度发生，与本报告年度内终结的诉讼事项

无。

8.5 公司及其董事、监事和高级管理人员受到处罚的情况

无。

8.6 银监会及其派出机构对公司提出的整改意见，及整改情况说明

陕西银监局于2012年12月20日下达了陕银监查意见字〔2012〕25号现场检查意见书，主要对2010年现场检查的整改情况及2012年6月30日存续的信托业务的合规性情况提出了监管意见。公司已按要求就监管意见进行了整改，并进行了自查，相关整改报告及自查报告已提交陕西银监局。

8.7 本年度重大事项临时报告的简要内容、披露时间、所披露媒体及其版面

2012年4月24日在《证券时报》B3版，对公司2011年度报告进行了公告。

2012年6月21日在《证券时报》在A11版，对公司董事长变更情况进行了公告。

8.8 银监会及其省级派出机构认定的其他有必要让客户及相关利益人了解的重要信息

无。

9. 监事会意见

监事会认为2012年度公司运作规范，决策程序合法。董事会能够认真执行股东会决议、履行董事会职责。董事、总经理及高级管理人员在履行职务时，勤勉尽责，恪尽职守，没有越权行为，没有违反法律、法规、公司章程和损害公司及股东利益的行为。

股东会、董事会会议召开的程序、审议事项及表决等均符合法律和公司章程的规定；股东代表在行使表决权决策时能按规定办理授权，并能按规定行使股东权利。

公司2012年度财务报告真实地反映了公司的财务状况和经营成果。公司财务核算合规，符合财务管理制度要求。会计凭证、会计账簿的记录及时、清晰、准确、完整；记账方法符合规范，责任人明确，会计报表的编制反映了真实经营成果。

公司2012年年度报告的编制和审议程序符合相关法律、法规、公司章程及公司内控制度的有关规定；年报的内容真实、准确、完整。

西藏信托有限公司

1. 重要提示

1.1 本公司董事会及董事保证本报告所载资料不存在任何虚假记载、误导性陈述或者重大遗漏，并对其内容的真实性、准确性和完整性承 担个别及连带责任。

1.2 公司负责人董事长苏生有、总经理查松、财务经理万景文声明：保证年度报告中财务报告的真实、完整。

2. 公司概况

2.1 公司简介

2.1.1 公司简介

西藏信托有限公司（以下简称本公司）成立于 1991 年 10 月，原名为西藏自治区信托投资公司，是经西藏自治区人民政府和中国人民银行批复成立，由西藏自治区财政厅全资控股的非银行金融机构。2002 年 3 月，根据中国人民银行成都分行批复（银复〔2002〕63 号），公司进行了重新登记。2007 年起，公司根据《信托法》、《信托公司管理办法》的规定，进行了业务调整。公司根据西藏自治区财政厅下发的"藏财企字〔2009〕9 号"文《关于西藏自治区信托投资公司资产剥离方案的批复》以及公司与西藏自治区投资有限公司签订的资产负债划转协议，进行了资产剥离。截至 2010 年 9 月完成了资产剥离、重新登记、换发金融许可证工作。根据《中国银监会关于西藏自治区信托投资公司变更公司名称和业务范围的批复》（银监复〔2010〕436 号），于 2010 年 12 月公司更名为西藏信托有限公司。

2.1.2 公司的法定中文名称：西藏信托有限公司
公司的法定英文名称 Tibet Trust Corporation Limited

2.1.3 法定代表人：苏生有

2.1.4 注册地址：西藏拉萨市经济开发区博达路 1 号阳光新城别墅区 A7 栋

2.1.5 邮政编码：850000

2.1.6 电子信箱：wanjingwen@ ttco. cn

2.1.7 负责人：万景文
信息披露事务联系人：万景文
联系电话：010 -85353619
传 真：010 -85906796
电子信箱：wanjingwen@ ttco. cn

2.1.8 公司选定的信息披露报纸名称：《上海证券报》

2.1.9 公司年度报告备置地点：公司计划财务部

2.1.10 公司聘请的审计事务所：中磊会计师事务所有限责任公司
地址：北京丰台区星火路 1 号昌宁大厦 8 层
邮政编码：100070

2.1.11 公司聘请的律师事务所：北京市嘉源律师事务所
地址：北京复兴门内大街 158 号远洋大厦 F408
邮政编码：100031

2.2 组织架构

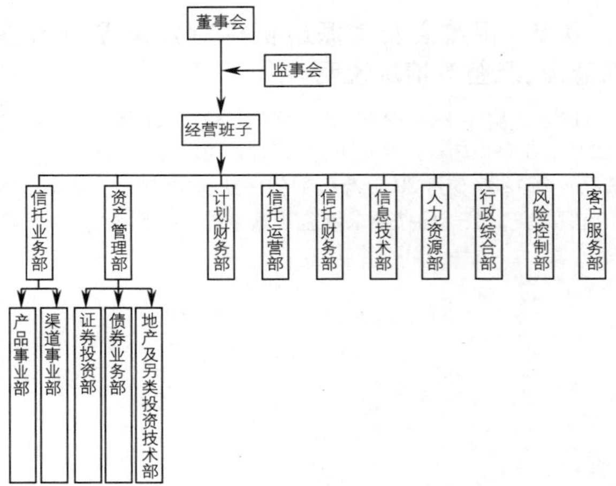

3. 公司治理结构

3.1 股东

股东名称	持股比例(%)	法人代表	注册地址	主 要 职 能
西藏自治区财政厅	100	艾 俊 涛	拉萨市北京西路 23 号	贯彻执行国家财政税收有关方针政策和法律法规等；承担自治区各项财政收支管理相关工作，并指导全区级财政做好相关工作；负责政府非税收入管理，负责政府性基金管理，按规定管理行政事业性收费。

3.2 董事

3.2.1 董事

姓 名	职 务	性别	年龄	选任日期	简 要 履 历
苏生有	董事长	男	55	2012 年	财政厅副厅长、驻京办主任。

续表

姓 名	职 务	性别	年龄	选任日期	简 要 履 历
查松	董事	男	41	2012 年	曾任职中国银行总行风险管理部、国泰君安证券股份有限公司董事会办公室副主任、收购兼并部副总经理、投资银行部董事总经理,西藏证券有限责任公司总经理;现任公司总经理。
任显成	董事	男	49	2012 年	曾任职西藏财贸公司总经理,西藏国有资产经营公司投资部经理,西藏自治区信托投资公司投资二部经理;现任西藏自治区投资有限公司副总经理。
余志平	董事	男	42	2012 年	曾任职东风药业股份有限公司,历任西藏证券有限责任公司北京营业部办公室主任、副总经理;现任公司副总经理。
唐泽平	董事	男	55	2012 年	现西藏国有资产经营公司董事长。
多吉罗布	董事	男	39	2012 年	现西藏天路集团董事长。
戴扬	董事	男	45	2012 年	现西藏矿业公司总经理。

3.2.2 独立董事

姓 名	职 务	性别	年龄	选任日期	简 要 履 历
王运金	独立董事	男	64	2012 年	曾任职西藏财政厅、西藏自治区信托投资公司总经理,西藏信托公司董事长。

3.3 监事

姓 名	职 务	性别	年龄	本届选任日期	简 要 履 历
汪建中	监事会主席	男	57	2012 年	现上海西藏大厦公司董事长。
晏辉清	职工监事	女	48	2012 年	原安佳信会计师事务所任职。
边巴旺堆	监事	男	38	2012 年	财政厅金融处。

3.4 公司高级管理人员

姓 名	职 务	性别	年龄	选任日期	金融从业年限	学历	专业
查 松	总经理	男	41	2010 年 5 月	15	博士	法学
简要履历	曾任职中国银行总行风险管理部、国泰君安证券股份有限公司董事会办公室副主任、收购兼并部副总经理、投资银行部董事总经理,西藏证券有限责任公司总经理;现任公司总经理。						
余志平	副总经理	男	42	2010 年 5 月	11	大专	企业管理
简要履历	曾任职东风药业股份有限公司,历任西藏证券有限责任公司北京营业部办公室主任、副总经理;现任公司副总经理。						

3.5 公司员工

项 目		报告期年度		上年度	
		人数	比例(%)	人数	比例(%)
年龄分布	25 岁以下	2	6.45	4	12.50
	25 ~29 岁	8	25.81	7	21.88
	30 ~39 岁	6	19.35	13	40.62
	40 岁以上	15	48.39	8	25.00
学历分布	博士	1	3.23	1	3.12
	硕士	5	16.13	2	6.25
	本科	11	35.48	15	46.88
	专科	11	35.48	12	37.50
	其他	3	9.68	2	6.25
岗位分布	董事、监事及高管人员	11	35.48	12	37.50
	自营业务人员	2	6.46	3	9.37
	信托业务人员	9	29.03	6	18.74
	其他	9	29.03	11	34.39

4. 经营管理

4.1 经营目标、经营方针、战略规划

公司的经营目标:通过专业化的运作,不断提高业务和风险管理能力,保持良好的投资能力,取得较好的回报,大力拓展信托业务,在受益人风险承受能力的范围内为受益人获取尽可能多的收益。

公司经营方针:稳健经营、把握趋势、树立品牌。

公司的战略规划:通过加强队伍建设、完善业务体系,实现从机会型到专业型公司的转型,建立和提升市场竞争力,成为有市场影响力的主动管理型综合金融产品供应商。

4.2 经营业务的主要内容

4.2.1 自营资产运用与分布表

资产运用	金额(万元)	占比(%)	资产分布	金额(万元)	占比(%)
货币资产	32 731.92	44.85	基础资产	—	—
贷款及应收款	—	—	房地产业	—	—

续表

资产运用	金额（万元）	占比（%）	资产分布	金额（万元）	占比（%）
交易性金融资产	11 097. 61	15. 21	证券市场	11 097. 61	15. 20
可供出售金融资产	—	—	实业	—	—
持有至到期金融资产	16 536. 27	22. 66	金融机构	44 438. 92	60. 90
长期股权投资	—	—	其他	17 437. 62	23. 90
其他	12 608. 35	17. 28			
资产总计	72 974. 15	100. 00	资产总计	72 974. 15	100. 00

4. 2. 2　信托资产运用与分布表

资产运用	金额（万元）	占比（%）	资产分布	金额（万元）	占比（%）
货币资产	14 625. 73	0. 25	基础资产	1 595 704. 09	27. 27
贷款及应收款	3 458 676. 73	59. 11	房地产业	588 334. 33	10. 06
交易性金融资产	1 461 484. 62	24. 98	证券市场	17 954. 10	0. 31
可供出售金融资产	—	—	实业	1 655 065. 10	28. 29
持有至到期金融资产	—	—	金融机构	311 689. 47	5. 33
长期股权投资	803 762. 93	13. 74	其他	1 682 202. 92	28. 74
其他	112 400. 00	1. 92			
资产总计	5 850 950. 01	100. 00	资产总计	5 850 950. 01	100. 00

4. 3　市场分析

4. 3. 1　有利因素

中国经济保持了较高的增长、社会融资需求旺盛、信托制度在不断完善，公司经营与发展的制度环境得到改善；信托独特的制度优势正在被社会认识和接受；西藏自治区人民政府和西藏自治区财政厅支持公司发展；公司内控体系健全、专业度较高；稳健经营、诚信经营的经营作风，保证了公司合规合法经营。

4. 3. 2　不利因素

西藏信托市场环境较差，市场较小，发育不成熟，居民收入仍处于较低水平，加上中央对西藏实行的一系列特殊优惠金融政策，西藏区内社会和经济发展对信托市场的需求较为有限。

4. 4　内部控制

4. 4. 1　内部控制环境与内部控制文化

公司建立了完善的法人治理结构，董事会及其下属委员会、监事会和经营管理层形成了权力机构、决策机构、监督机构和管理层之间分工配合、相互协调、相互制衡的运行机制，为公司内控制度的制定与运行提供了良好的内部环境。

公司的董事会、监事会均按照相关法律、法规、规范性文件及公司章程的规定，规范有效地运作。董事会下设的风险控制委员会、稽核审计委员会、投资决策委员会、信托委员会和薪酬考核委员会，根据各自的主要职责和议事规则，独立开展工作，运作正常；公司经营管理层在董事会授权下主持公司的日常经营管理。

公司非常重视内控文化的建设与落实，致力于创造积极向上的合规氛围。面对日益复杂的金融市场，公司确立了审慎稳健的总体原则，形成了全员参与的内部控制和风险管理文化。通过多样化的内部交流、学习和讨论机制，引导员工树立良好的道德观念，强化金融风险和合规意识，将风控合规的理念与实践贯穿到各个岗位和各个环节。

4. 4. 2　内控控制措施

公司董事会负责内部控制的建立健全和有效实施。董事会下设的风险控制委员会，主要负责对公司在业务、市场、操作等方面的风险控制情况进行监督，对公司的风险状况进行定期评估，并提出完善风险管理和内部控制的意见；董事会下设的稽核审计委员会负责审查企业内部控制，监督内部控制的有效实施和内部控制自我评价情况；董事会下设的信托委员会主要监督公司信托业务与公司其他业务之间建立有效隔离机制、监督公司信托业务的风险管理制度和机制的实际运行。内部控制的具体执行部门为风险控制部、信托业务部和计划财务部。

公司制定并实施了固有业务、信托业务、财务管理、信息技术管理及后台管理的一系列内控制度和流程，实现了固有业务与信托业务严格分离，前台、中台、后台严格分离的机制。通过上述制度和机制的实施，完善了各项业务的审批流程，清晰了各条线的风控权限与职责，确保了各项风险的可控性。

4. 5　风险管理

4. 5. 1　风险管理概况

风险管理贯彻全面性、审慎性、及时性、有效性等原则，覆盖公司各项业务、各个部门、各个环节和各级人员，对风险进行事前防范、事中控制、事后监督，促进公司持续、稳健、规范、健康运行。

风险管理的组织架构和分工如下：董事会是公司风险管理的最高决策机构，负责确定公司的风险管理政策、程序和人员，行使重大经营决策权。董事会下设的各专业委员会根据各自的职责对公司整体进行风险管理。投资决策委员会和信托委员会分别对应固有业务和信托业务的风险管理，风险控制委员会和稽核审计委员会面向公司各项业务及公司内部管理进行总体的风险控制与管理。公司的风险控制部、信托业务部、资产管理部和计划财务部在日常业务处理中也负有对应的部门风控职责，同时公司还聘请了外部法律顾问，在业务处理的一定范围内给出专业的法律意见。

4. 5. 2　风险管理

4. 5. 2. 1　信用风险管理

此类风险主要存在于贷款类业务当中，公司从贷前和贷后加强管理来规避此类风险。

贷前，严格按照申请立项、尽职调查、信用评估、内部审批、签约放款等步骤操作。业务审批中，重点审核贷款质押担保措施，公正地评估质押品，将质押率控制在40%以下。根据贷款人的具体情况和市场情况在一定程度上适度增加或降低担保标准。

贷后，严格按照合同约定，保持对融资方的动态风险管理。对借款人的资信状况和偿债能力及保证合同的履行情况定期进行监控，并由风险控制部汇总分析后形成风险管理报告，使得每一单业务都真实做到事前评估、事中控制、事后检查，确保风险在第一时间被发现并适当处理。

4. 5. 2. 2　市场风险管理

公司在运营过程中面临的市场风险主要为股价、汇率、利率及其他价格对公司经营和盈利能力的影响。针对上述投资标的的市场风险,公司固有业务和证券类信托业务都制定了严格的风控流程,根据市场目前的具体状况,动态调整风控指标。一方面,通过信息系统实现各项投资限制;另一方面,通过风控人员逐日盯市,研究人员对市场各类政策的研究,动态调整可投资标的范围、额度及止损标准来控制此类风险。

4.5.2.3 操作风险管理

操作风险是指由于内部程序、系统不完善、人员操作失误或外部事件所导致的意想不到的损失。公司主要通过不断完善各部门和各岗位的职责、清晰化各业务操作流程;加强内部员工专业知识和流程培训;制定严格的信息管理制度、加强内部审计监督等方式有效管理此类风险。

5. 报告期末及上一年度末的比较式会计报表

5.1 自营资产

5.1.1 会计师事务所审计意见全文

审 计 报 告

〔2013〕中磊(审B)字第0136号

西藏信托有限公司:

我们审计了后附的西藏信托有限公司(以下简称西藏信托)财务报表,包括2012年12月31日的资产负债表,2012年度的利润表、现金流量表和所有者权益变动表以及财务报表附注。

一、管理层对财务报表的责任

编制和公允列报财务报表是西藏信托管理层的责任。这种责任包括:(1)按照企业会计准则的规定编制财务报表,并使其实现公允反映;(2)设计、执行和维护必要的内部控制,以使财务报表不存在由于舞弊或错误导致的重大错报。

二、注册会计师的责任

我们的责任是在执行审计工作的基础上对财务报表发表审计意见。我们按照中国注册会计师审计准则的规定执行了审计工作。中国注册会计师审计准则要求我们遵守中国注册会计师职业道德守则,计划和执行审计工作以对财务报表是否不存在重大错报获取合理保证。

审计工作涉及实施审计程序,以获取有关财务报表金额和披露的审计证据。选择的审计程序取决于注册会计师的判断,包括对由于舞弊或错误导致的财务报表重大错报风险的评估。在进行风险评估时,注册会计师考虑与财务报表编制和公允列报相关的内部控制,以设计恰当的审计程序,但目的并非对内部控制的有效性发表意见。审计工作还包括评价管理层选用会计政策的恰当性和作出会计估计的合理性,以及评价财务报表的总体列报。

我们相信,我们获取的审计证据是充分、适当的,为发表审计意见提供了基础。

三、审计意见

我们认为,西藏信托财务报表在所有重大方面按照企业会计准则的规定编制,公允反映了西藏信托2012年12月31日的财务状况以及2012年度的经营成果和现金流量。

中磊会计师事务所有限责任公司　　中国注册会计师:靳洪庆

中国·北京　　中国注册会计师:吴朝晖

2013年3月15日

5.1.2 资产负债表

资产负债表

编制单位:西藏信托有限公司　　2012年12月31日　　单位:万元

项 目	年末余额	年初余额	项目	年末余额	年初余额
资产:			负债:		
现金及存放中央银行存款	—	—	短期借款	—	—
存放同业存款	32 731.92	4 768.15	拆入资金	—	—
结算备付金	—	—	交易性金融负债	—	—
其中:客户备付金	—	—	衍生金融负债	—	—
拆出资金	11 707.00	8 400.00	卖出回购金融资产款	—	—
交易性金融资产	11 097.61	20 312.25	预收账款	9 478.90	—
应收账款	—	531.56	代理买卖证券款	—	—
预付账款	—	167.91	代理承销证券款	—	—
其他应收款	188.49	1 130.94	应付职工薪酬	1 220.28	—
买入返售金融资产	—	—	应交税费	1 942.51	912.53
应收利息	—	—	其他应付款	719.02	607.10
存出保证金	—	—	流动负债合计	13 360.71	1 519.63
流动资产合计	55 725.02	35 310.81	预计负债	—	—
可供出售金融资产	—	—	长期借款	—	—
发放贷款及垫款	—	—	应付债券	—	—
持有至到期投资	16 536.27	6 986.28	递延所得税负债	—	—
长期股权投资	—	—	其他负债	—	—

续表

项目	年末余额	年初余额	项目	年末余额	年初余额
投资性房地产	—	—	非流动负债合计	—	—
固定资产	303.96	136.34	负债合计	13 360.71	1 519.63
在建工程	—	—	所有者权益:	—	—
无形资产	125.43	109.37	实收资本	40 000.00	30 000.00
长期应收款	28.12	28.12	资本公积	—	—
递延所得税资产	255.35	—	盈余公积	7 500.00	7 500.00
其他非流动资产	—	—	一般风险准备	1 742.40	88.77
非流动资产合计	17 249.13	7 260.11	信托赔偿准备	5 419.42	1 138.35
			未分配利润	4 951.62	2 324.17
			所有者权益合计	59 613.44	41 051.29
资产总计	72 974.15	42 570.92	负债和所有者权益总计	72 974.15	42 570.92

5.1.3 利润表

利润表

编制单位:西藏信托有限公司　　2011年度　　单位:万元

项目	本年金额	上年金额
一、营业收入	16 753.48	4 154.61
利息净收入	879.63	601.79
利息收入	879.63	601.79
利息支出	—	—
手续费及佣金净收入	16 010.11	5 037.85
手续费及佣金收入	21 370.95	5 066.18
手续费及佣金支出	5 360.84	28.33
投资收益	1 201.42	550.38
其中:对联营企业和合营企业的投资收益	—	—
公允价值变动收益(损失以"-"号填列)	-1 337.68	—2 035.41
汇兑收益(损失以"-"号填列)	—	—
其他业务收入	—	—
二、营业支出	6 599.87	1 505.43
营业税金及附加	963.74	311.74
业务及管理费	3 933.82	1 193.69
资产减值损失	1 702.31	—
其他业务成本	—	—
三、营业利润(亏损以"-"号填列)	10 153.61	2 649.18
加:营业外收入	—	—
减:营业外支出	—	—
四、利润总额(亏损总额以"-"号填列)	10 153.61	2 649.18
减:所得税费用	1 591.46	640.64
五、净利润(净亏损以"-"号填列)	8 562.15	2 008.54
六、每股收益:	—	—
(一)基本每股收益	—	—
(二)稀释每股收益	—	—
七、其他综合收益	—	—
八、综合收益总额	8 562.15	2 008.54

5.1.4 所有者权益变动表

所有者权益变动表

2012 年度

编制单位：西藏信托有限公司　　单位：万元

项目	本年金额								上年金额							
	实收资本	资本公积	减：库存股	盈余公积	一般风险准备	信托赔偿准备	未分配利润	所有者权益合计	实收资本	资本公积	减：库存股	盈余公积	一般风险准备	信托赔偿准备	未分配利润	所有者权益合计
一、上年末余额	30 000.00	—	—	7 500.00	88.77	1 138.35	2 324.17	41 051.29	30 000.00	—	—	7 500.00	88.77	1 037.92	416.05	39 042.74
加：会计政策变更	—	—	—	—	—	—	—	—	—	—	—	—	—	—	—	—
前期差错更正	—	—	—	—	—	—	—	—	—	—	—	—	—	—	—	—
其他	—	—	—	—	—	—	—	—	—	—	—	—	—	—	—	—
二、本年初余额	30 000.00	—	—	7 500.00	88.77	1 138.35	2 324.17	41 051.29	30 000.00	—	—	7 500.00	88.77	1 037.92	416.05	39 042.74
三、本期增减变动金额（减少以“－”号填列）	10 000.00	—	—	—	1 653.63	4 281.07	2 627.45	18 562.15	—	—	—	—	—	100.43	1 908.12	2 008.55
（一）净利润	—	—	—	—	—	—	8 562.15	8 562.15	—	—	—	—	—	—	2 008.55	2 008.55
（二）其他综合收益	—	—	—	—	—	—	—	—	—	—	—	—	—	—	—	—
上述（一）和（二）小计	—	—	—	—	—	—	8 562.15	8 562.15	—	—	—	—	—	—	2 008.55	2 008.55
（三）所有者投入和减少资本	10 000.00	—	—	—	—	—	—	10 000.00	—	—	—	—	—	—	—	—
1. 所有者投入资本	10 000.00	—	—	—	—	—	—	10 000.00	—	—	—	—	—	—	—	—
2. 股份支付计入所有者权益的金额	—	—	—	—	—	—	—	—	—	—	—	—	—	—	—	—
3. 其他	—	—	—	—	—	—	—	—	—	—	—	—	—	—	—	—
（四）利润分配	—	—	—	—	1 653.63	4 281.07	-5 934.70	—	—	—	—	—	—	100.43	-100.43	—
1. 提取盈余公积	—	—	—	—	—	—	—	—	—	—	—	—	—	—	—	—
2. 提取一般风险准备	—	—	—	—	1 653.63	—	-1 653.63	—	—	—	—	—	—	—	—	—
3. 提取信托赔偿准备	—	—	—	—	—	4 281.07	-4 281.07	—	—	—	—	—	—	100.43	-100.43	—
4. 对所有者（或股东）的分配	—	—	—	—	—	—	—	—	—	—	—	—	—	—	—	—
5. 其他	—	—	—	—	—	—	—	—	—	—	—	—	—	—	—	—
（五）所有者权益内部结转	—	—	—	—	—	—	—	—	—	—	—	—	—	—	—	—
1. 资本公积转增资本（或股本）	—	—	—	—	—	—	—	—	—	—	—	—	—	—	—	—
2. 盈余公积转增资本（或股本）	—	—	—	—	—	—	—	—	—	—	—	—	—	—	—	—
3. 盈余公积弥补亏损	—	—	—	—	—	—	—	—	—	—	—	—	—	—	—	—
4. 其他	—	—	—	—	—	—	—	—	—	—	—	—	—	—	—	—
四、本期期末余额	40 000.00	—	—	7 500.00	1 742.40	5 419.42	4 951.62	59 613.44	30 000.00	—	—	7 500.00	88.77	1 138.35	2 324.17	41 051.29

5.2 信托资产

5.2.1 信托项目资产负债汇总表

编制单位:西藏信托有限公司　　2012 年 12 月 31 日　　单位:万元

信托资产	期末数	期初数	信托负债和信托权益	期末数	期初数
一、资产			一、信托负债	1 824.15	—
货币资金	14 625.73	—	应付账款	—	—
拆出资金	—	15 000.00	其他应付款	1 824.15	—
交易性金融资产	1 461 484.62	27 937.29	应交税费	—	—
应收账款	1 862.93	171 916.62	预计负债	—	—
应收票据	—	126 677.09	其他负债	—	—
其他应收款	—	—	二、信托权益	5 849 125.86	1 829 449.83
发放贷款及垫款	3 456 813.80	527 527.73	实收信托	5 846 144.50	1 826 015.92
长期股权投资	803 762.93	960 391.10	资本公积	847.00	—
其他资产	112 400.00	—	未分配利润	2 134.36	3 433.91
信托资产总计	5 850 950.01	1 829 449.83	信托负债及信托权益总计	5 850 950.01	1 829 449.83

5.2.2 信托项目利润及利润分配汇总表

编制单位:西藏信托有限公司　　2011 年度　　单位:万元

项　目	本年数	上年数
一、营业收入	318 009.88	29 119.98
利息收入	172 937.34	25 683.84
投资收入	145 916.68	6 198.85
租赁收入	—	—
公允价值变动损益	-864.48	-2 762.71
其他收入	20.34	—
二、营业费用	44 241.96	2 333.24
三、营业税金及附加	—	—
四、扣除资产减值准备前的信托利润	273 767.92	26 786.74
减:资产减值损失	—	—
五、扣除资产减值准备后的信托利润	273 767.92	26 786.74
加:期初未分配信托利润	3 433.91	-2.23
六、可供分配的信托利润	277 201.83	26 784.51
减:本期已分配信托利润	275 067.47	23 350.60
七、期末未分配信托利润	2 134.36	3 433.91

6. 会计报表附注

6.1 简要说明会计报表年度会计报表编制基准、会计政策、会计估计和核算方法发生的变化

本公司以持续经营为基础,根据实际发生的交易和事项,按照《企 业会计准则——基本准则》和其他各项具体会计准则、应用指南及准则 解释的规定进行确认和计量,在此基础上编制财务报表。编制符合企 业会计准则要求的财务报表需要使用估计和假设,这些估计和假设会 影响到财务报告日的资产、负债和或有负债的披露,以及报告期间的 收入和费用。

公司固有业务和信托业务执行的是2006 年颁布的《新企业会计 准则》。

6.2 或有事项说明

截至 2012 年 12 月 31 日,本公司无或有事项。

6.3 重要资产转让及出售的说明

截至 2012 年 12 月 31 日,本公司无重要资产转让及出售。

6.4 会计报表中重要项目的明细资料

6.4.1 自营资产经营情况

6.4.1.1 资产风险分类的结果披露资产的期初、期末数

风险分类	正常类(万元)	关注类(万元)	次级类(万元)	可疑类(万元)	损失类(万元)	信用风险资产合计(万元)	不良资产合计(万元)	不良资产率(%)
期初数	42 570.92	—	—	—	—	42 570.92	—	—
期末数	72 974.15	—	—	—	—	72 974.15	—	—

注:不良资产合计 = 次级类 + 可疑类 + 损失类。

6.4.1.2 资产损失准备的期初、本期计提、本期转回、本期核销、期末数

单位:万元

项　目	期初数	本期计提	本期转回	本期核销	期末数
持有至到期投资减值准备	—	1 702.31	—	—	1 702.31

6.4.1.3 自营股票投资、基金投资、债券投资、长期股权投资等投资的期初数、期末数

单位:万元

	自营股票	基金	债券	长期股权投资	合 计
期初数	20 312.25	—	—	—	20 312.25
期末数	11 097.61	—	—	—	11 097.61

6.4.1.4　表外业务的期初数、期末数；按照代理业务、担保业务和

其他类型表外业务分别披露本公司未开展上述业务。

6.4.2　信托资产管理情况

6.4.2.1　信托资产的期初数、期末数

单位：万元

信托资产	期初数	期末数
集合	572 261.40	934 997.51
单一	1 257 188.43	4 915 952.50
合计	1 829 449.83	5 850 950.01

6.4.2.2　本年度已经清算结束的集合类、单一类资金信托项目和财产管理类信托项目数量、合计金额

单位：万元

信托资产	项目个数	合计金额
集合	16	212 211.14
单一	79	649 211.44
合计	95	861 422.58

6.4.2.3　本年度新增的集合类、单一类资金信托项目和财产管理类信托项目数量、合计金额

单位：万元

信托资产	项目个数	合计金额
集合	28	574 947.25
单一	132	4 307 975.51
合计	160	4 882 922.76

6.4.2.4　本公司履行受托人义务的情况及因本公司自身责任导致的 信托资产损失情况

本公司无上述情况。

6.5　关联方关系及其交易的披露

6.5.1　关联交易方的数量、关联交易的总额及关联交易的定价政策

单位：万元

	关联交易方数量	关联交易金额	定价政策
合计	1	500.00	按市场公允价格定价

6.5.2　关联交易方与本公司的关系性质、关联交易方的名称、法人代表、注册地址、注册资本及主营业务

单位：万元

关联方企业名称	与本公司的关系	注册地址	法人代表	注册资本	主营业务
西藏自治区投资有限公司	相同控制股东	拉萨市	白玛才旺	60 000	对金融企业股权投资；对能源、交通、旅游、酒店、矿业、藏医药、食品、高新技术产业、农牧业、民族手工业投资开发；对基础设施投资和城市公用项目投资。

6.5.3　公司与关联方的重大交易事项

6.5.3.1　固有财产与关联方

固有与关联方关联交易				
	期初数	借方发生额	贷方发生额	期末数
其他应收款	500.00	—	500.00	—
合计	500.00	—	500.00	—

6.5.3.2　信托财产与关联方交易情况

本公司无上述交易。

6.5.3.3　信托公司自有资金运用于自己管理的信托项目、信托公司管理的信托项目之间的相互（信信交易）交易金额，包括余额和本报告年度的发生额

本公司无上述交易。

6.5.4　会计制度的披露

固有业务和信托业务执行的是 2006 年颁布的《新企业会计准则》。

7. 财务情况说明

7.1　实现利润和分配情况

（1）利润总额 10 153.61 万元。
（2）所得税费用 1 591.46 万元。
（3）净利润 8 562.15 万元。
（4）年初未分配利润 2 324.17 万元。
（5）可供分配利润 10 886.32 万元。
（6）提取信托赔偿准备金 4 281.07 万元。
（7）提取一般风险准备 1 653.63 万元。
（8）年末未分配利润 4 951.62 万元。

7.2　主要财务指标

指标名称	指标值
资本利润率（%）	17.01
信托报酬率（%）	0.37
人均净利润（万元）	389.19

注：1. 资本利润率 = 净利润/所有者权益平均余额 ×100%。
2. 信托报酬率 = 当年信托报酬收入/实收信托平均余额 ×100%。
3. 人均净利润 = 净利润/公司年平均人数。
平均值采取年初及各季末余额移动算术平均法，公式为：a（平均）=（a0/2 + a1 + a2 + a3 + a4/2）/4。

7.3　对本公司财务状况、经营成果有重大影响的其他事项

无。

8. 特别事项

8.1　前五名股东报告期内变动情况及原因

本公司无上述情况。

8.2　董事、监事及高级管理人员变动情况

（1）董事变动情况
请详见：公司治理结构之董事。
（2）监事变动情况
请详见：公司治理结构之监事。
（3）高级管理人员变动情况

请详见：公司治理结构之公司高级管理人员。

8.3　公司的重大诉讼事项

本公司无上述情况。

8.4　对会计师事务所出具的有保留意见、否定意见或无法表示意见的审计报告的，公司董事会应就所涉及事项作出说明

本公司无上述情况。

8.5　公司及其董事、监事和高级管理人员受到处罚的情况

本公司无上述情况。

8.6　银监会及其派出机构对公司检查后提出的整改意见及整改情况

本公司无上述情况。

8.7　本年度重大事项临时报告的简要内容、披露时间、披露的媒体及其版面

本公司无上述情况。

8.8　银监会及其省级派出机构认定的其他有必要让客户及相关利益人了解的重要信息

本公司无上述情况。

9. 公司监事会意见

监事会认为，报告期内，公司经营活动依法运作，操作规范，财务报告真实地反映了公司的财务状况和经营成果。

厦门国际信托有限公司

1. 重要提示

1.1　本公司董事会及董事、独立董事保证本报告所载资料不存在任何虚假记载、误导性陈述或者重大遗漏，并对其内容的真实性、准确性和完整性承担个别及连带责任。本年度报告摘要摘自年度报告全文，客户及相关利益人欲了解详细内容，应阅读年度报告全文。

1.2　致同会计师事务所为本公司出具了标准无保留意见的审计报告。

1.3　公司董事长洪文瑾、总经理李自成和会计机构负责人财务总监苏荣坚保证年度报告中财务报告的真实、完整。

2. 公司概况

2.1 公司简介

2.1.1　公司的法定中文名称：厦门国际信托有限公司
公司的法定英文名称：Xiamen International Trust Co., Ltd.

2.1.2　法定代表人：洪文瑾

2.1.3　注册地址：厦门市思明区湖滨北路莲滨里8号

2.1.4　邮政编码：361012

2.1.5　国际互联网网址：www.xmitic.com

2.1.6　信息披露事务负责人：李自成
联系人：郑华
联系电话：0592－5311983
传真：0592－5311906
电子信箱：zhenghua@xmitic.com

2.1.7　公司本次信息披露报纸名称：《金融时报》

2.1.8　公司年度报告备置地点：厦门市思明区湖滨北路莲滨里8号

2.1.9　公司聘请的会计师事务所：致同会计师事务所
住所：厦门市思明区珍珠湾软件园创新大厦A区12～15楼

2.1.10　公司信托事务聘请的律师事务所：
福建理海律师事务所
地址：厦门市厦禾路820号帝豪大厦18楼
福建天衡联合律师事务所
地址：厦门市厦禾路666号海翼大厦A栋16层、17层
福建闽翔律师事务所
地址：厦门市嘉禾路267号惠元大厦12层04座

2.2 组织结构

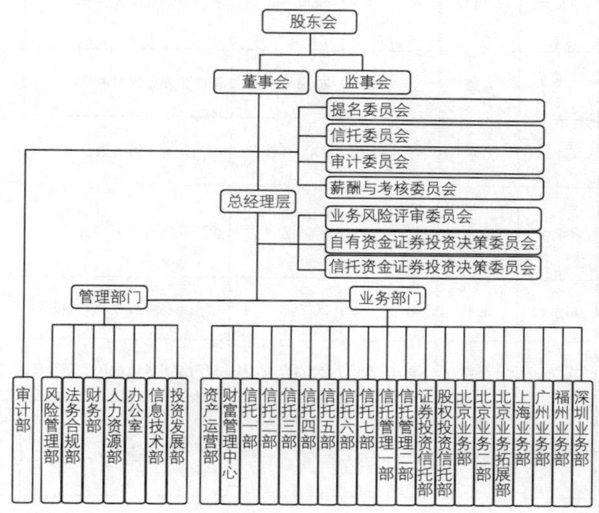

3. 公司治理结构

3.1 股东

公司现有三个股东，分别是：

股东名称	持股比例	法人代表	注册资本	注册地址	主要经营业务及主要财务情况
厦门市金财投资有限公司	80%	许晓曦	3 221 922 135.89元	厦门市思明区观日路33号3层307单元	对金融产业的投资，创业投资，产业投资，股权投资管理与运营。2012年末总资产41.92亿元，营业收入1.83亿元。
厦门建发集团有限公司	10%	王宪榕	38亿元	厦门市鹭江道52号海滨大厦5～7楼	主营涉及进出口贸易和物流，房地产开发与物业管理，旅游酒店等。2012年末总资产762.3亿元，营业收入941.3亿元。
厦门港务控股集团有限公司	10%	郑永恩	31亿元	厦门市东渡路127号六楼	以控股、参股方式从事资产投资、监管、经营；港口工程开发与建设；与港口建设经营有关的业务。2012年末总资产219.36亿元，营业收入54.62亿元。

注：三家股东均为厦门市属并授权经营的国有独资公司。

3.2 董事、董事会及其下属委员会

董事长、副董事长、董事

姓 名	职 务	性别	年龄	选任日期	所推举的股东名称	该股东持股比例(%)	简 要 履 历
洪文瑾	董事长	女	49	2009 年 1 月	厦门市金财投资有限公司	80	1985 年参加工作，1991 年起历任厦门建发集团有限公司财务部副经理，厦门建发信托公司副总经理、总经理，厦门国际信托有限公司董事、总经理、董事长。
王宪榕	董事	女	60	2009 年 1 月	厦门建发集团有限公司	10	1969 年参加工作，1984 年起历任厦门建发集团有限公司财务部副经理，公司总经理助理、副总经理、总经理、党委书记、董事长。
吴小敏	董事	女	57	2009 年 1 月	厦门建发集团有限公司	10	1974 年参加工作，1986 年起历任厦门建发集团有限公司综合部副经理，贸管部副经理、经理，公司副总经理、常务副总经理、总经理、党委书记。
黄文洲	董事	男	47	2009 年 1 月	厦门建发集团有限公司	10	1985 年参加工作，1988 年起历任厦门建发集团有限公司财务部副经理、经理，公司总经理助理、副总经理、党委副书记；厦门建发股份有限公司副总经理、总经理、董事长。
郑永恩	董事	男	54	2009 年 1 月	厦门港务控股集团有限公司	10	1998 年起历任厦门港务集团有限公司董事、副总经理、总经理、党委副书记，2007 年起任厦门港务控股集团有限公司董事长、党委书记。
陈鼎瑜	董事	男	55	2009 年 1 月	厦门港务控股集团有限公司	10	1998 年起历任厦门港务集团有限公司董事、副总经理、党委委员，2007 年起任厦门港务控股集团有限公司董事、总经理、党委副书记。
傅承景	董事	男	50	2009 年 1 月	厦门港务控股集团有限公司	10	1983 年参加工作，历任厦门市财政局干部、科员、副处长、处长，2004 年起任厦门港务集团有限公司董事、副总经理，2007 年起任厦门港务控股集团有限公司董事、副总经理、总会计师。
屈文洲	独立董事	男	40	2009 年 7 月			2005 年至 2007 年任厦门大学管理学院副教授；现任厦门大学管理学院教授、博士生导师，厦门大学中国资本市场研究中心主任，厦门大学管理学院财务学系副主任。
黄衍电	独立董事	男	60	2009 年 7 月			1991 年起历任集美大学财经学院财税系副主任、主任、副院长；现任财经学院院长。

独立董事

姓 名	所在单位职务	性别	年龄	选任日期	所推举的股东名称	该股东持股比例(%)	简 要 履 历
屈文洲	厦门大学管理学院财务学系副主任	男	40	2009 年 7 月			2005 年至 2007 年任厦门大学管理学院副教授；现任厦门大学管理学院教授、博士生导师，厦门大学中国资本市场研究中心主任，厦门大学管理学院财务学系副主任。
黄衍电	集美大学财经学院院长	男	60	2009 年 7 月			1991 年起历任集美大学财经学院财税系副主任、主任、副院长；现任财经学院院长。

3.3 监事会成员

姓 名	职 务	性别	年龄	选任 日期	所推举的股东名称	该股东持股比例(%)	简 要 履 历
余明凤	监事	男	49	2009 年 1 月	厦门港务控股集团	10	1985 年起历任厦门汽车运输公司客运分公司会计，厦门汽车运输公司旅游分公司财务科长，厦门经济特区运输总公司财务部副经理，厦门市交通国有资产投资有限公司财务部经理，厦门港务控股集团有限公司财务部副经理，厦门港务控股集团有限公司审计部副经理、经理。
叶志良	监事	男	56	2005 年 5 月	厦门建发集团	10	1975 年参加工作，1984 年起历任厦门国际贸易信托公司引进部副主任，厦门建发公司工贸部副经理，华益公司总经理，厦门建发集团有限公司办公室主任、总经理助理、党委副书记、纪检委书记、工会主席。

3.4 高级管理人员

姓名	职务	性别	年龄	选任日期	金融从业年限	学历	专业
洪文瑾	董事长	女	49	2008年11月	18	硕士	工商管理
李自成	总经理	男	51	2012年1月	23	硕士	历史
林 将	副总经理	男	55	2009年4月	31	大专	金融
蔡炎坤	总经理助理	男	48	2009年7月	24	硕士	货币银行
郭韶红	总经理助理	女	44	2009年7月	23	硕士	金融
苏荣坚	财务总监	男	50	2009年7月	18	本科	经济管理
郑 华	总经理助理	女	38	2010年5月	18	本科	行政管理

3.5 公司员工

报告期末公司职工人数115人，平均年龄39岁，学历结构分布为博士0.87%、硕士28.7%、本科46.96%、专科15.65%、其他7.82%。

4. 经营管理

4.1 经营目标、经营方针、战略规划

经营目标：在健全内部法人治理结构、完善和规范内控管理制度和业务流程基础上，建立并形成一批高素质、专业化的投资管理与营销团队，实现公司信托资产规模和盈利水平的双增长，为信托受益人和公司股东谋求最大利益。

经营方针：稳健经营、诚实守信、开拓创新、有效回报，即以稳健经营为前提，以诚实信用为根本，以开拓创新为动力，以有效回报为目标。

发展规划：根据国家"十二五"规划的发展重点，依托国务院关于支持福建省加快建设海峡西岸经济区的发展契机，以开拓创新为先导，以专注主业为核心，以风险控制为保障，加强与银行、政府、其他非银行金融机构和中介机构之间开展各种形式的合作，逐步实现信托业务从平台型为主到自主管理型为主的转变；建立健全有效的激励和约束机制，实施有效的人才战略，为公司可持续发展创造条件；着力提升公司的投融资能力、项目开发能力、资产管理能力和市场营销能力；在确保安全性的前提下适当调整自有资产结构，提高自有资产的运作效益，从而推动公司业务规模、经营效益、管理水平的全面提升，规划期内确保在信托业务主要指标行业排名上均能够逐年提升，初步形成自身的核心盈利模式并成为国内具有一定竞争力的信托机构。

4.2 所经营业务的主要内容

目前公司经营的业务均围绕"一法两规"及银监会的有关规定开展，在固有资产方面，开展贷款（流动资金贷款和固定资产贷款）、融资租赁、投资（金融股权投资和证券投资）等业务。在信托业务方面，有单一信托和集合信托业务、资金信托和财产信托业务。目前信托业务主要开展了贷款信托、证券投资信托、股权投资信托和股权管理信托、财产信托（土地收益权、股权收益权、信贷资产）等，信托业务资金投向涵盖了基础设施建设、房地产、证券、优质工商企业等方面。

4.2.1 自营资产运用与分布表

资产运用	金额（万元）	占比（%）	资产分布	金额（万元）	占比（%）
货币资产	38 559	21.24	基础产业	37 502	20.66
贷款及应收款	39 900	21.98	房地产业	8 900	4.90
交易性金融资产	1 546	0.85	证券市场	2 158	1.19
可供出售金融资产	612	0.34	实业	2 900	1.60
持有至到期投资	23 999	13.22	金融机构	29 825	16.43
长期股权投资	67 327	37.09	其他	100 226	55.22
其他	9 568	5.28			
资产总计	181 511	100	资产总计	181 511	100

4.2.2 信托资产运用与分布表

资产运用	金额（万元）	占比（%）	资产分布	金额（万元）	占比（%）
货币资产	153 706	1.36	基础产业	1 055 848	9.35
贷款	5 390 107	47.74	房地产	1 857 833	16.45
交易性金融资产	308 823	2.74	证券市场	471 459	4.18
可供出售金融资产	2 965 292	26.26	实业	5 503 141	48.74
持有至到期投资	122 070	1.08	金融机构	442 223	3.92
长期股权投资	638 672	5.66	其他	1 960 222	17.36
其他	1 712 056	15.16			
信托资产总计	11 290 726	100	信托资产总计	11 290 726	100

4.3 市场分析

4.3.1 有利因素

高端客户理财市场蓬勃发展。国内经济持续快速发展，随着社会财富不断增加，社会财富的管理需求愈来愈大，如何使资产保值增值，成为投资者最为关心的话题，资产管理和财富管理的市场潜力巨大，这为信托业发展提供了广阔市场空间。

信托监管环境日臻完善。中国银监会制定了一系列信托行业监管制度和业务规范，明确引导信托公司转变经营模式，有利于促进信托业务规范化运作，促进信托公司自主管理资产能力的提升。

公司明确中长期发展规划，稳健经营，资产优良，风控体系日趋完善，树立了合规经营的品牌优势，拥有专业化的人才队伍，为公司稳步发展奠定了基础。

4.3.2 不利因素

目前社会公众对信托行业的了解程度较低，市场和合格投资者尚需培育。信托业务相关配套法规如信托登记等制度尚未建立，较大影响了信托创新业务开展。当前宏观经济形势下，行业面临的外部环境日趋复杂，金融机构竞争加剧，信托公司缺乏竞争优势。

4.4 内部控制概况

4.4.1 内部控制环境和内部控制文化

公司内部控制具体包括四项目标：一是确保国家法律法规、外部监管机构的监管要求和公司内部规章制度得到有效的贯彻执行；二是确保公司发展战略和经营目标的全面实施和充分实现；三是确保公司风险管理体系的有效性；四是确保业务记录、财务信息和其他管理信息的及时性、真实性、完整性。

公司建立了较为完善的法人治理结构，包括股东会、董事会、监事会和经营班子，各自职责明确并得到切实履行。董事会对公司建立内部控制系统和维持其有效性承担最终责任，经营班子对内部控制制度的有效执行承担责任，监事会对内部控制行使监督职责。公司董事会、监事会和经营管理层能充分认识自身对内部控制所承担的责任，并培育公司良好的内部控制文化和风险管理理念。董事会对总经理制定了明确的授权权限，总经理办公会具有明确的议事规则和决策程序。公司按照信托资产与固有资产隔离原则，分别设立不同的业务部门由不同的高管人员负责管理，各个信托项目均建立独立账户和账套分别管理、分别记账。公司按照职责明确、相互制约的原则设置组织结构，各部门有明确的授权分工，严格遵守公司《部门工作职责》的规定，在各自职权范围内从事活动。这些设置为公司提供了一个良好的内控环境和氛围。

4.4.2 内部控制措施

公司根据全面性、审慎性、及时性、有效性等原则，主要以业务处理流程为基础，运用目标控制、组织控制、授权控制、程序控制、检查控制等多种控制方法，致力于形成一套包括前台、中台、后台三道防线的内部监督控制体系。

公司持续不断地完善制度建设，包括信贷业务、投资业务、资金业务、会计内部控制、信息系统内部控制等各个方面在内的规章制度，排除内控盲点，建立分类科学、内容全面的制度和流程体系。2012 年制定和修订了 14 大项的规章制度，重新整理了制度汇编。一系列规章制度保证了公司各项业务规范、有序开展。各项制度得到良好执行。

公司内部控制职能主要通过法务合规部、风险管理部和审计部来履行。法务合规部、风险管理部主要履行事前、事中的控制职能。审计部主要履行事后检查监督职能。

4.4.3 信息交流与反馈

公司经营层与董事会保持良好的信息沟通，及时将经营管理中问题、国家法律法规、政策和监管意见向董事会传达；所有经营活动均严格按照董事会对经营层的授权进行，授权是明确而有效的；根据有关监管要求，对于集合资金信托业务、关联交易等重大事项，公司均履行了报备或报批手续。针对监管意见和稽核审计中发现的问题，向公司各部门发出整改通知，把有关监管意见落实到相关部门；公司通过内部网办公系统，保证全体员工及时了解国家法律法规和公司规章制度，使风险意识和内控措施贯穿到公司各个部门、各个岗位和各个环节；业务部门、内部审计部门和其他人员发现的内部控制的问题，均能有畅通的报告渠道并采取有效纠正措施；公司严格执行向委托人、受益人信息披露的有关制度，确保相关当事人的知情权。

4.4.4 监督评价与纠正

公司设立审计部门负责内部审计工作，审计工作按照审计署关于内部审计的规定和银监会的有关规定进行，包括采取定期和不定期方式，范围涉及财务和业务的各个方面，对公司内部控制制度的执行情况进行持续的监督，评价内部控制的有效性，提出意见。各个信托项目结束以及关键岗位人员离职均必须经过审计部门的审计。2012 年，审计部全年共完成 27 个常规和专项审计，其中到期信托项目审计涉及 189 个项目，运行中项目的后续跟踪及运行报告涉及 401 个项目，出具 28 份内审报告和 1 份离任审计报告，提出整改意见和审计建议 65 条。内部审计工作始终得到公司董事会和高级管理层的重视，内部审计结果向董事会和经营层报告，对于内部审计中发现的问题，能得到及时有效的整改，并将整改落实情况向监管部门报告。

4.5 风险管理概况

4.5.1 风险概况

公司十分注重风险控制管理，坚持积极稳健的经营原则，规范运作，审慎经营；公司按照全面风险管理、集中风险管理、独立性、有效性、及时性、持续性的原则，通过自上而下的风险识别、自上而下的风险控制和上下结合的风险化解 将本公司业务运作和经营管理的所有内容都涵盖于风险管理制度之下；公司进一步运用现代风险管理控制手段和技术，不断改进和提高风险控制管理质量和水平。

公司建立了有效的风险管理组织结构，包括董事会、总办会、法务合规部、风险管理部（业务风险评审委员会）、审计部。董事会对风险负最终责任，负责确立适当的风险管理原则和战略；总办会发挥其应有的民主决策的积极作用；法务合规部负责业务合规性审查、法律事务；风险管理部负责日常风险管理和跟踪监督；审计部负责公司审计稽核等。

4.5.2 风险状况

4.5.2.1 信用风险状况

信用风险主要表现为公司交易对手不能履行合约义务带来的风险，其中包括业务合作伙伴、贷款对象的信用风险，资金往来银行的信用风险，从而导致公司资产价值发生变动遭受损失的风险。2012 年公司自营信用风险资产期末数为 85 090 万元；其中正常类信用风险资产为 85 090 万元，无关注类、次级类、可疑类和损失类信用风险资产。不良信用资产的期初数为 0 万元，期末数为 0 万元。已足额计提资产减值准备。

4.5.2.2 市场风险状况

市场风险是指因市场波动而使得投资者不能获得预期收益的风险，包括股价、市场汇率、利率及其他价格因素产生的不利波动。

由于公司未操作外汇业务，因此市场汇率的变动对公司暂时没有影响。

4.5.2.3 操作风险状况

操作风险是指公司由于内部程序、人员、系统的不完善或失误，或外部事件造成的潜在损失。

公司目前已逐步建立和完善了一系列基本制度、管理规定和业务操作流程，公司高管和员工风险意识和责任心较强。自重新登记以来未发生过较大因员工不尽职或违规而给公司和信托财产造成损失的事件。公司基本能有效地防范各个环节的操作风险。

4.5.2.4 其他风险状况

其他风险如政策风险，宏观政策以及监管政策的变动对公司经营环境和发展会造成的一定的影响。

4.5.3 风险管理

4.5.3.1 信用风险管理

公司根据《企业会计准则》关于资产减值准备确认、计量的规定，并参考财政部关于印发《金融企业准备金计提管理办法》的通知（财金〔2012〕20号文）对本公司资产提取资产减值准备及一般风险准备。截至报告期末公司应提的资产减值准备为0万元、一般准备2 587万元，已提资产减值准备0万元、一般准备2 587万元。

针对融资对象企业的信用风险，公司主要通过严格贷款“三查”制度、审贷分离制度和逐级审批制度来加以防范，制定了统一的企业信用标准和详细的操作规程。

针对资金往来银行和开户券商风险，主要通过选择实力雄厚、信誉卓著、业绩优良的金融机构作为合作伙伴并对合作伙伴定期与不定期压力测试来及时发现问题，对风险加以防范。

办理抵押贷款，注重对抵押物的权属、有效性和变现能力以及所设定抵押的合法性进行审查，完善登记手续；对抵押物确认的主要原则为根据抵押物评估值的不同情况合理确定贷款抵押比例。

办理保证贷款，主要对保证人的保证资格、资信状况及其还款记录进行审查，并签订保证合同；原则上提供保证的企业应属于经营良好的企业，有足够的偿债能力，在贷款期间没有可预见的经营风险存在，没有不良记录，历史上信用良好等。

4.5.3.2 市场风险管理

针对证券市场风险，公司注重对证券投资的策略研究，遵循组合投资、分散风险的原则，建立对各种市场风险暴露进行实时计量和评估机制，并根据所确认和计量的风险暴露，分别制定风险限额、设立止损措施等以有效防范证券市场风险。公司根据市场需求开发信托产品，一方面满足一般受益人的风险收益偏好，另一方面有效降低优先受益人的风险。公司严格选择投资顾问，确定合理的证券投资资产配置比例和止损线。公司运用投资管理信息系统实时控制投资比例限制和产品净值变动，严格执行有关止损点措施。

4.5.3.3 操作风险管理

操作风险可以通过正确的管理程序得到控制。公司主要通过严格的授权制度与过程监控来防范操作风险。在制定和完善具体的风险管理制度时，以“一法两规”为依据，落实信托业务和自营业务分账管理、防止挪用或私自改变资金用途、规范关联交易、加强信息披露等业务操作守则和制度要求。特别是对信托经理人的道德水准和职业操守有明确的职责要求，要求其定期完成对信托业务执行风险控制点的监控报告，恪尽职守，履行诚实、信用、谨慎、有效管理的义务。

4.5.3.4 其他风险管理

其他风险如政策风险，公司通过严格依法经营，根据法规和监管政策要求及时制定完善公司规章、内控制度和业务规程，加强业务合规性审查以规范和控制公司业务的政策风险。同时，公司保持与监管当局紧密沟通、了解政策动向，把握业务方向。

5. 报告期末及上一年度末的比较式会计报表

5.1 自营资产

5.1.1 会计师事务所审计结论

审 计 报 告

致同审字(2013)第350FB0002号

厦门国际信托有限公司全体股东：

我们审计了后附的厦门国际信托有限公司（以下简称厦门信托公司）自营资产财务报表，包括自营资产2012年12月31日的资产负债表，2012年度的利润表、现金流量表、所有者权益变动表以及财务报表附注。

一、管理层对财务报表的责任

编制和公允列报财务报表是厦门信托公司管理层的责任，这种责任包括：(1)按照企业会计准则的规定编制财务报表，并使其实现公允反映；(2)设计、执行和维护必要的内部控制，以使财务报表不存在由于舞弊或错误导致的重大错报。

二、注册会计师的责任

我们的责任是在执行审计工作的基础上对财务报表发表审计意见。我们按照中国注册会计师审计准则的规定执行了审计工作。中国注册会计师审计准则要求我们遵守中国注册会计师职业道德守则，计划和执行审计工作以对财务报表是否不存在重大错报获取合理保证。

审计工作涉及实施审计程序，以获取有关财务报表金额和披露的审计证据。选择的审计程序取决于注册会计师的判断，包括对由于舞弊或错误导致的财务报表重大错报风险的评估。在进行风险评估时，注册会计师考虑与财务报表编制和公允列报相关的内部控制，以设计恰当的审计程序，但目的并非对内部控制的有效性发表意见。审计工作还包括评价管理层选用会计政策的恰当性和作出会计估计的合理性，以及评价财务报表的总体列报。

我们相信，我们获取的审计证据是充分、适当的，为发表审计意见提供了基础。

三、审计意见

我们认为，厦门信托公司自营资产财务报表在所有重大方面按照企业会计准则的规定编制，公允反映了厦门信托公司自营资产2012年12月31日的财务状况以及2012年度的经营成果和现金流量。

致同会计师事务所（特殊普通合伙）厦门分所

中国注册会计师

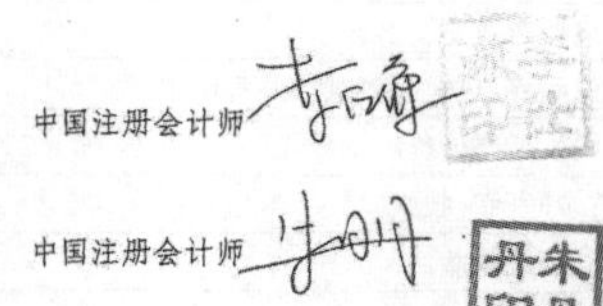

中国注册会计师

中国·厦门　　　　二〇一三年四月九日

5.1.2 资产负债表

单位：厦门国际信托有限公司（自营资产） 2012年12月31日 单位：万元

资　　产	期末数	期初数	负债和所有者权益	期末数	期初数
资产：			负债：		
货币资金	38 559	18 832	拆入资金		
拆出资金			衍生金融负债		
交易性金融资产	1 546	1 234	应付职工薪酬	7 552	7 801
衍生金融资产			应交税费	5 107	5 083
买入返售金融资产			应付利息		
应收利息	132	87	应付股利		16 758
发放贷款	39 900	27 450	预计负债		
可供出售金融资产	612	1 465	递延所得税负债	100	100
长期应收款		58	其他负债	1 339	1 493
持有至到期投资	23 999	32 998	负债合计	14 098	31 235
长期股权投资	67 327	64 320	所有者权益：		
固定资产	5 151	5 368	实收资本	100 000	100 000
递延所得税资产	1 875	2 024	资本公积	1 535	1 518
其他资产	2 410	2 069	盈余公积	17 072	12 800
			一般风险准备	2 587	1 462
			信托赔偿准备	8 228	6 091
			未分配利润	37 991	2 799
			所有者权益合计	167 413	124 670
资产总计	181 511	155 905	负债和所有者权益总计	181 511	155 905

法定代表人：洪文瑾 主管财务负责人：苏荣坚 财务主管：苏荣坚

5.1.3 利润表

单位：厦门国际信托有限公司（自营资产） 2012年度 单位：万元

项　　目	当年数	上年数
一、营业收入	69 865	43 467
利息净收入	4 518	2 795
利息收入	4 518	2 795
利息支出	—	—
手续费及佣金净收入	54 753	30 632
手续费及佣金收入	54 753	30 632
手续费及佣金支出	—	—
投资收益（损失以“-”号填列）	9 634	11 139
公允价值变动收益	312	-1 503
汇兑收益（损失以“-”号填列）	—	—
其他业务收入	648	404
二、营业支出	14 581	14 522
营业税金及附加	3 314	1 889
业务及管理费	9 369	10 514
资产减值损失	—	-293
其他业务成本	1 898	2 412
三、营业利润（亏损以“-”号填列）	55 284	28 945
加：营业外收入	1	59
减：营业外支出	144	69
四、利润总额（损失以“-”号填列）	55 141	28 935
减：所得税费用	12 415	5 643
五、净利润（损失以“-”号填列）	42 726	23 292
六、每股收益：		
（一）基本每股收益	0.43	0.23
（二）稀释每股收益	0.43	0.23
七、其他综合收益	17	-23
八、综合收益总额	42 743	23 269

法定代表人：洪文瑾 主管财务负责人：苏荣坚 财务主管：苏荣坚

5. 1. 4

所有者权益变动表

单位:厦门国际信托有限公司(自营资产) 2012 年度 单位:万元

项目	本年金额								上年金额							
	归属于母公司所有者权益							所有者权益合计	归属于母公司所有者权益							所有者权益合计
	实收资本(或股本)	资本公积	减:库存股	盈余公积	一般风险准备	信托赔偿准备	未分配利润		实收资本(或股本)	资本公积	减:库存股	盈余公积	一般风险准备	信托赔偿准备	未分配利润	
一、上年末余额	100 000	1 518	—	12 800	1 462	6 091	2 799	124 670	100 000	1 541		10 471	1 220	4 927	12 012	130 171
加:会计政策变更							—									
前期差错更正							—							—		
二、本年初余额	100 000	1 518	—	12 800	1 462	6 091	2 799	124 670	100 000	1 541		10 471	1 220	4 927	12 012	130 171
三、本年增减变动金额(减少以“-”号填列)	—	17	—	4 272	1 125	2 137	35 192	42 743	—	-23	—	2 329	242	1 164	-9 213	-5 501
(一)净利润							42 726	42 726							23 292	23 292
(二)其他综合收益	—	17	—	—	—	—	—	17	—	-23	—	—	—	—		-23
1. 可供出售金额资产公允价值变动净额	—	23	—	—	—	—	—	23	—	-31	—	—	—	—	—	-31
(1)计入所有者权益的金额		23						23		-31						-31
(2)转入当期损益的金额										—						
2. 现金流量套期工具公允价值净额																
(1)计入所有者权益的金额																
(2)转入当期损益的金额																
(3)计入被期项目初始确认金额中的金额																
3. 权益法下被投资单位其他所有者权益变动的影响																
4. 与计入所有者权益项目相关的所得税影响		-6						-6		8						8
5. 其他								—								
上述(一)和(二)小计	—	17	—	—	—	—	42 726	42 726	—	-23	—	—		—	23 292	23 269
(三)所有者投入和减少资本	—	—	—	—	—	—	—	—		—	—	—		—	—	
1. 所有者投入资本	—							—								
2. 股份支付计入所有者权益的金额								—								—
3. 其他								—								—
(四)利润分配	—	—	—	4 272	1 125	2 137	-7 534	—	—	—	—	2 329	242	1 164	-32 505	-28 770
1. 提取盈余公积				4 272			-4 727	—				2 329			-2 329	—
2. 提取一般风险准备					1 125		-1 125	—					242		-242	—
3. 提取信托赔偿准备						2 137	-2 137	—						1 164	-1 164	—
4. 对所有者(或股东)的分配								—							-28 770	-28 770
(五)所有者权益内部结转	—	—	—	—	—	—	—	—	—	—	—	—		—	—	—
1. 资本公积转增资本								—								—
2. 盈余公积转增资本								—								—
3. 盈余公积弥补亏损								—								—
4. 其他								—								—
四、本年末余额	100 000	1 535	—	17 072	2 587	8 228	37 991	167 413	100 000	1 518	—	12 800	1 462	6 091	2 799	124 670

法定代表人:洪文瑾 主管会计工作负责人:苏荣坚 会计机构负责人:苏荣坚

5.2 信托资产

5.2.1 信托项目资产负债汇总表

单位:厦门国际信托有限公司　　2012 年 12 月 31 日　　单位:万元

资　产	期末数	期初数	负债与所有者权益	期末数	期初数
资产:			负债:		
货币资金	153 706	745 596	应付受托人报酬	2 852	147
拆出资金	0	0	应付受益人收益	521	6 857
交易性金融资产	308 823	201 727	应交税金	0	0
衍生金融资产	0	0	衍生金融负债	0	0
买入返售金融资产	1 709 455	454,922	其他负债	36 499	28 550
发放贷款	5 390 107	2 656 363	负债合计	39 872	35 554
可供出售金融资产	2 965 292	1 977 675	所有者权益:		
持有至到期投资	122 070	442 370	实收信托	11 262 573	7 175 090
应收款项	2 601	698	其中:集合资金信托	1 250 996	1 596 454
长期股权投资	638 672	600 052	单一资金信托	9 007 964	4 663 796
其他资产	0	93 179	财产信托	1 003 613	914 840
			资本公积	0	0
			未分配利润	-11 719	-38 062
			所有者权益合计	11 250 854	7 137 028
资产总计	11 290 726	7 172 582	负债和所有者权益总计	11 290 726	7 172 582

法定代表人:洪文瑾　　主管财务负责人:苏荣坚　　财务主管:苏荣坚

5.2.2 信托项目利润及利润分配汇总表

单位:厦门国际信托有限公司(信托业务汇总)　2012 年度　单位:万元

项　目	当年数	上年数
一、营业收入	745 277	203 441
利息净收入	437 025	165 229
利息收入	437 025	165 229
利息支出	0	0
投资收益(损失以"-"号填列)	269 711	59 300
公允价值变动收益	31 060	-28 416
其他业务收入	7 481	7 328
二、营业支出	124 551	59 568
营业税金及附加	0	0
信托费用	124 551	59 568
资产减值损失	0	0
三、利润总额(损失以"-"号填列)	620 726	143 873
加:期初未分配信托利润	-38 062	24 157
损益平准金	8	176
四、可供分配的信托利润	582 672	168 206
减:本期已分配信托利润	594 392	206 268
五、期末未分配信托利润	-11,720	-38 062

法定代表人:洪文瑾　　主管财务负责人:苏荣坚　　财务主管:苏荣坚

6. 会计报表附注

6.1 会计报表编制基准、会计政策、会计估计和核算方法发生变化的说明

对比上一报告年度,本报告年度公司会计报表编制基准、会计政策、会计估计和核算方法没有发生变化。

6.2 或有事项的说明

公司的对外担保均为在重新登记前为厦门市一些市政项目提供的担保,2012 年期初数为 4 474 万元、期末数为 4 275 万元。由于以上担保均由厦门市财政局提供反担保,因此,上述或有事项对公司不构成重大影响。

6.3 重要资产转让及其出售的说明

本期公司没有发生重要资产转让或出售。

6.4 会计报表中重要项目的明细资料

6.4.1 自营资产经营情况

6.4.1.1 信用风险资产分类情况表

信用风险资产五级分类	正常类(万元)	关注类(万元)	次级类(万元)	可疑类(万元)	损失类(万元)	信用风险资产合计(万元)	不良资产合计(万元)	不良资产率(%)
期初数	52 911	0	0	0	0	52 911	0	0
期末数	85 090	0	0	0	0	85 090	0	0

注:1. 资产数按照计提减值准备前的数字反映。
2. 不良资产合计 = 次级类 + 可疑类 + 损失类。

6.4.1.2 资产减值损失准备

单位:万元

	期初数	本期计提	本期转回	本期核销	期末数
贷款损失准备	0	0	0	0	0
一般准备	0	0	0	0	0
专项准备	0	0	0	0	0
其他资产减值准备	0	0	0	0	0
可供出售金融资产减值准备	0	0	0	0	0

续表

	期初数	本期计提	本期转回	本期核销	期末数
持有至到期投资减值准备	0	0	0	0	0
长期股权投资减值准备	0	0	0	0	0
坏账准备	0	0	0	0	0
投资性房地产减值准备	0	0	0	0	0

6.4.1.3　自营投资情况

单价:万元

	自营股票	基金	债券	长期股权投资	其他投资	合计
期初数	1 234	612	0	64 320	33 851	100 017
期末数	1 546	612	0	67 327	23 999	93 484

6.4.1.4　前五名长期股权投资企业情况

企业名称	占被投资企业权益的比例(%)	主要经营活动	投资损益(万元)
1. 厦门华夏国际电力发展有限公司	20	火力发电、电力销售及其他与火电厂经营相关项目的开发利用。	3 283
2. 申银万国证券股份有限公司	0.2887	证券代理买卖;代理证券的还本付息、分红派息;证券代保管、鉴证;代理登记开户;证券的自营买卖;证券的承销;证券投资咨询;受托投资管理。	0
3. 象屿期货有限责任公司	46.47	商品期货经纪;金融期货经纪。	-57
4. 福建省能源集团财务有限公司	10	对成员单位办理财务和融资顾问、信用鉴证及相关的咨询、代理业务。	0
5. 南方基金管理有限公司	15	从事证券投资基金管理、发起设立证券投资基金。	2 700

注:投资损益是指按照企业会计准则规定,核算股权投资确认损益并计入披露年度利润表的金额。

6.4.1.5　前五名自营贷款企业情况

企业名称	占贷款总额的比例(%)	还款情况
1. 厦门市集美区国有资产投资有限公司	37.59	贷款未到期、无欠息
2. 安溪县小城镇建设投资有限公司	20.05	贷款未到期、无欠息
3. 福建象屿房地产开发有限公司	15.04	贷款未到期、无欠息
4. 龙海市国有资产投资经营有限公司	12.78	贷款未到期、无欠息
5. 福州世欧投资发展有限公司	7.27	贷款未到期、无欠息

6.4.1.6　表外业务

单位:万元

表外业务	期初数	期末数
担保业务	4 474	4 275
代理业务(委托业务)	3 308	3 308
其他	0	0
合计	7 782	7 583

注:代理业务主要反映因客观原因应规范而尚未完成规范的历史遗留委托业务,包括委托贷款和委托投资。

6.4.1.7　公司当年的收入结构

收入结构	金额(万元)	占比(%)
手续费及佣金收入	54 753	78.37
其中:信托手续费收入	54 753	78.37
投资银行业务收入	0	0
利息收入	4 518	6.47
其他业务收入	648	0.93
其中:计入信托业务收入部分	0	0
投资收益	9 634	13.79
其中:股权投资收益	5 926	8.48
证券投资收益	47	0.07
其他投资收益	3 661	5.24%
公允价值变动收益	312	0.44
营业外收入	1	0
收入合计	69 866	100

注:手续费及佣金收入、利息收入、其他业务收入、投资收益、营业外收入均为损益表中的一级科目,其中手续费及佣金收入、利息收入、营业外收入为未抵减掉相应支出的全年累计实现收入数。

6.4.2　信托资产管理情况

6.4.2.1　信托资产的期初数、期末数

单位:万元

信托资产	期初数	期末数
集合	1 578 159	1 381 690
单一	4 679 573	9 019 241
财产权	914 850	889 795
合计	7 172 582	11 290 726

6.4.2.1.1　主动管理型信托业务情况

单位:万元

主动管理型信托资产	期初数	期末数
投资类	1 944 462	1 356 000
其中:证券投资	338 400	471 459
融资类	4 662 912	3 479 937
事务管理类	1 147	1 148
合计	6 608 521	4 837 085

6.4.2.1.2　被动管理型信托业务情况

单位:万元

被动管理型信托资产	期初数	期末数
投资类	285 277	1 831 228
其中:证券投资	0	0
融资类	223 689	4 579 270
事务管理类	55 095	43 143
合计	564 061	6 453 641

6.4.2.2　本年度已清算结束的信托项目情况

6.4.2.2.1　本年度已清算结束的集合类、单一类、财产管理类信托项目情况

已清算结束信托项目	项目个数	实收信托合计金额(万元)	加权平均实际年化收益率(%)
集合类	44	711 529	7.55
单一类	156	4 281 308	7.71
财产管理类	1	30 000	6.91

注:收益率是指信托项目清算后,给受益人赚取的实际收益水平。加权平均实际年化收益率=(信托项目1的实际年化收益率×信托项目1的实收信托+信托项目2的实际年化收益率×信托项目2的实收信托+…信托项目n的实际年化收益率×信托项目n的实收信托)/(信托项目1的实收信托+信托项目2的实收信托+…信托项目n的实收信托)×100%。

6.4.2.2.2 本年度已清算结束的主动管理型信托项目情况

已清算结束信托项目	项目个数	实收信托合计金额(万元)	加权平均实际年化信托报酬率(%)	加权平均实际年化收益率(%)
投资类	30	856 458	0.94	7.50
其中:证券投资类	10	60 090	0.97	-7.38
融资类	146	3 493 014	0.57	7.67
事务管理类	0	0	0	0

注:加权平均实际年化信托报酬率=(信托项目1的实际年化信托报酬率×信托项目1的实收信托+信托项目2的实际年化信托报酬率×信托项目2的实收信托+…信托项目n的实际年化信托报酬率×信托项目n的实收信托)/(信托项目1的实收信托+信托项目2的实收信托+…信托项目n的实收信托)×100%。

6.4.2.2.3 本年度已清算结束的被动管理型信托项目情况

已清算结束信托项目	项目个数	实收信托合计金额(万元)	加权平均实际年化信托报酬率(%)	加权平均实际年化收益率(%)
投资类	6	175 841	0.56	8.40
其中:证券投资类	3	24 341	0.01	2.58
融资类	18	486 805	0.40	7.50
事务管理类	1	10 719	0.56	22.45

6.4.2.3 本年度新增的信托项目情况

单位:万元

新增信托项目	项目个数	实收信托合计金额
集合类	40	586 904
单一类	252	9 191 446
财产管理类	1	48 483
新增合计	293	9 826 833
其中:主动管理型	118	3 158 878
被动管理型	175	6 667 955

6.4.2.4 信托业务创新成果和特色业务情况

6.4.2.4.1 创新业务案例

祥云飞龙股权投资集合资金信托计划为我公司2012年推出的股权投资集合资金信托计划。该信托计划共募集资金4 160万元,通过集合信托资金入伙合伙企业(有限合伙),再通过该合伙企业购买祥云飞龙公司新增股权。祥云飞龙的股权通过IPO的方式在国内资本市场上市或股权交易市场挂牌出让、协议出让、拍卖等多种手段保证项目及时退出变现,从而实现委托人投资收益。

6.4.2.4.2 创新业务模式

探索客户开发新模式。公司在原理财中心的基础上组建了财富管理中心,目的即是调研市场的需求和导向,加强直销队伍和配套机制建设,从以往被动营销转变为主动型财富管理,开展了多种形式的客户推广和投资者培育活动。

6.4.2.5 本公司履行受托人义务情况及因本公司自身责任而导致的信托资产损失

公司严格按照信托法规要求,忠实履行信托合同的义务,至本年度止,没有因本公司自身责任而导致的信托资产损失。

6.4.2.6 信托赔偿准备金的提取、使用和管理情况

公司每年按照净利润的5%计提信托赔偿准备金。截至2012年12月31日,信托赔偿准备金期末余额为8 040万元。本公司提取的信托赔偿准备金尚未使用过。

6.5 关联方关系及其交易

6.5.1 关联交易的数量、交易总金额及交易的定价政策

单位:万元

	关联交易方数量	关联交易金额(万元)	定价政策
合计	3	12 000	市场公允价格。对关联方的贷款利率定价依据参照其他商业银行对其同类贷款利率水平,及与我司发放给其他具有同等资信条件非关联方的贷款利率;其他交易方式均按公允交易价格执行。

6.5.2 关联交易方的基本情况

关系性质	关联方名称	法定代表人	注册地址	注册资本(万元)	主营业务
间接受本公司的原母公司控制	联发集团有限公司	陈龙	厦门市湖里区湖里大道31号	180 000	投资兴办独资、合资、合作及内联企业;房地产开发、经营等。
间接受本公司的原母公司控制	厦门禾山建设发展有限公司	施震	厦门市湖里区台湾街289号828单元	35 000	项目的城市规划与设计、征地拆迁、基础设施建设、公建配套建设以及土地储备的前期工作;房地产开发与经营管理等。
间接受本公司的原母公司控制	建发房地产集团成都有限公司	庄跃凯	成都市青羊区清江中路52号	10 000	房地产开发与经营及管理、房地产咨询等。

6.5.3 与关联方的重大交易事项

6.5.3.1 固有与关联方交易情况

单位:万元

固有与关联方关联交易				
	期初数	借方发生额	贷方发生额	期末数
贷款	0	0	0	0
投资	0	0	0	0
租赁	0	0	0	0
担保	0	0	0	0
应收账款	0	0	0	0
其他	0	0	0	0
合计	0	0	0	0

6.5.3.2 信托与关联方交易

单位:万元

信托与关联方关联交易				
	期初数	借方发生额	贷方发生额	期末数
贷款	78 000	19 000	85 000	12 000
投资	0	0	0	0
租赁	0	0	0	0
担保	0	0	0	0
应收账款	0	0	0	0
其他	0	0	0	0
合计	78 000	19 000	85 000	12 000

6.5.3.3 固信交易、信信交易

6.5.3.3.1 固有与信托财产交易情况

单位:万元

固有财产与信托财产相互交易			
	期初数	本期发生数	期末数
合计	13 821	−13 821	0

6.5.3.3.2 信托项目之间交易情况

单位:万元

信托资产与信托财产相互交易			
	期初数	本期发生额	期末数
合计	0	0	0

6.5.4 关联方逾期未偿还本公司资金的情况以及本公司为关联方担保发生或即将发生垫款的情况报告期内无此情况。

6.6 会计制度的披露

本公司固有业务及信托业务均执行国家财政部2006年2月15日颁布的《企业会计准则》及其相关补充规定。

7. 财务情况说明书

7.1 利润实现和分配情况

单位:万元

项目	金额
上年末未分配利润	2 799
加:会计政策变更	0
前期差错更正	0
本年初未分配利润	2 799
加:本年净利润	42 726
可供分配利润	45 525
减:提取一般准备金	1 125
提取盈余公积	4 272
提取信托赔偿准备金	2 137
对所有者(或股东)的分配	0
可供股东分配的利润	37 991
减:应付股利	0
年末未分配利润	37 991

7.2 主要财务指标

单位:万元

指标名称	指标值(%)
资本利润率(%)	29.26
加权年化信托报酬率(%)	0.61
人均净利润(万元)	399

注:1. 资本利润率=净利润/所有者权益平均余额×100%。

2. 加权年化信托报酬率=(信托项目1的实际年化信托报酬率×信托项目1的实收信托+信托项目2的实际年化信托报酬率×信托项目2的实收信托+…信托项目n的实际年化信托报酬率×信托项目n的实收信托)/(信托项目1的实收信托+信托项目2的实收信托+…信托项目n的实收信托)×100%。

3. 人均净利润=净利润/年平均人数。

4. 平均值采取年初、年末余额简单平均法,公式为:a(平均)=(年初数+年末数)/2。

7.3 对本公司财务状况、经营成果有重大影响的其他事项

本报告期内无其他重大影响事项。

8. 特别事项揭示

8.1 前五名股东报告期内变动情况及原因

根据厦门市政府有关部门下发的厦府办〔2012〕74号文和厦国资产〔2012〕281号文的精神,经中国银监会以《中国银监会关于厦门国际信托有限公司变更股权及调整股权结构的批复》(银监复〔2012〕766号)一文批准,公司股权及股权结构发生变更。

依据上述文件,厦门建发集团有限公司将持有的公司41%的股权、厦门港务控股有限公司将持有的公司39的%股权划转至厦门市金财投资有限公司。股权变更后,公司的股东构成、出资额及出资比例分别为:厦门市金财投资有限公司,出资额80 000万元,出资比例80%;厦门建发集团有限公司,出资额10 000万元,出资比例10%;厦门港务控股有限公司,出资额10 000万元,出资比例10%。因股权变更事项获批,公司相应对公司章程进行修订,厦门银监局以厦银监〔2012〕484号文《厦门银监局关于同意厦门国际信托有限公司修订章程的批复》一文批准公司的章程修订事项。

公司股权及章程变更事项于2012年12月31日完成工商变更登记备案手续。

8.2 董事、监事及高级管理人员变动情况及原因

根据银监复(2012)231号《中国银监会关于核准李自成任职资格的批复》及厦国信董字(2012)018号决议,聘任李自成担任厦门国际信托有限公司总经理。

8.3 变更营业场所事项

无。

8.4 公司的重大诉讼事项

无。

8.5 公司及其董事、监事和高级管理人员受到处罚的情况

报告期内未有受到处罚的情况。

8.6 银监会及其派出机构对公司检查后提出整改意见及其整改情况

本年度厦门银监局向公司下发监管意见主要有厦银监〔2012〕424号《关于下发加强平台贷款风险管理监管意见的通知》、厦银监〔2012〕445号《关于下发房地产信托业务现场检查意见书的通知》。公司逐一对照检查，认真落实和整改，并将有关整改计划和进展情况书面报告厦门银监局。主要整改措施包括：(1)对本年新发放的一笔厦门政府融资平台公司贷款进行整改，并对相关业务责任人进行责任追究和行政处罚。(2)按照监管要求制修订收益权融资类业务管理办法、房地产信托业务管理办法等业务相关制度。(3)进一步改进审计工作程序，对发现的问题进一步提出整改要求，明确整改期限，跟进整改情况。(4)进一步采取内部自查、流程控制、考核制度等办法进一步改进贷后管理工作质量。重视对贷款资金流向的监控，收集完整资金使用相关资料，督促业务部门加强贷后管理，持续跟踪、监控借款人、担保物、项目进展等方面的情况。(5)在项目尽职调查和审批阶段，对项目投资标的物风险、项目建设情况、还款来源、土地出让金缴交来源、合理信托期限等要素上加强调查、分析和阐述，督促完善尽职调查内容。(6)重视客户风险提示环节，风险申明书中的手抄内容严格要求由客户本人亲自手写。(7)在项目完整性审查时加强监督，严格按照监管要求，及时、完整地将房地产信托项目相关文件向银监局报送。在厦门银监局的检查、指导和帮助下，公司的治理结构、内控制度和经营风险管理等方面都得到了进一步的改进和完善。

8.7 本年度重大事项临时报告简要内容、披露时间、所披露的媒体及版面

公司于2012年6月15日在《金融时报》第7版发布《厦门国际信托有限公司关于聘任总经理的公告》，聘任李自成先生为厦门国际信托有限公司总经理。

8.8 银监会及其省级派出机构认定的其他有必要让客户及相关利益人了解的重要信息

无。

新华信托股份有限公司

1. 重要提示

新华信托股份有限公司(以下简称公司)董事会及董事保证:本年度报告所载资料不存在任何虚假记载、误导性陈述或者重大遗漏,并对其内容的真实性、准确性和完整性承担个别及连带责任。

公司独立董事李钢、白重恩及戴波先生声明:保证本年度报告的内容真实、准确和完整。

公司2012年度财务报告已经毕马威华振会计师事务所(特殊普通合伙)上海分所根据中国注册会计师独立审计准则审计,并出具了标准无保留意见的审计报告。

公司董事长、法定代表人翁先定先生、董事总经理郝雅军先生、主管会计工作负责人夏亮先生、会计机构负责人王邦彬先生、张琴女士声明:保证本年度报告中的财务报告真实、准确和完整。

本年度报告摘要摘自《公司2012年度报告》全文,年度报告全文同时在公司网站上公布(网址:http://www.nct-china.com),客户及相关利益人欲了解详细内容,谨请登录公司网站阅鉴。

2. 公司概况

2.1 公司简介

2.1.1 公司基本情况

公司始创于1979年。1986年5月,经中国人民银行《关于成立中国工商银行重庆信托投资公司的批复》批准,成立中国工商银行重庆信托投资公司(银复〔1986〕113号)。1992年3月,经中国人民银行重庆市分行和重庆市经济体制改革委员会联合以《关于完善中国工商银行重庆信托投资公司股份制体制有关问题的批复》同意改制为股份有限公司(重人行发〔1992〕字第66号)。1998年1月,经中国人民银行《关于中国工商银行重庆信托投资股份有限公司变更受让单位及更名等有关事宜的批复》批准,中国工商银行转让其所持公司股份给新产业投资股份有限公司,之后公司更名为重庆新华信托投资股份有限公司(银办函〔1998〕5号)。2001年10月,公司按照中国人民银行的要求首批完成重新登记,同时报经中国人民银行批准,公司增资扩股为5亿元(银复〔2001〕174号);同年12月,经中国人民银行重庆营业管理部批准,更名为新华信托投资股份有限公司(渝银复〔2001〕220号)。2007年9月,经中国银行业监督管理委员会(以下简称中国银监会)批准,公司更名为新华信托股份有限公司(银监复〔2007〕390号)。2008年8月,经中国银监会《中国银监会关于新华信托股份有限公司吸收巴克莱银行有限公司入股及股权结构调整有关事项的批复》批准,公司于2009年1月,增资扩股至6.2112亿元(银监复〔2008〕327号)。2012年8月,经重庆银监局《关于新华信托股份有限公司变更注册资本及修改〈公司章程〉等有关事项的批复》(渝银监复〔2012〕70号)批准,公司于2012年12月,将部分未分配利润转增为注册资本,转增后公司注册资本为12亿元。

2.1.2 公司法定中、英文名称及缩写

公司法定中文名称:新华信托股份有限公司

中文名简称:新华信托

公司法定英文名称:New China Trust Co., Ltd.

英文名缩写:NCT

2.1.3 公司法定代表人:翁先定

2.1.4 公司注册地址、邮政编码、国际互联网网址、电子信箱

公司注册地址:重庆市渝中区临江路69号

邮政编码:400010

国际互联网网址:http://www.nct-china.com

电子信箱:nct@nct-china.com

2.1.5 公司信息披露事务人员

公司信息披露事务负责人:夏　亮

公司信息披露事务联系人:刘莉薇

联系电话:(86)023 6379 9075

传真:(86)023 6379 2460

电子信箱:board@nct-china.com

2.1.6 公司选定的信息披露报纸、公司年度报告备置地点

公司选定的信息披露报纸:《金融时报》、《上海证券报》

公司年度报告备置地点:重庆市渝中区临江路69号

2.1.7 公司其他资料

公司聘请的会计师事务所:毕马威华振会计师事务所(特殊普通合伙)上海分所

住所:中国上海市南京西路1266号恒隆广场50楼

邮政编码:200040

2.2 组织结构

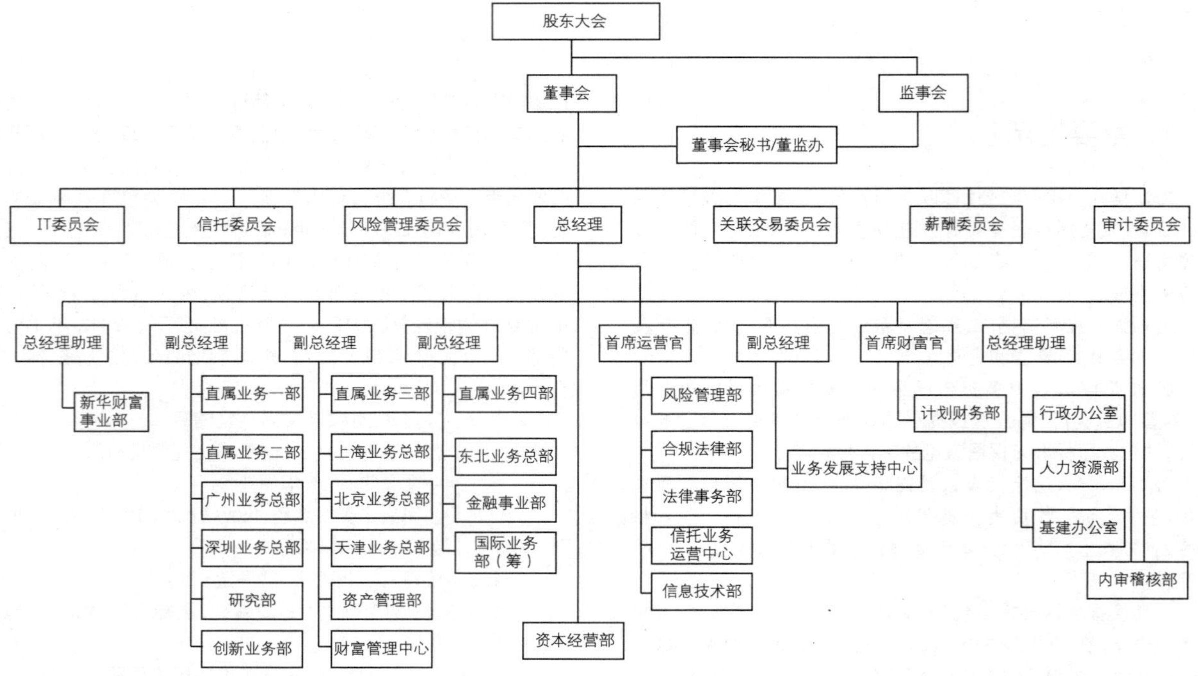

3. 公司治理结构

3.1 股东

报告期末股东总数为4位，前3位股东分别为新产业投资股份有限公司（以下简称新产业）、巴克莱银行有限公司（Barclays Bank PLC，以下简称巴克莱）和中诚信投资有限公司（以下简称中诚投）。

股东间关联关系情况：无。

股东名称	持股比例（%）	法定代表人	注册资本	注册地址	主要经营业务及报告年度主要财务情况
新产业	71.92	翁先定	190 000.00万元	深圳市福田区振兴路3号建艺大厦17楼	投资兴办实业（具体项目另行申报）；投资咨询；国内商业、物资供销业（不含专营、专卖、专控商品），工程咨询（凭工程咨询资质证书开展咨询业务）。 主要财务情况：总资产为749 724.53万元人民币，总负债为410 220.76万元人民币，所有者权益为339 503.77万元人民币（未经审计）。
巴克莱	19.50	不适用	已发行普通股实收资本234 255.85万英镑	1 Churchill Place，London，E14 5HP，UK	商业银行、信用卡、企业及投资银行、财富管理。 主要财务情况：总资产为149 074 700.00万英镑，总负债为142 785 300.00万英镑，所有者权益为6 289 400.00万英镑。
中诚投	8.25	关敬如	10 000.00万元	青浦区新业路599号439号房	实业投资，资产管理，商务信息咨询，企业管理咨询，机电科技、计算机软硬件领域内的技术开发、技术服务。（涉及行政许可的，凭许可证经营） 主要财务情况：总资产为175 655.00万元人民币，总负债为91 684.00万元人民币，所有者权益为83 971.00万元人民币（未经审计）。

注：中国嘉陵工业股份有限公司（集团）将所持公司0.33%股权转让给新产业，已于2013年3月8日经重庆银监局核准。

3.2 董事

根据公司章程的规定，公司董事会由10人组成，其中独立董事3人。公司董事任期为3年，连选可连任。

独立董事成员

姓 名	职 务	性别	年龄	选任日期	所推举的股东名称	该股东持股比例(%)	简 要 履 历
翁先定	董事长	男	51	2009年3月	新产业	71.92	1993年起,先后任新产业总裁、董事长,新华人寿保险股份有限公司董事等职;2005年12月至今,先后任公司董事、董事长等职。
卢广开	副董事长	男	49	2013年2月	新产业	71.92	1981年起,先后任华北油田测井公司会计科科员,大港油田炼油厂会计科科长,上海爱使股份有限公司财务总监,上海新谷实业发展有限公司和融达信实业发展有限公司总经理,包头市绿远控股有限公司副总经理;2003年5月起,先后任新时代证券有限责任公司筹备组副组长、副董事长兼总裁及新产业执行董事;2009年2月至2012年10月,任公司总经理;2009年3月至今,任公司董事;2013年2月至今,任公司副董事长。
陈 雷	副董事长	男	49	2013年2月	巴克莱	19.50	1994年起,先后任奥克汶金融公司住房和小型商用物业贷款部抵押资产分析主管、资金部企业融资和投资组合策略经理,苏格兰皇家银行格林威治资本市场公司信用衍生产品/资产支持融资/房地产融资部门副总裁,美联证券结构性信用产品部副总裁,中国国际金融有限公司(北京/香港)资产管理部执行董事,花旗集团环球证券化市场部(香港)董事,苏格兰皇家银行环球银行及市场部(香港)董事总经理(曾任 房地产融资部/债务市场拓展部高级董事),中国盛海投资管理有限公司(香港)执行总裁;2013年2月起,任公司副董事长。
许洛圣	董事	男	43	2010年10月	巴克莱	19.50	1991年起,先后任美国大通曼哈顿银行助理副总裁,花旗集团副总裁/高级副总裁,德意志银行中国信用风险管理主管/董事,花旗银行(中国)有限公司董事,巴克莱亚洲有限公司财务风险管理主管、董事等职;2010年10月至今,任公司董事。
郝雅军	董事	男	36	2013年2月	新产业	71.92	1999年起,先后任大同证券公司营业部财务经理和总部稽核监察部主管,金蝶软件公司金融事业部(北京)需求分析师和产品经理,新时代信托投资公司总裁助理和财务总监等职;2010年4月至2012年9月,任公司首席财务官;2012年9月至今,任公司总经理;2013年2月起,任公司董事。
赵 暖	董事	男	39	2013年2月	新产业	71.92	1998年起,先后任上海财经大学金融学院教师,上海财经大学经纬市场咨询公司高级经理,浙江金融租赁股份有限公司总经理助理上海国际集团金融服务有限公司总裁助理等职;2010年4月至今,任公司副总经理;2013年2月起,任公司董事。
魏 华	董事	女	34	2013年2月	新产业	71.92	2000年7月起,先后任北京京天威科技发展有限公司总经理助理,安泰慧金投资咨询中心股权投资部经理,新产业股份有限公司副总裁;2013年2月起,任公司董事。

独立董事

姓 名	所在单位及职务	性别	年龄	选任日期	所推举的股东名称	该股东持股比例(%)	简 要 履 历
李 钢	上海毅捷股权投资管理有限公司董事长	男	53	2010年5月	新产业	71.92	1982年起,先后任吉林省长春市税务局税务专员,吉林省人民保险公司涉外保险干部,中国平安保险股份有限公司副总经理,生命人寿保险公司董事长,生命人寿保险股份有限公司总经理,正大控股集团有限公司总裁,上海毅捷股权投资管理有限公司董事长等职;2010年5月至今,任公司独立董事。
白重恩	清华大学经济管理学院副院长	男	49	2009年3月	巴克莱	19.50	1992年起,先后任教于美国波士顿学院经济系、香港大学经济金融学院、清华大学经管学院;2009年3月至今,任公司独立董事。
戴 波	北京市智舟律师事务所律师、合伙人、主任	男	40	2009年11月	新产业	71.92	1995年起,先后任机械工业部政策法规司,法律服务中心科员;中国文化艺术总公司企管部副经理;北京中洋律师事务所律师,合伙人;北京衡石律师事务所律师;北京市智舟律师事务所律师,合伙人、主任等职,2009年11月至今,任公司独立董事。

3.3 监事

根据公司章程的规定,公司监事会由3人组成,其中员工监事1人。公司监事任期3年,连选可连任。

监事会成员

姓 名	职 务	性别	年龄	选任日期	所推举的股东名称	该股东持股比例(%)	简 要 履 历
秦 刚	监事会主席	男	39	2012年12月	新产业	71.92	1996年起,先后任北京燕山石油化工公司财务部财务主管,北京网通网络科技有限公司财务经理,包头市双环化工(集团)股份有限公司财务总监,新产业董事、财务总监、董事会秘书,新世纪基金管理有限公司监事长;2009年3月至今,先后任公司董事、监事会主席。
肖 磊	监事	男	41	2012年12月	新产业	71.92	1993年起,先后任中国重型汽车集团公司财务部财务管理岗位、资产管理处副处长、综合室主任(1997年7月至2000年10月,任中国重汽与沃尔沃客车公司合资项目财务组负责人),浙江金融租赁股份有限公司计划财务部总经理,北京鸿智慧通有限公司副总经理;2009年4月至今,任公司内审稽核部总经理;2012年12月起,任公司监事。

续表

姓名	职务	性别	年龄	选任日期	所推举的股东名称	该股东持股比例(%)	简要履历
安 东	员工监事	男	53	2012年12月	选 举		1978年起，先后任北京手表厂车间主任，广东银海集团总裁助理和办公室主任，商友商务有限责任公司副总经理，新产业北京办事处主任；2001年10月至今，先后任公司总经理助理、工会主席等职；2009年3月起，任公司员工监事。

3.4 高级管理人员

姓 名	职 务	性别	年龄	选任日期	金融从业年限	学历	专业
郝雅军	总经理	男	36	2012年9月	12	本科	经济学
赵 暖	副总经理	男	39	2010年4月	10	EMBA	金融财务
欧阳锦绍	首席运营官	男	58	2011年10月至2013年3月	31	本科	工商管理
夏 亮	首席财务官	男	39	2012年11月	5	研究生	工商管理
张 革	副总经理	男	45	2011年5月	23	本科	商学
李 荻	副总经理	男	36	2012年5月	11	研究生	工商管理
张 奎	副总经理	男	46	2012年8月	19	博士	世界经济
童七华	副总经理	男	47	2006年7月至2013年2月	15	研究生	工商管理
陈 刚	副总经理	男	49	2005年11月	13	研究生	世界经济
彭光萍	总经理助理	女	37	2012年11月	14	研究生	工商管理
郑孝和	总经理助理	男	48	2012年11月	19	研究生	金融
李敏文	总经理助理	男	46	2009年6月	8	研究生	经济学

3.5 公司员工

报告期末公司职工人数为578人(含外部董监事5人)，平均年龄为32.34岁。公司员工年龄分布、学历分布、岗位分布如下：

指标 年度	职工人数(人)	平均年龄(岁)	学历分布比率									
			博士		研究生(硕士)		本科		专科		其他	
			(人)	(%)	(人)	(%)	(人)	(%)	(人)	(%)	(人)	(%)
2012年	578	32.34	9	1.56	171	29.58	325	56.23	58	10.03	15	2.59

4. 经营管理

4.1 经营目标、经营方针、战略规划

4.1.1 经营目标

持续推进成熟信托产品，加大力度开展低风险业务，保证信托规模有质量地增长。集中研发，建立绿色通道，形成标准化产品。按照不同类型，打造规范化、系列化、标准化的产品超市，推出各有特色的系列产品。加大产品创新力度，打破传统思维和固有模式，积极探索具有新华特色的经营管理模式，推进信托向私募性质的资产管理、一站式服务的顶端财富管理转型。

4.1.2 经营方针

公司秉承“珍视所托，专业理财”的经营理念，贯彻“信托为本、面向市场、勇于创新”的经营方针，以国家“十二五”规划制订的经济增长方式为指导，以《信托公司净资本管理办法》作为业务拓展方向的重要指引，以客户为中心、市场为导向，努力优化部门职能，推行“承揽、承做、承销、承管”的专业化分工模式，根据政策的变化及经营管理的需要适时调整业务流程，不断提高经营管理水平；大力推进“以人为本”的企业文化建设、合规文化建设，坚持合规、稳健经营，完善对业务风险的分析和定价系统，提高风险管理水平，切实防范经营风险；加强人才队伍建设，锐意进取、开拓创新，提升直销能力和客户服务工作；继续完善激励约束机制，推进薪酬改革，保持公司激励政策的领先性、持续性、约束性；努力实现全面信息化，全方位培育公司核心竞争能力，树立公司一流的品牌形象，确保公司能够实现长期、可持续发展目标。

4.1.3 战略规划

公司战略规划为“保持优势、巩固基础；突破重点、锐意创新；积极投入、专业规范；协同联动、差异竞争”。使公司能够在优势领域中实现关键产品的突破，积累相当的品牌效应、竞争优势、管理经验、专业能力和客户资源，并以此为基础谋求业务优化布局，推动业务覆盖和模式的新发展。

公司业务重点导向为资源类、房地产和基础设施，关注和大力发展公募房地产投资信托基金(REITs)、财富管理、并购及资产支持证券业务，加强通道型业务和海外投资业务。未来将公司建设成为综合优势明显、具有核心竞争力和国内领先的优质综合金融解决方案的提供商和资产管理者。

4.2 经营业务的主要内容

公司的经营范围为：(1)资金信托；(2)动产信托；(3)不动产信托；(4)有价证券信托；(5)其他财产或财产权信托；(6)作为投资基金管理公司的发起人从事投资基金业务；(7)经营企

业资产的重组、购并及项目融资、公司理财、财务顾问等业务；(8)受托经营国务院有关部门批准的证券承销业务；(9)办理居间、咨询、资信调查等业务；(10)代保管及保管箱业务；(11)以存放同业、拆放同业、贷款、租赁、投资方式运用固有资产；(12)以固有财产为他人提供担保；(13)从事同业拆借；(14)法律法规规定或中国银行业监督管理委员会批准的其他业务。

以上经营范围包括本外币业务。

4.2.1 自营资产运用与分布表

资产运用	金额（万元）	占比（%）	资产分布	金额（万元）	占比（%）
货币资产	108 855.81	35.98	基础产业	11 800.00	3.90
贷款及应收款	27 956.55	9.24	房地产业	38 991.00	12.89
交易性金融资产	14 001.02	4.63	证券市场	71 359.57	23.58
可供出售金融资产	16 058.55	5.31	实业	10 324.48	3.41
持有至到期投资	51 804.80	17.12	金融机构	17 940.57	5.93
长期股权投资	17 940.57	5.93	其他	152 165.53	50.29
买入返售金融资产	41 300.00	13.65	—	—	—
其他	24 663.85	8.14	—	—	—
资产总计	302 581.15	100.00	资产总计	302 581.15	100.00

4.2.2 信托资产运用与分布表

资产运用	金额（万元）	占比（%）	资产分布	金额（万元）	占比（%）
货币资产	120 363.63	1.28	基础产业	3 449 390.24	36.58
贷款	2 593 165.44	27.50	房地产	1 738 208.06	18.43
交易性金融资产	133 373.80	1.41	证券市场	155 314.84	1.65
可供出售金融资产	—	—	实业	2 573 098.07	27.28
持有至到期投资	3 164 480.08	33.55	金融机构	48 000.50	0.51
长期股权投资	2 525 815.23	26.78	其他	1 466 801.57	15.55
其他	893 615.10	9.48	—	—	—
信托资产总计	9 430 813.28	100.00	信托资产总计	9 430 813.28	100.00

4.3 市场分析

4.3.1 有利因素

面对2012年我国弱经济周期下严峻的宏观经济形势，信托业顶住压力，不断探索新形势下业务模式转型和拓展更加广阔的投融资领域，深度挖掘私人银行客户和财富管理的各类需求，全面构建和发展与银行、证券、基金、保险和资管公司等各类金融机构之间的合作关系，创新同业机构之间的业务合作和战略联盟。

在“稳增长”的政策基调下，大量地方政府项目上马，带来大量融资需求。对信托公司来说，一方面，严格的房地产调控政策使得以土地财政为主的地方政府财政收入捉襟见肘；另一方面，工商企业融资乏力以及房地产业务受阻，迫使信托公司需要寻找新的业务增长点，如此成就了2012年较大规模的信政合作。

2012年，监管机构也颁布了一些对信托行业利好的政策通知。中国证券登记结算有限责任公司发布《关于信托产品开户与结算有关问题的通知》，意味着信托产品开立证券账户重新放开。账户的重新放开对证券类信托产品有重要意义，尤其以股指期货为标的的信托产品或将更多地出现在市场上，还有利于私募产品高端定制。新规定回应了信托行业的合理诉求，为信托产品提供了公平参与证券市场的机会。

4.3.2 不利因素

2012年，监管机构出台了一系列新的政策措施，极大地拓宽了证券、基金、保险等金融子行业的业务范围，放宽各类金融机构参与资产管理市场的限制，泛资产管理的时代已经来临。《关于保险资产管理公司有关事项的通知》允许保险资产管理公司除受托管理保险资金外，还可以受托管理养老金、企业年金、住房公积金等机构资金和合格投资者的资金；允许保险资产管理公司作为受托人，可以设立资产管理产品，为了受益人利益或者特定目的，开展资产管理业务；保险资产管理公司符合条件的，可以向有关金融管理部门申请，开展公募性质的资产管理业务。保险资产管理公司可以按照有关规定设立子公司，开展专项资产管理业务。这些规定使得保险资产管理公司的业务范围与信托公司的业务范围已无实质区别。新修订的《中华人民共和国证券投资基金法》明确将非公开募集基金纳入监管，允许私募基金管理机构采取信托型法律结构，并拓宽其投资范围于未上市企业股权和中国证监会认定的其他资产，实际上赋予了私募股权基金管理机构以专业领域私募信托业务经营的牌照。

2012年末，财政部、发展改革委、中央银行、银监会发出《关于制止地方政府违法违规融资行为的通知》（以下简称463号文）规定：未经监管部门批准不得吸收公众资金进行公益性项目建设，不得对机关事业单位职工及其他个人进行摊派集资或组织购买理财、信托产品，不得公开宣传、引导社会公众参与融资平台公司项目融资。463号文意味着，在地方政府平台融资上，财务公司、信托公司、基金公司、金融租赁公司、保险公司均出局，近乎封杀地方融资平台业务。另外，证监会《资产管理机构开展公募证券投资基金管理业务暂行规定（征求意见稿）》允许券商、保险资管和私募基金正式开展公募基金业务，阳光私募信托“大势已去”、房地产信托业务“事前报告”以及银信合作“杀价惨烈”，在传统业务不断受限的情况下，迫使信托公司急需拓展新的业务增长点，加快转型的步伐，从纯融资业务向资产管理和财富管理业务转型，从非主动管理向主动管理转型，转变过去粗放的发展方式，集中精力提升自主管理水平，在风险可控的前提下，以专业、特色的综合金融服务赢取市场发展空间。

4.4 内部控制概况

4.4.1 内部控制环境和内部控制文化

公司建立了完善的“三会一层”法人治理结构。“三会一层”分工负责，互相配合、互相制约；权责明确、制衡合理、报告路线清晰、风险控制理念恰当；尽职管理、问责机制健全。现有法人治理结构营造了良好的内部控制文化环境，确保公司能够对风险做到事前防范、事中控制和事后反馈与纠正。

公司坚持“风险控制优先”的原则，坚信“发展才是硬道理”，立足“在发展中求规范，以规范促发展”，不断加强内部控制制度建设。公司根据宏观经济发展状况、监管部门要求以及目前经营管理状况，在公司治理、财务、行政、合规法律、信息技术、人力资源和内部审计等方面，逐步健全了涵盖各管理环节的内部控制体系。目前，公司信托业务与固有业务已严格实行隔离制度,在业务流程上公司实行承揽、承做、承销和承管的前中后台制度,有效地促进了内部控制文化建设,大大改善了内部控制环境。

4.4.2 内部控制措施

按照《公司法》、《信托法》、《信托公司管理办法》、《信托公司治理指引》的有关规定,公司制定了公司章程等一系列内部控制制度,并建立了"三会一层"的法人治理结构。公司按照"三会一层"的架构,完整地建立了符合经营管理需要的运营体系,确立了在董事会领导下的总经理负责制,并接受监事会监督,清晰划分治理主体的职责边界,明确决策规则和程序,实现了有效监督和权力制衡。

报告期内,"三会一层"认真履行了公司章程等制度赋予的各项职权,严格按照公司的决策程序审议各项议案,董事会及下属各委员会多次召开会议对公司重大经营管理问题进行决策,在公司合规经营、风险控制等方面发挥了积极的作用。

公司严格执行《董事、监事、高级管理人员考核办法》和《高管人员问责暂行办法》,加强对董事、监事和高级管理人员的履职管理,按照上述办法的规定,对董事、监事和高级管理人员进行了评估和考核,形成了有效的问责机制。

公司内部控制措施的核心是实现以防范风险传递为目标的"三个分离",即对信托业务系统和固有业务系统实施分离;信托业务的前台、中台、后台进行分离;信托财务和固有财务的部门、人员、账表、资产分离,对每项信托业务单独开户、单独核算、单独管理。

另外,公司内部管理有明确的授权制度和报告路线,各部门和人员有明确的工作目标、职责和权限。公司通过功能化、程序化的管理方式,在内部控制的环境、程序和措施上有效地防范了各项经营管理风险事件的发生。

4.4.3 监督评价与纠正

公司建立了制度后评价办法等内部制度,内审稽核部为公司审计监督检查和评价的执行部门,负责监督各项内部控制制度的执行情况,收集与评价内部控制的反馈意见,对发现的内部控制缺陷,按照规定的程序建议公司或要求相关部门或责任人予以纠正。

公司健全了涵盖各个环节的内部控制体系,形成了较为规范的事前防范、事中控制和事后纠正的监督检查机制。2012年,内审稽核部对公司经营管理各方面进行了审计,并就审计报告向公司提出了意见或建议,有效地控制风险,避免了违法、违规和不道德事件的发生。

4.5 风险管理概况

公司经营活动中可能遇到合规风险、信用风险、管理责任风险、市场和金融产品流动性风险、经营风险、战略风险、品牌风险等。公司实行"分类管理、分级防范和控制"的风险管理政策,遵循独立性原则、全面控制原则、责任追究原则等风险管理基本原则。

公司对风险管理操作流程逐步优化,逐步建立了以在董事会领导和监事会监督下的总经理负责制为基础的流程。

4.5.1 信用风险

4.5.1.1 信用风险状况

信用风险主要是交易对手(项目)或债务人不能或不愿按时履约的风险,主要来自借款、对外担保、投资等业务。

公司关注交易对手的履约能力。为了持续监控交易对手的履约能力,公司注重"贷前调查、贷中审查、贷后检查"。

公司注重信用风险的分散和补偿。在产品交易结构设计上,公司采取的模式有:规避、预防、中和、分散(组合、多样化、限制集中度)、转移(担保、保险)、补偿(高定价)、自担七种,以降低信用风险敞口。今后将尝试使用项目对冲、互换、套期、保险等其他风险缓释手段,控制项目风险。

公司严格按中国财政部和中国银监会的要求,足值提取各项准备金。公司采用以风险为基础的分类方法评估信用风险资产质量,将其分为正常、关注、次级、可疑和损失五类,其中后三类称为不良资产。报告期内,公司无不良信用风险资产。

4.5.1.2 信用风险管理策略

4.5.1.2.1 一般准备、专项准备的计提方法和统计方法

公司合理估计信用风险资产可能发生的损失,并由财务部门按照财政部规定的呆账准备金提取范围对信用风险资产计提资产减值准备和一般准备,计提比例为 1.5% ~100%,其中资产分类后损失类资产应按 100%计提准备。

4.5.1.2.2 公司抵押品确认的主要原则

抵押物必须足值、足额;抵押物必须合法、有效;抵押物必须容易变现。

4.5.1.2.3 公司内部确认的抵押品与贷款本金之比

根据不同的抵押资产类型,公司分别制定了详细、具有可操作性的抵押品与贷款本金的比例标准。

4.5.1.2.4 保证贷款的管理原则

保证担保符合国家法律法规;保证人必须具有很强的保证能力;保证的方式必须是连带责任保证;不接受存在连环保证的企业提供的保证担保。

4.5.2 市场风险

4.5.2.1 市场风险状况

4.5.2.1.1 股价变动对公司盈利能力和财务状况的影响分析

报告期内,公司自有资金涉及新股申购业务,并已成立1只证券投资集合资金信托。截至 2012 年 12 月 31 日,公司新股申购共计占用资金 11 019.83 万元,证券投资集合资金信托规模共 64 634.72 万元。股票市值波动引发的市场风险,对公司有一定影响,但整体可控。

4.5.2.1.2 市场汇率变动对公司盈利能力和财务状况的影响分析

公司目前有外币存款 15 512 441.39 美元,暂未开展其他外币业务,汇率变动引发的市场风险对公司盈利能力和财务状况没有显著影响。

4.5.2.1.3 利率对公司盈利能力和财务状况的影响分析

市场利率的波动对公司盈利能力与财务状况可能产生不利影响,如利率在目前水平小幅波动,对公司没有显著影响;如利率大幅波动,将直接影响现金资产盈利能力,并有可能引发证券市场的大幅波动,从而加剧公司面临的市场风险。

4.5.2.1.4 其他价格因素对公司盈利能力和财务状况的影响分析

公司的主营业务之一是金融服务,主要业务收入来源于金融服务费收入,因此,其费率的变动对公司的盈利能力和财务

状况具有较大影响。

4.5.2.2　市场风险管理策略

报告期内，公司加强了风险量化分析，通过跟踪测量，分析投资组合市值的变动趋势，采取相应的控制措施将市场风险控制在合理的范围内。

4.5.3　操作风险

4.5.3.1　操作风险状况

报告期内，可能存在沟通协调不到位导致业务流程不顺畅，操作程序和标准出现理解性偏差等操作性风险。

4.5.3.2　操作风险管理策略

公司从健全组织架构、加强内部控制、优化业务流程等方面加强对操作风险的防范，并及时、充分、完整、准确地向信托当事人披露信息，勤勉尽职地履行受托人的管理义务，尽可能避免因操作不当导致风险事件的发生。

4.5.4　其他风险

4.5.4.1　其他风险状况

根据信托行业特征和信托公司自身特点，除以上一般性风险外，信托公司开展信托业务还可能面临的具体风险有多行业展业的风险，兑付的风险等。

由于信托业近年来迅速发展，信托规模大幅增加，交易对手越发多样化，信托机构对融资企业所处的行业缺乏足够了解和认知，展业时存在的潜在风险即为信托的展业风险。

兑付风险是指信托到期必须兑付的刚性特点所带来的风险。

4.5.4.2　其他风险管理策略

兑付风险的管理。在前期审核阶段，加强对现金流测算的审查。在信托文件中，对于到期无法还款的情形设置严格的惩罚性措施，以增强公司管理的主动性。在信托项目成立后，对项目后续情况进行实时跟踪，定期对预到期项目进行排查，及时化解兑付风险。

多行业展业风险的管理。对非传统信托业务的开展，采取谨慎的态度，遵循“积极支持、逐渐放开”的原则。购进行业资讯信息软件，引进具有不同专业背景和行业经历的人才，多次参与外部机构培训和内部培训，为涉足其他行业进行人才储备和知识储备。

5. 报告期末及上年末的比较式会计报表

5.1　自营资产

5.1.1　会计师事务所审计结论

毕马威华振会计师事务所（特殊普通合伙）上海分所认为，公司财务报表在所有重大方面按照中华人民共和国财政部颁布的企业会计准则的规定编制，公允反映了公司2012年12月31日的财务状况以及2012年度的经营成果及现金流量。

5.1.2　资产负债表

单位：万元

资　产	期初数	期末数	负债和股东权益	期初数	期末数
资产:			负债:		
现金及存放央行款项	13.57	15.58	预收款项	7 704.09	37 881.00
存放同业款项	136 108.57	108 840.23	应付职工薪酬	20 398.43	23 005.34
买入返售金融资产	0	41 300.00			
交易性金融资产	3 000.00	14 001.02	应交税费	22 861.45	15 022.45
应收手续费及佣金	6 790.38	6 258.36	其他应付款	12 717.17	19 300.81
应收利息	144.03	35.62	递延所得税负债		
其他应收款	1 829.86	17 175.43			
发放贷款及垫款	2 710.00	4 487.14	负债合计	63 681.14	95 209.60
持有至到期投资	22 650.25	51 804.80			
可供出售金融资产	24 532.23	16 058.55			
长期股权投资	19 069.34	17 940.57	股东权益:		
固定资产	1 293.78	17 971.34	股本	62 112.00	120 000.00
无形资产	140.16	112.34	资本公积	11 804.22	11 572.16
长期待摊费用	576.40	559.98	盈余公积	10 406.41	15 494.82
递延所得税资产	7 974.08	6 020.19	一般风险准备	2 164.54	3 820.29
			信托赔偿准备	5 085.62	7 629.82
			未分配利润	71 578.72	48 854.46
			股东权益合计	163 151.51	207 371.55
资产总计	226 832.65	302 581.15	负债及股东权益总计	226 832.65	302 581.15

5.1.3 润表和利润分配表

单位：万元

项 目	本年数	上年数
营业收入	144 082.94	136 134.45
手续费及佣金净收入	134 582.95	132 571.11
手续费及佣金收入	134 582.95	132 571.11
利息净收入	4 347.93	2 689.92
利息收入	4 347.93	2 701.86
利息支出	0	11.94
投资收益	5 154.56	1 483.02
公允价值变动收益/（损失）	53.08	
汇兑损益	−55.58	−609.60
营业支出	70 844.76	67 849.32

续表

项 目	本年数	上年数
营业税金及附加	7 582.50	7 483.55
业务及管理费	54 380.25	49 700.91
资产减值损失	8 882.01	10 664.86
营业利润	73 238.18	68 285.13
加：营业外收入	31.17	0.15
减：营业外支出	189.87	109.39
利润总额	73 079.48	68 175.89
减：所得税费用	22 195.38	18 534.31
净利润	50 884.10	49 641.58
其他综合收益	−232.06	−5 915.90
综合收益总额	50 652.04	43 725.68

5.1.4 所有者权益变动表

单位：万元

项 目	股本	资本公积	盈余公积	一般风险准备	信托赔偿准备	未分配利润	股东权益合计
2012 年 1 月 1 日余额	62 112.00	11 804.22	10 406.41	2 164.54	5 085.62	71 578.72	163 151.51
本年增减变动金额							
1. 净利润						50 884.10	50 884.10
2. 其他综合收益		−232.06					−232.06
上述 1 和 2 小计		−232.06				50 884.10	50 652.04
3. 利润分配							
提取盈余公积			5 088.41			−5 088.41	
提取一般风险准备				1 655.75		−1 655.75	
提取信托赔偿准备					2 544.20	−2 544.20	
对所有者的分配						−6 432.00	−6 432.00
4. 所有者权益内部结转未分配利润转增资本	57 888.00					−57 888.00	
2012 年 12 月 31 日余额	120 000.00	11 572.16	15 494.82	3 820.29	7 629.82	48 854.46	207 371.55
2011 年 1 月 1 日余额	62 112.00	17 720.12	5 441.61	1 131.46	2 603.21	30 417.43	119 425.83
本年增减变动金额							
1. 净利润						49 641.58	49 641.58
2. 其他综合收益		−5 915.90					−5 915.90
3. 利润分配							
提取盈余公积			4 964.80			−4 964.80	
提取一般风险准备				1 033.08		−1 033.08	
提取信托赔偿准备					2 482.41	−2 482.41	
2011 年 12 月 31 日余额	62 112.00	11 804.22	10 406.41	2 164.54	5 085.62	71 578.72	163 151.51

5.2 信托资产

5.2.1 信托项目资产负债汇总表

单位：万元

信托资产	年初余额	期末余额	信托负债和信托权益	年初余额	期末余额
信托资产：			信托负债：		
货币资金	49 791.11	120 363.63	交易性金融负债		
拆出资金		0	衍生金融负债		
存出保证金		0	应付受托人报酬	92.75	1 281.12
交易性金融资产	38 771.38	133 373.80	应付托管费	0.71	105.56

续表

信托资产	年初余额	期末余额	信托负债和信托权益	年初余额	期末余额
衍生金融资产		0	应付受益人收益	996.41	2 271.77
买入返售金融资产	537 752.18	282 718.27	应交税费		0
应收款项	242 881.10	482 401.55	应付销售服务费	2.42	234.52
发放贷款	1 979 006.24	2 593 165.44	其他应付款项	123 152.00	128 104.37
可供出售金融资产		0	预计负债		0
持有至到期投资	464 368.81	3 164 480.08	其他负债	386.90	402.84
长期应收款		108 832.33	信托负债合计	124 631.19	132 400.18
长期股权投资	3 612 652.00	2 525 815.23			
投资性房地产		0	信托权益:		
固定资产		0	实收信托	6 822 164.82	9 299 292.86
无形资产		0	资本公积		0
长期待摊费用	14 745.62	6 398.78	损益平准金		0
其他资产		13 264.17	未分配利润	−6 827.57	−879.76
减:各项资产减值准备			信托权益合计	6 815 337.25	9 298 413.10
信托资产总计	6 939 968.44	9 430 813.28	信托负债及信托权益总计	6 939 968.44	9 430 813.28

表外项目: 1. 原有委贷业务 年初余额 1 188.79 期末余额 1 188.79
2. 应收未收利息 年初余额 70 673.39 期末余额 73 707.53
3. 代保管信托财产 年初余额 18 337.72 期末余额 114 180.56
4. 卖出信贷资产 年初余额 100 000.00 期末余额 70 000.00
5. 信托项目申购款 年初余额 0 期末余额 0

5.2.2 信托项目利润及利润分配汇总表

单位: 万元

项　目	本年数	上年数
1. 营业收入	768 551.26	508 462.18
1.1 利息收入	319 583.63	299 201.68
1.2 投资收益(损失以"−"号填列)	429 344.20	207 374.22
1.2.1 其中:对联营企业和合营企业的投资收益	98 738.57	65 843.28
1.3 公允价值变动收益(损失以"−"号填列)	2 659.36	−9 121.27
1.4 租赁收入	3 644.27	
1.5 汇总损益(损失以"−"号填列)		
1.6 其他收入	13 319.80	11 007.55
2. 支出	174 941.61	62 573.16
2.1 营业税金及附加		
2.2 受托人报酬	118 322.47	81 350.22
2.3 托管费	7 273.68	6 034.76
2.4 投资管理费	1 850.00	2 126.71
2.5 销售服务费	32 450.16	23 975.31
2.6 交易费用	571.31	371.55
2.7 资产减值损失		−60 000.00
2.8 其他费用	14 473.99	8 714.61
3. 信托净利润(净亏损以"−"号填列)	593 609.65	445 889.02
4. 其他综合收益	3 659.43	116.86
5. 综合收益	597 269.08	446 005.88
6. 加:期初未分配利润	−6 827.57	−36 411.08
7. 可供分配的信托利润	590 441.51	409 594.80
8. 减:本期已分配信托利润	591 321.27	416 422.37
9. 期末未分配信托利润	−879.76	−6 827.57

6. 会计报表附注

6.1 报告年度会计报表编制基准、会计政策、会计估计和核算方法发生的变化

无。

6.2 或有事项说明

无。

6.3 重要资产转让及其出售的说明

无。

6.4 会计报表中重要项目的明细资料

6.4.1 自营资产经营情况

6.4.1.1 资产风险分类情况

信用风险资产五级分类	正常类(万元)	关注类(万元)	次级类(万元)	可疑类(万元)	损失类(万元)	信用风险资产合计(万元)	不良资产合计(万元)	不良资产率(%)
期初数	147 612.84	0	0	0	0	147 612.84	0	0
期末数	178 176.77	0	0	0	0	178 176.77	0	0

注:不良资产合计=次级类+可疑类+损失类。

6.4.1.2 资产损失准备情况

单位:万元

	期初数	本期计提	本年转回	本期核销	期末数
贷款损失准备	30.00	50.00	0	0	80.00
一般准备	30.00	50.00	0	0	80.00
专项准备	0	0	0	0	0

续表

	期初数	本期计提	本年转回	本期核销	期末数
其他资产减值准备	10 659.86	8 832.01	10 659.86	0	8 832.01
可供出售金融资产减值准备	10 659.86	0	10 659.86	0	0
持有至到期投资减值准备	0	7 954.67	0	0	7 954.67
长期股权投资减值准备	0	877.34	0	0	877.34
坏账准备	0	0	0	0	0
投资性房地产减值准备	0	0	0	0	0

6.4.1.3　固有业务股票投资、基金投资、债券投资、长期股权投资等情况

单位：万元

	自营股票	基金	债券	长期股权投资	其他投资	合计
期初数	24 532.23	0	3 000.00	19 069.34	22 650.25	69 251.82
期末数	24 987.84	0	5 071.73	17 940.57	51 453.85	99 453.99

6.4.1.4　前三名自营长期股权投资企业情况

报告期内，公司以自营资产对新华基金管理有限公司和深圳市美洁尔实业有限公司进行长期股权投资，情况如下：

企业名称	占被投资企业权益的比例（%）	主要经营活动	投资收益（万元）
1. 新华基金管理有限公司	48.00	基金	-205.22
2. 深圳市美洁尔实业有限公司	13.98	生产销售洗涤用品	0

注：投资损益是指按照企业会计准则规定，核算股权投资确认损益并计入披露年度利润表的金额。

6.4.1.5　前三名自营贷款企业情况

报告期内，公司以自营资产对上海明勇实业有限公司、上海冠龙酒店有限公司和重庆星圳房地产开发有限公司发放贷款，情况如下：

企业名称	占贷款总额的比例（%）	还款情况
1. 上海明勇实业有限公司	49.26	正常
2. 上海冠龙酒店有限公司	34.10	正常
3. 重庆星圳房地产开发有限公司	16.64	正常

6.4.1.6　表外业务情况

单位：万元

表外业务	期初数	期末数
担保业务	0	0
代理业务（委托业务）	1 188.79	1 188.79
其他	0	0
合　计	1 188.79	1 188.79

注：代理业务主要反映因客观原因应规范而尚未完成规范的历史遗留委托业务，包括委托贷款和委托投资。

6.4.1.7　公司当年的收入结构

收入结构	金额（万元）	占比（%）
手续费及佣金收入	134 582.95	93.38
其中：信托手续费收入	134 582.95	
投资银行业务收入	0	
利息收入	4 347.93	3.02
其中：计入信托业务收入部分	0	
投资收益	5 154.56	3.58
其中：股权投资收益	-251.42	
证券投资收益	2 402.39	
其他投资收益	3 003.59	
公允价值变动收益	53.08	0.03
汇兑收益	-55.58	-0.03
营业外收入	31.17	0.02
收入合计	144 114.11	100.00

6.4.2　信托财产管理情况

6.4.2.1　信托资产的期初数、期末数

单位：万元

信托资产	期初数	期末数
集合	4 520 275.86	5 389 092.52
单一	2 295 991.15	3 698 835.70
财产权	123 701.43	342 885.06
合计	6 939 968.44	9 430 813.28

6.4.2.1.1　主动管理型信托资产

单位：万元

主动管理型信托资产	期初数	期末数
证券投资类	45 228.37	174 485.28
股权投资类	3 359 857.86	5 582 598.76
融资类	2 053 491.39	2 697 225.46
事务管理类	39 442.04	262 368.47
合计	5 498 019.66	8 716 677.97

6.4.2.1.2　被动管理型信托资产

单位：万元

被动管理型信托资产	期初数	期末数
证券投资类	1 843.40	5 801.04
股权投资类	90 090.20	29 760.61
融资类	1 265 061.75	594 243.72
事务管理类	84 953.43	84 329.94
合计	1 441 948.78	714 135.31

6.4.2.2　本年度已清算结束的信托项目情况

6.4.2.2.1　本年度已清算结束的集合类、单一类资金信托项目和财产管理类信托项目情况

已清算结束信托项目	项目个数	实收信托合计金额（万元）	加权平均实际收益率（%）
集合类	82	1 943 314.13	9.34
单一类	35	1 736 458.00	6.31
财产管理类	4	22 100.00	0.00

6.4.2.2.2　本年度已清算结束的主动管理型信托项目情况

已清算结束信托项目	项目个数	实收信托合计金额（万元）	加权平均实际年化信托报酬率（%）	加权平均实际年化收益率（%）
证券投资类	1	5 328.28	0.86	5.99
股权投资类	46	1 455 465.00	3.00	9.66
融资类	57	1 116 822.85	2.45	8.17
事务管理类	4	22 100.00	0.00	0.00

6.4.2.2.3　本年度已清算结束的被动管理型信托项目情况

已清算结束信托项目	项目个数	实收信托合计金额(万元)	加权平均实际年化信托报酬率(%)	加权平均实际年化收益率(%)
证券投资类	—	—	—	—
股权投资类	1	90 000.00	0.07	8.51
融资类	12	1 012 156.00	0.19	5.06
事务管理类	—	—	—	—

6.4.2.3　本年度新增信托项目情况

单位:万元

新增信托项目	项目个数	实收信托合计金额
集合类	90	2 957 126.46
单一类	83	3 246 193.15
财产管理类	5	268 100.00
新增合计	178	6 471 419.61
其中:主动管理型	170	6 321 534.61
被动管理型	8	149 885.00

注:本年新增信托项目指在本报告年度内累计新增的信托项目个数和金额,包含本年度新增并于本年度内结束的项目和本年度新增至报告期末仍在持续管理的信托项目。

6.4.2.4　公司履行受托人义务情况及因公司自身责任而导致的信托资产损失情况

无。

6.5　关联方关系及其交易的披露

6.5.1　关联交易方的数量、关联交易的总金额及关联交易的定价政策等

单位:万元

	关联交易方的数量	关联交易的金额	定价政策
合计	2个	72 262.71	按市场定价

注:关联交易定义应以《公司法》和《企业会计准则第36号——关联方披露》有关规定为准。

6.5.2　关联交易方情况

关联性质	关联方名称	法定代表人	注册地址	注册资本(万元)	主营业务
母公司	新产业投资股份有限公司	翁先定	深圳市福田区振兴路3号建艺大厦17楼	190 000.00	投资兴办实业(具体项目另行申报);投资咨询;国内商业、物资供销业(不含专营、专卖、专控商品);工程咨询(凭工程咨询资质证书开展咨询业务)。
受同一母公司控制的子公司	深圳新华财富资产管理有限公司	秦　刚	深圳市福田区燕南路建艺大厦17楼1711室	200.00	从事企业资产重组、购并方面的咨询业务;经济信息咨询(不含专营、专控、专卖商品)。

6.5.3　本公司与关联方的重大交易事项

6.5.3.1　固有财产与关联方关联交易

单位:万元

固有与关联方关联交易				
	期初数	借方发生额	贷方发生额	期末数
贷款				
投资				
租赁		154.17	154.17	
担保				
应收账款	1 041.16		1 041.16	0
其他				
合计	1 041.16	154.17	1 195.33	0

6.5.3.2　信托财产与关联方关联交易

无。

6.5.3.3　信托公司自有资金运用于自己管理的信托项目(固信交易)、信托公司管理的信托项目之间的相互(信信交易)交易金额,包括余额和本报告年度的发生额。

6.5.3.3.1　固有财产与信托财产相互交易情况

单位:万元

固有财产与信托财产相互交易			
	期初数	本期发生额	期末数
合计	22 650.20	33 340.80	55 991.00

6.5.3.3.2　信托资产与信托财产相互交易情况

单位:万元

信托资产与信托财产相互交易			
	期初数	本期发生额	期末数
合计	700.00	37 726.58	38 426.58

6.5.4　逐笔披露关联方逾期未偿还本公司资金的详细情况以及本公司为关联方担保发生或即将发生垫款的详细情况

无。

6.6　会计制度的披露

公司固有、信托业务均执行2006年颁布的《企业会计准则》。

7. 财务情况说明书

7.1　利润实现和分配情况

单位:万元

项　目	本年数	上年数
本年净利润	50 884.10	49 641.58
加:年初未分配利润	71 578.72	30 417.43
其他转入		
可供分配的利润	122 462.82	80 059.01
减:提取法定盈余公积	5 088.41	4 964.80
提取信托赔偿准备金	2 544.20	2 482.41
提取一般准备金	1 655.75	1 033.08
提取职工奖励及福利基金		

续表

项　　目	本年数	上年数
提取储备基金		
提取企业发展基金		
利润归还投资		
可供投资者分配的利润	113 174.46	71 578.72
减:应付优先股股利		
提取任意盈余公积		
股利分配	6 432.00	
未分配利润转增股本	57 888.00	
年末未分配利润	48 854.46	71 578.72

7.2　主要财务指标

单位:万元

指标名称	指标值
资本利润率(%)	27.46
加权年化信托报酬率(%)	2
人均净利润(万元)	138.27

注:1. 资本利润率＝净利润/所有者权益平均余额×100%。
2. 加权年化信托报酬率＝(信托项目1的实际年化信托报酬率×信托项目1的实收信托＋信托项目2的实际年化信托报酬率×信托项目2的实收信托＋…信托项目n的实际年化信托报酬率×信托项目n的实收信托)/(信托项目1的实收信托＋信托项目2的实收信托＋…信托项目n的实收信托)×100%。
3. 人均净利润＝净利润/年平均人数。
4. 平均值采取年初、年末余额简单平均法,公式为:a(平均)＝(年初数＋年末数)/2。

7.3　对本公司财务状况、经营成果有重大影响的其他事项

无。

8 特别事项简要揭示

8.1　前五名股东报告期内变动情况及原因

经公司董事会及股东大会审议,全体股东同意将公司部分未分配利润57 888.00万元人民币转增为注册资本。转增后,公司注册资本120 000.00万元人民币,各股东股份额及股份比例如下:

单位:万元

股东名称	股份额(股)	股份比例(%)
新产业投资股份有限公司	863 050 496.00	71.92
巴克莱银行有限公司(Barclays Bank PLC)	234 001 600.00	19.50
中诚信投资有限公司	98 977 600.00	8.25
中国嘉陵工业股份有限公司(集团)	3 970 304.00	0.33
合　计	1 200 000 000.00	100.00

该事项已于2012年8月10日经重庆银监局《关于新华信托股份有限公司变更注册资本及修改〈公司章程〉等有关事项的批复》(渝银监复〔2012〕70号)核准,公司已完成相关工商登记变更工作。

经公司股东大会审议,同意中国嘉陵工业股份有限公司(集团)转让所持公司0.33%股权给新产业投资股份有限公司,该事项已于2013年3月8日经《关于批准新华信托股份有限公司调整公司股权结构的批复》(渝银监复〔2013〕21号)核准。

8.2　董事、监事及高级管理人员变动情况及原因

8.2.1　董事变动情况

鉴于公司第四届董事会任期届满,经股东大会和董事会审议作出决议,第五届董事会成员由翁先定、卢广开、陈雷、许洛圣、郝雅军、赵暖、魏华、李钢(独立董事)、白重恩(独立董事)、戴波(独立董事)组成,欧阳锦绍和秦刚不再担任公司董事;翁先定继续担任董事长,卢广开、陈雷担任副董事长。相关董事的任职资格请示已于2012年2月25日经重庆银监局《关于卢广开等同志任职资格的批复》(渝银监复〔2013〕18号)核准。

8.2.2　监事变动情况

鉴于公司第四届监事会任期届满,经股东大会和监事会审议作出决议,第五届监事会成员由秦刚、肖磊、安东组成,秦刚担任监事会主席,黄晓东和毛振华不再担任公司监事。

8.2.3　高级管理层变动情况

经公司董事会和股东大会审议作出决议,同意卢广开辞去总经理职务、聘任郝雅军为总经理,许耀旂为首席运营官,夏亮为首席财务官(欧阳锦绍不再担任首席运营官),张奎为副总经理,彭光萍和郑孝和为总经理助理。

郝雅军的任职资格于2012年9月27日经《中国银监会关于核准郝雅军任职资格的批复》(银监复〔2012〕574号)核准。张奎的任职资格于2012年8月3日经《关于张奎金融机构高级管理人员任职资格的批复》(渝银监复〔2012〕66号)核准。夏亮、彭光萍和郑孝和的任职资格于2012年11月28日经《关于夏亮等同志任职资格的批复》(渝银监复〔2012〕102号)核准。许耀旂的任职资格于2013年3月12日经《关于许耀旂同志任职资格的批复》(渝银监复〔2013〕22号)核准。

原任副总经理童七华于2013年2月1日离司。

8.3　公司的重大诉讼事项

序号	诉讼案件	诉讼类别	金额(万元)	发生时间	案件事由	审理情况
1	新华信托诉林华房地产开发有限公司	固有业务	2 500.00	2002年12月	购房37套林华未交付	胜诉,执行中(中止执行,提出执行申请)
2	新华信托诉长寿望江运输队	信托业务	100.00	1999年12月	委托贷款	胜诉、执行中
3	惠州腊梅信息咨询诉新华信托债权纠纷	固有业务	220.00	2010年6月	债权纠纷	一审中
4	新华信托诉凯翔集团有限公司、陈建明、席皎	信托业务	7 410.00	2012年2月	债权纠纷	一审判决公告送达中

注:1. 上述金额仅为本金未包含利息。
2. 按公司与新产业的协议,上述案件1~3的相关权利义务由其承担,公司仅承担案件4的相关权利义务。

8.4 对会计师事务所出具的有保留意见、否定意见或无法表示意见的审计报告的，公司董事会应就所涉及事项作出说明

无。

8.5 公司及其董事、监事和高级管理人员受到处罚的情况

报告期内，公司董、监事及高级管理人员勤勉履职，未发生公司及董事、监事和高级管理人员受到中国银监会或相关部门处罚的情况。

8.6 银监会及其派出机构整改意见的整改情况

报告期内，中国银监会重庆银监局对公司巴南区危旧房改造安置房建设股权投资集合资金信托计划、重庆两江新区特定资产收益权投资1号资金信托、公司对重庆市兴荣国有资产经营管理有限公司全部表内外授信等业务进行了现场检查，对公司案防开展情况进行了现场走访，公司按照监管部门提出的意见或问题完成了整改。

8.7 公司重大事项临时报告的简要内容

2011年11月14日，重庆银监局下发《关于批准新华信托股份有限公司调整股权结构及修改〈公司章程〉等有关事项的批复》（渝银监复〔2011〕133号），核准中国诚信信用管理有限公司将持有公司股份转让给中诚信投资有限公司。公司于2012年2月4日在《金融时报》第8版刊登了《公告》，其简要内容如下：

公司《关于调整公司股权结构及修改〈公司章程〉的请示》，中国银行业监督管理委员会重庆监管局《关于批准新华信托股份有限公司调整股权结构及修改〈公司章程〉等有关事项的批复》（渝银监复〔2011〕133号）已予核准。公司原股东中国诚信信用管理有限公司将持有公司5122万股股份（持股比例8.25%）转让给中诚信投资有限公司，其他股东及持股份额和股份比例不变。公司已完成相关工商变更手续。

此次股权变更后，公司各股东股份额及股份比例如下：

股东名称	股份额（股）	股份比例（%）
新产业投资股份有限公司	446 720 000.00	71.92
巴克莱银行有限公司（Barclays Bank PLC）	121 120 000.00	19.50
中诚信投资有限公司	51 220 000.00	8.25
中国嘉陵工业股份有限公司（集团）	2 060 000.00	0.33
合计	621 120 000.00	100.00

2012年9月27日，中国银监会下发《中国银监会关于核准郝雅军任职资格的批复》（银监复〔2012〕574号），核准郝雅军新华信托股份有限公司总经理的任职资格。公司于2012年10月12日在《金融时报》第3版刊登了《新华信托股份有限公司关于公司高级管理人员变动的公告》。其简要内容如下：

因工作需要，公司2012年第三次临时董事会会议决定聘任郝雅军先生担任公司总经理。

上述变更事项已经中国银行业监督管理委员会核准（银监复〔2012〕574号）。

8.8 中国银监会及其派出机构认定的其他有必要让客户及相关利益人了解的重要信息

无。

9. 公司监事会意见

报告期内，公司监事会根据《公司法》、《信托法》和公司章程有关规定，对公司董事、高级管理人员履行职责的情况进行了监督。并评价认为：公司“三会一层”能够勤勉工作，较好地完成了2012年度既定的工作任务，经营管理过程中尚未发现违法、违规的案件。

9.1 公司依法运作情况

公司依法运作，决策程序基本符合《公司法》、《信托法》、《信托公司管理办法》和公司章程等有关制度的规定；内控制度基本健全、有效；公司董事、总经理等高级管理人员履行职责时，尚未发现有违法和故意损害公司利益的行为。

9.2 财务报告真实情况

公司本年度财务报告真实反映了公司的财务状况及经营管理成果；本年度财务报告已经毕马威华振会计师事务所（特殊普通合伙）上海分所根据中国注册会计师独立审计准则审计，并出具了标准无保留意见的审计报告。

新疆长城新盛信托有限责任公司

1. 重要提示

1.1 本公司董事会及董事保证本报告所载资料不存在任何虚假记载、误导性陈述或者重大遗漏，并对其内容的真实性、准确性和完整性承担个别及连带责任。

1.2 公司独立董事李克渊、李华北、马德贵声明：保证年度报告内容的真实性、准确性、完整性。

1.3 执行本公司审计的会计事务所未对公司出具保留意见（或否定意见，无法表示意见的审计报告）。

1.4 公司董事长周礼耀、总经理陈明理、财务总监阚秋声明：保证本年度财务会计报告的真实、完整。

2. 公司概况

2.1 公司简介

新疆长城新盛信托有限责任公司（以下简称长城新盛信托）是在重组伊犁哈萨克自治州信托投资公司基础上成立的。伊犁哈萨克自治州信托投资公司设立于1988年7月，是经中国人民银行新疆维吾尔自治区新疆分行（新人银〔1988〕金管字第70号文）批准，由新疆伊犁哈萨克自治州财政局独家出资的国有独资地方性金融机构，注册资本3000万元人民币。2003年12月17日中国银监会下发了《关于同意伊犁州信托投资公司重组方案的复函》（银监函〔2003〕205号）。由此，伊犁哈萨克自治州信托投资公司被中国银监会列为13家遗留问题信托公司之一。2011年10月8日，中国银监会下发了《关于伊犁哈萨克自治州信托投资公司重新登记等有关事项的批复》（银监复〔2011〕408号），批准由中国长城资产管理公司（以下简称长城公司）、新疆生产建设兵团国有资产经营公司（以下简称兵团国资）、深圳市盛金创业投资发展有限公司（以下简称盛金公司）、伊犁哈萨克自治州财信融通融资担保有限公司（以下简称伊犁财信）四家在对伊犁哈萨克自治州信托投资公司进行重组的基础上进行增资扩股、更名，改制等事项变更。2011年10月8日，由中国银监会新疆监管局发放了金融许可证，同日在新疆维吾尔自治区工商局经济技术开发区分局领取了换发后的企业法人营业执照。公司注册资本由3 000万人民币变更为30 000万元人民币。

2.1.1 公司法定名称

公司中文名称：新疆长城新盛信托有限责任公司

公司英文名称：Xinjiang Great Wall Xinsheng Trust Co.，Ltd. 。

公司英文名称缩写：GWXS TRUST

2.1.2 公司法定代表人：周礼耀

2.1.3 公司注册地址：乌鲁木齐经济技术开发区卫星路475号紫金矿业研发大厦A座11层。

公司邮政编码：830026

公司国际互联网网址：www. gwxstrust. com

公司电子信箱：gwxs@ gwxstrust. com

2.1.4 公司负责信息披露事务人员

联系人：孟　庄

联系电话：0991 －3775363

传真：0991 －3775362

电子信箱：mengzhuang@ gwxstrust. com

2.1.5 公司信息披露报纸名称：《上海证券报》

年度报告备置地点：乌鲁木齐经济技术开发区卫星路475号紫金矿业研发大厦A座11层。

登载年度报告的互联网网址：www. gwxstrust. com

2.1.6 公司聘请的会计师事务所名称：中瑞岳华会计师事务所新疆分所

公司聘请的会计师事务所住所：乌鲁木齐市新华南路140号汇源酒店17层

公司聘请的律师事务所名称：北京市大成律师事务所上海分所

公司聘请的律师事务所住所：上海市浦东南路500号国家开发银行大厦30层

2.2 组织结构

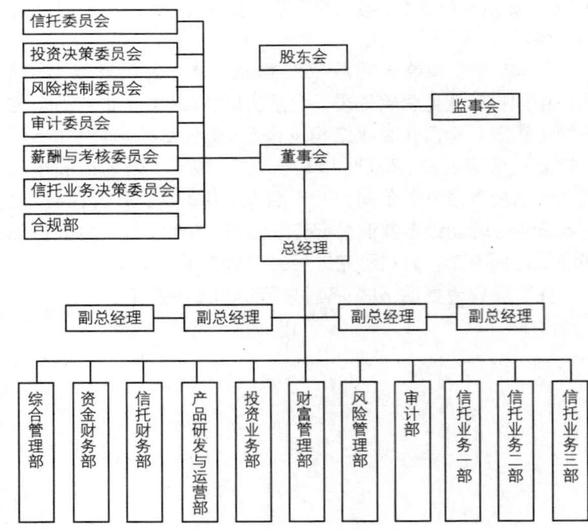

3. 公司治理结构

3.1 公司治理

3.1.1 股东情况

报告期末股东总数为四家（均持有10%以上股份）。按股东持股比例从大到小排列如下：

股东名称	持股比例(%)	法人代表	注册资本(万元)	注册地址	主要经营业务及主要财务情况
中国长城资产管理公司	35	郑万春	1 000 000 万元	北京市西城区月坛北街2号	许可经营项目:收购并经营中国农业银行剥离的不良资产;债务追偿,资产置换、转让与销售;债务重组及企业重组;债权转股权及阶段性持股,资产证券化;资产管理范围内的上市推荐及债券、股票承销;直接投资;发行债券,商业借款;向金融机构借款和向中国人民银行申请再贷款;投资、财务及法律咨询与顾问;资产及项目评估;企业审计与破产清算;经金融监管理部门批准的其他业务;除新闻、出版、教育、医疗保健、药品、医疗器械和BBS以外的因特网信息服务业务。财务状况良好 。
新疆生产建设兵团国有资产经营公司	35	陈一滔	112 300 万元	乌鲁木齐市扬子江路188号	新疆生产建设兵团授权范围国有资产经营管理;国有资产产(股)权交易;商业信息咨询。财务状况良好 。
深圳市盛金创业投资发展有限公司	17	周琦	8 500 万元	深圳市福田区福华一路国际商会大厦B座1210室	投资兴办实业(具体项目另行申报);高新技术产业投资,受托管理创业投资企业创业资本、创业投资咨询、为创业企业提供创业管理服务(法律、行政法规、国务院决定禁止的项目除外;限制的项目须取得许可后方可经营);经济信息咨询、光电技术开发(不含限制项目);国内贸易(不含专营、专控、专卖商品)。财务状况良好 。
伊犁哈萨克自治州财信融通融资担保有限公司	13	林峰	27 660.35 万元	伊宁市伊犁河路怡安家园1号综合楼	许可经营项目:贷款担保、票据承兑担保、贸易融资担保、项目融资担保、信用证担保及其他融资性担保业务;兼营诉讼保全担保;投标担保、预付款担保、工程履约担保、尾付款如约偿付担保等履约担保业务;与担保业务有关的融资咨询、财务顾问等中介服务;以自有资金进行投资;办理债务发行担保业务;国家及自治区规定的其他业务。财务状况良好 。

注:本公司无实际控制人。

3.1.2 董事、董事会及其下属委员会

董事长、副董事长、董事

姓名	职务	性别	年龄	选任日期	所推举的股东名称	该股东持股比例(%)	简要履历
周礼耀	董事长	男	53	2012年11月4日	中国长城资产管理公司	35	经济学硕士,复旦大学世界经济专业国际金融方向,高级经济师;历任中国人民解放军83427部队警卫排战士、副班长,上海宝山县吴淞化纤纺织厂财务组会计,农业银行上海分行人事处干部干部、副处长、处长,农业银行上海市分行五角场支行党总支书记、行长,中国长城资产管理公司上海办事处党委委员、副总经理、总经理、党委书记;现任中国长城资产管理公司党委委员、副总裁。
陈一滔	副董事长	女	49	2011年10月8日	新疆生产建设兵团国有资产经营公司	35	硕士研究生、解放军空军工程大学管理科学与工程专业,高级会计师;历任职于新疆生产建设兵团外经贸局计财处,新疆农垦纺织五矿化工机械进出口公司任计财部经理,新疆农垦进出口公司任董事、常务副总经理,新疆生产兵团国资公司总经理助理兼财务部经理、副总经理、总经理;现任新疆生产建设兵团国有资产经营公司董事长。
周 琦	副董事长	男	49	2011年10月8日	深圳市盛金创业投资发展有限公司	17	经济学学士,南开大学金融系金融专业;历任中国银行总行国际业务部业务主办,工商银行信托投资公司项目经理,海口太克实业有限公司总经理,深圳市清华至善金融证券研究所总经理,深圳市清华创业投资有限公司董事,深圳力合数字电视有限公司董事;现任深圳市盛金创业投资发展有限公司董事长。
陈明理	董事	男	49	2012年12月10日	中国长城资产管理公司	35	博士研究生,中国人民大学金融学专业,高级经济师;历任工商银行郑州分行建设路支行信贷员,工商银行总行项目信贷部主任科员、副处长,华融资产管理公司股权管理部副处长、高级经理,华融资产管理公司沈阳办事处总经理助理、副总经理,华融资产管理公司研究发展部副总经理、第一重组办公室副主任、委托业务事业部总经理,华融国际信托有限责任公司总裁,华融资产管理公司业务审查部总经理;现任新疆长城新盛信托有限责任公司总经理。
范振斌	董事	男	58	2011年10月8日	中国长城资产管理公司	35	经济学学士,东北财经大学工业会计专业、高级经济师;历任辽宁省抚顺市财政局研究所、办公室副主任,农业银行辽宁省抚顺分行副行长,农业银行辽宁省分行研究所副所长、总编、行长助理、副行长,长城资产管理公司沈阳办事处总经理、南京办事处总经理;现任中国长城资产管理公司控股子公司专职董事。

续表

姓 名	职 务	性别	年龄	选任日期	所推举的股东名称	该股东持股比例(%)	简 要 履 历
蔺怀华	董事	男	45	2011年10月8日	新疆生产建设兵团国有资产经营公司	35	法学学士，兰州大学法学专业，律师资格；历任新疆维吾尔自治区高级人民法院审判员，新疆国通律师事务所律师，新疆元正律师事务所律师；现任新疆生产建设兵团国有资产经营公司法律顾问。
芦 岗	董事	女	48	2011年10月8日	深圳市盛金创业投资发展有限公司	17	经济学学士，南开大学金融学系金融专业；历任国家外汇管理总局汇价处业务主办，海口太克实业有限公司副总经理，深圳市金羽光电实业有限公司董事长，深圳键桥通信技术股份有限公司董事，深圳力合数字电视有限公司董事；现任深圳市盛金创业投资发展有限公司总经理。
林 峰	董事	男	48	2011年10月8日	伊犁哈萨克自治州财信融通投资担保有限公司	13	大学本科，中共中央党校函授学院经济管理专业，经济师；历任新疆伊犁毛纺织厂动力科、企业管理办公室科员，伊犁州财政局国债服务部任主任，伊犁州信托投资公司证券营业部总经理、公司总经理助理、副总经理、总经理、董事长；现任伊犁州财信融通投资担保有限公司董事长兼总经理。

独立董事

姓 名	所在单位及职务	性别	年龄	选任日期	所推举的股东名称	该股东持股比例(%)	简 要 履 历
李克渊	独立董事	男	64	2011年10月8日	中国长城资产管理公司	35	大专学历，上海财经学院夜大学金融专修科，高级政工师；历任黑龙江长水河农场农工、连长，人民银行上海市普陀区办事处分理处主任，工商银行上海市普陀区办事处党委副书记、分行纪委专职委员、经打办主任、闸北区办主任、党委书记，人民银行上海市分行金融纪检组副组长、金融纪检组组长、上海大区行纪委书记、党委副书记，上海银监局纪委书记、党委副书记、巡视员，上海市第五、六、七届市纪委委员，上海市浦东新区第二、第三届人大代表、第三届人大常委、财经委委员，上海金融法制研究会常务副会长、学术委员会主任。
李华北	独立董事	男	51	2011年10月8日	新疆生产建设兵团国有资产经营公司	35	文学学士，解放军外国语学院英语(国际关系)专业；历任解放军部队及总参谋部机关；现任鑫海矿业有限公司董事长。
马德贵	独立董事	男	51	2011年10月8日	新疆生产建设兵团国有资产经营公司	35	硕士研究生，中国社会科学院；历任新疆鄯善县县委办公室文秘，乌鲁木齐市政府办公厅，新疆生产建设兵团党委办公厅秘书；新疆生产建设兵团供销合作公司副总经理，北京鸿运集团新疆分公司总经理，海南睿丰投资公司董事长助理；现任国泰君安证券股份有限公司乌鲁木齐营业部总经理。

董事会下属委员会

委员会名称	职 责	组成人员	职务
信托委员会	(1)监督、检查、评价信托计划的实施情况，并向董事会提出建议；(2)研究督促公司依法履行受托职责的监督体系，提出对履行受托事项进行监督管理的组织架构、监督程序等决策的改进建议；(3)对公司依法履行受托职责进行监督；(4)审查公司利益或公司股东利益是否与受益人利益冲突，按受益人利益最大化的原则提出解决方案；(5)负责审核公司在处理信托事务过程中出现利益冲突时的披露事项；(6)监督公司将信托财产与公司自有财产分开管理、分别记账的实施情况以及将不同客户的信托财产分开管理的实施情况；(7)监督信托业务与公司其他业务之间的隔离机制，审核其人员、信息、会计账户的相对独立性以及信托财产的独立性；(8)监督公司股东与信托公司之间在业务、人员、资产、财务、办公场所等方面严格分开的实施情况，审核公司经营、核算、承担责任和风险的独立性；(9)监督集合资金信托计划有无配备信托经理，信托经理有无认真管理信托财产；(10)指导对信托从业人员的培训；(11)针对中国银监会及其派出机构对公司履行受托责任所提出的问题，制定整改计划和措施；(12)指导公司业务部门开展创新业务；(13)研究制定信托业务部门的设置方案；(14)董事会授权信托委员会的其他职权；(15)针对上述各项的工作成果，形成书面意见或解决方案并报请董事会审议。	李克渊	主任委员
		陈蓉雷	副主任委员
		王 勇	委员
		曾 江	委员
		郭 韬	委员

续表

委员会名称	职　责	组成人员	职务
投资决策委员会	(1)对公司章程规定须经董事会批准的重大投资融资、资金运用和资产处置等方案进行研究并向董事会提供提出建议;(2)对公司章程规定须经董事会批准的固有资产投资、重大资本运作、资产经营项目和合作开发等项目进行研究并向董事会提供提出建议;(3)对其他影响公司发展的重大事项进行研究并提出建议;(4)对以上事项的实施进行检查,并对公司资金使用的调度、贷款担保、对外投资、设立全资或合资公司(包括,但不限于控股子公司、重大控股子公司以及重大子公司)、产权转让、资产重组等重大决策活动进行研究并提出建议;(5)研究、建议公司的长期发展战略规划;(6)董事会授权的其他职权;(7)针对上述各项的工作成果,形成书面意见或解决方案并报请董事会审批通过;若公司章程规定需要股东会审议批准的,则报股东会审议批准。	王　勇	主任委员
		曾　江	副主任委员
		芦　岗	副主任委员
		郭　韬	委员
		康建春	委员
风险控制委员会	(1)对公司开展新的自营业务或项目以及公司重大经营事件或项目进行风险收益评估,研究拟定风险防范方案,并向公司信托业务决策委员会提供报告;(2)对公司经营的信托业务或项目进行事先风险收益评估,研究拟定风险防范方案,并向公司信托业务决策委员会提供报告;(3)对公司信托业务和固有业务的风险控制及管理情况进行监督(4)对公司自有财产和信托财产的风险状况进行定期评估;(5)对公司关联交易业务风险进行评估,对重大关联交易事项进行审查并提交董事会审议;(6)向董事会提交公司全面风险管理年度报告风险控制委员会工作细则定稿;(7)研究公司经营活动及风险状况,提出风险管理需要关注的核心风险问题,对公司可能出现的风险进行预测与评价;(8)审核风险监控指标体系及风险管理信息分析报告,监督经营管理层对经营风险采取必要的识别、计量、监测和控制措施;(9)对战略规划的实施过程进行监督和评估,督促经营管理层持续改进风险管控能力;(10)研究公司经营管理的风险识别、管理技术、风险控制及补偿机制,审核风险管理系统建设规划;(11)研究、审核公司经营管理中重大风险事件的预警预控、应急预案;(12)根据国家宏观经济金融政策及市场形势的变化,制定公司风险管理体系,审核公司内部风险控制制度及执行情况;(13)根据公司发展战略,研究公司的风险管理体系,提出改进风险管理体系的决策程序及建议;(14)研究公司战略规划的执行步骤及其管理方式,评估风险政策的有效性,提出动态的风险控制建议方案;(15)每季度首月,对公司风险进行全面评估;(16)审核公司风险管理领域的信息披露事项,并对该等事项的真实、准确、完整和合规性等进行监督;(17)组织制订公司风险管理制度;(18)检查公司风险管理制度的完善性;(19)监督、检查及评估公司风险管理制度的执行情况及效果;(20)负责组织对公司存在的重大风险隐患或出现的重大风险事故进行内部调查,并将调查结果和处理意见报告董事会,由董事会决议作出处理。	张　斌	主任委员
		阚　秋	副主任委员
		杨　辰	副主任委员
		王　勇	委员
		郭　韬	委员
薪酬管理委员会	(1)研究和审查高级管理人员的薪酬及奖惩方案并向董事会提出建议;(2)拟定业务绩效考核制度方案,按照每年的经营情况,拟定具体的提取金额、分配标准、操作细则以在当年税后利润的一定比例中提取信托经理人激励基金和员工奖励基金,并将该等方案提交公司董事会审议;(3)对总经理拟定的公司职工工资、福利、奖惩制度等方案提出专业意见;(4)根据公司内外部情况变化,适时提出公司薪酬管理制度(规划)、激励计划以及业务绩效考核奖惩制度、业务绩效考核制度的调整意见;(5)了解公司薪酬制度、激励计划和业务绩效考核奖惩制度、业务绩效考核制度的执行情况;(6)董事会授权的其他事宜;(7)针对上述各项的工作成果,形成书面意见后依照以下情形报送审批:①公司董事、监事的薪酬规划和激励计划应由董事会审议后报公司股东会审议批准;②公司高级管理人员的薪酬管理制度(规划)、激励计划,公司业务绩效考核奖惩制度,公司业务绩效考核制度、信托经理人激励基金、员薪酬与考核委员会工作细则定稿工奖励基金的提取金额、分配标准以及操作细则等应报公司董事会审议批准,且董事会应当就公司高级管理人员履行职责的情况、绩效评价情况、薪酬情况向股东会作出专项说明;③公司董事、高级管理人员的薪酬规划、激励计划等事项还应报公司独立董事发表独立意见。	范振斌	主任委员
		谭玉林	副主任委员
		李克渊	委员
		阚秋	委员

续表

委员会名称	职　　责	组成人员	职务
审计委员会	(1)审核公司的财务信息及其披露，并对公司披露的定期财务报告(含季报、中报、年报)形成书面意见；(2)监督公司的内部审计制度及其实施，负责公司内部审计工作，对公司重大关联交易进行审计；(3)至少每半年向公司董事会提交内部审计报告，同时向中国银监会或其派出机构报送该报告的副本；(4)负责内部审计与外部审计之间的沟通、协调以及会计师事务所的选聘工作。审计委员会应与负责公司外部审计的会计师事务所加强沟通，密切关注注册会计师的工作情况，协助注册会计师开展工作；(5)提议聘请或更换外部审计机构，对外部审计机构开展公司有关财务审计、资产评估及相关业务活动工作结果的真实性、合法性进行监督；(6)审查公司内控制度，每年对公司内部控制制度的建立、健全与执行情况至少进行一次检查和评估，并发表专项意见报送公司董事会；(7)负责拟定对董事和高级管理人员进行离任审计的方案；(8)董事会授权的其他事宜；针对上述各项的工作成果，形成书面意见或解决方案并报请董事会审阅或审批通过，根据公司章程规定应报股东会审议批准的报股东会审批。	蔺怀华	主任委员
		范振斌	副主任委员
		芦　岗	副主任委员
		林　峰	委　员
信托业务决策委员会	(1)根据信托业务部的申请，召开会议，对拟发起的信托计划进行最终评审，作出是否批准的决策，经审议批准须交由公司董事会秘书后需报董事会及股东会备案；(2)对制定与信托业务有关的管理制度(包括但不限于信托项目立项、信托项目尽职调查、信托项目责任经理管理以及信托项目信息披露等)提供建议及方案，并报董事会审议批准；(3)公司股东会及董事会依据法律法规及公司章程所授予的其他职责。	胡建忠	主任委员
		陈一滔	副主任委员
		周　琦	副主任委员
		林　峰	委员
		张　斌	委员
		杨　辰	委员
		阚　秋	委员
合规部	(1)协助董事会制定、有效推动和执行公司的合规制度和政策，并负责公司的各项稽核工作；主动识别、量化、评估、监测、测试和报告合规风险，定期和不定期向董事会、监事会提供合规检查报告；(2)组织各部门梳理、整合公司的规章制度和操作规程，适时修订公司合规手册、内部行为准则或各项操作程序，参与公司的组织架构和业务流程再造，使其符合合规的要求，并具有较强的执行力，公司各部门制定的规章制度和操作规程签发前，应经合规部出具合规意见；(3)保持与监管机构日常的工作联系，跟踪和评估监管意见和监管要求的落实情况；关注并持续跟踪、正确把握合规法律、法规、规则和准则的规定精神、最新发展及对信托经营的影响，为高级管理层提供合规建议；(4)督促公司董事会、监事会、高级管理层等各个层面在各自职责范围内履行合规职责，使信托公司的经营活动与法律、法规、规则和准则相一致，促使公司合规经营；(5)参与公司新产品开发，提供必要的合规测试、审核和支持，包括新产品、新业务的拓展，新客户关系的建立以及客户关系发生重大变化等所产生的合规风险；(6)制定、修订具体的合同管理办法，以及审查合同(包括每一份信托合约及其他经营合同)的合法性、完整性、可行性，防止不完善或者不合法合同的出现，并就该等合同出具合规意见；协助合同经办人依法签订合同，参加重大合同的谈判与签订并提供法律意见；协助合同经办人处理合同履行过程中出现的问题和纠纷，依法参加对合同纠纷的协商、调解、仲裁、诉讼；(7)监督、检查、清理、考核公司各部门、控股子公司、重大控股子公司及重大子公司的合同签订、履行情况，执行国家有关法律、法规和金融政策、公司各项规章制度及内部监控程序的情况，并有权就其中涉及的法律问题向经办部门和公司高级管理层提出意见和建议；有权对检查中发现的问题和有关方面提供的情况进行查证核实，复制有关资料或索取证明材料，对有疑问的情况有权要被检查对象作出解释和提供有关资料或书面说明；(8)开发有效的合规培训和教育项目，包括新入员工的合规培训和合规测试，以及所有员工的定期合规培训等，并成为公司员工咨询有关合规问题的内部联络部门；合规部工作细则定稿；(9)承担公司特定的法定职责，如反洗钱等；(10)公司外聘律师或公司法律顾问工作由合规部统一归口管理，但应本着精简高效、节约成本、适当集中的原则进行；(11)负责印章管理制度实施细则的起草、修订和实施等职责，并与综合管理部共同负责保管公司行政公章和合同专用章；(12)对经按公司规定程序立项并发起的信托项目/信托计划出具合规意见，并一并提交给信托决策委员会审批批准；(13)经董事会授权的其他职权；针对上述各项的工作成果，形成书面意见或解决方案的，根据公司章程或其他规章制度规定的权限应报请股东会、董事会、信托业务决策委员会或总经理审议批准的，应按规定及时报请股东会、董事会、信托业务决策委员会或总经理审议批准。	童　正	主任
		蔺怀华	副主任
		郭　韬	副主任

3.1.3 监事、监事会及其下属委员会

监事会成员

姓名	职务	性别	年龄	选任日期	所推举的股东名称	该股东持股比例(%)	简要履历
王敏	监事会主席	女	45	2011年10月8日	新疆生产建设兵团国有资产经营公司	35	硕士研究生，新疆财经学院金融专业，高级会计师；历任兵团经济专科学校教师，新疆进出口股份有限公司财务、财务部、结算部经理，兵团国有资产经营公司研发部副经理、财务总监；新疆宏海房地产开发有限公司总会计、董事；现任兵团国有资产经营公司风险管控部经理。
谢村模	监事会副主席	男	57	2011年10月8日	中国长城资产管理公司	35	大学本科，中共中央党校函授本科党政管理专业，高级经济师；历任上海市前卫农场液压元件厂金工车间副主任，农业银行上海分行人事处专业技术管理副主任科员，农业银行浦东分行人事处副处长、直属党委副书记、分行副行长、工会主席，长城资产管理公司上海办事处综合管理（人力资源）部副处长、评估管理部处长、纪检委员、纪委办公室主任；现任中国长城资产管理公司上海办事处监察审计部高级经理。
蒋健	监事会副主席	男	47	2011年10月8日	深圳市盛金创业投资发展有限公司	17	经济学学士，南开大学金融学系金融专业；历任福建国际信托投资公司及华福证券公司发行部副经理、经理，福建93发行干事团副主干事长，四川信托投资公司发行部总经理，四川信托投资公司上海证券业务部总经理，四川9家信托公司重组委员会证券组组长，世纪联融控股公司副总裁，北京华申置业开发公司执行董事总经理，重庆天生综合市场投资管理有限公司总经理；现任上海交大教育服务产业投资管理（集团）有限公司总经理。
郭韬	职工监事	男	36	2011年10月8日	职工代表大会	—	硕士研究生，中国人民大学经济法学专业；历任长城资产管理公司法律事务部、债权管理部副主任科员、法律事务部主任科员、业务主管、高级副经理；现任新疆长城新盛信托有限责任公司产品研发与运营部总经理。
曹继忠	职工监事	男	36	2011年10月8日	职工代表大会	—	工学学士，合肥工业大学建筑设计专业；历任安徽中州置业股份有限公司工程管理部副经理、经理，深圳市盛金创业投资发展有限公司上海办事处主任；现任新疆长城新盛信托有限责任公司综合管理部副总经理。

本公司监事会未下设委员会。

3.1.4 高级管理人员

姓名	职务	性别	年龄	选任日期	从业年限	学历	专业	简要履历
陈明理	总经理	男	49	2012年10月16日	22	博士	金融	关于总经理陈明理介绍请参见3.1.2董事、董事会及其下属委员会4。
杨辰	副总经理	男	49	2011年10月8日	6	硕士	金融	商学硕士，日本早稻田大学商学专业；历任南开大学金融学系讲师，日本安田火灾海上保险公司总部、安田综合研究所委托研究员，日本安田火灾海上保险公司总部国际业务部业务主办，深圳力合数字电视有限公司副总裁，深圳力合传媒有限公司董事，宁波成功多媒体通讯有限公司董事，深圳市盛金创业投资发展有限公司董事、副总裁，上海飞乐音响股份有限公司董事、战略委员会委员；现任新疆长城新盛信托有限责任公司副总经理。
王勇	副总经理	男	42	2011年10月8日	19	博士	金融	博士研究生，山东大学经济学专业，高级会计师。农业银行山东省分行科员、副主任科员、主任科员；农业银行山东省分行金桥实业总公司财务部经理；长城资产管理公司济南办事处业务主管；长城资产管理公司资产经营二部和新业务拓展办公室主任科员；长城资产管理公司济南办事处副处长、高级副经理、高级经理；长城融资租赁公司执行董事、总经理；现任新疆长城新盛信托有限责任公司副总经理。
李凯	副总经理	男	54	2011年10月8日	30	大专	金融	大专学历，福建金融管理干部学院，经济师；历任农业银行石河子支行科员；人民银行石河子分行计划科科员、稽核科副科长、人事科科长；人民银行克拉玛依中心支行副行长；银监会克拉玛依分局局长；现任新疆长城新盛信托有限责任公司副总经理。
阚秋	财务总监	男	40	2011年10月8日	4	大专	会计	大专学历，长春金融高等专科学校，注册会计师、资产评估师、注册税务师；历任中国银行吐鲁番分行任会计及内部稽核；新疆科麦食品公司任财务经理；中天运会计师事务所新疆分行任副所长；现任新疆长城新盛信托有限责任公司财务总监。

3.1.5　公司员工

项　目		报告期年度 2012 年度		上年度	
		人数	比例(%)	人数	比例(%)
年龄分布	25 岁以下	0	0	0	0
	25～29 岁	1	5	1	5.88
	30～39 岁	14	70	12	70.59
	40 岁以上	5	25	4	23.53
学历分布	博士	3	15	2	11.76
	硕士	3	15	2	11.76
	本科	9	45	8	47.06
	专科及其他	5	25	5	29.41
岗位分布	高管人员	7	35	6	35.29
	自营业务人员	6	30	4	23.53
	信托业务人员	7	35	7	41.18
	其他	0	0	0	0

3.2　公司治理信息

3.2.1　年度内召开股东会情况

2012 年 9 月 23 日，公司以现场方式召开了公司第三次股东会，审议并通过：(1)公司总经理就公司前期工作情况进行汇报；(2)讨论通过公司经理层提交的《关于公司员工薪酬问题的报告》；(3)由胡建忠董事长就总经理人选调整进行说明。

2012 年公司以通讯表决方式召开了公司第四次股东会，审议并通过：(1)《关于张斌先生不再担任新疆长城新盛信托有限责任公司董事职务的议案》；(2)《关于选举陈明理先生拟任新疆长城新盛信托有限责任公司董事的议案》。

2012 年 11 月 4 日公司以现场方式召开了公司第五次股东会，审议并通过：(1)《关于胡建忠先生不再担任新疆长城新盛信托有限责任公司董事职务的议案》；(2)《关于选举周礼耀先生拟任新疆长城新盛信托有限责任公司董事的议案》。

3.2.2　董事会及其下属委员会履行职责情况

本年度董事会共召开通信表决会议三次：

2012 年 3 月 16 日，公司召开一届三次董事会会议，审议并通过：(1)胡建忠任新疆长城新盛信托有限责任公司第一届董事会董事长，陈一滔任新疆长城新盛信托有限责任公司第一届董事会副董事长，周琦任新疆长城新盛信托有限责任公司第一届董事会副董事长。同时本次董事会会议决定聘任孟庄任新疆长城新盛信托有限责任公司董事会秘书，阚秋任新疆长城新盛信托有限责任公司财务总监，张斌任新疆长城新盛信托有限责任公司总经理。(2)决定聘任下列人员为公司第一届董事会各委员会及合规部主任、副主任及委员。①信托委员会：李克渊任主任委员，陈蓉雷任副主任委员，王勇、曾江、郭韬任委员；②风险控制委员会：张斌任主任委员，阚秋、杨辰任副主任委员，王勇、郭韬任委员；③投资决策委员会：王勇任主任委员，曾江、芦岗任副主任委员，郭韬、康建春任委员；④薪酬与考核委员会：范振斌任主任委员，谭玉林任副主任委员，李克渊、阚秋、吴知武任委员；⑤ 审计委员会：蔺怀华任主任委员，范振斌、芦岗任副主任委员，林峰任委员 ；⑥合规部：童正任主任(享受公司副总经理薪酬及福利待遇)，蔺怀华任副主任，郭韬任副主任。(3)同意聘任下列人员为公司副总经理及投资总监：王勇任新疆长城新盛信托有限责任公司副总经理；杨辰任新疆长城新盛信托有限责任公司副总经理；李凯任新疆长城新盛信托有限责任公司副总经理；曾江任新疆长城新盛信托有限责任公司投资总监(享受副总经理薪酬及福利待遇)。(4)关于审议《公司总经理工作细则》的议案。(5)关于审议公司《内设机构及人员编制的方案》的议案。(6)关于审议公司《信托委员会工作细则》的议案。(7)关于审议《公司风险控制委员会工作细则》、《公司内部控制制度》和《公司风险管理制度》的议案。(8)关于审议公司《投资决策委员会工作细则》、《固有业务管理办法》、《固有业务贷款管理办法》和《自有资金投资信托项目管理办法》的议案。(9)关于审议公司《薪酬与考核委员会工作细则》的议案。(10)关于审议公司《审计委员会工作细则》和《信托公司内部审计制度》的议案。(11)关于审议公司《合规部工作细则》的议案。(12)关于审议《公司 2012 年业务发展规划》的议案。(13)关于审议《公司 2012 年度财务预算报告》的议案。(14)关于审议《公司开业初期(前半年)业务模式方案》的议案。

2012 年 10 月 16 日，公司召开一届四次董事会会议，审议并通过：(1)《关于张斌先生不再担任新疆长城新盛信托有限责任公司总经理职务的议案》；(2)《关于拟聘任陈明理先生为新疆长城新盛信托有限责任公司总经理的议案》。

2012 年 11 月 4 日，公司召开一届五次董事会会议，审议并通过：(1)《关于胡建忠先生不再担任新疆长城新盛信托有限责任公司董事长的议案》；(2)《关于选举周礼耀先生拟任新疆长城新盛信托有限责任公司董事长的议案》。

本年度，公司董事会下属的各专业委员会认真履行职责，按照公司《章程》及相关规定，相应召开了各种会议：(1)公司信托业务决策委员会先后召开了五次会议，对湖南望城海绵流动资金贷款单一资金信托计划等 12 个信托项目进行审议。审议通过湖南望城海绵流动资金贷款单一资金信托计划、福建老潘头流动资金贷款单一资金信托计划、长信 1 号(南京宇尚地产)集合资金信托计划、天津城建投资公司贷款单一资金信托计划、国家开发银行信贷资产收购单一资金信托计划、中社基金会事务性信托、哈尔滨亚麻地产贷款单一资金信托计划、乌鲁木齐经济技术开发区建设发展总公司贷款单一资金信托计划、乌鲁木齐格林威治城商业街贷款集合资金信托计划、长城 1 号机构理财集合资金信托计划 10 个信托项目，其中正式发起设立天津城建投资公司贷款单一资金信托计划、国家开发银行信贷资产收购单一资金信托计划、哈尔滨亚麻地产贷款单一资金信托计划、乌鲁木齐经济技术开发区建设发展总公司贷款单一资金信托计划、长城 1 号机构理财集合资金信托计划 5 个信托项目；(2)公司投资决策委员会先后召开 4 次会议，审议通过了青岛华新园良辰美景贷款、湖南望城海绵流动资金贷款、邵武市旺旺喜竹木家具制造公司贷款和青岛千禧银杏苑贷款 4 个项目；(3)公司风险控制委员会先后召开 4 次会议，审议通过了青岛华新园良辰美景贷款、湖南望城海绵流动资金贷款、邵武市旺旺喜竹木家具制造公司贷款和青岛千禧银杏苑贷款 4 个项目；(4)公司薪酬与考核委员会积极走访业内公司，对公司薪酬及奖励约束机制进行调研，并提出合理化建议；(5)公司合规部积极参与公司内部相关制度的制定与审核，起草公司项目操作流程并与公司 OA 系统有效对接，同时根据监管政策和公司相关规定对 52 个项目进行了合规性审核，出具正式合规意见书13份。

独立董事履职情况:报告期内独立董事严格按照《公司法》和公司章程赋予的各项职责,恪尽职守,勤勉尽责,对董事会审议的各个议案认真负责的发表明确意见并积极行使表决权,在公司发展战略、业务开展、财务监督、薪酬管理、风险管控等方面积极献言献策,对董事会的科学决策形成有力支持,高度负责地履行了独立董事职责。

3.2.3 监事会履行职责情况

本公司有监事会及所有监事会成员能够认真阅读公司股东会、董事会相关文件,及时了解、掌握公司经营动态并提出合理化建议。

报告期内,公司2012年能够认真贯彻国家法律、法规和公司章程、制度的要求,依法合规促发展,不断完善内控制度、持续强化风险管控。董事及高级管理人员能够遵守国家有关金融法律法规和《公司法》的有关规定,认真履职,未发现有违法、违规及违章行为,也没有损害公司利益、股东利益和委托人利益的行为。公司2012年度财务报告客观真实地反映了公司的实际财务状况和经营成果。本年度报告的内容和格式符合中国银监会的规定。

3.2.4 高级管理层履职情况

公司高级管理层认真贯彻实施董事会通过的2012年度经营计划,按照《信托法》、《公司法》、公司章程及公司各项规章制度,自觉接受银监局的监管,积极采取有效措施,防范化解经营风险,超额完成各项经营指标,为公司全面发展奠定了坚实的基础。

4. 经营管理

4.1 经营目标、经营方针、战略规划

4.1.1 经营目标

在监管部门和公司股东的支持和指导下,完善公司法人治理,健全内部控制,坚持依法合规、讲求效益、控制风险的基本理念,大力发展主动型理财模式的信托主业,加强营销管理,各项业务稳健发展,规范管理框架逐步建立。

4.1.2 经营方针

遵循稳健、创新、和谐、发展的经营方针,根据客户需求、风险偏好,充分发挥信托独特的制度优势,采用信托贷款、股权投资、投资理财、资产管理、财务顾问等多种方式,为客户提供多样化的综合金融服务。同时,充分发挥各股东资源优势,在机构客户和高端私人客户领域占有一席之地。

4.1.3 战略规划

以科学发展观为指导,立足当前,着眼长远,面向全国,坚持客户至上的理念,坚持依法合规、稳健经营,专心致力于信托主业,不断提高公司市场竞争能力、风险控制能力、业务创新能力和运营管理能力,将公司发展成为规范经营、特色明显、务实创新、业绩优良,具有较强核心竞争力和可持续发展能力的国内一流的专业化金融服务机构。

4.2 所经营业务的主要内容

4.2.1 经营的主要业务、品种

公司业务主要分为资产管理和信托服务两个大类:

资产管理:目前主要从事面向资本市场的项目融资等业务。

信托服务:目前主要开展贷款、收益权及平台等业务。

4.2.2 资产组合与分布

公司自营资产中,货币资产占总资产比例为65.03%,贷款及应收款占34.11%,其他资产占0.86%。

自营资产运用与分布表

资产运用	金额(万元)	占比(%)	资产分布	金额(万元)	占比(%)
货币资产	21 109.85	65.03	基础产业		
贷款及应收款	11 074.77	34.11	房地产业		
交易性金融资产			证券市场		
可供出售金融资产			实业	11 000.00	33.88
持有至到期投资			金融机构	21 109.85	65.03
长期股权投资			其他	354.85	1.09
其他	280.08	0.86			
资产总计	32 464.70	100.00	资产总计	32 464.70	100.00

信托资产运用与分布表

资产运用	金额(万元)	占比(%)	资产分布	金额(万元)	占比(%)
货币资产	1 149.94	0.44	基础产业		
贷款	180 000.00	69.15	房地产	145 839.35	56.03
交易性金融资产			证券市场		
可供出售金融资产	79 144.83	30.41	实业		
持有至到期投资			金融机构	79 412.11	30.51
长期股权投资			其他	35 043.31	13.46
其他					
信托资产总计	260 294.77	100.00	信托资产总计	260 294.77	100.00

4.2.3 资本充足率、资产质量和盈利状况

期末公司固有资产3.25亿元,固有负债0.12亿元,所有者权益3.13亿元。公司资本充足,所有者权益比率为96.31%。公司无不良资产,整体资产质量较好。

报告期内公司实现收入合计4 160.59万元,利润总额1 658.02万元,净利润1 236.64万元。公司2012年总资产利润率(税前利润/年均总资产)为5.24%,资本利润率(净利润/年均所有者权益)为4.04%,主营业务收益率(净利润/营业总收入)为29.72%。

4.3 市场分析

4.3.1 有利因素

(1)信托行业的监管政策环境总体向好,为信托行业规范、健康发展提供重要的制度保障,起步阶段专注发展以创新型、主动型信托业务,新组建公司,没有因政策调整而带来的业务结构调整的经营负担。

(2)国家金融调控频繁,银行有动力大力拓展中间业务收入,信托公司与银行合作的深度、广度等将进一步提升;同时,由于市场融资的主渠道受限,企业融资需求旺盛,为发展信托业提供了充足的市场资源。

(3)依托股东各家股东的资源和品牌优势,在市场上有较

高的认知度，在业务开展方面具有很多得天独厚的优势条件。

4.3.2 不利因素

（1）信贷政策适度放松、基准利率的下降趋势，弱化了信托公司与其他金融机构特别是银行之间的竞争性优势。

（2）部分业务受到其他金融机构的替代竞争威胁。

（3）国家宏观调控可能会对地产以及工业、制造业等实体经济形成深度的影响，以地产业为主导的信托业，对项目的风险识别和风险判断难度会继续增加。

（4）信托公司尚未树立起核心竞争力，与银行等其他金融结构存在同质竞争现象。

4.4 内部控制

4.4.1 内部控制环境和内部控制文化

公司建立了分工合理、职责明确、报告关系清晰的组织机构。报告期内，公司完成了部门岗位设置和人员编制安排。公司董事会和高级管理层重视公司内部控制机制的建设。董事会下设风险管理委员会，负责审核公司内控机制的建设规划。公司股东会按照章程规定，负责风险管理的决策，并通过授权管理、投资决策管理、人力资源管理、财务管理、运营管理和运营保障管理等制度建设，建立公司风险管理的制度体系并维持其有效性。董事会风险管理委员会负责对公司风险管理的政策、项目执行过程实施风险监督和评审，并按照公司风险管理总体要求，制订风险管理监督、风险计量检测和风险控制流程等风险监控制度。公司经营管理层根据股东会和董事会制定的风险管理政策、程序，负责对风险控制过程实施管理。对风险控制过程出现和可能出现的风险，制定和采取风险控制措施并及时报告董事会和股东会。合规部负责公司风险管理基本政策的制定，起草制定各类风险管理制度，负责建立和完善风险管理体系，进行风险识别、计量和控制，开展公司内部风险评估和报告，参与各类业务的风险评估、管理及对合法性和合规性进行审核，指导公司内部全面开展风险管理。

4.4.2 内部控制措施

公司内部控制职能部门为合规部、风险管理部和审计部。公司内部控制遵循全面、审慎、有效、独立的原则。公司内控的控制活动，包括不相容职务分离控制、授权审批控制、业务流程控制、会计系统控制、财产保护控制、运营分析控制、信息系统控制和绩效考评控制，并建立业务预警、应急机制等。报告期内，公司股东会按照章程规定，负责风险管理的决策，并通过授权管理、投资决策管理、人力资源管理、财务管理、运营管理和运营保障管理等制度建设，建立公司风险管理的制度体系并维持其有效性。公司信托业务决策委员会负责对信托项目的审核。公司固有业务按照项目金额大小按股东会、董事会和经营管理层分层授权审核。董事会风险管理委员会负责对公司风险管理的政策、项目执行过程实施风险监督和评审，并按照公司风险管理总体要求，制定风险管理监督、风险计量检测和风险控制流程等风险监控制度。公司经营管理层根据股东会和董事会制定的风险管理政策、程序，负责对风险控制过程实施管理。对风险控制过程出现和可能出现的风险，制定和采取风险控制措施并及时报告董事会和股东会。合规部负责公司风险管理基本政策的制定，起草制定各类风险管理制度，负责建立和完善风险管理体系，进行风险识别、计量和控制，开展公司内部风险评估和报告，参与各类业务的风险评估、管理及对合法性和合规性进行审核，指导公司内部全面开展风险管理。

4.4.3 信息交流与反馈

报告期内，公司重点联合泛微开发 OA 办公系统建设，完成需求整理、系统测试，正式运营。通过该 OA 办公系统，公司的各项财务、人事、行政审批、信托与固有业务审批与权限设置均得到了有效信息流转与节点控制。

4.4.4 监督评价与纠正

公司通过建立自控、互控、监控三位一体的机制，对内部控制活动进行检查、评价、监督和纠正。业务部门对各项业务跟踪管理，经常检查其经营状况，一旦发现存在问题，迅速予以自纠；财务管理部门和风险合规管理部门分别行使后台监督职能和风险管理职能，相关部门、岗位之间互相制衡、监督，一旦发现问题，均要求限时纠正。

4.5 风险管理

4.5.1 风险管理概况

公司业务经营中所面临的主要风险是信用风险、市场风险、操作风险和合规风险。公司风险管理的基本原则是合规性，即公司经营活动与所涉及的法律、规则和准则及自身规章制度相一致；全面性，即风险管理涵盖各项业务管理的各环节，并渗透到各项业务过程中；制衡性，即明确划分相关部门、岗位之间的职责，建立职责分离、横向与纵向相互监督制约的机制；资产隔离性，即将公司自营资产与信托资产、不同委托人的信托财产分别管理、分别记账、独立核算；流动性，即突出现金流量管理在公司经营活动中的重要性；程序性，即公司风险管理组织系统的安排遵循事前授权审批、事中控制和事后审计监督三道程序；可衡量性，即采用定性分析与定量分析相结合的方法控制风险。公司股东会按照章程规定，负责风险管理的决策，并通过授权管理、投资决策管理、人力资源管理、财务管理、运营管理和运营保障管理等制度建设，建立公司风险管理的制度体系并维持其有效性。公司信托业务决策委员会负责对信托项目的审核。董事会风险管理委员会负责对公司风险管理的政策、项目执行过程实施风险监督和评审，并按照公司风险管理总体要求，制定风险管理监督、风险计量检测和风险控制流程等风险监控制度。公司经营管理层根据股东会和董事会制定的风险管理政策、程序，负责对风险控制过程实施管理。对风险控制过程出现和可能出现的风险，制定和采取风险控制措施并及时报告董事会和股东会。合规部负责公司风险管理基本政策的制定，起草制定各类风险管理制度，负责建立和完善风险管理体系，进行风险识别、计量和控制，开展公司内部风险评估和报告，参与各类业务的风险评估、管理及对合法性和合规性进行审核，指导公司内部全面开展风险管理。公司风险管理程序是公司在融资、贷款、投资及重大经营决策上，实行“五审一会”制度。“五审”即部门负责人、风险管理部、合规部、主管副总裁和总裁审核立项。“一会”即信托业务决策委员会（信托业务）或投资决策委员会或董事会、股东会（固有业务）决策。操作程序是业务部门在对项目进行调查并由部门负责人进行初审；通过后报送风险管理部和合规部进行风险及合规性审查；通过后报主管副总裁和总裁审查立项；通过后提请信托业务决策委员会（信托业务）或投资决策委员会或董事会、

股东会(固有业务)进行审批决策

截至2012年12月31日,公司净资本规模为2.87亿元,高于2亿元的监管要求,净资本/各项业务风险资本之和为996.81%,高于100%的监管标准,净资本/净资产为92.01%,高于40%的监管要求。

4.5.2 风险状况

公司经营活动中可能遇到的主要风险有信用风险、市场风险、操作风险等。

4.5.2.1 信用风险状况

信用风险主要指交易对手不履行义务的可能性,主要表现为在贷款、资产回购、后续资金安排、担保、履约承诺、资金往来、证券投资等交易过程中,借款人、担保人、保管人(托管人)、证券投资开户券商、银行等交易对手不履行承诺,不能或不愿履行合约承诺而使信托财产或固有财产遭受潜在损失的可能性。本公司信用风险资产按五级分为正常类、关注类、次级类、可疑类和损失类。2012年度期初及期末本公司不良资产余额都为零;对信用风险资产本公司根据《金融企业呆账准备提取管理办法》财金〔2005〕49号文及《中国银监会办公厅关于修订信托公司年报披露格式规范信息披露有关问题的通知》(银监办发〔2009〕407号文)规定,参照中国人民银行《银行贷款损失计提指引》(银发〔2002〕98号文)规定,对年末信用风险资产按照关注类资产2%、次级类资产25%、可疑类资产50%、损失类资产100%的比例计提贷款损失准备、坏账准备。由于固有业务使用的公司自有资金,因此,公司对固有业务的信用风险更加关注,公司所有的固有业务均通过公司股东长城资产管理公司的增信或银行的保函等形式来控制风险。目前,公司投资的青岛华新园项目已到期顺利退出,其他项目尚在存续期间。截至2012年12月末,公司固有资产合计为32 464.70万元。信托业务方面,公司信托业务受托规模为25.9亿元,全部为正常类资产。

4.5.2.2 市场风险状况

市场风险主要指在金融市场等投资业务过程中,投资于有公开市场价值的金融产品或者其他产品时,金融产品或者其他产品的价格发生波动导致公司信托财产或固有财产遭受损失的可能性。同时,市场风险还具有很强的传导效应,某些信用风险的根源可能也来自于交易对手的市场风险。报告期内,公司无在公开市场交易的金融产品,受市场风险影响有限。

4.5.2.3 操作风险状况

操作风险表现为由于公司治理机制、内部控制失效或者有关责任人出现失误、欺诈等问题,公司没有充分及时地做好尽职调查、持续监控、信息披露等工作,未能及时作出应有的反应,或作出的反应明显有失专业和常理,甚至违规违约;公司没有履行勤勉尽职管理的义务,或者无法出具充分有效的证据和记录,证明自己已履行勤勉尽职管理的义务。报告期内,公司通过系统、制度、权限等对操作风险进行有效的管控。

4.5.2.4 其他风险状况

其他风险主要是指公司业务开展中的流动性风险、政策风险、信誉风险、道德风险等。流动性方面,公司固有资产余额32 464.70万元,其中货币资金21 109.86万元;流动负债1 181.66万元。公司固有业务流动性强,发生流动性风险的可能性较小。政策、信誉、道德风险方面,公司没有发生因信托财产管理、处分不当或其他信托公司的原因,致使信托财产遭受损失,进而致公司声誉受损的情况。公司注重将各方股东的优秀企业文化融入到公司内部管理中,致力塑造诚信、专业的公司形象,通过尽职管理和充分披露等方式,避免产生对公司不良影响事件的发生。

4.5.3 风险管理

4.5.3.1 信用风险管理

信用风险的管理:一是公司严格实行"贷前调查、贷中审查、贷后检查"。在贷前调查(项目立项)阶段,公司规范项目尽职调查的程序、重点和方法;在贷中审查(项目审批)阶段,公司合规部、风险管理部进行预审,公司项目评审委员会对业务进行项目可行性风险评估;在贷后检查(项目运营)阶段,公司要求业务部门持续监控交易对手的履约能力。二是注重信用风险的分散和补偿。在产品交易结构设计上,公司综合运用规避、预防、分散、转移、补偿等手段管理风险,尽力降低信用风险敞口。比如,公司通过引入金融机构信用、财产抵押、权利质押等担保方式,将融资主体的信用风险进行分散、转移。为防止因抵(质)押价值变化扩大信用风险敞口,公司对拟抵(质)押资产设置了抵(质)押率上限,作为价值变化的缓冲;通过账户管理归集和监控项目本身的现金流,作为履约的主要资金来源;在可能的情况下监管交易对手账户,监督资金使用,防止挪用;通过信托受益权的优先劣后安排,将具有不同风险偏好和风险承受能力的客户分开;加大交易对手违约成本,使交易对手不敢轻易违约;通过现场过程监控和非现场信息监控,及时了解项目进展、交易对手经营和资金使用状况;安排信托受益权的流通转让,分散信用风险。三是按照银监会要求,定期对公司资产进行风险分类。四是严格按财政部和中国银监会的要求,提足包括呆账准备金、信托赔偿准备金在内的各项准备金。

4.5.3.2 市场风险管理

市场风险的管理:一是加强对经济及金融形势的分析预测,并据此提出资产配置及其调整方案。密切跟踪市场,及时调整投资策略和投资组合,密切关注经济运行状况,严格规避政策导向变化带来的不利影响。二是坚持稳健原则,在投资组合中配置足够的固定收益类低风险投资品种。三是对证券投资组合的净值、仓位和投资集中度等指标事先设定预警点或止损点。四是通过投资分散化(组合对冲)降低非系统性风险。五是在业务决策和管理过程中,分别通过压力测试进行分析和评估,进行动态跟踪管理。六是积极贯彻落实监管部门有关文件精神,及时对公司信托业务中的房地产业务、证券投资业务和银信合作等业务提出"风险提示",密切专注市场变化,加强防范业务风险的措施。

4.5.3.3 操作风险管理

操作风险的管理:一是制定和完善公司内部控制制度,在业务操作、会计系统、信息披露、信息系统、人力资源管理、关联交易、档案管理、紧急事故应变等方面,建立行之有效的内控制度和内控流程。二是明确岗位职责,即在合理的组织机构基础上,将各部门的业务活动和管理活动细化为各个具体的工作岗位,按照岗位确定职责和权限,做到定岗、定责、定职、定编、定人,从而建立起公司内部相互制约、相互督促的工作网络。三是在建立岗位职责的基础上,制定公司的业务授权制度和问责制度。通过授权机制，将从业人员的灵活性和责任制结合起来。四是不断整合公司各项业务流程和管理流程，逐步实现前台、中台、后台分离的业务操作流程化管理。五是建立管理防火墙，以信托财产和固有财产为隔离基础，实现信托业务系统和自营业务系统的部门和人员分离；高管人员管理分工分离；信托财务和自营财务的部门、人员、账表、资产和办公场所分离；每个信托财产的分离，即对每项信托业务单独开户、单独核算、单独管理。六是强调信息系统支持。七是制定公司员工行为规范，加强对员工守法意识、职业道德的教育。八是重视合规文化建设，宣传合规政策，使员工牢固树立"风险管理是公司经营的基础、效益的前提和核心竞争力的保证"这一风险管理核心价值观念。

4.5.3.4 其他风险管理

其他风险的管理：一是加强员工合规培训，要求员工认真学习并执行有关的法律法规，增强合规意识，提高员工的风险管理意识和风险管理水平。二是加强对运作项目的现金流量管理，同时做好公司现金流量的预测和安排。三是加强职业道德教育，规范职业行为，把职业道德、职业操守作为员工教育的一个重要内容，不断增强员工的工作责任心，严格控制道德风险。

5. 报告期末及上一年度末的比较式会计报表

5.1 自营资产

5.1.1 会计师事务所审计意见全文

审 计 报 告

中瑞岳华新审字〔2013〕第9号

新疆长城新盛信托有限责任公司：

我们审计了后附的新疆长城新盛信托有限责任公司（以下简称贵公司）财务报表，包括2012年12月31日的资产负债表，2012年度利润表、现金流量表和所有者权益变动表以及财务报表附注。

一、管理层对财务报表的责任

编制和公允列报财务报表是贵公司管理层的责任。这种责任包括：（1）按照企业会计准则的规定编制财务报表，并使其实现公允反映；（2）设计、执行和维护必要的内部控制，以使财务报表不存在由于舞弊或错误导致的重大错报。

二、注册会计师的责任

我们的责任是在执行审计工作的基础上对财务报表发表审计意见。我们按照中国注册会计师审计准则的规定执行了审计工作。中国注册会计师审计准则要求我们遵守中国注册会计师职业道德守则，计划和执行审计工作以对财务报表是否不存在重大错报获取合理保证。

审计工作涉及实施审计程序，以获取有关财务报表金额和披露的审计证据。选择的审计程序取决于注册会计师的判断，包括对由于舞弊或错误导致的财务报表重大错报风险的评估。在进行风险评估时，注册会计师考虑与财务报表编制和公允列报相关的内部控制，以设计恰当的审计程序，但目的并非对内部控制的有效性发表意见。审计工作还包括评价管理层选用会计政策的恰当性和作出会计估计的合理性，以及评价财务报表的总体列报。

我们相信，我们获取的审计证据是充分、适当的，为发表审计意见提供了基础。

三、审计意见

我们认为，上述财务报表在所有重大方面按照企业会计准则的规定编制，公允反映了新疆长城新盛信托有限责任公司2012年12月31日的财务状况以及2012年度的经营成果和现金流量。

5.1.2 资产负债表

资产负债表

2012年12月31日

编制单位：新疆长城新盛信托有限责任公司 单位：元

项 目	年末数	年初数
流动资产：		
货币资金	211 098 552.68	303 875 893.00
交易性金融资产		
应收票据		
应收账款		
预付款项		
应收利息		
应收股利		
其他应收款	1 547 674.17	857 435.00
存货		
一年内到期的非流动资产		
其他流动资产		
流动资产合计	212 646 226.85	304 733 328.00
非流动资产：		
发放贷款及垫款	109 200 000.00	
可供出售金融资产		
持有至到期投资		
长期应收款		
长期股权投资		
投资性房地产		
固定资产原价	1 346 055.26	580 523.00
减：累计折旧	160 762.25	38 126.39
固定资产净值	1 185 293.01	542 396.61
减：固定资产减值准备		
固定资产净额	1 185 293.01	542 396.61
在建工程		
工程物资		
固定资产清理		
生产性生物资产		
油气资产		
无形资产	503 532.90	
开发支出		

续表

项　目	年末数	年初数
商誉		
长期待摊费用	1 111 995.58	3 424 275.39
递延所得税资产		
其他非流动资产		
其中:特准储备物资		
非流动资产合计	112 000 821.49	3 966 672.00
资产总计	324 647 048.34	308 700 000.00

资产负债表(续)

2012 年 12 月 31 日

单位:新疆长城新盛信托有限责任公司　　单位:元

项　目	年末数	年初数
流动负债:		
短期借款		
交易性金融负债		
应付票据		
应付账款		
预收款项		
应付职工薪酬	4 449 767.61	
应交税费	3 187 491.03	
应付利息		
应付股利		
其他应付款	4 179 299.19	8 700 000.00
一年内到期的非流动负债		
其他流动负债		
流动负债合计	11 816 557.83	8 700 000.00
非流动负债:		
长期借款		
应付债券		
长期应付款		
专项应付款		
预计负债		
递延所得税负债		
其他非流动负债	464 063.80	
非流动负债合计	464 063.80	
负债合计	12 280 621.63	8 700 000.00
所有者权益(或股东权益):		
实收资本(或股本)	300 000 000.00	300 000 000.00
资本公积		
减:库存股		
专项储备		
盈余公积	1 236 642.67	
一般风险准备	618 321.34	
未分配利润	10 511 462.70	
所有者权益(或股东权益)合计	312 366 426.71	300 000 000.00
负债和所有者权益(或股东权益)总计	324 647 048.34	308 700 000.00

5.1.3 利润表

利润表

2012 年度

编制单位:新疆长城新盛信托有限责任公司　　单位:元

项　目	本年金额	上年金额
一、营业总收入	41 605 916.12	
其中:营业收入	41 605 916.12	
其中:主营业务收入	41 605 916.12	
其他业务收入		
利息收入	22 772 620.31	
已赚保费		
手续费及佣金收入	18 833 295.81	
二、营业总成本	25 013 878.63	
其中:营业成本	—	
其中:主营业务成本		
其他业务成本		
利息支出		
手续费及佣金支出		
退保金		
赔付支出净额		
提取保险合同准备金净额		
保单红利支出		
分保费用		
营业税金及附加	2 157 718.14	
销售费用		
业务及管理费用	22 056 160.49	
其中:研究与开发费		
财务费用		
其中:利息支出		
利息收入		
汇兑净损失(净收益以"-"号填列)		
资产减值损失	800 000.00	
其他		
加:公允价值变动收益(损失以"-"号填列)		
投资收益(损失以"-"号填列)		
其中:对联营企业和合营企业的投资收益		
汇兑收益(损失以"-"号填列)		
三、营业利润(亏损以"-"号填列)	16 592 037.49	—
加:营业外收入		
其中:非流动资产处置利得		
非货币性资产交换利得		
政府补助		
债务重组利得		
减:营业外支出	11 877.50	
其中:非流动资产处置损失		
非货币性资产交换损失		
债务重组损失		
四、利润总额(亏损总额以"-"号填列)	16 580 159.99	—
减:所得税费用	4 213 733.28	
五、净利润(净亏损以"-"号填列)	12 366 426.71	—
归属于母公司所有者的净利润		
少数股东损益		
六、每股收益:	—	—
基本每股收益		
稀释每股收益		
七、其他综合收益		
八、综合收益总额	12 366 426.71	—
归属于母公司所有者的综合收益总额		
归属于少数股东的综合收益总额		

5. 1. 4 所有者权益变动表

所有者权益变动表

编制单位：新疆长城新盛信托有限责任公司　　2012 年度　　单位：元

项　目	本年数							
	实收资本（或股本）	资本公积	减：库存股	专项储备	盈余公积	一般风险准备	未分配利润	所有者权益合计
一、上年末余额	300 000 000. 00							300 000 000. 00
加：会计政策变更								
前期差错更正								
其他								
二、本年初余额	300 000 000. 00							300 000 000. 00
三、本期增减变动金额（减少以“－”号填列）					1 236 642. 67	618 321. 34	10 511 462. 70	12 366 426. 71
（一）净利润							12 366 426. 71	
（二）其他综合收益								
上述（一）和（二）小计								
（三）所有者投入和减少资本								
1. 所有者投入资本								
2. 股份支付计入所有者权益的金额								
3. 其他								
（四）利润分配					1 236 642. 67	618 321. 34		1 854 964. 01
1. 提取盈余公积					1 236 642. 67			1 236 642. 67
2. 提取一般风险准备						618 321. 34		618 321. 34
3. 对所有者（或股东）的分配								
4. 其他								
（五）所有者权益内部结转								
1. 资本公积转增资本（或股本）								
2. 盈余公积转增资本（或股本）								
3. 盈余公积弥补亏损								
4. 其他								
（六）专项储备								
1. 本期提取								
2. 本期使用								
四、本期期末余额	300 000 000. 00				1 236 642. 67	618 321. 34	10 511 462. 70	312 366 426. 71

所有者权益变动表（续）

编制单位：新疆长城新盛信托有限责任公司　　2012 年度　　单位：元

项　目	上年数							
	实收资本（或股本）	资本公积	减：库存股	专项储备	盈余公积	一般风险准备	未分配利润	所有者权益合计
一、上年年末余额	30 000 000. 00							30 000 000. 00
加：会计政策变更								
前期差错更正								
其他								
二、本年年初余额	30 000 000. 00							30 000 000. 00
三、本期增减变动金额（减少以“－”号填列）	270 000 000. 00							270 000 000. 00
（一）净利润								
（二）其他综合收益								
上述（一）和（二）小计								
（三）所有者投入和减少资本								

续表

项　目	上年数							
	实收资本(或股本)	资本公积	减:库存股	专项储备	盈余公积	一般风险准备	未分配利润	所有者权益合计
1. 所有者投入资本	270 000 000.00							270 000 000.00
2. 股份支付计入所有者权益的金额								
3. 其他								
(四)利润分配								
1. 提取盈余公积								
2. 提取一般风险准备								
3. 对所有者(或股东)的分配								
4. 其他								
(五)所有者权益内部结转								
1. 资本公积转增资本(或股本)								
2. 盈余公积转增资本(或股本)								
3. 盈余公积弥补亏损								
4. 其他								
(六)专项储备								
1. 本期提取								
2. 本期使用								
四、本期期末余额	300 000 000.00							300 000 000.00

法定代表人:周礼耀　　主管会计工作负责人:阚　秋　　会计机构负责人:阚　秋

5.2 信托资产

5.2.1 信托项目资产负债汇总表

信托项目资产负债表

编制单位:新疆长城新盛信托有限责任公司　　2012 年 12 月 31 日　　单位:万元

资　产	期末数	期初数	负债和信托权益	期末数	期初数
资　产:			负债:		
现金及存放中央银行款项	1 149.94		向中央银行借款		
其中:现金及银行存款	1 149.94		同业及其他金融机构存放款项		
其他货币资金			拆入资金		
拆出资金			交易性金融负债		
交易性金融资产			衍生金融负债		
衍生金融资产			应付受托人报酬		
买入返售金融资产			应付保管费		
应收账款			应付受益人收益		
应收股利			应付销售服务费		
应收利息			应交税费		
其他应收款			其他应付款	50.01	
发放贷款和垫款	180 000.00		其他负债		
可供出售金融资产	79 144.83		负债合计	50.01	
持有至到期投资					
长期股权投资			信托权益:		
投资性房地产			实收信托	259 000.00	
固定资产			资本公积	144.83	
无形资产			未分配利润	1 099.93	
其他资产			信托权益合计	260 244.76	
资产总计	260 294.77		负债和信托权益总计	260 294.77	

法定代表人:周礼耀　　主管会计工作负责人:阚　秋　　会计机构负责人:阚　秋

5.2.2　信托项目利润及利润分配汇总表

信托项目利润及利润分配汇总表

2012 年度

编制单位：新疆长城新盛信托有限责任公司　　单位：万元

项　目	本年累计数	上年累计数
一、信托营业收入	4 680.49	
利息收入	4 397.74	
投资收益（损失以"－"号填列）	282.75	
其中：对联营企业和合营企业的投资收益		
公允价值变动收益（损失以"－"号填列）		
租赁收入		
汇兑收益（损失以"－"号填列）		
其他业务收入		
二、信托营业支出	749.97	
营业税金及附加		
业务及管理费	749.97	
资产减值损失		
其他业务成本		
三、利润总额（亏损总额以"－"填列）	3 930.52	
加：期初未分配信托利润		
损益平准金等其他影响额		
四、可供分配的信托利润	3 930.52	
减：本期已分配信托利润	2 830.59	
五、期末未分配信托利润	1 099.93	
六、其他综合收益		
七、综合收益总额	1 099.93	

法定代表人：周礼耀　　主管会计工作负责人：阚　秋　会计机构负责人：阚　秋

6. 会计报表附注

6.1　会计报表编制基准不符合会计核算基本前提的说明

本公司无上述情况。

6.2　重要会计政策和会计估计说明

公司执行 2006 版《企业会计准则》，本期未发生会计政策及会计估计变更。公司以人民币为记账本位币，会计年度采用公历年度，即每年自 1 月 1 日起至 12 月 31 日止。

6.2.1　计提资产减值准备的范围和方法

根据财政部《金融企业呆账准备提取管理办法》和银监会《中国银行业监督管理委员会关于非银行金融机构全面推行资产质量五级分类管理的通知》，公司对计提坏账准备的资产进行风险分类，并根据风险分类结果确定一般风险准备和专项准备的计提比例。

6.2.2　金融资产四分类的范围和标准

6.2.2.1　金融资产四分类的范围

按照投资目的和经济实质，公司将拥有的金融资产划分为四类：(1)以公允价值计量且其变动计入当期损益的金融资产，包括交易性金融资产和指定为以公允价值计量且其变动计入当期损益的金融资产；(2)持有至到期投资；(3)贷款和应收款项；(4)可供出售金融资产。

6.2.2.2　金融资产四分类的标准

以公允价值计量且其变动计入当期损益的金融资产：(1)交易性金融资产，主要是指企业为了近期内出售而持有的金融资产，包括不作为有效套期工具的衍生工具。(2)直接指定为以公允价值计量且其变动计入当期损益的金融资产。

可供出售金融资产：反映填报机构初始确认时即被指定为可供出售的非衍生金融资产以及除以公允价值计量且其变动计入当期损益的金融资产、持有至到期投资、贷款和应收款项以外的金融资产。例如，在活跃市场上有报价的股票投资、债券投资等。

持有至到期投资：本项目反映填报机构持有的到期日固定、回收金额固定或可确定，且企业有明确意图和能力持有至到期的非衍生金融资产。企业从二级市场上购入的固定利率国债、浮动利率公司债券等，符合持有至到期投资条件的，可以划分为持有至到期投资。购入的股权投资因其没有固定的到期日，不符合持有至到期投资的条件，不能划分为持有至到期投资。持有至到期投资通常具有长期性质，但期限较短（1 年以内）的债券投资，符合持有至到期投资条件的，也可将其划分为持有至到期投资。

贷款和应收款项：持有的缺乏活跃市场报价的、但具备固定或可确定偿付金额的非衍生金融资产，包括贷款以及应收款项类投资等，例如填报机构发放的贷款、凭证式国债、中央银行定向票据等。填报机构所持证券投资基金或类似基金，不应当划分为贷款和应收款项。

6.2.3　交易性金融资产核算方法

本公司购入的股票、债券、基金等，确定以公允价值计量且其变动计入当期损益的金融资产，按照取得时的公允价值作为初始确认金额，相关的交易费用在发生时计入当期损益。

支付的价款中包含已宣告但尚未发放的现金股利或债券利息，单独确认为应收项目。

本公司在持有该等金融资产期间取得的利息或现金股利，于收到时确认为投资收益。

资产负债表日，本公司将该等金融资产的公允价值变动计入当期损益。

处置该等金融资产时，该等金融资产公允价值与初始入账金额之间的差额确认为投资收益，同时调整公允价值变动损益。

6.2.4　可供出售金融资产核算方法

本公司可供出售金融资产按取得时的公允价值和相关交易费用之和作为初始确认金额。支付的价款中包含已到付息期但尚未领取的债券利息或已宣告但尚未发放的现金股利，单独确认为应收项目。

本公司可供出售金融资产持有期间取得的利息或现金股利，于收到时确认为投资收益。资产负债表日，可供出售金融资产按公允价值计量，其公允价值变动计入资本公积—其他资本公积。

处置可供出售金融资产时，将取得的价款和该金融资产的账面价值之间的差额，计入投资收益，同时，将原直接计入所有者权益的公允价值变动累计额对应处置部分的金额转出，计入投资损益。

6.2.5　持有至到期投资核算方法

本公司购入的固定利率国债、浮动利率公司债券等持有至到期投资，按取得时的公允价值和相关交易费用之和作为初始确认金额。

支付的价款中包含已宣告发放债券利息的，单独确认为应收项目。持有至到期投资在持有期间按照摊余成本和实际利率确认利息收入，计入投资收益。

持有至到期投资除票面利率或合同利率与市场实际利率差别过大外，一般按照票面利率或合同利率计算利息收入。

处置持有至到期投资时，将所取得价款与该投资账面价值之间的差额确认为投资收益。

如本公司因持有意图或能力发生改变，使某项投资不再适合作为持有至到期投资，则将其重分类为可供出售金融资产，并以公允价值进行后续计量。重分类日，该投资的账面价值与公允价值之间的差额计入所有者权益，在该可供出售金融资产发生减值或终止确认时转出，计入当期损益。

6.2.6　长期股权投资核算方法

公司暂无长期股权投资业务。

6.2.7　投资性房地产核算方法

公司暂无投资性房地产业务。

6.2.8　固定资产计价和折旧方法

6.2.8.1　固定资产确认条件

固定资产是指为提供劳务、出租或经营管理而持有的，使用寿命超过一个会计年度的有形资产，包括房屋建筑物、机具设备、运输工具、电子设备等。

6.2.8.2　固定资产初始计量

固定资产按照成本进行初始计量。外购固定资产的成本，包括购买价款、相关税费、使固定资产达到预定可使用状态前所发生的可归属于该项资产的运输费、装卸费、安装费和专业人员服务费等，自行建造的固定资产的成本，包括由建造该项资产达到预定可使用状态前所发生的必要支出。

6.2.8.3　各类固定资产的折旧方法

固定资产按成本并考虑预计弃置费用因素的影响进行初始计量。固定资产从达到预定可使用状态的次月起，采用年限平均法在使用寿命内计提折旧。各类固定资产的使用寿命、预计净残值和年折旧率如下：

固定资产类别	预计净残值率(%)	预计使用年限(年)	年折旧率(%)
房屋及建筑物	5	30	3.16
运输工具	5	3	31.67
办公家具	5	6	15.83
电子设备	5	6	15.83

预计净残值是指假定固定资产预计使用寿命已满并处于使用寿命终了时的预期状态，本公司目前从该项资产处置中获得的扣除预计处置费用后的金额。

6.2.8.4　融资租入固定资产的认定依据及计价方法

融资租赁为实质上转移了与资产所有权有关的全部风险和报酬的租赁，其所有权最终可能转移，也可能不转移。以融资租赁方式租入的固定资产采用与自有固定资产一致的政策计提租赁资产折旧。能够合理确定租赁期届满时取得租赁资产所有权的在租赁资产使用寿命内计提折旧，无法合理确定租赁期届满能够取得租赁资产所有权的，在租赁期与租赁资产使用寿命两者中较短的期间内计提折旧。

6.2.8.5　其他说明

与固定资产有关的后续支出，如果与该固定资产有关的经济利益很可能流入且其成本能可靠地计量，则计入固定资产成本，并终止确认被替换部分的账面价值。除此以外的其他后续支出，在发生时计入当期损益。

固定资产出售、转让、报废或毁损的处置收入扣除其账面价值和相关税费后的差额计入当期损益。

本公司至少于年度终了对固定资产的使用寿命、预计净残值和折旧方法进行复核，如发生改变则作为会计估计变更处理。

6.2.9　无形资产计价及摊销政策

6.2.9.1　无形资产

无形资产是指本公司拥有或者控制的没有实物形态的可辨认非货币性资产。

无形资产按成本进行初始计量。与无形资产有关的支出，如果相关的经济利益很可能流入本公司且其成本能可靠地计量，则计入无形资产成本。除此以外的其他项目的支出，在发生时计入当期损益。

使用寿命有限的无形资产自可供使用时起，对其原值减去已计提的减值准备金额在其预计使用寿命内采用直线法分期平均摊销。使用寿命不确定的无形资产不予摊销。

期末，对使用寿命有限的无形资产的使用寿命和摊销方法进行复核，如发生变更则作为会计估计变更处理。此外，还对使用寿命不确定的无形资产的使用寿命进行复核，如果有证据表明该无形资产为企业带来经济利益的期限是可预见的，则估计其使用寿命并按照使用寿命有限的无形资产的摊销政策进行摊销。

6.2.9.2　无形资产的减值测试方法及减值准备计提方法

公司一般以单项无形资产为基础估计其可收回金额，可收回金额根据无形资产的公允价值减去处置费用后的净额与无形资产预计未来现金流量的现值两者之间较高者确定。可收回金额的计量结果表明无形资产的可收回金额低于其账面价值的，将其账面价值减记至可收回金额，减记的金额确认为资产减值损失，计入当期损益，同时计提相应的无形资产减值准备。难以对单项无形资产的可收回金额进行估计的，以该无形资产所属的资产组为基础确定资产组的可收回金额，并按照《企业会计准则第8号——资产减值》有关规定计提无形资产减值准备。减值损失一经确认，在以后会计期间不能转回。

6.2.10　长期应收款的核算方法

公司暂无通过长期应收款核算的业务。

6.2.11　长期待摊费用的摊销政策

长期待摊费用是指本公司已经发生但应由本期和以后各期负担的分摊期限在一年以上(不含一年)的各项费用。长期待摊费用按实际支出入账，在项目受益期内平均摊销。

企业在筹建期间发生的费用，除购置和建造固定资产以外，应先在长期待摊费用中归集，待企业开始生产经营起一次计入开始生产经营当期的损益。

6.2.12　合并会计报表的编制方法

公司编制个别会计报表，不存在应纳入合并范围的子公司。

6.2.13 **收入确认原则和方法**

收入的金额按照本公司在日常经营活动中销售商品和提供劳务时,已收或应收合同或协议价款的公允价值确定。与交易相关的经济利益能够流入本公司,相关的收入能够可靠计量且满足下列各项经营活动的特定收入确认标准时,确认相关的收入。

金融企业往来收入:按让渡资金使用权的时间和适用利率计算确定。

手续费收入:在向客户提供相关服务时确认收入。

贷款利息收入:按期计提利息并确认收入。

6.2.14 **所得税的会计处理方法**

公司所得税的会计核算采用资产负债表债务法。公司在取得资产、负债时,确定其计税基础。资产、负债的账面价值与其计税基础存在的暂时性差异,按照《企业会计准则第18号——所得税》的有关规定,确认所产生的递延所得税资产或递延所得税负债。

公司所得税分季预缴,由主管税务机关具体核定。在年终汇算清缴时,少缴的所得税税额,在下一年度内缴纳;多缴纳的所得税税额,在下一年度内抵缴。

6.2.15 **信托报酬确认原则和方法**

在本公司作为信托业务受托人提供的相关服务已经完成或信托终止时,根据信托合同或协议约定的受托人报酬率(额)及期限确认信托报酬。

6.3 或有事项说明

本公司2012年无对外担保及其他或有事项。

6.4 重要资产转让及其出售的说明

本公司2012年未发生重要资产的转让。

6.5 会计报表中重要项目的明细资料

6.5.1 自营资产经营情况

6.5.1.1 按信用风险五级分类结果披露信用风险资产的期初数、期末数

信用风险资产五级分类	正常类(万元)	关注类(万元)	次级类(万元)	可疑类(万元)	损失类(万元)	信用风险资产合计(万元)	不良资产合计(万元)	不良资产率(%)
期末数	7 154.76	4 000.00	—	—	—	11 154.76	—	—
期初数	85.74	—	—	—	—	85.74	—	—

注:不良资产合计=次级类+可疑类+损失类。

6.5.1.2 各项资产减值损失准备的期初、本期计提、本期转回、本期核销、期末数

单位:万元

	期初数	本期计提	本期转回	本期核销	期末数
贷款损失准备					
一般准备		80			80
专项准备					
其他资产减值准备					
可供出售金融资产减值准备					
持有至到期投资减值准备					
长期股权投资减值准备					
坏账准备					
投资性房地产减值准备					

6.5.1.3 固有业务股票投资、基金投资、债券投资、股权投资等投资业务的期初数、期末数

单位:万元

	股票	基金	债券	长期股权投资	其他投资	合计
期初数						
期末数						

6.5.1.4 自营长期股权投资的企业名称、占被投资企业权益比例、主要经营活动及投资收益情况等

2012年末公司固有业务无长期股权投资。

6.5.1.5 自营贷款的企业名称、占贷款总额的比例和还款情况等

企业名称	占贷款总额的比例(%)	还款情况
1. 湖南望城海绵原料制品有限公司	63.64	正常
2. 邵武市旺旺喜竹木家具制造有限公司	36.36	正常

6.5.1.6 表外业务的期初数、期末数;按照代理业务、担保业务和其他类型表外业务分别披露

固有业务2012年末无表外业务。

6.5.1.7 公司当年的收入结构

收入结构	金额(万元)	占比(%)
手续费及佣金收入	1 883.33	45.27
其中:信托手续费收入	555.33	13.35
投资银行业务收入	1 328.00	31.92
利息收入	2 277.26	54.73
其他业务收入		
其中:计入信托业务收入部分		
投资收益		
其中:股权投资收益		
公允价值变动收益		
其他投资收益		
营业外收入		
收入合计	4 160.59	100.00

注:投资银行业务收入为我司财务顾问收入。

本年度公司实现信托业务收入总额555.33万元,其中以手续费及佣金确认的信托业务收入金额555.33万元,无以其他形式确认的信托业务收入。

6.5.2 披露信托资产管理情况

6.5.2.1 信托资产的期初数、期末数

单位:万元

信托资产	期初数	期末数
集合		
单一		260 294.77
财产权		
合计		260 294.77

6.5.2.1.1 主动管理型信托业务的信托资产期初数、期末数

单位:万元

主动管理型信托资产	期初数	期末数
证券投资类		
股权投资类		
融资类		170 841.02
事务管理类		
合计		170 841.02

6.5.2.1.2 被动管理型信托业务的信托资产期初数、期末数

单位:万元

被动管理型信托资产	期初数	期末数
证券投资类		
股权投资类		
融资类		
事务管理类		89 453.75
合计		89 453.75

6.5.2.2 本年度已清算结束的信托项目个数、实收信托合计金额、加权平均实际年化收益率

本公司本年度无已清算的信托合同。

6.5.2.2.1 本年度已清算结束的集合类、单一类资金信托项目和财产管理类信托项目个数、实收信托金额、加权平均实际年化收益率

本公司本年度无已清算的信托合同。

6.5.2.2.2 本年度已清算结束的主动管理型信托项目个数、实收信托合计金额、加权平均实际年化收益率

本公司本年度无已清算的信托合同。

6.5.2.2.3 本年度已清算结束的被动管理型信托项目个数、实收信托合计金额、加权平均实际年化收益率

本公司本年度无已清算的信托合同。

6.5.2.3 本年度新增的集合类、单一类和财产管理类信托项目个数、实收信托合计金额

单位:万元

新增信托项目	项目个数	实收信托合计金额
集合类		
单一类	5	259 000.00
财产管理类		
新增合计	5	259 000.00
其中:主动管理型	3	170 000.00
被动管理型	2	89 000.00

6.5.2.4 公司目前属于创业初期,暂未开展信托业务创新和特色业务

6.5.2.5 本公司履行受托人义务情况及因本公司自身责任而导致的信托资产损失情况

本公司严格遵守信托法律法规及信托文件对受托人义务的规定,为受益人的最大利益处理信托事务,管理信托财产时,恪守职守,履行诚实、信用、谨慎、有效管理的义务。无因自身责任而导致的信托资产损失情况。

6.5.2.6 信托赔偿准备金的提取、使用和管理情况

本公司严格按照《信托公司管理办法》规定,每年按照税后利润5%提取信托赔偿准备金,当信托赔偿准备金累计总额达到公司注册资本的20%时不再提取。本公司至今未发生需使用信托赔偿准备金弥补亏损的情况。

6.6 关联方关系及其交易的披露

6.6.1 关联交易方的数量、关联交易的总金额及关联交易的定价政策等

本公司2012年度未发生关联交易。

6.6.2 关联交易方与本公司的关系性质、关联交易方的名称、法定代表人、注册地址、注册资本及主营业务等

本公司2012年度未发生关联交易。

6.6.3 逐笔披露本公司与关联方的重大交易事项

本公司2012年度未发生关联交易。

6.6.4 逐笔披露关联方逾期未偿还本公司资金的详细情况以及本公司为关联方担保发生或即将发生垫款的详细情况

报告期内本公司无上述情况。

6.7 会计制度的披露

本报告期公司固有业务及信托业务均执行2006版《企业会计准则》。

7. 财务情况说明书

7.1 利润实现和分配情况

根据公司2012年度的经营实绩,拟对2012年度利润进行如下分配:2012年公司当年利润总额:1 658.01万元;所得税费用:421.37万元;净利润:1 236.64万元;提取法定盈余公积金:123.66万元;按照《信托公司管理办法》规定,按照税后利润5%提取信托赔偿准备金61.83万元;2012年当年可分配利润1 051.15万元;2012年末公司累计可分配利润1 051.15万元;综上,2012年公司分配利润494.66万元,分配数额按照各股东持股比例进行。

7.2 主要财务指标

指标名称	指标值
资本利润率(%)	4.04
人均净利润(万元)	61.83

注:1. 资本利润率=净利润/所有者权益平均余额×100%。

2. 人均净利润=净利润/年平均人数。

3. 平均值采取年初、年末余额简单平均法,公式为:a(平均)=(年初数+年末数)/2。

7.3 本公司无对公司财务状况、经营成果有重大影响的其他事项

8. 特别事项揭示

8.1 报告期内公司所有股东未发生变化

8.2 董事、监事及高级管理人员变动情况及原因

本报告期内，因工作需要胡建忠先生不再担任本公司董事及董事长职务。由周礼耀先生担任公司董事及董事长职务；本报告期内，因工作需要张斌先生不再担任本公司董事、总经理职务。由陈明理先生担任本公司董事、总经理职务。

8.3 报告期内公司发生变更注册资本、变更注册地或公司名称、公司分立合并事项

无。

8.4 报告期内公司重大诉讼事项（包括重大未决诉讼事项、以前年度发生并于报告年度内终结的诉讼事项和报告年度发生并于报告年度内终结的诉讼事项）

报告期内公司无重大未决诉讼事项。报告期内公司没有发生以前年度发生，于本报告年度内终结的诉讼事项。本报告年度没有发生，于本报告年度内终结的诉讼事项。

8.5 报告期内发生公司及其董事、监事和高级管理人员受到处罚的情况

无。

8.6 报告期内银监会及其派出机构对公司进行检查

无。

8.7 本年度发生重大事项需临时报告的简要事项

无。

8.8 报告期内发生银监会及其省级派出机构认定的其他有必要让客户及相关利益人了解的重要信息

无。

新时代信托股份有限公司

1. 重要提示及目录

1.1 本公司董事会及董事保证本报告所载资料不存在任何虚假记载、误导性陈述或者重大遗漏，对其内容的真实性、准确性和完整性承担个别及连带责任。

1.2 本公司独立董事杜惠芬女士认为：本年度报告真实、准确、完整。

本公司独立董事何海峰先生认为：本年度报告真实、准确、完整。

本公司独立董事刘剑雄先生认为：本年度报告真实、准确、完整。

1.3 公司董事长赵利民先生、主管会计工作负责人杨明国先生及会计机构（自营）负责人张美荣女士、会计机构（信托）负责人许伊萍女士声明：保证年度报告中财务报告的真实、完整。

2. 公司概况

2.1 公司简介

新时代信托股份有限公司前身为包头市信托投资公司，初创于1987年；2003年12月，经中国银行业监督管理委员会核准重新登记并更名为新时代信托投资股份有限公司；2009年6月，经中国银行业监督管理委员会批复，公司名称变更为新时代信托股份有限公司并变更公司业务范围，目前注册资本金8亿元人民币。

2.1.1 公司法定中文名称：新时代信托股份有限公司

公司法定中文名称缩写：新时代信托

公司法定英文名称：New Times Trust Co.，Ltd.

公司法定英文名称缩写：NTTC

2.1.2 公司法定代表人：赵利民

2.1.3 公司注册地址：内蒙古包头市钢铁大街甲5号信托金融大楼

公司邮政编码：014030

公司国际互联网网址：www.xsdxt.com

公司电子邮箱：xsdxt@xsdxt.com

2.1.4 公司负责信息披露事务人：陈永利

联系电话：0472－6969996

传真电话：0472－6969996

电子邮箱：chenyongli@xsdxt.com

2.1.5 公司选定的信息披露报刊：《证券日报》

公司年报报告备置地点：内蒙古包头市钢铁大街甲5号信托金融大楼

2.1.6 公司聘请的会计师事务所名称：中瑞岳华会计师事务所

办公地址：北京市东城区永定门西滨河路8号院7楼中海地产广场西塔3～9层。

公司聘请的律师事务所名称：内蒙古北琛律师事务所

办公地址：包头市昆区市府东路恩和小区12号底店

2.2 组织结构

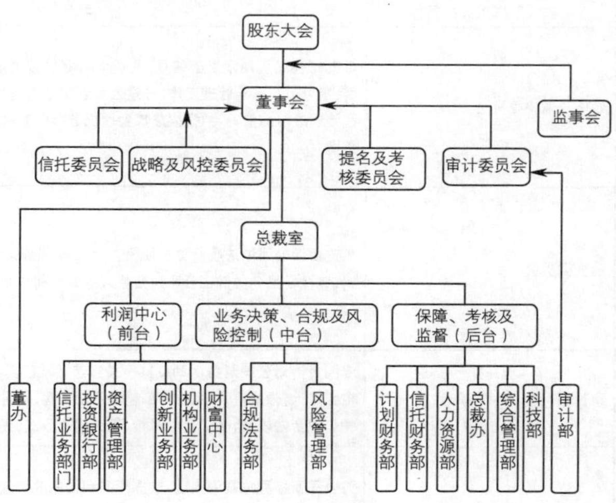

3. 公司治理结构

3.1 股东情况

报告期末新时代信托股份有限公司股份总数共计800 000 000股（8亿股），共有四个股东，各股东情况如下：

股东名称	持股比例（%）	法人代表	注册资本（万元）	注册地址	主要经营业务
新时代远景（北京）投资有限公司	58.54	赵利民	150 000	北京市朝阳区东三环北路38号3号楼2309室	项目投资、投资管理、投资咨询。
上海人广实业发展有限公司	24.39	郭庆明	20 000	上海市浦东新区长青路92号306室	计算机软硬件开发、投资咨询、国内贸易。
潍坊科微投资有限公司	14.63	于忠良	10 000	潍坊高新开发区东方路336号	对信息产业、电子、房地产、交通运输、商业企业的投资及投资咨询，财务顾问等业务。
包头市鑫鼎盛贸易有限责任公司	2.44	童志丹	10 000	包头市稀土高新区曙光路22号	稀土产品、化工产品、钢材、建材、计算机软件硬件及外围设备、办公设备的销售。

3.2 董事、董事会及其下属委员会

公司董事（不包括独立董事）

姓 名	职 务	性别	年龄	选任日期	所推举的股东名称	该股东持股比例（%）	简 要 履 历
赵利民	董事长	男	49	2012 年 5 月	高管董事		曾在天津大港石化公司、新时代证券有限责任公司等机构任职。
李树新	副董事长	女	45	2012 年 5 月	高管董事		曾在人民银行包头市中心支行等机构任职。
刘鸿雁	董事	男	39	2012 年 5 月	高管董事		曾在北京科宇恒信科技有限公司、上海爱使股份有限公司、北京国际信托有限公司任职。
于 雷	董事	男	36	2012 年 5 月	新时代远景（北京）投资有限公司	58.54	曾在天健正信会计师事务所任职，现在新时代远景（北京）投资有限公司任职。
丹常彤	董事	男	46	2012 年 5 月	上海人广实业发展有限公司	24.39	曾在北京优仕行技术咨询有限公司任职，现在上海人广实业发展有限公司任职。
丁德胜	董事	男	43	2012 年 5 月	潍坊科微投资有限公司	14.63	曾在青岛啤酒股份有限公司任职，现在潍坊科微投资有限公司任职。

独立董事

姓 名	所在单位及职务	性别	年龄	选任日期	所推举的股东名称	该股东持股比例（%）	简 要 履 历
杜惠芬	中央财经大学金融学院副院长	女	50	2012 年 5 月	无		曾在山西财经学院任职，现在中央财经大学任教。
何海峰	中国社会科学院金融政策研究中心主任	男	43	2012 年 5 月	无		曾在华北电力大学任教，现在中国社科院任职。
刘剑雄	中国社会科学院经济研究所副研究员	男	35	2012 年 5 月	无		中国社会科学院研究生院政府政策与公共管理系任职。

董事会下属委员会

董事会下属委员会名称	职责	组成人员姓名	职务
战略及风控委员会	负责对公司长期发展战略规划、重大战略性投资进行可行性研究，负责全面监督、指导公司风险管理工作，检查公司管理层贯彻和执行董事会确立的风险取向和管理战略的情况，并根据董事会授权进行业务决策的常设机构，对公司董事会负责。	赵利民	主任委员
		刘鸿雁	委员
		何海峰	委员
		刘剑雄	委员
		于 雷	委员
信托委员会	负责督促公司依法履行受托职责。当公司或股东利益与受益人利益发生冲突时，信托委员会应保证公司为受益人的最大利益服务。	何海峰	主任委员
		杜惠芬	委员
		李树新	委员
		刘鸿雁	委员
		丁德胜	委员
审计委员会	专门负责对公司财务活动及其有关经济活动的真实、合法、合规、准确和效益的监督审计，依法审议、拟订内部监督活动方案，指导稽核部门实施稽核审计，为维护公司合法权益，防范金融风险，促进增收节支，提高经济效益服务。	杜惠芬	主任委员
		于 雷	委员
		丁德胜	委员
提名及考核委员会	对公司董事和总裁的人选、选择标准和程序进行选择并提出建议，同时对总裁提名的财务负责人以及总裁提名的其他高级管理人员、董事长提名的董事会秘书人选进行审查并提出建议；负责制定公司董事、高级管理人员以及其他员工的全员考核标准并进行考核，对董事会负责。	刘剑雄	主任委员
		赵利民	委员
		李树新	委员
		刘鸿雁	委员
		丹常彤	委员

3.3 监事、监事会及其下属委员会

姓 名	职 务	性别	年龄	选任日期	所推举的股东名称	该股东持股比例（%）	简 要 履 历
胡宇峰	监事长	男	50	2012 年 5 月	新时代远景（北京）投资有限公司	58.54	曾在中国兵器工业五二研究所、《证券日报》内蒙记者站任职。
申 洋	监事	女	29	2012 年 5 月	包头市鑫鼎盛贸易有限责任公司	2.44	现在包头市鑫鼎盛贸易有限责任公司任职。
张红权	监事	男	44	2012 年 5 月	职工代表		曾在包头绿远控股有限公司任职。

注：监事会无下设委员会。

3.4 高级管理人员

姓名	职务	性别	年龄	选任日期	从业年限	学历	专业	简要履历
刘鸿雁	总裁	男	39	2012年9月	16	本科	应用数学	曾在北京科宇恒信科技有限公司、上海爱使股份有限公司、北京国际信托有限公司任职。
杨明国	财务总监	男	39	2011年9月	16	博士	经济学	曾在湛江华垦有限公司、北方创业股份有限公司任职。
陈祥盛	副总裁	男	36	2011年9月	9	硕士	经济管理	曾在北京林业大学外语学院任职。
边风杰	副总裁	男	47	2009年3月	23	硕士	商业经济	曾在工商银行包头分行任职。
王晓滨	总裁助理	男	43	2011年9月	21	本科	机械动力	曾在人民银行哈尔滨分行、哈尔滨证券、联合证券、大通证券等机构任职。
边涛	总裁助理	男	41	2012年4月	22	硕士	MBA	曾在工商银行莱芜市分行、北京银行西直门支行、安邦财产保险股份有限公司任职。
李永丰	总裁助理	男	41	2011年9月	18	本科	数学	曾在海口市建设银行、海南港澳国际信托投资有限公司、中银国际证券、新时代证券等机构任职。
闫锋	总裁助理	男	38	2012年4月	17	本科	金融	曾在内蒙古网通计算机有限责任公司任职.
陈永明	总裁助理	男	50	2012年7月	26	本科	金融	曾在内蒙古师范大学财务处、华宸信托有限责任公司任职。

3.5 公司员工

项目		2012年度		2011年度	
		人数	比例(%)	人数	比例(%)
年龄分布	20岁以下			0	0
	20~29岁	99	48.53	41	29.50
	30~39岁	68	33.33	65	46.76
	40岁以上	37	18.14	33	23.74
学历分布	博士	2	0.98	2	1.44
	硕士	69	33.82	37	26.62
	本科	101	49.51	66	47.48
	专科	23	11.28	29	20.86
	其他	9	4.41	5	3.60
岗位分布	董事、监事及其高管人员	14	6.86	14	10.07
	自营业务人员	4	1.96	2	1.44
	信托业务人员	112	54.90	68	48.92
	其他人员	74	36.28	55	39.57

4. 经营管理

4.1 公司新年度的经营目标、经营方针、战略规划

4.1.1 核心理念

抱诚守拙:信托公司是经营信用的机构,诚信当为经营的第一要义。坚守受益人利益最大化的原则,并追求股东稳定的回报,是信托业不可逾越、不可取巧的拙朴之道。

谨行致远:唯有审慎稳健,持续加强基础管理、质量管理、合规管理和风险管理;唯有前瞻性的决策和判断,我们才能更远更久,历经风雨而基业长青。

4.1.2 经营方针

合规经营,管控风险:依法合规是公司经营活动的前提和宗旨,管控风险贯穿于经营活动的全过程。

有效激励,稳健发展:以卓有成效的绩效考核和薪酬体系激励员工和团队的积极性、创造性。公司更加追求的是快速增长和可持续发展之间的均衡状态。

4.1.3 战略规划

公司在2012年制定了新的战略规划,公司将发挥金融信托的独特优势,有效拓展公司的业务领域,培育核心盈利模式和盈利能力。公司将依托内蒙古自治区资源型区域经济优势,有效地将金融服务优势和内蒙地区资源优势结合起来,发挥强强效应,逐步形成"金融服务+资源"、具有公司特色的业务发展方向和模式,形成"立足内蒙、辐射全国"的业务和发展格局;公司将树立"审慎经营、内控优先"的意识,建立决策科学、运营规范、管理高效的公司组织、制度建设体系,形成完善的员工培育和发展模式,促进员工向个性化理财专家方向发展,始终保持公司持续、稳定、健康发展,为将新时代信托股份有限公司建设成一个全国一流的信托公司不断努力。

4.2 所经营业务的主要内容

自营资产运用与分布表

资产运用	金额(万元)	占比(%)	资产分布	金额(万元)	占比(%)
货币资金	21 519.68	12.27	基础产业	—	—
应收账款	3 357.61	1.91	房地产	—	—
贷款	5 000.00	2.85	证券	48 212.70	27.48
交易性金融资产	4 944.83	2.82	金融	113 159.68	64.50
可供出售金融资产	91 640.00	52.23	实业	5 000.00	2.85
长期股权投资	43 267.87	24.66	其他	9 067.17	5.17
其他资产	5 709.56	3.26			
资产总计	175 439.55	100.00	资产总计	175 439.55	100.00

信托资产运用与分布表

资产运用	金额(万元)	占比(%)	资产分布	金额(万元)	占比(%)
货币资产	48 420.84	0.38	基础产业	370 000.00	2.92
贷款及应收款	4 680 302.64	36.99	房地产	637 649.00	5.04
交易性金融资产	459 532.33	3.63	证券	228 747.99	1.81
可供出售金融资产投资	0	0.00	实业	10 697 086.66	84.54
持有至到期投资	7 176 160.00	56.71	金融机构	390 391	3.09
长期股权投资	209 905.00	1.66	其他	99 324.54	0.78
买入返售金融资产	27 720.28	0.22	债券	230 784.34	1.82
其他	51 942.45	0.41			
资产总计	12 653 983.53	100	资产总计	12 653 983.53	100

4.3 市场分析

4.3.1 影响公司发展的有利因素

宏观经济形势逐渐企稳，国内金融环境不断改善，国民经济保持快速发展，居民财富持续增长，信托产品潜在客户增多。

信托业正处于快速发展期，信托产品创新成为业内共识，信托理财逐渐获得社会认可，信托专业资产管理和投资管理服务能力得到提升。

公司总部位于内蒙古，内蒙古自治区资源主导型的地区经济发展规划，为公司发挥信托连接货币、资本、产业起到桥梁作用，并为抢先一步进入地区资源开发与可持续发展经济领域提供强有力支持。

公司组织结构合理，人力资源结构符合业务开展需求，在产品创新、业务拓展等方面有着较强的优势。

4.3.2 影响公司发展的不利因素

我国依然面临复杂的国际国内形势，世界经济复苏的过程充满不确定性，国内面临调整经济结构与保持经济快速增长的矛盾。

证券、基金等金融子行业资产管理业务发展快速，与信托行业存在竞争关系，对信托行业发展造成不利影响。

信托行业创新能力不足，产品类型较少，伴随信托行业内部竞争加大，公司资产管理能力、创新能力等需要进一步加强。

公司自有品牌市场影响力初步建立，但公司品牌战略需要进一步深化并切实执行，公司销售渠道受制于第三方，直销渠道需进一步扩大。

4.4 风险管理

4.4.1 风险管理概况

风险管理决定公司的生存发展，公司风险管理工作遵循全面性、持续性、审慎性、独立性和有效性原则，通过风险制度建设、风险文化教育、风险管理流程设置、风险管理指标体系设立等措施，全面有效识别风险、防范风险、化解风险，保证公司的健康发展。

4.4.2 风险状况

4.4.2.1 信用风险状况

信用风险状况主要表现为公司贷款类信托业务中贷款对象的信用调查，资金往来的信用风险等。信用风险是交易对手或债务人违约的风险。当所有交易对手集中在单一行业或地区时，信用风险则较大。这是由于不同的交易对手会因处于同一地区或行业而受到同样的经济发展影响，最终影响到其还款能力。

4.4.2.2 市场风险状况

市场风险状况主要表现为一是信托业所涉及的货币、资本、实业三大领域，其各自受政策、市场规律等因素影响所形成的波动风险；二是受其他金融机构激烈竞争与挤压，导致公司市场环境与客户资源恶化的风险。

4.4.2.3 操作风险状况

操作风险状况主要表现在公司内部人员在处理信托业务过程中因操作失误而出现的风险。

4.4.2.4 其他风险状况

（1）政策风险状况，主要表现为宏观政策以及监管政策的变动对公司经营环境和发展所造成的风险。

（2）经营风险状况，主要表现为在经营过程中因管理与经营能力造成的风险。

（3）道德风险状况，主要表现为公司内部人员是否诚信经营、恪尽职守的道德风险。

4.4.3 风险管理

4.4.3.1 信用风险管理

对于信用风险的防范，公司主要是通过对融资对象的信用调查，业务决策及风控委员会对项目的审核、信托合同抵押条款的科学设计等来进行风险事前防范；通过项目实施过程中的业务跟踪以及资产分类评级来进行风险事中控制；通过项目结束后的稽查与评价进行事后控制。在防范银行和券商信用风险方面，公司制定系列选择标准，选择实力雄厚、信誉卓著、业绩优良的金融机构作为合作伙伴，同时以对合作伙伴定期与不定期的压力测试来及时发现问题，对风险加以控制。抵押品确认原则为：合法性原则，即要求抵押物和质押物必须符合国家法律规定，抵押人、出质人对抵押物和质押物享有所有权或依法处分权。充足性原则，即公司根据抵押物、质押物的保值能力和变现难易程度对不同抵押、质押物设置不同的抵押率，对于需要估价的抵（质）押财产，必须经过公司认可的资产评估部门进行估价。可操作性原则，即要求抵（质）押财产标的明确、易于保管、转让和变现。贷款本金与内部确定的抵押品之比不高于60%。

公司保证贷款管理原则：保证人应具有独立的法人资格，并对其拥有的财产享有所有权或依法处分权；担保人应具备良好的资信状况，近3年经营业绩稳定，财务状况良好，具备足够的担保能力。

4.4.3.2 市场风险管理

对于市场风险的防范，公司主要是通过加强业务决策及风控委员会的运作力度，通过研究、决策、操纵、评价相互制衡的机制，结合严格的授权制度，以防范市场风险。加强对多种信息资料的收集、整理、研究，正确把握市场的整体走势；建立健全市场风险的预警系统，对风险及其程度进行量化预测，包括主要业务的风险评估和监测办法、重要部门风险考核指标体系等，定期对公司的市场风险进行检查和监控。公司坚持不以风险换业务，而以诚信换市场的原则。

4.4.3.3 操作风险管理

对于操作风险的防范，主要通过严格的授权制度与过程控制来实施。一是指导、协助各部门建立健全内部风险控制制度，检查各项业务的作业流程和部门衔接可能存在的风险；二是明确界定部门的目标、职责和权限，确保其在授权范围内行使经营管理职能；三是在各主要业务部门之间建立健全防火墙制度，确保信托业务与自有业务相对独立。

4.4.3.4 其他风险管理

（1）政策风险管理。对于政策风险的防范，公司通过严格依法经营，并根据国家法律法规和银监会要求制订公司章程和内控制度，以规范与控制公司业务范围和行为。加强对各种政策及其变动趋势的研究，并按照研究结果来决定或调整信托项目及自有业务的投融资计划；实行信托项目的分散化和期限结构的均衡化，以降低系统性政策风险；对突如其来的政策变化可能产生的较大风险建立一整套应急措施；加强与银监会

(局)、政府有关部门的联络和沟通。

(2)经营风险管理。对于经营风险的防范,公司有健全的法人治理结构,股东会、董事会和监事会职责明确,对经营层有严格的约束,保证其合法合规经营。公司依据自身经营特点设立顺序递进、权责统一、严密有效的三道监控防线:建立一线岗位双人、双职、双责,业务内容至少双人知道为基础的第一道监控防线;建立相关部门、相关岗位之间相互监督制衡的第二道监控防线;建立对风险现场全面实施监督、检查和反馈的第三道监控防线。严格按照内部规章与流程开展各项业务,同时通过事后稽核与评价来对其进行正负激励,以防范经营风险。

(3)道德风险管理。对于道德风险的防范,公司主要通过完善的法人治理结构对高管进行约束,使其经营行为符合委托人利益和股东利益,并通过严格的规章制度与内控体系对公司员工行为进行规范。在组织架构方面,公司严格按照信托法规的要求对自营资产与信托资产分别管理,并由不同高管分管,以保护委托人的利益。与此同时,接受银监部门定期不定期的检查,构成了外部监督体系。

5. 报告期末及上一年度末的比较式会计报表

5.1 自营资产

5.1.1 会计师事务所审计意见全文

审计报告

中瑞岳华审字〔2013〕第1354号

新时代信托股份有限公司董事会:

我们审计了后附的新时代信托股份有限司(以下简称贵公司)财部报表,包括2012年12月31日的资产负债表;2012年度利润表、现金流量表和所有者权益变动表以及财务报表附注。

一、管理层对财务报表的责任

编制和公允列报财务报表是贵公司管理层的责任。这种责任包括:(1)按照企业会计准则的规定编制财务报表,并使其实现公允反映;(2)设计、执行和维护必要的内部控制;以使财务报表不存在由于舞弊或错误导致的重大错报。

二、注册会计师的责任

我们的责任是在执行审计工作的基础上对财务报表发表审计意见。我们按照中国注册会计师审计准则的规定执行了审计工作。中国注册会计师审计准则要求我们遵守中国注册会计师职业道德守则,计划和执行审计工作以对财务报表是否不存在重大错报获取合理保证。

审计工作涉及实施审计程序,以获取有关财报表金额和披露的审计证据。选择的审计程序取决于注册会计师的判断,包括对由于舞弊或错误导致的财务报表重大错报风险的评估。在进行风险评估时,注册会计师考虑与财务报表编制和公允列报相关的内部控制,以设计恰当的审计程序,但目的并非对内部控制的有效性发表意见。审计工作还包括评价管理层选用会计政策的恰当性和作出会计估计的合理性,以及评价财务报表的总体列报。

我们相信,我们获取的审计证据是充分、适当的,为发表审计意见提供了基础。

三、审计意见

我们认为,上述财务报表在所有重大方面按照企业会计准则的规定编制,公允反映了新时代信托股份有限公司2012年12月31日的财务状况以及2012年度的经营成果和现金流量。

中瑞岳华会计师事务所(特殊普通合伙)

中国注册会计师:

中国注册会计师:

中国·北京

2013年3月3日

5.1.2 资产负债表

资产负债表

2012年12月31日

编制单位:新时代信托股份有限公司 单位:万元

资产	年末数	年初数
货币资金	215 196 791.88	214 168 259.14
其中:其他货币资金	1.31	21 757 642.45
买入返售金融资产		
应收款项	33 576 094.51	30 826 901.92
应收股利		
交易性金融资产	49 448 262.96	54 800 879.28
发放贷款和垫款	50 000 000.00	—
持有至到期投资		
可供出售金融资产	916 400 000.00	201 204 922.22
长期股权投资	432 678 695.76	432 678 695.76
投资性房地产	19 004 014.82	20 476 689.98
固定资产	23 867 447.24	24 429 369.39
无形资产	2 354 031.02	2 503 218.13
递延所得税资产	8 599 932.59	10 563 803.34
其他资产	3 270 236.97	4 309 295.29
资产总计	1 754 395 507.75	995 962 034.45

法定代表人:赵利民　主管会计工作负责人:杨明国　会计机构负责人:张美荣

资产负债表（续）

2012 年 12 月 31 日

编制单位：新时代信托股份有限公司　　　　单位：万元

负债和所有者权益	年末数	年初数
负债		
拆入资金		
交易性金融负债		
应付款项	5 366 805. 51	1 509 369. 88
卖出回购金融资产		
应付职工薪酬	34 443 253. 73	20 807 724. 12
应付股利		
应交税费	16 991 863. 44	36 486 457. 71
递延所得税负债		
其他负债	22 503. 26	22 503. 26
负债合计	56 824 425. 94	58 826 054. 97
所有者权益		
实收资本（或股本）	800 000 000. 00	300 000 000. 00
资本公积	587 319 111. 21	227 319 111. 21
盈余公积	79 509 874. 01	59 466 363. 78
一般风险准备	4 785 369. 27	4 258 039. 44
信托赔偿准备金	58 205 818. 20	28 140 552. 85
未分配利润	167 750 909. 12	317 951 912. 20
所有者权益合计	1 697 571 081. 81	937 135 979. 48
负债和所有者权益总计	1 754 395 507. 75	995 962 034. 45

法定代表人：赵利民　　主管会计工作负责人：杨明国　　会计机构负责人：张美荣

5. 1. 3　利润表

利润表

2012 年度

编制单位：新时代信托股份有限公司　　　　单位：万元

项　目	本年数	上年数
一、营业收入	505 388 856. 74	311 408 839. 16
利息收入	2 329 095. 00	8 777 525. 00
金融企业往来收入	12 243 853. 32	7 936 528. 14
手续费收入	403 797 736. 82	358 008 630. 10
投资收益	31 632 254. 01	-40 479 576. 21
其中：对联营企业和合营企业的投资收益		
其他营业收入	45 800 501. 62	20 301 393. 66
公允价值变动损益	9 585 415. 97	-43 135 661. 53
二、营业支出	235 327 658. 05	169 180 655. 95
业务及管理费	203 254 219. 28	145 435 696. 96
其他业务成本	1 472 675. 16	1 561 543. 52
资产减值损失	1 733 239. 01	-35 931. 67
营业税金及附加	28 867 524. 60	22 219 347. 14
三、营业利润（亏损以"-"号填列）	270 061 198. 69	142 228 183. 21
加：营业外收入	3 686 512. 00	987 921. 64
减：营业外支出	160 796. 79	2 318 353. 79
四、利润总额（亏损总额以"-"号填列）	273 586 913. 90	140 897 751. 06
减：所得税费用	73 151 811. 57	39 704 817. 03
五、净利润（净亏损以"-"号填列）	200 435 102. 33	101 192 934. 03
六、每股收益：		
（一）基本每股收益	0. 27	0. 34
（二）稀释每股收益		
七、其他综合收益：		
八、综合收益总额：	200 435 102. 33	101 192 934. 03

法定代表人：赵利民　　主管会计工作负责人：杨明国　　会计机构负责人：张美荣

5. 1. 4　现金流量表

现金流量表

2012 年度

编制单位：新时代信托股份有限公司　　　　单位：万元

项　目	本年数	上年数
一、经营活动产生的现金流量：		
收取利息、手续费及佣金的现金	403 797 736. 82	366 786 155. 10
处置交易性金融资产净增加额		
金融企业往来收到的现金	12 243 853. 32	7 936 528. 14
其他业务收到的现金	45 800 501. 62	20 301 393. 66
收到的税费返还		
收到其他与经营活动有关的现金	3 300 000. 00	6 935 719. 50
经营活动现金流入小计	465 142 091. 76	401 959 796. 40
客户贷款及垫款净增加额		50 000 000. 00
支付利息、手续费及佣金的现金		
购买交易性金融资产净增加额	4 398 654. 50	37 831 612. 55
支付给职工以及为职工支付的现金	58 694 479. 60	37 186 548. 93
支付的各项税费	123 127 822. 41	74 769 629. 09
支付其他与经营活动有关的现金	120 282 821. 55	110 768 368. 38
经营活动现金流出小计	356 503 778. 06	260 556 158. 95
经营活动产生的现金流量净额	108 638 313. 70	141 403 637. 45
二、投资活动产生的现金流量：		
收回投资收到的现金	381 204 922. 22	10 000 000. 00
取得投资收益收到的现金	50 968 940. 82	2 834 404. 59
处置子公司、联营企业及合营企业投资收到的现金		
处置固定资产、无形资产和其他长期资产所收到的现金	419 710. 50	487 921. 64
收到其他与投资活动有关的现金		
投资活动现金流入小计	432 593 573. 54	13 322 326. 23
投资支付的现金	1 096 400 000. 00	201 204 922. 22
购建固定资产、无形资产和其他长期资产支付的现金	3 803 354. 50	6 164 197. 46
取得子公司、联营企业及合营企业投资支付的现金		
支付的其他与投资活动有关的现金		

续表

项　目	本年数	上年数
投资活动现金流出小计	1 100 203 354. 50	207 369 119. 68
投资活动产生的现金流量净额	-667 609 780. 96	-194 046 793. 45
三、筹资活动产生的现金流量:		
吸收投资收到的现金		560 000 000. 00
其中:子公司吸收少数股东投资收到的现金		
少数股东行使认股权时收到的现金		
发行债券收到的现金		
收到其他与筹资活动有关的现金		
筹资活动现金流入小计		560 000 000. 00
分配股利、利润或偿付利息支付的现金		

续表

项　目	本年数	上年数
其中:向本行股东分配股利支付的现金		
子公司支付给少数股东的股利		
偿还债务支付的现金		
支付其他与筹资活动有关的现金		
筹资活动现金流出小计	—	—
筹资活动产生的现金流量净额	560 000 000. 00	—
四、汇率变动对现金及现金等价物的影响额		
五、现金及现金等价物净增加额	1 028 532. 74	-52 643 156. 00
加:期初现金及现金等价物余额	214 168 259. 14	266 811 415. 14
六、期末现金及现金等价物余额	215 196 791. 88	214 168 259. 14

法定代表人:赵利民　　主管会计工作负责人:杨明国　　会计机构负责人:张美荣

5. 1. 5　所有者权益变动

2012 年度所有者权益变动表

编制单位:新时代信托股份有限公司

单位:元

项　目	本年数								
	附注	实收资本	资本公积	减:库存股	盈余公积	一般风险准备	信托赔偿准备金	未分配利润	所有者权益合计
一、上年末余额		300 000 000. 00	227 319 111. 21		59 466 363. 78	4 258 039. 44	28 140 552. 85	317 951 912. 20	937 135 979. 48
加:1. 会计政策变更									—
2. 前期差错更正									—
3. 其他									—
二、本年初余额		300 000 000. 00	227 319 111. 21		59 466 363. 78	4 258 039. 44	28 140 552. 85	317 951 912. 20	937 135 979. 48
三、本年增减变动金额(减少以"-"号填列)		500 000 000. 00	360 000 000. 00	—	20 043 510. 23	527 329. 83	30 065 265. 35	-150 201 003. 08	760 435 102. 33
(一)净利润								200 435 102. 33	200 435 102. 33
(二)其他综合收益									
上述(一)和(二)小计								200 435 102. 33	200 435 102. 33
(三)所有者投入和减少资本		200 000 000. 00	360 000 000. 00						560 000 000. 00
1. 所有者投入资本		200 000 000. 00	360 000 000. 00						560 000 000. 00
2. 股份支付计入所有者权益的金额									
3. 其他									
(四)利润分配					20 043 510. 23	527 329. 83		-20 570 840. 06	
1. 提取盈余公积					20 043 510. 23			-20 043 510. 23	
2. 提取一般风险准备						527 329. 83		-527 329. 83	
3. 对所有者(或股东)的分配									
4. 其他									
(五)所有者权益内部结转		300 000 000. 00						-300 000 000. 00	
1. 资本公积转增资本(或股本)									
2. 盈余公积转增资本(或股本)									
3. 盈余公积弥补亏损									
4. 其他		300 000 000. 00						-300 000 000. 00	
(六)信托赔偿准备金							30 065 265. 35	-30 065 265. 35	
1. 本期提取							30 065 265. 35	-30 065 265. 35	
2. 本期使用									
四、本年末余额		800 000 000. 00	587 319 111. 21		79 509 874. 01	4 785 369. 27	58 205 818. 20	167 750 909. 12	1 697 571 081. 81

2012 年度上年数

编制单位：新时代信托股份有限公司　　　　　　　　　　单位：元

项　目	本年数								
	附注	实收资本	资本公积	减：库存股	盈余公积	一般风险准备	信托赔偿准备金	未分配利润	所有者权益合计
一、上年年末余额		300 000 000. 00	227 319 111. 21		49 347 070. 38	4 258 324. 38	23 080 906. 15	231 937 633. 33	835 943 045. 45
加：1. 会计政策变更									
2. 前期差错更正									
3. 其他									
二、本年年初余额		300 000 000. 00	227 319 111. 21		49 347 070. 38	4 258 324. 38	23 080 906. 15	231 937 633. 33	835 943 045. 45
三、本年增减变动金额（减少以“－”号填列）					10 119 293. 40	－284. 94	5 059 646. 70	86 014 278. 87	101 192 934. 03
（一）净利润								101 192 934. 03	101 192 934. 03
（二）其他综合收益									
上述（一）和（二）小计								101 192 934. 03	101 192 934. 03
（三）所有者投入和减少资本									
1. 所有者投入资本									
2. 股份支付计入所有者权益的金额									
3. 其他									
（四）利润分配					10 119 293. 40	－284. 94		－10 119 008. 46	
1. 提取盈余公积					10 119 293. 40			－10 119 293. 40	
2. 提取一般风险准备						－284. 94		284. 94	
3. 对所有者（或股东）的分配									
4. 其他									
（五）所有者权益内部结转									
1. 资本公积转增资本（或股本）									
2. 盈余公积转增资本（或股本）									
3. 盈余公积弥补亏损									
4. 其他									
（六）信托赔偿准备金							5 059 646. 70	－5 059 646. 70	
1. 本期提取							5 059 646. 70	－5 059 646. 70	
2. 本期使用									
四、本年末余额		300 000 000. 00	227. 319 111. 21		59 466 363. 78	4 258 039. 44	28 140 552. 85	317 951 912. 20	937 135 979. 48

法定代表人：赵利民　　　　主管会计工作负责人：杨明国　　　　会计机构负责人：张美荣

5.2　信托资产

5.2.1　信托项目资产负债汇总表

信托项目资产负债表

2012 年 12 月 31 日

编制单位：新时代信托股份有限公司　　　　单位：万元

信托资产	期末数	年初数
信托资产：		
货币资金	48 420. 83	59 582. 72
拆出资金	—	—
存出保证金	—	—
交易性金融资产	459 532. 33	3 483. 62
衍生金融资产	—	—
买入返售金融资产	27 720. 28	3 000. 33

续表

信托资产	期末数	年初数
应收款项	13 870. 08	2 402. 98
发放贷款	4 666 432. 56	735 914. 77
可供出售金融资产	—	—
持有至到期投资	7 176 160. 00	4 595 628. 19
长期应收款	—	—
长期股权投资	209 905. 00	177 396. 00
投资性房地产	—	—
固定资产	—	—
无形资产	—	—
长期待摊费用	—	—
其他资产	51 942. 45	50 000. 00
信托资产总计	12 653 983. 53	5 627 408. 61

信托项目资产负债表(续)

2012 年 12 月 31 日

编制单位:新时代信托股份有限公司　　单位:万元

信托负债和信托权益	期末数	年初数
信托负债:		
交易性金融负债	—	—
衍生金融负债	—	—
应付受托人报酬	400. 19	33. 94
应付托管费	32. 84	5. 36
应付受益人收益	—	—
应缴税费	—	—
应付销售服务费	—	—
其他应付款项	1 299. 76	8 320. 67
预计负债	—	—
其他负债	—	—
信托负债合计	1 732. 79	8 359. 97
信托权益:	—	—
实收信托	12 561 625. 91	5 585 712. 81
资本公积	190. 00	—
其中:损益平准金	—	—
未分配利润	90 434. 83	33 335. 83
信托权益合计	12 652 250. 74	5 619 048. 64
信托负债及信托权益总计	12 653 983. 53	5 627 408. 61

5.2.2　信托项目利润及利润分配汇总表

信托项目利润及利润分配表

2012 年 12 月 31 日

编制单位:新时代信托股份有限公司　　单位:万元

项　目	本年累计数	上年累计数
一、营业收入	844 396. 33	283 225. 17
利息收入	217 968. 73	49 861. 24
投资收益	586 782. 63	40 357. 11
公允价值变动收益	39 639. 29	-283. 68
租赁收入	—	—
其他收入	5. 68	193 290. 50
二、营业支出	102 994. 11	60 453. 66
三、信托净利润	741 402. 22	222 771. 51
四、扣除资产损失前的信托利润		
五、其他综合收益	—	—
六、扣除资产损失后的信托利润	741 402. 22	222 771. 51
七、综合收益		
八 加:期初未分配信托利润	33 335. 83	29 823. 45
六、可供分配的信托利润	774 738. 05	252 594. 96
减:本期已分配信托利润	684 303. 22	219 259. 13
七、期末未分配信托利润	90 434. 83	33 335. 83

6. 会计报表附注

6.1　会计报表编制基准不符合会计核算基本前提的说明

无。

6.2　主要会计政策和会计估计说明

主要会计政策、会计估计的变更:无。

前期会计差错更正:无。

6.2.1　计提资产减值准备的范围和方法

资产减值的范围:(1)贷款及应收款项;(2)以公允价值计量且其变动计入当期损益的金融资产;(3)可供出售金融资产;(4)持有至到期投资;(5)长期股权投资;(6)固定资产等。

根据银监发〔2004〕4 号《中国银行业监督管理委员会关于非银行金融机构全面推行资产质量五级分类管理的通知》等相关规定要求,计提相应的资产减值准备。计提比例如下:

分　类	计提比例(%)
正常类	0
关注类	2
次级类	25
可疑类	50
损失类	100

6.2.2　金融工具

以常规方式买卖金融资产,按交易日进行会计确认和终止确认。金融资产在初始确认时划分为以公允价值计量且变动计入当期损益的金融资产、持有至到期投资、以及可供出售金融资产。初始确认金融资产,以公允价值计量。对于以公允价值计量且变动计入当期损益的金融资产,相关的交易费用计入当期损益,对于其他类别的金融资产,相关交易费用计入初始确认金额。

(1)以公允价值计量且其变动计入当期损益的金融资产,包括交易性金融资产和指定为以公允价值计量且其变动计入当期损益的金融资产;(2)持有至到期投资;(3)可供出售金融资产

6.2.3　以公允价值计量且其变动计入当期损益的金融资产的核算方法

包括交易性金融资产和指定为以公允价值计量且其变动计入当期损益的金融资产

以公允价值计量且其变动计入当期损益的金融资产,按照取得时的公允价值作为初始确认金额,相关交易费用直接计入当期损益;支付的价款中包含已宣告尚未发放的现金股利或已到期尚未领取的债券利息,单独确认为应收项目;持有期间取得的利息或股利,确认为投资收益;资产负债表日,将公允价值变动计入当期损益;处置该金融资产时,其公允价值与初始入账价值之间的差额确认为投资收益,同时调整公允价值变动损益。

6.2.4　可供出售金融资产的核算方法

包括初始确认时即被指定为可供出售的非衍生金融资产,以及除了以公允价值计量且其变动计入当期损益的金融资产、持有至到期投资以外的金融资产。

可供出售金融资产采用公允价值进行后续计量,公允价值变动形成的利得或损失,除减值损失和外币货币性金融资产与摊余成本相关的汇兑差额计入当期损益外,确认为其他综合收益并计入资本公积,在该金融资产终止确认时转出,计入当期损益。

可供出售金融资产持有期间取得的利息及被投资单位宣告发放的现金股利，计入投资收益。

6.2.5 持有至到期投资的核算方法

持有至到期投资采用实际利率法，按摊余成本进行后续计量，在终止确认、发生减值或摊销时产生的利得或损失，计入当期损益。

在计算实际利率时，本公司将在考虑金融资产或金融负债所有合同条款的基础上预计未来现金流量（不考虑未来的信用损失），同时还将考虑金融资产或金融负债合同各方之间支付或收取的、属于实际利率组成部分的各项收费、交易费用及折价或溢价等。

6.2.6 长期股权投资的核算方法

6.2.6.1 投资成本的确定

对于企业合并形成的长期股权投资，如为同一控制下的企业合并取得的长期股权投资，在合并日按照取得被合并方所有者权益账面价值的份额作为初始投资成本；通过非同一控制下的企业合并取得的长期股权投资，购买日在 2009 年 12 月 31 日或之前的，按照合并成本作为长期股权投资的初始投资成本；购买日在 2010 年 1 月 1 日或之后的，企业合并成本包括购买方付出的资产、发生或承担的负债、发行的权益性证券的公允价值之和，购买方为企业合并发生的审计、法律服务、评估咨询等中介费用以及其他相关管理费用，应当于发生时计入当期损益，购买方作为合并对价发行的权益性证券或债务性证券的交易费用，应当计入权益性证券或债务性证券的初始确认金额。

除企业合并形成的长期股权投资外的其他股权投资，按成本进行初始计量，该成本视长期股权投资取得方式的不同，分别按照本公司实际支付的现金购买价款、本公司发行的权益性证券的公允价值、投资合同或协议约定的价值、非货币性资产交换交易中换出资产的公允价值或原账面价值、该项长期股权投资自身的公允价值等方式确定。与取得长期股权投资直接相关的费用、税金及其他必要支出也计入投资成本。

6.2.6.2 后续计量及损益确认方法

对被投资单位不具有共同控制或重大影响并且在活跃市场中没有报价、公允价值不能可靠计量的长期股权投资，采用成本法核算；对被投资单位具有共同控制或重大影响的长期股权投资，采用权益法核算；对被投资单位不具有控制、共同控制或重大影响并且公允价值能够可靠计量的长期股权投资，作为可供出售金融资产或以公允价值计量且其变动计入当期损益的金融资产核算。

此外，公司财务报表采用成本法核算能够对被投资单位实施控制的长期股权投资。

（1）成本法核算的长期股权投资。采用成本法核算时，长期股权投资按初始投资成本计价，除取得投资时实际支付的价款或者对价中包含的已宣告但尚未发放的现金股利或者利润外，当期投资收益按照享有被投资单位宣告发放的现金股利或利润确认。

（2）权益法核算的长期股权投资。采用权益法核算时，长期股权投资的初始投资成本大于投资时应享有被投资单位可辨认净资产公允价值份额的，不调整长期股权投资的初始投资成本；初始投资成本小于投资时应享有被投资单位可辨认净资产公允价值份额的，其差额计入当期损益，同时调整长期股权投资的成本。

采用权益法核算时，当期投资损益为应享有或应分担的被投资单位当年实现的净损益的份额。在确认应享有被投资单位净损益的份额时，以取得投资时被投资单位各项可辨认资产等的公允价值为基础，并按照本公司的会计政策及会计期间，对被投资单位的净利润进行调整后确认。对于本公司与联营企业及合营之间发生的未实现内部交易损益，按照持股比例计算属于本公司的部分予以抵销，在此基础上确认投资损益。但本公司与被投资单位发生的未实现内部交易损失，按照《企业会计准则第 8 号——资产减值》等规定属于所转让资产减值损失的，不予以抵销。对被投资单位的其他综合收益，相应调整长期股权投资的账面价值确认为其他综合收益并计入资本公积。

在确认应分担被投资单位发生的净亏损时，以长期股权投资的账面价值和其他实质上构成对被投资单位净投资的长期权益减记至零为限。此外，如本公司对被投资单位负有承担额外损失的义务，则按预计承担的义务确认预计负债，计入当期投资损失。被投资单位以后期间实现净利润的，本公司在收益分享额弥补未确认的亏损分担额后，恢复确认收益分享额。

（3）收购少数股权。在编制合并财务报表时，因购买少数股权新增的长期股权投资与按照新增持股比例计算应享有子公司自购买日（或合并日）开始持续计算的净资产份额之间的差额，调整资本公积，资本公积不足冲减的，调整留存收益。

（4）处置长期股权投资。在合并财务报表中，母公司在不丧失控制权的情况下部分处置对子公司的长期股权投资，处置价款与处置长期股权投资相对应享有子公司净资产的差额计入所有者权益；母公司部分处置对子公司的长期股权投资导致丧失对子公司控制权的，按相关会计政策处理。

其他情形下的长期股权投资处置，对于处置的股权，其账面价值与实际取得价款的差额，计入当期损益；采用权益法核算的长期股权投资，在处置时将原计入所有者权益的其他综合收益部分按相应的比例转入当期损益。对于剩余股权，按其账面价值确认为长期股权投资或其他相关金融资产，并按前述长期股权投资或金融资产的会计政策进行后续计量。涉及对剩余股权由成本法核算转为权益法核算的，按相关规定进行追溯调整。

6.2.7 投资性房地产的核算方法

投资性房地产指为赚取租金和/或为资本增值而持有的房地产，包括已出租或准备增值后转让的土地使用权、已出租的建筑物。当本公司能够取得与投资性房地产相关的租金收入或增值收益以及投资性房地产的成本能够可靠计量时，本公司按购置或建造的实际支出对其进行确认。

6.2.7.1 采用成本模式计量的投资性房地产的折旧或摊销方法

本公司采用成本模式对所有投资性房地产进行后续计量，按其预计使用寿命及净残值率对建筑物和土地使用权计提折旧或摊销。

6.2.7.2 采用成本模式计量的投资性房地产减值准备计提依据

资产负债表日按投资性房产的成本与可收回金额孰低计

价,可收回金额低于成本的,按两者的差额计提减值准备。如果已经计提减值准备的投资性房地产的价值又得以恢复,前期已计提的减值准备不得转回。

6.2.8 固定资产计价和折旧方法

6.2.8.1 固定资产确认条件

固定资产是指为生产商品、提供劳务、出租或经营管理而持有的,使用寿命超过一个会计年度的有形资产。

6.2.8.2 各类固定资产的折旧方法

固定资产按成本并考虑预计弃置费用因素的影响进行初始计量。固定资产从达到预定可使用状态的次月起,采用年限平均法在使用寿命内计提折旧。各类固定资产的使用寿命、预计净残值和年折旧率如下:

类别	残值率(%)	折旧年限(年)	年折旧率(%)
房屋及建筑物	5	20	4.75
办公设备	5	5	19.00
电子设备	5	3	31.67
运输工具	5	4	23.75
其他	5	5	19.00

6.2.8.3 固定资产减资测试方法及减值准备计提方法

对于固定资产、在建工程、使用寿命有限的无形资产、以成本模式计量的投资性房地产以及子公司、合营企业、联营企业的长期股权投资等非流动非金融资产,本公司于资产负债日判断是否存在减值迹象。如存在减资迹象的,则估计其可收回金额进行减值测试。

6.2.8.4 其他说明

与固定资产有关的后续支出,如果与该固定资产有关的经济利益很可能流入且其成本能可靠地计量,则计入固定资产成本,并终止确认被替换部分的账面价值。除此以外的其他后续支出,在发生时计入当期损益。

固定资产出售、转让、报废或毁损的处置收入扣除其账面价值和相关税费后的差额计入当期损益。

6.2.9 无形资产计价及摊销政策

无形资产是公司拥有或控制的没有实物形态的可辨认非货币资产。

无形资产按成本进行初始计量。与无形资产有关的支出,如果相关的经济利益很可能流入本公司且其成本能可靠地计量,则计入无形资产成本。除此以外的其他项目的支出,在发生时计入当期损益。

取得的土地使用权通常作为无形资产核算。自行开发建造厂房等建筑物,相关的土地使用权支出和建筑物建造成本则分别作为无形资产和固定资产核算。如为外购的房屋及建筑物,则将有关价款在土地使用权和建筑物之间进行分配,难以合理分配的,全部作为固定资产处理。

使用寿命有限的无形资产自可供使用时起,对其原值减去预计净残值和已计提的减值准备累计金额在其预计使用寿命内采用直线法分期平均摊销。使用寿命不确定的无形资产不予摊销。

6.2.10 长期待摊费用的摊销政策

长期待摊费用为已经发生但应由报告期和以后各期负担的分摊期限在一年以上的各项费用,长期待摊费用在预计受益期间按直线法摊销。

6.2.11 合并会计报表的编制方式

报告期内无合并报表事项。

6.2.12 收入确认原则及方法

6.2.12.1 利息收入和利息支出

对于所有以摊余成本计量的金融工具及可供出售金融资产中计息的金融工具,利息收入或利息支出于产生时以实际利率计量。

6.2.12.2 手续费及佣金收入

本公司通过向客户提供各类服务收取手续费及佣金。手续费收入主要分为两类:

(1)通过在特定时点或一定期间内提供服务收取的手续费和佣金主要包括结算手续费、清算手续费、佣金、资产管理费、托管费以及其他管理咨询费。此类手续费和佣金收入在提供服务时,按权责发生制原则确认。

(2)通过提供交易服务收取的手续费。因协商、参与协商第三方交易,如收购股份或其他债券、买卖业务而获得的手续费和佣金于相关交易完成时确认收入。与交易服务的业绩相关的手续费和佣金在达到实际约定的标准后才确认收入。

6.2.13 所得税的会计处理方法

6.2.13.1 当期所得税

资产负债表日,对于当期和以前期间形成的当期所得税负债(或资产),以按照税法规定计算的预期应交纳(或返还)的所得税金额计量。计算当期所得税费用所依据的应纳税所得额系根据有关税法规定对本报告期税前会计利润作相应调整后计算得出。

6.2.13.2 递延所得税资产及递延所得税负债

某些资产、负债项目的账面价值与其计税基础之间的差额,以及未作为资产和负债确认但按照税法规定可以确定其计税基础的项目的账面价值与计税基础之间的差额产生的暂时性差异,采用资产负债表债务法确认递延所得税资产及递延所得税负债。

除确认为其他综合收益或直接计入所有者权益的交易和事项相关的当期所得税和递延所得税计入其他综合收益或所有者权益,以及企业合并产生的递延所得税调整商誉的账面价值外,其余当期所得税和递延所得税费用或收益计入当期损益。

6.2.13.3 所得税费用

所得税费用包括当期所得税和递延所得税。

6.2.14 信托报酬确认原则和方法

信托报酬按照信托合同约定和权责发生制的原则确认。

6.3 或有事项说明

无。

6.4 重要资产转让及其出售的说明

本年度未发生重大资产转让。

6.5 会计报表中重大项目的明细资料

6.5.1 披露自营资产经营情况

6.5.1.1 按信用风险五级分类结果披露信用风险资产的

期初数、期末数

信用风险资产五级分类	正常类（万元）	关注类（万元）	次级类（万元）	可疑类（万元）	损失类（万元）	信用风险资产合计（万元）	不良资产合计（万元）	不良资产率（%）
期初数	968.26	2 081.05	0	150	344.14	3 543.45	494.14	0.50
期末数	1 322.61	2 000.00	0	150	518.75	3 991.36	668.75	0.38

6.5.1.2　资产减值损失

	期初数	本期计提	本期转回	本期核销	期末数
坏账准备	460.76	173.88	—	0.89	633.75
贷款损失准备	200.00	—	—	—	200.00
一般准备	2.00	—	—	—	2.00
专项准备	198.00	—	—	—	198.00
固定资产减值准备	—	—	—	—	—
合计	660.76	—	—	—	833.75

6.5.1.3　自营股票投资、基金投资、债券投资、股权投资等投资业务的期初数、期末数

单位：万元

	自营股票	基金	债券	长期股权投资
期初数	5 480.09	—	—	43 267.87
期末数	4 944.83	—	—	43 267.87

6.5.1.4　前五名长期股权投资

被投资单位名称	投资比例（%）	主要经营活动
新时代证券有限责任公司	12.971	证券经纪、自营、承销业务

6.5.1.5　前五名自营贷款

企业名称	金额（万元）	占贷款总额的比例（%）	还款情况
内蒙古西水创业股份有限公司	5 000.00	96.15	未到期
包头市凌云轻工有限责任公司	200.00	3.85	法院正在执行中

6.5.1.6　代理业务（委托业务）

无。

6.5.1.7　公司当年的收入结构

收入结构	金额（万元）	占比（%）
手续费及佣金收入	40 379.77	79.32
利息收入	232.91	0.46
金融企业往来收入	1 224.39	2.41
其他业务收入	4 580.05	9.00
投资收益	3 163.23	6.21
其中：股权投资收益	0	0.00
其他投资收益	3 163.23	6.21
公允价值变动收益	958.54	1.88
营业外收入	368.65	0.72
收入合计	50 907.54	100

6.5.2　信托资产管理情况

6.5.2.1　信托资产的期初数、期末数

单位：万元

信托资产	期初数	期末数
集合	1 101 365.06	2 526 147.52
单一	4 476 043.28	10 075 877.14
财产权	50 000.27	51 958.87
合计	5 627 408.61	12 653 983.53

6.5.2.1.1　主动管理型信托业务期初数、期末数

单位：万元

主动管理型信托资产	期初数	期末数
证券投资类	11 206.13	260 353.71
股权投资类	580 597.10	24 905.06
其他投资		231 092.79
融资类	4 399 109.60	6 036 762.68
事务管理类	50 000.27	51 958.87
合计	5 040 913.10	6 605 073.11

6.5.2.1.2　被动管理型信托业务期初数、期末数

单位：万元

被动管理型信托资产	期初数	期末数
证券投资类	—	241 967.28
股权投资类	—	185 107.22
其他投资		397 731.95
融资类	586 495.51	5 224103.97
事务管理类	—	—
合计	586 495.51	6 048 910.42

6.5.2.2　本年度已清算结束的信托项目232个，信托规模3 412 611.85万元、加权平均实际年化收益率8.70%

6.5.2.2.1　本年度已清算结束信托项目个数、合计金额、加权平均实际年化收益率

已清算结束信托项目	项目个数	合计金额（万元）	加权平均实际年化收益率（%）
集合类	138	927 266.50	8.45
单一类	94	2 485 345.35	9.08

6.5.2.2.2　本年度已清算结束的主动管理型信托项目221个，合计金额3 013 762.35万元、加权平均实际年化收益率8.71%。

已清算结束信托项目	项目个数	合计金额（万元）	信托报酬率（%）	加权平均实际年化收益率（%）
证券投资类	—	—	—	—
股权投资类	—	—	—	—
其他投资	37	394 479.35	1.05	6.93
融资类	184	2 619 283.00	1.37	9.08
事务管理类				

6.5.2.2.3　本年度已清算结束的被动管理型信托项目数11个，合计金额398 849.5万元，加权平均实际年化收益

率8.45%

已清算结束信托项目	项目个数	合计金额（万元）	信托报酬率(%)	加权平均实际年化收益率(%)
证券投资类	1	10 516.5	1.27	6.42
股权投资类	—	—	—	—
其他投资	3	68 333.00	0.66	8.88
融资类	7	320 000.00	0.51	8.56
事务管理类	—	—	—	—

6.5.2.3 本年度新增的集合类信托项目288个，信托规模2 031 500.45万元，单一类信托项目192个，信托规模7 899 812.99万元

单位：万元

新增信托项目	项目个数	合计金额
集合类	288	2 031 500.45
单一类	192	7 899 812.99
财产管理类	—	—
新增合计	480	9 931 313.44
其中：主动管理型	383	4 106 476.74
被动管理型	97	5 824 836.70

6.5.2.4 本公司履行受托人义务情况及因本公司自身责任而导致的信托资产损失情况（合计金额、原因等）

无。

6.5.2.5 信托赔偿准备金的提取、使用和管理情况

根据《信托法》的规定，按照当年净利润的15%提取，本年度公司净利润为20 043.51万元，提取信托赔偿准备金3 006.53万元。截至2012年12月31日，信托赔偿准备金余额为5 820.58万元。

6.6 关联方关系及其交易的披露

6.6.1 关联交易的数量、总金额及关联交易的定价政策等

无。

6.6.2 关联交易方与本公司的关系

无。

6.6.3 本公司与关联方的重大交易事项

6.6.3.1 固有财产与关联方：贷款、投资、租赁、应收账款、担保、其他方式等

无。

6.6.3.2 信托资产与关联方：贷款、投资、租赁、应收账款担保、其他方式等

无。

6.6.3.3 固有财产与信托财产关联交易

公司自有资金认购本公司信托计划理财产品，1 096 400 000.00元，本期赎回381 204 922.22元，本年度共产生投资收益50 397 697.22元。

6.6.3.4 信托资产与信托财产之间的交易金额期初汇总数、本期发生额汇总数、期末汇总数

无。

6.6.4 逐笔披露关联方逾期未偿还本公司资金的详细情况以及本公司为关联方担保发生或即将发生垫款的详细情况

无。

6.7 会计制度的披露

本公司自2008年1月1日起执行财政部2006年2月15日颁布的《企业会计准则》。本财务报表以公司持续经营为基础，根据实际发生的交易和事项编制；其中，2008年度执行《企业会计准则》，2007年度执行原企业会计准则和《金融企业会计制度》；根据财会〔2007〕16号财政部关于印发《非上市银行业金融机构执行〈企业会计准则〉有关衔接规定》的通知，对本公司涉及《企业会计准则第38号——首次执行企业会计准则》第五条至第十九条的经济事项进行追溯调整后，按《企业会计准则第30号——财务报表列报》的要求编制财务报表。

7. 财务情况说明书

7.1 利润实现和分配情况

经中瑞岳华会计师事务所（特殊普通合伙）审计，公司2012年度实现净利润200 435 102.33元，根据企业会计准则及本公司章程规定，提取10%的法定公积金20 043 510.23元，提取15%的信托赔偿准备30 065 265.35元，截至2012年度末，公司可供股东分配利润为167 750 909.12元。

公司于2012年6月，总股本50 000万股为基数，向全体股东按每10股送6股红股，共送出30 000万股，转出利润30 000万元，送股情况如下：

股东名称	送股前持股数量（万股）	送股数量（万股）	送股后持股数量（万股）
新时代远景（北京）投资有限公司	29 270	17 562	46 832
上海人广实业发展有限公司	12 195	7 317	19 512
潍坊科微投资有限公司	7 315	4 389	11 704
包头市鑫鼎盛贸易有限责任公司	1 220	732	1 952
合计	50 000	30 000	80 000

7.2 主要财务指标

指标名称	指标值	指标计算说明
资本利润率(%)	12.95	资本利润率＝净利润/所有者权益
信托报酬率(%)	0.5	信托报酬率＝信托业务收入/实际信托平均余额
人均净利润（万元）	98.25	人均净利润＝净利润/职工人数

7.3 对本公司财务状况、经营成果有重大影响的其他事项

无。

8. 特别事项揭示

8.1 前五名股东报告期内变动情况及原因

无。

8.2 董事、监事及高级管理人员变动情况及原因

报告期内，张平先生因工作原因辞去公司独立董事职务，

选举刘剑雄先生为公司独立董事。

报告期内，吴振清女士因工作原因辞去公司监事职务，选举申洋女士担任公司监事。

报告期内，聘任刘鸿雁先生为公司总裁，聘任边涛先生、闫锋先生、陈永明先生为总裁助理。

报告期内，公司总裁助理鲁健先生因病去世。

8.3 变更注册资本、变更注册地或公司名称、公司分立合并事项

2012年3月14日，公司各股东按现有持股比例以现金方式认购新时代信托20 000万股新股，新股配售完成后，公司注册资本由原来的30 000万元变更为50 000万元；同时各股东同意根据注册资本变更情况对公司章程相应条款进行修改。3月28日公司在证券日报刊登公告。

2012年6月20日，公司以2012年3月31日总股本50 000万股为基数，向全体股东按每10股送6股红股，共送出30 000万股，转出利润30 000万元。送股方案实施后，公司股本增至80 000万股，公司注册资本由原来的50 000万元变更为80 000万元，同时，公司章程相对应条款进行修改。6月22日公司在证券日报刊登公告。

8.4 公司的重大诉讼事项

无

8.5 公司及其董、监事和高级管理人员受到处罚的情况

无

8.6 银监会及其派出机构对公司检查后提出整改意见的，应简单说明整改情况

包头银监分局于2012年4月对新时代信托股份有限公司进行了例行检查，并于2012年5月2日向公司下发了《金融监管意见》，就法人治理、固有业务、信托业务、净资本管理、中长期贷款管理等方面工作下达了监管意见，新时代信托依据监管意见进行了落实，于2012年8月向包头银监分局报送了落实情况报告。

8.7 本年度重大事项临时报告的简要内容、披露时间、所披露的媒体及其版面

披露时间	简要内容	披露媒体	版面
2012年3月28日	刊登公司注册资本变更为5亿元的公告	《证券日报》	A4版
2012年4月28日	刊登2011年度报告	《证券日报》	C12版
2012年6月22日	刊登公司注册资本变更为8亿元的公告	《证券日报》	A4版
2012年9月27日	刊登刘鸿雁同志担任公司总裁的公告	《证券日报》	A4版
2012年12月21日	刊登关于变更公司2012年度审计机构的公告	《证券日报》	A4版

8.8 银监会及其省级派出机构认定的其他有必要让客户及相关利益人了解的重要信息

无。

9. 公司监事会意见

公司监事会认为：2012年度财务报表按照中国会计准则编制，会计处理方法遵循了一贯性原则；本报告年度，报表数据真实、公允地反映了新时代信托的财务状况和经营业绩。

兴业国际信托有限公司

1. 重要提示

1.1　本公司董事会及董事保证本报告所载资料不存在任何虚假记载、误导性陈述或者重大遗漏，并对其内容的真实性、准确性和完整性承担个别及连带责任。

1.2　没有个别董事的异议声明。

1.3　本公司独立董事保证本报告所载资料不存在任何虚假记载、误导性陈述或者重大遗漏，并对其内容的真实性、准确性和完整性承担个别及连带责任，没有异议声明。

1.4　本公司年度财务报表已经德勤华永会计师事务所（特殊普通合伙）根据中国注册会计师审计准则审计，并出具了标准无保留意见的审计报告。

1.5　本公司董事长杨华辉、总裁林静、财务总监林艳及财务部门负责人张国生声明：保证年度报告中财务报告的真实、完整。

2. 公司概况

2.1　本公司基本情况

2.1.1　法定中文名称：兴业国际信托有限公司

中文名称简称：兴业信托

英文名称全称：China Industrial International Trust Limited

英文名称简称：Industrial Trust

英文名称缩写：CIIT

2.1.2　法定代表人：杨华辉

2.1.3　注册地址：福州市鼓楼区五四路137号信和广场25～26层

邮政编码：350003

国际互联网网址：www.ciit.com.cn

联系信箱：contact@ciit.com.cn

2.1.4　信息披露负责人：杨刚强

联系地址：福州市鼓楼区五四路137号信和广场25～26层

电话：（86）591－88263888

传真：（86）591－87824530

2.1.5　选定的信息披露报纸：《上海证券报》

年度报告备置地点：福州市鼓楼区五四路137号信和广场26层

2.1.6　本公司聘请的国内会计师事务所：德勤华永会计师事务所（特殊普通合伙）

办公地址：中国上海市延安东路222号外滩中心30楼

邮编：200002

电话：（86）21－61418888

2.2　组织结构

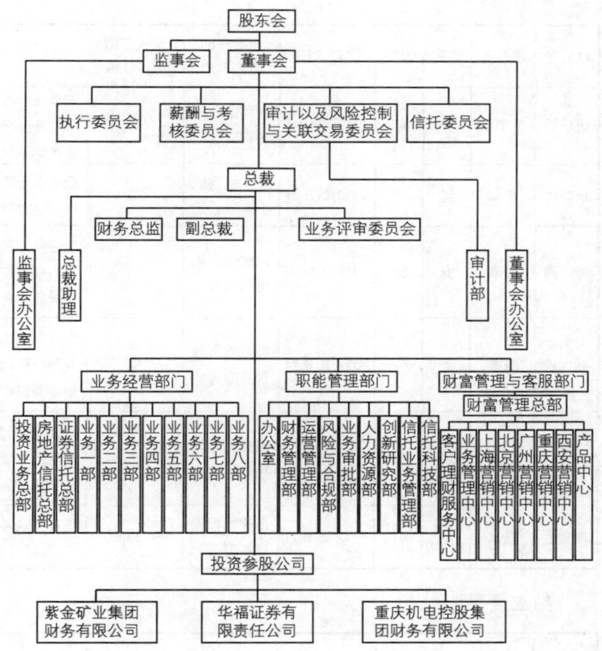

3. 公司治理结构

3.1　股东

截至报告期末，本公司股东总数为4家。

股东名称	持股比例（%）	法人代表	注册资本（亿元）	注册地址	主要经营业务及主要财务情况
兴业银行股份有限公司★	73.0000	高建平	127.02	福建省福州市湖东路154号	主要经营业务：商业银行业务。 主要财务情况（未经审计）：截至2012年末资产总额为32 390.93亿元，负债总额为30 695.30亿元，所有者权益为1 695.63亿元。

续表

股东名称	持股比例(%)	法人代表	注册资本（亿元）	注册地址	主要经营业务及主要财务情况
澳大利亚国民银行	16.8334	—	273.73 亿澳大利亚元	澳大利亚维多利亚州墨尔本市帕克大街800号4层	主要经营业务：银行业服务、信用卡和现金服务、租赁、房屋和其他融资、国际银行业务、投资银行业务、财富管理、基金管理、人寿保险，以及托管、受托和提名服务。 主要财务情况：澳大利亚国民银行年报的截止日为9月30日。截至2012年9月30日资产总额为7 630.90亿澳大利亚元，负债总额为7 192.87亿澳大利亚元，所有者权益为438.03亿澳大利亚元。
福建华投投资有限公司	9.3333	苏文生	2.10	福建省福州市湖东路152号华信大厦1～6层	主要经营业务：对金融、基础设施、高新技术、服务业的投资。 主要财务情况（未经审计）：截至2012年末资产总额为6.55亿元，负债总额为1.12亿元，所有者权益为5.43亿元。
南平市投资担保中心	0.8333	叶美秀	0.72	福建省南平市解放路93号	主要经营业务：为南平市的重点项目和城市建设筹措资金；房地产开发、担保、见证、租赁、典当、拍卖等。 主要财务情况（未经审计）：截至2012年末资产总额为1.83亿元，负债总额为0.84亿元，所有者权益为0.99亿元。

注：★为本公司控股股东。

3.2 董事

截至报告期末，本公司董事会共有9名董事，其中股权董事6名，独立董事3名。

董事长、董事

姓 名	职 务	性别	年龄	选任日期	所推举的股东名称	该股东持股比例(%)	简 要 履 历
杨华辉	董事长	男	47	2012年9月	兴业银行股份有限公司	73	现任兴业国际信托有限公司党委书记、董事长；曾任兴业银行总行上海证券部总经理，兴业证券公司上海业务部总经理，兴业银行上海分行副行长，兴业银行杭州分行党委书记、行长，兴业国际信托有限公司董事长兼代理总裁等职务。
郑新林	董事	男	43	2012年9月	兴业银行股份有限公司	73	现任兴业银行同业业务部总经理，九江银行股份有限公司董事；曾任兴业银行上海分行计划财务部总经理，兴业银行上海分行行长助理，兴业银行上海分行副行长，兴业银行资金营运中心副总经理等职务。
林 静	董事	女	50	2012年9月	兴业银行股份有限公司	73	现任兴业国际信托有限公司党委委员、董事、总裁；曾任中国建设银行福州市鼓楼支行副行长，中国建设银行福州市晋安支行行长，中国建设银行福建省分行营业部副总经理，兴业银行福州分行党委委员、副行长等职务。
林 艳	董事	女	42	2012年9月	兴业银行股份有限公司	73	现任兴业国际信托有限公司党委委员、董事、财务总监；曾任兴业银行总行财务会计部财务科副科长，兴业银行杭州分行计划财务部副总经理、总经理，兴业银行总行计划财务部总经理助理，兴业银行总行计划财务部副总经理等职务。
Robert Bettridge	董事	男	59	2012年9月	澳大利亚国民银行	16.8334	现任澳大利亚国民银行集团发展亚洲总经理；曾任澳大利亚国民银行南澳大利亚州业务发展经理，南澳大利亚区域经理，澳大利亚金融计划经理，PT MLC人寿印度尼西亚区总裁，MLC（香港）董事总经理和总裁，MLC委托人（香港）有限公司总裁等职务。
苏文生	董事	男	47	2012年9月	福建华投投资有限公司	9.3333	现任福建华投投资有限公司总经理；曾任中闽国贸发展公司业务三部副经理，中闽公司投资管理部科长，福建省国有资产管理有限公司董事、副总经理，福建华侨投资（控股）公司副总经理等职务。

独立董事

姓 名	所在单位及职务	性别	年龄	选任日期	提名方	简 要 履 历
许 斌	光大永明人寿保险公司董事	男	69	2012年9月	本公司	现任光大永明人寿保险公司董事；曾任辽宁省丹东市人民银行办事处主任、市分行副行长，辽宁省人民银行副行长，国家外汇管理局副局长，中国光大银行行长、董事长，中国光大（集团）总公司副董事长，香港中国光大集团有限公司副董事长，中国光大控股有限公司副董事长等职务。
周业樑	浙江省股权投资行业协会会长、浙江大学金融研究院特聘高级研究员	男	63	2012年9月	本公司	现任浙江省股权投资行业协会会长，浙江大学金融研究院特聘高级研究员；曾任中国人民银行福建省分行副行长，中国人民银行福州中心支行行长，中国人民银行杭州中心支行行长，中国人民银行总行参事等职务。
张希东	—	男	62	2012年9月	本公司	曾任中国人民银行福建省分行综合计划处副处长、办公室副主任，福建金融管理干部学院党委副书记、副院长，福建金融管理干部学院党委书记，中国人民银行福建省分行纪检组长，福建银监局党委委员、纪委书记，福建银监局巡视员等职务。

3.3 监事

截至报告期末，本公司监事会共有3名监事，其中包括1名职工监事。

监事长、监事

姓 名	职 务	性别	年龄	选任日期	所推举的股东名称	该股东持股比例(%)	简 要 履 历
赖少英	监事长	女	56	2012年9月	兴业银行股份有限公司	73	现任兴业国际信托有限公司党委委员、纪委书记、监事长；曾任福建漳州信托投资公司总经理，福建省二轻工业总公司副总经理，福建省华侨信托投资公司副总经理，兴业国际信托有限公司董事、副总裁等职务。
叶美秀	监事	女	56	2012年9月	南平市投资担保中心	0.8333	现任南平投资集团副董事长、南平水泥股份有限公司董事；曾任闽北武夷信托投资公司副总经理，南平市投资担保中心总经理等职务。
张国生	监事	男	41	2012年9月	本公司职工代表大会	—	现任兴业国际信托有限公司纪委委员、财务管理部总经理；曾任厦门市物价局副主任科员，厦门中诚信会计师事务所项目经理，兴业银行计划财务部财务管理处高级副理等职务。

3.4 高级管理人员

姓 名	职 务	性别	年龄	选任日期	金融从业年限(年)	学历/学位	专业	简 要 履 历
林 静	总裁	女	50	2012年9月	34	大学本科	金融	现任兴业国际信托有限公司党委委员、董事、总裁；曾任中国建设银行福州市鼓楼支行副行长，中国建设银行福州市晋安支行行长，中国建设银行福建省分行营业部副总经理，兴业银行福州分行党委委员、副行长等职务。
司 斌	副总裁	男	40	2012年9月	18	大学本科/经济学学士	金融	现任兴业国际信托有限公司党委委员、副总裁。曾任兴业银行公司业务部业务管理处高级经理，兴业银行公司业务部总经理助理，兴业银行郑州分行副行长等职务。
林艳	财务总监	女	42	2012/09	19	大学本科/工商管理硕士	会计	现任兴业国际信托有限公司党委委员、财务总监；曾任兴业银行财务会计部财务科副科长，兴业银行杭州分行计划财务部总经理，兴业银行计划财务部副总经理等职务。
黄德良	副总裁	男	40	2012年9月	17	大学本科/工商管理硕士	会计	现任兴业国际信托有限公司党委委员、副总裁；曾任兴业银行福州分行、兴业银行计划财务部科员，兴业银行重庆分行计划财务部总经理、同业业务部负责人、公司业务部总经理，兴业银行重庆分行党委委员、行长助理等职务。
江腾飞	副总裁	男	47	2012年9月	26	研究生学历/经济学学士	财金	现任兴业国际信托有限公司党委委员、副总裁；曾任海南汇通国际信托投资有限公司总经理助理，长城证券股份有限公司副总裁，国都期货有限公司董事，国华房地产有限公司董事，中诚信托有限责任公司总裁助理，国都证券有限责任公司副总经理，国都证券(香港)有限公司董事等职务。

3.5 员工情况

报告期末，公司在职员工235人，平均年龄为32.33岁。其中：博士学历9人，占3.83%；硕士学历101人，占42.98%；本科学历111人，占47.23%；专科学历12人，占5.11%；其他学历2人，占0.85%。

4. 经营管理

4.1 经营目标、经营方针、战略规划

4.1.1 经营目标

以科学发展观为指导，认真贯彻落实国家宏观经济政策和金融监管要求，坚持发展与管理并重，着力提升创新能力和盈利能力，建立和健全财富管理体制与机制，进一步塑造公司经营特色和核心竞争力，努力推动公司各项事业持续、快速、健康发展，致力于成为综合性、多元化、有特色的全国一流信托公司。

4.1.2 经营方针

以市场为导向、以客户为中心、以人才为根本、以创新为动力，立足福建、面向全国，综合化经营、专业化服务。

4.1.3 战略规划

作为银行系信托公司，本公司将充分运用兴业银行等主要股东的资源与优势，全面建立与各股东单位的战略协同与业务协同，努力塑造公司经营特色和核心竞争力，通过五年左右的努力发展成为卓越的全国性综合信托业务经营商。卓越的基本内涵包括一流的经营能力、较强的品牌影响力和领先的行业地位。本公司的发展战略规划分三阶段实施。

第一阶段：整合期(2011年)。在这一阶段，本公司业务主要以战略基础业务为主，同时探索性开展战略核心业务，主要经营目标是解决生存问题，在行业中站稳脚跟，并已圆满实现第一阶段发展目标。

第二阶段：发展期(2012—2013年)。未来将利用2年时间，实现公司业务的快速发展。在这一阶段，形成公司稳定的

业务模式、完善的组织与流程、较强的风险管理能力。在此基础上，公司的战略基础业务已初具规模，战略核心业务全面启动。本公司现处于战略规划第二发展阶段，并在业务发展、组织架构及业务流程优化、风险控制能力提升等方面扎实推进各项工作，公司实力持续大幅提升，发展潜力显著增强。

第三阶段：品牌期（2014—2015 年）。再利用 2 年的时间，实现公司业务的品牌优势，建立以品牌为核心的竞争优势，在此基础上实现公司业务的稳步增长。这一阶段，公司业务已经初步形成品牌优势，组织与流程进一步优化，具有完善的风险管理体系。这一阶段，公司的战略基础业务和战略核心业务均具有相当规模，在行业中处于领先地位。

4.2 所经营业务的主要内容

自营资产运用与分布表

2012 年 12 月 31 日

资产运用	金额（万元）	占比（%）	资产分布	金额（万元）	占比（%）
货币资产	27 716.92	6.71	基础产业	5 014.32	1.21
贷款及应收款	30 106.54	7.28	房地产业	48 337.93	11.70
交易性金融资产	0	0.00	证券市场	26 739.01	6.47
可供出售金融资产	197 332.07	47.76	实业	105 503.30	25.53
持有至到期投资	0	0.00	金融机构	221 926.81	53.71
应收款项类投资	118 204.74	28.61	其他	5 676.96	1.38
长期股权投资	31 888.35	7.72			
其他	7 949.70	1.92			
资产总计	413 198.32	100.00	资产总计	413 198.32	100.00

信托资产运用与分布表

2012 年 12 月 31 日

资产运用	金额（万元）	占比（%）	资产分布	金额（万元）	占比（%）
货币资产	545 604.23	1.62	基础产业	10 883 661.38	32.39
贷款	25 288 199.00	75.25	房地产	3 171 130.24	9.44
交易性金融资产投资	1 799 434.16	5.35	证券市场	2 233 405.87	6.65
可供出售金融资产投资	5 346 639.10	15.91	实业	10 902 857.86	32.44
持有至到期投资	80 000.00	0.24	金融机构	2 158 166.20	6.42
长期股权投资	349 200.00	1.04	其他	4 255 712.13	12.66
其他	195 857.19	0.59			
信托资产总计	33 604 933.68	100.00	信托资产总计	33 604 933.68	100.00

4.3 市场分析

4.3.1 有利因素

（1）党的十八大报告提出坚持走中国特色新型工业化、信息化、城镇化、农业现代化道路，将推动中国经济继续保持稳健增长，尤其是城镇化将会成为未来中国经济增长和扩大内需的最重要动力和潜力。这些都将为信托行业发展提供稳定的宏观经济环境及良好的发展机遇。

（2）随着社会财富总量和民间财富持续快速积累，富裕人群逐步增多，居民理财意识日益高涨，更加关注现有财富的增值管理和传承，追求更加稳健的投资收益，居民理财需求潜力巨大；同时，老龄化将使财富的代际传承成为日益突出的问题。这些都将为信托行业提供持久的增长动力。

（3）信托行业已步入了快速发展阶段，信托产品凭借较高的收益率和较好的风险控制为投资者提供资产保值增值服务，在帮助投资者赢得稳健收益的同时，信托行业继续保持了高速增长势头，信托资产规模大幅提升。信托公司不论是在投资范围，还是在资金运用方式上，仍具有明显优势，仍然可以发挥设立方式多样性、信托财产多元化、信托目的灵活性、信托受益权组合多样性等特长。

（4）作为银行系信托公司，本公司拥有实力雄厚的中外资商业银行股东背景，所具备的股东优势为本公司各项业务的持续健康发展和经营管理水平的提升提供有力的支持。

（5）近两年随着本公司重组、增资等工作的成功完成，本公司顺势而为，明晰战略定位和发展目标，准确把握行业发展趋势，克服内外困难，有效发挥公司优势，不断完善公司治理并加强经营管理，公司各项业务实现了跨越式发展，建立了良好的市场形象和风险控制体系，为未来发展创造有利条件。

4.3.2 不利因素

（1）在宏观经济方面，国内经济发展中不平衡、不协调的矛盾仍很突出，多项体制机制改革进入深水区、敏感区，经济滞胀、结构调整与去泡沫化的压力并存，外部环境、监管政策等仍然存在诸多不确定性。

（2）信托行业经过多年高速发展之后，将面临着发展速度放缓、信托到期规模增大、风险防控任务重等多重压力。同时，行业内部竞争也将进一步加剧，行业发展不平衡问题可能更加突出。公司未来需要在提升主动管理能力，促进内涵式发展方面加大投入，进一步提升核心竞争力和风险管理能力。

（3）在资产管理政策放开的背景下，券商、基金、保险等其他金融机构也在大力拓展资产管理业务。这些金融机构将在资本实力、渠道网络、优质客户、专业人才、风险控制等方面与信托公司展开全面竞争，将给信托公司的业务发展造成冲击。

4.4 内部控制

4.4.1 内部控制环境和内部控制文化

本公司具有完善的法人治理结构。本公司建立了由股东会、董事会、监事会和高级管理层组成的规范的公司治理结构，完善分层授权体系，形成了权力机构、决策机构、监督机构和管理层之间分工配合、各司其职、相互协调、有效制衡的内控运行机制，从而确保对各类风险的事前防范、事中控制、事后监督得到有效执行。

本公司高度重视内部控制文化的建设和培育，通过合规培训、制度建设、信息系统控制、合规检查、法律讲座等多种形式开展合规文化建设，加强公司合规经营管理，培养员工合规理念与风险防范意识，营造良好的内控文化氛围。

4.4.2 内部控制措施

本公司董事会负责建立并实施充分而有效的内部控制体系，董事会下设审计以及风险控制与关联交易委员会，负责监督本公司内部控制的有效实施和内部控制自我评价情况。报告期内，本公司组织制定了内部控制基本制度，进一步完善内部控制工作，通过业务部门、风险管理部门、内部审计部门三道风险防御体系,配以明确的授权体系、规范的风险管理报告机制,从内部控制环境、程序和措施上防范各项风险。

本公司严格按照前台、中台、后台划分:前台负责对业务进行立项、论证、审批前的尽职调查、信托方案设计和提交,完成项目审批后投资交易和运作管理、客户服务等工作;中台贯穿业务的决策程序和管理环节,负责业务项目的合法合规性审核、风险评估、议事决策、业务综合管理和过程控制,对各类风险提出指导意见和改进措施,对个别性风险发出预警信号,与前台部门共同完成事前防范和事中控制;后台负责对信托业务和自营业务财务管理和会计核算、科技支持、客户维护、风险检查和审计监督,对前台、中台提供支持服务和监督评价。各个部门之间有效配合且相互制衡,从而确保业务项目顺利开展与风险管理全面实施。

报告期内,本公司着力加强健全规章制度体系建设,全面梳理各项规章制度,累计新制订 40 多项规章制度、修订 80 多项规章制度,形成现行有效规章制度共 180 多项,涉及公司治理、业务发展与管理、办公文秘、财务会计管理、考核激励、IT 建设、人力资源、行政后勤等各个方面;建立健全全面风险管理体系,调整优化业务评审委员会架构、工作规则及人员组成,进一步提高业务评审效率和质量;增设业务审批部,优化项目审批流程,加强贷后管理,提高风险管理的专业性和有效性;着力规范内部控制体系工作流程和业务操作流程,加强合规检查和风险排查,切实防范各类业务风险,有效保障了公司资产质量和经营安全;加大审计监督力度。同时,重视并加强法律法规、内部控制制度和内部控制流程的培训,保障了内控制度及操作流程的有效执行。

4.4.3 监督评价与纠正

本公司对内部控制建立和执行情况进行定期和不定期的监督检查,评价内部控制有效性,发现内部控制缺陷,并及时加以改进,确保内部控制有效运行。

本公司各业务部门对各项业务的经营状况和风险管理情况进行经常性自我评估,及时发现内部控制缺陷并切实整改落实到位。本公司风险与合规部负责组织、指导内部控制自我评估工作的开展,结合监督检查以及各部门的内部控制自我评估结果进行抽查、复评、督促、追踪内部控制缺陷的整改情况;审计部依照内部审计工作程序开展独立的审计监督活动,加强对审计发现问题的整改情况的跟踪落实。

4.5 风险管理

4.5.1 风险管理概况

本公司在经营活动中可能遇到的风险主要包括信用风险、市场风险、操作风险、政策风险、法律风险、道德风险等。

本公司风险管理遵循合规性、全面性、独立性、制衡性、程序性等基本原则。合规性,即本公司经营活动应遵守所涉及的法律、法规、监管规定及公司规章制度;全面性,即本公司风险管理涵盖各项业务管理各环节,并渗透到各项业务过程中;独立性,即本公司风险管理部门与各业务部门及支持保障部门保持相互独立,可直接向董事会和高级管理层报告,保证风险管理得到切实有效的执行;制衡性,即明确划分相关部门、岗位之间的职责,建立职责分离、横向与纵向相互监督制约的机制;程序性,即本公司风险管理组织系统的安排遵循事前授权审批、事中控制和事后监督三道程序。

在风险管理组织建设方面,本公司分别于董事会、经营管理层面设立了相应的风险管理机构,风险防范制度贯穿于业务全过程。

(1)在董事会层面设立了审计以及风险控制与关联交易委员会,负责指导本公司的风险控制、管理、监督和评估工作。

(2)在经营管理层面设立了业务评审委员会。业务评审委员会是公司自营业务与信托业务的决策机构,主要职责是在权限范围内审议信托业务的阶段性发展战略、细分市场的业务发展策略及业务措施,审议研究公司信托业务的业务政策与风险政策;审议公司自营投资业务的风险政策、财务政策、风险计量,按季对自营投资组合进行绩效和风险评估,对自营投资组合调整、风险控制提出意见和措施等。

(3)本公司设立业务审批部、风险与合规部,业务审批部负责对所有拟开展的业务进行初审,向业务评审委员会提交审查意见;风险与合规部负责履行业务风险管理和合规管理职责。

(4)本公司设立审计部,负责对公司内部控制和各项业务风险管理状况进行监督评价,并向董事会报告。

4.5.2 风险状况

4.5.2.1 信用风险状况

信用风险是指交易对手未能履行合同所带来的经济损失风险。本公司高度关注交易对手的履约能力,针对各类业务特点制定了相应的业务操作规程,将信用风险管理运用于贷前调查、贷中审查和贷后管理阶段。

信用风险资产分类情况:(1)信托业务方面,截至报告期末,本公司信托资产 3 360.49 亿元,无不良资产。(2)固有业务方面,截至报告期末,本公司信用风险资产总计 16.13 亿元,无不良资产。

本公司一般准备、资产减值准备的计提和信托赔偿准备金提取方法如下:(1)一般准备:根据国家财政部财金〔2012〕20号《关于印发〈金融企业准备金计提管理办法〉的通知》规定,本公司从当年净利润中提取一般风险准备作为利润分配处理,用于弥补尚未识别的可能性损失的准备。一般风险准备按风险资产期末余额的 1.5% 提取。(2)资产减值准备:计提资产减值准备的范围和方法见会计报表附注。(3)信托赔偿准备金:根据《信托公司管理办法》第四十九条规定,从税后利润中提取 5% 作为信托赔偿准备金。

对于抵押品确认原则:抵押品必须是抵押人所有的或依法有处分权的财产,且须经过有资质的中介机构评估,抵押贷款应签订抵押合同,并按规定到有关部门登记。本公司专门制定了《房地产信托融资抵押率判断指引》,在参考中介机构评估价值的基础上,结合业务实际情况,综合评判抵押价值。

4.5.2.2 市场风险状况

市场风险是指因为股价、房价、市场汇率、利率或其他价格因素变动而产生的或可能产生的风险,同时市场风险还具有很强的传导性,某些信用风险的根源可能也来自于交易对手的市场风险。

信托资产方面,截至报告期末,本公司房地产信托融资金额为 318.65 亿元,其中融资用于支持保障安居工程 81.86 亿元,占房地产信托规模的 25.69%,属于国家政策鼓励开展的业务,项目建设与资金回笼保障度较高,市场风险相对较小;其他类型房地产项目金额 236.79 亿元，占房地产信托规模的 74.31%，该类项目受国家宏观调控政策影响相对较大，房地产市场价格与销售状况将影响信托项目的资金回笼，公司集合类房地产信托融资担保充足，融资人违约成本高，各项风险控制措施设置得当，因此房地产价格变化对本公司盈利能力和财务状况影响相对较小。报告期内，本公司证券投资信托业务发展平稳，主要运用为债券、二级市场股票和基金投资等。截至报告期末，本公司证券投资信托业务（含股票、债券、基金）规模为 225.95 亿元。

固有资产方面，截至报告期末，本公司证券投资（含股票、债券、基金）公允价值 119 112.94 万元，其中债券投资公允价值 96 538.54 万元，基金投资公允价值 2 2004 万元，股票投资公允价值 570.40 万元，市场风险相对较小；长期股权投资余额 31 888 万元，包括紫金矿业集团财务有限公司 2 500 万元，华福证券有限责任公司 17 988 万元，重庆机电控股集团财务有限公司 11 400 万元。

4.5.2.3　操作风险状况

操作风险主要是指因内部控制系统不完善、管理失误、控制缺失，其他一些人为错误而导致的风险。本公司各项控制制度和操作规程涵盖了所有的业务领域，合理调整部门配置，建立岗位相互制衡机制，对业务流程进行优化，严格按照本公司问责制度的有关规定对违规操作的人员进行问责，操作风险控制较好。

4.5.2.4　其他风险状况

本公司可能面临的其他风险主要有政策风险、法律风险、道德风险等。报告期内本公司未发生此类风险。

4.5.3　风险管理

4.5.3.1　信用风险管理

本公司信用风险管理策略：一是针对各类业务特点制定了相应的评审指引、准入标准和操作规程等管理办法。二是加强事前对交易对手的尽职调查，进行事前控制。三是严格落实贷款担保措施，客观、公正地评估抵（质）押物，并通过关注交易对手担保物情况和资信状况，持续跟踪进行事中和事后控制。四是对所购入的债券进行信用级别限制。五是风险管理部门对业务项目信用风险情况进行风险排查，以及时发现问题并采取相应措施。六是遵照监管机关及风险管控的要求，进行资产风险分类，实施动态管理。七是严格按财政部和中国银监会的要求，足额提取包括呆账准备金、信托赔偿准备金在内的各项准备金。

4.5.3.2　市场风险管理

本公司市场风险管理策略：一是加强宏观经济及金融形势的分析预测，提出业务主要发展方向和调整方案。二是根据市场行情，加强对交易对手在其所处行业的市场竞争能力的分析，准确把握资金进入时机，密切跟踪市场变化，及时调整投资策略，通过资产或投资的合理组合实现风险的有效对冲和补偿，以规避市场风险。三是在业务决策和业务流程管理过程中，通过压力测试和动态监控，对项目进行严格管理。四是积极贯彻落实监管部门有关法律法规的精神，及时对相关业务作出风险提示，密切关注市场变化，加强风险防范，确保风险可控。

4.5.3.3　操作风险管理

本公司操作风险管理策略：一是不断完善各项规章制度和业务操作流程，构建了职责分离、相互监督制约的组织架构，制定了科学的审批程序，切实加强执行力度。二是实行严格的复核、审核程序，报告期内本公司全面启动全流程系统建设，严格防范操作风险。三是加强对员工培训、教育，增强员工责任感和道德水平，执行问责制度，提高业务合规管理和风险管理质量。四是对内控执行情况和项目合规情况进行定期检查，督促及时整改。

4.5.3.4　其他风险管理

针对可能面临的其他风险如政策风险、法律风险、道德风险等，本公司通过制定相应的风险控制制度加以防范和化解。

5. 报告期末及上一年度末的比较式会计报表

5.1　自营资产

5.1.1　会计师事务所审计意见全文

审 计 报 告

德师报（审）字（13）第 P0142 号

兴业国际信托有限公司董事会：

我们审计了后附的兴业国际信托有限公司（以下简称贵公司）的财务报表，包括 2012 年 12 月 31 日的资产负债表，2012 年度的利润表、所有者权益变动表和现金流量表以及财务报表附注。

一、管理层对财务报表的责任

编制和公允列报财务报表是贵公司管理层的责任，这种责任包括：（1）按照企业会计准则的规定编制财务报表，并使其实现公允反映；（2）设计、执行和维护必要的内部控制，以使财务报表不存在由于舞弊或错误而导致的重大错报。

二、注册会计师的责任

我们的责任是在执行审计工作的基础上对财务报表发表审计意见。我们按照中国注册会计师审计准则的规定执行了审计工作。中国注册会计师审计准则要求我们遵守中国注册会计师职业道德守则，计划和执行审计工作以对财务报表是否不存在重大错报获取合理保证。

审计工作涉及实施审计程序，以获取有关财务报表金额和披露的审计证据。选择的审计程序取决于注册会计师的判断，包括对由于舞弊或错误导致的财务报表重大错报风险的评估。在进行风险评估时，注册会计师考虑与财务报表编制和公允列报相关的内部控制，以设计恰当的审计程序，但目的并非对内部控制的有效性发表意见。审计工作还包括评价管理层选用会计政策的恰当性和作出会计估计的合理性，以及评价财务报表的总体列报。

我们相信，我们获取的审计证据是充分、适当的，为发表审计意见提供了基础。

三、审计意见

我们认为，贵公司财务报表在所有重大方面按照企业会计准则的规定编制，公允反映了贵公司 2012 年 12 月 31 日的财务状况以及 2012 年度的经营成果和现金流量。

德勤华永会计师事务所(特殊普通合伙)　中国注册会计师
陶　坚　李冰雯
中国·上海　2013年3月5日

5.1.2　资产负债表

资产负债表

单位：万元

	2012-12-31	2011-12-31
资　产		
货币资金	27 716.92	215 812.75
交易性金融资产	—	—
应收手续费及佣金	12 673.33	9 633.85
应收利息	2 583.22	721.89
发放贷款及垫款	14 850.00	20 000.00
可供出售金融资产	197 332.07	49 897.03
应收款项类投资	118 204.74	11 347.79
长期股权投资	31 888.35	20 488.35
固定资产	2 834.38	2 647.87
无形资产	501.11	274.56
递延所得税资产	2 167.25	1 282.18
其他资产	2 446.95	3 619.82
资产总计	413 198.32	335 726.09
负债		
应付职工薪酬	10 073.40	5 400.82
应交税费	9 576.84	7 950.18
递延所得税负债	—	—
其他负债	2 005.42	557.41
负债合计	21 655.66	13 908.41
所有者权益		
实收资本	257 600.00	120 000.00
资本公积	47 953.65	155 591.52
盈余公积	13 138.15	5 415.99
一般风险准备	5 688.21	754.71
信托赔偿准备	6 457.81	2 596.73
未分配利润	60 704.84	37 458.73
所有者权益合计	391 542.66	321 817.68
负债和所有者权益合计	413 198.32	335 726.09

5.1.3　利润表

利润表

单位：万元

	2012年度	2011年度
一、营业收入		
利息收入	5 141.48	2 577.25
利息支出	(17.90)	(7.50)
利息净收入	5 123.58	2 569.75
手续费及佣金收入	110 109.24	44 210.41
手续费及佣金支出	(764.84)	(766.50)
手续费及佣金净收入	109 344.40	43 443.91
投资收益	29 927.72	2 964.48
公允价值变动损益	—	—
汇兑损益	—	(0.11)
其他业务收入	129.53	66.04
营业收入合计	144 525.23	49 044.07
二、营业支出		
营业税金及附加	(7 774.56)	(2 745.20)
业务及管理费	(32 468.06)	(18 632.84)
资产减值损失	(952.03)	—
营业支出合计	(41 194.65)	(21 378.04)
三、营业利润	103 330.58	27 666.03
加：营业外收入	41.72	68.39
减：营业外支出	(189.49)	(109.16)
四、利润总额	103 182.81	27 625.26
减：所得税费用	(25 961.23)	(7 217.39)
五、净利润	77 221.58	20 407.87
六、其他综合收益	1 274.13	(3 576.04)
七、综合收益总额	78 495.71	16 831.83

5.1.4　所有者权益变动表

所有者权益变动表

单位：万元

	实收资本	资本公积	盈余公积	一般风险准备	信托赔偿准备	未分配利润	合计
一、本年初余额	120 000.00	155 591.52	5 415.99	754.71	2 596.73	37 458.73	321 817.68
二、本年增减变动金额							
(一)净利润						77 221.58	77 221.58
(二)其他综合收益		1 274.13					1 274.13
综合收益总额		1 274.13				77 221.58	78 495.71
(三)所有者投入资本	8 800.00	19 888.00					28 688.00
(四)利润分配							
1. 提取盈余公积			7 722.16			(7 722.16)	
2. 提取一般风险准备				4 933.50		(4 933.50)	
3. 提取信托赔偿准备					3 861.08	(3 861.08)	
4. 对所有者的分配	—	—	—	—	—	(37 458.73)	(37 458.73)
(五)所有者权益内部结转	128 800.00	(128 800.00)	—	—	—	—	—
三、本年末余额	257 600.00	47 953.65	13 138.15	5 688.21	6 457.81	60 704.84	391 542.66

5.2 信托资产

5.2.1 信托项目资产负债汇总表

信托项目资产负债汇总表

单位：万元

信托资产	期初数	期末数	信托负债和信托权益	期初数	期末数
信托资产			信托负债		
货币资金	796 365.77	545 604.23	交易性金融负债		
拆出资金			衍生金融负债		52.72
存出保证金			应付受托人报酬	1 134.69	864.50
交易性金融资产	925 352.41	1 799 434.16	应付保管费	453.09	377.95
衍生金融资产		3.13	应付受益人收益	14 131.87	4 748.51
买入返售金融资产	371 858.04	138 104.02	其他应付款项		
应收款项	17 279.93	57 750.04	应交税费		
发放贷款	6 656 168.00	25 288 199.00	应付销售服务费		135.85
可供出售金融资产	5 960 705.15	5 346 639.10	其他应付款项	41 557.19	67 648.58
持有至到期投资		80 000.00	其他负债		
长期应收款			信托负债合计	57 276.84	73 828.11
长期股权投资	350 013.00	349 200.00			
投资性房地产			信托权益		
固定资产			实收信托	15 260 501.96	33 514 477.20
无形资产			资本公积		
长期待摊费用			未分配利润	(240 036.50)	16 628.37
其他资产			信托权益合计	15 020 465.46	33 531 105.57
信托资产总计	15 077 742.30	33 604 933.68	信托负债及权益总计	15 077 742.30	33 604 933.68

5.2.2 信托项目利润及利润分配汇总表

信托项目利润及利润分配表

单位：万元

项　　目	本年数	上年数
一、营业收入	1 767 985.00	74 665.76
利息收入	1 284 026.54	260 601.77
投资收益	131 762.05	(120 213.87)
公允价值变动损益	141 092.77	(141 324.94)
租赁收入	301.53	18 463.68
汇兑损益	0	0
其他收入	210 802.11	57 139.12
二、支出	303 520.87	97 600.91
营业税金及附加		
受托人报酬	102 214.32	35 133.53
保管费	31 121.57	6 902.02
投资管理费	37 204.46	10 678.21
销售服务费	34 295.01	6 119.70
交易费用	22 130.95	21 208.13
资产减值损失		
其他费用	76 554.56	17 559.32
三、信托净利润	1 464 464.13	(22 935.15)

续表

项　　目	本年数	上年数
四、其他综合收益		
五、综合收益	1 464 464.13	(22 935.15)
加：期初未分配信托利润	(240 036.50)	29 384.81
六、可供分配的信托利润	1 224 427.63	6 449.66
减：本期已分配信托利润	1 207 799.26	246 486.16
七、期末未分配信托利润	16 628.37	(240 036.50)

6. 会计报表附注

6.1 报告期内公司会计报表编制基准、会计政策、会计估计和核算方法未发生变化

6.2 截至资产负债表日，本公司无需要披露的重大或有事项

6.3 报告期内本公司无重要资产转让及出售事项

6.4 会计报表中重要项目的明细资料

6.4.1 自营资产经营情况

6.4.1.1 信用风险资产情况

信用风险资产五级分类	正常类（万元）	关注类（万元）	次级类（万元）	可疑类（万元）	损失类（万元）	信用风险资产合计（万元）	不良资产合计（万元）	不良资产率（%）
期初数	33 015	0	0	0	0	33 015	0	0
期末数	161 263	0	0	0	0	161 263	0	0

6.4.1.2　各项资产减值损失准备情况

单位:万元

	期初数	本期计提	本年转回	本期核销	期末数
贷款损失准备	0	438	288	0	150
一般准备	0	438	288	0	150
专项准备	0	0	0	0	0
其他资产减值准备	0	802	0	0	802
可供出售金融资产减值准备	0	802	0	0	802
持有至到期投资减值准备	0	0	0	0	0
长期股权投资减值准备	0	0	0	0	0
坏账准备	0	0	0	0	0
投资性房地产减值准备	0	0	0	0	0

6.4.1.3　固有业务股票投资、基金投资、债券投资、股权投资等投资业务情况

单位:万元

	自营股票	基金	债券	长期股权投资	其他投资	合计
期初数	6 673	0	24 694	20 488	29 878	81 733
期末数	570	22 004	96 539	31 888	196 424	347 425

6.4.1.4　自营长期股权投资情况

企业名称	占被投资企业权益的比例(%)	主要经营活动	投资收益（万元）
紫金矿业集团财务有限公司	5	为成员单位提供金融服务	237
华福证券有限责任公司	4.3519	证券的代理买卖	1 377
重庆机电控股集团财务有限公司	19	为成员单位提供金融服务	—

6.4.1.5　自营贷款情况

企业名称	占贷款总额的比例(%)	还款情况
福建省美嘉贸易有限公司	26.67	—
重庆市渝北区蓝洋小额贷款股份有限公司	73.33	—

6.4.1.6　表外业务情况

单位:万元

表外业务	期初数	期末数
担保业务	0	0
代理业务(委托业务)	0	0
其他	0	0
合计	0	0

6.4.1.7　公司当年度收入结构

续表

收入结构	金额(万元)	占比(%)
手续费及佣金收入	110 109	75.75
其中:信托手续费收入	108 950	74.95
投资银行业务收入	1 159	0.80
利息收入	5 141	3.54
其他业务收入	130	0.09
其中:计入信托业务收入部分	0	0.00
投资收益	29 928	20.59
其中:股权投资收益	1 614	1.11
证券投资收益	12 050	8.29
其他投资收益	16 264	10.99
公允价值变动收益	0	0.00
营业外收入	42	0.03
收入合计	145 350	100.00

6.4.2　信托财产管理情况

6.4.2.1　信托资产情况

单位:万元

信托资产	期初数	期末数
集合	3 343 964	2 844 889
单一	11 454 278	29 942 127
财产权	279 500	817 918
合计	15 077 742	33 604 934

6.4.2.1.1　主动管理型信托业务情况

单位:万元

主动管理型信托资产	期初数	期末数
证券投资类	1 997 408	1 581 463
股权及其他投资类	794 292	1 226 005
融资类	9 690 717	19 456 814
事务管理类	0	612 400
合计	12 482 417	22 876 682

6.4.2.1.2　被动管理型信托业务情况

单位:万元

被动管理型信托资产	期初数	期末数
证券投资类	22 187	678 030
股权及其他投资类	41 828	1 916 972
融资类	0	0
事务管理类	2 531 310	8 133 250
合计	2 595 325	10 728 252

6.4.2.2　本年度已清算结束的信托项目情况

报告期内已清算结束的信托项目 381 个,实收信托金额 9 938214 万元,加权平均实际年化收益率 6.47%。

6.4.2.2.1　报告期内已清算结束的集合类、单一类资金信托项目和财产管理类信托项目情况

已清算结束信托项目	项目个数	实收信托合计金额(万元)	加权平均实际收益率(%)
集合类	111	1 730 761	0.80
单一类	269	8 189 453	7.67
财产管理类	1	18 000	8.00

6.4.2.2.2　报告期内已清算结束的主动管理型信托项目

情况

已清算结束信托项目（主动管理型）	项目个数	合计金额（万元）	信托报酬率（%）	加权平均实际年化收益率（%）
证券投资类	41	855 524	0.72	-6.73
股权及其他投资类	10	332 631	0.49	6.38
融资类	257	7 035 479	0.52	7.89
事务管理类	0	0	—	—

6.4.2.2.3 报告期内已清算结束的被动管理型信托项目情况

已清算结束信托项目（主动管理型）	项目个数	合计金额（万元）	信托报酬率（%）	加权平均实际年化收益率（%）
证券投资类	0	0	—	—
股权及其他投资类	1	99 770	0.13	2.12
融资类	0	0	—	—
事务管理类	72	1 614 810	0.26	7.59

6.4.2.3 报告期内新增的集合类、单一类和财产管理类信托项目情况

单位：万元

新增信托项目	项目个数	合计金额
集合类	124	1 392 506
单一类	811	26 582 175
财产管理类	11	552 300
新增合计	946	28 526 981
其中：主动管理型	717	18 686 046
被动管理型	229	9 840 935

6.4.2.4 信托业务创新成果和特色业务有关情况

为促进创新业务研发与成果转化，报告期内本公司分别从创新制度、创新主体和创新协调机制等方面进行了系统性的管理创新，形成了从宏观研判和行业分析到产品设计和落地推广的完整创新链条，增强了创新工作对实际业务开展支持效果和可持续发展能力。

报告期内，本公司积极适应资本市场发展形势以及客户需求变化，着力拓展证券信托业务，在产品发行数量、业务规模、投资收益等方面均处于行业前列。截至报告期末，本公司证券信托产品已涵盖管理型、结构化、伞形、交易性股权融资、PE、夹层融资、定向增发以及银行间债券市场业务等多种类型。

报告期内，本公司正式获批股指期货业务资格、特定目的信托受托机构资格等中国银监会认定的信托创新业务资格，并实施了多项创新业务，其中典型创新产品如下：

（1）兴业信托·赛福5期证券投资单一资金信托计划。该信托计划投资于有价证券，同时增加了股指期货交易业务。创新点在于此项信托计划是本公司正式获批股指期货业务资格后首单参与股指期货交易业务的信托计划，为后续的集合类证券投资信托计划参与股指期货交易业务积累了宝贵的实践经验。

（2）兴业信托·宝丰2期（兴州）集合资金信托计划。该信托计划通过大宗交易的方式投资于证券交易所上市交易的有价证券，创新点在于采用新的质押方式，通过大宗交易的安排实现更安全的过户融资。该信托计划在由证券时报社、新财富杂志联合主办的“财富管理合作发展论坛暨第五届中国优秀信托公司评选颁奖典礼”中荣获年度“最佳证券投资类信托计划”。

（3）兴业信托·黄金家族贵金属投资集合资金信托计划。该信托计划投资于上海金交所的贵金属市场交易品种，主要包括Au99.99、Au99.95两个现货实盘交易品种和Au（T+D）和Ag（T+D）两类延期交易品种。创新点在于采用了信托财产总权益进行预警和止损的新型风控措施，不同于市场上普遍存在的净值标准风控措施，从而更能保障优先级资金安全。

（4）兴业信托·长金——中科智1号证券投资集合资金信托计划。创新点在于设计了新的利益分配方式，打造良好的投资顾问激励机制；引入担保公司，进一步提升受益人的资金安全。该信托计划在第一财经主办的第六届“2012第一财经金融价值榜（CFV）颁奖典礼暨金融峰会”上荣获“2012年最佳投资价值产品”。

未来，本公司将进一步发挥和强化优势、提升自主创新能力，重点加强股指期货、资产证券化、REITs、PE等创新业务，丰富和提高参与各类市场的投资手段和管理能力，更好地服务实体经济、金融同业和高净值人群客户。

6.4.2.5 本公司履行受托人义务情况及因本公司自身责任而导致的信托资产损失情况（合计金额、原因等）

无。

6.5 关联方关系及其交易的披露

6.5.1 关联交易方的数量、关联交易总金额及定价政策等

固有业务关联方情况

	关联交易方数量	关联交易金额（万元）	定价政策
合计	1	27 699.67	依照法律法规、监管要求，以及公司《关联交易管理办法》规定，按照公允价值定价。

信托业务关联方情况

	关联交易方数量	关联交易金额（万元）	定价政策
合计	1	3 058 709	依照法律法规、监管要求，以及公司《关联交易管理办法》规定，按照公允价值定价。

6.5.2 关联交易方情况

关联性质	关联方名称	法定代表人	注册地址	注册资本（亿元）	主营业务
股东	兴业银行股份有限公司	高建平	福建省福州市湖东路154号	127.02	商业银行业务

6.5.3 本公司与关联方的重大交易事项

6.5.3.1 固有财产与关联方交易情况

单位：万元

固有与关联方关联交易				
	期初数	借方发生额	贷方发生额	期末数
贷款	0	0	0	0
投资	0	0	0	0
租赁	0	0	0	0
担保	0	0	0	0
应收账款	0	0	0	0
其他	215 726.74	98 159.99	286 187.06	27 699.67
合计	215 726.74	98 159.99	286 187.06	27 699.67

6.5.3.2　信托资产与关联方交易情况

单位：万元

信托与关联方关联交易				
	期初数	借方发生额	贷方发生额	期末数
贷款	0	0	0	0
投资	0	0	0	0
租赁	0	0	0	0
担保	0	0	0	0
应收账款	0	0	0	0
其他	2 331 246	1 463 493	2 190 956	3 058 709
合计	2 331 246	1 463 493	2 190 956	3 058 709

6.5.3.3　固有财产与信托财产、信托财产与信托财产之间交易情况

6.5.3.3.1　固有财产与信托财产之间的交易情况

单位：万元

固有财产与信托财产相互交易			
	期初数	本期发生额	期末数
合计	0	145 690	145 690

6.5.3.3.2　信托资产与信托财产之间的交易情况

单位：万元

信托资产与信托财产相互交易			
	期初数	本期发生额	期末数
合计	0	207 443	207 443

6.5.4　报告期内，本公司未发生关联方逾期未偿还本公司资金的情况以及本公司为关联方担保发生或即将发生垫款的情况

6.6　会计制度的披露

本公司固有业务从2008年1月1日起执行财政部2006年2月发布的《企业会计准则》；信托业务从2010年1月1日起执行《企业会计准则》。

7. 财务情况说明书

7.1　利润实现和分配情况

(1)利润总额：103 183万元。

(2)所得税费用：25 961万元。

(3)净利润：77 222万元。

(4)加年初未分配利润：37 459万元。

(5)已分配利润：37 459万元。

(6)可供分配利润：77 222万元。

(7)提取法定盈余公积：7 722万元。

提取信托赔偿准备：3 861万元。

提取(转回)一般准备：4 934万元。

(8)可供股东分配的利润：60 705万元。

7.2　主要财务指标

指标名称	指标值
资本利润率(%)	21.65
信托报酬率(%)	0.55
人均净利润(万元)	376.69

注：1. 资本利润率＝净利润/所有者权益平均余额×100%。
2. 信托报酬率＝信托业务收入/实收信托平均余额×100%。
3. 人均净利润＝净利润/年平均人数。

7.3　对本公司财务状况、经营成果有重大影响的其他事项

无。

8. 特别事项简要揭示

8.1　前五名股东报告期内变动情况及原因

报告期内本公司前五名股东未发生变动。

8.2　董事、监事及高级管理人员变动情况及原因

8.2.1　董事变动情况及原因

报告期内，因职务调整及任职到期等原因，本公司董事成员发生以下变动：

(1)2012年5月23日，本公司2012年第二次临时股东会审议同意赖少英女士辞去本公司第三届董事会董事职务。

(2)2012年6月26日，本公司2012年第四次临时股东会审议同意林静女士担任本公司第三届董事会董事职务。林静女士任职资格已经中国银监会核准。

(3)2012年9月26日，依据本公司章程有关规定，本公司第三届董事会届满到期。原第三届董事会董事陈山平先生、独立董事顾功耘先生任职期满，不再继续担任董事职务。

(4)2012年9月26日，经本公司2012年第五次临时股东会及第四届董事会第一次会议分别审议通过，本公司第四届董事会由以下成员组成：杨华辉、郑新林、林静、林艳、Robert Bettridge、苏文生、许斌、周业樑、张希东；其中，杨华辉先生继续担任董事长职务，苏文生先生系新任董事，许斌先生系新任独立董事。全体董事任职资格均已经中国银监会及其福建监管局核准。

8.2.2　监事变动情况及原因

报告期内，因职务调整及任职到期等原因，本公司监事成员发生以下变动：

(1)2012年5月23日，本公司2012年第二次临时股东会

及第三届监事会第七次会议分别审议同意柯楷先生辞去本公司第三届监事会监事及监事会召集人职务。

（2）2012 年 5 月 23 日，本公司 2012 年第二次临时股东会及第三届监事会第八次会议分别审议同意选举赖少英女士担任本公司第三届监事会监事及监事长职务。

（3）2012 年 9 月 26 日，依据本公司章程有关规定，本公司第三届监事会届满到期。经本公司 2012 年第五次临时股东会及第四届监事会第一次会议分别审议通过，本公司第四届监事会由以下成员组成：赖少英、叶美秀、张国生；其中，赖少英女士继续担任监事长职务，张国生先生系新任职工监事。

8.2.3 高级管理人员变动情况及原因

报告期内，本公司进一步完善公司治理，完成董事长与总裁分设工作；为适应业务快速发展的管理需要，在高级管理层增设两名副总裁，主要分管公司业务拓展与管理工作：

（1）2012 年 5 月 23 日，经本公司第三届董事会第十次会议审议同意，黄德良先生担任本公司副总裁职务。黄德良先生任职资格已经中国银监会福建监管局核准。

（2）2012 年 6 月 26 日，经本公司第三届董事会第十一次会议审议同意，林静女士担任本公司总裁职务。林静女士任职资格已经中国银监会核准。

（3）2012 年 9 月 26 日，经本公司第四届董事会第一次会议审议同意，续聘林静女士为本公司总裁，续聘司斌先生、黄德良先生为本公司副总裁，续聘林艳女士为本公司财务总监，并聘任江腾飞先生为本公司副总裁。全体高级管理人员任职资格均已经中国银监会及其福建监管局核准。

8.3 报告期内本公司无重大未决诉讼事项（包括固有及信托）

8.4 德勤华永会计师事务所出具了标准无保留意见的审计报告

8.5 报告期内，本公司未发生公司及其董事、监事和高级管理人员受到处罚的情况

8.6 银监会及其派出机构对公司的检查意见及公司整改情况

2012 年 4 月 20 日，中国银监会福建监管局印发《福建银监局关于兴业信托公司 2011 年度的监管意见》（闽银监〔2012〕101 号，以下简称《意见》），根据 2011 年对本公司监管情况，提出了有关监管意见。本公司认真按照《意见》的监管要求，持续规范公司治理，继续完善内控体系，重视风险管控，切实履行“审慎经营和尽职管理”的信托责任，发挥信托优势支持实体经济，积极开展创新业务，着力提升公司自主管理能力，加强财富管理团队建设和优化财富管理模式，确保公司各项业务持续、快速、健康发展。有关整改报告已书面报告福建银监局。

8.7 本年度重大事项临时报告

2012 年 7 月 16 日，本公司在《金融时报》发布《兴业国际信托有限公司关于增加注册资本金的公告》，主要内容为经中国银监会福建监管局《关于兴业国际信托有限公司增加注册资本金的批复》（闽银监复〔2012〕174 号）批准同意，本公司以 2011 年末部分留存未分配利润转增注册资本金的方式将注册资本金由人民币 12 亿元增加至人民币 12.88 亿元，各股东持股比例保持不变，转增后本公司股东名称、出资金额及持股比例情况如下：（1）兴业银行股份有限公司，出资金额人民币 8.76 亿元，持股比例 73.0000%；（2）澳大利亚国民银行，出资金额人民币 2.02 亿元，持股比例 16.8334%；（3）福建华投投资有限公司，出资金额人民币 1.12 亿元，持股比例 9.3333%；（4）南平市投资担保中心，出资金额人民币 0.1 亿元，持股比例 0.8333%。截至本公告日，本公司已完成有关验资、章程修订及工商变更登记等法定变更手续。

2012 年 8 月 14 日，本公司在《金融时报》发布《兴业国际信托有限公司关于更换会计师事务所的公告》，主要内容为：经兴业国际信托有限公司（以下简称本公司）2011 年度股东会审议同意，本公司决定聘请德勤华永会计师事务所有限公司为本公司 2012 年度审计机构，安永华明会计师事务所有限公司不再担任本公司审计机构〔注：德勤华永会计师事务所有限公司现已更名为德勤华永会计师事务所（特殊普通合伙）〕。

2012 年 10 月 10 日，本公司在《金融时报》发布《兴业国际信托有限公司关于聘任总裁的公告》，主要内容为：经兴业国际信托有限公司（以下简称本公司）董事会审议通过，并经中国银行业监督管理委员会《关于核准林静任职资格的批复》（银监复〔2012〕535 号）核准，本公司聘任林静女士为总裁。

2012 年 11 月 23 日，本公司在《金融时报》发布《兴业国际信托有限公司关于增加注册资本金的公告》，主要内容为：经中国银监会福建监管局《关于兴业国际信托有限公司实行资本公积转增注册资本等有关事项的批复》（闽银监复〔2012〕430 号）批准同意，本公司以资本公积转增注册资本金的形式，将注册资本金由人民币 12.88 亿元增加至人民币 25.76 亿元，各股东持有注册资本的比例保持不变。此次增资后本公司股东名称、出资金额及持股比例情况如下：（1）兴业银行股份有限公司，出资金额人民币 188 048.00 万元，持股比例 73.0000%；（2）澳大利亚国民银行，出资金额人民币 43 362.68 万元，持股比例 16.8334%；（3）福建华投投资有限公司，出资金额人民币 24 042.66 万元，持股比例 9.3333%；（4）南平市投资担保中心，出资金额人民币 2146.66 万元，持股比例 0.8333%。截至本公告日，本公司已完成有关验资、章程修订及工商变更登记等法定变更手续。

2012 年 11 月 27 日，本公司在《金融时报》发布《兴业国际信托有限公司关于第四届董事会、监事会组成及聘任高级管理人员的公告》，主要内容为：经兴业国际信托有限公司（以下简称本公司）2012 年第五次临时股东会、第四届董事会第一次会议、第四届监事会监事会第一次会议选举，本公司第四届董事会、第四届监事会组成及高级管理人员聘任有关情况如下：（1）本公司第四届董事会由杨华辉、郑新林、林静、林艳、Robert Bettridge、苏文生、许斌、周业樑、张希东九位同志组成。其中杨华辉同志为董事长，许斌、周业樑、张希东同志为独立董事。（2）本公司第四届监事会由赖少英、叶美秀、张国生三位同志组成，其中赖少英同志为监事长，张国生同志为职工监事。（3）本公司董事会聘任林静为公司总裁，司斌、黄德良、江腾飞为公司

副总裁，林艳为公司财务总监，上述人员任期至第四届董事会任期届满之日止。

8.8 银监会及其省级派出机构认定的其他有必要让客户及相关利益人了解的重要信息

无。

9. 公司监事会独立意见

报告期内，本公司监事会按照本公司章程、监事会议事规则的有关规定，认真履行监督职责，积极有效地开展工作，同时通过列席公司股东会、董事会会议及高级管理层相关会议等方式，依法对公司规范运作、财务状况、内部控制等事项进行了监督检查，现就下列事项发表独立意见如下。

9.1 依法运作情况

报告期内，公司依照《公司法》及有关信托业法律、法规、本公司章程相关规定规范管理运作，董事会能够严格按照有关法律法规和公司治理规则履行职责，董事会决策程序合法有效，股东会、董事会决议能够切实有效贯彻落实，经营业绩客观真实。报告期内，本公司各董事、高级管理人员均廉洁勤勉、审慎管理、尽职尽责，努力推动公司各项事业持续、快速、健康发展，未发现公司董事、高级管理人员在履职时违反国家有关法律、法规、公司章程以及其他损害公司利益、股东利益和委托人、受益人利益的行为。

9.2 财务情况

报告期内，公司财务会计内控制度健全，管理规范；财务收支真实、合法，公司自营资产质量良好，风险可控；信托财产管理状况良好，未发生集合信托计划延付、涉诉或赔付问题。德勤华永会计师事务所（特殊普通合伙）对公司年度财务报告进行了审计，并出具了标准无保留意见的审计报告，该报告能够真实、客观地反映公司报告期内财务状况和经营成果，不存在虚假记载、误导性陈述或者重大遗漏。

9.3 内部控制情况

报告期内，公司持续加强全面风险管理，健全完善内部控制体系，不断加大审计监督力度，内部控制情况总体良好。公司现有内部控制制度符合我国有关法律法规和监管部门的要求，符合公司当前实际经营情况，在公司管理全过程、对外投资、业务开展、风险控制等方面发挥了积极的控制和防范作用。公司“三会一层”的职责和运行机制规范有效，决策程序和议事规则民主、科学，内部监督和反馈体系基本健全。公司完成了董事长、监事长、总裁的分设工作，法人治理结构符合法律和监管要求，组织控制、信息披露、财务管理、业务开展、内部审计等制定了健全的规章制度并得到了有效而良好的执行，保障了公司内部控制体系完整、有效和公司规范、安全、顺畅运营。

10. 净资本管理情况

报告期内，本公司按照中国银监会《信托公司净资本管理办法》，积极采取增加注册资本金、提高净资本使用效率等各项措施进行净资本管理，各项净资本指标均符合监管要求：截至报告期末，本公司净资产为 39.15 亿元，净资本为 34.78 亿元（监管要求为≥2 亿元），各项风险资本之和为 26.41 亿元，净资本/各项风险资本之和为 132%（监管要求为≥100%），净资本/净资产为 89%（监管要求为≥40%）。

英大国际信托有限责任公司

1. 重要提示

1.1 本公司董事会及董事保证本报告所载资料不存在任何虚假记载、误导性陈述或者重大遗漏，并对其内容的真实性、准确性和完整性承担个别及连带责任。

1.2 本公司董事长盖永光、总经理陈书堂、财务负责人刘卫东声明：保证年度报告中财务报告的真实、准确、完整。

1.3 独立董事马林、梁哲、刘海宇声明：保证年度报告中财务报告的真实、准确、完整。

2. 公司概况

2.1 公司简介

英大国际信托有限责任公司的前身为济南市国际信托投资公司，成立于1987年5月。2000年6月，经山东省政府和中国人民银行正式核准予以单独保留。2001年12月31日，经中国人民银行银复〔2001〕264号文批复，获得中华人民共和国信托机构法人许可证，注册资本扩充到5亿元人民币，名称变更为英大国际信托投资有限责任公司。2003年11月26日，经中国银行业监督管理委员会山东监管局核准，获得中华人民共和国金融许可证。2006年，公司实施增资扩股，国家电网公司成为公司第一大股东，注册资本由5亿元增至15亿元。2007年9月，成功换发新金融许可证，名称变更为英大国际信托有限责任公司。2009年9月，国家电网公司将持有的公司股权划转至国网资产管理有限公司（现已更名为国网英大国际控股集团有限公司），国网资产管理有限公司（国网英大国际控股集团有限公司）成为公司的控股股东。2010年7月，经监管及政府部门批准，公司迁址北京，成为受中国银监会直接监管的信托公司。2012年12月，公司注册资本由15亿元增加至18.22亿元。

2.2 公司中文名称：英大国际信托有限责任公司
英文：Yingda International Trust Co. ,Ltd
缩写：英大信托

2.3 法定代表人：盖永光

2.4 注册地址：北京市东城区建国门内大街乙18号院1号楼英大国际大厦4层
邮编：100005
国际互联网网址：www. yditc. sgcc. com. cn
电子信箱：yditc@ yditc. sgcc. com. cn

2.5 信息披露负责人：王迎新
联系电话：010 －51960211
传真：010 －51960222
电子信箱：yingxin －wang@ yditc. sgcc. com. cn

2.6 信息披露报纸：《金融时报》

2.7 公司年报备置地点：北京市东城区建国门内大街乙18号院1号楼

2.8 聘请的会计师事务所：北京中证天通会计师事务所有限公司
住所：北京市海淀区西直门北大街甲43号金运大厦B座13层

2.9 聘请的律师事务所：北京观远律师事务所
住所：北京市朝阳区北苑路168号中安盛业大厦1003室

3. 公司治理结构

3.1 公司治理信息

3.1.1 年度内召开股东会情况

会议序号	时间	召开方式	会议议题	
2012年第一次临时股东会议	2012年4月25日	现场方式	1	陈成富独立董事2011年度履职报告、李福兴独立董事2011年度履职报告
			2	关于修改公司章程的议案
			3	关于董事会换届选举的议案
			4	关于监事会换届选举的议案
2012年股东年会	2012年4月26日	现场方式	1	2011年度董事会工作报告
			2	2011年度监事会工作报告
			3	2011年度公司工作报告
			4	2011年公司财务预算执行情况和2012年财务预算草案报告
			5	2011年度公司利润分配预案
			6	2012年度固有资产投资计划报告
			7	2011年度信托财产尽职管理报告
			8	关于第九届董事会独立董事津贴的议案
2012年第二次临时股东会议	2012年7月10日	通讯方式	1	关于选举刘海宇为公司九届董事会独立董事的议案

续表

会议序号	时间	召开方式	会议议题	
2012 年第三次临时股东会议	2012 年 10 月 26 日	通讯方式	1	关于济南三爱富氟化工有限责任公司拟转让持有公司股权的议案
2012 年第四次临时股东会议	2012 年 11 月 27 日	通讯方式	1	关于公司拟实施增资的议案
			2	关于修改公司章程的议案

3.1.2 董事会及其下属委员会履行职责情况

会议序号	时间	召开方式	会 议 议 题	
八届十三次董事会	2012 年 4 月 13 日	通讯方式	英大国际信托有限责任公司 2011 年年度报告	
九届一次董事会	2012 年 4 月 26 日	现场方式	1	关于选举盖永光董事为公司九届董事会董事长的议案
			2	关于聘任总经理的方案
			3	关于聘任副总经理的方案
			4	关于聘任财务负责人的方案
			5	关于聘任王迎新同志为公司九届董事会秘书的议案
			6	关于修改《英大国际信托有限责任公司董事会战略与发展规划委员会工作规则》的议案
			7	关于选举第九届董事会各专业委员会成员的议案
九届二次董事会	2012 年 4 月 26 日	现场方式	1	2011 年度董事会工作报告
			2	2011 年度公司工作报告
			3	2011 年度内部审计报告
			4	2011 年度风险管理报告
			5	2011 年度净资本管理报告
			6	2011 年度信托财产尽职管理报告
			7	2011 年公司财务预算执行情况和 2012 年财务预算安排报告
			8	2011 年度利润分配预案
			9	2012 年固有资产投资计划报告
			10	2011 年度品牌建设和声誉风险管理报告
			11	董事会战略与发展规划委员会工作报告
			12	董事会风险管理委员会工作报告
			13	董事会审计委员会工作报告
			14	董事会信托委员会工作报告
			15	董事会提名与薪酬委员会工作报告
			16	关于第九届董事会独立董事津贴的议案
九届三次董事会	2012 年 8 月 20 日	通讯方式	1	关于免去孙志国副总经理职务的议案
九届四次董事会	2012 年 11 月 21 日	通讯方式	1	关于公司拟实施增资的议案
			2	关于调整第九届董事会审计委员会成员的议案

3.1.3 监事会及其下属委员会履行职责情况

会议序号	时间	召开方式	会议议题	
九届一次监事会会议	2012 年 4 月 26 日	现场方式	1	关于选举丁勇监事为公司第九届监事会主席的议案
			2	2011 年度监事会工作报告
			3	2011 年度内部审计报告
			4	2011 年度风险管理报告
九届二次监事会会议	2012 年 8 月 17 日	通讯方式	1	2012 年上半年风险管理报告

3.2 内部控制

3.2.1 内部控制措施

公司内部控制遵循全面、审慎、有效、独立的原则，内部控制主要措施是授权控制、岗位分离、资产隔离。

3.2.2 信息交流与反馈

报告期内，公司通过信息化平台，收集、处理、存储、利用和反馈大量业务信息和管理信息，保证董事会、监事会、高级管理层能够掌握公司发展战略和业务发展方向，及时了解公司的经营和风险状况；公司内部相关工作信息均能够顺畅反馈，前台、中台、后台通过信息交流实施监督和制约；及时、真实、准确地向中国银监会报送监管报表；根据文件约定，向相关利益人提交书面文件披露信托资产管理、运用信息。

4. 经营管理

4.1 所经营业务的主要内容

自营资产运用与分布表

2012 年 12 月 31 日

资产运用	金额（万元）	占比（%）	资产分布	金额（万元）	占比（%）
货币资产	103 315.44	28.41	基础产业	129 535.63	35.65
贷款及应收款	129 684.05	35.70	房地产业		
交易性金融资产			证券市场	55 553.34	15.29
可供出售金融资产	36 053.34	9.92	实业	756.20	0.21
持有至到期投资	43 000.00	11.84	金融机构	61 800.91	17.01
长期股权投资	41,057.11	11.30	其他	115 660.87	31.84
其他	10 197.00	2.81			
资产总计	363 306.95	100.00	资产总计	363 306.95	100.00

信托资产运用与分布表

2012 年 12 月 31 日

资产运用	金额（万元）	占比（%）	资产分布	金额（万元）	占比（%）
货币资产	5 125. 80	0. 03	基础产业	16 669 011. 66	82. 40
贷款	16 380 148. 25	80. 98	房地产	129 000. 00	0. 64
交易性金融资产	0	0. 00	证券市场	0	0. 00
可供出售金融资产	0	0. 00	实业	0	0. 00
持有至到期投资	466 055. 00	2. 30	金融机构	74 000. 00	0. 37
长期股权投资	341 818. 99	1. 69	其他	3 356 448. 84	16. 59
其他	3 035 312. 46	15. 01			
信托资产总计	20 228 460. 5	100. 00	信托资产总计	20 228 460. 5	100. 00

4. 2 风险管理

4. 2. 1 风险状况

风险管理对象包括公司在经营过程中可能遇到的信用风险、市场风险、操作风险以及政策风险、流动性风险、法律风险、声誉及战略风险等。

4. 2. 1. 1 信用风险状况

报告期内，信托和固有业务信用风险基本可控。按照合并口径，2012 年不良资产的期初数为 2 603. 81 万元，期末数为 2 603. 81万元，2012 年不良资产率由期初的 1. 04% 降至期末的 0. 72%。

4. 2. 1. 2 市场风险状况

报告期内，公司投资业绩良好，各项业务均实现了不同程度的业绩增长。

4. 2. 1. 3 操作风险状况

报告期内，公司未发生因操作风险所造成的损失。

4. 2. 1. 4 其他风险状况

其他风险主要是法律风险和道德风险。报告期内，公司未发生因法律风险和道德风险所造成的损失。

4. 3 净资本状况

报告期内，公司净资本风险控制指标全部达到监管要求。截至 2012 年 12 月 31 日，公司净资本额为 29. 89 亿元，净资本/各项业务风险资本之和为 252%，净资本/净资产为 89%。

5. 报告期末及上一年度末的比较式会计报表

5. 1 自营资产

5. 1. 1 会计师事务所审计意见全文

审 计 报 告

中证天通〔2013〕审字第 21196 号

英大国际信托有限责任公司全体股东：

我们审计了后附的英大国际信托有限任公司（以下简称英大信托公司）财务报表，包括 2012 年 12 月 31 日的合并资产负债表和资产负债表，2:12 年度的合并利润表和利润表、合并现金流量表、合并股权权益变动表和股东权益变动表以及财务报表附注。

一、管理层对财务报表的责任

编制和公允列报财务报表是英大信托公司管理层的责任，这种现任包括：（1）按照企业会计准则的规定编制财务报表，并使其实现公允反映：（2）设计、执行和维护必要的内部控制，以使财务报表不存在由于舞弊或错误导致的重大错报

二、注册会计师的责任

我们的责任是在执行审计工作的基础上对财务报表发表审计意见。我们按照中国注册会计师审计准则的规定执行了审计工作，中国注册会计师审计准则要求我们遵守中国注山会计师职业道德守则，计划和执行审计工作以对财务报表是否不存在重大错报获取合理保证。

审计工作涉及实施审计程序，以获取有关财务报表金额和披露的审计证据。选择的审计程序取决于注册会计师的判断，包括对由于舞弊或错误导致的财报表后果大错报风险的评估。在进行风险评估时，注册会计师考虑与财务报表编制和公允列报相关的内部控制，以设计恰当的审计程序，但目的并非对内部控制的有效性发表意见。审计工作还所括评价管理层选用会计政策的恰当性和作出会计估计的合理性，以及评价财务报表的总体列报。

我们相信，我们获取的审计证据是充分、适当的，为发表审计意见提供了基础。

三、审计意见

我们认为，英大信托公司财务报表所有重大方面按照企业会计准则的规定编制，公允反映了英大信托公司 2012 年 12 月 31 日的财务状况以及 2012 年度的经营成果和现金流量。

北京中证天通会计师事务所有限公司

中国 · 北京

中国注册会计师：

中国注册会计师：

二〇一三年一月三十一日

5.1.2 资产负债表

合并资产负债表

编制单位：英大国际信托有限责任公司　　2012年12月31日　　单位：万元

资产	2012年初	2012年末	负债及所有者权益	2012年初	2012年末
资产：			负债：		
现金及存放中央银行	0.09	0.09	拆入资金		
存放同业款项	23 096.39	110 381.09	应付职工薪酬	269.64	490.83
拆出资金		—	应交税费	5314.3	6 629.81
买入返售金融资产	20 000.00	7 400.21	递延所得税负债	190.21	446.09
应收利息		—	其他负债	5 788.09	19 909.62
发放贷款和垫款	114 535.63	129 535.63	负债合计	11 562.24	27 476.35
可供出售金融资产	11 353.56	36 053.34	所有者权益：		—
持有至到期投资	44 819.00	43 800.00	实收资本（或股本）	150 000.00	182 175.45
长期股权投资	30 130.61	34 530.61	资本公积	−1 208.57	17 998.35
固定资产	1 668.34	2 331.14	盈余公积	12 592.46	17 794.84
无形资产	243.93	1 400.09	一般风险准备	7 237.07	13 033.28
递延所得税资产	684.49	579.97	未分配利润	69 633.11	104 279.05
其他资产	3284.27	1 419.90	少数股东权益		4 674.75
			所有者权益合计	238 254.07	339 955.72
资产总计	249 816.31	367 432.07	负债和所有者权益总计	249 816.31	367 432.07

单位负责人：陈书堂　　财务负责人：刘卫东　　会计人员：张平丽

资产负债表

编制单位：英大国际信托有限责任公司　　2012年12月31日　　单位：万元

资产	2012年初	2012年末	负债及所有者权益	2012年初	2012年末
资产：			负债：		
现金及存放中央银行	0.09	0.09	拆入资金		
存放同业款项	22 265.53	103 315.36	应付职工薪酬	267.64	421.05
拆出资金			应交税费	5 381.56	6 595.12
买入返售金融资产	20 000.00	7 400.21	递延所得税负债	190.21	446.09
应收利息	—		其他负债	5 786.73	19 693.93
发放贷款和垫款	114 535.63	129 535.63	负债合计	11 626.14	27 156.19
可供出售金融资产	11 353.56	36 053.34	所有者权益：		
持有至到期投资	44 569.00	43 000.00	实收资本（或股本）	150 000.00	182 175.45
长期股权投资	30 777.11	41 057.11	资本公积	−1 213.25	17 993.66
固定资产	1 657.13	1 641.23	盈余公积	12 592.46	17 794.84
无形资产	243.93	197.57	一般风险准备	7 237.07	13 033.28
递延所得税资产	684.49	579.97	未分配利润	69 128.32	105 153.53
其他资产	3 284.27	526.44	少数股东权益		
			所有者权益合计	237 744.60	336 150.76
资产总计	249 370.74	363 306.95	负债和所有者权益总计	249 370.74	363 306.95

单位负责人：陈书堂　　财务负责人：刘卫东　　会计人员：张平丽

5.1.3 利润和利润分配表

合并利润表

2012 年度

编制单位:英大国际信托有限责任公司　　单位:万元

项　目	2012 年度	2011 年度
一、营业收入	92 489.76	72 816.18
利息净收入	8 592.98	6 457.48
利息收入	8 592.98	6 546.79
利息支出	0	89.31
手续费及佣金净收入	79 912.94	64 111.38
手续费及佣金收入	79 926.24	64 375.89
手续费及佣金支出	13.3	264.51
投资收益	3 906.82	1 747.05
公允价值变动收益	0	0
汇兑收益	-0.76	-92.89
其他业务收入	77.78	593.16
二、营业支出	25 724.37	17 260.34
营业税金及附加	5 099.76	4 009.29
业务及管理费	19 654.92	13 317.19
资产减值损失	969.69	-66.14
其他业务成本	0	0
三、营业利润	66 765.39	55 555.84
加:营业外收入	448.68	1 269.60
减:营业外支出	361.02	4.17
四、利润总额	66 853.05	56 821.27
减:所得税费用	17 653.77	14 250.34
五、净利润	49 199.28	42 570.93
归属于母公司所有者的净利润	50 644.52	42 570.93
少数股东损益	-1 445.24	—
六、其他综合收益	1 382.36	—747.34
七、综合收益总额	50 581.64	41 823.59
归属于母公司所有者的综合收益总额	52 026.88	41 823.59
归属于少数股东的综合收益总额	-1 445.24	—

单位负责人:陈书堂　　财务负责人:刘卫东　　会计人员:张平丽

合并利润分配表

2012 年度

编制单位:英大国际信托有限责任公司　　单位:万元

项　目	2012 年度	2011 年度
一、净利润(亏损以"-"号表示)	50 644.53	42 570.93
加:年初未分配利润	69 633.11	33 912.16
其他调整因素		
二、当年可供分配利润	120 277.64	76 483.09
减:提取法定盈余公积	5 202.38	4 256.73
提取一般准备	5 796.21	2 593.25
三、可供投资者分配利润	109 279.05	69 633.11
应付投资者利润	5 000.00	
四、未分配利润	104 279.05	69 633.11

单位负责人:陈书堂　　财务负责人:刘卫东　　会计人员:张平丽

利润表

2012 年度

编制单位:英大国际信托有限责任公司　　单位:万元

项目	2012 年度	2011 年度
一、营业收入	91 923.07	72 781.54
利息净收入	8 287.29	6 454.06
利息收入	8 287.29	6 543.37
利息支出		89.31
手续费及佣金净收入	79 735.61	64 111.45
手续费及佣金收入	79 748.71	64 375.89
手续费及佣金支出	13.10	264.44
投资收益	3 865.24	1 715.76
公允价值变动收益		
汇兑收益	-0.76	-92.89
其他业务收入	35.69	593.16
二、营业支出	21 892.93	17 233.33
营业税金及附加	5 082.11	4 005.58
业务及管理费	15 841.14	13 293.89
资产减值损失	969.69	-66.14
其他业务成本		
三、营业利润	70 030.14	55 548.21
加:营业外收入	0.03	1 269.60
减:营业外支出	360.89	3.85
四、利润总额	69 669.28	56 813.96
减:所得税费用	17 645.49	14 246.65
五、净利润	52 023.79	42 567.31
六、其他综合收益	1 382.36	-747.34
七、综合收益总额	53 406.15	41 819.98

单位负责人:陈书堂　　财务负责人:刘卫东　　会计人员:张平丽

利润分配表

2012 年度

编制单位:英大国际信托有限责任公司　　单位:万元

项　目	2012 年度	2011 年度
一、净利润(亏损以"-"号表示)	52 023.79	42 567.31
加:年初未分配利润	69 128.32	33 410.99
其他调整因素		
二、当年可供分配利润	121 152.11	75 978.30
减:提取法定盈余公积	5 202.38	4 256.73
提取一般风险准备	5 796.21	2 593.25
三、可供投资者分配利润	110 153.52	69 128.32
应付投资者利润	5 000.00	
四、未分配利润	105 153.53	69 128.32

单位负责人:陈书堂　　财务负责人:刘卫东　　会计人员:张平丽

5.1.4 所有者权益变动表

合并所有者权益变动表

编制单位:英大国际信托有限责任公司　　2010 年　　单位:万元

项　目	本年金额						
	归属于母公司所有者权益					少数股东权益	所有者权益(或股东权益)合计
	实收资本(或股本)	资本公积	盈余公积	一般风险准备	未分配利润		
一、上年末余额	150 000.00	−1 208.57	12 592.46	7 237.07	69 633.11		238 254.08
加:会计政策变更							
前期差错更正							
二、本年初余额	150 000.00	−1 208.57	12 592.46	7 237.07	69 633.11	—	238 254.08
三、本年增减变动金额(减少以“−”号填列)	32 175.45	19 206.92	5 202.38	5 796.21	34 645.94	4 674.75	101 701.64
(一)净利润					50 644.52	−1 445.25	49 199.28
(二)其他综合收益		1 382.36					1 382.36
综合收益小计		1 382.36			50 644.52	−1 445.25	50 581.64
(三)所有者投入和减少资本	32 175.45	17 824.55				6 120.00	56 120.00
1. 所有者投入资本	32 175.45	17 824.55				6 120.00	56 120.00
2. 股份支付计入所有者权益金额							
3. 其他							
(四)专项储备提取和使用							
1. 提取专项储备							
2. 使用专项储备							
(五)利润分配			5 202.38	5 796.21	−15 998.59		−5 000.00
1. 提取盈余公积			5 202.38		−5 202.38		
其中:法定盈余公积			5 202.38		−5 202.38		
任意盈余公积							
储备基金							
企业发展基金							
利润归还投资							
2. 提取一般风险准备				5 796.21	−5 796.21		
3. 所有者(或股东)的分配					−5 000.00		−5 000.00
4. 其他							
(六)所有者权益内部结转							
1. 资本公积转增资本							
2. 盈余公积转增资本							
3. 盈余公积弥补亏损							
4. 其他							
四、本年末余额	182 175.45	17 998.35	17 794.84	13 033.28	104 279.05	4 674.75	339 955.72

项　目	上年金额						
	归属于母公司所有者权益					少数股东权益	所有者权益(或股东权益)合计
	实收资本(或股本)	资本公积	盈余公积	一般风险准备	未分配利润		
一、上年末余额	150 000.00	−461.23	8 335.73	4 643.82	33 912.14		196 430.47
加:会计政策变更							
前期差错更正							
二、本年初余额	150 000.00	−461.23	8 335.73	4 643.82	33 912.14		196 430.47
三、本年增减变动金额(减少以“−”号填列)		−747.34	4 256.73	2 593.25	35 720.97		41 823.61
(一)净利润					42 570.95		42 570.95
(二)其他综合收益		−747.34					−747.34
综合收益小计		−747.34			42 570.95		41 823.61
(三)所有者投入和减少资本							

续表

项目	上年金额						
	归属于母公司所有者权益					少数股东权益	所有者权益(或股东权益)合计
	实收资本(或股本)	资本公积	盈余公积	一般风险准备	未分配利润		
1. 所有者投入资本							
2. 股份支付计入所有者权益金额							
3. 其他							
(四)专项储备提取和使用							
1. 提取专项储备							
2. 使用专项储备							
(五)利润分配			4 256. 73	2 593. 25	−6 849. 98		
1. 提取盈余公积			4 256. 73		−4 256. 73		
其中:法定盈余公积			4 256. 73		−4 256. 73		
任意盈余公积							
储备基金							
企业发展基金							
利润归还投资							
2. 提取一般风险准备				2 593. 25	−2 593. 25		
3. 所有者(或股东)的分配							
4. 其他							
(六)所有者权益内部结转							
1. 资本公积转增资本							
2. 盈余公积转增资本							
3. 盈余公积弥补亏损							
4. 其他							
四、本年末余额	150 000. 00	−1 208. 57	12 592. 46	7 237. 07	69 633. 11		238 254. 08

单位负责人:陈书堂　　财务负责人:刘卫东　　会计人员:张平丽

所有者权益变动表

编制单位:英大国际信托有限责任公司　　2012 年度　　单位:万元

项目	本年金额						
	归属于母公司所有者权益					少数股东权益	所有者权益(或股东权益)合计
	实收资本(或股本)	资本公积	盈余公积	一般风险准备	未分配利润		
一、上年末余额	150 000. 00	−1 213. 25	12 592. 46	7 237. 07	69 128. 32		237 744. 60
加:会计政策变更							
前期差错更正							
二、本年初余额	150 000. 00	−1 213. 25	12 592. 46	7 237. 07	69 128. 32		237 744. 60
三、本年增减变动金额(减少以"−"号填列)	32 175. 45	19 206. 92	5 202. 38	5 796. 21	36 025. 21		98 406. 15
(一)净利润					52 023. 79		52 023. 79
(二)其他综合收益		1 382. 36			—		1 382. 36
综合收益小计		1 382. 36			52 023. 79		53 406. 15
(三)所有者投入和减少资本	32 175. 45	17 824. 55					50 000. 00
1. 所有者投入资本	32 175. 45	17 824. 55					
2. 股份支付计入所有者权益金额							
3. 其他							
(四)专项储备提取和使用							
1. 提取专项储备							
2. 使用专项储备							
(五)利润分配			5 202. 38	5 796. 21	−15 998. 59		−5 000. 00
1. 提取盈余公积			5 202. 38		−5 202. 38		

续表

项　　目	本年金额						
	归属于母公司所有者权益					少数股东权益	所有者权益（或股东权益）合计
	实收资本（或股本）	资本公积	盈余公积	一般风险准备	未分配利润		
其中：法定盈余公积			5 202.38		−5 202.38		
任意盈余公积							
储备基金							
企业发展基金							
利润归还投资							
2. 提取一般风险准备				5 796.21	−5 796.21		
3. 所有者（或股东）的分配					−5 000.00		−5 000.00
4. 其他							
（六）所有者权益内部结转							
1. 资本公积转增资本							
2. 盈余公积转增资本							
3. 盈余公积弥补亏损							
4. 其他							
四、本年末余额	182 175.45	17 993.66	17 794.84	13 033.28	105 153.53		336 150.76

项　　目	上年金额						
	归属于母公司所有者权益					少数股东权益	所有者权益（或股东权益）合计
	实收资本（或股本）	资本公积	盈余公积	一般风险准备	未分配利润		
一、上年末余额	150 000.00	−465.92	8 335.73	4 643.82	33 410.99		195 924.63
加：会计政策变更							
前期差错更正							
二、本年初余额	150 000.00	−465.92	8 335.73	4 643.82	33 410.99		195 924.63
三、本年增减变动金额（减少以"－"号填列）		−747.34	4 256.73	2 593.25	35 717.33		41 819.98
（一）净利润					42 567.31		42 567.31
（二）其他综合收益		−747.34					−747.34
综合收益小计		−747.34			42 567.31		41 819.98
（三）所有者投入和减少资本							
1. 所有者投入资本							
2. 股份支付计入所有者权益金额							
3. 其他							
（四）专项储备提取和使用							
1. 提取专项储备							
2. 使用专项储备							
（五）利润分配			4 256.73	2 593.25	−6 849.98		
1. 提取盈余公积			4 256.73		−4 256.73		
其中：法定盈余公积			4 256.73		−4 256.73		
任意盈余公积							
储备基金							
企业发展基金							
利润归还投资							
2. 提取一般风险准备				2 593.25	−2 593.25		
3. 所有者（或股东）的分配							
4. 其他							
（六）所有者权益内部结转							
1. 资本公积转增资本							
2. 盈余公积转增资本							
3. 盈余公积弥补亏损							
4. 其他							
四、本年末余额	150 000.00	−1 213.25	12 592.46	7 237.07	69 128.32		237 744.60

单位负责人：陈书堂　　　　财务负责人：刘卫东　　　　会计人员：张平丽

5.2 信托资产

5.2.1 信托项目资产负债汇总表

信托项目资产负债表

编制单位:英大国际信托有限责任公司　　2012 年 12 月 31 日　　单位:万元

信托资产	行次	期初数	期末数	信托负债和信托权益	行次	期初数	期末数
信托资产:	1			信托负债:	20		
货币资金	2	18 766.94	5 125.80	交易性金融负债	21		
其他货币资金	3			衍生金融负债	22		
存出保证金	4			应付受托人报酬	23	6.33	26.67
交易性金融资产	5			应付托管费	24	14.30	—
衍生金融资产	6			应付受益人收益	25	—	—
买入返售金融资产	7			应交税费	26	13 508.34	—
应收款项	8			应付销售服务费	27	—	—
发放贷款	9	16 559 798.95	16 380 148.25	其他应付款项	28	40.97	15.20
可供出售金融资产	10			其他负债	29		
持有至到期投资	11	1 108 980.23	1 077 258.70	信托负债合计	30	13 669.95	41.87
长期应收款	12	1 052 347.43	2 424 108.75				
长期股权投资	13	381 818.99	341 818.99	信托权益:	32		
投资性房地产	14			实收信托	33	19 102 945.61	20 223 334.70
固定资产	15			资本公积	34	—	—
无形资产	16			外币报表折算差额	35	—	—
长期待摊费用	17			未分配利润	36	5 096.99	5 083.93
其他资产	18			信托权益合计	37	19 108 042.59	20 228 418.64
信托资产总计	19	19 121 712.55	20 228 460.50	信托负债及信托权益总计	38	19 121 712.55	20 228 460.50

会计主管:冯　书　　复核:潘嘉玲　　制表:李　欣

5.2.2 信托项目利润及利润分配汇总表

信托项目利润及利润分配汇总表

编制单位:英大国际信托有限责任公司　　单位:万元

项 目	行次	2012 年	2011 年
一、营业收入	1	1 236 924.51	886 071.06
利息收入	2	1 125 713.92	818 843.22
投资收益	3	79 046.96	46 946.29
公允价值变动损益	4	—	
租赁收入	5	32 000.74	19 190.81
汇兑损益	6	—	
其他收入	7	162.90	1 090.74
二、支出	8	133 785.32	103 573.55
营业税金及附加	9	55 907.71	45 546.47
受托人报酬	10	76 748.43	56 946.72
保管费	11	—	
投资管理费	12	—	
销售服务费	13	—	
交易费用	14	—	
资产减值损失	15	—	
其他费用	16	1 129.19	1 080.36
三、信托净利润	17	1 103 139.19	782 497.51
四、其他综合收益	18	—	
五、综合收益	19	1 103 139.19	782 497.51
加:期初未分配信托利润	20	5 096.99	22 369.62
六、可供分配的信托利润	21	1 108 236.17	804 867.13
减:本期已分配信托利润	22	1 103 152.24	799 770.14
七、期末未分配信托利润	23	5 083.93	5 096.99

6. 会计报表附注

6.1 会计报表编制基准不符合会计核算基本前提的说明

6.1.1 公司无会计报表编制基准不符合会计核算基本前提的情况

6.1.2 合并会计报表情况

2012 年,合并财务报表的编制范围为公司及所属子公司山东英大投资顾问有限责任公司和英大基金管理有限公司。其中,英大基金管理有限公司为 2012 年新增子公司。

本年纳入合并报表范围的子企业基本情况

序号	企业名称	持股比例(%)	享有表决权比例(%)	注册资本(万元)	实际投资额(万元)	业务性质	注册地
1	山东英大投资顾问有限责任公司	100	100	560	560	证券投资咨询业务服务和企业管理咨询服务	济南
2	英大基金管理有限公司	49	49	12 000	5 880	基金募集、基金销售、资产管理	北京

6.1.3 无拥有表决权超过半数但未纳入合并范围的被投资单位

6.2 重要会计政策和会计估计说明

6.2.1 计提资产减值准备的范围和方法

本公司采用备抵法核算资产损失，根据中国银行业监督管理委员会银监发〔2004〕4号《关于非银行金融机构全面推行资产质量五级分类管理的通知》和《非银行金融机构资产风险分类指导原则(试行)》以及《企业会计准则》对资产分类的要求，按照承担风险和损失程度进行五级分类，并按财政部财金〔2012〕20号《金融企业准备金计提管理办法》的要求计提资产减值准备。

6.2.2 金融资产核算方法

按照投资目的和经济实质将本公司拥有的金融资产划分为四类：(1)以公允价值计量且其变动计入当期损益的金融资产；(2)持有至到期投资；(3)贷款和应收款项；(4)可供出售金融资产。

本公司初始确认金融资产，按照公允价值计量。对于以公允价值计量且其变动计入当期损益的金融资产，相关交易费用直接计入当期损益；对于其他类别的金融资产，相关交易费用计入初始确认金额。

本公司对金融资产的后续计量主要方法：

(1)以公允价值计量且其变动计入当期损益的金融资产，按照公允价值进行后续计量，公允价值变动计入当期损益。

(2)持有至到期投资和应收款项，采用实际利率法，按摊余成本计量。

(3)可供出售金融资产按照公允价值进行后续计量，公允价值变动形成的利得或损失，除减值损失和外币货币性金融资产形成的汇兑损益外，直接计入所有者权益，在该金融资产终止确认时转出，计入当期损益。

(4)在活跃市场中没有报价且其公允价值不能可靠计量的权益工具投资，以及与该权益工具挂钩并须通过交付该权益工具结算的衍生金融资产，按照成本计量。

6.2.3 长期股权投资核算方法

长期股权投资在取得时以初始投资成本计价。长期股权投资凡对被投资单位具有共同控制或重大影响的，采用权益法核算；反之，则采用成本法核算。

6.2.4 固定资产计价和折旧方法

(1)固定资产范围：本公司固定资产指为生产商品、提供劳务、出租或经营管理而持有的、使用寿命超过一个会计年度的有形资产。

(2)固定资产计价：按取得时的实际成本入账。

(3)固定资产折旧方法：固定资产折旧采年限平均法。在不考虑减值准备的情况下。

固定资产类别	折旧年限(年)	预计净残值率(%)	年折旧率(%)	折旧方法
房屋、建筑物	20	5	4.75	平均年限法
运输工具	6	5	15.83	平均年限法
电子设备	5~7	5	13.57~19.00	平均年限法
其他设备	7	5	13.57	平均年限法

考虑减值准备的情况下，按单项固定资产扣除减值准备后的账面净额和剩余折旧年限，分项确定并计提各期折旧。

6.2.5 无形资产计价及摊销政策

无形资产按照成本进行初始计量。无形资产按照其能为本公司带来经济利益的期限确定使用寿命，无法预见其为本公司带来经济利益期限的作为使用寿命不确定的无形资产。使用寿命有限的无形资产，其应摊销金额在使用寿命内系统合理摊销。无形资产的应摊销金额为其成本扣除预计残值后的金额。已计提减值准备的无形资产，还应扣除已计提的无形资产减值准备累计金额。无形资产的摊销金额计入当期损益。本公司每年年度终了对使用寿命有限的无形资产的使用寿命及摊销方法进行复核，必要时进行调整。

6.2.6 长期待摊费用的摊销政策

长期待摊费用是指公司已经发生但应由本期和以后各期分摊的分摊期限在一年以上(不含一年)的各项费用。包括以经营租赁方式租入的固定资产改良支出等，长期待摊费用按实际支出入账，在项目受益期内平均摊销。

6.2.7 合并会计报表的编制方法

母公司在报告期内因同一控制下企业合并增加的子公司，编制合并资产负债表时，调整合并资产负债表的期初数。因非同一控制下企业合并增加的子公司，编制合并资产负债表时，不调整合并资产负债表的期初数。母公司在报告期内处置子公司，编制合并资产负债表时，不调整合并资产负债表的期初数。母公司在报告期内因同一控制下企业合并增加的子公司，将该子公司合并当期期初至报告期末的收入、费用、利润纳入合并利润表。因非同一控制下企业合并增加的子公司，将该子公司购买日至报告期末的收入、费用、利润纳入合并利润表。母公司在报告期内处置子公司，将该子公司期初至处置日的收入、费用、利润纳入合并利润表。母公司在报告期内因同一控制下企业合并增加的子公司，将该子公司合并当期期初至报告期末的现金流量纳入合并现金流量表。因非同一控制下企业合并增加的子公司，将该子公司购买日至报告期末的现金流量纳入合并现金流量表。母公司在报告期内处置子公司，将该子公司期初至处置日的现金流量纳入合并现金流量表。

6.2.8 收入确认原则和方法

本公司的收入主要包括利息收入、金融企业往来收入、手续费佣金收入、其他收入等。收入在满足以下条件时予以确认：与交易相关的经济利益很可能流入企业，并且该收入的金额能够可靠地计量时，确认收入的实现。

6.2.9 所得税的会计处理方法

本公司所得税的会计核算采用资产负债表债务法。本公司所得税分季度预缴，由主管税务机关具体核定。

6.2.10 信托报酬确认原则和方法

在与信托业务相关的经济利益能够流入公司，收入金额能够可靠计量的情况下，按信托文件约定的时间和方法确认。

6.2.11 会计政策、会计估计变更及重大前期差错更正的说明

6.2.11.1 本公司2012年度无应披露的会计政策变更事项。

6.2.11.2 会计估计变更

(1)本公司本年度根据财政部财金〔2012〕20号文《金融

企业准备金计提管理办法》规定，调整金融企业一般准备金（报表中列示为所有者权益项下的“一般风险准备”）计提比例：

风险资产分类	计提资产减值准备比例（%）	变更前一般准备金计提比例（%）	变更后一般准备金计提方法	
			标准潜在风险估值	计提一般准备金
正常类	0	1	1.5	潜在风险估值——资产减值准备
关注类	2	1	3	
次级类	25	1	30	
可疑类	60	1	60	
损失类	100	1	100	

2012年度因改变一般准备金的计提比例影响本年“一般风险准备”增加1 912.08万元、“未分配利润”减少1 912.08万元。

6.2.11.3　本公司2012年度无应披露的重大前期差错更正事项。

6.3　或有事项

无。

6.4　重要资产转让及其出售的说明

无。

6.5　会计报表中重要项目的明细资料

6.5.1　自营资产经营情况

6.5.1.1　资产风险分类

信用风险资产五级分类	正常类（万元）	关注类（万元）	次级类（万元）	可疑类（万元）	损失类（万元）	信用风险资产合计（万元）	不良资产合计（万元）	不良资产率（%）
期初数	246 766.93	0	7.5	2 572.39	23.92	249 370.74	2 603.81	1.04
期末数	360 703.12	0	7.5	2 572.39	23.92	363 306.95	2 603.81	0.72

6.5.1.2　资产损失准备

单位：万元

项目	期初数	本期计提	本期转回	本期核销	期末数
贷款损失准备	1 682.56	186.76	36.76		1 832.56
一般准备	1 150.68	150.00			1 300.68
专项准备	531.88	36.76	36.76		531.88
其他资产减值准备					
可供出售金融资产减值准备					
持有至到期投资减值准备					
长期股权投资减值准备	756.20				756.20
坏账准备	23.92				23.92
投资性房地产减值准备					

6.5.1.3　投资

单位：万元

项目	自营股票	基金	债券	长期股权投资	其他投资	合计
期初数	7 311.01		18500.00	30 886.81	30 361.55	87 059.37
期末数	215.38		18 500.00	35 286.81	61 137.96	115 140.15

6.5.1.4　前五名自营长期股权投资情况

企业名称	占被投资企业权益的比例（%）	主要经营活动	投资收益（万元）
1. 英大期货有限公司	32.86	期货经纪	
2. 英大证券有限责任公司	3.78	证券经纪	
3. 山东阳谷电缆股份有限公司	11.32	制造业	
4. 山东英大保险经纪有限公司	12	保险经纪	77.32
5. 山东玉泉集团股份有限公司	1.08	制造业	

注：投资损益是指按照企业会计准则规定，核算股权投资确认损益并计入披露年度利润表的金额。

6.5.1.5　前五名自营贷款情况

企业名称	占贷款总额的比例（%）	还款情况
山东高速投资控股有限公司	25.37	正常
济南钢铁股份有限公司	15.38	正常
国电华北电力有限公司	11.53	正常
内蒙古华电辉腾锡勒风力发电有限公司	11.53	正常
华电置业有限公司	7.69	正常

6.5.1.6　表外业务的期初数、期末数；按照代理业务、担保业务和其他类型表外业务分别披露

无。

6.5.1.7　公司当年的收入结构（母公司、并表）

项　目	母公司		并表	
收入结构	金额（万元）	占比（%）	金额（万元）	占比（%）
手续费及佣金收入	79 748.71	86.74	79 926.24	85.99
其中：信托手续费收入	79 448.71	86.42	79 448.71	85.47
投资银行业务收入	300	0.33	477.53	0.51
利息收入	8 287.29	9.01	8 592.98	9.24
其他业务收入	35.69	0.04	77.78	0.08
其中：计入信托业务收入部分				
投资收益	3 865.24	4.20	3 906.82	4.20
其中：股权投资收益	77.32	0.08	77.32	0.08
证券投资收益	1 014.47	1.10	1 014.47	1.09
其他投资收益	2 773.45	3.02	2 815.01	3.03
公允价值变动收益				
营业外收入	0.03	0.00	448.68	0.48
收入合计	91 936.96	100.00	92 952.50	100.00

注：手续费及佣金收入、利息收入、其他业务收入、投资收益、营业外收入均应为损益表中的科目，其中手续费及佣金收入、利息收入、营业外收入为未抵减掉相应支出的全年累计实现收入数。报告期内公司无超过总收入的5%的“其他业务收入”和“营业外收入”。

6.5.2　信托资产管理情况

6.5.2.1　信托资产的期初数、期末数

单位：万元

信托资产	期初数	期末数
集合	434 866.01	505 372.28
单一	17 370 611.30	17 142 467.15
财产权	1 316 235.24	2 580 621.07
合计	19 121 712.55	20 228 460.50

6.5.2.1.1　主动管理型信托业务的信托资产期初数、期末数，分证券投资、股权投资、融资、事务管理类分别披露

单位：万元

主动管理型信托资产	期初数	期末数
证券投资类	0.00	0.00
股权投资类	24 107.00	50 000.00
融资类	372 708.60	489 692.54
事务管理类	0.00	0.00
合计	1 198 841.34	1 464 776.94

注：1. "合计行"要求填主动管理型信托项目的总额，它包含所有运用方式的主动型产品，"证券投资类"、"股权投资类"、"融资类"、"事务管理类"是主动管理型中重点的几个类别，包含在"合计"中，但是与"合计"行没有勾稽关系，合计应大于或等于这四类之和。

2. 按照实收信托分类。

3. 期末数中，合计项除了表格中的四类外主要包括融资租赁、权益投资等投资类业务。

6.5.2.1.2　被动管理型信托业务期初数、期末数，分证券投资、股权投资、融资、事务管理类分别披露

单位：万元

被动管理型信托资产	期初数	期末数
证券投资类	0.00	0.00
股权投资类	381 818.99	291 818.99
融资类	12 965 637.35	5 428 663.55
事务管理类	4 834 647.92	13 171 075.22
合计	17 904 104.27	18 758 557.76

注：1. 合计数与主动管理型部分同理。

2. 按照实收信托分类。

6.5.2.2　本年度已清算结束的信托项目个数、实收信托合计金额、加权平均实际年化收益率

6.5.2.2.1　本年度已清算结束的集合类、单一类资金信托项目和财产管理类信托项目个数、实收信托金额、加权平均实际年化收益率

已清算结束信托项目	项目个数	实收信托合计金额（万元）	加权平均实际年化收益率（%）
集合类	4	55 495.00	8.73
单一类	78	2 048 728.60	6.15
财产管理类	22	335 384.90	6.78

注：收益率是指信托项目清算后，给受益人赚取的实际收益水平。加权平均实际年化收益率＝（信托项目1的实际年化收益率×信托项目1的资产总计＋信托项目2的实际年化收益率×信托项目2的资产总计＋…信托项目n的实际年化收益率×信托项目n的资产总计）/（信托项目1的资产总计＋信托项目2的资产总计＋…信托项目n的资产总计）×100%。

6.5.2.2.2　本年度已清算结束的主动管理型信托项目个数、实收信托合计金额、加权平均实际年化收益率

已清算结束信托项目	项目个数	实收信托合计金额（万元）	加权平均实际年化信托报酬率（%）	加权平均实际年化收益率（%）
证券投资类	0	0.00	0.00	0.00
股权投资类	0	0.00	0.00	0.00
融资类	10	266 475.60	0.91	7.13
事务管理类	0	0.00	0.00	0.00

注：加权平均实际年化信托报酬率＝（信托项目1的实际年化信托报酬率×信托项目1的资产总计＋信托项目2的实际年化信托报酬率×信托项目2的资产总计＋…信托项目n的实际年化信托报酬率×信托项目n的资产总计）/（信托项目1的资产总计＋信托项目2的资产总计＋…信托项目n的资产总计）×100%。

6.5.2.2.3　本年度已清算结束的被动管理型信托项目个数、实收信托合计金额、加权平均实际年化收益率

已清算结束信托项目	项目个数	实收信托合计金额（万元）	加权平均实际年化信托报酬率（%）	加权平均实际年化收益率（%）
证券投资类	0	0.00	0.00	0.00
股权投资类	1	80 000.00	0.15	5.24
融资类	67	1 542 648.00	0.24	5.91
事务管理类	27	630 484.90	0.25	6.88

6.5.2.3　本年度新增的集合类、单一类和财产管理类信托项目个数、实收信托合计金额

新增信托项目	项目个数	实收信托合计金额（万元）
集合类	9	117 319.00
单一类	51	1 143 754.75
财产管理类	40	1 420 040.42
新增合计	100	2 681 114.17
其中：主动管理型	31	704 529.75
被动管理型	69	1 976 584.42

注：本年新增信托项目指在本报告年度内累计新增信托项目个数和金额，包含本年度新增并于本年度内结束的项目和本年度新增至报告期末仍在持续管理的信托项目。

6.5.2.4　信托业务创新成果和特色业务有关情况

无。

6.5.2.5　本公司履行受托人义务情况及因本公司自身责任而导致的信托资产损失情况（合计金额、原因等）

公司对受托管理的全部信托财产均认真履行了尽职管理义务。报告期内，未发生因本公司自身责任而导致信托资产损失的情况。

6.6　关联方关系及其交易

6.6.1　关联交易方的数量、关联交易的总金额及关联交易的定价政策

	关联交易数量	关联交易金额（万元）	定价政策
合计	31	15 847 416.96	市场公允

注：关联交易定义以《公司法》和《企业会计准则第36号——关联方披露》有关规定为准。

6.6.2　关联交易方与本公司的关系性质、关联交易方的名称、法定代表人、注册地址、注册资本及主营业务

关联性质	关联方名称	法人代表	注册地址	注册资本（亿元）	主营业务
股东单位及受同一单位控制	国家电网公司及下属企业	刘振亚	北京	2 000	电力

6.6.3　逐笔披露本公司与关联方的重大交易事项

6.6.3.1　固有财产与关联方：贷款、投资、租赁、应收账款担保、其他方式等期初汇总数、本期借方和贷方发生额汇总数、期末汇总数

无。

6.6.3.2　信托与关联方：贷款、投资、租赁、应收账款、担

保、其他方式等期初汇总数、本期发生额汇总数、期末汇总数

信托与关联方关联交易

单位：万元

	期初数	借方发生额（清算）	贷方发生额（新增）	期末数
贷款	15 241 376.00	13 437 100.00	13 659 069.00	15 463 345.00
投资	0.00	0.00	50 000.00	50 000.00
租赁	344 338.74	123 377.53	113 110.75	334 071.96
担保	0.00	0.00	0.00	0.00
应收账款	0.00	0.00	0.00	0.00
其他	0.00	0.00	0.00	0.00
合计	15 585 714.74	13 560 477.53	13 822 179.75	15 847 416.96

6.6.3.3 信托公司自有资金运用于自己管理的信托项目（固信交易）、信托公司管理的信托项目之间的相互（信信交易）交易金额，包括余额和本报告年度的发生额

无。

6.6.4 报告期内公司无关联方逾期未偿还本公司资金的情况及本公司为关联方担保发生或即将发生垫款的情况

6.7 会计制度的披露

公司固有业务、信托业务均执行财政部2006年颁布的《企业会计准则》。

7. 财务情况说明书

7.1 利润实现和分配情况

2012年公司实现利润总额为69 669.28万元，净利润为52 023.79万元，提取盈余公积为5 202.38万元，提取一般风险准备为5 796.21万元，未分配利润余额为105 153.53万元。

2012年合并公司实现利润总额为66 853.05万元，净利润50 644.52万元，提取盈余公积5 202.38万元，提取一般风险准备5 796.21万元，未分配利润余额为104 279.05万元。

7.2 主要财务指标

指标名称	母公司指标值	并表指标值
资本利润率（%）	18.13	17.02
加权年化信托报酬率（%）	0.31	0.31
人均净利润（万元）	437.17	406.61

注：1. 资本利润率＝净利润/所有者权益平均余额×100%。

2. 加权年化信托报酬率＝（信托项目1的实际年化信托报酬率×信托项目1的资产总计＋信托项目2的实际年化信托报酬率×信托项目2的资产总计＋…信托项目n的实际年化信托报酬率×信托项目n的资产总计）/（信托项目1的资产总计＋信托项目2的资产总计＋…信托项目n的资产总计）×100%。

该指标是要反映公司实际的信托报酬水平，因此只能计算在报告年度真正清算结束了的项目。

3. 人均净利润＝净利润/年平均人数。

4. 平均值采取年初、年末余额简单平均法，公式为：a（平均）＝（年初数＋年末数）/2。

7.3 本报告期内未发生对本公司财务状况、经营成果有重大影响的其他事项

8. 特别事项揭示

8.1 本年度前五名股东无变动

8.2 董事、监事及高级管理人员变动情况及原因

（1）本年度董事会成员变动情况说明：公司八届董事会任职到期，公司于2012年4月25日召开2012年第一次临时股东会会议，完成董事会换届选举，其中盖永光、张彤宇、张守合连任九届董事会董事，马晓燕、曾宪泽新当选为九届董事会董事，马林、梁哲、刘海宇新当选为九届董事会独立董事，陈书堂被推选为九届董事会职工董事。

（2）本年度监事会成员变动情况说明：公司八届监事会任职到期，公司于2012年4月25日召开2012年第一次临时股东会会议，完成监事会换届选举，丁勇、金嘉民当选九届监事会监事，翟红卫被推选为九届监事会职工监事。

（3）本年度高级管理人员变动情况说明：根据工作需要，经总经理提议免去孙志国的副总经理职务。

8.3 变更注册资本、变更注册地或公司名称、公司分立合并事项

（1）2012年11月27日，英大国际信托有限责任公司以通讯方式召开了2012年第四次临时股东会，公司全体股东参加了此次会议。会议审议通过了《关于公司拟实施增资的议案》和《关于修改公司章程的议案》。12月21日中国银监会已正式批准公司增加注册资本并修改章程的申请，公司注册资本由15亿元增加至18.2175446273亿元。

8.4 本报告年度公司无重大诉讼事项

8.5 本年度公司及其董事、监事和高级管理人员未存在受到处罚的情况

8.6 本年度公司无银监会及其省级派出机构认定的其他有必要让客户及相关利益人了解的重要信息

8.7 本年度重大事项临时报告的简要内容、披露时间、所披露的媒体及其版面

（1）公司2011年年度报告摘要刊发在2012年4月18日《金融时报》第7版。

（2）公司增加注册资本的公告刊发在2012年12月28日《金融时报》第7版。

8.8 本年度公司无银监会及其省级派出机构认定的其他有必要让客户及相关利益人了解的重要信息

云南国际信托有限公司

1. 重要提示

1.1 本公司董事会及董事保证本报告所载资料不存在任何虚假记载、误导性陈述或者重大遗漏,并对其内容的真实性、准确性和完整性承担个别及连带责任。本年度报告摘要摘自年度报告全文,客户及相关利益人欲了解详细内容,应阅读年度报告全文。

1.2 独立董事意见

本公司独立董事梁旻松、曹红辉对本报告内容的真实性、准确性和完整性表示认可。

1.3 本公司负责人董事长刘刚、总裁、主管会计工作负责人田泽望、主管信托会计工作负责人舒广及会计机构负责人杨春和、李峥保证:本年度报告中的财务报告真实、完整。

2. 公司概况

2.1 公司简介

2.1.1 公司历史沿革

云南国际信托有限公司(下称云南信托),是2003年经中国人民银行"银复〔2003〕33号"文批准,由原云南省国际信托投资公司增资改制后重新登记的非银行金融机构。公司注册资本为4亿元人民币。2007年,根据《信托公司管理办法》的有关规定,公司经中国银行业监督管理委员会"银监复〔2007〕315号"文批准同意,换领中华人民共和国金融许可证。

2.1.2 公司法定名称

中文名称:云南国际信托有限公司

中文缩写:云南信托

英文名称:Yunnan International Trust Co.,Ltd.

英文缩写:YNTRUST

2.1.3 公司法定代表人:刘刚

2.1.4 公司注册地址:云南省昆明市南屏街4号云南信托大厦

邮政编码:650021

公司国际互联网网址:http://www.yntrust.com

电子信箱:ynxt@yntrust.com

2.1.5 公司信息披露事务负责人:舒广

联系人:秦少敏

联系电话:0871-63173981

传真:0871-63155739

电子信箱:ynxt@yntrust.com

2.1.6 公司选定的信息披露报纸名称:《金融时报》

2.1.7 公司年度报告备置地点:云南省昆明市南屏街4号A座33层

2.1.8 公司聘请的会计师事务所:中审亚太会计师事务所有限公司

住所:昆明市白塔路131号汇都国际C座6层

2.1.9 公司聘请的律师事务所:云南八谦律师事务所

住所:云南省昆明市十里长街德瀛华福综合楼

2.2 组织结构

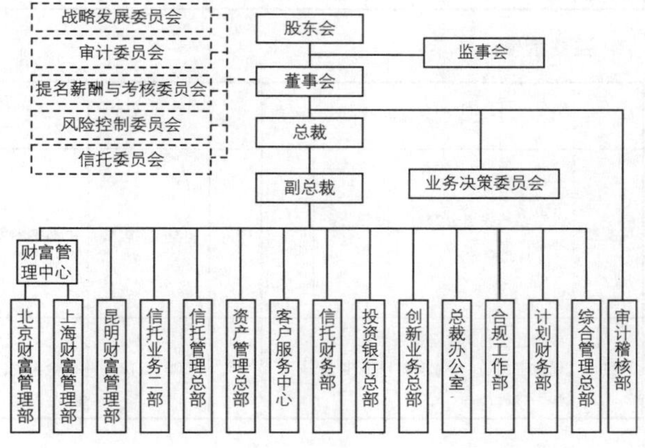

3. 公司治理结构

3.1 股东

公司前三位股东的股东情况如下:

股东名称	持股比例(%)	法人代表	注册资本(亿元)	注册地址	主要经营业务及主要财务情况
云南省财政厅	25%	陈秋生		昆明市五华山云南省政府内	
★涌金实业(集团)有限公司	24.5	谢 超	2	上海浦东新区陆家嘴环路958号1711室	主营业务:物业管理、旅游资源开发、国内贸易、室内装潢、农业产品的购销实业投资咨询等。 主要财务情况:截至2012年末,总资产102 404万元,所有者权益71 462万元。
上海纳米创业投资有限公司	23	刘 明	3	上海浦东陆家嘴环路958号华能联合大厦17楼01室	主营业务:实业投资、资产管理(非金融业务),科技项目开发及以上相关业务的咨询服务,国内贸易。 主要财务情况:截至2012年底,总资产49 347万元,所有者权益44 388万元。

本公司股东之中，涌金实业（集团）有限公司、上海纳米创业投资有限公司及北京知金科技投资有限公司之间存在关联关系。

公司前三位股东的主要股东情况：

（1）涌金实业（集团）有限公司主要股东：陈金霞 50%。

（2）上海纳米创业投资有限公司主要股东：陈金霞 75%。

3.2 董事

董事长、副董事长、董事

姓　名	职　务	性别	年龄	选任日期	所推举的股东名称	该股东持股比例（%）	简　要　履　历
刘　刚	董事长	男	47	2006 年 3 月	涌金实业（集团）有限公司	24.5	研究生学历；曾任云南国际信托投资有限公司副董事长兼常务副总经理。
谢　超	董事	男	46	2009 年 12 月	涌金实业（集团）有限公司		研究生学历；现任涌金实业（集团）有限公司执行总裁。
赵　煜	董事	男	43	2012 年 4 月	涌金实业（集团）有限公司		研究生学历；曾任职于上海浦东中软科技发展有限公司、北京顶峰贸易公司；现任涌金实业（集团）有限公司董事长助理。
孙国棋	董事	男	56	2009 年 12 月	云南省财政厅	25	研究生学历，高级经济师职称；曾任云南省财政厅党组秘书，云南省财政厅办公室副主任，云南省财政厅政策法规处副处长，云南省财政厅《云南财政与会计》编辑部主任，云南省财政厅法制处（税政处）处长；现任云南省财政厅总会计师。
邓耘波	董事	男	55	2009 年 12 月	云南省财政厅		研究生学历，注册会计师职称；曾任云南省曲靖市财政局党组书记、局长，云南省财政厅派驻红塔证券股份有限公司任党委书记、监事长；现任云南省财政厅金融处处长。
索克明	董事	男	57	2009 年 12 月	云南省财政厅		研究生学历，注册会计师、高级会计师职称；曾任云南省国资局资产评估管理处处长；现任注册会计师协会副会长兼秘书长。
刘凤春	董事	女	39	2012 年 4 月	上海纳米创业投资有限公司	23	曾任职于北京市海淀区委、北京市国联律师事务所；现任上海纳米创业投资有限公司法律部经理。
杨利华	董事	男	31	2013 年 1 月	上海纳米创业投资有限公司	23	现任涌金实业（集团）有限公司法律部经理。
徐　迅	董事	男	56	2008 年 3 月	北京知金科技投资有限公司	7.5	研究生；曾任涌金集团副总裁；现任北京知金科技投资有限公司总经理。

独立董事

姓　名	所在单位及职务	性别	年龄	选任日期	所推举的股东名称	该股东持股比例（%）	简　要　履　历
梁旻松	北京弘松投资咨询有限责任公司合伙人。	男	44	2007 年 6 月	上海纳米创业投资有限公司	23	经济学、法学博士；曾任美国纽约 Kelly Drye & Warren LIP 公司/项目融资部律师、美国贝克・麦肯斯国际律师事务所香港办公室中国业务部律师及北京博雅新港资本投资咨询有限公司首席执行官；现任北京弘松投资咨询有限责任公司合伙人。
曹红辉	中国社会科学院金融所金融市场研究室主任，支付清算研究中心秘书长。	男	46	2009 年 12 月	涌金实业（集团）有限公司	24.5	博士、研究生；现任中国社会科学院金融所金融市场研究室主任，支付清算研究中心秘书长。

3.3 监事

监事会成员

姓　名	职　务	性别	年龄	选任时间	所推举的股东名称	该股东持股比例（%）	简　要　履　历
曹　芹	监事长	女	55	2009 年 6 月	云南省财政厅	25	硕士研究生，高级经济师；历任云南省财政厅综合处副处长、人事教育处处长、党组秘书；云南省国际信投资公司副总经理、党委副书记、总经理；现任云南国际信托有限公司监事长兼党委书记。
章卫红	监事	女	36	2012 年 6 月	上海纳米创业投资有限公司	23	硕士研究生，注册会计师，注册税务师，高级国际财务管理师；现任涌金实业（集团）有限公司财务部经理。
王润稣	监事	男	36	2011 年 6 月	新疆广汇实业投资（集团）有限责任公司	10	本科学历，国际内部审计师；曾任上海医药集团审计部审计员、上海汽车股份有限公司审计部审计专员、中化国际股份有限公司审计部高级审计经理；现任涌金集团审计部经理。
李双友	监事	男	44	2009 年 6 月	云南红塔集团有限公司	2.5	本科学历，高级会计师；现任云南红塔集团有限公司副总经理、计划财务科科长。

续表

姓　名	职　务	性别	年龄	选任时间	所推举的股东名称	该股东持股比例(%)	简　要　履　历
苏　颖	职工监事	女	34	2012年6月	—	—	大专学历;现任云南国际信托有限公司北京联络处经理助理。
杨永忠	职工监事	男	44	2009年12月	—	—	大专学历;现任云南国际信托有限公司综合管理总部副总经理。
孙　澄	职工监事	女	44	2009年6月	—	—	大专学历;现任云南国际信托有限公司上海联络处财务经理。

3.4　高级管理人员

姓　名	职　务	性别	年龄	选任日期	金融从业年限	学历	专业
刘　刚	董事长	男	47	2004年3月	13年	硕士研究生	生物
曹　芹	监事长	女	55	2006年12月	15年	硕士研究生	财政学
田泽望	总裁	男	41	2012年10月	17年	双学士	管理工程
舒　广	副总裁	男	34	2013年2月	9年	硕士研究生	法律
邓国山	总裁助理	男	35	2011年12月	9年	硕士研究生	工商管理

3.5　公司员工

本报告期内,云南信托实有员工82人,平均年龄为33岁。其中,具有大专以上学历的员工75人(其中,博士研究生1人、研究生19人、本科47人、大专8人),占总人数的91.47%;其他学历的员工7人,占总人数的8.54%。

4. 经营管理

4.1　经营目标、经营方针、战略规划

4.1.1　经营目标

我们要成为一家以专业化和诚信为理念,提供国内顶级金融理财服务,并朝着国内一流目标迈进的卓越的理财机构。我们将致力于最大化的实现客户价值、员工价值、股东价值和社会价值。

4.1.2　经营方针

在金融投资和理财领域不断创新和进取,追求可控风险下的投资回报最大化。

4.1.3　战略规划

融合货币、资本、实业三大领域,充分发挥信托投融资平台优势。树立在投资理财领域的核心竞争力,打造一流金融服务品牌,为客户提供专业化的金融与资产管理服务。

4.2　公司经营业务的主要内容

(1)固有财产运营业务:包括证券一级市场投资、股权投资、债券投资、信托受益权投资、经营性租赁业务等方面。

(2)信托业务:包括证券投资类信托业务、新股申购类信托业务、股权投资类信托业务、信贷资产转让类信托业务、房地产及基础设施类信托业务等。

(3)自营资产及信托资产运用与分布情况

自营资产运用与分布表

资产运用	金额(万元)	占比(%)	资产分布	金额(万元)	占比(%)
货币资产	88 760.00	69.57	基础产业	0.00	0.00
贷款	0.00	0.00	房地产业	0.00	0.00
短期投资	694.00	0.54	证券	694.00	0.54
长期投资	0.00	0.00	实业	0.00	0.00
其他	38 138.00	29.89	其他	126 898.00	99.46
资产总计	127 592.00	100.00	资产总计	127 592.00	100.00

信托资产运用与分布表

资产运用	金额(万元)	占比(%)	资产分布	金额(万元)	占比(%)
货币资产	181 410.80	2.33	基础产业	1 274 543.00	16.34
贷款	4 611 665.00	59.11	房地产业	93 700.00	1.20
交易性金融资产	468 567.02	6.01	证券	504 787.63	6.47
长期投资	265 115.94	3.40	金融机构	880 378.00	11.28
买入返售资产	123 241.51	1.58	工商企业	3 689 331.00	47.29
其他	2 151 550.25	27.57	其他	1 358 810.89	17.42
资产总计	7 801 550.52	100.00	资产总计	7 801 550.52	100.00

4.3　市场分析

4.3.1　影响本公司业务发展的有利因素

(1)在2012年全球经济持续低迷,国际贸易增长不明显,欧债危机导致国际金融市场剧烈动荡,各类风险明显增多的大

背景下，我国经济在没有受到实质不良影响的情况下，继续朝着宏观调控预期方向发展，保持了增长的可持续性、效益的良好性、民生改善的同步性的积极态势。

（2）2012 年我国金融市场继续保持健康发展，金融市场规模和活跃度稳定增长、市场功能进一步深化，继续稳步推进了金融市场产品和交易方式创新工作，市场制度和监管体制也进一步完善。

（3）私人理财需求持续增长，在民间私人财富的不断积累下，私人财富管理模式已经是广大高端投资者理财的首选，根据建行私人银行和波士顿咨询公司联合发布的《2012 年中国财富报告》，2012 年中国个人总体持有的可投资资产规模约 73 万亿元人民币，同比增长 14%。2012 年，中国超过 1 000 万元的高净值家庭数量 95 万户，年复合增长率达到了 17%。同时，银行理财和信托资产总额在过去 3 年内年均符合增长率为 24%，其中信托资产规模的复合增长率为年均 60%。由于基金和股票的净值下滑，居民的银行理财和信托资产飞速增长。面对财富管理需求的急剧增长，信托理财工具与银行理财产品的更紧密结合，将推动高端财富管理领域的发展和壮大。

（4）国债期货的即将到来，将会给信贷市场和资本市场带来更大的流动性和灵活性。对于债权类的信托创新带来了良好的契机。同时，给信托创造了一个进一步发掘符合自身特色的金融服务模式的机会。

（5）混业经营的泛资产合作管理理念，促使信托和证券公司、保险公司、期货、基金及基金子公司深入合作，发掘可行的资产证券化和金融服务创新的新方向。

（6）监管政策继续引导信托公司由被动管理向主动管理转型，真正的实现信托公司的“受人之托，代人理财”的职能。

（7）在现在独有的信托经营的法律框架下，信托机构既可以涉足资本市场、货币市场，受托进行证券投资，又可以涉足实体经济，进行股权投资，是联系虚拟经济和实体经济的重要纽带，在中国经济建设中起着重要的金融中介和桥梁作用。

（8）云南信托企业品牌的逐步树立，有利于公司全国业务的开展。

4.3.2 影响本公司业务发展的不利因素

（1）信托登记、产品流通、信托税收等配套法律制度的不完善，对信托公司的长远发展产生了一定程度的制约。

（2）泛资产管理时代所迎来的金融混业经营的趋势客观上使信托独特地位逐渐淡化，银行、券商、基金等金融市场其他主体，不断推出类信托化的产品，导致财富管理市场竞争日趋激烈。

（3）随着利率市场化的不断发展和实施，信托行业原本的较高收益率将逐步下行；同时，国际货币市场的宽松政策将一定程度上继续向我国输入通胀，随着 CPI 的被拉高，资金成本的上升，将压缩信托公司的利润空间。

（4）由于目前的市场竞争机制尚不健全，对信托公司与其他金融机构的监管标准不统一，给信托公司的业务开展带来制约。

4.4 内部控制

4.4.1 内部控制环境和内部控制文化

公司遵循“诚信、谨慎、勤勉、高效”的原则，依法经营、科学管理，维护信托财产及股东权益为经营宗旨；秉承“诚信引领未来、专业创造价值”的企业经营理念，以“资产管理、功能信托、投资银行”为核心竞争力，致力于最大化的实现客户价值、社会价值、员工价值和股东价值，营造良好的公司治理文化和股东信用文化。

公司董事会负责督促、检查、评价公司风险管理工作，专设信托委员会、风控委员会两个专业委员会对公司重大信托项目合规及风险控制进行督导，对公司风险管理负最终责任。公司监事会通过列席公司业务决策会、可无限制参与公司业务流全过程，监督检查并督促落实公司风险管理体系的建立和实施及相关事项的整改，就涉及公司风险的重大事项向股东会汇报。充分发挥了监事会独立监督职能。

公司倡导合规经营和风险管理的理念，努力培养全体员工遵纪守法和风险防范意识，通过定期内部培训学习保证全体员工及时了解国家法律法规和公司规章制度。使合规和风险防范意识贯穿到公司各个部门、岗位和环节。

4.4.2 内部控制措施

4.4.2.1 健全有效议事决策机制

公司建立了以总裁为主任委员的公司业务决策委员会并制定具体的《业务决策委员会工作细则》。对于公司拟实施的每个项目，都必须经由公司业务决策委员会讨论通过后才能组织实施，并且主任委员对所决定的所有事项具有一票否决权。业务决策委员会通过的业务项目，若存在反对票，则应提请董事会风险控制委员会行使对该项目的最终风险审查权。从而加强对公司项目的事前风险控制。

4.4.2.2 建立内部分工明确相互监督制衡的职责构架

公司设立相对独立的内部审计稽核部门，直接对董事会负责，由其负责对公司所有业务每半年至少进行一次稽核，对公司自营业务和信托业务分离情况按季进行稽核，对终止或结束的业务在一个月内进行审计稽核，对业务开展过程中发现的问题随时进行稽核，并将稽核情况及时向董事会报告。公司的法律合规工作部独立行使职能，对公司业务开展事前、事中、事后的风险防范、控制、监督并出具独立意见。审计稽核部及法律合规工作部对重要业务及资金管理实施全程监控并保持各自独立监督、预警的报告机制。

4.4.2.3 强化行业政策贯彻与业务同步

公司严格按照中国银行业监督管理委员会规定，执行信托业务与自营业务分岗、分账独立运行，分别对自营业务和信托业务制订业务流程、操作规程和风险控制制度，保证各项业务的前中后台相对独立，建立、健全、完善内外部防火墙。

2012 年公司为大力发展信托业务，科学地细化了业务流程，制度化减少不必要的环节，从整体提高了工作效率，同时进一步完善了内控制度体系，使得简化流程的同时，制度约束力覆盖所有部门、所有业务，贯彻落实到每个具体岗位，有效提升了公司内控能力。

4.4.3 监督评价与纠正

为了确保公司快速稳定的发展，在坚持做好业务决策委员会事前控制机制的基础上，公司进一步加强对各运行项目的事中和事后管理，定期、不定期地开展各业务操作流程和风险控制措施进行自我检查和评价，做到自查、自省、自纠和自律。

4.5 风险管理

4.5.1 风险状况

4.5.1.1 信用风险状况

信用风险指公司在业务经营过程中因交易对手违约而产生的风险。针对信用风险，公司开展业务时，在审慎选择交易对手的同时，认真进行尽职调查和管理，落实交易的抵押、担保等法律保证措施来防范信用风险。本报告期内公司的信托风险暴露数、不良资产期末数为零，继续保持信托业务资产质量的良好态势。

4.5.1.2 市场风险状况

市场风险是由于市场价格或利率波动而产生的资产价值负面波动的风险，其主要包括证券市场波动、汇率及利率的变化。公司的市场风险主要来源于证券市场下跌，而汇率变动对公司影响较小，利率变动对公司有一定的影响。针对证券市场下跌，公司通过严格限定固有业务证券投资规模（含一级市场网下新股申购）、控制持仓比例、对信托证券投资项目实施逐日盯市、每日报告提示、实时监控预警、强化行业研究和公司研究等措施来规避证券投资市场风险。

4.5.1.3 操作风险状况

公司的操作风险来源于决策程序、内部业务流程、计算机系统、员工的尽职情况。针对任一环节的不完善和失误都可能给公司造成损失或影响，公司通过完善规章制度、细化业务操作流程，加强员工专业培训及奖惩激励，设定计算机业务系统操作权限、制订应急预案等措施控制操作风险。

4.5.1.4 其他风险状况

（1）政策风险状况。关于政策风险，国家宏观政策及行业政策的变动对公司经营环境和发展会造成影响。目前，公司业务定位于高端理财、投行等特色金融服务，机遇与挑战并存。为此，一方面，公司通过对国家宏观政策及行业政策的跟踪、研究，提高预见性；另一方面，及时调整战略思路，防范政策风险。

（2）法律风险状况。关于法律风险，指公司经营活动不符合法律规定或者外部法律事件导致公司或者投资人资产损失的风险。公司通过设立具有独立审核项目权的合规工作部，加强了合规意见在风险监控决策中的重要性；通过定期与律师事务所的互动，确保创新业务法律解读的正确性。从多方面降低触发法律风险的可能。

（3）道德风险状况。关于道德风险，公司内部个别员工的不诚信、不尽职可能会给公司或投资人造成损失和影响。公司通过完善公司治理结构、健全内控制度、规范合理分工有效制衡的操作流程、加强员工职业道德的培养、提高员工对公司的热爱和对岗位的热情，来控制道德风险。强化审计监督，完善风险预警机制。

4.5.2 风险管理

4.5.2.1 信用风险管理

（1）提前做好充分的交易对手的尽职调查。

（2）审慎选择交易对手。

（3）落实抵押保全措施。抵押品确认的主要原则：完备的所有权证、公允的市场价值、未涉及诉讼案件、办理他项权利证书。

（4）足额计提资产减值准备。

4.5.2.2 市场风险管理

公司的证券类信托计划投资决策委员会、风险控制委员会，通过结合历年风控经验和市场最新动态来制定和调整投资策略、优化证券资产配置结构比例、控制时机、设立止损机制等措施规避证券市场风险。通过密切关注国家政策变化以防范汇率风险；密切跟踪宏观经济变化以防范利率风险，特别是消费物价指数的变化，增强预见性，及时采取相应对策。

4.5.2.3 操作风险管理

公司通过完善规章制度、规范业务操作流程、加强员工操作培训、优化计算机业务软件平台、设定业务软件系统操作权限以及制订应急预案等措施控制操作风险。

4.5.2.4 其他风险管理

（1）政策风险管理。公司通过对国家宏观政策及行业政策的跟踪、研究，提高预见性，防范政策风险。

（2）法律风险管理。公司通过加强创新业务的法律论证和独立审核机制，及时正确解读新出台的法律文件，保持与律师事务所的合规审核互动，建立科学、规范的法律合规审核机制，提前预警并防范风险的发生。

（3）其他风险管理。通过完善公司治理结构、健全内控制度、规范操作流程、加强思想教育，控制道德风险。强化审计监督，完善风险预警机制。

5. 财务会计报表

5.1 自营资产

5.1.1 会计师事务所审计结论（中审亚太审〔2013〕云－0511号）

我们认为，云南国托公司财务报表在所有重大方面按照企业会计准则的规定编制，公允反映了云南国托公司2012年12月31日的财务状况以及2012年度的经营成果和现金流量。

5.1.2 资产负债表

资产负债表

编制单位：云南国际信托有限公司　　2012年12月31日　　单位：元

资产	期末数	期初数
货币资金	887 603 243.68	858 708 614.88
拆出资金	0.00	0.00
交易性金融资产	6 936 683.36	109 995 219.58
衍生金融资产	0.00	0.00
买入返售金融资产	0.00	0.00
应收账款	9 309 350.45	5 272 384.74
其他应收款	36 732.80	3 650.00
预付款项	808 346.41	439 881.71
应收股利	0.00	0.00
应收利息	0.00	0.00
长期应收款	0.00	0.00
贷款	0.00	0.00
可供出售金融资产	0.00	0.00
持有至到期投资	0.00	0.00
长期股权投资	0.00	0.00
投资性房地产	49 865 078.27	52 697 031.11
固定资产	19 727 691.50	18 061 300.16
无形资产	2 073 203.31	1 430 709.22

续表

资产	期末数	期初数
信托受益权	288 742 449. 71	59 018 990. 75
递延所得税资产	10 642 157. 50	5 307 704. 16
长期待摊费用	176 444. 96	85 907. 55
其他资产	0. 00	0. 00
资产总计	1 275 921 381. 95	1 111 021 393. 86
负债和所有者权益	期末数	期初数
拆入资金	0. 00	0. 00
交易性金融负债	0. 00	0. 00
衍生金融负债	0. 00	0. 00
代理承销证券款	0. 00	0. 00
应付账款	0. 00	39 270 412. 00
其他应付款	5 767 311. 68	17 395 147. 49
预收账款	0. 00	0. 00
应付职工薪酬	38 147 571. 13	12 905 220. 04
应交税费	71 020 627. 21	35 960 840. 93
应付股利	0. 00	0. 00
预计负债	0. 00	0. 00
长期应付款	0. 00	0. 00
递延所得税负债	0. 00	0. 00
其他负债	0. 00	0. 00
负债合计	114 935 510. 02	105 531 620. 46
所有者权益	0. 00	0. 00
实收资本	400 000 000. 00	400 000 000. 00
资本公积	174 345. 00	174 345. 00
盈余公积	94 081 152. 69	78 531 542. 84
信托赔偿准备	47 040 576. 35	39 265 771. 42
一般风险准备	19 138 820. 73	11 110 213. 94
未分配利润	600 550 977. 16	476 407 900. 20
其中：本年利润	0. 00	0. 00
所有者权益合计	1 160 985 871. 93	1 005 489 773. 40
负债及股东权益总计	1 275 921 381. 95	1 111 021 393. 86

法人代表：刘　刚　　主管会计工作负责人：田泽望　　会计机构负责人：杨春和

5. 1. 3　利润表

利润表

编制单位：云南国际信托有限公司　　2012 年度　　单位：元

报表项目名称	本年累计数	上年累计数
营业收入	308 562 649. 78	229 707 667. 40
利息净收入	32 990 026. 89	20 605 010. 61
利息收入	32 990 026. 89	20 605 010. 61
利息支出	0. 00	0. 00
手续费及佣金净收入	256 759 426. 70	199 461 024. 58
手续费及佣金收入	260 787 870. 38	209 384 038. 04
手续费及佣金支出	4 028 443. 68	9 923 013. 46
投资收益	9 863 881. 77	27 910 265. 46
汇兑损益	0. 00	0. 00
公允价值变动损益	3 742 542. 18	−23 269 126. 43
其他业务净收入	5 206 772. 24	5 000 493. 18
其他业务收入	5 816 029. 16	5 000 493. 18
其他业务支出	609 256. 92	0. 00
营业支出	100 538 065. 37	64 130 601. 05
营业税金及附加	15 228 492. 27	14 260 242. 00
业务及管理费	85 309 573. 10	49 870 359. 05
资产减值损失	0. 00	0. 00
营业利润	208 024 584. 41	165 577 066. 35
加：营业外收入	121 173. 64	0. 00
减：营业外支出	7 869. 91	4 871 584. 29
利润总额	208 137 888. 14	160 705 482. 06
减：所得税费用	52 641 789. 61	40 467 432. 26
净利润	155 496 098. 53	120 238 049. 80
归属于母公司所有者的净利润	155 496 098. 53	120 238 049. 80
*少数股东损益	0. 00	0. 00
每股收益：	0. 00	0. 00
基本每股收益	0. 00	0. 00
稀释每股收益	0. 00	0. 00
其他综合收益	0. 00	0. 00
综合收益总额	155 496 098. 53	120 238 049. 80
归属于母公司所有者的综合收益总额	155 496 098. 53	120 238 049. 80
*归属于少数股东的综合收益总额	0. 00	0. 00

法定代表人：刘　刚　　主管会计工作负责人：田泽望　　会计机构负责人：杨春和

5. 1. 4　所有者权益变动表

所有者权益变动表

编制单位：云南国际信托有限公司　　2012 年度　　单位：元

项　目	本年金额							
	实收资本（或股本）	资本公积	减：库存股	盈余公积	一般风险准备	信托赔偿准备	未分配利润	所有者权益合计
一、上年末余额	400 000 000. 00	174 345. 00	0. 00	78 531 542. 84	11 110 213. 94	39 265 771. 42	476 407 900. 20	1 005 489 773. 40
加：会计政策变更								0. 00
前期差错变更								0. 00
二、本年初余额	400 000 000. 00	174 345. 00	0. 00	78 531 542. 84	11 110 213. 94	39 265 771. 42	476 407 900. 20	1 005 489 773. 40

续表

项目	本年金额							
	实收资本(或股本)	资本公积	减:库存股	盈余公积	一般风险准备	信托赔偿准备	未分配利润	所有者权益合计
三、本年增减变动金额(减少以"-"号填列)	0.00	0.00	0.00	15 549 609.85	8 028 606.79	7 774 804.93	124 143 076.96	155 496 098.53
(一)净利润							155 496 098.53	155 496 098.53
(二)直接计入所有者权益的利得和损失								0.00
1. 可供出售金融资产公允价值变动净额								0.00
(1)计入所有者权益的金额								0.00
(2)转入当期损益的金额								0.00
2. 现金流量套期工具公允价值变动净额								0.00
(1)计入所有者权益的金额								0.00
(2)转入当期损益的金额								0.00
(3)计入被套期项目初始确认金额中的金额								0.00
3. 权益法下被投资单位其他所有者权益变动的影响								0.00
4. 与计入所有者权益项目相关的所得税影响								0.00
5. 其他								0.00
上述(一)和(二)小计								0.00
(三)所有者投入和减少资本								0.00
1. 所有者投入资本								0.00
2. 股份支付计入所有者权益的金额								0.00
3. 其他								0.00
(四)利润分配				15 549 609.85	8 028 606.79	7 774 804.93	-31 353 021.57	0.00
1. 提取盈余公积				15 549 609.85			-15 549 609.85	0.00
2. 提取一般风险准备					8 028 606.79		-8 028 606.79	0.00
3. 提取信托赔偿准备						7 774 804.93	-7 774 804.93	0.00
4. 对所有者(或股本)的分配								0.00
5. 其他								0.00
(五)信托赔偿准备弥补信托项目亏损								0.00
(六)所有者权益内部结转								0.00
1. 资本公积转增资本(或股本)								0.00
2. 盈余公积转增资本(或股本)								0.00
3. 盈余公积弥补亏损								0.00
4. 一般风险准备弥补亏损								0.00
5. 其他								0.00
四、本年末余额	400 000 000.00	174 345.00	0.00	94 081 152.69	19 138 820.73	47 040 576.35	600 550 977.16	1 160 985 871.93

法定代表人:刘刚　　主管会计工作负责人:田泽望　　会计机构负责人:杨春和

所有者权益变动表(续表)

编制单位:云南国际信托有限公司　　2012 年度　　单位:万元

项　　目	本年金额							
	实收资本(或股本)	资本公积	减:库存股	盈余公积	一般风险准备	信托赔偿准备	未分配利润	所有者权益合计
一、上年末余额	400 000 000.00	174 345.00		66 507 737.86	9 955 641.88	33 253 868.93	375 360 129.93	885 251 723.60
加:会计政策变更								0.00
前期差错变更								0.00
二、本年初余额	400 000 000.00	174 345.00		66 507 737.86	9 955 641.88	33 253 868.93	375 360 129.93	885 251 723.60
三、本年增减变动金额(减少以"－"号填列)				12 023 804.98	1 154 572.06	6 011 902.49	101 047 770.27	120 238 049.80
(一)净利润							120 238 049.80	120 238 049.80
(二)直接计入所有者权益的利得和损失								0.00
1. 可供出售金融资产公允价值变动净额								0.00
(1)计入所有者权益的金额								0.00
(2)转入当期损益的金额								0.00
2. 现金流量套期工具公允价值变动净额								0.00
(1)计入所有者权益的金额								0.00
(2)转入当期损益的金额								0.00
(3)计入被套期项目初始确认金额中的金额								0.00
3. 权益法下被投资单位其他所有者权益变动的影响								0.00
4. 与计入所有者权益项目相关的所得税影响								0.00
5. 其他								0.00
上述(一)和(二)小计								0.00
(三)所有者投入和减少资本								0.00
1. 所有者投入资本								0.00
2. 股份支付计入所有者权益的金额								0.00
3. 其他								0.00
(四)利润分配				12 023 804.98	1 154 572.06	6 011 902.49	－19 190 279.53	0.00
1. 提取盈余公积				12 023 804.98			－12 023 804.98	0.00
2. 提取一般风险准备					1 154 572.06		－1 154 572.06	0.00
3. 提取信托赔偿准备						6 011 902.49	－6 011 902.49	0.00
4. 对所有者(或股本)的分配								0.00
5. 其他								0.00
(五)信托赔偿准备弥补信托项目亏损								0.00
(六)所有者权益内部结转								0.00
1. 资本公积转增资本(或股本)								0.00
2. 盈余公积转增资本(或股本)								0.00
3. 盈余公积弥补亏损								0.00
4. 一般风险准备弥补亏损								0.00
5. 其他								0.00
四、本年末余额	400 000 000.00	174 345.00		78 531 542.84	11 110 213.94	39 265 771.42	476 407 900.20	1 005 489 773.40

法定代表人:刘　刚　　主管会计工作负责人:田泽望　　会计机构负责人:杨春和

5.2 信托业务

5.2.1 信托项目资产负债汇总表

编制单位：云南国际信托有限公司　　　　单位：万元

项　目	2012 年末数	2012 年初数
信托资产：		
货币资金	181 410.80	604 228.26
拆出资金	0.00	0.00
存出保证金	0.00	0.00
交易性金融资产	468 567.02	181 549.78
衍生金融资产	0.00	0.00
买入返售金融资产	123 241.51	21 810.44
其中：买入返售证券	123 241.51	21 810.44
买入返售信贷资产	0.00	0.00
应收款项	3 506.84	125.11
贷款	4 611 665.00	459 600.00
可供出售金融资产	257 011.58	37 500.00
持有至到期投资	1 470 184.83	77 400.14
长期应收款	0.00	0.00
长期股权投资	265 115.94	29 681.00
投资性房地产	0.00	0.00
固定资产	0.00	0.00
无形资产	0.00	0.00
长期待摊费用	0.00	0.00
其他资产	420 847.00	35 739.36
信托资产总计	7 801 550.52	1 447 634.09
信托负债：		
交易性金融负债	0.00	0.00
衍生金融负债	0.00	0.00
应付受托人报酬	678.27	527.24
应付托管费	787.97	172.57
应付受益人收益	1 258.40	7.94
应交税费	0.00	0.00
应付销售服务费	0.00	0.00
其他应付款项	9 622.73	2 538.34
其他负债	0.00	0.00
信托负债合计	12 347.37	3 246.09
信托权益：		
实收信托	7 685 330.88	1 402 746.09
其中：资金信托	6 404 048.88	1 373 065.09
财产信托	1 281 282.00	29 681.00
资本公积	0.00	0.00
外币报表折算差额	0.00	0.00
未分配利润	103 872.27	41 641.91
信托权益合计	7 789 203.15	1 444 388.00
信托负债及信托权益总计	7 801 550.52	1 447 634.09

法定代表人：刘　刚　主管会计工作负责人：舒广　财务经理：李　峥　制表：杜　鹏

5.2.2 信托项目利润及利润分配汇总表

编制单位：云南国际信托有限公司　　　　单位：万元

项目	2012 年度	2011 年度
一、营业收入	201 457.58	−2 837.35
利息收入	128 542.04	11 874.54
投资收益	22 048.17	7 488.46
公允价值变动损益	50 793.18	−22 245.03
租赁收入	0.00	0.00
汇兑损益	0.00	0.00
其他收入	74.19	44.68
二、营业支出	49 246.39	23 906.88
营业税金及附加	0.00	0.00
受托人报酬	24 447.22	20 631.20
托管费	3 937.01	1 109.58
投资管理费	240.70	0.00
销售服务费	0.00	0.00
交易费用	3 492.99	1 587.25
资产减值损失	0.00	0.00
其他费用	17 128.47	578.85
三、信托净利润	152 211.19	−26 744.23
四、其他综合收益	0.00	0.00
五、综合收益	152 211.19	−26 744.23
加：期初未分配信托利润	41 641.91	83 129.07
加：未分配信托利润平准金	19 335.34	−3 149.36
六、可供分配的信托利润	213 188.44	53 235.48
减：本期已分配信托利润	109 316.17	11 593.57
七、期末未分配信托利润	103 872.27	41 641.91

法定代表人：刘　刚　　　　主管会计工作负责人：舒　广
财务经理：李　峥　　　　制表：杜　鹏

6. 财务报表附注

6.1 财务报表的编制基础及会计政策和会计估计变更以及差错更正的说明

6.1.1 本公司的财务报表编制以持续经营假设作为基础，根据实际发生的交易和事项，按照财政部颁布的企业会计准则及其他相关法规的有关规定，并基于以下第三项“主要会计政策和会计估计”进行编制。本财务报告编制不存在不符合会计核算基本前提的事项。

6.1.2 会计政策变更

本公司本期无重大的会计政策变更事项。

6.1.3 会计估计变更

本公司本期无重大的会计估计变更事项。

6.1.4 前期差错更正

公司本期无重大的前期差错更正事项。

6.2 或有事项说明

本公司本期无对外担保及其他重大的或有事项。

6.3 重要资产转让及其出售的说明

本公司本期无重要的资产转让及出售事项。

6.4 会计报表中重要项目的说明

6.4.1 自营资产经营情况

6.4.1.1 以下注释中期末余额是指 2012 年 12 月 31 日的

余额，期初余额是指2011年12月31日的余额；本期数是指2012年1月1日至2012年12月31日的发生额，上期数是指2011年1月1日至2011年12月31日的发生额

信用风险资产余额表

信用风险资产五级分类	正常类（万元）	关注类（万元）	次级类（万元）	可疑类（万元）	损失类（万元）	信用风险资产合计（万元）	不良资产合计（万元）	不良资产率（%）
期初数	86 442.45	0.00	0.00	0.00	0.00	86 442.45	0.00	0.00%
期末数	89 775.77	0.00	0.00	0.00	0.00	89 775.77	0.00	0.00%

注：本公司信用风险资产的范围包括报表项目货币资金、应收账款、预付账款、其他应收款。

6.4.1.2 各项风险减值损失准备

	期初数	本期计提	本期转回	本期核销	期末数
贷款损失准备	0.00	0.00	0.00	0.00	0.00
一般准备	0.00	0.00	0.00	0.00	0.00
专项准备	0.00	0.00	0.00	0.00	0.00
其他资产减值准备	0.00	0.00	0.00	0.00	0.00
可供出售金融资产减值准备	0.00	0.00	0.00	0.00	0.00
持有至到期投资减值准备	0.00	0.00	0.00	0.00	0.00
长期股权投资减值准备	0.00	0.00	0.00	0.00	0.00
坏账准备	0.00	0.00	0.00	0.00	0.00
投资性房地产减值准	0.00	0.00	0.00	0.00	0.00
合计	0.00	0.00	0.00	0.00	0.00

注：本公司2012年各项资产未发生减值，无须计提资产减值损失。

6.4.1.3 自营股票投资、基金投资、债券投资、股权投资等投资业务的期初数、期末数

	股票	基金	债券	长期股权投资	信托受益权	合计
期初数	10 999.52	0.00	0.00	0.00	5 901.90	16 901.42
期末数	693.67	0.00	0.00	0.00	28 874.24	29 567.91

6.4.1.4 本公司2012年度无自营长期股权投资

6.4.1.5 本公司2012年度无自营贷款业务

6.4.1.6 本公司2012年度无表外业务

6.4.1.7 本公司当年的收入结构

项　目	本期发生额（万元）	占比（%）
手续费及佣金收入	25 675.94	83.21
其中：信托业务净收入	24 352.75	83.21
利息收入	3 299.00	10.69
其他业务收入	520.68	1.69
投资收益	986.39	3.20
其中：股权投资收益	0.00	0.00
证券投资收益	986.39	3.20
其他投资收益	0.00	0.00
公允价值变动收益	374.25	1.21
合计	30 856.26	100.00

6.4.2 披露信托资产管理情况

单位：万元

信托资产	期初数	期末数
集合	462 156.50	1 214 583.52
单一	955 796.59	5 305 684.78
财产权	29 681.00	1 281 282.22
合计	1 447 634.09	7 801 550.52

6.4.2.1.1 主动管理型信托业务的信托资产期初数、期末数，分证券投资、股权投资、其他投资、融资、事务管理类分别披露

单位：万元

主动管理型信托资产	期初数	期末数
证券投资类	368 773.74	887 604.46
股权投资类	37 802.19	306 598.93
其他投资类	50 330.28	193 769.80
融资类	461 046.88	0.00
事务管理类	500 000.00	0.00
合　计	1 417 953.09	1 387 973.19

6.4.2.1.2 被动管理型信托业务的信托资产期初数、期末数，分证券投资、股权投资、其他投资、融资、事务管理类分别披露

单位：万元

被动管理型信托资产	期初数	期末数
证券投资类	0.00	40 974.00
股权投资类	0.00	87 357.01
其他投资类	0.00	0.00
融资类	0.00	0.00
事务管理类	29 681.00	6 285 246.32
合计	29 681.00	6 413 577.33

6.4.2.2 本年度已清算结束的信托项目个数、实收信托合计金额、加权平均实际年化收益率

6.4.2.2.1 本年度已清算结束的集合类、单一类资金信托项目和财产管理类信托项目个数、实收信托金额、加权平均实际年化收益率

已清算结束信托项目	项目个数	实收信托合计金额（万元）	加权平均实际年化信托报酬率（%）	加权平均实际年化收益率（%）
集合类	75	500 144.90	5.64	
单一类	29	662 719.13	6.84	
财产管理类	1	20 000.00	4.97	

注：收益率是指信托项目清算后，给受益人赚取的实际收益水平。加权平均实际年化收益率＝（信托项目1的实际年化收益率×信托项目1的实收信托＋信托项目2的实际年化收益率×信托项目2的实收信托＋…信托项目n的实际年化收益率×信托项目n的实收信托）/（信托项目1的实收信托＋信托项目2的实收信托＋…信托项目n的实收信托）×100%。

6.4.2.2.2 本年度已清算结束的主动管理型信托项目个数、实收信托合计金额、加权平均实际年化收益率。分证券投资、股权投资、融资、事务管理类分别计算并披露

已清算结束信托项目	项目个数	实收信托合计金额(万元)	加权平均实际年化信托报酬率(%)	加权平均实际年化收益率(%)
证券投资类	9	33 981.90	0.56	-4.66
股权投资类	3	37 500.00	0.74	8.67
其他投资类	69	554 551.13	0.55	6.64
融资类	0	0.00	0	0
事务管理类	0	0.00	0	0

注:加权平均实际年化信托报酬率=(信托项目1的实际年化信托报酬率×信托项目1的实收信托+信托项目2的实际年化信托报酬率×信托项目2的实收信托+…信托项目n的实际年化信托报酬率×信托项目n的实收信托)/(信托项目1的实收信托+信托项目2的实收信托+…信托项目n的实收信托)×100%。

6.4.2.2.3 本年度已清算结束的被动管理型信托项目个数、实收信托合计金额、加权平均实际年化收益率,分证券投资、股权投资、融资、事务管理类分别计算并披露

已清算结束信托项目	项目个数	实收信托合计金额(万元)	加权平均实际年化信托报酬率(%)	加权平均实际年化收益率(%)
证券投资类	0	0.00	0	0
股权投资类	0	0.00	0	0
其他投资类	0	0.00	0	0
融资类	0	0.00	0	0
事务管理类	24	556 831.00	0.56	6.48

6.4.2.3 本年度新增的集合类、单一类和财产管理类信托项目个数、实收信托合计金额

单位:万元

新增信托项目	项目个数	实收信托合计金额(万元)
集合类	92	1 015 874.37
单一类	137	5 859 507.00
财产管理类	24	1 301 601.00
新增合计	253	8 176 982.37
其中:主动管理型	99	1 149 135.37
被动管理型	154	7 027 847.00

注:本年新增信托项目指在本报告年度内累计新增的信托项目个数和金额,包含本年度新增并于本年度内结束的项目和本年度新增至报告期末仍在持续管理的信托项目。

6.4.2.4 信托业务创新成果和特色业务有关情况。

2012年公司着力探索新的业务领域。成立了数只债券投资类信托产品,致力于探索证券大宗交易市场投资机会并成立运行了该类产品,创造了良好的业绩。

6.4.2.5 本公司履行受托人义务情况及因公司自身责任而导致的信托资产损失情况

本公司根据《信托法》、《信托公司管理办法》、《信托公司集合资金信托计划管理办法》等相关法律法规的规定,在管理或处分信托财产时,履行了恪尽职守,诚实、信用、谨慎、有效管理的义务。

(1)遵守信托文件的规定,为受益人的最大利益处理信托事务的义务。

(2)将受托人的固有财产与信托财产进行分别管理、分别记账,并将不同委托人的信托财产分别管理、分别记账的义务。

截至2012年12月31日,未发生因本公司自身责任而导致的信托资产损失。

6.5 关联方关系及交易

6.5.1 关联交易方的数量、关联交易的总金额及定价政策

	关联交易数量(笔)	关联交易金额(万元)	定价政策
合计	1	3122.83	市价

注:关联交易是指信托公司以自有资产、信托资产为关联方提供投融资等服务,或以担保等方式为关联方融资提供便利的业务。

6.5.2 关联交易方与本公司的关系性质、关联交易方的名称、法人代表、注册地址、注册资本及主营业务等

关系性质	关联方名称	法定代表人	注册地址	注册资本(万元)	主营业务
股东关联方	国金证券股份有限公司	冉云	中国四川	129 407.17	证券经纪;证券投资咨询;与证券交易、证券投资活动有关的财务顾问;证券承销与保荐;证券自营;证券资产管理;融资融券;证券投资基金代销;为期货公司提供中间介绍业务。

6.5.3 本年度关联方交易事项

6.5.3.1 固有财产与关联方关联情况:贷款、投资、租赁、应收账款担保、其他方式等期初汇总数、本期借方和贷方发生额汇总数、期末汇总数

单位:万元

固有资产与关联方联交易				
	期初数	借方发生额	贷方发生额	期末数
贷款	0.00	0.00	0.00	0.00
投资	0.00	0.00	0.00	0.00
租赁	0.00	0.00	0.00	0.00
担保	0.00	0.00	0.00	0.00
应收账款	0.00	0.00	0.00	0.00
其他	0.00	0.00	0.00	0.00
合计	0.00	0.00	0.00	0.00

6.5.3.2 信托与关联方交易情况:贷款、投资、租赁、应收账款、担保、其他方式等期初汇总数、本期借方和贷方发生额汇总数、期末汇总数

单位:万元

信托与关联方关联交易				
	期初数	借方发生额	贷方发生额	期末数
贷款	0.00	0.00	0.00	0.00
投资	0.00	0.00	0.00	0.00
租赁	0.00	0.00	0.00	0.00
担保	0.00	0.00	0.00	0.00
应收账款	0.00	0.00	0.00	0.00
其他	0.00	3 122.83	0.00	3 122.83
合计	0.00	3 122.83	0.00	3 122.83

注:信托财产与关联方交易主要是我公司管理的信托财产加入关联方发行的定向资产管理计划。

6.5.3.3　信托公司自有资金运用于自己管理的信托项目（固信交易）、信托公司管理的信托项目之间的相互（信信交易）交易金额，包括余额和本报告年度的发生额

6.5.3.3.1　固有财产与信托财产之间的交易金额期初汇总数、本期发生额汇总数、期末汇总数

单位：万元

固有财产与信托财产相互交易			
	期初数	本期发生额	期末数
合计	5 902.00	22 972.00	28 874.00

6.5.3.3.2　信托项目之间的交易金额期初汇总数、本期发生额汇总数、期末汇总数。

单位：万元

固有财产与信托财产相互交易			
	期初数	本期发生额	期末数
合计	0.00	20 650.00	20 650.00

6.5.4　关联方逾期未偿还本公司资金的详细情况以及本公司为关联方担保发生或即将发生垫款的详细情况

本公司无上述情况。

6.6　会计制度的披露

公司固有业务及信托业务均执行2006年财政部颁布的《企业会计准则》。

7. 财务情况说明

7.1　利润的实现和分配情况

单位：万元

项　目	期末余额
本年净利润	15 549.61
加：年初未分配利润	47 640.79
减：提取法定盈余公积	1 554.96
减：提取任意盈余公积金	0.00
减：信托赔偿准备金	777.48
减：一般风险准备	802.86
减：应付普通股股利	0.00
年末未分配利润	60 055.10

7.2　主要财务指标

指标名称	指标值
资本利润率（%）	14.35
加权年化信托报酬率（%）	1.31
人均净利润（万元）	194.37

注：1. 资本利润率 = 净利润/所有者权益平均余额 ×100%。

2. 加权年化信托报酬率 =（信托项目1的实际年化信托报酬率 × 信托项目1的实收信托 + 信托项目2的实际年化信托报酬率 × 信托项目2的实收信托 + … 信托项目n的实际年化信托报酬率 × 信托项目n的实收信托）/（信托项目1的实收信托 + 信托项目2的实收信托 + … 信托项目n的实收信托）×100%。

3. 人均净利润 = 净利润/年平均人数。

4. 平均值采取年初、年末余额简单平均法，公式为：a（平均）=（年初数 + 年末数）/2。

7.3　对本公司财务状况、经营成果有重大影响的其他事项

无。

8. 特别事项揭示

8.1　前五名股东报告期内变动情况及原因

无。

8.2　董事、监事及高级管理人员变动情况及原因

8.2.1　本报告期内，董事变动情况

2012年4月，监管部门核准赵煜先生、刘凤春女士担任本公司董事的资格。

2012年6月1日召开2011年度股东大会，通过《董事会换届选举》的议案，第四届董事会成员为：刘刚先生、谢超先生、赵煜先生、孙国棋先生、邓耘波先生、索克明先生、刘凤春女士、徐迅先生、梁旻松先生、曹红辉先生和杨利华先生。

2013年1月 监管部门核准杨利华先生担任本公司董事的资格。

8.2.2　本报告期内，监事变动情况

2012年6月1日召开2011年股东大会，通过《监事会换届选举》的议案，第四届监事会成员为：曹芹女士、章卫红女士、王润稣先生、李双有先生、苏颖女士、杨永忠先生和孙澄女士。

8.2.3　本报告期，高管变动情况

2012年11月，原公司副总裁赵凯先生因个人原因辞去公司副总裁职务。

2013年2月，监管部门核准舒广先生担任本公司副总裁的资格。

8.3　公司重大诉讼事项

无。

8.4　对会计师事务所出具的有保留意见、否定意见或无法表示意见的审计报告的，公司董事会应就所涉及事项作出说明

无。

8.5　公司及其董事、监事和高级管理人员受到处罚的情况

无。

8.6　银监会及其派出机构对公司检查后的整改情况

银监会及其派出机构在报告期内未对我公司提出整改意见。

8.7 本年度净资本管理情况

项　目	期初余额	期末余额	监管标准
净资本(万元)	92 055.40	105 839.40	≥2 亿元
净资产(万元)	100 548.98	116 098.59	≥3 亿元
固有业务风险资本(万元)	2 523.10	3 883.20	—
信托业务风险资本(万元)	24 224.19	22 768.60	—
其他业务风险资本(万元)	0.00	0.00	—
各项业务风险资本之和(万元)	26 747.29	26 651.80	—
净资本/各项业务风险资本之和(万元)	344.17%	397.12%	≥100%
净资本/净资产(万元)	91.55%	91.16%	≥40%

8.8 本年度重大事项临时报告的简要内容、披露时间、所披露的媒体及其版面

2012 年 10 月 9 日《金融时报》第 8 版刊登《关于更换常年法律顾问律师事务所的公告》。

2012 年 10 月 20 日《金融时报》第 8 版刊登《关于田泽望先生取得云南国际信托有限公司总裁任职资格的公告》。

8.9 银监会及其省级派出机构认定的其他有必要让客户及相关利益人了解的重要信息

无。

9. 监事会对公司运作及财务报告的独立意见

9.1 公司依法运作情况

监事会认为,本报告期内公司运作合法规范,经营管理决策程序不存在越权违规行为,公司董事及经理等高级管理人员在执行公司职务时没有违反法律、法规、公司章程或损害公司利益的行为。

9.2 财务报告的真实性

监事会认为,公司年度财务报告客观公允,真实反映了公司报告期内的财务状况和经营成果。公司年度财务报告经中审亚太会计师事务所云南分所审计,出具标准无保留意见。

浙商金汇信托股份有限公司

1. 重要提示

1.1 本公司董事会及董事保证本报告所载资料不存在任何虚假记载、误导性陈述或者重大遗漏,并对其内容的真实性、准确性和完整性承担个别及连带责任。

1.2 独立董事周小明先生、孙振洲先生、衣锡群先生认为,本报告的内容真实、准确、完整。

1.3 大华会计师事务所有限公司为本公司出具了标准无保留意见的审计报告。

1.4 董事长徐德良先生、总经理辛洁先生、财务总监朱晓平先生、计划财务部负责人何卫仙女士声明:保证年度报告中财务报告的真实、完整。

2. 公司概况

2.1 公司简介

中文名称	浙商金汇信托股份有限公司(简称浙金信托)
英文名称	Zheshangjinhui Trust Co. Ltd.(简称 ZHEJINTRUST)
法定代表人	徐德良
注册地址	浙江省杭州市庆春路 199 号 6 楼
邮政编码	310006
国际互联网网址	http://www.zhejintrust.com/
电子邮箱	zjtrust@zjtrust.com
负责信息披露事务的高管	戴俊
负责信息披露的联系人	蒋巍峰
联系电话	0571-87386135
传真	0571-87386123
电子邮箱	jiangwf@zjtrust.com
选定的信息披露报纸名称	《金融时报》
年度报告备置地点	公司董事会办公室

续表

聘请的会计师事务所名称及住所	大华会计师事务所(特殊普通合伙),北京市海淀区西四环中路 16 号院 7 号楼 12 层
聘请的律师事务所名称及住所	通力律师事务所,上海市银城中路 68 号时代金融中心 19 楼;上海锦天城律师事务所,上海市浦东新区花园石桥路 33 号花旗集团大厦 14 楼

2.2 组织结构

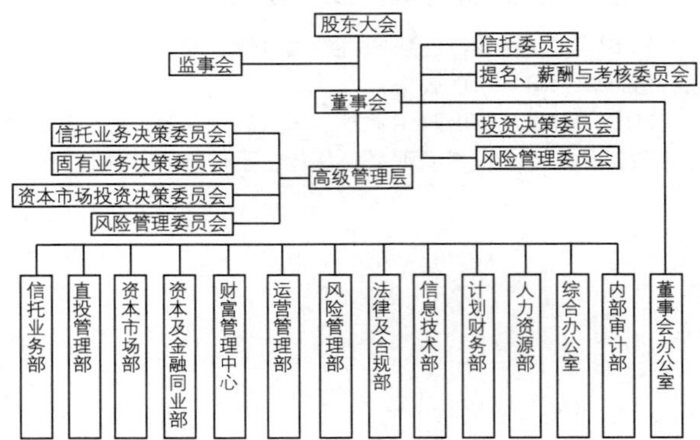

3. 公司治理结构

3.1 股东

本报告期末,公司共有 3 家法人股东,其中持有本公司 10% 以上出资比例的股东 2 家。

股东名称	持股比例(%)	法人代表
浙江省国际贸易集团有限公司	56	王挺革
中国国际金融有限公司	35	李剑阁
传化集团有限公司	9	徐冠巨

3.2 董事会成员

董事长、董事

姓 名	职 务	性别	年龄	选任日期	所推举的股东名称	该股东持股比例(%)	简 要 履 历
徐德良	董事长	男	49	2010 年 12 月	浙江省国际贸易集团有限公司	56	现任浙江省国际贸易集团有限公司董事,浙商金汇信托股份有限公司董事长。
李天林	董事	男	59	2010 年 12 月	浙江省国际贸易集团有限公司	56	现任浙江省国际贸易集团有限公司资产管理部总经理,浙商金汇信托股份有限公司董事。
程兴华	董事	男	49	2010 年 12 月	浙江省国际贸易集团有限公司	56	现任浙商金汇信托股份有限公司董事、董事会法务总监。
戴 俊	董事	男	36	2010 年 12 月	浙江省国际贸易集团有限公司	56	现任浙商金汇信托股份有限公司董事、董事会秘书。
林寿康	董事	男	49	2012 年 2 月	中国国际金融有限公司	35	现任中国国际金融有限公司董事总经理和首席运营官,浙商金汇信托股份有限公司董事。

续表

姓 名	职 务	性别	年龄	选任日期	所推举的股东名称	该股东持股比例(%)	简 要 履 历
李 弘	董事	女	58	2010年12月	中国国际金融有限公司	35	现任中国国际金融有限公司董事总经理和战略委员会负责人,浙商金汇信托股份有限公司董事。
辛 洁	董事	男	38	2012年2月	中国国际金融有限公司	35	现任浙商金汇信托股份有限公司董事、总经理。
杨柏樟	董事	男	55	2010年12月	传化集团有限公司	9	现任传化集团有限公司副总裁,浙商金汇信托股份有限公司董事。

独立董事

姓 名	性别	年龄	选任日期	所推举的股东名称	该股东持股比例(%)	简 要 履 历
周小明	男	46	2010年12月	浙江省国际贸易集团有限公司	56	现任北京市君泽君律师事务所高级合伙人,中国人民大学信托与基金研究所所长,浙商金汇信托股份有限公司独立董事。
衣锡群	男	65	2010年12月	中国国际金融有限公司	35	现任浙商金汇信托股份有限公司独立董事,招商银行股份有限公司独立董事,SOHO中国有限公司独立董事。
孙振洲	男	61	2011年4月	浙江省国际贸易集团有限公司	56	现任浙商金汇信托股份有限公司独立董事。

3.3 监事会成员

姓 名	性别	年龄	选任日期	所推举的股东名称	该股东持股比例(%)	简 要 履 历
李亚鸣	女	58	2010年12月	浙江省国际贸易集团有限公司	56	现任浙商金汇信托股份有限公司监事会主席。
王利生	女	66	2010年12月	中国国际金融有限公司	35	现任浙商金汇信托股份有限公司监事。
吴国基	男	39	2012年9月	公司职工大会		现任浙商金汇信托股份有限公司监事、法律及合规部执行总经理。

3.4 高级管理人员

姓 名	职 务	性别	年龄	选任日期	金融从业年限	学历	专业
辛 洁	总经理	男	38	2012年1月	14年	硕士研究生	世界经济
刘 伟	常务副总经理(运营总监)	男	42	2012年8月	18年	本科	价格学
谢 捷	副总经理	男	33	2012年3月	11年	研究生	企业管理
朱晓平	财务总监	男	44	2010年12月	18年	本科	金融学
张逢伟	风险总监	男	45	2010年12月	16年	硕士研究生	经济学

3.5 公司员工

报告期末职工总数69人,平均年龄33周岁,学历分布比率如下:

公司员工学历分布比率

项 目		报告期年度		上年度	
		人数	比例(%)	人数	比例(%)
年龄分布	博士	2	3	3	8
	硕士	33	48	16	40
	本科	33	48	20	50
	专科	1	1	1	2
	其他	0	0	0	0

4. 经营管理

4.1 经营目标、经营方针、战略规划

4.1.1 经营目标

建设成为行业领先、特色鲜明、经营稳健、品牌卓越、能够为当地经济发展提供强大支持、具有核心竞争力和独特价值的优秀信托公司。

4.1.2 经营方针

诚信经营、创新发展、互利共赢。

4.1.3 战略规划

立足浙江,面向全国,依托各方资源,逐步形成以信托投融资、受托资产管理、股权投资信托(基金)业务为主要方向,其他

融资类信托和中介服务等为补充的总体信托业务架构及盈利模式，打造专业化、职业化的人才队伍，构建科学高效的组织管理、运作流程、交易系统和内控机制，形成良好的市场形象和品牌影响力，不断提高公司的核心能力和价值。

4.2 所经营业务的主要内容

自营资产运用与分布表

资产运用	金额（万元）	占比（%）	资产分布	金额（万元）	占比（%）
货币资产	15 813.59	26.32	基础产业	—	—
贷款及应收款	2 149.88	3.58	房地产业	—	—
交易性金融资产投资	28 028.30	46.66	证券市场	28 527.95	47.49
可供出售金融资产投资	5 073.50	8.45	实业	—	—
持有至到期投资	650.72	1.08	金融机构	21 537.81	35.85
长期股权投资	—	—	其他	10 009.62	16.66
其他	8 359.39	13.91			
资产总计	60 075.38	100.00	资产总计	60 075.38	100.00

信托资产运用与分布表

资产运用	金额（万元）	占比（%）	资产分布	金额（万元）	占比（%）
货币资产	3 805.92	0.37	基础产业	336 690.00	32.46
贷款	521 385.00	50.27	房地产	139 985.00	13.50
交易性金融资产投资	248 730.18	23.98	证券市场	271 706.52	26.19
可供出售金融资产投资	106 976.33	10.31	实业	143 200.00	13.80
持有至到期投资	68 300.00	6.58	金融机构	3 805.92	0.37
长期股权投资	—	—	其他	141 882.30	13.68
其他	88 072.31	8.49			
信托资产总计	1 037 269.74	100.00	信托资产总计	1 037 269.74	100.00

4.3 市场分析

4.3.1 有利因素

（1）我国经济中长期仍将保持一定的发展速度，财富管理及资产管理市场发展潜力巨大，信托业的需求基础继续增强。

（2）我国金融业面临深层次改革，构建多层次金融体系、促进金融创新成为改革重点，发展信托业是我国金融体制深化的内在需求，信托业面临新的良好发展机遇。

（3）信托公司发展的法律法规框架正在不断完善，监管思路也进一步明确和清晰，信托作为财产管理和投融资工具已被社会各界逐渐认同。

（4）公司所处区域浙江省的经济发展和转型、社会财富积累、金融强省战略实施等，将给公司提供的良好发展基础和机遇。

4.3.2 不利因素

（1）随着泛资产管理时代的到来，信托市场竞争越来越激烈，尤其是公司所处的浙江省市场竞争尤为激烈；同时，信托公司尚未形成核心业务模式，行业品牌效应和核心竞争力偏弱。

（2）虽然信托业基本法律框架已经建立，但信托公司发展的相关法律法规有待进一步完善，涉及信托登记、税收、受益权交易和产品流动性等问题的核心配套制度仍然缺位。

（3）我国信托市场意识尚不成熟，信托理念有待培育。

4.4 内部控制概况

4.4.1 内部控制环境和内部控制文化

公司建立了较为完善的法人治理结构，形成了各治理主体之间分工配合、相互协调、相互制衡的运行机制。公司的股东大会、董事会、监事会均按照相关法律、法规、规范性文件及公司章程的规定，规范有效地运作。

公司高度重视内控文化建设，全力打造以信任文化为前提，以人本思想为核心，以制度规范为原则，以诚信尽责为准则，以激情创新为源泉的文化体系，创造内部和谐、激情、效率的氛围，树立外部信誉、品牌形象，为实现公司发展目标构筑良好环境。

4.4.2 内部控制措施

公司董事会负责内控机制的建立健全和有效实施。董事会下设风险管理委员会，作为董事会风险管理工作的专门议事机构。公司设有独立的风险管理部、法律及合规部和内部审计部，对公司内部控制的执行情况进行监督和检查。风险管理部协助公司高级管理层有效预防、识别、评估和管理各类风险。法律及合规部负责识别公司经营活动中的合规风险，计量、检测和评估公司合规政策和程序的适当性。内部审计部负责涉及经营目标、内部控制及财务管理等各方面的审计与稽核工作。公司基本形成了事前、事中、事后“三位一体”的风险管理和监督检查体系。公司业务运作也基本实现了前台、中台、后台严格分离及各部门之间高效衔接与密切合作。

4.4.3 监督评价与纠正

报告期内，公司内部审计部门开展了存续信托项目、到期清算信托项目、固有业务以及前台、中台、后台部门绩效审计工作。通过内审稽核工作，及时揭示公司及各部门在经营管理中存在的问题和风险，提出改进建议，并对整改情况进行持续跟踪，相关审计报告及时送达董事会、监事会和监管机构。在案件防控工作方面，公司通过建立案件防控制度、定期开展案例解读、风险提示的培训工作等加强所有员工的案防意识，报告期内未发生任何案件风险事件。

4.5 风险管理概况

4.5.1 风险状况

公司在经营中可能遇到的风险主要包括信用风险、市场风险、操作风险、法律及合规风险、流动性风险及声誉风险等。

4.5.1.1 信用风险状况

信用风险是指交易对手不能或不愿按时履约从而造成损失的风险。公司严格落实监管政策，严格执行公司各项业务流程标准，强化信后管理和风险监测。截至报告期末，按公司资产分类口径统计，无不良融资类信托资产或不良贷款。

4.5.1.2 市场风险状况

市场风险是公开市场金融产品或其他产品价格波动导致损失的风险。市场风险主要涉及公司固有资金资本市场投资业务、投资类信托业务等。公司通过严格的资本市场投资业务操作管理、良好的结构化安排和选择合适的投资顾问，基本能够保障资金安全。

4.5.1.3　操作风险状况

操作风险主要是由于失效的或有缺陷的内部程序、系统和人员或者外部事件而导致损失的风险。操作风险广泛存在于公司所有业务活动中，公司通过规范各项业务流程、加强内控等手段管理操作风险。报告期内未发生因操作风险造成损失的事件。

4.5.1.4　法律及合规风险状况

法律风险是指因公司违反法律规定、监管规则或者因交易对手产生的合同纠纷，致使公司遭受处罚或者诉讼的风险。合规风险是指因没有遵循法律、规则和准则可能遭受法律制裁、监管处罚、重大财务损失和声誉损失的风险。报告期内，公司未发生因法律风险或合规风险造成损失的事件。

4.5.1.5　其他风险状况

其他风险主要包括流动性风险及声誉风险等。流动性风险是指无法以市场正常价格成交（市场流动性风险）或者不能履行到期负债支付义务的风险（融资流动性风险）。声誉风险主要表现为缺少声誉应急处理能力、不能妥善处理媒体关系以及未建立声誉风险管理机制等造成的风险。报告期内，公司未发生因上述其他风险造成损失的事件。

5. 报告期末及上一年度末的比较式会计报表

5.1　自营资产

5.1.1　会计师事务所审计结论

根据大华会计师事务所（大华审字〔2013〕002804号）审计报告审计意见，浙商金汇信托股份有限公司财务报表在所有重大方面按照企业会计准则的规定编制，公允反映了公司2012年12月31日的财务状况以及2012年度的经营成果和现金流量。

5.1.2　资产负债表

编制单位：浙商金汇信托股份有限公司　　2012年12月31日　　单位：万元

资　产	年初余额	年末余额	负债和所有者权益（或股东权益）	年初余额	年末余额
资产：			负债：		
现金及存放中央银行款项	—	—	向中央银行借款	—	—
存放同业款项	43 379.49	15 813.59	同业及其他金融机构存放款项	—	—
贵金属	—	—	拆入资金	—	—
拆出资金	—	—	交易性金融负债	—	—
交易性金融资产	—	28 028.31	衍生金融负债	—	—
衍生金融资产	—	499.65	卖出回购金融资产款	—	—
买入返售金融资产	—	—	吸收存款	—	—
应收利息	29.19	477.05	应付职工薪酬	345.56	3 315.58
发放贷款和垫款	—	—	应交税费	119.43	1 260.79
可供出售金融资产	—	5 073.50	应付利息	—	—
持有至到期投资	—	650.72	预计负债	—	—
长期股权投资	—	—	应付债券	—	—
投资性房地产	—	—	递延所得税负债	—	167.40
固定资产	101.62	113.16	其他负债	123.01	877.79
无形资产	42.85	7 346.39	负债合计	588.00	5 621.56
递延所得税资产	—	355.03	所有者权益（或股东权益）：	—	—
其他资产	7 551.20	1 717.98	实收资本（或股本）	50 000.00	50 000.00
			资本公积	—	55.13
			减：库存股	—	—
			盈余公积	51.64	439.87
			一般风险准备	25.82	219.93
			未分配利润	438.89	3 738.89
			所有者权益（或股东权益）合计	50 516.35	54 453.82
资产总计	51 104.35	60 075.38	负债和所有者权益（或股东权益）总计	51 104.35	60 075.38

企业负责人：徐德良　　财务总监：朱晓平　　会计机构负责人：何卫仙　　制表人：陈　频

5.1.3 利润和利润分配表

编制单位:浙商金汇信托股份有限公司　　2012 年度　　单位:万元

项　　目	本期金额	上期金额
一、营业收入	11 128.54	2 021.26
利息净收入	914.00	1 832.53
利息收入	1 391.26	1 832.53
利息支出	477.26	—
手续费及佣金净收入	8 996.65	188.73
手续费及佣金收入	10 716.98	188.73
手续费及佣金支出	1 720.33	—
投资收益(损失以"-"号填列)	621.77	—
其中:对联营企业和合营企业的投资收益	—	—
公允价值变动收益(损失以"-"号填列)	596.12	—
汇兑收益(损失以"-"号填列)	—	—
其他业务收入	—	—
二、营业支出	8 078.83	1 771.94
营业税金及附加	622.95	10.57
业务及管理费	7 455.88	1 761.37
资产减值损失	—	—
其他业务成本	—	—
三、营业利润(亏损以"-"号填列)	3 049.71	249.32
加:营业外收入	2 200.00	—
减:营业外支出	—	—
四、利润总额(亏损总额以"-"号填列)	5 249.71	249.32
减:所得税费用	1 367.37	67.48
五、净利润(净亏损以"-"号填列)	3 882.34	181.84
六、每股收益:	—	—
(一)基本每股收益	—	—
(二)稀释每股收益	—	—
六、其他综合收益	55.13	—
七、综合收益总额	3 937.47	181.84

5.1.4 所有者权益变动表

编制单位：浙商金汇信托股份有限公司　　2012 年度　　单位：万元

项目	本年金额							上年金额						
	实收资本（或股本）	资本公积	减：库存股	盈余公积	一般风险准备	未分配利润	所有者权益合计	实收资本（或股本）	资本公积	减：库存股	盈余公积	一般风险准备	未分配利润	所有者权益合计
一、上年末余额	50 000.00	—	—	51.64	25.82	438.89	50 516.35	50 000.00	—	—	—	—	334.51	50 334.51
加：会计政策变更	—	—	—	—	—	—	—	—	—	—	—	—	—	—
前期差错更正	—	—	—	—	—	—	—	—	—	—	—	—	—	—
二、本年初余额	50 000.00	—	—	51.64	25.82	438.89	50 516.35	50 000.00	—	—	—	—	334.51	50 334.51
三、本年增减变动金额（减少以"－"号填列）	—	55.13	—	388.23	194.11	3 300	3 937.47	—	—	—	51.64	25.82	104.38	181.84
（一）净利润	—	—	—	—	—	3 882.34	3 882.34	—	—	—	—	—	181.84	181.84
（二）直接计入所有者权益的利得和损失	—	55.13	—	—	—	—	55.13	—	—	—	—	—	—	—
1. 可供出售金融资产公允价值变动净额	—	55.13	—	—	—	—	55.13	—	—	—	—	—	—	—
（1）计入所有者权益的金额	—	55.13	—	—	—	—	55.13	—	—	—	—	—	—	—
（2）转入当期损益的金额	—	—	—	—	—	—	—	—	—	—	—	—	—	—
2. 现金流量套期工具公允价值变动净额	—	—	—	—	—	—	—	—	—	—	—	—	—	—
（1）计入所有者权益的金额	—	—	—	—	—	—	—	—	—	—	—	—	—	—
（2）转入当期损益的金额	—	—	—	—	—	—	—	—	—	—	—	—	—	—
（3）计入被套期项目初始确认金额中的金额	—	—	—	—	—	—	—	—	—	—	—	—	—	—
3. 权益法下被投资单位其他所有者权益变动的影响	—	—	—	—	—	—	—	—	—	—	—	—	—	—
4. 与计入所有者权益项目相关的所得税影响	—	—	—	—	—	—	—	—	—	—	—	—	—	—
5. 其他	—	—	—	—	—	—	—	—	—	—	—	—	—	—
上述（一）和（二）小计	—	55.13	—	—	—	3 882.34	3 937.47	—	—	—	—	—	—	—
（三）所有者投入和减少资本	—	—	—	—	—	—	—	—	—	—	—	—	—	—
1. 所有者投入资本	—	—	—	—	—	—	—	—	—	—	—	—	—	—
2. 股份支付计入所有者权益的金额	—	—	—	—	—	—	—	—	—	—	—	—	—	—
3. 其他	—	—	—	—	—	—	—	—	—	—	—	—	—	—
（四）利润分配	—	—	—	388.23	194.11	-582.34	—	—	—	—	51.64	25.82	-77.46	—
1. 提取盈余公积	—	—	—	388.23	—	-388.23	—	—	—	—	51.64	—	-51.64	—
2. 提取一般风险准备	—	—	—	—	194.11	-194.11	—	—	—	—	—	25.82	-25.82	—
3. 对所有者（或股东）的分配	—	—	—	—	—	—	—	—	—	—	—	—	—	—
4. 其他	—	—	—	—	—	—	—	—	—	—	—	—	—	—
（五）所有者权益内部结转	—	—	—	—	—	—	—	—	—	—	—	—	—	—
1. 资本公积转增资本（或股本）	—	—	—	—	—	—	—	—	—	—	—	—	—	—
2. 盈余公积转增资本（或股本）	—	—	—	—	—	—	—	—	—	—	—	—	—	—
3. 盈余公积弥补亏损	—	—	—	—	—	—	—	—	—	—	—	—	—	—
4. 一般风险准备弥补亏损	—	—	—	—	—	—	—	—	—	—	—	—	—	—
5. 其他	—	—	—	—	—	—	—	—	—	—	—	—	—	—
四、本年末余额	50 000.00	55.13	—	439.87	219.93	3 738.89	54 453.82	50 000.00	—	—	51.64	25.82	438.89	50 516.35

5.2 信托资产

5.2.1 信托项目资产负债汇总表

2012 年 12 月 31 日 单位:万元

信托资产	年初数	年末数	信托负债和信托权益	年初数	年末数
信托资产:			信托负债:		
货币资金	0.52	3 805.92	交易性金融负债	—	—
拆出资金	—	—	衍生金融负债	—	—
存出保证金	—	—	应付受托人报酬	20.84	1 215.28
交易性金融资产	—	248 730.18	应付托管费	0.89	181.58
衍生金融资产	—	—	应付受益人收益	—	25.57
买入返售金融资产	4 800.00	80 000.00	应交税费	—	35.19
应收款项	276.45	8 072.31	应付销售服务费	—	166.60
发放贷款	28 630.00	521 385.00	其他应付款项	0.52	394.72
可供出售金融资产	—	106 976.33	预计负债	—	—
持有至到期投资	—	68 300.00	其他负债	—	—
长期应收款	—	—	信托负债合计	22.25	2 018.94
长期股权投资	—	—			
投资性房地产	—	—	信托权益:		
固定资产	—	—	实收信托	33 430.00	1 021 963.00
无形资产	—	—	资本公积	—	246.33
长期待摊费用	—	—	损益平准金	—	—
其他资产	—	—	未分配利润	254.72	13 041.47
减:各项资产减值准备	—	—	信托权益合计	33 684.72	1 035 250.80
信托资产总计	33 706.97	1 037 269.74	信托负债及信托权益总计	33 706.97	1 037 269.74

企业负责人:徐德良　　财务总监:朱晓平　　会计机构负责人:何卫仙　　制表人:詹雯雯

5.2.2 信托项目利润及利润分配汇总表

2012 年度 单位:万元

项目	本年金额	上年金额
1. 营业收入	35 352.89	2 001.88
1.1 利息收入	29 325.27	2 001.88
1.2 投资收益(损失以"-"号填列)	220.39	—
1.2.1 其中:对联营企业和合营企业的投资收益	—	—
1.3 公允价值变动收益(损失以"-"号填列)	3 367.96	—
1.4 租赁收入	—	—
1.5 汇兑损益(损失以"-"号填列)	—	—
1.6 其他收入	2 439.27	—
2. 支出	5 473.86	469.38
2.1 营业税金及附加	35.19	71.56
2.2 受托人报酬	2 779.77	130.13
2.3 托管费	293.38	8.39
2.4 投资管理费	—	—
2.5 销售服务费	1 234.85	256.00
2.6 交易费用	—	—
2.7 资产减值损失	—	—
2.8 其他费用	1 130.67	3.30
3. 信托净利润(净亏损以"-"号填列)	29 879.03	1 532.50
4. 其他综合收益	—	—
5. 综合收益	29 879.03	1 532.50
6. 加:期初未分配信托利润	254.72	—
7. 可供分配的信托利润	30 133.75	1 532.50
8. 减:本期已分配信托利润	17 092.28	1 277.78
9. 期末未分配信托利润	13 041.47	254.72

企业负责人:徐德良　　财务总监:朱晓平　　会计机构负责人:何卫仙
制表人:詹雯雯

6. 会计报表附注

6.1 会计报表编制基准、会计政策、会计估计和核算方法等情况

公司会计报表编制基准无不符合会计核算基本前提的情况。

公司执行新企业会计准则,本期未发生会计政策及会计估计变更。公司以人民币为记账本位币,会计年度自公历 1 月 1 日起至 12 月 31 日止。

6.2 或有事项说明

无。

6.3 重要资产转让及其出售的说明

无。

6.4 会计报表中重要项目的明细资料

6.4.1 自营资产经营情况

6.4.1.1 按信用风险五级分类结果披露信用风险资产的期初数、期末数

信用风险资产五级分类	正常类(万元)	关注类(万元)	次级类(万元)	可疑类(万元)	损失类(万元)	信用风险资产合计(万元)	不良资产合计(万元)	不良资产率(%)
期初数	50 959.88	—	—	—	—	50 959.88	—	0
期末数	17 973.36	—	—	—	—	17 973.36	—	0

6.4.1.2 各项资产减值损失准备的期初、本期计提、本期转回、本期核销、期末数

无。

6.4.1.3 自营股票投资、基金投资、债券投资、股权投资等投资业务的期初数、期末数

单位:万元

	自营股票	基金	债券	长期股权投资	其他投资	合计
期初数	—	—	—	—	—	—
期末数	—	—	28 527.95	—	5 724.22	34 252.17

6.4.1.4 前三名的自营长期股权投资的企业名称、占被投资企业权益的比例及投资收益情况等

无。

6.4.1.5 前三名的自营贷款的企业名称、占贷款总额的比例和还款情况等

无。

6.4.1.6 表外业务的期初数、期末数;按照代理业务、担保业务和其他类型表外业务分别披露

无。

6.4.1.7 公司当年的收入结构。

收入结构	金额(万元)	占比(%)
手续费及佣金收入	10 716.98	69.03
其中:信托手续费收入	8582.29	55.28
投资银行业务收入	—	—
利息收入	1 391.26	8.96
其他业务收入	—	—
其中:计入信托业务收入部分	—	—
投资收益	621.77	4.00
其中:股权投资收益	—	—
证券投资收益	609.67	3.93
其他投资收益	12.10	0.08
公允价值变动收益	596.12	3.84
营业外收入	2 200.00	14.17
收入合计	15 526.13	100.00

6.4.2 披露信托资产管理情况

6.4.2.1 信托资产的期初数、期末数

单位:万元

信托资产	期初数	期末数
集合	5 585.86	762 869.69
单一	28 121.11	190 400.02
财产权	—	84 000.03
合计	33 706.97	1 037 269.74

6.4.2.1.1 主动管理型信托业务期初数、期末数,分证券投资、股权投资、融资、事务管理类分别披露

单位:万元

主动管理型信托资产	期初数	期末数
证券投资类	—	321 896.20
股权投资类	—	—
融资类	33 706.97	631 373.50
事务管理类	—	—
合计	33 706.97	953 269.70

6.4.2.1.2 被动管理型信托业务期初数、期末数,分证券投资、股权投资、融资、事务管理类分别披露

单位:万元

被动管理型信托资产	期初数	期末数
证券投资类	—	—
股权投资类	—	—
融资类	—	84 000.04
事务管理类	—	—
合计	—	84 000.04

6.4.2.2 本年度已清算结束的信托项目个数、实收信托合计金额、加权平均实际年化收益率

6.4.2.2.1 本年度已清算结束的集合类、单一类资金信托项目和财产管理类信托项目个数、金额、加权平均实际年化收益率

已清算结束信托项目	项目个数	合计金额(万元)	加权平均实际年化收益率(%)
集合类	1	5 500.00	8.54
单一类	5	92 930.00	7.90
财产管理类	—	—	—

6.4.2.2.2 本年度已清算结束的主动管理型信托项目个数、合计金额、加权平均实际年化收益率,分证券投资、股权投资、融资、事务管理类分别披露

已清算结束信托项目	项目个数	合计金额(万元)	(信托报酬率)(%)	加权平均实际年化收益率(%)
证券投资类	—	—	—	—
股权投资类	—	—	—	—
融资类	6	98 430.00	1.06	7.93
事务管理类	—	—	—	—

6.4.2.2.3 本年度已清算结束的被动管理型信托项目个数、合计金额、加权平均实际年化收益率,分证券投资、股权投资、融资、事务管理类分别披露

无。

6.4.2.3 本年度新增的集合类、单一类、财产管理类信托项目个数、合计金额

单位:万元

新增信托项目	项目个数	合计金额
集合类	18	812 778.00
单一类	14	253 185.00
财产管理类	4	84 000.00
新增合计	36	1 149 963.00
其中:主动管理型	32	1 065 963.00
被动管理型	4	84 000.00

6.4.2.4 信托业务创新成果和特色业务有关情况

报告期内,公司根据自身业务战略安排,积极推动私募股权投资俱乐部和企业私募债等创新产品的前期开发和实施准备工作。

私募股权投资俱乐部产品:该产品主要针对高端客户(包括国企、民企、上市公司等),客户以俱乐部会员形式加入,通过高质量的会员服务、与客户投资偏好和习惯相适应的决策管理

流程等途径实现产品有效运作。

塔牌手工原酒（庚寅典藏）投资私募债券：公司作为承销商和财务顾问，设计发行塔牌手工原酒（庚寅典藏）投资私募债券，资金用于定向购买塔牌绍兴酒手工原酒（庚寅典藏），该产品将在浙江股权交易中心挂牌交易。

6.4.2.5　本公司履行受托人义务情况及因公司自身责任而导致的信托资产损失情况（合计金额、原因等）

报告期内本公司严格履行受托人义务，不存在因本公司自身责任而导致的信托资产损失情况。

6.5　关联方关系及其交易的披露

6.5.1　关联交易方的数量、关联交易的总金额及关联交易的定价政策等

	关联交易方数量	关联交易金额（万元）	定价政策
合计	3	1 072.04	市场交易价格

6.5.2　关联交易方与本公司的关系性质、关联交易方的名称、法定代表人、注册地址、注册资本及主营业务等

关系性质	关联方名称	法定代表人	注册地址	注册资本（万元）	主营业务
母公司	浙江省国际贸易集团有限公司	王挺革	杭州市庆春路199号	9.8	进出口业务、国内贸易、实业投资、咨询服务等。
对本公司有重大影响的股东	中国国际金融有限公司	李剑阁	北京市建国门外大街1号国贸大厦2座27层及28层	美元2.25亿元	证券业务、股票发行、投资顾问、资产管理等。
与本公司同受一母公司控制	浙江国贸东方房地产有限公司	胡承江	杭州市西湖区文三路453号	1亿元	房地产开发经营。

6.5.3　本公司与关联方的重大交易事项

6.5.3.1　固有财产与关联方：贷款、投资、租赁、应收账款担保、其他方式等期初汇总数、本期发生额汇总数、期末汇总数

单位：万元

固有与关联方关联交易				
	期初数	借方发生额	贷方发生额	期末数
贷款	—	—	—	—
投资	—	—	—	—
租赁	—	123.47	123.47	—
担保	—	—	—	—
应收账款	—	—	—	—
其他	—	138.86	88.76	50.10
合计	—	262.33	212.23	50.10

6.5.3.2　信托资产与关联方：贷款、投资、租赁、应收账款、担保、其他方式等期初汇总数、本期发生额汇总数、期末汇总数

单位：万元

信托资产与关联方关联交易			
	期初数	借方发生额	贷方发生额
贷款	—	—	—
投资	—	—	—
租赁	—	—	—
担保	—	—	—
应收账款	—	—	—
其他	—	809.71	809.71
合计	—	809.71	809.71

6.5.3.3　固有财产与信托财产之间的交易金额期初汇总数、本期发生额汇总数、期末汇总数

单位：万元

固有财产与信托财务相互交易			
	期初数	本期发生额	期末数
合计		5 724.22	5 724.22

注：以固有资金投资公司自己管理的信托项目受益权，或购买自己管理的信托项目的信托资产均应纳入统计披露范围。

6.5.3.4　信托资产与信托财产之间的交易金额期初汇总数、本期发生额汇总数、期末汇总数

单位：万元

信托资产与信托财产相互交易			
	期初数	本期发生额	期末数
合计	—	46 210.00	46 210.00

6.6　会计制度的披露

公司执行中华人民共和国财政部于2006年2月颁布的《企业会计准则—基本准则》和38项具体会计准则、其后颁布的应用指南、解释以及其他相关规定。

7.　财务情况说明书

7.1　利润实现和分配情况

2012年度公司实现利润总额为5 249.71万元，应缴纳企业所得税1 367.37万元，实现净利润3 882.34万元。本年提取信托赔偿准备金194.11万元，提取法定公积金388.23万元，剩余可供分配净利润未向公司股东分配利润。

7.2　主要财务指标

指标名称	指标值
资本利润率（%）	7.4
信托报酬率（%）	1.63
人均营业收入（万元）	243

7.3　对本公司财务状况、经营成果有重大影响的其他事项

无。

8.　特别事项简要揭示

8.1　前五名股东报告期内变动情况及原因

报告期内，本公司股东及其持股比例没有发生变动。

8.2 董事、监事及高级管理人员变动情况及原因

8.2.1 董事变动情况及原因

2012年2月，因朱勇先生、潘伟先生提出辞去公司董事职务，公司股东大会选举林寿康先生、辛洁先生为公司董事，并报经浙江银监局核准。

8.2.2 监事变动情况及原因

2012年9月，公司职工大会选举吴国基先生为公司职工监事。

8.2.3 高级管理人员变动情况及原因

2012年1月，因程强先生提出辞去公司总经理职务，公司董事会聘任辛洁先生为公司总经理，并报经中国银监会核准。

2012年3月，经总经理提名，公司董事会聘任谢捷先生为公司副总经理，并报经浙江银监局核准。

2012年8月，经总经理提名，公司董事会聘任刘伟先生为公司常务副总经理（运营总监），并报经浙江银监局核准。

8.3 变更注册资本、变更注册地或公司名称、公司分立合并事项

无。

8.4 公司的重大诉讼事项

无。

8.5 公司及其董事、监事和高级管理人员受到处罚的情况

无。

8.6 本年度重大事项临时报告的简要内容、披露时间、所披露的媒体及其版面

（1）《浙商金汇信托股份有限公司关于修改章程的公告》，2012年7月6日刊登于《金融时报》第7版。

（2）《浙商金汇信托股份有限公司关于总经理变更的公告》，2012年7月7日刊登于《金融时报》第7版。

9. 公司监事会意见

公司监事会认为，报告期内公司依法合规经营，本报告的财务报告真实、客观地反映了公司的财务状况和经营结果。

中诚信托有限责任公司

1. 重要提示

1.1 本公司董事会及董事保证本报告所载资料不存在任何虚假记载、误导性陈述或者重大遗漏，并对其内容的真实性、准确性和完整性承担个别及连带责任。

1.2 未出席董事会董事情况：赵荣哲、洪小源、张毅未出席第三届董事会第四次会议，授权其他董事行使表决权；王会娟、洪小源、张胜东未出席第三届董事会第五次会议，授权其他董事行使表决权。

1.3 本公司独立董事对年度报告的真实性、准确性、完整性无异议。

1.4 公司董事长邓红国、总经理王少华、财务总监丛雪萍声明：保证年度报告中财务报告的真实、完整。

2. 公司概况

2.1 公司简介

中诚信托有限责任公司初创于 1995 年 11 月，原名称为中煤信托投资有限责任公司，注册资本金人民币 4 亿元（含 1 500 万美元）；2001 年 9 月首家获准重新登记，是中国银监会直接监管的信托公司；2004 年 2 月完成增资扩股后，注册资本金增加到 12 亿元，公司名称变更为中诚信托投资有限责任公司；2007 年 8 月，根据新颁布实施的《信托公司管理办法》公司完成了重新登记，首批获准直接换发金融许可证，名称变更为中诚信托有限责任公司；2010 年 10 月完成增资扩股后，注册资本金增加到 24.57 亿元。

法定中文名称	中诚信托有限责任公司
法定中文缩写名称	中诚信托
公司法定英文名称	China Credit Trust Co.，Ltd.

续表

法定代表人	邓红国
法定英文缩写名称	CCT
注册地址	北京市东城区安定门外大街 2 号
邮政编码	100013
国际互联网网址	http://www.cctic.com.cn/
电子信箱	contactus@cctic.com.cn
信息披露事务负责人	魏青，电话：010－84267098；传真：010－84267118 电子信箱：weiqing@cctic.com.cn
选定的信息披露报纸	《金融时报》
公司年报备置地点	北京市东城区安定门外大街 2 号
聘请的会计师事务所	中准会计师事务所有限公司
聘请的会计师事务所住所	北京海淀区首体南路 22 号国兴大厦四层

2.2 组织结构

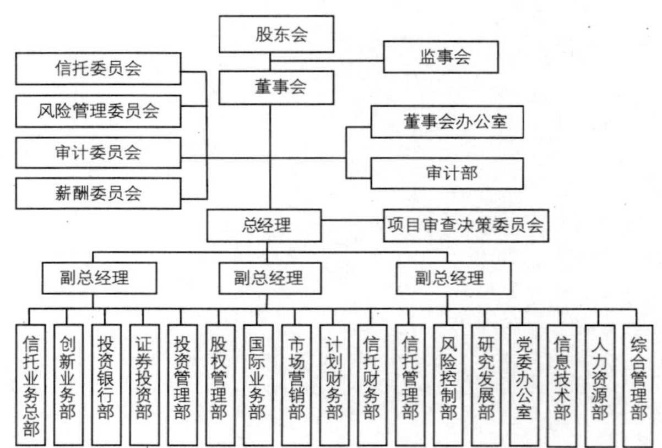

3. 公司治理

3.1 股东

股东名称	持股比例（%）	法人代表	注册资本（万元）	注册地址	主要经营业务及主要财务状况
中国人民保险集团股份有限公司★	32.9206	吴焰	3 060 000.00	北京市宣武区东河沿路 69 号	机构和其他金融机构股份；监督管理控股投资企业的各种国内、国际业务；国家授权或委托的政策性保险业务；经保监会和国家有关部门批准的其他业务。
国华能源投资有限公司	20.3528	解建宁	310 044.08	北京市东城区东直门南大街 3 号楼	管理和经营煤代油资金形成的所有资产：对能源、交通、金融、卫生行业投资等。
兖矿集团有限公司	10.1764	王信	335 338.80	邹城市凫山南路 298 号	煤炭采选、热电、建筑材料、水泥、高岭土、煤炭产品的生产销售，矿用设备、机电设备及成套设备的制造、安装、维修、销售

3.2 董事

董事长、董事

姓名	职务	性别	年龄	选任日期	所推举的股东名称	该股东持股比例(%)	简要履历
邓红国	董事长	男	57	2010年11月			曾任物资部政策法规司副处长，中国人民银行国际司、外资司、一司、监管司副司长，中国银监会三部、四部主任；现任中诚信托有限责任公司董事长、党委书记。
俞小平	董事	女	55	2010年11月	中国人民保险集团股份有限公司	32.9206	曾任中国人民建设银行建经处干部、建经部房贷处处长、房地产信贷部干部副主任，国家开发银行国际金融局副局长，武汉分行行长，深圳分行党委书记、行长；现任中国人民保险集团股份有限公司党委委员、首席投资执行官。
王会娟	董事	女	50	2010年11月	国华能源投资有限公司	20.3528	曾任国家计委主任科员、副处长，国家开发银行技改司副处长、处长，中国爱地集团总经理助理，中远集团资产经营中心副主任，国华能源投资有限公司总经理助理、副总经理；现任该公司总经理。
张胜东	董事	男	55	2011年4月	兖矿集团有限公司	10.1764	曾任兖州矿务局财务处副处长，现任兖矿集团有限公司副总会计师、总经理助理、财务公司筹备处主任、结算中心主任。
张毅	董事	男	40	2010年11月	永城煤电控股集团有限公司	5.0882	曾任永城煤电集团有限责任公司财务部副部长、部长，公司副总会计师、财务总监；现任永城煤电控股集团有限公司总会计师兼任河南煤业化工集团财务有限公司董事长。
赵荣哲	董事	男	47	2010年11月	中国中煤能源集团公司	3.3921	曾任中国统配煤矿总公司、煤炭工业部财劳司干部，中煤装备集团财务审计处副处长；现任中国中煤能源集团公司副总会计师、财务总部总经理。
尹新全	董事	男	55	2010年11月	盘江煤电(集团)有限责任公司	3.3921	曾任盘江矿务局火铺矿财务科干部，盘江矿务局财务处干部，盘江煤电公司财务部主任；现任盘江煤电(集团)有限责任公司财务部经理、总会计师
赵海龙	董事	男	48	2010年11月	中国平煤神马能源化工集团有限责任公司	3.3921	曾任平顶山煤业(集团)有限责任公司会计、科长、内部银行行长、结算中心主任、处长；现任平顶山煤业(集团)有限责任公司总会计师。
洪小源	董事	男	49	2010年11月	招商局中国基金有限公司	3.3297	曾任国家经济体制改革委员会综合规划司干部，招商局科技集团公司总经理，招商局蛇口工业区有限公司副总经理；现任招商局集团有限公司总裁助理兼招商局金融集团有限公司董事、总经理。
王少华	董事	男	56	2010年11月			曾任煤炭管理干部学院干部，南方证券海口分公司总经理，中煤信托投资有限责任公司副总经理；现任中诚信托有限责任公司总经理。

独立董事

姓名	职务	性别	年龄	选任日期	所推举的股东名称	该股东持股比例(%)	简要履历
杨化彭	独立董事	男	64	2010年11月			曾任大同矿务局财务处会计、副处长，中国统配矿总公司审计局副处长，中国煤矿工程机械装备集团公司副总经理；现任中国煤炭协会副会长、高级会计师。
杨胜刚	独立董事	男	47	2010年11月			曾任湖南理工学院讲师，湖南财经学院副教授、系主任；现任湖南大学金融学院院长、教授、博士生导师。
张晓森	独立董事	男	54	2010年11月			曾任中国政法大学副教授、系副主任，香港胡关李罗律师事务所中国法顾问，天达律师事务所合伙人；现任中咨律师事务所合伙人。

3.3 监事

监事会成员

姓名	职务	性别	年龄	选任日期	所推举的股东名称	该股东持股比例(%)	简要履历
连福忠	监事长	男	52	2010年11月	山西焦煤集团有限责任公司	2.5441	曾任西山矿务局科长，西山煤电(集团)公司副处长，现任山西焦煤集团有限责任公司财务处副处长。
刘瑞生	监事	男	45	2010年11月	国华能源投资有限公司	20.3528	曾任国家审计署科员、主任科员，国华能源投资有限公司风险控制部副经理，现任该公司风险控制部经理。
王玉江	监事	男	49	2010年11月	冀中能源邢台矿业集团有限责任公司	3.3921	曾任邯郸矿务局王凤矿财务科科长，邯郸矿业集团有限公司结算中心主任，金牛能源有限责任公司产权资本运营部部长；现任冀中能源邢台矿业集团有限责任公司总会计师。

续表

姓　名	职　务	性别	年龄	选任日期	所推举的股东名称	该股东持股比例(%)	简　要　履　历
杨广玉	监事	男	44	2010年11月	山西潞安矿业(集团)有限责任公司	2.5441	曾任潞安矿业集团财务处科长，潞安环能股份公司财务部副部长、部长；现任山西潞安矿业(集团)有限责任公司财务处处长。
俞建辉	监事	男	54	2010年11月	福建省能源集团有限责任公司	2.5441	曾任福建永定矿务局会计、科长，福建省煤炭工业总公司副处长、处长；现任福建省能源集团有限责任公司改革与综合产业部经理。
王言彬	监事	男	56	2010年11月	淮北矿业(集团)有限责任公司	1.6961	曾任淮北矿业(集团)科长、副处长、处长；现任淮北矿业(集团)有限责任公司总会计师。
寇显强	监事	男	43	2010年11月	赤峰富龙热电股份有限公司	1.6283	曾任赤峰印刷集团公司科长，赤峰经济广播电台编辑，赤峰富龙公用(集团)有限责任公司副总经理，赤峰大地基础产业股份有限公司副董事长；现任赤峰富龙热电股份有限公司副董事长。
王桂华	监事	女	48	2010年11月	中诚信托有限责任公司职工代表		曾任煤炭科学研究总院财务处会计，中煤信托计财部会计、负责人、副总经理；现任中诚信托有限责任公司审计部总经理。
秦岭	监事	男	38	2011年10月	中诚信托有限责任公司职工代表		曾在西南证券有限责任公司工作，现任中诚信托有限责任公司信托业务总部总经理。

3.4　高级管理人员

姓　名	职　务	性别	年龄	选任日期	金融从业年限	学历	专业
王少华	总经理	男	56	2002年3月13日	18	大本	财务与信用
吴大永	副总经理	男	57	2002年3月13日	18	大本	金融
赵建平	纪委书记	男	48	2006年3月3日	9	研究生	经济
高　方	副总经理	男	54	2006年4月7日	28	大本	财务与信用
罗学东	副总经理	男	46	2011年10月17日	23	大本	金融
李振蓬	副总经理	女	40	2011年10月17日	14	硕士	投资管理
汤淑梅	副总经理	女	47	2011年10月17日	15	博士	法学

3.5　公司员工

项　目		报告期年度		上年度	
		人数	比例(%)	人数	比例(%)
年龄分布	25岁以下	6	3.37	7	4.00
	25~29岁	38	21.35	42	24.00
	30~39岁	97	54.49	92	52.57
	40岁以上	37	20.79	34	19.43
学历分布	博士	7	3.93	7	4.00
	硕士	104	58.43	101	57.71
	本科	63	35.39	61	34.86
	专科	4	2.25	5	2.86
	其他	0	0	1	0.57
岗位分布	董事、监事及高管人员	9	5.06	9	5.14
	自营业务人员	16	8.99	16	9.14
	信托业务人员	96	53.93	91	52.00
	其他人员	57	32.02	59	33.72

4. 经营管理

4.1　经营目标、经营方针、战略规划

4.1.1　经营目标

公司审时度势，强化管理，锐意创新，坚持业务创新发展和内部基础建设并重，信托业务和固有业务并重，着力提升信托投行和资产管理能力，力争在3年内发展成为比较优势明显、核心业务较为突出、盈利模式清晰、内部管理先进的专业资产管理机构。远期力争发展成为国内一流、具有一定国际影响力的财富管理机构。

4.1.2　经营方针

规范经营、专业理财、诚信服务、稳健发展。

4.1.3　战略规划

公司总体发展战略是：坚持稳健审慎的理念，提高投资管理能力和风险管理水平，创新信托业务和产品模式，构建多元化资产管理产品体系；提升财富管理服务水平，为个人高净值客户和机构投资者提供个性化、专业化的综合金融服务和解决方案；继续保持行业领先优势，最大程度地实现受益人回报、股东回报和员工回报的多赢发展的格局。

4.2　所经营业务的主要内容

自营资产运用与分布表

资产运用	金额(万元)	占比(%)	资产分布	金额(万元)	占比(%)
货币资产	194 229.93	16.74	基础产业	97 169.80	8.38
贷款及应收款	616 441.55	53.14	房地产业	348 042.42	30.00
交易性金融资产	64 551.22	5.56	证券市场	85 325.24	7.36
可供出售金融资产	15 676.33	1.35	实业	77 534.92	6.68

续表

资产运用	金额（万元）	占比（%）	资产分布	金额（万元）	占比（%）
持有至到期投资			金融机构	396 454.65	34.17
长期股权投资	246 617.95	21.26	其他	155 598.15	13.41
其他	22 608.20	1.95			
资产总计	1 160 125.18	100.00	资产总计	1 160 125.18	100.00

信托资产运用与分布表

资产运用	金额（万元）	占比（%）	资产分布	金额（万元）	占比（%）
货币资产	1 012 373.55	3.73	基础产业	5 037 571.13	18.56
贷款	8 667 905.86	31.94	房地产	2 507 079.50	9.24
交易性金融资产	9 830 047.34	36.22	证券市场	9 466 115.91	34.88
可供出售金融资产	600 308.67	2.21	实业	5 313 674.33	19.58
持有至到期投资	—		金融机构	3 427 038.54	12.63
长期股权投资	3 593 154.55	13.24	其他	1 385 267.14	5.11
买入返售金融资产	—	0.00			
应收账款	3 432 713.76	12.65			
其他	242.82	0.01			
信托资产总计	27 136 746.55	100	信托资产总计	27 136 746.55	100

4.3 市场分析

4.3.1 有利因素

（1）我国仍处于可以大有作为的重要战略机遇期，经济仍将保持较快增长速度。从国际看，和平、发展、合作仍是时代潮流，世界多极化、经济全球化深入发展，世界经济政治格局出现新变化，科技创新孕育新突破，国际环境总体上有利于我国和平发展。从国内看，“十二五”规划（2011—2015年）预计我国国民生产总值仍将保持年均7%的增长速度。工业化、城镇化仍处于快速发展时期，投资仍然是拉动我国经济增长的重要力量。工业化和城镇化仍需要扩大投资，国内的高储蓄率仍然是支持投资的重要基础，社会各方面对包括信托资金在内的资金需求仍然旺盛。

（2）信托监管法规体系不断完善，引导信托公司规范经营。我国信托公司行业已经构建了“一法三规”为主的法规体系。中国银监会发布实施的信托公司监管评级、公司治理、信息披露、业务会计，以及规范和引导房地产信托、证券投资信托、私人股权投资信托、银信合作等方面的一系列规章制度，正在进一步规范信托公司的业务，明确信托公司的定位，为规范信托公司经营和开展信托业务提供了更加规范的经营环境。

（3）居民财富增长迅速，金融脱媒趋势加快，信托市场潜力巨大。随着居民财富的增长和投资理财意识增强，个人高端客户更倾向高回报、多样化的资产配置形式，金融脱媒趋势加快，企业也寻求更加便捷的融资渠道和低廉资金，通过债券、票据、股票等工具直接筹措资金。同时，金融资产从银行体系中流出转向其他金融机构，信托公司可以在其中大有作为。

4.3.2 不利因素

（1）我国经济结构调整压力较大，经济增长速度有所放缓。我国虽然避免了经济危机对经济增长的大幅波动，但主要依靠投资的刺激政策使国民经济发展中的各方面矛盾面临前所未有的挑战。资源紧张、环境污染问题更加突出，部分行业产能严重过剩，投资与消费比例失衡没有缓解，人口红利优势逐步减弱，劳动力成本和各种资源性产品价格上涨压力持续加大，我国经济发展中的结构性调整压力更加突出，经济增长速度下降和产能过剩矛盾突出。

（2）房地产市场调控长期化，房地产市场不确定性增加。高涨的房价制约了我国房地产市场健康运行，也是房地产市场调控政策的关键参考因素。未来几年，我国房地产市场运行和调控政策面临更大的不确定性，直接关联房地产市场业务的风险。

（3）资产管理市场竞争不断升级，信托制度优势由多类机构共享。自2012年以来，中国证监会、中国保监会发布了一系列规章，支持证券公司、基金公司、私募证券管理公司、保险资产管理公司等机构开展资产管理业务，我国资产管理领域进入多头竞争时代，信托制度优势已经被多类机构共享。

（4）信托公司融资功能弱化，信托财产管理配套制度建设滞后。随着短期融资券、公司债券、中期票据、中小企业债券、资产支持证券等融资工具的推出，企业融资渠道拓宽，信托公司融资服务功能正在削弱。另外，信托PE上市、信托财产登记和税收配套税收制度建设滞后，信托公司业务创新空间受限。

4.4 内部控制概况

4.4.1 内部控制环境和内部控制文化

公司按照法律规定和公司章程要求建立了以股东会、董事会、监事会以及经营管理层为核心的治理结构，“三会一层”之间分工明确，职责清晰；内控体系设置明晰；内部审计工作独立运作，审计部依照国家有关法律法规、财务会计制度和公司内部规定，独立行使内部审计监督权，对公司董事长负责并报告工作；内控文化建设不断深化，公司倡导务实高效的风险管理文化，把诚信经营、合规经营作为内控文化的主旋律，并通过制度建设、员工培训、激励安排等方式将其融入日常工作和企业行为中，使恪守信用原则成为员工基本的职业道德和行为准则。

4.4.2 内部控制措施

（1）严格实施授权审批控制。公司根据业务授权开展相关业务，董事会、管理层及公司业务人员都在业务权限范围内开展工作，对于重大决策、重要人事任免、重大项目安排和大额度资金运作等“三重一大”事项，坚持集体决策原则；对大额采购工作制定了专门制度。

（2）建立岗位分离和资产隔离制度。一是自营业务部门和信托业务部门单独设立，在管理上隶属于不同的公司主管领导，内部人员不相互兼岗；二是财务部门中会计、出纳岗位相互独立，且出纳不得兼顾稽核、会计档案保管等工作；三是业务开展与风险管理相互分离，各职能部门和流程设置明晰，前台、中台、后台既相互分离，又相互制约。资产隔离制度主要表现在自营业务和信托业务单独建账、独立核算，信托业务管理遵循“分类管理、专户核算”原则，每项信托业务都要单独设立账户和编制管理报告。

(3)加强运营分析控制。公司管理层定期、不定期地根据风险控制部、计划财务部提交的有关报告，对公司运营情况及风险状况进行分析，制订相应解决方案并实施。为了应对经营中可能出现的突发事件，公司还专门制定了突发事件应急预案制度。

(4)实施绩效考评控制。公司建立了科学的绩效考评制度，合理设定岗位系列，按照岗位职责、任职资格等进行职位价值评估，制定并完善了适合不同专业技术工作特点和岗位特点的考核指标体系。

4.4.3 监督评价与纠正

公司建立了多层次的内控监督体系：监事会依法履行监督职能，对公司董事、高级管理层履职情况进行监督；审计部独立行使内部审计监督权；风险控制部等部门在对内部控制的实施情况进行持续监督的基础上，还会开展有针对性的专项检查，指出存在的问题提出整改意见和建议。

4.5 风险管理概况

公司实施以项目管理为核心的风险管理战略，建立了以风险管理委员会、经营管理层、风险控制部为主线的风险管理组织体系，制定了以《风险管理办法》为核心的风险管理规章制度，遵循全面、审慎、及时、有效和独立性的风险管理原则，将风险管理贯穿到公司前台、中台以及后台的各个环节，并根据业务类别制定相应的风险控制措施，形成了“事前防范、事中控制、事后评价”的风险管理机制，逐步形成了体现“稳健、审慎”经营理念的风险管理文化。

4.5.1 合规风险

合规风险是指公司因没有遵守法律、法规和准则而可能遭受法律制裁、监管处罚，从而给公司发展带来重大损失的风险。公司通过宣传并解读监管政策和对员工的法规培训，来营造良好的合规文化氛围，提高全体员工防范风险的意识；结合监管部门要求和实际情况，修改完善内部制度规定，搭建了董事会—经营管理层—风险控制部—合规岗四个层次的合规管理组织体系；根据监管规定，制定了净资本管理的相关制度，成立了净资本管理委员会，按年度制订净资本配置方案，对公司净资本管理指标进行动态监督；继续加强对业务的合规管理和项目的合规性审查。

4.5.2 信用风险

信用风险是公司面临的主要风险之一，如果交易对手不按期履行合约义务，或因经营不善、资金周转不灵甚至恶意欺诈等原因而给信托财产或公司财产的造成损失的风险。政府宏观调控力度进一步加大，经济增速下降，使部分交易对手流动性困难，导致交易对手的履约能力下降，从而使公司业务开展面临一定风险。公司不断完善项目评审相关制度，优化项目评审流程，加强对员工业务能力的培训，提高项目甄别和筛选能力；重视对交易对手经营状况、资信状况的尽职调查，审慎选择交易对手；继续加强对项目前期风险评估工作，强化对项目运行管理的监督力度，严格审查项目资金使用，逐步推行按风险等级分类对项目运行进行管理，加大对重点项目进行监督检查力度，并建立风险预警制度，有效防范信用风险。

4.5.3 市场风险

市场风险是指由于市场价格的波动而给信托财产或公司财产带来损失的可能性，常见的风险表现形式包括利率风险、证券价格波动风险、商品价格波动风险和汇率风险等。公司通过设置合理的交易结构，在资金放贷中引入浮动利率机制，实现对风险的有效对冲和补偿，以规避市场风险；通过加强对证券投资产品单位净值、抵(质)押物价格变化的日常监控，以防范市场价格波动带来的风险；定期对房地产业务进行压力测试，分析在不同风险程度下房地产项目的抗风险能力，从而及时发现并预防市场风险；合理配置外汇资产，防范汇率波动给公司外汇资本金带来的市场风险。

4.5.4 操作风险

操作风险是指在经营管理过程中，由于内控机制不健全、内部业务操作程序不完善或操作系统发生故障，从而给公司经营带来隐患的风险。同时，在业务开展过程中，业务人员未能充分获得准确的市场信息，不熟悉市场交易涉及的法律法规，或者工作失误和效率低下都可能会产生操作风险。公司定期对业务操作流程进行修订和完善，以业务流程为主线，不断完善前台、中台、后台的内部控制体系，对重要的业务环节，实行双人双岗复核、审批；及时对业务管理系统和证券交易系统进行升级，更新相关数据，同时加强对新员工在制定合同文本、熟悉业务流程等方面的培训，有效防范操作风险；重视项目的抵押担保手续办理工作，要求风险控制部人员参与办理担保相关手续。

4.5.5 其他风险状况

其他风险主要还有法律风险、声誉风险等。法律风险是由于公司在经营过程中，因为无法满足或违反法律要求，导致不能履行合同而发生争议、诉讼或其他法律纠纷，可能给公司或投资人造成经济损失的风险。声誉风险主要是由公司经营管理行为导致利益相关方进行负面评价的风险。公司高度重视法律风险的防范，数次修订《合同管理办法》，定期对合同文本进行更新，不断加强对合同的审查力度；聘请外部律师对重大项目出具法律意见，从业务源头和操作环节防范和化解法律风险。对于声誉风险，公司及时向投资者和监管层进行信息披露，持续关注新闻舆情，还借助信托业协会的《信托资讯》、《每日舆情》等做好舆情监测，就重点事件积极采取应对措施，防范和化解声誉风险。

5. 报告期末及上一年度末的比较式会计报表

5.1 自营资产

5.1.1 会计师事务所审计意见全文

审 计 报 告

中准审字〔2013〕1056号

中诚信托有限责任公司董事会：

我们审计了后附的中诚信托有限责任公司财务报表，包括2012年12月31日的资产负债表，2012年度的利润表、现金流量表和所有者权益变动表以及财务报表附注。

一、管理层对财务报表的责任

编制和公允列报财务报表是中诚信托有限责任公司管理层的责任，这种责任包括：(1)按照企业会计准则的规定编制财务报表，并使其实现公允反映；(2)设计、执行和维护必要的内部控制，以使财务报表不存在由于舞弊或错误导致的重大错报。

二、注册会计师的责任

我们的责任是在实施审计工作的基础上对财务报表发表审计意见。我们按照中国注册会计师审计准则的规定执行了审计工作。中国注册会计师审计准则要求我们遵守职业道德规范，计划和实施审计工作以对财务报表是否不存在重大错报获取合理保证。

审计工作涉及实施审计程序，以获取有关财务报表金额和披露的审计证据。选择的审计程序取决于注册会计师的判断，包括对由于舞弊或错误导致的财务报表重大错报风险的评估。在进行风险评估时，我们考虑与财务报表编制相关的内部控制，以设计恰当的审计程序，但目的并非对内部控制的有效性发表意见。审计工作还包括评价管理层选用会计政策的恰当性和作出会计估计的合理性，以及评价财务报表的总体列报。

我们相信，我们获取的审计证据是充分、适当的，为发表审计意见提供了基础。

三、审计意见

我们认为，中诚信托有限责任公司财务报表在所有重大方面按照企业会计准则的规定编制，公允反映了中诚信托有限责任公司2012年12月31日的财务状况以及2012年度的经营成果和现金流量。

中准会计师事务所有限公司　　中国注册会计师：田　雍

中国注册会计师：关晓光

中国・北京　　二〇一三年四月二十四日

5.1.2 资产负债表

资产负债表

编制单位：中诚信托有限责任公司　　2012年12月31日　　单位：万元

项　目	期末数	年初数	项目	期末数	年初数
资产：			负债：		
现金及银行存款	194 229.93	275 426.16	应付职工薪酬	74 419.12	56 303.51
交易性金融资产	64 551.22	12 438.96	应交税费	37 428.30	42 538.21
买入返售金融资产	15 000.32	—	预收及应付手续费及佣金	38.24	256.31
应收利息	1 528.78	2 709.96	其他应付款	36 433.48	31 858.48
应收手续费及佣金	32 671.74	2 771.35	递延所得税负债	7 177.32	7 177.32
其他应收款	24 606.05	16 696.85	负债合计	155 496.46	138 133.83
应收款项类金融资产	254 059.22	114 634.11	所有者权益(或股东权益)：		
发放贷款和垫款	288 575.45	330 660.00	实收资本(或股本)	245 666.67	245 666.67
可供出售金融资产	15 676.33	16 554.00	其中：国有资本	—	—
长期股权投资	246 617.95	227 474.07	国有法人资本	224 624.99	224 624.99
固定资产	2 407.52	2 442.79	外商资本	8 180.00	8 180.00
无形资产	407.18	4.27	资本公积	261 523.92	259 222.75
长期待摊费用	192.22	44.03	盈余公积	82 108.68	66 035.82
递延所得税资产	19 601.27	14 726.21	一般风险准备	34 022.63	25 986.20
其他资产			未分配利润	381 306.82	281 537.49
			外币报表折算差额	—	—
			所有者权益(或股东权益)合计	1 004 628.72	878 448.93
资产总计	1 160 125.18	1 016 582.76	负债和所有者权益(或股东权益)总计	1 160 125.18	1 016 582.76

法定代表人：邓红国　　主管会计工作负责人：丛雪萍　　制表人：吴静玲

5.1.3 利润表

利润表

编制单位:中诚信托有限责任公司　　2012 年度　　单位:万元

项　目	本期金额	上期金额
一、营业收入	269 293.99	241 342.36
(一)利息净收入	60 021.74	63 668.01
利息收入	60 021.74	63 668.01
利息支出	—	—
(二)手续费及佣金净收入	155 883.86	137 519.21
手续费及佣金收入	158 407.89	142 437.48
手续费及佣金支出	2 524.03	4 918.27
(三)投资收益(损失以"-"号填列)	50 835.76	43 330.96
其中:对联营企业和合营企业的投资收益	24 468.89	27 729.02
(四)公允价值变动收益(损失以"-"号填列)	2 451.79	-3 133.44
(五)其他收入	100.84	-42.38
汇兑收益(损失以"-"号填列)	1.02	-330.31
其他业务收入	99.82	287.92
二、营业支出	63 215.91	58 899.55
(一)营业税金及附加	13 236.09	11 924.88
(二)业务及管理费	44 722.36	41 994.48
(三)资产减值损失或呆账损失(转回金额以"-"号填列)	5 257.46	4 980.19
(四)其他业务成本	—	—
三、营业利润(亏损以"-"号填列)	206 078.08	182 442.81
加:营业外收入	35.76	957.45
减:营业外支出	72.32	54.50
四、利润总额(亏损以"-"号填列)	206 041.52	183 345.76
减:所得税费用	45 312.89	38 956.09
五、净利润(亏损以"-"号填列)	160 728.63	144 389.67
六、每股收益:		
(一)基本每股收益(元)	0.65	0.59
(二)稀释每股收益(元)	0.65	0.59
七、其他综合收益	2 301.16	-6 514.18
八、综合收益总额	163 029.79	137 875.49

法定代表人:邓红国　　主管会计工作负责人:丛雪萍　　制表人:吴静玲

5.1.4 所有者权益变动表

所有者权益变动表

2012 年度

编制单位:中诚信托有限责任公司　　　　单位:万元

项　目	本年金额						上年金额					
	实收资本(或股本)	资本公积	盈余公积	一般风险准备	未分配利润	所有者权益合计	实收资本(或股本)	资本公积	盈余公积	一般风险准备	未分配利润	所有者权益合计
一、上年末余额	245 666. 67	259 222. 75	66 035. 82	25 986. 20	281 537. 49	878 448. 93	245 666. 67	265 736. 93	51 599. 98	18 768. 28	220 249. 57	802 021. 43
加:会计政策变更												
前期差错变更									-3. 13	-1. 57	-26. 63	-31. 33
二、本年年初余额	245 666. 67	259 222. 75	66 035. 82	25 986. 20	281 537. 49	878 448. 93	245 666. 67	265 736. 93	51 596. 85	18 766. 72	220 222. 94	801 990. 11
三、本年增减变动金额(减少以"-"号填列)		2 301. 17	16 072. 86	8 036. 43	99 769. 33	126 179. 79		-6 514. 18	14 438. 97	7 219. 48	61 314. 55	76 458. 82
(一)净利润					160 728. 62	160 728. 62					144 389. 67	144 389. 67
(二)其他综合收益		2 301. 17				2 301. 17		-6 514. 18				-6 514. 18
1. 可供出售金融资产公允价值变动净额		380. 84				380. 84		-3 830. 51				-3 830. 51
(1)计入所有者权益的金额		435. 78				435. 78		-3 347. 98				-3 347. 98
(2)转入当期损益的金额		-54. 94				-54. 94		-482. 53				-482. 53
2. 现金流量套期工具公允价值变动净额												
3. 权益法下被投资单位其他所有者权益变动的影响		2 015. 54				2 015. 54		-3 641. 30				-3 641. 30
4. 与计入所有者权益项目相关的所得税影响		-95. 21				-95. 21		957. 63				957. 63
5. 其他												
上述(一)和(二)小计		2 301. 17			160 728. 62	163 029. 79		-6 514. 18			144 389. 67	137 875. 49
(三)所有者投入和减少资本												
(四)利润分配			16 072. 86	8 036. 43	-60 959. 29	-36 850. 00			14 438. 97	7 219. 48	-83 075. 12	-61 416. 67
1. 提取盈余公积			16 072. 86		-16 072. 86				14 438. 97		-14 438. 97	
2. 提取一般风险准备				8 036. 43	-8 036. 43					7 219. 48	-7 219. 48	
3. 对所有者(或股本)的分配					-36 850. 00	-36 850. 00					-61 416. 67	-61 416. 67
4. 其他												
(五)信托赔偿准备弥补信托项目亏损												
(六)所有者权益内部结转												
四、本年末余额	245 666. 67	261 523. 92	82 108. 68	34 022. 63	381 306. 82	1 004 628. 72	245 666. 67	259 222. 75	66 035. 82	25 986. 20	281 537. 49	878 448. 93

法定代表人:邓红国　　　　主管会计工作负责人:丛雪萍　　　　制表人:吴静玲

5.2 合并报告

5.2.1 会计师事务所审计意见全文

审 计 报 告

中准审字〔2013〕1058 号

中诚信托有限责任公司董事会：

我们审计了后附的中诚信托有限责任公司财务报表，包括2012 年 12 月 31 日的合并及母公司资产负债表，2012 年度的合并及母公司利润表、合并及母公司现金流量表和合并及母公司所有者权益变动表以及财务报表附注。

一、管理层对财务报表的责任

编制和公允列报财务报表是中诚信托有限责任公司的管理层的责任，这种责任包括：(1)按照企业会计准则的规定编制财务报表，并使其实现公允反映；(2)设计、执行和维护必要的内部控制，以使财务报表不存在由于舞弊或错误导致的重大错报。

二、注册会计师的责任

我们的责任是在执行审计工作的基础上对财务报表发表审计意见。我们按照中国注册会计师审计准则的规定执行了审计工作。中国注册会计师审计准则要求我们遵守中国注册会计师职业道德守则，计划和执行审计工作以对财务报表是否不存在重大错报获取合理保证。

审计工作涉及实施审计程序，以获取有关财务报表金额和披露的审计证据。选择的审计程序取决于注册会计师的判断，包括对由于舞弊或错误导致的财务报表重大错报风险的评估。在进行风险评估时，注册会计师考虑与财务报表编制和公允列报相关的内部控制，以设计恰当的审计程序，但目的并非对内部控制的有效性发表意见。审计工作还包括评价管理层选用会计政策的恰当性和作出会计估计的合理性，以及评价财务报表的总体列报。

我们相信，我们获取的审计证据是充分、适当的，为发表审计意见提供了基础。

三、审计意见

我们认为，中诚信托有限责任公司财务报表在所有重大方面按照企业会计准则的规定编制，公允反映了中诚信托有限责任公司 2012 年 12 月 31 日的合并及母公司财务状况以及2012 年度的合并及母公司经营成果和合并及母公司现金流量。

中准会计师事务所有限公司　　中国注册会计师：田雍

中国注册会计师：关晓光

中国·北京　　二〇一三年四月二十四日

5.2.2 合并资产负债表

编制单位：中诚信托有限责任公司　　2012 年 12 月 31 日　　单位：万元

资　产	期末余额	年初余额	负债和所有者权益(或股东权益)	期末余额	年初余额
流动资产：			流动负债：		
货币资金	214 030.97	281 220.96	应付账款	480.03	8.75
交易性金融资产	64 551.22	12 438.96	预收款项	88.19	457.05
应收账款	33 182.01	2 838.78	应付手续费及佣金		4.64
预付款项	63.50	46.49	应付职工薪酬	74 565.32	56 331.11
应收利息	1 528.78	2 709.96	应交税费	37 743.38	42 762.80
其他应收款	9 140.80	1 145.42	其他应付款	39 457.01	35 499.07
买入返售金融资产	15 000.32		其他流动负债		
存货	62.76	45.09	流动负债合计	152 333.93	135 063.42
其他流动资产			非流动负债：		
流动资产合计	337 560.36	300 445.66	长期应付款	4 750.00	5 250.00
非流动资产：			递延所得税负债	7 177.32	7 177.32
发放贷款及垫款	288 575.45	330 660.00	其他非流动负债		
可供出售金融资产	16 926.34	16 554.01	非流动负债合计	11 927.32	12 427.32
持有至到期投资			负债合计	164 261.25	147 490.74
应收款项类金融资产	257 559.22	119 134.11	所有者权益(或股东权益)：		
长期股权投资	207 522.06	199 622.31	实收资本(或股本)	245 666.67	245 666.67
固定资产	45 594.16	47 526.16	资本公积	261 523.92	259 222.75
无形资产	408.41	5.66	盈余公积	82 108.68	66 035.82
商誉	22.02		一般风险准备	34 022.63	25 986.19
长期待摊费用	369.05	143.71	未分配利润	384 269.31	283 098.13
递延所得税资产	19 417.09	14 561.90	外币报表折算差额	-3.10	
其他非流动资产			归属于母公司所有者权益合计	1 007 588.11	880 009.56
非流动资产合计	836 393.80	728 207.86	少数股东权益	2 104.80	1 153.22
			所有者权益合计	1 009 692.91	881 162.78
资产总计	1 173 954.16	1 028 653.52	负债和所有者权益总计	1 173 954.16	1 028 653.52

法定代表人：邓红国　　主管会计工作负责人：丛雪萍　　制表人：吴静玲

5.2.3 合并利润表

合并利润表

编制单位：中诚信托有限责任公司　　2012 年度　　单位：万元

项　目	本年金额	上年金额
一、营业收入	226 589.03	211 461.38
其中：出租收入	5 530.94	4 620.13
利息收入	60 229.58	63 843.76
手续费及佣金收入	160 585.89	142 622.94
其他业务收入	242.62	374.55
二、营业总成本	72 311.05	68 425.80
其中：营业成本	2 040.03	2 048.34
利息支出		
手续费及佣金支出	2 524.03	4 947.07
退保金		
赔付支出净额		
提取保险责任准备金净额		
保单红利支出		
其他业务成本	19.90	
营业税金及附加	13 734.11	12 252.50
销售费用	104.20	61.22
管理费用	48 699.64	44 159.74
财务费用	2.57	-47.26
资产减值损失	5 186.57	5 004.19
加：公允价值变动收益（损失以"-"号填列）	2 451.79	-3 133.44
投资收益（损失以"-"号填列）	51 110.74	43 330.96
其中：对联营企业和合营企业的投资收益	24 468.89	27 729.02
汇兑收益（损失以"-"号填列）	0.91	-330.35
三、营业利润（亏损以"-"号填列）	207 841.42	182 902.75
加：营业外收入	63.03	1 041.62
减：营业外支出	77.67	66.51
其中：非流动资产处置损失	0.76	0.70
四、利润总额（亏损总额以"-"号填列）	207 826.78	183 877.86
减：所得税费用	45 916.91	39 360.10
五、净利润（净亏损以"-"号填列）	161 909.87	144 517.76
归属于母公司所有者的净利润	162 130.48	144 866.56
少数股东损益	-220.61	-348.80
六、每股收益：		
（一）基本每股收益	0.66	0.59
（二）稀释每股收益	0.66	0.59
七、其他综合收益	2 295.09	-6 514.18
八、综合收益总额	164 204.96	138 003.58
归属于母公司所有者的净利润	164 428.54	138 352.38
少数股东损益	-223.58	-348.80

法定代表人：邓红国　　主管会计工作负责人：丛雪萍　　制表人：吴静玲

5.2.4 合并所有者权益变动表

合并所有者权益变动表

编制单位：中诚信托有限责任公司　　2012 年　　单位：万元

项目	本年金额								上年金额							
	归属于母公司所有者权益						少数股东权益	所有者权益合计	归属于母公司所有者权益						少数股东权益	所有者权益合计
	实收资本（或股本）	资本公积	盈余公积	一般风险准备	未分配利润	其他			实收资本（或股本）	资本公积	盈余公积	一般风险准备	未分配利润	其他		
一、上年末余额	245 666.67	259 222.75	66 035.82	25 986.20	283 098.12		1 153.22	881 162.78	245 666.67	265 736.93	51 599.98	18 768.29	221 333.31		1 502.02	804 607.20
加：会计政策变更																
前期差错变更											-3.13	-1.57	-26.63			-31.33
二、本年初余额	245 666.67	259 222.75	66 035.82	25 986.20	283 098.12		1 153.22	881 162.78	245 666.67	265 736.93	51 596.85	18 766.72	221 306.68		1 502.02	804 575.87
三、本年增减变动金额（减少以“－”号填列）		2 301.17	16 072.86	8 036.43	101 171.19	-3.10	951.58	128 530.13		-6 514.18	14 438.97	7 219.48	61 791.44		-348.80	76 586.91
（一）净利润					162 130.48		-220.61	161 909.87					144 866.56		-348.80	144 517.76
（二）其他综合收益		2 301.17				-3.10	-2.98	2 295.09		-6 514.18						-6 514.18
1. 可供出售金融资产公允价值变动净额		380.84						380.84		-3 830.52						-3 830.52
（1）计入所有者权益的金额		435.78						435.78		-3 347.98						-3 347.98
（2）转入当期损益的金额		-54.94						-54.94		-482.54						-482.54
2. 现金流量套期工具公允价值变动净额																
3. 权益法下被投资单位其他所有者权益变动的影响		2 015.54						2 015.54		-3 641.29						-3 641.29
4. 与计入所有者权益项目相关的所得税影响		-95.21						-95.21		957.63						957.63
5. 其他						-3.10	-2.98	-6.08								
上述（一）和（二）小计		2 301.17			162 130.48	-3.10	-223.59	164 204.96		-6 514.18			144 866.56		-348.80	138 003.58
（三）所有者投入和减少资本							1 175.17	1 175.17								
（四）利润分配			16 072.86	8 036.43	-60 959.29			-36 850.00			14 438.97	7 219.48	-83 075.12			-61 416.67
1. 提取盈余公积			16 072.86		-16 072.86						14 438.97		-14 438.97			
2. 提取一般风险准备				8 036.43	-8 036.43							7 219.48	-7 219.48			
3. 对所有者（或股本）的分配					-36 850.00			-36 850.00					-61 416.67			-61 416.67
4. 其他																
（五）信托赔偿准备弥补信托项目亏损																
（六）所有者权益内部结转																
四、本年末余额	245 666.67	261 523.92	82 108.68	34 022.63	384 269.31	-3.10	2 104.80	1 009 692.91	245 666.67	259 222.75	66 035.82	25 986.20	283 098.12		1 153.22	881 162.78

法定代表人：邓红国　　主管会计工作负责人：丛雪萍　　制表人：吴静玲

5.3 信托资产

5.3.1 信托项目资产负债汇总表

信托项目资产负债汇总表

编制单位：中诚信托有限责任公司　　2012年12月31日　　单位：万元

资　　产	行次	期末余额	期初余额	负债和所有者权益	行次	期末余额	期初余额
信托资产：				信托负债：			
银行存款	1	1 012 373.55	1 554 563.20	应付受托人报酬	18	16 842.93	830.46
交易性金融资产	2	9 830 047.34	4 176 844.27	应付受益人收益	19	4 384.27	5 580.80
买入返售金融资产	3		55 000.00	应付托管费	20	2 177.61	1 363.72
应收账款	4	3 432 713.76	2 889 747.97	应交税费	21	741.32	458.13
应收利息	5	62.59	19.04	其他应付款	22	157 864.49	88 651.70
拆出资金	6						
其他应收款	7	180.23	100.00	信托负债合计	23	182 010.62	96 884.81
贷款	8	8 667 905.86	5 709 195.65				
持有至到期投资	9						
可供出售金融资产	10	600 308.67	1 591 794.61	信托权益：			
长期股权投资	11	3 593 154.55	4 404 369.94	实收信托	24	26 784 960.16	20 258 855.36
固定资产	12			资本公积	25	1 249.62	1 816.35
在建工程	13			未分配利润	26	168 526.15	24 078.16
无形资产	14			信托权益合计	27	26 954 735.93	20 284 749.87
长期待摊费用	15						
其他资产	16						
资产总计	17	27 136 745.55	20 381 634.68	负债和所有者权益合计	28	27 136 746.55	20 381 634.68

5.3.2 信托项目利润及利润分配汇总表

信托项目利润及利润分配表

2012年度

编制单位：中诚信托有限责任公司　　单位：万元

项　　目	行次	本年金额	上年金额
一、营业收入	1	1 742 108.49	1 335 025.42
利息收入	2	748 011.84	595 948.51
投资收益	3	561 473.54	388 952.62
公允价值变动损益	4	51 357.34	－32 207.16
租赁收入	5		
其他业务收入	6	383 201.95	382 377.00
汇兑损益	7	－1 936.18	－45.55
二、手续费及佣金支出			
三、业务及管理费	8	233 286.70	188 164.60
四、营业税金及附加	9	2 182.01	2 120.32
五、扣除财产损失前的信托利润	10	1 506 639.78	1 144 740.50
加：以前年度损益调整			2.10
六、扣除资产损失后的信托利润	11	1 506 639.78	1 144 742.60
加：期初未分配信托利润	12	24 078.16	－62 421.80
七、可供分配的信托利润	13	1 530 717.94	1 082 320.80
减：本期已分配的信托利润	14	1 362 191.79	1 058 242.64
八、期末未分配利润	15	168 526.15	24 078.16

6. 会计报表附注

6.1 简要说明报告年度会计报表编制基准、会计政策、会计估计和核算方法发生的变化

6.1.1 会计核算基本前提的说明

公司以持续经营为基础，根据实际发生的交易和事项，按照《企业会计准则——基本准则》和其他各项具体会计准则、应用指南及准则解释的规定进行确认和计量，在此基础上编制财务报表。

公司所编制的会计报表符合企业会计准则的要求，真实、完整地反映了公司的财务状况、经营成果、股东权益变动和现金流量等有关信息。

6.1.2 编制合并会计报表的说明

本期本公司将所有控股公司纳入合并会计报表范围。本公司纳入合并报表范围的控股公司如下：

公司名称	业务性质	注册地	注册资本（万元）	我单位持有的权益性资本的比例（%）	关联方关系
北京三侨物业管理有限责任公司	物业管理	北京市东城区安外大街2号	25 000.00	100.00	全资子公司
中诚宝捷思货币经纪有限公司	境内外外汇、货币、债券、衍生品市场交易	北京市西城区太平桥大街18号1008－1009室	5 000.00	67.00	控股子公司
中诚资本管理（北京）有限公司	项目投资、资本管理	北京市平谷区平谷镇林荫北街13号1栋8层802室	10 000.00	100.00	全资子公司
中诚国际资本有限公司	资产管理	ROOM 1307 13/F BANK OF AMERICA TOWER 12 HARCOURT ROAD CENTRAL, HK	2 439.33	51.00	控股子公司

公司本期新增纳入合并范围的控股公司为中诚国际资本有限公司、中诚资本管理（北京）有限公司。期末纳入合并范围的控股公司为北京三侨物业管理有限责任公司（以下简称三侨物业）、中诚宝捷思货币经纪有限公司、中诚国际资本有限公司、中诚资本管理（北京）有限公司（以下简称中诚资本）。

6.1.3 重要会计政策和会计估计说明

公司自2008年1月1日起执行财政部2006年2月15日颁布的《企业会计准则》（财会〔2006〕3号）及其后续规定。

本公司本年度除下述事项外无其他会计估计变更：2012年末根据财金〔2012〕20号关于印发《金融企业准备金计提管理办法》的通知提高了坏账准备的计提比例。正常类资产从原来的1%提高到1.5%，关注类资产从原来的2%提高到3%，次级类资产从原来的25%提高到30%，可疑类资产从原来的50%提高到60%。

6.2 或有事项说明

或有事项	期初数（万元）	期末数（万元）
对外担保	3 000	5 000

除上述担保事项外，本公司无其他或有事项。公司所有的担保业务均采取了相应的反担保措施，公司不存在代偿风险。

6.3 重要资产转让及其出售的说明。

本年公司无重要资产转让及出售事项。

6.4 会计报表中重要事项的明细资料

6.4.1 披露自营资产经营情况

6.4.1.1 按信用风险五级分类的结果披露资产的期初数、期末数

信用风险资产五级分类	正常类（万元）	关注类（万元）	次级类（万元）	可疑类（万元）	损失类（万元）	信用风险资产合计（万元）	不良资产合计（万元）	不良资产率（%）
期初数	356 315.49	—	—	—	—	356 315.49	—	—
期末数	359 604.65	7 709.19	—	—	—	367 313.83	—	—

注：不良资产合计 = 次级类 + 可疑类 + 损失类。

6.4.1.2 各项资产减值损失准备的期初、本期计提、本期转回、本期核销、期末数

	期初数	本期计提	本期转回	本期核销	期末数
贷款损失准备	3 340.00	1 054.55			4 394.55
一般准备					
专项准备	3 340.00	1 054.55			4 394.55
其他资产减值准备					
可供出售金融资产减值准备	5 059.16	1 169.20		1 230.53	4 997.83
持有至到期投资减值准备					
长期股权投资减值准备	2 591.60				2 591.60
坏账准备	1 581.73	3 101.18	33.74		4 649.17
投资性房地产减值准备					

6.4.1.3 自营股票投资、基金投资、债券投资、股权投资等投资业务的期初数、期末数

	自营股票	基金	债券	长期股权投资	其他投资	合计
期初数	22 793.61	6 199.36		227 474.07	114 634.12	371 101.16
期末数	19 758.24	59 156.84	1 312.48	246 617.95	254 059.22	580 904.73

6.4.1.4 按投资入股金额排序，前三名的自营长期股权投资的企业名称，占被投资企业权益的比例，主要经营活动及投资收益情况

企业名称	占被投资企业权益的比例（%）	主要经营活动	投资收益（万元）
1. 国都证券有限责任公司	15.35	证券服务	2 101.47
2. 嘉实基金管理有限公司	40.00	基金管理	22 410.59
3. 北京三侨物业管理有限责任公司	100.00	物业管理	

注：投资损益是指按照企业会计准则规定，核算股权投资确认损益并计入披露年度利润表的金额。

6.4.1.5 前三名的自营贷款的企业名称，占贷款总额的比例和还款情况

企业名称	占贷款总额的比例（%）	还款情况
1. 福建顺华置业有限公司	27.31	正常
2. 北京中基信和置业有限公司	20.48	正常
3. 重庆金阳房地产开发有限公司	17.07	正常

6.4.1.6 表外业务的期初数、期末数，按照代理业务担保业务和其他类型表外业务分别披露

单位：万元

表外业务	期初数	期末数
担保业务	3 000.00	5 000.00
代理业务（委托业务）		
其他		
合计	3 000.00	5 000.00

注：本公司无因客观原因应规范而尚未完成规范的历史遗留委托业务。

6.4.1.7 公司当年的收入结构

收入结构	母公司		合并	
	金额（万元）	占比（%）	金额（万元）	占比（%）
手续费及佣金收入	158 407.89	58.27	160 585.89	57.31
其中：信托手续费收入	127 594.73	46.94	127 594.73	45.53
投资银行业务收入				
利息收入	60 021.73	22.08	60 229.58	21.49
其他业务收入	100.84	0.04	5 774.46	2.06
其中：计入信托业务收入部分				
投资收益	50 835.76	18.70	51 110.74	18.24
其中：股权投资收益	24 781.39	9.12	24 781.39	8.84
证券投资收益	−2 559.19	−0.94	−2 559.19	−0.91
其他投资收益	28 613.56	10.53	28 888.54	10.31
公允价值变动收益	2 451.79	0.90	2 451.79	0.87
营业外收入	35.76	0.01	63.03	0.02
收入合计	271 853.77	100.00	280 215.49	100.00

6.4.2 **披露信托资产管理情况**

6.4.2.1 信托资产的期初数、期末数

单位:万元

信托资产	期初数	期末数
集合	6 521 276.83	4 540 849.46
单一	13 120 652.46	21 106 744.42
财产权	739 705.39	1 489 152.67
合计	20 381 634.68	27 136 746.55

6.4.2.1.1 主动管理型信托业务的信托资产期初数、期末数

单位:万元

主动管理型信托资产	期初数	期末数
证券投资类	4 914 540.02	4 853 175.2
股权投资类	4 303 217.41	1 481 192.78
融资类	6 645 267.21	10 778 526.80
事务管理类	165 151.87	609 667.71
合计	16 028 176.51	17 722 562.49

6.4.2.1.2 被动管理型信托业务的信托资产期初数、期末数

单位:万元

被动管理型信托资产	期初数	期末数
证券投资类	1 231 593.42	6 244 377.18
股权投资类	216 995.43	131 364.56
融资类	1 386 496.61	2 166 652.88
事务管理类	1 518 372.71	871 789.44
合计	4 353 458.17	9 414 184.06

6.4.2.2 本年度已清算结束的信托项目个数、实收信托合计金额、加权平均实际年化收益率

6.4.2.2.1 本年度已清算结束的集合类,单一类资金信托项目和财产管理类信托项目数量、合计金额、加权平均实际年化收益率

已清算结束信托项目	项目个数	实收信托合计金额(万元)	加权平均实际年化收益率(%)
集合类	68	3 936 400.00	6.36
单一类	133	5 510 279.43	6.79
财产管理类	1	14 985.00	0.00

6.4.2.2.2 本年度已清算结束的主动管理型信托项目个数、实收信托合计金额、加权平均实际年化收益率

已清算结束信托项目	项目个数	实收信托合计金额(万元)	加权平均实际年化收益率(%)
证券投资类	8	533 544.03	7.68
股权投资类	16	1 065 275.00	5.57
融资类	89	4 425 545.50	6.81
事务管理类	0	0.00	0.00

6.4.2.2.3 本年度已清算结束的被动管理型信托项目个数、实收信托合计金额、加权平均实际年化收益率

已清算结束信托项目	项目个数	实收信托合计金额(万元)	加权平均实际年化收益率(%)
证券投资类	11	422 916.00	7.01
股权投资类	7	216 800.00	10.14
融资类	70	2 782 598.90	6.15
事务管理类	1	14 985.00	0

6.4.2.3 本年度新增的集合类、单一类资金信托项目和财产管理类信托项目数量、实收信托合计金额

新增信托项目	项目个数	实收信托合计金额(万元)
单一类	251	10 826 904.85
集合类	36	1 970 926.00
财产管理类	23	863 776.98
新增合计	310	13 661 607.83
其中:主动管理型	236	10 298 674.98
被动管理型	74	3 362 932.85

6.4.2.4 信托业务创新成果和特色业务有关情况

(1)2012年3月,公司成立了"2012年中诚信托租赁租金收益权集合资金信托",分期定额募集资金受让融资租赁公司的租金收益权,在主动管理和新的业务领域做了积极尝试。

(2)公司牵头组织6家信托公司,共同完成中国信托业协会《信托公司激励机制研究》课题,以问卷调查形式和重点走访形式对我国信托公司激励机制进行了全面分析和研究,并提出了改进的建议;同时公司参与了《信托基金化模式研究》,对信托公司基金化产品的开展现状和发展途径进行了深入研究。

6.4.2.5 本公司未发生履行受托人义务情况及因本公司自身责任而导致的信托财产损失情况。

6.5 关联方关系及其交易的披露

6.5.1 关联交易方的数量、关联交易的总金额及关联交易的定价政策等

	关联交易数量	关联交易金额(万元)	定价政策
自营与关联	5	1 376.66	双方协议确定
信托与关联	8	1 431 200.00	双方协议确定
信托与固有	10	137 045.00	双方协议确定
信托与信托	8	124 400.00	—
合计	31	1 694 021.66	

定价政策:关联交易定价政策以不损伤第三方利益为首要原则,主要定价政策如下:(1)根据中国人民银行颁布的指导利率及上下浮动范围确定贷款利率;(2)双方协议确定交易价格;(3)双方参照证券市场成交价格,协商确定交易价格;(4)根据资产账面价值进行交易;(5)根据信托委托人指定价格进行交易;(6)根据原始投资额及持有期间的应获取的收益确定交易价格;(7)依据中介机构评估报告,确定交易价格。

6.5.2 **关联交易方与本公司的关系性质、关联交易方的名称、法定代表人、注册地址、注册资本及主营业务等**

关系性质	关联方名称	法定代表人	注册地址	注册资本（万元）	主营业务
第一大股东	中国人民保险集团股份有限公司	吴焰	北京市宣武区东河沿路69号	3 06 000	投资并持有上市公司和保险机构和其他金融机构的股份等。
全资子公司	北京三侨物业管理有限责任公司	高方	北京市东城区安外大街2号	25 000	物业管理。
控股子公司	中诚宝捷思货币经纪有限公司	吴大永	北京市西城区太平桥大街18号1008~1009室	5 000	境内外外汇、货币、债券、衍生品市场交易。
全资子公司	中诚资本管理（北京）有限公司	王少华	北京市平谷区平谷镇林荫北街13号1栋8层802室	10 000	资产管理。
控股子公司	中诚国际资本有限公司	高方	ROOM 1307 13/F BANK OF AMERICA TOWER 12 HARCOURT ROAD CENTRAL,HK	2 439.33	项目投资、资本管理。
联营企业	国都证券有限责任公司	常喆	北京市东城区东直门南大街3号国华投资大厦9层10层	262 298	证券服务。
联营企业	嘉实基金管理有限公司	安奎	上海市浦东新区世纪大道8号上海国金中心二期23楼01－03单元	15 000	基金管理。
联营企业	国都期货有限公司	叶晓	北京市东城区东直门南大街3号国华投资大厦8层10层	20 000	期货服务。
联营企业	中关村兴业（北京）投资管理有限公司	董建邦	北京市昌平区昌平镇科技园区白浮泉路南侧永安路东侧	16 182	资产管理、项目投资。
联营企业	旭诚（上海）股权投资基金管理有限公司	苗菁	上海市浦东新区浦东大道2123号3E－1812室	10 000	股权投资管理、资产管理、财务咨询

6.5.3 **本公司与关联方的重大交易事项**

6.5.3.1 固有财产与关联方：贷款、投资、租赁、应收账款、担保、其他方式等期初汇总数、本期发生额汇总数、期末汇总数

单位：万元

	固有与关联方关联交易			
	期初数	借方发生额	贷方发生额	期末数
贷款				
投资				
租赁		1 059.89	1 059.89	
担保				
应收账款	15 900.00			15 900.00
其他		316.77	316.77	
合计	15 900.00	1 376.66	1 376.66	15 900.00

6.5.3.2 信托与关联方交易情况：贷款、投资、租赁、应收账款、担保、其他方式等期初汇总数、本期借方和贷方发生额汇总数、期末汇总数

单位：万元

	信托与关联方关联交易			
	期初数	借方发生额	贷方发生额	期末数
贷款	231 700.00	341 000.00	50 010.00	522 690.00
投资	460 300.00	955 000.00	285 300.00	1 130 000.00
租赁				
担保				
应收账款	418 035.00	721 363.50	407 100.00	732 298.50
其他	66 265.00	156 246.50	0	222 511.50
合计	1 176 300.00	2 173 610.00	742 410.00	2 607 500.00

6.5.3.3 信托公司自有资金运用于自己管理的信托项目（固信交易）、信托公司管理的信托项目之间的相互（信信交易）交易金额，包括余额和本报告年度的发生额

6.5.3.3.1 固有与信托财产之间的交易金额期初汇总数、本期发生额汇总数、期末汇总数

单位：万元

	固有财产与信托财产相互交易		
	期初数	本期发生额	期末数
合计	90 155.00	137 045.00	227 200.00

6.5.3.3.2 信托财产与信托财产之间的交易金额期初汇总数、本期发生额汇总数、期末汇总数

单位：万元

	信托财产与信托财产相互交易		
	期初数	本期发生额	期末数
合计	312 035	124 400.00	436 435.00

6.5.4 **本年度未发生关联方逾期未偿还本公司资金的情况以及本公司为关联方担保发生或即将发生垫款的情况**

6.6 会计制度的披露

公司固有业务自2008年1月1日起执行财政部2006年2月15日颁布的《企业会计准则》（财会〔2006〕3号）及其后续规定。以持续经营为基础，根据实际发生的交易和事项，按照《企业会计准则——基本准则》和其他各项具体会计准则、应用指南及准则解释的规定进行确认和计量，在此基础上编制财务报表。

7. 财务情况说明书

7.1 利润实现和分配情况

单位：万元

项　目	母公司（万元）	合并（万元）
税前利润	206 041.52	207 826.78
减：所得税	45 312.89	45 916.91
净利润	160 728.63	161 909.87
其中：归属于母公司所有者的净利润	160 728.63	162 130.48
少数股东损益		−220.61

续表

项目	母公司(万元)	合并(万元)
加:年初未分配利润	281 537.49	282 601.34
其中:归属于母公司所有者的未分配利润	281 537.49	283 098.13
少数股东损益		-496.78
减:提取法定盈余公积	16 072.86	16 072.86
减:提取一般准备	8 036.43	8 036.43
减:股利分配	36 850.00	36 850.00
年末未分配利润	381 306.82	383 551.92
其中:归属于母公司所有者的未分配利润	381 306.82	384 269.31
少数股东损益		-717.39

7.2 主要财务指标

指标名称	母公司	合并
资本利润率(%)	17.07	17.18
人均净利润(万元)	918.45	926.46

7.3 本年度无对本公司财务状况、经营成果有重大影响的其他事项

8. 特别事项揭示

8.1 报告期内前五名股东未发生变动情况

8.2 董事、监事及高级管理人员变动情况及原因

2012 年 4 月 24 日,经公司股东会审议通过,寇显强先生因个人原因提出辞去公司监事职务,由吉祥先生出任公司监事。

2012 年 12 月 28 日,经公司股东会审议通过,洪小源先生因个人原因提出辞去公司董事职务,由周语菡女士出任公司董事。

8.3 报告期内公司未发生重大诉讼事项

8.4 报告期内公司及其董事、监事和高级管理人员未受到处罚

8.5 报告期内公司未收到监管部门关于检查的整改通知

8.6 报告期内公司无重大事项临时报告进行披露

8.7 公司净资本管理情况

截至 2012 年 12 月 31 日,公司净资本余额为 72.02 亿元(≥2 亿元),净资本/各项业务风险资本之和为 211.17%(≥100%),净资本/净资产的比例为 78.46%(≥40%),各项指标均符合监管要求。

9. 公司监事会意见

公司监事会认为,本报告期内,公司决策程序合法,内部控制制度较为完善,没有发现公司董事、经理和其他高级管理人员在执行公司职务时有违法违纪和有损公司及股东利益的行为。公司财务报告真实地反映了公司的财务状况和经营成果。

中国对外经济贸易信托有限公司

1. 重要提示

1.1 中国对外经济贸易信托有限公司(以下简称本公司、外贸信托)董事会及董事保证本报告所载资料不存在任何虚假记载、误导性陈述或者重大遗漏,并对其内容的真实性、准确性和完整性承担个别及连带责任。本年度报告摘要摘自年度报告全文,客户及相关利益人欲了解详细内容,应阅读年度报告全文。

1.2 个别董事声明

无。

1.3 独立董事意见

本人作为中国对外经济贸易信托有限公司的独立董事,保证本报告内容的真实性、准确性、完整性。

独立董事:李保民

独立董事:孙向东

1.4 天职国际会计师事务所对本公司年度财务报告进行审计,出具了标准无保留意见的审计报告。

1.5 本公司董事长王引平、总经理徐卫晖、财务总监帅立新声明:保证年度报告中财务报告的真实、完整。

2. 公司概况

2.1 公司简介

2.1.1 公司的法定中文名称:中国对外经济贸易信托有限公司

中文名称缩写:外贸信托

公司的法定英文名称:China Foreign Economy and Trade Trust Co., Ltd.

英文名称缩写:FOTIC

2.1.2 法定代表人:王引平

2.1.3 注册地址:北京市西城区复兴门内大街28号凯晨世贸中心中座6层

邮政编码:100031

2.1.4 国际互联网网址:www. fotic. com. cn

电子信箱:fotic@ sinochem. com

2.1.5 信息披露事务负责人:张一冰

联系电话:010-59568823

传真:010-59569888

电子信箱:zhangyibing@ sinochem. com

2.1.6 信息披露报纸:《上海证券报》

2.1.7 年度报告备置地点:外贸信托总经理办公室

2.1.8 聘请的会计师事务所:天职国际会计师事务所(特殊普通合伙)

办公地址:中国北京市海淀区车公庄西路乙19号华通大厦B座208室

2.2 组织结构图

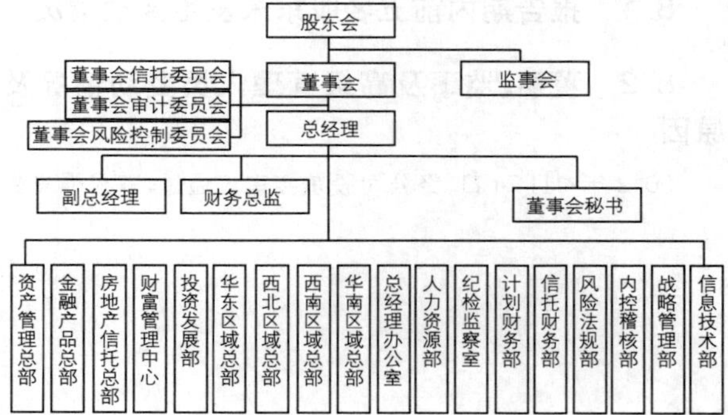

3. 公司治理结构

3.1 股东

股东总数:2家。

股东名称	持股比例(%)	法人代表	注册资本(万元)	注册地址	主要经营业务及主要财务情况
★中国中化股份有限公司	96.22	刘德树	3 980 000	北京市西城区复兴门内大街28号凯晨世贸中心中座	公司主营业务范围包括石油、化肥、化工品、金融服务、酒店和房地产业务等。截至2012年12月31日,公司资产总额2 502.38亿元人民币(未经审计)。2012年,公司实现营业收入4 179.03亿元人民币(未经审计),利润总额86.03亿元人民币(未经审计)。
中化集团财务有限责任公司	3.78	杨林	300 000	北京市西城区复兴门内大街28号凯晨世贸中心中座	公司主要经营业务为集团内结算业务、融资业务、金融中介业务、资产保值增值业务、金融股权管理业务和风险管理业务。截至2012年12月31日,公司资产总额263.36亿元人民币。2012年,公司实现营业收入5.90亿元人民币,税前利润4.59亿元人民币。

注:1. ★为最终实际控制人。

2. 股东关联关系说明:中国中化股份有限公司是中化集团财务有限责任公司的股东。

3.2 董事（截至2012年12月31日）

董事会成员

姓 名	职 务	性别	年龄	选任日期	所推举的股东名称	该股东持股比例(%)	简 要 履 历
王引平	董事长	男	52	2010年11月	中国中化股份有限公司	96.22	曾任中国化工进出口总公司海南公司副总经理，中国化工进出口总公司出口三处科长，中国化工进出口总公司浦东公司总经理，中国对外经济贸易信托投资公司副总经理，中国化工进出口总公司人事部总经理，中国化工进出口总公司副总经理兼人事部总经理，中国化工进出口总公司副总经理、党委委员，中国化工进出口总公司党组成员兼中化国际贸易股份有限公司总经理，中国中化集团公司副总经理、党组成员；现任中国中化集团公司副总经理、党组成员兼中国中化股份有限公司副总经理。
杨自理	董事 总经理	男	48	2009年6月	中国中化股份有限公司	96.22	曾任中国对外经济贸易信托投资有限公司国际部信贷部副总经理、信贷一部业务一部总经理，中国化工进出口总公司资产管理部金融一部副总经理、总经理、资产管理部总经理助理，中国对外经济贸易信托投资有限公司投资银行部高级业务经理，中国化工进出口总公司资产管理部总经理助理，中国对外经济贸易信托投资有限公司总经理助理、副总经理；2012年任中国对外经济贸易信托有限公司董事、总经理、党委书记。
徐卫晖	董事	男	42	2012年7月	中国中化股份有限公司	96.22	曾任中国化工进出口总公司财会本部财务处科长、财会部副总经理，中化国际贸易股份有限公司副总经理，中化河北进出口公司总经理，中化国际贸易股份有限公司总经理，中国中化股份有限公司投资发展部副总经理；2012年任中国中化股份有限公司战略规划部总经理兼投资发展部总经理，中国对外经济贸易信托有限公司董事。现任中国对外经济贸易信托有限公司董事、总经理、党委书记。
张宝红	董事	男	46	2012年7月	中国中化股份有限公司	96.22	曾任中国化工进出口总公司财务部职员，中化日本有限公司财务部财务经理，中国化工进出口总公司财会部国内财务科副经理，中化国际化肥贸易有限公司财务部总经理，化肥中心财务总经理兼化肥公司财务部总经理，化肥中心财务总经理、中化国际化肥贸易公司副总经理兼财务部总经理，化肥中心副主任兼中化化肥公司副总经理、首席财务官，中化蓝天集团有限公司常务副总经理；现任中国中化股份有限公司风险管理部总经理，中国对外经济贸易信托有限公司董事。
於乐民	董事	男	49	2012年7月	中国中化股份有限公司	96.22	曾任中国化工进出口总公司法律室干部，中国化工进出口总公司美国农化公司法律顾问，中国化工进出口总公司法律室副主任；现任中国中化股份有限公司法律部总经理，中国对外经济贸易信托有限公司董事。
胡学静	董事	女	51	2010年11月	中国中化股份有限公司	96.22	曾任中国化工进出口总公司财会部结算科副科长，中国化工进出口总公司财会处财务科科长，中化美洲集团公司财务部经理，中国化工进出口总公司财会本部五处副处长，中国化工进出口总公司审计部副总经理，中化国际股份有限公司财务部总经理，中化国际股份有限公司风险管理部总经理，中国中化集团公司资金管理部副总经理，沈阳化工研究院财务总监；2012年任中国中化股份有限公司资金管理部总经理，中国对外经济贸易信托有限公司董事。

3.2.2 独立董事

姓 名	所在单位及职务	性别	年龄	选任日期	所推举的股东名称	该股东持股比例(%)	简 要 履 历
李保民	国务院国资委研究中心党委书记、主任	男	57	2009年6月	中国中化股份有限公司	96.22	曾任甘肃省职工财院教务处副处长，甘肃省职工财院教务处长、院党委委员（常委），国家体改委生产司处长、副司长、党支部委员，中国建设银行会计部、大客户办公室副总经理、党支部副书记，国务院体改办产业司副司长、党支部委员，国家发改委体改研究所党委书记、副所长（正司级）；现任国务院国资委研究中心党委书记、主任，中国对外经济贸易信托有限公司独立董事。
孙向东	杭州久利投资有限责任公司董事长	男	50	2012年7月	中国中化股份有限公司	96.22	曾任建设银行浙江省分行投资研究所研究室副主任、副所长、市场开发部主任，浙江省信托投资有限责任公司副总经理，国民信托有限责任公司董事、副总经理、执行董事；现任杭州久利投资有限责任公司董事长，中国对外经济贸易信托有限公司独立董事。

3.3 监事

监事会成员

姓名	职务	性别	年龄	选任日期	所推举的股东名称	该股东持股比例(%)	简要履历
姜爱萍	监事会主席	男	60	2008年7月	中国中化股份有限公司	96.22	曾任中国化工进出口总公司财会处科长、副处长、审计稽核部处长；现任中国中化集团公司，中化股份审计稽核部总经理，中国对外经济贸易信托有限公司监事会主席。
刘剑	监事	男	47	2012年7月	中化集团财务有限责任公司	3.78	曾任中国机械进出口总公司工业机械进出口公司财会部、中国机械进出口总公司工业机械进出口公司财会科副科长，中化化肥公司财务部，中国中化集团公司化肥中心财务部副总经理，中国中化集团公司保险部副总经理，中国中化集团公司保险部总经理；现任中化集团财务有限责任公司总经理，中国对外经济贸易信托有限公司监事。
梁虹	监事	男	49	2008年6月	职工代表	—	现任职于中国对外经济贸易信托有限公司内控稽核部，中国对外经济贸易信托有限公司监事。

3.4 高级管理人员

姓名	职务	性别	年龄	选任日期	金融从业年限	学历	专业
杨自理	总经理	男	48	2009年	18年	硕士研究生	金融
冯司光	副总经理	男	38	2005年	16年	本科	会计
帅立新	财务总监	女	47	2009年	5年	本科	EMBA
伊力扎提·艾合买提江	副总经理	男	38	2011年	3年	本科	EMBA
李银熙	副总经理	女	49	2010年	27年	本科	国民经济管理
李京	副总经理	男	43	2010年	7年	硕士研究生	企业管理
范华	副总经理	女	47	2011年	25年	本科	金融
张一冰	董事会秘书	女	46	2011年	23年	硕士研究生	金融

注:2013年1月8日,公司董事会决定聘徐卫晖为公司总经理。

3.5 公司员工

项目		报告期年度		上年度	
		人数	比例(%)	人数	比例(%)
年龄分布	25岁以下	28	11.91	26	14.21
	25~29岁	88	37.45	90	49.19
	30~39岁	85	36.17	43	23.49
	40岁以上	34	14.47	24	13.11
学历分布	博士	5	2.13	3	1.64
	硕士	136	57.87	102	55.74
	本科	86	36.60	72	39.34
	专科	8	3.40	6	3.28
	其他	0	0.00	0	0.00
岗位分布	董事、监事及高管人员	9	3.83	9	4.92
	自营业务人员	3	1.28	3	1.64
	信托业务人员	165	70.21	117	63.93
	其他人员	58	24.68	54	29.51

4. 经营管理

4.1 公司战略规划和经营方针

4.1.1 战略愿景

国内理财市场的金字招牌，国际金融市场的百年老店。

4.1.2 战略使命

为客户提供优质、专业的产品和服务；为股东创造合理、可持续的投资回报；为员工搭建坚实、和谐的事业发展平台。

4.1.3 战略目标

经营业绩保持稳定增长，打造业界领先的财富管理品牌。

4.1.4 战略整体思路

继续推进“一、二、三、四”发展战略，全力培育核心竞争力，持续提升客户价值和股东价值。具体是，树立一个核心：以建设可持续的信托事业经理人队伍为核心；围绕两项策略：专业化策略、差异化策略；打造三种能力：产品开发能力、自主管理能力、营销服务能力；构建四大板块：资产管理、金融合作、房地产信托、财富管理。

4.1.5 发展思路

根据信托行业调整期的特点、结合公司发展阶段实际，外贸信托明确提出了“创业创新、有效管理、全力完成年度任务”的工作目标。

4.1.6 经营措施

把握信托行业和公司发展的阶段性特点，通过持续加快创新和实施有效管理，推动公司的转型升级。一是进一步提高金融产品综合服务能力，强化公司银信合作和证券信托业务的市场地位和收入贡献，加速成熟战略合作模式的推广复制；二是在拓展房地产、矿产能源、小额消费信贷以及定增等核心业务的基础上，积极进行类基金等投行业务模式的创新，同时加大资源配置，拓展新的投行、资管业务领域；三是在财富管理方面，继续深化区域战略和品牌战略，做好产品发行和客户管理工作，并积极尝试多渠道产品供应和多渠道资金配置的创新。

4.2 所经营业务的主要内容

4.2.1 公司业务

公司自营业务主要包括金融股权投资、金融产品投资等，涉及金融、房地产、基础产业、证券市场等行业和领域。公司信托业务主要包括资金信托、财产信托、财产权信托、股权投资信托等，涉及基础产业、房地产、证券市场、矿产能源、金融等行业和领域。

自营资产运用与分布表

资产运用	金额（万元）	占比（%）	资产分布	金额（万元）	占比（%）
货币资产	103 637.03	18.95	基础产业	18 887.99	3.45
贷款及应收款	16 970.95	3.10	房地产	42 958.01	7.86
交易性金融资产	105 005.59	19.20	证券市场	284 875.58	52.10
可供出售金融资产	179 429.53	32.83	实业	—	—
持有至到期投资	87 782.09	16.05	金融机构	46 702.09	8.54
长期股权投资	49 510.09	9.06	其他	153 345.04	28.05
其他	4 433.43	0.81			
资产总计	546 768.71	100.00	资产总计	546 768.71	100.00

信托资产运用与分布表

资产运用	金额（万元）	占比（%）	资产分布	金额（万元）	占比（%）
货币资产	914 947.69	4.25	基础产业	1 801 704.99	8.37
贷款	6 567 343.30	30.52	房地产	1 690 725.51	7.86
交易性金融资产	4 970 587.52	23.10	证券市场	9 200 293.34	42.76
可供出售金融资产	2 832 275.31	13.16	实业	5 231 575.66	24.31
持有至到期投资	1 806 587.39	8.40	金融机构	1 013 956.42	4.71
长期股权投资	3 033 879.75	14.10	其他	2 580 361.84	11.99
其他	1 392 996.80	6.47			
信托资产总计	21 518 617.76	100.00	信托资产总计	21 518 617.76	100.00

4.3 市场分析

4.3.1 宏观环境

受欧债危机影响，全球经济复苏步履蹒跚，主要经济体需求仍然疲软，投资和消费乏力，内外不利因素使得今后世界经济仍将长期低迷。

（1）2012 年，全球经济延续了 2011 年下行趋势，发达国家复苏步伐沉重，增速低迷，新兴经济体受外需减弱影响，增速普遍放缓，国际贸易增速明显下滑，大宗商品价格呈现剧烈波动，国际金融市场跌宕起伏。

（2）2012 年，我国采取了一系列"稳增长"措施，宏观经济开始出现企稳迹象。但是，经济发展中不平衡、不协调、不可持续问题依然突出，经济增长下行压力和产能相对过剩的矛盾还在加剧。这都说明，旧的经济发展模式难以为继，加快创新、推进经济发展方式的转变已经刻不容缓。

4.3.2 影响公司的发展因素

4.3.2.1 有利因素

（1）我国的信托业步入了高速发展期，信托业在金融业和中国经济中的影响日趋扩大，投资者对信托的了解也有很大的提高。我国的信托业已经步入了"7 万亿时代"，截至 2012 年末，全行业管理的资产规模已达 7.47 万亿元，超越了保险业，成为仅次于银行的第二大金融子行业。

（2）我国经济发展总体态势良好，居民可支配收入继续提高，高净值人群增长迅猛，由此衍生出巨大的财富管理市场，对信托公司理财产品以及财富管理服务的需求明显增强。

4.3.2.2 不利因素

（1）随着券商、保险、基金、期货等其他金融子行业参与资产管理的监管政策放开，"泛资产管理时代"的竞争正式拉开帷幕，信托业的业务发展空间面临了严重挤压，信托通道类业务的费率大幅下降，集合类产品市场被不断蚕食。

（2）自 2012 年以来，中央银行两次降息降准，同时增加货币投放量缓解流动性紧张，对实体经济进行融资支持，一方面导致实体企业对信托融资的需求明显下降，另一方面直接拉低了信托产品的预期收益率。

4.4 内部控制概况

公司已建立比较完善的公司治理机制，股东会、董事会、独立董事、监事会及高管层之间权责分明、各司其职。股东会是公司的最高权力机构，代表股东对公司行使最终的控制权和决策权。董事会是公司经营决策的最高权力机构，对股东会负责。董事会下设有各专业委员会，其中：风险控制委员会负责揭示、评估及防范公司的业务经营风险，为董事会提供决策支持意见和管理改善建议；信托委员会负责对信托业务运行情况进行定期评估，督促公司依法履行信托职责；审计委员会负责内部及外部审计工作，对公司内部控制管理工作进行监督，核查财务信息披露等。监事会作为独立的监督机构对股东会负责，对董事长和公司总经理任职行为和公司的经营管理情况进行有效监督。公司高管层是公司的决策执行机构，对董事会负责，在公司章程和董事会授权范围内行使职权，牢固树立内控优先的风险管理理念，使风险防范意识贯穿到公司各个部门、各个岗位和工作的各个环节。公司所构建的股东会、董事会、监事会和高管层之间的权力制衡结构，能切实发挥科学激励和约束监督的治理机制，有效抑制"道德风险"的发生，为公司内部控制建设提供良好的环境。

公司始终秉承"稳健思变，诚客礼才"的经营理念，树立"国内理财市场的金字招牌，国际金融市场的百年老店"的愿景，强化合规经营和尽职管理，重视内控文化的建设和培育，建立充分的信息交流和共享机制，持续开展内控制度建设，强化内控制度约束。通过培训和学习等多种途径，不断强化员工的风险控制意识和职业道德教育，使全体员工熟悉监管法律法规和公司规章制度以及业务操作流程。通过建立实施风险管理问责制，对风险管理过程中违规、不尽职以及过失等行为进行责任追究。公司将风险管理的执行情况与绩效评价相结合，强化了"风险先行"的内控导向。全体员工对内控制度和机制已充分理解并达成共识。

公司内部控制的主要政策导向为合规经营、严控风险，在提升业务开拓能力、实现公司经营战略目标的同时，不断提高公司的业务风险管控能力。目前，公司已建立职责明确、分工合理、相互制衡的组织结构和内部牵制机制，以及一套较为完善的内控制度和操作流程体系，包括基本控制制度、业务控制制度、对外投资管理、关联交易控制制度、对外担保制度、工资费用控制制度、风险信息制度、内部监督控制制度等。公司根据宏观经济环境的变化和监管政策的调整以及业务和管理的实际需要，对上述内控制度和操作流程体系进行滚动修订。

公司建立和设置适时跟踪报告公司内控情况的信息反馈

机制，内容包括项目审批决策报告体系、项目履约监督报告体系以及证券自营业务报表体系等报告机制，并通过包括NOTES平台、财务软件、电子业务台账等在内的电子化信息交流渠道的建立，实现信息在各部门之间的共享与交流，确保公司董事会和高管层能够及时了解公司的经营和内控情况。此外，通过公开信息披露机制的建立以及信托销售管理软件、公司网站等的建设，增进公司与监管部门、委托人、受益人的信息沟通与交流。

公司内控稽核部负责内部审计工作，独立行使对公司内部控制情况的监督、评价和纠正职责。在审计过程中发现的内部控制缺陷，可向被审计部门提出改进建议并敦促被审计部门及时改进。内控稽核部有权直接向审计委员会、董事会、监事会和公司高管层报告内部控制的审计情况。

此外，公司对所有实施项目在终止后进行项目后评价。通过对项目尽职调查、项目和合同审批、资金拨付、执行过程管理等全过程进行分析和复核，评价项目是否达到预期效果，分析项目执行的实际情况与预测的差别及原因，找出存在的问题，总结经验教训，提出改进措施与建议。

4.5 风险管理概况

公司实行全面风险管理原则。风险管理覆盖公司所有的部门、岗位和人员，实现全员参与；风险管理渗透至公司的各项业务及各个操作环节，实行全过程风险控制；重视公司经营过程中面临的市场、信用、操作、法律、声誉等各类风险，对各类风险因素实行全方位管理。公司自2009年推行全面风险管理以来，每年定期进行重新评估。全面风险管理由内控稽核部牵头，公司各部门参加全面风险管理沟通会，查找识别公司在日常经营中面临的重大风险。公司已形成就经营管理中存在的包括市场风险、财务风险和运营风险在内的重大风险的管理状况以及开展的风险管理工作定期报告制度。公司实施集中管理原则，由风险法规部和内控稽核部负责全面风险管理。公司实施独立性原则，风险法规部、内控稽核部与各业务部门及支持保障部门保持相互独立，可直接向董事会和高管层报告，保证风险管理得到切实公正的执行。公司实施程序性原则，公司在风险管理过程中设立事前审批、事中执行和事后监督三道程序，为风险管理提供三道防火墙。

公司董事会是风险管理的最高决策机构，负责确定公司的风险管理战略、政策和程序，行使重大经营决策权，对公司风险管理负有最终责任。董事会下设风险控制委员会、信托委员会和审计委员会等专业委员会。其中，风险控制委员会负责制定公司业务决策授权范围，审核超出公司管理层权限的业务事项，审议公司主要风险管理制度，并监督、检查公司风险管理制度、业务流程规范的执行情况。信托委员会负责督促公司依法履行受托职责，对公司信托业务运行情况进行定期评估，以及针对银监会及其派出机构检查公司信托业务后提出的整改意见，研究提出具体措施。当公司或股东利益与受益人利益发生冲突时，信托委员会应保证公司为受益人利益服务，研究提出维护受益人利益的具体措施。审计委员会负责公司内部及外部审计工作，对公司内部控制管理工作进行监督，核查财务信息披露，并协同董事会风险控制委员会工作，指导风险管理评价、审计等工作。公司管理层负责拟订公司的风险管理战略、政策和程序，确定公司风险管理制度，定期审查和监督其执行情况，获取公司风险管理状况的报告。风险法规部、信托财务部和内控稽核部是公司风险管理的专职部门。风险法规部作为业务风险、法律风险及合规风险的事中控制部门，内控稽核部作为制度和流程的执行监督部门，信托财务部作为信托业务的财务管理部门。公司各业务部门承担一线风险管理职责。各业务部门按照公司风险制度与业务操作流程开展自营和信托等业务，在尽职调查、产品设计、资金募集、执行过程管理、信息披露、终止清算等整个业务过程中对信用风险、股价/资产价值波动风险、信托项目执行风险、发行风险、信息披露风险、尽职调查风险等重点风险进行管理。

公司在经营活动中所面临的主要风险包括信用风险、市场风险和操作风险。公司面临的信用风险主要体现为信贷业务中交易对手不能按合同约定履约所带来的损失。截至2012年12月31日，公司自营业务信贷资产余额为人民币0万元。2012年初及年末公司不良资产金额均为0万元。公司以《非银行金融机构资产风险分类指导原则（试行）》确定的资产风险分类标准为基本依据，采用资产风险分类法，将资产分为正常、关注、次级、可疑和损失五类，后三类合称为不良资产。

公司面临的市场风险主要体现为在开展信贷业务中由于利率水平的不利变动以及证券投资业务中由于股价的不利变动给公司经营业绩带来的风险。

在信贷类信托业务方面，公司开展的信托类信贷业务，主要为中短期信贷，公司严格执行人民银行的利率政策，能较好地抵御利率上调可能产生的风险。

在自营证券方面，为加强对证券市场的研究，完善投资决策机制并减少自营证券价格波动的影响，经充分调研和公司论证，公司设立的专业部门负责中长线投资管理，严格按照公司规章制度开展相关业务。上述措施，较为有效地规避了证券市场波动风险。

在证券投资类信托业务方面，为支持证券类信托业务发展，强化自主管理类证券信托业务投资决策和风险控制，公司成立证券投资信托业务投资决策委员会和风险控制委员，研判宏观政策及对资本市场的影响，听取投资管理和研究人员意见，确定自主管理证券信托业务风险管理方案，确保相关业务正常运行。

对于投资顾问和委托人作为投资管理人的非自主管理类证券信托业务，公司采取业务开发和执行管理分设团队进行管理的方式，实现过程管理的专业化，提高工作效率。同时，为加强尽职管理，内控稽核部作为风险管理职能部门，对证券类信托业务进行实时监控，及时将违反合同或监管制度的情况向业务部门和信托经理提交风险提示，有力地保障了证券信托业务合法、合规运行。

公司持续对现有制度和流程定期进行集中梳理，建立健全相关制度，并对所开展的业务工作进行操作流程优化。截至2012年末，公司已建立起一整套涵盖公司治理、业务管理、财务管理、业务操作等多方面的操作流程规范及各项管理制度体系。同时，公司的制度修订和工作流程优化工作已实现制度化和规范化，公司经营管理水平迈上一个新的台阶。

针对证券投资信托业务规模的不断增长，公司通过加强对交易人员的专业培训，开发应用专业的证券交易系统，并详细梳理业务风险管控及操作要点、流程的方式，强化证券投资业务的操作风险管理。

证券产品部负责证券投资信托产品的设计、交易和执行管理以及信息披露，对证券投资信托业务进行实时监控，每日对证券投资信托产品进行估值，确保相关的风险管控及操作要点落实到位，并定期向投资者和风险管理部报送证券投资信托业务相关报表。

内控稽核部负责相关决议的落实、执行情况跟踪并及时向风险控制委员会进行反馈协调，并对证券投资信托业务估值、投资结构和投资规模等进行监控，及时将违反合同或监管制度的情况向业务部门和信托经理提交风险提示，有力地保障证券信托业务合法、合规运行。

定期开展业务操作流程执行状况检查，跟踪检查公司的各项操作流程的执行情况，保障业务操作流程的有效执行。业务部门通过严格规范的尽职调查和开展现场检查、及时进行信息查询以及实地拜访企业等方式，强化尽职管理职责。内控稽核部作为业务运行监督与管理部门，按照风险分类原则，制定专项监管计划，通过定期报送风险管理报告以及不定期对相关项目进行现场检查等方式，重点检查相关项目建设和销售进度、交易对手及关联方的财务状况和还款能力等，严格按照合同约定及时获取交易对手的财务报表等资料，督促并强化业务部门尽职管理。内控稽核部于2012年对房地产和矿产能源等重点项目开展现场检查130余次并及时出具现场检查报告，有力地提升项目监控力度和深度。

公司设置专门的内部审计岗位，每半年对公司的各项内控制度执行状况、财务核算等内容进行检查，根据检查结果提出调整及改进意见，并向审计委员会、董事会和管理层提交内部审计报告，有效督促各项制度的贯彻执行。

5. 报告期末及上一年度的比较式会计报表

5.1 自营资产

5.1.1 会计师事务所审计结论

本公司已经由天职国际会计师事务所出具标准的无保留意见的审计报告（天职京SJ〔2013〕982号）。

天职国际会计师事务所（特殊普通合伙）

中国注册会计师　王清峰

中国注册会计师　迟文洲

二〇一三年二月二十八日

5.1.2 资产负债表

2012年12月31日

编制单位：中国对外经济贸易信托有限公司　　　单位：万元

项目		行次	年末数	年初数
一、	流动资产：	1		
	货币资金	2	103 637.03	44 182.40
	拆出资金	3	—	—
	交易性金融资产	4	105 005.59	30 096.69
	衍生金融产品	5	—	—
	买入返售金融资产	6	—	—
	应收票据	7	—	—
	应收账款	8	16 970.95	8 257.48
	预付款项	9	93.87	131.62
	应收利息	10	—	—
	应收股利	11	—	—
	其他应收款	12	1 258.30	1 031.75
	发放贷款及垫款	13	—	—
	一年内到期的非流动资产	14	56 481.206	83 334.46
	代理业务资产	15	—	28.00
	其他流动资产	16	—	—
	流动资产合计	17	283 446.95	167 062.41
二、	非流动资产：	18		
	可供出售金融资产	19	179 429.53	166 940.88
	持有至到期投资	20	31 300.89	42 729.99
	长期应收款	21	—	—
	长期股权投资	22	49 510.09	47 262.64
	投资性房地产	23	—	—
	固定资产	24	1 093.19	660.43
	在建工程	25	—	—
	工程物资	26	—	—
	固定资产清理	27	—	—
	生产性生物资产	28	—	—
	油气资产	29	—	—
	无形资产	30	1 016.20	614.76
	开发支出	31	—	—
	商誉	32	—	—
	长期待摊费用	33	971.86	315.01
	递延所得税资产	34	—	—
	其他非流动资产	35	—	—
	非流动资产合计	36	263 321.76	258 523.71
	资产总计	37	546 768.71	425 586.12
三、	流动负债：	38		
	拆入资金	39	—	—
	交易性金融负债	40	—	—
	衍生金融负债	41	—	—
	卖出回购金融资产款	42	—	—
	应付票据	43	—	—
	应付账款	44	—	—
	预收款项	45	—	—
	应付职工薪酬	46	4 950.19	3 764.12
	应交税费	47	11 196.06	7 768.19
	应付利息	48	—	—
	应付股利	49	—	—
	其他应付款	50	2 775.97	10 852.77
	一年内到期的非流动负债	51	—	—
	代理业务负债	52	—	28.00
	其他流动负债	53	—	—
	流动负债合计	54	18 922.22	22 413.07
四、	非流动负债：	55		
	长期借款	56	—	—
	应付债券	57	—	—
	长期应付款	58	—	—
	专项应付款	59	—	—
	预计负债	60	—	—
	递延所得税负债	61	12 250.36	7 150.51
	其他非流动负债	62	—	—
	非流动负债合计	63	12 250.36	7 150.51
	负债合计	64	31 172.58	29 563.59
五、	所有者权益（或股东权益）：	65		
	实收资本（或股本）	66	220 000.00	220 000.00
	资本公积	67	38 954.54	25 113.94
	减：库存股	68	—	—
	盈余公积	69	40 557.555	29 984.25
	一般风险准备	70	24 746.622	12 869.92
	未分配利润	71	191 337.42	108 054.41
	所有者权益合计	72	515 596.13	396 022.53
	负债和所有者权益总计	73	546 768.71	425 586.12

5.1.3 利润表

2012 年 12 月 31 日

编制单位:中国对外经济贸易信托有限公司　　　　单位:万元

项目	本年数	上年数
一、营业收入	164 868.83	122 212.80
利息净收入	1 301.89	549.79
利息收入	1 301.89	549.79
利息支出	—	—
手续费及佣金净收入	116 541.62	78 889.25
手续费及佣金收入	116 541.62	78 889.25
手续费及佣金支出	—	—
租赁收益	—	—
投资收益	44 918.38	42 682.76
公允价值变动收益(损失以"－"号填列)	2 108.02	131.00
汇兑损益(损失以"－"号填列)	－1.08	－44.68
其他业务收入	—	4.68
二、营业支出	26 547.61	20 326.76

续表

项目	本年数	上年数
营业税金及附加	9 739.26	7 757.69
业务及管理费	16 540.13	12 218.57
资产减值损失	135.97	216.34
其他业务成本	132.35	134.16
三、营业利润(亏损以"－"号填列)	138 321.11	101 886.04
加:营业外收入	25.54	3.21
减:营业外支出	25.27	2.34
其中:非流动资产处置损失	0.23	0.45
四、利润总额(亏损总额以"－"号填列)	138 321.38	101 886.90
减:所得税费用	32 588.38	23 405.52
五、净利润(净亏损以"－"号填列)	105 733.00	78 481.38
六、每股收益:		
(一)基本每股收益	—	—
(二)稀释每股收益	—	—

5.1.4 所有者权益变动表

单位:万元

项目	本年金额							
	实收资本	资本公积	减:库存股	专项储备	盈余公积	一般风险准备	未分配利润	所者者权益合计
一、上年末余额	220 000.00	25 113.94	—	—	29 984.25	12 869.92	108 054.41	396 022.53
加:1. 会计政策变更	—	—	—	—	—	—	—	—
2. 前期差错更正	—	—	—	—	—	—	—	—
3. 其他	—	—	—	—	—	—	—	—
二、本年初余额	220 000.00	25 113.94	—	—	29 984.25	12 869.92	108 054.41	396 022.53
三、本年增减变动金额(减少以"－"号填列)	—	13 840.60	—	—	10 573.30	11 876.70	83 283.00	119 573.60
(一)净利润	—	—	—	—	—	—	105 733.00	105 733.00
(二)其他综合收益	—	13 840.60	—	—	—	—	—	13 840.60
上述(一)和(二)小计	—	13 840.60	—	—	—	—	105 733.00	119 573.60
(三)所有者投入和减少资本	—	—	—	—	—	—	—	—
1. 所有者投入资本	—	—	—	—	—	—	—	—
2. 股份支付计入所有者权益的金额	—	—	—	—	—	—	—	—
3. 其他	—	—	—	—	—	—	—	—
(四)利润分配	—	—	—	—	10 573.30	11 876.70	－22 450.00	—
1. 提取盈余公积	—	—	—	—	10 573.30	—	－10 573.30	—
2. 提取一般风险准备	—	—	—	—	—	11 876.70	－11 876.70	—
3. 对所有者(或股东)的分配	—	—	—	—	—	—	—	—
4. 其他	—	—	—	—	—	—	—	—
(五)所有者权益内部结转	—	—	—	—	—	—	—	—
1. 资本公积转增资本(或股本)	—	—	—	—	—	—	—	—
2. 盈余公积转增资本(或股本)	—	—	—	—	—	—	—	—
3. 盈余公积弥补亏损	—	—	—	—	—	—	—	—
4. 其他	—	—	—	—	—	—	—	—
(六)专项储备	—	—	—	—	—	—	—	—
1. 本期提取	—	—	—	—	—	—	—	—
2. 本期使用	—	—	—	—	—	—	—	—
四、本年末余额	220 000.00	38 954.54	—	—	40 557.55	24 746.62	191 337.41	515 596.13

5.2 信托资产

5.2.1 信托项目资产负债汇总表

编制单位:中国对外经济贸易信托有限公司　　　　单位:万元

资产	年末数	年初数	负债和所有者权益	年末数	年初数
流动资产:			流动负债:		
货币资金	914 947.69	4 155 920.97	拆入资金	—	—
拆出资金	—	—	交易性金融负债	—	—
交易性金融资产	4 970 587.52	1 787 199.20	衍生金融负债	—	—
衍生金融资产	—	—	卖出回购金融资产款	—	—
买入返售金融资产	323 774.55	502 570.64	应付职工薪酬	—	—
应收账款	208 022.69	5 906 871.26	应交税费	1 579.47	394.93
预付账款	—	—	应付利息	—	—
应收利息	47 511.52	7 740.17	应付股利	24 458.98	1 653.17
应收股利	—	—	应付账款	25 607.73	1 422.16
其他应收款	193 624.19	121 168.71	其他应付款	60 212.27	92 517.17
发放贷款及垫款	6 567 343.30	6 428 348.69	代理业务负债	—	—
代理业务资产	—	—	流动负债合计	111 858.45	95 987.43
其他流动资产	—	—			
流动资产合计	13 225 811.46	18 909 819.64			
			非流动负债:		
非流动资产:			长期应付款	—	—
可供出售金融资产	2 832 275.31	2 122 461.55	预计负债	—	—
长期应收款	—	—	递延所得税负债	—	—
持有至到期投资	1 806 587.39	1 499 390.00	其他非流动负债	—	—
长期股权投资	3 033 879.75	1 345 759.65	非流动负债合计	—	—
固定资产	—	—	负债合计	111 858.45	95 987.43
固定资产清理	—	—			
无形资产	—	—			
商誉	—	—	所有者权益:		
长期待摊费用	—	85.22	实收信托	21 312 730.80	23 689 860.30
递延所得税资产	—	—	资本公积	88 685.43	75 807.71
其他非流动资产	620 063.85	—	盈余公积	—	—
非流动资产合计	8 292 806.30	4 967 696.42	信托赔偿准备金	—	—
			未分配利润	5 343.08	15 860.62
			所有者权益合计	21 406 759.31	23 781 528.63
资产总计	21 518 617.76	23 877 516.06	负债和所有者权益总计	21 518 617.76	23 877 516.06

5.2.2 信托项目利润及利润分配表

编制单位:中国对外经济贸易信托有限公司　　　　单位:万元

项目	本年实际数	上年实际数
一、营业收入	1 318 808.55	583 964.88
利息净收入	811 475.32	809 422.76
利息收入	811 475.32	809 422.76
利息支出	—	—
手续费及佣金净收入	—	—
手续费及佣金收入	—	—
手续费及佣金支出	—	—
租赁收益	28 417.16	3 862.17
投资收益(损失以"－"号填列)	232 744.51	-50 349.64
其中:对联营企业合营企业的投资收益	34 479.07	16 507.35
公允价值变动损益(损失以"－"号填列)	241 064.81	-204 446.92
汇兑损益(损失以"－"填列)	—	—
其他业务收入	5 106.75	25 476.51
二、营业支出	295 290.96	170 361.34

续表

项目	本年实际数	上年实际数
营业税金及附加	5 175.26	4 125.73
业务及管理费	290 115.70	166 235.61
资产减值损失	—	—
其他业务成本	—	—
三、营业利润(亏损以"－"号填列)	1 023 517.59	413 603.54
加:营业外收入	0.50	—
减:营业外支出	0.01	—
四、利润总额(亏损总额以"－"号填列)	1 023 518.08	413 603.54
减:所得税费用	—	—
五、净利润(净亏损以"－"号填列)	1 023 518.08	413 603.54
加:期初未分配信托利润	15 860.62	159 151.28
六、可供分配的信托利润	1 039 378.70	572 754.82
减:本期已分配的信托利润	1 034 035.62	556 894.20
七、期末未分配信托利润	5 343.08	15 860.62

6. 会计报表附注

6.1 会计报表编制基准

本报表按照中华人民共和国财政部2006年2月15日颁布的《企业会计准则》编制。本公司报告期内会计报表编制基准无不符合会计核算基本前提的事项。本公司无合并会计报表。

6.2 或有事项说明

本公司报告期内无或有事项。

6.3 重要资产转让及其出售的说明

本公司报告期内无重要资产转让及其出售的事项。

6.4 会计报表中重要项目的明细资料

6.4.1 自营资产经营情况

6.4.1.1 资产风险分类结果（以净值列示）

信用风险资产五级分类	正常类（万元）	关注类（万元）	次级类（万元）	可疑类（万元）	损失类（万元）	信用风险资产合计（万元）	不良资产合计（万元）	不良资产率（%）
期初数	425 586.12	—	—	—	—	425 586.12	—	0.00%
期末数	545 189.92	1 578.79	—	—	—	546 768.71	—	0.00%

6.4.1.2 资产损失准备计提转回情况

单位：万元

	期初数	本期计提	本期转回	本期核销	期末数
贷款损失准备					
一般准备	—	—	—	—	—
专项准备	—	—	—	—	—
其他资产减值准备	—	—	—	—	—
可供出售金融资产减值准备	—	—		—	—
持有至到期投资减值准备	127.25	—	67.70		59.55
长期股权投资减值准备	401.79	—	—	—	401.79
坏账准备	92.14	203.67	—	—	295.81
投资性房地产减值准备	—	—	—	—	—

6.4.1.3 金融资产和长期股权投资

单位：万元

	自营股票	基金	债券	持有至到期投资	长期股权投资
期初数	166 739.87	30 297.70	—	126 064.45	47 262.64
期末数	179 226.62	105 208.50	—	87 782.09	49 510.09

6.4.1.4 前三名的自营长期股权投资的企业名称、占被投资企业权益的比例、主要经营活动及投资收益情况（按持股比例排列）

企业名称	占被投资企业权益的比例（%）	主要经营活动	投资收益（万元）
1. 冠通期货经纪有限公司	48.72%	期货	583.29
2. 诺安基金管理公司	40.00%	基金管理	8 407.37
3. 宝盈基金管理公司	25.00%	基金管理	438.73

6.4.1.5 前三名的自营贷款的企业名称、占贷款总额的比例和还款情况

企业名称	占贷款总额的比例	还款情况
—	—	—

6.4.1.6 代理业务的期初数、期末数

单位：万元

	期初数	期末数
代理业务（委托业务）	28.00	—
其他	—	—
合计	28.00	—

6.4.1.7 公司当年的收入结构

单位：万元

收入结构	金额
手续费及佣金收入	116 541.62
其中：信托手续费收入	100 633.33
投资银行业务收入	15 908.29
利息收入	1 301.89
其他业务收入	—
其中：计入信托业务收入部分	—
投资收益	44 918.38
其中：股权投资收益	9 456.39
证券投资收益	23 770.09
其他投资收益	11 691.90
公允价值变动收益	2 108.02
营业外收入	25.54
收入合计	164 895.45

6.4.2 信托资产管理情况

6.4.2.1 信托资产情况

单位：万元

信托资产	期初数	期末数
集合	12 930 238.85	9 474 670.39
单一	9 943 675.96	11 067 103.93
财产权	1 003 601.25	976 843.44
合计	23 877 516.06	21 518 617.76

6.4.2.1.1 主动管理型信托业务情况

单位：万元

主动管理型信托资产	期初数	期末数
证券投资类	3 939 422.38	6 657 035.17
股权投资类	990 369.19	1 472 701.86
融资类	12 612 748.34	6 910 129.02
事务管理类	—	—
合计	17 542 539.91	15 039 866.05

6.4.2.1.2 被动管理型信托业务情况

单位：万元

被动管理型信托资产	期初数	期末数
证券投资类	4 525 280.64	2 947 441.69
股权投资类	231 510.69	1 568 059.72
融资类	1 578 184.82	1 963 250.30
事务管理类	—	—
合计	6 334 976.15	6 478 751.71

6.4.2.2 本年度已清算结束的信托项目情况

6.4.2.2.1 本年度已经清算结束信托项目情况

已清算结束信托项目	项目个数	实收信托合计金额（万元）	加权平均实际年化收益率（%）
集合类	1815	15 011 011.15	5.95
单一类	163	2 924 072.71	6.11
财产管理类	3	684 325.00	6.37

6.4.2.2.2 本年度已经清算结束的主动管理型信托项目情况

已清算结束信托项目	项目个数	实收信托合计金额（万元）	加权平均实际年化信托报酬率（%）	加权平均实际年化收益率（%）
证券投资类	58	627 338.30	0.66	-5.54
股权投资类	13	155 050.00	1.54	0.52
融资类	1845	15 023 042.56	0.56	6.69
事务管理类	—	—	—	—

6.4.2.2.3 本年度已经清算结束的被动管理型信托项目情况

已清算结束信托项目	项目个数	实收信托合计金额（万元）	加权平均实际年化信托报酬率（%）	加权平均实际年化收益率（%）
证券投资类	12	149 078.00	0.43	-3.37
股权投资类	3	32 425.00	0.62	-17.88
融资类	50	2 632 475.00	0.15	5.91
事务管理类	—	—	—	—

6.4.2.3 本年度新增信托项目情况

单位：万元

新增信托项目	项目个数	实收信托合计金额
集合类	1 096	12 096 844.19
单一类	136	8 463 641.41
财产管理类	6	211 900.00
新增合计	1 238	20 772 385.60
其中：主动管理型	1 198	15 220 471.38
被动管理型	40	5 551 914.22

6.4.2.4 信托业务创新成果和特色业务有关情况

2012年4月28日，外贸信托正式获得银监会批准的股指期货交易业务资格，成为全国第二家、北京地区第一家获此创新业务资格的信托公司。在资格获批后，外贸信托立即推出股指期货业务相关的证券投资信托产品，不论产品数量还是信托规模都在行业内处于领先地位。

6.4.2.5 本公司履行受托人义务情况及因公司自身责任而导致的信托资产损失情况

公司管理信托财产恪尽职守，履行诚实、信用、谨慎、有效管理的义务。没有因公司自身责任而导致信托资产损失的情况。

6.5 关联方关系及其交易的披露

6.5.1 关联交易方的数量、关联交易的总金额及关联交易的定价政策

固有业务关联方情况

	关联交易数量	关联交易金额（万元）	定价政策
合计	3	1 572.05	公允价值定价

信托业务关联方情况

	关联交易方数量	关联交易金额（万元）	定价政策
合计	—	—	—

6.5.2 关联交易方与本公司的关系性质、关联交易方的名称、法定代表人、注册地址、注册资本及主营业务

固有业务关联方情况

关系性质	关联方名称	法定代表人	注册地	注册资本	主营业务
股东	中国中化股份有限公司	刘德树	北京	3 980 000.00	石油、化肥、化工、金融等行业投资。
股东	中化集团财务有限责任公司	杨林	北京	300 000.00	财务和融资顾问。
同受母公司控制	北京凯晨置业有限公司	何操	北京	10 240.00万美元	房地产开发。
同受母公司控制	中化金茂物业管理（北京）有限公司	蓝海青	北京	500.00	物业管理。
同受母公司控制	中化国际物业酒店管理有限公司	蓝海青	北京	38 760.00	房地产开发。

信托业务关联方情况

关系性质	关联方名称	法定代表人	注册地	注册资本	主营业务
—	—	—	—	—	—

6.5.3 本公司与关联方的重大交易事项

6.5.3.1 固有财产与关联方：贷款、投资、租赁、应收账款、担保、其他方式等期初汇总数、本期发生额汇总数、期末汇总数

固有财产与关联方关联交易

单位：万元

	期初数	借方发生额	贷方发生额	期末数
贷款	—	—	—	—
投资	—	—	—	—
租赁	—	—	—	—
担保	—	—	—	—
应收账款	—	—	—	—
其他	1 389.42	182.63	—	1 572.05
合计	1 389.42	182.63	—	1 572.05

注：固有财产与关联方关联交易主要是房屋租赁费用等。

6.5.3.2 信托资产与关联方：贷款、投资、租赁、应收账款、担保、其他方式等期初汇总数、本期发生额汇总数、期末汇总数

信托资产与关联方关联交易

单位：万元

	期初数	借方发生额	贷方发生额	期末数
贷款	—	—	—	—
投资	—	—	—	—
租赁	—	—	—	—
担保	—	—	—	—
应收账款	—	—	—	—
其他	—	—	—	—
合计	—	—	—	—

6.5.3.3　信托公司自有资金运用于自己管理的信托项目（固信交易）、信托公司管理的信托项目之间的相互交易金额

6.5.3.3.1　固有财产与信托财产之间的交易金额期初汇总数、本期发生额汇总数、期末汇总数

公司没有固有财产与信托财产之间的交易。

6.5.3.3.2　信托资产与信托财产之间的交易金额期初汇总数、本期发生额汇总数、期末汇总数

公司没有信托资产与信托财产之间的交易。

6.5.4　关联方逾期未偿还本公司资金的详细情况以及本公司为关联方担保发生或即将发生垫款的详细情况

固有财产没有关联方逾期未偿还本公司资金及本公司为关联方担保发生或即将发生垫款的事项。

信托业务没有关联方逾期未偿还本公司资金及本公司为关联方担保发生或即将发生垫款的事项。

6.6　会计制度的披露

本公司固有业务和信托业务自2008年1月1日起均执行中华人民共和国财政部于2006年2月15日颁布的《企业会计准则》。

7. 财务情况说明书

7.1　利润实现和分配情况

2012年本公司实现净利润105 733.00万元，分配方案如下：

（1）按当年净利润的10%提取法定公积金10 573.30万元人民币。

（2）按当年净利润的5%提取信托赔偿准备金5 286.65万元人民币。

（3）提取一般准备6 590.05万元人民币。

可供股东分配的利润83 283.00万元人民币，按各股东股权比例进行分配：中国中化股份公司80 134.90万元人民币，中化集团财务有限责任公司3 148.10万元人民币。

7.2　主要财务指标

指标名称	指标值
资本利润率（%）	23.20
信托报酬率（%）	0.57
人均利润（万元）	655.55

注：1. 资本利润率＝净利润/所有者权益平均余额×100%。
2. 人均利润＝利润总额/年平均人数。

7.3　对本公司财务状况、经营成果有重大影响的其他事项

本公司没有对财务状况、经营成果有重大影响的其他事项。

7.4　本公司净资本情况

净资本风险控制指标报表

编制单位：中国对外经济贸易信托有限公司　　2012年12月31日

项目	期末余额	监管标准
净资本（万元）	485 930.78	≥2亿元
固有业务风险资本（万元）	47 797.05	
信托业务风险资本（万元）	220 563.91	
其他业务风险资本（万元）	—	
各项业务风险资本之和（万元）	268 360.96	
净资本/各项业务风险资本之和（%）	181.07%	≥100%
净资本/净资产（%）	94.25	≥40

8. 特别事项简要揭示

8.1　前五名股东报告期内变动情况及原因

无。

8.2　董事、监事及高级管理人员变动情况及原因

2012年7月9日，公司通过2012年第一次股东决定书对董事会、监事会进行换届选举。王红军董事、刘剑董事和王军生独立董事离任，新选举於乐民、张宝红、徐卫晖担任董事，新选举孙向东担任独立董事。石力监事离任，新选举刘剑担任监事。

2013年1月8日，公司第五届董事会第五次会议决定聘徐卫晖为公司总经理，免去杨自理的总经理职务。公司向银监会上报了徐卫晖同志的总经理任职资格材料，现已获得批准。2013年1月21日，公司2013年第一次股东决定书决定选举蒋承宏同志和程永同志担任外贸信托董事，杨自理同志和胡学静同志不再担任外贸信托董事。蒋承宏同志和程永同志的任职资格正在银监会的审批过程中。

8.3　公司的重大诉讼事项

本报告期内公司无重大未决诉讼事项。

8.4　本报告期内，天职国际会计师事务所出具标准的无保留意见的审计报告，公司董事会没有需要作出说明的事项

8.5　本报告期内没有公司及其董事、监事和高级管理人员受到处罚的情况

8.6　银监会及其派出机构对公司检查情况

2012年7月至8月，中国银监会非银部派出现场检查组对公司房地产业务风险状况、兑付风险情况、银信业务转表情况

及存续业务风险合规情况进行现场检查，并于2013年3月下发《中国银监会办公厅关于对外经济贸易信托有限公司的现场检查意见书》（以下简称《意见书》）。《意见书》认为，公司基本能够按照《中华人民共和国信托法》、《信托公司管理办法》等法律法规的要求开展业务，逐步加强风险控制等中后台力量，各项业务取得一定的发展；从经营情况来看，公司存续信托业务运行基本正常，总体上经营风险可控。

对照《意见书》，公司董事会风险管理委员会召集公司管理层召开专项工作会议，公司成立银监会现场检查意见整改工作小组，组织相关业务和中后台部门，本着全面准确落实银监会的监管要求、促进公司持续稳健发展的原则，对公司的内控体系流程、业务战略定位、存量项目管理等进行全面自查，并制定有针对性的整改方案，包括自上而下全面动员参与整改工作，进一步提升和增强全体员工的合规经营意识和风险管理意识；进一步建立健全组织机构，充实合规、风险管理及内部审计力量，形成更为严谨、科学的组织架构体系；在对现有规章制度进行认真梳理的基础上，进一步完善和细化相关制度、流程和操作标准，明确和落实相关责任机制，加大对合规和风险管理的考核力度；完善运营管理操作环节，加大检查监督力度；以及进一步加强战略研究工作，深化政策和市场研判，提升自主管理能力和业务内涵，促进公司可持续发展等。

8.7 本报告期内公司无重大事项临时报告

8.8 本报告期内公司没有银监会及其省级派出机构认定的其他有必要让客户及相关利益人了解的重要信息

9. 公司监事会意见

9.1 公司依法运作情况

报告期内，公司的决策程序符合国家法律、法规和公司的章程及相关制度，建立健全了比较有效的内控制度，董事会全体成员及董事会聘任的高级管理人员认真履行了职责，未发现有违法、违规、违章的行为，也没有损害公司利益、股东利益和委托人利益的行为。

9.2 财务报告的真实性

报告期内，公司财务报告真实反映了公司财务状况和经营成果。

中国金谷国际信托有限责任公司

1. 重要提示

1.1　本公司董事会及董事保证本报告所载资料不存在任何虚假记载、误导性陈述或者重大遗漏，并对其内容的真实性、准确性和完整性承担个别及连带责任。

1.2　本公司独立董事对年度报告的真实性、准确性和完整性无异议。

1.3　公司董事长张勇、总经理刘学敬、主管会计工作负责人副总经理张秀娟声明：保证年度报告中财务报告的真实、完整。

2. 公司概况

2.1　公司简介

中国金谷国际信托有限责任公司（以下简称本公司或金谷信托，原名中国金谷国际信托投资有限责任公司）是1993年4月经中国人民银行批准成立的非银行金融机构。2008年7月30日，经国务院及财政部同意、中国银监会批准了中国信达资产管理股份有限公司（以下简称中国信达）对金谷信托实施重组并增资；2009年9月1日，经中国银监会批准重新登记，更名为“中国金谷国际信托有限责任公司”；2009年9月15日，在国家工商行政管理总局完成变更登记手续，注册资本为人民币12亿元，其中：中国信达持有92.29%股权，中国妇女活动中心持有6.25%股权，中国海外工程有限责任公司（以下简称中国海外）持有1.46%股权。

2.1.1　公司名称

公司法定中文名称：中国金谷国际信托有限责任公司

中文名称缩写：金谷信托

公司英文名称：China Jingu International Trust Co.，Ltd.

英文名称缩写：Jingu Trust

2.1.2　注册资本：12亿元

2.1.3　开业时间：成立于1993年，2009年9月重新登记开业

2.1.4　公司法定代表人：张勇

2.1.5　公司董事会秘书：王崇

电话：010－88086819

传真：010－88086546

E－mail：wangchong@cinda.com.cn

2.1.6　公司注册地址（办公地址）：北京市西城区金融大街33号通泰大厦C座10层，邮政编码：100140

2.1.7 公司官方网站：www.jingutrust.com

公司电子邮箱：wangchong@cinda.com.cn

2.1.8　公司信息披露报纸名称：《金融时报》

2.1.9　年度报告备置地点：北京市西城区金融大街33号通泰大厦C座10层

2.1.10　其他有关资料：

公司法人营业执照注册号：100000000013649

公司金融许可证：K0075H111000001

2.1.11　公司聘请的会计师事务所：德勤华永会计师事务所（特殊普通合伙）北京分所，住所：北京市东长安街1号东方广场东方经贸城德勤大楼8层

2.2　组织结构图

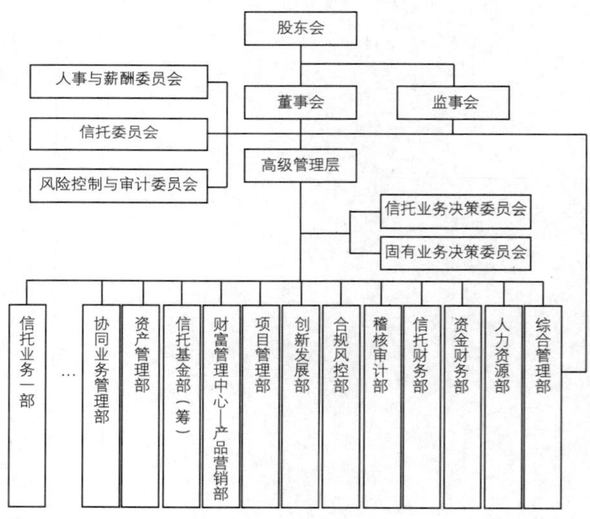

3. 公司治理

3.1　股东

报告期末，公司股东总数为3家。股东持股情况如下：

股东名称	持股比例（%）	法人代表	注册资本（亿元）	注册地址	主要经营业务
中国信达资产管理股份有限公司	92.29	侯建杭	301.4002	北京市西城区闹市口大街9号院1号楼	收购、受托经营金融机构和非金融机构不良资产，对不良资产进行管理、投资和处置；债权转股权，对股权资产进行管理、投资和处置；破产管理；对外投资；买卖有价证券；发行金融债券、同业拆借和向其他金融机构进行商业融资；经批准的资产证券化业务、金融机构托管和关闭清算业务；财务、投资、法律及风险管理咨询和顾问；资产及项目评估；国务院银行业监督管理机构批准的其他业务。

续表

股东名称	持股比例(%)	法人代表	注册资本(亿元)	注册地址	主要经营业务
中国妇女活动中心	6.25	郭象	2.8408	北京市东城区建国门内大街19号	为中外妇女交流提供场所服务;为妇女文化、科技、艺术交流、培训提供管理和会议服务以及相关咨询服务;附设客房、会议室、餐厅、酒吧、文化娱乐、商务中心、康乐、美容美发、商场、物业管理等项目。
中国海外工程有限责任公司	1.46	黄天德	9.78537	北京市海淀区紫竹院路1号7号楼	许可经营:向境外派遣各类劳务人员;一般经营:承包各类国外工程和境内外资工程;外派劳务人员培训;承担各类海外工业、民用建筑工程的勘查、设计和咨询;利用外方资源、资金和技术在境内开展劳务合作;进出口业务;工业与民用建筑工程的总承包;市政工程、装饰工程、水力电力工程、港口建设、道路桥梁工程施工;设备安装;建筑材料、工程机械的销售;自有房屋出租;房地产的开发经营及物业管理。

3.2 董事及董事会下属委员会

3.2.1 董事长、董事

姓名	职务	性别	年龄	选任日期	所推举的股东名称	该股东持股比例(%)	简 要 履 历
张 勇	董事长	男	57	2008年10月	中国信达	92.29	1982年至今,担任中国建设银行、中国信达部门总经理,信达投资有限公司党委副书记、副董事长,金谷信托董事长等职务。
刘学敬	董事	男	55	2011年6月	中国信达	92.29	1980年至今,国家审计署金融审计司历任副处长、处长、沈阳特派办特派员助理,金谷信托副总裁、总裁、监事会主席、总经理等职务。
罗振宏	董事	男	47	2008年10月	中国信达	92.29	1988年至今,担任中国建设银行总行法律事务部副处长,中国信达法律事务部、法律合规部总经理等职务。
索巧梅	董事	女	58	2011年6月	中国信达	92.29	1984年至今,担任建行山西省分行副处长、国际业务部总经理、迎泽支行行长,中国信达太原办事处副主任、副主任(主任级),金谷信托董事。
傅 彬	董事	女	42	2011年6月	中国信达	92.29	1995年至今,任职建行江西省分行,中国信达资本金管理委员会办公室、集团协同部、公司管理部、综合计划部高级副经理。
郭象	董事	女	58	2008年10月	中国妇女活动中心	6.25	1990年至今,担任团中央权益部副部长、全国妇联中国儿童中心副主任、党委副书记、党委书记,中国妇女活动中心主任、党委书记等职务。
王贺彩	董事	男	48	2011年6月	中国海外	1.46	1994年至今,担任铁道部建厂工程局北京一处副总会计师、总会计师,中铁建工集团北京分公司党委书记,中国海外总会计师、总法律顾问等职务。

3.2.2 独立董事

姓名	职务	性别	年龄	选任日期	简 要 履 历
王为强	独立董事	男	66	2009年3月	1988年至今,担任中国建设银行辽宁省分行副行长、陕西省分行行长,陕西省人民政府秘书长,中国人民银行成都分行行长,国有重点金融机构监事会主席兼任中国农业银行监事会主席,中国工商银行监事会主席、党委副书记,工银国际控股有限公司监事长等职务。
郭朝田	独立董事	男	68	2009年3月	1998年至今,任职中国建设银行总行第二营业部;现任深圳市建银投资发展有限公司董事长。

3.2.3 董事会下属委员会

委员会名称	职责	组成人员
人事与薪酬委员会	负责制定、审查公司高级管理人员(以下简称高管人员)的薪酬政策与方案,拟定公司高管人员的考核标准并进行考核,接受董事会授权的其他事项。	张勇(主任) 王为强 郭朝田
信托委员会	督促公司依法履行受托职责。当公司或股东利益与受益人利益发生冲突时,信托委员会应保证公司为受益人的最大利益服务。	王为强(主任) 郭象 傅彬
风险控制与审计委员会	负责公司的风险控制、管理、监督和评估以及公司内外部审计的沟通、监督和核查等工作。	郭朝田(主任) 罗振宏 王贺彩

3.3 监事

姓名	职务	性别	年龄	选任日期	所推举的股东名称	该股东持股比例(%)	简要履历
贾放	监事会主席	男	59	2012年4月	中国信达	92.29	1985年至今，历任国家计委财金司副处长、处长，国家计委宏观经济研究院综合研究部副主任，建设银行政策研究室副主任、投资研究所副所长，中国信达部门总经理、公司总裁助理（兼信达投资有限公司副董事长、总经理、党委副书记，信达地产股份有限公司董事长、党委书记），金谷信托党委副书记、监事会主席等职务。
邵颖	监事	女	42	2009年10月	中国信达	92.29	1999年至今，担任中国信达资产管理公司资金财务部、人力资源部经理、高级副经理、高级经理、部门总经理助理等职。
任侠	监事	女	44	2011年6月	中国妇女活动中心	6.25	1987年至1997年，任职地质矿产部航空物探遥感中心，金谷信托主管会计、处级经理、高级副经理，中国妇女活动中心财务部部长。
王军民	监事	男	57	2008年10月	中国海外	1.46	1988年至今，担任中国海外工程有限责任公司企管部、进出口部、成套设备部、法务合约部、企业风险管理办公室等部门副经理、部长、公司总法律顾问、高级法律顾问等职务。
王娜	职工监事	女	40	2011年6月	—	—	1991年至今，担任北京赛特集团管理有限责任公司主管，中国信达业务经理、团委委员，金谷信托人力资源部高级副经理、公司工会副主席、部门总经理级。

3.4 高级管理人员

姓名	职务	性别	年龄	选任日期	金融从业年限	学历/学位	专业
张勇	董事长	男	57	2008年10月	31	本科	基建财务与信用
刘学敬	总经理	男	55	2011年1月	32	硕士	货币银行学
贾放	监事会主席	男	59	2012年4月	31	本科	商业经济
李廷芳	常务副总经理	男	46	2011年6月	17	博士后	投融资管理
刘元生	纪委书记	男	57	2009年5月	31	本科	基建财务与信用
张秀娟	副总经理	女	49	2009年5月	22	硕士	工商管理
刘志明	副总经理	男	57	2009年10月	15	硕士	工商管理
陈玮	总经理助理	男	50	2009年5月	21	本科	企业管理
冯彦明	总经理助理	女	53	2009年5月	30	硕士	货币银行学
樊京陆	总稽核	男	60	2009年7月	20	硕士	金融学

3.5 公司员工

报告期末，公司员工总数为133人。

项目		2012年度	
		人数	比例(%)
年龄分布	25岁以下	9	7
	25~29岁	46	35
	30~39岁	44	33
	40岁以上	34	25
学历分布	博士	13	10
	硕士	72	54
	本科	39	29
	专科及其他	9	7
岗位分布	董事、监事及高管人员	11	9
	自营业务人员	7	5
	信托业务人员	63	47
	其他	52	39

4. 经营管理

4.1 经营目标、经营方针、战略规划。

4.1.1 经营目标

努力成为在资产管理、资金融通、投资理财等领域具有竞争力的专业理财服务机构和具有创新能力及持续盈利能力的信托公司。

4.1.2 经营方针

秉承诚信、高效、专业、创新的经营理念，恪守谨慎、稳健的经营方针，以受益人的利益最大化为宗旨，专注于信托产品的创新与推广。

4.1.3 战略规划

公司以中央“十二五”规划有关精神为指导，深入贯彻落实科学发展观，全面落实控股股东发展规划，抓住行业发展的大好时机，坚持以价值创新为目标，以客户需求为导向，以谋发展、防风险为主线，以合规经营、开拓创新为保障，从自身实际出发，依托股东优势，构建独具特色、可持续发展的业务架构和盈利模式，力争在3~5年内将公司建设成为具有核心竞争优势的现代金融服务企业。

公司发展战略定位包括：

第一，在控股股东集团架构中的定位。充分发挥信托公司业务横跨货币市场、资本市场和实业市场的特点，成为控股股东金融控股架构下的枢纽机构，为控股股东各分支机构和业务平台提供客户资源和业务机会，为控股股东战略客户提供个性化的综合信托服务，成为控股股东“为客户提供全方位、个性化的金融服务和一揽子金融解决方案”战略定位的核心机构。

第二，在行业中的定位。成为具有一定品牌影响力的、在资产管理和信托融资服务两个领域达到业内先进水平的金融机构。为了确保以上战略定位的实现，公司将在规划期内努力实现业务模式转型、产品结构升级和市场竞争力与风险管控能力显著提升，形成具有核心竞争力的公司发展模式，实现由比较竞争优势向综合竞争优势、创业发展向科学发展的战略转变。

4.2 所经营业务的主要内容

4.2.1 自营资产运用与分布表

资产运用	金额（万元）	占比（%）	资产分布	金额（万元）	占比（%）
货币资产	75 849.60	31.79	基础产业		
贷款及应收款	69 597.43	29.17	房地产业	55 741.83	23.36
交易性金融资产	20 000.00	8.38	证券市场		
可供出售金融资产	61 586.28	25.81	实业	38 000.00	15.92
持有至到期投资			金融机构	128 849.60	54.00
长期股权投资	5 000.00	2.10	其他	16 028.13	6.72
其他	6 586.25	2.76			
资产总计	238 619.56	100	资产总计	238 619.56	100

4.2.2 信托资产运用与分布表

资产运用	金额（万元）	占比（%）	资产分布	金额（万元）	占比（%）
货币资产	34 458.44	0.33	基础产业	4 161 928.05	40.87
贷款	6 891 200.00	67.67	房地产	1 627 249.13	15.98
交易性金融资产			证券市场		
可供出售金融资产	1 879 802.49	18.46	实业	2 190 556.72	21.51
持有至到期投资			金融机构	67 180.81	0.66
长期股权投资	819 400.00	8.05	其他	2 136 538.74	20.98
其他	558 592.52	5.49			
信托资产总计	10 183 453.45	100.00	信托资产总计	10 183 453.45	100.00

4.3 市场分析

4.3.1 经济形势分析

2012 年，我国面对的国际经济形势日趋严峻，国内改革发展稳定任务繁重。国际上，全球债务危机愈演愈烈，美国、欧盟及日本等国经济持续低迷、复苏乏力；在国内，我国的经济增速自 2012 年初以来逐渐放缓，经济下行压力显现。党中央、国务院坚持以科学发展为主题，以加快转变经济发展方式为主线，按照稳中求进的工作总基调，及时加强和改善宏观调控，把稳增长放在更加重要的位置，国民经济运行缓中企稳，经济社会发展稳中有进，全年实现国内生产总值增长 7.8%，我国经济社会发展进入平稳增长期。

4.3.2 金融形势分析

2012 年，我国继续实施稳健的货币政策，并按照总量适度、审慎灵活的要求，兼顾促进经济平稳较快发展、保持物价稳定和防范金融风险。为了应对通胀和经济的双下滑，中央银行连续三次下调存款准备金率、两次降息，资金供给紧张状况得到缓解。同时，大力发展债券市场，提高直接融资比重，拓宽了企业的融资渠道。总体上，资金供给状况在 2012 年出现了明显改善，有力地支持了实体经济的发展。

4.3.3 影响业务发展的有利因素

（1）为了维持地方经济的适度增长，地方政府增加了对基础设施建设的投资力度，各级政府平台积极开拓信托渠道进行融资，带动了基础产业信托的超常规发展。2012 年基础产业信托成为各信托公司的主力业务类型，全年新增规模达到 6 346.57 亿元，在信托资产总规模中的占比达到 23.62%，成为仅次于工商企业信托的第二大投资方向。

（2）净资本管理监管办法的引导作用持续显现，信托公司对信托业务从融资型向投资型转变的探索不断深入，信托产品“基金化”渐成趋势，部分信托公司已经初步实现了基金化产品的标准化、系列化、品牌化，可持续发展之路在探索中前行。

（3）监管部门鼓励创新型信托业务、特色信托业务等的发展，多家信托公司获得股指期货业务资格、资产证券化特定目的信托受托机构资格，QDII 集合资金信托业务取得突破。信托公司追求创新的动力强劲，对信托业的长期、可持续发展十分有利。

4.3.4 影响业务发展的不利因素

（1）2012 年，实体经济增长放缓，一般企业资金需求低迷；资金供求关系有所改善，社会融资成本总体下降。在上述因素的共同作用下，信托业的利润空间受到挤压。

（2）2012 年，证监会推出 11 大类措施，保监会推出 13 项保险资金投资新政，给基金、券商、保险投资“松绑”，使得上述机构可以开展与信托公司同质化的资产管理业务，信托公司的制度和政策优势被削弱，给信托全行业带来较大的竞争压力，客观上要求信托公司主动转型，建立可持续发展的业务模式。

4.4 风险管理

4.4.1 风险管理概况

风险管理是关系公司生存发展的重要战略，公司风险管理工作遵从全面性、审慎性和有效性的原则，积极构建公司风险文化的核心理念，完善风险管理指标体系，明确风险管理绩效考核，从而有效防范和化解经营风险，保证公司业务的稳健经营和发展。

公司建立了董事会、经营层以及风险管理职能部门三级风险管理体系，并形成了事前、事中、事后三条风险管理条线。合规风控部定期对公司整体风险状况进行分析评估，并提交相关报告。

4.4.2 风险状况

4.4.2.1 信用风险状况

信用风险是公司经营过程中面临的主要风险。信用风险主要指交易对手不履行其义务的风险。主要表现为交易对手、担保人等义务主体在贷款偿还、资产（权益）回购、担保等交易环节不履行合同义务，从而使信托、固有财产遭受损失的可能性。

2012 年，公司重点防控本年度到期的房地产项目的清算风险。按照早发现、早预警、早处理的原则，年初对本年度到期的房地产项目进行了集中筛查，根据项目风险排查情况对未到期项目进行风险识别和判断，并制订总体应急处置预案，成立应急处置委员会，强化项目期间管理。本年度到期的房地产项目均实现顺利清算。

4.4.2.2 市场风险状况

市场风险是指资产管理业务中，投资于具有公开市场价值的金融产品或者其他产品时，由于价格波动导致资产遭受损失的可能性。同时，某些交易对手发生的信用风险也可能来自于其自身遭受的市场风险（成本上升、销售下降等）。报告期内，公司未出现市场风险事件。

4.4.2.3 操作风险状况

操作风险主要表现在公司内部人员在相关业务办理中因错误疏忽或操作失误而出现的风险，以及由于内部控制制度不完善引发的缺乏监控监督风险。报告期内，公司未出现操作风险事件。

4.4.2.4 其他风险状况

其他风险主要有政策风险、声誉风险等。政策风险主要是国家政策变化对公司业务发展可能产生的不利影响。声誉风险是指由于经营、管理及其他行为或外部事件导致利益相关方对公司作出负面评价的风险，影响公司正常运营。报告期内，公司未出现上述风险事件。

4.4.3 风险管理

4.4.3.1 信用风险管理

第一，通过持续关注交易对手的履约能力，审慎选择交易对手，注重项目前期尽职调查及加强中后期的检查等方式控制项目信用风险；第二，注重通过组合、多样化、限制集中度等方式分散信用风险；第三，通过在交易结构中设定抵押担保等方式转移风险；第四，公司以自有的信用风险评分系统数据作为控制项目信用风险的重要参考依据。

4.4.3.2 市场风险管理

第一，注重定期对国家宏观经济的研判，把握国家重点调控政策，防范可能发生的市场风险；第二，加强对不同行业和区域的市场风险分析，注意建立与公司规模和管理能力相适应的风险管理制度；第三，开展与公司发展阶段相适应的业务品种，积极探索组合投资方案，分散市场风险。第四，贷款合同及相关文件尽量对利率浮动变化进行事前约定，规避利率风险。

4.4.3.3 操作风险管理

针对操作风险的不同类别，公司采取了不同的管理策略和解决方案。公司通过构建内部控制环境和体系加强尽职风险管理。以严谨的制度流程和清晰的授权体系明确责任，形成不同部门、不同岗位之间的监督控制关系，从而做到人尽其职。

4.4.3.4 其他风险管理

公司通过密切研究和关注国家经济形势和政策变化，尽早作出经营思路和业务方向调整方案来减少政策风险；通过审慎选择交易对手，尽职尽责履行受托人责任，切实维护委托人利益，维护企业声誉。

5. 报告期末及上一年度末的比较式会计报表

5.1 自营资产

5.1.1 会计师事务所审计意见全文

审 计 报 告

德师京报（审）字（13）第 P0347 号

中国金谷国际信托有限责任公司全体股东：

我们审计了后附的中国金谷国际信托有限责任公司（以下简称贵公司）的财务报表，包括 2012 年 12 月 31 日的资产负债表、2012 年度的利润表、所有者权益变动表和现金流量表以及财务报表附注。

一、管理层对财务报表的责任

编制和公允列报财务报表是贵公司管理层的责任。这种责任包括：（1）按照企业会计准则的规定编制财务报表，并使其实现公允反映；（2）设计、执行和维护必要的内部控制，以使财务报表不存在由于舞弊或错误而导致的重大错报。

二、注册会计师的责任

我们的责任是在执行审计工作的基础上对财务报表发表审计意见。我们按照中国注册会计师审计准则的规定执行了审计工作。中国注册会计师审计准则要求我们遵守中国注册会计师职业道德守则，计划和执行审计工作以对财务报表是否不存在重大错报获取合理保证。

审计工作涉及实施审计程序，以获取有关财务报表金额和披露的审计证据。选择的审计程序取决于注册会计师的判断，包括对由于舞弊或错误导致的财务报表重大错报风险的评估。在进行风险评估时，注册会计师考虑与财务报表编制和公允列报相关的内部控制，以设计恰当的审计程序，但目的并非对内部控制的有效性发表意见。审计工作还包括评价管理层选用会计政策的恰当性和作出会计估计的合理性，以及评价财务报表的总体列报。

我们相信，我们获取的审计证据是充分、适当的，为发表审计意见提供了基础。

三、审计意见

我们认为，贵公司财务报表在所有重大方面按照企业会计准则的规定编制，公允反映了贵公司 2012 年 12 月 31 日的财务状况以及 2012 年度的经营成果和现金流量。

德勤华永会计师事务所（特殊普通合伙）北京分所中国注册会计师

姜长征

巩慧芳

2013 年 4 月 2 日

5.1.2 资产负债表

资产负债表

2012 年 12 月 31 日

单位:万元

项　目	年末数	年初数	项目	年末数	年初数
资产:			负债:		
货币资金	75 849.60	70 519.84	应付职工薪酬	11 689.23	3 851.83
交易性金融资产	20 000.00		应交税费	11 118.59	7 089.52
应收利息	155.56	125.67	预收账款	11 742.48	3 312.96
发放贷款和垫款	50 000.00	42 000.00	其他负债	1 711.57	11 910.34
可供出售金融资产	61 586.28	29 054.27	负债合计	36 261.87	26 164.65
应收款项类投资	10 000.00	30 000.00			
长期股权投资	5 000.00				
固定资产	2 518.15	2 100.39	所有者权益:		
无形资产	118.86	91.18	实收资本	120 000.00	120 000.00
递延所得税资产	2 997.01	1 368.25	资本公积	23 064.78	21 808.85
其他资产	10 394.10	747.62	盈余公积	5875.78	749.86
			风险准备金	6 283.35	1 749.32
			未分配利润	47 133.78	5 534.54
			所有者权益合计	202 357.69	149 842.57
资产总计	238 619.56	176 007.22	负债及所有者权益总计	238 619.56	176 007.22

5.1.3 利润表

利润表

2012 年度

单位:万元

项　目	本年累计数	上年累计数
一、营业收入	94 536.55	44 040.75
(一)利息净收入	15 986.11	9 999.38
利息收入	15 986.11	9 999.38
利息支出		
(二)手续费及佣金净收入	75 152.45	27 234.63
手续费及佣金收入	75 215.52	27 241.51
手续费及佣金支出	63.07	6.88
(三)投资收益(损失以"-"号填列)	3 397.99	6 806.74
二、营业支出	25 995.62	12 201.38
(一)营业税金及附加	5 175.40	2 600.86
(二)业务及管理费	20 444.01	9 600.52
(三)资产减值损失	376.21	
三、营业利润(亏损以"-"号填列)	68 540.93	31 839.37
加:营业外收入	24.38	
减:营业外支出	8	
四、利润总额(亏损以"-"号填列)	68 557.31	31 839.37
减:所得税费用	17 298.13	7 555.50
五、净利润(亏损以"-"号填列)	51 259.18	24 283.87
六、其他综合收益	1 255.94	-1 255.94
七、综合收益总额	52 515.12	23 027.93

5.1.4 所有者权益变动表

所有者权益变动表

2012 年度

单位:万元

项目	本年金额						上年金额					
	实收资本	资本公积	盈余公积	风险准备金	未分配利润	所有者权益合计	实收资本	资本公积	盈余公积	风险准备金	未分配利润	所有者权益合计
一、上年末余额	120 000.00	21 808.84	749.86	1749.33	5 534.54	149 842.57	120 000.00	23 064.78		535.13	-16 785.28	126 814.63
加:会计政策变更												
前期差错变更												
二、本年初余额	120 000.00	21 808.84	749.86	1749.33	5 534.54	149 842.57	120 000.00	23 064.78		535.13	-16 785.28	126 814.63
三、本年增减变动金额(减少以"-"号填列)		1 255.94	5 125.92	4 534.02	41 599.24	52 515.12		-1 255.93	749.86	1 214.19	22 319.82	23 027.94
(一)净利润					51 259.18	51 259.18					24 283.87	24 283.87
(二)其他综合收益		1 255.94				1 255.94		-1 255.93				-1 255.93
上述(一)和(二)小计		1 255.94			51 259.18	52 515.12		-1 255.93			24 283.87	23 027.94
(三)所有者投入和减少资本												
(四)利润分配			5 125.92	4 534.02	-9 659.94				749.86	1 214.19	-1 964.05	
1. 提取盈余公积			5 125.92		-5125.92				749.86		-749.86	
2. 提取风险准备金				4 534.02	-4 534.02					1 214.19	-1 214.19	
3. 对所有者(或股本)的分配												
四、本年末余额	120 000.00	23 064.78	5 875.78	6 283.35	47 133.78	202 357.69	120 000.00	21 808.84	749.86	1 749.32	5 534.54	149 842.57

5.2 信托资产

5.2.1 信托项目资产负债汇总表

信托项目资产负债汇总表

2012 年 12 月 31 日

单位：万元

资产	期末余额	期初余额	负债和所有者权益	期末余额	期初余额
信托资产:			信托负债:		
银行存款	34 458.44	606 375.02	应付受托人报酬		
交易性金融资产			应付受益人收益		
买入返售金融资产	37 090.00		应付托管费		
应收账款	358 416.44	3 058 191.35	应交税费		
应收利息			其他应付款	13 168.72	178.31
拆出资金					
其他应收款			信托负债合计	13 168.72	178.31
贷款	6 891 200.00	2 366 019.00			
持有至到期投资					
可供出售金融资产	1 879 802.49	1 106 762.00	信托权益:		
长期股权投资	819 400.00	96 800.00	实收信托	10 142 335.85	7 237 062.74
固定资产	50 000.00		资本公积		
在建工程			未分配利润	27 948.88	3 353.93
无形资产			信托权益合计	10 170 284.73	7 240 416.66
长期待摊费用					
其他资产	113 086.08	6 447.60			
资产总计	10 183 453.45	7 240 594.97	负债和所有者权益合计	10 183 453.45	7 240 594.97

5.2.2 信托项目利润及利润分配汇总表

信托项目利润及利润分配汇总表

2012 年度　　单位：万元

项　目	本年金额	上年金额
一、营业收入	805 748.72	141 778.69
利息收入	377 324.57	81 973.76
投资收益	427 382.02	59 804.93
公允价值变动损益		
租赁收入	1 039.68	
其他业务收入	2.45	
二、支出	139 345.55	25 414.39
(一)营业税金及附加		
(二)受托人报酬	66 725.29	15 672.82
(三)保管费	25 408.76	2 472.29
(四)资产减值损失		
(五)其他费用	47 211.50	7 269.28
三、信托净利润(净亏损以"－"号填列)	666 403.17	116 364.30
四、其他综合收益		
五、综合收益	666 403.17	116 364.30
六、加:期初未分配信托利润	3 353.93	165.49
七、可供分配的信托利润	669 757.10	116 529.79
八、减:本期已分配信托利润	641 808.22	113 175.86
九、期末未分配信托利润	27 948.88	3 353.93

6. 会计报表附注

6.1 会计报表编制基准不符合会计核算基本前提的说明

本公司无上述情况。

6.2 或有事项说明

无。

6.3 重要资产转让及其出售的说明

无。

6.4 会计报表中重要事项的明细资料

6.4.1 自营资产经营情况

6.4.1.1 信用风险五级分类情况

信用风险资产五级分类	正常类（万元）	关注类(万元)	次级类(万元)	可疑类(万元)	损失类(万元)	信用风险资产合计（万元）	不良资产合计（万元）	不良资产率（%）
期初数	101 300.47					101 300.47		
期末数	131 183.71					131 183.71		

注:不良资产合计＝次级类＋可疑类＋损失类。

6.4.1.2 各项资产减值损失准备情况

单位：万元

	自营股票	基金	债券	长期股权投资	其他投资	合计
贷款损失准备						
其他资产减值准备						
可供出售金融资产减值准备						
持有至到期投资减值准备						
长期股权投资减值准备						
坏账准备		376.21			376.21	
投资性房地产减值准备						
风险资产一般准备		1 971.07			1 971.07	

6.4.1.3　固有业务股票投资、基金投资、债券投资、股权投资等投资业务情况

单位：万元

	自营股票	基金	债券	长期股权投资	其他投资	合计
期初数					59 054.27	59 054.27
期末数				5 000.00	91 586.28	96 586.28

6.4.1.4　长期股权投资情况

企业名称	占被投资企业权益的比例（%）	主要经营活动	投资收益（万元）
山东重工集团财务有限公司	5	对成员单位办理财务和融资顾问业务	

6.4.1.5　自营贷款业务情况

企业名称	占贷款总额的比例（%）	还款情况
1. 亿阳集团股份有限公司	30	正常
2. 中泽农控股有限公司	70	正常

6.4.1.6　表外业务情况

无。

6.4.1.7 公司当年的收入结构

收入结构	金额（万元）	占比（%）
手续费及佣金收入	75 152.45	79.48
其中：信托手续费收入	60 201.56	63.66
投资银行业务收入		
利息收入	15 986.11	16.91
其他业务收入		
其中：计入信托业务收入部分		
投资收益	3 397.99	3.59
其中：股权投资收益		
证券投资收益		
其他投资收益	3 397.99	3.59
公允价值变动收益		
营业外收入	24.38	0.03
收入合计	94 560.93	100

6.4.2　信托资产管理情况

6.4.2.1　信托资产的期初数、期末数

单位：万元

信托资产	期初数	期末数
集合	976 187.65	2 226 873.48
单一	6 048 349.23	7 543 676.87
财产权	216 058.09	412 903.10
合计	7 240 594.97	10 183 453.45

6.4.2.1.1　主动管理型信托业务的信托资产期初数、期末数

单位：万元

主动管理型信托资产	期初数	期末数
证券投资类		
股权投资类	459 430.90	1 541 568.91
融资类	2 536 139.27	5 116 057.37
事务管理类	216 058.09	278 331.50
合计	3 211 628.26	6 935 957.78

6.4.2.1.2　被动管理型信托业务的信托资产期初数、期末数

单位：万元

被动管理型信托资产	期初数	期末数
证券投资类		
股权投资类	3 273 329.65	792 204.38
融资类	755 637.06	2 405 630.26
事务管理类		49 661.03
合计	4 028 966.71	3 247 495.67

6.4.2.2　本年度已清算结束的信托项目个数、实收信托合计金额、加权平均实际年化收益率

6.4.2.2.1　本年度已清算结束的集合类、单一类资金信托项目和财产管理类信托项目

已清算结束信托项目	项目个数	合计金额（万元）	加权平均实际年化收益率（%）
集合类	48	603 260.85	6.40
单一类	96	5 332 467.21	6.70
财产管理类	2	46 400.00	14.94%

6.4.2.2.2　本年度已清算结束的主动管理型信托项目

已清算结束信托项目	项目个数	实收信托合计金额（万元）	加权平均实际年化收益率（%）
证券投资类			
股权投资类	13	269 721.50	6.58
融资类	45	1 312 807.81	7.10
事务管理类	2	46 400.00	14.94

6.4.2.2.3　本年度已清算结束的被动管理型信托项目

已清算结束信托项目	项目个数	实收信托合计金额（万元）	加权平均实际年化收益率（%）
证券投资类			
股权投资类	53	3 607 550.99	6.22
融资类	33	745 647.76	8.13
事务管理类			

6.4.2.3　本年度新增的集合类、单一类资金信托项目和财产管理类信托项目

新增信托项目	项目个数	实收信托合计金额（万元）
集合类	56	1 706 583.00
单一类	119	6 664 348.62
财产管理类	7	246 950.00
新增合计	182	8 617 881.62
其中：主动管理型	132	5 568 960.00
被动管理型	50	3 048 921.62

6.4.2.4　信托业务创新成果和特色业务有关情况

公司自重新登记开业以来一直非常重视业务创新和开拓。2012 年，公司着力打造了一批基金类信托产品，这类产品具有期限较长、收益率较高、主动管理性较强的特点，对于公司业务创新和项目质量的提高具有重要意义。其中，"向日葵系列"中小企业发展基金系列产品是公司利用自身优势自主开发的，具有较强操作性的创新产品，在市场上树立了较好的口碑，得到

了监管部门的认可，并被金融时报等媒体报道。

6.4.2.5　信托财产的损失情况（笔数、合计金额、原因等）

无。

6.4.2.6　本公司履行受托人义务情况及因公司自身责任而导致的信托资产损失情况

本公司勤勉尽责履行受托人义务，未发生因公司自身责任而导致的信托资产损失情况。

6.4.2.7　信托赔偿准备金的提取、使用和管理情况

公司按2012年净利润5%提取信托赔偿准备金2 562.96万元。2012年公司未使用信托赔偿准备金。

6.5　关联方关系及其交易的披露

6.5.1　关联交易方的数量、关联交易总金额及关联交易的定价政策等

	关联交易方数量	关联交易金额（单位：万元）	定价政策
合计	5	103 538.78	按照市场公允价格定价

6.5.2　关联交易方与本公司的关系性质、关联交易方的名称、法定代表人 注册地址、注册资本及主营业务等

关系性质	关联方名称	法定代表人	注册地址	注册资本（万元）	主营业务
母公司	中国信达资产管理股份有限公司	侯建杭	北京市西城区闹市口大街9号院1号楼	301.4002	收购、受托经营金融机构和非金融机构不良资产，对不良资产进行管理、投资和处置；债权转股权，对股权资产进行管理、投资和处置；破产管理；对外投资；买卖有价证券；发行金融债券、同业拆借和向其他金融机构进行商业融资；经批准的资产证券化业务、金融机构托管和关闭清算业务；财务、投资、法律及风险管理咨询和顾问；资产及项目评估；国务院银行业监督管理机构批准的其他业务。
同一母公司	信达投资有限公司	李德燃	北京市西城区闹市口大街9号院1号楼	20	对外投资；商业地产管理、酒店管理、物业管理；资产管理、资产重组；投资咨询、投资顾问。
同一母公司	信达财产保险股份有限公司	陈方清	北京市东城区东中街29号东环广场B座3层	10	财产损失保险、责任保险、信用保险、保证保险、短期健康保险和意外伤害保险，及上述业务的再保险业务；同时，还包括国家法律、法规允许的保险资金运用业务及经保监会批准的其他业务等。
同一母公司	幸福人寿保险股份有限公司	杨军华	北京市东城区东中街29号东环广场B座8层	23.18	各类人寿保险、健康保险、人身意外伤害保险以及与人身保险相关的再保险业务。
同一母公司	信达证券股份有限公司	高冠江	北京市西城区闹市口大街9号院1号楼	25.687	证券经纪；证券投资咨询；与证券交易、证券投资活动有关的财务顾问；证券承销与保荐；证券自营；证券资产管理等。

6.5.3　公司与关联方的重大交易事项

6.5.3.1　固有财产与关联方交易情况：贷款、投资、租赁、应收账款、担保、其他方式等期初汇总数、本期发生额汇总数、期末汇总数

单位：万元

	期初数	借方发生额	贷方发生额	期末数
贷款				
投资				
租赁				
担保				
应收账款				
其他	10 015.45	4 108.56	10 095.82	4 028.19
合计	10 015.45	4 108.56	10 095.82	4 028.19

6.5.3.2　信托与关联方交易情况：贷款、投资、租赁、应收账款、担保、其他方式等期初汇总数、本期借方和贷方发生额汇总数、期末汇总数

单位：万元

	期初数	借方发生额	贷方发生额	期末数
贷款				
投资				
租赁				
担保				
应收账款				
其他	212 000	86 964.03	93 442.96	205 521.07
合计	212 000	86 964.03	93 442.96	205 521.07

6.5.3.3　信托公司自有资金运用于自己管理的信托项目（固信交易）、信托公司管理的信托项目之间的相互（信信交易）交易金额，包括余额和本报告年度的发生额

6.5.3.3.1　固有与信托财产之间的交易金额期初汇总数、本期发生额汇总数、期末汇总数

单位：万元

	固有财产与信托财产相互交易		
	期初数	本期发生额	期末数
合计	50 266.20	6 679.92	43 586.28

6.5.3.3.2　信托财产与信托财产之间的交易金额期初汇总数、本期发生额汇总数、期末汇总数

单位：万元

	信托财产与信托财产相互交易		
	期初数	本期发生额	期末数
合计	0	3 520	3 520

6.5.4　关联方逾期未偿还本公司资金的详细情况以及本公司为关联方担保发生或即将发生垫款的情况

无。

7. 财务情况说明书

7.1　利润实现和分配情况

2012年度公司实现净利润51 259.18万元，根据公司章

程、《信托公司管理办法》和《金融企业准备金计提管理办法》规定，公司对本年实现的净利润 51 259.18 万元进行分配，其中按照净利润 10% 提取法定盈余公积金 5 125.92 万元，按照净利润 5% 提取信托赔偿准备金 2 562.96 万元，按照风险资产期末余额的 1.5% 提取一般风险准备金 1 971.07 万元。根据股东会决议，向全体股东分配股利 6 239.89 万元。

7.2 主要财务指标

指标名称	指标值
资本利润率(%)	29.11
信托报酬率(%)	0.81
人均净利润(万元)	457.67

注：1. 资本利润率 = 净利润/所有者权益平均余额 ×100%。
2. 信托报酬率 = 信托业务收入/实收信托平均余额 ×100%。实收信托平均余额是指年初及各季末实收信托余额的移动算数平均数，公式为 A(平均) = (A0/2 + A1 + A2 + A3 + A4/2)/4。
3. 人均利润 = 净利润/平均职工人数。

7.3 公司净资本监管指标

指标名称	指标值	监管标准
净资本(万元)	169 061	≥2 亿元
各项业务风险资本之和(万元)	129 696	
净资本/各项业务风险资本之和(%)	130.35	≥100
净资本/净资产(%)	83.55	≥40

7.4 本年度对本公司财务状况、经营成果有重大影响的其他事项

无。

8. 特别事项简要揭示

8.1 前五名股东发生变动情况及原因

无。

8.2 高级管理人员变动情况及原因

报告期内，樊京陆先生因退休，不再担任公司总稽核职务，第六届董事会第三次会议审议通过了《关于公司总稽核免职退休的议案》。

8.3 变更注册资本、变更注册地或公司名称、公司分立合并事项

无。

8.4 公司的重大未决诉讼事项

无。

8.5 公司及高管人员受到处罚的情况

无。

8.6 银监会及其派出机构对公司检查后提出整改意见的，应简单说明整改情况

无。

8.7 本年度重大事项临时报告的简要内容、披露时间、所披露的媒体及其版面

无。

8.8 银监会及其省级派出机构认定的其他有必要让客户及相关利益人了解的重要信息

无。

9. 监事会意见

监事会认为：公司能够严格按照《公司法》、公司章程运作，各项经营管理活动正常开展，业务决策程序合法。公司董事、高级管理人员执行公司职务时没有违反法律、公司章程或损害公司及受益人利益的行为。高级管理层认真执行股东会、董事会决议，经营业绩良好，超额完成了各项经营指标。

报告期内，公司财务报告真实地反映了公司财务状况和经营成果。

中海信托股份有限公司

1. 重要提示

1.1　本公司董事会及董事保证本报告所载资料不存在任何虚假记载、误导性陈述或者重大遗漏，并对其内容的真实性、准确性和完整性承担个别及连带责任。

1.2　公司独立董事邝志强先生、王国刚先生、胡维翊先生声明：保证本报告的内容真实、准确、完整。

1.3　信永中和会计师事务所有限公司对本公司出具了标准无保留意见的审计报告。

1.4　公司董事长吴孟飞先生、总裁陈浩鸣先生、财务总监周炯先生、会计机构负责人朱玲女士声明：保证年度报告中财务报告的真实、完整。

2. 公司概况

2.1　公司简介

中海信托股份有限公司（以下简称中海信托）系由中国海洋石油总公司（以下简称中国海油）和中国中信股份有限公司（以下简称中信股份）共同投资设立的国有非银行金融机构。

中海信托秉承"诚信稳健、忠人所托"的经营理念，专注于能源、交通、基础设施等行业，坚持差异化、风控优先策略，将创新视为发展的动力，致力于打造一流的信托资产管理公司。2012年，中海信托管理信托资产规模为1258.47亿元，全年累计管理信托资产规模2 914.94亿元，实现营业收入11.08亿元，实现利润总额9.85亿元，人均净利润733.89万元。公司在风险可控前提下，资产管理能力不断提升，未发生任何信托项目不能按期兑付、损害投资人利益的情况，连续九年保持新增不良资产为零。

2.1.1　公司情况简表

公司名称（简称）	中海信托股份有限公司（中海信托）
公司英文名称（缩写）	Zhonghai Trust Co., Ltd.（ZHTRUST）
公司法定代表人	陈浩鸣
主要营业场所	上海市中山东二路15号7楼
公司网站	http://www.zhtrust.com

2.1.2　主要联系人及联系方式

信息披露负责人	周炯
联系电话	021-63555000
传真	021-63551955
电子信箱	service@zhtrust.com
联系地址	上海市中山东二路15号7楼
邮政编码	200002

2.1.3　其他事项

2.1.3.1　公司选定《中国证券报》、《证券时报》、《上海证券报》作为本次信息披露的报纸。公司年报全文将备置在公司营业场所及网站供查询。

2.1.3.2　公司年报审计会计师事务所：信永中和会计师事务所有限公司

联系地址：北京市东城区朝阳门北大街8号富华大厦A座8层

邮政编码：100027

2.1.3.3　公司常年法律顾问：上海市锦天城律师事务所

联系地址：上海市浦东新区花园石桥路33号花旗大厦14层

邮政编码：200120

2.2　组织结构

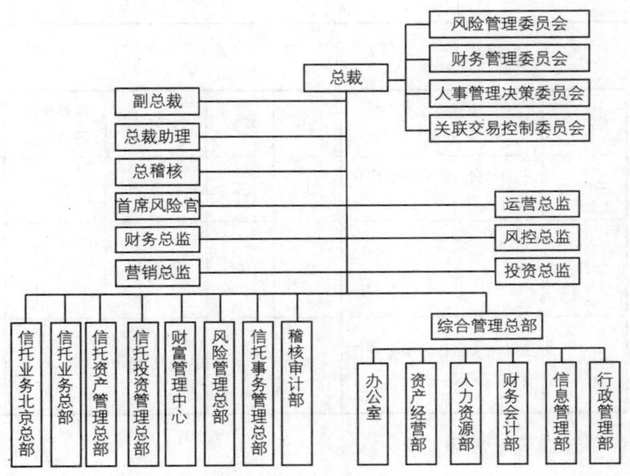

3. 公司治理结构

3.1　股东

股东总数：2个。

股东名称	持股比例（%）	法人代表	注册资本（万元）	注册地址	主要经营业务及主要财务情况
中国海洋石油总公司★	95	王宜林	949	北京市东城区朝阳门北大街25号	海上石油、天然气勘探、开发、生产及炼油等。近几年来，公司国内油气产量持续保持在5 000万吨级产量水平，实现营业收入超过5 000亿元人民币，利润总额达1 000亿元人民币以上。
中国中信股份有限公司	5	常振明	1 280	北京市朝阳区新源南路6号	金融与实业并举的大型综合性跨国企业集团，业务涉及银行、证券、信托、保险、基金、资产管理等金融领域和房地产、工程承包、资源能源、基础设施、机械制造、信息产业等实业领域。

注：最终实际控制人在股东名称一栏中加★表示。

3.2 董事、董事会及其下属委员会

董事长、副董事长、董事

姓　名	职　务	性别	年龄	选任日期	所推举的股东名称	该股东持股比例(%)	简　要　履　历
吴孟飞	董事长	男	57	2011 年	中国海洋石油总公司	95	1988 年加入中国海洋石油总公司，现任党组成员、总会计师；2005 年 12 月起任中国海洋石油总公司总会计师，目前还担任海康人寿保险有限公司、中海石油保险有限公司、中海石油投资控股有限公司、中海石油财务有限责任公司、中海信托股份有限公司董事长。
徐永昌	董事	男	44	2011 年	中国海洋石油总公司	95	2003 年 3 月至 2004 年 4 月，担任中国海洋石油总公司资产管理部代理总经理；2004 年 4 月 2011 年 12 月，担任中国海洋石油总公司资产管理部总经理；2011 年 12 月起任中国海洋石油总公司董事会秘书局局长兼办公厅副主任；2012 年 5 月起任中国海洋石油总公司董事会秘书。
窦建中	董事	男	57	2011 年	中国中信股份有限公司	5	历任中信银行副行长、行长，中国中信集团公司常务董事兼协理、常务董事兼副总经理；现任中国中信集团有限公司执行董事，中国中信股份有限公司执行董事兼副总经理，同时担任中信控股有限责任公司董事长兼总裁，信诚人寿保险公司董事长，中国中海直总公司董事长，中信国际金融控股公司董事兼行政总裁，中信国际资产管理公司董事兼事安集团董事长，中信资本控股有限公司董事，中信银行董事等职。
陈浩鸣	董事	男	46	2011 年	中国海洋石油总公司	95	2005 年 8 月至 2009 年 8 月，任中海信托股份有限公司副总裁；2009 年 8 月至 2011 年 1 月，任中海基金管理有限公司总经理；2011 年 1 月至今担任中海信托总裁，兼任中海基金董事长、四川信托常务副董事长。

独立董事

姓　名	所在单位及职务	性别	年龄	选任日期	所推举的股东名称	该股东持股比例(%)	简　要　履　历
王国刚	中国社会科学院金融研究所所长	男	57	2011 年	—	—	1994 年至今，就职于中国社科院；现任中国社会科学院金融研究所所长。
邝志强	无	男	63	2011 年	—	—	历任罗兵咸会计师事务所合伙人，香港联合交易所独立理事；目前担任多家香港上市公司独立非执行董事，包括中国远洋股份集团有限公司、周大福珠宝集团有限公司、恒基房地产有限公司等。
胡维翊	北京市天铎律师事务所合伙人、常务副主任	男	46	2011 年	—	—	历任全国人大常委会办公厅研究室政治组干部，北京市乾坤律师事务所合伙人，北京市中凯律师事务所律师，2001 年 5 月至今，任北京市天铎律师事务所合伙人、常务副主任。

董事会下属委员会

董事会下属委员会	职责	组成人员姓名	职务
审计委员会	提议聘请或更换外部审计机构；监督公司的内部审计制度及其实施；负责内部审计与外部审计之间的沟通；审核公司的财务信息及其披露；审查公司内控制度等。	邝志强(主席)	独立董事
		王国刚	独立董事
		徐永昌	董事
薪酬与考核委员会	研究董事与总裁人员考核的标准，进行考核并提出建议；研究和审查董事、高级管理人员的薪酬政策与方案等。	王国刚(主席)	独立董事
		陈浩鸣	董事、总裁
		胡维翊	独立董事
发展与战略委员会	对公司长期发展与战略规划进行研究并提出建议；对其他影响公司发展战略的重大事项进行研究并提出建议；研究金融市场及金融专项工具，并提出建议等。	吴孟飞(主席)	董事长
		王国刚	独立董事
		陈浩鸣	董事、总裁
提名委员会	研究董事和总裁的选择标准和程序并提出建议；广泛搜寻合格的董事和总裁人选；对董事候选人和总裁人选进行审查并提出建议。	邝志强(主席)	独立董事
		徐永昌	董事
		胡维翊	独立董事
信托委员会	调查研究信托行业的发展变化；对公司信托业务的发展方向和战略规划进行研究和提出建议；初审需由董事会审议的信托项目；针对中国银监会及其派出机构检查公司信托业务后要求董事会组织整改的问题，研究提出具体措施；当公司或股东利益与受益人利益发生冲突时，研究提出维护受益人权益的具体措施等。	王国刚(主席)	独立董事
		徐永昌	董事
		陈浩鸣	董事、总裁
风险管理与关联交易控制委员会	研究公司发生重大、突发性事项的对策；研究制定总体风险管理、关联交易控制政策供董事会审议；研究公司风险管理的战略结构和资源，并使之与公司的内部风险管理政策相兼容；研究重要的风险边界；对相关的风险管理、关联交易控制政策进行监督、审查和向董事会提出建议等。	窦建中(主席)	董事
		吴孟飞	董事长
		胡维翊	独立董事

3.3 监事、监事会及其下属委员会

监事会成员

姓　名	职务	性别	年龄	选任日期	所推举的股东名称	该股东持股比例(%)	简要履历
张兆善	主席	男	56	2011年	中国海洋石油总公司	95	2009年12月起担任中国海洋石油总公司派驻所属单位监事会主席;2010年1月起担任中海信托股份有限公司监事会主席。
罗衡	监事	男	61	2011年	中国中信股份有限公司	5	2008年4月至今,担任上海信源张江有限公司总经理。
张悦	监事	女	43	2011年	职工代表	—	2006年3月担任计划财务部经理;2007年6月起任稽核审计部经理;2011年11月至今,担任公司总稽核兼任稽核审计部经理。

3.4 高级管理人员

姓　名	职　务	性别	年龄	选任日期	金融从业年限	学历	专业	简要履历
陈浩鸣	总裁	男	46	2011年1月	12	硕士	工商管理	2005年8月至2009年8月,任中海信托股份有限公司副总裁;2009年8月至2011年1月,任中海基金管理有限公司总经理;2011年1月至今,担任中海信托总裁,兼任中海基金董事长、四川信托常务副董事长;2011年12月至今,兼任宏信证券有限责任公司董事。
周　炯	副总裁、财务总监	男	52	2008年7月	12	硕士	工商管理	2002年至2008年7月,历任中海石油财务有限责任公司资金部经理、总会计师;2008年8月至今担任中海信托股份有限公司副总裁兼财务总监。
胡旭鹏	副总裁、董事会秘书	男	37	2007年12月	11	硕士	经济法	2007年6月至2010年9月,任合规总监;2007年12月起,任中海信托董事会秘书;2008年8月起担任公司副总裁;2010年9月至2012年1月,任公司首席风险控制官。
魏志刚	总裁助理、营销总监	男	39	2010年11月	12	硕士	金融、工商管理	2010年2月起担任公司营销总监;2010年11月至今,任公司总裁助理,兼任营销总监。
张　悦	总稽核	女	43	2011年11月	7	硕士	管理	2006年3月,担任计划财务部经理;2007年6月起任稽核审计部经理;2011年11月至今,担任公司总稽核兼任稽核审计部经理。

3.5 公司员工

项　目		报告期年度		上年度	
		人数	比例(%)	人数	比例(%)
年龄分布	20岁以下	—	—	—	—
	20~29岁	44	38.94	36	35.64
	30~39岁	55	48.67	50	49.50
	40岁以上	14	12.39	15	14.85
学历分布	博士	3	2.65	3	2.97
	硕士	72	63.72	65	64.36
	本科	31	27.43	26	25.74
	专科	7	6.19	7	6.93
	其他	—	—	—	—
岗位分布	董事、监事及其高管人员	6	5.31	8	7.92
	自营业务人员	6	5.31	7	6.93
	信托业务人员	59	52.21	66	65.35
	其他人员	42	37.17	20	19.80

注:自营业务人员是指按照岗位分工,专门或至少主要从事固有资金使用和固有资产管理有关业务的职工;信托业务人员是指按照岗位分工,专门或主要从事信托资金使用和信托资产管理各项业务的职工;对于人力资源部等类似无法明确区分的综合部门归为其他人员。

4. 经营管理

4.1 经营目标、经营方针、战略规划

经营目标:依托金融创新,探索产融结合,注重合规经营,成为以现代资产管理业务为核心、综合金融服务为手段,专注于能源、交通、基础设施等行业的国内一流、国际知名的信托公司。

经营方针:以保障委托人合法利益为最高准则,秉承合规、稳健的经营思路,实施大机构、大项目的"双大"策略,走低风险、差异化的发展道路,追求风险可控的经济效益。

战略规划:公司确定了创新引领、人才为本、风控优先、结盟发展、文化保障、差异化和专业化七大发展策略,结合行业特点和自身优势,分别制定了信托业务、风险控制、信息技术、人力资源发展规划,稳步推进战略目标的实现。

4.2 所经营业务的主要内容

公司经营中国银行业监督管理委员会核准的信托及自有业务,主要业务包括信托投行业务、资产管理业务以及事务性

信托业务。

信托投行业务，包括基于实业领域的信托投行业务、基于银行信贷资产的信托投行业务两大类。基于实业领域的信托投行业务，是以产融结合为核心，为交通、能源、基础设施等企业提供以规模化、标准化的结构化私募融资业务为主的金融服务，包括信托贷款、资产支持信托计划、并购基金、私募股权基金、房地产基金、股权信托、财务顾问等。基于银行信贷资产的信托投行业务，包括信贷资产证券化、不良资产处理等业务。

资产管理业务。以固定收益类和资产配置类的资产管理产品为主，以商业银行理财部门、私人银行部门和国内的超高净值私人客户为重点对象的财富管理业务，包括结构化证券投资业务、QDII 业务、主动管理的固定收益类产品业务等。

事务性信托业务，主要包括事务性受托业务。

4.2.1 自营资产运用与分布表

资产运用	金额（万元）	占比（%）	资产分布	金额（万元）	占比（%）
货币资产	77 943.91	19.49	基础产业	—	—
贷款及应收款	130 000.00	32.50	房地产业	—	—
买入返售金融资产投资	0	0.00	证券市场	28 705.56	7.18
可供出售金融资产投资	89 703.81	22.43	实业	130 000.00	32.50
长期股权投资	91 515.94	22.88	金融机构	91 515.94	22.88
其他	10 845.12	2.70	其他	149 787.28	37.44
资产总计	400 008.78	100.00	资产总计	400 008.78	100.00

注：资产分布"其他"项主要包括信托产品投资等。

4.2.2 信托资产运用与分布表

资产运用	金额（万元）	占比（%）	资产分布	金额（万元）	占比（%）
货币资产	243 043.00	1.93	基础产业	5 186 940.00	41.22
贷款	4 863 757.00	38.65	房地产	310 000.00	2.46
交易性金融资产投资	4 812 025.00	38.24	其他实业	627 321.00	4.98
可供出售金融资产投资	1 547 128.00	12.29	证券市场	3 366 629.00	26.75
持有至到期投资	0.00	0.00	金融机构	1 359 000.00	10.80
长期股权投资	948 465.00	7.54	其他	1 734 808.00	13.79
其他	170 280.00	1.35	—	—	—
信托资产总计	12 584 698.00	100.00	信托资产总计	12 584 698.00	100.00

4.3 市场分析

4.3.1 有利因素

（1）国民财富的快速积累和集中为信托业务市场发展壮大提供了强大的推动力。

（2）随着国内多层次资本市场的加快建设，创新金融工具不断推出，为公司提供了更广阔的业务拓展空间。

（3）公司秉承合规、稳健的经营理念，风险控制体系日趋完善；专业化的资产管理团队成为公司可持续发展的基础。

（4）公司在信托业已建立了较强的品牌优势，在能源、交通、基础设施等行业呈现快速发展的势头，积累了一批优质的机构客户和高端个人客户资源，且客户忠诚度较高。

4.3.2 不利因素

（1）信托行业政策调整频繁，对公司既有业务模式形成冲击。房地产信托业务、银信合作等成熟盈利模式的发展空间进一步压缩。

（2）随着国内金融改革的进一步深化，现有业务模式受到利率市场化、混业经营的威胁，公司与证券公司、基金管理公司、保险公司、商业银行以及外资金融机构等其他金融机构的全面竞争将更加激烈。

4.4 内部控制

4.4.1 内部控制环境和内部控制文化

公司坚持"全面风险管理"和"只有风险可控的发展才是真正的可持续发展"的风险管理理念，并在制度的设计、决策的进行、业务的开展各个层面加以深入贯彻，形成了科学、清晰、合理的组织架构，前台、中台、后台形成有效的制衡机制，为公司营造了健康的内部控制环境。

公司法人治理结构完善，股东不干涉公司经营，董事会、监事会、各专业委员会以提高业务的安全性和维护委托人的利益为根本出发点，不以利润作为对经营层的主要考核指标，追求风险可控前提下效益的稳步增长，在公司形成了良好的内部控制文化。

4.4.2 内部控制措施

公司根据业务发展、外部环境变化以及监管要求进行滚动修订制度和流程，建立了相对完备的内部控制制度体系。内控制度体系主要包括基本管理制度、组织管理制度、合规管理制度和风险管理制度、自有资产运用管理制度、证券投资管理制度、信托业务管理制度、财务会计管理制度、行政管理制度、人力资源管理制度、计算机系统管理制度等。同时，中海信托还建立了内部控制优化机制，在日常经营中不断改进风险管理手段与方法，完善风险识别、评估和控制措施。

公司的内部控制措施不断完善。建立了多层次的分级有限授权制度；在开展具体业务时遵循前中后台分离的原则；在开办新业务前，均通过引入外部专业机构进行充分论证、沟通和调研，并遵循制度和流程先行的原则，确保了对潜在风险的有效防范和控制；通过明晰各部门职责，保证了内部运营体系的健康有效；加大投入，完善灾备系统；以信息化建设为依托，逐步建立起覆盖各个业务领域的数据库和计算机信息系统，有力地支持了公司业务的快速发展。

4.4.3 信息交流与反馈

公司建立起信息交流与反馈机制，搭建起畅通的信息交流渠道，建立了内部审计的报告制度和报告路线，并由专人负责，并能够有效执行。

2012 年 4 月，公司按照相关规定在指定报纸上刊登了公司 2011 年年报，获得较好反响。

根据有关监管要求，对于集合资金信托业务、关联交易、高管更替等重大事项，公司均履行了完备的报备或报批手续。对于监管机构提出的问题或建议，公司均给予及时、详细的信息反馈或制定整改措施。公司还邀请监管机构代表列席董事会会议，现场就有关问题进行交流、探讨。

公司能够严格执行向委托人、受益人披露信托事务处理信息的有关制度,确保相关当事人的知情权。

4.4.4 监督评价与纠正

公司建立了有效的内部监控制度,对公司内控制度的执行情况进行持续的监督,保证了内控的实际效果;建立了重大事故或案件责任人追究制度,通过风险教育使各部门和员工明确了有关风险和职责关系。公司对内部审计和外部审计中发现的问题能够及时整顿和改正,做好反馈工作,不断提升管理水平。

公司风险管理和内部控制能够贯穿、覆盖到每一个部门、每一类业务和每一个员工,同时保持随时跟踪和监控。公司针对信托和自有业务制定了风险识别、计量、监测和控制的具体制度、程序和方法,风险管理总部和稽核审计部在业务运作的各个阶段予以通盘考量和全程监控。稽核审计部定期开展内部审计,对公司的经营活动和风险状况进行独立、客观的监督和评价,通过监督和检查发挥督导作用。公司重视外部审计对公司运营的促进作用,通过相关制度和措施,保证外部审计的有效性,借助外部审计改善公司经营。

4.5 风险管理

4.5.1 风险管理概况

在公司经营活动中,可能会遇到信用风险、市场风险、操作风险、法律合规风险及声誉风险等一系列风险。

风险控制体系和风险管理能力是金融企业最核心的技术和最重要的能力之一,公司紧紧围绕"诚信稳健、忠人所托"的经营战略和目标,坚持"只有风险可控的发展才是真正的可持续发展"的风控理念。

公司建立了较健全的风险控制组织结构和机制,基本形成了前台、中台、后台相分离、信托资金运作与自有资金运作相分离的风险管理框架。责任明晰、运行高效的"全面、全员、全程"风险管理机制基本建成。

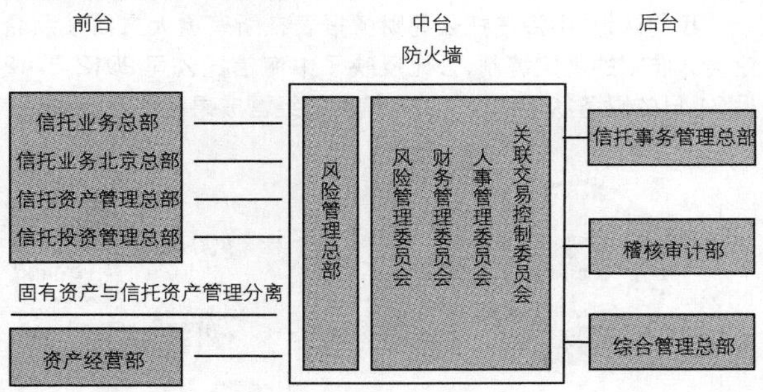

公司的前台由信托业务总部、信托业务北京总部、信托资产管理总部、信托投资管理总部和资产经营部构成,分别负责信托业务开拓和固有资产管理。

公司的中台由风险管理总部和公司四个非常设的委员会组成,中台的主要作用是集体决策和事中控制。风险管理总部的职责是建立健全内部风险管理体系,防范和控制风险。四个委员会的主要职责是对公司业务、财务工作、机构人事安排和关联交易事项进行审议,并在相关授权范围内进行决策。公司制定了上述四个委员会的议事规则,明确了职责和议事程序。

公司的后台由信托事务管理总部、稽核审计部和综合管理总部构成,其职责是完成信托资金托管清算、财务核算、项目管理、审计监督、行政人事等后台支持。

4.5.2 风险状况

4.5.2.1 信用风险状况

信用风险指是指交易对手未能履行约定契约中的义务而造成经济损失的风险。公司面临的信用风险具体表现为:在开展信托业务或固有业务时,交易对手或融资方违约造成的风险。2012 年,公司面临的信用风险状况:由于宏观经济政策的变化加大了对融资方信用风险判断的难度;国际、国内复杂的经济形势加大了交易对手的信用风险;公司选择项目、甄别客户、识别信用风险的工作量及压力大增,公司信用风险管理能力在复杂的经济形势中面临考验。公司在复杂多变的形势下采取多种措施积极应对,2012 年,公司未发生任何信用风险事件,信托均安全顺利兑付,目前仍存续的业务信用风险也较小。

4.5.2.2 市场风险状况

市场风险是指经营过程中由于股票价格波动、商品价格波动、利率变化、汇率变动等金融市场波动而导致损失的风险。市场风险主要存在于公司证券投资业务,以及其他与股票价格、利率、汇率、商品价格等挂钩的特定金融产品投资业务中。2012 年,公司面临的市场风险主要是证券市场价格波动频仍,股票市场继续呈单边下跌态势,公司证券投资信托的净值随之波动,受益人的收益获利难度增大;同时,证券市场价格的波动也对公司固有资金投资的股票、金融股权的价值造成了一定影响。此外,市场利率下行,信托产品整体收益率下降带来一定的风险;汇率波动对公司外汇资产保值增值带来一定的风险。公司通过交易结构设计、预警、止损、风险揭示等手段努力降低市场风险,锁定公司收益,公司未因市场风险而对公司的盈利能力及财务状况产生重大影响。

4.5.2.3 操作风险状况

操作风险是指公司由于内部程序、人员、系统的不完善或失误,或外部事件造成的影响。2012 年,公司未发生因内部原因或外部冲击造成的直接或间接损失,也未发现滥用操作权,追求私利的情况。

4.5.2.4 其他风险状况

公司面临的其他风险主要表现为法律风险与合规风险。法律风险是由于违反有关法律法规、监管规定及合同等原因可能造成经济损失或企业信誉损失的风险。合规风险是指因未能遵循法律、监管规定、规则、自律性组织制定的有关准则以及适用于自身业务活动的行为准则而可能遭受法律制裁或监管处罚、重大财务损失或声誉损失的风险。2012 年,公司合法合规经营,未发生从业人员违反法律法规和职业操守的行为;公司本年度未遭受法律制裁或监管处罚,未因此导致任何财务损失或声誉损失。

4.5.3 风险管理

4.5.3.1 信用风险管理

公司设立了信托业务总部、资产管理总部、投资管理总部、资产经营部、信托事务管理总部、风险管理总部、稽核审计部等部门,按照职能划分,进行机构分离,强化制约机制;通过流程再造,标准化程序设计,完善了事前评估、事中控制、事后检查的风险控制流程;通过建立客户关系管理系统,持续关注交易对手的资信状况、履约能力及其变化,防范信用风险;通过设定客户准入门槛及业务准入标准,筛选出高质量客户;通过实行重点客户、区域倾斜、保持一定程度的客户集中度,在依托各种信用增级手段的基础上，切实降低了信用风险；通过法律条款的设定，借助外部律师的专业意见，提高抵御信用风险的能力。

截至2012年末，"正常类"资产为387 126万元，占比96.78%，比2011年末减少46 643万元，占比增加1.02%；"关注类"资产为12 882万元，占比3.22%，较2011年末减少6 331万元，占比减少1.02%；不良资产的期初、期末数均为零。公司按照有关规定计提风险准备，一般风险准备按净利润的5%计提，再按照年末融资类银信理财余额的2.5%计提，两者合计数体现为财务报表中的一般风险准备。抵押品确认的主要原则为根据具备资格的第三方评估机构评估报告确定，抵押率标准及保证贷款管理原则由风险管理委员会按项目逐一评估确定。

4.5.3.2　市场风险管理

对市场风险的控制主要通过以下几方面实现：定期对宏观经济运行和政策趋势、证券市场发展政策和思路等方面因素进行跟踪研究，及时作出相关的研究报告，为投资决策提供依据等；公司成立了证券投资风险控制机构。证券投资风险控制机构对证券交易部门提交的资产配置方案、投资策略进行审议，决定资产配置比例、行业分配比例等；公司对证券投资业务应当采用限额管理，确保市场风险控制在可以承受的合理范围内，市场风险限额包括交易限额、止损限额等，风险限额设定后不得随意突破；公司通过系统和人工密切监控各项风控指标，通过压力测试评估市场风险亏损承受能力。证券交易部门在制定主动管理的投资方案中明确各证券品种止损线、警示线、止赢线等量化指标，经风管会批准后由风险管理总部和证券交易部门负责对止损、止赢执行情况进行系统和人工监控，对发生大幅波动及达到止损点的投资品种及时采取措施。

4.5.3.3　操作风险管理

公司已经建立了以SAP系统为核心的业务系统平台，所有业务实施和后台管理均通过系统完成，减少了手工操作失误可能导致的损失；逐步完善公司的内控制度，制定了各种业务管理办法和岗位职责制度，对公司每一项业务内容，均制定了操作细则和操作流程，明确流程中每一环节的责任及权限；对各个环节规定了严格的岗位标准，在强化目标管理的同时坚持过程控制，防范人为因素带来的经营风险。同时，公司依据行业监管要求从每年的税后利润中充分计提信托赔偿准备金，用以弥补由于公司的可能过失而导致的信托业务损失，充分保证受益人利益。

4.5.3.4　其他风险管理

公司所有重大合同均通过法律事务岗审核同意，并出具独立意见；重大、创新和复杂项目均聘请专业外部律师事务所进行审查，并出具无保留意见的法律意见书后方可实施。公司设有首席风险控制官、风控总监，把握公司整体运营风险，并设立专门的合规岗、制度岗，负责业务的合规审查和制度完善。

5. 报告期末及上一年度末的比较式会计报表

5.1　自营资产

5.1.1　会计师事务所审计意见全文

审 计 报 告

XYZH/2012A4055

中海信托股份有限公司董事会：

我们审计了后附的中海信托股份有限公司（以下简称中海信托公司）财务报表，包括2012年12月31日的资产负债表，2012年度的利润表、现金流量表和所有者权益变动表以及财务报表附注。

一、管理层对财务报表的责任

编制和公允列报财务报表是中海信托公司管理层的责任，这种责任包括：（1）按照企业会计准则的规定编制财务报表，并使其实现公允反映；（2）设计、执行和维护必要的内部控制，以使财务报表不存在由于舞弊或错误导致的重大错报。

二、注册会计师的责任

我们的责任是在执行审计工作的基础上对财务报表发表审计意见。我们按照中国注册会计师审计准则的规定执行了审计工作。中国注册会计师审计准则要求我们遵守职业道德守则，计划和执行审计工作以对财务报表是否不存在重大错报获取合理保证。

审计工作涉及实施审计程序，以获取有关财务报表金额和披露的审计证据。选择的审计程序取决于注册会计师的判断，包括对由于舞弊或错误导致的财务报表重大错报风险的评估。在进行风险评估时，注册会计师考虑与财务报表编制和公允列报相关的内部控制，以设计恰当的审计程序，但目的并非对内部控制的有效性发表意见（如果接受委托，结合财务报表审计对内部控制有效性发表意见，应取消此句表述）。审计工作还包括评价管理层选用会计政策的恰当性和作出会计估计的合理性，以及评价财务报表的总体列报。

我们相信，我们获取的审计证据是充分、适当的，为发表审计意见提供了基础。

三、审计意见

我们认为，中海信托公司财务报表在所有重大方面按照企业会计准则的规定编制，公允反映了中海信托公司2012年12月31日的财务状况以及2012年度的经营成果和现金流量。

5.1.2　资产负债表

资产负债表

2012年12月31日

编制单位：中海信托股份有限公司　　　　单位：万元

项　目	期末余额	年初余额
资产：	—	—
现金及存放中央银行存款	0.00	0.27
存放同业存款	77 943.91	219 762.15
贵金属		

续表

项　目	期末余额	年初余额
拆出资金		
交易性金融资产	5 501. 75	8. 39
衍生金融资产		
买入返售金融资产		
应收利息	384. 95	159. 02
发放贷款和垫款	130 000. 00	9 945. 83
可供出售金融资产	89 703. 81	144 729. 26
持有至到期投资		
长期股权投资	91 515. 94	73 849. 52
投资性房地产		
固定资产	501. 05	416. 85
无形资产	167. 23	137. 76
递延所得税资产	3 520. 22	3 215. 51
其他资产	769. 92	757. 45
资产总计	400 008. 78	452 982. 01
负债:		
向中央银行借款		
同业及其他金融机构存放款项		
拆入资金		
交易性金融负债		
衍生金融负债		
卖出回购金融资产款		
吸收存款		
应付职工薪酬	9 076. 40	7 221. 17
应交税费	10 697. 35	17 174. 96
应付利息		
预计负债		
应付债券		
递延所得税负债	76. 00	
其他负债	137. 14	237. 24
负债合计	19 986. 89	24 633. 37
所有者权益(或股东权益):		
实收资本(股本)	250 000. 00	250 000. 00
资本公积	2 563. 65	1 618. 45
减:库存股		

续表

项　目	期末余额	年初余额
专项储备		
盈余公积	32 020. 34	23 947. 53
一般风险准备	89 665. 24	132 061. 38
未分配利润	5 772. 66	20 721. 28
所有者权益合计	380 021. 89	428 348. 64
负债和所有者权益总计	400 008. 78	452 982. 01

5. 1. 3　利润表

利润表

2012 年度

编制单位:中海信托股份有限公司　　单位:万元

项　目	本期金额	上期金额
一、营业总收入	110 849. 16	102 765. 60
利息净收入	11 153. 99	2 084. 40
利息收入	11 153. 99	2 084. 40
利息支出		—
手续费及佣金净收入	59 841. 42	76 413. 27
手续费及佣金收入	60 311. 65	76 463. 05
手续费及佣金支出	470. 23	49. 78
投资收益(损失以"-"号填列)	39 554. 37	24 606. 74
其中:对联营企业和合营企业的投资收益	26 934. 09	13 141. 85
公允价值变动收益(损失以"-"号填列)	56. 57	-6. 53
汇兑收益(损失以"-"号填列)	-29. 67	-577. 45
其他业务收入	272. 48	245. 17
二、营业成本	17 180. 34	21 647. 61
营业税金及附加	4 488. 08	5 000. 39
业务及管理费	12 416. 01	10 962. 08
资产减值损失	240. 17	5 668. 61
其他业务成本	36. 08	16. 53
三、营业利润(亏损以"-"号填列)	93 668. 82	81 117. 99
加:营业外收入	4 824. 83	2 764. 17
减:营业外支出	27. 40	55. 53
四、利润总额(亏损总额以"-"号填列)	98 466. 25	83 826. 63
减:所得税费用	17 738. 20	17 719. 60
五、净利润(净亏损以"-"号填列)	80 728. 05	66 107. 03

5.1.4 所有者权益变动表

所有者权益变动表

编制单位：中海信托股份有限公司　　2012 年度　　单位：万元

项目	本年金额										上年金额									
	归属于母公司所有者权益								少数股东权益	所有者权益合计	归属于母公司所有者权益								少数股东权益	所有者权益合计
	实收资本（或股本）	资本公积	减：库存股	专项储备	盈余公积	一般风险准备	未分配利润	其他			实收资本（或股本）	资本公积	减：库存股	专项储备	盈余公积	一般风险准备	未分配利润	其他		
一、上年末余额	250 000.00	1 618.45			23 947.53	132 061.38	20 721.28			428 348.64	120 000.00	-3 280.92			17 336.83	11 246.76	82 039.58			227 342.25
加：会计政策变更																				0.00
前期差错更正																				0.00
其他																				0.00
二、本年初余额	250 000.00	1 618.45			23 947.53	132 061.38	20 721.28			428 348.64	120 000.00	-3 280.92			17 336.83	11 246.76	82 039.58			227 342.25
三、本年增减变动金额（减少以"－"号填列）		945.21			8 072.80	-42 396.14	-14 948.62			-48 326.75	130 000.00	4 899.37			6 610.70	120 814.62	-61 318.30			201 006.39
（一）净利润							80 728.05			80 728.05							66 107.03			66 107.03
（二）直接计入所有者权益的利得和损失		945.21								945.21		4 899.37								4 899.37
上述（一）和（二）小计		945.21					80 728.05			81 673.26		4 899.37					66 107.03			71 006.40
（三）所有者投入和减少资本											130 000.00									130 000.00
1. 所有者投入资本											130 000.00									130 000.00
2. 股份支付计入所有者权益的金额																				0.00
3. 其他																				0.00
（四）专项储备提取和使用																				0.00
1. 提取专项储备																				0.00
2. 使用专项储备																				0.00
（五）利润分配					8 072.80	-42 396.14	-95 676.66			-130 000.00					6 610.70	120 814.62	-127 425.32			0.00
1. 提取盈余公积					8 072.80		-8 072.80								6 610.70		-6 610.70			0.00
其中：法定盈余公积					8 072.80		-8 072.80								6 610.70		-6 610.70			0.00
2. 提取一般风险准备						75 113.13	-75 113.13									120 814.62	120 814.62			241 629.24
3. 对所有者（或股东）分配							-130 000.00			-130 000.00										0.00
其中：现金股利							-130 000.00			-130 000.00										0.00
4. 其他						-117 509.27	117 509.27										-241 629.24			-241 629.24
（六）所有者权益内部结转																				0.00
1. 资本公积转增资本（或股本）																				0.00
2. 盈余公积转增资本（或股本）																				0.00
3. 盈余公积弥补亏损																				0.00
4. 其他																				0.00
四、本年末余额	250 000.00	2 563.66	0.00	0.00	32 020.33	89 665.24	5 772.66	0.00	0.00	380 021.89	250 000.00	1 618.45	0.00	0.00	23 947.53	132 061.38	20 721.28	0.00	0.00	428 348.64

5.2 信托资产

5.2.1 信托项目资产负债汇总表

信托项目资产负债表

编制单位:中海信托股份有限公司　　2012年12月31日　　单位:万元

信托资产	期末数	期初数	信托负债和信托权益	期末数	期初数
信托资产	—	—	一、信托负债		
货币资金	243 042.69	1 304 383.57	交易性金融负债	—	—
拆出资金	—	—	应付利息	—	—
交易性金融资产	4 812 024.55	2 740 047.27	应付受托人报酬	4 589.46	2 049.11
买入返售金融资产	83 735.83	194 683.09	应付托管费	1 660.49	1 406.21
应收款项	85 767.43	108 752.65	应付受益人收益	8 916.60	8 038.80
发放贷款和垫款	4 863 757.00	7 087 082.00	其他应付款	29 619.78	59 475.65
可供出售金融资产	1 547 128.06	2 519 237.50	应交税费	—	—
持有至到期投资	—	—	卖出回购金融资产款	—	—
长期股权投资	948 465.38	1 066 414.10	信托负债合计	44 786.33	70 969.77
固定资产	—	—	二、信托权益		
无形资产	—	—	实收信托	12 493 505.93	15 020 447.09
长期应收款	—	—	资本公积	97 621.31	52 114.32
其他资产	776.62	275.74	未分配利润	-51 216.01	-122 655.26
			信托权益合计	12 539 911.23	14 949 906.15
信托资产总计	12 584 697.56	15 020 875.92	信托负债及信托权益总计	12 584 694.56	15 020 875.92

5.2.2 信托项目利润及利润分配汇总表

信托项目利润及利润分配表

2010年度

编制单位:中海信托股份有限公司　　单位:万元

项　目	本年数	上年数
一、营业收入	906 026.70	882 047.94
利息收入	617 168.33	859 312.50
投资收益	232 721.08	196 021.43
公允价值变动损益	56 137.29	-182 190.80
租赁收入	—	—
其他收入	-	8 904.81
二、营业费用	191 201.55	262 577.70
三、营业税金及附加	0.00	0.00
四、扣除资产损失前的信托利润	714 825.15	619 470.24
减:资产减值损失	—	—
五、扣除资产损失后的信托利润	714 825.15	619 470.24
加:期初未分配信托利润	-122 655.26	277 556.51
六、可供分配的信托利润	592 169.89	897 026.75
减:本期已分配信托利润	643 385.90	1 019 682.01
七、期末未分配信托利润	-51 216.01	-122 655.26

6. 会计报表附注

6.1 会计报表编制基准不符合会计核算基本前提的说明

6.1.1 会计报表不符合会计核算基本前提的事项

本公司会计报表不存在不符合会计核算基本前提的情况。

6.1.2 本年度未纳入合并报表范围的公司

本公司本年度无未纳入合并报表范围的公司。

6.2 或有事项说明

本公司报告期内无对外担保及其他或有事项。

6.3 重要资产转让及其出售的说明

本公司本年度无需披露的重要资产转让及其出售的说明。

6.4 会计报表中重要项目的明细资料

以下注释项目除特别注明外,金额单位为人民币万元,"年初"指2012年1月1日,"年末"指2012年12月31日,"上年"指2011年度,"本年"指2012年度。

6.4.1 披露自营资产经营情况

6.4.1.1 按信用风险五级分类结果披露信用风险资产的期初数、期末数

信用风险资产五级分类	正常类(万元)	关注类(万元)	次级类(万元)	可疑类(万元)	损失类(万元)	信用风险资产合计(万元)	不良资产合计(万元)	不良资产率(%)
期初数	433 769	19 213	—	—	—	452 982	—	—
期末数	387 126	12 882	—	—	—	400 008	—	—

注:不良资产合计=次级类+可疑类+损失类。

6.4.1.2 各项资产减值损失准备的期初、本期计提、本期转回、本期核销、期末数,贷款的一般准备、专项准备和其他资产减值准备应分别披露

	期初数	本期计提	本期转回	本期核销	期末数
贷款损失准备	—	—	—	—	—
一般准备	—	—	—	—	—
专项准备	—	—	—	—	—
其他资产减值准备	—	—	—	—	—
可供出售金融资产减值准备	—	—	—	—	—
持有至到期投资减值准备	—	—	—	—	—
长期股权投资减值准备	—	—	—	—	—
坏账准备	458.15	—	—	—	458.15
投资性房地产减值准	—	—	—	—	—

6.4.1.3　自营股票投资、基金投资、债券投资、股权投资等投资业务的期初数、期末数

	自营股票	基金	债券	长期股权投资
期初数	9 293.66	14 949.00	—	73 849.52
期末数	9 776.21	17 486.08	1 443.27	91 515.94

6.4.1.4　前五名的自营长期股权投资的企业名称、占被投资企业权益的比例、主要经营活动及投资收益情况等（从大到小顺序排列）

企业名称	占被投资企业权益的比例（%）	主要经营活动	投资收益（万元）
1. 中海基金管理有限公司	41.591	基金募集、基金销售、资产管理、中国证监会许可的其他业务（涉及行政许可的凭许可证经营）	909.06
2. 四川信托有限公司	30.00	信托、投资基金业务	26 025.03
3. 信达证券股份有限公司	0.60	证券经纪；证券投资咨询；与证券交易、证券投资活动有关的财务顾问；证券承销与保荐	—

6.4.1.5　前五名的自营贷款的企业名称、占贷款总额的比例和还款情况等（从大到小顺序排列）

企业名称	占贷款总额的比例（%）	还款情况
1. 浙江省交通投资集团有限公司	77	尚未到期，正常付息
2. 南京公路发展（集团）有限公司	15	尚未到期，正常付息
3. 黑龙江省建设集团有限公司	8	尚未到期，正常付息

6.4.1.6　表外业务的期初数、期末数；按照代理业务、担保业务和其他类型表外业务分别披露

表外业务	期初数	期末数
担保业务	—	—
代理业务（委托业务）	—	—
其他	—	—
合计	—	—

注：代理业务主要反映因客观原因应规范而尚未完成规范的历史遗留委托业务，包括委托贷款和委托投资。

6.4.1.7　公司当年的收入结构。

续表

收入结构	金额（万元）	占比（%）
手续费及佣金收入	60 311.65	51.94%
其中：投资银行业务收入	29 580.07	25.47%
利息收入	11 153.99	9.61%
其他业务收入	272.48	0.23%
其中：计入信托业务收入部分	—	—
投资收益	39 554.37	34.06%
其中：股权投资收益	26 934.09	23.20%
其他投资收益	12 620.28	10.86%
营业外收入	4 824.83	4.16%
收入合计	116 117.32	100.00%

注：手续费及佣金收入、利息收入、其他业务收入、投资收益、营业外收入均应为损益表中的一级科目，其中手续费及佣金收入、利息收入、营业外收入为未抵减掉相应支出的全年累计实现收入数。投资银行业务收入是指由公司自主开发并主动管理的融资类信托项目产生的收入。

6.4.2　披露信托资产管理情况

6.4.2.1　信托资产的期初数、期末数

单位：万元

信托资产	期初数	期末数
集合	3 397 311.00	3 436 978.00
单一	11 623 565.00	8 844 071.00
财产权	—	303 649.00
合计	15 020 876.00	12 584 698.00

6.4.2.1.1　主动管理型信托业务期初数、期末数，分证券投资、股权投资、融资、事务管理类分别披露

单位：万元

主动管理型信托资产	期初数	期末数
证券投资类	1 904 102.00	3 051 330.00
股权投资类	—	—
融资类	4 720 122.00	2 278 434.00
事务管理类	—	—
合计	6 624 224.00	5 329 764.00

6.4.2.1.2　被动管理型信托业务期初数、期末数，分证券投资、股权投资、融资、事务管理类分别披露

被动管理型信托资产	期初数	期末数
证券投资类	—	—
股权投资类	—	—
融资类	—	—
事务管理类	8 396 652.00	7 254 934.00
合计	8 396 652.00	7 254 934.00

6.4.2.2　本年度已清算结束的信托项目个数、实收信托合计金额

6.4.2.2.1　本年度已清算结束的集合类、单一类资金信托项目和财产管理类信托项目个数、金额

已清算结束信托项目	项目个数	实收信托金额合计
集合类	42	2 182 639.93
单一类	207	4 009 117.05
财产管理类	—	—

6.4.2.2.2　本年度已清算结束的主动管理型信托项目个

数、合计金额，分证券投资、股权投资、融资、事务管理类分别披露

单位：万元

已清算结束信托项目	项目个数	实收信托合计金额
证券投资类	13	799 176.62
股权投资类	—	—
融资类	209	3 961 334.02
事务管理类	—	—

6.4.2.2.3　本年度已清算结束的被动管理型信托项目个数、合计金额，分证券投资、股权投资、融资、事务管理类分别披露

单位：万元

已清算结束信托项目	项目个数	实收信托合计金额
证券投资类	—	—
股权投资类	—	—
融资类	—	—
事务管理类	27	1 431 246.34

6.4.2.3　本年度新增的集合类、单一类和财产管理类信托项目个数、实收信托合计金额

单位：万元

新增信托项目	项目个数	实收信托合计金额
集合类	47	2 222 306.93
单一类	55	1 229 623.05
财产管理类	1	303 649.00
新增合计	103	3 755 578.98
其中：主动管理型	84	3 466 050.64
被动管理型	19	289 528.34

注：本年新增信托项目指在报告年度内累计新增的信托项目个数和金额，包含本年度新增并于本年度内结束的项目和本年度新增至报告期末仍在持续管理的信托项目。

6.4.2.4　信托业务创新成果和特色业务有关情况

公司视创新为发展的动力，坚持以市场为导向，以客户为中心，充分利用跨市场配置的信托制度优势进行产品和业务创新。

2012年，公司在严格控制风险的前提下，加大创新力度，不断提升主动管理能力，拓展资产管理产品线。

为积极响应监管部门关于信贷资产证券化创新业务的开展，由公司担任受托人和发行人的“交银2012年第一期信贷资产支持证券”，获得中国人民银行和银监会批准，于2012年11月发行并上市交易流通。该项目规模为30亿元，分为优先A-1档、优先A-2档、优先B档、次级档证券，占比分别为28.02%、53.07%、10.22%、8.69%。由海通证券、国泰君安证券等担任联席主承销商。该业务发挥了受托人的信托功能，既帮助金融机构解决了资产的流动性，又为银行间市场的机构投资者提供了稳定收益的投资标的，标志着公司资产管理能力再上一个新的台阶。

6.4.2.5　本公司履行受托人义务情况及因本公司自身责任而导致的信托资产损失情况

本公司无因自身责任而导致信托资产损失的情况。

6.4.2.6　信托赔偿准备金的提取、使用和管理情况

公司按净利润的5%计提一般风险准备4 036.40万元，根据年末银信合作信托贷款余额按2.5%计提一般风险准备71 076.73万元，合计75 113.13万元，年末余额为89 665.24万元。在会计报表中以“一般风险准备”科目列示。

6.5　关联方关系及其交易的披露

以下明细表格除特别注明外，金额单位为人民币万元，期初指2012年1月1日，期末指2012年12月31日。

6.5.1　关联交易方的数量、关联交易的总金额及关联交易的定价政策等

	关联交易方数量	关联交易金额	定价政策
合计	5个	1 576 264.61	本公司的关联交易以公平的市场价格定价。

注：关联交易定义应以《公司法》和《企业会计准则第36号——关联方披露》有关规定为准。上述关联交易金额系本年度固有、信托与关联方的发生额。

6.5.2　关联交易方与本公司的关系性质、关联交易方的名称、法定代表人、注册地址、注册资本及主营业务等

关系性质	关联方名称	法定代表人	注册地址	注册资本（万元）	主营业务
母公司	中国海洋石油总公司	王宜林	中国北京	949	组织海上石油、天然气勘探、开发、生产及炼油等
股东	中国中信股份有限公司	常振明	中国北京	1 280	国内外投资业务、国际国内金融业务等。
同受一方控制	中海投资管理有限公司	周炯	中国上海	2.5	企业投资与资产管理，企业管理信息咨询，社会经济信息咨询（除中介）
同受一方控制	中海石油气电集团有限责任公司	王家祥	中国北京	96.93	石油天然气（含液化天然气）、油气化工有关的技术开发、技术服务和咨询等。
同受一方控制	中海油新能源玉门风电有限公司	左柯庆	中国甘肃玉门	3.07	风电场的投资、开发、建设、经营和管理；风力发电项目、CDM项目的运营及销售等。

6.5.3　逐笔披露本公司与关联方的重大交易事项

6.5.3.1　固有与关联方交易情况

单位：万元

固有与关联方关联交易				
	期初数	借方发生额	贷方发生额	期末数
贷款	—	—	—	—
投资	—	—	—	—
租赁	—	—	—	—
担保	—	—	—	—
应收账款	—	—	—	—
其他	—	—	—	—
合计	—	—	—	—

6.5.3.2 信托与关联方交易情况

单位：万元

信托与关联方关联交易				
	期初数	借方发生额	贷方发生额	期末数
贷款	—	—	—	—
投资	—	—	—	—
租赁	—	—	—	—
担保	—	—	—	—
应收账款	—	—	—	—
其他	1 009 777.52	1 576 264.61	1 782 847.32	803 194.81
合计	1 009 777.52	1 576 264.61	1 782 847.32	803 194.81

6.5.3.3 信托公司自有资金运用于自己管理的信托项目（固信交易）、信托公司管理的信托项目之间的相互（信信交易）交易金额，包括余额和本报告年度的发生额

6.5.3.3.1 固有与信托财产之间的交易金额期初汇总数、本期发生额汇总数、期末汇总数

单位：万元

固有财产与信托财产相互交易			
	期初数	本期发生额	期末数
合计	91 495.00	-33 995.00	57 500.00

注：以固有资金投资公司自己管理的信托项目受益权，或购买自己管理的信托项目的信托资产均应纳入统计披露范围。本期清算结束 105 795.00 万元。

6.5.3.3.2 信托项目之间的交易金额期初汇总数、本期发生额汇总数、期末汇总数

单位：万元

信托财产与信托财产相互交易			
	期初数	本期发生额	期末数
合计	653 835.68	-473 687.81	180 147.87

注：以公司受托管理的一个信托项目的资金购买自己管理的另一个信托项目的受益权或信托项下资产均应纳入统计披露范围。本期清算结束 666 335.68 万元。

6.5.4 逐笔披露关联方逾期未偿还本公司资金的详细情况以及本公司为关联方担保发生或即将发生垫款的详细情况

报告期内，公司关联方无逾期未偿还本公司资金的情况，无本公司为关联方担保发生或即将发生垫款的情况。

6.6 会计制度的披露

本公司自 2008 年 1 月 1 日起固有业务（自营业务）、信托业务执行的会计制度均为 2006 年颁布的《企业会计准则》。

7. 财务情况说明书

7.1 利润实现和分配情况

本公司 2012 年共实现利润总额 98 466.25 万元，税后净利润 80 728.05 万元。2012 年公司按照持股比例向两家股东中国海洋石油总公司和中国中信股份有限公司进行了利润分配，分配金额为 13 亿元人民币。

7.2 主要财务指标

指标名称	指标值
信托资产规模（亿元）	1 258.47
人均信托资产规模（亿元）	11.44
资本利润率（%）	19.97
人均净利润（万元）	733.89
不良资产率（%）	0

注：1. 信托业务收入占营业收入比重 = 手续费及佣金净收入/营业收入 ×100%。
2. 资本利润率 = 净利润/所有者权益平均余额 ×100%。
3. 人均净利润 = 净利润/年平均人数。
4. 平均值采取年初、年末简单平均法，公式为：a（平均）=（年初数 + 年末数）/2。

7.3 对本公司财务状况、经营成果有重大影响的其他事项

本年度无对本公司财务状况、经营成果有重大影响的其他事项。

8. 特别事项揭示

8.1 前五名股东报告期内变动情况及原因

经国务院批准，本公司原股东中国中信集团公司进行重组改制，联合下属子公司北京中信企业管理有限公司于 2011 年 12 月 27 日共同发起设立中国中信股份有限公司，中国中信集团公司将所持本公司 5% 的股权移交给中国中信股份有限公司。上海监管局于 2012 年 12 月 28 日下发《关于核准中海信托股份有限公司变更股权及修改公司章程的批复》（沪银监复〔2012〕1071 号），批准本公司上述股权变更等事宜。本公司已于 2013 年 1 月办理完毕股东变更工商登记手续，并于 1 月 23 日在《中国证券报》、《上海证券报》及本公司网站就该事项进行了信息披露。

8.2 董事、监事及高级管理人员变动情况及原因

（1）2012 年 1 月 4 日，经公司二届四次董事会审议通过，同意公司副总裁兼首席风险控制官胡旭鹏辞去公司首席风险控制官职务。

（2）2012 年 10 月 24 日，经公司二届八次董事会审议通过了《关于同意免去徐永昌的中海信托第二届董事会董事的议案》、《关于提名高建华作为中海信托第二届董事会董事候选人的议案》，并于 2012 年 11 月 9 日公司召开的股东大会 2012 年第二次临时会议审议通过相关议案，徐永昌不再担任公司董事职务，高建华担任公司董事职务。高建华董事任职资格于 2013 年 2 月 7 日由上海监管局《关于核准高建华任职资格的批复》（沪银监复〔2013〕76 号）核准。徐永昌董事职责履行至 2013 年 2 月 6 日。

（3）户学爱因达到退休年龄，自 2012 年 12 月 26 日起不再担任公司党委书记、纪委书记职务，开始办理退休手续。

（4）朱恩惠因达到退休年龄，自 2012 年 12 月 30 日起不再担任公司运营总监及信托事务管理总部总经理职务，办理退休手续。

8.3 变更注册资本、变更注册地或公司名称、公司分立合并事项

本公司在报告期内无变更注册资本、变更注册地或公司名称、公司分立合并等事项。

8.4 公司的重大诉讼事项

8.4.1 重大未决诉讼事项

本公司无重大未决诉讼事项。

8.4.2 以前年度发生，于本报告期内终结的诉讼事项

本公司无以前年度发生、于本报告期内终结的诉讼事项。

8.5 公司及其董事、监事和高级管理人员受到处罚的情况

本公司无公司及其董事、监事和高级管理人员受到处罚的情况。

8.6 银监会及其派出机构对公司检查后提出整改意见的，应简单说明整改情况

上海银监局于2012年11月26日至2012年12月26日对公司截至2012年9月30日存续的房地产信托业务及与其他金融机构合作业务进行了现场检查，并于2013年3月19日向公司下发了《关于中海信托股份有限公司现场检查意见》(沪银监发〔2013〕64号)，认为公司开展的房地产及银信理财合作业务符合相关法律法规的要求，能够积极采取措施防范业务风险，对公司业务开展中的不足提出监管意见。公司对于上海银监局提出的监管意见高度重视，从加强制度流程建设等方面着手认真制订整改计划，不断完善业务的尽职管理、合规管理，加强合格投资者的甄别工作等，不断推进公司业务稳健发展。

8.7 本年度重大事项临时报告的简要内容、披露时间、所披露的媒体及其版面

(1)2012年1月4日，在《中国证券报》、《证券时报》、《上海证券报》及中海信托网站发布《中海信托股份有限公司关于公司董事长任职的公告》。公司聘任吴孟飞先生为董事长。吴孟飞先生的董事长任职资格已经中国银监会核准(银监复〔2011〕604号文)。

(2)2013年1月23日，在《中国证券报》、《上海证券报》及中海信托网站发布《中海信托股份有限公司关于股东变更及章程修改的公告》。公司第二大股东中国中信集团公司变更为中国中信股份有限公司。公司股权变更及有关章程修改事宜已经中国银监会核准(沪银监复〔2012〕1071号)。

8.8 银监会及其省级派出机构认定的其他有必要让客户及相关利益人了解的重要信息

(1)2012年1月4日，经公司二届四次董事会审议，同意聘请信永中和会计师事务所担任本公司年度财务审计机构。

(2)2012年2月，公司荣获"2011年度上海市黄浦区经济发展突出贡献100强企业第18位"荣誉称号，排名位居金融企业前三甲。此次评选是原黄浦区、卢湾区两区建制撤销后组织的首次评选。

(3)2012年6月，公司荣获《上海证券报》主办的第六届"诚信托"评选"2011年度"诚信托——卓越公司奖"。

(4)2012年6月，公司被上海市黄浦区财政局评为"2011年度上海市A类财务会计信用单位"。

(5)2012年7月2日，公司加入中国银行间市场交易商协会。

(6)2012年9月，公司荣获《证券时报》、《新财富》杂志联合主办的"开启财富管理新思维"——财富管理论坛暨第五届中国优秀信托公司评选"中国区最具成长性信托公司"奖。

(7)2012年10月，公司被上海市税务局评定为2010年—2011年度A类纳税信用等级。

9. 公司监事会意见

监事会认为本公司决策程序符合法律、法规和公司章程的规定，并建立了较为完善的内部控制制度，公司董事、管理层认真履行职责，未发生执行职务时有违反法律、法规、公司章程或损害公司利益的行为。公司财务报告经信永中和会计师事务所审计，真实反映了公司财务状况和经营成果。

中航信托股份有限公司

1. 重要提示

1.1 本公司董事会及董事保证本报告所载资料不存在任何虚假记载、误导性陈述或者重大遗漏,并对其内容的真实性、准确性和完整性承担个别及连带责任。

1.2 本公司独立董事对年度报告内容的真实性、准确性、完整性无异议。

1.3 本公司董事长朱幼林先生、总经理姚江涛先生、财务总监王守军先生保证年度报告中财务报告的真实和完整。

2. 公司概况

2.1 公司简介

2.1.1 沿革

中航信托股份有限公司由中国航空工业集团公司、中国航空技术深圳有限公司、(新加坡)华侨银行有限公司等5家机构共同发起设立,2009年12月28日,完成重新登记并正式开业;2010年12月末,公司更名为中航信托股份有限公司,并同城迁址至南昌市红谷滩新区赣江北大道1号。2011年,公司前后二次完成增资,注册资本增加至150 000.5万元。

2.1.2 法定名称

中文:中航信托股份有限公司

英文:AVIC Trust Co. ,Ltd.

2.1.3 法定代表人:朱幼林

2.1.4 注册地址:江西省南昌市红谷滩新区赣江北大道1号中航广场24~25层

邮编:330038

网址:www. avictc. com

电子邮箱:zhxt@ avictc. com

2.1.5 负责信息披露事务的高级管理人员:罗国华

信息披露事务联系人:王漪澜

2.1.6 选定的信息披露报纸:《金融时报》

2.1.7 年报备置地点:江西省南昌市红谷滩新区赣江北大道1号中航广场24~25层

2.1.8 聘请的会计师事务所:致同会计师事务所(特殊普通合伙)

办公地址:北京朝阳区建外大街22号赛特广场10层

2.1.9 聘请的律师事务所:北京市君泽君律师事务所

办公地址:北京市西城区金融大街9号金融街中心南楼六层

2.2 组织结构

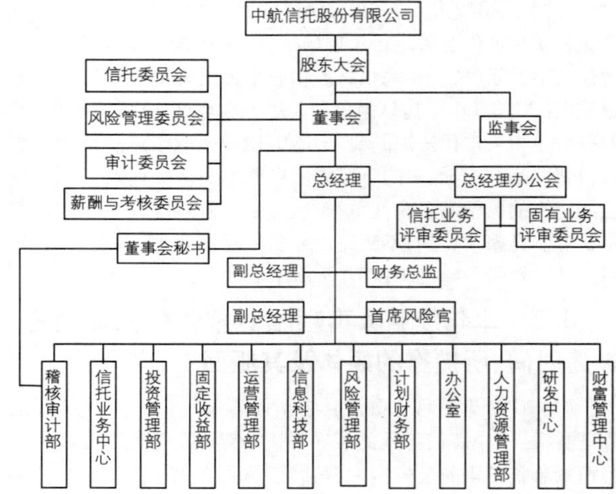

3. 公司治理结构

3.1 股东

报告期末,公司总股本15 0000.5万股,实收资本15 0000.5万元,股东单位共6家,具体情况如下:

股东名称	持股数(万股)	比例(%)	法人代表	注册资本	注册地址
★中国航空工业集团公司	15 300	10.20	林左鸣	640亿元	北京市朝阳区建国路128号
中航投资控股有限公司	61 200	40.80	孟祥泰	25亿元	北京市朝阳区东三环中路乙10号20层
中国航空技术深圳有限公司	32 199	21.47	由镭	10亿元	深圳市福田区深南中路中航苑航都大厦24层
华侨银行有限公司	30 000	19.99	Cheong Choong Kong	82.1亿新加坡元	65 Chulia Street, #09-00 OCBC Centre, Singapore 049513
共青城羽绒服装创业基地公共服务有限公司	6 996	4.67	万顺华	500万元	共青大道经济发展局内
江西省财政投资管理公司	4 305.5	2.87	陈林芳	12亿元	南昌市孺子路47号鑫源大厦
合计	150 000.5	100			

注:1. 中航投资控股有限公司(简称中航投资)为中航投资控股股份有限公司全资子公司,中航投资控股股份有限公司为中航工业控股子公司。中国航空技术深圳有限公司为中国航空技术国际控股有限公司全资子公司,中国航空技术国际控股有限公司为中航工业控股子公司。

2. ★代表本公司最终实际控制人。

3.2 董事、董事会及其下属委员

董事会成员

姓名	职务	性别	年龄	所推举的股东名称	该股东持股比例(%)	工作单位
朱幼林	董事长	男	50	中航投资控股有限公司	40.80	中航投资控股股份有限公司
周宝义	董事	男	44	中航投资控股有限公司	40.80	中航投资控股股份有限公司
刘　敏	董事	男	52	中航投资控股有限公司	40.80	中航工业财务公司
孙泽群	董事	男	61	华侨银行有限公司	19.99	华侨银行有限公司
黎庆光	董事	男	55	华侨银行有限公司	19.99	华侨银行有限公司
曾　军	董事	男	44	中航投资控股有限公司	40.80	中国航空技术深圳有限公司

独立董事

姓名	职务	性别	年龄	工作单位
吴晓球	独立董事	男	53	中国人民大学
巴曙松	独立董事	男	43	国务院发展研究中心
孟　焰	独立董事	男	57	中央财经大学

董事会下设专业委员会成员

委员会名称	职责	组成人员姓名	职务
信托委员会	督促公司依法履行受托职责,当公司或股东利益与受益人利益发生冲突时,保证公司为受益人的最大利益服务。	巴曙松	主任委员
		朱幼林	委员
		黎庆光	委员
风险管理委员会	监督、评估公司的风险管理状况,提出完善风险管理意见,监督、评估公司风险管理部门的工作。	朱幼林	主任委员
		孙泽群	委员
		曾　军	委员
审计委员会	负责监督公司内、外部审计工作。	孟　焰	主任委员
		吴晓球	委员
		黎庆光	委员
薪酬与考核委员会	研究董事与高级管理人员考核的标准,进行考核并提出建议;研究与审查董事、高级管理人员的薪酬政策与方案。	吴晓球	主任委员
		朱幼林	委员
		黎庆光	委员

3.3 监事、监事会

姓名	职务	性别	年龄	所推举的股东名称	该股东持股比例(%)	工作单位
孙继光	监事会主席	男	53	中国航空工业集团公司	10.20	中航工业资产事业部
孔令芬	监事	女	50	中航投资控股有限公司	40.80	中航投资控股股份有限公司
陈林芳	监事	男	57	江西省财政投资管理公司	2.87	江西省财政投资管理公司
魏颖晖	监事	男	41	职工监事		中航信托股份有限公司
叶少波	监事	男	49	职工监事		中航信托股份有限公司

注:本公司监事会未下设专业委员会。

3.4 高级管理人员

姓名	职务	任职时间	金融从业年限	学历	专业	年龄
姚江涛	总经理	2009 年 12 月	30	硕士研究生	国民经济	49
余萌	副总经理	2009 年 12 月	31	硕士研究生	西方经济学	49
曹华	副总经理	2009 年 12 月	19	本科	价格学	42
王守军	财务总监	2009 年 12 月	29	本科	经济管理	51
罗国华	董事会秘书	2009 年 12 月	24	硕士研究生	工商管理	48
郭若强	首席风险官	2010 年 9 月	20	硕士研究生	应用金融	47
魏颖晖	总经理助理	2012 年 5 月	17	硕士研究生	工商管理	41
严固	总经理助理	2012 年 10 月	25	学士	农业财务	45

3.5 公司员工

项目		报告期年度	
		人数	比例(%)
年龄分布	20~30岁	86	46.24
	30~40岁	65	34.95
	40~50岁	30	16.13
	50岁以上	5	2.68
学历分布	博士	3	1.61
	硕士	75	40.32
	本科	81	43.55
	专科	21	11.29
	其他	6	3.23
岗位分布	董事、监事及高管人员	9	4.83
	固有业务人员	11	5.91
	信托业务人员	86	46.24
	其他人员	80	43.02

4. 经营管理

4.1 经营目标、经营方针、战略规划

4.1.1 经营目标：打造细分市场资产管理核心能力，成为专业化的一流金融服务商

4.1.2 经营方针："高起点、高境界、可持续、快发展"

4.1.3 战略规划

成为专业化的一流金融服务商。一流的基本内涵包括一流的经营能力、强大的品牌影响力和牢固的行业地位。力争通过5~10年的运营，使信托资产规模、信托报酬率、信托资产收益率、净资产回报率等关键经营指标位居行业前10名。

4.2 所经营业务的主要内容

报告期内，公司主要开展业务分为信托业务和固有业务两部分。其中，信托业务主要包括融资类信托、投资类信托和事务管理类业务；固有业务主要包括贷款、金融产品投资和股权投资业务。

4.2.1 主要业务的资产组合与分布

4.2.1.1 固有资产运用与分布表

资产运用	金额（万元）	占比（%）	资产分布	金额（万元）	占比（%）
货币资产	36 891.48	13.42	基础产业	9 800.00	3.56
贷款及应收款	38 342.32	13.95	房地产业	28 625.00	10.41
交易性金融资产			证券市场	14 700.00	5.35
可供出售金融资产	161 993.24	58.93	实业	7 332.00	2.67
持有至到期投资	—		金融机构	31 042.00	11.29
长期股权投资	31 042.00	11.29	其他＊	183 408.49	66.72
其他	6 638.45	2.41			
资产总计	274 907.49	100.00	资产总计	274 907.49	100

4.2.1.2 信托资产运用与分布表

资产运用	金额（万元）	占比（%）	资产分布	金额（万元）	占比（%）
货币资产	342 705.92	2.46	基础产业	4 223 987.64	30.27
贷款	7 224 688.06	51.77	房地产	1 548 183.98	11.09
交易性金融资产	—	—	证券市场	600 417.48	4.3
可供出售金融资产	715 270.26	5.13	实业	5 460 012.15	39.13
持有至到期投资	759 576.00	5.44	金融机构	—	—
长期股权投资	2 298 145.88	16.47	其他	2 122 094.96	15.21
其他	2 614 310.09	18.73	—	—	—
信托总资产	13 954 696.21	100	信托总资产	13 954 696.21	100

4.3 内部控制

4.3.1 内部控制概况

根据国家有关法律法规和公司章程，公司构建了完备的法人治理结构，"三会一层"分工明确并相互制衡、各司其职、规范运作。

根据自身业务特点和内部控制要求，公司设立了科学、规范的机构及岗位，明确界定了各部门、各岗位的目标、职责和权限，建立了相应的授权、检查和问责制度，设立了完善的控制架构，并制定各层级之间的控制程序，保证董事会及高级管理人员下达的指令能够严格执行。

公司通过健全内控长效机制、强化人本理念，注重权责利相结合、强化制度约束、完善信息交流和共享机制等，营造和培育"全司重视、全员参与、全面覆盖、全程控制"的内控环境和合规文化氛围。

4.3.2 内部控制总体评价

公司现行内部控制制度较为完整、合理及有效，能够适应管理的要求和发展的需要，能够较好地保证会计资料的真实性、合法性及完整性，能够确保财产物资的安全、完整，能够严格按照法律、法规和公司章程规定的信息披露内容和格式要求，真实、准确、完整、及时地报送及披露信息。

4.3.3 内部控制存在问题及改进计划

随着业务的不断发展，公司内控建设须审时度势、持续完善，比如外部环境、相关政策变化较快，内控体系要对不断变化的形势进行相应的改进；内控制度在某些环节的执行力需要进一步加强；全员内控意识和专业能力有待进一步提高等。今后，公司将不断完善内控体系建设、提升内部控制制度执行力度、强化相关人员在专业知识、内部规章制度和法律法规等方面的学习，提高全员依法合规经营管理的意识，努力防范经营管理和业务发展中存在的风险。

4.4 风险管理

4.4.1 风险管理概况

公司建立了由"董事会、风险管理委员会和审计委员会—高级管理层—风险管理职能部门—各部门"四个层级组成的风险管理组织体系。本报告期内，公司设立了运营管理部，由该部门负责执行项目存续期管理的部分事务性工作，按项目管理计划书对项目存续期非本部门执行的事务性工作进行监督，并就执行监督情况进行报告。

4.4.2　风险状况

根据自有资金和信托资金在运作过程中的特点，公司在经营过程中可能遇到的风险主要有信用风险、市场风险、操作风险、合规风险、流动性风险、其他风险等，其中最主要的是信用风险、市场风险和操作风险。

4.4.2.1　信用风险状况

2012年末，公司融资类信托业务中涉及信用风险的资产总额为27 000万元，其中正常类资产是27 000万元，不良类资产为0。报告期内公司按风险类资产总额足额计提了准备金。报告期末公司信托业务信用风险资产均为正常。

4.4.2.2　市场风险状况

报告期内公司固有业务对证券二级市场予以风险回避，采取较为保守的态度；公司信托业务中涉及证券投资的项目为上市公司定向增发项目及上市公司股票质押信托项目，证券价格的下跌会对公司该类项目价值带来不利影响。报告期内公司市场风险可控，未发生因市场风险造成的损失。

4.4.2.3　操作风险状况

公司通过规范各项业务流程、加强内控等手段管理操作风险，本年度通过设立运营管理部加强对信托项目存续期的独立管理，有效防范操作风验。报告期内未发生因操作风险所造成的损失。

4.4.2.4　合规风险状况

报告期内公司未发生因合规风险所造成的损失。

4.4.2.5　其他风险状况

其他风险主要是指公司业务开展中的流动性风险、声誉风险等。报告期内公司未发生因流动性风险、声誉风险等其他风险所造成的损失。

4.4.3　净资本管理

2012年末，公司净资本21.46亿元，各项业务风险资本之和19.05亿元，净资本与各项业务风险资本之和之比为112.65%，净资本与净资产之比为87.63%。各项净资本风险控制指标均符合监管政策要求。

4.5　企业社会责任

公司作为信托经营机构，忠实履行“受人之托、代人理财”的信托宗旨，大力提升为社会经济发展的金融服务功能，切实维护委托人及受益人合法权益，积极管理信托资产。报告期内，公司累计新增信托业务规模1 409亿元，清算规模达到483亿元，年末存续项目业务规模达到1 385亿元，实现所有到期项目均顺利清算；公司依法履行法人职责，照章纳税，报告期内，规范缴纳各类税费2.66亿元，较上年增长196%；做好反洗钱、案件防控等各项工作，有效促进维护金融秩序稳定。8月，公司荣膺“中国最具区域影响力信托公司”称号；12月，在第一届“2012领航中国金融行业年度评选活动”中荣获“信托行业最具成长性奖”称号。

公司积极开展社会公益活动和青年志愿者服务活动，帮助弱势群体，关爱农村儿童，树立了良好的企业形象。报告期内，公司根据江西省政府的统一安排，参与“十二五”期间定点扶贫计划，提供资金资助扶贫点安福县洋门乡沛溪村建设村级“文化活动中心”，支持当地文化教育事业；继续邀请知名交响乐团在南昌举办新春音乐会，向社会各界人士赠送门票，丰富当地市民的文化生活等。

5. 报告期末及上一年度末的比较式会计报表

5.1　固有资产

5.1.1　会计师事务所审计意见全文

审 计 报 告

致同审字〔2013〕第110ZA1271号

中航信托股份有限公司全体股东：

我们审计了后附的中航信托股份有限公司（以下简称中航信托公司）财务报表，包括2012年12月31日的资产负债表，2012年度的利润表，现金流量表、股东权益变动表以及财务报表附注。

一、管理层对财务报表的责任

编制和公允列报财务报表是中航信托公司管理层的责任。这种责任包括：（1）按照企业会计准则的规定编制财务报表，并使其实现公允反映；（2）设计、执行和维护必要的内部控制，以使财务报表不存在由于舞弊成错误导致的重大错报。

二、注册会计师的责任

我们的责任是在执行审计工作的基础上对财务报表发表审计意见。我们按照中国注册会计师审计准则的规定执行了审计工作。中国注册会计师审计准则要求我们遵守中国注册会计师职业道德守则，计划和执行审计工作对财务报表是否不存在重大错报获取合理保证。

审计工作涉及实施审计程序，以获取有关财务金额和披露的审计证据，选择的审计程序取决于注册会计师的判断，包括对由于舞弊或错误导致的财务报表重大错报风险的评估。在进行风险评估时，注册会计师考虑与财务报表编制和公允列报相关的内部控制，以设计恰当的审计程序，但目的并非对内部控制的有效性发表意见，审计工作还包括评价管理层选用会计政策的恰当性和作出会计估计的合理性，以有评价财务报表的总体列报。

我们相信，我们获取的审计证据是充分、适当的，为发表审计意见提供了基础。

三、审计意见

我们认为，中航信托公司财务报表在所有重大方面按照会计准则的规定编制。公允反映了中航信托公司2012年12月31日的公司状况以及2012年度的公司经营成果和现金流量。

5.1.2 资产负债表

资产负债表

单位：万元

项　　目	2012 年 12 月 31 日	2011 年 12 月 31 日
流动资产：		
货币资金	36 891.48	104 517.65
△结算备付金		
△拆出资金		
交易性金融资产		2 180.60
应收票据		
应收账款		
预付款项	145.14	170.47
应收利息	151.55	348.06
应收股利		
其他应收款	11 460.77	5 569.58
△买入返售金融资产		
一年内到期的非流动资产		
其他流动资产		
流动资产合计	48 648.94	112 786.36
非流动资产：		
△发放贷款及垫款	26 730.00	38 907.00
可供出售金融资产	161 993.24	34 585.84
持有至到期投资		
长期应收款		
长期股权投资	31 042.00	8 542.00
投资性房地产		
固定资产原价	6 273.89	4 305.28
减：累计折旧	762.44	439.72
固定资产净值	5 511.45	3 865.56
减：固定资产减值准备		
固定资产净额	5 511.45	3 865.56
无形资产	147.95	50.97
开发支出		
长期待摊费用	632.26	714.76
递延所得税资产	201.64	573.84
其他非流动资产		
其中：特准储备物资		
非流动资产合计	226 258.54	87 239.97
资　产　总　计	274 907.48	200 026.33

公司法定代表人：朱幼林　主管会计工作公司负责人：王守军 会计机构负责人：刘　燕

资产负债表（续）

单位：万元

项　　目	2012 年 12 月 31 日	2011 年 12 月 31 日
流动负债：		
△吸收存款及同业存放		
交易性金融负债		
应付票据		
应付账款		
预收款项		
△卖出回购金融资产款		
△应付手续费及佣金		
应付职工薪酬	13 539.73	7 220.18
应交税费	9 252.21	5 983.67
应付利息		
应付股利		
其他应付款	7 185.30	5 013.69
一年内到期的非流动负债		
其他流动负债		
流动负债合计	29 977.24	18 217.54
非流动负债：		
长期应付款		
专项应付款		
预计负债		
递延所得税负债		31.15
其他非流动负债		
其中：特准储备基金		
非流动负债合计		31.15
负 债 合 计	29 977.24	18 248.69
所有者权益（或股东权益）：		
实收资本（股本）	150 000.50	150 000.50
资本公积		
减：库存股		
专项储备		
盈余公积	9 492.97	3 177.71
△一般风险准备	4 746.49	1 588.86
未分配利润	80 690.28	27 010.57
外币报表折算差额		
归属于母公司所有者权益合计	244 930.24	181 777.64
少数股东权益		
所有者权益合计	244 930.24	181 777.64
负债和所有者权益总计	274 907.48	200 026.33

公司法定代表人：朱幼林　主管会计工作公司负责人：王守军 会计机构负责人：刘　燕

5.1.3 利润表

单位：万元

项　　目	2012 年 12 月 31 日	2011 年 12 月 31 日
一、营业总收入	128 839.63	65 982.54
利息净收入	5 352.68	5 045.36
其中：利息收入	5 352.68	5 045.36
利息支出		
手续费及佣金净收入	112 010.73	61 309.78
其中：手续费及佣金收入	112 068.57	61 345.79
手续费及佣金支出	57.84	36.01
投资收益（损失以“－”号填列）	11 600.81	-471.62
公允价值变动收益（损失以“－”号填列）	-124.59	124.59
汇兑收益		-25.57
其他收入		
二、营业总成本	45 353.09	28 175.83
营业税金及附加	7 168.21	3 684.23
业务及管理费	37 861.09	24 013.24
资产减值损失	323.79	478.36
其他业务支出		
三、营业利润（亏损以“－”号填列）	83 486.54	37 806.71
加：营业外收入	266.00	449.10
减：营业外支出	249.63	9.21
四、利润总额（亏损总额以“－”号填列）	83 502.91	38 246.60
减：所得税费用	20 350.31	9 726.21
五、净利润（净亏损以“－”号填列）	63 152.60	28 520.39
归属于母公司所有者的净利润	63 152.60	28 520.39
少数股东损益		

公司法定代表人：朱幼林 主管会计工作公司负责人：王守军　会计机构负责人：刘　燕

5.1.4 所有者权益变动表

单位:万元

项目	2012年12月31日						
	归属于母公司所有者权益						所有者权益合计
	实收资本	资本公积	盈余公积	一般风险准备	未分配利润	小计	
一、上年末余额	150 000.50		3 177.71	1 588.86	27 010.57	181 777.64	181 777.64
加:会计政策变更							
前期差错更正							
二、本年初余额	150 000.50		3 177.71	1 588.86	27 010.57	181 777.64	181 777.64
三、本年增减变动金额(减少以"-"号填列)			6 315.26	3 157.63	53 679.71	63 152.60	63 152.60
(一)净利润					63 152.60	63 152.60	63 152.60
(二)其他综合收益							
综合收益小计					63 152.60	63 152.60	63 152.60
(三)所有者投入和减少资本							
1. 所有者投入资本							
2. 股份支付计入所有者权益的金额							
3. 其他							
(四)专项储备提取和使用							
1. 提取专项储备							
2. 使用专项储备							
(五)利润分配			6 315.26	3 157.63	-9 472.89		
1. 提取盈余公积			6 315.26		-6 315.26		
其中:法定盈余公积			6 315.26		-6 315.26		
任意盈余公积							
储备基金							
企业发展基金							
利润归还投资							
2. 提取信托风险准备				3 157.63	-3 157.63		
3. 所有者(或股东)的分配							
4. 其他							
(六)所有者权益内部结转							
1. 资本公积转增资本(或股本)							
2. 盈余公积转增资本(或股本)							
3. 盈余公积弥补亏损							
4. 其他							
四、本年末余额	150 000.50		9 492.97	4 746.49	80 690.28	244 930.24	244 930.24

公司法定代表人:朱幼林　　主管会计工作公司负责人:王守军　　会计机构负责人:刘　燕

所有者权益变动表(续)

单位:万元

项目	2011年12月31日						
	归属于母公司所有者权益						所有者权益合计
	实收资本	资本公积	盈余公积	一般风险准备	未分配利润	小计	
一、上年末余额	30 000.50		325.67	162.84	2 768.24	33 257.25	33 257.25
加:会计政策变更							
前期差错更正							
二、本年初余额	30 000.50		325.67	162.84	2 768.24	33 257.25	33 257.25
三、本年增减变动金额(减少以"-"号填列)	120 000.00		2 852.04	1 426.02	24 242.33	148 520.39	148 520.39
(一)净利润					28 520.39	28 520.39	28 520.39
(二)其他综合收益							
综合收益小计					28 520.39	28 520.39	28 520.39
(三)所有者投入和减少资本	120 000.00					120 000.00	120 000.00
1. 所有者投入资本	120 000.00					120 000.00	120 000.00

续表

项目	2011 年 12 月 31 日						
	归属于母公司所有者权益						所有者权益合计
	实收资本	资本公积	盈余公积	一般风险准备	未分配利润	小计	
2. 股份支付计入所有者权益的金额							
3. 其他							
（四）专项储备提取和使用							
1. 提取专项储备							
2. 使用专项储备							
（五）利润分配			2 852. 04	1 426. 02	−4 278. 06		
1. 提取盈余公积			2 852. 04		−2 852. 04		
其中：法定盈余公积			2 852. 04		−2 852. 04		
任意盈余公积							
储备基金							
企业发展基金							
利润归还投资							
2. 提取信托风险准备				1 426. 02	−1 426. 02		
3. 所有者（或股东）的分配							
4. 其他							
（六）所有者权益内部结转							
1. 资本公积转增资本（或股本）							
2. 盈余公积转增资本（或股本）							
3. 盈余公积弥补亏损							
4. 其他							
四、本年末余额	150 000. 50		3 177. 71	1 588. 86	27 010. 57	181 777. 64	181 777. 64

公司法定代表人：朱幼林　　主管会计工作公司负责人：王守军　　会计机构负责人：刘　燕

5. 2　信托资产

5. 2. 1　信托项目资产负债表

单位：万元

信托资产	2012 年 12 月 31 日	信托负债和信托权益	2012 年 12 月 31 日
信托资产：	—	信托负债：	—
货币资金	342 705. 92	交易性金融负债	—
拆出资金	—	衍生金融负债	—
存出保证金	—	应付受托人报酬	1 380. 88
交易性金融资产	—	应付托管费	338. 31
衍生金融资产	—	应付受益人收益	6 876. 08
买入返售金融资产	2 433 638. 89	应交税费	
应收款项	180 671. 20	应付销售服务费	216. 77
发放贷款	7 224 688. 06	其他应付款项	42 938. 14
可供出售金融资产	715 270. 26	预计负债	—
持有至到期投资	759 576. 00	其他负债	—
长期应收款	—		—
长期股权投资	2 298 145. 88	信托负债合计	51 750. 18
投资性房地产	—		—
固定资产	—	信托权益：	—
无形资产	—	实收信托	13 852 203. 05
长期待摊费用	—	资本公积	−5 774. 64
其他资产	—	未分配利润	56 517. 62
减：各项资产减值准备	—	信托权益合计	13 902 946. 03
信托资产总计	13 954 696. 21	信托负债及信托权益总计	13 954 696. 21

5.2.2　信托项目利润及利润分配表

单位:万元

项　　目	2012 年度
1. 营业收入	909 513.71
1.1　利息收入	684 579.04
1.2　投资收益(损失)	224 434.65
1.2.1　其中:对联营企业和合营企业的投资收益	
1.3　公允价值变动收益(损失)	
1.4　租赁收入	
1.5　汇兑损益(损失)	
1.6　其他收入	500.02
2. 支出	157 251.36
2.1　营业税金及附加	
2.2　受托人报酬	90 531.94
2.3　托管费	13 330.88
2.4　投资管理费	1 359.02
2.5　销售服务费	28 283.35
2.6　交易费用	7.18
2.7　资产减值损失	
2.8　其他费用	23 738.99
3. 信托净利润(净亏损)	752 262.35
4. 其他综合收益	
5. 综合收益	752 262.35
6. 加:期初未分配信托利润	27 473.82
7. 可供分配的信托利润	779 736.17
8. 减:本期已分配信托利润	723 218.55
9. 期末未分配信托利润	56 517.62

6. 会计报表附注

6.1　会计报表编制基准不符合会计核算基本前提的说明

本公司无上述情况。

6.2　重要会计政策和会计估计说明

公司执行财政部颁布的《企业会计准则》(财会〔2006〕3号)及后续规定。报告期内公司会计政策、会计估计和核算方法未发生变化。

6.3　或有事项说明

截至报告期末,本公司无需要披露的重大或有事项。

6.4　重要资产转让及其出售的说明

本公司报告期内未发生重要资产转让及出售事项。

6.5　会计报表中重要项目的明细资料

6.5.1　自营资产经营情况

6.5.1.1　信用风险资产五级分类情况

信用风险资产五级分类	正常类(万元)	关注类(万元)	次级类(万元)	可疑类(万元)	损失类(万元)	信用风险资产合计(万元)	不良资产合计(万元)	不良资产率(%)
期初数	44 824.64	—	—	—	—	44 824.64	—	—
期末数	38 342.32	—	—	—	—	38 342.32	—	—

注:不良资产合计=次级类+可疑类+损失类。

6.5.1.2　资产减值准备情况

项目	期初数	本期计提	本期转回	本期核销	期末数
贷款损失准备	393.00	—	123.00	—	270.00
一般准备	393.00	—	123.00	—	270.00
专项准备	—	—	—	—	—
其他资产减值准备	295.36	446.79	—	—	742.15
可供出售金融资产减值准备	—	—	—	—	—
持有至到期投资减值准备	—	—	—	—	—
长期股权投资减值准备	—	—	—	—	—
坏账准备	295.36	446.79	—	—	742.15
投资性房地产减值准备	—	—	—	—	—

6.5.1.3　固有股票投资、基金投资、债券投资、长期股权投资等投资情况

单位:万元

	自营股票	基金	债券	长期股权投资	其他投资	合计
期初数	—	—	2 180.60	8 542.00	34 585.84	45 308.44
期末数	—	—	—	31 042.00	161 993.24	193 035.24

6.5.1.4　固有长期股权投资的前五名

企业名称	占被投资企业权益的比例(%)	主要经营活动	投资收益(万元)
南昌农村商业银行股份有限公司	4.97	银行服务	—
景德镇农村商业银行股份有限公司	9.86	银行服务	—
景德镇市商业银行股份有限公司	9.52	银行服务	458.90
吉安农村商业银行股份有限公司	4.5	银行服务	225.00

6.5.1.5　固有贷款前五名

企业名称	占贷款总额的比例(%)	还款情况
浙江万银房地产有限公司	55.56	正常
富宁县金源铁合金有限责任公司	29.63	正常
新疆诺亚方舟酒店管理有限公司	14.81	正常

6.5.1.6　表外业务的期初数、期末数

单位:万元

表外业务	期初数	期末数
担保业务	—	—
代理业务(委托业务)	—	—
其他	—	—
合计	—	—

6.5.1.7　公司当年的收入结构

收入结构	金额(万元)	占比(%)
手续费及佣金收入	112 068.57	86.76
其中:信托手续费收入	109 812.79	85.02
投资银行业务收入		
利息收入	5 352.68	4.14
其他业务收入		
其中:计入信托业务收入部分		
投资收益	11 600.81	8.98
其中:股权投资收益	683.90	0.53
证券投资收益	3 977.14	3.08
其他投资收益	6 939.77	5.37
公允价值变动收益	−124.59	−0.10
营业外收入	266.00	0.21
收入合计	129 163.47	100.00

6.5.2　披露信托资产管理情况

6.5.2.1　信托资产的期初数、期末数对比分析

信托资产	2012 年 12 月 31 日	2011 年 12 月 31 日	增减变动额(万元)	增减幅度(%)
集合	3 859 153.23	1 985 544.02	1 873 609.21	94.36
单一	9 792 542.49	5 612 745.13	4 179 797.36	74.47
财产权	303 000.49	249 105.60	53 894.89	21.64
合计	13 954 696.21	7 847 394.75	6 107 301.46	77.83

6.5.2.1.1　主动管理型信托业务的信托资产期初数、期末数对比分析

主动管理型信托资产	2012 年 12 月 31 日	2011 年 12 月 31 日	增减变动额(万元)	增减幅度(%)
证券投资类	302 090.17	214 114.60	87 975.57	41.09
投资类	2 738 594.26	1 027 262.65	1 711 331.61	166.59
融资类	2 231 914.50	1 486 514.77	745 399.73	50.14
事务管理类	33 315.00	203 880.41	−170 565.41	−83.66
合计	5 305 913.93	2 931 772.43	2 374 141.50	80.98

6.5.2.1.2　被动管理型信托业务的信托资产期初数、期末数对比分析

被动管理型信托资产	2012 年 12 月 31 日	2011 年 12 月 31 日	增减变动额(万元)	增减幅度(%)
证券投资类	298 381.41	847 939.49	−549 558.08	−64.81
投资类	623 227.88	770 431.07	−147 203.19	−19.11
融资类	5 826 083.24	947 082.57	4 879 000.67	515.16
事务管理类	1 901 089.75	2 350 169.19	−449 079.44	−19.11
合计	8 648 782.28	4 915 622.32	3 733 159.96	75.94

6.5.2.2　本年已清算结束的信托项目情况

6.5.2.2.1　本年度已清算结束的集合类、单一类资金信托项目和财产管理类信托项目情况

已清算结束信托项目	项目个数	实收信托合计金额(万元)	加权平均实际年化收益率(%)
集合	35	539 199.00	7.62
单一	134	3 799 060.36	7.00
财产权	6	487 690.00	4.23

注:实收信托合计金额是信托本金累计给付额。

6.5.2.2.2　本年度已清算结束的主动管理型信托项目情况

已清算结束信托项目	项目个数	实收信托合计金额(人民币万元)	加权平均实际年化报酬(%)	加权平均实际年化收益率(%)
证券投资类	4	123 844.30	0.31	3.32
投资类	14	375 822.00	1.66	7.05
融资类	38	964 800.00	2.56	7.35
事务管理类	11	516 000.00	1.79	4.33

注:实收信托合计金额是信托本金累计给付额。

6.5.2.2.3　本年度已清算结束的被动管理型信托项目情况

已清算结束信托项目	项目个数	实收信托合计金额(万元)	加权平均实际年化报酬(%)	加权平均实际年化收益率(%)
证券投资类	2	119 993.70	0.05	5.64
投资类	29	311 951.16	0.73	5.65
融资类	29	669 973.00	1.81	5.67
事务管理类	48	1 743 565.20	0.81	7.04

6.5.2.3　本年度新增的集合类、单一类资金信托项目和财产管理类信托项目情况

新增信托项目	项目个数	实收信托合计金额(万元)
集合	69	2 327 358.28
单一	211	11 222 633.30
财产权	9	543 342.00
合计	289	14 093 333.58
其中:主动管理型	100	6 694 115.88
被动管理型	189	7 399 217.70

注:实收信托合计金额是本年新增信托项目累计新增的实收信托金额。

6.5.2.4　本公司履行受托人义务情况及因公司自身责任而导致的信托资产损失情况

报告期内,未发生因公司自身责任导致信托资产损失,集合信托资产管理没有发生重大涉诉及赔付等情况。

6.5.2.5　信托赔偿准备的提取、使用和管理情况

公司从 2012 年税后利润中提取 5% 的信托赔偿准备金 3 157.63 万元,累计提取 4 746.49 万元。报告期内公司未使用信托赔偿准备金。

6.6 关联方及其交易的披露

6.6.1 关联交易方的数量、关联交易的总金额及关联交易的定价原则等

固有业务关联方情况

	关联交易数量	关联交易金额(万元)	定价政策
合计	11	10 180.34	按市场价格交易,或按公允原则,以不优于对非关联方同类交易的条件定价交易。

信托业务关联方情况

	关联交易数量	关联交易金额(万元)	定价政策
合计	8	390 900.00	按市场价格交易,或按公允原则,以不优于对非关联方同类交易的条件定价交易。

6.6.2 关联交易方与本公司的关系性质、关联交易方的名称、法定代表人、注册地址、注册资本及主营业务等

关系性质	关联方名称	法定代表人	注册地址	注册资本(万元)
同一实际控制人	中航投资控股有限公司	孟祥泰	北京朝阳区东三环中路乙10号艾维克大厦20层	250 000.00
同一实际控制人	中航证券有限公司	杜航	江西省南昌市红谷滩新区红谷中大道1619号南昌国际金融大厦A栋41层	132 587.58
同一实际控制人	中航万科有限公司	顾惠忠	北京朝阳区东三环中路乙10号艾维克大厦23层05~06A号	100 000.00
同一实际控制人	江西中航地产有限责任公司	钟宏伟	江西省南昌市红谷滩新区赣江北大道1号中航广场	10 000.00
同一实际控制人	中国航空技术国际控股有限公司	吴光权	北京市朝阳区北辰东路18号	742 200.00
同一实际控制人	苏州艾维克建设发展有限公司	文涛	苏州高新区培源路1号	20 000.00

6.6.3 公司与关联方的重大交易事项

6.6.3.1 固有财产与关联方:贷款、投资、租赁、应收账款、担保、其他方式等期初汇总数、本期发生额汇总数、期末汇总数

单位:万元

	期初数	借方发生额	贷方发生额	期末数
贷款				
投资				
租赁		10.74		
担保				
应收账款				
其他		3 586.71	6 582.89	
合计	—	3 597.45	6 582.89	—

注:固有财产与关联方关联交易主要是咨询费和业务收入。

6.6.3.2 信托与关联方交易情况

单位:万元

	期初数	借方发生额	贷方发生额	期末数
贷款	146 000.00	415 000.00	170 100.00	390 900.00
投资	35 820.00		35 820.00	
租赁				
担保				
应收账款				
其他				
合计	181 820.00	415 000.00	205 920.00	390 900.00

6.6.3.3 固有财产和信托财产之间的交易金额期初汇总数、本期发生额汇总数、期末汇总数

本期无固有与信托财产之间的交易。

6.6.3.4 信托资产与信托财产之间的交易金额期初汇总数、本期发生额汇总数、期末汇总数

本期无信托项目之间的交易。

6.6.4 关联方逾期未偿还本公司资金的详细情况以及本公司为关联方担保发生或即将发生垫款的情况

报告期内本公司无关联方逾期未偿还本公司资金的情况,没有为关联方提供担保。

6.7 会计制度的披露

公司固有业务、信托业务均执行财政部2006年2月颁布的《企业会计准则》。

7. 财务情况说明书

7.1 利润实现和分配情况

公司2012年初未分配利润27 010.57万元,2012年实现净利润63 152.60万元。按净利润的10%提取法定盈余公积金6 315.26万元,按净利润的5%提取信托赔偿准备金3 157.63万元。截至2012年12月31日,公司未分配利润为80 690.28万元。

7.2 主要财务指标

指标名称	指标值	计算公式
净资产收益率(%)	29.60	净利润/所有者权益平均数×100%
信托报酬率(%)	1.21	〔∑项目合同总收入(信托报酬+财务顾问收入)/信托项目总月份×12〕/信托资产总规模
人均利润(万元)	528.50	利润总额/年平均人数

7.3 对本公司财务状况、经营成果有重大影响的其他事项

报告期内,没有对本公司财务状况、经营成果有重大影响的其他事项。

8. 特别事项揭示

8.1 股东报告期内变动情况及原因

本报告期内,无股东变动情况。

8.2 董事、监事及高级管理人员变动情况及原因

本报告期内，公司董事、监事无变动情况，高级管理人员因工作需要新增总经理助理严固。

8.3 变更注册资本、注册地或公司名称、公司分立合并事项

本报告期内无注册资本、注册地或公司名称、公司分立合并事项。

8.4 公司的重大诉讼事项

本报告期内公司无重大诉讼事项。

8.5 公司及其董事、监事和高级管理人员受到处罚情况

本报告期内无公司及其董事、监事和高级管理人员受到处罚情况。

8.6 对银监会提出的整改意见简要说明整改情况

2012 年 6 月 1 日至 6 月 30 日，江西银监局一行对本公司进行了现场检查，检查内容包括公司信托业务的合规性、风险以及内控机制情况等，检查范围是 2011 年初至 2012 年 3 月本公司新发生的信托项目。公司存续的信托计划均运作正常，未发现影响信托财产安全性的因素，到期信托项目均按合同约定向受益人交付信托财产。本次检查也发现了本公司存在的一些问题和不足，如个别项目未经银监局事前备案、个别项目尽职调查不到位、信托项目管理有待完善等。根据检查结果和监管意见，本公司进行了全面整改，整改结果获江西银监局认可通过。

8.7 重大事项临时报告情况

无。

8.8 银监会及其省级派出机构认定的其他有必要让客户及相关利益人了解的重要信息

无。

9. 监事会意见

公司监事会认为，本报告期内，公司依法运作，决策程序合法有效，没有发现公司董事、高级管理层履行职务时有违法违规、违反公司章程或损害公司及股东利益的行为。公司 2012 年度财务报告中披露的财务信息，真实反映公司的财务状况和经营成果。

中江国际信托股份有限公司

1. 重要提示

1.1 本公司董事会及董事保证报告所载资料不存在任何虚假记载、误导性陈述或者重大遗漏，并对其内容的真实性、准确性和完整性承担个别及连带责任。

1.2 中磊会计师事务所为本公司出具了无保留意见的审计报告，本公司董事会对相关事项亦有详细说明，请客户及相关利益人注意阅读。

1.3 本公司负责人董事长裘强、主管会计工作负责人曾海及财务负责人彭缅良声明：保证年度报告中财务报告的真实、完整。

2. 公司概况

2.1 公司简介

中江国际信托股份有限公司（原江西国际信托股份有限公司，以下简称中江信托或本公司）成立于1981年6月。2003年3月经中国人民银行批准，由江西省国际信托投资公司、江西省发展信托投资股份有限公司、赣州地区信托投资公司以新设合并方式重新登记成立，2009年3月经中国银监会核准换发新牌。2010年11月，本公司增资到注册资本人民币103 658.1817万元。2012年10月，本公司更名为中江国际信托股份有限公司。

1	法定中文名称（缩写）	中江国际信托股份有限公司（中江信托）
2	法定英文名称（缩写）	ZhongJiang International Trust Co., Ltd (zJI)
3	法定代表人	裘强
4	注册地址	南昌市北京西路88号江信国际金融大厦

续表

5	邮政编码	330046
6	国际互联网网址	http://www.jxi.cn
7	电子信箱	http://www.jxi.cn
8	负责信息披露事务的高管人员	余森清
9	联系人姓名	易勤华
10	联系电话	0791-6304512
11	传真电话	0791-6304500
12	电子信箱	yqh-jx@163.com
13	公司信息披露的报纸名称	《上海证券报》
14	公司年度报告备置地点	南昌市北京西路88号江信国际金融大厦25楼
15	公司聘请的会计师事务所名称及住所	中磊会计师事务所，北京
16	公司聘请的律师事务所名称及住所	江西求正沃德律师事务所，江西·南昌

2.2 组织结构

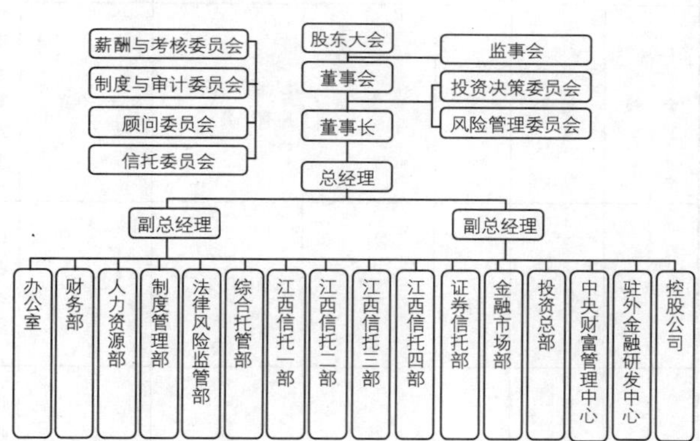

3. 公司治理结构

3.1 股东

2012年末，本公司股东总数15名，本公司前三位股东的名称、出资比例如下：

股东名称	法人代表	持股比例(%)	注册资本（万元）	注册地址	主要经营业务及主要财务情况
领锐资产管理股份有限公司	张霄静	25.00	358 000	天津市华苑产业区	对工业、基础设施开发建设、金融、房地产业、物流业、酒店进行投资；资产投资；债务重组与企业重组咨询等。
江西省财政厅	胡　强	22.80		江西省南昌市	制订全省性财政立法规划，拟订全省地方性财政、税收、财务、会计管理、国有资产管理的法规草案及实施办法和规章制度；参与制定全省各项有关宏观经济政策，拟订和执行全省财政分配政策；编制省本级年度预算草案和汇编全省年度预算和决算草案；负责组织实施地方税法和税收条例、决定、规定及有关实施细则；管理和监督各项财政收入、支出；监管全省政府采购工作；管理省级财政社会保障支出；负责地方性金融机构的财务监管工作；管理全省有关政府性基金和行政事业性收费项目的立项及标准等。
北京供销社投资管理中心	符敬群	20.00	55 801.439925	北京市宣武区儒福里40号	投资管理；接受委托进行物业管理；接受委托出租房屋；出租自有房屋。

3.2 董事

本公司董事会由9名董事组成，由股东江西省财政厅推荐6名和股东江西江信国际大厦有限公司、江西省金象置业有限公司等各推荐1名，独立董事1名。

姓名	职务	性别	年龄	所推荐的股东名称	该股东持股比例(%)	简要履历
裘强	董事长	男	54	江西省财政厅	22.80	1974年，至1978年任江西省清江县昌付公社知青办主任；1978年至1981年任，空军十一航校警卫排副排长；1981年至1989年，任宜春市委组织部正科级组织员、上高县政府县长助理；1989年至1990年，任江西省委农工部副处长；后调江西省展览中心任主任，期间曾兼任南昌佳盛典当行有限公司副董事长主持全面工作；1997年后，曾任江西省人民政府办公厅副主任，协助副省长分管商贸、金融工作；2000年至2004年，任江西省民政厅党组副书记、副厅长；2004年6月至今，任中江国际信托投资股份有限公司党委书记、董事长；先后在南昌大学、中央党校、上海浦东干部管理学院、长江商学院学习，获得哲学硕士、高级管理人员工商管理硕士。
吴伟光	董事	男	57	江西省财政厅	22.80	1983年至1986年，任赣州地区公路局宣传部干部；1986年至2003年历任公司员工、业务部门经理、办公室主任、党委委员、副总经理、总经理、董事。
余森清	副董事长	男	50	江西省财政厅	22.80	1978年至1982年，江西大学计算数学专业学生；1982至1984年，江西省上饶地区统计局干部；1984年至1987年，厦门大学计划统计专业研究生；1987年至1989年，江西省社科院经济所科研人员；1989年至1999年江西省政府办公厅商金处干部、副处长；1999年至2009年江西省委政策研究室副主任；2009年5月至今，任中江国际信托股份有限公司党委副书记、副董事长。
康毅	董事	男	58	江西江信国际大厦有限公司	5.90	1973年至1976年，南昌县东新乡大洲村插队；1976年至1983年福州军区独立防化学营战士、排长、政治指导；1983年至1998年武警江西省总队司令部直政处正连职干事、副营职干事、正营职干事、副处长、处长，萍乡市支队政治委员；1998年至今，现在中江国际信托股份有限公司监察室副主任、办公室副主任，江信置业有限责任公司董事长、经营总监、总经理助理、党委委员、副总经理、常务副总经理，天安保险股份有限公司副董事长。
陈林芳	董事	男	58	江西省财政厅	22.80	1976年至1978年，在宜丰县敖桥公社农机厂任会计；1980年至1993年，历任江西省财政厅农财处干部、组长、副处长；1993年至1995年，在高安市人民政府挂职副市长；1995年至1996年，任江西省财政厅条法税政处处长；1996年至今，在江西省财政投资管理公司任负责人（主持工作）、董事长，期间曾任江西省发展信托投资股份有限董事长。
曾福星	董事	男	52	江西省财政厅	22.80	1983年至1990年，在江西省财政厅农税处工作任主任科员；1993年至1995年，在井冈山财政干部培训基地挂职锻炼，任基地主任兼支部书记；1995年至1996年，在江西省财政厅预算处工作；1996年7月至今，任江西省财政投资管理中心任副主任；期间曾担任江西省发展信托投资股份有限公司监事召集人。
陈出新	董事	男	49	江西省财政厅	22.80	1982年至1986年，江西财经学院计统系国民经济专业学习；1986年至1989年，四川省财政厅预算处工作；1989年至2009年，江西省财政厅会计处助调、副处长；2001年，获得华中科技大学硕士学位，2006年至2007年，派驻天津滨海新区筹建天津锦绣置业公司，2007年12月，组织安排到江西博苑房地产公司工作，现任江西省财政厅投资管理中心（公司）主任（总经理）。
钟镰斧	董事	男	44	江西省金象置业有限公司	1.00	1987年至1991年，南昌航空工业学院电子工程系本科毕业；1991年至1993年，江西大茅山企业集团开发部工作；1993年至1996年，江西省江信房地产公司贸易部经理；1996年至2009年，江信置业有限责任公司副总经理、总经理、董事长；2006年至今，现在任中江国际信托股份有限公司总监、总经理助理、副总经理、党委副书记。

3.3 监事

本公司监事会由3名监事组成，其中江西省财政厅和江西省金象置业有限公司各推荐1名，职工代表监事1名，设1名监事会召集人。

姓名	职务	性别	年龄	所推举的股东名称	该股东持股比例(%)	简要履历
周志宏	监事会召集人	男	55	江西省金象置业有限公司	1.00	1975年至1976年，吉林省东辽县渭津公社福民大队知青；1976年至1981年，兰州军区空军高炮14师40团3营8连士兵；1981年至1991年，兰州军区空军混成4旅军官；1991年至1993年，兰州军区空军政治部秘书处少校；1993年至今，现在中江国际信托股份有限公司科长、人事处处长、制度管理部部长、制度总监督。
贾　俊	监事	男	50	江西省财政厅	22.80	1981年至1988年，在南昌铁路局工作；1988年至1997年，江西省工商银行信托投资股份有限公司部门副经理；1997年至2003年，江西省发展信托投资股份有限公司总经理助理、办公室主任；2003年至2010年，历任中江国际信托股份有限公司办公室副主任、董事会秘书、战略中心主任、行政总管、行政总监、总稽核；现任江信国际投资集团有限公司总裁。
万国钦	监事	男	54	职代会		1977年2月至1979年3月，江西省上高县镇渡公社知青；1979年4月至1993年5月，江西省南昌市市政工程处监察科副科长；1993年6月至今，现在先后任中江国际信托股份有限公司人事处劳资科长、办公室主任助理、人力资源部部长、行政总部总管。

3.4 高级管理人员

姓　名	职　务	性　别	年　龄	选任日期	金融从业年限(年)	学　历	专　业	简要履历
王志辉	总经理	男	46	2011	25	在职研究生	EMBA	1987年至2003年，历任江西省国际信托投资公司证券业务部发行交易科科长、南昌营业部主任、信托部副经理(主持工作)；2004年至2004年，任江西国际信托股份有限公司信托一部总经理；2005年至今，现在任中江国际信托股份有限公司首席高级信托经理、金融总监、总经理助理、副总经理、常务副总经理、总经理。
钟镰斧	常务副总经理	男	44	2010	21	在职研究生	产业经济学	1987年至1991年，南昌航空工业学院电子工程系本科毕业；1991年至1993年江西大茅山企业集团开发部工作；1993年至1996年，江西省江信房地产公司贸易部经理；1996年至2009年，江信置业有限责任公司副总经理、总经理、董事长；2006年至今，现在任中江国际信托股份有限公司总监、总经理助理、副总经理、党委副书记。
曾　海	副总经理	男	49	2011	19	在职研究生	产业经济学	1983年至1989年，在江西木材厂工作；1989年至1992年，任江西省林化公司(原江西省林业工业公司林产品供应站)财务科科长；1992年至1995年，在江西省木材公司财务科副科长、科长；1995年至今，现在历任中江国际信托股份有限公司计划财务处综合管理科科长、计划处处长助理、副处长、财务部总经理、财务总监、副总会计师、总会计师、总经理助理、副总经理。
易勤华	副总经理	男	47	2011	21	博士	古代文学	1986年至1989年，江西安福中学教师；1992年至1993年，江西经济技术信息开发公司办公室主任、江西经济管理干部学院财会系行政干事兼教师；1993年至2002年，江西省国际信托投资公司秘书科科长、经济研究所所长助理；2002年至2005年，宜春市袁州区政府挂职副区长；2005年至今，中江国际信托股份有限公司战略投资开发部副部长、部长、党办副主任、办公室主任、行政总监、副总经理
陈华玲	首席风险官	男	48	2011	21	研究生	自然辩证法	1984年至1987年，在江西龙南师范学校任教；1990年至1993年，江西中医学院社科部讲师；1993年至，现在先后任中江国际信托股份有限公司办公室秘书、国际金融部信贷员、信贷科付科长、江信律师事务所副主任、法律事务中心主任、法律风险监管部部长、风险控制委员会委员副主任、总法律顾问、副风险控制官、法务总监、首席风险官。
黄雪梅	副总经理	女	49	2011	21	大学	电子	1986年8月至1993年7月，南昌洪都无线电厂工程师；1993年8月至2000年3月，江西省瑞德改革咨询中心职员、江西省瑞德资产评估事务所职员、江西省中昊会计师事务所职员；2000年3月至2003年5月，国盛证券有限责任公司职员；2003年6月至今，中江国际信托股份有限公司信托二部总经理助理、信托四部副总经理、金融理财中心总经理、总监、副总经理
周跃明	副总经理	男	55	2012	20	大学	会计	1975年6月至1978年2月，下放南昌县；1978年2月至1980年1月，江西银校学生；1980年1月至1985年8月，人民银行南昌市支行四交办，干部；1985年7月至1998年12月，人民银行南昌市分行历任稽核处副主任科员、副处长、安义县支行行长、科技处处长；1998年12月至2003年10月，人民银行南昌中心支行历任科技处副处长、清算中心副主任、合作金融处副处长；2003年10月至2011年10月，江西银监局历任农行处副处长、股份处副处长、处长、非银行金融机构处处长。2011年10月至今，任中江国际信托股份有限公司总经理助理、副总经理
黄　昊	总经理助理	男	36	2012	17	大学	金融	1992年9月至1995年7月，就读于江西省银行学校；1995年8月至今，在中江国际信托股份有限公司工作，历任信托业务部执行经理、副经理、北京信托业务一部经理、总经理助理。

3.5 公司员工

项目		2012 年		2011 年	
人数		168		165	
平均年龄		37		37	
年龄分布	20 岁以下	0	0.00	0	0.00
	20 ~29 岁	52	30.95	49	29.70
	30 ~39 岁	48	28.57	48	29.09
	40 岁以上	68	40.48	68	41.21
学历分布	博士	2	1.19	2	1.21
	硕士	27	16.07	24	14.55
	本科	87	51.79	87	52.73
	专科	52	30.95	52	31.52
	其他	0	0.00	0	0.00
岗位分布	董事、监事及其他高管人员	11	6.55	10	6.06
	自营业务人员	32	19.05	32	19.39
	信托业务人员	122	72.62	121	73.33
	其他人员	2	1.19	2	1.21

4. 经营管理

4.1 经营目标、经营方针、战略规划

4.1.1 经营目标

立足信托本业，发挥地方金融机构的职能，在市场中求生存，在竞争中求发展，确保信托财产的安全高效，促进本公司稳健经营和可持续发展，为股东实现稳定的回报，为受益人的利益服务，为地方经济建设提供金融支持。

4.1.2 经营方针

坚持“为了共同利益”的核心价值观，坚持“诚信理财、服务社会”的经营宗旨，坚持“风险第一、效益第一”的经营理念，坚持“简单直接”的管理理念，以多元化的资产管理手段，谋求信托、证券、保险、期货、基金等金融工具及货币、资本和产业等多种行业的融合，实现收益的最大化。

4.1.3 战略规划

通过不懈的努力，把本公司发展成为地方性金融（控股）集团，进入全国信托业先进行列。

4.2 所经营业务的主要内容

本公司所经营业务主要分为固有业务和信托业务两大块，其中固有业务包括自有资金投资等业务，各种业务所形成的资产组合与分布情况如下：

4.2.1 自营资产运用与分布

资产运用	金额（万元）	占比（%）	资产分布	金额（万元）	占比（%）
货币资产	117 458.98	33.59	基础产业		
拆出资金			房地产业		
贷款			证券、保险	218 868.43	62.58
其他流动资产	994.81	0.28	实业		
可供出售金融资产	10 339.28	2.96			
持有至到期投资		0.00			
长期股权投资	218 878.43	62.58	其他	130 864.95	37.42
其他	2 061.88	0.59			
资产合计	349 733.38	100.00	资产合计	349 733.38	100.00

4.2.2 信托资产运用与分布表

资产运用	金额（万元）	占比（%）	资产分布	金额（万元）	占比（%）
货币资产	170 581.31	1.25	基础产业	4 813 452.10	35.36
交易性金融资产	838 702.46	6.16	房地产业	901 155.11	6.62
贷款	7 505 241.58	55.13	证券	1 014 337.63	7.45
应收账款	1 032 598.77	7.59	金融机构	65 854.97	0.48
可供出售金融资产	342 594.00	2.52	工商企业	5 549 250.68	40.76
长期股权投资	2 891 089.64	21.24	其他	1 269 201.47	9.32
其他	832 444.20	6.11			
资产合计	13 613 251.96	100.00	资产合计	13 613 251.96	100.00

4.3 市场分析（影响本公司业务发展的主要因素）

4.3.1 有利因素

（1）区域环境优势。江西省委、省政府及监管部门的支持和帮助为公司发展提供了较好的区域发展环境。

（2）股东资源优势。通过引进战略投资者，优化了公司的股东背景，实现了公司股权多元化，推动了法人治理结构的进一步完善，有利于依托股东资源优势进一步做强做大。

（3）经营管理团队优势。本公司领导班子有很强的凝聚力和战斗力，在中江国际企业文化的熏陶和引领下，打造了一支“忠诚拼搏、艰苦创业”的经营管理团队。

（4）业务拓展和战略扩张优势。本公司具备了对外扩张的基础。一是控股国盛证券有限责任公司，参股了天安财产保险股份有限公司，并通过国盛证券有限责任公司收购或设立了期货公司、基金管理公司，实现了综合金融业务的融合；二是本公司经营业绩逐年大幅度攀升，创新能力不断增强，抗风险能力显著提高；三是本公司与国家开发银行、中国工商银行、中国农业银行、中国银行、中国建设银行、交通银行、招商银行、光大银行、民生银行、兴业银行、浦发银行等金融机构及新湖中宝、复兴集团等上市公司建立了稳固的战略合作伙伴关系，银信合作、企信合作业务稳步推开；四是政信合作业务有成熟的操作模式，稳中求进，风险可控；五是本公司在全国主要城市设立了35 个金融研发中心，业务渠道辐射全国，为公司下一步的业务拓展和战略扩张奠定了基础。

4.3.2 不利因素

（1）经济周期波动性加大。全球经济及中国经济周期波动性将进一步加大，面临较多不确定性。

（2）行业竞争加剧。

（3）地处欠发达地区，客户资源相对有限，尤其是高端客户缺乏，合格投资者的培育拓展难度相对较大。

4.4 内部控制概况

4.4.1 内部控制环境和内部控制文化

合规性是风险控制的核心，是信托公司健康持续发展的生命线。提高合规意识，树立合规理念，健全合规文化是实现公司长治久安的保障。

本公司建立健全了以股东会、董事会、监事会以及经营管理层为主体的组织架构和公司治理结构，并形成了一整套涵盖本公司所有业务的制度体系。在决策层面上，董事会下设信托委员会、投资决策委员会、风险管理委员会、薪酬与考评委员会、制度与审计委员会、顾问委员会，构建了一个相对完整的决策和风险控制体系。在内部管理和经营方面，通过不同机构和岗位的设置，赋予相应的权、责，并建立和完善各项业务操作规程与制度，从而形成了各岗位和人员之间相互独立、相互制衡和相互协调的监督管理机制。

此外，重视企业文化建设，营造成熟的内部控制文化是本公司稳健发展的重要手段。本公司通过"忠诚拼搏、艰苦创业"等系列主题教育活动向员工传达风险管理、内部控制、合规经营的重要性，引导员工树立合规意识、风险意识和诚信理念，着力提高员工职业道德水准，规范员工职业行为，逐步塑造和形成以"风险第一、效益第一"经营理念和"内控第一、全员遵守"为主题的内控文化。

4.4.2 内部控制措施

本公司董事会下设的各委员会在授权范围内以明晰的分级授权制度，通过体系建设和及时完整的过程控制，使决策、研发、操作、审核及监督评价程序化、体系化。为加强制度执行力度，本公司制度管理部作为审计与制度委员会的办事机构，除监督制度执行外，主要负责本公司内部稽核审计，以相对独立的审计工作程序和规范扮演着内部警察角色；法律风险监管部代表风险管理委员会负责风险控制及风险评价，建立风险预警和纠错机制，做到警钟长鸣。两大内控机构与财务部、综合托管部等相互配合、相互制衡，分别独立、客观地履行各自内部控制职能，从组织结构上完善了公司内部控制体系。

在业务运作方面，明确前台、中台、后台业务的工作职责，规范程序，形成有监督、有制衡的业务运作体系。通过具体、明确、合理的分工与授权，建立业务操作规程，在内部界定各责任主体的目标、职责和权限，分别在授权范围内各行其职，相互独立。本公司主要职能部门之间建立健全了防火墙制度，不同部门人员不得相互兼职，保证了自营、信托业务各成体系，独立运行。

在文化意识形态方面，本公司坚持晨会制度，在潜移默化中加深有关对企业文化的理解和践行。本公司设立了金融大学，每周进行员工学习培训和教育，宣传合法合规经营的理念，使员工树立起合规经营优先、风险控制优先的意识。制定了"十八支持、十八反对"的员工行为准则、职业道德规范，严格诚信记录，营造本公司合规经营的制度、文化环境。

4.4.3 信息交流与反馈

通过强有力的制度执行，向风险管理委员会、高级管理层和董事会报告，及时披露业务开展和内控过程中的实质性缺陷或失控，以完善的信息系统确保了报告程序的有效性和保密性。同时，定期披露或通报各责任主体或责任人履行职责情况、制度执行情况。各有关部门对项目运作、公司决议的执行实行跟踪，按照公司制度规定的流程及时将跟踪信息反馈，保证了本公司对项目和合同履行等的控制。

4.4.4 监督评价与纠正

本公司董事会和高级管理层定期和不定期召开内控工作会议和风险例会，听取制度管理部、法律风险监管部、综合托管部、财务部在稽核审计、内控检查、财务执行和风险监督过程中有关情况的汇报，对内控工作定期评价，对有关问题及时处理，切实防范各类风险。公司管理层和内控部门对存在的问题进行现场检查和督促，及时有效地纠正运行中的偏差。

4.5 风险管理

4.5.1 风险管理概况

本公司风险管理坚持全面性、全员性、独立性、相互制衡、防火墙、适时有效、风险控制与业务发展同等重要、定性与定量相结合等原则。在组织架构上，通过分离决策层、执行层、监督层，各层级各自履行不同专业化的职能，起到相互独立、相互制衡的作用。风险管理委员会是本公司的最高风险管理机构，直接隶属于董事会，主要负责制定和实施投资风险管理政策和措施。法律风险监管部作为风险控制委员会的办事机构，下设了项目预审处、项目复核处、合规管理处、风险管理处、项目后期管理处，是具体的风险管理专职部门，负责制定和实施识别、计量、监测和管理风险的制度、程序和方法，并按照这些制度、程序和方法对本公司经营业务进行风险管理、检查，监测风险，全面揭示风险、分析风险和化解风险，以提高风险管理水平，切实加强了本公司的风险管理工作。为降低业务风险，编订《信托实务法律法规汇编》并及时进行修订，各业务部门也有相关的风险管理对口岗位，从第一线配合职能部门的风险管理。对交易结构复杂、融资金金额巨大、专业化程度高的项目，公司聘请专门的律师事务所、会计师事务所及评估事务所对该类项目进行评估，共同做好项目的前期调查及风险评估。

4.5.2 风险状况

本公司经营活动中主要面临信用风险、市场风险、操作风险、政策风险、道德风险和其他风险等。

4.5.2.1 信用风险状况

本公司 2012 年没有发生一起因信用问题而导致的风险。

4.5.2.2 市场风险状况

本公司所管理的资产主要集中在民生工程、股权及权益投资、信贷资产、债券投资、财产管理等，少量涉足房地产项目，尚未涉足外汇市场，其中，房地产项目主要为政府保障房项目建设，商业地产项目仅与全国排名前 30 名或在当地排名前 5 名的大型房地产企业合作。集合资金信托计划的信贷资产规模比例控制在 30% 以下，固有业务无新增贷款；对于较复杂的特定市场且公司不能有效了解和把握其风险的，一般采取谨慎原则，保守操作，受市场波动风险较小。

4.5.2.3 操作风险状况

本公司可能面临的操作风险主要来自于内部管理风险或决策风险。报告期内各项投资运行正常，无一例因管理人的失职而引发赔付的风险事项发生。

4.5.2.4 政策风险状况

本公司坚持以宏观调控为导向，依法合规实施各项投融资业务，未有一例因违反政策或法规的违规事件。坚持以《信托公司净资本管理办法》为业务指导，重点开展监管部门鼓励的自主投资类信托业务，逐步降低平台类融资信托业务。

4.5.2.5 道德风险状况

本公司尚未发生一起因内部人员蓄意违规违法或与公司的利益主体串通而给信托受益人或本公司自身带来损失的案件。

4.5.2.6 其他风险状况

本公司报告期内未发生法律和道德风险事项，但相关政策的变化对本公司的发展预期产生了一定的影响。

4.5.3 风险管理

本公司风险管理坚持“事前防范为主、事中控制及事后补救为辅”的基本原则，涉及信用风险、市场风险及操作风险等风险管理的各个领域。

4.5.3.1 信用风险管理

本公司针对这一风险，在项目的前期运作中，组织专人进行了尽职调查，并编制《信托项目尽职调查指引》，调查范围不仅限于对手的运营情况、负债情况及企业的资信状况，还在当地金融机构及行业内进行外围调查，并对实际控制人进行调查。在进行尽职调查的基础上，另外派出独立调查小组对项目进行排他性的独立核实调查，并编制了《信托项目独立调查管理规定》。对交易结构复杂、融资金金额巨大、专业化程度高的项目，公司聘请专门的律师事务所、会计师事务所及评估事务所对该类项目进行评估，共同做好项目的前期调查及风险评估。对出现的创新类信托项目，公司聘请律师事务所拟订或审核合同，并在合同中设立了违约金制度及担保制度或免责条款，强化了交易对手履约的保障措施。

(1)对于贷款或投资中的信用风险，公司对客户的资信状况进行认真、谨慎的审查，并在人民银行查询系统中查询融资企业的资信状状况。对项目的技术、经济和市场情况进行必要的调查研究，重大项目不排除走访当地银行、协会、工商管理部门、同业进行外围了解；进行跟踪管理，发现问题及时采取措施补救。对于存款质押类项目中的信用风险，公司挑选实力雄厚，信誉卓著、业绩优良的银行作为合作伙伴，定期或不定期查看存款情况。

(2)根据贷款对象和投资对象的不同，按优良、一般和差等三个档次进行风险评级，对不同档级的交易对手有不同的要求并采取各异的保证措施，防范风险。

(3)对风险资产进行五级分类，即正常、关注、次级、可疑和损失，后三类构成不良资产。对不同类别资产采取不同的管理方式，并严格按有关规定足额计提资产减值准备。

(4)采取信用增级，坚持抵押品确认原则：一是明确抵押品的权属；二是抵押品的价值要真实可靠，且抵押品的抵押率不得超过50%。三是提供流动性较快，易变现的资产作为抵(质)押物。

(5)对于信用担保的管理原则为：具有代为清偿债务能力的法人、其他组织或者自然人；在办理贷款保证担保时，优先选择代为清偿债务能力强、信誉状况好的法人为保证人等。对保证人的资信状况和偿债能力及保证合同的履行情况定期进行检查，督促保证人按照保证合同的约定按期提交有关材料并履行各项义务。

(6)规范贷款和投资操作程序。本公司制定了《信托投资项目监管规定》、《资金信托项目贷前管理规定》、《资金信托项目放贷管理规定》、《信托受益权质押贷款操作规定》、《信托项目后期管理规定》等规范贷款和投资标准流程的管理规定，由制度管理部定期督促检查制度的执行情况。

4.5.3.2 市场风险管理

本公司所管理的资产主要集中在证券投资、股权投资、信贷资产、财产管理等，尚未涉足外汇市场，其中，信贷资产规模比例控制在30%以下，固有业务无新增贷款；证券资产采取结构化设计，规避受托人风险，同时不断压缩规模，有效控制了市场波动带来的影响。同时，通过加强市场调查、市场研究、市场分析，尽量对股价、利率、汇率等市场要素有较全面、较准确的了解，尽量规避市场风险；而对于较复杂的特定市场且本公司不能有效了解和把握其风险的，一般采取谨慎原则，保守操作；在业务拓展或产品推介时，业务人员须向投资者明确说明市场因素变化对收益的影响。

4.5.3.3 操作风险管理

(1)针对内部管理风险：在财务管理、内部稽核、资金运作、账户管控、客户档案管理等方面，严格按信托法规及信托文件设定相应的管理岗位，明确管理职责及审批权限，并通过内部邮件系统、审批流程等标准化、系统化的管理方式，做到责任落实、跟踪有效，最大程度地控制内部管理方面的风险。公司编制了一整套涉及项目操作的工作流程，下发了《信托项目操作风险管理规定》。法律风险监管部定期要求各业务部门就本部门所管理的项目进行风险评估，并在项目的日常管理中对照合同逐一梳理，准确及时地做好项目的信息披露。开办金融大学，定期召集业务人员培训，提高业务素质，增强其对交易的认定、执行的准确性和合法合规性。安装了信托业务综合管理系统，根据分层授权，对信托业务进行参数设定，对人员的操作进行限制，减少人员操作风险。

(2)针对决策风险：决策风险主要来源于决策失误、决策程序不规范，本公司通过严格决策控制程序来规避决策风险，本公司制定了项目审查“五个两、十环节”的程序，逐一落实责任人员，并制定了责任终身追究制度。

4.5.3.4 政策风险管理

本公司通过加强对宏观政策和监管政策的调查研究，通过加强与监管部门和行业的沟通联系，尽可能更准确地了解现有宏观政策和监管政策，尽可能准确地分析宏观政策和监管政策的未来趋势；同时，坚持遵纪守法的经营方针和经营宗旨，切实规范各项经营管理，保证各项业务在合法合规的前提下进行。

4.5.3.5 道德风险管理

本公司主要通过制度设计和加强员工的忠诚教育来防范道德风险。本公司在作为受托人进行产品推介时，严格按照规定向委托人申明项目可能存在的风险及防范措施，严格履行不承诺或不变相承诺信托收益的规定；严格按信托法规及信托合同规定，将信托财产与固有财产分设账户，实行单独管理；严格按照规定将信托资金运用于信托文件所列示的用途；严格履行受托人的监管义务，妥善管理信托投资项目，把风险控制在最低限度；严格按照公开、公正的原则，真实地进行会计核算、财务处理及信息披露。同时，本公司制定了《员工职业操守指引》、《员工行为排查规定》，建立合同、付款复核专员，加强监督和约束,防止道德风险。

4.5.3.6　其他风险管理

针对可能面临的各类其他风险,本公司通过定期组织法律法规知识学习,宣传宏观政策,并推出系列主题文化教育和员工忠诚教育,防患于未然,及时掌握政策动向,降低各种不利因素的影响。

5. 报告期末及上一年度末的比较式会计报表

5.1　自营资产(经审计)

5.1.1　会计师事务所审计结论

审计报告

〔2013〕中磊(审B)字第0131号

中江国际信托股份公司全体股东:

我们审计了后附的中江国际信托股份公司(以下简称贵公司)财务报表,包括2012年12月31日合并及母公司资产负债表、2012年度合并及母公司利润表,2012年度合并及母公司股东权益变动表、合并及母公司现金流量表,以及财务报表附注。

一、管理层对财务报表的责任

编制和公允列报财务报表是贵公司管理层的责任,这种责任包括:(1)按照企业会计准则的规定编制财务报表,并使其实现公允反映;(2)设计、执行和维护必要的内部控制,以使财务报表不存在由于舞弊或错误导致的重大错报。

二、注册会计师的责任

我们的责任是在执行审计工作的基础 上对财务报表发表审计意见。我们按照中国注册会计师审计准则的规定执行了审计工作。中国注册会计师准则要求我们遵守中国注册会计师职业道德守则。计划执行审计工作以对财务报表是否不存在重大错报获取合理保证。

审计工作涉及实施审计程序,以获取有关财务报表金额和披露的审计证据,选择的审计程序取决于注册会计师的判断,包括对由于舞弊或错误导致的财务报表重大错报风险的评估。在进行风险评估时,注册会计师考虑与财务报表编制和公允列报相关的内部控制,以设计恰当的审计程序,但目的并非对内部控制的有效性发表意见,审计工作还包括评估管理层选用会计政策的恰当性和作出会计的合理性,以及评估财务报表的总体列报。

我们相信,我们获取的审计证据是充分,适当的,为发表审计意见提供了基础。

三、审计意见

我们认为,贵公司财务报表在所有重大方团按照企业会计的规定编制,公允反映了贵公司2012年12月31日的合并及母公司财务状况以及2012年度的合并及母公司经营成果和合并及母公司现金流量。

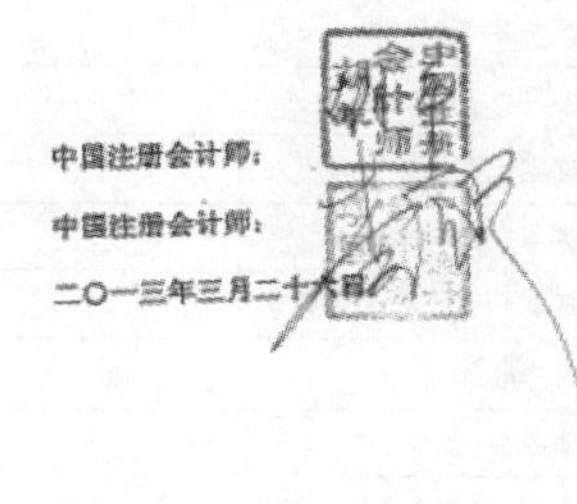

5.1.2　资产负债表

资产负债表

单位:中江国际信托股份有限公司　　2012年12月31日　　单位:万元

信托资产	行次	期初数	期末数	信托负债和信托权益	行次	期初数	期末数
资产:				负债:			
货币资金	1	631 097 494.49	1 174 589 826.06	短期借款	1		
其中:客户资金存款	2			其中:质押借款	2		
结算备付金	3			拆入资金	3		
其中:客户备付金	4			交易性金融负债	4		
拆出资金	5			衍生金融负债	5		
交易性金融资产	6			卖出回购金融资产款	6		
衍生金融资产	7			代理买卖证券款	7		
买入返售金融资产	8			代理承销证券款	8		
应收利息	9			应付职工薪酬	9	49 601 598.25	125 065 205.54
存出保证金	10			应交税费	10	37 944 285.87	99 300 978.39
其他流动资产	11	7 626 444.56	9 948 105.52	应付利息	11		
其中:1. 应收账款	12			预计负债	12		
2. 其他应收款	13	15 277 712.45	17 535 918.52	长期借款	13		
3. 坏账准备	14	7 651 267.89	7 587 813.00	应付债券	14		
4. 待摊费用	15			递延所得税负债	15	16 620 626.07	13 366 998.61
流动资产合计	16	638 723 939.05	1 184 537 931.58	其他负债	16	29 781 842.89	409 701 067.81
可供出售金融资产	17	100 797 431.66	103 392 822.02	负债合计	17	133 948 353.08	647 434 250.35
持有至到期投资	18			所有者权益:	18		

续表

信托资产	行次	期初数	期末数	信托负债和信托权益	行次	期初数	期末数
长期股权投资	19	1 797 679 283. 29	2 188 784 283. 29	实收资本	19	1 036 581 817. 00	1 036 581 817. 00
投资性房地产	20			资本公积	20	1 041 825 353. 83	1 032 064 471. 45
固定资产	21	11 820 659. 71	16 816 757. 65	减:库存股	21		
无形资产	22	1 743 500. 00	1 905 100. 00	盈余公积	22	49 558 688. 65	95 303 052. 97
其中:交易席位费	23			一般风险准备	23		
商誉	24			交易风险准备	24		
递延所得税资产	25	1 912 816. 97	1 896 953. 25	信托赔偿准备金	25	24 779 344. 32	31 139 085. 48
其他资产	26			未分配利润	26	265 984 073. 80	654 811 170. 54
其中:长期待摊费用	27			归属于母公司所有者权益	27	1 175 773 706. 91	1 679 498 721. 80
				少数股东权益	28		
				所有者权益合计	29	2 418 729 277. 60	2 849 899 597. 44
资产总计	28	2 552 677 630. 68	3 497 333 847. 79	负债和股东权益总计	30	2 552 677 630. 68	3 497 333 847. 79

公司负责人:裘　强　　主管会计工作负责人:曾　海　　财务负责人:彭缅良

5. 1. 3　利润表

利润表

编制单位:中江国际信托股份有限公司　　2012 年度　　单位:元

项　目	行次	本年数	上年数
一、营业收入	1	993 792 942. 84	524 981 866. 02
手续费及佣金净收入	2	978 701 197. 16	507 233 072. 39
其中:信托手续费净收入	3	978 701 197. 16	507 233 072. 39
代理买卖证券业务净收入	4		
证券承销业务净收入	5		
受托客户资金管理业务净收入	6		
利息净收入	7	11 596 867. 98	4 286 276. 26
投资收益(损失以“-”号填列)	8	3 191 217. 70	13 457 837. 37
其中:对联营企业和合营企业的投资收益	9		
公允价值变动收益(损失以“-”号填列)	10		
汇兑收益(损失以“-”号填列)	11		
其他业务收入	12	303 660	4 680
二、营业支出	13	375 719 507. 83	197 424 267. 38
营业税金及附加	14	54 964 213. 50	28 405 314. 13
业务及管理费	15	297 416 243. 04	164 023 570. 46
资产减值损失	16	-	-
其他业务成本	17	23 339 051. 29	4 995 382. 79
三、营业利润(亏损以“-”号填列)	18	618 073 435. 01	327 557 598. 64
加:营业外收入	19	14 314 360. 88	285 312. 01
减:营业外支出	20	1 523 313. 25	2 895 487. 18
四、利润总额(亏损总额以“-”号填列)	21	630 864 482. 64	324 947 423. 47
减:所得税费用	22	173 420 839. 42	82 193 143. 28
五、净利润(净亏损以“-”号填列)	23	457 443 643. 22	242 754 280. 19
归属于母公司所有者的净利润	24		
少数股东损益	25		-
六、其他综合收益	26	-9 760 882. 38	-65 092 459. 11
七、综合收益总额	27	447 682 760. 84	177 661 821. 08
归属于母公司所有者的综合收益总额	28		
归属于少数股东的综合收益总额	29		—

公司负责人:裘　强　　主管会计工作负责人:曾　海　　财务部负责人:彭缅良

5.1.4 合并资产负债表

合并资产负债表

编制单位：中江信托有限责任公司　　2011年12月31日　　单位：万元

资　产	行次	期初数	期末数	负债及所有者权益	行次	期初数	期末数
资产：				负债：			
货币资金	1	3 592 643 014.95	4 260 068 522.77	短期借款	1		
其中：客户资金存款	2	2 038 669 252.60	2 193 709 462.86	其中：质押借款	2		
结算备付金	3	175 724 747.87	172 213 802.55	拆入资金	3		
其中：客户备付金	4	153 814 322.83	127 134 966.24	交易性金融负债	4		
拆出资金	5			衍生金融负债	5		
交易性金融资产	6	506 930 312.23	651 350 779.93	卖出回购金融资产款	6		200 600 000.00
衍生金融资产	7			代理买卖证券款	7	2 261 804 478.19	2 377 287 618.81
买入返售金融资产	8			代理承销证券款	8		
应收利息	9			应付职工薪酬	9	92 222 167.29	174 796 614.67
存出保证金	10	78 064 234.07	70 460 613.45	应交税费	10	52 661 298.85	119 833 072.85
其他流动资产	11	25 375 858.47	134 880 209.29	应付利息	11	20 625 000.00	21 250 000.00
其中：1. 应收账款	12	16 663 842.01	32 759 041.86	预计负债	12		
2. 其他应收款	13	15 277 712.45	17 535 918.52	长期借款	13		
3. 坏账准备	14	8 177 868.21	8 587 610.49	应付债券	14		
4. 待摊费用	15	1 612 172.22	1 500 634.46	递延所得税负债	15	16 620 626.07	13 366 998.61
流动资产合计	16	4 378 738 167.59	5 288 973 927.99	其他负债	16	145 107 645.79	515 412 981.85
可供出售金融资产	17	100 797 431.66	124 384 063.79	负债合计	17	2 589 041 216.19	3 422 547 286.79
持有至到期投资	18			所有者权益：	18		
长期股权投资	19	1 234 980 343.27	1 626 085 343.27	实收资本	19	1 036 581 817.00	1 036 581 817.00
投资性房地产	20			资本公积	20	1 041 825 353.83	1 032 064 471.45
固定资产	21	68 442 575.93	66 935 232.87	减：库存股	21		
无形资产	22	42 625 684.60	34 952 294.17	盈余公积	22	49 558 688.65	95 303 052.97
其中：交易席位费	23	773 577.30	34 964.30	一般风险准备	23		
商誉	24	177 461 853.05	177 461 853.05	交易风险准备	24		
递延所得税资产	25	15 078 890.08	15 301 019.41	信托赔偿准备金	25	24 779 344.32	31 139 085.48
其他资产	26	21 611 849.51	16 672 093.04	未分配利润	26	625 027 279.72	1 038 658 937.95
其中：长期待摊费用	27	21 611 849.51	16 672 093.04	归属于母公司所有者权益合计	27	2 777 772 483.52	3 233 747 364.85
				少数股东权益	28	672 923 095.98	694 471 175.95
				所有者权益合计	29	3 450 695 579.50	3 928 218 540.80
资产总计	28	6 039 736 795.69	7 350 765 827.59	负债和股东权益总计	30	6 039 736 795.69	7 350 765 827.59

公司负责人：裘　强　　主管会计工作负责人：曾　海　　财务负责人：彭缅良

5.1.5 合并利润表

合并利润表

编制单位：中江国际信托股份有限公司　　2012年度　　单位：万元

项　目	行次	本年数	上年数
一、营业收入	1	1 365 055 460.24	855 840 788.03
手续费及佣金净收入	2	1 285 093 597.21	814 659 432.58
其中：信托手续费净收入	3	978 701 197.16	507 233 072.39
代理买卖证券业务净收入	4	202 614 903.44	273 462 492.46
证券承销业务净收入	5	67 180 000.00	18 240 224.00
受托客户资金管理业务净收入	6	17 485 969.90	
利息净收入	7	76 025 553.49	72 410 498.06
投资收益（损失以"－"号填列）	8	3 573 533.10	18 939 480.07
其中：对联营企业和合营企业的投资收益	9		
公允价值变动收益（损失以"－"号填列）	10	－519 032.03	－51 219 340.59

续表

项　　目	行次	本年数	上年数
汇兑收益(损失以"－"号填列)	11	－19 986. 51	－649 830. 86
其他业务收入	12	901794. 98	1700548. 76
二、营业支出	13	678 674 865. 43	468 731 033. 33
营业税金及附加	14	73 796 662. 63	47 016 977. 27
业务及管理费	15	592 091 822. 75	416 786 400. 14
资产减值损失	16	547 328. 76	－67 726. 87
其他业务成本	17	12 239 051. 29	4 995 382. 79
三、营业利润(亏损以"－"号填列)	18	686 380 594. 81	387 109 754. 70
加:营业外收入	19	15 258 478. 15	11 613 115. 17
减:营业外支出	20	2 756 548. 79	3 909 196. 18
四、利润总额(亏损总额以"－"号填列)	21	698 882 524. 17	394 813 673. 69
减:所得税费用	22	195 086 239. 49	110 216 755. 44
五、净利润(净亏损以"－"号填列)	23	503 796 284. 68	284 596 918. 25
归属于母公司所有者的净利润	24	482 248 204. 71	265 178 140. 18
少数股东损益	25	21 548 079. 97	19 418 778. 07
六、其他综合收益	26	－9 760 882. 38	－65 092 459. 11
七、综合收益总额	27	494 035 402. 30	219 504 459. 14
归属于母公司所有者的综合收益总额	28	472 487 322. 33	200 085 681. 07
归属于少数股东的综合收益总额	29	21 548 079. 97	19 418 778. 07

公司负责人:裘　强　　　　主管会计工作负责人:曾　海　　　　财务部负责人:彭缅良

5. 2　信托资产

5. 2. 1　信托项目资产负债汇总表

信托项目资产负债表

编制单位:中江国际信托股份有限公司　　　　2012 年 12 月 31 日　　　　单位:万元

信托资产	年初数	期末数	信托负债和信托权益	年初数	期末数
信托资产:			信托负债:		
货币资金	214 316. 18	170 581. 31	应付受托人报酬		
拆出资金			应付托管费		
交易性金融资产	267 384. 17	838 702. 46	衍生金融负债		
应收款项	941 010. 36	1 032 598. 77	应付受益人收益		
买入返售资产	287 000. 00	288 000. 00	其他应付款	5 427. 33	13 314. 40
短期投资			应交税金		
长期债权投资			卖出回购资产款		
长期股权投资	2 459 880. 21	2 891 089. 64	应付账款		1 181. 93
客户贷款	5 807 104. 68	7 505 241. 58	其他负债		
可供出售金融资产	262 348. 89	342 594. 00	信托负债合计	5 427. 33	14 496. 33
应收融资租赁款			信托权益:		
固定资产			实收信托	10 289 635. 03	13 581 362. 94
无形资产			资本公积	34 000. 30	13 999. 63
长期待摊费用			未分配利润	－60 018. 17	3 393. 06
其他资产	30 000. 00	544 444. 20	信托权益合计	10 263 617. 16	13 598 755. 63
信托资产总计	10 269 044. 49	13 613 251. 96	信托负债和信托权益总计	10 269 044. 49	13 613 251. 96

公司负责人:裘　强　　　　主管会计工作负责人:曾　海　　　　综合托管部负责人:殷素芳

5.2.2　信托项目利润及利润分配汇总表

2012 年度

编制单位:中江国际信托股份有限公司　　单位:万元

项　目	本年数	上年数
一、营业收入	801 460.21	410 650.32
利息收入	374 786.61	281 488.46
投资收益	318 500.06	69 379.06
公允价值变动损益	2 822.51	0.00
其他收入	105 351.03	59 782.80
二、营业费用	82 507.04	63 201.93
三、营业税金及附加	0.00	0.00
四、扣除资产损失前的信托利润	718 953.17	347 448.39
减:资产减值损失	0.00	0.00
五、扣除资产损失后的信托利润	718 953.17	347448.39
加:期初未分配信托利润	-60 018.17	19 789.31
六、可供分配的信托利润	658 935.00	367 237.70
减:本期已分配信托利润	655 541.94	427 255.87
七、期末未分配信托利润	3 393.06	-60 018.17

公司负责人:裘　强　　主管会计工作负责人:曾　海　综合托管部负责人:殷素芳

6. 会计报表附注

6.1　会计报表编制基准、会计政策、会计估计和核算方法发生的变化情况

本公司以持续经营为基础,根据实际发生的交易和事项,按照《企业会计准则——基本准则》和其他各项会计准则的规定进行确认和计量,在此基础上编制财务报表。本公司2007年以前执行《企业会计制度》,2008年1月1日起执行新《企业会计准则》。

6.2　或有事项的说明

报告期内,本公司无须披露的或有事项。

6.3　重要资产转让及其出售的说明

公司于2011年通过江西省产交所公开挂牌转让所属孺子路营业用房,所收定金1 200万元。报告期内,该房产过户手续已经办妥,相关账务处理已经完成。

6.4　会计报表中重要项目的明细资料(以下为母公司口径)

6.4.1　自营资产情况

6.4.1.1　按信用风险五级分类结果披露信用风险资产的期初数、期末数

信用风险资产五级分类	正常类(万元)	关注类(万元)	次级类(万元)	可疑类(万元)	损失类(万元)	信用风险资产合计(万元)	不良资产合计(万元)	不良资产率(%)
年初数	254 539.95	—	25.38	1 417.56	50.00	256 032.89	1 492.94	0.58
年末数	349 024.60	—	—	1 417.56	50.00	350 492.16	1 467.56	0.42

注:不良资产合计=次级类+可疑类+损失类。

6.4.1.2　资产损失准备

单位:万元

	期初数	本期计提	本期转回	本期核销	期末数
专项准备	765.13	19.03	—	25.38	758.78
合计	765.13	19.03	—	25.38	758.78

6.4.1.3　自营股票投资、基金投资、债券投资、股权投资等投资业务的期初数、期末数

单位:万元

项目	期末数	期初数
权益工具	10 339.28	10 079.74
其中,基金	2 142.76	2 500.10
债券		
股票	8 196.52	7 579.64
合计	10 339.28	10 079.74

6.4.1.4　前二名自营长期股权投资情况

被投资单位	投资余额(万元)	投资比例(%)	经营范围	备注
国盛证券有限责任公司	56 409.89	53.36	证券经纪、自营、承销、财务顾问、资产管理等业务	成本法
天安财产保险股份有限公司	162 458.53	20.00	各种财产保险、责任保险、信用保险、水险、意外伤害保险及金融服务保险等业务	成本法

6.4.1.5　本年的收入结构

收入结构	金额(万元)	占比(%)
手续费及佣金收入	978 701 197.16	98.48
其中:信托手续费	978 701 197.16	98.48
投资银行业务收入		
利息收入	11 596 867.98	1.17
其他业务收入	303 660.00	0.03
其中:计入信托业务收入部分		
投资收益	3 191 217.70	0.32
其中:股权投资收益		
证券投资收益	692 262.18	
其他投资收益	2 498 955.52	
合计	993 792 942.84	100

6.4.1.6　表外业务

表外业务	期初数	期末数
担保业务	无	无
代理业务(委托业务)	无	无
其他	无	无
合计	无	无

6.4.2　信托资产管理情况

6.4.2.1　信托资产的期初数、期末数

单位:万元

信托资产	期初数	期末数
集合	2 104 937. 95	3 099 453. 81
单一	8 079 345. 53	10 250 722. 37
财产权	84 761. 01	263 075. 78
合计	10 269 044. 49	13 613 251. 96

6. 4. 2. 1. 1　主动管理型信托业务的信托资产期初数、期末数

单位:万元

主动管理型信托资产	期初数	期末数
证券投资类	565 716. 88	1 013 004. 48
股权及其他投资类	1 457 421. 8	2 270 274. 62
融资类	3 815 996. 73	3 483 122. 14
事务管理类	73 500. 31	263 075. 78
合计	5 912 635. 72	7 029 477. 02

6. 4. 2. 1. 2　被动管理型信托业务的信托资产期初数、期末数

单位:万元

被动管理型信托资产	期初数(万元)	期末数(万元)
证券投资类	0	1 333. 15
股权及其他投资类	505 456. 06	847 262. 15
融资类	3 839 692. 01	5 735 179. 64
事务管理类	11 260. 7	0
合计	4 356 408. 77	6 583 774. 94

6. 4. 2. 2　本年度已清算结束的信托项目个数、实收信托合计金额、加权平均年化收益率

6. 4. 2. 2. 1　本年度已清算结束的集合类、单一类资金信托项目和财产管理类信托项目个数、实收信托金额、加权平均年化收益率。

已清算结束信托项目	项目个数	实收信托合计金额(万元)	加权平均实际收益率(%)
集合类	52	634 623. 48	2. 12
单一类	184	4 034 668. 73	6. 79
财产管理类	6	60 920. 00	7. 84
合计	242	4 730 212. 21	6. 18

6. 4. 2. 2. 2　本年度已清算结束的主动管理型信托项目个数、实收信托合计金额、加权平均实际年化收益率

已清算结束信托项目	项目个数	实收信托合计金额(万元)	加权平均实际年化信托报酬率(%)	加权平均实际年化收益率(%)
证券投资类	20	242 588. 48	0. 95	-7. 6
股权投资类	15	464 103. 36	0. 63	7. 9
融资类	129	2 552 347. 6	0. 55	6. 44
事务管理类	6	60 920	0. 41	7. 84

6. 4. 2. 2. 3　本年度已清算结束的被动管理型信托项目个数、实收信托合计金额、加权平均实际年化收益率

已清算结束信托项目	项目个数	实收信托合计金额(万元)	加权平均实际年化信托报酬率(%)	加权平均实际年化收益率(%)
证券投资类	2	6 900	7. 68	151. 67
股权投资类	19	128 166. 11	0. 88	7. 75
融资类	51	1 275 186. 66	0. 45	6. 62
事务管理类	0	0	0	0

6. 4. 2. 3

新增信托项目	项目个数	实收信托合计金额(万元)
集合类	128	1 474 059. 3
单一类	204	5 506 512. 24
财产管理类	20	240 153. 2
新增合计	352	7 220 724. 74
其中:主动管理型	127	3 463 205. 9
被动管理型	225	375 718. 84

6. 4. 2. 4　信托业务创新情况

本公司非常重视创新业务,2012 年公司在现有证券投资信托的基础上,开展伞形证券投资信托业务,充分提升了公司的证券投资管理操作能力。

6. 4. 2. 5　本公司履行受托人义务情况及因本公司自身责任而导致的信托资产损失情况

本公司按照《中华人民共和国信托法》、《信托公司管理办法》和《信托公司集合资金信托计划管理办法》的规定,严格履行受托人的义务:严格遵守信托文件的规定,恪尽职守,履行诚实、信用、谨慎、有效管理的义务,为受益人的最大利益处理信托事务。

每个信托计划设立后,按照信托合同的规定,定期将信托资金运用及收益情况告知信托文件规定应当告知的人。

将信托财产与本公司固有财产分别管理、分别记账;并对不同的信托财产分别管理、分别记账;根据不同的信托资金分别开设独立的银行账户,以及在证券交易机构分别开设独立的证券账户与资金账户。

信托合同到期、集合信托计划终止时,根据信托合同的规定,以信托财产为限向受益人支付信托利益。同时,本公司严格根据银监会的要求,在信托终止后 10 个工作日内作出处理信托事务的清算报告,并送达信托财产归属人。

根据《信托公司集合资金信托计划管理办法》要求,妥善保管处理信托事务的完整记录、原始凭证及资料,保存期自信托计划终止之日起十五年。同时对委托人、受益人以及处理信托事务的情况和资料依法保密。

根据信托合同及信托计划约定履行其他管理义务。

2012 年未发生因本公司自身责任导致的信托资产损失。

6. 5　关联方关系及其交易

6. 5. 1　关联交易方的数量、关联交易的总金额及关联交易的定价政策等

	关联交易方数量	关联交易金额(万元)	定价政策
合计	1	75 000	公允价格

6. 5. 2　本公司与关联方的重大交易事项

6. 5. 2. 1　固有财产与关联方:贷款、投资、租赁、应收账

款、担保、其他方式等期初汇总数、本期发生额汇总数、期末汇总数

投资			担保			其他应收款			合计		
期初	发生额	期末	期初	发生额	期末	期初	发生额	期末	期初	发生额	期末
0	0	0	0	0	0	0	0	0	0	0	0

6.5.2.2 信托资产与关联方:贷款、投资、租赁、应收账款、担保、其他方式等期初汇总数、本期发生额汇总数、期末汇总数

贷款			投资及附加回购			其他			合计		
期初	发生额	期末	期初	发生额	期末	期初	发生额	期末	期初	发生额	期末
0	45 000	45 000	30 000	0	30 000	0	0	0	30 000	45 000	75 000

6.5.2.3 固有财产与信托财产之间的交易金额期初汇总数、本期发生额汇总数、期末汇总数

固有财产与信托财产之间未发生关联交易。

6.5.2.4 信托财产与信托财产之间的交易金额期初汇总数、本期发生额汇总数、期末汇总数

信托财产与信托财产之间未发生交易。

6.5.3 关联方逾期未偿还本公司资金的详细情况以及本公司为关联方担保发生或即将发生垫款的详细情况

报告期内,本公司无上述情况发生。

6.6 会计制度

6.6.1 自营业务(固有业务)

本公司自营业务(固有业务)执行财政部2006年颁布的《企业会计准则》及相关解释。

6.6.2 信托业务

本公司信托业务执行财政部2005年颁布并实施的《信托业务会计核算办法》及相关规定。

7. 财务情况说明书

7.1 利润实现和分配情况

经中磊会计师事务所审计,本公司2012年实现利润总额63 086.45万元,净利润45 744.36万元。按规定提取信托赔偿准备金2 287.22万元,提取盈余公积4 574.44万元,加上年初未分配26 598.41万元,年末未分配利润为65 481.11万元。

7.2 主要财务指标

指标名称	指标值
净资产收益率(%)	17.36
信托报酬率(%)	0.87
净资本(万元)	261 169.91
人均净利润(万元)	277.24

7.3 对本公司财务状况、经营成果有重大影响的其他事项

无。

8. 特别事项简要揭示

8.1 前五名股东报告期内变动情况及原因

报告期内,经江西省人民政府批准,本公司股东江西省财政厅通过江西省产交所公开挂牌,将其持有的本公司23%股份转让给大连昱辉科技发展有限公司8%(计8 292.6545万股)、天津瀚晟同创贸易有限公司8%(计8 292.6545万股)、深圳市振辉利科技有限公司7%(计7 256.0727万股)。

8.2 董事、监事及高管人员变动情况及原因

报告期内,经董事会审议并报经监管部门核准任职资格,聘任周跃明为本公司副总经理,聘任黄昊为本公司总经理助理。

8.3 公司的重大诉讼事项

无。

8.4 会计师事务所审计意见及公司董事会关于审计意见的说明

中磊会计师事务所注册会计师胡平、李国平对本公司出具了无保留意见的审计报告。

8.5 公司及其董事、监事和高级管理人员受到处罚的情况

无。

8.6 银监会及其派出机构对公司的检查意见及公司整改情况

本报告期内,公司存续的信托计划均运作正常,未发现影响信托财产安全性的因素,到期信托项目均按合同约定向受益人交付信托财产。江西银监局2012年到公司进行现场检查,指出公司基本建立了与业务发展相适应的公司治理结构和内控机制,风险管理能力基本能与业务规模及复杂程度相适应,信托业务整体运行平稳,至今尚无到期不能安全兑付的信托项目,也未发现存在明显风险隐患以致影响到期安全终止的信托计划。检查中也发现公司在业务增长中少数项目须进一步提高自主管理能力、加强后期管理等问题。

8.7 本年度重大事项临时报告的简要内容、披露时间、所披露的媒体及版面

2012年12月28日《上海证券报》第A12版披露《关于江西国际信托股份有限公司更名为中江国际信托股份有限公司的公告》。

8.8 银监会及其省级派出机构认定的其他有必要让客户及相关利益人了解的重要信息

无。

9. 公司监事会意见

报告期内本公司董事会决策程序合法，业务经营符合《信托法》等有关法律和银监会“新办法”等有关规定的要求，内部控制制度完善，未发现本公司董事及高级管理人员在执行职务时发生违反法律法规、本公司章程、损害本公司利益和股东、受益人权益的行为。

本公司经中磊会计师事务所审计后的2012年度财务报告真实地反映了本公司的财务状况和经营成果。

中粮信托有限责任公司

1. 重要提示

1.1　本公司董事会及董事保证本报告所载资料不存在任何虚假记载、误导性陈述或者重大遗漏，并对其内容的真实性、准确性和完整性承担个别及连带责任。本年度报告摘要摘自年度报告全文，客户及相关利益人欲了解详细内容，应阅读年度报告全文。

1.2　天职国际会计师事务所（特殊普通合伙）对本公司出具了标准无保留意见的审计报告。

1.3　公司董事长邬小蕙女士、总经理辛伟先生、财务总监陈众先生声明：保证年度报告中财务会计报告的真实、完整。

2. 公司概况

2.1　公司简介

2.1.1　公司情况简表

公司名称（简称）	中粮信托有限责任公司（中粮信托）
公司英文名称（缩写）	COFCO Trust Co., Ltd.（COFCO TRUST）
公司法定代表人	邬小蕙
注册地址	北京市朝阳区朝阳门南大街8号中粮福临门大厦11层
邮政编码	100020
公司网站	http://www.cofco-trust.com

2.1.2　主要联系人及联系方式

信息披露负责人	辛伟
联系人	罗峰
联系电话	010-85005184
传真	010-85638655
电子信箱	luofeng@cofco.com
联系地址	北京市朝阳区朝阳门南大街8号中粮福临门大厦1108室
邮政编码	100020

2.1.3　其他事项

公司选定《金融时报》作为本次信息披露的报纸。公司年报全文将备置在公司注册地址及网站供查询。

公司聘请的会计师事务所：天职国际会计师事务所（特殊普通合伙）

联系地址：北京市海淀区车公庄西路乙19号华通大厦B座2层

公司聘请的律师事务所：北京市君泽君律师事务所联系地址：北京市西城区金融大街9号金融街中心南楼6层

2.2　组织结构

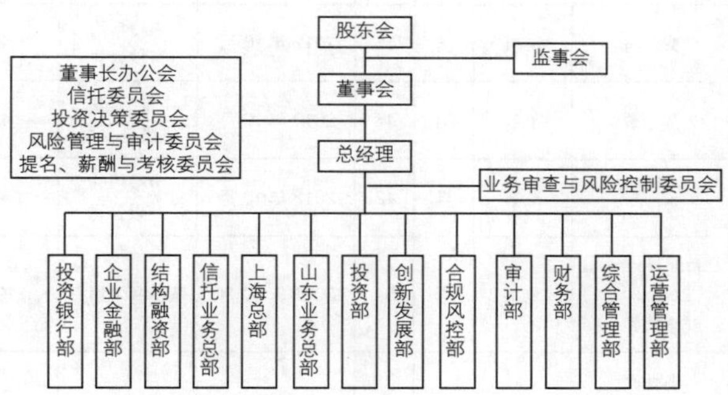

3. 公司治理结构

3.1　股东

3.1.1　报告期末股东总数，持有本公司15%以上（含15%）股份（或出资比例）的股东名称（不足三个的，全部披露）、持股情况及其法定代表人等，若股东之间存在关联关系，应予以说明

股东总数：4个。

股东名称	出资比例（%）	法人代表
中粮集团有限公司★	72.01%	宁高宁
中粮财务有限责任公司	4.00%	邬小蕙
中粮粮油有限公司	4.00%	栗明
蒙特利尔银行	19.99%	—

注：1. 最终实际控制人在股东名称一栏中加★表示。

2. 中粮集团有限公司持有中粮粮油有限公司100%股权，持有中粮财务有限责任公司82.74%股权；中粮粮油有限公司持有中粮财务有限责任公司13%股权，与中粮财务有限责任公司同受中粮集团有限公司控制。

3.1.2　公司第一大股东的主要股东的名称、出资（持股）比例、法定代表人等

公司第一大股东中粮集团有限公司是国务院国有资产监督管理委员会履行出资人职责的国有独资公司。

3.2　董事

董事会成员

姓　名	职　务	性别	年龄	选任日期	所推举的股东名称	该股东持股比例（%）	简　要　履　历
邬小蕙	董事长	女	52	2012年10月	中粮集团有限公司	72.01	2012年11月至今，任中粮集团有限公司副总裁；2002年2月至2012年11月，任中粮集团有限公司总会计师；2003年至今，兼任中英人寿保险有限公司、中怡保险经纪责任有限公司董事长；2004年10月至今，兼任中粮集团有限公司金融事业部总经理；2009年7月至今，任中粮信托有限责任公司董事长。

续表

姓　名	职　务	性别	年龄	选任日期	所推举的股东名称	该股东持股比例(%)	简　要　履　历
马建平	董事	男	49	2012 年 10 月	中粮集团有限公司	72.01	2006 年 1 月至今，任中粮集团有限公司战略部总监；2010 年 5 月至今任中粮集团有限公司副总裁；2009 年 7 月至今，任中粮信托有限责任公司董事。
马王军	董事	男	48	2012 年 10 月	中粮集团有限公司	72.01	2010 年 5 月 18 日至 2012 年 11 月，任中粮集团有限公司集团总裁助理、副总会计师；2012 年 11 月至今，任中粮集团总会计师；2009 年 7 月至今，任中粮信托有限责任公司董事。
秦　涛	董事	男	55	2012 年 10 月	中粮集团有限公司	72.01	2000 年 8 月至今，任中粮集团有限公司财务部资金管理部总经理；2009 年 7 月至今，任中粮信托有限责任公司董事。
孙彦敏	董事	男	46	2012 年 10 月	中粮财务有限责任公司	4.00	2002 年 5 月至今，担任中粮财务有限责任公司总经理；2013 年 2 月至今，任中粮集团有限公司财务部总监；2009 年 7 月至今，任中粮信托有限责任公司董事。
俞　宁	董事	男	42	2012 年 10 月	中粮粮油有限公司	4.00	2003 年 1 月至今，任中英人寿保险有限公司资深副总裁；2009 年 7 月至今，任中粮信托有限责任公司董事。
Edgar Normund Legzdins（李凯昇）	董事	男	54	2012 年 10 月	蒙特利尔银行	19.99	2008 年至今，任 BMO 国际业务集团高级副总裁及董事总经理；现任中粮信托有限责任公司董事。
Albert Chun－Ming Yu（余俊明）	董事	男	51	2012 年 10 月	蒙特利尔银行	19.99	2009 年至今，任 BMO 银行金融集团亚洲区首席执行官，蒙特利尔银行（中国）有限公司行长；现任中粮信托有限责任公司董事。

注：第二届董事会于 2012 年 10 月组成，任期三年。

公司暂未设立独立董事，正在积极协调独立董事人选。

3.3　监事

监事会成员

姓　名	职务	性别	年龄	选任日期	所推举的股东名称	该股东持股比例(%)	简要履历
戴　昂	监事会主席、职工监事	男	58	2012 年 10 月	职工代表大会	—	2000 年 7 月至 2009 年 5 月，任中粮集团有限公司审计部副总监；2009 年 5 月至 2009 年 7 月，任中粮集团有限公司审计部调研员；2009 年 7 月至今，任中粮信托有限责任公司监事、监事会主席。
初丰城	监事	男	49	2012 年 10 月	中粮财务有限责任公司	4.00	2000 年至今，任中粮集团财务部会计管理部总经理；2009 年 7 月至今，兼任中粮信托有限责任公司监事。
王　伟	监事	男	46	2012 年 10 月	中粮粮油有限公司	4.00	2003 年 1 月，加入中英人寿保险有限公司任职助理总裁，现任中英人寿保险有限公司副总裁；2009 年 7 月兼任中粮信托有限责任公司监事。
Roger Kung－Kit Heng（幸公杰）	监事	男	57	2012 年 10 月	蒙特利尔银行	19.99	1987 年加入蒙特利尔银行，历任北京代表处高级代表、蒙特利尔银行广州分行行长、负责全中国业务的董事、中国区总经理兼北京分行行长、中国区执行董事、蒙特利尔银行（中国）有限公司总行副行长兼北京分行行长；现任中粮信托有限责任公司监事。

注：第二届监事会于 2012 年 10 月组成，任期三年。

3.4　高级管理人员

姓　名	职　务	性别	年龄	选任日期	金融从业年限	学历	专业
辛　伟	总经理	男	38	2009 年 7 月	16	博士研究生	政治经济学
陆吕佳	副总经理	女	40	2009 年 7 月	8	本科	经济学
应　雷	副总经理	男	43	2009 年 7 月	18	本科	工业经济管理
马建泽	副总经理	男	40	2011 年 9 月	16	本科	国际金融
张　勇	总经理助理	男	39	2009 年 7 月	14	博士研究生	政治经济学
陈　众	总经理助理	男	40	2009 年 7 月	17	本科	会计学
吴　江	总经理助理	男	39	2012 年 9 月	16	本科	国际金融

注：吴江总经理助理的任职资格已提交银监会，等待审批中。

3.5 公司员工

项目		报告期年度	
		人数	比例(%)
年龄分布	20岁以下	0	0.00
	20~29岁	45	43.69
	30~39	45	43.69
	40岁以上	13	12.62
学历分布	博士	7	6.80
	硕士	64	62.14
	本科	27	26.21
	专科	4	3.88
	其他	1	0.97
岗位分布	董事、监事及其高管人员	7	6.80
	自营业务人员	5	4.85
	信托业务人员	58	56.31
	其他人员	33	32.04

4. 经营管理

4.1 经营目标、经营方针、战略规划

依托集团行业优势,把公司建成有产业特色的金融股权投资管理平台、农业金融服务平台和财富管理平台。

4.2 所经营业务的主要内容

固有资产运用与分布表(母公司)

资产运用	金额(万元)	占比(%)	资产分布	金额(万元)	占比(%)
货币资产	118 798.37	52.07	基础产业	9 900.00	434
贷款及应收款	66 900.00	29.32	房地产业	—	—
交易性金融资产	2 545.00	1.12	证券市场	2 545.00	1.12
可供出售金融资产	36 412.76	15.96	实业	—	—
持有至到期投资	—	—	金融机构	95 922.76	42.04
长期股权投资	2 510.00	1.10	其他	119 775.67	52.50
其他	977.30	0.43			
资产总计	228 143.43	100.00	资产总计	228 143.43	100.00

信托资产运用与分布表

资产运用	金额(万元)	占比(%)	资产分布	金额(万元)	占比(%)
货币资产	6 340 900.03	51.14	基础产业	3 054 121.23	24.63
贷款	4 734 440.64	38.18	房地产	105 350.00	0.85
交易性金融资产	10 148.82	0.08	证券市场	41 327.66	0.33
可供出售金融资产	293 518.19	2.37	实业	1 728 210.34	13.94
持有至到期投资	64 695.00	0.52	金融机构	6 481 862.76	52.27
长期股权投资	579 419.81	4.67	其他	988 850.50	7.98
其他	376 600.00	3.04			
信托资产总计	12 399 722.49	100.00	信托资产总计	12 399 722.49	100.00

4.3 市场分析

自2012年初,欧债危机进一步恶化,中国经济受到严重影响,经济减速明显。

4.3.1 有利因素

(1)中国的信托业步入了高速发展期,信托业对中国经济的影响日趋扩大,投资者对信托产品的了解逐步加深。

(2)我国居民的可支配收入继续提高,对信托公司理财产品以及财富管理服务的需求都将明显增强。

4.3.2 不利因素

(1)信托业主动管理仍未形成,泛资产管理行业竞争日趋激烈。

(2)中国经济增长放缓,对信托业产生一定影响。

4.4 内部控制概况

4.4.1 内部控制环境和内部控制文化

公司严格按照《公司法》、《信托法》、《信托公司管理办法》等法律法规的框架建立信托业务的法人治理结构和运行模式,形成了股东会、董事会、监事会和经营管理层相互分离、相互制衡的机制,风险管理坚持合规优先、全程监控、细化流程三个原则,内部控制环境良好。

公司"三会"和高管层高度重视内部控制建设,业务部门主动开展动态检查,合规风控部对重点业务风险管理进行提示、监督,审计部定期评估内部控制体系的有效性。

4.4.2 内部控制措施

严格分离。即对信托财产和固有财产严格实行分别管理、分别核算、分别记账。

制度保障。构建完善的公司内控体系,实现业务操作和内部管理的规范化、科学化。

公司不断加强信息化建设,财务系统、信托业务管理系统等逐步完善,从而提高了公司管理运作效率和风险控制能力。

4.4.3 监督评价与纠正

监事(会)列席董事会、业务审查与风险控制委员会、高管层例会,对董事、高管层的行为实施监督;董事会通过听取高管层工作报告、月度、季度运行分析报告等,检查公司的日常工作,监督高管层的日常经营;高管层通过各部门月度、季度运行分析报告、部门日常汇报、列席部门会议、签署业绩合同、绩效考核等形式,保障公司各部门的正常运转。

4.5 风险管理

4.5.1 风险管理概况

4.5.1.1 信用风险状况

信用风险指交易对手不能履约而带来的风险。因宏观调控、经济周期引发的地方政府平台偿债能力下降、房地产及资本市场价格下跌,公司可能面临此类风险。

4.5.1.2 市场风险状况

市场风险是指公司在运营过程中可能因股价、市场汇率、利率及其他价格因素等变动而产生的风险。

2012年度公司密切关注各类市场风险动态,有效防范和避免了市场风险。

4.5.1.3 操作风险状况

操作风险是由于内部程序、人员、系统的不完善或失误，或外部事件造成的风险。

报告期内，公司未发生此类操作风险。

4.5.1.4 其他风险状况

公司面临的其他风险主要表现为政策风险等。

报告期内，公司未发生其他风险。

4.5.2 风险管理

4.5.2.1 信用风险管理

公司加强项目动态检查，及时制订风险预案，集中力量防范和处置单体项目信用风险。

公司修订和完善《信托业务风险控制标准及操作指引（暂行）》、《信托业务动态检查工作操作指引（试行）》、《信托业务操作手册》等制度，完善了事前评估、事中控制、事后检查的风险控制流程，严格筛选交易对手，从源头上控制风险。

4.5.2.2 市场风险管理

公司指定专人跟踪证券市场、房地产、金融市场的变化；关注国家宏观政策变化，进行相应的资产组合管理；对股票质押类项目逐日盯市，定期重点检查房地产信托、集合信托项目，制订风险处置预案，增强可操作性并严格执行。

4.5.2.3 操作风险管理

对本公司每一项业务内容，均制定了操作细则和操作流程，明确流程中每一环节的责任及权限。

4.5.2.4 其他风险管理

针对政策风险，公司密切关注监管政策变化，加强政策研究，加强与监管部门和同业的交流，充分发挥律师事务所、外部审计的职能与作用。

4.6 净资本管理概况

截至2012年12月31日，公司净资本≥2亿元，净资本/各项业务风险资本之和≥100%，净资本/净资产≥40%，符合监管要求。

5. 报告期末及上一年度末的比较式会计报表

5.1 自营资产

5.1.1 会计师事务所审计意见全文

审 计 报 告

天职京SJ〔2013〕947号

中粮信托有限责任公司全体股东：

我们审计了后附的中粮信托有限责任公司（以下简称“中粮信托”）财务报表，包括2012年12月31日的合并资产负债表，2012年度的合并利润表、合并所有者权益变动变动表和合并现金流量表以及财务报表附注。

一、管理层对财务报表的责任

编制和公允列报财务报表是中粮信托管理层的责任。这种责任包括：（1）按照企业会计准则的规定编制财务报表，并使其实现公允反映。（2）设计、执行和维护必要的内部控制。以使财务报表不存在由于舞弊或错误导致的重大错报。

二、注册会计师的责任

我们的责任是在执行审计工作的基础上对财务报表发表审计意见，我们按照中国注册会计师审计准则的规定执行了审计工作。中国注册会计师审计准则要求我们遵守中国注册会计师职业道德守则，计划和执行审计工作以对财务报表是否不存在重大错报获取合理保证。

审计工作涉及实施审计程序，以获取有关财务报表金额和披露的审计证据。选择的审计程序取决于注册会计师的判断，包括对由于舞弊或错误导致的财务报表重大错报风险的评估。在进行风险评估时，注册会计师考虑与财务报表编制和公允列报相关的内部控制，以设计适当的审计程序，但目的并非对内部控制的有效性发表意见。审计工作还包括评价管理层选用会计政策的恰当性和作出会计估计的合理性，以及评价财务报表的总体列报。

我们相信，我们获取的审计证据是充分、适当的，为发表审计意见提供了基础。

三、审计意见

我们认为，中粮信托财务报表在所有重大方面，按照企业会计准则的规定编制，公允反映了中粮信托2012年12月31日的合并财务状况以及2012年度的合并经营成果和合并现金流量。

中国注册会计师：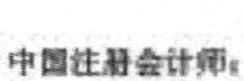

中国注册会计师：

5.1.2 资产负债表

合并资产负债表

编制单位：中粮信托有限责任公司　　2012年12月31日　　单位：万元

项　目	行次	期末数	期初数	附注编号
流动资产：	1			
货币资金	2	1 259 960 079.95	218 831 646.55	八（一）
△结算备付金	3			

续表

项　　目	行次	期末数	期初数	附注编号
△拆出资金	4			
交易性金融资产	5	25 449 960.75	26 771 529.30	八(二)
应收票据	6			
应收账款	7		12 096 738.35	八(三)
预付款项	8	128 664.80	128 664.80	八(四)
△应收保费	9			
△应收分保账款	10			
△应收分保合同准备金	11			
应收利息	12			
应收股利	13			
其他应收款	14	2 577 917.66	1 585 209.00	八(五)
△买入返售金融资产	15			
存货	16			
其中:原材料	17			
库存商品(产成品)	18			
一年内到期的非流动资产	19			
其他流动资产	20			
流动资产合计	21	1 288 116 623.16	259 413 788.00	
非流动资产:	22			
△发放贷款及垫款	23	669 000 000.00	570 000 000.00	八(六)
可供出售金融资产	24	364 127 555.68	573 224 036.57	八(七)
持有至到期投资	25			
长期应收款	26			
长期股权投资	27	2 229 974.72		
投资性房地产	28			
固定资产原价	29	3 900 539.16	3 171 851.02	八(八)
减:累计折旧	30	1 625 442.81	816 819.26	八(八)
固定资产净值	31	2 275 096.35	2 355 031.76	八(八)
减:固定资产减值准备	32			
固定资产净额	33	2 275 096.35	2 355 031.76	八(八)
在建工程	34			
工程物资	35			
固定资产清理	36			
生产性生物资产	37			
油气资产	38			
无形资产	39	1 050 655.40	1 687 303.52	八(九)
开发支出	40			
商誉	41			
长期待摊费用	42	4 916 838.79	6 131 292.06	八(十)
递延所得税资产	43	1 337 114.12	1 058 219.53	八(十一)
其他非流动资产	44			
其中:特准储备物资	45			
非流动资产合计	46	1 044 937 235.06	1 154 455 883.44	
	47			
	48			
	49			
	50			
	51			
	52			
	53			
	54			
	55			
	56			
	57			
	58			
	59			
	60			
	61			
	62			
	63			
	64			
资产总计	65	2 333 053 858.22	1 413 869 671.44	

法定代表人:邬小蕙　　　　主管会计工作负责人:陈　众　　　　会计机构负责人:陈　众

合并资产负债表（续）

编制单位：中粮信托有限责任公司　　2012年12月31日　　单位：万元

项　目	行次	期末数	期初数	附注编号
流动负债：	66			
短期借款	67			
△向中央银行借款	68			
△吸收存款及同业存放	69			
△拆入资金	70			
交易性金融负债	71			
应付票据	72			
应付账款	73			
预收款项	74			
△卖出回购金融资产款	75			
△应付手续费及佣金	76			
应付职工薪酬	77	48 526 577. 84	24 300 874. 20	八(十二)
其中：应付工资	78	46 172 697. 50	22 637 514. 00	
应付福利费	79			
#其中：职工奖励及福利基金	80			
应交税费	81	24 045 801. 70	21 474 742. 55	八(十三)
其中：应交税金	82	23 907 230. 96	21 366 303. 75	
应付利息	83			
应付股利	84			
其他应付款	85	3 882 836. 05	8 905 065. 99	八(十四)
△应付分保账款	86			
△保险合同准备金	87			
△代理买卖证券款	88			
△代理承销证券款	89			
一年内到期的非流动负债	90			
其他流动负债	91			
流动负债合计	92	76 455 215. 59	54 680 682. 74	
非流动负债：	93			
长期借款	94			
应付债券	95			
长期应付款	96			
专项应付款	97			
预计负债	98			
递延所得税负债	99	462 086. 43	35 507. 41	八(十一)
其他非流动负债	100	1 743 688. 99	8 490 662. 63	八(十五)
其中：特准储备基金	101			
非流动负债合计	102	2 205 775. 42	8 526 170. 04	
负债合计	103	78 660 991. 01	63 206 852. 78	
所有者权益（或股东权益）：	104			
实收资本（股本）	105	1 499 812 523. 00	1 200 000 000. 00	八(十六)
国有资本	106			
集体资本	107			
法人资本	108	1 200 000 000. 00	1 200 000 000. 00	
其中：国有法人资本	109	1 200 000 000. 00	1 200 000 000. 00	
集体法人资本	110			
个人资本	111			
外商资本	112	299 812 523. 00		
#减：已归还投资	113			
实收资本（或股本）净额	114	1 499 812 523. 00	1 200 000 000. 00	

续表

项　目	行次	期末数	期初数	附注编号
资本公积	115	429 163 711.40	-1 251 636.59	八(十七)
减:库存股	116			
专项储备	117			
盈余公积	118	28 462 767.27	12 514 494.81	八(十八)
其中:法定公积金	119	28 462 767.27	12 514 494.81	
任意公积金	120			
#储备基金	121			
#企业发展基金	122			
#利润归还投资	123			
△一般风险准备	124	98 865 517.92	47 450 000.00	八(十九)
未分配利润	125	165 267 631.81	66 112 165.45	八(二十)
外币报表折算差额	126			
归属于母公司所有者权益合计	127	2 221 572 151.40	1 324 825 023.67	
*少数股东权益	128	32 820 715.81	25 837 794.99	
所有者权益合计	129	2 254 392 867.21	1 350 662 818.66	
负债和所有者权益总计	130	2 333 053 858.22	1 413 869 671.44	

法定代表人:邬小蕙　　　　主管会计工作负责人:陈　众　　　　会计机构负责人:陈　众

资产负债表

编制单位:中粮信托有限责任公司　　　　2012 年 12 月 31 日　　　　单位:万元

项目	行次	期末数	期初数	附注编号	项目	行次	期末数	期初数	附注编号
资产:	1				负债:	22			
现金及存放同业款项	2	1 187 983 681.60	173 385 252.71	七(一)	向中央银行借款	23			
存放中央银行款项	3				同业及其他金融机构存放款项	24			
贵金属	4				拆入资金	25			
拆出资金	5				交易性金融负债	26			
交易性金融资产	6	25 449 960.75	26 771 529.30	七(二)	衍生金融负债	27			
衍生金融资产	7				卖出回购金融资产款	28			
买入返售金融资产	8				吸收存款	29			
应收利息	9				应付职工薪酬	30	44 387 466.99	21 852 283.49	七(十)
发放贷款及垫款	10	669 000 000.00	570 000 000.00	七(三)	应交税费	31	19 623 224.66	18 678 019.94	七(十一)
可供出售金融资产	11	364 127 555.68	573 224 036.57	七(四)	应付利息	32			
持有至到期投资	12				预计负债	33			
长期股权投资	13	25 100 000.00	25 100 000.00	七(五)	应付债券	34			
投资性房地产	14				递延所得税负债	35	—	35 507.41	七(八)
固定资产	15	1 961 695.30	1 967 697.16	七(六)	其他负债	36	3 835 805.20	13 777 224.33	七(十二)
无形资产	16	1 001 989.00	1 609 436.92	七(七)	其中:其他应付款	37	3 835 805.20	8 674 464.27	
递延所得税资产	17	346 619.09	457 258.01	七(八)	递延收益	38	—	5 102 760.06	
其他资产	18	6 462 810.81	5 707 520.70	七(九)	负债合计	39	67 846 496.85	54 343 035.17	
其中:其他应收款	19	2 156 623.74	607 565.08		所有者权益(或股东权益):	40			
长期待摊费用	20	4 306 187.07	5 099 955.62		实收资本(股本)	41	1 499 812 523.00	1 200 000 000.00	七(十三)
					资本公积	42	429 147 619.72	-1 265 251.83	七(十四)
					减:库存股	43			
					盈余公积	44	28 462 767.27	12 514 494.81	七(十五)
					风险准备金	45	98 865 517.92	47 450 000.00	七(十六)
					未分配利润	46	157 299 387.47	65 180 453.22	七(十七)
					所有者权益(或股东权益)合计	47	2 213 587 815.38	1 323 879 696.20	
资产总计	21	2 281 434 312.23	1 378 222 731.37		负债和所有者权益(或股东权益)总计	48	2 281 434 312.23	1 378 222 731.37	

法定代表人:邬小蕙　　　　主管会计工作负责人:陈　众　　　　会计机构负责人:陈　众

5.1.3 利润和利润分配表

合并利润表

编制单位:中粮信托有限责任公司　　2012年度　　单位:元

项　目	行次	本期金额	上期金额	附注编号
一、营业总收入	1	358 962 637.10	220 261 460.50	
其中:营业收入	2	31 153 175.49	14 100 940.96	八(二十一)
其中:主营业务收入	3	31 153 175.49	14 100 940.96	
其他业务收入	4			
利息净收入	5	62 642 928.60	62 529 403.57	八(二十二)
利息收入	6	62 642 928.60	62 529 403.57	八(二十二)
利息支出	7			
△已赚保费	8			
手续费及佣金净收入	9	223 148 450.73	141 355 580.78	八(二十三)
手续费及佣金收入	10	223 241 097.92	141 582 797.65	八(二十三)
手续费及佣金支出	11	92 647.19	227 216.87	八(二十三)
公允价值变动收益(损失以"-"号填列)	12	-1 321 568.55	-7 157 626.30	八(二十八)
投资收益(损失以"-"号填列)	13	54 763 657.09	9 433 161.49	八(二十九)
△汇兑收益(损失以"-"号填列)	14	-11 424 006.26		
二、营业总成本	15	125 630 193.56	110 533 782.40	
其中:营业成本	16			
其中:主营业务成本	17			
其他业务成本	18			
△退保金	19			
△赔付支出净额	20			
△提取保险合同准备金净额	21			
△保单红利支出	22			
△分保费用	23			
营业税金及附加	24	19 928 592.46	12 154 631.53	八(二十四)
销售费用	25			
管理费用	26	105 061 239.56	75 318 975.82	八(二十五)
财务费用	27	-359 638.46	360 175.05	八(二十六)
其中:利息支出	28	—	—	
利息收入	29	-358 283.62	-173 717.55	
汇兑净损失(净收益以"-"号填列)	30	-3 831.53	531 167.95	
资产减值损失	31	1 000 000.00	22 700 000.00	八(二十七)
其他	32			
公允价值变动收益(损失以"-"号填列)	33			
投资收益(损失以"-"号填列)	34	878 216.44		八(二十九)
△汇兑收益(损失以"-"号填列)	35			
三、营业利润(亏损以"-"号填列)	36	234 210 659.98	109 727 678.10	
加:营业外收入	37	7 750 114.55	13 935 555.16	八(三十)
其中:非流动资产处置利得	38	108.20	338.45	
非货币性资产交换利得	39	—	—	
政府补助	40	7 750 006.35	13 899 400.22	
债务重组利得	41			
减:营业外支出	42	3 422.88	740 111.76	八(三十一)
其中:非流动资产处置损失	43			

续表

项　目	行次	本期金额	上期金额	附注编号
非货币性资产交换损失	44			
债务重组损失	45			
四、利润总额(亏损总额以"－"号填列)	46	241 957 351. 65	122 923 121. 50	
减:所得税费用	47	68 457 630. 78	43 931 228. 56	八(三十二)
五、净利润(净亏损以"－"号填列)	48	173 499 720. 87	78 991 892. 94	
归属于母公司所有者的净利润	49	166 519 256. 74	78 067 604. 72	
*少数股东损益	50	6 980 464. 13	924 288. 22	
六、每股收益:	51			
基本每股收益	52			
稀释每股收益	53			
七、其他综合收益	54	230 327. 68	－4 577 804. 13	八(三十三)
八、综合收益总额	55	173 730 048. 55	74 414 088. 81	
归属于母公司所有者的综合收益总额	56	166 747 127. 73	73 476 293. 82	
*归属于少数股东的综合收益总额	57	6 982 920. 82	937 794. 99	

法定代表人:邬小蕙　　主管会计工作负责人:陈　众　　会计机构负责人:陈　众

利润表

编制单位:中粮信托有限责任公司　　2012 年度　　单位:元

项　目	行次	本期金额	上期金额	附注编号
一、营业收入	1	327 977 461. 61	206 300 519. 54	
利息净收入	2	62 642 928. 60	62 529 403. 57	七(十八)
利息收入	3	62 642 928. 60	62 529 403. 57	
利息支出	4	—	—	
手续费及佣金净收入	5	223 148 450. 73	141 355 580. 78	七(十九)
手续费及佣金收入	6	223 241 097. 92	141 582 797. 65	
手续费及佣金支出	7	92 647. 19	227 216. 87	
投资收益(损失以"－"号填列)	8	54 763 657. 09	9 433 161. 49	七(二十)
其中:对联营企业和合营企业的投资收益	9	—	—	
公允价值变动收益(损失以"－"号填列)	10	－1 321 568. 55	－7 157 626. 30	七(二十一)
汇兑收益(损失以"－"号填列)	11	－11 424 006. 26	—	七(二十八)
其他业务收入	12	168 000. 00	140 000. 00	七(二十二)
二、营业支出	13	110 769 850. 52	93 170 636. 05	
营业税金及附加	14	18 387 743. 59	11 379 079. 78	七(二十三)
业务及管理费	15	91 382 106. 93	59 091 556. 27	七(二十四)
资产减值损失	16	1 000 000. 00	22 700 000. 00	七(二十五)
其他业务成本	17	—	—	
三、营业利润(亏损以"－"号填列)	18	217 207 611. 09	113 129 883. 49	
加:营业外收入	19	5 921 268. 26	7 323 457. 73	七(二十六)
减:营业外支出	20	378. 02	740 111. 76	七(二十七)
四、利润总额(亏损总额以"－"号填列)	21	223 128 501. 33	119 713 229. 46	
减:所得税费用	22	63 645 776. 70	42 577 336. 97	七(二十九)
五、净利润(净亏损以"－"号填列)	23	159 482 724. 63	77 135 892. 49	
六、每股收益:	24			
基本每股收益	25			
稀释每股收益	26			
七、其他综合收益	27	225 394. 55	－4 604 926. 14	七(三十)
八、综合收益总额	28	159 708 119. 18	72 530 966. 35	

法定代表人:邬小蕙　　主管会计工作负责人:陈　众　　会计机构负责人:陈　众

5.1.4 所有者权益变动表

所有者权益变动表

编制单位：中粮信托有限责任公司　　2012 年度　　单位：元

项目	行次	本期金额							上期金额						
		实收资本（或股本）	资本公积	减：库存股	盈余公积	风险准备金	未分配利润	所有者权益合计	实收资本（或股本）	资本公积	减：库存股	盈余公积	风险准备金	未分配利润	所有者权益合计
一、上年末余额	1	1 200 000 000.00	-1 265 251.83	—	12 514 494.81	47 450 000.00	65 180 453.22	1 323 879 696.20	1 200 000 000.00	3 339 674.31	—	4 800 905.56	9 700 452.77	33 507 697.21	1 251 348 729.85
加：会计政策变更	2							—							—
前期差错更正	3							—							—
其他	4														
二、本年初余额	5	1 200 000 000.00	-1 265 251.83	—	12 514 494.81	47 450 000.00	65 180 453.22	1 323 879 696.20	1 200 000 000.00	3 339 674.31	—	4 800 905.56	9 700 452.77	33 507 697.21	1 251 348 729.85
三、本年增减变动金额（减少以"-"号填列）	6	299 812 523.00	430 412 871.55	—	15 948 272.46	51 415 517.92	92 118 934.25	889 708 119.18	—	-4 604 926.14	—	7 713 589.25	37 749 547.23	31 672 756.01	72 530 966.35
（一）净利润	7						159 482 724.63	159 482 724.63						77 135 892.49	77 135 892.49
（二）其他综合收益	8		225 394.55					225 394.55		-4 604 926.14					-4 604 926.14
上述（一）和（二）小计	9	—	225 394.55	—	—	—	159 482 724.63	159 708 119.18	—	-4 604 926.14	—	—	—	77 135 892.49	72 530 966.35
（三）所有者投入和减少资本	10	299 812 523.00	430 187 477.00	—	—	—	—	730 000 000.00	—	—	—	—	—	—	—
1. 所有者投入资本	11	299 812 523.00	430 187 477.00					730 000 000.00							—
2. 股份支付计入所有者权益的金额	12							—							—
3. 其他	13							—							—
（四）利润分配	14	—	—	—	15 948 272.46	51 415 517.92	-67 363 790.38	—	—	—	—	7 713 589.25	37 749 547.23	-45 463 136.48	—
1. 提取盈余公积	15				15 948 272.46		-15 948 272.46	—				7 713 589.25		-7 713 589.25	—
2. 提取一般风险准备	16					51 415 517.92	-51 415 517.92	—					37 749 547.23	-37 749 547.23	—
3. 对所有者（或股东）的分配	17							—							—
4. 其他	18							—							—
（五）所有者权益内部结转	19	—	—	—	—	—	—	—	—	—	—	—	—	—	—
1. 资本公积转增资本（或股本）	20							—							—
2. 盈余公积转增资本（或股本）	21							—							—
3. 盈余公积弥补亏损	22							—							—
4. 其他	23							—							—
（六）专项储备	24	—	—	—	—	—	—	—	—	—	—	—	—	—	—
1. 本期提取	25							—							—
2. 本期使用	26							—							—
（七）其他	27							—							—
四、本年末余额	28	1 499 812 523.00	429 147 619.72	—	28 462 767.27	98 865 517.92	157 299 387.47	2 213 587 815.38	1 200 000 000.00	-1 265 251.83	—	12 514 494.81	47 450 000.00	65 180 453.22	1 323 879 696.20

法定代表人：邬小蕙　　主管会计工作负责人：陈　众　　会计机构负责人：陈　众

5.2 信托资产

5.2.1 信托项目资产负债汇总表

单位:万元

信托资产	年初数	期末数	信托负债和信托权益	年初数	期末数
信托资产:			信托负债:		
货币资金	267 480.10	6 340 900.03	交易性金融负债	0.00	0.00
拆出资金	0.00	0.00	衍生金融负债	0.00	0.00
存出保证金	0.00	0.00	应付受托人报酬	0.00	0.00
交易性金融资产	0.00	10 148.82	应付托管费	0.00	0.00
衍生金融资产	0.00	0.00	应付受益人收益	0.00	0.00
买入返售金融资产	0.00	95 000.00	应交税费	0.00	0.00
应收款项	3 300.00	196 730.00	应付销售服务费	0.00	0.00
发放贷款	2 134 460.84	4 734 440.64	其他应付款项	4 831.11	5 826.93
可供出售金融资产	119 430.79	293 518.19	预计负债	0.00	0.00
持有至到期投资	34 000.00	64 695.00	其他负债	0.00	0.00
长期应收款	0.00	0.00	信托负债合计	4 831.11	5 826.93
长期股权投资	386 854.14	579 419.81			
投资性房地产	0.00	0.00	信托权益:		
固定资产	0.00	0.00	实收信托	3 599 567.36	12 358 807.17
无形资产	0.00	0.00	资本公积	0.00	0.00
长期待摊费用	0.00	0.00	损益平准金	0.00	0.00
其他资产	702 264.41	84 870.00	未分配利润	43 391.81	35 088.39
减:各项资产减值	0.00	0.00	信托权益合计	3 642 959.17	12 393 895.56
信托资产总计	3 647 790.28	12 399 722.49	信托负债及信托权益总计	3 647 790.28	12 399 722.49

5.2.2 信托项目利润及利润分配汇总表

单位:万元

项　目	本年累计数	上年累计数
1. 营业收入	596 886.70	264 423.36
1.1 利息收入	485 852.55	226 635.16
1.2 投资收益(损失以"-"号填列)	108 768.12	37 331.12
1.2.1 其中:对联营企业和合营企业的投资收益	—	—
1.3 公允价值变动收益(损失以"-"号填列)	—	—
1.4 租赁收入	—	—
1.5 汇兑损益(损失以"-"号填列)	—	—
1.6 其他收入	2 266.03	457.08
2. 支出	58 110.04	34 046.38
2.1 营业税金及附加	445.11	—
2.2 受托人报酬	20 123.72	13 276.60
2.3 托管费	3 719.16	2 197.43
2.4 投资管理费	6 717.24	—
2.5 销售服务费	2 063.43	1 405.00
2.6 交易费用	12.13	—
2.7 资产减值损失	—	—
2.8 其他费用	25 029.25	17 167.35
3. 信托净利润(净亏损以"-"号填列)	538 776.66	230 376.98
4. 其他综合收益	—	—
5. 综合收益	538 776.66	230 376.98
6. 加:期初未分配信托利润	43 391.81	8 977.07
7. 可供分配的信托利润	582 168.47	239 354.05
8. 减:本期已分配信托利润	547 080.08	195 962.24
9. 期末未分配信托利润	35 088.39	43 391.81

6. 会计报表附注

6.1 简要说明报告年度会计报表编制基准、会计政策、会计估计和核算方法发生的变化

报告年度会计报表编制基准、会计政策、会计估计和核算方法未发生变化。

6.2 或有事项说明

本公司报告期内无或有事项。

6.3 重要资产转让及出售的说明

本公司报告期内无重要资产转让及出售情况。

6.4 会计报表中重要项目的明细资料

6.4.1 披露自营资产经营情况

6.4.1.1 按信用风险五级分类结果披露信用风险资产的期初数、期末数

信用风险资产五级分类	正常类(万元)	关注类(万元)	次级类(万元)	可疑类(万元)	损失类(万元)	信用风险资产合计(万元)	不良资产合计(万元)	不良资产率(%)
期初数	—	60 000.00	—	—	—	—	—	—
期末数	10 000.00	60 000.00	—	—	—	—	—	—

注:不良资产合计=次级类+可疑类+损失类。

6.4.1.2 各项资产减值损失准备的期初、本期计提、本期转回、本期核销、期末数；贷款的一般准备、专项准备和其他资产减值准备应分别披露

单位：万元

	期初数	本期计提	本期转回	本期核销	期末数
贷款损失准备	3 000.00	100.00	—	—	3 100.00
一般准备	—	—	—	—	—
专项准备	3 000.00	100.00	—	—	3 100.00
其他资产减值准备	—	—	—	—	—
可供出售金融资产减值准备	—	—	—	—	—
持有至到期投资减值准备	—	—	—	—	—
长期股权投资减值准备	—	—	—	—	—
坏账准备	—	—	—	—	—
投资性房地产减值准备	—	—	—	—	—

6.4.1.3 自营股票投资、基金投资、债券投资、股权投资等投资业务的期初数、期末数

单位：万元

	自营股票	基金	债券	长期股权投资
期初数	2 677.15	—	2 848.50	2 510.00
期末数	2 545.00	—	2 905.80	2 510.00

6.4.1.4 前三名的自营长期股权投资的企业名称、占被投资企业权益的比例、主要经营活动及投资收益情况等

企业名称	占被投资企业权益的比例（%）	主要经营活动	投资收益（万元）
1. 中粮农业产业基金管理有限责任公司	50.20	投资管理及咨询	0.00

6.4.1.5 前三名的自营贷款的企业名称、占贷款总额的比例和还款情况等

企业名称	占贷款总额的比例（%）	还款情况（万元）
1. 北京高华证券有限责任公司	85.71	尚未到期
2. 成都市新津县工业投资经营有限责任公司	14.29	尚未到期

6.4.1.6 表外业务的期初数、期末数，按照代理业务、担保业务和其他类型表外业务分别披露

单位：万元

表外业务	期初数	期末数
担保业务	—	—
代理业务（委托业务）	—	—
其他	—	—
合计	—	—

注：代理业务主要反映因客观原因应规范而尚未完成规范的历史遗留委托业务，包括委托贷款和委托投资。

6.4.1.7 公司当年的收入结构

收入结构	金额（万元）	占比（%）
营业收入	3 115.32	8.47
手续费及佣金收入	22 324.11	60.72
其中：信托手续费收入	22 324.11	
投资银行业务收入	—	
利息收入	6 264.29	17.04
其他业务收入		
其中：计入信托业务收入部分	—	
投资收益	5 564.19	15.13
其中：交易性金融资产投资收益	161.26	
可供出售金融资产收益	5 402.93	
公允价值变动收益	-132.16	-0.36
汇兑收益	-1 142.40	-3.11
营业外收入	775.01	2.11
收入合计	36 768.36	100

注：营业收入是子公司基金管理费收入，手续费及佣金收入、利息收入、其他业务收入、投资收益、营业外收入均应为损益表中的一级科目，其中手续费及佣金收入、利息收入、营业外收入为未抵减掉相应支出的全年累计实现收入数。

6.4.2 披露信托资产管理情况

6.4.2.1 信托资产的期初数、期末数

单位：万元

信托资产	期初数	期末数
集合	883 122.33	1 007 152.00
单一	2 260 536.22	11 025 390.12
财产权	504 131.73	367 180.37
合计	3 647 790.28	12 399 722.49

6.4.2.1.1 主动管理型信托业务期初数、期末数，分证券投资、股权投资、融资、事务管理类分别披露

单位：万元

主动管理型信托资产	期初数	期末数
证券投资类	59 158.15	0.00
股权投资类	253 331.67	500 816.11
融资类	927 638.62	1 617 101.19
事务管理类	27 630.00	76 583.31
其他投资类	1 254 813.80	899 788.94
合计	2 522 572.24	3 094 289.55

6.4.2.1.2 被动管理型信托业务期初数、期末数，分证券投资、股权投资、融资、事务管理类分别披露

单位：万元

被动管理型信托资产	期初数	期末数
证券投资类	—	—
股权投资类	—	50 000.00
融资类	780 411.55	2 947 409.33
事务管理类	—	—
其他类	344 806.49	6 308 023.61
合计	1 125 218.04	9 305 432.94

6.4.2.2　本年度已清算结束的信托项目个数、实收信托合计金额、加权平均实际年化收益率

6.4.2.2.1　本年度已清算结束的集合类、单一类资金信托项目和财产管理类信托项目个数、金额、加权平均实际年化收益率

已清算结束信托项目	项目个数	合计金额(万元)	加权平均实际年化收益率(%)
集合类	51	801 480.00	7.43%
单一类	188	3 307 456.49	6.83%
财产管理类	7	230 824.70	—

注:1. 加权平均实际年化收益率 =(信托项目1的实际年化收益率×信托项目1的资产总计+信托项目2的实际年化收益率×信托项目2的资产总计+…信托项目n的实际年化收益率×信托项目n的资产总计)/(信托项目1的资产总计+信托项目2的资产总计+…信托项目n的资产总计)×100%。

2. 包含已完成兑付但截至2012年末尚未完成银行销户手续的项目。

6.4.2.2.2　本年度已清算结束的主动管理型信托项目个数、合计金额、加权平均实际年化收益率,分证券投资、股权投资、融资、事务管理类分别披露

已清算结束信托项目	项目个数	合计金额(万元)	加权平均实际年化收益率(%)
证券投资类	—	—	—
股权投资类	9	229 320.00	8.54%
融资类	69	1 300 430.00	6.84%
事务管理类	6	1 400.00	—
其他投资类	124	790 583.89	8.19%

6.4.2.2.3　本年度已清算结束的被动管理型信托项目个数、合计金额、加权平均实际年化收益率,分证券投资、股权投资、融资、事务管理类分别披露

已清算结束信托项目	项目个数	合计金额(万元)	加权平均实际年化收益率(%)
证券投资类	—	—	—
股权投资类	—	—	—
融资类	30	759 500.00	6.67
事务管理类	—	—	—
其他投资类	8	1 258 527.30	6.87

6.4.2.3　本年度新增的集合类、单一类和财产管理类信托项目个数、合计金额

单位:万元

新增信托项目	项目个数	合计金额
集合类	40	754 623.09
单一类	139	27 883 548.00
财产管理类	11	246 198.70
新增合计	190	28 884 369.79
其中:主动管理型	116	2 859 549.79
被动管理型	74	26 024 820.00

6.4.2.4　信托业务创新成果和特色业务有关情况

2012年,公司的创新产品主要有"中粮·肉鸡养殖投资信托"、"中粮·银基五粮液永福酱酒特定资产投资信托"和"通元2期个人汽车抵押贷款证券化信托"等项目。2012年12月17日,公司凭借在农业信托、消费信托领域的表现荣获中国金融机构金牌榜"金龙奖:年度最具创新力信托公司"。

6.4.2.5　本公司履行受托人义务情况及因本公司自身责任而导致的信托资产损失情况(合计金额、原因等)

本公司在报告期内无上述情况。

6.5　关联方关系及其交易的披露

6.5.1　关联交易方的数量、关联交易的总金额及关联交易的定价政策等

	关联交易数量(个)	关联交易金额(万元)	定价政策
合计	5	34 194.58	本公司与关联方之间的交易采用市场价格进行定价

注:关联交易是指信托公司以自有资产、信托资产为关联方提供投融资等服务,或以担保等方式为关联方融资提供便利的业务。关联交易的统计范围应基本与银监会非现场监管信息系统中关于关联交易的范围和口径一致,也可增加为关联方提供咨询等其他非投融资类业务服务的信息。

6.5.2　关联交易方与本公司的关系性质、关联交易方的名称、法定代表人、注册地址、注册资本及主营业务等

关系性质	关联方名称	法定代表人	注册地址	注册资本(万元)	主营业务
母公司	中粮集团有限公司	宁高宁	北京	123 529.00	贸易
子公司	中粮农业产业基金管理有限责任公司	邬小蕙	北京	5 000.00	投资管理及咨询
受本公司之母公司的重大影响	龙江银行	杨进先	哈尔滨	436 000.00	商业银行业务

6.5.3　逐笔披露本公司与关联方的重大交易事项

6.5.3.1　固有财产与关联方:贷款、投资、租赁、应收账款、担保、其他方式等期初汇总数、本期发生额汇总数、期末汇总数

单位:万元

固有财产与关联方关联交易				
	期初数	借方发生额	贷方发生额	期末数
贷款	—	—	—	—
投资	—	—	—	—
租赁	471.36	274.58	745.94	0
担保	—	—	—	—
应收账款	—	—	—	—
其他				
合计	471.36	274.58	745.94	0

6.5.3.2　信托资产与关联方:贷款、投资、租赁、应收账款、担保、其他方式等期初汇总数、本期发生额汇总数、期末汇总数

单位:万元

信托资产与关联方关联交易				
	期初数	借方发生额	贷方发生额	期末数
贷款	0.00	ı 920.00	9 920.00	2 000.00

续表

信托资产与关联方关联交易				
	期初数	借方发生额	贷方发生额	期末数
投资	0.00	2 000.00	2 000.00	0.00
租赁	—	—	—	—
担保	—	—	—	—
应收账款	—	—	—	—
其他	—	—		—
合计	0.00	13 920.00	11 920.00	2 000.00

注：委托资金来源于本公司关联方。

6.5.3.3　固有财产与信托财产之间的交易金额期初汇总数、本期发生额汇总数、期末汇总数

单位：万元

固有财产与信托财产相互交易			
	期初数	本期发生额	期末数
合计	22 420.00	-22 420.00	0.00

注：本公司固有资金配比认购本公司发行的信托计划。

6.5.3.4　信托资产与信托财产之间的交易金额期初汇总数、本期发生额汇总数、期末汇总数

单位：万元

信托资产与信托财产相互交易			
	期初数	本期发生额	期末数
合计	—	—	—

6.5.4　逐笔披露关联方逾期未偿还本公司资金的详细情况以及本公司为关联方担保发生或即将发生垫款的详细情况

无。

6.6　会计制度的披露

公司固有业务和信托业务，同时执行财政部 2006 年 2 月 15 日颁布的《企业会计准则——基本准则》和 38 项具体会计准则、其后颁布的企业会计准则应用指南、企业会计准则解释以及其他相关规定。

7. 财务情况说明书

7.1　利润实现和分配情况

2012 年，公司实现净利润 15 948.27 万元。提取法定盈余公积 1 594.83 万元，提取一般风险准备 2 689.05 万元，提取信托赔偿准备 2 452.50 万元，年末可供分配的利润 15 729.94 万元。

7.2　主要财务指标

指标名称	指标值
资本利润率（%）	11.27
人均净利润（万元）	189.86

注：1. 资本利润率 = 净利润/所有者权益平均余额 ×100%。

2. 人均净利润 = 净利润/年平均人数。

3. 平均值采取年初及各季末余额移动算术平均法，公式为：$a(平均) = (a_0/2 + a_1 + a_2 + a_3 + a_4/2)/4$。

7.3　对本公司财务状况、经营成果有重大影响的其他事项

本公司无上述事项。

8. 特别事项简要揭示

8.1　前五名股东报告期内变动情况及原因

2012 年 2 月 21 日，公司召开第五次股东会会议，审议通过了《中粮信托有限责任公司引入 BMO 金融集团投资情况汇报》，同意公司注册资本由 12 亿元人民币增加至 1 499 812 523 元人民币，新增注册资本 299 812 523 元人民币全部由蒙特利尔银行认购，中粮集团有限公司、中粮财务有限责任公司、中粮粮油有限公司放弃优先认购权，股权交割完成后，蒙特利尔银行出资额占公司注册资本的 19.99%，中粮集团有限公司、中粮财务有限责任公司、中粮粮油有限公司出资额分别占公司注册资本的 72.01%、4.00%、4.00%。

8.2　董事、监事及高级管理人员变动情况及原因

报告期内，因第一届董事会、第一届监事会任期届满，股东会选举产生了第二届董事会和第二届监事会。

2012 年 8 月 3 日，公司召开第七次股东会会议，同意公司第二届董事会增加 Edgar Normund Legzdins（李凯昇）先生、Albert Yu（余俊明）先生为公司董事的议案；会议还同意公司第二届监事会增加幸公杰先生为公司监事。Edgar Normund Legzdins（李凯昇）先生、Albert Yu（余俊明）先生的董事任职资格于 2012 年 10 月经中国银监会核准生效。

2012 年 9 月 14 日，公司第一届董事会临时会议决定聘请吴江先生担任公司总经理助理，任期三年。目前，吴江先生的任职资格尚在中国银监会的监管审批中。

8.3　公司的重大诉讼事项

本报告期内公司无重大诉讼事项。

8.4　对会计师事务所出具的有保留意见、否定意见或无法表示意见的审计报告的，公司董事会应就所涉及事项作出说明

会计师事务所对本公司出具了标准无保留意见的审计报告。

8.5　公司及其董事、监事和高级管理人员受到处罚的情况

中国银监会对本公司于 2013 年 1 月 10 日下发了《中国银监会办公厅关于中粮信托有限责任公司的监管意见》（银监办发〔2013〕5 号）。

8.6　银监会及其派出机构对公司检查后提出整改意见的，应简单说明整改情况

对于上述监管意见（银监办发〔2013〕5 号），公司高度重视，认真研究形成整改方案，从提高合规意识、加强合规管理、

改善公司治理和内部控制、明确责任人并进行问责处理等方面提出了具体措施，并在实际工作中认真落实。目前，公司已将具体整改方案书面呈报中国银监会。

8.7 本年度重大事项临时报告的简要内容、披露时间、所披露的媒体及其版面

2012年9月28日，公司在《金融时报》第7版登载了增资、修改公司章程的公告。

8.8 银监会及其省级派出机构认定的其他有必要让客户及相关利益人了解的重要信息

无。

9. 公司监事会意见

监事会认为报告期内，公司依法运作，决策程序合法有效，没有发现公司董事、高级管理层履行职务时有违法违规、违反公司章程或损害公司及股东利益的行为。公司财务报告经天职国际会计师事务所（特殊普通合伙）审计，真实反映了公司财务状况和经营成果。

中融国际信托有限公司

1. 重要提示

本公司董事会及董事保证本报告所载资料不存在任何虚假记载、误导性陈述或者重大遗漏，并对其内容的真实性、准确性和完整性承担个别及连带责任。本年度报告摘要摘自年度报告全文，客户及相关利益人欲了解详细内容，应阅读年度报告全文。

本公司独立董事保证本报告所载资料不存在任何虚假记载、误导性陈述或者重大遗漏，并对其内容的真实性、准确性和完整性承担个别及连带责任。

公司董事长刘洋先生、财务总监连晋华先生及财务管理部总经理代宝香声明：保证年度报告中财务报告的真实、完整。

2. 公司概况

2.1 公司简介

2.1.1 法定中文名称：中融国际信托有限公司（简称中融信托，以下简称公司或本公司）

2.1.2 法定英文名称：Zhongrong International Trust Co.，Ltd.（缩写：ZRT）

2.1.3 法定代表人：刘洋

2.1.4 注册地址：黑龙江省哈尔滨市南岗区嵩山路33号
邮政编码：150090

2.1.5 公司国际互联网网址：www. zritc. com

2.1.6 电子邮箱：zritc@ zritc. com

2.1.7 公司信息披露事务负责人姓名：黄威
联系电话：010－58878260
传真：010－58878111
电子信箱：huangwei@ zritc. com

2.1.8 公司选定的信息披露报纸名称：《金融时报》

2.1.9 年度报告备置地点：黑龙江省哈尔滨市南岗区嵩山路33号2层　北京市西城区金融街武定侯街2号泰康国际大厦9层

2.1.10 公司聘请的会计师事务所名称：天职国际会计师事务所
住所：北京市海淀区车公庄西路乙19号华通大厦B座2层

2.1.11 公司聘请的律师事务所名称：中伦律师事务所上海分所
住所：上海市浦东新区银城中路200号中银大厦11层

2.2 组织结构

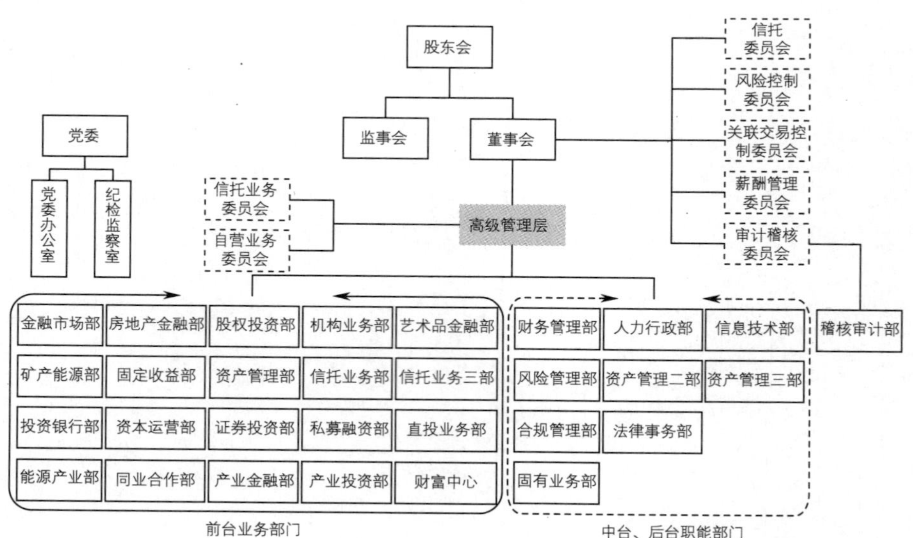

3. 公司治理结构

3.1 股东

3.1.1 持股股东情况

报告期末，本公司由四家股东共同出资构成，经纬纺织机械股份有限公司为实际控制人。出资比例达10%以上的股东情况如下：

股东名称	出资比例(%)	法人代表
经纬纺织机械股份有限公司	36.6	叶茂新
中植企业集团有限公司	32.22	吕庆玉
哈尔滨投资集团有限责任公司	23.36	冯晓江

3.1.2 公司第一大股东的主要股东情况

公司第一大股东为经纬纺织机械股份有限公司，其主要股东情况如下：

股东名称	出资比例(%)	法定代表人
中国纺织机械(集团)有限公司	31.13	张杰

3.2 董事

董事长、副董事长、董事

姓名	职务	性别	年龄	选任日期	所推举的股东名称	所推举的股东持股比例(%)	简要履历
刘洋	董事长	男	38	2009年5月	经纬纺织机械股份有限公司	36.6	自2009年5月起任本公司董事长，曾任中植高科技投资有限公司负责人、上海中植金智科技投资有限公司财务总监、中植企业集团副总裁兼财务总监、中植企业集团首席执行官。
姚育明	副董事长	男	52	2010年7月	经纬纺织机械股份有限公司	36.6	自2010年7月起任本公司副董事长，现任经纬纺织机械股份有限公司总经理、中国恒天集团有限公司党委委员，曾任经纬纺机厂厂长助理兼金融办公室主任、中国纺机集团财务有限公司董事长、内蒙古日信证券有限责任公司董事长、经纬纺织机械股份有限公司常务副总经理。
赫小铂	董事	女	49	2010年4月	哈尔滨投资集团有限责任公司	23.36	自2010年4月起任本公司董事，现任哈尔滨投资集团有限责任公司总经理助理、资本运营部部长，曾任哈尔滨市投资公司总经理办公室副部长、综合计划部部长。
范韬	董事	男	45	2005年3月	经纬纺织机械股份有限公司	36.6	自2005年3月起任本公司董事，现为本公司总裁，曾任于中国证监会哈尔滨特派员办事处发行监管处、机构监管处。
王宝安	董事	男	50	2010年2月	经纬纺织机械股份有限公司	36.6	自2010年2月起任本公司董事，现任本公司副总裁，曾任阿城继电器股份有限公司董事会秘书兼证券办主任、天元证券经纪有限公司研发部高级经理、本公司监事长。

独立董事

姓名	所在单位及职务	性别	年龄	选任日期	所推举的股东名称	该股东持股比例(%)	简要履历
李辉	瑞信方正证券有限责任公司企业融资部执行董事	男	42	2010年7月	—	—	自2010年7月起任本公司独立董事，现任瑞信方正证券有限责任公司企业融资部执行董事，曾任联合证券投资银行部高级经理、汉唐证券投资银行部副总经理、银河证券投资银行部业务总监、安信证券投资银行部业务总监。
赵林政	—	男	64	2009年12月	—	—	自2009年12月起任本公司独立董事，曾任双鸭山市人民银行行长、人民银行七台河市中心支行行长、哈尔滨金融监管办事处监管专员(副厅级)、黑龙江银监局纪委书记。

3.3 监事

姓名	职务	性别	年龄	选任日期	所推举的股东名称	该股东持股比例(%)	简要履历
高兴山	监事长	男	49	2009年4月	中植企业集团有限公司	32.22	自2009年4月起任本公司监事长，曾任中植企业集团有限公司副总裁、本公司董事长。
毛发青	监事	男	44	2010年7月	经纬纺织机械股份有限公司	36.6	自2010年7月起任本公司监事，现任经纬纺织机械股份有限公司财务总监，曾任经纬纺织机械股份有限公司会计室主任、财务部部长。
刘立刚	监事	男	43	2010年1月	职工监事	—	自2010年1月起任本公司监事，现为本公司稽核审计部副总经理，曾任利安达信隆会计师事务所部门经理、黑龙江省宇华担保投资股份有限公司财务总监、北亚实业(集团)股份有限公司财务部副部长、内蒙古立丰房地产开发有限公司财务总监。

3.4 高级管理人员

姓名	职务	性别	年龄	选任日期	金融从业年限	学历	专业	简要履历
范　韬	总裁	男	45	2010年2月	16年	本科	矿业机械	自2010年2月起任本公司总裁，曾任中国证监会哈尔滨特派员办事处发行监管处、机构监管处。
王　海	副总裁	男	50	2010年2月	30年	硕士	EMBA	自2010年2月起任本公司副总裁，曾任哈尔滨国际信托投资公司金融租赁部经理、本公司信托业务部总经理。
吴侨峰	副总裁	男	37	2010年2月	14年	本科	金融学	自2010年2月起任本公司副总裁，曾任本公司金融市场部总经理、本公司总裁助理。
刘伟嚣	副总裁	男	39	2010年2月	10年	本科	俄语	自2010年2月起任本公司副总裁，曾任中植企业集团副总裁、哈尔滨市融兴典当行主管会计、上海中融汇投资担保公司财务总监。
谢丙武	副总裁	男	43	2010年2月	12年	硕士	国际发展	自2010年2月起任本公司副总裁，曾任美国雷曼兄弟证券公司亚太财务总部经理、亚太债券部副总裁、全球房地产私募基金部副总裁、全球房地产私募基金部资深副总裁、中国区负责人。
何志强	副总裁	男	38	2011年10月	7年	硕士	工商管理	自2011年10月起任本公司副总裁，曾任北京盟科置业有限公司工程部总经理助理、本公司金融市场部总经理、本公司总裁助理。
连晋华	财务总监	男	54	2010年6月	4年	本科	会计学	自2010年6月起任本公司财务总监，曾任经纬纺机厂审计室主任、经纬机械集团山西纺织机械有限公司总会计师、经纬纺机股份公司战略管理部部长。
黄　威	合规总监	女	39	2010年10月	15年	硕士	会计学	自2010年10月起任本公司合规总监，曾任中国银监会业务创新监管协作部理财业务监管岗主理。

3.5 公司员工

项　目		2011年度		2012年度	
		人数	比例(%)	人数	比例(%)
年龄分布	25岁以下	68	5.91	95	7.78
	25～29岁	514	44.66	552	45.21
	30～39岁	463	40.23	473	38.74
	40岁以上	106	9.21	101	8.27
学历分布	博士	6	0.52	6	0.49
	硕士	349	30.32	508	41.61
	本科	642	55.78	599	49.06
	专科	138	11.99	94	7.70
	其他	16	1.39	14	1.14
岗位分布	董事、监事及高管人员	18（外部5人）	1.13	19（外部6人）	1.06
	自营业务人员	8	0.70	6	0.49
	信托业务人员	743	64.55	784	64.21
	其他人员	387	33.62	418	34.24

4. 经营管理

4.1 经营目标、经营方针、战略规划

公司将秉承诚信、创新、高效、包容的价值理念，推动实现业务增长方式和发展模式的转变，持续优化风险管理体系、人力资源管理体系、信息管理系统、财务管理体系和品牌管理体系，重点提升项目专业管理能力，大力培养公司专业管理人才，有序扩大市场份额；建立创新激励驱动机制，搭建产品创新平台，发掘新的业务领域和交易模式，实现传统优势业务和新兴市场业务的多元化产品配置；进一步优化资产配置，逐步扩大资产规模，提升资源使用效率；提高客户管理水平，通过信息管理平台逐步完善客户服务内容，提高客户忠诚度和满意度。在保证资产规模、收入规模、市场占有率的基础上逐步推进产品结构的调整和“渐进式”的管理体制调整，从规范风险管理、人力资源管理、系统管理、品牌管理、财务管理方面，推动业务良性发展，逐步实现公司持续型、精细化发展的经营模式转型。

4.2 所经营业务的主要内容

4.2.1 经营概况

2012年末，公司管理资产3 057.13亿元，较年初增加1 273.32亿元，增长71.38%。自有资产62.26亿元，占2.04%；信托资产2 994.87亿元，占97.96%。公司实现收入38.21亿元，较上年增加8.94亿元，增长30.54%；公司净资产48.43亿元，较年初增长45.83%；净资本43.41亿元，较年初增长49.38%；风险资本26.11亿元，较年初降低1.55%；净资本覆盖率（“净资本/风险资本”）166.23%，较年初提高56.64%，净资本结余17.29亿元，较年初增余14.75亿元。

4.2.2 信托业务

公司遵循业务结构调整战略，各项业务分布相对呈均衡态势。

信托资产运用与分布表

资产运用	金额（万元）	占比（%）	资产分布	金额（万元）	占比（%）
货币资产	921 309.32	3.08	基础产业	8 888 135.07	29.68
贷款	4 759 021.71	15.89	房地产	3 385 210.33	11.30
交易性金融资产投资	2 116 076.50	7.07	证券市场	3 491 213.01	11.66
可供出售金融资产投资	2 523 345.07	8.43	实业	8 649 588.74	28.88
持有至到期投资	—	—	金融机构	2 916 862.34	9.74
长期股权投资	6 684 521.64	22.32	其他	2 617 622.70	8.74
其他	12 944 357.95	43.21			
信托资产总计	29 948 632.19	100.00	信托资产总计	29 948 632.19	100.00

4.2.3 自营业务

本年度,公司自有资金主要以高流动性的资产形式管理,同时为满足自有资金保值和增值的需要,还在一定范围内进行了投资管理,主要用于交易性金融产品及可供出售金融产品的投资。

自营资产运用与分布表

资产运用	金额（万元）	占比（%）	资产分布	金额（万元）	占比（%）
货币资产	493 700	79.29	基础产业		
贷款及应收款			房地产业		
交易性金融资产投资	27 667	4.44	证券市场	79 096	12.70
可供出售金融资产投资	57 085	9.17	实业		
持有至到期投资			金融机构	2 867	0.46
长期股权投资	4 936	0.79	其他	540 656	86.84
其他	39 231	6.31			
资产总计	622 619	100	资产总计	622 619	100

4.3 市场分析

4.3.1 有利因素

从外部环境看,信托作为国内的"实业投行",拥有跨市场、跨行业、跨产品的独特优势,能够较为灵活地吸收民间闲置资金和机构投资资金进入实体经济,与金融支持实体经济的政策导向高度契合。此外,社会融资结构从以间接融资为主向直接融资为主的方向转变,信托作为直接融资方式之一,发展空间广阔。

从内部条件看,随着公司资本实力的不断增强,受托管理的资产规模持续攀升,业务水平取得了突飞猛进的发展,盈利能力也有所提升,业务结构较为合理,资产分布趋于均衡。与此同时,公司治理结构日趋完善、员工素质稳步提升。

4.3.2 不利因素

从国内外经济形势看,中国经济正在经历着转型和全球经济周期性不景气的叠加影响。2012 年以来,全球经济形势复杂,美国高失业率、欧洲主权债务危机和新兴经济体增长趋缓等困境持续存在,受此影响出口萎缩、企业成本上升、盈利下滑、产能过剩问题突出,中国经济增长陷入短期下滑周期。从同业竞争看,资管市场扩容、类信托公司扩张,信托业制度红利削弱,市场竞争激烈。

从公司自身的发展状况看,公司正处于业务战略转型期。业务持续发展取决于产品设计、营销模式和管理模式等方面的不断改进与创新。在转型与摸索过程中,新兴市场开拓、专业人员配备与培养、业务流程理顺等核心内容均需时日积累完善,"磨合"过程需要付出时间成本代价。

4.4 内部控制

4.4.1 内部控制环境和内部控制文化

公司建立了权责对应、制衡合理的治理结构和前台、后台分离的组织架构。本公司董事会负责内部控制框架建设的规划和基础制度的审定,评价内部控制体系运行的有效性,监督制度的执行。董事会下设风险控制委员会、信托委员会、关联交易控制委员会、审计稽核委员会和薪酬管理委员会,履行内部控制管理的相应职责,评价内部控制的效果,提出改进意见。监事会负责监督董事会、高级管理层,完善内部控制体系、履行职责、纠正错误行为并监督整改问效。高级管理层负责内部控制措施的具体制定、监测和评估,负责建立风险管理程序和措施,并依章执行落实。

公司高度重视培养谨慎严密的内部控制文化。公司管理层能够通过各种形式主动渗透高标准的道德价值观念,积极引导培养乐观进取的公司文化,从而为推动建立和谐发展局面奠定了良好的内部控制文化基础。本年度,公司积极引进金融同行先进的管理经验,梳理补充内部控制制度性文件,完善人员管理、激励约束、监督检查等标准,并且坚决贯彻实施对违规和失信行为的"零容忍"措施。

4.4.2 内部控制措施

本年度,公司在上年内部控制自我评价的基础上,继续完善内部控制基础建设工作,编制了《内部控制建设发展规划》、《内部控制框架手册》等基础性文件,优化符合信托公司业务特点的内控评价标准,增加了规范全员工作行为的内容。通过定期的内部控制检查工作,以完善业务流程为切入点,继续推进公司规范化管理,细化业务流程和管理制度。同时,通过加强与金融同业的交流,积极引进先进管理经验,提高风险控制质量,促进内部管理和业务开展的规范运作。此外,公司还坚持全员风险管理培训,加强业务部门对内部控制和风险管理的理解与自我约束能力。公司开发并成功上线了档案管理系统、恒生股指期货系统及铭创伞形信托系统,完成了恒生二期系统的全面升级及上线工作,并按照银监会要求上线了 EAST 现场检查分析系统及信托合同电子化登记系统。

4.4.3 信息交流与反馈

公司建立适时跟踪内部控制信息报告管理机制,涵括了相应制度规范报告责任主体、报告形式、报告流程、报告频率等事项,能将经营管理过程中存在的重大问题及时向高级管理层、董事会、监事会、股东和监管部门报告。报告期内,根据监管要求,公司对于集合资金信托业务、房地产类信托计划、高级管理人员更替等重大事项,公司均履行了完备的行政准入或报告手续,对于监管部门提出的问题、意见和建议,均给予及时、详细的信息反馈和落实整改措施。通过完善公开信息披露和在线监管等措施,增进了公司与监管部门、委托人及受益人之间的信息交流和沟通,增强了公司管理运行的透明度。信息交流渠道得到进一步顺畅,公司逐步升级 CRM 信息交流管理系统,建立了兼顾快捷方便与刚性管理的办公交流平台。

4.4.4 监督评价与纠正

公司从控制环境、风险评估、控制活动、信息与沟通及内部监督等方面规定了内部控制评价工作的评价标准,对内部控制评价标准进行了细化和完善。报告期,公司完成财务收支审计、预算执行审计、财务决算审计、内部控制审计各 1 项,完成业务专项审计 6 项。通过稽核审计工作,公司规范了业务操作流程,督促完善了内部控制制度,保证了公司各项业务的依法合规运行。

4.5 风险管理概况

4.5.1 风险状况

4.5.1.1 信用风险状况

(1)信用风险主要集中领域:根据公司2012年末的统计,公司融资类信托资产占全部信托资产29.19%,按信贷资产五级分类口径统计,无不良融资类信托资产及不良贷款。

(2)抵押品确认的主要原则:公司特别注重降低价格不利变动对第二还款来源的影响,通常选择质地优良的证券作为质押物,以价格稳定的土地和房产作为抵押,一般设置50%的抵质押率;保证贷款要求担保人财务状况、经营效益良好,按银行信用等级评定标准核定,原则上信用等级必须为A级(含)以上。

(3)一般准备与专项准备的计提方法:依据《信托公司管理办法》,信托赔偿准备金按净利润的5%提取,报告期公司提取信托赔偿准备金7 576.63万元,期末余额18 902.60万元;依据财政部2012年20号文《金融企业准备金计提管理办法》,一般风险准备按照风险资产的1.5%计提,报告期计提一般风险准备674.56万元。

4.5.1.2 市场风险状况

公司市场风险主要涉及证券投资自营业务、信托业务以及上市公司股权收益权信托业务等。

报告期末,上述信托资产规模占全部信托资产的11.66%。对于此类业务,公司通过结构化信托安排和严密管理措施,始终能够确保优先受益人的资金安全。

4.5.1.3 操作风险状况

操作风险广泛存在于公司所有业务活动中,公司通过规范各项业务流程、加强内控等手段管理操作风险,报告期未发生因操作风险所造成的损失,未发现较大的操作风险事件暴露。

4.5.1.4 其他风险状况

其他风险主要包括法律风险、合规风险及声誉风险等。法律风险是指因公司违反法律规定、监管规则或者因交易对手产生的合同纠纷,致使公司遭受处罚或者诉讼的风险。合规风险是指因没有遵循法律、规则和准则可能遭受法律制裁、监管处罚、重大财务损失和声誉损失的风险。公司面临的声誉风险主要表现为缺少声誉应急处理能力、不能妥善处理媒体关系以及未建立声誉风险管理机制等。目前,公司的法律风险、合规风险及声誉风险均处于较低水平。

4.5.2 风险管理

4.5.2.1 信用风险管理

信用风险管理的具体措施包括:一是完善信用风险管理的制度体系;二是完善信用风险限额管理和监测;三是完善行业研究和准入机制;四是完善投资业务的担保措施管理。

4.5.2.2 市场风险管理

为做好市场风险的管理,公司成立专门的资产管理部门对证券业务的市场风险进行管理,并且配备了较强的软硬件支持。该部拥有63条业务专线和3个先进的信息化操作系统和风控系统,重点对产品警戒线和止损线进行一对一跟踪监控,及时控制风险。

4.5.2.3 操作风险管理

重点措施包括一是进一步完善操作风险管理制度,在现有制度范围内补充了多个制度性文件;二是先后上线了项目管理、会计管理系统等系统;三是通过强化内控基础,优化内控措施,持续提升三道防线体系的运行效率和效果。

4.5.2.4 其他风险管理

(1)法律风险。公司非常重视法律风险的管理。对内加大法律专业素养的培养和积累,对外推行外聘律师制度,积极利用专业资源提高法律风险控制水平。

(2)合规风险。公司积极稳妥地推进合规管理体系建设,充分借鉴银行业、证券业和保险业良好的合规管理经验,结合公司多年合规工作积累,持续完善合规管理的组织框架、管理范围、运行机制和工作流程。公司参照《商业银行合规风险管理指引》建立了合规管理体系,并且适当补充了合规性风险管理的内涵和外延,确保监管政策得以贯彻落实。

(3)声誉风险。公司建立了声誉风险的管理机制,明确了声誉风险的主管部门,搭建全面风险管理框架。

5. 报告期末及上一年度末的比较式会计报表

5.1 自营资产

5.1.1 会计师事务所审计意见

天职京SJ〔2013〕390号审计报告审计意见:"中融信托财务报表在所有重大方面按照企业会计准则的规定编制,公允反映了中融信托2012年12月31日的财务状况及合并财务状况以及2012年度的经营成果和现金流量及合并经营成果和合并现金流量。"

5.1.2 资产负债表

合并资产负债表

编制单位:中融国际信托有限公司　　2012年12月31日　　单位:元

项　目	合并		母公司	
	期末数	期初数	期末数	期初数
资产				
货币资金	4 936 999 730.05	3 076 736 151.77	4 822 553 334.22	2 969 058 928.39
结算备付金				
拆出资金				
交易性金融资产	276 665 724.16	252 252 441.29	276 665 724.16	252 252 441.29
买入返售金融资产				
应收账款				
应收利息				
发放贷款及垫款				

续表

项　目	合并		母公司	
	期末数	期初数	期末数	期初数
存出保证金				
存货				
可供出售金融资产	570 852 379.82	589 545 330.98	570 852 379.82	589 545 330.98
长期股权投资	49 357 636.42	35 140 710.88	148 377 636.42	135 140 710.88
商誉				
投资性房地产				
固定资产	33 766 441.72	29 732 684.23	32 204 449.33	29 732 684.23
无形资产	7 348 500.76	4 763 084.21	7 334 197.05	4 745 128.54
递延所得税资产	281 569 681.53	179 286 365.68	281 569 681.53	179 286 365.68
其他资产	69 626 866.75	44 399 458.85	69 044 522.87	44 399 458.85
其中:其他应收款	44 408 888.37	25 780 904.31	43 826 544.49	25 780 904.31
长期待摊费用	25 217 978.38	18 618 554.54	25 217 978.38	18 618 554.54
资产总计	6 226 186 961.21	4 211 856 227.89	6 208 601 925.40	4 204 161 048.84

法定代表人:刘　洋　　主管会计工作负责人:连晋华　　会计机构负责人:代宝香

合并资产负债表(续)

编制单位:中融国际信托有限公司　　2012 年 12 月 31 日　　单位:元

项　目	合并		母公司	
	期末数	期初数	期末数	期初数
负债及所有者权益:				
短期借款				
拆入资金				
卖出回购金融资产款				
代理买卖证券款				
代理承销证券款				
应付账款				
预收账款	9 745 346.54	19 778 486.85	29 745 346.54	19 778 486.85
应付职工薪酬	1 005 886 550.66	556 058 182.56	1 005 491 398.78	555 992 344.03
应交税费	319 614 756.19	261 412 077.17	316 545 385.18	258 917 261.53
应付利息				
长期借款				
递延所得税负债				
其他负债	27 548 639.54	53 504 917.34	27 548 639.54	53 504 917.34
负债总计	1 382 795 292.93	890 753 663.92	1 379 330 770.04	888 193 009.75
实收资本(股本)	1 475 000 000.00	1 475 000 000.00	1 475 000 000.00	1 475 000 000.00
资本公积	511 210 988.04	513 233 746.41	511 210 988.04	513 233 746.41
盈余公积	375 888 002.91	224 355 415.45	375 888 002.91	224 355 415.45
一般风险准备	204 799 168.53	122 287 259.20	204 799 168.53	122 287 259.20
未分配利润	2 276 493 508.80	986 226 142.91	2 262 372 995.88	981 091 618.03
外币报表折算差额				
归属于母公司所有者权益合计	4 843 391 668.28	3 321 102 563.97	4 829 271 155.36	3 315 968 039.09
少数股东权益				
所有者权益总计	4 843 391 668.28	3 321 102 563.97	4 829 271 155.36	3 315 968 039.09
负债和所有者权益总计	6 226 186 961.21	4 211 856 227.89	6 208 601 925.40	4 204 161 048.84

法定代表人:刘　洋　　主管会计工作负责人:连晋华　　会计机构负责人:代宝香

5.1.3 利润表

合并利润表

编制单位：中融国际信托有限公司　　2012 年度　　单位：元

项　目	合并		母公司	
	本期数	上期数	本期数	上期数
一、营业总收入	3 808 931 196.53	2 926 217 216.39	3 755 491 782.12	2 917 217 216.39
利息净收入	80 833 253.62	95 198 014.94	80 833 253.62	95 198 014.94
利息收入	81 660 031.30	96 264 639.94	81 660 031.30	96 264 639.94
利息支出	826 777.68	1 066 625.00	826 777.68	1 066 625.00
手续费及佣金净收入	3 533 810 991.94	2 882 013 985.75	3 533 810 991.94	2 882 013 985.75
手续费及佣金收入	3 533 810 991.94	2 882 013 985.75	3 533 810 991.94	2 882 013 985.75
手续费及佣金支出				
营业收入	53 439 414.41	9 000 000.00		
投资收益	−6 437 885.02	689 999.07	−6 437 885.02	689 999.07
公允价值变动损失	43 053 026.34	−136 858 908.29	43 053 026.34	−136 858 908.29
汇兑损益	−30 297.13	−560 630.44	−30 297.13	−560 630.44
其他业务收入	104 262 692.37	76 734 755.36	104 262 692.37	76 734 755.36
二、营业总支出	1 781 517 496.43	1 518 458 161.56	1 740 094 687.56	1 516 304 194.73
营业成本				
营业税金及附加	210 896 900.40	175 027 731.18	207 904 293.20	174 532 731.18
业务及管理费	1 570 620 596.03	1 343 430 430.38	1 532 190 394.36	1 341 771 463.55
资产减值损失				
其他业务成本				
三、营业利润	2 027 413 700.10	1 407 759 054.83	2 015 397 094.56	1 400 913 021.66
加：营业外收入	12 138 449.92	500 381.21	12 138 449.92	500 381.21
减：营业外支出	4 637 746.23	2 426 993.66	4 624 404.27	2 426 993.66
四、利润总额	2 034 914 403.79	1 405 832 442.38	2 022 911 140.21	1 398 986 409.21
减：所得税费用	510 602 541.11	352 668 495.26	507 585 265.57	350 956 986.97
五、净利润	1 524 311 862.68	1 053 163 947.12	1 515 325 874.64	1 048 029 422.24
归属于母公司所有者的净利润	1 524 311 862.68	1 053 163 947.12	1 515 325 874.64	1 048 029 422.24
少数股东损益				
六、其他综合收益/（亏损）	−2 022 758.37	−171 370 512.63	−2 022 758.37	−171 370 512.63
七、综合收益/（亏损）总额	1 522 289 104.31	881 793 434.49	1 513 303 116.27	876 658 909.61
归属公司所有者的综合收益/（亏损）总额	1 522 289 104.31	881 793 434.49	1 513 303 116.27	876 658 909.61
归属少数股东的综合收益/（亏损）总额				

法定代表人：刘　洋　　主管会计工作负责人：连晋华　　会计机构负责人：代宝香

5.2 信托资产

5.2.1 信托项目资产负债汇总表

单位：万元

项　目	2012 年 12 月 31 日	2011 年 12 月 31 日
信托资产：		
货币资金	921 309.32	880 301.75
交易性金融资产	2 116 076.50	1 883 756.56
买入返售金融资产	227 187.51	322 900.00
应收款项	154 113.68	43 206.65
发放贷款	4 759 021.71	3 595 330.68
可供出售金融资产	2 523 345.07	35 412.22
长期股权投资	6 684 521.64	6 634 905.90
长期待摊费用	11 101.94	4 598.15
其他资产	12 551 954.82	4 016 455.18

续表

项　目	2012 年 12 月 31 日	2011 年 12 月 31 日
信托资产总计	29 948 632.19	17 416 867.09
信托负债：		
应付受托人报酬	21 221.57	20 852.04
应付托管费	5 237.52	3 062.19
应付受益人收益	69 759.62	1 628.85
应付销售服务费	2 824.64	1 457.99
其他应付款项	79 840.24	130 689.28
其他负债	16.08	16.59
信托负债合计	178 899.67	157 706.94
信托权益：		
实收信托	28 096 338.74	17 551 222.54
资本公积	1 913 861.85	145 226.44
未分配利润	−240 468.07	−437 288.83
信托权益合计	29 769 732.52	17 259 160.15
信托负债和信托权益总计	29 948 632.19	17 416 867.09

5.2.2 信托项目利润及利润分配汇总表

单位:万元

项目	2012年	2011年
营业收入	1 988 542.51	621 273.08
利息收入	431 998.51	409 584.22
投资收益	1 323 992.38	438 946.67
公允价值变动收益	201 198.46	-237 606.78
其他收入	31 353.16	10 348.97
支出	532 350.84	366 650.71
受托人报酬	295 488.83	153 955.85
托管费	40 340.67	29 975.22
投资管理费	3 084.23	16 122.80
销售服务费	24 428.54	33 883.81
交易费用	29 869.51	36 618.44
其他费用	139 139.06	96 094.59
信托净利润	1 456 191.67	254 622.37
其他综合收益	1 780 670.45	45 076.41
综合收益	3 236 862.12	299 698.78
加:期初未分配信托利润	-437 288.83	173 607.85
可供分配的信托利润	1 018 902.84	428 230.22
减:本期已分配信托利润	1 259 370.91	865 519.05
期末未分配信托利润	-240 468.07	-437 288.83

6. 会计报表附注

6.1 会计报表编制基准、会计政策等情况

公司会计报表按照财政部2006年2月15日颁布的《企业会计准则》及其相关规定编制,会计报表编制基准、会计政策、会计估计和核算方法与上年保持一致,本报告期也未发生变化,无不符合会计核算基本前提的说明。

6.2 或有事项说明

报告期内,本公司无相关说明事项。

6.3 重要资产转让及其出售的说明

报告期内,本公司无重要资产转让及其出售。

6.4 会计报表中重要项目的明细资料

6.4.1 自营资产经营情况

6.4.1.1 按信用风险五级分类结果披露信用风险资产的期初数、期末数

信用风险资产五级分类	正常类(万元)	关注类(万元)	次级类(万元)	可疑类(万元)	损失类(万元)	信用风险资产合计(万元)	不良资产合计(万元)	不良资产率(%)
期初数	310 250	—	—	—	—	310 250	—	—
期末数	498 140	—	—	—	—	498 140	—	—

注:不良资产合计=次级类+可疑类+损失类。

6.4.1.2 各项资产减值损失准备的期初数、本期计提、本期转回、本期核销、期末数

单位:万元

	期初数	本期计提	本期转回	本期核销	期末数
贷款损失准备					
一般准备					
专项准备					
其他资产减值准备					
可供出售金融资产减值准备					
持有至到期投资减值准备					
长期股权投资减值准备	339				339
坏账准备	47				47

6.4.1.3 自营股票投资、基金投资、债券投资、股权投资等投资业务的期初数、期末数

单位:万元

	自营股票	基金	债券	长期股权投资
期初数	71 773			3 514
期末数	76 136		2 961	4 936

6.4.1.4 前五名的自营长期股权投资的企业名称、占被投资企业权益的比例、主要经营活动及投资收益情况

企业名称	占被投资企业权益的比例(%)	主要经营活动	投资收益(万元)
江海证券经纪有限公司	2.10	证券	0
深圳锦融股权投资基金管理有限公司	49	基金	147.97
上海融领股权投资基金管理企业(有限合伙)	0	基金	2.94
新湖财富投资管理有限公司	23.08	资产管理	-167.22

注:投资损益是指按照企业会计准则规定,核算股权投资确认损益并计入披露年度利润表的金额。

6.4.1.5 前五名的自营贷款的企业名称、占贷款总额的比例和还款情况

公司期末无贷款余额。

6.4.1.6 表外业务的期初数、期末数,按照代理业务、担保业务和其他类型表外业务分别披露

表外业务	期初数	期末数
担保业务	0	0
代理业务(委托业务)	0	0
其他	0	0
合计	0	0

注:代理业务主要反映因客观原因应规范而尚未完成规范的历史遗留委托业务,包括委托贷款和委托投资。

6.4.1.7 公司当年的收入结构

收入结构	金额(万元)	占比(%)
手续费及佣金收入	353 381.10	92.48
其中:信托手续费收入	353 381.10	92.48
投资银行业务收入		
利息收入	8 083.33	2.12
其他业务收入	15 770.21	4.13
其中:计入信托业务收入部分		
投资收益	3 661.51	0.96
其中:股权投资收益	-16.31	0.00

续表

收入结构	金额（万元）	占比（%）
公允价值变动收益	4 305.30	1.13
其他投资收益	−627.48	−0.16
汇兑损益	−3.03	0.00
营业外收入	1 213.84	0.32
收入合计	382 106.96	100.00

注：手续费及佣金收入、利息收入、其他业务收入、投资收益、营业外收入均应为损益表中的一级科目，其中手续费及佣金收入、利息收入、营业外收入为未抵减掉相应支出的全年累计实现收入数。报告年度实现信托业务收入的总额，其中以手续费及佣金确认的信托业务收入金额，以业绩报酬形式确认的信托业务收入金额和以其他形式确认的信托业务收入金额。

6.4.2 披露信托资产管理情况

6.4.2.1 信托资产的期初数、期末数

单位：万元

信托资产	期初数	期末数
集合	9 722 067.38	12 470 795.94
单一	7 319 999.36	9 025 690.95
财产权	374 800.35	8 452 145.30
合计	17 416 867.09	29 948 632.19

6.4.2.1.1 主动管理型信托业务的信托资产期初数、期末数

单位：万元

主动管理型信托资产	期初数	期末数
证券投资类	1 940 721.37	2 355 083.37
股权投资类	4 484 879.77	4 671 794.69
其他投资类	1 288 416.02	5 157 481.02
融资类	5 792 641.62	7 627 176.04
事务管理类	364 469.29	8 441 806.02
合计	13 871 128.07	28 253 341.14

6.4.2.1.2 被动管理型信托业务的信托资产期初数、期末数

单位：万元

被动管理型信托资产	期初数	期末数
证券投资类	945 481.88	271 231.86
股权投资类	—	103 270.00
其他投资类	195 656.05	195 897.89
融资类	2 394 270.03	1 114 552.02
事务管理类	10 331.06	10 339.28
合计	3 545 739.02	1 695 291.05

6.4.2.2 本年度已清算结束的信托项目情况

6.4.2.2.1 本年度已清算信托项目情况

已清算结束信托项目	项目个数	合计金额（万元）	加权平均实际年化收益率（%）
集合类	262	5 244 711.25	5.40
单一类	79	2 574 981.50	5.00
财产管理类	20	353 702.81	10.67

注：加权平均实际年化收益率＝（信托项目1的实际年化收益率×信托项目1的资产总计＋信托项目2的实际年化收益率×信托项目2的资产总计＋…信托项目n的实际年化收益率×信托项目n的资产总计）/（信托项目1的资产总计＋信托项目2的资产总计＋…信托项目n的资产总计）×100%。

6.4.2.2.2 本年度已清算结束的主动管理型信托情况

已清算结束信托项目	项目个数	合计金额（万元）	信托报酬率（%）	加权平均实际年化收益率（%）
证券投资类	72	706 374.39	1.22	−9.21
股权投资类	25	1 194 156.34	4.45	9.75
其他投资类	33	963 344.52	2.44	7.79
融资类	177	3 542 502.00	2.48	7.14
事务管理类	20	353 702.81	2.89	10.67

6.4.2.2.3 本年度已清算结束的被动管理型信托项目情况

已清算结束信托项目	项目个数	合计金额（万元）	信托报酬率（%）	加权平均实际年化收益率（%）
证券投资类	3	177 432.01	0.18	4.15
股权投资类	—	—	—	—
其他投资类	2	100 000.00	0.18	4.16
融资类	29	1 135 883.49	0.20	5.31
事务管理类	—	—	—	—

6.4.2.3 本年度新增信托项目情况

新增信托项目	项目个数	合计金额（万元）
集合类	161	7 351 610.70
单一类	136	4 762 122.56
财产管理类	330	8 343 902.84
新增合计	627	20 457 636.10
其中：主动管理型	623	20 164 344.84
被动管理型	4	293 291.26

6.4.2.4 信托业务创新成果和特色业务有关情况

公司积极调整经营策略，加大创新产品开发和研发团队建设力度，公司紧跟市场形势，充分挖掘创新产品的潜在机会，以模式创新、风险可控、投资者认可作为产品设计的基础，将产品创新提升到新的战略高度，树立财富管理的品牌优势。

6.4.2.5 本公司履行受托人义务情况及因本公司自身责任而导致的信托资产损失情况

报告期内，本公司严格履行受托人义务，不存在因本公司自身责任而导致的信托资产损失情况。

6.5 关联方关系及其交易的披露

报告期内，本公司未发生关联交易，无须要披露的信息。

6.6 会计制度的披露

本公司执行中华人民共和国财政部2006年2月15日颁布的《企业会计准则》及有关的补充规定。

7. 财务情况说明书

7.1 利润实现和分配情况

2012年共实现利润总额203 491.44万元，净利润152 431.19万元，计提盈余公积15 153.26万元，计提信托赔偿准备金7 576.63万元，计提一般风险准备674.56万元。

7.2 主要财务指标

指标名称	指标值
资本利润率(%)	37.34
信托报酬率(%)	1.63
人均净利润(万元)	127.93

注:1. 资本利润率=净利润/所有者权益平均余额×100%。
2. 信托报酬率=信托业务收入/实收信托平均余额×100%。
3. 人均净利润=净利润/年平均人数。
4. 平均值采取年初及各季末余额移动算术平均法,公式为:$a(平均)=(a_0/2+a_1+a_2+a_3+a_4/2)/4$。

7.3 对本公司财务状况、经营成果有重大影响的其他事项

公司2011年第四次临时股东会决议,同意公司增加注册资本12 500万元。本次增资于2012年8月24日获得中国银行业监督管理委员会黑龙江监管局的批准;2012年12月13日,公司控股股东经纬纺织机械股份有限公司增资款项募集完毕;2013年1月25日,公司股东增资款项入账;2013年1月29日,公司完成变更注册资本、调整股权结构及修改公司章程工商变更登记,注册资本增加至16亿元。

8. 特别事项揭示

8.1 前五名股东报告期内变动情况及原因

报告期内,公司股东无变动情况。

8.2 董事、监事及高级管理人员变动情况及原因

报告期内,公司无董事、监事变动情况。

高级管理人员变动情况及原因如下:

离任高级管理人员情况表			
姓名	前任职位	离任时间	离职原因及内部决议
王宝安	副总裁	2012年2月21日	工作变动,第三届董事会第十八次会议审议通过

8.3 变更注册资本事项

报告期内,公司注册资本未发生变化。

8.4 公司的重大诉讼事项

报告期内,本公司无需要披露的重大诉讼事项。

8.5 公司及其董事、监事和高级管理人员受到处罚的情况

报告期内,本公司及公司董事、监事和高级管理人员无受到处罚的情况。

8.6 银监会及其派出机构对公司检查后提出的整改意见及公司整改情况

报告期内,银监会及其派出机构对本公司进行现场检查1次,检查内容包括公司净资本管理情况、财产权信托业务情况和公司异地机构(团队)设置情况。公司对检查问题和监管意见高度重视,严格建立整改机制,逐一部署,跟进落实,检查问题已得到全部整改,监管意见得到全面贯彻落实。

8.7 本年度重大事项临时报告的简要内容、披露时间、所披露的媒体

报告期,公司重大事项临时报告的披露媒体为《金融时报》,年度合计刊登各类公告一则,具体如下:

披露时间	披露公告名称	披露内容	披露媒体
2012年4月28日	《中融国际信托有限公司2011年度报告摘要》	中融国际信托有限公司2011年度报告摘要	《金融时报》

8.8 银监会及其省级派出机构认定的其他有必要让客户及相关利益人了解的重要信息

无。

9. 监事会意见

监事会认为,公司的财务数据资料真实、客观和准确地反映了公司的财务状况和经营成果。

中泰信托有限责任公司

1. 重要提示

1.1 本公司董事会及董事保证本报告所载资料不存在任何虚假记载、误导性陈述或者重大遗漏，并对其内容的真实性、准确性和完整性承担个别及连带责任。本年度报告摘要摘自年度报告全文，客户及相关利益人欲了解详细内容，应阅读年度报告全文。

1.2 独立董事刘廷焕先生、王克力先生、陈朝阳先生认为本年度报告真实、准确、完整。

1.3 中审亚太会计师事务所有限公司对本公司2012年度财务会计报告出具了标准无保留意见的审计报告。

1.4 公司董事长吴庆斌、总裁周雄，主管会计工作负责人沈烁及财务会计部负责人罗建宇声明：保证年度报告中财务会计报告的真实、完整。

2. 公司概况

2.1 公司简介

2.1.1 公司的法定中文名称：中泰信托有限责任公司
公司的法定英文名称：Zhongtai Trust Co.,Ltd.

2.1.2 法定代表人：刘虹

2.1.3 注册地址：上海市中华路1600号黄浦中心大厦17~18楼

2.1.4 邮政编码：200021

2.1.5 国际互联网网址：wwww.zhongtaitrust.com

2.1.6 电子信箱：zhongtai@zhongtaitrust.com

2.1.7 信息披露事务负责人：陈乃道
信息披露事务联系人：李颖
联系电话：021-63871888-2920
传真：021-63872700
电子信箱：liying@zhongtaitrust.com

2.1.8 公司选定的信息披露报纸名称：《证券时报》

2.1.9 公司年度报告备置地点：上海市中华路1600号黄浦中心大厦18层办公室

2.1.10 公司聘请的会计师事务所：中审亚太会计师事务所有限公司
地址：北京市海淀区复兴路47号天行建商务大厦22~23层

2.1.11 公司聘请的律师事务所：上海市金茂律师事务所
地址：上海市愚园路168号18层

2.2 组织结构

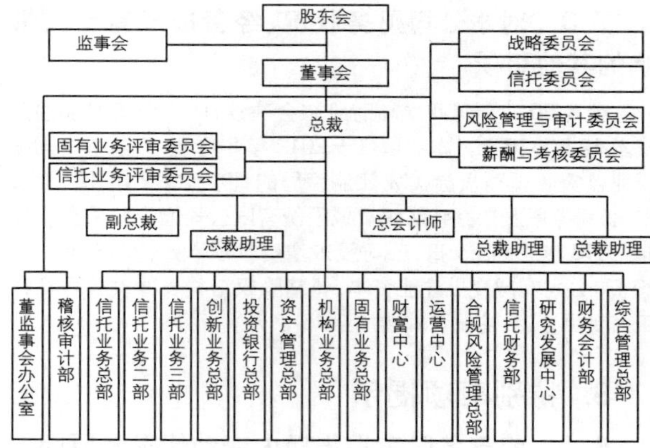

3. 公司治理结构

3.1 股东

3.1.1 报告期末，股东总数六家；持有公司15%以上股份的股东情况如下

股东名称	持股比例(%)	法人代表
中国华闻投资控股有限公司	31.57	李民吉
上海新黄浦置业股份有限公司	29.97	王伟旭
广联(南宁)投资股份有限公司	20	吴庆斌

公司股东中国华控、广联投资与新黄浦置业存在关联关系：北京国际信托有限公司(德瑞股权投资基金集合资金信托计划)分别持有中国华控100%和广联投资54.21%的股权，中国华控及广联投资分别持有上海新华闻50%的股权，上海新华闻持有新黄浦置业13.48%股权，为其第一大股东。

3.2 董事

董事

姓名	职务	性别	年龄	选任日期	任期	所推举的股东名称	该股东持股比例(%)	简要履历
吴庆斌	董事长	男	40	2012年6月	至第五届董事会任期届满	中国华闻投资控股有限公司	31.57	毕业于清华大学水利水电工程系水利水电建筑工程专业及法学专业，获得双学士学位。先后任职于北京国际信托有限公司等机构，并担任重要管理职务，具有十余年金融工作及管理经验。

续表

姓名	职务	性别	年龄	选任日期	任期	所推举的股东名称	该股东持股比例(%)	简要履历
李小平	董事	女	63	2012年6月	至第五届董事会任期届满	中国华闻投资控股有限公司	31.57	毕业于中央财经大学金融学院金融学专业，先后任职于中国人民银行及其北京市分行、中国金币总公司、中国长城硬币投资有限公司，并担任高级管理职务，具有仅三十年的金融监管及管理经验。
郭　强	董事	男	36	2012年6月	至第五届董事会任期届满	中国华闻投资控股有限公司	31.57	毕业于中央财经大学税务系税务专业，先后任职于中税广通税务师事务所、北京亨元运才投资管理有限公司，并担任高级管理职务，具有十余年的财务及经济工作经验。
陆却非	董事	男	57	2010年3月	3年	上海新黄浦置业股份有限公司	29.97	1981年参加工作，先后在上海第一印染厂、中科院上海生理研究所、上海新黄浦置业股份有限公司工作，并担任高级管理职务，具有三十余年的经济及管理工作经验。
穆　瞳	董事	女	30	2012年6月	至第五届董事会任期届满	广联（南宁）投资股份有限公司	20	毕业于西北工业大学自动化专业和宾夕法尼亚大学电子工程专业，先后任职于GroGroup投资管理公司、天行国际集团以及日盛嘉富证券，并担任管理职务，积累了相当的市场及金融相关领域工作经验。
沈　烁	职工代表董事	男	40	2010年3月	3年	—	—	1993年参加工作，先后在九州股份公司法律事务部、中泰信托有限责任公司工作，并担任中泰信托有限责任公司总裁助理职务，具有长期的金融及管理工作经验。

注：吴庆斌先生已于2012年6月14日经公司股东会、董事会决议选举为公司第五届董事会成员及董事长，其任职资格尚待中国银行业监督管理委员会核准；李小平女士、郭强先生与穆瞳女士已于2012年6月14日经公司股东会决议选举为公司第五届董事会成员，其任职资格尚待上海银监局核准。

独立董事

姓名	所在单位及职务	性别	年龄	选任日期	任期	所推举的股东名称	该股东持股比例(%)	简要履历
刘廷焕	已退休	男	70	2010年3月	3年	中国华闻投资控股有限公司	31.57	1966年参加工作，先后于中国人民银行总行及其分支机构、中国工商银行、中国银联股份有限公司工作，并担任高级管理职务。
王克力	广东惠丰拍卖有限公司董事长	男	54	2010年3月	3年	中国华闻投资控股有限公司	31.57	1987年参加工作，先后在美国柯达化工中国区、天津宝利城市信用社、广东惠丰拍卖有限公司等单位工作。
陈朝阳	天津汇融股权投资基金管理合伙企业合伙人	男	42	2010年3月	3年	中国华闻投资控股有限公司	31.57	1997年参加工作，先后在华夏证券、天相投资顾问有限公司、天津汇融股权投资基金管理合伙企业等单位任职。

3.3 监事

姓名	职务	性别	年龄	选任日期	任期	所推举的股东名称	该股东持股比例(%)	简要履历
刘　卓	监事会主席	男	49	2012年11月	至第五届监事会任期届满	广联（南宁）投资股份有限公司	20	毕业于武汉水运工程学院船机制造专业，先后在哈尔滨团市委、中泰信托有限责任公司等机构任职，并担任重要管理职务，具备近三十年的管理工作经验。
刘忠宁	监事	男	58	2012年11月	至第五届监事会任期届满	中国华闻投资控股有限公司	31.57	毕业于北京大学无线电电子学专业和新加坡国立大学工商管理专业，先后在中华电子有限公司、武汉商业城有限公司、上海凌志置业有限公司及中泰信托有限责任公司等机构任职，并担任重要管理职务，具备近三十年经济及管理工作经验。
刘　莹	职工代表监事	女	45	2010年3月	3年	—	—	先后在厦门建发集团公司下属公司、厦门象屿集团、中泰信托有限责任公司工作。

3.4 高级管理人员

姓名	职务	性别	年龄	任职日期	金融从业年限	学历	专业
周　雄	总裁	男	47	2010年4月	19	博士	金融
陈乃道	副总裁	男	52	2010年4月	21	博士	经济学
何德见	总会计师	男	44	2010年4月	14	硕士	会计学
余　钧	总裁助理	男	44	2010年4月	24	本科	经济学
沈　烁	总裁助理	男	40	2010年4月	17	本科	经济法
周　旭	总裁助理	男	48	2010年4月	27	本科	经济学

3.5 公司员工

报告期末，公司共有员工99人（不含外部董事、监事），平均年龄35岁，大部分员工具有大学本科以上学历。

项目		报告年度		上年度	
		人数	比例(%)	人数	比例(%)
年龄分布	25岁以下	12	12.12	6	8.3
	25~29岁	21	21.22	13	18.1
	30~39岁	33	33.33	23	31.9
	40岁以上	33	33.33	30	41.7
学历分布	博士	3	3.04	4	5.6
	硕士	35	35.35	22	30.6
	本科	38	38.38	25	34.7
	专科	15	15.15	13	18
	其他	8	8.08	8	11.1

4. 经营管理

4.1 经营目标、经营方针、战略规划

公司秉承诚信服务、专业理财、创新思维、理性投资的精神，坚持与新老客户、核心产业、区域经济一起成长的理念，注重提高创新能力，正确处理发展与规范管理、规模与效益之间的辨证关系，在充分发展信托业务、资产管理业务、投资业务的基础上，努力实现向理财产品供应商、特定领域资产管理者的转变，将公司建设成为制度健全、内控到位、机制灵活、管理科学、经营规范，具有较强核心竞争力的现代信托企业。

公司坚持创新与发展，重视吸收先进金融理念和治理经验，进一步完善法人治理结构和内控机制，为下一步发展奠定良好基础。

在3~5年内，培植并形成公司的核心业务模式和核心盈利模式，培育和塑造公司的核心竞争力；健全和完善公司制度，防范和控制经营风险；建立激励和约束相统一的经营机制，在公司形成良好的合规文化。

4.2 所经营业务的主要内容

报告期内，固有业务除长期金融股权投资外，主要运用是活期存款、固定收益类产品投资、债券回购等。实现利息收入1 701.75万元、投资收益17 354.92万元、其他业务收入194.77万元。

自营资产运用与分布表

资产运用	金额（万元）	占比(%)	资产分布	金额（万元）	占比(%)
货币资产	2 356.03	1.14	基础产业	—	—
贷款及应收款	10 884.88	5.26	房地产业	—	—
交易性金融资产投资	49 658.85	23.98	证券市场	61 661.11	29.77
可供出售金融资产	60 451.04	29.19	实业	—	—
持有至到期投资	50 974.55	24.61	金融机构	21 306.14	10.29
长期股权投资	21 306.14	10.29	其他	124 130.68	59.94
其他	11 466.44	5.54			
资产总计	207 097.93	100.00	资产总计	207 097.93	100.00

注："其他"主要为现金、银行存款、固定资产、递延税款等无法归属于特定产业的资产。

信托业务方面，报告期内新增信托项目59个，新增信托本金规模3 290 199.00万元；清算信托项目36个，清算信托本金659 348.65万元；全年累计分配信托收益118 125.74万元。

信托资产运用与分布表

资产运用	金额（万元）	占比(%)	资产分布	金额（万元）	占比(%)
货币资产	71 492.35	2.26	基础产业	801 706.35	25.35
贷款	1 461 435.97	46.22	房地产	206 844.44	6.61
交易性金融资产投资	58 058.55	1.84	证券市场	49 838.55	1.58
可供出售金融资产投资	1 166 940.62	36.9	实业	1 058 607.66	33.48
持有至到期投资	6 000	0.19	金融机构	—	—
长期股权投资	225 862.48	7.14			
其他	172 356.24	5.45	其他	1 043 017.26	32.98
信托资产总计	3 162 146.21	100.00	信托资产总计	3 162 146.21	100.00

注："其他"主要为进行固定收益类产品投资形成的资产。

4.3 市场分析

4.3.1 有利因素

（1）信托制度优势引领信托行业快速发展。从基本面看，信托业已初步形成以基本法规为核心，各专项业务规章为补充的制度体系，推动并引导信托公司向主动型管理转型，信托行业健康发展的趋势已确立，利于信托业的长期发展。

信托公司在法制规范下不断发掘信托制度功能优势，始终坚持业务创新、产品创新、渠道创新、服务创新，走在个性化金融产品开发设计的前沿，实现了对财富管理的私密性、安全性、收益性、流动性、结构化的综合配置，在实业投资、证券投资、基金管理、资本运营、资产证券化、私募股权（PE）投资等方面都曾经或正在发挥着敢为人先的重要角色，并在这个过程中实现了自身的跨越式发展。

十年间，信托业的面貌焕然一新。信托公司逐渐成为资本雄厚、资产质量优良、内部治理健全、创新活跃、高成长性、充满生机与活力的现代金融机构。

（2）社会发展与财富积累催生巨大的资产管理需求。得益于不断深化的市场化改革和中国经济的持续高增长奇迹，形成了多元化的利益主体并积聚了巨额的财富，由此催生了巨大的资产管理需求，形成了快速增长的资产管理市场，信托业具备了快速发展的雄厚市场基础。

个人及机构投资者快速增长的资产管理需求是包括信托业在内的资产管理行业的原动力，居民收入增长特别是高净值人士数量的增长使得信托行业直接受益，也成为信托公司金融创新和产品创新的原动力。

（3）信托行业社会公信力的提升。信托业的市场规模和影响力在近几年取得巨大的突破，社会对其了解也不断加深，公众认知度的提升有助于信托业快速发展。

4.3.2 不利因素

（1）信托公司的专业能力和人才短板。信托公司的投资管理能力尚未跟上行业发展速度，随着信托规模的扩展和涉足领域的延伸，专业能力和人才的匮乏制约了信托行业的进一步发展。

在理财信托产品中，信托公司一直是以非标准化债权投资

为驱动的固定收益产品为主，而以各类权益投资为驱动的浮动收益产品则较少。理财信托产品的结构，难以满足高端客户对浮动收益产品的需求，削弱了信托产品的竞争力。

在人才机制与储备方面，与银行、保险、基金等行业相比，信托从业人数相对较少，整个行业尚未制订完善的行业人才战略规划，在未来信托公司推动自主投资管理能力建设的进程中，专业投资管理人才不足的问题将更加突出。

(2)信托产品的市场营销瓶颈。信托公司在营销渠道和网络建设方面受到较大的限制，影响了客户资源和相关信息的收集和整合，市场营销面临较大挑战。

渠道是制约信托公司快速发展的一个主要因素。销售渠道，尤其是掌握在信托公司自己手中的销售渠道，是非常关键的一环。信托公司很有必要自建渠道，这样可增强对市场端口的把控力，更重要的是可以通过营销渠道来了解客户需求等市场动态，从而促进理财产品的定制生产。

(3)信托配套制度的完善。信托产品流通、信托财产登记、信托财产税收等问题依然没有得到根本解决，限制了信托产品创新和业务拓展的能力。

以信托登记制度为例，目前我国的登记管理方式中只有常见的交易、继承、赠与登记等传统类型，并没有性质特殊的信托登记规定。信托登记制度的缺失，事实上造成各类财产信托在设立时普遍遇到多种法律难题，财产变更的合法性一直难以完善。在实践操作中，往往需要采取签订辅助合同等变通方式加以弥补，但法律瑕疵的隐患并未得到有效的克服。

4.4 内部控制概况

4.4.1 内部控制环境和内部控制文化

公司建立了较为完备的法人治理结构和内部组织机构，股东会、董事会和监事会依照法律和公司章程履行职责，总裁负责公司的经营管理，对董事会负责。制定了明确的部门职责和岗位职责，建立并实施包括绩效考评和激励制度在内的一整套制度体系，重视员工的合规经营与风险管控意识的培养，开展相关培训教育工作，在公司内部树立合规优先，严守风险底线的内控文化。

4.4.2 内部控制措施

公司通过颁布和持续修订完善各项管理制度对不同业务和管理事项制订有针对性的控制措施，形成事前、事中、事后紧密衔接的内控防线，推动各经营事项合法合规运行。风险管理部、法律合规部和稽核审计部作为公司内控管理的主要职能部门，拟定和修订内控制度，监督检查和评价内控的科学性、规范性和可操作性。

公司建立了较为完备的业务管理制度和操作流程，为各项业务开展提供了比较清晰详细的业务流程和工作规范，每类业务都有相应的规章制度、操作规程和风险管理制度。保证了各项业务前台、中台、后台操作上的相对独立和相互制衡。

公司固有业务和信托业务相互分离，部门设置和业务人员相互分离，业务信息相互独立，分别建账，分别核算。

经营授权方面，实行逐级授权体系，公司内部不同级次、不同部门之间有明确的授权关系和报告关系，固有业务和信托业务分别授权以及一般授权和特殊授权相结合的机制，被授权人都有向授权人报告工作和承担责任的义务。

公司针对信托业务和固有业务的业务特性，分别成立了信托业务评审委员会和固有业务评审委员会进行项目评审，在内部控制的环境、程序和措施上防范各项业务风险。针对具体的业务，根据信托业务和固有业务不同特点，采取既有共性又有个性的具体内部控制对策。

4.4.3 信息交流与反馈

日常经营管理方面，建立了完整的会计、统计和业务档案，各项原始记录、合同、报表资料得到完整妥善的保管，信息和资料的交流和查询都有成文的规定和程序。公司通过定期工作报告制度，确保经营管理层及时了解经营和风险状况。通过OA系统和业务管理系统，建立了贯穿各部门的共享信息平台，及时准确的传递管理信息和数据，保证部门和员工的有关信息能够顺畅交流和反馈。

4.4.4 监督评价与纠正

公司稽核审计部门依照相关法律法规要求，根据公司运营节奏开展稽核工作，每半年对公司进行一次全面内部审计。通过内部审计，找出公司在管理、业务操作、内部控制、财务及资金管理方面的可进一步完善之处，并提出了针对性的建议及意见，推动公司持续稳健运营。

4.5 风险管理概况

公司经营活动面临的主要风险包括信用风险、市场风险、操作风险和其他风险等几大类。

公司风险管理坚持全面性、独立性、连续性、审慎性、有效性等基本原则，以风险最小化、风险成本最低化为目标，坚持以风险管理为核心开展经营活动，平衡业务发展与风险管理之间的关系，建立并逐步完善了基于制度和流程的风险管理制度体系，基本形成了前台、中台、后台相分离，信托资金运作与自有资金运作相分离的风险管理框架，力求将风险管理制度与措施贯穿到公司各项业务、各个部门、各个岗位，覆盖公司运营的全过程。同时，通过建立有效的风险管理组织体系，保障风险管理制度的适用性和有效性，并根据国家政策、法律及公司经营管理的发展变化，定期对公司相关风险管理制度进行补充和修订。

公司的风险管理组织结构由公司董事会、管理层、风险管理部门、各业务部门及主要业务人员组成，具体风险管理职责划分情况如下：

董事会：进行公司风险管理战略、偏好、政策、最高风险承受水平设定和风险管理决策制定，监控和评价风险管理的全面性、有效性以及高级管理层在风险管理方面的履职情况，审批重大业务项目实施方案，倡导公司全员风险管理意识和风险管理文化，并对公司风险管理承担最终责任。

风险管理与审计委员会：对公司总体风险管理体系的建立和运行情况向董事会提供咨询意见；对公司风险管理制度的执行情况提出咨询意见；针对业务过程中出现的异常情况作出预警并及时提出指导意见。

管理层：负责定期审查和监督执行公司风险管理政策、程序以及具体操作规程，不断完善公司各项风险管理措施，确保公司风险管理体系的有效性；及时了解公司各类风险水平及其管理状况，确保通过恰当的组织结构、管理信息系统和技术水平来有效地识别、计量、监测和控制各项业务所承担的各类风险。

固有/信托业务评审委员会:具体负责公司各项业务风险的事前管理和控制,与承担风险的业务部门保持相对独立。对公司所有经立项的固有/信托业务项目,识别其各项风险水平,在综合风险分析和可行性论证后给出评审意见,通过集体决策实现业务项目风险的事前管理和有效控制。

风险管理部:跟随公司发展战略,定位于中台、前端风险管控,建立集中型的风险管理模式,将信用风险、市场风险、操作风险等纳入统一的风险管理体系,实现业务决策与风险管理的适度分离,风险管理覆盖公司的全部经营活动与过程,与业务部门形成制衡。

稽核审计部:通过实行重大业务项目流程稽核,对单个业务项目进行事中和事后风险管理监督,开展定期的全面内部审计,对公司各项经营管理活动进行检查,并向公司董事会及上级监管单位提交审计报告。

法律合规部:承担公司法律事务及合规风险管理,对各项业务项目进行法律咨询,评估业务的合规风险,对外签署法律文件前审核法律文本并签署意见,充分把控业务法律风险。

业务部门:进行项目的风险研判和风险控制环节的设计和防范,构成调研、决策和管理职责相互分离的风险自律体系,承担与其项目相关的风险管理责任。

4.5.1 信用风险状况

公司2012年资产账面余额共207 098万元,其中风险资产账面余额共193 275.45万元,不良资产期初和期末数分别为37 300万元、35 416万元,其中次级类资产4 700万元,损失类资产30 716万元,期末不良风险资产比例为17.1%。各项资产减值损失准备共计提33 223万元,风险资产余额为226 498万元,拨备覆盖率为93.4%,其中贷款损失准备30 716万元,应收股利减值准备2 350万元,都已按《资产五级分类管理办法》的规定足额计提。

公司通过对交易对手的综合信用分析进行事前控制,以及通过交易结构设计、定价、制定借款人限额、定期风险评估等手段规避和监控交易对手信用风险的变化,明确界定业务经理、业务部门、风险管理部门以及公司高级管理层的风险管理责任,强调业务管理的前期调研和过程控制,严格授权审批制度、决策限额和投资比例。

4.5.2 市场风险状况

公司年度内投资类业务开展有限。固有业务中除原有的金融机构股权投资外,年度内主要开展的是固定收益的信托产品投资,受资本市场交易价格波动带来的市场风险影响较小;信托业务方面,通过信托产品的结构化设计和组合投资,严格执行权限设定和止损操作,最大限度地降低市场风险对投资人权益的影响。

公司制定与业务性质、规模、复杂程度和风险特征相适应的,与公司总体业务发展战略、管理能力、资本实力和能够承担的总体风险水平相一致的市场风险管理原则和程序;同时,对每项业务和产品中的市场风险因素进行分解和分析,及时、准确地识别所有交易和非交易业务中市场风险的类别和性质,建立和完善市场风险管理内部控制体系,并将其作为公司整体内部控制体系的有机组成部分。

4.5.3 操作风险状况

目前公司的内控制度体系基本覆盖公司经营的每一个过程和环节,各项制度和流程能够得到有效的执行。

公司不断完善内控制度体系建设,已经形成了一整套基本完备的规章制度和体系,2012年再次对公司制度进行全面梳理和修订。同时,强调内控制度的有效执行,跟进和适应公司业务开展和管理要求。

报告期内无该类风险的发生。

4.5.4 其他风险状况

公司报告期内无该类风险的发生。

法律风险管理策略包括设置法律合规部门,在项目审批前提供法律顾问服务,在法律文件签署时进行文本审核,充分利用法律手段,优化产品结构和法律文本设计。

合规风险管理策略包括提高公司全员的法律风险意识,及时掌握和了解外部法律覆盖和监管政策动向,严格在现有政策允许范围内开展业务,充分维护信托关系人的利益。

声誉风险管理策略包括将公司声誉构建与公司发展战略、企业文件建设等进行有机的结合,提升专业能力,强化风险意识,审慎经营和诚信发展,维护和塑造公司良好的社会公众形象。

5. 报告期末及上年度末的比较式会计报表

5.1 自营资产(经审计)

5.1.1 会计师事务所审计全文

审 计 报 告

中审亚太审字〔2013〕010043号

中泰信托有限责任公司:

我们审计了后附的中泰信托有限责任公司(以下简称贵公司)财务报表,包括2012年12月31日的合并及母公司资产负债表(同有业务),2012年度的合并及母公司利润来(固有业务)、合并及母公司现金流量表(固有业务)、合并及母公司所有者权益变动表〔固有业务),以及财务报表附注。

一、管理层对财务报表的责任

编制和公允列报财务报表是贵公司管理层的责任,这种责任包括:(1)按照企业会计准则的规定编制财务报表,并使其实现公允反映;(2)设计、执行和维护必要的内部控制,以使财务报表中存在由于舞弊或错误导致的重大错报。

二、注册会计师的责任

我们的责任是在执行审计工作的基础上对财务报表发表审计意见。我们按照中国注册会计师审计准则的规定执行了审计工作。中国注册会计师审计准则要求我们遵守中国注册会计师职业道德守则,计划和执行审计工作以对财务报表是否不存在重大错报获取合理保证。

审计工作涉及实施审计程序,以获取有关财务报表金额和披露的审计证据。选择的审计程序取决于注册会计适的判断,包括对由于舞弊或错误导致的财务报表重大错报风险的评估。在进行风险评估时,注册会计师考虑与财务报表编制和公允列报相关的内部控制,以设计恰当的审计程序,但目的并非对内部控制的有效性发表意见。审计工作还包括评价管理层选用会计政策的恰当性和作出会计估计的合理性，以及评价财务报表的总体列报。

我们相信，我们获取的审计证据是充分、适当的，为发表审计意见提供了基础。

三、审计意见

我们认为，贵公司财务报表在所有重大方面按照企业会计准则的规定编制，公允反映了贵公司 2012 年 12 月 31 日的合并及母公司财务状况以及 2012 年度的合并及母公司经营成果和现金流量。

中审亚太会计师事务所有限公司

（盖章）

中国注册会计师：陈吉先

（签名并盖章）

中国注册会计师：崔伟英

（签名并盖章）

中国·北京市　　　　二〇一三年二月二十八日

5.1.2 资产负债表

资产负债表（资产部分）

编制单位：中泰信托有限责任公司　　　　2012 年 12 月 31 日　　　　单位：万元

资　　产	合并		母公司	
	期末余额	期初余额	期末余额	期初余额
现金	4.16	3.79	2.23	2.16
银行存款	16 969.78	20 896.07	2 330.90	1 156.34
其他货币资金	310.61	6 014.52	22.94	1 012.97
存出保证金	657.78	610.26	0.00	0.00
拆出资金	0.00	0.00	0.00	0.00
交易性金融资产	50 011.71	16 861.28	49 658.85	16 264.18
衍生金融资产	0.00	0.00	0.00	0.00
买入返售金融资产	60 000.00	9 057.00	0.00	0.00
应收账款	8 160.95	9 921.32	0.00	0.00
应收利息	65.19	950.49	0.00	0.00
应收股利	2 350.00	2 350.00	2 350.00	2 350.00
预付账款	596.03	3 046.15	0.00	0.00
其他应收款	11 120.71	8 002.59	8 534.88	7 311.18
存货	0.00	0.00	0.00	0.00
其他流动资产	0.00	0.00	0.00	0.00
发放贷款和垫款	0.00	0.00	0.00	0.00
可供出售金融资产	89 098.72	132 828.26	60 451.04	54 358.17
持有至到期投资	50 974.56	61 371.56	50 974.56	61 371.56
长期股权投资	0.00	0.00	21 306.14	21 306.14
投资性房地产	0.00	0.00	0.00	0.00
在建工程	4 268.50	39.20	0.00	0.00
固定资产	12 680.30	13 824.54	2 031.24	2 137.66
无形资产	60 219.03	61 676.68	289.92	256.30
商誉	14 015.40	14 015.40	0.00	0.00
长期待摊费用	539.69	751.61	170.40	248.27
递延所得税资产	16 688.31	18 439.96	8 974.84	9 541.01
其他资产	0.00	0.00	0.00	0.00
资产总计	398 731.43	380 660.68	207 097.93	177 315.95

总经理：周　雄　　　　主管会计工作的负责人：沈　烁　　　　会计机构负责人：罗建宇

资产负债表续（负债和所有者权益部分）

编制单位：中泰信托有限责任公司　　2012 年 12 月 31 日　　单位：万元

负债和所有者权益	合并		母公司	
	期末余额	期初余额	期末余额	期初余额
拆入资金				
交易性金融负债				
衍生金融负债				
卖出回购金融资产款				
应付账款	6 629.05	11 490.15	0.00	0.00
应付职工薪酬	19 201.14	19 439.12	3 391.12	3 312.64
应交税费	7 612.09	12 842.35	2 871.92	2 972.71
应付利息	0.00	0.00	0.00	0.00
应付股利	475.54	3 919.17	470.63	470.63
其他应付款	2 936.51	4 789.93	684.18	962.05
其他流动负债	0.00	0.00	0.00	0.00
长期借款	0.00	0.00	0.00	0.00
专项应付款	0.00	0.00	0.00	0.00
预计负债	0.00	0.00	0.00	0.00
递延所得税负债	8 072.29	6 471.70	8 072.29	6 471.70
其他非流动负债	17 107.20	17 463.60	0.00	0.00
负债合计	62 033.82	76 416.03	15 490.15	14 189.72
所有者权益	0.00	0.00	0.00	0.00
实收资本	51 660.00	51 660.00	51 660.00	51 660.00
资本公积	27 122.78	22 554.62	27 465.22	22 782.51
减：库存股	0.00	0.00	0.00	0.00
盈余公积	12 704.87	10 324.98	12 704.87	10 324.98
一般风险准备	3 397.48	2 112.12	3 397.48	2 112.12
信托赔偿准备金	5 819.45	4 629.50	5 819.45	4 629.50
未分配利润	156 942.97	135 971.90	90 560.77	71 617.12
外币报表折算差额	−187.83	−181.23	0.00	0.00
归属于母公司的权益小计	257 459.72	227 071.89	191 607.78	163 126.23
少数股东权益	79 237.89	77 172.76	0.00	0.00
所有者权益合计	336 697.61	304 244.65	191 607.78	163 126.23
负债和所有者权益总计	398 731.43	380 660.68	207 097.93	177 315.95

总经理：周　雄　　主管会计工作的负责人：沈　烁　　会计机构负责人：罗建宇

5.1.3　利润表

利润表

编制单位：中泰信托有限责任公司　　2012 年度　　单位：万元

项　　目	合并		母公司	
	本年数	上年数	本年数	上年数
一、营业收入	115 690.77	146 941.15	32 006.69	30 909.80
利息净收入	2 240.29	596.58	1 701.75	288.11
利息收入	2 240.29	596.58	1 701.75	288.11
利息支出	0.00	0.00	0.00	0.00
手续费及佣金净收入	13 493.99	17 179.17	11 999.59	11 861.87
手续费及佣金收入	13 715.36	17 650.81	12 220.97	12 333.51
手续费及佣金支出	221.37	471.64	221.37	471.64
管理费收入	88 121.83	120 679.48		

续表

项　目	合并		母公司	
	本年数	上年数	本年数	上年数
投资收益(损失以"－"号填列)	10 778. 98	5 103. 90	17 354. 92	15 391. 24
其中:对联营企业和合营企业的投资收益	0. 00	0. 00	0. 00	0. 00
公允价值变动收益(损失以"－"号填列)	771. 05	－130. 93	755. 65	132. 79
汇兑收益(损失以"－"号填列)	0. 00	0. 00	0. 00	0. 00
其他业务收入	284. 62	3 512. 96	194. 77	3 235. 80
二、营业支出	63 843. 28	78 016. 28	4 979. 62	7 504. 41
营业成本	0. 00	0. 00	0. 00	0. 00
财务费用	0. 00	0. 00	0. 00	0. 00
营业税金及附加	6 155. 45	8 055. 72	1 085. 65	942. 17
业务及管理费	57 556. 94	68 398. 26	5 688. 79	5 314. 22
资产减值损失	124. 95	1 467. 03	－1 800. 76	1 152. 74
其他业务成本	5. 94	95. 28	5. 94	95. 28
三、营业利润(亏损以"－"号填列)	51 847. 49	68 924. 87	27 027. 08	23 405. 39
加:营业外收入	1 363. 74	2 511. 35	851. 96	2 131. 62
减:营业外支出	25. 03	340. 15	23. 75	30. 00
四、利润总额(亏损总额以"－"号填列)	53 186. 20	71 096. 07	27 855. 28	25 507. 01
减:所得税费用	12 787. 56	16 666. 56	4 056. 44	2 913. 46
五、净利润(净亏损以"－"号填列)	40 398. 64	54 429. 51	23 798. 84	22 593. 55
归属于母公司所有者的净利润	25 826. 26	30 861. 05	23 798. 84	22 593. 55
少数股东损益	14 572. 38	23 568. 46	0. 00	0. 00
六、每股收益	0. 00	0. 00	0. 00	0. 00
(一)基本每股收益	0. 00	0. 00	0. 00	0. 00
(二)稀释每股收益	0. 00	0. 00	0. 00	0. 00
七、其他综合收益	5 991. 22	－28 590. 54	4 682. 71	－16 369. 41
八、综合收益总额	46 389. 86	25 838. 97	28 481. 55	6 224. 14
归属于母公司所有者的综合收益总额	31 948. 73	8 625. 50	0. 00	0. 00
归属于母公司所有者的综合收益总额	14 441. 13	17 213. 47		

总经理:周　雄　　　会计工作负责人:沈　烁　　　会计机构负责人:罗建宇

5. 2　信托资产

5. 2. 1　信托项目资产负债汇总表

编制单位:中泰信托有限责任公司　　　单位:万元

信托资产	期末数	期初数	信托负债和信托权益	期末数	期初数
信托资产:			信托负债:		
货币资金	71 492. 35	29 242. 74	交易性金融负债	0. 00	0. 00
拆出资金	0. 00	0. 00	衍生金融负债	0. 00	0. 00
存出保证金	0. 00	0. 00	应付受托人报酬	0. 00	0. 00
交易性金融资产	58 058. 55	7 908. 18	应付托管费	128. 89	0. 00
衍生金融资产	0. 00	0. 00	应付受益人收益	0. 00	0. 00
买入返售资产	0. 00	0. 00	应交税费	0. 00	0. 00
应收款项	127 724. 29	717. 15	应付销售服务费	0. 00	0. 00
发放贷款	1 461 435. 97	525 626. 45	其他应付款项	25 980. 98	10 474. 47
可供出售金融资产	1 166 940. 62	10 313. 46	其他负债	0. 00	0. 00
持有至到期投资	6 000. 00	0. 00	信托负债合计	26 109. 87	10 474. 47
长期应收款	0. 00	0. 00		0. 00	0. 00
长期股权投资	225 862. 48	462 412. 71	信托权益:	0. 00	0. 00
投资性房地产	0. 00	0. 00	实收信托	3 128 400. 01	1 067 475. 76
固定资产	2 131. 95	2 131. 95	资本公积	0. 00	－786. 91

续表

信托资产	期末数	期初数	信托负债和信托权益	期末数	期初数
无形资产	42 500.00	42 500.00	外币报表折算差额	0.00	0.00
长期待摊费用	0.00	0.00	未分配利润	7 636.33	7 689.32
其他资产	0.00	4 000.00	信托权益合计	3 136 036.34	1 074 378.17
信托资产总计	3 162 146.21	1 084 852.64	信托负债及信托权益总计	3 162 146.21	1 084 852.64

总经理：周　雄　　　　财务负责人：余　钧　　　　会计人员：龚小云

5.2.2　信托项目利润及利润分配汇总表

编制单位：中泰信托有限责任公司　　　　单位：万元

信托资产	本年数	上年数
一、营业收入	149 305.80	120 923.18
利息收入	69 924.83	70 853.52
投资收益	78 777.16	50 555.72
其中：对联营企业和合营企业的投资收益	0.00	0.00
公允价值变动收益（损失以"－"号填列）	239.42	-738.93
租赁收入	264.39	251.80
汇兑损益（损失以"－"号填列）	0.00	0.00
其他收入	100.00	1.08
二、营业支出	31 233.05	22 913.48
营业税金及附加	18.81	34.54
受托人报酬	12 220.97	12 296.97
托管费	5 106.29	1 447.00
投资管理费	550.00	0.00
销售服务费	1 434.49	2 201.05
交易费用	0.00	41.63
资产减值损失	0.00	0.00
其他费用	11 902.49	6 892.29
三、信托净利润（净亏损以"－"号填列）	118 072.74	98 009.71
四、其他综合收益	0.00	0.00
五、综合收益	118 072.74	98 009.71
加：期初未分配信托利润	7 689.32	8 469.00
六、可供分配的信托利润	125 762.07	106 478.71
减：本期已分配信托利润	118 125.74	98 789.39
七、期末未分配信托利润	7 636.33	7 689.32

总经理：周　雄　　　　财务负责人：余　钧　　　　会计人员：龚小云

6. 会计报表附注

6.1　本会计报表无不符合会计核算基本前提的事项

6.2　或有事项说明

本公司对发放的已逾期的贷款提起诉讼，全部已判决并胜诉，公司正积极对相关债权进行追讨。

单位：万元

或有事项项目	期初金额	期末金额
固有贷款	32 600.00	30 716.06
委托贷款	0	0
信托贷款	16,000.00	16,000.00
合计	48 600.00	46 716.06

6.3　重要资产转让及其出售的有关说明

报告期内公司无重要资产转让或出售。

6.4　会计报表中重要项目的明细资料

6.4.1　自营资产经营情况

6.4.1.1　信用风险资产情况（按信用风险五级分类结果）

信用风险资产五级分类	正常类（万元）	关注类（万元）	次级类（万元）	可疑类（万元）	损失类（万元）	信用风险资产合计（万元）	不良资产合计（万元）	不良资产率（%）
期初数	7 385.03	—	—	4 700	32 600	44 685.03	37 300.00	83.47
期末数	1 681.09	7 010.81	—	4 700	30 716.06	44 107.96	35 416.06	80.29

注：不良资产合计＝次级类＋可疑类＋损失类。

6.4.1.2　资产减值损失准备情况

单位：万元

	期初数	本期计提	本期转回	本期核销	期末数
贷款损失准备	32 600.00	0	1 883.94	0	30 716.06
一般准备	0	—	—	—	0
专项准备	32 600.00	0	1 883.94	0	30 716.06
其他资产减值准备	—	—	—	—	—
可供出售金融资产减值准备	0	—	—	—	0
持有至到期投资减值准备	0	—	—	—	0
长期股权投资减值准备	0	—	—	—	0
坏账准备	2 423.85	84.05	0.87	—	2 507.03
投资性房地产减值准备	—	—	—	—	—

6.4.1.3　投资业务情况

单位：万元

	自营股票	基金	债券	长期股权投资	其他投资	合计
期初数	36 058.17	244.10	16 020.08	21 306.14	79 671.56	153 300.05
期末数	42 151.04	0	19 500.1	21 306.14	69 274.56	152 231.84

6.4.1.4　自营长期股权投资情况

单位：万元

企业名称	占被投资企业权益的比例（%）	主要经营活动	投资损益（万元）
大成基金管理有限公司	48.00	公募基金的募集和管理	11 424.00

6.4.1.5 前三名的自营贷款的企业名称、占贷款总额的比例和还款情况等

企业名称	占贷款总额的比例(%)	还款情况
1. 深圳市凯泰隆实业发展有限公司	22.79	逾期
2. 海南金盟发实业有限公司	22.79	逾期
3. 黄山长江徽杭高速公路有限公司	22.79	逾期

6.4.1.6 表外业务情况

单位:万元

表外业务	期初数	期末数
担保业务	0.00	0.00
代理业务(委托业务)	0.00	0.00
其他	—	—
合计	0.00	0.00

6.4.1.7 本公司当年的收入结构

收入结构	合并		母公司	
	金额(万元)	占比(%)	金额(万元)	占比(%)
手续费及佣金收入	13 715.36	11.69	12 220.97	36.94
其中:信托手续费收入	12 220.97	10.42	12 220.97	36.94
投资银行业务收入	—	0.00	—	0.00
利息收入	2 240.29	1.91	1 701.75	5.14
其他业务收入	284.62	0.24	194.77	0.59
投资收益	10 778.98	9.19	17 354.92	52.46
其中:股权投资收益	682.41	0.58	12 106.41	36.60
证券投资收益	3 378.50	2.88	1 773.06	5.36
其他投资收益	6 718.07	5.73	3 475.45	10.51
公允价值变动收益	771.05	0.66	755.65	2.28
管理费收入	88 121.83	75.14	—	0.00
营业外收入	1 363.74	1.16	851.96	2.58
收入合计	117 275.87	100.00	33 080.02	100

2012年度本公司信托业务收入为12 220.97万元,均为以手续费及佣金确认的信托业务收入。

6.4.2 披露信托财产管理情况

6.4.2.1 信托资产的期初数、期末数

单位:万元

信托资产	期初数	期末数
集合	456 255.63	1 534 294.63
单一	557 814.08	1 525 168.11
财产权	70 782.93	102 683.47
合计	1 084 852.64	3 162 146.21

6.4.2.1.1 主动管理型信托业务

单位:万元

主动管理型信托资产	期初数	期末数
证券投资类	14 645.93	1 268.76
股权投资类	61 973.11	54 324.76
融资类	930 043.03	1 903 799.08
事务管理类	—	—
其他类	—	1 152 661.11
合计	1 006 662.07	3 112 053.71

6.4.2.1.2 被动管理型信托业务

单位:万元

被动管理型信托资产	期初数	期末数
证券投资类	—	—
股权投资类	—	—
融资类	—	—
事务管理类	78 190.57	50 092.50
其他类	—	—
合计	78 190.57	50 092.50

6.4.2.2 本年度已清算结束的信托项目个数、实收信托合计金额、加权平均实际年化收益率。

6.4.2.2.1 本年度已清算结束的集合类、单一类资金信托项目和财产管理类信托项目个数、实收信托金额、加权平均实际年化收益率

已清算结束信托项目	项目个数	实收信托合计金额(万元)	加权平均实际年化收益率(%)
集合类	14	247 937.23	7.37
单一类	21	383 311.62	7.74
财产管理类	1	28 100.00	0.00

6.4.2.2.2 本年度已清算结束的主动管理型信托项目个数、实收信托合计金额、加权平均实际年化收益率

已清算结束信托项目	项目个数	实收信托合计金额(万元)	加权平均实际年化信托报酬率(%)	加权平均实际年化收益率(%)
证券投资类	3	16 084.23	1.78	-10.73
股权投资类	—	—	—	—
融资类	29	598 411.62	0.82	7.92
事务管理类	—	—	—	—
其他类	3	16 753.00	0.55	9.06

注:其他类指除投向证券及股权外的其他投资类业务。

6.4.2.2.3 本年度已清算结束的被动管理型信托项目个数、实收信托合计金额、加权平均实际年化收益率

已清算结束信托项目	项目个数	实收信托合计金额(万元)	加权平均实际年化信托报酬率(%)	加权平均实际年化收益率(%)
证券投资类	—	—	—	—
股权投资类	—	—	—	—
融资类	—	—	—	—
事务管理类	1	28 100.00	0.00	0.00
其他类	—	—	—	—

6.4.2.3 本年度新增的集合类、单一类和财产管理类信托项目个数、实收信托合计金额

单位:万元

新增信托项目	项目个数	实收信托合计金额
集合类	18	1 846 699.00
单一类	40	1 383 500.00
财产管理类	1	60 000.00
新增合计	59	3 290 199.00
其中:主动管理型	59	3 290 199.00
被动管理型	0	0.00

6.4.2.4　报告期内,本公司依法依规审慎履行受托人职责,未发生因本公司自身责任导致信托资产损失的情况

6.4.2.5　信托赔偿准备金的提取、使用和管理情况

本年度提取信托赔偿准备金1189.94万元,因未发生管理失职的情况,本年度未使用信托赔偿准备金。公司按照银监会的有关规定管理信托赔偿准备金。

6.5　关联方关系及其交易的披露

6.5.1　关联交易方的数量、关联交易的总金额及关联交易的定价政策等

	关联交易方数量	关联交易金额	定价政策
合计	13	54 584.00	按照市场公允价格确定

注:"关联交易"定义以《公司法》和《企业会计准则第36号——关联方披露》有关规定为准。

具体定价政策:按照市场公允价格确定;如果缺乏市场公允价格的,比照相关类似业务或资产的市价确定;如果上述两种价格都不存在,则按照中介机构出具的评估价确定。

6.5.2　关联交易方与本公司的关系性质、关联交易方的名称、法定代表人、注册地址、注册资本及主营业务等

关系性质	关联方名称	法人代表	注册地址	注册资本	主营业务
股东	中国华闻投资控股有限公司	李民吉	北京市海淀区中关村南大街11号9号楼2层	120 000万元	实业投资、机械电子建材销售等。
股东	广联(南宁)投资股份有限公司	吴庆斌	南宁市民族大道38－2号18层	13 900万元	对高新技术产业、金融业、证券、期货业的投资等。
股东	上海新黄浦置业股份有限公司	王伟旭	上海市北京东路668号西楼32层	56 116.30万元	房地产经营、旧危房改造,室内外建筑装潢,物业管理,房产咨询,机械设备安装,餐饮业等。
受同一股东控制	上海新华闻投资有限公司	李民吉	上海浦东大道720号22FA室	50 000万元	实业投资、资产经营及管理等。
受同一股东控制	上海嘉庆投资管理有限公司	王磊	上海市浦东新区牡丹路60号A2001室	16 000万元	实业投资、企业管理咨询等。
受同一股东控制	杭州华溥实业有限公司	程齐鸣	杭州市上城区湖滨路30号	4 240万美元	经营住宿、餐饮、娱乐、商场等。
受同一股东控制	厦门联信投资管理有限公司	余钧	厦门思明区湖滨南路299～309号裙楼201室	500万元	投资咨询。
受同一股东控制	上海久峰投资咨询有限公司	彭传发	上海市松江区松汇西路1558号A—287	1 000万元	企业投资咨询、商务咨询、财务管理咨询、企业管理咨询服务。
受同一股东控制	黄山长江徽杭高速公路有限责任公司	汪方怀	黄山市屯溪区西海路28号	35 000万元	建设、经营徽杭高速公路安徽段及配套设施(法律、法规规定必须前置审批而未获批准的除外)等。
控股子公司	大成基金管理有限公司	张树忠	深圳市福田区深南大道7088号招商银行大厦32层	20 000万元	发起设立基立、基金管理业务。
子公司之子公司	大成国际资产管理有限公司		香港中环金融街8号国际金融中心二期58楼5811室	6 000万元港	证券交易、就证券提供意见、资产管理业务。
子公司大成基金的股东	光大证券股份有限公司	徐浩明	上海市口安区新闸路1508号	341 800万元	证券经纪,证券投资咨询,与证券交易、证券投资活动有关的财务顾问,证券承销与保荐,证券自营,证券资产管理,为期货公司提供中间介绍业务,证券投资基金代销,融资融券业务等。
子公司大成基金的股东	中国银河投资管理有限公司	许国平	北京市西城区金融大街35号国际企业大厦C座16层	450 000万元	投资业务及资产管理。

6.5.3　本公司与关联方的重大交易事项

6.5.3.1　固有与关联方交易情况

固有与关联方关联交易

单位:万元

	期初数	借方发生额	贷方发生额	期末数
贷款	7 000.00	—	—	7 000.00
投资	—	—	—	—

续表

	期初数	借方发生额	贷方发生额	期末数
租赁	—	—	—	—
担保	—	—	—	—
应收账款	11 626.71	—		6 407.80
其他	47.61	—	0.00	47.61
合计	18 674.32	—	0.00	18 674.32

6.5.3.2　信托与关联方交易情况：贷款、投资、租赁、应收账款、担保、其他方式等期初汇总数、本期借方和贷方发生额汇总数、期末汇总数

信托与关联方关联交易

单位：万元

	期初数	借方发生额	贷方发生额	期末数
贷款	55 824.88	—	19 915.20	35 909.68
投资	—	—	—	—
租赁	—	—	—	—
担保	—	—	—	—
应收账款	—	—	—	—
其他	0	—	—	0
合计	55 824.88	—	19 915.20	35 909.68

6.5.3.3　固信交易及信信交易情况

6.5.3.3.1　固信交易情况

固有财产与信托财产相互交易

单位：万元

	期初数	本期发生额		期末数
		借方发生额	贷方发生额	
合计	9 000.00	9 000.00	9 000.00	9 000.00

6.5.3.3.2　信信交易情况

信托资产与信托财产相互交易

单位：万元

	期初数	本期发生额	期末数
合计	0.00	837 728.00	837 728.00

6.5.3.3.3　关联方逾期未偿还本公司资金的情况

本期只有一笔关联方逾期未偿还本公司的资金，是对黄山长江徽杭高速公路有限责任公司的贷款，本金为7 000万元。

本公司本期没有为关联方担保发生垫款的事项。

6.6　会计制度的披露

6.6.1　固有业务执行的会计制度

本公司固有业务从2008年1月1日起执行财政部2006年2月颁布的《企业会计准则——基本准则》和38项具体会计准则、其后颁布的应用指南、解释以及其他相关规定（统称企业会计准则）。

6.6.2　信托业务执行会计制度

本公司信托业务从2010年1月1日起执行财政部2006年2月颁布的《企业会计准则——基本准则》和38项具体会计准则、其后颁布的应用指南、解释以及其他相关规定（统称企业会计准则）。

7. 财务情况说明书

7.1　利润实现和分配情况

7.1.1　利润实现情况

单位：万元

项目	合并	母公司
投资收益	10 778.98	17 354.92
营业利润	51 847.49	27 027.08
利润总额	53 186.20	27 855.28
所得税	12 787.56	4 056.44
净利润	40 398.64	23 798.84

7.1.2　利润分配情况

单位：万元

项目	合并（归属于母公司）	母公司
本年度净利润	25 826.26	23 798.84
上年未分配利润	135 971.90	71 617.12
本年其他转入	0	0
可供分配的利润	161 798.16	95415.96
提取法定盈余公积	2 379.88	2 379.88
提取法定公益金	-	-
提取信托赔偿准备金	1 189.94	1 189.94
提取一般准备金	1 285.36	1 285.36
可供投资者分配利润	156 942.97	90 560.77
未分配利润	156 942.97	90 560.77

7.2　主要财务指标（母公司口径和并表口径同时披露）

指标名称	合并（归属于母公司）	母公司
资本利润率（%）	10.66	13.42
加权年化信托报酬率（%）	0.73	0.73
人均净利润（万元）	110.68	278.35

7.3　对本公司财务状况、经营成果有重大影响的其他事项

无。

8. 特别事项简要揭示

8.1　报告期内本公司股东未发生变动

8.2　董事、监事及高级管理人员变动情况及原因

公司股东会、董事会审议通过，选举吴庆斌先生为公司第五届董事会成员及董事长，其任职资格尚待中国银行业监督管理委员会核准。

公司股东会审议通过，选举李小平、郭强及穆瞳三人为公司第五届董事会成员，其任职资格尚待上海银监局核准。因工作需要，刘虹、周雄、韩铭珊、刘继东四人不再担任公司董事职务。

公司股东会审议通过，同意王少钦先生因个人原因辞任公司监事会主席及监事职务，选举刘卓先生为公司第五届监事会成员，并经公司监事会审议通过，选举刘卓先生为公司监事会主席。

公司股东会审议通过，同意陈小平先生因工作调动原因辞任公司监事职务，选举刘忠宁先生为公司第五届监事会成员。

公司董事会审议通过，批准叶晓军先生因个人原因辞任总裁助理职务，相关手续尚在办理过程中。

8.3 公司的重大诉讼事项

8.3.1 固有项下诉讼①

2009 年 8 月，公司向上海市第一中级人民法院起诉深圳市凯泰隆实业发展有限公司及海南金盟发实业有限公司，要求判决被告归还贷款本金人民币 7 000 万元及利息、复利和罚息。上海市第一中级人民法院于 2010 年 1 月 18 日判决公司胜诉。该案正处于强制执行阶段。

2009 年 8 月，公司向上海市第一中级人民法院起诉华星建设工程有限公司及黄山金汇经济开发有限公司，要求判决被告归还贷款本金人民币4 000万元及利息、复利和罚息。上海市第一中级人民法院于 2010 年 1 月 18 日判决公司胜诉。该案正处于强制执行阶段。2012 年 12 月 28 日北京天台资产管理公司代黄山金汇经济开发有限公司支付贷款本息 3 000 万元。

2009 年 8 月，公司向上海市第一中级人民法院起诉华星建设工程有限公司及海南宁达远实业有限公司，要求判决被告归还贷款本金人民币 3 000 万元及利息、复利和罚息。上海市第一中级人民法院于 2010 年 1 月 18 日判决公司胜诉。该案正处于强制执行阶段。

2009 年 9 月，公司向上海市第一中级人民法院起诉海南金盟发实业有限公司及深圳市凯泰隆实业发展有限公司，要求判决被告归还贷款本金人民币 7 000 万元及利息、复利和罚息。上海市第一中级人民法院于 2010 年 2 月 5 日判决本公司胜诉。该案正处于强制执行阶段。

2009 年 9 月，公司向上海市第一中级人民法院起诉海南海金宁实业有限公司，要求判决被告归还贷款本金人民币 4 600万元及利息、复利和罚息。上海市第一中级人民法院于 2010 年 2 月 5 日判决公司胜诉。该案正处于强制执行阶段。

2011 年 1 月，公司向上海市第二中级人民法院起诉黄山徽杭高速公路有限公司及黄山金汇经济开发有限公司，请求判决被告归还贷款本金人民币 7 000 万元及利息、复利和罚息。上海市第二中级人民法院于 2011 年 10 月 21 日判决公司胜诉。公司业已申请强制执行。

8.3.2 信托项下诉讼

2006 年 7 月，根据信托受益人要求，本公司就与杭州华溥实业有限公司金融借款 8 亿元合同纠纷向上海市第一中级人民法院提起民事诉讼，该案业经上海市第一中级人民法院一审、上海高级人民法院终审，公司诉讼请求得到支持。目前该案件处于强制执行阶段。

2010 年 8 月 5 日，本公司就与北京中润博达国际能源开发有限公司金融借款 16 000 万元合同纠纷向上海市高级人民法院提起民事诉讼，上海市高级人民法院判决我公司胜诉。本公司业已申请强制执行。

8.4 公司及其董事、监事和高级管理人员在报告期内未受处罚

8.5 本年度公司未发布重大事项临时报告

8.6 报告期内，公司未发生中国银监会及其省级派出机构认定的其他有必要让客户及相关利益人了解的重要信息

9. 监事会意见

公司监事会认为：报告期内，公司决策程序合法，内部控制实施符合监管要求，公司董事、高级管理人员履职行为过程中未见违法违纪或有损公司及股东利益的行为。

中审亚太会计师事务所为公司 2012 年度财务报告出具了无保留意见的审计报告。监事会认为该财务报告真实反映公司的财务状况和经营成果。

① 公司固有项下逾期贷款已全额计提坏账损失，对当年盈利不构成影响，为最大限度保障公司权益，决定以诉讼方式清收欠款。

中铁信托有限责任公司

1. 重要提示

1.1 本公司董事会及董事保证本报告所载资料不存在任何虚假记载、误导性陈述或者重大遗漏，并对其内容的真实性、准确性和完整性承担个别及连带责任。本年度报告摘要摘自年度报告全文，客户及相关利益人欲了解详细内容，应阅读年度报告全文。

1.2 公司全体董事出席了审议本次年报的董事会会议，监事列席了会议。

1.3 本公司独立董事曾勇先生、傅代国先生、周国华先生声明：保证年度报告内容的真实性、准确性和完整性。

1.4 德勤华永会计师事务所（特殊普通合伙）北京分所根据中国注册会计师独立审计准则对本公司年度财务报告进行审计，出具了无保留意见的审计报告。

1.5 本公司董事长王俊明先生、总经理景开强先生、财务负责人解义才先生和会计机构负责人（会计主管人员）李正斌先生声明：保证年度报告中财务报告的真实、完整。

2. 公司概况

2.1 公司简介

2.1.1 公司法定中文名称：中铁信托有限责任公司
中文名称缩写：中铁信托
公司法定英文名称：China Railway Trust Co.，Ltd.
英文名称缩写：CRTC

2.1.2 法定代表人：王俊明

2.1.3 注册地址：成都市航空路1号国航世纪中心B座

2.1.4 邮政编码：610041

2.1.5 公司国际互联网网址：www.crtrust.com

2.1.6 电子信箱：crtc@crtrust.com

2.1.7 公司负责信息披露事务的高级管理人员：陈赤
联系人：邹纯余
电话/传真：028-86029131
电子信箱：zcy@crtrust.com

2.1.8 公司选定的信息披露报纸：《证券时报》

2.1.9 公司年度报告备置地点：成都市航空路1号国航世纪中心B座26楼

2.1.10 公司聘请的会计师事务所名称：德勤华永会计师事务所（特殊普通合伙）北京分所
住所：北京市东城区长安街1号东方经贸城西二办公楼

2.1.11 公司聘请的律师事务所名称：泰和泰律师事务所
住所：成都市鼓楼南街117号世界贸易中心A座25楼

2.2 组织结构

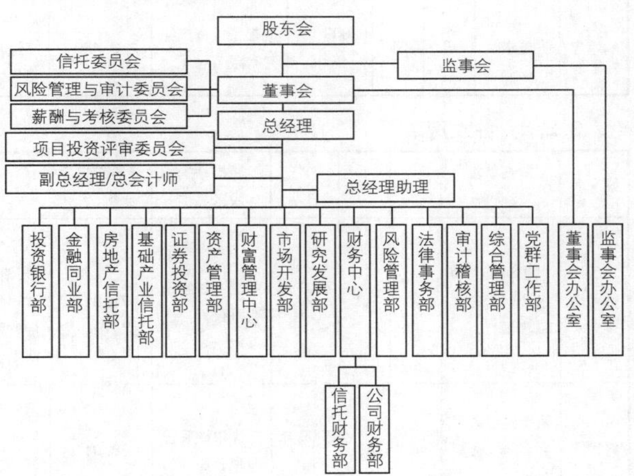

3. 公司治理结构

3.1 股东

公司前三位股东名称	股东的主要股东	出资比例（%）	法定代表人	注册资本（亿元）	注册地址	主要经营业务
中国中铁股份有限公司	中国铁路工程总公司	56.10	李长进	108	北京市丰台区星火路1号	建筑工程，相关工程技术研究、勘察、设计、服务与专用设备制造，房地产开发经营。
中铁二局集团有限公司	中国中铁股份有限公司	100.00	李长进	213	北京市丰台区星火路1号	基建建设、勘察设计与咨询服务、工程设备和零部件制造和房地产开发业务，另外还从事多项其他业务，如物资贸易、矿产资源开发和物业管理业务等。
成都工投资产经营有限公司	成都工业投资集团有限公司	66.80	石磊	50	成都市顺城街221号	企业托管、资产托管、债务托管、企业产权转让、租赁、承包、出售、投资咨询、融资担保、资本运营。

3.2 董事

3.2.1 董事会成员

姓　名	职务	性别	年龄	选任日期	所推举的股东名称	该股东持股比例(%)	简要履历
王俊明	董事长	男	56	2011年4月	中国中铁股份有限公司	78.911	历任铁二局二滩指挥部财务科副科长、铁二局财务处副科长、科长、处长助理、副处长、处长，中铁二局集团有限公司总会计师，中铁二局股份有限公司财务负责人，中铁二局集团有限公司副总经理、总法律顾问，衡平信托有限责任公司副董事长、监事长，中铁信托有限责任公司副董事长、董事长、党委书记、纪委书记；现任本公司董事长、党委副书记。
李建生	董事	女	58	2009年1月	中国中铁股份有限公司	78.911	历任铁道部基本建设总局财务处助理会计师、会计师、副处长、处长，中国铁路工程总公司副总会计师、总会计师；现任中国中铁股份有限公司副总裁、财务总监、总法律顾问，本公司董事，宝盈基金管理有限公司董事长。
景开强	董事	男	54	2009年1月	中国中铁股份有限公司	78.911	历任中铁二局机筑公司广州、深圳、珠海项目部会计师、财务主管，中铁二局机筑公司财务科科长、总会计师，中铁二局股份有限公司财务部部长，中铁八局集团有限公司总会计师、总法律顾问，衡平信托有限责任公司副董事长；现任本公司董事、总经理、党委副书记，宝盈基金管理有限公司董事。
解义才	董事	男	43	2009年1月	中国中铁股份有限公司	78.911	历任铁二局二滩指挥部助理会计师、财务处科长，中铁二局集团有限公司财务部副部长，中铁二局股份有限公司财务部副部长、证券部部长，中铁二局集团有限公司财务部部长、副总会计师；现任本公司董事、副总经理、总会计师（财务负责人）、工会主席。
王大奇	董事	男	43	2009年1月	中铁二局集团有限公司	7.232	历任铁二局财务处助理会计师，铁二局厦门工程公司财务科副科长，铁二局财务处科长，中铁二局股份有限公司财务部科长、副总会计师、副部长，中铁二局第五工程有限公司总会计师，中铁八局集团有限公司财务部部长，中铁二局集团有限公司财务部部长；现任中铁二局集团有限公司副总会计师兼财务部部长，本公司董事。
喻培忠	董事	男	56	2009年3月	成都工投资产经营有限公司	3.429	从1981年起在四川省送变电工程公司、成都市热电公司、成都工业投资集团有限公司、成都工投资产经营有限公司等公司工作，历任科长、办公室主任、总经理助理、总经理等职务；现任成都工业投资集团有限公司总经理助理，成都工投资产经营有限公司总经理，本公司董事。

3.2.2 独立董事

姓　名	所在单位及职务	性别	年龄	选任日期	所推举的股东名称	该股东持股比例(%)	简要履历
曾　勇	电子科技大学经济与管理学院院长	男	49	2009年3月	中国中铁股份有限公司	78.911	历任电子科技大学经济与管理学院助教、讲师、副教授；现任电子科技大学经济与管理学院院长、教授、博士生导师，本公司独立董事；兼任中国管理现代化研究会常务理事、中国金融学年会理事会理事和《金融学季刊》副主编、中国金融学会金融工程专业委员会常务委员、中国系统工程学会理事和金融系统工程专业委员会委员、中国运筹学会理事和企业运筹学分会副理事长、四川省经济学会副理事长、四川省技术经济和管理现代化研究会副理事长等职。
傅代国	西南财经大学会计学院副院长	男	48	2009年3月	中国中铁股份有限公司	78.911	历任西南财经大学会计学院助教、讲师、副教授；现任西南财经大学会计学院副院长、教授、博士生导师，本公司独立董事；兼任成都市政协常委，中国会计学会会员、中国中青年财务成本研究会理事、成都市会计学会副会长、成都市高级会计师评审委员会副主任委员、成都市会计电算化专家组成员、四川省会计人才培养基地负责人。
周国华	西南交通大学企业与项目管理研究所所长	男	46	2009年3月	中国中铁股份有限公司	78.911	历任西南交通大学经济管理学院企业管理教研室主任、院教学秘书、院长助理、副院长，现任企业与项目管理研究所所长，教授、博士生导师，本公司独立董事。兼任中国项目管理研究委员会常务委员、国际项目管理专业（IPMP）评估师、四川省人民政府研究室特约专家、四川省现代物流协会常务理事等职。

3.3 监事

姓　名	职务	性别	年龄	选任日期	所推举的股东名称	该股东持股比例(%)	简要履历
董　寰	监事长	男	57	2009年1月	中国中铁股份有限公司	78.911	历任中国人民银行成都市分行南大街办事处信贷员，中国工商银行成都市分行滨江支行信贷科信贷员、副科长、科长，中国工商银行成都科力风险投资公司副总经理，中国工商银行成都市分行信托投资公司副总经理，成都工商信托投资公司副总经理，衡平信托投资有限责任公司副总裁、常务副总裁、总裁，衡平信托有限责任公司副总经理、首席风险官；现任本公司监事长、纪委副书记。

续表

姓　名	职务	性别	年龄	选任日期	所推举的股东名称	该股东持股比例(%)	简　要　履　历
杨　良	监事	男	43	2009年1月	中国中铁股份有限公司	78.911	历任中国铁路工程总公司助理会计师、财务部副部长、高级会计师;现任中国中铁股份有限公司财务部部长,本公司监事。
陈家均	监事	男	49	2009年1月	成都高新发展股份有限公司	0.692	历任贵州省计划管理干部学院会计、省计委财贸处科员、罗甸县委农工部科员,四川省审计局商贸部副主任科员,成都高新发展股份有限公司公司财务部职员、财务部副部长、部长、总会计师、副总经理;现任成都高新发展股份有限公司监事会主席,本公司监事。
彭玖雯	职工监事	女	43	2009年1月	职工代表	—	历任成都市金通信托投资公司财务部助理会计师、会计师,衡平信托投资有限责任公司董事会审计部职员;现任本公司审计稽核部总经理、职工监事。
严　震	职工监事	男	36	2009年1月	职工代表	—	历任衡平信托有限责任公司董事会办公室副主任、主任,资产管理部副经理,风险管理部副总经理;现任本公司风险管理部总经理、职工监事。

3.4　高级管理人员

姓名	职务	性别	年龄	任职日期	金融从业年限	学历	专业
景开强	总经理	男	54	2009年3月	7年	研究生	财会
李文众	副总经理、总法律顾问	男	52	2009年3月	33年	本科	财会
陈　赤	副总经理、董事会秘书	男	46	2009年3月	14年	博士研究生	金融学
孙　毅	副总经理	男	57	2009年3月	20年	本科	经济管理
解义才	副总经理、总会计师	男	43	2009年3月	8年	研究生	财会
王　石	副总经理	男	52	2011年2月	31年	本科	经济管理

3.5　公司员工

报告期内在岗员工人数:105人

平均年龄:38.6岁

学历分布比例

学　历	人　数	比　例(%)
博士	3	2.86
硕士	33	31.43
本科	57	54.29
专科	11	10.47
其他	1	0.95

4.　经营管理

4.1　经营目标、经营方针、战略规划

4.1.1　经营目标

建立体现中国中铁品牌优势和市场机制相结合的经营机制,大幅增强公司专业化、差异化和持续创新的核心竞争力,创建中国一流的信托企业;提高公司资产管理规模;提升集合资金信托规模、营业收入、净利润及人均利润,力争各项指标达到行业先进水平。持续深入贯彻"创新、服务、可持续"的经营理念,在公司近年来奠定的坚实发展基础上,围绕"创新与提升"的主题,以成本优化为核心,以创新推动业务拓展、营销提升、风险控制、精细化管理新能力建设为重点,不断夯实公司可持续发展能力和综合竞争力。

4.1.2　经营方针

公司所秉承的经营方针是稳健、进取、合作共赢。

4.1.3　战略规划

公司于2012年开展了战略修订工作,确定了公司"以信托业价值链纵向一体化、适度相关多元,实施成本领先、专业化、差异化服务的内涵型发展,致力成为行业一流现代金融综合服务企业"的总体经营战略定位。在巩固现有主营业务的基础上,优化业务结构,培育新兴业务,构建符合市场需求的融资类业务组合,构建符合公司自身资源与能力相匹配的投资类业务;遵循金融集成发展思路,构建依托信托,以股权投资为纽带,参股国内有关联的、发展潜力大的银行、证券、保险等金融机构,致力于打造较为完整的金融产业链,提升金融集约化、规模化的能力,更大程度地推进产融结合提升到新的水平。与此同时,通过组织结构优化,改进完善风险管理、人力资源及IT三大后台体系,支撑公司实现战略目标。

4.2　所经营业务主要内容

公司业务分为自营业务和信托业务。

4.2.1　自营业务

自营业务主要包括基金管理、自营贷款、自营证券、金融产品投资等。

自营资产运用与分布表

资产运用	金额(万元)	占比(%)	资产分布	金额(万元)	占比(%)
货币资产	85 658.83	21.85%	基础产业	—	—
贷款及应收款	7 904.12	2.02%	房地产业	9 729.06	2.48%
交易性金融资产	10 349.11	2.64%	证券市场	10 529.83	2.69%
可供出售金融资产	23 948.37	6.11%	实业	4 057.99	1.04%
持有至到期投资	—	—	金融机构	20 004.00	5.10%
长期股权投资	20 004.35	5.10%	其他	347 724.91	88.69%
其他	244 181.01	62.28%			
资产总计	392 045.79	100.00%	资产总计	392 045.79	100.00%

4.2.2　信托业务

信托业务是本公司的主营业务和主要收入来源,主要包括集合资金信托、单一资金信托、财产信托等。

信托资产运用与分布表

资产运用	金额（万元）	占比（%）	资产分布	金额（万元）	占比（%）
贷款	3 989 651.00	37.77	基础产业	2 257 016.00	21.36
交易性金融资产	10 381.00	0.10	房地产	1 230 299.00	11.65
可供出售及持有至到期投资	1 622 369.00	15.36	证券市场（股票）	247.00	0.00
长期股权投资	814 625.00	7.71	证券市场（债券）	153 634.00	1.45
租赁	0.00	0.00	证券市场（基金）	0.00	0.00
买入返售	0.00	0.00	金融机构	1 024 651.00	9.70
存放同业	689 085.00	6.52	工业企业	1 814 581.00	17.18
其他	3 438 209.00	32.55	其他	4 083 892.00	38.66
信托资产总计	10 564 320.00	100.00	信托资产总计	10 564 320.00	100.00

4.3 市场分析

4.3.1 有利因素

（1）宏观调控目标的调整带来发展空间。2012 年，国家的宏观调控目标逐渐由“抗通胀”过渡至“保增长”，主要表现为政府投资增加，助推基础设施产业发展，同时保持房地产行业的相对稳定。作为信托行业两大主要业务支柱，基础设施及房地产行业的稳定发展给信托公司提供了重要业务支撑。

（2）稳健的货币政策创造信托业良好发展机遇。货币政策的趋稳对于处于经济低迷环境下的企业来讲，意味着融资环境的欠佳，此外银行方面对信贷的控制依然相对严格，使得大量合理的融资需求难以从银行方面得到满足，只能寻找其他途径，从而给信托公司提供了较多的业务机会。

（3）经济下行使私人部门的投资缺少良好的多样化渠道，给信托提供了丰富的资金来源。2012 年，在经济下行和宏观调控的双重影响下，私人部门投资实业缺乏足够的回报，且承担的风险较高，同时政府投资增加产生较为明显的挤出效应，使私人部门的产业投资较少。加上资本市场的表现较差，社会资金缺乏合适的投资渠道，信托产品成为投资热点。

4.3.2 不利因素

（1）宏观经济不振影响信托业务发展。全球经济缓慢复苏拖累出口需求，中国面临投资和消费增长减速下的经济增速下滑，影响实体经济融资的需求，进而影响到信托融资业务的发展。同时，“调结构、促转型”对实体经济产生一定的冲击，企业经营困难增多，新的融资需求在一定程度上被抑制，信托产品兑付压力增大。

（2）监管调整加大传统业务不确定性。信托行业在经历了 2011 年房地产信托产品井喷式增长之后，房地产信托产品风险逐渐暴露；面对大量产品进入偿付高峰，银监会加大了对房地产信托的监管力度。截至 2012 年末，全国房地产信托存量规模显现出较为明显的回调趋势，规模和增幅均有所减缓。2012 年末出台的 463 号文件《关于制止地方政府违法违规融资行为的通知》对基础产业类信托产品也产生了较大影响。部分信托公司已经暂停了政信合作类项目，行业观望气氛浓厚，预计 2013 年该政策对信托公司的影响将持续。

（3）市场竞争加剧。除信托同业间竞争加剧之外，券商、基金以及保险资产管理新规的出台，为以上机构推出类信托业务铺平了道路。大资产管理时代的到来意味着信托牌照优势与政策红利逐渐消失，信托公司将面临更为激烈的市场竞争。

4.4 内部控制概况

4.4.1 内部控制环境和内部控制文化

公司依据《公司法》、《信托法》和各项监管法规建立了完善的法人治理结构，股东会、董事会、监事会与经理层规范运作。建立了三个层级的风险防范体系：董事会是第一级层次，下设信托委员会、风险管理与审计委员会、薪酬与考核委员会三个专门委员会，建立了独立董事制度，聘任了 3 名独立董事，分别担任上述 3 个专门委员会的主任委员。董事会在重大事项的风险控制、内部审计等方面发挥内控主导作用。经理层是第二级层次，在董事会授权范围内对公司整体业务经营进行风险管理和内部控制。部门岗位风险控制是第三级层次，通过明确岗位职责，界定工作权限，制定作业流程，来执行岗位风险控制和风险防范。

公司高度重视内部控制和风险管理，努力培育“依法合规、审慎稳健、诚信尽责、创造价值”的核心价值观，倡导“内控优先、制度先行”的内部控制理念，建立全员参与的合规风险管理企业文化，通过组织培训、举办案例分析会等多种形式的培训，培育全员合规风控意识，积极倡导和推进合规风控文化建设，促进公司风险管理水平、员工合规风控意识提升，保障公司内部控制目标的实现。同时，公司还建立内控评价考核约束机制，将合规风控管理的有效性和执业行为的合规性，纳入各部门及其工作人员的绩效考评范围，建立绩效与风险控制并重的激励机制，促进企业风险管理文化的形成。

4.4.2 内部控制措施

公司严格按照信托业监督法规，建立、健全了公司内部控制制度体系，内控体系覆盖公司治理、业务操作、监督评价、标准化流程等层面，对决策、业务、财务和各项管理活动进行全面的内部控制。同时，明确划分了部门之间和岗位之间的职责，在不相容的岗位和部门之间建立了职责分离、横向与纵向相互监督制衡的机制，并对关键岗位制定实施了定期轮岗和强制休假制度。为避免制度重叠、疏漏和执行偏差，2012 年本公司对各项规章制度进行全面梳理、修订和完善。

公司建立了授权管理制度，业务按权限大小设置不同的审批流程。董事会下设信托专门委员会，经理层下设投资评审委员会，对各类业务按权限进行项目评审和集体决策。

在日常业务中，公司对固有资产和信托资产设立了相互独立的运作部门，在财务核算等环节，公司建立了完善的会计系统内部控制，规范了公司财务收支的计划、执行、控制、分析预测和考核工作；设置了信托财务部与公司财务部，通过核算岗位隔离与财务信息隔离，进一步保证了公司固有财产与信托财产的独立管理。

为规范合同管理，公司及外聘法律顾问根据实际工作需要，对所有业务合同标准文本进行了统一修订，确保公司各项业务规范开展。

公司开展信托业务风险排查，同时，对地方融资平台贷款进行了按季监测；针对房地产信托业务风险采取了谨慎策略，从严控制项目评审，每半年开展了房地产业务的压力测试。

公司建立了集中统一的营销及客户服务序列等前台人员管理制度，并通过不定期审计检查，防范人员执业行为不合规风险。

公司建立了突发事件预警机制和预警指标，对公司信托业务及自营业务中可能发生的突发事件进行预警，启动预警响应程序。

公司审计稽核部定期对相关制度的落实与执行情况进行监督与检查，开展放款审计、每半年定期审计、到期前预审计、结束后审计、内部控制专项审计等工作。公司还不定期组织信托业务部门进行风险交叉检查，加强业务过程监督。

4.4.3 监督评价与纠正

公司由董事会风险管理与审计委员会、监事会、业务部门、风险管理部、法律事务部、审计稽核部等分工协作，按照监管机构要求和公司规定，对各部门的内部控制制度执行情况进行定期、不定期监督检查，构建和完善了以监测预警机制为手段，多层次、多渠道共同监督内部控制有效性的检查与监督工作体系。

董事会及其下设的风险管理与审计委员会不定期召开会议，责成有关部门提交书面报告检查监督内部控制体系的运行情况。监事会依法履行监督职责，并就监督过程中发现的公司治理及经营管理中需要关注的问题，及时与董事会和高级管理层沟通。业务部门和风险管理员对各项业务执行的规范性进行即时检查；法律事务部通过立项审查、合同审查方式检查业务合规性，风险管理部不断加强对内部控制薄弱环节和风险易发部位开展合规检查；审计稽核部依据法律、法规及规章制度，严格执行董事会批准的年度审计计划，对公司各职能部门经营管理活动及有关工作人员的经营管理行为行使稽核、监督、检查，对内控制度体系建设、业务管理情况及内控制度执行情况、公司业务可能面临的风险等方面作出总体评价，并提出完善建议；公司管理层高度重视内部控制各职能部门和监管机构的报告及建议，对于发现的问题采取各种措施及时纠正控制运行中产生的偏差，最大限度避免各种业务差错发生，有效地提高各部门的规范化程度，提高公司内部控制管理水平。

4.5 风险管理概况

4.5.1 风险状况

4.5.1.1 信用风险状况

信用风险是指公司在经营活动中面临的交易对手不能按合同约定履约给信托当事人和公司带来的损失。报告期内，自营资产采用以风险等级为基础的分类方法评估资产质量，将其分为正常、关注、次级、可疑和损失五类，其中后三类称为不良资产。截至2012年12月31日，自营资产为392 046万元，其中正常类资产为380 834万元；关注类资产为4 056万元；次级类资产为0万元；可疑类资产为3 621万元；损失类资产为3 535万元。公司自营不良资产的期初数和期末数分别为7 156万元和7 156万元，已足额计提资产损失准备金。报告期内，公司信托资产无不良资产。

4.5.1.2 市场风险状况

市场风险是指公司在信托和自营业务中，因股价、汇率、利率及其他价格因素变动对公司盈利能力和财务状况的影响，其可以分为金融资产价格风险、汇率风险、利率风险等。2012年，公司在面临多种不确定因素的市场环境下继续谨慎对待新股申购业务，在证券二级市场开展的业务量在公司信托总规模中占比极小，因此证券市场的股价变动对公司的盈利和财务状况的影响有限；同时公司大多数证券信托业务的市场风险由受益人承担，公司依靠收取受托人固定报酬作为盈利主要渠道，故股价变动的影响有限。公司目前暂未开展外汇业务，不会给公司的盈利和财务状况造成影响。公司集合资金信托业务中贷款类业务占比一直偏低，且信贷业务的执行利率多数为固定利率，因此利率变动对公司盈利能力和财务状况的直接影响较小；公司主要业务为融资业务，2012年6月8日，中国人民银行下调金融机构人民币存贷款基准利率，对我公司信托融资业务造成一定压力，但由于房地产调控政策趋严，未对房地产信托需求构成分流，故房地产开发商通过信托融资的需求依然存在。公司的主营业务之一是投行业务，主要业务收入来源于财务顾问费、咨询费等收入，因而其行业费率的变动（特别是监管政策的变化及同业竞争）对公司的盈利能力和财务状况具有一定影响。

4.5.1.3 操作风险状况

操作风险是指公司由于内部程序缺失、人员信息系统的不完善、运营环节的工作错误，或外部事件造成的影响或损失。2012年公司异地业务占比继续上升，异地项目管理也给项目组前期尽职调查和后期监控带来了一定难度。为此公司已着手增加风管员人员编制，确保所有异地集合项目由风管员面签合同并办理抵押登记手续。在业绩考核方面，异地团队不仅考核业务收入指标，同时要加入相当权重的风控指标，并与项目延期支付挂钩，确保形成有效的考核和管理方法；同时，明确异地团队负责人与公司分管领导对异地项目风险等负主要责任。

4.5.1.4 其他风险状况

其他风险主要是政策法律风险和道德风险。政策法律风险指因国家政策，如财政政策、货币政策、产业政策、地区发展政策等发生变化，或法律及其配套制度的不完善或修订，给信托业务带来的风险。道德风险是指公司员工在获取信息不对称的情况下，采取以自身效用最大化的自私行为，侵占公司和客户的利益，给公司财产和信托财产带来的损失。报告期内，公司未发生因其他风险所造成的损失。

4.5.2 风险管理

4.5.2.1 信用风险管理

公司的信用风险控制策略是重点做好前台的尽职调查工作，论证项目可行性，在项目立项阶段从产品设计上设定风险控制关键点；同时加强中台、后台的监控，建立严密的事中决策和控制机制。

公司加强对交易对手的评估和识别工作，实事求是地对融资方、关联方、控制方、担保方的资信状况进行分析，确保第一还款来源可靠；落实合法、有效的信用增级措施（保证、抵押、质押），对同一债权设置保证、抵押、质押等多重担保，确保第二还款来源充足，风险可控；办理抵押贷款注意对抵押物权属有效性、变现能力以及合法性进行审查；办理保证贷款对保证人资格、资信状况进行审查；严格执行审贷分离和集体审议制度。

公司强化了项目后期管理和风险监控的职能，项目组人员通过贷后管理跟踪项目进度，每月召开预审计会议，对6个月内到期的项目进行逐个风险排查，建立风险预警机制，及时掌握交易对手情况变化；对自营资产按风险等级进行五级分类，加强风险监控，防止信用风险的发生。

4.5.2.2　市场风险管理

通过多领域的业务组合来分散风险。业务开展中，在公司较为精通的业务领域内，逐渐建立有固定业务关系的目标客户群，减少因不熟悉行业情况而造成的风险和损失。加强对交易对手在其所处行业的市场竞争能力的分析，准确把握资金进入时机，密切跟踪市场，及时调整投资策略和投资组合，密切关注经济运行状况，严格规避宏观政策调控带来的不良影响。根据项目的期限长短以及交易对手的财务状况和资金调剂能力，合理约定信托资金的还款方式、价格、期限及有效的内控措施，避免市场风险带来的信托财产收益的不确定性。

4.5.2.3　操作风险管理

建立科学的风险内控体系，明确各项业务的操作规程；继续完善法人治理结构，从体制上严防操作风险的产生；积极培育全员风险管理文化，在公司树立强化风险防范的理念；优化内部风险管控模式。

4.5.2.4　其他风险管理

公司根据法律法规和银监会要求制定公司规章和内控制度，公司法律顾问和风险管理部负责对业务的合法合规性进行审查，以规范业务行为，控制业务范围，确保业务部门严格按照现有法规进行信托业务创新；强化合法合规经营的理念，建立健全各项规章制度，通过严格的内控体系对员工的行为进行规范；完善人事管理制度，建立合理的奖惩制度并严格执行，落实责任追究制度；加强思想政治工作和职业道德教育，增强员工的工作责任心，树立勤勉尽责的思想；加强内部稽核。

5. 报告期末及上一年度末的比较式会计报表

5.1　自营资产

5.1.1　会计师事务所审计结论

德勤华永会计师事务所（特殊普通合伙）北京分所认为，中铁信托财务报表在所有重大方面按照企业会计准则的规定编制，公允反映了中铁信托2012年12月31日的公司及合并财务状况以及2012年度的公司及合并经营成果和公司及合并现金流量。

5.1.2　资产负债表

公司及合并资产负债表

编制单位：中铁信托有限责任公司　　2012年12月31日　　单位：元

	合并		公司	
	年末数	年初数	年末数	年初数
资产：				
货币资金	1 014 932 946.99	773 659 156.01	856 588 271.84	606 176 516.78
拆出资金	—	137 472 970.44	—	137 472 970.44
以公允价值计量且其变动				
计入当期损益的金融资产	92 625 936.75	22 410 089.21	103 491 063.21	64 701 332.38
发放贷款和垫款	79 041 161.98	177 553 542.18	79 041 161.98	177 553 542.18
可供出售金融资产	2 177 154 658.13	1 137 538 740.19	2 394 837 490.29	1 391 982 214.95
应收款项类投资	434 230 000.00	290 530 000.00	—	—
长期股权投资	—	—	200 043 541.50	200 043 541.50
投资性房地产	48 202 607.25	49 966 560.81	48 202 607.25	49 966 560.81
固定资产	58 084 608.02	59 577 727.93	34 432 866.65	33 600 496.00
无形资产	44 385 425.90	47 360 078.06	41 683 447.21	43 526 865.00
递延所得税资产	60 603 091.12	54 707 180.62	54 195 577.65	48 134 227.92
其他资产	237 696 065.39	225 979 746.73	107 941 854.15	82 625 594.58
资产总计	4 246 956 501.53	2 976 755 792.18	3 920 457 881.73	2 835 783 862.54
负债：				
预收账款	592 596 185.60	313 815 145.45	592 596 185.60	313 815 145.45
应付职工薪酬	94 975 907.47	62 509 128.73	81 844 660.51	48 247 972.85
应交税费	317 266 808.75	254 101 751.28	314 205 193.37	251 804 423.03
应付股利	8 870 868.40	—	8 870 868.40	—
其他负债	300 295 368.97	279 148 202.05	123 576 134.55	272 465 942.84
负债合计	1 314 005 139.19	909 574 227.51	1 121 093 042.43	886 333 484.17
所有者权益				
实收资本	2 000 000 000.00	1 200 000 000.00	2 000 000 000.00	1 200 000 000.00
资本公积	25 947 643.60	23 653 030.93	22 633 098.14	20 710 723.72
盈余公积	208 837 211.80	129 027 369.27	208 837 211.80	129 027 369.27
风险准备金	223 933 825.19	151 442 354.87	147 558 592.29	84 821 319.67
未分配利润	415 806 296.22	508 596 258.30	420 335 937.07	514 890 965.71
归属于母公司所有者权益合计	2 874 524 976.81	2 012 719 013.37	2 799 364 839.30	1 949 450 378.37
少数股东权益	58 426 385.53	54 462 551.30	—	—
所有者权益合计	2 932 951 362.34	2 067 181 564.67	2 799 364 839.30	1 949 450 378.37
负债和所有者权益总计	4 246 956 501.53	2 976 755 792.18	3 920 457 881.73	2 835 783 862.54

附注为财务报表的组成部分

法定代表人：王俊明　　主管会计工作负责人：解义才　　会计机构负责人：李正斌

5.1.3 利润表

公司及合并利润表

编制单位:中铁信托有限责任公司　　2012年12月31日　　单位:元

	合并		公司	
	本年累计数	上年累计数	本年累计数	上年累计数
营业收入	1 333 337 403. 95	997 915 944. 28	1 215 718 620. 19	877 156 857. 13
利息净收入	190 153 420. 46	137 566 300. 48	182 780 433. 09	131 179 842. 71
利息收入	197 719 990. 16	143 519 593. 56	190 347 002. 79	137 133 135. 79
利息支出	7 566 569. 70	5 953 293. 08	7 566 569. 70	5 953 293. 08
手续费及佣金净收入	1 105 629 730. 40	875 361 673. 34	994 319 724. 94	753 886 543. 96
手续费及佣金收入	1 105 629 730. 40	875 361 673. 34	994 319 724. 94	753 886 543. 96
手续费及佣金支出	—	—	—	—
投资收益	26 972 704. 13	1 311 814. 38	28 066 318. 44	22 949 314. 38
公允价值变动损益	6 789 650. 83	(20 571 097. 12)	6 789 650. 83	(35 106 097. 12)
其他业务收入	3 791 898. 13	4 247 253. 20	3 762 492. 89	4 247 253. 20
营业支出	268 738 060. 30	236 159 186. 51	173 295 103. 20	133 594 990. 10
营业税金及附加	73 392 814. 65	56 457 990. 22	67 157 807. 64	49 627 444. 56
业务及管理费	193 581 292. 09	176 550 636. 33	104 373 342. 00	80 816 985. 58
资产减值损失	—	781 926. 40	—	781 926. 40
其他业务成本	1 763 953. 56	2 368 633. 56	1 763 953. 56	2 368 633. 56
营业利润	1 064 599 343. 65	761 756 757. 77	1 042 423 516. 99	743 561 867. 03
加:营业外收入	21 550 756. 13	22 713 746. 52	21 462 556. 13	22 649 198. 14
减:营业外支出	136 274. 96	7 324 933. 05	67 386. 94	5 580 880. 88
利润总额	1 086 013 824. 82	777 145 571. 24	1 063 818 686. 18	760 630 184. 29
减:所得税费用	272 008 880. 46	194 856 261. 43	265 720 260. 89	188 534 808. 10
净利润	814 004 944. 36	582 289 309. 81	798 098 425. 29	572 095 376. 19
归属于母公司所有者的净利润	809 617 689. 55	577 965 201. 41	798 098 425. 29	572 095 376. 19
少数股东损益	4 387 254. 81	4 324 108. 40	—	—
其他综合收益	2 418 692. 09	−1 679 565. 04	1 922 374. 42	1 679 489. 22
综合收益总额	816 423 636. 45	580 609 744. 77	800 020 799. 71	573 774 865. 41
归属于母公司所有者的				
综合收益总额	811 912 302. 22	577 125 399. 95	800 020 799. 71	573 774 865. 41
归属于少数股东的综合收益总额	4 511 334. 23	3 484 344. 82	—	—

附注为财务报表的组成部分

法定代表人:王俊明　　主管会计工作负责人:解义才　　会计机构负责人:李正斌

5.1.4 公司及合并现金流量表

公司及合并现金流量表

编制单位:中铁信托有限责任公司　　2012年12月31日　　单位:元

	合并		公司	
	本年累计数	上年累计数	本年累计数	上年累计数
经营活动产生的现金流量				
收到信托业务咨询费和手续费取得的现金	1 278 576 097. 91	922 103 316. 27	1 275 528 465. 09	922 103 316. 27
收到基金管理费取得的现金	100 276 808. 40	108 935 001. 00	—	—
收到贷款利息和可供出售金融				
资产利息取得的现金	135 744 217. 19	95 557 838. 52	135 744 217. 19	95 557 838. 52
收到金融企业往来利息取得的现金	29 408 019. 30	30 532 004. 40	26 290 200. 94	26 526 548. 40
拆出资金净减少额	38 804 637. 10	—	38 804 637. 10	—
客户贷款及垫款净减少额	98 512 380. 20	425 760. 80	98 512 380. 20	425 760. 80
收到其他与经营活动有关的现金	198 581 051. 93	126 960 347. 66	27 945 428. 09	122 844 000. 43
经营活动现金流入小计	1 879 903 212. 03	1 284 514 268. 65	1 602 825 328. 61	1 167 457 464. 42

续表

	合并		公司	
	本年累计数	上年累计数	本年累计数	上年累计数
支付的各项与营销活动有关的现金	11 666 335.97	15 435 467.00	—	—
支付利息、手续费及佣金的现金	7 566 569.70	136 880.58	7 566 569.70	136 880.58
支付给职工以及为职工支付的现金	94 838 873.35	91 246 844.09	42 099 825.28	40 361 425.09
支付的各项税费	290 836 283.53	135 025 282.61	279 434 938.17	119 283 863.61
拆出资金净增加额	—	38 804 637.10	—	38 804 637.10
支付其他与经营活动有关的现金	203 950 964.88	56 520 035.72	172 305 245.68	36 963 593.51
经营活动现金流出小计	608 859 027.43	337 169 147.10	501 406 578.83	235 550 399.89
经营活动产生的现金流量净额	1 271 044 184.60	947 345 121.55	1 101 418 749.78	931 907 064.53
投资活动产生的现金流量				
收回投资收到的现金	1 377 422 097.70	1 411 810 923.60	1 375 468 107.83	1 411 810 923.60
取得投资收益收到的现金	26 423 818.45	15 846 814.38	28 066 318.44	22 949 314.38
处置固定资产、无形资产和				
其他长期资产收回的现金净额	176 380.00	90 987.00	167 510.00	4 328.00
投资活动现金流入小计	1 404 022 296.15	1 427 748 724.98	1 403 701 936.27	1 434 764 565.98
投资支付的现金	2 597 760 297.27	2 078 912 159.81	2 407 760 297.27	2 078 912 159.81
购建固定资产、无形资产和				
其他长期资产支付的现金	5 950 057.27	6 193 595.75	4 381 496.69	2 937 635.75
投资活动现金流出小计	2 603 710 354.54	2 085 105 755.56	2 412 141 793.96	2 081 849 795.56
投资活动产生的现金流量净额	-1 199 688 058.39	-657 357 030.58	-1 008 439 857.69	-647 085 229.58
筹资活动产生的现金流量				
吸收投资所收到现金	800 000 000.00	—	800 000 000.00	—
筹资活动现金流入小计	800 000 000.00	—	800 000 000.00	—
分配股利、利润或偿付利息支付的现金	741 782 970.38	215 875 233.63	741 235 470.38	213 507 733.63
其中：子公司支付给少数股东的股利、利润	547 500.00	2 367 499.97	—	
筹资活动现金流出小计	741 782 970.38	215 875 233.63	741 235 470.38	213 507 733.63
筹资活动产生的现金流量净额	58 217 029.62	-215 875 233.63	58 764 529.62	-213 507 733.63
汇率变动对现金及现金等价物的影响	—	—	—	—
现金及现金等价物净增加额	129 573 155.83	74 112 857.34	151 743 421.71	71 314 101.32
加：年初现金及现金等价物余额	784 419 668.36	710 306 811.02	704 844 850.13	633 530 748.81
年末现金及现金等价物余额	913 992 824.19	784 419 668.36	856 588 271.84	704 844 850.13

5.1.5 所有者权益变动表

公司及合并所有者权益变动表

编制单位：中铁信托有限责任公司　　2012年12月31日　　单位：元

合　并	2012年度							
	归属于母公司所有者权益						少数股东权益	所有者权益合计
	实收资本	资本公积	盈余公积	信托赔偿准备金	风险准备金	未分配利润		
一、2012年1月1日余额	1 200 000 000.00	23 653 030.93	129 027 369.27	64 373 344.36	87 069 010.51	508 596 258.30	54 462 551.30	2 067 181 564.67
二、本年增减变动金额	800 000 000.00	2 294 612.67	79 809 842.53	39 904 921.26	32 586 549.06	-92 789 962.08	3 963 834.23	865 769 797.67
（一）净利	—	—	—	—	809 617 689.55	4 387 254.81	814 004 944.36	
（二）其他综合收益	—	2 294 612.67	—	—	—	—	124 079.42	2 418 692.09
（一）和（二）小计	—	2 294 612.67	—	—	—	809 617 689.55	4 511 334.23	816 423 636.45
（三）所有者投入和减少资本	631 014 355.58	168 985 644.42	—	—	—	—	—	800 000 000.00
1. 所有者投入资本	631 014 355.58	168 985 644.42	—	—	—	—	—	800 000 000.00
（四）利润分配	—	—	79 809 842.53	39 904 921.26	32 586 549.06	-902 407 651.63	-547 500.00	-750 653 838.78
1. 提取法定盈余公积	—	—	79 809 842.53	—	—	-79 809 842.53	—	—
2. 提取风险准备金	—	—	—	39 904 921.26	32 586 549.06	-72 491 470.32	—	—
3. 对股东分配	—	—	—	—	—	-750 106 338.78	-547 500.00	-750 653 838.78
（五）所有者权益内部结转	168 985 644.42	-168 985 644.42	—	—	—	—	—	—
1. 资本公积转增资本	168 985 644.42	-168 985 644.42	—	—	—	—	—	—
三、2012年12月31日余额	2 000 000 000.00	25 947 643.60	208 837 211.80	104 278 265.62	119 655 559.57	415 806 296.22	58 426 385.53	2 932 951 362.34

续表

合　并	2011年度							
	归属于母公司所有者权益						少数股东权益	所有者权益合计
	实收资本	资本公积	盈余公积	信托赔偿准备金	风险准备金	未分配利润		
一、2011年1月1日余额	1 200 000 000.00	24 492 832.39	71 817 831.65	35 768 575.55	69 103 701.27	147 919 578.54	53 345 706.45	1 602 448 225.85
二、本年增减变动金额	—	(839 801.46)	57 209 537.62	28 604 768.81	17 965 309.24	360 676 679.76	1 116 844.85	464 733 338.82
(一)净利润	—	—	—	—	—	577 965 201.41	4 324 108.40	582 289 309.81
(二)其他综合收益	—	(839 801.46)	—	—	—	—	(839 763.58)	(1 679 565.04)
(一)和(二)小计	—	(839 801.46)	—	—	—	577 965 201.41	3 484 344.82	580 609 744.77
(三)利润分配	—	—	57 209 537.62	28 604 768.81	17 965 309.24	(217 288 521.65)	(2 367 499.97)	(115 876 405.95)
1. 提取法定盈余公积	—	—	57 209 537.62	—	—	(57 209 537.62)	—	—
2. 提取风险准备金	—	—	—	28 604 768.81	17 965 309.24	(46 570 078.05)	—	—
3. 对股东分配	—	—	—	—	—	(113 508 905.98)	(2 367 499.97)	(115 876 405.95)
三、2011年12月31日余额	1 200 000 000.00	23 653 030.93	129 027 369.27	64 373 344.36	87 069 010.51	508 596 258.30	54 462 551.30	2 067 181 564.67

公司及合并所有者权益变动表

2012年12月31日

公　司	2012年度						
	实收资本	资本公积	盈余公积	信托赔偿准备金	风险准备金	未分配利润	所有者权益合计
一、2012年1月1日余额	1 200 000 000.00	20 710 723.72	129 027 369.27	64 373 344.36	20 447 975.31	514 890 965.71	1 949 450 378.37
二、本年增减变动金额	800 000 000.00	1 922 374.42	79 809 842.53	39 904 921.26	22 832 351.36	(94 555 028.64)	849 914 460.93
(一)净利润	—	—	—	—	—	798 098 425.29	798 098 425.29
(二)其他综合收益	—	1 922 374.42	—	—	—	—	1 922 374.42
(一)和(二)小计	—	1 922 374.42	—	—	—	798 098 425.29	800 020 799.71
(三)所有者投入和减少资本	631 014 355.58	168 985 644.42	—	—	—	—	800 000 000.00
1. 所有者投入资本	631 014 355.58	168 985 644.42	—	—	—	—	800 000 000.00
(四)利润分配	—	—	79 809 842.53	39 904 921.26	22 832 351.36	(892 653 453.93)	(750 106 338.78)
1. 提取法定盈余公积	—	—	79 809 842.53	—	—	(79 809 842.53)	—
2. 提取风险准备金	—	—	—	39 904 921.26	22 832 351.36	(62 737 272.62)	—
3. 对股东分配	—	—	—	—	—	(750 106 338.78)	(750 106 338.78)
(五)所有者权益内部结转	168 985 644.42	(168 985 644.42)	—	—	—	—	—
1. 资本公积转增资本	168 985 644.42	(168 985 644.42)	—	—	—	—	—
三、2012年12月31日余额	2 000 000 000.00	22 633 098.14	208 837 211.80	104 278 265.62	43 280 326.67	420 335 937.07	2 799 364 839.30
	2011年度						
	实收资本	资本公积	盈余公积	信托赔偿准备金	风险准备金	未分配利润	所有者权益合计
一、2011年1月1日余额	1 200 000 000.00	19 031 234.50	71 817 831.65	35 768 575.55	12 519 639.89	150 047 137.35	1 489 184 418.94
二、本年增减变动金额	—	1 679 489.22	57 209 537.62	28 604 768.81	7 928 335.42	364 843 828.36	460 265 959.43
(一)净利润	—	—	—	—	—	572 095 376.19	572 095 376.19
(二)其他综合收益	—	1 679 489.22	—	—	—	—	1 679 489.22
(一)和(二)小计	—	1 679 489.22	—	—	—	572 095 376.19	573 774 865.41
(三)利润分配	—	—	57 209 537.62	28 604 768.81	7 928 335.42	(207 251 547.83)	(113 508 905.98)
1. 提取法定盈余公积	—	—	57 209 537.62	—	—	(57 209 537.62)	—
2. 提取风险准备金	—	—	—	28 604 768.81	7 928 335.42	(36 533 104.23)	—
3. 对股东分配	—	—	—	—	—	(113 508 905.98)	(113 508 905.98)
三、2011年12月31日余额	1 200 000 000.00	20 710 723.72	129 027 369.27	64 373 344.36	20 447 975.31	514 890 965.71	1 949 450 378.37

附注为财务报表的组成部分

5.2 信托资产

5.2.1 信托项目资产负债汇总表

信托项目资产负债汇总表

编制单位:中铁信托有限责任公司　　2012 年 12 月 31 日　　单位:万元

信托资产	期初数	期末数	信托负债和信托权益	期初数	期末数
信托资产			信托负债		
货币资金	118 190	692 806	应付受托人报酬	52	31
拆出资金			应付保管费	26	25
交易性金融资产	4 455	10 381	应付受益人收益		
买入返售金融资产	24 400	0	其他应付款项	24 958	113 666
应收款项	1 149 506	3 028 860	应交税费		
发放贷款	1 006 613	3 989 651	应付销售服务费		
可供出售金融资产	3 649	149 942	其他负债		
持有至到期投资	809 133	1 803 355	信托负债合计	25 036	1113 722
长期应收款					
长期股权投资	1 141 924	828 325	信托权益		
固定资产			实收信托	4 147 158	10 274 041
无形资产			资本公积	511	211
长期待摊费用	1	1	未分配利润	86 165	176 346
其他资产	999	60 999	信托权益合计	4 233 834	10 450 598
信托资产总计	4 258 870	10 564 320	信托负债及信托权益总计	4 258 870	10 564 320

法人代表:王俊明　　信托财务分部负责人:邓文英　　制表:郭　磊

5.2.2 信托项目利润及利润分配汇总表

信托项目利润及利润分配表

2012 年 12 月 31 日

编制单位:中铁信托有限责任公司　　单位:万元

项　目	本期数	上期数
一、营业收入	580 076	308 035
利息收入	184 567	136 640
投资收益	177 480	111 115
公允价值变动收益	-720	-203
租赁收入	0	40
其他收入	218 749	62 443
二、营业支出	103 093	134 404
三、扣除资产减值准备前的信托利润	173 631	173 631
减:资产减值损失		
四、扣除资产减值准备后的信托利润	476 983	173 631
五、损益平准金	-6 793	-2 822
六、综合收益	470 190	170 809
加:期初未分配利润	86 028	40 892
七、可供分配的信托利润	556 218	211 701
减:本期已分配信托利润	379 872	125 537
七、期末未分配信托利润	176 346	86 164

法人代表:王俊明　　信托财务分部负责人:邓文英　　制表:郭　磊

6. 会计报表附注

6.1 简要说明报告年度会计报表编制基准、会计政策、会计估计和核算方法发生的变化

无。

6.2 或有事项说明

截至 2012 年 12 月 31 日,本公司不存在作为被告或者无独立请求权第三方的未决诉讼。对于本公司作为原告方的未决诉讼,本公司已根据实际情况对相关贷款计提贷款损失准备,未决诉讼不会对公司产生进一步的重大财务影响。

截至 2012 年 12 月 31 日,本公司并无其他重大的担保事项及其他需要说明的或有事项。

6.3 重要资产转让及其出售的说明

无。

6.4 会计报表中重要项目的明细资料

6.4.1 自营资产经营情况

6.4.1.1 按信用风险五级分类结果披露信用风险资产的期初数、期末数

信用风险资产五级分类	正常类（万元）	关注类（万元）	次级类（万元）	可疑类（万元）	损失类（万元）	信用风险资产合计（万元）	不良资产合计（万元）	不良资产率（%）
期初数	272 366	4 056	—	3 621	3 535	283 578	7 156	2.52
期末数	380 834	4 056	—	3 621	3 535	392 046	7 156	1.83

注:不良资产合计 = 次级类 + 可疑类 + 损失类。

6.4.1.2 各项资产减值损失准备的期初、本期计提、本期转回、本期核销、期末数

单位:万元

	期初数	本期计提	本期转回	本期核销/处置	期末数
贷款损失准备	1 063	—	—	—	1 063
一般准备	—	—	—	—	—
专项准备	—	—	—	—	—
其他资产减值准备	2 746	—	—	—	2 746
可供出售金融资产减值准备	3 395	—	—	—	3 395
持有至到期投资减值准备	—	—	—	—	—
长期股权投资减值准备	—	—	—	—	—
坏账准备	6 473	—	—	—	6 473
投资性房地产减值准备	—	—	—	—	—

6.4.1.3　自营股票投资、基金投资、债券投资、股权投资等投资业务的期初数、期末数

单位:万元

	自营股票	基金	债券	长期股权投资
期初数	621	—	—	20 004
期末数	962	—	—	20 004

6.4.1.4　按投资入股金额排序,前三名的自营长期股权投资的企业名称、占被投资企业权益的比例、主要经营活动及投资收益情况等(从大到小顺序排列)

单位:万元

企业名称	占被投资企业权益的比例(%)	投资收益(万元)
1. 宝盈基金管理有限公司	75	164.25
2. —	—	—
3.		

6.4.1.5　自营贷款的企业名称、占贷款总额的比例和还款情况等(从大到小顺序排列)

单位:万元

企业名称	占贷款总额的比例(%)	还款情况
1. 成都市武侯区桂溪房地产开发公司	61.98	正常
2. 广厦建设集团有限责任公司	38.02	正常

6.4.1.6　表外业务的期初数、期末数,按照代理业务、担保业务和其他类型表外业务分别披露

单位:万元

表外业务	期初数	期末数
担保业务	—	—
代理业务(委托业务)	3 641	3 901
其他	50	50
合计	3 691	3 951

6.4.1.7　公司当年的收入结构

收入结构	金额(万元)	占比(%)
手续费及佣金收入	99 432	80.32
利息收入	19 035	15.38
其他业务收入	376	0.30
投资收益	2 807	2.27
其中:股权投资收益	164	0.13
营业外收入	2 146	1.73
收入合计	123 796	100.00

6.4.2　信托资产管理情况

6.4.2.1　信托资产的期初数、期末数

单位:万元

信托资产	期初数	期末数
集合	2 493 953	5 025 417
单一	1 703 178	5 129 490
财产权	61 739	409 413
合计	4 258 870	10 564 320

6.4.2.1.1　主动管理型信托业务期初数、期末数,分证券投资、股权投资、融资、事务管理类分别披露

单位:万元

主动管理型信托资产	期初数	期末数
证券投资类	36 640	21 890
股权投资类	635 863	624 625
其他投资类	95 000	869 703
融资类	3 108 913	5 901 705
事务管理类		1 746 011
合计	3 876 416	9 163 934

6.4.2.1.2　被动管理型信托业务期初数、期末数。分证券投资、股权投资、融资、事务管理类分别披露

单位:万元

被动管理型信托资产	期初数	期末数
证券投资类	0	0
股权投资类	209 757	190 000
其他投资类	45 142	333 500
融资类	65 816	467 473
事务管理类	61 739	409 413
合计	382 454	1 400 386

6.4.2.2　本年度已清算结束的信托项目个数、实收信托合计金额、加权平均实际年化收益率

6.4.2.2.1　本年度已清算结束的集合类、单一类资金信托项目和财产管理类信托项目个数、实收信托金额、加权平均实际年化收益率

已清算结束信托项目	项目个数	合计金额(万元)	加权平均实际年化收益率(%)
集合类	115	1 253 945	7.45
单一类	40	1 008 664	6.01
财产管理类	5	53 740	0

6.4.2.2.2　本年度已清算结束的主动管理型信托项目个数、实收信托合计金额、加权平均实际年化收益率,分证券投资、股权投资、融资、事务管理类分别披露

已清算结束信托项目	项目个数	合计金额(万元)	信托报酬率(%)	加权平均实际年化收益率(%)
证券投资类	1	2 042	1.00	-9.61%
股权投资类	7	184 500	1.05	8.09%
融资类	141	2 004 810	1.20	6.87%
事务管理类	—	—	—	—

6.4.2.2.3　本年度已清算结束的被动管理型信托项目个数、实收信托合计金额、加权平均实际年化收益率，分证券投资、股权投资、融资、事务管理类分别披露

已清算结束信托项目	项目个数	合计金额（万元）	信托报酬率（%）	加权平均实际年化收益率（%）
证券投资类	0	0	0	—
股权投资类	1	9 757	0.48	—
其他投资类	0	0	0	—
融资类	5	61 500	0.41	5.51%
事务管理类	5	53 740	0.31	—

6.4.2.3　本年度新增的集合类、单一类和财产管理类信托项目个数、实收信托合计金额

单位：万元

新增信托项目	项目个数	合计金额
集合类	220	3 690 356
单一类	102	4 830 257
财产管理类	16	401 414
新增合计	192	8 922 026
其中：主动管理型	169	7 770 232
被动管理型	23	1 151 794

6.4.2.4　本公司履行受托人义务情况及因本公司自身责任而导致的信托资产损失情况（合计金额、原因等）

本公司遵守信托法和信托文件对受托人义务的规定，为受益人的最大利益处理信托事务。管理信托财产时，恪尽职守，履行诚实、信用、谨慎、有效管理的义务，没有因本公司自身责任而导致的信托资产损失情况。

6.5　关联方关系及其交易的披露

6.5.1　关联交易方的数量、关联交易的总金额及关联交易的定价政策

	关联交易方数量	关联交易总金额（万元）	定价政策
合计	5	211 260	按市场公允价格定价

6.5.2　关联交易方与本公司的关系性质、关联交易方的名称、法定代表人、注册地址、注册资本及主营业务等

关系性质	关联方名称	法定代表人	注册地址	注册资本（万元）	主营业务
股东	中铁二院工程集团有限责任公司	漆宝瑞	四川成都通锦路三号	55 420.80	建设工程勘察设计业务；建设工程总承包业务及项目管理；地质灾害防治工程的勘察设计、咨询、监理、施工图审查、项目管理及工程承包服务等。
股东	中铁八局集团有限公司	曹义	成都市金牛区金科东路68号	156 428.48	建筑施工、项目策划、投资及管理、工业设备制造、房地产开发、汽车销售维修、仓储物流、混凝土制品和其他业务。
股东	中铁十局集团有限公司	沈尧兴	济南市高新区舜泰广场7号楼	133 394.32	铁路工程、房屋建筑工程、公路工程、市政公用工程、桥梁工程、铁路铺轨架梁工程、城市轨道交通工程、隧道工程承包及施工，铁道行业工程设计等。
控股股东的子公司	中铁建工集团有限公司	刘荣耀	北京市房山区良乡政通路12号	175 361.00	勘测设计、房地产开发到铁路站房及新线、大型房屋建设、设备安装、装修装饰、市政交通、工程监理、大型钢结构制作安装。
控股股东的子公司	中铁置业集团有限公司	郑勇	北京市丰台区科学城海鹰路9号院2号楼	210 000.00	房地产开发与经营、策划、咨询，建筑工程施工，市政工程，装饰装修，建筑材料销售，机械设备租赁，投资管理，物业管理及相关服务。

6.5.3　本公司与关联方的重大交易事项

6.5.3.1　固有财产与关联方交易情况：贷款、投资、租赁、应收账款、担保、其他方式等期初汇总数、本期借方和贷方发生额汇总数、期末汇总数

固有与关联方关联交易

单位：万元

	期初数	借方发生额	贷方发生额	期末数
贷款	0	0	0	0
投资	0	0	0	0
租赁	0	0	0	0
担保	0	0	0	0
应收款项	0	0	0	0
其他	0	0	0	0
合计	0	0	0	0

6.5.3.2　信托资产与关联方交易情况：贷款、投资、租赁、应收账款、担保、其他方式等期初汇总数、本期借方和贷方发生额汇总数本期发生额汇总数、期末汇总数

信托与关联方关联交易

单位：万元

	期初数	借方发生额	贷方发生额	期末数
贷款	107 363	43 000	34 000	116 363
投资	145 657	0	0	0
租赁	0	0	0	0
担保	0	0	0	0
应收款项	0	0	0	0
其他	0	0	50 760	94 897
合计	253 020	43 000	84 760	211 260

6.5.3.3　信托公司自有资金运用于自己管理的信托项目（固信交易）、信托公司管理的信托项目之间的相互（信信交易）交易金额，包括余额和本报告年度的发生额

6.5.3.3.1　固有财产与信托财产之间的交易金额期初汇总数、本期发生额汇总数、期末汇总数

固有财产与信托财产相互交易

单位:万元

	期初数	本期发生额	期末数
合计	43 500	0	43 500

6.5.3.3.2　信托项目之间的交易金额:期初汇总数、本期发生额汇总数、期末汇总数

信托资产与信托财产相互交易

单位:万元

	期初数	本期发生额	期末数
合计	0	0	0

6.5.4　关联方逾期未偿还本公司资金的详细情况以及本公司为关联方担保发生或即将发生垫款的详细情况

报告期内,本公司无上述情况。

6.6　会计制度的披露

固有业务、信托业务均执行财政部于2006年2月15日颁布的企业会计准则。

7. 财务情况说明书

7.1　利润实现和分配情况

根据有关规定提足相关准备后,母公司报告期实现利润总额106 382万元,税后净利润79 810万元,按规定计提法定盈余公积7 981万元,一般风险准备金2 283万元,信托赔偿准备金3 990万元,对股东分配75 011万元,2011年末未分配利润51 489万元,2012年末未分配利润42 034万元。

合并后资产总额424 696万元,负债总额131 401万元,所有者权益293 295万元(其中,少数股东权益5 843万元)。所有者权益中实收资本200 000万元,资本公积2 595万元,盈余公积20 884万元,风险准备金22 393万元,未分配利润41 581万元。2012年12月31日,本公司未分配利润余额中包括子公司已提取的盈余公积为人民币18 495 251.66元(2011年12月31日:人民币17 179 075.23元)。

合并后净利润为81 400万元,合并后归属母公司所有者的净利润为80 962万元。

7.2　主要财务指标

指标名称	指标值
资本利润率(%)	64.26
加权年化信托报酬率(%)	0.58
人均净利润(万元)	771

7.3　对本公司财务状况、经营成果有重大影响的其他事项

无。

8. 特别事项简要揭示

8.1　前五名股东报告期内变动情况及原因

8.1.1　前五名股东变更

无。

8.1.2　控股股东变更

无。

8.2　董事、监事、高级管理人员变动情况及原因

报告期内董事、监事、高级管理人员无变动情况。

8.3　公司的重大未决诉讼事项

2012年正在处理的诉讼及执行案件:

(1)四川盛大国防科教实业有限责任公司于2003年在公司借款900万元(目前余额880万元),由成都棠湖集团公司和四川威龙药业公司提供保证担保。借款到期后未予归还。2005年12月,公司向成都市中级人民法院提起诉讼并胜诉,但其资产国防乐园用地已抵押给农业银行,公司对其超值部分予以查封,受偿顺序排第四位。自2007年以来,由于成都市中院的盛大国防案件集中办理,导致公司执行受阻。四川省高级人民法院依据我公司的申请,将该案裁定由内江市中级人民法院执行,目前执行尚无新进展。

(2)绵阳市福潮高新建材制品有限公司于2008年8月向我公司借款2 000万元,该借款人未按借款合同约定还本付息,公司于2009年7月,直接向绵阳市中级人民法院申请了执行。法院依法查封了借款人名下的砖厂厂房及机器设备,但两次拍卖均未成交。2010年10月,借款人向法院转款1 000万元,并向法院提交了偿还债务的保证书。2010年12月,公司从绵阳中院划回该案执行款1 070万元,2011年4月,司又执行回了500万元。为了尽快实公司的债权、维护公司的合法权益,2011年11月22日公司再次向绵阳中院申请限制朱玉成个人高消费;冻结朱玉成个人信用卡;将朱玉成列入全国被执行人名单,争取能全面清收结束此案。

(3)原衡平信托老股东——成都无缝钢管厂与成都市金通信托投资公司(金通信托投资公司与工商信托投资公司合并重组为衡平信托公司,后更名为中铁信托)于1993年签署了一笔委托贷款协议,后该委托贷款进行强制执行时,裁定抵押物因拆迁而形成资产损失。成都无缝钢管厂无奈将10多年前的上述委托贷款案件起诉公司,成都锦江区法院下达了〔2010〕锦江民初字第729号民事判决,判令公司偿还成都无缝钢管厂491.02万元本金及利息,公司不服一审判决,上诉至成都市中级人民法院,成都市中级人民法院经审理后下达了〔2010〕成民初字第2645号民事判决书,维持原判,二审结束后成都无缝钢管厂就已经向锦江法院申请了强制执行。公司为了最大限度保护公司的利益,一方面积极与锦江区法院执行局联系沟通,申请了暂缓执行;另一方面于2011年1月向四川省高院申请了再审,省高院下达了〔2011〕川民申字第60号受理通知书。2012年7月,本案经高院开庭重申后,下达了〔2012〕川民提字第283号民事裁定书,认为一审、二审判决认定事实不清,证据不足,撤销四川省成都市中级人民法院〔2010〕成民终字第

2645号民事判决及成都市锦江区人民法院〔2010〕锦江民初字第729号民事判决，发回成都市锦江区人民法院重审。

公司在对原金通信托与工商信托合并后，经过几年的清理和对两公司老资产债权的清收，已经创造了很大资产处置收益，该案件的最终结果并不会影响公司老资产处置的收益。

8.4 公司及其董事、监事和高级管理人员受到处罚的情况

报告期内，公司及其董事、监事和高级管理人员未发生受到处罚的情况。

8.5 银监会及其派出机构对公司检查后提出整改意见的整改情况说明

报告期内，银监会及其派出机构未对公司实施正式的现场检查。

8.6 本年度重大事项临时报告的简要内容、披露时间、所披露的媒体及其版面

公司于2012年4月20日在《证券时报》B3版进行了2011年年度报告摘要的公开信息披露。

8.7 本年度净资本管理情况

项目	期初余额	期末余额	监管标准
净资本（万元）	158 444.19	234 880.71	≥20 000
净资产（万元）	195 024.52	279 936.48	≥30 000
固有业务风险资本（万元）	36 517.99	54 610.64	
信托业务风险资本（万元）	75 660.68	110 268.28	
其他业务风险资本（万元）	—	—	
各项业务风险资本之和（%）	112 178.67	164 878.92	
净资本/各项业务风险资本之和（%）	141.24	142.46	≥100
净资本/净资产（%）	81.24	83.91	≥40%

8.8 银监会及其省级派出机构认定的其他有必要让客户及相关利益人了解的重要信息

无。

9. 公司监事会意见

公司监事会认为，本报告期内，董事会运作规范、决策合理、程序合法，认真执行股东会的各项决议。没有发现公司董事、高级管理人员执行公司职务时违反法律、法规、公司章程或损害公司利益的行为。公司财务制度健全，内控制度完善，财务状况良好。财务报告真实、客观地反映了公司的财务状况和经营成果。公司发生的关联交易均按市场公允价格确定，未发现违规关联交易；公司未实施重大收购资产事项；出售资产交易价格合理，未发现内幕交易、损害部分股东的权益或造成公司资产流失的情形。公司已建立了较为完善的内部控制制度体系并能得到有效执行。

中投信托有限责任公司

1. 重要提示

1.1 本公司董事会及董事保证本报告所载资料不存在任何虚假记载、误导性陈述或者重大遗漏,并对其内容的真实性、准确性和完整性承担个别及连带责任。

1.2 独立董事王保树、陈忠阳声明:保证本年度报告的内容真实、完整、准确。

1.3 董事长杨金龙,总经理刘屹,主管会计工作负责人秦程宏及财务部门负责人吕深远声明:保证本年度报告中财务会计报告的真实、完整、准确。

2. 公司概况

2.1 公司简介

中投信托有限责任公司的前身是原浙江省国际信托投资公司。浙江省国际信托投资公司创建于1979年8月,1983年12月经中国人民银行批准成为非银行金融机构,是国内最早经营信托投资业务的公司之一。在信托业第五次清理整顿中,公司更名为浙江省国际信托投资有限责任公司,成为浙江省首家获准重新登记的信托公司。

2007年3月,中国建银投资有限责任公司收购浙江省国际信托投资有限责任公司原股东持有的全部股权。2007年4月,浙江省国际信托投资有限责任公司获得一人有限责任公司营业执照,成为中国建银投资有限责任公司的全资子公司。经中国银监会批准,2007年11月,浙江省国际信托投资有限责任公司更名为中投信托有限责任公司,注册资本为人民币5亿元。2010年1月,公司股东中国建银投资有限责任公司对公司单家增资,注册资本增至人民币15亿元。

中文名称	中投信托有限责任公司
英文名称	China Zhongtou Trust Co.,Ltd.
英文名称缩写	China Zhongtou Trust
法定代表人	杨金龙
注册地址	浙江省杭州市教工路18号世贸丽晶城欧美中心1号楼(A座)18~19层C,D区
邮政编码	310012
国际互联网网址	http://www.zttrust.com.cn/
电子信箱	zttrust@zttrust.com.cn
负责信息披露的高管	刘屹
负责信息披露联系人	金铭
联系电话	0571—85069047
传真	0571—85154216
电子信箱	jinming@zttrust.com.cn
公司信息披露报纸名称	《金融时报》
年度报告备置地点	中投信托有限责任公司综合办公室
聘请的会计师事务所及住所	德勤华永会计师事务所(特殊普通合伙)北京分所 住所:北京市东长安街1号东方广场东方经贸城德勤大楼
聘请的律师事务所及住所	上海锦天城律师事务所杭州分所 住所:浙江省杭州市天目山路238号华鸿大厦A座5楼

2.2 组织结构

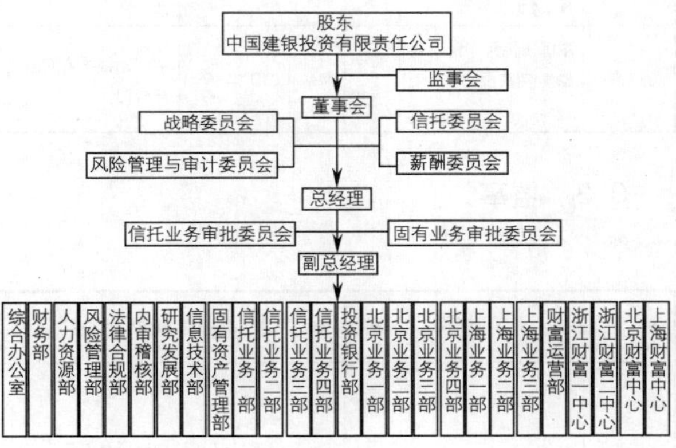

3. 公司治理结构

3.1 股东

报告期末,公司股东数为一家。

股东总数:1

股东名称	出资比例(%)	法人代表	注册资本(万元)	注册地址	主要经营业务及主要财务情况
中国建银投资有限责任公司	100	仲建安	2 069 225	北京市西城区闹市口大街1号院2号楼7~14层	投资与投资管理;资产管理与处置;企业管理;房地产租赁;咨询。 2012年,实现收入69.92亿元,净利润28.36亿元(未经审计数据)。

3.2 董事

董事会董事长、董事

姓名	职务	性别	年龄	选任日期	所推举的股东名称	该股东持股比例(%)	简要履历
杨金龙	董事长	男	57	2012年12月	中国建银投资有限责任公司	100	曾任中国建设银行总行信贷二部副主任、稽核审计部副主任级审计员、资产保全部副主任、信贷管理委员会办公室副主管、风控委信贷审批办公室副主任、信贷审批部副总经理，中国建设银行云南省分行副行长、党委委员；2005年1月加入中国建投，曾任审计与风险控制部总经理、风险管理部负责人、审计部负责人；现任中投信托有限责任公司党委书记、董事长。
陈良秋	董事	男	43	2011年8月	中国建银投资有限责任公司	100	曾任职于中国建设银行厦门分行；历任中国建投公司清理实体办公室副主任，企业管理部总经理助理、副总经理，投资部负责人，负责对股权投资业务的全面管理；现任中国建投投资运营官，兼任长期股权投资部负责人、国泰基金董事、中投资本董事、绵阳产业基金咨询委员会委员、中粮农业食品投资基金管理公司董事、投资委员会委员、南京莱斯董事；现任中投信托有限责任公司董事。
张剑平	董事	男	49	2010年10月	中国建银投资有限责任公司	100	曾任中国建设银行总行投资调查部项目一处、原材料非工业处、技改处副处长，信贷评审部机电轻纺处、项目评估部信息调查处、能源处、信贷经营部行业四处、公司业务部信用评价处处长，信贷委处级专职贷款审批人、风控委审批办专职贷款审批人、信贷审批部高级专职贷款审批人；参与金信信托停业整顿工作，任业务组负责人，中国投资咨询公司党委委员、副总经理，中投信托有限责任公司副总经理、副总经理（主持工作）；现任中投信托有限责任公司党委委员、董事、总经理。

独立董事

姓名	所在单位及职务	性别	年龄	选任日期	所推举的股东名称	该股东持股比例(%)	简要履历
王保树	清华大学法学院教授、博士生导师	男	71	2010年10月	中国建银投资有限责任公司	100	曾任中国社会科学院法学研究所研究员（教授）、副所长、博士生导师；现任清华大学法学院教授、博士生导师，中投信托有限责任公司独立董事。
陈忠阳	中国人民大学财政金融学院教授、博士生导师	男	44	2010年10月	中国建银投资有限责任公司	100	曾任广西自治区南宁市清秀区人民政府副区长（挂职）；现任中国人民大学财政金融学院教授、博士生导师，中投信托有限责任公司独立董事。

3.3 监事

监事会成员

姓名	职务	性别	年龄	选任日期	所推举的股东名称	该股东持股比例(%)	简要履历
屠佑良	监事长	男	58	2012年8月	中国建银投资有限责任公司	100	曾任浙江省石油化学工业厅计财处财务负责人、主任科员、副处长，浙江省国际信托投资公司金融信托部副经理、经理，浙江省国信控股集团公司监察审计室主任、香港公司、深圳公司总经理，浙江国信典当有限责任公司董事长，浙江国信拍卖行有限公司董事长，浙江省国际信托投资有限责任公司党委副书记；现任中投信托有限责任公司党委委员、纪委书记、监事长、工会主席。
赵白羽	监事	女	53	2011年5月	中国建银投资有限责任公司	100	曾任职于东北财经大学助教、讲师、副教授、教研室主任，中国经济开发信托投资公司咨询部副总经理、研究发展部副总经理、总经理办公室副主任，中央国债登记结算有限公司研发部副主任，国家财政部，中国建投；现任中投信托有限责任公司监事。
曹学文	职工监事	男	41	2010年10月	职工工会	—	曾任金信信托投资股份有限公司房产信托部副经理，中投信托有限责任公司信托业务二部总经理助理，中投信托有限责任公司合规风险管理部副总经理（主持工作）；现任中投信托有限责任公司监事、风险管理部总经理、研究发展部总经理。

3.4 高级管理人员

姓名	职务	性别	年龄	选任日期	金融从业年限	学历	专业
张剑平	总经理	男	49	2010年10月	27	硕士研究生	经济学
周　雄	副总经理	女	53	2007年10月	30	硕士研究生	政治经济学
曹丽娜	副总经理	女	43	2011年1月	15	硕士研究生	管理学
秦程宏	副总经理、财务总监	男	40	2010年10月	3	硕士研究生	商学

注:2012年8月6日,公司股东中国建银投资有限责任公司推荐刘屹为中投信托有限责任公司总经理人选。2012年8月14日,公司召开中投信托有限责任公司第二届董事会第三十次会议,审议通过《关于审议中投信托有限责任公司董事、总经理调整的议案》。2013年1月9日,报经中国银行业监督管理委员会批复(银监复〔2013〕21号),核准刘屹中投信托有限责任公司董事、总经理的任职资格。2013年1月15日,公司在《金融时报》第4版刊登《中投信托有限责任公司关于公司总经理变动的公告》的临时信息披露。

3.5 公司员工

项目		报告期年度		上年度	
		人数	比例(%)	人数	比例(%)
年龄分布	25岁以下	3	2.9	2	2.1
	25~29岁	30	28.6	24	25.3
	30~39岁	48	45.7	46	48.4
	40岁以上	24	22.8	23	24.2
学历分布	博士	1	1	1	1.1
	硕士	46	43.8	43	45.3
	本科	54	51.4	46	48.4
	专科	2	1.9	3	3.2
	其他	2	1.9	2	2.0
岗位分布	董事、监事及其高管人员	7	6.7	8	8.4
	自营业务人员	4	3.8	6	6.3
	信托业务人员	40	38.1	44	46.4
	其他人员	54	51.4	37	38.9

4. 经营管理

4.1 经营目标、经营方针、战略规划

4.1.1 经营目标

塑造“最值得信赖的专业受托人”形象,发展成为一家有价值、值得信赖的品牌资产管理机构。

公司将始终以受益人利益为核心来履行受托管理职责,将“忠诚、诚信、尽责”等善良管理义务的道德标准贯穿于经营实践过程中。

公司将基于对信托制度的深刻理解,通过信托金融工具的综合运用和创新发展,培育在重点行业的价值提升能力,最终成为具有突出经济价值、社会价值和品牌价值的资产管理机构。

4.1.2 经营方针

合规经营。成为最值得委托人信赖的专业受托机构,切实维护信托关系各方当事人的合法利益,要牢固树立“诚信为本、合规经营”的理念,在经营管理活动中全面深入贯彻依法合规经营的基本原则,始终做到用制度和流程规范经营行为,使各项业务始终在监管的要求内规范发展。

创新发展。通过体制机制的创新提高经营能力和管理水平;利用信托的制度优势,通过产品创新为投资者提供更加多样化、个性化的金融服务。

专业化经营。即顺应信托行业发展的趋势,坚持专业化经营的发展方向,在产业投资等领域探索形成自身的经营特色。

4.1.3 战略规划

公司将在规划期内完成由行业的跟随者向行业领先者的稳步转变。依托并充分发掘股东的有利资源和战略支持,适时进一步增强资本实力,实现外延式增长与内涵式增长的有机结合。坚持多元化经营基础上的专业化导向,以专业经营为发展方向,与信托行业发展的趋势相适应,重点提高资产管理能力、价值研判能力和风险管理能力。坚持全国性的展业布局思路,在发挥区位优势,深耕长三角市场的基础上,逐步实现对全国重点区域的业务覆盖。

4.2 所经营业务的主要内容

自营资产运用与分布表

资产运用	金额(万元)	占比(%)	资产分布	金额(万元)	占比(%)
货币资产	34 545.95	11.51	基础产业	14 850.00	4.95
贷款及应收款	159 835.33	53.24	房地产业	86 354.26	28.77
交易性金融资产	2 480.82	0.83	证券市场	26 853.56	8.95
可供出售金融资产	92 872.96	30.95	实业	—	0.00
持有至到期投资	—	0.00	金融机构	164 934.18	54.94
长期股权投资	—	0.00	其他	7 196.56	2.39
其他	10 453.50	3.47		—	0.00
资产总计	300 188.56	100.00	资产总计	300 188.56	100.00

信托资产运用与分布表

资产运用	金额(万元)	占比(%)	资产分布	金额(万元)	占比(%)
货币资产	61 197.30	1.39	基础产业	739 640.00	16.86
贷款	1 742 282.20	39.72	房地产	662 990.00	15.11
交易性金融资产	2 232.57	0.05	证券市场	76 148.57	1.74
可供出售金融资产	1 068 086.98	24.34	实业	538 706.20	12.28
持有至到期投资	854 130.37	19.47	金融机构	219 296.13	5.00
长期股权投资	118 621.85	2.70	其他	2 150 605.67	49.01
其他	540 835.30	12.33			
信托资产总计	4 387 386.57	100.00	信托资产总计	4 387 386.57	100.00

4.3 市场分析

4.3.1 有利因素

（1）信托公司与其他金融机构相比，在制度和功能上的比较优势可以得到较好的体现。信托公司跨越货币市场、资本市场和产业市场，可以运用多种资产管理方式，在市场变化中调整业务方向，在不同的领域发挥丰富的资产管理功能。

（2）信托具有财产隔离等独特的制度优势，可以研究推出有别于其他金融机构的特色产品，满足客户的个性化理财需要。

（3）在业务发展上，根据国家“十二五”规划确定的七大新兴产业，信托公司将有较多的展业机会可以挖掘探索。房地产业务和矿产能源类业务仍有较好的展业机会。

（4）浙江省经济资源丰富，既具有大量的需要专业理财服务的合格投资者，也有许多需要资金支持的民营企业，产业投资市场非常活跃。

4.3.2 不利因素

（1）全球经济仍处于危机后的调整期，中国经济发展的外部环境仍然偏紧。我国发展仍面临不少风险和挑战，国内长期积累的产能过剩、自主创新能力薄弱、资源环境瓶颈等矛盾仍未得到根本解决，调整经济结构、转变发展方式任务艰巨。

（2）在金融业全面开放、混业经营的背景下，理财市场竞争激烈、监管规则不统一，信托公司受到更严格的限制，信托公司的制度优势被削弱，面临其他类型金融机构的严峻挑战。

（3）中央进一步加强房地产市场调控和住房保障工作，抑制投资投机和支持保护合理需求的政策大方向不变，差别化住房信贷、税收政策和限购政策短期内将延续，对公司新业务拓展和现有业务后期管理带来一定影响。

（4）浙江省经济发展呈现“宏观复杂、微观困难”、“短期波动、长期堪忧”交织的局面，经济不稳定、不确定因素依然较多，稳定增长的基础尚不牢固，中长期经济增长动力不足，新的经济增长点有待培育等情况对于公司展业环境带来一定的影响。

4.4 内部控制

4.4.1 内部控制环境和内部控制文化

公司组建较为完善的公司治理结构，明确董事会、监事会、高管层、各部门的职责分工，并设有独立的风险管理部、法律合规部和内审稽核部对公司内部控制的执行情况进行监督和检查。公司根据国家政策法规的变化和公司业务发展的需要及时对内部制度进行更新和完善，并切实加强制度的执行力度，对制度的执行情况进行检查，做到“有章可循，违章必究”。

公司重视企业内控文化的建设，一直以合规、稳健和专业化经营为基本原则，贯彻“诚信为本、合规经营”的核心理念，发挥信托制度优势，提升资产管理能力、盈利能力和风险控制能力，力争成为资本充实，内控严密，管理规范，具有较强发展能力和竞争能力的金融信托机构。

4.4.2 内部控制措施

4.4.2.1 流程控制

公司具体内部控制流程分为前台、中台、后台三个部分，并实行前台、中台、后台分离原则，现行的内部控制制度基本渗透公司的各项业务过程和各个操作环节。公司前台业务人员通过按照公司内控和经营制度进行业务拓展，实现内控流程的前端流转；中台人员通过按照公司内控和风险控制制度对公司经营行为进行管理和监督，实现内控流程的中端实施；后台人员通过按照公司内控和管理制度对公司业务和经营进行后台维护和支持，实现内控流程的后端终结。

4.4.2.2 组织控制

公司董事会下设风险管理与审计委员会，作为董事会风险管理与审计工作的专门议事机构。公司董事会下设信托委员会，确保公司依法履行受托职责，保证公司为受益人的利益最大化服务。公司风险管理部为公司风险管理的具体职能部门，协助公司高级管理层有效预防、识别、评估和管理经营和业务风险。公司法律合规部负责识别公司经营活动中的合规风险，计量、监测和评估公司合规政策和程序的适当性，提出改进意见和建议，及时向公司高级管理层报告。公司内审稽核部为公司内控管理组织机构的重要组成部分，对公司经营活动的合规性进行监督和评价。公司基本形成了“事前防范、事中控制、事后监督和纠正”的健全的内控机制。

4.4.2.3 制度控制

公司建立和完善内控制度，从各方面保障固有财产和信托财产分别管理、分别核算，并将不同委托人的信托财产分别管理、分别记账，同时，按照“审办分离，集体审批”原则，信托业务和固有业务实行决策分离，分别由信托业务审批委员会和固有业务审批委员会审批。业务决策逐步从定性层面过渡至定量与定性相结合的业务决策方式。

4.4.3 信息交流与反馈

4.4.3.1 完整的报告体系

为确保上下级以及部门之间信息交流的通畅，公司初步建立了多层次、多途径的报告体系，通过划分部门和人员职责、确立清晰完整的报告线路，明确了员工、各部门、高管人员、董事会和监事会的职责范围和报告路径。

4.4.3.2 信息交流与共享平台的搭建

公司通过包括OA平台、综合业务系统、财务管理系统等在内的电子化信息交流渠道建立综合管理信息技术系统，实现“统一平台、信息共享、操作简便、安全高效”的目的，确保了公司董事会和高管层能够及时了解公司的经营和内控情况。

4.4.3.3 外部信息共享机制

公司通过公开信息披露机制的建立、公司网站建设、书面和公告通知等多种方式，增进了公司与委托人、受益人和社会公众的信息沟通与交流。

4.4.3.4 监管信息沟通机制

公司通过定期报告、临时报告、事前报备、信托计划成立报告、非现场监管报告等方式向监管部门及时报送公司相关信息，并及时收取和办理监管部门文件和指示，形成了良好的监管信息交流体系。

4.4.4 监督评价与纠正

4.4.4.1 外部监督与评价

公司定期接受监管部门的现场检查和会计师事务所的审计，并根据检查意见和审计结果及时修订完善内部控制制度。

4.4.4.2 内部监督与评价

公司内部实行由风险管理部门开展的事中监控和内审稽核部门开展的内部稽核审计，以此作为公司内控制度执行情况检查、评价和完善的重要手段。

4.5 风险管理

风险管理工作长期以来一直作为公司的各项工作的重中之重。为保证公司稳健发展，业务开展合规有序，严格控制公司经营风险，2012 年公司在董事会的领导下，主要围绕公司风险管理政策制定、业务风险排查等重要工作，建立健全公司风险管理体系，为公司业务快速稳健发展提供了有力的保障。公司目前存续的各项业务运行稳健，到期终止的各项信托业务能够按照交易文件的约定履行受托人的义务，在约定的期限内足额向信托受益人分配信托利益，业务风险得到了有效的防范与控制。

4.5.1 风险管理概况

公司的风险管理坚持全面性、有效性和独立性，根据业务类别制定了相应的风险控制措施和政策，形成了“事前防范、事中控制、事后监督”的风险管理规程，制定了系统的内部控制制度。在项目的选择上，实行尽职调查制度，并由法律、财务等专业人员组成尽调小组参与项目尽职调查；在项目的决策上，实行分级、分类审批制度；在项目的执行上，实行信托经理负责制；在项目运做过程中，实行项目后续管理专人全程跟踪制度；在财务管理方面，实行信托财产与自有财产分户管理、不同信托财产开立不同账户管理制度等。

公司确立了风险管理部的内部组织架构，为各项工作开展做好准备，并根据风险管理部基本职能，结合当前的工作需要，在风险管理部内部设置了派驻异地团队风险管理人员，健全风险管理部门内部组织结构。

为加强项目审查，控制项目风险，实现风险管理关口前移，公司增设了立项审批环节，对业务部门尽职调查情况和交易结构安排情况进行前置审查，提高了工作效率，使业务运作更加流畅。

公司持续优化信托业务审批机制，强调委员会委员的专业化和公正性，并重新制定了信托业务审批委员会议事规则。目前信托业务审批委员会实行例会制，原则上每周召开一次，并对参加人数、召开方式、审议时限、回避原则等进行了相应的规定，提高了项目审批效率，增强了风险管理水平。

4.5.1.1 公司经营活动中可能遇到的风险

公司经营活动中可能遇到的风险主要有信用风险、市场风险、操作风险、法律风险、流动性风险、声誉风险、战略风险。

4.5.1.2 风险管理的基本原则与政策

公司坚持以科学发展观为指导，以建立完善的风险管理机制为目标，以重点业务和创新业务的风险管理为重点，不断引入科学的风险管理技术，实现风险有效控制与业务发展的协调统一，不断提升公司风险管理能力。

4.5.1.3 风险管理组织结构与职责划分

董事会风险管理与审计委员会是董事会设立的负责风险管理与审计工作的专门委员会，主要职责是根据公司发展战略，制订、审核公司风险管理工作规划，评价公司战略目标和经营计划所涉及的风险因素，并向董事会提出建议；定期审核、评议公司风险管理政策，促进风险管理政策的合法合规和及时有效；从风险控制角度，监督公司各项规章制度的执行情况，并对公司重大经营决策进行风险监测和评价；审阅公司风险管理工作报告，对风险管理工作提出改善意见和建议；审核、检测和调整公司的风险控制流程与风险计量模型和方法；审核、评议公司年度审计工作规划；负责对公司内部审计制度的有效性及其执行情况进行监督；负责内部审计与外部审计之间的沟通与协调；提议聘请或更换外部审计机构；董事会授权的其他事宜等。

风险管理部主要职责是拟订公司风险管理政策，根据董事会及相关专业委员会确定和批准的风险管理战略、政策与程序，实施公司风险管理工作；拟定风险管理规章制度；负责对尽职调查工作提出指引或标准，参与公司重大项目尽职调查，就特定事项独立提出事前风险评估报告；参与公司创新业务与产品的风险评估，研究创新业务与产品有关风险管理的问题，提供风险控制建议和措施；审核公司业务审批委员会要求落实情况的相关文件；负责对业务实施定期或不定期、现场或非现场检查，协助与督促业务部门实施风险监测与预警，受理风险预警信息，履行风险预警报告相关职责；贯彻监管部门风险管理相关政策，提出政策落实建议与意见，检查政策落实情况等工作。

法律合规部主要职责是识别公司经营活动中的合规风险，计量、监测和评估公司合规政策和程序的适当性，提出改进意见和建议，及时向公司高级管理层报告；归口管理公司的规章制定工作，根据公司经营管理需要，提出公司规章体系的设计与调整方案，起草公司规章编制计划、监督落实执行，整理、编纂公司规章文件；起草或参与起草公司的基本规章，起草公司的合规管理和法律事务工作规章，并对公司其他部门起草的规章进行合规性审查；负责对公司信托业务和固有业务的合规性审查工作，提出书面合规意见和建议；归口管理公司授权工作，负责公司有权签字人签字样本的制作、管理工作等。

内审稽核部主要职责是对公司内控制度执行情况实行严格的检查和监督，对各部门的业务活动和财务活动进行审计、稽核，出具内部审计稽核报告，并在监督检查过程中对公司内控制度适时作出评价。

4.5.2 风险状况

4.5.2.1 信用风险状况

信用风险，称违约风险，是指交易对方不能履行合约义务而带来的风险。对公司而言，它指的是信托当事人各自承担的对他方的责任不能全部或部分按时履行的风险。公司严格按照《中国银行业监督管理委员会关于非银行金融机构全面推行资产质量五级分类管理的通知》的要求，定期对公司资产质量进行五级分类。2012 年公司按照法律法规的相关规定提取了相应比例的风险准备金，未发生重大不利信用风险。

（1）信托业务信用风险状况。截至 2012 年 12 月末，公司存续信托项目规模 436.04 亿元，按照资产风险分类标准，正常类信托资产 433.41 亿元，关注类信托资产 1.54 亿元，次级类信托资产实收余额为 0.12 亿元，可疑类信托资产 0.96 亿元，损失类信托资产 0.01 亿元。

（2）固有业务信用风险状况。截至 2012 年 12 月末，公司固有资产余额为 30.24 亿元，按照公司《资产风险分类管理办法》规定的分类标准，正常类固有资产余额 29.66 亿元，关注类固有资产余额0.47亿元，无次级类固有资产，无可疑类固有资产，损失类固有资产余额0.11亿元。

4.5.2.2 市场风险状况

市场风险是指公司在信托资产和其自有资产合法经营中，所不可避免的因市场参数的波动而产生的风险。这些市场参数包括利率、汇率、股票指数、商品价格和隐含波动性等。因此，信托公司的市场风险又可以分为利率风险、汇率风险、股市风险和价格风险（也称通货膨胀风险或购买力风险）等。

4.5.2.3 操作风险状况

操作风险主要是指因交易系统不完善、管理失误、控制缺失，或其他一些人为的错误而导致损失的可能性，尤其是因管理失误和内部控制缺失带来的损失。2012年，公司未发生因操作风险所造成的损失。

4.5.2.4 其他风险状况

除以上三种风险外，公司还可能面临的风险包括法律风险、道德风险、政策风险、创新风险等。法律风险主要是指因合约的内容在法律上有缺陷或不完善而发生法律纠纷甚至无法履约的情况。道德风险是指由于公司内部人员蓄意违规违法或与公司的利益主体串通而给信托受益人或公司自身带来损失的可能性。政策风险主要是指因与信托相关的产业政策或政府各种经济和非经济政策的变化给公司的经营带来的风险。创新风险是指公司因创新业务活动而带来的风险。2012年，公司未发生因其他风险所造成的损失。

4.5.3 风险管理

公司针对目前经营中存在的风险，在认真分析风险成因和影响方式的基础上，提出了相应的风险管理策略和防范控制措施。

4.5.3.1 信用风险管理

针对交易对手带来的信用风险，2012年，公司除了加强事前对交易对手的尽职调查工作外，继续延续了对交易对手进行分类判断的方法，注重对各类企业财务状况和信用状况的调查，并通过对机构资质、声誉、综合能力等方面进行定性分析。根据分析评价结果，公司及时采取必要的风险管控措施，风险被控制在初期阶段，未造成委托人损失和公司重大损失。

（1）加强事前对交易对手（项目）的尽职调查。

（2）实行对交易对手（项目）风险评估制度，设立事前审批、事中执行和事后监督三道程序，为信用风险管理提供三道防火墙。在项目评审过程中公司的前台、中台、后台以及管理层、决策层须对项目风险进行层层把关，建立了分层次的风险预防线。

（3）认真落实贷款担保措施，客观、公正地评估抵押品，严格控制贷款本金与不同抵押品价值之比，增加有效风险对冲，保证信托资金净值安全。

（4）事中对交易对手（项目）进行动态管理，及时将有关情况向公司高管层和董事会报告。

（5）足额提取风险准备金在内的各项准备金。

4.5.3.2 市场风险管理

对于市场风险，公司密切关注国家政策变化，并据此提出相应对策及业务调整方案。其中，针对资产市场风险，公司把握证券市场的总体变动趋势，通过组合投资，规避股市风险。对于汇率风险、利率风险和价格风险，公司通过密切跟踪宏观经济变化，收集相关信息资料，重点把握影响汇率、利率、价格变动的基本因素，正确预测，防范风险。

针对2012年房地产市场情况，公司多次召开专题会议，评估房地产业持续的宏观调控对公司房地产业务造成的影响，对房地产类业务的规范运作和发展方向进行了讨论和研究。在此基础上，公司制定了《中投信托有限责任公司信托政策》等风险管理政策，有预见性和针对性地对房地产业务的开展和风险管理进行了相应规制。公司还通过专项检查和其他风险监测手段，强化房地产类业务的监测频度，以进一步跟踪行业调控政策对房地产企业的不利影响，及时了解现存房地产项目的风险状况。同时，公司按照监管部门的要求持续监测房地产信托业务风险和集中风险排查，并提交相应监测报告和风险排查报告。通过上述检查及风险排查工作确保对各类风险的持续跟踪，有效提升了信后管理质量。目前，公司房地产信托业务运作状况良好，资金用途符合约定，未发生交易对手逾期还款或违约情形，房地产开发企业经营状况、项目开发进度、销售成交情况基本正常，企业资产负债率、流动性情况、偿债能力指标、担保物（人）等未发生重大不利变化。

4.5.3.3 操作风险管理

对于操作风险，公司通过加强员工培训和业务流程再造，规范业务操作流程，明确操作权限和内容，严格遵循“投融资决策与操作分离”、“业务操作和风险监控分离”原则。同时，建立严格的审批、复核、评估、监测程序，制定风险预警措施，防范操作风险。

（1）强化尽职调查，通过规定项目尽职调查内容、程序、要求等对前台部门开展的尽职调查工作进行明确规范。

（2）重视签约环节，公司的所有合同均要求并做到了面签，且公司风险管理部派人参与公司重大合同的面签。

（3）建立严格的部门职责和员工岗位职责，整合公司各项业务流程和操作规程，在全公司实行统一的业务标准和操作要求。

（4）建立职责分离、横向与纵向相互监督制约的机制。定期开展业务操作流程执行状况检查，跟踪检查公司的各项操作流程的执行情况，保障业务操作流程的有效执行。

（5）建立严格的复核、审核程序。公司设置专门的内部审计人员，定期对公司的各项内控制度执行状况、财务核算等内容进行检查，根据检查结果提出调整及改进意见，并向董事会和管理层提交相关报告，有效督促各项制度的贯彻执行。

（6）不断完善公司的各项规章制度，使之更加完整、严密、可执行。建立了规范的合同管理制度，规范合同的起草、审核、签订、用印、变更、过程管理等环节。

（7）制定严格的信息系统管理制度并配置备份系统。

4.5.3.4 其他风险管理

对面临的其他风险的管理，公司完善制度建设，加强合规经营，建立较为完善的公司治理结构，推进内部约束和监督机制。同时，强化对宏观经济政策和行业政策的跟踪、研究，提高预见性；保持业务管理制度与法律、规则和准则的一致性；积极倡导和培育公司的风险文化，加强对员工的思想教育。

5. 2012 年度及 2011 年度的比较式会计报表

5.1 自营资产

5.1.1 会计师事务所审计结论

审计报告

德师京报(审)字(13)第 P0578 号

中投信托有限责任公司股东:

我们审计了后附的中投信托有限责任公司(以下简称中投信托)的财务报表,包括 2012 年 12 月 31 日的资产负债表、2012 年度的利润表、所有者权益变动表和现金流量表以及财务报表附注。

一、管理层对财务报表的责任

编制和公允列报财务报表是中投信托管理层的责任,这种责任包括:(1)按照企业会计准则的规定编制财务报表,并使其实现公允反映;(2)设计、执行和维护必要的内部控制,以使财务报表不存在由于舞弊或错误而导致的重大错报。

二、注册会计师的责任

我们的责任是在执行审计工作的基础上对财务报表发表审计意见。我们按照中国注册会计师审计准则的规定执行了审计工作。中国注册会计师审计准则要求我们遵守中国注册会计师职业道德守则,计划和执行审计工作以对财务报表是否不存在重大错报获取合理保证。

审计工作涉及实施审计程序,以获取有关财务报表金额和披露的审计证据。选择的审计程序取决于注册会计师的判断,包括对由于舞弊或错误导致的财务报表重大错报风险的评估。在进行风险评估时,注册会计师考虑与财务报表编制和允公列报相关的内部控制,以设计恰当的审计程序,但目的并非对内部控制的有效性发表意见。审计工作还包括评价管理层选用会计政策的恰当性和作出会计估计的合理性,以及评价财务报表的总体列报。

我们相信,我们获取的审计证据是充分、适当的,为发表审计意见提供了基础。

三、审计意见

我们认为,中投信托财务报表在所有重大方面按照企业会计准则的规定编制,公允反映了中投信托 2012 年 12 月 31 日的财务状况以及 2012 年度的经营成果和现金流量。

德勤华永会计师事务所(特殊普通合伙)北京分所

中国注册会计师

景宜青

李燕

2013 年 4 月 16 日

5.1.2 资产负债表

资产负债表

2012 年 12 月 31 日　　单位:万元

资产	年末数	年初数
现金及存放中央银行款项	4.14	12.11
存放同业款项	34 541.81	46 606.02
交易性金融资产	2 480.82	2 345.43
发放贷款和垫款	92 070.00	40 095.00
可供出售金融资产	92 872.96	78 337.16
应收款项类投资	61 888.00	67 070.00
投资性房地产	7 561.92	7 863.27
固定资产	2 360.03	2 438.55
无形资产	231.03	216.03
其他资产	6 177.85	6 431.22
资产总计	300 188.56	251 414.79
负债	年末数	年初数
应付账款	174.05	174.05
拆入资金	550.00	550.00
预收款项	4 998.74	—
应付职工薪酬	5 834.09	3 381.10
应交税费	9 455.91	2 309.34
其他应付款	3 589.02	2 685.25
递延所得税负债	3 631.31	2 763.07
负债合计	28 233.12	11 862.81
实收资本	150 000.00	150 000.00
资本公积	14 502.73	11 100.88
盈余公积	12 693.19	9 793.03
风险准备金	9 221.17	6 190.78
未分配利润	85 538.35	62 467.29
所有者权益合计	271 955.44	239 551.98
负债和所有者权益总计	300 188.56	251 414.79

企业负责人:刘　屹　　主管会计工作负责人:秦程宏　　会计机构负责人:吕深远

5.1.3 利润表

利润表

2012 年度　　单位:万元

	本年累计数	上年累计数
营业收入	53 399.62	43 102.09
利息净收入	9 088.40	6 781.73
利息收入	9 091.24	6 781.73
利息支出	2.84	—
手续费及佣金净收入	30 243.17	25 460.32
手续费及佣金收入	30 243.17	25 460.32
手续费及佣金支出	—	—
投资收益	12 866.11	10 944.98
公允价值变动损益	135.39	−887.24
汇兑损益	−0.28	−6.16
其他业务收入	1 066.83	808.46
营业支出	15 896.18	11 032.36
营业税金及附加	2 746.79	1 890.67
业务及管理费	12 325.33	8 794.42
资产减值损失	525.00	48.74
其他业务成本	299.06	298.53
营业利润	37 503.44	32 069.73
加:营业外收入	733.60	58.69
减:营业外支出	65.01	66.94
利润总额	38 172.03	32 061.48
减:所得税费用	9 170.42	1 717.52
净利润	29 001.61	30 343.96
其他综合收益	3 401.85	−4 867.79
综合收益总额	32 403.46	25 476.17

企业负责人:刘　屹　　主管会计工作负责人:秦程宏　　会计机构负责人:吕深远

5.1.4 所有者权益变动表

所有者权益变动表

2012 年度　　单位：万元

	实收资本	资本公积	盈余公积	信托赔偿准备金	一般风险准备	未分配利润	所有者权益合计
一、2012 年 1 月 1 日余额	150 000.00	11 100.88	9 793.03	4 896.52	1 294.26	62 467.29	239 551.98
二、本年增减变动金额	—	3 401.85	2 900.16	1 450.08	1 580.31	23 071.06	32 403.46
（一）净利润	—	—	—	—	—	29 001.61	29 001.61
（二）其他综合收益	—	3 401.85	—	—	—	—	3 401.85
（一）和（二）小计	—	3 401.85	—	—	—	29 001.61	32 403.46
（三）利润分配	—	—	2 900.16	1 450.08	1 580.31	-5 930.55	—
1. 提取法定盈余公积	—	—	2 900.16	—	—	-2 900.16	—
2. 提取风险准备金	—	—	—	1 450.08	1 580.31	-3 030.39	—
3. 对股东分配	—	—	—	—	—	—	—
三、2012 年 12 月 31 日余额	150 000.00	14 502.73	12 693.19	6 346.60	2 874.57	85 538.35	271 955.44

2011 年度

	实收资本	资本公积	盈余公积	信托赔偿准备金	一般风险准备	未分配利润	所有者权益合计
	人民币万元	人民币万元	人民币万元	人民币万元	人民币万元	人民币万元	人民币万元
一、2011 年 1 月 1 日余额	150 000.00	15 968.67	6 758.64	3 379.32	1 091.93	36 877.25	214 075.81
二、本年增减变动金额	—	-4 867.79	3 034.39	1 517.20	202.33	25 590.04	25 476.17
（一）净利润	—	—	—	—	—	30 343.96	30 343.96
（二）其他综合收益	—	-4 867.79	—	—	—	—	-4 867.79
（一）和（二）小计	—	-4 867.79	—	—	—	30 343.96	25 476.17
（三）利润分配	—	—	3 034.39	1 517.20	202.33	-4 753.92	—
1. 提取法定盈余公积	—	—	3 034.39	—	—	-3 034.39	—
2. 提取风险准备金	—	—	—	1 517.20	202.33	-1 719.53	—
3. 对股东分配	—	—	—	—	—	—	—
三、2011 年 12 月 31 日余额	150 000.00	11 100.88	9 793.03	4 896.52	1 294.26	62 467.29	239 551.98

单位负责人：刘屹　　主管会计工作负责人：秦程宏　　会计机构负责人：吕深远

5.2 信托资产

5.2.1 信托项目资产负债汇总表

信托项目资产负债表

编制单位：中投信托有限责任公司　　2012 年 12 月 31 日　　单位：万元

信托资产	期末余额	期初余额	信托负债和信托权益	期末余额	期初余额
信托资产			信托负债		
货币资金	61 197.30	172 103.95	交易性金融负债	0.00	0.00
拆出资金	0.00	0.00	衍生金融负债	0.00	0.00
存出保证金	0.00	0.00	应付受托人报酬	3.73	642.35
交易性金融资产	2 232.57	2 438.47	应付托管费	0.75	6.77
衍生金融资产	0.00	0.00	应付受益人收益	162.93	30.79
买入返售金融资产	540 440.00	250 000.00	应交税费	1 973.71	1 476.12
应收款项	395.30	85 090.18	应付销售服务费	0.00	0.00

续表

信托项目资产负债表					
编制单位:中投信托有限责任公司			2012 年 12 月 31 日	单位:万元	
信托资产	期末余额	期初余额	信托负债和信托权益	期末余额	期初余额
发放贷款	1 742 282. 20	329 830. 00	其他应付款项	4 083. 76	6 944. 57
可供出售金融资产	1 068 086. 98	720 516. 13	预计负债		
持有至到期投资	854 130. 37	834 760. 00	其他负债	0. 00	0. 00
长期应收款	0. 00	0. 00	信托负债合计	6 224. 88	9 100. 60
长期股权投资	118 621. 85	351 241. 85			
投资性房地产	0. 00	0. 00	信托权益		
固定资产	0. 00	0. 00	实收信托	4 360 428. 48	2 730 557. 86
无形资产	0. 00	0. 00	资本公积	0. 00	3 506. 00
长期待摊费用	0. 00	0. 00	损益平准金	0. 00	0. 00
其他资产	0. 00	0. 00	未分配利润	20 733. 21	2 816. 12
减:各项资产减值准备	0. 00	0. 00	信托权益合计	4 381 161. 69	2 736 879. 98
信托资产总计	4 387 386. 57	2 745 980. 58	信托负债和信托权益总计	4 387 386. 57	2 745 980. 58

单位负责人:刘　屹　　　　主管会计工作负责人:秦程宏　　　　会计机构负责人:吕深远

5. 2. 2　信托项目利润及利润分配汇总表

利润及利润分配汇总表		
编制单位:中投信托有限责任公司	2012 年度	单位:万元
项　目	本年金额	上年金额
1. 营业收入	216 825. 99	144 874. 30
1. 1 利息收入	91 322. 17	77 607. 42
1. 2 投资收益(损失以"-"号填列)	70 562. 54	36 719. 90
1. 2. 1 其中:对联营企业和合营企业的投资收益	0. 00	0. 00
1. 3 公允价值变动收益(损失以"-"号填列)	354. 71	2 483. 19
1. 4 租赁收入	0. 00	0. 00
1. 5 汇兑损益(损失以"-"号填列)	0. 00	0. 00
1. 6 其他收入	54 586. 57	28 063. 79
2. 支出	47 930. 45	27 016. 09
2. 1 营业税金及附加	5 206. 38	3 464. 73
2. 2 受托人报酬	22 428. 06	14 007. 20
2. 3 托管费	1 411. 12	2 227. 67
2. 4 投资管理费	336. 04	2 054. 31
2. 5 销售服务费	7 528. 05	2 025. 35
2. 6 交易费用	60. 21	651. 46
2. 7 资产减值损失	0. 00	0. 00
2. 8 其他费用	10 960. 59	2 585. 37
3. 信托净利润(净亏损以"-"号填列)	168 895. 54	117 858. 21
4. 其他综合收益	0. 00	0. 00
5. 综合收益	168 895. 54	117 858. 21
6. 加:期初未分配信托利润	2 816. 12	18 121. 79
7. 可供分配的信托利润	171 711. 66	135 980. 00
8. 减:本期已分配信托利润	150 978. 45	133 163. 88
9. 期末未分配信托利润	20 733. 21	2 816. 12
单位负责人:刘屹　　主管会计工作负责人:秦程宏	会计机构负责人:吕深远	

6. 会计报表附注

6. 1　会计报表编制基准、会计政策、会计估计和核算方法发生的变化

本公司执行财政部2006 年2 月公布的《企业会计准则》,报告期内会计报表编制基准、会计政策、会计估计和核算方法与上一报告期一致,未发生变化。

6. 2　或有事项说明

无或有事项。

6. 3　重要资产转让及其出售的说明

无。

6. 4　会计报表中重要项目的明细资料

6. 4. 1　披露自营资产经营情况

6. 4. 1. 1　按信用风险五级分类结果披露信用风险资产的期初数、期末数

信用资产五级分类	正常类(万元)	关注类(万元)	次级类(万元)	可疑类(万元)	损失类(万元)	信用风险资产合计(万元)	不良资产合计(万元)	不良资产率(%)
期初数	93 377. 04	—	—	—	—	93 377. 04	—	—
期末数	133 625. 47	—	—	—	—	133 625. 47	—	—

注:不良资产合计=次级类+可疑类+损失类。

6. 4. 1. 2　各项资产减值损失准备的期初、本期计提、本期转回、本期核销、期末数

单位:万元

	期初数	本期计提	本期转回	本期核销	期末数
贷款损失准备	810	990	405	—	1 395
一般准备	405	60	0	—	465
专项准备	405	930	405	—	930
其他资产减值准备	—	—	—	—	—
可供出售金融资产减值准备	—	—	—	—	—
持有至到期投资减值准备	—	—	—	—	—
长期股权投资减值准备	—	—	—	—	—
坏账准备	—	—	—	—	—
投资性房地产减值准备	—	—	—	—	—

6. 4. 1. 3　自营股票投资、基金投资、债券投资、股权投资等投资业务的期初数、期末数

单位：万元

	自营股票	基金	债券	长期股权投资	其他投资	合计
期初数	23 478.15	—	—	—	124 274.45	147 752.60
期末数	26 853.56	—	—	—	130 388.22	157 241.78

6.4.1.4　按投资入股金额排序，前三名的自营长期股权投资的企业名称、占被投资企业权益的比例、主要经营活动及投资收益情况等（依大小顺序排列）

无。

6.4.1.5　前三名的自营贷款的企业名称、占贷款总额的比例和还款情况等（依大小顺序排列）

企业名称	占贷款总额的比例(%)	还款情况
南京交通投资置业有限公司	26.88	无
浙江锦天房地产开发有限公司	26.88	无
清远市广州后花园有限公司	21.51	已于2013年3月还款

6.4.1.6　表外业务的期初数、期末数，按照代理业务、担保业务和其他类型表外业务分别披露

单位：万元

	期初数	期末数
担保业务	0.00	0.00
代理业务(委托业务)	4 399.00	4 379.97
其他	0.00	0.00
合计	4 399.00	4 379.97

6.4.1.7　公司当年的收入结构（母公司口径、并表口径同时披露）

收入结构	金额(万元)	占比(%)
手续费及佣金收入	30 243.17	55.87
其中：信托手续费收入	30 243.17	55.87
投资银行业务收入	—	0.00
利息收入	9 088.40	16.79
其他业务收入	1 066.55	1.97
其中：计入信托业务收入部分		0.00
投资收益	12 866.11	23.77
其中：股权投资收益	—	0.00
证券投资收益	—	0.00
其他投资收益	—	0.00
公允价值变动收益	135.39	0.25
营业外收入	733.60	1.35
收入合计	54 133.22	100.00

6.4.2　披露信托财产管理情况

6.4.2.1　信托资产的期初数、期末数

单位：万元

信托资产	期初数	期末数
集合	699 969.71	1 458 958.17
单一	1 646 861.40	1 955 284.90
财产权	399 149.47	973 143.50
合计	2 745 980.58	4 387 386.57

6.4.2.1.1　主动管理型信托业务的信托资产期初数、期末数，分证券投资、股权投资、融资、事务管理类分别披露

单位：万元

主动管理型信托资产	期初数	期末数
证券投资类	15 878.04	14 313.03
股权投资类	269 565.46	192 257.06
融资类	1 204 942.90	2 075 044.37
事务管理类	76 169.98	568 497.65
合计	1 566 556.38	2 850 112.11

6.4.2.1.2　被动管理型信托业务的信托资产期初数、期末数，分证券投资、股权投资、融资、事务管理类分别披露

单位：万元

被动管理型信托资产	期初数	期末数
证券投资类	0.00	0.00
股权投资类	0.00	0.00
融资类	935 657.32	902 898.60
事务管理类	243 766.88	634 375.86
合计	1 179 424.20	1 537 274.46

6.4.2.2　本年度已清算结束的信托项目个数、实收信托合计金额、加权平均实际年化收益率

6.4.2.2.1　本年度已清算结束的集合类、单一类资金信托项目和财产管理类信托项目个数、实收信托金额、加权平均实际年化收益率

已清算结束信托项目	项目个数	实收信托合计金额(万元)	加权平均实际年化收益率(%)
集合类	21	438 360.00	9.10
单一类	29	1 546 246.00	5.66
财产管理类	2	46 806.00	—

6.4.2.2.2　本年度已清算结束的主动管理型信托项目个数、实收信托合计金额、加权平均实际年化收益率，分证券投资、股权投资、融资、事务管理类分别计算并披露

已清算结束信托项目	项目个数	实收信托合计金额(万元)	加权平均实际年化收益率(%)
证券投资类	1	12 900.00	-22.91
股权投资类	3	182 000.00	6.16
融资类	28	582 481.00	8.94
事务管理类	4	62 490.00	3.91

6.4.2.2.3　本年度已清算结束的被动管理型信托项目个数、实收信托合计金额、加权平均实际年化收益率，分证券投资、股权投资、融资、事务管理类分别计算并披露

已清算结束信托项目	项目个数	实收信托合计金额(万元)	加权平均实际年化收益率(%)
证券投资类	0	0.00	0.00
股权投资类	1	50 000.00	5.14
融资类	13	935 900.00	5.57
事务管理类	2	205 641.00	4.86

6.4.2.3　本年度新增的集合类、单一类和财产管理类信托项目个数、实收信托合计金额

单位：万元

新增信托项目	项目个数	实收信托合计金额
集合类	41	1 199 925.01
单一类	40	1 455 229.70
财产管理类	25	699 121.76
新增合计	106	3 354 276.47
其中：主动管理型	82	2 201 552.97
被动管理型	24	1 152 723.50

6.4.2.4 信托业务创新成果和特色业务有关情况

公司信托业务坚持以产业投资为核心，加强探索与大企业、大金融机构的战略合作，深度挖掘产业投资机会，创新产品模式，提升投资能力和价值研判能力，加快向以投资型业务为主的业务结构转变。2012年，公司发行设立的中投能源1号项目首期规模30亿元，为今后拓展重要产业领域、募集大规模集合资金信托计划进行了业务实践。2012年12月，公司还成功与中国信达浙江分公司签署战略合作协议，标志着在开拓更广阔的业务合作领域、促进业务模式创新发展方面取得了重大突破。

6.4.2.5 本公司履行受托人义务情况及因本公司自身责任而导致的信托资产损失情况（合计金额、原因等）

本公司作为信托计划的受托人，按照国家法律、法规和信托文件的约定管理、运用和处分信托财产，按期进行信息披露；对委托人、受益人以及处理信托事务的情况和资料依法保密；以信托财产为限向受益人支付信托利益。本年度未发生因本公司自身责任而导致的信托资产损失情况。

6.5 关联方关系及其交易的披露

6.5.1 关联交易方的数量、关联交易的总金额及关联交易的定价政策等

单位：万元

	关联交易方数量	关联交易金额	定价政策
合计	10	1 930.84	合同

6.5.2 关联交易方与本公司的关系性质、关联交易方的名称、法定代表人、注册地址、注册资本及主营业务等

关系性质	关联方名称	法定代表人	注册地址	注册资本（万元）	主营业务
控股股东	中国建银投资有限责任公司	仲建安	北京市西城区闹市口大街1号院2号楼7~14层	2 069 225	投资与投资管理、资产管理与处置、企业管理、房地产租赁、咨询
控股股东之子公司	中投科信科技股份有限公司	庄喆	北京市海淀区复兴路丙12号5层520室	35 000	计算机软硬件及配套设备、办公自动化设备、通信设备、电子产品的技术开发、技术转让、技术咨询、技术服务，销售计算机及外部设备、电子产品、通讯设备（不含无线电发射器材）、机房设备安装、调试，家居装饰，设备租赁

续表

关系性质	关联方名称	法定代表人	注册地址	注册资本（万元）	主营业务
控股股东之子公司	国泰基金管理有限公司	陈勇胜	上海市浦东新区峨山路91弄98号201A	11 000	基金设立、基金业务管理，及中国证监会批准的其他业务。
控股股东之子公司	建银实业控股有限责任公司	庄喆	北京市西城区闹市口大街1号院4号楼9F、9G	100 000	投资与投资管理、企业管理与咨询、房地产与设备租赁、房地产开发、宾馆酒店管理、物业管理。
控股股东之子公司	宏源证券股份有限公司	冯　戎	新疆乌鲁木齐市文艺路233号宏源大厦	146 120.416	证券经纪，证券投资咨询，与证券交易、证券投资活动有关的财务顾问，证券承销与保荐，证券自营，证券资产管理，证券投资基金代销，为期货公司提供中间介绍业务，融资融券业务等。
控股股东之子公司	中建银工程咨询管理有限责任公司	聂　敏	北京市西城区闹市口大街1号院4号楼9层	5 100	投资咨询、项目投资、投资管理、企业管理
控股股东之子公司	建投嘉昱（上海）投资有限公司	王　征	上海市虹口区东大名路1191号17912室	160 000	实业投资，投资管理，资产管理，房地产经营，物业管理，商务咨询，企业管理及咨询。
控股股东之二级子公司	北京金银出租汽车公司	李显山	门头沟区石龙南路6号1幢6-246室	400	租赁

6.5.3 逐笔披露本公司与关联方的重大交易事项

6.5.3.1 固有与关联方交易情况：贷款、投资、租赁、应收账款、担保、其他方式等期初汇总数、本期借方和贷方发生额汇总数、期末汇总数

单位：万元

固有与关联方关联交易				
	期初数	借方发生额	贷方发生额	期末数
贷款	—	—	—	—
投资	—	—	—	—
租赁	—	661.95	661.95	—
担保	—	—	—	—

续表

固有与关联方关联交易				
	期初数	借方发生额	贷方发生额	期末数
应收账款	—	—	—	—
其他	—	1 268. 89	1 268. 89	—
合计	—	1 930. 84	1 930. 84	—

6. 5. 3. 2　信托与关联方交易情况：贷款、投资、租赁、应收账款、担保、其他方式等期初汇总数、本期借方和贷方发生额汇总数、期末汇总数

单位：万元

信托与关联方关联交易				
	期初数	借方发生额	贷方发生额	期末数
贷款	73 500. 00	78 396. 20	73 500. 00	78 396. 20
投资	0. 00	0. 00	0. 00	0. 00
租赁	0. 00	0. 00	0. 00	0. 00
担保	0. 00	0. 00	0. 00	0. 00
应收账款	0. 00	0. 00	0. 00	0. 00
其他	0. 00	0. 00	0. 00	0. 00
合计	73 500. 00	78 396. 20	73 500. 00	78 396. 20

6. 5. 3. 3　信托公司自有资金运用于自己管理的信托项目（固信交易）、信托公司管理的信托项目之间的相互（信信交易）交易金额，包括余额和本报告年度的发生额

6. 5. 3. 3. 1　固有与信托财产之间的交易金额期初汇总数、本期发生额汇总数、期末汇总数

单位：万元

固有财产与信托财产相互交易			
	期初数	本期发生额	期末数
合计	105 170. 00	21 782. 00	83 388. 00

6. 5. 3. 3. 2　信托项目之间的交易金额期初汇总数、本期发生额汇总数、期末汇总数

单位：万元

信托资产与信托财产相互交易			
	期初数	本期发生额	期末数
合计	79 400. 00	－21 562. 63	57 837. 37

6. 5. 4　逐笔披露关联方逾期未偿还本公司资金的详细情况以及本公司为关联方担保发生或即将发生垫款的详细情况

无

6. 6　会计制度的披露

公司固有业务、信托业务均执行财政部 2006 年 2 月公布的《企业会计准则》。

7. 财务情况说明书

7. 1　利润实现和分配情况（母公司与并表口径同时披露）

公司 2012 年初未分配利润 62 467. 29 万元，2012 年度实现净利润 29 001. 61 万元。按净利润的 10% 提取法定盈余公积 2 900. 16 万元，按净利润的 5% 提取信托赔偿准备金 1 450. 08万元，按期末承担风险和损失的资产余额计提一般准备 1 580. 31 万元，截至 2012 年 12 月 31 日，公司未分配利润为 85 538. 35 万元。

7. 2　主要财务指标

指标名称	指标值
资本利润率（%）	11. 34
人均净利润（万元）	294. 95

7. 3　对本公司财务状况、经营成果有重大影响的其他事项

无。

8. 特别事项简要揭示

8. 1　本报告期内无股东变动情况

8. 2　本报告期内公司董事、监事及高级管理人员变动情况及原因

因工作需要，杨金龙任公司董事、董事长，郭云钊不再担任公司董事、董事长；屠佑良任公司监事、监事长，徐坤不再担任公司监事、监事长；瞿纲不再担任公司副总经理；秦程宏任公司副总经理、财务总监。因个人原因，刘伟辞去公司副总经理职务。上述事项均属正常变动。

8. 3　本报告期内无公司重大未决诉讼事项

8. 4　本报告期内无公司及其董事、监事和高级管理人员受到处罚的情况

8. 5　本报告期内银监会及其派出机构对公司检查后提出整改意见的情况

报告期内，中国银行业监督管理委员会浙江监管局多次对公司进行监管检查与指导，充分肯定了公司所取得的成绩，认为公司能够积极采取有效措施，不断加强内部管理、优化业务流程、拓展信托主业，各项风险管控基础持续强化，内审稽核作用有所提升，各项业务得到了稳步发展，主动管理能力提升明显，盈利水平保持良好，发展总体稳健，体现了较好的经营管理能力。但从监管情况来看，信托业务调查材料、后期管理的精细化程度有待进一步提升。

8.6 本报告期内重大事项临时报告

《中投信托有限责任公司关于更换会计师事务所的公告》，2012 年 2 月 10 日(星期五)，《金融时报》第 6 版。

《中投信托有限责任公司关于总经理任职资格批复的公告》，2012 年 4 月 2 日(星期一)，《金融时报》第 7 版。

《中投信托有限责任公司关于公司董事长变更的公告》，2012 年 11 月 27 日(星期二)，《金融时报》第 3 版。

8.7 本报告期内无中国银监会及其省级派出机构认定的其他有必要让客户及相关利益人了解的重要信息

9. 公司监事会意见

公司监事会在此声明：2012 年度，本公司依法经营，本报告披露的财务报告真实反映公司的财务状况和经营成果。

中信信托有限责任公司

1. 重要提示

1.1　本公司董事会及董事保证本报告所载资料不存在任何虚假记载、误导性陈述或者重大遗漏，并对其内容的真实性、准确性和完整性承担个别及连带责任。本年度报告摘要摘自年度报告全文，客户及相关利益人欲了解详细内容，应阅读年度报告全文。

1.2　本公司独立董事林义相、徐经长、姜国华对年度报告内容的真实性、准确性、完整性无异议。

1.3　本公司董事长蒲坚、总经理陈一松、主管会计工作的公司副总经理马春光、主管信托会计的内控总监余金树保证年度报告中财务会计报告的真实和完整。

2. 公司概况

2.1　公司简介

2.1.1　公司的法定名称
中文：中信信托有限责任公司（缩写：中信信托）
英文：CITIC Trust Co.，Ltd.

2.1.2　公司法定代表人：蒲　坚

2.1.3　公司注册地址：北京市朝阳区新源南路6号京城大厦13层
邮政编码：100004
公司互联网网址：http://trust. ecitic. com
公司电子信箱：citict@ citic. com

2.1.4　公司负责信息披露事务的高级管理人员：马春光
公司信息披露事务联系人：王珂
办公电话：8610—84862332
办公传真：8610—84861380
电子信箱：wangket@ citic. com

2.1.5　公司选定的信息披露报纸：《金融时报》

2.1.6　年报备置地点：北京市朝阳区新源南路6号京城大厦13层

2.1.7　公司聘请的会计师事务所：致同会计师事务所
住所：北京建国门外大街22号赛特广场5层

2.1.8　公司聘请的律师事务所：北京市嘉源律师事务所
住所：北京市西城区复兴门内大街158号远洋大厦F407室

2.2　组织结构

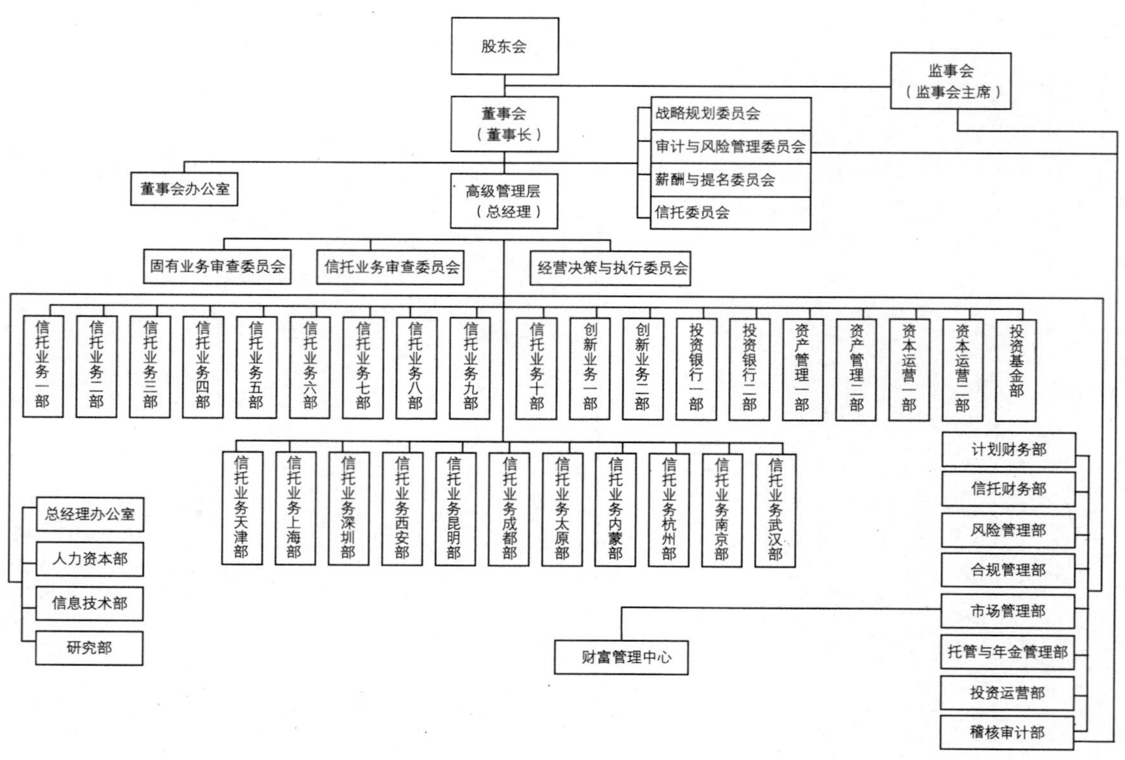

3. 公司治理结构

3.1 股东

股东总数:2

股东名称	持股比例(%)	法定代表人	注册资本(亿元)	注册地址	主要经营业务及主要财务情况
中国中信股份有限公司	80	常振明	1 280.00	北京市朝阳区新源南路6号	金融、实业,2012年末净资产为2 283亿元。
中信兴业投资集团有限公司	20	王炯	16.00	上海市虹口区四川北路859号55楼	实业投资、国内贸易,2012年末净资产为102亿元。

注:1. 2012年6月18日,经工商行政管理部门核准,本公司股东中信华东(集团)有限公司更名为中信兴业投资集团有限公司;该公司是中国中信股份有限公司的全资子公司。

2. 中国中信集团有限公司是中国中信股份有限公司的母公司,为本公司最终实际控制人。

3.2 董事

董事长、董事

姓 名	职 务	性别	年龄	选任日期	所推举的股东名称	该股东持股比例(%)	简 要 履 历
蒲坚	董事长	男	52	2012年5月	中国中信股份有限公司	80	美国福坦莫大学硕士研究生学历。
张翔燕	董事	女	47	2012年5月	中国中信股份有限公司	80	清华大学硕士研究生学历,中信控股有限公司副总裁。
陈一松	董事	男	44	2012年5月	中国中信股份有限公司	80	湖南大学硕士研究生学历,本公司总经理。
赵小凡	董事	男	48	2012年5月	中国中信股份有限公司	80	北京大学博士研究生学历,信诚人寿保险有限公司总经理
路京生	董事	男	56	2012年5月	中国中信股份有限公司	80	中央党校在职研究生毕业,本公司党委副书记
张立	董事	女	40	2012年5月	中信兴业投资集团有限公司	20	中央财经大学硕士研究生学历,中信兴业投资集团有限公司副总经理

独立董事

姓 名	职 务	性别	年龄	选任日期	所推举的股东名称	该股东持股比例(%)	简 要 履 历
林义相	独立董事	男	49	2012年5月	中国中信股份有限公司	80	法国巴黎第十大学应用宏观经济学博士,天相投资顾问有限公司董事长兼总经理。
徐经长	独立董事	男	48	2012年5月	中国中信股份有限公司	80	中国人民大学经济学博士,中国人民大学商学院会计系主任。
姜国华	独立董事	男	42	2012年5月	中国中信股份有限公司	80	美国加利福尼亚大学伯克利分校会计学博士,北京大学研究生院副院长,光华管理学院会计系副主任。

3.3 监事

监事会成员

姓 名	职 务	性别	年龄	选任日期	所推举的股东名称	该股东持股比例(%)	简 要 履 历
舒扬	监事会主席	男	48	2012年5月	中国中信股份有限公司	80	南京大学经济学硕士,中信集团风险管理部主任。
关颐	监事	男	44	2012年5月	中国中信股份有限公司	80	对外经济贸易大学毕业,中信集团战略与计划部处长。
蔡成维	监事	男	42	2012年3月			中国政法大学法律硕士,本公司合规管理部负责人。

注:蔡成维系职工代表监事。

3.4 高级管理人员

姓名	职务	性别	年龄	选任日期	学历	专业	简 要 履 历
陈一松	总经理	男	44	2011年5月	硕士	金融学	湖南大学硕士研究生学历,从事金融工作20年。
路京生	党委副书记	男	56	2010年5月	在职研究生	经济管理、科学与技术哲学	中央党校在职研究生毕业,曾任中组部干部五局副巡视员。
马春光	副总经理	男	61	2009年3月	研究生结业	企业管理	在职研究生结业、从事金融工作30年。
张子镁	副总经理	男	58	2009年3月	学士	日语、经济	曾任中信集团驻日本代表处首席代表,从事金融工作27年。
王道远	副总经理	男	43	2011年5月	硕士	工商管理	北京大学国际工商管理硕士,从事金融工作18年。
李 峰	副总经理	男	38	2011年5月	学士	生物生化专业	武汉大学本科毕业,从事金融工作17年。

续表

姓名	职务	性别	年龄	选任日期	学历	专业	简要履历
张继胜	副总经理	男	45	2011年5月	博士	管理科学与工程	哈尔滨工程大学博士，从事金融工作12年。
李子民	副总经理	男	41	2011年5月	硕士	工商管理	清华大学硕士，从事金融工作18年。
包学勤	副总经理	男	43	2011年5月	硕士	工商管理	复旦大学硕士，从事金融工作21年。

3.5 公司员工

报告期末，公司职工人数为436人。

项目		2012年度		2011年度	
		人数	比例(%)	人数	比例(%)
年龄分布	25岁以下	22	5	27	7
	25~29岁	146	34	131	36
	30~39岁	184	42	149	40
	40岁以上	84	19	61	17
性别分布	男	271	62	225	61
	女	165	38	143	39
学历分布	博士	13	3	10	3
	硕士	247	57	200	54
	本科	157	36	139	38
	专科	19	4	19	5
	其他	0	0	0	0
岗位分布	董事、监事及高管人员	18	4	17	5
	自营业务人员	23	5	18	5
	信托业务人员	300	69	261	71
	其他人员	95	22	72	20

4. 经营管理

4.1 经营目标、经营方针、战略规划

4.1.1 经营目标

公司致力于成为信托法规范下综合金融解决方案的提供商和多种金融功能的集成者，以差异化竞争、持续性创新为标志，达成国内领先、综合优势明显、核心竞争力持续的智慧型信托公司。

4.1.2 经营方针

公司追求和谐、科学的价值文化，秉承“无边界服务、无障碍运行”的经营理念，把握市场规律，超前适变应变，持续学习创新，统筹价值实现。

4.1.3 战略规划

公司充分发挥“中信”的品牌影响力和中信金融的协同效应，以差异化的竞争策略，通过不断学习和创新，提升服务境界，建立可持续增长的盈利模式；提高风险管理水平，完善对业务风险的分析和定价体系，以使各类风险被准确识别、合理定价和安全控制；增加对人力资本的投入，以富含内涵价值的综合报酬和激励机制，实现对创新型、智慧型人才的培养、引进和保持；通过公众化进程，扩大资产和业务规模，优化业务布局，实现经营效益、股东回报和职工成果分享的稳健增长，推动业务覆盖和模式的新发展，探索建立有特色的符合自身发展节奏和信托规律的国际化业务模式。

4.2 所经营业务的主要内容

公司经营业务主要分为信托业务、固有业务以及基金类业务。报告期内，公司业务保持平稳较快发展，截至2012年末，公司实际管理资产规模5 981亿元，其中信托资产规模5 913亿元，通过基金管理子公司管理的基金规模68亿元。公司固有资产达到118亿元。

4.2.1 信托业务

公司信托资产运用与分布表

资产运用	金额（万元）	占比（%）	资产分布	金额（万元）	占比（%）
货币资产	15 114 895.83	25.56	基础产业	19 805 978.95	33.49
贷款	22 390 623.74	37.86	房地产	6 332 874.71	10.71
交易性金融资产投资	6 085 834.73	10.29	证券市场	5 752 801.58	9.73
可供出售金融资产投资	2 665 349.55	4.51	实业	5 309 540.68	8.98
持有至到期投资	—	—	金融机构	972 312.11	1.64
长期股权投资	6 462 813.09	10.93	其他	20 961 406.15	35.45
其他	6 415 397.24	10.85			
资产总计	59 134 914.18	100.00	资产总计	59 134 914.18	100.00

4.2.2 固有业务

公司固有资产运用与分布表

资产运用	金额（万元）	占比（%）	资产分布	金额（万元）	占比（%）
货币资产	471 824.11	39.91	基础产业	0.00	0.00
贷款及应收款	263 239.44	22.27	房地产业	148 989.47	12.60
交易性金融资产	9 283.33	0.79	证券市场	59 006.67	4.99
可供出售金融资产	119 723.35	10.13	实业	14 865.31	1.26
持有至到期投资	74 000.00	6.26	金融机构	125 989.49	10.66
长期股权投资	179 759.56	15.21	其他	833 246.63	70.49
其他	64 267.78	5.43			
资产总计	1 182 097.57	100.00	资产总计	1 182 097.57	100.00

4.2.3 基金类业务

公司通过中信聚信（北京）资本管理有限公司、中信锦绣资本管理有限公司等基金管理子公司，开展股权投资基金类业务。截至2012年末，公司共管理PE基金22只，基金规模678 170万元，投向水电行业、医疗行业、冶金行业、能源产业及文化产业等多个领域。

4.3 市场分析

4.3.1 有利因素

（1）党的十八大报告提出深化金融体制改革，健全促进宏观经济稳定、支持实体经济发展的现代金融体系；《金融业发展和改革“十二五”规划》提出完善金融调控、优化组织体系、建设

金融市场、深化金融改革等规划。这为信托业发展创造了有利环境。

(2)我国发展处于重要战略机遇期,新型工业化、信息化、城镇化、农业现代化不断深入,市场需求潜力巨大,为信托业发展提供了广阔的市场空间。

(3)我国的资产管理市场在相当长的时间内将处于成长阶段,为信托业发展提供了雄厚的市场基础。与此同时,信托业在资产管理领域的地位和作用不断增强,对中国经济社会发展的价值不断凸显,在中国金融体系中的地位和影响力不断提升。

(4)信托业监管战略与时俱进,风险防范与创新发展并举,积极引导信托公司增强主动管理能力和实现内涵式增长,推动信托业的持续健康发展。

4.3.2 不利因素

国际金融危机影响深远,经济形势依然错综复杂,国内经济面临转型升级,信托业发展环境更趋复杂。国家在稳中求进的政策目标下,采取了加快产业结构调整、严守财政金融领域风险等重大举措,给宏观经济和金融市场运行带来了深刻影响。监管部门顺应政策环境和市场环境的变化,及时调整监管要求,短期内对信托公司业务开展产生一定影响。

4.4 内部控制

4.4.1 内部控制环境和内部控制文化

公司建立了股东会、董事会、监事会、高级管理层组成的分工明确、权责对应、合理制衡的公司治理结构;董事会下设战略规划委员会、审计与风险管理委员会、薪酬与提名委员会和信托委员会;公司不断完善选贤举能、优胜劣汰、约束监督、科学激励的治理机制。

公司重视环境文化、制度文化、组织文化和行为文化等内控文化建设,通过网络大学、讲座、交流研讨等多种形式,学习掌握内部控制的最新法规制度和政策;专门聘请专业咨询机构对公司内部控制进行梳理;整理汇编公司内部控制手册;制定和修订公司系列制度,强化公司人员的职业操守;充实风险管理、合规管理和稽核审计等内控部门人员,提高内控人员综合素质。

4.4.2 内部控制措施

公司内部控制措施主要包括不相容职务分离控制、授权审批控制、业务流程控制、会计系统控制、财产保护控制、运营分析控制、信息系统控制、绩效考评控制,以及业务预警、应急机制等。公司不断修订和完善内控制度,监督检查和评价内控的科学性、规范性和可操作性。

4.4.3 监督评价与纠正

公司建立了多层次的内控评价、后评价和监督纠正体系。一是股东层面,监事会履行对董事会和公司经营管理情况的监督职能;二是董事会层面,董事会及其专门委员会通过召开会议、书面审议等形式,对公司重大经营管理事项进行审议;三是公司管理层面,稽核审计部对公司内部控制情况定期进行审计,指出存在问题和整改意见,连同整改情况向管理层报告,并同时向董事会报告;四是纪检监察层面,公司纪检部门与人力资本部门一起实施监督评价程序,督促相关部门和人员限期纠正。

4.5 风险管理

4.5.1 风险状况

公司面对的主要风险是信用(流动性)风险、市场风险、操作风险、合规风险和其他风险。

4.5.1.1 信用(流动性)风险状况

公司总体信用(流动性)风险基本可控。公司年内成功完成了77个集合资金信托计划的清算退出,信托本金累计兑付额642亿元,上述项目中公司均严格履行了受托人的尽职管理职责,实现了信托业务的主要预期目标;针对报告期内受经济形势下行影响出现交易对手违约事件的信托及固有业务,公司积极采取多项措施化解风险,最大限度保护投资者合法利益。

4.5.1.2 市场风险状况

在公司加强对经济、金融和产业形势的预判管理、完善市场风险预警机制和市场风险管理体系的举措下,报告期内公司市场风险总体可控。其中,投向实业板块的业务市场风险敞口有所上升,但未发生因市场风险造成的损失;在二级市场全年低迷表现的情况下,公司金融投资业务整体上实现盈利,市场风险敞口得以有效管理。

4.5.1.3 操作风险状况

公司内部控制和业务操作流程清晰,各项管理制度完善,运营操作规范,从业人员保持良好的职业操守,未发生内部控制失效或员工欺诈问题,未发生误操作、违规操作导致的财务损失,未发生系统、账户、流程引发的风险事件,未发生尽职管理不到位导致的经济损失等,公司内控管理充分有效,操作风险基本可控。

4.5.1.4 合规与法律风险状况

报告期内,公司合规与法律风险管理制度和流程得到有效执行,每项业务开展都经过审慎的合规性与合法性审核,业务整体合规状况持续提升,公司未因重大合规或法律问题遭受监管处罚、重大财务损失或声誉损失。

4.5.1.5 其他风险状况

其他风险包括政策风险、道德风险和声誉风险等。上述风险基本可控。

4.5.2 风险管理

4.5.2.1 信用风险管理

公司从业务规章制度的制定和不断创新规范管理要求着手,通过强化对交易对手的尽职调查、科学评估交易对手的履约能力和履约意愿等措施进行信用风险事前防范;通过交易结构设计、风险定价、担保措施设定、持续风险评估等手段进行事中风险控制;通过对交易对手(项目)的动态维护、风险预警报告及主动管理进行事后风险应对。

同时,公司强调信用风险管理的关口前移、风险管理全流程覆盖及精细化风险管理,注重信用风险管理的前瞻性、针对性和适时性,严格执行授权审批制度及决策流程,确保公司信用风险的可测、可控、可承受。

4.5.2.2 市场风险管理

为管理金融投资的市场风险,公司注重研究和防范系统性风险;注重对金融投资的策略研究;遵循组合投资、分散风险的投资原则;注重债券和基金等稳健性投资品种的开发以及股指期货等金融衍生创新品种的研究;适时修订结构化和管理型证券投资信托业务的风险管理指引；严格筛选合作伙伴；实时监控信托业务的投资比例和产品净值变动。

为管理股权投资面临的市场风险，公司强化对宏观政策及金融形势的跟踪判断；通过业务创新不断拓展多元化的投资领域；加强对交易对手在其所处行业的市场竞争能力分析，密切跟踪市场，及时调整投资策略；充分考虑拟投资项目筛选、评估、运营、退出中的策略、渠道和措施，注重项目调研分析工作；组建专业化管理团队，明确项目组织管理结构与投资管理责任。

4.5.2.3　操作风险管理

公司要求每项业务在尽职调查、受理、设计、审批、销售、执行和终止的全过程中都合法合规，按照程序和流程操作。业务部门对项目的选择、初审和尽职调查工作、业务管理部门或业务审查委员会对项目的评审工作、高级管理人员的项目审批工作都做到依法合规进行。各相关主体按照各自的职责在授权范围内独立运作，上级领导不能利用自身的权力干预风险评估工作。

4.5.2.4　合规与法律风险管理

公司积极倡导和培育优良的合规文化和价值观念，密切关注金融形势和金融监管发展趋势，自觉理解和适用国家法律、行政法规和各项监管政策，不断完善合规与法律风险管理体系建设。合规与法律风险管理工作实现了对所有业务类型和业务过程的全覆盖。公司将风险管理理念和方法运用于合规与法律事务管理工作，注重发掘合规与法律风险管理的内在价值，基于风险管理的“如何合规”管理思想得以有效贯彻。

4.5.2.5　其他风险管理

（1）政策风险管理。公司及时跟踪并动态分析宏观政策和监管政策的变动趋势；聘请外部咨询机构研究外部政策法规变化对信托公司及其业务发展的影响；加强与政策制定部门的沟通，始终保持公司经营策略与国家政策的一致性；坚持“遵纪守法”的经营方针，保证各项业务在合法合规的前提下进行。

（2）道德风险管理。公司通过制度设计完善内部控制机制，规范操作流程；严格执行管理制度及纪律要求；加强道德文化教育，构筑道德风险“防火墙”；以员工为本，强调和谐共赢，不断加强企业的凝聚力和员工的归属感，避免各类短期行为和寻租现象；通过制度建设为防范道德风险提供制度保障。

（3）声誉风险管理。公司对声誉风险的容忍度为零，将声誉风险管理纳入公司治理和全面风险管理体系，强调在合规经营和健康发展的基础上，主动、有效、灵活地管理声誉风险和应对声誉影响事件，通过加强尽职管理保障公司业务的健康运行，通过机制和制度建设明晰声誉风险监控、管理和应对流程，通过充分信息披露等方式实现与投资者的良性沟通，通过履行社会责任等积极提升公司的品牌价值和社会形象。

4.6　净资本管理概况

公司积极推进净资本管理，在优化存量风险资产结构的同时，进一步强化增量业务的资本约束机制，确立了以净资本管理为核心的业务发展模式和管理体系。截至 2012 年末，公司净资本为 625 928.42 万元，各项业务风险资本之和为 297 239.17 万元，净资本/各项业务风险资本之和的比率为 210.58%，净资本/净资产的比率为 63.11%，包括上述两个指标在内的净资本各项指标均符合监管要求。

5. 报告期末及上一年度末的比较式会计报表

5.1　固有资产

5.1.1　会计师事务所审计结论

致同会计师事务所认为，中信信托有限责任公司财务报表在所有重大方面按照企业会计准则的规定编制，公允反映了公司 2012 年 12 月 31 日的财务状况以及 2012 年度的经营成果和现金流量。

5.1.2　资产负债表

单位：万元

项　目	合并		母公司	
	2012 年 12 月 31 日	2011 年 12 月 31 日	2012 年 12 月 31 日	2011 年 12 月 31 日
资产：				
货币资金	477 420.67	110 928.63	471 824.10	110 928.63
存放联行款项	—	—	—	—
拆出资金	—	—	—	—
交易性金融资产	9 283.33	34 892.20	9 283.33	34 892.20
衍生金融资产	—	—	—	—
买入返售金融资产	—	—	—	—
应收账款	19 570.67	14 488.97	19 570.67	14 488.97
应收利息	733.71	1 553.33	733.71	1 553.33
预付款项	298.10	280.21	288.93	280.21

续表

项目	合并		母公司	
	2012年12月31日	2011年12月31日	2012年12月31日	2011年12月31日
其他应收款	7 033.74	6 333.42	7 027.65	6 333.42
发放贷款和垫款	242 935.07	324 388.49	242 935.07	324 388.49
可供出售金融资产	124 723.35	158 350.12	119 723.35	158 350.12
持有至到期投资	74 000.00	80 965.81	74 000.00	80 965.81
长期股权投资	169 312.49	101 139.64	179 759.56	101 139.64
投资性房地产	—	—	—	—
固定资产	2 808.28	1 602.00	2 804.78	1 602.00
无形资产	1 754.12	1 204.24	1 754.12	1 204.24
递延所得税资产	52 392.30	52 251.01	52 392.30	52 251.01
其他资产	—	500.00	—	500.00
资产总计	1 182 265.83	888 878.07	1 182 097.57	888 878.07
负债：				
向中央银行借款	—	—	—	—
同业及其他金融机构存放款项	—	—	—	—
拆入资金	—	—	—	—
交易性金融负债	—	—	—	—
衍生金融负债	—	—	—	—
卖出回购金融资产款	—	—	—	—
预收款项	18 207.00	9 314.61	18 207.00	9 314.61
应付职工薪酬	66 178.62	58 068.98	66 178.62	58 068.98
应交税费	80 805.59	72 657.75	80 783.19	72 657.75
应付利息	—	—	—	—
预计负债	—	—	—	—
应付债券	—	—	—	—
其他应付款	18 129.81	32 173.15	18 129.81	32 173.15
递延所得税负债	5 108.42	2 520.62	5 108.42	2 520.62
其他负债	—	—	—	—
负债合计	188 429.44	174 735.11	188 407.04	174 735.11
所有者权益：				
实收资本	120 000.00	120 000.00	120 000.00	120 000.00
资本公积	15 489.62	7 493.63	15 489.62	7 493.63
减：库存股	—	—	—	—
盈余公积	90 301.16	63 146.00	90 301.16	63 146.00
一般风险准备	61 817.68	37 811.05	61 817.68	37 811.05

续表

项　　目	合并		母公司	
	2012 年 12 月 31 日	2011 年 12 月 31 日	2012 年 12 月 31 日	2011 年 12 月 31 日
未分配利润	706 227.93	485 692.28	706 082.07	485 692.28
所有者权益合计	993 836.39	714 142.96	993 690.53	714 142.96
负债和所有者权益总计	1 182 265.83	888 878.07	1 182 097.57	888 878.07

公司法定代表人：蒲　坚　　主管会计工作的公司负责人：马春光　　公司会计机构负责人：李　玎

5.1.3　利润表

单位：万元

项　　目	合并		母公司	
	2012 年度	2011 年度	2012 年度	2011 年度
一、营业总收入	447 595.83	374 684.02	447 432.83	374 684.02
营业收入	—	—	—	—
利息净收入	77 955.23	72 546.79	77 955.23	72 546.79
利息收入	77 955.23	73 735.90	77 955.23	73 735.90
利息支出	—	1 189.11	—	1 189.11
手续费及佣金净收入	330 278.71	270 424.21	330 278.71	270 424.21
手续费及佣金收入	330 278.71	270 424.21	330 278.71	270 424.21
手续费及佣金支出	—	—	—	—
投资收益（损失以"－"号填列）	34 434.77	35 475.54	34 271.77	35 475.54
公允价值变动收益（损失以"－"号填列）	4 928.17	-3 739.80	4 928.17	-3 739.80
汇兑收益（损失以"－"号填列）	-1.05	-22.72	-1.05	-22.72
其他业务收入	—	—	—	—
二、营业总成本	86 857.42	118 532.54	86 852.01	118 532.54
营业成本	—	—	—	—
营业税金及附加	23 019.57	20 084.45	23 015.32	20 084.45
业务及管理费	67 098.37	49 524.68	67 098.37	49 524.68
销售费用	—	—	—	—
管理费用	44.65	—	—	—
财务费用	-43.49	—	—	—
资产减值损失	-3 261.68	48 923.41	-3 261.68	48 923.41
其他业务成本	—	—	—	—
三、营业利润（亏损以"－"号填列）	360 738.41	256 151.48	360 580.82	256 151.48
加：营业外收入	24.57	—	18.06	—
减：营业外支出	0.10	96.54	—	96.54
四、利润总额（亏损总额以"－"号填列）	360 762.88	256 054.94	360 598.88	256 054.94
减：所得税费用	89 065.44	64 038.16	89 047.30	64 038.16
五、净利润（净亏损以"－"号填列）	271 697.44	192 016.78	271 551.58	192 016.78

公司法定代表人：蒲　坚　　主管会计工作的公司负责人：马春光　　公司会计机构负责人：李　玎

5.1.4 所有者权益变动表

单位:万元

项 目	2012年度(合并)						
	归属于母公司所有者权益					少数股东权益	所有者权益合计
	实收资本	资本公积	盈余公积	一般风险准备	未分配利润		
一、上年末余额	120 000.00	7 493.63	63 146.00	37 811.05	485 692.28		714 142.96
加:会计政策变更							—
前期差错更正							—
其他							—
二、本年初余额	120 000.00	7 493.63	63 146.00	37 811.05	485 692.28		714 142.96
三、本年增减变动金额(减少以"-"号填列)		7 995.99	27 155.16	24 006.63	220 535.65		279 693.43
(一)净利润					271 697.44		271 697.44
(二)其他综合收益		7 995.99					7 995.99
上述(一)和(二)小计		7 995.99			271 697.44		279 693.43
(三)所有者投入和减少资本							—
1. 所有者投入资本							—
2. 股份支付计入所有者权益的金额							—
3. 其他							—
(四)利润分配			27 155.16	24 006.63	-51 161.79		—
1. 提取盈余公积			27 155.16		-27 155.16		—
2. 对所有者(或股东)的分配							—
3. 一般风险准备				24 006.63	-24 006.63		—
4. 其他(注2)							—
(五)所有者权益内部结转							—
1. 资本公积转增股本							—
2. 盈余公积转增股本							—
3. 盈余公积弥补亏损							—
4. 其他							—
四、本年末余额	120 000.00	15 489.62	90 301.16	61 817.68	706 227.93		993 836.39

项 目	2012年度(母公司)					
	实收资本	资本公积	盈余公积	一般风险准备	未分配利润	所有者权益合计
一、上年末余额	120 000.00	7 493.63	63 146.00	37 811.05	485 692.28	714 142.96
加:会计政策变更						—
前期差错更正						—
其他						—
二、本年初余额	120 000.00	7 493.63	63 146.00	37 811.05	485 692.28	714 142.96
三、本年增减变动金额(减少以"-"号填列)		7 995.99	27 155.16	24 006.63	220 389.79	279 547.57
(一)净利润					271 551.58	271 551.58
(二)其他综合收益		7 995.99				7 995.99
上述(一)和(二)小计		7 995.99			271 551.58	279 547.57
(三)所有者投入和减少资本						—
1. 所有者投入资本						—
2. 股份支付计入所有者权益的金额						—
3. 其他						—
(四)利润分配			27 155.16	24 006.63	-51 161.79	—
1. 提取盈余公积			27 155.16		-27 155.16	—
2. 对所有者(或股东)的分配						—
3. 一般风险准备				24 006.63	-24 006.63	—
4. 其他(注2)						—
(五)所有者权益内部结转						—
1. 资本公积转增股本						—
2. 盈余公积转增股本						—
3. 盈余公积弥补亏损						—
4. 其他						—
四、本年末余额	120 000.00	15 489.62	90 301.16	61 817.68	706 082.07	993 690.53

所有者权益变动表（续）

单位：万元

项目	2011年度(合并)							2011年度(母公司)					
	归属于母公司所有者权益					少数股东权益	所有者权益合计	实收资本	资本公积	盈余公积	一般风险准备	未分配利润	所有者权益合计
	实收资本	资本公积	盈余公积	一般风险准备	未分配利润								
一、上年末余额	120 000.00	50 466.60	43 944.32	27 327.03	323 361.20		565 099.15	120 000.00	50 466.60	43 944.32	27 327.03	323 361.20	565 099.15
加：会计政策变更							—						—
前期差错更正							—						—
其他							—						—
二、本年初余额	120 000.00	50 466.60	43 944.32	27 327.03	323 361.20		565 099.15	120 000.00	50 466.60	43 944.32	27 327.03	323 361.20	565 099.15
三、本年增减变动金额（减少以"－"号填列）		-42 972.97	19 201.68	10 484.02	162 331.08		149 043.81		-42 972.97	19 201.68	10 484.02	162 331.08	149 043.81
（一）净利润					192 016.78		192 016.78					192 016.78	192 016.78
（二）其他综合收益		-42 972.97					-42 972.97		-42 972.97				-42 972.97
上述（一）和（二）小计		-42 972.97			192 016.78		149 043.81		-42 972.97			192 016.78	149 043.81
（三）所有者投入和减少资本							—						—
1. 所有者投入资本							—						—
2. 股份支付计入所有者权益的金额							—						—
3. 其他							—						—
（四）利润分配			19 201.68	10 484.02	-29 685.70		—			19 201.68	10 484.02	-29 685.70	—
1. 提取盈余公积			19 201.68		-19 201.68		—			19 201.68		-19 201.68	—
2. 对所有者（或股东）的分配							—						—
3. 一般风险准备				10 484.02	-10 484.02		—				10 484.02	-10 484.02	—
4. 其他（注2）							—						—
（五）所有者权益内部结转							—						—
1. 资本公积转增股本							—						—
2. 盈余公积转增股本							—						—
3. 盈余公积弥补亏损							—						—
4. 其他							—						—
四、本年末余额	120 000.00	7 493.63	63 146.00	37 811.05	485 692.28		714 142.96	120 000.00	7 493.63	63 146.00	37 811.05	485 692.28	714 142.96

公司法定代表人：蒲坚　　主管会计工作的公司负责人：马春光　　公司会计机构负责人：李玎

5.2 信托资产

5.2.1 信托项目资产负债汇总表

单位:万元

信托资产	2012 年 12 月 31 日	2011 年 12 月 31 日
信托资产:		
存放同业款项	15 114 895.83	11 850 834.12
拆出资金	—	—
衍生金融资产	—	—
交易性金融资产	6 085 834.73	3 485 987.36
买入返售金融资产	162 367.67	455 919.21
应收票据	—	2 474 591.02
应收账款	4 765 391.03	312 559.07
应收利息	81 224.14	6 940.55
应收股利	530.26	29 882.57
其他应收款	1 289 154.55	801 716.04
贷款	22 390 623.74	10 018 243.66
可供出售金融资产	2 665 349.55	2 752 868.21
长期应收款	116 729.59	147 669.12
持有至到期金融资产	—	—
长期股权投资	6 462 813.09	7 617 869.92
其他资产	—	41 851.06
信托资产总计	59 134 914.18	39 996 931.91
信托负债和信托权益		
信托负债:		
交易性金融负债	50.01	—
应交税费	118.87	121.56
其他应付款	429 841.87	90 571.24
应付账款	26 393.84	21 679.83
长期应付款	8 635.27	11 321.70
信托负债合计	465 039.86	123 694.33
信托权益:		
实收信托	57 646 824.19	40 194 266.45
资本公积	958 333.76	99 756.74
未分配利润	64 716.37	-420 785.61
信托权益合计	58 669 874.32	39 873 237.58
信托负债及权益总计	59 134 914.18	39 996 931.91

法定代表人:蒲　坚　　主管信托财务负责人:余金树　　会计机构负责人:李　青

5.2.2 信托项目利润及利润分配汇总表

单位:万元

项目	2012 年度	2011 年度
一、营业收入	3 081 299.03	1 121 178.70
利息收入	1 554 744.98	1 030 104.42
投资收益	673 101.78	319 017.65
租赁收入	11 559.79	30 206.67
公允价值变动损益	338 612.86	-600 722.50
汇兑损益	176.46	—
其他收入	503 103.16	342 572.46
二、营业费用	478 295.85	354 008.38
三、营业税金及附加	13 324.81	11 712.76
四、扣除资产损失前的信托利润	2 589 678.37	755 457.56
减:资产减值损失	-20.78	-3 530.56
五、扣除资产损失后的信托利润	2 589 699.15	758 988.12
加:期初未分配信托利润	-420 785.61	529 611.14
六、可供分配的信托利润	2 168 913.54	1 288 599.26
减:本期已分配信托利润	2 104 197.17	1 709 384.87
七、期末未分配信托利润	64 716.37	-420 785.61

法定代表人:蒲　坚　　主管信托财务负责人:余金树　　会计机构负责人:李　青

6. 会计报表附注

6.1 年度会计报表编制基准、会计政策、会计估计和核算方法发生的变化

本公司无上述情况。

6.2 或有事项说明

截至报告期末,不存在应披露的未决诉讼、对外担保等或有事项。

6.3 重要资产转让及其出售的说明

报告期内无重要资产转让及其出售。

6.4 会计报表中重要项目的明细资料

6.4.1 固有资产经营情况

6.4.1.1 信用风险资产五级分类情况

按照《中国银行业监督管理委员会关于非银行金融机构全面推行资产质量五级分类管理的通知》的分类标准,本年度末公司固有资产质量情况是:

信用风险资产五级分类	正常类(万元)	关注类(万元)	次级类(万元)	可疑类(万元)	损失类(万元)	信用风险资产合计(万元)	不良资产合计(万元)	不良资产率(%)
期初数	270 402.42	260 822.36	72 931.61	—	30 552.00	634 708.40	103 483.61	16.30%
期末数	582 875.74	256 567.32	59 731.61	—	11 000.00	910 174.67	70 731.61	7.77%

注:不良资产合计=次级类+可疑类+损失类。

6.4.1.2　资产损失准备情况

单位：万元

	期初数	本期计提	本期转回	本期核销	期末数
贷款损失准备	177 017.48	26 280.24	35 213.85	—	168 083.87
一般准备	—	—	—	—	—
专项准备	177 017.48	26 280.24	35 213.85	—	168 083.87
其他资产减值准备	713.16	5 671.93	—	—	6 385.09
可供出售金融资产减值准备	—	5 671.93	—	—	5 671.93
持有至到期投资减值准备	—	—	—	—	—
长期股权投资减值准备	713.16	—	—	—	713.16
坏账准备	—	—	—	—	—
投资性房地产减值准备	—	—	—	—	—

6.4.1.3　固有股票投资、基金投资、债券投资、长期股权投资等投资情况

单位：万元

	固有股票	基金	债券	长期股权投资	其他投资	合计
期初数	62 242.32	21 000.00	—	101 139.64	191 465.81	375 847.77
期末数	59 006.68	—	—	179 759.56	144 000.00	382 766.24

6.4.1.4　固有长期股权投资的前三名

企业名称	占被投资企业权益的比例（%）	主要经营活动	投资收益（万元）
泰康人寿保险股份有限公司	8.80	人寿保险	—
中信聚信（北京）资本管理有限公司	100.00	投资管理、经济信息咨询	—
信诚基金管理有限公司	49.00	证券投资基金	2 425.61

6.4.1.5　固有贷款前三名

企业名称	占贷款总额的比例（%）	还款情况
天津星耀投资有限公司	24.22	欠息
昆山红枫房地产有限公司	14.48	欠息
北京北大高科技产业投资有限公司	9.73	按时归还贷款利息

6.4.1.6　表外业务的期初数、期末数

单位：万元

表外业务	期初数	期末数
担保业务	20 000.00	—
代理业务（委托业务）	72 527.79	72 527.79
其他	—	—
合计	92 527.79	72 527.79

6.4.1.7　公司当年的收入结构

	合并		母公司	
收入结构	金额（万元）	占比（%）	金额（万元）	占比（%）
营业收入	—	—	—	—
手续费及佣金收入	330 278.71	73.79	330 278.71	73.81
其中：信托手续费收入	314 073.25	70.16	314 073.25	70.19
投资银行业务收入	—	—	—	—
利息收入	77 955.23	17.41	77 955.23	17.42
其他业务收入	—	—	—	—
其中：计入信托业务收入部分	—	—	—	—
投资收益	34 434.77	7.69	34 271.77	7.66
其中：股权投资收益	10 945.88	2.45	10 945.88	2.45
证券投资收益	9 592.97	2.14	9 592.97	2.14
其他投资收益	13 895.92	3.10	13 732.92	3.07
公允价值变动收益	4 928.17	1.10	4 928.17	1.10
营业外收入	24.57	0.01	18.06	0.01
收入合计	447 621.45	100.00	447 451.94	100.00

6.4.2　信托资产管理情况

6.4.2.1　信托资产的期初数、期末数

信托资产	期初数	期末数
集合	9 972 782.65	11 378 295.39
单一	29 059 070.49	42 002 145.11
财产权	965 078.77	5 754 473.68
合计	39 996 931.91	59 134 914.18

6.4.2.1.1　主动管理型信托业务期初数、期末数

单位：万元

主动管理型信托资产	期初数	期末数
证券投资类	14 266 370.65	18 822 324.87
股权投资类	6 410 995.52	4 890 536.38
融资类	3 885 999.04	9 706 512.66
事务管理类	—	—
合计	24 563 365.21	33 419 373.91

6.4.2.1.2　被动管理型信托业务期初数、期末数

单位：万元

被动管理型信托资产	期初数	期末数
证券投资类	—	—
股权投资类	—	—
融资类	—	—
事务管理类	15 433 566.70	25 715 540.27
合计	15 433 566.70	25 715 540.27

6.4.2.2　本年度已清算结束的信托项目个数、实收信托合计金额、加权平均实际年化收益率

6.4.2.2.1　本年度已清算结束的集合类、单一类资金信托项目和财产管理类信托项目个数、金额、加权平均实际年化收益率

已清算结束信托项目	项目个数	合计金额（万元）	加权平均实际年化收益率（%）
集合类	77.00	6 415 718.15	9.34
单一类	214.00	12 246 301.16	6.66
财产管理类	17.00	1 388 610.10	4.86

6.4.2.2.2　本年度已清算结束的主动管理型信托项目个数、合计金额、加权平均实际年化收益率

已清算结束信托项目	项目个数	合计金额（万元）	加权平均实际年化收益率（%）
证券投资类	43.00	6 502 917.13	7.07
股权投资类	16.00	976 657.00	11.09
融资类	34.00	2 014 018.14	8.73
事务管理类	—	—	—

6.4.2.2.3　本年度已清算结束的被动管理型信托项目个数、合计金额、加权平均实际年化收益率

已清算结束信托项目	项目个数	合计金额（万元）	加权平均实际年化收益率（%）
证券投资类	—	—	—
股权投资类	—	—	—
融资类	—	—	—
事务管理类	215	10 557 037.14	6.31

6.4.2.3　本年度新增的集合类、单一类和财产管理类信托项目个数、合计金额

新增信托项目	项目个数	合计金额（万元）
集合类	83	4 410 503.55
单一类	253	14 349 179.18
财产管理类	48	4 503 150.31
新增合计	384	23 262 833.04
其中：主动管理型	124	7 484 127.23
被动管理型	260	15 778 705.81

注：上述统计未包括尚未清算的开放式信托项目本年度内发生的申购和赎回金额，故期初余额－本期清算＋本期新增≠期末余额。

6.4.2.4　信托创新研究成果

报告期内，公司委托中国国际经济咨询公司编写了《2012年度中国信托行业金皮书——践行奠定信托》、《2012年度中国信托业研究报告——信托的色彩与旋律》等两份行业研究报告。前者提出了“信托特色财富管理”的概念，对如何在信托公司自身发展需求与财富管理市场机遇之间开启通路的问题进行分析研究，提出了可能的四种经营模式；后者提出“信托是一种复杂适应性系统和复杂巨系统”，对信托关系、信托公司、信托业进行了再认知，从产业政策、财产运用方向、产业扩张与组织、知识整合方式等角度对信托业的发展方向进行分析研究。

6.4.2.5　本公司履行受托人义务情况及因公司自身责任而导致的信托资产损失情况

公司严格遵守信托业一法两规及其他相关规定，按照信托文件处理相关事务，诚实、信用、谨慎、有效管理信托资产，维护受益人的最大利益。公司在信托产品发行前有整套的产品相关信息备忘录等资料供委托人（受益人）查阅；认购信托计划前，严格审核委托人合格投资者资格，提示投资者认真阅读信托计划说明书和其他信托文件，充分提示信托产品的相关风险。公司将信托财产与固有财产分别管理、分别记账，不同的信托产品分别开户、分别管理、单独核算。根据信托文件的规定，及时向委托人、受益人履行信息披露义务。公司按照《信托法》的要求，妥善保管处理信托事务的完整记录、原始凭证及资料，对委托人、受益人以及处理信托事务的情况和资料依法严格保密。

报告期内，公司管理的信托计划（项目）运行正常，到期的信托产品实收信托金额2 005.06亿元人民币及其收益，全部安全交付受益人，未出现因本公司自身责任而导致信托资产损失的情况。

6.5　关联方关系及其交易的披露

6.5.1　关联交易方的数量、关联交易的总金额及关联交易的定价政策等

	关联交易方数量	关联交易金额（万元）	定价政策
合计	33	3 007 998.86	1. 遵循市场价格的原则，有客观的市场价格作为参照的一律以市场价格为准。 2. 如果没有市场价格，按照成本加成定价。 3. 如果既没有市场价格，也不适合采用成本加成价的，按照协议价定价

6.5.2　关联交易方与本公司的关系性质、关联交易方的名称、法定代表人、注册地址、注册资本及主营业务

关系性质	关联方名称	法定代表人	注册地址	注册资本（亿元）	主营业务
最终实际控制人	中国中信集团有限公司	常振明	北京市朝阳区新源南路6号	1 837.03	金融、实业
同一母公司	中信银行股份有限公司	田国立	北京东城区朝阳门北大街8号富华大厦C座	467.87	银行业务
同一最终实际控制人	中信证券股份有限公司	王东明	广东省深圳市福田区中心三路8号卓越时代广场（二期）北座	110.17	证券经纪、投行业务
同一母公司	中信房地产股份有限公司	田国立	北京市朝阳区新源南路6号	67.90	房地产开发

注：公司本年度共有关联方33个，主要来自中信集团内部，表中为公司主要关联方。

6.5.3　公司与关联方的重大交易事项

6.5.3.1　固有财产与关联方交易情况：贷款、投资、租赁、应收账款、担保、其他方式等期初汇总数、本期发生额汇总数、期末汇总数

单位：万元

固定财产与信托财产相互交易				
	期初数	借方发生额	贷方发生额	期末数
贷款	—	—	—	—
投资	—	—	—	—

续表

固定财产与信托财产相互交易				
	期初数	借方发生额	贷方发生额	期末数
租赁	—	2 026.97	657.60	1 369.37
担保	—	—	—	—
应收账款	1 200.81	—	1 200.00	0.81
其他	74 210.65	12 109 660.91	12 142 080.21	41 791.36
合计	75 411.46	12 111 687.88	12 143 937.81	43 161.54

6.5.3.2　信托资产与关联方交易情况：贷款、投资、租赁、应收账款、担保、其他方式等期初汇总数、本期发生额汇总数、期末汇总数

单位：万元

信托与关联方关联交易				
	期初数	借方发生	贷方发生	期末数
贷款	2 019 456.42	715 600.00	114 424.45	2 620 631.97
投资	10 746.21	—	—	10 746.21
租赁	—	—	—	—
担保	—	—	—	—
应收账款	—	—	—	—
其他	—	—	—	—
合计	2 030 202.63	715 600.00	114 424.45	2 631 378.18

注：此外，还包括支付给关联方中信银行的托管费 3 143.11 万元。

6.5.3.3　固有财产和信托财产之间的交易情况、信托资产与信托财产之间的交易情况

6.5.3.3.1　固有与信托财产之间的交易金额期初汇总数、本期发生额汇总数、期末汇总数

单位：万元

固有财产与信托财产相互交易			
	期初数	本期发生额	期末数
合计	80 965.81	10 706.12	91 671.93

6.5.3.3.2　信托项目之间的交易金额期初汇总数、本期发生额汇总数、期末汇总数

单位：万元

信托资产与信托财产相互交易			
	期初数	本期发生额	期末数
合计	283 913.36	-42 126.15	241 787.21

6.5.4　关联方逾期未偿还本公司资金的详细情况以及本公司为关联方担保发生或即将发生垫款的情况

关联方无逾期不偿还本公司资金情况，本公司无为关联方担保发生或即将发生垫款情况。

6.6　会计制度的披露

本公司固有业务和信托业务均执行 2006 年颁布的企业会计准则。

7. 财务情况说明书

7.1　利润实现和分配情况

2012 年母公司实现净利润 271 551.58 万元。依据《公司法》、《信托公司管理办法》和公司章程，公司对本年实现的净利润 271 551.58 万元进行分配，其中，提取 10% 法定盈余公积金 27 155.16 万元，提取 5% 信托赔偿准备 13 577.58 万元。

2012 年合并净利润为 271 697.44 万元。

7.2　主要财务指标

指标名称	指标值	
	合并	母公司
资本利润率(%)	31.82	31.80
人均净利润(万元)	675.86	675.50

7.3　对本公司财务状况、经营成果有重大影响的其他事项

(1)公司 2012 年以 35 203 万元参与泰康人寿保险股份有限公司的配股融资方案，获得配股 176 015 625 股；配股后持股比例不变。

(2)公司 2012 年出资 20 000 万元设立全资子公司中信聚信(北京)资本管理有限公司。

8. 特别事项简要揭示

8.1　股东报告期内变动情况及原因

(1)报告期内，因中信集团重组改制，公司原股东中国中信集团有限公司将所持我公司 80% 的股权全部移交给中国中信股份有限公司。公司已办理完成股东变更的行政许可和工商变更登记手续。

(2)报告期内，经工商行政管理部门核准，本公司股东中信华东(集团)有限公司更名为"中信兴业投资集团有限公司"。公司已办理完成股东名称变更的工商变更登记手续。

8.2　董事、监事及高级管理人员变动情况及原因

报告期内，公司董事、监事、高级管理人员发生如下变动：

2012 年 3 月，公司职工代表大会选举蔡成维担任职工代表监事职务。

2012 年 4 月，马春光因工作需要辞去公司董事职务；孙志鸿因退休辞去公司监事会主席、监事职务。

2012 年 5 月，公司股东会选举赵小凡、路京生担任董事职务；选举舒扬担任公司监事。

2012 年 5 月，公司监事会选举舒扬担任监事会主席。

2012 年 8 月，张云亭因工作需要辞去公司董事职务。

2012 年 10 月，公司股东会选举张立担任董事职务。

上述新任董事的任职资格已经中国银行业监督管理委员会核准。

8.3　公司的重大未决诉讼事项

报告期内公司无重大未决诉讼事项。

8.4　公司及其董事、监事和高级管理人员受到处罚情况

报告期内无上述处罚情况。

8.5 对银监会提出的整改意见简要说明整改情况

报告期内，银监会及其派出机构未对公司进行现场检查及提出整改意见；公司按时向监管机关报送非现场检查报表。

8.6 重大事项临时报告情况

报告期内重大事项临时报告情况如下：

(1)2012年5月14日，公司在《金融时报》第2版发布“关于股东变更及章程修改的公告”，公告内容为公司股东变更及公司章程修改的相关情况。

(2)2012年12月25日，公司在《金融时报》第8版发布“关于公司股东名称变更及公司章程修改的公告”，公告内容为公司股东名称变更及公司章程修改的相关情况。

8.7 其他有必要让客户及相关利益人了解的重要信息

8.7.1 关于公司连任信托业协会理事会会长单位的报告

中国信托业协会第三届会员大会于2012年12月12日召开。经大会选举，公司连任第三届理事会会长单位。

8.7.2 关于公司获得荣誉的报告

报告期内，公司继续得到政府、学界、媒体及市场的积极评价，获得荣誉如下：

(1)荣获全国金融工会授予的“全国金融五一劳动奖”。

(2)在《上海证券报》第六届“诚信托”奖评选中获得综合大奖——“卓越公司奖”。

(3)在《金融时报》“2012中国金融机构金牌榜金龙奖颁奖盛典”上，第四次荣膺“年度最佳信托公司奖”。

(4)在《理财周刊》“2012年信托产品及服务创新论坛暨信托颁奖典礼”上，获得2012年“最具影响力信托品牌奖”。

(5)荣获东方财富榜评选最高奖——“年度最佳信托公司奖”。

(6)在《每日经济新闻》“2012中国金融论坛暨第三届金鼎奖评选”中，荣获信托公司年度最高奖——“综合实力最佳信托公司奖”。

(7)荣获《华夏时报》2012年“金蝉奖”——“最稳健信托公司”奖。

(8)荣获《金融理财》“2012年第三届中国金牌理财TOP10总评榜——年度金牌综合实力信托公司奖”。

(9)荣获中国企业文化研究会“年度企业文化建设十大典范组织”。

(10)在2012“领航中国”金融业年度评选活动中，荣获信托业“最佳社会责任奖”。

9. 公司监事会意见

公司监事会根据有关法律、法规，监督检查了公司依法运作、重大决策、重大经营活动情况及财务状况，认为公司能够合规运作，公司董事、总经理等在履行公司职务时未有违反法律、法规、公司章程或损害公司利益的行为，公司年度报告真实反映了公司的财务状况和经营成果。

中原信托有限公司

1. 重要提示及目录

1.1 本公司董事会及董事保证本报告所载资料不存在任何虚假记载、误导性陈述或者重大遗漏,并对其内容的真实性、准确性和完整性承担个别及连带责任。本年度报告摘要摘自年度报告全文,客户及相关利益人欲了解详细内容,应阅读年度报告全文。

1.2 独立董事于萍女士、杨松令先生、郄建伟先生认为本报告内容是真实、准确、完整的。

1.3 本公司总裁崔泽军、主管会计工作的副总裁李信凤及计划财务部总经理石翠云声明:保证年度报告中财务报告的真实、完整。

2. 公司概况

2.1 公司简介

中原信托有限公司于1985年8月成立。2002年10月中国人民银行批准公司重新登记。2007年10月中国银监会批准公司变更名称为现名,并核准了新的业务范围,换发了中华人民共和国金融许可证。2008年5月公司注册资本由59 227.2万元增加到120 200万元,2012年6月注册资本增加至15亿元。

2.1.1 公司中文名称:中原信托有限公司
中文简称:中原信托
英文名称:Zhongyuan Trust Co., Ltd.
英文缩写:Zhongyuan Trust

2.1.2 法定代表人:黄曰珉

2.1.3 注册地址:中国河南省郑州市商务外环路24号中国人保大厦
邮政编码:450016
公司互联网网址:http://www.zyxt.com.cn
电子信箱:info@zyxt.com.cn

2.1.4 信息披露事务负责人:刘飞
电话(传真):0371-88861888
电子信箱:lf@zyxt.com.cn

2.1.5 信息披露报纸:《金融时报》、《证券时报》

2.1.6 年度报告备置地点:总裁办公室(郑州市商务外环路24号中国人保大厦)27层

2.1.7 公司聘请的会计师事务所:中兴华富华会计师事务所有限责任公司
地址:北京市西城区阜外大街1号四川大厦东座15层

2.1.8 公司聘请的律师事务所:北京市大成律师事务所郑州分所
地址:郑州市紫荆山路60号金成国贸大厦19层

2.2 组织结构

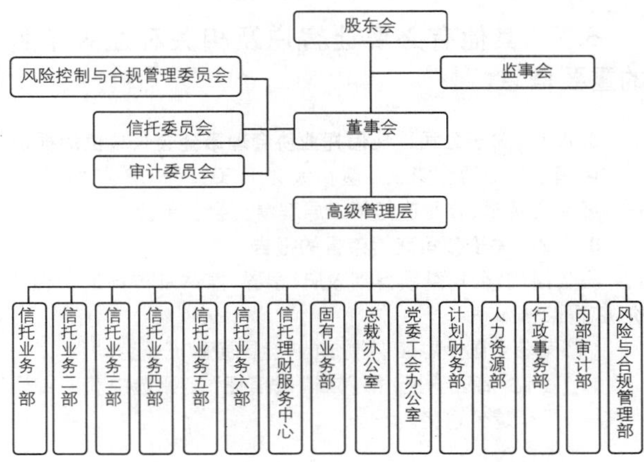

3. 公司治理结构

3.1 股东

3.1.1 截至报告期末公司股东共三家

股东名称	持股比例(%)	法定代表人
河南投资集团有限公司	48.42	胡智勇
河南中原高速公路股份有限公司	33.28	关 健
河南盛润控股集团有限公司	18.30	李喜朋

以上股东不存在关联关系。

3.1.2 公司第一大股东的主要股东的情况

股东名称	其主要股东	出资比例(%)	注册资本	股东之主要股东的主要经营业务及主要财务情况
河南投资集团有限公司	河南省人民政府	100	—	—

3.2 董事

3.2.1 董事会成员

姓 名	职 务	性别	年龄	选任日期	所推举的股东名称	该股东持股比例(%)	简 要 履 历
黄曰珉	董事长	男	55	2011年6月	河南投资集团有限公司	48.42	历任河南省计划委员会投资处主任科员,中原信托有限公司国际业务部经理,公司副总经理、总经理;现任公司董事长。

续表

姓名	职务	性别	年龄	选任日期	所推举的股东名称	该股东持股比例(%)	简要履历
袁顺兴	董事	男	46	2011年6月	河南投资集团有限公司	48.42	历任河南省财政厅项目经理、河南省经济技术开发公司副主任、主任、总经理助理、副总经理,河南投资集团有限公司计划总监;现任河南投资集团有限公司副总经理。
崔凯	董事	男	38	2011年6月	河南投资集团有限公司	48.42	历任河南投资集团有限公司职员、部门副主任、主任;现任发展计划部主任。
顾光印	董事	男	56	2011年6月	河南中原高速公路股份有限公司	33.28	历任河南省交通厅人事处主任科员,河南交通建设投资公司副总经理,河南高速公路发展有限责任公司党委副书记,河南高速房地产开发有限公司董事长;现任河南中原高速公路股份有限公司党委书记、董事。
张华	董事	女	38	2011年6月	河南中原高速公路股份有限公司	33.28	历任河南省交通厅高速公路建设管理局财务处会计主管,河南高速公路发展有限责任公司财务处会计主管,河南中原高速公路股份有限公司财务总监、财务会计部负责人;现任秉原投资控股有限公司董事长。
李喜朋	董事	男	49	2011年6月	河南盛润控股集团有限公司	18.30	历任河南省煤矿供应公司,河南省煤炭厅供应处科员,河南省豫盛石化公司经理;现任河南盛润控股集团有限公司董事长。
崔泽军	董事	男	48	2011年6月	职务董事		历任郑州粮食学院教师,中原信托有限公司财务部经理、副总经理、总经理;现任中原信托有限公司总裁。
范战谋	董事	男	39	2011年6月	职工董事		历任中原信托有限公司人力资源部职员、资产管理部职员、投资银行部经理、信托业务一部经理;现任中原信托有限公司总裁办公室主任。

3.2.2 独立董事

姓名	所在单位及职务	性别	年龄	所推举的股东名称	该股东持股比例(%)	简要履历
于萍	北京市大成律师事务所郑州分所高级律师	女	47	—	—	历任河南天平律师事务所律师,河南路通律师事务所主任;现任北京市大成律师事务所郑州分所高级律师,河南省律师协会金融证券委员会委员,郑州市律师协会金融证券委员会主任委员。
杨松令	北京工业大学教授	男	47	—	—	中国会计学会理事,美国会计学会会员,中国教育会计学会工科分会秘书长;现为北京工业大学经济与管理学院教授、博士生导师。
郄建伟	中国粮食协会副会长	男	62	—	—	历任国家计委综合局副处长、国民经济综合司处长,1995年任国家计委国民经济综合司助理巡视员、副司长,2000年起任国家粮食局党组成员、副局长,2011年任粮食协会副会长。

3.3 监事会成员

姓名	职务	性别	年龄	选任日期	所推举的股东名称	该股东持股比例(%)	简要履历
关健	监事会主席	男	46	2011年6月	河南中原高速公路股份有限公司	33.28	历任河南省交通厅公路局工程处副处长,河南省交通厅公路管理局监理检测站副处长,河南中原高速公路股份有限公司副总经理、总经理;现任河南中原高速公路股份有限公司董事长。
孙彦军	监事	男	38	2011年6月	河南投资集团有限公司	48.42	历任交通银行河南分行客户经理,中国水利水电建设集团公司投资部主管,河南投资集团有限公司资产管理二部高级业务经理;现任河南投资集团担保有限公司副总经理。
林洁	监事	女	51	2011年6月	河南盛润控股集团有限公司	18.30	历任郑州列车段财务科会计,河南省盛润置业有限公司财务部经理;现任河南盛润控股集团有限公司财务总监。
魏磊	职工监事	男	38	2011年6月	—	—	曾任河南农业大学讲师,现任本公司风险与合规管理部总经理。
孟凡君	职工监事	男	44	2011年6月	—	—	曾在河南省工行资金市场工作;历任中原信托有限公司资产管理部经理、投资管理二部经理;现任本公司固有业务部总经理。

3.4 高级管理人员

姓名	职务	性别	年龄	选任日期	金融从业年限	学历	专业	简要履历
崔泽军	总裁	男	48	2011年6月	21	博士研究生	西方经济学	历任郑州粮食学院教师,中原信托有限公司财务部经理、副总经理、总经理;现任本公司总裁。

续表

姓名	职务	性别	年龄	选任日期	金融从业年限	学历	专业	简要履历
刘　健	副总裁	男	57	2011年6月	29	研究生班结业	经济学	历任河南省军区干事，中原信托有限公司人事处处长、总经理助理、副总经理；现任公司副总裁。
姬宏俊	副总裁	男	49	2011年6月	16	硕士研究生	工商管理	历任河南省计经委财金处、外经处副主任科员、主任科员、投资处、财金处副处长，国家开发银行河南省分行客户一处副处长，中原信托有限公司副总经理；现任本公司副总裁。
薛怀宇	副总裁	男	44	2011年6月	25	博士研究生	西方经济学	历任人民银行河南省分行货币信贷处副科长，人民银行郑州中心支行非银处信托科科长，中原信托有限公司副总经理；现任本公司副总裁。
李信凤	副总裁	女	47	2011年6月	27	硕士研究生	工商管理	历任中原信托有限公司金融部、财务部经理、总裁助理；现任本公司副总裁兼总会计师。

3.5 公司员工

项　目		2011年度		2010年度	
		人数	比例(%)	人数	比例(%)
年龄分布	20岁以下	0	0	0	0
	20～29岁	35	26.1	27	21.4
	30～39岁	36	26.9	39	31.0
	40岁以上	63	47.0	60	47.6
学历分布	博　士	4	3.0	5	4.0
	硕　士	57	42.5	46	36.5
	本　科	48	35.8	49	38.9
	专　科	17	12.7	18	14.3
	其　他	8	6.0	8	6.3
岗位分布	董事、监事及其高管人员	14	10.5	14	11.1
	自营业务人员	11	8.2	20	15.9
	信托业务人员	74	55.2	57	45.2
	其他人员	35	26.1	35	27.8

4. 经营管理

4.1 经营目标、经营方针、战略规划

4.1.1 经营目标

加快信托业务结构转型，加强业务模式和产品创新，实现固有资产优化配置，提升经济效益和管理水平。

4.1.2 经营方针

抓住"十二五"规划实施和中原经济区建设的机遇，实施"合作、转型、走出去"战略，大力创新信托产品，实施差异化竞争，培养提高资产管理能力，发展壮大高端客户群体。

4.1.3 战略规划

有效整合资源，构建有特色的信托服务平台和核心竞争力，提供专业化资产配置和财富管理服务，服务中国机构和高端个人客户对高品质金融理财的需求。

4.2 经营业务的主要内容

本公司的业务主要是信托业务和自营资产管理业务。报告期内，公司信托业务的主要品种有集合资金信托、服务高端机构和个人客户特定需求的单一资金信托和财产权信托业务等；自营资产管理业务主要包括股权投资、债券投资、股票投资、贷款等。

自营资产运用与分布表

资产运用	金额（万元）	占比（%）	资产分布	金额（万元）	占比（%）
货币资产	11 469	5.40	基础产业	5 528	2.61
贷款及应收款	71 572	33.75	房地产业	26 282	12.39
交易性金融资产投资			证券市场		
可供出售金融资产投资	34 842	16.43	实业	23 893	11.27
持有至到期投资			金融机构	78 964	37.23
长期股权投资	78 964	37.23	其他	77 420	36.50
其他	15 240	7.19			
资产总计	212 087	100	资产总计	212 087	100

信托资产运用与分布表

资产运用	金额（万元）	占比（%）	资产分布	金额（万元）	占比（%）
货币资产	118 482.06	1.47	基础产业	275 821.00	3.43
贷款	5 487 339.30	68.28	房地产	569 250.00	7.08
交易性金融资产投资	15 302.24	0.19	证券市场	15 302.24	0.19
可供出售金融资产投资			实业	5 099 857.30	63.46
持有至到期投资			金融机构	107 280.00	1.34
长期股权投资	283 167.77	3.53	其他	1 968 943.12	24.50
其他	2 132 162.29	26.53			
信托资产总计	8 036 453.66	100.00	信托资产总计	8 036 453.66	100.00

4.3 市场分析

4.3.1 影响公司经营发展的有利因素

（1）在"十二五"规划引导下，国内经济有望保持稳定健康发展；城乡居民收入倍增计划使城乡居民金融消费需求升级，高净值客户群体将继续壮大。

（2）信托具有高度灵活性和创新精神，可满足客户不同层次的金融需求，具有强大的制度优势。

（3）行业监管日趋科学规范，为信托业发展创造了良好的制度环境；证券、保险业的创新，为信证合作、信保合作提供了可能。

(4)近年来公司风险管理体系日益健全,运营效率不断提高,具有向不同层次客户提供差异化服务的核心竞争力。

4.3.2 影响公司经营发展的不利因素

(1)世界主要发达经济体复苏乏力,欧债危机加重,全球经济步入低速增长时期;国内经济增速放缓,经济形势复杂,业务发展和风险管理的难度加大。

(2)经济结构调整背景下,涉及房地产、证券市场、信政合作等业务风险不断累积。

(3)信托业顶层设计缺失,限制了信托制度的发展空间。

(4)行业竞争更加激烈,多类金融机构可开展与信托业务具有一定同质性的资产管理业务。

4.4 内部控制

4.4.1 内部控制环境和内部控制文化

公司不断优化内部控制体系,强化科学风控理念,内控制度已贯穿部门、岗位和工作的各个环节,并且通过考核制度和问责制度确保内部控制各项要求得到监督和落实。公司秉承诚信、合规的内控理念,坚持以人为本,在稳健安全的环境中实现员工与公司的共同成长。

4.4.2 内部控制措施

(1)风险与合规管理部和内部审计部作为内控管理主要职能部门,拟定和修订内控制度,监督检查和评价内控的科学性、规范性和可操作性。

(2)公司建立并完善了基本授权体系,对各部门、岗位制定了明确的职责和权限;严格按照相互分离、相互制约的原则设定岗位职责,确保内控有效。

(3)报告期内,公司修订了房地产信托、股权质押信托、信政合作信托等业务的授信原则、风控标准、尽职调查及尽职管理的标准化要求。

(4)公司实施由业务部、风险管理部门、主管副总、项审会和总裁办公会构建的五级评审决策程序,坚持业务发展和风险管控"两手抓";建立了中台、后台对前台的监督制约机制,通过风险控制、内部审计等手段对前台业务进行有效监督、制约。

4.4.3 信息交流与反馈

公司明确了业务开展和风险管理过程中的信息报告和反馈路线,使前台、中台、后台通过信息的交流形成监督制约机制;公司业务开展、风险状况、内外部审计情况及合规管理等方面的问题均能及时完整地向监管部门报告;公司建立了信息披露制度,实现信息披露的及时、规范和完整;建立了新闻发言人制度,保持与外界及广大客户良好沟通;建立 CRM 系统,优化客户服务方式。

4.4.4 监督评价与纠正

2012 年,公司共开展包括信托业务管理、固有业务管理、信托产品营销管理、关联交易、中层管理人员离任和员工离职等 21 项内审工作,覆盖项目 530 多个,涉及金额 650 亿元,提出审计意见或管理建议 50 多条,并对整改情况进行了持续跟踪落实,发挥了内部审计在加强内部控制、防范经营风险和促进尽职管理等方面的作用。

4.5 风险管理

4.5.1 风险管理概况

公司经营活动中可能遇到的主要风险:信用风险、市场风险、操作风险和其他风险等。公司风险管理的基本原则:强化风险管理意识,明确风险管理责任,提高识别、量化和控制风险的能力,建立涵盖公司业务发展、资产管理、部门设置、人员安排以及决策、执行、监督、反馈等各个内控环节的风险管理系统,实行全面风险管理,杜绝重大、实质性风险。

4.5.2 风险状况

4.5.2.1 信用风险状况

信用风险指因交易对手违约带来的风险。我公司信托业务交易对手主要涉及银行、上市公司及其股东、房地产企业、其他实业企业等。报告期内,公司坚持稳健原则,总体上信用风险可控。

报告期末公司固有业务信用风险资产(包括贷款、拆借、租赁)按照资产五级分类标准分类的情况为正常 44 500 万元、关注 0 万元、次级 0 万元、可疑 0 万元、损失 0 万元。其中,不良信用资产的期初数为 0 万元,期末数为 0 万元,报告期末准备金余额为 4 659.45 万元。报告期末公司信托业务信用风险资产按照资产五级分类标准均为"正常"。

4.5.2.2 市场风险状况

市场风险是指因证券价格、利率、汇率等的变动而导致价值未预料到的潜在损失的风险。公司面临的市场风险主要是股票价格风险、利率风险等。报告期内国内资本市场走势较弱,由于公司确定了固有资金退出股票投资的风控策略,证券市场波动对公司整体业绩影响较小;利率市场小幅调降,未形成重大影响。

4.5.2.3 操作风险状况

目前公司实行规范化、标准化、制度化管理,对失职、越权或者违规操作的人员进行问责。报告期内公司未发生操作风险。

4.5.2.4 其他风险状况

公司面临的其他风险主要有合规风险、法律风险、流动性风险、声誉风险、道德风险等。公司能够根据外部监管政策和法律法规的变化及时更新制度,主动配合监管部门对公司业务的监管,对关联交易等积极主动与监管部门沟通,未发生重大合规风险和法律风险;目前公司未开展负债业务,截至报告期末现金类资产、股票、基金、债券等流动性资产占比 34.6%,资产流动性较强;截至报告日,公司到期信托产品全部实现按时足额兑付。

4.5.3 风险管理

4.5.3.1 信用风险管理

严格抵质押品的选择。抵(质)押品以选取不存在所有权争议、市场价值可测、易于管理、易于变现的资产为确认原则。审慎选择信用担保。优先选取清偿能力强、信用状况良好的法人作为贷款保证人,定期对保证人的资信状况、代偿能力、履约情况等进行检查,督促保证人严格按照保证合同约定履行义务。

4.5.3.2 市场风险管理

建立有效的止损防范措施和市场风险预警机制,强化日常风险监控和报告制度;加强对宏观经济金融形势、调控政策以及行业周期性的研究,及时掌握市场变化,为调整投资决策提供依据;利用证券投资及风险管理系统,提高证券估值效率和风险评估的科学性,强化止赢止损等风险防范措施,以及时处置化解风险。

4.5.3.3　操作风险管理

根据监管政策变化，动态修订和完善内控制度体系；细化业务操作流程，明确岗位职责和操作规范；加强业务流程的信息化管理，提升了风险防控能力和执行效力；完善公司治理，防范来自股东或高管人员的操作风险；持续加强员工培训，增强员工的责任意识。

4.5.3.4　其他风险管理

加强对有关法律法规的动态学习，严格按照法律法规的规定开展业务；强调固有资产运用中的投资限额管理，合理配置各类资产比例，防范流动性风险；在各类业务风险评估中，始终将声誉风险作为风险评价的指标之一，努力提升员工的合规执行和风险管理能力，防范公司声誉风险。

4.6　净资本管理指标

截至 2012 年末，公司净资本 14.98 亿元，各项风险资本之和 10.35 亿元，净资本对风险资本的覆盖率达到 146%；净资本与净资产的比值达到 76%，各项指标均达到监管标准。

4.7　履行社会责任情况

报告期内，公司落实"三重一大"制度，进一步完善法人治理结构、内控体系及风险管理；坚持"合作、转型、走出去"战略，大力发展信托业务，深化营销体制改革，优化固有业务结构，经营业绩持续提升，为股东创造了卓越的价值；加强反腐倡廉教育，夯实道德和法纪防线；保障员工基本权益，为全体员工提供健全的保险保障；加强员工专业培训，关爱退休员工；坚持绿色金融，支持低碳经济；慈善捐赠回馈社会，捐款 20 万元用于公益事业。

5. 报告期末及上一年度末的比较式会计报表

5.1　自营资产

5.1.1　会计师事务所审计结论

中兴华富华会计师事务所有限公司审计了中原信托有限公司 2012 年度财务报表并出具了标准无保留意见审计报告。

5.1.2　资产负债表

资产负债表

编制单位：中原信托有限公司　　2012 年 12 月 31 日　　单位：万元

资产	期末数	期初数	负债及所有者权益	期末数	期初数
流动资产：			流动负债：		
货币资金	11 468.87	20 287.31	短期借款		
拆出资金			拆入资金		
交易性金融资产		4 974.70	交易性金融负债		
衍生金融资产			衍生金融负债		
买入返售金融资产			卖出回购金融资产款		
应收账款	5 529.43	1 603.95	应付账款		
预付款项			预收款项		
应收利息	245.04	124.11	应付职工薪酬	1 878.3	850.59
应收股利			应交税费	11 135.68	4 271.49
其他应收款	21 297.13	12 012.79	应付利息		
存货			应付股利		
一年内到期的非流动资产			其他应付款	1 337.79	1 507.14
其他流动资产			一年内到期的非流动负债		
			其他流动负债		
流动资产合计	38 540.47	39 002.86	流动负债合计	14 351.77	6 629.22
非流动资产：			非流动负债：		
发放贷款及垫款	44 500.00	8 908.00	长期借款		
可供出售金融资产	34 842.47	39 404.15	应付债券		
持有至到期投资			预计负债		
长期应收款			递延所得税负债		14.37
长期股权投资	78 964.22	67 604.22	其他非流动负债		
投资性房地产	2 749.58	2 221.61	非流动负债合计		14.37
固定资产	10 567.46	11 614.40	负债合计	14 351.77	6 643.59
在建工程					
工程物资			所有者权益：		
固定资产清理		0.67	实收资本	150 000.00	120 200.00
无形资产	730	549.62	资本公积	0.25	−1 070.44
递延所得税资产		577.96	减：库存股		

续表

资产	期末数	期初数	负债及所有者权益	期末数	期初数
抵债资产	1 148.89	1 148.89	盈余公积	12 529.37	9 296.09
其他非流动资产	44.39		一般风险准备	6 487.88	4 871.24
			未分配利润	28 718.21	31 091.90
非流动资产合计	173 547.01	132 029.52	外币报表折算差额		
			所有者权益合计	197 735.71	164 388.79
资产总计	212 087.48	171 032.38	负债及所有者权益总计	212 087.48	171 032.38

法定代表人：黄曰珉　　财务经理：石翠云　　复核：金新建　　制表：鲁　耀

5.1.3　利润和利润分配表

利润及利润分配表

制表单位：中原信托有限公司　　2012 年度　　单位：万元

项　目	当年数	上年数
一、营业收入	60 173.78	41 388.19
利息净收入	4 178.96	1 832.36
利息收入	4 182.85	1 878.05
利息支出	3.89	45.69
手续费及佣金净收入	51 692.68	29 566.05
手续费及佣金收入	51 692.68	29 566.05
手续费及佣金支出		
投资收益（损失以“－”号填列）	1 992.54	10 828.96
其中：对联营企业和合营企业的投资收益		
公允价值变动收益（损失以“－”号填列）	826.75	－1 076.50
汇兑收益（损失以“－”号填列）	－0.05	－1.3
其他业务收入	1 482.9	238.62
二、营业支出	17 447.81	11 487.44

续表

项　目	当年数	上年数
营业税金及附加	3 227.99	1 768.61
业务及管理费	13 142.65	9 994.85
资产减值损失		－350.67
其他业务成本	1 077.17	74.65
三、营业利润（亏损以“－”号填列）	42 725.97	29 900.75
加：营业外收入	8.22	1.81
减：营业外支出	22.38	6.34
四、利润总额（亏损以“－”号填列）	42 711.81	29 896.22
减：所得税费用	10 379.05	6 417.31
五、净利润（净亏损以“－”号填列）	32 332.76	23 478.91
六、每股收益		
（一）基本每股收益		
（二）稀释每股收益		
减：其他调整事项		
七、其他综合收益	1 070.70	－4 554.55
八、综合收益总和	33 403.46	18 924.36

法定代表人：黄曰珉　　财务经理：石翠云　　复核：金新建　　制表：山　岩

5.2　信托资产

5.2.1　信托项目资产负债汇总表

信托项目资产负债表

编制单位：中原信托有限公司　　2012 年 12 月 31 日　　单位：万元

信托资产	期末数	期初数	信托负债和信托权益	期末数	期初数
信托资产：			信托负债：		
货币资金	118 482.06	51 534.35	交易性金融负债		
拆出资金			衍生金融负债		
存出保证金			应付受托人报酬	5 385.37	1 603.95
交易性金融资产	15 302.24	11 512.61	应付托管费	281.99	5.49
衍生金融资产			应付受益人收益	12 074.01	281.20
买入返售金融资产	2 180.02		应交税费		
应收款项	8 024.48	3.88	应付销售服务费		
发放贷款	5 487 339.30	3 210 906.40	其他应付款项	52 451.96	15 067.87
可供出售金融资产			预计负债		
持有至到期投资			其他负债		
长期应收款			信托负债合计	70 193.33	16 958.51
长期股权投资	283 167.77	154 397.38			
投资性房地产			信托权益：		
固定资产	2 480.85	2 480.85	实收信托	7 926 851.70	4 970 454.01
无形资产			资本公积	2 496.95	2 463.66

续表

信托资产	期末数	期初数	信托负债和信托权益	期末数	期初数
长期待摊费用	12 895.44	2 521.60	外币报表折算差额		
其他资产	2 106 581.50	1 558 783.30	未分配利润	36 911.68	2 264.19
减:各项资产减值准备			信托权益合计	7 966 260.33	4 975 181.86
信托资产总计	8 036 453.66	4 992 140.37	信托负债及信托权益总计	8 036 453.66	4 992 140.37

法定代表人:黄曰珉　　财务经理:石翠云　　复核:张跃强　　制表:韩川晶

5.2.2　信托项目利润及利润分配汇总表

信托项目利润及利润分配表

编报单位:中原信托有限公司　　2012 年度　　单位:万元

项　　目	当年数	上年数
1. 营业收入	550 172.28	247 986.23
1.1 利息收入	363 828.80	166 181.03
1.2 投资收益(损失以"－"号填列)	17 327.79	23 080.99
1.2.1 其中:对联营企业和合营企业的投资收益		
1.3 公允价值变动收益(损失以"－"号填列)	1 644.44	－2 619.90
1.4 租赁收入		
1.5 汇兑损益(损失以"－"号填列)		
1.6 其他收入	167 371.25	61 344.11
2. 支出	57 755.27	26 262.10
2.1 营业税金及附加		
2.2 受托人报酬	36 503.16	17 224.49
2.3 托管费	3 047.25	1 006.67
2.4 投资管理费	5.60	11.85
2.5 销售服务费	136.67	227.28
2.6 交易费用	233.55	711.80
2.7 资产减值损失		
2.8 其他费用	17 829.04	7 080.01
3. 信托净利润(损失以"－"号填列)	492 417.01	221 724.13
4. 其他综合收益		
5. 综合收益	492 417.01	221 724.13
6. 加:期初未分配信托利润	2 264.19	23 401.56
7. 可供分配的信托利润	494 681.20	245 125.69
8. 减:本期已分配信托利润	457 769.52	242 861.50
9. 期末未分配信托利润	36 911.68	2 264.19

法定代表人:黄曰珉　　财务经理:石翠云
复核:张跃强　　制表:韩川晶

6. 会计报表附注

6.1　简要说明报告年度会计报表编制基准、会计政策、会计估计和核算方法发生的变化

本公司于 2008 年 1 月 1 日起执行新《企业会计准则》,按照新《企业会计准则》要求进行会计核算。

6.2　或有事项说明

本会计期未发生对外担保及其他或有事项。

6.3　重要资产转让及其出售的说明

本会计期根据《关于对中原信托有限公司处置广州市和珠海市抵债房产的批复》(豫财金〔2012〕60 号)文,公司处置珠海抵债房产实现收入 1 200 万元。

6.4　会计报表中重要项目的明细资料

6.4.1　自营资产经营情况

6.4.1.1　按信用风险五级分类结果披露信用风险资产的期初数、期末数

信用风险资产五级分类	正常类(万元)	关注类(万元)	次级类(万元)	可疑类(万元)	损失类(万元)	信用风险资产合计(万元)	不良资产合计(万元)	不良资产率(%)
期初数	8 908	—	—	—	—	8 908	—	—
期末数	44 500	—	—	—	—	44 500	—	—

6.4.1.2　各项资产减值损失准备的期初、本期计提、本期转回、本期核销、期末数;贷款的一般准备、专项准备和其他资产减值准备

单位:万元

	期初数	本期计提	本期转回	本期核销	期末数
贷款损失准备	2 591.58		0.18		2 591.40
一般准备					
专项准备	2 591.58		0.18		2 591.40
其他资产减值准备	2 068.05				2 068.05
可供出售金融资产减值准备					
持有至到期投资减值准备					
长期股权投资减值准备					
坏账准备	783.60				783.60
投资性房地产减值准备					
抵债资产减值准备	1 284.45				1 284.45

6.4.1.3　自营股票投资、基金投资、债券投资、股权投资等投资业务的期初数、期末数

单位:万元

	自营股票	基金	债券	长期股权投资
期初数	9 143.90		10 441.69	67 604.22
期末数	0		7 352.47	78 964.22

6.4.1.4　前五名的自营长期股权投资的企业名称、占被投资企业权益的比例、主要经营活动及投资收益情况

企业名称	占被投资企业权益的比例(%)	主要经营活动	投资收益(万元)
焦作市商业银行股份有限公司	9.99	商业银行	600.00
长城基金管理有限公司	17.65	基金管理	1 764.7
郑州银行股份有限公司	5.2	商业银行	无
光大银行股份有限公司	0.01	商业银行	64.77

6.4.1.5　前五名的自营贷款的企业名称、占贷款总额的比例和还款情况

企业名称	占贷款总额的比例(%)	还款情况
金基不动产(郑州)有限公司	40.35	正常
河南国原贸易有限公司	31.85	正常
河南天明广告有限公司	14.86	正常
郑州市郑汴热力有限公司	7.43	正常
河南省莲花味精企业集团	1.93	非正常

6.4.1.6　表外业务的期初数、期末数;按照代理业务、担保业务和其他类型表外业务

单位:万元

表外业务	期初数	期末数
担保业务	0	0
代理业务(委托业务)	0	0
其他	0	0
合计	0	0

6.4.1.7　公司当年的收入结构

收入结构	金额(万元)	占比(%)
手续费及佣金收入	51 692.68	85.9
其中:信托手续费收入	51 118.03	84.94
投资银行业务收入		
利息收入	4 182.85	6.94
其他业务收入	1 482.85	2.46
其中:计入信托业务收入部分		
投资收益	2 819.29	4.69
其中:股权投资收益	2 429.47	4.04
公允价值变动收益	826.75	1.37
其他投资收益	-436.93	-0.72
营业外收入	8.22	0.01
收入合计	60 185.89	100

6.4.2　信托资产管理情况

6.4.2.1　信托资产的期初数、期末数

单位:万元

信托资产	期初数	期末数
集合	755 807.35	1 641 427.14
单一	4 075 164.84	6 217 397.67
财产权	161 168.18	177 628.85
合计	4 992 140.37	8 036 453.66

6.4.2.1.1　主动管理型信托业务期初数、期末数

单位:万元

主动管理型信托资产	期初数	期末数
证券投资类	9 915.26	9 011.92
股权投资类	1 157 461.70	1 552 004.62
融资类	3 277 613.30	3 346 470.23
事务管理类	168 449.22	148 045.51
合计	4 613 439.48	5 055 532.28

6.4.2.1.2　被动管理型信托业务期初数、期末数

单位:万元

被动管理型信托资产	期初数	期末数
证券投资类	10 534.71	10 213.20
股权投资类	—	—
融资类	346 165.33	2 908 957.77
事务管理类	22 000.85	61 750.41
合计	378 700.89	2 980 921.38

6.4.2.2　本年度已清算结束的信托项目个数、实收信托合计金额、加权平均实际年化收益率

6.4.2.2.1　本年度已清算结束的集合类、单一类资金信托项目和财产管理类信托项目个数、金额、加权平均实际年化收益率

已清算结束信托项目	项目个数	合计金额(万元)	加权平均实际年化收益率(%)
集合类	48	406 888.00	7.90
单一类	91	2 071 040.00	6.15
财产管理类	4	26 700.00	10.45

6.4.2.2.2　本年度已清算结束的主动管理型信托项目个数、合计金额、加权平均实际年化收益率

已清算结束信托项目	项目个数	合计金额(万元)	加权平均实际年化收益率(%)
证券投资类	—	—	—
股权投资类	17	443 494.00	7.08
融资类	76	843 774.00	7.99
事务管理类	4	26 700.00	10.45

6.4.2.2.3　本年度已清算结束的被动管理型信托项目个数、合计金额、加权平均实际年化收益率

已清算结束信托项目	项目个数	合计金额(万元)	加权平均实际年化收益率(%)
证券投资类	—	—	—
股权投资类	11	280 305.00	7.89
融资类	35	910 355.00	6.87
事务管理类	—	—	—

6.4.2.3　本年度新增的集合类、单一类和财产管理类信托项目个数、合计金额

单位:万元

新增信托项目	项目个数	合计金额
集合类	89	1 303 901.00
单一类	232	5 384 898.00
财产管理类	7	60 377.00

续表

新增信托项目	项目个数	合计金额
新增合计	328	6 749 176.00
其中：主动管理型	250	4 105 355.00
被动管理型	78	2 643 821.00

6.4.2.4　信托业务创新成果和特色业务有关情况

报告期内，公司高度重视研发创新工作。一是在股权信托方案设计上，采取向项目公司委派董事且在董事会上享有一票否决权的措施，体现了自主管理理念，提高了项目的风险控制能力。二是通过有限合伙企业的形式引入银行理财计划投资于定向增发项目，实现了真正意义上的信托投资。三是借鉴银行同融资租赁公司保理业务模式，实现了信托公司、融资租赁公司优势互补，专业分工，风险分担。四是在销售信托产品过程中，首次引入了券商资产管理计划加入信托产品，拓宽了证信合作领域。

6.4.2.5　信托赔偿准备金的提取、使用和管理情况

公司按净利润的5%计提信托赔偿准备金，报告期内计提2012年度信托赔偿准备金1 616.64万元，期末信托赔偿准备金6 206.09万元，报告期内未使用信托赔偿准备金，所提取信托赔偿准备金存放于商业银行。

6.5　关联方关系及其交易的披露

6.5.1　关联交易方的数量、关联交易的总金额及关联交易的定价政策等

	关联交易数量	关联交易金额（万元）	定价政策
合计	23	161 412	市场公平价格

6.5.2　关联交易方与本公司的关系性质、关联交易方的名称、法定代表人、注册地址、注册资本及主营业务等

关系性质	关联方名称	法定代表人	注册地址	注册资本（万元）	主营业务
公司股东	河南投资集团有限公司	胡智勇	郑州市	1 200 000	项目投资管理
公司股东	河南中原高速公路股份有限公司	关　健	郑州市	214 035	交通设施投资
公司股东	河南盛润控股集团有限公司	李喜朋	郑州市	85 000	实业投资管理

6.5.3　本公司与关联方的重大交易事项

6.5.3.1　固有财产与关联方：贷款、投资、租赁、应收账款、担保、其他方式等期初汇总数、本期发生额汇总数、期末汇总数

固有财产与关联方关联交易

单位：万元

	期初	发生额	期末
贷款	—	—	—
投资	—	—	—
租赁	—	—	—
担保	—	—	—
应收账款	—	—	—
其他	0	460	0
合计	0	460	0

6.5.3.2　信托资产与关联方：贷款、投资、租赁、应收账款、担保、其他方式等期初汇总数、本期发生额汇总数、期末汇总数

信托资产与关联方关联交易

单位：万元

	期初	发生额	期末
贷款	38 675	17 247	55 922
投资	0	70 000	70 000
租赁	—	—	—
担保	—	—	—
应收账款	—	—	—
其他	8 000	0	8 000
合计	46 675	87 247	133 922

6.5.3.3　固有财产与信托财产之间的交易金额期初汇总数、本期发生额汇总数、期末汇总数

固有财产与信托财产相互交易

单位：万元

	期初数	本期发生额	期末数
合计	16 158	11 332	27 490

6.5.3.4　信托资产与信托财产之间的交易金额期初汇总数、本期发生额汇总数、期末汇总数

信托资产与信托财产相互交易

单位：万元

	期初数	本期发生额	期末数
合计	0	0	0

6.5.4　逐笔披露关联方逾期未偿还本公司资金的详细情况以及本公司为关联方担保发生或即将发生垫款的详细情况　无。

6.6　会计制度的披露

6.6.1　自营业务

本公司执行2006年财政部颁发的《企业会计准则》及相关规定。

6.6.2　信托业务

本公司执行2006年财政部颁发的《企业会计准则》及相关规定。

7. 财务情况说明书

7.1　利润实现和分配情况

2012年度公司实现利润总额42 711.81万元，所得税费用10 379.05万元，实现净利润32 332.76万元，按10%计提法定盈余公积3 233.28万元，按5%计提信托赔偿准备金1 616.64万元，加上以前年度未分配利润，期末未分配利润余额为28 718.21万元。

7.2　主要财务指标

指标名称	指标值
资本利润率(%)	18.35
加权年化信托报酬率(%)	0.82
人均净利润(万元)	251.62

7.3　对本公司财务状况、经营成果有重大影响的其他事项

无。

8. 特别事项揭示

8.1　前五名股东报告期内变动情况及原因

无。

8.2　董事、监事及高级管理人员变动情况及原因

无。

8.3　变更注册资本、变更注册地或公司名称、公司分立合并事项

报告期内,经中国银行业监督管理委员会河南监管局批准(豫银监复〔2012〕221号文)、公司股东会2012年第二次会议审议通过:公司注册资本由"12.02亿元人民币"变更为"15亿元人民币"。

8.4　公司的重大诉讼事项

无。

8.5　公司及其高级管理人员受到处罚的情况

无。

8.6　银监会及其派出机构对公司检查后提出整改意见的整改情况

报告期内,河南银监局对公司银信理财合作业务、中长期贷款业务、2011年现场检查发现问题后续整改情况进行了专项现场检查,在肯定公司依法合规经营的同时,对公司银信理财合作、中长期贷款业务提出"加强内控建设,加大制度执行力度和做好尽职管理"等意见和建议。

对此公司高度重视,研究、制定和实施了系统的整改措施,由信托业务部门对检查发现问题进行全面整改和落实,加强内控制度建设,优化管理流程,使内控制度和操作规程渗透到业务发展的全过程和各个操作环节,加强绩效考核和问责力度,切实提高公司精细化管理水平。通过整改,公司的内控体系和流程管理进一步完善,风险管理能力不断提高,合规经营水平迈上新台阶。

8.7　本年度重大事项临时报告的简要内容、披露时间、所披露的媒体及其版面

(1)2012年4月5日,在证券时报B07版披露了迁址公告,公司地址由"郑州市郑汴路96号中原信托大厦"迁至"郑州市郑东新区商务外环路24号中国人保大厦25~28层"。

(2)2012年8月1日,在《证券时报》D27版刊登"注册资本变更公告",公司注册资本由12.02亿元人民币变更为15亿元人民币。

8.8　银监会及其省级派出机构认定的其他有必要让客户及相关利益人了解的重大信息

无。

9. 公司监事会意见

监事会认为本报告期内,公司经营活动依法运作,操作规范,未发现违反《公司法》、公司章程、财务会计制度及国家法律、法规的行为,财务报告真实地反映了公司的财务状况和经营成果。公司董事、高级管理人员勤勉履职、守法经营、规范管理、开拓创新,维护了公司全体股东的根本利益,未发现违反《公司法》、公司章程及国家法律、法规的行为。

紫金信托有限责任公司

1. 重要提示

1.1 紫金信托有限责任公司董事会及董事保证本报告所载资料不存在任何虚假记载、误导性陈述或者重大遗漏，并对其内容的真实性、准确性和完整性承担个别及连带责任。

1.2 公司股东会已建立独立董事制度，独立董事保证本报告内容真实、完整和准确。

1.3 公司编制的2012年度财务报告已经立信会计师事务所（特殊普通合伙）审计，并出具了标准无保留意见的审计报告。

1.4 公司法定代表人王海涛、主管会计部门负责人陈峥和会计部门负责人杨黎文声明并保证年度报告中财务报告的真实、完整。

2. 公司概况

2.1 公司简介

紫金信托有限责任公司（以下简称紫金信托或公司）前身为南京市信托投资公司，成立于1992年。在历经股权变更后，2010年经中国银行业监督管理委员会批准公司实施增资重组，公司控股股东为国资全资设立的南京紫金投资集团有限责任公司（以下简称紫金投资集团），引入国际著名的信托金融机构——三井住友信托银行股份有限公司（*THE SUMITOMO MUTSUI TRUST BANK CO.，LTD.*）（以下简称住友信托）以及三胞集团等多家国内知名企业作为战略投资者，注册资本为5亿元人民币。2010年10月，经中国银行业监督管理委员会批准重新登记并正式更名为紫金信托有限责任公司（《中国银监会关于南京市信托投资公司重新登记等有关事项的批复》银监复〔2010〕485号），经中国银监会江苏监管局颁发金融许可证并于2010年11月28日在南京开业。

公司秉持"责任·专业·开放·分享"的经营理念，认真贯彻各项改革法规的要求，立足信托主业，发挥"受人之托、代人理财"的功能，完善法人治理结构，优化经营机制，探索业务创新，加强人才开发，经济效益稳步增长，切实维护受益人的利益。公司正努力发展成为行业中资产质量优良、管理规范、经营合规、风控力强、信息透明的信托公司。

2.1.1 公司法定中文名称：紫金信托有限责任公司
中文缩写：紫金信托
公司法定英文名称：Zijin Trust Co.，Ltd
英文缩写：ZJT

2.1.2 法定代表人：王海涛

2.1.3 注册地址：江苏省南京市中山北路2号紫峰大厦30层
邮编：210008
公司国际互联网网址：http://www.zjtrust.com.cn
公司电子邮箱：ZJTRUST@ZJTRUST.COM.CN

2.1.4 公司负责信息披露事务的高级管理人员：高晓俊
联系人姓名：高晓俊
联系电话：025-66775859
传真：025-66770666
电子信箱：gaoxiaojun@zjtrust.com.cn

2.1.5 公司选定的信息披露报纸名称：《金融时报》

2.1.6 公司年度报告备置地点：南京市中山北路2号紫峰大厦30层

2.1.7 公司聘请的会计师事务所：
立信会计师事务所（特殊普通合伙）
地址：上海市南京东路61号4楼

2.1.8 公司聘请的律师事务所：
（1）上海市锦天城律师事务所
地址：上海市浦东新区花园石桥路33号花旗集团大厦14楼
（2）江苏高的律师事务所
地址：南京市长江路69号保险大厦16层

2.2 组织结构

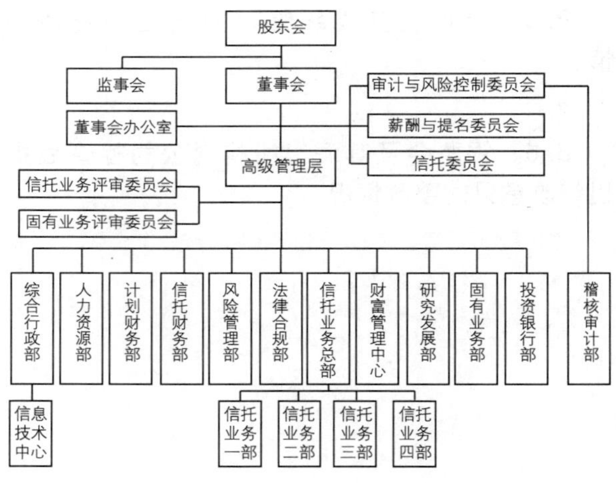

3. 公司治理

3.1 公司治理结构

3.1.1 股东

报告期末公司股东总数为5家，最终实际控制人为南京紫金投资集团有限责任公司。出资比例在10%及以上的股东及出资情况。

股东名称	持股比例(%)	法人代表	注册资本	注册地址	主要经营业务
★南京紫金投资集团有限责任公司	60.01	王海涛	50亿元	南京市建邺区江东中路269号新城大厦B座2701室	投资与资产管理。
三井住友信托银行股份有限公司	19.99	常阴均	3 420亿日元	GranTokyo SOUTH TOWER1 -9 -2, MARUNOUCHI, CHIYODA - KU, TOKYO, 100 -6611 JAPAN	信托业务、商业银行业务、证券/债券方面的投资咨询与资产管理业务等。
三胞集团有限公司	10	袁亚非	10亿元	南京市白下区中山东路18号第11层A2座	商业连锁、信息服务、电子商务、房地产业、金融服务。

3.1.2　董事、董事会及其下属委员会

董事长、副董事长、董事

姓　名	职　务	性别	年龄	选任日期	所推举的股东名称	该股东持股比例(%)	简　要　履　历
王海涛	董事长	男	52	2010年10月	南京紫金投资集团有限责任公司	60.01	男,1961年2月出生,1982年8月毕业于哈尔滨工业大学,研究员级高级经济师;历任南京晨光机器厂工程师,共青团南京市委常委、研究室主任,南京市信托投资公司经理、副总经理,南京市投资公司总经理;现任南京市国资集团董事、总经理,南京紫金投资集团董事长,紫金信托董事长,南京银行董事,南京证券副董事长。
浅井英彦	副董事长	男	60	2010年10月	三井住友信托银行股份有限公司	19.99	男,1953年12月出生,日本国籍,1976年起任职于日本住友信托银行股份有限公司;历任住友信托银行新加坡分行行长,美国地区统筹支配人兼纽约分行行长、执行役员,美国地区统筹支配人兼纽约分行行长、执行役员,名古屋地区统筹支配人兼名古屋分行行长、执行役员兼总行支配人,三井住友信托银行董事兼常务执行役员;现任紫金信托副董事长。
陈峥	董事、总裁	女	45	2010年10月	南京紫金投资集团有限责任公司	60.01	女,1968年5月出生,工商管理学硕士研究生,高级经济师;历任上海星火制浆造纸厂技术员、助理工程师,南京国际信托投资公司部门经理,南京市国资集团资产管理部经理、投资管理部经理、金融资产部经理,南京市国资集团副总经理;现任紫金信托总裁,紫金投资集团副总经理,南京证券董事。
王瑞	董事	女	40	2010年10月	南京紫金投资集团有限责任公司	60.01	女,1973年5月出生,硕士研究生,经济师;历任南京市投资公司项目经理、投资部经理、副总经理,南京市国资集团投资管理部副经理;现任南京市国资委综合处副处长。
仪垂林	董事	男	39	2010年10月	三胞集团有限公司	10	男,1974年3月出生,管理学博士,获得证券、期货从业资格、律师资格;曾在江苏联合信托投资公司、南京财经大学金融学院、江苏宏图高科技股份有限公司任职;2009年3月至今任三胞集团有限公司副总裁。

独立董事

姓　名	职　务	性别	年龄	选任日期	所推举的股东名称	该股东持股比例(%)	简　要　履　历
白世春	紫金农商行独立董事、芜湖津盛农村商业银行独立董事	男	69	2010年10月	南京紫金投资集团有限责任公司	60.01	男,1944年2月出生,中共党员;历任南京市财政金融局副科长、科长,南京市财政局副局长,南京市计经委副主任,南京市计委副主任,中国人民银行南京市分行副行长、行长、党组书记,中国人民银行江苏省分行副行长、行长、党组书记,中国人民银行济南分行行长、党委书记,中国人民银行总行参事,南京银行独立董事;现任紫金农商行独立董事、芜湖津盛农村商业银行独立董事、紫金信托独立董事。
黄泽民	华东师大国际金融研究所所长	男	61	2011年1月	三井住友信托银行股份有限公司	19.99	男,1952年12月出生,经济学博士,华东师范大学终身教授、博士生导师;曾担任华东师大商学院院长;现任华东师大国际金融研究所所长,华东师大应用经济学学位委员会主席;兼任上海世界经济学会副会长,中国金融学会学术委员,中国国际金融学会理事,中国国际经济关系学会常务理事,全国日本经济学会副会长,第十届、十一届、十二届全国政协委员,上海市人民政府参事,紫金信托独立董事。

董事会下属委员会

董事会下属委员会名称	职责	组成人员姓名	职务
审计与风险控制委员会	合法合规性审查；风险控制审查；财务及内控审查；审计工作及审查；关联交易审查；公司董事会授权的其他事宜。	白世春	主任委员
		陈峥	委员
		仪垂林	委员
薪酬与提名委员会	审核公司薪酬政策或方案、评价和激励机制等；审查公司董事及高级管理人员的履行职责情况并对其进行年度绩效考评；根据公司实际情况对董事会的规模和构成向董事会提出建议；研究董事、高级管理人员的选择标准和程序，并向董事会提出建议；向股东会、董事会提名董事和高级管理人员候选人；对董事、高级管理人员人选进行审查并提出建议；董事会授权的其他事宜。	王海涛	主任委员
		浅井英彦	委员
		仪垂林	委员
信托委员会	对公司的机构及业务发展规划进行研究并提出建议；组织制订公司信托业务发展规划；指导信托业务部门开展信托业务创新；对公司信托业务运行情况进行定期评估；研究、制定维护受益人权益的具体措施；董事会授予的其他职责。	黄泽民	主任委员
		王海涛	委员
		王　瑞	委员

3.1.3 监事、监事会及其下属委员会

监事会成员

姓　名	职　务	性别	年龄	选任日期	所推举的股东名称	该股东持股比例(%)	简　要　履　历
骆芝惠	监事会主席	女	57	2010年5月	南京紫金投资集团有限责任公司	60.01	女，1956年10月出生，会计学大专学历，高级会计师；历任镇江丹徒基本建设局经理部主管会计，镇江市丹徒审计局财贸金融科审计员，南京市国际信托投资公司计划财务部副经理，南京市国资集团总会计师；现任南京紫金投资集团总会计师，紫金信托第一届监事会主席。
高长福	监事	男	49	2011年2月	南京高新技术产业开发区	5	男，1964年8月出生，大学学历，助理统计师，1984年7月参加工作；历任江宁县农村经济调查队副队长，江宁县统计局局长助理、副局长，江宁滨江开发区经济与社会事业发展局局长，滨江开发区管委会办公室副主任、副总经理，江宁区外经局副局长，浦口区财政局副局长、国资办副主任；现任南京高新技术产业开发区财政局局长，紫金信托第一届监事会监事。
卞化雨	职工代表监事	男	44	2010年5月	—	—	男，1969年5月出生，南京大学EMBA学历；历任南京市国际信托投资公司信托业务二部经理、紫金信托风险管理部经理、紫金信托信托业务总部总经理；2010年5月被选举为紫金信托第一届监事会职工代表监事。

监事会未下设委员会。

3.1.4 高级管理人员情况

职务	姓名	性别	年龄	选任日期	金融从业年限	学历	专业	简要履历
董事长	王海涛	男	52	2010年10月18日	21	本科	精密仪器	男，1961年2月出生，1982年8月毕业于哈尔滨工业大学，研究员级高级经济师；历任南京晨光机器厂工程师，共青团南京市委常委、研究室主任，南京市信托投资公司经理、副总经理，南京市投资公司总经理；现任南京市国资集团董事、总经理，南京紫金投资集团董事长，紫金信托董事长，南京银行董事，南京证券副董事长。
总裁	陈峥	女	45	2010年10月18日	15	硕士	工商管理	女，1968年5月出生，工商管理学硕士研究生，高级经济师；历任上海星火制浆造纸厂技术员、助理工程师，南京国际信托投资公司部门经理，南京市国资集团资产管理部经理、投资管理部经理、金融资产部经理，南京市国资集团副总经理；现任紫金信托总裁，紫金投资集团副总经理，南京证券董事。
副总裁	刘建春	男	47	2010年10月18日	24	本科	金融	男，1966年4月出生，本科学历；1988年8月起历任中国化工进出口总公司财务公司金融部副总经理，中国对外经济贸易信托有限公司信托业务部总经理，海航实业控股有限公司总裁助理，渤海国际信托有限公司副总裁，扬子江国际租赁有限公司总经理；现任紫金信托副总裁。
副总裁	浅野寿夫	男	53	2010年10月18日	28	本科	国际商学	男，1960年9月出生，本科学历，日本国籍；1984年4月起依次在日本住友信托银行高规分行、总部房地产营业部、职工工会、海外业务部、总部营业第3部任职；1998年12月起历任福山分行科长，住信商务服务株式会社企划部长，信用投资业务部高级经理，上海事务所所长，上海分行行长，海外企划部亚洲部部长；现任紫金信托副总裁。

续表

职务	姓名	性别	年龄	选任日期	金融从业年限	学历	专业	简要履历
总裁助理	高晓俊	男	42	2011年5月25日	11	硕士	工商管理	男,1971年12月出生,研究生学历,1994年7月任职于南京市计划委员会经济信息中心;历任南京市国资集团人力资源部高级业务主管、办公室副主任,南京紫金投资集团综合部经理、董事会秘书、总经理助理;现任紫金信托总裁助理兼董事会秘书。

3.1.5 公司员工

项目		报告期年度		上年度	
		人数	比例(%)	人数	比例(%)
年龄分布	20岁以下	0	0.0	0	0.0
	20~29岁	37	43.5	22	36.1
	30~39岁	32	37.7	26	42.6
	40岁以上	16	18.8	13	21.3
学历分布	博士	1	1.2	0	0.0
	硕士	33	38.8	23	37.7
	本科	46	54.1	34	55.7
	专科	3	3.5	2	3.3
	其他	2	2.4	2	3.3
岗位分布	董事、监事及高管人员	5	5.9	5	8.2
	自营业务人员	6	7.1	2	3.3
	信托业务人员	28	32.9	24	39.3
	其他人员	46	54.1	30	49.2

3.2 公司治理信息

3.2.1 年内召开股东会情况

2012年召开了2011年年度股东会、2012年股东会第一次会议。

3.2.1.1 2011年年度股东会于2012年3月5日召开,全体股东代表到会

(1)审议批准《紫金信托有限责任公司2011年度董事会工作报告》。

(2)审议批准《紫金信托有限责任公司2011年度监事会工作报告》。

(3)审议批准《紫金信托有限责任公司2011年度独立董事工作报告》。

(4)审议批准《关于紫金信托有限责任公司2011年度报告的议案》。

(5)审议批准《紫金信托有限责任公司2011年度财务决算报告》。

(6)审议批准《紫金信托有限责任公司2011年度利润分配预案》。

(7)审议批准《紫金信托有限责任公司2012年度财务预算安排》。

(8)审议批准《关于续聘立信会计师事务所(特殊普通合伙)的议案》。

(9)审议批准《关于调整独立董事津贴的议案》。

(10)通报了紫金信托有限责任公司2011年度信托受益人利益实现情况。

3.2.1.2 2012年股东会第一次会议于2012年9月19日以通信方式召开

审议通过《关于变更公司股东名称及修订公司章程的议案》。

3.2.2 董事会及其下属委员会履行职责情况

2012年董事会召开了一届十二次、十三次、十四次、十五次、十六次、十七次、十八次会议。

3.2.2.1 董事会履行职责情况

3.2.2.1.1 一届十二次董事会于2012年1月19日召开,应到董事7人,实到5人,浅井英彦董事委托王海涛董事出席并行使表决权,黄泽民独董委托白世春独董出席并行使表决权

(1)审议通过《紫金信托有限责任公司2011年度董事会工作报告(草案)》。

(2)审议通过《紫金信托有限责任公司2011年度经营班子工作报告》。

(3)审议通过《紫金信托有限责任公司2011年度风险管理报告》。

(4)审议通过《紫金信托有限责任公司2011年度合规管理报告》。

(5)审议通过《紫金信托有限责任公司2011年度财务决算报告》。

(6)审议通过《紫金信托有限责任公司2011年度利润分配预案》。

(7)审议通过《紫金信托有限责任公司2012年度经营计划》。

(8)审议通过《紫金信托有限责任公司2012年度财务预算安排(草案)》。

(9)听取《紫金信托有限责任公司信托受益人利益实现情况报告》。

(10)审议通过《关于聘任立信会计师事务所(特殊普通合伙)的议案》。

(11)审议通过《关于调整独立董事薪酬的预案》。

(12)审议通过《紫金信托有限责任公司独立董事议事规则》。

(13)审议通过《关于聘任沈心怡女士为公司稽核审计部负责人的议案》。

(14)审议通过《紫金信托有限责任公司2012年度绩效考核办法》。

3.2.2.1.2 一届十三次董事会于2012年3月5日以通信方式召开

审议通过《关于紫金信托有限责任公司2011年度报告的议案》。

3.2.2.1.3　一届十四次董事会于2012年6月1日以通讯方式召开

审议通过《关于紫金合赢1号单一资金信托涉及关联交易的议案》。

3.2.2.1.4　一届十五次董事会于2012年7月31日召开，应到董事7人，实到6人，浅井英彦董事委托黄泽民独董出席并行使表决权

(1)审议通过《关于变更公司股东名称及修订公司章程的议案》。

(2)审议通过《关于修订〈紫金信托有限责任公司固有业务管理办法〉的议案》。

(3)审议通过《关于制定〈高级管理人员监督考核办法〉的议案》。

(4)审议通过《关于以自有资金开展证券投资的议案》。

(5)审议通过《关于组建公司北京信托业务总部的议案》。

(6)审议通过《关于聘任公司投资总监的议案》。

(7)审议通过《关于高晓俊、伍兵薪酬情况的议案》。

3.2.2.1.5　一届十六次董事会于2012年10月12日以通信方式召开

审议通过《关于紫金信托·盈债1号债券投资单一资金信托涉及关联交易的议案》。

3.2.2.1.6　一届十七次董事会于2012年11月28日召开，应到董事7人，实到5人，浅井英彦董事委托黄泽民独董出席并行使表决权，仪垂林董事委托王海涛董事出席并行使表决权

(1)审议通过《关于调整2012年度固有投资组合计划的议案》。

(2)审议通过《关于设立资产管理部的议案》。

(3)审议通过《关于聘请波士顿咨询公司开展战略咨询工作的议案》。

(4)审议通过《关于朱新晖先生辞职的议案》。

3.2.2.1.7　一届十八次董事会于2012年12月31日召开，应到董事7人，实到5人，浅井英彦董事和黄泽民独董缺席

听取公司《2013—2015三年战略规划项目建议书》。

3.2.2.2　审计与风险控制委员会履行职责情况

2012年审计与风险控制委员会召开了第八次、第九次、第十次、第十一次、第十二次、第十三次、第十四次会议。

3.2.2.2.1　审计与风险控制委员会第八次会议于2012年1月12日召开

(1)审议通过《关于〈紫金信托有限责任公司2011年度风险管理报告〉的议案》。

(2)审议通过《关于〈紫金信托有限责任公司2011年度合规管理报告〉的议案》。

(3)审议通过《关于〈紫金信托有限责任公司2011年度财务决算报告〉的议案》。

(4)审议通过《关于聘任立信会计师事务所(特殊普通合伙)的议案〉的议案》(聘任其为公司2012年度财务审议机构)。

(5)审议通过《关于〈紫金信托有限责任公司2011年度内部审计报告〉的议案》。

(6)审议通过《关于〈紫金信托有限责任公司2011年度关联交易专项审计报告〉的议案》。

(7)审议通过《关于〈紫金信托有限责任公司2012年度内部审计计划〉的议案》。

3.2.2.2.2　审计与风险控制委员会第九次会议于2012年1月30日召开

审议通过《关于广州农村商业银行股权收益权单一资金信托涉及关联交易的议案》。

3.2.2.2.3　审计与风险控制委员会第十次会议于2012年4月6日召开

审议通过《关于紫金信托·汇金池跨市场基金集合资金信托计划(第1期)涉及关联交易的议案》。

3.2.2.2.4　审计与风险控制委员会第十一次会议于2012年5月31日召开

审议通过《关于紫金合赢1号单一资金信托涉及关联交易的议案》。

3.2.2.2.5　审计与风险控制委员会第十二次会议于2012年7月6日召开

审议通过《关于紫金信托·汇金池跨市场基金集合资金信托计划(第6期)涉及关联交易的议案》。

3.2.2.2.6　审计与风险控制委员会第十三次会议于2012年10月9日召开

审议通过《关于紫金信托·盈债1号债券投资单一资金信托涉及关联交易的议案》。

3.2.2.2.7　审计与风险控制委员会第十四次会议于2012年10月24日召开

审议通过《关于紫金信托·汇金池跨市场基金集合资金信托计划(第9期)涉及关联交易的议案》。

3.2.2.3　薪酬与提名委员会履行职责情况

2012年公司薪酬与提名委员会召开了第四次、第五次、第六次会议。

3.2.2.3.1　薪酬与提名委员会第四次会议于2012年1月19日召开

(1)听取公司高管2011年度述职报告，并对高管进行考核。

(2)审议通过《关于2011年度绩效奖金发放情况的议案》。

(3)审议通过《关于紫金信托有限责任公司2012年绩效考核办法的议案》。

(4)审议通过《关于调整独立董事津贴的议案》。

3.2.2.3.2　薪酬与提名委员会第五次会议于2012年7月31日召开

(1)审议通过《关于制定〈高级管理人员监督考核办法〉的议案》。

(2)审议通过《关于聘任公司投资总监的议案》。

(3)审议通过《关于伍兵、高晓俊薪酬情况的议案》。

3.2.2.3.3　薪酬与提名委员会第六次会议于2012年11月28日召开

审议通过《关于朱新晖先生辞职的议案》。

3.2.2.4　信托委员会履行职责情况

2012年公司信托委员会召开了第三次、第四次会议。

3.2.2.4.1　信托委员会第三次会议于2012年1月19日

召开

听取紫金信托有限责任公司2011年度信托受益人利益实现情况。

3.2.2.4.2 信托委员会第四次会议于2012年11月28日召开

审议通过《关于聘请波士顿咨询公司开展战略咨询工作的议案》。

2012年,董事会及其下设委员会严格依照有关议事规则履职,严格执行股东会的决议,切实发挥了决策作用,并完整保留相关会议纪要等资料。董事会对高级管理层的监督考核机制严格规范,督促公司高级管理层有效落实监管部门的监管意见,合法、合规经营。

董事会审计与风险控制委员会能够根据监事会、内部审计、风险管理部门的工作意见,及时评估和分析公司在内控机制及风险管理等方面存在的问题,并采取有效措施,迅速落实且效果良好。

公司独立董事长期从事经济工作,熟悉金融行业,有丰富的经济、金融工作经验,对经济形势和金融局势具有敏锐观察力,按时参加公司董事会,认真履行职责,对公司发展形势分析、战略定位、工作目标制定、重大项目投资决策、风险控制、内部体制改革等积极发表独立意见,指导公司防范信托行业中存在的风险,把握业务发展的方向。

3.2.3 监事会及其下属委员会履行职责情况

2012年公司监事会召开了一届五次、六次、七次会议。

3.2.3.1 一届五次监事会于2012年1月19日召开,全体监事出席会议

审议批准《关于〈紫金信托有限责任公司2011年度风险管理报告〉的议案》、《关于〈紫金信托有限责任公司2011年度合规管理报告〉的议案》、《关于〈紫金信托有限责任公司2011年度财务决算报告〉的议案》、《关于〈紫金信托有限责任公司2011年度内部审计报告〉的议案》。

3.2.3.2 一届六次监事会于2012年3月5日召开,全体监事出席会议

听取并审议了《关于〈紫金信托有限责任公司2011年度监事会工作报告〉的议案》。

3.2.3.3 一届七次监事会于2012年7月31日召开,监事代表召集公司部分高管人员及财务、审计负责人参加会议

听取经营层2012年上半年经营情况的汇报及会计师事务所对2011年审计报告有关事项的报告。一届八次监事会于2012年12月31日召开,全体监事出席会议。听取了公司关于开展三年战略规划的汇报。

3.2.3.4 监事会工作情况

公司监事会列席了股东会、董事会历次会议,听取了有关议案的汇报,对董事会决议过程进行了监督。监事会无下设委员会。

3.2.3.5 公司监事会意见

(1)公司股东会、董事会、监事会、经营管理层职责明确,有效行使了公司权力机构、决策机构、监督机构和执行机构的职能。

(2)2012年公司董事会认真加强科学决策和风险管理,严格遵守《公司法》、公司章程和相关法规开展工作。公司按照《信托法》、《信托公司管理办法》、《信托公司集合资金信托计划管理办法》和中国银监会有关规定依法经营。本报告期内未发现董事及高级管理人员在执行公司职务时存在违法违纪和有损公司及股东利益的行为。

(3)公司2012年度财务报告客观真实地反映了公司的实际财务状况和经营成果。

3.2.4 高级管理人员履职情况

公司高级管理人员的综合素质和能力较高,所有人员均具有大学以上文化水平和多年从事金融行业的工作经验;熟悉信托业务,具有较好的管理协调能力,有较强的市场应变能力和创新能力;非常重视经营的稳健性,能及时识别信托公司存在的风险,具有预防和处置风险的能力。

报告期内,高级管理人员能够按照《公司法》、《信托法》、公司章程及公司各项规章制度,廉洁自律,自觉遵守银监会及其派出机构的各项监管要求,落实监管意见,努力做好公司业务发展和内部管理各项工作,超额完成董事会下达的各项经营任务,实现了公司经营发展良好的开端。主要体现在以下几个方面:一是认真贯彻执行董事会有关决议和要求,客观分析经济金融形势,积极应对市场需求,明确工作思路和举措,强化经营。二是做好信托本业,加强业务创新,拓展业务领域。三是夯实内部基础管理,提升组织效率,健全内部考核奖惩机制,构建适应市场竞争的运营平台。四是完善项目决策制度,加强项目合规审查、过程管理与控制,采取有效措施,防范化解经营风险,维护公司利益,保障委托人的合法权益。

4. 经营概况

4.1 经营目标、经营方针、战略规划

公司的经营目标:突出信托主业地位,走专业化的发展道路。以创新为核心推动信托业务拓展,为客户提供综合性金融产品和服务;积极适应金融业混业经营的趋势,深化与其他金融机构的合作;不断提高控制、驾驭风险的能力,建立可持续发展的盈利模式,打造核心竞争力;以丰富的信托产品和优质服务为客户创造价值;努力提高盈利能力,为股东创造回报。

公司的经营方针:科学发展,合规经营,稳健经营,专业化发展。

公司的战略规划:以市场为导向,依托公司区域、股东、团队的三大优势,发挥信托业务特点,提高团队素质,健全风险控制机制,加强业务创新,提升产品直销能力,增强核心竞争力,立足长三角、辐射全国,把公司打造成专业的资产管理机构。

4.2 经营业务的主要内容

4.2.1 公司经营业务和品种

经中国银行业监督管理委员会批准,公司许可经营项目为:资金信托;动产信托;不动产信托;有价证券信托;其他财产或财产权信托;作为投资基金或者基金管理公司的发起人从事投资基金业务;经营企业资产的重组、购并及项目融资、公司理财、财务顾问等业务;受托经营国务院有关部门批准的证券承销业务;办理居间、咨询、资信调查等业务;代保管及保管箱业务;以存放同业、拆放同业、贷款、租赁、投资方式运用固有财产;以固有财产为他人提供担保;从事同业拆借;中国法律法规

规定或中国银监会批准的其他业务(外资比例低于25%)。

一般经营项目:无。

4.2.2 公司资产组合和分布

4.2.2.1 自营资产运用与分布表

资产运用	金额(万元)	占比(%)	资产分布	金额(万元)	占比(%)
货币资金	14 947.95	20.70	基础产业	—	
贷款及应收款	6 528.30	9.04	房地产业	—	
交易性金融资产	8 305.63	11.50	证券市场	8 305.63	11.50
可供出售金融资产	32 461.00	44.95	实业	6 000.00	8.31
持有至到期投资	2 130.00	2.95	金融机构	15 544.95	21.53
长期股权投资	597.00	0.83	其他	42 369.11	58.66
其他	7 249.81	10.03			
资产总计	72 219.69	100.00	资产总计	72 219.69	100.00

4.2.2.2 信托资产运用与分布表

资产运用	金额(万元)	占比(%)	资产分布	金额(万元)	占比(%)
货币资产	588 301.77	25.60	基础产业	909 405.00	39.56
贷款	462 348.80	20.11	房地产业	154 460.00	6.72
短期投资	0	0.00	证券	0.00	0.00
长期投资	100 000.00	4.35	实业	482 663.80	21.00
买入返售资产	0.00	0.00	其他	752 010.40	32.72
其他	1 147 888.63	49.94			
资产总计	2 298 539.20	100	资产总计	2 298 539.20	100

4.3 市场分析

4.3.1 影响公司发展的有利因素

4.3.1.1 外部环境

(1)预计宏观经济温和复苏,城镇化改革、经济结构调整等一系列领域的改革都将推动中国经济持续稳健的发展,为信托业发展提供了良好的外部环境。

(2)信托行业发展迅速,2012年12月,我国信托资产规模已达到7.47万亿元,同时业务结构朝良性方向发展。随着社会财富总量的增长,理财市场将持续繁荣,这为信托行业的长期发展创造了条件,预计未来全行业总体增长的势头仍将延续。

(3)泛资管时代将导致更多的理财机构进入资产管理市场,也带来更多的合作机遇。信托公司更有机会进入新市场,学习新的业务知识,研发新的业务模式,从而带动综合业务能力增强,推动行业的长远发展。

4.3.1.2 内部环境

(1)公司准确把握住市场机会,迅速扩大了业务规模,团队建设初具规模,业务能力有效提升,为未来发展创造了条件。

(2)加强基础建设,逐步完善制度建设,进一步梳理业务流程,加强风控体系的建设,推进业务管理信息化进程,为业务加速发展提供了保障。

(3)业务品种日益丰富,展业经验不断积累,主动管理能力得以提升,同时积极探索业务创新,为未来发展奠定了基础。

4.3.2 影响公司发展的不利因素

(1)中长期来看,大规模投资粗放增长的时代已经结束,经济结构的调整将是一个长期的过程,为行业的增长带来不确定性。

(2)"泛资产管理时代",众多金融机构采取各种方式进入资产管理领域,与信托机构开展竞争。与主流金融机构相比,信托公司在人才储备、投研及资产管理能力、客户及网点数量等方面优势不明显。

(3)行业内部机构之间竞争日益加剧。全国众多信托机构已经开始异地展业,在经济基础较好、项目资源多、高净值客户密集的长三角地区,聚集了大量信托机构异地团队,同质化竞争激烈将形成业务资源的争夺,加速从业人员的流动,并进一步压缩业务盈利空间。

4.4 内部控制

4.4.1 内部控制环境和内部控制文化

公司按照《公司法》、《信托公司管理办法》、《信托公司治理指引》和监管部门的要求完善公司治理的相关制度和实施细则,进一步明确了股东会、董事会和监事会的权责和制约关系,明确了董事会、监事会、经营班子的权责和授权制约关系;公司经营班子与下属部门形成了有效的授权分责关系。

公司坚持"责任·专业·开放·分享"的文化理念,讲求团队合作和奉献精神,尊重人才,努力实现员工价值,提高员工对公司的归属感和忠诚度,构筑以团队精神实现公司价值、以公司发展实现个人价值的企业文化体系。公司坚持依法合规经营的理念和风险控制优先的原则,形成业务不断发展和风险有效控制的运行机制,建立起员工职业道德规范和诚信记录,营造良好的合规经营文化环境。

4.4.2 内部控制措施

公司坚持"内控优先、稳健运行"管理理念,持续加强内控制度体系建设和完善细化工作,制定出台有关业务管理和基础管理制度,全面覆盖信托业务、固有业务和基础管理工作。公司建立健全各项业务决策机构和决策程序。公司加强对投资策略、规模、品种、结构、期限等的决策管理。公司主要业务部门之间建立并逐步健全严格的隔离制度,实现四个分离:即信托业务与自营业务及其他业务相分离;不同的信托财产之间相分离;同一信托财产运用与保管相分离;业务操作与风险管控相分离。

对于信托业务,在信托项目尽职调查、业务审批、产品销售、存续管理、信息披露、清算核算、风险管控等各环节分别制定了管理办法和操作规程,业务运行规范化程度明显提高。在设立环节,公司通过制定各专项业务项目的尽职调查指引、建立科学有效的信托业务决策机制、严格按照公司制度和流程开展信托项目审查审批、根据法律法规制定规范的信托文件等措施实现内部控制;在运用环节,公司对信托财产运用严格遵守法律法规规定,实现信托财产的审批、运用和保管(托管)分离等措施;在管理环节,公司初步建立各类信托业务风险识别、评估、监测、报告控制体系,公司信托业务的前台、中台、后台信息交流保持渠道畅通和信息对称,建立信托项目及时分析、跟踪检查的管理制度,设立业务管理台账做好记录,实现内部控制;在清算终止环节,公司严格依据法律法规、信托文件制作处理信托事务的清算报告,及时向委托人、受益人进行披露,同时规范信托业务档案管理机制,以实现内部控制。截至2012年12

月31日，公司信托赔付为零。

对于固有业务，公司全面加强资金投放的事前、事中和事后管理，业务运行继续保持良好，到期项目资金全部收回。遵循谨慎原则，建立健全固有业务决策机构和决策程序，制定年度自有资金配置计划与风险容忍度，严格按照董事会的有关规定及公司相关制度规定的程序与决策权限进行报审与审批，加强对固有业务的投资策略、规模、品种、结构、期限等的决策管理；公司坚持自有资金“低风险、高流动”的配置要求，根据经济形势、市场情况的变化，适时进行固有业务投资策略的调整；公司通过合理的预警机制、严密的账户管理、严格的资金审批调度、规范的交易操作及完善的业务档案管理制度等，控制固有业务的运作风险；公司投资决策有充分的投资依据，重要投资要有详细的研究报告和风控意见支持，并有决策流程和记录。截至2012年12月31日，公司不良资产为零。

4.4.3 信息交流与反馈

公司建立了良好的信息共享、传递、披露和反馈的制度体系：

(1)公司内部建立了清晰完整的报告线，明确公司股东会、董事会及其专门委员会、监事会、高级管理层、职能部门和员工的职责范围和报告路径。

(2)对客户和社会公众，公司通过公司网站、经营场所等多种方式，从公司和业务两个层面依法进行信息披露，与委托人和社会公众实现信息共享。

(3)对监管部门，通过非现场监管报告、关联方交易及特定业务事前报告、集合资金信托计划推介后报告、临时事项报告等方式报告有关信息。

4.4.4 监督评价与纠正

公司的稽核审计部独立行使公司内部控制的监督、评价与纠正职责。在审计过程中发现的内部控制缺陷，向被审部门提出改进建议并敦促被审部门及时改进完善。稽核审计部有权直接向董事会、监事会和公司高管层报告内部控制审计情况。

公司实行事前、事中与事后“三位一体”的风险管理和监督评价体系，对业务环节和经营管理进行持续性的全方位、全过程的监督、评价、后评价与纠正。2012年稽核审计部全面完成了内部控制检查评价工作，符合监管规定、完善公司治理结构和强化内部控制体系建设的总体要求。事前监督主要从制度建设、流程设计与完善，风险信息收集、识别、评估与监测等方面开展，对公司的内部控制进行事前管理；事中监控，包括风险管理部门定期适时的业务监控、业务部门持续性监控以及稽核审计平台的过程监控；事后监督通过常规稽核、专项稽核、离任稽核等形式发现、评价公司经营中存在的制度和流程缺陷，并建立规范的后续整改跟踪程序，确保合理建议得到落实和改进，有效提升公司的内控水平。

4.5 风险管理

4.5.1 风险管理概况

报告期内，公司根据有关法规和监管规定，结合现代金融企业风险管理的基本原则，进一步建立健全了各类规章制度，细化了风险管控的组织分工，梳理优化了业务运行的全部流程，持续利用风险管理技术，对全业务品种风险和全业务流程风险进行了充分有效地识别、评估和处置。截至报告期末，“以全业务流程制度体系为经，以全业务品种制度规范为纬”的全面风险管控体系已基本建立，规章制度体系运行有力，固有与信托财产全部安全受控。

4.5.2 风险状况

4.5.2.1 信用风险

截至2012年12月31日，固有业务贷款余额6 000万元，均为正常类贷款，无不良资产，风险分类真实、准确。

截至2012年12月31日，信托业务中信托融资类业务(含贷款)979 799万元，占比43.45%，行业投向包括制造业、房地产、租赁和商务服务业、住宿和餐饮业、建筑业等，信托贷款资金投放全部符合国家产业政策和宏观调控要求。期末信托贷款无不良贷款，信托贷款质量良好。

4.5.2.2 市场风险

截至2012年12月31日，固有业务投资余额43 493.63万元，其中，可供出售金融资产32 461万元、持有至到期投资2 130万元、证券投资8 305.63万元、长期股权投资597万元。

截至2012年12月31日，投资类信托业务实收信托规模82.13亿元，市场风险相对可控，主要是：(1)从投资人结构来看，集合投资类实收信托规模59.66亿元，单一投资类实收信托规模22.47亿元。(2)投资方式来看，其中存放同业55.08亿元，通过优选存放金融机构，市场风险较低；可供出售金融资产17.05亿元，金融收益权5.52亿元，由银行承诺付款，受市场波动影响小；股票收益权1.8亿元，股票波动风险可控；其余9.73亿元为银行理财产品和我司发行的信托产品，投资标的运营正常，市场风险较小。(3)长期投资10亿元为股权投资。

公司通过优选交易对手、谨慎选择项目或标的物、严格的投后管理措施、对股票类标的物进行实时盯盘及设置预警机制，投资类信托业务的市场风险可控。

4.5.2.3 操作风险

截至2012年12月31日，公司未出现重要操作风险事项。

4.5.2.4 其他风险

其他风险包括流动性风险、声誉风险和集中度风险。

流动性风险：截至2012年12月31日，固有业务有6 000万元贷款余额，未进行任何主动负债，流动性指标稳定性高；流动性资产1.55亿元，流动性负债0.68亿元，期末流动性充足；固定资产0.71亿元，长期股权投资597万元，固投比例为11.92，固定资产在全部资产中占比为9.85%，整体固有化程度低。目前公司同业存款项目风险较低，近期面临的兑付集中度和清算压力较小，流动性风险低。

声誉风险：截至2012年12月31日，公司未有任何信托项目赔付，存量信托项目运行正常，潜在赔偿责任风险较小。

集中度风险：截至2012年12月31日，固有业务贷款6 000万元，仅涉及两个行业即计算机服务和软件业4 000万元，制造业2 000万元。信托业务融资类实收信托规模97.98亿元，最大三个行业依次为水利环境和公共设施管理、信息技术、建筑业，三个行业合计占比62%。行业集中度较上年有所降低，受行业影响程度有所减弱。

集中度风险：截至2012年12月31日，固有业务贷款0.6亿元，涉及两个行业：0.4亿元投向信息传输、计算机服务和软件业，0.2亿元投向制造业。考虑到固有业务贷款期限均在一年以内，实际集中度风险不高。信托业务中贷款与投资类最大单一行业是水利、环境和公共设施管理业，在全部信托资产余额中占比 36.14%，整体行业集中度不高，行业风险较低。

4.5.3 风险管理

4.5.3.1 信用风险管理

报告期内，公司对信用风险进行管理的措施主要集中在全面风险管控体系的建立健全与有效执行。具体包括：(1)纵向上持续对既有业务流程进行梳理和优化，构建和完善了涵盖项目投前、投中和投后的信用风险防范制度体系，该制度体系的有效运行，使得公司在投前尽职调查中，能有效约束信托经理，使其对信用风险应查尽查、应知尽知，并在有效识别信用风险的基础上主动防范风险；在投中审查审批中，能独立对信用风险进行进一步识别、评估和处置；在投后管理中，能明确投后工作的业务内容、职责分工和运行流程，对信用风险的管理做到责任清晰、管理有效、披露充分。(2)横向上认真对成熟业务品种进行梳理和分类，以重点业务板块房地产和基础设施为中心向两端进行覆盖，公司先后于报告期内推出《股票收益权投资类信托业务操作指引》、《融资平台展业指引》等专项业务品种制度规范共计 8 个，初步建立覆盖房地产类业务、基础设施类业务和证券类业务在内的全业务品种制度体系，基本实现了对全业务品种的信用风险有效管控。

4.5.3.2 市场风险管理

报告期内，在董事会制定的战略指导下，针对市场风险，经营层采取了以培养人才、锻炼队伍为出发点，以少量、分散为原则的投资策略，稳健地开展相关领域投资，合理规避市场风险。具体经营措施包括：(1)培养和引进了与投资业务规模和市场风险管理需求相适应的专业团队，相关岗位人员投资经验丰富、对市场风险的认识充分、投资行为审慎；(2)逐步完善市场风险防控制度，并在业务决策流程中坚决执行；(3)使用的风险计量工具和方法与公司投资业务规模和复杂程度基本适应；(4)在产品投资前进行深入细致的尽职调查；(5)对敏感性行业和国家宏观调控重点行业的投资采取特殊的风险防范措施。

4.5.3.3 操作风险管理

报告期间，公司在以内控措施为主的环境下制定了一系列政策及程序以识别、评估、报告、管理和控制操作风险。这套机制涵盖财务、固有业务、信托业务、信息系统的应用与管理和法律合规等业务维度，该机制致力于使公司能够全面识别并应对于所有主要产品、活动、流程和系统中的内在操作风险。具体措施包括：(1)持续稳步推进操作风险与内部控制自我评估工作，识别评估关键风险点，优化、完善内部控制措施；(2)完善员工违规行为的内部报告制度；(3)健全内部控制制度，加强员工培训以保障政策和程序的遵循性；(4)加强不同部门、不同岗位之间的业务操作制约平衡机制；(5)完善系统的授权管理和业务操作制度；(6)督促反洗钱团队履行反洗钱各项法定义务，认真做好客户身份识别、客户身份资料及交易记录保存等工作；(7)加强执行层面关键环节操作风险监控工作，开展执行层面关键风险点监控检查工作，强化执行层面内部控制和风险管理；(8)加强信息系统的建设工作。

4.5.3.4 其他风险管理

其他风险管理包括流动性风险管理、声誉风险管理和集中度风险管理。

报告期内，流动性风险管理措施主要包括：(1)在决策层面，从金融企业整体运营安全的高度制定出识别风险、监测风险、调控头寸的策略；(2)在执行层面，运营团队中配备了专岗专人测算流动性缺口，并设立预警机制应对流动性风险；(3)在监督层面，风险管理部门、稽核审计部门按制度要求对流动性风险管理体系运行的有效性进行常效监督检查。

报告期内，声誉风险管理的措施主要包括：(1)加强员工对声誉风险的认识，培养以声誉为导向的公司文化，积极探索声誉风险评估机制和考核机制，在公司内部形成自上而下的声誉管理意识；(2)建立舆情监测机制，及时有效地识别、监测、评估、报告声誉风险；加强信息的透明化，及时全面地向投资者披露各种信息，把增强公司透明度作为完善公司治理的重要内容，使投资者和社会对整个公司有充分的了解；(3)积极开展包括设立公益信托在内的各类履行社会责任的活动，树立良好的品牌和形象，提高公司的知名度、美誉度。

报告期内，集中度风险管理的措施主要包括：(1)结合公司的经营特点，适度进行分散化、多元化的经营策略，避免单一行业、单一客户的过度集中；(2)加强数量统计分析和市场监测，提升技术分析能力，有效防范和控制因集中度风险引致的损失。

5. 报告期末及上一年末的比较式会计报表

5.1 自营资产

5.1.1 会计师事务所审计意见全文

审 计 报 告

信会师报字〔2012〕第 530001 号

紫金信托有限责任公司全体股东：

我们审计了后附的紫金信托有限责任公司（以下简称贵公司）财务报表，包括 2012 年 12 月 31 日的资产负债表，2012 年度利润表、2012 年度现金流量表和所有者权益变动表以及财务报表附注。

一、管理层对财务报表的责任

编制和公允列报财务报表是贵公司管理层的责任。这种责任包括：(1)按照企业会计准则的规定编制财务报表，并使其实现公允反映；(2)设计、执行和维护必要的内部控制，以使财务报表不存在由于舞弊或错误导致的重大错报。

二、注册会计师的责任

我们的责任是在执行审计工作的基础上对财务报表发表审计意见。我们按照中国注册会计师审计准则的规定执行了审计工作。中国注册会计师审计准则要求我们遵守中国注册会计师职业道德守则，计划和执行审计工作以对财务报表是否不存在重大错报获取合理保证。

审计工作涉及实施审计程序，以获取有关财务报表金额和披露的审计证据。选择的审计程序取决于注册会计师的判断，包括对由于舞弊或错误导致的财务报表重大错报风险的评估。在进行风险评估时，注册会计师考虑与财务报表编制和公允列报相关的内部控制，以设计恰当的审计程序，但目的并非对内部控制的有效性发表意见。审计工作还包括评价管理层选用会计政策的恰当性和作出会计估计的合理性，以及评价财务报表的总体列报。

我们相信，我们获取的审计证据是充分、适当的，为发表审计意见提供了基础。

三、审计意见

我们认为，贵公司财务报表在所有重大方面按照企业会计准则的规定编制，公允反映了贵公司2012年12月31日的财务状况以及2012年度的经营成果和现金流量。

中国注册会计师：

中国注册会计师：

中国·上海　　二〇一三年二月四日

5.1.2 资产负债表

资产负债表

单位单位：紫金信托有限责任公司　2012年12月31日　　单位：元

资产	期末余额	年初余额
资产：		
现金及存放中央银行款项	18 522.25	5 781.51
存放同业款项	149 460 957.71	107 039 874.92
贵金属	—	—
拆出资金	—	—
交易性金融资产	83 056 338.81	23 087 376.59
衍生金融资产	—	—
买入返售金融资产	—	—
应收利息	—	—
发放贷款和垫款	60 000 000.00	297 038 888.89
可供出售金融资产	324 610 000.00	20 000 000.00
持有至到期投资	21 300 000.00	29 860 000.00
证券投资—贷款及应收款项	—	—
长期股权投资	5 970 000.00	5 970 000.00
投资性房地产	—	—
固定资产	71 139 577.79	71 800 044.76
无形资产	1 358 472.67	687 666.67
递延所得税资产	—	—
其他资产	5 283 042.50	2 860.00
资产总计	722 196 911.73	555 492 493.34

企业法定代表人：王海涛　主管会计工作负责人：陈　峥　会计机构负责人：杨黎文

资产负债表（续）

单位单位：紫金信托有限责任公司　2012年12月31日　　单位：元

续表

负债及股东权益	期末余额	年初余额
负债：		
向中央银行借款	—	—
同业及其他金融机构存放款项	—	—
拆入资金	—	—
交易性金融负债	—	—
衍生金融负债	—	—
卖出回购金融资产款	—	—
吸收存款	—	—
应付职工薪酬	44 734 961.38	4 430 825.50
应交税费	21 991 939.75	3 104 155.24
应付利息	—	—
预计负债	—	—
应付债券	—	—
递延所得税负债	—	—
其他负债	1 268 712.39	16 639 806.70
负债合计	67 995 613.52	24 174 787.44
股东权益：		
股本	500 000 000.00	500 000 000.00
资本公积	49 052 015.70	49 052 015.70
减：库存股	—	—
盈余公积	10 514 928.25	—
一般风险准备	9 745 205.08	—
信托赔偿准备	5 257 464.13	—
未分配利润	79 631 685.05	-17 734 309.80
其中：拟分配现金股利		
股东权益合计	654 201 298.21	531 317 705.90
负债和股东权益总计	722 196 911.73	555 492 493.34

企业法定代表人：王海涛　主管会计工作负责人：陈　峥　会计机构负责人：杨黎文

5.1.3 利润表

利润表

单位单位：紫金信托有限责任公司　2012年度　　单位：元

项目	本期余额	上期余额
一、营业收入	263 892 344.42	82 938 357.02
利息净收入	29 010 065.04	22 314 703.77
利息收入	29 010 065.04	22 314 703.77
利息支出	—	—
手续费及佣金净收入	229 597 408.62	58 697 638.52
手续费及佣金收入	229 597 408.62	58 697 638.52
手续费及佣金支出	—	—
投资收益	5 544 913.61	1 838 798.72
其中：对联营企业和合营企业的投资收益	—	—
公允价值变动收益	-260 042.85	87 376.59
汇兑收益	—	-160.58
其他业务收入	—	—
二、营业支出	96 366 877.56	30 476 796.71
营业税金及附加	17 061 136.83	4 547 335.47
业务及管理费	79 305 740.73	25 929 461.24
资产减值损失	—	—
其他业务成本	—	—
三、营业利润	167 525 466.86	52 461 560.31
加：营业外收入	138 578.00	201 975.00
减：营业外支出	1 000.00	51 630.57
四、利润总额	167 663 044.86	52 611 904.74
减：所得税费用	44 779 452.55	1 316 707.30
五、净利润	122 883 592.31	51 295 197.44
六、其他综合收益		
七、综合收益总额	122 883 592.31	51 295 197.44

企业法定代表人：王海涛　主管会计工作负责人：陈　峥　会计机构负责人：杨黎文

5.1.4 所有者权益变动表

所有者权益变动表

编制单位：紫金信托有限责任公司　　　　2012 年度　　　　单位：元

项　目	上年同期金额							
	股本	资本公积	减：库存股	盈余公积	一般风险准备	信托赔偿准备	未分配利润	所有者权益合计
一、上年末余额	50 000 000.00	49 052 015.70					−17 734 309.80	531 317 705.90
加：会计政策变更								—
前期差错更正								
二、本年初余额	50 000 000.00	49 052 015.70	—	—	—		−17 734 309.80	531 317 705.90
三、本年增减变动金额（减少以"−"号填列）		—		10 514 928.25	9 745 205.08	5 257 464.13	97 365 994.85	122 883 592.31
（一）净利润							122 883 592.31	122 883 592.31
（二）其他综合收益								
上述（一）和（二）小计							122 883 592.31	122 883 592.31
（三）所有者投入和减少资本								
1. 所有者投入资本								
2. 股份支付计入所有者权益的金额								
3. 其他	—	—	—	—	—			
（四）利润分配				10 514 928.25	9 745 205.08	5 257 464.13	−25 517 597.46	
1. 提取盈余公积				10 514 928.25			−10 514 928.25	—
2. 提取一般风险准备					9 745 205.08		−9 745 205.08	—
3. 提取信托赔偿准备						5 257 464.13	−5 257 464.13	—
4. 对所有者（或股东）的分配								
5. 其他								
（五）所有者权益内部结转								
1. 资本公积转增资本（或股本）								
2. 盈余公积转增资本（或股本）								
3. 盈余公积弥补亏损								
4. 其他								
（六）专项储备								
1. 本期提取								
2. 本期使用								
（七）其他								
四、本年年末余额	500 000 000.00	49 052 015.70		10 514 928.25	9 745 205.08	5 257 464.13	79 631 685.05	654 201 298.21
后附的财务报表附注为财务报表的组成部分。								

企业法定代表人：王海涛　　　　主管会计工作负责人：陈　峥　　　　会计机构负责人：杨黎文

5.2 信托资产

5.2.1 信托项目资产负债汇总表

单位：元

信托资产	期末余额	年初余额	信托负债和信托权益	期末余额	年初余额
信托资产	—	—	信托负债	—	—
货币资金	5 883 017 652.29	7 041 846 645.97	交易性金融负债	—	—
拆出资金	—	—	衍生金融负债	—	—
存出保证金	—	—	应付受托人报酬	3 261 974.72	—
交易性金融资产	—	—	应付托管费	—	—
衍生金融资产	—	—	应付受益人收益	3 025 236.72	—
买入返售金融资产	—	—	应交税费	—	—
应收款项	61 289 823.30	—	应付销售服务费	—	—

续表

信托资产	期末余额	年初余额	信托负债和信托权益	期末余额	年初余额
发放贷款	4 623 488 000.00	1 584 700 000.00	应付手续费及佣金	—	—
可供出售金融资产	11 417 596 510.60	1 467 510 000.00	其他应付款项	298 515 893.39	1 841 289.95
持有至到期投资	—	1 622 853 385.57	其他负债	0.00	0.00
长期应收款	—	—	信托负债合计	304 803 104.83	1 841 289.95
长期股权投资	1 000 000 000.00	100 000 000.00		—	—
投资性房地产	—	—		—	—
固定资产	—	—	信托权益	—	—
无形资产	—	—	实收信托	22 548 964 510.60	11 767 108 461.11
长期待摊费用	—	—	资本公积	—	—
其他资产	—	—	未分配利润	131 624 370.76	47 960 280.48
减:各项资产减值准备	—	—	信托权益合计	22 680 588 881.36	11 815 068 741.59
信托资产总计	22 985 391 986.19	11 816 910 031.54	信托负债和信托权益总计	22 985 391 986.19	11 816 910 031.54

企业法定代表人:王海涛　　主管会计工作负责人:陈　峥　　会计机构负责人:蒋为强

5.2.2　信托项目利润及利润分配汇总表

单位:元

序号	项目	本年数	上年数
1	一、营业收入	1 360 407 554.59	533 497 958.98
2	1.1 利息收入	683 555 690.27	451 638 768.98
3	1.2 投资收益(损失以"-"号填列)	676 851 864.32	81 859 190.00
4	1.2.1 其中:对联营企业和合营企业的投资收益	0.00	0.00
5	1.3 公允价值变动收益(损失以"-"号填列)	0.00	0.00
6	1.4 租赁收入	0.00	0.00
7	1.5 汇兑损益(损失以"-"号填列)	0.00	0.00
8	1.6 其他收入	0.00	0.00
9	二、支出	429 166 284.70	116 882 217.14
18	三、信托净利润(净亏损以"-"号填列)	931 241 269.89	416 615 741.84
19	四、其他综合收益		
20	五、综合收益		
21	六、加:期初未分配信托利润	47 960 280.48	367 255.83
22	七、可供分配的信托利润	979 201 550.37	416 982 997.67
23	八、减:本期已分配信托利润	847 577 179.61	369 022 717.19
24	九、期末未分配信托利润	131 624 370.76	47 960 280.48

企业法定代表人:王海涛　　主管会计工作负责人:陈　峥　　会计机构负责人:蒋为强

6. 会计报表附注

6.1　会计报表编制基准不符合会计核算基本前提的说明

公司会计报表编制基准不存在不符合会计核算基本前提的情况。

公司财务报表是根据财政部于2006年颁布的《企业会计准则——基本准则》和38项具体会计准则、其后颁布的应用指南、解释以及其他相关规定(统称企业会计准则)编制。

6.2　重要会计政策和会计估计说明

6.2.1　计提资产减值准备的范围和方法

6.2.1.1　金融资产减值

公司在资产负债表日对以公允价值计量且其变动计入当期损益的金融资产以外的金融资产的账面价值进行检查,判断是否发生减值:

6.2.1.1.1　持有至到期投资与应收款项减值测试方法和减值准备计提方法

资产负债表日,对于持有至到期投资与应收款项,有客观证据表明其发生了减值的,根据其账面价值与预计未来现金流量现值之间的差额计算确认减值损失。

(1)对于单项金额重大的持有至到期投资与应收款项,单独进行减值测试,有客观证据表明其发生了减值的,根据其预计未来现金流量现值低于其账面价值的差额,确认减值损失,计提减值准备。

(2)对于单项金额非重大的持有至到期投资与应收款项以及经单独测试后未减值的单项金额重大的持有至到期投资与应收款项,按类似信用风险特征划分为若干组合,再按这些组合在资产负债表日余额的一定比例计算确定减值损失,计提减值准备。

6.2.1.1.2　可供出售金融资产减值测试方法和减值准备计提方法

资产负债表日,如果可供出售金融资产的公允价值发生较大幅度下降,或者在综合考虑各种相关因素后,预期这种下降趋势属于非暂时性的,则按其公允价值低于其账面价值的差额,确认减值损失,计提减值准备。

6.2.1.2　非金融资产减值

对长期股权投资、投资性房地产、固定资产、在建工程及无形资产等非金融资产减值的计提,本公司在每期末判断相关资产是否存在可能发生减值的迹象。使用寿命不确定的无形资产和商誉,无论是否存在减值迹象,每年都进行减值测试。

资产存在减值迹象的,估计其可收回金额。可收回金额根据资产的公允价值减去处置费用后的净额、资产预计未来现金流量的现值,以及《金融企业准备金计提管理办法》规定的计提比例三者之间较高者确定。根据《金融企业准备金计提管理办法》对年末风险资产经过资产质量五级分类后,按照正常类

1.5%、关注类3%、次级类30%、可疑类60%、损失类100%的比例计提各类资产减值准备。

可收回金额的计量结果表明，资产的可收回金额低于其账面价值的，将资产的账面价值减记至可收回金额，减记的金额确认为资产减值损失，计入当期损益，同时计提相应的资产减值准备。

资产减值损失确认后，减值资产的折旧或者摊销费用在未来期间作相应调整，以使该资产在剩余使用寿命内，系统地分摊调整后的资产账面价值（扣除预计净残值）。

上述资产减值损失一经确认，在以后会计期间不得转回。

6.2.1.3 计提一般准备的情况

公司根据《金融企业准备金计提管理办法》规定，对发放贷款和垫款、可供出售类金融资产、持有至到期投资、长期股权投资、存放同业、拆出资金、抵债资产、其他应收款项等按照1.5%的比例从税后利润中提取一般准备，并且一般准备余额不低于风险资产期末余额的1.5%，并作为利润分配在所有者权益中列示。

6.2.2 金融资产四分类的范围和标准

本公司将金融资产分为四类：以公允价值计量且其变动计入当期损益的金融资产，持有至到期投资、贷款和应收款项、可供出售金融资产。本公司在初始确认时对金融资产进行分类。

6.2.2.1 以公允价值计量且其变动计入当期损益的金融资产

这类金融资产包括以交易为目的持有的金融资产，以及购入时即指定为以公允价值计量且其公允价值变动计入当期损益的金融资产。如果金融资产的取得主要是为了在短期内出售，则将其归入此类别。另外，本公司在取得金融资产时也可将其指定划分至此金融资产分类。除非划分为套期保值产品，衍生金融产品也被分类为以交易为目的持有的金融资产。交易费用在交易日计入当期损益。

6.2.2.2 持有至到期投资

持有至到期投资是指到期日固定、回收金额固定或可确定，本公司有明确意图和能力将其持有至到期的非衍生金融资产。如果本公司于到期日前出售持有至到期投资金额重大，则将该类资产重分类至可供出售金融资产，并在该会计年度及随后两个完整的会计年度内不再将其划分为持有至到期投资。

6.2.2.3 贷款及应收款项

本公司将在活跃市场中没有报价、回收金额固定或可确定的非衍生金融资产划分为贷款及应收款项。本公司的贷款及应收款项主要包括发放贷款及垫款、证券投资、贷款及应收款项。

以摊余成本计量的贷款，公司采用备抵法核算贷款损失准备。贷款损失准备覆盖本公司承担风险和损失的全部贷款。

资产负债表日，按其未来现金流量现值低于其账面价值的差额确定减值损失，计提贷款损失准备；对单项测试未减值的贷款和对单项金额非重大的贷款按五级分类（根据《银行贷款损失计提指引》）结果作为风险特征划分资产组合，正常类贷款不计提；关注类贷款按期末余额的2%计提；次级类贷款按期末余额的25%计提；可疑类贷款按期末余额的50%计提；损失类贷款按期末余额的100%计提。

6.2.2.4 可供出售金融资产

可供出售金融资产是指初始确认即被指定为可供出售的非衍生金融资产，以及除贷款及应收款项、持有至到期投资和交易性金融资产之外的非衍生金融资产。

6.2.3 交易性金融资产核算方法

交易性金融资产按取得时的公允价值入账，交易费用计入当期损益。支付的价款中包含已宣告发放的现金股利或债券利息，确认为应收项目，持有期间取得的利息或红利，确认为投资收益。期末按公允价值与原账面价值的差额确认公允价值变动损益，计入当期损益。售出时，确认投资收益。公司售出的交易性金融资产，以加权平均法结转成本。

6.2.4 可供出售金融资产核算方法

可供出售金融资产按取得时的公允价值和相关交易费用之和作为初始确认金额，后续计量以公允价值计量，没有公允价值的按成本计量。处置可供出售金融资产时，按取得的价款与原直接计入所有者权益的公允价值变动累计额对应处置部分的金额，与该金融资产账面价值之间的差额，确认为投资收益。成本的结转采用加权平均法。

6.2.5 持有至到期投资核算方法

持有至到期投资按取得时的公允价值和相关交易费用之和作为初始确认金额。后续计量采用合同利率或票面利率，按摊余成本计量。

6.2.6 长期股权投资核算方法

对被投资单位能够实施控制的长期股权投资，以及对被投资单位不具有共同控制或重大影响，并且在活跃市场中没有报价、公允价值不能可靠计量的长期股权投资采用成本法核算；对被投资单位具有共同控制或重大影响的长期股权投资，采用权益法核算。

采用成本法核算的长期股权投资按照初始投资成本计价，追加或收回投资调整长期股权投资的成本，被投资单位宣告分派现金股利或利润时，确认为当期投资收益。

采用权益法核算的长期股权投资，初始投资成本大于投资时应享有被投资单位可辨认净资产公允价值份额的，不调整长期股权投资的初始成本；长期股权投资的初始投资成本小于投资时应享有被投资单位可辨认净资产公允价值份额的，其差额计入当期损益，同时调整长期股权投资成本。取得投资后，按照应享有或应分担的被投资单位实现的净损益的份额，确认投资收益并调整长期股权投资的账面价值；按照被投资单位宣告分派的利润或现金股利计算应分得的部分，相应减少长期股权投资的账面价值。

6.2.7 投资性房地产核算方法

6.2.7.1 投资性房地产分为已出租的土地使用权、持有并准备增值后转让的土地使用权和已出租的建筑物

6.2.7.2 投资性房地产按照取得时的成本进行初始计量

6.2.7.3 本公司采用成本模式对投资性房地产进行后续计量

（1）对于建筑物，参照固定资产的后续计量政策进行折旧。

（2）对于土地使用权，参照无形资产的后续计量政策进行摊销。

6.2.7.4 投资性房地产的减值准备

期末，如果投资性房地产存在减值迹象，则估计其可收回金额，可收回金额低于其账面价值的差额确认为减值损失，计

入当期损益。

上述投资性房地产减值准备不得转回。

6.2.8 固定资产计价和折旧方法

6.2.8.1 固定资产确认条件

固定资产指为生产商品、提供劳务、出租或经营管理而持有,并且使用年限超过一年的有形资产。固定资产在同时满足下列条件时予以确认:

(1)与该固定资产有关的经济利益很可能流入企业。

(2)该固定资产的成本能够可靠地计量。

6.2.8.2 固定资产折旧计提方法

固定资产折旧采用年限平均法分类计提,根据固定资产类别、预计使用寿命和预计净残值率为3%确定折旧率。

各类固定资产预计使用寿命和年折旧率如下:

固定资产类别	预计使用寿命(年)	预计净残值率(%)	年折旧率(%)
房屋及建筑物	30	3	3.23
电子设备	3	3	32.33
运输设备	4	3	24.25
办公设备	5	3	19.40

6.2.9 无形资产计价及摊销政策/无形资产的核算方法

6.2.9.1 无形资产按照取得时的成本进行初始计量

6.2.9.2 无形资产的摊销方法

(1)对于使用寿命有限的无形资产,在使用寿命期限内,采用直线法摊销。

(2)对于使用寿命不确定的无形资产不予摊销,于每年年度终了,对使用寿命不确定的无形资产的使用寿命进行复核,如果有证据表明其使用寿命是有限的,则估计其使用寿命,并按其估计使用寿命进行摊销。

6.2.9.3 无形资产减值准备

(1)期末,如果使用寿命有限的无形资产存在减值迹象,则估计其可收回金额,可收回金额低于其账面价值的差额确认为减值损失,计入当期损益。

(2)对于使用寿命不确定的无形资产,无论是否存在减值迹象,都将于期末进行减值测试,估计其可收回金额,可收回金额低于其账面价值的差额确认为减值损失,计入当期损益。

上述无形资产减值准备不得转回。

6.2.10 长期待摊费用的摊销政策

长期待摊费用按其受益期平均摊销。如果长期待摊的费用项目不能使以后会计期间受益的,则将尚未摊销的该项目的摊余价值全部转入当期损益。

6.2.11 收入确认原则和方法

(1)销售商品:已将商品所有权上的重要风险和报酬转移给购货方,公司不再保留与商品所有权相联系的继续管理权和实施控制权,与交易相关的经济利益能够流入企业,且相关的收入和成本能够可靠地计量时,确认销售商品收入的实现。

(2)提供劳务:在劳务已经提供、收到价款或取得收取款项的证据时,确认劳务收入的实现。

(3)提供与金融业务相关的服务:在与交易相关的经济利益能够流入企业且收入和成本的金额能够可靠地计量时,确认提供与金融业务相关的服务收入的实现。

6.2.12 所得税的会计处理方法

所得税包括当期所得税和递延所得税。除与权益项目有关的所得税直接计入股东权益外,所得税计入当期损益。

当期所得税根据应纳税所得额,按资产负债表日实行的税率计算的应交税金,并包括对以前年度应交税金的调整。

递延所得税采用债务法核算。本公司根据资产和负债的计税基础与其账面价值的差额(暂时性差异)计算确认递延所得税资产及负债。对于按照税法规定能够于以后年度抵减应纳税所得额的可抵扣亏损和税款抵减,视同暂时性差异确认相应的递延所得税资产。对于既不影响会计利润也不影响应纳税所得额(或可抵扣亏损)的交易中产生的资产的初始确认形成的暂时性差异,不确认相应的递延所得税资产。递延所得税按照按预期收回资产或清偿负债时的适用税率计量。

递延所得税资产的确认以本公司很可能取得用来抵扣可抵扣暂时性差异、可抵扣亏损和税款抵减的应纳税所得额为限。

6.2.13 信托报酬确认原则和方法

公司按照受理信托业务时的信托财产的价值的一定比例收入,具体比例和支付方式由信托合同约定,在合理期限内确认报酬。

6.3 或有事项说明

本公司无需要披露的或有事项。

6.4 重要资产转让及出售的说明

报告期内,公司未发生重要资产转让及出售行为。

6.5 会计报表中重要项目的明细资料

6.5.1 披露自营资产经营情况

6.5.1.1 按资产风险分类的结果披露资产的期初数、期末数

信用风险资产五级分类	正常类(万元)	关注类(万元)	次级类(万元)	可疑类(万元)	损失类(万元)	信用风险资产合计(万元)	不良资产合计(万元)	不良资产率(%)
期初数	40 408.17	—	—	—	—	40 408.17	—	—
期末数	21 474.40	—	—	—	—	21 474.40	—	—

注:不良资产合计=次级类+可疑类+损失类。

6.5.1.2 各项资产减值损失准备的期初、本期计提、本期转回、本期核销、期末数;贷款的一般准备和专项准备和其他资产减值准备

单位:万元

	期初数	本期计提	本期转回	本期核销	期末数
贷款损失准备	—	—	—	—	—
一般准备	—	—	—	—	—
专项准备	—	—	—	—	—
其他资产减值准备	—	—	—	—	—
可供出售金融资产减值准备	—	—	—	—	—
持有至到期投资减值准备	—	—	—	—	—
长期股权投资减值准备	—	—	—	—	—
坏账准备	—	—	—	—	—
投资性房地产减值准备	—	—	—	—	—

6.5.1.3　自营股票投资、基金投资、债券投资、长期股权投资和其他投资等投资的期初数、期末数

单位：万元

	自营股票	基金	债券	长期股权投资	其他投资	合计
期初数	—	2 308.74	—	597.00	4 986.00	7 891.74
期末数	928.36	307.24	7 070.03	597.00	34 591.00	43 493.63

6.5.1.4　自营长期股权投资的企业名称、占被投资企业权益的比例、主要经营活动及投资收益情况

企业名称	持有被投资单位股份	占被投资企业权益的比例(%)	主要经营活动	投资损益（万元）
南京证券有限责任公司	720 万股	0.41	证券经纪、证券承销、证券自营、客户资产管理、财务顾问等	—

6.5.1.5　自营贷款的企业名称、占贷款总额的比例和还款情况

企业名称	贷款金额（万元）	占贷款总额的比例(%)	还款情况
南京三宝数码科技有限公司	4 000	66.67	贷款未到期，按时付息
江苏南大苏福特科技股份有限公司	2 000	33.33	贷款未到期，按时付息

6.5.1.6　表外业务

单位：万元

表外业务	期初数	期末数
担保业务	—	—
代理业务	—	—
其他	—	—
合计	—	—

6.5.1.7　公司当年的收入结构

收入结构	金额(万元)	占比(%)
手续费及佣金收入	22 959.74	86.96
其中：信托手续费收入	22 959.74	86.96
利息收入	2 901.00	10.99
其他业务收入	—	—
投资收益	528.49	2.00
其中：股权投资收益		—
公允价值变动收益	-26.00	-0.10
其他投资收益	554.49	2.10
营业外收入	13.86	0.05
收入合计	26 403.09	100

注：手续费及佣金收入、利息收入、其他业务收入、投资收益、营业外收入均应为损益表中的一级科目，其中手续费及佣金收入、利息收入、营业外收入为未抵减掉相应支出的全年累计实现收入数。

6.5.2　信托资产管理情况

6.5.2.1　信托资产的期初数、期末数

单位：万元

信托资产	期初数	期末数
集合	322 219.34	1 087 997.03
单一	859 471.66	751 789.28
财产权	—	458 752.89
合计	1 181 691.00	2 298 539.20

6.5.2.1.1　主动管理型信托业务期初数、期末数

单位：万元

主动管理型信托资产	期初数	期末数
证券投资类	—	—
股权投资类	10 000.00	100 000.00
融资类	229 630.67	1 431 855.54
事务管理类	—	60.00
合计	523 131.00	2 257 539.20

注："合计"行为主动管理型信托项目的总额，它包含所有运用方式的主动型产品。"证券投资类"、"股权投资类"、"融资类"、"事务管理类"是主动管理型信托中的几个重点类别，包含在"合计"中，但是与"合计"行没有勾稽关系，"合计"行大于或等于这四类之和。

6.5.2.1.2　被动管理型信托业务期初数、期末数，分证券投资、股权投资、融资、事务管理类分别披露

单位：万元

被动管理型信托资产	期初数	期末数
证券投资类	—	—
股权投资类	—	—
融资类	—	—
事务管理类	—	—
合计	658 560.00	41 000.00

6.5.2.2　本年度已清算信托项目个数、实收信托合计金额、加权平均实际年化收益率

6.5.2.2.1　本年度已清算结束的集合类、单一类资金信托项目和财产管理类信托项目个数、实收信托金额、加权平均实际年化收益率

已清算结束信托项目	项目个数	合计金额（万元）	加权平均实际年化收益率(%)
集合类	25	292 324.00	8.6064
单一类	62	4 058 118.10	5.8343

6.5.2.2.2　本年度已清算结束的主动管理型信托项目个数、实收信托合计金额、加权平均实际年化收益率

已清算结束信托项目	项目个数	实收信托合计金额(万元)	加权平均实际年化信托报酬率(%)	加权平均实际年化收益率(%)
股权投资类	1	10 000.00	5.90	7.63
融资类	15	223 460.00	1.75	8.92
其他	58	1 620 530.37	0.60	6.48

6.5.2.2.3　本年度已清算结束的被动管理型信托项目个数、实收信托合计金额、加权平均实际年化收益率

已清算结束信托项目	项目个数	实收信托合计金额(万元)	加权平均实际年化信托报酬率(%)	加权平均实际年化收益率(%)
其他	13	2 496 451.73	0.14	4.80

6.5.2.3　本年度新增的集合类、单一类和财产管理类信托项目个数、实收信托合计金额

单位：万元

新增信托项目	项目个数	实收信托合计
集合	21	1.004 372.00
单一	38	839 182.95

续表

新增信托项目	项目个数	实收信托合计
财产权	16	453 780.00
新增合计	75	2 297 334.95
其中:主动管理型	75	2 297 334.95
被动管理型	—	—

注:本年新增信托项目指在本报告年度内累计新增的信托项目个数和金额,包含本年度新增并于本年度内结束的项目和本年度新增至报告期末仍在持续管理的信托项目。

6.5.2.4 信托业务创新成果和特色业务有关情况。

2012年,公司在准资产证券化、现金管理以及金融衍生品套利研究等多个领域进行了探索。探索债权流动化业务,在工商企业间应收账款等资产的准证券化业务上,都进行积极尝试。未来将进一步对信贷资产(准)证券化研究探索。公司以客户定制式与信托基金创新探索为目标,设立了现金管理型产品,为客户提供了流动性较好、风险控制稳定的产品。公司开展了期现套利业务研究,开发了专门的交易软件,为未来进一步开展金融衍生品交易类的信托业务做好人才、流程、风控方面的准备。未来,公司将进一步在股权投资等开放式基金业务上予以探索,实现创新发展。

6.5.2.5 本公司履行受托人义务情况及因本公司自身责任而导致的信托资产损失情况

截至2012年12月31日,本公司未出现因自身责任导致信托资产损失的情况。

6.5.2.6 信托赔偿准备金的提取、使用和管理情况

报告期内,公司计提信托赔偿准备金为525.75万元。报告期内未使用,均存放于经营稳健、具有一定实力的境内中资商业银行。

6.6 关联方关系及其交易

6.6.1 关联交易方的数量、关联交易的总金额及关联交易的定价政策等

	关联交易方数量	关联交易金额(万元)	定价政策
合计	5	244 423.00	详见注

注:关联交易的定价政策:(1)本公司对关联方交易价格根据市场价或协议价确定,与对非关联方的交易价格基本一致,无重大高于或低于正常交易价格的情况。(2)固有财产、信托资产与关联方贷款按人民银行规定的利率执行,投资按市场公允价确定。(3)信托财产与信托财产之间的关联交易按交易双方协商价格执行。

6.6.2 关联交易方与本公司的关系性质、关联交易方的名称、法人代表、注册地址、注册资本及主营业务等

关系性质	关联方名称	法定代表人	注册地址	注册资本	主营业务
母公司股东	南京市国有资产投资管理控股(集团)有限责任公司	严肃	江苏省南京市	50亿元	投资与资产管理。
本公司股东在中国设立的分支机构	住友信托银行上海分行	芥川佳久	上海市	5亿元和5 000万美元	在银监会批准范围之内,经营对各类客户的外汇业务以及对除中国境内公民以外客户的人民币业务。

续表

关系性质	关联方名称	法定代表人	注册地址	注册资本	主营业务
受同一母公司控制	南京证券有限责任公司	张华东	江苏省南京市	18.79亿元	证券经纪、证券承销、证券自营、客户资产管理、财务顾问等。
受同一母公司控制	南京银行股份有限公司	林复	江苏省南京市	29.69亿元	吸收存款、发放贷款等。
受同一母公司控制	南京宁颐实业有限责任公司	朱文勃	江苏省南京市	1亿元	物业管理及配套服务等

6.6.3 逐笔披露本公司与关联方的重大交易事项

6.6.3.1 固有财产与关联方:贷款、投资、租赁、应收账款担保、其他方式等期初汇总数、本期借方和贷方发生额汇总数、期末汇总数

单位:万元

	期初数	借方发生额	贷方发生额	期末数
贷款	—	—	—	—
投资	597.00	—	—	597.00
租赁	—	—	—	—
担保	—	—	—	—
应收账款	—	—	—	—
其他	—	90 600.00	90 600.00	—
合计	597.00	90 600.00	90 600.00	597.00

6.6.3.2 信托资产与关联方:贷款、投资、租赁、应收账款、担保、其他方式等期初汇总数、本期借方和贷方发生额汇总数、期末汇总数

单位:万元

	期初数	借方发生额	贷方发生额	期末数
贷款	35 000.00	42 000.00	75 000.00	2 000.00
投资	—	—	—	—
租赁	—	—	—	—
担保	—	—	—	—
应收账款	—	—	—	—
其他	—	—	—	—
合计	35 000.00	42 000.00	75 000.00	2 000.00

6.6.3.3 信托公司自有资金运用于自己管理的信托项目(固信交易)、信托公司管理的信托项目之间的相互(信信交易)交易金额,包括余额和本报告年度的发生额

6.6.3.3.1 固有财产与信托财产之间的交易金额期初汇总数、本期发生额汇总数、期末汇总数

单位:万元

固有财产与信托财产相互交易			
	期初数	本期发生额	期末数
合计	4 986.00	32 461.00	34 591.00

6.6.3.3.2 信托资产与信托财产之间的交易金额期初汇总数、本期发生额汇总数、期末汇总数

单位：万元

信托资产与信托财产相互交易			
	期初数	本期发生额	期末数
合计	0.00	79 362.00	47 362.00

6.6.4 逐笔披露关联方逾期未偿还本公司资金的详细情况以及本公司为关联方担保发生或即将发生垫款的详细情况

截至2012年12月31日，本公司未发生关联方逾期未偿还本公司资金的情况，也无本公司为关联方担保发生或即将发生垫款的情况。

6.7 会计制度的披露

本公司固有业务、信托业务执行的会计制度为财政部2006年新修订颁布的《企业会计准则》及其应用指南。

7. 财务情况说明书

7.1 利润实现和分配情况

经立信会计师事务所（特殊普通合伙）审计，2012年度公司实现利润总额16 766.30万元，扣除所得税4 477.94万元后，实现净利润12 288.36万元。按规定计提法定盈余公积1 051.49万元、计提信托赔偿准备525.75万元、计提一般风险准备974.52万元，加上调整后年初未分配利润 －1 773.43万元，可供股东分配的利润为7 963.17万元。

报告期内，根据股东大会审议通过的2012年度利润分配方案，对2012年度利润不进行现金股利分配。

7.2 主要财务指标

指标名称	指标值
资本利润率（%）	20.73
加权年化信托报酬率（%）	0.80
人均净利润（万元）	170.67

注：1. 资本利润率＝净利润/所有者权益平均余额×100%。

2. 加权年化信托报酬率＝（信托项目1的实际年化信托报酬率×信托项目1的实收信托＋信托项目2的实际年化信托报酬率×信托项目2的实收信托＋…信托项目n的实际年化信托报酬率×信托项目n的实收信托）/（信托项目1的实收信托＋信托项目2的实收信托＋…信托项目n的实收信托）×100%。该指标是反映公司实际的信托报酬水平，计算在报告年度真正清算结束了的项目。

3. 人均净利润＝净利润/年平均人数。

4. 平均值采取年初、年末余额简单平均法，公式为：a（平均）＝（年初数＋年末数）/2。

7.3 对本公司财务状况、经营成果有重大影响的其他事项

无。

8. 特别事项提示

8.1 前五名股东在报告期内变动情况及原因

无。

8.2 董事、监事及高级管理人员、组织机构变动情况

无。

8.3 变更注册资本、变更注册地或公司名称、公司分立合并事项

无。

8.4 报告期内重大诉讼事项

无。

8.5 报告期内公司及其董事、监事和高级管理人员受到处罚情况

无。

8.6 报告期内银监会及其派出机构提出整改意见的整改情况

报告期内银监会及其派出机构未提出整改意见。

8.7 本年度重大事项临时报告的简要内容、披露时间、所披露的媒体及版面

公司网站为信息披露的主要媒介，2012年度无重大事项临时报告。

8.8 银监会及其省级派出机构认定的其他有必要让客户及相关利益人了解的重要信息

无。

责任编辑：贾　真
责任校对：张志文
责任印制：裴　刚

图书在版编目（CIP）数据

中国信托业年鉴 2012—2013（Zhongguo Xintuoye Nianjian 2012—2013）：全 2 册/中国信托业协会编．—北京：中国金融出版社，2013.9

ISBN 978－7－5049－7076－3

Ⅰ．①中…　Ⅱ．①中…　Ⅲ．①信托业—中国—2012—2013—年鉴　Ⅳ．①F832.49－54

中国版本图书馆 CIP 数据核字（2013）第 176812 号

出版
发行　中国金融出版社

社址　北京市丰台区益泽路 2 号
市场开发部　（010）63266347，63805472，63439533（传真）
网 上 书 店　http://www.chinafph.com
（010）63286832，63365686（传真）
读者服务部　（010）66070833，62568380
邮编　100071
经销　新华书店
印刷　北京汇林印务有限公司
尺寸　210 毫米×285 毫米
插页　44
印张　112.75
字数　4100 千
版次　2013 年 9 月第 1 版
印次　2013 年 9 月第 1 次印刷
定价　780.00 元（上下卷）
ISBN 978－7－5049－7076－3/F.6636
如出现印装错误本社负责调换　联系电话（010）63263947